国家出版基金项目
NATIONAL PUBLICATION FOUNDATION

知识产权经典译丛（第6辑）

国家知识产权局专利局复审和无效审理部◎组织编译

欧盟竞争法（原书第9版）

[英] 理查德·威尔士（Richard Whish）
[英] 大卫·贝利（David Bailey）◎著

刘 迪 徐骁枫 朱云杰◎译

知识产权出版社
全国百佳图书出版单位
—北京—

图书在版编目（CIP）数据

欧盟竞争法：原书第9版/（英）理查德·威尔士（Richard Whish），（英）大卫·贝利（David Bailey）著；刘迪，徐骁枫，朱云杰译. —北京：知识产权出版社，2023.6

书名原文：Competition Law（9th Edition）

ISBN 978－7－5130－8618－9

Ⅰ.①欧… Ⅱ.①理… ②大… ③刘… ④徐… ⑤朱… Ⅲ.①欧洲联盟—反不正当竞争法—研究 Ⅳ.①D950.229

中国国家版本馆CIP数据核字（2023）第001700号

内容提要

本书是理查德·威尔士和大卫·贝利在欧盟竞争法领域的权威教科书。书中解释了竞争政策的目的，介绍了竞争法中的关键概念和术语，并对分析市场行为时出现的众多问题给出了作者的见解。本书以经济和市场为背景描述法律，特别考虑了商业现象（分销协议、知识产权许可、卡特尔、合营企业和合并等）对竞争法的影响，并吸收了诸多资源（包括判决、决定、指南和期刊文献），可作为高校师生、律师、法官、竞争主管部门工作人员学习、了解欧盟竞争法的参考工具书。

责任编辑：卢海鹰　王祝兰　　**责任校对**：谷　洋
封面设计：杨杨工作室·张　冀　　**责任印制**：刘译文

知识产权经典译丛
国家知识产权局专利局复审和无效审理部组织编译
欧盟竞争法（原书第9版）
［英］理查德·威尔士（Richard Whish）　［英］大卫·贝利（David Bailey）　著
刘　迪　徐骁枫　朱云杰　译

出版发行：	知识产权出版社有限责任公司	**网　　址**：	http：//www.ipph.cn
社　　址：	北京市海淀区气象路50号院	**邮　　编**：	100081
责编电话：	010－82000860转8555	**责编邮箱**：	wzl_ipph@163.com
发行电话：	010－82000860转8101/8102	**发行传真**：	010－82000893/82005070/82000270
印　　刷：	三河市国英印务有限公司	**经　　销**：	新华书店、各大网上书店及相关专业书店
开　　本：	720mm×1000mm　1/16	**印　　张**：	92.5
版　　次：	2023年6月第1版	**印　　次**：	2023年6月第1次印刷
字　　数：	1860千字	**定　　价**：	580.00元

ISBN 978－7－5130－8618－9
京权图字：01－2022－2335

《知识产权经典译丛》
编审委员会

总 序

当今世界，经济全球化不断深入，知识经济方兴未艾，创新已然成为引领经济发展和推动社会进步的重要力量，发挥着越来越关键的作用。知识产权作为激励创新的基本保障、发展的重要资源和竞争力的核心要素，受到各方越来越多的重视。

现代知识产权制度发端于西方，迄今已有几百年的历史。在这几百年的发展历程中，西方不仅构筑了坚实的理论基础，也积累了丰富的实践经验。与国外相比，知识产权制度在我国则起步较晚，直到改革开放以后才得以正式建立。尽管过去三十多年，我国知识产权事业取得了举世公认的巨大成就，已成为一个名副其实的知识产权大国。但必须清醒地看到，无论是在知识产权理论构建上，还是在实践探索上，我们与发达国家相比都存在不小的差距，需要我们为之继续付出不懈的努力和探索。

长期以来，党中央、国务院高度重视知识产权工作，特别是党的十八大以来，更是将知识产权工作提到了前所未有的高度，作出了一系列重大部署，确立了全新的发展目标。强调要让知识产权制度成为激励创新的基本保障，要深入实施知识产权战略，加强知识产权运用和保护，加快建设知识产权强国。结合近年来的实践和探索，我们也凝练提出了“中国特色、世界水平”的知识产权强国建设目标定位，明确了“点线面结合、局省市联动、国内外统筹”的知识产权强国建设总体思路，奋力开启了知识产权强国建设的新征程。当然，我们也深刻地认识到，建设知识产权强国对我们而言不是一件简单的事情，它既是一个理论创新，也是一个实践创新，需要秉持开放态度，积极借鉴国外成功经验和做法，实现自身更好更快的发展。

自 2011 年起，国家知识产权局专利复审委员会*携手知识产权出版社，每年有计划地从国外遴选一批知识产权经典著作，组织翻译出版了《知识产权经典译丛》。这些译著中既有涉及知识产权工作者所关注和研究的法律和理论问题，也有各个国家知识产权方面的实践经验总结，包括知识产权案

---

* 编者说明：根据 2018 年 11 月国家知识产权局机构改革方案，专利复审委员会更名为专利局复审和无效审理部。

件的经典判例等，具有很高的参考价值。这项工作的开展，为我们学习借鉴各国知识产权的经验做法，了解知识产权的发展历程，提供了有力支撑，受到了业界的广泛好评。如今，我们进入了建设知识产权强国新的发展阶段，这一工作的现实意义更加凸显。衷心希望专利复审委员会和知识产权出版社强强合作，各展所长，继续把这项工作做下去，并争取做得越来越好，使知识产权经典著作的翻译更加全面、更加深入、更加系统，也更有针对性、时效性和可借鉴性，促进我国的知识产权理论研究与实践探索，为知识产权强国建设作出新的更大的贡献。

当然，在翻译介绍国外知识产权经典著作的同时，也希望能够将我们国家在知识产权领域的理论研究成果和实践探索经验及时翻译推介出去，促进双向交流，努力为世界知识产权制度的发展与进步作出我们的贡献，让世界知识产权领域有越来越多的中国声音，这也是我们建设知识产权强国一个题中应有之意。

申长雨

2015年11月

原书第9版序言

仅在三年前，我们才编写了本书第8版的序言。我们对上一版本以来发生了多少变化进行了评估，并发现要完成与竞争法和竞争政策的最新动态保持一致的任务是“刺激且具有挑战性的”。现在依然如此，几乎没有一天不是在发展变化的。我们在2015年没有想到的是，我们将在英国脱欧的背景下筹备第9版。2016年6月23日在英国举行的全民公决导致英国将于2019年3月29日脱离欧盟。显然，我们在本版中必须考虑如何应对这一重大事件。我们的结论是，现阶段我们能做的相对较少：本书将于2018年夏季出版，英国直到2019年3月还是欧盟成员国；在脱欧后可能会有一个过渡期（尽管“只有所有事都达成一致才能通过”），这个过渡期可能会持续到2020年底。因此，尽管在某种程度上我们已在书中为未来可能发生变化的地方设定了标记，本书也还是基于现有法律基础完成的：例如，1998年英国竞争法第60条似乎不太可能在英国脱欧后以当前形式继续存在，因为该条要求英国竞争主管机构保持与欧盟法院判例的一致性。作为英国脱欧竞争法工作组（www. bclwg. org）成员的理查德（Richard）认为，英国脱欧引起的对竞争法和政策的主要挑战与实体法无关：英国脱欧后保留的1998年英国竞争法和2002年英国企业法基本上是“符合目的”的。需要解决的重要问题涉及与欧盟委员会、欧盟各成员国的国家竞争主管机构以及欧盟以外的其他机构之间的过渡安排和国际合作；对英国法院就欧盟竞争法的私人执行也可能会产生影响，例如违反《欧盟运行条约》第101条和第102条将不再是对法定义务的违背。在撰写本书时，官方对这些问题都尚未有任何相关规定，因此本书认为对这些问题进行讨论并无意义——本书希望引导读者了解当下实施的法律，而不是未来可能的法律。对于我们——本书的作者而言，挑战将会出现在修订第10版之时，我们更倾向于在对英国脱欧后的世界有一个更好了解的基础上对未来的变化及相关问题作出回应。

在第8版的序言中，我们提到我们已经重写了关于《欧盟运行条约》第101条第1款在第3章的重要部分，特别是考虑到对单一整体协议的概念和目的及效果限制竞争之间的区别在法理上有所发展。在本版中，我们对滥用支配地位的讨论进行了重大更改，特别是借鉴了 *Intel v Commission* 案中欧洲法院作出的判决。该判决“澄清”了 *Hoffmann - La Roche v Commission* 案中适用的规则，即认定一家优势企业为获得排他性而给予的返利是非法的。该案判决书第 138 段指出，一家占据市场主导地位的公司可能会有证据证明返利不足以产生封锁效果而反驳这一推定。这不仅是澄清，更是与欧盟委员会、许多学者多年来讨论的“基于效果”分析的制度相一致。欧盟普通法院将如何实际裁决 *Intel v Commision* 案尚有待观察：基于 Intel 对欧盟委员会在该案中效果分析的批评，欧洲法院已开始重新考虑欧盟委员会决定的正当性。另外，我们还试图抓住当下有关竞争主管机构在何种情形下应该禁止设定过高价格的一些辩论。我们将在第 18 章中讨论 *AKKA/LAA* 案和 *Phenytoin* 案等案例。

此版本的主要修订出现在第 8 章，其中探讨了欧盟和英国竞争法的私人执行。这不仅反映在对损害赔偿指令的适用问题，而且反映在私人诉讼的大量增加上。目前，这是一个特别有趣的话题，我们可以说的比现有的多得多。但是，我们完全同意我们出版方的政策——本书的篇幅不应该增加。因此，我们不得不省略一些引人入胜但非常技术性的观点，或者将它们放到脚注中，以供读者进一步阅读。

自第 8 版以来，我们试图从欧盟和国内层面的许多其他决定和判决中提取要点。当前关注的主题是“非典型卡特尔”，其中出现了一个问题，即竞争对手是否通过例如价格信号、操纵基准或使用算法违反了《欧盟运行条约》第 101 条。我们在第 13 章中讨论了这个问题。另一个主题是在线贸易中纵向约束的处理，并且在第 16 章中，我们根据欧盟委员会的行业调查和最近的判例实践（特别是 *Coty Germany GmbH v Parfümerie GmbH* 案）进行了最新解读。

第 9 版的文本是截至 2017 年 12 月 8 日，尽管自那以后法律仍在不断进步。我们在本书中表达的观点都属于个人观点，不应被视为代表我们实际服务的任何组织的观点。

一如既往，我们得到了许多朋友和同事的慷慨帮助。特别要感谢克劳迪奥·卡尔卡尼奥（Claudio Calcagno）、沃沙·卡莱（Warsha Kale）、迈克尔·格伦费尔（Michael Grenfell）、罗兰·格林（Roland Green）、查尔斯·达诺瓦［Charles Dhanowa QC（Hon）］、马克斯·卡达尔（Max Kadar）、罗莎蒙德·布朗（Rosamund Browne）、纳塔莉·劳斯（Natalie Rouse）和约翰·卡拉赫（John Kallaugher）。他们对本书都不承担任何责任，但是我们感谢他们每个人的意见和建议。特别要感谢伦敦国王学院法学硕士迭戈·埃尔南德斯·德·拉莫特（Diego Hernandez De Lamotte），他承担了将欧盟普通法院和欧洲法院的“旧式”提法转换成现代形式的艰巨任务。最重要的是，我们必须感谢我们出色的研究助手拉哈尔·扎曼（Rakhal Zaman），他也曾是伦敦国王学院的学生。很高兴能与他合作，他对本书的贡献是不可估量的。

准备本书第9版的工作令人愉快，但也非常艰辛，一如既往地影响到我们的社会交往和家庭生活。阿尼尔·西纳南（Anil Sinanan）甚至没有机会向理查德介绍任何特别出色的宝莱坞电影以转移他的注意力。但是在将手稿交给牛津大学出版社两天后，由阿里吉特·辛格（Arijit Singh）在加尔各答组织的一场现场表演成了将我们“带回地球轨道”的绝佳方式。大卫非常感谢尼基·皮特（Nikki Pitt）在此版本撰写过程中一直给予的支持，并向他展示了生活中有比竞争法重要得多的东西。

理查德·威尔士

于马什菲尔德，2018年4月

大卫·贝利

于伦敦，2018年4月

第 9 版新增内容

- 关于欧盟竞争法和英国竞争法的私人执行的最新探讨，其中包括《欧盟反垄断损害赔偿诉讼指令》和 2015 年英国消费者权益法。
- 关于《欧盟运行条约》第 102 条规定的附条件件的返利待遇的最新探讨，其中包括 *Intel v Commission* 案的法院判决。
- 关于“价格信号、算法合谋和其他非典型卡特尔活动”等现象的最新探讨。
- 介绍了将欧盟竞争法和英国竞争法适用于限制在线商品和服务销售方面的最新发展。
- 简要概括了英国脱欧对英国竞争法可能产生的影响。
- 介绍了欧盟和英国广泛的新判例法和重要判决。

缩略词表

AAC	average avoidable cost（平均可避免成本）
AC	Appeal Cases（上诉案件）
AEC	adverse effect on competition（对竞争的不利影响）
All ER	All England Reports（全英法律判例公报）
Am Ec Rev	American Economic Review（美国经济评论）
ATC	average total cost（平均总成本）
AVC	average variable cost（平均可变成本）
Bell J Ec	Bell Journal of Economics（贝尔经济学杂志）
CAA	Civil Aviation Authority（民航局）
CAT	UK Competition Appeal Tribunal（英国竞争上诉法庭）
CC	UK Competition Commission（英国竞争委员会）
CDDA	UK Company Directors Disqualification Act 1986（1986 年英国公司董事资格取消法案）
CDO	Competition Disqualification Order（取消竞争资格法令）
Cm	Command Papers（命令文件）
CMA	UK Competition and Markets Authority（英国竞争与市场管理局）
CML Rev	Common Market Law Review（共同市场法律评论）
CMLR	Common Market Law Reports（共同市场法律报告）
Comp Law	Competition Law Journal（竞争法杂志）
CPI	Competition Policy International（国际竞争政策）
CRM	Case Review Meeting（案例审理会议）
CSOH	Scottish Court of Session Outer House（苏格兰最高民事法院外庭）
DG COMP	Directorate General for Competition（竞争总司）
DOJ	US Department of Justice（美国司法部）
DTI	Department of Trade and Industry（贸易和工业部）
ECC	European Commercial Cases（欧洲商业案例）
Ec J	Economic Journal（经济学杂志）

ECHR	European Convention on Human Rights（欧洲人权公约）
ECLR	European Competition Law Review（欧洲竞争法评论）
ECOSOC	Economic and Social Committee（经济和社会委员会）
ECN	European Competition Network（欧洲竞争网络）
ECPR	efficient component pricing rule（有效成分定价原则）
ECR	European Court Reports（欧洲法院报告）
ECSC	European Coal and Steel Community（欧洲煤钢共同体）
EEA	European Economic Area（欧洲经济区）
EFTA	European Free Trade Association（欧洲自由贸易联盟）
EGLR	Estates Gazette Law Reports（地产宪报法律报告）
EHRR	European Human Rights Reports（欧洲人权报告）
EIPR	European Intellectual Property Review（欧洲知识产权评论）
EL Rev	European Law Review（欧洲法律评论）
ERRA	UK Enterprise and Regulatory Reform Act 2013（2013年英国企业与监管改革法）
ESA	EFTA Surveillance Authority（欧洲自由贸易联盟监督局）
Eu LR	European Law Review（欧洲法律评论）
EUMR	European Union Merger Regulation（欧盟合并条例）
EWCA	England and Wales Court of Appeal（英格兰和威尔士上诉法院）
EWHC	England and Wales High Court（英格兰和威尔士高等法院）
EW Misc	English and Welsh Courts—Miscellaneous（英格兰和威尔士法院——附则）
FCA	Financial Conduct Authority（金融行为监管局）
FRAND	fair, reasonable and non - discriminatory（公平、合理、非歧视）
FSR	Fleet Street Reports（英国新闻界报告）
FTC	US Federal Trade Commission（美国联邦贸易委员会）
GEMA	Gas and Electricity Markets Authority（天然气及电力市场管理局）
HHI	Herfindahl - Hirschman Index（赫芬达尔 - 赫希曼指数）
ICLQ	International and Comparative Law Quarterly（国际法和比较法季刊）
ICN	International Competition Network（国际竞争网络）
ICPAC	International Competition Policy Advisory Committee（国际竞争政策咨询委员会）
IEHC	Irish High Court（爱尔兰高等法院）
IESC	Irish Supreme Court（爱尔兰最高法院）
IPR	intellectual property rights（知识产权）

J Ind Ec	Journal of Industrial Economics（工业经济杂志）
JL & Ec	Journal of Law and Economics（法律与经济杂志）
J Pol Ec	Journal of Political Economy（政治经济杂志）
JECLAP	Journal of European Competition Law & Practice（欧洲竞争法与实践杂志）
LIEI	Legal Issues of Economic Integration（经济一体化的法律问题）
LQR	Law Quarterly Review（法律评论季刊）
LRAIC	long – run average incremental cost（长期平均增量成本）
LRIC	long – run incremental cost（长期增量成本）
MFN	most favoured nation（最惠国）
MIF	multilateral interchange fee（多边交换费）
MLR	Modern Law Review（现代法律评论）
NAO	UK National Audit Office（英国国家审计局）
NCA	national competition authority（国家竞争主管机构）
NIAER	Northern Ireland Authority for Energy Regulation（北爱尔兰能源管理局）
OECD	Organisation for Economic Co – operation and Development（经济合作与发展组织）
OEM	original equipment manufacturer（原始设备制造商）
OFCOM	Office of Communications（通信管理局）
OFGEM	Office of Gas and Electricity Markets（天然气和电力市场办公室）
OFT	UK Office of Fair Trading（英国公平交易办公室）
OFTEL	Office of Telecommunications（电信局）
OFWAT	Office of Water Services（水务办公室）
OJ	Official Journal of the European Union（欧盟官方公报）
OJLS	Oxford Journal of Legal Studies（牛津法律研究杂志）
ORR	Office of Rail Regulation（铁路管理局）
Ox YEL	Oxford Yearbook of European Law（牛津欧洲法律年鉴）
P & CR	Property and Compensation Reports（财产和赔偿报告）
PACE	UK Police and Criminal Evidence Act 1984（1984 年英国警察和刑事证据法）
PIIN	public interest intervention notice（公共利益干预通知）
PSR	Payment Systems Regulator（支付系统监管局）
QB	Queen's Bench（英国高等法院王座法庭）
Qu J Ec	Quebec Journal of Economics research and development（魁北克经济研究与发展杂志）
RDC	Recueil des Cours（演讲集）

Rev Ec Stud	Review of Economic Studies（经济研究评论）
RPI	retail price index（零售价格指数）
SCC	Supreme Court of Canada Reports（加拿大最高法院报告）
SEP	standard - essential patent（标准必要专利）
SFO	Serious Fraud Office（严重欺诈办公室）
SI	Statutory Instrument（法定文书）
SIEC	significant impediment to effective competition（有效竞争的重大障碍）
SLC	substantial lessening of competition（实质性减少竞争）
SME	small and medium - sized enterprise（中小型企业）
SPIIN	special public interest intervention（特别公共利益干预）
SSNIP	small but significant non - transitory increase in price（小而意义重大的非暂时性价格上涨）
SWIFT	Society for Worldwide International Financial Telecommunications（环球银行金融电信协会）
Swiss Rev ICL	Swiss Review of International Competition Law（瑞士国际竞争法评论）
TEU	Treaty on European Union（欧洲联盟条约）
TFEU	Treaty on the Functioning of the European Union（欧盟运行条约）
UKCLR	UK Competition Law Reports（英国竞争法报告）
UKCN	UK Competition Network（英国竞争网络）
UKHL	UK House of Lords（英国上议院）
UKSC	UK Supreme Court（英国最高法院）
UNCTAD	United Nations Conference on Trade and Development（联合国贸易和发展会议）
WLR	Weekly Law Reports（每周法律判例汇编）
WSRA	Water Services Regulation Authority（水务监管局）

目　录

第 1 章 竞争政策和经济学

1. 简 介

(A) 竞争法的发展

近年来，随着世界范围内政治思想和经济行为的巨大变化，竞争法的数量以惊人的速度增长。目前，世界上有 130 多个竞争法体系。[1] 其中一些已经存在了相当长的时间：例如，1890 年美国通过了《谢尔曼法》；包含欧盟竞争规则的《罗马条约》颁布于 1957 年，同年德国通过了反不正当竞争法；英国的竞争法始于 1948 年的垄断企业与限制性贸易惯例（调查与控制）法。然而，世界上大多数竞争法都比它们年轻：例如，中国的反垄断法于 2007 年 8 月 30 日获得通过，菲律宾于 2015 年 6 月通过了竞争法。20 世纪 80 年代和 20 世纪 90 年代频繁出现（竞争法）法律移植的现象。21 世纪，诸如印度、新加坡、马来西亚、中国香港、厄瓜多尔、斯威士兰、埃及和尼日利亚等国家或地区也创制通过了许多新的竞争法。

竞争法可在六大洲和所有类型的经济体中发现：它们绝不仅限于发达国家，许多发展中国家也有竞争法。一个国家的规模并不是其是否要制定竞争法的决定性因素：不光中国和印度这样的人口大国拥有竞争法，斐济、毛里求斯、塞舌尔和巴巴多斯等人口相对较少的国家也拥有竞争法。现在，在 20 世纪大部分时间里实行社会主义制度的许多国家都有竞争立法：波兰、罗马尼亚和保加利亚等欧盟成员国的情况是这样；欧盟以外的国家，例如俄罗斯、格鲁

[1] 可以在经济合作与发展组织的网站 www. oecd. org/competition 上找到有关世界竞争法的有用说明，另一个有用的资源是国际竞争网络的网站 www. internationalcompetitionnetwork. org。

吉亚、亚美尼亚和阿尔巴尼亚也是这样。在整个非洲大陆，从西北部的摩洛哥到东南部的津巴布韦和马拉维，人们都能找到竞争法。东南亚国家联盟（the Association of South East Nations，ASEAN）的10个成员承诺到2015年通过竞争法，其中除柬埔寨外，其他所有国家现在都已通过（竞争法）。来自122个司法管辖区的135个以上的竞争主管机构参加了国际竞争网络（the International Competition Network，ICN）的工作。该网络是一个促进竞争主管机构之间合作的虚拟组织。通过促进对竞争政策的讨论并促进竞争法和执法中程序性和实质性的融合，国际竞争网络具有相当大的影响力。第12章讨论了其工作❷。

这些发展是惊人的：30年前，几乎没有人相信竞争法的世界会是今天的样子。重要的是要设法理解为什么竞争法会如此激增。竞争法会对经济政策产生影响。近几十年来，大多数国家的经济政策都趋向于一种自由市场经济，在这种经济中，企业相互竞争以争取客户。近年来，许多合法垄断已被废除。经济开放，贸易壁垒减少，许多保护主义措施被取消。天然气、电力、电信和邮政等公用事业已经开放竞争，许多国际条约和协定都赞成开放市场和自由贸易。当然，这些都不是没有争议，也不是不可逆转的。最近发生的事件，特别是金融危机和金融服务行业对市场的损人利己的操纵以及对法律的漠视，损害了自由资本主义的声誉，自由市场经济有可能会遭到强烈抵制。但是，目前，自由市场体系处于上升阶段，竞争过程是自由市场的基石。

（B）竞争法与经济学

就一个国家选择自由市场作为其经济政策手段而言，一个强有力的论点是应该制定法律来确保市场正常运转。竞争法和竞争政策的中心关注点是，在拥有一定程度的市场支配力的情况下，一家或多家企业可能损害竞争，并对客户以及最终消费者造成伤害。市场支配力的概念是一个经济概念，指的是在不担心其他企业的破坏性竞争反应的情况下，减少产量或产能、提高价格、降低产品质量、限制消费者的选择或抑制创新的能力。对市场支配力的关注不能用一个能够精确适用的成文规则来表达（其中的法律关系），而诸如关于税收或房东和房客关系的法律却可以这样精准地表达。对市场支配力的评估需要仔细的经济分析，律师及其商业客户通常需要经济学家的意见才能得出有力且站得住脚的结论。竞争法涉及的行为类型，例如拒绝交易、捆绑销售、掠夺性定价、

❷ 参见第12章第629～630页“国际竞争网络”。

歧视、合并，也是如此。这些都不是可以简单地以基于规则的方式进行分析的问题。竞争律师必须了解经济概念，竞争经济学家必须了解法律程序。如今，竞争律师参加经济学课程是一种普遍做法，这一做法非常值得欢迎。反之亦然。竞争法是在法律程序中对市场进行经济分析。个案将取决于自身情况。一个（可能是杜撰的）故事是，一名竞争律师曾在竞争法会议上发表评论，他认为，在任何竞争法案件中，律师都应“坐在驾驶席上”主导全场；竞争经济学家欣然同意，因为他总是喜欢“有专职司机”。从某种程度上而言，这表明律师和经济学家之间不可避免地存在着冲突。到目前为止，这已经过时了：最好把两者看作一架飞机的副驾驶员，双方都理解对方将作出的贡献。

在欧盟竞争法的早期，并未特别强调经济学的作用；在美国，反托拉斯法的早期阶段也是如此。[3] 竞争法以相当形式主义的方式发展，与今天相比，具有法律性质的“规则”更多。从20世纪90年代中期开始，这种立场发生了巨大变化。现在人们普遍认为，竞争性执法通常只有在某种特殊做法可能对竞争过程产生重大不利影响的情况下才是合理的，任何损害的程度与一个或多个企业在市场上拥有或将要拥有的市场支配力的程度有关。[4] 本书将尽力解释欧盟和英国竞争法适用的经济原理。

（C）本章计划

本章的第2节描述竞争法为了保护竞争过程而介入影响的实践。第3节研究竞争理论，并介绍为什么竞争法的有效执行被认为对消费者福利有利。第4节考虑了竞争法体系有望实现的功能。第5节介绍两个关键的经济概念——市场界定，更重要的是市场支配力——对理解竞争法和竞争政策至关重要。希望对这些概念的事先了解有助于更好地理解随后的内容。本章将以对欧盟和英国竞争法的适用具有重要意义的市场份额表收尾，同时提醒读者，市场份额仅是市场支配力的代名词，而不能决定其自身的市场支配力。

---

[3] 有关讨论，参见：KOVACIC W E，SHAPIRO C. Antitrust Policy：A Century of Economic and Legal Thinking［J］. Journal of Economic Perspectives，2000，14（1）：43.

[4] 关于欧盟竞争法的“更经济的方法”，参见：BASEDOW J，WURMNEST W. Structure and Effects in EU Competition Law［M］. Alphen aan den Rijn：Kluwer Law International，2011；BOURGEOIS J，WAELBROECK D. Ten Years of the Effects－Based Approach in EU Competition Law［M］. Brussels：Bruylant，2012；WILS W P J. The Judgment of the EU General Court in Intel and the So－Called“More Economic Approach”to Abuse of Dominance［J］. World Competition，2014，37（4）：405；COLOMOP I. Beyond the“More Economics－Based Approach”：A Legal Perspective on Article 102 TFEU Case Law［J］. Common Market Law Review，2016，53（3）：709.

2. 竞争法影响下的实践综述

竞争法体系关注的是对竞争过程有害的实践，特别是涉及以下实践。

- 反竞争协议：以限制竞争为目标或效果的协议是非法的，除非它们具有某些可取之处，例如提高经济效率。非法协议的一个例子是竞争者之间的卡特尔，例如固定价格、划分市场或限制产量（通常被称为“横向协议”）。[5] 此类协议将受到严惩，在某些法律体系中，甚至可能导致对负责这些协议的个人进行监禁。如果不同市场环节的企业之间的协议可能有害于竞争，那么它们之间的协议（也称纵向协议）也可能是非法的：例如，一个商品供应商指示其零售商不要以低于某个价格的价格转售商品。这种做法通常被称为转售价格维持。一般而言，与横向协议相比，纵向协议损害竞争的可能性要小得多。

- 滥用强大的市场支配力：在市场上处于支配地位的企业的滥用行为是违法的。为此，当一家企业拥有强大的市场支配力，使其能够在市场上独立运作而无须考虑竞争者、客户以及最终消费者时，它便占支配地位。滥用行为可能是“排他性的”或“剥削性的”；在某些情况下，滥用行为可能对单一市场有害。[6] 排他性滥用的一个例子是，一家占支配地位的企业将其价格降低到低于成本的水平，以驱使竞争者退出市场或阻止竞争者进入市场。这种现象被称为掠夺性定价。剥削性滥用的一个例子是，占支配地位的企业对其产品收取过高的价格。

- 合并：大多数竞争法体系都使竞争主管机构能够调查可能对竞争过程有害的企业之间的合并：很明显，如果一个企业收购其主要竞争者，则市场的竞争力可能会减弱，消费者可能将不得不付出更高的价格。规制合并的制度通常规定，只有获得相关竞争主管机构（或法院）的批准，才能完成符合调查要求的合并。

- 公共竞争限制：国家通常要为竞争的限制和扭曲负责，例如由于立法措施、法规、许可规则或提供补贴所致。某些竞争法体系赋予竞争主管机构以审查“公共”竞争限制的职能，并通过评论甚至建议取消这种限制来发挥“竞争倡导”的作用。

---

[5] 请注意，并非所有的横向协议都一定是坏的。在某些情况下，竞争对手之间的合作会带来经济利益；有关此类横向合作协议的信息，参见第15章。

[6] 进一步参见第5章第255～256页“剥削、排他和单一市场滥用行为”。

3. 竞争理论

竞争意味着争夺优势。而在商业世界中，这意味着努力争取市场上人们的习惯和业务：竞争被描述为“企业之间的竞争过程……力求在一段时间内赢得客户的生意”[7]。许多国家对竞争市场抱有怀疑并从国家计划和经济管理中受益。然而，随着21世纪的来临，情况发生了巨大的变化，出现了广泛的反垄断、自由化和私有化。这些现象，再加上迅速的技术变革和国际贸易的开放，释放了空前强大的经济力量。这些变化以不同的方式影响个人和社会，有时效果可能令人不舒服。然而，在这些基础之上形成越来越多的共识，即总体来说，市场提供的结果要好于国家计划。市场概念的核心是竞争的过程。

因此，重要的问题是确定竞争对福利的影响。要理解这一点，必须首先转向经济学理论，考虑在完全竞争的情况下会发生什么，将结果与在垄断下发生的情况进行比较，并认识到这样做是因为完全竞争的理论分析不足以解释“真实”世界的商业行为。[8]

(A) 竞争的好处

从最简单的角度出发——在考虑竞争法和竞争政策时不忽视简单的角度是明智的，竞争的好处是：

- 更低的价格；
- 更好的产品，例如更高质量或创新的产品；
- 为消费者提供更多选择；
- 比垄断条件下获得的效率更高。

---

[7] 参见英国《合并评估指南》(2010 年 9 月) 第 4.1.2 段，可在 www. gov. uk/cma 上查阅。

[8] 例如，从业务经理的角度来看关于竞争的心理。PORTER M E. Competitive Strategy：Techniques for Analyzing Industries and Competitors［M］. New York：Macmillan，1998；DAGNINO G B. Handbook of Research on Competitive Strategy［M］. Cheltenham：Edward Elgar，2013.

根据新古典经济学理论，在完全竞争的情况下，社会福利得以最大化。[9] 为此，“社会福利”不是一个模糊的概括性概念，而是具有更具体的含义：将实现分配效率和生产效率，分配效率和生产效率的综合作用是使社会整体财富最大化。消费者福利（关注消费者而不是整个社会的福利）在完全竞争中也得以最大化。[10] 竞争的一个相关好处是，当竞争者努力为消费者生产新的更好的产品时，它可能具有刺激创新的动态效果：这是高科技市场的一个特别重要的特征。

（i）分配效率

在完全竞争下，经济资源是在不同的产品和服务之间分配的，如果不以使其他人的生活变得更糟为代价，这种方式不可能使任何人的生活变得更好；“消费者剩余”（消费者购买产品时的净收益）和“总剩余”（消费者和生产者剩余的总和）最大。产品和服务是根据消费者准备支付的价格在消费者之间分配的，从长远来看，价格等于生产的边际成本[11]（此时，成本包括足够的利润率，以鼓励生产者首先在行业中投资，但仅此而已）。

众所周知，分配效率的实现[12]可以在经济学家的模型上进行分析显示。[13]

---

[9] 完全竞争的必要条件将在本章第9～12页的“对完全竞争理论的质疑”中进行讨论。进一步的讨论参见：SCHERER F M，ROSS D. Industrial Market Structure and Economic Performance［M］. 3rd ed. Boston：Houghton Mifflin，1990：chs 1 and 2；LIPSEY R，CHRYSTAL A. Economics［M］. 13th ed. Oxford：Oxford University Press，2015：ch 7. 关于工业经济学和竞争的信息，参见：MOTTA M. Competition Policy：Theory and Practice［M］. Cambridge：Cambridge University Press，2004；CARLTON D W，PERLOFF J M. Modern Industrial Organisation［M］. 4th ed. Boston：Addison Wesley，2005；VAN DEN BERGH R，CAMESASCA P D. European Competition Law and Economics：A Comparative Perspective［M］. 2nd ed. London：Sweet & Maxwell，2006；BISHOP S，WALKER M. The Economics of EC Competition Law［M］. 3rd ed. London：Sweet & Maxwell，2010：ch 2；JENKINS H，KAVANAGH J. Economics for Competition Lawyers［M］. 2nd ed. Oxford：Oxford University Press，2016. 下述文献可能会对读者理解竞争法经济学术语有所帮助：BLACK J，HASHIMZADE N. Oxford Dictionary of Economics［M］. 5th ed. Oxford：Oxford University Press，2017.

[10] 参见：BISHOP S，WALKER M. The Economics of EC Competition Law［M］. 3rd ed. London：Sweet & Maxwell，2010：paras 2.17－2.19；VAN DEN BERGH R，CAMESASCA P D. European Competition Law and Economics：A Comparative Perspective［M］. 2nd ed. London：Sweet & Maxwell，2006：62－69；ORBACH B Y. The Antitrust Consumer Welfare Paradox［J］. Journal of Competition Law and Economics，2011，7（1）：133；ALBAEK S. Consumer Welfare in EU Competition Policy［EB/OL］. https：//www.researchgate.net/publication/325804961_Consumer_Welfare_in_EU_Competition_Policy.

[11] 也就是说，生产额外的产出单位的成本。

[12] 分配效率有时也被称为“帕累托效率”。

[13] SCHERER F M，ROSS D. Industrial Market Structure and Economic Performance［M］. 3rd ed. Boston：Houghton Mifflin，1990：19ff；LIPSEY R，CHRYSTAL A. Economics［M］. 13th ed. Oxford：Oxford University Press，2015：153－155.

分配效率是在完全竞争的情况下实现的，因为只要生产者扩大生产有利可图，它就会扩大产量。这是假设生产者行为是理性的，并希望其利润最大化。只要生产者生产的每一单位产品所赚取的收益超过制造该单位产品的成本，那么它就会这样做。只有当进一步生产一个单位产品的成本（边际成本）超过该单位产品所能获得的价格（边际收益）时，它才会停止扩大生产。在完全竞争的情况下，生产者自身产量的减少不会影响市场价格，因此没有理由这样做。因此，生产者将把产出增加到边际成本和边际收益（出售最后一个单位产品的净收入）相重合的程度。这意味着实现了分配效率，因为消费者可以按照准备支付的价格获得所需的产品或服务：资源是根据其意愿精确分配的。相比之下，垄断者的产出低于完全竞争下的产出，因此在这种情况下分配效率低下。

（ii）生产效率

在完全竞争下，产品和服务将以尽可能低的成本生产，这意味着在生产过程中所需消耗的社会财富将尽可能少。竞争市场中的企业试图降低竞争者价格的一种方法是降低生产成本。不受竞争约束的垄断者可能是高成本的生产者。因此，竞争被认为有利于提高生产效率。[14] 在完全竞争下，由于生产者无法以高于成本的价格销售产品（如果这样做，消费者会立即将其抛弃而转向其他按成本价销售的生产者），从而实现了生产效率。当然生产者也不会以低于成本的价格销售产品（因为这样做会不赚钱）。特别是，如果生产者的定价高于成本，则其他竞争者将进入市场，以期获利。[15] 它们将尝试在更有效的基础上进行生产，以便获得更大的利润。从长远来看，趋势将是迫使生产者承担尽可能低的成本，以便能够赚取最大利润：当价格与生产产品的平均成本一致时，就会达到平衡。反过来，这意味着价格将永远不会超过成本，而效率低下的生产者将退出市场。从另一方面来看，如果价格降至低于成本，则资本将退出该行业，并且由于产量减少，价格将恢复到竞争水平。

（iii）动态效率

竞争的另一个好处是生产者在争取消费者业务的持续斗争中，更有可能创新和开发新产品，尽管这一点不能被科学证明，也不符合完全竞争的理论。因此，竞争可能具有刺激重要技术研发的理想动力效果。熊彼特（Schumpeter）是

---

[14] 有关讨论，参见：VICKERS J. Concepts of Competition [J]. Oxford Economic Papers，1995，47（1）1.

[15] 可以看出，确定“成本”的含义本身通常是竞争法中的一个复杂问题，参见第 18 章第 888 ~ 890 页“成本的概念”。

这样一种观点的拥护者：创新的动机是垄断利润的前景，即使现有的垄断者在短期内获得了这种利润，局外人也将在适当时候进入市场并取代它们。[16] 长期的“创造性破坏的永恒风暴”足以保护公共利益，因此对短期的垄断力量不必予以关注。在某些市场经济中，动态效率可能比分配效率和生产效率更为重要。

重要的是要认识到，在某些行业中，特别是在技术复杂且昂贵的行业中，一家企业可能会在一段时间内享有很高的市场份额和很高的利润；但是，在适当的时候，竞争者可能能够以更先进的技术进入该市场，并取代现有企业。在这种情况下，一段时间内较高的市场份额可能会夸大当前处于市场支配地位但易受动态进入影响的企业的市场力量。[17]

（B）垄断的有害影响

刚刚概述的理论模型表明，在完全竞争中，没有生产者能够影响市场价格。生产者是价格接受者，没有能力通过自己的单方面行动来影响价格。消费者是至高无上的。生产者之所以不能影响价格，是因为其个体产出的任何变化对整个市场的总产出的影响微乎其微，是总产出通过供求关系的“规律”来决定价格。

在垄断条件下，情况大相径庭。[18] 垄断者可以影响市场价格。由于垄断者负责所有产量，并且总产量通过供求关系决定价格，因此垄断者将能够通过减少自己的产量来提高价格，或者通过提高价格来减少销售：后者发生在以高价销售名牌产品（如豪华香水）的情况下。此外，假设有最大化利润的动机，那么垄断者将看到，如果它不将其生产扩大到完全竞争下可以达到的水平，便能够获得最大的利润。其结果将是产出低于完全竞争下的产出，因此一些消费者将被剥夺本应以竞争性市场价格购买产品和服务的机会。因此，在这种情况下存在分配效率低下的问题：社会资源没有以可能的最有效方式分配。这种分配效率低下的程度有时被称为垄断造成的“无谓损失”。这是对社会的纯粹损失，而不是简单地将资源从消费者转移到垄断者。

反对垄断（的原因）并不止于此。还有一个问题是生产效率可能会降低，因为垄断者没有受到竞争力的约束，从而无法将成本降到最低水平。取而代之

---

[16] SCHUMPETER J A. Capitalism, Socialism and Democracy［M］. New York: Taylor & Francis Books, 1976.

[17] 这一点在 T－79/12 *Cisco System Inc v Commission* 案判决第 69 段中得到了欧盟普通法院的承认。

[18] 参见：SCHERER F M, ROSS D. Industrial Market Structure and Economic Performance［M］. 3rd ed. Boston: Houghton Mifflin, 1990: ch 2; LIPSEY R, CHRYSTAL A. Economics［M］. 13th ed. Oxford: Oxford University Press, 2015: ch 8.

的是，企业变得“X－效率低下”（X－inefficient）。这个最初由利本斯坦（Liebenstein）使用的术语[19]是指一种情况，在这种情况下，资源被用来生产合适的产品，但生产效率却不如预期：管理层在高尔夫球场上花费了太多时间，过时的工业流程仍在维持，并且企业组织普遍松懈。此外，垄断者可能感觉不到需要创新，因为它没有受到通过提供更好、更先进的产品来吸引客户的持续压力。因此，有人说，成为一个垄断者，最大的好处就是可以享受宁静的生活。但是，重要的是要记住，企业中效率低下的管理层可能会受到竞争以外的压力的影响。特别是，他们的地位可能会因投资者在证券交易所进行的未经邀请的收购而受到损害——这些投资者认为可以更有效地利用企业的资产。[20] 资本市场和产品市场都可能感受到竞争：这有时被称为“企业控制权市场”*。

对垄断者的最后一个反对意见是，由于它可以收取比竞争条件下更高的价格（它是价格制定者），因此财富从不幸的消费者转移到了垄断者手中。一些经济学家认为这一点无关紧要：社会福利与分配效率和生产效率有关；就这些目的而言，财富是掌握在垄断者手中还是在消费者手中是无关紧要的。虽然竞争主管机构本身不能决定应如何分配社会财富，但各国政府对经济平等感兴趣显然是合情合理的。在这个问题上表达政策的方式之一可能是通过竞争法。[21]

完全竞争和垄断理论就是这样运行的。这表明，与垄断的低效相比，竞争的“无形之手”可以以一种最优的方式神奇地、秘密地配置社会资源。但是，我们现在必须从经济学家实验室中使用的模型转向更为随意的商业生活方式，才能对竞争的可取性作出定论。

（C）对完全竞争理论的质疑

（i）完全竞争的模型是基于实践中不太可能观察到的假设

关于完全竞争理论必须指出的第一点是，它仅仅是一个理论。在实践中极不可能观察到完全竞争所必需的条件。完全竞争要求在任何特定市场上：

- 有无数的买方和卖方；

---

[19] LEIBENSTEIN H. Allocative Efficiency vs X－Efficicenty [J]. American Economic Review, 1966, 56 (3): 392－415.

[20] 参见：HALL P. Control Type and the Market for Corporate Control in Large US Corporations [J]. Journal of Industrial Economics, 1977, 25 (4): 259－273；第 20 章第 1010 页“管理效率与企业控制市场”进一步讨论了此问题。

* 企业控制权市场（the market for corporate control）是指不同的利益主体为谋求企业控制而以各种手段与方式为获取具有控制地位的企业所有权而相互竞争的市场。——译者注

[21] 关于竞争法的各种功能，参见本章第 22～28 页“竞争法的目标”。

- 全部生产相同（或"同质"）产品；
- 消费者拥有有关市场状况的完整信息；
- 没有防止新竞争出现的"进入壁垒"[22]；
- 没有"退出壁垒"可能会阻止希望离开该行业的企业；
- 消费者无须支付运输、搜索或其他转换成本。

当然，满足所有这些条件的市场结构是不太可能的，即使并非不可能：我们只是在现阶段考虑理论，并且该理论是基于许多假设的。

在完全竞争和垄断的两极市场结构之间，存在许多中间状态。许多企业出售的产品与竞争者的产品略有差异，或具有一定程度的消费者忠诚度，因此就没有完全竞争所需的同质性。这意味着价格上涨并不一定会导致大量业务损失。消费者也不太可能拥有如此完整的市场信息，以至于他会立即知道所需产品在其他地方可以更低的价格获得，但是，完全竞争理论取决于消费者可以获取完整信息。这就是立法有时要求必须向消费者提供有关价格、条款和条件的足够信息的原因。[23] 进入和退出市场通常存在障碍，尤其是当进入市场的企业产生"沉没成本"（当企业将来停止运营时无法收回的成本）时。

正如在实践中不太可能实现完全竞争一样，最纯粹的垄断形式也很罕见。很少有产品由一家企业负责全部产出：通常只有在国家授予垄断权（例如投递信件）的情况下，这种情况才会发生。大多数经济经营者都有一些竞争者，甚至一个真正的垄断者还有可能将价格提高到消费者不再购买的地步：需求并不是无限缺乏价格弹性的。[24] 从词源上讲，垄断是指一家企业在特定市场上销售所有产品。实践中，就大多数案件而言，并不涉及词源意义上的垄断者。相反，竞争法关注的是具有强大市场支配力的企业。市场支配力的经济学概念是理解和运用竞争法的关键。在评估一个或多个企业是否具有市场支配力时，通常先从界定相关产品和地理市场入手，然后考虑这些市场内部和外部对企业的竞争约束，以及抵消性买方力量。这些问题将在本章第5节中进一步讨论。

（ii）完全竞争理论的其他问题

除了天然就不可能有完全竞争和纯粹垄断这一事实外，完全竞争理论本身还存在其他问题。该理论取决于这样一种观念，即所有商人都是理性的，并且

---

[22] 有关进入和退出壁垒的进一步讨论，参见本章第53页的"潜在竞争者"。

[23] 根据市场或合并调查，这是英国法律可能采取的补救措施：参见2002年英国企业法，附表8，第15~19段；要求向消费者提供更清晰信息的补救措施已在若干情况下被实施：参见第11章第598~604页"实践中的市场调查规定"。

[24] 当价格变化1%导致需求数量下降少于1%时，需求是缺乏价格弹性的；当价格变化1%导致需求数量减少更大百分比时，它具有弹性。

他们总是试图使利润最大化。但情况并非一定如此。公司的董事们可能不会认为为股东赚取巨额利润是他们面临的最重要的考虑：他们可能更感兴趣的是看到自己的商业帝国不断壮大，或者沉迷于垄断者可能享受的宁静生活。[25]

完全竞争理论的另一个问题是，它关于将成本保持在最低水平的主张不一定正确。的确，生产者的私人成本将保持在较低水平，但这不包括社会成本或“外部性”。对于整个社会而言，社会成本或“外部性”产生于，例如，工厂造成的空气污染或由于使用没有令人满意的伤害防护措施的廉价机械而支付的代价——断肢。有人争辩说，竞争法不应该关注这些社会成本[26]；诚然，保护、环境和工作中的健康与安全等问题最好留给具体立法来解决。但是假设垄断者本身不会产生社会成本也是错误的。因此，至少有理由怀疑这样一种观点，即在完全竞争中，整个社会的成本必然将保持在最低水平。最后，完全竞争理论的一个难点是，它基于静态的经济行为模型，可能无法解释市场的动态性质及其在一段时间内的运作方式。[27] Xerox 和 IBM 之类的公司可能在历史的某个特定时期占据了行业主导地位，但后来发现自己被市场竞争力量所吞噬。微软在信息技术领域的领导地位被迅速削弱，因为云技术削弱了个人计算机作为存储数据的场所的重要性。在社交媒体世界中，MySpace 的消失几乎与出现的速度一样快。[28] 熊彼特长期的“创造性破坏的永恒风暴”甚至可能影响最强大的经济经营者。明天的创新可能会克服昨天的竞争限制。

还有一个问题是，如果无法实现完全竞争，则需要某种替代模型来解释不完全市场如何运作或应当如何运作。特别是，有必要决定如何对待垄断企业或占支配地位的企业，并且需要一个适当的理论来处理寡头垄断。寡头垄断是一种常见的行业现象，少数企业在市场上供应大部分产品，而其中任何一家都没有明显的优势。一些经济学家认为，由于最常见的市场形式是寡头垄断，竞争

---

[25] SCHERER F M, ROSS D. Industrial Market Structure and Economic Performance [M]. 3rd ed. Boston: Houghton Mifflin, 1990: 44-46；另见：BISHOP S, WALKER M. The Economics of EC Competition Law [M]. 3rd ed. London: Sweet & Maxwell, 2010: 21, fn 17.

[26] BORK R H. The Antitrust Paradox [M]. New York: The Free Press, 1993: 114-115.

[27] 参见：EVANS D S, HYLTON K N. The Lawful Acquisition and Exercise of Monopoly Power and Its Implications for the Objectives of Antitrust [J]. Competition Policy International, 2008, 4 (2): 203; SIDAK J G, TEECED J. Dynamic Competition in Antitrust Law [J]. Journal of Competition Law and Economics, 2009, 5 (4): 581；亚历克斯·奇肖姆（Alex Chisholm）于2014年12月10日发表的演讲《数字巨人：从噪音中分离信号，从愤怒中分离声音》（Giants of digital: separating the signal from the noise and the sound from the fury），可在 www. gov. uk/cma 上查阅。

[28] 参见：GARRAHAN M. The Rise and Fall of My Space [N]. Financial Times, 2009-09-04（可在 https: //www. ft. com/上查阅）.

政策应围绕这种现象的分析模型而不是完全竞争理论来设计。[29]

（D）质疑将竞争本身作为目标

一项单独的调查考虑了竞争是否明显有益。有一些论点认为竞争可能不会为社会带来最好的结果。

（i）规模经济和自然垄断

首先是规模经济、范围经济和“自然垄断”现象。[30] 在某些市场中，规模经济可能很显著，这意味着单位产出的平均成本随着产出规模的增加而降低。如果同时生产两种产品比分开生产要便宜，就会产生范围经济。在某些市场中，只有提供至少总产量的1/4或1/3的企业才能获利，甚至可能只有市场份额超过50%的企业才能实现“最低效率规模”的经营，因此垄断可能被视为自然的市场条件。[31] 同样，范围经济可能对获利行为至关重要。自然垄断是指这样一种情况，即规模经济如此之大，以至于两个或两个以上竞争的生产者将无法并存，因此效率决定了只有一家企业为整个市场服务。自然垄断是一种经济现象，受技术限制驱动，与法定垄断形成对照。法定垄断是法律赋予的将竞争对手排除在市场之外的权利。在存在自然垄断的地方，试图达到一定程度的竞争是不适当的，例如，规定市场中应有特定（或最低）数量的竞争者，这将破坏自然垄断所带来的效率。如果还要求“自然垄断者”履行“普遍服务义务”，例如每天以统一价格向所有邮政地址投递信件，则可能会加剧该问题。在正常的市场条件下，履行此类义务可能不会有利可图，因此国家可以对受托执行此类任务的经营者授予法定垄断权。根据欧盟和英国竞争法，国家授予的“特殊或专有权利”的合法性是本书要考虑的更复杂的问题之一。[32]

如果最低效率规模相对于总产出而言非常大，那么就会出现另一个问题，即该行业如何以对整个社会都有利的方式运作。公有制可能是一个解决办法。或者，可以在将生产者留在私营部门的同时实行一种管制制度。[33] 另一个可能

---

[29] 关于默契合谋、寡头垄断和平行行为，参见第14章。

[30] LIPSEY R，CHRYSTAL A. Economics［M］. 13th ed. Oxford：Oxford University Press，2015：291－293；SCHERER F M，ROSS D. Industrial Market Structure and Economic Performance［M］. 3rd ed. Boston：Houghton Mifflin，1990：97－141.

[31] 参见：SCHMALENSEE R. The Control of Natural Monopolies［M］. Lexington：Lexington Books，1979；SHARKEY W W. The Theory of Natural Monopoly［M］. Cambridge：Cambridge University Press，1982.

[32] 参见第6章第280～308页“《欧盟运行条约》第106条——遵守条约”和第9章第448～449页“具有一般经济利益的服务”。

[33] 参见第23章第1221～1224页“管制行业”。

性是，应允许企业竞标特许经营权，以在规定的时间段内经营所涉行业，届满时将进行下一轮竞标。换句话说，尽管在特许经营期间行业内没有实际竞争，但运营该行业会有周期性竞争。[34] 例如，在英国，企业竞标铁路特许经营权或国家彩票经营权时，就会发生竞争。如果一家企业在竞标时受到有效竞争，那么它在赢得竞标后可能拥有的100%的市场份额就不能准确反映其市场支配力。[35]

（ii）网络效应和双边市场

（a）网络效应

某些市场具有“网络效应”的特征。[36] 当产品的价值随着使用同一产品的其他消费者数量的增加而增加时，就会产生直接的网络效应。直接网络效应的一个简单示例是电信网络。假设电信公司的网络有100个用户，再进一步假设电信网络的用户不可能与其他有竞争关系的网络的用户进行通信。如果一个新用户订阅了电信系统，则100个原始用户现在可以与其联系，而自己不需要承担任何额外费用：因此，有时将这些用户的利益称为网络外部性。以同样的方式，随着越来越多的人使用同一搜索引擎，用户会从中受益：使用搜索引擎的消费者越多，它将收集更多有关用户的数据，这反过来将改善搜索结果，消费者自己也从中受益。在这种情况下，线上销售者和内容提供商将越来越希望它们的产品和信息在搜索引擎中获高位排名，从而使该系统对使用它的消费者变得更加有价值。这就是所谓的间接网络效应。

（b）双边市场

在上面给出的用户加入电信网络的简单示例中，由于加入该网络的消费者数量的增加，网络的价值增加了。然而，存在一些市场，通常被称为“双边市场”[37]，其中迎合了两个或多个客户群，并且随着更多的消费者加入市场的另

[34] 参见：DEMSETZ H. Why Regulate Utilities? [J]. The Journal of Law and Economics，1968，11（1）：55－66；有关对特许经营竞标思想的批评，参见：WILLIAMSON O E. Franchise Bidding for Natural Monopolies in General and with Respect to CATV [J]. The Bell Journal of Economics，1976，7（1）：73－104.

[35] 有关所谓的“投标市场”的进一步讨论，参见本章第50~51页“市场份额”。

[36] 参见英国《合并评估指南》第5.2.20段、第5.7.16段和第5.8.6段，可在www.gov.uk/cma上查阅。进一步参见：JOHNSON P A. Network Effects，Antitrust，and Falsifiability [J]. Journal of Antitrust Enforcement，2017，5（3）：341.

[37] 有关双边市场的讨论，参见英国竞争上诉法庭在1262/5/7/16（T）*Agents'Mutual Ltd v Gascoigne Halman Ltd* [2017] 案中的判决第136~142段；ROCHET J C，TIROLE J. Platform Competition in Two－Sided Markets [J]. Journal of the European Economic Association，2003，1（4）：990；*Antitrust Law Journal* 2006年第73卷第571页之后和 *Competition Policy International* 2007年第3卷第147页之后的系列文章；BISHOP S，WALKER M. The Economics of EC Competition Law [M]. 3rd ed. London：Sweet & Maxwell，2010：paras 3.042－3.045；AUER D，PETIT N. Two－Sided Markets and the Challenge of Turning Economic Theory into Antitrust Policy [J]. The Antitrust Bulletin，2015，60（4）：426；经济合作与发展组织圆桌会议“双边市场”（Two－side Markets），可在https：//www.oecd.org/competition上查阅。

一侧出现了网络效应。一个简单的例子是报纸。报纸出版商出售广告版面；它还向市民提供报纸，有时是按标价出售，有时是免费的。出版商销售广告版面的能力随着预期阅读报纸的市民数量的增加而增加。商业电视广播公司的情况也是如此：足球世界杯决赛期间的广告时段将非常昂贵，因为存在向大量人群宣传产品的机会。信用卡的供需上也存在相同的现象：接受某信用卡的商家越多，选择并使用该卡的消费者就越多；消费者使用该卡的次数越多，接受该卡的商家就越多。[38]

(c) 网络效应和竞争政策

网络效应可能对竞争产生积极影响，因为随着产品变得越来越受欢迎，消费者的境况会更好。电信网络实用性的增加对于经营者和用户都是有价值的。在信用卡系统运营良好的情况下，商家、发卡机构和消费者都将从中受益。但是，网络效应也可能对竞争产生负面影响，尤其是在特定市场中所有或大部分客户决定选择一家企业的产品或一种特定技术的情况下，其结果是一家企业或一种技术最终主宰市场。几年前，当高清光盘刻录机首次投放市场时，就有两种竞争技术——HD DVD 和蓝光（Blu - ray）。当所有主要电影制片厂都选择蓝光格式时，市场倾向于使用蓝光格式。同样，在欧洲经济区中，谷歌的通用互联网搜索引擎得到了市场的青睐。[39] 如果发生市场偏爱的情况，或者这如果是合并的结果，则竞争政策的问题就是确定应如何解决该事宜。存在多种可能性，包括在合并案[40]中的补救措施以及应允许第三方获得受市场偏爱的企业的产品；但是，强制性获得创新公司的成功产品的风险可能会使首先创造产品的投资减少。[41]

关于双边市场的一个特定观点是，乍一看似乎具有反竞争性的定价做法可能在其特定环境下具有客观理由。[42] 例如，当免费提供一个电子邮件账户时，服务提供商将被视为存在掠夺性行为，因为其提供的产品价格低于生产成本，

---

[38] 参见：BAXTER W F. Bank Interchange of Transactional Paper：Legal and Economic Perspectives［J］. Journal of Law and Economics，1983，23（3）：541.

[39] 欧盟委员会将网络效应视为进入一般互联网搜索市场的障碍之一：*Google Search*（*Shopping*）案，欧盟委员会于2017年6月27日作出的决定，第292～296段。

[40] 参见例如 M 8124 *Microsoft/LinkedIn* 案2016年12月6日的决定，其中第347～351段专门讨论了达到“临界点”的不利影响；欧盟委员会随后批准了该合并案，但必须采取旨在维持专业社交网络之间竞争的补救措施。

[41] 特别参见第17章第865～881页“拒绝供应”中有关拒绝供应的法律和所谓的“基本设施”原则。

[42] 参见：EVANS D S. The Antitrust Economics of Free［J］. Competition Policy International，2011，7（1）：70.

如果其处于支配地位，则将被视为滥用（市场支配地位）；但是，在双边市场中，如果“免费”电子邮件账户由市场另一侧的广告销售支付，则此分析可能是错误的。

（iii）特殊行业

除了将竞争引入可能被视为自然垄断的市场的复杂性外，社会或政治价值判断还可能得出这样的结论：竞争在特定的经济部门是不适当的。农业就是一个明显的例子。立法机关倾向于认为农业具有特殊性，从而使其免受竞争体系的潜在残酷影响。欧盟的共同农业政策就是一个明显的例子。[43] 同样，将劳动力市场置于竞争的全面约束之下也可能被认为是不合适的（或在政治上是不可能的）。欧洲法院在 *Albany International BV v Stichting Bedrijfspensioenfonds Textielindustrie* 案[44]中的判决证明了这一点。该判决得出结论，代表雇主和雇员的组织之间的集体谈判不在《欧盟运行条约》（Treaty on the Functioning of the European Union，TFEU）第 101 条适用范围之内。国防工业可能被排除在竞争法审查之外。[45] 另外，尽管近些年来，这些行业中的限制性做法受到竞争法的审查，但有一种倾向是避免坚持认为自由职业应该采取任何令人反感的手段（如价格竞争或广告宣传）来“玷污自己的双手”。[46] 欧洲法院裁定，与保护合法公共利益的监管体系相称且相辅相成的限制性职业规则不在《欧盟运行条约》第 101 条第 1 款的规制范围之内。[47] 另外，很明显，某些体育规则可能会违反比赛规则。例如，欧盟委员会认定国际滑冰联盟（the International Skating Union，ISU）关于对未经 ISU 授权参加速滑比赛的运动员处以严厉处罚的规则违反了《欧盟运行条约》第 101 条第 1 款。[48]

（iv）有利的竞争限制

另一个论点是，在某些情况下，限制竞争可以产生有益的结果。这可能以各种方式体现出来。一个例子显示，由于竞争压力而被迫将成本削减到最低的企业将在安全检查方面节省开支。这一论点在运输行业尤为重要。在运输行业，有时人们担心安全保障可能服从于利润动机：航空公司在价格上展开激烈

---

[43] 关于欧盟竞争法对农业领域的不适用，请参见第 23 章第 1204 ~ 1209 页“农业”。

[44] 案例 C－67/96 EU：C：1999：430；参见第 3 章第 109 ~ 111 页“雇员、工会及集体劳动关系”。

[45] 有关欧盟法律中的立场，请参见第 23 章第 1204 页“军事装备”。

[46] 参见第 13 章第 682 ~ 684 页“广告限制”。

[47] 案例 C－309/99 *Wouters v Algemene Raad van de Nederlandse Orde van Advocaten* EU：C：2002：98；参见第 3 章第 169 ~ 173 页“监管辅助：欧洲法院对于 *Wouters* 案的判决”。

[48] 欧盟委员会新闻稿 IPA 7/5184，2017 年 12 月 8 日；参见第 3 章第 173 ~ 174 页“第 101 条第 1 款在竞技规则上的适用”。

竞争就是一个例子。也许可以使用特定的安全法规来克服这种焦虑。寻求增加利润的垄断者可能会在安全方面表现出与竞争公司同样的无视。在20世纪90年代末和2000年发生了一系列严重的铁路事故之后，英国Railtrack（后来被Network Rail取代）受到指控。在将NATS（前英国国家空中交通服务公司）私有化之前的辩论中，安全是一个重要问题。一个相关的论点是，较高的酒精价格以及对酒精供应商之间的价格竞争的限制，可以避免饮酒者和社会其他人受过量饮酒的有害影响。[49] 苏格兰、英格兰和威尔士都已制定立法来解决这一问题。[50]

如果两个或两个以上的企业通过一致行动并限制彼此之间的竞争而能够开发新产品或以更有效的规模生产商品或服务，那么对一般公众的好处可能是相当大的。欧盟和英国竞争法承认，在某些情况下，限制竞争但却产生有益效果的协议是可以容忍的。[51] 这一点的另一个例子是，生产者可能会对其分销商施加限制，以确保它们以最有效的方式推广其产品；尽管这可能会减少其自身产品的竞争（品牌内竞争），但净效果可能是增强其产品相对于其竞争者生产的产品的竞争优势（品牌间竞争）。[52] 这些例子表明，全面禁止限制竞争的协议将剥夺公众的实质利益。

（v）道德和其他异议

对竞争的更根本的反对意见可能是，从某种意义上说，它本质上是令人反感的。企业为追求优势而进行竞争这一观念在道德上可能是不合理的。一种论点（现在已不太可信）是，“残酷的”竞争意味着企业被迫收取越来越低的价格，直到最终恶性循环导致它们为了完全保住客户而收取低于边际成本的价格。其必然结果是破产。在20世纪上半叶，英国工业界普遍认为，竞争是“有害的”，甚至具有破坏性。正是这种根深蒂固的观念促使英国在1948年采用了务实且不受教条约束的控制制度。[53] 直到50年后的1998年英国竞争法颁布后，英国才最终通过了一项旨在根除卡特尔[54]的立法。从经济学上讲，竞争

---

[49] 参见英国竞争与市场管理局对地方当局的建议“高强度酒精计划：竞争法建议”（High - Strength alcohol scheme：competition law advice），2014年12月，可在www. gov. uk/cma上查阅。

[50] 在苏格兰，参见2012年酒精（最低价格）（苏格兰）法案；在*Scottish Whisky Association v Lord Advocate*［2017］UKSC 76案中，英国最高法院宣布该法案符合欧盟法律；在英格兰和威尔士，参见2003年许可法（强制性条件）2014年令（SI 2014/1252）。

[51] 关于横向合作协议，参见第15章。

[52] 关于纵向协议，参见第16章。

[53] 参见：ALLEN G C. Monopoly and Restrictive Practices［M］. London：George Allen & Unwin，1968.

[54] 关于这些权力，参见第10章第489~501页“询问和调查”和第513~518页“处罚”。

是一项导致破产的残酷事情的说法是站不住脚的，但工业家们确实会使用这种说法。

（vi）产业政策

各国对促进企业家成功和为公民提供就业有着明显的兴趣，它们还可能希望对海外经营者在当地经济中进行投资的范围进行控制。反对促进竞争的一个实际理由是，它可能被认为对这种“产业政策”的总体目标是有害的。公认的建议是，在完全竞争的条件下，企业将进行创新以保住老客户或吸引新客户。但是，政府经常鼓励企业进行合作，以实现规模经济或提高研发效率；并且它们可能会采取促进“国家领军企业”发展的政策，使这些企业在国际市场上成为有影响的竞争者。[55] 英国政府于 2017 年提议设立“产业战略挑战基金”，以支持英国在机器人、清洁能源和生物技术方面的研究和创新。[56] 英国竞争与市场管理局随后建议政府，在决定如何分配资金时，决策者应考虑资金如何受到竞争和竞争力的影响并对其产生影响。[57]

在某些情况下，如果创新者、企业家和冒险者沉迷于昂贵的技术项目，则可能需要竞争豁免。这在知识产权法中得到了承认，其通过防止盗用企业开发的商业创意来激励企业进行创新。[58] 在英国，专利权人被授予 20 年的专有权以利用其专利内容，[59] 对版权、外观设计和类似权利的所有者给予类似的激励和/或奖励。[60] 这是对以下事实的承认，即竞争在某些情况下会抑制创新；同时也表明了一味追求完全竞争理想的缺陷。竞争法与知识产权法之间的关系令人着迷，特别是在保持市场开放和摆脱垄断的渴望与通过授予垄断权来鼓励创新之间的紧张关系；然而，实际上，这种紧张关系比实际更为明显。[61] 这些问题将在第 19 章中讨论。

（vii）经济危机与竞争政策

2000 年代末期开始的全球经济危机在某些方面大声疾呼，要求放松甚至放弃竞争法的执行，以便为面临不确定财务前景的企业提供救济。全球竞争主

---

[55] 在某些合并案例中，这可能是一个重要问题：参见第 20 章第 1010 页“国家领军企业”。

[56] 《制定我们的产业战略》绿皮书，2017 年 1 月，可在 www. gov. uk 上查阅。

[57] 英国竞争与市场管理局对政府绿皮书的回应，2017 年 4 月，可在 www. gov. uk/cma 上查阅。

[58] 参见：CORNISH T，LLEWELYN W，APLIN D. Intellectual Property Law：Patents，Copyrights，Trademarks & Allied Rights [M]. 8th ed. London：Sweet & Maxwell，2013.

[59] 1977 年英国专利法，第 25 条。

[60] 1988 年英国版权、外观设计和专利法，第 12 条、第 13A ~ 15A 条、第 191 条、第 216 条、第 269 条。

[61] 参见第 19 章第 953 ~ 954 页“知识产权与竞争法之间是否存在不可避免的紧张关系？”

管机构拒绝了这种呼吁，认为竞争在经济不景气时期与良性时期一样重要。[62]

（viii）竞争必胜

在这项关于反对竞争的简要调查中，应指出的最后一点是，竞争过程包含不可避免的悖论。一些竞争者获胜是通过最具创新性、最能响应客户需求且最有效的方式生产商品或提供服务；一家企业可能会成功地以达尔文式的方式成功地击败竞争者。如果该企业随后被指责为垄断者，那将是奇怪的，而且确实是有害的。正如法官勒尼德·汉德（Learned Hand）在 *US v Aluminum Co of America* 案[63]中所指出的那样：

> ［A］单一的生产者可能仅凭其卓越的技能、远见和勤奋就可以成为一群活跃公司中的幸存者……曾被敦促参与竞争的成功竞争者，当它获胜时绝不应该被攻击。

（E）经验证据

一个单独的问题是，是否有任何经验证据来支持竞争案件或确实与竞争案件相矛盾；如果有的话，这些证据可以告诉我们什么。众所周知，要衡量诸如分配效率或创新归因于竞争对单个企业的压力的程度之类的事情很难。经济学家曾一度提出，产业结构、企业在市场上的行为与经济绩效之间存在直接的因果关系[64]：这通常被称为“结构－行为－绩效范式”。可以预见垄断会导致产量的限制和经济效率的损失：这种观点的自然结果是，竞争法应警惕可能有害于市场结构的任何作为或不作为，尤其是排除市场准入可能性的行为和导致参与者减少的合并行为。最近的观点是，这种示意性表示过于简单。尤其是，这种说法是不全面的，因为它是单向的，无法说明绩效本身在多大程度上影响结

---

[62] 参见：LOWE P. Competition Policy and the Economic Crisis［J］. Competition Policy International, 2009, 5 (2): 3（可在 https: //www. competitionpolicyinternational. com/competition – policy – and – the – economic – crisis/上查阅）；亚历克斯·奇肖姆（Alex Chisholm）在2014年9月11日发表的演讲“公众利益和基于竞争的合并控制”（Public interest and competition – based merger control），可在 www. gov. uk/cma 上查阅。

[63] 148 F 2d 416 (2nd Cir 1945)。

[64] 这种工业行为的示意图模型是由爱德华·S. 梅森（Edward S. Mason）在《大型企业的价格和生产政策》一文中首先提出的：MASON E S. Price and Production Policies of Large – Scale Enterprise［J］. American Economic Review, 1939, 29 (1): 61 – 74. 参见：SCHERER F M, ROSS D. Industrial Market Structure and Economic Performance［M］. 3rd ed. Boston: Houghton Mifflin, 1990: chs 3 and 4.

构和行为。[65] 例如，良好的绩效本身可能会通过吸引新的进入者进入一个行业而影响结构。

其他经济学家试图衡量垄断在多大程度上导致分配效率低下并导致社会无谓损失。[66] 当然，这种做法存在巨大的困难，许多已发表的研究成果因其研究方法而受到批评。谢勒（Scherer）和罗斯（Ross）在他们的书[67]中专门讨论了这个问题，并指出近年来对产业组织的实证研究的范围和强度都在急剧扩大。他们的结论是，尽管在这样的研究中存在理论上的问题，但市场结构和绩效之间确实存在重要的关系，并且研究应该继续下去。[68] 近年来的各种研究都检验了竞争、生产率和增长之间的正向关系。[69]

（F）可竞争的市场

一些经济学家提出了“可竞争市场”理论，竞争法可以以此为基础。[70] 根据该理论，只要企业经营的市场是“可竞争的”，即企业能够容易地进入或退出市场而不会产生沉没成本[71]或造成损失，企业将被迫确保最佳的资源配置。在一个完全竞争的市场中，进入行业是自由的，退出是无成本的。对退出的强调很重

---

[65] PHILLIPS A. Structure, Conduct and Performance: and Performance, Conduct and Structure [M] //MARKHAM J W, PAPANEK G F. Industrial Organization and Economic Development. Boston: Houghton Mifflin, 1970; SUTTON J. Sunk Costs and Market Structure: Price Competition, Advertising and the Evolution of Concentration [M]. Cambridge: MIT Press, 1991.

[66] WEISS L W. Concentration – Profit Relationship [M] //GOLDSCHMID H J, et al. Industrial Concentration: The New Learning. Boston: LittleBrown, 1974; GRIBBIN J D. The Postwar Revival of Competition as Industrial Policy: Goverment Economic Service Working Paper [M]. London: Price Commission, 1978; COWLING K, MUELLERD C. The Social Costs of Monopoly Power [J]. Economic Journal, 1978, 88 (352): 724 – 748; 利特柴尔德（Littlechild）的评论参见：LITTLECHILD S C. Misleading Calculations of the Social Costs of Monopoly Power [J]. Economic Journal, 1981, 91 (362): 348 – 363.

[67] SCHERER F M, ROSS D. Industrial Market Structure and Economic Performance [M]. 3rd ed. Boston: Houghton Mifflin, 1990: ch 11.

[68] SCHERER F M, ROSS D. Industrial Market Structure and Economic Performance [M]. 3rd ed. Boston: Houghton Mifflin, 1990: 447; 另见《竞争政策引起的消费者储蓄目标的发展》(The development of targets for consumer savings arising from competition policy)(OFT 386, 2002年6月)，可在 www. nationalarchives. gov. uk 上查阅。

[69] 参见例如：SYVERSON C. What Determines Productivity? [J]. Journal of Economic Literature, 2011, 49 (2): 326;《生产力与竞争：证据概述》(Productivity and competition: A summary of the evidence)(CMA 45, 2015年7月)，可在 www. gov. uk/cma 上查阅。

[70] 参见：BAUMOL W J, PANZAR J C, WILLIG R D. Contestable Markets and the Theory of Industry Structure [M]. rev. ed. San Diego: Harcourt Brace Jovanovich, 1988; BAILEYE E. Contestability and the Design of Regulatory and Antitrust Policy [J]. American Economic Review, 1981, 71 (2): 178 – 183.

[71] 参见本章第9～10页“完全竞争的模型是基于实践中不太可能观察到的假设”。

要，因为如果企业的获利机会消失，它应该能够离开该行业而不会蒙受损失。完全可竞争的市场不必是完全竞争的：完全竞争需要市场上有无数的卖方。在完全可竞争的市场中，即使竞争者很少，也可以实现经济上有效的结果，因为总是存在"撞了就跑者"（hit and run）进入市场的可能性。即使只有一两个企业在经营的行业，在没有进入或退出障碍的情况下，也可能是完全可竞争的，因此竞争主管机构也无须干预。[72] 该理论改变了竞争政策的重点，因为比起"传统"的完全竞争模型，它对有很少企业运营的市场更为乐观。话虽如此，可竞争理论是否真的为传统的产业经济学思想增加了很多东西，还是仅涉及重点的差异，这是值得怀疑的。

（G）有效竞争

有效竞争意味着企业受到来自实际和潜在竞争者以及消费者的合理程度的竞争约束，而竞争主管机构的作用是要看到这种约束存在或保留在市场上。[73] 这也意味着对低效率的竞争者没有特别的保护。

有效竞争的思想似乎不是任何特定竞争理论或模型的产物——完全的、可行的、可竞争的或其他的。事实上，考虑到本章已经讨论过的理论和假设的数量，以及其他许多没有讨论过的理论和假设，有效竞争的概念摆脱了理论包袱，可能有很多值得赞扬的地方。"有效竞争"一词出现在《欧盟合并条例》（the European Union Merger Regulation，EUMR）第2条第3款中，作为确定合并何时与内部市场不相容的测试的一部分：有效竞争不得显著受阻。欧盟电信框架指令规定，只有在没有"有效竞争"的情况下才应承担监管义务。[74] 欧盟法院和欧盟委员会也使用了这一术语。[75] 在英国，竞争与市场管理局的愿景、价值观和战略[76]包括在市场和商业模式不断发展的情况下鼓励"有效竞争"。天然气和电力市场管理局必须促进天然气及电力行业的有效竞争。[77] 金融行为监管局的经营目

---

[72] 参见例如：案例 *CHC Helicopter Corpn/Helicopter Services Group ASA*，Cm 4556（2000）。

[73] 另见：BISHOP S，WALKER M. The Economics of EC Competition Law ［M］. 3rd ed. London：Sweet & Maxwell，2010：ch 2.

[74] 第2002/21/EC号条例，OJ ［2002］ L 108/33，评论（recital）27。

[75] 参见例如：案例T－168/01 *GlaxoSmithKline Services Unlimited v Commission EU*：T：2006：265，第109段；案例T－321/05 *AstraZeneca AB v Commission EU*：T：2010：266，第175段；欧盟委员会《纵向限制指南》，OJ ［2010］ C 130/1，第107段；欧盟委员会《关于对占支配地位的企业滥用排他性行为适用〈欧盟运行条约〉第102条的执法重点的指南》（以下简称《第102条执法重点指南》），OJ ［2009］ C 45/7，第5～6段和第19段。

[76] CMA 13，2014年1月，可在www.gov.uk/cma上查阅。

[77] 2000年英国公用事业法案第9条和第13条，分别修订了1986年英国天然气法和1989年英国电力法。

标之一是促进有利于消费者利益的有效竞争[78]；使用或可能使用这些服务的不同消费者的需求、获取的便捷性、转换的方便性、进入壁垒和创新可能都与有效竞争的存在有关。[79]

(H) 结 论

在讨论结束时，也许可以得出这样的结论：尽管存在各种不同的理论以及与之相关的困难，但竞争的确具有足够的特性，可以促使人们作出有利于竞争的强有力的政策选择。总体而言，竞争性市场似乎可比垄断性或非竞争性市场提供更好的结果，并且给消费者带来明显的好处。[80] 英国政府表示：

> 企业之间的激烈竞争是强大而有效的市场的命脉。竞争有助于消费者获得大量收益。它鼓励企业通过减少闲置、降低成本压力和为高效的生产组织提供激励措施来进行创新。[81]

这就是近年来竞争政策被如此广泛接受的原因。对于竞争和自由市场的可取性的全球共识，可能比人类经济行为史上的任何时候都大。特别是，垄断或近乎垄断似乎确实会导致对产量的限制和价格的上涨，在竞争激烈的市场中有更大的动力来实现生产效率，只有垄断者才能创新的说法是站不住脚的，竞争为消费者提供了更大的选择余地。总结一下有效竞争可能带来的好处可能会有所帮助：

- 竞争促进分配效率和生产效率提升；
- 竞争给消费者带来更低的价格；
- 竞争意味着企业将开发新的和更好的产品以保住或赢得业务；
- 竞争使消费者可以选择购买的产品。

---

[78] 2000年英国金融服务和市场法第1E条；注意，第1B条第4款要求金融行为监管局履行其一般职能，以促进符合消费者利益的有效竞争；参见《金融行为监管局推进其目标的方法》(The FCA's approach to advancing its objectives) (2015)，可在 www. fca. org. uk 上查阅。

[79] 2000年英国金融服务和市场法第1E条第2款。

[80] 2013年英国企业和监管改革法第25条第3款要求竞争与市场管理局“寻求在英国境内外促进竞争，以造福消费者”。

[81] 白皮书《生产力与企业：世界一流的竞争制度》(Productivity and Enterprise: A World Class Competition Regime), Cm 5233 (2001)，第1.1段。

4. 竞争法的作用

（A）竞争法的目标

下一个必须考虑的问题是竞争法的目标。[82] 近年来，许多竞争主管机构都在解释和适用竞争法时强调了消费者福利的核心重要性。[83] 在前欧洲竞争政策专员尼莉·克罗斯（Neelie Kroes）2005 年的演讲中可以清楚地看到这一点：

> 如今，消费者福利已经被确立为欧盟委员会评估合并和违反关于卡特尔和垄断的条约规则的行为时适用的标准。我们的目标很简单：保护市场竞争，以此提高消费者福利和确保资源的有效分配。[84]

这并不意味着欧盟竞争法仅适用于可以证明存在面向最终消费者的超竞争价格的场合。欧洲法院从一开始就认识到，消费者也可能会受到损害竞争过程的行为的间接影响。例如，在 *T－Mobile* 案中，法院表示，竞争规则的设计“不仅是为了保护竞争者或消费者个体的直接利益，也保护市场结构，从而保护竞争本身”。[85] 这就是为什么《欧盟运行条约》第 102 条被认为适用于占支配地位的企业对其主要竞争者的收购，而不管这是否导致其将收取过高的价格。[86] 当然，竞争可能会带来痛苦的后果：如果一个竞争者比另一个竞争者更有效率，则前者将成功，后者将被击败而退出市场。正如我们将看到的，欧盟竞争法承认这一点，并没有为效率较低的竞争者提供保护。[87]

有理由指出，尽管消费者福利标准目前处于上升阶段，但多年来以竞争法的名义追求了许多不同的政策目标。其中一些根本不是植根于技术意义上的消费者福利概念，而另一些则明显不利于追求分配效率和生产效率。结果有时会出现不一致和前后矛盾，但是读者在了解法律本身之前也应该意识到这一点。[88] 从历史上看，没有一项单一的统一的政策作为欧盟和英国竞争法的基

---

[82] 参见：ZIMMER D. The Goals of Competition Law [M]. Cheltenham：Edward Elgar，2012.

[83] 有关讨论，参见例如：FARRELL J，KATZ M L. The Economics of Welfare Standards in Antitrust [J]. Competition Policy International，2006，2（2）：15.

[84] SPEECH/05/512，2005 年 9 月 15 日，可在 www. ec. europa. eu/competition/speeches/上查阅。

[85] 案例 C－8/08 *T－Mobile Netherlands BV* EU：2009：343，第 38 段。

[86] 参见案例 6/72 *Europemballage and Continental Can v Commission* EU：C：1973：22，第 20～26 段。

[87] 参见本章第 25～26 页“保护竞争者”和第 5 章第 247～248 页“保护竞争者还是保护竞争？”。

[88] ODUDU O. The Wider Concerns of Competition Law [J]. Oxford Journal of Legal Studies，2010，30（3）：599.

础。尤其是竞争政策并不是在真空中存在的：它是社会当前价值观和目标的一种表达，与一般的政治思想一样容易发生变化。由于观点和见解会随着时间的推移而发生变化，因此竞争法充满了张力。不同的竞争法体系反映出不同的关注点，这是进行比较分析时的重点。[89] 如前所述，竞争法目前已在 130 多个国家中被采用，这些国家的经济体制和经济发展状况可能会大相径庭。不可能假设每个体系都有相同的关注点。一些国家会比其他国家更热衷于竞争。

（i）消费者保护

除了技术意义上的消费者福利最大化外，竞争法还有几个不同的目标。竞争法首先保护消费者的利益，不是（或不仅是）通过保护竞争过程本身，而是应通过对违规企业采取直接行动，例如要求占支配地位的企业降低价格。竞争法应被视为具有“消费者保护”功能，这在原则上当然是正确的：最终，竞争过程本身就是为了给消费者带来利益。但是，存在竞争法可能以更“民粹主义”的方式被引用的可能性。当部长们（着眼于公众舆论）暗示垄断者和非垄断者都在收取过高的价格时，就会周期性地发生这种情况。经过深入的调查，英国竞争与市场管理局于 2016 年 6 月发表了一份关于英国批发和零售能源市场的报告，并进行了一系列修改，以使市场更好地为消费者服务；[90] 但是，英国政府对此并不满意，并于 2018 年 2 月提出了国内天然气和电力（关税上限）法案。利用竞争法直接控制价格的一个问题是，在确定竞争性市场会为特定产品或服务设定什么样的价格时，竞争主管机构处于不利的地位。事实上，通过固定价格，它们可能会进一步扭曲市场的竞争格局。[91] 为赢得选举吸引力而采取的民粹主义措施最终可能比高价格本身更具危害性。

同样，如果生产者坚持认为经销商应以固定价格出售其所有产品，或者经销商应提供一揽子产品和售后服务，则消费者可能会受到伤害，或者至少认为自己受到了伤害。在这里，消费者的选择受制于生产者的决定。出于这一原因，竞争法可能会禁止维持转售价格或搭售，尽管有些人认为这种干预是不可

---

[89] 关于美国和欧盟竞争法政策之间的差异，参见例如：JEBSEN P，STEVENS R. Assumptions，Goals and Dominant Undertakings：the Regulation of the US Competition under Article 86 of the European Union ［J］. Antitrust Law Journal，1996，64（3）：443.

[90] 《能源市场调查》（Energy Market Investigation），2016 年 6 月 24 日；有关该调查的完整详细信息，可在 www. gov. uk/cma 上查阅。

[91] 参见：案例 *Supermarkets* Cm 4842（2000）（拒绝监管杂货产品的定价），可在 www. nationalarchives. gov. uk 上查阅。

取的：生产者限制品牌内竞争，但结果可能会加剧品牌间竞争。[92] 痴迷于保护消费者也可以被认为是短视的，因为从长远来看，生产者可能会选择完全放弃市场，而不是遵守不合理的竞争法。这对消费者福利的长期损害将远大于短期利益。[93]

（ii）再分配

竞争法的第二个可能目标是经济实力的分散和财富的再分配：促进经济公平而不是经济效率。[94] 垄断者、跨国公司或企业集团手中的资源聚集可被视为对民主、个人选择自由和经济机会这一观念的威胁。由于人们对大企业存在根本性的不信任，这一论点在美国已经产生了很多影响。美国前总统罗斯福于1938年警告国会：

> 如果一个民主国家的人民容忍私人权力发展到比民主国家本身更强大的程度，民主的自由就不安全……今天，在我们中间，一种历史上无可比拟的私人权力的集中正在滋长。[95]

根据美国反托拉斯法，当时世界上最大的公司AT&T被分拆。对于美国司法部针对微软提起的诉讼，一些评论家感到担忧的是，这等于是对一家非常成功的企业的攻击[96]，而另一些人则对试图抑制其无可置疑的经济实力表示欢迎[97]。同样，对于竞争主管机构是否应该对谷歌等互联网公司采取行动也存在分歧。[98] 欧盟委员会于2017年6月决定对谷歌处以24.2亿欧元的罚款，原因

---

[92] 有关讨论，参见：WRIGHT J D. The Antitrust/Consumer Protection Paradox：Two Policies at War with Each Other［J］. Yale Law Journal，2012，121：2216. 特别参见有关纵向协议的第16章。

[93] 这是博克（Bork）在《反托拉斯悖论》中最不可忽视的论据之一：BORK R H. The Antitrust Paradox［M］. New York：The Free Press，1993.

[94] 参见：ODUDU O. The Distributional Consequences of Antitrust［M］//MARSDEN P. Handbook of Research in Trans－Atlantic Antitrust. Cheltenham：Edward Elgar，2007：ch 23.

[95] 83 Cong Rec 5992（1938）。

[96] 要获得对 *Microsoft* 案的高度批评的看法，参见：MCKENZIER B. Antitrust on Trial：How the Microsoft Case Is Reframing the Rules of Competition［M］. 2nd ed. Cambridge，MA.：Perseus Publishing，2001.

[97] 参见："Now Bust Microsoft's Trust"，载于1999年11月13日 *The Economist*；"Bill Rockfeller?"，载于2000年4月29日 *The Economist*。

[98] 参见例如：MANNE G A，WRIGHT J D. Google and the Limits of Antitrust：The Case Against the Antitrust Case Against Google［J］. Harvard Journal of Law and Public Policy，2011：34（1）：171；BORK R H，SIDAK J G. What does the Chicago School Teach about Internet Search and the Antitrust Treatment of Google?［J］. Journal of Competition Law and Economics，2012：8（4）：663；WIETHAUS L. Google's Favouring of Own Services：Comments from an Economic Perspective［J］. Journal of European Competition Law & Practice，2015，6（7）：506.

是谷歌在其通用搜索引擎结果中非法偏袒自己的比较购物服务。谷歌向欧盟普通法院提出上诉，这将在很长一段时间内引起争论。[99] 对财富不平等的日益关注导致人们对竞争法是否发挥重要作用这一问题重新产生了兴趣。[100]

（iii）保护竞争者

与竞争法应关注再分配的观点相关的是，竞争法的适用应保护小企业免受更强大的竞争者的侵害：竞争主管机构应保持戒心，并确保"小家伙"有获得成功的公平机会。换句话说，有些人认为竞争法应关注竞争者以及竞争过程。这个想法有一段时间在美国很有吸引力，特别是在首席大法官沃伦（Warren）在 20 世纪 60 年代领导最高法院的时期。但是，必须意识到，为了保护小企业而停止达尔文式的斗争（最有效率者成功，弱者消失）在技术经济学意义上可能直接与消费者福利的理念背道而驰。竞争法可能被用来保留低效者并阻碍高效者的表现。在美国，芝加哥学派的经济学家特别严厉地抨击青睐小竞争者的"非批判性情感"。尤其是自 20 世纪 80 年代以来，美国法律的发展明显不那么感性了。[101] 对于芝加哥学派而言，反托拉斯案件中的基本问题应该是，正在调查的行为是否可能导致消费者支付更高的价格，以及这些价格是否能够在竞争的压力下维持下去。反垄断干预措施保护竞争者免受更有效率的竞争者的影响，这对社会和消费者福利都是有害的。如果进入和退出的壁垒很低，那么即使市场份额高的企业也会受到竞争的限制，因此通常不需要竞争主管机构的干预。

毫无疑问，在某些情况下，欧盟竞争法是在考虑到竞争者的情况下适用的：这在根据《欧盟运行条约》第 102 条作出的一些决定中尤其明显。一些评论员将这一现象追溯到所谓的"弗莱堡学派"（Freiburg School）的秩序自由

---

[99] 欧盟委员会 2017 年 6 月 27 日的决定；上诉案例 T－612／17 *Google v Commission*，尚未裁决。

[100] 参见例如：LEIGH A，TRIGGS A. Markets，Monopolies and Moguls：The Relationship between Inequality and Competition［J］. Australian Economic Review，2016，49（4）：389；ENNIS S F，GONZAGA P，PIKE C. Inequality：A Hidden Cost of Market Power：2017［EB/OL］. https：//search. oecd. org/daf/competition/Inequality－hidden－cost－market－power－2017. pdf；HOVENKAMP H J. Antitrust Policy and Inequality of Wealth［J］. CPI Antitrust Chronicle，2017，1：1；DIERX A，ILZKOVITZ F，PATARACCHIA B，et al. Does EU Competition Policy Support Inclusive Growth?［J］. Journal of Competition Law & Economics，2017，13（2）：225；KUKOVEC D. Economic Law，Inequality，and Hidden Hierarchies on the EU Internal Market［J］. Michigan Journal of International Law，2016，38（1）：1－13；GAL M. The Social Contract at the Basis of Competition Law［M］//GERARD D，LIANOS I. Reconciling Efficiency and Equity：A Global Challenge for Competition Policy. Cambridge：Cambridge University Press，2019.

[101] 参见例如：FOX E M. What is Harm to Competition? Exclusionary Practices and Anticompetitive Effect［J］. Antitrust Law Journal，2002，70（2）：371.

主义的影响。[102] 弗莱堡学派的学者认为，自由市场是自由经济的必要组成部分，但其本身并不足够。必须制定经济宪法来限制企业的经济实力，但政府又不能不加约束地控制企业的行为：公共权力可能与私人权力一样有害。可以制定法律规则来实现这两个目标。毫不奇怪，这种思想的受益者将是中小型企业。这与弗莱堡学派成员所担心的垄断者和卡特尔完全相反。毫无疑问，秩序自由思想对20世纪50年代建立欧洲三个共同体的主要人物产生了影响。[103] 这可能导致作出了这样的决定和判决，在其中法律适用于保护竞争者而不是竞争过程，尽管秩序自由主义在竞争法案件中的作用被夸大了：一些评论人士断言，经济效率从一开始就是竞争政策的关键目标。[104] 但是，在不质疑欧盟初期作出的决定是否适当的情况下，可以质疑在新的世纪中是否适合采用这种方法：对于应用竞争规则以实现经济效率而不是经济公平，还有很多话要说。这两个想法被尴尬地放在一起：实际上它们可能相互矛盾，因为一个高效率的企业将不可避免地能够击败效率较低的竞争对手，它们在市场中的地位不应由竞争主管机构基于政治偏好或如博克（Bork）可能说的"（出于）情感"而决定。在 *Intel v Commission* 案[105]中，根据《欧盟运行条约》第102条，欧洲法院大审判庭表示：

> 并非每种排他效应都必定不利于竞争。顾名思义，基于价值的竞争可能导致一些竞争者退出市场或被边缘化，这些竞争者的效率较低，因此从价格、选择、质量或创新等角度来看对消费者的吸引力不大。[106]

这个问题将在后面的章节中进一步讨论，尤其是在有关占支配地位的企业的滥用行为的第5章、第17章和第18章中，我们将特别看到欧盟委员会明确认为《欧盟运行条约》第102条是保护竞争而非保护竞争者的手段。

---

[102] 参见：GERBER D. Law and Competition in Twentieth Century Europe：Protecting Prometheus［M］. Oxford：Clarendon Press，1998：ch Ⅶ；EUCKEN W. The Competitive Order and Its Implementation［J］. Competition Policy International，2006，2（2）：219；AHLBORN C，GRAVE C. Walter Eucken and Ordoliberalism：An Introduction from a Consumer Welfare Perspective［J］. Competition Policy International，2006，2（2）：197；VANBERG V J. The Freiburg School：Walter Eucken and Ordoliberalism［EB/OL］. https：//www. eucken. de/en？ s = The + Freiburg + School%3A + Walter + Eucken + and + Ordoliberalism&lang = en.

[103] 参见：GERBER D. Law and Competition in Twentieth Century Europe：Protecting Prometheus［M］. Oxford：Clarendon Press，1998：263－265；本书第9章。

[104] 参见：AKMAN P. Searching for the Long－Lost Soul of Article 82 EC［J］. Oxford Journal of Legal Studies，2009，29（2）：267.

[105] 案例 C－413/14 P EU：C：2017：632。

[106] 同上，第134段和引用的判例法。

(iv) 不正当竞争

另一个问题是竞争法是否应当以及在何种程度上关注市场的“公平”或公平交易。[107] 如果一家企业假装其产品是由具有更好声誉或品牌形象的其他人生产，并获得竞争优势，那显然是“不公平的”。企业沉迷于贬低竞争者产品从而扭曲竞争的做法也是“不公平的”。问题是竞争法是否应该甚至可以努力将“公平”作为一项抽象原则。与再分配和保护竞争者一样，在一个市场参与者与另一个市场参与者之间寻求公平的做法本身也会扭曲竞争过程。

(v) 其他问题

在某些案件中，尤其是涉及合并的情况下，有关当局可能会发现需要注意其他问题：是否考虑这些问题取决于适用的法律。[108] 例如，失业和区域政策是分析合并与合作协议时出现的问题；竞争抑制价格上涨的能力可能被认为是重要的；合并管制可用于防止外资对国内企业的收购；由于2000年代后期银行业的经济危机，英国政府允许LloydsTSB和HBOS之间的合并，否则合并可能被禁止或要进行修改[109]；南非法律明确规定，在某些情况下，应考虑到历史上处于不利地位的人（种族隔离的受害者）的立场[110]。

(vi) 单一市场势在必行

最后，重要的是要了解，欧盟范围内的竞争政策具有与上述竞争政策完全不同的附加功能（尽管欧盟法律也可能考虑适用上述竞争政策）。这就是竞争法在促进和捍卫单一市场方面起到的极其重要的作用。[111] 正如现任欧盟竞争政策专员玛格丽特·维斯塔格（Margrethe Vestager）所说：

> 欧洲的开国元勋们理解，没有单一市场就不会有真正的整合，而没有

---

[107] 参见例如：BAKHOUM M. A Dual Language in Modern Competition Law? Efficiency Approach versus Development Approach and Implications for Developing Countries [J]. World Competition, 2011, 34 (3): 495; DE PABLO L. Competition Law as Fairness [J]. Journal of European Competition Law & Practice, 2017, 8 (3): 147.

[108] 有关根据欧盟和英国法律适用于合并的相关测试，分别参见第21章第1066~1095页“实质性分析”和第22章第1160~1171页“‘实质性减少竞争’测试”。

[109] 参见第22章第1194~1198页“公共利益案件”。

[110] 1998年南非竞争法第2 (f) 条。

[111] 参见第2章第62~63页“单一市场势在必行”。另见：EHLERMANN C D. The Contribution of EC Competition Policy to the Single Market [J]. Common Market Law Review, 1992, 29 (2): 257; 欧盟委员会的《关于竞争政策的第29号报告》(1999年)，第3点。

中央竞争主管机构实施的强有力的竞争政策，就不会有良好运作的单一市场。[112]

单一市场的理念是，应消除欧盟内部的贸易壁垒，并且商品、服务、人员和资本应具有完全的迁徙自由。企业应该能够超越其本国市场，并在整个欧盟范围内以更有效的跨国规模经营。如今，单一市场的整合仍然像以往一样重要。[113] 竞争法在单一市场的整合中既有消极作用，也有积极作用。消极的一面是，它可以阻止那些试图维持一个国内市场与另一个国内市场隔离的措施：国家卡特尔、禁止出口和分割市场将受到严重惩罚。[114] 例如，任天堂因采取行动阻止游戏机及相关产品从英国出口到荷兰和德国而被处以1.49亿欧元的罚款。[115] 欧盟委员会对电子商务进行的行业调查在很大程度上是出于单一市场的考虑，并且是更广泛的数字单一市场计划的一部分。[116]

积极的作用是，可以以一种鼓励成员国之间贸易的方式来制定竞争法，部分方法是像一个现代流行语所说的那样通过"为欧洲提供公平的竞争环境"，而另一部分则是促进跨境交易和一体化。在某些情况下，可以允许不同成员国的企业之间进行横向合作[117]；并且可以允许一个成员国的生产者在另一成员国中指定独家分销商，从而打入一个它单独无法进入的市场[118]。欧盟竞争法已经（并将继续）受到单一市场一体化的影响；这意味着有时会有一些禁止某些行为的决定被作出，而这些决定并不会被那些不关心单一市场的竞争主管机构作出。面对某一特定企业的狭隘利益与整合国内市场的更广泛目标之间的冲突时，人们倾向于让前者服从于后者。

---

[112] 2015年10月13日的演讲《竞争政策的价值》（The Values of Competition Policy），可在www. ec. europa. eu上查阅。

[113] 关于市场一体化的重要性，参见欧盟委员会《纵向限制指南》（OJ［2010］C 130/1）第7段、蒙蒂（Monti）《单一市场的新策略：为欧洲经济与社会服务（2010）》［A New Strategy for the Single Market：At the Service of Europe's Economyand Society（2010）］，均可在www. ec. europa. eu上查阅。

[114] 关于欧盟委员会有权对违反《欧盟运行条约》第101条和第102条的行为处以罚款的权力，参见第7章第347~357页"第6章：处罚"。

[115] OJ［2003］L 255/33；在向欧盟普通法院提出上诉后，对任天堂的罚款被减少到1.19亿欧元：案例T－13/03 *Nintendo Commission* EU：T：2009：131。

[116] 参见《关于电子商务行业调查的最终报告》（the Final Report on the E－Commerce Sector Inquiry）［COM（2017）229 final，2017年5月10日］以及《欧盟委员会对其数字单一市场战略的中期审查》（the Commission's Mid－Term Review of Its Digital Single Market Strategy），均可在www. ec. europa. eu上查阅。

[117] 参见第15章。

[118] 参见第16章。

(B) 竞争倡导和竞争的公共限制

关于竞争法作用的最后一点是，可以有效地赋予竞争主管机构一项不同的任务，即审查将导致或已导致经济竞争扭曲的立法。现实情况是，国家和国际监管机构能够损害竞争过程，至少与市场上的私营经济经营者一样严重，例如通过对企业授予合法垄断、以其他方式限制市场上竞争者的数量或建立不适当的限制性法规。[119] 某些竞争主管机构被特别授权审查会扭曲竞争的立法。在所有类型的经济体中，竞争倡导都可发挥重要作用。在英国，竞争与市场管理局根据 2002 年英国企业法第 7 条行事，可提请部长们注意那些可能对竞争造成不利影响的法律或法律议案。[120] 经济合作与发展组织（The Organisation for Economic Cooperation and Development，OECD）已经发布了一项关于“竞争评估”的建议，即竞争主管机构应如何评估国家措施的竞争效果。[121] 国际竞争网络工作的很大一部分就是致力于竞争倡导。[122]

5. 市场界定和市场支配力

在开始研究法律的实质性条款之前，讨论一下市场界定和市场支配力的问题是有帮助的，因为这些思想会在后文中经常出现。如本章前面所述，竞争法首先涉及一个或多个企业拥有或将在合并后拥有市场支配力的问题。例如，以目前所理解和应用的，《欧盟运行条约》第 102 条中“支配地位”的法律概念等同于“实质市场支配力”[123] 这一经济概念。市场支配力使企业有可能在一段时间内以有利可图的方式提高价格或保持较高的价格；这里的“提高价格”一词包括限制竞争的其他方式，也可以作为其简称，例如通过限制产量或能力、抑制创新、减少产品或服务的种类或质量、剥夺消费者的选择权——显然

---

[119] 参见例如：1998 年南非竞争法第 21（1）（k）条，该条要求南非竞争委员会“审查立法和公共法规，并就允许不竞争行为的任何规定向部长报告”；2002 年印度竞争法第 49（1）条，该条规定印度竞争委员会可以审查立法，但前提是中央或邦政府向其征求意见。

[120] 参见第 2 章第 81 ~ 84 页“竞争与市场管理局的职能”。

[121] 参见：经济合作与发展组织《关于竞争评估的建议书》（Recommendation on Competition Assessment），2009 年 10 月，可在 www. oecd. org/competition 上查阅；国际竞争网络《关于竞争评估的推荐做法》（Recommended Practices on Competition Assessment），2014 年 4 月。

[122] 可以在 www. internationalcompetitionnetwork. org 上查阅国际竞争网络倡导工作组及其工作成果的任务说明。

[123] 参见例如欧盟委员会《第 102 条执法重点指南》，OJ［2009］C 45/7，第 10 段。

所有这些都不利于消费者福利。[124] 在完全竞争的市场中，没有企业具有市场支配力。在纯粹的垄断中，一家企业对消费者拥有绝对的控制权。这两个极端之间是连续的，并且存在多种程度的市场支配力。

市场支配力问题是竞争法和竞争政策的核心。在欧盟和英国竞争法中会发现各种法律测试和表述，但从本质上讲，它们都表达了对滥用市场支配力的担忧：

• 企业不应订立具有限制竞争作用的协议（《欧盟运行条约》第101条；1998年英国竞争法第1章禁止规定）：但是，任何此类限制必须是明显的，当一项协议没有以限制竞争为目的，且协议各方缺乏市场支配力时，存在一个“最低限度”例外。[125]

• 如果协议当事方的市场份额超过某一临界值，则当事方不能享受集体豁免权。[126]

• 企业不应滥用支配地位（《欧盟运行条约》第102条；1998年英国竞争法第2章禁止规定）。

•《欧盟合并条例》可能会禁止严重阻碍有效竞争的“集中”。

• 英国法律可能会禁止大大削弱竞争的合并（2002年英国企业法第3部分）。

• 当市场特征可能对竞争产生不利影响时，竞争与市场管理局可进行“市场调查”（2002年英国企业法第4部分），还可以找到其他变通方法。例如，在某些电信市场中，可以对具有“显著市场支配力”（significant market power）的企业施加监管义务。在此，“显著市场支配力”与《欧盟运行条约》第102条中的“支配地位”（dominance）具有相同的含义。[127]

这些规定中的每一个都反映出对市场支配力的滥用或潜在滥用的担忧。例如，占支配地位的企业可能会损害消费者福利，因为它们的市场支配力使它们能够限制产量并提高价格，或者排斥企业进入市场或使现有企业难以留在市场。对某些合并的担忧是，一旦合并发生，合并后的企业将能够使用比合并前更大的市场支配力。

欧盟和英国竞争法在确定一家或多家企业是否拥有或将拥有市场支配力时

---

[124] 参见：POSNER R A，LANDES W M. Market Power in Antitrust Cases［J］. Harvard Law Review, 1981, 94（5）：937；VICKERS J. Market Power in Competition Cases［J］. European Competition Journal, 2006, 2（1）：3；BLANCOL O. Market Power in EU Antitrust［M］. Oxford：Hart Publishing, 2011.

[125] 参见例如第3章第180~185页“最低限度原则”。

[126] 参见例如第4章第217~221页“集体豁免”。

[127] 参见第23章第1224~1227页“立法”。

采用两阶段程序。首先，根据可能存在的市场支配力来界定相关市场：这需要对相关产品市场和相关地理市场都进行界定。其次是确定一家或多家企业在相关市场中是否具有市场支配力。尽管市场界定是竞争法分析的共同特征[128]，但重要的是要了解这只是达到目的的一种手段，关键问题是一家企业或多家企业是否具有市场支配力。

（A）市场界定

如果“市场支配力”的概念是分析许多竞争问题的关键，那么很明显，有必要了解“市场”或“相关市场”的含义。这个概念是一个经济学概念。在很多情况下，律师可能需要聘请经济学家提供服务，来帮助其正确地描述市场，因为有时需要进行高度复杂的经济和计量经济学分析。

在过去的 25 年中，市场界定的“科学”有了长足的发展。有关如何界定市场的信息来源很多。国际竞争网络的《关于合并分析的推荐做法》是一个有用的文件，其中的第 2 部分讨论了市场界定问题。[129] 值得一提的是该文件中的一条特别评论：由于相关市场的边界可能不够精确，因此很难以数学精度界定市场。有些产品可能在“市场内部”，而另一些则可能在“市场外部”。但是，市场内部的产品不一定可以彼此完美替代，而市场外部的产品仍然可以提供竞争约束，不应仅仅因为市场界定而将其排除在竞争分析之外。[130] 在实践中，企业可能会在相关市场内部和外部面临一系列竞争性约束，因此不能忽视这一重要事实。在欧盟中，尤为重要的是欧盟委员会《关于为欧盟竞争法之目的界定相关市场的通知》[131]（以下简称《市场界定通知》），其中采用了所谓的“假定垄断者测试”（hypothetical monopolisttest，也称“SSNIP 测试”*）来界定市场。该通知提供了一个概念框架，可在其中考虑市场界定，然后解释了

---

[128] 市场界定的另一种替代方法是所谓的“UPP 检验”，它检验了销售差异化产品的企业之间合并导致的“向上定价压力”。参见：FARRELL J，SHAPIRO C. Antitrust Evaluation of Horizontal Mergers：An Economic Alternative to Market Definition［J］. The BE Journal of Theoretical Economics，2010，10（1）：9.

[129] 可在 www. internationalcompetitionnetwork. org 上查阅；另见瑞典竞争管理局《市场界定的优缺点》（The Pros and Cons of Market Definition）（2017 年 11 月），可在 www. konkurrensverket. se 上查阅。

[130] 参见例如 *Servie* 案中欧盟委员会于 2014 年 7 月 9 日作出的决定，第 2417 段；上诉案例 T－691/14 *Servier v Commission*，尚未裁决。

[131] OJ［1997］C 372/5；关于市场界定的更具体的指导，可以在欧盟委员会的以下文件中找到：《纵向限制指南》（OJ［2010］C 130/1）第 86～95 段；《〈欧盟运行条约〉第 101 条对横向合作协议的适用性指南》（OJ［2011］C 11/1，以下简称《横向合作协议指南》）第 112～126 段、第 155～156 段、第 197～199 段、第 229 段和第 261～262 段；《关于技术转让协议适用《欧盟运行条约》第 101 条的指南》（OJ［2014］C 89/3，以下简称《技术转让协议指南》）第 19～26 段。

* “SSNIP”即“small but significant and not transitory in price”。——译者注

界定市场时可能采用的一些技术。该通知试图借鉴欧盟委员会多年的市场界定经验，并采取与美国反托拉斯机构在横向合并分析中所采用的方法类似的方法[132]；英国竞争与市场管理局已通过了一项指南，该指南与欧盟委员会采取了相同的方法[133]。其他竞争主管机构也适用假定垄断者测试。[134]

欧盟委员会上述通知的第2段解释了为什么市场界定很重要：

> 市场界定是识别和界定企业之间竞争边界的工具。它起着建立欧盟委员会适用竞争政策的框架的作用。市场界定的主要目的是系统地确定企业所面临的竞争限制。在产品和地理维度上界定市场的目的是确定所涉及企业的实际竞争者，这些竞争者能够限制那些企业的行为，并能够阻止它们独立于有效的竞争压力的行为。

该段包含许多要点。第一，市场界定是一种分析工具，可帮助确定企业的竞争限制：市场界定提供了一个框架，可在其中评估企业是否具有市场支配力这一关键问题。第二，必须分析产品和市场的地理范围。第三，市场界定使仅来自实际竞争者的竞争限制得以识别，它对潜在竞争者一无所知。但是，正如该通知第13段所指出的，对企业的竞争限制主要来自三个方面：

- 需求可替代性；
- 供应可替代性；
- 潜在的竞争。

就像稍后将要解释的那样，需求可替代性是市场界定的本质。在某些情况下（尽管范围很窄），供应可替代性也可能是市场界定的一部分。但是，通常，供应可替代性不在市场界定之内，而属于潜在竞争的问题。在评估供应商的市场支配力时，还必须考虑到市场买方的任何抗衡力量。理解诸如潜在进入和购买者力量之类的因素是相关的非常重要，因为这意味着市场的特定份额本身不能表明企业具有市场支配力。如果有许多潜在的竞争者并且没有进入市场的障碍，那么一家拥有100%小部件市场的企业可能没有市场支配力。在判断一家企业是否具有市场支配力时，人们不应被数字所诱惑；市场份额当然是有帮助的；事实上，在某些情况下，市场份额非常重要：在《欧盟运行条约》

---

[132] 参见美国司法部和联邦贸易委员会《横向合并指南》（2010）第4条，可在 www. justice. gov/atr 上查阅。

[133] 参见《市场界定》（Market Definition，OFT 403，2004年12月），可在 www. gov. uk/cma 上查阅。

[134] 参见例如：《澳大利亚竞争和消费者委员会合并指南》，可在 www. accc. gov. au 上查阅；《新西兰商务委员会合并与收购指南》，可在 www. comcom. govt. nz 上查阅；《加拿大竞争局合并执行指南》，可在 www. competitionbureau. gc. ca 上查阅。

第 102 条规定的情况下[135]，50% 或 50% 以上的市场份额会造成一种可反驳的支配地位推定，而 30% 或 30% 以上的市场份额将阻止适用关于纵向协议的第 330/2010 号条例中的集体豁免。[136] 无论如何，计算企业的市场份额只是确定其是否具有市场支配力的一个步骤。

(B) 有必要界定相关市场的情况

通过考虑欧盟和英国竞争法中可能需要界定相关市场的情况，可以使前面的讨论不那么抽象。

(i) 欧盟竞争法

- 根据《欧盟运行条约》第 101 条第 1 款，在考虑一项协议是否具有限制竞争的明显效果时；[137]
- 根据《欧盟运行条约》第 101 条第 1 款，在考虑一项协议是否对成员国之间的贸易产生明显影响时；[138]
- 根据《欧盟运行条约》第 101 条第 3 款（b）项，在考虑一项协议是否会实质上消除竞争时；[139]
- 根据包含市场份额测试的大量集体豁免条款，例如关于纵向协议的第 330/2010 号条例[140]、关于研究与开发协议的第 1217/2010 号条例[141]以及关于专业化协议的第 1218/2010 号条例[142]；
- 根据《欧盟运行条约》第 102 条，在考虑企业是否具有支配地位时；[143]
- 根据《欧盟合并条例》，在确定一项合并是否会严重阻碍有效竞争时。[144]

---

[135] 参见第 5 章第 233 ~ 234 页“如果企业的市场份额达到或超过 50%，则根据 *AKZO* 案推定为具有支配地位”。

[136] 参见第 16 章第 818 ~ 821 页“第 3 条：市场份额上限”。

[137] 参见例如案例 C - 234/89 *Delimitis v Henninger Bräu*EU：C：1991：91，第 16 段；欧盟委员会《关于适用〈欧盟运行条约〉第 101 条第 3 款的指南》（OJ［2004］C 101/97）第 27 段。

[138] OJ［2004］C 101/97，第 55 段。

[139] 参见第 4 章第 212 ~ 213 页“第 101 条第 3 款的第四个条件：没有消除市场实质部分的竞争”。

[140] 参见第 16 章第 818 ~ 821 页“第 3 条：市场份额上限”。

[141] 参见第 15 章第 742 页“第 4 条：豁免期限以及市场份额门槛”。

[142] 参见第 15 章第 747 ~ 748 页“第 3 条：市场份额的门槛”。

[143] 参见第 5 章第 230 ~ 241 页“支配地位”。

[144] 参见第 21 章第 1072 ~ 1074 页“市场界定”。

（ii）英国法律

- 根据英国竞争法第1章禁止规定，在考虑协议是否具有限制竞争的明显效果时；[145]
- 根据英国竞争法第2章禁止规定，在考虑企业是否具有支配地位时；[146]
- 在确定1998年英国竞争法规定的处罚水平时；[147]
- 根据2002年英国企业法第3部分审查合并时；[148]
- 根据2002年英国企业法第4部分进行“市场调查”时。[149]

因此，市场界定在许多竞争法分析中起着重要的作用。本章末尾的表1.1列出了一些可能与竞争法案件有关的重要市场份额门槛。

（C）相关产品市场

欧洲法院在审理 *Europemballage Corpn and Continental Can Co Inc v Commission* 案[150]中针对《欧盟运行条约》第102条的适用进行的第一次上诉时认为，在确定支配地位时，界定相关产品市场至关重要。欧盟法院在很多场合都重复了这一点。[151] 在 *Continental Can Co Inc* 案[152]中，欧盟委员会未能界定相关产品市场，导致欧洲法院撤销了其裁决。欧盟委员会认为，Continental Can 及其子公司 SLW 在三个不同的产品市场（肉类罐头、鱼罐头和金属盖）中占据支配地位，但没有给出令人满意的解释来说明为什么这些市场彼此分开或罐头和容器市场通常是分开的。欧盟欧洲法院坚持认为，欧盟委员会应界定相关产品市场，并在合理的决定中支持其界定。

（i）法律测试

欧洲法院的判决表明，市场的界定本质上是互换性的问题。如果产品或服务可以被认为是可互换的，那么它们属于同一产品市场。在 *Continental Can* 案中，为了划定市场范围，欧洲法院命令欧盟委员会进行以下调查：

> 所述产品的（那些）特征，凭借那些特征，它们特别容易满足无弹

---

[145] 参见第9章第436~437页“限制竞争效果”。

[146] 参见第9章第464~469页“评估支配地位”。

[147]《关于适当的罚款金额的指南》，OFT 423，2012年9月，第2.7段。

[148] 参见第22章第1163页“市场界定”。

[149] 参见第11章第598~604页“实践中的市场调查规定”。

[150] 案例6/72 EU：C：1973：22，第32段。

[151] 参见：案例322/81 *Nederlandsche Banden - Industrie - Michelin v Commission* EC：1983：313，第37段；案例T-321/05 *AstraZeneca AB v Commission* ET：2010：266，第30~31段。

[152] JO［1972］L 7/25。

性的需求，并且仅在有限的范围内可与其他产品互换。[153]

与此类似，在 *United Brands v Commission* 案中，申请人争论香蕉与其他新鲜水果属于同一市场。欧洲法院表示，这取决于香蕉是否可以：

> 通过将它与其他水果区别开来的特征而被挑选出来，它只能在有限的程度上与它们互换，并且只能以难以察觉的方式与它们竞争。[154]

（ⅱ）衡量互换性

从概念上讲，相关市场由彼此可互换的产品或服务组成的想法非常简单。然而，实际上，由于各种原因，对互换性的衡量会引起相当大的问题：例如，可能没有关于该问题的数据，或者现有的数据可能不可靠、不完整或存在其他缺陷。另一个问题是，在许多情况下，数据将（至少）有两种解释。因此，通常情况下，市场定界非常困难。这就是为什么欧盟法院认为欧盟委员会在经济问题（例如市场定界）方面具有“评估余地”的原因。但是，欧盟法院的任务是确定欧盟委员会提出的证据在事实上是否准确，是否能够证实欧盟委员会的结论。[155]

（ⅲ）欧盟委员会关于欧盟竞争法中相关市场界定的通知

欧盟委员会《市场界定通知》[156] 提供了关于市场界定的有用指导。该通知已获得欧盟法院的认可。[157] 1990年《欧盟合并条例》的引入不可避免地导致欧盟委员会被要求在比以前更多的情况下界定市场。虽然它可能不得不根据《欧盟运行条约》第102条处理投诉，例如在20世纪80年代每年处理20次，但到20世纪90年代，它每年必须根据《欧盟合并条例》处理100份或更多的通知，现在它每年至少收到300份通知。[158] 此外，在《欧盟运行条约》第102条下的案件中，通常只需要界定一个市场，即据称占支配地位的企业滥用了其市场地位的市场；也许是两个，例如滥用在邻国市场产生影响的情况。[159] 然

---

[153] 案例6/72 EU：C：1973：22，第32段；有关非弹性需求的定义，参见前面的第1章脚注[24]。

[154] 案例27/76 *United Brands v Commission* EU：C：1978：22，第22段。

[155] 参见例如：案例T－201/04 *Microsoft Corpn v Commission* EU：T：2007：289，第87～89段；案例T－321/05 *AstraZeneca AB v Commission* EU：T：2010：266，第32段。

[156] OJ［1997］C 372/5。

[157] 参见例如：案例T－321/05 *AstraZeneca AB v Commission* EU：T：2010：266，第86段；案例T－427/08 *Confédération eupopéenne des associations d'horlogers－réparateurs*（*CEAHR*）*v Commission*：EU：T：2010：517，第68～70段。

[158] 参见 www. ec. europa. eu/comm/competition/mergers/statistics. pdf。

[159] 参见第5章第259～262页“支配地位、滥用和对市场的影响可能发生在不同的市场中”。

而，《欧盟合并条例》下的情况可能会大不相同，因为合并方可能会在多个不同的市场开展业务，并且需要在每个市场评估合并的影响。[160] 这必然意味着要求欧盟委员会开发更系统的方法来界定市场。

（iv）需求方可替代性

如上所述，欧盟委员会在《市场界定通知》第13段中解释说，企业受到三个主要竞争限制：需求可替代性、供应可替代性和潜在竞争。它继续指出，就市场界定而言，最重要的是需求可替代性；在某些特殊情况下，供应可替代性可能与市场界定有关，但这通常是在确定是否具有市场支配力时需要进行考察的问题；市场中潜在的竞争始终是市场支配力而不是市场界定的问题。

《市场界定通知》第14段指出，对需求替代的评估需要确定被消费者视为替代品的产品范围。它提出了一种测试，从而可以确定特定产品是否在同一市场中。SSNIP测试的测试方式如下：假设某个产品，例如小部件（widgets）的生产者将引入一个很小但意义重大的非暂时性价格上涨，在这种情况下，是否有足够的消费者倾向于将他们的购买转向其他小部件——甚至是小组件（blodgets）——的生产者，以使价格上涨无利可图？如果答案是肯定的，则表明市场至少与小部件市场一样宽，并且也包括小组件。[161] 可以将相同的测试应用于地理市场的划分，这将在后面讨论。如果一家企业可以大幅度提高价格并留住客户，这将意味着该市场值得垄断：价格可以被有利润地提高，因为没有竞争限制。因此，SSNIP测试有时也被称为"假定垄断者测试"。《市场界定通知》第17段对"假定垄断者测试"进行了正式表述，其中指出：

> 要问的问题是，在被考虑的产品和地域内，假设一个小幅（在5%～10%范围内）但永久性的价格上涨，当事方的客户是否会转向容易获得的替代品或转向其他地区的供应商。如果由于销售损失而导致替代品足以使价格上涨无利可图，则相关市场中将包括其他替代品和区域。

该测试的公式采用5%～10%的"范围"来表示SSNIP测试中的"意义重大"。[162]

---

[160] 案例M 2547 *Bayer Crop Science/Aventis* 涉及的合并涉及不少于130个受影响的市场。

[161] 应当顺便指出，消费者可能会从小部件转移到小组件，而非相反。换句话说，存在"单向替代性"现象：参见案例T－340/03 *France Télécom v Commission* EU：T：2007：22，第88～90段。

[162] 在英国，竞争与市场管理局曾表示，在合并案件中应用假定垄断者测试时，通常会假设价格上涨5%。参见《合并评估指南》（2010年9月）第5.2.12段，可在www.gov.uk/cma上查阅。

（v）“玻璃纸谬误”

当适用于滥用市场支配地位案件时，有必要在假定垄断者测试上多加注意。[163] 垄断者可能已经在收取垄断价格，如果其进一步提高价格，消费者可能会停止向其购买产品或转向替代产品。在这种情况下，垄断者的“自身价格弹性”（消费者因价格上涨而从其产品转向的程度）很高。如果在这种情况下，在垄断产品和另一种产品之间进行 SSNIP 测试，则可能表明该产品具有高度的可替代性，因为消费者已经处在停止向垄断者购买产品的地步。因此，该测试会因加入虚假的替代品而夸大市场的广度。这一错误是由美国最高法院在 *United States v EI du Pont de Nemours and Co* 案[164]中犯下的，该案涉及包括玻璃纸在内的包装材料。从那时起它就被称为“玻璃纸谬误”。[165]

在美国，SSNIP 测试是在合并案件的背景下设计的[166]，通常仅与合并案件有关。欧盟委员会的《市场界定通知》第 1 段中指出，该测试将用于《欧盟运行条约》第 101 条、第 102 条和《欧盟合并条例》规定的案件；该通知第 19 段简要承认了“玻璃纸谬误”，并指出，在第 102 条规定的情况下，“现行价格可能已经大幅上涨的事实将被考虑在内”[167]。欧盟委员会竞争总司《关于〈欧盟运行条约〉第 102 条适用于排除性滥用的讨论》[168] 更详细地讨论了“玻璃纸谬误”，并承认在处理第 102 条规定案件中的市场界定时，需要特别小心并采用 SSNIP 测试以外的其他测试。欧盟委员会《第 102 条执法重点指南》[169] 对“玻璃纸谬误”问题保持沉默。经济合作与发展组织关于市场界定的圆桌会议对“玻璃纸谬误”及其影响和解决方法进行了有益的讨论。[170]

在英国，《市场界定指南》指出了玻璃纸谬误的问题，并指出，“当对市场界定的所有证据进行全面权衡时”，市场状况因市场支配力而扭曲的可能性

---

[163] 有关讨论，参见：GLICK M A，CAMERON D J，MAGNUM D G. Importing the Merger Guidelines Market Test in Section 2 Cases：Potential Benefits and Limitations［J］. Antitrust Bulletin，1997，42（1）：121；WERDEN G J. Market Delineation under the Merger Guidelines：Monopoly Cases and Alternative Approaches［J］. Review of Industrial Organization，2000，16（2）：211.

[164] 351 US 377（1956）。

[165] 参见：STOCKING G，MUELLER W. The Cellophane Case and the New Competition［J］. American Economic Review，1955，45（1）：29.

[166] 参见《横向合并指南》（2010 年）第 4 节，可在 www. justice. gov/atr 上查阅。

[167] 有人提出，“玻璃纸谬误”也可能发生在合并案中。参见：CHURCH J R，WARE R. Industrial Organisation：A Strategic Approach［M］. Boston：McGraw－Hill，2000：section 19. 4. 1.

[168] 2005 年 12 月，第 3 节，可在 www. ec. europa. eu 上查阅。

[169] OJ［2009］C 45/7。

[170] 参见经济合作与发展组织圆桌会议“市场界定”（Market Definition）（2012 年 6 月），可在 www. oecd. org/competition 上查阅。

将得到解释。[171] 前公平交易办公室（Office of Fair Trading，OFT）在 *Aberdeen Journals Ⅱ* 案[172]和 *BSkyB* 案[173]以及竞争与市场管理局在 *Phenytoin* 案[174]中的决定都承认，在企业可能已经行使了市场支配力的情况下，“玻璃纸谬误“在界定相关市场方面可能存在。在 *BSkyB* 案中，公平交易办公室研究了高级体育付费电视频道的物理特性和消费者的基本偏好。Aberdeen Journals Ⅱ 担心的是，如果将 SSNIP 测试应用于不合理的低价（例如掠夺性价格），可能会发生“反向玻璃纸谬误”[175]。因此，该测试对市场的界定过于狭窄。公平交易办公室研究了据称占支配地位的企业的行为和声明，以解决该问题并证实其市场界定。在上诉中，竞争上诉法庭（the Competition Appeal Tribunal，CAT）指出，在涉嫌滥用支配地位的案件中，要考虑的市场是指在正常竞争条件下存在的市场，而不论占支配地位的企业的行为造成的任何扭曲影响。[176] 在 *Phenytoin* 案[177]中，竞争与市场管理局决定，辉瑞和弗林针对抗癫痫药收取的超竞争价格不会导致“玻璃纸谬误”，因为临床建议意味着药剂师通常不会在不考虑价格的情况下更换药物。因此，很明显，SSNIP 测试要求将假设的价格上涨应用于竞争价格。[178]

竞争上诉法庭驳斥了在 *National Grid plc v Gas and Electricity Markets Authority* 案[179]和 *Barclays Bank v Competition Commission* 案[180]中均犯下“玻璃纸谬误”的观点。

---

[171] 《市场界定指南》，OFT 403，2004 年 12 月，第 5.4 ~ 5.6 段；另见英国公平交易办公室经济讨论文件 2（OFT 342）《市场界定在垄断和支配地位调查中的作用》，国家经济研究协会，2001 年 7 月，可在 www.nationalarchives.gov.uk 上查阅。

[172] 案例 *Aberdeen Journals*（*remitted case*），公平交易办公室 2002 年 9 月 25 日的决定，第 94 ~ 99 段，可在 www.gov.uk/cma 上查阅。

[173] 案例 *BSkyB investigation*，公平交易办公室 2003 年 1 月 30 日的决定，第 88 ~ 97 段，可在 www.gov.uk/cma 上查阅。

[174] 英国竞争与市场管理局 2016 年 12 月 7 日的决定，第 4.34 段；上诉案例 1275/1/12/17 *Flynn Pharma v CMA* 和 1276/1/12/17 *Pfizer v CMA*，尚未裁决。

[175] 有关此问题的讨论，参见：ARON D J，BURNSTEIN D E. Regulatory Policy and the Reverse Cellophane Fallacy［J］. Journal of Competition Law and Economics，2010，6（4）：973.

[176] 案例 1009/1/1/02 *Aberdeen Journals Ltd v OFT*［2003］CAT 11，第 276 段；竞争上诉法庭还注意到“玻璃纸谬误”在 1251/1/12/16 等案件中的相关性：*GlaxoSmithKline plc v CMA*［2018］CAT 4，第 384 段。

[177] 英国竞争与市场管理局 2016 年 12 月 7 日的决定，第 4 节，可在 www.gov.uk/cma 上查阅。

[178] 案例 *Australian Competition and Consumer Commission v Cement Australia Pty Ltd*［2013］FCA 909 第 1792 ~ 1818 段使用了“假设的竞争价格”。

[179] 案例 1099/1/2/08［2009］CAT 14，第 41 ~ 43 段。

[180] 案例 1109/6/8/09［2009］CAT 27，第 53 ~ 55 段。

（vi）供应方可替代性

在大多数情况下，可互换性将通过从消费者的角度考察市场来确定。但是，在某些情况下，考虑市场供应方的可替代程度是有帮助的。假设 A 是小部件的生产者，而 B 是小组件的生产者：如果 B 改变生产流程并生产小部件是一件很简单的事情，那么这可能意味着小部件和小组件属于同一市场，尽管在市场需求方面的消费者可能不会认为小部件和小组件是可替代的。欧洲法院在 *Continental Can v Commission* 案[181]中的判决表明，为了界定市场，应考虑市场的供应方。在对该案决定的批评中，欧洲法院表示，欧盟委员会应该阐明为什么它认为其他类型的集装箱的生产者将无法使其生产适应于与大陆制罐（Continental Can）竞争。欧盟委员会在随后的决定中专门讨论了供应方可替代性的问题。[182] *Tetra Pak I*（*BTG Licence*）案[183]是一个很好的例子，其中考虑到了牛奶包装机的生产者在确定其市场界定时不能轻易地调整其生产以制造无菌包装机和纸盒的事实。

欧盟委员会在《市场界定通知》第 20 ~ 23 段中解释了其认为供应方可替代性与市场界定有关的情况。欧盟委员会在第 20 段中指出，如果供应商能够将生产转向其他产品并“在短期内”将它们推向市场，而又不会因相对价格的微小而永久性变化而产生大量额外成本或风险，那么市场可能会扩大到包括那些供应商已经生产的产品。第 20 段的脚注表明，短期是指“在该时期内不会对现有的有形和无形资产进行重大调整”。第 22 段给出了一个生产特定等级纸张的企业的实际示例：如果可以轻松更改为生产其他等级的纸张，则应将它们全部包含在市场界定中。但是，在供应替代比这更复杂的情况下，应将其视为确定市场支配力而不是建立市场的问题。[184]

尽管是在市场界定阶段还是在市场支配力确定阶段解决供应方替代问题似乎并不重要，但是竞争法对市场份额进行了检验，例如第 330/2010 号条例第 3

---

[181] 案例 6/72 EU：C：1973：22，第 32 段及之后各段。

[182] 参见例如案例 *Eurofix – Bauco v Hilti* OJ［1988］L 65/19 决定，第 55 段；上诉至欧盟普通法院的案例 T – 30/89 *Hilti AG v Commission* EU：T：1991：70 以及进一步上诉至欧洲法院的案例 C – 53/92 P EU：C：1994：77 均维持原判；另见 *Clearstream* 案，2004 年 6 月 2 日的决定，第 200 段；上诉至欧盟普通法院的案例 T – 301/04 *Clearstream AG v Commission* EU：T：2009：317 维持原判，第 58 ~ 60 段。

[183] OJ［1988］L 272/27，在上诉至欧盟普通法院的案例 T – 51/89 *Tetra Pak Rausing SA v Commission* EU：T：1990：41 中维持原判。

[184] 国际竞争网络《关于合并分析的推荐做法》中的推荐做法 F 建议，当企业可以在较短的时间内在相关市场上进行生产或销售而不会产生明显的沉没成本时，应考虑到供应方的替代。可在 www.internationalcompetitionnetwork.org 上查阅。

条[185]，通过纳入供应方替代品来拓宽市场界定的过程可能对特定案件的结果具有决定性影响。

（vii）依靠证据界定相关市场

SSNIP 测试建立了一个概念框架，应该在其中界定市场。然而，在实践中，关键问题是要知道可以采用哪些证据来确定相关市场的范围。如果世界由无数致力于研究类似 SSNIP 的客户和消费者的市场研究组织组成，那么市场界定将是真正的科学。但是，当然，世界并不是那么复杂，经济学家和计量经济学家为了寻求解决方案而采用了多种技术，其中一些技术相当复杂。国际竞争网络的《合并审查技术调查手册》（Investigative Techniques Handbook for Merger Review）第3章就什么是合并案例中市场界定的可靠证据提供了有用的指导。[186]

从第25段起，《市场界定通知》考虑了一些可能可用的证据[187]，但它很正确地指出，在一种行业中可能适用的测试可能完全不适用于另一种行业。稍加思考就会发现，事实一定是这样的。例如，针对普通人心目中一种酒精饮料对另一种酒精饮料的需求替代性的测试标准可能和针对航空公司是从波音还是空中客车购买飞机的不同。竞争上诉法庭在 *Aberdeen Journals v OFT* 案[188]中表示，在市场界定之类的问题上，证据要求没有诸如“客观”经济证据比“主观”证据（如当事人的陈述或行为）享有更大权重的“层级”差别。[189] 欧盟委员会竞争总司[190]和英国竞争与市场管理局[191]都发布了如何提交经济证据的最佳范例。

（viii）可用于界定相关产品市场的证据示例

就产品市场的界定而言，《市场界定通知》建议可以获取以下证据。

（a）近期的替代证据

最近可能发生了一些事件，例如价格上涨或“震荡”，也许是由于霜冻较

---

[185] OJ［2010］L 102/1；关于该集体豁免下的市场界定，参见欧盟委员会《纵向限制指南》（OJ［2010］C 130/1）第5节，第86~92段。

[186] 可在 www. internationalcompetitionnetwork. org 上查阅。

[187] 另见：BISHOP S，WALKER M. The Economics of EC Competition Law［M］. 3rd ed. London：Sweet & Maxwell，2010：chs 9 – 14 and 16. 其中考虑了可能与市场界定相关的技术。

[188] 案例 1009/1/1/02［2003］CAT 11。

[189] 同上，第127段；参见案例 T – 175/12 *Deutsche Börse AG v Commission* EU：T：2015：148，第133段。

[190] 工作文件“Best Practices for the Submission of Economic Evidence and Data Collection in Cases Concerning the Application of Articles 101 and 102 TFEU and in Merger Cases”，2010，可在 www. ec. europa. eu/competition/antitrust/legislation/legislation. html 上查阅。

[191] 英国竞争与市场管理局“Suggested Best Practice for the Submission of Technical Economic Analysis from Parties to the Competition Commission”，可在 www. gov. uk/cma 上查阅。

晚而使巴西咖啡作物歉收，从而直接证明了这对消费者的消费产生了影响（也许是茶的饮用量大幅增加）。

（b）定量测试

人们设计了各种计量经济学和统计测试，试图根据一段时间内价格变动的相似性、价格序列之间的因果关系以及价格水平的相似性和/或趋同性来估计产品需求的自身价格弹性和交叉价格弹性。自身价格弹性衡量的是产品需求随价格变化而变化的程度。交叉价格弹性衡量产品需求随其他产品价格变化而变化的程度。与交叉价格弹性相比，自身价格弹性提供有关企业拥有的市场支配力的更多信息。然而，交叉价格弹性为市场界定提供了更多帮助，因为它们提供了可替代性的证据。在某些合并案件中，欧盟委员会使用定量经济学技术来帮助其界定相关市场。[192]

（c）消费者和竞争者的意见

如果案件涉及市场界定，欧盟委员会将与消费者和竞争者联系，并在适当情况下专门要求他们回答 SSNIP 测试的问题。这种情况经常发生，例如，当试图根据《欧盟合并条例》划定市场时，尽管应该理解消费者可能无法完全理解 SSNIP 问题的性质，或者可能根据他们对一个特定案件的兴趣给出答案。因此，理想情况下，SSNIP 分析应基于实际数据而非所述偏好进行。

（d）市场研究和消费者调查

欧盟委员会将市场研究视为有关市场信息的有用提供者，尽管其在《市场界定通知》第 41 段中明确指出，它将“极其谨慎地”审查合并案件或根据《欧盟运行条约》第 101 条和第 102 条进行的案件所涉企业临时进行消费者调查所遵循的方法。其担心的是，调查中的问题选择可能是为了取得有利的结果而有意设置的。[193]

（e）与需求转向潜在替代品相关的障碍和成本

可能存在一些障碍和/或转换成本，导致两个明显的需求替代品不属于一个单一产品市场。[194] 欧盟委员会在《市场界定通知》第 42 段中处理了这些问题，并举例说明了监管壁垒、其他形式的国家干预、下游市场出现的限制、招引资本投资的必要性和其他因素。

---

[192] 参见第 21 章第 1073～1074 页“定量测试”。

[193] 在英国，参见“Good Practice in the Design and Presentation of Consumer Survey Evidence in Merger Inquiries”（2011 年 3 月）以及竞争与市场管理局“Retail Mergers Commentary”（CMA 62，2017 年 4 月）（其中讨论了调查的使用），均可在 www. gov. uk/cma 上查阅。

[194] 另见《转换成本》（OFT 655），2003 年 4 月，可在 www. nationalarchives. gov. uk 上查阅。

(f) 消费者的不同类别和价格歧视

欧盟委员会在《市场界定通知》第43段中指出，如果特定产品存在不同的消费者群体，则产品市场的范围可能会缩小：如果在销售相关产品时可以确定一个人属于哪个群体，并且两个群体之间不可能进行交易，则一个群体的市场的范围可能会比另一个群体的市场小。[195]

(ix) 注意事项

重要的是要对《市场界定通知》提出一些注意事项。"玻璃纸谬误"的问题已经提过了。[196] 关于该通知还有其他三点。

第一，它"只是"一份欧盟委员会通知：它没有法律效力，不应被视为立法文件。但是，欧盟法院已在不同场合下多次认可了它。[197]

第二，无论它对SSNIP测试以及在应用该测试时可能使用的证据的解释程度如何，事实仍然是，在某些行业中可能无法获得有关可替代性的实际价格数据：在不同的行业，能够捕获的信息差异很大，并且在某些情况下，由于缺乏可靠的科学证据，人们会对市场进行相当主观的评估。在这种情况下，可能有必要通过查看各种因素（例如相关产品的物理特性或预期用途）来预测SSNIP对消费者的可能影响。在某些情况下，可能根本无法应用SSNIP测试。[198] 欧盟委员会在*British Interactive Broadcasting*案[199]中的裁决就是一个例子。在该案中，欧盟委员会表示，由于没有与尚未发布的产品相关的数据，因此无法通过应用SSNIP测试来界定交互式广播服务的市场。在一些广播案例中，公共部门的广播可以被"免费"提供给最终用户，这意味着SSNIP测试不适用。[200] 显然，这可能是一个与产品进入"新"经济模式有关的问题。[201]

第三，到目前为止，在很多案件中，特别是在依据《欧盟合并条例》的案件中，欧盟委员会被要求对市场进行界定。截至2017年底，欧盟委员会收到了根据《欧盟合并条例》提交的6000多项合并通知，几乎所有行业都被要求分析相关市场。因此，欧盟委员会有相当多的"决策实践"——从轿车、

---

[195] 另见：《市场界定》(OFT 403)，2004年12月，第3.8~3.10段；HAUSMAN J A，LEONARD G K，VELLTURO C A. Market Definition Under Price Discrimination [J]. Antitrust Law Journal，1996，64：367.

[196] 参见本章第37~38页"玻璃纸谬误"。

[197] 参见第1章脚注[157]。

[198] 参见案例T-699/14 *Topps Europe Ltd v Commission* EU：T：2017：2，第82段。

[199] OJ [1999] L 312/1。

[200] 参见例如案例M 553 *RTL/Veronica/Endemol* OJ [1996] L 134/32，上诉至欧盟普通法院的案例T-221/95 *Endemol Entertainment Holding BV v Commision* EU：T：1999：85维持原判。

[201] 关于电子商务案件中的市场界定问题，参见公平交易办公室经济讨论文件1 (OFT 308)《电子商务及其对竞争政策的影响》(Frontier Economics Group，2000年8月）第4章。

公共汽车和卡车到药品和农药，从银行和保险服务到国际航空和深海钻探。[202]当然，需要就欧盟委员会对市场界定问题可能采取的应对措施提供指导的企业，希望能找出过去在实际决定中不得不说的内容；但是，需要说明的是，欧盟普通法院已经确定，在任何特定案件中，必须始终通过参照当时的事实而不是参照先例来界定相关市场。[203]

（x）备件和售后市场

在许多行业中，一种产品（例如汽车）的消费者在以后需要购买诸如备件之类的补充产品。当客户必须购买“耗材”（例如用于激光打印机的墨盒）或维护服务时，情况也是如此。在这种情况下，一个问题是确定如何界定相关产品市场。如果互补产品有单独的市场，那么对“主要”市场没有支配力的企业可能会在“次要”市场中占支配地位。[204] *Hugin v Commission* 案[205]就是一个例证。欧洲法院在该案判决中维持了欧盟委员会的裁决，即 Hugin 在其自有提款机备件市场上占支配地位。Liptons 是为 Hugin 的机器提供服务的公司，其不能将其他任何人生产的备件用于此目的，因为 Hugin 可以依靠 1968 年英国外观设计版权法所规定的权利来防止这种情况。因此，尽管出于其他目的可以说存在备件市场，但在这种情况下，考虑到 Liptons 打算将其投入使用，必须对市场进行更狭义的界定。Liptons 被“锁定”，因为它依赖于 Hugin，这证明了狭窄的市场界定是合理的。该案以及欧洲法院在 *AB Volvo v Erik Veng* 案[206]和 *CICRA v Régie Nationale des Usines Renault* 案[207]中的判决，确定了备件可以形成

---

[202] 有关如何获得欧盟委员会根据《欧盟合并条例》作出的决定，参见第 21 章第 1029 ~ 1030 页“欧盟委员会决定的获取”。

[203] 案例 T-125/97 etc *Coca-Cola v Commission* EU：T：2000：84，第 82 段；根据 *Coca-Cola* 案的判决、公平交易办公室 2002 年 12 月 17 日的决定第 29 段及之后各段，*BSkyB* 案进行了新的市场分析，可在 www. gov. uk/cma 上查阅；另见《市场界定指南》（OFT 403，2004 年 12 月）第 5.7 ~ 5.9 段，可在 www. gov. uk/cma 上查阅。

[204] 参见：BISHOP S，WALKER M. The Economics of EC Competition Law [M]. 3rd ed. London：Sweet & Maxwell，2010：paras 4.045 - 4.046 and 6.020 - 6.046. 在涉及所谓的“搭售交易”的案件中经常会出现此问题。有关这些问题，参见第 17 章第 854 ~ 864 页“搭售行为”。

[205] 案例 22/78 EU：C：1979：138；在该案中，欧盟委员会的决定被撤销，因为它未能对跨国贸易建立必要的影响。

[206] 案例 238/87 EU：C：1988：477。

[207] 案例 53/87 EU：C：1988：472。

与需要它们的产品分开的市场。同样，诸如钉枪用钉子[208]和灌装机用纸箱[209]等消耗品也被认为是与使用它们的产品分开的市场。

但是，从经济学和竞争法的角度出发，断定主要市场和次要市场必然总是离散是错误的。消费者在决定购买主要产品时可能还会考虑将来需要的次要产品的价格，这有时被称为“全生命周期成本”。在这种情况下，当购买者对要购买的主要产品作出初步决定时，次要市场的高价格可能会成为一种竞争约束。是否存在单独的售后市场是一个经验性的问题。欧盟委员会表示，它认为这一问题需要个案审查[210]，它将研究所有重要因素，例如主要产品的价格和使用寿命、产品价格的透明度，以及次要产品的价格占主要产品价格的比例。欧盟委员会在对 *Kyocera/Pelikan* 案[211]的调查中得出的结论是，Kyocera 在打印机碳粉盒市场上并不占支配地位，因为消费者在决定购买哪款打印机时会考虑碳粉盒的价格。但是，在 *CEAHR v Commission* 案[212]中，欧盟普通法院不同意欧盟委员会的以下观点，即瑞士手表的维修和保养通常是名贵和豪华手表市场的一部分。[213] 在 *EFIM v Commission* 案[214]中，欧盟法院肯定了欧盟委员会的以下结论，即存在打印机的主要市场和喷墨墨盒的次要市场，并且这些市场是相互关联的，主要市场上的竞争阻止了对次要市场的支配。[215] 2017 年，经济合作与发展组织举行了一次关于售后市场竞争问题[216]的圆桌会议，进一步阐明了如何界定主要产品和次要产品的相关市场。

---

[208] 案例 T－30/89 *Hilti AG v Commission* EU：T：1990：27，上诉至欧洲法院的案例 C－53/92 P *Hilti AG v Commission* 维持原判。

[209] *Tetra Pak Ⅱ* OJ［1992］L 72/1，上诉至欧盟普通法院的案例 T－83/91 *Tetra Pak International SA v Commission* EU：T：1994：246 和上诉至欧洲法院的案例 C－333/94 P *Tetra Pak International SA v Commission* EU：C：1996：436 维持原判。

[210] 欧盟委员会的《关于竞争政策的第 25 号报告》（1995 年），第 86 点；另见《市场界定通知》（第 1 章脚注[131]），第 56 段；欧盟委员会《纵向限制指南》（第 1 章脚注[185]）第 91 段；欧盟委员会竞争总司的讨论文件《关于〈欧盟运行条约〉第 102 条在排他性滥用中的适用》（2005 年 12 月），第 243～265 段。

[211] 欧盟委员会的《关于竞争政策的第 25 号报告》（1995 年），第 87 点。

[212] 案例 T－427/08 EU：T：2010：517。

[213] 同上，第 65～121 段；当重新考虑此事时，欧盟委员会得出结论，即主要市场和次要市场是不同的，每种品牌的手表都有各自的市场。参见案例 T－712/14 *CEAHR v Commission* EU：T：2017：748。

[214] 欧盟委员会 2009 年 5 月 20 日的决定，上诉至欧盟普通法院的案例 T－296/09 EU：T：2011：693 以及进一步上诉至欧洲法院的案例 C－56/12 P EU：C：2013：575 维持原判。

[215] 参见案例 T－296/09 *EFIM v Commission* EU：T：2011：693，第 58～92 段；上诉至欧洲法院的案例 C－56/12 P EU：C：2013：575 维持原判，第 36～42 段。

[216] 可在 www. oecd. org/competition 上查阅。

(xi)采购市场

在某些情况下，受审查的商业行为是买方而非卖方的行为。例如，在超市合并[217]或正在调查其采购政策的情况下[218]，必须从需求侧而非市场的供给侧来界定市场。在纵向协议的情况下，欧盟第330/2010号条例第3条规定了适用集体豁免的市场份额门槛为30%，其要求从市场的需求侧和供给侧界定相关市场。[219]

(xii)创新市场

在美国，在一些涉及高科技产业的案例中发现了一个独立于市场上已有产品的"创新市场"[220]。[221] 欧盟委员会在*Shell/Montecatini*案[222]中的决定表明，它将准备为创新定义一个市场，尽管在其他情况下，它利用了"潜在竞争"这一更传统的概念来应对这种情况。[223] 欧盟委员会已就此问题发布了一些指导意见。[224] 在*Dow/DuPont*案[225]中，欧盟委员会没有定义创新市场，而是直接评估了合并后的企业是否有能力和动机来减少农药创新竞争。

(D)相关地理市场

在确定一家或多家企业是否具有市场支配力时，还必须界定相关的地理市场。[226] 地理市场的界定可能会对案件的结果产生决定性影响，就像在根据《欧

---

[217] 参见例如案例M 1221 *Rewe/Meinl* OJ［1999］L 274/1。

[218] 在英国，参见有关超市［Cm 4842（2000）］和食品杂货的市场调查报告，2008年4月30日。

[219] 参见第16章第820~821页《纵向限制指南》。

[220] 参见：RAPP R T. The Misapplication of the Innovation Market Approach to Merger Analysis［J］. Antitrust Law Journal，1995，64（1）：19；GLADER M. Innovation Markets and Competition Analysis：EU Competition Law and US AntitrustLaw［M］. Cheltenham：Edward Elgar，2006.

[221] 参见例如：*United States v Flow International Corpn* 6 Trade Reg Rep（CCH）45,094；美国司法部和联邦贸易委员会《知识产权许可反托拉斯指南》，可在www. justice. gov/atr上查阅。

[222] OJ［1994］L 332/48。

[223] 参见：BERNARD K. Innovation Market Theory and Practice：An Analysis and Proposal for Reform［J］. Competition Policy International，2011，7（1）：159；KERNB R. Innovation Markets，Future Markets，or Potential Competition：How Should Competition Authorities Account for Innovation Competition in Merger Reviews?［J］. World Competition，2014，37（2）：173.

[224] 参见：《横向合作协议指南》（OJ［2011］C 11/1），第119~126段；《关于技术转让协议适用〈欧盟运行条约〉第101条的指南》（以下简称《技术转让指南》，OJ［2014］C 89/3），第26段。

[225] 案例M 7932，2017年3月27日的决定，第343~352段，其中专门讨论了创新市场以及产品和技术市场的概念。

[226] 一般地，参见阿梅莉亚·弗莱彻（Amelia Fletcher）和布鲁斯·莱昂斯（Bruce Lyons）所作报告《欧盟委员会合并控制中的地理市场界定》（Geographic Market Definition in European Commission Merger Control，2016年1月，可在www. ec. europa. eu上查阅。

盟合并条例》作出的 *Volvo/Scania* 案[227]决定中一样：欧盟委员会的结论是，卡车和公共汽车存在全国性市场，而不是泛欧市场，这导致该合并被完全禁止。[228] 某些产品可以在整个欧盟乃至世界范围内毫无困难地供应。在其他情况下，可能由于技术、法律、监管或实践原因，产品只能在狭小区域内供应。地理市场的划分有助于指出其他哪些企业对被调查企业施加了竞争限制。产品运输的成本是一个重要因素：某些产品相对于其价值而言运输非常昂贵，以至于试图在遥远的市场上出售它们是不经济的。另一个因素可能是法律管制，这使得一个成员国无法向另一个成员国出口产品或服务。欧盟委员会可以对成员国提起诉讼来解决这一问题，以防止限制产品（根据《欧盟运行条约》第34~36条）或服务（根据《欧盟运行条约》第56~62条）的自由流动。单一市场一体化应意味着较少有人声称存在跨国贸易的财政、技术和法律障碍。

（i）法律测试

欧洲法院在 *United Brands v Commission* 案[229]的判决中明确指出，应该确定相关的地理市场。法院说，必须在以下条件中考虑《欧盟运行条约》第102条下的竞争机会：

> 明确界定的地理区域，［产品］在该地理区域中销售，且其条件足够一致，以便能够评估相关企业的经济实力。

该案中，欧盟委员会将英国、法国和意大利排除在地理市场之外，因为在那些国家中，存在有关香蕉进口和销售的特殊安排。United Brands 辩称，即使如此，欧盟委员会还是将地理市场的范围定得太广，因为其余六个成员国之间的竞争条件各不相同[230]；然而，法院得出结论认为，欧盟委员会已正确地界定了地理市场。欧洲法院在 *Alsatel v Novasam SA* 案[231]中强调了地理市场在确定支配地位方面的重要性。法院认为，证据未能确定是法国的某一特定地区而非法国构成地理市场，因此，在缺乏对更广泛的国家市场的支配力证据的情况下，关于 Novasam 具有支配地位的主张失败了。

---

[227] 案例 M 1672，OJ［2001］L 143/74。

[228] 参见第21章第1119~1122页“完全禁止”。

[229] 案例27/76 EU：C：1978：22，第10~11段。

[230] 该决定是在希腊、西班牙和葡萄牙等加入欧盟之前达成的。

[231] 案例247/86 EU：C：1988：469。欧盟普通法院维持欧盟委员会对地理市场的界定的其他案例包括：案例 T-151/05 *Nederlandse Vakbond Varkenshouders v Commission* EU：T：2009：144，第69~78段；案例 T-57/01 *Solvay v Commission* EU：T：2009：519，第239~260段；因程序原因决定在上诉至欧洲法院后被撤销的案例 C-109/10 P EU：C：2011：686。

（ii）欧盟委员会的《市场界定通知》

欧盟委员会在其《市场界定通知》中为有关地理市场的界定提供了有用的指导。[232]如前所述，欧盟委员会采用“假定垄断者测试”来界定地理市场：如果要在法国将小部件的价格提高小而意义重大的幅度，那么是否会有足够多的客户转向德国的供应商从而导致价格上涨无利可图？如果答案是肯定的，则表明相关市场至少包括法国和德国。欧盟委员会在该通知第28段指出，其方法可总结如下：

> 它将根据各方及其竞争者之间市场份额分布的广泛迹象，以及对国家和［欧盟］或欧洲经济区层面的定价和价格差异的初步分析，初步审查地理市场的范围。这一初步观点基本上被用作一个有效的假设，以便欧盟委员会将调查的重点集中于得出准确的地理市场界定。

在接下来的一段中，欧盟委员会表示它将探索价格或市场份额的任何特定配置，以测试它们是否确实说明了一个市场与另一个市场之间需求替代的可能性。例如，它将考虑国家或地方偏好、消费者当前的购买模式和产品差异化。该调查将在之前概述的SSNIP测试的背景下进行。不同之处在于，就地理市场界定而言，问题在于，面对价格上涨，位于特定区域的消费者是否会改变他们的消费习惯而向更远的供应商采购。该通知的第30段和第31段中列出了其他相关因素。第32段中指出在界定市场时将考虑市场一体化的持续过程。这里的假设是，随着时间的推移，单一市场应该变得更加现实，其结果是地理市场应该有扩大的趋势。原则上没有理由不将相关的地理市场扩展到整个世界，并且已经有这样的决定。[233]

（iii）可用于界定相关地理市场的证据示例

就地理市场的界定而言，欧盟委员会建议提供以下证据。

（a）以往将订单转移到其他地区的证据

可能有直接的证据可以证明区域之间的价格变化以及客户随后的反应。欧盟委员会指出，在存在汇率变动、税收水平不同以及一个地区与另一个地区之间产品差异显著的地方，比较价格时可能需要谨慎。

（b）基本需求特征

地理市场的范围可以由诸如国家偏好或对国家品牌的偏好、语言、文化和

---

[232] 参见第1章脚注[131]。

[233] 例如，欧盟委员会在以下案例中找到了顶级互联网连接的全球市场：案例M 1069 *WorldCom/MCI* OJ［1999］L 116/1，第82段；案例M 1741 *MCI WorldCom/Sprint*，2000年6月28日的决定，第97段。

生活方式以及对当地人的需求之类的问题来确定。

（c）消费者和竞争者的意见

与界定产品市场的情况一样，欧盟委员会在确定地理市场范围时将考虑消费者和竞争者的意见。

（d）当前的购买地理格局

欧盟委员会将调查消费者当前在哪里购买产品或供应品。如果他们已经在整个欧盟范围内进行购买，则表明该市场遍布整个欧盟。

（e）货物贸易往来/运输方式

贸易流量信息可能有助于确定地理市场，但前提是要对所涉及产品进行足够详细的贸易统计。

（f）与将订单转移到其他地区的企业相关的壁垒和转换成本

隔离国家市场的壁垒、运输成本和运输限制都可能导致国家市场被隔离。

（E）相关时间市场

可能还需要考虑市场的时间特性。[234] 竞争条件可能因季节而异，例如因天气或消费者习惯的变化而变化。一家企业可能会发现自己在一年中的某个时刻遭受竞争，但实际上又在另一时刻没有竞争。在这种情况下，它可能在一年中的某一部分具有市场支配力，而在其他部分则没有。

这个问题出现在 *United Brands v Commission* 案[235]中。在该案中有证据表明，香蕉需求的交叉弹性随季节而波动。当夏季还有其他水果盛产时，对香蕉的需求下降了：这表明欧盟委员会可能已经考虑到有两个季节性市场，并且 United Brands 在夏季没有市场支配力。但是，欧盟委员会仅确定了一个时间市场，并认为 United Brands 在其中占据支配地位。该案上诉后，欧洲法院拒绝处理该问题。另一方面，在 *ABG* 案[236]中，欧盟委员会确实更加狭窄地界定了石油的时间市场，将其限定在石油输出国组织（Organization of the Petroleum Exporting Countries，OPEC）决定在20世纪70年代初期大幅提高石油价格后的危机时期。欧盟委员会认为，在危机期间，企业负有特殊责任，要公平、公正地为现有客户提供产品；欧洲法院撤销了欧盟委员会关于滥用问题的决定，但没有撤

[234] 相关时间市场在2004年12月的英国《市场界定指南》（OFT 403）第5.1～5.3段中进行了简要讨论，可在 www. gov. uk/cma 上查阅。

[235] 案例27/76 EU：T：1978：22。

[236] OJ［1977］L 117/1。

销关于市场界定的决定。[237] 在 *AstraZeneca v Commission* 案[238]中，欧洲法院裁定，欧盟普通法院[239]正确地审查了 AstraZeneca 涉嫌滥用的整个期间内两种药品之间的竞争性相互作用；人们发现，逐渐增加使用一种药物而牺牲另一种药物的使用不足以使它们被视为同一市场的一部分[240]。

电力作为一种产品却无法存储的事实意味着该行业可能存在不同的时间市场。[241]

（F）关于市场界定的结论意见

毫无疑问，市场界定已经并将持续在欧盟和英国竞争法中发挥重要作用。在本书中，相关市场的作用将经常出现。但是，一些评论人士认为应该放弃市场界定，因为他们认为，从相关市场中的市场份额推断出市场支配力并没有意义。[242] 另一种不太极端的观点是，应该花更少的时间在市场界定上，而应该将更多的时间用于衡量（或模拟）商业行为的竞争效果。[243] 无论这些批评的优点是什么，本章都强调了市场界定本身并不是目的，这只是确定一家企业或一组企业是否拥有（或在合并的情况下将拥有）市场支配力的过程中的一个步骤。国际竞争网络合并工作组正确地指出："界定市场的工作提供了一个有用的分析框架，可以在其中组织分析合并对竞争的影响"。[244] 同样的观点也适用于对协议和单方行为影响的分析。如果牢记市场界定的目的及其局限性，那么正确界定市场通常是评估市场支配力的有用起点。接下来我们就要讨论这个问题。

最后一点是，很少有人成功挑战欧盟委员会对相关市场的界定，欧盟法院

---

[237] 案例 77/77 *BP v Commission* EU：T：1978：141。

[238] 案例 C－457/10 P EU：C：2012：770。

[239] 案例 T－321/05 *AstraZeneca AB v Commission* EU：T：2010：266，第 61～107 段。

[240] 案例 C－457/10 P EU：C：2012：770，第 36～51 段。

[241] 参见例如《能源行业中的适用》，OFT 428，2005 年 1 月，第 3.13 段。

[242] 参见例如：KAPLOW L. Why（Ever）Define Markets?［J］. Harvard Law Review，2011，124：437；WERDEN G J. Why（Ever）Define Markets? An Answer to Professor Kaplow［J］. Antitrust Law Journal，2013，78（2）：729. 另见瑞典竞争管理局《市场界定的优缺点》（The Pros and Cons of Market Defnition）（2017 年 11 月），可在 www. konkurrensverket. se 上查阅。

[243] 参见例如：SALOP S C. The First Principles Approachto Antitrust，Kodak，and Antitrust at the Millennium［J］. Antitrust Law Journal，2000，68（1）：187；CARLTON D W. Market Definition：Use and Abuse［J］. Competition Policy International，2007，3（1）：3.

[244] 参见国际竞争网络《合并指南工作手册》，2006 年 4 月，工作表 A，第 4 段，可在 www. internationalcompetitionnetwork. org 上查阅；另见：EVANS D S. Lightening Upon Market Definition［M］//ELHAUGE E R. Antitrust Trusts Economics Research Handbook. Cheltenham：Edward Elgar，2012：ch 3.

也倾向于遵从欧盟委员会的判断。[245]

(G) 市场支配力

在竞争法案件中，真正重要的问题是一家或多家企业是否拥有或将在合并后拥有市场支配力。应当记得，市场支配力在于企业具有在一段时间内提高价格或以类似方式（例如通过限制产量或限制消费者的选择）行事的能力。[246] 有三个问题与市场支配力评估有关。欧盟委员会《第102条执法重点指南》中，对这些问题进行了有益的总结[247]：

- 实际竞争者的现有供应和市场地位所施加的限制（占支配地位的企业及其竞争者的市场地位）；
- 实际竞争者未来扩张或潜在竞争者进入的可信威胁所施加的限制（扩张和进入）；
- 由企业的消费者议价能力所施加的限制（抵消购买力）（重点补充）。

欧盟委员会在其《关于适用〈欧盟运行条约〉第101条第3款的指南》（以下简称《第101条第3款指南》）以及其关于将《欧盟运行条约》第101条适用于特定类型协议指南[248]中均指出了同样的问题[249]。稍加思考就会明白，市场份额的数据无法提供任何潜在竞争者对现有竞争者的市场支配力的影响的见解，因为该数据不能归因于尚未进入市场的人；出于同样的原因，市场份额也无法提供有关任何抵消性买方力量的信息。这就是为什么市场份额充其量只能作为市场支配力的一个代表，而不能由其本身来决定的原因。

(i) 实际竞争者

(a) 市场份额

当然，市场份额与任何对市场支配力的评估有关。正如欧盟委员会《第

---

[245] 在案例T-427/08 *CEAHR v Commission* EU：T：2010：517中进行了成功的挑战。BT在一项监管案件——1260/3/3/16 *BT v OFCOM*［2017］CAT 25中成功挑战了英国通信管理局的产品和地理市场界定。有关讨论，参见：FERRO M S. Judicial Review：Do European Courts Care About Market Definition［J］. Journal of European Competition Law & Practice，2015，6（6）：400.

[246] 参见第1章脚注[124]。

[247] OJ［2009］C 45/7；尽管该文件特别关注的是足以构成《欧盟运行条约》第102条所称“实质性”程度的市场支配力，但该指南第12段中列出的三个标准与任何对市场支配力的评估有关；有关评估市场支配力的更多指导，参见《市场支配力评估指南》（OFT 415，2004年12月），可在www. gov. uk/cma上查阅。

[248] OJ［2004］C 101/97。

[249] 参见例如：《纵向限制指南》（OJ［2010］C 130/1），第111～117段；《横向合作协议指南》（OJ［2011］C 11/1），第43～47段；《技术转让协议指南》（［2014］C 89/3），第16段和第162～166段。

102 条执法重点指南》第 13 段所述，市场份额是任何特定市场的结构以及活跃于该市场的各种企业的相对重要性的有用的初步指示。[250] 市场份额只是提供了有用的初步指示，因为它们没有提及来自外部市场的竞争约束，例如市场的潜在进入者对市场内的企业施加竞争约束的可能性。即使在相关市场内，市场份额数据也可能无法提供特别有用的信息，例如在产品按品牌区分的情况下。与产品 C 相比，产品 A 对产品 B 的竞争约束可能要大得多：市场份额数据不能抓住这一点，这就是为什么竞争主管机构有时会重视产品之间竞争的紧密程度。

欧盟委员会表示，它将根据相关的市场状况，尤其是市场的动态以及产品的差异程度来解释市场份额。它还将研究在波动性市场或竞价市场情况下市场份额随时间的发展情况，在这种情况下，企业经常在拍卖中竞购市场份额。[251] 国际竞争网络《在单方行为法的背景下评估支配地位/实质性市场支配力推荐做法》[252] 强调，实质性市场支配力的确定不应仅基于市场份额，而应该对影响被调查市场竞争条件的所有因素进行全面分析。

如本章前面所述，市场支配力有不同的程度——从无到“不明显”，到“实质性”，再到纯粹的垄断。显然，市场份额数据可告诉我们一个企业在其中的位置。市场份额越高，一家企业就越有可能被认为具有市场支配力。本章末尾的表 1.1 显示了市场份额门槛，其列出了（大量）在适用欧盟和英国竞争法方面具有重要意义的门槛，例如为低于某个门槛的企业提供“安全港”，或者为高于另一个门槛的企业指明一个“波涛汹涌的大海”。对特定的市场份额规则（例如，当企业的市场份额为 50% 或更高时的支配地位的推定，或在各方的市场份额低于 30% 的情况下对纵向协议采用集体豁免）将在本书后面的章节中进行研究。

（b）市场集中度和赫芬达尔 - 赫希曼指数

在某些情况下，可以使用市场份额数据来确定市场的集中度，或者在合并或合作协议生效后市场的集中度。随着市场变得更加集中，对竞争的担忧可能会更大。确定市场集中度的一种方法是使用所谓的赫芬达尔 - 赫希曼指数（Herfindahl - Hirschman Index，HHI）。这样就可以得出一个市场中所有竞争者

---

[250] 有关在竞争分析中使用市场份额的批判性讨论，参见：KAPLOW L. Market Share Thresholds：On the Conflation of Empirical Assessments and Legal Policy Judgments [J]. Journal of Competition Law and Economics，2011，7（2）：243.

[251] 参见：PÁL S. Bidding Markets and Competition Law in the European Union and the United Kingdom [J]. European Competition Law Review，2008，29（1）：89.

[252] 可在 www.internationalcompetitionnetwork.org 上查阅。

各自的市场份额的平方：总和越高，市场越集中。根据欧盟委员会《横向合并评估指南》[253] 第16段，如果总和低于1000，则集中度较低；如果介于1000和1800之间，则为中等；如果高于1800，则为集中度高。这是一种相对简单的计算市场集中度的方法。以下三个示例证明了其有效性。

【示例1】

在小部件行业中，有15个竞争者，其中5个各占有10%的市场份额，10个各占有5%的市场份额：

$$HHI = 5 \times 10^2 + 10 \times 5^2 = 500 + 250 = 750$$

该市场集中度低。

【示例2】

在小组件行业中，有8个竞争者，其中2个各占有20%的市场份额，6个各占有10%的市场份额：

$$HHI = 2 \times 20^2 + 6 \times 10^2 = 800 + 600 = 1400$$

该市场集中度适中。

【示例3】

在链轮行业中，有4个竞争者，其中2个各占有30%的市场份额，另外2个各占有20%的市场份额：

$$HHI = 2 \times 30^2 + 2 \times 20^2 = 1800 + 800 = 2600$$

该市场集中度高。

可以使用相同的方法来计算任何彼此合并或达成协议的竞争者对市场集中度的影响。例如，如果在示例2中，市场份额各占20%的2家企业合并，则协议达成后的HHI将为：

$$1 \times 40^2 + 6 \times 10^2 = 1600 + 600 = 2200$$

该市场集中度将从中等变为高。合并前和合并后集中度水平的差异（即从1400增加到2200的增加值800）被称为“Delta”，用符号Δ表示。

但是，如果在示例2中，2家市场份额各占10%的企业彼此达成（合并）协议，则协议达成后的HHI将为：

$$2 \times 20^2 + 1 \times 20^2 + 4 \times 10^2 = 800 + 400 + 400 = 1600$$

该市场集中度将保持中等，而Δ将仅为200。

HHI提供了一些有关市场竞争状况的思维方法；然而，它是相当简单的，尤其是它基于市场份额数据采用了静态的市场观点，无法反映动态性和创新

[253] OJ［2004］C 31/5；另见欧盟委员会《非横向合并评估指南》（OJ［2008］C 265/6），第25段。

性。因此，它的作用是相当有限的：它在筛选不会引起竞争问题的外部合并时最有用；[254] 但是，在决定禁止一项协议、行为或合并的阶段，对 HHI 的依赖将很小，需要进行更为复杂的分析。在 *Spar Österreichische Warenhandels v Commission* 案[255]中，欧盟普通法院驳回了以下论点，即欧盟委员会在评估合并的影响时非法地未能使用 HHI。[256]

（ii）潜在竞争者

国际竞争网络单方行为法工作组的建议 7 是："以进入或扩张的壁垒为重点对市场支配力的持久性进行评估，应该是对支配地位/实质性市场支配力的分析的组成部分"[257]。正如欧盟委员会《第 102 条执法重点指南》第 16 段所指出的那样，竞争是一个动态的过程，对竞争限制因素的评估不能仅仅基于现有的市场状况：还必须考虑到新企业的潜在进入和现有企业的扩张。这就是为什么有必要考虑进入壁垒和扩张壁垒。欧盟委员会认为，如果扩张是"可能、及时和充分"的，那么企业将无法提高价格；特别是该指南第 16 段指出，要达到"充分"，进入不能仅仅是小规模的（例如进入市场利基），而是其规模必须足以阻止市场上已经存在的企业提高价格的任何企图。

该指南第 17 段提供了此类壁垒的例子：

• 法律壁垒，例如关税或配额。

• 占支配地位的企业特别享受的优势，例如规模经济和范围经济；获得必要的投入或自然资源的特权；重要技术；或已建立的分销和销售网络。

• 成本和其他壁垒，例如由于网络效应而导致的消费者在转向新供应商时所面临的问题。

• 占支配地位的企业的行为，例如具有明显的排除效果的长期排他性合同。

评估市场支配力时，退出壁垒也很重要，因为无法在退出时收回的高"沉没成本"会阻碍进入。本书的特定章节将进一步考虑进入和扩张的壁垒。[258]

（iii）抵消性买方力量

欧盟委员会《第 102 条执法重点指南》第 18 段解释说，竞争限制不仅可

---

[254] 参见第 21 章第 1074 ~ 1076 页"市场份额与集中度"和第 22 章第 1163 ~ 1164 页"集中度"。

[255] 案例 T - 405/08 EU：T：2013：306。

[256] 同上，第 64 ~ 66 段。

[257] 可在 www. internationalcompetitionnetwork. org 上查阅；另见经济合作与发展组织圆桌会议"进入壁垒"（Barriers to Entry）（2005 年），可在 www. oecd. org/competition 上查阅。

[258] 参见例如：关于《欧盟运行条约》第 102 条的第 5 章第 235 ~ 239 页"潜在竞争者"；关于《欧盟合并条例》的第 21 章第 1083 页"进入市场"。

以由实际或潜在竞争者施加，而且如果消费者具有足够的议价能力来抵消供应商的市场支配力，则也可能由消费者施加。[259] 但是买方力量可能并不等于有效的竞争限制，它仅确保特定或有限的消费者群体不受供应商的市场支配力的影响。另外，买方可以将为产品支付的价格降低到低于竞争水平，从而限制供应商的产量来行使市场支配力。

对抵消性买方力量将在本书后面部分讨论。[260]

(iv) 小　结

上面的讨论已经解释了确定一家或多家企业是否具有市场支配力所涉及的关键特征，特别是解释了以下内容：

- 市场界定是市场支配力分析的重要组成部分，但它本身并不是目的，只是市场支配力评估整个过程的一个阶段。
- 市场份额可以提供有关市场内现有竞争状况的重要信息，但它们本身不能确定市场支配力的存在，因为它们没有告诉我们扩张和进入的壁垒，也没有告诉我们买方的力量。
- 扩张和进入的壁垒很重要，因为它们为我们提供了有关潜在竞争存在的信息；而这正是市场份额无法捕捉的，因为竞争仅是潜在的。
- 买方力量也是分析市场支配力的重要组成部分。

(H) 对市场份额的最终思考

在本章中已经多次说过，市场份额本身并不能决定企业是否具有市场支配力。评估市场支配力不是，也不能简单地简化为数字。话虽这么说，但考虑一下欧盟和英国竞争法要求竞争律师及其客户考虑市场份额以决定如何处理特定案件的各种情况还是很有趣的。这部分是由于包含市场份额门槛的众多立法和准则所致；还有一部分来自判例法，其对特定的市场份额赋予了重要意义。表1.1列出了DoltAll（一家在欧盟开展业务的多元化企业集团）的内部法律顾问应牢记的一系列市场份额门槛。该列表并非详尽无遗，与本章其余部分相比，它以一种更轻松的心情编制而成。尽管如此，它确实揭示了在分析欧盟和英国竞争法案件时市场份额的影响力。

---

[259] 另见经济合作与发展组织圆桌会议“垄断和买方力量”（Monopsony and Buyer Power）（2008年），可在 www. oecd. org/competition 上查阅。

[260] 参见例如第21章第1082页“抵消性买方力量”和第22章第1171页“抵消性买方力量”。

表 1.1　市场份额门槛表

0	没有市场份额，即使最热心的竞争主管机构也不太可能对您采取行动 如果市场份额不足 5%，则只要满足某些其他条件，您的协议就不可能对成员国之间的贸易产生明显影响[1]
5%	市场份额在 5% 或以上时，您与非实际或潜在竞争者的企业签订的协议则可能对平行网络中类似协议的任何“累积”封锁效应产生重大影响[2] 市场份额在 5% 左右时，已经发现与涉及进出口的企业的协议会对您在成员国之间的贸易产生影响[3] 在根据《欧盟合并条例》通知合并时，您将被要求提供拥有相关地理市场 5% 以上份额的竞争者的信息[4]
10%	市场份额在 10% 或以上时，您与实际或潜在竞争者达成的协议所产生的影响不再是欧盟委员会《关于次要协议的通知》规定的“微不足道”的[5]；但是，请注意，具有反竞争目的并且对成员国之间的贸易产生明显影响的协议，就其性质而言，无论它们可能产生何种具体影响，均构成明显竞争限制[6]
15%	如果您的市场份额低于 15%，您的联合采购协议[7] 或商业化协议[8] 不太可能违反《欧盟运行条约》第 101 条第 1 款 市场份额在 15% 或以上时，您与非实际或潜在竞争对手的企业所达成协议的影响不再是欧盟委员会《关于次要协议的通知》规定的“微不足道”的[9]
20%	市场份额超过 20% 时，您将不再有资格利用《欧盟合并条例》中某些横向合并的“简化程序”[10] 根据《欧盟合并条例》，在横向合并的情况下，您的市场份额超过 20% 的市场是“受影响的市场”，需要在 CO 表格上向竞争总司提供实质性信息[11] 当双方的市场份额超过 20% 时，将不再对第 1218/2010 号条例规定的专业化协议提供集体豁免[12]；在市场份额不超过 25% 这一上限的情况下，可以提供一些边际减免[13] 竞争性企业之间的技术转让协议的市场份额合计超过 20% 时，将不再享有集体豁免[14]
25%	市场份额在 25% 或以上时，第 1217/2010 号条例规定的研发协议将不再适用集体豁免[15] 在不超过 30%[16] 这一上限的情况下（特殊情况下甚至可超过 30%[17]），可以提供一些边际减免 根据《欧盟合并条例》，市场份额在 25% 时，您将不再受益于一种假设，即您的合并不会严重阻碍有效竞争[18] 根据英国法律，在您提供或被提供了 25% 或更多的特定种类的商品或服务的情况下[20]，您的合并可能会转入 2002 年英国企业法的合并条款规定[19] 的第二阶段调查

续表

30%	对于其中一方的市场份额超过30%的纵向协议，不再提供集体豁免[21]，尽管在市场份额不超过35%的情况下有一些边际减免[22] 您的班轮联营协议遇到欧盟委员会关于运输联合体的第906/2009号条例规定的问题，其边际减免高达10%（也就是说，市场份额可高达33%）[23] 当任何一方的市场份额超过30%时，非竞争企业之间的技术转让协议将不再享有集体豁免[24] 低于30%的非横向合并不太可能产生《欧盟合并条例》规定的任何问题；如果您的市场份额超过30%，则不存在对它们不利的假设[25] 根据《欧盟合并条例》，在纵向合并的情况下，您的市场份额超过30%的市场会受到影响[26] 根据《欧盟合并条例》，如果市场份额超过30%，在纵向合并案件中您将无法从简化程序中获益[27]
40%	根据《欧盟运行条约》第102条的规定，市场份额达到或超过40%，您可能具有支配地位（欧盟委员会只有一项关于第102条规定的支配地位市场份额低于40%的裁决）[28]；如果您具有支配地位，您有特殊责任不损害竞争[29] 如果您的市场份额低于40%，英国竞争与市场管理局认为您不太可能占据支配地位[30]；欧盟委员会《第102条执法重点指南》中也有同样的观点[31] 如果所有零售级别的企业的市场份额均低于30%，总的市场份额低于40%，您的单个品牌协议不会产生累积的封锁效应[32]
45%	
50%	有一种可反驳的假设，即市场份额达到或超过50%即为具有支配地位的证据[33]；这种假设适用于集体支配地位和单一企业支配地位的情况[34] 如果一个市场中最大的5家供应商的市场份额低于50%，且最大的供应商的市场份额低于30%，那么它们的协议不可能产生单一或累积的反竞争效应[35] 在选择性分销系统覆盖的市场份额低于50%的情况下，不太可能产生这种影响[36]
55%	
60%	
65%	
70%	
75%	
80%	在市场份额达到80%的情况下，您现在可能正在接近一个“超级支配地位”的位置，在这个位置上，您的行为更有可能产生强烈的反竞争效果，因此，更有可能落入《欧盟运行条约》第102条的适用范围[37]
85%	

续表

90%	在市场份额达到90%的情况下，您正在接近“准垄断”[38] 欧盟委员会认为，维持、建立或加强“接近垄断”的市场地位的行为通常不可能以其可以提高效率为由来辩解[39]
95%	
100%	市场份额达到100%时，您是垄断者

注：1.《关于〈欧盟运行条约〉第101条和第102条贸易概念影响指南》（OJ［2004］C 101/81），第52段。

2.《关于次要协议的通知》（OJ［2014］C 291/1），第10段；另见欧盟委员会《纵向限制指南》（OJ［2010］C 130/1），第134和179段；在英国，参见《协议和协同行为》（OFT 401，2004年12月），第2.16段。

3.《关于〈欧盟运行条约〉第101条和第102条贸易概念影响指南》（OJ［2004］C 101/81），第46段。

4. 第802/2004号条例（OJ［2004］L 133/1），第7.4条。

5. OJ［2014］C 291/1，第8（a）段；在英国，参见《协议和协同行为》（OFT 401，2004年12月），第2.16段。

6.《关于次要协议的通知》（OJ［2014］C 291/1），第2段。

7. 欧盟委员会《横向合作协议指南》（OJ［2011］C 11/1），第208段。

8. 同上，第240段。

9.《关于次要协议的通知》（OJ［2014］C 291/1），第8（b）段；在英国，参见《协议和协同行为》（OFT 401，2004年12月），第2.16段。

10.《关于简化程序的通知》（OJ［2013］C 366/5），第5（c）段。

11. 经修订的第802/2004号条例（OJ［2004］L 133/1），第6.3（a）条。

12. 第1218/2010号条例（OJ［2010］L 335/43），第3条。

13. 同上，第5条。

14. 第316/2014号条例（OJ［2014］L 93/17），第3（1）条。

15. 第1217/2010号条例（OJ［2010］L 335/36），第4条。

16. 同上，第7（d）条。

17. 同上，第7（e）条。

18. 第139/2004号条例（OJ［2004］L 24/1），评论32。

19. 参见第22章第1143~1145页“供应份额测试”。

20. 请注意，在第二阶段进行的调查中，为合并而进行的“供应份额”测试在技术上不是市场份额测试。参见第22章第1143~1145页“供应份额测试”。

21. 第330/2010号条例（OJ［2010］L 102/1），第3条。

22. 同上，第7（d）~（e）条。

23. 第906/2009号条例（OJ［2009］L 256/31），第5（1）条和第5（3）条；第697/2014号条例（OJ［2014］L 184/3）规定第906/2009号条例的适用期至2020年4月25日。

24. 第316/2014号条例（OJ［2014］L 93/17），第3（2）条。

25.《非横向合并评估指南》（OJ［2008］C 265/6），第25段。
26. 经修订的第802/2004号条例（OJ［2004］L 133/1），第6.3（b）条。
27.《关于简化程序的通知》（OJ［2013］C 366/5），第5（c）段。
28. 参见 *Virgin/British Airways* 案（OJ［2000］L 30/1）：在市场份额为39.7%的情况下，具有支配地位；上诉后维持原判：案例 T－219/99 *British Airways v Commission* EU：T：2003：343。
29. 关于占支配地位企业的特殊责任，参见第5章第243～244页“占支配地位企业的‘特殊责任’”。
30. 参见：《关于滥用市场支配地位的指南》（OFT 402，2004年12月），第4.18段；《市场支配力评估指南》（OFT 415），第2.12段。以上均可在 www.gov.uk/cma 上查阅。
31. OJ［2009］C 45/7。
32. 欧盟委员会《纵向限制指南》（第1章脚注185），第141段。
33. 参见案例 C－62/86 *AKZO Chemie v Commission* EU：C：1991：286，第60段。
34. 案例 T－191/98 *Atlantic Container Line AB v Commission* EU：T：2003：245，第931～932段。
35. 欧盟委员会《纵向限制指南》（第1章脚注185），第135段。
36. 同上，第179段。
37. 参见第5章第240～241页“市场支配力和超支配程度”。
38. 同上。
39. 欧盟委员会《第102条执法重点指南》（OJ［2009］C 45/7），第30段。

第2章 欧盟和英国竞争法概述

1. 简　介

本章将简要介绍欧盟和英国竞争法以及相关机构；它还将解释欧盟竞争法与成员国国内竞争法之间的关系，特别是根据第1/2003号条例❶第3条。其中简要提及了欧洲经济区（the European Economic Area，EEA）的规则，并指出了成员国采用基于欧盟规则的国内竞争规则的趋势。本章末尾的三幅图说明了欧盟和英国竞争法的制度结构。

2. 欧盟竞争法

(A) 欧盟条约

欧洲联盟根据两项条约建立：《欧洲联盟条约》（the Treaty on European Union，TEU）和《欧盟运行条约》（前称为《罗马条约》❷）。目前，欧盟有28个*成员国。❸ 2016年6月23日，英国就是否继续作为欧盟成员国举行全

❶ 《关于实施〈欧盟运行条约〉第101和102条规定的竞争规则的欧盟理事会第1/2003号条例》（OJ [2003] L 1/1），可在www. ec. europa. eu上查阅。

❷ 1957年的原名称"欧洲经济共同体"，被1992年的《马斯特里赫特条约》取代为"欧洲共同体"，而2009年的《里斯本条约》又将其归为"欧洲联盟"。本书所指的是欧洲联盟竞争法而非欧洲共同体竞争法。

* 此数字为原书出版时的情况。英国脱欧后，欧盟成员国数量变为27个。——译者注

❸ 关于马恩岛和直布罗陀等领土在欧盟法律下的地位，参见：MURRAY F. The European Union and Member State Territories: A New Legal Framework Under the EU Treaties [M]. Berlin: Springer, 2012.

民公投，结果为反对；英国定于2019年3月29日离开欧盟。[4] 2017年3月1日，欧盟委员会通过了关于欧洲未来的白皮书。[5] 该白皮书描述了欧盟可能演变的“五种情况”，包括从现状发展到多速欧洲，到“做得更少更有效率”，再到“抱团做更多事”。其目的是使其余27个成员国和欧盟在2019年6月之前达成共识。

根据条约，成员国赋予欧盟“权利”，以使其能够实现其目标，其中之一就是高度竞争的社会市场经济。[6] 欧盟法律的大部分涉及消除阻碍产品、服务、人员和资本自由流动的障碍，消除这些障碍可促进联盟内部的竞争。[7] 建立公共采购制度[8]、创建欧元[9]、强调“智能、可持续和包容性增长”的“欧洲2020战略”[10] 和“数字单一市场战略”[11] 等举措也极大地促进了欧盟内部的竞争。除了这种对竞争的“宏观”影响，《欧盟运行条约》还包含适用于企业和成员国本身的特定竞争规则。

---

[4] 关于英国脱欧，参见 www. gov. uk/government/policies/brexit 和 www. ec. europa. eu/commission/brexitnegotiationations_en。

[5] 参见 www. ec. europa. eu/commission/white - paper - future - europe_en。

[6] 《欧洲联盟条约》第3条第3款；另见《欧盟运行条约》第119条第1款。

[7] 有关对欧盟法律的全面分析，请参见：DASHWOOD A，DOUGAN M，RODGER B J，et al. European Union Law［M］. 6th ed. London：Hart Publishing，2011；CHALMERS D，DAVIES G，MONTI G. European Union Law［M］. 3rd ed. Cambridge：Cambridge University Press，2014；CRAIG P，DE BÚRCA G. EU Law：Texts，Cases，and Materials［M］. 6th ed. Oxford：Oxford University Press，2015；DA CRUZ VILAÇA J L. EU Law and Integration：Twenty Years of Judicial Application of EU Law［M］. London：Hart Publishing，2016；BARNARD C，PEERSS. European Union Law［M］. 2nd ed. Oxford：Oxford University Press，2017.

[8] 关于公共采购，参见：ARROWSMITH S. The Law of Public and Utilities Procurement：vol. 1［M］. 3rd ed. London：Sweet & Maxwell，2014；BOVIS C. EU Public Procurement［M］. 2nd ed. Oxford：Oxford University Press，2015；SANCHEZ - GRAELLS A. Public Procurement and the EU Competition Rules［M］. 2nd ed. London：Hart Publishing，2015；BOVIS C H. Research Handbook on EU Public Procurement Law［M］. Cheltenham：Edward Elgar，2016.

[9] 关于欧元，参见：SWANN D. The Economics of Europe［M］. 9th ed. London：Penguin，2000：ch 7；有关欧洲的详细信息，参见：STIGLITZ J. The Euro and Its Threat to the Future of Europe［M］. London：Penguin，2017；进一步参见本章第63页“经济和货币联盟”。

[10] 参见《欧洲2020》［COM（2010）2020 final］，可在 www. ec. europa. eu/europe2020/index_en. htm 上查阅。

[11] 参见《欧洲数字单一市场策略》（COM/2015/0192 final），另见欧盟委员会专员维斯塔格于2016年9月15日发表的演讲《竞争与数字单一市场》，两者均可在 www. ec. europa. eu 上查阅。

(i)《欧盟运行条约》中的竞争章节

欧盟竞争法包含在《欧盟运行条约》第 3 部分第 7 篇的第 2 章中，包括：

• 第 101 条第 1 款，禁止以限制竞争为目的或效果的协议、企业协会的决定和协同行为[12]，尽管在满足第 101 条第 3 款条件的情况下，该禁止规定可能被宣布不适用[13]；

• 第 102 条，禁止某个企业或某些企业滥用市场支配地位[14]；

• 第 106 条第 1 款规定了成员国对条约的一般义务，特别是竞争规则，而第 106 条第 2 款则涉及将竞争规则适用于成员国被赋予特定责任的公有企业和私有企业[15]；

• 第 107～109 条禁止成员国对可能扭曲内部市场竞争的企业提供国家援助[16]。

欧盟竞争法的另一个重要文件是《欧盟合并条例》，它适用于欧盟层面的企业之间的集中[17]。

必须结合《欧盟运行条约》和《欧洲联盟条约》中规定的目标和原则来解读竞争规则。《欧洲联盟条约》第 3 条第 3 款规定，欧盟将建立一个内部市场，根据条约所附的《关于内部市场和竞争的第 27 号议定书》，应包括一个确保竞争不失真的系统。该议定书与条约具有同等效力。[18]《里斯本条约》废除了《欧共体条约》第 3 条第 1 款（g）项，该项把建立无扭曲竞争的制度作为欧洲共同体的活动之一。但在 *Konkurrensverket v TeliaSonera Sverige* 案[19]中，欧洲法院提到了《欧洲联盟条约》第 3 条第 3 款和第 27 号议定书，似乎与《欧共体条约》第 3 条第 1 款（g）项没有区别。[20] 在 *Timab v Commission* 案[21]中，欧盟普通法院裁定，与第 27 号议定书一并解读的《欧洲联盟条约》第 3 条既

---

[12] 关于第 101 条第 1 款，参见第 3 章。

[13] 关于第 101 条第 3 款，参见第 4 章。

[14] 关于第 102 条，参见第 5 章、第 17～19 章。

[15] 关于第 106 条，参见第 6 章第 280～308 页“《欧盟运行条约》第 106 条——遵守条约”。

[16] 关于第 107～109 条，第 6 章第 309～311 页“《欧盟运行条约》第 107～109 条——国家援助”中进行了简要讨论。

[17] 关于控制企业之间的集中度的欧盟理事会第 139/2004 号条例（OJ［2004］L 24/1）；有关《欧盟合并条例》的信息，参见第 21 章。

[18] 参见《欧洲联盟条约》第 51 条。

[19] 案例 C－52/09 EU：C：2011：83。

[20] 同上，第 20～22 段；参见类似案例 T－458/09 *Slovak Telekom v Commission* EU：T：2012：145，第 36～38 段。

[21] 案例 T－456/10 EU：T：2015：296，第 211～212 段。

没有改变《欧盟运行条约》第101条的目的，也没有改变罚款的规则。

《欧盟运行条约》第3条第1款（b）项规定，欧盟在建立内部市场运作所需的竞争规则时应具有专属权限。《欧盟运行条约》第119条第1款规定，成员国和欧盟的活动应按照自由竞争下的开放市场经济原则进行。

《欧洲联盟条约》和《欧盟运行条约》中关于竞争的这些提法对欧盟委员会的裁决以及欧盟普通法院和欧洲法院（统称“欧盟法院”）的判决产生重大影响，通常从现在的《欧洲联盟条约》第3条第3款和第27号议定书的目的出发，用目的论来解释特定的竞争规则。欧盟法院通过用目的论来解释法律，从而产生了一些著名的判决[22]，例如欧洲法院对 *Continental Can v Commission* 案[23]的判决，该案确立了在某些情况下可以根据《欧盟运行条约》第102条禁止合并。

（ii）单一市场势在必行

如第1章所述[24]，必须强调，欧盟竞争法是欧盟委员会和欧盟法院在考虑单一市场一体化问题时经常适用的。欧盟委员会将单一市场描述为其决心保护的“欧盟最大资产”[25] 之一。[26] 可能会影响一个成员国领土与另一成员国领土划分的协议和行为将受到严格审查，并可能受到严惩。既存在“单一市场”竞争规则也存在“常规”竞争规则是欧盟竞争法的独特特征。近年来，有许多重要的国家加入欧盟[27]，再加上一些巴尔干国家等未来加入的可能性，这意味着单一市场一体化将仍然是欧盟竞争法和竞争政策的关键特征。[28] 欧盟委员会是单一市场的守卫者，并决心防止任何退回到经济民族主义的行为。[29] 欧洲

---

[22] 参见例如：案例C－68/94 etc *France v Commission* EU：C：1998：148，第169～178段；案例T－102/96 *Gencor v Commission* EU：T：1999：65，第148～158段；案例C－194/14 P *AC－Treuhand AG v* EU：C：2015：717，第36段。

[23] 案例6/72 *Europemballage Corpn and Continental Can v Commission* EU：C：1973：22，第25段。

[24] 参见第1章第27～28页“单一市场势在必行”。

[25] 参见：欧盟委员会的《关于竞争政策的报告》（2009年），第9段，可在 www. ec. europa. eu 上查阅。

[26] 参见例如：欧盟委员会《纵向限制指南》（OJ［2010］C 130/1），第7段；关于欧盟委员会分析纵向协议的方法，参见第16章第782～784页“欧盟委员会《纵向限制指南》中关于纵向协议分析的方法论”。

[27] 参见 www. ec. europa. eu/enlargement/policy/from－6－to－28－members/index_en. htm。

[28] 有关国际电联未来扩大的谈判进展的详细信息，可在 www. ec. europa. eu/neighbourhood－enlargement 上查阅。

[29] 参见例如：蒙蒂（Monti）《单一市场新战略——向欧洲委员会的报告》（A New Strategy for the Single Market—Report to the European Commission），2010年5月9日；维斯塔格专员在2015年10月2日的演讲《竞争的未来》（The Future of Competition）。两者均可在 www. ec. europa. eu 上查阅。

法院在 *GlaxoSmithKline v Commission* 案[30]和 *Football Association Premier League* 案[31]的判决中重申了单一市场势在必行。

(iii)经济和货币联盟

欧元的建立对欧盟内部的竞争具有重要影响。[32] 如第 1 章所述，竞争过程尤其取决于消费者拥有足够的信息以使他们能够作出理性的选择。[33] 当相同的产品和服务以不同的、可变的货币出售时，很难进行价格比较；货币兑换成本使问题更加复杂。欧元为价格信息带来了透明性，从根本上改变了境况，并且对开展业务的方式产生了重大影响。"单一欧元支付区"的目的是通过使用通用的欧元支付程序和标准来协调整个欧洲经济区的支付市场。[34]

(iv)欧盟竞争法的现代化

在20世纪90年代初，人们（包括在欧盟委员会内部）普遍认识到竞争规则在实践中的应用方式出了问题。一个明显的问题是，关于限制性协议的《欧盟运行条约》第101条和关于滥用支配地位的第102条在执行时对经济原理的关注不足。欧盟随后进行了纵向限制制度的改革，其中涉及该学科的法律和经济学的重大重新定位，并且在实践中似乎运作良好。[35] 关于横向合作协议[36]和技术转让协议[37]也进行了类似的改革。欧盟委员会还对欧盟层面的合并的实质性测试和程序进行了重大修改。[38] 另一项政策举措是通过了欧盟委员会对于占支配地位企业的排他性行为的执法重点。[39] 最重要的是通过了第1/2003号条例。该条例废除了欧盟委员会根据《欧盟运行条约》第101条第3款对决策的"垄断"，并要求企业自行评估其行为是否符合欧盟法律。[40]

如今，人们普遍认为，欧盟竞争法涉及在法律程序中对商业惯例和交易进

---

[30] 案例 C-501/06 P etc EU：C：2009：610，第59~61段。

[31] 案例 C-403/08 etc EU：C：2011：631，第135~144段。

[32] 参见例如欧盟委员会的《关于竞争政策的第27号报告》（1997年）第7~8页和《关于竞争政策的第28号报告》（1998年）第24~25页。

[33] 参见第1章第9~10页"完全竞争的模型是基于实践中不太可能观察到的假设"。

[34] 第260/2012号条例（OJ［2012］L 94/22）；进一步地，参见 www. ec. europa. eu/finance/payments/sepa/index en. htm。

[35] 关于纵向协议，参见第16章。

[36] 关于横向合作协议，参见第15章。

[37] 关于技术转让协议，参见第19章。

[38] 大致参见第21章。

[39] 参见第5章第225~227页"欧盟委员会《第102条执法重点指南》"。

[40] 这些变化将在本章第92~96页"第1/2003号条例"、第4章第214~217页"第1/2003号条例"和第7章中进行讨论。

行经济分析。基于形式的规则可能是有害而不是有益的；只有在有证据支持“损害理论”即一种做法限制或扭曲了竞争过程，从而对消费者的福利产生不利影响的情况下，这种干预才是合理的；[41] 并且特定行为是否可能损害竞争与一个或多个经营者在其经营的市场上拥有或将拥有的市场支配力的程度有关。

(B) 机　构

(i) 欧盟理事会

欧盟的最高立法机构是欧盟理事会，通常被称为部长理事会。欧盟理事会不定期参与竞争政策。[42] 但是，根据《欧盟运行条约》第103条和第352条赋予的权力，欧盟理事会通过了几项主要立法，其中包括《欧盟合并条例》[43] 以及与欧洲议会共同制定的欧盟《损害赔偿指令》[44]；它已通过法规将重要的权力授予欧盟委员会，以执行《欧盟运行条约》中的竞争规则，尤其是第1/2003号条例[45]；并且它已授予欧盟委员会针对《欧盟运行条约》第101条第1款中所涵盖的但符合第101条第3款标准的某些协议给予集体豁免的权力。[46]

(ii) 欧盟委员会

欧盟委员会是欧盟竞争政策的核心[47]，并负责进行事实调查、对违反《欧盟运行条约》第101条和第102条的行为采取行动、实施处罚、通过集体豁免条例、进行行业调查、调查合并和国家援助，并负责制定政策和立法举措。欧盟委员会还参与竞争政策的国际事务，包括与全球竞争主管机构的合作。[48] 其中一名专员负责竞争事务；这被认为是欧盟委员会内最重要的职务之一，并赋予在任者很高的知名度。某些决定可以由竞争事务专员而不是欧盟委员会作出。有两名直接对该专员负责的听证官[49]，负责在执行欧盟竞争法的欧盟委员

---

[41] 参见：ZENGER H，WALKER M. Theories of Harm in European Competition Law：A Progress Report［M］//BOURGEOIS J，WAELBROECK D. Ten Years of Effects – Based Approach in EU Competition Law：State of Play and Perspectives. Brussels：Bruylant，2012：185 – 209.

[42] 参见《欧洲联盟条约》第16条和《欧盟运行条约》第237 ~ 243条。

[43] OJ［2004］L 24/1；有关《欧盟合并条例》的信息，参见第21章。

[44] OJ［2014］L 349/1；有关该指令的信息，参见第8章第377 ~ 383页“《损害赔偿指令》”。

[45] OJ［2003］L 1/1；关于欧盟委员会的执行权，参见第7章。

[46] 参见第4章第218 ~ 220页“现行的特权和集体豁免”。

[47] 参见《欧洲联盟条约》第17条第1款；另见案例C – 344/98 *Masterfoods Ltd v HB Ice Cream Ltd* EU：C：2000：689，第46段。

[48] 关于竞争政策的国际层面，参见第12章。

[49] 参见 www. ec. europa. eu/competition/hearing_legs/index_en. html。

会程序中维护程序权的行使。[50]

竞争总司是欧盟委员会专门负责竞争政策的部门。其网站是宝贵的资料来源。从索引页面可以导航到一系列政策领域，包括反垄断（《欧盟运行条约》第 101 条和第 102 条，尽管有一个特定领域是卡特尔）、合并、国家援助和国际事务。[51] 在每个政策领域中，都有一个“最新动态”部分以及相关立法、立法草案以及当前和已决案件的详细信息，还有有用的统计和实用信息。该网站还提供有关特定行业的信息，例如农业和食品、消费品、能源、金融服务以及信息和通信技术。该网站还设有一个页面，旨在提高消费者对竞争政策的认识和兴趣。[52] 该页面有有关竞争政策专员、竞争总司的组成以及欧洲竞争网络（the European Competition Network，ECN）的信息。欧洲竞争网络由欧盟委员会和成员国的国家竞争主管机构（the national competition authorities of the Member States，NCA）共同组成，负责执行《欧盟运行条约》第 101 条和第 102 条。[53] 欧洲竞争网络的网站包含有关其工作及其成员的信息。[54] 有关竞争事务的新闻稿以及竞争总司专员和官员的讲话、政策文件、竞争政策简报、竞争合并简报和竞争国家援助简报，都可以通过该网站访问。通过该网站可以很容易地跟踪公众咨询的进展情况[55]，该网站会发布即将举行的与竞争政策有关的欧盟委员会活动。

欧盟委员会竞争总司发布年度管理计划，其中规定了来年的主要目标。[56] 欧盟委员会关于竞争政策的年度报告提供有关政策和执行方面的基本信息，以及对竞争总司活动的统计回顾。[57] 竞争总司的网站还有指向其他重要网站（包括成员国的国家竞争主管机构的网站）的链接。[58]

欧盟委员会竞争总司有 1 名总干事和 3 名副总干事。还有 1 位首席竞争经济学家直接向总干事报告。竞争总司分为 9 个行政部门。[59] A 局负责政策和战略，包括欧洲竞争网络、国际关系、私人执法和消费者联络。B ~ F 局是业务

---

[50] 第 2011/695/EU 号决定，OJ［2011］L 275/33；参见：WILS W P J. The Role of the Hearing Officer in Competition Proceedings Before the European Commission［J］. World Competition，2012，35（3）：431；进一步地，参见第 7 章第 358 ~ 360 页“诉讼的进行”。

[51] 参见 www. ec. europa. eu/comm/competition/index_en. html。

[52] 参见 www. ec. europa. eu/competition/consumers/index_en. html。

[53] 参见第 7 章第 364 页“根据第 1/2003 号条例分配案件”。

[54] 参见 www. ec. europa. eu/competition/ecn/index_en. html。

[55] 参见 www. ec. europa. eu/competition/consultations/open. html。

[56] 参见 www. ec. europa. eu/dgs/competition/index_en. htm。

[57] 可在 www. ec. europa. eu/competition/publications/annual_report/index. html 上查阅。

[58] 参见 www. ec. europa. eu/competition/ecn/competition_authorities. html。

[59] 参见 www. ec. europa. eu/dgs/competition/directory/organi_en. pdf。

部门，每个部门负责特定行业，自始至终处理《欧盟运行条约》第101条和第102条以及《欧盟合并条例》项下的案件（卡特尔案件除外）；它们还处理国家援助案。G局专门处理卡特尔问题，对卡特尔案件相关的侦查、惩罚和威慑是欧盟委员会的执法重点。[60] H局负责与国家援助有关的一般审查和执行。R局负责注册、财务和信息技术。欧盟委员会的正式决定必须由其法律服务部审核，竞争总司与法律服务部密切合作。法律服务部在欧盟法院的诉讼中代表欧盟委员会。[61]

（iii）欧盟普通法院

欧盟普通法院于1989年9月成立。[62] 其主要任务是审查针对《欧盟运行条约》第101条和第102条、国家援助规定和《欧盟合并条例》规定下的竞争事务的欧盟委员会决定提起的上诉。[63] 欧盟普通法院根据《欧盟运行条约》对决定的合法性进行审查。[64] 欧盟普通法院曾表示，该条约规定的司法审查涉及普通法院对法律和事实的审查，意味着普通法院有权评估证据、撤销决定和改变已被处以的罚款数额。[65]

欧盟普通法院（和欧洲法院）的网站是宝贵的资料来源，例如，可以从中找到法院的判决、大法官的意见、总检察长的意见、未决案件的信息、司法活动的统计数据和关于欧盟法院工作的年度报告。[66] 第2015/2422号条例[67]规定，欧盟普通法院法官的人数应逐步增加：自2019年9月1日起，每个成员国应有2名法官。为了扩大规模，欧盟普通法院采用了一种新结构，由9个分庭各5名法官组成。[68]

---

[60] 反卡特尔执法几乎占了欧盟委员会执法活动的48%：欧盟委员会通讯《根据第1/2003号条例实施反托拉斯执法的十年》［COM（2014）453］第11段；关于卡特尔，参见第13章。

[61] 有关法律服务的详细信息，参见 www. ec. europa. eu/dgs/legal_service/index_en. htm。

[62] 欧盟理事会第88/591号决定，OJ［1988］L 319/1。

[63] 参见《欧盟普通法院议事规则》，OJ［2015］L 105/1。

[64] 参见第261条（罚则）、第263条（无效诉讼）、第265条（不采取行动）；参见：KERSE C, KHAN N. EU Antitrust Procedure［M］. 6th ed. London：Sweet & Maxwell，2012：8-064－8-177.

[65] 参见例如：案例C－386/10 P *Chalkor v Commission* EU：C：2011：815，第67段。

[66] 参见 www. curia. europa. eu。

[67] OJ［2015］L 341/14。

[68] 欧盟普通法院新闻稿35/16，2016年4月4日。

(iv) 欧洲法院

欧洲法院仅审理欧盟普通法院关于法律问题的上诉。[69] 欧洲法院对什么是就法律问题提出上诉进行了严格的规定，不会就事实问题接受上诉。[70] 欧洲法院还处理国家法院或法庭根据《欧盟运行条约》第 267 条向其提述的欧盟法律问题。[71] 欧洲法院由 1 名从 11 人[72]小组中选出的总检察长协助，他为每个案件提出意见。尽管没有约束力，但欧洲法院经常（但并非总是）遵循这种意见。强烈建议对竞争法感兴趣的人阅读总检察长在竞争案件中的意见。这些意见的质量通常很高，并且包含大量宝贵的研究材料。

(v) 限制性行为和支配地位咨询委员会

限制性行为和支配地位咨询委员会由来自成员国的国家竞争主管机构的官员组成。[73] 他们参加口头听证，审议欧盟委员会的决定草案并对它们发表评论；[74] 他们还讨论立法草案和一般政策的制定。

(vi) 集中咨询委员会

集中咨询委员会由来自成员国的国家竞争主管机构的官员组成；他们参加口头听证，并且必须就《欧盟合并条例》下的欧盟委员会决定草案提供咨询意见。[75]

(vii) 国家竞争主管机构

当协议或行为影响成员国之间的贸易时，第 1/2003 号条例第 3 条第 1 款

---

[69] 参见《欧洲法院议事规则》，OJ［2012］L 265/1；ARNULL A. The European Union and Its Court of Justice［M］. 2nd ed. Oxford：Oxford EC Law Library，2006；BECK G. The Legal Reasoning of the Court of Justice of the EU［M］. London：Hart Publishing，2013；ROBEK M. The Court of Justice of the European Union［M］//ARNULL A，CHALMER S D. The Oxford Handbook of European Union Law. Oxford：Oxford University Press，2015.

[70] 参见例如案例 C－551/03 P *General Motors BV v Commission* EU：C：2006：229，第 50～51 段。

[71] 关于第 267 条的提述程序，参见：ANDERSON D W. References to the European Court［M］. 2nd ed. London：Sweet & Maxwell，2002；KERSE C，KHAN N. EU Antitrust Procedure［M］. 6th ed. London：Sweet & Maxwell，2012：Para 1. 57；KARTLEY T. The Foundations of European Union Law［M］. 8th ed. Oxford：Oxford University Press，2014：ch 9.

[72] 欧盟理事会 2013 年 6 月 18 日第 11009/13 号决定，自 2013 年 7 月 1 日起将总检察长的数量从 8 人增加到 9 人，自 2015 年 10 月 7 日起从 9 人增加到 11 人。

[73] 第 1/2003 号条例第 14 条为该委员会提供了经费；关于该委员会，参见第 7 章第 337 页“第 14 条：咨询委员会”。

[74] 关于向咨询委员会咨询，参见案例 T－66/01 *Emperial Chemical Industries v Commission* EU：T：2010：255，第 163～171 段；这也是尚未结案的 T－691/14 *Servier v Commission* 案被主张无效的理由。

[75] 参见《欧盟合并条例》第 19 条第 3～7 款；有关该委员会的信息，参见第 21 章第 1112～1113 页“与成员国保持密切和持续的联系”。

规定，成员国的国家竞争主管机构必须适用《欧盟运行条约》第101条和第102条。[76] 成员国的国家竞争主管机构执法占欧盟竞争规则公共执法的85%。[77] 成员国的国家竞争主管机构在欧洲竞争网络内与欧盟委员会合作，进行案件分配、信息交换并制定最佳实践。[78] 在2017年，欧盟委员会提出了一项指令提案，以授权成员国的国家竞争主管机构成为更有效的执法者。[79]

（viii）国家法院

国家法院在适用竞争规则中具有“不可或缺的作用”。[80]《欧盟运行条约》第101条和第102条直接适用并产生直接效果：它们产生个体的权利和义务，国家法院有责任保障这些权利和义务。欧盟《损害赔偿指令》[81] 规定了某些规则，规制违反欧盟和国家竞争法的损害赔偿诉讼。[82]

欧盟委员会的网站上有一个可检索的数据库，其中包含国家法院对以原始语言按时间顺序排列的适用《欧盟运行条约》第101条和第102条作出的某些判决。[83] 欧洲竞争法法官协会还将定期召集成员国司法机构的成员。[84]

（ix）欧洲议会

欧洲议会（尤其是其经济与货币事务常务委员会）和经济与社会委员会（the Economic and Social Committee，ECOSOC）就竞争政策问题提供咨询，并可能在立法过程中或在说服欧盟委员会针对特定问题采取行动方面具有影响力。

（C）欧洲经济区

1991年10月21日，现在的欧盟及其成员国和欧洲自由贸易联盟（the Euro-

---

[76] 参见第92~94页“适用《欧盟运行条约》第101条和第102条的义务”。

[77] 参见欧盟委员会的《关于竞争政策的报告》（2016年），第16页；参见：WILS W P J. Ten Years of Regulation 1/2003：A Retrospective［J］. Journal of European Competition Law and Practice，2013，4（4）：296.

[78] 关于欧洲竞争网络，参见第64~66页“欧盟委员会”。

[79] 参见 www. ec. europa. eu/competition/antitrust/nca. html。

[80] 参见第1/2003号条例，OJ［2003］L 1/1，评论7；有关国家法院地位的信息，参见第8章。

[81] 第2014/104号指令，OJ［2014］L 349/1，评论3。

[82] 关于欧盟《损害赔偿指令》，参见第8章第377~383页“《损害赔偿指令》”。

[83] 参见 www. ec. europa. eu/competition/elojade/antitrust/nationalcourts/。

[84] 欧洲竞争法法官协会的网址是 www. aeclj. com。

pean Free Trade Association，EFTA）成员国签署了建立欧洲经济区的协议[85]；它由欧盟成员国、挪威、冰岛和列支敦士登组成。瑞士加入欧洲经济区的全民公决以“否决”作结，因此该国仍不在此列。《欧洲经济区协议》于1994年生效，它包括与《欧盟运行条约》和《欧盟合并条例》密切相关的竞争规则。关于反竞争协议的《欧盟运行条约》第101条被列为《欧洲经济区协议》第53条，关于滥用支配地位的《欧盟运行条约》第102条反映在《欧洲经济区协议》第54条，《欧盟合并条例》反映在第57条，关于公共事业的《欧盟运行条约》第106条和关于国家援助的第107条分别被列为《欧洲经济区协议》第59条和第61条。

《欧洲经济区协议》及其相关文本确立了管辖权的“双支柱”方法：有两个负责竞争政策的机构，即欧盟委员会和欧洲自由贸易联盟监督局（EFTA Surveillance Authority，ESA）[86]，但任何一个特定的案件仅由其中之一调查。《欧洲经济区协议》第108条创设了欧洲自由贸易联盟监督局；它效仿欧盟委员会，并被赋予类似的权力。其由位于卢森堡的欧洲自由贸易区法院进行审查。[87]《欧洲经济区协议》第55条规定，欧盟委员会或欧洲自由贸易联盟监督局应确保适用第53条和第54条；该协议第56条涉及对上述条款所涉及的案件在这两个机构之间的管辖权分配[88]；第57条规定了合并方面的权限划分。

《欧洲经济区协议》的一项重要原则是，欧盟委员会和欧洲自由贸易联盟监督局之间应进行合作，以便在整个欧洲经济区建立和维持统一的监督，并促进对协议条款的统一执行、适用和解释。第58条要求当局根据第23号议定书［限制（竞争）行为和滥用市场支配力问题］和第24号议定书（合并问题）的具体规定进行合作。同样，《欧洲经济区协议》第106条还建立了两个法院之间信息交流的制度，以期对其条款进行统一解释。

---

[85] OJ［1994］L 1/1；《欧洲经济区协议》于1994年1月1日生效；ARNESEN F，FREDRIKSEN H H，GRAVER H P，et al. Agreement on the European Economic Area：A Commentary［M］. London：Hart Publishing，2018；BLANCO L O. EU Competition Procedure［M］. 3rd ed. Oxford：Oxford University Press，2013：ch 28；BROBERG M P. Broberg on the European Commission's Jurisdiction to Scrutinise Mergers［M］. 4th ed. Alphen aan den Rijn：Wolters Kluwer Law & Business，2013：ch 7；欧盟委员会工作人员工作文件以及欧盟委员会《根据第1/2003号条例实施反托拉斯执法的十年》［SWD（2014）230/2］第253～264段。

[86] 欧洲自由贸易联盟监督局的网址是www. eftasurv. int。

[87] 欧洲自由贸易联盟国家于1992年5月2日签署了《关于建立监督机构和欧洲法院的协议》：转载于《欧洲商法》1992年第15卷第10部分；欧洲法院就这些安排发表了两项咨询意见：意见1/91 EU：C：1991，490和意见1/92 EU：C：1992：189；欧洲自由贸易联盟法院的网址是www. eftacourt. int。

[88] 在案例T－67/00中，考虑了欧盟委员会与欧洲自由贸易联盟监督局之间的权限划分，例如案例*JFE Engineering v Commission* EU：T：2004：221，第482～493段。

（D）建立以《欧盟运行条约》第101条和第102条为蓝本的国内竞争法

欧盟和欧洲经济区成员国拥有以《欧盟运行条约》第101条和第102条为蓝本的竞争法体系。[89] 欧洲竞争网络公布了一份表格，显示成员国在多大程度上自愿使国内法符合第1/2003号条例的规定。[90] 访问成员国的国家竞争主管机构网站和国家竞争法的一个简单方法是登入竞争总司提供的超链接。[91]

欧盟已经分别与中欧和东欧国家和西巴尔干国家签订了协议（分别被称为“欧洲协议”和“稳定与结盟协议”）。这些协议载有竞争条款，是欧盟正式成员国加入进程的一部分。[92] 另外，“地中海联盟”意味着从阿尔及利亚到土耳其的地中海沿岸国家都是欧洲地中海联盟协议的缔约国，该协议包含基于欧盟竞争规则的条款。[93]

3. 英国竞争法

促进竞争是英国经济政策的重要组成部分。[94] 对竞争的承诺已在英国竞争法的重大变化中得到印证。1998年英国竞争法和2002年英国企业法从根本上改变了英国国内竞争法的实质性规定和制度架构。在这项改革的过程中，一大

---

[89] 参见：GERBER D. Law and Competition in Twentieth Century Europe：Proteeting Prometheus［M］. Oxford：Clarendon Press，1998：ch Ⅹ；MAHER I. Alignment of Competition Laws in the European Community［J］. Oxford Yearbook of European Law，1996，16（1）：223；ULLRICH H. Harmonisatian within the European Union［J］. European Competition Law Review，1996，17：178；HOLMES M，DAVEY L. A Practical Guide to National Competition Rules Across Europe［M］. 2nd ed. Alphen aan den Rijn：Kluwer Law International，2007.

[90] www. ec. europa. eu/comm/competition/nca/documents。

[91] www. ec. europa. eu/comm/competition/nca/index_en. html。

[92] 自2004年5月和2007年1月这些成员国加入欧盟以来，没有其他存在的欧洲协议；原则上，欧盟和第三国之间的协议有可能产生直接影响，参见：案例104/81 *Hauptzollamt Mainz v Kupferberg* EU：C：1982：362；WYATT D，DASHWOOD A. European Union Law［M］. 6th ed. London：Hart Publishing，2011：953－955. 然而，对于欧洲协议中的竞争规则本身是否具有直接效力，目前还没有定论；在一个案例中，欧盟委员会要求修改香奈儿的分销协议，以取消对与欧盟谈判达成“自由贸易协定”的国家的出口限制，但这是通过协议进行的，欧盟委员会没有作出决定：*Chanel* OJ［1994］C 334/11。

[93] 参见：www. eeas. europa. eu/euromed/index_en. htm；GERADIN D，PETIT N. Competition Policy and Euro－Mediterranean Partnership［J］. European Foreign Affairs Review，2003，8（2）：153；GERADIN D. Competition Law and Regional Integration：An Analysis of the Southern Mediterranean Countries［M］. Washington D. C.：World Bank，2004.

[94] 参见英国政府《竞争与市场管理局的战略指导》（2015年12月），可在 www. gov. uk/cma 上查阅。

堆日法被废除了。[95] 另一项重要立法是 2013 年英国企业与监管改革法（the Enterprise and Regulatory Reform Act 2013，ERRA），该法创设了竞争与市场管理局（the Competition and Markets Authority，CMA），并废除了其前身公平交易办公室（the Office of Fair Trading，OFT）和竞争委员会（the Competition Commission，CC）；它们的竞争法职能已被移交给了竞争与市场管理局。2015 年英国消费者权益法对英国竞争法进行了进一步修改，该法对竞争上诉法庭中提起私人诉讼的规则进行了重大修订。

（A）1998 年英国竞争法

1998 年英国竞争法于 1998 年 11 月 9 日获得皇家批准，主要规定于 2000 年 3 月 1 日生效。该法包含两项禁止规定："第 1 章禁止规定" 以《欧盟运行条约》第 101 条第 1 款为蓝本，并禁止以竞争为目的或效果的协议、企业协会的决定以及协同行为；[96] "第 2 章禁止" 规定以《欧盟运行条约》第 102 条为蓝本，禁止滥用支配地位。[97] 该法第 60 条包含旨在尽可能保持欧盟和国内竞争法适用一致的规定。[98] 在实践中，第 60 条运作良好，英国的决策者已经能够借鉴 50 年来在卢森堡开发的法学体系。由于英国于 2019 年 3 月退出欧盟*，第 60 条将变成什么样还有待观察。

1998 年英国竞争法赋予了竞争与市场管理局和联合执法的行业监管机构广泛的权力，以获取信息、进行实地调查、作出决定并对违反竞争法的行为施加处罚。[99]

（B）2002 年英国企业法

2002 年英国企业法于 2002 年 11 月 7 日获得皇家批准，主要条款于 2003 年 6 月 20 日生效。英国企业法是一项主要立法，以多种方式修订了国内竞争法。首先，该法改变了国内制度的体制架构，例如建立竞争上诉法庭，并减少

[95] 特别是英国 1973 年公平交易法、1976 年限制性贸易惯例法、1976 年转售价格法和 1980 年竞争法中的竞争条款；请注意，1980 年竞争法第 11 条规定了对公共部门的 "效率审核"，该法仍然有效，但已有很多年没有被使用。

[96] 参见第 9 章第 422 ~ 458 页 "第 1 章禁止规定"。

[97] 参见第 9 章第 459 ~ 473 页 "第 2 章禁止规定"。

[98] 参见第 9 章第 473 ~ 479 页 "'管理原则条款'：1998 年英国竞争法第 60 条"。

* 根据英国与欧盟的协议，英国应在 2019 年 3 月 29 日正式 "脱欧"。当地时间 2020 年 1 月 31 日 23 点，英国正式脱离欧盟。——译者注

[99] 关于 1998 年英国竞争法和联合执法权，参见第 10 章。

国务大臣在竞争案件中作出决定的权力。[100] 该法带来的一些制度性变化，例如公平交易办公室的创建，已被2013年英国企业和监管改革法所进行的改革所取代。

其次，该法包含了有关合并和市场调查的新规定。[101] 最后，企业法以各种方式补充和加强了1998年英国竞争法，特别是：引入了刑事"卡特尔犯罪"，一经起诉，可导致个人被判处5年以下监禁和（或）无限额罚款；[102] 将知道或应当知道其公司违反竞争法的董事取消公司董事资格；[103] 并且为损害赔偿诉讼提供便利。[104]

（C）第1/2003号条例导致的国内法变更

1998年英国竞争法和2004年颁布的其他（修订）条例[105]进一步修改了英国的竞争法。修订条例实施了第1/2003号条例，特别是指定国家竞争主管机构要对在英国适用《欧盟运行条约》第101条和第102条负责。[106] 修订条例还使国内程序与欧盟法律相一致，例如，废除了向国内竞争主管机构通报协议和/或行为以获得指导和/或决定的通知制度。

（D）2013年英国企业和监管改革法

2013年英国企业和监管改革法于2013年4月25日获得皇家批准，有关竞争的主要规定于2014年4月1日生效。2013年英国企业和监管改革法对英国管理体制进行了进一步的重要修改。首先，从根本上改革了英国体系的体制架构：废除了公平交易办公室和竞争委员会，并创建了一个新机构，即竞争与市场管理局：根据竞争法和企业法，竞争与市场管理局具有多种职能，包括那些以前由公平交易办公室和竞争委员会行使的职能。其次，2013年英国企业和监管改革法简化并加强了关于合并和市场的规定，特别是通过规范市场研究体系，引入新的调查时限以及增强竞争与市场管理局获取信息的权力。最后，2013年英国企业和监管改革法加强了联合执法机制。同时，它修订了卡特尔

[100] 参见第22章第1193～1202页"公共利益案件、其他特殊案件与水业中的合并"。

[101] 另见第22章（合并调查）和第11章（市场调查）；这些规定取代了先前1973年英国公平贸易法中包含的合并和垄断规定。

[102] 参见第10章第513～518页"处罚"。

[103] 参见第10章第547页"取消资格的理由"。

[104] 参见第8章第394～407页"英国法院中的私人诉讼"。

[105] SI 2004/1261；修订条例于2004年5月1日生效。

[106] 另见《2014年将竞争与市场管理局指定为国家竞争主管机构条例》（SI 2014/537）。

刑事犯罪相关内容，以使该罪更易于被起诉，从而增强了其威慑作用。

（E）2015 年英国消费者权益法

2015 年英国消费者权益法于 2015 年 3 月 26 日获得皇家批准，竞争条款于 2015 年 10 月 1 日生效。消费者权益法对国内私人执行竞争法制度进行了重大修订。首先，它扩大了竞争上诉法庭的管辖范围，使它既可以审理“独立”诉讼，也可以审理“后续”损害赔偿诉讼：以前，竞争上诉法庭仅在后续案件中拥有管辖权。[107] 其次，它为竞争上诉法庭引入了一种程序，允许代表以选择加入或选择退出的方式代表确定的索赔人提出集体诉讼。[108] 再次，它使竞争上诉法庭能够批准集体解决方案，使竞争与市场管理局或行业监管机构能够批准自愿补救计划。[109] 最后，该法为根据 1998 年英国竞争法第 47A 条提出的索赔采用“快速程序”规则提供了权力。[110]

（F）英国脱欧

2016 年 6 月 23 日的全民公决结果是英国应退出欧盟。这一现象通常被称为“英国脱欧”。显而易见，英国脱欧对英国和欧盟将产生深远的法律、政治和经济影响。具体来说，它将对未来的竞争法和实践产生重大影响。截至 2017 年 12 月 8 日，尚不清楚英国脱欧将采取何种形式。因此，本书无意讨论英国脱欧对英国国内竞争法可能产生的影响。英国脱欧竞争法工作组（由竞争法和竞争政策的几位专家发起的一个私人组织）和上议院内部市场小组委员会的报告就脱欧对英国竞争法和竞争政策的潜在影响提供了许多见解。[111]

英国政府于 2017 年 11 月宣布，它将在 2019 年 4 月之前发布对英国竞争法制度的审查。[112]

（G）机　构

英国竞争法的一个显著特征是涉及机构的数量。[113] 英国竞争法将职责分配

---

[107] 参见第 8 章第 396 ~ 398 页“损害赔偿要求可向高等法院或英国竞争上诉法庭提出”。

[108] 参见第 8 章第 400 ~ 402 页“英国的集体赔偿”。

[109] 参见英国竞争与市场管理局《竞争法补救：针对违反竞争法的行动指南》（CMA 55，2016 年 5 月），可在 www. gov. uk/cma 上查阅。

[110] 参见第 8 章第 396 ~ 397 页“英国竞争上诉法庭程序”。

[111] 英国脱欧竞争法工作组报告可在 www. bclwg. org/activity/bclwg – conclusions 上查阅，上议院内部市场小组委员会的报告可在 www. parliament. uk 上查阅。

[112] 这是 2013 年英国企业和监管改革法第 46 条规定的要求。

[113] 英国竞争法的制度结构在本章稍后以插图形式列出：见第 97 ~ 98 页图 2. 1、图 2. 2 和图 2. 3。

给国务大臣[114]、大法官、竞争与市场管理局、严重欺诈办公室（或在苏格兰则为总检察长）、行业监管机构、竞争上诉法庭以及民事和刑事法院。竞争主管机构还受到国家审计局[115]、议会、卫生服务监察员以及议会机构（包括下议院的财政委员会，商业、能源和产业战略委员会，公共账户委员会和上议院欧盟特别委员会）的监督。

（ⅰ）国务大臣和商业、能源与产业战略部

商业、能源和产业战略（Business，Energy and Industrial Strategy，BEIS）大臣在1998年英国竞争法、2002年英国企业法及2013年英国企业和监管改革法下具有多种职能。其在行使这些职能时，将得到议会负责小企业、消费者和企业责任的副国务大臣的协助，其职权范围包括竞争政策。商业、能源和产业战略部内部设有消费者和竞争政策局。[116]

（a）任命

英国商业、能源和产业战略部国务大臣任命大部分竞争主管机构的高层，例如竞争与市场管理局理事会和竞争与市场管理局专家组的主席、首席执行官和其他成员，[117] 竞争上诉法庭的成员，[118] 竞争上诉法庭的司法常务官，[119] 以及竞争上诉法庭内竞争事务处的“指定成员”。[120] 国务大臣还可以指定代表消费者的机构，以根据2002年英国企业法第11条提出“超级控诉”。[121]

（b）修改立法、通过授权立法以及制定或批准指南

国务大臣被赋予各种权力来修改主要立法、通过授权立法以及制定或批准1998年英国竞争法、2002年英国企业法及2013年英国企业和监管改革法下的规则。例如，根据2002年英国竞争法，国务大臣有权修改（并已修改）1998

---

[114] 苏格兰政府还具有向竞争与市场管理局移交市场调查的权限。

[115] 参见最近英国国家审计局的《英国竞争机制》（2016年2月3日，HC 737），可在www.nao.org.uk上查阅；参见：WHISH R. The National Audit Office's Report on the UK Competition Regime：How Well is the Regime Performing？[J]. Competition Law Journal. 2016：197.

[116] 英国商业、能源和产业战略部的网址是www.gov.uk/beis。

[117] 2013年英国企业和监管改革法，附表4，第1（1）段和第9（1）段。

[118] 2002年英国企业法，第12条第2款（c）项；注意，法庭庭长和主席由大法官根据司法任命委员会的建议任命：同前，第12条第2款（a）项和（b）项。

[119] 同上，第12条第3款。

[120] 同上，附表3，第1（2）段。

[121] 同上，第11条第5款；参见第11章第568~571页“超级控诉”。

年英国竞争法附表1和3，[122] 通过第1章禁止规定的集体豁免，[123] 为确定处罚水平而规定营业额，[124] 批准竞争与市场管理局关于违反1998年英国竞争法第1章和第2章禁止规定和/或《欧盟运行条约》第101条和第102条的适当罚款额的指导意见，[125] 确定授予“小型协议”和“次要行为”有限豁免的标准，[126] 规定将纵向协议和土地协议排除出第1章禁止规定之外，[127] 批准竞争与市场管理局的程序规则，[128] 对竞争与市场管理局和行业监管机构同时适用1998年英国竞争法作出规定，[129] 修改该法第46条中的可上诉决定清单。[130] 根据竞争法附表3第7段，国务大臣也有权下令第1章和第2章的禁止规定不适用于某些“有特殊和令人信服的公共政策理由”的特定协议或行为。[131]

根据2002年英国企业法，国务大臣有权就各种事项制定规则或修改主要立法，包括：竞争上诉法庭的程序规则、[132] 以国内合并控制为目的的营业额确定、[133] 竞争与市场管理局可以对程序性违法施加的最高处罚、[134] 合并调查费用的支付、[135] 修改适用于合并案例的“供应份额”测试，[136] 以及缩短第二阶段合并调查的完成时限。[137] 该法还使国务大臣能够将“超级控诉”制度扩大到行业

---

[122] 1998年英国竞争法第3条第2款、第19条第2款（附表1，涉及合并和集中）和第3条第3款、第19条第3款（附表3，涉及一般排除）；参见第9章第443~453页“第1章禁止规定：排除的协议”和第473页“排除”。

[123] 1998年英国竞争法，第6~8条；参见第9章第457~458页“集体豁免”。

[124] 1998年英国竞争法第36条第8款；参见第10章第514页“最高处罚额”。

[125] 1998年英国竞争法，第38条第4款；参见第10章第514~515页“有关适当处罚额的指导”。

[126] 1998年英国竞争法，第39条（小型协议）和第40条（次要行为）；参见第10章第517~518页“小型协议和次要行为豁免”。

[127] 1998年英国竞争法，第50条；参见第9章第452~453页“第50条：土地协议”和第16章第840页“对排除纵向协议的撤销”。

[128] 1998年英国竞争法，第51条；参见1998年英国竞争法（竞争与市场管理局规则）2014年令，SI 2014/458。

[129] 1998年英国竞争法，第54条第4款和第5款；参见基于1998年英国竞争法的2014年（联合执法）细则，SI 2014/536；另见2002年英国企业法第204条，该条赋予国务大臣制定与联合执法职能有关的公司董事资格取消规定的权力；有关联合执法规则的讨论，参见第10章第549~553页“联合执法”。

[130] 参见基于1998年英国竞争法的2000年《排除协议和可上诉决定的通知》，SI 2000/263，第10条。

[131] 参见第9章第450~451页“公共政策”。

[132] 2002年英国企业法，第15条和附表4，第2部分；参见2015年竞争上诉法庭规则，SI 2015/1648。

[133] 同上，参见第22章第1143页“营业额测试”。

[134] 2002年英国企业法，第111条第4款；参见第22章第1183~1184页“调查权与处罚”。

[135] 2002年英国企业法，第121条；参见第22章第1156页“费用”。

[136] 2002年英国企业法，第123条；参见第22章第1143~1145页“供应份额测试”。

[137] 2002年英国企业法，第40条第8款。

监管机构[138]，并对1998年英国竞争法作出适当修改，以消除或减少该法与欧盟法律之间因第1/2003号条例而产生的任何差异。[139]

根据2013年英国企业和监管改革法的规定，国务大臣有权修改移送合并调查的时限，[140] 修改制定和完成市场调查的时限；[141] 规定根据竞争法调查的时限；[142] 发出“行业监管令”，取消赋予监管机构联合执行1998年英国竞争法和/或进行市场调查的权力。[143] 2013年英国企业和监管改革法要求国务大臣在2019年4月1日之前准备并发布一份报告，以审查竞争法第1部分的实施情况。[144]

（c）收到执行情况报告

国务大臣收到竞争与市场管理局的年度执行情况报告。[145]

（d）参与个别案件

国务大臣很少参与个别竞争案件。企业法的规定赋予竞争与市场管理局有关合并和市场调查的最终决定权。[146] 国务大臣仅在严格限制的情况下才拥有与此类调查有关的权力。[147]

（ii）司法大臣

司法大臣负责根据司法任命委员会的建议任命竞争上诉法庭主席和主席小组。[148] 他（或她）也有权为英国的民事法院作出规定，将涉及与《欧盟运行条约》第101条和第102条和/或已经或正在实施的竞争法第1章和第2章规定的禁止行为的有关诉讼移交给竞争上诉法庭。[149] 还有条文规定了民事法院受理由竞争上诉法庭移交给它们的案件的规则。[150]

---

[138] 同上，第205条；有关“超级控诉”，参见第10章。

[139] 2002年英国企业法，第209条；参见本章第72页“第1/2003号条例导致的国内法变更”。

[140] 2002年英国企业法，第34ZC条第6款。

[141] 同上，第131C条和第137条第3款。

[142] 1998年英国竞争法，第31F条。

[143] 2013年英国企业和监管改革法，第52条；国务大臣和共同行动的苏格兰部长有权向竞争与市场管理局移送市场调查：2016年《苏格兰法案》第63条。

[144] 2013年英国企业和监管改革法，第46条。

[145] 同上，附表4，第14（1）段；参见本章第80～81页的“绩效和联合执法年度报告”。

[146] 参见第22章第1156～1160页“竞争与市场管理局的审查决定：第二阶段调查”（合并调查）和第11章第577～589页“市场调查”（市场调查）。

[147] 同上，2002年英国企业法，第42～68条、第132条、第139～153条和附表7。

[148] 2002年英国企业法第12条第2款（a）项和（b）项以及附表2第1段；司法任命委员会的网址是 www. jac. judiciary. gov. uk。

[149] 2002年英国企业法第16条第1～4款；请参见2002年英国企业法的2015年细则第16条，SI 2015/1643。

[150] 同上，第16条第5款；参见2015年竞争上诉法庭规则，第71条。

(iii) 竞争与市场管理局

(a) 建立竞争与市场管理局的背景

多年来，英国竞争法中最重要的职能是由两个竞争主管机构履行的：公平交易办公室和竞争委员会。[151] 2010年，英国政府提议简化国内竞争法的制度设计。[152] 在2011年磋商之后，[153] 政府于2012年决定成立竞争与市场管理局。政府认为，单一机构可以消除英国体制中的低效、重复和重叠。2013年，政府向竞争与市场管理局发布了《战略指导》。[154] 2015年，政府发布了修订后的《战略指导》[155]，鼓励竞争与市场管理局开展以下工作：探索市场，使竞争可以带来更多的消费者选择并鼓励创新和生产力；[156] 公平有效地执行竞争规则；协助政府减轻企业不必要的监管负担。

(b) 建立竞争与市场管理局和竞争与市场管理局理事会

英国竞争与市场管理局于2013年10月1日成立。[157] 2013年英国企业和监管改革法废除了公平交易办公室[158]和竞争委员会[159]；自2014年4月1日起，这些机构的竞争法职能已被移交给竞争与市场管理局。[160] 竞争与市场管理局负有为了消费者利益在英国境内和境外促进竞争的法定义务。[161] 竞争与市场管理局理事会由（非执行）主席和由国务大臣任命的不少于4名其他成员组成。[162] 国务大臣还必须任命一名首席执行官，该首席执行官不得与竞争与市场管理局专家组主席或成员同为一人。[163] 2017年12月8日，理事会共有12名成员，其中

---

[151] *Public Bodies Reform—Proposals for Change*，2011年10月14日，可在www. gov. uk上查阅。

[152] *A competition regime for growth：a consultation on options for reform*，2011年3月16日，可在www. gov. uk上查阅。

[153] *Growth，competition and the competition regime：Government response to consultation*，2012年3月15日，可在www. gov. uk上查阅。

[154] *Government's Strategic Steer for the Competition and Markets Authority* 2014－17，2013年10月，可在www. gov. uk/cma上查阅。

[155] *Competition regime：Government's Response to the Consultation on the Strategic Steer for the Competition and Markets Authority*，2015年10月，可在www. gov. uk/cma上查阅。

[156] 竞争与市场管理局于2015年7月发布了一份报告，概述了有关竞争与生产力之间关系的理论和经验证据：《生产力与竞争：证据摘要》（Productivity and competition：A summary of the evidence），CMA 45，可在www. gov. uk/cma上查阅。

[157] 2013年英国企业和监管改革法，第25条第1款。

[158] 同上，第26条第2款。

[159] 同上，第26条第1款。

[160] 同上，第27条第1款。

[161] 同上，第25条第3款。

[162] 同上，附表4，第1（3）段。

[163] 同上，附表4，第9（1）~（2）段。

包括首席执行官在内的4名为执行成员，8名为非执行成员（其中2名为竞争与市场管理局专家组成员）[164]。竞争与市场管理局理事会议事规则可在其网站上查阅，会议纪要也可在网站上查阅。[165] 理事会负责竞争与市场管理局的战略方向、优先事项、计划和业绩，包括通过年度计划。[166] 它还决定是否发布市场研究通知或推荐市场进行第二阶段调查[167]；其他运营决策由理事会授权给理事会成员、竞争与市场管理局工作人员以及理事会委员会和专家组委员会。[168]

竞争与市场管理局的管理通过执行委员会及其下属的委员会（运营委员会）来进行。[169] 案例和政策委员会负责确保竞争与市场管理局制定适当的政策，并且案例和项目团队遵守这些政策。[170]

（c）竞争与市场管理局专家组

英国旧的合并和市场调查体系的一个特点是，第二阶段的调查是由与第一阶段（公平交易办公室）不同的机构（竞争委员会）进行的，从而避免了对同一个机构同时作为调查员、检察官、法官和陪审团相关问题的担忧。2013年英国企业和监管改革法试图通过在合并和市场案例中保留第一阶段和第二阶段决策的分离来解决此问题。第一阶段的决策者是合并的高级总监或竞争与市场管理局员工（对于合并）和竞争与市场管理局理事会（对于市场）的另一高级成员；竞争与市场管理局在第二阶段合并和市场调查中的职能由竞争与市场管理局专家组成员执行。[171] 竞争与市场管理局专家组有1位主席，他也是竞争与市场管理局理事会的一员[172]，还有5位咨询主席[173]。截至2017年12月8日，竞争与市场管理局专家组共有31名成员。[174] 成员由国务大臣在公开竞争后任命，任期最长为8年。[175] 他们以多样化的背景、个人经验和能力而被任

---

[164] 同上，附表4，第27段；有关竞争与市场管理局理事会成员的详细信息可在 www. gov. uk/cma 上查阅。

[165] 参见 www. gov. uk/cma。

[166] 参见本章第79～80页“竞争与市场管理局的愿景、年度计划和战略评估”。

[167] 2013年英国企业和监管改革法，附表4，第28段和第29（2）段。

[168] 案例和政策委员会还任命了根据1998年英国竞争法作出正式决定的“案例决策小组”：参见《职权范围》（2014年7月），第4（a）段。

[169] 投资组合和资源委员会以及救济、承诺和保证委员会于2015年1月解散：竞争与市场管理局的2014/2015年度报告和账目（2015年7月），第4页。

[170] 2013年英国企业和监管改革法，附表4，第29（1）段。

[171] 其职责范围可在 www. gov. uk/cma 上查阅。

[172] 2013年英国企业和监管改革法，附表4，第1（4）段。

[173] 副主席在主持第二阶段合并和市场调查时被称为“调查主席”。

[174] 《竞争与市场管理局和竞争与市场管理局专家组主席及副主席授权书》（Authorisation of staff of the CMA and the CMA Panal Chair and Deputy Chairs），2014年4月1日，可在 www. gov. uk/cma 上查阅。

[175] 2013年英国企业和监管改革法，附表4，第3（2）段。

命，而不是作为特定组织、利益集团或政党的代表。在每个第二阶段的合并或市场案例中，都会任命一个“调查小组”来进行调查。[176] 竞争与市场管理局专家组主席必须至少任命3名成员组成调查小组。[177] 竞争与市场管理局理事会已经发布了进行合并和市场调查的小组的议事规则。[178]

(d) 竞争与市场管理局的工作人员

竞争与市场管理局的首席执行官负责组织的日常运营。竞争与市场管理局理事会还有3名执行董事。有一个程序官负责审查案件团队在某些程序问题上的决定，主持1998年英国竞争法下案件的口头听证，并向决策者报告该听证的公正性。[179] 总法律顾问办公室确保决策者在作出决定之前明确重大的法律风险。[180] 在需要进行深入经济分析的情况下，首席经济顾问办公室发挥着重要作用。[181] 竞争与市场管理局分为3个局：执法局、市场和合并局和公司服务局；每个局均由执行主任领导。还有专门的执行小组进行卡特尔和刑事调查。[182] 截至2017年3月31日，竞争与市场管理局的固定员工总数为521名，其中包括行政人员和专家，例如会计师、经济学家、业务顾问和律师。[183]

(e) 竞争与市场管理局的愿景、年度计划和战略评估

竞争与市场管理局的《愿景、价值观和战略》[184] 称其“使命”是“使市场良好运行，以符合消费者、企业和经济的利益”。竞争与市场管理局有5个战略目标：提供有效的执法、扩展竞争领域、回归消费者保护、发展综合绩效和实现专业卓越。[185]

经过征询民意，竞争与市场管理局必须发布一份年度计划，其中包含其未

---

[176] 同上，第56~58段。

[177] 同上，第38（1）段。

[178] 同上，第51（1）段：《竞争与市场管理局关于合并、市场和特别调查小组的程序规则》（CMA Rules of Procedure for Merger, Market and Special Reference Groups），CMA 17，2014年3月17日（2015年11月修正）。

[179] 2014年竞争与市场管理局规则（1998年英国竞争法），SI 2014/458，第6（5）~（6）段和第8段；进一步参见 www. gov. uk/procedural – officer – raining – procedural – issues – in – cma – cases。

[180] 参见《1998年竞争法：1998年竞争法案件中的竞争法委员会调查程序指南》（Competition Act 1998: Guidance on the CMA's Investigation procedures in Competition Act 1998 Cases），CMA 8，2014年3月，第9.6~9.8段和第12.24~12.25段。

[181] 同上。

[182] 英国竞争与市场管理局组织结构图，可在 www. gov. uk/cma 上查阅。

[183] 英国竞争与市场管理局2016/2017年度报告和账目，2017年7月，第107页，可在 www. gov. uk/cma 上查阅。

[184] CMA 13，2014年1月，可在 www. gov. uk/cma 上查阅。

[185] 同上。

来一年的目标和优先事项的声明；年度计划和咨询文件都必须提交国会。[186] 竞争与市场管理局2017年3月发布的年度计划依据其5个战略目标解释了它的战略，包括2017/2018年度的工作承诺。[187]

竞争与市场管理局发布了《战略评估》[188]，以识别对消费者和市场有效运作的风险。《战略评估》旨在帮助竞争与市场管理局识别可能成为其战略重点的市场或问题，例如数字经济和受监管行业。[189]

（f）绩效框架

竞争与市场管理局已与政府达成了绩效管理框架。[190] 该框架提供了一定程度的外部问责制，以便竞争与市场管理局可以证明它为纳税人提供了物有所值的服务，并改善了内部管理，从而使竞争与市场管理局能够正确地安排其工作的优先顺序。竞争与市场管理局尤其同意一项绩效目标，即向消费者提供直接经济利益，其价值至少是纳税人相关成本的10倍以上（按3年滚动计算）。[191]

竞争与市场管理局估计，其在2014～2017年执行竞争法和消费者权益法给消费者带来的直接经济利益为37亿英镑；[192] 该比例为18.6∶1，超出了10∶1的绩效指标。

（g）绩效和联合执法年度报告

竞争与市场管理局必须向国务大臣提交一份关于其活动和业绩的年度报告，其中载有对其年度计划所列目标和优先事项实现程度的评估，以及对该年度重大决定、调查和其他活动的总结。[193] 报告必须提交议会并公布。[194]

竞争与市场管理局还被要求每年报告受监管行业中联合权力的使用情况。[195] 该联合执法报告必须包括有关竞争与市场管理局和行业监管机构在1998年英国竞争法和2002年英国企业法规定下联合行使职权有关的活动信息。[196]

---

[186] 2013年英国企业和监管改革法，附表4，第12～13段。

[187] 《2017/2018年度计划》（Annual Plan 2017/18），CMA 59，2017年3月，可在www.gov.uk/cma上查阅。

[188] CMA 35，2014年11月，可在www.gov.uk/cma上查阅。

[189] 就竞争与市场管理局的优先原则（第2章脚注[199]）而言，《战略评估》中确定的市场具有“战略意义”：同上，第5.39段。

[190] 《绩效管理框架》（Performence Management Framework），2014年1月，可在www.gov.uk上查阅。

[191] 同上。

[192] 《2016/2017竞争与市场管理局影响评估》（CMA Impact Assessment 2016/17），CMA 69，2017年7月。

[193] 2013年英国企业和监管改革法，附表4，第14（1）～（2）段。

[194] 同上，第14（3）段。

[195] 同上，第16（1）段。

[196] 同上，第16（3）段。

2014年4月，竞争与市场管理局和行业监管机构发布了一份“基准”报告，评估了联合安排的状态。[197] 2017年4月发布的年度联合执法报告描述了每个行业监管机构采取的行动，竞争与市场管理局评论称新案件的数量仍然低于它希望看到的水平。[198]

（h）竞争与市场管理局的职能

竞争与市场管理局在英国的竞争法和竞争政策方面发挥着核心作用，并具有多种职能。竞争与市场管理局的优先原则[199]用于决定竞争与市场管理局将在其职责范围内承担哪些全权委托项目和案例。与执行职能相反，竞争与市场管理局的一般职能包括：获取、编译和保存与行使其职能有关的信息；使公众意识到竞争可以使消费者和经济受益的方式；向部长提供信息和建议[200]；就立法提案对竞争的影响向部长提出书面建议[201]。

就公共执法而言，竞争与市场管理局在1998年英国竞争法下具有相当大的权力：它在执行该法第1章和第2章的禁止规定方面发挥主要作用，并具有获取信息、进入场所进行调查、采取临时措施、作出最终决定并处以罚款的重要权力[202]；它还有权执行《欧盟运行条约》第101条和第102条[203]。竞争与市场管理局根据1998年英国竞争法作出的许多决定都可以在竞争上诉法庭就案件实体问题提出上诉。[204] 但是，不能向竞争上诉法庭提出上诉的竞争与市场管理局决定可能会受到行政法院的司法审查。另外，竞争与市场管理局可能会根据2002年英国企业法对卡特尔犯罪提起刑事诉讼；[205] 在实践中，竞争与市场管理局和严重欺诈办公室（the Serious Fraud Office，SFO）合作处理刑事案件。[206]

竞争与市场管理局还根据2002年英国企业法进行市场研究、市场调查和

---

[197] 《关于联合执法的“基准”年度报告——2014年》（“Baseline” annual report on concurrency—2014），CMA 24，2014年4月，可在www. gov. uk/cma上查阅。

[198] 《2017年联合执法年度报告》（Annual report on concurrency 2017），CMA 63，2017年4月，可在www. gov. uk/cma上查阅。

[199] CMA 16，2014年4月；进一步参见第10章第490~491页“展开正式调查”。

[200] 2002年英国企业法第5~7条。

[201] 同上，由2015年英国小企业、企业和就业法第37条修订，自2015年5月26日起生效；竞争与市场管理局已就诸如能源法案、公交服务法案和高等教育法案等催生的竞争问题提出了建议。

[202] 大致参见第10章。

[203] 2014年指定竞争与市场管理局为国家竞争主管机构条例（SI 2014/537）第2条。

[204] 参见第10章第553~564页“上诉”。

[205] 关于卡特尔犯罪，参见第10章第532~549页“卡特尔犯罪和公司董事资格的取消”。

[206] 参见《竞争与市场管理局和严重欺诈办公室之间的谅解备忘录》（2014年4月），可在www. gov. uk/cma上查阅。

合并调查。[207] 根据2002年英国企业法作出的有关合并和市场调查的决定，必须接受竞争上诉法庭的司法审查。[208] 竞争与市场管理局有责任对根据现已废除的1973年公平贸易法中的垄断和合并条款进行调查而作出的承诺进行审查。[209] 另外，可以要求竞争与市场管理局根据1980年英国竞争法对公共机构进行"效率审计"：这项规定已经多年没有被使用了。[210]

根据以下法律的规定，竞争与市场管理局对竞争负有特定责任：

1990年法律改革（杂项规定）（苏格兰）法；

2000年英国金融服务和市场法[211]；

2000年英国运输法；

2001年运输（苏格法）法[212]；

2007年英国法律服务法；

2009年英国支付服务条例[213]；

2010年法律服务（苏格兰）法；

2013年英国零售代码监管法；

2013年英国金融服务（银行改革）法；

2015年英国小企业、企业和就业法；

2015年英国消费者权益法；

2016年苏格兰法。

竞争与市场管理局还具有与私有化公用事业有关的各种监管职能。[214] 2008年英国监管执法和制裁法规定了减轻和消除监管负担的规定，并要求竞争与市场管理局不断审查其监管职能。

---

[207] 参见第11章（市场研究和市场调查）和第22章（合并调查）。

[208] 参见第11章第596~598页"根据2002年英国企业法第4部分审查决定"和第22章第1185~1187页"根据2002年英国企业法第3部分审查决定"。

[209] 进一步参见第11章第604页"1973年公平贸易法下的法令和承诺"和第22章第1182~1183页"竞争与市场管理局的执行职能"。

[210] 关于效率审计，参见《霍尔斯伯里英格兰法律》第18卷（LexisNexis，2009年第5版，重新发行）第10段。

[211] 参见第9章第447页"2000年英国金融服务和市场法"。

[212] 参见2001年运输（苏格兰）法（PSV运营商执照的附加条件和行使巴士功能的竞争测试），SI 2001/2748。

[213] SI 2009/209，第8部分。

[214] 参见1986年英国天然气法和1996年天然气（北爱尔兰）令，SI 1992/231；1989年英国电力法和1992年电力（北爱尔兰）令，SI 1996/275；1991年英国水工业法；以及2005年水服务（苏格兰）法2005年令（间接条款和修改），SI 2005/3172；以及2006年水和污水处理服务（北爱尔兰）令，SI 2006/3336；1993年英国铁路法；以及2000年英国运输法；2003年英国通信法；2004年英国能源法；2011年英国邮政服务法；2012年英国民航法；以及2017年英国数字经济法。

重要的是要认识到，竞争与市场管理局不仅是竞争主管机构，而且根据以下法律还承担保护消费者的责任：

2000年英国消费者保护（远程销售）条例[215]；

2002年英国企业法第8部分；

英国消费者保护合作条例[216]；

2008年英国保护消费者免受不公平交易条例[217]；

2012年英国消费者权益（支付附加费）条例[218]；

2015年英国消费者权益法附表3。

竞争与市场管理局已发布有关其如何使用其消费者权力的指南，这是对其在竞争法下的工具的重要补充。[219] 竞争与市场管理局表示，它将优先考虑涉嫌违反消费者法的项目，包括消费者的系统性市场问题，或者阻碍消费者行使选择权，或者执法预期会产生更大影响的项目。[220] 竞争与市场管理局估计，其消费者工作在2013～2016年每年为消费者带来了7410万英镑的直接财务收益。[221]

竞争与市场管理局在国际竞争政策中也起着作用：其法定职责是寻求“促进英国境内外的竞争，以造福于消费者”（作者强调）。[222] 为此，竞争与市场管理局和欧盟委员会就竞争事务进行了联络，并且是欧洲竞争网络的成员——该网络将欧盟委员会和成员国的竞争主管机构召集在一起。[223] 英国脱欧的可能影响将是英国脱离欧洲竞争网络，并终止其在制定欧盟竞争法和竞争政策中的作用。竞争与市场管理局代表英国参加了经济合作与发展组织和联合国贸易与发展会议的竞争政策会议。它也是国际竞争网络的积极参与者。[224]

竞争与市场管理局将大量精力用于提高律师、中小企业和地方当局对竞争

---

[215] SI 2000/2334，由SI 2005/689修订。

[216] 第2006/2004号条例，OJ［2004］364/1；另见2002年英国企业法（修订）实施细则（SI 2006/3363）和基于2002年英国企业法的2006年（第8部分 共同侵犯英国法律的具体规定）令（SI 2006/3372）。

[217] SI 2008/1277。

[218] SI 2013/3110。

[219] CMA 58，2016年8月，可在www. gov. uk/cma上查阅；附件A总结了同竞争与市场管理局相关的消费者法规。

[220] 《竞争与市场管理局2017/2018年度计划》（CMA 59，2017年3月），第3.11段，可在www. gov. uk/cma上查阅。

[221] 国家审计局报告《保护消费者免受欺诈、不公平交易和不安全商品的侵害》（2016年12月15日），第3.20段，可在www nao. org. uk上查阅。

[222] 2013年英国企业和监管改革法，第25条第3款；有关竞争与市场管理局国际角色的信息，参见Currie勋爵在2014年6月30日的演讲，可在www. gov. uk/cma上查阅。

[223] 参见第7章第363～365页“实践中的第1/2003号条例”。

[224] 关于这些国际机构的工作，参见第12章第628～634页“竞争法的国际化”。

法的认识。它可以通过发送警告和建议信[225]或要求当地律师与他们的客户分享竞争与市场管理局的竞争法合规材料来实现。[226]

(i) 规 则

1998 年英国竞争法第 51 条和附表 9 规定了竞争与市场管理局通过程序规则需要获得国务大臣的批准；[227] 根据该规定，2014 年通过了 1998 年英国竞争法（竞争和市场管理局规则）令。[228]

(j) 出版物、信息、指南等

2002 年英国企业法第 6 条和第 7 条要求竞争与市场管理局向公众和部长提供信息。[229] 竞争与市场管理局发表了一份声明，阐明了其保障工作透明度的方法，以及如何根据 2000 年英国信息自由法处理信息请求。[230] 1998 年英国竞争法要求竞争与市场管理局发布有关如何在实践中应用法律的一般性建议和信息。[231] 1998 年竞争与市场管理局理事会采用了公平交易办公室和竞争委员会已发布的许多准则[232]，还发布了一些自己的指南。竞争与市场管理局网站提供有关英国竞争法和竞争政策的信息，不仅如此，还包括 1998 年英国竞争法和 2002 年英国企业法[233]下当前和已决案件的详细信息、有关这些法令的众多指南、新闻稿、年度计划和年度报告、咨询和演讲。[234] 国家档案馆的网站包含各种信息，例如有关案例的信息，这些信息由竞争与市场管理局的前身即公平交易办公室和竞争委员会发布。[235]

(iv) 严重欺诈办公室

2002 年英国企业法第 188 条规定了对“硬核”卡特尔负有责任的个人的卡特尔犯罪。[236] 对那些被判有罪的人可处以最高 5 年的监禁。起诉可以由竞争

---

[225] 警告和建议信的登记册可在 www. gov. uk/cma 上查阅。

[226] 参见竞争与市场管理局新闻稿《东南部律师要求帮助提高竞争法意识》(2017 年 1 月 25 日)。

[227] 1998 年英国竞争法，第 51 条第 5 款。

[228] SI 2014/458。

[229] 参见《竞争影响评估：政策制定者指南》(CMA 50，2015 年 9 月)。

[230] 《透明度和披露》(CMA 6，2014 年 1 月)，如竞争与市场管理局关于发布市场敏感公告的说明所阐明 (2016 年 12 月)。

[231] 1998 年英国竞争法，第 52 条。

[232] 参见 www. gov. uk/cma。

[233] 参见 www. gov. uk/cma - cases；可在 www. gov. uk/government/publications/ca98 - public - register 上查阅 1998 年英国竞争法下决定的公共登记册。

[234] 参见 www. gov. uk/cma。

[235] 参见 www. nationalarchives. gov. uk。

[236] 参见第 10 章第 534 ~ 546 页“卡特尔犯罪”。

与市场管理局或在其同意下提出[237]，或由严重欺诈办公室[238]和竞争与市场管理局密切联系进行[239]。在苏格兰，对刑事犯罪的起诉是检察官的责任。[240] 除了卡特尔犯罪，在一些罕见的情况下，在共谋欺诈的普通法刑事罪下某些卡特尔协议可能是非法的；严重欺诈办公室也是这一罪行的检察机构。[241]

（v）行业监管机构

英国的各个行业都受到特定的法规规制，尤其是电信和水业等公用事业。一些特定行业的监管机构和竞争与市场管理局共同拥有执行《欧盟运行条约》第101条和第102条以及1998年英国竞争法第1章和第2章禁止规定的权力；它们还能够受理超级控诉[242]和进行市场研究，并向竞争与市场管理局移送市场调查。联合监管机构是：

- 天然气和电力市场管理局［the Gas and Electricity Markets Authority，由天然气和电力市场办公室（the Office of Gas and Electricity Markets，OFGEM）支持］；
- 通信管理局（the Office of Communications，OFCOM）；
- 水务监管局（the Water Services Regulation Authority，OFWAT）；
- 铁路管理局（the Office of Rail and Road，ORR）；
- 北爱尔兰公用事业监管局（the Northern Ireland Authority for Utility Regulation，NIAUR）；
- 民航局（the Civil Aviation Authority，CAA）；
- 监控局（Monitor，现为英国国民医疗服务体系的一部分）；
- 金融行为监管局（the Financial Conduct Authority，FCA）；
- 支付系统监管局（the Payment Systems Regulator，PSR）。

除监控局外[243]，每个联合执法的监管机构都有责任为消费者利益促进竞

---

[237] 2002年英国企业法，第190条第2款（b）项。

[238] 参见《竞争与市场管理局和严重欺诈办公室之间的谅解备忘录》（2014年4月），严重欺诈办公室的网址是 www. sfo. gov. uk。

[239] 2002年英国企业法，第190条第1款；参见第10章第541～542页“起诉和处罚”。

[240] 参见《竞争与市场管理局和皇家检察院及地方检察官服务处之间的谅解备忘录》，（2014年7月），可在 www. gov. uk/cma 上查阅。

[241] 参见第10章第549页“串谋诈骗普通法”。

[242] 参见2002年英国企业法第11条；基于2002年英国企业法2003年（对监管机构的超级控诉）令，SI 2003/1368；2000年英国金融服务和市场法第234C条（金融行为监管局）；以及2013年英国金融服务（银行改革）法第68条（支付系统监管局）。

[243] 2012年英国健康与社会关怀法第62条第3款规定了在提供医疗保健服务方面防止反竞争行为的义务。

争；它们还必须在其根据行业特定的监管权采取执法行动之前，考虑行使竞争法执法权是否更适当。[244] 这些联合执法的监管机构和竞争与市场管理局是英国竞争网络的成员；监控局以观察员身份参加英国竞争网络。[245] 英国竞争网络的“使命”是为了消费者的利益促进竞争，并通过利用竞争法权力和制定有利于竞争的监管框架来防止反竞争行为。[246] 已为协调该法下联合执法职能的履行作出安排。[247] 英国竞争网络网站是有用的信息来源。[248] 每个联合执法的监管机构都已同竞争与市场管理局达成了一项谅解备忘录，该备忘录记录了当局将进行合作和交换信息的基础。[249]

根据1998年英国竞争法对行业监管机构的“可上诉决定”提出的上诉由竞争上诉法庭负责。[250] 有关行业监管机构的许可职能[251]和市场调查可以移送给竞争与市场管理局。[252]

2013年英国企业和监管改革法赋予国务大臣以下权力，即如果认为这样做是为了促进竞争以使消费者受益的目的是适当的，则他/她有权通过命令从行业监管机构中撤销其联合执法职能。[253] 作为单独的问题，监管机构应考虑是否可能根据《欧盟运行条约》第106条对它们的决定提出质疑，理由是它们可能会导致违反该条约第101条和/或第102条。[254]

（vi）竞争上诉法庭

（a）竞争上诉法庭的建立

竞争上诉法庭是根据2002年英国企业法第12条第1款建立的。[255] 由1名

---

[244] 2013年英国企业和监管改革法，附表14。

[245] 《管制行业：关于同时将竞争法适用于管制行业的指南》（CMA 10，2014年3月），第3.15段。

[246] 同上，《英国竞争网络的意图声明》附件B（2013年12月3日）。

[247] 关于联合执法，参见第10章第549～553页“联合执法”。

[248] 参见 www. gov. uk/government/ groups/uk－competition－network。

[249] 备忘录于2016年签署，可在 www. gov. uk/cma 上查阅。

[250] 关于可上诉决定的含义，参见第10章第554～558页“可上诉决定”。

[251] 有关许可修改的资料，参见第23章第1222～1223页“英国公用事业管制制度”。

[252] 2002年英国企业法，附表9，第2部分。

[253] 2013年英国企业与监管改革法，第52条；可能是“行业监管令”对象的联合执法监管机构是通信管理局、天然气和电力市场办公室、水务监管局、铁路管理局、北爱尔兰公用事业监管局和民航局。

[254] 大致参见第6章第271～272页“简介”中特别提到的英国国家彩票委员会（现为赌博委员会）的一项决定，即不授权国家彩票运营商卡米洛特提供“辅助服务”，可在 www. natlotcomm. gov. uk 上查阅。

[255] 1998年英国竞争法已经在前竞争委员会内设立了上诉法庭，可以审理根据该法提出的上诉；这些法庭已被撤销，竞争上诉法庭在2003年4月1日继承了其职能：参见英国企业法第21条和附表5。

庭长[256]、1个由大法官根据司法委任委员会的建议委任的主席团[257]（英格兰及威尔士高等法院、苏格兰开庭法庭及北爱尔兰高等法院的法官已获委任为该主席团成员[258]）及1个由主席团委任的普通成员小组组成[259]。案件由3人组成的法庭审理，由庭长主持或由主席团中的1名成员主持。庭长或主席可以独立处理各种事务。竞争上诉法庭有1名由国务大臣任命的书记官。[260] 2002年英国企业法附表2载有关于被任命为法庭庭长或主席的资格等事项的规定。第14条和附表4第1部分涉及法庭的组成。第13条和附表3规定设立竞争事务处，其目的是为法庭提供资金并提供服务支持。[261] 竞争上诉法庭的网站提供了已决案件和未决案件的详细信息，其所有判决书均可在此找到。[262] 竞争上诉法庭可位于伦敦以外。[263] 竞争上诉法庭发布年度审查（Annual Review）和账目。[264] 竞争上诉法庭在2017年12月8日拥有17名工作人员，其中包括书记官和3名行政人员。竞争上诉法庭有1个用户组，该用户组不时开会讨论其实际运作。[265]

（b）竞争上诉法庭的职能

竞争上诉法庭是一个独立的司法机构，在竞争事务中具有四个主要职能；[266] 在监管事务中也具有一些职能。第一个职能是审理针对1998年英国竞争法以及《欧盟运行条约》第101条和第102条下竞争与市场管理局和行业监管机构的“可上诉决定”的实体问题提出的上诉。[267] 针对法律问题和处罚金额的决定的上诉，需获英格兰和威尔士上诉法院、苏格兰上诉法院和北爱尔兰上诉

[256] 2002年英国企业法，第12条第2款（c）项。

[257] 同上，第12条第2款（b）项。

[258] 同上，第12条第2款（aa）、（ab）和（ac）项。

[259] 同上，第12条第2款（c）项。

[260] 同上，第12条第3款。

[261] 同上，第13条第2款。

[262] 竞争上诉法庭的网址为 www. catribunal. org. uk。

[263] 参见2015年英国竞争上诉法庭规则，第18条；在 *BetterCare* 案中，竞争上诉法庭坐落在贝尔法斯特；*Aberdeen Journals* 和 *Claymore* 案中，竞争上诉法庭坐落在爱丁堡；在 *CardiffBus* 案中，竞争上诉法庭坐落在加的夫。关于这些案件的详细信息，参见竞争上诉法庭的网站。

[264] 可在 www. catribunal. org. uk 上查阅。

[265] 最近两次用户组会议的会议记录可在 www. catribunal. org. uk 上查阅。

[266] 参见：BAILEY D. The Early Case Law of the Competition Appcal Tribunal［M］//RODGER B J. Ten Years of UK Competition Law Raform. Dundee：Dundee Uniersity Press，2010：ch 2.

[267] 关于可上诉的决定，参见第10章第554～558页“可上诉决定”；也有可能向行政法院提出对竞争与市场管理局和行业监管机构进行司法审查的申请：第10章第553～564页“上诉”。

法院许可。[268] 在获得许可的情况下，可以向英国最高法院提出进一步上诉。竞争上诉法庭也有可能将欧盟法律问题转交欧洲法院。[269]

竞争上诉法庭的第二个职能是审理因被告违反英国或欧盟竞争法而蒙受损失的原告对损害或其他款项的赔偿主张。[270] 竞争上诉法庭也可以在英格兰和威尔士或北爱尔兰审理有关禁令的索赔。[271] 索赔可以“独立”提出，其中索赔人必须证明侵权；或者可以根据欧盟委员会、竞争与市场管理局或行业监管机构的裁决违反竞争法的决定“跟进”。竞争上诉法庭还可以允许代表特定类别的索赔人以选择加入或退出的方式提起的“集体诉讼”。[272] 迄今为止，有两份向竞争上诉法庭提出的“集体诉讼令”申请；两者都未成功。[273] 竞争上诉法庭也可以批准集体和解。[274] 另外，高等法院可以将案件移交给竞争上诉法庭，以判定是否违反了《欧盟运行条约》第101条和/或102条或1998年英国竞争法第1章和第2章的禁止规定[275]；它已经两次这样做了。[276]

竞争上诉法庭的第三个职能是确定是否申请复审竞争与市场管理局、国务大臣或其他部长所作的有关合并[277]和市场调查[278]的决定。

竞争上诉法庭的第四个职能是审理针对竞争与市场管理局因在市场调查或合并调查过程中未遵守要求证人出庭或出示文件的通知而作出的处罚提出的上诉。[279] 2013年英国企业和监管改革法第41条规定，竞争上诉法庭根据1998年英国竞争法和2002年英国企业法签发令状。截至2017年12月8日，该条款

---

[268] 1998年英国竞争法第49条：参见2015年《竞争上诉法庭规则》第107条、第108条以及第10章第563～564页“从竞争上诉法庭向上诉法院的上诉，以及从上诉法院向最高法院的上诉”。

[269] 参见2015年《竞争上诉法庭规则》第109条；第10章第565页“根据1998年英国竞争法，英国的哪个法院或法庭可以援引《欧盟运行条约》第267条?”；竞争上诉法庭在*Paroxetine*案的“延期付款”上诉中作出了初步裁定：案例1251/1/12/16 etc *Generics UK Ltd v CMAI*［2018］CAT 4。

[270] 关于竞争上诉法庭审理损害赔偿诉讼的管辖权，参见第8章第396～397页“英国竞争上诉法庭程序”。

[271] 1998年英国竞争法，第47A条第3款（c）项。

[272] 同上，第47B条；2015年《竞争上诉法庭规则》，第77条第1款、第78条和第79条。

[273] 1257/7/7/16 *Dorothy Gibson v Pride Mobility Products Ltd* 案（［2017］CAT 9）和1266/7/7/16 *Walter Hugh Merricks v MasterCard Inc* 案（［2017］CAT 16）向上诉法院提出的上诉。

[274] 1998年英国竞争法，第49A条和第49B条。

[275] 参见2002年英国企业法2015年细则第16条，SI 2015/1643。

[276] *Sainsbury's Supermarkets Ltd v MasterCard Inc* 案［2015］EWHC 3472（Ch）和 *Agents' Mutual Ltd v Gascoigne Halman Ltd* 案，2016年7月5日令。

[277] 2002年英国企业法，第120条：参见第22章第1185～1187页“根据2002年英国企业法第3部分审查决定”。

[278] 2002年英国企业法，第179条：参见第11章第596～598页“根据2002年英国企业法第4部分审查决定”。

[279] 进一步参见第11章第594～595页“调查权和处罚”和第22章第1183～1184页“调查权和处罚”。

尚未被适用。

2003年英国通信法授权竞争上诉法庭决定对通信管理局或国务大臣（视情况而定）作出的某些决定提出上诉。[280] 根据以下法律，竞争上诉法庭也被赋予某些职能：

- 2007年移动漫游（欧洲共同体）条例[281]；
- 1989年英国电力法附表2A和2004年英国能源法附表18（与天然气和电力市场办公室对财产计划的决定有关）；
- 2009年英国付款服务条例[282]；
- 2010年英国能源法[283]；
- 2010年欧盟授权使用频率以提供移动卫星服务条例[284]；
- 2011年英国邮政服务法[285]；
- 2012年英国民航法[286]；
- 2013年英国金融服务（银行改革）法[287]；
- 2015年英国支付卡跨行手续费条例[288]。

（c）规则

2002年英国企业法第15条和附表4第2部分规定，国务大臣就竞争上诉法庭进行的诉讼制定规则。2015年《竞争上诉法庭规则》[289] 于2015年10月1日生效。其继第1部分引言之后，第2部分规定了根据竞争法和通信法对竞争上诉法庭提出的上诉[290]；第3部分主要涉及对合并和市场调查中的决策进行审查的申请[291]。该规则的第4部分涉及根据英国竞争法第47A条提出的损害赔偿要求[292]，并为某些要求（例如寻求禁令救济的情况）规定了“快速”程序。[293]

---

[280] 参见《诉讼指南》（2015年10月）第2.29～2.38段和下文第90页“改革”。

[281] SI 2007/1933。

[282] SI 2009/209。

[283] 2010年英国能源法，第20～21条。

[284] SI 2010/672。

[285] 2011年英国邮政服务法第57条。

[286] 2012年英国民航法第1条、第3～5条和第13条。

[287] 2013年英国金融服务（银行改革）法第76条和第78条。

[288] SI 2015/1911。

[289] SI 2015/1648。

[290] 关于1998年英国竞争法下的上诉，参见第10章第553～564页“上诉”。

[291] 参见第22章第1185～1187页“根据2002年英国企业法第3部分审查决定”（合并）和第11章第596～598页“根据2002年英国企业法第4部分审查决定”（市场调查）。

[292] 参见第8章第396～397页“英国竞争上诉法庭程序”。

[293] 参见2015年《竞争上诉法庭规则》第58条，参见案例1250/5/7/16 *Breasley Pillows Ltd v Vita Cellular Foams*（*UK*）*Ltd*［2016］CAT 8。

第5部分包含有关集体诉讼和集体和解的规则。第6部分包含有关听证、保密、竞争上诉法庭的决定、向上诉法院的上诉和依据《欧盟运行条约》第267条向欧洲法院提请初步裁决等事项的规定。[294] 第7部分讨论了根据2003年英国通信法将价格控制提交给竞争与市场管理局的事宜。

竞争上诉法庭于2015年10月1日公布了《诉讼指南》，就其有权受理的所有案件以及根据《竞争上诉法庭规则》第115条第3款具有实践指导地位的案件的程序，为各方及其法律代表提供指导。竞争上诉法庭还发布了一份关于披露和检查损害赔偿索赔证据的实践指导，该指导于2017年3月9日生效[295]，旨在使竞争上诉法庭的实践与欧盟《损害赔偿指令》的规定保持一致[296]。

（d）改　革

2013年6月，政府发布了一份咨询文件——《简化监管和竞争上诉：关于改革方案的咨询》。[297] 一个重要的建议是改变竞争和监管上诉的审查标准。迄今为止，政府尚未发表对其咨询的答复。但是，2017年英国数字经济法改变了根据2003年英国通信法对竞争上诉法庭进行的某些上诉的审查标准（自2017年7月31日起生效）：将根据司法审查标准进行审理，而不是依据案情进行审理。[298]

（vii）民事法院

如果存在违反《欧盟运行条约》第101条和第102条或1998年英国竞争法第1章和第2章的禁止规定的情况，可以向高等法院起诉[299]；此类诉讼通常由检察院提起，但有时可能由商事法院处理[300]；两者都是“英格兰和威尔士商业和财产法院”的一部分。如果竞争与市场管理局或竞争上诉法庭已经裁决了这样的侵权，其决定在高等法院的诉讼中具有约束力。[301] 对于将“侵权问

[294] 关于援引第267条，参见第10章第564～565页“《欧盟运行条约》第267条的援引”。

[295] 可在 www. catribunal. org. uk 上查阅。

[296] 参见2017年违反竞争行为引起的损失或损害索赔［1998年英国竞争法和其他法令（修订）］条例（SI 2017/385）。

[297] 可在 www. gov. uk 上查阅。

[298] 2017年英国数字经济法，第87条。

[299] 关于《欧盟运行条约》第101条和第102条的执行以及民事法院中的英国竞争法，大致参见第8章。

[300] 《实践指南——与适用〈欧盟运行条约〉第101条和第102条和1998年英国竞争法第1部分第1章和第2章有关的索赔》，可在 www. justice. gov. uk 上查阅。

[301] 1998年英国竞争法，第58A条；参见类似的欧盟损害赔偿法令（OJ［2014］L 349/1），第9（1）条；欧盟普通法院还应接受竞争与市场管理局在调查过程中发现的事实的约束，除非法院另有指示：1998年英国竞争法，第58条。

题”从高等法院转移到竞争上诉法庭[302]以及将全部或部分竞争法诉讼案件转移到竞争上诉法庭或从竞争上诉法庭转移[303]都有规定。

根据 1998 年英国竞争法第 28 条、第 28A 条或第 62A 条要求进入处所的令状，必须从高等法院的法官处获得。[304] 高等法院还可能根据欧盟竞争规则签发与调查有关的进入处所的令状。[305]

(viii) 刑事法院

1998 年英国竞争法和 2002 年英国企业法规定了几项刑事犯罪。最值得注意的是，英国企业法确立了“卡特尔犯罪”，实施该犯罪可能会导致最高 5 年的监禁和罚款。[306] 卡特尔犯罪在第 10 章中有详细描述。[307] 根据 1998 年英国竞争法，在调查受阻、文件被破坏或伪造或提供虚假或误导性信息的情况下，可能会犯各种刑事罪行。[308] 妨碍根据欧盟竞争规则进行的调查是刑事犯罪[309]，并且根据英国企业法也是刑事犯罪。

4. 欧盟竞争法和英国竞争法之间的关系

(A) 引 言

欧盟所有成员国都有竞争法体系，且在很大程度上以《欧盟运行条约》第 101 条和第 102 条为蓝本。一些成员国要求对国内法的解释应与欧盟规则保持一致，从而加强欧盟法与国内法的统一性。[310] 随之而来的是，无论是根据欧盟法还是根据国内法进行调查，许多案件将具有相同的结果：例如，横向价格固定协议将违反《欧盟运行条约》第 101 条第 1 款，并且通常也将被欧盟范围

[302] 参见 2002 年英国企业法 2015 年令（SI 2015/1643）第 16 条；2002 年英国企业法第 16 条第 6 款列出了“侵权问题”。

[303] 2015 年英国竞争上诉法庭规则第 71 条和第 72 条，以及英国民事程序规则第 30 部分《实践指南》第 8.1 ~ 8.8 段。

[304] 1998 年英国竞争法第 28 条第 1 款和第 59 条；在苏格兰，相关法院是最高民事法院：同上。

[305] 同上，第 62 条和第 63 条。

[306] 2002 年英国企业法，第 190 条。

[307] 参见第 10 章第 534 ~ 546 页“卡特尔犯罪”。

[308] 1998 年英国竞争法，第 42 ~ 44 条、第 65L ~ 65N 条和第 72 条：参见第 10 章第 499 ~ 501 页“制裁”。

[309] 1998 年英国竞争法第 65L ~ 65N 条。

[310] 1998 年英国竞争法第 60 条就是英国的一个例子：参见第 9 章第 473 ~ 479 页“‘管理原则条款’：1998 年英国竞争法第 60 条”。

内的任何国内竞争法体系追究，除非该情况发生在不受国内法约束的行业中。即使欧盟竞争法和国内竞争法之间有高度的融合，但根据适用的法律体系，仍有可能出现不同的结果。在某些情况下，国内法可能比欧盟法更为宽松，而在其他情况下可能会更严格。

欧盟法优先于国内法，因此在发生冲突时必须适用前者。[311] 在 *Walt Wilhelm v Bundeskartellant* 案[312]中，欧洲法院裁定，欧盟与国内卡特尔法规之间的冲突必须通过适用欧盟法优先这一原则来解决。但是，*Walt Wilhelm* 案的判决并未提供所有可能出现的情况的答案：例如，一个成员国是否可以禁止一项受益于欧盟整体豁免的协议？[313] 这些问题现在由第1/2003号条例第3条处理。

（B）第1/2003号条例

根据第1/2003号条例[314]，欧盟委员会与成员国的国家竞争主管机构和国家法院共同拥有执行《欧盟运行条约》第101条和第102条的权限；当然，成员国的国家竞争主管机构和国家法院也可以适用国内竞争法。该条例第35条要求成员国指定负责执行《欧盟运行条约》第101条和第102条的主管机构[315]：在英国，竞争与市场管理局和行业监管机构被指定为国家竞争主管机构。[316] 该条例评论8和评论9与正文第3条涉及《欧盟运行条约》第101条和第102条与国内竞争法之间的关系。

（i）适用《欧盟运行条约》第101条和第102条的义务

评论8指出，为了确保欧盟竞争法的有效执行，有必要使成员国的国家竞

---

[311] 参见案例6/64 *Costa v ENEL* EU：C：1964：66；案例106/77 *Amministrazione delle Finanze dello Stato v Simmenthal* EU：C：1978：49；案例C－213/89 *R v Secretary of Transport*, *ex p Factortame Ltd* （No.2）EU：C：1990：257；案例C－221/89 *R v Secretary of Transport*, *ex p Factortame Ltd* （No.3）EU：C：1991：320；注意成员国的国家竞争主管机构必须废除违反欧盟竞争法的国内法：案例C－198/01 *Consorzio Industrie Fiammiferi* EU：C：2003：430。

[312] 案例14/68 EU：C：1969：4。

[313] 法院拒绝回答C－70/93 *Bayerische Motoren werke v ALD Auto－Leasing* EU：C：1995：344案和C－266/93 *Bundeskartellamt v Volkswagen and VAG Leasing* EU：C：1995：345案中的这一问题，因为这些案件中的协议未包含在当时有效的汽车配售集体豁免中。

[314] 见第2章脚注❶。关于第1/2003号条例第3条的进一步讨论，参见：FAULL J，NIKPAY A. The EU Law of Competition［M］. 3rd ed. Oxford：Oxford Uninesity Press，2014：paras 2.30－2.76；另见Modernisation，OFT 442，2004年12月，第4.1～4.30段（由竞争与市场管理局理事会通过，自2014年4月1日生效）。

[315] 指定的国家竞争主管机构有权参与针对其根据《欧盟运行条约》第101条或第102条作出的决定的司法程序：案例C－439/08 *VEBIC* EU：C：2010：739。

[316] 参见1998年英国竞争法和其他法令（修订）2004年条例（SI 2004/1261）第3条和2014年指定竞争与市场管理局为国家竞争主管机构条例（SI 2014/537）第2条。

争主管机构和国家法院在将国家竞争法适用于协议或实践时，如果《欧盟运行条约》第 101 条或第 102 条可适用，也应适用这些规定。因此，该条例第 3 条第 1 款规定，当国家竞争主管机构或国家法院将国家竞争法适用于协议、企业协会的决定或可能影响成员国之间贸易的协同行为时，它们也应适用《欧盟运行条约》第 101 条；同样，它们必须将《欧盟运行条约》第 102 条适用于该条款禁止的任何行为。[317] 正是“成员国之间的贸易”这一概念引发了适用《欧盟运行条约》第 101 条和第 102 条的义务，这就是欧盟委员会在 2004 年发布有关指南的原因。[318]

在 *Toshiba v Uřad pro ochranu hospodářské souttěže* 案[319]中，法院裁定，第 1/2003 号条例第 3 条第 1 款和第 11 条第 6 款的综合效果是，欧盟委员会提起诉讼将解除成员国的国家竞争主管机构适用《欧盟运行条约》第 101 条和第 102 条和国家竞争法的权限。一旦欧盟委员会发起的程序结束，成员国的国家竞争主管机构的权限将恢复[320]；此后，只要符合欧盟法律，特别是第 1/2003 号条例的第 3 条和第 16 条第 2 款，成员国的国家竞争主管机构就可以适用国家竞争法。[321]

竞争与市场管理局的观点是，2002 年英国企业法第 188 条所载的对个人进行卡特尔犯罪的起诉不会触发适用《欧盟运行条约》第 101 条的义务，因为第 101 条的目的是针对企业的反竞争协议，而不是针对个人。[322] 尽管理由不同，上诉法院同意这一观点。在 *IB v The Queen* 案中，法院认为，卡特尔犯罪不是第 1/2003 号条例第 3 条意义上的“国家竞争法”，并驳回了以下论点，即刑事法院（就该条例而言，它不是指定的竞争主管机构）无权审理对卡特尔犯罪的指控。[323] 法院补充说，即使卡特尔犯罪是国家竞争法的一部分，它也是

---

[317] 关于这一规定的时间效力，参见案例 C－17/10 *Toshiba Corporation v Úřad pro ochranu hospodářské soutěže* EU：C：2012：72。

[318] 《关于〈欧盟运行条约〉第 101 条和第 102 条贸易概念影响指南》（OJ［2004］C 101/81）；该指南在第 3 章第 185～190 页“对成员国之间贸易的影响”中讨论。

[319] 案例 C－17/10 EU：C：2012：72，第 74～78 段。

[320] 同上，第 79～91 段。

[321] 第 16 条第 2 款禁止国家竞争主管机构反驳欧盟委员会先前的决定；关于第 1/2003 号条例第 16 条，参见第 8 章第 386～388 页“第 16 条：欧盟竞争法的统一适用”。

[322] 参见 Modernisation，OFT 442，2004 年 12 月，第 4.21～4.22 段（由竞争与市场管理局理事会通过，自 2014 年 4 月 1 日生效）；另见德凯泽（Dekeyser）在 Fordham 公司法研究所圆桌讨论会上的评论第 734～735 页。

[323] ［2009］EWCA Crim 2575，第 21～37 段。

与直接适用《欧盟运行条约》第101条无关的一部分。[324] 但是，这一立场并非毫无疑问。[325] 在实践中，竞争与市场管理局在根据2002年英国企业法对个人提起诉讼时，也可能会对国内和/或欧盟法律中涉及卡特尔的企业进行调查[326]：它是否会因第3条第1款规定的义务而这样做可能是一个学术问题。

在某些情况下，行业监管机构对其行业特定监管权力的使用可能等同于国家竞争法的适用，其结果是，如果该协议或行为影响到成员国之间的贸易，则有义务适用《欧盟运行条约》第101条和第102条。[327]

欧盟委员会在其《关于第1/2003号条例的执行情况的报告》[328] 中指出，第1/2003号条例第3条第1款导致了《欧盟运行条约》第101条和第102条的适用显著增加。[329] 毫无疑问，第3条第1款在使欧盟竞争规则（用欧盟委员会的话来说）成为欧盟的"当地法"方面发挥了重要作用。[330]

（ii）冲突：《欧盟运行条约》第101条

第1/2003号条例的评论8指出，有必要为内部市场内的协议创造一个"公平的竞争环境"。这意味着，如果欧盟竞争法未禁止协议，那么成员国的国家竞争主管机构或国家法院就不可能对其实施更严格的国家竞争法；这可能被称为"趋同规则"（convergence rule）[331]。因此，第1/2003号条例第3条第2款规定，国家竞争法的适用不得导致禁止可能影响成员国之间贸易的协议、企业协会的决定或协同行为，但不限制《欧盟运行条约》第101条第1款含义内的竞争或满足第101条第3款的条件或集体豁免涵盖的竞争。对趋同规则的适

---

[324] 同上，第38段；如果为第1/2003号条例第11条第3款的目的，欧盟委员会对指称的卡特尔犯罪的刑事调查被视为"根据《欧盟运行条约》第101条或第102条行事"，则欧盟委员会有权根据第11条第6款启动自己的诉讼程序，解除竞争与市场管理局的诉讼权力。

[325] 参见：WILS W P J. Principles of European Antitrust Enforcement［M］. London：Hart Publishing，2005：paras 153－157；WILS W P J. Is Criminalization of EC Competition Law the Answer?［J］World Competition，2015，117（28）：130－133.

[326] Modernisation，OFT 442，2004年12月，第4.23～4.27段。

[327] 同上，第4.28～4.30段。

[328] COM（2009）206 final；另见随附《关于第1/2003号条例的执行情况的报告》的欧盟委员会工作人员工作文件，SEC（2009）574 final，第139～181段，其中详细分析了2004～2009年第1/2003号条例第3条的执行情况；两份文件可在www. ec. europa. eu/competition/antitrust/legiSIation. html上查阅。

[329] SEC（2009）574 final，第25段。

[330] 参见欧盟委员会通讯《根据1/2003号条例实施反托拉斯法的十年：成就与未来展望》（Ten Years of Antitrust Enforcement under Regulation 1/2003：Achievements and Future Perspectives），COM（2014）453，第23段。

[331] 参见欧盟委员会《第101条第3款指南》（OJ［2004］C 101/97），第14段。

用似乎并不存在重大困难。[332] 根据英国法律，可以得出以下结论：如果协议影响成员国之间的贸易，但不违反《欧盟运行条约》第101条第1款或满足第101条第3款的标准，根据2002年英国企业法的市场调查规定，就不可能对它们采取行动。[333]

（iii）冲突：《欧盟运行条约》第102条

关于《欧盟运行条约》第102条的立场有所不同，因为第1/2003号条例并未要求就单方行为达成一致。该条例评论8规定，不应排除成员国在其领土上通过和实施更严格的禁止或制裁单方行为的国内竞争法。因此，该条例第3条第2款对此作了规定。[334] 关于单方行为的更严格的国家法律的一个例子就是旨在保护经济依赖型企业的法律：有几个成员国具有与此相关的法律。[335] 就英国法律而言，从第1/2003号条例第3条第2款可以得出，有可能根据2002年英国企业法的市场调查规定对单方行为（例如拒绝供应、施加不公平的价格或其他交易条件）采取行动，使之比《欧盟运行条约》第102条规定的立场更严格。[336] 就1986年英国天然气法、1989年英国电力法或2003年英国通信法等立法规定对受管制企业的单方行为实施事前的监管措施，以及这些措施可被视为“国家竞争法”而言，第1/2003号条例第3条第2款允许适用它们以实现比《欧盟运行条约》第102条更严格的结果。如果管制旨在保护除竞争保护以外的其他合法利益，则可以根据第3条第3款予以适用（参见下文）。

欧盟委员会在《关于第1/2003号条例的执行情况的报告》[337] 中指出，工商界和法律界批评了成员国在单方行为方面的法律标准的差异。欧盟委员会认为，将单方行为排除在趋同规则的范围之外是一个值得进一步思考的问题。

（iv）保护“其他合法权益”

第1/2003号条例的评论9指出，其规定不应排除成员国适用保护市场竞

---

[332] 参见随附《关于第1/2003号条例的执行情况的报告》的欧盟委员会工作人员工作文件，SEC（2009）574 final，第159段。

[333] 参见第11章第581~582页“与第1/2003号条例的关系”。

[334] 有关评论，参见：HILDEBRAND D. Article 3（2）in Fine：Time for Review［J］. Concurrences，2015（2）.

[335] 参见随附《关于第1/2003号条例的执行情况的报告》的欧盟委员会工作人员工作文件，SEC（2009）574 final，第162~169段，其中提供了有关经济依赖和类似情况的国家规则的示例，可在www.ec.europa.eu上查阅。

[336] 参见第11章第581~582页“与第1/2003号条例的关系”。

[337] COM（2009）206终版，第27段；另见随附《关于第1/2003号条例的执行情况的报告》的欧盟委员会工作人员工作文件，SEC（2009）574 final，第160~179段。

争之外的合法利益的国内立法，前提是该立法符合欧盟法律的一般原则和其他规定。[338] 因此，第1/2003号条例第3条第3款规定，该条例不排除适用“主要追求与《欧盟运行条约》第101条和第102条所追求目标不同的目标”的国家法律规定。该条例评论9指出，《欧盟运行条约》第101条和第102条的目标是“保护市场竞争”，这提供了一个衡量一项国家规定是否追求不同于欧盟竞争规则的目标的基准。评论部分特别指出，成员国可以实施旨在打击不正当贸易行为的立法，例如禁止向消费者强加不合理、不相称或未经考虑的条款和条件的法律。

在某些情况下，一项国家规定是否主要涉及保护竞争以外的事项并不清楚。某些监管规则，例如要求提供普遍服务或保护弱势消费者的规则，显然追求的是保护竞争以外的目标，因此可以根据第1/2003号条例第3条第3款予以适用。[339] 保护消费者免受不公平合同条款、误导性广告或欺诈销售行为侵害的消费者法律，似乎也追求与《欧盟运行条约》第101条和第102条截然不同的目标。[340] 但是，例如，如果一项国家规则依赖于对显著市场支配力的事先认定，则它看起来更像是一项保护竞争的规则。[341] 在那种情况下，第1/2003号条例第3条第3款规定的克减将不适用，因此该情况将受第3条第2款管辖：不能适用与协议有关的更严格的国家规则，但可以对单方行为适用更严格的规则。

在 *Days Medical Aids Ltd v Pihsiang* 案[342]中，英国高等法院建议，不能说限制贸易的普通法原则主要是为了追求与《欧盟运行条约》第101条和第102条不同的目标，因此不能将其用于使某项不违反《欧盟运行条约》第101条的协议无效。

5. 欧盟和英国竞争法的制度结构

图2.1、图2.2和图2.3列出了欧盟和英国法律的制度架构。

---

[338] 与此类似，参见在第21章第1054～1058页“《欧盟合并条例》第21条第4款：合法利益条款”中讨论的《欧盟合并条例》第21条第4款。

[339] 进一步参见：《受管制行业：对受管制行业同时适用竞争法的指南》，CMA 10，2014年3月，第4.12段。

[340] 参见随附《关于第1/2003号条例的执行情况的报告》的欧盟委员会工作人员工作文件，SEC（2009）574 SEC final，第181段。

[341] 参见例如2003年英国通信法第45条。

[342] ［2004］EWHC 44（Comm），第254～266段；另见 *Jones v Ricoh UK Ltd*［2010］EWHC 1743（Ch），第49段。

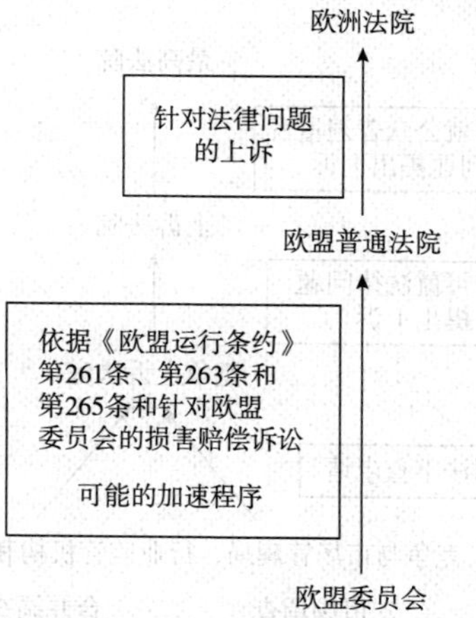

图 2.1 《欧盟运行条约》第 101 条和第 102 条；《欧盟合并条例》

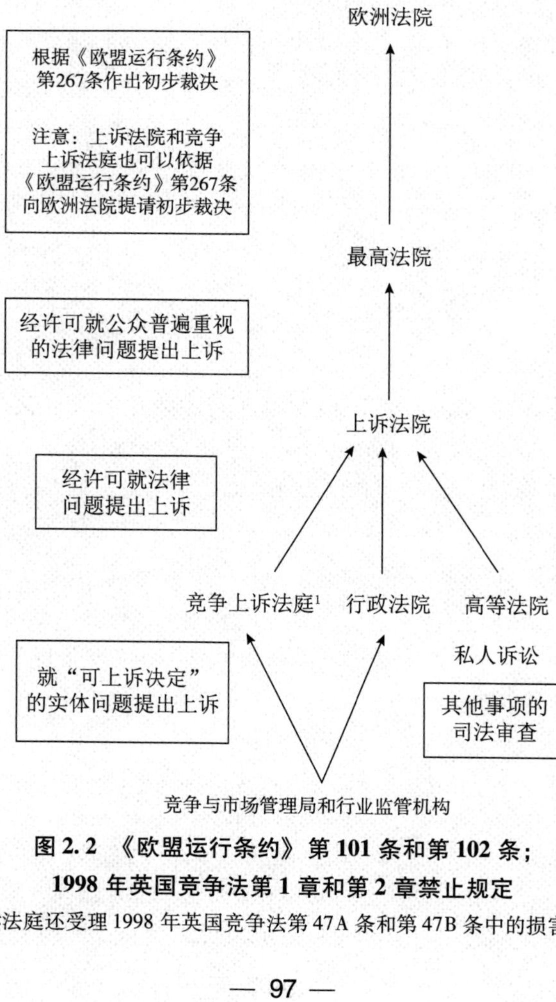

图 2.2 《欧盟运行条约》第 101 条和第 102 条；
1998 年英国竞争法第 1 章和第 2 章禁止规定

注：1. 竞争上诉法庭还受理 1998 年英国竞争法第 47A 条和第 47B 条中的损害赔偿诉讼。

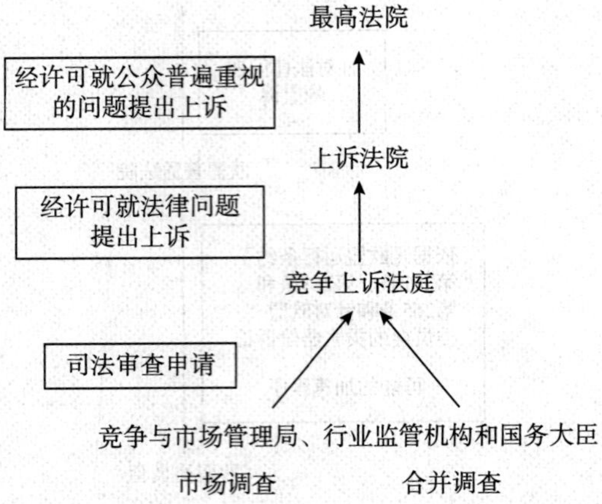

图 2.3　市场调查和合并调查

第 3 章 《欧盟运行条约》第 101 条第 1 款

1. 简 介

本章与《欧盟运行条约》第 101 条*第 1 款相关，该款规定企业之间的协议、企业协会的决议以及协同行为，凡限制竞争的，均应受到禁止。在满足第 101 条第 3 款规定的情况下，可以不适用第 101 条第 1 款的规定（第 101 条第 3 款的规定将在第 4 章中予以论述）。❶ 根据第 101 条第 2 款的规定，第 101 条第 1 款所禁止且不符合第 101 条第 3 款规定的协议自动被视为无效。❷ 第 101 条全文如下：

> 1. 与统一市场不相容的以下行为应当禁止：企业之间签订的可能影响成员国之间贸易，且其目的或效果是排除、限制或者扭曲统一市场内竞争的各项协议、企业协会的决定和协同行为，特别是：
>
> （a）以直接或间接方式规定收购或销售价格或其他交易条件；
>
> （b）限制或控制生产、市场、技术发展或投资；
>
> （c）划分市场或供货渠道；
>
> （d）对与其他商业伙伴的同等交易适用不同的条件，从而使之在竞争中处于不利地位；

* 本章中如无指明其他法律性文件，“第 101 条”“第 102 条”分别指《欧盟运行条约》第 101 条、第 102 条。——译者注

❶ 如需进一步了解第 101 条第 1 款，可参见：ROSE V，BAILEY D. Bellamy and Child：European Union Law of Competition［M］. 7th ed. Oxford：Oxford University Press，2013：ch 2；FAUL J，NIKPAY A. The EU Law of Competition［M］. 3rd ed. Oxford：Oxford University Press，2014：ch 3，paras3. 01－3. 511.

❷ 关于第 101 条第 2 款中无效制裁的含义，参见第 8 章第 407～408 页“协议无效的制裁”。

(e) 以其他缔约方接受附加义务为条件缔结合同，这些条件从其本质上说或者根据商业惯例与此等合同的主题无关。

2. 本条所禁止的任何协议或决定将自动失效。

3. 但在下列情形下可宣告本条第1款的规定不适用：

——企业之间的任何协议或任何类型的协议；

——企业协会的任何决定或任何类型的决定；

——任何协同行为或任何类型的协同行为。

上述措施应有助于改善产品的生产或销售，或有助于推动技术或经济进步，同时保证消费者公平分享由此带来的收益，并且做到：

(a) 不对相关企业施加并非为达到这些目标所必不可少的限制；

(b) 不为相关企业提供在相关产品的实质部分消除竞争的可能性。

第101条第1款禁止规定的许多方面都需要进行详细的说明。首先，本章将对“企业”和“企业协会”的含义加以解释，进而对“协议”、“决定”和“协同行为”这些术语的概念进一步进行阐述。本章第4节将讨论何为“具有排除、限制或者扭曲竞争目的或效果”的协议、决定或协同行为。第5节将论述最低限度原则。第6节解释了对成员国之间贸易产生影响的判断要件。本章最后列出了一份协议清单，由于种种原因，这些协议通常不适用第101条第1款。

2. 企业和企业协会

就“企业”的含义解释而言，必须首先考虑五个问题：第一，为《欧盟运行条约》第101条和第102条的目的，“企业”的基本定义[3]；第二，“企业协会”的含义；第三，两个或两个以上的法人是否构成一个单一的经济实体，从而形成一个企业，以及这一结论的重要性；第四，存在企业重组的情况下，两个或更多的实体是否可被视为一个企业；第五，当企业的一项业务被出售给另一个企业时，哪一方需要承担违反竞争法的责任。

《欧盟运行条约》中没有对“企业”进行定义[4]，澄清其含义则成了欧盟

[3] “企业”在第101条和第102条下具有相同的含义，本节讨论根据第101条和第102条决定的案件。

[4] 参见：ODUDU O. The Meaning of Undertaking within Article 81 EC [M] //ODUDU O. The Boundaries of EC Competition Law: the Scope of Article 81. Oxford: Oxford University Press, 2006: ch 3；请注意，与《欧洲经济区协议》第22号议定书第1条一样，前《欧洲煤钢共同体条约》的第80条和《欧洲原子能共同体条约》的第80条确实包含了针对各自目的的企业定义。

法院的一项任务。[5] 然而，这也是一个至关重要的任务，因为《欧盟运行条约》第101条仅仅规定了企业之间的协议及协同行为，第102条同样仅规定适用于占支配地位的“企业”的滥用行为，这两条规定都未对“企业”含义进行具体解释。毋庸置疑，成员国的机构（例如公共当局、市政当局、社区、卫生服务机构）和受成员国委托具有监管职权的实体或其他职能机关具有扭曲竞争的能力。竞争法所涉及的问题是这种竞争的扭曲是否是企业的责任：如果是，此时企业的相关行为可能会违反《欧盟运行条约》第101条和/或第102条的规定——取决于企业援引各种抗辩的可行性，例如援引国家强制措施[6]或《欧盟运行条约》第106条第2款的相关规定[7]。但是，如果扭曲竞争不是企业的责任，那么这种行为则完全不受竞争法规制。在许多情况下，欧盟法院都会被问及被指控具有限制竞争行为的特定实体是否有资格成为竞争规则所规定的企业。这个问题经常出现在所谓的“混合市场”的情况下。在这个市场中同时存在公共机构和私营企业，而私营企业通常抱怨公共机构的限制竞争行为。人们认为应该存在“竞争中立”，更通俗地被称为公平的竞争环境。在这种情况下，将这个市场中所有的主体都视为企业似乎具有吸引力，由此产生的结果是它们的行为都将受到竞争法的规制[8]；但这也不是必然结果，这一点将在下文的判例讨论中被发现。

此外，第6章将讨论另一个问题，即成员国本身是否应对公共机构和具有“特殊或专有权利”的企业的反竞争行为承担责任。

(A) 基本定义

在 *Hofner and Elser v Macrotron GmbH* 案[9]中，欧洲法院认为：

> 企业的概念包括从事经济活动的每个实体，无论该实体的法律地位及

[5] 参见案例 T-99/04 *AC-Treuhand v Commission* EU：T：2008：256，第144段（*Organix peroxides*）。

[6] 参见本章第177~179页“国家强制和高度监管的市场”。

[7] 参见第6章第297~304页“《欧盟运行条约》第106条第2款”。

[8] 有关讨论参见《混合市场中的竞争：确保竞争中立》（OFT 1242，2010年7月），可在 www.nationalarchives.gov.uk 上查阅；经济合作与发展组织圆桌会议“竞争中立：维持公共和私营企业之间的公平竞争环境”（Competitive Neutrality：Maintaining a Level Playing Field between Public and Private Business）（2012年）、“竞争政策和竞争中立性”（Competition Policy and Competitive Neutrality）（2015年）以及“竞争中立性扭曲和措施清单”（Inventory of Competitive Neutrality Distortions and Measures）（2015年），均可在 www.oecd.org/competition 上查阅；国际竞争网络《按需培训系列V——国家对竞争的限制》，可在 www.internationalcompetitionnetwork.org 上查阅。

[9] 案例 C-41/90 EU：C：1991：161，第21段。

其融资方式如何。

在 *Pavlov* 案[10]中，欧洲法院认为：

> 人们一直认为，在特定市场上提供产品或服务的活动都属于经济活动。

在 *Wouters v Algemene Raad van de Nederlandsche Orde van Advocaten* 案[11]中，法院认为：

> 《欧盟运行条约》中的竞争规则不适用于性质、目的和所遵循的规则不属于经济活动范围的活动或者与行使公共权力有关的活动。

上述表述是理解企业这一术语的有利起点，在下文的讨论中将予以考虑。

（i）需要采用功能性分析方法

首先需要理解同一法律实体在进行一项活动时可能被视为企业，而在进行另一项活动时则不然。在判断某个实体在从事特定活动时是否被视为竞争规则所规定的企业时，必须采用“功能性分析方法”。[12] 正如欧洲法院在 *MOTOE* 案[13]中所阐述的那样：

> 在对行使公共权力的活动或经济活动进行分类时，必须针对特定实体的每项活动单独进行判断。[14]

因此，例如，地方当局可以：（a）有权通过细则，明确汽车可以停放的地方和不可以停放的地方；以及（b）拥有可以作为停车场进行商业运营的土地。在履行（a）项职能时，地方当局按照 *Wouters* 案中的观点行使公共权力，因此不会被视为企业；然而，（b）项中的行为是商业行为，因而会被视为企业的行为。[15] 在 *SELEX Sistemi Integrati SpA v Commission* 案[16]中，欧盟普通法院不得不决定是否将 Eurocontrol（欧盟各国为欧洲领空的航行安全而创立的实体）视为企业。法院的结论是，Eurocontrol 的一些活动，例如制定技术标准、

---

[10] 案例 C-180/98 etc EU：C：2000：428，第75段。

[11] 案例 C-309/99 EU：C：2002：98，第57段。

[12] 有关这一点，参见总检察长雅各布斯（Jacobs）在 C-67/96 etc *Albany International BV v SBT* EU：C：1999：28 案第207段中的观点，其论述中包含了对《欧盟运行条约》第101条下企业含义的极为重要的观点。

[13] 案例 C-49/07 EU：C：2008：376。

[14] 同上，第25段。

[15] 参见 *Eco-Emballages* OJ［2001］L 233/37，第70段：法国地方当局在签订与居民废弃物收集相关的合同时被视为企业；另见 *Medicall Ambulance v Health Service Executive*［2011］IEHC 76，第25~35段：爱尔兰国家在运营公共救护车服务时充当企业的角色。

[16] 案例 T-155/04 EU：T：2006：387。

采购原型和管理知识产权，不属于经济活动；而其他一些活动，例如向国家行政机关提供技术援助，因可以与其公共权力的行使分开[17]，可以被定性为经济活动[18]。欧洲法院不同意欧盟普通法院的观点，认为其错误地认为后一种活动是经济活动。[19]

（ii）“从事经济活动”

引用自 *Höfner and Elser* 案判决的一句话指出，每个从事经济活动的实体即为企业：因此，需要探索经济活动的概念。

（a）在特定市场中提供产品或服务即为经济活动

经济活动是指在市场上提供产品或服务的活动。具有决定性意义的不仅仅是私营经营者从事活动的可能性，而是在市场条件下开展活动的事实。[20] 在 *Spanish Courier Services* 案[21]中，西班牙邮局由于在市场中提供服务，欧盟委员会认定其为企业；在 *Höfner and Elser* 案中，对于德国联邦就业办公室[22]的雇佣采购活动，法院得出了同样的结论。在 *Ambulanz Glöckner v Landkreis Südwestpfalz* 案[23]中，欧洲法院认为，就竞争规则而言，非营利性的医疗救助组织，例如德国红十字会，提供有偿救护车服务是企业的行为。[24]

作为卡特尔（企业联盟）“协助者”的法律实体可以被视为企业，即使它本身不提供卡特尔化的产品或服务。[24a]仅持有企业股份本身并不意味着股份所有者就是从事经济活动的企业；但是，在股东通过参与企业管理而行使实际控制权时，情况会有所不同。[25] 在 *Pegler v Commission* 案[26]中，欧盟普通法院裁定，一家没有资产、员工或营业额的“休眠”公司不在市场上提供产品或服务，因此可不视为企业。

---

[17] 同上，第 86 段。

[18] 同上，第 92 段。

[19] 案例 C－113/07 P *SELEX Sistemi Intergrati SpA v Commission* EU：C：2009：191，第 77～79 段。

[20] 参见总检察长在以下案例中的观点：C－205/03 P *FENIN v Commission* EU：C：2005：666，第 13 段。

[21] OJ［1990］L 233/19。

[22] 案例 C－41/90 EU：C：1991：161，第 22 段。

[23] 案例 C－475/99 EU：C：2001：577。

[24] 同上，第 19～22 段。

[24a] 参见案例 C－194/14 P *AC－Treuhand v Commission* EU：C：2015：717，第 33～36 段（*Heat stabilisers*）。进一步参见第 13 章第 643～644 页“促进卡特尔的协助者（第三方）”。

[25] 案例 C－222/04 *Cassa di Risparmio di Firenze* EU：C：2006：8，第 111～113 段。

[26] 案例 T－386/06 EU：T：2011：115，第 43～49 段（*Copper fittings*）。

（b）无须具有营利动机或经济目的

一个组织缺乏营利动机[27]或没有经济目的[28]本身并不意味着一项活动不是经济活动。在 *Höfner and Elser* 案中，即使联邦就业办公室所提供的服务是免费的，它也被认定为一个企业。在 *Piau* 案[29]中，欧盟普通法院认为，足球俱乐部有关足球的经营行为是一项经济活动[30]，而将这些俱乐部组织在一起的协会则是一个企业协会；这一定位没有改变的原因在于全国性的协会将业余俱乐部和专业俱乐部组合在了一起。[31] 在这个案件中，法院还认为，国际足球联合会本身就是一个企业协会。[32]

（c）"不论该实体的法律地位及其融资方式"

一个实体从事经济活动时即为企业，这与它的法律形式无关。公司和合伙企业都有资格作为企业，其他实体，如农业合作社[33]、P&I Clubs[34] 和贸易协会也可以被视为企业：因此，贸易协会之间的协议本身可能被《欧盟运行条约》第 101 条第 1 款所规制。[35] 自然人从事经济活动时可以被视为企业，[36] 但作为

---

[27] 参见例如：案例 209/78 etc *Van Landewyck v Commission* EU：C：1980：248，第 88 段；案例 *P&I Clubs* OJ［1985］L 376/2；案例 *P&I Clubs* OJ［1999］L 125/12；案例 *Distribution of Package Tours During the* 1990 *World Cup* OJ［1992］L 326/31，第 43 段；案例 C－244/94 *Fédération Française des Sociétés d'Assurance* EU：C：1995：392，第 21 段；案例 C－67/96 etc *Albany International BV v SBT* EU：C：1999：430，第 85 段；案例 *UEFA's Broadcasting Regulations* OJ［2001］L 171/12，第 47 段；就竞争法对非营利活动的适用发表的看法，参见：PHILIPSON T J，POSNER R A. Antitrust in the Not－for－Profit Sector［J］. Journal of Law and Economics，2009，52（1）：1.

[28] 案例 155/73 *Italy v Sacchi* EU：C：1974：40，第 13～14 段；案例 C－222/04 *Cassa di Risparmio di Firenze* EU：C：2006：8，第 123 段。

[29] 案例 T－193/02 EU：T：2005：22；另见案例 C－519/04 P *Meca－Medina v Commission* EU：C：2006：492，第 38 段：该决定是基于国际奥林匹克委员会既是一个企业，也是一个企业协会。

[30] 案例 T－193/02 EU：T：2005：22，第 69 段。

[31] 同上，第 70 段。

[32] 同上，第 72 段。

[33] 参见例如案例 61/80 *Coöperative Stremsel－en Kleurselfbriek v Commission* EU：C：1981：75；案例 *MELDOC* OJ［1986］L 348/50。

[34] *P&I Clubs* OJ［1985］L 376/2；*P&I Clubs* OJ［1999］L 125/12，第 50～51 段。

[35] 参见例如案例 71/74 *FRUBO v Commission* EU：C：1975：61；案例 96/82 *IAZ International Belgium NV v Commission* EU：C：1983：310；案例 *Algemene Schippersvereniging v ANTIB* OJ［1985］L 219/35，上诉维持原判案例 *272/85 ANTIB v Commission* EU：C：1987：235。

[36] 参见例如 *AOIP v Beyrard* OJ［1976］L 6/8，其认定个人与公司之间的专利许可属于《欧盟运行条约》第 101 条第 1 款的适用范围；*Reuter/BASF* OJ［1976］L 254/40；案例 *RAI v UNITEL* OJ［1978］L 157/39，其中歌剧演唱者是企业；*Vaessen BV v Moris* OJ［1979］L 19/32；案例 35/83 *BAT v Commission* EU：C：1985：32；案例 42/84 *Remia BV and Verenigde Bedrijven Nutricia NV v Commission* EU：C：1985：327；*Breeders' Rights*：*Roses* OJ［1985］L 369/9；*French Beef* OJ［2003］L 209/12，第 104～108 段，在上诉案例 T－217/03 and T－245/03 *FNCBV v Commission* EU：T：2006：391 及进一步上诉案例 C－101/07 P etc *FNCBV v Commission* EU：C：2008：741 中均维持原判。另见 *ONP*，2010 年 12 月 8 日的决定，第 587～588 段及引用的判例法；上诉维持原判案例 T－90/11 *ONP v Commission* EU：T：2014：1049。

雇员的个人[37]与作为最终消费者购买产品或服务的个人都不被视为企业，因为这些行为不属于经济活动。[38]

在 *FENIN* 案[39]中，总检察长马杜罗（Maduro）提出，法院在判断一个国家实体是否从事经济活动时进入了"危险区域"，因为法院必须在保护竞争和尊重国家权力之间找到平衡。但是，判例法明确指出，一个国家实体就其某些活动履行纯粹的公共职能这一事实并不能排除它就另一项活动而言是一家企业。[40] 当公共机构从事经济活动时，它们是企业。例如，在 *Banchero* 案[41]中，国家垄断自治管理机构在市场上为烟草制品提供产品和服务，此时该管理机构就是企业。国有企业可以作为企业[42]，国家委托的具有特定任务的机构[43]和从事经济活动的准政府机构也可以作为企业[44]。负责巴黎民用航空运输设施的规划、管理和发展的巴黎机场，葡萄牙机场管理局，全日空航空公司和芬兰民航管理局均被认定为企业。[45]

在 *Aluminium Products* 案[46]中，东欧国家的外贸组织被视为企业，尽管根据其国内法，这些组织无法脱离国家而存在，但是对主权进行豁免的要求应限于政府行为而不是贸易行为。相同的观点也体现在欧盟委员会在 *Amministrazione Autonoma dei Monopoli di Stato* 案[47]的决定中。

（iii）非经济活动

下述三种活动被认为是非经济活动：在"互助"的基础上提供的活动；公

---

[37] 参见本章第109~111页"雇员、工会及集体劳动关系"。

[38] 关于这一点，参见案例C-180/98 etc *Pavel Pavlov v Stichting Pensioenfonds Medische Specialisten* EU：C：2000：428，第78~81段。

[39] 案例C-205/03 P EU：C：2005：666，第26段。

[40] 案例C-82/01 P *Aéroports de Paris v Commission* EU：C：2002：617，第81段。

[41] 案例C-387/93 EU：C：1995：439，第50段。

[42] 参见例如案例155/73 *Sacchi* EU：C：1974：40；案例41/83 *Italy v Commission* EU：C：1985：120。

[43] 根据《欧盟运行条约》第106条第2款的规定，这些机构对竞争规则享有有限的豁免：参见第6章第297~304页"《欧盟运行条约》第106条第2款"。

[44] 案例258/78 *Nungesser KG v Commission* EU：C：1982：211。

[45] 分别参见 *Alpha Flight Services/Aéroports de Paris* OJ［1998］L 230/10，第49~55段；上诉维持原判案例T-128/98 *Aeroports de Paris v Commission* EU：T：2000：290，第120~126段；进一步上诉案例C-82/01 P EU：C：2002：617，第78~82段；*Portuguese Airports* OJ［1999］L 69/31，第12段；上诉维持原判案例C-163/99 *Portugal v Commission* EU：C：2001：189；*Ilmailulaitos/Luftfartsverket* OJ［1999］L 69/24，第21~23段。

[46] OJ［1985］L 92/1；参见欧盟委员会的《关于竞争政策的第14号报告》（1984年），第57点；*Re Colombian Coffee* OJ［1982］L 360/31。

[47] OJ［1998］L 252/47，第21段。

权力的行使；附属于非经济活动的采购。下文将依次讨论每一种非经济活动。

(a) 互 助

在一些案例中出现了一个问题，即实体提供社会保障——例如，社会保障金、养老金、医疗保险或医疗保健——是否是作为企业这样做。[48] 判例法对此进行了区分：一种是在市场环境下提供的保障，另一种是基于“互助”而提供的保障。在 *Sodemare v Regione Lombardia* 案[49]中，总检察长芬内利（Fennelly）将“互助”定义为“作为一种固有的非商业性行为，由一社会群体对另一社会群体进行非自愿的补贴”[50]。基于“互助”而提供的社会保障属于非经济活动。在一些案件中必须对这个问题进行审查，而对这些案件需要具体问题具体分析。正如总检察长雅各布斯在 *AOK Bundesverband* 案[51]中所说：

> 社会保障计划的形式多种多样，其范围可以从国家社会保障计划涵盖到由商业保险公司经营的私人计划。因此，对保障的分类必然是一个程度问题。[52]

在判断互助的程度是否妨碍经济活动时，判例法考虑了计划的自由度，以确定应付款项和福利水平。在 *Poucet v Assurances Générales de France* 案[53]中，欧洲法院认为，为个体户管理疾病和生育保险计划的法国地区社会保障办事处并不是作为企业行事，但其对 *Fédération Française des Sociérés d'Assurance* 案[54]中的一项构成不同的保障计划却得出了相反的结论。两者之间的区别在于，*Poucet* 案中所有受助人的福利相同，因为缴款与收入成比例，而养老金权利与缴款金额不成比例，这些计划有助于为有经济困难的人提供资金；因此这些计划均基于互助原则。另外，在 *Fédération Française* 案中，应付的福利取决于受助人支付的金额及管理机构投资的财务结果；该计划的管理者在与寿险公司的竞争中

[48] 参见：ODUDU O. The Meaning of Undertaking within Article [101 TFEU] [J]. Cambridge Yearbook of European Legal Studies, 2006, 7: 211; BOEGER N. Solidarity and EC Competition Law [J]. European Law Review, 2007, 32 (3): 319; ODUDU O. Economic Activity as a Limit to Community Law [M] // BARNARD C, ODUDU O. The Outer Limits of European Union Law. Oxford: Hart Publishing, 2009: 225; SZYDLO M. Leeway of Member States in Shaping the Notion of an “Undertaking” in Competition Law [J]. World Competition Law & Economics Review, 2010, 33: 549.

[49] 案例 C-70/95 EU: C: 1997: 301。

[50] 同上，第29段。

[51] 案例 C-264/01 etc EU: C: 2003: 304；另见总检察长曼格兹（Mengozzi）在以下案例中的观点：C-437/09 *AG2R Prévoyance v Beaudout Père et Fils SARL* EU: C: 2010: 676，第59~68段。

[52] 案例 C-264/01 etc EU: C: 2003: 304，第36段。

[53] 案例 C-159/91 and 160/91 EU: C: 1993: 63。

[54] 案例 C-244/94 EU: C: 1995: 392。

进行经济活动。在 *Albany International BV v Stichting Bedrijfspensioenfonds Textielindustrie* 案[55]中，欧洲法院认为，该案的养老基金用于投资时即被认定为经济活动，因为其投资结果决定了基金可向成员支付的福利金额。[56] 因此，该案中的基金与 *Poucet* 案的情况不同。

在 *Cisal di Battistello Venanzio & C Sas v INAIL* 案[57]中，欧洲法院认为，INAIL（Istituto nazionale Assicurazione Infortuni sul Lavoro，国家工伤事故保险局）受法律委托管理为工作事故提供保险的一项强制性计划时，其并不是作为企业行事。INAIL 的活动受国家监督，且其活动的基础建立在健康工人与工伤事故者之间的互助之上。在 *AOK Bundesverband* 案[58]中，欧洲法院认为，德国疾病基金参与了对社会保障制度的管理，完全履行了基于互助原则的社会职能，所以这些基金并不是作为企业行事。[59] 在 *AG2R Prévoyance v Beaudout Père et Fils SARL* 案[60]中，欧洲法院认为，施行“高度互助”[61] 的医疗费用补助计划的 AG2R 可能仍然是享有一定程度自治权的企业，也就是说，它相对来说不受国家控制。[62]

（b）与行使公共权力有关的活动不属于经济活动

虽然国有实体或者公共机构在从事经济活动时属于企业，但 *Wouters* 案的判决认为，在它们的行为“与行使公共机构的权力有关”时，就不再被视为企业。[63] 在 *Corinne Bodson v Pompes Funèbres des Régions Libérées SA* 案[64]中，法国

---

[55] 案例 C－67/96 etc EU：C：1999：430：关于该案的评论，参见：GYSELEN L. Case C－67/96, Albany v. Stichting Bedrijfspensioenfonds Textielindustrie；Joined Cases C－115－117/97，Brentjens' Handelsonderneming v. Stichting Bedrijfspensioenfonds voor de handel in Bouwmateri［J］. Common Market Law Review，2000，37（2）：425；另见案例 C－180/98 etc *Pavel Pavlov v Stichting Pensioenfonds Medische Specialisten* EU：C：2000：428，第102～119段。

[56] 案例 C－67/96 etc EU：C：1999：430，第71～87段。

[57] 案例 C－218/00 EU：C：2002：36。

[58] 案例 C－264/01 etc EU：C：2004：150；另见关于国家援助的《欧盟运行条约》第107条下的案例 C－266/04 *Casino France* EU：C：2005：657，第45～55段。

[59] 以下案例中得出了相同的结论：案例 C－350/07 *Kattner Stahlbau GmbH v Maschinenbau－und Metall－Berufsgenossenschaft* EU：C：2009：127，第33～68段。

[60] 案例 C－437/09 EU：C：2011：112；另见欧洲自由贸易联盟法院在以下案例中的判决：E－S/07 *Private Barnehagers Landsforbund v EFTA Surveillance Authority*［2008］2 CMLR 818，第82～83段，其中法院认定挪威政府在资助市政幼儿园时并不被视为企业。

[61] 案例 C－437/09 EU：C：2011：112，第52段。

[62] 同上，第53～65段。

[63] 同样地，参见案例 C－138/11 *Compass－Datenbank GmbH v Republik Österreich* EU：C：2012：449，第36～38段及引用的判例法。

[64] 案例 30/87 EU：C：1988：225。

的一项法律将殡葬服务委托给地方社区；许多社区反过来授予特许权给私营企业，让私营企业来提供殡葬服务。欧洲法院认为，《欧盟运行条约》第101条不能适用于“以公共机构身份行事的社区与受托提供公共服务的企业之间签订的特许权合同”（强调）。[65] 一个实体行使“公共权利”，其中所涉及的活动是“公共利益的一项任务，它是构成国家基本职能的一部分”，该活动“与其性质、目的和行使权力所遵循的规则有关……这些通常是公共机构的权力行使”。[66] 出于同样的原因，在 *SAT Fluggesellschaft v Eurocontrol* 案[67]中，欧洲法院认为，Eurocontrol 在代表创设国向航空导航服务用户创建和收取航线费用时，并非作为企业行事。[68] 在 *Calì e Figli* 案[69]中，欧洲法院认为，一家在热那亚港从事反污染监测的公共任务的私营公司在履行这一特定责任时，将不被视为企业，因为其从事的是与公众利益有关的任务，属于国家在保护海洋环境方面的基本职能之一。在 *Compass – Datenbank v Republik Österreich* 案[70]中，奥地利政府根据当地法律规定管理在奥地利登记注册的公司的注册资料时，奥地利政府不被视为企业。

（c）附属于非经济活动的采购行为不属于经济活动

在 *FENIN v Commission* 案[71]中，有人向欧盟委员会提出申诉，称负责西班牙国家卫生系统运作的26家公共机构滥用其买方的支配权，无理拖延支付发票。欧盟委员会驳回了这一申诉，原因在于其认为这26家公共机构不属于企业。FENIN 是一个代表大多数企业销售用于西班牙医院的医疗用品和设备的协会，它向欧盟普通法院提起上诉。欧盟普通法院驳回了上诉，理由是公共机构是在互助的基础上向公民提供卫生健康服务，因此这种行为是非经济行为。欧盟普通法院还认为，购买商品的活动不应与其所针对的目的相分离。由于免费提供卫生健康服务属于非经济活动，因此，为此目的而进行的采购活动也不属

[65] 同上，第18段。

[66] 案例C－343/95 *Cai e Figli* EU：C：1997：160，第23段。

[67] 案例C－364/92 EU：C：1994：7，第30段；案例 *SELEX*（第3章脚注[19]）中，Eurocontrol 的活动不被认为是经济活动。

[68] 设在伦敦的商事法院在案例 *Irish Aerospace*（*Belgium*）*NV v European Organisation for the Safety of Air Navigation*［1992］1 Lloyd's Rep 383 中得出类似的结论。

[69] 案例C－343/95 EU：C：1997：160。

[70] 案例C－138/11 EU：C：2012：449，第40～51段。

[71] 案例T－319/99 EU：T：2003：50；该判决可以与案例1006/2/1/01 *BetterCare Group Ltd v Director General of Fair Trading*［2002］CAT 7 进行比较，在 *FENIN* 案之前作出的一项判决对该案中卫生信托基金的采购活动有不同的看法：参见第9章第423～426页“‘企业’”。

于经济活动。[72] 在向欧洲法院提出上诉后，欧洲法院维持了这项判决。[73] 根据市场原则，如果卫生组织购买商品的部分原因是基于互助原则来提供国家资助的卫生保健服务，但同时还向某些患者收费，比如根据市场规则向来自海外的游客患者收费，那情况可能会有所不同。[74] *FENIN* 案中的论证后来被应用于 *SELEX Sistemi Integrati SpA v Commission* 案[75]中。

（iv）专业人员

大量的判例法确定，专业人员出于竞争规则的目的可以成为企业。在 *Commission v Italy* 案[76]中，欧洲法院裁定，意大利的海关代理提供付款服务，包括办理货物进出口和过境方面的海关手续，所以可以作为企业；同时驳斥了意大利政府的以下观点，即海关的活动属于智力活动，需要得到授权并遵守相应的条件，因此海关不能被视为企业。从事个体经营的医学专家被认定为企业[77]，律师[78]、会计师[79]、认证代理人[80]和地质学家[81]也是如此。

（v）雇员、工会及集体劳动关系

（a）雇员

在 *Jean Claude Becu* 案[82]中，欧洲法院认为劳动者在劳动关系存续期间，与雇佣他们的企业一起，共同组成经济单位的一部分；因此，他们不构成欧盟

---

[72] *FENIN*，第35~36段；参见：ODUDU O. Are State - Owned Health - Care Providers Undertakings Subject to Competition Law?［J］. European Competition Law Review，2011，5：231.

[73] 案例C-205/03 P EU：C：2006：453，第25~26段；参见总检察长马杜罗在案例C-205/03 P EU：C：2005：666中的观点。

[74] 欧盟普通法院没有处理这一问题，因为在向欧盟委员会提出的申诉中没有提到这一点：案例T-319/99 EU：T：2003：50，第41~44段。

[75] 参见第3章脚注[19]。

[76] 案例C-35/96 EU：C：1998：303；类似地，参见案例T-513/93 *CNSD v Commission* EU：T：2000：91，支持了欧盟委员会在案例 *CNSD* OJ［1993］L 203/27中的决定；案例 *Coapi* OJ［1995］L 122/37；案例 *EPI code of conduct* OJ［1999］L 106/14，在上诉案例T-144/99 *Institut des Mandataires Agréés v Commission* EU：T：2001：105中部分被驳回。

[77] 案例C-180/98 etc *Pavel Pavlov v Stichting Pensioenfonds Medische Specialisten* EU：C：2000：428，第77段。

[78] 案例C-309/99 *Wouters v Algemene Raad van de Nederlandsche Orde van Advocaten* EU：C：2002：98，第48~49段。

[79] 案例C-1/12 *Ordem dos Técnicos Oficiais de Contas v Autoridade de Concorrência* EU：C：2013：127，第37~38段。

[80] 案例C-327/12 *Ministero dello Sviluppo economico v SOA Nazionale Costruttori* EU：C：2013：827，第27~35段。

[81] 案例C-136/12 *Consiglio nazionale dei geologi* EU：C：2013：489，第44段。

[82] 案例C-22/98 EU：C：1999：419。

竞争法意义上的企业。[83] 在这种情况下，从事集体工作的码头工人不构成企业。[84] 但是，从事独立业务的前任雇员可以单独构成企业。[85]

在 *FNV Kunsten Informatie en Media v Staat der Nederlanden* 案[86]中，法院承认，要在市场上确定一个人是雇员还是独立的个体服务提供者并不总是那么容易。[87] 这需要考察一个人是否能自由选择其工作的时间、地点和内容。[88] 如果个人的独立性仅仅是名义上的，从而掩盖真实的雇佣关系，那么即便根据国内法确定其为个体企业，也并不阻碍其根据欧盟法律被归类为雇员。

雇主应对雇员的任何反竞争行为负责，因为雇主和雇员属于同一企业。[89]

(b) 工　会

当工会以其会员的代理人身份行事时，不被视为企业，而仅仅是其成员之间协议的执行机关。[90] 但是当它以自己的权利行事时，则将被视为一个企业。[91] 在 *FNCBV v Commission* 案[92]中，欧盟普通法院驳回了以下论点：将《欧盟运行条约》第101条适用于农民工会之间为确定价格和防止进口牛肉进入法国而达成的协议将会限制工会活动的自由。[93]

(c) 集体劳动关系

在 *Albany* 案[94]中，欧洲法院关注的是一个情境：代表雇主和雇员的组织集体同意设立一个负责管理补充养老金计划的养老基金，并要求公共机构强制加入该基金。问题在于这些组织之间的协议是否就是企业之间的协议。对此，法院的回答是否定的。《欧盟运行条约》的活动不仅包括采用竞争政策，而且还包括社会政策：主要体现在《欧洲联盟条约》第3条第3款和《欧盟运行条

---

[83] 同上，第26段；类似地，参见案例C－542/14 *VM Remonts* EU：C：2016：578，第23段。

[84] 案例C－22/98 *Becu* EU：C：1999：419，第27段。

[85] 参见例如 *Reuter/BASF* OJ［1976］L 254/40。

[86] 案例C－413/13 EU：C：2014：2411。

[87] 同上，第32段；另见2017年爱尔兰竞争法（修正案）第2条关于在将竞争法应用于集体谈判的目的上识别“虚假的自雇”和“完全依赖自雇”的工人。

[88] 案例C－413/13 EU：C：2014：2411，第36～37段。

[89] 案例C－542/14 *VM Remonts* EU：C：2016：578，第24段。

[90] 案例C－22/98 *Becu* EU：C：1999：419，第28段。

[91] 参见总检察长雅各布斯在案例C－67/96 *Albany* EU：C：1999：28中的观点；参见：BRADSHAW S. Is a Trade Union an Undertaking Under EU Competition Law?［J］. European Competition Journal, 2017, 12 (2/3): 320.

[92] 案例T－217/03 etc EU：T：2006：391；上诉维持原判案例C－101/07 P etc *FNCBV v Commission* EU：C：2008：741。

[93] 案例T－217/03 etc EU：T：2006：391；第97～103段。

[94] 参见第3章脚注[55]。法院考虑了 *Albany* 案的裁决，该裁决是关于工会对美国的国家援助决定提出挑战的案例：C－319/07 P *3F v Commission* EU：C：2009：435，第47～60段。

约》第9条，同样体现在《欧盟运行条约》第153条，其目的是促进成员国在社会领域的密切合作，特别是在与雇主和工人之间的结社权和集体谈判有关的事项上。欧洲法院的观点是，如果集体协议所追求的社会目标受到《欧盟运行条约》第101条的约束，那么这些社会目标将会受到严重损害，因此社会目标不在其列。[95] 在 *Norwegian Federation of Trade Unions v Norwegian Association of Local and Regional Authorities* 案[96]中，根据《欧洲经济区协议》第53条，欧洲自由贸易联盟（European Free Trade Association，EFTA）法院将 *Albany* 豁免原则（*Albany* doctrine）适用于集体劳动协议，但法院同时指出，这些协议中与追求改善工作条件和就业条件无关的条款可能属于竞争法的范围。[97] 在 *Holship Norge AS v Norsk Transportarbeiderforbund*案[98]中，欧洲自由贸易联盟法院裁定，*Albany* 豁免原则不适用于超越集体谈判核心目标和要素的协议。

Albany 豁免原则不适用于自由职业者作出的决定，因为它不是在雇主和雇员之间的集体谈判的背景下作出的。[99] 在 *FNV Kunsten Informatie en Media v Staat der Nederlanden* 案[100]中，欧洲法院认为这项豁免原则不适用于与个体经营者协会达成的协议，除非事实上他们是雇员，且这需要进行个案确定。[101]

（B）企业协会

《欧盟运行条约》第101条第1款不仅适用于企业之间的协议和协同行为，而且适用于企业协会作出的决定。协会不一定要从事经济活动才能被第101条第1款涵盖。[102] 因此，即使第101条第1款因为一个协会没有资格成为企业而

---

[95] 第3章脚注[55]，第59段。有关批判性评论，参见：VAN DEN BERGH R J，CAMESASCA P D. Irreconcilable Principles? The Court of Justice Exempts Collective Labour Agreements from the Wrath of Antitrust ［J］. European Law Review，2000，25（5）：492；BONI S，MANZINI P. National Social Legislation and EC Antitrust Law ［J］. World Competition，2001，24（2）：239；案例 C－222/98 *Van der Woude v Stichting Bectrixoord* EU：C：2000：475；案例 C－437/09 *AG2R Prévoyance v Beaudout Père et Fils SARL* EU：C：2011：112，第28～36段。

[96] 案例 E－8/00［2002］5 CMLR 160，第33～46段。

[97] 同上，第33～46段和第47～59段。

[98] 案例 E－14/15，判决于2016年4月19日作出，第37～53段；当案例回到挪威最高法院时，其还未就竞争法的适用有所定论，尽管在判决中对 *Albany* 豁免原则是否适用表示怀疑。

[99] 案例 C－180/98 etc *Pavel Pavlov v Stichting Pensioenfonds Medische Specialisten* EU：C：2000：428，第57～70段。

[100] 案例 C－413/13 EU：C：2014：2411。

[101] 同上，第31～37段。

[102] 案例 T－25/95 etc *Cimenteries CBR SA v Commission* EU：T：2000：77，第1320段（*Cement*）以及引用的判例法。

不适用于其协议，它仍可适用于该协会的决定。[103] 当协会可以被视为企业时，其与其他企业之间订立的协议，仍然要由第101条第1款来规制[104]；第101条第1款也适用于行业协会的决定。[105]

（i）基本定义

企业协会指的是通常由成员组成的代表机构，该机构通常会作出“决定”，不论这些决定是义务还是惯例，其成员或所代表的人都会遵循。[106] 行业协会可以是企业协会，也可以是其他实体，如专业机构。[107] 行业协会不属于《欧盟运行条约》第101条第1款规制的范围，因为其是由公共机构正式批准的，[108] 或其成员是由国家指定的。[109] 欧洲法院明确指出，国家机构（例如海关代理人协会）的公法地位并不排除第101条的适用。[110]

在 *MasterCard Inc v Commission* 案[111]中，毫无疑问，当 MasterCard 由一些银行拥有并代表它们运营 MasterCard 支付卡系统时，MasterCard 就是一个企业协会。[112] 然而，2006年 MasterCard 在纽约证券交易所上市后，便不再为这些银行所有。欧盟委员会认为，因为它继续作为一个企业协会开展经营活动，所以它收取“多边交换费”的行为违反了第101条的规定。[113] MasterCard 和多家银行对这一裁决提起上诉，称上市后的 MasterCard 是一个独立的实体，只对其股东负责，而不对其前身的所有者负责，因此，它不再是一个企业协会。该上诉被欧盟普通法院[114]和欧洲法院[115]驳回。欧洲法院认为，虽然 MasterCard 已经上市，但它仍然是“银行行为协调的一种制度化形式”；银行保留了一些与 MasterCard 事务有关的剩余决策权（虽然不是交换费），而且银行和 MasterCard 之间

---

[103] 参见总检察长斯林（Slynn）在案例123/83 *BNIC v Clair* EU：C：1984：300中的观点。

[104] 案例T-25/95 etc *Cimenteries CBR SA v Commission* EU：T：2000：77，第1325段和第2622段。

[105] 参见例如 *Cematex* JO［1971］L 227/26 *Milchförderungsfonds* OJ［1985］L 35/35。

[106] 参见总检察长莱格（Léger）在以下案例中C-309/99 *Wouters* EU：C：2001：390，第61段。

[107] 案例C-309/99 EU：C：2002：98，第50~71段（*General Council of the Dutch Bar*）；ONP案中欧盟委员会于2010年12月8日作出的决定，第589~595段（*Association of French pharmacists*）；案例C-1/12 *OTOC*［2013］EU：C：2013：127，第39~59段（*Association of Portuguese chartered accountants*）；案例C-136/12 *Consiglio nazionale dei geologi* EU：C：2013：489，第41~45段（*National Council of Italian geologist*）。

[108] *AROW v BNIC* OJ［1982］L 379/1；*Coapi* OJ［1995］L 122/37，第32段。

[109] 同上；另见 *Pabst and Richarz KG v BNIA* OJ［1976］L 231/24。

[110] 案例C-35/96 *Commission v Italy* EU：C：1998：303，第40段；案例C-180/98 etc *Pavel Pavlov v Stichting Pensioenfonds Medische Specialisten* EU：C：2000：428，第85段。

[111] 案例C-382/12 P EU：C：2014：2201。

[112] 同上，第64段。

[113] 欧盟委员会2007年12月19日的决定。

[114] 案例T-111/08 *MasterCard Inc v Commission* EU：T：2012：260，第244~259段。

[115] 案例C-382/12 P *MasterCard Inc v Commission* EU：C：2014：2201，第62~77段。

存在“共同利益”这一事实对于评估 MasterCard 是否继续作为企业协会是相关和充分的。[116] 法院指出，多年来，尽管形式不同，但 MasterCard 一直追求共同监管市场的目标。[117] 该案的事实非同寻常，尤其是 MasterCard 在欧盟委员会的行政程序期间上市，从这个角度进行理解，法院的判决是明智的。

（ii）需要采取功能性分析方法

在确定一个主体是否以企业协会的身份参与一个特殊活动时，应当采取功能性的方法进行判断。[118] 在 *Wouters* 案[119]中，欧洲法院认为荷兰律师协会总理事会属于一个企业协会，并驳斥了以下论点，即它因行使管理职能而并非企业协会。法院在 *OTOC* 案中也作出了类似的结论。[120]

在 *API v Ministero delle Infrastrutture dei Trasporti* 案[121]中，法院认为，依法设立的负责确保意大利道路安全的机构属于《欧盟运行条约》第 101 条意义上的企业协会，该机构主要由私人经营者的代表组成，且国家机关对其决定无否决权。[122] 如果专业团体的大多数成员是由国家任命，而不是由专业团体的成员任命，并且国家还具体规定了该团体适用的公共利益标准的话，那么该团体的性质可能会有所不同。

（C）“单一经济实体”原则

《欧盟运行条约》第 101 条第 1 款不适用于两个及两个以上的法人所组成的单一经济实体的协议[123]：它们共同构成一个企业，因此不存在企业之间的协议。这方面最明显的例子是一项母公司和子公司之间的协议，尽管母子公司之间的关系与雇主和雇员[124]之间、委托人和代理人[125]之间以及承包商和分包商[126]之

---

[116] 特别参见：同上，判决第 72 段。

[117] 同上，第 76 段。

[118] 关于这一点，参见总检察长雅各布斯在以下案例中的观点：C－67/96 etc *Albany International BV v SBT* EU：C：1999：28，第 214 段；案例 C－309/99 *Wouters* EU：C：2002：390，第 64 段。

[119] 案例 C－309/99 EU：C：2002：98，第 50～71 段。

[120] 案例 C－1/12 EU：C：2013：127，第 39～59 段。

[121] 案例 C－184/13 etc EU：C：2014：2147。

[122] 同上，第 32 段和第 33 段。

[123] 参见：ODUDU O，BAILEY D. The Single Economic Entity Doctrine in EU Competition Law［J］. Common Market Law Review，2014，51（6）：1721.

[124] 参见本章第 109～110 页“雇员”。

[125] 参见第 16 章第 770～774 页“商业代理”，特别是欧盟委员会《纵向限制指南》（OJ［2010］C 130/1）第 12～21 段。

[126] 参见第 16 章第 837～838 页“分包协议”，特别是欧盟委员会《关于分包协议的通知》（OJ［1979］C 1/2）。

间的关系是类似的。单一经济实体原则产生了许多重要的影响，如下文所示：其中一种是母公司可能对子公司违反竞争规则的行为负责。[127]

（i）母公司和子公司：基本原则

同一企业集团内的企业之间可以相互签订具有法律效力的协议。然而，如果它们之间的关系非常密切，使其在经济上形成一个单一的经济实体，也就是说，它们是“由人力、有形和无形的元素组成，长期地追求一个特定的经济目标，并可能导致第101条中所述类型的违法行为”，那么，这样的协议就不为《欧盟运行条约》第101条所规制。[128]。在这种情况下，协议被视为同一企业内部职能的分配，而不是独立的企业之间的限制性协议。

（ii）*Viho* 判例

同一企业集团内的企业之间的协议不为《欧盟运行条约》第101条所规制，这一情况可以追溯到1971年。[129] 在 *Viho v Commission* 案[130]中法院重新讨论了这个问题。Parker Pen 在德国、法国、比利时、西班牙和荷兰建立了一体化的分销体系，并利用子公司销售其产品。欧盟委员会认为，第101条不适用于 Parker Pen 集团内的任务分配。这项裁决受到第三方 Viho 的质疑。Viho 一直试图取得 Parker Pen 的产品供应，并认为 Parker Pen 与其子公司之间的协议违反了第101条。欧洲法院支持欧盟委员会的决定，即认为第101条不适用于 Parker Pen 的分销协议。法院指出，Parker Pen 持有子公司100%的股份，它可以指导子公司的销售和营销活动，并控制销售、目标、毛利率、销售成本、现金流和股票：

---

[127] 参见本章第119~121页“经济实体原则的含义”；请注意，同一原则意味着，如果一名委托人由商业代理人代表参加卡特尔会议，则该委托人可能被认定犯有参与卡特尔的罪行：参见例如案例 *Candle Waxes* 中欧盟委员会于2008年10月1日作出的决定，第399~409段。

[128] 参见案例 T-112/05 *Akzo Nobel NV v Commission* EU：T：2007：381，第57~58段；法院早在1962年就采用了这一定义：参见例如案例17 and 20/61 *Klockner v High Authority* EU：C：1962：30 和案例19/61 *Mannesmann v High Authority* EU：C：1962：31。

[129] 参见案例22/71 *Béguelin Import v GL Import Export* EU：C：1971：113；案例15/74 *Centrafarm BV v Sterling Drug Inc* EU：C：1974：114；案例30/87 *Corinne Bodson v Pompes Funèbres des Régions Libérées SA* EU：C：1988：225，第19段；欧盟委员会在案例 *Re Christiani and Nielsen NV* JO［1969］L 165/12 和案例 *Re Kodak* JO［1970］L 147/24 中得出类似的结论；另见案例 *TFI/France* 2 *and France* 3，欧盟委员会的《关于竞争政策的第29号报告》（1999年）第167页。

[130] 案例 T-102/92 EU：T：1995：3；上诉至欧洲法院的案例 C-73/95 P EU：C：1996：405；案例 T-198/98 *Micro Leader Business v Commission* EU：T：1999：341 维持原判，第38段（微软集团内部协议不受《欧盟运行条约》第101条约束）。在美国法律中也有类似的案例，参见 *American Needle*，*Inc v National Football League* 560 *US* 183（2010）。

因此，Parker Pen 及其子公司形成了一个单一的经济单位，在这个单位内，子公司在决定其市场上的行动时没有真正的自主权，而是仅仅执行控制它们的母公司所发出的指令。[131]

欧洲法院还认为，在这种情况下，Parker Pen 在其子公司之间对全国市场进行分割的事实不在第 101 条的规制范围之内，但法院同时指出，这种单方行为在符合适用条件的情况下可能违反第 102 条。[132] 在《横向合作协议指南》[133]中，欧盟委员会依据 *Viho* 案的判决提出以下主张：当一个公司对另一个公司施加决定性影响时，它们构成一个单一经济实体，因此它们是同一企业的不同部分；姐妹公司也是如此，也就是说，由同一母公司对其施加决定性影响的公司，也构成单一经济实体。[134]

（iii）控制测试

该测试在于检测母公司是否能够（实际上也确实）对另一方公司施加决定性影响，从而导致后者在决定其市场上的商业政策时不享有“真正的自主权”。出于这些目的，有必要根据具体情况审查母公司与子公司之间所有经济、组织和法律联系等相关因素[135]，这些因素包括母公司在子公司的持股比例、董事会的组成、母公司对子公司的政策或指令的影响程度以及类似因素[136]。

（a）母公司和全资子公司

在 *Akzo v Commission* 案[137]（*Choline Cloride* 案中的上诉案件之一）中，欧洲法院要解决的问题不是母公司与子公司之间的协议是否违反了《欧盟运行条约》第 101 条，而是欧盟委员会能否向母公司作出一项决定，即如果子公司实际参与卡特尔（企业联盟），那么其母公司应承担违反第 101 条的责任。法院

---

[131] 案例 C－73/95 P EU：C：1996：405，第 16 段。

[132] 同上，第 17 段；关于第 102 条的适用问题，参见 *Interbrew* 案和欧盟委员会的《关于竞争政策的第 26 号报告》（1996 年）第 139～140 页。

[133] OJ［2011］C 11/1。

[134] 同上，第 11 段。

[135] 案例 C－440/11 P *Commission v Stichting Administratiekantoor Portielje* EU：C：2013：514，第 66 段（*International removal services*）。

[136] 参见例如案例 107/82 *AEG－Telefunken Commission* EU：C：1983：293，第 47～53 段；非常有用的判例法的总结参见案例 T－399/09 *HSE v Commission* EU：T：2013：647，第 11～16 段和第 29～32 段（*Calcium carbide and magnesium based reagents*）。

[137] 案例 C－97/08 P EU：C：2009：536。

认为，参考之前的 *Dyestuffs* 案[138]判决，如果母公司对子公司拥有100%的股权[139]，那么母公司可以对子公司施加决定性的影响，并且有一个可予推翻的推定，即母公司确实施加了这种决定性影响[140]。在这种情况下，除非母公司能提供充分证据来证明其子公司在市场上独立行事，否则欧盟委员会可推定母公司对其子公司受到的任何罚款负有连带责任。[141] 法院补充说，在适用推定的情况下，欧盟委员会不需要找到母公司控制子公司的其他证据：除非母公司能够推翻推定，否则该推定就足够了。[142] 母公司需要承担举证责任来证明子公司在市场上的行为是独立的，并且证明母公司和子公司之间的任何经济、组织和法律联系并不意味着它们是单一的经济实体。[143] 在 *Akzo* 案中，欧洲法院维持了欧盟普通法院的判决[144]，即母公司未能推翻这一推定。在 *Akzo* 案前后，还有许多其他案例，在其中一个案例中母公司试图推翻这种推定：这种尝试通常都会失败，尽管并非不可避免。[145] 一直存在争议的一点是：这一推定是否在理论上可以推翻，但在实践中无法推翻[146]；然而，欧洲法院拒绝了这一评判[147]。如果母公司拥有子公司的"全部或几乎全部"股份，那么就适用这一推定。在 *Elf Aquitaine v Commission* 案中，欧盟普通法院对持有其子公司97.55%股份的母公司就适用了这一推定。[148]

---

[138] 案例48/69 *Imperial Chemical Industries v Commission* EU：C：1972：70。

[139] 这包括由于另一家公司的介入而间接拥有100%的股份的公司：案例C－508/11 P *Eni Spa v Commission* EU：C：2013：289，第48段（*Synthetic rubber*）。

[140] 案例C－97/08 P EU：C：2009：536，第60段；关于可推翻推定的依据，参见总检察长科科特在案例C－97/08 P *Akzo v Commission* EU：C：2009：262第71～75段中的观点和总检察长曼格兹在案例C－247/11 P etc *Areva SA v Commission* EU：C：2013：579第89段中的观点。

[141] 案例C－97/08 P EU：C：2009：536，第61段。

[142] 同上，第62段；没有什么可以阻止欧盟委员会通过其他证据或通过此类证据和推定的组合来确定母公司控制子公司；但是，如果这样做，欧盟委员会必须采用相同的方法来确定在同一案件中被调查的其他企业的责任归属：案例C－628/10 P etc *Alliance One International v Commission* EU：C：2012：479，第59段（*Spanish raw tobacco*）。

[143] 参见案例T－541/08 *Sasol v Commission* EU：T：2014：628，第145～150段（*Candle waxes*）。

[144] 案例T－112/05 *Akzo Nobel NV v Commission* EU：T：2007：381。

[145] 参见第119～121页"经济实体原则的含义"。

[146] 参见例如：WAHL N. Parent Company Liability：A Question of Facts or Presumption？[C]. 19th st. Gallen International Competition Law Forum ICF，2012（可在www. ssrn. com上查阅）；LEUPOLD B. Effective Enforcement of EU Competition Law Gone Too Far?：Recent Case Law on the Presumption of Parental Liability [J]. European Competition Law Review，2013，34：570.

[147] 参见案例C－289/11 P *Legris v Commission* EU：C：2012：270，第53段（*Copper fittings*）。

[148] 案例T－299/08和T－343/08 EU：T：2011：217，第53～56段（*Sodium chlorate*）；另见案例C－508/11 P *Eni v Commission* EU：C：2013：289，第47段（*Butadiere rubber*）（Eni拥有Enichem的99.97%股份）。

(b) 大股东

在 *Bananas* 案[149]中，欧盟委员会没有将推定适用于持有80%股份的股东。相反，欧盟委员会表明，股东 Del Monte 凭借合伙协议和分销协议所赋予的权利向子公司发出指示对子公司有着决定性的影响。欧盟普通法院在上诉中维持欧盟委员会的决定[150]，并且欧盟普通法院的判决得到欧洲法院的支持[151]。欧盟普通法院拒绝对持股71.4%[152]和60%[153]的股东适用 *Akzo* 案中的推定。

(c) 小股东

在 *Fuji v Commission* 案[154]中，欧盟普通法院判决，一名小股东对气体绝缘开关设备卡特尔（Gas Insulated Switchgear）的一个成员施加了决定性的影响，从而导致该小股东对该卡特尔承担责任[155]。关键问题是，小股东是否对公司的商业政策产生决定性的影响，为该目的，小公司的持股规模、在公司董事会的代表权、影响后者商业政策的能力以及试图影响的实际证据等都是相关的。[156]

根据《欧盟合并条例》第3条第2款的规定，对企业事务“有可能施加决定性影响”的小股东，将拥有足够的控制权从而实现集中。[157] 有人主张对《欧盟合并条例》和《欧盟运行条约》第101条的控制概念采用一致的方法。[158] 然而，《欧盟合并条例》下的控制概念包括消极控制，并具有决定对哪些拟议交易必须根据该条例进行审查的司法管理职能。第101条所涉情形的措辞表明，如果测试具有实质性的（而不是管辖权的）后果，则要求进行积极而非

---

[149] 欧盟委员会于2008年10月15日作出的决定，第404页。

[150] 案例T-587/08 *Fresh Del Monte v Commission* EU：T：2013：129，第50~276段。

[151] 案例C-293/13 P etc *Fresh Del Monte v Commission* EU：C：2015：416，第75~99段。

[152] 案例T-45/10 *GEA Group AG v Commission* EU：T：2015：507，第168段（*Heat stabilisers*）；类似地，参见案例T-399/09 *HSE v Commission* EU：T：2013：647，第11~102段（*Calcium carbide and magnesium based reagents*）（与74%的持股相关）。

[153] 案例T-64/06 *FLS PIast A/S v Commission* EU：T：2012：102，第36段（*Industrial bags*）；另见案例T-392/091 *garantovaná a. s. v Commission* EU：T：2012：674，第15~57段（*Calcium carbide and magnesium based reagents*）。

[154] 案例T-132/07 *Fuji Electric Co Ltd v Commission* EU：T：2011：344（*Gas insulated swithgear*）。

[155] 同上，第183段。

[156] 同上，第184段；30%的股份加上董事会代表和其他联系，证明了小股东控制了子公司：同上，第186~203段。

[157] 参见第21章第1032~1034页“控制的概念”；请注意，为了计算《欧盟合并条例》第5条第4款中“相关企业”的营业额，采用了更为形式化的控制测试：参见第21章第1043~1044页“营业额”。

[158] 参见：WILS W P. The Undertaking as Subject of E. C. Competition Law and the Imputation of Infringements to Natural or Legal Persons [J]. European Law Review，2000，25（2）：99，104-108；JONES A. The Boundaries of an Undertaking in EU Competition Law [J]. European Competition Journal，2012，8（2）：301.

消极的控制。这一点已在 *Sasol v Commission* 案[159]中得到了欧盟普通法院的认可。

(d) 合营企业的母公司

在 *Dow Chemical v Commission* 案[160]中，欧洲法院维持欧盟普通法院的判决[161]，即一家合营企业的母公司应对合营企业参与氯丁橡胶（Chloroprene Rubber）卡特尔的行为负责，因此可能会被处以连带罚款。法院表示，如果两家母公司在一家违反了《欧盟运行条约》第101条的规定的合营企业中各拥有50%的股权，而且双方实际上都对该合营企业具有决定性影响，那么这三家公司实际上构成单一的企业。[162]欧盟委员会必须提供存在母公司施加决定性影响的证据——这方面没有任何推定。法院驳回了以下论点：因为合营企业在《欧盟合并条例》下充分运作，并且独立于其母公司，所以该合营企业是一个独立的企业。根据《欧盟合并条例》的规定，充分发挥职能的合营企业享有自主权，但并不妨碍其母公司对合营企业施加《欧盟运行条约》第101条中的决定性影响。[163]

在 *Toshiba v Commission* 案[164]中，欧洲法院维持了欧盟普通法院的判决，即Toshiba虽然仅持有35.5%的股份，但对其合营企业参与阴极射线管（Cathode ray tubes）卡特尔的行为负有连带责任。证据表明，Toshiba实际上对合资企业施加了决定性的影响。

(iv) 不适用单一经济实体原则的决定

在 *IJsselcentrale* 案[165]中，欧盟委员会反驳了下列论点：4家荷兰发电公司及其控制的合营企业构成一个单一经济实体，因此《欧盟运行条约》第101条不适用于它们之间的协议。发电公司是公共电力供应系统中不可分割的一部分，但这并不意味着它们在经济上是同一个实体，因为它们是独立的法人，不受同一个自然人或法人的控制，并且能够独立决定自己的行为。在 *Gosmé/Martell – DMP* 案[166]中，DMP是Martell和Piper – Heidsieck的合营子公司，每一

[159] 案例T–541/08 EU：T：2014：628，第49～50页（*Candle waxes*）。

[160] 案例C–179/12 P EU：C：2013：605（*Chloroprene rubber*）；类似案例C–172/12 P *EI du Pont v Commission* EU：C：2013：601（*Chloroprene rubber*）。

[161] 案例T–77/08 *Dow Chemical v Commission* EU：T：2012：47；类似案例T–76/08 *EI du Pont de Nemours v Commission* EU：T：2012：46。

[162] 案例C–179/12 P *Dow Chemical v Commission* EU：C：2013：605，第58段。

[163] 同上，第64～66段。

[164] 案例C–623/15 P EU：C：2017：21，第45～82段。

[165] OJ［1991］L 28/32，第22～24段。

[166] OJ［1991］L 185/23，第30段。

个母公司持有 DMP 50% 的资本和表决权；一半的监事会成员代表 Martell，另一半监事会成员代表 Piper - Heidsieck；DMP 分销品牌不属于其母公司；Martell 和 Piper - Heidsieck 的产品在同一份文件上向批发商开具发票；DMP 有自己的销售队伍，仅与法国的购买财团签订销售合同。在这种情况下，欧盟委员会的结论是 Martell 和 DMP 是相互独立的企业，因此它们之间关于识别和防止平行出口的协议违反了《欧盟运行条约》第 101 条，Martell 和 DMP 分别被罚款 30 万欧元和 5 万欧元。

如果一家子公司从母公司独立，例如子公司被出售，一旦母子公司关系结束，两家公司之间的协议可能会被第 101 条所规制。在 *Austin Rover/Unipart* 案[167]中，欧盟委员会根据第 101 条的规定调查了英国 Leyland 私有化后和 Unipart 出售后的企业之间的关系，但发现其符合《欧盟运行条约》第 101 条第 3 款的标准。

（v）经济实体原则的含义

经济实体原则产生了许多后果。

第一，虽然组成单一经济实体的公司之间的协议不违反《欧盟运行条约》第 101 条第 1 款，但母公司对子公司的操纵可能意味着在其他方面也会发生违法行为。例如，母公司可以命令子公司对其分销商实施出口禁令：包含此类限制条款的协议本身可能违反第 101 条。[168]

第二，正如 *Akzo* 案中所指出的，母公司可以对其子公司的经营活动承担责任。[169] 鉴于第 101 条适用于企业之间的协议，欧盟委员会的决定必须针对法律实体，而且一个企业可以由多个实体组成。如果母公司对一个违反第 101 条的子公司起到了决定性影响，那么欧盟委员会可酌情决定是否处罚母公司、子公司或对两者都进行处罚。[170] 欧盟委员会通常向母公司及其子公司作出违法决定，由母公司及其子公司都对违法行为承担连带责任；合营企业的母公司也可以是其合营企业违反第 101 条的责任承担者。[171] 子公司不服从其母公司的指

[167] OJ［1988］L 45/34。

[168] 参见 *Re Kodak* JO［1970］L 147/24。

[169] 对于母公司与附属公司（或其他有关公司）之间的任何罚款或损害赔偿，欧盟委员会无须决定各自应负何种责任：案例 C－231/11 P etc *Commission v Siemens AG Österreich* EU：C：2014：256，第 58～64 段。

[170] 案例 T－541/08 *Sasol v Commission* EU：T：2014：628，第 182 段（*Candle waxes*）。

[171] 参见第 3 章脚注[160]。

示，这一事实本身并不能推翻“决定性影响”的推定。[172]

在许多上诉案件中，母公司辩称，100%拥有子公司的所有权会产生决定性影响的推定已被成功驳回：此类上诉通常以失败告终。然而，在 *Alliance v Commission* 案[173]中，欧洲法院支持了欧盟普通法院的判决[174]，即标准集团（Standard Group）的一名成员 Trans - Continental Leaf Tobacco 公司推翻原有推定，而另外两名成员——国际烟草联盟（Alliance One International）与标准烟草商会（Standard Commercial Tobacco）没有推翻原有推定。[175] 在 *Gosselin v Commission* 案[176]中，欧洲法院推翻了欧盟普通法院的以下判决，即母公司能够证明其全资子公司在市场上独立行事。[177]

第三，对于母公司和子公司（或子公司们）形成一个单一的经济实体，根据1/2003号条例第23条第2款的规定，最高罚款可达全球营业额的10%，是指整个集团的营业额，而不是仅仅包括实际实施违法行为公司的营业额。显然，这意味着，例如，子公司是一家大型企业集团的一部分时，可以施加的罚款的最高数额可能远远高于只考虑子公司的情况。[178]

第四，可以对子公司的母公司提起损害赔偿诉讼，也可以对母公司的子公司提起损害赔偿诉讼：这可能对民事诉讼中的管辖权问题产生重大影响，可能会扩大可提起诉讼的国家范围。[179]

---

[172] 案例 C - 155/14 P *Evonik Degussa GmbH v Commission* EU：C：2016：446，第41段（*Calcium carbide and magnesium based reagents*）。

[173] 案例 C - 628/10 P etc EU：C：2012：479（*Spanish raw tobacco*）。

[174] 案例 T - 24/05 EU：T：2010：453。

[175] 一些上诉是基于不充分的推理而获得成功的：例如案例 C - 90/09 P *General Química v Commission* EU：C：2011：21，第75 ~ 80段（*Rubber chemicals*）；案例 C - 521/09 P *Elf Aquitaine v Commission* EU：C：2011：620，第156 ~ 171段（*MCAA*）；案例 T - 185/06 *Air Liquide v Commission* EU：T：2011：275，第66 ~ 83段；案例 T - 234/07 *Koninkhjke Grolsch v Commission* EU：T：2011：476，第84 ~ 92段（*Dutch beer*）；案例 T - 196/06 *Edison v Commission* EU：T：2011：281，第56 ~ 94段，上诉维持原判案例 C - 446/11 P *Commission v Edison* EU：C：2013：798（*Bleaching chemicals*）；案例 T - 517/09 *Alstom v Commission* EU：T：2014：999，第97 ~ 108段（*Power transformers*）。

[176] 案例 T - 208/08 etc EU：T：2011：287，第51 ~ 59段（*International removal services*）。

[177] 案例 C - 440/11 P *Commission v Stichting Administratiekantoor Portielje* EU：C：2013：514，第80 ~ 87段（*International removal services*）。

[178] 参见案例 T - 112/05 *Akzo Nobel NV v Commission* EU：T：2007：381，第90 ~ 91段（*Choline chloride*）；不过要注意案例 C - 637/13 P *Laufen Austria AG v Commission* EU：C：2017：51，第44 ~ 51段（*Bathroom fittings and fixtures*），该案限制在一家子公司被另一家收购之前可以对该子公司处以的最高罚款。

[179] 参见 *Provimi Ltd v Aventis Animal Nutrition SA*［2003］EWHC 961（Comm），第31 ~ 36段；*KME Yorkshire Ltd v Toshiba Carrier UK Ltd*［2012］EWCA Civ 1190，第34 ~ 39段；进一步地，参见第8章第388 ~ 391页“国际私法”。

第五，从竞争主管机构的角度来看，将违反竞争规则的责任归于企业集团中的最高实体是可取的，尤其是希望母公司的董事会负责消除整个公司内的反竞争行为。

第六，经济实体原则是指母公司可能对集团内子公司的任何违法行为承担责任，这可能会导致母公司因累犯而被处以更高的罚款。[180]

第七，欧盟委员会和国家竞争主管机构可对属于同一个经济单位的法律实体进行突击检查，即使涉嫌违反《欧盟运行条约》第101条和第102条的行为属于其另一部分的责任。[181]

另外，经济实体原则的逻辑结果是，为适用一项集体豁免而计算加入协议的企业数量时，形成一个单一企业的实体即算作一个企业。[182]

从某种意义上说，第101条对协议的豁免是一把双刃剑：欧盟法院和欧盟委员会认为，由于子公司在欧盟的行为，欧盟法律也可以适用于经营地不在欧盟内部的母公司。[183]

(D) 公司重组

公司重组可能意味着，在作出违法决定时，控制企业的实体（“继承者”）不同于违法行为的实施主体。然而，这种重组并不意味着这些企业可以逃避违反欧盟竞争法的责任。[184] 法人在存续期间，其对过去的违法行为仍负有责任。[185] 在 *Compagnie Royale Asturienne des Mines SA and Rheinzink v Commission* 案[186]中，

---

[180] 关于累犯对罚款水平的重要性，参见第7章第350~352页“基本金额的调整”。

[181] 案例 T-66/99 *Minoan Lines v Commission* EU：T：2003：337（*Greek ferries*）。

[182] 案例 170/83 *Hydrotherm Gerätebau v Andreoli* EU：C：1984：271；这与适用纵向协议的集体豁免有关；参见第16章第817页“第2条第4款：竞争性企业间的协议”；关于技术转让协议，参见第19章第968页“豁免协议必须是双边的”。

[183] 参见案例 48/69 *ICI v Commission* EU：C：1972：70；案例 6/72 *Europemballage Corpn and Continental Can Co Inc v Commission* EU：C：1973：22；关于域外效力，大致参见第12章。

[184] 案例 T-349/08 *Uralita v Commission* EU：T：2011：622，第57段（*Sodium chlorate*）；参见：DYEKJAER-HANSEN K，HOEGH K. Succession of Liability for Competition Law Infringements with Special Reference to Due Diligence and Warranty Claims [J]. European Competition Law Review，2003，24（5）：203；CHANDLER. Successor Liability for Competition Law Infringements and How to Avoid It [J]. Competition Law Journal，2006：63.

[185] 参见例如案例 C-279/89 P *Cascades SA v Commission* EU：C：2000：626，第78~80段（*Cartonboard*）。

[186] 案例 29/83 和 30/83 EU：C：1984：130，第9段；另见案例 T-134/94 *NMH Stahlwerke GmbH v Commission* EU：T：1999：44，第122~141段（*Steel beams*）；案例 C-297/98 P *SCA Holdings Ltd v Commission* EU：C：2000：633，第23~32段（*Cartonboard*）；案例 C-204/00 P etc *Aalborg Portland A/S v Commission* EU：C：2004：6，第59段（*Cement*）。

欧洲法院认为：

> 从经济角度看，企业的法律形式和名称的改变并不会使新的主体免除其前身的反竞争行为的责任，因为这两个主体实质上是相同的。

法院在 *Autoritá Garante della Concorrenza e del Mercato v Entetabacchi italiani – ETI* 案中应用了 *Rheinzink* 案的推理。[187] 意大利法院询问，意大利竞争主管机构是否可以对意大利国有烟草垄断企业 AAMS 的继承者 ETI 处以罚款，该垄断企业最初加入了受到审查的卡特尔，但随后将相关业务移交给了 ETI。法院认为 ETI 可能对 AAMS 的违法行为承担责任。因为转移到 ETI 的经营活动，不是 AAMS 和 ETI 之间私人倡议导致的，而是通过意大利立法机构为 ETI 私有化进行的准备活动实现的，所以 ETI 和 AAMS 两个主体之间并没有什么不同。[188]

为了判定继承公司是否要承担责任，决定因素是"原违法公司与重组后的公司之间是否具有职能和经济上的连续性"[189]。在 *All Weather Sports Benelux v Commission* 案[190]中，欧盟普通法院认为，在对违法实体的继承者处以罚款时，欧盟委员会必须充分解释其理由。在 *Versalis v Commission* 案[191]中，欧盟普通法院认为，欧盟委员会有权要求继承者为其前身的非法行为承担责任。

（E）当企业被出售给另一家企业时，违反竞争法的责任如何承担

当一个企业违反了竞争法，但将应该为违法行为负责的业务卖给第三方时，一个重要问题产生了。显然，买方需要知道，如果之后竞争主管机构发现了违法行为，买方是否承担未来罚款的风险。承担责任的基本原则是，如果对该业务负责的企业仍然存在，那么该企业仍然要对违法行为负责，而不是由收购方负责。[192] 实体的所有权发生变化、更名或不再参与违法行为有关的经济活

---

[187] 案例 C－280/06 EU：C：2007：775。

[188] 同上，第 38～52 段；另见案例 C－511/11 P *Versalis v Commission* EU：C：2013：386，第 56～57 段（*Butadiene rubber*）。

[189] *PVC* OJ［1989］L 74/1，第 43 段；上诉维持原判案例 T－305/94 etc *Limburgse Vinyl Maatschappij v Commission* EU：T：1999：80，第 953 段。类似地，参见 *LdPE* OJ［1989］L 74/21，第 49～54 段。欧盟委员会处理的其他案例的决定：*Peroxygen Products* OJ［1985］L 35/1；*Polypropylene* OJ［1986］L 230/1；*Welded Steel Mesh* OJ［1989］L 260/1，第 194 段；OJ［1994］L 239/14，第 14～43 段。

[190] 案例 T－38/92 EU：T：1994：43，第 26～36 段。

[191] 案例 T－103/08 EU：T：2012：868，第 89～98 段（*Chloroprene rubber*）；在上诉至欧洲法院的案例 C－123/13 P EU：C：2015：150 中维持原判。

[192] 案例 C－279/98 P *Cascades v Commission* EU：C：2000：626，第 78～80 段（*Cartonboard*）。关于欧盟委员会是否将对购买违法资产的买家处以罚款，参见案例 *Bänninger v Commission*［2010］EWHC 1978（Ch）。

动，这些都不能免除其责任。[193] 例如，在 *Prestressing Steel* 案[194]中，欧盟委员会认定，一个企业违反了《欧盟运行条约》第 101 条的规定，然后对作为违法行为载体的资产进行处置后退出市场，如果该企业仍然存在，它仍将承担责任[195]。

这个基本原则有两个例外。第一个例外情况是，原违法主体在法律上或经济上已不复存在，因为对这种实体处以罚款很可能没有威慑作用。[196] 在这种情况下，责任可能转移给原违法主体的新经营者。

第二个例外情况是，原违法主体在法律上仍然存在，但已不在有关市场上进行经济活动，而且原违法主体与新经营者之间存在着结构上的联系。[197] 这一例外情况不适用于 *Hoechst v Commission* 案[198]。在 *Parker ITR Srl v Commission* 案[199]中，欧盟普通法院裁决该案也不适用例外情况，但在 *Commission v Parker Hannifin Manufacturing Srl* 案[200]中欧洲法院则驳回了这一裁决。法院将案件发回欧盟普通法院重新审理，并最终维持了欧盟委员会在经济连续性原则下将责任归于 ITR Rubber 的最初决定。[201]

3. 协议、决定和协同行为

任何竞争法体系的首要规制对象都是一种协议，这种协议是相互独立的企业之间用来达到限制竞争的目的的。《欧盟运行条约》第 101 条禁止竞争者之间的卡特尔协议，例如固定价格、瓜分市场或限制出口等方面的协议：第 13 章将详细讨论这一问题。但是，必须铭记，第 101 条也可以适用于处于市场中不同层次的企业之间的协议，也就是纵向协议：建立一个纵向协议的困难之处

---

[193] 案例 C－297/98 P *SCA Holdings Ltd v Commission* EU：C：2000：633，第 25～30 段（*Cartonboard*）。

[194] 欧盟委员会于 2010 年 6 月 30 日作出的决定。

[195] 同上，第 699 段、第 701～706 段；案例 T－426/10 etc *Moreda－Riviere Trefilerías SA v Commission* EU：T：2016：335，第 317～318 段和第 353～360 段，该上诉案支持了这一观点；进一步上诉案例 C－457/16 P etc EU：C：2017：819，第 115～122 段。

[196] 案例 C－352/09 P *ThyssenKrupp Nirosta v Commission* EU：C：2011：191，第 144 段（*Alloy surcharge*）。

[197] 案例 C－204/00 P etc *Aalborg Portland A/S v Commission* EU：C：2004：6，第 359 段（*Cement*）。

[198] 案例 T－161/05 EU：T：2009：366，第 50～67 段（*MCAA*）。

[199] 案例 T－146/09 EU：T：2013：258，第 103～130 段（*Marine hoses*）。

[200] 案例 C－434/13 P EU：C：2014：2456。

[201] 案例 T－146/09 RENV *Parker Hannifin Manufacturing Srl v Commission* EU：T：2016：411。

将在下文加以讨论。[202]

《欧盟运行条约》第101条第1款的适用不限于正式合同：这将使规避法律变得很简单。第101条也适用于通过非正式协议、企业协会的决定和协同行为进行的合作，不论它们是否具有法律执行力，亦不论是否具有执行机制。正如即将看到的那样，“协议”、“决定”和“协同行为”等每个术语都有广泛的解释。一个难题是，寡头垄断行业中企业的平行行为是否可归因于它们之间的协议或协同行为，在这种情况下，第101条第1款将可以适用；或者这是否是对市场结构的自然反应，在这种情况下，则可能需要不同的竞争法解决方案。[203]

(A) 协 议

在 *Bayer v Commission* 案[204]中，欧盟普通法院审查了关于协议含义的判例法，并指出，这一概念：

> 重点在于至少两个当事方之间的意愿一致，只要它是当事方真实意图的忠实表达，其表现形式就不重要。[205]

本节将举例说明为《欧盟运行条约》第101条目的被定性为协议的事实模式。然后将讨论企业成为协议“和/或”协同行为当事方的可能性。此后讨论“单一整体协议”的概念。本节的最后一部分将讨论纵向协议当事方的证明问题。法院明确指出，不论协议是横向还是纵向，违反《欧盟运行条约》第101条第1款的证明标准是统一的。[206] 一方认可它是一项协议的事实并不排除另一方对同一协议的存在提出质疑。[207]

(i) 协议的例子

法律合同当然可以作为协议，除此之外，协议还包括诉讼的妥协方案，如

[202] 参见本章第133~139页“纵向案件中的‘单方’行为和第101条第1款的适用”。

[203] 参见第14章关于寡头垄断、默示合谋和共同支配的问题。

[204] 案例T-41/96 EU：T：2000：242。

[205] 同上，第69段；在针对欧盟普通法院判决的上诉中欧洲法院引用了这段话，这段话显然得到了法院的认可：案例C-2/01 P etc *Bundesverband der Arzneimittel-Importeure eV v Bayer AG* EU：C：2004：2，第97段。

[206] 案例C-260/09 P *Activision Blizzard Germany GmbH v Commission* EU：C：2011：62，第71段（*Nintendo*）。

[207] 案例T-18/03 *CD-Contact Data v Commission* EU：T：2009：132，第51段（*Nintendo*）。

商标划界协议[208]或专利诉讼的和解[209]。尽管"君子协定"[210]和简单的谅解[211]不具有法律效力，它们也可以被认为是协议。法律没有要求协议必须得到执行程序的支持。[212]一份体现双方真实意愿的"议定书"属于《欧盟运行条约》第101条第1款所指的协议。[213]相互关联的协议可以被视为一份单一协议。[214]协议也可以是口头的。[215]欧盟委员会将把格式化的合同条款视为第101条第1款中的协议。[216]因时间推移而到期但仍存在后续影响的协议，仍然可由第101条第1款规制。[217]行业协会的章程属于协议。[218]由行业协会签订的协议可以被解释为

---

[208] 参见例如 *Re Penney's Trade Mark* OJ ［1978］ L 60/19；*Re Toltecs and Dorcet* OJ ［1982］ L 379/19，上诉维持原判案例 35/83 *BAT v Commission* EU：C：1985：32；目前还不完全清楚在国家法院的命令中体现的妥协对第101条第1款的适用性有何影响：参见案例 258/78 *LC Nungesser KG v Commission* EU：C：1982：211，第80~91段（在这个问题上，欧洲法院受到了质疑）；案例 *BAT v Commission* 的判决表明，即使在国家法院批准的情况下，协议也可能违反规定。关于商标划界协议，参见第19章第982~985页"诉讼的和解"。

[209] 参见例如案例 65/86 *Bayer v Sullhofer* EU：C：1988：448；*Lundbeck*，欧盟委员会于2013年6月19日作出的决定，在上诉至欧盟普通法院的 T－472/13 etc *Lundbeck v Commission* EU：T：2016：449 案中维持原判，进一步上诉至欧洲法院的 C－591/16 P *Lundbeck v Commission* 案尚未裁决；*Servier*，欧盟委员会于2014年7月9日作出的决定，上诉案例 T－691/14 etc *Servier v Commission*（尚未裁决）；进一步地，参见第19章第982~985页"诉讼的和解"。

[210] 参见案例 41/69 *ACF Chemiefarma NV v Commission* EU：C：1970：71（*Quinine*）；案例 T－53/03 *BPB plc v Commission* EU：T：2008：254，第72段（*Plasterboard*）。

[211] *Re Stichting Sigarettenindustrie Agreements* OJ ［1982］ L 232/1（一份贸易协会间的谅解书被判定为协议）；案例 *National Panasonic* OJ ［1982］ L 354/28（Panasonic 与其经销商之间没有正式协议，但欧盟委员会仍认为它们之间存在的是协议而不是协同行为）；*Viho/Toshiba* OJ ［1991］ L 287/39（欧盟委员会认定在东芝德国子公司与某些经销商之间达成了谅解，即出口禁令应适用，即使标准分销协议已被修改以取消出口禁止条款）。

[212] *Soda－ash/Solvay*，*CFK* OJ ［1991］ L 152/16，第11段；*PVC* OJ ［1994］ L 239/14，第30段；*CISAC*，欧盟委员会于2008年7月16日作出的决定，第130段。

[213] *HOV SVZ/MCN* OJ ［1994］ L 104/34，第46段。

[214] *ENI/Montedison* OJ ［1987］ L 5/13。

[215] 案例 28/77 *Tepea v Commission* EU：C：1978：133；案例 T－25/95 etc *Cimenteries CBR SA v Commission* EU：T：2000：77，第2341段（*Cement*）。

[216] *Futz v Kawasaki Motors*（*UK*）*Ltd* OJ ［1979］ 1 16/9；*Sandoz* OJ ［1987］ L 222/28，上诉维持原判案例 277/87 *Sandoz Prodotti Farmaceutici SpA v Commission* EU：C：1989：363。

[217] 案例 T－7/89 *SA Hercules*（*Chemicals*）*NV v Commission* EU：T：1991：75，第257段（*Polypropylene*）；案例 51/75 *EMI Records Ltd v CBS UKLtd* EU：C：1976：85，第848~849页、第267页；案例 T－48/98 *Acerinox v Commission* EU：T：2001：289，第63段；*CISAC*，欧盟委员会于2008年7月16日作出的决定，第263段，关于这一点的上诉被驳回：案例 T－401/08 *Teosto v Commission* EU：T：2013：170，第122段；*E. ON/GDF*，欧盟委员会于2009年7月8日作出的决定；上诉案例 T－360/09 *E. ON v Commission* EU：T：2012：332 中基本维持原判，第251段。

[218] *Re Nuovo CEGAM* OJ ［1984］ L 99/29。

其成员之间的协议。[219] 创建欧洲经济利益集团的协议或建立其内部规则可能也被第101条第1款所规制。[220] 在交涉过程中可能存在“初步谅解和有条件的或部分的协议”，也足以构成《欧盟运行条约》第101条第1款意义上的协议。[221] 一方发布并由另一方遵守的指导方案相当于一份协议[222]，而制造商向其经销商发送的通告和警告可被视为他们之间总协议的一部分，尽管欧盟委员会在*Volkswagen* 案[223]中败诉了。书信的往来也可以被看作一种协议。[224] 尽管会议上只有一名与会者表露其意图，但也可以达成协议或构成协同行为。[225]

（ii）不影响协议存在的因素

下列因素不影响《欧盟运行条约》第101条所指协议的存在：

• 协议是企业受其他企业强迫而达成的，这不影响该协议的存在[226]；不过这一事实可能对欧盟委员会减轻罚款[227]、不处以罚款[228]或根本不提起诉讼具有重大影响；

• 协议从未得到执行[229]；

• 签订协议的个人无权签署[230]；

• 尚未就所有事项达成正式协议[231]；“即使所设想的限制的具体条款仍在谈判中，只要关于限制竞争原则的意愿一致”，就足以认定协议存在[232]。

一方认可它是一项协议当事方的事实并不排除另一方对同一协议的存在提

---

[219] 案例209/78 etc *Heintz Van Landewyck v Commission* EU：C：1980：248。

[220] *Orphe*，参见欧盟委员会的《关于竞争政策的第20号报告》（1990年）第102点；*Tepar*［1991］4 CMLR 860；*Twinning Programme Engineering Group* OJ［1992］C 148/8。

[221] *Pre-Insulated Pipe Cartel* OJ［1999］L 24/1，第133段；上诉案例T-9/99 etc *HFB Holding v Commission* EU：T：2002：70基本维持原判。

[222] *Anheuser-Busch Incorporated/Scottish & Newcastle* OJ［2000］L 49/37，第26段。

[223] 参见本章第137~138页“*Bayer*案之后的案件”。

[224] *Nintendo* OJ［2003］L 255/33，第196段，上诉至欧盟普通法院的T-18/03 *CD-Contact Data v Commission* EU：T：2009：132案（第52~69段）以及上诉至欧洲法院的C-260/09 P *Activision Blizzard Germany GmbH v Commission* EU：C：2011：62案基本维持原判。

[225] 案例T-202/98 etc *Tate & Lyle v Commission* EU：T：2001：185，第54段。

[226] 案例T-83/08 *Denki Kagaku Kogyo Kabushiki Kaisha v Commission* EU：T：2012：48，第47段、第61~62段及引用的判例法（*Chloroprene rubber*）。

[227] *Hasselblad* OJ［1982］L 161/18；案例*Wood Pulp I* OJ［1985］L 85/1，第131段。

[228] *Burns Tractors Ltd v Sperry New Holland* OJ［1985］L 376/21；案例*Fisher-Price/Quaker Oats Ltd—Toyco* OJ［1988］L 49/19。

[229] *French Beer*，欧盟委员会于2004年9月29日作出的决定，第64段。

[230] 案例T-53/03 *BPB plc v Commission* EU：T：2008：254，第360段（*Plasterboard*）；案例C-68/12 *Protimonopolný úrad Slovenskej republiky v Slovenská sporitel'ňa a. s.* EU：C：2013：71，第25段。

[231] *Pre-Insulated Pipe Cartel* OJ［1999］L 24/1，第134段。

[232] 案例T-240/07 *Heineken Nederland v Commission* EU：T：2011：284，第45段（*Dutch beer*）。

出质疑。[233]

（iii）协议"和/或"协同行为

欧盟委员会指出，协议和协同行为在概念上是不同的。[234] 然而，总检察长雷什尔（Reischl）认为，没有必要确定协议结束和协同行为开始的确切时间点。[235] 也许在某一特定的案件中，在语言上使用一个术语比使用另一个术语更自然，但在法律上却没有任何区别：重点在于区分合谋行为和非合谋行为。[236] 欧盟委员会有时认为，即使竞争者之间的接触不等于一项协议，但仍可被定性为一种协同行为。[237] 在 *PVC* 案[238]中，欧盟委员会认定卡特尔的各方参与了一项协议"和/或"协同行为。在上诉时，欧盟普通法院驳回了 Enichem 对这一"联合分类"的质疑，并维持了欧盟委员会的决定。[239] 法院认为：

> 在涉及复杂违法行为的背景下，众多生产者多年来一直在寻求对市场加以规范，不能期望欧盟委员会对每个企业和任何特定时刻的违法行为进行准确的分类。因为在任何情况下，这两种形式的违法均在《欧盟运行条约》第 101 条规定的范围内。[240]

欧盟普通法院还认为，如果违法行为既包括协议，也包括协同行为，则可以对其进行联合分类，而欧盟委员会不需要证明在整个违法期间既存在协议也存在协同行为。[241] 这一观点在 *Asnef – Equifax* 案[242]中得到了欧洲法院的确认。在该案中，竞争者之间以间接交换资料的形式进行合作。在这种情况下，法院认为没有必要将这种合作具体地区分为协同行为、协议或企业协会的决定。

欧盟委员会在许多决定中采取了联合分类方法，例如 *Cartonboard* 案[243]和

---

[233] 案例 T – 18/03 *CD – Contact Data v Commission* EU：T：2009：132，第 51 段（*Nintendo*）。

[234] 参见 *Polypropylene* OJ［1986］L 230/1，第 86 段。

[235] 参见案例 209/78 etc *Van Landewyck v Commission* EU：C：1980：248，第 3310 页。

[236] 案例 C – 49/92 P *Commission v Anic Partecipazioni* EU：C：1999：356，第 112 段（*Polypropylene*）。

[237] *Ccndle waxes*，欧盟委员会于 2008 年 10 月 1 日作出的决定，第 239 段。

[238] OJ［1994］L 239/14，第 30 ~ 31 段；这一决定是欧盟委员会在其先前的决定（OJ［1989］L 74/1）因违反基本程序要求而被法院撤销后作出的：案例 C – 137/92 P etc *Commission v BASF* EU：C：1994：247。

[239] 案例 T – 305/94 etc *NV Limburgse Vinyl Maatschappij v Commission* EU：T：1999：80，第 695 ~ 699 段；另见案例 T – 1/89 *Rhône – Poulenc v Commission* EU：T：1991：56，第 125 ~ 127 段（*Polypropylene*）。

[240] 案例 T – 305/94 etc *NV Limburgse Vinyl Maatschappij v Commission* EU：T：1999：80，第 696 段。

[241] 另见案例 T – 655/11 *FSL Holdings v Commission* EU：T：2015：383，第 419 段和第 453 段（*Exotic fruit*）。

[242] 案例 C – 238/05 EU：C：2006：734，第 32 段和引用的判例法。

[243] OJ［1994］L 243/1，第 128 段。

Pre-Insulated Pipe Cartel 案[244]，以及最近的 *Rechargeable batteries* 案[245]和 *Trucks* 案[246]。欧盟委员会在纵向案件和横向案件中都采用了这种方法。[247] 正如一名前欧盟委员会官员所说：不应一方面寻求协议的规制，另一方面却寻求协同行为的规制，应该寻求“在不影响共同目的和设计的凝聚力的前提下，为非法目的而建立的合作关系，以及这种合作关系中可能出现的所有方法上的分歧”[248]。

（iv）单一整体协议

（a）证据问题

许多卡特尔都很复杂，而且持续时间很长。在一段时间内，一些企业在经营卡特尔方面可能比其他企业更加活跃：一些企业可能会“退出”卡特尔一段时间，但随后又重新进入卡特尔；一些企业可能参加一些卡特尔的会议，但不参加其他会议；可能很少有卡特尔的所有成员真正会面或一致行动的情况。企业是只参与了单一的卡特尔组织（比如覆盖整个欧盟），还是同时分别参与了法国的、德国的或者其他国家的卡特尔，这可能并不清楚。类似地，可能很难确定卡特尔适用于哪些产品：是小部件，还是小部件和小组件？甚至可能是小部件、小组件和小链齿（sprocket）？在某些情况下，可能会对一系列行为进行调查，并且可能不清楚行为是由全部企业实施还是由部分企业实施。

如果要分析涉及不同企业、地区和行为的不同卡特尔的情况，竞争主管机构则必须进行多次调查。这将给竞争主管机构带来相当大的负担；可能还会发现一些违法行为是很久之前实施的，已经无法根据相关规定进行罚款。[249] 但是，如果有可能表明存在单一整体协议，那就只需要进行一次调查，也就不太可能出现前述的限制问题。

（b）单一整体协议：术语

企业虽然可能不参与协议日常运作的各个方面，但对其承担责任的“单

[244] OJ［1999］L 24/1，第131~132段。

[245] 欧盟委员会于2016年12月12日作出的决定，第38~40段。

[246] 欧盟委员会于2016年7月19日作出的决定，第68~69段。

[247] 参见案例 *Nintendo* OJ［2003］L 255/33，第261段及其后段落。

[248] 参见：JOSHUA J. Attitudes to Anti-Trust Enforcement in the EU and US：Dodging the Traffic Warden，or Respecting the Law?［J］. Fordham Corporate Law Institute，1995：85.

[249] 依据第1/2003号条例（OJ［2003］L 1/1）第25条，对于在提起诉讼前已结束5年或5年以上的违法行为，或自提起诉讼后已超过10年的违法行为，欧盟委员会不得处以罚款；参见：KERSE C，KHAN N. EU Antitrust Procedure［M］. 6th ed. London：Sweet & Maxwell，2012：paras 7-265-7-275.

一整体协议”[250] 的概念可以追溯到20世纪80年代中期。[251] 有时用来描述同种现象的另一个术语是“单一且持续的违法”。本书作者倾向于使用“单一整体协议”这一表达，它指的是：

- 一段时间内的一系列卡特尔行为；和/或
- 在广泛的地理区域范围内的一系列卡特尔行为；和/或
- 针对一系列不同产品的卡特尔行为；和/或
- 一系列不同的卡特尔行为。

“单一且持续的违法”这一替代表达显然适用于第一种情况，但在表述第二种、第三种和第四种情况时就不那么适用了。

(c) 作为客观事实的单一整体协议

如果欧盟委员会有“客观理由”认定企业之间存在单一整体协议，那么欧盟普通法院已经表示，它一定会作出单一整体协议的裁决。[252] 换句话说，欧盟委员会没有自由裁量权来决定是将证据作为单一整体协议来分析，还是作为一系列单独的协议来分析。[253] 例如，一方面，欧盟委员会不能人为地断定存在一项单一整体协议，以避免因一个卡特尔早就结束而无法对其进行罚款的问题；但是，另一方面，它也不能人为地分割单一整体协议，以便对一个企业判处多项单独的罚款（在针对单一整体协议的罚款可能超过该企业在全球范围内营业额的10%的情况下，其中任何一项单独的罚款都不超过该比例）。[254] 2015年，欧盟委员会在 *Food repackaging* 案的决定中认定存在5个不同的卡特

---

[250] 参见：SEIFERT K. The Single Complex and Continuous Infringement：“Effet” Utilitarianism？［J］. European Competition Law Review，2008，29：546；JOSHUA J. Single Continuous Infringement of Article 81 EC：Has the Commission Stretched the Concept Beyond the Limit of Logic？［J］. European Competition Journal，2009，5（2）：453；BAILEY D. Single，Overall Agreement in EU Competition Law［J］. Common Market Law Review，2010，47（2）：473；RILEY D. Revisiting the Single and Continuous Infringement of Article 101：The Significance of ANIC in a New Era of Cartel Detection and Analysis［J］. World Competition，2014，37（3）：293.

[251] 参见例如 *Polypropylene* OJ［1986］L 230/1；在上诉案例 T－1/89 *Rhône－Poulenc v Commission* EU：T：1991：56（第126段）以及进一步上诉的案例 C－49/92 P *Commission v Anic* EU：C：1999：356 中维持原判（第82～83段、第87段）；案例 T－305/94 etc *NV Limburgse Vinyl Maatschappij v Commission* EU：T：1999：80，第773段（*PVC II*）。

[252] 案例 T－373/10 etc *Villeroy & Boch Austria GmbH v Commission* EU：T：2013：455，第36段（*Bathroom fixtures and fittings*）。

[253] 但是，欧盟委员会可以自行决定是对整个单一整体协议进行处理，还是只对其中的一部分进行处理：案例 T－91/11 *Innolux Corp v Commission* EU：T：2014：92，第137段。

[254] 参见第7章第347～348页“第23条：罚款”。

尔[255]，在 *Optical disc drives* 案中认定存在一项由平行的双边网络形成的单一整体协议。[256] 欧盟委员会关于 *Air cargo* 案的决定在上诉中被推翻，因为尚不清楚欧盟委员会认定这些航空公司是单一整体协议的当事方，还是若干不同协议的当事方[257]；欧盟委员会随后通过了第二项决定，认定存在单一整体协议[258]。

对于一个企业是否参与了单一整体协议，欧盟普通法院没有管辖权作出独立的裁决。[259]

（d）成立单一整体协议的条件

在 *Team Relocations v Commission* 案[260]中，欧盟普通法院结合相关判例法指出：

> 必须满足三个条件才能确定企业参与单一且持续的违法行为，即存在一个追求共同目标的全面计划，企业有意促成该计划，以及企业意识到（已被证明或推定）其他参与者的违法行为。[261]

关于第一个条件“追求共同目标的全面计划”，欧洲法院认为，不能笼统地提及扭曲竞争来确定这一点。[262] 虽然一项全面计划的存在往往是通过调查各种卡特尔活动的配合，以及它们是否“相辅相成”来判断，但欧洲法院不同意欧盟普通法院的意见[263]，它认为相辅相成不是确定单一整体协议的必要条件。[264] 在 *BASF v Commission* 案中，欧盟普通法院撤销了欧盟委员会关于全球卡特尔和欧洲卡特尔有共同目标的裁决。因此，欧盟委员会被禁止对全球卡特尔

---

[255] 欧盟委员会于2015年6月24日作出的决定；上诉案例T-582/15 *Silver Plastics GmbH and Co KG and Johannes Reifenhäuser v Commission*，尚未裁决。

[256] 欧盟委员会于2015年10月21日作出的决定；上诉案例T-762/15 etc *Sony v Commission*，尚未裁决。

[257] 参见例如案例T-62/11 *Martinair v Commission* EU：T：2015：984。

[258] 欧盟委员会于2017年3月17日作出的决定；上诉案例T-341/17 etc *British Airways v Commission*，尚未裁决。

[259] 案例C-603/13 P *Galp Energia España SA v Commission* EU：C：2016：38（*Spanish bitumen*）。

[260] 案例T-204/08 EU：T：2011：286（*International removal services*）。

[261] 同上，第37段；欧洲法院在针对欧盟普通法院判决的上诉中引用了该段，并表示同意：案例C-444/11 P EU：C：2013：464，第51~53段。

[262] 案例C-239/11 P etc *Siemens v Commission* EU：C：2013：866，第245段（*Gas insulated switchgear*）。其确认了欧盟普通法院在下述案例中的观点：案例T-101/05 etc *BASF v Commission* EU：T：2007：380，第180段（*Choline chloride*）。

[263] 案例T-101/05 etc *BASF v Commission* EU：T：2007：380，第181段。

[264] 案例C-239/11 P etc *Siemens v Commission* EU：C：2013：866，第248段（*Gas insulated switchgear*）；案例C-626/13 P *Villeroy & Boch v Commission* EU：C：2017：54，第69段（*Bathroom fixtures and fittings*）。

处以罚款。[265] 在 *Villeroy & Boch Austria GmbH v Commission* 案[266]中，欧洲法院认为，卡特尔扩展到不同的产品和地理市场这一事实并不排除存在单独违法行为。因此，企业不需要在卡特尔化的市场上出现就可以参与到单一整体协议中。[267]

关于第二个条件“企业有意促成该计划”，不要求企业在违法开始时就参与其中，也不要求其以与卡特尔中其他成员完全相同的方式执行该计划。[268] 至于成员对是否参加或打算参加偏离商定的行为持保留态度，这并不意味着它们不是整体协议的缔约方。[269] 然而，在 *Cement* 案中，大量企业之间有许多双边和多边的协议；欧盟普通法院表示，不能由此推定它们构成单一整体协议的一部分：欧盟委员会必须要证明这一事实。[270]

至于第三个条件“意识到……违法行为”，欧盟普通法院在 *Soliver v Commission* 案[271]中裁定，欧盟委员会必须证明企业“了解整个卡特尔的一般范围和基本特征”。欧盟法院撤销了欧盟委员会的几项决定，因其未能确定某一特定企业知道或应该知道该卡特尔中其他成员的违法行为。[272]

(ϵ) 单一整体协议的影响

单一整体协议的认定具有重要意义。第一，这意味着每一个违法企业都要对整个卡特尔负责，即使有些企业没有参加卡特尔的每一次会议，或者没有参

---

[265] 案例 T-101/05 etc *BASF v Commission* EU：T：2007：380，第157~210段（*Choline chloride*）。

[266] 案例 C-626/13 P EU：C：2017：54，第67段（*Bathroom fixtures and fittings*）。

[267] 案例 T-29/05 *Deltafina v Commission* EU：T：2010：355，第46~51段（*Spanish raw tobacco*）；案例 T-180/15 *Icap v Commission* EU：T：2017：795，第103~104段（*Yen interest rate derivatives*）。

[268] 案例 C-444/11 P *Team Relocations v Commission* EU：C：2013：464，第56段（*International removal services*）。

[269] 案例 C-204/00 P etc *Aalborg Portland A/S v Commission* EU：C：2004：6，第85段（*Cement*）。

[270] 案例 T-25/95 etc *Cimenteries CBR SA v Commission* EU：T：2000：77，第4027段、第4060段、第4109段和第4112段（*Cement*）。

[271] 案例 T-68/09 EU：T：2014：867，第63~64段（*Car glass*）；案例 T-758/14 *Infineon Technologies AG v Commission* EU：T：2016：737，第222段（*Smart card chips*）；上诉案例 C-99/17 P，尚未裁决。

[272] 参见例如案例 T-28/99 *Sigma Tecnologie v Commission* EU：T：2002：76，第45~52段（*Pre-insulated pipes*）；案例 T-59/06 *Low & Bonar v Commission* EU：T：2011：669，第58~71段（*Industrial bags*）；案例 T-385/06 *Aalberts Industries v Commission* EU：T：2011：114，第107~120段；上诉维持原判案例 C-287/11 P EU：C：2013：445，第60~67段（*Copper fittings*）；案例 T-208/06 *Quinn v Commission* EU：T：2011：701，第150段（*Acrylic glass*）；案例 T-210/08 *Verhuizingen Coppens v Commission* EU：T：2011：288，第28~32段；上诉维持原判案例 C-441/11 P EU：C：2012：778，第66~67段（*International removal services*）；案例 T-104/13 *Toshiba v Commission* EU：T：2015：610，第52~78段（*Cathode ray tubes*）；案例 T-180/15 *Icap v Commission* EU：T：2017：795，第133~145段（*Yen interest rate derivatives*）。

与决策的每一个方面。第二，如果欧盟委员会决定存在一项单一整体协议，它有权对卡特尔成员只处以一项罚款（而不是对不同的违法行为分别处以罚款）。一个企业可能会辩称它只参与了一项违法行为——这并非不可想象：例如，当对单独违法行为处以的罚款总额超过了对一项违法行为所允许的最高罚款时。[273] 第三，如果存在一项单一整体协议，欧盟委员会就可以对违法行为处以罚款，否则就会受到时间限制。[274] 第四，单一整体协议可能会增加违法的持续时间，从而导致更高额的罚款。第五，如果欧盟委员会认为整体协议比单独协议的违法叠加更加严重，那么单一整体协议下不同的反竞争活动可能导致更高额的罚款。[275] 第六，单一整体协议可能会影响《欧盟运行条约》第101条其他要求的适用。例如，它可能增加卡特尔对国家间贸易产生影响的可能性。[276] 第七，企业对单一整体协议造成的损失承担连带赔偿责任[277]，但责任的承担与对违法的贡献相关。[278] 第八，单一整体协议的存在会影响到一个国家法院是否有管辖权审理针对位于不同成员国的若干企业的损害赔偿诉讼案件。[279]

(f) 单一整体协议的部分责任

在 *Fresh Del Monte v Commission* 案[280]中，欧洲法院维持了欧盟普通法院的判决[281]，即欧盟委员会有权认定企业知道整个卡特尔的一些（但不是全部）要素；在这种情况下，该企业不对其不知道的卡特尔要素承担责任，即使某些企业可能需要对整个违法行为承担责任。

(g) 单一和重复违法

在某些情况下，欧盟委员会可能无法证明某一企业完全参与了单一整体协议，也可能没有证据表明某一企业在某一特定时期内参与了协议，或是某一企业退出后又加入了同一卡特尔。在这种情况下，企业可以对“单一和重复违

---

[273] 案例 T-68/04 *SGL Carbon v Commission* EU：T：2008：414，第122~134段；案例 T-27/10 *AC-Treuhand v Commission* EU：T：2014：59，第222~267段；上诉维持原判案例 C-194/14 P EU：C：2015：717。

[274] *Vitamins* OJ［2003］L 6/1，第645~649段。

[275] 参见总检察长科科特2012年5月24日在以下案例中的观点：C-441/11 P *Verhuizingen Coppens v Commission* EU：C：2012：317，第71段（*International removal services*）。

[276] 案例 C-125/07 P *Erste Bank der Österreichischen Sparkassen v Commission* EU：C：2009：576，第56段（*Austrian banks*）；参见总检察长博特（Bot）在该案第152段的观点。

[277] 案例 T-373/10 etc *Villeroy & Boch Austria GmbH v Commission* EU：T：2013：445，第57段和引用的判例法（*Bathroom fixtures and fittings*）。

[278] 参见第8章第400页“贡献”。

[279] 案例 C-352/13 *Cartel Damage Claims v Akzo Nobel* EU：C：2015：335，第15~33段。

[280] 案例 C-293/13 P etc EU：C：2015：416，第156~160段（*Bananas*）。

[281] 案例 T-587/08 *Fresh Del Monte v Commission* EU：T：2013：129，第586~650段。

法行为”承担责任。[282] 在 *Trelleborg Industrie v Commission* 案[283]中，欧盟普通法院裁定，欧盟委员会可以在单一和重复违法的整个期间内对企业处以罚款，从而避免限制问题，但企业“中断”其加入卡特尔的期限除外[284]。欧盟普通法院在 *FSL v Commission* 案[285]中也得出了类似的结论。

（v）纵向案件中的“单方”行为和第 101 条第 1 款的适用

欧盟竞争规则的方案是，《欧盟运行条约》第 101 条适用于两个或两个以上经双方同意的企业行为，《欧盟运行条约》第 102 条适用于占支配地位的企业的单方行为。由此可见，不占支配地位的企业的单方行为根本不会被发现。在一些纵向案件中，欧盟委员会认为，乍一看似乎是单方行为属于第 101 条第 1 款所规制的协议或协同行为；在这些案件中，欧盟委员会关心的是一个成员国向另一个成员国的出口被限制或者转售时价格保持不变的行为。[286] 其中一些决定在上诉时得到了欧洲法院的支持；但是，从 1996 年 *Bayer AG/Adalat* 案[287]开始，在一些案件中，欧盟委员会关于供应商与其分销商之间存在协议的裁决在上诉后被撤销。[288]

（a）*AEG - Telefunken v Commission* 案；*Ford v Commission* 案

20 世纪 80 年代，欧洲法院的两项判决是审议上述问题的重要起点。在 *AEG - Telefunken v Commission* 案[289]中，欧洲法院驳回了一项主张，即拒绝向客观上符合处理 AEG 货物标准的零售店提供货物的行为不属于《欧盟运行条约》第 101 条第 1 款规定的单方行为。法院认为，拒绝提供货物的原因是 AEG 与现有的分销商在其分销体系内的合同关系以及双方相互接受、默许或明示 AEG 将网络分销商排除在外的意图——尽管这些分销商在技术上合格，但它们并不准备遵守 AEG 的高价格标准和排除现代经销渠道的政策。[290] AEG 拒绝

---

[282] 参见例如案例 T - 18/05 *IMI v Commission* EU：T：2010：202，第 96 ~ 97 段（*Copper plumbing tubes*）。

[283] 案例 T - 147/09 EU：T：2013：259（*Marine hoses*）。

[284] 同上，第 88 段。

[285] 案例 T - 655/11 EU：T：2015：383，第 491 ~ 498 段（*Exotic fruit*）。

[286] 参见：LIANOS I. Collusion in Vertical Relations under Article 81 EC［J］. Critical Care Nursing Quarterly，2008，45（4）：1027；GIPPINI - FOURNIER E. The Notion of Agreement in a Vertical Context：Pieces of a Sliding Puzzle［M］//BELLIS J F，BENEYTO J M. Rewriting Vertical Restraints in Europe Brussels：Bruylant，2012.

[287] OJ［1996］L 201/1。

[288] 参见本章第 137 ~ 138 页“*Bayer* 案之后的案件”。

[289] 案例 107/82 EU：C：1983：293。

[290] 关于选择性分销系统，参见第 16 章第 794 ~ 800 页“选择性分销协议”。

供应给分销商的频率排除了它们是孤立行为而不构成系统行为的可能性。[291] *AEG* 案表明，在选择性分销系统的参与者之间可能比较容易推断出存在协议和/或协同行为，这些参与者在排斥愿意降低现行零售价格的竞争者方面有着极大的共同利益。[292]

在 *Ford v Commission* 案[293]中，欧洲法院认为，Ford 德国子公司拒绝向德国分销商供应右驾驶汽车是由于它们之间的合同关系；当时，右驾驶汽车在德国被卖给驻扎在那里的英国军队：他们在德国以远低于英国的价格购买汽车，然后可以把汽车带回英国。*Ford* 案的判决似乎是对 *AEG* 案一个相当大的延伸。在 *AEG* 案中，选择性分销系统的参与者在排除折扣商方面存在明显的共同利益。但是在 *Ford* 案中，与 Ford 签订合同的德国分销商本身并没有从拒绝供应右驾驶汽车中受益：这项政策的受益者是英国的分销商，它们将免受更便宜的平行进口汽车的冲击。该案中被认为是由于供应商与其分销商之间的协议而产生的“单方”行为，并非为了这些分销商的利益而采取的行为。然而，该案的主要问题不在于 Ford 与德国分销商之间是否有协议：当然两者之间存在协议。相反，欧洲法院所关心的问题是，实际执行的协议是否符合《欧盟运行条约》第 101 条第 3 款的标准。法院认为这些协议不符合这些标准。[294] 这就是法院在 2004 年 *Bayer* 案[295]中区分 *Ford* 案判决的方式，也是一个重要的限制原则。

（b）在 *Bayer* 案之前的后续案件

在 *AEG* 案和 *Ford* 案之后的若干裁决中，欧盟委员会成功地将《欧盟运行条约》第 101 条第 1 款适用于明显的单方行为。[296] 在 *Sandoz* 案[297]中，欧盟委员会认为，如果没有关于生产者与其分销商之间协议的书面记录，单方的行为——包括在所有发票上列明“禁止出口”字样——可归因于双方之间的持续商业关系，并且属于《欧盟运行条约》第 101 条第 1 款的规制范围。

---

[291] 案例 107/82 EU：C：1983：293，第 31～39 段。

[292] 关于供应商与其分销商之间多边协同行为的可能性，参见第 9 章第 428～432 页“‘协同行为’”。

[293] 案例 25/84 和 26/84 EU：C：1985：340。

[294] 同上，第 12 段。

[295] 参见本章第 135～137 页“*Bayer v Commission* 案”。

[296] 参见例如：*Konica* OJ［1988］L 78/34；*Bayo - n - ox* OJ［1990］L 21/71；*Bayer Dental* OJ［1990］L 351/46。

[297] OJ［1987］L 222/28。

在上诉时，欧洲法院维持了欧盟委员会的决定。[298] 在 *Tipp - Ex* 案[299]中，欧盟委员会适用了法院对 *AEG* 案和 *Ford* 案的判决，认为 Tipp - Ex 及其授权经销商之间关于相互保护市场的协议违反了《欧盟运行条约》第 101 条；欧盟委员会的裁决再次在上诉中得到维持。[300] 欧盟委员会认为，分销商同意其供应商的条件是违背其自身最大利益的，但这并不意味着分销商不属于第 101 条第 1 款所禁止的协议的缔约方。[301]

在 *Volkswagen AG v Commission* 案[302]中，欧盟普通法院驳回了 Volkswagen 的观点，即 Volkswagen 采取了单方行为，而不是与其经销商达成协议来限制从意大利到德国和奥地利的平行贸易。[303]

这些案例清楚地显示了试图控制分销商转售活动的供应商所承担的风险；但是，下一节讨论的 *Bayer* 案显示，《欧盟运行条约》第 101 条第 1 款中的协议的概念不是无限弹性的。

（c）*Bayer v Commission* 案

在 *Bayer AG/Adalat* 案[304]中，欧盟委员会作出一项决定，认为 Bayer 及其批发商是限制药品 Adalat 从法国、西班牙到英国的平行贸易的协议的当事方。因为欧盟委员会未能证明存在协议，所以欧盟普通法院撤销了这一决定。[305] 欧盟委员会和一个平行进口商向欧洲法院提出上诉，要求撤销欧盟普通法院的判决，但以失败告终。[306]

为了防止法国和西班牙的批发商向英国的平行出口商供货，从而保护其在英国的定价策略，Bayer 减少了向法国和西班牙供应 Adalat 的数量。该案的一个重要特点是，法国和西班牙批发商需要保持 Adalat 足够的存货，以确保它们向当地的药店提供其所需的药品。这显然意味着，如果 Bayer 能够正确评估国

---

[298] 案例 C - 277/87 *Sandoz Prodotti Farmaceutici SpA v Commission* EU：C：1989：363；类似地，参见案例 *Vichy* OJ［1991］L 75/57，上诉维持原判案例 T - 19/91 *Vichy v Commission* EU：T：1992：28。

[299] OJ［1987］L 222/1。

[300] 案例 C - 279/87 P *Tipp - Ex GmbH v Commission* EU：C：1989：230。

[301] 参见例如 *Gosmé/Martell - DMP* OJ［1991］L 185/23。

[302] 案例 T - 62/98 EU：T：2000：180；上诉至欧洲法院的案例 C - 338/00 P *Volkswagen AG v Commission* EU：C：2003：473 维持原判（第 60 ~ 69 段）。

[303] 案例 T - 62/98 EU：T：2000：180，第 236 ~ 239 段。

[304] OJ［1996］L 201/1。对欧盟委员会决定的批评，参见：LIDGARD H H. Unilateral Refusal to Supply：An Agreement in Disguise？［J］. European Competition Law Review，1997，18：352；JAKOBSEN P，BROBERG M. The Concept of Agreement in Article 81（1）EC：On the Manufacturer's Right to Prevent Parallel Trade within the European Community［J］. European Competition Law review，2002，23：127.

[305] 案例 T - 41/96 EU：T：2000：242。

[306] 案例 C - 2/01 P etc *Bundesverband der Arzneimittel - Importeure eV v Bayer AG* EU：C：2004：2。

内的需求水平，它可以限制Adalat的供应量，以确保批发商们没有可供出口的药品。法国和西班牙的药品价格比英国低40%，因此平行贸易的市场已经成熟。欧盟委员会的结论是，Bayer与其批发商之间存在着不向英国出口的默契，这违反了《欧盟运行条约》第101条第1款的规定：欧盟委员会认为，由于Bayer减少供应的策略，这些批发商已停止向英国供应，这证明了该协议的存在。必须指出，这似乎是违反常理的，因为批发商已经尝试了一切可能的方法来对抗Bayer，以获得额外的供应以便出口到英国：该案中，Bayer及其批发商之间没有"共同利益"，其各自的需求是截然相反的。换句话说，这个案例肯定不像*AEG*案一样；如果说有什么类似的话，那就是*Ford*案，Ford限制供应的受益者不是被剥夺供应的德国经销商，而是受到平行贸易保护的英国经销商。Bayer没有否认它减少了交付给法国和西班牙的数量，但它辩称：它是单方采取的行动，而不是根据双方之间的协议行事。

欧盟普通法院认为Bayer与分销商之间没有达成协议，因此撤销了欧盟委员会的决定。法院承认，当其中一方默许另一方所采取的做法和措施时，两者之间可以达成一项协议[307]；但法院认为欧盟委员会既没有证明Bayer打算实行出口禁令[308]，也没有证明批发商打算遵守Bayer减少平行进口的政策。[309] 法院确信，包括*Sandoz*案、*Tipp-Ex*案和*AEG*案在内的早期判决是有区别的。[310] 它还驳斥了这样的论点，即因为批发商在减少供应之后与Bayer保持商业关系就可以认为它们同意Bayer限制出口的政策。[311] 法院不准备扩大《欧盟运行条约》第101条第1款的适用范围，它承认在适用竞争规则时"自由经营"的重要性。[312]

欧盟委员会和一个平行进口商向欧洲法院提出上诉，欧洲法院最终维持了欧盟普通法院的判决。[313] 欧洲法院在其判决第88段中提道：

> Bayer实施单边配额政策，加上各国对批发商提出需要提供全套产品的要求，这产生了与出口禁令相同的效果，但并不意味着生产者实施了这

---

[307] 案例T-41/96 EU：T：2000：242，第71段。

[308] 同上，第78~110段。

[309] 同上，第111~157段。

[310] 同上，第158~171段。

[311] 同上，第172~182段。

[312] 同上，第180段。

[313] 案例C-2/01 P and C-3/01 P *Bundesverband der Arzneimittel-Importeure eV v Bayer AG* EU：C：2004：2；英国上诉法院在*Unipart Group Ltd v 02（UK）Ltd*［2004］EWCA Civ 1034案中对*Bayer*案的决定进行了考虑和适用。

种禁令，也不意味着存在《欧盟运行条约》第101条第1款所禁止的协议。

法院指出，欧盟委员会的分析可能混淆第101条和第102条各自的作用[314]，而且*AEG*案和*Ford*案是不同的。[315]

*Bayer*案的判决具有重大意义。如果欧盟委员会的决定得到支持，那么第101条第1款下的协议需要当事各方协商达成一致意见的概念实际上将被取消；虽然这将使欧盟委员会对欧盟内部平行贸易限制拥有更大的控制权，但是这样做的代价是损害竞争规则的完整性。只有在一家企业在《欧盟运行条约》第102条意义上具有支配地位的情况下，竞争规则才能明确认定单方行为。

（d）*Bayer*案之后的案件

*Bayer*案之后已发生若干案件，在这些案件中，欧盟委员会关于纵向协议的若干决定得到了欧洲普通法院的支持。[316] 但是，欧盟委员会关于存在纵向协议的几个决定经上诉后被撤销。例如，在*JCB*案中，欧盟委员会对JCB违反《欧盟运行条约》第101条的各种行为（包括与分销商签订协议以确定折扣和转售价格）处以罚款。[317] 经上诉，欧盟普通法院撤销了欧盟委员会关于这一点的决定：JCB确实向其分销商推荐了价格，它向分销商收取的价格将影响其转售价格；然而，这本身并不足以表明JCB与分销商之间达成了协议。[318] 在*General Motors Nederland BV v Commission*案[319]中，欧盟普通法院审理了对欧盟委员会就*Opel Nederland BV*[320]案的决定的上诉。在这项决定中，通用汽车子公司Opel被处以4300万欧元的罚款。法院撤销了欧盟委员会的一项裁决：欧盟委员会辩称，Opel的政策是限制向其荷兰分销商供应的汽车数量，以实现防止出口的目的，而这一政策已传达给分销商，并得到它们的同意。欧盟普通法院

---

[314] 案例C－2/01 P和C－3/01 P *Bundesverband der Arzneimittel－Importeure eV v BayerAG* EU：C：2004：2，第101段。

[315] 同上，第107～108段。

[316] *Glaxo Wellcome* OJ［2001］L 302/1；上诉中这一点得到支持：案例T－168/01 *GlaxoSmithKline Services v Commission* EU：T：2006：265，第65～90段；*Nintendo* OJ［2003］L 255/33；上诉维持原判案例T－13/03 *Nintendo v Commission* EU：T：2009：131和案例T－18/03 *CD－Contact Data v Commission* EU：T：2009：132，第46～75段，后一案例在进一步的上诉中也得到支持：案例C－260/09 *P Activision Blizzard Germany v Commission* EU：C：2011：62；*SEP et autres/Peugeot SA*，欧盟委员会于2005年10月5日作出的决定；上诉维持原判案例T－450/05 *Peugeot v Commission* EU：T：2009：262。

[317] OJ［2002］L 69/1，第138～149段。

[318] 案例T－67/01 *JCB Service v Commission* EU：T：2004：3，第121～133段。

[319] 案例T－368/00 EU：T：2003：275。

[320] OJ［2001］L 59/1。

认为，在该决定中没有直接证据证明曾有任何此类的沟通，更没有证据表明该措施已进入 Opel 与其分销商之间的合同关系。[321] 其结果是罚款从 4300 万欧元降到了 3500 万欧元。该案的另一项裁决——分销商毫无疑问地同意以限制竞争为目的的奖金制度——得到了欧盟普通法院的支持。[322]

在 *Volkswagen* 案[323]的第二项决定中，欧盟委员会对该企业处以 3096 万欧元的罚款，原因是该企业同意与分销商就大众 Passat 汽车进行价格操纵。Volkswagen 已经向分销商发出通知和信函，敦促它们不要以折扣价出售 Passat 汽车。欧盟委员会认为，这些通知或信函中所列的目标已成为分销商所签订的分销协议的组成部分。根据 *AEG* 案和其他一些选择性分销系统的案例[324]，欧盟委员会认为，在一个选择性分销系统内，通知和信函中所列类型的大众汽车等供应商的要求已经成为合同关系的一部分，而无须证明分销商的任何默许。欧盟普通法院驳回了欧盟委员会在 *Volkswagen v Commission* 案[325]中的论点：欧盟普通法院不接受欧盟委员会对选择性分销案例进行的分析，特别是考虑到这将意味着最初签署了完全合法的分销协议的分销商，却被视为同意 Volkswagen 之后所提出的要求，而这些要求将使协议的执行成为非法的。在上诉中，欧洲法院提出，欧盟普通法院的判决意指协议中的一项合法条款绝无可能授权违反《欧盟运行条约》第 101 条[326]，因此，欧洲法院撤销了欧盟普通法院的判决[327]。尽管如此，欧洲法院仍然得出同样的实质性结论，即欧盟委员会未能证明存在协议。[328]

(e) 评　论

显然，在上一节中，欧盟委员会关于纵向关系中协议的裁决被撤销，这意味着欧盟委员会必须提出令人信服的证据，用 *Bayer* 案中法院的说法，就是要证明“至少两方之间存在一致的意愿”。然而，就像 *Nintendo* 案表明的那样，对于希望抑制出口或维持转售价格的供应商来说，认为这个判例法意味着其意愿可以在没有风险的情况下实现，这是很危险的。*Bayer* 案指出，只要它们能够纯粹地在单方基础上达到其预定的目的，就可以避免《欧盟运行条约》第

---

[321] 案例 T-368/00 EU：T：2003：275，第 78~89 段。
[322] 同上，第 97~106 段；上诉维持原判案例 C-551/03 P EU：C：2006：229。
[323] *Volkswagen* OJ [2001] L 262/14，第 61~69 段。
[324] 参见欧盟普通法院判决第 18 段和第 19 段引用的案例。
[325] 案例 T-208/01 EU：T：2003：326，第 30~68 段。
[326] 案例 C-74/04 P *Commission v Volkswagen* EU：C：2006：460。
[327] 同上，第 43~44 段。
[328] 同上，第 54 段。

101 条的规制。然而，应当强调的是，在这个案件中，如果不是因为有向法国和西班牙的药店供应 Adalat 的义务，相关批发商本可以决定将它们获得的所有 Adalat 出售给平行交易者：换句话说，Bayer 单方面减少供应不足以遏制平行贸易。在 *General Motors* 案中，欧盟委员会在 Opel 公司出口政策这一点上失利了，因为它未能证明该政策已被传达给分销商，或分销商已对它们所知的政策作出了反应：如果事实反过来——假设 Opel 公司已经传达了政策，分销商也相应地改变了自己的行为——那么它们之间就存在协议。就 *Volkswagen* 案而言，欧盟委员会似乎以一种过于法律主义的方式为其案件论证，其依据是标准形式的分销协议的条款以及由此得出的推论。如果欧盟委员会辩称分销商知道 Volkswagen 的意图并相应地改变了定价方式，那欧盟委员会可能会成功。

这些案件的事实针对性很强，如果供应商及其分销商从欧盟委员会的一连串失败中得出过于令人欣慰的结论，那是错误的。更令人不安的是，欧盟委员会可能会裁定存在纵向协同行为。欧盟委员会在一宗涉及电子书转售定价的案件中引用了第 1/2003 号条例第 9 条的规定，该案件导致 6 家企业放弃或修改其纵向关系。[329] *e－books* 案裁决的一个显著特点是对导致欧盟委员会怀疑存在协同行为的通信进行了详细讨论。[330]

（B）企业协会的决定

企业之间的合作可以以行业协会作为媒介来实现。在卡特尔由许多企业组成的情况下，行业协会可能有特别重要的作用。在这种情况下，需要监控各成员对卡特尔规则的遵守情况：在只有少数几家企业串通的情况下，每家企业都可以相对容易地监控其他企业的行为。[331]《欧盟运行条约》第 101 条第 1 款明确承认行业协会在卡特尔中可能发挥的作用，即禁止限制竞争的“企业协会的决定”。“决定”一词被赋予广泛的含义，以便包括一个协会为协调其成员或受其权力支配者的行为而采取的行动。

下列各项均可被认为是一项决定：

- 行业协会的章程[332]；

---

[329] 欧盟委员会于 2012 年 12 月 12 日和 2013 年 7 月 25 日作出的决定。

[330] 欧盟委员会于 2012 年 12 月 12 日作出的决定，第 70～81 段。

[331] 参见第 14 章第 696～705 页“寡头相互依存理论”（关于寡头市场中的默示合谋）。

[332] 参见例如 *Re ASPA* JO［1970］L 148/9；*National Sulphuric Acid Association* OJ［1980］L 260/24。

- 管理协会运作的规则[333]；
- 协会签订的协议；
- 协会的建议——如果一个协会的成员倾向于遵守已经提出的建议，并且遵守这些建议将对竞争活动产生重大影响[334]。

即使协会的建议对其成员不具约束力[335]或该协会的建议未获成员一致接受[336]，《欧盟运行条约》第101条第1款的适用也不受影响。

将第101条第1款适用于行业协会的决定意味着协会本身可以承担责任并被处以罚款[337]；如果欧盟委员会打算对协会及其成员或其成员以外的人处以罚款，则必须在反对声明中作出明确说明[338]。一项决定并不仅仅因为它后来得到公共机构的批准和范围扩大而获得豁免。[339] 在 *FNCBV v Commission* 案[340]中，欧盟普通法院支持欧盟委员会的决定。该决定认为，由于农场经营者、农民和育种者从事经济活动，分别可以作为企业行事，因此，他们的工会和将这些工会组织在一起的联合会都属于企业协会。在该案中，被罚款的是联合会，而不是个体企业[341]：欧盟普通法院略微降低了罚款数额。向欧洲法院提出的进一步上

---

[333] *Publishers Association—Net Book Agreements* OJ ［1989］ L 22/12，上诉维持原判案例 T-66/89 *Publishers Association v Commission*（*No* 2）EU：T：1992：84，上诉至欧洲法院的案例 C-360/92 P *Publishers Association v Commission* EU：C：1995：6 部分被驳回；*Sippa* OJ ［1991］ L 60/19；*Coapi* OJ ［1995］ L 122/37，第34段；*Nederlandse Federative Vereniging voor de Grootlandel op Elektrotechnisch Gebied and Technische Unie*（*FEG and TU*）OJ ［2000］ L 39/1，第95段；*Visa International* OJ ［2001］ L 293/24，第53段；*Visa International - Multilateral Interchange Fee* OJ ［2002］ L 318/17，第55段。

[334] 案例96/82 etc *IAZ International Belgium NV v Commission* EU：C：1983：310。

[335] 案例8/72 *Vereeniging van Cementhandelaren v Commission* EU：C：1972：84；案例71/74 *FRUBO v Commission* EU：C：1975：61；案例209/78 etc *Van Landewyck v Commission* EU：C：1980：248；案例45/85 *VDS v Commission* EU：C：1987：34，第32段；另见 *Distribution of railway tickets by travel agents* OJ ［1992］ L 366/47，第62~69段，在上诉案例 T-14/93 *UIC v Commission* EU：T：1995：96 中部分被驳回；*Fenex* OJ ［1996］ L 181/28，第32~42段；*ONP*，欧盟委员会于2010年12月8日作出的决定第597~598段；上诉维持原判案例 T-90/11 *ONP v Commission* EU：T：2014：1049。

[336] *MasterCard*，欧盟委员会于2007年12月19日作出的决定，第384段；MasterCard 仍然是企业协会的结论在上诉时得到维持：参见第111~113页"企业协会"。

[337] 参见例如 *AROW v BNIC* OJ ［1982］ L 379/1，BNIC 被罚款16万欧元；*Fenex* OJ ［1996］ L 181/28，Fenex 被罚款1000欧元；*Belgian Architects Association* OJ ［2005］ L 4/10，协会被罚款10万欧元；*ONP*，欧盟委员会于2010年12月8日作出的决定，其中协会被罚款500万欧元；欧盟委员会的决定在向欧盟普通法院上诉后被维持，但罚款减少至475万欧元：案例 T-90/11 *ONP v Commission* EU：T：2014：1049。

[338] 案例 T-25/95 etc *Cimenteries CBR SA v Commission* EU：T：2000：77，第485段（*Cement*）。

[339] *AROW v BNIC* OJ ［1982］ L 379/1；*Coapi* OJ ［1995］ L 122/37.

[340] 案例 T-217/03 and T-245/03 EU：T：2006：391。

[341] 请注意，如果协会破产，协会有义务要求其成员进行捐款：根据第1/2003号条例第23条第4款；欧盟委员会在 *ONP* 案中决定不使用此权力：欧盟委员会2011年12月8日的决定，第747~751段。

诉被驳回。[342] 欧洲法院确认，欧盟委员会在决定对联合会可以处以的最高罚款时，有权考虑到成员的营业额；虽然联合会没有权力约束其成员，但它们一直从事着直接为其成员的利益而进行的活动，并与成员进行合作。[343]

（C）协同行为

在《欧盟运行条约》第 101 条中纳入协同行为意味着不属于协议或决定的行为仍可能构成违法行为。[344] 虽然很容易认识到，对限制竞争的松散、非正式的谅解以及协议都必须予以防止，但很难界定法律危害范围内的协调类型和协调程度，也很难将这一规则适用于任何具体案件的事实。特别是一旦发现问题，卡特尔的当事方很可能会尽其所能销毁会议、电子邮件、传真和通信等方面的有罪证据，这使得竞争主管机构难以证明它们的行为是非法的。竞争主管机构可能会从市场上的平行行为等间接证据中推断出存在协议或协同行为。但这可能是危险的，因为企业采取平行行为，可能并不是因为达成了一项协议或采取了协同行为，而是基于它们对市场状况所作出的个人判断，即如果未能作出与竞争者的战略相匹配的行为，后果可能是破坏性甚至是灾难性的。对寡头垄断市场的平行行为问题将在第 14 章中加以论述。

有必要考虑下列问题：一是协同行为的法律含义；二是违反《欧盟运行条约》第 101 条第 1 款是否必须实施协同行为；三是这类案例中的举证责任。

（i）协同行为的含义

ICI v Commission 案[345]（通常称之为 *Dyestuffs* 案）是欧洲法院审理的第一宗有关协同行为的重要案件。欧盟委员会认为几家染料生产商通过协同行为来操纵价格，所以对它们处以罚款。[346] 欧盟委员会的这一决定是根据各种证据作出的，包括价格上涨速度和时间的相似性、母公司向其附属公司发出的指示的相似性，以及有关公司之间有非正式接触的事实。欧洲法院支持了欧盟委员会的决定。法院认为，将协同行为纳入《欧盟运行条约》第 101 条的目的是禁止：

---

[342] 案例 C－101/07 P and C－110/07 P *Coop de France bétail et viande v Commission* EU：C：2008：741。

[343] 同上，第 97 段。

[344] 有关协同行为概念的讨论，参见：BLACK B D. Conceptual Foundations of Antitrust［M］. Cambridge：Cambridge University Press，2005：ch 5；ODUDU O. Boundaries of EC competition law［M］. Oxford：Oxford University Press，2006：71－91。有关根据 1998 年英国竞争法处理协同行为的信息，参见第 9 章第 428～432 页"'协同行为'"。

[345] 案例 48/69 EU：C：1972：70。

[346] *Re Aniline Dyes Cartel* JO［1969］L 195/11。

> 企业之间的协同形式，企业在尚未达到所谓的适当协议的阶段，故意用它们之间的实际合作来替代竞争风险。[347]

在 *Suiker Unie v Commission* 案[348]（*Sugar cartel* 案）中，欧洲法院详细阐述了这一检验标准。欧盟委员会认为[349]，各种糖生产商采取协同行为，以保护两家荷兰生产商在其国内市场上的地位。生产商们否认了这一点，因为它们还没有为此制订计划。欧洲法院认为，没有必要证明存在实际的计划。《欧盟运行条约》第101条严格禁止下列行为：

> 企业之间任何直接或间接的接触，其目的或效果是影响实际或潜在竞争者在市场上的行为，或向该等竞争者披露它们自己决定在市场上采取或考虑采取的行为。[350]

这两个案件为第101条规定的协同行为的构成提供了法律检验：必须有一种精神上的共识，即以实际合作取代竞争；然而，这种共识不一定是口头上达成的，可以通过当事各方之间的直接或间接接触来达成。在 *Fresh Del Monte v Commission* 案[351]中，欧盟普通法院认为没有必要通过证明"意见一致"或"共同的行为方式"来确定构成协同行为。[352]

在《横向合作协议指南》关于信息交换的一节中，欧盟委员会就协同行为的含义提供了指导。[353] 它指出，竞争者之间的信息交换相当于一种协同行为，可以减少市场中的"战略不确定性"，从而促进相互勾结。[354] 在该指南第62段中，欧盟委员会提到了 *Cement* 案[355]。在该案中，欧盟普通法院裁决，当 Lafarge 在一次会议上收到关于竞争者未来行为的信息时，它便是协同行为的当事方：它仅收到信息这一事实并不能作为抗辩理由。[356] 欧盟委员会随后引用

---

[347] 案例48/69 EU：C：1972：70，第64段；类似地，参见案例C－8/08 *T－Mobile Netherlands BV v Raad van bestuur van de Nederlandse Mededingingsautoriteit* EU：C：2009：343，第26段和引用的判例。

[348] 案例40/73 etc EU：C：1975：174。

[349] *Re European Sugar Cartel* OJ［1973］L 140/17。

[350] 案例40/73 etc EU：C：1975：174。

[351] 案例T－587/08 EU：T：2013：129（*Bananas*）。

[352] 同上，第300段；在上诉至欧洲法院的案例C－293/13 P etc EU：C：2015：416中维持原判；类似地，参见案例T－83/08 *Denki Kagaku Kogyo Kabushiki Kaisha v Commission* EU：T：2012：48，第68段（*Chloroprene rubber*）。

[353] OJ［2011］C 11/1，第60～63段。

[354] 同上，第61段。

[355] 案例T－25/95 etc *Cimenteries CBR SA v Commission* EU：T：2000：77。

[356] 同上，第1849段。

了欧洲法院在*T－Mobile*案[357]中的判决，并指出，即使在没有明确的价格固定协议的情况下，仅仅是出席一个会议，企业在该会议上向竞争对手披露其保密的定价计划，这种行为可能就会被《欧盟运行条约》第101条第1款所规制。它补充说，为了支持这一主张，下面引用的*Hüls*案判决中的推定是竞争者之间的接触引发市场上的协同行为。

（ii）必须实施协同行为吗?：需要“因果关系”

欧洲法院在*Hüls*案（*Polyropylene*案件之一）中认为，“协同行为……即使在没有对市场产生反竞争效果的情况下，仍然被《欧盟运行条约》第101条第1款所规制”。[358] 但是，在*Cement*案中，欧盟普通法院认为，如果当事各方能够举出反证，则不存在违法行为。[359] 欧洲法院在*Hüls*案中得出结论时指出，根据自己的判例法[360]，第101条第1款要求每个企业必须独立决定其市场政策。法院在判决第161段中承认，协同行为的概念意味着市场上将存在共同的行为，但又补充说，必须有一个假设，即通过相互接触，这种行为将随之发生。

在*T－Mobile*案[361]中，欧洲法院认为，竞争者在市场中的接触和行为之间的“因果关系”这一推定构成欧盟法律不可分割的一部分，因此适用《欧盟运行条约》第101条的国家法院[362]必然适用同样的推定[363]；换句话说，国家法院不允许应用比欧盟的推定更严格的国家证据规则。法院还认为，*T－Mobile*案中的推定甚至可以适用于竞争者之间仅有一次会议的情况。[364] 在*Fresh Del Monte v Commission*案[365]中，Del Monte未能推翻其与两家竞争者之间的双边接触与市场行为之间存在“因果关系”这一推定。

---

[357] 参见第3章脚注[347]。

[358] 案例C－199/92 P etc *Hüls AG v Commission* EU：C：1999：358，第163段。

[359] 案例T－25/95 etc *Cimenteries CBR SA v Commission* EU：T：2000：77，第1865段。

[360] 案例40/73 etc *Suiker Unie v Commission* EU：C：1975：174，第73段；案例172/80 *Züchner v Bayerische Verinsbank AG* EU：C：1981：178，第13段；案例89/85 etc *Ahlström v Commission* EU：C：1993：120，第63段；案例C－7/95 P *John Deere v Commission* EU：C：1998：256，第86段。

[361] 参见第3章脚注[347]。

[362] 或是国家竞争主管机构，但*T－Mobile*案中并不涉及国家竞争主管机构。

[363] 案例C－8/08 *T－Mobile Netherlands BV v Raad van bestuur van de Nederlandse Mededingingsautoriteit* EU：C：2009：343，第44～53段。

[364] 同上，第54～62段。

[365] 欧盟委员会于2008年10月15日作出的决定，第212～240段；上诉维持原判案例T－587/08 *Fresh Del Monte v Commission* EU：T：2013：129，第563～583段；已被上诉至欧洲法院（参见第3章脚注[352]）。

(iii) 举证责任

证明存在协同行为的法律责任由欧盟委员会［或声称违反《欧盟运行条约》第101条第1款的一方］承担。欧盟法院已经撤销了一些决定，这些决定中欧盟委员会所依赖的证据未能说服法院。[366] 但是，证明与竞争者的接触不影响企业后续行为的举证责任落在作出此类结论的企业身上。这是因为上一段所讨论的推定适用于这种情况：应由当事人提出证据来推翻推定。如果当事人能够提供充分的证据，对竞争者的接触和行为之间的因果关系提出怀疑，则欧盟委员会仍需承担证明违法行为的总体法律责任。例如，在 *Compagnie Royale Asturienne des Mines SA and Rheinzink GmbH v Commission* 案[367]中，欧盟委员会得出结论认为，德国的CRAM和Rheinzink同时停止向比利时客户Schlitz的供货是保护德国市场的协同行为。欧洲法院认为，对于拒绝供货可能有另一种解释，即Schlitz未能在到期日前结清账单；由于欧盟委员会没有处理对有关行为的这种可能的解释，对其决定应予以撤销。同样地，在 *CISAC v Commission* 案[368]中，欧盟普通法院撤销了欧盟委员会对协同行为的决定，因为打击盗版音乐是对集体管理组织平行行为的另一种看似合理的解释[369]。

(iv) 对协同行为的总结

欧盟法院有意避免以一种形式主义或狭隘的方式来解释“协同行为”。有人指出，“协同行为可以有许多不同的形式，法院一直谨慎地不去界定或限制什么可以归入协同行为”。[370] 关于协同行为的案件总是具有高度的事实针对性，例如在“*Eturas*” *UAB v Lietuvos Respublikos konkurencijos taryba* 案[371]中，法院认为，使用软件和了解软件功能的行为可以引发协同行为。

不过可以从判例法中推断出下列结论：

---

[366] 参见案例40/73 etc *Suiker Unie v Commission* EU：C：1975：174；案例29/83和30/83 *Compagnie Royale Asturienne des Mines SA and Rheinzink GmbH v Commission* EU：C：1984：130；案例T-68/89 etc *Società Italiano Vetro v Commission* EU：T：1992：38；案例C-89/85 etc *Åhlström Osakeyhtiö v Commission* EU：C：1993：120，以及案例T-442/08 etc *CISAC v Commission* EU：T：2013：188。在每个案例中，欧盟法院都撤销了部分或全部协同行为的裁决。

[367] 案例29/83和30/83 EU：C：1984：130。

[368] 欧盟委员会于2008年7月16日作出的决定，第156~222段，在向欧盟普通法院提出的22项上诉中，有21项上诉被撤销，例如案例T-442/08 *CISAC v Commission* EU：T：2013：188，第87段及其后段落。

[369] 同上，第140~181段。

[370] *Argos Ltd v office of Fair Trading*［2006］EWCA Civ 1318，第22段；类似案例 *Tesco Stores Ltd v Office of Fair Trading*［2012］CAT 31，第56段（协同行为是一个多方面的概念）。

[371] 案例C-74/14 EU：C：2016：42。

• 协同行为涉及故意利用实际合作代替竞争风险；[372]

• 协同行为不需要实际的计划，它严格排除可能影响市场行为或披露未来市场行为的接触行为；[373]

• 存在有一项推定，即参与协同行动的企业已经考虑到了它们之间交换的信息；无须证明这种协同行为对市场产生了实际的影响；[374]

• 协同行为意味着互惠，但当竞争者应另一个竞争者的要求或至少在有这个意图的情况下，向其披露自己在市场上的意图或行为时，这一点就得到了满足；[375]

• *Hüls* 案推定是一种实质性的法律规则，在一次会议上交换信息可以引发协同行为。[376]

4. 排除、限制或扭曲竞争的目的或效果

《欧盟运行条约》第101条第1款明文禁止以排除、限制或扭曲竞争为目的或效果的协议。[377] 虽然该条文包括了一个涉及价格固定和市场划分的协议清单，但是这些仍旧不足以清晰地解释该条文内容在适用过程中所遇到的所有错综复杂的情形。欧盟普通法院和最高级别的法院欧洲法院的判决中包含了最权威的法律声明，尽管总检察长的意见书中会有一些关于该条内容的最好分析；欧盟委员会作出的决定书、通知以及指南中对第101条第1款的适用情况提供了重要见解，其年刊《关于竞争政策的报告》和季刊《竞争政策通讯》也是如此。[378]

将第101条第1款适用于协议，特别是欧盟委员会对其的适用，多年来一直存在争议。实质上，许多评论人士抱怨该条文的适用过于广泛，涵盖了很多

[372] 案例48/69 *ICI v Commission* EU：C：1972：70，第64段。

[373] 案例40/73 etc *Suiker Unie v Commission* EU：C：1975：174，第173~174段。

[374] 案例C-49/92 P *Commission v Anic Partecipazioni* EU：C：1999：356，第121段。

[375] 案例T-25/95 etc *Cimenteries CBR SA v Commission* EU：T：2000：77，第1849段。

[376] 案例C-8/08 *T-Mobile* EU：C：2009：343，第58~62段。

[377] 在后文中，“限制”竞争一词包括排除和扭曲竞争。

[378] 所有这些文件可在欧盟委员会竞争总司的网站 www. ec. europa. eu/competition 上查阅。

根本不损害竞争的协议。[379] 受到该条款内容约束的协议无效且不可强制执行[380]，并且可能会被罚款，除非它们满足第101条第3款规定的标准。批评人士认为，第101条第1款应当适用于较少的协议，以此来避免与欧盟委员会旧的协议通知制度有关的延误、成本高昂和不确定性问题，该制度针对的是第101条第1款规定的“违法否定”申请和（或）第101条第3款规定的“个别豁免”申请。在第1/2003号条例废除通知和个别豁免后，这些程序上的问题已经不再存在。[381] 在第1/2003号条例施行之后，第101条第1款和第101条第3款的确切适用范围问题已经不再像从前那样重要了[382]；如今对于企业和它们的智囊团而言，真正的问题在于它们制定的协议是否在整体上落入了第101条的规制范围。

欧盟法院一再明确表示，除非协议的目的是反竞争的情况，否则不能仅考虑第101条第1款的正式条款来确定其适用性。相反，评估一项协议时，必须考虑其运作的整个事实、法律和经济方面的背景。[383] 毫无疑问，如今欧盟委员会对适用第101条采取了比之前更加经济现实的方法。[384] 这意味着就第101条

---

[379] 参见例如：BRIGHIT C. EU Competition Policy：Rules，Objectives and Deregulation［J］. Oxford Journal of Legal Studies，1996，16（4）：535。有大量的学术文献批评第101条第1款的过度适用，参见例如：JOLIET R. The Rule of Reason in Antitrust Law：American，German and Common Market Laws in Comparative Perspective［M］. Dordrecht：Springer Netherlands，1967：77－106，117 to the end；KORAH V. The Rise and Fall of Provisional Validity：The Need for a Rule of Reason in EEC Antitrust［J］. Northwestern Journal of International Law & Business，1981，3（2）：320；FORRESTER I，NORALL C. The Laicization of Community Law：Self－Help and the Rule of Reason［J］. Common Market Law Review，1984，21（1）：11；VALENTINE K. EEC Competition Policy：Legal Form or Economic Efficiency［J］. Current Legal Problems，1986，39：85；VENIT J S. Pronuptia：Ancillary Restraints or Unholy Alliances?［J］. European：Law Review，1986，11：213；HOLLEY D C. EEC Competition Practice：A Thirty－Year Retrospective［M］//HAWK B. International Antitrust Law & Policy：Annual Proceedings of the Fordham Corporate Institute，1992. Irvington－on－Hudson，N. Y.：Transnational Juris Publications，1993：669，689；NAZZINI R. Article 81 EC Between Time Present and Time Past：A Normative Critique of“Restriction of Competition”in EU Law［J］. Common Market Law Review，2006，43（2）：497；COLOMO P I，LAMADRID A. On the Notion of Restriction of Competition：What We Know and What We Don't Know We Know［M］//GERARD D，MEROLA M，MEYRING B. The Notion of of Restriction of Competition：Revisiting the Foundations Antitrust Enforcement in Europe［J］. Brussels：Bruylant，2017.

[380] 参见第8章第407～413页“竞争法作为抗辩依据”。

[381] OJ［2003］L 1/1；进一步参见第4章第214～217页“第1/2003号条例”。

[382] 但请注意，根据《欧盟运行条约》第101条第1款和第101条第3款，举证责任由不同的人承担：参见第4章第195～196页“举证责任及证明标准”。

[383] 案例56/65 *Société Technique Minière v Maschinenbau Ulm GmbH* EU：C：1966：38；案例C－234/89 *Delimitis v Henninger Bräu EU*：*C*：1991：91；案例T－461/07 *Visa Europe Ltd v Commission* EU：T：2011：181，第67段。

[384] 参见：BOURGEOIS B，WAELBROECK D. Ten Years of Effects－Based Approach in EU Competition Law［M］. Brussels：Bruylant，2012.

第1款的目的而言，欧盟委员会如今对于限制竞争的含义采取了一种更加狭义的解释方式，当然对第101条第3款的规定的抗辩也采取了狭义的方法。[385]

(A) 初步意见

下文将考察以排除、限制或扭曲竞争为“目的或效果”的协议的含义。然而，一些初步意见可能会有所帮助。

第一，欧盟法院的许多判决表明，在合同中设立限制条款并不必然会导致对竞争的限制。[386] 理解这一点至关重要：竞争限制是一个经济学的概念，而且作为一般性命题，需要进行经济学的分析来确定一项协议是否具有反竞争效果。依据法律的规定，只有相当少一部分的协议的目的是限制竞争[387]；在所有其他案件中，必须证明存在明显的反竞争效果，才能认为其违反第101条第1款。[388]

第二，欧盟法院明确要求，欧盟委员会必须指明协议内容限制竞争之处，并且不可以将案件分析过程用格式文本简单带过：一个很好的例子是 *European Night Services v Commission* 案[389]。在该案中，欧盟普通法院指出欧盟委员会对于案件的说理分析部分不够详细。[390]

第三，欧盟法院提到，根据第101条第1款审理的案件中，如果没有相关市场的界定就可能表明一项协议限制竞争并影响成员国之间的贸易，那么就不需要界定该市场。[391] 因此，相关市场的界定并不是每个案件处理过程中必要的先决条件，但是在依据第102条进行判决时，相关市场的界定是认定滥用市场支配地位必要前提。

第四，欧洲法院强调，第101条的目的不仅在于保护竞争者和消费者的利益，更是保护市场结构以及“竞争本身”。[392]

第五，反竞争协议可能是企业最具成本效益或风险最小的行动方式，这一

---

[385] 关于《欧盟运行条约》第101条第3款的“狭义”和“广义”解释的讨论，参见第4章第199～208页“第101条第3款的首要条件：产品生产或销售抑或技术或经济进步的改善”。

[386] 参见本章第166～168页“商业辅助”中讨论的案例。

[387] 参见本章第149～161页“以排除、限制或扭曲竞争为目的的协议”。

[388] 参见本章第161～177页“具有排除、限制或扭曲竞争效果的协议”。

[389] 案例T-374/94 etc EU：T：1998：198。

[390] *European Night Services Ltd* OJ［1994］L 259/20.

[391] 案例C-439/11 P *Ziegler SA v Commission* EU：C：2013：513，第63段及引用的判例法（*International romoval sevices*）。

[392] 案例C-8/08 *T-Mobile Netherlands* EU：C：2009：343，第38段；案例C-501/06 P etc *GlaxoSmithKline Services Unlimited v Commission* EU：C：2009：610，第63段；总检察长科科特在案例 *T-Mobile* 第58段中讨论了“竞争本身”这一短语：C-8/08 EU：C：2009：110。

事实并不排除第101条的适用。[393] 反竞争协议是否符合当事人的商业利益无关紧要。[394]

（B）横向垄断协议与纵向垄断协议

很明确的一点是：《欧盟运行条约》第101条的内容既可以适用于横向垄断协议（在同一市场环节上的企业之间），也可以适用于纵向垄断协议（在不同市场环节的企业之间）。曾有人认为，第101条的内容不能适用于任何纵向协议，但是在 *Consten and Grundig v Commission* 案[395]的判决中，欧洲法院坚决反对这一观点。企业仍然必须认真评估它们的纵向协议是否符合法律的规定。在 *Allianz Hungária* 案[396]中，欧洲法院指出，纵向协议对竞争的损害往往小于横向协议。然而，“当它们具有特别显著的限制潜力时”，可能会有“反竞争目的”。第16章将详细讨论第101条对纵向协议的适用问题。

（C）排除、限制或扭曲竞争的“目的或效果”

《欧盟运行条约》第101条第1款禁止“以排除、限制或扭曲竞争为目的或效果”的协议。重要的是理解第101条中所述的“目的或效果”的意义。

（i）“目的或效果”可分开解读

很显然，在判断违反第101条第1款的行为时，这两者是替代性的，并不是同时适用的。在 *STM v MU* 案[397]中，欧洲法院指出，“目的或效果”这个词应当分离开来理解。这就意味着当一项协议存在限制竞争的目的时，就没有必要证明其可能会产生反竞争的效果：只有在不清楚一项协议的目的是限制竞争的情况下，才有必要考虑其是否存在反竞争的效果。一些评论认为，应根据从竞争法的形式主义适用转向更“基于效果”的制度的总趋势来审查这一区别[398]；但是，在《欧盟运行条约》存在明确规定的情况下，判例是明确支持和维持

---

[393] 案例 T－472/13 *Lundbeck v Commission* EU：T：2016：449，第380段。

[394] 案例 C－403/04 P etc *Sumitomo Metal Industries v Commission* EU：C：2007：52，第44～45段（*Seamless steel tubes*）。

[395] 案例56/64 和58/64 EU：C：1966：41。

[396] 案例 C－32/11 *Allianz Hungaria Biztosito* EU：C：2013：160，第43段。

[397] 案例56/65 EU：C：1966：38。

[398] GERARD D. The Effects－Based Approach under Article 101 TFEU and its Paradoxes：Modernisation at War With Itself?［M］// BOURGEOIS J，WAELBROECK D. Ten Years of Effects－Based Approach in EU Competition Law. Brussels：Bruylant，2012：18－42.

这种区别的：许多判决已经重复并继续这样做。[399]

（ii）“目的”框和“效果”框

“限制目的”和“限制效果”之间的区别可以用两个方框来思考，如图 3.1 所示。

目的框	效果框
以限制竞争为目的的协议	具有限制竞争效果的协议

图 3.1 “限制目的”和“限制效果”的区别

下文将会探究一个至今依旧充满争议的话题——是什么构成了目的限制竞争。这一概念在欧盟竞争法实施 50 多年之后仍在激烈辩论中。在讨论究竟“目的限制竞争”意味着什么之后，下文还将按照目前法律来描述“目的”框中的内容。[400]

（D）以排除、限制或扭曲竞争为目的的协议

在尝试理解存在“限制竞争目的”和为何存在“目的”和“效果”差异时，有很多问题需要考虑。[401]

（i）“目的”的内涵

用于认定企业之间的协作是否存在限制竞争目的的基本法律标准是，“该协作本身就显示出对竞争的足够程度的损害”[402]。《欧盟运行条约》第 101 条中

---

[399] 参见例如案例 C－209/07 *Competition Authority v Beef Industry Development Society Ltd* EU：C：2008：643，第 15 段和第 16 段；案例 C－8/08 *T－Mobile Netherlands* EU：C：2009：343，第 28 段和第 30 段；案例 C－501/06 P etc *GlaxoSmithKline Services Unlimited v Commission* EU：C：2009：610，第 55 段；案例 C－32/11 *Allianz Hungária Biztosító Zrt* EU：C：2013：160，第 33～34 段；案例 C－67/13 P *Groupement des Cartes Bancaires v Commission* EU：C：2014：2204，第 49 段。

[400] 要了解欧盟竞争法的现状，参见本章第 156～160 页“目的框的内容”。

[401] 以下是关于该主题的大部分文章：JONES A. Left Behind by Modernisation? Restrictions by Object Under Article 101(1)［J］. European Competition Journal，2010，6（3）：649；KING S. The Object Box：Law，Policy or Myth?［J］. European Competition Journal，2011，7（2）：269；BAILEY D. Restrictions of Competition by Object under Article 101(1) TFEU［J］. Common Market Law Review，2012，49（2）：599；MAHTANI M R. Thinking Outside the Object Box：An EU and UK Perspective［J］. European Competition Journal，2012，8（1）：1；COLOMO P I. The Divide Between Restrictions by Object and Effect［J］. Competition Law Review，2016，2：173；PEEPERKORN L. Defining “By Object” Restrictions' Concurrences［J］. 2015；VANDENBORRE I，RUPP. Restrictions by Object or Why No Restriction has Proven More Difficult to Define Than Those That are Obvious［J］. Global Competition Law Review，2016，9：25；参见欧盟委员会竞争总司前总干事亚历山大·伊塔利亚那（Alexander Italianer）的演讲《效果的目的》（2014 年 12 月 10 日），可在 www.ec.euiopa.eu 上查阅。

[402] 案例 C－67/13 P *Groupement des Cartes Bancaires v Commission* EU：C：2014：2204，第 57 段。

的“目的”一词指的是，在适用协议的经济背景下考虑的该协议客观含义和目的。[403] 在加入协议时，没有必要证明协议的订立方有限制竞争的主观意图。[404] 但是，主观意图可能是评价协议订立目的是否为反竞争的一个相关因素。[405] 当一项协议存在反竞争的目的时，这项协议也并不因为具有其他合法性目的而不再具有这种特征。[406] 但是，欧洲法院曾经表示，如果有客观的正当理由，例如为了保护健康和安全，一项目的限制可能不属于第101条规定的范围。[407]

鉴于并没有必要证明一项目的限制竞争的协议会产生不利的影响，因此，了解哪些类别的协议可以落入目的框的范围显然很重要。一个答案是，特定协议有限制竞争目的是因为欧洲法院判定它们如此，例如横向固定价格协议或者限定转售价格协议。然而，这并不是这个问题的满意答案：首先，因为它没有解释这些协议为何在最开始被认定为是存在限制竞争的目的；其次，这个说法并没有就如何将新类型的协议添加至目的框中提供指导。

（ii）认定“限制目的”的法律审查

（a）目的框的扩张

如前所述，认定存在“限制目的”的基本标准在于，企业的协作本身是否显示出对竞争的足够程度的损害。经常发生无法确定协议是否从目的上限制竞争的问题。近来，在欧洲法院对于这种认定的尝试以失败告终，例如 *Beef Industry Development Society* 案[408]、*GlaxoSmithKline v Commission* 案[409]、*T－Mobile*

---

[403] 案例29/83和30/83 *Compagnie Royale Asturienne des Mines SA and Rheinzinc GmbH v Commission* EU：C：1984：130，第25～26段。

[404] 同上；类似地，参见案例C－277/87 *Sandoz Prodotti Farmaceutici v Commission* EU：C：1989：363；案例T－148/89 *Tréfilunion v Commission* EU：T：1995：68，第79段（*Polypropylene*）；案例C－551/03 P *General Motors BV v Commission* EU：C：2006：229，第77～78段。

[405] 案例C－32/11 *Allianz Hungária Biztosító Zrt* EU：C：2013：160，第37段；案例C－67/13 P *Groupement des Cartes Bancaires* EU：C：2014：2204，第54段；类似地，参见案例C－8/08 *T－Mobile* EU：C：2009：343，第27段。关于主观意图的相关性，参见：ODUDU O. Interpreting Article 81(1)：Object as Subjective Intention［J］. Eurcpean Law Review，2001，26（1）：60；ODUDU O. Interpreting Article 81(1)：The Object Requirement Revisited［J］. Eurcpean Law Review，2001，26（1）：379.

[406] 案例C－551/03 *P General Motors BV v Commission* EU：C：2006：229，第64段；案例C－209/07 *Competition Authority v Beef Industry Development Society Ltd* EU：C：2008：643，第21段；欧盟普通法院在下列案例中提出了同样的观点：案例T－90/11 *ONP v Commission* EU：T：2014：1049，第327段。

[407] 案例C－439/09 *Pierre Fabre Dermo－Cosmétique* EU：C：2011：649，第39段；参见《纵向限制指南》（OJ［2010］C 130/1），第60段。

[408] 案例C－209/07 EU：C：2008：643；有关评论，参见：ODUDU O. Restrictions of Competition by Object：What's the Beef?［J］. Competition Law Journal，2009，9（1）：11.

[409] 案例C－501/06 P etc EU：C：2009：610。

案[410]、*Pierre Fabre* 案[411]、*Football Association Premier League* 案[412]、*Allianz Hungaria Biztosito Zrt* 案[413]以及 *ING Pensii* 案[414]。*T–Mobile* 案的判决似乎为目的框分配协议制定了一个非常宽泛的检验方式：法院指出，为了将对反竞争目的归于协同行为，“它有可能对竞争产生负面影响就足够了”，并且这种影响只与最终赔偿给受害者的赔偿金与罚款数额相关。[415] *T–Mobile* 案中法院还说，为了认定存在“限制竞争的目的”，没有必要向最终用户展示对价格的直接影响：《欧盟运行条约》第 101 条是为了保护市场结构和竞争本身。[416] 在接下来的 *Allianz Hungária Biztosító Zrt* 案[417]中，欧洲法院再一次强调了在 *T–Mobile* 案[418]中的认定方式，并且仍旧支持，在复杂的事实环境中形成的某些双边纵向协议从目的上限制了竞争。[419]

这些案件的判决以及其他一些案件判决，包括欧盟普通法院在 *Groupement-des CartesBancaires* 案[420]中作出的判决，给人的印象是，目的框的内容正在稳步扩大，已到了不再包含“明显的竞争限制，如价格固定、市场划分或生产限制”的程度，这一提法已被欧盟普通法院在 *European Night Services v Commission* 案[421]中采用。欧盟委员会确定的“新型”目的限制的做法，比如在“延迟付款”案（*Lundbeck* 案和 *Servier* 案）及其 2014 年《关于次要协议的通知》[422]中，欧盟委员会指出，它将整体豁免中的所有“核心”限制视为目的限制[423]，这增加了这样一种印象，即目的框不可避免地变得越来越大。

(b) *Groupement des Cartes Bancaires* 案

正是在这种背景下，欧洲法院于 2014 年 9 月对 *Groupement des Cartes Ban-*

---

[410] 案例 C–8/08 EU：C：2009：343。

[411] 案例 C–439/09 EU：C：2011：649。

[412] 案例 C–403/08 and C–429/08 *Football Association Premier League Ltd v QC Leisure* EU：C：2011：631。

[413] 案例 C–32/11 EU：C：2013：160。

[414] 案例 C–172/14 EU：C：2015：484。

[415] 案例 C–8/08 EU：C：2009：343，第 31 段；关于这一认定的范围，参见案例 E–3/16 *Ski Taxi SA v Norwegian Government* 中 2016 年 12 月 22 日作出的裁决，第 52 ~ 55 段。

[416] 案例 C–8/08 EU：C：2009：343，第 36 ~ 39 段。

[417] 案例 C–32/11 EU：C：2013：160。

[418] 同上，第 38 段。

[419] 第 159 页讨论的案例“*Allianz Hungária Biztosító* 案”。

[420] 案例 T–491/07 EU：T：2012：633。

[421] 案例 T–374/94 etc EU：T：1998：198。

[422] OJ［2014］C 368/13；欧盟委员会工作人员文件［SWD（2014）198 final］，随附的《关于最低限度原则的通知》给出了目的限制的例子。

[423] OJ［2014］C 368/13，第 13 段。

caires v Commission 案[424]作出判决。欧盟委员会[425]和欧盟普通法院[426]认为，由支付卡系统的9家主要成员建立的收费体系（Cartes Bancaires），阻止新银行进入该行业，具有限制竞争的目的和效果。欧洲法院撤销了欧盟普通法院关于收费结构从目的上限制竞争的裁决，理由是其在法律上犯了错误，并将该事项转交回欧盟普通法院审议是否存在限制效果。欧洲法院重述了确立已久的法律：

• 企业之间某些类型的协作，就其本质而言，可以被视为有害于竞争正常运作；[427]

• 一些共谋的行为，例如卡特尔横向价格固定，很有可能存在负面的影响，因此要证明其对市场具有实际影响是多余的；[428]

• 明确企业之间的协作是否存在“限制竞争的目的”的基本标准是，这种协作“本身显示出对竞争的足够程度的损害”[429]。

重要的是，欧洲法院补充指出，欧盟普通法院在得出结论认为限制竞争目的的概念不应受到限制性解释时，在法律上犯了错误：欧洲法院的看法是，这一概念应仅限于协作，这种协作对竞争造成了足够程度的损害，因此没有必要审查其效果。[430]

(c) 评　论

Cartes Bancaires 案[431]是很重要的一个判决。就大部分而言，它只是重复了欧洲法院多年来一贯的判例。然而，明确地声明应该限制性地解释目的限制的概念是非常重要的，这至少意味着目的框的大小不应该被过度扩展。换句话说，*T-Mobile* 案中提出的非常广泛的测试和 *Allianz Hungária* 案的结果代表目的框扩展的“高潮”，而 *Cartes Bancaires* 案标志着其回归到一种更为保守和正

---

[424] 案例 C-67/13 P EU：C：2014：2204；总检察长沃尔（Wahl）在案件 EU：C：2014：1958 的观点中有对“目的”的含义的有价值的讨论；参见总检察长瓦泰莱（Wathelet）在案例 C-373/14 P *Toshiba v Commission* EU：C：2015：427 中的观点（第 40～91 段）；以及总检察长索曼斯加德（Saumandsgaard Øe）在案例 C-179/16 F *Hoffmann-La Roche v AGCM* EU：C：2017：714 中的观点（第145～150 段）。

[425] 欧盟委员会于2007 年10 月17 日作出的决定。

[426] 案例 T-491/07 EU：T：2012：633。

[427] 案例 C-67/13 P EU：C：2014：2204，第 50 段。

[428] 同上，第 51 段。

[429] 同上，第 57 段。

[430] 同上，第 58 段。

[431] 案件已发回欧盟普通法院，该法院认为收费结构的确起到了限制发行 CB 支付卡的市场竞争的作用，并且不符合《欧盟运行条约》第 101 条第 3 款：案例 T-491/07 *RENV CB v Commission* EU：T：2016：379。

统的方法。在 *Ski Taxi SA v Norwegian Government* 案[432]中，欧洲自由贸易联盟法院提到，《欧洲人权公约》第6条第2款的无罪推定意味着，当对于案件中的协议是否存在限制竞争目的的存疑的时候，被告的一方应当享有无罪推定的利益。[433]欧洲自由贸易联盟法院同样也注意到，考虑到经验和经济方面的情况，只有在那些行为不利于竞争的特质“易于识别”时，才可以认为是存在限制竞争的目的。[434]

（iii）将案件归入目的框

无论目的框的大小如何，仍旧存在一个问题亟待解决：当判定一项协议是属于目的框还是其他框的时候，需要进行哪些分析？在 *Cartes Bancaires* 案中，法院援引早先的权威声明，为了作出决定：

> 必须考虑［协议］条款的内容、目的及其中构成部分的经济和法律背景。在确定这一背景时，还必须考虑到受影响的产品或服务的性质，以及有关市场的实际运作和结构条件。[435]

很显然，这需要对所涉协议进行一些分析，以确定其是否属于目的框。但是，这就可能需要对协议进行相当细致的审查，尤其是对其“经济背景”进行审查以便将其分配给目的框。这可能首先就逐渐削弱了对目的－效果的区分，即取消对目的限制案件中的效果分析：有一位批评人士对于 *Allianz Hungária* 案判决产生的不同意见在于，这似乎是欧洲法院提出的要求，尤其是法院指出，有必要考虑市场的结构、替代分销渠道的存在以及有关企业各自的重要性和市场力量。[436]她认为，*T－Mobile* 案中的总检察长科科特警告人们注意“混合”目的和效果分析的风险。[437]欧洲自由贸易联盟法院在 *Ski Taxi SA v Norwegian Government* 案中也指出了这一点。[438]

本书作者一致认为，在“目的”类案件中，对于经济和法律背景的扩展审查可能转化为效果分析，这会削弱“目的”类案件和“效果”类案件之间的区别性。也许，考虑到这种混淆的风险，欧洲法院在 *Toshiba v Commission*

---

[432] 案例 E－3/16，2016年12月22日作出的判决。
[433] 同上，第62段。
[434] 同上，第61段。
[435] 案例 C－67/13 P EU：C：2014：2204，第53段。
[436] 案例 C－32/11 EU：C：2013：160，第48段。
[437] 案例 C－8/08 EU：C：2009：110，第45段。
[438] 案例 E－3/16，2016年12月22日作出的判决，第58段和第63段。

案[439]和 *FSL v Commission* 案[440]中明确指出，对背景的分析可能“仅限于为了确立存在‘限制竞争目的’的必要条件”。否则，结果就是必须在确定协议是否在目的上限制的阶段进行详细调查，而且存在创建第三个框的风险，该框徘徊在目的框和效果框之间。这在《欧盟运行条约》中没有任何依据，这将使本已困难的领域更加复杂。

（iv）目的限制和最低限度原则

关于在最低限度原则下处理目的限制将在本章后面单独讨论。[441]

（v）是否可以根据第101条第3款对限制目的进行辩解？

就像将会在第4章内容中解释的那样[442]，重要的是要理解，根据第101条第3款，目的限制竞争的协议有可能是正当的。[443] 欧盟普通法院在 *Matra Hachette v Commission* 案[444]中指出了这一点，欧洲法院也在 *Beef Industry Development Society* 案[445]、*GlaxoSmithKline v Commission* 案[446]和 *Pierre Fabre* 案[447]中明确承认了这一观点，尽管欧洲法院在这些案件中没有对于《欧盟运行条约》第101条第3款的适用作出最终决定。同样地，在 *Ski Taxi SA v Norwegian Government* 案[448]被提交给挪威最高法院[449]进行审理时，法院指出，出租车公司可以根据挪威法中与第101条第3款等效的规定为其“目的限制”辩护。

一旦认识到可以根据第101条第3款为目的类案件辩护，就可以将某一特

---

[439] 案例 C－373/14 P EU：C：2016：26，第29段。

[440] 案例 C－469/15 P EU：C：2017：308，第107段。

[441] 参见本章第180～185页“最低限度原则”。

[442] 参见第4章第196～198页“可以根据第101条第3款为任何类型的协议辩护”。

[443] 欧盟委员会竞争总司前总干事亚历山大·伊塔利亚那强调的观点：《欧盟竞争法下的竞争协议》（Competitor Agreements under EU Competition Law），Fordham Corporate Law Institute，2013年，第2章。

[444] 案例 T－17/93 EU：T：1994：89，第85段；类似地，参见案例 C－439/09 *Pierre Fabre Dermo－Cosmétique SA* EU：C：2011：649，第49段和第57段。

[445] 案例 C－209/07 EU：C：2008：643：该案已被退回爱尔兰高等法院，以考虑其是否满足第101条第3款的标准；但是 BIDS 在法院对此事作出决定之前撤回了其辩护：参见爱尔兰竞争主管机构新闻稿（2011年1月25日），可在 www.tca.ie 上查阅；参见：ODUDU O. Restrictions of Competition by Object：What's the Beef?［J］. Competition Law Journal，2009，9（1）：11.

[446] 案例 C－501/06 P etc EU：C：2009：610。

[447] 案例 C－439/09 *Pierre Fabre Dermo－Cosmétique* EU：C：2011：649；巴黎上诉法院随后裁决，Pierre Fabre 的互联网销售禁令不符合第101条第3款的豁免：2013年1月31日的判决。

[448] 案例 E－3/16，2016年12月22日的判决。

[449] 2017年6月22日的判决，第52段。

定类型的协议归类为属于“目的框”的类别：一种法律的、但是可辩驳的推定。[450] 这种推定方式将举证责任从欧盟委员会一方转移到了协议缔约方，并且提供了一个研究协议性质的框架。认定目的限制协议满足第101条第3款的判决和/或者非正式的指导性文件可能使企业质疑“目的-效果”区别的情况减少：这种情况有时是由于误解，即误认为只有效果限制才能从第101条第3款中受益。[451]

（vi）为什么第101条第1款禁止限制目的却不需要证明其产生限制竞争的效果？

T-Mobile 案[452]的总检察长科科特在该案的意见中还提出过一个非常有意思的讨论，那就是为什么《欧盟运行条约》第101条第1款对“目的限制”和“效果限制”还要作一个区分。第一，将某些类型的协议分类为目的限制性协议，“明智地保护了竞争主管机构和司法系统的资源”。[453] 例如，竞争主管机构并不需要证明一项横向价格固定协议会产生不利的经济影响，这减轻了它本来会承担的一些负担。第二，总检察长指出，目的限制的存在“创造了法律确定性，允许所有市场参与者相应地调整其行为”[454]，并补充说，虽然不应对限制目的的概念给予不适当的广义解释，也不应将其狭义地解释以至于剥离了其实际效果。[455] 第三，她指出，正如禁止人们酒后驾车的法律在定罪时并不要求司机造成了事故——也就是说证明效果——因此，同样地，《欧盟运行条约》第101条第1款禁止某些以限制竞争为目的的协议，不论它们在个别情况下是否对市场产生不利影响。[456] 因此，只有在当事各方能够证明协议将导致《欧盟运行条约》第101条第3款规定的那种经济效率，并将这些效率公平地传递给

---

[450] 关于推定的使用，参见：BAILEY D. Presumptions in EU Competition Law [J]. European Competition Law Review, 2010, 31: 20; RITTER C. Presumptions in EU Competition Law [J]. Journal of Antitrust Enforcement, 2018, 6 (2): 189-212；另见经济合作与发展组织圆桌会议“竞争法中的安全港和法律推定”（Safe harbous and legal presumption in competition law）（2017年12月），可在 www.oecd.org 上查阅。

[451] 新加坡竞争委员会多次采用与第101条相同的规定，得出结论认为，目的限制竞争协议产生了“净经济利益”，因此是合法的：案例 *United Airlines*, *Continental Airlines and All Nippon Airways*，2011年7月4日，可在 www.ccs.gov.sg 上查阅；另见澳大利亚竞争和消费者委员会在2014年12月5日依据澳大利亚2010年竞争和消费者法对电动工具的最低零售价格的授权，可在 www.accc.gov.au 上查阅。

[452] 案例 C-8/08 EU: C: 2009: 110。

[453] 同上，第43段。

[454] 同上。

[455] 同上，第44段。

[456] 同上，第47段；类似地，参见总检察长吉尔霍德（Geelhoed）在案例 C-407/04 P *Dalmine v Commission* EU: C: 2006: 547（*Seamless steel tubes*）第136段中的观点。

消费者的情况下，才能允许此类协议。本书作者也同意这一分析，但应当注意的是，只有应当属于目的框的协议才能被归入该范围。

（vii）谢尔曼法（Sherman Act）下的“目的限制”和“本身违法规则”

1890 年美国谢尔曼法的第 1 条将一部分特征明显的协议归为本身即违法的协议，而其余的都要接受所谓的“理性规则”分析。[157] 存在“本身违法”情形的协议的当事方不再享有抗辩的权利，这些协议属于法律规定的限制竞争的协议。谢尔曼法规定的“本身违法”协议和《欧盟运行条约》第 101 条第 1 款规定的“目的限制竞争”的协议有明显的相似之处。但是，谢尔曼法第 1 条和《欧盟运行条约》第 101 条第 1 款之间存在重要的差异：即使协议的目的是限制竞争，也就是说它本身就违反了第 101 条第 1 款，协议当事方依旧可以证明其因满足第 101 条第 3 款的规定而合法。这种可能在美国法中并不存在，因为美国法中并没有和第 101 条第 3 款相等同的条文。从这个意义上讲，诸如美国最高法院在 *Leegin* 案[158]中的判决认为，维持最低转售价格应当在理性规则框架下进行分析而不是采取“本身违法”的规定，这使美国法律与欧盟法律保持一致：认为维持转售价格满足第 101 条第 3 款的可能性一直存在，即使为第 101 条第 1 款的目的将其归类为具有限制竞争目的。[159]

（viii）目的框的内容

欧洲法院在 *Competition Authority v Beef Industry Development Society Ltd* 案[160]中指出，“目的限制竞争”的概念不能简单地通过列举穷尽，并且不能局限于《欧盟运行条约》第 101 条第 1 款本身所提到的几种反竞争协议。[161] 最终是由欧洲法院来决定应将哪些协议归于目的框。欧盟委员会可以决定某一特定类型的协议是在目的上加以限制的——例如 *Lundbeck* 案和 *Servier* 案中的延迟支付协议——但是只有法院可以裁决这是一项法律问题。下文试图说明当前的情况，并总结当前可以在目的框中找到的内容。

（a）固定价格和与未来价格相关的信息交换

固定价格被特别引用为《欧盟运行条约》第 101 条第 1 款（a）项中的反竞争协议的一个例子，并且毫无疑问的是，其特点是以限制竞争为目的，包括

---

[157] 参见：Gregory J. Werden “Antitrust's Rule of Reason：Only Competition Matters”（2013）和 Herbert J. Hovenkamp “The Rule of Reason”（2016，宾夕法尼亚大学法律与经济研究所的研究论文第17－28 号），均可在 www. ssrn. com 上查阅。

[158] *Leegin Creative Leather Products Inc v PSKS Inc* 551 US 877（2007）。

[159] 参见第 154～155 页“是否可以根据第 101 条第 3 款对限制目的进行辩解？”。

[160] 案例 C－209/07 EU：C：2008：643。

[161] 同上，第 23 段。

横向协议[462]和纵向协议[463]。欧洲自由贸易联盟法院在 *Ski Taxi SA v Norwegian Government* 案[464]中提到，实际或潜在竞争者对合同的联合竞标能够在目的上限制竞争。在 *T-Mobile* 案[465]中，欧洲法院认为，如果竞争者之间的信息交换能够消除参与的企业在预期行为方面的不确定性，那么竞争者之间的信息交换是存在反竞争目的的。[466] 该案中，移动电话运营商交换的信息是关于它们打算支付给分销商的酬劳，这被认为是存在限制竞争目的的。欧盟委员会在其《横向合作协议指南》[467] 中认为，竞争者为了预测未来的价格和销量所进行的相互之间的数据信息交换是存在限制竞争目的的。[468] 在 *Bananas* 案[469]中，欧盟普通法院认为，存在预先定价沟通行为，也就是说竞争者相互之间讨论了影响未来市场价格的一些定价事实，这涉及了限制竞争[470]。对其他的信息交换则需要进行效果分析。[471]

（b）划分市场、配额、集体排他性交易

在《欧盟运行条约》第 101 条第 1 款（c）项中具体提到了划分市场协议，并且将其作为存在限制性目的处理也在意料之中，尤其是因为它们可能会破坏欧盟内部市场。[472] 限制出口的协议同样也属于具有限制竞争目的的协议范围，这一点在第 101 条第 1 款（b）项中有具体提及。在 *Competition Authority v Beef Industry Development Society Ltd* 案[473]中，欧洲法院认为，使几家企业实施一项鼓励其中一些企业从市场上回购产品来降低过剩产能的共同政策的安排具有限制竞争的目的。[474] 欧盟委员会还将集体排他性交易认定为具有限制竞争的目

---

[462] 参见第 13 章第 689 ~ 691 页“横向价格固定”。

[463] 参见第 16 章第 822 ~ 823 页“第 4 条（a）项：转售价格维持”。

[464] 案例 E-3/16，2016 年 12 月 22 日作出的裁决。

[465] 案例 C-8/08 EU：C：2009：343。

[466] 同上，第 43 段。

[467] OJ［2011］C 11/1。

[468] 同上，第 74 段。

[469] 案例 T-587/08 *Fresh Del Monte Produce v Commission*［2013］EU：T：2013：129，第 293 ~ 585 段，驳回针对欧盟委员会 2008 年 10 月 15 日决定的上诉，第 263 ~ 277 段；欧盟普通法院的判决上诉至欧洲法院后得到维持：案例 C-293/13 P etc EU：C：2015：416。

[470] 案例 T-587/08 *Fresh Del Monte Produce v Commission*［2013］EU：T：2013：129，第 293 ~ 585 段和第 263 ~ 277 段。

[471] 参见例如案例 C-238/05 *Asnef-Equifax v Asociación de Usuarios de Servicios Bancarios*（*Ausbanc*）EU：C：2006：734；欧盟委员会《横向合作协议指南》（OJ［2011］C 11/1），第 75 ~ 94 段；信息协议在第 13 章第 672 ~ 681 页“信息交换”中讨论。

[472] 参见第 13 章第 660 ~ 664 页“横向市场划分”。

[473] 案例 C-209/07 EU：C：2008：643。

[474] 同上，第 33 ~ 34 段。

的，并获欧洲法院支持。[475] 抵制购买的受害者据称在市场上违法经营无关。[476] 在 *Lundbeck* 案[477]和 *Sevier* 案[478]中，欧盟委员会认为，医药产业中的延迟支付协议具有限制竞争的目的。*Lundbeck* 案的判决在被上诉至欧盟普通法院后也得到了维持[479]。最近的几个欧盟法院作出的判决都认为划分市场协议存在限制竞争的目的。[480]

（c）控制出口和出口禁令

欧盟普通法院在 *European Night Services v Commission* 案中提到，利用协议来控制出口明显存在限制竞争的目的，虽然《欧盟运行条约》第101条第1款中并没有具体提及对出口的控制，但是法院一贯认为在成员国之间的销售上设置直接或者间接的出口禁令是具有限制竞争目的的[481]：没有什么比这种手段对于市场一体化造成的伤害更严重。在 *Consten and Grundig v Commission* 案[482]中，欧洲法院认为，授予分销商绝对领土保护的协议以限制竞争为目的，不符合《欧盟运行条约》第101条第3款的标准。欧盟普通法院在 *GlaxoSmithKline v Commission* 案[483]中的判决在某种程度上混淆了这个看似简单的观点，认为在购买和销售药品的特殊情况下，间接出口禁令的目的不是限制竞争[484]，尽管它确

---

[475] 参见例如 *Nederlandse Federative Vereniging voor de Grootlandel op Elektrotechnisch Gebied and Technische Unie*（*FEG and TU*）OJ［2000］L 39/1，第105段；该决定的脚注120中给出了进一步的例子。在上诉案例 T－5/00 和 6/00 EU：T：2003：342 和进一步上诉至欧洲法院的案例 EU：C：2006：593 中，该决定被维持。

[476] 案例 C－68/12 *Protimonopolný úrad Slovenskej republiky v Slovenská sporitel'ňa a. s.* EU：C：2013：71，第19～21段。

[477] 欧盟委员会于2013年6月19日作出的决定。

[478] 欧盟委员会于2014年7月9日作出的决定；上诉至欧盟普通法院的案例 T－691/14 etc *Servier v Commission*，尚未裁决。

[479] 案例 T－472/13 etc *Lundbeck A/S v Commission* EU：T：2016：449；上诉至欧洲法院的案例 C－591/16 P *Lundbeck AlS v Commission*，尚未裁决。

[480] 参见例如案例 C－172/141 *ING Pensii v Consiliul Concuretnei* EU：C：2015：484；案例 C－373/14 *Toshiba Corp v Commission* EU：C：2016：26；案例 T－216/13 *Telefónica v Commission* EU：T：2016：369，上诉至欧洲法院的案例 C－487/16 P EU：C：2017：961；有关"降低一种竞争产品对另一种竞争产品的竞争压力"的不寻常的例子，参见案例 C－179/16 *F Hoffmann－La Roche v AGCM* EU：C：2018：25。

[481] 参见例如案例19/77 *Miller International Schallplaten v Commission* EU：C：1978：19，第7段和第18段；类似地，参见案例 C－551/03 P *General Motors BV v Commission* EU：C：2006：229，第64～80段；案例 T－175/95 etc *BASF v Commission* EU：T：1999：99，第133段；案例 T－176/95 *Accinauto SA v Commission* EU：T：1999：10，第104段。

[482] 案例56/64 58/64 EU：C：1966：41。

[483] 案例 T－168/01 *GlaxoSmithKline Services v Commission* EU：T：2006：265。

[484] 同上，第114～147段。

实产生了限制竞争的效果[485]。但是欧洲法院在之后推翻了欧盟普通法院的这一判决，重申旨在禁止或限制平行贸易的协议的目的是限制竞争，并且该原则适用于制药行业，就像适用于其他行业一样。[486] 欧洲法院还表示，在认定协议存在限制竞争目的的过程中不需要证明该协议对于最终的消费者造成了不利影响。[487]

欧洲法院还认为，对于分销商强制设置转售价格的行为也存在限制竞争目的。[488] 在 *AEG – Telefunken AG v Commission* 案[489]中，欧洲法院认为选择性分销系统也是存在限制竞争目的的，除非它依照 *Metro* 案原则[490]来运作。法院在该案判决中虽然并没有直接使用“目的限制”这一表达，但是其实际含义与 *Pierre Fabre* 案[491]中的解释含义是相同的。

（d）*Allianz Hungária Biztosító* 案

在 *Allianz Hungária Biztosító* 案[492]中，欧洲法院认为汽车保险公司和汽车修理公司之间的双边纵向协议涉及每小时的汽车修理费用，这会刺激修理商代表保险公司来卖出更多的保险，而这与匈牙利消费者法相违背，构成目的限制竞争行为：“在对这些协议的措辞和目的以及它们所构成的经济和法律背景进行具体和个别的审查之后，很明显，就其本身的性质而言，这些协议对两个相关市场之一的正常竞争的运作有害”。这个案件中的协议对于法院来说并不是明显存在限制竞争目的的，并且从判决中的分析来看似乎有将“限制竞争目的”判定和“造成损害后果”判定相混淆的风险。除此以外，在作出这份判决之前，唯一被认为存在限制竞争目的的纵向协议是关于出口禁令、限定转售价格以及选择性分销协议。*Allianz* 案中对于协议性质的认定扩大了存在限制竞争目的的纵向协议的范围，可能被视为违反了之后欧洲法院在 *Cartes Bancairs* 案中的声明——对限制竞争目的的概念应当采取限制性解释。

---

[485] 同上，第 148 ~ 192 段。

[486] 案例 C – 501/06 P etc *GlaxoSmithKline Services Unlimited v Commission* EU：C：2009：610，第 59 段和第 60 段。

[487] 同上，第 62 ~ 64 段。

[488] 案例 161/84 *Pronuptia de Paris GmbH v Schillgalis* EU：C：1986：41，第 23 段和第 25 段。

[489] 案例 107/82 EU：C：1983：293，第 34 段。

[490] 关于 *Metro* 案理论，参见第 16 章第 794 ~ 800 页“选择性分销协议”。

[491] 案例 C – 439/09 *Pierre Fabre Dermo – Cosmétique SAS v Président de l'Autorité de la Concurrence and Ministre de l'Économie, de l'Industrie et de l'Emploi* EU：C：2011：649，第 39 段。

[492] 案例 C – 32/11 EU：C：2013：160。关于对该判决的批评，参见：HARRISON D. The Court of Justice's Judgment in Allianz Hungaria is Wrong and Needs Correcting [N]. CPI Antitrust Chronicle, 2013 – 05 – 14 (1); NAGY C I. The Distinction between Anti – Competitive Object and Effect after Allianz: The End of Coherence in Competition Analysis? [J]. World Competition, 2013, 36 (4): 51.

（e）银行基准操纵

毫无疑问，操纵像伦敦银行同业拆借利率这样的基准是一种严重的违法行为，特别是考虑到它应该代表一个客观事实，即每日借款利率。然而，这种操纵是否违反《欧盟运行条约》第101条就是另外一个问题了。在 *Yen Interest Rate Derivatives* 案[493]、*Euro Interest Rate Derivatives* 案[494]以及 *Swiss Franc Interest Rate Derivatives* 案[495]中，欧盟委员会认为操纵基准利率的行为存在限制竞争的目的，因为这样做的目的在于破坏利率衍生品的正常定价过程。在 *Icap v Commission* 案[496]中，欧盟普通法院赞同欧盟委员会的观点，即协调日元LIBOR专家组提交的报告旨在影响有关银行到期的款项或应当支付的款项，并因此存在反竞争的目的。

（ix）目的框的内容

按照前文的顺序，似乎可以用如图3.2所示描述目的框的内容。[497]

横向协议

- 固定价格
- 降低未来市场不确定性的信息交换
- 划分市场
- 限制生产，包括去除过剩产能
- 限制销售
- 集体排他性交易
- 支付竞争者费用以延迟竞争产品发售
- 操纵金融基准利率

纵向协议

- 实行固定的或最低的转售价格
- 实施出口禁令
- 不符合 *Metro* 案原则的选择性分销协议
- *Allianz Hungária* 案中审查的协议种类

图3.2　目的框

[493] 欧盟委员会于2015年2月4日作出的决定。

[494] 欧盟委员会于2013年12月4日和2016年12月7日作出的决定；后一决定被上诉：案例T－105/17 etc *HSBC Holdings plc v Commission*，尚未裁决。

[495] 欧盟委员会于2014年10月21日作出的决定。

[496] 案例T－180/15 EU：T：2017：795，第72段。

[497] 目的框的内容在很大程度上与以下规定中列出的黑名单相符：关于纵向协议的第330/2010号条例第4条（a）项和（b）项［第16章第822～823页“第4条（a）项：转售价格维持”和第16章第823～827页“第4条（b）项：地域与消费者限制”］、关于研究与开发协议的第1217/2010号条例第5条（第15章第742页“第4条：豁免期限以及市场份额门槛”），以及关于专业化协议的第1217/2010号条例第4条（第15章第748页“第4条：核心限制”）。

(x) 完善目的框内的协议范围

这个框内的表示有些过于简单化了，因为它表明目的框的内容能够被精确定义：事实并非如此。一些其他的协议从它们的特点和相关内容中也可能被发现存在限制竞争的目的[498]，一些被认为存在“限制竞争目的”的协议也可能最后被证明并不存在限制竞争的目的[499]。在 *Visa International - Multilateral Interchange Fees* 案[500]和 *MasterCard* 案[501]中，欧盟委员会得出的结论是这些支付系统对“多边换汇费用”的限定可以被视作一种固定价格手段，存在着限制竞争的效果，但是并不能得出其存在“限制竞争目的”的结论。在 *Erauw - Jacquery Sprl v La Hesbignonne Société Cooperative* 案[502]和 *Javico v Yves St Laurent* 案[503]中，法院得出的结论是，在这些案件的具体情况下，出口禁令存在限制竞争的目的。这就说明在确认一项特定的协议是否存在限制竞争目的的时候，协议的内容必须被纳入考虑范围。但是，就如之前提到的，这本应该采用粗略审查而不是细致审查的方式来确认其性质，以避免“限制竞争目的”审查和“限制竞争效果”审查的混淆。

(E) 具有排除、限制或扭曲竞争效果的协议

(i) “效果”的含义

如果不能确认协议的目的是限制竞争，那么有必要在认定其违反《欧盟

---

[498] 参见例如：英国高等法院在 *Jones v Ricoh UK Ltd* [2010] EW HC 1743 (Ch) 案中认为，在该案的情况下，保密协议中的条款存在限制竞争的目的；关于英国判例法对此主题的讨论，参见第9章第433~438页“‘在英国境内排除、限制或扭曲竞争的目的或效果’”。

[499] 美国最高法院将特定类型的协议从本身违法规则的标准重新分配到理性规则分析的过程可以参见 *Continental TV v GTE Sylvania* 433 US 36 (1977) 案，该案否决了先前 *US v Arnold Schwinn Co* 388 US 365 (1967) 案的判决，该判决将非价格纵向限制置于本身违法规则之下；案例 *Broadcast Music Inc v CBS* 441 US 1 (1979)，在理性规则适用于著作权集体管理组织的规则的情况下：最高法院承认该协议是“字面意义上的”固定价格协议，但得出结论认为该协议不是“赤裸裸的限制”，而是使版权拥有人可以更有效地推销其产品；*State Oil Co v Khan* 522 US 3 (1997) 案中，最高法院裁定对最高转售价格维持应在理性规则而非本身违法规则标准下进行检验；*Leegin Creative Leather Products, Inc v PSKS, Inc* 551 US 877 (2007) 案中，最高法院裁定，关于最低转售价格的协议应从本身违法规则转移到理性规则分析。

[500] OJ [2002] L 318/17。

[501] 欧盟委员会于2007年12月19日作出的决定。

[502] 案例27/87 EU: C: 1988: 183；类似地，参见欧盟委员会在 *Sicasov* 案中的决定 (OJ [1999] L 4/27)，第53~61段。

[503] 案例C-306/96 EU: C: 1998: 173。

运行条约》第101条第1款规定之前评估其对实际和潜在竞争的影响。[504]对于存在限制竞争效果的协议，欧洲法院在*MasterCard v Commission*案[505]的判决中表示，该协议必须“对与竞争相关的参数，例如价格、产品或服务的数量和质量产生明显的不利影响”。但是，在《欧盟运行条约》第101条的内容中却没有要求一项具有“限制竞争效果”的协议必须对最终消费者造成损害。欧盟委员会解释说，一项协议可以“通过明显削弱协议双方或者是协议任一方和第三方的竞争”来得到这种不利的效果。[506]

通过证明已经发生的对竞争的影响（实际效果）或将来可能发生的影响，可以认定效果限制。[507]

（ii）需要对协议的市场背景进行全面分析以确认其效果

在*Brasserie de Haecht v Wilkin*案[508]中，欧洲法院认为：

> 如果在研究一项协议、决定或者协同行为产生如此效果的原因时，这些效果都是因为其看似存在的市场之外的原因所造成的，那么分析这些原因是没有意义的，并且对该协议应当与产生的效果分离开来研究，至于协议内容和效果是否会趋同，这就是由实践决定的。因此，为了测试一项协议是否受《欧盟运行条约》第101条第1款的约束，不能脱离先前的背景，即导致其排除、限制、扭曲竞争的事实或法律情况。为实现这一目标，可以考虑是否存在类似的合同，此类合同的一般主体能够限制贸易自由。[509]

在*Maxima Latvija*案[510]中，欧洲法院强调，对于效果的评价必须基于“对在案件主要环节中争议协议发生的经济和法律背景以及相关市场的特殊性进行的全面分析”。

---

[504] 案例C-382/12 P EU：C：2014：2201，第93段。

[505] 关于欧盟委员会效果分析方法的有益指导，参见《第101条第3款指南》（OJ［2004］C 101/97），第24~27段；有关反竞争效果的讨论，参见：ODUDU O. Interpreting Article 81（1）：Demonstrating Restrictive Effect［J］. European Law Review，2001，26（3）：261.

[506] 参见欧盟委员会《横向合作协议指南》（OJ［2011］C 11/1），第27段；关于限制效果，参见第26~47段。

[507] 案例C-7/95 P etc *John Deere v Commission* EU：C：1998：256，第77段。

[508] 案例23/67 EU：C：1967：54。

[509] 同上；类似地，参见案例C-7/95 P etc *John Deere v Commission* EU：C：1998：256，第76段和第91段；案例C-215/96和C-216/96 *Carlo Bagnsaco v BPN* EU：C：1999：12，第33段；案例C-1/12 *Ordem dos Tecnicos Oficiais de Contas v Autoridade da Concorrencia* EU：C：2013：127，第70段。

[510] 案例C-345/14 EU：C：2015：784，第29段。

Delimitis v Henninger Bräu AG 案[511]表明了在判断协议是否存在限制竞争效果时需要进行深度分析。在该案中，欧洲法院审议了啤酒厂及其被授权人之间订立的协议条款，其中要求被授权人每年应当购买最低数量的啤酒。被授权人认为该协议因违反了《欧盟运行条约》第 101 条而不具有效力且不可被强制执行。欧洲法院称该啤酒供应协议并不存在反竞争的目的。[512] 相反，欧洲法院还强调，该协议应当被放到其发生的背景当中加以考虑。[513] 首先，这对于界定相关产品和地理市场非常有必要：这在德国被称作持证销售啤酒（与零售不同）。[514] 在确定了市场之后，法院认为，有必要确定市场准入是否受到阻碍：一个新的竞争者能否通过一定的方式进入市场？例如通过收购一家现有的啤酒厂及其销售网点或者是开新店。[515] 如果答案是市场准入受到阻碍，那么就有必要询问 Henninger Bräu 签订的协议是否造成了封锁效果，例如由于其数量和持续时间。[516] 只要对于这两个问题的答案都是肯定的，就说明该协议违反了第 101 条第 1 款的规定。该案所提供的案件分析方式针对的是啤酒供应协议产生的问题，这一方式不一定与必须应用的分析（例如适用于企业出售的限制性协议或者团购规则）完全相同。但是，该案判决中的一个重要内容是，必须在协议产生的市场背景下对其进行全面分析，才有可能确定其效果是否限制竞争。

(iii) 将案件归类于“效果限制竞争”

如果一项协议不存在反竞争的目的，那么就不会推定存在反竞争的效果。在确认一项协议是否应被归类为导致“限制竞争效果”时，通常需要考虑以下五个因素[517]：

- 协议中据称对竞争构成限制的协议和/或条款；
- 评估效果所在的相关市场；[518]

---

[511] 案例 C-234/89 EU：C：1991：91，第 13 段；参见：KORAH C V. The Judgment in Delimitis: A Milestone Towards a Realistic Assessment of the Effects of an Agreement - or a Damp Squib [J]. EIPR, 1992, 14: 167；类似地，参见案例 C-214/99 *Neste Markkinointi Oy v Yötuuli* EU：C：2000：679；案例 T-65/98 *Van den Bergh Foods Ltd v Commission* EU：T：2003：281，第 75～119 段。

[512] 案例 C-234/89 EU：C：1991：91，第 13 段。

[513] 同上，第 14 段。

[514] 同上，第 16～18 段；关于市场界定，参见第 1 章第 31～33 页“市场界定”。

[515] 案例 C-234/89 EU：C：1991：91，第 19～23 段。

[516] 同上，第 24～27 段。

[517] 请注意，在某些情况下，通过分析协议各方的行为可能会显示出反竞争效果：《第 101 条第 3 款指南》（第 3 章脚注[350]），第 27 段。

[518] 案例 C-234/89 *Delimitis* EU：C：1991：91，第 13 段。

• 损害理论，即关于协议和/或条款如何和为什么可能对竞争带来负面效果的理论；[519]

• 不存在案件所述的限制时，竞争的实际背景；[520]

• 证明存在所述限制竞争效果的证据。[521]

欧盟委员会发布的《第101条第3款指南》阐述了一个十分重要的损害理论，即一项协议如何导致限制竞争的后果：协议的当事方单独或者集体拥有或者获得了市场支配力，并且协议导致了该支配力的出现、维持或者加强或者允许协议各方利用这种支配力。[522] 第101条第1款要求下的效果限制所需的市场支配力低于第102条中确定市场支配地位所要求的支配力程度。

（iv）建立"反事实"的必要性

在确定一项协议是否具有限制竞争效果的时候，有必要考虑在没有该协议的情形下的实际情形[523]：通过比较这两种情形就可以帮助我们了解这项协议究竟是否会限制竞争。欧盟普通法院在 *O2（Germany）GmbH & Co，OHG v Commission* 案[524]中强调了审查"反事实"的必要性。在该案中，欧盟普通法院还推翻了一个欧盟委员会的决定[525]，该决定认为在移动通信领域的漫游协议具有限制竞争的效果：欧盟委员会未能表明在不存在该协议的条件下会出现什么情况，或者该协议可能对竞争具有限制性效果。[526] 在 *MasterCard v Commission* 案[527]中，欧洲法院判决包括了一些让人困惑的关于"反事实"分析的讨论——其显然得出的结论是，完全禁止发卡银行和收单银行之间开证后约定价格。这未经深思熟虑并且 MasterCard 宣称其也无法容忍，但这可能是一个"反事实"的假设。[528]

（v）实际的和潜在的竞争

在确认协议是否落入了《欧盟运行条约》第101条禁止的范围时，欧盟

---

[519] 关于确定损害理论的必要性，参见第9章第436～437页"限制竞争效果"。

[520] 参见下文"建立'反事实'的必要性"。

[521] 参见例如案例 T－461/07 *Visa Europe Ltd v Commission* EU：T：2011：181，第167段。

[522] OJ［2004］C 101/97，第25段。

[523] 参见案例 56/65 *Société Technique Minière v Maschinendau Ulm* EU：C：1966：38；另见欧盟委员会《横向合作协议指南》（OJ［2011］C 11/1），第29段。

[524] 案例 T－328/03 EU：T：2006：116。

[525] *T－Mobile Deutschland/O2 Germany：Network Sharing Rahmenvertrag* OJ［2004］L 75/32。

[526] 案例 T－328/03 EU：T：2006：116，第65～117段。

[527] 案例 C－382/12 P EU：C：2014：2201。

[528] 同上，第154～199段；英国针对 MasterCard 提出的几项损害赔偿诉讼都考虑了反事实：参见第9章第436～437页"限制竞争效果"。

委员会和欧盟法院不仅考虑现有竞争是否会受到该协议的限制，它们也会将该协议在特定市场可能影响的潜在竞争纳入考虑范围。[529] 欧盟委员会将会从实际的角度出发来看待潜在的竞争，而不是从理论上或根据推测来看问题。[530] 在 *European Night Services v Commission* 案[531]中，欧盟普通法院驳回了欧盟委员会关于成立合营企业 European Night Services 可能会限制其母公司之间的实际或潜在的竞争的裁决，但是法院认为这是：

> 一个没有被任何证据和相关市场结构分析所支撑的假设，由此可以得出结论：它代表了一种真实、具体的可能性。[532]

当进入该市场存在"真正具体可能性"时，就存在潜在的竞争。在 *VISA Europe Ltd v Commissions* 案[533]中，欧盟普通法院维持了欧盟委员会在 *Morgan Stanley/Visa International* 案[534]中的裁决，该裁决认为 Morgan Stanley 在支付卡市场是潜在的竞争者并且它被非法排除在了 VISA 支付系统之外。[535]

潜在竞争的"真正具体可能性"测试已在多个案件中被考虑。在 *Lundbeck v Commission* 案[536]中，欧盟普通法院支持了欧盟委员会的裁决，该裁决认为仿制药的制造者是 Lundbeck 潜在的竞争者，而 Lundbeck 同意支付仿制药不进入市场的费用的行为是一个"重要的迹象"，表明它认为仿制药是一种竞争威胁。[537] 欧洲法院在 *Toshiba v Commission* 案[538]中得出了相同的结论，因为其参加了四年的"君子协议"会议，这被认为是各种生产者之间存在竞争关系的有

---

[529] 参见案例 T－504/93 *Tiercé－Ladbroke v Commission* EU：T：1997：84，其中一项决定因为没有考虑到潜在竞争的可能限制而被撤销。

[530] 参见例如 *Konsortium ECR* 900 OJ［1990］L 228/31；*Elopak/Metal Box—Odin* OJ［1990］L 209/15；欧盟委员会《横向合作协议指南》（OJ［2011］C 11/1），第 10 段和脚注 3、脚注 4；参见第 15 章第 733 页"《横向合作协议指南》的宗旨与范围"。

[531] 案例 T－374/94 etc EU：T：1998：198。

[532] 同上，第 139～147 段。

[533] 案例 T－461/07 EU：T：2011：181。

[534] 欧盟委员会于 2007 年 10 月 3 日作出的决定。

[535] 案例 T－461/07 EU：T：2011：181，第 162～197 段。

[536] 案例 T－472/13 *Lundbeck v Commission* EU：T：2016：449，第 89～330 段；进一步上诉至欧洲法院的案例 C－591/16 P，尚未裁决；另见 *Fentanyl*，欧盟委员会于 2013 年 12 月 10 日作出的决定；*Servier*，欧盟委员会于 2014 年 7 月 9 日作出的决定；上诉案例 T－691/14 etc *Servier v Commission*，尚未裁决。

[537] 案例 T－472/13 *Lundbeck v Commission* EU：T：2016：449，第 205 段；另见案例 T－360/09 *E. ON Ruhrgas and E. ON v Commission* EU：T：2012：332。

[538] 案例 C－373/14 P EU：C：2016：26，第 31～33 段。

力标志。在 *Telefónica/Portugal Telecom* 案[539]中，有关企业不是潜在竞争者的观点也没有得到支持。

（vi）商业辅助

合同限制与竞争限制不同，两个概念不应当被混淆。当然存在合同中的某些条款限制竞争的可能，但是同样地，合同中的一些限制性行为就竞争效果而言可能是中立的，甚至可能是有利于竞争的。在后文讨论的很多案件中，限制性条款没有违反《欧盟运行条例》第101条第1款。想要协调这些案件并不容易。一般存在两类案件，虽然它们之间的分界线有时是模糊不清的。就像英国竞争上诉法庭所承认的那样，"竞争法并不是法律体系中拥有很多明确概念和清晰边界的法律"。[540]

（a）客观上必要的协议

在一些案件中，法院认为为了使当事人能够实现其合法目的，有必要达成特定的协议。在 *Société Technique Minière v Maschinenbau Ulm* 案[541]中，欧洲法院认为，向分销商授予独家许可证可能并不违反《欧盟运行条约》第101条第1款的要求，因为这对"企业进入一个新区域的确有必要"[542]。在 *LC Nungesser KG v Commission* 案[543]中，法院认为一个对于植物种植者开放的独占许可授权并不会违反《欧盟运行条约》第101条的规定。根据该案的事实，如果没有某种品牌内竞争的豁免权，被许可人不会冒险投资玉米种子。[544] 在 *Coditel v Ciné Vog Films SA*（*No 2*）案[545]中，法院认为一个针对成员国内的电影放映的独家版权授权证书并不一定违反《欧盟运行条约》第101条的规定，即使这可能限制了电影从相邻的成员国通过广播线路的传播，但是这对于保护被许可人的投资是十分重要的。在 *Gøttrup - Klim Grovvareforeninger v Dansk Landbrugs Grovvareselskab AmbA* 案[546]中，合作采购协会章程中禁止成员参与与其存在竞争关系的

[539] 案例T-216/13 *Telefónica v Commission* EU：T：2016：369；上诉维持原判案例C-487/16 P EU：C：2017：961。

[540] 案例1035/1/1/04 etc *Racecourse Association v OFT*［2005］CAT 29，第167段。

[541] 案例56/65 EU：C：1966：38，第250页。

[542] 案例56/64和58/64 *Consten and Grundig v Commission* EU：C：1966：41，参见本章第158~159页"控制出口和出口禁令"；关于单一市场必要性，参见第1章第27~28页"单一市场势在必行"和第2章第62~63页"单一市场势在必行"。

[543] 案例258/78 EU：C：1982：211。

[544] 参见第19章第958~960页"专利许可：地域排他性"。

[545] 案例262/81 EU：C：1982：334。

[546] 案例C-250/92 EU：C：1994：413。

其他形式的有组织合作的条款并不一定限制竞争，甚至可能对竞争存在有利影响。[547]

（b）客观上必要的限制

在 *Reuter/BASF* 案[548]中，欧盟委员会认为强加给企业供应商的限制契约并不会落在《欧盟运行条约》第 101 条第 1 款的范围内，如果它们是相称的。欧洲法院在 *Remia BV and Verenigde Bedrijven and Nutricia v Commission* 案[549]中确认了这一点。在该案中，欧洲法院认为，为了业务连同其相关信誉的出售，有必要避免买卖双方之间的竞争。如果不存在这样的协议，出售该项业务根本没有可能。[550] 在 *Pronuptia de Paris v Schillgalis* 案[551]中，欧洲法院认为，很多特许销售协议中的限制条款旨在保护知识产权，并且维持特许销售系统产品的共同属性，这些条款并未落入《欧盟运行条约》第 101 条第 1 款的规制范围。在 *Erauw – Jacquery Sprl v La Hesbignonne Société Coopérative* 案[552]中，欧洲法院认为，设置条款避免被许可人出口受到种植者权利保护的基本农作物种子并不受到《欧盟运行条约》第 101 条第 1 款的限制，因为这对于保护许可人选择被许可人的权利而言十分关键。在 *Métropole télévision v Commission* 案[553]中，欧盟普通法院认为，通常被认为是“辅助约束”的是那些“与主要操作的实施直接相关且必要的”[554]。欧盟普通法院认为确定什么是辅助事项是相当抽象的过程，并不需要对市场进行完全分析。[555]

---

[547] 同上，第 35 ~ 45 段；法院随后将 *Gøttrup – Klim* 案应用于案例 C – 399/93 *Luttikhuis v Verenigde Coöperatieve Melkindustrie Coberco BA* EU：C：1995：434，第 14 段和第 18 段；欧盟委员会将其应用于案例 *P&I Clubs* OJ［1999］L 125/12，第 66 段及其后段落。

[548] OJ［1976］L 254/40。

[549] 案例 42/84 EU：C：1985：327。

[550] 关于第 101 条所规定的辅助限制，参见欧盟委员会《第 101 条第 3 款指南》（OJ［2004］C 101/97），第 28 ~ 31 段。

[551] 案例 161/84 EU：C：1986：41。

[552] 案例 27/87 EU：C：1988：183；类似地，参见欧盟委员会在 *Sicasov* 案中作出的决定（OJ［1999］L 4/27），第 53 ~ 61 段。

[553] 案例 T – 112/99 EU：T：2001：215。

[554] 同上，第 104 段，引用了欧盟委员会《关于辅助限制的通知》（OJ［1990］C 203/5），该通知已被《关于对企业集中直接相关且必要的限制的通知》（OJ［2005］C 56/24）所取代；在《欧盟合并条例》的范围内进一步讨论了辅助限制：参见第 21 章第 1093 ~ 1095 页“与合并直接相关且必要的合同限制：‘辅助限制’”。

[555] 案例 T – 112/99 EU：T：2001：215，第 109 段；有关 *Métropole* 案是否与 *Remia* 案和 *Gøttrup – Klim* 案不一致的讨论，参见 *Asda Stores Ltd v MasterCard Inc*［2017］EWHC 93（Comm）第 164 ~ 178 段和 *Sainsbury's Supermarkets Ltd v Visa Europe Services LLC*［2017］EWHC 3047（Comm）第 186 ~ 189 段；两案判决均被上诉至上诉法庭。

(c) *MasterCard v Commission* 案

欧洲法院在 *MasterCard v Commission* 案[556]中判决驳回了 MasterCard 提出的意见，即对于支付卡系统建立而言，开证银行在向收单银行付款时向其收取多边交换费在客观上是必要的。MasterCard 对此表示，在开证银行和收单银行之间没有协议的情况下，必须有一个违约机制来确定应支付的费用，因此该协议根本没有限制竞争。欧盟委员会、欧盟普通法院和欧洲法院都不同意 MasterCard 的意见。欧洲法院了解到，该案件之前就已经被讨论过，其中的协议或协议中的条款由于其辅助性的特点都被认为没有落入第 101 条的范围。[557] 但是法院的观点是当案件中的协议“在没有限制的情况下实施起来更加困难，甚至利润更低”，此时客观必要性的论证就不再适用。在这样的案件中，应当根据第 101 条第 3 款中的“不可缺少”标准对限制进行论证。[558] 对比该案件的判决和之前已经分析过的英国竞争上诉法庭在 *Racecourse Association v OFT* 案中的判决十分有意思：它们显示出不同案件之间的“模糊不清的”界限，不难想象英国竞争上诉法庭对于 MasterCard 的论点比起其他欧盟机构可能更加感同身受。在 *Asda v MasterCard* 案[559]中，英国高等法院认为 MasterCard 的多边交换费确实是存在客观必要性的，因为庭前证据表明 MasterCard 的商业计划在不订立该协议（反事实）的前提下根本无法开展。

(d) 评　论

本节讨论的判例法证明一些协议并不会落入《欧盟运行条约》第 101 条第 1 款的范围，因为它们对于实现某一个合法目的而言是必不可少的要素，并且在其他案件中某些限制会被认为是辅助性的。[560] 在这些案例中，协议和限制都是为了辅助某个商业目的，它们可以与下一节中讨论的欧洲法院对 *Wouters* 案的判决区分开来，后者认可了“监管辅助”的概念。

---

[556] 案例 C－382/12 P EU：C：2014：2201。

[557] 同上，第 89 段。

[558] 同上，第 91 段；请注意，根据第 101 条第 3 款，问题是限制是否必须实现所声称的经济效益，即改善产品的生产或分销，或促进技术或经济进步。

[559] ［2017］EWHC 93（Comm），第 163～233 段；参见 *Sainsbury's Supermarkets Ltd v Visa Europe Services LLC*［2017］EWHC 3047（Comm），第 184～191 段：Visa 的多边交换费不是客观必要的。

[560] 辅助限制原则是合并控制分析的一个重要特征：参见第 21 章第 1093～1095 页“与合并直接相关且必要的合同限制：‘辅助限制’”。

（vii）监管辅助：欧洲法院对于 *Wouters* 案的判决

在 *Wouters v Algemene Raad van de Nederlandsche Orde van Advocaten* 案[561]中，欧洲法院处理了一个十分不同寻常的情形。Wouter 对荷兰律师协会通过的一项禁止荷兰的律师与非律师共同成为合伙人的规定提出质疑：Wouter 希望能在会计师事务所以律师的身份工作。关于这一规则与欧盟竞争法的相容性，有许多问题被提交到了欧洲法院。由 13 名法官组成的合议庭在其判决中认为，限制不同学科背景人员合伙的行为“有可能限制《欧盟运行条约》第 101 条第1 款（b）项意义上的生产和技术进步”。[562] 法院也考虑到了这些规定对于成员国之间贸易的影响。[563] 但是，在该判决第 97 段中，法院指出：

> 然而，并不是企业之间的每一项协议或者企业协会作出的限制成员行为的任何决定都落入了《欧盟运行条约》第 101 条第 1 款的规制范围。为了将这一条款适用于某个特定案件，必须先考虑企业协会决定作出或产生影响的整体情况。更详细一点来说，必须考虑到其目的，确保与制定与组织、资格、职业道德以及监管和义务相关的规则的需要有关，以此来确保法律服务和健全司法的最终的消费者在诚信和经验方面获得必要的保障……这之后就要考虑其最终的限制竞争效果是否是追求这些目的所固有的。[564]

这是一个非常有趣但又存在矛盾的判决。这个判决的开头部分中，似乎法院认为当事违反了《欧盟运行条约》第 101 条第 1 款的规定，但是从第 97 段开始它又揭示了为什么如果有关规则“被合理地认为是必要的，以确保法律

---

[561] 案例 C－309/99 EU：C：2002：98。有关评论，参见：VOSSESTEIN A J. Case C－35/99，Arduino，Judgment of 19 February 2000，Full Court；Case C－309/99，Wouters et al. v. Algemene Raad van de Nederlandse Orde van Advocaten，Judgment of 19 February 2002［J］. Common Market Law Review，2002，39（2）：841；MONTI G. Article 81 EC and Public Policy［J］. Common Market Law Review，2002，39（5）：1057；O'LOUGHLIN R. EC Competition Rules and Free Movement Rules：An Examination of the Parallels and Their Furtherance by the Court of Justice Wouters Decision［J］. European Competition Law Review，2003，24（2）：62；LOOZEN E. Professional Ethics and Restraints of Competition［J］. European Law Review，2006，31（1）：28；FORRESTER I. Where Law Meets Competition：Is Wouters Like Cassis de Dijon［M］// EHLERMANN C，ATANSIU I. European Competition Law Annual 2004：The Relationship Between Competition Law and the（Liberal）Professions. Oxford：Hart Publishing，2006：271. 另见爱尔兰高等法院在 *Hemat v The Medical Council*［2006］IEHC 187 案中的判决，即爱尔兰医学委员会在制定和应用专业规则时不受竞争法的约束；Ahern 在发表于 2007 年第 28 卷 European Competition Law Review 第 366 页的文章中提到了该案。

[562] 案例 C－309/99 EU：C：2002：98，第 90 段；另见第 86 段和第 94 段。

[563] 同上，第 95 段。

[564] 案例 T－144/99 *Institut des Mandataires Agréés v Commission* EU：T：2001：105，第 78 段。

职业的良好运行，正如荷兰组织的那样”，就不会违反第101条第1款的规定。[565] 这个判决意味着在某些情况下，平衡竞业禁止目的与限制竞争是有可能的，并且得出前者比后者更为重要的结论，因此并不存在违反第101条第1款的情形。法院并没有针对《欧盟运行条约》第267条相关的事实作出裁决，但是却给出了一个初步裁决，即所有境内的法院都要遵照其进行判决。但是，很清楚的是判决提供了一个基础，荷兰法院可以据此裁定该案件中的有关规则并不违反《欧盟运行条约》第101条第1款的规定。从 *Wouters* 案判决的第107段和第108段中来看，欧洲法院似乎不愿意干预律师协会对于设定规则需求以及规则内容的评估；该立场与《欧盟运行条约》第101条第3款的内容形成鲜明对比，此时企业为了保护这个协议必须提供令人信服的经济效益证据。[566]

Wouters 案中出现了大量的问题。首先，为什么欧洲法院决定《欧盟运行条约》第101条第1款不能适用？其次，为什么这一判决符合前文第（vi）小节讨论的情形？再次，*Wouters* 案中的规则适用的范围究竟有多大？最后，法院是否可以用不同的方式对案件作出审判，但是仍旧得出该规则不违反第101条的结论？

（a）为什么第101条的内容不可以适用？

第一点，欧洲法院一定认为，认定“合理”的监管规则不在《欧盟运行条约》第101条第1款的规制范围内是合理的。此外，法院很有可能是想尝试根据《欧盟运行条约》第101条得出一个与根据《欧盟运行条约》第56条可能达成的结果类似的结果，如果该案是根据服务自由流动规则进行抗辩的话。如果对于荷兰法律从业者的监管制度不同，荷兰政府本身就可以采纳这一规则——这并不是不可想象的：该案中该项规则不可能受到《欧盟运行条约》第101条第1款的挑战，但是可能会受到第56条的挑战。根据该条款，成员国可能采用限制服务自由流动的规则，但是要限制在追求公共利益的必要范围内。[567] *Wouters* 案的判决有效地将同样的推理适用于以下情况，即监管职能不是由成员国行使（因此不易受到第56条的挑战），而是由

---

[565] 案例C-309/99 EU：C：2002：98，第107段。

[566] 参见第4章第195~196页“举证责任及证明标准”。

[567] 参见例如案例33/74 *Van Binsbergen v Bestuur Van de Bedrijfsvereniging voor de Metaalnijverheid* EU：C：1974：131，第14段。

国家授权的私营机构通过监管规则执行，如果有的话，受竞争法规则的控制。[568]

（b）*Wouters* 案判决与之前欧盟判例法之间的关系

第二点，*Wouters* 案的判决与前文第（ⅵ）小节讨论的案件存在概念上的相似之处：它们都是辅助性的，都是基于管理需要的限制行为，即使从通俗意义上来看这是一种限制竞争的行为，但是实际上其并没有违反《欧盟运行条约》第 101 条第 1 款的规定，因为该限制是为了其他合法目的而制定的辅助条款。然而，*Wouters* 案中最有意思的部分在于，该案中的限制对于市场中贸易往来的运行和贸易目的的达成而言并非是必需的；相反，该限制独属于一项监管职能，即"确保法律服务和健全司法的最终消费者在诚信和经验方面获得必要的保障"[569]。这看起来与之前案件中适用辅助概念的情形十分不同，*Wouters* 案被认为是"监管辅助"，而之前的判决被认为是"商业辅助"。也许这两个术语的使用很有帮助：通过共同使用辅助性的概念可以证明其与之前判例法的连续性，同时也可以精确把握两种不同情形下的区别，以用来区分商业案件和监管案件。

（c）*Wouters* 案的规则的适用范围

第三点就是关于 *Wouters* 案的规则的适用范围：判决本身并没有明确地将其适用范围限制在规范法律从业者的所谓"道德"（职业道德）规则，也没有限制其适用于一般的自由职业。在 *Meca - Medina v Commission* 案[570]、*OTOC* 案[571]以及 *Italian Geologists* 案[572]中，欧洲法院确认了 *Wouters* 案的原则可以适用于其他监管规则。在 *Meca - Medina* 案中，欧洲法院认为国际游泳联盟的反兴奋剂规则存在合理的目的——反对药物对于竞技体育的影响以保证赛事公平，包括保证对于运动员而言平等的机会、运动员的健康、竞技体育的客观真

---

[568] 法院援引案例 107/83 *Klopp* EU：C：1984：270，第 17 段和案例 C - 3/95 *Reisebüro Broede* EU：C：1996：487 第 37 段；*Wouter* 案判决第 99 段中关于《欧盟运行条约》第 56 条的案例：在这些案例中，法院认为，在该领域没有具体欧盟规定的情况下，每个成员国原则上都可以自由规范其领土内法律职业的运行。

[569] 案例 C - 309/99 *Wouters v Algemene Raad van de Nederlandsche Orde van Advocaten* EU：C：2002：98，第 97 段。

[570] 案例 C - 519/04 P EU：C：2006：492；参见：WEATHERILL S. Anti - Doping Revisited：The Demise of the Rule of "Purely Sporting Interest"？［J］. European Competition Law Review，2006，27：645；类似地，参见 *UEFA*，欧盟委员会新闻稿 IP/02/942，2002 年 6 月 27 日。

[571] 案例 C - 1/12 *Ordem dos Técnicos Oficiais de Contas* EU：C：2013：127。

[572] 案例 C - 136/12 *Consiglio nazionale dei geologi* EU：C：2013：489。

实以及运动的道德价值。[573] 法院认为相关规则中存在竞争限制是合理的。[574] 在 *OTOC* 案中，欧洲法院认为葡萄牙人采用的“特许会计师令”培训规则也同样存在合理的目的——为了保证会计师提供的服务质量。[575] 但是法院总结说，该规则超过了实现该目的所需要的程度。[576] 例如，OTOC 具有完全排他的权利来授权葡萄牙境内的培训机构，因此其处于明显的优势地位。该案的判决认为只有“合理”的监管规则可以不受《欧盟运行条约》第 101 条第 1 款的规制。[577] 相同的方式在 *API* 案[578]中也可以看到：欧洲法院认为，以道路安全为由为意大利的道路运输确定强制性最低收费的措施并不合理。[579]

在 *Wouters* 案中，经过仔细审查的法规毫无疑问存在公法性质：荷兰立法机关为该法规提供了专业的审查，即使立法的职能属于私营企业协会。*OTOC* 案和 *Italian Geologists* 案的判决分别对特许会计师和地质学者采用了相同的推理。在 *Meca - Medina* 案中，国际奥委会（International Olympic Committee，IOC）负责监管体系：国际奥委会是国际公法的产物，这也许可以解释为什么欧洲法院希望将 *Wouters* 案的原则适用于这个案件。未来一个令人很感兴趣的问题是，*Wouters* 案是否可以再被推广到不存在任何公法性质的纯私法监管体系。很多体育组织都完全具有私法上的独立地位，例如英国足联，欧洲法院可能正在准备将 *Wouters* 案原则的适用范围推广到这类主体。但是对其他的案件就很难去预测了，比如，假设一个特殊行业的企业在没有《欧盟运行条约》第 101 条第 3 款认可的鼓励下主动适用了保护环境的规则，此时对 *Wouters* 案原则能否在该案件中适用就要重新审视了。在 *Slovak Banks* 案[580]中，欧洲法院认为，应由公共机构而不是私营企业确保遵守法律要求，主动采取私人行为消除不合法的竞争行为并不是企业的工作。[581]

(d) 欧洲法院是否能通过不同路径来得到 *Wouters* 案的结论？

第四点，考虑欧洲法院是否可以通过其他路径得出 *Wouters* 案中不侵犯竞

---

[573] 案例 C－519/04 P EU：C：2006：492，第 42～45 段。

[574] 同上，第 47～56 段。

[575] 案例 C－1/12 *Ordem dos Técnicos Oficiais de Contas* EU：C：2013：127，第 94～95 段。

[576] 同上，第 96～100 段；第 101 条第 3 款和第 106 条第 2 款均不适用于该规则：第 101～107 段。

[577] *Wouters* 案原则的应用在案例 *ONP* 中被拒绝，欧盟委员会于 2010 年 12 月 8 日作出的决定，第 684～691 段；关于这一点的上诉被维持原判：案例 T－90/11 *ONP v Commission* EU：T：2014：1049。

[578] 案例 C－184/13 etc EU：C：2014：2147。

[579] 同上，第 46～57 段；另见案例 C－427/16 etc *CHEZ Elektro Bulgaria AD* EU：C：2017：890，第 54～55 段。

[580] 案例 C－68/12 *Protimonopolný úrad Slovenskej republiky v Slovenská sporiteľna a. s.* EU：C：2013：71。

[581] 同上，第 20 段；类似地，在《欧盟运行条约》第 102 条背景下，参见案例 T－30/89 *Hilti v Commission* EU：T：1991：70，第 118 段。

争法的相同结论也是一个有趣的问题。也许最明显的替代路径是支持 *Wouters* 案中的规则确实违反了《欧盟运行条约》第 101 条第 1 款的规定——就像提到的那样，法院认为禁止不同专业背景的合伙人合作可能会限制第 101 条第 1 款（b）项意义上的生产和技术发展——但是其又满足了第 101 条第 3 款的豁免情形。[582] 但是这种路径在 *Wouters* 案中是不适用的，在当时，《欧盟运行条约》第 101 条第 3 款情形下的判决只能由欧盟委员会在依据第 17 号条例第 4 条的通知作出决定，但是当时还没有这份通知。因此对于欧洲法院而言，其并不能自主适用《欧盟运行条约》第 106 条第 2 款的规定，因为律师协会并不是获得授权的企业。[583] 法院本可以作出对于成员国间贸易不存在影响的结论，因此第 101 条第 1 款的内容不能适用，但这样一来实际上问题就回到了适用荷兰竞争法上，而显然法院已经明确认定该行为对成员国之间的贸易产生了影响。[584]

（viii）第 101 条第 1 款在竞技规则上的适用

关于 *Wouters* 案的判决提供了一个改变思路的机会，以讨论第 101 条第 1 款在竞技规则上的适用问题。[585] 所有的运动都有规则：足球，除守门员之外都不可以用手来接触球；拳击手不可以进攻腰带以下的位置；标枪投手不可以向其他投手扔标枪。这些都是竞技的规则，并且显然不会违反《欧盟运行条约》第 101 条第 1 款的规定。同样，所有的运动都有惩罚规则：违反管理规则会导致停赛，服用禁用药品可能会导致禁赛。再有，足球俱乐部一旦属于一个联盟就不可以再加入另一个联盟。一个对于欧洲竞争法而言很难解答的问题是确认竞技规则是否或者何时可能违反了《欧盟运行条约》第 101 条或者第 102 条的规定。很显然，有些规则可能会存在限制市场竞争的效果，例如，这些规则越

---

[582] 参见第 9 章第 433 ~438 页“‘在英国境内排除、限制或扭曲竞争的目的或效果’”。

[583] 参见第 6 章第 297 ~304 页“《欧盟运行条约》第 106 条第 2 款”（关于对第 106 条第 2 款规定的第 101 条和第 102 条的适用的减损）。

[584] 案例 C –309/99 EU：C：2002：98，第 95 段。

[585] 有关欧盟法律和体育运动的一般性讨论，参见：WEATHERILL S. Fair Play Please：Recent Developments in the Application of EC Law to Sport ［J］. Common Market Law Review，2003，40（1）：51；VAN DEN BOGAERT S，VERMEERSCH A. Sport and the EC Treaty：A Tale of Uneasy Bedfellows? ［J］. European Competition Law Review，2006，31（6）：821；SZYSZCAK E. Competition and Sport ［J］. European Law Review，2007，32（1）：95；KIENAPFEL P，STEIN A. The application of Articles 81 and 82 EC in the Sport Sector ［J］. Competition Policy Newsletter，2007（3）：6；总检察长科科特在案例 C –49/07 *MOTOE* EU：C：2008：142 中的观点；欧盟委员会的《体育宣言》，附在《阿姆斯特丹条约》的最终版之后，参见 OJ ［1997］ C 340/136。

过了竞技规则的界限，反而会破坏与其相关的转播市场的竞争。[586]

欧盟普通法院在 *Meca－Medina* 案中认为竞技规则与经济考量并没有任何关系[587]，因此其完全不会落入第 101 条和第 102 条的范围。在上诉到欧洲法院时，欧洲法院认为欧盟普通法院在法律的适用上存在错误，因此驳回原判决。[588] 欧洲法院的审判方式明显比欧盟普通法院的更合理：欧盟普通法院的判决意味着对竞技规则不可能在任何竞争规则下进行审查，而欧洲法院认为可对其进行反竞争效果测试，即使根据 *Wouters* 案的原则它们可能是被允许的。

（ix）欧盟法院是否会接受“理性规则”？

如上文所述，对《欧盟运行条约》第 101 条第 1 款的批评意见认为，这一条款适用的协议范围过于广泛，可以利用“理性规则”进行抗辩，会让更少的协议受到该条文内容的限制。之前讨论的判决就提出了一个问题：欧盟法院是否应该在第 101 条第 1 款条件下适用“理性规则”抗辩。根据第 101 条第 1 款讨论“理性规则”往往是非常不准确的。[589] 很多时候该原则对于反对判决结果的人而言更像是一个口号，尤其是对于欧盟委员会的决定。到目前为止，只要“理性规则”的要求是对好的而不是坏的或合理的而不是无理的判断和决定的要求，没有人会不同意它。但是，如果拥护者认为支持“理性规则”就意味着要把 1890 年美国谢尔曼法关于“理性规则”的法学理论全部囊括进欧盟竞争法，这就完全错误了。欧盟法适用该规则完全是以与美国法不同的方式进行的，这不仅体现在对于第 101 条第 1 款和第 3 款适用的分歧上，因为这在美国法中完全不存在，欧盟法更重视统一内部市场的推行以及传统竞争法的问题。[590]

（a）美国法律中的理性规则

美国法中，理性规则具有特殊的意义。在 *Continental TV v GTE Sylvania* 案中，美国最高法院将“理性规则”定义为需要个案评估，“也就是说，在审查

---

[586] 参见例如案例 *London Welsh Rugby Football Club v Rugby Football Union*，2012 年 6 月 29 日作出的决定（俱乐部主场体育场的比赛规则扭曲了比赛，没有理由拒绝将伦敦威尔士晋级到 RFU 联赛）；关于共同出售体育权利的内容，参见第 13 章第 657～658 页“联合销售代理”。

[587] 案例 T－313/02 EU：T：2004：282，第 47 段。

[588] 案例 C－519/04 P EU：C：2006：492，第 33 段和第 34 段；欧盟委员会将案例 *Meca－Medina* 应用于 *International Skating Union's Eligibility Rules* 案，欧盟委员会于 2017 年 12 月 8 日作出的决定，第 210～266 段；案例 T－93/18 *ISU v Commission*，尚未裁决。

[589] 参见总检察长莱格在案例 C－309/99 *Wouters* EU：C：2001：390 第 102 段中的观点。

[590] 参见第 1 章第 27～28 页“单一市场势在必行”和第 2 章第 62～63 页“单一市场势在必行”。

案件事实的过程中需要考虑所有的背景再来确定这种限制竞争的行为是否因不合理限制竞争而应当受到约束”。[591] 这就意味着，在确定某项协议是否在谢尔曼法第1条的意义上限制了贸易时，比较协议促进和限制竞争的效果是十分必要的：当其限制竞争的效果超过促进竞争的效果时，该协议就是不合法的。然而，美国竞争法和欧盟竞争法在很多方面都存在很大的差异，因此美国法中的术语解释方式不可以被直接应用到欧盟法中，以免模糊这一重要事实。[592] 欧盟法院对案件作出合理判决并不意味着其适用了美国法语境下的“理性规则”。大量评论家都反对将以美国经验为蓝本的“理性规则”引入欧盟法律中。[593] 欧盟委员会认为废除《欧盟运行条约》第101条第3款来适用“理性规则”是自相矛盾的，因为该条款中本来就包含了“理性规则”的所有要素。此外，在《欧盟运行条约》第101条第1款的背景下适用“理性规则”可能会使得第101条第3款偏离其立法目的，该立法目的是为限制行为的经济评估提供法律框架并且不允许因政治因素而搁置竞争规则的适用。[594]

(b) 欧盟普通法院对于 *Métropole* 案的判决

在 *Métropole télévision v Commission* 案[595]中，欧盟普通法院否认“理性规则”被包含在第101条第1款项下。六家法国电视公司建立了一个联合公司 Télévision par Satellite（TPS）。TPS在法国和欧盟提供法语付费电视数据服务：TPS对于当地占支配地位的付费电视公司 Canal + 而言是一个竞争者。当事方向欧盟委员会通报了若干协议。1999年，欧盟委员会作出了一项决定，认为TPS的创建并没有落入《欧盟运行条约》第101条第1款的限制范围，但是它得出的结论是：其中包括的一个禁止TPS的母公司加入其他付费电视数据公司

---

[591] 433 US 36，49（1977）；另见 *National Collegiate Athletic Association v Board of Regents of University of Oklahoma* 468 US 85（1984）；*California Dental Association v Federal Trade Commission* 526 US 756（1999）；案例 *Federal Trade Commission v Actavis* 570 US 756（2013）。有关美国法律中的“理性规则”的讨论，参见：AREEDA P E，HOVENKAMP H. Antitrust Law：An Analysis of Antitrust Principles and Their Application［M］. New York：Kluwer，2013：Vol Ⅶ，ch 15；HOVENKAMP H. The Rule of Reason［J/OL］. University of Pennsylvania Institute for Law & Economic Research Paper，2016. https：//ssrn. com/abstract：2885916.

[592] 参见：WHISH R，SUFRIN B. Article 85 and the Rule of Reason［J］. Yearbook of European Law，1987，7（1）：1.

[593] 参见：WHISH R，SUFRIN B. Article 85 and the Rule of Reason［J］. Yearbook of European Law，1987，7（1）：1；SCHRÖTER H. Antitrust Analysis and Article 85（1）and（3）［M］//HAWK B. North American and Common Market Antitrust and Trade Laws：Annual Proceedings of the Fordham Corporate Law Institute1987. New York：Matthew Bender，1988：ch 7.

[594] European Commission. White Paper on Modernisation of the Rules Implementing Articles 85 and 86 of the EC Treaty：OJ［1999］C 132/1［J］. Official Journal of the European Communities，1999，42：para 57.

[595] 案例T－112/99 EU：T：2001：215：参见：MANZINI P. The European Rule of Reason：Crossing the Sea of Doubt［J］. European Competition Law Review，2002，23（8）：392.

的竞业限制条款，仅在3年内不违反第101条第1款；赋予TPS对其母公司提供的某些特定频道和服务的优先购买权及对其他频道的专营权的条款违反了第101条第1款的规定，但是却可以根据第101条第3款被允许施行3年。TPS的四个股东就这一决定向欧盟普通法院提出上诉，诉称欧盟委员会原本应当适用美国式的理性规则[596]，尤其是那些赋予TPS优先购买权和专营权的条款可能会让TPS通过进入Canal+支配的市场来促进竞争。[597] 欧盟法院的几个知名的判决被引用来支持这一版本的理性规则。[598] 有趣的是欧盟普通法院的判决以明确的方式驳回了申请人的论点：

> 申请人认为，由于欧盟竞争法中存在“理性规则”，当适用《欧盟运行条约》第101条第1款时，有必要衡量协议的促进竞争和反竞争效果，以确定其是否受到该条禁止性规定的约束。然而，应当首先指出的是，与申请人的说法相反，［欧盟］法院没有确认存在这样一条规则。恰恰相反，在不同的判决中，欧洲法院和欧盟普通法院都竭力指出，欧盟竞争法中存在理性规则是值得怀疑的。[599]

欧盟普通法院接着表明，协议的促进竞争和反竞争的方面应当在第101条第3款的背景下进行考虑。[600] 在普通法院的观点下：

> 第101条第3款会失去很多用处，如果这种验证方式已经被纳入第101条第1款考虑范围内。[601]

欧盟普通法院承认欧盟法院在解释《欧盟运行条约》第101条第1款的时候会“更加灵活”，但得出结论认为这并不意味着它们采用了申请人所主张的“理性规则”。[602] 相反，法院作出的判决越灵活，表明它们越不会愿意去找到一个完全抽象的限制，但是对于市场的完全分析是必要的。[603] 欧盟普通法院在

---

[596] 案例T－112/99 EU：T：2001：215，第68段。

[597] 同上，第69段。

[598] 同上，第68段和第70段，尤其提及案例258/78 *Nungesser and Eisele v Commission* EU：C：1982：211（*Maize seeds*）；案例262/81 *Coditel v Ciné Vog Films* EU：C：1982：334和案例T－374/94 etc *European Night Services v Commission* EU：T：1998：198。

[599] 案例T－112/99 EU：T：2001：215，第72段。

[600] 同上，第74段。

[601] 同上。

[602] 同上，第75～76段。

[603] 同上，第76段。

Van den Bergh Foods v Commission 案[604]和 *O2*（*Germany*）*v Commission* 案[605]中也得出了相同的结论。欧盟委员会在《第101条第3款指南》第11段引用 *Métropole* 案来支持其观点——衡量反竞争和促进竞争的效果只在第101条第3款的框架中进行。[606]

（c）评 论

从作者的角度来说，*Métropole* 案的判决未在《欧盟运行条约》第101条第1款的适用中采纳美国式的理性规则是正确的。当然，欧盟委员会和欧盟法院应当合理地适用第101条，但是这并不意味着它们应当引入完全不同的谢尔曼法语境下的分析方式。一个很有趣的问题在于，欧洲法院对于 *Wouters* 案的判决是否应被理解为是根据第101条第1款引入了一项理性规则。[607] 监管辅助原则在该案中对限制竞争行为和出于非竞争原因的监管行为提供了平衡，由此，在作者看来，*Wouters* 案的判决并不适用美国式的理性规则，因此最好不要使用这种表达来解释。

（x）合营企业

《欧盟运行条约》第101条第1款并不适用于全功能合营企业，对该种企业将在合并控制的规则下进行处理。这会在第21章中解释。[608]

（F）第106条第2款

《欧盟运行条约》第106条第2款排除竞争规则对企业的适用，只要对于这些规则的遵守会妨碍企业完成成员国交给它们的任务。这个问题会在第6章展开讨论。[609]

（G）国家强制和高度监管的市场

竞争规则不适用于目前受法律强制而以特定方式行事的企业：这有时被叫作“国家强制”抗辩；在法律框架不允许企业进行竞争活动的情况下，即在

---

[604] 案例T-65/98 EU：T：2003：281，第106段。

[605] 案例T-328/03 EU：T：2006：116，第69段。对该案的讨论，参见：MARQUIS M. *O2*（*Germany*）*v Commission* and the Exotic Mysteries of Article 81（1）EC［J］. European Law Review，2007，32（1）：29.

[606] OJ［2004］C 101/97。

[607] 参见：KORAH V. Rule of Reason：Apparent Inconsistency in the Case Law under Article 81［J］. Competition Law Insight，2002，1：24.

[608] 参见第21章第1036~1038页“合营企业——全功能的概念”。

[609] 参见第6章第297~304页“《欧盟运行条约》第106条第2款”。

高度监管的市场上运营的情况下，竞争规则也不适用。这两种抗辩方式常常被援引，但是它们适用的范围很小，并且基本毫无例外都失败了。[610] 在企业确实没有自主行为空间的情形下，它们不会承担违反《欧盟运行条约》第101条规定的责任。[611] 但是如果企业决定不再适用之前遵守的法规并且不可更改，其就不再满足豁免条件。[612] 在 *Suiker Unie v Commission* 案[613]中，意大利糖果市场受到高度的监管以至于市场不存在任何竞争空间的论点获得了成功。

在 *Deutsche Telekom v Commission* 案[614]中，欧洲法院概述了该法规。在该案中，Deutsche Telekom（DT）称（在第102条下的一个案件中）其没有非法挤压利润的罪行，因为它的行为是得到德国电子通信行业监管机构准许的。但是法院驳回了DT的意见，因为DT仍保有在宽带互联网接入服务上控制零售价格的权利，从而结束了利润的挤压：监管机构的批准并没有剥夺DT自主行为的能力。欧洲法院在该判决的第80段总结道[615]：

> 根据欧洲法院的判例法，只有当国家立法要求企业进行反竞争行为时，或者如果国家立法构建了一个法律框架，而该框架本身消除了该领域

---

[610] 关于"国家强制"的抗辩：*Wood Pulp I* OJ［1985］L 85/1 中被否决；*ENI/Montedison* OJ［1987］L 5/13，第25段；*Aluminium Products* OJ［1985］L 92/1；*SSI* OJ［1982］L 232/1，上诉至欧洲法院的案例 240/82 etc *SSI v Commission* EU：C：1985：488 维持原判；案例 *French – West African Shipowners' Committee* OJ（1992］L 134/1，第32～38段；案例 T–513/93 *CNSD v Commission* EU：T：2000：91，第58～59段。另见案例 C–359/95 and 379/95 P *Commission v Ladbroke Racing* EU：C：1997：531，第33段；案例 T–228/97 *Irish Sugar v Commission* EU：T：1999：246，第130段；案例 *Airfreight*，欧盟委员会于2010年11月9日作出的决定；关于"高度监管的市场"的抗辩在案例 209/78 etc *Van Landewyck v Commission* EU：C：1980：248 第126～134段中被否决；案例 240/82 etc *SSI v Commission* EU：C：1985：488，第13～37段，以及案例 260/82 *NSO v Commission* EU：C：1985：489，第18～27段；*Greek Ferry Services Cartel* OJ［1999］L 109/24，第98～108段；上诉维持原判案例 T–56/99 etc *Marlines SA v Commission* EU：T：2003：333；*French – West Africa Shipowners' Committee* OJ［1992J L 134/1；案例 T–202/98 etc *Tate & Lyle plc v Commission* EU：T：2001：185，第44～45段；*Spanish Raw Tobacco*，欧盟委员会于2004年10月20日作出的决定，第349～356段；*Raw Tobacco Italy*，欧盟委员会于2005年10月20日作出的决定，第315～324段；*Bananas*，欧盟委员会于2008年10月15日作出的决定，第272段、第279段、第292段、第306段、第308段；上诉维持原判案例 T–587/08 etc *Fresh Del Monte Produce v Commission* EU：T：2013：129，第377～418段；进一步上诉后维持原判案例 C–293/13 and C–294/13 PEU：C：2015：416。*E. ON/GDF Suez*，欧盟委员会于2009年7月8日作出的决定，第293～297段。

[611] 参见例如案例 T–387/94 *Asia Motor France v Commission* EU：T：1996：120，第78～100段。

[612] 参见案例 C–198/01 *CIF* EU：C：2003：430，第54段及其后段落。

[613] 案例 40/73 etc EU：C：1975：174；另见案例 T–325/01 *Daimler Chrysler v Commission* EU：T：2005：322，第156段。

[614] 案例 C–280/08 P EU：C：2010：603。

[615] 参见《横向合作协议指南》（OJ［2011］C 11/1）第22段。

内任何竞争存在的可能，此时《欧盟运行条约》第 101 条和第 102 条的内容才不适用。在这种情况下，对于竞争的限制不可以像这些规定含蓄要求的那样被归咎于企业的自主行为。但是，如果发现国家立法设立开放市场承认竞争的可能性，而这种竞争可能会被企业的自主行为排除、限制或者扭曲，那么第 101 条和第 102 条可以适用。

法院的判决引用了几项之前的判决，尤其是指出了如果国家法律只是鼓励或者让企业更易从事自主的反竞争行为，那么就没有这一抗辩。[616]

(H) 欧盟委员会通知

大量的欧盟委员会通知为《欧盟运行条约》第 101 条第 1 款对于各类协议的适用提供了指导意见——提供一个这些通知的清单是非常有益的。

(i)《关于对分包协议的通知》

第 101 条不适用于某些分包协议。[617]

(ii)《关于竞争规则在跨境信贷转移问题上的适用的通知》

本通知在银行业有具体的适用范围。[618]

(iii)《关于竞争规则在邮政业适用的通知》

本通知在邮政行业有具体的适用范围。[619]

(iv)《关于竞争规则在电信行业接入协议适用的通知》

本通知在电信行业有具体的适用范围。[620]

(v)《关于对企业集中直接相关且必要的限制的通知》

第 101 条第 1 款并不适用于辅助限制[621]，该通知与《欧盟合并条例》背景下的企业集中分析特别相关，但是该通知对于欧盟委员会的考量提供了很多具有实际意义的见解。[622]

---

[616] 法院引用以下案例来支持这一主张：案例 40/73 etc *Suiker Unie y Commission* EU：C：1975：174，第 36 ~ 73 段；案例 C－198/01 CIF EU：C：2003：430，第 56 段。

[617] OJ［1979］C 1/2。

[618] OJ［1995］C 251/3。

[619] OJ［1998］C 39/2；参见第 23 章第 1231 ~ 1236 页“邮政业”。

[620] OJ［1998］C 265/2；参见第 23 章第 1227 ~ 1229 页“欧盟竞争法的适用”。

[621] OJ［2005］C 56/244。

[622] 对该通知在第 21 章第 1030 ~ 1058 页“管辖权”中进行讨论。

(vi)《关于次要协议的通知》

该通知涉及最低限度原则，会在下文进行讨论。[623]

(vii)《关于〈欧盟运行条约〉第101条和第102条贸易概念影响指南》

这对于确定第101条的适用范围至关重要，会在下文进行讨论。[624]

(viii)《第101条第3款指南》

该指南主要涉及第101条第3款的适用问题。然而，其中第13~37条涉及第101条第1款下的适用原则。[625]

(ix)《技术转让指南》

该指南充分阐述了在技术转移协议和技术池问题上第101条第1款和第101条第3款的适用问题。[626]

(x)《合并管辖权通知》

第101条不适用于全功能合营企业，第91~109段解释了全功能的概念。[627]

(xi)《纵向限制指南》

该指南涉及第101条第1款和第101条第3款对纵向协议的适用问题，其第12~21段还就如何将第101条第1款适用于委托人和代理人之间的协议提供了具体指导。[628]

(xii)《横向合作协议指南》

该指南涉及第101条第1款和第101条第3款对于横向合作协议的适用问题。[629]

5. 最低限度原则

(A) 引　言

在1969年的 *Völk v Vervaecke* 案[630]中，欧洲法院首次提出了“最低限度原

---

[623] OJ［2014］C 368/13。
[624] OJ［2004］C 101/81。
[625] OJ［2004］C 101/97。
[626] OJ［2014］C 89/3；参见第19章第966~977页“技术转让协议：第316/2014号条例”。
[627] OJ［2008］C 95/1。
[628] OJ［2010］C 130/1；参见第16章第770~774页“商业代理”。
[629] OJ［2011］C 11/1；参见第15章第731~735页“《横向合作协议指南》”。
[630] 案例C-5/69 EU：C：1969：35。

则”：《欧盟运行条约》第 101 条第 1 款将不适用于相关协议，如果这些协议在各成员国之间贸易或竞争中没有明显的影响。[631] 欧洲法院曾多次强调“双重显著性标准”（必须对成员国间的贸易和竞争都产生影响），而最近强调该标准的案例是 2012 年 *Expedia Inc v Autorité de la Concurrence* 案[632]。但是，*Expedia* 案最终对“双重显著性标准”进行了重大改进：在该案判决书的第 37 段中，法院表示，若一项协议从目的上限制竞争且对成员国之间的贸易产生影响，则该协议自动违反了《欧盟运行条约》第 101 条第 1 款的规定，并无须阐明对竞争的具体影响。换言之，法院在该案中放弃了对目的限制的“双重显著性标准”。[633]

欧盟委员会在两个文件中对显著性标准提供了指导：(1)《关于〈欧盟运行条约〉第 101 条和第 102 条贸易概念影响指南》，将在下一部分被继续阐述[634]；(2) 欧盟委员会在 2014 年 6 月发布的《关于次要协议的通知》修订了 *Expedia* 案判决中的表述[635]。为了《最低限度通知》的目的，欧盟委员会还发布了一份关于目的限制的工作人员工作文件[636]。

（B）欧盟委员会《关于次要协议的通知》

（i）《关于次要协议的通知》第 1 部分：说明部分

《关于次要协议的通知》的第 1 部分包含了对于最低限度原则适用的重要声明。该部分第 1 段援引了欧洲法院关于显著性的判例法。第 2 段引用 *Expedia* 案的判决指出，最低限度原则不适用于目的限制。第 3 段表示，该通知利用市场份额门槛来确定对竞争的限制何时不明显。第 3 段中还指出，对于显著性的“负向”定义（也就是解释不明显的竞争限制），并不意味着高于门槛的协议一定被《欧盟运行条约》第 101 条第 1 款所规制：高于门槛的协议可能对竞争的影响微乎其微，因此不会被第 101 条第 1 款所规制[637]；换言之，该通知

[631] 请注意，不违反第 101 条的协议仍可能违反一个（或多个）成员国的法律。

[632] 案例 C－226/11 EU：C：2012：795，第 16 段。

[633] 参见：GONZALEZ A D. Restrictions by Object and the Appreciability Test：The *Expedia* Case，a Surprising Judgment or a Simple Clarification？［J］. European Competition Law Review，2013，34：457；KING S. How Appreciable is Object? The De Minimis Doctrine and Case C－226/11 *Expedia Inc v Autorité de la concurrence*［J］. European Competition Journal，2015，11（1）：1.

[634] 参见本章第 185～190 页“对成员国之间贸易的影响”。

[635] OJ［2014］C 291/1。

[636] SWD（2014）198 final，可在 www. ec. europa. eu 上查阅。

[637] 该通知提到了案例 C－215/96 etc *Bagnasco* EU：C：1999：12，第 34～35 段以支持这一主张。同样的观点可以在欧盟普通法院的以下两案判决中找到：案例 T－7/93 *Langnese－Iglo GmbH v Commission* EU：T：1995：98，第 98 段；案例 T－374/94 etc *European Night Services v Commission* EU：T：1998：198，第 102～103 段。另见欧盟委员会《纵向限制指南》（OJ［2010］C 130/1）第 9 段。

建立了一个对于低于门槛的协议的“安全港”，但没有针对高于门槛的协议建立一个“危险区”。第4段中强调，该通知并不涉及成员国之间贸易产生的显著影响的定义，这一点已在欧盟委员会《关于〈欧盟运行条约〉第101条和第102条贸易概念影响指南》[638] 中涉及。另外，在脚注5中补充道，在中小企业间的协议不大可能影响到成员国之间的贸易，而这些中小企业的定义是：员工数不超过250名且年营业额不超过5000万欧元，或者年资产负债总额不超过4300万欧元。[639]

该通知第5段很重要：它指出，欧盟委员会不会根据申请或主动就该通知所涵盖的协议提起诉讼；如果企业善意地认为一项协议为该通知所涵盖，则欧盟委员会不会处以罚款。另外，第5段还表明，虽然该通知对国家法院和竞争主管机构没有约束力，但它旨在为它们提供指导。欧洲法院在*Expedia*案中确认了这一点。[640] 第6段表示，该通知亦将适用于企业协会的决定以及协同行为。而第7段重申了该通知的规定对欧盟法院所作出的与《欧盟运行条约》第101条相关的任何解释不具偏见。

（ii）《关于次要协议的通知》第2部分：门槛（边界）

该通知中的主要规定在第2部分的第8段。其主要内容为：

> 欧盟委员会认为，企业之间订立的对成员国间贸易具有影响，可能存在排除、限制或扭曲内部市场竞争效果的协议，不会明显限制第101条第1款意义上的竞争，主要情形如下：
>
> （a）如果协议各方在受该协议影响的任何相关市场上所持有的总市场份额不超过10%，且该协议是由这些市场上的实际或潜在竞争者的企业[641]之间达成的（竞争者之间的协议）；或
>
> （b）如果协议各方在受该协议影响的任何相关市场上所占的市场份额不超过15%，且该协议是由非实际竞争者或潜在竞争者的企业之间达成的（非竞争对手之间的协议）。
>
> 为防止难以将协议分类为竞争者之间的协议或非竞争者之间的协议的情形，可使用市场份额的10%作为门槛。

---

[638] 参见本章第185～190页“对成员国之间贸易的影响”。

[639] 参见欧盟委员会建议2003/361/EC，OJ［2003］L 124/36（自2005年1月1日起施行）；欧盟委员会《纵向限制指南》（OJ［2010］C 130/1）第11段认为，中小企业之间的纵向协议很少会对成员国之间的竞争或贸易产生明显的限制。

[640] 案例C－226/11 EU：C：2012：795，第31段。

[641] 在整个通知中，“企业”一词包括“关联企业”，例如母公司和子公司：参见第12段。

由此可见，该通知通过更高的门槛设定，对纵向协议采取了比对横向协议更为宽松的态度。

一些行业出现了一个特殊问题：许多纵向协议的累积性影响可能会导致市场封锁的问题。[642] 该通知为这种特殊情形的显著性提供了指导：（a）首先要弄清这种累积性的市场封锁影响何时产生；（b）依据市场份额门槛来判断相关的协议是否造成了该影响的产生。该通知第 10 段指出：一方面，具有同等影响的平行合同，其占相关市场份额不超过 30% 的，则不能构成累积性的市场封锁；另一方面，即使已经发生了市场封锁，但如果单个供应商或分销商的市场份额不超过 5% 的，那它们就不能被认为导致了该封锁效果的产生。

在该通知的施行中可能出现的问题是，企业的增长可能会超出第 8 段和第 9 段确定的市场份额门槛；第 11 段规定了边际减免，要求连续 2 年内不得超过门槛（分别为 10%、15% 和 5%）2 个百分点。

当然，对于超出上述该通知规定（包括边际减免的规定）的协议将如何具体适用的问题仍然无法给出清楚的答案。一种可能是该协议自始无效，而另一种可能是在该通知不能适用之时起该协议无效。第二种可能看起来与《欧盟运行条约》第 101 条的原则一致。而在英国的 *Passmore v Morland* 案[643]中，上诉法院认为根据具体的周边因素，案中的协议有时违反了第 101 条第 1 款的规定，而有时则不违反。换言之，该协议可以在一定程度上继续保持有效。

该通知第 12 段指出，对于市场界定的指导由欧盟委员会的《市场界定通知》[644] 提供，并补充说市场份额应根据销售价值数据或在适合条件下根据购买价值数据进行计算，而当价值数据不可用时，也可以利用其他标准（包括交易量）进行判断。

欧盟委员会的《横向合作协议指南》[645] 第 44 段中提出了不同的观点：如果一项横向合作协议各方的市场份额总和很高，但该协议任何一方的市场份额并不显著且不占据重要的资源，那么该协议将被认为不太可能对市场产生限制性影响。

（iii）《关于次要协议的通知》第 2 部分：对限制目的的处理

欧洲法院在 *Völk v Vervaecke* 案[646]的判决，即《欧盟运行条约》第 101 条仅

---

[642] 参见第 16 章第 791 ~ 792 页“在确定单一品牌协议是否违反第 101 条第 1 款时需要考虑的因素”。

[643] ［1999］EWCA Civ 696；参见《第 101 条第 3 款指南》（OJ［2004］C 101/97）第 44 段。

[644] OJ［1997］C 372/5；参见第 1 章第 31 页及其后“市场界定”。

[645] OJ［2011］C 11/1；参见第 15 章第 731 ~ 735 页“《横向合作协议指南》”。

[646] 参见第 3 章脚注[630]。

适用于竞争被显著限制的情况，涉及目的限制：该案中的分销商获得了完全的地域保护。然而，在 *Expedia* 案[647]中，法院认为，影响成员国之间贸易的目的限制，“因其自身性质而独立于其可能产生的任何具体影响，构成了明显的竞争限制”。[648] 欧盟委员会在该通知第13段明确指出，由第8段规定的“安全港原则”也不能适用于目的限制，比如固定价格、限制出口与销售以及划分市场或消费者的横向协议。它接着指出，“安全港原则”也不能适用于在任何目前或未来欧盟委员会所规定的“集体豁免规定”中所列出的“核心限制”。[649] 欧洲法院也可以根据实际情况，在适当时机来判断该核心限制是否为目的限制。另外，该通知第14段明确指出，与核心限制相反，集体豁免中的排除性限制（如《关于对各类纵向协议和协同行为适用〈欧盟运行条约〉第101条3款的第330/2010号条例》第5条所规定的非竞争条款）仍可以适用第8段所规定的“安全港原则”。

（C）无显著性的其他例子

上文中讨论的最低限度原则源于 *Völk v Vervaecke* 案[650]。该案涉及当事人在相关市场上的“弱势地位”；这就是为什么欧盟委员会的上述通知用市场份额门槛来解释最低限度原则，市场份额门槛被用作企业的市场支配力或者更确切地说是缺乏市场支配力的指标。但仍要注意到显著性可能以不同的方式与《欧盟运行条约》第101条第1款的适用相关：在一些案例中对于竞争的限制可能被认定为不显著，而究其原因也许不是协议各方缺乏市场支配力，而是限制本身在性质上是无关紧要的。比方说，在 *Pavel Pavlov v Stichting Pensionfonds Medische Specialisten* 案[651]中，欧洲法院就认为医疗专家建立一个负责管理补充养老金计划的养老基金的决定，并不构成对欧盟内部市场竞争的显著影响。作出该判断的主要原因是该养老金计划对他们提供的服务的最终成本只有边际和

---

[647] 案例C－226/11 EU：C：2012：795。

[648] 同上，第37段。

[649] 关于纵向协议中包含的核心限制的列表，参见第16章第821～828页“第4条：核心限制”；关于这一点，请注意 *Volkswagen* OJ［2001］L 262/14，第79段（即使双方的市场份额低于最低限额，维持转售价格也构成对第101条第1款的违反）；另见欧盟委员会《纵向限制指南》（OJ［2010］C 130/1）第10段及该指南脚注4中引用的判例。

[650] 参见第3章脚注[650]。

[651] 案例C－180/98 etc EU：C：2000：428，第90～97段。

间接的影响，这与医疗专家的市场支配力并无联系。[652]

6. 对成员国之间贸易的影响

《欧盟运行条约》第101条的适用限于可能影响成员国间贸易的协议、决定或协同行为，对第102条的适用范围也相应地作了限定。在欧盟竞争法中成员国间贸易条款是非常重要的，因其划分了“欧盟法律与成员国国内立法之间的界限”[653]。

从历史上看，欧盟委员会和欧盟法院都对成员国间贸易条款采用了一种较为宽泛的解释，因而在实践中不断扩大了第101条和第102条的适用范围。[654]当许多成员国没有自己的竞争法或在竞争法调查和制裁权方面薄弱的时候，这一点尤为重要。然而，今时不同往日，所有成员国都有有效的竞争法，而且大多数都以第101条和第102条为蓝本。[655]因此，一个卡特尔和/或具有支配地位的企业的滥用行为无论是根据国内法还是欧盟法（或两者皆有）都将是非法的；并且，在这种情况下，该违法行为发生在一个体系还是另一个体系之内（或两者皆有）并不重要。但是自从第1/2003号条例[656]生效以及欧洲竞争网络创立以来，成员国间贸易这个概念变得越来越重要。判断一项协议或一个行为对成员国间贸易是否产生影响十分重要，具体原因如下[657]：

- 在对成员国间贸易存在影响的情况下，国家法院或国家竞争主管机构适用国内竞争法分析协议时，有义务同时适用《欧盟运行条约》第101条和第102条。[658]
- 在对成员国间贸易存在影响的情况下，国家法院或国家竞争主要机构即使可以对单边行为适用更为严格的国内法，但是对于协议而言却不能适用更为严格的国内竞争立法。[659]

---

[652] 在以下案例中可以找到类似的结论，即限制的非显著性与当事人的市场支配力无关：*Irish Banks' Standing Committee* OJ［1986］L 295/28，第16段；*Visa International* OJ［2001］L 293/24，第54～58段和第63～65段；*UEFA's broadcasting regulations* OJ［2001］L 171/12，第49～58段；*Identrus* OJ［2001］L 249/12，第54～55段。

[653] 案例22/78 *Hugin Kassaregister AB v Commission* EU：C：1979：138。

[654] 在美国对国家间贸易条款有灵活的解释，参见例如：*Manderville Island Farms v American Crystal Sugar Co* 334 US 219，237（1948）和 *United States v Morrison* 529 US 598，610（2000）。

[655] 参见第2章第70页“建立以《欧盟运行条约》第101条和第102条为蓝本的国内竞争法”。

[656] OJ［2003］L 1/1。

[657] 关于第1/2003号条例的讨论，参见第2章第63～64页“欧盟竞争法的现代化”和第7章。

[658] 第1/2003号条例，第3条第1款。

[659] 同上，第3条第2款。

• 依据《欧盟运行条约》第101条和第102条规定，国家竞争主管机构必须在最终决定施行前的30天内告知欧盟委员会。[660] 当然，国家竞争主管机构可以以对成员国间贸易没有影响为抗辩理由而拒绝履行该项义务。

• 当国家竞争主管机构告知欧盟委员会其将依据欧盟竞争法作出相关决定时，欧盟委员会有权开启自主调查程序以及终止国家竞争主管机构程序。[661] 当欧盟委员会的调查程序结束后，国家竞争主管机构可以选择在欧盟上诉和重新启动国内竞争法程序，但其有义务不作出与欧盟委员会决定相违背的决定。[662]

• 欧盟委员会与国家竞争主管机构可以为适用《欧盟运行条约》第101条和第102条的规定而交换信息。[663]

• 现有的合作条款有助于国家法院执行第101条和第102条，成员国有义务将适用这些条款判决的法院案件通知欧盟委员会。[664]

• 适用第101条和第102条的国家竞争主管机构和国家法院不能作出与欧盟委员会决定相冲突的决定和判决。[665]

显而易见，上述规则意味着了解协议或行为是否对成员国之间的贸易产生影响仍然很重要。这也是欧盟委员会制定《关于〈欧盟运行条约〉第101条和第102条贸易概念影响指南》[666] 的主要原因。在该指南制订时，欧盟委员会充分借鉴了大量欧盟法院的先前判例——可追溯到1966年的 *Consten and Grundig v Commission* 案。尽管在该案之后的该指南中不会引用该案，但读者应注意，相关案例的参考资料可在该指南的脚注中找到。[667]

该指南的第1部分包含一个简要的说明，其主要对国家间贸易的显著影响进行定义，而没有对显著性竞争限制进行解释。[668] 第2部分主要阐释了贸易标准的影响，主要分成4个部分：一般原则；“成员国间贸易”的定义；“可能影响”概念的解释；以及显著性的概念。另外，第3部分考虑了贸易标准的影响在特定协议和实践中的应用。

[660] 同上，第11条第4款。
[661] 同上，第11条第6款。
[662] 案例C－17/10 *Toshiba* EU：C：2012：72，第74～91段和（特别是）第85段。
[663] 第1/2003号条例，第12条。
[664] 同上，第15条。
[665] 同上，第16条。
[666] OJ［2004］C 101/81。
[667] 案例56/64和58/64 EU：C：1966：41。
[668] 《关于〈欧盟运行条约〉第101条和第102条贸易概念影响指南》，第4段。

（A）对贸易影响的判断标准

（i）一般原则

《欧盟运行条约》第 101 条和第 102 条仅在对成员国间贸易产生显著影响的情况下适用。[669] 就第 101 条而言，问题是协议作为一个整体是否会影响贸易，即并不要求协议的每一个部分都会对贸易产生影响；[670] 如果该协议影响到成员国之间的贸易，每一个缔约方自身不产生这种影响无关紧要。[671] 第 102 条关于滥用的判断，同样不要求对滥用行为的每一个因素进行分析，而只要求该行为在整体影响上构成滥用。[672]

（ii）“成员国间贸易”的定义

“贸易”的概念并不仅限于传统的货物或服务的跨境交换，而是一个包含了所有跨境商业活动的宽泛概念，活动包括企业在其他成员国建立代理机构、分支机构或者子公司等。[673]“贸易”的概念亦包括市场竞争结构受协议和/或行为影响的情形。[674] 在只有部分成员国受到影响的情况下，可能会对成员国之间的贸易产生影响：这种影响并不要求延伸到这些成员国的整个领土范围。[675] 成员国之间的贸易是否受到影响的问题与相关地理市场的问题是不同的：即使地理市场是国家范围的，甚至比国家小，贸易也可能受到影响。[676]

（iii）“可能影响”的概念

欧洲法院经常提到，一项协议或行为“可能影响”成员国之间贸易的概念意味着，基于一系列法律或事实的客观因素，必然能够预见相关协议或行为有较为充分的可能性会直接/间接、实际/潜在地影响成员国间的贸易。[677] 在此，对于协议缔约方而言，不要求其具有影响成员国间贸易的主观意图[678]，但要求该协议或行为已经具备了足以影响贸易的能力，且不需要证明该影响在将

---

[669] 同上，第 13 段。

[670] 同上，第 14 段。

[671] 同上，第 15 段；关于这一点，参见欧盟委员会 2011 年 10 月 13 针对案例 *Orange Caraïbes v l'Autorité de la concurrence* 发表的意见，可在 www. ec. europa. eu 上查阅。

[672] 《关于〈欧盟运行条约〉第 101 条和第 102 条贸易概念影响指南》，第 17 段。

[673] 同上，第 19 段和第 30 段。

[674] 同上，第 20 段。

[675] 同上，第 21 段。

[676] 同上，第 22 段。

[677] 同上，第 23 段，引用了相关判例法。

[678] 同上，第 25 段。

来会确实发生。[679] 在确定贸易格局是否受到影响时，不需要证明该贸易正在或将会受限制或被削减：贸易的增加也意味着它已受到影响。[680] 另外，对贸易标准的影响只是司法管辖权，即确定是否有必要根据欧盟的竞争规则对该协议或行为进行审查。[681]

对于贸易的影响可能是“直接/间接、实际/潜在的”，这一事实显然意味着《欧盟运行条约》第101条和第102条的管辖范围是广泛的。[682] 但是，在有“间接或潜在的”影响的情况下，分析不应以遥远或假设的影响为基础：声称贸易受到这种影响的人必须能够解释该贸易是如何以及为什么会受到影响。[683]

（iv）显著性的定义

如上所述，对于贸易的影响必须是具有显著性的。有关企业的市场地位越强，其就越可能产生显著的影响。[684] 一个企业所带来的影响的显著性，可以根据其市场份额和产品的营业额价值进行判断。[685] 对于显著性的评估应该考虑这些协议或行为的法律和经济背景，包括在纵向协议的情况下平行网络的累积性影响。[686]

在此，《关于〈欧盟运行条约〉第101条和第102条贸易概念影响指南》并没有对贸易影响显著性的基本定量原则进行规定，但是其明确指出了两种不属于显著性影响的情形。

（a）中小企业

该指南指出，欧盟委员会第2003/361/EC号建议所定义的中小企业之间的协议通常不会影响成员国间的贸易。[687] 但是中小企业在其跨境的商业活动中也可以实现对贸易的影响。[688] 欧盟委员会《纵向限制指南》第11段重申了这一点。[689]

（b）一项对于无显著性推定的消极反驳

该指南也规定了一项对于无显著性推定的消极反驳，其适用于：

---

[679] 同上，第26段。

[680] 同上，第34段。

[681] 同上，第35段。

[682] 同上，第36～42段。

[683] 同上，第43段。

[684] 同上，第45段。

[685] 同上，第46～47段。

[686] 同上，第49段。

[687] OJ［2003］L 124/36；参见本章第181～182页“《关于次要协议的通知》第1部分：说明部分”中关于中小企业的定义。

[688] 《关于〈欧盟运行条约〉第101条和第102条贸易概念影响指南》，第50段。

[689] OJ［2010］C 130/1。

• 在受协议影响的欧盟相关市场内，协议所有缔约方的总市场份额不超过 5%；并且

• 所有缔约方的营业额低于 4000 万欧元（此处营业额的计算方式因纵向或横向协议而不同）。[690]

该推定也将进一步适用于：在连续两个日历年中超出营业额门槛不超过 10%，且超出市场份额门槛不超过 2%。

（c）一项对于无显著性推定的积极反驳

该指南还相应地规定了一项对于无显著性推定的积极反驳，其主要适用于一些"本身"就会对成员国间贸易产生影响的协议，比如有关进出口的协议，其适用于：

• 之前设定的营业额门槛已经被超越；并且

• 缔约方的总市场份额已经超过了 5%。

此项对于无显著性推定的积极反驳不适用于仅包含一个成员国的一部分的协议。[691]

最后，还有一个不同的观点是，只有在对成员国贸易有显著影响时，目的限制才违反了《欧盟运行条约》第 101 条第 1 款：因此，在判断第 101 条第 1 款是否被违反之前，需要进行某种定量分析。为此，即使案件中明显涉及限制目的，欧盟委员会有时也需要去界定相关的市场来证明该影响的显著性。[692]

（B）贸易影响的判断标准对特定协议和行为的适用

《关于〈欧盟运行条约〉第 101 条和第 102 条贸易概念影响指南》着手审查对贸易影响的判断标准如何适用于特定类型的协议和行为时，主要参考了三种类别：第一种，协议或滥用行为涵盖了或在多个成员国实施[693]；第二种，仅发生在一个成员国或一个成员国部分地区的案件[694]；第三种，涉及第三国企业的案件[695]。这里重要的是需要理解，不论有关企业位于何处，只要该协议或行为在欧盟内实施或产生影响，那么《欧盟运行条约》第 101 条和第 102 条就能

---

[690] 同上，第 52 段。

[691] 同上，第 53 段。

[692] 参见案例 C－439/11 P *Ziegler SA v Commission* EU：C：2013：513，第 63 段（*International removal services*）。

[693] 《关于〈欧盟运行条约〉第 101 条和第 102 条贸易概念影响指南》，第 61～76 段。

[694] 同上，第 77～79 段。

[695] 同上，第 100～109 段。

够适用。[696] 同样有可能的是，如果一个欧盟的供应商对一个来自第三国的分销商下达出口禁令，以防止其产品被重新进口到欧盟，那么这种行为在某些情况下也可以对成员国间贸易产生影响，比如：（1）不同地区的价格有明显的差异；（2）这些价格的差异并不会因为关税和运输成本而减少；（3）有巨大数量的产品从第三国出口到欧盟。[697]

自该指南颁布后，欧盟法院已经有一些相关的判决。在 *Raiffeisen Zentrabank Österreich v Commission* 案[698]中，欧盟普通法院认定一家奥地利银行卡特尔对成员国间贸易产生了影响。该案中，奥地利境内有一系列区域委员会；而法院认为，不需要考虑每一个委员会是否都对贸易产生影响；相反，有必要研究所有委员会的累积效应。[699] 由于该卡特尔已经整体上影响了奥地利整个国家，因此法院提出了一个强有力的推定，即成员国间的贸易将受到影响。[700] 当然，该案中法院注意到先前有许多案件中的类似推定已经被驳回，[701] 但认为根据该案中的具体情况，该推定是可以成立的。[702] 在 *Ziegler v Commission* 案[703]中，欧洲法院维持了欧盟普通法院的判决[704]（欧盟普通法院否决了欧盟委员会作出的关于对成员国间贸易影响的判断）；法院认为对显著性的积极推定可以适用于跨境搬运服务的卡特尔。[705]

在 *Emanuela Sbarigia v Azienda* 案[706]中，欧洲法院认为，意大利限制药店营业时间的立法"非常明显"（quite obvious）不会影响成员国间的贸易。[707] 该案中值得注意的是，相关法院以及意大利的竞争主管机构都表示了对相关立法的不满[708]，但对国家间贸易没有影响意味着这一问题无法在《欧盟运行条约》的框架内解决。

---

[696] 进一步参见第12章第614～621页"欧盟竞争法的域外适用"。

[697] 《关于〈欧盟运行条约〉第101条和第102条贸易概念影响指南》，第108～109段。

[698] 案例 T－259/02 EU：T：2006：396。

[699] 同上，第177段。

[700] 同上，第181段。

[701] 参见例如案例 C－215/96 和 C－216/96 *Bagnasco and others* EU：C：1999：12；案例 *Netherlands Bank II* OJ［1999］L 271/28。

[702] 案例 T－259/02 EU：T：2006：396，第182～186段；该案向欧洲法院的上诉被驳回：案例 C－125/07 P *Erste Bank der Österreichischen sparkassen AG v Commission* EU：C：2009：576，第36～70段。

[703] 案例 C－439/11 P EU：C：2013：513。

[704] 案例 C－199/08 EU：T：2011：285，第51～74段。

[705] 案例 C－439/11 P EU：C：2013：513，第99～100段。

[706] 案例 C－393/08 EU：C：2010：388。

[707] 同上，第29～33段。

[708] 同上，第13～15段。

7. 不适用第101条第1款的协议清单

本章最后列出一个清单，主要包括一系列协议可能不违反第101条第1款的具体情形，希望对读者有所裨益。第101条第1款不适用于以下协议（清单按照在本章出现顺序排列）：

- 非企业之间订立的协议[709]；
- 雇主与雇员之间订立的集体协议[710]；
- 组成单一经济实体的两个或两个以上的人之间订立的协议[711]；
- 正常情况下，委托方与受托方之间订立的协议[712]；
- 正常情况下，承包商与分包商之间订立的协议[713]；
- 不是双方或多方企业之间形成合谋的单方行为[714]；
- 既没有排除、限制或扭曲竞争的目的又没有排除、限制或扭曲竞争的效果的协议[715]；
- 企业之间为了合理且正当的目的而订立的限制竞争的协议[716]；
- 全功能合营企业[717]；
- 对实际或潜在的竞争仅产生理论上或推测性的影响的协议[718]；
- 适用《欧盟运行条约》第101条第1款会阻碍一个企业或数个企业完成受成员国指派的使整体经济受益的任务[719]；
- 法律强制企业达成的协议[720]；
- 在一个高度监管而没有自由竞争空间的市场中缔结的协议[721]；

---

[709] 参见本章第100～123页“企业和企业协会”。

[710] 参见本章第109～111页“雇员、工会及集体劳动关系”。

[711] 参见本章113～121页“‘单一经济实体’原则”。

[712] 参见本章113～121页“‘单一经济实体’原则”和第16章第770～774页“商业代理”。

[713] 参见本章113～121页“‘单一经济实体’原则”和第16章第837～838页“分包协议”。

[714] 参见本章第133～139页“纵向案件中的‘单方’行为和第101条第1款的适用”。

[715] 参见本章第145～180页“排除、限制或扭曲竞争的目的或效果”。

[716] 参见本章第169～173页“监管辅助：欧洲法院对于*Wouters*案的判决”。

[717] 参见第21章第1036～1038页“合营企业——全功能的概念”。

[718] 假设该协议不存在目的限制；参见本章第164～166页“实际的和潜在的竞争”。

[719] 参见本章第177页“第106条第2款”和第6章第297～304页“《欧盟运行条约》第106条第2款”。

[720] 参见本章第177～179页“国家强制和高度监管的市场”。

[721] 参见本章第177～179页“国家强制和高度监管的市场”。

- 无限制竞争的目的且对竞争无显著性影响的协议[722]；
- 对成员国间贸易没有显著影响的协议[723]；
- 符合《欧盟运行条约》第101条第3款规定的协议[724]。

[722] 参见本章第180~185页“最低限度原则”。
[723] 参见本章第185~190页“对成员国之间贸易的影响”。
[724] 参见第4章。

第 4 章
《欧盟运行条约》第 101 条第 3 款*

1. 简　介

落入《欧盟运行条约》第 101 条第 1 款规制范围的协议不一定是非法的。第 101 条第 3 款规定了第 101 条第 1 款的“法律例外”，对于满足以下四个条件的协议、决定或协同行为❶或协议、决定或协同行为的类别❷，可以判断其不适用第 101 条第 1 款的规定。其中前两个条件为积极条件，后两个为消极条件。第 101 条第 3 款的四个条件如下：

- 必须有助于改善产品的生产或销售，或有助于推动技术或经济进步；
- 同时保证消费者公平分享由此带来的利益。

此外❸：

---

* 本章中如无指明其他法律性文件，“第 101 条”“第 102 条”分别指《欧盟运行条约》第 101 条、第 102 条。——译者注

❶ 如需进一步了解第 101 条第 3 款，可参见：ROSE V，BAILEY D. Bellamy and Child：European Union Law of Competition［M］. 7th ed. Oxford：Oxford University Press，2013：ch3；FAUL J，NIKPAY A. The EU Law of Competition［M］. 3rd ed. Oxford：Oxford University Press，2014：ch3，paras 3. 445 – 3. 511. 前述引文对理解决定是有用的，例如行业协会的规则可以满足第 101 条第 3 款的规定；第 101 条第 3 款适用于协同行为的情况很少，但是这种情况有可能发生：参见例如 *Re International Energy Agency* OJ［1983］L 376/30（于 1994 年更新为 OJ［1994］L 68/35）；在 2008 年 7 月 16 日的 *CISAC* 案的决定中，欧盟委员会认为，第 101 条第 3 款不适用于 24 个著作权集体管理组织之间的协同行为，因为这相当于在它们之间按照地域划分了市场；该决定基于其他理由而被撤销，详见案例 T – 442/08 *CISAC v Commission* EU：T：2013：188；欧盟普通法院支持了欧盟委员会的结论，即第 101 条第 3 款不适用于案例 T – 442/08 *CISAC v Commission* EU：T：2013：189（第 98 ~ 108 段）。

❷ 协议的“类别”非常重要，因为它为集体豁免作好了铺垫：参见本章第 217 ~ 221 页“集体豁免”。

❸ 在本章的其余部分，应将“协议”一词理解为包括决定和协同行为。

- 不对有关企业施加并非为达成这些目的所必不可少的限制；
- 不得为有关企业提供在相关产品的实质部分消除竞争的可能性[4]。

根据1962年第17/62号条例[5]，欧盟委员会享有根据《欧盟运行条约》第101条第3款授予协议所谓“个别豁免”的专有权[6]。第1/2003号条例[7]废除了向欧盟委员会通知“个别豁免”协议的制度，取而代之的是确立了一项原则，即企业必须自行决定其协议是否与整个第101条相符。第1/2003号条例规定直接适用第101条第3款的规定，而无须经过欧盟委员会的事先决定。该规则自2004年5月1日起生效。[8] 此后，欧盟委员会、国家竞争主管机构[9]和国家法院[10]共同考察对第101条第3款的适用。不再有“个别豁免”之类的概念，只有协议是否满足第101条第3款。

欧盟委员会已经发布了《第101条第3款指南》[11]，为国家法院、国家竞争主管机构和企业及其专业顾问提供具体的指导。该指南应该被“合理、灵活”地应用，而不是被机械地应用。[12] 欧盟委员会在其若干决定中引用了该指南。[13] 各国法院和国家竞争主管机构也依靠该指南中规定的原则作出判决。[14]

---

[4] 1998年英国竞争法第9条第1款也有类似规定：参见第9章第453~458页“第1章禁止规定：豁免”。

[5] JO［1962］204/62，OJ Sp Ed［1962］第87页。

[6] 同上，第9条第1款。

[7] OJ［2003］L 1/1；有关第1/2003号条例影响的讨论，参见本章第214~217页“第1/2003号条例”。

[8] 第1/2003号条例，第1条第1款和第2款。

[9] 同上，第5条。

[10] 同上，第6条。

[11] OJ［2004］C 101/97。

[12] 同上，第6段。

[13] 参见例如欧盟委员会于2007年12月19日在*MasterCard*案中作出的决定，第670~672段和第734段；于2007年10月3日在*Morgan Stanley/Visa*案中作出的决定，第311段、第313段和第322~324段；于2010年12月8日在*ONP*案中作出的决定，第707段；于2013年1月23日在*Telefónica/ Portugal Telecom*案中作出的决定，第436~446段；于2013年6月19日在*Lundbeck*案中作出的决定，第1212~1231段；于2014年7月9日在*Servier*案中作出的决定，第2062~2122段。

[14] 参见例如英国竞争与市场管理局于2016年2月12日在*Paroxetine*案中作出的决定，第10.56~10.59段，在1252/1/12/16 *GlaxoSmithKline v CMA*［2018］CAT 4案第367~375段中关于豁免问题的上诉被驳回：关于*Paroxetine*案中的协议是否限制竞争，竞争上诉法庭在2018年3月27日援引了《欧盟运行条约》第267条；*Asda Stores Ltd v MasterCard Inc*［2017］EWHC 93（Comm）和*Sainsbury's Supermarkets Ltd v Visa Europe Services* LLC［2018］EWHC 355（Comm）案中，多次引用了《第101条第3款指南》；由德国银行业总工会作出的B4－71/10决定（在特殊条件下对网上银行的尽职调查），德国反垄断机构于2016年6月29日作出的决定，第343段、第416段、第427段；由德国国家地理空间情报局针对联合推出宽带连接作出的B7－46/13决定，德国反垄断机构于2014年4月4日作出的决定，第73段、第90~102段。

关于适用《欧盟运行条约》第101条第1款和第3款的其他指导散布在欧盟委员会关于纵向限制[15]、横向合作协议[16]和技术转让协议的指南[17]之中。

适用《欧盟运行条约》第101条第3款的另一种方式是起草一项协议，以满足欧盟理事会（以下简称“理事会”）或理事会授权欧盟委员会发布的所谓的“集体豁免”。集体豁免的协议是否有效，无须首要考虑是否违反第101条第1款[18]的规定。

在讨论了《欧盟运行条约》第101条第3款规定的举证责任和证明标准以及该规定在协议中的适用情况，包括对目的性限制竞争的适用后，本章第2节将讨论第101条第3款的适用标准。然后考虑第1/2003号条例对企业及其专业顾问的影响，尤其是它们根据第101条第3款的适用标准对协议进行“自我评估”的必要性。本章最后一节将介绍集体豁免。

（A）举证责任及证明标准

第1/2003号条例第2条规定，需要证明违反《欧盟运行条约》第101条第1款的举证责任人是欧盟委员会、国家竞争主管机构或在国家法院中反对协议的人，而证明协议满足第101条第3款的举证责任人是提出该主张的人。[19]适用《欧盟运行条约》第101条第3款的企业必须提出“令人信服的论证和证据”，以证明其已满足该条款的条件。[20] 然后，欧盟委员会必须审查这些论证和证据；如果无法反驳它们，则该企业将被视为已尽到了举证责任。[21] 对于一项特定的协议，欧盟委员会不必处理所有有可能由各方提出但事实上没有提出的理由。[22] 关于证明标准的国家规则适用于国家竞争主管机构和国家法院审

---

[15] 《纵向限制指南》（OJ［2010］C130/1）。

[16] 《横向合作协议指南》（OJ［2011］C11/1）。

[17] 《技术转让协议指南》（OJ［2014］C89/3）。

[18] 参见案例C－260/07 *Pedro IV Servicios SL v Total España SA* EU：C：2009：215，第36段；《纵向限制指南》（OJ［2010］C130/1），第110（1）~（2）段。

[19] 类似地，参见案例43/82 and 63/82 *VBVB and VBBB v Commission* EU：C：1984：9，第61段。

[20] 案例C－68/12 *Slovenská sporitel'ňa* EU：C：2013：71，第32段和引用的判例法；参见DE LA TORRE F C，FOURNIER E G. Evidence，Proof and Judicial Review in EU Competition Law［M］. Cheltenham Edward Elgar Publishing Limited，2017：ch2.

[21] 案例56/64 and 58/64 *Consten and Grundig v Commission* EU：C：1966：41；案例C－204/00 P etc *Aalborg Portland v Commission* EU：C：2004：6，第55段；案例C－501/06 P etc *GlaxoSmithKline Services Unlimited v Commission* EU：C：2009：610，第82~83段。

[22] 案例T－357/06 *Koninklijke Wegenbouw Stevin BV v Commission* EU：T：2012：488，第122段和引用的判例法。

理的关于《欧盟运行条约》第101条第3款的案件。[23]

（B）第101条第3款的条件是累积性的

要使协议能够从《欧盟运行条约》第101条第3款受益，必须同时满足所有四个条件：欧洲法院多次强调了这一点[24]，《第101条第3款指南》第42段也包含同样的声明。例如，欧盟普通法院在 *Metropole television v Commission* 案[25]中撤销了一项欧盟委员会关于协议满足第101条第3款的决定，因为欧盟委员会未能证明协议中的限制是必不可少的。[26] 集体豁免所涵盖的协议的当事方不必证明满足第101条第3款的每个条件：有一个可推翻的推定，即集体豁免范围内的协议满足上述所有四个条件。[27]

《第101条第3款指南》第44段解释说，《欧盟运行条约》第101条第3款仅在满足四个条件的情况下适用；但是，在适用此规则时，必须适当考虑企业进行沉没投资以实现经济效率时所需要的时间以及可能需要的限制。

（C）可以根据第101条第3款为任何类型的协议辩护

关于《欧盟运行条约》第101条第3款，非常重要的一点是，任何限制竞争的协议都可以从该条款赋予的法律例外中受益。欧盟普通法院明确在 *Matra Hachette v Commission* 案[28]中表达了这一点。欧洲法院也确认了这一立场，例如其在 *Pierre Fabre* 案[29]中指出：

> 在任何情况下，企业可以选择对《欧盟运行条约》第101条第3款规定的例外情况的个别适用[30]（强调）。

---

[23] 第1/2003号条例，评论5；在英国，参见案例 *Asda Stores Ltd v MasterCard Inc*［2017］EWHC 93（Comm），第305段：证明标准为“盖然性”。

[24] 参见例如案例43/82和63/82 *VBVB and VVVB v Commission* EU：C：1984：9，第61段；案例C－238/05 *Asnef－Equifax v Asociación de Usuarios de Servicios Bancarios*（*Ausbanc*）EU：C：2006：734，第65段；案例C－68/12 *Slovenská sporite' ňa* EU：C：2013：71，第36段。

[25] 案例T－528/93 etc EU：T：1996：99，第93段。

[26] 欧盟普通法院在T－185/00 *M6 v Commission* EU：T：2002：242案中再次这样做（第86段），认为欧盟委员会错误地得出涉案协议不会实质性消除竞争的结论。

[27]《第101条第3款指南》，第35段。

[28] 案例T－17/93 EU：T：1994：89，第85段；另见案例T－168/01 *GlaxoSmithKline Services Unlimited v Commission* EU：T：2006：265，第233段，上诉维持原判案例C－501/06 P etc EU：C：2009：610，第82段；T－111/08 *MasterCard v Commission* EU：T：2012：260，第199段。

[29] 案例C－439/09 *Pierre Fabre Dermo－Cosmétique SAS* EU：C：2011：649。

[30] 同上，第57段；另见第49段；类似地，参见案例T－469/13 *Generics*（*UK*）*Ltd v Commission* EU：T：2016：454，第152段。

（i）目的性竞争限制和第101条第3款

在某些人看来，无论是私人执业者中还是在竞争主管机构中，都存在一种假设，即有限制竞争目的的协议无法根据《欧盟运行条约》第101条第3款进行辩护，但这在法律上是完全错误的。[31] 因为即使在《欧盟运行条约》第101条第1款意义上的以限制竞争为目的的协议，原则上也能够满足第101条第3款的条件[32]：从这个意义上说，欧盟法律不同于美国法律，因为在欧盟体系中没有任何不可挽回的协议或“本身违法”的协议。[33] 当然，很难通过效率论证来支持秘密的、长期的固定价格的卡特尔：但这是因为很难构想出这样的论证，而不是因为法律上不可能这样做。在 *Air France/Alitalia* 案[34]中可以找到一个示例，其中一项目的限制竞争的协议满足第101条第3款的规定，欧盟委员会便授权这两家航空公司之间可以建立广泛的战略联盟。它需要令人信服的证据来证明横向价格固定等目的限制竞争满足第101条第3款的要求[35]，但在特殊情况下甚至这也是可能的。[36]

在 *Beef Industry Development Society*（BIDS）案[37]中，欧洲法院认定，爱尔兰牛肉加工商之间达成一项通过减少牛肉加工产能的协议（一些公司会留在市场上，并向其他公司付款，确保其他公司退出并同意在几年内不重新进入该市场），从而实现限制竞争的目的。法院强调，该协议的任何条款都必须满足第101条第3款的规定。[38] 牛肉产业发展协会随后撤回了根据第101条第3款提出的主张，结果是国家法院不需要就此事作出判决。

在 *GlaxoSmithKline v Commission* 案[39]中，欧洲法院也考虑了根据《欧盟运

---

[31] 《第101条第3款指南》，第46段。

[32] 参见欧盟委员会竞争总司总干事约翰内斯·莱滕伯格（Johannes Laitenberger）在2017年4月27日的演讲《保持市场开放、公平和可竞争的诸多好处》（The many dividends of keeping markets open, fair and contestable），可在 www. ec. europa. eu/competition/speeches 上查阅。

[33] 参见案例 T－460/13 *Ranbaxy v Commission* EU：T：2016：453，第228段；进一步参见第3章第174～177页“欧盟法院是否会接受‘理性规则’?”。

[34] OJ［2004］L 362/17。欧盟委员会于2013年5月23日在 *Continental/United/Lufthansa/Air Canada* 案中作出的决定，第55～79段；这是关于第9条承诺的决定，并未对第101条的适用作出最终结论：但是，该案对根据第101条第3款对目的限制的初步分析仍然是有意义的。

[35] 《第101条第3款指南》，第46段。

[36] 对于由国际班轮大会承运的集装箱货物，按照以前的固定价格进行集体豁免，OJ［1986］L 378/1；2008年10月，第1419/2006号条例（OJ［2006］L 269/1）第1条废除了该豁免：参见第23章第1213～1214页“立法规范”。

[37] 案例 C－209/07 EU：C：2008：643。

[38] 同上，第21段和第39段。

[39] 案例 C－501/06 P etc EU：C：2009：610。

行条约》第101条第3款为限制竞争目的辩护的可能性。法院认为，该纵向协议中的一个规定了如果Glaxo的西班牙大宗采购商向英国等价格较高的国家转售其产品则需支付更高的价格的条款有限制竞争目的。但是，法院仍然不认可欧盟委员会驳回Glaxo根据第101条第3款支持协议的论点是正确的。Glaxo随后撤回了根据第101条第3款提出的个别豁免的请求；欧盟委员会认为，没有足够的理由对涉嫌违法行为进行进一步调查。[40]

（ii）固定价格和第101条第3款

在某些决定中，欧盟委员会会判定固定价格符合《欧盟运行条约》第101条第3款的要求。这些远非经典卡特尔案例：相反，它们涉及的网络行业不是在相互提供服务的参与者之间“固定”价格（企业对企业，或“B to B”），而是涉及对消费者（企业对消费者，或“B to C”）的价格“固定”。在这些决定中，欧盟委员会认为，这些协议具有限制效果而不是限制目的。在*REIMS Ⅱ*案[41]中，欧盟委员会认为，欧洲的公共邮政经营者之间的一项协议——其中一个经营商向后者支付费用，以便在后者的管辖范围内继续投递信件——符合第101条第3款的规定。该协议确实涉及价格的“固定”，因为该协议的参与者都承诺遵守其原则，但这是一种“非同寻常”的定价行为[42]，并且欧盟委员会确定了随之而来的几种效率[43]。同样，在*Visa International – Multilateral Interchange Fee*案[44]中，欧盟委员会指出，与价格有关的协议并不总是被归类为卡特尔，因此从本质上讲不可能满足第101条第3款的要求[45]：在根据第17/62号条例旧程序通过的决定中，欧盟委员会对Visa系统中“收单银行”和“开证银行”之间达成的“多边交换费”给予了个别豁免。[46]

---

[40] 欧盟委员会于2014年5月27日作出的决定；上诉案例T-574/14 *EAEPC v Commission*，尚未裁决。

[41] OJ［1999］L 275/17。

[42] 同上，第65段。

[43] 同上，第69~76段；这是一项欧盟委员会根据1962年第17/62号条例的旧程序授予个别豁免的决定：豁免于2003年开始，于2006年12月31日终止，OJ［2004］L 56/76。

[44] OJ［2002］L 318/17；类似地，参见案例*Asda Stores Ltd v MasterCard Inc*［2017］EWHC 93（Comm），第261~421段：万事达卡设定的多边交换费中，除了一项外，其他都满足第101条第3款的规定。

[45] 同上，第79段；欧盟委员会在该段中提及的某些协议本来就无法满足第101条第3款的结论显然是错误的，因为法院已在*Matra Hachette*案中作出在先判决，参见第4章脚注[28]。

[46] 该个别豁免于2008年12月31日到期；随后，欧盟委员会接受了欧洲Visa根据第1/2003号条例第9条作出的承诺，其中涉及大幅度降低借记卡和信用卡的交换费：详见2010年12月8日和2014年2月26日欧盟委员会作出的决定；第2015/751号条例（OJ［2015］L 123/1）规定，自2015年12月9日起，对欧洲经济区中借记卡和信用卡的交换费水平设定上限，有关规定参见Interchange Fees Regulation，Competition Policy Brief，2015年第3期，可在www.ec.europa.eu/competition/publications/cpn上查阅。

（D）第 101 条第 3 款的适用不足

自通过第 1/2003 号条例以来，欧盟委员会没有作出过认定满足《欧盟运行条约》第 101 条第 3 款的决定。本书作者认为，欧盟委员会应做更多的工作来确定适用第 101 条第 3 款的协议的情况。这将纠正当事方在法律上或证据上不可能满足该规定[47]的错误观念。此问题将在下面进一步讨论。[48]

2. 第 101 条第 3 款的适用标准

必须结合《第 101 条第 3 款指南》对《欧盟运行条约》第 101 条第 3 款的四个条件进行探究。随后的篇幅将通过颠倒第 101 条第 3 款中规定的第二和第三条件（“对消费者的公平分享”和“必不可少”）来仿效该指南的适用：欧盟委员会认为，如果任何限制未能通过必不可少的检验，就不会考虑消费者能否公平分享任何由此产生的收益，因此首先考虑后者是合乎逻辑的。[49]

（A）第 101 条第 3 款的首要条件：产品生产或销售抑或技术或经济进步的改善

协议产生的“改善”必须对整个欧盟具有客观的价值，而不是对协议双方本身的私人利益[50]；仅仅由于行使市场支配力而产生的成本节省不能被考虑在内[51]。改善必须“表现出明显的客观优势，以弥补协议为竞争带来的损害”[52]；如果该协议在实践中产生的影响是有关市场竞争不成比例的扭曲，那欧盟委员会将拒绝这项协议所带来的改善[53]。

必须根据当事各方为支持满足第 101 条第 3 款的论点而提出的所有事实论

---

[47] BAILEY D. Reinvigorating the Role of Article 101 (3) under Regulation 1/2003 [J]. Antitrust Law Journal, 2016, 81 (1): 111.

[48] 下文第 3 节（D）小节中讨论了欧盟委员会根据第 101 条第 3 款作出先例的方式。

[49] 《第 101 条第 3 款指南》，第 39 段。

[50] 案例 C－382/12 P *MasterCard v Commission* EU：C：2014：2201，第 234 段；另见案例 *Asda Stores Ltd v MasterCard Inc* [2017] EWHC 93 (Comm)，第 276 段。

[51] 案例 C－501/06 P etc *GlaxoSmithKline Services Unlimited v Commission* EU：C：2009：610，第 89～96 段；《第 101 条第 3 款指南》第 49 段。

[52] 案例 56/64 和 58/64 *Consten and Grundig v Commission* EU：C：1966：41；案例 T－65/98 *Van den Bergh Foods Ltd v Commission* EU：T：2003：281，第 139 段，上诉维持原判案例 C－552/03 P *Unilever Bestfoods (Ireland) Ltd v Commission* EU：C：2006：607，第 102～106 段。

[53] *Screensport/EBU* OJ [1991] L 63/32，第 71 段。

据和证据对协议进行审查。[54] 如果协议在多个市场中产生影响，例如在双边市场的两侧（例如支付卡系统），则可以考虑每个市场的客观利益。[55] 在 *MasterCard v Commission* 案[56]中，欧盟普通法院驳回了以下说法，即当欧盟委员会要求 MasterCard 提供证据支持其“依靠其对经验数据和事实的假设和推论得出的详细、可靠且令人信服的分析”[57] 时，欧盟委员会对《欧盟运行条约》第 101 条第 3 款的适用采用了过高的举证标准。在 *Cartes Bancaires v Commission* 案[58]中，欧盟普通法院维持了欧盟委员会的结论，即对银行支付卡系统的会员资格实行限制性收费有限制竞争的效果，但并未带来技术或经济进步；特别是，没有证据表明在没有此类费用的情况下，银行体系会崩溃。[59]

第 101 条第 3 款规定了可主张的改善：协议中的限制必须有助于改善产品的生产或销售[60]抑或促进技术或经济进步。这些概念是重叠的，在适用个别豁免的情况下，欧盟委员会认为不止一个甚至是所有要求都要被满足。[61] 在其他情况下，特定类型的改善显然更适合所讨论的协议：例如，供应商和分销商之间的纵向协议自然就属于销售改善的主题。[62] 欧盟委员会已经认识到网络外部性有助于技术和经济进步，消费者进而从中受益。[63]

一个重要的问题是确定第 101 条第 3 款第一个条件的标准有多宽：在什么情况下，第 101 条第 3 款规定的“利益”可使第 101 条第 1 款规定的限制竞争是合理的？这是否导致由于第 101 条第 3 款规定的法律豁免而实际上允许了根据第 101 条第 1 款禁止的协议的情况？

---

[54] 案例 C－501/06 P etc *GlaxoSmithKline Services Unlimited* EU：C：2009：610，第 102～104 段。

[55] 案例 C－382/12 P *MasterCard v Commission* EU：C：2014：2201，第 237 段。

[56] 案例 T－111/08 *MasterCard v Commission* EU：T：2012：260。

[57] 同上，第 194～237 段（驳回针对欧盟委员会 2007 年 12 月 19 日决定的上诉；引自第 690 段；另见第 694～701 段）；同样，参见 *Asda Stores Ltd v MasterCard Inc*［2017］EWHC 93（Comm），第 305 段；以及 *Sainsbury's Supermarkets Ltd v Visa Europe Services LLC*［2018］EWHC 355（Comm），第 22～25 段。

[58] 案例 T－491/07 RENV EU：T：2016：379。

[59] 同上，第 361～465 段（驳回针对欧盟委员会 2007 年 10 月 17 日决定的上诉，第 375～503 段）。

[60] 此处未明确提及服务。但是，《第 101 条第 3 款指南》第 48 段指出，第 101 条第 3 款类推适用于服务；1998 年英国竞争法第 9 条第 1 款具体包括对产品或服务生产或销售的改进。

[61] 参见例如 *Re United Reprocessors GmbH* OJ［1976］L 51/7，其中欧盟委员会认为所有四个条件均被满足。

[62] 关于纵向协议，参见第 16 章。

[63] *Visa International－Multilateral Interchange Fee* OJ［2002］L 318/17，第 83 段；有关网络效应，参见第 1 章第 13～15 页“网络效应和双边市场”；在 *LINK Interchange Network Ltd* 案中，公平交易办公室根据英国法律于 2001 年 10 月 16 日作出的决定，可在 www. nationalarchives. gov. uk 上查阅。

由于各种原因，第 101 条第 3 款的广度问题引起了广泛的关注。[64] 首先，由于通过了第 1/2003 号条例，取消了欧盟委员会根据《欧盟运行条约》第 101 条第 3 款对个别案件的决策“垄断”地位，这意味着适用第 101 条第 3 款的决定由国家竞争主管机构和国家法院以及欧盟委员会作出：有人对第 1/2003 号条例的生效表示担忧，认为根据第 101 条第 3 款提出的问题过于广泛，以至于不适合由国家竞争主管机构和国家法院来决定；并存在将第 101 条第 3 款不一致地从一个成员国适用到另一成员国的风险。但欧盟委员会特别指出，在有关第 1/2003 号条例执行情况的五年期报告中并未出现这一风险。[65]

其次，政府经常发现它们想推行的社会政策——例如，鼓励饮料行业的企业限制向年轻人出售“廉价”酒精，或者超市对提供不环保的塑料袋收取费用——可能违反竞争法，尤其是如果对第 101 条第 3 款采取“狭义”而非“宽泛”的观点解读。

最后，当经济或工业衰退时，可能有人争辩说，第 101 条第 3 款的更广泛适用将允许企业订立限制性协议以使企业能够生存。[66] 这些因素引起了关于第 101 条第 3 款确切作用的激烈辩论。

（i）对第 101 条第 3 款的狭义观点

关于第 101 条第 3 款的狭义观点是，它仅允许达成可提高经济效率的协议：第 101 条第 3 款的措辞是指改善生产和销售以及促进技术和经济进步，明显暗示了效率标准。因此，第 101 条第 3 款仅允许在第 101 条第 1 款规定的协议的限制性效果与第 101 条第 3 款规定的效率提高之间进行平衡；在努力实现平衡时，第 101 条第 3 款的其他标准——公平分配给消费者、没有可有可无的限制和没有实质性消除竞争——都是为了确保在消费者福利方面取得合理的结果。欧盟委员会的《现代化白皮书》（White Paper on Modernisation）[67] 中开启了最终通过第 1/2003 号条例的程序，其正是以这种方式解释了第 101 条第 1

---

[64] 以下图书是有关该主题的文献：ODUDU O. The Boundaries of EC Competition Law：The Scope of Article 81 [M]. Oxford：Oxford University Press，2006；TOWNLEY C. Article 81 EC and Public Policy [M]. Oxford：Hart Publishing，2009；GERADIN D，LAYNE - FARRAR A，PETIT N. EU Competition Law and Economics [M]. Oxford：Oxford University Press，2012：paras 3. 224 - 3. 237；VAN ROMPUY B. Economic Efficiency：The Sole Concern of Modern Antitrust Policy? Non - efficiency Considerations under Article 101 TFEU [M]. Alphen aan den Rijn：Wolters Kluwer，2012；HEIDE - JØRGENSEN C，BEREQVIST C，NEERGAAD U，et al. Aims and Values in Competition Law [M]. Copenhagen：Djøf Forlag，2013；WITT A C. The More Economic Approach to EU Antitrust Law [M]. Oxford：Hart Publishing，2016.

[65] COM（2009）206 final，2009 年 4 月 29 日，第 12 段。

[66] 经济合作与发展组织政策圆桌会议“危机卡特尔”（Crisis Cartels）（2011 年）可在 www. oecd. org/competition 上查阅。

[67] OJ [1999] C 132/1。

款和第3款[68]；《第101条第3款指南》是从经济效率角度明确起草的[69]。根据第1/2003号条例，欧盟委员会和欧洲法院对第101条第3款采取了“狭义”或经济的解释方法。[70] 在 *Servier* 案[71]中，欧盟委员会根据第101条第3款审查了5项专利和解协议的各种效力，没有考虑到促进诉讼和解可以获得更广泛的公共利益。在 *International Skating Union* 案[71a]中，欧盟委员会采用了效率标准，并拒绝了国际滑冰联盟资格规则可以由运行良好的滑冰日程表来证明是合理的论点。将《欧盟运行条约》第101条从整体上进行考虑的一个吸引人的地方是，第101条第1款涉及确定协议是否可能导致分配效率低下的问题，并且第101条第3款允许在生产效率得到补偿性提高的情况下达成这种协议。[72]

（ii）对第101条第3款的广义观点

有支持者认为，《欧盟运行条约》第101条第3款应承认广泛的非竞争性考虑。[73] 在确定是否允许限制竞争的协议时，对第101条第3款更广义的看法

---

[68] 同上，第57段。

[69] 参见本章第206~208页“欧盟委员会在《第101条第3款指南》中的处理方式”。

[70] 欧盟委员会于2007年12月19日在 *MasterCard* 案中作出的决定，上诉案例T-111/08 *MasterCard v Commission* EU：T：2012：260和进一步的上诉案例C-382/12 P *MasterCard v Commission* EU：C：2014：2201维持原判；欧盟委员会于2013年6月19日在 *Lundbeck* 案中作出的决定，上诉案例T-472/13 *Lundbeck v Commission* EU：T：2016：449中维持原判，第706~720段；上诉案例C-591116 P etc *Lundbeck v Commission*，尚未裁决。

[71] 欧盟委员会于2014年7月9日作出的决定，第2062~2122段；上诉案例T-691/14 *Servier v Commission*，尚未裁决。

[71a] 欧盟委员会于2017年12月8日作出的决定，第293~301段；上诉案例T-93/18 *ISU v Commission*，尚未裁决。

[72] 参见：ODUDU O. The Boundaires of EC Courpetition Law：The Scope of Arbide 81［M］. Oxford：Oxford Universit Press，2006：ch 6；ODUDU O. The Wider Concerns of Competition Law［J］. Oxford Journal of Legal Studies，2010，30（3）：599.

[73] 参见例如：EHLERMANN C-D. The Modernization of EC Antitrust Policy：A Legal and Cultural Revolution［J］. Common Market Law Review，2000，37：537；WESSELING R. The Draft Regulation Modernising the Competition Rules：The Commission is Married to One Idea［J］. European Law Review，2001，26：357；MONTI G. Article 81 EC and Public Policy［J］. Common Market Law Review，2002，39（5）：1057；HANCHER L，LUGARD P. Honey，I Shrunk the Article!：A Critical Assessment of the Commission's Notice on Article 81（3）of the EC Treaty［J］. European Competition Law Review，2004，25（7）：410；TOWNLEY C. Article 81 EC and Public Policy［M］. Oxford：Hart Publishing，2009. 关于这些问题的讨论，参见：SUFRIN B. The Evolution of Article 81（3）of the EC Treaty［J］. Antitrust Bulletin，2006，51（4）：915，952-967；TOWNLEY C. Which Goals Count in Article 101 TFEU?：Public Policy and its Discontents［J］. European Competition Law Review，2011，32：441；TOWNLEY C. Is There（Still）Room for Non-Economic Arguments in Article 101 TFEU Cases?［M］//HEIDE-JORGENSEN C. Aims and Values in Competition Law. Copenhagen：DJØF Publishing，2013：ch 5；BAARSMA B，ROSENBOOM N. A Veritable Tower of Babel：on the Confusion Between the Legal and Economic Interpretations of Article 101（3）of the Treaty on the Functioning of the European Union［J］. European Competition Journal，2015，11（2/3）：402.

是允许考虑除效率以外的其他政策。联盟中有许多重要的政策，例如关于产业[74]、环境[75]、就业[76]、地区[77]和文化[78]政策，这超出了提高经济效率的范围。根据第 101 条第 3 款更广义的观点，就这些政策中的任何一项而言，都可能证明第 101 条第 1 款所规定的限制竞争所带来的利益[79]；提出这一观点的另一种方式是，考虑第 101 条第 3 款中的非经济因素以及经济因素都是合理的。[80]

在第 1/2003 号条例生效之前的某些案件中，似乎已根据第 101 条第 3 款考虑了非经济问题。[81] 例如，某些竞争法的发展可能会考虑产业政策[82]：Amato 建议接受专业化协议的集体豁免，因为生产的定量化可以从第 101 条第 3 款中受益，这反映了产业政策而非经济思想。[83] 在 *Metro v Commission* 案[84]中，欧洲法院认为，在第 101 条第 3 款的第一个条件下，就业是一个相关因素，并称正

---

[74] 《欧盟运行条约》下的产业，参见第 173 条（原《欧共体条约》第 157 条）。

[75] 《欧盟运行条约》下的环境保护，参见第 11 条（原《欧共体条约》第 6 条）和第 191 ~ 193 条（原《欧共体条约》第 174 ~ 176 条）；关于将竞争法适用于环境协议的信息，参见：经济合作与发展组织关于竞争政策的圆桌会议“环境背景下的横向协议”（Horizontal Agreements in the Environmental Context）（2012 年），可在 www. oecd. org/competition 上查阅；KINGSTON S. Greening EU Competition Law and Policy [M]. Cambridge：Cambridge University Press，2011：ch 8.

[76] 《欧盟运行条约》下的就业，参见第 145 ~ 159 条（原《欧共体条约》第 125 ~ 130 条）。

[77] 《欧盟运行条约》下的经济和社会凝聚力，参见第 174 ~ 178 条（原《欧共体条约》第 158 ~ 162 条）。

[78] 《欧盟运行条约》下的文化，参见第 167 条（原《欧共体条约》第 151 条）；参见案例 T－451/08 *Stim v Commission* EU：T：2013：189，第 98 ~ 108 段。

[79] 关于为何这些更广泛的问题不应影响竞争法的适用的有力论据，参见：ODUDU O. The Boundaries of EC Competition Law：The Scope of Article 81 [M]. Oxford：Oxford University Press，2006：ch 7；另见：KJØLBYE L. The New Commission Guidelines on the Application of Article 81 (3)：An Economic Approach to Article 81 [J]. European Competition Law Review，2004，25：566.

[80] 有关这些问题的有趣评论，参见英国公平交易办公室讨论纪要《第 101 条第 3 款：关于利益的狭义和广义定义的讨论》[Article 101 (3) —A discussion of narrow versus broad definition of benefits] 与 2010 年 5 月 12 日圆桌会议记录，可在 www. nationalarchives. gov. uk 上查阅。

[81] 有关政策的讨论，参见：MONTI G. EC Competition Law：Competition law [M]. Cambridge：Cambridge University Press，2007：ch 4；SCHWEITZER H. Competition Law and Public Policy：Reconsidering an Uneasy Relationship：The Example of Article 81 [M] // DREXL J，IDOT L，MONEGER J. Economic Theory and Competition Law. Cheltenham：Edward Elgar，2009：ch 9；JONES A，SUFRIN B. EU Competition Law：Text，Cases，and Materials [M]. 6th ed. Oxford：Oxford University Press，2016：242－247.

[82] 《欧盟运行条约》第 173 条规定，欧盟的产业政策应符合开放和竞争市场的制度；进一步参见：经济合作与发展组织关于竞争政策的圆桌会议“产业政策与国家领军企业”（Industrial Policy and National Champions）（2009 年），可在 www. oecd. org/competition 上查阅。

[83] AMATO G. Antitrust and the Bounds of Power：the Dilemma of Liberal Democracy in the History of the Market [M]. Oxford：Hart Publishing，1997：63－64. 现在相关的集体豁免见第 1218/2010 号条例（OJ [2010] L 335/43）。

[84] 案例 26/76 EU：C：1977：167，第 43 段；类似地，参见案例 42/84 *Remia BV and Verenigde Bedrijven Nutricia NV v Commission* EU：C：1985：327，第 42 段。

在审议的协议是“关于提供就业的稳定因素，因为它改善了一般性生产条件，特别是在市场条件不利的情况下，应属于根据第101条第3款可参考的目的框架之内”。在考虑是否可以对 *Ford/Volkswagen* 案[85]中葡萄牙的合营企业生产“多功能车”给予豁免时，欧盟委员会“注意到”“特殊情况”：它将为欧盟最贫困的地区之一带来大量就业机会和大量外国投资，促进和谐发展，减少区域差异并促进欧洲市场一体化[86]。然而，欧盟委员会强调，这本身不足以适用第101条第3款，除非该款的其他条件得到满足。[87] 欧盟普通法院认为，由于欧盟委员会无论如何都会对协议适用第101条第3款，因此不能指责其决定考虑了不当的标准。[88]

在 *UEFA* 案中，欧盟委员会在将《欧盟运行条约》第101条第3款适用于出售欧洲冠军联赛的媒体权时，考虑到了支持欧洲足球发展的财务互助。[89] 在 *Laurent Piau v Commission* 案[90]中，欧盟普通法院似乎已经接受了世界范围内控制足球比赛的国际足球联合会（Federation Internationale de Football Association，FIFA）的规则，即要求足球运动员的经纪人遵守强制性许可制度，可以通过提高运动员经纪人的职业和道德标准为经济发展作出贡献，从而保护职业生涯短暂的足球运动员。[91] 在 *Stichting Baksteen* 案[92]中，欧盟委员会认为荷兰制砖业的结构调整，包括“在可接受的社会条件下进行的协调关闭，包括人员的重新调动”，促进了技术和经济进步[93]。在 *CECED* 案[94]中，欧盟委员会根据第101条第3款授权家用电器（洗衣机等）的制造商之间达成一项可提高能源效率的协议，该协议不仅使较低的能源费用给消费者带来了个人经济利益，而且

[85] OJ［1993］L 20/14。

[86] 同上，第23段、第28段和第36段；另见欧盟委员会1992年12月23日新闻稿IP/92/1083。

[87] OJ［1993］L 20/14，第36段。

[88] T－17/93 EU：T：1994：89，第139段。参见：SWAAK C R A. Case T－17/93，Matra Hachette SA v. Commission of the European Communities，Judgment of the Court of First Instance（Second Chamber）of 15 July 1994［J］. Common Market Law Review，1995，32（5）：1271.

[89] 案例 *Joint selling of the commercial rights of the UEFA Champions League* OJ［2003］L 291/25，第164段引用了 *Metro* 案和 *Remia* 案的判决。

[90] T－193/02 EU：T：2005：22，上诉案例 C－171/05 P *Piau v Commission* EU：C：2006：149 维持原判。

[91] 案例 T－193/02 EU：T：2005：22，第100～106段。

[92] OJ［1994］L 131/15。

[93] 同上，第27～28段。

[94] OJ［2000］L 187/47。

还产生了“集体环境利益”[95]；欧盟委员会在其决定中专门提及欧盟的环境政策。当欧盟委员会非正式地解决与热水器和洗碗机的“环保”协议有关的案件时，得出了类似的结论[96]。

因此很明显，有许多因素似乎对根据《欧盟运行条约》第101 条第3 款作出的决定产生了影响，并非所有因素都是“狭义”的提高经济效率。但是，必须指出的是，这些决定都是在欧盟委员会享有根据第 101 条第 3 款作出决定垄断权的年份作出的。欧盟委员会会考虑公共和私人利益以及欧盟根据第 101 条第 3 款制定的不同政策的要求。[97] 在 *Métropole télévision v Commission* 案[98]中，欧盟普通法院指出：“在进行全面评估的过程中，欧盟委员会将基于与追求公共利益有关的考虑，以便根据第 101 条第 3 款授予豁免权”[99]。

值得一提的是，正如欧洲法院在 *Wouters* 案[100]和其他案件[101]中的判决所表明的那样，在确定是否违反《欧盟运行条约》第 101 条第 1 款时，“公共利益”标准可能是相关的：第 101 条第 3 款对非经济因素的压制可能会导致 *Wouters* 案判例重新出现。在决定第 106 条第 2 款是否允许限制适用第 101 条第 1 款时，公共利益问题也很重要。[102]

(iii) 评　论

上述讨论表明，多年来对于《欧盟运行条约》第 101 条第3 款的确切目的究竟是什么一直存在不确定性甚至混乱。只要欧盟委员会根据第 17/62 号条例对决定享有垄断权，这可能不是一个严重的问题：欧盟委员会在适用第 101 条第 3 款时享有“裁量余地”[103]。因此在 1962 ~ 2004 年的个别案例中作出决定时，至少在某些时候，它受到经济效率以外的问题的影响，这也就不足为奇

---

[95] 同上，第 55 ~ 57 段；类似地，参见欧盟委员会于 2003 年 10 月 17 日在 *ARA* 案、*ARGEV* 案中作出的决定第 268 ~ 271 段，上诉维持原判案例 T – 419/03 *Altstoff Recycling Austria AG v Commission* EU：T：2011：102。

[96] 欧盟委员会新闻稿 IP/01/1659，2001 年 11 月 26 日，另见欧盟委员会《竞争政策通讯》2002 年第 1 卷第 50 页。

[97] 荷兰竞争管理局发布了一份立场文件和在线“知识库”，内容涉及促进“可持续发展”的协议与竞争法的兼容性，可在 www. acm. nl/en 上查阅。

[98] 案例 T – 528/93 etc EU：T：1996：99；类似地，参见案例 T – 168/01 *GlaxoSmithKline Services Unlimited v Commission* EU：T：2006：265，第 244 段。

[99] 案例 T – 528/93 etc EU：T：1996：99，第 118 段。

[100] 案例 C – 309/99 EU：C：2002：98；该案例在第 3 章第 169 ~ 173 页“监管辅助：欧洲法院对于 *Wouters* 案的判决”中进行讨论。

[101] 参见例如案例 C – 1/12 *OTOC* EU：C：2013：127。

[102] 参见第 6 章第 297 ~ 304 页“《欧盟运行条约》第 106 条第 2 款”。

[103] 参见案例 56/64 和 58/64 *Consten and Grundig v Commission* EU：C：1966：41。

了。但是，第1/2003号条例有必要决定第101条第3款的确切内容，因为自2004年5月1日起国家竞争主管机构和国家法院以及欧盟委员会都可以作出决定。

本书作者认为，应根据明确的法律标准，以狭义而不是广义的方式解释第101条第3款。这将与第101条第3款的措辞以及各种集体豁免的评论都一致——后者解释了纯粹出于经济效率的原因而允许根据第101条第3款达成某些协议。国家竞争主管机构和国家法院以及签订可能受到第101条质疑的协议的企业，需要了解根据第101条第3款可以证明合理的范围。与欧盟委员会不同，这些机构似乎无权在第101条第1款规定的竞争限制与第101条第3款规定的广泛的欧盟政策之间取得平衡。根据第101条第3款，国家竞争主管机构和国家法院仅考虑经济效率的话似乎没有困难。欧盟委员会在2009年报告中说："欧盟委员会和国家执法人员的案例实践，以及商业和法律界的经验，都没有表明直接适用第101条第3款存在重大困难，这一点受到了利益相关者的广泛认同"[104]。

（iv）欧盟委员会在《第101条第3款指南》中的处理方式

从《第101条第3款指南》中可以明显看出，欧盟委员会的观点是《欧盟运行条约》第101条第3款应根据基于经济效率的狭义解释来适用。[105]《第101条第3款指南》第11段指出，《欧盟运行条约》第101条第3款允许根据该款考虑"有利于竞争的利益"，而这些利益可能超过《欧盟运行条约》第101条第1款规定的任何"反竞争影响"。第32段谈到了可以根据《欧盟运行条约》第101条第3款考虑协议的"积极经济效应"。第33段提到"通过提高效率来促进竞争效果"，解释说效率可以通过降低生产产品的成本、提高产品质量或创造新产品来创造附加价值。值得注意的是，第42段明确指出，"只有在可以将其纳入《欧盟运行条约》第101条第3款的四个条件的情况下，才能考虑其他条约条款所追求的目标"。当该指南第48~72段讨论到《欧盟运行条约》第101条第3款的第一个条件即在生产或销售或技术或经济进步方面的改善时，它们专门在"效率增益"标题下进行，从而消除了任何可能仍然存在的怀疑，即欧盟委员会认为其他非经济方面的因素可能与评估有关。同

---

[104] 《关于第1/2003号条例执行情况的报告》［COM（2009）206 final］，第12段。

[105] 该指南中采取的方法与欧盟委员会《横向合并评估指南》（OJ［2004］C 31/5）第76~90段及其《第102条执法重点指南》（OJ［2009］C 45/7）第28~31段、第46段、第62段、第74段和第89~90段相一致。

样，欧盟委员会《横向合作协议指南》第20段[106]指出，《欧盟运行条约》第101条第3款应考虑协议中任何有利于竞争的影响是否超过其对竞争的限制性影响。

国家竞争主管机构和国家法院似乎很乐于执行《第101条第3款指南》，[107]尽管显然企业可以辩称它们不能完全反映欧盟法院的判例。在这种情况下，对于将来可能会出现的诉讼，欧盟法院将不得不重新考虑 *Metro* 案[108]与 *Remia and Nutricia* 案[109]等案例中的某些陈述，并决定是否坚持欧盟委员会建议的更狭义、更合理的方法。在 *GlaxoSmithKline v Commission* 案中，欧盟法院以"提高效率的证据"为标题，回答了 GlaxoSmithKline 关于其已满足第101条第3款的第一个条件的论点，表明它们对这一规定的狭义解释的处理感到满意。[110] 在 *MasterCard* 案[111]、*Cartes Bancaires* 案[112]和 *Lundbeck* 案[113]中，欧盟法院对于仅专注于第101条第3款规定的效率感到满意。

《第101条第3款指南》第51段强调，所有效率要求必须得到证实，以验证：

- 所声称的效率的性质，以便决策者可以验证它们本质上是客观的；[114]
- 协议与效率之间的联系，一般而言，应是直接的，而不是间接的；[115]
- 每个声称的效率的可能性和大小；以及
- 如何以及何时实现每个所声称的效率。

决策者必须能够验证所要求的效率的价值，以便能够将其与协议限制竞争的效果相平衡。[116] 自2004年5月以来，欧盟委员会要求企业必须证明其主张，这是《第101条第3款指南》及其决策实践的重要特征。

---

[106] OJ［2011］C 11/1；另见《纵向限制指南》（OJ［2010］C 130/1），第122段。

[107] 参见例如 *Asda Stores Ltd v MasterCard Inc*［2017］EWHC 93（Comm），第261段（引用关于《欧盟运行条约》第101条第3款的经济原理的《第101条第3款指南》的第33段）。

[108] 案例26/76 EU：C：1977：167。

[109] 案例42/84 EU：C：1985：327。

[110] 案例T－168/01 EU：T：2006：265，第247～308段；欧洲法院维持了欧盟普通法院关于第101条第3款的判决：案例C－501/06 P etc *GlaxoSmithKline Services Unlimited v Commission* EU：C：2009：610，第68～168段。

[111] 案例T－111/08 *MasterCards v Commission* EU：T：2012：260，第194～237段；上诉至欧洲法院的案例C－382/ 12 P *MasterCards v Commission* EU：C：2014：2201维持原判。

[112] 案例T－491/07 RENV *Cartes Bancaires v Commission* EU：T：2016：379，第361～465段。

[113] 案例T－469/13 *Generics*（*UK*）*v Commission* EU：T：2016：454，第344～366段。

[114] 《第101条第3款指南》，第52段。

[115] 同上，第53段和第54段；*Asda Stores Ltd v MasterCard Inc*［2017］EWHC 93（Comm）第264～265段、第272段和第277段强调了协议与效率之间的联系。

[116] 《第101条第3款指南》，第55～58段。

仅凭猜测或猜想是不够的：必须有"令人信服的论证和证据"[117]，以证明该协议将导致所声称的效率价值，而举证责任则由寻求捍卫协议的当事方承担。在*Lundbeck*案[118]中，欧盟普通法院拒绝了当事方关于其专利和解协议能够提高效率的论点，因为法院认为它们没有提供足够的证据。

欧盟委员会在《第101条第3款指南》中确定了两大类效率，同时承认不宜在两者之间进行明确的区分。[119]

（a）成本效率

《第101条第3款指南》第64～68段考虑了成本效率。这些成本效率可能源自例如新生产技术和方法的发展[120]、现有资产整合产生的协同效应[121]、规模经济[122]、范围经济[123]和更好的生产计划[124]。

（b）质量效率

《第101条第3款指南》第69～72段考虑了降低成本的质量效率：在这方面特别提及了研发协议[125]、许可协议和联合生产新的或改良的产品或服务的协议[126]，还提到了分销协议对提高质量效率的可能性[127]。

（B）第101条第3款的第三个条件：限制是必不可少的

《第101条第3款指南》在为消费者公平分配利益之前解决限制的必要性问题，因为如果限制不是必不可少的，则不会出现后者的问题。[128] 第73段指出，必不可少的条件意味着两个方面的检验：首先，限制性协议本身对于实现

---

[117] 参见案例T－168/01 *GlaxoSmithKline Services Unlimited v Commission* EU：T：2006：265，第235段；上诉案例C－501/06 P etc *GlaxoSmithKline Services Unlimited v Commission* EU：C：2009：610，第82段；另见总检察长曼格兹在C－382/12 P *MasterCards v Commission* EU：C：2009：409案中的意见，第141段和引用的判例法。

[118] 欧盟委员会于2013年6月19日作出的决定，第1218段；基于此理由维持原判的上诉案例T－469/13 *Generics（UK）v Commission* EU：T：2016：454，第344～366段；上诉案例C－588/16 P，尚未裁决。

[119] 《第101条第3款指南》，第59段。

[120] 同上，第64段。

[121] 同上，第65段。

[122] 同上，第66段。

[123] 同上，第67段。

[124] 同上，第68段。

[125] 同上，第70段。

[126] 同上，第71段。

[127] 同上，第72段；*Asda Stores Ltd v MasterCard Inc*［2017］EWHC 93（Comm），第316～328段（接受支付卡对商家而言是定性的"好处"，因为这使商家对消费者更具吸引力）。

[128] 同上，第39段。

效率是否合理必要；其次，从协议中产生的竞争限制对于实现效率是否合理必要。在 *MasterCard* 案[129]中，欧洲法院判决，第 101 条第 3 款中必不可少的要求在概念上与辅助限制原则不同；《第 101 条第 3 款指南》解释说，第 101 条第 3 款规定了促进竞争和反竞争的效果之间的平衡，而在确定限制是否为辅助条件时则不是这种情况。[130]

（i）效率必须在协议中特别规定

《第 101 条第 1 款指南》第 75 ~77 段考虑了双重检验的第一部分：要求效率是针对协议必需的，且没有其他在经济上可行且限制较小的方法来实现这些目标。[131] 各方应对此进行解释，例如，为什么它们单独行事不能达到同样的效率。[132] 在 *OTOC* 案[133]中，葡萄牙的特许会计师义务培训制度不符合第 101 条第 3 款的规定，因为它不被认为是保证会计服务质量的“必要条件”。

（ii）个别限制是必不可少的

《第 101 条第 3 款指南》第 78 ~82 段考虑了协议中任何单独的竞争限制是否是必不可少的。当事各方必须证明所有限制的性质及其“强度”对于声称的效率是合理必要的。[134] 如果没有限制将会消除或显著降低协议产生的效率，或者大大降低其实现的可能性，则限制是必不可少的。[135] 限制可能仅在一定时期内是必不可少的。一旦到期，它将不再是必不可少的。[136]

任何集体豁免中的“核心”限制（例如横向价格固定和在纵向协议中实施出口禁令）都不是必不可少的。[137] 在 *Lundbeck* 案[138]中，专利和解协议中包含对潜在竞争者行为的限制——对于避免诉讼费用而言，这并不是必不可少的，

---

[129] 案例 C -382/12 P *MasterCard v Commission* EU：C：2014：2201，第 92 ~93 段。

[130] 《第 101 条第 3 款指南》，第 30 段。

[131] 同上，第 75 段；请注意，根据欧盟委员会《横向合并评估指南》（OJ［2004］C 31/5）第 85 段，效率只有在被证明是特定于合并的情况下才会在合并评估中得到承认：参见第 21 章第 1083 ~1085 页“效率”。

[132] 《第 101 条第 3 款指南》，第 76 段。

[133] 案例 C -1/12 *Ordem dos Técnicos Oficiais de Contas* EU：C：2013：127，第 103 段。

[134] 《第 101 条第 3 款指南》，第 78 段；只有在有相当明确的现实可行的替代方案的情况下，欧盟委员会才会进行干预。

[135] 同上，第 79 段。

[136] 同上，第 81 段。

[137] 同上，第 79 段；有关集体豁免中的“列入黑名单”条款，参见：第 15 章第 748 页“第 4 条：核心限制”（专业化协议）和第 742 ~743 页“第 5 条：核心限制”（研究与开发协议）；第 16 章第 821 ~828 页“第 4 条：核心限制”（纵向协议）；第 19 章第 972 ~975 页“第 4 条：核心限制”（技术转让协议）。

[138] 案例 T -472/13 *Lundbeck v Commission* EU：T：2016：449，第 719 段。

而可以选择限制性较小的和解方案。企业之间旨在迫使第三方遵守法律的协议并不包含必不可少的限制，只要这些第三方有可能向公共主管机构提出投诉以解决该问题即可。[139]

（C）第101条第3款的第二个条件：消费者的公平分享

相关企业必须证明，如果要适用第101条第3款，则协议产生的收益中应有公平的份额被分享给消费者：将其视为收益“传递”的要求是很有帮助的。《第101条第3款指南》第84段指出，第101条第3款中的消费者概念涵盖了协议所涵盖产品的所有直接或间接用户，包括使用产品作为投入品的生产商、批发商、零售商和最终消费者；就竞争法而言，“企业”[140]也可以是消费者，就如同在外行意义上自然人作为消费者购买一样。根据第101条第3款的这一条件，必须考虑对相关市场中所有消费者的整体影响，而不是对该类别中个别消费者的影响。[141]

如果协议影响两组消费者，则当事方必须证明该协议对两组消费者都有公平利益分享。[142]在一个地域或产品市场上对消费者的负面影响通常不能用对不相关市场上的消费者的正面影响来抵消和补偿，尽管在与市场相关的情况下这是可能的，但前提是受到限制影响的消费者和从效率提高中受益的消费者是基本相同的。[143]

在 *Star Alliance* 案[144]中，欧盟委员会略微放宽了《第101条第3款指南》中规定的标准，考虑了“市场外效率”，即不同市场上的消费者之间存在“相当大的共同性”。[145]如果协议将使消费者的境况比他们本应达到的条件更糟，

---

[139] 案例C－68/12 *Protimonoplonŷ úad Slovenskej republky v Slovenská sporitel'ňa a. s.* EU：C：2013：71，第29～36段。

[140] 参见第3章第100～123页“企业和企业协会”。

[141] 案例C－238/05 *Asnef－Equifax v Asociacién de Usuarios de Servicios Bancarios*（*Ausbanc*）EU：C：2006：734，第70段；案例C－382/12 P *MasterCard v Commission* EU：C：2014：2201，第236段；*Asda Stores Ltd v MasterCard Inc*［2017］EWHC 93（Comm），第288段。

[142] 案例T－11/08 *MasterCard v Commission* EU：T：2012：260，第228段；欧洲法院在维持欧盟普通法院原判时没有讨论这个问题：案例C－382/12 P *MasterCard v Commission* EU：C：2014：2201，第248段。

[143]《第101条第3款指南》，第43段。

[144] 欧盟委员会于2013年5月23日作出的决定。

[145] 同上，第55～80段，尤其是第57～58段；欧盟委员会新闻稿IP/13/456，2013年5月23日；另见欧盟委员会竞争总司前总干事亚历山大·伊塔利亚那的演讲：《欧盟竞争法下的竞争者协议》（Competitor agreements under EU Competition law）（2013年9月26日），可在www.ec.europa.eu/competition/speeches上查阅；另见：DUCCI F. Out－of－Market Efficiencies，Two－Sided Platforms，and Consumer Welfare：A Legal and Economic Analysis［J］. Journal of Competition Law & Economics，2016，12（3）：591.

则将不满足第 101 条第 3 款的利益传递条件[146]；消费者必须从协议中获得更大的利益，而不是给他们带来的反竞争劣势。但是，消费者不必从所获得的每一项效率中受益，只要他们在总体收益中得到公平的利益分享即可。[147]

如果一组消费者要不公平地承担由竞争受到限制带来相关利益的成本，那么这可能是不满足利益传递条件的。[148] 可能的情况是，例如一项比双方单独进行能更快地生产新产品的协议，也可能导致更大的市场支配力，从而导致更高的价格；尽管价格较高，欧盟委员会不会因此排除尽早获得新产品的利益，因为尽早获得新产品可能构成消费者利益的“公平分享”[149]。在 *MasterCard* 案中，欧盟委员会表示，如果一项协议可能导致更高的价格，则必须通过提高质量或其他好处来补偿消费者。[150]

《欧盟运行条约》第 101 条第 1 款规定的竞争限制越大，第 101 条第 3 款规定的效率和利益传递就必须越大[151]；如果某项协议具有实质性的反竞争和实质性的促进竞争影响，《第 101 条第 3 款指南》第 92 段指出，决策者应考虑竞争是效率和创新的重要长期驱动力。该指南继续讨论了有关成本效率和质量效率的利益传递要求。

（ i ）成本效率

《第 101 条第 3 款指南》第 95 ~ 101 段考虑了利益传递和成本效率的平衡。第 96 段指出，提高成本效率可能导致产出增加和消费者价格下降。在评估可能性时，应考虑以下因素：

- 市场特征和结构；
- 效率提高的性质和幅度；
- 需求的弹性；
- 竞争限制的程度。

第 98 段指出，由于定价和产出决策主要由可变成本和需求条件决定，因此，与固定成本相比，消费者更可能受益于各方可变成本的减少。第 99 段解

---

[146] 欧盟委员会于 2013 年 5 月 23 日作出的决定，第 85 段。

[147] 《第 101 条第 3 款指南》，第 86 段。

[148] *Asda Stores Ltd v MasterCard Inc* [2017] EWHC 93 (Comm)，第 282 段和第 286 段（驳回，附带对一项协议的所有利益进行评估的“全面方法”）。

[149] 《第 101 条第 3 款指南》，第 89 段。

[150] 欧盟委员会于 2007 年 12 月 19 日作出的决定，第 734 段；上诉维持原判案例 T－111/08 *MasterCard v Commission* EU：T：2012：260；进一步上诉维持原判案例 C－382/12 P EU：C：2014：2201，第 234 段。

[151] 《第 101 条第 3 款指南》，第 90 段。

释说，任何传递给消费者的实际比率将取决于消费者因价格下跌而扩大需求的程度；除其他因素外，这将取决于卖方对不同类别的消费者进行价格区分的程度。第101段警告说，任何成本的降低，以及因此消费者支付价格的下降的可能性，必须与根据《欧盟运行条约》第101条第3款审议的协议必然涉及第101条第1款规定的竞争限制这一事实相平衡。这本身可能意味着，由于市场力量的增强，各方有能力提高价格：这些“对立的力量”必须相互平衡。

（ii）质量效率

《第101条第3款指南》第102~104段考虑了利益传递和其他效率类型的平衡：例如，出现新产品和改进产品可能会弥补协议导致价格上涨这一事实。第103段承认，这涉及价值判断，并且很难为这种性质的平衡工作赋予精确的价值。第104段承认，新产品和改进产品是消费者福利的重要来源；由于协议对竞争的限制性效果而导致价格上涨时，有必要考虑所声称的效率是否会为消费者创造“实际价值”以弥补这一损失。

（D）第101条第3款的第四个条件：没有消除市场实质部分的竞争

《第101条第3款指南》第105段指出，保护竞争过程的优先级终究高于限制性协议带来的有利于竞争的效率提高。

（i）《欧盟运行条约》第101条第3款和第102条之间的关系

《第101条第3款指南》第106段指出，消除市场实质部分的竞争的概念是专门针对第101条第3款的欧盟自治概念。然后，第106段讨论了第101条第3款与第102条之间的关系。它引用判例法，确定第101条第3款不能阻止第102条的适用[152]；并且第101条第3款不适用于构成滥用支配地位的协议。[153]但是，第106段继续说明，并非所有由占支配地位企业缔结的限制性协议都必然构成对支配地位的滥用。欧洲法院已经确认，效率是第102条分析中必不可少的组成部分；第102条规定的效率标准是严格根据第101条第3款的条件制定的。[154] 大多数集体豁免都包含市场份额上限这一事实意味着占支配地位企业

---

[152] 参见案例C–395/96 P etc *Compagnie Maritime Belge Transports SA v Commission* EU：C：2000：132，第130段。

[153] 案例T–51/89 *Tetra Pak Rausing SA v Commission* EU：T：1990：41，第28段，以及案例T–191/98 etc *Atlantic Container Line v Commission* EU：T：2003：245，第1456段；在案例 *Decca Navigator System* OJ［1989］L43/27第122段中，欧盟委员会拒绝将第101条第3款适用于涉及滥用支配地位的协议。

[154] 案例C–209/10 *Post Danmark A/S v Konkurrencerådet* EU：C：2012：172，第41~42段。

很少能够依靠它们。[155]

（ii）确定是否将实质上消除竞争

《第101条第3款指南》第107～116段解释了如何评估一项协议是否会实质上消除竞争。第107段指出，有必要评估协议将减少竞争的程度：在协议达成之前市场上的竞争已经减弱得越多，协议将减少市场竞争的可能性就越大，则该协议被认为可以实质性消除竞争的可能性就越大。评估时应同时考虑实际竞争和潜在竞争。[156]

对市场中的实际竞争程度不应仅根据市场份额进行评估，而应基于更广泛的定性和定量分析。[157]《第101条第3款指南》规定了评估进入壁垒和大规模进入市场的可能性时应考虑的一系列因素，例如，包括沉没成本在内的进入成本、行业内的最小有效规模和潜在进入者的竞争优势。[158]

（E）欧盟普通法院的司法审查

欧盟委员会关于适用《欧盟运行条约》第101条第3款的决定应接受欧盟普通法院的司法审查，并应（在法律问题上）接受欧洲法院的司法审查。[159]在*Consten and Grundig v Commission*案[160]中，欧洲法院指出，它不会对撤除申请采取干预主义的立场。欧洲法院一直采用这种立场，强调在适用第101条第3款时欧盟委员会可获得的裁量余地，以及（暗示）其不愿意干预这种裁量行为的实施。[161]

尽管其承认欧盟委员会享有自由裁量的余地，但欧洲法院还是在某些场合进行了干预。例如，在*European Night Services v Commission*案[162]中，欧盟普通法院废除了欧盟委员会将第101条第3款适用于由五家铁路运营商成立的通过英吉利海峡隧道提供通宵服务的合营企业的决定，因为它未能首先解释该协议如

---

[155] 参见本章第220页“集体豁免的格式”。

[156] 《第101条第3款指南》，第108段和第114段。

[157] 同上，第109段。

[158] 同上，第115段。

[159] 参见：BAILEY D. Scope of Judicial Review under Article 81 EC［J］. Common Market Law Review, 2004, 41（5）：1327.

[160] 案例56/64和58/64 EU：C：1966：41。

[161] 参见例如案例26/76 *Metro SB－Grossmärkte GmbH v Commission* EU：C：1977：167，第45段和第50段；案例T－7/93 *Langnese－Iglo GmbH v Commission* EU：T：1995：98，第178段。

[162] 案例T－374/94 etc *European Night Services v Commission* EU：T：1998：198，第205～221段；另见案例C－360/92 P *Publishers Association v Commission* EU：C：1995：6。

何违反了第101条第1款。[163] 如果欧盟委员会误解了特定案件的事实，欧盟普通法院也将废除欧盟委员会的决定。[164] 例如在 *GlaxoSmithKline v Commission* 案[165]中，欧盟普通法院废除了欧盟委员会的决定，即GSK的标准销售条件不符合第101条第3款的标准，该条件旨在防止从低价的西班牙制药市场到高价的英国市场的平行交易：GSK辩称，限制贸易对促进对该行业研发的投资是必要的。欧盟普通法院判决，欧盟委员会未对GSK提出的事实论据和证据进行适当审查，也未能反驳其论点。[166] 在上诉中，欧洲法院认为，欧盟普通法院已经准确地陈述了这一立场，并驳回了欧盟委员会的论点，即它误用了关于第101条第3款规定的举证责任和证明标准的判例法。[167]

欧盟委员会根据《欧盟运行条约》第101条第3款得出的结论被推翻的其他案件包括欧洲法院在 *Publishers Association v Commission* 案[168]中的判决，以及欧盟普通法院在 *Métropole télévision v Commission* 案[169]和 *Métropole télévision (M6) v Commission* 案[170]中的判决。

3. 第1/2003号条例

（A）欧盟委员会以前对授予个别豁免的垄断

根据1962年的第17/62号条例，欧盟委员会有权对符合第101条第3款标准的协议授予"个别豁免"（由欧洲法院审查）。[171] 这种对授予个别豁免的垄断意味着欧盟委员会有机会在一段时间内针对各种类型的协议制定政策，且在某些情况下在集体豁免法规中体现这一政策。但是，这种垄断有很多弊端：欧盟委员会从来没有足够的人员来处理通知给它的大量协议，结果是严重拖延进程，花费了大量的时间来收集数据并准备所谓的"表格A/B"（必须在该表格上提交申报）；产生了大量费用，尤其是法律和其他专业费用；企业在协议的

---

[163] 《欧盟运行条约》第296条规定，对法律行为（例如欧盟委员会的决定）应说明其依据。

[164] 案例T-79/95和80/95 *SNCF and British Railways v Commission* EU：T：1996：155。

[165] 案例T-168/01 EU：T：2006：265。

[166] 同上，第247~308段。

[167] 案例C-501/06 P etc *GlaxoSmithKline Services Unlimited v Commission* EU：C：2009：610，第78~88段。

[168] 案例C-360/92 P EU：C：1995：6。

[169] 案例T-528/93 etc EU：T：1996：99。

[170] 案例T-185/00 etc EU：T：2002：242。

[171] 第17/62号条例（JO［1962］204/62），第9条第1款。

合法性方面面临长期的不确定性。欧盟委员会接到的通知过多，其中有许多涉及没有严重反竞争效果的协议，其结果是分散了欧盟委员会的注意力，使其无法完成其他任务，例如追查卡特尔和滥用行为，而这些对公众利益而言具有更大的意义：正如第 1/2003 号条例评论 3 所述，“通知制度……阻止欧盟委员会将资源集中在遏制最严重的侵害行为上。这也给企业增加了巨大的成本”。授予个别豁免的垄断问题确实存在，这导致欧盟委员会在 1999 年《现代化白皮书》中提议完全废除通知程序。该政策已根据第 1/2003 号条例生效。

（B）个别豁免通知制度的终止

根据第 1/2003 号条例，个别豁免通知制度自 2004 年 5 月 1 日终止。本书的前几版详细解释了个体豁免制度的运作方式。[172]

（C）自我评估

企业及其律师无法再向欧盟委员会通知协议并等待行政“批准”证明其协议符合第 101 条第 3 款的标准，这意味着它们现在必须自力更生，并对这项规定的适用性进行“自我评估”。在讨论第 1/2003 号条例时，这引起了企业界和法律界的恐慌；但是，在实践中，自我评估似乎效果很好。这是欧盟委员会在其《关于第 1/2003 号条例执行情况的报告》[173] 中得出的结论。一份有用的报告《在〈欧盟运行条约〉第 101 条第 3 款范围内评估效率提升的实用方法》[174] 提供了有关如何根据第 101 条第 3 款对所声称的效率进行自我评估的结构化框架；欧盟委员会竞争总司发布了最佳实践案例，并介绍了用于评估竞争案件的相关经济和经验证据，这些证据可在竞争案例评估中予以考虑。[175] 在 *MasterCard* 案[176]中竞争上诉法庭与高等法院的判决和 *Visa* 案[177]中高等法院的判决还提供了有关第 101 条第 3 款在实践中如何应用的有用见解。

---

[172] 参见第 4 版第4 章第 136 ~141 页。另见：ROSE V，ROTH P. Bellamy and Child：European Community Law of Competition［M］. 6th ed. Oxford：Oxford University Press，2008：paras 13-004 – 13-016.

[173] COM（2009）206 final，第 12 段；进一步参见随附的欧盟委员会工作人员工作文件［SEC（2009）574 final］，第 11 段；二者均可在 www. ec. europa. eu 上查阅。

[174] 可在 www. bookshop. europa. eu 上查阅；本报告委托人为企业与工业总司，而不是竞争总司。

[175] DG COMP's *Best Practices for the Submission of Economic Evidence and Data Collection in Cases Concerning the Application of Articles* 101 *and* 102 *TFEU and in Merger Cases*，可在 www. ec. europa. eu/competition 上查阅。

[176] 案例 1241/5/7/15（T）*Sainsbury's Supermarkets Ltd v MasterCard Inc*［2016］CAT 11，第 280 ~289 段；*Asda Stores Ltd v MasterCard Inc*［2017］EWHC 93（Comm），第 261 ~421 段。

[177] *Sainsbury's Supermarkets Ltd v Visa Europe Services LLC*［2018］EWHC 355（Comm）.

（D）根据第101条第3款作出的决定

第1/2003号条例规定欧盟委员会可以通过三种方式表明违反《欧盟运行条约》第101条的协议因其满足第101条第3款的规定而合法：

- 接受根据第1/2003号条例第9条作出的具有法律约束力的承诺；
- 根据第1/2003号条例第10条作出不适用的决定；
- 提供非正式的指导。

这些可能性将在第7章中讨论。在这里可以对这些规定进行一些讨论。第一点是，在第101条第3款可能适用的情况下，已经根据第1/2003号条例第9条作出了几项决定。[178] 一个明显的例子是 *British Airways*, *American Airlines and Iberia* 案[179]，其中欧盟委员会接受了承诺，特别是在希思罗机场、盖特威克机场和肯尼迪纽约机场设有起落架位，以方便竞争者在往返美国的各航空路线上进入和/或扩张。适用第1/2003号条例第9条的裁决导致欧盟委员会在没有任何竞争法违法裁决的情况下终止了该案，因此在概念上与过去根据第17/62号条例通过的那种个别豁免决定不同：根据该条，因为满足第101条第3款的规定，欧盟委员会认定第101条第1款不适用。然而，在根据第1/2003号条例第9条作出的决定中，当事方正式承诺改变其行为，如果它们偏离该承诺，可能会受到惩罚，这与旧制度下的个别豁免（受条件和义务的约束）存在一定的相似之处。[180]

第二点是，尚未使用第1/2003号条例第10条和非正式指导程序。[181] 本书作者认为，欧盟委员会正确地使用这些程序将有所帮助。自从废除个别豁免制度以来，欧盟委员会经常得出协议不适用第101条第3款的结论，但它从未通过一项积极适用该规定的第1/2003号条例第10条决定。可以理解的是，欧盟委员会不希望第10条程序成为旧个别豁免制度的替代品。但是，由于缺乏对

---

[178] 关于承诺决定，参见第7章第322～328页“第9条：承诺”；关于第101条第3款的第1/2003号条例第9条规定包括：欧盟委员会于2010年12月8日在 *Visa European* 案中作出的决定，参见《竞争政策通讯》2011年第1卷第13页；欧盟委员会于2012年6月18日在 *Siemens/Areva* 案中作出的决定；欧盟委员会于2013年5月23日在 *Continental/United/Lufthansa/Air Canada* 案中作出的决定；欧盟委员会于2016年7月26日在 *Cross - border access to pay - TV* 案中作出的决定，该案的上诉案 T - 873/16 *Groupe Canal + v Commission*（尚未裁决）。

[179] 欧盟委员会于2010年7月14日作出的决定。

[180] 关于承诺决定，参见第7章第322～328页“第9条：承诺”。

[181] 参见第7章第328～330页“第10条：不适用的裁定”和“非正式指导”；英国前公平交易办公室（现为英国竞争与市场管理局）针对国内适用第101条第3款发布了一份意见和一份简短建议：参见第10章第503～504页“意见和非正式建议”。

《欧盟运行条约》第 101 条第 3 款的积极适用，因此形成了一种似乎相当普通的看法，即满足第 101 条第 3 款的标准实在太困难了，在目的限制的情况下几乎是不可能的。这意味着，就第 101 条第 1 款而言，协议的合法性主要是通过提及什么是竞争限制来论证的。如果可以通过参考已决案件和欧盟委员会的指导意见裁决第 101 条第 3 款仍可用于提高效率的协议，那么限制竞争的裁决问题就不那么难以解决。欧盟委员会《关于电子商务行业调查的最终报告》很有帮助，因为它确定了第 101 条第 3 款可能在个案中适用的各种竞争限制。[182]此外，据报道，2017 年 6 月竞争事务专员告知欧洲议会农业和农村发展委员会，可能为西班牙橄榄油生产商之间的合作提供非正式指导或第 1/2003 号条例第 10 条决定[183]。

（E）国内法规定的通知和个别豁免

第 1/2003 号条例不要求成员国根据国内法废除豁免通知制度；但是，原则上维持国内通知制度似乎是不可取的。[184] 截至 2017 年 12 月 8 日，只有丹麦、意大利和拉脱维亚保留了通知制度。

4. 集体豁免

（A）集体豁免的作用

《欧盟运行条约》第 101 条第 3 款规定了可以宣布第 101 条第 1 款的禁止规定不适用于协议和协议类别，从而预示了集体豁免的出现[185]：换句话说，《欧盟运行条约》设想对协议进行一般授权和个别评估。大多数集体豁免是由欧盟委员会通过的，其根据欧盟理事会条例授予的权力行事。[186]

集体豁免范畴内的协议均属有效，无需特别授权。例如，起草一项纵向协

[182] 2017 年 5 月 10 日的最终报告和工作人员工作文件，可在 www. ec. europa. eu/competition 上查阅。

[183] 有关该问题的报告可以在 2017 年 6 月 22 日的 MLex 上查阅。

[184] 参见第 4 章脚注[170]。

[185] “整体豁免”和“团队豁免”都可以使用：此处使用的是“集体豁免”，因为这是最常见的一种表述，也是欧盟委员会通常使用的一种表述。

[186] 参见本章第 218 ~220 页的“现行的特权和集体豁免”。对此有两个例外，即欧盟委员会本身授予的集体豁免：道路和内陆水运行业的某些协议的集体豁免最初由第 1017/684 号条例（OJ［1968］L 175/1）规定，现在由第 169/2009 号条例（OJ 2009 L61/1）第 3 条规定；欧盟委员会第 4056/86 号条例（OJ［1986］L 378/1）第 3 ~6 条授予海上运输行业集装箱运输部分各种协议的集体豁免：该集体豁免已根据第 1419/2006 号条例（OJ［2006］L 269/1）自 2008 年 10 月起废除。

议或一项技术转让协议，使其满足有关集体豁免的条款，因为这为它提供了“安全港”；如果协议满足集体豁免，那么首先确定它是否违反第101条第1款可能是毫无意义的。[187]

正如欧盟委员会《第101条第3款指南》第2段所指出的，尽管第1/2003号条例废除了个别豁免制度，但集体豁免制度仍然有效。该指南第2段还规定，集体豁免所涵盖的协议不能被国家法院宣布为无效。第1/2003号条例第29条规定，在某些情况下，欧盟委员会和国家竞争主管机构有权撤销个案中集体豁免的利益。[188] 国家法院不能撤销集体豁免的利益。[189]

（B）现行的特权和集体豁免

欧盟委员会需要欧盟理事会的授权来发布集体豁免。[190] 理事会发布了一些授权条例；以下列出了这些条例，以及依据理事会条例当前有效的欧盟委员会条例（如果有）。

（i）理事会第19/65号条例

第19/65号条例[191]，已经第1215/99号条例进行了修订[192]，授权欧盟委员会对纵向协议和双边知识产权许可授予集体豁免。根据第19/65号条例，以下欧盟委员会条例有效：

- 关于纵向协议的第330/2010号条例[193]（在第16章[194]中讨论）；
- 关于与汽车售后市场有关的纵向协议的第461/2010号条例[195]（在第16章[196]中讨论）；
- 关于技术转让协议的第316/2014号条例[197]（在第19章[198]中讨论）；

---

[187] 参见案例C-260/07 *Pedro IV Servicios SL v Total España SA* EU：C：2009：215，第36段。
[188] 参见本章第220“集体豁免的格式”。
[189] 参见《第101条第3款指南》，第31段。
[190] 欧盟理事会有权根据《欧盟运行条约》第103条第2款（b）项授予此类权利。
[191] OJ［1965］第533页，OJ［1965-66］第35页。
[192] OJ［1999］L 148/1。
[193] OJ［2010］L 102/1；该条例取代了第2790/99号条例（OJ［1999］L 336/21）。
[194] 参见第16章第807~832页“纵向协议：第330/2010号条例”。
[195] OJ［2010］L 129/52；第461/2010号条例取代了第1400/2002号条例（OJ［2002］L 203/30）。
[196] 参见第16章第835~837页“关于汽车分销的第461/2010号条例”。
[197] OJ［2014］L 193/17；该条例取代了第772/2004号条例（OJ［2004］L 123/11）。
[198] 参见第19章第966~977页“技术转让协议：第316/2014号条例”。

（ii）理事会第 2821/71 号条例

第 2821/71 号条例[199]授权欧盟委员会对标准化协议、研究与开发协议和专业化协议给予集体豁免。根据第 2821/71 号条例，以下欧盟委员会条例有效：

- 关于研究与开发协议的第 1217/2010 号条例[200]（在第 15 章[201]中讨论）；
- 关于专业化协议的第 1218/2010 号条例[202]（在第 15 章[203]中讨论）。

（iii）理事会第 1534/91 号条例

第 1534/91 号条例[204]授权欧盟委员会批准保险行业的集体豁免。暂无根据第 1534/91 号条例授予集体豁免的欧盟委员会条例[205]。

（iv）理事会第 169/2009 号条例

第 169/2009 号条例[206]本身对公路和内陆水运业的中小型企业之间的某些协议规定了集体豁免。[207] 暂无根据第 169/2009 号条例授予集体豁免的欧盟委员会条例。

（v）理事会第 246/2009 号条例

第 246/2009 号条例[208]授权欧盟委员会对班轮运输公司之间的联合体提供集体豁免。欧盟委员会根据该条例的授权通过了第 906/2009 号条例[209]，其有效期已被延长至 2020 年 4 月 25 日。[210]

（vi）理事会第 487/2009 号条例

第 487/2009 号条例[211]授权欧盟委员会对航空运输领域的某些协议给予集体

---

[199] OJ［1971］L 285/46，OJ［1971］第 1032 页。

[200] OJ［2010］L 335/36；该条例取代了第 2659/2000 号条例（OJ［2000］L 304/7）。

[201] 参见第 15 章第 739～744 页“研发协议的集体豁免：第 1217/2010 号条例”。

[202] OJ［2010］L 335/43；该条例取代了第 2658/2000 号条例（OJ［2000］L 304/3）。

[203] 参见第 15 章第 746～749 页“专业化协议的集体豁免：第 1218/2010 号条例”。

[204] OJ［1991］L 143/1。

[205] 根据第 267/2010 号条例（OJ［2010］L83/1）于 2017 年 3 月 31 日到期；参见第 15 章第 761～762 页“保险业”。

[206] OJ［2009］L 61/1；该条例取代了第 1017/68 号条例（OJ［1968］L 175/1）。

[207] 参见第 3 条。

[208] OJ［2009］L 79/1；该条例取代了第 479/92 号条例（OJ［1992］L 55/3）。

[209] OJ［2009］L 256/31；该条例取代了第 823/2000 号条例（OJ［2000］L 100/24）；关于第 906/2009 号条例，参见：PRISKER A. Commission Adopts New Block Exemption Regulation for Liner Shipping Consortia［J］. Competition Policy Newsletter，2010，1：8.

[210] 第 697/2014 号条例（OJ［2014］L 184/3）。

[211] OJ［2009］L 148/1；该条例取代了第 3976/8 号条例（OJ［1987］L 374/9）。

豁免。根据第487/2009号条例，目前没有有效的相关欧盟委员会条例。[212]

（C）集体豁免的格式

集体豁免的典型格式是从一系列评论部分开始，这些评论解释欧盟委员会适用有关条例的政策；在存在解释问题的情况下，可以参考这些评论来解释条例的实质性规定。[213] 然后，每个条例将对特定类别的协议赋予集体豁免：例如，第330/2010号条例第2条对纵向协议进行豁免，如其第1条第1款（a）项所定义。集体豁免规定了所谓的“核心限制”，如果协议要享受集体豁免，则不得将其包括在内。

大多数集体豁免都有市场份额门槛。例如，第330/2010号条例第3条规定，如果供应商和买方的市场份额不超过30%，则该协议将有资格获得集体豁免；如果任何一方的市场份额超过这一门槛，则它们的协议需要进行个别分析。第1217/2010号条例第4条规定比例为25%，而第1218/2010号条例第3条规定比例为20%。第316/2014号条例第3条规定，竞争者之间的协议的这一门槛为20%，非竞争者之间的协议的这一门槛为30%。

第1/2003号条例第29条第1款赋予欧盟委员会以下权力，即当欧盟委员会认为集体豁免条例所涵盖的特定协议具有与第101条第3款不相容的效果时，可以撤销集体豁免的利益。在*Langnese - Iglo*案[214]中，是仅有的一次协议的集体豁免被撤销；欧盟普通法院在上诉中维持了欧盟委员会的决定。[215]

第1/2003号条例第29条第2款赋予每个国家竞争主管机构以下权力，即在其领土范围或其中一部分内撤销不符合《欧盟运行条约》第101条第3款条件的协议的集体豁免利益，如果该领土具有特定地理市场的所有特征。在这种情况下，成员国必须证明该协议违反了第101条第1款，并且该协议不符合第101条第3款的条件。[216] 集体豁免的撤销仅自决定之日起适用。

第330/2010号条例第6条赋予欧盟委员会以下权力，即当类似纵向约束的平行网络覆盖相关市场的50%以上时，可通过条例从整个行业撤销集体豁免的利益。第316/2014号条例第7条也有类似规定。这些规定尚未被使用。

---

[212] 参见第23章第1217～1221页“航空运输业”。

[213] 有关利用评论辅助解释欧盟法律，参见案例C－429/07 *X BV* EU：C：2009：359，第31段。

[214] OJ［1993］L 183/19。

[215] 案例T－7/93 *Langnese－Iglo GmbH v Commission* EU：T：1995：98。

[216] 《第101条第3款指南》，第36段。

（D）集体豁免的有效期

每个集体豁免条例均包含有效期。例如，第 330/2010 号于 2022 年 5 月 31 日到期。这意味着不能确定地说，在该日期之后持续的纵向协议可以从 2022 年 6 月 1 日起继续豁免。欧盟委员会深知法律确定性的必要性，因此，如果欧盟委员会随后通过新的条例，它将包括对已经生效的协议发布过渡性的规定。有必要检查每个特定条例的规定，以了解过渡时期的立场。如果协议不符合取代旧条款的新的集体豁免条款，则该协议可能要么不属于第 101 条第 1 款的范围，要么可以单独满足第 101 条第 3 款的规定。

欧盟委员会将对即将到期的集体豁免的运作进行审查和磋商。这样做时它将考虑是否有必要实行集体豁免，如果有必要，应以什么条件延长豁免。不存在赞成延长集体豁免的推定。欧盟委员会将考虑延期的替代方法，包括发布指南、提供非正式指导[217]和/或根据第 1/2003 号条例第 9 条[218]或第 10 条[219]通过欧盟委员会的决定。

（E）集体豁免的未来

鉴于第 1/2003 号条例终止了欧盟委员会对协议的个别豁免制度，并用“自我评估”代替了该制度，因此可以认为，集体豁免也应该被废除。近年来，集体豁免的适用范围有所减小，因为欧盟委员会也已决定不对保险、海运、航空运输和机动车辆领域的某些协议更新条例。

但是，欧盟委员会明白法律确定性的好处，并且重要的集体豁免仍然存在，例如针对纵向协议和技术转让协议的集体豁免。此外，对于将《欧盟运行条约》第 101 条适用于各种类型的协议存在许多指南，尽管缺乏集体豁免的形式，但它们为企业及其专业顾问提供了有力的指导。

---

[217] 参见第 7 章第 329 ~ 330 页“非正式指导”。

[218] 参见第 7 章第 322 ~ 328 页“第 9 条：承诺”。

[219] 参见第 7 章第 328 ~ 329 页“第 10 条：不适用的裁定”。

第 5 章 《欧盟运行条约》第 102 条*

1. 简 介

《欧盟运行条约》第 102 条是对该条约第 101 条的重要配套条款。❶ 第 101 条针对的是对竞争有害的协议、决定和协同行为，第 102 条针对的是占支配地位的企业以滥用方式作出的单方行为。第 102 条规定如下：

> 只要可能影响成员国之间的贸易，则一家或多家企业滥用其在内部市场或在内部市场的实质部分占有的支配地位的行为应因与内部市场不符而予以禁止。
>
> 此种滥用行为特别包括
>
> (a) 以直接或间接方式强行规定收购或销售价格或其他不公平的交

* 本章中如无指明其他法律性文件，“第 102 条”指《欧盟运行条约》第 102 条。——译者注

❶ 有关第 102 条的进一步解读参见：EHLERMANN C D，ATANASIU I. European Competition Law Annual 2003：What Is an Abuse of a Dominant Position？［M］. Oxfrod：Hart Publishing，2006；EZRACHI A. Article 82 EC：Reflections on Its Recent Evolution ［M］. Oxford：Hart Publishing，2009；ROUSSEVA E. Rethinking Exclusionary Abuses in EU Competition Law ［M］. Oxfrod：Hart Publishing，2010；GORMSEN L L. A Principled Approach to Abuse of Dominance in European Competition Law ［M］. Cambridge：Cambridge University Press，2010；NAZZINI R. The Foundations of European Union Competition Law：Objectives and Principles of Article 102 ［M］. Oxford：Oxford University Press，2011；AKMAN P. The Concept of Abuse in EU Competition Law：Law and Economic Approaches ［M］. Oxford：Hart Publishing，2012；ROSE V，BAILEY D. Bellamy and Child：European Union Law of Competition ［M］. 7th ed. Oxford：Oxford University Press，2013；O'DONOGHUE R，PADILLA J. The Law and Economics of Article 102 TFEU ［M］. 2nd ed. Oxford：Hart Publishing，2013；FAULL J，NIKPAY A. The EU Law of Competition ［M］. 3rd ed. Oxford：Oxford University Press，2014；NIELS G，JENKINS H，KAVANAGH J. Economics for Competition Lawyers ［M］. 2nd ed. Oxford：Oxford University Press，2016；PARCU P，MONTI G，BOTTA M. Abuse of Dominance in EU Competition Law：Emerging Trends ［M］. Cheltenham：Edward Elgar，2017；IBÁÑEZ－COLOMO P. Beyond the “More Economics－Based Approach”：A Legal Perspective on Article 102 TFEU Case Law ［J］. Common Market Law Review，2016，53：709；另见：BOCK P，REINEKER K，LITTLE D R. Dominance 2017 ［M］. 13th ed. London：Law Business Research，2017.

易条件；

(b) 限制生产、销售或技术的发展进而损害消费者利益；

(c) 对与其他商业伙伴的相同交易适用不同的条件，从而使其在竞争中处于不利地位；

(d) 以其他缔约方接受附加义务为条件缔结合同，这些条件从其本质上说或者根据商业惯例与此等合同的主题无关。

本章的主旨是描述《欧盟运行条约》第 102 条的主要特征。第 2 节概述了第 102 条的规定和实践。第 3 节介绍了《关于欧盟委员会对占支配地位的企业滥用排他性行为适用《欧盟运行条约》第 102 条的执法重点的指南》❷（以下简称《第 102 条执法重点指南》)，这是一份重要文件，将在本书后面各章中提及。第 4 节讨论企业的含义。第 5 节讨论各成员国之间对贸易产生影响的要求：这些概念已在前述章节内进行了讨论。❸ 第 6 节讨论第 102 条所指的支配地位。第 7 节讨论必须在内部市场的实质部分中占据支配地位的要求。第 8 节讨论本章的中心问题和最复杂的问题，即滥用的含义。第 17 ~ 19 章将对个人滥用进行更详细的分析，这三章分别讨论了非定价滥用、定价滥用和与消费有关或有时与消费无关以及与知识产权有关的滥用。第 9 节讨论对滥用指控的抗辩。第 10 节简要讨论违反第 102 条的后果。

2. 第 102 条法律与实践的概述

欧盟委员会的许多争议性决定是根据第 102 条作出的。其中一个决定是 2004 年发现 Microsoft 有两起滥用的行为，Microsoft 拒绝向竞争者提供互操作性信息，并将一家媒体播放器与其操作软件捆绑在一起，Microsoft 因此被罚款 4.972 亿欧元。❹ 另一个有争议的决定是对 Intel 处以 10.6 亿欧元的罚款，原因

---

❷ OJ [2009] C45/7。

❸ 企业的含义参见第 3 章第 100 ~ 123 页“企业和企业协会”，关于贸易影响的含义，参见第 3 章第 185 ~ 190 页“对成员国之间贸易的影响”。

❹ *Microsoft*，欧盟委员会于 2004 年 3 月 24 日作出决定，向欧洲法院上诉维持原判 T – 201/04 *Microsoft Corp v Commission* EU：T：2007：289 案；本书的各个地方都讨论了 *Microsoft* 案的决定：特别参见关于滥用的第 17 章第 860 ~ 861 页“*Microsoft* 案”，关于拒绝提供互操作性的第 19 章第 989 ~ 992 页“*Microsoft* 案”。关于 *Microsoft* 案的更多介绍参见：BECHNER P，GUSTAFSON E R. Trial and Error：United States v. Microsoft [M]. 2nd ed. WashingtonD C：Citizens for a Sound Economy Foundation，2002；MCKENZIE R B. Trust on Trial：How The Microsoft Case is Reframing the Rules of Competition [M]. New York：Perseus Publishing，2000；RUBINI L. Microsoft on Trial：Legal and Economic Analysis of a Transatlantic Antitrust Case [M]. Cheltenham：Edward Elgar，2010.

是它采取了垄断性做法，包括向从该公司购买全部或大部分微处理器芯片的客户提供独家回扣。[5] Intel 在 2014 年失去了对这一决定上诉的机会[6]；在向欧洲法院提出进一步上诉时，该案件被移交给欧盟普通法院，以重新评估相关回扣是否能将像 Intel 这样高效的竞争者排除在市场之外。[7] 还有一个有争议的决定是对 Google 罚款 2.42 亿欧元，2017 年 6 月，Google 滥用其在互联网搜索引擎中的支配地位，以促进其自身的比较购物服务。[8] 这些巨额罚款是欧盟委员会对在信息和通信技术领域非常成功的美国企业作出的，值得注意的是，这些决定均不涉及欧盟企业，这一现象使得对第 102 条的争议更加尖锐。[9]

一些批评人士抱怨说，欧盟委员会和欧盟法院在对 *Microsoft* 案、*Intel* 案和 *Google* 案等案件适用第 102 条时，往往不关心对竞争过程的保护，而是关心对竞争者的保护，这是完全不同的问题。换句话说，在任何竞争中，无论是经济竞争、体育竞争还是其他竞争，最有效率或最能适应的人都会获胜：这是竞争过程中不可避免的一部分。这意味着，如果一家企业仅仅凭借其卓越的效率而最终成为垄断者，则应该受到赞扬，或者至少不会受到谴责。对欧盟委员会和欧盟法院另一个更具体的批评是，它们对第 102 条的适用采取了一种形式主义（而不是基于经济学的）方法。因此，尽管占支配地位的企业的商业做法受到谴责，但这些商业做法对消费者的福利没有或不可能产生任何有害影响，反而实际上可能有利于竞争。显然，如果将适用第 102 条的结果归咎于有利于消费者的竞争行为，那这将是一个奇怪的悖论。然而，最近的一些案件，最终导致欧洲法院在 2017 年 9 月对 *Intel* 案进行判决时，明确规定保护效率较低的竞争者不是第 102 条的作用。*Intel* 案判决的第 133 段的阐释非常清楚：

> 在这方面，必须铭记，《欧盟运行条约》第 102 条的目的绝不是防止一家企业因其本身的优点而获得市场上的支配地位。这一规定也不试图确保效率低于具有支配地位的企业的竞争者应该继续留在市场上。

---

[5] *Intel*，欧盟委员会于 2009 年 5 月 13 日作出决定。

[6] 案例 T－286/09 *Intal v Commission* EU：T：2014：547。

[7] 案例 C－413/14 P *Intel v Commission* EU：C：2017：632；下文围绕这个案例进行了讨论。

[8] 欧盟委员会于 2017 年 6 月 27 日作出决定，向欧盟普通法院上诉的案例 T－612/17 *Google v Commission*，尚未裁决。

[9] 参见：SOKOL D D. Troubled Waters Between U. S. and European Antitrust ［J］. Michigan Law Review，2017，115：955，963－969；另见：US Department of the Treasury. White Paper：The European Commission's Recent State Aid Investigation of Transfer Pricing Rules ［EB/OL］.（2016－08－24）［2016－08－24］. www. treasury. gov/resource－center/tax－policy/treaties/Documents/White－Paper－State－Aid. pdf；FOX E M. We Protect Competition，You Protect Competitors ［J］. World Competition，2003，26：149.

这一法律领域的挑战是制定可管理的规则，识别那些将与占支配地位的企业一样高效，甚至更高效的企业排除在市场之外的行为类型；避免可能抑制有利于竞争行为的规则；在这两种可取的结果之间取得平衡，同时使企业及其专业顾问和竞争主管机构与法院具有合理的确定性。

3. 欧盟委员会《第 102 条执法重点指南》

2004 年，因为《欧盟运行条约》第 102 条适用于排他性（而不是剥削性）垄断（本章后面将讨论这一区别[10]），欧盟委员会对第 102 条的规定和实践进行了审查。2005 年 12 月，竞争总司发表了一份内部的工作文件，[11] 随后就第 102 条的适当性进行了激烈的辩论。这一进程的成果是欧盟委员会于 2009 年 2 月通过了《第 102 条执法重点指南》。《第 102 条执法重点指南》的明确意图是，欧盟委员会今后只有在可能对消费者福利产生重大有害影响的情况下，才会选择调查关于滥用排斥行为的指控。欧盟委员会不会根据基于形式的规则行事，而是需要考虑其产生的经济影响；并且不会干预以协助效率较低的竞争对手。《第 102 条执法重点指南》第 20 段列出了欧盟委员会在选择案件时将考虑的一系列调查因素，[12] 并就欧盟委员会如何处理独家交易、捆绑、掠夺和拒绝交易，以及价格挤压等案件提供了具体的指南。

重要的是，需要理解《第 102 条执法重点指南》不是关于第 102 条的一套指南；该文件就是如其所说——关于欧盟委员会执法重点的指南。欧盟法院的判例载有第 102 条规定的排他性垄断。在 *Post Danmark II* 案中，法院在答复丹麦海事和商事法院的一个具体问题时明确表示《第 102 条执法重点指南》：

> 只是阐述了欧盟委员会在案件中选择打算作为优先事项处理的方式；因此，欧盟委员会采取的行政做法对国家竞争主管机构和法院没有约束力。[13]

然而，法院和国家竞争主管机构不受欧盟委员会《第 102 条执法重点指南》的约束并不意味着它不具有影响力；例如，在英国，前公平交易办公室和现在的竞争与市场管理局在调查滥用支配地位的指控时曾多次提到《第 102

---

[10] 参见本章第 255 ~ 256 页“剥削、排他和单一市场滥用行为”。

[11] 参见《关于第 102 条适用于排他性滥用的讨论文件》，可在 www. ee. europa. eu/competition/antitrust/art82/index. html 上查阅。

[12] 参见本章第 262 ~ 264 页“实践中如何进行效果分析?”。

[13] 参见：案例 C – 23/14 *Post Danmark A/S v Konkurrencerdet* EU：C：2015：651，第 52 段。

条执法重点指南》。[14]

《第102条执法重点指南》对欧盟法院没有约束力。事实上，第3段明确指出，它不构成法律声明，也不影响欧盟法院的判例。在有些情况下，欧洲法院对第102条的适用比欧盟委员会建议采取的办法更加严格。其中一个例子是在*Konkurrensverket v TeliaSonera Sverige AB*案[15]中，法院处理价格挤压的办法明显比《第102条执法重点指南》更严格；[16]另一个例子是在*Tomra*案[17]中，法院对排他性回扣适用第102条比欧盟委员会的《第102条执法重点指南》更严格。

一些评论者认为，欧盟法院的判例法与欧盟委员会《第102条执法重点指南》之间的这种明显不一致导致了法律上的不确定性，因此欧盟委员会应撤回这一《第102条执法重点指南》；[18]一种不那么极端的观点是，《第102条执法重点指南》未能确定优先事项，反而可能使企业对这一领域的法律适用更加困惑。[19]对笔者来说，这些批评是不令人信服的。重复一遍：《第102条执法重点指南》不是一套描述现行法律的准则，相反，它解释了为什么欧盟委

[14] 参见：英国公平交易办公室于2010年11月5日在*Flybe*案中作出的决定；英国公平交易办公室于2011年11月7日在*Idexx*案中作出的决定；英国竞争与市场管理局于2017年8月10日在*Unilever*案中作出的决定。

[15] 案例C－52/09 EU：C：2011：83。

[16] OJ［2009］C 45/9，第80段；更多的讨论在第18章第938～939页“欧盟委员会的决定实践”。

[17] 案例T－155/06 *Tomra Systems v Commission* EU：T：2010：370；上诉维持原判案例C－549/10 P *Tomra Systems v Commission* EU：C：2012：221。

[18] 参见：GORMSEN L L. Why the European Commission's Enforcement Priorities on Article 82 EC Should Be Withdrawn［J］. European Competition Law Review，2010，31：45.

[19] 参见：AKMAN P. The European Commission's Guidance on Article 102 TFEU：From Inferno to Paradiso？［J］. Modern Law Review，2010，73：605。进一步评论该指南及其本身的文献，参见：EHLERMANN C D，MARQUIS M. European Competition Law Annual 2007：A Reformed Approach to Article 82 EC［M］. Oxford：Hart publishing，2008；EZRACHI A. The European Commission Guidance on Article 82 EC：The Way in Which Institutional Realities limit the Potential for Reform：Oxford legal Research Paper Series（No. 27/2009）［EB/OL］.（2009－08－01）. www. ssrn. com；PETIT N. From Formalism to Effects？：The Commission's Communication on Enforcement Priorities in Applying Article 82 EC［J］. World Competition，2009，32（4）：485；KELLERBAUER M. The Commission's New Enforcement Priorities in Applying Article 82 EC to Dominant Companies“Exclusionary Conduct：A Shift Towards a More Economic Approach？”［J］. European Competition Law Review，2010，37：175；MONTI G. Article 82 EC：What Future for the Effects－based Approach？［J］. Journal of European Competition Law & Practice，2010，1（1）：2；GERADIN D. Is the Guidance Paper on the Commission's Enforcement Priorities in Applying Article 102 TFEU to Abusive Exclusionary Conduct Useful？［J/OL］.（2010－03－12）. www. ssrn. com；PACE L F. European Competition Law：The Impact of the Commission Guidance on Article 102［M］. Cheltenham：Edward Elgar，2011；PADILLA J. Whither Article 102 TFEU：A Comment on Akman and Crane［J］. Antitrust Law Journal，2016，81（1）：223.

员会在其有限资源的情况下对调查某些案件比其他案件更感兴趣的原因；特别是它解释说，特定行为可能导致反竞争封锁，从而最终对消费者造成损害，这才是欧盟委员会对这一领域进行干预的合法性。[20]

虽然《第 102 条执法重点指南》对欧盟和国家法院没有约束力，但这并不是说它未来不会影响第 102 条对排他行为的适用。在 *TeliaSonera* 案[21]中，总检察长马扎克（Mazák）说，《第 102 条执法重点指南》对法院没有约束力，但它确实提供了一个“有用的参照点”。[22] 值得注意的是，自《第 102 条执法重点指南》发表以来，欧洲法院的几项判决都强调，第 102 条的功能不是保护效率较低的竞争者，如上一节介绍的 *Intel* 案中最后一段所述；这完全符合欧盟委员会的《第 102 条执法重点指南》的要求。

不管这些年来对第 102 条的批评如何，很明显，一家占支配地位的企业（或一家担心它可能被发现占支配地位的企业）必须谨慎行事。违反第 102 条可能造成严重后果。欧盟委员会（或国家竞争主管机构）可处以巨额罚款，如 *Microsoft* 案、*Intel* 案和 *Google* 案；受害的第三方可向国家法院提出强制令和/或损害赔偿诉讼。[23] 此外，根据第 1/2003 号条例第 7 条，欧盟委员会有明确的权力实施结构性补救措施，但须受限制；它在 *ARA Foreclosure* 案[24]中首次作出此类措施，由于企业根据第 1/2003 号条例第 9 条提供了剥离资产的承诺，因此已经结案。[25]

4. 企　业

“企业”一词在第 102 条中的含义与第 101 条相同，并已在第 3 章中进行

---

[20] 如果欧盟委员会根据相关判例法拒绝考虑明显违反第 102 条行为的投诉，其将不遵守第 102 条强制执行指南，此时法律地位将如何？参见：WILS W P J. Discretion and Prioritisation in Public Antitrust Enforcement，in Particular EU Antitrust Enforcement［J］. World Competition，2011，34：353；PETIT N. Rebates and Article 102 TFEU：the European Commission's Duty to Apply the Guidance Paper［J/OL］.（2015 - 11 - 26）. https：//ssrn. com/abstract = 2695732.

[21] 案例 C - 52/09 EU：C：2010：483。

[22] 同上，参见脚注[21]；类似的决定有英国竞争上诉法庭在案例 1238/3/3/15 *British Telecommunications Plc v OFCOM*［2016］CAT 3 中作出的决定，第 91 段。

[23] 据媒体报道，Microsoft 与各种投诉人就赔偿金达成庭外和解，2005 年 10 月的《金融时报》报道，Microsoft 总共支付了 37.3 亿美元；同样地，Intel 已同意向投诉人 AMD 支付 12.5 亿美元的赔偿金，见 2009 年 11 月 13 日《金融时报》。在数个成员国的法院正在针对 Google 提起许多损害赔偿诉讼。

[24] 欧盟委员会于 2016 年 9 月 20 日作出决定，第 132 ~ 148 段：请注意，ARA 提出要求作出资产剥离的决定。

[25] 参见第 7 章第 322 ~ 328 页“第 9 条：承诺”。

了讨论。[26] 关于企业含义的几个案例是在第102条的范围内出现的，例如，向欧盟委员会提出关于西班牙卫生服务机构[27]的单一垄断案件的申诉或关于欧洲管制[28]的标准制定权的申诉：这两个实体都不是作为企业运营，因此竞争规则不适用于它们。类似的诉讼也出现在奥地利，涉及根据法律负责存储在该国注册企业数据的企业登记处是否可以作为一家企业。法院认为这不构成经济活动，因此其拒绝向第三方提供数据的行为不违反第102条的规定。[29]

本书将在第6章中讨论竞争规则对公共企业或被赋予专有或特殊权利企业的适用。[30] 但是，关于第102条和公共行业的讨论，应该注意的四点是：第一，一家企业具有法律垄断地位，这一事实本身并不能将其从第102条的范围中删除。[31] 第二，根据《欧洲联盟条约》第4条第3款，成员国有义务不做任何"可能危及实现联盟目标"的事情，其中制度之一是确保内部市场不扭曲竞争。[32] 这意味着，除《欧盟运行条约》第106条第2款规定的有限范围外，成员国不能给予第102条所规制的企业予以豁免。[33] 第三，第106条第2款对竞争规则的减损一直是狭义的。[34] 第四，《欧盟运行条约》第37条禁止成员国歧视其本国具有商业性质的国家垄断，这为欧盟委员会提供了处理公共行业中某些垄断可供选择的武器。[35]

---

[26] 参见第3章第100~123页"企业和企业协会"。

[27] 案例T-319/99 *FENIN v Commission* EU：T：2003：50，上诉维持原判案例C-205/03 P *FENIN v Commission* EU：C：2006：453。

[28] 案例T-155/04 *SELEX Sistemi Integrati v Commission* EU：T：2006：387，上诉维持原判案例C-113/07 P *SELEX Sistemi Integrati v Commission* EU：C：2009：191。

[29] 案例C-138/11 *Compass-Datenbank* EU：C：2010：449。

[30] 参见第6章第280~308页"《欧盟运行条约》第106条——遵守条约"。

[31] 案例311/84 *Centre belge d'études de marché-Télémarketing v CLT* EU：C：1985：394，第16段。另见案例26/75 *General Motors v Commission* EU：C：1975：150；案例41/83 *Italy v Commission* EU：C：1985：120；案例226/84 *British Leyland v Commission* EU：C：1986：421；案例C-41/90 *Höfner v Macrotron* EU：C：1991：161，第28段；案例C-18/93 *Cordsica Ferries* EU：C：1994：195，第43段；案例C-242/95 *GT-Link v De Danske Statsbaner*（*DSB*）EU：C：1997：376，第35段；另见欧盟委员会在*French-West African Shipowner's Commissittees* OJ［1992］L 134/1中作出的决定，第64段；案例C-351/12 *OSA* EU：C：2014：110，第81段。

[32] 参见：第27号议定书；案例C-260/89 *Elliniki Radiopphonia Tiléorassi-Anonimi Etairia*（*ERT*）*v Dimotiki Etairia Pliroforissis*（*DEP*）EU：C：1991：254，第27段；还要注意，根据《欧盟运行条约》第119条第1款，要求成员国（和欧盟）遵守"有自由竞争的开放市场经济"的原则。

[33] 案例13/77 *INNO v ATAB* EU：C：1977：185；参见第6章第272~280页"《欧洲联盟条约》第4条第3款——诚信合作的义务"。

[34] 参见第6章第297~304页"《欧盟运行条约》第106条第2款"。

[35] 参见第6章第308~309页"《欧盟运行条约》第37条——具有商业性质的国家垄断"。

5. 对国家之间贸易的影响

第3章已经分析了这一术语的含义。[36] 从第102条的目的出发，应特别注意在 *Commercial Solvents v Commission* 案[37]中，欧洲法院认为，如果行为改变了内部市场的竞争结构，[38] 就可以满足对成员国之间贸易产生影响的要求。在《欧盟运行条约》第102条下，这一检验标准特别重要：《欧盟运行条约》第102条只有在企业已经具有支配地位的情况下才能适用。欧盟委员会在这种情况下将关注市场结构，这一点也不令人感到惊讶。[39] 在根据第102条[40]作出的 *Soda - ash* 案决定中，欧盟委员会认为，ICI 和 Solvay 在各自市场上提供的回扣会加强整个欧盟市场按国家划分结构的僵化性。在这些决定中，虽然被排除在欧盟之外的是美国的出口商，但欧盟委员会仍然认为，这对国家间贸易产生的影响是：进口本来有助于削弱 ICI 和 Solvay 在各自市场上的支配地位。

欧盟委员会《关于〈欧盟运行条约〉第101条和第102条贸易概念影响指南》[41] 特别考虑滥用行为（例如损害下游贸易伙伴的垄断性滥用行为和损害竞争者的排斥性滥用行为）对成员国之间的贸易可能产生影响的情况。[42]

根据第1/2003号条例，[43] 如果滥用支配地位对成员国之间的贸易产生影

---

[36] 参见第3章第185~190页“对成员国之间贸易的影响”。

[37] 案例6/73和EU：C：1974：18，第33段；另见案例T-24/93 etc *Compagnie Maritime Belge v Commission* EU：T：1996：139，第203段；案例C-177/16 AKKA/LAA EU：C：2017：689，第26段。

[38] 欧盟委员会在其指南第20段中提到了竞争结构测试，该测试涉及《欧盟运行条约》第101条和第102条所载对贸易概念的影响（OJ［2004］C 101/81）。

[39] 参见：案例27/76 *United Brands v Commission* EU：C：1978：22；*Tetra Pak I*（*BTG License*）OJ［1988］L 272/27，第48段；*Napier Brown - British Sugar* OJ［1988］L 284/41，第77~80段；*London European - Sabena* OJ［1988］L 317/47，第33段；*Telekomunikacja Polska*，欧盟委员会于2011年6月22日作出决定，第887段，上诉维持原判T-486/11 *Orange Polska SA v Commission* EU：T：2015：1002，后上诉至欧洲法院，尚未裁决。

[40] *Soda - ash/Solvay* OJ［1991］L 152/21和 *Soda - ash/ICI* OJ［1991］L 152/1；因不符合程序导致决定被废除的案例T-30/91 etc *Solvay SA v Commission* EU：T：1995：115；欧盟委员会上诉至欧洲法院，但失败了：案例C-286/95 P etc EU：C：2000：188；欧盟委员会在2000年12月重新作出了该决定OJ［2003］L 10/1，基本上坚持了案例T-57/01 *Solvay SA v Commission* EU：T：2009：519和案例T-66/01 *Imperial Chemical Industries Ltd v Commission* EU：T：2010：255；*Solvay* 案第二判决上诉后被法院撤销案例C-109/10 P *Solvay SA v Commission* EU：C：2011：686，因为欧盟委员会未能授予对文件适当的访问权限，因此侵犯了Solvay的辩护权。

[41] OJ［2004］C 101/81。

[42] 同上，第73~76段（处理涉及几个成员国的滥用行为）；第93~96段（针对一个成员国的滥用）；第97~99段（滥用行为仅涵盖部分成员国）；第106~109段（涉及位于第三国的企业的滥用）。

[43] OJ［2003］L 1/1。

响，国家法院和国家竞争主管机构必须适用第102条。[44] 然而，这并不排除它们在本国领土上通过或适用更严格的国家法律来规制企业作出的单方行为；[45] 而且这一义务不影响主要追求不同于第101条和第102条所追求目标的国家法律的适用。[46]

6. 支配地位

《欧盟运行条约》第102条仅适用于一家企业具有“支配地位”或两家或两家以上企业“集体支配”的情况。[47] “支配地位”一词不会出现在经济学文献中；相反，它是一个法律术语，决定了企业的单方行为在何种程度上受到第102条的审查。

欧洲法院在 *United Brands v Commission* 案[48]中对支配地位的含义作了如下阐述：

> 第102条所指的支配地位涉及企业享有的一种经济实力地位，这种地位能够使其在相当程度上独立于其竞争者、客户，最终独立于其消费者，从而阻碍在相关市场上保持有效的竞争。[49]

法院对 *United Brands* 案判决的第65段可以理解为，将支配地位等同于经济学家的实质性市场支配力概念；欧盟委员会在其《第102条执法重点指南》第10段中指出，法院提到的独立概念与对被调查企业施加的竞争限制程度有

---

[44] 第1/2003号条例，第3条第1款；参见第2章第92~94页“适用《欧盟运行条约》第101条和第102条的义务”。

[45] 第1/2003号条例，第3条第2款。

[46] 同上，第3条第3款；关于《欧盟运行条约》第101条和第102条的目标，参见第1/2003号条例的评论9。

[47] 本书第14章讨论了是否具有任何支配地位的问题，从总体上考虑了独立企业之间的寡头垄断和默契协调问题。

[48] 案例27/76 EU：C：1978：22，第65段；它在其他几个场合也使用了相同的表述，如案例85/76 *Hoffmann - La Roche v Commission* EU：C：1979：36，第38段。

[49] 该定义没有充分反映（无疑是正确的）第102条也适用于买入和卖出方面的市场力量，但在 *United Brands* 案也没有作为一个问题；一个强大的购买者也许能够独立于通常所说的不是“客户”的卖方而独立行事；针对采取买方权力的行为采取的行动，如 *Re Eurofima*［1973］CMLR D217；*Re GEMA OJ*［1971］L 134/15；案例298/83 *CICCE v Commission* EU：C：1985：150；*UK Small Mines*，欧盟委员会《关于竞争政策的第21号报告》（1991），第107点；*Virgin/British Airways* OJ［2000］L 30/1，上诉维持原判欧盟普通法院案件T - 219/99 *British Airways plc v Commission* EU：T：2003：343：法院在其判决书第101段中明确指出，第102条可以适用于在市场的任何一方都处于支配地位的企业；参见第1章第45页“采购市场”。

关。在竞争限制无效的情况下，所涉企业在一段时间内享有“实质性市场支配力”；《第 102 条执法重点指南》指出，如果企业“能够在一段相当长的时间内以盈利方式将价格提高到高于竞争水平的水平”，则其具有实质性市场支配力。[50] 国际竞争网络的《单方行为手册》对支配地位也使用了同样的定义。[51]

正如第 1 章所指出[52]，市场支配力有程度划分：一端是一家没有或只有不可察觉的市场支配力的企业；另一端是一家真正的垄断者的企业。在这两个极端之间，可以找到具有“一些”“可观”“重大”或“实质性”市场支配力的企业。必须指出，“支配地位”的法律表述是一个二元术语：一家企业要么是占支配地位，受第 102 条的制约；要么不是，在这种情况下，其单方行为不受欧盟竞争法的制约。这就是为什么确定支配地位如此重要；也是为什么一些评论者希望有一个慷慨的“安全港”，即市场份额低于一定百分比可以认为其没有支配地位。[53]

支配地位的确定涉及两个阶段的测试。欧洲法院在 *Continental Can v Commission* 案[54]中认为，对相关市场作出适当界定是适用第 102 条的必要前提。第 1 章详细讨论了市场界定，特别是“假定垄断者”或“SSNIP”（small but significant and no transitory increase in price，小而显著且非临时性涨价）测试；第 102 条可能导致在市场界定中列入虚假替代品的“玻璃纸谬误”问题，以及在界定相关产品、地理和时间市场时可能有帮助的证据类型。[55]

在界定了相关市场之后，根据第 102 条有必要确定一家企业在该市场上是否具有支配地位。这不能完全根据企业的市场份额来确定。对支配地位的发现来自若干因素的组合，这些因素分开来看每一个并不一定是决定性的；[56] 有必要审查（至少）三个问题，如《第 102 条执法重点指南》第 12 段所述：

- 来自实际竞争者的现有供应限制和市场地位的限制（占支配地位的企业及其竞争者的市场地位）；
- 实际竞争者对未来扩张或潜在竞争者（扩张或进入）的可信威胁

[50] OJ［2009］C 45/9，第 11 段；欧盟委员会在该段中继续解释说，“价格上涨”是一个简称，它包括影响竞争对优势企业有利的其他方式，例如通过减少产量、创新、产品或服务的品种或质量；参见：第 1 章第 29 ~ 58 页“市场界定和市场支配力”。

[51] 第 3 章关于统治力的工作手册可在 www.internationalcompetitionnetwork.org 上查阅。

[52] 参见第 1 章第 29 ~ 58 页“市场界定和市场支配力”。

[53] 参见本章第 234 ~ 235 页“低于 50% 门槛的市场支配地位”。

[54] 案例 6/72 EU：C：1973：22，第 32 段；随后的判决重复了这一点：案例 T－321/05 *AstraZeneca AB v Commission* EU：T：2010：266，第 30 段。

[55] 进一步参见第 1 章第 31 ~ 33 页“市场界定”和以下各节。

[56] 《第 102 条执法重点指南》，第 11 段及其引用的判例法。

所施加的限制；

- 由企业客户的议价能力（抵消买方的力量）施加的限制（重点补充）。

第1章讨论了这三项标准中的每一项标准。[57] 这里将根据欧盟法院的判决和欧盟委员会在第102条案件中的裁决实践提供一些补充评注。

（A）实际竞争者

真正的垄断是罕见的，除非国家授权。因此，大多数案件涉及的问题是，在什么时候决定一家企业，虽然不是真正的垄断者，但对市场有足够的支配权。

（i）法定垄断

许多案件涉及在提供货物或服务方面具有法定垄断地位的企业。[58] 欧洲法院驳回了这样一种论点，即由于一种垄断是由法规赋予的，因此企业可以不受《欧盟运行条约》第102条的规制；[59] 如果一家企业具有法定垄断地位，它必须遵守第102条，唯一的特权就是《欧盟运行条约》第106条第2款赋予的特权。[60]

（ii）市场份额的相关性

在 *Hoffmann－La Roche* 案中，欧洲法院指出：

> 巨大的市场份额作为存在支配地位的证据并不是一个不变的因素，根据这些市场的结构其重要性而有所不同，特别是就生产、供应和需求关系而言。[61]

欧盟委员会《第102条执法重点指南》指出，市场份额是“有用的第一个指标”，表明市场结构和在市场上积极开展活动的相对重要性。[62]《第102条执法重点指南》接着解释说，评估市场支配力要求普遍考虑市场条件，包括市场动态、产品差异化程度以及市场份额随时间的趋势。[63]

---

[57] 参见第1章第50～54页“市场支配力”。

[58] 参见：案例T－229/94 *Deutsche Bahn AG v Commission* EU：T：1997：155，第57段；案例C－351/12 *OSA* EU：C：2014：110，第86段。

[59] 参见第5章脚注[31]。

[60] 参见第6章第297～304页“《欧盟运行条约》第106条第2款”。

[61] 案例85/76 *Hoffmann－La Roche v Commission* EU：C：1979：36，第40段。

[62] OJ［2009］C 45/9，第13段；类似的案例为 *Servier* 案，欧盟委员会于2014年7月9日作出的决定，第2561段。

[63] OJ［2009］C 45/9，第13段。

就第102条而言，很明显，市场份额越大，发现具有支配地位的可能性就越大。在没有法定特权的情况下，100%的市场份额是罕见的，尽管这种可能并非闻所未闻。[64] 然而，一些企业被发现拥有非常大的市场份额。例如，在 *Tetra Pak I*（*BTG Licence*）案[65]中，Tetra Pak 在能够通过无菌工艺填充纸箱的机器的市场份额为91.8%；在 *BPB Industries Plc* 案[66]中，BPB 在石膏板中的市场份额为96%，尽管欧盟委员会已将湿抹灰排除在市场定义之外。在 *Microsoft* 案[67]中，Microsoft 拥有90%以上的个人计算机操作软件系统市场、至少60%的工作群服务器操作系统市场。[68] 在 *Google* 案[69]中，欧盟委员会发现 Google 在整个欧洲经济区31个国家通用互联网搜索市场上占支配地位，其市场份额在大多数国家超过90%。

(a) *Hoffmann – La Roche v Commission* 案[70]

欧洲法院认为：

> 41……此外，虽然市场份额的重要性可能因市场而异，但可以合理地认为，除非在特殊情况下，很大的份额本身就表明存在支配地位的证据。一家拥有很大市场份额并持有一段时间的企业……是因为垄断的力量……

(b) 如果企业的市场份额达到或超过50%，则根据 *AKZO* 案推定为具有支配地位

在 *AKZO v Commission* 案[71]中，欧洲法院在讨论 *Hoffmann – La Roche* 案时提

---

[64] *GVL* OJ［1981］L 370/49中，该机构在德国市场上拥有100%的市场份额，用于管理表演艺术家的二次开发权。另见 *Amministrazione Autonoma dei Monopolidi Stato*（*AAMS*）OJ［1998］L 252/47，第31段，欧盟委员会认为 AAMS 实际垄断了意大利市场的卷烟批发分销市场，维持原判 T–139/98 *AAMS v Commission* EU：T：2001：272，第52段。*Telefónica*，欧盟委员会于2007年7月4日作出的决定，第233段，欧盟委员会认为西班牙电信实际上垄断了批发宽带接入的区域市场，上诉维持原判案例 T–336/07 *Telefónica SA v Commission* 2012：172，第151~167段。*Motorola – Enforcement of GPRS standard essential patents*，欧盟委员会于2014年4月29日作出决定，第225段。

[65] OJ［1988］L 272/27，第44段，欧盟普通法院维持原判案例 T–51/89 *Tetra Pak Rausing SA v Commission* EU：T：1990：41。

[66] OJ［1989］L 10/50，上诉维持原判案例 T–65/89 *BPB Industries Plc and British Gypsum Ltd v Commission* EU：T：1993：31，上诉至欧洲法院案例 C–310/93 P *BPB Industries Plc and British Gypsum Ltd v Commission* EU：C：1995：101。

[67] *Microsoft* 案，欧盟委员会于2004年3月24日作出决定。

[68] 同上，第430~435段和第473~499段。

[69] 欧盟委员会于2017年6月27日作出决定，上诉案例 T–612/17 *Google v Commission*，尚未作出裁定。

[70] 案例85/76 EU：C：1979：36；欧盟委员会在案例 *Van den Bergh Foods Ltd* OJ［1998］L 246/1第258段特别提及。

[71] 案例 C–62/86 EU：C：1991：286，第60段。

到上述观点，并继续说，50%的市场份额可以被认为是非常大的，因此，在没有另一种特殊情况下，具有这种市场份额的企业将被推定为占支配地位；该企业承担证明其不占支配地位的举证责任。显然，这是一个重要的假设，意味着，即使企业在严格意义上远未成为垄断者，也有可能被确定占支配地位。一些批评第102条的人认为，该条的适用过于进攻性，他们希望看到*AKZO*案中50%的门槛提高，[72] 也许提高到75%；第102条的二元效应，即如果将支配地位的推定设定在较高的市场份额门槛，则同样的行为在非占支配地位的企业是合法的、在占支配地位的企业就为非法的现象将不那么明显。然而，欧盟法院经常确认*AKZO*案的推定；[73] 事实上，在*AstraZeneca*案中，欧盟普通法院甚至说，欧盟委员会不能忽视在整个指称的滥用期间利用*AKZO*案推定非常大市场份额的作用[74]。

欧盟委员会在其《第102条执法重点指南》[75] 中没有提到*AKZO*案的推定，这也许表明它不希望有一种假定将执法重点与市场份额数据挂钩。相反，欧盟委员会在第15段中指出，市场份额越高，持续的时间越长，就越有可能成为存在支配地位的重要初步迹象；然而，欧盟委员会还说，只有在审查了可能与限制被调查企业行为的所有相关因素之后，才会就支配地位问题得出最后结论。

（c）低于50%门槛的市场支配地位

欧洲法院在*United Brands*案中裁定，该企业的市场份额在40%～45%也是占支配地位。在这种情况下，其他因素被认为是重要的：单是市场份额不足以维持具有支配地位的结论；然而，有情况表明，市场份额不到50%的企业可能被发现拥有支配地位。在*United Brands*案中，法院说，尽管在一年中的某些时期市场上存在激烈的竞争，但就《欧盟运行条约》第102条的目的而言，[76] United Brands仍然可以被认为是具有支配地位；因此，具有支配地位并

---

[72] 参见：PADILLA A J. The Law and Economics of Article 102 TFEU［M］. 2nd ed. Oxford：Hart Publishing，2013. 许多评论员认为，根据《欧盟运行条约》第102条确立支配地位的门槛太低。

[73] 案例T－30/89 *Hilti v Commission* EU：T：1991：70，第92段；案例T－340/03 *France Télécom v Commission* EU：T：2007：22，第99～101段；案例T－57/01 *Solvay v Commission* EU：T：2009：519，第275～305段；案例T－321/05 *AstraZeneca AB v Commission* EU：T：2010：266，第242～254段，法院维持原判C－457/10 P EU：C：2012：770，第176～177段。

[74] 案例T－321/05 *AstraZeneca AB v Commission* EU：T：2010：266，第245段。

[75]《第102条执法重点指南》在8月8日中将*AKZO*案视为关于非常大的市场份额判例法的一部分。

[76] 参见：*Telefónica*，欧盟委员会于2014年7月4日的决定，第236段；*BEH Electrici*，欧盟委员会于2015年12月10日的承诺决定，第40段。

不意味着没有任何竞争限制。[77]

在 *Virgin/British Airways* 案[78]中的决定标志着欧盟委员会第一次（也是唯一一次）认定市场份额低于40%的企业可以在第102条下处于支配地位。英国航空公司被认为在英国的航空旅行社服务采购市场上占支配地位，市场份额为39.7%。在上诉中，欧盟普通法院同意英国航空公司占支配地位的结论，指出英国航空公司的市场份额大大超过任何其他竞争者或顺位五个竞争者的总和；英国航空公司在国际客运公里数、运输服务范围和枢纽网络方面的世界排名加强了其支配地位；法院还认为英国航空公司是旅行社的强制性商业伙伴。[79] 欧盟普通法院明确指出，英国航空公司的市场份额在下降这一事实本身并不能证明它不占支配地位。[80]

有评论员希望有一个"安全港"，在这个"安全港"之下，不能认定一家企业占支配地位。然而，欧盟法院的判例法并没有这样规定，而且在缺乏使其能够这样做的判例的情况下，欧盟委员会无法确立一个判例。欧盟委员会在其《第102条执法重点指南》第14段中说，如果企业的市场份额低于40%，则"不太可能"占支配地位；然而，也可能有一些低于这一数字的情况，值得注意。很明显这里没有所谓的"安全港"。

（B）潜在竞争者

正如第1章和本章前面所强调的，市场份额本身并不决定一家企业是否具有支配地位；特别是，这不能表明尚未在市场上经营但有能力及时进入市场的企业所施加的竞争压力。欧盟委员会《第102条执法重点指南》解释了现有竞争者的扩张和潜在竞争者的进入对影响评估支配地位的重要性。[81] 特别是，第17段提供了各种障碍的例子，例如，法律障碍、具有支配地位的企业享有的市场势力、阻碍消费者从一个供应商转向另一个供应商的成本和网络效应，以及具有支配地位的企业自己的行为和业绩。

---

[77] 参见：*Servier*，欧盟委员会于2014年7月9日的决定，第2552段，引用了 *United Brands* 案；同样，参见：《第102条执法重点指南》，第40段。

[78] OJ［2000］L 30/1。

[79] 案例T－219/99 *British Airways plc v Commission* EU：T：2003：343，第189～225段；上诉至欧洲法院维持原判案例C－95/04 P *British Airways plc v Commission* EU：C：2007：166。

[80] 案例T－219/99 *British Airways plc v Commission* EU：T：2003：343，第224段。

[81] 另见：案例T－321/05 *AstraZeneca AB v Commission* EU：T：2010：266，第270段。

（i）法律障碍

知识产权可能构成企业进入市场的障碍，这取决于其实力和持续时间，[82]尽管这些权利本身并不具有支配地位。[83] 在 *Tetra Pak I*（*BTG Licence*）案[84]中，Tetra Pak 收购一家受益于独占专利和专门技能许可的企业被视为表明其支配地位的一个因素，因为它使其他无法获得许可技术的企业更难进入市场。在 *Servier* 案[85]中，欧盟委员会发现，Servier 拥有的一系列专利及其实施这些专利的许可是人为设置市场进入的障碍，导致其占有支配地位。其他进入市场的法律障碍是政府许可证要求和规划条例、政府对无线电信号传输频率的控制[86]、法定垄断权[87]和关税以及非关税壁垒。

（ii）经济优势

各种经济优势被认为是市场进入或扩张的障碍：

- 欧洲法院在 *United Brands* 案[88]中认为经济规模是一个相关因素，欧盟委员会在 *BPB Industries plc* 案[89]和 *Amazon* 案[90]中特别提到了这一问题。[91]
- 对一项基本设施的控制可以给一家现有的企业带来经济优势，[92] 也可以使其优先获得自然资源、创新或研发资源；在 *Telefónica* 案[93]中欧盟委员会和欧盟普通法院强调了这一因素。

---

[82] *Eurofic – Bauco v Hilti* OJ［1988］L 65/19，第 66 段；*Magill TV Guide/ITP*，*BBC and RTE* OJ［1989］L 78/43，第 22 段（与支配地位相关的电视清单的版权保护）；上诉维持原判案例 T－69/89 etc *RTE v Commission* EU：T：1991：39，上诉至欧洲法院案例 C－241 和 C－242/91 P EU：C：1995：98。

[83] 案例 T－321/05 *AstraZeneca AB v Commission* EU：T：2010：266，第 270 段；类似地，参见总检察长在以下案例中的意见：案例 C－170/13 *Huawei Technologies Co Ltd v ZTE Corp* EU：C：2014：2391，第 57 段。

[84] OJ［1988］L 272/27，第 44 段；上诉维持原判案例 T－51/89 *Tetra Pak Rausing SA v Commission* EU：T：1990：41；参见：类似的案例 22/78 *Hugin v Commission* EU：C：1979：138，第 1885 段。

[85] 参见：*Servier*，欧盟委员会于 2014 年 7 月 9 日作出决定，第 2571～2574 段。

[86] *Decca Navigator System* OJ［1989］L 43/27。

[87] 案例 311/84 *Centre belge d'études de marché – Télémarketing v CLT* EU：C：1985：394；参见：MARENCO. Legal Monopolies in the Case Law of the Court of Justice of the European Communities［J］. Fordham Corporate Law Institute，1991：197－222.

[88] 案例 27/76 EU：C：1978：22。

[89] 参见第 5 章脚注[66]，第 116 段。

[90] 2017 年 5 月 4 日欧盟委员会作出的承诺决定，第 65（3）段。

[91] 参见第 1 章第 12～13 页“规模经济和自然垄断”，其中讨论了规模与范围经济。

[92] 关于基本设施，参见：第 17 章第 869～876 页“对于希望在下游市场竞争的人来说，寻求获得产品的权限是必不可少吗？”。

[93] *Telefónica*，欧盟委员会于 2007 年 7 月 4 日作出决定，第 224～226 段，上诉维持原判案例 T－336/07 *Telefónica SA v Commission* EU：T：2012：172，第 151～167 段。

• 在 *United Brands* 案[94]、*Hoffmann - La Roche* 案[95]和 *Michelin* 案[96]中，欧洲法院将企业的先进技术视为占支配地位的指标。

• 在 *Continental Can* 案[97]中，欧盟委员会认为该企业进入国际资本市场的机会是重要的，这一因素在 *United Brands* 案[98]中得到了强化。

• 在 *United Brands* 案[99]中，欧洲法院描述了 UBC 的活动在多大程度上是一体化的——它拥有香蕉种植园和运输船，并销售其香蕉本身。这使该企业具有商业稳定性，相对其竞争者来说，这是其一大优势。

• 在 *Hoffmann - La Roche* 案[100]中，欧洲法院指出，Roche 高度发达的销售网络是赋予其相对于竞争者的商业优势的一个相关因素。欧盟委员会在其他几项决定[101]中已将纵向一体化和已建立分销系统的优势视为市场进入的障碍，因为这可能妨碍即将进入市场的企业进入市场。

• 在 *United Brands* 案[102]中，欧洲法院认为 United Brands 的广告活动和品牌形象是表明支配地位的重要因素：United Brands 花费了大量的资源来建立 Chiquita 品牌，该品牌受到商标的良好保护。在 *Michelin* 案的第二个决定中，欧盟委员会依靠 Michelin 轮胎品牌的"无可争辩的"质量和声誉来判断支配地位。[103] 欧盟委员会注意到（在《欧盟合并条例》的情况下），广告支出可能使软饮料[104]、卫生保护[105]和卫生纸[106]等快速消费品难以进入市场。

• 在 *France Télécom* 案[107]中，欧盟普通法院认为，Wanadoo 与法国电信的"联系"赋予了它比其竞争者更大的优势，从而加强了它的支配地位。

---

[94] 案例 27/76 EU：C：1978：22，第 82 ~ 84 段。

[95] 案例 85/76 EU：C：1979：36，第 48 段。

[96] 案例 322/81 EU：C：1983：313；另见：*Eurofix - Bauco v Hilti*（第5章脚注[82]），第 69 段；*Tetra Pak I*（*BTG Licence*）（第5章脚注[84]），第 44 段；*Michelin* OJ［2002］L 143/1，第 182 ~ 183 段。

[97] JO［1972］L 7/25。

[98] 案例 27/76 EU：C：1978：22，第 122 段。

[99] 同上，第 69 ~ 81 段和第 85 ~ 90 段。

[100] 案例 85/76 EU：C：1979：36，第 48 段；类似的案例 322/81 *Michelin v Commission* EU：C：1983：313，第 58 段。

[101] 参见：*Eurofix - Bauco v Hilti* OJ［1988］L 65/19，第 69 段；*Napier Brown - British Sugar* OJ［1988］L 284/41，第 56 段；*PO - Michelin* OJ［2002］L 143/1，第 191 ~ 195 段。

[102] 案例 27/76 EU：C：1978：22，第 91 ~ 94 段。

[103] *Michelin* OJ［2002］L 143/1，第 184 段。

[104] 参见：案例 *M* 190 *Nestlé/Perrier* OJ［1992］L 356/1。

[105] 参见：案例 *M* 430 *Procter & Gamble/VP Schickendanz* OJ［1994］L 354/32。

[106] 参见：案例 M 623 *Kimberly - Clark/Scott Paper* OJ［1996］L 183/1。

[107] 案例 T - 340/03 EU：T：2007：22，第 112 ~ 118 段。

• 在 *AstraZeneca* 案[108]中，欧盟普通法院和欧盟委员会认为 AZ 的“先行者”地位是表明占支配地位的一个因素。

（iii）成本和网络影响

成本以及消费者在转向新供应商时面临的其他障碍，可能是企业扩张或进入市场的障碍。[109] 这种成本可能是网络效应造成的[110]：这是 *Microsoft* 案[111]的一个相关考虑因素。欧盟委员会说，Microsoft 在个人计算机操作系统市场上的普遍存在意味着几乎所有的商业应用软件都首先是为了与 Microsoft 平台兼容而编写的。这就产生了一种自我强化的动态：Microsoft 平台的用户越多，为它编写的软件就越多，反之亦然。[112] 欧盟委员会再次提到 *Google* 案[113]的网络效应。

Motorola 案[114]中的转换成本与 Microsoft 和 Google 不同：智能手机 2G 标准的广泛采用意味着手机制造商在使用摩托罗拉的专利技术方面陷入了“僵局”，无法转向其他供应商。[115]

（iv）行　为

欧洲法院在 *United Brands v Commission* 案[116]中同意这样的观点，即在决定企业是否占支配地位时，可以考虑企业的行为。这意味着，例如，在决定是否占支配地位时，考虑一家企业向某些客户提供歧视性回扣行为可能是合理的，即回扣本身可能阻止竞争者进入市场，因此构成进入的障碍。在 *Michelin v Commission* 案[117]中，欧盟委员会将 Michelin 的价格歧视作为占支配地位的指标。Michelin 在法院争辩说，这种推理是循环的：因为它提供了歧视性价格，所以它占支配地位；因为它占支配地位，它的歧视性价格是一种滥用。欧洲法院在判决中没有明确处理这一问题，但在确认欧盟委员会的决定时，默许将行为视

---

[108] 案例 T－321/05 EU：T：2010：266，第 276～283 段；*Telefónica*，欧盟委员会于 2007 年 7 月 4 日作出决定，第 226～228 段。

[109] 《第 102 条执法重点指南》，第 17 段。

[110] 关于网络效应，参见第 1 章第 13～15 页“网络效应和双边市场”。

[111] 欧盟委员会于 2004 年 3 月 24 日作出的决定。

[112] 同上，第 448～459 段，是指“申请进入壁垒”。

[113] 欧盟委员会于 2017 年 6 月 27 日作出的决定，第 292～296 段，案例 T－612/17 *Google v Commission*，尚未作出裁决。

[114] 欧盟委员会于 2014 年 4 月 29 日作出的决定，第 227～236 段。

[115] 参见：*Unwired Planet v Huawei*［2017］EWHC 711（Pat），第 630～680 段（SEPs for 2G，3G and 4G）。

[116] 案例 27/76 EU：C：1978：22，第 67～68 号。

[117] 案例 322/81 EU：C：1983：313。

为表明占支配地位的因素。[118] 欧盟委员会在 *Eurofix - Bauco v Hilti* 案[119]、*AKZO* 案[120]和 *Michelin II* 案[121]中，在判断支配地位时也考虑了行为。

（v）业 绩

企业的经济业绩可能是表明支配地位的一个因素。在 *Hoffmann - La Roche v Commission* 案[122]中，一家企业的闲置生产能力被认为是重要的。在 *Servier* 案[123]中，欧盟委员会发现，Servier 长期和大量的“经济租金”直接证明了它的支配地位。[124]

（C）抵消性买方力量

正如第 1 章所解释的，另一个重要问题是供应商是否面临抵消性买方力量。[125] 在 *Motorola* 案[126]中，欧盟委员会强调，抵消性买方力量的关键因素之一是买方有能力（或可信的威胁）转向竞争供应商，而苹果公司在这种情况下缺乏抵消性买方力量。

（D）先前关于支配地位的调查结果

在 *Coca - Cola Co v Commission* 案[127]中，欧盟普通法院认为，每当欧盟委员会通过适用第 102 条（或《欧盟合并条例》）的决定时，必须界定相关市场，并在适当时候根据现有证据对其内部的竞争条件作出新的分析；这可能导致对市场的确定与以前的调查结果不同。[128] 此外，国家法院（或国家竞争主管机

---

[118] 参见：ORDOVER J A，SALONER G. Predation，Monopolization，and Antitrust［M］// SCHMALENSEE R，WILLIG R. The Handbook of Industrial Organization. Amsterdam：North Holland，1989；OFT. Barriers to Entry and Exit in European Competition Policy［M］.［S. l.］：London Economics，1994：435. 2004 年 12 月《市场支配力评估》，OFT 415，第 5. 23 ~ 5. 28 段，可在 www. gov. uk/cma 上查阅。

[119] 参见 OJ［1988］L 65/19，第 71 段。

[120] 案例 *ECS/AKZO* OJ［1985］L 374/1，第 56 段，上诉维持原判案例 C - 62/86 *AKZO Chemie BV v Commission* EU：C：1991：286，第 61 段。

[121] 案例 *PO - Michelin* OJ［2002］L 143/1，第 197 ~ 199 段。

[122] 案例 85/76 EU：C：1979：36，第 48 段。

[123] 欧盟委员会于 2014 年 7 月 9 日作出的决定，第 2579 ~ 2585 段和第 2594 ~ 2600 段，上诉案例 T - 691/14 *Servier SAS v Commission*，尚未裁决。

[124] 另见 *Napier Brown - British Sugar* OJ［1988］L 284/41，第 55 段。

[125] 参见第 1 章第 53 ~ 54 页“抵消性买方力量”。

[126] 欧盟委员会于 2014 年 4 月 29 日作出的决定，第 237 ~ 268 段。

[127] 案例 T - 125/97 etc EU：T：2000：84，欧盟委员会在 *Michelin* 案第二个决定中重新界定了相关产品和地理市场：OJ［2002］L 143/1，第 109 ~ 171 段。

[128] 案例 T - 125/87 etc EU：T：2000：84，第 82 段。

构）在以后的案件中不受欧盟委员会先前在另一个案件中的支配地位裁定的约束。[129] 但是，适用第102条案件的实际裁决可作为第三方向国内法院针对同样的事实提起损害赔偿诉讼的依据，即使欧盟委员会未作出处以罚款的决定；[130] 欧盟委员会有权在目前的调查中考虑过去对市场的评估，哪怕当时没有任何迹象表明相关市场的竞争条件与以前的决定相比发生了重大变化。[131]

(E) 市场支配力和超支配程度

若干个适用第102条案件的结果似乎是对评价占支配地位的企业所享有的市场支配力的程度产生了影响。例如，Tetra Pak在无菌纸箱和纸箱灌装机市场上的市场份额为90%～95%，被认定滥用了支配地位，却并非发生在它占支配地位的市场上，它也没有因在该市场中的地位受益。[132] 在*Compagnie Maritime Belge*案中，航运企业的市场份额为90%或更多[133]，它被发现有滥用行为，有选择地向一些客户降价，但不低于掠夺性定价的成本，[134] 同时向其他人收取更高的价格。在*IMS Health*案[135]中，欧盟委员会命令IMS在不歧视的基础上向市场上的第三方颁发其版权许可证时指出，IMS处于“准垄断状态”。[136] 在*Microsoft*案[137]中，欧盟委员会表示，市场份额超过90%的Microsoft拥有“压倒性”的支配地位。[138] 竞争事务专员在欧盟普通法院维持欧盟委员会裁决的判决后表示，法院的判决发出了一个明确的信号，即超支配企业不能滥用其地位，通过排除相关市场的竞争来损害消费者的利益和抑制创新。[139]

在*TeliaSonera*案[140]中，欧洲法院说，一般而言，一家占支配地位的企业的

---

[129] 同上，第85段。

[130] 同上，第86段。另见：案例C-344/98 *Masterfoods Ltd v HB Ice Cream Ltd* EU：C：2000：689，以及在第8章第386～388页“第16条：欧盟竞争法的统一适用”和第8章第398～399页“竞争法第58A条”中讨论的第1/2003号条例的第16条第1款。

[131] 案例T-699/14 *Topps Europe Ltd v Commission* EU：T：2017：2，第93段。

[132] 本章第259～262页“支配地位、滥用和对市场的影响可能发生在不同的市场中”。

[133] 关于垄断者的责任，参见：案例7/82 *GVL v Commission* EU：C：1983：52，第56段；欧盟委员会在*1998 Football World Cup* OJ［2000］L 5/55，第85段进行了引用。

[134] 参见第18章第926～931页“不低于成本的选择性降价”。

[135] 案例*NDC Health/IMS Health：Interim Measures* OJ［2002］L 59/18；案例*Deutsche Post AG-Interception of cross-border mail* OJ［2001］L 331/40，第103和124段。

[136] OJ［2002］L 59/18，第58段；该决定随后被欧盟委员会撤回：见欧盟委员会新闻稿IP/03/1159，2003年8月13日。

[137] 欧盟委员会2004年3月24日作出的决定。

[138] 同上，第435段。

[139] 参见：SPEECH/07/539，2007年9月17日。

[140] 案例C-52/09 EU：C：2011：83。

市场支配程度与评估该企业行为的影响有关，而不是与是否存在这种滥用的问题有关。[141] 法院在 *Tomra* 案[142]中也作了同样的陈述。在 *Intel* 案中，法院说，欧盟委员会在考虑有条件的回扣可能产生的影响时，应研究企业在相关市场上的支配地位。[143] 具有特别强大市场地位的企业的行为更有可能对市场产生相应的强大影响，因此更有可能属于第 102 条规制的危害。表达这一点的另一种方法是确定一个超越支配地位的概念，我们可以称为“超支配地位”。在这种情况下，由于处于超支配地位企业的行为对市场的影响，被发现滥用行为的风险更高。

欧盟委员会《第 102 条执法重点指南》中没有使用“超支配地位”一词。然而，欧盟委员会在决定是否进行干预时考虑的因素之一是支配企业的市场支配力。欧盟委员会说，被调查企业的支配地位越强，保护这一地位的行为就越有可能对市场产生反竞争封锁的影响。这种方法符合 *TeliaSonera* 案和 *Tomra* 案的判决。

7. 内部市场的实质部分

一旦确定一家企业在市场上具有支配地位，就必须回答另一个管辖权问题：这种支配地位是在整个市场上还是在内部市场的实质部分中占有？如果不是的话，则《欧盟运行条约》第 102 条本身就不适用；但是，第 102 条的成员国国内同等条款可以适用。

显然，一家企业在整个欧盟范围内占支配地位，那么实体上是没有问题的。当支配地位更本土化时，这种地位可能不那么明显。假设一家企业只在一个成员国中占支配地位，甚至只在一个成员国的一部分中占支配地位：该领域何时被认为构成欧盟市场的实质部分？要注意四点。

第一，在内部市场的实质部分上存在支配地位的要求与市场地理上的定义不一样，这一概念是对企业是否具有支配地位的实质性评估的一部分。

第二，来自欧洲法院对 *Suiker Unie v Commission* 案[144]的裁判。法院指出：

> 必须考虑上述产品的生产和消费模式、数量以及供应商和购买者的习惯和经济机会。[145]

---

[141] 同上，第 78 ~ 82 段。

[142] 案例 C－549/10 P EU：C：2012：221，第 39 段。

[143] 案例 C－413/14 P *Intel v Commission* EU：C：2017：632，第 139 段。

[144] 案例 40/73 etc EU：C：1975：174。

[145] 同上，第 371 段。

这表明，“实质”不仅仅是将市场地理上的实际规模与整个欧盟联系起来的问题。在 *Suiker Unie* 案中，法院审议了比利时和南德糖产量与欧盟总体产量的比率，并在此基础上得出结论，可以认为涉案企业在每一个市场都占有实质性部分。

第三，每个成员国都很可能被认为是内部市场的实质组成部分，特别是在企业享有法定垄断地位的情况下[146]，*Suiker Unie* 案进一步确定，内部市场的实质部分可以是一个成员国。[147]

第四，欧盟法院和欧盟委员会都没有规定，整个内部市场的任何特定百分比对确定实质性市场至关重要。在 *BP v Commission* 案[148]中，总检察长认为，在这种情况下，不应完全依赖百分比，虽然荷兰的汽油市场仅占整个欧盟市场的4.6%，但仍然可以认为是实质性的市场。法院没有就这一问题发表评论，因为它撤销了欧盟委员会基于其他理由滥用的裁决。

有许多实例表明，可以对单一实体进行实质性检验：在 *Merci Convenzionali Porto di Genova v Siderurgica Gabriella* 案[149]、*Sealink/B&I - Holyhead：Interim Measures* 案[150]、*Sea Containers v Stena Sealink - Interim Measures* 案[151]、*Flughafen Frankfur/Main* 案[152]、*Corsica Ferries* 案[153]、*Portuguess Airports* 案[154]、*Ilmailulaitos/Luftfartsverket* 案[155]和 *Spanishi Airports* 案[156]中的港口或机场，都有满足实质性。此外，欧洲法院认为，如果国家法律赋予一家企业在一个成员国内一系列连续的垄断，这些垄断加在一起，涵盖该国的整个领土，则该法律在国内市场的实质部分中创造了支配地位。[157]

---

[146] 案例127/73 *BRT v SABAM* EU：C：1974：25，第5段；案例T-229/94 *Deutsche Bahn AG v Commission* EU：T：1997：155；案例T-228/97 *Irish Sugar v Commission* EU：T：1999：246，第99段。

[147] 重要的是，滥用也必须对成员国之间的贸易产生影响，才能够适用第102条：参见本章第229~230页“对国家之间贸易的影响”。

[148] 案例77/77 EU：C：1978：107。

[149] 案例C-179/90 EU：C：1991：464，第15段。

[150] 案例［1992］5 CMLR 255，第40段。

[151] OJ［1994］L 15/8。

[152] OJ［1998］L 72/30。

[153] 案例C-18/93 EU：C：1994：195。

[154] OJ［1999］L 69/31，上诉维持原判案例C-163/99 *Portugal v Commission* EU：C：2001：189。

[155] OJ［1999］L 69/24。

[156] OJ［2000］L 208/36。

[157] 案例C-323/93 *La Crespelle* EU：C：1994：368，第17段；欧盟委员会在 *Portuguese Airports* OJ［1999］L 69/31，第21~22段。

8. 滥 用

(A) 引 言

一方面,《欧盟运行条约》第102条一直存在争议。就《欧盟运行条约》第101条而言,企业只有在达成限制竞争的协议或协同行为时才负有责任;欧盟委员会和国家竞争主管机构的大量注意力集中在市场的故意和秘密联盟上,而今天很少有人为这种行为辩护。[158] 另一方面,第102条涉及具有支配力企业的个人行为;[159] 就其性质而言,第102条的适用涉及竞争主管机构或法院必须决定这种行为是否偏离"正常"或"公平"或"不扭曲"的竞争,或偏离"根据是非曲直进行竞争"的竞争,其中任何一种表达方式都不会有困难。应当补充的是,围绕第102条的争议并非欧盟独有:所有竞争法制度都记载有关于拥有实质市场支配力的企业单方行为的规定,世界各地的竞争主管机构和法院必须处理本章所审议的问题。国际竞争网络主持就这一专题开展了大量工作:特别是2006年设立的单方行为工作组,通过了关于根据单方面行为法进行掠夺性定价分析的建议做法;它还正在编写一本关于单方面行为分析的"工作手册",迄今已编写了关于单方面行为法目标、支配地位/实质市场力量评估、掠夺性定价分析和独家交易/品牌单一化以及搭售和捆绑的章节草案。[160]

接下来将参照第102条的基本目的以及欧盟法院的判例审查滥用的含义;然后将审议第102条下的三类案件,即剥削性、排他性和单一市场滥用。一些初步的要点可能是有帮助的。

(B) 四个初步要点

(i) 占支配地位企业的"特殊责任"

企业拥有支配地位并不违法,被禁止的是滥用支配地位。然而,欧洲法院在*Michelin v Commission*案[161]中指出,处于支配地位的企业负有"不允许其行为

---

[158] 参见第13章"横向协议(1):卡特尔"。

[159] 第102条也可以适用于滥用集体支配地位,尽管在判例法中并未对此概念进行过详细探讨:参见第14章第721~724页"根据第102条滥用共同支配地位"。

[160] 可在www.internationalcompetitionnetwork.org上查阅;其他关于单方行为的法律,以及该领域国际竞争网络的当前和长期工作计划,都可以在该网址找到;另见:经济合作与发展组织圆桌会议"优胜劣汰"(Competition on the Merits)(2005年),可在www.oecd.org上查阅。

[161] 案例322/81 EU:C:1983:313。

损害内部市场扭曲竞争的特殊责任”[162]。欧盟法院的判决和欧盟委员会《欧盟运行条约》第102条的决定经常重复这一说法。[163] 从某种意义上说，这是一个显而易见的声明。显然，第102条规定了非支配企业不承担的支配企业的义务。单方行为不受第101条的控制，该条仅适用于串通行为；单方行为可能构成违反第102条。[164] 然而，关注第102条人的难题是确定滥用支配地位究竟意味着什么。

（ii）第102条没有穷尽列举垄断行为的情形

第102条列举了滥用不公平价格、限制生产和歧视行为的例子。这些行为使某些交易当事方处于竞争劣势，但这些例子并非详尽无遗；[165] 欧盟委员会和欧盟法院对其中未具体提及的许多做法也适用了第102条。比如，欧洲法院在 *AstraZeneca AB v Commission* 案[166]中认为，AZ 向各成员国专利局作出误导的错误陈述，导致扩大了对医药产品的专利保护，而事实上，AZ 无权扩大这一范围，这等于滥用了支配地位；AZ 要求公共机构取消对特定药物的市场授权，从而阻碍仿制药制造商进入市场的请求。阅读第102条中的垄断行为实例清单，除了最有想象力的读者之外，不会让人以为这些做法是垄断行为；但欧盟法院似乎毫不犹豫地认定这些做法是非法的。将在本章后面介绍被发现垄断的做法的例子，并将在第17章（非定价垄断）和第18章（定价垄断）中深入审议。

（iii）假阳性和假阴性

第102条的一个困难是，促进和反竞争行为之间的界限并不总是容易划定的，而且显然存在一种危险，即如果第102条的适用过于激进，企业可能不采取事实上有利于竞争的行为。如果一项旨在促进竞争的法律实际上具有削弱竞争的效果，那将是最终的悖论。[167] 同样竞争主管机构和法院的不当宽容可能导

---

[162] 同上，第57段。

[163] 有关这方面的声明，参见：案例 C－457/10 P *AstraZeneca AB v Commission* EU：C：2012：770，第134段；案例 C－209/10 *Post Danmark I* EU：C：2012：172，第23段；案例 C－413/14 P *Intel v Commission* EU：C：2017：632，第135段。

[164] 案例 T－41/96 *Bayer v Commission* EU：T：2000：242，第175～176段特别明确阐明了《欧盟运行条约》第101条和第102条的各自作用。

[165] 案例 6/72 *Continental Can v Commission* EU：C：1973：22，第26段；案例 C－395/96 P etc *Compagnie Maritime Belge Transports SA v Commission* EU：C：2000：132，第112段；案例 C－280108 P *Deutsche Telekom AG v Commission* EU：C：201O：603，第173段。

[166] 案例 C－457/10 P EU：C：2012：770，上诉维持原判案例 T－321/05 *AstraZeneca AB v Commission* EU：T：2010：266。

[167] Bourgeois、Fingleton、Nikpa Lewis 和 Lugard 分别发表了一系列文章，论证单方行为的法律的适用（不当）是否会对竞争产生寒蝉效应，可以参见 Fordham Corporate Law Institute（2008）。

致有效竞争者被排除在市场之外，对竞争过程和消费者福利产生不利影响。

提出这个问题的一个更程式化的方法是考虑有时被称为“假阳性”和“假阴性”之间的区别。[168]

假阳性发生在如下情况，即如果竞争主管机构不正确地得出结论认为，损害竞争的行为是滥用：被认定有过错的企业，也损害消费者，因为将禁止有利于竞争的行为。这里的问题是法律规制范围过于宽泛。

假阴性发生在如下情况，即如果竞争主管机构不正确地认为反竞争行为不是非法的，因此允许这种行为：对消费者的损害，就会产生虚假的负面影响。在这方面，法律保护不足。

确定哪些单方行为是反竞争的，哪些是有利于竞争的，是困难的，竞争主管机构有时会犯错误；制定单方行为规则时的一个政策问题是决定这两个错误中的哪一个更能被接受。毫无疑问，人们认为美国的执法当局和法院更担心的是假阳性而不是假阴性。也就是说，根据 1890 年《谢尔曼法》第 2 条，它们在不干预方面犯了错误，该条禁止垄断市场[169]，而欧盟委员会和欧盟法院可能倾向于相反的方式。[170] 在 *Verizon Communications Inc v Law Offices of Curtis Trinko* 案[171]中，美国联邦最高法院在一项审理拒绝供应的案件中，明确表示担心假阳性的产生：

> 与反垄断干预的轻微好处相比，我们必须权衡对其成本的现实评估。错误的推论和由此产生的错误谴责是“特别昂贵的，因为它们冻结了反垄断法旨在保护的行为”……误报的成本可防止过度扩大第 2 条责任。[172]

---

[168] 经济学文献有时会使用“Ⅰ类错误”和“Ⅱ类错误”这两种表达方式，但人们倾向于混淆哪个错误属于哪种类型（有时被俗称为“Ⅲ类”错误），造成支持假阳性和假阴性的结论。

[169] 参见：SULLIVAN E T，HARRIS J L. Understanding Antitrust and Its Economic Implications [M]. 4th ed. San Francisco：LexisNexis，2003；SULLIVAN E T，HOVENKAMP H J. Antitrust Law，Policy and Procedure：Cases，Materials，Problems [M]. 5th ed. San Francisco：LexisNexis，2004；Cases and Materials on U. S. Antitrust in Global Context [M]. 2nd ed. St. Paul：MN Thomson West，2004：ch 6；HOVENKAMP H. Federal Antitrust Policy：the Law of Competition and Its Practice [M]. 3rd ed. Canada：Thomson West，2005：chs 6－10；KOVACIC W E. The Intellectual DNA of Modern US Competition Law for Dominant Firm Conduct：the Chicago/Harvard Double Helix [J]. Columbia Business Law Review，2007：1. 有关《谢尔曼法》第 2 条中“空缺的标准和结论性标签没有提供有意义的指导的批评”，参见：ELHAUGE E R. Defining Better Monopolization Standards [J]. Stanford Law Review，2003，56（2）：253.

[170] 关于美国和欧盟在做法上的差异，表明美国的立场可能导致逃避制裁的反竞争行为，参见：FOX E M. A Tale of Two Jurisdictions and an Orphan Case：Antitrust，Intellectual Property，and Refusals to Deal [J]. Fordham International Law Journal，2005，28（4）：952.

[171] 540 US 398（2004）。

[172] 同上。

同样的态度有助于解释美国联邦最高法院在 *Pacific Bell v linkLine* 案[173]中的结论，即，价格挤压并不是独立违反《谢尔曼法》第 2 条的规定。[174] 相反，人们可能会注意到，在许多情况下，当欧盟法院被请求扩大《欧盟运行条约》第 102 条的赔偿责任时，它们这样做了：比如当确定第 102 条适用于并购时；[175] 当决定一家占支配地位的企业所拥有的市场支配力与其滥用行为之间不需要有任何因果关系时；[176] 当接受支配地位、滥用行为和影响在不同的市场中时；[177] 当将第 102 条的适用范围扩大到集体和个人的支配地位时；[178] 以及当承认个人滥用集体支配地位的可能性时。[179] 这一记录并不表明欧盟法院与美国联邦最高法院在 *Verizon* 案中的观点相同。

（iv）单一性和持续性的垄断

正如《欧盟运行条约》第 101 条所规定的有可能存在违反该条款的“单一整体协议”一样，[180] 第 102 条也有可能存在“单一整体垄断”（或“单一持续垄断”）。例如，在 *AstraZeneca v Commission* 案[181]中，欧盟普通法院确认了欧盟委员会的结论，即 AstraZeneca 有“单独和持续的”垄断行为，包括蓄意误导国家专利局的战略。[182] 在 *Intel v Commission* 案[183]中，欧洲法院得出结论认为，为了在限定效果的基础上确立管辖权，应该看 Intel 的“总体战略”，而不是看其各自的行为，“这将导致反竞争行为的人为分散”。[184] 欧盟委员会发现，*Telekomunikacja Polska* 案[185]、*Romanian Power Exchange*：*OPCOM* 案[186]和 *Servier* 案[187]都有单一整体垄断。

---

[173] 555 US 438（2009）。

[174] 参见第 18 章第 934 ~ 935 页“经济现象”。

[175] 参见本章第 257 页的“*Continental Can v Commission* 案”。

[176] 参见本章第 257 ~ 258 页“因果关系”。

[177] 参见本章第 259 ~ 262 页“支配地位、滥用和对市场的影响可能发生在不同的市场中”。

[178] 参见第 14 章第 711 ~ 724 页“第 102 条与共同支配”。

[179] 参见第 14 章第 721 ~ 724 页“根据第 102 条滥用共同支配地位”。

[180] 参见第 3 章第 128 ~ 133 页“单一整体协议”。

[181] 案例 T－321/05 EU：T：2010：266。

[182] 同上，第 890 ~ 899 段；上诉法院没有讨论这个问题。

[183] 案例 C－413/14 P EU：C：2017：632。

[184] 同上，第 54 ~ 58 段；关于效果原则作为管辖权基础的信息，参见：第 12 章第 616 ~ 617 页“‘有条件的效果’原则”。

[185] 欧盟委员会于 2011 年 6 月 22 日作出的决定：参见该决定执行部分的第 1 条。

[186] 欧盟委员会于 2014 年 3 月 5 日作出的决定：参见第 320 段和执行部分第 1 条。

[187] 欧盟委员会于 2014 年 7 月 9 日作出的决定：参见第 2961 ~ 2963 段。

(C) 第102条的目的是什么?

在审议欧盟法院的判例和欧盟委员会关于垄断含义的做法之前，有必要对第102条的根本目的加以考虑。本书第1章讨论了竞争法的各种可能目标。[188] 竞争主管机构今天在适用竞争法时强调消费者福利的核心重要性，但其他事项，如财富的再分配和保护小企业免受更强大的竞争对手的影响，在不同的时间点也产生了影响。

(i) 保护竞争者还是保护竞争?

对第102条的具体批评是，它被用来保护竞争者，包括低效的竞争者，而不是竞争过程。这是一个完全不同的问题。根据这一观点，第102条实际上使占支配地位的企业处于不利地位。

竞争行为，如降价或捆绑不同产品，对于非占支配地位的企业来说是完全合法的。当一家企业占支配地位时，前述行为就会成为非法的。令人诟病的是，这意味着效率卓越的企业受到限制，为在竞争舞台上为效率较低的企业提供了一席之地。第102条的这一特点如果确实使欧盟机构倾向于更关心假阴性而不是假阳性，就会加剧对第102条的批评。

第102条保护竞争者而不是竞争的批评让人想起了Robert Bork对反垄断规则的攻击。这些规则是19世纪60年代和70年代在美国适用的，他认为当时执法机关和那里的法院有“对小人物有利的不批判性情绪”。[189] 美国司法部反托拉斯助理检察长回应欧盟总法院2007年9月的判决，支持欧盟委员会关于Microsoft滥用其支配地位的决定，最高级别的指控是欧盟认为第102条倾向于保护竞争者而不是竞争。[190] 在对适用于欧洲单方行为的标准表示“关切”之后，助理检察长说：

> 在美国，反托拉斯法是通过保护竞争而不是竞争者来保护消费者的。[191]

他明确地表示：在欧盟，首要关注的不是通过竞争保护消费者，而是保护竞争者。

一些评论者认为，对第102条的不当干预适用应归咎于自由秩序主义学

---

[188] 参见第1章第22~28页“竞争法的目标”。

[189] 参见：BORK R H. The Antitrust paradox [M]. [S. l.]: The Free Press, 1993.

[190] 案例T-201/04 *Microsoft Corp v Commission* EU: T: 2007: 289。

[191] 参见：2007年9月17日的新闻稿，可在www. justice. gov/atr上查阅。

派，因为它关注保护经济自由，包括不受排他性协议或具有类似效果的拒绝和贴现做法等障碍限制的市场准入权，从而导致通过了能够产生不正当后果的形式主义规则。[192]

但是，笔者认为，关于在第102条的判例法上找到自由秩序主义学派痕迹的判决，以及由此造成对竞争者和高效的具有支配地位企业的系统性偏见，充其量只是对真正地位的错误描述，最糟糕的只不过是最低限度干预倡导者的口号。一位评论员审查了第102条的准备工作，并建议其起草者主要关注提高经济效益；他们的意图不是保护竞争者，而是保护他们的客户。[193] 这就解释了为什么第102条的措辞主要侧重于剥削行为，例如施加不公平的销售价格、不公平的交易条件和限制市场对消费者的偏见，而不是排他性滥用。它也倾向于反驳在英语文献中普遍认为第102条是基于自由秩序主义基础的观点。[194]

（ii）第102条保护竞争；竞争是为了消费者的利益

关于第102条涉及保护竞争而不是保护竞争者的说法不胜枚举，其中许多来自欧盟委员会（或来自欧盟委员会官员），也可以在欧盟法院的判决中找到，特别是近年来在 *Deutsche Telekom* 案、*TeliaSoner* 案、*Post Danmark I* 案、*Post Danmark II* 案和 *Intel* 案的判决中。

竞争事务前专员尼莉·克罗斯于2005年9月在Fordham举行的年度会议上讨论了欧盟委员会对排他性侵害行为的审查，对此作了明确的发言：[195]

> 我自己的想法很简单。首先，它是竞争，而不是竞争者，竞争需要受到保护。其次，最终目的是避免消费者受到伤害。
>
> 我喜欢激烈的竞争，包括占支配地位的企业的竞争，我不在乎它是否

---

[192] 有关对自由主义的讨论，参见第1章第25~26页“保护竞争者”。有关批评寡头主义的影响的文献，参见：KALLAUGHER J，SHER B. Rebates Revisited：Anti－Competition Effects and Exclusionary Abuse Under Article 82［J］. European Competition Law Review，2004，25：263；VENIT J S. Article 82：The Last Frontier－Fighting Fire With Fire［J］. Fordham International Law Journal，2005，28（4）：1157；AHLBORN C，PADILLA J. From Fairness to Welfare：Implications for the Assessment of Unilateral Conduct under EC Competition Law［M］//EHLERMANN C D，MARQUIS M. European Competition Law Annual 2007：A Reformed Approach to Article 82 EC. Oxford：Hart Publishing，2008.

[193] 参见：AKMAN P. Searching for the Long－Lost Soul of Article 82 EC［J］. Oxford Journal of Legal Studies，2009，29：267；BEHRENS P. The Ordoliberal Concept of “Abuse” of a Dominant Position and Its Impact on Article 102 TFEU［J/OL］.（2015－09－09）［2020－04－06］. https：//ssrn. com/abstract＝2658045.

[194] 参见本章第255~256页“剥削、排他和单一市场滥用行为”关于区分剥削性和排他性滥用的章节。

[195] SPEECH/05/537，2005年9月23日；可以找到许多具有相同效果的陈述，参见：例如洛（Lowe）的演讲“Innovation and Regulation of Dominant Firms”（2008年9月23日）和阿卢尼亚（Almunia）的演讲“Converging paths in unilateral conduct”（2010年12月3日），可在www. ec. europa. eu上查阅。

会伤害竞争者，只要它最终有利于消费者。这是因为第 102 条的主要和最终目标是保护消费者，这当然需要保护市场上不扭曲的竞争过程。

欧盟委员会《第 102 条执法重点指南》中的若干要点也阐述了同样的想法。[196] 几个例子说明了这一点。欧盟委员会在第 5 段中说：

> 欧盟委员会……将指导其实施，以确保市场正常运作，并确保消费者受益于企业之间有效竞争所产生的效率和生产力。

在第 6 段中，它说：

> 欧盟委员会注意到，真正重要的是保护有效的竞争进程，而不仅仅是保护竞争者。这很可能意味着，在价格、选择、质量和创新方面向消费者提供较少服务的竞争对手将离开市场（重点补充）。

欧盟委员会在第 23 段中补充说：

> 欧盟委员会通常只在有关行为已经或能够阻碍被认为与占支配地位的企业一样高效竞争者的竞争时才进行干预（重点补充）。

法院的判决本身强调了为消费者利益保护竞争进程的重要性。甚至在法院对 Intel 的判决之前，它似乎还在竭力强调第 102 条只保护"效率高"的竞争对手，[197] 而不是低效的竞争对手。法院在 *Deutsche Telekom* 案的判决第 177 段中说：

> 第 102 条禁止支配性企业采用对同等效率的实际或潜在竞争对手产生排他性影响的定价做法（重点补充）。[198]

同样的语言在整个判决中反复出现。[199] *TeliaSonera* 案[200]、*PostDanmark I* 案[201]和 *Intel* 案[202]的判决也是如此。

---

[196] OJ［2009］C 45/7。

[197] 参见：第 101 条而非第 102 条的案例，案例 C－501/06 P etc *GlaxoSmithKline Services Unlimited v Commission* EU：C：2009：610，第 63 段；另见：案例 T－340/03 *France Télécom v Commission* EU：T：2007：22，第 266 段和案例 T－321/05 *AstraZeneca AB v Commission* EU：T：2010：266，第 353 段。

[198] 案例 C－280/08 P EU：C：2010：603，第 177 段。

[199] 同上，第 203 段、第 234 段、第 236 段、第 240 段、第 252～255 段和第 259 段。

[200] 案例 C－52/09 *Konkurrensverket v TeliaSonera Sverige* AB EU：C：2011：83，第 31～33 段、第 39～40 段、第 43 段、第 63～64 段、第 67 段、第 70 段和第 73 段。

[201] 案例 C－209/10 *Post Danmark v Konkurrencerådet* EU：C：2012：172，第 21 段、第 22 段、第 25 段和 38 段。

[202] 案例 C－413/14 P *Intel v Commission* EU：C：2017：632，第 133 段、第 134 段、第 136 段、第 139 段、第 140 段。

总的来说，这表明欧洲法院和欧盟委员会至少在最近一段时间一贯强调竞争、效率和消费者福利是第102条的主要目标。因此，很难维持这样的论点，即第102条是欧盟机构今天保护竞争者而不是竞争过程的积极政策。

（D）关于滥用含义的判例

第102条没有详尽列出可能构成滥用的所有做法。欧洲法院或欧盟普通法院也没有一项具体的判决对滥用作出全面的定义。这是可以理解的：滥用支配地位的案件是根据案件具体事实来处理的，这一点在许多场合都得到了强调，[203] 而且欧洲法院没有进行广泛的理论陈述，而是宁愿对每个案件的案情作出决定（尽管考虑到了先前的判决）。正如当时竞争总司总干事菲利普·洛（Philip Lowe）于2006年9月在华盛顿发表的关于单方行为的讲话中所说：

> 正如物理学家努力寻找统一牛顿物理学和量子力学的理论一样，经济学家努力寻找统一反竞争单方行为各个方面的理论……而经济学家，就像物理学家一样，还没有找到它。[204]

（i）*Hoffmann－La Roche v Commission* 案

在 *Hoffmann－La Roche v Commission* 案[205]中，有一段关于滥用的含义经常被引用。在第91段中，欧洲法院认为，滥用是：

> 与处于支配地位的企业行为有关的客观概念，如影响因相关企业的存在使竞争被削弱的市场结构，通过根据商业经营者的交易采用不同于产品式服务正常竞争条件的方法，影响阻碍维持市场上仍然存在的竞争程度或这种竞争的增长。

这是一个重要的段落，但它没有提供滥用的总体定义。例如，它没有捕捉到支配性企业的剥削性概念，相对于排他性概念，例如向客户收取过高的价格：这种行为不能说是阻碍竞争，但正如第102条明确指出的那样，这无疑可能构成滥用支配地位。然而，法院对 *Hoffmann－La Roche* 案的判决确实引入了这样的观点，即支配性企业必须避免“与正常竞争条件不同的方法”。当然，

---

[203] 案例C－95/04 P *British Airways plc v Commission* EU：C：2007：166，第64段；另见总检察长雅各布斯在案例C－53/03 *Syfait* EU：C：2004：673第68段的观点。

[204] 参见：2006年9月11日的演讲，可在www.ec.europa.eu上查阅。

[205] 案例85/76 EU：C：1979：36；有关相同效果的最新声明，参见案例C－280/08 P *Deutsche Telekom AG v Commission* EU：C：2010：603，第174段及其引用的判例。

这就引出了一个问题：什么是“正常”竞争，这是一个模糊而不确定的词。[206] 然而，如果使用稍微不同的语言，“正常”竞争的概念就会更明显地成为焦点，即占支配地位的企业应该“根据优势进行竞争”，而不择手段的竞争是“不正常的”竞争。

（ii）基于优势进行的竞争

欧盟法院使用了“根据优势竞争”一词，在最近的一些判决中尤其如此。例如，在 *Deutsche Telekom v Commission* 案[207]中，欧洲法院援引 *Hoffmann - La Roche* 案第91段说，一家占支配地位的企业不得加强其支配地位：

> 通过使用非基于优势的竞争范围内的方法。[208]

在 *AstraZeneca v Commission* 案[209]中，欧洲法院开始讨论滥用的问题，并指出，除根据案情属于依据优势进行竞争的竞争范围的方法外，一家占支配地位的企业不得消灭竞争者。[210] 在 *Danmark* 案[211]中，法院指出，并非每一种排他效应都必然对竞争有害：

> 从价格、选择、质量或创新等角度来看，基于优势进行竞争，可能导致偏离市场或使效率较低、对消费者吸引力较小的竞争者边缘化。[212]

欧洲法院在 *Intel* 案[213]中重复了这一说法。欧盟委员会在其《第102条执法重点指南》第5段中举例说明了它所认为的竞争：提供更低的价格、更好的质量并且更广泛地选择新的和改进的货物和服务。与这类商业行为相比，不难看出，其他行为——例如专利当局的误导导致向药品非专利生产商提供额外专利保护和因推迟推出竞争产品而支付款项——并不构成正常的竞争，因此属于滥用行为。

---

[206] 案例 *National Grid Plc v Gas & Electricity Markets Authority* [2010] EWCA Civ 114，英国上诉法院表示，“正常”竞争并不是“根深蒂固的概念，因此可以依法确定”。这是一个“专家裁量问题”：同上，第41段。

[207] 案例 C－280/08 P EU：C：2010：603。

[208] 同上，第177段；参见案例 T－201/04 *Microsoft Corp v Commission* EU：T：2007：289，第1070段；案例 C－52/09 *TeliaSonera* EU：C：2011：83，第43段。

[209] 案例 C－457/10 P EU：C：2012：770。

[210] 同上，第75段。

[211] 案例 C－209/10 EU：C：2012：172。

[212] 同上，第22段。

[213] 案例 C－413/14 P *Intel v Commission* EU：C：2017：632，第134段。

（E）第102条是否有或应当有任何“本身”规则?

迄今为止的讨论表明，目前适用的《欧盟运行条约》第102条是为了保护消费者的福利，并不保护竞争者本身；占支配地位的企业应根据优势进行竞争，避免“不正常”的竞争。然而，即使是这样，仍然存在一个问题：这些想法能否用竞争主管机构、法院、专业顾问和主要企业本身适用的行政规则来表达？更具体地说，是否有可能避免假阳性和假阴性的问题，这两者在原则上都是不可取的？

关于第102条最常见的投诉之一是，欧盟委员会和欧盟法院的适用方式过于形式主义。这种批评可以用各种方式加以阐述。一种论点是，有些做法本身似乎是非法的，但这些规则本身不适合诸如降价和拒绝交易等行为，而这种行为根据特定案件的事实可能是有利于竞争、反竞争或中立的行为。表达同样批评意见的另一种论点是争辩说，欧盟委员会和欧盟法院往往未能证明某一特定做法如何可能对市场产生重大影响：一些批评者认为，它们未能阐明令人信服的损害理论和/或提供证据，证明所调查的做法会产生不利影响。

（i）第102条是否有任何“本身”规则?

从历史上看，欧盟法院和欧盟委员会都倾向于适用规则本身的规定，至少对某些侵害行为适用。关于忠诚回扣的法律尤其如此。法院在 *Hoffmann - La Roche v Commission* 案中制定了一项规则，规制由占支配地位的企业所作出的独家交易和忠诚回扣。[214] 在判决第89段，一家占支配地位的企业与客户签订独家交易协议是非法的之后，如果该企业：

> 根据与这些购买者签订的协议条款或单方面适用忠诚回扣制度，即折扣以客户获得其全部或大部分需求为条件——无论其购买数量是大的还是小的——从处于支配地位的企业获得的是多还是少。

在若干情况下，对回扣采取这种做法[215]。

在 *Intel v Commission* 案[216]中，欧盟普通法院继续对给予回扣以换取排他性优势采取严格的做法，认为这是非法的，除非占支配地位的企业能够拿出给予

---

[214] 案例85/76 EU：C：1979：36。

[215] 参见：案例T－203/01 *Michelin v Commission* EU：T：2003：250，第56段；案例T－219/99 *British Airways plc v Commission* EU：T：2003：343，第244段，在向欧洲法院上诉后维持原判案例C－95/04 P EU：C：2007：166；案例T－57/01 *Solvay v Commission* EU：T：2009：519，第316段，根据上诉的程序理由而被撤销，案例C－109/10 P EU：C：2011：686。

[216] 案例T－286/09 EU：T：2014：547。

回扣的客观理由。[217] 然而，对于单方行为适用的本质规则，越来越多的人在思想上达成共识，而欧盟普通法院对 Intel 的判决由于其对排他性回扣的“形式主义”做法而引起了广泛的批评。在上诉时，欧洲法院在 *Intel v Commission* 案[218]中似乎承认了这一批评，并实际上终止了根据第 102 条进行的分析，详见下一节。

（ii）最近的判例法和裁决表明确实需要进行效果分析

欧盟委员会在其《第 102 条执法重点指南》中说，它将把执行活动集中在可能对市场产生严重反竞争影响的做法上。在第 102 条的各项决定中，欧盟委员会试图提供反竞争影响的证据，即使它认为在法律上没有义务这样做，例如，*Microsoft* 案[219]、*Intel* 案[220]、*Servier* 案[221]和 *Google* 案[222]的决定。

欧洲法院的几项判决强调有必要表明实际或可能的反竞争影响。例如，在 *Deutsche Telekom v Commission* 案[223]中，法院指出，在价格挤压被判定为非法之前，[224] 必须证明存在潜在的反竞争影响。在 *TeliaSonera* 案[225]中，法院认为：

> 为了确定（价格挤压）是否属于滥用，这种做法必须对市场产生反竞争效应。[226]

在 *Post Danmark I* 案中，欧洲法院认为，在确定定价做法是否具有滥用性时，必须考虑“所有情况”，其中包括有关做法可能产生的影响。[227] 在 *Post*

---

[217] 同上，第 81 段；另见：第 94 段，既指客观证明的可能性，也指效率的“辩护”；有关防御的信息，参见本章第 265 ~ 270 页“抗辩”。

[218] 案例 C－413/14 P EU：C：2017：632。

[219] 欧盟委员会于 2004 年 3 月 24 日作出的决定，第 835 ~ 954 段，上诉维持原判案例 T－201/04 *Microsoft Corp v Commission* EU：T：2007：289，第 1031 ~ 1090 段。

[220] 欧盟委员会于 2009 年 5 月 13 日作出的决定，第 1597 ~ 1616 段；在案例 T－286/09 RENV *Intel v Commission* 案中，司法法院要求普通法院对其裁决的第 1002 ~ 1576 段中欧盟委员会的“有效竞争者”分析进行司法审查。

[221] 欧盟委员会于 2014 年 7 月 9 日作出的决定，第 2939 ~ 2957 段，上诉案例 T－691114 *Servier v Commission*，尚未裁决。

[222] 欧盟委员会于 2019 年 6 月 27 日作出的决定，上诉案例 T－612/17 *Google v Commission*，尚未裁决。

[223] 案例 C－280/08 P *Deutsche Telekom AG v Commission* EU：C：2010：603。

[224] 同上，第 250 ~ 261 段；案例 C－52/09 *Konkurrensverket v TeliaSonera Sverige AB* EU：C：2011：83，第 60 ~ 77 段。

[225] 案例 C－52/09 *Konkurrènsverket v TeliaSonera Sverige AB* EU：C：2011：83。

[226] 同上，第 64 段。

[227] 案例 C－209/10 EU：C：2012：172，第 26 段。

Danmark II 案[228]中法院重复了这一说法。在 *Intel v Commission* 案中，欧盟普通法院似乎反对这一说法，将以排他性作为回报的回扣推定为非法，除非客观上有理由。在上诉时，欧洲法院在其判决第137段中引用了上一节所述 *Hoffmann – La Roche* 案的判决第89段，其中似乎对忠诚回扣适用了第102条本身的规则；但在第138段中，法院增加了一个重要的限定条件：

> 但是，如果有关企业在行政程序中根据佐证提出，其行为不能限制竞争，特别是不能产生所称的封锁效果，则必须进一步澄清该判例。

这一法律的“澄清”意味着，如果一家占支配地位的企业在答复关于滥用的指控时辩称，有关做法不能产生封锁效果，欧盟委员会就有义务回应这一论点。很难想象，一家认为其行为不是反竞争支配地位的企业不会提交这种证据。因此，法院的定性实际上似乎意味着，只有当行为被证明能够对同等有效率竞争者产生反竞争影响时，行为才可能具有滥用性。换言之，第102条没有“本身”违法规则。

顺便说一句，*Intel* 案的具体问题是，Intel 向客户提供的排他性回扣是否是滥用的。欧洲法院的结论是，欧盟普通法院没有审查 Intel 提出的关于欧盟委员会如何评估其回扣的论点。因此，撤销了欧盟普通法院的判决，并将此事提交给它进一步审查。因此，这一具体案件[229]中的回扣是否滥用仍有待决定。[230]

（iii）第102条规定的最低限度原则？

与效果分析有关的一个有趣的问题是，具有支配地位的企业的行为是否可能因为其效果微不足道而不在第102条的范围内。在 *Intel v Commission* 案[231]中，欧盟普通法院认为，在滥用支配地位的案件中，没有最低限度原则：由于支配地位意味着市场上的竞争结构已经削弱，因此，任何进一步削弱竞争的行为都可能是滥用。这是基于欧洲法院对 *Hoffmann – La Roche v Commission* 案[232]的判决第123段中的一句话。在 *Post Danmark II* 案[233]中，欧洲法院特别询问第102条是否有“显著性”标准时，得到了非常明确的答复。在援引 *Hoffmann – La Roche* 案判决第123段之后，欧洲法院说：

---

[228] 案例 C – 23/14 EU：C：2015：651，第29段。
[229] 案例 T – 286/09 EU：T：2014：547，第81段、第94段。
[230] 有关一般回扣的进一步讨论，特别是 *Intel* 案，参见第18章第903 ~913页“有条件的回扣”。
[231] 案例 T – 286/09 EU：T：2014：547，第116段。
[232] 案例 85/76 EU：C：1979：36。
[233] 案例 C – 23/14 EU：C：2015：651，第72 ~73段。

> 因此，为确定是否存在滥用支配地位的情况而确定可操作性（最低限度）门槛是没有道理的。这种反竞争做法的性质本身就可能对竞争造成不小的限制，甚至可能消除有关企业经营市场上的竞争。

目前尚不清楚的是，欧洲法院在 *Intel* 案中的判决是否暗示推翻了 *Post Danmark II* 案。正如 *Intel* 案判决第138段所指出的，一家占支配地位的企业可以对滥用指控作出反应，提交证据，证明所涉行为不会产生封锁效果。如果 *Danmark II* 案的判决仍是正确，这必须意味着，占支配地位的企业必须证明不会产生任何封锁效果，而不是任何封锁行为都是微不足道的。

笔者认为在第102条的情况下应该有一个最低限度的阈值。法律不应涉及对竞争的微不足道或无关紧要的影响。要求指称违反第102条的企业在市场上表现出明显的效果，符合法院对 *TeliaSonera* 案和 *Intel* 案的判决，这两项判决都表明，支配地位的程度与效果分析有关。[234]

（F）剥削、排他和单一市场滥用行为

在欧盟委员会的裁决实践和欧盟法院的判例中，至少可以确定两种滥用，也许是三种滥用。第一种是剥削性滥用。对垄断者最明显的反对意见是，它导致减少产量，使其产品的价格高于竞争水平，从而剥削消费者。[235] 然而，在没有进入壁垒的情况下，垄断者获得垄断利润预计将吸引新进入市场的人。换言之，利用垄断地位本身就可能随着时间的推移而增加竞争。

具有更显著长期意义的是，一家占显著支配地位企业的行为，目的是或可能产生防止竞争发展的效果，而欧盟法院的许多判例法和欧盟委员会的裁决实践都涉及这种排他性滥用。欧盟委员会《第102条执法重点指南》承认剥削性和排他性滥用之间的区别，第7段明确指出，这仅限于排他性行为。

因此，为了说明属于第102条危害范围的行为，分开考虑剥削性和排他性滥用是有益的，尽管这并不意味着这两类行为之间有严格的界限：同一行为可能表现出这两种特征。例如，拒绝供应的占支配地位的企业可能有剥削性目的（例如，为了使客户支付更高的价格而对其进行威胁或影响）和/或排他性目的（如旨在将竞争对手从市场上赶走）。

---

[234] *Streetmap. EU Ltd v Google Inc*［2016］EWHC 253（Ch），第95～98段。英国高等法院对 *Post Danmark II* 案作出了裁决，如果滥用行为的影响与占支配地位的市场是在不同的市场上，则有必要证明这种影响是可观的：有关讨论参见：WHISH R. Article 102 and De Minimis［J］. Competition Law Journal, 2016：53；另见 IBÁÑEZ－COLOMO P. Appreciability and *de minimis* in Article 102 TFEU［J］. Journal of European Competition Law & Practice, 2016, 7（10）：651.

[235] 有关价格理论的分析，参见第1章第5～21页“竞争理论”。

在第102条下可能的第三类案件涉及单一市场滥用。例如，过度定价和剥削性可能是阻碍平行进口和限制品牌内部竞争的一种策略，如 *British Leyland v Commission* 案[236]。

在本书的后几章中，特别是在第6、17、18和19章中，将更详细地讨论滥用行为。在这一阶段，目的是概述可能被发现滥用的做法类型。

（G）剥削性滥用

从其措辞中可以清楚地看出，第102条能够适用于剥削性行为：第102条第2款（a）项以滥用不公平买卖价格或其他不公平交易条件为例。第18章进一步讨论了剥削定价做法。[237] 还有一些案件涉及版权协会的活动，对这些活动中的规则进行了审查，以确保版权协会的行为不会不公平地利用版权所有人或版权被许可人；版权协会将在第19章中进行讨论。[238] 欧盟委员会在 *AAMS* 案[239]和1998 *Football World Cup* 案[240]上谴责了不公平的交易条件，认为销售门票的安排对居住在法国以外的消费者是不公平的。

在字面意义上，剥削意味着以牺牲客户为代价获得垄断利润。然而，垄断者的另一个“好处”是“安静地生活”与摆脱创新和提高效率的需要，以赶上或领先于竞争者。[241] 这就提出了一个问题，即在第102条下，占支配地位企业的效率低下或惰性是否可能是滥用。第102条第2款（b）项以滥用生产、市场或技术发展的限制损害消费者为例，在 *British Telecommunication* 案[242]中，欧盟委员会反对英国电信的行为，意味着新技术的使用可能受到阻碍。第6章对此作了阐述。[243]

（H）排他性滥用

第102条最常适用于排斥行为。

---

[236] 案例226/84 EU：C：1986：421；参见本章第265页“对单一市场有害的违法行为”和第18章第948～950页“对单一市场有害的定价实践”。

[237] 参见第18章第890～903页“过度定价”。

[238] 参见第19章第993～994页“集体管理组织”。

[239] OJ［1998］L 252/47，第33～46段，上诉维持原判案例T－139/98 *Amministrazione Autonoma dei Monopoli di Stato v Commission* EU：T：2001：272，第73～80段。

[240] OJ［2000］L 5/55，第91段；另见第99～100段。

[241] 参见第1章第8～9页“垄断的有害影响”。

[242] OJ［1982］L 360/36，上诉维持原判案例41/83 *Italy v Commission* EU：C：1985：120。

[243] 参见第6章第292～293页“显然无法满足需求”。

（i）*Continental Can v Commission* 案

欧洲法院在 *Continental Can v Commission* 案[244]中认定，《欧盟运行条约》第 102 条能够适用于排他性滥用和剥削性滥用。法院面临的具体问题是《欧盟运行条约》第 102 条是否可以禁止合并。反对这一点的一个论点是，《欧盟运行条约》第 102 条只涉及对消费者的直接剥削，而不涉及损害竞争过程可能产生更不利的间接影响；[245] 根据这一论点，不能认为市场的结构发生了变化。欧洲法院驳回了这一请求，不应区分对竞争过程的直接和间接影响；相反，有必要根据《欧盟运行条约》的精神来解释第 102 条。《欧洲联盟条约》第 3 条第 3 款规定，欧盟应建立一个内部市场，如第 27 号条例所解释的，其中包括“确保竞争不被扭曲的制度”[246]。对《欧盟运行条约》第 101 条和第 102 条的解释必须考虑这一目的：防止出现根据《欧盟运行条约》第 101 条扭曲竞争的协议，然后使允许消除竞争的合并是徒劳的。《欧盟合并条例》的颁布意味着，《欧盟运行条约》第 102 条在并购方面基本上是多余的；[247] 然而，*Continental Can* 案对《欧盟运行条约》第 102 条的法律意义仍然很重要，因为确认可以适用于排他性和剥削性滥用。

（ii）因果关系

Continental Can 案提出的一个论点是，即使并购行为被第 102 条所规制，企业也没有利用其市场支配力来实施并购，在市场上的地位与被指控的滥用行为之间的因果关系链中断了。例如，如果目标企业拒绝并购，它没有威胁通过掠夺性价格削减将目标企业赶出市场，欧洲法院也驳回了这一论点。[248] 在不实际行使或依赖市场支配力的情况下滥用支配地位是可能的。对一家占支配地位的企业来说，仅仅是通过接管竞争者来加强其地位和实质性地消除竞争就属于

---

[244] 案例6/72 *Europemballage Corpn and Continental Can Co Inc Commission* EU：C：1973：22；VOGELENZANG P. Abuse of a Dominant Position in Article 86：The Problem of Causality and Some Applications [J]. Common Market Law Review，1976，13（1）：61.

[245] 参见：JOLIET R. Monopolisation and Abuse of Dominant Position [M]. La Haye：Martinus Nijhoff，1970；也有人争论 *Continental Can* 案是否因合并不能被第 102 条所规制，因为以前的《欧洲煤钢共同体条约》第 66 条第 1 款明确地处理了合并问题，因此可以推论对此问题保持沉默的《欧共体条约》（现为《欧盟运行条约》）可以不适用于它们；并且除非该行为归因于垄断地位的使用并由其引起（参见本章后面的“因果关系”），否则该行为是不能滥用的。

[246] 该目标先前包含在 EC 条约第 3 条第 1 款（g）项中，可以在《欧洲经济体条约》第 3 条第 f 款中作出判断：参见第 2 章第 61 ~ 62 页“《欧盟运行条约》中的竞争章节”。

[247] 参见第 21 章第 1046 页“一站式合并控制的益处”。

[248] 参见：O'DONOGHUE R，PADILLA J. The Law and Economics of Article 102 TFEU [M]. 2nd ed. Oxford：Hart，2013：262 – 267.

滥用。滥用是一个客观的概念，在没有任何过错的情况下，无论占支配地位的企业的意图如何，行为都可以被视为滥用。如果欧盟委员会只能将《欧盟运行条约》第102条的范围适用于支配地位企业享有的行使市场支配力的做法，则该条的适用范围将明显缩小。[249] 在 *Hoffmann – La Roche* 案中欧洲法院说：

> 申请人提出的解释是，滥用意味着利用支配地位赋予的经济权力是造成滥用的手段，而这种滥用是不可接受的。[250]

在 *Tetra Pak II* 案[251]中，欧洲法院在其判决第27段中指出，"适用第102条的前提是支配地位与所称的滥用行为之间的联系"。这似乎与 *Continental Can* 案的"无因果关系"观点相矛盾。然而，*Tetra Pak II* 案的问题是，滥用行为是否有可能发生在与企业占支配地位的市场不同的市场上；[252] 法院不关心是否必须使用市场支配力才能造成滥用。

值得注意的是，一些国家的法律制度——例如澳大利亚和新西兰——确实要求支配地位与滥用行为之间存在因果关系。英国枢密院在 *Carter Holt Harvey Building Products Group Ltd v The Commerce Commission* 案[253]中的多数判决对这两个国家的判例法进行了有趣的讨论。显然，这种做法将减少滥用判决；然而，*Continental Can* 案的判决清楚地表明第102条不需要因果关系。欧盟普通法院依据的是法院在 *Continental Can* 案和 *Hoffmann – La Roche* 案（*AstraZeneca AB v Commission* 案）[254] 中的判决，其中指出，"滥用支配地位并不一定包括使用支配地位赋予的经济权力"[255]。

（iii）横向和纵向封锁

如果竞争者的发展被一家占支配地位的企业的高效率所阻碍，那么阻碍就不会是反竞争的或滥用的。[256] 对排他性滥用的关注点是，一家占支配地位的企业能够以导致反竞争封锁的方式行事，从而阻止潜在的竞争者进入市

---

[249] 参见：VOGELENZANG P. Abuse of a Dominant Position in Article 86：the Problem of Causality and Some Applications［J］. Common Market Law Review，1976，13（1）：61；欧盟委员会在 *Tetra Pak I*（*BTG Licence*）OJ［1988］L 272/27 决定的第46段专门引用了 *Continental Can* 案。

[250] 案例85/76 EU：C：1979：36，第91段；总检察长雷代尔在 *Hoffmann – La Roche* 案第7段的观点认为，可以根据所涉滥用的性质对因果关系不同对待。

[251] 案例 C – 333/94 P *Tetra Pak International v Commission* EU：C：1996：436。

[252] 参见下文"横向和纵向封锁"。

[253]［2004］UKPC 37。

[254] 案例 T – 321/05 EU：T：2010：266。

[255] 同上，第354段。

[256] 参见：案例 C – 209/10 *Post Danmark A/S v Konkurrencerådet* EU：C：2012：172，第22段；案例 C – 413/14 P *Intel v Commission* EU：C：2017：632，第134段。

场。封锁可能发生在市场的“上游”或“下游”。假设一家企业是纵向整合的：它从矿山中提取原材料，并将原材料加工成二氧化物：上游市场是原材料，下游市场是二氧化物。对竞争的危害可能发生在市场的任何一级：

• 横向封锁[257]出现在占支配地位的企业采取行动排除提供原材料所处的上游市场中的竞争对手（见图5.1）。

• 纵向封锁出现在支配地位的企业采取行动排除二氧化物所处的下游市场中的竞争对手（见图5.2）。

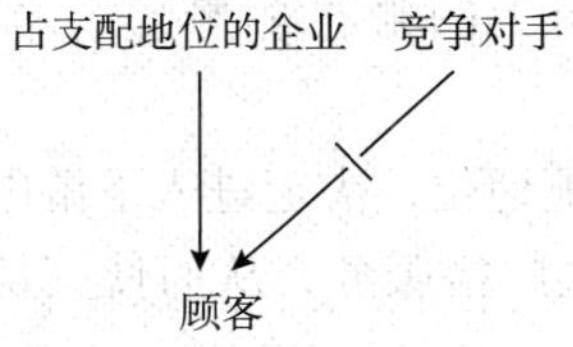

图5.1 横向封锁

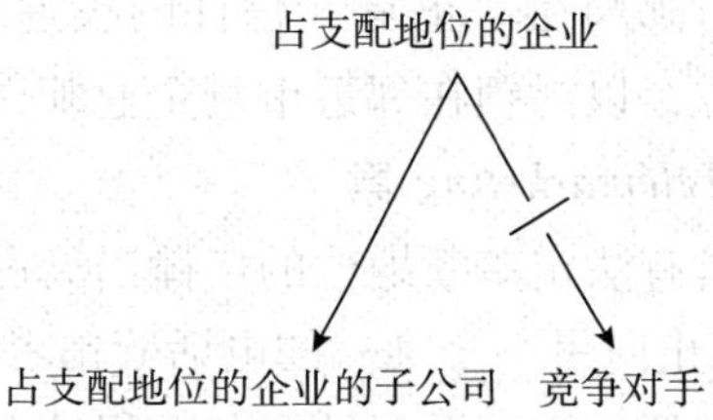

图5.2 纵向封锁

许多排他性滥用与横向封锁有关，例如独家购买协议、回扣和掠夺性定价。然而，在其他一些问题例如拒绝供应和价格挤压，主要是担心下游市场的竞争受到损害。[258]

（iv）支配地位、滥用和对市场的影响可能发生在不同的市场中

支配地位、滥用和对市场的影响不一定发生在同一市场上。在一个简单的情况下，X可能在原料市场上占支配地位，并收取高昂的价格从其客户获利或降低其价格以消除原料市场的竞争对手。显然，第102条可以适用于这种行为。然而，更复杂的情况可能会发生，X可能同时存在于上游的原材料市场和下游的二氧化物市场，并可能在其中一个市场上采取行动，以便在另一个市场上获得利益。正如我们刚才所看到的，市场可能存在横向或纵向封锁。

下面一些例子将说明各种可能性。

（a）*Michelin v Commission* 案

Michelin在更换轮胎市场上占支配地位，为保护其在该市场上的地位而实

---

[257] “横向”和“纵向”封锁的措词取自欧盟竞争总司关于“条约第102条适用于排他性滥用”的讨论文件第69~73段；欧盟委员会《第102条执法重点指南》未使用相同的语言，而欧盟委员会的《非横向合并评估指南》（OJ［2008］C 265/6）第30~59段区分“消费者”和“输入”封锁，分别是横向封锁和纵向封锁。

[258] 拒绝供应有时可能会产生横向影响：参见第17章第878~879页“横向封锁”。

施各种滥用行为。[259]

（b）*Commercial Solvents* 案

Commercial Solvents 提供了一种原料，对使用该原料来制造抗结核药物的客户具有优势。原料为上游产品，药物为下游产品。[260] Commercial Solvents 决定自己生产该药物，并停止供应给其他主体。Commercial Solvents 被发现滥用了其支配地位：拒绝供应与其支配地位有关的原材料，这样做是为了使其在药物市场中的地位受益，但 Commercial Solvents 原本在药物的下游市场中根本不存在。

（c）*De Poste – La Poste* 案

比利时邮局在“正常”信件的投递市场上占支配地位，滥用其在该市场的支配地位，以封锁在邻近市场企业邮件服务上的竞争者。[261]

（d）*Télémarketing* 案

一个具有法定垄断地位的广播当局占支配地位，决定进入下游电话营销行业。[262] 它停止向另一个唯一的电话营销者提供广播服务，从而使其从市场上被消除，并有效地将电话营销业务保留给自己。

（e）Sealink/B&I – Holyhead：临时措施

在 Holyhead 拥有和经营港口的 Sealink 被认为在市场上滥用为客运和渡轮提供港口设施服务。在这种服务中，Sealink 占支配地位，因为它为自己的下游轮渡业务安排了航行时间表，并在该级市场中对竞争者 B&I 不利。[263] 在 *Sea Containers v Stena Sealink – Interim Measures* 案中，也出现了同样的问题。[264]

（f）*British Gypsum v Commission* 案

British Gypsum 在石膏板市场上占支配地位，但在邻近的石膏市场上不占支配地位（这些市场是横向的，而不是纵向的）。[265] 在对石膏市场的滥用中，British Gypsum 优先考虑那些仍然忠于它的客户。这与以前的例子不同，因为在该案中，滥用是在非支配市场上进行的，目的是保护 British Gypsum 在其占支配的市场地位。

（g）*Tetra Pak II* 案

欧洲法院的结论是，Tetra Pak 违反了第102条，在市场上对非无菌液体再

[259] 案例 322/81 EU：C：1983：313。
[260] 案例 6/73 etc EU：C：1974：18。
[261] OJ［2002］L 61/32，第36～51段。
[262] 案例 311/84 *Centre belge d'études de marché – Télémarketing v CTL* EU：C：1985：394。
[263] ［1992］5 CMLR 255。
[264] OJ［1994］L 15/8。
[265] 案例 C－310/93 P EU：C：1995：101。

包装机械和非无菌纸箱进行捆绑和掠夺性定价。[266] 它在这个市场上并不占支配地位，但这种滥用行为的目的是使它在这个市场上的地位受益。Tetra Pak 在无菌机械和纸箱（横向）相关市场中占支配地位。欧洲法院在援引 *Commercial Solvents* 案、*Télémarketing* 案和 *British Gypsum* 案后认为，“在特殊情况下”[267]，可能存在滥用支配地位的情况，“即在有别于支配市场的市场上的行为会对这一独特的市场产生影响”[268]。法院接着描述了无菌市场和非无菌市场之间的“密切关联关系”，这相当于涉及第102条的足够特殊的情况。例如，Tetra Pak 在这两个市场都有或可能有客户，因为它依靠在支配市场中的地位便可以在非支配市场中获得有利地位，因为 Tetra Pak 在无菌市场上的地位，便可以使其独立于其他经济经营者集中精力于非无菌市场。该案扩大了第102条的适用范围，甚至超越了 *British Gypsum* 案。欧盟委员会在 *Microsoft* 案[269]的决定特别依赖 *Tetra Pak II* 案这一方面的判决。表5.1可能有助于解释本段提出的主张。

表5.1 支配、滥用和邻近市场

案例	市场A	市场B
Michelin v Commission 案	支配	
	滥用	
	获利	
Commercial Solvents 案	支配滥用	获利
Télémarking 案		
De Poste - La Post 案		
Seclink decisions 案		
British Gypsum v Commission 案	支配获利	滥用
Tetra Pak v Commission 案	支配	滥用获利

欧盟委员会近年来根据第102条作出的许多决定涉及两个市场，而不是一个市场。[270] 显而易见的例子有 *Deutsche Telekom v Commission* 案[271]、*Microsoft v*

[266] 案例C-333/94 P EU：C：1996：436；法院在滥用问题上的处理方式不同于欧盟委员会在其裁决中的处理方式。

[267] 案例C-333/94 P EU：C：1996：436，第25~31段。

[268] 同上，第27段。

[269] 欧盟委员会于2004年3月24日的决定，第526~540段。

[270] 案例T-219/99 *British Airways plc v Commission* EU：T：2003：343，第127~135段。

[271] 案例C-280/08 P EU：C：2010：603。

Commission 案[272]和 *TeliaSonera* 案[273]；在后一项判决中，法院说，第102条没有对发生侵害行为的市场提供明确的指导，每一个案件必须根据其具体情况作出决定。[274] 欧盟委员会在 *Google* 案[275]作出的决定是，Google 滥用其在一般互联网搜索中的支配地位，排除在线比较购物服务市场的竞争者。

欧盟委员会《第102条执法重点指南》脚注39说，欧盟委员会可在尚未占支配地位的市场上推行占支配地位的企业的掠夺性做法。欧盟委员会或许可以在邻近产品市场的情况下，将本节所述推理应用于邻近地理市场的支配地位、滥用和获利的情形。[276]

（v）实践中如何进行效果分析？

如前所述，欧盟委员会在最近的决定中承认，如果占支配地位的企业存在单方行为的问题，则需要进行影响分析，以表明这种行为是滥用的。[277] *Deutsche Telekom* 案和 *TeliaSonera* 案等判决认可了这一做法，2017年9月 *Intel* 案中作出的判决不可逆转地证实了对第102条的适用采取更注重效果的做法。本节考虑如何在实践中进行效果分析。

（a）选择合适的案件

欧盟委员会《第102条执法重点指南》第19段解释说，排他性滥用的执行活动的目的是确保占支配地位的企业不会以反竞争的方式阻止竞争者，从而损害有效的竞争。令人关切的是，这种行为会对消费者福利产生不利影响，例如提高价格、限制商品或服务的质量或减少消费者的选择。“反竞争封锁”不同于“单一封锁”，发生在占支配地位的企业因其卓越的效率赢得生意时；这是一个重要的区别，法院对此表示同意。[278]《第102条执法重点指南》第20段列出了一系列因素，欧盟委员会在决定是否就第102条所指的排他性滥用进行干预时将考虑这些因素，这些因素将使欧盟委员会能够确定所涉行为是否可能导致反竞争封锁。欧盟委员会补充说，它希望在进行干预之前有说服力和令人信服的证据。这些因素包括：

---

[272] 案例T-201/04 EU：T：2007：289。

[273] 案例C-52/09 EU：C：2011：83。

[274] 同上，第84~89段。

[275] 欧盟委员会于2017年6月27日作出的决定，第341段；上诉案例T-612/17 *Google v Commission*，尚未裁决。

[276] 英国竞争上诉法庭认为 *Tetra Pak II* 案可以转移到地理市场：参见案例1044/2/1/04 *JJ Burgess & Sons v OFT*［2005］CAT 25，第379~385段；另见：欧盟委员会在《关于竞争政策的第26号报告》（1996年）第53点中认为 *Interbrew* 案在非主导的地理市场中采取了行动，以保护其在比利时的支配地位。

[277] 参见本章第253~254页“最近的判例法和裁决表明确定需要进行效果分析”。

[278] 案例C-209/10 *Post Danmark I* EU：C：2012：172，第22段。

• 占支配地位企业的地位：一般来说，支配地位越强，保护这一地位的行为导致反竞争封锁的可能性就越高。

• 有关市场的条件：包括进入市场和扩大市场的条件，例如存在规模经济和（或）范围与网络效应。

• 占支配地位企业竞争者的地位：即使是一个相当小的竞争者也可能发挥重大的竞争作用，如果它是最接近占支配地位的企业的竞争者，或特别具有创新性或有系统地降低价格的声誉。

• 客户或输入供应商的地位：这可能包括有关行为的可选择性，例如，当主要企业只适用于某些客户或输入供应商时，这些客户或输入供应商可能对竞争者的进入或扩大具有特别重要的意义，从而提高反竞争取消封锁的可能性。

• 所称滥用行为的程度：一般来说，受该行为影响的相关市场的总销售额百分比越高，其持续时间越长，实施的频率越高，反竞争封锁的可能性就越大。

• 产生实际封锁可能的证据：在有关行为已经发生的情况下，可能有实际证据表明占支配地位企业的市场份额有所增加，或竞争者退出市场。

• 任何排他性战略的直接证据：可能有直接证据，例如排除竞争者的战略内部文件，这可能有助于解释占支配地位的企业的行为。[279]

《第102条执法重点指南》第21段解释说，欧盟委员会在审理案件时，将利用第20段所列一般因素和《第102条执法重点指南》后面各节所列具体因素进行分析，即具体行为是否可能产生反竞争封锁的影响。这是需要注意的一个重要问题。《第102条执法重点指南》后几段讨论了与评估有关的具体问题。由特定做法引起的反竞争封锁，这些段落应始终在《第102条执法重点指南》第20段所讨论一般因素的更广泛范围内理解：它们是对该段的补充，而不是替代。

(b) 证明标准是什么?

有必要指出排他性滥用的企业应符合的证明标准。如果每一种情况毫无疑问都要求证明反竞争封锁的效果，那么执行第102条的几乎是不可能的，这将使人们回到假阳性和假阴性的问题上。[280] 欧洲法院在这个问题上的观点并不一

---

[279] 关于滥用支配地位意图的相关性参见：案例 C－549/10 P *Tomra Systems v Commission* EU：C：2012：221，第17～21段；案例 T－402/13 *Orange v Commission* EU：T：2014：991，第60～63段；O'GRADY C. The Role of Exclusionary Intent in the Enforcement of Article 102 TFEU［J］. World Competition，2014，37（4）：459。

[280] 参见本章第244～246页“假阳性和假阴性”。

致。在 *Post Danmark II* 案中，欧洲法院说，回扣的反竞争效应“必须是可能的”[281]，这是《第102条执法重点指南》所适用的标准[282]，也是判例法在并购案件中所要求的标准。[283] 在某些情况下，欧盟法院要求欧盟委员会表明，一种做法仅仅是“有能力”限制竞争。[284] 在 *Post Danmark II* 案[285]，欧洲法院似乎使用了“有能力”和“可能的”两个术语来表示证明标准。

(c) 证据是什么?

适用第102条案件的证据可来自若干来源，包括经济和市场背景、当时的文件、证人证据和/或经济分析。《第102条执法重点指南》第19段指出，欧盟委员会在确定可能对消费者造成的损害时，可依赖定性和酌情依赖定量证据。[286] 在 *Post Danmark II* 案[287]中，欧洲法院承认，欧盟委员会可以在退税案件中采用同等效率的竞争者测试，而在 *Intel* 案[288]中就是这样做的。这并不意味着效果分析必须基于同等效率的竞争者测试[289]；相反，该测试是评估是否存在排他性滥用的“工具之一”[290]。

《第102条执法重点指南》第22段设想，如果很明显“这种行为只会给竞争造成障碍，而且不会产生效率”，就可以在没有详细分析的情况下推断反竞争的影响；Intel 向客户支付的延迟或取消竞争者产品营销的款项（所谓“赤裸裸的限制”）就是这种行为的一个例子。[291]

---

[281] 案例C－23/14 EU：C：2015：651，第74段；另见第69段。

[282] 《第102条执法重点指南》，第19～20段。

[283] 参见：案例C－12/03 P *Commission v Tetra Laval* EU：C：2005：87，第42段；案例C－413/06 P *Bertelsmannv Impala* EU：C：2008：392，第52段。

[284] 参见：案例T－219/99 *British Airways plc v Commission* EU：T：2003：343，第293段；案例C－549/10 P *Tomra v Commission* EU：C：2012：221，第68段。

[285] 案例C－23/14 EU：C：2015：651，第33段、第35段、第38段、第50段、第68段和第49段、第67段、第69段；案例T－201/04 *Microsoft v Commission* EU：T：2007：289，第561段（“消除竞争的风险”与“可能消除竞争的风险”之间没有区别）。

[286] 关于经济证据的内容和表述，参见欧盟竞争总司的《适用〈欧盟运行条约〉第101条和第102条的案件》和《合并案件》中提交经济证据和数据收集的最佳做法，可在 www. ec. europa. eu 上查阅。

[287] 案例C－23/14 EU：C：2015：651，第31段、第35段、第38段、第50段、第68段和第49段、第67段、第69段；案例T－201/04 *Microsoft v Commission* EU：T：2007：289，第561段。

[288] 欧盟委员会于2009年5月13日作出的决定，第1002～1576段，上诉案例T－286/09 RENV *Intel v Commission*，尚未裁决（根据案例C－413/14 P *Intel v Commission* EU：C：2017：632的判决）。

[289] 案例C－23/14 EU：C：2015：651，第57段。

[290] 同上，第61段；参见《第102条执法重点指南》，第24段。

[291] 欧盟委员会于2009年5月13日作出的决定，第1641～1681段，上诉维持原判案例T－286/09*RENV Intel v Commission* EU：T：2014：547，第198～220段（未讨论进一步向欧洲法院上诉）。

（vi）排他性滥用的例子

欧盟委员会和欧盟法院谴责了许多可能具有反竞争封锁效果的行为。这些问题将在第 17～19 章中详细审查，该章将审议以下滥用情况：

- 独家交易协议；[292]
- 搭售行为；[293]
- 拒绝交易；[294]
- 其他非定价滥用；[295]
- 排他性回扣和其他做法具有类似于排他性交易协议的效果；[296]
- 捆绑；[297]
- 掠夺性定价；[298]
- 利润挤压；[299]
- 价格歧视；[300]
- 拒绝许可知识产权或提供互操作性信息。[301]

（vii）对单一市场有害的违法行为

正如人们所期望的那样，第 102 条已适用于对单一市场有害的行为。[302] 这些例子将在本书后面找到，非定价[303]和定价[304]滥用是两个明显的情况。

9. 抗 辩

"滥用"一词会令人费解，特别是因为第 102 条与第 101 条第 3 款并无等同之处，因此仍然可以允许存在限制竞争的协议，因为在某些情况下，它能产生经济效益。如果根据第 101 条而不是第 102 条承认效率的重要性，将是不正

---

[292] 参见第 17 章第 846～854 页"独家采购协议"。
[293] 参见第 17 章第 854～864 页，"搭售行为"。
[294] 参见第 17 章第 865～881 页"拒绝供应"。
[295] 参见第 17 章第 882～886 页"其他非定价滥用"。
[296] 参见第 18 章第 903～913 页"有条件的回扣"。
[297] 参见第 18 章第 913～916 页"捆绑"。
[298] 参见第 18 章第 916～934 页"掠夺性定价"。
[299] 参见第 18 章第 934～941 页"利润挤压"。
[300] 参见第 18 章第 941～948 页"价格歧视"。
[301] 参见第 19 章第 986～1001 页"第 102 条与知识产权"。
[302] 参见第 1 章第 27～28 页"单一市场势在必行"和第 2 章第 62～63 页"单一市场势在必行"。
[303] 参见第 17 章第 881～882 页"对内部市场有害的非定价滥用行为"。
[304] 参见第 18 章第 948～950 页"对单一市场有害的定价实践"。

当的。若干年来，欧盟委员会和欧盟法院逐渐认识到，有些行为虽然推定为滥用，但实际上并不违反第102条，因为它有“客观理由”[305]。例如欧洲法院在*Sot. Lélos*案[306]中指出，企业处于支配地位这一事实不能剥夺企业在受到攻击时保护其自身商业利益的权利；但补充说，如果该企业的目的是加强支配地位，从而滥用它，则不能允许这种行为。在*Post Danmark I*案[307]中，法院强调，一家占支配地位的企业可能试图为本来会被第102条规制的行为进行抗辩，特别是抗辩称认为该行为客观上是必要的，或者对市场的任何排他效应被同样有利于消费者的效率优势抵消或平衡[308]。这与欧盟委员会《第102条执法重点指南》是一致的，其中第28~31段说了同样的话。

本节将审查客观理由的含义，简要审议抗辩是否可以基于不干涉财产权原则的问题，最后将讨论抗辩的举证责任。

（A）客观理由

在许多判决和决定中可以找到客观正当理由的表述，[309] 以及这样的主张，即为了客观正当的结果，所涉行为必须相称。例如，在*Centre Belge d'études de marché – Télébtarketing v CLT*案[310]中，欧洲法院认为，在电视广播中处于支配地位的企业将“电话营销”委托给自己的子公司，从而将其他企业排除在这一市场之外，在没有客观必要性的情况下，这种行为将被视为违法行为。[311]在其

---

[305] 关于客观理由概念的讨论参见总检察长雅各布斯在案例C–53/03 *Syfait* EU：C：2004：673第71~72段的观点。

[306] 案例C–468/06 etc *Sot. Lélos kai Sia EE v GlaxoSmithKline AEVE Parmakeftikon Proionton* EU：C：2008：504，第50段。

[307] 案例C–209/10 EU：C：2012：172。

[308] 同上，第40~41段。

[309] 有关讨论，参见：LOEWENTHAL P J. The Defence of “Objective Justification” in the Application of Article 82 EC［J］. World Competition，2005，28：455；ALBORS – LLORENS A. The Role of Objective Justification and Efficiencies in the Application of Article 82 EC［J］. Common Market Law Review，2007，44（6）：1727；ROUSSEVA E. Objective Justification and Article 82 EC in the Era of Modernisation［M］// AMATO G，EHLERMANN C D. EC Competition Law：A Critical Assessment. Oxford：Hart Publishing，2007；VAN DER VIJVER T. Objective Justification under Article 102 TFEU［J］. World Competition，2012，35：55；VAN DER VIJVER T. Benighted We Stand：Justifications of Prima Facie Dominance Abuses in EU Member States［J］. European Competition Journal，2013，9（2）：465.

[310] 案例311/84 EU：C：1985：394。

[311] 同上，第26段；另见案例C–95/04 P *British Airways plc v Commission* EU：C：2007：166，第69段。

他场合[312]援引了客观理由和相称性原则，这些原则坚定地成为第 102 条分析的一部分。

在《第 102 条执法重点指南》第 29 段中，欧盟委员会说，对客观必要性的主张必须以占支配地位企业以外的因素为依据，例如，为了保证健康或安全考虑，需要某种特定类型的行为。欧盟委员会指出，制定和执行公共卫生和安全标准通常是公共当局的任务，这是基于欧盟普通法院对 *Hilti* 案[313]和 *Tetra Pak II* 案[314]的判决。在 *Romanian Power Exchange/OPCOM* 案[315]中，欧盟委员会驳回了电力交易委员会的主张，称它的滥用行为客观上是合理的，是为了避免如果它不征收增值税就会受到刑事指控的风险[316]，且有必要避免罗马尼亚电力现货交易市场的现金流量不匹配。[317]

在 *Streetmap. EU Ltd v Google Inc* 案中，英国高等法院认为，Google 有客观理由在其搜索结果顶部或附近显示自己的缩略图，以回应地理查询，因为没有其他可行或有效的方法显示在线地图。[318]

(B) 效 率

显然阻止竞争者的行为可以基于效率理由进行抗辩[319]。

欧盟委员会在《第 102 条执法重点指南》第 30 段中解释说，抗辩要想取得成功，必须同时满足四个条件，才能实现效率“抗辩”：

- 效率必须因为有关行为实现，或可能实现；
- 行为必须是实现这些效率所不可或缺的；
- 效率必须超过对受影响市场的竞争和消费者福利的任何负面影响；

---

[312] 参见：*BBI/Boosey and Hawkes* OJ［1987］L 286/36；*BPB Industries plc* OJ［1989］L 10/50，第 132 段，上诉维持原判案例 T－65/89 *BPB Industries plc and British Gypsum v Commission* EU：T：1993：31，进一步上诉至欧洲法院的维持原判案例 C－310/93 P *BPB Industries plc and British Gypsum v Commission* EU：C：1995：101；*Napier Brown－British Sugar* OJ［1988］L 284/41，第 64 段和第 70 段；*NDC Health/IMS Health：Interim Measures* OJ［2002］L 59/18，第 167～174 段；*Portuguese Airports* OJ［1999］L 69/31，第 29 段；*ProkentTomra*，欧盟委员会于 2006 年 3 月 29 日作出的决定，第 347～390 页。

[313] 案例 T－30/89 *Hilti AG v Commission* EU：T：1991：70，第 102～119 段。

[314] 案例 T－83/91 *Tetra Pak International SA v Commission* EU：T：1994：246，第 136～140 段，上诉维持原判案例 C－333/94 P *Tetra Pak International SA v Commission* EU：C：1996：436，第 37 段。

[315] 欧盟委员会于 2014 年 3 月 5 日作出的决定。

[316] 同上，第 193～195 段。

[317] 同上，第 196～227 段。

[318] ［2016］EWHC 253（Ch），第 142～176 段。

[319] 案例 C－209/10 *Post Danmark I* EU：C：2012：172，第 42 段；有关讨论参见：FRIEDERISZICK H W，GRATZ. Hidden Efficiencies：on the Relevance of Business Justifications in Abuse of Dominance Cases［J］. Journal of Competition Law and Economics，2015，11（3）：671.

• 行为不得消除所有有效的竞争[320]。

笔者不知道根据第102条进行的效率抗辩是否成功。欧盟普通法院在 *Intel v Commission* 案[321]中指出，Intel 在上诉中没有提供任何证据表明其排他性回扣会提高效率。在上诉中，欧洲法院承认，一家占支配地位的企业可以将效率作为对能够阻止竞争的回扣的辩护理由，但没有就具体案件的事实对此类案件的适用发表意见。[322]

（C）滥用支配地位和财产权

在第102条的一些情况下，一个特定的问题是，占支配地位的企业在多大程度上选择使用或不使用其自身财产的方式可能被认定为滥用。《欧盟运行条约》第345条规定：

> 《欧盟运行条约》绝不应损害成员国关于财产所有权制度的规则。

如果欧盟委员会有可能根据第102条命令某一基本设施的所有人向第三方提供进入该设施的机会，这显然影响到该企业的产权；但它是否影响成员国财产所有权规则受到损害的程度？[323] 这一问题涉及 *Frankfurt Airport* 案[324]，欧盟委员会要求，允许该机场的所有者和经营者 FAG 在该机场的地勤服务上进行市场竞争。欧盟委员会驳回了这样做会影响联邦政府财产权的论点。欧盟委员会注意到，欧洲法院在 *Hauer v Land Rheinland Pfalz* 案[325]中承认，在欧盟法律秩序中存在财产权的基本权利；但欧盟委员会还注意到，成员国的宪法承认，为公共利益行使财产权可能受到限制。在 *Frankfurt Airport* 案的决定中，欧盟委员会说，根据 *Hauer* 案的判决，《欧盟运行条约》中的竞争规则可被视为对财产权的限制，符合欧盟追求的普遍利益目标。[326] 欧盟委员会认为，允许在机场内提供地勤服务并不构成对 FAG 作为机场所有人权利的过度或不可容忍的干涉；这不会干扰 FAG 自己提供这些服务的能力，FAG 有权可以向第三方收取合理的费用。

---

[320] 《第102条执法重点指南》第30段说，超支配企业的排他性行为不可能满足效率辩护的条件。

[321] 案例 T－286/09 *Intel v Commission* EU：T：2014：547，第94段和第173段。

[322] 案例 C－413/14 P *Intel v Commission* EU：C：2017：632，第140段。

[323] 参见第17章第865～881页“拒绝供应”。

[324] *Flughafen Frankfurt* OJ［1998］L 72/30。

[325] 案例44/79 EU：C：1979：290，第17段。

[326] OJ［1998］L 72/30，第90段。

在对 *Masterfoods Ltd v HB Ice Cream Ltd* 案[327]的意见中，科斯马斯（Cosmas）总检察长毫不怀疑：

> 根据《欧盟运行条约》第 101 条和第 102 条，对财产所有权的限制是完全可以理解的，这可能是保护竞争所必需的。[328]

在 *Van den Bergh Foods Ltd v Commission* 案[329]中，欧盟普通法院驳回了一项论点，即欧盟委员会在 *Van den Bergh Foods Ltd* 案[330]中的决定，要求在 Van den Bergh 的冷冻柜中为竞争者的冰激凌提供空间，构成了对其产权不成比例的干涉。[331] 在 *Microsoft v Commission* 案中，欧盟普通法院驳回了关于 Microsoft 有权拒绝向竞争者提供互操作性信息的论点，因为它受到知识产权的保护。这将不符合 *Magill* 案和 *IMS Health* 案的规则，即在特殊情况下，仍然有义务向第三方颁发许可证。[332]

欧洲法院在裁定一家占支配地位的企业可以要求强制执行其在 *Huawei Technologies Co Ltd v ZTE Corp* 案[333]中标准必要专利的条件时说，必须在维持自由竞争和维护知识产权所有者提出侵权诉讼的权利之间取得平衡。[334]

(D) 举证责任

在 *Microsoft v Commission* 案[335]中，欧盟普通法院指出：

> 对占支配地位的企业而言，在行政程序结束之前，应由其提出任何客观理由的抗辩，并以论点和证据支持。然后由欧盟委员会负责对滥用支配地位作出裁定，以表明该企业所依据的论点和证据不能占上风，因此不能接受其抗辩。[336]

欧盟普通法院接着指出，占支配地位的企业提出的“含糊、笼统和理论

---

[327] 案例 C－344/98 EU：C：2000：689；另见：案例 C－163/99 *Portugal v Commission* EU：C：2001：189，第 58～59 段。

[328] 案例 C－344/98 EU：C：2000：249，第 105 段。

[329] 案例 T－65/98 EU：T：2003：281。

[330] OJ［1998］L 246/1。

[331] 案例 T－65/98 EU：T：2003：281，第 170～171 段。

[332] 案例 T－201/04 EU：T：2007：89，第 690～691 段；参见第 19 章第 989～992 页“*Microsoft* 案”。

[333] 案例 C－170/13 EU：C：2015：477，第 42 段。

[334] 参见第 19 章第 995～998 页“寻求对实施标准必要专利的禁令”。

[335] 案例 T－201/04 EU：T：2007：289。

[336] 同上，第 688 段；案例 T－301/04 *Clearstream Banking AG v Commission* EU：T：2009：317，第 185 段。

上的论点”作为支持的客观理由是不充分的。[337] 欧盟委员会《第102条执法重点指南》第31段对举证责任采取了同样的做法。

占支配地位的企业提出的用以支持其行为出于客观理由的因素通常须是企业在该行为发生时考虑的因素。[338] 仅仅提出一个正当理由不足以构成该企业当时的行为基础。[339]

10. 违反第102条的后果

（A）公共强制执行

如果欧盟委员会发现企业滥用支配地位，根据第1/2003号条例的第23条，有权对其处以罚款[340]，并命令该企业停止有关的非法行为；[341] 必要时，它还可命令该企业采取积极措施，以结束侵害行为。[342] 欧盟委员会甚至有可能根据第1/2003号[343]条例第7条赋予的权力，下令剥离企业的资产或解除承保，条件是与终止侵害行为是相称和必要的，而且没有同样有效的行为补救办法，或者这种补救办法会更加麻烦。[344] 这种情况发生在 *ARA Foreclosure* 案[345]中，欧盟委员会采取了结构性补救措施（这种情况下需要得到ARA的同意），以确保侵害行为不会再次发生。

（B）私人强制执行

第8章讨论违反第102条在民法上的后果。[346]

---

[337] 案例T－201/04 EU：T：2007：289，第698段。

[338] 参见：*Clearstream*，欧盟委员会于2004年6月2日作出的决定，第326～327段；另见：*Purple Parking Ltd v Heathrow Airport Ltd*［2011］EWHC 987（Ch），第179和第180～183段。

[339] 参见：*Napp Pharmaceutical Holdings Ltd v Director General of Fair Trading*［2002］CAT 1，第251～254段。

[340] 参见第7章第347～348页“第23条：罚款”。

[341][342] 参见第7章第320页“行为补救办法”。

[343] OJ［2003］L 1/1；第7章第320～321页“结构性补救”。

[344] 参见第7章第321页“过去的侵害行为”。

[345] 欧盟委员会于2016年9月20日作出的决定，第132～148段。

[346] 参见第8章第412页“《欧盟运行条约》第102条”。

第 6 章
欧盟竞争规则下各成员国的义务

1. 简 介

本章将审查成员国在欧盟竞争法方面的义务。具体而言，它将审议《欧洲联盟条约》第 4 条第 3 款、《欧盟运行条约》第 37 条和第 106 条对成员国规定的义务；在本章最后简要提及关于国家援助的《欧盟运行条约》第 107 ~ 109 条。“成员国”一词包括所有的国家机关，包括国家竞争主管机构❶和经济监管机构❷。《欧洲联盟条约》第 4 条第 3 款规定成员国和欧盟有“真诚合作”的义务；《欧盟运行条约》第 37 条涉及商业性质的国家垄断；第 106 条涉及违反条约的措施。在 *France v Commission* 案❸中，总检察长泰绍罗（Tesauro）提到的是《欧盟运行条约》第 37 条的“模糊性”，而不是第 106 条的“明显模糊”。这些规定是复杂的，判例法表明，欧盟法律对国家垄断和国家活动不可避免地存在政治性和争议性。

《欧洲联盟条约》第 3 条第 3 款规定，欧盟应建立一个内部市场，如第 27 号条例所解释的，其中包括“确保竞争不被扭曲的制度”❹。第 3 条第 3 款还规定，欧盟的目标之一是建立高度竞争的社会市场经济。《欧盟运行条约》第

---

❶ 参见：案例 C－198/01 Consorzio Industrie Fiammiferi（*CIF*）*v Autorità Garante della Concorrenza e del Mercato* EU：C：2003：430；本章第 277 页“*Consorzio Industrie Fiammiferi* 案”。

❷ 2011 年 3 月，英国国家彩票委员会（现为赌博委员会）拒绝了英国彩票运营商 Camelot UK Lotteries Ltd 提供的如下商业服务，例如场外现金账单支付和通过其国家彩票终端手机充值，因为这可能违反《欧盟运行条约》第 106 条以及第 101 条和/或第 102 条而受到“密切关注”。

❸ 案例 C－202/88 EU：C：1991：120，第 11 段。

❹ 该目标以前包含在《欧共体条约》第 3 条第 1 款（g）项中：参见第 2 章第 61 ~ 62 页“《欧盟运行条约》中的竞争章节”。

119 条规定，成员国和欧盟的活动应按照自由竞争[5]的开放市场经济原则进行。国家参与经济活动可能不利于实现这一目标；[6] 成员国可能在欧盟层面对国内经济和社会政策进行过多的干预而感到不悦。《欧盟运行条约》第 101 条和第 102 条基本上是私法条款，赋予企业权利和义务；《欧盟运行条约》的许多其他条款是公法性质的条款，规定成员国承担的义务。享有特别或专属权利的成员国和企业在多大程度上受第 101 条和第 102 条的约束是欧盟委员会和欧盟法院仍在探讨的一个问题。

欧盟法律本身在产业公有制问题上是中立的。《欧盟运行条约》第 345 条规定，该条约“绝不妨碍成员国关于财产所有权制度的规则”。这意味着成员国可以对国家机关或非公有企业实行法律垄断，在《欧盟运行条约》第 106 条第 1 款[7]规定的情况下，欧洲法院认为，授予企业特别或专有权利本身并不违反欧盟法律。然而，这一原则与第 106 条第 1 款规定成员国有义务不颁布或维持违反竞争规则的有效措施之间存在紧张关系，其结果是财产权不像第 345 条的措辞[8]所表明的那样不可侵犯。事实上，欧洲法院关于《欧盟运行条约》第 102 条与第 106 条第 1 款间关系的一些判决对这些权利的存在提出了质疑。[9]

2.《欧洲联盟条约》第 4 条第 3 款——诚信合作的义务

《欧洲联盟条约》第 4 条第 3 款规定，欧盟和成员国应相互协助，执行《欧盟运行条约》和《欧洲联盟条约》规定的任务。第 4 条第 3 款还对成员国规定了积极和消极的义务：要求它们采取一切适当措施，确保履行《欧盟运行条约》和《欧洲联盟条约》或欧盟机构行为所产生的义务，并避免采取任何可能危及实现欧盟目标的措施。是否依据和何时依据第 4 条第 3 款要求成员国采取或停止采取措施取决于具体情况；应由成员国选择最适当的行动方针。[10]

---

[5] 欧洲法院强调了《欧盟运行条约》第 119 条在以下案例中的重要性：C－198/01*Consorzio lndustrie Fiammiferi*（*CIF*）EU：C：2003：430，第 47 段。

[6] 《欧盟运行条约》第 119 条本身并不对成员国施加义务：案例 C－181/06 *Deutsche Lufthansa* EU：C：2007：412，第 31 段。

[7] 参见案例 155/73 *Sacchi* EU：C：1974：40，第 14 段；案例 C－260/89 *ERT v Dimotiki* EU：C：1991：254，第 16 段；案例 C－41190 *Höfner & Elser v Macrotron GmbH* EU：C：1991：161，第 29 段。

[8] 参见本章第 289～296 页“参照第 102 条的判例法并结合第 106 条第 1 款”。

[9] 参见本章第 281～296 页“《欧盟运行条约》第 106 条第 1 款”。

[10] *Ryanair Holdings plc v Competition Commission*［2012］EWCA Civ 1632，第 55 段。

在许多情况下，个人和企业作为原告和被告在成员国刑事和民事法院的诉讼中援引第4条第3款，声称某一成员国的某一特定法律因不符合《欧盟运行条约》和《欧洲联盟条约》的竞争规则而不可执行；这导致许多案件根据《欧盟运行条约》第267条向欧洲法院提起诉讼，本章本节将对此进行讨论。法院已确定，成员国有义务驳回违反欧盟竞争法的国家立法，这不仅适用于国家法院，也适用于行政机构、国家竞争主管机构。[11] 如果一个成员国违反了第4条第3款规定的义务，欧盟委员会也可以对其采取行动，或者根据《欧盟运行条约》第258条启动侵权程序，如 *Commission v Italy* 案[12]，或者在成员国违反第106条第1款的情况下利用第106条第3款规定所获得的权力。[13]

(A)《欧洲联盟条约》第4条第3款与《欧盟运行条约》第101和102条之间的关系

关于《欧洲联盟条约》第4条第3款的判例法是复杂的，原因不难理解。[14] 显然，成员国采取的措施可能会扭曲竞争：例如它们可以对产品或服务实行最低或最高价格；采取歧视性税收措施；实行使企业难以进入市场的管制规则；或对特定经济活动实行限制性许可证制度。每一项措施都可能对市场竞争力产生严重影响。然而，与第4条第3款有关的问题，如果与《欧盟运行条约》第101条和/或第102条一并解读，是根据欧盟竞争法，这些措施在多大程度上可以受到质疑，并被认定为非法。

《欧洲联盟条约》第4条第3款针对成员国；《欧盟运行条约》第101条和第102条针对企业。难题是如何决定一个成员国何时需要对违反竞争规则的

---

[11] 案例 C－198/01 *Consorzio Industrie Fiammiferi*（*CIF*）EU：C：2003：430，第49～50段。

[12] 案例 C－35/96 EU：C：1998：303；参见本章第304～308页“《欧盟运行条约》第106条第3款”。

[13] 参见本章第304～308页“《欧盟运行条约》第106条第3款”。

[14] 参见：BACON R. State Regulation of the Market and EC Competition Rules：Article 85 and 86 Compared［J］. European Competition Law Review，1997，18：283；EHLE. State Regulation under the US Antitrust State Action Doctrine and under EC Competition Law：A Comparative Analysis［J］. European Competition Law Review，1998，19：380；NEERGAARD U B. Competition Competences：The Tensions between European Competition Law and Anti－Competitive Measures by the Member States［M］. Copenhagen：DJØF Publishing，1998；SCHEPEL H. Delegation of Regulatory Powers to Private Parties under EC Competition Law：Towards a Procedural Public Interest Test［J］. Common Market Law Review，2002，39（1）：31；Castillo De La Torre F. State Action Defence in EC Antitrust Law［J］. World Competition，2005，28（4）：407；经济合作与发展组织最佳实践圆桌会议“将反托拉斯法应用于国有企业”（The Application of Antitrust Law to State－owned Enterprises）（2009年），可在 www.oecd.org/competition 上查阅，案例 *North Carolina State Board of Dental Examiners v Federal Trade Commission* 135 S Ct 1101（2015）.

行为承担责任。一方面，成员国自然维护自己的主权，不欢迎使用第4条第3款来破坏国家法律、授权立法、监管制度和其他措施，因为它们只是碰巧扭曲了竞争；广泛使用第4条第3款将特别令人反感，因为根据其他条约条款，例如关于货物和服务自由流动的条款，对成员国提起诉讼有明确的法律依据。另一方面，如果成员国可以对市场采取具有与企业本身同样效力的措施，从而促进反竞争行为，则《欧盟运行条约》第101条和第102条的充分有效适用可能会受到严重损害。[15] 欧洲法院的判例法力求实现平衡，并查明成员国必须对违反第101条和第102条承担责任的情况。

（B）主要涉及《欧洲联盟条约》第4条第3款并结合《欧盟运行条约》第101条的判例法

值得注意的是，根据《欧盟运行条约》第102条提出与滥用行为有关问题的国家措施通常是在第106条第1款的范围内出现的。该款规定，成员国有义务不颁布或维护有效措施违反条约，特别是竞争规则，尤其在成员国授予其特别或专有权利的企业和公共企业的情况下。[16] 因此，关于《欧洲联盟条约》第4条第3款的判例法主要涉及成员国违反《欧盟运行条约》第101条的责任。[17] 在考虑案件本身之前，说明出现的问题类型对解决案件可能会有所帮助。假设：

- 在成员国A，所有律师都属于私人成立的律师协会，并同意遵守其建议的法律服务费用；
- 在成员国B，国家自己确定律师费；
- 在成员国C，律师协会是依法成立的，但协会可以自由决定是否建议收费，如果是的话，可以决定这些费用的标准；
- 在成员国D，国家要求律师协会收费，但让它确定费用的标准；
- 在成员国E，政府部长有权命令所有律师必须遵守律师协会拟订的费用标准草案。

在每一种情况下，可能的结果都是在法律费用方面几乎没有竞争，其影响是横向垄断。然而，在欧盟竞争法中，重要的问题是，这些情况中有哪些是非法的；特别是在第4条第3款中，是否成员国有一项措施违反欧盟法律，其后

---

[15] 案例C－347/16 *BEB v KEVR* EU：C：2017：816，第52段。

[16] 参见本章第286页“成员国根据第106条第1款承担的义务”。

[17] 参见本章第275～279页“关于第4条第3款的判例法和竞争规则”。

果是国家必须采取一切适当措施使欧盟法律得到充分适用。[18] 这些问题将在对判例法进行分析后加以审议。

(C) 关于第4条第3款的判例法和竞争规则

(i) *INNO* 案原则

在 *INNO v ATAB* 案[19]中，欧洲法院在处理比利时烟草税问题时认为，《欧洲联盟条约》第4条第3款和《欧盟运行条约》第101条和第102条[20]的综合适用意味着，一个成员国可以通过维持有效的立法来违反欧盟法律，这可能会剥夺欧盟竞争规则的效力。随后的案件必须查明这项判决的含义。[21]

(ii) 不成功地应用 *INNO* 案原则

欧洲法院在若干判决中得出结论认为，*INNO* 案原则不适用于国家参与企业行为。对法国立法要求图书零售商遵守出版商规定的最低转售价格的质疑失败了，因为法院不确定根据第101条这一做法是否无论如何都是非法的；[22] 对固定汽油最低价格的质疑也失败了，因为这是一项纯粹的国家措施，与企业之间的任何协议无关。[23] 在 *Ministère Public v Asjes* 案[24]中，Asjes 因低于民航部长批准的机票价格而被起诉，根据法国法律这对所有贸易商具有约束力。Asjes 质疑这一法律是否符合欧盟法律。这一诉讼失败了，因为当时没有关于对空运行业适用竞争规则的实施条例；这意味着没有任何机制来确定任何协议是否违反竞争规则。[25]

---

[18] 这一判断法的实用性受到了许多学者的质疑。参见：FAULL J，NIKAY A. The EU Law of Competition［M］. 3rd ed. Oxford：Oxford University Press，2014.

[19] 案例13/77 EU：C：1977：185。

[20] 法院还提到了《欧共体条约》第3条第1款（g）项，但《里斯本条约》废除了该条款，自2009年12月1日起生效；关于该条约第3条第1款（g）项和第27号条例的内容，参见第2章第61～62页“《欧盟运行条约》中的竞争章节”。

[21] 总检察长马杜罗在案例C－94/04 *Cioplla* EU：C：2006：76中的意见，第31～40段包含了对判例法的有益回顾。

[22] 参见案例229/83 *Association des Centres Distributeurs Edouard Leclerc v Au BZe Vert* EU：C：1985：1；案例254/87 *Syndicat des Libraires de Normandie v L'Aigle Distribution SA* EU：C：1988：413。

[23] 案例231/83 *Cullet v Centre Leclerc*，*TouZouse* EU：C：1985：29。

[24] 案例209/84 etc EU：C：1986：188。

[25] 同上，第46～69段；但是，法院认为，如果根据《欧盟运行条约》第104条或第105条第2款进行不利辩护，那么法国加强非法协议的效力就违反了《欧洲联盟条约》第4条第3款：同上，第70～77段；关于将竞争规则适用于航空运输的信息：参见第23章第1217～1221页“航空运输业”。

（iii）成功应用 *INNO* 案原则

（a）*BNIC v Yves Aubert* 案

BNIC v Yves Aubert 案成功地应用了 *INNO* 案原则。[26] BNIC 是一个代表法国葡萄酒种植者和分销商的行业协会，为葡萄酒种植者制定了生产配额。随后其颁布了一项部级法令，规定这些配额对整个行业具有约束力，并规定对超过配额的人处以罚款。欧洲法院认为，该法令本身是非法的，因为它的效果是加强了事先在 BNIC 成员中达成的协议的影响；因此，它违反了法国根据条约应承担的义务。随后，BNIC 对 Yves Aubert 提起的侵犯延期令的诉讼失败[27]。

（b）*Vlaamse Reisbureaus v Sociale Dienst* 案

在 *Vlaamse Reisbureaus v Sociale Dienst* 案[28]中，比利时的一家旅行社对旅行社协会提起诉讼，该协会将从旅行社收到的佣金转交给其客户。根据比利时法律，在这种情况下允许旅行社对降价者的不正当竞争提起诉讼。被告提出《欧盟运行条约》第 101 条第 1 款的规定。欧洲法院认为，旅行社和代理商之间在行业中有一系列旨在抑制价格竞争的协议，这违反了《欧盟运行条约》第 101 条第 1 款；比利时立法支持这一反竞争制度，使其永久生效，并将其扩大到不参与的企业，并对转让其佣金的企业规定处罚。因此，该立法违反了《欧盟运行条约》第 101 条第 1 款和《欧洲联盟条约》第 4 条第 3 款，旅行社的诉讼失败。

（c）*Ahmed Saeed* 案

在 *Ahmed Saeed Flugreisen v Zentrale zur Bekampfung Unlauteren Wettbewerbs* 案[29]中，欧洲法院认为，航空当局批准航空公司通过协议确定的航空关税，涉及成员国违反了《欧洲联盟条约》第 4 条第 3 款和《欧盟运行条约》第 101 条和第 102 条规定的义务。该案与 *Ministère Public v Asjes* 案[30]的实质区别在于，在 *Ahmed Saeed* 案的诉讼发生时，航空运输行业的执行条例已经生效，[31] 因此不存在先前案件发生时存在的问题。[32]

---

[26] 案例 136/86 EU：C：1987：524。

[27] 在较早的判决中，案例 123/83 *BNIC v Clair* EU：C：1985：33，欧洲法院裁定 BNIC 的规则违反了第 101 条，部长的介入并没有阻止对它们适用《欧盟运行条约》第 101 条；这在先前的两项决定中确认了欧盟委员会的观点，*BNIA* OJ ［1976］ L 231/24 和 *BNIC* OJ ［1982］ L 379/1。

[28] 案例 311/85 EU：C：1987：418。

[29] 案例 66/86 EU：C：1989：140。

[30] 案例 209/84 etc EU：C：1986：188。

[31] 参见本章脚注[25]。

[32] 参见本章第 275 页“*INNO* 案原则”。

(d) *Consorzio Industrie Fiammiferi* 案

在 *Consorzio Industrie Fiammiferi* 案[33]中，欧洲法院认为，《欧洲联盟条约》第 4 条第 3 款要求意大利竞争主管机构废除意大利 1923 年的一项法律，该法律规定，在意大利制造和销售火柴必须要求或促进价格固定和市场共享，违反了《欧盟运行条约》第 101 条的规定。欧洲法院补充说，可以对非法期间所涉的企业实施处罚，除非所涉行为是必需的，而不仅仅是法律允许的。

(e) 综　合

在 *Van Eycke v ASPA* 案[34]中，欧洲法院综合了判例法认为，该判例法表明，一个成员国如果违反了《欧盟运行条约》第 101 条，那么将违反《欧洲联盟条约》第 4 条第 3 款：

> 要求或赞成通过违反第 101 条的协议、决定或协同行动的做法，或加强其效果，或通过将作出影响经济领域决定的责任委托给私人贸易商而剥夺其本身立法的官方性质。[35]

这是欧洲法院随后多次重复的提法。[36] 这一理论特别明确的适用是在 *Commission v Italy* 案[37]中，这是欧盟委员会根据《欧盟运行条约》第 258 条提出的一项诉讼，它对要求国家海关代理委员会为海关代理规定强制性关税的意大利立法提出了质疑，并取得了成功。欧洲法院的结论是，该委员会通过关税[38]违反了第 101 条第 1 款。同时，它认为意大利还违反了欧盟法律要求国家海关代理委员会制定一项强制性、统一关税的规定[39]：完全放弃私营经济中公共当局

---

[33] 案例 C-198/01 EU：C：2003：430；评论参见 Nebbia（2004）41 CML Rev 839；KACZOROWSKA. The Power of a National Competition Authority to Disapply National Law Incompatible with EC Law – and Its Practical Consequences [J]. European Competition Law Review，2004，25：591；有关英国 *CIF* 案判决的讨论，参见案例 1027/2/3/04 *VIP Communications Ltd (in administration) v OFCOM* [2009] CAT 28，第 20~27 段。

[34] 案例 267/86 EU：C：1988：427。

[35] 同上，第 16 段。

[36] 参见：案例 C-185/91 *Reiff* EU：C：1993：86，第 14 段；案例 C-153/93 *Delta Schiffahrts- und Speditionsgellschaft* EU：C：1994：240，第 14 段；案例 C-38/97 *Autotrasporti Librandi v Cuttica Spedizioni e Servizi Internazionali* EU：C：1998：454，第 26 段；案例 C-338/09 *Yellow Cab Verkehrsbetriebs GmbH v Landeshauptmann von Wien* EU：C：2010：814，第 26 段；案例 C-184/13 etc *Anonima Petroli Italiana SpA v Ministero delle Infrastrutture e dei Trasporti* EU：C：2014：2147，第 29 段。

[37] 案例 C-35/96 EU：C：1998：303，欧盟委员会认为国家海关理事会违反了第 101 条第 1 款，OJ [1993] L 203/27，上诉维持原判案例 T-513/93 *CNSD v Commission* EU：T：2000：91。

[38] 案例 C-35/96 EU：C：1998：303，第 51 段。

[39] 同上，第 56 段。

设定关税的权力；[40] 在主要立法中禁止对关税的任何减损[41]；通过一项法令，表面上通过公共条例批准关税。[42] 在 *Anonima Petroli Italiana SpA v Ministero delle Infrastruture e dei Trasporti* 案[43]中，欧洲法院认为，意大利法律规定，公路运输服务的价格不能低于最低运营成本，而最低运营成本本身是主要由私营经济经营者，而不是公职人员组成的机构确定的，这违反了《欧洲联盟条约》第4条第3款和《欧盟运行公约》第101条；更具体地说，法院认为最低成本的确定不符合 *Wouters* 案原则。[44]

（iv）*INNO* 案原则仅适用于违反《欧盟运行条约》第101条的情况

《欧洲联盟条约》第4条第3款不能仅仅因为国家措施产生的效果与垄断相似而适用。只有在符合适用《欧盟运行条约》第101条的要求，例如企业概念[45]和成员国之间贸易的情况[46]下，才能使用INNO原则对国家措施提出质疑。此外，*INNO* 案原则只适用于所达成的任何违反第101条的协议。在 *AG2R Prevoyance v Beaudout* 案[47]中，情况并非如此。该协议是雇主以及法国传统面包店和糕点制作产业内的雇员组织之间集体谈判的结果，法院认为不属于第101条的一种协议。[48]

在认定某一成员国违反《欧洲联盟条约》第4条第3款之前，必须有一项违反《欧盟运行条约》第101条的协议，这一要求对INNO原则的范围有明显的限制。在最终确定价格仍由成员国承担的情况下，对国家立法的几项挑战均宣告失败。只有在成员国要求、支持或加强反竞争协议或放弃自己的定价权并将其委托给私人经营者的情况下，《欧洲联盟条约》第4条第3款与《欧盟运

---

[40] 同上，第57段。

[41] 同上，第58段。

[42] 同上，第59段。

[43] 案例 C－184/13 etc EU：C：2014：2147，第29段。

[44] 同上，第47～57段；有关 *Wouters* 案可能收取的最低法律费用的信息，参见案例 C－427/16 etc *CHEZ Elecktron Bulgaria AD* EU：C：2017：890，第40～58段。关于 *Wouters* 案原则，参见第3章第169～173页“监管辅助：欧洲法院对于 *Wouters* 案的判决”。

[45] 参见案例 C－350/07 *Kattner Stahlbau GmbH v Maschinenbau－und Metall－Berufsgenossenschaft* EU：C：2009：127，第70段。

[46] 参见案例 C－393/08 *Emanuela Sbarigia v Azienda USL RM/A* EU：C：201O：388，第32～33段。

[47] 案例 C－437/09 EU：C：2011：112，第37～39段。

[48] 参见第3章第110～111页“集体劳动关系”中关于 *Albany* 案的判决。

行条约》第 101 条才一并受到侵犯。因此在 *Meng* 案[49]中欧洲法院拒绝废除德国的一项条例，该条例禁止保险公司向其客户转让佣金：与比利时在 *Vlaamse* 案中采取行动加强旅行社之间先前的协议的立场不同，*Meng* 案[50]没有达成协议，*Ohra* 案[51]、*Reiff* 案[52]和后来的一些判决也得出了类似的结论。[53] 在 *Arduino* 案[54]中，欧洲法院认为，意大利国家律师理事会参与制定法律费用关税草案并没有取消部长通过的具有法律性质的关税；[55] 在 *Ministero dello Sviluppo economico v SOA Nazionale Costruttori* 案[56]中，欧洲法院认为，意大利关于在建筑行业提供认证服务的最低关税的立法没有违反《欧洲联盟条约》第 4 条第 3 款和《欧盟运行条约》第 101 条第 1 款，因为它没有实施非法协议，也没有将定价权授予私营经营者。

（D）对律师费适用判例法

在分析了 *INNO* 案原则下的判例法之后，我们应该简要地回到早些时候就律师费提出的各种情况[57]：

---

[49] 案例 C – 2/91 EU：C：1993：885，*Meng* 案是在案件 C – 267/91 *Keck and Mithouard* ［1993］ EU：C：1993：905 的同时裁决的，在该案中，法院拒绝将《欧盟运行条约》第 34 条应用于禁止使用损失的国家行销规则，禁止零售中的领导者亏损销售（以低于成本的价格出售）。参见：REICH N. The "November revolution" of the European Court of Justice：*Keck*，*Meng* and *Audi* Recisited ［J］. Common Market Law Review，1994，31：459.

[50] 案例 C – 2/91 EU：C：1993：885，第 14 段。

[51] 案例 C – 245/91 EU：C：1993：887。

[52] 案例 C – 185/91 EU：C：1993：886。

[53] 案例 C – 153/93 *Delta Schiffahrts – und Speditionsgesellschaft* EU：C：1994：240；案例 C – 412/93 *Société d'Importation Edouard Leclerc – Siplec v TFI and M6* EU：C：1995：26；案例 Case C – 96/94 *Centro Servizi Spediporto v Spedizioni Marittima del* Golfo EU：C：1995：308；案例 C – 140/94 etc *DIP SpA v Commune di Bassano del Grappa* EU：C：1995：330；案例 C – 38/97 *Autotrasporti Librandi v Cuttica Spedizioni e Servizi Internazionali* EU：C：1998：454；案例 C – 266/96 *Corsica Ferries* EU：C：1998：306；案例 C – 446/05 *Ioannis Doulamis* EU：C：2008：157。

[54] 案例 C – 35/99 EU：C：2002：97；有关讨论，参见：THUSTRÖM M，CARLE J，LINDEBORG P. State Liability under the EC Treaty Arising from Anti – Competitive State Measures ［J］. World Competition，2002，25：515.

[55] 案例 C – 35/99 EU：C：2002：97，第 40 ~ 44 段；类似的案例有 C – 250/03 *Mauri* EU：C：2005：96，第 31 ~ 38 段；案例 C – 94/04 etc *Cipolla* EU：C：2006：758，第 48 ~ 54 段；案例 C – 386/07 *Hospital Consulting Srl v Estate SpA*，EU：C：2008：256；总检察长曼格兹在以下案例中的观点：案例 C – 437/09 *AG2R Prévoyance* EU：C：2010：676，第 36 ~ 47 段。

[56] 案例 C – 327/12 EU：C：2013：827，第 36 ~ 39 段；类似的案例有 C – 121/16 *Salumificio Murru SpA v Autotrasporti di Marongiu Remigio* EU：C：2016：543。

[57] 参见本章第 274 页"主要涉及《欧洲联盟条约》第 4 条第 3 款并结合《欧盟运行条约》第 101 条的判例法"。

• 一名律师同意遵守一家私人成立的律师协会的建议：这是违反《欧盟运行条约》第101条第1款的行为，对国家间贸易产生了明显的影响；然而，国家没有参与，因此不适用《欧洲联盟条约》第4条第3款。[58]

• 在第二种情况下，成员国B自己确定了费用。然而，在这种情况下，没有关于协议的建议，因此不可能违反第101条第1款；这种情况可能适用B成员国竞争主管机构的"竞争倡导"。[59]

• 成员国C建立了一个监管机制，但由律师协会决定是否建议收费，如果建议收费，则决定收费水平。这样做的协会违反了《欧盟运行条约》第101条第1款，但不清楚成员国C是否采取了非法行动；它让律师协会自由决定如何采取行动，而不是要求或鼓励律师协会采取反竞争的行动。

• 然而，成员国D将其监管职能下放给了律师协会，并要求它确定费用，因此它对由此产生的定价负责。[60]

• 可以认为，成员国E通过发布命令，强制遵守律师协会的建议，正在加强违反第101条协议的效力。然而，欧洲法院认为，如果部长可以根据其他公共机构的建议自由地改变关税，就不会发生侵权行为；该法令保留了立法的性质，而不是等于鼓励或加强一项协议。[61]

3.《欧盟运行条约》第106条——遵守条约

第106条[62]规定：

1. 对于公共企业及成员国授予特别或专有权利的企业，成员国不得制定也不得保留与两部条约中包含的规则，特别是第18条及第101～109条规定的规则相抵触的任何措施。

2. 受托从事具有为普遍经济利益服务意义的活动之企业或具有产生

---

[58] 关于将竞争规则应用于专业人员的信息，参见第3章第109页"专业人员"。

[59] 关于竞争倡导，参见第1章第29页"竞争倡导和竞争的公共限制"。

[60] 案例C－427/16 etc *CHEZ Elecktron Bulgaria* AD EU：C：2017：890。

[61] 案例C－35/99 *Arduino* EU：C：2002：97；案例C－94/04 etc *Cipolla* EU：C：2006：758。

[62] BUENDIA SIERRA J L. Exclusive Rights and State Monopolies under EC Law：Article 86（Former Article 90）of the EC Treaty［M］. New York：Oxford University Press，1999：431－451；ROSE V，BAILEY D. Bellamy and Child：European Union Law of Competition［M］. 7th ed. Oxford：Oxford University Press，2013：Paras 11.029－11.035；FAULL J，NIKPAY A. The EU Law of Competition［M］. 3rd ed. Oxford University Press，2014：Paras 6.04－6.08. BUENDIA SIERRA J L Enforcement of Article 106（1）TFEU by the European Commission and the EU Courts［M］//LOWE P，MARQUIS M. European Competition Law Annual 2013：Effective and Legitimate Enforcement of Competition Law［M］. Oxford：Hart，2016.

财政收入之垄断性质的企业，只要两部条约包含的规则在法律上或事实上不妨碍这些企业完成指派给它们的特定任务，则这些企业应遵守两部条约包含的规则，尤其是竞争规则。贸易的发展所受的影响不应导致违反联盟利益。

3. 欧盟委员会应保证本条的实施，并且在必要的情况下通过针对成员国的适当的指令或决定。

第106条第1款是对成员国本身的禁止；第106条第2款规定了某些企业在适用竞争规则方面的有限例外；第106条第3款规定欧盟委员会有确保遵守第106条的重要权力。第106条下的判例法是复杂的，仍在发展中。在很长一段时间后，欧洲许多市场自由化的进程中，特别是在电信、能源、邮政和相关服务等公用事业行业，它被证明是一项艰巨的任务。欧洲法院在 *Spain v Commission* 案中说：

与第1款一并解读的第106条第2款力求调和成员国利用某些企业，特别是公共行业的企业作为经济或社会政策工具的利益与（欧盟）确保遵守竞争规则和维护（内部）市场统一的利益。[63]

(A)《欧盟运行条约》第106条第1款

第106条第1款与《欧洲联盟条约》第4条第3款密切相关：每一条都力求确保成员国有效遵守条约。但是，第106条超越了《欧洲联盟条约》第4条第3款，因为它有自己的适用范围，不限于遵守一般法律原则。第106条第1款规定，成员国有义务不颁布或不维持与条约所载规则相抵触的措施，特别是与《欧盟运行条约》第18条和第101~109条规定的规则相抵触的措施。第106条第1款的两个重要特点应从一开始就予以注意。第一点是，第106条第1款是一项“转介”规定或“参考”规则，也就是说，它没有独立地适用，仅与条约的另一条或其他条款一起适用。第二点是，第106条第1款的范围不仅限于违反竞争规则；虽然具体提到了竞争规则（以及第18条中的不歧视规则），但违反例如关于货物自由流动的第34条[64]、关于工人自由流动的第45条[65]、关于建立自由的第49条[66]、关于服务自由流动的第56条和第57条[67]以及关于资本自由流动的第63~66条的措施，都可能导致违反第106条第1款。因此，第106条第1

---

[63] 案例 C-463/00 EU：C：2003：272，第82段。

[64] 参见案例 C-18/88 *RTT* EU：C：1991：474。

[65] 参见案例 C-179/90 *Merci* EU：C：1991：464。

[66] 参见案例 *Greek Insurance* OJ［1985］L 152/25。

[67] 参见案例 C-260/89 *ERT v Dimotiki* EU：C：1991：254。

款不必放在条约关于竞争法的一章中。事实表明，该条约的制定者意识到，成员国可能通过其采取的立法和其他措施扭曲竞争。第106条第1款对竞争规则的重要性在于，在某些情况下，成员国可以对已经或将要由企业实施的侵害行为负责。

（i）企业

第106条第1款适用于对公共企业和成员国给予特别或专有权利的企业的措施。“企业”的概念已在前几章中结合第101条和第102条加以讨论。[68] 应当特别指出，国有机构可以充当企业，但不参与任何经济活动的国家机关不在定义范围之内。[69]

（ii）公共企业

公共企业[70]一词仅出现在《欧盟运行条约》第106条第1款中，但未作界定。成员国对这一表述没有统一的概念，国家干预和控制经济行为有许多不同的形式。为此，总检察长雷代尔指出，这一术语是欧盟法律的一个概念，应给予所有成员国统一的解释。[71] 在《透明度指令》[72] 第2条第1款（b）项中，欧盟委员会说，公共企业是指：

> 公共当局可以直接或间接地对其行使支配性影响的任何企业，原因是其拥有所有权、在其中的财政参与，或管辖它的规则。

在上诉时，欧洲法院维持了该指令的合法性，并批准了这一定义，但没有进一步阐述。[73] 在每种情况下，关键的问题应该是国家是否有这种影响，而不是有关企业的法律形式。

（iii）具有“特别或专有权利”的企业

《欧盟运行条约》第106条第1款适用于公共企业和具有特别或专有权利的企业的措施，有时将后者称为“特权企业”，以区别于公共企业。重要的是，要理解每一个表达式“特别”和“专有”的含义。条约没有对其作出定

---

[68] 参见第3章第100～123页“企业和企业协会”和第5章第227～228页“企业”。

[69] 参见第3章第104～105页“‘不论该实体的法律地位及其融资方式’”。

[70] 有关该概念的详细讨论参见：第6章脚注[62]，第1.113～1.139段。

[71] 案例188/80 etc *France v Commission* EU：C：1982：134。

[72] 欧盟委员会第80/723/EEC号指令，OJ［1980］L 195/35；现在已被欧盟委员会第2006/111/EC号指令，OJ［2006］L 318/17取代。

[73] 案例188/80 etc *France v Commission* EU：C：1982：257，第25段。

义，定义见《透明度指令》第2条（f）项和（g）项。[74] 在 *Ambulanz Glöckner* 案[75]中，总检察长雅各布斯建议，“特别或专有权利”是成员国给予一项或少数几项企业的权利，这些权利对其他企业在同等条件下在同一地理区域开展经济活动的能力产生重大影响。在这种情况下，没有必要单独考虑第106条第1款；然而，许多企业可能在不公开的情况下拥有专有性或特别权利。在 *FIFA v Commission* 案[76]中，国际足联未能说服欧盟普通法院，文化、媒体和体育国务秘书将世界杯足球赛列入一份名单，以便能够在非排他性的基础上播出，从而授予BBC和ITV两家电视台免费独家或特别的权利。国际足联认为，这造成了竞争的扭曲，在这种竞争中，付费电视公司不能通过竞标在独家基础上展示这种非常有价值赛事的权利。法院指出，付费电视公司仍然可以在非排他性的基础上播出。[77] 在 *Ministero dello Sviluppo Economico v SOA Nazionale Costruttori* 案[78]中，欧洲法院认为，在意大利建筑产业提供认证服务的认证组织没有获得特别或专有权利，没有给予任何特定组织以竞争优势，任何符合特定标准的人都有可能进入。

（a）专有权利

以下是被认为享有专有权利机构的例子：

- 保险公司为执行特定的法定任务而设立的公司；[79]
- 农业营销委员会；[80]
- 一个垄断提供招聘服务的实体；[81]
- 一个负责码头工作的企业，被赋予为第三方组织码头工作的专有权利；[82]
- 一个成员国、一个地区当局和八个负责废物管理的工业企业之间的有限合伙关系；[83]

---

[74] 参见第6章脚注[72]。关于电子通信网络市场竞争的欧盟委员会第2002/77/EC号指令第1条第5款和第6款分别定义了“专有权”和“特殊权利”，OJ［2002］L 249/21。

[75] 案例C－475/99 EU：C：2001：284，第89段。

[76] 案例T－68/08 EU：T：2011：44，上诉维持原判案例C－205/11 P *FIFA v Commission* EU：C：2013：478。

[77] 案例T－68/08 EU：T：2011：44，第174～180段。

[78] 案例C－327/12 EU：C：2013：827，第40～43段。

[79] 案例90/76 *Van Ameyde v UCI* EU：C：1977：101。

[80] 案例83/78 *Pigs Marketing Board v Redmond* EU：C：1978：214。

[81] 案例C－41/90 Case C－41/90 *Höfner & Elser v Macrotron GmbH* EU：C：1991：161，第34段。

[82] 案例C－179/90 *Merci* EU：C：1991：464。

[83] 案例C－203/96 *Dusseldorp* EU：C：1998：316，第58段。

• 国有邮局对不构成普遍服务义务一部分的邮政服务实行垄断[84]。

看来，“专有”权利可以授予多家企业：在 *Entreprenørforenmgens Affalds v Københavns Kommune* 案[85]中，欧洲法院认为，授权在哥本哈根接收建筑废物的三家企业获得了专有权利，但法院没有解释为什么这些权利是专有的而不是特别的。[86]

对专有权利的含义，应采取一种实用而非形式主义的方法。权利在实质上可能是排他性的，即使在有关措施中没有被描述为这样的（或垄断）。例如，在 *La Crespelle* 案[87]中，欧洲法院得出结论，因为国家立法在实践中的运作方式，法国的牛人工授精计划涉及专有权利。[88] 此外，专有权利可能来自一系列不同的立法和行政措施，而不仅仅是一项措施。[89]

法院认为，一个机构行使国家赋予它的权力，在市场上占有支配地位，这一事实本身并不足以证明它拥有专有权利。[90] 这与欧盟委员会早期的一项决定是一致的，即一个版权的协会，从国家版权立法中获得好处，如果不妨碍其他这种协会主张同样的利益，则没有专有权利；[91] 然而，欧盟委员会确实得出结论，有关协会在第 102 条的目的上具有支配地位。专有权利和“支配地位”的概念是相互独立的。

（b）特别权利

欧洲法院在 *France v Commission* 案[92]的判决表明，专有权利和特别权利之间存在区别。法院认为，欧盟委员会关于电信设备指令的规定无效，因为这些规定要求成员国从本国电信服务提供商[93]中取消特别权利。法院没有具体说明哪些权利是特别的，以及为什么这些权利不符合条约。欧盟委员会在随后的

---

[84] 案例 C－340/99 *TNT Traco SpA v Poste Italiane SpA* EU：C：2001：28。

[85] 案例 C－209/98 EU：C：2000：279。

[86] 参见总检察长雅各布斯在案例 C－271/90 etc *Spain v Commission* EU：C：1992：226 第 50 段中的分析。

[87] 案例 C－323/93EU：C：1994：368。

[88] 尽管法院没有直接解决这个问题，但总检察长古特曼（Gulmann）在案例 C－323/93 EU：C：1994：185 中表明，当事双方同意存在专有权。

[89] 参见：*Exclusive Rights to Broadcast Television Advertising in Flanders* OJ［1997］L 244/18，第 1 段和第 2 段，上诉维持原判案例 T－266/97 *Vlaamse Televisie Maatschappij NV v Commission* EU：T：1999：144。

[90] 案例 C－387/93 *Banchero* EU：C：1995：439，第 47～53 段。

[91] *GEMA* OJ［1971］L 134/15。

[92] 案例 C－202/88 EU：C：1991：120，第 31～47 段；类似的案例有 C－271/90 etc *Spain v Commission* EU：C：1992：440，第 32 段和第 34 段。

[93] 欧盟委员会第 88/301/EEC 号指令，OJ［1988］L 131/73。

《电信自由化指令》[94] 第1条第4款中指出，在电信行业，特别权利包括：

> 成员国通过任何立法、管制或行政文书，对有限数量的企业授予的权利。这些文书在某一地理区域内限制企业数量在两个或两个以上，而不是根据客观、比例和非歧视性的标准。[95]

这一定义大概可以转移到其他经济行业，除非有包含另一种定义的具体立法。在 *Second Operator of GSM Radiotelephony Services in Italy* 案[96]中，欧盟委员会决定，给予意大利电信的经营全球通无线电电话网络的权利是一项特别权利，因为该运营商是根据客观和非歧视性标准指定的。在 *French savings accouts* 案中，欧盟委员会得出结论认为，向三家银行发放免税储蓄产品的权利是一项特别权利。[97] 在 *MOTOE* 案中，希腊摩托车联合会 ELPA 授权摩托车活动的权力被认为是第106条第1款意义内的一项特别权利。[98]

（iv）“措施”

成员国若违反《欧盟运行条约》第106条第1款，必须采取“措施”。欧盟委员会认为这一表述具有广泛的意义，欧洲法院也赞同这一表述。欧盟委员会早期根据《欧盟运行条约》第34条[99]发出的指示中说，该条中的措施包括“法律、条例、行政规定、行政惯例和公共当局发出的所有文书，包括建议”；没有理由认为该用语在第106条第1款中应有不同的含义。在第34条下的另一起案件——*Commission v Ireland* 案[100]中，欧洲法院认为，一项措施不一定具有法律约束力，条件是它可能能够施加影响，并使联盟的目标落空。[101] 这项措施不必由中央政府或国民议会通过，任何体现国家机构的措施都可以属于《欧盟运行条约》第106条第1款的范围，例如在 *Corinne Bodson v Pompes Funèbres* 案[102]中的地方社区。

---

[94] 欧盟委员会第2008/63/EC号指令，OJ［2008］L 162/20。有关讨论参见总检察长雅各布斯在案例C－475/99 *Ambulanz Glöckner v Landkreis Südwestpfalz* EU：C：2001：284，第83～89段的讨论。

[95] 参见第6章脚注[72]，欧盟委员会《透明度指令》第2条（g）项。

[96] OJ［1995］L 280/49，第6段；*Second Operator of GSM Radio Telephony Services in Spain* OJ［1997］L 76/19，第10段。

[97] 欧盟委员会于2007年5月10日作出的决定。

[98] 案例C－49/07 *Motosykletistiki Omospondia Ellados NPID*（*MOTOE*）*v Elliniko Dimosio* EU：C：2008：376，第43段。

[99] 欧盟委员会第70/50/EEC号指令基于第33条第7款有关废止措施的规定，该措施的效果等同于对进口的数量限制，而其他措施未涵盖根据 EEC JO［1970］L 13/29 通过的规定。

[100] 案例249/81 EU：C：1982：402，案例 *Buy Irish*。

[101] 同上，第28段。

[102] 案例30/87 EU：C：1988：225。

显然，“措施”一词在第106条第1款下具有广泛的含义。例如：

• 给予第二个流动牌照，但须缴付相当大的牌照费，而该等费用并未向现任运营商征收，属于一项措施。[103]

• 拒绝允许渡船公司进入国营港口是一项措施。[104]

• 不同机场的阶梯着陆费折扣制度是一项措施。[105]

在上述每一种情况下，成员国都采取了具体措施，影响到公共企业或给予特别或专有权利的企业的行为。在某些情况下，公共当局与执行某一特定任务的专有权利的企业签订协议，例如提供丧葬服务。[106] 这里的问题是，这是否相当于一项授予专有权利的措施，限制竞争的企业之间的协议，可以适用第106条第1款，还是适用第101条第1款。在*Bodson*案中，欧洲法院认为，如果地方当局根据其公法权力行事，则第101条第1款将不适用，因为它将不作为一家企业行事。[107]

（v）成员国根据第106条第1款承担的义务

《欧盟运行条约》第106条第1款要求成员国不颁布或不维持任何违反条约的措施，特别是违反《欧盟运行条约》第18条、第101条或第102条的措施。第106条第1款与第101条和第102条的关系复杂。第101条和第102条涉及企业，但第106条涉及成员国，如《欧洲联盟条约》第4条第3款[108]下的概念问题是确定这些条款如何和在何种情况下能够导致成员国违反条约。多年来，这一问题几乎没有得到解决。然而，由于1991年发生了一系列引人注目的案件，欧洲法院就第106条第1款与其他条约条款，特别是第102条之间的关系作出了四项判决，使得这一立场开始发生变化。*Corbeau*案的另一项具有里程碑意义的判决是1993年作出的。[109]

---

[103] *Second Operator of GSM Radiotelephony in Italy* OJ［1995］L 280/49；*Second Operator of GSM Radiotelephony in Spain* OJ［1997］L 76/19。

[104] *Port of Rødby* OJ［1994］L 55/52。

[105] *Brussels National Airport*（*Zaventem*）OJ［1995］L 216/8；*Portuguese Airports* OJ［1999］L 69/31，上诉维持原判案例C－163/99 *Portugal v Commission* EU：C：2001：189；*Spanish Airports* OJ［2000］L 208/36。

[106] 案例30/87 *Corinne Bodson v Pompes Funèbres* EU：C：1988：225。

[107] 参见第3章第107～108页“与行使公共权力有关的活动不属于经济活动”。

[108] 参见本章第272～280页“《欧洲联盟条约》第4条第3款——诚信合作的义务”。

[109] 案例C－320/91 EU：C：1993：198。

（vi）1991年的判决

（a）*Höfner & Elser v Macrotron* 案

1991年4月，欧洲法院在 *Höfner & Elser v Macrotron GmbH* 案[110]中表示，赋予公共就业机构专有权利的成员国可能违反《欧盟运行条约》第106条第1款，因为该机构行使其权利必然会违反《欧盟运行条约》第102条。在德国，联邦就业办公室（Federal Employment Office，FEO）作为就业市场的中介机构具有法律垄断地位，但在实践中，它无法满足需求，也无法容忍"猎头"，严格地说，这些机构是非法行事的。一个机构因成功地代表客户招聘而要求支付其费用，但被告方认为，由于该机构的行为是非法的，因此无法执行合同。因此，德国违反欧盟法律的指控被作为两个私营企业之间合同诉讼的辩护理由提出。此事已提交欧洲法院。法院认为，德国给予自由经济组织法律垄断的事实本身并不意味着违反《欧盟运行条约》第102条和106条第1款。[111] 然而，如果仅仅行使其权利就会有违法行为，必然会导致第102条规定的滥用。显然，当企业不能满足需求，例如，该案中联邦就业办公室的情况，而法律垄断阻止竞争者试图满足这种需求，就可能出现这种情况。[112]

（b）*ERT v Dimotiki* 案

1991年6月，欧洲法院在 *ERT v Dimotiki* 案[113]中审议了希腊电视和广播电台垄断广播是否符合条约的问题。法院认为，垄断的存在本身并不违反条约，问题在于可以以何种方式行使。[114]特别是在《欧盟运行条约》第102条方面，欧洲法院认为，如果一个成员国授予了电视广播的独家传播权，然后又给予同一企业转播权，那么，由于这种情况有利于本国广播的歧视性政策，电视广播企业违反第102条就会违反《欧盟运行条约》第106条第1款。与 *Höfner* 案不同的是，似乎没有任何国家规则要求ERT实行歧视性的广播政策；赋予ERT的专有权利足以使它处于可能实行歧视的地位。

（c）*Merci Convenzionali Porto di Genova v Siderurgica Gabrielli* 案

1991年12月，欧洲法院对 *Merci Convenzionali Porto di Genova v Siderurgica Gabrielli* 案作出判决。[115] Merci是一家私营企业，它在处理热那亚港的装载作业方面享有专有特许权。由于Merci的罢工，Siderurgica无法卸下从德国进口的

---

[110] 案例C-41/90 EU：C：1991：161。
[111] 同上，第29段。
[112] 同上，第30~31段。
[113] 案例C-260/89 EU：C：1991：254。
[114] 同上，第12和32段。
[115] 案例C-179/90 EU：C：1991：464；参见：Gyselen（1992）29 CML Rev 1229。

货物，Siderurgica要求赔偿。法院指出，通过授予专有权利而确立支配地位的简单事实并不违反《欧盟运行条约》第106条第1款。[116] 然而，法院重复了*Höfner*案和*ERT*案中的观点，即如果有关企业仅仅通过行使授予它的专有权利而不能避免滥用其主导地位（*Höfner*案），或者这种权利可能造成该企业被诱使犯下这种侵害行为（*ERT*案）的情况，则成员国可能会侵权。[117] 在该案中，法院注意到，Merci似乎诱使要求对未被要求的服务付款，收取过高的价格，拒绝使用现代技术，并以歧视性方式对待客户：《欧盟运行条约》第102条第2款（a）项、（b）项和（c）项中具体提到的可能滥用的事项。[118]

（d）*RTT v GB－Inno－BM*案

1991年12月，欧洲法院在*Merci*案判决三天后，对*RTT v GB－Inno－BM*案作出了进一步判决。[119] RTT在比利时拥有电话服务运营权和电话等电信终端设备的批准权，它本身也是电话供应商。GB－Inno在比利时销售从远东进口的电话。RTT要求禁止此类销售，因为这鼓励人们使用尚未获得比利时法律批准的设备。法院提到了先前的判例法，即在某一特定市场中占有支配地位的企业可能为自己保留某一辅助活动，该活动可能作为在邻近但独立市场上活动的一部分而由另一企业进行，但有可能消除占有支配地位的企业的所有竞争，此时即发生了滥用。[120] 法院接着说，如果一项国家措施导致对这样一项辅助活动的保留，则该措施违反了《欧盟运行条约》第106条第1款。[121] RTT争辩说，只有在成员国赞成滥用的情况下才会违反《欧盟运行条约》第106条第1款，例如以歧视性方式行事。[122] 但法院驳回了这一请求，称延长RTT的垄断权本身就是违反第106条第1款的国家措施。[123] 建立一个监管体系，使RTT有权随意决定哪些电话设备可以连接到公共电话网络，从而使自己比竞争者拥有更明显优势，是非法的。[124]

---

[116] 案例C－179/90 EU：C：1991：464，第16段。

[117] 同上，第17段。

[118] 同上，第18和19段。

[119] 案例C－18/88 EU：C：1991：474；参见：Gyselen，本章脚注[115]。

[120] 同上，第18段，参见：案例311/84 *CBEM* EU：C：1985：394，案例*Télémarketing*判决书。

[121] 案例C－18/88 EU：C：1991：474，第21段。

[122] 同上，第22段。

[123] 同上，第23段。

[124] 法院在作出这一决定时依据的是1991年的另一项判决，即*Telecommunications Directive*案，第6章脚注[92]，第51段。

(vii) *Corbeau* 案判决

1993 年，*Corbeau* 案作出了另一项具有重大意义的判决。[125] 对来自比利时列日的商人 Corbeau 提出了刑事诉讼，罪名是侵犯比利时邮政服务的法律垄断权。Corbeau 在列日地区经营送货上门的快递服务，它没有每天送货上门。欧洲法院在提及《欧盟运行条约》第 106 条第 1 款中关于不颁布或不维持违反竞争规则的有效措施的要求后，[126] 根据第 106 条第 2 款，考虑了给予比利时邮局的垄断范围是否大于能够执行赋予其的一般经济利益任务所必需的范围。[127] 该判决对第 105 条第 1 款的重要意义在于，法院实际上裁定给予比利时邮局垄断的范围，在根据《欧盟运行条约》第 106 条第 2 款无法正当化的情况下，是非法的。换言之，尽管法院多次声明，确立支配地位本身并不违反条约，但法院本身也在质疑该权利。

(viii) 参照第 102 条的判例法并结合第 106 条第 1 款

理解这些案件以及欧洲法院随后的判决[128]的困难在于，如何确定成员国根据《欧盟运行条约》第 106 条第 1 款违法和根据《欧盟运行条约》第 102 条承担责任的情况。可以提三点。第一，正如总检察长雅各布斯在 *Albany* 案第 388 段中所解释的那样，[129] 一个成员国不能仅仅因为一家企业的独立反竞争行为在其管辖范围内发生而对其负责。只有在成员国的立法或行政干预与企业的反竞争行为之间存在因果关系的情况下，才算违反第 106 条第 1 款。第二，仅仅通过授予专有权利来建立支配地位并不违反第 106 条第 1 款；欧洲法院在许

---

[125] 案例 C－320/91 EU：C：1993：198；参见：Hancher（1994）31 CML Rev 105。

[126] 案例 C－320/91 EU：C：1993：198，第 12 段。

[127] 有关第 106 条第 2 款和 *Corbeau* 案的讨论，参见第 3 章第 177 页“第 106 条第 2 款”。

[128] 对于第 102 条与第 106 条第 1 款之间的关系，后来有很多案例：案例 C－393/92 *Almelo* EU：C：1994：171；案例 C－18/93 *Corsica Ferries Italia srl v Corpo del Piloti del Porto de Genoa* EU：C：1994：195；案例 C－323/93 *Centre d'Insémination de la Crespelle v Coopérative de la Mayenne* EU：C：1994：368；案例 C－111/94 *Job Centre*（*I*）EU：C：1995：340；案例 C－242/95 *GT－Link A/S v De Danske Statsbaner* EU：C：1997：376；案例 C－387/93 *Banchero* EU：C：1995：439；案例 C－55/96 *Job Centre*（*II*）EU：C：1997：603；案例 C－70/95 *Sodemare v Regione Lombardia* EU：C：1997：301；案例 C－163/96 *Silvano Raso* EU：C：1998：54；案例 C－266/96 *Corsica Perries Prance SA v Gruppo Antichi Ormeggiatori del Porto di Genova* EU：C：1998：306；案例 C－203/96 *Dusseldorp* EU：C：1998：316；案例 C－67/96 etc *Albany International BV v SBT* EU：C：1999：430；案例 C－147/97 etc *Deutsche Post AG v GZS* EU：C：2000：74；案例 C－258/98 *Giovanni Carra* EU：C2000：301；案例 C－209/98 *Entrenφrforeningens Affalds/Miijφsektion v Kφbenhavns Kommune* EU：C：2000：279；CALSTER V. Exclusive Rights Ruling No Safe Harbour for Export Restrictions［J］CML，2001，26：502；案例 C－340/99 *TNT Traco SpA v Poste Italiane SpA* EU：C：2001：28；案例 C－475/99 *Ambulanz Glöckner v Landkreis Südwestpfalz* EU：C：2001：577；案例 C－49/07 *Motosykletistiki Omospondia Ellados NPID*（*MOTOE*）*v Elliniko Dimosio* EU：C：2008：376。

[129] 案例 C－67/96 etc *Albany International BV v SBT* EU：C：1999：28。

多场合都强调了这一点。[130] *Crespelle* 案[131]的判决就是一个例子，法院在判决中得出结论认为，法国立法赋予人工授精中心以法律垄断权，以便向养牛者提供某些服务，但这并没有导致法国需要对滥用行为负责。第三，违反第106条第1款并不要求发生滥用支配地位的情况：只要存在滥用的风险就足够了。[132]

虽然这三点很有帮助，但没有说明成员国因违反《欧盟运行条约》第102条而被认定违反《欧盟运行条约》第106条第1款的情况。此外，反复声明仅仅创造（或加强）支配地位本身并不侵犯第106条第1款，并未解释清楚 *ERT* 案、*RTT* 案和 *Corbeau* 案的判决。这些判决实际上似乎得出结论，是有关的垄断权导致违反条约。欧洲法院关于第106条第1款规定的措施与第102条规定的滥用之间的必要因果关系的判决既不明确，也不一致：在 *Höfner* 案中，法院认为，一项措施如果导致"不可避免"的滥用，将是非法的；在 *ERT* 案中，是"如果导致违法"；在 *Banchero* 案[133]中，法院则认为，只有在成员国造成有关企业"无法避免滥用其支配地位"[134]的情况下，才会发生侵害行为。在 *Dusseldorp* 案[135]中法院的防范程度要低得多：成员国如果通过任何法律、条例或行政规定，使其赋予的企业有权滥用其主导地位，则违反第106条第1款和第102条。[136] 在 *Commission v DEI* 案[137]中，欧盟普通法院要更进一步。希腊一项广泛的褐煤开采权授予电力发电机企业DEI，褐煤是希腊可用于这种发电的主要天然燃料来源。欧盟委员会认为这违反了第106条第1款和第102条。在上诉中，欧盟普通法院撤销了欧盟委员会的决定，因为它认为，该措施本身并不导致滥用。[138] 但是欧盟委员会向欧洲法院提出的上诉成功了[139]：法院指出，只有在各经济经营者之间机会确保平等的情况下，才能保证按照条约的要求进行不

---

[130] 法院曾说过的特殊段落是在较早时针对 *Höfner* 案、*ERT* 案和 *Merci* 案的判决：参见本章第287~288页的"1991年的判决"。

[131] 案例C-323/93 *Centre d'Insémination de la Crespelle v Coopérative de la Mayenne* EU：C：1994：368；另见：案例C-180/98 etc *Pavel Pavlov v Stichting Pensioenfonds Medische Specialisten* EU：C：2000：428，第127段。

[132] 案例C-553/12 P *Commission v Dimosia Epicheirisi Ilektrismou AE*（*DEI*）EU：C：2014：2083，第41段和第42段及引用的判例。

[133] 案例C-387/93 EU：C：1995：439。

[134] 同上，第51段。

[135] 案例C-203/96 EU：C：1998：316。

[136] 同上，第61段，引用 *RTT* 案的判决（本章脚注[119]）。

[137] 案例C-553/12 P EU：C：2014：2083。

[138] 案例T-169/08 *DEI v Commission* EU：T：2012：448。

[139] 欧盟普通法院维持了欧盟委员会的决定：案例T-169/08 *RENV DEI v Commission* EU：T：2016：733。

扭曲的竞争。[140] 它接着说：

> 如果经济经营者之间的机会不平等，从而扭曲竞争，是国家措施的结果，这种措施构成违反与第 102 条一并解读的第 106 条第 1 款。[141]

因此，《欧盟运行条约》第 102 条对构成滥用行为的适用与《欧盟运行条约》第 106 条第 1 款对一项给予优惠权利的国家措施的适用之间存在差异，该措施造成机会不平等，并使占支配地位的企业仅通过行使这些权利而扭曲竞争。[142]

一些必要因果联系的提法在成员国被认定负有责任之前规定了相当高的门槛；另一些提法，如 *DEL* 案中的提法，则表明门槛较低。似乎很清楚的是，在某些情况下，因果关系必须比其他情况更强，这取决于滥用行为在所涉措施下的可能性。

许多人试图对案件进行解释，特别是通过确定具体类别；[143] 这是对判例法的自然反应，但值得注意的是，不同的评论者设计了不同的类别，或对案件进行了严格的分配。这并不令人惊讶：案件可以用不同的方式解释，有时是重叠的方式，判例仍然在发展。正如芬内利总检察长在 *Silvano Raso* 案的意见中所说[144]：

> 我不认为可以阐明任何一般性的检验，以预先确定是否存在这种（因果）联系。相反，在每一种情况下，都有必要评估受到质疑的国家规则对其运作的经济和实际情况的影响。[145]

---

[140] 案例 C－553/12 P *Commission v DEI* EU：C：2014：2083，第 43 段。

[141] 同上，第 44 段。

[142] 参见总检察长在案例 C－553/12 P *Commission v DEI* EU：C：2013：807 的观点，第 35～65 段，特别是第 58 段。

[143] 参见例如：BUENDIA SIERRA J L. Exclusive Rights and State Monopolies under EC Law：Article 86 (Former Article 90) of the EC Treaty [M]. Oxford：Oxford University Press，1999：paras 5. 68－5. 109；另见：BUENDIA SIERRA J L. Enforcement of Article 106 (1) TFEU by the European Commission and the EU Courts [M] //LOWE P，MARQUIS M. European Competition Law Annual 2013：Effective and Legitimate Enforcement of Competition Law. 3rd ed. Oxford：Oxford University Press，2014：paras 5. 54－5. 92；EDWARD D，HOSKINS M. Article 90：Deregulation and EC Law：Reflections Arising from the XVI FIDE Conference [J]. Common Market Law Review，1995，32：157；总检察长雅各布斯在 *Albany* 案（脚注 129）中的观点，第 396～440 段；RITTER L，BRAUN W D，RAWLINSON J F. European Competition Law：A Practitioner's Guide [M]. 3rd ed. London：Kluwer Law International，2005：764－767；总检察长芬内利在案例 C－163/96 *Silvano Raso* EU：C：1997：477 中的观点，第 57 ～66 段。

[144] 案例 C－163/96 EU：C：1997：477。

[145] 同上，第 65 段。

下文试图对案例进行分类，但在阅读时必须注意，这只是试图理解欧洲法院判例和欧盟委员会裁决实践的一种方式。

（a）显然无法满足需求

在 *Höfner & Elser v Macrotron GmbH* 案[146]中，欧洲法院认为，如果德国制造了一种情况，即 FEO 显然不能满足招聘服务的需求，其法律垄断使竞争者无法满足这一需求，就会违反《欧盟运行条约》第 106 条第 1 款。无法满足需求的想法可以追溯到《欧盟运行条约》第 102 条第 2 款（b）项，该条以“限制生产、市场或技术发展以损害消费者”为例。关于与 *Höfner* 案类似的事实，在 *Job Centre*（*II*）案[147]中，法院的结论是，意大利通过刑事诉讼强制执行就业采购垄断是违反第 106 条第 1 款的措施。在 *Albany* 案[148]中法院似乎认为，给予行业养恤金基金经营者的专有权利相当于对需求的限制，[149] 尽管法院最终决定，根据第 106 条第 2 款[150]这是合理的。在 *Merci* 案[151]中的判决可以部分解释，其依据是委托的企业拒绝诉诸现代技术，导致无法满足客户的需求。在 *Dusseldorp* 案[152]中，要求回收废物只能提供给委托的企业，不能出口到第三家企业，被认为是为了限制出口，违反了第 106 条第 1 款和第 102 条。[153] 然而，在 *Ambulanz Glöckner v Landkreis Südwestpfalz* 案[154]中总检察长雅各布斯建议，根据第 106 条第 1 款，只有在满足需求的系统失灵的情况下，而不是仅仅由于管理效率低下而失败的情况下[155]，成员国才有责任。欧盟委员会关于信使服务[156]、移动电话运营商许可证[157]和 *Slovakian postal legislation relating to hybid mail services*

---

[146] 案例 C－41/90 EU：C：1991：161。

[147] 案例 C－55/96 EU：C：1997：603；另见案例 C－258/98 *Giovanni Carra* EU：C：2000：301。

[148] 案例 C－67196 etc EU：C：1999：430。

[149] 同上，第 97 段。

[150] 参见本章第 297～304 页“《欧盟运行条约》第 106 条第 2 款”。

[151] 案例 C－179/90 EU：C：1991：464。

[152] 案例 C－203/96 EU：C：1998：316。

[153] 同上，第 63 段。

[154] 案例 C－475/99 EU：C：2001：284。

[155] 同上，第 148 段；法院在案例 C－475/99 EU：C：2001：577 中并未明确处理这一点，尽管其在第 62～65 段的评论语气似乎与总检察长的观点一致。

[156] 参见：*Dutch Express Delivery Services* OJ［1990］L 10/47，被驳回的案例 C－48/90 etc *Netherlands and Koninklijke PTT Nederland v Commission* EU：C：1992：63；*Spanish International Courier Services* OJ［1990］L 233/19，第 11 段。

[157] 参见：*Second Operator of GSM Radiotelephony Services in Italy* OJ［1995］L 280/49，第 17（ⅱ）段；*Second Operator of GSM Radiotelephony Services in Spain* OJ［1997］L 76/19，第 21（ⅱ）段。

案[158]的决定部分列入这一类案件。[159]

(b) 利益冲突

在 *ERT v Dimotiki* 案[160]中，欧洲法院认为，如果希腊造成了一种情况，即有利于本国广播的歧视性政策，将导致 ERT 广播公司违反《欧盟运行条约》第102条。该案的一个显著特点是，ERT 广播公司没有必要以所建议的方式滥用其支配地位：授予专有权使这一措施很有可能违反第106条第1款。法院似乎认为，由于 ERT 广播公司的利益冲突，处于 ERT 广播公司地位的企业必然会滥用职权。在 *RTT v GB – Inno – BM* 案[161]中也可能存在同样的想法，因为 RTT 广播公司的监管职能不可避免地引起利益冲突，尽管法院特别依赖将垄断权扩展到邻近市场。[162] 在 *Silvano Raso* 案[163]中，码头工作计划授予了一家企业向特许经营商提供临时劳工的专有权利，但也使该企业能够在市场上与特许经营商们竞争提供码头服务。法院解释说，这一计划造成了利益冲突，对竞争过程构成威胁：仅仅通过行使其垄断权，受委托的企业就能够扭曲竞争，例如向竞争者强加过高的成本，或向它们提供不太适合所要做工作的劳动力。[164] 利益冲突案件的另一个例子是 *MOTOE* 案[165]，希腊公路交通法的一项规定违反了《欧盟运行条约》第102条和第106条第1款，赋予了在希腊组织摩托车活动的机构 ELPA 独家和不受限制地授权竞争摩托车活动的权力，从而使 ELPA 比其竞争者具有明显的优势。如果存在对明显冲突的企业所作决定进行司法审查的规定，法院就不太可能认定违反了第106条第1款。[166]

(c) 保留辅助活动

在 *RTT v GB – Inno – BM* 案[167]中，欧洲法院认为，导致 RTT 垄断扩大到邻近但独立市场上的辅助活动的措施违反了《欧盟运行条约》第106条第1款。如上段所述，法院本可在利益冲突的基础上得出同样的结论，但根据其早先在

---

[158] 2008年10月7日的决定；上诉案例 T – 556/08 *Slovenská pošta a. s. v Commission* EU：T：2015：139（第149~155段）和进一步上诉至欧洲法院的案例 C – 293/15 P EU：C：2016：511 均维持原判。

[159] 相同的决定也可以包括在“保留辅助活动”类别中：参见本章后半部分。

[160] 案例 C – 260/89 EU：C：1991：254。

[161] 案例 C – 18/88 EU：C：1991：474，第26段。

[162] 参见本章第293~294页“保留辅助活动”。

[163] 案例 C – 163/96 EU：C：1998：54；欧盟委员会在《关于就业的马耳他港口法》OJ［1997］L 301/17号规则中谴责了同一码头工作法的各个方面；它注意到该立法在其决定的第30（b）和（c）段中产生了利益冲突，称其为“固有的滥用”。

[164] 案例 C – 163/96 EU：C：1998：54，第28~31段。

[165] 案例 C – 49/07 EU：C：2008：376。

[166] 案例 C – 67/96 *Albany International BV v SBT* EU：C：1999：430，第116~121段。

[167] 案例 C – 18/88 EU：C：1991：474。

Télémarketing 案[168]中的判决作出了具体裁决。在 *Ambulanz Glöckner v Landkreis Südwestpfalz* 案[169]中，欧洲法院认为，德国 Länder 通过的一项关于提供救护车服务的法律违反了《欧盟运行条约》第106条第1款，因为拥有提供紧急救护车服务的专有权利的医疗援助组织也能够提供非紧急病人运输服务，而这些服务本来可以由独立的经营者提供。[170] 欧盟委员会认为，*Dutch Expres Delivery Services* 案[171]和 *Spanish International Courier Services* 案[172]在这方面存在滥用的情况。在意大利 *Second Operator of GSM radiotelephiny Service* 案[173]和西班牙 *Second Operator of GSM radiotelephiny Service* 案[174]中，欧盟委员会决定，在要求 *Second Operator of GSM radiotelephiny Service* 为现有电信企业未支付的移动电话许可证支付大笔款项时，国家采取了能够扩大后者垄断权的措施。欧洲法院关于 *Connect Austria Gesellschaft für Telekommunikations GmbH v Telekom - Control - Kommission* 案[175]的判决，得出了同样的结论。欧盟委员会还认为，在 *Rødby* 案[176]中，有一种滥用职权的行为，即港口经营人 DSD 拒绝允许 Euro - Port A/S 进入 Rødby 港，消除了从 Rødby 到 Puttgarden 的轮渡服务下游市场的竞争，在这一市场上，它与德意志银行共同占主导地位。同样，欧盟委员会反对意大利[177]和斯洛伐克[178]分别将现有邮政运营商的法定垄断权扩大到提供混合邮件服务，而这种服务以前是开放竞争的。在 *Commission v DEI* 案[179]中，总检察长瓦泰莱提到这些案例是一种扩大支配地位的理论的例子，他的意思是国家措施使一个市场的支配地位扩大到一个相关市场，并产生类似于滥用支配地位所产生的效果。

---

[168] 案例311/84 EU：C：1985：394；另见案例 C－271/90 etc *Spain v Commission* EU：C：1992：440，第36段。

[169] 案例 C－475/99 EU：C：2001：577。

[170] 同上，第43段。

[171] OJ［1990］L 10/47，上诉被驳回的案例 C－48/90 etc *Netherlands and Koninklijke PTT Nederland v Commission* EU：C：1992：63。

[172] OJ［1990］L 233/19，第10段。

[173] OJ［1995］L 280/49，第17（ i ）段。

[174] OJ［1997］L 76/19，第21（ i ）段。

[175] 案例 C－462/99 EU：C：2003：297。

[176] OJ［1994］L 55/52。

[177] *New Postal Services in Italy* OJ［2001］L 63/59。

[178] *Slovakian postal legislation relating to hybrid mail services*，欧盟委员会于2008年10月7日作出的决定，第116～148段，上诉判决案例 T－556/08 *Slovenska posta a. s. v Commission* EU：T：2015：189和进一步上诉至欧洲法院的案例 C－293/15 P EU：C：2016：511均维持原判。

[179] 案例 C－553/12 P EU：C：2013：807，第42段；对案件进行了有益的讨论：同上，第35～65段。

(d) *Corbeau* 案

在*Corbeau*案[180]中，欧洲法院没有详细讨论《欧盟运行条约》第106条第1款，而是考虑了根据第106条第2款可以在多大程度上证明比利时邮局的邮政垄断是合理的。[181] 然而，根据第106条第1款，该案的利益在于，如果根据第106条第2款垄断是不合理的，欧洲法院似乎认为这将构成违反第106条第1款的措施。这可以被看作垄断权非法延伸到辅助活动的一个例子，正如刚才讨论的情况一样。然而，从更根本的角度看，这一案件似乎表明，有可能消除过于广泛的垄断。例如，在*RTT*案中，该企业能够利用其垄断权将其活动扩展到邻近的市场；在*Corbeau*案中，法院似乎只是认为比利时邮政的垄断本身过于广泛。如果这是对*Corbean*案的正确解释，那么判决是非常激进的，而且似乎超出了经常重复的关于授予专有权利本身并不非法的主张。自从*Corbeau*案以来，邮政行业通过了一项具体指令，确定邮政行业“保留区”（垄断）的允许范围。[182] 至于判决本身，这可能是根据第106条第1款进行干预的“高潮”，此后，欧洲法院采取了更谨慎的做法，如*Crespelle*案[183]，还有*Banchero*案[184]所暗示的那样[185]。

(e) 歧　视

在*Merci*案[186]中，欧洲法院提到对客户的歧视性待遇是成员国根据《欧盟运行条约》第106条第1款须对之负责的一种滥用。在*GT - Link A/S v De Danske Statsbaner*案[187]中，法院指出，如果拥有和经营商业港口的公共企业放弃其自己的渡轮服务及其一些贸易伙伴的港口关税，同时向其他客户征收全部关税，则可能违反第102条第2款（c）项。该款提到对同等交易适用不同的条件，使其他交易方处于竞争劣势。[188] 这需要适当透明的会计账本，以表明情况

---

[180] 案例C-320/91 EU：C：1993：198。

[181] 参见本章第302~303页“根据第106条第2款提出的成功索赔”。

[182] 参见第23章第1224~1227页“立法”。

[183] 案例C-323/93 *Centre d'Insémination de la Crespelle v Coopérative de la Mayenne* EU：C：1994：368。

[184] 案例C-387/93 EU：C：1995：439。

[185] 参见：BUENDIA SIERRA J L. Exclusive Rights and State Monopolies under EU Law：Article 86 (Former Article 90) of the EC Treaty [M]. Oxford：Oxford University Press，1999：paras 5.110-5.128.

[186] 案例C-179/90 EU：C：1991：464。

[187] 案例C-242/95 EU：C：1997：376。

[188] 同上，第41段；关于第102条第2款（c）项，参见第18章第941~948页“价格歧视”。

并非如此。[189] 在一系列关于使用机场[190]和港口[191]的收费决定中，欧盟委员会明确谴责违反《欧盟运行条约》第102条第2款（c）项的价格歧视，并认定有关成员国采取了违反第106条第1款的措施。在这种情况下，根据所谓的“基本设施原则”，使机场或港口自然垄断[192]可能是必要的，[193] 但需要这些基础设施的所有者在不歧视的条件下准许第三方进入。[194]

(f) 定价过高

在 *OSA* 案[195]中，欧洲法院认为，立法可能违反《欧盟运行条约》第102条和第106条第1款，因为授予版权集体管理协会的垄断权使其能够对其服务收取过高的费用。

(ix) 补救办法和直接效果

《欧盟运行条约》第106条第1款与欧盟法律中另一项直接适用的规定一起适用时具有直接效力，其结果是，个人可向国家法院对侵犯该条的成员国提起诉讼。[196] 此外，第106条第1款的直接效力意味着，与 *Höfner* 案[197]的情况相同，一家企业可以在国家法院对另一家企业提起诉讼。一个令人感兴趣的问题是，个人或第三方是否可以对违反第106条第1款的成员国提起损害赔偿诉讼。在1996年的 *Factortame* 案[198]之后，欧洲法院在该诉讼中裁定，在某些情况下，成员国可能必须赔偿因违反欧盟法律而遭受损失或损害的个人，这至少是可以论证的。

---

[189] 案例 C－242/95 EU：C：1997：376，第42段。

[190] 参见：*Brussels National Airport*（*Zaventem*）OJ［1995］L 216/8，第12～18段；*Portuguese Airport* OJ［1999］L 69/31，第24～40段；*Spanish Airport* OJ［2000］L 208/36，第45～56段。

[191] 参见 *Tariffs for piloting in the Port of Genoa* OJ［1997］L 301/27，第11～21段。

[192] 有关自然垄断的含义的讨论，参见第1章第12～13页“规模经济和自然垄断”。

[193] 参见第17章第865～881页“拒绝供应”。

[194] 参见：*Port of Rodby* OJ［1994］L 55/52，欧盟委员会认为，拒绝准许进入港口是港口经营者所享有的非法延伸的垄断权：参见本章第293～294页“保留辅助活动”。

[195] 案例 C－351/12 *OSA v Lé čebné lázně Mariánské Lázně a. s.* EU：C：2014：110，第89段。

[196] 参见：案例 155/73 *Sacchi* EU：C：1974：40，第18段；案例 C－179/90 *Merci Convenzionale Porto di Genova SpA v Siderurgica Gabrielli SpA* EU：C：1991：464，第23段；案例 C－258/98 *Giovanni Carra* EU：C：2000：301，第11段。

[197] 参见本章脚注[110]。

[198] 案例 C－46/93 etc *Brasserie du Pêcheur SA and Factortame* EU：C：1996：79，第31和第51段。

(B)《欧盟运行条约》第106条第2款

第106条第2款是一项措辞有些笨拙的规定。[199] 它分为三个部分：第一部分指出，受托经营具有一般经济利益或具有创收垄断性质服务的企业应遵守条约的规则，特别是竞争规则。然而，第二部分指出，对规则的这种服从只“在适用这些规则不妨碍在法律上或事实上履行分配给它们的特定任务的情况下’才适用，对第106条第2款的一个有用的看法是，它是否提供了一种方法来证明本来构成违反竞争规则的行为是正当的。[200] 由于第106条第2款的确与第101条和第102条不适用，因此必须严格解释。[201] 第106条第2款要求对竞争的任何限制应符合相称性原则。[202] 举证责任在于寻求依赖这项规定的企业。[203] 然而，根据第106条第2款，没有必要表明一家企业如果要遵守竞争规则，其生存就会受到威胁；[204] 也没有必要证明没有其他可以设想的措施可以确保有关任务能够完成。[205] 第106条第2款第三部分补充说，贸易发展不应影响到欧盟利益；欧盟委员会有责任证明这一点。[206]

第106条第2款的效果是，有些企业可以成功地声称，《欧盟运行条约》第101条和第102条不适用是因为将妨碍它们执行成员国指派给它们的任务；然而，一个成员国在这方面的利益必须与欧盟在确保自由竞争和内部市场方面的利益相平衡。邮政服务提供了可适用第106条第2款的一个很好的例子：所有成员国都必须确保用户享有普遍服务的权利，包括在其领土所有地点以所有用户负担得起的价格永久提供特定质量的邮政服务。[207] 邮政经营者向全国各地

---

[199] SIERRA B J L. Exclusive Rights and State Monopolies under EC Law: Article 86 (Former Article 90) of the EC Treaty [M]. Oxford: Oxford University Press, 1999: paras 6. 136 – 138. 324; BUENDIA SIERRA J L. Enforcement of Article 106(1) TFEU by the European Commission and the EU Courts [M] //LOWE P, MARQUIS M. European Competition Law Annual 2013: Effective and Legitimate Enforcement of Competition Law. 3rd ed, Oxford: Oxford University Press, 2014: paras 6. 136 – 6. 227; BURKE J. A Critical Account of Article 106 (2) TFEU [M]. Oxford: Hart Publishing, 2018.

[200] 参见案例 C – 475/99 *Ambulanz Glöckner v Landkreis Südwestpfalz* EU: C: 2001: 577。

[201] 参见案例 C – 157/94 etc *Commission v Netherlands* EU: C: 1997: 499，第37段；另见案例 *REIMS II* OJ [1999] L 275/17，第92段。

[202] 参见：*Buendia Sierra*（本章脚注62），第8. 115 ~ 8. 261段；Buendia Sierra in *Faull and Nikpay*（本章脚注143），第6. 168 ~ 6. 215段。

[203] 参见案例 C – 157/94 *etc Commission v Netherlands* EU: C: 1997: 499，第51段。

[204] 同上，第43段。

[205] 同上，第58段。

[206] 参见本章第303页“贸易的不利发展”。

[207] 参见：经第2008/6/EC号（OJ [2008] L 52/3）修订后的第97/67号指令（OJ [1998] L 15/14）第3条。

寄信将收取相同的价格。实际上，这意味着城市地区的居民对生活在农村地区的人的邮政服务提供补贴：从巴黎的一个地方到另一个地方寄一封信比从法国的西南部到东北部便宜。因此，从某种意义上说，统一关税是歧视性的。根据第102条，这种关税可能会受到攻击。然而，由于统一关税为邮政经营者提供了一种收入，使其能够维持普遍服务，第106条第2款是适用的，不受竞争规则的约束。以上理解需要满足几点。

（i）一般经济利益的服务

只有当一家企业被赋予具有一般经济利益或具有创收垄断性质的服务时，才能声称被排除在条约规则之外。企业履行这项服务本身是不够的；它必须被委托履行这项义务，这将意味着它承担某些义务。[208] 欧洲法院裁定，国家未向其分配任何任务并代表其成员管理私人利益的版权集体管理协会，不是受托经营具有一般经济利益服务的企业。[209] 没有必要通过立法措施委托企业履行服务，例如，这可能是根据特许权协议的条款和条件形成的，[210] 企业自己请求委托授权的事实并不意味着只要企业地位来自公共当局的行为，第106条第2款就不适用。[211]

在《欧盟运行条约》中，“一般经济利益服务”一词没有定义。欧盟委员会指出，具有一般经济利益的服务是取得整体公共利益成果的经济活动，在没有公共干预的情况下，不会由市场提供（或在客观质量、安全、可负担性、平等待遇或普遍获得的不同条件下提供）。[212] 这类服务的例子有：

- 普遍邮政服务的运作；[213]
- 提供服务，例如在运输企业，这些服务本身在经济上并不可行；[214]
- 履行社会职能的养老金计划；[215]

---

[208] 参见总检察长雅各布斯在案例C-203/96 *Dusseldorp* EU：C：1997：508中的观点，第103段。

[209] 案例C-351/12 *OSA v Lé čebné lázně Mariánské Lázně a. s.* EU：C：2014：110，第81段。

[210] 案例30/87 *Corinne Bodson v Pompes Funebres* EU：C：1988：225。

[211] 案例T-17/02 *Pred Olsen SA v Commission* EU：T：2005：218，第187~190段。

[212] 欧盟委员会沟通：欧洲通用服务的质量规范，COM（2011）900 final；参见总检察长在案例C-265/08 *Federutility v Autorità per l'energia elettrica e il gas* EU：C：2009：640第54~55段的观点。

[213] 案例C-320/91 *Corbeau* EU：C：1993：198第15段：“毋庸置疑，Régie des Postes受委托提供具有一般经济利益的服务，包括其收集、携带和分发邮件的义务代表整个有关成员国领土内的所有用户，并收取统一的关税……”。

[214] 参见案例66/86 *Ahmed Saeed* EU：C：1989：140，第55段。

[215] 案例C-67/96 etc *Albany International BV v Stichting Bedrijfspensioenfonds Textielindustrie* EU：C：1999：430，第105段。

- 救护车服务；[216]
- 废物的处理；[217]
- 提供私人医疗保险。[218]

欧盟普通法院认为，成员国有广泛的酌处权来界定它们认为具有一般经济利益的服务。[219] 对一般经济利益服务的保护是一个敏感的政治问题，1997年政府间会议讨论了这一问题。修正《欧盟运行条约》第106条第2款的提议被拒绝，赞成在《阿姆斯特丹条约》（现为《欧盟运行条约》第14条）中加入《欧共体条约》的第16条。这明确保留了第106条的适用，因为：

> 具有一般经济利益的服务在联盟共同价值观中所占的地位及其在促进社会和领土凝聚力方面的作用。[220]

《欧盟运行条约》第14条加强了欧盟和成员国支持企业提供一般经济利益服务；然而，这并不能为欧盟通过规定什么是一般经济利益服务的行为提供法律依据。[221] 欧盟委员会出版了许多出版物，澄清了一般利益服务、一般经济利益服务和一般利益社会服务的重要性。[222] 2009年12月，《里斯本条约》生效：该条约将《欧共体条约》第16条重新拟订为《欧盟运行条约》第14条[223]，并附上了关于条约一般利益服务的第26号条例。第26号条例强调"国家、区域和地方当局在提供具有一般经济利益的服务方面的重要作用和广泛的

---

[216] 案例C-475/99 *Ambulanz Glöckner v Landkreis Sudwestpfalz* EU：C：2001：577。

[217] 案例C-203/96 *Dusseldorp* EU：C：1998：316，第67段；案例C-209/98 *Entreprenørforeningens Affalds/Miljøsektion v Københavns Kømmune* EU：C：2000：279，第75段。

[218] 案例T-289/03 *BUPA v Commission* EU：T：2008：29；总检察长科洛梅尔（Colomer）在案例C-265/08 *Pederutility Autorità per l'energia elettrica e il gas* EU：C：2009：640中的观点，第53段。

[219] 案例T-106/95 *FFSA v Commission* EU：T：1997：23，第99段；案例T-17/02 *Pred Olsen SA v Commission* EU：T：2005：218，第215~228段；案例T-295/12 *Germany v Commission* EU：T：2014：675第45~46段，指出一个成员国的自由裁量权不受束缚，但不能任意行使。

[220] 参见：欧盟委员会的《关于竞争政策的第27号报告》（1997年），第96~98点；ROSS M. Article 16 EC and Services of General Economic Interest：From Derogation to Obligation [J]. European Law Review，2000，25（1）：22；SZYSZCZAK E. Public Services in Competition Markets [J]. Yearbook of European Law，2001，20（1）：35；ROSS M. Promoting Solidarity：From Public Services to a European Model of Competition？[J]. Common Market Law Review，2007，44（4）：1057；BOEGER N. Solidarity and EC Competition Law [J]. European Law Review，2007，32（3）：319；SZYSZCZAK E. The Regulation of the State in Competitive Markets in the EU [M]. Oxford：Hart publishing，2007.

[221] 案例T-44/14 *Constantini v Commission* EU：T：2016：223，第23~27段。

[222] 参见：www.ec.europa.eu/services_general_interest/index_en.htm；《欧洲联盟关于公共采购和内部市场的规则在具有一般经济意义的服务中，特别是对具有普遍利益的社会服务的适用指南》，SWD（2013）53最终版。

[223] 关于条约的条例构成其不可分割的一部分：《欧洲联盟条约》第51条。

酌处权”[224]，并确认欧盟法律不影响成员国控制提供具有一般利益的非经济服务的权限。

（ii）具有创收垄断性质的经营

此表述在《欧盟运行条约》中没有定义。它将适用于为提高国家收入而设立的垄断；通常这种垄断授予将其利润贡献给国家的公共企业，但也可以授予私人企业以换取收入。具有收入垄断性质的经营活动也可受第37条的约束。欧洲法院规定，在根据该条款采取的行动中，可援引第106条第2款作为辩护。[225]

（iii）例外的范围：妨碍执行分配的任务

在一些案件中，企业认为，根据第106条第2款，它们不受竞争规则的约束；在*BRT v SABAM*案[226]中，欧洲法院裁定，由于第106条第2款涉及对竞争规则适用的减损，因此应当狭义地解释，欧盟委员会和欧盟法院一贯这样做，从而最大限度地适用第101条和第102条。特别是，欧盟委员会和欧盟法院对以下说法持怀疑态度，即反竞争行为是使企业能够执行分配给它们的任务所必需的。

（a）根据第106条第2款提出的不成功索赔

根据《欧盟运行条约》第106条第2款提出的抗辩常常被驳回。[227]例如，在*ANSEAUNAVEWA*案[228]中，欧盟委员会认为，要求比利时的购买者在洗衣机

---

[224] 《欧洲共同体权利宪章》OJ 2012 C 326/391第36条重申了这一点，根据《欧洲联盟条约》第6条第1款，该价值与其他条约具有同等的价值。

[225] 参见第308～309页“《欧盟运行条约》第37条——具有商业性质的国家垄断”。

[226] 案例127/73 EU：C：1974：25。

[227] 案例172/80 *Züchner v Bayerische Vereinsbank* EU：C：1981：178和*Uniform Eurocheques* OJ［1985］L 35/43，第29和30段（两个案例都涉及银行）；*Decca Navigator System* OJ［1989］L 43/27，第128段；*Magill TV Guide/ITP*，*BBC and RTE* OJ［1989］L 78/43，第25段；*Dutch Express Delivery Services* OJ［1990］L 10/47，第16～18段；*Spanish International Courier Services* OJ［1990］L 233/19，第13～14段；案例C－179/90 *Merci Convenzionale Porto di Genova v Siderurgica Gabrielli* EU：C：1991：464，第25～28段；案例C－18/88 *RTT v GB－Inno－BM* EU：C：1991：474，第14～28段；*IJsselcentrale* OJ［1991］L 28/32，第39～42段；案例C－242/95 *GT－Link A/S v De Danske Statsbaner* EU：C：1997：376，第47～55段；案例C－393/92 *Almelo* EU：C：1994：171，第46～51段；当此案退回荷兰法院时，根据第106条第2款提出的申诉不成功：参见：Hancher（1997）34 CML Rev 1509；案例T－271/03 *Deutsche Telekom v Commission* EU：T：2008：101，第314段；案例*CISAC*，欧盟委员会于2008年7月16日作出的决定，第256～259段；在这种情况下，一致行动的发现在许多案件中都被废除了，案例T－411/08 *Artisjus Magyar Szerzōi Jogvédō Iroda Egyesület v Commission* EU：T：2013：172。

[228] OJ［1982］L 16 39（经L 325/20修订）；上诉维持原判案例96/82 etc *NV IAZ International Belgium v Commission* EU：C：1983：310。

和洗碗机安装之前获得合格标签的协议可能会违反《欧盟运行条约》第101条第1条，因为它具有歧视来自其他成员国的进口产品的效果。参与实施该计划的比利时水务当局协会声称受益于第106条第2条。欧盟委员会承认比利时水务当局协会有资格成为一个受托具有一般经济利益的服务的机构，但认为有关计划的限制性比必要性要大得多，并说：

> 只有在有关企业没有其他技术和经济上可行的手段执行其特定任务的情况下，才能设想对适用竞争规则的可能限制。[229]

同样，在*British Telecommunications*案[230]中，欧盟委员会根据第106条第2款驳回了英国电信公司的辩护；意大利政府在欧洲法院对这一决定提出质疑，欧盟委员会的决定得到法院维持。[231] 欧洲法院认为，意大利未能表明，欧盟委员会对英国电信公司的谴责，即禁止私人信息转发机构利用其网络转发来自其他成员国的信息，危及其任务的执行。第106条第2款在*Air Inter v Commission*案[232]中也没有通过，其中，欧盟普通法院驳回了TAT对欧盟委员会要求终止法国航线专有权的决定提出的上诉。欧盟普通法院承认，该航空公司被委托承担维持国内航线无利可图的公共任务。然而，欧盟普遍法院认为，服从竞争规则仅仅只会妨碍或使这项任务更难履行；适用第106条第2款时必须表明，这在事实上或在法律上会阻挡任务履行。[233] 在*Duales System Deutschland v Commission*案中，欧盟普通法院得出了类似的结论。[234]

关于第106条第2款的一个特别重要的判决是*Corbeau*案[235]，该案涉及在列日经营快递服务，违反了比利时邮局的邮政垄断。[236] 欧洲法院判决的核心涉及根据第106条第2款[237]可以在多大程度上证明邮政垄断是合理的。法院承认，邮局的服务具有一般经济利益[238]，以及它可能有必要受益于竞争的限制，以便能够弥补利润较低的活动与有利可图活动的差距[239]；更通俗地说，防止进入市场的人“撇脂”或“挑挑拣拣”，让现任邮政经营者按照其普遍服务义务开展

---

[229] OJ［1982］L 167/39，第66段。
[230] OJ［1982］L 360/36。
[231] 案例41/83 *Italy v Commission* EU：C：1985：120。
[232] 案例T-260/94 EU：T：1997：89。
[233] 同上，第134~141段。
[234] 案例T-151/01 EU：T：2007：154，第207~210段。
[235] 案例C-320/91 EU：C：1993：198。
[236] 参见本章第295页“*Corbeau*案”。
[237] 案例C-320/91 EU：C：1993：198，第13~21段。
[238] 同上，第15段。
[239] 同上，第17~18段。

无利可图的服务，可能是合理的。然而，法院继续论述：

> 排除竞争是没有道理的，因为具体服务与满足经济经营者特殊需要的一般利益服务无关，而这些服务称为传统邮政服务不提供的某些额外服务，如寄件人地址收集、更快或更可靠的分销或在过境过程中改变目的地的可能性。只要这些服务的性质和提供这些服务的条件，如提供这些服务的地理区域，不损害专有权利持有人履行的一般经济利益服务的经济均衡。[240]

由于这是《欧盟运行条约》第267条下的一个提法，法院随后指出，应由国家法院根据第106条第2款就案件的具体事实作出裁决，[241] 但很明显，它有力地表明，不可能维持对快递服务的垄断，以维持每日递送信件的基本服务[242]。

(b) 根据第106条第2款提出的成功索赔

从上述情况来看，认为基于第106条第2款的主张总是不成功是错误的。这一点可以通过欧洲法院的一些判决来证明。在 *Corsica Ferries France SA v Gruppo Antichi Ormeggiatori del Porto di Genova* 案[243]中，法院关注意大利立法，该立法要求使用意大利热那亚和拉斯佩齐亚港口的其他成员国船只使用当地系泊公司的服务。它认为，系泊作业具有一般经济利益：系泊公司出于港口水域安全的原因，[244] 有义务随时向任何用户提供通用系泊服务。因此，在服务价格中包含一个旨在支付维持通用系泊服务的费用并不违反《欧盟运行条约》第106条第1款和第102条，应适用第106条第2款。[245]

在 *Albany* 案[246]中，欧洲法院认为，根据第106条第2款，在某一特定行业管理补充养恤金的专有权利是合理的，否则从事非危险活动的健康良好的年轻雇员会离开这个计划，只留下那些高承保风险的成员，从而会破坏该计划系统的成功[247]。在 *Deutsche Post AG v Gesellschaft für Zahlungssysteme mbH* and *Citicorp*

---

[240] 同上，第19段。

[241] 同上，第20段。

[242] 参见：案例 C－220/06 *Asociación Profesional Empresas de Reparto y Manipulado de Correspondencia v Administracion del Estado* EU：C：2007：815，第79～83段，与邮政服务指令有关的案件；案例 C－162/06 *International Mail Spain* EU：C：2007：681，第38段。

[243] 案例 C－266/96 EU：C：1998：306。

[244] 同上，第45段。

[245] 同上，第46～47段。

[246] 案例 C－67/96 etc *Albany International BV v SBT* EU：C：1999：430。

[247] 同上，第98～111段。

Kartenservice GmbH 案[248]中法院认为，第 106 条第 2 款保障了成员国向其邮政经营者提供法定权利，即对所谓的再投递货物收取内部邮资。[249] 环境因素考虑使第 106 条第 2 款在 *Entreprenφrforeningens Affalds/Miljφsektion v Kφbenhavns Kommune* 案中成功应用。[250] 在 *Ambulanz Glöckner v Landkreis Südwestpfalz* 案[251]中法院认为，国家法律保护紧急救护服务提供者不受独立经营者的竞争（即使在相关的非紧急运输市场上也是如此），如果这对它们在经济上可以接受的条件下执行任务是必要的，则根据第 106 条第 2 款可获正当性。[252] 在 *AG2R Prévoyance v Beaudout Père et Fils SARL* 案[253]中，法院认为，第 106 条第 2 款可适用于给予公积金互助会管理补充报销医疗费用计划的专有权利[254]。

虽然第 106 条第 2 款是根据企业的立场起草的，但很明显，成员国本身也可以适用它。例如在 *Dusseldorp* 案[255]中欧洲法院认为，荷兰在其“废物处理长期计划”方面可依赖第 106 条第 2 款。[256] 法院还认为，成员国可援引第 106 条第 2 款为可能与国内市场不相容的国家援助辩护。[257]

（iv）贸易的不利发展

如果贸易发展受到的影响达到违背欧盟利益的程度，就不可能根据第 106 条第 2 款得到豁免。这必须意味着出现《欧盟运行条约》第 101 条和第 102 条意义上的国家间贸易的影响，因为如果没有这种影响，欧盟的竞争规则无论如何都不会适用。在 *Commission v Netherlands* 案中，欧洲法院认为，欧盟委员会必须证明专有权是否影响并继续影响欧盟内部贸易的发展，达到违背（欧盟）利益的程度。[258] 如果不这样做，申请将被驳回。[259] 如果这一问题发生在国内诉讼中，而不是涉及欧盟委员会，索赔人需要证明对贸易发展的不利影响。

---

[248] 案例 C－147/97 etc EU：C：2000：74。

[249] 同上，第 41～54 段。

[250] 案例 C－209/98 EU：C：2000：279，第 74～83 段。

[251] 案例 C－475/99 EU：C：2001：577。

[252] 同上，第 51～65 段。

[253] 案例 C－437/09 EU：C：2011：112。

[254] 同上，第 66～81 段。

[255] 案例 C－203/96 EU：C：1998：316，第 67 段。

[256] 另见：案例 C－157/94 etc *Commission v Netherlands* EU：C：1997：499，第 51～64 段。

[257] 参见案例 T－289/03 *BUPA v Commission* EU：T：2008：29。

[258] 案例 C－157/94 EU：C：1997：499，第 65～68 段；总检察长科斯马斯认为应有证据表明该措施实际上对欧盟内部贸易产生了重大影响：案例 C－157/94 EU：C：1996：449，第 126 段；参见：总检察长莱格在案例 C－309/99 *Wouters* EU：C：2001：390 第 166 段的观点。

[259] 参见案例 C－159/94 *Commission v France* EU：C：1997：501，第 109～116 段。

（v）直接影响

在 *Belgische Radio en Televisie*（*BRT*）*v SABAM* 案[260]中，欧洲法院认为，第101条第2款和第102条直接适用于第106条第2款所述的企业，以便无论欧盟委员会是否根据第106条第3款行事，都可以在国家法院对它们提起诉讼。国家法院应确定企业是否属于第106条第2款的范围；如果不属于，法院可着手适用竞争规则。[261] 在有疑问的情况下，国家法院可以在征求欧盟委员会意见时中止诉讼。[262] 第106条第2款的最后一句要求贸易不能受到违背欧盟利益的影响，但仍不确定这句话是否具有直接效力。有理由认为，只有欧盟委员会才能执行评估欧盟利益的任务。

(C)《欧盟运行条约》第106条第3款

第106条第3款规定，欧盟委员会应确保适用第106条第1款和第2款，并在必要时发布对成员国的适当决定或指令。[263] 欧盟委员会于20世纪80年代开始使用第106条第3款，最显著的是在电信行业，[264] 它是解决该条约适用“方法库”中的一个重要部分。从欧盟委员会的角度来看，第106条第3款的优点是它可以自己通过一项决定或指令；在这样做时，它不受任何特定程序框架的约束，尽管它当然必须符合欧盟法律的一般原则，并且必须根据《欧盟运行条约》第296条，[265] 为其规定提供充分的理由。欧盟委员会在行使第106条第3款规定的权力时，特别是在通过一项指令时，与包括议会在内的其他有关各方进行联络。[266] 如果欧盟委员会没有第106条第3款的权力，它只有根据《欧盟运行条约》第258条向法院提起诉讼或说服理事会采取它所赞成的措施，才能对违反第106条第1款的措施采取行动。

---

[260] 案例127/73 EU：C：1974：25。

[261] 案例155/73 *Italy v Sacchi* EU：C：1974：40。

[262] 案例C－260/89 *ERT v Dimotiki* EU：C：1991：254，第34段；案例C－393/92 *Almelo* EU：C：1994：171，第50段。

[263] 关于《欧盟运行条约》第106条第3款，参见：SIERRA B J L. Exclusive Rights and State Monopolies under EC Law：Article 86（Former Article 90）of the EC Treaty［M］. Oxford：Oxford University Press，1999：paras 10.01－10.184；BUENDIA SIERRA J L. Enforcement of Article 106（1）TFEU by the European Commission and the EU Courts［M］//LOWE P，MARQUIS M. European Competition Law Annual 2013：Effective and Legitimate Enforcement of Competition Law. 3rd ed. Oxford：Oxford University Press，2014：paras 6.228－6.271.

[264] 参见本章第306～307页“指令”。

[265] 欧盟委员会的决定在 *Dutch Express Delivery Services* 案因程序不当被撤销，参见本章脚注[270]。

[266] 参见《关于竞争政策的第25号报告》（1995年），第100点。

第 106 条第 3 款使欧盟委员会能够通过决定和指令：可以通过一项决定，确定一个成员国违反了欧盟的义务；但一项指令可以更进一步，为消除现有的违反《欧盟运行条约》的行为和防止今后的违反行为制定法律。

（i）决 定

在 *Greek Public Property Insurance* 案[267]中，欧盟委员会根据第 106 条第 3 款作出决定，要求希腊修改其国内立法。该国内法要求希腊所有公共财产由希腊公共行业保险公司承保，且希腊国有银行的工作人员向其客户推荐与公共银行行业有关联并受其控制的企业的保险。当希腊未能在规定期限内采取必要措施修改时，欧盟委员会根据《欧盟运行条约》第 258 条就未能履行其条约义务提起诉讼。欧洲法院认为[268]，欧盟委员会根据第 106 条第 3 款作出的决定对其所针对的人具有“全部约束力”，因此收件人必须遵守该决定，直到它从法院获得中止其运作或宣布其无效的许可为止。在 *Spanish Transport Fares* 案[269]中，欧盟委员会向西班牙作出决定，谴责对从西班牙大陆到巴厘岛和加那利群岛乘客的歧视性票价。

欧盟委员会还根据第 106 条第 3 款通过了下列决定：

- 荷兰快递服务；[270]
- 西班牙国际快递服务；[271]
- Rϕdby 港；[272]
- 意大利 GSM 无线电电话服务第二运营商；[273]
- 西班牙 GSM 无线电电话服务第二运营商；[274]
- 布鲁塞尔国家机场（Zaventem）；[275]
- 在佛兰德广播电视广告的独家权利；[276]

---

[267] OJ［1985］L 152/25。

[268] 案例 226/87 *Commission v Greece* EU：C：1988：354。

[269] OJ［1987］L 194/28。

[270] OJ［1990］L 10/47，上诉撤销原判案例 C－48/90 etc *Netherlands and Koninklijke PTT Nederland v Commission* EU：C：1992：63，因为欧盟委员会没有给荷兰政府公平的听证会。

[271] OJ［1990］L 233/19。

[272] OJ［1994］L 55/52。

[273] OJ［1995］L 280/49。

[274] OJ［1997］L 76/19。

[275] OJ［1995］L 216/8。

[276] OJ［1997］L 244/18，上诉维持原判案例 T－266/97 *Vlaamse Televisie Maatschappij NV v Commission* EU：T：1999：144。

- 意大利港口与就业有关的立法；[277]
- 热那亚港试验关税；[278]
- 葡萄牙机场；[279]
- 西班牙机场；[280]
- 意大利的新邮政服务；[281]
- 拉波斯特；[282]
- 德国邮政立法；[283]
- 法国储蓄账户；[284]
- 希腊褐煤；[285]
- 斯洛伐克邮政立法。[286]

（ii）指　令

欧盟委员会根据第106条第3款通过指令的权限已经受到了欧洲法院的三次审查。《透明度指令》[287] 在 *France v Commission* 案[288]中受到质疑的原因是，由于它涉及对国家援助的监督，应该根据《欧盟运行条约》第109条而不是第106条第3款通过的。法院裁定，欧盟委员会本来可以根据第109条行事，并不意味着它不能根据第106条第3款这样做。20世纪80年代末，欧盟委员会对欧盟电信市场的分散性质以及由此产生的缺乏竞争的关切导致通过了两项指

---

[277] OJ［1997］L 301/17。

[278] OJ［1997］L 301/27。

[279] OJ［1999］L 69/31，上诉维持原判案例 C－163/99 *Portugal v Commission* EU：C：2001：189。

[280] OJ［2000］L 208/36。

[281] OJ［2001］L 63/59。

[282] OJ［2002］L 120/19。

[283] 欧盟委员会于2004年10月20日作出的决定。

[284] 欧盟委员会于2007年5月10日作出的决定。

[285] 欧盟委员会于2008年3月5日作出的决定，上诉至欧盟普通法院被撤销案件 T－169/08 *DEI v Commission* EU：T：2012：448；但是，在案例 C－553/12 P EU：C：2014：2083 号案件中，欧洲法院驳回了欧盟普通法院的判决，并将该案发回重审：在 T－169/08 RENV *DEI v Commission* EU：T：2016：733 案中，欧盟普通法院维持了欧盟委员会的原始裁决。

[286] 欧盟委员会于2008年10月7日作出决定，上诉案例 T－556/08 *Slovenská pošta a. s v Commission* EU：T：2015：189 和上诉至欧洲法院的案例 C－293/15 P EU：C：2016：511 均维持原判。

[287] 欧盟委员会第80/723/EEC号指令（OJ［1980］L 195/35），已经被欧盟委员会第2006/111/EC号指令（OJ［2006］L 318/17）所代替。

[288] 案例188/80 etc EU：C：1982：257；有关指令的后续质疑参见案例 C－325/91 *France v Commission* EU：C：1993：245。

令。第一项是关于电信终端设备市场的指令，[289] 第二项是关于电信本身。[290] 成员国对这些指令的反对力度很大，并向欧洲法院提出了质疑。在每一个案件中，法院都维持欧盟委员会根据第 106 条第 3 款行事的权限。[291] 在 *France v Commission* 案[292]中三个成员国抱怨说，欧盟委员会本应根据《欧盟运行条约》第 258 条而不是第 106 条第 3 款行事。法院认为没有滥用权力的情况：欧盟委员会可利用第 106 条第 3 款赋予它的权力，概括地说明第 106 条第 1 款规定的义务；但欧盟委员会不可以利用第 106 条第 3 款下的指令对《欧盟运行条约》的具体侵权行为进行裁决，必须使用第 258 条程序规定。[293] 法院还认为，理事会有权通过有关电信的立法这一事实并不意味着欧盟委员会没有权限。[294] 法院废除了关于终端设备的指令第 2 条、第 7 条和第 9 条，因为欧盟委员会未能解释哪些权利是“特殊的”，以及为什么这些权利违反欧盟法律。[295] 不能为了实现欧盟法律协调的目的而使用第 106 条第 3 款，《欧盟运行条约》第 114 条和第 115 条规定才是这方面的立法基础。这就解释了为什么电信行业有第 106 条第 3 款关于竞争条件的指令，以及关于立法协调的第 114 条和第 115 条规定的一系列单独措施。[296]

（iii）对第 106 条第 3 款规定的欧盟委员会权力的司法审查

欧盟委员会根据第 106 条第 1 款和第 106 条第 3 款享有广泛的酌处权。[297] 法院不会撤销一项决定或指令，除非有理由认为欧盟委员会的错误可能会产生

---

[289] 欧盟委员会第 80/301/EEC 号指令（OJ［1988］L 131/75），已经被欧盟委员会第 2008/63/EC 号指令（OJ［2008］L 162/20）所代替。

[290] 欧盟委员会第 90/388/EEC 号指令（OJ［1990］L 192/10），已经被欧盟委员会第 2002/77/EC 号指令（OJ［2002］L 249/21）所代替。

[291] 参见：案例 C－202/88 *France v Commission* EU：C：1991：120（高端设备）；案例 C－271/90 etc *Spain*, *Belgium and Italy v Commission* EU：C：1992：440（电信）。

[292] 参见本章脚注[288]。

[293] 案例 C－202/88 EU：C：1991：120，第 16～18 段。

[294] 同上，第 19～27 段；参见：案例 188/80 etc *France v Commission* EU：C：1982：257，第 14 段。

[295] 案例 C－202/88 EU：C：1991：120，第 45～47 段和第 53～58 段。

[296] 参见第 23 章第 1224～1227 页“立法”。

[297] 案例 C－107/95 P *Bundesverband der Bilanzbuchhalter v Commission* EU：C：1997：71，第 27 段；另见案例 T－266/97 *Vlaamse Televisie Maatschappij NV v Commission* EU：T：1999：144，第 75 段；案例 T－52/00 *Coe Clerici Logistics SpA v Commission* EU：T：2003：168，第 106～189 段。

重大影响。除特殊情况外，第三方不能对欧盟委员会关于不使用第106条第3款[298]规定的权力的决定提起诉讼。

4.《欧盟运行条约》第37条——具有商业性质的国家垄断

《欧盟运行条约》第37条第1款规定[299]：

> 成员国应对任何商业性质的国家垄断进行调整，以保证在货物的购买与销售条件方面在不同成员国国民之间不存在歧视。[300]

第37条第1款接着指出，该条适用于成员国赖以在法律上或事实上对成员国之间的进出口进行直接或间接监管、决定或明显影响成员国之间进出口的任何机构，也同样适用于由国家授权给其他机构的垄断。第37条第2款规定，成员国不应采取与该条第1款所确定的原则相违背或对涉及禁止成员国之间征收关税及数量限制相关条款之范围施加限制的新措施。然而，第37条并不要求废除现有的垄断，只要求对其进行调整以防止歧视。

第37条旨在防止具有商业性质的国家垄断歧视其他成员国国民。确保成员国不以这种方式进行歧视的一种方法是改变其公共采购政策，欧盟委员会在这方面一直很活跃。[301] 欧盟委员会继续根据第37条监测成员国的行为。在*Commission v Greece*案[302]中，欧洲法院认为，希腊有义务终止进口和销售石油衍生产品的专有权利，因为这些权利歧视其他成员国的此类产品出口商，并破坏了成员国之间的正常竞争条件。如果欧洲委员会怀疑成员国违反第37条，可根据《欧盟运行条约》第258条对成员国提起诉讼，或可利用第106条第3款

---

[298] 案例C－107/95 P *Bundesverband der Bilanzbuchhalter v Commission* EU：C：1997：71，第28段；另见案例C－141/02 P *Commission v T－Mobile Austria GmbH*, *formerly max. mobil Telecommunications service GmbH* EU：C：2005：98，第69～73段，欧洲法院撤销了普通法院的判决，该判决认为第三方有更大的权利质疑委员会的不采取行动的决定；参见：HOCEPIED C. The *Max. mobil* judgement：the court of justice clarifies the role of complainants in Article 86 procedures［J］. Competition Policy Newsletter，2005，2：53.

[299] BUENDIA SIERRA J L. Exclusive Rights and State Monopolies under EC Law［M］. Oxford：Oxford University Press，1999：paras 3. 01－3. 201；BUENDIA SIERRA J L. Enforcement of Article 106（1）TFEU by the European Commission and the EU Courts［M］//LOWE P，MARQUIS M. European Competition Law Annual 2013：Effective and Legitimate Enforcement of Competition Law. 3rd ed，Oxford：Oxford University Press，2014：paras 6. 110－6. 125.

[300] 《欧盟运行条约》第37条与原始的《欧洲经济共同体条约》第37条不同，该条包含的过渡性规则已变得多余。

[301] 参见第2章脚注❽。

[302] 案例C－347/88 EU：C：1990：470。

规定的权力。[303] 在欧盟委员会提起第258条诉讼时，它必须证明一个成员国没有履行其义务，并向法院提交必要的资料，使法院能够决定是否可诉。[304] 由于第37条直接生效，受害企业可以向国家法院提起诉讼。[305]

在 *Commission v Netherlands* 案中，欧洲法院裁定，荷兰、意大利和法国的天然气和电力进出口垄断构成违反《欧盟运行条约》第37条第1款的行为。[306] 然而，法院认为，成员国可在根据第37条提起的诉讼中援引第106条第2款作为抗辩的理由。只要维持垄断权是必要的，使有关企业能够在经济上可以接受的条件下履行委托给它的具有一般经济利益的任务，就有可能提出抗辩；没有必要证明，如果没有这种垄断，企业本身的生存将受到威胁。在事实分析上，欧盟委员会未能使法院确信，该垄断不符合第106条第2款的豁免。在 *Hanner* 案[307]中，欧洲法院认为，第37条第1款排除了一种销售制度，该制度赋予 Apoteket 医药制剂零售一级的法律垄断权，而 Apoteket 是瑞典国家拥有多数股权的实体，其管理权主要掌握在政治家和公务员手中。法院关心的是，Apoteket 的采购安排可能会歧视瑞典境外[308]的药物制剂。芬兰 *Visnapuu* 案[309]适用了《欧盟运行条约》第267条，欧洲法院审议了酒类零售的法律垄断是否符合第37条，并认为：

> 《欧盟运行条约》第37条要求安排垄断的组织和运作，以排除成员国国民在采购和销售货物条件方面的任何歧视，从而使来自其他成员国的货物贸易在法律上或事实上不会与国内货物的贸易相比处于不利地位，并且不会扭曲成员国经济之间的竞争。[310]

5.《欧盟运行条约》第107~109条——国家援助

《欧盟运行条约》第107~109条赋予欧盟委员会处理可能扭曲内部市场竞争的国家援助的权力。欧盟委员会竞争总司的大量精力都集中在这个问题上，

---

[303] 参见本章第304~308页“《欧盟运行条约》第106条第3款”。

[304] 案例 C-157/94 *Commission v Netherlands* EU：C：1997：499，第59段。

[305] 案例91/78 *Hansen v Hauptzollamt Flensberg* EU：C：1979：65。

[306] 案例 C-157/94 EU：C：1997：499：垄断的性质因州而异。

[307] 案例 C-438/02 EU：C：2005：332。

[308] 同上，第32~49段。

[309] 案例 C-198/14 EU：C：2015：751，第86~96段。

[310] 同上，第95段。

但是由于篇幅的限制，无法在这里详细讨论这个问题。[311] 欧盟委员会竞争总司的网站提供关于国家援助政策的信息，包括当前事态发展的细节、案件登记册和关于国家援助事项的报告[312]

第107条第1款规定：

> 除非两部条约另有规定，否则，由某一成员国提供的或通过无论何种形式的国家资源给予的任何援助，给予某些企业或某些商品的生产以优惠，从而扭曲或威胁扭曲竞争，只要影响到成员国之间的贸易，均与内部市场要求不符。

第107条第2款规定给予个人消费者具有社会性质的援助、帮助弥补国家灾害或特殊事件造成的损害以及给予受第二次世界大战[313]后德国分裂影响的德国某些地区经济的援助，应与国内市场相容。

第107条第3款赋予欧盟委员会其他援助的酌处权，例如，促进生活水平异常低的地区或严重失业地区的经济发展，或促进执行欧洲共同利益的重要项目，或纠正成员国经济中的严重动乱。

欧盟委员会公布了关于将第107条适用于向提供一般经济利益服务的企业提供公共资金的详细指南，包括公共服务补偿何时符合第106条第2款且不受《欧盟运行条约》第108条第3款规定的通知要求约束。[314]

第108条涉及程序。欧盟委员会根据第108条第2款（ⅰ）项通过一项决定，取消或改变与国内市场不相容的国家援助。如果成员国在规定的时间内不遵守该决定，欧盟委员会或另一成员国可根据第108条第2款（ⅱ）项将此事提交法院，而不必诉诸《欧盟运行条约》第258条和第259条规定的程序。[315]

---

[311] 参见：HANCHER L，OTTERVANGER J，SLOT P J. EU State Aids［M］. 5th ed. London：Sweet & Maxwell，2016；ROSE V，BAILEY D. Bellamy and Child：European Union Law of Competition［M］. 7th ed. Oxford：Oxford University Press，2013：ch17；BACON K. European Union Law of State Aid［M］. 3rd ed. Oxford：Oxford University Press，2017；FAULL J，NIKPAY A. The EU Law of Competition［M］. Oxford University Press，2014；QUIGLEY. European State Aid Law and Policy［M］. 3rd ed. Oxfrod：Hart Publishing，2015；欧盟委员会的《竞争政策年度报告》详细介绍了其在国家援助条款下的活动。

[312] 参见 www. ec. europa. eu/competition/state_aid/newsletter/index. html。

[313] 第107条第2款规定，理事会根据欧盟委员会的提议，可以在2014年12月1日之后通过一项决定废除这一点。

[314] 参见 www. ec. europa. eu/competition/state_aid/legislation/sgei. html。

[315] 它不能根据第108条第2款（ⅱ）项针对不在后来的决定范围内的国家援助进行处理：案例C－294/90 *British Aerospace plc v Commission* EU：C：1992：55。

欧盟委员会必须纠正非法援助。[316] 第 108 条第 3 款要求提供或改变援助的计划应在足够的时间通知欧盟委员会，使其能够提出意见。欧盟委员会在国家援助方面的程序权力载于欧盟理事会第 2015/1589 号条例[317]和欧盟委员会第 794/2004 号条例[318]。在欧盟委员会作出决定之前，不得执行援助。第 108 条第 3 款具有直接效力，[319] 如果成员国根据第 108 条第 3 款没有通知就给予援助或在欧盟委员会作出决定之前实施援助，个人可在国内法院寻求救济。[320]

在缺乏相关信息的情况下，如果一个成员国直接控制经济的一部分或向某些企业提供财政援助，竞争是否正在被扭曲很难判断。为了解决这一问题，欧盟委员会于 1980 年发布了一项指令，以提高成员国与公共事业[321]之间关系的透明度。在 *France v Commission* 案[322]中未获成功，该指令已被多次修订，于 2006 年编纂。[323] 欧盟委员会利用通过指令收到的数据监测国家援助与第 107 条的兼容性。

《欧盟运行条约》第 109 条授权欧盟理事会通过关于国家援助的条例，特别是免除援助的通知。欧盟理事会通过了第 2015/1588 号条例，[324] 规定欧盟委员会有权对某些类别的横向国家援助实行集体豁免，并通过一项关于最低限度援助的条例。[325]

2005 年的《国家援助行动计划》和 2012 年的《国家援助现代化》出现了重大变化[326]：最佳做法守则；简化通知程序；分析各种援助措施的新框架[327]；集体豁免条例[328]以及支持这一现代化进程的各种通知。这些事件的发展使得对国家援助的实质性分析发生变化，更加强调经济和法律程序。

---

[316] 第 2015/1589 号条例，OJ［2015］L 248/9，第 16 条；除非有违欧盟法律的一般原则，否则必须进行恢复。

[317] OJ［2015］L 248/9。

[318] OJ［2004］L 140/1（修正）。

[319] 案例 120/73 *Lorenz v Germany* EU：C：1973：152。

[320] 参见：*R v A－G*，*ex p ICI*［1987］1 CMLR 72，CA。

[321] OJ［1980］L 195/35。

[322] 参见第 6 章脚注[71]。

[323] 欧盟委员会第 2006/111/EC 号指令，OJ［2006］L 318/17。

[324] 参见第 2015/1588 号条例，OJ［2015］L 248/1。

[325] 集体豁免的资料网址为 www. ec. europa. eu/competition/state_aid/legislation/legislation. html。

[326] 参见 www. ec. europa. eu/competition/state_aid/modernisation/index_en. html。

[327] 第 651/2014 号条例，OJ［2014］L 187/1。

[328] 集体豁免的资料网址为 www. ec. europa. eu/competition/state_aid/legislation/legislation. html。

第 7 章 《欧盟运行条约》第 101 条和第 102 条：第 1/2003 号条例适用下欧盟委员会和国家竞争主管机构的公共执法

企业违反《欧盟运行条约》第 101 条和第 102 条会造成严重的后果。竞争法的重要性在于企业应充分制订有效的合规方案，以确保不违反竞争规则，并使雇员了解必须避免何种类型的行为；欧盟委员会和欧盟法院对企业有时提出的它们意图遵守欧盟竞争法的论点不以为然，因为它们的雇员不遵守指示并错误地订立了定价或类似协议。欧洲法院在 *SIA 'VM Remonts' v Konkurences padome* 案[1]中说，雇员的任何反竞争行为都可归因于他或她所属的企业，原则上，该企业应对该行为负责。[2]

2012 年，欧盟委员会公布了《合规事项：企业可以做些什么来更好地尊重欧盟竞争规则》[3]，作为企业制定积极合规战略的指南；在该文件中，欧盟委员会提请注意欧盟法院的判例法，其中规定，在确定垄断案件中的罚款时，是否存在合规方案并不是降低罚款的一个因素。[4] 一些竞争主管机构采取了更为慷慨的做法，例如，英国竞争与市场管理局有时允许减少罚款，以换取一家

---

[1] 案例 C－542/14 EU：C：2016：578。

[2] 同上，第 24 段。

[3] 可访问 www. ec. europa. eu。

[4] 参见：案例 T－138/07 *Schindler Holding Ltd v Commission* EU：T：2011：362，第 282 段；上诉维持原判案例 C－501/11 P EU：C：2013：522，第 144 段。

企业同意执行竞争法方案。[5]

欧盟委员会执行第 101 条和第 102 条的权力最初载于 1962 年第 17 号条例。[6] 2004 年 5 月 1 日生效的第 1/2003 号条例[7]对第 101 条和第 102 条的执行作了重大修改。本章将解释公共执法系统的主要特点：有许多从业人员的书籍提供了更详细的立场分析。[8] 本章将首先简要概述第 1/2003 号条例。第 2 节详细审查了欧盟委员会的执法权力；还介绍了欧盟委员会 2008 年采用的有时解决垄断案件的程序。第 3 节讨论了第 1/2003 号条例在实践中的运作情况，特别是在欧洲竞争网络中，该网络汇集了欧盟委员会和成员国国家竞争主管机构。最后一节将简要介绍对欧盟委员会决定的司法审查。第 101 条和第 102 条可直接适用，并可在成员国国内法院的诉讼中援引。第 8 章将审议竞争规则的私人执法问题。

在理解欧盟委员会权力的范围或限制时，必须提及欧盟法律的一般原则，其中一些原则，如尊重辩护权和比例原则、平等待遇、保护合法利益、法律确定性和不溯及既往的原则，对执行竞争规则具有明显的意义。[9] 另外两个重要

---

[5] 参见第 10 章第 515 ~ 517 页“竞争与市场管理局的六步法”，英国竞争上诉法庭在案例 1140/1/1/09 *Eden Brown Ltd v OFT* [2011] CAT 8，第 127 段中使用了该方法；另见 2013 年 4 月发布的国际商会反垄断合规工具包，可在 www. iccwbo. org 上查阅。参见：WILS W P J. Antitrust Compliance Programmes & Optimal Antitrust Enforcement [J]. Journal of Antitrust Enforcement，2013，1：52；RILEY A，SOKOL D. Rethinking Compliance [J]. Journal of Antitrust Enforcement，2015，3：31.

[6] JO 204/62，OJ（专刊 1959 – 62），第 57 页。

[7] OJ [2003] L 1/1，经第 411/2004 号条例（OJ [2004] L 68/1）和第 1419/2006 号条例（OJ [2006] L 269/1）修订。

[8] 特别参见：KERSE C，KHAN N. EU Antitrust Procedure [M]. 6th ed. London：Sweet & Maxwell，2012；BLANCO O L. EU Competition Procedure [M]. 3rd ed. Oxford：Oxford University Press，2013；ROSE V，BAILEY D. Bellamy and Child：European Union Law of Competition [M]. 7th ed. Oxford：Oxford University Press，2013：ch 13；FAULL J，NIKPAY A. The EU Law of Competition [M]. 3rd ed. New York：Oxford University Press，2014：ch 2；DE LA TORRE C，FOURNIER G. Evidence，Proof and Judicial Review in EU Competition Law [M]. Cheltenham：Edward Elgar，2017. 有关公共执法各个方面的系列开创性文章，参见：WILS W P J. The Optimal Enforcement of EC Antitrust Law [M]. Dordrecht：Kluwer Law International，2002；WILS W P J. Principles of European Antitrust Enforcement [M]. Oxford：Hart Publishing，2005；WILS W P J. Efficiency and Justice in European Antitrust Enforcement [M]. Oxford：Hart Publishing，2008. 这些文章都可以在 www. ssrn. com 上查阅。

[9] 有关欧盟法律的一般原则，参见本章脚注[8]中引用的图书，以及：DASHWOOD A，DOUGAN M，RODGER B，et al. Wyatt and Dashwood's European Union Law [M]. 6th ed. Oxford：Hart Publishing，2011：ch 10；HARTLEY T. The Foundations of European Union Law [M]. 8th ed. Oxford：Oxford University Press，2014：ch 5；TRIDIMAS T. The General Principles of EU Law [M]. 3rd ed. Oxford：Oxford University Press，2018.

问题是欧盟委员会的程序与《欧洲人权公约》[10] 和《欧盟基本权利宪章》（*Charter of Fundamental Rights of the European Union*）[11] 所要求的标准之间的关系；第1/2003号条例评论37规定，对《欧盟基本权利宪章》的解释应符合《欧盟基本权利宪章》承认的权利和原则，第6条第1款规定《欧盟基本权利宪章》与其他条约[12]具有同等效力。欧盟委员会发表了一份关于欧盟机构[13]，包括欧盟法院[14]适用《欧盟基本权利宪章》情况的年度报告。成员国在适用欧盟法律条款，包括适用《欧盟运行条约》第101条和第102条时，必须考虑《欧盟基本权利宪章》。[15]

然而，虽然必须确保被告的权利得到适当尊重，但也必须避免因它们的地位如此之高使欧盟委员会难以执法：必须在行为不被认定为违法的企业的私人利益与惩罚严重违法行为的公共利益之间取得平衡。引起评论的一个问题是[16]，第1/2003号条例规定的欧盟委员会作为“调查员、检察官、法官和陪审团”的执法制度是否符合由独立法庭进行公正听证的权利。[17] 欧洲人权法院[18]和欧洲法院[19]现在对这个问题作出了肯定的答复。重要的是，为了满足《欧盟基本权利宪章》的要求，欧盟普通法院应对欧盟委员会的决定进行“全

---

[10] 可在 www. echr. coe. int 上查阅；《欧洲联盟条约》第6条第2款规定欧盟“应加入ECHR”，但欧洲法院对加入协议草案与欧盟法律的兼容性发表了反面意见：*Opinion 2/13* EU：C：2014：2454。

[11] OJ［2010］C 83/389。

[12] 此点的全部讨论参见：WILS W P J. EU Antitrust Enforcement Powers and Procedural Rights and Guarantees：the interplay between EU Law，National Law，the Charter of Fundamental Rights of the EU and the European Convention on Human Rights［J］. World Competition，2011，34：189.

[13] 参见2016年《欧盟基本权利宪章》应用报告，COM（2017）239，2017年5月14日，可在 www. eur－lex. europa. eu 上查阅。

[14] 参见：案例C－510/11 P *Kone Oyi v Commission* EU：C：2013：696，第20～33段；案例T－9/11 *Air Canada v European Commission* EU：T：2015：994；案例C－580/12 P *Guardian Industries Corp v Commission* EU：C：2014：2363。

[15] 参见《欧盟基本权利宪章》第51条。

[16] 参见 FORRESTER I S. Due Process in EC Competition Cases［J］. EL Rew，2009，34：817；WILS WPJ. The Increased Level of EU Antitrust Fines，Judicial Review，and the European Convention on Human Rights［J］. World Competition，2010，33：5；Editorial. Towards a More Judicial Approach？EU Antitrust Fines under the Scrutiny of Fundamental Rights［J］. Common Market Law Review，2011，48（5）：1405.

[17] 参见《欧盟基本权利宪章》第47条第1款和《欧洲人权公约》第6条第1款。

[18] 参见：案例 Menarini *Diagnostics v Italy*，编号43509/08，2011年9月27日作出的判决。

[19] 参见：案例C－386/10 P *Chalkor v Commission* EU：C：2011：815，第45～82段；案例C－199/11 P *Europese Gemeenschap v Otis* EU：C：2012：684，第38～64段；案例T－56/09 etc *Saint－Gobain Glass France SA v Commission* EU：T：2014：160，第75～87段。

面审查"；在 *Groupment des Cartes Bancaires v Commission* 案[20]中，欧洲法院认为，欧盟普通法院没有遵守必要的审查标准；[21] 在 *Intel v Commission* 案[22]中也作了类似的谴责。

1. 第1/2003 号条例综述

第1/2003 号条例废除了向欧盟委员会发出关于个人豁免协议通知的规定，并废除了欧盟委员会在个别情况下适用《欧盟运行条约》第101 条第3 款作出决定的专属权力：现在直接适用这一规定，其方式与第101 条第1 款、第101 条第2 款和第102 条相同。[23] 然而，第1/2003 号条例不仅废除了通知，还利用这一机会全面审查了欧盟委员会的一般执行权力，该条例通过了一些新的规定，比如，欧盟委员会有可能根据企业对未来行为作出的具有法律约束力的承诺作出决定（第9 条），以及在人们住所进行检查的权力（第21 条）。2014年，欧盟委员会发表了一份通讯稿，《第1/2003 号条例规定的反垄断执法十年：成就和未来展望》[24] 审查了实施第1/2003 号条例的第一个十年。[25]

（A）第1/2003 号条例的内容

第1/2003 号条例由11 章组成：

• 第1 章的标题是"原则"，第1 条规定了《欧盟运行条约》第101 条和第102 条的直接适用性，第2 条解释了在《欧盟运行条约》第101 条和第102 条下的案件举证责任的分配，第3 条处理这些条款与国家竞争法之间的关系。[26]

• 第2 章规定了欧盟委员会、国家竞争主管机构和国家法院的权力。

• 第3 章规定了欧盟委员会各种类型的决定：认定侵害行为、临时措施、接受承诺和不适用的调查结果。

---

[20] 案例 C－67/13 P EU：C：2014：2204。

[21] 同上，第89～92 段。

[22] 案例 C－413/14 P EU：C：2017：632，第141～146 段。

[23] 参见第4 章第214～217 页"第1/2003 号条例"。

[24] COM（2014）453。

[25] 参见欧盟委员会工作人员工作文件，第1/2003 号条例，SWD（2014）230 和《成员国竞争管理机构加强竞争执法》，SWD（2014）231；另见本章第365 页"第1/2003 号条例的十年和可能的改革"。

[26] 第2 章第91～96 页"欧盟竞争法与英国竞争法之间的关系"中讨论了欧盟与国内竞争法之间的关系。

- 第4章规定了欧盟委员会、国家竞争主管机构和国家法院之间的合作。
- 第5章规定了欧盟委员会的调查权力。
- 第6章规定了处罚。
- 第7章规定了实施和执行处罚的时效。
- 第8章规定了听证和职业保密。
- 第9章规定在某些情况下撤销集体豁免规定的利益。
- 第10章规定了一般性规定。
- 第11章规定了过渡、修正和最后规定。

(B) 支持措施

欧盟委员会为成功适用第1/2003号条例采取了若干必要的辅助支持措施。这些措施包括一项欧盟委员会条例和若干通知，内容如下：

- 欧盟委员会关于根据执行第1/2003号条例、《欧盟运行条约》第101条和第102条进行诉讼的第773/2004号条例。[27]
- 《关于竞争主管机构网络内合作的通知》。[28]
- 《关于欧盟委员会与欧盟成员国法院在适用〈欧盟运行条约〉第101条和第102条方面合作的通知》。[29]
- 《欧盟委员会根据〈欧盟运行条约〉第101条和第102条处理投诉的通知》。[30]
- 《关于就个别案件中出现的涉及〈欧盟运行条约〉第101条和第102条的新问题提供非正式指导的通知（指导函）》。[31]
- 《关于〈欧盟运行条约〉第101条和第102条贸易概念影响指南》。[32]
- 《第101条第3款指南》。[33]
- 《关于根据第1/2003号条例第7条和第23条通过卡特尔案件决定后进行和解程序的通知》。[34]
- 《关于适用〈欧盟运行条约〉第101条和第102条程序最佳做法的通

---

[27] OJ［2004］L 123/18，经第622/2008号条例（OJ［2008］L 171/3）和第2015/1348号条例（OJ［2015］L 208/3）修订。

[28] OJ［2004］C 101/43。

[29] OJ［2004］C 101/54。

[30] OJ［2004］C 101/65。

[31] OJ［2004］C 101/78。

[32] OJ［2004］C 101/81。

[33] OJ［2004］C 101/97。

[34] OJ［2008］C 167/1，经欧盟委员会函件OJ［2015］C 256/2修订。

知》（以下简称《最佳做法》）。[35]

以下文件提供了竞争案件中欧盟委员会程序的进一步细节[36]：

• 在适用《欧盟运行条约》第 101 条和第 102 条的案件与并购案件中提交经济证据和数据收集的最佳做法。

• 欧盟委员会主席关于审理官员在某些竞争程序中的职能和职权范围的决定。

• 数据室信息披露的最佳做法。[37]

2012 年，欧盟委员会竞争总司公布了《反垄断程序手册：竞争总司内部竞争工作文件》（以下简称"《程序手册》"），内容涉及适用《欧盟运行条约》第 101 条和第 102 条的程序》，[38] 为欧盟委员会程序方面提供了宝贵的指导意见。与保密和检查等问题有关的实际信息也可在欧盟委员会竞争总司网站上查阅。[39]

2. 第 1/2003 号条例下欧盟委员会的执法权

（A）举证责任和证明标准

第 1/2003 号条例第 2 条规定，证明违反《欧盟运行条约》第 101 条第 1 款或第 102 条的责任由指称违法的个人或竞争主管机构承担，证明《欧盟运行条约》第 101 条第 3 款得到满足的责任由提出该主张的人承担。在有些情况下，负有举证责任的一方提出证据，要求另一方提供解释或理由，如果不提供解释或理由，则可得出证明举证责任已得到满足的结论。[40]《欧盟委员会关于适用〈欧盟运行条约〉第 101 条第 3 款的指南》[41] 解释了企业根据第 101 条第 3 款为协议辩护时应提供的证据种类。

该条例没有讨论如果一家企业提出客观的理由或以效率作为第 102 条规定的辩护理由时的举证责任。其立场是，在这种情况下，举证责任在于提出理由

---

[35] OJ［2011］C 308/6。

[36] 同上。

[37] 可在 www. ec. europa. eu/competition 上查阅。

[38] 可在 www. ec. europa. eu 上查阅。

[39] 可在 www. ec. europa. eu/competition/antitrust/information_en. html 上查阅。

[40] 案例 C－501/06 P etc *GlaxoSmithKline Services Unlimited v Commission* EU：C：2009：610，第 83 段和引用的判例法。

[41] OJ［2004］C 101/97。

的企业[42]，然后欧盟委员会有责任说明为什么这种理由不适用。[43] 同样，如果一家企业声称是一项合同限制是辅助的，企业承担举证责任，然后欧盟委员会应该表明为什么不是这样。[44]

评论 5 规定，第 1/2003 号条例不影响国家关于证明标准的规则。

（B）第 2 章：权力

第 4～6 条分别涉及欧盟委员会、国家竞争主管机构和国家法院的权力。

（i）第 4 条：欧盟委员会的权力

第 4 条规定，欧盟委员会应享有第 1/2003 号条例规定的权力：特别重要的是第 3 章的决策权、第 5 章所载的调查权、第 6 章规定的处罚权。这些权力将在下文介绍。

（ii）第 5 条：国家竞争主管机构的权力

该条例的评论 6 指出，为了确保有效适用竞争规则，国家竞争主管机构应与其适用更密切地联系起来。因此，第 5 条规定，国家竞争主管机构有权在个别情况下适用《欧盟运行条约》第 101 条和第 102 条。为此目的，国家竞争主管机构可以作出决定，要求终止侵害行为，下令采取临时措施，接受承诺，并处以罚款和定期罚款；它们还可以决定自己没有采取行动的理由，但不意味着决定没有违反欧盟的竞争规则[45]；只有欧盟委员会有权通过一项确认无违法的决定。[46] 在 *Bundeswettbewerbsbehörde v Schenker* 案[47]中，欧洲法院认为，为了确保《欧盟运行条约》第 101 条有效地适用于一般利益，国家竞争主管机构只有在特定的情况下才能例外地不处以罚款[48]，例如，企业是举报人，其贡献对授权机构侦查和压制垄断具有决定性作用。[49]

---

[42] 参见案例 C－209/10 *Post Danmark A/S v Konkurrencerådet* EU：C：2012：172，第 40～42 段，引用较早判例法。

[43] 参见案例 T－201/04 *Microsoft Corpn v Commission* EU：T：2007：289，第 688 段。

[44] 参见 1998 年英国竞争法的案例：案例 1035/1/1/04 etc *Racecourse Association v OFT*［2005］CAT 29，第 130 ～134 段。

[45] 案例 C－375/09 *Prezes Urzedu Ochrony Konkurencji I Konsumentow v Tele2 Polska sp. Z o. o.*，*now Netia SA* EU：C：2011：270，第 19～30 段；这是适用第 102 条的案例，原则上使用第 101 条也会得出相同的结论；参见案例 T－402/13 *Orange v Commission* EU：T：2014：991，第 30～31 段。

[46] 参见本章第 328～329 页“第 10 条：不适用的裁定”。

[47] 案例 C－681/11 EU：C：2013：404。

[48] 由于国家竞争主管机构无法确定是否违反欧盟竞争法，因此它不能合理地期望某家企业不会因违规而被罚款：第 42 段。

[49] 同上，第 44～50 段。

该条例第35条要求成员国指定负责适用《欧盟运行条约》第101条和第102条的一个或多个竞争主管机构，其方式应使其规定得到有效遵守；指定的主管机构可包括法院。指定的国家主管机构必须有权作为被告或答辩人参与对主管机构就第101条和（或）第102条所作决定的司法诉讼。[50] 欧盟委员会通过欧洲竞争网络与国家竞争主管机构密切合作，下文第3节将讨论其工作。

2017年3月，欧盟委员会通过了一项指令提案[51]，旨在授权国家竞争主管机构更有效地执行竞争法，特别是该指令将确保这些国家竞争主管机构的独立性；它们拥有足够的资源、必要的执法和罚款权力，以防止内部市场的竞争扭曲。这一倡议被称为ECN+提案。截至2017年12月8日，预期该指令将于2019年10月现届欧盟委员会任期结束时通过。

（iii）第6条：国家法院的权力

该条例第6条规定，国家法院有权完整适用《欧盟运行条约》第101条、第102条。第8章将讨论国家法院的作用。

（C）第3章：欧盟委员会的决定

第7～10条涉及欧盟委员会的决定。欧盟委员会还发布了一份《关于就个别案件中出现的涉及〈欧盟运行条约〉第101和102条的新问题提供非正式指导的通知（指导函）》[52]），其中解释了欧盟委员会可能准备就竞争规则的适用提供非正式指导的（罕见）情况。2008年，欧盟委员会采用了一种制度，可以解决一些垄断案件。在说明第7～10条赋予的权力之后，将讨论非正式的指导和解决办法。

（i）第7条：查明和终止侵害行为

第7条第1款规定，如果欧盟委员会根据一项申诉采取行动或自行采取行动，发现违反了《欧盟运行条约》第101条或第102条，可通过决定要求终止该行动。[53] 第7条第1款又规定，欧盟委员会可对企业采取与侵害行为相称的

---

[50] 案例C－439/08 *Vlaamse federatie van verenigingen Brood－en Banketbakkers, Ijsbereiders en Chocoladebewerkers*（*VEBIC*）*VZW* EU：C：2010：739。

[51] 关于制定欧洲议会和理事会授权赋予竞争权的指令的提案，成员国的竞争主管当局必须成为更有效的执法者，并确保成员国内部市场的正常运作，2017年3月22日，COM（2017）142 final；有关讨论参见：WILS W P J. Competition Authorities：Towards More Independence and Prioritisation？［J/OL］.（2017－06－26）. https：//ssrn.com/abstract＝3000260.

[52] OJ［2004］C 101/78。

[53] 有关采用禁止决定的信息，参见竞争总司《程序手册》第15章。

行为或结构补救措施，这些补救措施是有效结束侵害行为所必需的。[54]

（a）行为补救办法

行为补救可能是消极的，例如停止某种行为，或积极的，命令一家企业做某事。在典型的垄断案件中，欧盟委员会要求垄断参与者在尚未停止非法行为的情况下停止非法行为，并保证在今后不采取任何具有相同或类似目的或效果的行为。[55]

欧洲法院在 *Commercial Solvents Co v Commission* 案[56]中确认了欧盟委员会根据第 17 号条例作出积极命令的能力；没有理由认为欧盟委员会的权力根据第 1/2003 号条例会有任何不同。在前述案例中，该企业被认定犯有非法拒绝供应违反第 102 条的罪行，并被命令恢复向前客户供应。在 *Microsoft* 案[57]中，欧盟普通法院维持了欧盟委员会的侵权决定，但认为欧盟委员会无权任命一名独立的监督受托人来执行补救办法。这远远超出了一名专家就补救办法的执行提供咨询的范围。[58]

如果一家企业违反了《欧盟运行条约》第 102 条，则可以命令它向分销商或客户提供服务，但不能在违反第 101 条[59]之后这样做。第 101 条和第 102 条有不同的逻辑：第 101 条禁止协议，欧盟委员会可以命令终止协议；第 102 条禁止滥用，欧盟委员会也可以命令终止滥用。但是，根据第 101 条，拒绝供应本身并不非法。欧盟委员会可以下令终止不供应的协议，但并不意味着它也可以下令供应。违反第 101 条的任何进一步民事法律后果应由国家法院确定。[60]

（b）结构性补救

第 17 号条例没有具体规定结构性补救办法，在第 1/2003 号条例中明确列入这种可能性是有争议的。第 1/2003 号条例第 7 条第 1 款规定，只有在没有同样有效的行为补救办法或行为补救办法比结构补救办法使有关企业负担更重

---

[54] 参见：RITTER C. Remedies for Breaches of EU Antitrust Law［J/OL］. SSRN Electronic Journal, 2016（2016 - 05 - 17）. https：//ssrn. com/abstract = 2781441.

[55] 参见：*Gas insulated switchgear*，欧盟委员会于 2007 年 1 月 24 日作出决定；案例 T - 395/94 *Atlantic Container Line AB v Commission* EU：T：2002：49，第 410 ~ 420 段。

[56] 案例 6/73 和 7/73 EU：C：1974：18。

[57] 欧盟委员会于 2004 年 3 月 24 日作出的决定，上诉维持原判案例 T - 201/04 *Microsoft Corpn v Commission* EU：T：2007：289。

[58] 同上，第 1251 ~ 1279 段。

[59] 案例 T - 24/90 *Automec v Commission*（*No 2*）EU：T：1992：97。

[60] 同上，第 50 段；另见：案例 C - 377/05 和 C - 376/05 *A Brünsteiner GmbH v Bayerische Motorenwerke AG* EU：C：2006：753，第 48 ~ 51 段。

的情况下，才能实行结构补救办法。评论12补充说，仅在存在因企业本身结构而导致持续或反复违法的重大风险的情况下，对在该违法行为发生之前的企业结构进行的变更才是相称的。这方面的一个例子是，纵向一体化的企业一贯拒绝获得必要的设施，或在重要投入方面歧视下游竞争者；另一个例子可能是企业一再沉溺于价格挤压。[61] 在*ARA Foreclosure*案[62]中，欧盟委员会依据第7条通过了一项决定，要求ARA放弃其对基础设施的兴趣，因为设施是一项基本设施：ARA自己进行了这种剥离，其罚款减少了30%，体现了其合作态度。在一些情况下，特别是在能源行业，欧盟委员会根据第1/2003号条例第9条作出并接受了结构性补救承诺。[63]

(c) 过去的侵害行为

第1/2003号条例第7条第1款的目的是规定欧盟委员会在有正当利益的情况下，可通过一项针对过去曾发生侵权行为的决定。[64] 例如，可能有正当利益这样做，以便澄清一个重要的原则问题或作为促进后续损害赔偿的一种方式。[65] 然而，欧盟委员会必须解释为什么欧盟有兴趣通过一项与过去行为有关的决定，如果不这样做，可能导致上诉后撤销该决定[66]；这一解释的一个例子可以在*Morgan Stanley/Visa International* and *Visa Europe*案中找到，其中欧盟委员会指出，Visa继续否认其行为违反《欧盟运行条约》第101条，并且欧盟委员会希望对Visa处以罚款。[67]

(d) 申诉人

该条例第7条第2款规定，有权为第7条第1款提出申诉的人须是能够证明其具有正当利益的自然人或法人和成员国。申诉人的立场将在稍后审议。[68]

(ii) 第8条：临时措施

第1/2003号条例第8条第1款规定，在竞争可能遭受严重和不可挽回损

---

[61] 参见第17章第865~881页“拒绝供应”和第18章第934~941页“利润挤压”。

[62] 欧盟委员会于2016年9月20日作出的决定，第132~148段。

[63] 参见本章第322~328页“第9条：承诺”。

[64] 根据第17号条例，这是可能出现的情况：参见案例7/82 *GVL v Commission* EU：C：1983：52；*Bloemenveilingen Aalsmeer* OJ［1988］L 262/27，第164~168段；*Distribution of Package Tours During the 1990 World Cup* OJ［1992］L 326/31；*Zera/Montedison* OJ［1993］L 272/28，第132段；*Europe Asia Trades Agreement* OJ［1999］L 193/23，第182~185段。

[65] 参见第8章第386~388页“第16条：欧盟竞争法的统一适用”。

[66] 参见T-22/02 etc *Sumitomo Chemical Co Ltd v Commission* EU：T：2005：349，第129~140段。

[67] 欧盟委员会于2007年10月3日作出决定，上诉维持原判案例T-461/07 *Visa Europe v Commission* EU：T：2011：181；参见：类似案例T-23/10 etc *Arkema France v Commission* EU：T：2014：62，第109~120段。

[68] 参见本章第360~361页“申诉人的立场”。

害的紧急情况下，欧盟委员会可根据初步认定的侵害行为，主动[69]采取临时措施[70]。第8条第2款规定，命令应在规定的期限内发出，并可在必要和适当的情况下延长。第17号条例对临时措施问题未作规定，但欧洲法院是在 *Camera Care v Commission* 案[71]中规定欧盟委员会根据该条例第3条确实有权给予临时救济。第1/2003号条例评论11规定，应明确规定临时措施。在实践中，欧盟委员会并不经常根据 *Camera Care* 案判决采取临时措施：它倾向于第三方在其国内法院[72]或国家竞争主管机构[73]寻求临时救济。欧盟委员会尚未根据第8条[74]采取临时措施，因为“竞争可能遭受严重和不可挽回的损害”的要求不易得到满足。[75] 欧盟委员会曾几次与企业谈判达成临时解决办法，但未正式通过临时决定。例如，在 *Hilti* 案[76]就发生了这种情况；企业的条款后来被打破，欧盟委员会在其最终决定中考虑到了这一点。

（iii）第9条：承诺

该条例第9条规定，欧盟委员会应通过决定，由受调查的企业作出具有法律约束力的承诺，以满足欧盟委员会向它们表示的关切；然后，欧盟委员会封

---

[69] 临时措施是在欧盟委员会的倡议下采取的，并非根据申诉人要求欧盟委员会采取行动的任何“权利”，参见：NORDSJO A. Regulation 1/2003：Power of the Commission to Adopt Interim Measures［J］. European Competition Law Review，2006，27：299.

[70] 有关临时措施，参见竞争总司《程序手册》第17章。

[71] 案例792/79 R EU：C：1980：18。

[72] 有关在英国法院申请临时措施的信息，参见第8章第403～404页“临时措施”。

[73] 有关英国竞争与市场管理局采取临时措施的权力，参见第10章第508～510页“临时措施”。

[74] 如果欧盟委员会在根据第8条作出任何决定时，在第1/2003号条例之前通过的决定具有相关性：*Ford Werke AG – Interim Measure* OJ［1982］L 256/20，案例228/82和229/82 *Ford Werke AG v Commission* EU：C：1984：80；*ECS/AKZO* OJ［1983］L 252/13；*BBI/Boosey and Hawkes*：*Interim Measures* OJ［1987］L 286/36；*Ecosystem SA v Peugeot SA*［1990］4 CMLR 449，上诉维持原判案例T－23/90 *Peugeot v Commission* EU：T：1991：45；*Langnese – Iglo/Mars*，1992年3月25日未报告的决定。参见《关于竞争政策的第22号报告》（1992年），第195点：这一决定在案件T－24/92 and 28/92 *R Langnese – Iglo GmbH v Commission* EU：T：1992：71中部分中止；案例 *Sealink/B&I – Holyhead*：Interim Measures［1992］5 CMLR 255；*Sea Containers v Stena Sealink – Interim Measures* OJ［1994］L 15/8；*Irish Continental Group v CCI Morlaix*［1995］5 CMLR 177；NDC *Health/IMS Health*：*Interim Measures* OJ［2002］L 59/18，该决定随后被撤销：欧盟委员会新闻稿IP/03/1159，2003年8月13日。

[75] 维斯塔格专员质疑测试是否过于严格：参见2017年3月15日的讲话，可在www.ec.europa.eu上查阅。

[76] Hilti的承诺作为决定的附件附在案例 *Eurofix – Bauo v Hilti* OJ［1988］L 65/19后；临时承诺的其他示例包括《关于竞争政策的第15号报告》（1985年）第49点的 *Ford Motor Co* 案例；《关于竞争政策的第16号报告》（1986年）第74点的 *British Sugar/Napier Brown* 案；*Irish Distillers Group v GC & C Brands Ltd*［1988］4 CMLR 840。

存其档案，而不对是否曾经或正在违反第101条和/或第102条作出结论。[77] 承诺可能是行为承诺或结构性承诺；在能源和运输行业的一些情况下，可以接受结构性承诺[78]。承诺程序比第7条规定的认定侵害程序更便利。正如欧洲法院在 *Commission V Alrosa* 案[79]中解释的那样，第9条程序基于程序经济性的考虑，能够迅速解决适当的案件，不是每个案件都需要以侵害决定结束。竞争主管机构必须决定如何最好地利用其可利用的有限资源，在某些情况下，出于效率原因，欧盟委员会仅限于使承诺具有约束力，而不发布正式的禁止决定。[80] 例如，如果承诺导致终止似乎具有反竞争性质的行为，则可能是适当的。承诺决定还可以起到对更广泛的商业和法律界的教育作用，使之了解可能引起竞争问题的做法。

第17号条例没有规定可以根据具有法律约束力的承诺来解决案件；尽管如此，针对几个案件，欧盟委员会根据非正式承诺封存了其档案，没有执行机制。[81] 第1/2003号条例第9条首次为承诺提供了法律依据；它产生了许多文献资料。[82] 自第9条于2004年5月1日生效以来，有38个国家接受了承诺。欧盟委员会迄今所接受的所有承诺的表格可以在本书的在线参考资料中找到。[83] 自2015年2月6日（本书第8版的截止日期）以来接受承诺的案例参见表7.1。[84]

---

[77] 有关承诺决定，参见竞争总司的《程序手册》第15章。

[78] 参见本章第327~328页“评论”。

[79] 案例C-441/07 P EU：C：2010：377，第35段；另见案例T-76/14 *Morningstar Inc v Commission* EU：T：2016：481，第39段。

[80] 欧盟委员会于2004年9月17日在MEMO/04/217作出的决定。

[81] 非正式解决的重要案例包括：《关于竞争政策的第14号报告》（1984）第77~79页的 *IBM* 案；《关于竞争政策的第24号报告》（1994）第364~365页的 *Microsoft* 案；《关于竞争政策的第26号报告》（1996）第139~140页的 *Interbrew* 案、第144~148页的 *IRI/Nielsen* 案；《关于竞争政策的第27号报告》（1997）第153~154页的 *Digital* 案。

[82] 参见：WILS W P J. Settlements of EU Antitrust Investigations：Commitment Decisions under Article 9 of Regulation 1/2003 [J]. World Competition，2006，29：345；WHISH R. Commitment Decisions under Article 9 of the EC Modernisation Regulation：Some Unanswered Questions [M] //JOHANSSON M，WAHLN，BERNITZ U. Liber Amicorum in Honour of Sven Norberg. London：BRUYLANT，2006：555-572；WAGNER-VON PAPP F. Best and Even Better Practices in Commitment Procedures After *Alrosa*：the Dangers of Abandoning the “struggle for competition law” [J]. Common Market Law Review，2012，49（3）：929；HJELMENG E. Competition Law Remedies：Striving for Coherence or Finding New Ways? [J]. Common Market Law Review，2013，50（4）：1007. DUNNE N. Commitment Decisions in EU Competition Law [J]. Journal of Competition Law and Economics，2014，10（2）：399.

[83] 参见 www.oup.com/uk/whish9e/。

[84] 参见本章第324页“第9条承诺决定表”。

表7.1　第9条承诺决定表

案件名称	被指称受到侵犯的条款	承诺具有法律约束力的日期	承诺继续有效的日期
Air France/KLM Alitalia and Delta（SkyTeam Alliance）	第101条 横向协议	2012.04.15	2012.04.25
		NB：准结构补救	
BEH Electricity - Bulgarian Energy Holding	第102条	2010.12.15	2009.12.20
Container liner shipping	第101条 横向协议	2007.07.16	2006.12.20
Credit default swaps/ISDA/Markit	第101条 横向协议	2020.07.16	2010.07.25
Cross - border access to pay - TV - NBC Universal/Paramount Pictures C[1]	第101条 纵向协议	2026.07.16	2025.07.21
E - books MFNs and related matters - Amazon EU Sarl	第102条 纵向协议	2004.05.17	2003.05.22

注：1. 案例T-873/16 *Groupe Canal + v Commission*，这项决定已向欧盟普通法院提出上诉，但尚未作出裁决。

(a) 第9条：实质性规则

第1/2003号条例第9条第1款规定，如果欧盟委员会打算通过一项决定，要求终止违反《欧盟运行条约》第101条和/或第102条的行为，而有关企业承诺满足其初步评估中表达的关切，欧盟委员会可通过一项决定，使这些承诺具有法律约束力。第9条第1款最后一句规定，该决定可在特定期限内作出（尽管这不是一项要求[85]），并应得出结论，欧盟委员会不再有采取行动的理由。第9条第2款规定，欧盟委员会可在某些特定情况下重新启动程序，例如有关企业违背其承诺。

该条例的评论13规定，在欧盟委员会打算处以罚款的情况下，第9条程序是不适当的。因此，在核心垄断的情况下，不包括承诺决定。欧盟委员会从来没有义务接受根据第9条作出的承诺，而不根据第7条对侵害的裁定进行审理。[86] 欧盟委员会在接受承诺方面享有广泛的酌处权[87]，欧盟法院在对承诺进

[85] 参见案例T-170/06 *Alrosa Company Ltd v Commission* EU：T：2007：220，第91段。

[86] 同上，第130段。

[87] 案例C-441/07 P *Commission v Alrosa* EU：C：2010：377，第94段。

行司法审查时，不会以其经济评估取代欧盟委员会的经济评估。[88]

根据第9条作出的决定在概念上不同于根据第7条作出的侵害决定：第7条的目的是结束侵害行为，而根据第9条作出的决定是为了解决欧盟委员会在初步评估之后可能产生的任何关切[89]。因此，欧盟委员会在同意接受根据第9条作出的承诺时，没有义务将所提供的补救与根据第7条本可采取的措施等同起来[90]；根据第9条，一项承诺可以改变欧盟委员会根据第7条不能要求的行为[91]。

第1/2003号条例第23条第2款（c）项规定，对未遵守前一营业年度营业额总额10%的承诺的企业可处以罚款。第24条第1款（c）项规定，如果该企业继续违反承诺决定，应定期支付不超过前一个营业年度平均每日营业额5%的罚款。2013年，欧盟委员会对Microsoft处以5.61亿欧元罚款，原因是Microsoft没有履行其承诺，通过操作系统中的选择屏幕，为Windows用户提供不同浏览器的无偏选择。[92] 这一罚款的数额可能会使根据第9条作出承诺的企业认识到遵守这些承诺的重要性。[93] 在*CEEES v Commission*案[94]中，欧盟普通法院维持了欧盟委员会的决定，驳回了关于指称Repsol不遵守承诺的申诉。

(b) 第9条：程序

第9条程序是需要欧盟委员会启动的正式程序。[95] 欧盟委员会不必发表反对声明，只要它向有关企业发出"初步评估报告"就足够了，其情况可能比反对声明更短和更不正式。初步评估可以载于信函中，也可以作为独立文件发送。初步评估或反对声明使有关企业有一段时间来回应欧盟委员会的关切并提出承诺草案。欧盟委员会指出，拟议的承诺必须是明确和能够自我执行的。[96]

---

[88] 同上，第67段；另见案例T-76/14 *Morningstar Inc v Commission* EU：T：2016：481，第41段。

[89] 案例C-441/07 P *Commission v Alrosa* EU：C：2010：377，第46段。

[90] 同上，第47段。

[91] 同上，第48~50段；关于同一点另见案例T-76/14 *Morningstar Inc v Commission* EU：T：2016：481，第43~45段。

[92] *Microsoft Tying*，欧盟委员会于2013年3月6日作出决定。

[93] 前副主席阿穆尼亚（Almunia）在作出决定时强调了这一点：见欧盟委员会新闻稿IP/13/196，2013年3月6日。

[94] 案例T-342/11 *Confederación Española de Empresarios de Estaciones de Servicio v Commission* EU：T：2014：60。

[95] 参见《最佳做法》，第115~133段。

[96] 同上，第128段。

欧洲法院认为，根据第1/2003号条例[97]第27条第2款，第三方不是“有关当事方”意味着，它没有权利在根据承诺程序进行的案件中查阅欧盟委员会的文件档案。[98]

该条例第27条第4款规定，如果欧盟委员会打算通过依据第9条制定的决定，则必须公布案情摘要和承诺的主要内容；然后，第三方有机会在不少于一个月的固定时限内发表评论。欧盟委员会在互联网上原文公布承诺草案全文。“市场检验”起草承诺草案的过程可能会暴露其中的弱点，使得欧盟委员会重新谈判，适用或放弃第9条程序，并恢复到根据第7条作出侵害决定的可能性。这发生在*CISAC*案[99]中。就Google而言，对该企业所作的各种承诺有如此多的反对意见，欧盟委员会决定不接受这些承诺，而是继续进行调查；[100] 这导致在2017年6月通过了对Google的侵害决定，对其处以24.2亿欧元的罚款。[101] 第1/2003号条例第30条规定，欧盟委员会必须公布其依据第9条作出的决定。

（c）第9条：实际考虑

关于第9条的承诺，应注意各种实际要点。首先，第1/2003号条例评论13规定，承诺决定不会得出是否已经或仍然存在违反竞争规则的结论，并补充说，承诺决定不影响国家竞争主管机构和国家法院对案件作出裁决的权力。这一点在评论22的最后一句中重复，并得到欧盟普通法院的确认。[102] 这对有关各方具有重要影响。有一种可能性是，虽然公开了承诺程序本身以及欧盟委员会在履行承诺过程中可能作出的声明，但当事方仍然很容易受到国家法院的调查。例如，经承诺修改的协议违反了《欧盟运行条约》第101条第1款，不符合第101条第3款，因此根据第101条第2款无效。[103]

如果企业就其今后的行为向欧盟委员会作出承诺，就会产生以下问题：国家竞争主管机构和/或第三方是否可以质疑符合第101和/或第102条所述承诺

---

[97] 案例C-441/07 P *Commission v Alrosa* EU：C：2010：377，第90段，废除了普通法院在案件T-170/06 *Alrosa Company Ltd v Commission* EU：T：2007：220的裁定，第197~204段。

[98] 另见监察员在2953/2008/FOR中对欧盟委员会的投诉的决定，2010年7月27日，拒绝第三方在E. ON上获得欧盟委员会的初步评估；有关决定可在www. ombudsman. europa. eu/home. faces上查阅。

[99] 参见本章表7.1。

[100] 参见维斯塔格专员2014年11月11日在欧洲议会上的发言。

[101] 欧盟委员会2017年6月27日作出的决定；案例T-612/17 *Google v Commission*，尚未裁决。

[102] 参见案例T-342/11 *Confederación Española de Empresarios de Estaciones de Servicio v Commission* EU：T：2014：40，第67段。

[103] 案例C-547/16 *Gasorba SL v Repsol Comercial de Productos Petroliferos SA* EU：C：17：891，第30段。

为非法的行为。该条例第9条只是规定，欧盟委员会的决定应认定欧盟委员会不再有采取行动的理由。然而，这本身并不意味着欧盟委员会已经得出结论，企业已不再存在侵害行为。这可能意味着欧盟委员会已经决定，在得到适当的承诺之后，该案不再是其执法重点之一。据推测，国家竞争主管机构不大可能对向欧盟委员会作出有关未来行为承诺的企业采取行动，除非它希望按照第1/2003号条例第3条第2款的规定，对受国内法中更严格规则约束的单方行为采取行动。但是，第9条承诺决定并不能使作出承诺的当事方避免其未来行为在国家法院被诉赔偿损害的可能性。

鉴于第9条程序是当事方自愿作出承诺的程序，企业不大可能对第9条决定的实质内容提出上诉，而且这种情况从未发生过；但是，这不妨对欧盟委员会程序的某些方面提出质疑，例如查阅档案的权利。作出承诺的企业可以对欧盟委员会拒绝接受承诺提出上诉；但是，欧盟普通法院说，欧盟委员会从来没有义务接受承诺，这种上诉似乎不大可能成功。[104] 第三方也希望将第9条决定案件提交欧盟普通法院。如果第三方向欧盟委员会投诉反竞争行为，认为已经接受了的承诺并不足以结束侵害行为调查，就可能发生这种情况。*Morningstar v Commission* 案[105]发生了这种情况，对欧盟委员会在 *Thomson Reuters* 案中的决定提出上诉，但没有成功。如果欧盟委员会的诉讼法律依据似乎质疑了第三方的行为，第三方也可能对接受的承诺提出质疑。[106]

(d) 评 论

对第1/2003号条例生效以来通过的依据第9条作出的决定提出了一些意见。第一点，第9条的决定比通过该条例时预期的要多。第二点，第9条的许多决定是由于对可能违反《欧盟运行条约》第102条而不是第101条的情况进行调查而作出的。这并不令人惊讶：正如所指出的，第9条程序不适用于核心垄断，欧盟委员会每年根据第7条通过若干垄断决定。第102条案件往往比垄断更为复杂，欧盟委员会满意通过谈判达成的结果，并迅速改变行为，但没有认定有关企业侵害行为，显然对双方都有好处。[107]

---

[104] 案例T-421/08 *Performing Right Society v Commission* 和案例T-433/08 *Società Italiana degli Autori ed Editori v Commission*：随着法院废除欧盟委员会对CISAC的一致做法的认定，没有必要解决欧盟委员会拒绝接受第9条规定的承诺的问题。

[105] 案例T-76/14 EU：T：2016：481。

[106] 参见：案例T-873/16 *Groupe Canal + v Commission*，尚未裁决。

[107] 有关欧盟委员会立场的讨论，参见The Competition DG of European Commission to Commit or not to Commit? Deciding between Prohibition and Commitment [J/OL]. Competion Policy Brief, 2014 (3): 1. 可在https://ec.europa.eu/competition/publications 上查阅。

第三点，第9条的许多决定——11项完全涉及天然气或电力市场：欧盟委员会对这些市场的行业调查查明了一系列问题[108]，其中许多问题由于这些决定而得以缓解。需要注意的第四点是，在11个能源案例中有7个案例，欧盟委员会接受了结构性或准结构性承诺，而不是行为承诺，或者除了行为承诺之外的承诺。一个明显的例子是，环境基金承诺放弃其在三个跨界天然气管道中的利益，从而终止了其作为纵向一体化天然气供应商和运输商所产生的利益冲突。[109] 欧盟委员会根据第7条只对一个案件采取了结构性补救措施，这是一种不寻常的做法，因为补救措施是作为“解决”的一部分提供的。欧盟委员会在这些能源案件中所收到的结构承诺与某些并购案件中所要求的承诺并无不同，其中包括在某些情况下任命监督受托人和要求欧盟委员会批准将被剥离资产的买方。

在*Samsung*案中，欧盟委员会接受了承诺，即Samsung承诺实施一个许可框架，以确定FRAND（公平、合理和非歧视性）标准必要专利的使用标准：在五年内，它不会寻求与这些专利有关的禁令。[110] 在Samsung作出承诺决定的同一天，欧盟委员会在摩托罗拉通过了一项侵害决定，因为该企业规定，在某些情况下，企业可以滥用其支配地位，在标准必要专利下寻求禁令。[111] 欧盟委员会没有对其处以罚款，因为这是一个新颖的问题，在不同的成员国可能产生不同的结果。将第7条决定与第9条决定相结合，有助于澄清法律，并就今后如何处理这些问题提供指导。

例如，由于市场竞争结构的改善，欧盟委员会可以解除不再需要的承诺。[112]

（iv）第10条：不适用的裁定

该条例第10条规定，如欧盟公共利益要求，欧盟委员会可以通过“不适用的裁定”使《欧盟运行条约》第101条和/或第102条不适用于协议或行为。[113] 企业无权要求作出这样的决定，但欧盟委员会可决定通过一项决定（在

---

[108] 参见本章第338页“第17条：调查经济行业和协议类型”。

[109] 欧盟委员会在2010年7月14日的决定中接受了英国航空公司、美国航空公司和伊比利亚的结构性承诺（剥离机场位置）；于2013年5月23日针对加拿大航空、美国大陆航空/德国汉莎航空公司/美国联合航空公司作出决定；于2015年5月12日针对法航/荷航/阿里塔利亚/达美航空作出决定。

[110] *Samsung – enforcement of UMTS standard essential patents*，欧盟委员会于2014年4月29日作出决定。

[111] *Motorola – enforcement of GPRS standard essential patents*，欧盟委员会于2014年4月29日作出决定。

[112] 例如，德意志铁路公司的承诺提前终止，欧盟委员会新闻稿IP/16/1322，2016年4月8日；以及E. ON的承诺，欧盟委员会新闻稿IP/16/2646，2016年7月26日。

[113] 有关第10条的决定，参见竞争总司的《程序手册》第18章。

例外情况下，如评论 14 所述），将澄清法律并确保其在整个欧盟的一贯适用；同样的规则还指出，如果出现新类型的协定或做法，但没有判例法或行政惯例可以借鉴的情况下，这可能特别有用。截至 2017 年 12 月 8 日[114]，欧盟委员会尚未通过任何第 10 条决定。本书作者认为，欧盟委员会明智地使用第 1/2003 号条例第 10 条（或下文讨论的非正式指导意见），作为发展“先例”的一种方式，将是有价值的，并将有助于“欧盟的公共利益”，该词为在评论 14 中使用的词语。

（v）非正式指导

第 1/2003 号条例评论 38 确认，企业需要法律有确定性，以促进创新和投资。该条规定，如果由于竞争法的新问题或未决问题而存在真正的不确定性，企业可寻求欧盟委员会的非正式指导。[115] 第 10 条和评论 38 都解决了那些担心将取消第 101 条第 3 款通知个别豁免协议程序的人的焦虑。欧盟委员会发布了一份《关于就个别案件中出现的涉及〈欧盟运行条约〉第 101 和 102 条的新问题提供非正式指导的通知（指导函）》。[116] 该通知指出，企业可获得大量的判例法、裁决惯例、集体豁免、准则和通知，使其能够对其商业计划的合法性进行自我评估；[117] 但欧盟委员会也指出，在某些情况下，可能会有适当的指导函。[118] 欧盟委员会认为，只有在同时满足下列标准的情况下，才可考虑发出指导函：

• 关于某一特定类型的协议或行为，目前没有判例法、指南或先例；

• 从与协议或行为相关和/或与之相关的产品或服务消费者的角度考虑，经济重要性的指导将是有用的；

• 协议或行为在多大程度上与市场和/或市场中广泛使用的经济用途相对应；

• 与交易有关的投资范围与相关企业的规模有关，以及交易在多大程度上与结构经营有关，如设立一家非全功能合营企业；

• 可以根据已经向欧盟委员会提供的资料提供指导，不需要进一步的实况调查。[119]

---

[114] 参见欧盟委员会工作文件，附有关于第 1/2003 号条例的职能报告，SEC（2009）574 final，第 114 段，可在 www. ec. europa. eu 上查阅。

[115] 有关非正式指导，参见竞争总司的《程序手册》第 22 章。

[116] OJ［2004］C 101/78。

[117] 同上，第 3 段。

[118] 同上，第 5 段。

[119] 同上，第 8 段。

欧盟委员会不会就纯粹假设的问题发出指导函。[120] 企业应提交一份备忘录，并要求提供一份指导函，其中载有欧盟委员会具体规定的资料。[121] 一封指导函将概述该指导函所依据的事实以及欧盟委员会对该请求提出的新问题的理解所依据的原则法律推理。[122] 指导函将在欧盟委员会网站上公布，但商业秘密部分将被删除。[123] 指导函不是欧盟委员会的决定，也不约束国家竞争主管机构或国家法院。[124] 截至2017年12月8日，尚未发出此类信函。

(vi) 垄断案件的和解

(a) 简　介

欧盟委员会处理垄断案件的程序往往漫长而复杂。欧盟委员会的资源有限，可以进行的调查数量有限；为上诉到欧盟法院的案件进行辩护，将造成欧盟委员会资源的紧缺。在这种情况下，欧盟委员会于2008年采用了和解垄断案件的制度[125]，并附有清算通知书。[126] 该通知不适用于《欧盟运行条约》第101条下的非垄断案件，也不适用于第102条下的滥用案件；但欧盟委员会确实在*ARA*案中解决了一个滥用案件，在该案件中，企业的罚款因承认滥用而减少了30%至600万欧元，企业的合作态度使案件比企业完全抗辩的程序更快地结案。[127]

和解程序的实质是，在垄断调查的某一时刻，当事方在看到欧盟委员会档案中的证据后，承认它们参与垄断并为此承担责任；作为回应，欧盟委员会将减少罚金，否则会对它们处以10%[128]的罚款。减少罚款是对合作态度的奖励。和解不是欧盟委员会与垄断之间就侵害行为的存在或处罚程度进行的谈判。[129]

根据和解程序减少的罚款在概念上不同于根据欧盟委员会《宽大处理通知》自愿提供信息而给予的削减。[130] 因此，一项承诺可能能够获得累计削减，

---

[120] 同上，第10段。

[121] 同上，第14段。

[122] 同上，第19段。

[123] 同上，第21段。

[124] 同上，第25段。

[125] 第622/2008号条例，OJ［2008］L 171/3（修订第773/2004号条例，OJ［2004］L 123/18）。

[126] *cartel cases* OJ［2008］C 167/1，根据第1/2003号条例第7条和第23条作出决定而进行的和解程序的通知，已由欧盟委员会作出 OJ［2015］C 256/2。

[127] 欧盟委员会于2016年9月20日作出的决定，第19段，并注意：ARA同意出售其在基础设施中的股份（用于重新包装），在这种情况下属于“基本设施”。

[128] 和解通知，第32段。

[129] 同上，第2段。

[130] 参见本章第352～356页“欧盟委员会的《宽大处理通知》”。

而且这种情况经常发生。

（b）和解制度的好处

和解程序带来了一些好处。欧盟委员会的好处是可以更快地结案，上诉不太可能，但并非不可能（见下一节）。这意味着可以利用同样数量的资源通过更多的垄断决定。除了减少罚款之外，对各方的好处是，调查和上诉花费的时间和金钱较少；随着垄断案件的继续，媒体长期曝光对声誉造成的损害将减少；和解决定所包含的事实分析比“一般”决定少得多，这使得这些决定对垄断受害者在损害赔偿诉讼等后续行动中的用处更小。

（c）和解程序

和解程序载于欧盟委员会和解通知第2部分。[131] 该程序的概述将在通知末尾找到。第5段明确指出，欧盟委员会保留广泛的酌处权，以确定哪些案件可能适合和解；欧盟委员会不能将和解办法强加给当事方，[132] 但当事方也无权和解。[133] 当欧盟委员会认为无法实现程序效率时，欧盟委员会有权在程序期间的任何时候停止就一般案件或有关一方或多方进行和解讨论。[134]

如果企业表明愿意参加和解的讨论，欧盟委员会可决定在双边接触的基础上进行和解程序[135]；欧盟委员会将控制和解程序的顺序和次序。[136] 和解通知第10条第a款（2）项规定，欧盟委员会可向和解问题的讨论各方通报：

- 反对它们的行为；
- 用来确定这些反对意见的证据；
- 相关文件的非机密版本；和
- 潜在罚款的范围。

和解通知第15条第1款（1a）项规定，一旦启动程序，欧盟委员会将向各方披露这一信息。这种“早期披露”的想法应使各方能够就是否和解作出知情决定。[137] 在诉讼过程中的任何时候，企业都可以要求听证官出席，其职责是确保辩护权的有效行使得到尊重。[138]

---

[131] OJ［2008］C 167/1。

[132] 和解通知，第4段；另见第622/2008号条例评论。

[133] 和解通知，第6段；在案例T－267/12 *Deutsche Bahn AG v Commission* EU：T：2016：110，第417～419段中确认了委员会的酌处权。

[134] 参见：第773/2004号条例第10a条第4款；欧盟委员会放弃了有关智能卡芯片垄断的和解讨论：参见欧盟委员会新闻稿IP/14/960，2014年9月3日。

[135] 和解通知，第14段。

[136] 同上，第15段。

[137] 同上，第16段。

[138] 同上，第18段。

选择和解程序的当事方必须以提交和解方案的形式提出正式请求。[139] 欧盟委员会将规定至少15个工作日的时限，以保证提交“解决方案”[140]。欧盟委员会在收到一份和解意见书后，将向双方发送一份简化的反对声明（比企业完全抗辩的案件短得多）；这将考虑到双方在意见书中的意见。[141] 欧盟委员会希望双方在不少于两周的时间内作出答复，确认反对声明符合其提交的材料，并继续愿意进行和解程序。[142] 欧盟委员会可决定不接受当事各方提交的和解办法，在这种情况下，欧盟委员会可根据标准程序发表反对声明。[143] 如果当事各方未能提出和解办法，案件将根据标准调查程序继续审理。[144]

假设案件确实得到和解，当事双方将不寻求口头听证，也不会在收到反对意见声明后要求查阅档案。这些都是更快作出决定的程序效率的例子[145]。如前所述，和解通知第32段指出，欧盟委员会所处罚款将比本来数额减少10%；在对最高应缴罚款适用10%上限后[146]，将罚款数额减少10%，任何威慑的增加都不会超过两倍。[147]

和解通知第35~40段涉及向指称的垄断方、申诉人、国家竞争主管机构和国家法院的其他当事方披露和解呈件，并采取了以谨慎为主的做法。[148] 和解通知第41段说明，针对欧盟委员会根据第1/2003号条例作出的所有最后决定均可向欧盟普通法院提出上诉，并可就法律问题向欧洲法院提出上诉。欧盟普通法院撤销了*Paper envelopes*案的和解决定，因为欧盟委员会未能解释它根据什么来确定Printeos的罚款数额；[149] 在该案中，欧盟普通法院对和解程序本身并不存在质疑。欧盟委员会随后重新通过了对Printeos的决定。[150]

---

[139] 和解通知，第20段，其中指定了和解书的内容；注意按照《损害赔偿指令》第6条第6款的规定（OJ［2014］L 349/1）成员国必须确保就损害赔偿诉讼而言，国家法院任何时候都不能下令披露和解书。

[140] 参见：第773/2004号条例第10a条第2款最后一项，以及和解通知第17段。

[141] 和解通知，第25段。

[142] 参见第773/2004号条例第10a条第3款、和解通知第26段。

[143] 和解通知，第27段。

[144] 同上，第19段；有关标准程序的信息，参见本章第360页“一个典型的案例”。

[145] 和解通知，第28段。

[146] 关于上限，参见本章第347~348页“第23条：罚款”。

[147] 关于提高威慑力的罚款，参见本章第349~350页“罚款的基本金额”。

[148] 参见：第773/2004号条例第6条第1款，该条规定申诉人无权接收和解案件中的保密版本的声明，仅可接受书面形式有关程序性质和主题的信息。

[149] 案例T－95/15 *Printeos v Commission* EU：T：2016：722；当欧盟委员会通过EURIBOR和解协议减少最终罚款时，案例T－98/14 *Société Générale v Commission* 被撤回，更正其2013年12月4日作出的决定，决定罚款从4.45亿欧元减至2.27亿欧元。

[150] 欧盟委员会于2017年6月6日作出的决定；案例T－466/17 *Printeos SA v Commission*，尚未裁决。

（d）实际的和解程序

和解程序现已确立。2010年通过了第一项决定[151]，即*DRAM*案。在随后的几年里，和解决定的数量有所增加；2014年，欧盟委员会关于垄断案件的10项决定中有8项是和解。截至2017年12月8日，已有25项和解决定，约50%的垄断案件得到和解。

在大多数和解决定中，欧盟委员会与垄断的所有参与者达成了“全面”和解办法；但在6个案件中，和解办法是“混合”的，因为有些当事方没有和解。在*Animal Feed Phosphates*案中，欧盟委员会在同一天通过了一项和解决定和一个有争议的决定，即一个“交错混合”的案例。[152]在一些决定中，例如*Steel abrasives*案[153]和*Canned mushrooms*案[154]，其和解办法是“交错混合”的，因为有争议的决定是在和解决定作出相当长的一段时间后通过的。*Euro interest rate derivatives*案[155]和*Yen interest rate derivative*案[156]也是如此。在*Yen interest rate derivative*案中，一些银行于2013年12月与欧盟委员会达成和解，但经纪人Icap拒绝这样做，欧盟委员会于2015年2月对其作出了有争议的决定。[157] Icap向普通法院提出上诉，该法院认为，*Icap*案件违反了无罪推定原则，并且将来欧盟委员会可能会通过对混合案件采用在同一天通过决定的方式避免这一问题，就像*Animal Feed Phosphates*案[158]。

*Trucks*案和解决定的一个不寻常的特点是，和解是在欧盟委员会发出反对声明之后进行的，这是唯一发生这种情况的场合。[159]鉴于这一制度的目的是保护欧盟委员会的资源，包括编写一份广泛的反对声明，预计这种情况很少见。

---

[151] 欧盟委员会于2010年5月19日作出的决定。

[152] 欧盟委员会于2010年7月20日作出的决定；Timab未成功提起上诉，在案例T-456/10 *Timab Industries*和*CFPR v Commission* EU：T：2015：29，最终维持原判C-411/15 P *Timab Industries v Commission* EU：C：2017：11。

[153] 欧盟委员会于2014年4月2日作出的决定；上诉案例T-433/16 *Pometon v Commission*，尚未裁决。

[154] 欧盟委员会于2014年6月25日作出的决定。

[155] 欧盟委员会于2013年12月4日和2016年12月7日作出了决定；后一个决定是针对三个拒绝和解并提起上诉的银行案例T-105/17 etc *HSBC Holdings plc v Commission*，尚未裁决。

[156] 欧盟委员会于2013年12月4日作出的决定。

[157] 欧盟委员会于2015年2月4日作出的决定。

[158] 案例T-180/15 *Icap plc v Commission* EU：T：2017：795，第268段。

[159] 欧盟委员会于2016年7月19日作出的决定，向Scania征收29.3亿欧元，Scania没有和解此案，欧盟委员会于2017年9月27日对其施加了8.80亿欧元的罚款；Scania提起上诉，案例T-799/17 *Scania AB v Commission*尚未裁决。

(D) 第4章：合作

第1/2003号条例评论15规定，欧盟委员会和国家竞争主管机构应组成一个公共当局网络。[160] 该网络被称为欧洲竞争网络，其组成和在实践中的运作将在后面的第3节中描述。[161] 该网络的成员通过安全的内联网连接。评论21还指出，欧盟委员会与国家法院之间的合作也是必要的，评论22强调欧盟委员会、国家竞争机构和国家法院必须统一适用竞争规则。该条例第11~16条载有促进欧盟委员会、国家竞争主管机构和国家法院之间合作的规定。欧盟委员会发布了两项重要的合作通知，即《关于竞争主管机构网络内合作的通知》（《关于与国家竞争主管机构合作的通知》）[162] 和《关于欧盟委员会与欧盟成员国法院在适用〈欧盟运行条约〉第101条和第102条方面合作的通知》[163]。

(i) 第11条：欧盟委员会与国家竞争主管机构之间的合作

该条例第11条第1款规定，欧盟委员会和国家竞争主管机构应密切合作适用竞争规则[164]。第11条第2款要求欧盟委员会向国家竞争主管机构转交其收集的最重要的文件，以便根据第7~10条（见前面）或第29条第1款（见后面）通过决定。第11条第3款要求国家竞争主管机构在根据《欧盟运行条约》第101条或第102条开始诉讼之前或之后立即以书面形式通知欧盟委员会；这一信息也可通过内联网提供给国家竞争主管机构。《关于与国家竞争主管机构合作的通知》解释说，第11条第2款和第3款的目的是确保案件能够分配到一个“最恰当的”机构。[165] 该通知列出了确定“恰当”所依据的原

---

[160] 参见竞争总司的《程序手册》第3章中与国家竞争主管机构的合作以及欧洲竞争网络内信息的交换。

[161] 参见本章第364页“根据第1/2003号条例分配案件”。

[162] OJ［2004］C 101/43；注意，本通告将由欧盟委员会和国家竞争主管机构作出：同上，第70段。

[163] OJ［2004］C 101/54；参见第8章第383~388页“欧盟委员会与国家法院的关系”。

[164] 参见：WILS W P J. The EU Network of Competition Authorities，the European Convention on Human Right and the Charter of Fundamental Rights of the EU［M］//EHLERMANN C D，Atanasiu I. European Competition Law Annual 2002：Constructing the EU Network of Competition Authorities. Oxford：Hart Publishing，2004：433－464；BRAMMER S. Concurrent Jurisdiction under Regulation 1/2003 and the Issue of Case Allocation［J］. Common Market Law Review，2005，42（5）：1383；ANDREANGELI A. The Impact of the Modernisation Regulation on the Guarantees of Due Process in Competition Proceedings［J］. European Law review，2006，31：342；Brammers. Co－operation Between National Competition Agencies in the Enforcement of EC Competition Law［M］. Oxford：Hart Publishing，2009.

[165] OJ［2004］C 101/43，第16和17段。

则。[166] 在大多数情况下，可能受侵害行为严重影响的成员国的国家竞争主管机构将处于"恰当"地位。[167] 在行为对三个以上成员国产生影响的情况下，欧盟委员会处于特别"恰当"的地位[168]。

第11条第4款和第11条第6款特别重要。第11条第4款规定，国家竞争主管机构必须在通过侵害决定、接受承诺或撤销集体豁免的利益之前30天通知欧盟委员会：《关于与国家竞争主管机构合作的通知》将载于关于适用第11条第4款的指导意见中。[169] 第11条第6款规定，欧盟委员会启动程序应解除国家竞争主管机构适用第101条和第1条第2款的权限[170]；该通知就如何在实践中适用这一规定提供了指导。[171] 第11条第4款和第6款[172]对第1/2003号条例的运作至关重要，这意味着欧盟委员会可以停止国家竞争主管机构的程序，自行处理案件。截至2017年12月8日，欧盟委员会在任何情况下都没有行使终止国家竞争主管机构程序的权力。[173]

第11条第5款规定，国家竞争主管机构可就涉及适用欧盟竞争法的任何案件与欧盟委员会协商。

（ii）第12条：信息交流

（a）信息的自由流动

第1/2003号条例第12条规定欧盟委员会与国家竞争主管机构之间交换信息。它必须与第28条一并解读，其中载有限制使用或披露职业保密义务所涵盖的信息的规定。[174] 欧盟委员会认为，第12条是欧洲竞争网络正常运作的一个关键因素，也是高效率和有效分配案件的先决条件。[175] 第12条第1款规定，欧盟委员会和国家竞争主管机构有权相互提供和使用任何事实或法律事项的证据，包括机密信息。欧盟委员会和国家竞争主管机构之间以及国家竞争主管机

[166] 同上，第5~15段。

[167] 同上，第9段。

[168] 同上，第14段。

[169] 同上，第43~49段。

[170] 按照第11条第6款要求，如果国家竞争主管机构已经在处理案件，则欧盟委员会只能在咨询后启动程序。

[171] OJ［2004］C 101/43，第50~57段。

[172] 同上，第54段。

[173] 参见欧盟委员会工作人员《根据第1/2003号条例实施反托拉斯法的十年》，SWD（2014）230，第242段。

[174] 参见本章第361~362页"第28条：职业保密"。

[175] 参见《关于国家竞争主管机构合作的通知》，第26段。

构之间可以交换信息。[176] 然而，第12条第2款规定，交换的信息只能用于适用《欧盟运行条约》第101条和第102条的目的，以及针对信息收集的主题事项；这方面的一个例外是，国家竞争主管机构可以使用所收到的信息来适用其国内法，如果同一案件涉及《欧盟运行条约》第101条或第102条的平行适用，则两种法律制度的结果相同。[177] 第12条不适用于国家主管机构以外的其他机构向欧盟委员会发送的信息。[178]

(b) 使用信息的限制

在一些成员国，自然人可能被处以罚款，甚至监禁，例如，根据2002年英国企业法实施的垄断犯罪。[179] 在这种情况下，竞争主管机构之间交流的信息的使用受到限制。[180] 根据第1/2003号条例第12条第1款交换的信息仅在传输当局的法律规定对《欧盟运行条约》第101条或第102条的侵害行为都采取类似制裁的情况下，才能用作对自然人实施制裁的证据；这意味着，例如，如果发送当局和接收当局的法律都规定了将要实施的监禁条件，则交换的信息可用作导致监禁的刑事案件的证据。第12条第3款的第二行规定，如果预见到发送当局的法律与接收当局的法律相同的制裁，则后者只能在前者以接收当局国家规则规定的对自然人辩护权的同等保护程度的方式收集信息时才能使用这些信息；但在这种情况下，这些信息不能用于判处监禁，而只能用于其他制裁，如罚款。

(c) 与第三国的信息交流

第1/2003号条例第12条没有讨论欧盟委员会与欧盟以外机构之间的信息交流问题。在某种程度上，这些是通过与美国、加拿大、日本和瑞士等国缔结的合作协定来处理的。[181] 在美国提起的诉讼中，一名索赔人AMD试图从美国法院获得一项针对Intel的命令，要求该企业提供关于欧盟委员会正在调查的违反欧盟竞争法指控的信息，但在*AMD Inc v Intel Corporation*案[182]中，欧盟委员会在一份提交美国法院的法庭之友简报中表示，它不希望法院发出这样的指令。

---

[176] 同上，第27段。

[177] 从该措辞可以看出，不能为了对单方行为适用更严格的国家法律而交换信息，关于该法律，参见第2章第95页“冲突：《欧盟运行条约》第102条”。

[178] 案例C-469/15 P *FSL Holdings v Commission* EU：C：2017：308，第35段。

[179] 参见第10章第534~546页“卡特尔犯罪”。

[180] 参见《关于国家竞争主管机构合作的通知》，第28（c）段。

[181] 参见第12章第631~634页“欧盟关于竞争执法的专门合作协议”。

[182] 2004年10月4日的命令：参见美国最高法院在案例*Intel Corporation v Advanced Micro Devices* 542 US 241（2004）；在案例*re Cathode Ray Tube Antitrust Litigation*中，LCD试图获得欧盟委员会2010年12月8日裁决的机密版本的尝试以失败告终，并于2014年11月20日判决。

（iii）第 13 条：中止或终止诉讼

第 1/2003 号条例第 13 条载有避免重复调查的规定，《关于与国家竞争主管机构合作的通知》提供了补充指导。[183] 第 13 条第 1 款规定，如果国家竞争主管机构正在处理一个案件，这是另一个国家竞争主管机构或欧盟委员会中止诉讼或驳回申诉的充分理由；但它们并没有义务必须这样做[184]，因此国家竞争主管机构在是否继续进行诉讼方面有一定的酌处权。[185] 在 *Si. mobil telekomunikacijske storitve d. d. v Commission* 案[186]中，欧盟普通法院认为，根据第 1/2003 号条例第 13 条第 1 款，欧盟委员会有权拒绝处理 Si. mobil 关于它是违反《欧盟运行条约》第 102 条的滥用行为受害者的申诉，理由是斯洛文尼亚国家竞争主管机构正在处理这一案件。第 13 条第 2 款规定，国家竞争主管机构或欧盟委员会可驳回已由另一竞争主管机构处理的申诉。在 *easyJet Airline Co Ltd v Commission* 案[187]中，欧盟普通法院维持了欧盟委员会驳回其认为荷兰国家航空局已经处理过申诉的权利的决定。欧盟普通法院在 *VIMC v Commission* 案[188]中得出了同样的结论，涉及欧盟委员会的一项决定，该决定驳回了一项申诉，理由是该申诉正在由奥地利国家竞争主管机构处理。该条例的评论 18 补充说，第 13 条的规定不妨碍欧盟委员会因欧盟利益不足而拒绝申诉的权利。[189]

（iv）第 14 条：咨询委员会

该条例第 14 条第 1 款要求欧盟委员会在作出重大决定时，如判定违反竞争法或处以罚款时，与限制性行为和支配地位咨询委员会协商。[190] 第 14 条第 2 款涉及咨询委员会的组成。第 14 条第 3 款和第 4 款对协商程序进行说明，协商程序可以在会议上进行，也可以书面进行。第 14 条第 5 款要求欧盟委员会最大限度地考虑咨询委员会的意见。第 14 条第 7 款规定，国家竞争主管机构正在决定的案件可在咨询委员会讨论，国家竞争主管机构可要求在欧盟委员会考虑根据第 11 条第 6 款启动诉讼程序时与咨询委员会协商。

---

[183] OJ［2004］C 101/43，第 20 ~ 25 段。

[184] 参见案例 C – 17/10 *Toshiba Corp v Úřad pro ochranu hospodářské soutěže* EU：C：2012：72。

[185] OJ［2004］C 101/43，第 22 段。

[186] 案例 T – 201/11 EU：T：2014：1096。

[187] 案例 T – 355/13 EU：T：2015：36。

[188] 案例 T – 431/16 EU：T：2017：755。

[189] 参见本章第 360 ~ 361 页“申诉人的立场”。

[190] 参见《关于国家竞争主管机构合作的通知》，第 58 ~ 68 段。

（v）第15条：与国家法院的合作

第15条涉及与国家法院的合作：第8章对此进行了讨论。[191]

（vi）第16条：统一适用欧盟竞争法

第16条涉及欧盟委员会的决定对国家法院（第161条第1款）和国家竞争主管机构（第162条第2款）的影响。第8章讨论了国家法院的立场。[192] 第16条第2款规定，国家竞争主管机构不能违背欧盟委员会通过的决定作出决定。

（E）第5章：调查权

该条例第5章赋予欧盟委员会各种调查权力。特别重要的是第18条，该条使欧盟委员会能够要求提供资料；第20条和第21条使欧盟委员会能够进行检查，甚至对个人的住所进行检查。

（i）第17条：调查经济行业和协议类型

第17条第1款使欧盟委员会能够对经济行业或某类协定进行调查，因为这些行业或协定可能限制或扭曲竞争，例如没有新进入市场者或价格僵化。[193] 第17条第2款规定欧盟委员会有权要求提供资料并对商业（非住宅）房地进行检查，以便进行行业调查。第17条第1款的第三个规定，欧盟委员会可就其调查结果发表一份报告，并请有关各方提出意见。在进行这种行业调查之后，欧盟委员会没有任何补救权力。[194] 欧盟委员会根据第17条进行了一次行业调查，以便更好地了解一个行业内的竞争条件，在这一进程结束时决定下一步将发生什么。

最近根据第17条进行的调查涉及电子商务[195]，调查持续了两年。有关市场调查的全部信息，包括报告本身，可从竞争总司的网站上获得。[196]

---

[191] 参见第8章第383～388页“欧盟委员会与国家法院的关系”。

[192] 同上。

[193] 第17号条例第12条中存在类似的权力，尽管没有多次使用。根据第12条进行的最后一项调查是第三代移动网络上的体育内容，2005年9月21日的欧盟委员会报告，可在 www. ec. europa. eu 上查阅。

[194] 在这方面，行业查询就像英国竞争与市场管理局市场研究一样，参见第11章第571～577页“市场研究”。但与2002年英国企业法所规定的市场调查仅供参考不同，英国竞争与市场管理局确实具有补救权。关于市场调查，参见第11章第577～589页“市场调查”。

[195] 有关电子商务领域的最终报告于2017年5月10日作出，COM（2017）229 final，可在 www. ec. europa. eu 上查阅。

[196] 参见 www. ec. europa. eu/comm/competition/antitrust/sector_inquiries. html。

（ii）第 18 条：信息请求

（a）欧盟委员会的权力

第 1/2003 号条例第 18 条规定，欧盟委员会为履行该条例规定的职责，可按要求获取所有必要的信息[197]；第 1/2003 号条例第 18 条第 1 款规定，欧盟委员会只可要求提供资料，或可通过决定要求提供资料[198]。

第 18 条第 2 款处理简单的请求：欧盟委员会必须说明请求的法律依据和目的，具体说明需要哪些信息，并确定提供信息的时限；还必须解释第1/2003 号条例第 23 条对提供不正确或误导性信息的处罚。[199] 欧盟委员会没有义务遵守简单的请求。然而，企业必须对欧盟委员会的一项决定作出反应，该决定要求提供欧盟委员会认为对发现可能违反竞争规则是“必要”的信息[200]。第 18 条第 3 款规定，如果欧盟委员会通过决定要求提供信息，它还必须解释，可以根据第 23 条对根本不提供信息的行为处以处罚，而且需要提供信息的企业可以要求对欧盟普通法院的决定进行司法审查。一家企业认为欧盟委员会没有根据《欧盟运行条约》第 101 条采取行动的理由，这一事实并不使它有权拒绝提供资料的请求。[201] 在 *Slovak Telekom v Commission* 案[202]中，欧盟普通法院认为，第 18 条第 3 款规定欧盟委员会有权要求提供在斯洛伐克共和国加入欧盟之前可能与加入后所犯侵害行为有关的资料。[203] 然而，欧盟委员会无权为执行竞争规则以外的目的要求提供信息，在根据第 18 条行使酌处权时，欧盟委员会必须考虑比例原则[204]。2016 年 3 月，欧盟法院撤销了欧盟委员会要求水泥行业的一些企业提供信息的决定[205]，认为欧盟委员会关于这些决定的理由陈述简短、

---

[197] 有关此目的的信息包括文件：案例 374/87 *Orkem v Commission* EU：C：1989：387，第 13 ~ 14 段；案例 27/88 *Solvay & Cie v Commission* EU：C：1989：388，第 13 ~ 14 段；有关“必要信息”的含义，参见案例 C－36/92 P *SEP v Commission* EU：C：1994：205；另见案例 T－46/92 *Scottish Football Association v Commission* EU：T：1994：267。

[198] 有关信息请求，参见竞争总司《程序手册》第 6 章。

[199] 根据第 17 号条例第 11 条，在许多情况下会因提供误导性信息而受到处罚：案例 *Telos* OJ［1982］L 58/19；*National Panasonic*（*Belgium*）*NV* OJ［1982］L 113/18；*National Panasonic*（*France*）*SA* OJ［1982］L 211/32；*Comptoir Commercial d'Importation* OJ［1982］L 27/31；*Peugeot* OJ［1986］L 295/19；*Anheuser－Busch Incorporated/Scottish & Newcastle* OJ［2000］L 49/37。

[200] 参见第 1/2003 号条例评论 23。

[201] 参见：*Fire Insurance* OJ［1982］L 80/36 和 *Deutsche Castrol* OJ［1983］L 114/26。

[202] 案例 T－458/09 etc EU：T：2012：145。

[203] 同上，第 45 ~ 52 段。

[204] 案例 C－36/92 P *SEP v Commission* EU：C：1994：205。

[205] 案例 C－247/14 P *HeidelbergCement AG v Commission* EU：C：2016：149；欧洲法院于 2016 年 3 月 10 日发布了有用的新闻稿 20/76，总结了此案的其他判决。

含糊和笼统，无法足够准确地确定调查所涉及的产品或涉嫌违反决定的理由。

第18条第4款解释了谁应该提供信息：授权律师可以代表客户提供信息；客户对不完整、不正确或误导的信息负责。第18条第5款要求欧盟委员会向有关成员国的国家竞争主管机构通报决定要求作出承诺的信息。第18条第6款规定，欧盟委员会可要求各国政府和国家竞争主管机构提供信息。

欧盟委员会往往在根据第20条或第21条进行实地调查后[206]，根据第18条要求提供资料，例如，它需要检查出现的某些问题或进一步处理某些事项。

根据第18条（以及欧盟委员会根据第20条或第21条进行检查的情况），问题是是否有可能拒绝回答问题或提供信息，理由是这将是自认犯罪，或所寻求的信息受到法律职业特权的保护。第1/2003号条例评论23（后面讨论的判例法）规定，企业在遵守要求提供信息的决定时，不能被迫承认自己犯下了侵权行为。该条还规定，企业有义务回答事实问题并提供文件，即使这些信息可能被用来确定其或另一家企业的侵害行为。该条例对法律职业特权问题没有任何规定。欧盟法院在第17条条例下定的这两类特权方面都有判例，并将继续根据第1/2003条例适用。

(b) 防止自证其罪的特权

在*Orkem*和*Solvay*案[207]中，欧洲法院审议了企业是否可以拒绝回答欧盟委员会要求提供资料的某些问题，理由是这样做会自证其罪。欧洲法院的结论是，在欧盟法律中，反对自证其罪的特权是有限的，这使企业有权拒绝回答要求它们承认欧盟委员会所要确立的侵害行为的问题；然而，这一特权并不使它们有权拒绝向欧盟委员会提交文件，这些文件可能有助于确定有关企业或另一家企业的侵权行为。第20条和第21条规定的检查情况，可能也适用同样的原则。欧洲法院认为，只有在欧盟委员会强制要求提供资料的情况下，即在第18条第3款案件中，才可主张不自证其罪的特权；特权仅不附加于根据第18条第2款提出的请求而提供资料。[208]

---

[206] 参见本章第343～346页“第20条：欧盟委员会的检查权限”。

[207] 案例374/87 *Orkem v Commission* EU：C：1989：387；案例27/88 *Solvay & Cie v Commission* EU：C：1989：388；案例T－34/93 *Société Générale v Commission* EU：T：1995：46，第72～74段；关于在国内法院中对犯罪国家的特权，参见案例C－60/92 *Otto v Postbank* EU：C：1993：876。关于自我认罪的信息，参见：WILS W P J. Self－Incrimination in EC Antitrust Enforcement：A Legal and Economic Analysis [J]. World Competition，2003，26：566；VESTERDORF B. Legal Professional Privilege and the Privilege Against Self－Incrimination in EC Law：Recent Developments and Current Issues [J]. Fordham Corporate Law Institute，2004：701；MACCULLOCH A. The privilege against Self－Incrimination in Competition Investigations：Theoretical Foundations and Practical Implications [J]. Legal Studies，2010，26 (2)：211.

[208] 案例C－407/04 P *Dalmine v Commission* EU：C：2007：53，第33～36段。

在 *Mannesmann – Röhrenwerke AG v Commission* 案[209]中，欧盟普通法院认为，在竞争程序中没有绝对的沉默权[210]，除非强制提供答案涉及承认存在侵害行为[211]；根据法院观点，欧盟委员会提出的某些问题确实超出了它有权提出的问题。[212] 欧洲人权法院[213]的判决承认了在涉及自然人的刑事案件中保持沉默的权利，但在 *Mannesmann* 案的判决之后，似乎欧盟法律不会对第 101 条和第 102 条下的案件给予如此多的特权。

在 *Commission v SGL Carbon AG* 案[214]中，欧盟法院认为，即使这些文件可以用来证明存在侵害行为，企业也要出示其拥有的文件。只有当欧盟委员会要求对调查企业提出的问题作出答复时，才适用不自证其罪的特权。[215]

（c）法律专业特权

欧盟法院在 *AM & S EuropeLtd v Commission* 案[216]中规定，某些文件属于欧盟法律规定的法律职业特权范围，在该案件中，欧盟委员会官员在检查期间扣留了某些文件；根据第 18 条要求提供资料的请求肯定适用同样的原则。[217] *AM & S* 案件涉及两个问题：第一，欧盟法律中是否有特权原则；第二，如果有特权原则，应采用何种机制来确定何种特定文件享有特权。关于第一个问题，法院认为，客户与设在欧盟（现在是欧洲经济区，EEA）的独立律师之间的一些通信（但不是所有的通信）是有特权的，但与内部律师或第三国的律师的交易不是。特权对与欧盟和欧洲经济区律师通信的限制明显具有歧视性；欧盟委员会曾打算试图说服理事会纠正这一点[218]，但据了解，它后来放弃了这一想法。特权主要适用于欧盟委员会提起诉讼后为当事人辩护的通信，但也适用于提起诉讼前的通信，尽管这些通信与其主题事项密切相关。特权属于委托人，不属

---

[209] 案例 T – 112/98 EU：T：2001：61。

[210] 同上，第 66 段。

[211] 同上，第 67 段。

[212] 同上，第 69 ~ 74 段。

[213] 参见：*Funke v France* ［1993］1 CMLR 897；*Saunders v United Kingdom*（1996）23 EHRR 313；*O'Halloran v United Kingdom*（2008）46 EHRR 397。

[214] 案例 C – 301/04 P EU：C：2006：432。

[215] 同上，第 33 ~ 51 段。

[216] 案例 155/79 EU：C：1982：157。

[217] 有关此主题的更多信息参见：GIPPINI – FOURNIER E. Legal Professional Privilege in Competition Proceedings Before the European Commission：Beyond the Cursory Glance ［J］. Fordham International Law Journal，2005，28：967；González – Díaz，ENRIQUE F，PAUL S. Legal Professional Privilege under EU Law：Current Issues ［J］. Competition Law & Policy Debate，2017，3：56.

[218] 参见《关于竞争政策的第 13 号报告》（1983 年），第 78 点。

于律师，企业外部律师与代理第三方的律师之间的通信不享有特权。[219]

法院将特权限于与独立律师打交道，因为在许多成员国，雇用的律师不受职业纪律守则的约束。在一些成员国，例如在英国、爱尔兰和荷兰，内部律师可能仍然受律师理事会或法律协会的规则约束，因此可以说，排除特权的理由不应适用。然而，欧盟法院对 *AM & S* 案的判决很明显，在这种情况下没有特权。[220] 在 *John Deere* 案[221]中，欧盟委员会依靠一名内部律师的书面意见，表明一家企业知道它违反了《欧盟运行条约》第101条。然而，在 *Hilti v Commission* 案[222]中，这一立场略有放松，欧盟普通法院认为，特权确实延伸到一名内部律师编写的一份内部备忘录，该备忘录只是报告一名独立律师所说的话。

在涉及 Akzo Nobel 化学品公司及其子公司 Akcros Chemicals 的案件中，内部律师提供咨询意见的法律职业特权问题再次被提起诉讼，该公司因参与热稳定剂行业的所谓垄断而正在接受调查。[223] 在 *Akzo Nobel Chemicals Ltd v Commission* 案[224]中，欧盟普通法院被请求重新考虑法院对 *AM & S* 案的裁决，但它拒绝这样做。[225] Akzo 就欧盟普通法院的判决向欧洲法院提出上诉，特别是基于 *Akzo* 案的内部律师受荷兰律师理事会法律职业规则的约束；然而，欧洲法院仍然认为，作为 Akzo 的雇员，该律师缺乏独立于其雇主的独立性，因此认为没有理由背离其在 *AM & S* 案中采取的立场。[226] 欧洲法院驳回了其他一些关于背离 *AM & S* 案的论点，包括特权在成员国法律中的地位已经演变到应当修订法律的地步。[227]

关于如何裁定特权要求的问题，在 *AM & S* 案中，欧洲法院认为，实际上，它（或现在的欧盟普通法院）应履行这一任务。这似乎很麻烦，但总比让欧盟委员会自己看到文件要好：即使欧盟委员会官员承认他们享有特权，一家企业也必然会怀疑它受所看到的影响。因此，作为一个法律问题，在涉及特权的争端的情况下，欧盟委员会必须作出正式决定，要求提供有关文件；然后，可

---

[219] 参见：*Perindopril*（*Servier*），欧盟委员会于2010年7月23日作出的第20条第4款决定。

[220] 参见总检察长斯林在 *AM & S case* 中有力的观点；根据1998年英国竞争法第30条，与内部律师的交流确实享有特权：参见第10章第496～497页“法律专业特权”。

[221] OJ［1985］L 35/58；*London European – Sabena* OJ［1988］L 317/47；未成功案例 *VW* OJ［1998］L 124/60，第199段。

[222] 案例 T－30/89 EU：T：1991：70。

[223] 欧盟委员会于2009年11月11日通过了关于垄断的违法决定。

[224] 案例 T－125/03 etc EU：T：2007：287。

[225] 同上，第165～179段。

[226] 案例 C－550/07 P *Akzo Nobel Chemicals Ltd v Commission* EU：C：2010：512，第40～51段。

[227] 同上，第69～77段。

就这一决定向将和解这一问题的欧盟普通法院提出上诉。事实上，这就是在 *Akzo* 案中发生的情况。听证官可以和解特权纠纷。[228]

（iii）第 19 条：作出陈述的权利

第 1/2003 号条例第 19 条授权欧盟委员会在自然人或法人同意的情况下与他们面谈，以便收集与调查主题有关的资料。[229] 该条例第 3 条规定了自愿面谈的程序。欧洲法院认为，欧盟委员会必须充分记录进行的任何面谈；[230] 必须向国家竞争主管机构通报其境内的面谈情况，且其有权出席；在面试中提供不正确或误导的信息没有惩罚。[231] 欧盟委员会近年来经常采用第 19 条程序。

（iv）第 20 条：欧盟委员会的检查权限

竞争主管机构力量的一个重要组成部分是能够进行一次“黎明突袭’——更确切地说是对企业突击检查。例如，那些对核心垄断负责的人意识到他们所做的是非法的，可能会不遗余力地隐瞒他们活动的证据。第 1/2003 号条例第 20 条允许欧盟委员会通过协议或突袭方式对营业场所进行检查；第 21 条允许检查其他场所，包括个人住宅；第 17 号条例没有相应规定。

第 20 条第 1 款使欧盟委员会能够履行条例规定的职责，进行“一切必要的检查”。第 20 条第 2 款授权进行检查的人：

• 进入酒店。

• 检查书籍和其他记录，包括以电子形式存储的数据，例如在硬盘、光盘或记忆棒上。

• 索取或获取副本或摘录：影印是明智的，检查人员可利用的设施，并将所有项目复制一套，供正在调查的企业保留。

• 在检查所需的范围内密封房舍、书籍或记录：这可能是重要的，例如，检查第二天（或更长时间，如有时发生），检查人员希望确保证据不会在一夜之间受到干扰。[232] 欧盟法院维持了欧盟委员会的决定，即对 E. ON Energie AG

---

[228] OJ［2011］L 275/29，第 4 条第 2 款（a）项。

[229] 有关进行自愿采访的权力，参见竞争总司的《程序手册》第 8 章。

[230] 案例 C－413/14 P *Intel v Commission* EU：C：2017：632，第 90～91 段。

[231] 参见欧盟委员会工作人员《关于第 1/2003 号条例的职能报告》，SEC（2009）574 final，第 84 段。

[232] 参见第 1/2003 号条例评论 25，密封件通常不应超过 72 小时。

公司处以3800万欧元的罚款，理由是损毁了2006年一次视察期间加装的封条。[233]

- 要求解释事实或文件，并记录答案。

早先讨论过的关于自证其罪和法律职业特权的规则适用于检查。企业可以自愿接受检查，但必须接受根据第20条第4款作出的决定下令进行的检查，这种检查可以在没有事先宣布的情况下进行：所谓的“黎明突袭”。欧盟委员会没有义务在“黎明突袭”之前先进行自愿检查。[234]

（a）自愿调查

在自愿调查的情况下，第20条第3款要求欧盟委员会官员和经欧盟委员会授权的其他随行人员（例如法医信息技术专家，其职能是搜索计算机记录、电子邮件和其他电子媒体）以书面形式提出授权；该条必须具体说明调查的主题和目的，以及可能对不完整地制作所需的书籍和商业记录或提供不正确或误导性的信息施加的处罚。必须向国家竞争主管机构通报其境内的视察情况。欧盟委员会（在根据第17号条例作出的决定中）认为，接受调查的企业有积极的义务协助欧盟委员会官员找到他们想要的信息：仅仅允许他们无限制地进入所有档案柜或信息技术系统是不够的[235]；这一点已在欧盟法院的判例法中得到确认。[236]

（b）强制性调查

欧盟委员会可根据第20条第4款通过一项决定，要求企业提交检查。[237] 欧洲法院在 *Dow Chemical Ibérica v Commission* 案[238]中裁定，欧盟委员会不需要事先获得司法授权才能进行检查。2015年，欧洲法院在 *Deutsche Bahn AG v*

---

[233] 欧盟委员会于2008年1月30日作出的决定，上诉维持原判案例 T－141/08 *E. ON Energie v Commission* EU：T：2010：516，上诉案件 C－89/11 P EU：C：2012：738；2011年，出于同样的原因，对 Suez Environnement 处以800万欧元的罚款：参见欧盟委员会新闻稿 IP/11/632，2011年5月24日；参见荷兰国家竞争主管机构于2008年10月20日作出的决定，对 Sara Lee 罚款269000欧元，因为在检查过程中其破坏了贴在门上的密封条，可在 www. acm. nl/en 上查阅。

[234] 案例136/79 *National Panasonic*（*UK*）*Ltd v Commission* EU：C：1980：169，第8～16段。

[235] 参见 *Fabbrica Pisana* OJ［1980］L 75/30 和 *Pietro Sciarra* OJ［1980］L 75/35；根据第20条第4款进行的调查。

[236] 参见 C－301/04 P *Commission v SGL Carbon* EU：C：2006：432，第40段。

[237] 参见对欧洲理事会根据第1/2003号条例第20条第4款对执行欧盟委员会决定进行检查的授权的解释性说明，以及进行检查的授权示例，可在 www. ec. europa. eu/competition 上查阅。另外，解释性说明已于2015年9月11日修订。

[238] 案例97/87 etc EU：C：1989：380；此案与第17号条例的第14条第3款有关，第1/2003号条例第20条第4款的前身。

Commission 案[239]裁定，尽管《欧盟基本权利宪章》第 7 条和《欧洲人权公约》第 8 条规定私人房地不可侵犯性，并制定了欧洲人权法院关于这一专题的判例法，但情况仍然如此。[240]

欧盟委员会的决定必须说明检查的主题和目的，以便被检查的企业了解其合作义务的范围[241]；欧盟委员会只能查找该决定范围内的文件。[242] 检查决定可由欧盟普通法院审查，但不能期望欧盟委员会准确界定相关市场或所称侵害行为。[243] 在调查开始时，欧盟委员会仍在收集证据以确定是否存在侵害行为。[244] 同样，不能指望欧盟委员会确定可疑行为是否应归类为企业行为或企业协会行为。欧盟委员会在对其领土进行检查之前[245]，必须与有关的国家竞争主管机构协商，必要时可以通过电话非正式方式进行。[246] 欧盟普通法院已确认，没有权利让外部律师出席检查。[247] 欧盟委员会说，它将允许企业与律师协商，但它只接受在开始检查之前与律师协商的短暂拖延。[248] 欧盟委员会的决定必须解释对不遵守命令进行检查决定的惩罚，而且该决定可以由欧盟普通法院审查。[249] 欧盟委员会曾数次根据第 17 号条例对不遵守规定的行为处以罚款[250]，并根据第 1/2003 号条例[251]在紧急卫生条例下处以罚款。不同的竞争主管机构之间的协调

---

[239] 案例 583/13 P EU：C：2015：404，第 18 ~ 37 段。

[240] 欧洲人权法院裁定，法国竞争主管机构进行的黎明突袭并未违反《欧洲人权公约》：*Janssen Cilag SAS v France*，编号 33931/12，2017 年 4 月 13 日的判决；爱尔兰最高法院在 *CHR plc v Competition and Consumer Protection Commission*［2017］IESC 34 案中裁定，欧盟委员会违反了《欧洲人权公约》第 8 条。

[241] 案例 C – 37/13 P *Nexans SA v Commission* EU：C：2014：2030，第 34 段。

[242] 案例 C – 583/13 P *Deutsche Bahn AG v Commission* EU：C：2015：404，第 54 ~ 69 段。

[243] 截至 2017 年 12 月 8 日，有几项决定已经起诉至欧盟普通法院：案例 T – 621/16 *České dráhy v Commission*，尚未裁决；案例 T – 249/17 *Casino*，*Guichard – Perrachon*；案例 *EMC Distribution v Commission*，尚未裁决；案例 T – 54/14 *Goldfish BV v Commission* EU：T：2016：455。

[244] 案例 C – 37/13 P *Nexans SA v Commission* EU：C：2014：2030，第 36 ~ 37 段；另见案例 C – 402/13 *Orange v Commission* EU：C：2014：991，第 81 ~ 84 段。

[245] 案例 T – 23/09 *CNOP v Commission* EU：T：2010：452，第 41 段。

[246] 案例 5/85 *AKZO Chemie BV v Commission* EU：C：1986：328，第 24 段。

[247] 案例 T – 357/06 *Koninklijke Wegenbouw Stevin v Commission* EU：T：2012：488，第 232 ~ 233 段。

[248] 解释性说明，第 6 段。

[249] 案例 T – 23/09 *CNOP and CCG v Commission* EU：T：2010：452，被驳回。

[250] *CSM NV*（3000 欧元）；案例 *Ukwal* OJ［1992］L 121/45（5000 欧元）；*Mewac* OJ［1993］L 20/6（4000 欧元）；案例 *AKZO OJ*［1994］L 294/31（5000 欧元）。

[251] 欧盟委员会于 2012 年 3 月 28 日作出的决定（拒绝通过阻止电子邮件账户和转移进入的电子邮件进行检查），上诉维持原判案例 T – 272/12 *Energetický a průmyslový and EP Investment Advisors v Commission* EU：T：2014：995。

可能会在一些法域进行突击检查，而不仅仅是在欧盟内部。[252]

除了这些处罚之外，欧盟委员会有时认为，在确定实质性违反《欧盟运行条约》第101条和（或）第102条的罚款数额时，在检查期间缺乏合作是加重处罚的因素。在 *Dutch bitumen* 案[253]中，KWS 的罚款增加了10%，因为它拒绝欧盟委员会官员进入该场所，并在 *Professional videotapes* 案中，对 *Sony* 的罚款增加了30%，因为它的一名雇员在检查期间拒绝回答问题，并粉碎销毁了一份文件。[254]

（c）成员国的参与

第1/2003号条例第20条第5项规定，国家竞争主管机构的官员应欧盟委员会的要求，积极协助其官员进行检查。[255] 如果企业拒绝接受检查，第20条第6款要求有关成员国向欧盟委员会提供必要的协助，以便能够进行检查：这可能需要警察或同等执法当局的参与。欧盟委员会本身无权使用武力进入房舍。[256] 第20条第7款规定，如果需要司法授权，例如获得进入房舍的许可，则必须申请。第20条第8款表达了欧洲法院在 *Roquette Frères SA v Commission* 案[257]中的判决，其中规定了司法当局在被要求签发进入房地搜查令情况下的作用。法院应确保欧盟委员会的决定是真实的，所寻求的强制措施既不是任意的，也不是过分的；为此目的，法院可向欧盟委员会提出问题。然而，法院不得质疑检查的必要性，也不得要求提供欧盟委员会档案中的所有资料。

（v）第21条：检查其他场所

第1/2003号条例评论26规定，经验表明，在有些情况下，商业记录被保存在人们的家中，因此，在得到司法授权的情况下，应该有可能在可疑地点进行检查。*SAS/Maersk Air* 案[258]决定提供了一个例子，其中与市场划分协议有关的重要文件保存在个人身上。因此，第21条赋予欧盟委员会检查"其他房舍"的权力，其中可包括住宅；第21条第3款要求法院事先授权。这种权力很少行使，但原则上看来正确的是，如果欧盟委员会有理由相信负责金融交易

---

[252] 参见欧盟委员会于2003年2月13日在MEMO/03/33作出的决定，并注意到同时在欧盟、美国、日本和加拿大进行了有关热稳定剂的垄断检查。

[253] 欧盟委员会2006年9月13日的决定，第340～341段，上诉维持原判案例 T－357/06 etc *Koninklijke Wegenbouw Stevin v Commission* EU：T：2012：488，第209～256段。

[254] 欧盟委员会新闻稿 IP/07/1724，2007年11月20日。

[255] 关于英国地位参见第10章第501页"欧盟调查"。

[256] 参见总检察长科科特在 C－550/07P *Akzo Nobel Chemicals and Akcros Chemicals v Commission* EU：C：2010：229 中的观点。

[257] 案例 C－94/00 EU：C：2002：603。

[258] OJ［2001］L 265/15，第7段、第89段和第123段。

公司垄断（或不太可能的滥用做法）的个人将相关信息保存在国内，它就应该能够进行这种检查。[259]

（vi）第 22 条：国家竞争主管机构的调查

第 1/2003 号条例第 22 条第 1 款规定，本国的国家竞争主管机构可代表另一成员国的国家竞争主管机构在其境内进行调查。[260] 第 22 条第 2 款规定，国家竞争主管机构应进行欧盟委员会认为第 20 条第 1 款或第 20 条第 4 款所要求的检查[261]。截至 2017 年 12 月 8 日，这一权力已用于两起案件。[262]

（F）第 6 章：处罚

第 1/2003 号条例第 23 条和第 24 条规定了罚款和定期罚款。欧盟委员会不能对个人处以罚款，除非个人作为一家企业行事[263]，也不能判处他们监禁。但包括英国在内的一些成员国有权对个人实施制裁。[264]

（i）第 23 条：罚款

第 23 条规定，对程序性和实质性违法行为可处以罚款。[265] 欧盟普通法院确认，第 23 条为根据《欧盟基本权利宪章》第 49 条实施惩罚提供了适当的法

---

[259] 参见欧盟委员会工作人员工作文件，附有《关于第 1/2003 号条例执行情况的报告》，SEC（2009）574 final，第 75 段；《根据第 1/2003 号条例实施反托拉斯法的十年》，SWD（2014）230，第 204 段。

[260] 当时英国竞争主管机构代表法国竞争主管机构在英国进行了调查，以调查有关印度洋统一的行为的投诉。

[261] 关于英国地位，参见第 10 章第 501 页“欧盟调查”。

[262] 参见欧盟委员会人员工作文件《根据第 1/2003 号条例实施反托拉斯法的十年》，SWD（2014）230，第 206 段。

[263] 参见第 3 章第 104 ~ 105 页“‘不论该实体的法律地位及其融资方式’”；欧盟委员会对个人处以罚款，尽管在法国，法国对代表个人农民的工会处以罚款：OJ［2003］L 209/12，上诉维持原判案例 T – 217/03 etc *FNCBV v Commission* EU：T：2006：391，上诉案例 C – 101/07 P 和 C – 110/07 P *Cope de France betail and viande v Commission* EU：C：2008：741。

[264] 参见第 10 章第 534 ~ 546 页“卡特尔犯罪”。

[265] 参见：WILS W P J. The European Commission's 2006 Guidelines on Antitrust Fines：A Legal and Economic Analysis［J］. World Competition，2007，30：197；MOTTA M. On Cartel Deterrence and Fines in the European Union［J］. European Competition Law Review，2008，29：209；VESTERDORF B. The Court of Justice and Unlimited Jurisdiction：What Does It Mean in Practice?［J］. CPI Antitrust Chronicle，2009，6（2）；WILS W P J. The Increased Level of EU Antitrust Fines，Judicial Review，and the ECHR［J］. World Competition，2010，33：5；TORRE C D L. The 2006 Guidelines on Fines：Reflections on the Commission's Practice［J］. World Competition，2010，33：359；以及 Barbier de La Serre 和 Lagathu 关于罚款的文章：（2015）6 JECLAP 530、（2016）7 JECLAP 336 和（2017）8 JECLAP 409。

律依据。[266] 根据第23条第1款，可对违反该条例第17、18或20条要求提供资料或进行检查的企业处以程序性罚款（不能对根据第21条检查其住房的个人处以罚款）。一种典型的侵害行为是提供不正确或误导性的信息，或企业拒绝接受检查。

第23条第2款规定，如果企业违反《欧盟运行条约》第101条和第102条，违反根据第1/2003号条例第8条作出的临时措施决定，或不遵守根据第9条作出具有约束力的承诺的决定，将处以极高的罚款。在这些情况下，可以处以的最高罚款是前一个营业年度全球营业额的10%。[267] 显然，这可能是一个巨大的数额，特别是因为它不限于受侵害影响的市场营业额，也不限于欧盟内部的营业额。在因达到了10%的全球营业额限额而不得不限制罚款的情况下，欧盟委员会可以作出决定[268]；欧盟委员会垄断统计数字图1.11显示，2011～2017年，因违反《欧盟运行条约》第101条而受到处罚的401家企业中有24家企业的罚款占其全球营业额的9%～10%。[269]

在确定罚款数额时，第23条第3款要求欧盟委员会考虑侵害行为的严重性和持续时间。第23条第4款规定，对行业协会处以罚款的，如果该协会破产，该协会必须要求其成员缴费以支付罚款；如果违约，欧盟委员会可对成员本身处以罚款。对“正确设定罚款水平的科学”的详细研究超出了本书的范围，前面引用的从业者的作品包含了对这一主题的讨论。[270]

值得注意的是，最近几年向欧盟普通法院提出上诉的垄断案件至少包含了对罚款数额的分析，甚至更多，而不是对实质性侵权的裁定。欧盟普通法院对决定罚款数额的上诉拥有无限管辖权，这包括增加和减少欧盟委员会罚款的权力。[271]

2006年，欧盟委员会通过了两项关于其政策细化的重要通知（取代了先前的通知），第一个问题涉及罚款数额的计算方法，第二个问题涉及允许对举报人宽大处理的政策。

---

[266] 参见T－386/10 *Aloys F Dornbracht GmbH & Co KG v Commission* EU：T：2013：450，第59～65段。

[267] 如果某企业在前一年没有营业额，则参考再早一年：案例C－76/06 *Britannia Alloys v Commission* EU：C：2007：326，第10～33段。

[268] 参见：案例T－71/03 *Tokai Carbon v Commission* EU：T：2005：220，第388～390段；*Car glass*，欧盟委员会于2008年11月12日作出的决定，在T－68/09 *Soliver NV v Commission* EU：T：2014：867中部分被撤销；*Window mountings*，欧盟委员会于2012年3月28日作出的决定。

[269] 可在www. ec. europa. eu/competition/cartels/statistics/statistics. pdf上查阅。

[270] 参见本章脚注[8]。

[271] 参见本章第370页“第261条：处罚”。

（ii）欧盟委员会关于罚款方法的准则

欧盟委员会在确定罚款数额时享有很大的裁量空间。[272] 然而，为了透明和公正，欧盟委员会于1998年决定公布关于罚款方法的准则；[273] 2006年，根据欧盟委员会后来的经验，新准则取代了旧准则。[274]《罚款准则》回应了这样的批评，即使欧盟委员会有很大的裁量余地，但它并不是一个不受限制的机构。[275] 例如，在美国，有一些量刑准则，可以相当准确地预测罚款的数额（以及刑期）。[276] 欧盟委员会在准则中指出，罚款应对涉及特定违反竞争规则的行为（特定威慑）和可能倾向于非法行为的其他行为（一般威慑）具有足够的威慑作用。[277] 欧洲法院一再认为，制止违反竞争规则行为的必要性是确定罚款数额时应考虑的因素之一，[278] 并已确定，欧盟委员会有权改变其确定罚款的方法，包括在有效执行竞争规则所必需的情况下增加罚款。[279] 欧洲法院认为，企业在评估应纳税利润时不能扣除罚款。[280]

罚款准则提出了两步罚款办法。

（a）罚款的基本金额

欧盟委员会首先根据与侵害行为有关的货物或服务的销售价值确定罚款的“基本金额”。[281] 欧盟委员会没有必要为这些目的对有关市场作出全面界定。[282] 基本金额与此类销售价值的比例相关，取决于侵害的严重程度，乘以侵害行为

---

[272] 参见C－189/02 P etc *Dansk Rørindustri A/S v Commission* EU：C：2005：408，第172段。

[273] 参见第17号条例第15条第2款和《欧洲煤钢共同体条约》（OJ［1998］C 9/3）第65条第3款。

[274] 参见第1/2003号条例（OJ［2006］C 210/2）第23条第2款（a）项的规定，可在www. ec. europa. eu/competition上查阅。

[275] 欧盟普通法院驳回了《罚款准则》中非法的说法，因为它们赋予欧盟委员会过多的酌处权：案例T－386/10 *Aloys F Dornbracht GmbH & Co KG v Commission* EU：T：2013：450，第68～78段。

[276] 参见1984年判决改革法和《美国判决委员会准则手册》，可在www. ussc. gov上查阅。

[277]《罚款准则》，第4段。

[278] 参见：案例100/80 etc *Musique Diffusion Francaise SA v Commission* EU：C：1983：158，第105～106段；案例C－289/04 P *Showa Denko KK v Commission* EU：C：2006：431，第16段。

[279] 参见：案例C－189/02 P etc *Dansk Rørindustri A/s v Commission* EU：C：2005：408，第227～228段；案例C－397/03 P *Archer Daniels Midland Co v Commission* EU：C：2006：328，第21～22段；案例T－389/10 etc *SLM and Ori Martin v Commission* EU：T：2015：513，第83～112段，上诉维持原判案例C－490/15 P EU：C：2016：678。

[280] 案例C－429/07 *Inspecteur van de Belastingdienst v X BV* EU：C：2009：359，第39段。

[281]《罚款准则》，第12～26段；欧洲法院表示，纵向整合企业内的“内部”销售以及外部销售都应考虑在内：案例C－580/12 P *Guardian Industries Group v Commission* EU：C：2014：2363，第59段；案例C－231/14 P *Innolux v Commission* EU：C：2015：451，第44～77段；案例C－588/15 P etc *LG v Commission* EU：C：2017：679，第65～81段。

[282] 案例T－48/02 *Brouwerij Haacht NV v Commission* EU：T：2005：436，第59段。

的年数。[283] 侵害的严重性是根据具体情况确定的；作为一般规则[284]，它将被设定在销售额30%的水平。[285] 核心垄断侵权行为很可能是最严重的。[286] 根据上述规则确定的数额乘以参加垄断的年数。[287] 此外，以基本金额的15%～25%作为对参与侵害行为的制裁，即所谓的进入费，目的是作为一种额外的威慑。[288] 显然，这些规则可能导致巨额罚款，特别是在垄断持续了很长时间的情况下。在 *Drganic peroxides* 案中垄断持续了29年，导致了乘数非常高。[289] 然而，第1/2003号条例第23条第2款规定，罚款不得超过企业在全世界营业额的10%。

（b）基本金额的调整

欧盟委员会在确定了罚款的基本金额后，然后考虑各种加重和减轻处罚的情节。[290] 准则第28段规定了加重处罚的情况，其中包括：

- 该企业是累犯：无论是欧盟委员会还是国家竞争主管机构，对过去每一项违反《欧盟运行条约》第101条或第102条的裁定，基本金额将增加100%；[291]
- 拒绝与欧盟委员会合作或阻挠欧盟委员会的调查；[292]
- 作为侵权的领导者或教唆者。[293]

增加累犯的金额已成为普遍现象。欧洲法院在 *Group Danone v Commission* 案[294]中确认，欧盟委员会有权将累犯视为加重处罚情节，因为过去的侵害者需

---

[283] 《罚款准则》，第19段。

[284] 同上，第20段。

[285] 同上，第21段；欧盟委员会补充说，特定案件的特殊性可能意味着它将偏离准则30%：同上，第37段。

[286] 同上，第23段。

[287] 同上，第24段。

[288] 同上，第25段；另见第7段。

[289] 欧盟委员会新闻稿 IP/03/1700，2003年12月10日。

[290] 《罚款准则》，第27～29段。

[291] 迄今为止，最大的一次对累犯的金额提高是 *Power transformers* 案，欧盟委员会于2009年10月7日决定，ABB上调50%；*Heat stabilisers*，欧盟委员会于2009年11月11日作出决定，Arkema此前三项侵权行为提价为90%，在案例T-343/08 *Arkema France v Commission* EU：T：2011：218中，对于Calcium Carbide，欧盟委员会于2009年7月22日作出的决定，对Akzo先前四次侵害的提起诉讼均为100%，但Akzo有资格获得豁免权，因此没有支付任何罚款。

[292] 参见本章第344～346页“强制性调查”中 *Dutch bitumen* 案和 *Professional videotapes* 案的决定。

[293] 参见案例 *Candle waxes*，欧盟委员会2008年10月1日的决定，第681～686段，因为Sasol为垄断的领导者，因此对其罚款增加50%；上诉维持原判案例T-541/08 *Sasol v Commission* EU：T：2014：628，第353～423段；另见案例T-343/06 *Shell Petroleum NV v Commission* EU：T：2012：478，关于壳牌公司作为荷兰沥青垄断的煽动者和领导人的角色，欧盟普通法院在其判决的第152～158段和第196～204段规定了一般领导原则。

[294] 案例C-3/06 P EU：C：2007：88。

要被诱导改变其行为。[295] 审议过去的侵害行为没有时效期限[296]，检验标准是一家企业是否有违反竞争规则的倾向，而不是从欧盟委员会的侵害行为调查结果得出适当结论。[297] 即使在以前的情况下没有处以罚款，也可以对累犯提高罚款[298]；即使在企业曾是举报人的情况下，基于过去的侵害也可以提高罚款。以前的侵害行为不必在同一产品市场上发生[299]，也可能是由同一经济单位内的不同法律实体实施的。[300] 然而，先前违反《欧盟运行条约》第101条的行为不会成为在随后认定违反第102条时对累犯提高罚款的借口。[301] 对累犯提起的几项加重金额上诉未获成功；[302] 有些上诉成功了，例如欧盟委员会在反对声明中未明确说明其案情的案例。[303]

减轻情节载于第29段，包括：

- 一旦欧盟委员会开始调查，即及早终止侵害行为（这不适用于秘密协议或协同行为，特别是垄断）；[304]
- 疏忽，而不是故意的侵害行为；
- 在侵害行为中的作用有限；
- 在宽大处理通知书范围外与欧盟委员会合作；[305]
- 由公共机构或立法授权或鼓励的侵害行为。

---

[295] 同上，第26~29段。

[296] 同上，第38段；另见C-413/08 P *Lafarge SA v Commission* EU：C：2010：346，第72段；案例T-101/05和T-111/05 *BASF AG v Commission* EU：T：2007：380，第67段。

[297] 案例C-413/08 P *Lafarge SA v Commssion* EU：C：2010：346，第69~71段；测试包括先前根据《欧洲煤钢共同体条约》犯下的垄断违法；案例T-20/05 *Outokumpu Oyj v Commission* EU：T：2010：204，第63段。

[298] 案例C-3/06 P *Groupe Danone v Commission* EU：C：2007：88，第41段。

[299] 案例T-101/05和T-111/05 *BASF AG v Commission* EU：T：2007：380，第64段。

[300] 参见：*Candle waxes*，欧盟委员会在2008年10月1日作出的决定，第672~678段，由于程序原因被欧盟普通法院废止案例T-558/08 *Eni SpA v Commission* EU：T：2014：1080，第273~307段。

[301] 案例T-57/01 *Solvay v Commission* EU：T：2009：519，第506~511段；案例T-66/01 *ICI v Commission* EU：T：2010：255，第376~387段。

[302] 上文脚注[291]~[299]中的案例；案例T-53/07 *UPM-Kymmene Oyj v Commission* EU：T：2012：101，第126~141段；案例T-343/06 *Shell Petroleum NV v Commission* EU：T：2012：478，第244~266段。

[303] 参见：案例T-56/09 etc *Saint-Gobain Glass France SA v Commission* EU：T：2014：160（罚款由8.8亿欧元降为7.15亿欧元）；案例T-39/07 *Eni SpA v Commission* EU：T：2011：356；案例T-144/07 *Thyssenkrupp Liften v Commission* EU：T：2011：5129；案例T-558/08 *Eni SpA v Commission* EU：T：2014：1080；案例C-93/13 P and C-123/13 P *Commission v Versalis SpA and Eni SpA* EU：C：2015：150。

[304] 参见案例T-329/01 *Archer Daniels Midland Co v Commission* EU：T：2006：268，第272~287段，欧盟普通法院维持了欧盟委员会拒绝承认终止参与秘密垄断作为减轻罚款情况的裁决。

[305] 参见*Power transformers*，欧盟委员会于2009年10月7日作出的决定，第262~274段。

在特殊情况下，欧盟委员会可能会考虑企业无力支付罚款，以致其经济生存能力会受到损害。[306] 在评估罚款是否可能导致一家企业进入清算并退出市场时，欧盟委员会通常会考虑其财务报表、流动性、偿付能力和其他财务比率以及与银行和股东的关系。[307]

企业采用遵守竞争法的方案这一事实不是欧盟委员会有义务作为一个减轻罚款的考虑因素[308]，也不是欧盟委员会对参与侵害行为的雇员采取纪律行动的因素。[309] 不要求欧盟委员会以被告向其反竞争行为的受害者支付损害赔偿为由减少罚款。[310]

一事不再理原则防止同一实体因同一非法行为被罚款两次以上。该原则需同时满足三个条件：事实必须相同；犯罪主体必须是同一企业；受保护的法律利益必须相同。[311] 因此，该原则不适用于某些处以罚款的情况，例如在美国，因为这与受欧盟法律保护的利益无关。[312] 此外，允许欧盟委员会在不违反“一事不再理原则”[313] 的情况下，解决程序上的不正当问题，例如重新审理被告的辩护权受到侵犯的案件。[314] 以这种方式重新适用决定，欧盟委员会试图表明，尽管在向欧盟法院提出上诉时可能赢得程序上的认可，但如果能够通过重新审理案件来弥补程序上的缺陷，上诉也将是徒劳的。

（iii）欧盟委员会的《宽大处理通知》

参与垄断的企业通常充分意识到其行为是非法的，并竭尽全力保密和避免

---

[306] 《罚款准则》，第35段；参见 *Window mountings*，欧盟委员会2012年3月28日的决定。

[307] 参见欧盟委员会于2010年6月30日在MEMO/10/290作出的决定；可以在竞争总司的网站上找到用于处理无法付款的索赔的申请表和标准调查表：www. ec. europa. eu/competition。

[308] 参见第7章脚注❹。

[309] *Choline chloride*，欧盟委员会于2004年12月9日作出的决定，第217段。

[310] 案例T－59/02 *Archer Daniels Midland Co v Commission* EU：T：2006：272，第354段；案例T－13/03 *Nintendo v Commission* EU：T：2009：131，第74段。

[311] 案例C－204/00 P etc *Aalborg Portland A/S v Commission* EU：C：2004：6，第338段；WILS W P. The Principle of “*Ne Bis in Idem*” in EC Antitrust Enforcement：A Legal and Economic Analysis［J］. World Competition，2003，26（2）：131.

[312] 参见：案例C－308/04 P *SGL Carbon AG v Commission* EU：C：2006：433，第26～39段；案例C－289/04 P *Showa Denko KK v Commission* EU：C：2006：431，第50～63段；案例T－329/01 *Archer Daniels Midland Co v Commission* EU：T：2006：268，第290～295段；案例T－59/02 *Archer Daniels Midland Co v Commission* EU：T：2006：272，第61～73段。

[313] 案例 *Carbonless paper*，欧盟委员会于2010年6月23日作出决定，对Bolloré处以2100万欧元的罚款，在C－322/07 P *Papierfabrik August Koehler v Commission* EU：C：2009：500中被撤销；Commission的第二个决定在T－372/10 *Bolloré v Commission* EU：T：2012：325和C－414/12 P EU：C：2014：301予以维持。

[314] 案例T－24/07 *ThyssenKrupp Stainless AG v Commission* EU：T：2009：236，第178～192段。

被发现。[315] 因此，竞争主管机构在侦查垄断方面面临相当大的困难。实践中的一个关键工具是激励垄断参与者向相关竞争主管机构或当局“吹哨”。[316] 事实证明，鼓励举报在美国起诉垄断方面非常成功[317]；美国的政策文件可以在司法部的主页上查阅。欧盟委员会的政策是允许参与垄断的第一家“吹哨”企业享有完全豁免（罚款为零），并对向欧盟委员会提供进一步证据使其能够更有效地进行案件调查的企业处以低于其他企业的罚款。然而，应当指出的是，一些重大案件是由欧盟委员会自己主动提出的：它不依赖举报人[318]；例如，欧盟委员会在 *Car glass* 案的决定源于匿名的“密告”。[319] 欧盟委员会为愿意在匿名条件下提供垄断信息的个人开发了“匿名举报者工具”：通过外部中间人的加密工具与欧盟委员会联系。[320] 一般来说，举报不影响举报人向垄断受害者支付损害赔偿的民事责任[321]，但《损害赔偿指令》第 11 条第 4 款在某种程度上限制了豁免接受者的连带责任。[322]

欧盟委员会于 1996 年[323]首次通过了关于宽大处理的通知，于 2002 年被取代。[324] 2006 年发布了一份新的通知，阐述了欧盟委员会的现行政策。2006 年的通知旨在提高对申请宽大处理承诺的预期透明度；该通知还引入了一些程序

---

[315] 有关处理宽大处理申请人的信息，参见竞争总司的《程序手册》第 9 章。

[316] 参见：WILS W P. Leniency in Antitrust Enforcement：Theory and Practice [J]. World Competition, 2007, 30：25；OBERSTEINER T. International Antitrust Litigation：How to Manage Multijurisdictional Leniency Applications [J]. Journal of European Competition Law & Practice, 2013, 4：16；LACHNIT E. Apply at Your Own Risk：The Difficulties with MultiJurisdictional Leniency Applications [J]. Maastricht Journal of European and Comparative Law, 2016, 23：725；CAMPBELL D T. Cartel Regulation [M]. 17th ed. [S. l.]：Global Competition Review, 2017；另见：COLINO S M. The Perks of Being a Whistleblower：Designing Efficient Leniency Programs in New Antitrust Jurisdictions [J]. Vanderbilt Journal of Transnational Law, 2017, 50：535.

[317] 参见 www. justice. gov/atr/public/guidelines。

[318] *Flat glass*，欧盟委员会 2007 年 11 月 28 日的决定，第 80 段，在本章第 364 页“根据第 1/2003 号条例分配案件”；*Professional Videotapes*，欧盟委员会 2007 年 11 月 20 日作出的决定，第 44 段；*Elevators and escalators*，欧盟委员会 2007 年 2 月 21 日的决定，第 91 段。

[319] 参见 *Car glass*，欧盟委员会 2008 年 11 月 12 日作出的决定，第 38 段；*Envelopes*，欧盟委员会 2014 年 12 月 10 日作出的决定，第 16 段。

[320] 参见：欧盟委员会新闻稿 IP/17/591，2017 年 3 月 16 日；可在 www. ec. europa. eu/competition 上查阅。

[321] 参见：欧盟委员会的《宽大处理通知》，OJ [2006] C 298/1，第 39 段。

[322] OJ [2014] L 349/1；第 8 章第 383 页“第 11 条：连带责任”。

[323] OJ [1996] C 207/4。

[324] OJ [2002] C 45/3。

创新。[325] 该通知符合欧盟竞争网络宽大处理示范计划的原则。[326] 在作了一些介绍性评论之后，《宽大处理通知》第2节解释了企业可能有资格获得罚款豁免的情况；第3节讨论了减少罚款的可能性；第4节讨论了企业陈述的方式，包括为避免民事诉讼中可能出现的问题而进行口头陈述的可能性。应当指出的是，无论是在欧盟内部还是在国际上，都没有适用于宽大处理申请的一站式服务。因此，潜在的宽大处理申请人可能不得不在一些不同的管辖法域多重举报，以充分保护其立场。[327] 在欧盟内部，各国的宽大处理制度趋于相当一致。[328]

(a) 第1节：简介

该通知规定了欧盟委员会奖励已是或曾经是与其合作进行调查的秘密垄断成员的企业的框架。[329] 该通知承认两种宽大处理：免于罚款和减少罚款。它指出，如果一家企业对展开调查或查明侵害行为作出了决定性贡献[330]，则可以有理由豁免罚款；如果一家企业向欧盟委员会提供了增加重要价值的证据，则可以有理由减少已有的罚款。[331] 欧洲法院认为，只有在有关承诺的行为表明其真正的合作精神时，才有理由根据宽大处理方案减免罚款。[332] 欧盟委员会在《宽大处理通知》中承认，作出合作声明不应使企业在民事诉讼中面临不合作的企业所没有经历的风险。[333] 从宽大处理申请人获得的证据必须有确凿证据作为佐证；欧洲法院裁定，在法律上没有理由说明一份宽大处理声明不能用以佐证另一份。[334]

(b) 第2节：罚款豁免

对参与垄断的第一家向欧盟委员会提交信息的企业[335]，使欧盟委员会能够进行检查或发现与垄断有关的违反《欧盟运行条约》第101条的行为，将给

---

[325] 关于在垄断案件中免收罚款和减少罚款的通知（OJ［2006］C 298/17号），可在www. ec. europa. eu/competition上查阅。

[326] 参见本章第365页“宽大处理”。

[327] 参见C－428/14 *DHL Express*（*Italy*）*srl v Autoritá Garante della Concurrenza e del Mercato* EU：C：2016：274，第45～67段。

[328] 参见www. ec. europa. eu/competition/ecn/documents. html。

[329] 该通知不适用于与纵向协议有关的合作，例如涉及转售价格维持；但是，《罚款准则》第29段（第7章脚注[274]）规定，在“宽大处理通知的范围之外”，减少与欧盟委员会合作的罚款。

[330] OJ［2006］C 298/17，第4段。

[331] 同上，第5段；“拥有”是指实体而非认知上的占有：案例C－617/13 P *Repsol Lubricantesy Especialidades SA v Commission* EU：C：2016：416，第58～75段。

[332] 案例C－301/04 P *Commission v SGL Carbon AG* EU：C：2006：432，第66～70段。

[333] 《宽大处理通知》，第6段。

[334] 案例C－613/13 P *Commission v Keramag Keramische Werke GmbH* EU：C：2017：49。

[335] 合营企业和合营企业的母公司可以提出联合豁免申请：*Optical disc drives*，欧盟委员会于2015年10月21日作出的决定。

予豁免[336]；如果欧盟委员会已经有足够的证据进行检查或作出最后决定[337]，则不给予豁免。举报人必须向欧盟委员会提交一份合作声明，其中载有具体信息，如关于垄断的说明，参与垄断的个人的姓名、职位、办公地点以及必要时的住址，与之联系的任何其他竞争主管机构的详细情况以及举报人掌握的任何其他相关证据。[338] 举报人必须符合以下一系列条件才能获得豁免：

- 真诚、持续和迅速的合作；[339]
- 终止对垄断的任何参与，除非欧盟委员会认为继续参与可能有助于调查的准备工作，例如，如果举报人不参加垄断会议，其他与会者可能会猜测发生了什么，并意识到调查迫在眉睫；
- 在考虑豁免申请时不得销毁、伪造或隐藏任何相关证据。[340]

《宽大处理通知》解释了申请豁免的程序[341]，包括所谓的标记制度。根据该制度，举报人可与欧盟委员会联系，并同意在某一日期之前提供通过宽大处理门槛所需的证据。如果在商定的日期之前完善的话，该标记的申请将被视为是在最初向欧盟委员会提出申请时作出的，因此在宽大处理申请人的队列中排名高于其他在标记完善之前提出申请的企业。[342]

(c) 第3节：减少罚款

不符合豁免条件的企业，例如，因为它不是第一个吹哨的，但如果它向欧盟委员会提供"有重大附加价值的"证据，就有获得减少罚款的资格。[343] 减少幅度可达20% ~50%。[344]《宽大处理通知》解释了此类案件的程序。[345]

(d) 第4节：公司报表

《宽大处理通知》讨论了如何作出合作声明[346]，并具体规定这种声明应为

---

[336] 《宽大处理通知》，第8段。

[337] 同上，第10段和第11段；有关获得豁免资格的证据参见T－521/09 *Alstom Grid SAS v Commission* EU：T：2014：1000，第44~89段。

[338] 《宽大处理通知》，第9段。

[339] 对于欧盟委员会因未能履行合作义务而拒绝给予豁免的案件，参见：*Italian raw tobacco*，欧盟委员会于2005年10月20日作出的决定，第430~485段，上诉维持原判案例T－12/06 *Deltafina SpA v Commission* EU：T：2011：441，第102~182段；上诉至欧洲法院的案例C－578/11 P *Deltafina Spa v Commission* EU：C：2014：1742。

[340] 《宽大处理通知》，第12段。

[341] 同上，第14~22段。

[342] 同上，第15段。

[343] 同上，第24和25段。

[344] 同上，第26段。

[345] 同上，第27~30段。

[346] 同上，第31~35段。

口头而不是书面的。[347] 其原因是担心，如果一家企业准备一份书面的合作声明，在美国发生三倍的损害赔偿诉讼时，这可能会被发现，会阻止该企业“吹哨”。在这种情况下，垄断可能不会被发现。欧盟委员会将口头陈述写成书面陈述。由于它不是举报人的文件，因此无法被发现；任何美国法院要求欧盟委员会交出自己的文件的尝试都可能因公共利益而失败。[348] 但应当指出，欧盟委员会有权在其决定的公开版本中公布宽大处理申请人提供的非机密信息。[349]《损害赔偿指令》第 6 条第 6 款禁止国家法院下令披露宽大处理声明。[350]

(e) 宽大处理申请人的上诉

在 *Masco v Commission* 案[351]中，Masco 揭发了浴室固定装置和配件行业的垄断。作为一个举报人，它没有被欧盟委员会罚款，但欧盟委员会的决定认为 Masco 处于一个比其自以为范围更广的单一整体协议中。因此，它对欧盟委员会的决定提出上诉，但未获成功。*Mascos* 案的关键点是，该决定使其面临一个比它认为自己参与垄断更大的损害赔偿诉讼。

(iv) 第 24 条：定期支付罚款

第 24 条规定企业定期支付罚款，例如，在作出要求其终止侵害的决定之后，企业仍继续违反《欧盟运行条约》第 101 条或第 102 条，或企业仍未按照欧盟委员会的要求提供完整和准确的信息回复欧盟委员会请求的信息。[352] 最高罚款额为上一营业年度平均每日营业额的 5%。2006 年 7 月，欧盟委员会认定，Microsoft 未能按照其 2004 年 3 月的决定履行提供全面互操作性信息的义务，从 2005 年 12 月 16 日至 2006 年 6 月 20 日，每天罚款 150 万，总计罚款 2.805 亿欧元。[353] 在此之后，2008 年 2 月第二次罚款 8.99 亿欧元，因为

---

[347] 同上，第 32 段；《损害赔偿指令》第 2 条第 15 款和第 16 条分别定义了“宽大处理程序”和“宽大处理状态”。

[348] 参见 *In re Rubber Chemicals Antitrust Litigation* 486 F Supp 2d 1078 (*ND Cal* 2007)，地区法院拒绝了宽大处理申请人与欧盟委员会之间某些通信请求；进一步参见本章第 336 页“与第三国的信息交流”。

[349] 参见案例 C－162/15 P *Evonik Degussa GmbH v Commission* EU：C：2017：205，维持了欧盟委员会发布 2006 年 5 月 3 日 *Hydrogen peroxide* 案裁决更为详细的非机密版本的决定，包括宽大处理信息。

[350] 参见第 8 章第 381～382 页“第 6 条：国家竞争主管机构档案中的证据披露”。

[351] 案例 T－378/10 EU：T：2013：469，上诉维持原判案例 C－614/13 P *Masco Corp v Commission* EU：C：2017：63；案例 T－46/11 *Deutsche Lufthansa AG v Commission* EU：T：2015：987（取消空运货物，欧盟委员会 2010 年 11 月 9 日的决定被废止，但欧盟委员会随后于 2017 年 3 月 17 日通过了第二项决定，案例 T－342/17 etc，尚未裁决）；案例 T－445/14 *ABB v Commission*，尚未裁决。

[352] 参见竞争总司的《程序手册》第 20 章（定期罚款）。

[353] 欧盟委员会于 2006 年 7 月 12 日作出的决定。

Micosoft对接口文件收取不合理的价格[354]；该罚款在上诉时减少到8.6亿欧元。[355]

(G) 第7章：时效期限

(i) 第25条：处罚的时效

第1/2003号条例第25条取代了以前第2988/74号条例所载的规则[356]，规定了欧盟委员会对违反竞争法的行为采取行动的时效期限：对于有关要求提供资料或进行检查的规定，时效期限为3年；对于所有其他违反规定的情况，时效期限为5年；当欧盟委员会或国家竞争主管机构采取某些行动时，时效期限中断。[357] 在 *Arkema France v Commossion* 案[358]中，欧盟普通法院驳回了欧盟委员会关于受时效限制而未能处罚Arkema的论点，因其正确确定Arkema参与热稳定剂垄断的期限。[359] 欧盟委员会有责任证明违反竞争规则的持续时间，从而证明时效期限尚未到期。[360] 欧盟委员会认定存在单一的连续协议或滥用可能意味着其可以处以罚款，但条件是在侵害行为停止后的3~5年内提起诉讼[361]；如果正确地分析存在一系列单独的协议或滥用，就可能会发现其中一些协议或滥用在很久以前已经终止，则不能再处以罚款。[362]

在 *Trelleborg Industrie SAS v Commission* 案[363]中，欧盟普通法院认为，欧盟委员会错误地认定Trelleborg参与了"单一和持续的侵害行为"，[364] 相反，它参与了一次"重复的侵害行为"[365]。然而，这一错误并不影响时效期限的适用[366]或者对Trelleborg的罚款水平。[367]

---

[354] 欧盟委员会于2008年2月27日作出的决定。

[355] 案例T-167/08 *Microsoft Corp v Commission* EU：T：2012：323。

[356] OJ［1974］L 319/1。

[357] 第1/2003号条例第25条第3~6款；讨论第2988/74号条例中的中断规则，案例T-276/04 *Compagaie Maritime Belge SA v Commission* EU：T：2008：237，第22~38段。

[358] 案例T-23/10和T-24/10 EU：T：2014：62。

[359] 同上，第38~108段。

[360] 案例T-120/04 *Peróxidos Orgánicos SA v Commission* EU：T：2006：350，第52段；案例T-58/01 *Solvay SA v Commission* EU：T：2009：520，第294~295段。

[361] 第1/2003号条例，第25条第1款。

[362] 参见第3章第128~129页"单一整体协议：术语"。

[363] 案例T-147/09和T-148/09 EU：T：2013：259。

[364] 同上，第50~70段。

[365] 同上，第72~92段；有关重复侵害的概念，参见第3章第132~133页"单一和重复违法"。

[366] *Trelleborg Industrie*（本章脚注[363]），第95段。

[367] 同上，第115~118段。

欧盟委员会有时会对一家企业作出决定，说明该企业属于垄断，但由于时效规则，不会处以罚款。欧盟委员会这一行为的利益包括，可以在成员国的法院就损害赔偿对该企业提出后续诉讼。欧盟委员会必须解释其对企业作出决定的理由。[368]

（ii）第26条：执行处罚的时效期限

第26条规定，执行罚款和定期支付罚款的时效期限为5年。[369]

（H）第8章：听证和职业保密

第1/2003号条例第26条和第27条分别涉及听证和职业保密。

（i）第27条：听取当事人、申诉人和其他人的意见

（a）第27条的规定

第27条第1款规定，在根据第7条和第8条（侵害和临时措施决定）或第23条和第24条（罚款和定期罚款）作出决定之前，作为诉讼主体的企业有权发表意见。欧盟委员会只能根据当事各方有机会发表评论的反对意见作出决定。申诉人“应密切参与诉讼”。

第27条第2款规定，在欧盟委员会诉讼期间，应充分尊重被告的权利，包括查阅欧盟委员会档案的权利。该条例第27条第2款明确规定，在欧洲竞争网络内，不存在获取机密信息的权利，也不存在获取欧盟委员会、国家竞争主管机构内部文件和通信的权利。第27条第3款规定，欧盟委员会可听取有充分利益的第三方的意见；第27条第4款规定，如果欧盟委员会打算根据第9条或第10条通过一项决定，它必须公布其意图，并允许第三方有机会发表意见。

（b）诉讼的进行

欧盟委员会第773/2004号条例（以下简称“实施细则”[370]）解释欧盟委员会如何和何时启动诉讼程序，以及在竞争案件中如何行使听证权。[371]具体而

---

[368] 参见本章第321页“过去的侵害行为”。

[369] 关于第2988/74号条例第26条的诉讼，参见：案例T－153/04 *Perrière Nord SpA v Commission* EU：T：2006：277，上诉后撤回案例C－516/06 P *Commission v Perriere Nord SpA* EU：C：2007：763，第27～34段；可以追溯至欧盟委员会在*Welded steel mesh*中的决定，OJ［1989］L 260/1。

[370] OJ［2004］L 123/18；注意该条例已被第1792/2006号条例修订，OJ［2006］L 362/1；第622/2008号条例，OJ［2008］L 171/3；第519/2013号条例，OJ［2013］L 158/74；第2015/1348号条例，OJ［2015］L 208/3；可在www. ec. europa. eu上查阅。

[371] 关于诉讼程序的启动，参见竞争总司的《程序手册》第10章、有关异议声明起草的第11章、有关案卷的获取的第12章以及聆听权的第13章。

言，它规定了关于必须向当事各方发出的反对声明和陈述权的规则，并赋予当事各方举行口头听证的权利。不举行听证违反了一项基本的程序要求，这将会撤销欧盟委员会的决定，无论该错误是否影响了欧盟委员会的决定。[372] 欧盟委员会也可以听取有足够利益的第三方的意见。[373] 该条例规定了口头听证的规则，由听证官进行。欧盟委员会 2011 年 10 月的一项决定规定了竞争案件听证官的职权范围[374]；欧盟委员会《关于适用〈欧盟运行条约〉第 101 和 102 条程序最佳做法的通知》[375] 也具有重要意义。第 1/2003 号条例解释了在诉讼过程中如何处理机密信息，以及如何和解争端。

欧盟委员会关于查阅欧盟委员会档案规则的通知[376]解释了其在相关立法，包括第 1/2003 号条例和实施细则以及欧盟法院判例的背景下查阅档案的现行政策。根据第 1049/2001 号条例[377]，查阅欧盟文件的权利受到不同标准和例外的限制。关于查阅欧盟委员会档案的通知解释了谁有权访问该文件、哪些文件可以访问，以及何时可以授予访问权限。可能会向听证官提出关于拒绝接触的申诉；如果对听证官的做法不满意，另一种可能是向欧洲监察员求助。[378]

如果欧盟委员会掌握了可能为被告企业提供无罪证据的文件，则必须提供这些文件。如果不提供这些文件，则只有在提供这些文件会导致不同结果的情况下，才会导致欧盟委员会的决定无效。[379] 在 *Salzgitter v Commission* 案[380]中欧洲法院确认，欧盟委员会可对坚持匿名的消息来源提供的证据给予证明价值。

---

[372] 案例 C－88/15 P *Perriere Nord SpA v Commission* EU：C：2017：716，第 53～55 段；WILS W P J. The Oral Hearing in Competition Proceedings before the European Commission. [J]. World Competition，2012，35（3）：397－430.

[373] 他们也有权获得反对意见的非机密版本：案例 T－213/01 和 T－214/01 *Österreichische Postsparkasse AG v Commission* EU：T：2006：151。

[374] 决定 2011/695/EU，OJ［2011］L 275/29：案例 C－162 /15 P *Evonik Degussa GmbH v Commission* EU：C：2017：205 和案例 C－517/15 P *AGC Glass Europe SA v Commission* EU：C：2017：598 中讨论了此决定下的听证官权力范围；WILS W P J. The Role of the Hearing Officer in Competition Proceedings before the European Commission［J］. World Competition，2012，35：431。

[375] 可在 www. ec. europa. eu 上查阅；参见：竞争总司的《程序手册》与听证程序有关部分（第 2 章）。

[376] OJ［2005］C 325/7；本通知取代了以前的通知（OJ［1997］C27/3）。

[377] OJ［2001］L 145/43；*jile* 案中的通知，第 2 段；根据第 1049/2001 号条例，OJ［2001］L 145/43 部分成功要求提供信息的案例，参见：案例 T－181/10 *Reagans SpA v Commission* EU：T：2014：139。

[378] 参见下文"欧洲监察员"。

[379] 参见案例 T－314/01 *Coöperatieve Verkoop－en Productievereniging van Aardappelmeel en Derivaten Avebe BA v Commission* EU：T：2006：266，第 66～67 段及其中引用的判例法。

[380] 案例 C－411/04 P EU：C：2007：54，第 40～50 段。

法院已确定，企业有权期待竞争法程序在合理期限内结束。[381]

（c）欧洲监察员

近年来，在一些情况下，除了求助于听证官外，还出现了向欧洲监察员提出欧盟委员会管理不善投诉的做法。[382] 这在 *Intel* 案[383]、*Ryanair* 案[384]，*Infineon* 案[385]和 *Crédit Agricole* 案[386]中取得了一些成功。但在 *X*，*E. ON* 案[387]中是不成功的。只有在对有关机构采取适当办法后，才能向欧洲监察员提出申诉；且欧洲监察员的决定不具有约束力。

（d）一个典型的案例

在典型的垄断案件[388]中，欧盟委员会的程序如下：

- 举报人向欧盟委员会申请免于罚款，或欧盟委员会决定自行开始调查；
- 欧盟委员会进行突击检查；
- 欧盟委员会审议其获得的证据，并发送请求或要求提供进一步资料；
- 欧盟委员会对其认为属于垄断的企业发表反对声明；
- 企业对反对声明提交书面答复；
- 举行口头听证会；[389]
- 竞争总司编写一份决定草案；
- 决定草案交给竞争事务专员；
- 就该决定草案征求咨询委员会的意见；[390]
- 该决定草案由专员委员会审议；
- 专员委员会通过了最后的决定。

（e）申诉人的立场

第1/2003号条例中的各项规定，包括第27条第3款，承认利益关联的第

---

[381] 参见本章第366～371页“司法审查”。

[382] 有关监察员的更多信息，请访问：www. ombudsman. europa. eu；更多讨论参见：AMORY B E，DESMEDT Y N. The European Ombudsman's First Scrutiny of the EC Commission in Antitrust Matters［J］. European Competition Law Review，2009，30：205.

[383] 欧洲监察员2009年7月14日的决定。

[384] 欧洲监察员2009年4月27日的决定。

[385] 欧洲监察员2014年11月13日的决定。

[386] 欧洲监察员2015年11月11日的决定。

[387] 欧洲监察员2010年7月27日的决定。

[388]《欧盟运行条约》第102条的案件将非常相似，不会涉及举报人；如果当事各方决定和解垄断案件，而欧盟委员会认为这是进行诉讼的适当方法，则该程序可能比案文中概述的程序要短。参见本章第330～333页“垄断案件的和解”。

[389] 有用的流程图阐明了欧盟委员会在第101和102条案件中的适用情况，可在欧盟委员会《关于根据〈欧盟运行条约〉第101和102条进行诉讼的最佳做法的通知》（OJ［2011］C 308/6）的附件1中找到。

[390] 在某些情况下，企业放弃其口头听证的权利。

三方有权参与诉讼程序，尽管这些权利低于被控违法的企业。该条例第 4 章还涉及处理投诉问题[391]，欧盟委员会发布了《关于欧盟委员会根据〈欧盟运行条约〉第 101 和 102 条处理投诉的通知》。[392] 该通知第 2 部分讨论了公共和私人执行竞争规则的补充作用，指出在某些情况下，申诉人诉诸法院而不是竞争主管机构的好处。例如，只有法院才能裁定损害赔偿或确定《欧盟运行条约》第 101 条第 2 款规定的无效性对合同的影响。[393] 它还解释了关于在欧洲竞争网络范围内分配案件的规定，这应有助于申诉人决定，在寻求私人诉讼前，选择哪个公共当局是明智的。[394] 该投诉通知第 3 部分详细说明欧盟委员会处理投诉的方式，并指明表格 C 必须提供的资料，该表格是投诉时必须使用的表格。[395] 该通知讨论了公认的判例法，承认欧盟委员会有权优先考虑其执法工作，并集中处理与欧盟有关的案件。[396] 还很好地确定了，申诉人无权就是否存在或不存在违反《欧盟运行条约》第 101 条和/或第 102 条的行为作出最后决定。[397] 该通知的最后部分解释了欧盟委员会处理申诉的程序，包括申诉人的程序权利。[398] 欧盟普通法院在两起第三方上诉中就 De Beers 供应钻石的安排作出的判决，可用于概括欧盟委员会在决定是否驳回申诉时所承担的义务。[399]

欧盟委员会有权利用第三方在保持匿名的情况下提供的证据，尽管这种证据本身不足以维持确认侵害的调查结果，但可以是证据的一部分。[400]

（ii）第 28 条：职业保密

第 28 条有两项规定：第一，根据第 1/2003 号条例收集的信息只能用于获取该信息所需要的目的；第二，如果这些信息属于职业保密义务的范围[401]，欧

---

[391] 参见：竞争总司的《程序手册》第 14 章；案例 T－691/14 *Servier SAS v Commission*，尚未裁决，该委员会未及时召集咨询委员会而违反了基本程序要求。

[392] OJ［2004］L 123/18。

[393] OJ［2004］C 101/65；参见欧盟竞争总司的《程序手册》第 21 章。

[394] 《关于欧盟委员会根据〈欧盟运行条约〉第 101 和 102 条处理投诉的通知》，第 16 段。

[395] 同上，第 19～25 段。

[396] 同上，第 29～32 段。

[397] 同上，第 41～45 段；参见：WILS W P J. Discretion and Prioritisation in Public Antitrust Enforcement［J］. World Competition，2011，34：353.

[398] 参见案例 C－119/97 P *Ufex v Commission* EU：C：1999：116，第 87 段；另见案例 T－201/11 *Si.mobil telekomunikacijske stortive d. d. v Commission* EU：T：2014：1096，第 79～108 段。

[399] 《关于欧盟委员会根据〈欧盟运行条约〉第 101 和 102 条处理投诉的通知》，第 53～81 段。

[400] 案例 T－104/07 etc *Belgische Vereniging van handelaars in－en uitvoerders geslepen diamant v Commission* EU：T：2013：366；案例 T－108/07 etc *Spira v Commission* EU：T：2013：367。

[401] 案例 C－411/04 P *Salzgitter Mannesmann GmbH v Commission* EU：C：2007：54，第 47 段和第 50 段。

盟委员会和国家竞争主管机构不得披露根据该条例获得或交换的信息。欧盟委员会《关于与国家竞争主管机构合作的通知》第28（a）段就该条例第28条的实际适用提供了指导。

（I）第9章：集体豁免规定

第1/2003号条例第29条规定，欧盟委员会和国家竞争主管机构有权在个别情况下撤销集体豁免。[402]

（J）第10章：总则

（i）第30条：公布决定

第1/2003号条例第30条第1款要求欧盟委员会根据第7~10条、第23条和第24条公布其决定，同时考虑各方在保护其商业秘密方面的合法利益。[403]

（ii）第31条：欧盟法院的审查

第31条规定，欧盟法院有无限的管辖权来审查欧盟委员会判处罚款或定期支付罚款的决定。

（K）第11章：过渡性、修正性和最后条款

第35~42条有过渡性和最后条款两项规定。

（i）第34条：过渡性规定

第34条第1款规定，向欧盟委员会提交的所有关于"个别豁免"的现有通报均于2004年5月1日失效。[404]

（ii）第35条：指定成员国的竞争主管机构

第35条要求成员国指定负责适用《欧盟运行条约》第101条和第102条的竞争主管机构或主管部门。[405]

（iii）第36~42条：杂项修订

第36条、第38条、第39条和第41条关于运输条例的规定因随后发生的

---

[402] 参见《欧盟运行条约》第339条。

[403] 关于从纵向协议中撤回第330/2010条例规定利益的可能性的讨论，参见第16章第831页"欧盟委员会或成员国撤销集体豁免"。

[404] 关于欧盟委员会根据第30条第1款承担的义务，参见：案例C－162/15 P *Evonik Degussa GmbH v Commission* EU：T：2017：205，第77~102段。

[405] 根据第17号条例授予的"个别豁免"继续有效，参见第4章第214~217页"第1/2003号条例"。

事件而废除。[406] 第 37 条废除了关于时效期限的第 2988/74 号条例，现由第 25 条和第 26 条处理。第 40 条废除了以前条例中规定的允许撤销集体豁免利益的权力，这一权力现在由第 29 条而不是第 42 条授予[407]。

（iv）第 43 条：废除第 17 号条例和第 141 号条例

第 43 条第 1 款废除了第 17 号条例，但欧盟委员会已给予个别豁免的条件和义务除外。[408] 第 43 条第 2 款废除了第 141 号条例，该条规定运输行业不受第 17 号条例的限制。[409]

（v）第 44 条：关于第 1/2003 号条例运作情况的报告

第 44 条要求欧盟委员会在 2009 年向欧洲议会和理事会报告第 1/2003 号条例的运作情况。欧盟委员会在其关于第 1/2003 号条例运作情况的报告中[410]说，该条例在实践中运作良好，大大改进了《欧盟运行条约》第 101 条和第 102 条的执行，并使其在整个欧盟的适用取得了一致性。然而，欧盟委员会也注意到某些问题需要进一步评价，例如不同的成员国在执行第 101 条和第 102 条方面有不同的程序，以及在单方行为方面国家法律之间的差异，但欧盟委员会仍未解决是否需要对现有规则或惯例作出修正的问题。

3. 实践中的第 1/2003 号条例

自 2004 年以来，欧盟委员会与成员国的国家竞争主管机构和国家法院共同执行《欧盟运行条约》的竞争规则。欧盟委员会和国家竞争主管机构共同在欧洲理事会框架内运作，这表明了第 1/2003 号条例第 4 条第 3 款所要求的真诚合作的义务。现在国家竞争主管机构比欧盟委员会更频繁地适用《欧盟运行条约》第 101 条和第 102 条。

（A）欧洲竞争网络

欧洲竞争网络不具有法律身份，也不是国际组织。[411] 相反，它提供了一个

---

[406] 参见本章第 318 ~ 319 页“第 5 条：国家竞争主管机构的权力”。

[407] 参见第 23 章第 1209 ~ 1221 页“运输业”。

[408] 参见本章第 362 页“第 9 章：集体豁免规定”。

[409] 参见第 4 章第 214 ~ 217 页“第 1/2003 号条例”。

[410] 参见第 23 章第 1209 ~ 1221 页“运输业”。

[411] 《关于第 1/2003 号条例执行情况的报告》，COM（2009）206 final；另见欧盟委员会工作人员《关于第 1/2003 号条例执行情况的报告》，SEC（2009）574 final；可在 www. ec. europa. eu/competition 上查阅。

框架，在此框架内，欧盟委员会和国家竞争主管机构讨论工作分担问题，例如，哪个机构最适合处理某项调查。国家竞争主管机构在欧洲竞争网络框架内交流信息，就实际案例和政策制定的经验也在网络内交流。欧洲竞争网络成员通过安全的内联网连接。欧盟委员会在确保竞争规则适用的一致性方面发挥了牵头作用，特别是在审查国家竞争主管机构的决定草案时，欧盟委员会有权启动自己的程序，从而中止国家竞争主管机构的程序。[412] 关于欧洲竞争网络工作的信息可从竞争总司网站获取，例如，包括根据第 101 条和第 102 条向欧洲竞争网络报告的调查数量，以及由国家竞争主管机构或欧盟委员会启动的调查比例。[413] 国家竞争主管机构总干事每年举行一次会议，讨论欧洲竞争网络内部的主要政策问题。由国家竞争主管机构和欧盟委员会官员组成的欧洲竞争网络全体会议每年举行四次。它有一些工作组，例如关于合作、宽大处理和制裁问题的工作组；还有一些行业小组，例如关于自由职业、能源和金融服务的小组。欧盟委员会出版了一份欧洲竞争网络概览期刊，其中载有关于欧洲竞争网络及其成员活动的信息。[414]

（B）根据第 1/2003 号条例分配案件

《关于与国家竞争主管机构合作的通知》[415] 规定了管辖原则。根据这些原则，应在欧洲理事会内分配案件。[416] 将一个案件从国家竞争主管机构重新分配给欧盟委员会的一个例子是 *iTunes* 案，英国认为，欧盟委员会更有能力审议一项申诉，即 Apple 的 iTunes 服务因用户居住国的不同而在价格上受到歧视，特别是因为这影响到单一市场。[417] 在平板玻璃方面，一些国家竞争主管机构与欧洲理事会内的欧盟委员会合作，导致欧盟委员会对其处以总额为 4. 88 亿欧元的罚款。[418] 国家竞争主管机构已开始调查某一事项，这并不意味着欧盟委员会不能对同一行为进行突击检查。[419]

---

[412] 参见竞争总司的《程序手册》第 3 章，内容涉及欧盟委员会与国家竞争主管机构之间的合作以及欧洲竞争网络内部信息交换。

[413] 参见：第 1/2003 号条例第 11 条第 6 款；本章第 334 ~ 335 页“第 11 条：欧盟委员会与国家竞争主管机构之间的合作”。

[414][415] 参见 www. ec. europa. eu/cornpetition/ecn/index_en. htrnl。

[416] OJ［2004］C 101/43。

[417] 《关于与国家竞争主管机构合作的通知》，第 5 ~ 15 段。

[418] 英国公平交易办公室新闻稿，2004 年 12 月 3 日，可在 www. nationalarchives. gov. uk 上查阅；欧盟委员会新闻稿 IP/08/22，2008 年 1 月 9 日；参见欧盟委员会新闻稿 IP/10/1175，2010 年 9 月 25 日。

[419] 欧盟委员会于 2007 年 11 月 28 日作出的决定；参见欧盟委员会新闻稿 IP/07/1781，2007 年 11 月 28 日。

（C）“软”融合

第 1/2003 号条例和建立欧洲竞争网络的一个令人感兴趣的副产品是在国家竞争法和竞争程序方面出现了相当多的软性趋同。虽然该条例没有明确要求趋同，但现实情况是，在许多方面，例如废除国家通知制度、调整调查程序、实行宽大处理方案和类似于该条例第 9 条的承诺程序等，成员国国内法与欧盟的法律相一致。关于自第 1/2003 号条例生效以来成员国竞争法改革的信息，可在欧洲竞争网络网站上查阅。[420] 欧洲竞争网络发表了若干关于调查、决策和救济的建议，旨在协助成员国建立有利于有效执行欧盟竞争法的法律框架。[421]

（D）宽大处理

欧洲竞争网络宽大处理领域的工作特别重要。在其主持下，28 个国家竞争主管机构中有 27 个现在有了宽大处理方案，[422] 欧洲竞争网络制定了一个宽大处理示范方案，旨在通过趋同实现软协调。示范宽大处理方案已得到所有国家竞争主管机构的认可，并可在欧洲竞争网络网站上查阅。[423] 大多数成员国已使其宽大处理方案与宽大处理示范方案的主要特点相一致[424]，但这对国家竞争主管机构没有约束力。[425]

（E）第 1/2003 号条例的十年和可能的改革

欧盟委员会于 2014 年 7 月 9 日发表了一份通讯稿，题为“根据第 1/2003 号条例执行反垄断规则的十年：成就和未来展望”[426]，其中欧盟委员会报告了在这一期间加强执行竞争规则的情况。然而，欧盟委员会注意到需要采取进一步行动，以确保国家竞争主管机构的有效执行权，特别是确保国家竞争主管机构独立、资源充足，并具备充分的调查和执行权力。这一点，加上欧洲竞争网络关于调查和决策的建议，形成了欧盟委员会关于“ECN +”指令的建议。[427]

---

[420] 案例 T－339/04 *France Télécom v Commission* EU：T：2007：80，第 80 段。

[421][424] 参见 www. ec. europa. eu/comm/competition/ecn/index_en. html。

[422] 参见 www. ec. europa. eu/competition/ecn/documents. html。

[423] 唯一不这样做的成员国是马耳他。

[425] 参见 MEMO/09/456，2009 年 10 月 15 日。

[426] 案例 C－428/14 *DHL Express（Italy）srl v Autorita Garante della Concorrenza e del Mercato* EU：C：2016：274，第 29～44 段。

[427] COM（2014）453，另见：欧盟委员会工作人员工作文件《根据第 1/2003 号条例实施反托拉斯法的十年》，SWD（2014）230/2。

4. 司法审查

可以向欧盟普通法院（最终是欧洲法院）就欧盟委员会关于竞争事项的决定提起诉讼；《欧盟运行条约》第265条处理未采取行动的问题，第263条关于撤销诉讼，第261条处理处罚问题。[128] 欧盟法院拥有专属管辖权来考虑欧盟委员会的行为是否合法。[129] 欧盟普通法院的诉讼必须在合理的时间内完成；合理性是根据案件对当事人的重要性、案件的复杂性和当事人的行为来检验的。在 *Group Gascogne SA v Commission* 案[130]中，欧洲法院认为，如果一家企业在合理时间内被剥夺了公平和公正的审理权，适当的补救办法就是损害赔偿诉讼；[131] 这种诉讼必须提交欧盟普通法院。如果该法院是对拖延负责的机构，则可将诉讼提交欧盟普通法院的不同分庭，而不是责任人。[132] 欧盟普通法院在几个案件中裁定了损害赔偿：截至2017年12月8日，最大的裁决是在 *Guardian Europe Sàrl v European Union* 案中裁定的654523欧元。[133]

（A）第265条：不作为

欧盟委员会必须承担执行有关行为的具体责任。根据《欧盟运行条约》第265条，如果有企业违反条约而欧盟委员会却未能采取行动，则可以对欧盟委员会提起诉讼。只有在欧盟友委员会被要求采取行动且在两个月内未能采取

---

[128] 参见：ECN+指令随附的欧盟委员会工作人员的工作文件“影响评估”，SWD（2017）114；参见本章第318~319页“第5条：国家竞争主管机构的权力”。

[129] 参见：KERSE C S，KHAN N. EU Antitrust Procedure［M］. 6th ed. London：Sweet & Maxwell，2012；CRAIG P. EU Administrative Law［M］. 2nd ed. Oxford：Oxford University Press，2012；BAILEY D. Scope of Judicial Review Under Article 81 EC［J］. Common Market Law Review，2004，41：1328；FORRESTER I S. A Bush in Need of Pruning：The Luxuriant Growth of Light Judicial Review［M］//EHLERMANN，MARQUIS. European Competition Law Annual 2009：Evaluation of Evidence and its Judicial Review in Competition Cases. Oxford：Hart，2010；MARC J. The Standard of Review in Competition Cases Involving Complex Economic Assessments：Towards the Marginalisation of the Marginal Review?［J］. Journal of European Competition Law & Practice，2011，2：295；TORRE C D L，FOURNIER G. Evidence，Proof and Judicial Review in EU Competition Law［M］. Cheltenham：Edward Elgar，2017.

[130] 参见：案例C-344/98 *Masterfoods* EU：C：2000：689；欧盟法院无权审查国家竞争主管机构的裁决或国家法院的判决：案例T-386/09 *Gráûas Abril Asistencia，SL v Commission* EU：T：2010：331。

[131] 参见：案例C-580/12 P EU：C：2013：770；案例C-185/95 P *Baustahlgewebe GmbH v Commission* EU：C：1998：608，由于诉讼延误，法院将罚款减少了50000欧元。

[132] 案例C/580/12 P *Groupe Gascogne* EU：C：2013：770，第72~97段。

[133] 案例C-616/13 P *Productos Asfálticos（PROAS）SA v Commission* EU：C：2016：415，第82段及引用的判例法。

行动的情况下，才可提起诉讼；诉讼本身必须在随后两个月内提起。[434] 希望迫使欧盟委员会调查涉嫌违反竞争规则的企业的投诉人有时会援引第265条。[435]

如果欧盟委员会犯有未采取行动的罪行，遭受损害的企业可根据《欧盟运行条约》第268条和第340条向欧盟委员会提起诉讼，要求赔偿。[436]

（B）第263条：撤销诉讼

根据《欧盟运行条约》第263条，可以提起诉讼使欧盟委员会的各种"行为"无效。诉讼程序必须在对申请人的相关行为进行审理后两个月内开始。[437] 如果诉讼部分成功，《欧盟运行条约》第264条允许将决定的非法部分分割和废除，使其余部分保持原样。有四个问题特别需要考虑：谁可以起诉；什么"行为"可以被质疑；基于什么理由可以提起诉讼；一旦决定被撤销，是否可以得到损害赔偿。

（i）身 份

除成员国和欧盟机构外，第263条第4款规定，任何企业都可以对向其或向另一人作出的决定提出质疑，只要该决定"直接和个人有关"。这使第三方在某些情况下有权起诉。在*Metro v Commission*案[438]中，欧洲法院确认，根据第17号条例第3条第2款（第1/2003号条例第7条第2款），申诉人可根据第263条提出上诉；[439] 如果一名申请人有资格，则同一申请中的其他有关申请人不必具有同样身份。[440] 在某些情况下，申请人的利益可能过于模糊，无法给予支持。[441] 不利裁决的接受方可根据第263条自行提起诉讼，这样做的权利不限于处以罚款的情况。[442]

---

[434] 案例T－673/15 EU：T：2017：377，上诉案例C－447/17 P *European Union v Guardian Industries*，尚未裁决；另见案例T－479/14 *Kendrion NV v Commission* EU：T：2017：14（588769欧元）；案例T－577/14 *Gascogne Sack Deutschland v Commission* EU：T：2017：1（57000欧元）。

[435] 参见：第265条第2款；时限由欧盟普通法院严格执行：案例T－12/90 *Bayer v Commission* EU：T：1991：25第14段、第16段和第46段。

[436] 参见本章第360～361页"申诉人的立场"。

[437] 迄今为止，在竞争规则范围内的此类行为已失效：案例T－64/89 *Automec Srl v Commission* EU：T：1990：42；案例T－28/90 *Asia Motor France v Commission* EU：T：1992：98，第48～51段。

[438] 第263条第5款；参见本章脚注[435]中有关欧盟普通法院对时限的处理。

[439] 案例26/76 EU：C：1977：167。

[440] 另见案例43/85 *ANCIDES v Commission* EU：C：1987：347；第三方在T－528/93 etc *Métropole v Commission* EU：T：1996：99中成功地对豁免提出了质疑。

[441] 案例T－306/05 *Scippacercola v Commission* EU：T：2008：9，第71段。

[442] 参见：案例246/81 *Bethell v Commission* EU：C；1982：224；案例C－70/97 P *Kruidvat BVBA v Commission* EU：C：1998：545。

(ii) 行　为

根据第263条，可以质疑的不仅是决定，而且还有其他“行为”。欧盟委员会适用《欧盟运行条约》第101条和第102条的正式决定当然可以受到质疑。在*Coca－Cola Co v Commission*案[443]中，欧盟普通法院认为，任何产生具有约束力的法律效力的措施，如通过改变申请人的法律地位而影响其利益，都可能是第263条规制范围内的行为或决定。[444]在*IBM v Commission*案[445]中，欧洲法院认为，反对声明通常不能受到质疑，因为它只是正式程序中的一个初步步骤。[446]在*BAT v Commission*案[447]中，欧洲法院认为，欧盟委员会给两名申诉人的信函，最后驳回了他们的申诉，是根据第263条可以提出质疑的行为。[448]欧盟机构的沉默不能产生具有约束力的法律效力，除非欧盟法律对此作出明确规定。[449]听证官关于保密的决定和公布欧盟委员会的决定是可以根据第263条审查的“行动”。[450]

(iii) 审查的理由

欧盟法院必须根据第263条第2款规定的审查理由，评估欧盟委员会决定的合法性。欧盟委员会可因下列理由受到质疑：

> 缺乏权限、违反基本程序要求、违反条约或与条约适用有关的任何法治或滥用权力。

---

[443] 案例C－652/11 P *Mindo Srl v Commission* EU：C：2013：229。

[444] 案例T－125/97和T－127/97 EU：T：2000：84。

[445] 欧盟普通法院为此主张援引了案例60/81 *IBM v Commission* EU：C：1981：264，第9段；案例C－68/94和C－30/95 *France v Commission* EU：C：1998：148，第62段；案例T－87/96 *Assicuriazioni Generali v Commission* EU：T：1999：37，第37段。

[446] 案例60/81 EU：C：1981：264。

[447] 案例T－10/92 etc *SA Cimenteries CBR v Commission* EU：T：1992：123；案例T－377/00 etc *Philip Morris International Inc v Commission* [2003] 1 CMLR 676；另见：案例C－516/06 P *Commission v Ferriere Nord SpA* EU：C：2007：763；案例T－274/15 *Alcogroup v Commission* EU：T：2018：179：没有能够进行司法审查的欧盟委员会决定；案例T－457/08 R *Intel Corp v Commission* EU：T：2009：18：在这种情况下，专员和听证官的决定不可行司法审查；参阅案例C－517/15 P *AGC Glass Europe v Commission* EU：C：2017：598，第56～59段，听证官关于对*Car Glass*案的决定进行保密处理的决定被认为应接受司法审查。

[448] 案例142和156/84 EU：C：1987：490；另见案例210/81 *Demo－Studio Schmidt v Commission* EU：C：1983：277。

[449] 另见案例T－113/89 etc *Nefarma v Commission* EU：T：1990：82，因为与成员国的竞争本质上是事实，并不产生法律效力。

[450] 案例T－189/95 etc *Service pour le Groupement d'Acquisitions v Commission* EU：T：1999：317，第26～29段。

这些理由在某种程度上相互重叠。特别重要的是，欧盟委员会未能给予公正的审理[451]、未能正确阐明其决定背后的理由[452]，以及未能以充分的证据为依据作出决定。[453] 欧盟委员会不必在其决定中详尽地列出所有现有证据，只要提到结论性证据就足够了。[454]

欧盟普通法院一般根据申请人为支持其上诉而提出的证据，对适用《欧盟运行条约》第 101 条或第 102 条的决定进行“全面审查”。[455] 虽然欧盟普通法院不能以欧盟委员会自由裁量权作为不全面审查法律和事实的依据[456]，但它没有权利以自己的理由代替欧盟委员会的理由。[457] 虽然欧洲法院批评欧盟普通法院在 *Croupement des Cartes Bancaires v Commission* 案[458]和 *Intel v Commission* 案[459]中的审查不充分，但欧盟普通法院仍是以严格的方式[460]行使对欧盟委员会决定的实质和程序适当性审查的权力。[461]

（iv）损害赔偿诉讼

《欧盟运行条约》第 340 条规定，任何人因足够严重地违反欧盟法律而造成的损失可提起损害诉讼。损害赔偿诉讼不要求当事人提出成功的撤销诉讼申请，但撤销诉讼可以为寻求损害赔偿提供依据。在 *Commission v Schneider Electric* 案[462]中，欧洲法院裁定欧盟委员会赔偿关于禁止 *Schneider Electric/Legrand* 并购的错误决定造成的 50000 欧元损失。[463]

---

[451] 参见案例 C－162/15 P *Evonik Degussa GmbH v Commission* EU：C：2017：205。

[452] 参见案例 17/74 *Transocean Marine Paint Association v Commission* EU：C：1974：106，该协会的成员没有机会就欧盟委员会打算附加于个人豁免的条件进行听证。

[453] 参见案例 73/74 *Groupement des Pabricants des Papiers Peints de Belgique v Commission* EU：C：1975：160，欧盟委员会未能解释该协议可能影响成员国间贸易的机制。

[454] 参见案例 41/69 *ACF chemiefarma v Commission* 欧盟委员会的决定由于缺乏证据而被部分撤销。

[455] 案例 T－2/89 *Petrofina SA v Commission* EU：T：1991：57。

[456] 参见案例 C－386/10 P *Chalkor v Commission* EU：C：2011：815，第 54 段和第 62 段；欧盟普通法院必须根据自己的判断，确定欧盟委员会已陈述其作出裁决的理由：同上，第 61 段。

[457] 同上，第 62 段。

[458] 案例 C－603/13 P *Galp Energía España v Commission* EU：C：2016：38，第 73 段。

[459] 参见：案例 T－374/94 etc *European Night Services v Commission* EU：T：1998：198 和案例 T－328/03 *O2（Germany）GmbH & Co，OHG v Commission* EU：T：2006：116。

[460] 另见：案例 C－67/13 P EU：C：2014：2204，第 89～92 段。

[461] 案例 C－413/14 P EU：C：2017：632，第 141～146 段。

[462] 案例 C－440/07 P *Commission v Schneider Electric SA* EU：C：2009：459 和 EU：C：2010：324；另见案例 T－212/03 *MyTravel v Commission* EU：T：2008：315，这些案例在第 21 章第 1111～1112 页“对欧盟委员会的损害赔偿请求”中进行了讨论。

[463] Schneider 最初要求赔偿 16.6 亿欧元。

（C）第261条：处罚

根据《欧盟运行条约》第261条，欧盟普通法院对欧盟委员会的处罚拥有无限管辖权。第1/2003号条例第31条规定，欧盟法院可以取消、减少或增加罚款或定期处罚。在行使其无限管辖权时，欧盟普通法院必须根据事实和法律理由[464]对一项处罚决定的全部内容进行“全面和不受限制的审查”，法院有权将自己对罚款数额的评估取代欧盟委员会的评估。[465]当欧盟普通法院认为欧盟委员会的评估有事实错误时，它将毫不犹豫地调整罚款，例如，欧盟普通法院认为欧盟委员会夸大了企业参与垄断的期限[466]，或错误地将其归咎于企业充当垄断的教唆者或头目。[467]如果欧盟委员会认为，与同一垄断的其他成员相比，企业受到了不平等待遇，则欧盟普通法院还将对罚款作出调整。[468]另外，欧盟普通法院有权增加罚款，也有权降低罚款数额，而且已有多次实践。[469]

（D）加快程序

欧盟普通法院可以根据快速程序审理一些案件[470]，使法院能够加快审理和裁定上诉。[471]但是，最近没有使用这一程序。

（E）临时措施

可以向欧盟普通法院申请采取临时措施，在上诉之前暂停执行欧盟委员会

---

[464] 案例C－386/10 P *Chalkor v Commission* EU：C：2011：815，第62段和第82段。

[465] 案例C－603/13 P *Galp Energía España v Commission* EU：C：2016：38，第75段。

[466] 案例T－44/00 etc *Mannesmannröhren－Werke AG v Commission* EU：T：2004：218；案例58/01 *Solvay SA v Commission* EU：T：2009：520，第292～306段；案例T－18/05 *IMI plc v Commission* EU：T：2010：202，第79～97段。

[467] 案例T－15/02 *BASF v Commission* EU：T：2006：74，第280～464段；案例T－29/05 *Deltafina SpA v Commission* EU：T：2010：355，第319～336段。

[468] 案例T－109/02 etc *Bolloré SA v Commission EU*：T：2007：115，对Arjo Wiggins Appleton的罚款由于待遇不平等减少了3300万欧元；案例T－13/03 *Nintendo Co Ltd v Commission* EU：T：2009：131，第169～189段，Nintendo的罚款从1.49亿欧元减少为1.19亿欧元，因为法院认为Nintendo应因与John Menzies相同的罚款而减少合作费用。案例T－18/03 *CD－Contact Data GmbH v Commission* EU：T：2009：132，第91～121段，减少了对CD－Contact Data的罚款，因为没有考虑其在侵害中的被动作用，这是确定罚款的一种削弱情况，而另一家企业Concentra在此基础上从中受益；案例T－18/05 *IMI v Commission* EU：T：2010：202，第152～174段。

[469] 参见案例T－101/05和T－111/05 *BASF AG v Commission* EU：T：2007：380，第212～223段，其中对BASF的罚款略有提高。

[470] OJ［2015］L 105/1，第151条；另见第21章第1109～1111页“第三方上诉的例子”。

[471] 该程序已在多种情况下使用：案例T－310/01 *Schneider Electric v Commission* EU：T：2002：254；案例T－5/02 *Tetra Laval v Commission* EU：T：2002：264。

的决定。必须满足三个条件，才能给予临时救济：第一，申请人必须确立 *prima facie* 案件，即有证据表明欧盟委员会的评估是非法的；第二，它必须表明临时措施的紧迫性，以防止它遭受严重和无法弥补的损害；第三，它必须解释为什么出于利益平衡需要采取这种措施。[172] 如果一个或多个当事方即将面临严重和持久损害的危险，在临时救济程序取得结果之前，欧盟普通法院可暂停执行欧盟委员会的判决。[173] 在两起垄断案件[174]中，欧盟普通法院准予采取临时措施，暂停银行为罚款提供的担保义务。在 *Qualcomm v Commission* 案[175]中，申请人根据第1/2003号条例第18条提出的暂停欧盟委员会要求提供信息的临时措施申请未得到欧盟普通法院的支持。

---

[172] 已批准采取临时措施的有：案例76/89 R etc *Radio Telefis Eireann v Commission* EU：C：1989：192；案例T－395/94 R *Atlantic Container Line AB v Commission* EU：T：1995：48；案例T－41/96 R *Bayer AG v Commission* EU：T：1996：68；案例T－65/98 R *Van den Bergh Foods Ltd v Commission* EU：T：1998：155。

[173] 参见：*NDC Health/IMS Health*，欧盟委员会于2001年7月3日作出临时措施决定；起诉至欧盟普通法院案例T－184/01 *R IMS Health v Commission* EU：T：2001：200，后上诉至欧洲法院案例C－481/01 P（R） EU：C：2002：223。

[174] 案例T－393/10 R *Westfälische Drahtindustrie GmbH v Commission* EU：T：2011：178；案例T－522/15 R *CCPL v Commission* EU：T：2015：1012。

[175] 案例T－371/17 R EU：T：2017：485。

第 8 章 《欧盟运行条约》第 101 条和第 102 条：成员国法院的私人执法

1. 简　介

第 7 章涉及欧盟委员会和国家竞争主管机构对第 101 条和第 102 条的公共执法。本章讨论竞争规则的私人执法情况，即当事人将其争议提交国内法院或提交仲裁的情况。[1]

从历史上看，执行竞争法在很大程度上是欧盟委员会和国家竞争主管机构的职责。然而，国家竞争主管机构的资源有限，无法对每一项违反竞争规则的指控进行调查，因此，私人执法成为其活动的重要补充。欧盟委员会长期以来渴望在各国家法院更频繁地适用《欧盟运行条约》第 101 条和第 102 条，从而

---

[1] 参见：ROSE V，BAILEY D. Bellamy and Child：European Union Law of Competition. ［M］. 7th ed. Oxford：Oxford Universite Press，2013：ch 16；RODGER B. Competition Law Private Enforcement and Collective Redress Across the EU ［M］. Alphen aan den Rijn：Wolters Kluwer，2014；DAVIS D，LIANOS I. Damages Claims for the Infringement of Competition Law ［M］. Oxford：Oxford University Press，2015；MARQUIS M，CISOTTA R. Litigation and Arbitration in EU Competition Law ［M］. Cheltenham：Edward Elgar，2015；WILMAN F. Private Enforcement of EU Law before National Courts：The EU Legislative Framework ［M］. 2nd ed. Cheltenham：Edward Elgar，2015；MOBLEY S. Private Antitrust Litigation ［J］. Global Competition Review，2017；ASHTON D. Competition Damages Actions in the EU ［J］. 2nd ed. Cheltenham：Edward Elgar，2018；经济合作与发展组织圆桌会议“私人救济”（Private Remidies）（2008 年），可在 www. oecd. org/competition 上查阅。

减轻执法的一些负担。❷ 执行第 1/2003 号条例背后的驱动力之一是欧盟委员会希望国家法院和国家竞争主管机构分担执行竞争规则的任务，从而使欧盟委员会能够集中资源开展对最严重的违法行为的调查。欧盟委员会与国内法院之间的关系将在下文讨论。❸

公共执法仍然极为重要。然而，由于各种原因，近年来竞争法的私人执法发生了巨大变化，现在私人执法比过去多得多。垄断受害者在欧盟委员会或国家竞争主管机构作出违反《欧盟运行条约》第 101 条或其国内同等条款的决定后，提起"后续"损害赔偿诉讼已成为常态；确立滥用支配地位的决定也可能导致后续诉讼。❹ 如果他们认为自己可以比公共当局更快地从法院获得赔偿，或者如果公众当局决定将不调查某一具体申诉作为起诉的事项，索赔人也可以选择诉诸法院，在"独立"的基础上证明自己的权利。应当补充的是，只有法院才能对违反竞争法的行为作出损害赔偿：公共当局没有这种权力。❺后续诉讼通常包括独立的索赔，例如，索赔人认为非法行为比国家竞争主管机构的决定所确定的非法行为范围更为广泛。竞争法的私人执法有所增加，部分原因是专门协助原告而不是被告的律师事务所在市场上站稳了脚跟。此外，正如我们将看到的那样，资金安排有可能减轻向法院提出索赔所涉财务的风险。❻

2014 年 11 月通过了欧盟《损害赔偿指令》，该指令于 2016 年 12 月 27 日生效❼，进一步推动加强了竞争法的私人执法。除该指令外，欧盟委员会的其他三项文书在审议欧盟竞争法的私人执法问题时具有重要意义。2013 年，它

---

❷ 参见：EHLERMANN C D，ATANASIU I. European Competition Law Annual 2001：Effective Private Enforcement of EC Antitrust Law［M］. Oxford：Hart，2003。相反，有学者认为"公共反垄断执法本质上优于私人执法"，参见：WILS W P J. Should Private Antitrust Enforcement Be Encouraged in Europe?［J］. Word Competition，2003，26：473；WILS W P J. Principles of European Antitrust Enforcement［M］. Oxford：Hart，2005；WILS W J. The Relationship between Public Antitrust Enforcement and Private Actions for Damages［J］. World Competition，2009，31：3；WILS W P J. Private Enforcement of EU Antitrust Law and Its Relationship with Public Enforcement：Past，Present and Future［J］. World Competition，2017，40：3.

❸ 参见本章第 383 ~388 页"欧盟委员会与国家法院的关系"。

❹ 案例 1166/5/7/10 *Albion Water v Dŵr Cymru*［2013］CAT 6；案例 1178/5/7/11 *2 Travel Group plc (in liquidation) v Cardiff City Transport Services Ltd*［2012］CAT 19。

❺ 在某些情况下，国家竞争主管机构可能会同意企业向反竞争行为的受害者支付赔偿的承诺，因此会降低罚款额：如欧盟委员会于 1998 年 10 月 21 日第 172 段在 *Pre - insulated pipes* 案中作出的决定、欧盟委员会于 2002 年 10 月 30 日第 440 ~441 段在 *Nintendo* 案中作出的决定、英国公平交易办公室于 2006 年 12 月 20 日在 *Independent Schools* 案作出的决定。

❻ 参见本章第 392 ~393 页"资助诉讼"。

❼ 欧洲议会和理事会的第 2014/14/EU 号指令，关于针对违反成员国和欧盟竞争法规定的国家法所规定的损害赔偿诉讼规则，OJ［2014］L 349/1。

通过了一份通讯稿，就如何量化竞争案件中的损害这一复杂问题提供指导。[8] 在适当的时候，欧盟委员会将公布关于转嫁超额收费的指导意见。[9] 欧盟委员会还通过了一项向成员国提出的关于集体赔偿反竞争行为受害者的共同原则的建议。[10] 这些文书中的每一个都将在下文中讨论。

本章第2节将讨论《欧盟运行条约》第101条和/或第102条的私人执法问题，特别强调《损害赔偿指令》。第3节涉及英国法院的私人诉讼。第4节考虑使用竞争法不是作为一种“剑”：如果索赔人的诉讼理由是以违反竞争法为依据，而是作为一种“盾牌”，即作为一种辩护，例如，对违反合同或侵犯知识产权的诉讼。第5节简要讨论了竞争法争端提交仲裁而不是提交法院解决时可能出现的问题。

2. 欧盟法：损害赔偿诉讼

本节在讨论《损害赔偿指令》之前将首先讨论《欧盟运行条约》第101条和第102条的私人执法问题；然后简要介绍导致该指令通过的举措。主要重点将放在《损害赔指令》本身，其核心原则是，任何因违反竞争法而遭受损害的自然人或法人均应能够就这种损害提出索赔并获得充分赔偿。该指令载有重要的规则，涉及披露证据、国家竞争主管机构决定的效力和时效期限等事项，旨在确保这一原则在实践中得到遵守。第2节最后将讨论该指令未涉及的五个事项：欧盟委员会与欧盟国内法院之间的关系、国际私法、集体赔偿、诉讼资金，以及禁令或其他类型救济。

(A)《损害赔偿指令》之前的私人执法

《欧盟运行条约》第101条和第102条直接适用并产生直接影响：它们赋予了国家法院维护和执行的权利和义务。[11] 直到2001年，欧洲法院还没有作出判决，专门处理成员国是否有义务就欧盟法律的事项，对因违反竞争规则而造成

---

[8] 欧盟委员会基于违反《欧盟运行条约》第101条或第102条的赔偿进行量化的通讯，OJ［2013］C 167/19；参见OXERA在2009年的一项研究“量化反垄断的损害：面向法院的非约束性指南”；参见本章第378～379页“量化”，可在www. ec. europa. eu上查阅。

[9] 参加本章第380～381页“转嫁”。

[10] 2013年6月11日欧盟委员会建议，关于对违反欧盟法律赋予的权利，在成员国内采用禁令和补偿性集体赔偿机制的共同原则，OJ［2013］L 201/60；参见本章第391～392页“欧盟的集体赔偿”。

[11] 案例127/13 *BRT v SABAM* EU：C：1974：25，第16段；案例C－453/99 *Courage Ltd v Crehan* EU：C：2001：465，第23段。冰岛法院已询问欧洲自由贸易联盟法院在E－6/17 *Fjarskipti hf. v Síminn hf*案中违反欧洲经济区竞争规则是否应提供赔偿，尚未裁决。

损害的情况下提供损害救济[12]，尽管英国法院在一些案件中已经假定这样的诉讼是有效的。[13] 然而，2001 年，欧洲法院对 *Courage Ltd v Crehan* 案[14]的判决澄清了这一立场，着重确立了损害赔偿的权利。随后的判例法也同样强调该立场。[15]

（i）***Courage Ltd v Crehan*** **案**

在 *Courage Ltd v Crehan* 案中，欧洲法院裁定：

> 如果任何个人不能就合同或可能限制或扭曲竞争的行为造成的损失要求赔偿，则《欧盟运行条约》第 101 条的效力，特别是第 1 款所规定的禁令的实际效力将受到威胁。
>
> 事实上，这种权利的存在加强了（欧盟）竞争规则的有效性，并阻碍了往往是隐蔽的、有可能限制或扭曲竞争的协议或行为。从这一角度来看，在国家法院提出的损害赔偿诉讼可对维持（欧盟）的有效竞争作出重大贡献。[16]

Courage Ltd v Crehan 案的判决是《欧盟运行条约》第 101 条和第 102 条私人执法的里程碑。这是一个特别引人注目的案例，索赔人 Crehan 并不是一个受横向限制目的协议所害而寻求赔偿的垄断协议的客户，更确切地说，Crehan 本人是一项纵向协议的当事人，该协议约定由一名啤酒商向他供应啤酒。该协议最多是一项有限制竞争协议，而不是以限制竞争为目的。作为一个共同缔约方，有理由认为，因为 Crehan 他自己对非法协议造成的损失负有部分责任所以其不应能够追回损失。在英国法律中有一条规则，即协议的一方不能向另一方追偿损害赔偿，如果他们都对其负有同样的责任。[17] 欧洲法院认为，不应绝对禁止处于 Crehan 地位的人提起诉讼。[18] 国家法院应考虑双方当事人所处的经济和法律环境以及合同双方各自的讨价还价能力和行为等事项。[19] 特别重要的

---

[12] 尽管缺乏明确承认损害赔偿权的判例，但不歧视和充分效力的原则（效用）已在判例中出现，如欧洲法院作出的案例 C－6/90 and 9/90 *Francovich v Italy* EU：C：1991：428，总检察长范·格文（Van Gerven）在案例 C－128/92 *HJ Banks v British Coal Corpn* EU：C：1993：860 的观点，都指出了诉讼的可能。

[13] 参见本章第 394 页“英国法院是否可以认定损害赔偿”。

[14] 案例 C－453/99 EU：C：2001：465。

[15] 参见本章第 376～377 页“后续案件”。

[16] 案例 C－453/99 EU：C：2001：465，第 26～27 段。

[17] 参见：MONTI G. Anticompetitive Agreements：The Innocent Party's Right to Damages［J］. European Law Revie 2002，27：282；关于美国的地位，参见 *Perma Life Mufflers Inc v International Parts Corpn* 392 US 134（1968）。

[18] 案例 C－453/99 EU：C：2001：465，第 28 段。

[19] 同上，第 32 段。

是，一个处于Crehan地位的人是否发现自己的地位明显弱于一个酿酒者，如Courage，以至于不得不妥协，甚至失去谈判合同条款的自由，以及避免损失或减少损失程度的能力。[20] 还有一点是，在Crehan这样的情况下，Courges与Crehan协议的限制性效果产生于这样一个事实，即它是许多对竞争具有累积效应的类似协议之一。[21] 在这种情况下，Crehan不能被认为对违反竞争规则负有重大责任。[22]

（ii）*Manfredi* 案

在*Manfredi*案[23]中，欧洲法院重复了它在*Crehan*案所说的话。《欧盟运行条约》第101条第1款的充分效力要求：

> 任何个人都可以要求赔偿所遭受的损害，如果这种损害与第101条禁止的协议或行为之间存在因果关系。[24]

在*Manfredi*案中，关于意大利程序法的一些具体问题似乎使索赔人的诉讼复杂化：例如，有一些规则将根据竞争法提出的损害赔偿诉讼的管辖权分配给与正常处理赔偿案件的法院不同的法院，从而增加诉讼的成本和期限；有一些时效期限可能对其不利，还有一些规则可能阻止他们全额追回损失。根据《欧盟运行条约》第267条询问欧洲法院这些国内规则是否符合欧盟法律，法院的答复实质上是，这些问题属于国内法，只要这些问题不违反欧盟的对等和效力原则。*Manfredi*案的判决表明，尽管法院对损害赔偿诉讼充满热情，但成员国在其国内司法系统的程序规则方面以及在侵害行为、不法行为、恢复原状和其他诉讼中的实质性追回规则方面仍有自主权的问题，而且这些规则可能会妨碍损害赔偿要求获得支持。[25] 这正是《损害赔偿指令》要求成员国调整其法律以解决其中一些问题的原因。

（iii）后续案件

欧洲法院在*Elevators*案和*Escalators*案的两起垄断案件中重申了提供损害

---

[20] 同上，第33段；参见本章第403~407页“英国竞争法的私人执法实践”。

[21] 参见第16章第791~792页“在确定单一品牌协议是否违反第101条第1款时需要考虑的因素”。

[22] 案例C-453/99 EU：C：2001：465，第34段；案例1241/5/7/15 T *Sainsbury's Supermarkets Ltd v MasterCard Inc*［2016］CAT 11，第405~418段，英国竞争上诉法庭得出结论，Sainsbury's银行对万事达卡多边互换费不承担重大责任；有趣的是，如果第三方因协议的损害而起诉Crehan或Sainsbury's的企业会发生什么。这将引起争议：欧洲法院的推理建议仅对Courage或MasterCard要求承担责任。

[23] 案例C-295/04 etc *Vincenzo Manfredi v Lloyd Adriatico Assicurazioni SpA* EU：C：2006：461。

[24] 同上，第61段。

[25] 案件返回意大利后，法庭判给Manfredi 889.10欧元的赔偿金和500欧元的法律费用：详见欧洲法院的裁决：（2007）28 ECLR 591。

赔偿的重要性。第一个案件是 *Europese Gemensenschap v Otis NV* 案[26]。在该案中，欧盟根据欧盟委员会的侵权裁定提出了损害赔偿的后续诉讼；法院认为，欧盟与因违反竞争规则而受到损害的任何其他人一样有权提出损害赔偿诉讼。[27] 在 *Kone AG v ÖBB – Infrastruktur* 案[28]中，欧洲法院认为，电梯和自动扶梯垄断成员可对不是垄断成员但能够收取高于垄断价格（所谓的“总括定价”）的企业造成的损害负责。欧洲法院在 *Pfleiderer* 案中也提到了损害赔偿诉讼的重要性。[29]

（B）改革运动

2004 年 8 月发表的一份研究报告，通常称为“Ashurst 报告”[30]，供欧盟委员会查明和分析成员国因违反竞争法行为成功提起损害赔偿诉讼的障碍。该报告的结论是，情况是“令人震惊的多样性和完全发展滞后”，并强调了欧盟竞争规则私人执法面临的诸多的许多障碍。这导致欧盟委员会在 2005 年 12 月发表了一份绿皮书，即《违反欧共体反垄断规则的损害赔偿诉讼》[31]，目的是查明建立更有效损害赔偿制度的主要障碍，并提出促进更多此类赔偿的不同选择。欧盟委员会收到了对绿皮书[32]的大量答复，随后 2008 年 4 月，发表了一份《违反欧共体反垄断规则的损害赔偿诉讼白皮书》[33]，连同一份工作人员工作文件[34]以及影响评估[35]。该影响评估表明，由于私人执法面临的障碍，违反竞争法行为的受害者每年损失可达 57 亿 ~233 亿欧元。

（C）《损害赔偿指令》

《损害赔偿指令》于 2014 年 11 月 26 日获得通过，预计将于 2016 年 12 月 26 日前实施。大多数成员国未能在该日期之前执行。截至 2017 年 12 月 8 日的情况是，25 个成员国已充分执行该指令；保加利亚、希腊和葡萄牙未充分执

---

[26] 案例 C – 199/11 EU：C：2012：684，第 40 ~ 43 段。

[27] 同上，第 44 段。

[28] 案例 C – 557/12 EU：C：2014：1317。

[29] 案例 C – 360/09 EU：C：2011：389。

[30] 2004 年 8 月在违反欧共体竞争法规则的情况下要求赔偿的条件的研究，可在 www. ec. europa. eu/comm/competition 上查阅。

[31] COM（2005）672 final，2005 年 12 月 19 日，可在 www. ec. europa. eu/comm/competition 上查阅；另见附随的工作人员工作文件，其中包含丰富的研究材料。

[32] 参见 www. ec. europa. eu。

[33] 参见：COM（2008）154 final，2008 年 4 月 2 日。

[34] SEC（2008）404。

[35] 同上。

法。[36] 该指令第20条要求欧盟委员会审查指令，并在2020年12月27日之前向欧洲议会和理事会提交报告。

（i）获得全额赔偿的权利

该指令第1章涉及其主题、范围和定义。第1条解释说，该指令载有规则，以确保任何因存在违反竞争法[37]的行为而遭受损害的人都能有效行使权利，并获得充分赔偿。第2条规定了指令中使用术语的定义。该指令的主要原则在诸如 *Crehan* 案等欧洲法院先前的判例法中体现，具体载于该指令第3条和第4条。

第3条规定如下：

> 第3条
>
> 获得全额赔偿的权利
>
> 1. 成员国应确保因违反竞争法而遭受损害的任何自然人或法人能够就这种损害提出索赔并获得充分赔偿。
>
> 2. 应当给予遭受损害的人充分赔偿，使其处于不违反竞争法时应有的状况。因此，它应包括获得实际损失、利润损失和利息赔偿的权利。
>
> 3. 本指令规定的全部赔偿不应导致过度赔偿，无论是通过惩罚性、多重或其他类型的损害赔偿。

该指令第4条使欧洲法院的既定判例生效，即成员国在执行《欧盟运行条约》第101条和第102条时必须尊重效力和等同原则。[38]

该指令第3条的原则非常简单：反竞争行为的受害者应得到赔偿，但不应过度赔偿。然而，在实践中，确定正确的赔偿金额——量化——远非易事。来自垄断的购买者可能至少将一些垄断价格转嫁给自己的客户，因此这一情况变得更加复杂。我们将依次讨论每一个主题。

（ii）量　化

该指令第3条第2款应与评论12一并解读。应当给予遭受损害的人充分赔偿，使其处于没有发生违反竞争法行为的状况下。换句话说，索赔人必须证明相反的事实，即如果不存在侵害竞争的情况，它将支付多少钱，或它将获得

---

[36] www. ec. europa. eu。

[37] 参见该指令第2条第1款规定，违反竞争法是指违反《欧盟运行条约》第101条或第102条或国家竞争法。

[38] 关于这些术语的讨论，参见案例C－295/04 etc *Vincenzo Manfredi v Lloyd Adriatico Assicurazioni SpA* EU：C：2006：461，第62段。

多少利润？索赔人将获得相反事实与它在“现实世界”中的地位之间的差额。第 3 条第 2 款接着具体规定，索赔人应当能够收回由于违反竞争法而遭受的实际损失的全部价值——在罗马法律中称为“所受损失”；它还应当能够获得利润损失，以及损失发生时的利息索赔。评论 12 强调，利息是赔偿的一个基本组成部分，因为在侵害发生和获得赔偿之间可能已经过了相当长的时间。[39] 如前所述，欧洲法院已确定，原告也可追回总括性损害赔偿。[40]

欧盟委员会发表了一份关于对损害赔偿案件中的损害进行量化的通讯稿[41]，并就同一专题发表了一份《实践指南》。[42] 该指南信息丰富，对国家法院或当事方没有约束力。[43] 它篇幅为 68 页，在讨论如何量化价格上涨和排他性行为所造成的损害之前，首先对可用于损害赔偿要求的方法和技术进行了广泛分析。

该指令的评论 45 指出，在竞争法案件中赔偿量化是非常重要的，可能需要应用复杂的经济模型。对于可能难以获得所需数据的索赔人来说，这可能是成本高昂。该指令第 17 条第 1 款应与第 46 条和第 47 条一并解读，如果根据现有证据准确量化所遭受的损害实际上是不可能或过于困难的，该条要求成员国确保法院有权估计索赔人遭受的损害数额。第 17 条第 2 款确立了垄断侵害行为造成损害的可反驳推定。第 17 条第 3 款要求成员国确保如有请求国家竞争主管机构，可协助国家法院确定其认为适当的金额。

实践中，法院在竞争法案件中裁定损害赔偿的情况相对较少。这不是因为缺乏案例，而是因为通常发生的情况是双方达成和解，其条款将被严格保密。[44] 有人说，近年来已经作出了一些赔偿。[45]

---

[39] 关于赔偿的裁定，参见英国竞争上诉法庭在案例 1241/5/7/15（T）*Sainsbury's Supermarkets Ltd v MasterCard Inc*［2016］CAT 11 的第 509 ~ 547 段。

[40] 参见案例 C – 557/112 *Kone* EU：C：2014：1317，第 28 ~ 34 页。

[41] 参见第 8 章脚注[8]。

[42] SWD（2013）205；英格兰和威尔士高级法院在案例 *Asda Stores v MasterCard Inc*［2017］EWHC 93（Comm）第 306（3）段提到《实践指南》，英国竞争上诉法庭在案例 1248/5/7/15 *Peugeot SA v NSK Ltd*［2017］CAT 2 第 14 段中也有所提及。

[43] 参见该通讯稿第 12 段。

[44] 参见：RODGER B J. Why not Court? A Study of Follow – on Actions in the UK［J］. Journal of Antitrust Enforcement，2013，1（1）：104；RODGER B J. Pivate Enforcement of Competition Law，the Hidden Story：Competition Litigation Settlements in the United Kingdom，2000 – 2005［J］. European Competition Law Review，2008，29：96；RODGER B J. Private Enforcement of Competition Law，the Hidden Story Part II：Competition Litigation Settlements in the UK，2008 – 2012［J］. Global Competition Litigation Review，2015，8：89；MARCOS F. Why There Might Not Be Many Damage Claims Arising from the Spanish Property Insurance Cartel?［J］. Social Science Electronic Publishing，2010.

[45] 有关英国的案例，参见本章第 403 ~ 407 页“英国竞争法的私人执法实践”；有关荷兰的损害赔偿裁决，参见海尔德兰地方法院于 2017 年 3 月 29 日在 *TenneT v ABB* NL：RBGEL：2017：1724 案中作出的裁决。

(iii) 转　嫁

该指令第4章涉及“超额收费的转嫁”。简单地说，如果垄断者的客户被多收费，他们可能会将部分或全部多收的费用转嫁给他们的客户。在这种情况下（至少）出现两个问题：第一个问题，当垄断者的购买者要求损害赔偿，但将超额收费转嫁给间接购买者时，被告能否提出转嫁抗辩？如果这个问题的答案是否定的，那么直接购买者将被过度赔偿，因为他们将能够恢复到实际没有遭受损害的状态。第二个问题，如果有向间接购买者的转嫁行为，间接购买者是否有权对垄断成员提起诉讼？如果这个问题的答案是否定的，间接购买者将赔偿不足。[46] 该指令提供了这些问题的答案。

该指令第12条第1款规定，任何遭受损害的人，无论是直接购买者还是间接购买者，都应能够要求赔偿。第12条第2款承认存在索赔者要求赔偿过高的风险，因此要求成员国制定程序规则以避免这种风险。第13条涉及转嫁辩护。它要求成员国确保被告可以援引转嫁作为辩护；必须由被告承担举证责任，被告可以合理地要求原告或第三方披露。第14条论述间接购买者的地位，第14条第1款规定，成员国必须确保间接购买者承担举证责任，以表明更高的价格已被转嫁给他们；第14条第2款规定，如果对违反竞争法的产品或从这些产品中衍生出来的产品收取过多的费用，则推定间接购买者受益。第15条要求成员国采取措施，确保国家法院有足够的信息，使它们能够了解供应链不同环节的索赔人是否提出了损害赔偿诉讼。第16条规定，欧盟委员会将向国家法院发布准则，说明如何估计转嫁给间接购买者的任何多收费用的份额。已经存在一份为欧盟委员会编写的关于超额收费的报告。[47] 这将导致在适当时候制定准则。

在 *Sainsbury's Supermarkets Ltd v MasterCard* 案[48]中，Sainsbury's 起诉 MasterCard，声称该公司收取了与《欧盟运行条约》第101条不符的过度的“多边交换费”。英国竞争上诉法庭一致认为，多边交换费是非法的。它认为，间接购

---

[46] 美国最高法院在案例 *Hanover Shoe Inc v United Shoe Machinery Corp* 392 US 481（1968）中，对转嫁辩护进行了驳回；作为自然的推论，最高法院裁定间接购买者不能在案例 *Illinois Brick Co v Illinois* 431 US 720（1977）中提起诉讼。美国有几个州确实允许间接购买者提起诉讼：参见 *California v ARC America Corp* 490 US 93，第105～106页（1989）；美国反垄断现代化委员会建议采取立法措施，以改善有关间接购买者的联邦法律：参见该报告的第三章 BIIIB，可在 govinfo. library. unt. edu/amc 上查阅；截至2017年12月8日，这些建议尚未执行；另见美国给经济合作和发展组织圆桌会议的投稿《私人救济》（Private Remedies）（2008年），可在 www. oecd. org/competition 上查阅。

[47] 该报告由 Cuatrecass、Goncalves Pereira 和 RBB Economics 编写，可在 www. ec. europa. eu/competition/publications 上查阅。

[48] 案例 1241/5/7/15（T）［2016］CAT 11，已向上诉法院提起上诉，尚未裁决。

买者在多收费时可以提出索赔。事实上，Sainsbury's 本身是间接购买者。[49] MasterCard 提出了转嫁辩护，认为 Sainsbury's 已经把超额收费转嫁给了客户。欧盟委员会在其判决第 479 ~ 485 段中讨论了转嫁辩护。虽然《损害赔偿指令》尚未转化为英国法律，但欧盟委员会认为概述的第 13 ~ 15 条规定是有用的。在第 484（2）段中，欧盟委员会承认英国法律中存在转嫁"辩护"，尽管在第 484（3）段中指出，这实际上根本不是一种辩护；相反，这只是反映需要确保索赔人得到赔偿，而不是过度赔偿。英国竞争上诉法庭在第 484（5）段中坚持认为，在法律上，只有存在以下情况时，转嫁辩护才能成功，即在概然性平衡的情况下，被告表明有另一类索赔人存在，即索赔人的下游，而超额收费已经转交给他们。根据案件事实，英国竞争上诉法庭驳回了 MasterCard 的抗辩。

（iv）披露证据

该指令的评论 14 ~ 29 和第 2 章涉及在竞争案件中披露证据。索赔人需要信息佐证才能提出索赔，但这些信息可能是被告或第三方（包括公共当局）掌握的。国家法院应能够支持原告下令披露，但这一程序应由法院控制，特别是在披露措施的必要性和相称性方面；重要的是，商业秘密和机密信息应得到保护。国家竞争主管机构掌握的信息可能对索赔人很重要；但是，可以交给索赔人的文件应当有限制，特别是在可能危及竞争调查的情况下。更重要的是，不采取任何可能损害宽大处理制度效力的行动。

有关披露的详细规则载于该指令第 5 ~ 8 条。

（a）第 5 条：证据公开

第 5 条规定，成员国应确保国家法院能够命令被告或第三方披露其控制的证据，但须遵守指令的规定。第 5 条第 3 款将披露限制在相称的范围内；第 5 条第 4 款规定，披露命令可扩展到机密信息，但须有保护机密的有效措施。

（b）第 6 条：国家竞争主管机构档案中的证据披露

第 6 条具体涉及国家竞争主管机构档案中信息的披露。[50] 第 6 条第 2 款规定，第 6 条不妨碍第 1049/2001 号条例规定的公众查阅欧洲议会、理事会和欧盟委员会文件的规则。第三方经常援引第 1049/2001 号条例[51]，试图查阅欧盟

---

[49] 在四方支付卡系统中，非法的多边交换费由"开证行"向"收单行"收取，然后收单行将部分或全部多收的费用转嫁给商家（案例 *Sainsbury's*）。

[50] 欧盟竞争法中对欧盟委员会文件的访问权仅适用于已向其发送反对声明的企业，不适用于索赔人等第三方。损害赔偿：参见第 1/2003 号条例（OJ［2003］L 1/1）第 27 条第 1 款和第 2 款、第 773/2004 号条例（OJ［2004］L 123/18）第 15 条第 1 款。

[51] OJ［2001］L 145/43。

委员会的档案，如在 *CDC Hydrogene Peroxide v Commission* 案[52]中，欧盟普通法院撤销了欧盟委员会拒绝披露 *Hydrogene peroxide* 垄断案件档案的决定。该指令第6条第3款规定，第6条不妨碍欧盟或国家禁止获取国家竞争主管机构的内部文件或它们之间通信的规则。另外，索赔人与欧盟委员会之间经常发生争议，涉及欧盟委员会公布垄断决定的公开版本中应编辑多少信息：索赔人希望公开版本尽可能详细地包含垄断的情况，而欧盟委员会可能会为了被告利益宽容进行公开版本的修订。[53] 同样令人遗憾的是，有时可能要经过数年才能获得欧盟委员会决定的公开版本。[54]

第6条第5款规定，只有在国家竞争主管机构结束其程序后，才能披露某些信息。第6条第6款特别重要。该条款规定，国家法院不得在任何时候下令披露宽大处理声明或和解意见书。评论26解释了一种焦虑，即披露可能会阻碍希望与国家竞争主管机构合作的企业与之合作，因为担心它们会受到比其他不合作的企业更严厉的对待。[55]

在美国进行损害赔偿诉讼的索赔人可能会寻求发现欧盟委员会拥有的文件，包括宽大处理申请。如果美国法院认为应保持所求材料的机密性，那么这类索赔会被拒绝。[56]

（c）第7条和第8条：限制使用证据和处罚

该指令第7条对使用通过查阅国家竞争主管机构档案获得的证据施加了限制；第8条要求对不遵守该指令规定的披露要求的行为进行处罚。

（v）国家决定、时效期限和连带责任的效力

该指令第3章涉及国家竞争主管机构的国家决定在私人诉讼中的效力、时

---

[52] 案例T－437/08 EU：T：2011：752；另见案例C－365/12 P *Commission v EnBW Energie Baden－Württemberg* EU：C：2014：112。

[53] 案例C－162/15 P *Evonik Degussa GmbH v Commission* EU：C：2017：205；案例C－517/15 P *AGC Glass Europe SA v Commission* EU：C：2017：598。

[54] 案例T－534/11 *Schenker AG V Commission* EU：T：2014：854和 *Emerald Supplies Ltd v British Airways plc*［2014］EWHC 3513（Ch）。

[55] 案例C－360/09 *Pfleiderer AG v Bunderskartellamt* EU：C：2011：389，在指令通过之前，欧洲法院裁定，应由国家法院根据国家法律，逐案裁定是否下令披露宽大处理材料，并应考虑到所有案件的有关因素；案例C－536/11 *Bundeswettbewehrbehörde v Donau Chemie* AG EU：C：2013：366。*Pfleiderer* 案的判决引起了欧盟委员会和国家竞争主管机构的恐慌，它们于2012年5月23日通过了一项关于在民事损害赔偿诉讼中保护宽大处理材料的决议，得出的结论是，国内法院应尽可能保护宽大处理防止披露的材料，以确保宽大处理方案的有效性。

[56] 参见 *In re Rubber Chemicals Antitrust Litigation* 486 F Supp 2d 1078（ND Cal 2007）（拒绝下令披露欧盟宽大处理文件）和2014年3月26日的 *In re Cathode Ray Tube Antitrust Litigation*（拒绝下令披露欧盟委员会在2012年12月5日作出关于电视和计算机监控管的保密决定）。

效期限以及连带责任。

(a) 第 9 条：国家决定的效力

该指令的评论 34 解释说，竞争规则的一致和有效执行要求在随后的损害赔偿诉讼中不应重新审理国家竞争主管机构或复审法院的最后裁决。因此，第 9 条第 1 款规定，成员国公共当局作出的关于违反竞争法的决定，对该国法院在提出损害赔偿要求时具有约束力。第 9 条第 2 款补充说，另一成员国公共当局的决定将构成发生违反竞争法行为的初步证据。

(b) 第 10 条：时效规则

该指令第 10 条要求成员国必须制定明确的限制规则。时效期限不得在违反竞争法的行为停止之前开始；而且，时效期限不能在索赔人知道或合理地预计到索赔人对侵害人提出索赔之前开始。时效期限不得少于 5 年。

(c) 第 11 条：连带责任

第 11 条第 1 款规定，共同违反竞争法的企业应对所造成的损害承担连带责任。为了避免阻碍举报人与竞争主管机构联系，第 11 条还规定了对中小型企业和宽大处理申请人连带责任的限制。[57]

(D) 欧盟委员会与国家法院的关系

第 1/2003 号条例第 6 条、第 15 条和第 16 条分别载有关于国家法院的权力、国家法院与欧盟委员会之间的合作以及统一适用欧盟竞争法的重要规定。这些条款应与欧盟委员会《关于欧盟委员会与欧盟成员国法院在适用〈欧盟运行条约〉第 101 条和第 102 条方面合作的通知》（以下简称《合作通知》）一并解读；[58] 该通知于 2015 年修订，以便与《损害赔偿指令》第 6 条关于披露宽大处理声明和和解意见书的规则保持一致。[59] 该通知的综合版本可在欧盟委员会网站上查阅。[60]

第 1/2003 号条例和《合作通知》未涉及仲裁问题。[61]

(i) 第 6 条：国家法院的权力

第 1/2003 号条例评论 7 规定，国家法院在适用竞争规则方面可发挥重要

---

[57] 2004 年美国反垄断刑事处罚执行与改革法案第 213 条规定，举报人应遭受一倍而非三倍的赔偿；该规定有效期至 2020 年 6 月 21 日［Pub L No 111 – 190，s 211 (a)，124 Stat 1275，15 USC s 1］。

[58] OJ［2004］C 101/43。

[59] OJ［2015］C 256/5；关于第 6 条的信息，参见本章第 381 ~ 382 页“第 6 条：国家竞争主管机构档案中的证据披露”。

[60] www. ec. europa. eu。

[61] 参见本章第 414 ~ 416 页“仲裁”。

作用。该条例第6条仅规定：

国家法院有权适用《欧盟运行条约》第101条和第102条。

第1/2003号条例中未讨论的一个重要问题是，国家法院是否有义务自行提出竞争法问题，而不论是否有一个或多个诉讼当事人这样做。欧洲法院在*van Schijndel*案[62]中审议了这一事项，欧盟委员会《合作通知》第3段对此作了概述。如果国内法要求国家法院根据当事方尚未提出的具有约束力的国内规则提出法律要点，则在存在具有约束力的欧盟规则（例如关于竞争的规则）的情况下，国家法院存在同样的义务；国家法院有权酌情提出这类法律要点的情况也是如此。然而，欧盟法律并不要求国家法院提出欧盟法律的要点，即这将要求它们放弃赋予它们的被动角色，超越了当事方界定的争端范围。

（ii）第15条：与国家法院的合作

第1/2003号条例评论21提到在整个欧盟适用竞争规则时必须保持一致，因此需要在欧盟委员会和国家法院之间建立合作，无论这些法院在处理私人当事方之间的诉讼时，是作为执法者还是作为上诉法院或司法审查法院。第1/2003号条例第15条规定与国家法院开展各种类型的合作，具体如下。第15条所设想的合作是欧盟委员会与国家法院之间的合作，而不是欧盟委员会与诉讼当事人本身之间的合作：当被要求协助国家法院时，欧盟委员会将不与诉讼当事人有任何直接接触，如果他们提出要求，欧盟委员会将向国家法院通报事实。[63]

第1/2003号条例没有规定国家法院以网络的方式是建立“国家竞争主管机构网络”。[64]然而，2002年成立了“欧洲竞争法法官协会”，目的是召集国家法院法官讨论和辩论共同关心的问题。其主要目的是促进成员国各司法机构对竞争政策和问题的了解和理解。其网站上列出了各种活动，包括年度会议的详情。[65]欧盟委员会还为国家法官的竞争法和竞争经济学培训提供财政支助。

（a）国家法院要求提供资料或意见

第1/2003号条例第15条第1款规定，国家法院可要求欧盟委员会向其转交欧盟委员会掌握的资料，或就欧盟竞争规则的程序或实质适用向其提供意见。

---

[62] 参见案例C－430/93 etc EU：C：1995：441；PRECHAL F. Community Law in National Courts：the Lessons from *Van Schijndel*［J］. Common Market Law Review，1998，35：681.

[63] 参见：《合作通知》第19段。

[64] 参见第7章第364页“根据第1/2003号条例分配案件”。

[65] AECLJ的网址为www.aeclj.com。

欧盟委员会将努力在一个月内答复索取资料的请求。[66]《欧盟运行条约》第 339 条规定，不允许欧盟委员会传递职业保密义务所涵盖的信息，这些信息可能是机密信息和商业秘密。除非国家法院能够保证保护这些信息[67]，否则欧盟委员会将不向国家法院提供此类信息。欧盟委员会将不向国家法院转交会危及竞争法执行的信息。[68] 更具体地说，它在任何时候都不会递交宽大处理声明或和解意见书；[69] 在欧盟委员会对某一案件作出最后决定或以其他方式结束其行政程序之前，它不会传送其档案中的其他资料。[70]

欧盟委员会将努力在四个月内答复征求意见的请求。[71] 在提出意见时，欧盟委员会仅限于向国家法院澄清事实资料或要求的经济或法律，而不考虑案情。[72] 国家法院被允许公布的竞争总司意见的案件详情可在其网站上找到：2015 年有三项意见的详细情况，但截至 2017 年 12 月 8 日，没有 2016 年或 2017 年的信息。[73] 当然，要求就某一法律问题提供咨询意见的国家法院，如果愿意，也可以根据《欧盟运行条约》第 267 条向欧洲法院提出初步意见。[74]

希望在反垄断案件中向欧盟委员会寻求援助的国家法院可向指定地址 comp - amicus@ ec. europa. eu 发送电子邮件。[75]

（b）向欧盟委员会提交判决

第 1/2003 号条例第 15 条第 2 款要求成员国在将全部书面判决通知各方之后，立即向欧盟委员会提交决定适用《欧盟运行条约》第 101 条和第 102 条的书面判决。欧盟委员会已为这类判决建立了一个数据库，可在其网站上查阅。[76] 令人遗憾的是，它没有得到充分维护，记录的国家判决很少。

（c）国家竞争主管机构和欧盟委员会的意见

第 1/2003 号条例第 15 条第 3 款规定，国家竞争主管机构和欧盟委员会应

---

[66] 参见《合作通知》第 22 段。

[67] 同上，第 23 ~ 25 段。

[68] 同上，第 26 段。

[69] 同上，第 26a 段；该段基于《损害赔偿指令》第 6 条第 6 款。

[70] 同上，第 26b 段；该段基于《损害赔偿指令》第 6 条第 5 款。

[71] 同上，第 28 段。

[72] 同上，第 29 段。

[73] 网址为 www. ec. europa. eu/competition。

[74] 参见第 10 章第 565 页“根据 1998 年英国竞争法，英国的哪个法院或法庭可以援引《欧盟运行条约》第 267 条?”。

[75] 国家援助案例的网址为 comp - amicus - state - aid@ ec. europa. eu。

[76] 参见 www. ec. europa. eu/competition/elojade/antitrust/nationalcourts。

向国家法院提出意见[77]，有时也称为“法庭之友提交的意见”。双方可自行提出书面意见，或经法院许可的口头意见。为了使它们能够提出这样的意见，国家竞争主管机构和欧盟委员会可要求有关法院转交或确保向它们转交评估案件所需的文件。这一规定类似于一些成员国的做法，即国家竞争主管机构可以在国家法院审理案件时进行干预，例如，在法国，国家竞争主管机构可以在民事诉讼中提供专家证词。[78] 第1/2003号条例没有为提出意见提供程序框架，因此，这是成员国法院的规则和做法的问题。[79]《损害赔偿指令》第6条第11款要求国家竞争主管机构能够主动向国家法院提出意见，说明索赔人在损害赔偿诉讼中要求在其档案中披露证据的比例；第17条第3款规定，成员国必须确保国家竞争主管机构能够就赔偿数额向审理竞争案件的国家法院提供援助。

欧盟委员会曾多次提出意见，详情见竞争总司网站。[80] 在英国，欧盟委员会在三个案件中作出法庭之友的陈述。[81]

（d）更广泛的国家权力

第1/2003号条例第15条第1~3款确立了欧盟的合作规则；第15条第4款规定，其中的规则不妨碍某一成员国根据国内法可能拥有允许国家竞争主管机构发表意见的没有偏见的更广泛权力。

（iii）第16条：欧盟竞争法的统一适用

关于统一适用欧盟竞争法，第1/2003号条例第16条第1款解释了欧盟委员会的决定对国家法院的影响。该条例的评论22指出，竞争规则应在整个欧盟统一适用，并应避免相互冲突的决定。因此，根据欧洲法院的判例法[82]，该

---

[77] 欧盟委员会根据第1/2003号条例第15条第3款提出意见的唯一条件是，《欧盟运行条约》第101条和第102条的连贯适用要求：案例C-429/07 *Inspecteur van de Belastingdienst v X BV* EU：C：2009：359，第30段。

[78] 参见：欧盟委员会关于实施规则现代化的白皮书第101条和第102条，OJ［1999］C 132/1，第107段。

[79] 参见《合作通知》第34~35段。

[80] www. ec. europa. eu/competition。

[81] 案例 *National Grid Electricity Transmission Plc v ABB Ltd*［2012］EWHC 869（Ch）；*Deutsche Bahn AG v Morgan Advanced Materials plc*［2014］UKSC 24；*Sainsbury's Supermarkets Ltd v MasterCard Inc*，仍在审理中。

[82] 特别重要的是欧洲法院对案例C-344/98 *Masterfoods Ltd v HB Ice Cream Ltd* EU：C：2000：689的判决；参见：NAZZINI R. Concurrent Proceedings in Competition Law［M］. 2nd ed. New York：Oxford University Press，2016：ch 6；KOMNINOS A P. Effect of Commission Decisions on Private Antitrust Litigation：Setting the Story Straight［J］. Common Market Law Review，2007，44：1387；WILS W P J. The Relationship between Public Antitrust Enforcement and Private Actions for Damages［J］. World Competition，2009，32：3；RAT D. Commitment Decisions and Private Enforcement of EU Competition Law：Friend or Foe?［J］. World Competition，2015，38：527.

条阐明清了欧盟委员会决定对国家法院（和国家竞争主管机构）的影响。该条例还涉及一个国家法院处理欧盟委员会同时正在调查但尚未作出决定的案件的立场。

（a）欧盟委员会决定的影响

第 16 条第 1 款第一句表达了《欧盟运行条约》第 288 条和欧洲法院对 *Masterfoods* 案[83]的判决，它指出，如果国家法院就欧盟委员会已经根据《欧盟运行条约》第 101 条或第 102 条作出决定的事项作出裁决，它们就不能得出与欧盟委员会决定相反的结论。该条例没有具体规定，即使下级法院在欧盟委员会作出决定之前已作出相反结论，成员国的上诉法院也将受欧盟委员会决定的约束；这一点是由 *Masterfoods* 案的法院判决确定的。[84] 如果欧盟委员会的决定是向欧盟普通法院或欧洲法院上诉，国家法院应在欧盟法院就这一事项作出最后决定之前中止其诉讼程序。[85] 如果国家法院认为欧盟委员会的决定是错误的，并且它不是向欧盟法院提出上诉的对象，国家法院可采用的唯一选择是根据《欧盟运行条约》第 267 条将案件提至欧洲法院。[86]

欧盟委员会不能在一项决定的说明中称一家企业违反了竞争规则，除非它在可被上诉决定的执行部分也得出这方面的结论。因此，该企业有权修改说明中的这一陈述，从而不会面临针对它无法质疑的事实主张有关的损害赔偿诉讼风险。[87]

（b）并行程序

第 16 条第 1 款第 2 句指出，如果国家法院正在审理一项诉讼，它必须避免作出与欧盟委员会在其已启动的程序中所预期的决定相冲突的判决。第 16 条第 1 款补充说，在这种情况下，国家法院应考虑是否中止其诉讼程序；如果这样做，欧盟委员会可能会加快自己的诉讼程序，以便能够决定民事争端的结果。国家法院可下令采取临时措施，在等待欧盟委员会的决定时保护各方的利益。[88]

如果国家法院有理由认为欧盟委员会正在对可能违反《欧盟运行条约》

---

[83] 参见本章脚注[82]。

[84] 参见 *Masterfoods*，第 60 段。

[85] 同上，第 52 段和第 57 段；《合作通知》第 14 段。

[86] 同上，第 13 段。

[87] 案例 T-474/04 *Pergan Hilfsstoffe für Industrielle Prozesse GmbH v Commission* EU：T：2007：306；英国上诉法院在 *Emerald Supplies Ltd v British Airways plc* ［2015］ EWCA Civ 1024 案中为某些被告提供了"Pergan 保护"，这已成为标准程序。

[88] 参见 *Masterfoods*，第 58 段；《合作通知》，第 14 段。

第101条或第102条的行为进行平行调查，它可以根据上文讨论的第1/2003号条例第15条的规定，向欧盟委员会索取有关欧盟委员会可能启动的任何程序、可能在该案件中得出的决定以及何时决定的资料。根据《欧盟运行条约》第4条第3款，欧盟委员会有义务在这些事项上与成员国的法院合作。[89]

英国高等法院在 *Infederation v Google* 案中作出了一项出色的判决，阐明了这类案件的相关原则。[90]

(E) 国际私法

违反《欧盟运行条约》第101条和第102条的损害赔偿要求必须提交成员国国内法院。《民商事管辖权及判决承认与执行条例》（以下简称《布鲁塞尔条例》）[91] 确定哪个法院（或哪些法院）有审理案件管辖权。《非合同义务适用法律条例》（以下简称"罗马Ⅱ"）[92] 确定哪些实体法应适用于所涉索赔。

(i)《布鲁塞尔条例》

许多垄断在范围上是国际性的，损害了不止一个国家的客户和最终消费者。寻求损害赔偿的索赔人可以在何处提起诉讼，《布鲁塞尔条例》第4条[93] 规定的基本规则是，应向被告所居住的成员国法院起诉。然而，这一规则有各

---

[89] 案例 C－234/89 *Delimitis v Henninger Bräu* EU：C：1991：91，第53段；另见：案例 C－319/93 etc *Hendrik Evert Dijkstra v Friesland（FRICO Domo）Coöperatie BA* EU：C：1995：433，第34段；关于欧盟委员会真诚合作的义务，参见案例 2/88 R *Zwartveld* EU：C：1990：440，第18段和案例 C－275/00 *Commission v First NV and Franex NV* EU：C：2002：711，第49段。

[90] [2013] EWHC 2295（Ch），第25段；另见 *Secretary of State for Health v Servier Laboratories Ltd* [2012] EWHC 2761（Ch）；*Wm Morrison Supermarkets Plc v MasterCard Inc* [2013] EWHC 1071（Comm）和 [2013] EWHC 3082（Comm）。

[91] 参见第1215/2012号条例（OJ [2012] L 351/1），该条例适用于2015年1月10日或之前的法律程序，并取代第44/2001号条例（OJ 2001 L 12/1）；法院确认，就第44/2001号条例而言，针对违反竞争法的损害赔偿诉讼被视为"民商事"：案例 C－302/13 *flyLAL－Lithuanian Airlines AS, in liquidation v Starptautiskā lidosta Rīga VAS* EU：C：2014：2319，第23～38段；另见第1条第1款和第1215/2012号条例评论10（OJ [2012] L 351/1）。

[92] 参见第864/2007号条例（OJ [2007] L 199/40），该条例自2009年1月11日起在除丹麦以外的所有成员国中生效：在该日期之前提出的索赔受1995年国际私法（杂项规定）法第11条管辖。有关罗马Ⅱ的讨论，参见：SEGAN J. Applicable Law "Shopping"? Rome II and Private Antitrust Enforcement in the EU [J]. Competition Law Journal, 2008, 7 (3): 251; HOLZMUELLER, VON KOECKRITZ. Private Enforcement of Competition Law Under the Rome II Regulation [J]. Global Competition Litigation Review, 2010, 3: 91; DANOV M. Jurisdiction and Judgments in Relation to EU Competition Law Claims [J]. Oxford: Hart, 2011: ch5; ASHTON D. Competition Damages Actions in the EU: Law and Practice [M]. 2nd ed. Cheltenham: Edward Elgar, 2018: ch 7.

[93] 第1215/2012号条例第4条为原第44/2001号条例第2条。

种例外。例如，根据第 7 条第 2 款[94]，也有可能在发生或可能发生有害行为地点的法院就侵害行为、不法行为或准不法行为提起诉讼：这既包括发生损害的地点，也包括造成损害的地点。[95] 第 8 条规定[96]，居住在某一成员国的被告也可在另一成员国的法院被起诉，因为该被告是若干被告之一，其申诉关系如此密切，因此最好将其一并审理，以避免因单独诉讼而产生不可调和的判决。第 25 条规定[97]，争端各方可以同意将其争端提交某一成员国的法院，并且可以同意这种管辖权是排他性的，这种条款可以扩大到因违反竞争法而引起的责任。[98]

有许多解释说明，为什么某一特定索赔人可能选择在 A 国法院而不是 B 国法院提起诉讼：例如律师和法官的素质、证据披露规则、诉讼费用和费用规则、程序的速度和作出判决的时间、上诉制度的健全性、为诉讼提供资金企业的偏好。近年来，竞争法案件中的大多数损害赔偿要求已提交英国（更确切地说是英格兰和威尔士）、德国和荷兰法院。[99]《损害赔偿指令》可能产生的影响是，在实施该指令的立法改革改善了私人执法环境的其他法域将审理更多的诉讼。

(a) 确定被告

如上文所述，索赔人可以选择起诉的成员国。如果存在 X（设在法国）、Y（设在德国）和 Z（设在意大利）的垄断，索赔人可以在法国对 X（设在法国）提起诉讼，然后向法国法院建议，它应下令将 Y（设在德国）和 Z（设在意大利）合并到诉讼程序中，理由是合并审理是有利的。在这种情况下，“锚定被告”被用于描述 X 的地位，X 将诉讼“定于”法国，并为法国法院加入 Y 和 Z 提供了基础。在 *Cartel Damage Claims（CDC）Hydrogen Peroxide SA v*

---

[94] 第 1215/2012 号条例第 7 条第 2 款是原第 44/2001 条条例的第 5 条第 3 款；案例 C－352/13 *Cartel Damage Claims（CDC）Hydrogen Peroxide SA v Akzo Nobel NV* EU：C：2015：335，第 34～56 段和案例 C－27/17 *AB "flyLAL－Lithuanian Airlines", in liquidation, v Starptautiskā lidosta "Rīga" VAS, "Air Baltic Corporation A/S"*，尚未裁决；*Four Seasons Holdings Inc v Brownlie*［2017］UKSC 80，第 29～31 段。

[95] 第 1215/2012 号条例第 7 条第 2 款。

[96] 第 1215/2012 号条例第 8 条为原第 44/2001 号条例第 6 条。

[97] 第 1215/2012 号条例第 25 条为原第 44/2001 号条例第 17 条。

[98] 案例 C－352/13 *Cartel Damage Claims（CDC）Hydrogen Peroxide SA v Akzo Nobel NV* EU：C：2015：335，第 57～72 段；另见 *Ryanair Ltd v Esso Italiana Srl*［2013］EWCA Civ 1450，对于与供应协议中的仲裁条款达成相似结论的裁决案例有 *Microsoft Mobile Oy Ltd v Sony Europe Ltd*［2017］EWHC 374（Ch）。

[99] 参见：JONES A. Private Enforcement of EU Competition Law：A Comparison with, and Lessons from, the US［M］// BERGSTRÖM M, IACOVIDES M, STRAND M. Harmonising EU Competition Litigation：the New Directive and Beyond. Oxford：Hart Publishing, 2016.

Akzo Nobel NV 案[100]中，索赔人在德国对 Degussa 提起诉讼，Degussa 是居住在德国的六名被告中唯一一人。然后，索赔人试图加入其他五个垄断成员，每个垄断成员都居住在另一个成员国；此外，索赔人与锚定被告 Degussa 达成和解，并撤回了诉讼。欧洲法院认为，第 44/2001 号条例第 6 条作为第 1215/2012 号条例第 8 条的前身，并不排除德国法院根据该条款行使管辖权，只要没有证据表明 CDC 和 Degussa 之间的协议构成人为串通，仅仅举行谈判达成法院外解决办法并不能证明是串通。[101]

在 *Provimi Ltd v Roche Products Ltd* 案[102]中，索赔人要求赔偿欧盟委员会误判的 *Vitamins* 案垄断造成的损害。[103] 在英格兰和威尔士开始了对锚定被告 Roche Products Ltd（Roche UK）的诉讼，理由是该企业的住所在英格兰和威尔士。Provimi 说服了高等法院认为它有“一个可论证的案件”，Roche UK（甚至在不知情的情况下）违反了《欧盟运行条约》第 101 条第 1 款，实施了其瑞士母公司 Roche Vitamine Europa AG 缔结的垄断。高等法院还根据《布鲁塞尔条例》第 8 条同意 Provimi 的请求，加入瑞士公司作为被告。对 *Provimi* 案的判决受到了批评。[104] 在 *Cooper Tire & Rubber Company v Shell Chemicals UK Ltd* 案[105]中，欧洲法院对其正确性表示怀疑；然而，由于这一点与该案的实际上诉无关，欧洲法院实际上并没有推翻这一判决。[106] *Provimi* 案的正确性仍然是一个悬而未决的问题。[107]

在 *Deutsche Bahn AG v Morgan Advanced Materials plc* 案[108]中，英国最高法院（不同意上诉法院的意见[109]）认为，在英国竞争上诉法庭中对 Morgan 提起的诉讼已经超过诉讼时效，这意味着索赔人无法将 Morgan 视为对非英国被告提起

---

[100] 案例 C－352/13 EU：C：2015：335。

[101] 同上，第 31 和 32 段。

[102] ［2003］ EWHC 961（Comm）。

[103] OJ［2003］L 6/1。

[104] 参见：BULST F W. The Provimi Decision of the High Court：Beginnings of Private Antitrust Litigation in Europe［J］. European Business Organization Law Review，2003，4（4）：623－650；KENNELLY B. Antitrust Forum－Shopping in England：Is Provimi Ltd v Aventis Correct?［N/OL］. CPI Antitrust Chronicle，2010－05－10（2）.

[105] ［2010］ EWCA Civ 864，第 45～47 段。

[106] 案例 *KME Yorkshire Ltd v Toshiba Carrier UK Ltd*［2012］ EWCA Civ 1190 和案例 *Provimi* 判决已在初审中应用，但到此事到达上诉法院时，这一点已不再相关，因为索赔人已修改其诉状，独立起诉英国子公司违反《欧盟运行条约》第 101 条。

[107] *DSG Retail Ltd v MasterCard Inc*［2015］ EWHC 3673（Ch），第 66 段。

[108] ［2014］ UKSC 24；英国竞争上诉法庭允许英国索赔人根据《布鲁塞尔条例》第 7 条第 3 款（以前称为第 5 条第 3 款）对非英国被告提起诉讼：案例 1173/5/7/10［2013］ CAT 18。

[109] ［2012］ EWCA Civ 1055。

诉讼的“锚定被告”。

(b) 第29条：未决案件和“意大利鱼雷”

《布鲁塞尔条例》第29条[110]规定，如果两个或两个以上当事方在一个成员国提起诉讼，则其他成员国的法院不对同一事项行使管辖权。这意味着，在一个法域提起诉讼的企业可能会在其他地方启动诉讼，以防止这种情况发生。这被称为“意大利鱼雷”策略：例如在意大利提起诉讼会“破坏”在其他地方进行诉讼的机会。在 *National Grid Electricity Transmission plc v ABB Ltd* 案[111]中，索赔人在英格兰和威尔士高等法院提起诉讼，以预先排除其他诉讼当事人在另一法域提起诉讼的可能性。在 *Cooper Tire & Rubber Company Europe Ltd v Dow Deutschland Inc* 案[112]中，高等法院认为，在意大利的诉讼涉及与在伦敦诉讼的当事方不同的情况下，第29条不适用。[113] 上诉法院同意高等法院的观点，[114] 考虑到在意大利结束诉讼所需的时间，也拒绝按照第30条[115]的规定酌情中止诉讼程序。

(ii) 罗马Ⅱ

在因限制竞争而产生的非合同义务的情况下，应适用哪项实体法的问题是参照罗马Ⅱ第2条第6款第3项确定的。基本规则是，应适用市场受到影响或可能受到影响地点的法律。第15条解释了哪些事项属于适用法的范围：第15条第h项规定，这些事项包括限制规则。[116]

(F) 欧盟的集体赔偿

违反《欧盟运行条约》第101条和第102条可能对大量（自然人和法人）人员造成经济损害，特别是当价格上涨转嫁给许多间接购买者时。对任何一个人的伤害可能很小，不足以承担提出损害赔偿诉讼的风险和费用。在这种情况下，在没有集体赔偿可能性的情况下，获得损害赔偿的权利可能只是理论上的，而不是实际的，这是一种程序机制，使许多个体的主张能够捆绑在一个单

---

[110] 第1215/2012号条例第29条为原第44/2001号条例第27条。

[111] ［2009］EWHC 1326（Ch）。

[112] ［2009］EWHC 2609（Comm），第66～91段；关于这一点判决没有被上诉。

[113] 同上，第96～118段。

[114] ［2010］EWCA Civ 864，第48～57段。

[115] 第1215/2012号条例第30条为原第44/2001号条例第28条。

[116] 关于将1984年外国时效期限法适用于2009年1月11日在罗马Ⅱ生效之前受外国法律管辖的索赔中的时效规则。参见1240/5/7/15 *Deutsche Bahn v MasterCard*［2016］CAT 13和1244/5/7/15 *Peugeot Citroën Automobiles UK Ltd v Pilkington Group Ltd*［2016］CAT 14。

一的法院诉讼中。[117]

集体赔偿办法的可用性因成员国而异。欧盟委员会认为，在整个欧盟，不仅在竞争法方面，而且在消费者和环境保护等其他领域，都应采取协调一致的办法来集体赔偿。2013 年，欧盟委员会没有提出一项指令，而是发表了一项建议[118]，其中提出了一系列共同的、不具约束力的原则，用于成员国的集体赔偿机制，旨在改善诉诸司法的机会，同时避免发生在美国被认为属于滥用诉讼的风险。欧盟委员会宣布，在建议提出后两年内（即 2015 年 7 月 26 日之前），成员国应采取适当措施，并在之后两年内审查进展情况。[119] 本章后面将讨论 2015 年英国消费者权益法提出的集体赔偿的可能性。[120]

该建议请成员国建立集体赔偿制度，并建议它们遵守以下原则：

- 如果大量的人员受到同一非法行为的伤害，集体赔偿制度应提供禁令和补偿性救济；
- 集体赔偿程序应公平、公平、及时，不应过于昂贵；
- 作为一项一般规则，集体赔偿应在一项规则上提供“选择加入”权，也就是说，索赔人应明确同意加入诉讼；
- 应制定条款，以确保不鼓励滥用集体赔偿诉讼（例如，不应收取应急费用，索赔人的代表应在非营利基础上行事）；
- 应赋予法官集体诉讼的核心地位。

欧盟委员会于 2018 年 4 月宣布了一项“消费者新政”，其中包括一项关于消费者机构代表一群消费者寻求赔偿的建议；这些建议并不具体涉及竞争法，而是涉及一般消费者法。[121]

（G）资助诉讼

诉讼可能会持续多年，这可能会阻碍中小企业和消费者提起损害赔偿诉

---

[117] VAN DEN BERGH R. Private Enforcement of European Competition Law and the Persisting Collective Action Problem ［J］. Maastricht Journal of European and Comparative Law，2013，20（1）：12；ANDREANGELI A. Private Enforcement of Antitrust though Collective Claims in the EU and US ［M］. Cheltenham：Edward Elgar，2014；RODGER B. Competition Law：Comparative Private Enforcement and Collective Redress Across the EU ［M］. Alphen aan den Rijn：Kluwer Law International，2014.

[118] 2013 年 6 月 11 日欧盟委员会建议，关于对违反欧盟法律赋予的权利，在成员国内采用禁令和补偿性集体赔偿机制的共同原则，OJ ［2013］ L 201/60；在此之前，欧盟委员会已发布有关该主题的咨询文件——面向欧洲集体诉讼的统一方法，SEC（2011）173，2011 年 2 月 4 日，可在 www. ec. europa. eu/competition/index_en. html 上查阅。

[119] 参见欧盟委员会新闻稿 IP/13/524，2013 年 6 月 11 日。

[120] 参见本章第 400 ~ 402 页“英国的集体赔偿”。

[121] 参见欧盟委员会新闻稿 IP/18/304，2018 年 4 月 11 日。

讼。在欧盟委员会关于损害赔偿诉讼白皮书的一份工作人员工作文件中提到了供资问题[121]，但《损害赔偿提令》未提及这个问题。因此，各成员国的供资安排各不相同。资金可由诉讼当事人自己提供，由专业资助者或由原告律师提供“不赢，不收费”协议。在英国，第三方为索赔提供资金，以换取曾经属于非法维护和助讼侵权的收益份额[122]。2005 年，上诉法院概述了可接受诉讼专业资金的情况。重要的一点是，原告而不是资助者应当是控制诉讼行为的人和对结果具有主要利益的人。[123]

一家名为垄断损害赔偿（Cartel Damage Claims）的企业对诉讼资金采取了另一种方法，该企业购买竞争法要求赔偿损失的索赔，然后在法院内外采取综合诉讼。CDC 的网站解释了它的商业模式和在竞争法案件中追求索赔的记录。[124]

(H) 禁令和其他类型的救济行动

Crehan 案和 *Manfredi* 案认为，由于违反竞争规则而造成的损害有权进行索赔。索赔人往往与接受损害赔偿一样有兴趣获得终止反竞争行为的禁令；更具体地说，在国家竞争主管机构的竞争调查结果出来之前，索赔人可以寻求临时救济。

根据第 1/2003 号条例第 8 条，欧盟委员会有权采取临时措施，[125] 国家竞争主管机构拥有类似的权力。[126] 然而，国家竞争主管机构为了公共利益采取行动，往往在采取临时措施方面会节约资源；需要临时救济的申请人可能会发现，法院的职能是实现当事人之间的公正，向国家法院提出申请是一种更有效的方式。总检察长雅各布斯[127]在其意见中认为，*Crehan* 案原则，即应提供损害赔偿以保护《欧盟运行条约》第 101 条的效力，同样适用于临时救济申请。[128] 英国法院的临时救济申请有时是成功的，稍后将讨论。[129]

---

[121] COM（2008）165 final，第 273 ~ 276 段，可在 www. ec. europa. eu 上查阅。

[122] 参见 *Sibthorpe v Southwark Borough Council* [2011] EWCA Civ 25。

[123] *Arkin v Borchard Lines Ltd* [2005] EWCA Civ 655，第 39 ~ 43 段；可在 www. associationoflitigationfunders. com 上找到《诉讼资助人行为准则》。

[124] CDC 的网站是 www. carteldamageclaims. com。

[125] 参见第 7 章第 321 ~ 322 页“第 8 条：临时措施”。

[126] 关于英国法律规定的英国竞争与市场管理局采取临时措施的权力，参见第 10 章第 508 ~ 510 页“临时措施”。

[127] 案例 C – 264/01 EU：C：2004：304。

[128] 参见其观点第 104 段。

[129] 参见本章第 403 ~ 404 页“临时措施”。

3. 英国法院中的私人诉讼

（A）英国法院是否可以认定损害赔偿

英国法院在30多年前（早在 *Crehan* 案之前）就认定，违反《欧盟运行条约》第101条和第102条造成的损害可以得到损害赔偿。[130] 最初起草的1998年竞争法没有明确规定，如果违反第1章和第2章的禁令，就有权获得损害赔偿。毫无疑问，对违反竞争法的行为可以得到损害赔偿：这源于议会关于竞争法的辩论[131]；源于与该法第60条第2款一并解读的 *Crehan* 案和 *Manfredi* 案判决，要求与欧盟法院[132]的判例保持一致；源于该法第47A条和第47B条；以及下文讨论的《损害赔偿指令》。

（B）在英国实施《损害赔偿指令》

《损害赔偿指令》在英国通过2017年竞争侵权［1988年竞争法和其他法令（修正案）］条例（《损害赔偿指令条例》[133]）而引起的损失或损害索赔实施。它们于2017年3月9日生效，仅适用于在该日期或之后遭受的损失或损害。[134] 该条例应与根据《民事诉讼规则》[135]《竞争上诉法庭规则》和英国竞争上诉法庭发布的《程序指示》[136] 一并解读。

（C）诉讼的原因

申请人在竞争案件中的诉讼理由通常是基于违反法定义务的侵害行为，有关法规是1972年欧洲共同体法[137]或1998年竞争法。然而，在 *Courage Ltd v*

---

[130] 参见：*Garden Cottage Foods v Milk Marketing Board*［1984］AC 130；*Bord Bainne Co - operative Ltd v Milk Marketing Board*［1984］1 CMLR 519，上诉维持原判案例［1984］2 CMLR 584；*Bourgoin SA v Minister of Agriculture Fisheries and Food*［1985］1 CMLR 528，上诉案例［1986］1 CMLR 267。

[131] 参见：Lord Simon，HL 2R，col 1148，1997年10月30日；Margaret Bechett，HC 2R，col 35，1998年5月11日；DTI 新闻稿 P/98/552，1998年7月9日。

[132] 参见第9章第473~479页"'管辖原则条款'：1998年英国竞争法第60条"。

[133] SI 2017/385。

[134] 同上，第42条第1款。

[135] 参见实践指导31C，有关竞争声明的披露和检查，可在 www. justice. gov. uk 上查阅。

[136] 两者均可在 www. catribunal. org. uk 上查阅。

[137] 这是上议院（现为最高法院）针对1972年英国欧洲共同体法在案例 *Garden Cottage Foods v Milk Marketing Board*［1984］AC 130 中所采用的方法，在此之后的大多数情况下都采用这种方法。

Crehan 案[138]中，上诉法院指出，Crehan 本来无法根据该侵害行为的规则追回损害赔偿，因为其所遭受的损害不是《欧盟运行条约》第 101 条意图防止的那种损害。然而，法院承认，Crehan 应能够追回损害赔偿，因为法院在这方面的方向是：欧盟的有效原则超越了普通法的立场。[139]

在 *WH Newson Ltd v IMI plc* 案[140]中，垄断的受害者同时主张了违反法定义务和以非法手段共同侵权，后者的侵权行为可能导致比前者更高的损害赔偿。上诉法院维持了高等法院的判决，即竞争法第 47A 条对诉讼原因"中立"。因此，只要有关裁决表明实施侵权行为的构成要求得到满足，就可以主张共同侵权。[141]

在 *Devenish Nutrition Ltd v Sanofi - Aventis SA* 案[142]中，上诉法院认为，在竞争案件中不可能作出恢复原状的裁决；"利润"考虑被排除在外，特别是在补偿性损害赔偿已经充分救济的情况下[143]。

（D）举证责任和证明标准

损害赔偿案件的举证责任由索赔人承担，索赔人有责任在概然性平衡的基础上证明其指控。[144] 在考虑侵权发生的可能性时，要考虑到所指控的严重性；指控内容越不可能，所需的证据就越要有力。[145] 在竞争法案件中，索赔人可以有一定的自由陈述其索赔[146]；但是，如果索赔人没有充分辩护事实和所依据的

---

[138] ［2004］EWCA Civ 637。

[139] 同上，第 154～168 段。

[140] ［2013］EWCA Civ 1377。

[141] 在 *Newson* 案中，上诉法院根据该案的事实裁定，欧盟委员会在 *Copper plumbing tubes* 案中的裁决并未表明被告有意伤害索赔人，这是串谋侵权的必要组成部分；另见：*Emerald Supplies Ltd v British Airways plc*［2015］EWCA Civ 1024，在该案中，上诉法院基于串谋和非法干预的侵权行为，以及对欧盟委员会航空货运决定的后续诉讼提出了索赔。

[142] ［2008］EWCA Civ 1086，第 104～111 段和第 142～149 段；参见 Bailey and Brown *Devenish Nutrition Ltd v SA*（*France*）：A Case Note［2009］Comp Law 271.

[143] ［2008］EWCA Civ 1086，第 108 段。

[144] *Shearson Lehman Hutton Inc v Watson Co Ltd*［1989］3 CMLR 429 at 570；另见：*Anley Maritime Agencies Ltd For Judicial Review*［1999］Eu LR 97；案例 *Arkin v Borchard Lines Ltd*［2001］Eu LR 232 和［2003］EWHC 687（Comm）；*Chester City Council v Arriva plc*［2007］EWHC 1373（Ch），第 211 段；*Chester City Council v Arriva plc*［2007］EWHC 1373（Ch），第 10 段。

[145] *Ineo Vinyls Ltd v Huntsman Petrochemicals*（*UK*）［2006］EWHC 1241（Ch），第 211 段；*Chester City Council v Arriva plc*［2007］EWHC 1373（*Ch*），第 10 段。

[146] *Nokia Corp v AU Optronics Corp*［2012］EWHC 731（Ch），第 53～57 段。

事项以证明涉嫌违反必要标准，索赔就会被驳回。[147]

证明协议中的限制条件是辅助约束的举证责任，以及证明协议符合《欧盟运行条约》第101条第3款规定的法律责任，均由主张这种情况的一方承担。[148]

（E）损害赔偿要求可向高等法院或英国竞争上诉法庭提出

寻求对违反欧盟或英国竞争法的行为采取补救措施的申请人可向高等法院或英国竞争上诉法庭提起诉讼。诉讼可以是独立的[149]，在这种情况下，原告必须使法院相信侵害行为已经发生；或者在诉讼也可以是后继的，欧盟委员会、英国竞争与市场管理局或行业监管机构已经对竞争法受到侵犯作出了决定，在这种情况下，该决定对审理案件的法院具有约束力。

（i）高等法院诉讼

高等法院的诉讼程序是按照民事诉讼规则进行的。诉讼通常在司法部门提起。[150] 高等法院在 *Ineos Vinyls Ltd v Huntsman Petrochemicals*（*UK*）*Ltd* 案中建议，索赔人有义务告知法院其可能与英国竞争与市场管理局（或可能是欧盟委员会）[151] 有的任何联系。本章后面将概述高等法院的损害赔偿请求。[152]

（ii）英国竞争上诉法庭程序

1998年竞争法使英国竞争上诉法庭能够审理两类索赔：第一，第47A条规定了个人索赔。索赔人可就损害赔偿、任何其他金额索赔[153]或就英国竞争与

---

[147] *Sel - Imperial Ltd v British Standards Institution*［2010］EWHC 854（Ch），第17~18段；*Humber Oil Terminals Trustee Ltd v Associated British Ports*［2011］EWHC 352（Ch），第34段和第45段，上诉维持原判案例［2012］EWCA Civ 36。

[148] *Asda Stores Ltd v MasterCard*［2017］EWHC 93（Comm），第45段和第51段；*Sainsbury's Supermarkets Ltd v Visa Europe Services LLC*［2018］EWHC 355（Comm），第22~25段。

[149] 在2015年9月30日之前，英国竞争上诉法庭只能受理后继类诉讼案件；但是，2015年消费者权益法第81条和附表8修改了该法案的第47A条。1998年英国竞争法使英国竞争上诉法庭也能够自2015年10月1日起审理独立案件。

[150] 参见：民事诉讼程序规则第30条第8款第（1）项和第（3）项；在某些情况下，可以依据第30条第8款（4）项在商事法庭中提起诉讼；另见英国民事程序规则实务指示竞争法，涉及适用《欧盟运行条约》第101条和第102条以及1998年英国竞争法第1部分第1章和第2章，其中涉及第1/2003号条例的第15条和第16条；可在 www. justice. gov. uk 上查阅。在2013年12月24日的案件3CL10014 *Martin Retail Group Ltd v Crawley Borough Council* 中，伦敦中央郡法院裁定，商业租赁中的限制性契约违反了第1章的禁止规定；对于该案是否应移交给高等法院，似乎没有任何讨论。

[151] ［2006］EWCA Civ 1241，第262~265段。

[152] 参见本章第403~407页“英国竞争法的私人执法实践”。

[153] 苏格兰除外：竞争法，第47A条第3款（c）项。

市场管理局[154]、英国竞争上诉法庭本身或欧盟委员会的侵害决定下的禁令提出后续诉讼。自 2015 年 10 月 1 日起，索赔人还可以根据据称违反英国或欧盟竞争法的行为提起独立诉讼。第二，诉讼由该法第 47B 条规定，该条规定了集体诉讼，将第 47A 条适用的两项或两项以上的索赔合并起来。[155]

英国竞争上诉法庭的诉讼程序是根据 2015 年《竞争上诉法庭规则》进行的。[156] 英国竞争上诉法庭发布了 2015 年《竞争上诉法庭诉讼指南》[157]。该指南第 49 条规定，可就英国竞争上诉法庭关于损害赔偿要求决定中的法律问题，在得到许可的前提下，向英国竞争上诉法庭提出上诉。[158] 根据第 47A 条和第 47B 条提出的索赔详情可在英国竞争上诉法庭网站上查阅。[159]

英国竞争上诉法庭的规则规定，某些案件应按照"快速程序"审理[160]，在这种情况下，实质性审理将在使用该程序的命令发出后最长六个月内进行。各种因素都与使诉讼程序服从快速程序的决定有关，包括当事人中的一个或多个是个人还是中小企业、实质性审理是否可能需要三天或更短时间，以及案件是否引起复杂或新的问题。损害赔偿的后续诉讼不太可能在快速程序的基础上审理。[161] 快速程序的一个例子是 *Socrates Training Ltd v The Law Society of England and Wales* 案[162]，在这一案件中，英国竞争上诉法庭认定法律协会违反了 1998 年英国竞争法第 1 章和第 2 章的禁令。

本章后面将概述英国竞争上诉法庭中的损害赔偿要求。[163]

（iii）选择哪个法庭？

在英国寻求损害赔偿的索赔人有两种选择：高等法院和英国竞争上诉法庭，每一种选择都有利弊。有些索赔人更愿意在高等法院提起诉讼，因为他们

---

[154] 为此目的对英国竞争与市场管理局的引用包括所有行业监管者同时具有执行竞争法的权力。

[155] 参见本章第 400～402 页"英国的集体赔偿"。

[156] 参见：SI 2015/1648；2015 年 10 月 1 日之前开始的案件是根据 2003 年《竞争上诉法庭规则》（SI 2003/1372）进行的，该规则已由 2004 年《竞争上诉法庭（修正案和通信法上诉）规则》（SI 2004/2068）修订。

[157] 在 2015 年 10 月 1 日之前有较旧的诉讼指南，可在 www. catribunal. org. uk 上查阅。

[158] 关于英国竞争法第 49 条的适用范围，参见 *English Welsh & Scottish Railway Ltd v Enron Coal Services Ltd* ［2009］ EWCA Civ 647，第 22～24 段；*Walter Hugh Merricks CBE v MasterCard Inc* ［2017］ CAT 21。具有一般公众重要性的法律问题应当进一步上诉至最高法院，如 *Deutsche Bahn AG v Morgan Advanced Materials plc* ［2014］ UKSC 24。

[159] www. catribunal. org. uk。

[160] SI 2015/1648，第 58 号条例；另见：《竞争上诉法庭诉讼指南》第 5. 139～5. 149 段。

[161] 案例 1250/517/16 *Breasley Pillows Ltd v Vita Cellular Foams* ［2016］ CAT 8。

[162] 参见案例 1249/517/16 ［2017］ CAT 10。

[163] 参见本章第 403～407 页"英国竞争法的私人执法实践"。

更能控制诉讼的速度和进行。例如，与英国竞争上诉法庭不同，索赔人不需要获得撤回索赔的许可。[164] 高等法院管辖权的另一个优点是，竞争索赔可以与其他索赔相结合，如违约或专利侵权。高等法院处理高度复杂案件的记录也令人印象深刻。[165]

选择英国竞争上诉法庭而不是高等法院的一个原因是，它是一个专门的竞争机构，由三名成员组成的小组，共同拥有竞争法和竞争政策方面的专门知识。英国竞争上诉法庭有相对灵活的程序；快速程序对某些索赔有用；英国竞争上诉法庭有权限制可收回费用的数额，这对一些诉讼当事人有吸引力。在某些情况下，英国竞争上诉法庭能够提供“更快、更便宜的司法途径”。[166]

高等法院能够将竞争索赔移交给英国竞争上诉法庭[167]，它移交了 *Sainsbury's v MasterCard* 案[168]、*Agent's Mutual v Gascoign Halman* 案[169]，但拒绝移交 *Unwired Planet v Huawei* 案[170]。

（F）欧盟委员会、英国竞争与市场管理局和其他国家竞争主管机构的决定

（i）竞争法第58A条

1998年竞争法第58A条规定，一旦裁决成为最终裁决，即在用尽所有上诉途径之后，欧盟委员会、英国竞争与市场管理局和英国竞争上诉法庭的侵害决定对高等法院和英国竞争上诉法庭具有约束力。就欧盟委员会的决定具有约束力而言，第58A条体现了第1/2003号条例第16条第1款。[171]

在 *Crehan* 案中，欧盟委员会就 Whitbread[172]、Bass[173] 和 Scottish & Newcastle[174] 达成的啤酒供应协议得出结论，英国市场啤酒零售市场的准入被封锁。Crehan

[164] 参见2015年《竞争上诉法庭规则》，第44条。

[165] 参见 *Asda Stores Ltd v MasterCard Inc* [2017] EWHC 93（Comm）（根据《欧盟运行条约》第101条和1998年英国竞争法第1章禁止规定的独立案件）。

[166] 参见：《议事录》（HC辩论），2002年5月1日，第415~416页，关于引入1998年英国竞争法第47A条原本的理由。

[167] 参见2002年英国企业法第16条和2015年条例（SI 2015/1643）第16节。

[168] [2015] EWHC 3472（Ch），终审判决为 [2016] CAT 11。

[169] 2016年7月5日高等法院命令，可在 www.catribunal.org.uk 上查阅。

[170] [2016] EWHC 958（Pat）；终审判决为 [2017] EWHC 711（Pat）。

[171] 参见本章第386~388页“第16条：欧盟竞争法的统一适用”。

[172] OJ [1999] L 88/26，上诉维持原判案例 T-131/99 *Shaw v Commission* EU：C：2002：83。

[173] OJ [1999] L 186/1，上诉维持原判案例 T-231/99 *Joynson v Commission* EU：C：2002：84。

[174] OJ [1999] L 186/28。

协议不是与这些酿酒商的协议，而是与 Courage 的协议，欧盟委员会没有就 Courage 协议作出任何结论。Park J[175] 和上议院[176]（不同意欧洲法院的意见[177]）认为，由于这些决定不涉及相同的事实和相同的当事方，它们对法院没有约束力，尽管它们可以作为证据加以受理。[178] Park J 对市场进行了自己的评估，得出结论认为，英国啤酒市场没有被封锁，因此有关协议没有违反《欧盟运行条约》第 101 条第 1 款；上议院（现为最高法院）维持这一裁定。

（ii）国家竞争主管机构的决定

《损害赔偿指令条例》第 35 条使该指令第 9 条生效：另一成员国的国家竞争主管机构或复审法院的最终决定是认定违反第 101 条或第 102 条侵害行为的初步证据；然而，该决定不具约束力。该条例仅适用于2017 年 3 月 9 日或之后遭受的损失或损害。

（iii）第 58 条：英国竞争与市场管理局的事实调查结果

竞争法第 58 条第 1 款规定，如果对调查结果提出上诉的时间已过，或英国竞争与市场管理局的调查结果在上诉时得到确认，那么除非法院另有指示，英国竞争与市场管理局在基于英国或欧盟竞争法诉讼中的事实调查结果对高等法院和英国竞争上诉法庭诉讼中的当事人具有约束力。[179] 这意味着，启动这类程序的各方不必再经历一次出示所有证据的过程，而是可以根据英国竞争与市场管理局的调查结果进行。就第 58 条而言，英国竞争与市场管理局决定的措辞显然非常重要。在“A 和 B 同意定价”的声明和“英国竞争与市场管理局认为 A 和 B 可能有固定价格”的声明之间有很大的区别：只有前者涉及事实的发现。欧洲法院强调，第 58 条第 1 款只适用于可明确识别的事实认定，而不适用于可据以推断事实认定的裁决段落。[180]

该法第 58 条第 3 款规定，允许制定法院规则使英国竞争与市场管理局在私人诉讼中向法院提供协助。但尚未制定此类规则。[181]

---

[175] ［2003］EWHC 1510（Ch）。

[176] ［2007］1 AC 333；有关评论参见：BEAL K. Crehan and Post – Modern Malaise［J］. Competition Law Journal，2007：17；HANLEY C. House of Lords，Judgment of 19 July 2006，Inntrepreneur Pub Co（CPC）and others v. crehan［J］. Common Market Law Review，2007，44（3）：817.

[177] ［2004］EWCA Civ 637。

[178] 案例 *Iberian UK Ltd v BPB Industries and British Gypsum*［1996］2 CMLR 601。

[179] 关于在英国竞争上诉法庭上第58A 条对第47A 条程序的适用参见 *Enron Coal Services Ltd（in liquidation）v English Welsh & Scottish Railway Ltd*［2011］EWCA Civ 2，第 33 ~56 段。

[180] 同上，第 56 段和第 148 段。

[181] 《欧盟运行条约》第 101 条、第 102 条和 1998 年英国竞争法第 1 章、第 2 章第 1 部分要求适用实践指南的第 4. 1 ~4. 8 条；铁路管理局在 *English Welsh & Scottish Railway Ltd v E. ON plc*［2007］EWHC 599（Comm）案中适用了这些规定。

(G) 贡 献

因违反1998年竞争法而被起诉损害赔偿的被告，可向犯有同样侵害行为的其他企业索取赔偿：1978年民事责任法第1条对此作了规定。这是一个复杂的侵权问题，不是竞争法问题。[182]

(H) 英国的集体赔偿

如本章前面所述，欧盟委员会在2013年发表了一项建议，鼓励成员国采用集体赔偿机制。[183] 在英国，高等法院有一些集体赔偿的余地，而英国竞争上诉法庭对竞争案件的集体诉讼作出了具体规定。

(i) 高等法院：集体诉讼命令和代表诉讼

可通过“集体诉讼命令”[184]、“代表诉讼”[185]、英国民事诉讼规则下的合并[186]或单一审判多项索赔[187]为高等法院的损害赔偿诉讼提供便利。集体诉讼命令规定了引起共同或相关的事实或法律问题的索赔的案件管理。[188] 代表诉讼可以提供一种方便的手段，以避免大量实质上类似的行动。在*Emerald Supplies Ltd v British Airways plc*案[189]中，上诉法院维持了高等法院的裁决[190]，得出结论认为，如果索赔人希望代表航空货运垄断企业的直接和间接购买者[191]，则不能使用该程序。法院认为，这两类人并不具有相关规则所要求的相同利益：间接购买者可能会同意被告的观点，即存在转嫁抗辩，以便其（间接购买者，而不是直接购买者）能够追回损失。

---

[182] 关于对英国侵权法的贡献，参见：JONES M，DUGDALE SIMPSON M. Clerk & Lindsell on Torts［M］. 22nd ed. London：Sweet & Maxwell，2017. MATTHIESSON. Bringing Contribution Proceedings in Cartel Damages Actions in the English Courts［J］. Comp Law，2016：65；*WH Newson Holding Ltd v IMI plc*［2013］EWHC 3788（Ch），上诉维持原判，［2016］EWCA Civ 773，以及*Emerald Supplies Ltd v British Airways plc*［2014］EWHC 3514（Ch）。

[183] 参见本章第391~392页“欧盟的集体赔偿”。

[184] 《民事诉讼程序规则》，第19.10~19.15条；有关集体诉讼命令的注册信息，可在www.gov.uk上查阅。

[185] 《民事诉讼程序规则》，第19.16条。

[186] 同上，第3.1条第2款（g）项。

[187] 如同案例*Asda Stores Ltd v MasterCard Inc*［2017］EWHC 93（comm）情况一样。

[188] 在以下案件中使用了集体诉讼命令程序：*Prentice Ltd v DaimlerChrysler UK Ltd*，该案在审判前已解决。

[189] ［2010］EWCA Civ 1284。

[190] ［2009］EWHC 741（Ch）；相关评论参见：MULHERON R. *Emerald v British Airways plc*；A century Later，the Ghost of *Market* Lives on［J］. Competition Law Journal，2009：159.

[191] ［2010］EWCA Civ 1284，第62段。

（ii）英国竞争上诉法庭：集体诉讼

1998 年竞争法第 47B 条规定了将集体诉讼提交英国竞争上诉法庭。[192]

（a）选择加入和选择退出集体诉讼

在 2015 年 10 月 1 日之前，只有在“选择加入”的基础上才能提起集体诉讼。消费者必须作出积极的选择才能加入诉讼。只有一个有代表性的诉讼，即 *Consumers' Association v JJB Sports* 案[193]，证明了选择加入模型的弱点。数以百万计的消费者购买了足球衫，但只有 130 人选择加入这一行动。该案于 2008 年初通过协议和解[194]，诉讼被撤回。消费者协会对此案表示不满，这导致 2015 年消费者权保护法[195]对第 47B 条作了重大修改，特别是规定了选择退出集体诉讼：在选择退出的情况下，被任命为集体代表的人代表受竞争法侵害行为伤害的每个人提出申诉，但作出积极选择退出的人除外。显然，从集体代表的角度来看，选择退出模式比选择加入模式更有吸引力；然而，正如我们将看到的，前两次提出选择退出行动的尝试都没有成功的。[196]

（b）集体诉讼命令

只有在英国竞争上诉法庭发出集体诉讼命令的情况下，集体诉讼才有可能进行[197]：英国竞争上诉法庭作为该体系的“看门人”发挥着至关重要的作用。只有在英国竞争上诉法庭认为这些申诉提出了相同、类似或相关的事实或法律问题并适合集体诉讼的情况下，才有资格列入集体诉讼。[198] 集体诉讼命令必须授权提起诉讼的人担任集体代表，说明其申诉是有资格的，并具体说明诉讼是选择加入还是选择退出。[199]

（c）集体诉讼中的损害赔偿

1998 年竞争法第 47C 条涉及集体诉讼中的损害赔偿问题。[200] 英国竞争上诉法庭可以命令向集体代表或其认为合适的其他人支付损害赔偿。如果有些代表不要他们有权得到的数额，第 47C 条第 5 和 6 款规定，该数额可支付给大法官

---

[192] 参见：2015 年《竞争上诉法庭规则》第 5 部分和 2015 年《竞争上诉法庭诉讼指南》第 6 条。

[193] 案例 1078/7/9/07。

[194] 同上，根据 2008 年 1 月 14 日的英国竞手上诉法庭命令。

[195] 在 2015 年消费者权益法的背景下，参见政府在竞争法中的私人诉讼：关于 2012 年 4 月 24 日的选择权的咨询以及政府对 2013 年 1 月 29 日的选择权的咨询的响应，均可在 www gov. uk 上查阅。

[196] 参见本章第 402 页“实践中的集体诉讼”。

[197] 1998 年英国竞争法第 47B 条第 4 款；另见《竞争上诉法庭规则》，第 77 条第 1 款。

[198] 1998 年英国竞争法，第 47B 条第 6 款；另见《竞争上诉法庭规则》，第 79 条。

[199] 1998 年英国竞争法第 47B 条第 7 款；另见《竞争上诉法庭规则》，第 78 条。

[200] 1998 年英国竞争法第 47D 条规定了集体诉讼中的禁令。

指定的慈善机构[201]，或用于支付全部或部分代表费用，包括资助者的费用。[202]

（d）和解和赔偿计划

1998年竞争法第49A条和第49B条规定，英国竞争上诉法庭应批准在集体诉讼中集体解决索赔。第49C条使英国竞争与市场管理局能够批准企业自愿提交赔偿计划。基于1998年竞争法的《2015年（赔偿计划）令》管理自愿赔偿计划[203]的批准程序和运作，英国竞争与市场管理局公布了对竞争法下侵害行为的自愿赔偿计划的批准[204]指南以及随附的申请表。该法第49D条规定，英国竞争与市场管理局应要求寻求批准补救办法的人支付与申请有关的部分或全部费用。第49E条赋予计划受益人和英国竞争与市场管理局在这方面的执行权。

（e）实践中的集体诉讼

如上所述，从消费者协会的角度来看，*Consumers' Association v JJB Sports* 案[205]是不成功的。自2015年消费者权益法生效以来，向英国竞争上诉法庭提出了两项申请，要求发布一项选择退出的集体诉讼令：*Dorothy Gibson v Pride Mobility Products Ltd* 案[206]和 *Walter Hugh Merricks CBE v MasterCard Inc* 案[207]，均未成功。*Gibson* 案涉及英国公平交易办公室的一项裁决，该裁决认为，移动滑板车分销的纵向协议限制了价格竞争。英国竞争上诉法庭于2017年3月31日作出了一项判决，揭露了Gibson的申请存在弱点；英国竞争上诉法庭暂停了诉讼程序，并准许申请人送达经修订的索赔表。[208] 随后，申请人于2017年5月25日经同意撤回了申请，因为申请人出于经济上的原因，认为该索赔不太可能值得进行。*Merricks* 案涉及欧盟委员会的决定，即MasterCard的欧洲经济区多边交换费是非法的。英国竞争上诉法庭驳回了申请。[209]

---

[201] 目前规定慈善机构的是司法救助基金会：2008年《法律服务法（指定慈善机构）》，SI 2008/2680。

[202] 案例1266/717/16 *Walter Hugh Merricks CBE v MasterCard Inc*［2017］CAT 16，第109~127段。

[203] SI 2015/1587。

[204] CMA 40，2015，可在 www. gov. uk/cma 上查阅；金融行为管理局、支付系统监管机构（PSR）与天然气和电力市场办公室也发布了类似的指南。

[205] 参见：本章脚注[193]。

[206] 案例1257/7/7/16；评论参见：NOBLE R，BELL J，SHAH K. Class Actions：the Mobility Scooters Case［J］. Competition Law Journal，2017：221.

[207] 参见本章脚注[202]。

[208] ［2017］CAT 9。

[209] ［2017］CAT 16；英国竞争上诉法庭驳回上诉，［2017］CAT 21，但上诉法院于2018年1月19日准许；有关诉讼的详细信息，可在 www. mastercardconsumerclaim. co. uk 上查阅。

(I) 限制规则

向高等法院和英国竞争上诉法庭[210]提起诉讼的时效期一般为六年，从遭受损失之日起算。[211] 还必须考虑到实施《损害赔偿指令》的《损害赔偿指令条例》[212] 第5部分，该部分仅适用于2017年3月9日或之后遭受的损失或损害。如果被告故意隐瞒重要事实[213]，如秘密垄断的情况，时效期将被推迟；时间从索赔人知道或应该知道这些事实开始，这通常是竞争主管机构公布侵害决定时。在 *Arcadia Group Brands Ltd v Visa Inc* 案[214]中，高等法院同意 Visa 的意见，即鉴于欧盟委员会和前公平交易办公室就所谓多边交换费的合法性作出的决定和公开声明，与索赔人的诉讼理由有关的事实是已知的或可合理发现的。该判决的影响很大，因为这意味着对 Visa 的索赔只能追溯到2007年，而不是1977年。上诉法院维持原判。[215]

(J) 调 解

法院可以利用其权力鼓励当事人调解或和解争端，而不是通过审判。在某些情况下，高等法院和英国竞争上诉法庭鼓励当事各方考虑调解其争端的可能性，这一过程产生了若干庭外和解。[216]

(K) 英国竞争法的私人执法实践

高等法院或英国竞争上诉法庭已经开始了许多基于竞争法的诉讼。在某些情况下，索赔人的利益在其他损害赔偿或其他赔偿方面获得临时救济。本节简要概述这些案件，包括一些不成功的案件。

(i) 临时措施

在商业世界中，声称受到反竞争行为损害的受害者有时会寻求紧急补救。

---

[210] 参见1998年英国竞争法第47E条；以前在英国竞争上诉法庭中有不同的诉讼时效规则：参见本书第8版第337~338页。

[211] 参见1980年诉讼时效法第2条。另见：MCGEE A. Limitation Periods［M］. 7th ed. London：Sweet & Maxwell，2017；BREALEYQC M，GREENQC N. Competition Litigation：UK Practice and Procedure［M］. Oxford：Oxford University Press，2010：ch 4.

[212] SI 2017/385。

[213] 1980年诉讼时效法第32条第1款（b）项。

[214] ［2014］EWHC 3561（Comm）。

[215] 参见 *Arcadia Group Brands Ltd v Visa* Inc［2015］EWCA Civ 883。

[216] 参见英国竞争上诉法庭案例1088/3/7/07 *ME Burgess v Austin & Sons Ltd* 案，2007年11月20日案件管理会议的笔录，可在 www. catribunal. org. uk 上查阅。

例如，供应商可能会威胁停止供应；另一个例子是，一家占支配地位的企业将其价格降低到掠夺性水平，从而危及竞争者留在市场的能力。向欧盟委员会或英国竞争与市场管理局申请临时措施，虽然理论上是可能的，但很难成功，[217] 更有希望的行动方针是寻求高等法院或英国竞争上诉法庭的临时救济。

如果结果是错误的情况下，在竞争案件中给予临时救济的标准是决定采取哪一种途径（给予或拒绝禁令）[218] 涉及的不公正风险更少。[219] 有些申请被拒绝的原因在于通过损害赔偿诉讼可得的赔偿已能达到充分救济。然而，有些申请是成功的，特别是在个人生计受到威胁的情况下[220]，但有时大量的诉讼当事人的申请也有成功的[221]。*Jobserve Ltd v Network Multimedia Television* 案[222]、*Adidas - Salomon AG v Roger Draper and Panl Howorth* 案[223]、*Software Cellular Network Ltd v T - Mobile（UK）Ltd* 案[224]、*Dahabshiil transfer Services Ltd v Barclays Bank plc* 案[225]和 *Packet Media Ltd v Telefonica UK Ltd* 案[226]获得了临时救济。在 *Claritas（UK）Ltd v Post Office* 案[227]和 *AAH Pharmaceuticals Ltd v Pfizer Ltd* 案[228]中，索赔者被认为不适当地拖延了向法院提出的申请，因为先前曾向英国公平交易办公室（现称英国竞争与市场管理局）寻求（但未能获得）临时措施。

（ii）损害赔偿

高等法院尚未在竞争法案件中裁定损害赔偿，尽管已知在那里开始的若干

---

[217] 参见第7章第321～322页“第8条：临时措施”（欧盟法律）和第10章第508～510页“临时措施”（英国法律）。

[218] 参见 *AAH Pharmaceuticals Ltd v Pfizer Ltd*［2007］EWHC 565（*Ch*），第49～57段；参见上诉法院1995年的一项类似案例 *Zockoll Group Ltd v Mercury Communications Ltd*［1999］EWCA Civ 2317 的判决。

[219] 参见：*Garden Cottage Foods v Milk Marketing Board*［1984］AC 130；*Argyll Group plc v Distillers Co plc*［1986］1 CMLR 764；*Plessey Co plc v General Electric Co*［1990］ECC 384；案例 *Megaphone v British Telecom*，1989年2月28日；案例 *Macarthy v UniChem*［1991］ECC 41。

[220] *Cutsforth v Mansfield Inns*［1986］1 CMLR 1；*Holleran and Evans v Thwaites plc*［1989］2 CMLR 917。

[221] ECS 成功地在高等法院获得了针对 AKZO 的临时禁令，并说服欧盟委员会根据《欧盟运行条约》中的第102条进行诉讼案例 *ECS/AKZO* OJ［1983］L 252/13；另见 *Sockel GmbH v Body Shop International plc*［1999］Eu LR 276。

[222] ［2001］UKCLR 814，上诉维持原判案例［2002］UKCLR 184。

[223] ［2006］EWHC 1318（Ch）。

[224] ［2007］EWHC 1790（Ch）。

[225] ［2013］EWHC 3379（Ch）。

[226] ［2015］EWHC 2235（Ch）；禁令随后解除，［2015］EWHC 3873（Ch）。

[227] ［2001］UKCLR 2。

[228] ［2007］EWHC 565（Ch）；申请不成功的案例有 *Arriva Scotland West Ltd v Glasgow Airport Ltd*［2011］CSOH 69；*Chemistree Homecare Ltd v Abbvie Ltd*［2013］EWCA Civ 1338；*Bruce v The British Boxing Board of Control*［2014］EWHC 2074（QB）。

诉讼导致了和解。[229] 截至 2017 年 12 月 8 日，英国竞争上诉法庭已对 4 起案件裁定了损害赔偿。在 *Healthcare at Home v Genzyme Ltd* 案[230]中裁定了 200 万欧元的临时损害赔偿，这是在英国的竞争法案件中发生的第一次（也是唯一一次）案件。这是根据英国公平交易办公室的决定采取的后续诉讼，即 Genzyme 非法实施了价格挤压。[231]

在另外两起后续案件中裁定了损害赔偿（包括利息）。[232] 在 *2 Travel v Cardiff City Transport Services Ltd* 案[233]中，英国竞争上诉法庭对 Cardiff City Transport 滥用其在提供当地公共汽车服务方面的支配地位而给予共计 93818 欧元赔偿和惩戒性损害赔偿的决定[234]；这是在英国公平交易办公室对 *Cardiff Bus* 案[235]作出决定之后作出的。在 *Albion Water v Dŵr Cymru Cyfyngedig* 案[236]中，英国竞争上诉法庭对 Dŵr Cymru 判以 185 万欧元的补偿性损害赔偿，而不是惩罚性损害赔偿，是英国竞争上诉法庭自己发现存在滥用行为。[237]

在 *Sainsbury's Supermarket Ltd v MasterCard Inc* 案[238]中，英国竞争上诉法庭判处 Sainsbury 6800 万欧元的损害赔偿，加上 MasterCard 非法的英国多边交换费对其造成损害的利息；这是一个独立的案件。值得关注的是，在 *Asda Stores Ltd v MasterCard Inc* 案中，高等法院得出结论认为，相同的交换费不违反《欧

---

[229] 药品生产商和卫生部之间已解决了一些损害赔偿要求：参见苏格兰政府新闻稿，2014 年 5 月 13 日，宣布了由国民卫生署（NHS）对 Reckitt Benckiser plc 提起的索赔要求，可以在 news. gov. scot 上找到。在另一起案件中，英国航空和维珍航空提供了 7350 万欧元的和解金，以解决在英国因航空燃油附加费垄断而引起的案件：参见《金融时报》，2010 年 6 月 11 日。进一步参见：RODGER B J. Private Enforcerent of Competition Law，the Hidden story：Competition Litigation Settle ments in the United Kingdom，2000 ~ 2005 [J]. European Competition Law Review，2008，29（2）：96.

[230] 案例 1060/5/7106［2006］CAT 29；英国竞争上诉法庭认为，索赔人不仅可以在英国公平交易办公室和竞争上诉法庭本身认为第 2 章禁止规定遭到违反的期间要求赔偿，而且可以在随后的继续侵害期间要求赔偿：同上，第 59 段；案例 1236/5/7/15 *DSG Retail Ltd v MasterCard Inc*［2015］CAT 7，第 25 ~ 37 段。

[231] 英国公平交易办公室于 2003 年 3 月 27 日作出的决定。

[232] 关于计算损害赔偿的日期，参见：上诉法院案例 *Courage Ltd v Crehan*［2004］EWCA Civ 637，第 173 ~ 180 段。

[233] 案例 1178/5/7/ 11［2012］CAT 19。

[234] 根据《损害赔偿指令》第 3 条第 3 款、《损害赔偿指令条例》第 36 条规定，对于在 2017 年 3 月 9 日或之后遭受的损失或损害，不能给予惩罚性损害赔偿。

[235] 英国公平交易办公室于 2008 年 11 月 18 日作出的决定。

[236] 案例 1166/5/7110［2013］CAT 6。

[237] 案例 1046/2/4/04 *Albion Water Ltd v Water Services Regulation Authority*［2006］CAT 36，上诉法院案例［2008］EWCA Civ 536（价格挤压）和［2008］CAT 31（过高定价）。

[238] 案例 1241/5/7/15（T）［2016］CAT 11，已上诉。

盟运行条约》第101条，因此不判损害赔偿。[239] 对Visa的损害赔偿诉讼也失败了，因为没有发现违反《欧盟运行条约》第101条的情形。[240]

（iii）声明和其他救济

一项部分成功的诉讼体现在*Hendry v World Professional Billiards and Snooker Association*案[241]，Lloyd J认为，该协会的规则没有违反竞争法；然而，有一项规则限制了运动员在某些情况下可以参加的比赛，被认为既违反了1998年英国竞争法第1章和第2章的禁令[242]，也可能违反了《欧盟运行条约》第101条和第102条[243]。在*Purple Parking v Heathrow Airport*案[244]中，Mann J认为Heathrow Airport在提供代客泊车服务方面存在《欧盟运行条约》第102条第2款（c）项规定的歧视。在*Arriva The Shires v London Luton Airport Operations*案[245]中，Rose J认为，Luton Airport授予国家快车在机场和伦敦市中心之间运营长途汽车服务的专有权利是滥用行为。*Purple Parking*案和*Arriva*案都是以有关机场占支配地位为假设进行的。

（iv）不成功的索赔

在*Attheraces v British Horse Racing Board*案[246]中，高等法院得出结论认为，英国赛马委员会滥用了其在《欧盟运行条约》第102条下的支配地位，对向Atheraces提供关于在其主持下进行赛马活动的信息收取过高和（或）歧视性的价格。然而，这一判决在上诉时被推翻。[247] 在*Chester City Council v Arriva plc*案[248]中，根据1998年竞争法第2章的禁令提出的声明、禁令和损害赔偿诉讼失败了，法院认为，索赔人没有提供任何证据证明Arriva占据了支配地位。在

---

[239] ［2017］EWHC 93（Comm），已上诉。

[240] *Sainsbury's Supermarkets Ltd v Visa Europe Services LLC*［2017］EWHC 3047（Comm），已上诉，尚未裁决。

[241] ［2002］UKCLR 5；参见：HARRIS P. Abusive Sports Governing Bodies：*Hendry v WPBSA*［J］. Competition Law Journal，2002：101；有关这种情况下的市场界定，参见：VELJANOVSKI C. Markets in Professional Sports：*Hendry v WPSBA* and the Importance of Functional Markets［J］. European Competition Law Review，2002，23：273.

[242] ［2002］UKCLR 5，第112段。

[243] 同上，第113段。

[244] ［2011］EWHC 987（Ch）；庭外和解。

[245] ［2014］EWHC 64（Ch）；庭外和解，相关评论参见：SMITH P，MOURKAS D. High Court decision in Arriva v Luton Airport［J］. Competition Law Journal，2015：79.

[246] ［2005］EWHC 3015（Ch）。

[247] ［2007］EWCA Civ 38；有关该案的进一步讨论，参见第18章第902~903页“私人诉讼与过度定价”。

[248] ［2007］EWHC 1373（Ch）。

Bookmaker's Afternoon Greyhound Services Ltd v Amalgamated Racing Ltd 案[249]中，高等法院驳回了一项申诉，即一些英国赛场之间分配赛马权的安排违反了《欧盟运行条约》第 101 条和 1998 年竞争法第 1 章的禁令；上诉法院维持了该判决。[250]在诉讼中援引 1998 年竞争法的其他几次尝试都失败了。[251] 在 *Streetmap. EU v Google Inc* 案[252]中，高等法院驳回了一项指控，即 Google 滥用其支配地位，通过在谷歌搜索结果中纳入谷歌地图，从而在在线地图市场上消除了 Streetmap。

索赔人必须能够证明所申诉的反竞争行为给它造成了损失。[253] 在 *Enron Coal Services Ltd v English Welsh & Scottish Railway Ltd* 案[254]中，上诉法院同意英国竞争上诉法庭的意见[255]，但没有足够的证据表明如果没有 EW&S 的侵害行为，Enron 本可以赢得合同。铁路管理局（现为铁路和公路办公室）发现 EW&S 使 Enron 处于竞争劣势这一事实并不意味着 Enron 本应获得该合同。竞争主管机构不一定会在侵害决定中确认因果关系。[256]

4. 竞争法作为抗辩依据

(A)《欧盟运行条约》第 101 条第 2 款

(i) 协议无效的制裁

许多竞争法制度除了规定罚款和损害赔偿诉讼外，还规定了一项重要的制

---

[249] [2010] EWHC 1743 (Ch)；高等法院还通过另一项判决驳回了指控庄家之间非法串通的指控 [2003] EWHC 2688 (Ch)。

[250] [2009] EWCA Civ 750；参见：VAJDA C, WOOLFE P. The Chapter I Prohibition: Is It a Safe Bet? [J]. Competition Law Journal, 2010: 198.

[251] *Synstar Computer Services (UK) Ltd v ICL (Sorbus) Ltd* [2001] UKCLR 585；*Land Rover Group Ltd v UPF (UK) Ltd (in receivership)* [2002] All ER (D) 323；*Getmapping plc v Ordnance Survey* [2002] EWHC 1089 (Ch)；*Intel Corpn v VIA Technologies* [2002] EWHC 1159 (Ch), [2002] EWCA Civ 1905；*Suretrack Rail Services Ltd v Infrano JNP Ltd* [2002] EWHC 1316 (Ch)；*Sel - Imperial Ltd v British Standards Institution* [2010] EWHC 854 (Ch)（删除了根据《欧盟运行条约》第 101 条指控侵犯版权的两部分索赔）；*Humber Oil Terminals Trustee Ltd v Associated British Ports* [2011] EWHC 352 (Ch)，上诉维持原判案例 [2012] EWCA Civ 36。

[252] [2016] EWHC 253 (Ch)；参见：WHISH R. Article 102 and de minimis [J]. Competition Law Journal, 2016: 53.

[253] 参见 *Arkin v Bochard Lines Ltd* [2003] EWHC 687 (QB)，第 489 ~ 570 段。法院认为，申诉人所申诉的行为与遭受的伤害两者之间没有因果关系。

[254] [2011] EWCA Civ 2。

[255] [2009] CAT 36。

[256] 同上，第 150 段。

裁措施，以说服企业遵守法律——协议无效制裁。《欧盟运行条约》第101条第2款和1998年英国竞争法第2条第4款规定，在《欧盟运行条约》第101条第1款意义上限制竞争且不符合第101条第3款规定的协议无效。在某些情况下，对协议无效的制裁可能不是真正的制裁：操纵价格或划分市场垄断的成员通常不会想到试图在法院强制执行其协议。他们的主要关切是向竞争主管机构隐瞒垄断，尽管竞争主管机构有相当大的权力揭露这种做法[257]并惩罚顽固不化的企业。[258] 然而，在其他情况下，对协议的无效制裁可能更为重要。如果专利权人授予专利许可，它将仔细计算被许可人应支付的使用费费率，并可能进行长期谈判，以解决谈判的其他条款，例如生产数量、产品销售领域以及被许可人所作任何改进的处理和所有权。就其本身而言，被许可人往往被授予制造和销售的专属领域。如果被许可人发现许可证的某些方面是无效和不可执行的，这将破坏双方之间达成的协议。供应商对分销商规定的独家采购条件也是如此，这通常发生在销售和购买啤酒和汽油的协议中，以及不竞争契约，例如，当供应商将企业作为经营企业出售给买方时。在这些情况下，竞争法造成的威胁不是欧盟委员会或其他竞争主管机构将处以罚款，而是在商业诉讼中合同的关键条款将无法执行。从这一点可以看出，对协议的无效制裁作为一项一般性主张，并不影响严重违反竞争规则的行为，例如垄断的运作，而是影响对竞争的损害不那么明显的更为无害的协议。这是促使竞争主管机构在成员国对协议适用《欧盟运行条约》第101条第1款及其有关规定采取“现实的”路径的有力理由。[259]

（ii）*Eco Swiss China Time Ltd v Benetton* 案

法官本能地敌视通过援引竞争法来避免合同义务的尝试，这些尝试可能被认为是技术性甚至是偶然性的。然而，法院在 *Eco Swiss China Time Ltd v Benetton* 案[260]中的判决证实了协议无效的制裁在欧盟法律体系中有多重要。如果协议违反了《欧盟运行条约》第101条第1款，协议很有可能会被无效。在过度简化的风险下，荷兰最高法院要求欧洲法院确定欧盟竞争规则是否可以被视为公共政

---

[257] 有关欧盟委员会的调查权，参见第7章第338~347页“第5章：调查权”。

[258] 参见第7章第347~357页“第6章：处罚”。

[259] 参见第3章第145~180页“排除、限制或扭曲竞争的目的或效果”，尤其是关于具有限制竞争“效果”的协议的含义。

[260] 案例C-126/97 EU：C：1999：269；另见案例C-453/99 *Courage Ltd v Crehan* EU：C：2001：465，第20~22段。

策规则，这个问题改变了对仲裁裁决提起上诉的可能性。法院非常明确[261]：

> 《欧盟运行条约》第 101 条是一项基本规定，对完成赋予（欧盟）的任务，特别是对内部市场的运作至关重要。这一规定的重要性使条约制定者在第 101 条第 2 款中明确规定，该条禁止的任何协定或决定将自动无效。因此，如果其国内议事规则要求国家法院根据未遵守国家公共政策规则的情况，批准撤销仲裁裁决的申请，也必须在未遵守第 101 条第 1 款所列禁止规定的情况下批准这种申请。

(B)《欧盟运行条约》第 101 条第 3 款的“问题”和欧盟委员会以前在个别豁免方面的作用

这本书之前版本在这一点上详细论述了这样一个事实，即只有欧盟委员会才能将第 101 条第 3 款适用于个别协议，这给协议的可执行性带来了许多问题；这些问题涉及通知的规则、个别豁免的追溯性、临时有效性的概念以及平行的欧盟委员会和国家法院程序。然而，2004 年 5 月 1 日第 1/2003 号条例的生效取消了向欧盟委员会通报个别豁免协定的程序[262]，该条例本身载有关于国家法院在新制度中的作用的若干规定。[263] 因此，关于适用第 101 条第 3 款的“问题”的内容已从这本书的版本中删除。

(C) 经典的“欧洲抗辩”

正如前面所指出的，似乎毫无疑问的是，司法思维不会同情根据《欧盟运行条约》第 101 条第 2 款的抗辩，因为根据竞争法，协议的一方当事人可以以协议无效为由，自主地选择放弃该协议。“契约必须遵守”的格言——合同应该得到尊重——根据竞争法的“技术性”要求，某企业声称要规避合同义务时，具有强大影响力。在许多情况下，抗辩失败了，包括 *George Michael* 案，该歌手试图从与 Sony[264] 的唱片合同中解脱出来；*Society of Lloyd's v Clementson* 案[265]和 *Higgins v Marchant & Eliot Underwriting Ltd* 案[266]涉及 Lloyds of London 因保险损失而捐出巨额资金的个人困境；*Oakdale (Richmond) Ltd v National*

---

[261] 案例 C－126/97 EU：C：1999：269，第 36～37 段；本章第 414～416 页“仲裁”，进一步讨论这种情况。

[262] 参见第 4 章第 214～217 页“第 1/2003 号条例”。

[263] 参见本章第 383～388 页“欧盟委员会与国家法院的关系”。

[264] *Panayiotou v Sony Music Entertainment (UK) Ltd* [1994] ECC 395。

[265] [1995] 1 CMLR 693。

[266] [1996] 1 Lloyd's Rep 313。

Westminster Bank plc 案[267]涉及全款的限制性条款债权安排；以及在 *Leeds City Council v Watkins* 案[268]中，法官对双方当事人的经济专家都持高度批评态度。[269]在 *Deutsche Bank v Unitech Global Ltd.* 案[270]中，Teare J 拒绝了这样的论点，即涉及大量资金的信贷和逾期协议是无效的，无法执行，仅仅是因为它们与固定 LIBOR 的银行之间的所谓协议"相关"。

然而，欧洲许多抗辩失败并不意味着援引《欧盟运行条约》第 101 条第 2 款总是注定要失败。有两个案例说明了该条款的威力。在 *Calor Gas Ltd v Express Fuels*（*Scotland*）案[271]中，苏格兰法庭认为，供应商 Calor Gas 不能执行独家交易协议，因为它违反了第 101 条第 1 款；在 *Jones v Ricoh UK Ltd* 案[272]中，高等法院认为，保密协议中的一项条款违反了第 101 条第 1 款，而且无法执行，因为它远远超出了保护索赔人信息的合理要求。

（D）分　割

如果在诉讼中成功地援引了《欧盟运行条约》第 101 条第 1 款，则可能会出现无效裁定对协议其余部分效力影响的问题。欧洲法院认为，只要有可能将合同中的违规条款与合同其他条款分开，合同就仍然有效，可以执行。[273] 然而，法院并没有规定一项全欧盟范围的分割原则，因此，实行分割的机制是一个根据每个成员国国内法决定的事项。[274] 这反过来又造成了《布鲁塞尔条例》[275]和罗马Ⅱ[276]下的问题：前者决定民事和商业案件的诉讼地点，后者决定应适用

---

[267] ［1997］ECC 130；上诉维持原判案例［1997］3 CMLR 815。

[268] ［2003］EWHC 598（Ch）。

[269] 同上，第 88～117 段；*LauritzenCool AB v Lady Navigation Inc*［2004］EWHC 2607（Comm）；*Days Medical Aids Ltd v Pihsiang Machinery Manufacturing Co Ltd*［2004］ECC 297；*The Qualifying Insurers Subscribing to the ARP v Ross*［2006］ECC 33；案例 *Pirtek*（*UK*）*Ltd v Joinplace Ltd*［2010］EWHC 1641（Ch）；*A Nelson & Co Ltd v Guna SpA*［2011］EWHC 1202（Comm）；案例 *Carewatch Care Services Ltd v Focus Caring Services Ltd*［2014］EWHC 2313（Ch）。

[270] ［2013］EWHC 2793（Comm），第 16～33 段。

[271] ［2007］CSOH 170。

[272] ［2010］EWHC 1743（Ch）。

[273] 案例 56/65 *Société Technique Minière v Maschinenbau Ulm* EU：C：1966：38；案例 319/82 *Société de Vente de Ciments et Bétons de l'Est v Kerpen and Kerpen GmbH* EU：C：1983：374。

[274] 案例 319/82 *Ciments et Bétons*（第 8 章脚注[273]）；案例 10/86 *VAG France SA v Etablissements Magne SA* EU：C：1986：502。

[275] 参见欧洲议会和理事会第 1215/2012 号条例，以及关于民事和商业事务中的管辖权以及判决的承认和执行（OJ［2012］L 351/1）。

[276] 参见欧洲议会和理事会关于适用于非合同义务的法律的第 864/2007 号条例（OJ［2007］L 199/40）。

于合同纠纷的法律。假定可分割性被视为实质问题而不是程序问题，《布鲁塞尔条例》不应影响诉讼结果，因为原则上，罗马Ⅱ应得出适用法律的相同结论，无论诉讼发生在何处；然而，确定适用法律可能对诉讼结果至关重要，因为不同的成员国有不同的方法将非法限制与合同分开。

就英国合同法而言，在某些情况下，分割是可能的，尽管关于这一问题的规则是复杂的。[277] 上诉法院被要求在 *Chemidus Wavin Ltd v Sociétépour la Transformation* 案[278]中审查竞争法的可分割性。专利权人正在根据一项可能违反《欧盟运行条约》第 101 条第 1 款的协议起诉版税。法院认为，最低版税条款是可以执行的，无论协议的其他部分是否可能违反第 101 条第 1 款。Buckley L J 说：

> 在我看来，在将第 101 条适用于英文合同时，人们很可能必须考虑，在对合同进行条约条款的删减之后，合同是否可以说是由于缺乏考虑或任何其他理由而失败，或者合同的性质是否会发生变化，而不再是当事各方打算订立的合同。

Chemidus Wavin 案测试已在随后的几个案例中进行了应用。[279] 如果将某些条款与协议分开之后协议的范围和意图将完全改变，从而使双方之间的谈判发生根本变化，那么整个协议将无法执行。[280] 这是 *English Welsh & Scottish Railway Ltd v E. ON UK plc* 案[281]中得出的结论。其中，Field J 认为，铁路管理局的指示，即双方之间的煤炭运输协议的各种条款根据 1998 年竞争法第 2 章的禁令和《欧盟运行条约》第 102 条是非法的，应予以删除或修改，从而从根本上改变了合同，使其无效，不能全部执行。

（E）无效还是非法?

《欧盟运行条约》第 101 条第 2 款规定，违反第 101 条第 1 款的协议无效；然而，一个重要的问题是，这些协议是否仅仅无效，或者是否也是非法的。在

---

[277] 参见：BEALE H G. Chitty on Contracts [M]. 32nd ed. London: Sweet & Maxwell, 2017. 关于在确定是否分割违反《欧盟运行条约》第 101 条第 1 款的协议中的条款时国家法院遵守欧盟法律的义务的讨论，另见：*Re The Nullity of a Beer Agreement* [2002] ECC 26（奥地利最高法院）。

[278] [1977] FSR 181。

[279] *Inntrepreneur Estates Ltd v Mason* [1994] 68 P & CR 53；*Inntrepreneur Estates (GL) Ltd v Boyes* [1995] ECC 16；*Trent Taverns Ltd v Sykes* [1998] Eu LR 571，上诉维持原判，[1999] Eu LR 492。

[280] *Richard Cound Ltd v BMW (GB) Ltd* [1997] Eu LR 277；*Benford Ltd v Cameron Equipment Ltd* [1997] Eu LR 334；*Clover Leaf Cars Ltd v BMW (GB) Ltd* [1997] Eu LR 535；*First County Garages Ltd v Fiat Auto (UK) Ltd* [1997] Eu LR 712；*Fulton Motors Ltd v Toyota (GB) Ltd* [1998] Eu LR 327。

[281] [2007] EWHC 599 (Comm)。

这一分类中，重要的问题是，根据合同一方支付给另一方的任何款项是否是不可收回的，是否适用诉讼中当双方互负责任时，被告的立场是更有力的原则[282]，以及协议的一方是否可以就协议实施所造成的损害对另一方提起诉讼。这一问题早些时候在 *Courage Ltd v Crehan* 案的判决中讨论过。[283]

(F) 短暂的无效

上诉法院面临的一个问题是，《欧盟运行条约》第 101 条第 2 款中对无效的制裁是否可以根据周围的事实“开启和关闭”。[284] 在 *Passmore v Morland plc* 案[285]中，上诉法院维持了衡平法庭的判决，即一项协议可以根据其在任何特定时间点可能对市场产生的影响，从无效变为有效性（反之亦然）。

(G)《欧盟运行条约》第 102 条

合同条款可能违反了《欧盟运行条约》第 102 条，因为它相当于滥用支配地位，同时也违反第 101 条。例如，从一家占支配地位企业购买某一特定产品全部需求量的协议很可能会违反第 101 条和第 102 条[286]，因为它可能会阻止竞争者进入市场，而与接受该义务的企业愿意或不愿意接受该义务无关。[287] 同样，忠诚度回扣制度不符合合同要求，即不得从竞争对手处购买，但可能具有相应效果，构成滥用。[288] 在这种情况下，有人认为，第 102 条的禁止意味着违反该条款即无效，就像第 101 条第 2 款一样，尽管第 102 条表面上没有任何内容。因此，被违反第 102 条的独家采购承诺捆绑在一起的客户可以安全地忽略它并在其他地方购买用品。任何此种无效对协议其余部分的影响都会引起先前讨论[289]的可分割性问题。在 *English Welsh & Scottish Railway Ltd v E. ON UK plc* 案[290]中，高等法院的结论是，煤炭运输协议中的滥用条款使协议无效和不可执行。[291]

---

[282] 参见：GOFF R，JONES G. The Law of Restitution［M］. 9th ed. London：Sweet & Maxwell，2016.

[283] 参见本章第 375 ~ 376 页“*Courage Ltd v Crehan* 案”。

[284] 参见《第 101 条第 3 款指南》（OJ［2004］C 101/9），第 44 段。案例 C－279/06 *CEPSA Estaciones de Servicio SA v LV Tobar e Hijos SL* EU：C：2008：485，第 75 段。

[285] ［1998］4 All ER 468；aff'd［1999］Eu LR 501。

[286] 案例 85/76 *Hoffmann－La Roche v Commission* EU：C：1979：36.

[287] 关于此类协议，参见第 17 章 854 ~ 864 页“搭售行为”。

[288] 关于此类做法，参见第 18 章第 903 ~ 913 页“有条件的回扣”。

[289] 参见：本章第 410 ~ 411 页“分割”；案例 66/86 *Ahmed Saeed* U：C：1989：140，第 45 段。

[290] ［2007］EWHC 599（Comm）。

[291] 参见本章第 411 ~ 412 页“无效还是非法?”。

（H）第三方作为被告

迄今为止的讨论涉及被告提出英国或欧盟竞争法作为辩护理由的合同行为。然而，在某些情况下，竞争规则（通常是《欧盟运行条约》第 102 条）是由第三方提出作为抗辩的。在一些情况下，知识产权的所有者，如专利、注册设计或版权，对被告提出了侵权诉讼；然后，被告声称，根据第 102 条，有理由证明原告滥用其支配地位。特别是，被告可以声称，由于拒绝授予有关知识产权的许可，它（原告）犯有第 102 条规定的滥用行为。拒绝许可是否可以构成滥用本身就是一个有争议的问题；第 19 章对此进行了讨论。[292] 然而，即使原告滥用其支配地位，这本身也不会赋予被告有效的辩护。法院已经确定，原告的滥用行为与被告之间必须有充分的联系，使其有权依赖第 102 条进行辩护。在 *Chiron Corpn v Organon Teknika Ltd* 案[293]中，Aldous J 认为：

> 一个人滥用支配地位的事实并不意味着所有不法行为者对该人提出的所有诉讼都有辩护。只有在行使或存在该权利造成或支持滥用的情况下，法院才会认定该权利的行使无效。[294]

在一些情况下，对方因缺乏必要的联系而败诉。[295] 如果当事方之间有足够的联系，例如，如果占支配地位企业滥用其市场支配力，特别是为了伤害被告，则可能请求根据第 101 条和（或）第 102 条提出辩护。[296]

---

[292] 参见第 19 章第 986～1001 页“第 102 条与知识产权”。

[293] ［1993］FSR 324；上诉维持原判案例［1993］FSR 567。

[294] ［1993］FSR 324，第 44 段。

[295] 参见：*ICI v Berk Pharmaceuticals*［1981］2 CMLR 91；*British Leyland Motor Corpn v Armstrong Patents Co Ltd*［1984］3 CMLR 102，在上议院（现在是最高法院）中被推翻［1986］AC 577；*Ransburg－GEMA AG v Electrostatic Plant Systems*［1989］2 CMLR 712；*Philips Electronics v Ingman Ltd*［1998］Eu LR 666，ChD；*Sandvik Aktiebolag v KR Pfiffner（UK）Ltd*［1999］Eu LR 755；*HMSO v Automobile Association Ltd*［2001］Eu LR 80；*P&S Amusements Ltd v Valley House Leisure Ltd*［2006］EWHC 99（Ch）。

[296] *British Leyland v TI Silencers*［1981］2 CMLR 75；*Lansing Bagnall v Buccaneer Lift Parts*［1984］1 CMLR 224；*Pitney Bowes Inc v Francotyp－Postalia GmbH*［1990］3 CMLR 466；*Intel Corpn v Via Technologies*［2002］EWCA Civ 1905：CURLEY. Eurodefences and Chips：“A Somewhat Indigestible Dish”［J］. European Intellectuall Property Review，2003，25：282；*Intergraph Corpn v Solid Systems*［1998］Eu LR 221；*Sportswear SpA v Stonestyle Ltd*［2006］EWCA Civ 380；*Oracle America Inc v M－Tech Data Ltd*［2010］EWCA Civ 997，第 36～39 段，上诉被撤销，［2012］UKSC 27（均为第 101 条而非第 102 条所述的案件）。

5. 仲 裁

商事协议常常规定争议的仲裁，竞争法问题——例如竞业禁止条款或排他性采购义务的可执行性——提交仲裁的情况并不少见。将与协议有关的任何争端提交仲裁的合同条款可扩展到侵权或不法索赔，以赔偿垄断行为造成的损害以及“纯”合同索赔。[297]

这个题目很复杂，有越来越多的文献讨论这个议题。[298] 欧盟委员会已经关注到所发生的仲裁（和其他形式的争端解决办法）的数量；事实上，在其本

---

[297] *Microsoft Mobile OY（Ltd）v Sony Europe Ltd*［2017］EWHC 374（Ch）。

[298] 参见国际商会《1993 年劳动仲裁法》；ATWOOD J R. The Arbitration of International Antitrust Disputes：A Status Report and Suggestions［M］// HAWK B. International Antitrust Law & Policy：Annual Proceedings of the Fordham Corporate Law Institute. Irvington – on – Hudson，N. Y.：Kluwer Law & Taxation Publishers，1995：ch 15；MEHREN R B. Some Reflections on the International Arbitration of Antitrust issues［M］//HAWK B. International Antitrust Law & Policy：Annual Proceedings of the Fordham Corporate Law Institute 1994. Irvington – on – Hudson，N. Y.：Kluwer Law Taxdtion Publishers，1995：ch 16；MEHREN R B，LANG J T. International arbitration［M］//HAWK B. International Antitrust Law & Policy：Annual Proceedings of the Fordham Corporate Law Institute 1994. Irvington – on – Hudson，N. Y.：Kluwer Law Taxdtion Publishers，1995：ch17；SLOTPJ. The Enforcement of EC Competition Law in Arbitral Proceedings［J］. Legal Issues of Economic Integration，1996，23（1）：101；LUGARD H D. EC Competition Law and Arbitration：Opposing Principles?［J］. European Competition Law Review，1998，19：295；KOMNINOS A P. Arbitration and the Modernisation of European Competition Law Enforcement［J］. World Competition，2001，24：211；BAUDENBACHER C，HIGGINS I. Decentralization of EC Competition Law Enforcement and Arbitration［J］. Columbia Journal of Community Law，2002，8（1）：1；BAUDENBACHER C. Enforcement of EC and EEA Competition Rules by Arbitration Tribunals Inside and Outside the EU［M］// EHLERMANN C，ATANASIU I. European Competition Law Annual 2001：Effective Private Enforcement of EC Antitrust Law. Oxford：Hart，2003. DOLMANS M，GRIERSON J. Arbitration and the Modernization of EC Antitrust Law：New Opportunities and New Responsibilities［J］. ICC International Court of Arbitration Bulletin，2003，14（2）：37. BLESSING M. Arbitrating Antitrust and Merger Control Issues［M］. Basel：Helbing & Lichtenhahn，2003；NAZZIN R. International Arbitration and Public Enforcement of Competition Law［J］. European Competition Law Review，2004，25：153；NAZZINI R. Concurrent Proceedings in Competition Law：Procedure，Evidence and Remedies［M］. Oxford：Oxford University Press，2004：chs10 and 11；BOWSHER M. Arbitration and Competition［M］//WARD T，SMITH K. Competition Litigation in the UK. London：Sweet & Maxwell. 2005：ch11；LANDOLT P. Modernised EC competition law in International Arbitration［M］. Alphen ann den Rijn：Kluwer Law International，2006；STYLOPOULOS E. Powers and Duties of Arbitrators in the Application of Competition Law：An EC Approach in the Light of Recent Developments［J］. European Competition Law Review，2009，30：118；BLANKE G，LANDOLT P. EU and US Antitrust Arbitration［M］. Alphen ann den Rijn：Kluwer Law International，2011. 有关美国的仲裁和反垄断规则的信息，参见案例 *Mitsubishi Motors v Soler Chrysler – Plymouth Inc* 473 US 614（1985）和 In re Cotton Yarn Antitrust Litigation 505 F 3d 274（4th cir 2007）。

身的救济办法中，欧盟委员会经常提供解决争端的机制。[299] 欧盟委员会会在仲裁程序中解决争端后调查案件。[300] 在 *Eco Swiss China Time Ltd v Benetton International NV* 案[301]中，欧洲法院不被要求考虑竞争规则对仲裁程序的影响。Benetton 已经向 Eco Swiss 颁发了商标许可证，以允许其以 Benetton 的名义销售手表。Benetton 随后终止了许可，Eco Swiss 根据协议，根据荷兰法律将此事提交仲裁员。仲裁员判给 Eco Swiss 巨额损害赔偿。当事各方没有主张竞争法的有关争议，仲裁员也没有提出。事实上，商标许可证违反了《欧盟运行条约》第 101 条第 1 款，没有资格根据关于技术转让协议的第 240/96 号条例获得集体豁免。[302] Benetton 随后辩称，对 Eco Swiss 的损害赔偿相当于执行一项违反欧盟竞争法的协议。根据荷兰法律，只有在当事人之间没有协议的情况下，才可根据公共政策向法院质疑仲裁裁决。荷兰最高法院认为，在荷兰法律中，执行竞争规则并不等于公共政策，因此，如果这一事项纯属国内事件，Benetton 将不会成功。然而，由于 Benetton 的案件依据的是欧盟竞争规则，因此根据《欧盟运行条约》第 267 条将此事提交欧洲法院。

如前所述，欧洲法院强调了《欧盟运行条约》竞争规则的根本重要性，以及协议无效制裁对确保遵守这些规则的重要性。[303] 其结果是，如果国内法允许以公共政策为由对仲裁裁决提出上诉，则调查违反欧盟竞争规则的可能性。在另一个问题上，欧洲法院承认，规定对仲裁裁决提出质疑时限的国内程序规则可产生阻止根据竞争规则提出上诉的效果；条件是时限不会如此紧迫，以致违反有效适用竞争规则的要求。

法院没有具体说明仲裁员本身的义务，但该案中仲裁员的作用显然很重要。仲裁的目的是使争端各方能够合理迅速和廉价地解决争端，如果仲裁员无视竞争法要点，而是在上诉时提出这些要点（在 *Eco Swiss* 案要求的时限内），结案的迅速性和廉价性将打折扣。因此，仲裁员注意这一问题似乎是明智的；

---

[299] 参见：BOWSHER M. Arbitration and Competition［M］//WARD T, SMITH K. Competition Litigation in the UK. London: Sweet & Maxwell, 2005: paras 11-036 – 11-042.

[300] 参见：（2004 年）（夏季）竞争政策通讯 41 ~ 43 中有关 *Marathon* 案的讨论。

[301] 案例 C – 126/97 EU: C: 1999: 269；案例 *Komninos*（2000）37 CML Rev 459。

[302] 已被第 316/2014 号条例（OJ［2014］L 93/17）取代，参见第 19 章第 966 ~ 977 页“技术转让协议：第 316/2014 号条例”。

[303] 参见本章第 407 ~ 408 页“协议无效的制裁”。

然而，欧洲法院对 *Van Schijndel* 案[304]的判决是确定国家法院（因此仲裁小组也）没有义务主动根除违反竞争规则的行为。[305]

似乎仲裁员不能根据《欧盟运行条约》第 267 条将竞争法问题提交法院。仲裁小组的建立是经过双方同意的组建，因此它不是一个“成员国的法院或法庭”。[306]

---

[304] 案例 C－430/93 etc EU：C：1995：441；参见本章第 383～384 页“第 6 条：国家法院的权力”。案例 *Thales Air Defense v Euromissile*，巴黎上诉法院于2004 年11 月18 日作出的判决（［2006］ECC 6），驳回了针对仲裁庭裁定损害赔偿的上诉，因为在仲裁期间未提出第 101 条的规定仲裁，仅引发了事件。

[305] 一个有趣的问题是，当一项协议违反《欧盟运行条约》第 101 条（或第 102 条）时，非欧盟国家/地区的仲裁员是否会将竞争规则作为公共政策适用；关于这一点，参见：BOWSHER M. Arbitration and Competition ［M］//WARD T，SMITH K. Competition Litigation in the UK. London：Sweet & Maxwell，2005：paras 11-063－11-069.

[306] 案例102/81 *Nordsee Deutsche Hochseefischerei GmbH v Reederei Mond* EU：C：1982：107；总检察长科洛梅尔在案例 C－17/00 *de Coster v Collège des bourgmestres* EU：C：2001：366 中的观点。

第 9 章
1998 年英国竞争法：实质性条款

1. 简 介

本章和后面两章的目的是介绍英国竞争法的主要规定。本章的重点是1998 年英国竞争法，该法禁止反竞争协议和滥用支配地位。[❶] 英国国内的禁止规定以《欧盟运行条约》第 101 条和第 102 条为蓝本，尽管它们在各个方面都不完全相同。违反这些规定可被处以巨额罚款，并可被判处向反竞争行为的受害者进行损害赔偿。第 10 章讨论了执法和程序问题，包括对参与“核心”垄断的个人的垄断刑事犯罪，以及赋予竞争与市场管理局和行业监管机构同时执行竞争规则的权力。其调查和执行的权力与欧盟的权力相似，但存在一些差异。例如，在英国可以进行强制约谈，但根据欧盟法律不存在强制约谈。第 11 章考虑了 2002 年英国企业法下的市场研究和市场调查体系，主要介绍 1998 年英国竞争法未能充分解决的市场缺陷。

本章的结构如下：第 2 节概述英国竞争法。第 3 节和第 4 节依次介绍了所谓的竞争法第 1 章和第 2 章禁止规定中的决策实践和判例法。第 5 节讨论了欧盟与英国国内竞争法之间的关系，其中包括旨在与欧盟法律保持一致的英国竞争法第 60 条重要的“管理原则”。第 6 节包含根据英国竞争法以及自 2015 年本书第 8 版完成以来在竞争与市场管理局网站上发布的《欧盟运行条约》第

❶ 关于英国现代国内竞争法的背景，参见本书第 5 版第 306 ~ 308 页；WILKS S. The Prolonged Reform of UK Competition Policy [M] //DOERN G B, WILKS S. Comparative Competition Policy. Oxford: Clarendon Press, 1996; WILKS S. In the Public Interest: Competition Policy and the Monopolies and Mergers Commission [M]. Manchester: Manchester University Press, 1999: 296 – 305; WHISH R. The Competition Act 1998 and the Prior Debate on Reform [M] //RODGER B J, MACCULLOCH A. The Competition Act: A New Era for UK Competition Law. Oxford: Hart Publishing, 2000.

101 条和第 102 条的判决的汇总表，以及对实践中英国竞争法的讨论。本书后半部分的相关章节将进一步讨论英国竞争主管机构的许多判决。[2]

本书的所有读者都将意识到英国选民在 2016 年 6 月举行的全民公决中退出欧盟的决定。当英国发生脱欧时，这显然将对英国的竞争法和竞争政策产生重大影响。本书的这一版手稿于 2017 年 12 月 8 日提交给出版商，当时尚不清楚英国与欧盟之间的任何英国脱欧协议的条款将是什么。在本章的最后部分，笔者将简要描述英国脱欧对英国竞争法和政策可能产生的影响。[3]

2. 1998 年英国竞争法概述

（A）法案概要

1998 年英国竞争法于 1998 年 11 月 9 日获得英国皇家批准；主要条款于 2000 年 3 月 1 日生效。该法经 2002 年英国企业法、1998 年英国竞争法和 2004 年其他（修订）条例[4]以及 2013 年英国企业和监管改革法修订。1998 年英国竞争法分为 4 个部分，由 76 条和 14 个附表组成。

（i）第 1 部分：第 1 章和第 2 章的禁止规定

最重要的规定在本法的第 1 部分，该部分分为 5 章。其中包括根据《欧盟运行条约》第 101 条（第 1 章禁止规定）和根据《欧盟运行条约》第 102 条（第 2 章禁止规定）制定的禁止规定。第 1 部分还授予竞争与市场管理局和行业监管机构调查和执行的实质性权力。[5] 竞争上诉法庭根据英国竞争法审理对某些决定的上诉；它还承担 2002 年英国企业法规定的其他职能。国务大臣须审核 1998 年英国竞争法第 1 部分的适用，并在不迟于 2019 年向议会报告适用情况。[6]

---

[2] 参见如第 13 章第 687 ~ 695 页“英国法律”关于卡特尔案件的论述，并大致参见第 17 章和第 18 章。

[3] 就这个问题大致参见：WHISH R. Brexit and EU Competition Policy [J]. Journal of European Competition Law & Practice，2016，7：297；该论文可在 the Brexit Competition Law Working Group 的网站 www. bclwg. org 和 the Commercial Bar Association 的网站 www. combar. com 上查阅；以及 the House of Lords EU Internal Market Sub – Committee 的报告《英国脱欧：竞争与国家援助》（*Brexit：competition and State aid*），2018 年 2 月 2 日，也可在 www. parliament. uk 上查阅。

[4] SI 2004/1261。

[5] 参见第 10 章第 549 ~ 553 页“联合执法”就竞争与市场管理局和行业监管机构权力并行的论述。

[6] 2013 年企业和监管改革法第 45 条。

（ii）第2部分：欧洲调查

英国竞争法第2部分涉及与《欧盟运行条约》第101条和第102条有关的调查，赋予高等法院和竞争上诉法庭（视情况而定）的特定权力，授权其进入与欧盟委员会下令或要求的调查有关的场所。[7] 该法第2A部分涉及竞争与市场管理局代表另一个欧盟成员国的竞争主管机构根据第1/2003号条例第22条[8]进行的调查，第1/2003号条例在英国将不再适用，并且有必要确定英国竞争管理机构将如何与欧盟委员会以及欧盟成员国的国家竞争主管机构进行合作。

（iii）第3部分：1973年公平贸易法的修正案

该法第3部分修改了1973年公平贸易法；这些规定已被2002年英国企业法废除并取而代之：第11章对此进行了说明。

（iv）第4部分：杂项修正

1998年英国竞争法第4部分载有补充和过渡性规定，包括废除1977年英国专利法第44条和第45条以及关于政府申请的条款。

（B）竞争与市场管理局指南

1998年英国竞争法第52条要求竞争与市场管理局发布有关如何在实践中适用法律的一般建议和信息。竞争与市场管理局理事会采用了其前身之一的公平交易办公室发布的许多指南[9]；竞争与市场管理局还发布了一些自己的指南。行业监管机构还发布了有关将竞争法适用于它们各自行业的指南。2017年12月8日，以下规则按时间顺序列出，已根据英国竞争法发布：[10]

- 《英国竞争法在电信行业的适用》[11]
- 《在北爱尔兰能源行业的适用》[12]
- 《协议和协同行为》[13]

---

[7] 参见第10章第501页“欧盟调查”。

[8] 同上。

[9] 有关竞争与市场管理局采用的现存准则的实用汇总表格，可以在《关于竞争与市场管理局1998年竞争法案件中的调查程序的指南》（CMA 8，2014年8月）附录A中找到，可在www. gov. uk/cma上查阅。

[10] 指南可在www. gov. uk/cma上查阅。

[11] OFT 417，2000年2月。

[12] OFT 437，2001年7月。

[13] OFT 401，2004年12月。

- 《关于滥用支配地位的指南》⑭
- 《市场界定指南》⑮
- 《调查权指南》⑯
- 《执法指南》⑰
- 《关于行业协会、专业和自律组织指南》⑱
- 《市场支配力评估指南》⑲
- 《纵向协议指南》⑳
- 《一般经济利益服务指南》㉑
- 《现代化指南》㉒
- 《在能源行业的适用》㉓
- 《与铁路有关的服务的适用》㉔
- 《公平竞争与竞争法的适用》㉕
- 《1998年英国竞争法在水业和污水处理行业的适用指南》㉖
- 《土地协议和竞争法》㉗
- 《公共机构和竞争法指南》㉘
- 《关于适当处罚金额的指南》（以下简称《处罚指南》）㉙
- 《（规定1998年英国竞争法和2002年英国企业法下宽大处理申请的）在卡特尔案件中申请宽大处理和不采取行动》（以下简称《宽大处理和不采取行动指南》）㉚

---

⑭ OFT 402，2004年12月。
⑮ OFT 403，2004年12月。
⑯ OFT 404，2004年12月。
⑰ OFT 407，2004年12月。
⑱ OFT 408，2004年12月。
⑲ OFT 415，2004年12月。
⑳ OFT 419，2004年12月。
㉑ OFT 421，2004年12月。
㉒ OFT 442，2004年12月。
㉓ OFT 428，2005年1月。
㉔ OFT 430，2005年10月。
㉕ OFT 447，2005年3月。
㉖ OFT 422，2010年3月。
㉗ OFT 1317，2011年3月。
㉘ OFT 1389，2011年12月。
㉙ OFT 423，2012年9月。
㉚ OFT 1495，2013年7月；注意，本指南受《卡特尔犯罪：起诉指南》（*Cartel Offence：Prosecution Guidance*）的指导，CMA 9，2014年4月。

- 《透明度和披露：关于竞争与市场管理局政策和方法的声明》[31]
- 《英国竞争法同时适用于受管制行业的指南》[32]
- 《1998 年英国竞争法案件中竞争与市场管理局调查程序指南》[33]
- 《竞争与市场管理局处理简式意见的方法的指南》[34]
- 《公共交通票务计划集体豁免：CMA 指南》[35]

(C) 有关英国竞争法的其他信息

竞争与市场管理局的网站[36]包含有关 1998 年英国竞争法的大量信息，除此以外，还包括上述指南，依据英国竞争法作出的判决，依据该法的当前调查的信息、新闻稿、咨询、大量的“60 秒摘要”，都是为了促进对竞争法的遵守以及为举报反竞争或市场问题提供平台。[37] 竞争与市场管理局还发布了一个“博客”，以提高人们对此事的认识并鼓励对其工作（表现）发表不同意见。[38]

(D) 英国竞争法下的授权立法

英国国务大臣根据1998 年英国竞争法所赋予的权力制定了各种命令、规则和条例，特别是包括：

- 《基于 1998 年英国竞争法（小型协议及次要行为）条例》[39]
- 《基于 1998 年英国竞争法（罚款的裁定）令》[40]
- 《基于 1998 年英国竞争法（联合执法）2014 年实施细则》[41]
- 《基于 1998 年英国竞争法（可上诉的判决和撤销除外协议的通知）2004 年条例》[42]
- 《基于 1998 年英国竞争法（土地协议排除和撤销）2004 年令》[43]

---

[31] CMA 6，2014 年 1 月。
[32] CMA 10，2014 年 4 月。
[33] CMA 8，2014 年 4 月。
[34] CMA 27，2014 年 4 月。
[35] CMA 53，2016 年 9 月。
[36] www. gov. uk/cma。
[37] www. gov. uk/guidance/tell - the - cma - about - a - competition - or - market - problem。
[38] www. competitionandmarkets. blog. gov. uk。
[39] SI 2000/262。
[40] SI 2000/309，被 SI 2004/1259 修正。
[41] SI 2014/536。
[42] SI 2004/1078。
[43] SI 2004/1260。

- 《基于1998年英国竞争法和其他成文法（修正案）2004年实施细则》[44]
- 《基于1998年英国竞争法（撤销土地协议除外）2010年令》[45]
- 《2014年竞争与市场管理局（1998年英国竞争法规则）》[46]
- 《2014年竞争与市场管理局（处罚）2014年令》[47]
- 《基于1998年英国竞争法（公共交通票务计划集体豁免）（修订）2016年令》[48]

(E) 文献

已经撰写了大量书籍和文章都是关于英国竞争法的。[49]

3. 第1章禁止规定

“第1章禁止规定”以《欧盟运行条约》第101条第1款为蓝本，禁止以排除、限制或扭曲竞争为目的或效果的协议。在考虑相关规定之间的任何相关差异时，必须与欧盟法律的类似规定进行一致的解释。[50] 在实践中，第1章的禁止规定和《欧盟运行条约》第101条的发展是紧密协调的，英国的决策者已经能够借鉴60多年来发展起来的复杂的欧盟法律体系。

第2条包含第1章的禁止规定内容。第3条规定了排除协议。第6条和第8~10条涉及豁免。

(A) 第2条第1款：第1章禁止规定

第2条第1款规定：

[44] SI 2004/1261。

[45] SI 2010/1709。

[46] SI 2014/458。

[47] SI 2014/559。

[48] SI 2016/126。

[49] 该法案通过后不久出版的许多书现在只具有历史意义：可在本书第6版第327页找到完整的书单。有现实意义的书籍参见：O'NEILL E，SANDERS E. UK Competition Procedure [M]. Oxford University Press，2007；BREALEY M，GREEN N. Competition Litigation：UK Practice and Procedure [M]. New York：Oxford University Press，2010；RODGE B J. Ten Years of UK Competition Law Reform [M]. London：Dundee University Press，2010；2010年 Competition Law Journal 第141~294页中的系列文章；KELLAWAY R，THOMPSON R，BROWN C. UK Competition Law：The New Framework [M]. Oxford：Oxford University Press，2015.

[50] 1998年英国竞争法第60条第2款。

除第3条另有规定外，除非根据本部分的规定予以豁免企业之间的协议、企业协会的决定或协同行为具有下列情形的，将被禁止：

（a）可能会影响英国境内的贸易；并且

（b）在英国范围内以排除、限制或扭曲竞争为目的或效果。

第2条第2款提供了第2条概念下可能涉及的协议类型的例子。[51] 考虑第2条中使用的术语并指出第1章的禁止规定和《欧盟运行条约》第101条之间的各种相同和不同可能会有所帮助。

（i）“符合第3条”

第3条将某些协议排除在第1章的限制范围之外，其中某些协议在欧盟法律中是不存在的。这些排除条件将在后面被考虑。[52]

（ii）企业之间的协议、企业协会的决定或协同行为

这些用语与《欧盟运行条约》第101条第1款中的用语相同。[53] 这些用语是欧盟法院的众多判决中考虑的用语，作为一般性主题词，依据第60条第2款的规定，竞争与市场管理局、英国的行业监管机构和法院必须遵守。[54]

（iii）“企业”

（a）基本定义

与欧盟法律[55]一样，“企业”一词是指从事经济活动的任何实体。反之亦然：从事非经济活动（例如行使公法权力）的实体不是企业。[56]

（b）需要采取功能性分析方法

竞争上诉法庭在 *UKRS Training v NSAR* 案[57]中认为“功能性分析方法”是适当的：在一个机构执行多项活动的情况下，有必要考虑所讨论的活动是否可以适当地视为不相关的。在那种情况下，法庭认为 NSAR 在对铁路安全培训提供者进行认证和审计时是企业身份，因为商业营利组织可以履行这一职能。[58]

---

[51] 参见本章第440~441页“第2条第2款：说明性清单”。

[52] 参见本章第443~453页“第1章禁止规定：排除的协议”。

[53] 第2条第2款中的“或”一词被第101条第1款中的“和”代替，仅有一个差别。

[54] 关于第60条的讨论，参见本章第473~479页“‘管理原则条款’：1998年英国竞争法第60条”。

[55] 关于英国企业法在欧盟法律中的含义，参见第3章第100~123页“企业和企业协会”和第5章第227~228页“企业”。

[56] 参见《协议和协同行为》，OFT 401，第2.5段。

[57] 案例1258/5/7/16［2017］CAT 14，第67（1）段；第67段记载有关判例法的有用摘要。

[58] 同上，第68~80段。

(c) 经济活动

经济活动包括在市场上提供产品或服务。[59] 在 *BetterCare Group v Director General of Fair Trading* 案[60]中，公平交易办公室（现为竞争与市场管理局）驳回了 BetterCare 的申诉，该申诉称 North & West Belfast Health and Social Services Trust 滥用了支配地位，因为其在向私营机构购买社会医疗服务时，不是一家企业。[61] 该信托基金有法定义务为老年人提供护理和住所：它拥有自己的养老院，但也“外包”给了私营部门。上诉后，竞争上诉法庭对欧盟法院的判例法进行了全面审查，认为该信托基金的外包活动是经济活动，[62] 它是购买者而不是供应商这一事实不影响分析；[63] 信托基金活跃于北爱尔兰的住宅和护理服务市场。[64] 此外，信托基金没有免费提供服务，而是寻求尽可能多地提供护理的费用。[65]

欧盟法院在随后 *FENIN v Commission* 案中的判决[66]，使人们对 BetterCare 判决的正确性产生怀疑，因为欧盟法院坚决认为，公共机构购买产品或服务以提供社会服务时，并不是作为一家企业购买。两种情况之间存在事实差异：特别是信托基金既充当服务的提供者又充当购买者的角色，并为其服务收取费用，尽管没有按完整的市场价格收费；*FENIN* 案并非如此。但是，在政策层面上无意将 *FENIN* 案判决中对竞争规则的适用扩大到西班牙卫生服务局的采购活动[67]，但起码这种扩大适用的倾向还是比竞争上诉法庭在 *BetterCare* 案中

---

[59] 同上，第 59 段和被引用的判例。

[60] 案例 1006/2/1/01［2002］CAT 7；有关评论，参见：SKILBECK J. BetterCare：The Conflict Between Social Policy and Economic Efficiency［J］. Competition Law Journal，2002：260；ODUDU O. Are State－Owned Health－Care Providers Undertakings Subject to Competition Law?［J］. European Competition Law Review，2011，32：231.

[61] *North & West Belfast Health and Social Services Trust*，2002 年 4 月 30 日终审判决，公平交易办公室关于为什么不是信托基金的论点载于案例 1006/2/1/01［2002］CAT 7，第 221～276 段。

[62] 案例 1006/2/1/01 *BetterCare Group Ltd v. Director General of Fair Trading*［2002］CAT 7，第 191～192 段；竞争上诉法庭将这个问题提交进一步审议，电信管理局认为该信托基金没有滥用职权也不需要认定其是否作为企业：2003 年 12 月 18 日的判决，可在 www. gov. uk/cma 上查阅。

[63] 同上，第 193～194 段。

[64] 同上，第 195～200 段。

[65] 同上，第 201 段。

[66] 案例 T－319/99 *FENIN v Commission* EU:T:2003:50，上诉维持原判案例 C－205/03 P EU：C：2006：453：参见第 3 章第 108～109 页“附属于非经济活动的采购行为不属于经济活动”关于此案的讨论以及关于 *BetterCare* 案判决的评论。

[67] 同时参见案例 T－155/04 *SELEX Sistemi Integrati SpA v Commission* EU:T:2006:387，第 59～69 段和上诉案例 C－113/07 第 65～123 段。

的倾向要强。英国的竞争主管机构并未考虑将竞争规则适用于其他公共部门实体。[68]

在 *Institute of Independent Insurance Brokers v Director General of Fair Trading* 案[69]中，竞争上诉法庭认为，一般保险标准协会（General Insurance Standards Council，GISC）是根据其成员的私人倡议而不是根据法定要求而成立的。[70] 竞争上诉法庭在 *UKRS Training v NSAR* 案[71]进一步认为，只要为铁路安全培训提供者提供服务，铁路行业的自律组织就是一家企业。

(d) 非经济活动

如果实体进行"其本质上是国家的核心职能"活动，它将不会是一家企业，例如，空中航行控制和防污染控制。[72] 考虑实体行使的权力是否直接来源于立法规定或代表国家司法权是很关键的，如果是的话，是否由机构收取任何费用不由其自身决定，而是由公共机构决定。《公共机构和竞争法指南》[73] 考虑了国有实体或公共机构不符合企业资格的情况。

(e) 作为单一经济实体的企业

一家企业是指"经济实体"，即使在法律上该实体由若干自然人或法人组成。在至少三种情况下，将一个以上的个人视为一个单一企业可能很重要：第1章的禁止规定对构成一个单一企业的两个或多个个人之间的协议并不适用[74]；子公司的过错由母公司承担[75]；在通过对英国境内设立的子公司提起对外国母公司的管辖权时。[76] 在每一个案例里，所要考虑的要点都是母公司是否能够实际上对子公司施加决定性影响。同样，委托人与代理人之间或雇主与雇员之间

---

[68] 参见 *Company Housing*，公平交易办公室于2002年10月25日作出的决定（关于公司的商业信息）；*Cardiff Bus*，公平交易办公室于2008年11月18日作出的决定，第7章（提供商用巴士服务）。

[69] 案例1002/2/1/01［2001］CAT 4。

[70] 同上，第252～258段（尽管该结论对于判决是不必要的）。

[71] 案例1258/5/7/16［2017］CAT 14。

[72] 同上，第63～66段，引用了欧洲法院在以下案例中的判决：案例C－364/92 *SAT Fluggesellschaft v. Eurocontrol* EU:C:1994:7；案例C－113/07P *SELEX Sistemi Integrati v Commission* EU:C:2009:191；案例C－343/95 *Diego Cali Figli v SEPG* EU:C:1997:160中的判决。

[73]《公共机构和竞争法指南》，OFT 1389，2011年12月。

[74] *Anaesthetists' groups*，公平交易办公室于2003年4月14日作出的决定。

[75] 公平交易办公室于2009年9月21日作出的决定，第Ⅲ.13～Ⅲ.24段，上诉维持原判案例1121/1/1/09 *Durkan Holdings Ltd v OFT*［2011］CAT 6，第13～92段；相似案例参见 *Construction Recruitment Forum*，公平交易办公室于2009年9月29日作出的决定，第2.2～2.11段。

[76] 在案例 *Sainsbury's Supermarkets Ltd v MasterCard Inc*［2016］CAT 11，第363（9）～（16）段中讨论了相关的判例。

的关系可能是如此紧密，以至于它们也被视为一个单一的经济实体。[77]

(f) 企业而非个人

1998 年英国竞争法第 1 章的禁止规定适用于“企业之间”的协议，但是该法的某些规定是指“个人”而不是企业。原因是在某些情况下，“个人”一词是更合适的表达；但是，为了防止企业反驳，第 59 条规定“个人”一词包括“企业”。[78] 一个不寻常的判决是在 *Independent schools* 案[79]中，国防大臣是负责管理皇家医学院的人，虽然其以企业身份行动，但由于它是王室的一部分，因此该法第 73 条第 1 款（b）项不会对其施加任何处罚。[80] 此案涉及的其他学校均为企业，尽管其性质为慈善机构。[81]

(iv) “协议”

与欧盟法律一样，协议的概念指的是至少两个当事方之间的同意书[82]；协议可以是书面或口头表达[83]，不必具有法律约束力。[84] 第 1 章的禁止规定既适用于在同一交易层级上经营的企业之间的协议（横向协议），也适用于不同层级上的企业之间的协议（纵向协议）。制造商发送给分销商的通知函和警告可以构成协议。[85] 勉强同意的参与者仍然可能承担责任，尽管这种勉强可能与处罚的程度有关。[86] 在法律上没有必要区分协议和协同行为。[87] 在涉及供应商标准条款的情况下，竞争与市场管理局倾向于将少量的“代表”协议和/或协同

---

[77] 参见 *ET Plus SA v Welter* ［2005］ EWHC 2115（Comm）第 84 段；案例 1122/1/1/09 *AH Willis v OFT* ［2011］ CAT 13，第 27 ~ 37 段；咨询眼科医生的有限责任合伙企业被视为眼科领域的企业行为，竞争与市场管理局于 2015 年 8 月 20 日作出的决定，第 4.6 ~ 4.10 段。

[78] 参见 HL 审议阶段，1998 年 2 月 23 日，第 511 ~ 512 页。

[79] 公平交易办公室于 2006 年 11 月 20 日作出的决定。

[80] 同上，第 174 段。

[81] 同上，第 1311 ~ 1320 段。

[82] *Argos Ltd v OFT* ［2006］ EWCA Civ 1318，第 23 段；关于欧盟法律参见第 3 章第 124 ~ 139 页“协议”。

[83] *Online resale price maintenance in the light fittings sector*，市场与竞争管理局于 2017 年 5 月 3 日作出的决定，第 4.15 段、第 4.27 段和第 4.59 段。

[84] 《协议和协同行为》，OFT 401，第 2.7 段，并参见案例 *Arriva/First Group*，公平交易办公室于 2002 年 2 月 5 日作出的决定，第 29 ~ 33 段。

[85] *Online resale price maintenance in the commercial refrigeration sector*，市场与竞争管理局于 2016 年 5 月 24 日作出的决定，第 6.14 ~ 6.15 段（法律原则）和第 6.23 ~ 6.25 段（根据案例事实）。

[86] *Online resale price maintenance in the bathroom fittings sector*，市场与竞争管理局于 2016 年 5 月 10 日作出的决定，第 A.24 段；《协议和协同行为》，OFT 401，第 2.8 段。

[87] 案例 1021/1/1/03 etc *JIB sports pit v OFT* ［2004］ CAT 17，第 644 段。

行为确定为违反竞争法，而不是针对数百甚至数千个类似协议采取行动。[88]

（v）“企业协会的决定”

企业协会是指“持续存在的独立实体”[89]，通常代表其成员的利益。行业协会、农业合作社和体育团体协会是企业协会的典型例子。[90] 该协会本身不从事经济活动[91]，或者它仅仅是一个“松散的协会”，这一事实并不能阻止其成为企业协会。[92]

“决定”一词具有广泛的含义，包括行业协会的规则、建议、管理委员会的决议和首席执行官的裁决；关键问题是决策的目的或效果是影响成员的行为或协调成员的活动。[93]《关于行业协会、专业和自律组织指南》[94] 为决定的含义提供了额外的指导[95]；它还讨论了行业协会的活动（例如行为守则的颁布）在多大程度上可以违反《欧盟运行条约》第 101 条和 1998 年英国竞争法第 1 章的禁止规定。[96] 该指南还有章节专门介绍专业组织[97]和自律组织[98]的地位。

在 *Northern Ireland Livestock and Auctioneers' Association* 案[99]中，该协会就其成员应向北爱尔兰的牛市场购买牲畜收取费用提出了一项不具有约束力的建议，这是一项决定[100]。电影发行人协会的标准条款被认定为企业协会的规则；

---

[88] 参见如 *Online resale price maintenance in the light fittings sector*，市场与竞争管理局于 2017 年 5 月 3 日作出的决定，第 4. 13 ~ 4. 108 段（1 家分销商）；*Online resale price maintenance in the commercial refrigeration sector*，市场与竞争管理局于 2016 年 5 月 24 日作出的决定，第 6. 20 ~ 6. 38 段（3 家经销商）。

[89] *Sel – Imperial Ltd v The British Standards Institution*［2010］EWHC 854（Ch），第 36 ~ 46 段。

[90] 参见第 3 章第 139 ~ 141 页“企业协会的决定”。

[91] 参见一般保险标准协会，本章脚注[69]，第 248 ~ 250 段。

[92] *Northern Ireland Livestock and Auctioneers' Association*，公平交易办公室于 2003 年 2 月 3 日作出的决定，第 35 段。

[93]《协议和协同行为》，OFT 401，第 2. 9 段。

[94]《关于行业协会、专业和自律组织指南》，OFT 408，2004 年 12 月。

[95] 同上，第 2. 1 ~ 2. 5 段。

[96] 同上，第 3. 1 ~ 3. 20 段。天然气和电力市场办公室调查了两个行业协会是否使用了业务守则来限制第三方从事能源供应的面对面营销：根据 2013 年 8 月 28 日天然气和电力市场办公室终审决定，以行政优先为由结案。

[97] *Trade associations*，*professions and self – regulating bodies*，第 6. 1 ~ 6. 7 段。

[98] 同上，第 7. 1 ~ 7. 3 段。

[99] 公平交易办公室于 2003 年 2 月 3 日作出的决定。

[100] 同上，第 37 ~ 49 段。

删除了限制电影院确定自己的价格和促销活动权利的违法条款。[101] 在 *Rural Broadband Wayleaves* 案[102]中，英国农民联合会关于土地所有者在农村地区提供宽带服务的许可费率的建议是企业协会的一项决定。在 *Conduct in the ophthalmology sector* 案[103]中，这家眼科医生合伙企业承认，它为协调有限责任合伙人顾问与私人医疗保险公司的商业行为而作出的一系列决定，是作为企业协会作出的。在 *Conduct in the modelling sector* 案[104]中，竞争与市场管理局在裁决中指出，模型代理人协会是由企业组成的协会，参与了代理人之间的协议和/或协同行为，以确定模型服务的价格。

行业协会制定的标准条款对竞争的影响不太可能出现，因为其成员愿意时可以自由采用不同的条款。[105]

一个协会的决定对英国市场可能产生的影响在一定程度上取决于相关协会的会员规模：协会的会员范围越广，协会的影响力就可能越大。[106]

（vi）"协同行为"

（a）基本定义

协同行为是一种协调形式，有意地用企业之间的实际合作代替竞争中固有的风险。[107]《协议和协同行为》讨论了确定是否存在协同行为的有关因素，例如，市场之间的行为是否由于企业之间的接触而受到影响。[108] *Tesco v OFT* 案[109]中将其描述为"通用概念"：它可以采取许多不同的形式，并且法院一直非常谨慎，不对可能构成类似于协同行为的范畴加以限制。

---

[101] 来自 *the Film Distributors' Association of its Standard Conditions for Licensing the Commercial Exhibition of Films* 的通知，公平交易办公室 2002 年 2 月 1 日的决定，第 43 ~ 45 段；相似案例参见 *the Showmen's Guild of Great Britain*，2016 年 12 月 21 日竞争与市场管理局新闻稿，指称该协会的某些现行规则构成了一项旨在保护现有协会艺人不受新进入者竞争的企业协会的决定：竞争与市场管理局在 2017 年 10 月 26 日接受了协会的承诺。

[102] 2012 年 8 月 23 日的简短意见，第 7. 3 段和第 7. 7 段。

[103] 竞争与市场管理局于 2015 年 8 月 20 日作出的决定。

[104] 竞争与市场管理局于 2016 年 12 月 16 日作出的决定；在该案中，竞争与市场管理局与法国和意大利国家竞争主管机构联络，后者在建模服务部门开展了平行调查。

[105] *Trade associations*, *professionals and self - regulating bodies*, OFT 408，第 3. 18 段，有关为提供这种自由而对三个行业协会规则进行的修正的详细信息，参见 2003 年 1 月 9 日，公平交易办公室新闻稿 PN 02/03；另见英国皇家建筑师协会，竞争案例结案摘要（2003），第 5 ~ 6 页，可在 www. nationalarchives. gov. uk 上查阅。

[106] *Trade associations*, *professions and self - regulating bodies*, OFT 408，第 5. 3 段。

[107] 参见第 3 章第 141 ~ 143 页"协同行为的含义"。

[108] OFT 401，第 2. 13 段。

[109] 案例 1188/1/1/11 *Tesco Stores Ltd v OFT* ［2012］ CAT 31，第 55 ~ 56 段；引用上诉法院对 *Argos Ltd v OFT* ［2006］ EWCA Civ 1318 的判决，第 22 段。

(b) 竞争者之间的直接联系

在 *Apex v OFT* 案[110]中，对参与与 West Midlands[111] 屋面合同（roofing contracts）有关的合谋招标的企业处以罚款，在上诉中，竞争上诉法庭借鉴了欧盟法院判例的一些原则[112]，包括在企业相互联系以消除或减少企业未来行为的不确定性的情况下，协同行为就可能发生。竞争上诉法庭表示：

> 当一方竞争者向另一方竞争者披露其未来的意图或行为时，另一方竞争者要求或至少接受的互惠合同就已确立。

在这种情况下，竞争上诉法庭维持原判。[113] 这些原则已在后来的合谋招标决策中得到适用。[114] 在一项判决，即在 *Bid rigging in the construction industry in England* 案[115]中，公平交易办公室对合谋招标的 103 家企业处以总计 1.292 亿英镑的罚款。在上诉中，由于事实错误，竞争上诉法庭撤销了有关 4 家企业的判决。[116]

在 *Galvanised Steel Tanks* 案[117]中，竞争与市场管理局通过了两项判决，一个是谴责固定价格和划分市场卡特尔，另一个是发现该卡特尔的 3 名成员在一次会议上与另一家公司 Balmoral Tanks 交换了当前和未来的定价意向。该案的一个不寻常特征是会议被记录了下来，因此会议上说了什么都一清二楚。竞争与市场管理局遵循了 *T-Mobile* 案[118]的欧盟先例，即在一次交换信息的情况下可以存在一种协同行为。上诉法院维持了竞争与市场管理局的裁决。[119]

---

[110] 案例 1032/1/1/04 [2005] CAT 4。

[111] 公平交易办公室于 2004 年 3 月 17 日作出的决定。

[112] 案例 1032/1/1/04 [2005] CAT 4，第 195~206 段。

[113] 关于该案的进一步讨论，参见第 13 章第 667~670 页“串通投标”；KAR N，BAILEY D. The Apex Judgment：When does a Practice Become Concerted? [J]. Competition Law Journal，2005：17。关于协调，另见案例 1061/1/1/06 *Makers UK Ltd v OFT* [2007] CAT 11，第 99~110 段。

[114] 参见第 13 章第 667~670 页“串通投标”。

[115] 公平交易办公室于 2009 年 9 月 21 日作出的决定。

[116] 案例 1118/1/1/09 GMI *Construction Holdings plc v OFT* [2011] CAT 12；案例 1121/1/1/09 *Durkan Holdings Ltd v OFT* [2011] CAT 6，第 93~125 段；案例 1122/1/1/09 *AH Willis & sons Ltd v OFT* [2011] CAT 3；案例 1124/1/1/09 *North Midland Construction plc v OFT* [2011] CAT 14，第 14~34 段；竞争上诉法庭驳回了关于赔偿责任问题的两项上诉：参见案例 1126/1/1/09 ISG *Pearce Ltd v OFT* [2011] CAT 10，第 24~36 段；案例 1120/1/1/09 *Quarmby Construction Co Ltd v OFT* [2011] CAT 11，第 8~140 段。

[117] *Galvanised steel tanks for water storage main cartel infringement*，竞争与市场管理局于 2016 年 12 月 19 日作出的决定。

[118] 案例 C-8/08 *T-Mobile Netherlands* EU:C:2009:343，第 58~59 段。

[119] 案例 1277/1/12/17 *Balmoral Tanks v CMA* [2017] CAT 23。

当涉及未来价格信息披露的两个竞争企业之间有直接联系时，确定协同行为相对容易。[120] 在 *Loan Pricing* 案[121]中，尽管巴克莱银行不予回复，苏格兰皇家银行还是因为向巴克莱银行提供定价信息而支付2895万英镑的罚款。换言之，该案中没有信息交换。尽管如此，公平交易办公室得出结论认为，这是一种协同行为，因为假定了信息的接收者在作出自己的决定时会考虑收到的信息。[122] 在这种情况下，巴克莱没有被罚款，因为它（向主管机关）告密。在 *Fuel Surcharges* 案[123]中，英国航空公司和维珍航空被发现通过交换商业敏感信息来协调其价格：英国航空公司在承认违法后同意支付5850万英镑的减轻后罚款；维珍航空（向主管机关）主动告密，因而没有被罚款。在 *Supply of products to the furniture industry* 案[124]中，对两个不同的双边卡特尔成员处以罚款，涉及客户分配、操纵投标以及交换机密和具有商业意义的重要信息。

（c）竞争者之间的间接联系

上诉法院指出，"即使竞争者之间只是间接或孤立地联系，也足以违反《欧盟运行条约》第101条，如果其目的是人为促进市场上的竞争条件"[125]。在3个案例中，即 *Football Shirts* 案、*Toys and Games* 案和 *Dairy Products* 案，揭示了企业之间的间接接触何时会构成协同行为。在上面3个案例中，公平交易办公室发现了在将这些消费品出售给消费者的零售价格方面的协同行为。[126] 这些案例的有趣之处在于，公平交易办公室裁决是否存在协同行为，不仅是由于零售商之间的直接接触，而且因为供应商在每种情况下所起的作用。如图9.1所示。

在 *Football Shirts* 案、*Toys and Games* 案和 *Dairy Products* 案中，公平交易办

---

[120] 案例1061/1/1/06 *Makers UK Ltd v OFT* [2007] CAT 11，第99～100段，注意将这种情况与案例 *Football Shirts and Toys and Games* 中的情况区分开来。

[121] 公平交易办公室于2011年1月20日作出的决定。

[122] 参见第3章第143页"必须实施协同行为吗?：需要'因果关系'"。

[123] *Airline passenger fuel surcharges for long - haul passenger flights*，公平交易办公室于2012年4月19日作出的决定。

[124] *Supply of products to the furniture industry* (*drawer fronts*)，竞争与市场管理局于2017年3月27日作出的决定。和案例 *Supply of products to the furniture industry* (*drawer wraps*)，竞争与市场管理局于2017年3月27日作出的决定；Thomas Armstrong (Timber) Ltd 是两个卡特尔的成员。

[125] *KME Yorkshire Ltd v Toshiba Carrier UK Ltd* [2012] EWCA Civ 1190，第19段。

[126] *Football Kit price - fixing*，公平交易办公室于2003年8月1日作出的决定；*Hasbro UK Ltd/Argos Ltd/Littlewoods Ltd*，公平交易办公室于2003年12月2日作出的决定；*Dairy retail price initiatives*，公平交易办公室于2011年8月10日作出的决定；请注意，在 *Football Shirts* 案、*the Consumers' Association* 案中消费者协会以"哪个?"的名义针对被多收费的消费者提起了针对竞争上诉法庭的损害赔偿的后续诉讼：参见第8章第401～402页"竞争上诉法庭：集体诉讼"。

公室发现了 B 与 A 之间以及 B 与 C 之间的双边协议。在这 3 种情况下，公平交易办公室发现 A、B 与 C 之间存在协同行为，而 A 与 C 之间是横向的而不是纵向的。A 和 C 之间从来没有任何直接联系。由于 A 和 C 之间通过 B 间接接触，所以出现了这种横向协同的做法。这种现象有时被称为“轮辐”。其中 B 代表“轮毂”，而 A 和 C 分别位于“轮辐”的末端。

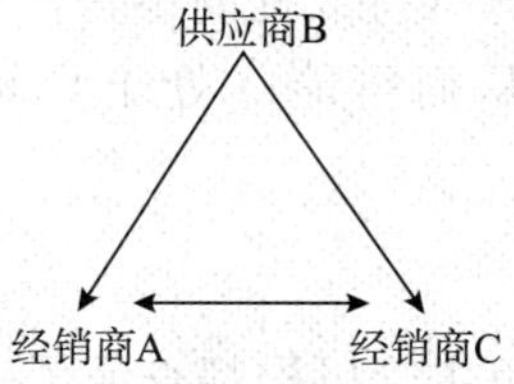

图 9.1 竞争者之间的联系

遵循 *Football Shirts* 案、*Toys and Games* 案和 *Dairy Products* 案在上诉法院的在先判决[127]，竞争上诉法庭在该案中认为如果满足 5 个条件，则 A、B 和 C 之间存在协同行为：[128]

- 零售商 A 向供应商 B 透露其未来定价意向
- 可以认为 A 打算通过 B 将该信息传递给其他零售商（C 或可能是 C 的零售商）来利用该信息来影响市场状况
- B 将该信息传递给 C
- C 可能知道 A 向 B 披露信息的情况，并且
- C 使用该信息确定其自己的未来定价意图

竞争上诉法庭解释说，有必要证明每个零售商的“心态”，以确保供应商和零售商之间的讨论超出了正常的商业交易范围，例如关于零售商的利润率或交易条款，而代之以构成违法的，尽管是间接的“横向要素”[129]。由于没有任何合法的商业原因，零售商 A 向供应商 B 披露了其未来定价意图，可能表明了必要的心态。[130] 竞争上诉法庭对于如何充分证明过失心态（如无意地传播或接收了 A 的定价意图）持开放态度。[131] 但是，在 *VM Remonts* 案中，欧洲法院裁定，当 A 可以合理地预见 B 将向 C 透露有关 A 意图的机密信息，并且 A 准

[127] ［2006］EWCA Civ 1318，第 141 段。

[128] 案例 1188/1/1/11［2012］CAT 31，第 57 段。

[129] 参见竞争上诉法庭判决的第 65 ~ 66 段；另见上诉法院判决第 106 段。

[130] ［2012］CAT 31，第 72 段。

[131] 同上，第 73 段和第 350 ~ 354 段。

备接受由此带来的风险时，可以确定赔偿责任。[132]

这些情况意味着，处于B位置的企业必须注意确保其没有有意识或无意识地充当A和C之间的横向勾结的促进者。虽然允许供应商和纯纵向性质的经销商就可能的零售价格、利润率和批发价格等事项进行双边讨论，但供应商必须谨慎对待它们如何设法影响其零售商的定价行为。就零售商而言，零售商必须谨慎地告诉供应商它们打算维持或提高零售价格：监管机构可能认为A预期B会向C披露该信息，从而可能（处于）轮毂（的地位）和（造成）违法。

（vii）"单一整体协议"

在很多案件中，英国竞争主管机构都查证了一项"单一整体协议"（Single Overall Agreement），所有企业都应对此负责，而无论其是否每天都确切参与。[133] 为了查证单一整体协议，竞争与市场管理局必须证明存在一个追求共同目标的总体计划、企业对该计划的有意贡献及其意识到其他参与者行为。[134] 企业（最终）没有按遵照计划执行的事实是无关紧要的。[135] 企业本身也不必生产卡特尔化的产品或服务。[136]

在一项调查中，公平交易办公室审理了 *Mercedes - Benz commercial vehicles* 案[137]中与梅赛德斯-奔驰卡车和货车分销有关的5个卡特尔；但是，因为卡特尔在不同时期涉及不同的企业、领域和行为，公平交易办公室拒绝确定单一整体协议。同样，公平交易办公室有时会发现，操纵投标会产生一系列不相关的

---

[132] 案例 C-542/14 *VM Remonts* EU:C:2016:578，第33段，参见英国上诉法院的观点，即合理的可预见性标准"可能已经走得太远"：[2006] EWCA Civ 1318，第91段和第140段。

[133] 参见例如 *Construction Recruitment Forum*，公平交易办公室于2009年9月29日作出的决定，第4.332~4.343段；*Airline passenger fuel surcharges for long - haul passenger flights*，公平交易办公室于2012年4月19日作出的决定，第382~388段；*Conduct in the modelling sector*，竞争与市场管理局于2016年12月16日作出的决定，第4.61~4.68段；*Supply of products to the furniture industry*（*drawer wraps*），竞争与市场管理局于2017年3月27日作出的决定，第5.49~5.52段；进一步的阐述，参见第3章第128~133页"单一整体协议"。

[134] *Conduct in the modelling sector*，竞争与市场管理局于2016年12月16日作出的决定，第4.59段；另见 *Collusive tendering in the supply and installation of certain access control and alarm systems to retirement properties*，公平交易办公室于2013年12月6日作出的决定，第3.32~3.34段和第6.9~6.10段。

[135] *Access to car parking facilities at East Midlands International Airport*，民航局于2017年1月17日作出的决定，第110段。

[136] *Restrictive arrangements preventing estate and lettings agents from advertising their fees in a local newspaper*，竞争与市场管理局于2015年5月8日作出的决定，第A.49段。

[137] *Distribution of Mercedes - Benz commercial vehicles investigation*，公平交易办公室于2013年3月27日作出的决定。

侵害行为，而不是构成单一整体协议。[138]

竞争与市场管理局在 *Supply of products to the furniture industry*（*drawerfronts*）案[139]中发现，有两家企业从 2006～2008 年以及 2011 年再次从事卡特尔活动；它无法证明该卡特尔在 2008～2011 年仍在继续，因此只能查证为“单一反复侵害”，而不是单一整体协议。

（viii）“在英国境内排除、限制或扭曲竞争的目的或效果”

（a）总体评述

这一概念的理解和适用方式与《欧盟运行条约》第 101 条第 1 款相同。[140]如果一项协议的目的是限制竞争，则无须证明该协议具有反竞争效力，即可认定违反了 1998 年英国竞争法第 1 章禁止规定。这个简单的规则已经在竞争与市场管理局的决定[141]和竞争上诉法庭的判例中被反复确认。[142] 在 *Sainsbury's v MasterCard* 案[143]中，竞争上诉法庭强调，对竞争的限制的目的“不应被用作避免对反竞争效果进行艰难调查的手段”；相反，这种限制的有害性质应是“在不检查效果的情况下明确的”。这与欧洲法院的观点是一致的，即对限制的目的概念应作限制性解释。[144]

（b）对竞争的限制的目的

与欧盟法律一样，确立限制竞争目的的“基本法律标准”，是企业之间的协调能否显示对竞争的足够程度的损害。[145] 仅仅能够导致排除、限制或扭曲竞争是不够的。[146] 竞争上诉法庭在 *Agents' Mutual v Gascoigne Halman* 案[147]中的做法

---

[138] 参见例如 *West Midland Roofing Contractors*，2004 年 3 月 17 日的决定，上诉维持原判案例 1032/1/1/04 etc *Apex Asphalt & Paving Co Ltd v OFT*［2005］CAT 4；*Bid rigging in the construction industry in England*，公平交易办公室于 2009 年 9 月 21 日作出的决定，第 VI. 14～VI. 20 段（第 1631～1632 页）；见第 13 章第 669～670 页“串通投标”（讨论公平交易办公室关于操纵投标的决定）。

[139] 竞争与市场管理局于 2017 年 3 月 27 日作出的决定，第 5. 49～5. 55 段。

[140] 参见第 3 章第 148～149 页“排除、限制或扭曲竞争的‘目的或效果’”。

[141] 参见例如 *Online sales of posters and frames*，竞争与市场管理局于 2016 年 8 月 12 日作出的决定，第 5. 33 段；*Independent Schools*，公平交易办公室于 2006 年 11 月 20 日作出的决定，第 1348～1358 段。

[142] 参见例如案例 1003/2/1/01 *Institute of Independent Insurance Brokers v Director General of Fair Trading*［2001］CAT 4，第 169～170 段；案例 1241/5/7/15（T）*Sainsbury's Supermarkets Ltd v MasterCard Inc*［2016］CAT 11，第 100～101 段；案例 1262/5/7/16（T）*Agents' Mutual v Gascoigne Halman*［2017］CAT 15，第 148～149 段。

[143] 案例 1241/5/7/15（T）*Sainsbury's Supermarkets Ltd v MasterCard Inc*［2016］CAT 11，第 101（2）段。

[144] 案例 C－67/13 P *Groupement des Cartes Bancaires v Commission* EU:C:2014:2204，第 58 段。

[145] 案例 1241/5/7/15（T）*Sainsbury's Supermarkets Ltd v MasterCard Inc*［2016］CAT 11，第 101 段。

[146] 案例 1262/5/7/16（T）*Agents' Mutual v Gascoigne Halman*［2017］CAT 15，第 149（1）段。

[147] 同上。

是，在考虑经济和法律背景的情况下，审查该协议的性质是否“清楚、明确地揭示了对竞争的足够程度的损害，使对其效果的任何审查都没有必要”。[148]在确定这一问题时，竞争上诉法庭审查了协议的内容、目标及其经济和法律背景。双方的意图也可能是相关的，尽管它们不是决定性的因素。[149]

判例法规定，有些类型的协议和/或协同行为，例如固定价格[150]、划分市场[151]、建立串通投标关系[152]或施加出口限制[153]，其目的是限制竞争。然而，随着时间的推移，限制目的的类别能够同时增加和减少。在 *Cityhook v OFT* 案[154]中，高等法院认为，将供应商提供新技术的购买者所谓的集体抵制归类为限制竞争目的，具有“简单的吸引力”[155]，但它们认识到，相反的观点也是合情理的[156]：现有的判例法只确立了供应商对买方的抵制是限制竞争目的。*Cityhook* 案中的法官不愿意对现有的此类案件增加“新”种类。不能排除“新”限制目的的可能性，但可以合理地假设，这将是一种相对罕见的情况。[157]

在 *Tobacco* 案[158]中，公平交易办公室的结论是，2 个烟草制造商和 10 个零售商签订了若干双边纵向协议，其中各种烟草品牌的价格与竞争者品牌的价格挂钩；公平交易办公室没有找到任何多边或横向协议。公平交易办公室的结论是，这些“价格匹配”安排限制了每个零售商独立制定香烟转售价格的能力，并认为它们具有限制竞争目的。[159] 上诉时，竞争上诉法庭没有决定当事方之间

[148] 同上，第 150 段。

[149] 同上，第 149（2）段；另见 *Online sales of posters and frames*，竞争与市场管理局于 2016 年 8 月 12 日作出的决定，第 5.51 ~ 5.57 段；案例 *Memorandum of Understanding on the Supply of Oil Fuels in an Emergency*，公平交易办公室于 2001 年 10 月 25 日作出的决定，第 39 ~ 40 段。

[150] 参见例如 *Stock Check Pads*，公平交易办公室于 2006 年 3 月 31 日作出的决定；案例 *Aluminium Space Bars*，公平交易办公室于 2006 年 6 月 28 日作出的决定。

[151] 参见例如 *Arriva/First Group*，公平交易办公室于 2002 年 2 月 5 日作出的决定；案例 *Care Home Medicine*，公平交易办公室于 2013 年 12 月 12 日作出的决定。

[152] 参见例如 *Bid rigging in the construction industry in England*，公平交易办公室于 2009 年 9 月 21 日作出的决定，第 111.97 ~ 111.114 段（cover bidding）和第 111.143 ~ 111.154 段（compensation payments）。

[153] 参见例如 *Roma - branded mobility scooters*: *Prohibitions on online sales and online price advertising*，公平交易办公室于 2013 年 8 月 5 日作出的决定。

[154] *R*（*Cityhook Ltd*）*v OFT*［2009］EWHC 57（Admin）。

[155] 同上，第 131 段。

[156] 同上，第 132 ~ 135 段。

[157] 参见例如 *Jones v Ricoh*（*UK*）*Ltd*［2010］EWHC 1743（Ch），第 42 段，该案裁定，保密协议具有限制竞争目的，因为它远远超出了保护原告信息的合理范围；另见第 3 章第 161 页“完善目的框内的协议范围”。

[158] 公平交易办公室于 2010 年 4 月 15 日作出的决定。

[159] 同上，第 6 节。

有争议的实质性事项；它撤销了这一裁决，因为公平交易办公室放弃了对这一决定的辩护。[160] 在 *Paroxetine*[161] 案中，竞争与市场管理局决定，*GlaxoSmithKline* 公司与两家仿制药生产商之间的专利纠纷和解方案的目的是限制竞争，因为 *GlaxoSmithKline* 公司已向潜在竞争者支付了退出市场的费用。在上诉时，竞争上诉法庭认为，这些协议是否具有限制竞争的目的这一问题具有广泛的重要性，而且法律也并非不容置疑，因此根据《欧盟运行条约》第 267 条将此事提交欧洲法院。[162]

在某些案件中，缔约方成功争辩说，看似具有限制性的协议没有限制竞争的目的。在 *Bookmakers' Afternoon Greyhound Services v Amalgamated Racing*（*BAGS*）案[163]中，上诉法院认可了法官的结论，即集体谈判和专有媒体权利是将竞争引入先前的垄断市场，而价格的任何上涨都是竞争加剧的结果。[164] 因此，这些安排没有限制竞争的目的。[165] 在 *Sainsbury's v MasterCard* 案[166]中，即使在听取了大量事实和专家证据之后，竞争上诉法庭仍不相信 MaterCard 系统内银行之间商定的多边交换费（MIF）追求限制竞争的目标，因为它的竞争影响“非常大”；竞争上诉法庭随后认为，多边交换费具有限制竞争效果。竞争上诉法庭在 *Agents Mutual v Gascoigne Halman* 案[167]中裁定，新的在线房地产门户网站 OnTheMarket 的任何有争议的规则都没有显示出对竞争的充分损害；相反，它们具有促进进入市场的支持竞争的目的。

最后，即使是一项有限制目的的协议，也可以根据 1998 年英国竞争法第 9 条第 1 款和《欧盟运行条约》（在适用第 101 条第 1 款的情况下）第 101 条第 3 款进行辩护。公平交易办公室发布了两项有利的意见，指出在满足 1998 年英国竞争法第 9 条第 1 款的条件下，限制目的可能是合法的。[168]

---

[160] 案例 1160－1165/1/1/10 *Imperial Tobacco Group plc v OFT*［2011］CAT 41。

[161] 竞争与市场管理局于 2016 年 2 月 12 日作出的决定。

[162] 案例 1252/1/12/16 etc *GlaxoSmithKline plc v CMA*［2018］CAT 4，第 160～326 段；初步裁决的参考依据是 2018 年 3 月 27 日的法令。

[163]［2008］EWHC 1978（Ch），上诉维持原判，［2009］EWCA Civ 750.

[164]［2009］EWCA Civ 750，第 73～94 段：法院还指出，在没有赛马场合作的情况下，媒体权利只有一个买家，因此没有限制竞争：同上，第 92 段。

[165] 同上，第 94 段；上诉法院在得出结论时，援引了法院对案例 C－209/07 *Competition Authority v Beef Industry Development Society Ltd* EU:C:2008:643 的判决，参见第 3 章第 157～158 页“划分市场、配额、集体排他性交易”。

[166] 案例 1241/5/7/15（T）*Sainsbury's Supermarkets Ltd v MasterCard Inc*［2016］CAT 11。

[167] 案例 1262/5/7/16（T）*Agents' Mutual v Gascoigne Halman*［2017］CAT 15。

[168] *Newspapers and magazine distribution*，2008 年 10 月 22 日作出的判决意见；案例 *Rural Broadband Wayleave Rates*，2012 年 8 月 23 日作出的简短判决意见。

(c) 限制竞争效果

如果协议没有限制竞争的目的，则在其法律和经济范围内考虑其实际或潜在限制效果的可能性仍然很大。[169] 在 *Agents Mutual v Gascoigne Halman* 案[170]中，竞争上诉法庭认为有必要对协议或条款在其市场背景下的效果进行“广泛的分析”，其中涉及以下步骤：

- 确定被认为构成竞争限制的相关协议或规定；
- 确定评估该协议或规定效力的一个或多个市场；
- 提出指导评估的“损害理论”；
- 根据证据测试损害理论和据称发生的效果；
- 将已有协议的竞争状况与从未达成协议的“反事实”世界中的情况进行比较。

竞争与市场管理局在 *Paroxetine* 案[171]中发现，GlaxoSmithKline 与两家仿制药生产商之间的和解协议无理地延迟了后者的独立进入市场的可能，并具有限制竞争效果（以及目的）。在上诉之后，竞争上诉法庭向欧洲法院提了一个问题，即仿制药生产商在专利诉讼中成功地抵制 GlaxoSmithKline 的“真正可能性”是否足以确立有限制效果？[172]

在 *Racecourse Association v OFT* 案[173]中，竞争上诉法庭认为公平交易办公室依靠的是不能令人信服的“不断变化的假想事实”[174]，因此，公平交易办公室未能证明赛马场所有人集体出售转播权用于赛马活动具有反竞争性效果。在 *Sainsbury's v MasterCard* 案[175]中，竞争上诉法庭认为，与“发卡银行”（向消费者发行万事达卡）和“收单银行”（代表商户）就万事达卡每笔交易签订的自愿双边协议的反事实相比，万事达卡的多边交换费具有限制竞争的效果。[176] 然而，Popplewell 法官在 *Asda v MasterCard* 案[177]中得出了不同的结论，因为他不认为自愿双边交换费的反事实是符合现实情况的。相反，他认为正确的反事实是

---

[169] OFT 401，第 7.2 段；另见案例 1003/2/1/01 *Institute of Independent Insurance Brokers v Director General of Fair Trading*［2001］CAT 4，第 170 段。

[170] 案例 1262/5/7/16（T）*Agents' Mutual v Gascoigne Halman*［2017］CAT 15，第 151 段；相似案例参见 1241/5/7/15（T）*Sainsbury's Supermarkets Ltd v MasterCard Inc*［2016］CAT 11，第 127 段。

[171] 竞争与市场管理局于 2016 年 2 月 12 日作出的决定。

[172] 案例 1252/1/12/16 etc *GlaxoSmithKline plc v CMA*［2018］CAT 4，第 327 ~ 349 段。

[173] ［2005］CAT 29，第 177 ~ 202 段。

[174] 同上，第 202 段。

[175] ［2016］CAT 11，第 126 ~ 267 段，向上诉法院提出上诉。

[176] 同上，第 266 段包含了竞争上诉法庭关于效果的结论。

[177] ［2017］EWHC 93（Comm），向上诉法院提出上诉。

万事达卡的多边交换费设置为零。在 Popplewell 法官看来，这种情况下，万事达卡计划将崩溃，因为发卡银行将转而发行 Visa 卡，以便收取更高的费用。在此基础上，Popplewell 法官得出结论，万事达卡的多边交换费不具有限制竞争的作用，与竞争上诉法庭的结论相反。

在 *Sainsbury's v Visa* 案[178]中，Phillips 法官认为，与反事实支付计划（规则规定卡交易按面值结算）相比，Visa 在英国的多边交换费并没有在收购市场中产生限制竞争的效果，也就是说，此处是多边零交换费。这是因为真实世界和反真实世界之间的竞争过程没有区别。因此，Phillips 法官不同意竞争上诉法庭和 Popplewell 法官关于在没有正向多边交换费的情况下会产生的问题。[179]上诉法院已批准对竞争上诉法庭、Popplewell 法官和 Phillips 法官的裁决提出上诉，希望上诉法院澄清多边交换费是否以及（如果是的话）以何种方式限制或扭曲竞争。

在 *BAGS* 案[180]中，高等法院和上诉法院裁定，赛马场的合作（意味着它们无法将其权利单独出售给有执照的博彩公司）不会产生反竞争效果，因为这是出于以下原因：它们在以前只有一家经营者的市场中创建了第二家媒体版权分销商，而该经营者本身是由博彩公司所有的。

竞争上诉法庭在 *Agents' Mutual v Gascoigne Halman* 案[181]中也得出了类似的结论。Agents Mutual 经营着一个在线房地产门户网站，并且是该市场的新进入者。它要求使用其服务的代理不得通过多个其他门户进行广告。竞争上诉法庭得出结论认为，该规则没有限制竞争的作用，并指出“新竞争者进入市场应具有反竞争性这一观念本质上是不寻常的建议”。[182]

(d) 辅助限制原则

在某些情况下，协议中的限制不在第 1 章的禁止规定范围之内，因为它们是促进合法商业活动“客观上必要的”。[183] 在 *BAGS* 案[184]中，上诉法院接受了对赛马场的限制是辅助限制的观点，因为客观上这些限制是在市场上创建第二家

---

[178] ［2017］EWHC 3047（Comm），向上诉法院提出上诉。

[179] 同上，第 162～170 段。

[180] EWHC 1978（Ch），第 177～202 段，在上诉中维持原判［2009］EWCA Civ 750，第 95～110 段。

[181] ［2017］CAT 15。

[182] 同上，第 197 段。

[183] 除了文中讨论的案例外，参见 *Pirtek (UK) Ltd v Joinplace Ltd*［2010］EWHC 1641（Ch），第 45～59 段；*Carewatch Care Services Ltd v Focus Caring Services Ltd*［2014］EWHC 2313（Ch），第 146～167 段。

[184] ［2009］EWCA Civ 750，第 111～123 段；另见高等法院的判决［2008］EWHC 1978（Ch），第 469～474 段和第 496 段。

分销商所必需的。在 *Asda v MasterCard* 案[185]中，高等法院裁定 MasterCard 的多边交换费是 MasterCard 计划的辅助限制。法院的结论是，在考虑是否需要多边交换费时，必须考虑万事达卡计划所面临的竞争。欧盟普通法院在 *Métropole* 判决提出了“相对抽象的分析”不符合欧洲法院的司法判例。[186] 在 *Sainsbury's v Visa* 案[187]中，Phillips 法官认为 *Métropole* 案[188]保留了良好的法律，如果他发现 Visa 卡的多边交换费限制了竞争，他不认为多边交换费对于实施 Visa 计划是客观必要的。在 *Agents' Mutual v Gascoigne Halman* 案[189]中，竞争上诉法庭确信，条款规定，房地产经纪人必须退出某些门户网站对实现新房地产门户网站进入市场的有益目的是客观必要的。在每个案件中，法院都认为，如果没有相关限制，商业运营将不可能进行（不仅仅是困难或利润较低）。[190]

（ix）显著度

第 1 章禁止规定仅适用于协议引起明显的限制竞争的情况。[191]

（a）目的限制

在欧盟法律[192]中，对成员国间贸易产生明显影响的限制目的是对竞争的显著限制。高等法院[193]和竞争与市场管理局[194]以相同的方式解释了第 1 章的禁止规定，认为对英国境内贸易产生可观影响的限制目的对竞争构成显著的影响。公平交易办公室在 *Mobility Scooters* 案[195]中裁定，禁止互联网销售和在线价格广告的目的是限制竞争，因此是对竞争的显著限制；该决定没有提到欧盟法律中的先决条件，即该协议应对成员国之间的贸易产生影响：事实上，公平交易办公室并未将《欧盟运行条约》第 101 条适用于 *Mobility Scooters* 案，因为该案并

---

[185] [2017] EWHC 93（Comm），第 118～233 段。

[186] 案例 T－112/99 *Métropole television v Commission* EU:T:2001:215，第 109 段。

[187] [2017] EWHC 93（Comm），第 164～181 段；案例 42/84 *Remiav Commission* EU:T:1985:327，第 17～20 段；案例 C－250/92 *Gøttrup－Klim* EU:C:1994:413，第 28～35 段。

[188] [2017] EWHC 3047（Comm），第 174～191 段。

[189] CAT 15，第 241～248 段，虽然这不是裁决的必然结果：同上，第 241 段。

[190] 同上，第 152～154 段对相关法律进行有益的总结。

[191] 参见例如案例 1124/1/1/09 *North Midland Construction v OFT* [2011] CAT 14，第 35～63 段。

[192] 案例 C－226/11 *Expedia* EU:C:2012:795，第 37 段；另见欧盟委员会《关于次要协议的通知》，OJ [2014] C 291/1，第 2 段，因 *Expedia* 案判决而不适用于客体限制；有关 *Expedia* 案的讨论参见第 3 章第 183～184 页“《关于次要协议的通知》第 2 部分：对限制目的的处理”。

[193] *Carewatch Care Services Ltd v Focus Caring Services Ltd* [2014] EWHC 2313（Ch），第 149～150 段。

[194] *Online resale price maintenance in the light fittings sector*，竞争与市场管理局于 2017 年 5 月 3 日作出的决定，第 4.156～4.157 段和第 4.166 段。

[195] *Roma－branded mobility scooters: prohibitions on online sales and online price advertising*，公平交易办公室于 2013 年 8 月 5 日作出的决定，第 3.199 段。

不满足有任何跨境影响。[196] 在 *Cleanroom laundry services and products* 案中，竞争与市场管理局得出结论，基于竞争法第 60 条第 2 款采纳了在 *Expedia* 案中的理由，一项影响英国国内贸易并具有反竞争性质的协议对竞争具有显著影响。[197]

(b) 效果限制

在确定竞争限制效果是否显著时，竞争与市场管理局[198]将参考欧盟委员会《关于次要协议的通知》。[199] 竞争与市场管理局不会对欧盟委员会《最低限度通知》(Commission's De Minimis Notice) 享有信赖利益的企业处以罚款。[200] 协议不符合《最低限度通知》的事实本身并不意味着对竞争的限制是显著的：这一发现需要进一步分析，尤其是确定协议各方拥有多少市场支配力。[201] 在 *P&S Amusements Ltd v Valley House Leisure Ltd*[202] 案中，高等法院得出结论认为，不可能在布莱克浦的一间公共租赁房屋中发现啤酒领带不可能会显著地限制竞争。[203] 在 *Sainsbury's v MasterCard* 案[204]中，竞争上诉法庭"毫无疑问"认为，与没有多边交换费的情况下存在的更具竞争性的反事实世界相比，万事达卡多边交换费对竞争具有显著影响。

(x) 适用法律和领域范围

如果竞争与市场管理局打算针对它认为可能具有反竞争性的协议采取行动，则它必须判决是仅根据 1998 年英国竞争法第 1 章的禁止规定还是根据《欧盟运行条约》第 101 条进行审理。如果协议影响成员国之间的贸易，则第 1/2003 号条例第 3 条第 1 款要求竞争与市场管理局适用《欧盟运行条约》第 101 条。[205] 竞争与市场管理局在考虑协议是否可能违反《欧盟运行条约》第 101 条时，已考虑了其中包含的欧洲委员会《关于〈欧盟运行条约〉第 101 条和第 102 条[206]贸易概念影响指南》。英国脱欧后，第 1/2003 号条例将在英国停

---

[196] 同上，第 3.152～3.155 段。

[197] 竞争与市场管理局于 2017 年 12 月 14 日作出的决定，第 5.167 段。

[198] 《协议和协同行为》，OFT 401，第 2.18 段。

[199] OJ [2014] C 291/1；关于用于确定是否不明显限制竞争的市场份额门槛参见第 3 章第 181～184 页"欧盟委员会《关于次要协议的通知》"。

[200] 《协议和协同行为》，OFT 401，第 2.19 段。

[201] 同上，第 2.20 段。

[202] [2006] EWHC 1510 (Ch)；另见 *Independent Media Support Ltd/BBC Broadcast*，通信管理局于 2007 年 5 月 30 日作出的决定，第 8.1～8.25 段，上诉维持原判案例 [2008] CAT 13；拒绝了向上诉法院提出上诉的许可 [2008] EWCA Civ 1402。

[203] 同上，第 23～26 段。

[204] [2016] CAT 11，第 267～269 段。

[205] 参见第 2 章第 92～94 页"适用《欧盟运行条约》第 101 条和第 102 条的义务"。

[206] 《关于协议和协同行为的指南》，OFT 401，第 2.23 段。

止适用，包括第3条的规定。

第1章禁止规定仅适用于英国内部贸易受到影响的情况。竞争与市场管理局表示，其重点将在于协议是否会显著限制英国内部的竞争，因为如果这样做也会影响英国的贸易。[207] 竞争上诉法庭认为，“对英国内部贸易的影响”不必达到显著程度。[208] 其理由是，在欧盟法律中，对贸易产生显著影响的要求是划定欧盟范围和英国竞争法的管辖权规则，没有必要将这种推理转化适用到纯粹的国内情况。但是，高等法院怀疑竞争上诉法庭在这两个案例中是否正确。[209]

（B）第2条第2款：说明性清单

1998年英国竞争法第2条第2款规定：

> 第1款尤其适用于以下协议、决定或行为：
>
> （a）直接或间接确定购买或出售价格或任何其他交易条件；
>
> （b）限制或控制生产、市场、技术开发或投资；
>
> （c）划分市场或供应来源；
>
> （d）对与其他交易方进行的同等交易采用不同的条件，从而使它们处于竞争劣势；
>
> （e）订立合同，但须由另一方接受补充义务，而补充义务的性质或根据商业惯例与该合同的标的没有任何关系。

该清单举例说明了可能违反1998年英国竞争法第2条第1款的各种协议，与《欧盟运行条约》第101条第1款中的清单相同。但是，必须强调的是，与《欧盟运行条约》第101条第1款一样，第1章的禁止规定适用于清单中未明确提及的协议。例如，竞争者之间关于未来价格的机密信息交换属于第1章的

[207] 同上，第2.25段。

[208] 案例1009/1/1/02 *Aberdeen Journals Ltd v OFT*［2003］CAT 11，第459～462段；这是一个关于第1章禁止规定的案例，但是案例1124/1/1/09 *North Midland Construction plc v OFT*［2011］CAT 14，第49段，竞争上诉法庭认为，其说理同样适用于第1章的禁止规定，并且区分这两者将是“不合理的”；对此问题的评论，参见：BAILEY D.（Appreciable）Effect on Trade Within the United Kingdom［J］. European Corupetition Law Review，2009，30：353.

[209] *P&S Amusements Ltd v Valley House Leisure Ltd*［2006］EWHC 1510（Ch），第21段、第22段和第34段；*Pirtek（UK）Ltd v Joinplace Ltd*［2010］EWHC 1641（Ch），第61～67段，特别是第62段。

禁止范围[210]，尽管该法中没有具体提及此类协议。[211] 这是因为该清单仅是说明性的，在每个案例中，关键问题是协议是否具有限制竞争的目的或效果。[212]

第2条第2款（d）项和（e）项建议，歧视和捆绑协议可能构成对《欧盟运行条约》第101条或1998年英国竞争法第1章禁止规定的违反。可以公平地指出，但是，根据《欧盟运行条约》第101条第1款（d）项和（e）项的案例很少。歧视和捆绑通常仅在行使歧视或强加捆绑的一方具有重大市场支配力时，才在竞争法中引起关注。因此，通常根据《欧盟运行条约》第102条而不是第101条对这些现象进行调查（如果有的话）。[213]

（C）第2条第3款：域外适用

该法的域外范围在本书第12章中进行了讨论。[214]

（D）第2条第4款：无效

第2条第4款规定：

> 本条第1款禁止的任何协议或决定均无效。

这反映了《欧盟运行条约》第101条第2款的规定。对于许多企业而言，它们的协议变得不可执行的可能性远比对违反1998年英国竞争法第1章的禁止规定处以罚款的可能性具有更大甚至更多的意义。为了确保重要的商业交易不会被随后违背并声称不可执行的协议的一个或多个当事方破坏，必须进行大量的合规工作。这些问题已在第8章中讨论。[215] 这里有几点值得一提。

（i）可分割性

1998年英国竞争法第2条第4款规定，违反第2条第1款的“任何协议”

---

[210] *Galvanised steel tanks for water storage information exchange infringement*，竞争与市场管理局于2016年12月19日作出的决定，第4.41～4.44段和引用的判例；竞争上诉法庭在该案上诉中维持原判，案例1277/1/12/17 *Balmoral Tanks v CMA*［2017］CAT 23。

[211] 另一个例子是对广告施加限制：参见案例 *Lladró Comercial*，公平交易办公室于2003年3月31日作出的决定，第68～71段。

[212] 进一步的例子可以在协议和协同行为实践做法中找到，OFT 401，2004年12月，第3.3～3.27段；进一步的阐述，参见第13章第687～695页“英国法律”。

[213] 参见第18章第941～948页“价格歧视”和第913～916页“捆绑”。

[214] 参见第12章第622～623页“1998年英国竞争法”。

[215] 另见：WHISH R. The Enforceability of Agreements under EC and UK Competition Law［M］// ROSE F D. Lex Mercatoria：Essays on International Commercial Law in Honour of Francis Reynolds. London：LLP Professional Publishing，2000.

均无效。[216] 尽管1998年英国竞争法第2条第4款和《欧盟运行条约》第101条第2款都明确规定了该协议无效，但法院裁定可以移除违法条款，从而使该协议的其余部分可以执行。[217] 需要明确的是，英国法院应按照欧洲法院解释《欧盟运行条约》第101条第2款的相同方式解释第2条第4款。[218]

英国合同法规定在某些情况下可以分割，尽管有关此主题的规则很复杂。[219] 判决是否或（或果是的话）以何种标准进行分割，是依据合同准据法而非法院当地法。[220] 在英国法律中，分割是可能的，它不会从根本上改变协议的性质、目的、范围、实质或意图。[221] 竞争上诉法庭在 *Agents' Mutual v Gascoigne Halman* 案[222]中裁定，房地产代理成员可在不超过一个其他在线房地产门户网站上列出其财产的规则与其他规则不可分割，尽管这不是判决的必要结论。[223]

（ii）无效还是违法？

上诉法院在 *Gibbs Mew v Gemmell* 案[224]中裁定，违反《欧盟运行条约》第101条第1款的协议不仅无效和不可执行，而且是违法的。这会造成严重后果：例如，一方当事人根据一项违法协议向另一方当事人支付了款项，除非能够证明双方当事人不是都有过错（were not in pari delicto）[225]，否则无法追回这笔款项。在关于《欧盟运行条约》第101条的 *Crehan v Courage*[226] 案中，欧洲法院裁定，绝对禁止限制竞争协议的一方当事人对另一方提起诉讼将不能使第101条有效地适用于国内法[227]；但是，欧盟法律并未阻止国家法律否认对限制竞争负有重大责任的当事方有权要求另一缔约方赔偿损失。[228] 在 *Sainsbury's v*

---

[216] 大致参见第8章第410～411页“分割”。

[217] 同上。

[218] HL Report Stage，1998年2月9日，专栏890。

[219] 参见：BEALE H. Chitty on Contracts ［M］. 32nd ed. London：Sweet & Maxwell，2015：16.211～16.220.

[220] 参见欧洲议会和理事会关于适用于合同义务的第593/2008号条例，OJ ［2008］ L 177/6；MORSE C G J，MCCLEAN D. Dicey，Morris & Collins on the Conflict of Laws ［M］. 15th ed. London：Sweet & Maxwell，2014：chs 32 and 33.

[221] *Jones v IOS*（*RUK*）*Ltd* ［2012］ EWHC 348（Ch），第43段。

[222] ［2017］ CAT 15。

[223] 同上，第276～281段。

[224] ［1998］ Eu LR 588；另见 *Trent Taverns Ltd v Sykes* ［1999］ Eu LR 492。

[225] 参见：GOFF R，JONES G. The Law of Unjust Enrichment ［M］. 9th ed. London：Sweet & Maxwell，2016：ch 25.

[226] 案例 C－453/99 EU:C:2001:465；对 Crehan 的讨论参见第8章第375～376页“*Courage Ltd v Crehan* 案”。

[227] 案例 C－453/99 EU:C:2001:465，第28段。

[228] 同上，第31～33段。

MasterCard 案[229]中，竞争上诉法庭认为 Sainsbury 银行对 MasterCard 的侵害行为不承担重大责任，因此 Sainsbury 银行有权要求 MasterCard 赔偿损失。

(iii) 暂时无效

上诉法院在 *Passmore v Morland* 案[230]中裁定，根据《欧盟运行条约》第 101 条第 1 款，一项协议在其有效期内可能进入或退出违法状态，因此在某些时候是无效和不可执行的，但在另一些时候则不是。1998 年英国竞争法第 2 条第 4 款也是如此。

(E) 第 2 条第 5 款和第 6 款：解释

这些规定解释说，除非上下文另有要求，否则该法中对协议的任何提及均包括对协同行为和由企业协会作出的决定。

(F) 第 2 条第 7 款：英国

第 2 条第 7 款规定，“英国”是指仅在英国部分地区运营或打算仅在英国一部分地区运营的协议。[231] 为此目的，英国包括英格兰、威尔士、苏格兰以及附属岛屿（不包括马恩岛和海峡群岛）和北爱尔兰。

(G) 第 2 条第 8 款：“第 1 章禁止规定”

第 2 条第 8 款规定：

> 第 1 款规定的禁止规定在本法中称为“第 1 章禁止规定”。

因此，“第 1 章禁止规定”一词是立法性的。

(H) 第 1 章禁止规定：排除的协议

1998 年英国竞争法第 3 条规定了第 1 章禁止规定的排除条款。这些排除中的某些（但不是全部）也适用于第 2 章禁止规定的情况。[232] 第 50 条规定，不包括纵向协议和土地协议。从 2000 年 3 月 1 日至 2005 年 5 月 1 日，第 1 章禁止规定排除了纵向协议；土地协议自 2000 年 3 月 1 日至 2011 年 4 月 6 日不包括在内。纵向协议和土地协议现在必须根据第 1 章的禁止规定进行评估，与

---

[229] [2016] CAT 11，第 405 ~ 418 段，尽管这不是判决的必然结论。

[230] [1999] 3 All ER 1005；参见第 8 章第 412 页“短暂的无效”。

[231] 参见例如 *Arriva/First Group*，公平交易办公室于 2002 年 2 月 5 日作出的决定，第 44 ~ 45 段。

[232] 参见本章第 473 页“排除”。

任何其他协议一样。[233]

第3条第1款规定，第1章禁止规定不适用于任何由于合并和集中而被附表1排除或被其排除的情况；附表2：其他成文法下的竞争审查；以及关于计划义务和其他一般排除的附表3。[234] 法律专业的监管规则根据2007年法律服务法第57~61条受到竞争审查。1998年英国竞争法第3条第2~5款规定国务大臣可以在某些情况下修改附表1和附表3，无论是添加其他排除项，还是修改或删除现有排除项。[235] 第3条第6款指出，附表3本身使国务大臣在某些情况下可以将协议排除在第1章的禁止规定之列。[236]

第59条第2款规定，如果一项或多项排除的效力是第1章的禁止规定不适用于某项协议的一项或多项规定，则在考虑该协议本身是否违反了对某项禁止规定时，不必忽略这些规定。换句话说，可以考虑整个协议的效果。

（i）附表1：合并和集中

1998年英国竞争法附表1规定，第1章和第2章的禁止规定不适用于2002年英国企业法下的合并，也不适用于欧盟委员会根据《欧盟合并条例》拥有专属管辖权的集中。附表1中的排除不要求向竞争与市场管理局申请。

（a）第1章和第2章的禁止规定与英国合并控制的关系

附表1第1（1）段规定，第1章禁止规定不适用于根据2002年英国企业法第3部分的规定导致或将导致任何两个企业“不再是独立企业”的协议或协议组合。该排除适用于不再具有明显区别的企业的任何交易，无论是否有根据2002年英国企业法[237]进行调查的“相关合并情况”[238]，否则，1998年英国竞争法将通过以下方式彻底改变英国对合并的控制：将所有不受2002年英国企业法约束的交易都纳入了1998年英国竞争法的范围之内，这是荒谬的，因为

---

[233] 参见本章第452页“第50条：纵向协议”、第452~453页“第50条：土地协议”和第16章第840~843页“1998年英国竞争法下的纵向协议”。

[234] 2002年英国企业法第207条废除了关于专业规则的附表4。

[235] 这一命令制定权受该法第71条的约束，该条要求每一个议会众议院通过一项肯定性决议。

[236] 参见“公共政策”第7段。

[237] 《竞争与市场管理局管辖权和程序的指南》，CMA 2，2014年4月，第6.68~6.70段；关于“不再有明显区别”的定义参见2002年英国企业法第26条和第22条“不再互相区分”；英国的排除范围比《欧盟合并条例》第21条第1款影响下《欧盟运行条约》第101条的不适用范围更广，因为“不再互相区分”是一个比《欧盟合并条例》第3条第2款规定的集中区更广泛的概念；另见HL Third Reading，1998年3月5日，专栏1365（Lord Simon of Highbury）。

[238] 参见第22章第1139~1146页“相关合并情况”。

它们低于相关的门槛。[239]

附表1第1（2）段还规定，第1章禁止规定的排除适用于“与执行合并规定直接相关且必要的任何规定”：这意味着“辅助限制”也属于第1章禁止规定的范围之外。作为辅助措施，限制必须既“直接相关”，又“与执行合并规定有关”。竞争与市场管理局表示，通常将遵循欧盟委员会关于对企业集中直接相关且必要的限制的通知中规定的方法。[240] 辅助限制包括，例如，适当限制的非竞争条款、知识产权许可、专有技术以及购买和供应协议。竞争与市场管理局通常不会在判决中声明哪些限制是辅助性的：仅在出现新的或未解决的问题导致真正的不确定性时才提供指导。[241]

（b）报纸合并

废除第1章禁止某些报纸合并[242]的规定。[243]

（c）追回权

附表1第4段规定了竞争与市场管理局可能“撤回第1段的除外规定”。“追回”规定仅适用于第1章的禁止规定[244]；它不适用于第2章的禁止规定。第4（5）段规定[245]，如果竞争与市场管理局认为（a）一项协议（如果不被排除）会违反第1章的禁止规定，并且（b）该协议为不受保护的协议，那么可能撤回排除规定的利益。[246] 这些规定很少执行。

（d）受保护的协议

竞争与市场管理局不能对“受保护的协议”行使追回权。该法定义了4类受保护协议。首先，竞争与市场管理局或国务大臣（视情况而定）所针对的协议已发布其判决，不将合并转介进行深入的“第二阶段”调查；竞争与市场管理局不能通过寻求适用1998年英国竞争法来推翻不根据企业法提出合并的判决。其次，竞争与市场管理局认为与之有关的协议存在相关合并情况。再次，根据2002年英国企业法第26条的规定，除由于第3款和第4款（b）项的规定外，该协议将导致企业不再具有区别性。[247] 最后，竞争与市场管理局

---

[239] OJ［2005］C 56/24；参见第21章第1093～1095页“与合并直接相关且必要的合同限制：‘辅助限制’”。

[240] 《关于竞争与市场管理局管辖权和程序的指南》，CMA 2，2014年4月，第6.69段。

[241] 同上，第6.70段。

[242] 1998年英国竞争法，附表1，第3段。

[243] 2003年通信法，第57条；参见第22章第1194～1198页“公共利益案件”。

[244] 参见Lord Simon在英国议会上院委员会上的发言，1997年11月13日，专栏328。

[245] 1998年英国竞争法，附表3，第4（7）（a）段；方向无法追溯：参见第4（7）（b）段。

[246] 同上，附表3，第5段；有关受保护协议的信息，请参见接下来一节。

[247] 参见本章第444～445页“第1章和第2章的禁止规定与英国合并控制的关系”。

达成的协议根据1991年水法第32条产生了合并。

(e) 第1章和第2章禁止规定与欧盟合并控制的关系

附表1第6段规定，第1章禁止规定不适用于欧盟层面的经营者集中。[248]为遵守《欧盟合并条例》第21条第3款，该规定是必要的[249]；它规定，任何成员国都不得将本国的竞争立法适用于具有欧盟层面的任何集中，因为在这种情况下，欧盟委员会具有专属管辖权；即所谓的"一站式服务"。第6段没有具体提及辅助限制，但由于欧盟委员会的判决允许经营者集中，认为辅助限制已被清除，因此可以推断，成员国不能对其采取行动。[250]

在英国和欧盟之间缺乏一些新安排的情况下，英国脱欧的后果将失去"一站式服务"的原则。因此，如果符合2002年英国企业法的管辖权标准，也可以根据英国国内合并控制规定审查根据《欧盟合并条例》通知欧盟委员会的合并。

(f) 无追回权

由于附表1第6段涉及的事项属于欧盟委员会的专属管辖范围，因此，在这种情况下，竞争与市场管理局不享有第4段所规定的，与2002年英国企业法所规定的合并有关的追回权。

(ii) 附表2：其他成文法下的竞争审查

附表2不包括根据另一项法案进行"竞争审查"的协议：政府在竞争法案[251]通过期间解释说，就特定协议而言，在为应对特定部门情况而建立的制度下，需要对竞争进行审查，但也不要让它们受到第1章的禁止规定，因为"那样只会造成不受欢迎和不合理的双重危险"。[252]

(a) 2003年通信法

2003年通信法第293条要求通信管理局定期审查独立电视有限公司与13个区域3频道被许可方之间的"联网安排"，包括评估其对竞争的影响。通信

---

[248] 参见《合并评估指南》，CC2 (Revised) OFT 1254，2010年9月，第1.13～1.18段；关于《欧盟合并条例》大致参见第21章。

[249] 有关《欧盟合并条例》第21条第3款的解释，参见上诉法院在案例 *Ryanair Holdings plc v OFT* [2012] EWCA Civ 643 和案例 *Ryanair Holdings plc v Competition Commission* [2012] EWCA Civ 1632 中的判决；进一步的阐述，参见第21章第1046页"一站式合并控制的益处"。

[250] 参见第21章第1093～1095页"与合并直接相关且必要的合同限制：'辅助限制'"。

[251] 注意，最初颁布的竞争法中的规定，不包括第1章禁止规定中的审计员的监督和资格（附表2，第2～3段）和某些环境事项（附表2，第6段），已被1998年英国竞争法和2004年其他颁布（修正）条例 SI 2004/1261 废除。

[252] 英国议会上院委员会，1997年11月13日，专栏342。

管理局对这些安排进行年度审核。[253]

（b）2000年英国金融服务和市场法

2012年金融服务法[254]建立了金融行为监管局，其战略目标是确保金融市场运作良好，其经营目标是保护消费者；保护英国金融体系的完整性；促进消费者利益的有效竞争。[255] 2013年金融服务（银行业改革）法确立了支付系统监管局（PSR）作为金融行为监管局的独立子公司；支付系统监管局的目标是在支付系统的运营中促进竞争、创新和用户利益。[256]

2012年金融服务法对2000年英国金融服务和市场法进行了修订，以加强对金融行为监管局，支付系统监管局和/或审慎监管局[257]所采用的监管规定或做法的竞争性审查。在英国竞争与市场管理局可能会向这些监管机构之一建议，一项或多项监管规定或做法可能导致或排除、限制或扭曲供应或获得产品和服务的竞争。[258] 然后，要求相关监管者说明其提出建议的方式，并在90天内发布回应。[259] 如果竞争与市场管理局的建议是不利的，并且在监管机构作出回应之后，竞争与市场管理局仍然认为这些规定或做法具有反竞争作用，英国财政部有权向监管机构发出指示以纠正这种情况，尽管不一定要这样做。[260] 竞争与市场管理局已与金融行为监管局和支付系统监管局达成了谅解备忘录，其中记录了双方合作的基础。[261]

（c）2007年法律服务法

该法的第57~61条规定了竞争与市场管理局对竞争性法律职业监管规则的审查。[262]

（d）无权修订附表2

没有修改附表2的权力。1998年英国竞争法第3条规定仅就附表1和附表3进行修改的权力。

---

[253] 可以在 www. ofcom. org. uk 上找到评论。

[254] 该法令第34条废除了第1章和第2章禁止规定条款中对前金融服务局制定的监管规定的排除。

[255] 2000年英国金融服务和市场法，第1B~1E条。

[256] 2013年金融服务（银行业改革）法，第40条和第49~53条。

[257] 同上，第140A~140H条。

[258] 同上，第140B条。

[259] 同上，第140G条。

[260] 同上，第140H条。

[261] 可在 www. gov. uk/cma 上查阅。

[262] 参见法律服务市场研究，2016年12月15日的最终报告。

（iii）附表3：一般除外情况

（a）规划义务

附表3第1段规定，第1章的禁止规定不适用于涉及计划义务的协议，例如，在开发商同意提供某些服务或使用设施的条件下，给予计划许可的情况。[263]

（b）1976年限制性贸易惯例法第21条第2款

附表3第2段规定，1976年限制性贸易惯例法第21条第2款所涉及的协议，不在第1章的禁止范围之内。此规定自2007年5月1日起废止。[264]

（c）欧洲经济区监管的市场

附表3第3段规定，第1章禁止规定适用于与“欧洲经济区监管的［金融服务］市场”有关的各种事项。该表述在第3（5）段中的定义是指由另一个欧洲经济区国家[265]列出的市场，该市场不需要市场上的交易者在提供交易设施或该市场任何其他交易场所存在的场所。英国于2019年3月离开欧盟后，可能会取消这一排除条款。

（d）具有一般经济利益的服务

附表3第4段规定，第1章和第2章的禁止规定均不适用于以下企业：

> 受委托经营具有一般经济利益的服务，或具有收益性垄断的经营者，只要该禁止会阻碍其在法律上或实际上履行分配给它的特定任务。

该规定以《欧盟运行条约》第106条第2款为蓝本[266]，尽管附表的措辞比《欧盟运行条约》所用的措辞要少一些拐弯抹角。《一般经济利益服务指南》[267]《公共机构和竞争法指南》[268] 都是包含有关此规定的重要指南。竞争与市场管理局将严格解释该排除规则[269]。该指南指出，随着各种公共部门活动受到竞争或经济法规的影响，某些曾经被视为行政或社会职能的职能有可能被视为经济职能；这样做的结果是，从事这些活动的实体可能会被视为企业，因此属于竞争法的职权范围[270]。该指南讨论了“使”一项服务与服务的表现“相承”的概

---

[263] 1990年英国城镇规划法第106条。

[264] 2004年竞争法和其他成文法（修正案）条例，SI 2004/1261，第4条，附表1，第50a段；有关1976年限制性贸易惯例法第21条第2款的讨论，参见英格兰哈尔斯伯里法律第47卷，第269段。

[265] 根据欧洲议会和理事会关于金融工具市场的第2004/39/EC号指令第47条，OJ［2004］L 145/1。

[266] 参见第6章第297～304页“《欧盟运行条约》第106条第2款”。

[267] OFT 421，2004年12月。

[268] OFT 1389，2011年12月。

[269] 公共机构和竞争法，OFT 421，2004年12月，第1.9段。

[270] 同上，第2.7段。

念的含义；它也考虑了“服务”[271] 和“一般经济利益”[272] 的含义。在 *Pool Reinsurance* 案[273]中，公平交易办公室不满意针对与一般经济利益的服务有关的商业财产的恐怖主义再保险计划。[274]

竞争与市场管理局的指南指出，在许多欧盟案例中，《欧盟运行条约》第106条第2款被认为适用于企业承担普遍服务义务且需要保护其免受“刮脂”或“挑挑拣拣”的情况。[275] 但是，它也指出，在英国，私有化、自由化和欧盟倡议的综合作用使得企业持有的专有权的数量已大大减少。[276] 竞争与市场管理局的观点是，总的来说，有效的竞争会随着时间的流逝而更好地服务于消费者的利益，这就是为什么它将狭义地解释排外规定的原因。竞争与市场管理局的指南的结论是，在英国不大可能存在附表3第4段所指的那种“收益性垄断”。[277]

在能源、铁路和水利行业中排除具有一般经济利益的服务方面有具体的指导。[278]

(e) 遵守法定义务

附表3第5段规定，第1章和第2章的禁止规定条款均不适用于协议或遵守法律要求的行为。为此目的，一项法律要求是由英国的成文法或在英国脱欧之前由《欧盟运行条约》或欧洲经济区协议或根据该法令强加的，并且无须进一步颁布成文法即具有法律效力，或根据其他成员国的现行法律在英国具有法律效力。竞争与市场管理局的指南指出，这种排除将适用于“非常有限的情况”[279]。*Vodafone* 案[280]就是这种排除操作的一个例子，在该案例中，通信管理局承认，由于Vodafone是为了遵守许可条件而在其“预付费手机代金券”上打印价格，因此不能认定Vodafone违反了第1章的禁止规定。[281] 通信管理局随后从Vodafone的许可证中删除了价格公布要求，因此不再适用这一排除条款。

---

[271] 同上，第2.9～2.15段。

[272] 同上，第2.16～2.18段。

[273] 同上，第2.19～2.22段。

[274] 公平交易办公室于2004年4月15日作出的决定，第71～74段。

[275] *Services of general economic interest*，OFT 421，第3.4段。

[276] 同上，第3.5段。

[277] 同上，第4.1～4.4段。

[278] 在能源领域的适用，OFT 428，2005年1月，第3.34～3.38段；与铁路有关的服务，OFT 430，2005年10月，第3.18～3.21段；水务监管局关于英国竞争法在英格兰和威尔士的供水和污水处理部门的适用指南，2017年3月，第33页。

[279] 公共机构和竞争法，OFT 1389，2011年12月，第3.4段。

[280] 电信局于2002年4月5日作出的决定。

[281] 同上，第47段。

附表3第5段中的排除仅适用于要求受管制企业以某种方式行事的情况；它不适用于该行为的酌处权行为。通信管理局在 *VIP Communications* 案[282]中认为，T－Mobile 可以依赖附表3第5段在明知 VIP 将使用这些服务以违反1949年无线电报法的情况下拒绝向 VIP 通信提供某些服务：通信管理局认为，法律要求T－Mobile 停止导致非法的行为。[283]

在 *Albion Water* 案中，竞争上诉法庭不同意水务监管局的观点[284]，即就附表3第5（3）段而言，1991年水法的规定构成了一项法定条件。[285]

(f) 避免与国际义务发生冲突

附表3第6（1）段使国务大臣能够作出命令，在适当的情况下，将第1章禁止规定的适用排除在一项协定或一类协定之外，以避免竞争法的规定与英国的国际义务发生冲突。该命令可规定，排除条款只适用于特定情况[286]，并可追溯。[287] 附表3第6（4）和（5）段载有类似的规定，将其排除在第1章的禁止之外。附表3第6（6）段将"国际义务"一词的含义扩大到包括与民航有关的政府间安排：其原因是，这种允许英国与其他国家之间航班的安排，通常不是作为条约制定的[288]，因此不会产生国际"义务"。

(g) 公共政策

附表3第7段赋予国务大臣权力，下令在有"公共政策的特殊和令人信服的理由"的情况下，将第1章禁止规定的适用排除在一项协议或某类协议之外。该命令可以规定，排除条款仅在特定情况下适用[289]，并且可以追溯。[290] 附表3第7（4）和（5）段也包含类似的规定，以排除在第2章的禁止规定之列。根据第7段作出了4项命令：与国防工业有关的3项命令[291]，其中1项已

---

[282] 通信管理局于2005年6月28日作出的决定，被驳回上诉的案例1027/2/3/04 *VIP Communications Ltd*（*in administration*）*v OFCOM*［2009］CAT 28。

[283] 同上，第205段。

[284] 水务监管局于2004年5月26日作出的决定，第23～24段。

[285] 案例1046/2/4/04 *Albion Water Ltd v Water Services Regulation Authority*［2006］CAT 23，第931段和第978段。

[286] 1998年英国竞争法，附表3，第6（2）段。

[287] 同上，附表3，第6（3）段。

[288] 英国议会辩论档案，1998年2月9日，专栏972～973。

[289] 1998年英国竞争法，附表3，第7（2）段。

[290] 同上，附表33，第7（3）段。

[291] 《欧盟运行条约》第346条将与国防相关的某些事项排除在欧盟竞争规则之外；1998年英国竞争法对此领域没有具体排除。

被废除[292]；第 2 项与国防工业有关。第 4 项涉及在正常供应出现严重中断或重大中断威胁的情况下提供石油和石油产品的安排。[293]

(h) 煤炭和钢铁

附表 3 第 8 段规定，第 1 章和第 2 章的禁止规定不适用于根据原《欧洲煤炭和钢铁条约》在欧盟委员会专有管辖范围内的协议和行为；该规定现已生效。[294]

(i) 农产品

附表 3 第 9 段根据第 1184/2006 号条例[295]从第 1 章中排除了《欧盟运行条约》第 101 条之外的禁止性协议。如果欧盟委员会决定第 1184/2006 号条例不将某一协定排除在第 101 条之外，则附表 3 第 9 段的排除[296]在作出追回规定的同一日期终止。[297]

(iv) 专业规则

附表 4 第 1（1）段规定，第 1 章的禁止规定不适用于指定的专业规则。该规定自 2003 年 4 月 1 日起废除。[298] 第 1 章禁止规定对专业规则的适用必须参照欧洲法院对 *Wouters* 案[299]的判决加以考虑，法院认为，某些竞争限制可能不属于《欧盟运行条约》第 101 条的范围，只要这些限制对专业的适当实践是合理必要的。竞争与市场管理局审查了各种市场的专业服务；它的工作消除了

---

[292] 废除 1998 年英国竞争法(公共政策豁免）令，SI 2006/605（军舰的维护和修理)；基于 1998 年英国竞争法 2007 年(公共政策豁免）令，SI 2007/1896（战略和战术武器及其支持技术）被废除从 2011 年 12 月 30 日起，基于 1998 年英国竞争法 2011 年（公共政策豁免）令,SI 2011/2886；基于 1998 年英国竞争法 2008 年（公共政策豁免）令，SI 2008/1820（设计，建造，维护和处置核潜艇)。

[293] 基于 1998 年英国竞争法 2012 年（公共政策豁免）命令，SI 2012/710；该命令在谅解备忘录中针对紧急情况下的燃油供应提供的“个人豁免”期满，公平交易办公室于 2011 年 10 月 25 日作出的决定。

[294] 当《欧洲煤钢共同体条约》于 2002 年 7 月 23 日到期时，这些排除就不再生效；参见第 23 章第 1209 页“煤炭与钢铁业”。

[295] OJ［2006］L 214/7，经第 1234/2007 号条例（OJ［2007］L 299/1）修订；第 361/2008 号，OJ［2008］L 121/1 和第 491/2009 号条例，OJ［2009］OJ L 154/1；参见第 23 章第 1204～1209 页“农业”。

[296] 1998 年英国竞争法，附表 3，第 9（2）段。

[297] 同上，第 9（6）和（7）段。

[298] 2002 年英国企业法第 207 条。

[299] 案例 C－309/99 *Woutersv Algemene Raadvan de Nederlandsche Orde van Advocaten* EU：C：2002：98；关于该案进一步的阐述，参见第 3 章第 169～173 页“监管辅助：欧洲法院对 *Wouters* 案的判决”。

对专业服务提供者的限制。[300]

（v）第50条：纵向协议

该法第50条规定，纵向协议应从第1章中排除或豁免，而不是从第2章禁止规定中排除或豁免。[301] 这是基于1998年英国竞争法（土地和纵向协议除外）2000年令[302]进行的，但与纵向价格固定有关的除外。在通过第1/2003号条例后，废除了将纵向协议排除在第1章的禁止外[303]，以便调整国内和欧盟法律中对纵向协议的审理。[304]

（vi）第50条：土地协议

从2000年3月1日至2011年4月5日[305]，某些与土地有关的协议被排除在第1章（但不是第2章）之外[306]；该排除条款已基于1998年英国竞争法（土地协议排除和撤销）2011年令撤销[307]，自2011年4月6日起生效。排除的原因是，商业租赁通常包含限制性契约和条件，其目的是进行良好的房地产管理。[308] 此项排除措施避免了由于1998年英国竞争法第2条第4款而导致此类盟约和条件是否可能无效且无法执行的不确定性。

为了在撤销土地协议排除条款之后为企业及其专业顾问提供帮助，有关对第1章和第2章的禁止规定适用的指南已经发布。[309] 该指导意见说，第1章的禁止规定只涉及少数土地协议。[310] 这也表明，如果没有任何一方在使用土地的

---

[300] 参见如法律服务市场调查，2016年12月15日的最终报告，可在 www. v. uk/cma 上查阅；另见苏格兰法律界对业务结构和直接进入的限制，OFT 946，2007年7月以及竞争上诉法庭的3份报告，其中涉及根据1990年法院和法律服务法修改行为守则和其他专业规则可能带来的竞争影响，都可以在 www. nationalarchives. gov. uk 上查阅。

[301] 关于纵向协议，大致参见第16章。

[302] SI 2000/310；竞争上诉法庭认为排除令不适用于案例 1252/1/12/16 *GlaxoSmithKline plc v CMA* ［2018］ CAT 4，第350～364段。

[303] 这是由1998年英国竞争法（土地协议排除撤销）2004年令，SI 2004/1260 所实施的，该命令废除了最初制定了纵向协议排除的 SI 2000/310。

[304] 进一步的阐述，参见第16章第840页“对排除纵向协议的撤销”。

[305] 关于对土地协议适用第2章禁止规定条款和《欧盟运行条约》第102条，参见土地协议和竞争法，OFT 1317，2011年3月，第6.1～6.15段。

[306] 基于1998年英国竞争法（土地和纵向协议除外）2000年令，SI 2000/310，由基于1998年英国竞争法（基于土地协议排除和撤销）令，SI 2004/1260 扩展。

[307] SI 2010/1709。

[308] 根据1976年限制性贸易惯例法，限制性契约在商业租赁中的可登记性是 *Re Ravensefi Property Ltd's Application* ［1978］ QB 52 中争论的主题。

[309] 土地协议和竞争法，OFT 1317，2011年3月；另见本书第6版第348～350页。

[310] 土地协议和竞争法，第1.5段；另见第4.2段。

市场中占有超过 30% 的市场份额，则土地协议不太可能成为强制执行的重点。[811] 伦敦郡法院在 *Martin Retail Group v Crawley Borough Council* 案[812]中作出令人惊讶的判决，当事方同意（尽管不清楚为什么），租约中的一项条款限制了在"购物游行"中使用房地产的行为限制了竞争；法院认为，由于该条款不符合 1998 年英国竞争法第 9 条的标准，因此该条款无效且不可执行。[813] 将来，人们会希望英国法院遵循法院在 *Maxima Latvija* 案[814]中的判决，并在发现侵害行为之前对租赁对市场的影响进行"彻底的分析"。

（I）第 1 章禁止规定：豁免

（i）简介

与欧盟法律一样，企业必须对违反第 1 章禁止规定的协议是否合法进行自我评估，因为该协议符合 1998 年英国竞争法第 9 条第 1 款的标准。[815] 该法第 6 条和第 8 条规定了采用国内集体豁免的规定，而第 10 条则规定了所谓的"平行豁免"，即协议满足欧盟集体豁免中的一项，或者如果要影响成员国之间的贸易则可满足集体豁免[816]。该法第 11 条规定了"其他协议的豁免"，现已过时。[817]

在考虑了第 9 条第 1 款的标准之后，将进一步解释这些规定的操作。

（ii）豁免标准

第 9 条第 1 款规定，如果协议符合以下条件，则可以免于第 1 章的禁止规定：

(a) 有助于

（ⅰ）改善生产或分销，或

---

[811] 同上，第 8.6 段。

[812] ［2013］EW Misc 32（CC）：本案似乎忽略了民事诉讼规则第 30.8 条，该条规定，在任何涉及第 1 章禁止规定等条款的县法院诉讼中，郡法院必须将诉讼移交高等法院大法官庭（the Chancery Division of the High Court）。

[813] 评论参见：ARMITAGE M. Competition Law，Land Agreements and the Decision in Martin Retail Group Ltd v Crawley Borough Council：An Opportunity Missed?［J］. Competition Law Journal，2014：267.

[814] 案例 C-345/14 *Maxima Latvija v Konkurences padome* EU:C:2015:784，第 25~31 段；参见第 3 章第 161~177 页关于"具有排除、限制或扭曲竞争效果的协议"。

[815] SI 2004/1261 第 4 条废除了根据 2004 年 5 月 1 日生效的竞争法第 4~5 条的规定，向竞争上诉法庭通知有关"违法否定"申请和/或"个别豁免"的协议的原始过程；关于根据《欧盟运行条约》第 101 条第 3 款进行的自我评估，参见第 4 章第 215 页"自我评估"。

[816] 关于欧盟集体豁免，参见第 4 章第 217~221 页"集体豁免"。

[817] 参见第 23 章第 1217~1221 页"航空运输业"。

（ⅱ）促进技术或经济进步，同时让消费者公平分享所产生的利益；但

（b）不会

（ⅰ）对有关企业施加并非达到这些目标必不可少的限制；或

（ⅱ）为有关企业提供消除有关产品实质部分竞争的可能性。

第9条的措辞与《欧盟运行条约》第101条第3款非常相似，但并不完全相同。后者指的是“改善产品的生产或分配”（强调），但英国提供的产品并不仅限于此，因此也可以适用于服务。竞争与市场管理局在适用第9条第1款时表示，[318] 将参考欧盟委员会《第101条第3款指南》[319]。《协议和协同行为》未提供对第9条第1款的评论，[320] 因为这可能会重复《第101条第3款指南》中的内容。

（a）举证责任

第9条第2款规定，要求第9条第1款受益的企业应承担证明其协议满足该规定标准的责任。[321] 没有第9条第1款无法辩护的协议。具体来说，这意味着即使限制竞争目的的协议也可能是合法的，只要它满足该条款的标准。

（b）第9条第7款的范围

在关于第9条的议会辩论中，负责竞争法案的部长在上议院两次表示，他希望第9条中的标准将与《欧盟运行条约》第101条第3款一样被广泛地解释。*Lucite International UK Ltd and BASF plc* 案[322]的判决通过提及正在考虑的协议对环境的有益影响，表明了第9条第1款的广度。2010年5月，公平交易办公室（现为竞争与市场管理局）发布了讨论文件，第101条第3款：关于利益的狭义与宽泛定义的讨论，其中指出了有关第101条第3款是否存在争议，并作为推论第9条第1款，应在考虑非经济利益的前提下广义地解释，或者根据经济效率标准来狭义地解释。欧盟委员会认为，由于第101条第3款直接适

---

[318] 《协议和协同行为》，OFT 401，2004年12月，第5.5段。

[319] OJ［2004］C 101/97；这些准则在第4章第206～208页“欧盟委员会在《第101条第3款指南》中的处理方式”中进行讨论。

[320] 关于将第9条中的标准应用于土地协议，参见撤销土地协议排除令后的竞争法实施，OFT 1317，2011年3月，第5章。

[321] 对照第1/2003号条例第2条，OJ［2003］L 1/1：参见第4章第195～196页“举证责任及证明标准”；关于损害赔偿要求的举证责任，参见 *Asda Stores Ltd v MasterCard Inc*［2017］EWHC 93（Comm），第294～302段和 *Sainsbury's Supermarkets Ltd v Visa Europe Services LLC*［2018］EWHC 355（Comm），第13～21段，这两个案件都在上诉法院上诉。

[322] 公平交易办公室于2002年11月29日作出的决定，第39～41段。

用[323]，因此应按照较狭义的方式适用，竞争与市场管理局的职责是考虑欧盟委员会的立场。[324] 第4章讨论了第101条第3款中应参考的标准的范围。[325]

(c) 第9条第1款对限制目的的适用

在关于在紧急情况下供应燃油的谅解备忘录[326]中，公平交易办公室将第9条第1款适用于一项协议，该协议被认为既有限制目的又有限制效果；公平交易办公室认为，该协议将使政府能够在燃料短缺的情况下将燃料的供应直接导向"基本用户"，例如应急服务提供商，从而改善分配。[327]

公平交易办公室在 *Newspapers and magazine distribution* 案中发表了关于将第1章禁止规定和第9条第1款适用于报纸和杂志发行人与各自批发商之间的协议的意见。[328] 该意见的一个有趣特征是，它解释了公平交易办公室关于如何审理对批发商赋予绝对领土保护（即限制目的）的地方专有协议的想法；公平交易办公室表示，如果可以通过证据证明此类协议可以提高经济效率，则此类协议可以满足第9条第1款的标准[329]。

在 *Rural Broadband Wayleave Rates* 案[330]中，公平交易办公室还考虑了第9条第1款规定的限制目的有资格获得豁免的可能性。公平交易办公室认为，建议土地所有者对许可私家土地的通行许可收取一定的费率，这可以通过促进农村地区宽带服务的推广而受益。

(d) 第9条第1款对限制效果的适用

在 *LINK Interchange Network Ltd* 案[331]中，公平交易办公室将第9条第1款适用于安排集中式多边交换费的安排，以操作自动柜员机 LINK 网络，英国的主要银行和建房协会参与其中。公平交易办公室意识到收取这样的费用可能会阻止一家银行随意利用另一家银行的投资来改善分配。[332] 公平交易办公室考虑了多边交换费的水平是否超过了自动取款机网络的运营成本，但发现并没有。[333]

---

[323] 第1/2003号条例第1条第2款，OJ［2003］L 1/1。

[324] 1998年英国竞争法第60条第3款。

[325] 参见第4章第199～208页"第101条第3款的首要条件：产品生产或销售抑或技术或经济进步的改善"。

[326] 公平交易办公室于2001年10月25日作出的决定。

[327] 同上，第62～63段；豁免于2010年9月29日到期；该安排现已纳入基于1998年英国竞争法2012年（公共政策豁免）令（SI 2012/710）。

[328] OFT 1025，2008年10月。

[329] 同上，第4.29～4.144段。

[330] 简式意见，2012年8月23日。

[331] 公平交易办公室于2001年10月16日作出的决定。

[332] 同上，第42～45段。

[333] 同上，第47～49段。

公平交易办公室给予有关安排个别豁免权，有效期至2006年10月16日；如今，此类协议的当事方必须自行评估第9条第1款的适用范围。

在*Lucite International UK Ltd and BASF plc*案[334]中，公平交易办公室得出结论，长期供应氰化氢协议固有的限制是必不可少的，因为它们帮助解决了当需要一方投资时可能发生的“套牢问题”。[335] 在*Pool Reinsurance*案[336]中，公平交易办公室得出结论，旨在为英国境内的恐怖主义行为提供再保险的规则限制了竞争，但满足了第9条的条件。在*Association of British Insurers' General Terms of Agreement*案[337]中，公平交易办公室认为，如果有某些规定，通用协议条款中的条款已被修改，可能符合第9条第1款的规定。该判决是撤销对竞争上诉法庭的上诉。[338] 公平交易办公室随后决定起诉，因为此案不构成行政优先权。[339]

在*Pirtek*（*UK*）*Ltd v Joinplace Ltd*案[340]中，高等法院裁定，如果特许经营协议没有限制竞争是错误的，则该协议显然有助于改善替代液压软管的生产或分销，尤其会向加盟商提供诀窍（know-how）和帮助；它还得出结论认为，所涉限制性协议符合第9条第1款中的其他标准。[341]

公平交易办公室在*MasterCard*案[342]中得出结论，参与万事达卡计划的银行之间商定的国内交换费不符合1998年英国竞争法第9条第1款和《欧盟运行条约》第101条第3款的必要性要求，因为这项费用适用于不属于支付系统范围的服务。[343] 竞争上诉法庭在*Sainsbury's v MasterCard*案的独立赔偿诉讼中得出了相同的结论。[344] 然而，在*Asda v MasterCard*案[345]中，高等法院认为，根据《欧盟运行条约》第101条第3款和1998年英国竞争法第9条第1款，某些级别的多边交换费有资格获得豁免。法院认为，原则上，协议产生的“好处”

---

[334] 公平交易办公室于2002年11月29日作出的决定，第45~46段。

[335] 参见第16章第778页“‘搭便车者’问题”。

[336] 公平交易办公室于2004年4月15日作出的决定。

[337] 公平交易办公室于2004年4月22日作出的决定。

[338] 案例1036/1/1/04 *Association of British Insurers v OFT*，2004年7月30日作出的法令。

[339] 2007年1月29日结案通知。

[340] ［2010］EWHC 1641（Ch）。

[341] 同上，第68~71段。

[342] 公平交易办公室于2005年9月6日作出的决定，中止审理上诉案1054/1/1/05 etc *MasterCard UK Members Forum Ltd v OFT*［2006］CAT 14；讨论参见：VICKERS J. Public Policy and the Invisible Price：Competition Law，Regulation and the Interchange Fee［J］. Competitive Law，2005：5.

[343] 公平交易办公室于2005年9月6日作出的决定，第519段和第533~649段。

[344] 案例1241/5/7/15（T）*Sainsbury's Supermarkets Ltd v MasterCard Inc*［2016］CAT 11，第288段，已上诉至上诉法院。

[345] ［2017］EWHC 93（Comm），第261~421段；第292段，在向上诉法院提出上诉后，总结了“第101条第3款的规定”。

不仅限于相关市场上的消费者，还包括对他人的更广泛利益，例如技术或经济进步。[346] 但是，任何利益也必须与协议中的限制有因果关系[347]；客观地说，使当事方获得的利润不计算在内[348]；且必须转嫁，以使直接或可能受该协议影响的消费者的利益不被损害。[349] 在 *Sainsbury's v Visa* 案[350]中，Phillips 法官裁定，如果与其主要结论相反，[351] Visa 的多边交换费确实将竞争限制在第 101 条第 1 款的含义之内，则它们不会受到第 101 条第 3 款的豁免，也不会在任何级别获得豁免。法官得出结论，Visa 并未证明其多边交换费有助于提高净效率。[352] 法官认为，当事双方关于效率的专家证据是广泛的，但通常“最终只需要动动手指”；这种开放式评估不符合委员会《关于适用《欧盟运行条约》第 101 条第 3 款的指南》中规定的严格的效率证明方法。[353]

竞争上诉法庭在 *Agents' Mutual v Gascoigne Halman* 案[354]中裁定，一个在线房地产门户网站的规则可以使房地产经纪人在不超过一个的其他门户网站上列出其房地产，这并不限制竞争；但是，如果是限制性的，竞争上诉法庭指出，没有证据表明消费者获得了该规则推定利益的“公平份额”。[355]

（iii）集体豁免

1998 年英国竞争法第 6 条允许国务大臣根据竞争与市场管理局的建议采取集体豁免。集体豁免可以包含条件和义务，并且可以分别根据第 6 条第 5 款和第 7 款的规定在有限的时间内进行。采用集体豁免的程序在第 8 条中进行了说明。欧盟实行多种集体豁免，这些豁免适用于根据第 10 条中的平行豁免条款而被第 1 章禁止规定的协议。[356]

根据 1998 年英国竞争法，对公共交通票务计划实行了一项集体豁免，允许旅客购买可用于参与旅行社服务的票务。集体豁免于 2001 年 3 月 1 日生

---

[346] 同上，第 266 ~ 278 段。

[347] 同上，第 264 ~ 265 段。

[348] 同上，第 273 ~ 276 段。

[349] 同上，第 280 ~ 282 段。

[350] ［2018］EWHC 355（Comm），上诉至上诉法院。

[351] ［2017］EWHC 3047（Comm），上诉至上诉法院。

[352] ［2018］EWHC 355（Comm），第 26 ~ 50 段；关于举证责任和标准，参见第 13 ~ 25 段。

[353] 同上，第 51 段。

[354] ［2017］CAT 15。

[355] 同上，第 275 段；竞争上诉法庭特别指出，由于“缺乏主管竞争当局的全面市场评估”，第 9 条规定的任务变得更加困难。

[356] 参见上文的“平行豁免”。

效[357]，并将于2026年2月28日终止。[358] 竞争与市场管理局发布了集体豁免指南[359]，附录E包含有关实行集体豁免和第1章禁止规定的流程图。

（iv）平行豁免

1998年英国竞争法第10条规定了“平行豁免”。许多协议都被欧盟集体豁免[360]；还有其他一些可以豁免，但事实是它们不会对成员国之间的贸易产生影响：由于此类协议不会违反第101条第1款，因此它们不会要求或受益于第101条第3款的集体豁免。该法第10条第1款和第2款规定，凡是根据欧盟法律享受集体豁免的协议，或者如果该协议影响成员国之间的贸易，该协议都将被免于第1章的禁止规定。可获得平行豁免的结果是，根据国内法，此类协议的当事方不需要集体豁免。第10条第4款确保任何平行豁免的期限与欧盟法律的规定相符。第10条最重要的效果是，纵向协议可从第330/2010号条例[361]中受益，技术转让协议可从第316/2014号条例[362]中受益。研发协议和专业化协议可分别受益于第1217/2010号条例[363]和第1218/2010号条例[364]。

第10条第5款规定，根据2002年英国企业法第51条制定的规则，竞争与市场管理局可以增加、更改或取消平行豁免生效的条件和义务，甚至取消平行豁免。第10条第6款允许从竞争与市场管理局通知之日之前追溯此取消。但是，第1/2003号条例第3条第2款明确规定，根据欧盟法律，竞争与市场管理局不得对受益于《欧盟运行条约》第101条第3款的协议强加更严格的标准。[365] 另一点是，第1/2003号条例第29条第2款[366]专门授权成员国在某些特定情况下撤回欧盟集体豁免的利益。

---

[357] 基于1998年英国竞争法（公共交通票务计划集体豁免）2001年令，SI 2001/319，经3项法定文书修订：SI 2005/3347、SI 2011/227和SI 2016/126。

[358] 1998年英国竞争法(公共交通票务计划整体豁免)（修正案）令，SI 2016/126。

[359] 《公共交通票务计划集体豁免：CMA指南》，CMA 53，2016年9月。

[360] 有关欧盟集体豁免的讨论，参见第4章第217~221页“集体豁免”。

[361] 参见第16章第807~832页“纵向协议：第330/2010号条例”。

[362] 参见第19章第966~977页“技术转让协议：第316/2014号条例”。

[363] 参见第15章第739~744页“研发协议的集体豁免：第1217/2010号条例”。

[364] 参见第15章第746~749页“专业化协议的集体豁免：第1218/2010号条例”。

[365] 参见第2章第95页“冲突：《欧盟运行条约》第102条”；如果在第10条第2款的情况下，假设没有欧盟管辖权，则竞争与市场管理局可能不受任何限制。

[366] 第1/2003号条例，OJ［2003］L 1/1；另见欧盟委员会《纵向限制指南》，OJ［2010］C 130/1，第74~78段，参见第16章第831页“第1/2003号条例第29条第1款：欧盟委员会的撤销”。

4. 第2章禁止规定

1998年英国竞争法第18条第1款包含了第2章的禁止规定。《关于滥用支配地位的指南》[367]《市场支配力评估指南》[368] 和《现代化指南》[369] 提供了对第2章禁止规定的有用概述。英国竞争主管机构和法院在将《欧盟运行条约》第102条适用于占支配地位企业滥用排他性行为时，也参考了欧盟委员会关于委员会执法重点的指南。[370] 欧盟委员会在该指南中规定的立场与英国在实践中实施第2章禁止规定之间似乎有相当大的一致性。尽管该指南并非旨在说明《欧盟运行条约》第102条所规定的排他性滥用法律[371]，但似乎确实对1998年英国竞争法第2章禁止规定和《欧盟运行条约》第102条对占支配地位企业的排他性行为的解释和适用产生了影响。[372]

英国竞争主管机构在9起案件中发现违反了第2章的禁止规定。公平交易办公室在4起案件中处以罚款：对 *Napp* 案[373]中的滥用定价处以321万英镑的罚款，经上诉后减少为220万英镑的罚款[374]；在 *Aberdeen Journals* 案[375]中，它对掠夺性定价处以132万英镑的罚款，经上诉后减少为100万英镑的罚款[376]；在 *Genzyme* 案[377]中，Genzyme 因从事各种排他性行为而被罚款680万英镑，而在上

---

[367] OFT 402，2004年12月。

[368] OFT 415，2004年12月。

[369] OFT 442，2004年12月。

[370] OJ［2009］C 45/7；一般性讨论参见第5章第225～227页“欧盟委员会《第102条执法重点指南》”。

[371] 参见《纵向限制指南》第3段。

[372] 该指南已被竞争上诉法庭在案例1238/3/3/15 *BT v OFCOM*［2016］CAT 3，第90～91段（根据2003年通信法提出的上诉）中引用和案例1249/5/7/16 *Socrates Training Ltd v Law Society of England and Wales*［2017］CAT 10，第15段和第166段；竞争与市场管理局于2016年2月12日在 *Paroxetine* 案作出的决定，第1298段和第1300段和案例 *Unfair pricing in respect of the supply of phenytoin sodium capsules in the UK*，2016年12月7日作出的决定，脚注559与脚注1228；铁路和公路办公室于2010年8月2日在 *DB Schenker Rail*（*UK*）*Ltd* 案中作出的决定，第82段；公平交易办公室于2010年11月5日在 *Flybe Ltd* 案作出的决定，第6.36～6.39段；*Reckitt Benckiser plc*，2011年4月12日作出的决定，第3.48段和第3.50段；公平交易办公室于2011年11月17日在 *Idexx* 案中作出的决定；*Unilever*，竞争与市场管理局于2017年8月10日作出的决定；以及由通信管理局就 THUS plc 和 Gamma Telecom Ltd 关于 BT 涉嫌扎发电话定价中的利润压榨提出的投诉向联邦电信提出上诉，2013年6月20日作出的决定，第2.36段、第6.30段和第6.71段。

[373] 公平交易办公室于2001年3月30日作出的决定。

[374] 案例1001/1/1/01 *Napp Pharmaceutical Holdings Ltd v Director General of Fair Trading*［2002］CAT 1。

[375] *Aberdeen Journals Ltd—remitted case*，公平交易办公室于2002年9月16日作出的决定。

[376] 案例1009/1/1/02 *Aberdeen Journals Ltd v OFT*［2003］CAT 11。

[377] 公平交易办公室于2003年3月27日作出的决定。

诉中减少为300万英镑[378]；在*Reckitt Benckiser*案中，该公司同意因从英国国家医疗服务体系处方药渠道撤回和除名药物而被罚款1020万英镑[379]；铁路监管局对English Welsh & Scottish Railway Ltd处以410万英镑的罚款[380]，天然气和电力市场管理局对National Grid处以4160万英镑的罚款[381]，经上诉后减少为1500万英镑[382]。在*Cardiff Bus*案[383]中，公平交易办公室得出结论，Cardiff通过采取旨在消灭竞争者的掠夺性行为滥用了其支配地位；在这种情况下，由于Cardiff巴士公司的营业额低于5000万英镑，因此不可以罚款。[384] 竞争与市场管理局在*Paroxetine*案[385]中发现，葛兰素史克通过进行现金支付和其他价值转移来滥用其支配地位，从而诱使三个潜在的竞争者推迟帕罗西汀进入英国市场。葛兰素史克的行为并不构成利用优势竞争（competitionon the merits）（这一概念试图评估这种行为的影响，而不是其形式），被罚款3760万英镑。在*Phenytoin*案[386]中，竞争与市场管理局对Pfizer处以8420万英镑的罚款，对Flynn Pharma处以520万英镑的罚款，原因是它们对英国的抗癫痫药定下过高和不公平的价格，从而滥用了各自的支配地位。

有两个案例是在竞争主管机构判决认为没有垄断地位的情况下，竞争上诉法庭认为存在滥用支配地位。[387] 可能情况是这样的——尽管竞争主管机构希望避免出现误报（实际上是在没有发生违法的情况下的违法决定），但竞争上诉法庭更愿意避免对实际存在侵害的情况作出“无违法”决定。[388]

---

[378] 案例1016/1/1/03 *Genzyme Ltd v OFT*［2004］CAT 4；根据公平交易办公室的指示给予临时救济：案例1013/1/03（IR）*Genzyme Ltd v OFT*［2003］CAT 8。

[379] 公平交易办公室于2011年4月13日作出的决定。

[380] 铁路管理局于2006年11月17日作出的决定。

[381] 天然气及电力市场管理局于2008年2月21日作出的决定。

[382] 案例1099/1/2/08 *National Grid plc v Gas and Electricity Markets Authority*［2009］CAT 14，在上诉中维持原判［2010］EWCA Civ 114；英国最高法院于2010年8月5日驳回上诉请求。

[383] 公平交易办公室于2008年11月18日作出的决定。

[384] 参见第10章第517~518页“小型协议和次要行为豁免”。

[385] 竞争与市场管理局于2016年2月12日作出的决定，上诉案1252/1/12/16 *GlaxoSmithKline v CMA*［2018］CAT 4；竞争上诉法庭根据《欧盟运行条约》第267条将案件移交给法院：参见2018年3月27日的法令。

[386] 竞争与市场管理局于2016年12月7日作出的决定，上诉案1275/1/12/17 etc *Flynn Pharma Ltd v CMA*，尚未裁决。

[387] 案例1044/2/1/04 *ME Burgess, JJ Burgess and SJ Burgess v OFT*［2005］CAT 25；案例1046/2/4/04 *Albion Water Ltd v Water Services Regulation Authority*［2006］CAT 36；［2008］CAT 31。

[388] 关于滥用支配性法律的过度或不足适用可能产生的影响参见《依据第102条不适当干预/不干预的代价》，OFT 864，2006年9月，可在www. nationalarchives. gov. uk上查阅。

高等法院在两项涉及机场设施损害的私人诉讼中发现违反了第 2 章的禁止规定的情况。[389] 竞争上诉法庭在 *Socrates v Law Society* 案[390]中裁定，英格兰和威尔士律师协会滥用其在市场上的支配地位，向律师事务所提供产权转让质量计划（Conveyancing Quality Scheme，CQS）认证，这是通过迫使获得认可的律师事务所接受抵押贷款方面的培训律师协会独家提供的欺诈和反洗钱活动。

（A）禁　止

（i）第 18 条

1998 年英国竞争法第 18 条第 1 款载有禁止滥用支配地位的规定。第 18 条在很大程度上借鉴了《欧盟运行条约》第 102 条[391]：

（1）根据第 19 条的规定，一家或多家企业活动的任何行为如构成滥用市场支配地位，如果可能影响英国境内的贸易，均应禁止。

（2）如果行为构成滥用尤其是构成以下情况的：

（a）直接或间接施加不公平的购买或出售价格或其他不公平的交易条件；

（b）限制生产、市场或技术发展以损害消费者的利益；

（c）对与其他交易方的同等交易采用不同的条件，从而使它们处于竞争劣势；

（d）订立合同，但须经另一方接受补充义务，补充义务的性质或根据商业惯例与合同的标的没有任何关系。

（3）在本条中——

“占支配地位”是指在英国内部的占支配地位；“英国”是指英国或其一部分。

（4）第 1 款规定的禁止在本法中称为“第 2 章禁止规定”。

（ii）第 2 章禁止规定

该法第 18 条第 4 款规定了“第 2 章禁止规定”一词，是指第 18 条规定的禁止条款。

---

[389] *Purple Parking Ltd v Heathrow Airport Ltd*［2011］EWHC 987（Ch）；*Arriva The Shires Ltd v London Luton Airport Operations Ltd*［2014］EWHC 64（Ch）。

[390] 案例 1249/5/7/16［2017］CAT 10。

[391] 关于欧盟和英国关于滥用支配地位的法律的详细讨论，参见第 5 章、第 17 章和第 18 章。

（iii）“企业”

该术语与第1章禁止规定以及《欧盟运行条约》第101条和第102条中的含义相同。[392] 竞争上诉法庭裁定，在 *BetterCare* 案[393]和 *NSAR* 案[394]中，北爱尔兰医疗保健信托基金和国家铁路技术学院分别属于第2章禁止规定范围的企业。[395]

（iv）影响英国内部的贸易

与第1章禁止规定一样，英国境内的贸易也必须受到影响。大多数滥用在英国支配地位的行为也将影响英国的贸易。竞争上诉法庭认为，尽管英国高等法院质疑该裁决的正确性[396]，但没有必要要求对英国境内的贸易产生显著的影响。[397] 对英国境内贸易产生影响的要求可以将在英国境内滥用支配地位但行为影响完全在英国境外的行为排除在禁止规定范围之外。[398]

（v）无效

在第2章禁止规定的案例中，竞争法没有明确提及无效性。但是，在 *English Welsh & Scottish Railway v E. ON UK* 案中[399]，高等法院裁定，违反第2章禁止规定的煤炭运输协议（和《欧盟运行条约》第102条）无效且无法执行。

（vi）市场规模

1998年英国竞争法第18条第3款规定，支配地位是指在英国的支配地位，而英国则是指英国“或其一部分”。与《欧盟运行条约》第102条不同[400]，后者指的是内部市场或内部市场中的占支配地位，而不必占据整个英国市场或“实质性”部分。因此，按照第18条第1款的含义，英国的一小部分可以构成“市场”。仅具有局部规模的市场支配，因此对州际贸易缺乏任何明显影响而几乎没有违反《欧盟运行条约》第102条的风险的企业，或仅在内部市场的很小一部分中占支配地位的企业可能会发现，它们违反了第2章的禁止规定。

---

[392] 参见本章第423~426页“‘企业’”。

[393] 案例1006/2/1/01 *BetterCare Group Ltd v Director General of Fair Trading*［2002］CAT 7。

[394] 案例1258/5/7/16 *UKRS Training Ltd v NSAR Ltd*［2017］CAT 14。

[395] 该案例在第428页的“基本定义”中进行了讨论。

[396] 案例1009/1/1/02 *Aberdeen Journals Ltd v OFT*［2003］CAT 11，第459~462段。

[397] 参见本章第439~440页“适用法律和领域范围”。

[398] 参见第12章第623页“第2章禁止规定”。

[399]［2007］EWHC 599（Comm）。

[400] 参见第5章第241~242页“内部市场的实质部分”。

可以预见，在某些行业中可以发现本地支配，例如公交服务的运营[401]：根据1980年英国竞争法对公交服务进行了大量调查[402]，根据2002年英国企业法对本地公交服务的市场调查导致开放当地巴士市场的建议，政府接受并实施了其中许多建议[403]。在 *First Edinburgh* 案[404]，公平交易办公室得出结论，该公司没有通过掠夺性价格或增加公交服务的频率来阻止竞争者公交运营商 Lothian Bus plc 进入市场，从而没有违反第2章的禁止规定。2008年11月，Cardiff 客车被判犯有掠夺性行为，其经营一项“最基本的”（no - frills）服务，从市场上淘汰了它的唯一竞争对手2 Travel。[405] 在 *Burgess v OFT* 案[406]中，竞争上诉法庭得出结论，Austin 是一名殡仪馆馆长，他曾滥用支配地位，拒绝向竞争对手 Burgess 提供进入当地火葬场的通道。

（vii）相关市场

与欧盟法律一样，要想取得占支配地位，必须先确定相关市场。市场界定已在第1章中详细讨论过[407]；如此处所述，必须从两个角度分析相关市场：产品市场和地理市场。公平交易办公室在 *CH Jones* 案[408]中表示，市场界定是“确定作用于给定产品或服务的供应商的相关竞争约束的关键过程”[409]。竞争上诉法庭在 *Socrates v Law Society* 案[410]中强调，市场界定是确定企业在任何时期是否具有巨大的市场支配力的手段[411]；它也可能与评估被申诉的行为的竞争效果

---

[401] 大致参见 House of Commons Transport Committee：*Competition in the local bus market*，Third Report of Session 2012 ~ 2013，2012年9月4日；关于竞争规则在公交行业中的应用，参见公平交易办公室关于竞争法和公共汽车业的常见问题的宣传单，OFT 448，于2006年7月更新，和 *A brief guide to the role of the OFT in the bus industry and The OFT and the bus industry*，OFT 397，2003年2月。

[402] 参见例如案例 *Thamesway Ltd*，OFT，1993年8月；案例 *Fife Scottish Omnibuses Ltd*，OFT，1994年3月；案例 *United Automobile Services Ltd*，OFT，1995年3月。

[403] 参见本地巴士服务市场调查，2011年12月20日；最终报告和政府对竞争委员会报告“本地公交服务市场调查”的回应，2012年3月29日；参见第11章第584页“实践中的市场调查”；根据现已废除的1973年公平交易法的垄断规定，有几项询问：参见如案例 *The supply of bus services in the north - east of England* Cm 2933（1995）。

[404] 公平交易办公室于2004年4月29日作出的决定。

[405] 公平交易办公室于2008年11月18日作出的决定；3人和一家公交公司2 Travel Group 的清算人根据 CardiffBus 决定采取了后续行动，要求赔偿损失：参见第8章第404 ~ 406页“损害赔偿”。

[406] 案例1044/2/1/04［2005］CAT 25。

[407] 参见第1章第31 ~ 33页“市场界定”。

[408] 关于 CH Jones Limited 涉嫌滥用支配地位的决定，公平交易办公室于2013年11月21日作出的决定。

[409] 同上，第3.9段。

[410] 案例1249/5/7/16［2017］CAT 10。

[411] 同上，第106段。

有关。[112]

关于市场界定的指南[113]可以在竞争上诉法庭[114]和高等法院的几项判决[115]中，以及在竞争与市场管理局的《市场界定指南》中找到。一般而言，判例法和决定均遵循欧盟委员会《关于欧盟竞争法之目的界定相关市场的通知》的方法。[116] 竞争上诉法庭在 *Paroxetine*[117] 案中，竞争上诉法庭认为相关市场应反映与所考虑问题的相关性。它承认这种市场界定方法是"新颖的"，因此向欧洲法院提了一个问题。

如果竞争与市场管理局得出结论，指控的行为无法成立，则可能无法就相关产品和地理市场得出结论。[118] 但是，竞争上诉法庭在 *Freeserve* 案中强调，为了使分析清晰起见，竞争主管机构通常应指出在特定情况下哪些市场可能具有潜在的相关性。[119]

（viii）评估支配地位

《市场支配力评估指南》[120] 指出，市场支配力的概念不是艺术术语，而是评估潜在的反竞争行为的有用工具。该指南指出，市场支配力是在企业没有面对有效竞争压力的情况下产生的[121]，可以被认为是维持价格高于竞争水平或将产出和质量限制在竞争水平以下的获利能力。[122] 该指南引用了 *United Brands v*

[112] 同上，第114段；另见案例1016/1/1/03 *Genzyme v OFT*［2004］CAT 4，第318段。

[113] 案例1005/1/1/01 *Aberdeen Journals Ltd v Director General of Fair Trading*［2002］CAT 4；案例1046/2/4/04 和1032/2/4/04（IR）*Albion Water Ltd v Water Services Regulation Authority*［2006］CAT 36，第90～117段；案例1099/1/2/08 *National Grid plc v Gas and Electricity Markets Authority*［2009］CAT 14，第34～46段；案例1249/5/7/16 *Socrates Training Ltd v Law Society of England and Wales*［2017］CAT 10，第102～104段。

[114] 参见如 *Chester City Council v Arriva Plc*［2007］EWHC 1373（Ch），第151～193段；*Dahabshiil Transfer Services Ltd v Barclays Bank Plc*［2013］EWHC 3379（Ch），第50～72段；*Chemistree Homecare Ltd v Abbvie Ltd*［2013］EWCA Civ 1338，第34～48段。

[115] OFT 403，2004年12月；《关于滥用支配地位的指南》，OFT 402，2004年12月，在第4.4～4.9段中包含对市场界定的简要讨论。

[116] OJ［1997］C 372/5。

[117] 案例1252/1/12/16 *GlaxoSmithKline v CMA*［2018］CAT 4，第397～409段，特别是第402～404段。

[118] 参见如 *Association of British Travel Agents and British Airways plc*，2002年12月11日作出的决定，第10～19段。

[119] 案例1007/2/3/02 *Freeserve. com plc v Director General of Telecommunications*［2003］CAT 5，第131段。

[120] OFT 415，2004年12月，第1.2段；《关于滥用支配地位的指南》402，2004年12月，第4.10～4.22段包含有关评估支配地位的简短讨论。

[121] 《市场支配力评估指南》，第1.3段。

[122] 同上，第1.4段。

Commission 案[423]对占支配地位的众所周知的定义，即“在相关市场上保持排除有效竞争的能力”[424]。在 *Napp Pharmaceutical Holdings v Director General of Fair Trading* 案（及后续相关案件）中，竞争上诉法庭采用了相同的定义。[425] 公平交易办公室在 *Cardiff Bus* 案中指出，市场支配力是程度的问题，并没有必要证明一个企业消除了一切实市场竞争的机会。[426] 竞争上诉法庭在 *Socrates v Law Society* 案中说了同样的话。[427] 在 *Albion Water v Water Services Regulation Authority* 案[428]中，竞争上诉法庭担心可能缺乏国内竞争主管机构违反第 2 章禁止规定的裁定，他说：

> 在根据竞争法评估支配地位时，竞争主管机构没有必要研究遥远的或理论上的可能性，以期可以想象得到的每个“i”点或每个“t”点。尽管需要进行明智的分析，但没有必要使支配地位的问题比真正的问题更为复杂。[429]

《市场支配力评估指南》指出，除非一家企业享有“相当大的市场支配力”[430]，否则它就不会占支配地位。欧盟委员会《关于〈欧盟运行条约〉第 102 条执法重点的指南》[431] 也有相同的观点。[432] 该指南补充说，评估市场支配力需要检查企业面临的竞争限制，并且它继续讨论了市场份额（第 4 部分）、进入壁垒（第 5 部分）和与评估市场支配力有关的其他因素（第 6 部分）。在 *Phenytoin* 案[433]中，竞争与市场管理局在发现 Pfizer 和 Flynn 在制造和分销 Pfizer 制造的苯妥英钠胶囊的各自市场中处于占支配地位时，考虑了上述每个因素。

（a）市场份额

该指南第 2. 11 段指出，确定市场支配力不存在固定的市场份额门槛：市场支配力取决于各种因素，市场份额只是其中之一；第 2. 12 段指出，欧盟法

[423] 案例 27/76 EU:C:1978:22。

[424] 参见第 5 章第 230 ~ 241 页“支配地位”。

[425] 案例 1001/1/1/01［2002］CAT 1，第 164 段。

[426] 公平交易办公室于 2008 年 11 月 18 日作出的决定，第 5. 6 ~ 5. 7 段。

[427] 案例 1249/5/7/16［2017］CAT 10，第 134 段。

[428] 案例 1046/2/4/04 和 1032/2/4/04（IR）［2006］CAT 36。

[429] 同上，第 185 段。

[430] 《市场支配力评估指南》，第 2. 9 段。

[431] 参见第 5 章第 225 ~ 227 页“欧盟委员会《第 102 条执法重点指南》”。

[432] OJ［2009］C 45/7，第 10 段。

[433] 竞争与市场管理局于 2016 年 12 月 7 日作出的决定，第 4 节，关于此问题的上诉案例 1275/1/12/17 etc *Flynn Pharma Ltd v CMA*，尚未裁决。

律中存在50%或以上的支配地位推定[434]，并补充说，竞争与市场管理局不太可能认为市场份额低于40%的企业将占据支配地位。[435] 然而，在*NCNN*案中，通信管理局得出结论认为，由于有足够的其他因素表明市场支配地位，即使BT的市场份额低于31%[436]。

第3.3段指出，一项经营活动的竞争制约因素之一来自相关市场内的现有竞争者，市场份额有助于评估这一制约因素的程度。[437] 该指南的第4部分更详细地讨论了市场份额。在企业拥有持续高市场份额的地方，市场支配力更有可能存在。[438] 重要的是一段时间内市场份额的发展，而不是在单个时间点上的计算。[439] 该指南解释了为何市场份额可能不是可靠的市场支配力判断标准的各种原因，例如，由于进入壁垒低或市场是一个“竞标市场”[440]。在最近开放的国家电网中提供家用燃气表市场的情况下，竞争上诉法庭将市场份额高达89%作为市场支配力的一种指标，但并未提出市场支配地位的推定。[441] 同样，在*Socrates v Law Society*案[442]中，竞争上诉法庭表示，企业拥有100%的相关市场这一事实“显然是相关的，但并不自动意味着它具有重要的市场支配力”[443]。在该案例中，竞争上诉法庭认为律师协会只有在其产权转让质量计划成为大多数产权转让律师事务所必不可少的或“必备”产品之后，才占据支配地位。[444]

该指南第4.6～4.8段提供了有关计算市场份额的方法的见解。

（b）进入壁垒

该指南第3.3段指出，企业的竞争制约因素之一来自潜在的竞争，而进入壁垒与此问题有关。该指南的第5部分讨论了进入壁垒；第5.1段解释说，现有企业可能会遇到扩张障碍，并且可以用与进入障碍相同的方式来分析这些障碍。进入壁垒对于评估潜在竞争性很重要：它们越低，潜在竞争越有可能阻止

---

[434] 参见第5章第233～234页“如果企业的市场份额达到或超过50%，则根据*AKZO*案推定为具有支配地位”。

[435] 欧盟委员会在有关第102条执行优先权的指南中也指出了同样的观点，第14段。

[436] 通信管理局于2008年8月1日作出的决定，第5.1～5.166段。

[437] 市场份额数据无法得出有关竞争约束的任何信息，而竞争约束是由于市场中现有公司的扩张能力而产生的。

[438] 《市场支配力评估指南》，第4.2段。

[439] 同上，第4.2段。

[440] 参见第1章第50～51页“市场份额”。

[441] 案例1099/1/2/08［2009］CAT 14，第51段。

[442] 案例1249/5/7/16［2017］CAT 10；另见案例*Investigation into BT's residential broadband pricing*，通信管理局于2010年11月2日作出的决定，第3.61段。

[443] 案例1249/5/7/16［2017］CAT 10，第120段。

[444] 同上，第122～137段。

已经在市场中的企业行使市场支配力。[445]

该指南承认，有多种方式对进入壁垒进行分类；它从6个方面来研究问题：[446]

- 沉没成本：也就是说，进入市场必须发生的成本，但是在退出市场时无法收回的成本；这样的成本使既有的企业比潜在进入者更具优势[447]；
- 难以获得主要投入品和分配网点：如果既有企业有特权获得稀缺的投入品或分配网点（例如基本设施或知识产权），则可能存在进入壁垒[448]；
- 法规：例如，限制在市场上经营的有执照的企业的数量，或者既有企业能够满足但新进入者难以满足的标准，可能构成进入壁垒[449]；
- 规模经济：企业可能需要大规模进入市场这一事实可能构成进入壁垒[450]；
- 网络效应：就像规模经济一样，网络效应会使新企业难以进入相对于市场规模而言最小可行网络规模较大的市场[451]；
- 排他性行为：掠夺、挤压利润和拒绝供应等行为可能成为进入市场的障碍。[452]

该指南讨论了评估进入壁垒的影响的方法，以及企业在希望辩称潜在竞争（即没有进入壁垒）等于对其行为的有效竞争约束时应援引的证据类型。[453]

（c）评估市场支配力的其他因素

《市场支配力评估指南》的第6部分考虑了与市场支配力评估相关的其他事项。这些包括：

- 买方力量：买方力量可能会限制企业的市场力量；但是，购买者的权力并不仅仅取决于规模：购买者必须选择供应商，[454] 这是竞争上诉法庭在

---

[445] 《市场支配力评估指南》，第5.2段。

[446] 同上，第5.6段。

[447] 同上，第5.8～5.11段；参见如 *Unfair pricing in respect of the supply of phenytoin sodium capsules in the UK*，竞争与市场管理局于2016年12月7日作出的决定，第4.263～4.267段，开发药品和获得市场许可的成本是沉没成本。

[448] 《市场支配力评估指南》，第5.12～5.15段。

[449] 同上，第5.16～5.17段；参见如案例 *Reckitt Benckiser plc*，公平交易办公室于2011年4月12日作出的决定，第5.45～5.47段，在某些法规中，某些药品处方的监管限制被视为进入市场的障碍。

[450] 《市场支配力评估指南》，第5.18～5.20段。

[451] 同上，第5.21～5.22段。

[452] 同上，第5.23～5.28段。

[453] 同上，第5.29～5.36段。

[454] 同上，第6.1～6.4段。

Genzyme 案[455]和 *National Grid* 案[456]中所强调的一点。

• 行为和表现：被调查企业的行为和表现可以提供市场支配力的证据[457]；在 *Phenytoin* 案[458]，竞争与市场管理局发现，Pfizer 和 Flynn Pharma 都能够始终将价格设定为明显高于适当的成本衡量标准和合理的回报率，并且都持续获得超额利润率。

• 经济法规：经济法规可能会阻止企业将价格提高到竞争水平之上，尽管这本身并不意味着企业没有市场支配力。[459] 在 *Napp* 案[460]中，竞争上诉法庭拒绝了"药品价格管制计划"的论点，该计划将企业所有品牌处方药的总销售收益率限制在国家卫生服务局的下限，这意味着 Napp 没有处于支配地位。[461] 在 *Phenytoin* 案[462]中，竞争与市场管理局拒绝了有关卫生和社会事务大臣有权对苯妥英钠胶囊的价格施加法定上限的论点。它还认为，卫生部没有足够的反补贴力量来降低该药物的价格。

在 *ATG Media* 案[463]中，竞争与市场管理局认为 ATG 的内部文件与其初步观点有关，即 ATG 在向拍卖行提供实时在线竞价拍卖平台服务方面占据支配地位。

（d）超支配

在 *Napp* 案[464]中，竞争上诉法庭认识到某些企业可能是"超支配"的，因此其承担的不损害竞争的"特殊责任"可能尤其繁重。[465] 在 *BT Broadband* 案[466]

---

[455] 案例 1016/1/1/03 *Genzyme Ltd v OFT*［2004］CAT 4，第 241～289 段。

[456] 案例 1099/1/2/08 *National Grid plc v Gas and Electricity Markets Authority*［2009］CAT 14，第 60～78 段。

[457] 同上，第 6.5～6.6 段。

[458] *Unfair pricing in respect of the supply of phenytoin sodium capsules in the UK*，竞争与市场管理局于 2016 年 12 月 7 日作出的决定，第 4.222～4.225 段，上诉案例 1275/1/12/17 etc *Flynn Pharma Ltd v CMA*，尚未裁决。

[459] 同上，第 6.7 段。

[460] 案例 1001/1/1/01 *Napp Pharmaceutical Holdings Ltd v Director General of Fair Trading*［2002］CAT 1。

[461] 同上，第 161～168 段；相似案例参见 *Paroxetine*，竞争与市场管理局于 2016 年 2 月 12 日作出的决定，第 4.125 段。

[462] 案例 *Unfair pricing in respect of the supply of phenytoin sodium capsules in the UK*，竞争与市场管理局于 2016 年 12 月 7 日作出的决定，第 4.282～4.314 段；上诉案例 1275/1/12/17 etc *Flynn Pharma Ltd v CMA*，尚未裁决。

[463] *Decision to accept binding commitments offered by ATG Media in relation to live online bidding auction platform services*，竞争与市场管理局于 2017 年 6 月 29 日作出的决定，第 3.11 段。

[464] 案例 1001/1/1/01 *Napp Pharmaceutical Holdings Ltd v Director General of Fair Trading*［2002］CAT 1，第 219 段。

[465] 同上，第 219 段；进一步的阐述，请参见第 5 章第 240～241 页"市场支配力和超支配程度"。

[466] 通信管理局于 2003 年 7 月 11 日作出的决定。

中，BT在相关市场中占有65%～70%的市场份额，但并未被发现占据超支配地位[467]。铁路管理局在 *English Welsh & Scottish Railway* 案[468]中指出，EW&S具有“非常高的市场支配力”，在确定其“特殊责任”的范围时应予以考虑。

（ix）滥　用

（a）评估滥用

1998年英国竞争法第18条第2款列出了一份与《欧盟运行条约》第102条相同的非穷尽滥用清单。与第102条不同，第18条第1款和第2款所指的“行为”构成滥用，而不仅仅是滥用。很难看出“行为”一词的使用在欧盟版本上有何改进，事实上，这并不完全恰当：例如，毫无疑问，在某些情况下，拒绝供应可能构成滥用支配地位；从语义上讲，将不作为定性为行为有些奇怪。

竞争上诉法庭指出，第2章禁止规定所保护的首要利益是竞争的过程，最终是消费者的利益，而不是特定竞争者的私人利益；但是在某些情况下，保护竞争过程一定要考虑竞争者的情况[469]。

在 *National Grid v Gas and Electricity Markets Authority* 案[470]中，上诉法院裁定，在滥用案件中，没有必要单独询问占支配地位的企业是否偏离了“正常竞争”或“利用优势竞争”：这些概念不够明确，无法依法确定。相反，有必要“全面”审视行为，并从专家的角度来判决是否滥用行为。法院补充说，尽管有一些基准可用来考虑特定行为（例如掠夺性定价或拒绝供应）是否构成滥用，但并不能因此认为所有关于滥用的指控都必须有一个基准，更不用说只用一种基准，就准确地指出合法行为与违法行为之间的界限。滥用案件“对事实高度敏感，并取决于对各种因素的评估”[471]。Mann法官在 *Purple Parking v Heathrow Airport* 案[472]中说，没有必要将滥用支配地位的案件纳入既定滥用案件的任何特定的“限制”（pigeon－hole）。[473]

在 *Streetmap v Google* 案[474]中，Roth法官认为，如果反竞争效应不是针对占

---

[467] 同上，第2.23段。

[468] 铁路管理局于2006年11月17日作出的决定。

[469] 案例1046/2/4/04 *Albion Water Ltd v Director General of Water Services*［2005］CAT 40，［2006］CompAR 269，第262段。

[470] ［2010］EWCA Civ 114。

[471] 同上，第54段；相似案例参见Mann法官在 *Purple Parking Ltd v Heathrow Airport Ltd*［2011］EWHC 987（Ch）中的判决，第102段。

[472] ［2011］EWHC 987（Ch）。

[473] 同上，第75～108段。

[474] ［2016］EWHC 253（Ch）。

支配地位的市场，而是针对单独的关联市场，则反竞争效应可能会构成滥用。[475] 法官还说，原则上，如果一家占支配地位的企业通过其在支配市场上的权力，在不占支配地位市场的独特市场上出售其单独产品的优惠，可能会构成滥用。具有强化其在其他市场上的地位的作用，并且不能客观地证明其合理性。法官进一步认为，在考虑效力问题时要适用的检验标准是该行为是否可能合理地损害市场的竞争结构。[476]

《关于滥用支配地位的指南》[477] 简要讨论了滥用的含义，但仅重复了《欧盟运行条约》第 102 条和 1998 年英国竞争法第 18 条中的内容。英国竞争主管机构在考虑排他性行为时将参考欧盟委员会关于《欧盟运行条约》第 102 条的执法重点指南，并已经多次援引。能源和铁路等特定行业的指南讨论了在这些市场情况下的滥用概念。[478] 在选择要调查的案例时，竞争与市场管理局还将适用竞争与市场管理局的优先原则[479]。

欧盟法院关于滥用含义的判例在实施第 2 章禁止规定方面具有很大的影响力，这尤其是因为 1998 年英国竞争法第 60 条第 2 款规定的义务[480]，因此，关于《欧盟运行条约》第 102 条，请读者参见第 5 章，对滥用的含义进行一般性讨论。[481] 有关滥用定价本身的详细信息，将在第 17 章（涉及非定价滥用）和第 18 章（涉及定价滥用）中进行详细讨论。在每一章中，都特别注意了第 2 章禁止规定的适用。[482]

（b）客观依据

占支配地位的企业可以通过证明其行为具有客观理由来抗辩滥用支配地位的指控。[483] 然而，在 *Dahabshiil Transfer Services v Barclays Bank* 案[484]中，Henderson 法官认为，"如果有解决问题的替代性、非滥用性解决方案"，则无法提供客观辩护。[485]

---

[475] 同上，第 59 段。

[476] 同上，第 60 段，第 88 段；另见案例 1252/1/12/16 *GlaxoSmithKline plc v CMA*［2018］CAT 4，第 425 段。

[477] OFT 402，2004 年 12 月。

[478] 这些指南在本章前面的"竞争与市场管理局指南"（第 419 ~421 页）中列出。

[479] CMA 16，2014 年 4 月：参见第 10 章第 489 ~501 页"询问和调查"。

[480] 参见本章第 476 ~477 页"'与竞争有关的问题'"。

[481] 参见第 5 章第 243 ~265 页"滥用"。

[482] 大致参见第 17 章和第 18 章。

[483] 案例 1016/1/1/03 *Genzyme Ltd v OFT*［2004］CAT 4，第 577 ~578 段；参见第 5 章第 266 ~267 页"客观理由"。

[484]［2013］EWHC 3379（Ch）。

[485] 同上，第 74 段。

占支配地位企业必须提出必要的论据和证据，以证明其行为是客观合理的。在 *Cardiff* 案中，公平交易办公室并未被 Cardiff Bus 推出新巴士服务的解释所说服，因为它无法产生任何同时期的证据来表明引入该服务是为了测试市场对“最基本的”服务的需求，而不仅仅是削弱它的主要竞争者[486]。在 *Purple Parking v Heathrow Airport* 案中，Mann 法官认为，出于拥堵、安全、安保或环境方面的考虑，拒绝提供希思罗机场设施的访问没有客观理由[487]；在 *Paroxetine* 案[488]中，竞争与市场管理局不接受 GlaxoSmithKline 的行为是客观合理的，向潜在的竞争者付款以延迟其进入市场的努力并不构成对 GlaxoSmithKline 专利权的合法辩护。在一些案例中，法官接受了客观辩护。在 *Floe Telecom v OFCOM* 案[489]中，竞争上诉法庭认为通信管理局应该进行更广泛的调查，然后得出结论，Vodafone 拒绝供应是客观上合理的[490]。当通信管理局根据竞争上诉法庭的观察重新审查此事时，它仍然认为 Vodafone 的行为是客观上合理的。[491] 通信管理局在 *VIP Communication* 案[492]中认为 T－Mobile 拒绝提供 VIP 是客观上合理的，其理由与 *Floe* 案中所采用的理由相同[493]。铁路和公路办公室接受了 *NTM Sales and Marketing Ltd v Portec Rail Products*（*UK*）*Ltd* 案[494]提出的客观辩护。公平交易办公室在 *Flybe* 案[495]中表示，将准备判决 Flybe 对于新进入的航空路线遭受损失具有客观理由，因此它没有滥用占支配地位[496]，但是公平交易办公室出于其他原因而作出判决认为没有采取行动的理由。在 *Streetmap v Google* 案[497]中，高等法院认为，谷歌的歧视性行为不太可能引起反竞争性的封锁，即使它确实产

---

[486] 公平交易办公室于 2008 年 11 月 18 日作出的决定，第 1. 13 段和第 7. 27 段。

[487] ［2011］ EWHC 987（Ch），第 179～238 段；在 *Arriva The Shires Ltd v London Luton Airport Operations Ltd*［2014］ EWHC 64（Ch）第 131～165 段中，对客观理由的辩护也被驳回。

[488] 竞争与市场管理局于 2016 年 2 月 12 日作出的决定，第 8. 60～8. 68 段，案例 1252/1/12/16 *GlaxoSmithKline plc v CMA*［2018］ CAT 4，竞争上诉法庭决定向欧洲法院询问 GlaxoSmithKline 是否通过签订 3 项专利和解协议滥用了其支配地位。

[489] 案例 1024/2/3/04［2004］ CAT 18。

[490] 同上，第 334～339 段。

[491] 2005 年 6 月 28 日作出的决定，第 246～312 段，在竞争上诉法庭上诉中维持原判案例 1024/2/3/04［2006］ CAT 17 和上诉法院的上诉案例 *Office of Communications v Floe Telecom Ltd*［2009］ EWCA Civ 47。

[492] 通信管理局于 2005 年 6 月 28 日作出的决定；向竞争上诉法庭上诉被驳回的案例 1027/2/3/04 VIP *Communications Ltd*（*in administration*）*v OFCOM*［2009］ CAT 29。

[493] 同上，第 239～254 段。

[494] 铁路管理局于 2005 年 8 月 19 日作出的决定，第 168～185 段。

[495] 公平交易办公室于 2010 年 11 月 5 日作出的决定。

[496] 同上，第 6. 97～6. 108 段。

[497] ［2016］ EWHC 293（Ch）。

生了这样的效果，但客观上是合理的[498]。Streetmap 提出的替代方案都没有实现在没有不当地拖延或增加成本的前提下，在 Google 搜索引擎上显示缩略图的合法目标。[499]

(c) 效　率

占支配地位的企业可能会基于效率理由为排他性行为辩护。竞争与市场管理局将参考欧盟委员会的《关于〈欧盟运行条约〉第 102 条执法重点的指南》[500]，该指南解释说，在“效率辩护”获得成功之前，必须满足 4 个条件（以第 101 条第 3 款为模型）[501]；这是一种合理的方法，欧洲法院也同意这种方法[502]。证明效率抗辩的可用性的举证责任在于占支配地位企业。

在 *BT Wholesale Calls Pricing* 案[503]中，通信管理局拒绝了有关 BT 施加保证金紧缩的申诉，部分原因是 BT 行为的效率合理[504]，部分原因是没有充分的反竞争影响证据。在 *Paroxetine* 案[505]中，竞争与市场管理局拒绝了 GlaxoSmithKline 的说法，因为新的入境结果导致英国国家医疗服务体系的价格降低，GlaxoSmithKline 的专利和解已经提高了效率，因为这不会对药店收取的价格产生有意义的影响。价格下跌的事实是由于特定行业的监管，而不是 GlaxoSmithKline 的行为。

(d) 次要行为

次要行为不能被处以罚款[506]：这就是即使公平交易办公室认定 Cardiff Bus 构成滥用行为但没有被罚款的原因[507]；这不适用于《欧盟运行条约》第 102 条的违法行为。

(e) 第 1/2003 号条例第 3 条第 2 款

但是，不滥用的单方行为可能要遵守更严格的国家规定。[508]

---

[498] 同上，第 142 ~ 176 段。

[499] 同上，第 142 ~ 176 段；相称性原则并不要求采用另一种方法，这种方法在成本大幅度增加或造成不合理负担方面效率要低得多：同上，第 149 段。

[500] OJ［2009］C 45/7，第 30 段。

[501] 同上。

[502] 案例 C – 209/10 *Post Danmark A/S v Konkurrencerådet* EU:C:2012:172，第 42 段。

[503] 通信管理局于 2013 年 6 月 20 日作出的决定。

[504] 同上，第 1. 5 段和第 7. 248 ~ 7. 249 段（根据英国电信向零售商批发端到端语音电话的合同之一，避免经济上效率低下的投资）。

[505] 竞争与市场管理局于 2016 年 2 月 12 日作出的决定，第 8. 69 ~ 8. 74 段。

[506] 参见第 10 章第 517 ~ 518 页“小型协议和次要行为豁免”。

[507] 参见本章第 459 ~ 473 页“第 2 章禁止规定”。

[508] 参见第 2 章第 95 页“冲突：《欧盟运行条约》第 102 条”。

(B) 排 除

(i) 受英国或欧盟合并控制的合并除外

第2章的禁止规定不适用于导致相关合并情况[509]或具有欧盟规模的集中[510]行为。如前所述，这种排除与第1章限制中的合并排除密切相关。[511]

(ii) 2000年英国金融服务和市场法

取消了根据2000年英国金融服务和市场法的规定执行第2章禁止行为的规定。[512]

(iii) 其他除外规定

竞争法第19条第1款规定，第2章的禁止规定不适用于被附表3排除的案件。[513] 附表3中的某些例外情况仅适用于第1章的禁止规定；但是，附表3第4段（具有一般经济利益的服务）、第5段（符合法律要求）、第6段（避免与国际义务发生冲突）和第7条（公共政策的特殊和强制性原因）也排除了第2章禁止规定。

5. “管理原则条款”：1998年英国竞争法第60条

本章的这一节研究了竞争法第60条中的“管理原则条款”，该条款要求在适用的情况下，在英国国内和欧盟竞争法中应保持一致。第60条规定了适用于确定与英国内部竞争有关的问题的管理原则。本质上，该原则是该法与欧盟法律之间应保持一致；第60条也适用于因公司董事丧失资格的规定而引起的问题。[514] 第60条使英国竞争主管机构和法院在根据该法作出判决时可以适用欧盟竞争法。

一旦了解了英国脱欧的详细安排以及英国与欧盟之间的任何相关协议，就需要考虑是否应该废除或修改第60条规定的职责。[515]

---

[509] 1998年英国竞争法第19条和附表1，第2段（“正常”合并）。

[510] 同上，第19条和附表1第6段。

[511] 参见本章第444～446页“附表1：合并和集中”。

[512] 2012年金融服务和市场法，第19章，第1段；参见本章第447页“2000年英国金融服务和市场法”。

[513] 有关附表3的讨论，参见本章448～451页“附表3：一般除外情况”。

[514] 参见1986年公司董事资格取消法第9A条第11款，2002年英国企业法第204条。

[515] 关于赞成和反对保留第60条的论点，请参阅英国脱欧竞争法工作组的报告，可在www. bclwg. org上查阅；关于the Commercial Bar Association，可在www. combar. com上查阅。

（A）第60条第1款

第60条第1款规定了“管理原则”条款的目的：第60条第2款和第3款规定了产生的义务。第60条第1款规定：

> 本部分的目的是确保在可能的情况下（考虑到相关规定之间的任何相关差异），以与英国法律相一致的方式审理根据本部分在英国境内发生的与竞争有关的问题。审理［欧盟］法律中与［欧盟］内部竞争有关的相应问题。

一致性的目标不是绝对的：只有在考虑到“相关差异”的情况下，才“尽可能”地设想一致性，并且对于“与竞争有关”出现的“相应问题”是必需的。这意味着除非竞争主管机构或法院被该法该部分的某些规定驱使作出不同的解释，否则应当遵循欧盟的判例。[516] 如果欧盟法院判例法的事实情况与英国案件不同，在 *BetterCare* 案中，竞争上诉法庭认为其第60条的职责是“以我们认为欧洲法院认为的方式审理竞争法问题”。关于该法院可能遵循的原则和推理，我们将采取这种做法。[517] 竞争上诉法庭在 *UKRS Training v NSAR* 案[518]中说，第60条在英国国内和欧盟竞争法之间建立了“一致性原则”。

（i）“尽可能”

第60条的目的是“尽可能”地实现一致性。显然，如果该法的规定与欧盟法律有明显不同，则不可能做到这一点：下一节将举例说明。在特定案例下有疑问的地方，这些词表示存在倾向于保持与欧盟法律一致的政策偏好。

（ii）“考虑到任何相关差异”

一个关键问题是确定欧盟法律与该法之间的任何“相关差异”。立法本身表面上出现了一些例子，例如，其中包含一些欧盟法律无法提供的排除条款；[519] 该法保护与内部律师交流的法律专业特权，这是欧盟法律中所不存在的[520]；竞争法对合并的排除范围比欧盟法律所规定的范围宽；并且该法对排除

---

[516] 参见 *HL Consideration of Commons' Amendments*，1998年10月20日，专栏1383（Lord Simon of Highbury）。

[517] 案例1006/2/1/01 *BetterCare Group v Director General of Fair Trading*［2002］CAT 7，第32段。

[518] 案例1258/5/7/16［2017］CAT 14，第55段；相似案例参见 *Streetmap v Google*［2016］EWHC 293（Ch），第38段。

[519] 关于第1章和第2章禁止规定的排除规定参见本章第443～453页“第1章禁止规定：排除的协议”和第473页“排除”。

[520] 参见第10章第496～497页“法律专业特权”。

特定协议作出了具体规定，尽管意义不大，因为已经停止了将纵向协议和土地协议排除在第1章的禁止范围之内。[521]

另外，竞争法规定的程序和执行规则与欧盟法律不同。例如，针对竞争与市场管理局和行业监管机构的某些判决向竞争上诉法庭提出“根据案情*”的上诉，而竞争上诉法庭有权将案件移交给竞争主管机构[522]；在欧盟，废止申请可能没有那么广泛的补救措施。[523] 一个程序上的差异是，英国有关宽大处理的规定与欧盟中的规定有所不同。征收时效期限和罚款水平的计算方法也是如此；竞争上诉法庭说，英国国内和欧盟的法律与实践在确定罚款方面有很大的区别。[524]

另一个相关差异的例子（但该法表面上并不明显）是适用欧盟竞争法，部分考虑了单一市场一体化的目标。据推测，不必为此目的适用1998年英国竞争法，因为市场整合的目标与英国竞争中的竞争目标“存在显著差异”：这可能会导致市场竞争方式的某些分歧。适用第1章和第2章的禁止规定以及《欧盟运行条约》第101条和第102条。公平交易办公室在 *Newspapers and magazine distribution* 案中认为，法院不太可能将单一市场整合问题引入国内竞争分析。[525]

在特定情况下可能会产生相关差异，例如，电信部门的特定特征可能意味着应该使用与法院在 *AKZ0* 案[526]中建议的价格评估方法不同的成本评估价来衡

---

[521] 1998年英国竞争法第50条参见第452页“第50条：纵向协议”和第452~453页“第50条：土地协议”；在案例1006/2/1/01 *BetterCare Group v Director General of Fair Trading* ［2002］ CAT 7，第288段 竞争上诉法庭对附表3第5段是否与欧盟法律有明显不同持开放态度。

* on the merits，这一概念试图评估这种行为的影响，而不是其形式。——译者注

[522] 参见例如案例1005/1/1/01 *Aberdeen Journals v Director General ofFair Trading* ［2002］ CAT 4，第190段；同样，竞争上诉法庭认为其有权以自己作出上诉判决作为先例适用的权利也与此相关：参见案例CAT 3，第51段。

[523] 参见第10章第518~524页“宽大处理”。

[524] 参见例如案例1120/1/1/09 *Quarmby Construction Co Ltd v OFT* ［2011］ CAT 11，第43~48段（在有限的时期内），适用于 *Paroxetine* 案，竞争与市场管理局于2016年2月12日作出的决定，第K.14~K.17段；案例1117/1/1/09 etc *GF Tomlinson Building Ltd v OFT* ［2011］ CAT 7，第100~102段（关于设定罚款的方法）。

[525] OFT 1025，2008年10月，第4.13段。

[526] OFT 417，2000年2月，第7.6~7.19段，在这种情况下，公平交易办公室（现为竞争与市场管理局）和通信管理局将考虑长期的增量成本，而不是使用平均可变成本和平均总成本对欧盟进行所占市场份额评估；另见案例1007/2/3/02 *Freeserve. com plc v Director General of Telecommunications* ［2003］ CAT 5，第212~225段。

量所谓的掠夺性定价。[527]

在 *Aberdeen Journals v OFT* 案[528]中，竞争上诉法庭得出结论，无须在第2章禁止规定中的“影响贸易”一词中引入“显著度”规则，这与《欧盟运行条约》第102条中对“贸易影响”的检验是“相关差异”。[529]

（iii）“对应问题”

在 *MasterCard* 案[530]中，公平交易办公室认为该案中所考虑的问题与欧盟委员会在 *Visa International—Multilateral Interchange Fee* 案[531]中作出的先例“不符”，因为后者涉及跨境支付系统，而英国案涉及的纯粹是国内支付系统。[532]竞争上诉法庭和高等法院针对欧盟委员会在 *MasterCard* 案[533]中作出的决定采取类似的方法，随后针对 MasterCard[534] 和 Visa[535] 提起了损害赔偿诉讼。

（iv）“与竞争有关的问题”

保持一致性的责任仅在存在“与竞争有关的问题”时出现。显然，这项义务适用于根据第1章和第2章的禁止规定产生的实质性问题。目前尚不清楚该义务是否也适用于执行禁止条款的程序。可以合理地认为，公共和私人执法的程序规则本身并不会引起“关于竞争”的问题。实际上，对于竞争与市场管理局或法院来说，遵循与欧盟法律相同的详细程序可能是不可取的。但是，负责部长在上议院中承认竞争法第60条的确吸收了欧盟法律的一般原则以及有关《欧盟运行条约》第101条和第102条本身的具体判例，除了有相关差异的部分[536]。这些一般原则包括平等、法律确定性、合法期望、比例原则和反对自证其罪的特权：每一项原则在欧盟法律中都有明确规定。[537] 欧盟法律的其他

---

[527] 另见《英国竞争法在水业和污水处理行业的适用指南》，OFT 422，2010年3月，第4.39～4.40段；案例 C-62/86 *AKZO v Commission* U：C：1991：286，参见第18章第919～921页“*AKZO v Commission* 案中确立的规则及后续案件”。

[528] 案例 1009/1/1/02［2003］CAT 11。

[529] 同上，第459～460段。

[530] 公平交易办公室于2005年9月6日作出的决定。

[531] OJ［2002］L 318/17。

[532] 同上，第97～106段。

[533] 欧盟委员会于2007年12月19日作出的决定。

[534] 案例 1241/5/7/15（T）*Sainsbury's Supermarkets Ltd v MasterCard Inc*［2016］CAT 11，第26段；*Asda Stores Ltd v MasterCard Inc*［2017］EWHC 93（Comm），第80～82段。

[535] *Sainsbury's Supermarkets Ltd v Visa Europe Services LLC*［2017］EWHC 3047（Comm），第138～139段。

[536] 英国议会上院委员会，1997年11月25日，专栏960～963。

[537] 参见：DASHWOOD A，DOUGAN M，RODGER B J，et al. Wyatt and Dashwood's European Union Law［M］. 6th ed. London：Hart，2011：ch 7.

一般原则是，有义务充分准确地说明作出决定的理由[538]，即善治[539]、查阅案卷的权利[540]和诉讼地位平等[541]的原则。

竞争上诉法庭在考虑由公平交易办公室发出的反对意见中是否存在程序缺陷时[542]，在 *Apex v OFT* 案[543]中广泛引用了欧盟法院的判例。在 *Pernod - Ricard v OFT* 案[544]中，竞争上诉法庭认为出于第60条第2款的目的，第三方申诉人在竞争程序中的权利产生了一个间接“与竞争有关”的问题[545]。但是竞争上诉法庭在 *Dorothy Gibson v Pride Mobility Products* 案[546]中，由于适用于私人诉讼的各种程序规则并不是“关于竞争”的问题，因此提出了集体诉讼要求损害赔偿的申请。

（B）第60条第2款和第3款

第60条第2款和第3款规定：

> （2）任何时候法院[547]确定根据本部分引起的问题，都必须采取行动（只要与本部分的规定[548]相符以及是否需要以其他方式这样做），以确保以下两者之间没有不一致之处[549]：
>
> （a）法院在确定该问题时所采用的原则和作出的判决；和

---

[538] 案例 T-241/97 *Stork Amsterdam BV v Commission* EU:T:2000:41，第74段；说明理由的义务也载于《欧盟运行条约》第296条。

[539] 案例 T-127/98 *UPS Europe SA v Commission* EU:T:1999:167，第37段。

[540] 案例 T-25/95 etc *Cimenteries CBR SA v Commission* EU:T:2000:77，第142段。

[541] 同上，第143段；参见使英国国内惯例与欧盟法律保持一致，并已由竞争与市场管理局委员会采用的让第三方参与竞争法调查，OFT 451，2006年4月。

[542] 案例 1032/1/1/04［2005］CAT 4。

[543] 同上，第92~100段。

[544] 案例 1017/2/1/03［2004］CAT 10。

[545] 同上，第228~234段；注意案例 *Asda Stores Ltd v MasterCard Inc*［2017］EWHC 93（Comm），第58（3）段提到第60条的效果是将欧盟竞争法的实质性原则应用于第1章的禁止规定。

[546] 案例 1257/7/7/16［2017］CAT 9，第66~67段；另见案例 1120/1/1/09 *Quarmby Construction Co Ltd v OFT*［2011］CAT 11，第43段，区分了和 limitation periods 相关的 *Pernod*。

[547] 在这种情况下，“法院”甚至包括竞争与市场管理局和行业监管机构：1998年英国竞争法第60条第5款。

[548] 该法的“本部分”涉及与禁止和强制执行有关的所有事项，但不涉及根据2002年英国企业法进行的调查。

[549] 1998年英国竞争法第60条第1款将目标设定为肯定，并且比该双重否定要好。

(b) 条约[550]和欧盟法院[551]规定的原则，以及该法院当时在确定［欧盟］法律中出现的任何相应问题时适用的任何相关判决。

(3) 法院还必须考虑到欧盟委员会的任何有关判决或声明。

(i) 一致性义务

在确定当时可能适用的相应问题时，必须在所适用的原则与英国国内当局或法院的判决与条约和欧盟法院规定的原则，以及这些法院的任何判决之间保持一致。如前所述，欧盟法律的一般原则，例如平等原则和比例原则，将根据竞争法第60条第2款的规定引入。

(ii) 考虑欧盟委员会的判决或声明

根据竞争法第60条第3款的规定，竞争主管机构和法院必须“考虑”欧盟委员会的任何相关判决[552]或声明；此义务比确保竞争法第60条第2款中没有不一致之处的义务要小。不包括部长理事会[553]或欧洲议会等其他机构的判决和声明。该法案本身并未解释欧盟委员会声明的含义。但是，竞争与市场管理局认为，声明必须具有欧盟委员会的整体权力，例如，根据第101条和/或第102条作出的个案决定、委员会通告以及在其发布的有关其政策方针的年度竞争政策报告[554]中的明确声明。在*Albion Water*案[555]中，上诉法院裁定，竞争上诉法庭是正确的，可以参考相关的欧洲委员会通知[556]和判例法[557]制定的价格挤压测试。

公平交易办公室在*MasterCard*案[558]中表示，“尊重”欧盟委员会的判决和声明的责任并不意味着遵守这些判决是明智之举，而只是认真考虑它们。[559] 高

---

[550] 在这种情况下，“条约”是指《欧盟运行条约》：1998年英国竞争法第59条第1款；它不适用于以前的欧洲煤钢共同体条约或欧洲经济区协议下的判例或决定。

[551] “欧盟法院”同时指欧洲法院和欧盟普通法院：同上；未提及司法大臣的意见，关于后者，见Buxton LJ在*Napp Pharmaceutical Holdings Ltd v Director General of Fair Trading*［2002］EWCA Civ 796中的观点，尽管如此，他的观点还是“重要而权威的”；欧洲自由贸易联盟法院也是如此。

[552] 关于决定的含义，参见1998年英国竞争法第60条第6款。

[553] 因此，无须考虑诸如理事会纪要中有关《欧盟合并条例》的法规或第1/2003号条例之类的文件，尽管它们在特定情况下可能是相关的。

[554] *Modernisation*，OFT 442，第4.11段。

[555] 案例*Dŵr Cymru Cyfyngedig v Albion Water Ltd*［2008］EWCA Civ 536。

[556] 《关于竞争规则电信行业接入协议适用的通知》OJ［1988］C 265/2。

[557] *Dŵr Cymru Cyfyngedig v Albion Water Ltd*［2008］EWCA Civ 536，第105段，尤其是指欧盟竞争法院在案例T-271/03 *Deutsche Telekom v Commission* EU:T:2008:101中作出的判决，上诉维持原判案例C-280/08 *P Deutsche Telekom v Commission* EU:C:2010:603。

[558] 公平交易办公室于2005年9月6日作出的决定。

[559] 同上，第107~116段。

等法院在 *Asda v MasterCard* 案[560]中表示，它将重视欧盟委员会的《第 101 条第 3 款指南》[561]，尽管要记住它们只是指南，需要灵活而不是机械地适用。

(iii) 提述欧洲法院

竞争上诉法庭、英格兰和威尔士的上诉法院、苏格兰的上诉法院、北爱尔兰的上诉法院和英国的最高法院可以向欧洲法院提起上诉，以根据《欧盟运行条约》第 267 条作出初步裁决。第 10 章将进一步讨论。[562]

(C) 第 1/2003 号条例

第 1/2003 号条例要求，如果欧盟成员国的国家竞争主管机构或法院适用该国国内的竞争法，则它们必须在协议或行为对成员国之间的贸易产生影响的范围内，也适用《欧盟运行条约》第 101 条和/或第 102 条。[563] 竞争法第 2 章的最后部分讨论了英国竞争法与欧盟之间的关系，特别是适用比欧盟更严格的规则的范围。[564] 自第 1/2003 号条例[565]通过以来，以和谐统一的方式适用欧盟和英国国内竞争规则一直没有困难，尽管欧盟委员会已表示，单方行为标准的明显分歧是一个值得进一步评估的领域。[566]

英国脱欧后，第 1/2003 号条例将不再直接适用于英国，除非该条款的规定是根据与欧盟的新协议或过渡性协议保留的，或者明确纳入了英国国内立法。

6. 实践中的 1998 年英国竞争法

竞争与市场管理局会根据竞争法保留自己和行业监管机构通过的决策记录。本书随附的在线资源中提供了英国竞争主管机构通过的所有判决（包括上诉调整）的表格。表 9.1 列出了自本书第 8 版于 2015 年 2 月发布以来所采用的判决：该表的截止日期为 2017 年 12 月 8 日。

---

[560] ［2017］EWHC 93（Comm），第 83 段。

[561] OJ［2004］C 101/97；参见第 4 章第 206 ~ 208 页“欧盟委员会在《第 101 条第 3 款指南》中的处理方式”。

[562] 参见第 10 章第 564 ~ 565 页“《欧盟运行条约》第 267 条的援引”。

[563] 参见第 1/2003 号条例（OJ［2003］L 1/1）第 3 条。

[564] 参见第 2 章第 90 ~ 95 页“欧盟竞争法和英国竞争法之间的关系”。

[565] 参见欧盟委员会致欧洲议会和理事会的信函：第 1/2003 号条例执行情况的报告，COM（2009）206 决案，第 12 段、第 28 段和第 39 段。

[566] 同上，第 27 段。

表9.1　2015年2月6日至2017年12月8日CMA和行业监管机构根据1998年英国竞争法和/或《欧盟运行条约》第101条和第102条发布的决定和上诉

案例名	判决日期	结果	竞争上诉法庭上诉情况
Worldpay	2015年3月27日	不就Worldpay对Visa转换费的起诉采取临时措施	
Property sales and letting organisations	2015年5月8日	违反第1章禁止规定 罚款735000英镑	
Private ophthalmology	2015年8月20日	违反第1章禁止规定和《欧盟运行条约》第101条 注：和解 罚款382500英镑	
Paroxetine	2016年2月12日	违反第1章和第2章的禁止规定以及《欧盟运行条约》第101条 罚款4300万英镑	在2016年4月18日向竞争上诉法庭提出上诉：案例1252/1/12/16 etc *GlaxoSmithKline plc v CMA*［2018］CAT 4；on 27.3.18竞争上诉法庭于2018年3月27日援引了初步裁决
Online resale price maintenance in the bathroom fittings	2016年5月10日	违反第1章禁止规定和/或《欧盟运行条约》第101条 注：和解 罚款786668英镑	
Online resale price maintenance in the commercial refrigeration sector	2016年5月24日	违反第1章禁止规定和《欧盟运行条约》第101条 注：和解 罚款230万英镑	
Online sales of posters and frames	2016年8月12日	违反第1章禁止规定：横向定价 注：和解 罚款163371英镑 注：不符合公司资质的企业，2016年1月12日，2002年英国企业法规定以来第一次对企业不合资质的认定	

续表

案例名	判决日期	结果	竞争上诉法庭上诉情况
SSE NB：天然气和电力市场办公室	2016年11月3日	接受承诺解决电力连接市场中反竞争影响的担忧	
Pfizer and Flynn Pharma：phenytoin sodium capsules	2016年12月7日	违反第2章禁止规定和《欧盟运行条约》第102条 对Pfizer处以8420万英镑的罚款，对Flynn Pharma处以520万的罚款 注：2016年12月4月也向Pfizer Ltd发出罚款10000英镑的通知	案例274/1/12/16（IR）：Flynn申请临时救济，2016年12月23日；于2017年1月19日被拒绝［2017］CAT 1；实体案件正在上诉中，案例1276/1/12/17 *Pfizer Inc v CMA* 和案例75/1/12/17 *Flynn Pharma Ltd v CMA*
Model agencies	2016年12月16日	违反第1章禁止规定和《欧盟运行条约》第101条横向定价 罚款153万英镑	
Galvanised steel tanks	2016年12月19日	违反第1章禁止规定和《欧盟运行条约》第101条 注：和解（固定价格） 罚款260万英镑 作出了两个决定，一个是固定价格，另一个是Balmoral Tanks Ltd的信息交换	关于信息交换的上诉被驳回： 案例1277/1/12/17 *Balmoral Tanks Ltd v CMA*［2017］CAT 23
East Midlands International Airport/Prestige Parking Ltd NB： 民航局	2016年12月20日	违反第1章禁止规定 注：未处以罚款，因为英国东米德兰国际机场符合全面从宽处罚条件，且Prestige Parking公司不再进行相关交易	
Supply of products to the furniture industry	2017年3月27日	违反第1章禁止规定和《欧盟运行条约》第101条 罚款280万英镑 注：和解 作出了两个决定：一个关于抽屉包装；另一个关于抽屉前板	

续表

案例名	判决日期	结果	竞争上诉法庭上诉情况
Online resale price maintenance in the lightfittings sector	2017年5月3日	违反第1章禁止规定和/或《欧盟运行条约》第101条 注：和解 因为线上限制转售价格行为罚款270万英镑	
Residential estate agent services	2017年5月31日	违反第1章禁止规定 罚款37万英镑 注：混合处理措施 另请注意两个公司董事资格取消	
Auction services：ATG Media	2017年6月29日	接受承诺以解决在线实时竞标平台市场中的排他性做法的担忧	
Sports equipment sector	2017年8月24日	违反第1章禁止规定和《欧盟运行条约》第101条 罚款145万英镑	案例1279/1/12/17 *Ping Europe Ltd v CMA*；2017年10月25日经同意给予的临时救济
Showmen's Guild	2017年10月26日	接受承诺以解决游乐园协会规则引起的有关协调排斥行为的担忧	

（A）侵权判决总数

公平交易办公室发现34个违反第1章禁止规定和《欧盟运行条约》第101条的案例；其中之一是*Attheraces*案，完全是在上诉竞争上诉法庭时撤销的（参见下文）。自2014年4月1日起，竞争与市场管理局已发现16项违反第1章禁止规定和/或《欧盟运行条约》第101条的行为。

公平交易办公室有5次发现违反了第2章的禁止规定；铁路管理局、天然气和电力市场办公室和民航局都发现违反了第2章的禁止规定。竞争与市场管理局在两起案件中发现滥用支配地位。

在允许因宽大处理、和解和上诉而减少罚款之后，公平交易办公室、竞争与市场管理局和行业监管机构所处的罚款总额为 10030 亿英镑。

（B）竞争上诉法庭的侵权判决

竞争上诉法庭两次发现自己违反了第 2 章的禁止规定。发生这种情况的原因分别是公平交易办公室和水务监管局的非侵权判决。在 *Burgessv OFT* 案[567]中，竞争上诉法庭得出结论，W Austin & Sons 曾滥用支配地位，拒绝允许竞争者 Burgess 殡仪公司进入其火葬场。竞争上诉法庭得出结论，在 *Albion Water* 案[568]中，Dŵr Cymru 滥用保证金挤压了 Albion Water 的生存空间，从而阻止后者向威尔士的一家造纸厂供水。[569]

（C）对确认侵害判决的上诉

几项侵权判决已被上诉至竞争上诉法庭。它们中的大多数实质上得到了支持。*Football Shirts* 案[570]、*Genzyme* 案[571]、*the Construction bid rigging* 案[572]中的一些违法行为的调查结果因缺乏证据而被撤销。唯一被推翻的判决是 *Attheraces* 案[573]。公平交易办公室得出结论，赛马场集体出售未经许可的博彩公司协会（the non－Licensed Betting Office，non－LBO）的媒体权利在英国的 59 个赛马场进行赛马违反了第 1 章的禁止规定；并且不符合 1998 年英国竞争法第 9 条第 1 款的标准，该条为产生经济效率的限制性协议提供了辩护。赛马协会（和英国赛马委员会）向竞争上诉法庭提出上诉，竞争上诉法庭不赞成公平交易办公室的分析。[574] 竞争上诉法庭认为公平交易办公室无法正确界定相关市场。公平交易办公室界定了未经许可的博彩公司协会的媒体权利的市场，但是竞争上诉法庭认为这太狭窄了：竞争上诉法庭得出结论，这本身就是将判决撤销的充分理由[575]。但是竞争上诉法庭继续考虑是否如果公平交易办公室正确界定了

---

[567] 案例 1044/2/1/04［2005］CAT 25。

[568] 案例 1046/2/4/04［2006］CAT 36。

[569] *Dŵr Cymru Cyfyngedig v Albion Water Ltd*［2008］EWCA Civ 536；请注意，Albion 对竞争上诉法庭中的损失提起了诉讼，并命令 Dŵr Cymru 向 Albion 赔偿因其非法行为造成的损失 1854493 英镑：参见第 8 章第 404～406 页“损害赔偿”。

[570] 案例 1021/1/1/03 etc *JJB Sports plc v OFT*［2004］CAT 17。

[571] 案例 1016/1/1/03 *Genzyme v Office of Fair Trading*［2004］CAT 4。

[572] 案例 1118/1/1/09 *GMI Construction Holdings plc v OFT*［2011］CAT 12；案例 1121/1/1/09 *Durkan Holdings Ltd v OFT*［2011］CAT 6，第 93～125 段；案例 1122/1/1/09 *AH Willis & sons Ltd v OFT*［2011］CAT 3；案例 1124/1/1/09 *North Midland Construction plc v OFT*［2011］CAT 14，第 14～34 段。

[573] 公平交易办公室于 2004 年 5 月 10 日作出的决定。

[574] 案例 1035/1/1/04 etc *Racecourse Association v OFT*［2005］CAT 29。

[575] 司上，第 135～150 段。

相关市场，则集体销售构成对第1章禁止规定的违反。[576] 竞争上诉法庭采取了强有力的“常识性”方法来解决竞争是否受到案件事实限制的问题。竞争上诉法庭得出结论认为，集体销售在客观上是必要的，因为没有其他在经济上可行的方法出售有关权利的媒体权利。[577]

公平交易办公室的一项侵权判决引起了极大的复杂性和争议性的问题是 *Tobacco* 案[578]，其中涉及与烟草产品的竞争性零售价格有关的纵向协议。公平交易办公室的观点是，有关协议的目标是限制竞争，并且根据竞争法第9条第1款是没有道理的。帝国烟草和5家零售商向竞争上诉法庭提出上诉。竞争上诉法庭没有解决上诉提出的任何实质性问题，因为它得出的结论是，公平交易委员会在主要听证会期间放弃了对裁决的辩护。[579] 因此，竞争上诉法庭允许上诉，并撤销了与每个上诉人有关的判决。公平交易办公室并没有选择也没有要求得出结论是否违反了第1章的禁止规定。随后，上诉法院裁定，该烟草判决的另外2名收件人已经与公平交易办公室达成和解，并同意为违反第1章禁止规定而支付罚款，不得再上诉[580]。在对司法审查的单独索赔中，上诉法院裁定，应向两家公司偿还等于其已支付罚款的金额，以纠正公平交易办公室违反平等待遇原则的情况。[581]

在 *Paroxetine* 案[582]中，竞争与市场管理局对 GlaxoSmithKline 和两家仿制药生产商因达成专利诉讼和解而构成了4499万英镑的罚款，这相当于竞争的“买断”。竞争与市场管理局发现，GlaxoSmithKline 已向仿制药生产商进行了巨额价值转让[583]，仿制药生产商摆脱了对 GlaxoSmithKline 专利权的质疑，但这种方式并没有反映出各方对于这些专利权是否有效，是否受到侵犯以及是否获得担保的不确定性。仿制药公司同意不独立进入市场。竞争与市场管理局认为和解协议的目的和作用是限制竞争，因为它们消除了仿制药和 GlaxoSmithKline 在帕罗西汀的供应方面可能发生任何有意义的竞争的可能性。竞争与市场管理局还发现 GlaxoSmithKline 的行为滥用了其占支配地位。在上诉之后，竞争上诉法庭判决将有关潜在竞争、目的、效果、市场界定和滥用的问题提交欧洲法院进

---

[576] 同上，第160~176段。

[577] 同上，第171段。

[578] 公平交易办公室于2010年4月15日作出的决定。

[579] 案例 1160/1/1/10 etc *Imperial Tobacco Group plc v OFT*［2011］CAT 41。

[580] *OFT v Somerfield Stores Ltd*［2014］EWCA Civ400，在案例 1200/1/1/12 etc *Gallaher Group Ltd v OFT* 中［2013］CAT 5 撤销竞争上诉法庭的法令延长上诉时间。

[581] *Gallaher Group Ltd and Somerfield Stores Ltd v CMA*［2016］EWCA Civ 719，上诉至最高法院。

[582] 竞争与市场管理局于2016年2月12日作出的决定。

[583] 有争议的价值转移是现金支付，以及分销协议下有限量产品的转移以及相关的利润率。

行初步裁定[584]。

在 *Phenytoin* 案[585]中，竞争与市场管理局对 Pfizer 处以 8420 万英镑的罚款，对 Flynn Pharma 处以 520 万英镑的罚款，原因是它们对一种已有 80 年历史的药物收取了过高和不公平的价格。竞争与市场管理局发现，两家公司都获得了贸易利益，如果它们面对有效竞争将无法获得这些利益，这对英国国家医疗服务体系产生了不利影响。竞争与市场管理局还考虑到以下事实：当事方的价格明显高于 Pfizer 在将药物的销售许可出售给 Flynn 之前所收取的价格。

（D）非侵害判决总数

根据第1章和第2章的禁止规定和/或《欧盟运行条约》第 101 条和第 102 条，国内竞争主管机构已通过了 63 项非侵害判决。4 项判决基于第 9 条第 1 款规定的抗辩理由，其中一项因上诉而中止。

（E）针对非侵害和结案判决的上诉

公平交易办公室根据竞争法作出的第 1 项判决，即 *General Insurance Standand Council* 案[586]，是裁定不违反第1章的禁止规定，并在上诉至竞争上诉法庭时被撤销。[587] 在某些情况下，第三方投诉人质疑英国竞争主管机构之一的判决，即在竞争上诉法庭之前关闭文件。竞争上诉法庭有时认为，当局已判决未违反第1章或第2章的禁止规定，并作出了隐含的非侵害判决；在某些情况下，竞争上诉法庭发现当局已基于行政理由起诉，但未对实质内容发表意见，因此不能向竞争上诉法庭上诉其“判决”。这些案件将在第 10 章中讨论。[588]

（F）行业监管者的判决

只有 3 项调查结果来自行业监管机构认定的侵害行为。在 *English Welsh & Scottish Railway* 案[589]中，该公司承认排他性和歧视性的滥用支配地位的行为，并同意支付 410 万英镑的罚款。在 *National Grid* 案中，天然气和电力市场办公

---

[584] 案例 1252/1/12/16 etc *GlaxoSmithKline plc v CMA*［2018］CAT 4；参考文件是根据 2018 年 3 月 27 日的命令编制的。

[585] 竞争与市场管理局于 2016 年 12 月 7 日作出的决定，上诉案 1275/1/12/17 etc *Flynn Pharma Ltd v CMA*，尚未裁决。

[586] 公平交易办公室于 2001 年 1 月 26 日作出的决定。

[587] 案例 1002 – 1004/2/1/01 *Institute of Independent Insurance Brokers v Director General of Fair Trading*［2001］CAT 4；关于 *GISC* 案参见第 433 页“总体评述”。

[588] 参见第 10 章第 556 ~ 557 页“针对隐含的非违法决定成功上诉”。

[589] 铁路管理局于 2006 年 11 月 17 日作出的决定。

室发现该公司滥用了自己的支配地位，与天然气供应商签订了长期排他性合同。[590] 在 *Access to car parking facilities at East Midlands International Airport* 案[591]中，民航局发现，东米德兰机场和 Prestige 停车场的业主非法同意固定停车服务价格。

在 6 起案件中，监管机构通过了对受调查企业具有约束力的决策承诺。[592]

2011 年，政府就是否保留监管机构在其各自活动领域内执行竞争法的并行权力进行了磋商。2012 年，政府判决保留并发规定，并改善其实际运作方式。这些更改是由 2013 年企业和监管改革法引入的，并在第 10 章中进行了介绍。[593] 竞争与市场管理局已与各部门监管机构就并发竞争权订立了“谅解备忘录”[594]。竞争与市场管理局已发布了有关并发安排运作的 3 份年度报告[595]，竞争与市场管理局在每份报告中总结了监管机构的案例工作，并确定了未来可能的工作。竞争与市场管理局在其第 3 份报告中特别评论说，尽管在案件交付方面取得了进展，但新案件的数量仍低于竞争与市场管理局希望看到的水平。[596] 如果联合执法运作不令人满意，国务大臣可能会下令取消行业监管者的竞争法权力。

7. 英国脱欧与英国竞争法的未来

当英国离开欧盟时，《欧盟运行条约》第 101 条和第 102 条将在英国不再具有直接效力，并且《欧盟合并条例》将不再适用。但是，英国竞争法将继

---

[590] 天然气和电力市场管理局于 2008 年 2 月 21 日作出的决定；侵权认定的部分在竞争上诉法庭的上诉中维持原判，但是赔偿金减少：案例 1099/1/2/08 *National Grid plc v Gas and Electricity Markets Authority*［2009］CAT 14，上诉案［2010］EWCA Civ 114；2010 年 8 月 5 日的法令拒绝了向英国最高法院上诉的许可。

[591] 民航局于 2017 年 1 月 17 日作出的决定。

[592] *SP Manweb*，天然气和电力市场办公室新闻稿 R/42，2005 年 10 月 27 日；案例 *Electricity North west Ltd*，天然气和电力市场办公室于 2012 年 5 月 24 日作出的决定；案例 *Severn Trent Plc*，水务监管局于 2013 年 1 月 17 日作出的决定；案例 *Bristol Water plc*，水务监管局于 2015 年 3 月 21 日作出的决定；案例 *Provision of Deep Sea Container rail transport services between ports and key inland destinations in Great Britain*，铁路管理局于 2015 年 12 月 18 日作出的决定，和案例 *SEE plc*，天然气和电力市场办公室于 2016 年 11 月 3 日作出的决定。

[593] 2013 年企业和监管改革法第 51 条和附表 14；进一步的阐述，参见第 10 章第 549 ~ 553 页“联合执法”。

[594] 谅解备忘录可在 www. gov. uk/cma 上查阅。

[595] 2013 年企业和监管改革法，附表 4，第 1 部分，第 16 段；这些报告以及“基准”年度报告，可在 www. gov. uk/cma 上查阅。

[596] 2017 年联合执法年度报告，CMA 63，2017 年 4 月，第 3 段。

续适用，从实质意义上讲，这意味着变化相对较小，因为第 1 章和第 2 章的禁止规定与第 101 条和第 102 条非常相似，而 2002 年英国企业法提供了一种机制，使合并可以审查它们对竞争的影响。[597] 英国脱欧竞争法工作组的一份报告确定了一些因英国脱欧而需要仔细考虑的问题，特别是过渡性质的问题以及有关欧盟与英国之间的合作机制的问题。[598] 截至 2017 年 12 月 8 日，该书的稿件为交付给出版商后，英国脱欧后未就未来安排作出任何坚定的判决。本书的作者将提供有关本书附带的在线资源的最新情况。[599]

---

[597] 关于英国的合并控制，大致参见第 22 章。

[598] 可在 www. bclwg. org. uk 上查阅。

[599] www. oup. com/uk/whish9e/。

第10章 1998年英国竞争法和卡特尔犯罪：公共执法和程序

1. 简 介

参与秘密反竞争行为的企业通常会充分意识到其行为是违法的。因此，它们知道应该避免创建竞争主管机构在进行突击检查时会发现的有罪文件。它们可能使用代号，并采取其他措施来避免被发现。因此，竞争主管机构可能会发现很难收集足以使法院满足举证标准的证据，证明存在违法行为。因此，1998年英国竞争法赋予竞争与市场管理局和行业监管机构广泛的调查权力❶，使它们能够追踪足够质量的证据以满足法律规定的证据标准。该法赋予了要求提供信息的权力，进行“黎明突击”，包括将在适当情况下对人们的住所进行突袭，并要求个人回答问题，作为调查的一部分。2017年3月，竞争与市场管理局发起了一项名为“打击卡特尔”的活动，向提供有关卡特尔情报的举报人提供高达10万英镑的奖赏。❷

为了理解竞争主管机构调查和执行权力的程度，或者说是其局限性，必须参考1998年英国人权法，该法与1998年英国竞争法(1998年11月9日生效)

❶ 在本章的正文中，提到竞争与市场管理局的权力包括行业监管机构的权力。

❷ www. stopcartels. campaign. gov. uk；竞争与市场管理局还在2018年3月29日的决定中设立了一条“卡特尔热线”，用于固体燃料产品的供应。

在同一天获得了皇家同意，并于 2000 年 10 月 2 日生效。[3] 人权法第 6 条第 1 款要求竞争与市场管理局和行业监管机构以与所谓的“公约权利”相适应的方式履行其职能，包括获得公正审判的权利。[4]

本章将首先考虑根据竞争法进行查询和调查的方式。其中，第 3 节将简要考虑原告对竞争与市场管理局的立场，第 4 节则研究在何种程度上可以从竞争与市场管理局获得有关该法实施的指南。第 5 节涉及竞争法的执法，第 6 节涉及卡特尔犯罪和公司董事资格取消。第 7 节考虑了联合执法问题。第 8 节讨论了根据竞争法提出的上诉机制，第 9 节研究了《欧盟运行条约》第 267 条提诉欧洲法院的可能性，第 10 节讨论了国家审计局关于英国竞争制度的报告。本书第 8 章讨论了英国竞争规则的私人执行。[5]

2. 询问和调查

竞争法的目的是消除反竞争协议和滥用市场支配地位的行为，它为竞争与市场管理局和行业监管机构提供了进行调查和调查的广泛权力。该法第 25 ~ 29 条规定了这些权力；1998 年英国竞争法和 2004 年其他成文法（修正案）条例（以下简称“修正案条例”）对其进行了修订，以使英国国内法与第 1/2003 号条例的原则保持一致。根据 2013 年企业和监管改革法再次对其进行了修订[6]；例如，2013 年企业和监管改革法赋予竞争与市场管理局权力，要求个人回答问题，作为调查的一部分。竞争与市场管理局的权力在《调查权指南》中有详细解释[7]，该指南与本章提到的所有其他指南文件一样，可在竞争与市场管理局的网站[8]上找到。

2011 年，英国政府对英国竞争主管机构的决定不足和行政程序的迟缓表示关注。2012 年，政府决定采取旨在加快调查速度和提高决策健全性的改革：

[3] 关于 1998 年人权法，参见本章后面的第 498 ~ 499 页“1998 年人权法和 1984 年警察与刑事证据法”，以及更普遍的介绍请见：LESTER H H，PANNICK D，HERBERG J. Human Rights Law and Practice［M］. 3rd ed. London：LexisNexis，2009. 关于英国程序问题的进一步讨论参见：WARD T，SMITH K. Competition Litigation in the UK［M］. London：Sweet & Maxwell，2003；O' NEILL E，SANDERS E. UK Competition Procedure［M］. Oxford：Oxford University Press，2007；GREEN N，BREALEY M. Competition Litigation：UK Practice and Procedure［M］. Oxford：Oxford University Press，2010.

[4] 案例 1188/1/1/11 *Tesco Stores Ltd v OFT*［2012］CAT 6，第 10 段。

[5] 参见第 8 章第 394 ~ 407 页“英国法院中的私人诉讼”。

[6] SI 2004/1261。

[7] OFT 404，2004 年 12 月，可在 www. gov. uk/cma 上查阅。

[8] www. gov. uk/cma。

这引发了2013年企业和监管改革法的适用。竞争与市场管理局关于“1998年英国竞争法案件”[9]中竞争与市场管理局调查程序的指南包含有关法律各个方面的详细指南以及竞争法所规定的调查实践[10]。

2013年企业和监管改革法已授权国务大臣根据竞争法规定法定的调查时限。[11]如果未来的政府对当局调查和裁决案件所花费的时间不满意，则可以援引这项权力。[12]

（A）展开正式调查

1998年英国竞争法第25条规定，如果有“合理理由怀疑”出现竞争法中的任何禁止行为或《欧盟运行条约》第101条或第102条被违反[13]，则竞争与市场管理局可以进行调查；这通常被称为“第25条门槛”[14]，并且比侵害决定所需的证据更少。[15]第25条赋予竞争与市场管理局是否进行调查的酌处权力：而不是进行调查的义务。竞争与市场管理局曾表示，它将在其网站上发布“调查通知”，其中提供了该案的详细信息和调查时间表。[16]

竞争与市场管理局进行调查的方式以及对调查的不同阶段赋予的优先权属于其酌处权范围内的事项。[17]在*R*（*Cityhook Ltd*）*v OFT*案[18]中，行政法院裁定，由竞争与市场管理局授予的酌处权范围一旦作出了调查决定并开始了调查，第25条就不会受到更多限制。[19]行政法院还确认，国内竞争主管机构有

---

[9] CMA 8，2014年3月，可在www. gov. uk/cma上查阅；《1998年英国竞争法案件中竞争与市场管理局调查程序指南》应与附件A中列出的指南一起阅读，该指南由公平交易办公室首次发布，并已由竞争与市场管理局委员会采用。

[10] 《1998年英国竞争法案件中竞争与市场管理局调查程序指南》不适用于行业监管机构进行的调查：同上，第1.6段。

[11] 2013年企业和监管改革法，第45条。

[12] 增长、竞争与竞争体制，2012年3月，第6.2.6段（将权力描述为“必要的支持”）。

[13] 《1998年英国竞争法案件中竞争与市场管理局调查程序指南》，第5章；有关“合理怀疑依据”含义的指导，请参见案例*O'Hara v Chief Constable of the Royal Ulster Constabulary*［1997］AC 286 at 293C－E。

[14] 关于可以使用竞争与市场管理局权力的情况，参见调查权，第2段；1998年英国竞争法第54条列出的部门监管者可以平等获得竞争与市场管理局的权力，除非另有说明，否则在本章中应假定适用于竞争与市场管理局的所有内容均同等适用于它们。

[15] 关于第25章的门槛，参见本章第491～492页“书面查询”。有关竞争与市场管理局调查来源的信息，参见第3章《1998年英国竞争法案件中竞争与市场管理局调查程序指南》。

[16] 1998年英国竞争法第25A条；《1998年英国竞争法案件中竞争与市场管理局调查程序指南》，第5.7节。

[17] 案例*Crest Nicholson Plc v OFT*［2009］EWHC 1875（Admin），第45段和第77段。

[18] ［2009］EWHC 57（Admin）。

[19] 同上，第97段。

权优先考虑其执法工作。例如，它们有权在选择调查案件时考虑消费者利益和涉嫌侵害的性质。[20] 竞争与市场管理局的优先原则[21]解释了竞争与市场管理局在选择新项目或案例进行调查时要考虑的原则。

该法赋予竞争与市场管理局权力进行书面询问（第 26 条），提出问题（第 26A 条）以及进入商业和家庭场所（第 27 ~ 29 条）。[22] 这些权力也可用于使竞争与市场管理局决定是否申请公司董事资格取消令。[23]

（B）要求提供文件和资料的权力

（i）书面查询

如果达到了 1998 年英国竞争法第 25 条的门槛，则可以通过依据第 26 条的通知提出书面信息请求，要求个人向竞争与市场管理局出示竞争与市场管理局认为与调查有关的特定文件[24]或特定信息[25]。在可行且适当的情况下，竞争与市场管理局会将通知以草稿形式发送给建议的收件人。[26] 该通知必须指明调查的主题和目的[27]以及在不遵守规定的情况下所涉及的犯罪。[28] 可以通过参考特定项目或类别来指定规范，并且该通知可以说明何时何地提供案件或信息以及通过何种形式提供。[29] 竞争与市场管理局有权进一步复制文件，或为了回应通知以及寻求相关解释而调取文件，另外，如果该文件还未制定，则可以询问制定该文件的相关机构[30]。通知可以发给任何人，包括企业，这已经在定义中进行了解释[31]；它们不仅可以发送给涉嫌违法的企业，还可以发送给第三方，例如原告、供应商、客户、竞争者、清算人或公司管理人。[32] 例如，在 *Pheny-*

---

[20] 同上，第 102 ~ 107 段和第 110 ~ 112 段。

[21] CMA 16，2014 年 4 月，可在 www.gov.uk/cma 上查阅。

[22] 请注意，1998 年英国竞争法第 61 ~ 64 条涉及《欧盟运行条约》第 101 条和第 102 条的规定。

[23] 1986 年公司董事资格取消法第 9C 条。

[24] 文件包括“以任何形式记录的信息”，例如在计算机、移动电话、移动电子邮件和其他电子设备上的记录：1998 年英国竞争法第 59 条第 1 款；参见《调查权指南》，第 3.6 段。

[25] 1998 年英国竞争法第 26 条第 1 款和第 2 款；进一步的说明见调查权，第 3 段。

[26] 《1998 年英国竞争法案件中竞争与市场管理局调查程序指南》，第 6.8 节。

[27] 1998 年英国竞争法第 26 条第3款（a）项。

[28] 同上，第 26 条第 3 款（b）项。

[29] 同上，第 26 条第 4 款和第 5 款；第 59 条第 3 款规定，如果信息的格式不清晰，则竞争与市场管理局可能要求提供清晰的副本。

[30] 同上，第 26 条第 6 款；参见本章后面第 497 ~ 498 页的“自证其罪”，以讨论请求解释权和关于自证其事的法律的特权范围。

[31] 同上，第 59 条，即 1978 年解释法（“人”包括由法人团体或非法人组成的团体）。

[32] 《调查权指南》，第 3.4 段。

toin 案中，竞争与市场管理局向许多第三方发出了1998年英国竞争法第26条通知，其中包括首席药务官、卫生部和许多药房[33]。应当指出，尽管第26条同样适用于文件和信息，但《调查权指南》明确规定，获取信息的权力意味着竞争与市场管理局可以要求一个人创建包含该信息的文件。例如，一个人可能会被要求提供市场份额信息，或根据他们或员工的知识或经验来描述特定市场。[34] 在进行现场调查后会发送一些第26条通知，以澄清所获得的文件。[35]

（ii）提出问题的权力

竞争上诉法庭表示，竞争主管机构应该问自己是否有证人愿意参加自愿面谈，并回答与调查有关的问题。[36] 没有义务参加这种面谈，但第44条规定了对虚假或误导性答复的刑事制裁。[37]

如果条件合适，竞争与市场管理局可以根据该法第26A条直接进入强制性面谈，以取代与当事人协商后的面谈。竞争与市场管理局可以向与“相关承诺”（即正在调查的承诺）有关联的个人发出书面通知，要求他或她在通知中指定的时间和地点回答相关问题。[38] 如果个人在企业的管理或控制中或与企业有关，或受雇于企业或为企业工作，则与企业有“联系”[39]。适格个人包括现任或前任董事[40]；合伙人；临时或长期雇员；顾问；志愿者或合同工；和专业顾问[41]。第26A条的通知必须指明调查的主题和目的，以及在不遵守规定的情况下所涉及的犯罪。[42] 将第26A条送达个人的通知书也必须送达有关的企业[43]。通常会记录第26A条的访谈[44]，并且个人有权要求律师在场。[45] 竞争与市场管理局表示，仅代理被调查企业的律师参加第26A条的访谈通常是不合

---

[33] 关于在英国供应苯妥英钠胶囊的不公平定价，竞争与市场管理局于2016年12月7日作出的决定，第2.47段。

[34] 《调查权指南》，第3.7段。

[35] 同上，第3.2段。

[36] 参见案例1188/1/1/11 *Tesco Stores Ltd v OFT*［2012］CAT 31，第118～120段。

[37] 参见本章第500～501页“犯罪”。

[38] 1998年英国竞争法第26A条第1款；该权力类似于2002年英国企业法第193条第1款所赋予的关于卡特尔罪行的权力，参见本章后面第538～539页的“要求提供资料和文件的权力”。

[39] 1998年英国竞争法第26A条第7款。

[40] 为此，竞争与市场管理局认为“负责人”一词包括事实上的负责人和幕后负责人：《1998年英国竞争法案件中竞争与市场管理局调查程序指南》，脚注63。

[41] 《1998年英国竞争法案件中竞争与市场管理局调查程序指南》，脚注63；另见2013年企业和监管改革法的解释性说明，第317段。

[42] 1998年英国竞争法第26A条第5款。

[43] 同上，第26A条第2款和第4款。

[44] 《1998年英国竞争法案件中竞争与市场管理局调查程序指南》，第6.26段。

[45] 同上，第6.27段。

适的。[46] 根据第 26A 条的要求而作出的回应只能在某些情况下使用，特别是在根据本条对某项罪行进行起诉时。[47]

竞争与市场管理局根据第 26A 条行使其权力，在 *Paroxetine* 案中面谈接受调查的当事方的前任和现任员工。[48]

（C）未经搜查令进入处所的权力

第 27 条第 1 款规定，经竞争与市场管理局书面授权的任何竞争与市场管理局官员（调查官员）均可进入[49]与第 25 条所述调查相关的任何营业场所。[50]

进入权力的操作取决于房屋是否被“第三者”占用，也就是说，没有嫌疑人，或者被调查方可能侵权。如果是第三方，则必须至少在两个工作日内发出检查通知，并附上一份说明主题和调查目的的文件。[51] 但是，如果该官员已采取所有合理步骤发出通知，但仍未能这样做，则可以免除该通知要求。[52] 对于被调查方，不需要事先发出警告或通知[53]，但必须说明调查的主题和目的。竞争与市场管理局不必首先根据第 26 条赋予的权力尝试获取信息。[54]

当进入该处所时，该人员可：

- 带上他或她任何必要的设备；这可能是笔记本电脑或磁带录音设备；[55]
- 要求“任何人”[56] 出示该官员认为相关的任何文件，例如在哪里可以找到文件，并且就所产生的任何文件而言，可能需要对其进行解释，以摘录所产生的任何文件的副本或摘录（但不是原件）；
- 要求计算机上保存的任何相关信息以可见、清晰易读且便于携带形式

---

[46] 同上。有关批评的评论，参见：KAR N，FORD J. In Defence of Rights of Defence：The Corporate's Right to Counsel in UK Competition Act Investigations [J]. Competitive Law，2014：344.

[47] 1998 年英国竞争法第 30A 条，参见本章第 497 ~ 498 页“自证其罪”。

[48] 案例 *Paroxetine*，竞争与市场管理局于 2016 年 2 月 12 日作出的决定，第 2.14 段和第 2.22 段。

[49] 1998 年英国竞争法第 27 条第 6 款；该处所包括任何土地或交通工具：同上，第 59 条第 1 款。请大致参见《调查权指南》，第 4 段。

[50] 关于根据第 27 条对王室土地进行的调查，参见 1998 年英国竞争法第 73 条第 4 款（a）项和 1998 年英国竞争法（适当人员的定义）条例 1999，SI 1999/2282；国务大臣为了国家安全的利益，可以证明不得根据本节规定进入特定的王室住所（见第 73 条第 8 款）。

[51] 1998 年英国竞争法第 27 条第 2 款。

[52] 同上，第 27 条第 3 款（b）项。

[53] 同上，第 27 条第 3 款（a）项。

[54] 《调查权指南》，第 3.2 段。

[55] 同上，第 4.6 段。

[56] 在这种情况下，该术语大概（尽管不一定）是指个人而不是企业，但对于该人需要成为谁没有任何限制。他可能包括秘书、IT 人员和通信员以及董事；参见英国议会委员会，1997 年 11 月 17 日，第 391 页（Lord Simon of Highbury）。

呈现；

• 采取必要的步骤来保存或防止干扰与调查有关的任何文件；[57]

《调查权指南》中解释了在没有逮捕证的情况下进行检查的程序。[58]

1998 年英国竞争法第 27 条并未赋予竞争与市场管理局授权使用武力进入场所；因此，允许的设备将不包括撬棍或其他工具。因此，第 27 条的进入可以被描述为“和平进入的权利”。在可能需要武力进入的情况下，例如在房屋无人使用的情况下，必须使用第 28 条的权力。第 27 条没有提供搜索的权力：同样只有第 28 条才可用。

（D）凭搜查令进入处所的权力

竞争与市场管理局可以向竞争与市场管理局的指定官员[59]和非专业人员（例如 IT 专家）[60] 申请授权令，以进入和搜索企业[61]或家庭场所[62]，他们可以协助调查。如果竞争与市场管理局希望进入住宅场所，则所有者或占用者可以主张其尊重私人和家庭生活、住房和通信的权利，该权利受人权法保护。[63] 第 28 条调查不能在王室土地上进行。[64]

可以在特定情况下由英格兰和威尔士的高等法院[65]或苏格兰的诉讼法院[66]签发搜查令。在这种情况下，可以使用合理的武力获得进入权。[67] 情况是[68]：

• 有合理的理由怀疑以书面通知或未经搜查令进行调查但未出示的调查所要求的文件均在该处所内；

• 有合理的理由怀疑竞争与市场管理局可以通过书面通知或通过和平进

---

[57] 1998 年英国竞争法第 27 条第 5 款；另见第 59 条第 3 款。

[58] 《调查权指南》，第 4.7 ~ 4.11 段；另见《1998 年英国竞争法案件中竞争与市场管理局调查程序指南》，第 6.31 ~ 6.34 段。

[59] 1998 年英国竞争法第 28 条；大致参见《调查权指南》，第 5 段；另见：PERETZ G. Warrants under Section 28 of the CA 1998：OFT v D［J］. Competitive Law，2003：129.

[60] 1998 年英国竞争法第 28A 条；竞争与市场管理局在 *Online sales of posters and frames* 案中，在一个人的家中进行了调查，竞争与市场管理局于 2016 年 8 月 12 日作出的决定。

[61] 同上，第 28 条第 2 款（营业场所）和第 28A 条第 2 款（家用场所）。

[62] 同上，第 28 条第 3A 款（营业场所）和第 28A 条第 4 款（家用场所）。

[63] 人权法，附表 1，第 8 条；第 7 章的开头部分讨论了欧盟法院和欧洲人权公约的判例法。

[64] 1998 年英国竞争法第 73 条第 4 款（b）项。

[65] 参见《业务指导：根据 1998 年英国竞争法申请权证》。

[66] 2013 年企业和监管改革法第 48 条规定了竞争上诉法庭有权签发搜查令的规定：《竞争上诉法庭（担保人）（修订）规则草案》于 2013 年 9 月发布，但截至 2017 年 12 月 8 日尚未通过最终规则。

[67] 1998 年英国竞争法第 28 条第 2 款（a）项（营业场所）和第 28A 条第 2 款（a）项（家用场所）。

[68] 同上，第 28 条第 1 款（营业场所）和第 28A 条第 1 款（家用场所）。

入获得的文件已在该场所，但如果要求出示该文件，则会受到干扰；

- （就营业场所而言）不可能无须搜查令就进入调查，并且有合理的理由怀疑如果获得了进入，则文件可能在该处所内。

因此，1998 年英国竞争法第 28 条的权力赋予了“强制进入权”。

凭搜查令进行调查是一件严肃的事情，调查员的权力比第 26 条或第 27 条所规定的要广泛。调查的主题和目的以及不遵守规定的犯罪必须在凭单本身中注明。[69] 因此，被调查方应仔细检查该文件。

调查人员可能会使用合理的武力进入，但必须在到达至离开期间以安全的方式将其锁定。[70] 他们可能会使用“设备”行使这种武力，但不得对任何人使用武力。[71] 与没有搜查令的调查一样，授权官员可能要求出示文件，但这项权力的范围取决于签发搜查令的情况。该搜查令将据此指明“有关种类”的文件[72]，即须根据竞争法第 26 条或第 27 条提出具体要求的文件，或根据第 27 条进行调查时本可要求但未提供的文件。除此之外，调查人员在没有搜查令的情况下进入时所拥有的所有权力，包括要求从计算机获取信息的权力[73]，如果在房地复制文件不可行，或者如果为了防止文件消失而有必要将其带走，他们也可以带走文件原件并保留三个月。[74] 在适当的情况下，竞争与市场管理局可以返回其在调查期间收集到的重复或不相关的信息；这些信息将不属于案件档案的一部分。[75]

在根据第 28 条而不是第 28A 条行事时，调查人员拥有 2001 年刑事司法和警察法第 50 条所载的额外权力。[76] 调查人员还可以采取任何其他必要的步骤来保存文件的存在。[77] 调查指导权中解释了使用搜查令进行检查的程序。[78] 在 *CMA v Concordia International RX（UK）Ltd* 案中，对搜查令提出了第一项质

---

[69] 同上，第 29 条第 1 款。

[70] 同上，第 28 条第 5 款（营业场所）和第 28A 条第 6 款（家用场所）。

[71] 《调查权指南》，第 5.5 段。

[72] 1998 年英国竞争法第 28 条第 2 款（b）项（营业场所）和第 28A 条第 2 款（b）项（家用场所）。

[73] 同上，第 28 条第 3 款。

[74] 同上，第 28 条第 2 款（c）项、第 7 款（营业场所）和第 28A 条第 2 款（c）项、第 8 款（家用场所）。

[75] 《1998 年英国竞争法案件中竞争与市场管理局调查程序指南》，第 6.47 段。

[76] 参见本章第 539 ~ 540 页“凭搜查令进入处所的权力”。

[77] 1998 年英国竞争法，第 28 条第 2 款（d）项（营业处所）和第 28A 条第 2 款（d）项（家用处所）。

[78] 《调查权指南》，第 5.10 ~ 5.14 段；《1998 年英国竞争法案件中竞争与市场管理局调查程序指南》，第 6.35 ~ 6.46 段。

疑，在该案中，Marcus Smith 法官认为，竞争与市场管理局不能依赖在听证会上受公共利益豁免保护的材料来变更第 28 条下的搜查令。[79]

(E) 监督权

竞争与市场管理局也有直接监督的权力，并利用转换的人类情报来源来调查违反竞争法的行为。[80]

(F) 与律师接触

对于第 26A 条的面谈或有或没有逮捕令的调查，没有法定权利要求外部法律帮助。[81] 但是，竞争与市场管理局指南明确规定了此项权利，"如果该官员在适当情况下认为这样做是合理的，并且他信纳了他认为的这种条件……适当的……将被遵守。[82]《调查权指南》在此问题上提供了进一步的指导。[83] 如果被调查的公司有内部法律顾问，则调查人员将不会等待外部律师的到来[84]，显然，无论他或她是否专门从事竞争法。

(G) 使用调查权的限制

(i) 法律专业特权

法律专业特权使客户可以获得保密的法律咨询。[85] 无论是通过书面通知、面谈还是在检查过程中，竞争与市场管理局都可以获取信息的权力（不包括通信特权）。[86] 通信特权的定义是专业法律顾问与其客户之间的通信或与法律程序（使其受到免遭于高等法院法律程序中披露的保护）有关或可能有关的

---

[79] [2017] EWHC 2911 (Ch)，上诉中。案例 *Cf R* (*Haralambous*) *v Crown Court at St Albans* [2018] UKSC 1，其中英国最高法院认为，根据 1984 年警察和刑事证据法第 8 条授予的治安法官的法庭搜查令可能依赖于未向利害关系方披露的信息，即使该信息对于解释法庭如何和为什么作出命令至关重要。

[80] 参见本章第 540 ~ 541 页"监督的权力"。

[81] 在国会通过竞争法案的过程中，海布里法官西蒙勋爵表示，公平与交易办公室（现为竞争与市场管理局）将在这方面遵循欧洲委员会的做法，给予没有内部法律援助的公司合理的时间以获得外部帮助：英国议会上院委员会，1997 年 11 月 17 日，第 404 卷。

[82] SI 2014/458，第 4（1）条。

[83] 《调查权指南》，第 4.10 ~ 4.11 段；《1998 年英国竞争法案件中竞争与市场管理局调查程序指南》，第 6.27 段（第 26A 条访谈）和第 6.43 ~ 6.44 段（检查）。

[84] 《1998 年英国竞争法案件中竞争与市场管理局调查程序指南》，第 6.43 段。

[85] 案例 *Three Rivers District Council v Bank of England* [2005] 1 AC 610，第 23 ~ 34 段；另见案例 *Brennan v United Kingdom* (2002) 34 EHRR 18，第 58 段。

[86] 1998 年英国竞争法第 30 条；另见《调查权指南》，第 4.11 段。

通信。[87]“专业法律顾问”包括由公司聘用的具有专业资格的律师（内部律师）以及以自身权利行事的律师，在这方面，与欧盟竞争法相比，1998年英国竞争法所赋予的特权更为广泛。[88]欧盟法律不仅不涉及与“内部”律师的通信；它也不适用于与没有成员国资格的独立专业律师的交易，英国脱欧后可能包括在英国具有资格的律师。[89]因此，如果检查是由竞争与市场管理局代表自己进行的，但可以合法地隐瞒某些通信，而当根据第1/2003号条例第20条和第21条规定，协助欧盟委员会一同参与调查时，就不能隐瞒该通信。如果竞争与市场管理局代表欧盟委员会[90]或另一个成员国的竞争主管机构[91]进行检查，则适用更为宽松的国内特权规则。

如果在检查期间对特权有争议，可以将有关通信密封在信封中。[92]如果竞争与市场管理局决定要求披露来文，则该决定将由行政法院进行司法审查。

（ⅱ）自证其罪

禁止自证其罪的特权意味着竞争与市场管理局可能不会要求作出可能涉及违法的解释，而是寻求对事实的解释，例如特定雇员是否参与了特定会议[93]；但是，这两者之间的区别并不总是很清楚。[94]任何人根据第26～28A条提出的要求所作的陈述，不得用于根据卡特尔犯罪提起公诉的目的，除非他或她作出与陈述不符并提出与此有关的证据。[95]第26A条面谈中的陈述也有类似规定。[96]

除了第26A条的面谈外[97]，竞争与市场管理局要求对文件进行“解释”的权力明确与所生成的文件相关联，并且仅限于所生成的文件。[98]对于凭搜查令

---

[87] 关于英国的诉讼特权法，参见：HOLLANDER C. Documentary Evidence [M]. 13th ed. London: Sweet & Maxwell, 2018; Halsbury's Laws of England，第5版，2015年，第12（2）卷，第17章；在苏格兰，这项特权被称为“通信机密”。

[88] 参见《调查权指南》，第6.1～6.2段，第9.7～9.9段和第10.5段。

[89] 有关欧盟竞争法中特权的讨论，参见第7章第341～343页“法律专业特权”。

[90] 1998年英国竞争法第65A条。

[91] 同上，第65J条。

[92] 《1998年英国竞争法案件中竞争与市场管理局调查程序指南》，第7.3段。

[93] 《调查权指南》，第6.6段。

[94] 竞争与市场管理局有权获取已经存在的文档并不会冒犯自证其罪的特权：参见案例C－301/04 P *Commission v SGL Carbon AG* EU：C：2006：432，第33～51段；根据竞争法第60条第2款，法院的这一判决将适用于竞争与市场管理局的行为，其中见第9章第473～479页“‘管理原则条款’：1998年英国竞争法第60条”。

[95] 1998年英国竞争法第30A条第1款。

[96] 同上，第30A条第2款和第3款；第30A条第4款就该项保证作出类似的规定，作出第26A条陈述的个人与根据第44条提出的起诉有关。

[97] 参见本章第492～493页“提出问题的权力”。

[98] 1998年英国竞争法第26条第6款（a）（ⅱ）项，第27条第5款（b）（ⅱ）项。

进行调查的情况，可以针对“似乎属于相关种类的任何文件”寻求解释[99]，而无须提供对文件的任何具体参考：这是因为，在进行搜查时，文件既可能是被“找到”的，也可能是被“创造”的。从理论上讲，研究者可能需要对似乎已存在但他或她无法找到的文件进行解释，但是竞争与市场管理局的指南并未表明有任何以这种方式采取行动的意图。

（iii）保　密

2002年英国企业法第9部分中有详细规定，限制了在调查过程中（以及一般由于竞争法第Ⅰ部分的实施而获得的信息）的披露[100]。接受调查或要求提供信息的当事方必须识别提供给竞争与市场管理局的任何机密信息，以支持随后的任何不应该公开或透露给任何其他人的主张；实际上，竞争与市场管理局通常会要求他们这样做，尤其是在需要大量信息或大量文件的情况下。没有权利以保密为由拒绝竞争与市场管理局调查人员的信息[101]。竞争与市场管理局的指南解释了其处理机密信息的程序，包括使用“机密环”和“数据室”等做法，以及竞争与市场管理局在发布方面的权力和义务[102]。

（iv）1998年人权法和1984年警察与刑事证据法

竞争上诉法庭认为，根据《欧洲人权公约》第6条的目的，1998年人权法在英国国内法中生效，竞争法下的处罚决定是“刑事的”。[103] 由此得出的结论是，有关企业除其他事项外，应有权由独立公正的法庭进行公正、公开的审理，并被推定为无罪的：应由竞争与市场管理局证明所指控的违法行为。[104] 但是，竞争上诉法庭还得出结论，这并不意味着它们应与普通刑事诉讼程序一样受同样的证据规则或程序约束。[105] 特别是，竞争上诉法庭认为，人权法不要求

---

[99] 同上，第28条第2款（e）项（营业场所）和第28A条第2款（b）项（国内场所）。

[100] 大致参见《透明和披露：竞争与市场管理局政策与方法声明》，CMA，2014年1月6日，于2016年12月修订。

[101] 有关提供给竞争与市场管理局的机密信息，参见竞争与市场管理局规则第7条；机密信息在第1（1）条中定义。

[102] 《调查权指南》，第6.8~6.13段；《1998年英国竞争法案件中竞争与市场管理局调查程序指南》，第7.6~7.17段；查尔斯·霍兰德（Charles Hollander QC）的演讲和“摘要：竞争与市场管理局关于使用保密环和公开室的圆桌会议”，日期均为2016年11月7日，均可在www.gov.uk/cma上查阅。

[103] 案例1001/1/1/01 *Napp Pharmaceutical Holdings Ltd v Director General of Fair Trading*［2002］CAT 1，第93段和第98段；另见案例中的临时判决，案例1001/1/1/01［2001］CAT 3，第69~70段；欧洲人权法院在*Menarini Diagnostics Srl v Italy*案中得出相同的结论，编号43509/08，2011年9月27日作出的判决，第38~44段。

[104] 案例1001/1/1/01［2002］CAT 1，第99段；另见案例1188/1/1/11 *Tesco Stores Ltd v OFT*［2012］CAT 31，第88段。

[105] 案例1001/1/1/01［2002］CAT 1，第101段。

适用"超出所有合理怀疑范围"的刑事证明标准；相反，它得出的结论是，民事标准"概然性平衡"是适当的标准，尽管要处以罚金，这将要求竞争主管机构提供"强有力的证据"。[106] 在随后的判决中，竞争上诉法庭强调，证明的标准是概然的平衡，而较少强调要求证据应"有力且令人信服"。[107] 竞争与市场管理局可能会依赖这样的假设，例如，具有很高市场份额的公司占主导地位；这样的推定不会扭转举证责任或放弃无罪推定。[108] 高等法院对举证责任和举证标准采取与竞争上诉法庭相同的方法。[109]

另一方面，在 *Toys and Games* 案[110]中，公平交易办公室拒绝了这样一个论点，即在对 Hasbro 的员工进行自愿面谈时，公平交易办公室应该遵守1998年人权法和1984年警察与刑事证据法第3部分所要求的程序，该行为可能违反竞争法第1章禁止规定的规定。[111] 1998年人权法和1984年警察与刑事证据法似乎不适用于根据第26A条进行的面谈。[112] 竞争与市场管理局在 *Galvanised steel tanks* 案中按照1998年人权法和1984年警察与刑事证据法对涉嫌犯罪卡特尔的个人进行了面谈。[113]

(H) 制 裁

违反调查权力可能会受到民事处罚和刑事制裁。[114] 这些制裁必须在1998年英国竞争法第26条和第26A条的通知中以及在根据第28条和第28A条发布的搜查令中予以说明，并且必须在自愿面谈开始时提及。

如前所述，调查权以及民事和刑事制裁都适用于"个人"，其中可能包括企业。[115] 此外，根据1998年英国竞争法第72条，法人团体的高管如果同意或

---

[106] 同上，第105段和第109段。

[107] 参见例如案例1021和1022/1/1/03 *JJB Sports plc and Allsports Ltd v OFT*［2004］CAT 17，第195～208段；案例1061/1/1/06 *Makers UK Ltd v OFT*［2007］CAT 11，第45～52段。

[108] 案例1001/1/1/01［2002］CAT 1，第110～111段。

[109] 参见例如 *Chester City Council v Arriva*［2007］EWHC 1373（Ch），第10段；*Bookmakers' Afternoon Greyhound Services Ltd v Amalgamated Racing Ltd*［2008］EWHC 1978（Ch），第392段；*Asda Stores Ltd v MasterCard Inc*［2017］EWHC 93（Comm），第56段。

[110] *Hasbro UK Ltd*, *Argos Ltd and Littlewoods Ltd*，公平交易办公室于2003年2月19日作出的决定。

[111] 同上，第186段。

[112] 《1998年英国竞争法案件中竞争与市场管理局调查程序指南》并未参考1998年人权法和1984年警察与刑事证据法，以及与第26A条面谈相关的内容。

[113] *Galvanised steel tanks for water storage main cartel infringement*，竞争与市场管理局于2016年12月19日作出的决定，第2.106段。

[114] 《调查权指南》，第7段。

[115] 1998年英国竞争法第59条第1款；参见《调查权指南》，第4.3段。

纵容违法行为，或者由于其本身的疏忽而受到惩罚。[116] 高管系指董事、经理、秘书或其他类似人员，或任何声称照这样行事。[117] 有类似的规定适用于由其会员管理的公司（可能负有责任），以及在苏格兰，适用于合作伙伴和合伙企业。[118] 个人本身可以根据竞争法的这些规定承担个人责任，甚至有可能被监禁，这一事实无疑使负责确保遵守该法的人集中精力。[119]

（i）不遵守要求的处罚

1998 年英国竞争法第 40A ~ 40B 条规定了在没有合理辩解的情况下未能遵守根据第 26、第 26A、第 27、第 28 或第 28A 条施加的要求的人的经济处罚。2014 年竞争与市场管理局（惩罚）令规定了竞争与市场管理局可能根据第 40A 条施加的最高罚金。[120] 第 40B 条规定了竞争与市场管理局在施加罚金时必须遵守的主要程序要求；竞争与市场管理局的罚金政策声明中列出了确定罚金金额时需要考虑的因素。[121] 对于竞争与市场管理局的处罚决定，竞争上诉法庭有上诉的权利。[122] 在 *Phenytoin* 案[123]中，Pfizer 因未能在规定的截止日期之前响应第 26 条通知而未提供信息，法院对其施加了第 40A 条罚金 10000 英镑。

（ii）犯　罪

个人和法人均可犯罪；在某些情况下，制裁包括监禁。[124] 1998 年英国竞争法第42 ~ 44 条规定了犯罪，分为四大类：

- 故意阻挠没有授权令的调查人员[125]；
- 故意阻挠某人进行搜查令调查[126]；
- 有意或不顾后果地破坏、处置、伪造或隐藏文件，或导致或允许发生这些事情[127]；

---

[116] 1998 年英国竞争法第 72 条第 2 款；参见《调查权指南》，第 7.4 段。

[117] 1998 年英国竞争法第 72 条第 3 款。

[118] 同上，第 72 条第 4 ~ 6 款。

[119] 鉴于存在卡特尔刑事犯罪（本章第534 ~ 546 页“卡特尔犯罪”）和公司董事资格被丧失（本章第 546 ~ 548 页“公司董事资格取消”），这一点就显得尤为重要。

[120] SI 2014/559。

[121] 行政处罚：关于竞争与市场管理局方法的政策声明，CMA 4，2014 年 1 月，可在 www.gov.uk/cma 上查阅。

[122] 1998 年英国竞争法第 40A 条第 9 款和 2002 年英国企业法第 114 条。

[123] 根据1998 年英国竞争法第40A 条的处罚通知，该通知发给了 Pfizer，竞争与市场管理局于2016年 4 月 12 日作出的决定。

[124] 参见第 10 章脚注[130]。

[125] 1998 年英国竞争法第 42 条第 5 款。

[126] 同上，第 42 条第 7 款。

[127] 同上，第 43 条第 1 款。

- 故意或不顾后果地向竞争与市场管理局或任何其他人直接或间接地向竞争与市场管理局或任何其他人提供虚假或误导性的信息，明知此举是为了向竞争与市场管理局提供信息。[128]

这些刑法规定没有法定抗辩理由。处罚可能是严厉的，取决于犯罪是否已被简易审判或是否严重到可以采取的程度。[129] 在向最高法院起诉后，将处以罚金，但如果妨碍调查人员执行逮捕令，则销毁文件或提供虚假或误导性信息的最高刑罚为监禁两年。[130]

(I) 欧盟调查

根据第 1/2003 号条例第 20 条和第 21 条，欧盟委员会有权就《欧盟运行条约》第 101 条和第 102 条的涉嫌侵权行为进行现场调查，并在这样做时可以寻求欧盟成员国的国家竞争主管机构的协助。[131] 该条例的第 22 条第 1 款使欧盟委员会能够要求欧盟成员国的国家竞争主管机构代表其进行调查，第 22 条第 2 款赋予欧盟其他成员国的竞争主管机构相同的权力，1998 年英国竞争法第 61 ~ 65 条非常详细地规定了竞争与市场管理局根据第 1/2003 号条例进行的检查的规则，而竞争与市场管理局已在实践中为实施检查提供了指导。[132]

英国离开欧盟后，竞争与市场管理局将不再受第 1/2003 号条例第 20 条、第 21 条和第 22 条第 2 款的义务提供援助或代表其进行调查。但是，英国和欧盟竞争管理机构之间的合作很可能仍是日常生活中的事实，因此有一个受人尊敬的论点，即应以某种形式保留 1998 年英国竞争法第 61 ~ 65 条。

3. 起　诉

起诉是有关可能侵害的重要信息来源。[133] 起诉导致竞争与市场管理局作出

---

[128] 同上，第 44 条第 1 款和第 2 款。

[129] 《调查权指南》，第 7.5 段；该罪行将在苏格兰高等司法法院进行审判；请注意，有关 2012 年法律援助、判刑和处罚犯罪法的实施判例（简易程序定罪）（2015 年），SI 2015/664 的规定，可处以罚款的财务上限从 2015 年 3 月 12 日起丧失。

[130] 1998 年英国竞争法第 42 条第 6 ~ 7 款，第 43 条第 2 款，第 44 条第 3 款；《调查权指南》，第 7.7 段详细说明了处罚。

[131] 公平交易办公室（现为竞争与市场管理局）代表法国竞争主管机构进行了调查，结果对法国航空公司组织的招标过程中扭曲了竞争的 4 家石油公司处以罚款：见新闻稿，2008 年 12 月 4 日，可在 www. autoritedelaconcurrence. fr 上查阅。

[132] 《调查权指南》，第 9 ~ 10 段。

[133] 第 11 章第 568 ~ 571 页“超级控诉”中描述了指定实体进行所谓“超级控诉”的单独程序。

了以下决定。例如，*Online resale price maintenance in the light fittings sector* 案[134]和 *Online resale price maintenance in the bathroom fittings sector* 案[135]。竞争法没有规定向竞争与市场管理局起诉的程序；相反，在《1998 年英国竞争法案件竞争与市场管理局调查程序指南》[136] 中规定了"起诉前讨论"，即如果要提出正式起诉，是否有可能对此事进行调查。

《1998 年英国竞争法案件中竞争与市场管理局调查程序指南》[137] 指出，竞争与市场管理局将给任何向其提出书面合理诉状，要求正式原告身份，且利益将受到或可能受到诉求事由重大影响的人授予"正式原告"[138] 身份。[139] 正式原告在结案[140]、异议陈述[141]和临时措施申请[142]方面享有确定的权利。

起诉发生的情况取决于竞争与市场管理局是否认为它表明可能违反了禁止规定。[143] 如果确实如此，则起诉可能会根据竞争与市场管理局的优先原则触发调查。[144] 如果没有发现任何可能的违规行为，则竞争与市场管理局将尽快通知原告其不打算采取进一步行动。本章第 8 节考虑了原告质疑拒绝起诉的权利。[145]

起诉可能会引起保密方面的难题。如果原告向竞争与市场管理局提供机密信息[146]，则竞争与市场管理局要求提供此类信息的非机密版本，并可以向原告披露。[147] 一些原告希望保持匿名，这可能会使竞争与市场管理局难以进行起诉。原告应向竞争与市场管理局解释为什么不应该公开其身份；如果竞争与市场管理局对这种情况感到满意，它将寻求在与竞争与市场管理局的法定义务相

---

[134] 竞争与市场管理局于 2017 年 5 月 3 日作出的决定，第 2.3 段。

[135] 竞争与市场管理局于 2016 年 5 月 10 日作出的决定，第 E.1 段。

[136] CMA 8，2014 年 3 月，第 3.16～3.21 段；另见竞争与市场管理局的优先原则，CMA 16，2014 年 4 月。

[137] CMA 8，2014 年 3 月。

[138] 同上，第 5.12～5.15 段。

[139] 同上，第 5.12 段。

[140] 同上，第 10.3～10.4 段。

[141] 同上，第 12.7 段。

[142] 同上，第 8.11 段。

[143] 《1998 年英国竞争法案件中竞争与市场管理局调查程序指南》，第 4.1～4.6 段。

[144] CMA 16，2014 年 4 月。

[145] 请参见本章第 553～564 条"上诉"。

[146] 为此目的，机密信息在竞争与市场管理局规则 SI 2014/458 的第 1 条第 1 款中定义。

[147] 《1998 年英国竞争法案例中竞争与市场管理局调查程序指南》，第 8.21 段、第 10.5 段和第 12.7 段。

一致的程度上保持匿名性。[148] 一旦竞争与市场管理局建议通过确认违法决定，这可能无法持久。[149] 2002 年英国企业法第 9 部分包含了禁止披露有关个人或企业的某些信息的规则，除非该法第 239 ~ 242 条规定的所谓“门户”之一允许披露。这些条款在竞争与市场管理局的指南中进行了说明。[150] 竞争与市场管理局的程序官可以解决有关机密性的争议。[151]

4. 意见和非正式建议

最初颁布的竞争法向竞争管理机构提供了通知系统，以指导或决定是否违反了第 1 章和/或第 2 章的禁止规定。[152] 修订条例取消了自 2004 年 5 月 1 日起生效的通知规定，使英国国内法与欧盟法保持一致。[153] 经营者必须自行决定其行为是否符合竞争规则。但是，在某些情况下，竞争与市场管理局可能会就新问题或未回答的问题提供意见[154]或非正式建议。[155]

(A) 意　见

竞争与市场管理局仅在满足以下 3 个条件的情况下才考虑征求意见：

- 欧盟或英国判例法没有足够的先例；
- 需要发表意见，例如，由于受有关协议或行为影响的产品或服务对消费者的经济重要性，或与该协议或行为有关的投资范围；
- 无须大量进一步事实调查就可以提供意见。[156]

请求意见的企业可以撤回其请求。[157] 截至 2017 年 12 月 8 日，已发布了一项意见：2008 年，公平交易办公室提供了指导，以促进根据竞争法对报纸和

---

[148] 《1998 年英国竞争法案件中竞争与市场管理局调查程序指南》第 3. 20 段指出，竞争与市场管理局旨在在决定是否继续投诉时对投诉人的身份保密。

[149] 《1998 年英国竞争法案件中竞争与市场管理局调查程序指南》，第 3. 21 段。

[150] OFT 442，2004 年 12 月，第 9 段和《1998 年英国竞争法案例中竞争与市场管理局调查程序指南》，第 7. 6 ~ 7. 17 段。

[151] 1998 年英国竞争法案件中竞争与市场管理局的调查程序指南，第 7. 13 段；有关程序官的信息，参见本章第 504 ~ 506 页“程序”。

[152] 相关规定是竞争法第 12 ~ 16 条以及附表 5 和附表 6。本书第 5 版第 444 ~ 451 页对此进行了说明。

[153] 参见第 4 章第 214 ~ 217 页“第 1/2003 号条例”。

[154] 《现代化指南》，OFT 442，2004 年 12 月，第 7. 5 ~ 7. 19 段。

[155] 同上，第 7. 20 段。

[156] 同上，第 7. 5 段。

[157] 同上，第 7. 14 段。

杂志发行协议的“自我评估”。[158] 竞争与市场管理局关于竞争与市场管理局采取简式意见的方法的指南[159]解释说，竞争与市场管理局准备（试行）就《欧盟运行条约》第101条和/或1998年英国竞争法第1章禁止规定如何适用于拟议的协议提供“简式意见”提出新颖或未解决的问题，并与英国建立实质性联系。[160] 简式意见也应遵守竞争与市场管理局的优先原则。[161] 竞争与市场管理局希望每年在“数量有限的案件”中发表简式意见。[162] 截至2017年12月8日，竞争与市场管理局尚未发布任何简式意见。[163]

（B）非正式建议

竞争与市场管理局可能会临时向企业提供有关竞争法实施的机密非正式建议，但这种建议不具有约束力[164]，并且在不满足竞争与市场管理局优先原则的情况下不会提供此类建议。

5. 执　行

本节将说明竞争与市场管理局或行业监管机构打算根据1998年英国竞争法采取执法行动的各种可能性。

（A）程　序

如果竞争与市场管理局有“合理理由”怀疑依照该法或《欧盟运行条约》第101条或102条存在违法，它将首先根据1998年英国竞争法第25条进行调查。该条款规定竞争与市场管理局在调查期间采取临时措施：在下面的第10.5.3节中讨论。

---

[158] OFT 1025，2008年10月；参见：MUYSERT P，DOBSON P. Split Opinion：The Office of Fair Trading Opinion on Newspaper and Magazine Distribution［J］. Competitive Law，2010：262.

[159] CMA 27，2014年4月。

[160] 同上，第4.4段。

[161] 同上，第1.4段。

[162] 同上。

[163] 公平交易办公室发布了两个“简式意见”：第一个涉及联合采购协议，P&I/Makro联合采购协议，2010年4月27日的简式意见；第二个是与英国农民联合会和乡村土地所有者协会对土地所有者的建议有关的，这些许可涉及授予许可以促进推广农村宽带服务的通行费，农村宽带通行率协议，2012年8月23作出的简式意见。

[164] 《现代化指南》，第7.20段。

（ⅰ）反对意见

如果作为调查结果，竞争与市场管理局建议通过一项决定，判定是否或已经违反了 1998 年英国竞争法第 1 章和/或第 2 章的禁止规定或《欧盟运行条约》第 101 条和/或第 102 条，向一个或多个“可能受到影响”[165] 的人发出“书面通知”（通常称为“反对意见”），并给该人（或多个人）提供陈述的机会。[166] 反对意见的形式在竞争与市场管理局规则第 5 条和第 6 条中规定[167]；规则第 6 条还涉及对文件的访问[168]以及进行书面和口头陈述的权利。[169] 竞争上诉法庭总结了 *Apex v OFT* 案中反对意见的适用原则。[170] 其中竞争与市场管理局认为某项协议违反了 1998 年英国竞争法第 1 章的禁止规定和/或《欧盟运行条约》第 101 条第 1 款可以将反对意见的处理人数减少到少于目前或曾经是该协议的当事方的所有人。[171] 竞争与市场管理局在几种情况下都行使了这种权力[172]，这有助于其更快地交付案件。《1998 年英国竞争法案件中竞争与市场管理局调查程序指南》第 11 章说明了竞争与市场管理局发出反对意见的方法。

（ⅱ）程序官

竞争与市场管理局已任命一名程序官，其职责是主持审理并确保尊重辩护人的权利。[173] 当事方有权要求程序官审查案件团队对程序事项的决定。[174] 这可在竞争与市场管理局网站上找到。[175]

（ⅲ）后续程序

完成上述程序后，竞争与市场管理局将任命一个由三人组成的“案例决

---

[165] 1998 年英国竞争法第 31 条第 1 款（a）项。

[166] 同上，第 31 条第 1 款（b）项。

[167] SI 2014/458。

[168] 同上，第 6（2）条。

[169] 同上，第 6（3）~（4）条。

[170] 案例 1032/1/1/04［2005］CAT 4，第 100 段。

[171] SI 2014/458，第 5 条第 3 款；相对于少于协议所有当事方而言，存在通过违法决定的同等权力：同上，第 10（2）条。

[172] 参见例如 *Online resale price maintenance in the bathroom fittings sector*，竞争与市场管理局于 2016 年 5 月 10 日作出的决定，第 1.2 段和第 E.18 ~ E.19 段；*Online resale price maintenance in the commercial refrigeration sector*，竞争与市场管理局于 2016 年 5 月 24 日作出的决定，第 1.2 段和第 C.15 ~ C.16 段；*Online resale price maintenance in the light fittings sector*，竞争与市场管理局于 2017 年 5 月 3 日作出的决定，第 1.3 段和第 4.4 段。

[173] 参见竞争与市场管理局规则 SI 2014/458 的第 6（5）~（6）条和第 8 条。

[174] 《1998 年英国竞争法案件中竞争与市场管理局调查程序指南》，第 15 章。

[175] www.gov.uk/guidance/procedural – officer – raising – procedural – issues – in – cma – cases。

策小组”来决定其后续步骤。[176] 案例决策小组（Case Decision Group，CDG）可以包括竞争与市场管理局的任何高级职员、竞争与市场管理局的委员会成员或竞争与市场管理局的专家组成员。[177] 案例决策小组代表竞争与市场管理局担任决策者[178]；这是一种尝试，旨在解决在调查和决策阶段，同一办案人员处理特定案件的批评，不像美国的立场，司法部必须将案件提交法院。[179]

在反对意见的问题上存在各种可能性。一种可能性是，竞争与市场管理局可能决定不继续审理此案，或声明它没有采取行动的依据。[180] 或者，竞争与市场管理局可以通过接受具有法律约束力的“承诺”，即承诺将修改其行为，以解决导致启动调查的竞争问题，从而结案，而无须发现违法行为（见下文第B节）。另一种可能性是，案例决策小组认为必须进行进一步的事实调查，在这种情况下，竞争与市场管理局可能会发布反对意见的补充声明或所谓的“事实书”[181]，如果竞争与市场管理局认为存在违法，则可以给出指示以终止违法行为（第D节），并可能要求违法企业支付罚金（第E节）。对违反竞争法第1章禁止规定或《欧盟运行条约》第101条的行为检举的企业，可以要求豁免或减少可能受到的处罚（第F节）。在竞争与市场管理局与有关企业达成和解后，通过了一些确认违法决定（第G节）。第H节将考虑在实践中如何应用有关罚则的规定。

(B) 承 诺

1998年英国竞争法第31 A～31 E条使竞争与市场管理局和行业监管机构能够作出一项决定，根据该决定，被调查企业对其未来行为作出具有法律约束力的承诺，以解决其竞争问题。竞争上诉法庭说，承诺决定“是对整个竞争执法工作的重要和有益的贡献”。[182] 竞争与市场管理局在《执法指南》的第4

---

[176] 《1998年英国竞争法案件中竞争与市场管理局调查程序指南》，第11.30～11.34段；涉及异议声明的任何官员都不会被任命为案件判决小组的成员。

[177] 竞争与市场管理局董事会和竞争与市场管理局专家组，参见第2章第77～78页“建立竞争与市场管理局和竞争与市场管理局理事会”。

[178] 《1998年英国竞争法案件中竞争与市场管理局调查程序指南》，第9.11段。

[179] 政府考虑但最终拒绝在英国采用诸如美国部署的检察系统：增长、竞争和竞争制度，2012年3月，第6.17～6.19段。

[180] 有关竞争上诉法庭对此类决定的质疑，参见本章第555～556页“针对明确的非违法决定成功上诉”。

[181] 《1998年英国竞争法案件中竞争与市场管理局调查程序指南》，第12.27～12.28段；案例1226/2/12/14 *Skyscanner Ltd v CMA*［2014］CAT 16，第120段。

[182] 案例1226/2/12/14 *Skyscanner Ltd v CMA*［2014］CAT 16，第120段。

部分中采用了有关承诺程序的现有指南。[183]

有关企业应与竞争与市场管理局讨论承诺的可能性。承诺既可以是结构性的，也可以是行为。[184] 竞争与市场管理局表示，只有在有限的情况下，才有可能考虑接受承诺，只有在这种情况下，竞争问题很容易识别，并通过提供的承诺得到充分解决，并且这些承诺能够在短时间内有效执行。[185] 除了在特殊情况下，竞争与市场管理局不会接受对核心卡特尔或严重滥用支配地位的承诺[186]；但是，在这种情况下，最终的结果可能是和解，有关企业将被处以比其应有的回报要少的罚款，使竞争与市场管理局能够比其他情况下更快地作出确认违法的决定。[187]

第31条第2款使竞争与市场管理局能够接受来自企业的承诺，以采取行动或避免采取竞争与市场管理局认为适当的行动；对承诺的变更[188]、替代[189]和释放[190]进行了准备。该法附表6A列出了承诺情况下应遵循的程序要求。如果竞争与市场管理局接受承诺，它将中止调查，并且不能根据1998年英国竞争法第31条作出裁定违法的决定或根据第35条作出指示。[191] 承诺不履行的，竞争与市场管理局可以申请法院强制执行。[192]

在承诺程序下有一个协商过程，在该过程中，第三方有机会发表评论。[193] 如果被接受，竞争与市场管理局将在其网站上发布承诺的全文。竞争与市场管理局作出的在承诺方提出要求时不作出承诺的决定可以向竞争上诉法庭提出上诉[194]，在不再有竞争理由的情况下，也可以向竞争上诉法庭提出上诉[195]。第三

---

[183] 《执法指南》，OFT 407，2004年12月；关于承诺制相对于接受自愿保证的优势的信息，参见在竞争上诉法庭中上诉的案例1017/2/1/03 *Pernod – Ricard SA v OFT*［2005］CAT 9，第7段和案例1026/2/3/04 *Wanadoo*（*UK*）*Plc v OFCOM*［2004］CAT 20，第124段。

[184] 《执法指南》，第4.6段。

[185] 同上，第4.3段。

[186] 同上，第4.4段；参见如 *Independent Schools*，公平交易办公室于2006年11月23日作出的决定，第31～32段；有关处理结构性承诺以应对掠夺性定价的特殊情况的示例，参见 *Severn Trent Plc*，水务监管局于2013年1月17日作出的决定，第9.5～9.6段。

[187] 参见本章第525页“和解”。

[188] 1998年竞争法第31A条第3款（a）项。

[189] 同上，第31A条第3款（b）项。

[190] 同上，第31A条第4款。

[191] 同上，第31B条第2款；只有在第31B条第4款规定的情况适用的情况下，竞争与市场管理局才能继续进行调查。

[192] 同上，第31E条；该法第59条对“法院”进行了定义。

[193] 同上，附表6A和执法，第4.21～4.22段。

[194] 1998年英国竞争法第46条第3款（g）项。

[195] 同上，第46条第3款（h）项。

方可以就禁止接受或释放承诺或接受重大变更的决定向竞争上诉法庭提出上诉[196]。竞争上诉法庭在 *Skyscanner v CMA* 案[197]中裁定，公平交易办公室未能适当考虑 Skyscanner 对拟议承诺的反对，该承诺旨在解决与酒店在线预订有关的竞争问题。

表 10.1 提供了英国竞争主管部门截至 2017 年 12 月 8 日已接受承诺的案例的详细信息。

表 10.1　第 31A 条承诺判决

案例名	拟议承诺的公布日期	作出具有法律约束力的承诺的日期	承诺生效的截止日期
Bristol Water（水务监管局）	2014 年 5 月 22 日	2015 年 3 月 23 日	一直有效，直到水务监管局和 Bristol Water 另作协议
Freightliner（ORR）	2015 年 9 月 3 日；修订的承诺于 2015 年 11 月 19 日发布	2015 年 12 月 18 日	2019 年 3 月 31 日
SEE（OFGEM）	2016 年 6 月 22 日	2016 年 11 月 3 日	需经 2021 年 5 月 8 日审查后再决定
ATG Media（CMA）	2017 年 5 月 30 日	2017 年 6 月 29 日	2022 年 6 月 29 日
Showmen's Guild（CMA）	2017 年 8 月 22 日	2017 年 10 月 26 日	持续有效，直到竞争与市场管理局同意其他方案

（C）临时措施

如果竞争与市场管理局已根据 1998 年英国竞争法第 25 条展开调查，但尚未完成调查，则出于紧急情况，它可以采取临时措施，以防止对特定个人或特定类别的人造成重大损害或保护公共利益[198]；但是如果企业能够在概然性平衡中证明满足 1998 年英国竞争法第 9 条第 1 款或《欧盟运行条约》第 101 条第 3

[196] 同上，第 47 条第 1 款（c）项。

[197] 案例 1226/2/12/14［2014］CAT 16；2015 年 9 月 16 日，竞争与市场管理局决定结案，并继续监视酒店在线预订领域的发展。

[198] 1998 年英国竞争法第 35 条第 1 款和第 2 款；根据 1998 年英国竞争法案例中竞争与市场管理局的调查诉讼指南，OFT 407（2004 年 12 月）和第 8 章解释了竞争与市场管理局采取临时措施程序的方法。

款的标准，则不能采取临时措施。[199]

国内竞争主管机构并不十分热衷于使用其临时权力。[200] 公平交易办公室唯一采取临时措施的案件是 *London Metal Exchange* 案[201]，它担心伦敦金属交易所可能会通过延长其电子交易平台 LME Select 的交易时间来滥用其支配地位。[202] 为了促进临时措施的使用，2013 年企业和监管改革法使竞争与市场管理局能够因为对特定人员或某类人员的“重大损害”（而不是对“严重、不可弥补的损害”的旧标准）行动。如果一个人的有效竞争能力受到限制或可能受到限制，那么损害将是巨大的，从而可能严重损害其商业地位[203]；它不需要一个人离开市场。[204] 竞争与市场管理局在 *ATG Media* 案[205]中“认真考虑”了临时措施的申请；但是，没有必要作出决定，因为它接受了 ATG 的承诺，以解决因其在线艺术品和古董拍卖的“同样优惠的条款”条款引起的担忧。

竞争与市场管理局必须在发出指示之前先通知受影响的人，从而使他们有机会进行陈述。[206] 此类通知必须指出拟议指示的性质和竞争与市场管理局的原因。[207] 竞争与市场管理局已表示，在某些情况下，它可能愿意接受非正式的临时承诺来代替通过正式的临时措施决定[208]；公平交易办公室几次接受了非正式的临时承诺[209]。竞争与市场管理局批准或拒绝临时措施的决定可以向竞争上诉

---

[199] 1998 年英国竞争法第 35 条第 8 款和 9 款；《1998 年英国竞争法案件中竞争与市场管理局调查程序指南》，第 8.18 段。

[200] 参见如通信管理局于 2013 年 7 月 31 日作出的裁决，拒绝英国电信就天空体育 1 和 2 的 BSkyB 的批发供应采取临时措施的要求；另见竞争与市场管理局于 2014 年 12 月 19 日作出的裁决，驳回 Worldpay 关于 Visa 交换费的临时措施要求；通信管理局于 2015 年 2 月 4 日作出的裁决，驳回 Virgin Media 要求针对将媒体版权出售给英超联赛的措施采取临时措施。

[201] 公平交易办公室于 2006 年 2 月 27 日作出的决定。

[202] 伦敦金属交易所（LME）针对这一决定向竞争上诉法庭提出上诉；随后，公平交易办公室在收到新证据后撤回了该决定：参见案例 1062/1/1/06 *London Metal Exchange v OFT*［2006］CAT 19（dealing with costs）。

[203] 《1998 年英国竞争法案例中竞争与市场管理局调查程序指南》，第 8.14 段；竞争上诉法庭在案例 1274/1/12/16（IR）*Flynn Pharma Ltd v CMA*［2017］CAT 1 中考虑与根据竞争上诉法庭规则第 24 条给予临时救济的“重大损害”相同的要求。

[204] 同上，第 8.15 段。

[205] 接受 ATG Media 提供的有关在线实时竞价拍卖平台服务的有约束力的承诺的裁决，竞争与市场管理局于 2017 年 6 月 29 日作出的决定，第 2.5 段。

[206] 1998 年英国竞争法第 35 条第 3 款；另见竞争与市场管理局规则，第 13 条。

[207] 1998 年英国竞争法第 35 条第 4 款。

[208] 执法，第 3.17 ~ 3.20 段。

[209] 参见如 *Robert Wiseman Dairies*，公平交易办公室新闻稿 PN 39/01，2001 年 9 月 14 日；*Oakley (UK) Ltd*，2007 年 2 月结案；*Nationwide Independent Bodyshop Suppliers Ltd*，2009 年 2 月结案。

法庭上诉。[210]

(D) 指　示

1998 年英国竞争法第 32 条第 1 款规定，当竞争与市场管理局决定某项协议违反 1998 年英国竞争法第 1 章禁止规定或《欧盟运行条约》第 101 条时，它可以向其认为适当的一个或多个人提供使其停止违法的指示。第 32 条第 3 款扩展了这些指示的内容，这些指示可能要求协议的当事方进行修改或要求终止。第 33 条中有相应的规定，适用于违反第 2 章禁止规定或《欧盟运行条约》第 102 条的情况；在这种情况下，第 33 条第 3 款规定，指示可以要求有关人员修改有关行为，或要求他停止该行为。在两种情况下，指示还可能包括其他规定，例如积极行动和报告义务。[211] 指示的接受者必须被告知该指示所依据的事实及原因[212]；根据第 32 条和第 33 条制定的指示必须被公开发表。[213]

(i) 指示可以是结构性的吗？

目前尚不清楚发出指示的权力是否包括实施结构性补救措施的权利，例如要求资产剥离或企业解体的权利；第 1/2003 号条例第 7 条明确规定，欧盟委员会可以实施结构性和行为补救措施。[214] 如果对 1998 年竞争法第 1 章或第 2 章禁止规定或《欧盟运行条约》第 101 条或第 102 条的违法行为本身是市场结构变化的结果，原则上看来，终止违法行为的结构性补救办法是合理的。例如，如果一家企业违反 1998 年英国竞争法第 1 章禁止规定或《欧盟运行条约》第 101 条，建立一个合资公司作为联合销售机构，最有效的补救办法可能是结构性的，要求解散公司。然而，不太明显的是，可以实施结构性补救措施，例如，解散一家犯下连环滥用行为的占支配地位公司；这种情况似乎更适合根据 2002 年英国企业法进行市场调查，根据该法，可以明确获得结构性补救措施。[215] 有趣的是，水务监管局在一种情况下接受结构性承诺[216]：承诺是自愿提供的，因此不可能从该决定中推断水务监管局在这种情况下可以采取结构性补救措施。

---

[210] 1998 年英国竞争法第 46 条第 3 款和第 47 条第 1 款（d）~（e）项。

[211] 参见《执法指南》，第 2.3 段。

[212] 竞争与市场管理局规则，SI 2014/458，第 12 条第 1 款。

[213] 同上，第 12 条第 3 款。

[214] 参见第 7 章第 320 ~ 321 页“结构性补救”。

[215] 参见第 11 章第 593 页“最终权力”。

[216] *Severn Trent Plc*，水务监管局于 2013 年 1 月 17 日作出的决定。

（ii）实践中的指示规定

在某些情况下，如果违法行为在其决定之时已经终止，则竞争与市场管理局可能不会发出指示。[217] 但是，在某些情况下已经下达了指示。[218] 例如，在 *Napp* 案[219]，公司被勒令修改某些吗啡药品的价格，以结束其滥用价格，而在 *Lladró Comercial* 案，公平交易办公室要求瓷器生产商修改其分销协议，以表明转售价格维持的做法不会继续。[220] 同样，在 *Genzyme* 案[221]中，公平交易办公室要求该公司对其生产的药物 Cerezyme 以及其提供的各种家庭护理服务分别收费，并以不高于国家卫生总署收费的价格向竞争的家庭护理经营者提供 Cerezyme[222]。竞争上诉法庭对 Genzyme 收取的正确价格进行了旷日持久的诉讼，在此期间，竞争上诉法庭表示[223]，在这种情况下，终结滥用的主要责任在于 Genzyme，而不是公平交易办公室或竞争上诉法庭。[224]

在 *English Welsh & Scottish Railway* 案[225]中，铁路和公路办公室（现为铁路管理局）发现，EW&S 犯有滥用工业煤炭铁路运输到发电站市场的支配地位。它向 EW&S 提供了指示，要求 EW&S 删除或修改与包括电力公司 E. ON 在内的一些客户签订的煤炭运输协议中的各种条款。[226] 高等法院随后同意 EW&S 的意见，铁路管理局的指示意味着该违规条款自成立之日起即为无效，并且由于无法将其割断，因此整个煤炭运输协议均属无效且不具备执行力。[227]

---

[217] 参见例如 *Online resale price maintenance in the lightfittings sector*，竞争与市场管理局于 2017 年 5 月 3 日作出的决定，第 5.4 段。

[218] 参见例如 *Conduct in the modelling sector*，竞争与市场管理局于 2016 年 12 月 16 日作出的决定，第 5.3 ~ 5.5 段。

[219] 公平交易办公室根据 1998 年英国竞争法第 33 条向 Napp Pharmaceutical Holdings Ltd 及其子公司发出的指示，2001 年 5 月 4 日，维持原判案例 1001/1/1/01 *Napp Pharmaceutical Holdings Ltd v Director General of Fair Trading*［2002］CAT 1，第 553 ~ 562 段。

[220] 公平交易办公室于 2003 年 3 月 31 日作出的决定，第 117 ~ 118 段。

[221] 公平交易办公室于 2003 年 3 月 27 日作出的决定，基本上在上诉中维持原判，案例 1016/1/1/03 *Genzyme Ltd v OFT*［2004］CAT 4。

[222] 案例 1016/1/1/03 *Genzyme Ltd v OFT*［2005］CAT 32。

[223] 案例 1013/1/1/03（IR）*Genzyme Ltd v OFT*［2003］CAT 8。

[224] 参见 2004 年 10 月 13 日听证会的记录，可在 www. catribunal. org. uk 上查阅。

[225] 铁路管理局于 2006 年 11 月 17 日作出的决定。

[226] 同上，第 D2 ~ D5 段。

[227]［2007］EWHC 599（Comm）；E. ON 驳回了这些针对竞争上诉法庭的指示的上诉，理由是这些指示的范围过大，不确定性不足导致无效，案例 1076/2/5/07 E. ON *UK plc v ORR*，2008 年 1 月 7 日作出的法令，关于英国合同法的可分割性原则，参见：CHITTY J. Chitty on Contracts［M］. 32th ed. London：Sweet & Maxwell，2015：16 - 211，16 - 220.

在 *National Grid v Gas and Electricity Markets Authority* 案[228]中，竞争上诉法庭不接受批评者，即监管机构关于国家电网“不对其滥用合同进行具有相同或同等排斥作用的行为”的指示是模糊的或不适当的。[229]

竞争与市场管理局在 *Phenytoin* 案[230]中发现，Pfizer 和 Flynn 各自滥用英国的垄断地位，对英国 Pfizer 生产的苯妥英钠胶囊实行不公平的高价。竞争与市场管理局指示 Pfizer 和 Flynn 降低各自的价格，但拒绝具体说明降低幅度[231]；经营者必须自己评估其修改后的价格与竞争法的兼容性。竞争上诉法庭驳回了 Flynn 提出的在对有关违法决定提出上诉之前中止指示的申请。[232]

（iii）可能是指示对象的人

可以指示“适当的”人，他们不一定是协议的当事方或违法行为的肇事者。这样做的目的是使竞争与市场管理局能够向母公司、关联公司或私人发出指示，以使其能够影响或促使侵权人采取行动。[233] 1998 年英国竞争法第 34 条准许法院下令要求企业或其官员遵守与该管理有关的指示，如果受该指示管理的人未能遵守该指示。

（iv）加强对指示的遵守

如受指示所规限的人（不论是临时的或最终的）无合理辩解而没有遵从，则竞争与市场管理局可向法院[234]申请作出法令，要求在指明时间内遵从，或如果该指示关乎企业的管理，则可下令另一名人员执行该项法令。[235] 违反这一法令将构成藐视法庭罪，可酌情处以罚金或监禁。[236] 1998 年英国竞争法第 34 条中没有任何内容将法院的法令制定权限于英国境内的人员。[237]

---

[228] 案例 1099/1/2/08［2009］CAT 14。

[229] 同上，第 226 段：但是，竞争上诉法庭接受为遵从指示设定的时限是不现实的：同上，第 226 段；另见案例 1046/2/4/04 *Albion Water Ltd v Water Services Regulation Authority*（*remedy*）［2009］CAT 12，第 37 ~ 39 段。

[230] *Unfair pricing in respect of the supply of phenytoin sodium capsules in the UK*，竞争与市场管理局于 2016 年 12 月 7 日作出的决定。

[231] 同上，第 7. 1 ~ 7. 5 段和附件 B。

[232] 案例 1274/1/12/16（IR）*Flynn Pharma Ltd v CMA*［2017］CAT 1。

[233] 参见《执法指南》，第 2. 2 段。

[234] 为此，1998 年英国竞争法第 59 条第 1 款定义了“法院”。

[235] 同上，第 34 条。

[236] 《执法指南》，第 2. 9 段。

[237] 关于该法的领土范围，参见第 12 章第 621 ~ 626 页“英国竞争法的域外适用”。

(E) 处　罚

1998 年英国竞争法第 36 条第 1 款规定，违反竞争法第 1 章禁止规定或《欧盟运行条约》第 101 条的行为可能会受到处罚；第 36 条第 2 款相应地规定了违反第 2 章禁止规定或《欧盟运行条约》第 102 条的规定。如果发生了一项以上违法行为，则可能对每项违法行为处以一项处罚。[238] 作为施加处罚的前提，第 36 条第 3 款要求竞争与市场管理局必须确信违法行为是故意或过失的[239]；足以判定违法是故意的还是过失的，而不必确定哪一项[240]，并且故意和过失之间的区别最多只能减轻罚款。[241] 意图可以从内部文件或故意隐瞒协议或行为中得出，[242] 以前没有发现违反竞争规则的行为这一事实并不意味着不能故意或过失地实施违法。[243]

在确定罚款水平时，竞争与市场管理局按照第 36 条第 7A 款要求考虑到违法行为的严重性以及是否希望阻止违法企业和其他人违反第 1 章和第 2 章的禁止性规定以及《欧盟运行条约》第 101 条和第 102 条。[244] 除法律原则问题外，其他处罚决定的先例价值有限；每个案例都有自己的事实。[245]

竞争法没有规定实施或恢复处罚的时效期限。竞争上诉法庭裁定，第 1/2003 号条例第 25 条的时效期限[246]和 1980 年的诉讼时效法[247]均不适用于竞争法规定的处罚。[248] 竞争与市场管理局收到的罚款将计入合并基金[249]：也就是说，这些罚款归政府所有，而不是例如反竞争行为的受害者。后者也许可以通过诉

---

[238] 案例 1117/1/1/09 *GF Tomlinson v OFT* ［2011］ CAT 7，第 122 段。

[239] 参见《执法指南》，第 5.4 ~ 5.13 段。

[240] 案例 1001/1/1/01 *Napp Pharmaceutical Holdings Ltd v Director General of Fair Trading* ［2002］ CAT 1，第 453 段；关于“故意”和“过失”的含义，参见该判决的第 456 ~ 457 段。

[241] 案例 1009/1/1/02 *Aberdeen Journals Ltd v OFT* ［2003］ CAT 11，第 484 段。

[242] 《执法指南》，第 5.11 段。

[243] 案例 *Paroxetine*，竞争与市场管理局于 2016 年 2 月 12 日作出的决定，第 11.8 段。

[244] 通过 2013 年企业和监管改革法第 44 条加入该内容，自 2014 年 4 月 1 日起生效。

[245] 案例 *Kier Group plc v OFT* ［2011］ CAT 3，第 116 段；相似案例参见案例 *Eden Brown Ltd v OFT* ［2011］ CAT 8，第 78 ~ 97 段。

[246] 案例 1120/1/1/09 *Quarmby Construction Co Ltd v OFT* ［2011］ CAT 11，第 43 ~ 48 段（发现竞争法第 60 条所指的“相关差异”），其中参见第 9 章第 473 ~ 479 页“‘管理原则条款’：1998 年英国竞争法第 60 条”。

[247] 案例 1120/1/1/09 *Quarmby Construction Co Ltd v OFT* ［2011］ CAT 11，第 54 ~ 56 段。

[248] 但是请注意，1980 年诉讼时效法确实适用于竞争法第 37 条规定的追回作为民事债务的罚款。

[249] 1998 年英国竞争法第 36 条第 9 款。

诸法院获得赔偿。[250] 如果在竞争与市场管理局要求的日期之前仍未支付罚款，则可以通过法院追偿作为民事债务。[251] 向竞争上诉法庭提出的上诉推迟了支付任何罚款的义务，直到上诉被裁定为止[252]；但是，竞争上诉法庭通常会在维持的罚款中增加利息。[253]

（i）最高处罚额

1998年英国竞争法第36条第8款规定，在竞争与市场管理局作出决定之前的营业年度，处罚额不得超过企业全球营业额的10%。[254] 竞争与市场管理局对苯妥英钠的Flynn Pharma处以最高处罚额。[255]

（ii）有关适当处罚额的指导

根据1998年英国竞争法第38条有关适当处罚额的指南[256]（《处罚指南》）已发布；该指南已按照该条款的规定由国务大臣批准。[257] 该指南第1.4段规定了竞争与市场管理局在设定处罚水平上的政策目标：反映侵权的严重性并威慑侵权企业（“特定威慑”），并阻止其他企业从事或继续从事反竞争活动（“一般威慑”）。

竞争上诉法庭在确定处罚金额时必须考虑《处罚指南》。[258] 尽管竞争与市场管理局和竞争上诉法庭在任何情况下都没有在所有方面遵循该指南的规定，但必须给出任何重大偏离的理由。[259] 竞争上诉法庭在*Kier v OFT*案中认为，考

---

[250] 参见第8章第374～393页“欧盟法：损害赔偿诉讼”。

[251] 1998年英国竞争法第37条。

[252] 同上，第46条第4款；没有规定竞争与市场管理局要求对罚款（或上诉费用）进行担保：因此，如果企业在此期间倒闭，则应处以罚款可能无法恢复。

[253] 参见2015年竞争上诉法庭规则，SI 2015/1648，第105条第1款；参见案例如1001/1/1/01 *Napp Pharmaceutical Holdings Ltd v Director General of Fair Trading*［2002］CAT 1，第542～543段；案例1099/1/2/08 *National Grid Plc v Gas and Electricity Markets Authority*［2009］CAT 14，第229（c）段；案例1114/1/1/09 etc *Kier Group plc v OFT*［2011］CAT 3，第343段。

[254] 参见1998年英国竞争法（罚款确定周转率）2000年令（SI 2000/309，由SI 2004/1259修订于2004年5月1日生效）。

[255] 关于在英国供应苯妥英钠胶囊的不公平定价，竞争与市场管理局于2016年12月7日作出的决定，第7.145段，上诉中的案例1275/1/12/17 *Flynn Pharma v CMA*，尚未裁决。

[256] OFT 423，2012年9月；较早的指南于2000年3月和2004年12月发布。

[257] 《处罚指南》，第1.8段。

[258] 1998年英国竞争法第38条第8款；竞争上诉法庭在案例1114/1/1/09 etc *Kier Group plc v OFT*［2011］CAT 3，第74～77段和案例1277/1/12/17 *Balmoral Tanks Ltd v CMA*［2017］CAT 23，第134段中考虑其在处罚上诉中的作用。

[259] *Argos Ltd and Littlewoods Ltd v OFT*和*JJB Sports plc v OFT*［2006］EWCA Civ 1318，第161段；公平交易办公室给出了偏离其关于独立付费学校处罚的指南的原因，公平交易办公室于2006年11月20日作出的决定，第1424～1432段。

虑到这些政策目标，它将考虑最终处罚是否合理和相称。[260]

第 1.17 段解释说，被发现同时违反英国和欧盟竞争法的企业将不会因同样的反竞争效果而被处罚两次。[261]

（iii）竞争与市场管理局的六步法

在确定处罚水平时，竞争与市场管理局采用了六步法[262]；竞争与市场管理局必须说明作出决定的原因，包括列出得出结论的方法[263]：

• 第 1 步——起点[264]：起点是根据违法的严重程度，对企业的“相关营业额”进行一定比例的罚款处罚[265]；这不仅反映了违法的严重性，而且通过将营业额所占百分比应用于相关市场的经营规模。起点根据具体情况确定，但不能超过企业相关营业额的 30%。[266] 出发点必须充分反映违法的严重性，必须确保具体和普遍的威慑作用。[267] 严重的卡特尔侵权和严重滥用支配地位的可能位于排序的顶端。[268] 在确定违法的严重性时，竞争与市场管理局将考虑许多因素，包括违法的性质和反竞争行为对竞争者、第三方以及最重要的是消费者的影响。[269] 在基于《欧盟运行条约》第 101 条和/或第 102 条的情况下，如果该成员国明确表示同意，则可以考虑该成员国的影响。[270]

• 第 2 步——持续时间的调整[271]：在第 2 步中确定竞争与市场管理局的起点之后，考虑到违法的持续时间，竞争与市场管理局可能会增加或例外地减少[272]罚款。违法持续时间超过一年的，可以增加不超过违法年数的罚款；竞争与市场管理局可能会将一年的一部分视为整个一年，尽管在某些情况下，使用

---

[260] 参见案例 1114/1/1/09 etc *Kier Group plc v OFT*［2011］CAT 3，第 175 段。

[261] 有关此原则的可能例外，参见《处罚指南》第 1.18 段。

[262] 同上，第 2.1 段。

[263] 案例 1061/1/1/06 *Makers UK Ltd v OFT*［2007］CAT 11，第 134 段。

[264] 《处罚指南》，第 2.3～2.11 段。

[265] 同上，第 2.3 段。

[266] 同上，第 2.5 段和第 2.11 段；为此目的的相关营业额是指企业在侵权前的最后一个营业年度中受该侵权影响的相关产品和地理市场的营业额：同上，第 2.7 段；这使案例 1114/1/1/09 etc *Kier Group plc v OFT*［2011］CAT 3，第 130～139 段（涉及 2004 年指南的适用的案子）等的判决生效。

[267] 《处罚指南》，第 2.5 段和第 2.11 段。

[268] 同上，第 2.5 段；竞争与市场管理局在英国对苯妥英钠胶囊的供应方面选择了不公平定价的起点，竞争与市场管理局于 2016 年 12 月 7 日作出的决定，第 7.75 段，上诉中案例 1275/1/12/17 *Flynn Pharma v CMA*，尚未裁决。

[269] 同上，第 2.4 段和第 2.6 段。

[270] 同上，第 2.10 段。

[271] 同上，第 2.12 段。

[272] 注意案例 1032/1/1/04 *Apex Asphalt Paving Co Ltd v OFT*［2005］CAT 4，第 278 段：在共谋招标的情况下，特定的招标程序可能会在短时间内发生，不一定意味着应减少处罚。

了较小的乘数。[273]

• 第3步——调整加重和减轻因素[274]：在第3步中，竞争与市场管理局将考虑是否存在任何加重和减轻因素。

• 加重因素包括：[275]

——持续不断的不合理行为，延误了竞争与市场管理局的执法行动；

——企业是违法的领导者或煽动者；

——董事或高级管理人员参与违法活动；

——对其他企业采取了报复性或强制性行动，以继续违法；

——在调查开始后，该违法行为继续存在；

——同一企业或同一集团中的某企业多次违法（累犯）；

——故意而非过失的违法；

——对宽大处理申请人的报复。

• 减轻因素包括：[276]

——企业在严峻胁迫或压力下行事；

——真正不确性在于企业的协议或行为是否构成违法；

——已采取适当步骤以确保遵守竞争法；

——竞争与市场管理局介入立即终止违法行为；

——合作使竞争与市场管理局的执法过程得以更有效和/或更快地结束[277]。

• 第4步——针对具体威慑力和/或比例的调整[278]：在第4步中，竞争与市场管理局将考虑是否应针对具体威慑力进行成比例的任何调整（与将来阻止企业违反竞争法的行为有关）。特定威慑的增加通常将限于企业在相关市场之外产生很大一部分营业额的情况，或者企业从其行为中获得的收益超过了拟议的处罚的情况。[279] 竞争与市场管理局还将评估建议的处罚是否"适当"；可

---

[273] 参见例如 *Hasbro UK Ltd, Argos Ltd and Littlewoods Ltd*，公平交易办公室于2003年2月19日作出的决定，第323段，其中公平交易办公室应用了1.2的乘数，而不是2，后者的侵权持续时间是14.5个月。

[274] 《处罚指南》，第2.13～2.15段。

[275] 同上，第2.14段。

[276] 同上，第2.15段。

[277] 参见例如 *Bathroomfittings sector*：*Ultra Finishing*，竞争与市场管理局于2016年5月10日作出的决定（5%）；*Online resale price maintenance in the commercial refrigeration sector*：*ITW Ltd*，竞争与市场管理局于2016年5月24日作出的决定，第7.40～7.44段（减少10%）。

[278] 《处罚指南》，第2.16～2.20段。

[279] 同上，第2.17段；参见例如 *Unfair pricing in respect of the supply of phenytoin sodium capsules in the UK*，竞争与市场管理局于2016年12月7日作出的决定，第7.102～7.123段（增加400%对辉瑞的具体威慑作用），上诉案例1276/1/12/17 *Pfizer v CMA*，尚未作出裁决。

以减少处罚以确保其没有不相称。[280]

• 第5步——进行调整以防止超过最高处罚额并避免双重危险[281]：在第5步中，竞争与市场管理局将调整处罚额，以确保不超过全球营业额10%的法定最高处罚额。[282] 如果欧盟委员会，另一个成员国的法院或竞争主管机构已处以罚款，则在第5步中也必须考虑该罚款，以避免双重危险。[283]

• 第6步——根据竞争与市场管理局的宽大处理计划和和解协议申请减免[284]：在第6步中，竞争与市场管理局在批准宽大处理和/或和解申请后将减少处罚。在特殊情况下，竞争与市场管理局还可减少财务困难的处罚[285]。公司不再进行交易，并且在作出决定时正在进行管理或清算的事实本身不构成财务困难。[286]

（iv）小型协议和次要行为豁免

1998年英国竞争法第39条与第36条第4款相结合，赋予了在“小型协议”情况下违反竞争法第1章禁止规定的处罚豁免权[287]，定价协议除外，但竞争与市场管理局信纳企业已履行合理的假设下，第39条赋予其豁免权。一项“小型协议”是指当事方在上一个日历年的总营业额不超过2000万英镑的协议。[288] *The Mobility Scooters* 案[289]涉及“小型协议”，因此当事方可从1998年英国竞争法第39条中获得豁免。依据第39条第3～8款规定，竞争与市场管理局

---

[280] 《处罚指南》，第2.20段；竞争与市场管理局在第4步中降低了Ping的罚款，以反映Ping的规模和财务状况以及其侵权行为的有限影响：竞争与市场管理局于2017年8月24日作出的决定，第5.89～5.90段，上诉案例1279/1/12/17 *Ping Europe Ltd v CMA*，尚未作出裁决。

[281] 《处罚指南》，第2.21～2.24段。

[282] 参见本章第514页“最高处罚额”；请注意，在2004年5月1日之前，第36条第8款规定的最高刑罚是参照英国的营业额而非全球营业额计算得出的，并且在某些情况下，这可能需要对罚款进行进一步调整：参见《处罚指南》，第2.22段和案例 *Bid-rigging in the construction industry in England*，公平交易办公室于2009年9月21日作出的决定，第VI.370段（第1711页）。

[283] 《处罚指南》，第2.24段。

[284] 同上，第2.25～2.27段。

[285] 同上，第2.27段。

[286] 参见例如 *Online sales of posters and frames*，竞争与市场管理局于2016年8月12日作出的决定，第6.45段和 *Conduct in the modelling sector*，竞争与市场管理局于2016年12月16日作出的决定，第5.99段。

[287] 1998年英国竞争法第39条第9款规定了为此目的制定的定价协议；参见眼科领域的行为，竞争与市场管理局于2015年8月20日作出的决定，第5.16段（“固定价格”包括最低价、非约束性的建议价格）。

[288] 参见1998年英国竞争法（小型协议和次要行为）2000年实施细则，SI 2000/262，第3条。

[289] 参见 *Roma-branded mobility scooters: prohibitions on online sales and online price advertising*，公平交易办公室于2013年8月5日作出的决定，第4.5～4.6段和 *Mobility scooters supplied by Pride Mobility Products Limited: prohibition on online advertising of prices below Pride's RRP price advertising*，公平交易办公室于2014年3月27日作出的决定，第4.5～4.6段。

在遵守某些基本程序的前提下可撤销此项豁免。[290] 2017 年 8 月，竞争与市场管理局宣布撤销对 TGA Holdings Ltd 的豁免权，其认为 TGA Holdings Ltd 可能阻止零售商自由宣传其价格，从而违反了竞争法[291]；竞争与市场管理局随后宣布，由于 TGA 已采取若干步骤解决其关注的问题，因此不会继续审理此案。[292] 违反《欧盟运行条约》第 101 条的协议不会受到任何处罚，这就是为什么第 39 条的标题仅提及“部分”豁免的原因。

第 40 条对“次要行为”也提供了类似的部分豁免。如果行为人在上一个日历年的全球营业额在 5000 万英镑或以下，则无足轻重。[293] 第 40 条第 3 ~ 8 款规定了撤销豁免的权力。《欧盟运行条约》第 102 条的违规行为不得豁免[294]。

第 39 条和第 40 条规定的豁免权不会阻止竞争与市场管理局采取其他执法行动，豁免权也不能阻止第三方提出损害赔偿诉讼。[295] *Burgess v OFT* 案很好地说明了这一点。[296] 竞争上诉法庭发现 Austin 拒绝了其竞争对手之一 Burgess 进入火葬场，从而滥用了支配地位。竞争上诉法庭指出，Austin 将不会受到处罚，因为根据该法第 40 条，Austin 的行为意义不大。[297] Burgess 随后针对损害赔偿提出了“后续”诉讼，该诉讼在庭外和解。[298] 同样地，在 *Cardiff Bus* 案中，Cardiff 被判犯有滥用市场支配地位的行为，但由于其营业额，根据第 40 条享有豁免权[299]；但是，随后，竞争上诉法庭判定 Cardiff 赔偿因滥用而使 2 Travel 蒙受的损失 93818 欧元。[300]

（F）宽大处理

事实证明，发现秘密卡特尔的一个关键手段是鼓励举报人向竞争主管机构提供有关卡特尔信息的政策。受制于一系列条件，“举报人”可以获得民事和

---

[290] 竞争与市场管理局必须给撤销其豁免权的当事方或个人书面决定通知，并且必须指定一个允许他们调整时间的日期：1998 年英国竞争法第 39 条第 5 款和第 8 款、40 条第 5 款和第 8 款。

[291] 竞争与市场管理局新闻稿，2017 年 8 月 23 日。

[292] 竞争与市场管理局结案声明，2017 年 10 月 19 日。

[293] 参见 1998 年英国竞争法（小型协议和次要行为）2000 年实施细则，SI 2000/262，第 4 条。

[294] 参见例如 *Unfair pricing in respect of the supply of phenytoin sodium capsules in the UK*，竞争与市场管理局于 2016 年 12 月 7 日作出的决定，第 7.48 ~ 7.50 段。

[295] 《执法指南》，第 5.20 段。

[296] 案例 1044/2/1/04 *JJ Burgess & sons v OFT* [2005] CAT 25。

[297] 同上，第 117 ~ 118 段。

[298] 案例 1088/5/7/07，2008 年 2 月 18 日作出的法令。

[299] *Abuse of a dominant position by Cardiff Bus*，公平交易办公室于 2008 年 11 月 18 日作出的决定。

[300] 案例 1178/5/7/11 2 *Travel Group plc* (*in liquidation*) *v Cardiff City Transport Services Ltd* [2012] CAT 19（赔偿金额为 33818.79 英镑，外加利息，以及示范性赔偿 60000 英镑）。

刑事处罚豁免，否则这些处罚可能会被施加。此外，自 2017 年 3 月 9 日起，豁免接受者对因违法行为造成的损害不承担连带责任[301]；通常它只有义务赔偿给自己的客户。[302] 母公司可以代表子公司提出宽大处理申请。[303]

竞争与市场管理局的宽大处理政策有两套指南：依照 1998 年英国竞争法处理民事案件的适当刑罚指南[304]以及处理民事和刑事案件的卡特尔案件中的宽大处理和不采取行动申请（以下简称《宽大处理和不采取行动指南》）[305]。宽大处理和不采取行动指南补充但不替代先前的指南；它提供了当前位置的全面视图，是任何需要对此主题进行指导的人的建议起点。宽大处理和不采取行动指南的附件中包括一份形式上的公司宽大处理协议和一份不采取任何行动的信函，以及在进行宽大处理申请之前进行内部查询的清单。竞争与市场管理局已发布有关在受监管部门内处理宽大处理申请的信息说明：基本规则是，首先应与竞争与市场管理局联系。[306]

（i）术　语

《宽大处理和不采取行动指南》[307] 规定了该主题的术语，包括以下内容：

• 宽大处理：这是有着宽泛含义的词语，指的是该指南规定的所有类型的豁免和减少的处罚；

• 公司豁免权：这是指企业因违反 1998 年英国竞争法第 1 章禁止规定或《欧盟运行条约》第 101 条而享有的豁免权；

• 刑事豁免权：这是指授予个人免受卡特尔犯罪起诉的豁免权；

• 一揽子刑事豁免权：这是指授予企业的所有现任和前任雇员及董事免于卡特尔犯罪的起诉；

• 个人豁免权：指授予一个或多个个人的刑事豁免权，但不作为一揽子刑事豁免权的一部分；

• A 类豁免：这是指一家公司被授予保证合作豁免，并且其与竞争与市场管理局合作的所有现任和前任雇员以及董事都被授予针对卡特尔活动的

---

[301] 除非受害者无法从其他卡特尔主义者那里获得全部赔偿。

[302] 1998 年英国竞争法附表 8A 第 15 段中插入 2017 年竞争侵权（1998 年英国竞争法和其他法令（修正案））条例（SI 2017/385，附表 1，第 14 ~ 16 段）引起的损失或损害赔偿请求的规定。

[303] *Collusive tendering for mastic asphalt flat – roofing contracts in Scotland*，于 2005 年 3 月 15 日作出的决定，第 396 段。

[304] OFT 423，2012 年 9 月。

[305] OFT 1495，2013 年 7 月。

[306] 监管部门处理宽大处理申请的安排，竞争与市场管理局信息说明，2017 年 11 月 3 日，可在 www.gov.uk/cma 上查阅。

[307] 参见表 A 和宽大处理术语表以及不采取行动的指南。

“全面”刑事豁免的情况；如果该业务是第一个应用的，并且没有对该活动进行过民事和/或刑事调查，则可以享有豁免；

• B类豁免：这是指根据酌情而非自动授予A类可用豁免的情况。如果企业是首次申请，但已经有关于卡特尔活动的事先民事和/或刑事调查，则可以进行B类豁免；

• B类宽大处理：这是指企业在卡特尔案件中被给予任何程度的减免，但不能免于处罚的情况。与对B类豁免的情况一样，B类宽大处理适用于企业首次申请，但已开始对有关卡特尔进行调查的情况；

• C类宽大处理：适用于企业不是首次申请的情况，无论卡特尔中该企业是否已经存在民事和/或刑事犯罪调查，都可将处罚降低至多50%。

（ii）英国宽大处理制度的主要特点

第1.8段列出了英国宽大处理制度的主要特征，包括：

• 非正式指导：当被问及“假想”案件时，竞争与市场管理局将以无名方式提供保密指导；

• “标记系统”：在达成宽大处理范围的同时，将提供标记，从而使企业能够保持其在宽大处理申请人队列中的地位；

• 刑事豁免权的保障：在A类豁免权案件中，所有合作的现任和前任雇员及董事均可享有刑事豁免权；

• 如果宽大处理申请人是第一个向竞争与市场管理局申请的人，但已有事先调查，可以提供豁免权或减刑，这是指B类豁免或B类宽大处理案件；

• 如果不是第一个申请宽大处理的申请者，则可以减少制裁：这是指对企业进行C类宽大处理，以及对现任和前任雇员与董事进行合作具有个人豁免权的可能性；

• 承诺不申请“竞争取消资格令”[308]：对于在授予宽大处理的相关活动中从宽大处理中受益的任何董事，将不会寻求取消资格令；

• 口头申请：申请不一定总是以书面形式；

• 申请可以由企业或个人提出；

• “胁迫的高门槛”：竞争与市场管理局对情况和举证标准都施加了较高的标准，在这种情况下，企业若被视为胁迫者，则没有资格获得合作和/或刑事豁免。

英国宽大处理系统的另一个显著特征是它适用于转售价格维持以及横向卡

[308] 参见本章第546～548页“公司董事资格取消”。

特尔活动。[309]《宽大处理和不采取行动指南》补充说，在可以说纵向行为促进横向卡特尔活动的地方，可以采用宽大处理[310]。

（iii）宽大处理的资格

《宽大处理和不采取任何行动指南》说明，申请人必须满足 5 个条件才能获得宽大处理：

• 准入：申请人必须承认其违反了竞争法的禁止规定和/或《欧盟运行条约》（对于企业），或从事卡特尔犯罪（对于个人而言）；

• 有罪的信息：申请人必须提供竞争与市场管理局以及与卡特尔有关的所有非法律特权的信息、文件和证据；

• 合作：申请人必须在竞争与市场管理局的整个调查过程中以及随后的任何刑事或民事诉讼程序中保持持续而完整的合作；

• 终止：一旦卡特尔被举报，申请人必须避免进一步参与卡特尔，除非竞争与市场管理局另有指示；[311]

• 缺乏胁迫：豁免申请人不得“强迫”另一家企业参加卡特尔；此条件不适用于 C 类宽大处理。

竞争与市场管理局在发布关于卡特尔的反对意见后将不接受宽大处理申请。[312]

（a）A 类豁免

要获得 A 类豁免的资格，申请人必须是第一个向竞争与市场管理局提供卡特尔活动证据的人，并且没有对该活动进行过既有的民事和/或刑事调查；如果竞争与市场管理局已经有足够的证据证明这一点，则无法获得豁免。[313] 竞争与市场管理局还必须满足并继续满足授予宽大处理的 5 个条件[314]。

（b）B 类豁免/宽大处理

B 类案件通常是由于竞争与市场管理局在企业所在地进行检查而产生的。B 类申请者必须首先提供卡特尔的证据，从而为竞争与市场管理局的调查增加“重要价值”[315]；它们还必须满足先前提出的有关获得宽大处理资格的条件[316]。

---

[309] 《宽大处理和不采取行动指南》，第 4.44～4.48 段。
[310] 同上，第 2.3 段。
[311] 同上，第 4.44～4.48 段。
[312] 同上，第 2.41 段；竞争与市场管理局也不会接受被指控具有卡特尔罪行的个人的豁免申请。
[313] 同上，第 2.9 段。
[314] 同上，第 2.11 段。
[315] 同上，第 2.15 段。
[316] 同上，第 2.17 段。

在B类案件中，豁免或减刑的授予是自由裁量的：这取决于竞争与市场管理局对特定案件中公共利益的评估。[317] 在给予B类宽大处理方面，竞争与市场管理局没有足够的经验来指导可能的百分比减少，但可能高达100%[318]；竞争与市场管理局将对B类宽大处理申请人在*Supply of products to the furniture industry (drawer wraps)*案[319]的罚款减少了100%。

(c) C类宽大处理

如果另一家企业已经揭发检举，某企业强迫另一家企业参加卡特尔活动，则可获得C类宽大处理；其他4个宽大处理条件也必须得到满足。[320] C类案件的减免通常在25%～50%。[321] 在确定任何减免金额时，申请人在宽大处理队列中的序位不是决定性的。[322] 取而代之的是，竞争与市场管理局将进行一项平衡工作，权衡在一次调查中接受额外证据的好处与不允许给予多方宽大处理的好处，同时考虑到竞争与市场管理局已经拥有的证据、所提供证据的证明价值和总体合作水平。[323] 竞争与市场管理局在*Galvanised steel tanks*案[324]中将对C类申请人的罚款减少了30%，因为它为民事和刑事调查提供了“显著的价值”，特别是通过限制内部调查来为其雇员提供服务具有独立的法律代表和支持，并让其证人可以面谈。

(d) 胁迫测试

A类和B类豁免权不适用于胁迫另一家企业参加卡特尔活动的企业。《宽大处理和不采取行动指南》没有提供胁迫的定义，但指出必须有证据表明一家企业迫使另一家企业加入卡特尔的“明确、积极和最终成功的步骤”。身体暴力或身体暴力的威胁以及强大的经济压力，例如组织小企业的集体贸易抵制，可能导致其退出市场，可能是胁迫的例子。[325] 该指南指出，因为胁迫行为的存在，合作豁免权和刑事豁免权均被拒绝。[326]

---

[317] 同上，第2.18段；另见第2.23段。

[318] 同上，第6.9段。

[319] 竞争与市场管理局于2017年3月27日作出的决定，第2.38段和第6.7段。

[320] 《宽大处理和不采取行动指南》，第2.24段和第2.26段。

[321] 同上，第6.9段。

[322] 同上，第6.10段。

[323] 同上，第2.27段和第6.8段。

[324] *Galvanised steel tanks for water storage main cartel infringement*，竞争与市场管理局于2016年12月19日作出的决定，第5.59～5.60段。

[325] 《宽大处理和不采取行动指南》，第2.52段。

[326] 同上，第2.51段和第2.59段。

（iv）申请宽大处理前的行动

该指南列出了企业、个人及其顾问在申请宽大处理前应考虑的因素：例如，向竞争与市场管理局寻求保密指导[327]；在向竞争与市场管理局申请宽大处理之前如何进行内部调查[328]；并保持保密和确保证据。[329]

（v）检查宽大处理和初次申请

该指南解释说，个人或企业可以与竞争与市场管理局确认 A 类豁免的可适用性。[330] 它还描述了宽大处理申请人要提交的信息的“标记系统”[331] 和“应用程序包”[332]。

（vi）整个调查期间的合作

宽大处理申请人应在竞争与市场管理局的整个调查过程中保持持续而完整的合作。这项义务意味着申请人必须采取“建设性方法”并真正地协助竞争与市场管理局[333]，而不是例如试图否认参与卡特尔。[334] 宽大处理申请人必须披露任何可能对竞争与市场管理局的调查产生合理影响的信息。[335] 该指南还说明了竞争与市场管理局可能希望在宽大处理申请人的合作下进行的调查步骤，例如面谈证人和对相关场所进行实物搜查。[336]

（vii）宽大处理和不采取行动的协议

该指南第 6 章介绍了签署宽大处理和不采取行为协议的时间和流程。[337]

（viii）披露和信息

该指南第 7 章涉及宽大处理信息的披露。此类信息可能会在竞争法规定的反对意见中或在起诉卡特尔犯罪时予以披露。法院和竞争上诉法庭均不得就“卡特尔宽大处理声明”作出披露令[338]，不论该声明是否被撤回；在私人诉讼

---

[327] 同上，第 3. 3 ~ 3. 7 段。
[328] 同上，第 3. 8 ~ 3. 14 段。
[329] 同上，第 3. 24 ~ 3. 28 段。
[330] 同上，第 4. 2 ~ 4. 6 段。
[331] 同上，第 4. 7 ~ 4. 14 段。
[332] 同上，第 4. 15 ~ 4. 21 段。
[333] 同上，第 5. 4 段。
[334] 同上，第 5. 9 ~ 5. 11 段；竞争与市场管理局并不排除对案件的具体内容发表某些有限的陈述。
[335] 同上，第 5. 12 ~ 5. 19 段。
[336] 同上，第 5. 25 ~ 5. 29 段。
[337] 宽大处理和不采取行动协议标准格式附在《宽大处理和不采取行动指南》之后。
[338] 根据 1998 年英国竞争法附表 8A 第 4（4）段定义。

中[339]，这种陈述不得作为证据。[340]

（ix）与刑事诉讼有关的其他问题

该指南第8章将在2002年英国企业法下针对卡特尔犯罪的背景下进行讨论。[341]

（x）其他程序问题：宽大处理升级/处罚

该指南第9章介绍了竞争与市场管理局的“宽大处理”政策和竞争与市场管理局计算宽大处理申请者罚金的方法。如果一家公司已经在配合对一个卡特尔的调查，并提供了使其有权获得与第二个卡特尔有关的全部豁免权的信息，它可以获得“宽大处理+”的形式，即对第一个卡特尔额外减少处罚。[342]宽大处理和不采取行动的指导意见表明，根据这项政策，减少的金额不太可能很高，这将取决于申请人揭露第二个卡特尔的努力程度，以及在任何情况下，竞争与市场管理局是否有可能发现第二个卡特尔等因素。[343]

就处罚而言，竞争与市场管理局不会计算针对A类或B类豁免申请人的处罚。[344]如果B类或C类申请人提供了先前与违法有关的未知事实的证据，则竞争与市场管理局在计算罚款时将不会考虑该证据。[345]

（xi）恶意/撤销宽大处理/撤回不采取行动的信件

第10章介绍了由于无法与竞争与市场管理局合作而导致宽大处理申请失败的情况。第10.1～10.5段讨论了恶意的想法，即申请人采取积极步骤来阻止调查超出不合作的范围，这甚至可能导致根据1998年英国竞争法第43条和第44条以及2002年英国企业法第201条起诉个人。该指南还说明了竞争与市场管理局撤销宽大处理标记并撤回宽大处理协议或不采取行动的信件的方法。

---

[339] 1998年英国竞争法附表8A第28（b）段；另见《宽大处理和不采取行动指南》，第7.14段。

[340] 1998年英国竞争法附表8A第32（2）段。

[341] 参见本章第534～546页“卡特尔犯罪”。

[342] 参见《处罚指南》，OFT 423，2012年9月，第3.21～3.22段；案例 *Collusive tendering for mastic asphalt flat－roofing contracts in Scotland* 获宽大处理，公平交易办公室于2005年3月15日作出的决定，第410段；*Tobacco*，公平交易办公室于2010年4月15日作出的决定，第2.93段和 *Galvanised steel tanksfor water storage：main cartel infringement*，竞争与市场管理局于2016年12月19日作出的决定，第5.61段。

[343] 《宽大处理和不采取行动指南》，第9.3段。

[344] 同上，第9.5段。

[345] 同上，第9.6段。

(G) 和　解

竞争与市场管理局运行了一个和解系统[346]，该系统旨在通过采用简化的行政程序来提高效率，从而尽早确认违法决定和/或节省资源。一旦竞争与市场管理局认为符合发布反对意见的证据标准，就可以与被告就和解的可能性进行讨论。[347] 要有资格达成和解，被告必须[348]：

- "明确"地承认侵权；
- 终止涉嫌侵权；
- 确认将支付最高限额的罚款，包括和解折扣；和
- 同意与竞争与市场管理局进行程序合作。

如果竞争与市场管理局确信这些条件得到满足，并且该案件适合和解[349]，竞争与市场管理局将同意和解方支付的罚款低于本应处以的罚款。如果在竞争与市场管理局发布反对意见之前进行结算，则"结算折扣"的上限为 20%，发布之后则上限为 10%[350]。此过程应与宽大处理的申请区别开来，宽大处理申请是为了向竞争与市场管理局提供信息以使其能够调查案件，而允许给予完全豁免或减免刑罚[351]。《1998 年英国竞争法案件中竞争与市场管理局调查程序指南》描述了该程序用于和解案件。[352]

表 10.2 提供了竞争管理机构根据 1998 年英国竞争法在 2015 年 2 月 6 日（该书第 8 版的截止日期）至 2017 年 12 月 8 日之间解决的案件的详细信息。

(H) 实践中的处罚规定

截至 2017 年 12 月 8 日，根据 1998 年英国竞争法第 1 章和第 2 章的禁止规定以及《欧盟运行条约》第 101 条和第 102 条，对 47 起案件进行了处罚（参见表 10.3）。

---

[346] 1998 年英国竞争法（竞争和市场管理局规则）2014 年，SI 2014/458，第 9 条；处罚指导，OFT 423，2012 年 9 月，第 2.1 段和第 2.26 段。相关的评论另见：LAWRENCE S，SANSOM M. The Increasing Use of Administrative Settlement Procedures in UK and EC Competition Investigations [J]. Competition Law Journal，2007：163；BURROWS E，GILBERT T. OFT Competition Act Enforcement：Key Developments over the First Decade [J]. Competition Law Journal，2010：178.

[347] 《1998 年英国竞争法案件中竞争与市场管理局调查程序指南》，第 14.4 ~ 14.6 段。

[348] 同上，第 14.7 ~ 14.8 段。

[349] 同上，第 14.5 ~ 14.6 段。

[350] 同上，第 14.27 段。

[351] 请参见本章第 518 ~ 524 页"宽大处理"。

[352] 《1998 年英国竞争法案件中竞争与市场管理局调查程序指南》，第 14.10 ~ 14.23 段。

（i）统计分析

截至2017年12月8日，根据1998年英国竞争法（以及《欧盟运行条约》第101条和第102条）施加的罚款总额为宽大处理减免前为12.39亿英镑，减免后为12.26亿英镑。在向竞争上诉法庭（和上诉法院）提出上诉后，部分处罚减少了。在一些引人注目的案件中，处以相当高的罚金。[353] 由于英国航空公司最终同意支付5850万英镑的罚款，这是 *Airline Passenger Fuel Surcharges* 案引起的关注，这是英国因单方违反竞争法第1章禁止规定和《欧盟运行条约》第101条第1款而被判处的最高罚款。[354] 在 *Phenytoin* 案中，Pfizer 因过度定价而被处以8420万英镑的罚款，这是违反禁止规定的最高罚款。

表10.2 案件和解信息

案例名	判决日期	赔偿数额和侵权类型	赔偿数额（和解前和和解后）
Property sales and letting organisations	2015年8月5日	违反第1章禁止规定	852500英镑（和解前）
			735000英镑（和解后）
Private ophthalmology	2015年8月20日	违反第1章禁止规定和《欧盟运行条约》第101条	450000英镑（和解前）
			382500英镑（和解后）
Online resale price maintenance in the bathroom fittings sector	2016年5月10日	违反第1章禁止规定和《欧盟运行条约》第101条	983335英镑（和解前）
			786668英镑（和解后）
Online resale price maintenance in the commercial refrigeration sector	2016年5月24日	违反第1章禁止规定和《欧盟运行条约》第101条	287万英镑（和解前）
			230万英镑（和解后）
Online sales of posters and frames	2016年8月12日	违反第1章禁止规定	204214英镑（和解前）
		注：公司取消资格的承诺，2016年12月1日	163371英镑（和解后）

[353] 参见例如 *Tobacco* 于2010年4月15日作出的决定：处以2.25亿英镑的罚款，但大部分裁决在上诉中被废止：参见本章脚注[610]。

[354] 公平交易办公室于2012年4月19日作出的决定，英航最初同意在2007年支付1.215亿英镑的罚款，但在较早的失败的刑事诉讼以及随后的竞争上诉法庭对罚款的判决之后，重新计算了罚款。

续表

案例名	判决日期	赔偿数额和侵权类型	赔偿数额（和解前和和解后）
Galvanised steel tanks: main cartel	2016 年 12 月 19 日	违反第 1 章禁止规定和《欧盟运行条约》第 101 条	336 万英镑（和解前）
			260 万英镑（和解后）
Supply of products to the furniture industry (drawer wraps)	2017 年 3 月 27 日	违反第 1 章禁止规定和《欧盟运行条约》第 101 条	188 万英镑（和解前）
			150 万英镑（和解后）
Supply of products to the furniture industry (drawer fronts)	2017 年 3 月 27 日	违反第 1 章禁止规定和《欧盟运行条约》第 101 条	164 万英镑（和解前）
			130 万英镑（和解后）
Online resale price maintenance in the light fittings sector	2017 年 5 月 3 日	违反第 1 章禁止规定和《欧盟运行条约》第 101 条	345 万英镑（和解前）
			270 万英镑（和解后）
Residential estate agent services	2017 年 5 月 31 日	违反第 1 章禁止规定	457541 英镑（和解前）
			370084 英镑（和解后）

注：综合性和解。

表 10.3 案件罚款信息

案例名	判决时间	赔偿数额和侵权类型	向竞争上诉法庭上诉后的赔偿数额
Restrictive arrangements preventing estate and letting agents from advertising their fees in a local newspaper	2015 年 5 月 8 日	735000 英镑	没有上诉
		违反第 1 章禁止规定和《欧盟运行条约》第 101 条	
Conduct in the ophthalmology sector	2015 年 8 月 20 日	382500 英镑	没有上诉
		违反第 1 章禁止规定和《欧盟运行条约》第 101 条	

续表

案例名	判决时间	赔偿数额和侵权类型	向竞争上诉法庭上诉后的赔偿数额
Paroxetine	2016年2月12日	4499万英镑	第267条
		违反第1章和第2章的禁止以及《欧盟运行条约》第101条	提交至欧盟法院[1]
Online resale price maintenance in the commercial refrigeration sector	2016年5月24日	220万英镑	没有上诉
		违反第1章禁止规定和《欧盟运行条约》第101条	
		注：和解	
Online sales of posters and frames	2016年8月12日	163371英镑	没有上诉
		违反第1章禁止规定	
		注：和解	
		注：公司董事资格取消承诺，2016年12月1日	
Phenytoin	2016年12月17日	处罚Pfizer 8420万英镑以及处罚Flynn 520万英镑	上诉中[2]
		注：向Pfizer发出罚款通知书，2016年12月12日：1万英镑	
		第2章禁止规定和《欧盟运行条约》第102条的两项侵权	
Conduct in the modelling sector	2016年12月16日	153万英镑	没有上诉
		违反第1章禁止规定和《欧盟运行条约》第101条	

续表

案例名	判决时间	赔偿数额和侵权类型	向竞争上诉法庭上诉后的赔偿数额
Galvanised steel tanks: main cartel	2016 年 12 月 19 日	260 万英镑	没有上诉
		违反第 1 章禁止规定和《欧盟运行条约》第 101 条	
		注：和解	
Galvanised steel tanks: information exchange	2016 年 12 月 19 日	13 万英镑	维持原判[3]
		违反第 1 章禁止规定和《欧盟运行条约》第 101 条	
East Midlands International Airport/ Prestige Parking Ltd（CAA）	2017 年 1 月 17 日	1250 万英镑（宽大处理前）	没有上诉
		0 英镑（宽大处理后）	
		违反第 1 章禁止规定	
Supply of products to the furniture industry（drawer wraps）	2017 年 3 月 27 日	15 万英镑	没有上诉
		违反第 1 章禁止规定和《欧盟运行条约》第 101 条	
		注：和解	
		130 万英镑	没有上诉
		违反第 1 章禁止规定和《欧盟运行条约》第 101 条	
		注：和解	
Online resale price maintenance in thelightfittings sector	2017 年 5 月 3 日	270 万英镑	没有上诉
		违反第 1 章禁止规定和《欧盟运行条约》第 101 条	
		注：和解	

续表

案例名	判决时间	赔偿数额和侵权类型	向竞争上诉法庭上诉后的赔偿数额
Residential estate agent services	2017年5月31日	370084英镑	没有上诉
		违反第1章禁止规定和《欧盟运行条约》第101条	
		注：混合型和解	
		注：公司董事资格取消承诺，2018年4月10日	

注：1. 案例1252/1/12/16 etc *GlaxoSmithKline plc v CMA*［2018］CAT 4；以及2018年3月27日作出的法令。

2. 案例1276/1/12/17 *Pfizer Inc v CMA* 和案例No 1275/1/12/17 *Flynn Pharma Ltd v CMA*，判决结果尚未作出。

3. case 1277/1/12/17 *Balmoral Tanks Ltd v CMA*［2017］CAT 23。

（ii）对施加处罚决定的上诉

关于公平交易办公室违反竞争法的处罚，竞争上诉法庭收到了许多上诉。显然，如果对在 *Phenytoin* 案[355]中所下达的数额处以罚款，就会有各种诱因向竞争上诉法庭提出上诉，希望予以减少。根据上诉，竞争上诉法庭可以处以罚款，也可以撤销或更改竞争与市场管理局所处的罚款。[356] 竞争上诉法庭的做法是审查公平交易办公室对《处罚指南》的适用，然后根据“广泛采用”的方法，以整个案件为基础，自行评估罚则水平。[357] 竞争上诉法庭强调，除非法庭准备维持对严重违法的严厉惩罚，否则竞争法的政策目标将无法实现。[358] 在某些情况下，竞争上诉法庭决定不干涉公平交易办公室的决定[359]；但是，竞争上

[355] 竞争与市场管理局于2016年12月7日作出的决定，上诉案例1276/1/12/17 *Pfizer v CMA*，尚未作出判决。

[356] 1998年英国竞争法附表8第3（2）（b）段。

[357] 英格兰上诉法院已批准这种做法：*Argos Ltd v OFT*［2006］EWCA Civ 1318，第163段。

[358] 案例1001/1/1/01 *Napp Pharmaceutical Holdings Ltd v Director General of Fair Trading*［2002］CAT 1，第502段。

[359] 参见例如案例1032 and 1033/1/1/04 *Apex Asphalt and Paving Co Ltd v OFT*［2005］CAT 4和案例1067/1/1/06 *Achilles Paper Group Ltd v OFT*［2006］CAT 24。

诉法庭多次修改公平交易办公室的处罚决定，通常是向下调[360]，偶尔是向上调[361]。可以看到竞争上诉法庭的方法，例如，在 *Construction* 案[362]中，处罚竞争上诉法庭将公平交易办公室征收的 1.292 亿英镑减至 6390 万英镑。竞争上诉法庭认为，鉴于侵权行为的性质和可能造成的损害，特别是鉴于建筑业对合法性的认识，公平交易办公室对“简单”保险定价的处罚是过度的。[363]

在 *National Grid* 案中，竞争上诉法庭将罚款从 4160 万英镑减至 3000 万英镑，以反映天然气和电力市场管理局一直密切参与与国家电网的讨论，这导致了侵权协议[364]；出于同样的理由，上诉法院将罚款进一步降低至 1500 万英镑[365]。在 *Interclass v OFT* 案[366]中，上诉法院表示，除非竞争上诉法庭原则上犯错或处罚明显不相称或具有歧视性，否则对其提起上诉的可能性不大[367]。

（iii）加重因素

在 *Genzyme* 案中，公平交易办公室认为，在公平交易办公室开始对 Genzyme 的定价行为进行调查之后，Genzyme 进一步违法这一事实是一个加重因素[368]。在 *Hasbro* 案件[369]中，公平交易办公室在第 4 步将 Hasbro 的罚金提高了 10%，因为高级管理层意识到了违法行为，并且转售价格的维持是在 Hasbro 的倡议下进行的。[370]

在一些案例中[371]，对高级管理层参与违法的企业的罚款提高了 5% ~20%。

---

[360] 案例 1001/1/1/01 *Napp Pharmaceutical Holdings Ltd v Director General of Fair Trading*［2002］CAT 1，第 533 ~534 段；案例 1009/1/1/02 *Aberdeen Journals Ltd v OFT*［2003］CAT 11，第 491 ~499 段；案例 1016/1/1/03 *Genzyme Ltd v OFT*［2005］CAT 32，第 700 ~708 段；案例 1014 和 1015/1/1/03 *Argos Ltd v OFT*［2005］CAT 13；案例 1019 –1022/1/1/03 *JJB sports Plc v OFT*［2005］CAT 22。

[361] 参见本章第 532 页“竞争上诉法庭可加重处罚”。

[362] 案例 1114/1/1/09 etc *Kier v OFT*［2011］CAT 3。

[363] 同上，第 92 ~118 段。

[364] 案例 1099/1/2/08 *National Grid plc v Gas and Electricity Markets Authority*［2009］CAT 14，第 201 ~220 段。

[365] *National Grid plc v Gas and Electricity Markets Authority*［2010］EWCA Civ 114，第 90 ~115 段。

[366] 案例［2012］EWCA Civ 1056。

[367] 同上，第 59 段。

[368] 公平交易办公室于 2003 年 3 月 27 日作出的决定，第 436 段。

[369] 公平交易办公室于 2002 年 11 月 28 日作出的决定。

[370] 同上，第 89 ~92 段；公平交易办公室在 *Loan Pricing* 案中对苏格兰增加了 10% 罚款，参见公平交易办公室于 2011 年 1 月 20 日作出的决定，第 385 ~388 段。

[371] *Construction Bid –rigging*，公平交易办公室于 2009 年 9 月 21 日作出的决定，第Ⅵ. 301 ~Ⅵ. 314 段（第 1696 ~1698 页）（增加 5% ~10%）；*Construction Recruitment Forum*，公平交易办公室于 2009 年 9 月 29 日作出的决定，第 5. 311 ~5. 334 段（增加 5% ~15%）；*Airline Passenger Fuel Surcharges*，公平交易办公室于 2012 年 4 月 19 日作出的决定，第 447 段（增加 20%）；*Online resale price maintenance in the bathroom fittings sector*，竞争与市场管理局于 2016 年 5 月 10 日作出的决定，第 7. 34 ~7. 37 段（增长 10%）；*Supply of products to the furniture industry*（*drawer wraps*），竞争与市场管理局于 2017 年 3 月 27 日作出的决定，第 6. 27 段（增加 15%）。

在 Construction 案中，公平交易办公室将罚金提高了 15%，因为该公司已向个人支付了参与定价的费用。[372]

（iv）竞争上诉法庭可加重处罚

竞争上诉法庭有权力增加和减少罚款。[373] 在 *Football Shirts* 案中，竞争上诉法庭在上诉案中将其中一上诉人 Allsports 的罚款提高了 170000 英镑，因为 Allsports 的合作程度不如公平交易办公室想象的那么好。[374]

（v）确认违法决定中未判处罚款

有时候，公平交易办公室（现为竞争与市场管理局）发现侵权行为，但决定不判处罚款。在 *Northern Ireland Livestock and Auctioneers' Association* 案[375]中，公平交易办公室决定不对该协会施加罚款，因为该协会向其成员推荐了一个标准委员会，该委员会的罚款应由北爱尔兰养牛场的牲畜购买者支付，因为该建议已被公开，因此并没有试图掩盖它，因为北爱尔兰的牛肉业受到“疯牛病”和口蹄疫结合的不幸的严重打击。[376] 在 *Lladró Comercial* 案[377]中，尽管发现 Lladró 已经解决了问题，但没有对它判处任何罚款。欧盟委员会已向 Lladró 发送了一封安慰函，可以合理地解释为暗示其协议未违反竞争法。[378]

6. 卡特尔犯罪和公司董事资格的取消

英国政府在 2001 年的白皮书[379]中指出，英国对卡特尔的政策应更加严格，包括规定对个人的惩罚。2002 年英国企业法引入了两项规定，旨在鼓励个人确保遵守竞争法。[380] 首先，该法第 6 部分确定了“卡特尔犯罪”，根据起诉书

---

[372] 公平交易办公室于 2009 年 9 月 21 日作出的决定，第 VI. 295 ~ VI. 299 段（第 1695 页）；相似案例参见第 IV. 4424 段（第 1197 页）。

[373] 1998 年英国竞争法附表 8 第 3（2）（b）段。

[374] 案例 1019 – 1022/1/1/03 *JJB sports Plc & All sports Ltd v OFT*［2005］CAT 22，第 208 ~ 235 段。

[375] 公平交易办公室于 2003 年 2 月 3 日作出的决定。

[376] 同上，第 72 段；相似案例参见 T 86/95 *Compagnie Générale Maritime v Commission* EU：T：2002：50，第 481 段，在该案中，欧盟普通法院决定不应对卡特尔处罚，除非有其他原因，因为它不是秘密，而是众所周知的存在。

[377] 公平交易办公室于 2003 年 3 月 31 日作出的决定。

[378] 同上，第 124 段。

[379] Productivity and Enterprise—A World Class Competition Regime，Cm 5233（2001），可在 www. nationalarchives. gov. uk 上查阅。

[380] 某些类型的卡特尔活动也可能违反了 2006 年欺诈法第 4 条：参见 CORKER 和 SMITH 关于反对将欺诈法案用于价格固定的争论（“Cartels：Who's Liable?”，载于 New Law Journal，2007 年第 157 卷第 1593 页）。

的规定，可处以最高5年的监禁和/或无限制的罚金。[381] 其次，该法引入了公司董事在其知道或应该知道其公司犯有违反欧盟或英国竞争法的犯罪的情况下长达15年的解职的可能性。[382] 这些重要规定试图解决以下问题：对企业处以罚金，即使是非常高额的罚金，也可能不会产生足够的威慑作用，尤其是在罚金代价只是通过较高的价格转移给客户的情况下；如果罚金额太高而导致企业破产和清算，将导致竞争者从市场上流失，这对竞争法制度来说是不正当的贡献。[383] 刑事制裁是美国关于卡特尔法的重要特征：近年来，有许多引人注目的案件，其中大公司的高级管理人员不得不服刑。[384] 其他国家也对卡特尔活动实行或加强了对个人的刑事制裁。[385]

政府就2011年英国竞争体制改革方案进行的磋商[386]发现，卡特尔犯罪的威慑作用比预期的要弱。[387] 政府认为，证明恶意行为是原卡特尔犯罪的一个关键特征，可能使成功起诉案件变得过分困难。因此，它建议删除证明恶意的要

---

[381] 2002年英国企业法第190条第1款。

[382] 同上，第204条。

[383] 有关刑事定罪的讨论（一般而言以及英国法律的规定），参见：HAMMOND A，PENROSE R. Penrose'Proposed criminalisation of cartels in the UK［R］.［S. l.］：Great Britain，Office of Fair Trading，2001；OECD Cartel Sanctions against Individuals（2003）；MACCULLOCH. Honesty，Morality and the Cartel Offence［J］. European Competition Law Review，2007（28）：355；WHELAN. A Principled Argument for Personal Criminal Sanctions as Punishment under EC Cartel Law［J］. Competition Law Review，2007（4）：7；STEPHAN. The UK Cartel Offence：Lame Duck or Black Mamba［R］. Centre for Competition Policy Working Paper No 08－19（November 2008）；O'KANE M. The Law of Criminal Cartels：Practice and Procedure［M］. Oxford：Oxford University Press，2009；RODGER B J. Ten Years of UK Competition Law Reform［M］. Dundee：Dundee University Press，2010：chs 10－11；BEATON－WELLS C，EZRACHI A. Criminalising Cartels［M］. London：Hart，2011；WHELAN. Legal Certainty and Cartel Criminalisation within the EU Member States［J］. Cambridge Law Journal，2012（71）：677；WHELAN. Improving Criminal Cartel Enforcement in the UK：The Case for the Adoption of BIS's "Option 4"［J］. European Competition Journal，2012（8）：589；FURSE M. The Criminal Law of Competition in the UK and in the US［M］. Cheltenham：Edward Elgar，2012；WARDHAUGH. Cartels，Markets and Crime［M］. Cambridge：Cambridge University Press，2014；WHELAN. The Criminalization of European Cartel Enforcement［M］. Oxford：Oxford University Press，2014；JONES A，WILLIAMS R A. The UK Response to the Global Effort Against Cartels：Is Criminalization Really the Solution?［J］. Journal of Antitrust Enforcement，2014（2）：100；GALLOWAY J. Securing the Legitimacy of Individual Sanctions in UK Competition Law［J］. World Competition，2017（40）：121.

[384] 参见第13章第638～639页"全球针对卡特尔的近期行动"。

[385] 参见如澳大利亚的2009年贸易惯例修正法（汽车行为和其他措施），南非的2009年竞争修正法，墨西哥的2011年联邦经济竞争法和爱尔兰的2012年竞争（修正）法，奥地利、德国、匈牙利、波兰和意大利对操纵投标的行为施加刑事处罚。

[386] 增长的竞争机制：关于改革方案的咨询，2011年3月。

[387] 上诉法院在案例 *R v Ghosh*［1982］QB 1053 中提出了确定不诚实的标准；联邦最高法院于2017年判决中指出，*Ghosh* 案提出的部分测试在法律上是错误的，不应再适用：*Ivey v Genting Casinos*（*UK*）*Ltd t/a Crockfords*［2017］UKSC 67，第52～75段。

求；并且该犯罪不应适用于公开达成的协议。这些提议引起了争议[388]：一些评论员反对，因为他们认为恶意传达了卡特尔犯罪的严重性；其他人则认为，恶意行为是陪审团所理解的刑法的既定概念。政府听取了这些论点，但予以拒绝。它的提议受到了2013年企业和监管改革法的影响，2013年企业和监管改革法对卡特尔犯罪进行了3项重要的修改。首先，它删除了被告必须存在恶意的行为[389]；接下来的章节将以其当前形式描述该罪行；本书第7版描述了恶意法。[390] 其次，2013年企业和监管改革法通过指定在某些情况下认定没有发生卡特尔来缩小卡特尔犯罪的范围。[391] 最后，它为卡特尔犯罪创造了三道抗辩理由。[392] 这些规定于2014年4月1日生效。

（A）卡特尔犯罪

（i）卡特尔犯罪的定义

2002年英国企业法第188条规定了“卡特尔犯罪”。该违法行为与《欧盟运行条约》第101条和1998年英国竞争法第1章禁止规定完全不同：这意味着，如果发现了定价协议，则有可能使所涉企业成为民事调查的对象，从而导致处以罚金，并负责对构成协议的个人处以卡特尔犯罪的刑事起诉。这方面的一个例子发生在船用软管案件中，欧盟委员会对从事招标、市场共享和价格固定的各种经营活动处以1.31亿欧元的罚金[393]，而在英国有3人因违反第188条而被监禁。[394] 刑事起诉的个人有可能在针对企业的诉讼之前进行（如 *the Galvanised steel tanks* 案[395]），以确保在影响个人自由受到威胁的个人的刑事案件中遵

---

[388] STEPHAN A. How Dishonesty Killed the Cartel Offence［J］. Criminal Law Review，2011：446；BAILIN. Doing Away With Dishonesty［J］. Competitive Law，2011：169；WARDHAUGH B. Closing the Deterrence Gap：Individual Liability，the Cartel Offence and the BIS Consultation［J］. Competitive Law，2011：175；the series of essays on the carteloffence in issue 8（3）of the European Competition Journal in 2012；SUMMERS. What Should the Dishonesty Element of the UK Cartel Offence be Replaced With?［J］. Competitive Law，2012：53；PATEL R. The Removal of Dishonesty from the Cartel Offence and the Publication Defence：A Panacea?［J］. CPI Antitrust Chronicle，2012，12（1）；STEPHAN A. Is There Public Support for Cartel Criminalisation?［J］. Concurrences，2016（2）：40.

[389] 2013年企业和监管改革法第47条第8款。

[390] WHISH R. BAILEY D，Competition Law［M］. 7th ed. Oxford：Oxford University Press，2012：426~427。

[391] 2002年英国企业法第188A条；参见本章第537页“没有发生卡特尔犯罪的情况”。

[392] 2002年英国企业法第188B条；参见本章第537~538页“抗辩”。

[393] 欧盟委员会于2009年1月28日作出的决定。

[394] 参见本章第544~546页“实践中的卡特尔犯罪”。

[395] 参见 *Galvanised steel tank for water storage*：*main cartel infringement*，竞争与市场管理局于2016年12月19日作出的决定，第2.103~2.108段和第2.114段。

守更严格的证据标准。

在 *IB v The Queen* 案中，上诉法院裁定，原始卡特尔犯罪不是第1/2003号条例第3条所指的“国家竞争法”；如果作出相反决定，则有争议的是，根据企业法第188条，不是该法规指定的竞争主管机构的皇家法院将没有管辖权判处罚金。[396] 政府认为，就第1/2003号条例而言，当前的卡特尔犯罪也不是“国家竞争法”。[397]

2002年英国企业法第188条规定（形式上的规定，实际上是曲折的）个人如果与一个或多个其他人同意该企业[398]将从事以下一项或多项卡特尔活动，即属犯罪：

- 直接和间接定价；[399]
- 供应[400]或生产[401]的限制；
- 划分市场[402]；或
- 竞标。[403]

该法明确规定，在定价和供应或生产的限制方面，当事方必须已达成互惠协议[404]；没有针对划分市场和投标操纵进行指定，因为这些行为从本质上讲是相互的。《卡特尔犯罪：起诉指南》（以下简称《起诉指南》）[405] 提供了说明性清单，列出了企业之间不会造成个人犯罪的安排，例如单方或非对等限制。[406]

卡特尔犯罪只适用于横向协议[407]：卡特尔犯罪不包括纵向协议，包括维持转售价格。无论个人之间达成的协议是否由企业执行，并且无论他们在协议时是否有权代表企业行事，卡特尔犯罪都会被实施。个人也可能因企图犯罪[408]和共谋犯罪[409]而被起诉。如果协议是在英国以外达成的，则只有在协议全部或部

---

[396] ［2009］EWCA Crim 2575，第21~39段。

[397] 增长、竞争与竞争体制，2012年3月，第7.30段。

[398] 为此，“企业”一词具有与1998年英国竞争法相同的含义：2002年英国企业法第188条第7款。

[399] 2002年英国企业法第188条第2款（a）项；间接定价将包括，例如，有关相对价格水平或价格范围，回扣和折扣的协议：参见DTI的企业法案：解释性说明第391页。

[400] 2002年英国企业法第188条第2款（b）项。

[401] 同上，第88条第2款（c）项。

[402] 同上，第188条第2款（d）和（e）项。

[403] 同上，第188条第2款(f)项：该法案第188条第5款提供了操纵投标的定义；如果要求投标的人知道投标操纵安排，则没有违法行为：同上，第188条第2款（b）项。

[404] 同上，第188条第3款。

[405] CMA 9，2014年3月，可在 www. gov. uk/cma 上查阅。

[406] 《起诉指南》，第4.9段。

[407] 2002年英国企业法第188条第4款和189条。

[408] 1981年英国犯罪未遂法第1条。

[409] 1977年英国刑法第1条。

分在英国实施的情况下，才能提起诉讼。[410]

（ii）《起诉指南》

企业法要求竞争与市场管理局发布有关确定其是否将起诉卡特尔犯罪的原则的指南。[411] 竞争与市场管理局的《起诉指南》[412] 解释说，竞争与市场管理局将“根据官方检察官守则”应用该测试，该测试有两个累积阶段：“审理阶段”和“公共利益阶段”。这些将依次检查。不起诉卡特尔犯罪的决定并不排除竞争与市场管理局根据竞争法采取行动或申请取消公司董事的资格[413]；这曾发生在 *Supply of products to the furniture industry* 案中。[414]

（a）证据阶段

在此阶段，竞争与市场管理局会考虑是否有足够的证据为被调查的个人定罪提供“现实的前景”[415]。竞争与市场管理局必须考虑法定的排除和抗辩，并决定它们是否影响定罪的可能性。[416]

（b）公共利益阶段

如果竞争与市场管理局判定案件符合证据阶段，通常会对有关个人提起刑事诉讼。[417] 但是起诉不是自动的。如果这样做符合公共利益，竞争与市场管理局可以不提出起诉。[418] 在评估公共利益时，竞争与市场管理局将考虑4个问题：

• 罪行有多严重？“硬核卡特尔”通常被认为是严重的，涉嫌参与其中的个人可能会受到起诉。[419] 在确定违法行为的严重性时，竞争与市场管理局将考虑卡特尔造成的损害，尤其是对客户造成的损害。[420]

• 被告的罪责程度如何？个人的罪责取决于他或她参与制造或执行卡特尔的程度。教唆或者作为卡特尔的首要分子[421]，利用卡特尔保护或者增加个人

---

[410] 2002年英国企业法第190条第3款。

[411] 同上，第190A条第1款。

[412] CMA 9，2014年3月，可在 www.gov.uk/cma 上查阅。

[413] 《起诉指南》，第3.4段。

[414] 参见 *Supply of products to the furniture industry*（*drawer wraps*），竞争与市场管理局于2017年3月27日作出的决定，第2.22～2.23段。

[415] 《起诉指南》，第4.1段

[416] 同上，第4.1～4.2段。

[417] 同上，第4.26段。

[418] 同上。

[419] 同上，第4.32段；参见第2.2段“核心卡特尔”的定义。

[420] 同上，第4.33段。

[421] 同上，第4.35段。

或者企业的利润[422]，采取措施隐瞒卡特尔[423]都与评定犯罪有关。

- 对共同体有什么影响？竞争与市场管理局将考虑卡特尔对共同体和市场的更广泛影响，例如减少公共资金或扼杀创新。
- 起诉是否对有关行为作出了适当的回应？

这些问题不是详尽无遗的，并不是每个问题在每种情况下都相关；而是由竞争与市场管理局对每种情况的公共利益进行整体评估。[424]

（iii）没有发生卡特尔犯罪的情况

2002 年英国企业法第 188A 条规定了未实施卡特尔犯罪的情况。如果向消费者披露有关安排的"相关信息"[425] 或在《伦敦宪报》《爱丁堡宪报》或《贝尔法斯特公报》中将其公开给消费者[426]发生在实施该安排之前[427]，则该个人不会构成犯罪。用于此目的的相关信息包括相关企业的名称；关于安排性质的描述，说明它们为何属于或可能属于第 188 条第 1 款；以及相关产品或服务的说明。[428] 这些规定旨在为企业提供一种切实可行的方法，以防止无害协议被无意中认定为构成卡特尔犯罪。

第 188A 条第 3 款规定，为了遵守法律要求而达成协议时，个人不得实施卡特尔犯罪。为此目的，一项合法的要求应符合任何英国现行有效的法规；根据《欧盟运行条约》或欧洲经济区协议进行，并在英国具有法律效力，而无须另行制定；或根据在英国具有法律效力的另一成员国有效的法律。[429]

（iv）抗 辩

2002 年英国企业法第 188B 条规定了卡特尔犯罪的三项抗辩理由。个人可以辩护，他或她可以证明以下几点：

- 达成协议时，他或她无意向客户隐瞒安排的性质；[430]
- 达成协议时，他或她无意向竞争与市场管理局隐瞒安排的性质。[431] 个人

---

[422] 同上，第 4.36 段。

[423] 同上，第 4.37 段。

[424] 同上，第 4.28 段。

[425] 2002 年英国企业法第 188A 条第 1 款（a）项；第 188A 条第 1 款（b）项适用于操纵投标的情况下的通知要求。

[426] 2002 年英国企业法（根据第 188A 条发布相关信息）2014 年令，SI 2014/535。

[427] 2002 年英国企业法第 188A 条第 1 款（c）项。

[428] 同上，第 188A 条第 2 款；国务大臣可借法令指定进一步提供的资料：第 188A 条第 2 款（d）项。

[429] 这反映了 1998 年英国竞争法第 1 章和第 2 章禁止规定遵守 1998 年英国竞争法第 3 章第 5 段所赋予的法律要求的措辞。

[430] 2002 年英国企业法第 188B 条第 1 款。

[431] 同上，第 188B 条第 2 款。

无须向竞争与市场管理局通知安排，但竞争与市场管理局将考虑提请其注意的安排[432]

• 在达成协议之前，他或她采取了合理的步骤以确保将安排的性质透露给专业法律顾问，以便在订立或实施这些安排之前获得有关他们的法律意见。[433]

竞争与市场管理局的《起诉指南》规定，竞争与市场管理局将评估适用抗辩理由的证据的可信度和强度[434]；抗辩的证据标准是概然性的平衡。[435] 竞争与市场管理局表示，“专业法律顾问”包括在英国和其他司法管辖区具有资格的外部和内部律师。[436] 竞争与市场管理局希望个人作出真正的尝试以就拟议的安排寻求法律建议；仅向律师提供不完整或虚假信息的个人不太可能获得辩护。[437]

（v）调查和搜查的权力

如果有合理的理由怀疑已经进行了卡特尔犯罪[438]，并且2002年英国企业法赋予竞争与市场管理局权力[439]，要求提供信息和文件以及根据逮捕令进入和搜查场所[440]，则竞争与市场管理局可以进行调查。对于不遵守调查权力的行为将受到刑事制裁，例如，故意破坏文件可能会导致最高5年的监禁。[441]

（a）要求提供资料和文件的权力

竞争与市场管理局可以通过书面通知要求某人回答问题，提供信息或出示文件以进行刑事调查[442]；术语“案件”包括以任何形式记录的信息，并且包括可以电子方式保存的信息。[443] 竞争与市场管理局可以对其有理由相信拥有相关信息的任何人行使该权力[444]，该人必须提供除受法律专业特权保护的通信[445]或

---

[432] 《起诉指南》，第4.23段。

[433] 2002年英国企业法第188B条第3款。

[434] 《起诉指南》，第4.22段。

[435] 同上，第4.18段。

[436] 同上，第4.24段。

[437] 请注意，根据欧盟法律，根据《欧盟运行条约》第101条和第102条，依赖法律建议不是辩护：案例C－681/11 *Bundeswettbewerbsbehorde v Schenker* EU：C：2013：404，第43段。

[438] 2002年英国企业法第192条第1款。

[439] 同上，第192条第2款。

[440] 同上，第194条。

[441] 同上，第201条。

[442] 同上，第193条。

[443] 同上，第202条。

[444] 同上，第193条第1款。

[445] 同上，第196条第1款。

银行与其客户之间的机密信息外所需的信息或文件。[446] 竞争与市场管理局还可以书面要求一个人参加“强制面谈”，以回答与调查有关的任何问题。企业法第 197 条对使用根据第 193 条（和随后处理的第 194 条）[447] 获得的陈述（但不包括文件）加以限制，以防止自证其罪。对披露保密信息也有限制。[448]

（b）凭搜查令进入处所的权力

竞争与市场管理局可以向高等法院申请（或在苏格兰，地方检察官可以向治安官申请），以授权竞争与市场管理局的指定官员或法医计算机专家等任何其他获授权人员进入处所的搜查令。[449] 这种权力允许强行进入和搜查处所[450]；可能需要文件说明[451]，并且竞争与市场管理局可能要求以电子可读形式取走以电子形式存储的信息。[452] 竞争与市场管理局的官员可能会带走原始文件。[453] 诉讼中保密信息不能被不能坚持主张。[454] 首先，如果有合理的理由相信在任何前提下有竞争与市场管理局可以通过书面通知要求提供的文件[455]，其次，如果某人没有遵守书面通知[456]；或送达该通知不可行[457]；或送达此类通知可能严重损害调查[458]，则可以发出搜查令。

竞争与市场管理局可以行使查封和筛查权力，以使其官员在无法合理确定在场所内是否可查获材料的情况下，先行抢占材料。[459] 妨碍搜索是违法的。[460] 竞争与市场管理局在 *Galvanised steel tanks for water storage: main cartel infringement* 案[461]中行使了这些权力：检获并筛选台式机桌面图像和笔记本电脑硬盘驱动器、服务器文件夹和移动电话。

行使这些权力受到严格的保障，例如要求书面通知已扣押的材料[462]以及归还

[446] 同上，第 196 条第 2 款。
[447] 同上，第 197 条。
[448] 同上，第 237～246 条。
[449] 同上，第 194～195 条。
[450] 同上，第 194 条第 2 款（a）和（b）项。
[451] 同上，第 194 条第 2 款（c）项。
[452] 同上，第 194 条第 2 款（d）项。
[453] 同上，第 194 条第 2 款（b）（ⅰ）项。
[454] 同上，第 196 条。
[455] 同上，第 194 条第 1 款（a）项。
[456] 同上，第 194 条第 1 款（b）（ⅰ）项。
[457] 同上，第 194 条第 1 款（b）（ⅱ）项。
[458] 同上，第 194 条第 1 款（b）（ⅲ）项。
[459] 同上，第 194 条第 5 款，将扣押的法定权力纳入 2001 年刑事司法和警察法，第 50 条。
[460] 2002 年英国企业法第 201 条第 6 款。
[461] 竞争与市场管理局于 2016 年 12 月 19 日作出的决定，第 2.105 段。
[462] 2001 年刑事司法和警察法，第 52 条。

任何具有法律特权的材料的义务。[463]

（vi）监督的权力

（a）企业法：侵入式监视和财产干涉

企业法向竞争与市场管理局授予了“侵入式监视”和“财产干涉”的权力，目的是调查卡特尔犯罪的实施：竞争法不提供这些权力进行调查。[464]在某些情况下，竞争与市场管理局主席在获得调查权力专员办公室（IPCO）[465]事先批准的情况下，可以签发授权，允许个人在场或在住宅场所（包括酒店）和私家车以便听到或看到那里发生的事情（“侵入式监视”）。授权许可的标准包含在2000年调查权条例第32条第3款中，其中包括为防止或侦查卡特尔等严重犯罪而需要使用侵入式监视的情况犯罪，以及有必要为英国的经济利益采取行动的地方。竞争与市场管理局可以利用这些权力，例如，在一名员工或卡特尔的一个不满成员的“举报”后，获取在酒店房间内卡特尔成员会议的记录。竞争与市场管理局主席根据1997年警察法第93条（由企业法第200条修订）授权，主席的授权允许秘密安装监视设备：如果不是因为这一条，安装将涉及一些非法侵入的因素。

（b）进一步的权力：定向监视、秘密的人类情报来源和访问通信数据

竞争与市场管理局还具有受2000年调查权条例[466]所管制的权力。调查权条例（定向监视和秘密人类情报来源）2010年令将竞争与市场管理局列为能够授权进行“定向监视”的公共机构之一。例如，这将允许它对一个人的办公室进行秘密监视[467]；竞争与市场管理局还可以使用“秘密的人类情报资源”，例如，要求线人参加卡特尔会议并向其报告。[468]调查权条例（通信数据）2010年令[469]规定，可以允许竞争与市场管理局访问通信数据，例如打电话的次数、持续时间和接收者，但不能访问其内容。在民事和刑事调查中都可以使用其中的前两种权力：仅在刑事案件中可以使用最后一种。

（c）实务守则

竞争与市场管理局根据内政部2014年12月发布的工作守则行使前段所述

---

[463] 同上，第55条。

[464] 2002年英国企业法第199条，2000年调查权条例（修订）第32ff条，以及2002年英国企业法第200条，1997年警察法（修订）第93～94条。

[465] 调查权力专员办公室网站 www. ipco. org. uk。

[466] 调查权条例（秘密人类情报来源：法律特权的事项）2010年令，SI 2010/521。

[467] 参见2000年调查权条例，第28条。

[468] 同上，第29条。

[469] SI 2010/480，为2000年调查权条例第25条的规定，将竞争与市场管理局指定为相关的公共机构。

的权力。[470]

（vii）起诉和处罚

该卡特尔犯罪在最高法院陪审团判决的情况下，可判处最高 5 年的监禁[471]或无限制的罚金[472]；或在地方法院，最高可判处 6 个月徒刑，并可处以罚金。[473]原始形式的卡特尔犯罪的 4 个刑事诉讼被提交伦敦的 Southwark 刑事法院。[474] 起诉可能由严重欺诈办公室（the Serious Fraud Office，SFO）或竞争与市场管理局提出[475]；竞争与市场管理局通常将承担这项功能。[476] 如果严重欺诈办公室同意接受案件，它可以使用其根据 1987 年刑事司法法第 2 条的权力进行其他调查，该权力与竞争与市场管理局在企业法下的权力大致相同。[477] 严重欺诈办公室受官方检察官守则的约束。[478] 在苏格兰，检察官是由大法官提起的。[479] 第三方能够在竞争与市场管理局的同意下提起诉讼[480]，尽管这种情况发生的可能性很小。

竞争与市场管理局已与严重欺诈办公室达成了一项谅解备忘录，其中记录了它们将就涉嫌“严重或复杂欺诈”的卡特尔犯罪合作调查和/或起诉个人的依据；竞争与市场管理局已与苏格兰王室办公室的国家案例工作部达成了类似的备忘录：这两份备忘录都可以在竞争与市场管理局的网站上找到。[481] 竞争与市场管理局将对可能的卡特尔活动进行初步调查；如果它认为符合严重欺诈办公室的“接受”标准，即可能涉及严重或复杂的欺诈行为[482]，则竞争与市场管

---

[470] www. gov. uk/government/publicaations/covert - surveillance - and - covert - human - intelligence - sourcescodes - of - practice。

[471] 只有在法院认为罪行如此严重以至于只有这样的判决才是合理的情况下，才可判处监禁刑：2000 年刑事法院（判决）法第 79 条。

[472] 2002 年英国企业法第 190 条第 1 款（a）项。

[473] 同上，第 190 条第 1 款（b）项；治安法院的最高罚金为 5000 英镑：1980 年裁判法院法第 32 条第 9 款。

[474] 请参见本章第 544 ~ 546 页“实践中的卡特尔犯罪”。

[475] 2002 年英国企业法第 190 条第 2 款（a）项。

[476] 《起诉指南》，第 1.4 段。

[477] 同上，第 3.20 ~ 3.23 段。

[478] 可在检察院的官网 www. cps. gov. uk 上查阅。

[479] 在苏格兰，根据 1995 年（合并）（苏格兰）刑法，主辩护人行使与严重欺诈办公室相同的权力。

[480] 2002 年英国企业法第 190 条第 2 款（b）项；该法案的解释性说明指出，必须获得竞争和市场管理局的同意，以防止对宽大处理的接受者提出无理的私人起诉。

[481] www. gov. uk/cma。

[482] 严重欺诈办公室认为卡特尔犯罪可能涉及严重或复杂的欺诈行为：参见竞争与市场管理局和严重欺诈办公室谅解备忘录的背景说明。

理局将把此问题提交严重欺诈办公室，严重欺诈办公室主任将尽力决定是否接受此案，或要求竞争与市场管理局在28天内进行进一步查询。[483] 如果严重欺诈办公室接受竞争与市场管理局推荐，则严重欺诈办公室可以要求竞争与市场管理局在严重欺诈办公室案件负责人的指导下提供人员协助调查。[484]

竞争与市场管理局和严重欺诈办公室均受1996年刑事诉讼和调查法的披露规定约束，该规定要求检察官向被告披露任何起诉材料，检察官认为这些材料可能会破坏起诉被告的案件。

竞争与市场管理局负责宽大处理和发出不采取行动通知书，但是如果这可能影响严重欺诈办公室调查的结果，则竞争与市场管理局将与其协商。[485] 严重欺诈办公室不会以串谋诈骗起诉卡特尔，也不会根据2006年欺诈法对竞争与市场管理局根据企业法授予豁免权的卡特尔起诉[486]。在英国，没有根据美国法律中的刑事条款运作的“辩诉交易”系统。[487]

（viii）竞争与市场管理局刑事和民事并行调查

当竞争与市场管理局首次收到有关所谓的卡特尔活动的信息时，可能尚不清楚该案件是否涉及对个人的刑事起诉，还是仅会导致针对1998年英国竞争法所涉企业的行政程序。为了不损害任何刑事诉讼，竞争与市场管理局将在适当的时候从一开始就遵循1998年人权法和1984年警察与刑事证据法及其相关的业务守则所要求的程序；这将包括在被讯问之前给个人以标准的刑事警告，并允许法律顾问在场。

如果竞争与市场管理局正在根据1998年英国竞争法进行调查，而严重欺诈办公室正在同时调查刑事案件，则两个调查小组将保持“持续对话”，以确保行政程序不会影响平行刑事调查。[488] 如果刑事和行政诉讼都由刑事和行政管理局进行，则每次调查都会设立不同的案件组。根据1998年英国竞争法获得的陈述，如果不是按照刑法标准获得的，通常不会用于刑事起诉；因此，可能有必要按照程序进行进一步的面谈。

根据2002年英国企业法第193条和第194条行使的防止刑事调查期间出

---

[483] 竞争与市场管理局和严重欺诈办公室谅解备忘录，第5.2段和第5.3段。

[484] 同上，第6.1段。

[485] 同上，第13段；宽大处理和不采取行动的信件将在后面讨论。

[486] 同上，第10.4段；相似案例参见《宽大处理和不采取行动指南》，第8.2段。

[487] 有关在英国为卡特尔刑事案件引入辩诉交易可能带来的好处的讨论，参见 LAWRENCE J, et al. Hardcore Bargains：What Could Plea Bargaining Offer in UK Criminal Cartel Cases? [J]. Competition Law Journal, 2008：17.

[488] 竞争与市场管理局和严重欺诈办公室谅解备忘录，第9.1段。

示的自证其罪的文件可用于并行民事调查的权力，对使用根据强制作出的陈述有限制。[489] 在 *Galvanised steel tanks* 案中[490]，竞争与市场管理局的民事调查小组使用了一些材料，如访谈记录和会议的视听记录，这些材料是为先前的刑事调查收集的。

在刑事审判之前，民事损害赔偿请求有可能被中止审理。[491]

（ix）不采取行动的信件

2002 年英国企业法第 190 条第 4 款规定，竞争与市场管理局发出所谓的“禁止行动函”，据此，向竞争与市场管理局提供有关卡特尔信息的个人将获得免予起诉的豁免权。这是鼓励举报者提供有关卡特尔的信息以换取宽大处理的又一个例子。[492] 竞争与市场管理局已在其《宽大处理和不采取行动指南》中发布了有关不采取行动信件的指南。[493] 该文件的附件 B 中列出了针对个人的形式上的不作为信。竞争与市场管理局无法提供在苏格兰起诉的宽大处理，因为这是苏格兰检察总长的职责；但是，在决定即将在苏格兰起诉的案件中，检察总长将认真考虑竞争与市场管理局关于宽大处理的任何建议。[494]

在调查即将结束或接近完成以及专业刑事律师有机会就此问题提供咨询之前，竞争与市场管理局不会就是否需要个人承认参与刑事犯罪作出最终决定。[495] 如果竞争与市场管理局认为有资格获得刑事豁免的个人应承认其参与是适当的，则只有在获得这种参与的条件下，该个人才能获得豁免[496]；如果这样的承认被认为是不合适的，则将向该人提供“安慰信”，说明竞争与市场管理局认为没有足够的证据对其提出起诉。[497] 如果某人为之工作的企业不是胁迫者[498]，则除非该人享有与该企业中的地位无关的权力地位，并且将该权力用于胁迫目的，否则不会被拒绝刑事豁免。[499]

---

[489] 2002 年英国企业法第 197 条；陈述仅可在起诉中针对根据第 201 条第 2 款作出虚假或误导性陈述或就另一项罪行的起诉作出不一致陈述的人在法庭上使用。

[490] 参见 *Galvanised steel tanks for water storage main cartel infringement*，竞争与市场管理局于 2016 年 12 月 19 日作出的决定，第 2. 107、2. 109 段。

[491] 案例 *Secretary of State for Health v Norton Healthcare Ltd* ［2004］ Eu LR 12，第 40 段。

[492] 关于宽大处理，参见本章第 518～524 页“宽大处理”。

[493] OFT 1496，2013 年 7 月，第 7 部分。

[494] 参见竞争与市场管理局与苏格兰皇家办公室国家案例部门之间的谅解备忘录，第 13～16 段，OFT 546，2009 年 6 月。

[495] 《宽大处理和不采取行动指南》，第 8. 14 段。

[496] 同上，第 8. 15 段。

[497] 同上。

[498] 参见第 522 页的“胁迫测试”，以了解寻求豁免的胁迫者的地位。

[499] 《宽大处理和不采取行动指南》，第 2. 57 段。

如果一项企业获得了A类豁免[500]，则所有现任和前任雇员及董事都将获得“全面”的刑事豁免[501]；授予B类豁免权时也是如此。[502] 在B类和C类宽大处理中，不能使用一揽子刑事豁免：在这种情况下，竞争与市场管理局将考虑给予个人豁免。[503] 也可以个人名义给予豁免权，也就是说，不论企业采取竞争与市场管理局的任何方式[504]。如果个人在任何其他个人或企业之前向竞争与市场管理局告知卡特尔活动，并且没有事先进行的刑事或民事调查，则将自动具有刑事豁免权。[505] 在其他情况下，可以酌情获得刑事豁免权。[506] 该指南提供了与申请刑事豁免权的个人进行面谈的指南。[507]《宽大处理和不采取行动指南》还研究了卡特尔犯罪与向欧盟委员会提出的豁免或宽大处理之间的关系，尤其是考虑到担心在英国面临刑事诉讼可能会阻止企业向欧盟委员会申请宽大处理。[508] 解决此问题的一种方法是允许向欧盟委员会申请的企业也在竞争与市场管理局下基于无名标记A类一揽子豁免[509]。

（x）引渡

2003年引渡法为引渡进行卡特尔犯罪或串谋或企图实施卡特尔犯罪的个人提供了引渡规定。这意味着，在另一个国家（例如美国）具有与卡特尔犯罪相对应的刑事犯罪的情况下，它可以向英国提出引渡个人的请求，反之亦然。该规定当然不是追溯性的，因此就企业法第188条在2003年6月20日生效之前发生的行为而言，根据引渡法被引渡的可能性不大。

（xi）卡特尔犯罪与欧盟竞争法下针对卡特尔的诉讼之间的关系

如果欧盟委员会的卡特尔调查涉及企业法规定的潜在的卡特尔犯罪，则竞争与市场管理局将与欧盟委员会合作以协调两场调查的进度。[510]

（xii）实践中的卡特尔犯罪

已有4件就涉嫌卡特尔犯罪提起的刑事诉讼。第一件案例是一个以恶意为

---

[500] 有关本节中使用的术语的信息，参见本章前面第519~520页“术语”。

[501]《宽大处理和不采取行动指南》，第2.10段；另见第2.38段。

[502] 同上，第2.16段和第2.38~2.40段。

[503] 同上，第2.34段。

[504] 同上，第2.34段。

[505] 同上，第2.35段。

[506] 同上，第2.36段。

[507] 同上，第5.30~5.34段。

[508] 同上，第8.1~8.13段。

[509] 同上，第4.41~4.43段、第8.7段。

[510] 竞争与市场管理局和严重欺诈办公室谅解备忘录，第9.2段。

条件的、供应海运软管的卡特尔案件，3 个被告被判处两年半至三年不等的监禁[511]，向上诉法院提出上诉后刑期略有减少[512]；由于该案的特殊情况[513]，它不能就在其他案件中施加的监禁条款制定任何一般性指导。公平交易办公室对 *Marine hoses* 案中的刑事调查与包括欧盟委员会在内的其他司法管辖区的竞争主管机构密切协调，欧盟委员会对该案件的经营者处以 1.31 亿欧元的罚金[514]，而美国司法部则对同一个人承认非法定价，并同意那里的监禁条款。[515]

2008 年，公平交易办公室指控英国航空公司的 4 名员工与长途客运燃油附加费的卡特尔有关；他们每个人都不认罪。[516] 在 2010 年春季，在英国南沃克郡皇家法院的庭审中，公平交易办公室决定撤回诉讼，被告被正式宣布无罪。这是因为，在诉讼开始的很晚阶段，在审判开始之后，发现了大量的电子材料，而电讯管理局和辩护人都无法对其进行审查；公平交易办公室的意见是，在对新证据进行分析的同时，寻求延期审判是不公平的。[517] 公平交易办公室的 3 名非执行董事对本案发生的情况进行了审查，并就应采取的步骤提出了一些建议，以确保从经验中吸取适当的教训。[518]

第三件案例是由卡特尔提供的用于水存储的镀锌钢水箱引起的。2014 年，竞争与市场管理局指控了 3 个人；1 人认罪，另外 2 人不认罪。[519] 在 2015 年 6 月的审判中，被告辩称他们没有不诚实的行为；相反，他们是为了应对激烈的竞争而谋取保住工作岗位。[520] *Galvanised steel tanks* 案是陪审团宣判的第一起刑

---

[511] 参见公平交易办公室新闻稿 72/08，2006 年 6 月 11 日。

[512] 参见 *R v Whittle*［2008］EWCA Crim 2560。

[513] 参见第 10 章脚注[515]。

[514] 参见第 10 章脚注[393]。

[515] 参见美国司法部 2007 年 12 月 12 日的新闻稿，可在 www.justice.gov 上查阅；作为本案中美国辩诉协议的一部分，被告已同意不向英国法院寻求比在美国诉讼中同意的更短的监禁：上诉法院表达了对“不正当行为”的“怀疑”。试图禁止在英国进行诉讼的美国检察官：*R v Whittle*［2008］EWCA Crim 2560，第 28 段。

[516] 公平交易办公室新闻稿 93/08，2008 年 8 月 7 日；英国航空公司同意支付 1.215 亿英镑的罚款，其后减少为 5850 万英镑，原因是该航空公司承认其参与了该卡特尔活动：参见本章第 528 页“统计分析”。

[517] 公平交易办公室新闻稿 47/10，2010 年 5 月 10 日；批评意见参见：PURNELL N，BELLAMY C，KAR N，et al. Criminal Cartel Enforcement：More Turbulence Ahead? The Implications of the M/Virgin Case［J］. Competition Law Journal，2010：313.

[518] 参见 the Project Condor Board Review，可在 www.nationalarchives.gov.uk 上查阅。

[519] 参见 Supply of galvanised steel tanks for water storage：criminal investigation，可在网站 www.gov.uk/cma 上查阅。

[520] Water – tank cartel case hinges on whether defendants acted dishonestly UK judge tells jury，MLex report，2015 年 6 月 24 日。

事案件，陪审团宣判无罪。[521] 2015年9月，对指控表示认罪的人被判处6个月徒刑，缓刑12个月，并被命令在12个月内为社区提供120小时的服务。[522] 竞争与市场管理局随后根据1998年英国竞争法通过了2项确认违法判决。[523]

在2016年3月，一个人对与供应预制混凝土排水产品有关的卡特尔犯罪认罪[524]；他被判处2年徒刑，缓期2年执行，实行6个月的宵禁止规定，并被取消担任公司董事的资格7年。[525] 随后，竞争与市场管理局认为没有足够的证据起诉其他任何人。

（B）公司董事资格取消

2002年英国企业法引入的第2个规定，旨在鼓励个人确保遵守竞争法：根据企业法第204条，在1986年公司董事资格取消法（the Company Directors Disqualification Act 1986，CDDA 1986）中增加了新的条款，公司董事最高可被取消资格。其公司因违反竞争法而被判处15年的刑罚：取消个人资格的行为不仅限于实施卡特尔犯罪的情况，而且适用于违反《欧盟运行条约》第101条和第102条以及1998年英国竞争法第1章和第2章禁止规定的行为。[526] 由高等法院（或苏格兰最高法院）签发竞争资格取消令（competition disqualification order，CDO），而不是竞争与市场管理局或行业监管者[527]：其职能是确定是否适用该法令，1986年公司董事资格取消法将该权力赋予高等法院[528]，以及是否接受代替法令的承诺。[529] 有关这些权力的最新指南于2010年6月发布。[530]

3名公司董事因参加 *Marine hoses* 案卡特尔而被取消资格，为期5~7年[531]；

---

[521] 竞争与市场管理局在完成卡特尔刑事起诉后的声明，2015年6月24日；参见斯蒂芬·布莱克（Stephen Blake）的演讲“英国钢制坦克犯罪卡特尔审判：对刑事定罪和宽大处理的意义”，2015年11月13日，可在www.gov.uk/cma上查阅。

[522] 竞争与市场管理局新闻稿，2015年9月14日。

[523] *Galvanised steel tanks for water storage main cartel infringement and Galvanised steel tanks for water storage information exchange infringement*，竞争与市场管理局于2016年12月19日作出的决定。

[524] 参见 Supply of precast concrete drainage products：criminal investigation，可在网站 www.gov.uk/cma 上查阅。

[525] 竞争与市场管理局公告，2017年9月15日。

[526] 1986年公司董事资格取消法第9A条第4款。

[527] 同上，第9E条第3款。

[528] 同上，第9A条第10款：第9D条规定，国务卿可就竞争与市场管理局和部门监管者与竞争资格取消令相关的同时职能制定法规；在下文中，“竞争与市场管理局”一词用于包括部门监管者的权力。

[529] 1986年公司董事资格取消法第9B条。

[530] 竞争法案例下的董事资格取消令，OFT 510，2010年6月；另见案例 *Company directors and competition law*，公平交易办公室1340，2011年6月。

[531] 公平交易办公室新闻稿72/08，2008年6月11日。

这些取消资格的依据是他们进行了刑事卡特尔犯罪，并且根据 1986 年公司董事资格取消法第 2 条（而不是第 9A 条）被取消资格：法院无须援引企业法第 204 条赋予的其他权力。在 *Precast concrete draining produots* 案中也是如此。[532]

2002 年英国企业法第 204 条赋予的权力于 2016 年 12 月首次使用，当时因水平价格固定而被处以罚金的 Trod Ltd 的董事作出了取消资格的承诺，即 5 年内不担任任何英国公司的董事。2018 年 4 月，Frost 房地产经纪有限公司的两名董事在滨海伯纳姆作出了取消资格的承诺，即分别在三年半和三年半之内不担任任何英国公司的董事；两位董事都积极参与了房地产代理服务项目。[533]

（i）取消资格的理由

根据 1986 年公司董事资格取消法第 9A 条，如果某人担任其董事的公司违反了欧盟和/或英国竞争法[534]，并且法院认为他作为董事的行为使他不适合参与公司的管理，则法院必须对某人下达竞争资格取消令[535]；竞争资格取消令指出，为此目的，“董事”一词包括事实上的董事。[536] 在确定董事的行为是否使他不适格时，法院必须考虑其行为是否助长了违反竞争法的行为；或者，如果不是这种情况，他是否有合理的理由怀疑违规并且没有采取任何措施来防止违规；或者，如果他不知道该违法行为，则是否应该知晓此事。[537] 此外，法院可能已将其作为公司董事的行为与其他任何违反竞争法的行为相联系。[538] 取消资格的最高期限为 15 年[539]，在此期间，担任公司董事，担任公司财产的接管人，促进、组建或管理公司或担任破产从业人员均为刑事犯罪。[540] 违反竞争资格取消令参与公司管理的任何人应对公司的债务承担个人责任[541]，并可以置于由商业、能源和产业战略大臣保存的公共登记册上。[542]

（ii）程　序

竞争与市场管理局有权根据 1998 年英国竞争法第 26 ~ 29 条进行询问和调

---

[532] 竞争与市场管理局公告，2017 年 9 月 15 日。

[533] 竞争与市场管理局新闻稿，2016 年 12 月 1 日。参见竞争与市场管理局新闻稿，2018 年 4 月 10 日。

[534] 1986 年公司董事资格取消法第 9A 条第 2 款。

[535] 同上，第 9A 条第 3 款。

[536] 董事资格取消令，第 2.3 段；另见第 4.5 段。

[537] 1986 年公司董事资格取消，第 9A 条第 5 款（a）项和第 6 款。

[538] 同上，第 9A 条第 5 款（b）项。

[539] 同上，第 9A 条第 9 款。

[540] 同上，第 1 条第 1 款和第 13 条。

[541] 同上，第 15 条第 1 款（a）项。

[542] 同上，第 18 条。

查，以决定是否申请取消资格令。[543] 竞争与市场管理局可能会接受代替竞争资格取消令的承诺。[544] 在决定是否申请法令时，竞争与市场管理局将考虑竞争资格取消令中列出的因素。[545] 它将遵循一个五步法，其中将考虑：

- 是否违反了竞争法；
- 违规的性质以及是否已处罚；
- 有关公司是否从宽大处理中受益；
- 董事对违反竞争法的责任的程度；以及
- 是否有加重和减轻因素。[546]

该指令解释了这5个因素。对于其公司从宽大处理相关的活动中获得宽大处理的任何现任董事，竞争与市场管理局不会对其适用竞争资格取消令[547]；这种宽大处理不会扩展到因违反竞争法或反对宽大处理申请而被罢免的董事，也不会扩展到未与宽大处理合作的董事。[548] 董事对违反竞争法的责任的程度将与是否向法院申请的决定有关。特别是，竞争与市场管理局将询问董事的行为是否助长了违规行为[549]；他是否有合理的理由怀疑违反行为，但没有采取任何措施来防止违反行为[550]；以及他是否应该知道违反行为的情况[551]。该指令列出了各种加重和减轻因素。[552]如果某人因卡特尔犯罪而受到起诉，那么竞争与市场管理局不会寻求竞争资格取消令，因为处理此事的法院仍然有权作出竞争资格取消令[553]；也不会针对任何不采取行动信函的受益人进行起诉。[554] 竞争与市场管理局必须向与其申请竞争资格取消令的所有人发送通知：该通知中包含的信息已在指令中列出。[555]

---

[543] 同上，第9C条，被2002年英国企业法第204条借鉴。
[544] 1986年公司董事资格取消法第9B条；董事资格取消令，第3.1～3.5段。
[545] 同上，第4.1～4.29段。
[546] 同上，第4.2段。
[547] 同上，第4.13段。
[548] 同上，第4.14段。
[549] 同上，第4.19～4.20段。
[550] 同上，第4.21段。
[551] 同上，第4.22～4.23段。
[552] 同上，第4.25～4.26段。
[553] 同上，第4.27～4.28段。
[554] 同上，第4.29段；关于不采取行动的信件，参见本章第543～544页“不采取行动的信件”。
[555] 董事资格取消令，第5.1～5.2段。

（C）串谋诈骗普通法

卡特尔协议有可能属于串谋诈骗，这是普通法上的刑事犯罪。[556] 美国政府在 *Norris v Government of the United States of America* 案[557]中根据2003年引渡法要求将Norris先生引渡。美国当局申诉的行为是固定定价，与1890年谢尔曼法第1条背道而驰。根据引渡法，美国必须证明“双重犯罪”，也就是说，根据美国法律，实行固定价格是违法的，如果在英国发生同样的行为，在英国将受到至少12个月的监禁处罚。在相关时间，根据2002年英国企业法的卡特尔犯罪尚不存在。行政法院裁定，定价可能等于串谋诈骗，这是企业法之前的普通法中的刑事犯罪，在这种情况下，“两个或两个以上的人之间明知他们无权但仍不诚实地存在损害他人利益或冒着损害他人权利的协议”。[558] 然而，在上诉后，上议院认为“单纯的”固定价格并不等于串谋诈骗：随之而来的是没有双重犯罪，并且不能以此为依据引渡Norris。[559] 达成固定价格的协议可能仅是在存在以下加剧特征的情况下进行欺诈：以欺诈、虚假陈述、暴力和恐吓为例。[560] 中国香港终审法院随后附和了 *Norris* 案的判决。[561]

7. 联合执法

1998年英国竞争法的一个重要特征是，竞争与市场管理局和行业监管机构具有同时执行竞争法第1章和第2章禁止规定以及《欧盟运行条约》第101条和第102条的权力。在其各自的活动领域中，通信办公室、天然气和电力市场管理局、水务监管局、民航局、天然气和电力监管局（北爱尔兰）、铁路和

---

[556] 参见：LEVER J，PIKE J. Cartel Agreements，Criminal Conspiracy and the Statutory “Cartel Offence” [J]. European Competition Law Review，2005，26：90，164；LESTER. Prosecuting Cartels for Conspiracy to Defraud [J]. Competition Law Journal，2008：134.

[557] [2008] 1 AC 920，关于此点该判决被高等法院撤销：*Ian Norris v The Government of the USA* [2007] EWHC 71 (Admin)。

[558] 同上，第56段。

[559] Norrish随后以妨碍司法公正的不同理由被引渡到美国；他被定罪并判处18个月监禁：美国司法部新闻稿，2010年12月10日，可在www. justice. gov/atr上查阅。

[560] [2008] 1 AC 920，第17段；另见 *R v GG plc* [2008] UKHL 17，这是由SFO在2002年英国企业法中的卡特尔罪行生效之前起诉多家制药公司进行价格固定的案件：SFO随后寻求准许修改此案的起诉书，但是被拒绝：参见 *R v GG plc*（No 2）[2008] EWCA Crim 3061。

[561] *HKSAP v Yip* FACC No 4 of 2010，2010年12月13日的判决。

公路局、英国国家医疗服务体系改进措施（NHS Improvement）[562]、支付系统监管者和金融行为监管局享有并行的执法权力。2013 年企业和监管改革法引入了“首要职责”，即要求行业监管者（除了英国国家医疗服务体系改进措施之外）决定在特定情况下应采取的行动时，应考虑使用竞争能力是否比其特定部门的权力更合适。[563] 监管机构作出使用其特定行业监管权力的决定，不会阻止竞争与市场管理局根据竞争法调查同一事项[564]。竞争与市场管理局的战略目标之一是“扩大竞争的前沿”，尤其是在受监管行业内。[565]

（A）联合执法条例和联合执法指南

2014 年竞争法（联合执法）条例[566]和将竞争法同时适用于受管制行业的指南(以下简称《联合执法指南》)[567] 旨在确保联合执法以令人满意的方式运作。《联合执法指南》提供了对联合执法规定的最佳了解。它解释说，监管机构具有与竞争与市场管理局相同的权力[568]，只不过后者可以发布处罚指导以及制定和修改竞争与市场管理局的规则。[569] 关于联合执法机制的更多信息，可以在竞争与市场管理局和各个行业监管机构达成的谅解备忘录中找到；还提供有关如何申请宽大处理的指南；还有关于联合执法的年度报告。[570]

可以向竞争与市场管理局或相关监管机构提出申诉[571]；对于临时措施的申请也是如此。[572]《联合执法指南》解释说，案件将在竞争与市场管理局和监管

[562] 英国国家医疗服务体系改进措施是将多个英国国家医疗服务体系（包括 Monitor）合并在一起的组织的业务名称，Monitor 根据 2012 年健康和社会护理法拥有并行权力；参见 Application of the Competition Act 1998 in the healthcare sector：guidance for providers，2014 年 9 月，可在 www. gov. uk 上查阅。

[563] 2013 年英国企业和监管改革法，附表 14。

[564] 《竞争法同时适用于受管制行业的指南》，CMA 10，2014 年 3 月，第 4. 7 段。

[565] 参见竞争与市场管理局 2014/2015 年度计划，CMA 8，2014 年 4 月，第 4. 2 段和第 4. 7 段。

[566] 根据 1998 年英国竞争法第 54 条通过的 SI 2014/536；这些法规自 2014 年 4 月 1 日起取代了之前的法规（SI 2004/1077）。

[567] CMA 10，2014 年 3 月；请注意，所有同时进行的监管机构均已发布了有关将竞争法适用于各自部门的指南，该指南可在 www. gov. uk/government/collections/uk – competition – network – ukcn – documents 上查阅。

[568] 《联合执法指南》，第 2. 2 ~ 2. 3 段。

[569] 同上，第 2. 4 段；在发布有关处罚、承诺和修订竞争与市场管理局规则的指南时，竞争与市场管理局必须与监管机构协商；另请注意，只有竞争与市场管理局才能根据企业法第 6 部分就卡特尔犯罪进行诉讼。

[570] 可在 www. gov. uk 上查阅。

[571] 《联合执法指南》，第 3. 37 段；当局将努力在第一机关收到投诉后的 2 个月内分配案例：同上，第 3. 24 段。

[572] 同上，第 3. 40 段。

机构之间分配（为英国竞争网络进行改进除外），以根据案件的"最佳或最佳位置"采取行动。[573] 该指南列出了确定"更好或位置最好"的权威所依据的原则。[574] 如果在管辖权方面发生争议，竞争与市场管理局将决定由哪个权威来处理此案。[575]

一旦案件分配完毕，联合执法条例就规定竞争与市场管理局指示监管机构将案件移交给它,前提是竞争与市场管理局确信其执行了竞争法禁止规定和/或《欧盟运行条约》第 101 条和第 102 条，而不是监管机构将促进英国任何市场内的竞争，以造福消费者。[576] 竞争与市场管理局期望它将谨慎地行使这一权力[577]。

该指南还讨论了竞争法规定的监管机构权力与其特定行业的权力之间的关系[578]，并解释了有关保密和信息披露的法律。[579] 联合执法安排的一个关键特征是要求共享有关当前案件的信息，包括反对意见、接受承诺决定和确认违法决定的草稿。

（B）英国竞争网络

英国竞争网络将竞争与市场管理局和所有监管机构汇集在一起，但具有观察员地位的英国国家医疗服务体系改进措施除外。[580] 英国竞争网络的使命是促进受管制行业的竞争并阻止反竞争行为。[581]《联合执法指南》描述了英国竞争网络的工作和程序[582]；英国竞争网络的会议由竞争与市场管理局的代表主持。[583]

---

[573] 同上，第 3. 22 段；有关案例分配的信息，大致参见第 3. 21 ~ 3. 25 段；联合执法条例第 5 条第 5 款规定，英国国家医疗服务体系改进措施通常将负责主要与为英国国家医疗服务体系在英格兰提供医疗服务有关的案例。

[574] 司上。在《欧盟运行条约》第 101 条或第 102 条适用的情况下，将考虑到欧盟委员会网络通知 OJ 2004 C 101/43 中规定的案件分配原则：同上，第 3. 38 段。

[575] 2014 年竞争法（联合执法）条例，SI 2014/536，第 5（1）~（4）条；另见《联合执法指南》，第 3. 23 段。

[576] 2014 年竞争法（联合执法）条例，SI 2014/536，第 8 条；在竞争与市场管理局可能已将案件分配给监管机构的情况下行使管辖权的情况下，参见《联合执法指南》，第 3. 26 ~ 3. 29 段。

[577]《联合执法指南》，第 3. 28 段。

[578] 同上，第 4. 2 ~ 4. 7 段（竞争法和特定行业法规）和第 4. 8 ~ 4. 12 段（欧盟竞争法和特定行业法规）。

[579] 同上，第 5. 1 ~ 5. 7 段。

[580] 同上，第 3. 1 段；UKCN 的网站是 www. gov. uk/government/collections/uk - competition - networkukcn - documents。

[581] 参见英国竞争网络联合执法指南的意图声明，附件 B。

[582]《联合执法指南》，第 3. 15 ~ 3. 20 段。

[583] 同上，第 3. 15 段。

英国竞争网络将重点关注6个“优先领域”：战略对话、合作执行竞争法、增强能力、分享最佳实践、倡导和准备竞争与市场管理局的“联合执法报告”。[584]

（C）实践中的联合执法安排

截至2017年12月8日，行业监管机构通过的纯粹认定为违法的判决是铁路和公路办公室在 *English Welsh & Scottish Railway* 案中作出的判决[585]；由天然气和电力市场办公室在 *National Grid* 案中作出的判决[586]和由民航局在 *Access to car parking facilities at East Midlands International Airport* 案中作出的判决[587]。一些评论员批评监管机构对竞争规定的执行不力。[588] 对于行业监管机构作出的少量违法决定，有各种可能的解释。第一种解释是行业监管者可以选择将竞争法适用于反竞争行为还是使用其特定行业的监管权。例如，经常看到通信管理局或天然气和电力市场管理局要求对受监管的企业的许可条件进行修改以解决市场失灵的问题并不罕见[589]：实际上，这可能是一种更简单、更快捷的处理方法。尽管2013年企业和监管改革法提出的首要职责可能会改变情况，但对违法决定的数量有影响。[590] 相对缺乏违法调查结果的第二种解释可能是，行业监管者认为他们无法满足竞争法规定的举证标准。[591] 第三种解释可能是，受管制部门的去垄断化和自由化是在相当长的一段时间之前的20世纪80年代在英国开始的，其结果是此类市场具有相当的竞争力。[592]

在某些情况下，行业监管者可能会协助竞争与市场管理局进行调查；例如

---

[584] 同上，第3.1～3.6段。

[585] 铁路和公路办公室于2006年11月16日作出的决定。

[586] 天然气及电力市场管理局于2008年2月21日作出的决定，上诉案1099/1/2/08 *National Grid Plc v Gas and Electricity Markets Authority*［2009］CAT 14，并向上诉法院提出上诉［2010］EWCA Civ 114。

[587] 民航局于2017年1月17日作出的决定。

[588] BLOOM M. The Competition Act at 10 Years Old：Enforcement by the OFT and the Sector Regulators［J］. Competition Law Journal，2010：141；PIMLOTT N. Concurrency and the Role of the Competition Appeal Tribunal as Supervisor of the Sectoral Regulators［J］. Competition Law Journal，2010：162；关于监管机构所作一小部分决定的可能的解释讨论参见：WHISH R. National Competition Law Goals and the Commission's Guidance on Article 82 EC：The UK Experience［M］//PACE L F. European Competition Law：The Impact of the Commission's Guidance on Article 102. Cheltenham：Edward Elgar，2011：ch 7.

[589] 参见例如案例 *OFGEM's Energy Supply Probe*，2008年，可在 www. ofgem. gov. uk 上查阅。

[590] 参见第10章脚注[563]。

[591] 竞争上诉法庭和该案中指出案例1021/1/1/03 *JJB Sports plc v OFT*［2004］CAT 17，第205段。

[592] 参见第23章第1221～1222页“去垄断化、自由化和私有化”。

英国国家医疗服务体系改进措施协助了竞争与市场管理局在眼科领域的执法。[593] 行业监管者还通过了一些承诺判决[594]和一些非违法判决[595]。一些非违法判决已成功地向竞争上诉法庭上诉[596]；竞争上诉法庭在 *Albion Water* 案中中止审理了水务监管局的非违法判决以此取代了自己的违法认定。[597]

（D）年度联合执法报告

在与监管机构协商后，要求竞争与市场管理局发布有关联合执法安排的运作以及竞争与市场管理局和行业监管机构使用联合执法竞争权的决定的年度报告。[598]

国务大臣有权撤销除英国国家医疗服务体系改善以外的任何行业监管机构的并行权力。[599] 本节仅在为了在英国的任何市场内促进竞争，为消费者的利益而进行的情况下，才使他或她能够作出"行业监管者法令"。这具有象征意义：政府承诺，竞争法应更大程度地适用于受管制行业，而不是迄今为止的案件中。

8. 上　诉

依据 1998 年英国竞争法第 46～49 条以及附表 8 处理上诉，上诉经历了 2002 年企业法修订。根据该法，竞争与市场管理局和行业监管机构拥有的权力是巨大的。为了平衡这一点，并确保遵守 1998 年人权法，该法要求由独立和公正的法庭作出决定，据认为，应该就案情提出上诉，而不仅仅是司法复审的可能性。此外，上诉机构应是在竞争法方面具有适当专业知识的机构。因此，向竞争上诉法庭提出了上诉。[600] 最高法院和上诉法院都强调，上诉法院在

---

[593] 竞争与市场管理局于 2015 年 8 月 20 日作出的决定；参见案例 *Annual report on concurrency*, CMA 63，2017 年 4 月 28 日，脚注 10。

[594] 参见本章第 508 页的表格"第 31A 条承诺判决"。

[595] 参见在线资源中的"已公开判决表"，网站 www. oup. com/cn/whish9e/。

[596] 参见 *Freeserve*，*Floe I* 和 *Albion Water*，可在 www. oup. com/uk/whish9e/上查阅。

[597] 案例 1046/2/4/04 *Albion Water Ltd v Water Services Regulation Authority* ［2006］ CAT 36，upheld on appeal ［2008］ EWCA Civ 536。

[598] 2013 年英国企业和监管改革法，附表 4，第 16 段；年度联合执法报告可在 www. gov. uk 上查阅。

[599] 2013 年英国企业和监管改革法第 52 条。

[600] 竞争上诉法庭的建立和功能在第 2 章第 87～89 页"竞争上诉法庭的职能"中进行了说明；竞争上诉法庭进行的诉讼程序受 2015 年竞争上诉法庭规则（SI 2015/1648） 管辖。

推翻专家法庭的经济判决之前应谨慎行事。[601]

不能向竞争上诉法庭提出上诉的决定可以通过行政法院的司法审查来质疑。[602] 司法审查有4个公认的挑战依据：违法、不合理、程序不规范和比例原则。[603] 如果行政法院认为某项特定决定可以向竞争上诉法庭提出上诉，则可能会拒绝申请司法复审的许可。[604]

（A）可上诉决定

1998年英国竞争法第46条[605]列出了“可上诉决定”的清单，并指出，此类决定的接受者可以向竞争上诉法庭提出上诉；可上诉的决定包括，例如，关于是否违反了1998年英国竞争法第1章和第2章的禁止规定或《欧盟运行条约》第101条和第102条的决定[606]，关于临时措施决定以及施加处罚或处罚数额的决定。[607] 从竞争法第9章中的判决表可以看出，公平交易办公室的许多违法判决均已就实质性和处罚程度向竞争上诉法庭提出上诉。[608] 在大多数情况下，竞争上诉法庭维持公平交易办公室的侵权决定。但是公平交易办公室撤回了*Mastercard*案的判决[609]；并且被裁定放弃对*Tobacco*案的辩护的认可。[610] 仅有两项实质性理由撤销了全部违法决定。[611] 如本章前面的案件处罚信息所示，在某些情况下，降低了公平交易办公室的处罚。[612]

1998年英国竞争法第47条赋予具有充分利益的第三方对可上诉决定向竞

[601] *Société Cooperative De Production Seafrance SA v CMA* ［2015］ UKSC 75，第44段；*Napp Pharmaceutical Holdings Ltd v Director General of Fair Trading* ［2002］ EWCA Civ 796，第31段和第34段以及*National Grid Plc v Gas and Electricity Markets Authority* ［2010］ EWCA Civ 114，第24～26段；*Interclass Holdings Ltd v OFT* ［2012］ EWCA Civ 1056，第59段。

[602] 关于司法审查程序，参见1998年民事诉讼程序规则第54部分，可在www. justice. gov. uk上查阅。

[603] 有关司法复审的有关原则的有益总结，参见案例1226/2/12/14 *Skyscanner Ltd v CMA* ［2014］ CAT 16，第32～33段和第106～107段（不合理），第47～49段（程序不当）和第104段（违法）。

[604] 参见案例*R* （*Sivasubramaniam*） *v Wandsworth County Court* ［2002］ EWCA Civ 1738，第46～47段和引用的判例；关于上诉制度的司法复审参见：CRAIG P P. Administrative Law ［M］. 8th ed. London：Sweet & Maxwell，2016：paras 9-017 – 9-029.

[605] 由1998年英国竞争法（排除协议和可上诉决定的通知）2000年令第10条修正，SI 2000/263。

[606] 1998年英国竞争法第46条第3款（a）项和（b）项。

[607] 同上，第46条第3款（ⅰ）。

[608] 参见第9章第479～486页“实践中的1998年英国竞争法”。

[609] 案例1054–1056/1/1/05 *MasterCard UK Members Forum Ltd v OFT* ［2006］ CAT 15。

[610] 案例1160/1/1/10 etc *Imperial Tobacco plc v OFT* ［2011］ CAT 41。

[611] 案例1035/1/1/04 etc *Racecourse Association v OFT* ［2005］ CAT 29；案例1122/1/1/09 *AH Willis & Sons Ltd v OFT* ［2011］ CAT 13。

[612] 参见本章第527～530页“表10.3　案件罚款信息”。

争上诉法庭上诉的权利。竞争上诉法庭表示，其处理确认违法决定的上诉与第三方针对非违法决定的上诉在原则上没有区别。[613] 但是，实际上，竞争上诉法庭在第三方上诉中的作用是控制当局理由的充分性及其在法律上的正确性。第三方对竞争上诉法庭提出上诉，失望的是竞争主管机构没有发现违法行为。在某些情况下，主管机构已明确决定不存在违法行为，因此毫无疑问已通过了一项具有吸引力的裁决；但是，在其他一些情况下，主管机构在没有明确或有意识地确定不存在违法的情况下结案：在这些情况下，竞争上诉法庭必须决定是否至少在隐含的情况下作出了不侵权的裁定，其中可以向竞争上诉法庭提出上诉的决定。如果某项决定对竞争上诉法庭不可上诉，则第三方可以在行政法院寻求司法复审[614]。

（ⅰ）针对明确的非违法决定成功上诉

第三方已经成功地对公平交易办公室或行业监管机构的明确非违法决定提出了上诉。[615] 公平交易办公室根据竞争法作出的第一项决定，即 *General Insurance Standards Council* 案[616]，是由第三方对竞争上诉法庭提出的上诉。[617] 竞争上诉法庭不赞成公平交易办公室的调查，即全球信息系统中心的规则阻止其保险人成员与保险中介打交道，除非自己是全球信息系统中心的成员，但并未违反竞争法第 1 章的禁止规定，并将此案退回公平交易办公室进行进一步审议。随着上诉人提出反对的规则被撤销，公平交易办公室得以通过第二项非违法决定。[618]

第三方针对公平交易办公室的一项决定提出上诉，该决定认为没有违反竞争法第 2 章的禁止规定，拒绝向 JJ Burgess Ltd 提供进入 Harwood Park 火葬场的权利。[619] 该案涉及馆长 Austin 拒绝向竞争对手 JJ Burgess Ltd 提供火葬场的通

---

[613] 案例 1046/2/4/04 *Albion Water Ltd v Director General of Water Services*［2005］CAT 40，第 243 段，引用了之前的判决案例 1007/2/3/02 *Freeserve. com plc v Director General of Telecommunications*［2003］CAT 5 和案例 1044/2/1/04 *JJ Burgess & sons v OFT*［2005］CAT 25。

[614] 案例 1071/2/1/06 *Cityhook v OFT* 中 Cityhook 不仅向竞争上诉法庭提起上诉，还要求行政法院进行司法复审：［2009］EWHC 57（Admin）。

[615] 例如，针对明确的非侵权决定未成功上诉的示例参见案例 1073/2/1/06 *Terry Brannigan v OFT*［2007］CAT 23。

[616] 公平交易办公室于 2001 年 1 月 26 日作出的决定。

[617] 案例 1002－1004/2/1/01 *Institute of Independent Insurance Brokers v Director General of Fair Trading*［2001］CAT 4。

[618] *General Insurance Standards Council*，公平交易办公室于 2002 年 11 月 13 日作出的决定。

[619] 公平交易办公室于 2004 年 8 月 12 日作出的决定；早先有一个判决也有相同的效果，*Harwood Park Crematorium*，公平交易办公室于 2002 年 8 月 6 日作出的决定；根据竞争法第 47 条第 5 款，公平交易办公室于 2003 年 4 月 9 日作出的裁决撤回了该决定。

道。在 *Burgess v OFT* 案[620]中，竞争上诉法庭搁置了公平交易办公室的非违法决定，并取代为其自己的违法裁定。竞争上诉法庭对行政诉讼所花的时间感到沮丧，并担心像JJ Burgess这样的小型运营商未能从公平交易办公室处获得赔偿。值得一提的是，消费者协会（现称为哪个?）进行了干预，以支持JJ Burgess Ltd，并且竞争上诉法庭也欢迎该干预措施。

在 *Floe Telecom v Director General of Telecommunications* 案[621]中，竞争上诉法庭废除了英国电信局（现为通信管理局）的违法裁决。[622] 通信管理局随后通过了第二项非违法决定，尽管与通信管理局提出的理由不同，但在向竞争上诉法庭上诉时维持原判。[623] 在进一步上诉时，上诉法院搁置了竞争上诉法庭的判决，并恢复了通信管理局的决定。[624] 在 *Albion Water/Thames Water* 案[625]中，由于缺乏推理，竞争上诉法庭搁置了水务监管局的非违法决定。在 *Albion Water/Dŵr Cymru* 案[626]中，竞争上诉法庭废除了水务监管局的非违法裁定，取而代之的是自己的决定，即Dŵr Cymru通过对Albion Water施加价格挤压[627]并收取不公平的高价来滥用其支配地位。[628]

(ii) 针对隐含的非违法决定成功上诉

竞争上诉法庭作出了许多判决，其中裁定公平交易办公室或行业监管机构之一通过了一项有吸引力的裁决，即并不违反1998年英国竞争法或《欧盟运行条约》第101条或第102条，尽管它们抗议，它们只是以行政为由结案。[629]

---

[620] 案例1044/2/1/04［2005］CAT 25。

[621] 案例1024/2/3/04［2004］CAT 18。

[622] 案例 *Disconnection of Floe Telecom Ltd's Services by Vodafone Ltd*，电信局于2003年11月3日作出的决定。

[623] 通信管理局于2005年6月28日作出的决定，案例1024/2/3/04 *Floe Telecom Ltd v OFCOM*［2006］CAT 17，上诉中维持原判。

[624] *OFCOM v Floe Telecom Ltd*［2009］EWCA Civ 47。

[625] 案例1042/2/4/04［2006］CAT 7。

[626] 水务监管局于2004年5YUE 26日作出的决定。

[627] 案例1046/2/4/04 *Albion Water Ltd v Water Services Regulation Authority*［2006］CAT 23和［2006］CAT 36，上诉法院维持判决［2008］EWCA Civ 536。

[628] 案例1046/2/4/04［2008］CAT 31。

[629] 参见案例1006/2/1/01 *BetterCare Group v Director General of Fair Trading*［2002］CAT 6；案例1008/2/1/02 *Freeserve. com plc v Director General of Telecommuni*［2003］CAT 3；案例1007/2/3/02 *Claymore Dairies Ltd and Express Dairies plc v Director General of Fair Trading*［2002］CAT 8；案例1017/2/1/03 *Pernod-Ricard SA v OFT*［2004］CAT 10；有关可上诉决定的问题的评论，参见：BAILEY D. When Are Decisions Appealable Under the Competition Act 1998?［J］. Competition Law Journal，2003：41；ALESE F. The Office Burden：Making a Decision Without Making a Decision for a Third Party［J］. European Competition Law Review，2003（24）：616；RAYMENT B. What is an Appealable Decision under the Competition Act 1998?［J］. Competition Law Journal，2004：132.

在 *Claymore v OFT* 案中，竞争上诉法庭将有关可上诉裁决的法律含义概括如下。[630] 首先，是否已作出可上诉决定的问题主要是事实问题，应根据案件的具体情况决定。其次，是否作出决定是要客观确定的实质问题，而不是形式问题：要应用的检验标准是否对可上诉事项作出了决定，即“明示或必要暗示”。最后，在行使行政自由裁量权而不采用决定与通过可上诉决定之间存在区别。如果竞争与市场管理局之所以要结案，是因为竞争与市场管理局得出结论，其他案件作为优先事项具有更高的重要性，那将不构成可上诉的决定。[631] 同样，如果起诉的案由是私人诉讼的案由，竞争与市场管理局在结案时也不太可能作出可上诉的决定。[632]

判例法要求英国竞争主管机构明确其选择案件进行调查的标准，并以不属于行政优先事项为由拒绝其他案件。因此，当局发布了关于工作优先顺序的指南[633]。

（iii）第三方原告的上诉失败

在 *Aquavitae v OFWAT* 案[634]、*Independent Water v OFWAT* 案[635]、*Casting Book v OFT* 案[636]、*Cityhook v OFT* 案[637]和 *Independent Media v OFCOM* 案[638] 5 起案件中，竞争上诉法庭认为公平交易办公室或行业监管机构未通过可上诉至竞争上诉法庭的裁决。对于 *Aquavitae* 案和 *Independent Water* 案，竞争上诉法庭接受了监管机构选择使用其特定行业的监管权力来处理有异议的问题，因此未就不违反 1998 年英国竞争法第 2 章的禁止规定作出上诉。竞争上诉法庭对 *Casting Book* 案和 *Cityhook* 案感到满意，即公平交易办公室出于真正独立于案情的理由而结束了对所谓的反竞争行为的调查，而未就这些案情得出任何结论。在 *Independent Media* 案中，竞争上诉法庭感到满意的是，当通信管理局决定结案时，它“对违法问题表达了某种程度上坚定的态度”[639]；但是，它认为申诉人的立场是

---

[630] ［2003］CAT 3，第 122 段。

[631] 同上，第 125 段；在这一点上，竞争上诉法庭特别提到了案例 T－24/90 *Automec v Commission*（No 2）EU:T:1992:97；另见案例 1071/2/1/06 *Cityhook v OFT*［2007］CAT 18，第 145 ff 段。

[632] 请注意，这是欧洲委员会在 *Automec* 案（第 10 章第 631 页）中结案的原因。

[633] 参见第 10 章脚注[21]。

[634] 案例 1012/2/3/03［2003］CAT 17。

[635] 案例 1058/2/4/06［2007］CAT 6。

[636] 案例 1068/2/1/06［2006］CAT 35。

[637] 案例 1071/2/1/06［2007］CAT 18。

[638] 案例 1087/2/3/07［2007］CAT 29。

[639] 同上，第 42 段。

不令人满意的，但是只能通过立法来纠正。[640]

如果要让竞争上诉法庭审理根据竞争法引起的所有案件，则可以避免刚刚描述的管辖权冲突。[641]

（B）2015年竞争上诉法庭规则

竞争上诉法庭的议事规则包含在2015年竞争上诉法庭规则中[642]。竞争上诉法庭发布了《诉讼指南》[643]，其中介绍了法庭的职能及其与上诉、复审申请和损害赔偿私人诉讼和禁止规定有关的程序。竞争上诉法庭还设立了一个用户小组，讨论与法庭实际运作有关的问题；会议记录可在其网站上查阅。[644] 竞争上诉法庭指出，当审理案件时，这一事项不再是一个行政程序，而是一个司法程序，因为竞争与市场管理局充当调查员、检察官和决策者。[645]

在解释和适用其规则时，竞争上诉法庭必须确保公正，合理地处理每个案件。[646] 竞争上诉法庭还必须积极管理案件，并确保每个案件都以最快且最有效的方式进行。[647] 竞争上诉法庭程序的4个特征应予以注意[648]：

- 各方的情况必须尽早以书面形式完整陈述，并附上所依据的证据；
- 竞争上诉法庭通常会指定主要审理的目标日期，简单的案件要在6～9个月内完成；
- 竞争上诉法庭将建立有效的事实调查程序；
- 竞争上诉法庭将在规定的时限内规划主要审理的结构。

一旦向竞争上诉法庭提出上诉，除非得到当局撤回提出质疑的决定，否则只能在法庭许可下才能撤回。竞争上诉法庭表示，不应由一方诉讼人对另一方施加不当压力，以撤回上诉。

---

[640] 同上，第56段；相似案例参见在竞争上诉法庭的2006～2007年审查和账目中的主席声明，第4页，可在www. catribunal. org. uk上查阅。

[641] 政府在公开咨询“精简监管和竞争申诉——改革方案咨询”中提出了这种可能性，2013年6月19日，第5.44段。

[642] SI 2015/1648。

[643] 2015年10月，可在www. catribunal. org. uk上查阅；该指南是2015年竞争上诉法庭规则第115条第3款所指的实践指导。

[644] 参见www. catribunal. org. uk/5300/User－Group. html。

[645] 案例1001/1/1/01 *Napp Pharmaceutical Holdings Ltd v Director General of Fair Trading*［2002］CAT 1，第117段。

[646] 2015年竞争上诉法庭规则第4条第1款；另见第2条第2款。

[647] 同上，第4条第4～5款；《诉讼指南》，第3.3段。

[648] 《诉讼指南》，第3.5段。

（C）竞争上诉法庭之前的程序

竞争上诉法庭的规则赋予竞争上诉法庭广泛的案件管理权[649]；竞争上诉法庭网站的简要浏览揭示了有关程序问题的大量裁定。[650] 竞争上诉法庭之前的程序主要是书面形式的；提交的内容应尽可能简短。如果要求专家出具报告，则该专家的职责是协助法庭，而这超出了他或她对从其收到指示和从其获得付款的人的义务。[651] 竞争主管机构和上诉人，例如 *Toys and Games* 案[652]、*Football Shirts* 案[653]和 *Dairy Products* 案[654]，竞争上诉法庭的证据收集能力以及为证人进行盘问的能力一直是该程序的重要特征。*Tobacco* 案[655]说明了可以在竞争上诉法庭之前测试证据的方式：在这种情况下，证人证据不支持公平交易办公室的决定。在 *Paroxetine* 案[656]和 *Socrates v Law Society* 案[657]中，竞争上诉法庭使用所谓的"热水浴缸"进行联合陈述和审查专家的口头证据，从而缩短了经济证据审理所需的时间。

上诉人不仅限于将其已经提交给竞争与市场管理局的证据提交给竞争上诉法庭[658]，尽管竞争上诉法庭有权裁定不应接纳证据。[659] 上诉人未向竞争与市场管理局提出肯定案件的事实可能会质疑在上诉期间提出的证据的准确性。[660] 尽管可以允许竞争与市场管理局提出新的证据以确保上诉程序的公正性，但通常

---

[649] 2015 年竞争上诉法庭规则第 19 ~ 24 条（上诉）和第 53 ~ 57 条（损害赔偿）。

[650] www. catribunal. org. uk。

[651]《诉讼指南》，2015 年 10 月，第 7. 67 段和 1998 年英国民事程序规则第 35. 3 条第 1 款；参见案例 1009/1/1/02 *Aberdeen Journals Ltd v OFT*［2003］CAT 11，第 288 段；另见案例 1000/1/1/01 *Napp Pharmaceutical Holdings Ltd v Director General of Fair Trading*［2002］CAT 1，第 254 段；另见（在高等法院的诉讼中）*Leeds City Council v Watkins*［2003］UKCLR 467，第 88 段。

[652] 案例 1014 and 1015/1/1/03 *Argos Ltd and Littlewoods Ltd v OFT*［2004］CAT 24。

[653] 案例 1021 and 1022/1/1/03 *JJB sports plc and All sports Ltd v OFT*［2004］CAT 17。

[654] 案例 1188/1/1/11 *Tesco Stores Ltd v OFT*［2012］CAT 31。

[655] 案例 1160/1/1/10 etc *Imperial Tobacco plc v OFT*［2011］CAT 41。

[656] 案例 1252/1/12/16 etc *GlaxoSmithKline plc v* CMA［2018］CAT 4。

[657] 案例 1249/5/7/16 *Socrates Training Ltd v Law Society*［2017］CAT 10，第 13 段。

[658] 参见案例 1001/1/1/01 *Napp Pharmaceutical Holdings Ltd v Director General of Fair Trading*［2001］CAT 3，第 76 段；另见上诉法院案例 *British Telecommunications Plc v Office of Communications*［2011］EWCA Civ 245，第 62 ~ 63 段 per Toulson LJ。

[659] 2015 年竞争上诉法庭规则第 21 条；《诉讼指南》，第 7. 71 ~ 7. 78 段；另见案例 1188/1/1/11 *Tesco Stores Ltd v OFT*［2012］CAT 31，第 124 段和案例 1279/1/12/17 *Ping Europe Ltd v CMA*［2018］CAT 8。

[660] 参见案例 1061/1/1/06 *Makers UK Ltd v OFT*［2007］CAT 11，第 42 段和第 79 段。

预期竞争与市场管理局会根据作出决定之前的材料为其决定进行辩护。[661] 竞争上诉法庭认为，严格的证据规则不适用于其面前的诉讼程序，并且认为，它将以整体公正性而非技术规则为指导。[662] 因此，竞争上诉法庭往往更关注要附加到公开案件的权重上，而不是其可采性。[663]

如果第三方对竞争主管机构之一的决定提出上诉，则竞争上诉法庭认为，上诉人必须根据主管机构提供的材料说明为何应中止该裁决。

竞争上诉法庭可以加快任何程序的进行。对于不太复杂的索赔，还有一个“快速程序”，可以快速确定成本风险有限的索赔。[664] 快速程序背后的政策是在适当的情况下帮助个人和中小型企业（small and medium - sized，SME）获得诉诸司法的机会，尤其是禁止规定救济。[665] 竞争上诉法庭认为，卡特尔案件中的损害赔偿后续诉讼通常不适合快速通道程序。[666]

（D）基于事实问题上诉

竞争法规定了对案情的上诉，而竞争上诉法庭的权力范围很广：比进行司法审查的法院要广泛得多。[667] 竞争上诉法庭认为，就案情提出上诉，要求它考虑一项决定是否是正确的决定，而不是考虑一项决定是否在合理的答复范围之内。[668] 上诉程序并未设想重新执行行政程序；相反，竞争上诉法庭是通过对上诉人所指称的具体错误的扭曲来审查决定的。[669] 竞争上诉法庭已经表明，它愿意对根据该法案提出的上诉进行实质性的案情审查：在某些情况下，竞争上诉法庭搁置了调查结果缺乏证据的违法决定。[670]

---

[661] 参见案例 1188/1/1/11 *Tesco Stores Ltd v OFT*［2012］CAT 31，第 124 段和引用的判例；案例 1252/1/12/16 *GlaxoSmithKline plc v CMA*［2016］CAT 24。

[662] 案例 1014 和 1015/1/1/03 *Argos Ltd and Littlewoods Ltd v OFT*［2003］CAT 16，第 105 段。

[663] 案例 1262/5/7/16（T）*Agents' Mutual Ltd v Gascoigne Halman Ltd*［2017］CAT 5，第 9 段。

[664] 2015 年竞争上诉法庭规则第 58 条；《诉讼指南》，第 5. 139 ~ 5. 149 段。

[665] 案例 1249/5/7/16 *Socrates Training Ltd v Law Society*［2016］CAT 10，第 3 段。

[666] 案例 1250/5/7/16 *Breasley Pillows Ltd v Vita Cellular（Foams）Ltd*［2016］CAT 8，第 28 ~ 31 段。

[667] 案例 1007/2/3/02 *Freeserve. com plc v Director General of Telecommunications*［2003］CAT 5，第 106 段。

[668] 案例 1083/3/3/07 *Hutchison 3G UK Ltd v OFCOM*［2008］CAT 11，第 164 段。

[669] 案例 1151/3/3/10 *British Telecommunications Plc v OFCOM*［2010］CAT 17，第 78 段，上诉法院在上诉中维持原判［2011］EWCA Civ 245。

[670] 参见如案例 1118/1/1/09 *GMI Construction Holdings plc v OFT*［2011］CAT 12；案例 1121/1/1/09 *Durkan Holdings Ltd v OFT*［2011］CAT 6，第 93 ~ 125 段；案例 1122/1/1/09 *AH Willis & Sons Ltd v OFT*［2011］CAT 3；案例 1124/1/1/09 *North Midland Construction plc v OFT*［2011］CAT 14，第 14 ~ 34 段；案例 1188/1/1/11 *Tesco Stores Ltd v OFT*［2012］CAT 31，第 486 ~ 488 段。

（E）竞争上诉法庭的权力

竞争上诉法庭的权力在 1998 年英国竞争法附表 8 第 3 段中予以规定，其中包括采取临时措施[671]、确认或撤销作为上诉主题的决定、将该事项转交给竞争与市场管理局或行业监管机构、施加或撤销或更改处罚额[672]、发出指示的权力，例如结束滥用支配地位的行为[673]或作出决定，以及认定违反 1998 年英国竞争法第 1 章或第 2 章的禁止规定。[674]

正如人们可能期望的那样，竞争上诉法庭行使管辖权的方式将取决于案件的具体情况。在 *Aberdeen Journals* 案[675]中，竞争上诉法庭对 Chafoter Ⅱ案中的公平交易办公室对产品市场界定的处理不满意，并将此问题交由公平交易办公室进一步考虑，而不是代替其调查结果，根据法律，这样做是自由的。同样，竞争上诉法庭在 *Freeserve* 案[676]中向 BT 提出了英国电信是否犯有滥用定价行为的问题。在上述每个案例中，竞争上诉法庭都意识到有必要避免将自己从上诉法庭转变为一审法院的风险。但是，在某些情况下，竞争上诉法庭也会根据实质性问题作出自己的决定，例如之前讨论过的 *Burgess v OFT* 案和 *Albion Water v OFWAT* 案[677]。竞争上诉法庭在许多情况下都在处罚标准上用自己的调查结果代替了原有的。[678]

（F）费　用

2015 年竞争上诉法庭规则[679]使竞争上诉法庭能够就其费用作出其认为适当

---

[671] 1998 年英国竞争法附表 8 第 3（2）（d）条和 2015 年竞争上诉法庭规则第 24 条；参见案例 1274/1/12/16（*IR*）*Flynn Pharma v CMA*［2017］CAT 1，第 29～33 段和引用的判例。

[672] 处罚将在上诉前自动中止（1998 年英国竞争法第 46 条第 4 款，但竞争上诉法庭可下令支付利息（同上，附表 8，第 10 段和 SI 2015/1648，第 105 条）：参见案例 1099/1/2/08 *National Grid Plc v Gas and Electricity Markets Authority*［2009］CAT 14，第 229（c）段。

[673] 参见例如案例 1016/1/1/03 *Genzyme Ltd v OFT*［2005］CAT 32 和案例 1034/2/4/04（IR）和 1046/2/4/04 *Albion Water Ltd v Water Services Regulation Authority*［2009］CAT 12。

[674] 上诉法院确认，竞争上诉法庭有管辖权 *Dŵr Cymru Cyfyngedig v Albion Water Ltd*［2008］EWCA Civ 536，第 112～128 段。

[675] 案例 1005/1/1/01 *Aberdeen Journals Ltd v Director General of Fair Trading*［2002］CAT 4。

[676] 案例 1007/2/3/02 *Freeserve. com plc v Director General of Telecommunications*［2003］CAT 5；通信管理局随后于 2010 年 11 月 2 日通过了第二项非侵权决定，随后撤回了上诉。

[677] 参见本章第 555～556 页“针对明确的非违法决定成功上诉”。

[678] 参见本章第 527～530 页“表 10.3　案件罚款信息”。

[679] SI 2015/1648；大致参见《诉讼指南》，2015 年 10 月，第 8.1～8.10 段。

的法令。[680] 上诉法院已确认竞争上诉法庭规则不适用于“费用随事件而定”的民事诉讼中的常规规则：竞争上诉法庭在费用方面拥有广泛的酌处权，并一再表示“唯一的规则是没有规则”。[681] 但是，该规则规定了法庭在作出费用法令时可考虑的几个因素，例如当事方的行为。

在 *Merger Action Group* 案中（根据企业法进行合并而不是竞争法下的执行决定），竞争上诉法庭就其费用（苏格兰的费用）方法提供了以下指导：

- 竞争上诉法庭必须始终行使其酌处权，以便公正地处理案件；[682]
- 与费用裁定有关的因素太多且变化太多，无法详尽地确定，但是竞争上诉法庭通常会考虑：

——整体或特定问题上的成功或失败；

——当事人与诉讼程序的性质；

——目的和事项有关的行为。[683]

- 竞争上诉法庭认为，竞争上诉法庭的自由裁量权与采取特定起点的行权方式之间没有矛盾之处[684]；例如，根据竞争法提出上诉的起点是，成功的一方通常会（但并非总是）获得对其有利的费用裁决。[685]。

除了此一般指导之外，还可以发现一些更具体的趋势。

首先，竞争上诉法庭不想使中小型企业因为担心如果不成功，则必须支付主管机构的费用而不对卡特尔的决定提出上诉。这可以从 *Apex v OFT* 案[686]中看出，尽管竞争上诉法庭还指出了该案其他因素促使其决定不对不成功的上诉人要求赔偿费用。[687] 竞争上诉法庭拒绝了这样的论点，即如果它已经认真、真诚地作出了决定，则不应判给主管当局承担费用。[688] 但是，在 *Sepia Logistics v*

[680] 2015 年竞争上诉法庭规则第 104 条第 2 款；即使当事各方就成本达成协议，但竞争上诉法庭仍认为它有权下达其他成本命令：参见案例 1014 and 1015/1/1/03 *Argos Ltd v OFT*［2005］CAT 15，第 4～5 段。

[681] *Quarmby Construction Co Ltd v OFT*［2012］EWCA Civ 1552，第 23 段。

[682] 案例 1107/4/10/08 *Merger Action Group v Secretary of State for Business, Enterprise and Regulatory Reform*［2009］CAT 19，第 16 段。

[683] 同上，第 19 段。

[684] 同上，第 21 段。

[685] 参见例如案例 1035/1/1/04 etc *Racecourse Association v OFT*［2006］CAT 1，第 8 段；案例 1140/1/1/09 etc *Eden Brown Ltd v OFT*［2011］CAT 29，第 18 段。

[686] 案例 1032/1/1/04 *Apex Asphalt and Paving Co Ltd v OFT*［2005］CAT 11；相似案例请参见在后续的损害赔偿诉讼中案例 1028/5/7/04 *BCL Old Co Ltd v Aventis SA*［2005］CAT 2。

[687] 同上，第 26 段。

[688] 案例 1140/1/1/09 etc *Eden Brown Ltd v OFT*［2011］CAT 29，第 8～18 段。

OFT 案[689]中，则竞争上诉法庭在不成功的上诉人非一家实质性企业，但缺乏功绩且不涉及新颖的法律要点的情况下向公平交易办公室判给了费用。与此类似，在 *National Grid* 案中，竞争上诉法庭决定监管机构“不必为反驳观点的成本买单”，尤其是在市场界定方面，竞争上诉法庭认为这是“必然失败”[690]。

其次，对于规模更大的公司，竞争上诉法庭不会有同样的焦虑。在 *Aberdeen Journals v OFT* 案[691]中，竞争上诉法庭对涉及竞争法上诉的公共利益的巨大损失表示关注，*Genzyme v OFT* 案[692]和 *Football Shirts* 案[693]也重申了这一点。竞争上诉法庭在 *National Grid* 案中特别指出，上诉人是一家大型且资源丰富的公司，因此，针对该上诉而裁定的成本不太可能阻止此类公司提出上诉。[694]

再次，很明显，在某些情况下，竞争上诉法庭对金融城律师事务所收取的咨询费用感到不安；尤其是合伙人而不是一般律师的按小时收费制。[695] 竞争上诉法庭限制了 *Socrates v Law Society* 案[696]可以追回的费用总额，该案件已分配给快速程序。

最后，法庭的“一般立场”是诉讼介入者不应期望收回其费用。[697]

（G）从竞争上诉法庭向上诉法院的上诉，以及从上诉法院向最高法院的上诉

竞争上诉法庭向上诉法院提出关于法律问题的上诉。[698] 竞争上诉法庭表示，应当准予上诉许可[699]；如果确实有成功的希望，或者有其他令人信服的理

---

[689] 案例 1072/1/1/06［2007］CAT 14。

[690] 案例 1099/1/2/08 *National Grid Plc v Gas and Electricity Markets Authority*［2009］CAT 14。

[691] 案例 1009/1/1/02［2002］CAT 21。

[692] 案例 1013/1/1/03（IR）和案例 1016/1/1/03，2005 年 11 月 14 日作出的同意令，案例 1016/1/1/03，2005 年 11 月 29 日作出的同意令。

[693] 案例 1019/1/1/03 etc *Umbro Holdings Ltd v OFT*［2005］CAT 26。

[694] 案例 1099/1/2/08［2009］CAT 24，第 16 段。

[695] 参见例如案例 1035/1/1/04 etc *Racecourse Association v OFT*［2006］CAT 1，第 30 ~ 35 段；案例 1049/4/1/05 *UniChem Ltd v OFT*［2005］CAT 31，第 27 ~ 31 段；和案例 1104/6/8/08 *Tesco plc v Competition Commission*［2009］CAT 26，第 42 ~ 46 段。

[696] 参见例如案例 1249/5/7/16 *Socrates Training Ltd v Law Society*［2017］CAT 12；在高等法院移交的案件中，竞争上诉法庭下达了一项成本管理命令：案例 1262/5/7/16（T）*Agents' Mutual Ltd v Gascoigne Halman Ltd*［2016］CAT 15。

[697] 案例 1239/4/12/15 *Ryanair Holdings plc v CMA*［2015］CAT 15，第 3 段；以干预者获得其费用为例，参见案例 1005/1/1/01 etc *Aberdeen Journals Ltd v Office of Fair Trading*［2003］CAT 21，第 22 ~ 23 段。

[698] 1998 年英国竞争法第 49 条。

[699] 案例 1151/3/3/10 *British Telecommunications Plc v OFCOM*［2010］CAT 22，第 7（c）段。

由要求上诉，则将授予许可。[700] 上诉法院已经认识到竞争上诉法庭是一个专门机构，应谨慎考虑对评估结果进行干预。[701] 但是，在竞争上诉法庭误导了法律的情况下，上诉法院可以并且将会进行干预。[702]

经上诉法院许可，对具有普遍公共重要性的法律提出上诉至最高法院。最高法院强调，上诉法院应对审理专家法庭的经济判决提出的上诉应谨慎对待。[703]

9.《欧盟运行条约》第267条的援引

《欧盟运行条约》第267条的初步裁决程序使法院可以对由国家法院或法庭移交的欧盟法律问题作出裁决。[704] 出现两个问题：首先，与《欧盟运行条约》第101条和/或第102条相对，法院或法庭在适用1998年英国竞争法时是否可以提及《欧盟运行条约》第267条？其次，英国的哪些法院或法庭能够引用《欧盟运行条约》第267条。

（A）如果法院或法庭正在采用1998年英国竞争法，是否可以援引《欧盟运行条约》第267条？

法院的判例强烈建议，在仅适用竞争法但对《欧盟运行条约》第101条和/或第102条具有指导意义的情况下，可以根据《欧盟运行条约》第267条进行援引。[705] 这种方法有助于避免以与欧盟机构赋予它们的含义完全不同的方式来解释基于欧盟规则的国家法律。

---

[700] 参见案例1023/411/03 *IBA Health Ltd v OFT*［2003］CAT 28，第4~5段。

[701] 参见 *OFT v Somerfield Stores Ltd*［2014］EWCA Civ 400，第24段和引用的判例。

[702] 参见 *OFCOM v Floe Telecom Ltd*［2006］EWCA Civ 768（关于竞争上诉法庭的管辖）；案例 *OFCOM v Floe Telecom Ltd and T-Mobile Ltd v Floe Telecom Ltd*［2009］EWCA Civ 47（不同意竞争上诉法庭驳回上诉的理由）；*National Grid plc v Gas and Electricity Markets Authority*［2010］EWCA Civ 114，第90~115段（不同意竞争上诉法庭对处罚的评估）；*OFT v Somerfield Stores Ltd*［2014］EWCA Civ 400（认为竞争上诉法庭在延长上诉时间时犯了法律错误）。

[703] *Société Cooperative De Production Seafrance SA v CMA*［2015］UKSC 75，第44段和引用的判例。

[704] 参见：BREALEY M，GREEN N. Competition Litigation：UK Practice and Procedure［M］. Oxford：Oxford University Press，2010：ch 21；由提交法院或法庭决定提交法院的问题内容，它不会对诉讼当事人提出的问题发表意见，除非移交法院要求：案例C-376/05 etc *A Brünsteiner GmbH v Bayerische Motorenwerke* AG EU：C：2006：753，第25~29段。

[705] 参见例如案例C-542/14 SIA *VM Remonts v Konkurences padome* EU:C:2016:578，第17段和引用的判例。

（B）根据 1998 年英国竞争法，英国的哪个法院或法庭可以援引《欧盟运行条约》第 267 条？

显然，最高法院、上诉法院、高等法院和竞争上诉法庭可以援引《欧盟运行条约》第 267 条。2018 年 3 月，竞争上诉法庭将 10 个问题提交法院，以对 *Paroxetine* 案进行初步裁定；这是它第一次引用《欧盟运行条约》第 267 条。尚不清楚的是竞争与市场管理局还是行业监管者可以援引。确定谁是适格法院或法庭是欧盟法律的事务。[706] 西蒙勋爵在上议院关于竞争法案的辩论中，认为主管机构有可能援引，[707] 尽管他随后从这一立场上退缩了。[708] 可能不会出现这一点，因为主管机构可能会自行决定不尝试援引。在 *Syfait* 案，欧洲法院裁定，就《欧盟运行条约》第 267 条而言，希腊竞争主管机构既不是适格法院也不是法庭。[709]

英国的法院和法庭可能会失去在英国离开欧盟后将问题提交欧洲法院的能力，尽管这将取决于英国脱欧谈判的结果。

10. 国家审计局关于英国竞争制度的报告

国家审计局已发布了有关英国竞争机制的 3 份报告：2005 年年度报告[710]、2009 年年度报告[711]和 2016 年年度报告[712]。这些报告是竞争主管机构问责制结构的重要组成部分。国家审计局在其 2016 年年度报告中发现，竞争与市场管理局已采取重要措施来解决先前报告中指出的缺陷，并已采取行动以改善对反竞

---

[706] 参见例如案例 C－54/96 *Dorsch Consult Ingenieurgesellschaft mbH v Bundesbaugesellschaft Berlin mbH* EU:C:1997：413；案例 C－178/99 *Salzman* EU:C:2001:331；关于这一点参见：BROWN L N，JACOBS F G. The Court of Justice of the European Communities［M］. 5th ed. London：Sweet & Maxwell，2000：223－227；DASHWOOD A，DOUGAN M，RODGER B，et al. European Union Law［M］. 6th ed. London：Hart，2011：214－216.

[707] 英国议会上院委员会，1997 年 11 月 25 日，第 963 卷。

[708] 同上，第 975 卷。

[709] 案例 C－53/03 *Synetairismos Farmakopoion Aitolias & Akarnanias and Others v GlaxoSmithKline Plc*，EU:C:2005:333，第 29～38 段。

[710] *The Office of Fair Trading*：*Enforcing competition in markets*，HC 593，2005－6，2005 年 11 月 17 日。

[711] *The Office of Fair Trading*：*Progress report on maintaining competition in markets*，HC 127，2008－9，2009 年 3 月 5 日。

[712] *UK competition authorities*：*the UK competition regime*，HC 737，2015－16，2016 年 2 月 5 日；相关评论参见：WHISH R. The National Audit Office's Report on the UK Competition Regime：How Well is the Regime Performing?［J］. Competition Law Journal，2016：191.

争行为的调查结果，建立案件管道并提高工作稳健性。国家审计局在报告之时说，新决定尚未有大量涌现。它还指出，尤其是在中小型企业中，对竞争法的认识很低。竞争与市场管理局在其2016/17和2017/18年度计划中承诺加快其执法的步伐、规模和影响，并支持企业理解和遵守竞争法。[713]

国务大臣应于2019年3月31日之前向议会报告竞争法第1部分的实施情况。[714]

[713] 可在www.gov.uk/cma上查阅。

[714] 2013年英国企业和监管改革法第46条。

第 11 章 2002 年英国企业法：市场研究和市场调查

1. 简 介

当英国竞争与市场管理局❶发现市场似乎对消费者不起作用，并且当存在的问题似乎不太可能通过正常的竞争力量得到纠正时，它将考虑是否有足够有力的理由来执行禁止反竞争协议或者滥用支配地位的规定。但是，在某些情况下，直接执法行动可能不是应对有问题的市场的最有效方法。随之而来的一个问题是，竞争与市场管理局是否有可用于解决市场失灵的其他工具，以及是否有可能适用于解决该失灵的补救措施。

在英国竞争法中，在第 1 章和第 2 章的禁止性因缺乏协议或滥用证据而无法适用的情况下，还有两种方法可以解决市场失灵的问题。首先，竞争与市场管理局可能会进行“市场研究❷”，以便尽可能地了解市场的运作方式以及是否满足了消费者的需求。其次，竞争与市场管理局可以根据 2002 年英国企业法第 4 部分进行“市场调查”，以发现市场是否有任何特征显示排除、限制或扭曲了竞争；如果是这样，进行市场调查的竞争与市场管理局必须考虑如何消除这些不利影响和对消费者的不利影响。这些工具将在本章中进行介绍。

本章的第 2 节描述了竞争与市场管理局收集有关市场信息的“一般功

---

❶ 参见第 2 章第 77 ~ 84 页“竞争与市场管理局”。

❷ 经济合作与发展组织报告称，参与 2015 年调查的 58 个司法管辖区以某种形式使用了市场研究：参见经济合作与发展组织市场研究背景文件方法论（2017 年 6 月），第 5 页，可在 www. oecd. org/competition 上查阅。

能”，第3节解释了“超级控诉”的含义。第4节讨论了市场研究的目的、程序和结果。市场研究有时会导致进行市场调查，但是，如稍后所述，市场研究还有其他可能的结果。第5节介绍了根据2002年英国企业法第4部分制定和确定市场调查标准。企业法已通过2013年企业和监管改革法进行了修订，其后的文本中包含了这些修正案。第6节简要提到了“公益案件”，而第7节和第8节则涉及执法和其他补充事项。本章的第9节考虑了市场调查规定如何在实践中起作用。本章的最后部分简要介绍了根据1973年公平贸易法的垄断规定仍然有效的承诺和法令的执行和审查。

2. 收集有关市场的信息

2002年英国企业法第5条规定，竞争与市场管理局的一项一般职能是获取、汇编和审查与履行其职能有关的事项的信息。竞争与市场管理局执行此一般功能的方式之一是对消费者而言效果似乎不佳的市场进行“市场研究”❸。竞争与市场管理局还通过进行桌面研究*并在进行市场研究之前通过与市场参与者和其他感兴趣的人接触来收集信息。❹ 竞争与市场管理局公开“信息征集”，以使其尽可能了解市场的运作方式。❺ 竞争与市场管理局还发布了有关重大事项的报告，但未将其指定为市场研究报告；这些往往只是涉及信息收集的调查，但后续并不一定会有相应的市场研究。❻

3. 超级控诉

2002年英国企业法第11条规定向竞争与市场管理局提出所谓的“超级控诉”❼。2002年英国企业法第205条使国务大臣能够扩展该系统，以便可以向

---

❸ 参见本章第571 ~575页“市场研究”。

* desktop research，是相较于field research实地调查研究而言的。——译者注

❹ 参见*Market Studies and Market Investigations*：*Supplemental guidauce on the CMA's approach*，CMA 3，2014年1月，2017年7月修订，第1.8段，可在www. gov. uk/cma上查阅；另见2013年企业和监管改革法解释性说明第299段。

❺ 参见例如案例*Call for information*：*commercial use of consumer data*，CMA 38 con，2015年1月；其产生了一份报告：CMA 38，2015年6月，可在www. gov. uk/cma上查询。

❻ 参见例如案例*Online reviews and endorsements*，CMA 41，2015年6月和在线搜索：消费者和公司行为，2017年4月，可在www. gov. uk/cma上查阅。

❼ 关于金融服务和支付系统的市场，有一个单独的超级控诉系统：2012年金融服务法（第234C条）（针对英国金融市场行为监管局）和2013年金融服务（银行改革）法第68条（针对PSR）。

行业监管机构提出超级控诉[8]；这也受立法文件影响[9]。对超级控诉责任竞合的协调是基于通过英国竞争网络商定并实施的政策进行的。[10]

(A) 超级控诉的目的

超级控诉的目的是，指定的消费者团体可以就英国产品或服务市场似乎严重损害了消费者利益的特征向竞争与市场管理局申诉。[11] 这是使消费者的声音变得更有力的一种方式：个体消费者通常缺乏有效申诉的知识、动机或经验，但是指定的消费者团体应该具有这样做的资源和能力。

(B) 超级控诉

消费者团体由国务大臣指定。[12] 对于在指定标准以及如何申请指定身份方面提供了一份指南[13]。截至 2017 年 12 月 8 日，国务大臣已指定以下机构为超级控诉人：

- 真表啤酒运动（The Campaign for Real Ale）
- 水消费者委员会（The Consumer Council for Water）
- 哪一个？（Which?）
- 北爱尔兰总消费者委员会（The General Consumer Council for Northern Ireland）
- 市民建议（Citizens Advice）
- 全国消费者委员会（The National Consumer Council）
- 苏格兰公民咨询局协会（The Scottish Association of Citizens Advice Bureaux）[14]

国务大臣拒绝了 What Car? 成为超级控诉者的申请，因为它不符合指南中的标准。[15]

---

[8] 请注意，国家医疗服务体系改革无权处理超级控诉：参见《受管制的行业：将竞争法同时应用于受管制行业的指南》，CMA 10，2014 年 3 月，脚注 112。

[9] 经 SI 2006/522 修订的 2002 年英国企业法（向监管机构提出超级控诉）2003 年令，SI 2003/1368。

[10] UKCN 的网站是 www. gov. uk/government/groups/uk – competition – network。

[11] 2002 年英国企业法第 11 条第 1 款。

[12] 同上，第 11 条第 5 款和第 6 款；另见 2002 年电力法（第 8 部分：指定执行者：指定标准、指定公共机构为指定执行者和过渡性规定），SI 2003/1399（由 SI 2006/522 修订）。

[13] 该指南可在 www. nationalarchives. gov. uk 上查阅。

[14] 参见 2009 年 10 月 1 日生效的 2002 年英国企业法（指定进行超级控诉的机构）（修正案）2009 年令　SI 2009/2079。

[15] 参见 www. nationalarchives. gov. uk。

(C) 指 南

《超级控诉：指定消费者团体指南》[16] 旨在为希望进行超级控诉的人们提供帮助，它描述了超级控诉中应包含的信息、如何处理案件以及可能的结果。

(D) 程 序

在提出超级控诉时，超级控诉人必须阐明其原因，即英国的产品或服务市场具有一个或多个特征的组合或特征，这些特征似乎严重损害了消费者利益，因此应进行调查。竞争与市场管理局必须针对超级控诉作出回应，发布一份“快速跟踪”报告，说明打算在90天内采取什么措施（若有）[17]；国务大臣有权修改90天的期限。[18] 竞争与市场管理局处理超级控诉时，可以根据2002年英国企业法第5条第1款要求提供信息；但是，只有在发布了“市场研究通知”或认为自己有权进行市场调查的情况下，它才有权根据该法第174条要求提供信息。

实践中，要求在90天内进行调查和报告，要求其收集证据，综合证据并形成观点给竞争与市场管理局造成了相当大的负担，这同样给作为超级控诉主体的当事方带来相应的负担；90天的期限使竞争与市场管理局和有关各方几乎没有时间考虑所发现问题的可能补救措施。

(E) 超级控诉的结果

超级控诉会导致许多后果，包括但不限于根据竞争法或消费者法采取执法行动、转交行业监管机构、竞争与市场管理局开展市场研究或市场调查。[19]

超级控诉通常会导致进行市场研究甚至是市场调查。换句话说，超级控诉可能会导致冗长的对市场和经营该市场的涉案企业的审查期。2005年9月关于 *Payment protection insurance* 案的超级控诉导致进行了冗长的市场研究，随后于2007年2月进行了市场调查。竞争委员会于2009年1月发布了其最终报告。然后进行了司法审查，导致委员会不得不重新考虑其提议的补救措施之一。最终法令直到2012年4月才生效。

几项超级控诉提出了有关企业行为、法规、指南和/或立法应予更改的建

---

[16] OFT 514，2003年7月，可在 www. gov. uk/cma 上查阅。

[17] 2002年英国企业法第11条第2款。

[18] 同上，第11条第4款。

[19] 《超级控诉：指定消费者团体指南》，第2.25段。

议。例如，竞争与市场管理局通过向政府提出建议来回应杂货市场中定价惯例的超级控诉，该建议导致英国特许贸易标准协会发布了定价惯例指南。[20] 铁路管理局建议开展一场全国运动，以提高旅客对铁路延误退款超级控诉的索赔权的认识。[21]

表 11.1 给出了自本书第 8 版出版以来至 2017 年 12 月 8 日，完成的两次超级控诉的详细信息。迄今为止，所有超级控诉的表格都可在本书随附的在线资源中找到。[22]

表 11.1　超级控诉

标题	超级控诉的日期	超级控诉人	宣告结果的日期	结果
食品杂货行业的误导性和不透明定价	2015 年 4 月 21 日	Which?	2016 年 7 月 16 日	竞争与市场管理局确定了潜在的误导性做法。政府提出了改善单价的立法建议；而 ASDA 正式承诺实施促销方式的变更。竞争与市场管理局于 2017 年 7 月 6 日认定 ASDA 遵守了承诺，并正式结案
铁路赔偿超级控诉（铁路管理局）	2015 年 12 月 21 日	Which?	2016 年 3 月 18 日	铁路管理局发布了有关培训运营商的建议，以提高消费者对延误索赔的认识。铁路管理局将继续监视事务

4. 市场研究

竞争与市场管理局对消费者似乎不太友好的市场进行了“市场研究”，但是乍一看似乎并不适合根据竞争法或消费者法采取执法行动。行业监管机构还

[20] *Pricing Practices in the Groceries Market*，2015 年 7 月 16 日。

[21] *ORR Super – complaint response report*：*Which? Super – complaint – compensation arrangements in the market for passenger rail services*，2016 年 3 月 18 日，可在 www. orr. gov. uk 上查阅。

[22] www. oup. com/uk/whish9e/。

对他们负责的行业进行市场研究。[23] 英国的市场研究与欧盟委员会根据第1/2003号条例第17条进行的行业调查之间存在明显的相似之处。[24] 竞争与市场管理局欢迎英国进行市场研究时提出合理的建议，并制作了一份通报表，可在其网站上进行访问。[25]

（A）指　南

竞争与市场管理局委员会采用了公平交易办公室的指南——《市场研究：公平交易办公室方法指南》[26]，但受其自己的市场研究和市场调查：竞争与市场管理局方法的补充指南（以下简称《补充指南》）所述2013年企业和监管改革法影响下的某些变更的影响，[27] 并包含在以下文本中。这些指南文件解释了为什么竞争与市场管理局进行市场研究；如何选择和管理它们；可能的结果是什么及其对先前研究的评价。

（B）市场研究的目的

市场研究旨在使竞争与市场管理局尽可能了解市场的运作方式以及是否满足消费者的需求。[28] 从经济意义上讲，市场研究不限于相关市场；它可能涉及各种产品和服务的做法。[29] 市场研究的一个重要特点是，它是一种审查政府行为和立法可能对市场运作方式产生有害影响的方式。[30] 市场研究，例如*Pharmacies*案、*Taxi services*案、*Public procurement*案、*European State Aid Control*案和*Public subsidies*案，都与所谓的“公共”有关，而不是私人扭曲竞争[31]；一些市场研究以给出建议作结，如稍后表11.2所示的市场研究。政府已表示将在90天内回应有关公共竞争限制的报道。[32]

---

[23] 参见如英国天然气和电力市场办公室的能源供应探测器（2008年2月），可在www.ofgem.gov.uk上查阅。英国通信管理局的评论，付费电视（2010年3月），可在www.ofcom.org.uk上查阅；以及英国金融行为监管局的资产管理市场研究（2017年6月），可在www.fca.org.uk上查阅。

[24] 关于行业调查，参见第7章第338页“第17条：调查经济行业和协议类型”。

[25] www.gov.uk/cma。

[26] OFT 519，2010年6月，可在www.gov.uk/cma上查阅。

[27] CMA 3，2014年1月，2017年7月修订。

[28] 《补充指南》，第2.1段。

[29] 《市场研究：公平交易办公室方法指南》，OFT 519，2010年6月，第2.3段。

[30] 同上，第2.8~2.10段。

[31] 参见案例*The UK Contribution to the OECD Best Practices Roundtable Market Studies*（2008年），可在www.oecd.org/competition上查阅。

[32] 参见政府的白皮书*Productitivity and Enterprise—A World Class Competition Kegime*，Cm 5233，2001年，第4.15段和第6.37段。

市场研究与市场调查不同，尽管市场研究有可能导致市场调查。例如，在 *Store card credit services* 案、*Local buses* 案和 *Payday lending* 案中就发生了这种情况：在进行市场研究之后进行市场调查的可能性可能会导致对某些市场的审查时间延长。

(C) 程　序

2002 年英国企业法第 5 条所包含的一般功能是进行市场研究的唯一法律依据。该法案未明确竞争与市场管理局进行市场研究的时间和方式。竞争与市场管理局在决定是否进行市场研究时采用其优先原则。[33] 开展市场研究的实际决定由竞争与市场管理局委员会作出。[34]

(i) 确定要研究的市场

市场研究可能通过多种方式触发，例如，竞争与市场管理局可能会主动发起一项研究，有时是在对市场进行非正式的初步评估之后[35]；交易标准官员可能会带来问题引起竞争与市场管理局注意。或可能由指定消费者团体提出的超级控诉或任何利益相关者的要求引起的市场研究。

(ii) 市场研究通知

2002 年英国企业法第 130A 条要求竞争与市场管理局在该法第 5 条规定的市场研究开始时发布市场研究通知。市场研究通知须明确竞争与市场管理局必须完成研究的时间表、市场研究的范围以及竞争与市场管理局作出与市场相关陈述的期限。[36] 竞争与市场管理局仅在发布市场研究通知后才行使其要求提供信息的权力。[37]

(iii) 市场研究的阶段

《市场研究：公平交易办公室方法指南》第 4 章介绍了竞争与市场管理局如何进行市场研究。研究的主要阶段包括市场选择、启动前的工作、开展市场研究的决定、收集和分析证据[38]、就竞争与市场管理局的研究结果进行咨询。

---

[33] CMA 16，2014 年 4 月。

[34] 《补充指南》，第 2.7 段。

[35] 参见本章第 568 页"收集有关市场的信息"。

[36] 2002 年英国企业法第 130A 条第 3 款。

[37] 同上，第 174 条第 1 款（a）项；有关竞争与市场管理局的调查权，参见竞争与市场管理局的《补充指南》第 2.11 ~ 2.16 段。

[38] 2002 年英国企业法第 5 条第 3 款为竞争与市场管理局将市场研究或其一部分外包给外部顾问提供了法定依据；参见《市场研究：公平交易办公室方法指南》第 4.16 段。

如果竞争与市场管理局建议进行市场调查，则必须在发布市场研究通知后的6个月内就该建议进行咨询。[39] 竞争与市场管理局还将对建议的调查资料进行准备工作，例如确定需要从有关方面获得的信息。[40] 如果竞争与市场管理局决定不进行市场调查，则必须在相同的6个月内公布该决定。[41] 研究以发布市场研究报告结束。

（iv）市场研究报告

如果竞争与市场管理局发布了一份市场研究通知，则2002年英国企业法第131B条要求竞争与市场管理局发布一份“市场研究报告”，列出其研究结果和将采取的研究行动（如果有）；这必须在市场研究通知发布后12个月内完成。[42] 对市场研究进行严格的时间限制，以尽可能少地扰乱市场的运作。

如果竞争与市场管理局建议提供市场调查，则市场研究报告必须包含竞争与市场管理局是否进行市场调查（或接受企业代替调查的承诺）、作出该决定的理由以及竞争与市场管理局认为可促进作出决定的原因的正确理解的适当信息。[43] 如果竞争与市场管理局决定进行调查，它将在发布市场研究报告的同时进行。[44]

（D）市场研究的结果

竞争与市场管理局可能会根据市场研究结果得出各种结果，包括：

- 相关市场健全的运营报告书；
- 以消费者为中心的行动，例如以使消费者作出更好的购买决定的方式提高消费者的意识；
- 向企业提出更改其行为的建议[45]，例如关于售后服务信息、标准条款和条件以及改善消费者赔偿等事项；
- 向政府提出建议，以修改立法或采取其他行动，以消除竞争的“公共”限制；
- 根据竞争法或消费者法进行的调查或执法行动；

---

[39] 2002年英国企业法第131B条第1款。
[40] 《补充指南》，第3.37～3.38段。
[41] 2002年英国企业法第131B条第3款。
[42] 同上，第131B条第4款，尽管可能会施加比此更严格的时限：同上，第131C条。
[43] 同上，第131B条第5款。
[44] 同上，第131B条第6款，也就是说，在市场研究通知发布后的12个月内。
[45] 参见例如案例 *Legal Services Market Study*，2016年12月，第7.24～7.125段。

• 市场调查或代替该调查的承诺。[16]

竞争与市场管理局估计，2014 ~ 2017 年通过其市场研究和审查，每年为消费者节省了 8.87 亿英镑。[17]

(E) 市场研究的例子

竞争与市场管理局的网站提供了已完成和当前市场研究的详细信息。[18] 表 11.2 列出了自第 8 版出版以来竞争与市场管理局进行的市场研究，该研究于 2017 年 12 月 8 日完成。[19]

表 11.2　市场研究汇总

完成的市场研究	报告日期	研究结果
退休收入市场研究（英国金融行为监管局）	2015 年 3 月	英国金融行为监管局发现竞争对储户而言效果不佳。特别是，缺乏市场供应者之间的转换，从而减少了对现有企业的竞争限制，并增加了市场准入门槛。英国金融行为监管局引入了各种措施，要求供应者能够比较年金并提高提供给退休者的信息质量
预付款审查：了解供应商收费做法和转换障碍（英国天然气和电力市场办公室）	2015 年 6 月	天然气和电力市场办公室审查了天然气零售市场中的预付款关税。它发现现有预付费客户转换为便宜的预付费费率或其他支付方式费率的转换率很低。这意味着客户损失了大量的储蓄。天然气和电力市场办公室还观察到竞争受到限制，预付款关税选择有限，据供应商称，这是由于商业、技术和监管壁垒造成的。天然气和电力市场办公室要求市场监督管理局更详细地评估该市场领域的竞争。天然气和电力市场办公室还打算验证监管义务在多大程度上加剧了供应商的担忧。天然气和电力市场办公室指出，智能计量的引入可能会降低预付款的相对成本并增加预付款费率的选择

[16] 《市场研究：公平交易办公室方法指南》，第 5.1 ~ 5.13 段。

[17] 参见竞争与市场管理局的 *Annual Report and Accounts*, *2016/17*, HC 24，第 73 页，可在 www.gov.uk/cma 上查阅。

[18] 参见网站 www.gov.uk/cma。

[19] 本书随附的在线资源中提供了所有市场研究的完整列表。

续表

完成的市场研究	报告日期	研究结果
非国产天然气计量市场回顾（英国天然气和电力市场办公室）	2016年3月	尽管10年前开放了非家用燃气表市场，但天然气和电力市场办公室指出，该市场表现不佳，因为燃气供应商在转而使用竞争对手的燃气表供应商时会面临巨额成本。特别是，市场进入者通常无法就地采用仪表资产，因此需要更换现有仪表。这种成本障碍意味着现有电表提供商（国家电网）的市场地位得到了巩固。天然气和电力市场办公室向市场参与者提出了建议，鼓励国家电网在现场将电表资产出售或租赁给即将到来的电表提供商。建议天然气供应商招标任命仪表供应商，以降低成本。天然气和电力市场办公室继续监视竞争有效性的任何改善，并在必要时采取进一步行动
信用卡市场研究（英国金融行为监管局）	2016年7月	英国金融行为监管局得出结论，在大多数情况下，竞争是有效的。然而，这引起了消费者对信用卡债务规模的担忧。特别是英国金融行为监管局寻求自愿的行业承诺，并将制定规则以增加零售银行支持消费者解决持续信用卡债务的激励措施
投资和公司银行市场研究（英国金融行为监管局）	2016年10月	英国金融行为监管局得出结论认为，投资银行之间存在有效的竞争，并且市场对大型企业客户而言运作良好。 但是，人们担心合同条款会限制客户选择未来服务的提供者；也关注会对客户产生不利影响的排行榜，以及首次公开募股（IPO）分配中的利益冲突。英国金融行为监管局推出了禁止贸易限制条款的措施，并一直在与行业和其他监管机构合作，以解决其他问题
法律服务	2016年12月	法律服务市场缺乏透明度，不利于个人消费者和小型企业。竞争与市场管理局建议采取措施，通过开发比较工具和审查平台来提高价格和质量的透明度。虽然法律服务监管并不是有效竞争的主要障碍，但竞争与市场管理局建议司法部调整监管框架，以提供更好的消费者保护
资产管理市场研究（英国金融行为监管局）	2017年6月	英国金融行为监管局发现，尽管有大量的市场参与者，但价格竞争疲软，利润率高。投资者也缺乏有关融资目标的明确信息，并且缺乏足够的透明度和融资绩效基准。英国金融行为监管局提出了各种建议，以纠正已发现的竞争问题，并使英国资产管理市场对投资者更具吸引力。具体措施包括提高资产管理人的信托职责、成本透明度、报告要求以及增加投资者的反补贴议价能力。2017年9月，英国金融行为监管局决定向竞争与市场管理局提供有关投资咨询和信托管理服务的市场调查推荐

续表

完成的市场研究	报告日期	研究结果
数字比较工具	2017 年 9 月	竞争与市场管理局发现，数字比较工具（Digital comparison tools，DCT）通过帮助消费者进行产品和服务的知情比较和购买，总体上对消费者有用。但是，竞争与市场管理局针对居家保险比较网站针对其使用“最惠国”（most favoured nation，MFN）条款进行了后续竞争调查，这些条款限制了保险公司向竞争对手的数字比较工具提供更优惠价格的能力。竞争与市场管理局还将继续审查其他做法，例如非品牌竞标、否定匹配和非征求协议，因为它们可能会限制数字比较工具之间的竞争。竞争与市场管理局建议数字比较工具根据这些可疑做法审查合同。其他建议包括提高数字比较工具的信息透明度以及部门监管机构之间加强合作，以确保数字比较工具之间在重要产品（例如金融服务、能源和保险）之间的有效竞争
疗养院	2017 年 11 月	竞争与市场管理局检查了老年人的疗养院市场（包括私人疗养院），并特别关注了居民是否根据合同条款和养老院的规定得到了公平待遇。竞争与市场管理局决定不提供市场调查推荐，而是确定了选择、消费者保护和资金方面的问题，并向政府、地方当局、行业监管机构和养老院行业提出了一系列建议

5. 市场调查

（A）市场调查制度概述

2002 年英国企业法第 4 部分建立了市场调查系统。该法第 4 部分第 1 章的标题为“市场调查资料”：它涉及推荐资料的制定及其确定。该法第 4 部分第 2 章涉及“公共利益案件”，在实践中很少见，稍后在第 6 节中简要概述。第 3 章包含执法规则，其中列出了竞争与市场管理局在市场调查过程中可以接受的各种承诺，以及为补救对竞争的不利影响和对消费者的不利影响而可能作出的法令。第 4 章涉及调查事项和竞争上诉法庭的审查申请等补充事项。

市场调查制度是英国竞争法体系的重要特征，并且认识到并非所有市场失灵都可以通过适用 1998 年英国竞争法第 1 章和第 2 章的禁止规定以及《欧盟运行条约》第101条和第102条来解决。[50] 市场调查制度侧重于了解市场如何运作以及消费者如何参与市场，而不是仅关注单个企业的行为。[51] 市场调查使竞争与市场管理局能够进行调查。市场特征是否对竞争有不利影响，并提供了广泛的补救措施以尽可能消除这种不利影响，只要这种不利影响和对消费者的有害影响被竞争与市场管理局识别。但是，市场调查系统不对过去的行为作出任何制裁，也不为因市场失灵造成的损失提供赔偿。

（B）指南和其他相关出版物

各种指南、规则和其他出版物试图解释英国市场调查系统的运作。竞争与市场管理局委员会采用了由其前身公平交易办公室和竞争委员会发布的许多指南；竞争与市场管理局还发布了自己的指南。截至2017年12月8日，以下指南已根据企业法发布[52]：

- 《市场调查：根据企业法第4部分进行调查的指南》（以下简称《调查指南》）[53]；
- 《市场调查指南：其作用、程序、评估和补救措施》（以下简称《市场调查指南》）[54]；
- 《建议竞争委员会各方提交技术经济分析的最佳做法》[55]；
- 《补充指南》[56]。

竞争与市场管理局委员会采用了前竞争委员会主席发布的有关合并和市场调查中的信息披露[57]。根据2013年企业和监管改革法附表4的规定，竞争与市场管理局通过了竞争与市场管理局2014年合并、市场和特别推荐小组的程序规则。[58]

---

[50] GEROSKI P. The UK Market Inquiry Regime ［M］ //HAWK B. International Antitrust Law & Policy：Fordham Corporate Law ［S. l.］：Juris Publishing Inc.，2004：1；FREEMAN P. Market Investigations in the United Kingdom：The Story So Far ［M］ //MONTI M，et al. Economic Law and Justice in Times of Globalisation. Baden - Baden：Nomos，2007；AHLBORN C，PICCININ D. Between Scylla and Charybdis：Market Investigations and the Consumer Interest ［M］ //RODGER B J. Ten Years of UK Competition Law Reform. Dundee：Dundee University Press，2010；亚历克斯·奇泽姆（Alex Chisholm）的演讲“CMA：how we intend to use market investigations to extend the frontiers of competition”，2014年12月9日，可在www. gov. uk/cma上查阅。

[51] 参见《市场调查指南：其作用、程序、评估和补救措施》，CC3（修订版），2013年4月，第18段。

[52] 指南可在www. gov. uk/cma上查阅。

[53] OFT 511，2006年3月。

[54] CC 3（修订版），2013年4月。

[55] CC 2com3，2009年2月24日。

[56] CMA 3，2014年1月，2017年7月修订。

[57] CC 7，2003年7月，2017年7月修订。

[58] CMA 17，2014年3月，可在www. gov. uk/cma上查阅。

（C）进行调查

2002 年英国企业法第 131 条规定了两种类型的市场调查："普通调查"和"跨市场调查"[59]。

（i）进行普通调查的权力

竞争与市场管理局（与行业监管机构同时）[60] 在有"合理理由怀疑"[61] 市场的一个或多个"特征"排除、限制或扭曲在英国或其部分地区产品或服务的供应或获取的竞争时，可以作一般性推荐。[62] 市场的特征包括：

- 有关市场的结构或其任何方面；[63]
- 在该市场上经营的供应或获取产品或服务的人员的行为，无论该行为是否发生在同一市场上[64]，并且
- 与供应或获取产品或服务的任何人的客户有关的市场行为。[65]

为这些目的而进行的行为包括不作为，并且不必是故意的。[66] 竞争与市场管理局在进行调查时，无须指明市场的特定特征一方面是结构问题还是另一方面是行为问题[67]。竞争与市场管理局委员会决定作出市场调查[68]；委员会无法委托行使此权力。

《调查指南》的第 2 部分包含了竞争与市场管理局对英国企业法第 131 条所规定的调查测试的解释的有益讨论。在企业法第 4 章中，讨论了"排除、限制或扭曲竞争"的含义。在第 5 章中，它考虑了市场的结构特征，包括：

- 市场内的集中度；
- 纵向整合；
- 进入/退出和扩张的条件；
- 法规和政府政策；
- 信息不对称；
- 转换成本；

---

[59] 这些是立法表述：2002 年英国企业法第 131 条第 6 款。

[60] 关于行业监管机构在市场调查参考方面的权力，参见 2002 年英国企业法，第 9 章，第 2 部分。

[61] "合理的怀疑依据"测试并未施加特别高的门槛：案例 1054/6/1/05 *Association of Convenience Store v OFT*［2005］CAT 36，第 7 段。

[62] 2002 年英国企业法第 131 条第 1 款。

[63] 同上，第 131 条第 2 款（a）项。

[64] 同上，第 131 条第 2 款（b）项。

[65] 同上，第 131 条第 2 款（c）项。

[66] 同上，第 131 条第 3 款。

[67]《调查指南》，第 1.9 段。

[68] 参见《补充指南》第 1.23 段。

• 抗衡力量。

英国企业法第6章论述了企业的行为，特别是寡头行为、便利行为*、习惯和惯例**以及纵向协议的网络。第7章考虑了客户的行为，该法第131条第2款（c）项认为这是市场的特征，并专门解决了搜索成本问题，即客户为了作出明智的选择可能必须承担的成本。

（ii）进行跨市场调查的权力

竞争与市场管理局（与行业监管机构同时进行）可以作出“跨市场调查”，如果它有合理的理由怀疑一个以上市场的一个或多个特征会排除、限制或扭曲在英国的全部或部分地区中产品或服务的供应或获取中的竞争。[69] 应该注意的是，跨市场调查只能针对与行为有关的市场特征。[70] 将跨市场的相同惯例服从于市场调查制度是有用的，因为它使竞争与市场管理局可以审查不限于一个市场的惯例，例如，表演版权的集体许可。[71] 截至2017年12月8日，尚未提及此类调查。

（iii）部长进行调查的权力

2002年英国企业法第132条允许国务大臣（或苏格兰部长和国务大臣共同行事[72]）在其不满意竞争与市场管理局决定不根据企业法第13条进行普通调查或跨市场调查的情况下进行调查。或者当他认为竞争与市场管理局在合理期限内不会进行此类调查时。

第132条与议会的意图有些不一致，议会打算将国务大臣从案件中除名，除非出现特殊的公共问题，并为此作出了特殊规定。[73] 截至2017年12月8日，尚未行使第132条的权力。[74]

（iv）竞争与市场管理局是否酌情调查

一旦通过调查测试，竞争与市场管理局有权决定是否进行市场调查。《调查指南》第2.1段指出，只有在满足法定标准及以下标准的情况下，竞争与市

---

* facilitating practices，便利行为通常包括向竞争者流通价格清单、提前告知价格变更、采取类似的定价系统、最惠国待遇条款、定期参加相关会议等。——译者注

** custom and practice，英国、美国、法国等国家和国际条约中通常将二者混同使用，不作严格区分。——译者注

[69] 2002年英国企业法第131条第1款和第2A款。

[70] 同上。

[71] 《补充指南》，第2.36段；另见政府对磋商的回应，增长、竞争和竞争体制，2012年3月15日，第4.6段，可在www.gov.uk上查阅。

[72] 2002年英国企业法第132条第5款（c）项，2016年苏格兰法第64条。

[73] 参见本章第589~591页“公共利益案件”。

[74] 众议院商业和企业委员会要求国务大臣将啤酒推向英国零售市场，但他拒绝这样做：参见2009年4月21日，HC 26-1的Pub Companies，可在www.parliament.uk上查阅。

场管理局才会进行普通市场调查：

- 根据1998年英国竞争法或通过其他方式（例如，利用行业监管机构的权力）来处理任何竞争问题是不适当的；
- 接受承诺代替调查是不适当的；[75]
- 就对竞争的不利影响而言，可疑问题的规模应足以进行调查；
- 有合理的机会提供适当的补救措施。

《调查指南》提供了对每个标准的进一步说明。

（a）竞争法与市场调查之间的关系

竞争与市场管理局的政策是首先考虑是否可以根据1998年英国竞争法解决疑似问题；仅在有合理理由认为市场特征限制竞争，但没有违反1998年英国竞争法第1章和/或第2章的禁止规定（或《欧盟运行条约》第101条和/或第102条）的情况下，它才考虑市场调查，或当根据竞争法采取的行动已经或可能无法有效处理所确定的对竞争的不利影响时。[76]《调查指南》的解释说，市场调查可能适用于处理寡头市场中的平行行为[77]或因类似纵向协议的平行网络而引起的问题。[78]它补充说，大多数调查文本可能涉及整个行业的市场特征或多企业行为，其中默契协调和平行的纵向协议就是例子。[79]如果似乎没有足够的能力应对一家独占支配地位企业的行为造成不利竞争的行为，竞争与市场管理局将根据新修订的判例法对第2章的禁止规定进行审查[80]；在违反第2章禁止规定的情况下，它也可以作出调查，而且似乎有必要采取超越竞争法规定的结构性补救措施。[81]

（b）与第1/2003号条例的关系

《调查指南》讨论了第1/2003号条例与市场调查规定之间的关系[82]。第1/2003号条例第3条第1款要求国家竞争主管机构在将国家竞争法适用于影响成员国之间贸易的协议或滥用行为时适用《欧盟运行条约》第101条和第102条。[83]就第1/2003号条例第3条而言，《市场调查》可能被视为国家竞争法。

---

[75] 参见本章第591～593页“代替调查的承诺”。

[76] 《调查指南》，第2.3段。

[77] 同上，第2.5段；关于这一点，参见 *Local Buses*，OFT 1158，2010年1月，第5.28段。

[78] 同上，第2.6段。

[79] 同上，第2.7段。

[80] 同上，第2.8段，第2个小段。

[81] 同上，第2.8段，第3个小段；关于根据竞争法采取的结构性补救措施，参见第10章第510～511页“指示可以是结构性的吗？”。

[82] 《调查指南》，第2.9～2.18段。

[83] 大致参见第2章第91～96页“欧盟竞争法和英国竞争法之间的关系”。

实际上，《调查指南》解释说，“市场调查制度属于竞争法的广泛范围，与其他监管机制（包括禁止规定）一起运作，是通过允许竞争主管机构有机会评估市场竞争是否有效地进行的”。[84]

第1/2003号条例第3条第2款规定，对于影响国家间贸易的协议，不得采用比《欧盟运行条约》第101条更严格的国家竞争法，但在单方行为违反《欧盟运行条约》第102条的情况下，则可以这样做。《调查指南》指出，第3条第2款并不阻止对协议和违反第101条和第102条的行为的调查，但确实会影响可以采取的补救措施。[85] 进行调查的决定、公布临时调查结果和关于补救措施的临时决定，均不涉及第1/2003号条例第3条，因为它们是准备性行为。

如果《欧盟运行条约》第101条适用于一项或多项协议，则竞争与市场管理局委员会不太可能会首先进行调查。[86] 如果已经开始调查，竞争与市场管理局专家可以建议撤销任何集体豁免的利益。[87] 该指南还指出，竞争与市场管理局可能对构成违反第102条的行为采取补救措施，在这种情况下，如果竞争与市场管理局随后要调查对该规定的违反行为，则竞争与市场管理局将考虑这些补救措施。[88] 在 *Store card credit services* 案中，竞争委员会感到满意的是，它提出的补救措施与欧盟法律不冲突。[89] 在 *Payment protection insurance* 案中，竞争委员会拒绝了有关其一揽子补偿方案违反了欧盟建立自由的论点。[90] 在 *Energy* 案中，竞争与市场管理局对其提议的补救措施符合欧盟能源指令的规定感到满意。[91]

（c）问题的规模

《调查指南》讨论了这样的主张，即仅当可疑问题的规模（就其对竞争的影响而言）足以使调查成为适当的回应时，才进行调查。竞争与市场管理局将考虑较高的价格、较低的质量、较少的选择或较少的创新对市场特征竞争产生不利影响是否会对消费者产生重大不利影响；在影响很小的情况下，竞争与

---

[84] 《市场调查指南》，第18段。

[85] 《调查指南》，第2.12段。

[86] 同上，第2.14段；这一点在其不提及英国啤酒和酒吧市场的决定中得到了注意：*CAMRA's super-complaint*，OFT 1279，2010年10月，第9.41段和脚注227。

[87] 《调查指南》，第2.17~2.18段。

[88] 同上，第2.15段。

[89] 2006年3月7日的最终报告，第10.9段。

[90] 2009年1月29日的最终报告，第10.66段。

[91] 2016年6月24日的最终报告，第15.98段。

市场管理局会认为商业负担和调查的费用不成比例。[92] 消费者损害的有限证据是决定不对 *Isle of Wight ferry services* 案进行调查的重要因素。[93]

《调查指南》还认为，一般而言，竞争与市场管理局不会对以下情况进行调查：很小的市场；市场中只有一小部分受到对竞争有不利影响的特征的影响；或预期不良影响持续时间短的市场。[94] 在 *Newspaper and magazine distribution* 案中，公平交易办公室决定不进行调查，因为对竞争的不利影响似乎被价格更低和发行量更大的消费者利益所抵消。[95]

（d）可利用的补救措施

如果竞争与市场管理局似乎没有任何可用的补救措施来解决对竞争的不利影响，则竞争与市场管理局不会转介市场，例如，在市场是全球性的情况下，并且根据英国法律采取的补救措施不太可能产生任何明显的影响。[96] 竞争与市场管理局决定不对 *Legal services* 案[97]或 *Digital comparison tools* 案[98]进行调查，因为可以通过向行业和监管机构提出建议来适当解决任何损害消费者的行为。

（v）调查之前的咨询

2002 年英国企业法第 169 条要求竞争与市场管理局在进行调查之前先征求意见，而第 172 条要求竞争与市场管理局提供作出决定的理由；这些可以在调查开始之后给出。[99] 该法开放了磋商过程的形式和范围：磋商可以是公开的，尽管不一定如此。*Personal current accounts* 案和 *SME banking* 案的调查是咨询条款在实践中操作得很好的例子：经过两次市场研究，竞争与市场管理局在 2014 年 7 月 18 日发布了进行调查的建议，并要求在 2014 年 9 月 17 日前发表评论；调查决定于 2014 年 11 月 6 日公布，最终报告于 2016 年 8 月 9 日发表。

（vi）调查的内容及其变化

第 133 条规定了竞争与市场管理局必须在普通或跨市场的市场调查中纳入的内容；特别是它必须提供与限制竞争的特征或特征组合有关的产品或服务的

---

[92] 《调查指南》，第 2.27 段，关于进行调查的费用是否不相称；参见 *CAMRA super - complaint*, OFT 1279，2010 年 10 月，第 9.37 段。

[93] OFT 1135，2009 年 10 月，第 7.24 段和第 7.33 段。

[94] 《调查指南》，第 2.28 段。

[95] OFT 1121，2009 年 9 月，第 5.16 ~ 5.25 段；另见《调查指南》，第 2.29 段。

[96] 《调查指南》，第 2.30 ~ 2.32 段。

[97] 2016 年 12 月 15 日的最终报告，第 1.10 段。

[98] 2017 年 9 月 26 日的最终报告，第 2.7 段。

[99] 2002 年英国企业法第 172 条第 6 款。

描述。[100] 可以加上调查决定，以要求竞争与市场管理局将其调查范围限于在特定地方或从特定人士供应或获取的商品或服务。[101] 条款规定了调查决定的变更。[102] 例如，在 *Store card credit services* 案发生了这种情况，网络卡和支付保护保险等保险服务可以包括在调查中。[103] *Classified directory advertising services* 案发布了澄清调查决定范围的通知，尽管调查决定本身没有变化。

竞争与市场管理局的《补充指南》规定，竞争与市场管理局委员会可以在调查中附加“咨询指南”，以规定市场调查的范围以及可能成为调查重点的问题[104]。预计竞争与市场管理局市场调查小组将考虑咨询意见，但最终必须独立于竞争与市场管理局委员会作出其法定决定。[105]

（vii）进行调查的限制

如果竞争与市场管理局在过去的12个月内接受了承诺代替调查，则无法进行调查。[106] 该限制在违反承诺的情况下不适用[107]；也不基于因虚假或误导性信息而被接受的承诺。[108]

（viii）实践中的市场调查

截至2017年12月8日，已经根据企业法的市场调查规定引用了第18条调查。大多数调查决定是由公平交易办公室或竞争与市场管理局提供的，但铁路管理局、英国通信管理局、英国天然气和电力市场办公室和英国金融行为监管局均进行了调查：表11.3列出了本章末尾有关市场调查决定的最新调查，并附带了一些注释。[109] 迄今为止，所有市场调查决定的列表都可以在本书随附的在线资源中找到。[110]

---

[100] 同上，第133条第1款（c）项（普通调查）和第133条第1款（d）项（跨市场调查）。

[101] 同上，第133第2款和第3款；在 *BAA airports* 案中行使了这一权力。

[102] 同上，第135节；另见《市场调查指南》，第27段。

[103] 参见2005年3月3日公平交易办公室新闻稿41/05；2004年10月20日的公平交易办公室新闻稿也对 *Domestic bulk liquefied petroleum gas* 案进行了修改。

[104] 《补充指南》，第3.39段。

[105] 同上。

[106] 2002年英国企业法第156第A1款（跨市场调查）和第156条第1款（普通调查）；关于代替承诺，见本章第591～593页“代替调查的承诺”。

[107] 2002年英国企业法第156条第2款（a）项。

[108] 同上，第156条第2款（b）项。

[109] 参见本章第599页“表11.3　市场调查报告汇总”。

[110] www. oup. com/uk/whish9e/。

（D）调查的确定

（i）竞争与市场管理局小组和市场调查小组

决定市场调查后，竞争与市场管理局小组主席[111]将任命一个“小组”进行调查。主席必须任命竞争与市场管理局小组的至少三名成员参加市场调查小组。[112] 被任命为小组成员的成员在决定被调查市场的指定方面不起作用；他们负责确定调查。为了以不同的方式描述系统，在初步的“阶段1”调查之后，竞争与市场管理局委员会决定是否继续调查；如果提及市场，则竞争与市场管理局小组成员对该市场进行深入的“阶段2”调查，并作出最终决定。[113] 这些安排模仿了公平交易办公室和竞争委员会之间的旧职能划分；它们试图解决以下问题：同一机构可以选择要调查的市场，决定进行调查，进行深入的调查，如果发现对竞争有不利影响，则应采取补救措施。竞争与市场管理局小组以“一双崭新的眼睛”收集并分析了证据，并可能得出结论认为没有不良影响。[114]

（ii）有待决定的问题

（a）普通调查

开始调查后，竞争与市场管理局必须确定是否有任何特征或特征组合排除、限制或扭曲了相关市场的竞争[115]。如果竞争与市场管理局认为对竞争有不利影响，则必须决定3个附加问题：

- 首先，它是否应采取行动来补救、减轻或阻止对已经确定的竞争的不利影响或对消费者的任何不利影响[116]：有害影响的定义是更高的价格、更低的质量、更少的产品或服务选择以及更少的创新；[117]
- 其次，是否应建议其他任何人采取补救措施；[118]

---

[111] 竞争与市场管理局小组的成员资格和作用在第2章第77~84页“竞争与市场管理局”中进行了描述。

[112] 2013年英国企业和监管改革法，附表4，第38段。

[113] 出于运营效率的考虑，阶段1的某些竞争与市场管理局工作人员也将在阶段2工作：《补充指南》第1.22段。

[114] 参见《市场调查指南》，第22段和第156段。

[115] 2002年英国企业法第134条第1~3款。

[116] 同上，第134条第4款（a）项；该法第134条和第138条中的“补救、减轻或阻止”一词认识到，在某些情况下，由于合理性或实用性的限制，对竞争的不利影响无法得到充分补救或预防，而只能缓解。

[117] 2002年英国企业法第134条。

[118] 同上，第134条第4款（b）项。

- 最后，如果应采取补救措施，该措施应该是什么。[119]

竞争与市场管理局表示，在已经确定对竞争产生负面影响和有害影响的竞争与市场管理局可能会根据企业法酌情采取不采取任何补救措施的情况下，这是相对罕见的情况。[120] 在考虑采取补救措施时，竞争与市场管理局必须考虑到有必要针对竞争的不利影响[121]和对消费者的任何不利影响达成合理可行的综合解决方案，特别是考虑任何措施对任何相关消费者利益的影响[122]。如果竞争与市场管理局发现没有反竞争结果，则不会出现补救措施的问题。

（b）跨市场调查

对于跨市场调查，竞争与市场管理局必须针对每个功能或特征组合作出裁决，无论是任一特征还是特征组合是排除、限制或扭曲被调查者中的竞争[123]，如果竞争与市场管理局发现“对竞争的不利影响”[124]，则它必须决定适当的补救措施[125]，必须牢记提出这些补救措施时所要考虑的因素与作出普通调查时所考虑的因素应当相同。

（iii）程　序

竞争与市场管理局在市场调查期间的程序在2014年竞争与市场管理局合并、市场和特别调查组程序规则[126]中进行了规定。也有一些指南文件描述了竞争与市场管理局进行市场调查的方法和程序。[127] 调查的主要阶段包括：

- 发布管理时间表；
- 收集和验证证据；
- 提供问题陈述；
- 审理；
- 通知临时决定[128]；

---

[119] 同上，第133条第4款（c）项。

[120] 案例1104/6/8/08 *Tesco plc v Competition Commission*［2009］CAT 6，第57段；关于竞争与市场管理局决定不采取补救措施来弥补对竞争的不利影响的示例，参见案例 *Private motor insurance*，2014年9月24日的最终报告，第38~39段、第10.5段和第10.152段。

[121] 2002年英国企业法第134条第6款。

[122] 同上，第134条第7款；有关相关消费者利益的含义，参见第134条第8款。

[123] 同上，第134条第1A款。

[124] 同上，第134条第2A款。

[125] 同上，第141条第2A款。

[126] CMA 17，2014年3月；在遵守这些规则的情况下，每个市场调查小组都可以确定自己的程序：2013年英国企业和监管改革法，附表4，第51（5）段。

[127] 参见本章第578页“指南和其他相关出版物”。

[128] 《补充指南》，第3.57~3.58段。

- 发布最终报告并实施任何补救措施。[129]

2017 年 7 月，竞争与市场管理局修订了其《补充指南》以简化程序。特别是，竞争与市场管理局将在评估潜在问题的同时考虑可能的补救措施，以帮助其在问询结束时达到正确的结果。[130]

每个调查在竞争与市场管理局的网站上都有其自己的主页，通过索引跟踪调查的进度很简单。这符合竞争与市场管理局对工作公开透明的承诺。[131] 主页列出了问询的核心文件；包含竞争与市场管理局的公告，例如其临时调查结果和最终报告；并提供提交给竞争与市场管理局的意见和证据。主页还可能包含与调查有关的调查和工作文件，以及与特定主题举行的圆桌讨论会的讨论，例如与学术经济学家进行的讨论：在 *Groceries* 案中，举行的经济圆桌会议是关于本地竞争和购买力的；在 *Local buses* 案中，指定研究人员进行排斥行为、默契协调和竞争的区分研究；在 *Payday lending* 案中，指示市场研究机构进行消费者调查。[132]

（iv）调查和报告

2002 年英国企业法第 136 条第 1 款要求竞争与市场管理局在第 137 条所允许的期限内准备和发布报告。[133] 第 137 条第 1 款要求竞争与市场管理局在调查之日起 18 个月内这样做。[134] 在有“特殊原因”需要这样执行的情况下，可以将 18 个月的期限延长不超过 6 个月。[135] 竞争与市场管理局表示，在复杂的情况下，例如，存在多个当事人、问题或市场的情况下，它可能会延长调查期限。但是，国务大臣可以减少第 137 条中的时限。[136]

竞争与市场管理局的报告中必须包含对根据第 134 条要决定的问题的决定，作出这些决定的理由和竞争与市场管理局认为适当的信息，以促进对这些问题的正确理解以及作出决定的理由。[137] *Retail banking* 案的最终报告举例说明了竞争与市场管理局的调查结果摘要，行业背景和监管框架，市场界定，排

---

[129] 同上，第 28 页。

[130] 同上，第 3.46 段。

[131] 参见 *Transparency and Disclosure*：*Statement of CMA's policy and approach*，CMA 6，2014 年 1 月，以及 CMA 6 的说明，2016 年 12 月 2 日，可在 www. gov. uk/cma 上查阅。

[132] 2015 年 2 月 24 日的最终报告。

[133] 2013 年英国企业和监管改革法，附表 12，第 2 段将原定的两年期限从 2014 年 4 月 1 日起减少为 18 个月。

[134] 2002 年英国企业法第 137 条第 2A 款；这样的延期只能是一种：同上，第 137 条第 2C 款。

[135] 参见《补充指南》，第 3.7 段。

[136] 2002 年英国企业法第 137 条第 3 款。

[137] 同上，第 136 条第 2 款。

除、限制或扭曲竞争的市场特征，对消费者的不利影响，需求补救措施和补救措施的决定。[138]

（v）补救不良影响的责任

当竞争与市场管理局根据2002年英国企业法第136条准备并发布了报告，进而得出结论认为对竞争有不利影响时，第138条第2款要求其采取合理且切实可行的措施来补救、减轻或阻止对竞争产生的不利影响或随之可能对消费者造成的不利影响。[139] 在可能的情况下，竞争与市场管理局宁愿处理问题的根本原因，即对竞争的不利影响，而不是处理问题的后果。[140] 在决定采取何种措施时，竞争与市场管理局必须与其报告中关于需要回答的问题的裁决相一致，除非自编写报告以来情况发生了重大变化，或者竞争与市场管理局有作出不同裁决的特殊理由。[141] 竞争与市场管理局在根据第138条第2款作出决定时，应考虑到与市场特征有关的任何相关消费者利益的情况下[142]，对竞争的不利影响或对消费者的不利影响达成尽可能合理和切实可行的全面解决方案的需要。[143]

市场调查制度最初几年的经验表明，“补救阶段”可能会很漫长。在2013年企业和监管改革法之前，补救阶段超出了必须进行调查的法定期限。建议许多接受调查的当事方并不急于促进更快的采用补救措施，这可能是正确的。2013年企业和监管改革法规定了实施补救措施的时限。[144] 企业法第138A条规定，竞争与市场管理局必须在第136条规定的报告发布之日起6个月内履行第138条第2款规定的义务，即执行其选择的补救措施。在有“特殊原因”的情况下，将延长不超过4个月。[145] 竞争与市场管理局表示，它可能会延长补救时间，例如，对“补救措施”的实施进行“消费者测试”，或者必须解决复杂的实际问题。[146] 竞争与市场管理局可以利用其调查权力实施其救济[147]；如果某人

---

[138] 2016年8月9日的最终报告。

[139] 2002年英国企业法第138条第2款。

[140] 《市场调查指南》，第330段。

[141] 2002年英国企业法第138条第3款；参见如*BAA airports*，2011年7月19日的最终报告得出结论，认为情况没有重大变化，足以证明修改其在*BAA airports*案的原始决定是合理的；该决定在上诉案中对案例1185/6/8/11 *BAA Ltd v Competition Commission*［2012］CAT 3的上诉得到维持，并在向上诉法院的进一步上诉中［2012］EWCA Civ 1077得到维持。

[142] 2002年英国企业法第138条第5款。

[143] 2002年英国企业法第138条第4款。

[144] 2013年企业和法规改革法，附表12，第5段。

[145] 2002年英国企业法第138A条第2款；这样的延期只能是一种：第138B条第2款。

[146] 参见《补充指南》，第4.7段。

[147] 同上，第4.8段；参见2002年英国企业法第174条第1款（b）项。

不遵守第174条规定的通知要求，并且该失误阻止了竞争与市场管理局根据该条适当履行其职责，则可能“停止计时”。[148]

（vi）《市场调查指南》

《市场调查指南》[149] 概述了市场调查制度，描述了竞争与市场管理局如何进行市场调查，然后依次处理了市场特征和结果、市场界定、竞争评估和补救措施。该指南包含了一个非常有用的竞争过程指南，以及对竞争产生不利影响的各种因素。

6. 公共利益案件

2002年英国企业法第4部分第2章规定了“公共利益案件”。[150] 这些规定使国务大臣能够干预产生“公共利益考虑”的市场调查。企业法将国家安全列为公共利益考虑因素[151]；国务大臣可以通过法令增加新的公共利益考虑因素，但这将需要议会的批准。[152] 竞争与市场管理局的职能是将可能引起公众利益考虑的案件[153]告知国务大臣，竞争与市场管理局必须提请它注意关于行使权力构成公共利益考虑的任何表述。[154]

有两种类型的公共利益案例：“受限制的公共利益调查”和“完整的公共利益调查”。截至2017年12月8日，国务大臣没有干预措施；这种情况很少见，这里只作简要讨论。[155]

（A）发出干预通知

如果国务大臣认为一个或多个公共利益考虑因素与市场调查有关，则国务大臣可以向竞争与市场管理局发出“干预通知”[156]，这必须在从发布市场研究通知书开始的一定时间内进行，或者，在没有此类通知的情况下，开始进行竞争与市场管理局有关调查的咨询，但在每种情况下都必须先进行调查。[157] 第

[148] 《补充指南》，第4.8段；参见2002年英国企业法第138A条第3款。
[149] CC 3（修订版），2013年4月，可在www.gov.uk/cma上查阅。
[150] 大致参见《补充指南》，第2.18～2.30段。
[151] 2002年英国企业法第153条第1款。
[152] 同上，第143条第3款和第4款。
[153] 同上，第152条第1款。
[154] 同上，第152条第3款。
[155] 《补充指南》第3.15～3.19段描述了公益案件中的程序。
[156] 2002年英国企业法第139条第1款。
[157] 同上，第139条第1A～1B款；另见《补充指南》第2.23段。

140条第1款规定了干预通知必须包含的信息。

（B）对限制公共利益的调查

在限制公众利益的调查中，竞争与市场管理局会调查市场特征是否对竞争产生不利影响，如果是，则考虑采取补救措施的问题；它必须根据国务大臣可能决定的案情准备一套补救措施，并在事态恢复原状的情况下单独制定一套补救措施。[158] 竞争与市场管理局必须在调查之日起的18个月内向国务大臣提交报告。[159] 然后，国务大臣必须在收到报告后90天内决定干预通知中提出的任何公共利益考虑是否与竞争与市场管理局提议的补救措施有关[160]；如果是的话，国务大臣可以采取其认为合理可行的措施，根据相关的公共利益考虑来补救竞争与市场管理局认定的对竞争的不利影响。[161] 如果国务大臣在收到报告后90天内没有作出并公布其决定，则该事项将交由竞争与市场管理局处理，竞争与市场管理局将根据其在该事项恢复原状时提出的补救措施进行处理。[162]

（C）完整的公共利益调查

在完整的公共利益的调查中，竞争与市场管理局必须报告任何竞争问题、可接受的公共利益考虑因素以及可能的补救措施。[163] 国务大臣可以任命一名或多名"公共利益专家"来向竞争与市场管理局提出建议[164]；竞争与市场管理局必须考虑任何此类专家在可接受的公共利益方面的看法以及可能的补救措施。[165] 竞争与市场管理局的报告必须在调查之日起18个月内提交给国务大臣[166]，并且必须包含其对需要回答的问题的决定以及作出这些决定的理由。[167] 国务大臣必须在收到竞争与市场管理局报告后的90天内决定是否作出"不利公共利益调查"。[168] 国务大臣无权与竞争与市场管理局在竞争问题上的结论背

[158] 2002年英国企业法第141条。

[159] 同上，第144条第1款；如果竞争与市场管理局出于特殊原因，可以将18个月的期限延长不超过6个月：第144条第1B款。

[160] 同上，第146条。

[161] 同上，第147条。

[162] 同上，第148条。

[163] 同上，第141A条第2～6款。

[164] 同上，第141B条。

[165] 同上，第141A条第7款；竞争与市场管理局的报告还必须包括专家意见的摘要：同上，第142条第2款（d）项。

[166] 同上，第144条第1款。

[167] 同上，第143A条。

[168] 同上，第146A条。

道而驰。[169] 国务大臣被赋予执行权，以接受承诺或下达法令来补救、减轻或阻止任何不利于公共利益的影响。[170] 在国务大臣决定对此事一无所获或在 90 天内未能作出决定或发表决定的情况下，将案件移交给竞争与市场管理局。[171]

7. 执　行

2002 年英国企业法第 4 部分第 3 章涉及竞争与市场管理局接受承诺或施加法令以确保遵守企业法并对其进行监控和执行的权力。它始于接受承诺代替调查的权力；然后列出了竞争与市场管理局的临时权力和最终权力。承诺和法令在法院具有法律约束力和可执行力。[172] 要求竞争与市场管理局保留根据企业法中的市场调查条款作出的承诺和法令的记录；可在竞争与市场管理局的网站上访问。[173]

（A）承诺和法令

（i）代替调查的承诺

该法第 154 条第 2 款授权竞争与市场管理局接受一项代替调查的承诺。[174] 仅当它认为自己有能力进行调查并且打算以其他方式调查时，它才能这样做。[175] 在根据第 154 条第 2 款进行诉讼时，竞争与市场管理局必须考虑有必要在合理和切实可行的范围内实现对相关竞争的不利影响以及对消费者的任何不利影响的全面解决方案[176]，同时考虑任何相关的消费者利益。[177] 竞争与市场管理局表示，替代承诺不太常见[178]，它认为在进行初步调查后，竞争与市场管理局可能没有足够的信息来了解替代承诺是否足以弥补任何对竞争的不利影响。话虽这么说，但随着制度的发展，可能会更多地使用它们：一些企业可能会决

[169] 同上，第 146A 条第 5 款。

[170] 同上，第 147A 条。

[171] 同上，第 148A 条。

[172] 同上，第 167 条；关于因违反承诺或法令而受伤的人是否可以提起损害赔偿诉讼，参见 *Mid-Kent Holdings v General Utilities plc*［1996］3 All ER 132，依据 1973 年公平交易法（现已废除）第 93 条提出。

[173] 2002 年英国企业法第 166 条；竞争与市场管理局的网站是 www. gov. uk/cma。

[174] 大致参见《调查指南》，第 2. 20 ~ 2. 26 段。

[175] 2002 年英国企业法第 154 条第 1 款。

[176] 同上，第 154 条第 3 款。

[177] 同上，第 154 条第 4 款。

[178] 《调查指南》，第 2. 21 段和第 2. 25 段。

定，提供承诺代替承担18个月调查的介入和费用将是更可取的；但是，其他人可能希望在相当长的一段拖延后才可能不得不放弃现有行为。如果企业想要通过承诺代替调查，但是竞争与市场管理局仍要继续进行市场调查，则可以向竞争上诉法庭申请复审该决定。当只涉及少数几家企业（甚至只有一家）时，竞争与市场管理局（或行业监管机构）可能会发现，比起大量企业待调查的情况，更容易利用这项承诺代替调查的条款。

在接受代替调查的承诺之前，竞争与市场管理局有义务公布拟议承诺的详细信息，允许进行一段时间的协商并考虑收到的任何陈述[179]；如果竞争与市场管理局打算修改承诺，还需要进一步的磋商。[180] 如果替代承诺已被接受，则在接下来的12个月之内无法进行市场调查[181]，除非违反该承诺是由于虚假或误导性信息而被接受[182]。

到2017年12月8日，已受理三宗案件的代替调查的承诺，*Postal franking machines* 案[183]、*BT* 案[184]（该案涉及英国通信管理局）以及 *Extended warranties on domestic electrical goods* 案[185]。

在 *Postal franking machines* 案中，公平交易办公室接受了两家领先的邮资封印机供应商 Pitney Bowes 和 Neopost 以及 Royal Mail 的承诺；这些承诺旨在通过提供更好的价格信息并鼓励提供第三方维护服务来促进更多的消费者选择和市场竞争。根据1988年已废除的1973年公平交易法，该市场已成为调查的主体；公平交易办公室决定对市场进行审查，因为1988年所做的承诺似乎没有效果。

在 *BT* 案中，英国通信管理局接受了230多项独立的承诺来代替对 BT 的调查，以实现拥有和运营英国电信业务的垄断部分的“Openreach”与竞争中的业务部分之间的运营分离。英国通信管理局仍然感到担忧，但是，在制定有关 Openreach 的战略决策时，BT 仍然有能力和动机来支持自己的零售业务。[186] BT 试图通过将 Openreach 建立为一家拥有自己的员工、管理层和战略的独特公司来解决这一问题。2017年7月，通信管理局接受了 BT 的提议，同意解除 BT 的承诺。[187] 目的是 Openreach 将平等地为其所有客户提供服务，而 BT 将不

---

[179] 2002年英国企业法第155条第1~3款。

[180] 同上，第155条第4~5款。

[181] 同上，第156条第1款。

[182] 同上，第156条第2款。

[183] 公平交易办公室2005年6月17日作出的决定。

[184] 英国通信管理局2005年9月22日作出的决定。

[185] 公平交易办公室2012年6月27日作出的决定。

[186] 英国通信管理局评论的详细信息可在 www. ofcom. org. uk 上查阅。

[187] 英国通信管理局于2017年7月13日发出的声明。

再能够支持自己的纵向整合业务部门。

在 *Extended warranties* 案中，公平交易办公室接受了 Dixons、Comet 和 Argos 的承诺；这些企业提供了一个可以方便顾客货比三家的中介评估网站，以延长保修期。竞争上诉法庭拒绝了约翰·刘易斯（John Lewis）的申请，要求其审查实施该承诺的公平交易办公室决定，因为该决定已不合时宜。[188]

（ii）临时承诺及法令

在报告发布后，竞争与市场管理局可以接受临时承诺或发出临时法令，以防止[189]或逆转[190]"先发制人行动"，即可能阻碍竞争与市场管理局采取任何补救行动的行动。国务大臣可在公共利益案件中行使这些权力。[191]

（iii）最终权力

2002 年英国企业法第 159 ~ 161 条涉及竞争与市场管理局完成调查并就第 134 条所载问题得出结论后可提供给竞争与市场管理局的最终承诺和法令。第 159 条规定接受承诺和第 160 条用于在未履行承诺或在接受承诺之前向竞争与市场管理局提供虚假或误导性信息的法令。第 161 条授权竞争与市场管理局作出最终法令。该法附表 8 规定了可以下达的法令；其中包括限制企业某些行为的法令，以及禁止收购甚至规定业务分工的法令。[192] 就法令而言，承诺可能包含的规定不限于附表 8 所允许的规定。[193] 竞争与市场管理局可以选择是否要寻求承诺或下达法令，并将根据相关各方的实际情况（例如，有关方的数量以及他们根据竞争与市场管理局的报告愿意谈判和达成协议的意愿）进行处理。[194]

根据这些权力作出的第一个法令是 2006 年 7 月 27 日的商店卡市场调查法令。该条款规定，消费者可以在商店卡的对账单上获得全部信息。[195] 在 *Classified directory advertising services* 案中，Yell 作为黄页的出版商接受了最终承诺。[196] 截至 2017 年 12 月 8 日，已对 13 宗案件作出了最后法令。

---

[188] 案例 1203/6/1/12 *John Lewis plc v OFT*［2013］CAT 7。

[189] 2002 年英国企业法第 157 条和第 158 条。

[190] 同上，由 2013 年英国企业和监管改革法第 35 条插入的第 157 条第 2B 款和第 158 条第 2B 款。

[191] 2002 年英国企业法第 157 条第 6 款（a）项。

[192] 关于该法及其前身的结构性补救措施，参见彼得·弗里曼（Peter Freeman）2010 年 10 月 7 日的讲话，可在 www. nationalarchives. gov. uk 上查阅。

[193] 2002 年英国企业法第 164 条第 1 款。

[194] 《市场调查指南》，第 92 段。

[195] 可在 www. nationalarchives. gov. uk 上查阅；该法令在 2011 年进行了略微修改，以考虑到关于消费者信贷协议的第 2008/48/EC 号指令（OJ［2008］L 133/66）的生效。

[196] 可在 www. nationalarchives. gov. uk 上查阅；2013 年 3 月 15 日，随着情况的变化，Yell（现称为 hibu）因承诺而免除责任。

（B）审查执行承诺和法令

2002 年英国企业法第 162 条要求竞争与市场管理局不断审查执行承诺和法令[197]，并确保其得到遵守[198]；还必须考虑由于情况的变化，是否有解除、变更、替代或撤销的理由。[199] 第 167 条规定，有义务遵守法令和承诺；该义务应归于任何可能违反该义务的人[200]。如果该人遭受损失或损害，则任何违反义务的行为都是可起诉的[201]，除非该承诺或法令的主体采取了所有合理的步骤并尽了一切努力，以避免违反该法令或承诺。[202] 对法令或承诺的遵守也可通过竞争与市场管理局[203]为强制令提起的民事诉讼强制执行。

8. 补充条款

2002 年英国企业法第 4 部分第 4 章包含许多补充条款。

（A）受管制的市场

2002 年英国企业法第 168 条规定，如果竞争与市场管理局或国务大臣考虑针对诸如电信、天然气和电力之类的受管制市场的补救措施，则应考虑各行业监管机构所具有的各种针对特定行业的监管目标。这些可能不止于防止对竞争造成不利影响，例如，有法律义务确保维持普遍邮政服务。

（B）咨询、信息和宣传

2002 年英国企业法第 169 ~ 172 条对竞争与市场管理局和国务大臣施加了各种咨询、信息和宣传义务。

（C）调查权和处罚

2002 年英国企业法第 174 条赋予了竞争与市场管理局权力获取进行市场

---

[197] 2002 年英国企业法第 162 条第 1 款。

[198] 同上，第 162 条第 2 款（a）项；竞争与市场管理局对 Barclays，Santander 和 Lloyds - Banking Group 违反了付款保护保险的最终法令采取了行动；有关详细信息，可在 www. gov. uk/cma 上查阅。

[199] 同上，第 162 条第 2 款（b）~（c）项；参见例如竞争与市场管理局于 2016 年 10 月 14 日撤销北爱尔兰 PCA 银行市场调查 2008 法令（2011 年修订）的通知，可在 www. gov. uk/cma 上查阅。

[200] 2002 年英国企业法第 167 条第 2 ~ 3 款。

[201] 同上，第 167 条第 4 款；关于此人是否可以提起诉讼，参见第 11 章脚注[172]。

[202] 同上，第 167 条第 5 款。

[203] 同上，第 167 条第 6 款。

研究[204]和市场调查[205]所需的信息。竞争与市场管理局可以对没有合理辩解而未能遵守第 174 条[206]规定的通知的人，或故意妨碍或延迟试图复制要求出示的文件的人[207]处以罚款。竞争与市场管理局 2014 年（罚款）令规定了竞争与市场管理局可能根据第 174 条第 1 款和第 3 款施加的最高罚款额。[208]任何人故意更改、阻止或销毁根据第 174 条要求其出示的任何文件，均属刑事犯罪[209]：对犯此罪的人可处以最高刑罚或监禁两年。[210]

2002 年英国企业法第 174B ~ 174E 条规定了竞争与市场管理局在实施处罚时必须遵守的主要程序要求；决定罚款金额时将考虑的因素在行政处罚：关于竞争与市场管理局做法的政策声明[211]中列出。有权针对竞争与市场管理局的决定向竞争上诉法庭提出上诉，要求其施加罚款：竞争上诉法庭可以取消处罚或替代不同的金额或不同的付款日期。[212]

(D) 报　告

2002 年英国企业法第 177 条对根据公共利益案件的规定作出的报告中的不当事项进行了裁定[213]，第 178 条允许竞争与市场管理局小组的异议成员公开其不同意多数的理由。到 2017 年 12 月 8 日，在 4 次会议上发表了反对意见：在 *Rolling stock leasing* 案中，一名成员对一揽子补偿措施的全面性表示异议[214]；在 *Groceries* 案中，在计划制度中要加入与竞争测试有关的分歧决定[215]；在 *Energy* 案中，一名成员持异议，因为他认为补救措施不够充分[216]；在 *Private healthcare* 案的发回审理后，关于撤资补救措施是否相称的裁决是存在分歧的。[217]

---

[204] 只有在竞争与市场管理局发布市场研究通知后，才能行使这些权力：同上，第 174 条第 1 款（a）项。

[205] 在调查过程中可能会行使这些权力，目的是实施任何补救措施。

[206] 2002 年英国企业法第 174A 条第 1 款。

[207] 同上，第 174A 条第 3 款。

[208] SI 2014/559。

[209] 2002 年英国企业法第 174A 条第 4 款。同上，第 174A 条第 6 款。

[210] 同上，第 174A 条第 6 款。

[211] CMA 4，2014 年 1 月，第 4. 11 段，可在 www. gov. uk/cma 上查阅。

[212] 2002 年英国企业法第 174D 条第 10 款和第 114 条。

[213] 参见本章第 589 ~ 591 页“公共利益案件”，有关公共利益案件的章节。

[214] 2009 年 4 月 7 日的最终报告，第 9. 272 段和报告所附的异议说明。

[215] 2008 年 4 月 30 日的最终报告，第 11. 100 ~ 11. 104 段。

[216] 2016 年 6 月 24 日的最终报告，马丁 · 凯夫（Martin Cave）教授的异议声明。

[217] 2016 年 9 月 5 日的最终报告，第 12. 320 ~ 12. 321 段。

（E）根据2002年英国企业法第4部分审查决定

2002年英国企业法第179条规定了根据该法令第4部分审查决定的规定。[218] 第179条第1款规定，受竞争与市场管理局或国务大臣的决定委屈的任何人都可以向竞争上诉法庭申请对该决定的复审：受屈的人可以是具有足够利益的第三方。申请必须在有争议的决定通知之日或发布日期的两个月内（以较早者为准）提出。[219] 在根据第179条第1款处理申请时，竞争上诉法庭必须采用与法院在司法复审请求中所采用的相同原则。[220] 竞争上诉法庭是一个专门法庭，但这并不意味着它应该以不同于普通法院的方式来适用司法复审原则[221]；竞争上诉法庭的任务是审查裁决的合法性。[222] 竞争上诉法庭可以驳回申请或撤销与其有关的全部或部分决定[223]；并且，在后一种情况下，它可以将问题转回原始决策者以进一步考虑。[224] 未经竞争上诉法庭关于某一法律问题的决定，经许可，可以向上诉法院提出上诉。[225]

可以对根据市场调查条款提出的复审申请作出一些一般性评论。首先，值得注意的是，有几项申请对采用某些补救措施的决定提出了质疑。这发生在以下5个案件的调查中：*Groceries* 案、*Payment protection insurance* 案、*BAA airports* 案、*Private healthcare* 案和 *Aggregates* 案[226]。在竞争上诉法庭，两项调查（*Groceries* 案和 *Payment Protection insurance* 案）所施加的补救措施成功被质疑。在 *Tesco v Competition Commission* 案[227]和 *Barclays v Competition Commission* 案[228]中，竞争上诉法庭对竞争委员会评估其补救措施可能产生的成本和收益的方法持批评态度。在重新考虑退回委员会的事项时，它采用了基本上相同的补救措施。

---

[218] 2015年竞争上诉法庭规则（SI 2015/1648）第3部分规定了根据第179条提出的申请。

[219] 2015年竞争上诉法庭规则，SI 2015/1648，第25（2）条。

[220] 2002年英国企业法第179条第4款。

[221] *British Sky Broad casting Grou plc v Competition Commission*［2010］EWCA Civ 2，第28~41段，涉及合并控制，但适用于市场调查的方式相同。

[222] 案例1109/6/8/09 *Barclays Bank plc v Competition Commission*［2007］CAT 27，第22段；在案例1185/6/8/11 *BAA Ltd v Competition Commission*［2012］CAT 3，第20段中提供了有关司法审查原则的有益摘要。

[223] 2002年英国企业法第179条第5款（a）项。

[224] 同上，第179条第5款（b）项；关于此案的裁定，参见案例1104/6/8/08 *Tesco plc v Competition Commission*［2009］CAT 9。

[225] 2002年英国企业法第179条第6款和第7款。

[226] 参见本章第598~604页“实践中的市场调查规定”。

[227] 案例1104/6/8/09［2009］CAT 6。

[228] 案例1109/6/8/09［2009］CAT 27。

BAA对委员会决定剥离3个英国机场的决定提出的2项上诉最终均告失败。[229]在*Private healthcare*案中，HCA International的上诉导致竞争与市场管理局关于保险患者的决定以及相关的撤资补救措施被撤销并退回给竞争与市场管理局。[230]竞争与市场管理局随后证实其发现对竞争有不利影响，但得出结论认为撤资不再合适。

其次，要注意，有3件向竞争上诉法庭提出的申请对不作市场调查的决定提出了质疑的案例：一件是成功的[231]，一件是不成功的[232]，一件没有进行判决。[233]

再次，竞争与市场管理局必须公平行事。在这方面存在缺陷的地方，竞争上诉法庭将准备撤销有关裁决。在*BMI Healthcare v Competition Commission*案[234]中，一方成功说服了竞争上诉法庭，由于竞争委员会方面的程序违规行为，竞争委员会关于在*Private healthcare*案调查期间使用“信息披露室”的决定应予废除。在随后针对同一调查的上诉中，*HCA International v CMA*案[235]中竞争与市场管理局接受其在*Private healthcare*案的最终报告中犯了错误，并且公平要求当事方有机会对其修订后的“保险价格分析”发表评论。[236]竞争上诉法庭撤销了竞争与市场管理局关于与被保险人有关的对竞争有不利影响和HCA应在伦敦市中心剥离两家医院的裁决，并将此案发回给竞争与市场管理局重审。[237]竞争与市场管理局随后重申了其对被保险人的对竞争有不利影响的认定，但认为剥离资产的决定不再合适。[238]

最后，有几项上诉对竞争与市场管理局不作出对竞争有不利影响的决定提出了质疑。在*AXA PPA Healthcare Ltd v CMA*案[239]中，竞争上诉法庭裁定竞争与

---

[229] 案例1110/6/8/09 *BAA Ltd v Competition Commission*［2009］CAT 35，经上诉法院驳回上诉［2010］EWCA Civ 1097：英国最高法院拒绝批准英国机场协会的上诉；竞争委员会在2011年7月19日的上诉中维持不变的理由是没有发生足已采用不同补救措施重大变化的情况：案例1185/ 6/ 8/11［2012］CAT 3，以及对上诉法院的上诉［2012］EWCA Civ 1077。

[230] 案例14/12/6/12/14 *HCA International Ltd v CMA*［2014］CAT 23。

[231] 案例1052/6/1/05 *Association of convenicnce store v OFT*［2005］CAT 36。

[232] 案例1191/6/1/12 *Association of convenicnce store v OFT*［2012］CAT 27。

[233] 案例1148/6/1/09 *CAMRA v OFT*，2011年2月7日法令。

[234] 案例1218/6/8/13［2013］CAT 24。

[235] 案例14/12/6/12/14 *HCA International Ltd v CMA*［2014］CAT 23。

[236] 同上，第13段；竞争上诉法庭在第55段中表示，竞争与市场管理局的让步和重新考虑此事的决定是“在这种情况下应负责任的事情”。

[237] www. competitionandmarkets. blog. gov. uk。

[238] 2016年9月5日的最终免除报告。

[239] 案例1228/6/12/14［2015］CAT 5。

市场管理局合理地得出以下结论：麻醉师团体的成立并未在 *Private healthcare* 案中造成对竞争的不利影响；没有足够的证据支持损害理论，即麻醉师团体具有共同制定价格的市场支配力。在 *Federation of Independent Practitioner Organisations v CMA* 中[240]，上诉法院一致支持竞争与市场管理局的裁决，即保险人对顾问的购买力和对顾问费用的限制均不造成对竞争的不利影响。

9. 实践中的市场调查规定

截至 2017 年 12 月 8 日，共进行了 18 个市场调查，其中 15 个已经完成；1 个于 2017 年 9 月 14 日启动的调查咨询。[241] 自本书第 8 版出版以来完成的 3 项调查列在下面的表 11. 3 中。

关于到目前为止已经完成的市场调查，可以提出许多观点。

（A）"对竞争的不利影响"的含义

分析必须从 2002 年英国企业法第 131 条和第 134 条中出现的术语"市场特征"和"对竞争的不利影响"的含义开始。竞争与市场管理局使用经济思维来促进其对市场调查的竞争分析。竞争与市场管理局尚未对对竞争有不利影响的构成进行确定的测试，但其指南和报告表明，它是从"运作良好的市场"与实践中观察到的竞争条件之间进行现实比较的角度来看待这个问题的。[242] 后面的文字将简要介绍识别对竞争有不利影响所采用的方法。

（i）市场界定

竞争与市场管理局在其报告中界定了相关市场，并在此过程中确定了目前限制所调查产品价格的那些产品或服务。市场界定为证据收集和经济分析提供了有用的框架。[243] 调查中指定的产品或服务可能对应或可能不对应于相关市场。竞争委员会进行了大量的计量经济学分析和建模，以告知其在 *Groceries*

---

[240] ［2016］EWCA Civ 777，驳回针对大多数竞争上诉法庭裁决的上诉：案例 1230/6/12/14［2015］CAT 8。

[241] 有关 2003 年 6 月 20 日至今所有调查的表格，可在 www. oup. com/uk/whish9e/上查阅。

[242] 参见案例 *Home credit* 的市场调查，2006 年 11 月 30 日的最终报告，第 8. 4 段；案例 *Groceries*，2008 年 4 月 30 日的最终报告，第 10. 7 段；以及 *Rolling stock leasing*，2009 年 4 月 7 日的最终报告，第 8. 4 ~ 8. 6 段和第 8. 20 段；*Private motor insurance*，2014 年 9 月 24 日的最终报告，第 6. 4 段、第 6. 22 段、第 6. 56 段和第 6. 108 ~ 6. 109 段；另见《市场调查指南》，第 30 段和第 320 段。

[243] 这与《市场调查指南》第 3 部分第 2 节是一致的。

案[244]中的市场调查。在 *Private healthcare* 案中，竞争与市场管理局将其患者调查的结果视为有关市场的有用信息来源。[245] 竞争与市场管理局还使用客户调查来帮助确定 *Payday lending* 案中发薪日贷款与其他信贷产品之间的可替代程度。[246]

表 11.3 市场调查报告汇总

报告标题	推荐日期	报告日期	结果
Payday lending 案	2013 年 6 月 27 日	2015 年 2 月 24 日	与 Payday lending 有关的竞争产生不利影响。建议采取各种措施，以增加发薪日贷方之间的价格竞争，并帮助借款人获得更好的交易
Energy 案（注：英国通信管理局进行的调查）	2014 年 6 月 26 日	2016 年 6 月 24 日	在能源供应的零售层面对竞争的不利影响，但在批发层面则没有。核心问题是许多个人客户和微型企业仍处于默认关税之下。提出了各种措施，以使消费者能够转向便宜的能源供应商。竞争与市场管理局还建议对预付费电表的客户设置过渡价格上限，直到引入智能电表使他们能够获得更好的供应报价。这些措施将结合竞争与市场管理局的法令和对英国通信管理局的建议来实施
Retail banking 案	2014 年 11 月 6 日	2016 年 8 月 9 日	对零售银行业竞争的不利影响。特别是，成熟的银行在争夺个人客户方面的竞争不够激烈，较小的市场进入者面临扩张壁垒。消费者为零售银行服务支付具有竞争力的价格，而不会从新技术中受益。 竞争与市场管理局正在实施各种措施和改革，以确保客户有更多机会获得新技术进步，并减少新进入者的扩张壁垒。将采取进一步的补救措施，以便利银行的转换，从而为透支用户节省费用。 这些措施将与金融市场行为监管局和 HM 财政部等其他公共机构联系实施

[244] 参见 2008 年 4 月 30 日，第 4.13 ~4.14 段。

[245] 2014 年 4 月 2 日的最终报告，第 5.13 ~5.14 段和脚注 187。

[246] 2015 年 2 月 24 日的最终报告，第 5.20 ~5.24 段。

（ⅱ）反向事实

竞争与市场管理局通常会尝试识别适当的“反向事实”，以确定是否有任何市场特征导致对竞争的不利影响。[247] 竞争与市场管理局有时称为“运作良好的市场”；这不需要完全竞争[248]，但考虑到产品的性质，可能是一个竞争尽可能有效的市场。[249]

（ⅲ）损害理论

竞争与市场管理局使用经济学来构架对特定市场的分析，并考虑可能由于市场的一个或多个“特征”而产生的各种“损害理论”。损害理论是关于市场中可能产生有害影响并对消费者产生不利影响的假设。[250]《市场调查指南》解释说，竞争损害可能来自5个主要来源[251]：

- 单边市场力量；
- 进入和扩展的障碍；
- 协同行为；
- 纵向关系；
- 消费者反应较弱。

此列表并不详尽。《市场调查指南》为竞争损害的每种来源以及竞争与市场管理局的竞争评估提供了指南，并包括了诸如转换成本和进入壁垒等问题的考虑；和市场缺陷，例如信息不对称。在 *Federation of Independent Practitioner Organisations v CMA* 案[252]中，上诉法院表示，对消费者的不利影响的存在或不存在“明显地表明”是否存在对竞争的不利影响。

正如人们所期望的，在实践中，在不同的市场调查中研究了不同的损害理论。在 *Northern Ireland personal banking* 案[253]中，损害市场竞争的特征是银行的收费结构和做法过分复杂；他们没有充分地解释它们；并且消费者通常没有积

---

[247] 参见案例 *Aggregates*，2014年1月14日的最终报告，第5.78段、第8.4～8.6段、第8.40～8.41段、第8.56段、第8.228段、第8.417段、第8.484段、第8.494段。

[248] 参见《市场调查指南》，第330段，援引案例 *Payment protection insurance*，2009年1月29日的最终报告，第104段；另见 *Rolling stock leasing*，2009年4月7日的最终报告，第4.28段。

[249] 参见例如 *Groceries*，2008年4月30日的最终报告，第10.7段；*Statutory audit services*，2013年10月15日的最终报告，第8.7段；*Retail banking*，2016年8月9日的最终报告，第5.125段、第5.136段、第5.154段和第5.184段。

[250] 参见《市场调查指南》，第163段。

[251] 同上，第170段。

[252] ［2016］EWCA Civ 777，第39段。

[253] 2007年5月15日的最终报告。

极寻找替代供应商。[254] 在 *BAA airports* 案[255]中，损害理论是不同的：BAA 在英国拥有许多机场的共同所有权意味着它们之间缺乏竞争，从而导致诸如对航空公司和乘客的利益缺乏响应之类的问题。机场市场的这一特征可能在多个市场中拥有对竞争的不利影响，例如，如果有实践调查机场之间缺乏竞争，导致机场投资不足，这可能对航空公司之间的竞争产生不利影响。[256] 在 *Local Buses* 案[257]中，相关市场的高度集中、进入和扩张的壁垒以及消费者行为的组合导致对竞争的不利影响。在 *Energy* 案[258]和 *Retail banking* 案[259]中，消费者对价格和质量差异的反应较弱，使供应商对其现有消费者具有单方面的市场支配地位，这导致了对竞争的不利影响。

(iv) 业绩和价格

在某些案件中，价格水平和获利能力被认为是表明缺乏市场竞争压力的因素。[260] 在 *Home credit* 案[261]中，竞争委员会得出结论，尽管获得了超额利润这一事实本身并不构成对竞争的不利影响，但它确实表明了市场特征，例如在位者优势和缺乏客户转移，这确实产生了对竞争的不利影响。竞争与市场管理局在 *Payday lending* 案[262]中发现，最大的贷方在 2008～2013 年获得的利润大大超过其资本成本，这与缺乏有效的价格竞争相吻合。在其他情况下，许多概念上和实践上的困难也限制了进行有益的盈利能力分析的能力。[263]

(B) 认定对竞争产生不利影响的裁决

除了一份报告外，竞争委员会或竞争与市场管理局都发现了一个或多个对

---

[254] 同上，第 5.9 段。

[255] 2009 年 3 月 19 日，第 8.2 段。

[256] 同上，第 8.2 段。

[257] 2011 年 12 月 20 日的最终报告，第 11.28 段。

[258] 2016 年 6 月 24 日的最终报告第 9 节。

[259] 2016 年 8 月 9 日的最终报告第 11 节。

[260] 参见 *Store card credit services*，2006 年 3 月 7 日的最终报告，第 8.1 段 1 和第 8.82 段；*Groceries*，2008 年 4 月 30 日的最终报告，第 6.76 段；*Classified directory advertising services*，2006 年 12 月 21 日的最终报告，第 7 节。

[261] 2006 年 11 月 30 日的最终报告，第 3.61～3.143 段。

[262] 2015 年 2 月 24 日的最终报告，第 6.8 段。

[263] 参见案例 *Liquefied petroleum gas* 的最终报告第 5.16 段（营利能力分析尚无定论）和案例 *Rolling stock leasing* 第 8.18 段（营利能力分析不可行）。

竞争的不利影响[264]；由于新的“视频点播”服务的出现，在 *Movies on pay TV* 案中没有作出存在不利影响的裁决[265]。一些评论可能对迄今为止的“对竞争产生不利影响的裁决”有所帮助。

首先，许多调查决定涉及寡头垄断市场，其中供应商之间的竞争较弱。[266] 例如，在 *Aggregates* 案[267]中，发现英国水泥市场的结构和行为特征相结合产生了一个总体特征：三大水泥生产商 Cemex、Hanson 和 Lafarge 之间的协调。竞争与市场管理局在 *Energy* 案[268]中发现，6 个大型能源供应商中的每一个都对其客户群具有单方面的市场支配力，并且能够对标准可变关税收取实质上高于有效国内零售成本所能证明的任何水平的标准可变关税。

其次，经常出现的一个主题是，消费者无法获得关于所提供的产品或服务的明确和有效的信息，而且无论是由于惰性还是由于技术和实际困难，他们在转换产品或服务方面似乎有障碍。[269] 这是 *Energy* 案[270]、*Retail banking* 案[271]以及其他几项市场调查中的重要问题。[272]

最后，政府政策和经济法规的影响已成为几项调查的关注点，其中包括 *Classified directory advertising services* 案[273]、*Rolling stock leasing* 案[274]和 *BAA airports* 案[275]，在 *Energy* 案[276]中，竞争与市场管理局发现英国通信管理局的某些监管措

[264] 请注意，2013 年英国企业和监管改革法附表 4 第 55 段和第 57 段规定，发现 AEC 至少需要竞争与市场管理局组的 2/3 多数；关于这一点，参见案例 *Private healthcare*，2014 年 4 月 2 日的最终报告，第 10. 4 ~ 10. 6 段。

[265] 2012 年 8 月 2 日的最终报告。

[266] 参见例如 *Northern Ireland personal banking*，2007 年 5 月 15 日的最终报告，第 4. 306 ~ 4. 307 段；*Groceries*，2008 年 4 月 30 日的最终报告，第 8. 40 段；*Statutory audit services*，2013 年 10 月 15 日的最终报告，第 12. 1 ~ 12. 3 段；和 *Local buses*，2011 年 12 月 20 日的最终报告，第 8. 242 ~ 8. 243 段。

[267] 2014 年 1 月 14 日的最终报告，第 12. 3 ~ 12. 6 段。

[268] 2016 年 6 月 24 日的最终报告，第 9. 283 段。

[269] 参见 *Private healthcare*，2014 年 4 月 2 日的最终报告，第 10. 8 ~ 10. 9 段。

[270] 2016 年 6 月 24 日的最终报告，第 9 节和第 20. 5 ~ 20. 11 段。

[271] 2016 年 8 月 9 日的最终报告，第 11. 3 ~ 11. 6 段（个人往来账户），第 11. 9 ~ 11. 11 段（企业往来账户）和第 11. 14 ~ 11. 16 段（中小企业贷款）。

[272] 参见 *Store card credit services*，2006 年 3 月 7 日的最终报告，第 8. 159 段和第 8. 165 段；*Home credit*，2006 年 11 月 30 日的最终报告，第 7. 14 ~ 7. 15 段；*Northern Ireland personal banking*，2007 年 5 月 15 日的最终报告，第 4. 222 ~ 4. 228 段；和 *Payment protection insurance*，2009 年 1 月 29 日的最终报告，第 9. 2 段。

[273] 2006 年 12 月 21 日的最终报告，第 8. 25 ~ 8. 26 段；鉴于消费者和广告客户对互联网使用分类领域的影响，Yell 的继任者已因承诺而解除责任：2013 年 3 月 15 日的最终决定。

[274] 2009 年 4 月 7 日的最终报告，第 6. 212 ~ 6. 226 段。

[275] 2009 年 3 月 19 日的最终报告，第 6. 60 ~ 6. 88 段。

[276] 2016 年 6 月 24 日的最终报告，第 9. 478 ~ 9. 513 段。

施以减少消费者福利的方式限制了供应商的行为并限制了消费者的选择。[277]

（C）补救措施

如果竞争与市场管理局认为存在对竞争的不利影响，则必须尽可能充分和有效地纠正该情况。[278]《市场调查指南》讨论了不同类型的补救措施以及与选择和实施这些补救措施有关的原则。[279]

在 *Private motor insurance* 案中，不同寻常的是，竞争委员会无法纠正因无过错驾驶员索赔责任的保险人通常不是控制费用的一方而造成的效率低下：它得出结论，没有可用的补救措施提供有效和适当的解决方案。[280] 另外，在两项调查（*BAA airports* 案[281]和 *Aggregates* 案[282]）中，下令强制剥离资产以纠正由相关市场的结构特征引起的竞争问题。[283]

在 *Private healthcare* 案[284]中，竞争与市场管理局最初下令剥离两家医院，以对“对竞争的不利影响”进行补救，以在伦敦市中心提供有保险和自费的私人医疗保健服务。在两家医院的拥有者 HCA[285] 成功上诉之后，竞争与市场管理局进行了重新调查，并以多数票决定分析不再合适，因为没有足够的把握确定结构性救济的好处会超过其成本[286]。在 *Energy* 案[287]和 *Retail banking* 案[288]中，竞争与市场管理局选择了一揽子措施来补救对竞争的不利影响及其对消费者的不利影响。[289]

（D）系统评价

竞争与市场管理局致力于评估市场研究和市场调查的有效性。[290] 市场研究

---

[277] 同上，第 9. 478 ~ 9. 513 段。

[278] 有关竞争上诉法庭的判例，参见本章第 596 ~ 598 页“根据 2002 年英国企业法第 4 部分审查决定”。

[279] 《市场调查指南》，第 322 ~ 393 段；另见《补充指南》，第 4. 14 段。

[280] 2014 年 9 月 24 日的最终报告，第 26 ~ 40 段（摘要）。

[281] 2009 年 3 月 19 日的最终报告，第 10 节；竞争与市场管理局评估了 BAA 机场的补救措施：参见 2016 年 5 月 16 日的报告。

[282] 2014 年 1 月 14 日的最终报告，第 13. 7 ~ 13. 138 段。

[283] 设计和实施（资产）剥离补救措施的要求在《市场调查指南》附件 B 第 3 ~ 30 段中列出。

[284] 2014 年 4 月 2 日的最终报告，第 11. 9 ~ 11. 244 段。

[285] 案例 1228/6/12/14 *HCA International Ltd v CMA* [2014] CAT 23。

[286] 2016 年 9 月 5 日的最终报告，第 12. 314 ~ 12. 321 段。

[287] 2016 年 6 月 24 日的最终报告，第 20. 22 ~ 20. 31 段。

[288] 2016 年 8 月，第 19 节。

[289] 大致参见《市场调查指南》，第 328 段。

[290] 参见竞争与市场管理局 2017/2018 年度计划，CMA 59，2017 年 3 月，第 5. 17 段。

和市场调查之后采取的行动估计在2014～2017年每年平均为消费者节省了8.87亿英镑。[291]

10. 1973年公平贸易法下的法令和承诺

1973年公平交易法中的垄断规定已被2002年英国企业法中的市场调查规定所取代。多年来，竞争与市场管理局的前身发表了许多涉及经济各个领域和许多实践的报告。这些报告中有许多导致国务大臣接受承诺，或在某些情况下发出法令以纠正发现的竞争问题。尽管废除了公平交易法的实质性规定，这些承诺和法令中的一些仍然有效。[292]

竞争与市场管理局维护法令和承诺记录，其中包含根据公平交易法和企业法作出的法令和承诺的详细信息。[293] 竞争与市场管理局仍然有义务不断审查这些法令和承诺，并可能就解除、撤销、更改或终止它们是否适当向国务大臣提供建议。[294] 竞争与市场管理局已发布有关变更、终止合并、垄断以及市场承诺和法令的方法的指南。[295]

---

[291] 参见竞争与市场管理局的2016/2017年度报告和账目，HC 24，第73页。

[292] 2002年英国企业法，附录24，第14～18段。

[293] 可从www. gov. uk/government/collections/markets - orders - under - businesssregister访问该登记册；登记册的内容在工作日上午10：00到下午4：00之间向公众开放：参见2014年竞争与市场管理局承诺书和法令（可用时间），SI 2014/558。

[294] 2002年英国企业法第162条第3款。

[295] 关于竞争与市场管理局变更和终止合并、垄断以及市场承诺和订单的方法的指南，CMA 11，2014年1月11日，已于2015年8月修订。

第12章 国际视角下的竞争法

1. 简 介

这本书迄今为止描述了欧盟和英国竞争法的主要条款（而不是那些涉及合并的条款[1]），以及这些条款的执行方式。本章涉及国际范围内的竞争法。

在非常短的时间内，世界经济发生了巨大变化。国家控制的经济体已接触到市场原理。合法垄断已经被减少或消除；国内市场日益向对外贸易和投资开放；在世界各地有许多跨国公司在运营。这些变化导致国际贸易的巨大增长，世界贸易组织（the World Trade Organization，WTO）促进了这一发展。这些发展对竞争法体系提出了重大挑战。垄断和反竞争行为对占支配地位企业和合并企业的不利影响不受国界的限制。可能有一些生产商经营着在世界范围内产生重大影响的卡特尔——石油输出国组织的石油卡特尔就是一个明显的例子，尽管法律和政治上的限制都阻止竞争主管机构对付这个特定组织。[2] 近年来，一些卡特尔已经真正地在全球范围内曝光——*Air cargo* 案和 *Car parts* 案卡特尔就是很好的例子[3]；对非法卡特尔负有责任的非美国公民面临被引渡到美国、监禁[4]和个人罚款的可能性。谷歌等企业提供的服务（比如其搜索引擎）确实是

---

[1] 关于合并，参见第20～22章。

[2] 如果该卡特尔的行为者是相对于企业而言的主权国家，则主权豁免原则会阻止适用欧盟竞争规则：关于含义，参见第3章第100～123页“企业和企业协会”中《欧盟运行条约》第101条和第102条中的“企业”；有关美国法律中的主权豁免权的信息，参见1976年外国主权豁免法（28 USC）第1602～1611条以及司法部和联邦贸易委员会联合颁布的国际执行与合作反托拉斯指南（2017年1月），第4.2.1段，可在 www. justice. gov/atr 上查阅；还要注意美国在外国主权强制方面的立场，同上，第4.2.2段，以及国家行为原则，同上，第3.33段。

[3] 参见第13章第639～647页“欧盟针对卡特尔的政策”。

[4] 参见第13章第638～639页“全球针对卡特尔的近期行动”。

全球性的：谷歌已成为包括美国、欧盟和印度在内的多个司法管辖区的竞争法调查的对象。国际合并，例如汽车制造商、铝生产商或电信公司之间的合并，可能在许多国家产生影响，并且可能会通知许多不同的竞争主管机构。[5]

这些事态发展提出了一个明显但重要的观点：跨国行为和合并需要国际对策，而竞争法体系在大多数情况下纯粹是国家范围的。欧盟规则是一个重要的例外，因为它们适用于欧洲经济区的 28 个成员国和 3 个缔约国。需要竞争主管机构之间的正式和非正式合作来解决跨国行为。确实，竞争主管机构在进行具有国际影响力的调查时相互密切合作已成为当今的惯例。[6]

本章第 2 ~ 6 节涉及一个国家是否可以对另一个国家或地区的企业作出域外适用其竞争规则的问题，而该国家的企业在反竞争中的行为在前者的领土上产生不利影响；是否应制定法律［所谓的“阻断法令”（blocking statutes）］以防止“过分”主张域外管辖权。然而，竞争法的国际层面无疑已经超越了这些区域范围的问题：第 7 节描述了国际组织的工作，例如国际竞争网络，这鼓励竞争主管机构之间的合作，促进竞争政策、程序和实质性分析之间的趋同。

2. 域外适用：理论

对一国司法管辖权的限制，即对一国将其竞争法适用于海外企业的能力，是国际公法的问题。[7] 一国的司法管辖权有两个要素：

- 对事管辖权：一国有权制定法律，也就是说，“通过其立法、行政或司法机构制定一般或个别规则”。[8]
- 执行管辖权：一国具有执行其法律的管辖权，是“一国通过实质性的执行措施，甚至可能包括当局的强制措施，使一般规则或个别决定生效的

---

[5] 参见第 20 章第 1007 ~ 1009 页“合并控制系统的扩散”。

[6] 关于国际合作，参见本章第 628 ~ 634 页“竞争法的国际化”。

[7] 有关国际公法相关原则的一般说明，参见：BROWNLIE C. Principles of Public International Law［M］. 8th ed. Oxford：Oxford University Press，2012：ch 20 – 22；HARRIS D，SIVAKUMARAN S. Cases and Materials on International Law［M］. 8th ed. London：Sweet & Maxwell，2015：ch 6；SHAW M N. International Law［M］. 8th ed. Cambridge：Cambridge University Press，2017：ch 12。另见：International Bar Association “Report of the Task Force on Extraterritorial Jurisdiction（2009）”，可在 www. ibanet. org 上查阅；MILLS A. Rethinking Jurisdiction in International Law［J］. British Yearbook of International Law，2014，84：187；EVANS M D. International Law［M］. 4th ed. Oxford：Oxford University Press，2014：ch 11；DIXON M，MCCORQUODALE R. Cases and Materials on International Law［M］. 6th ed. Oxford：Oxford University Press，2016：ch 8.

[8] 这也被称为国家的“立法”或“规定的”管辖权；参见总检察长达尔蒙（Darmon）在 C – 89/85 号案件中的意见，案例 *A Ahlström Osakeyhtiö v Commission* EU:C:1988:258（*Wood Pulp I*）。

权力”。[9]

对事管辖权和执行管辖权的限制不一定是相同的：它们不必并存。一国对另一国的自然人或法人主张对事管辖权，可能根本不会导致冲突，只要该国不试图在另一国领土上执行其法律即可。但是，当一个国家更进一步寻求执行时（例如，通过向位于另一国的人提出损害赔偿要求或要求在该国出示证据），冲突的可能性就显而易见了。在这些问题上，国家之间大多数有争议的冲突都与执法有关，而不是与对事管辖权有关，并且各国采取了阻挠性法规实质上是对执法措施的反对。[10] 在美国出现的一个问题是，是否有可能在域外适用竞争法，以此作为进入外国市场的途径。[11]

（A）对事管辖权

就对事管辖权而言，国际公法普遍承认一国有权制定影响其领土内行为的法律（以下简称“属地原则”）并规范其在国外的公民，为此目的，公民包括根据其法律注册成立的公司（以下简称“属人原则”）。属地原则以一种逻辑上的方式得到了扩展，这样一来，不仅一国的行为起源于本国领土（以下简称“主观属地”），而且损害行为源自国外但在其领土内完成的国家也被承认具有管辖权（以下简称“客观属地”）。经典的教科书插图是在国家边界开战：尽管部分行为发生在国家以外，但由于其中发生了损害事件，因此具有管辖权。其结果是，在有关行为跨越国界的同一事件中，一个以上的国家可以主张管辖权。引起争议的是，在经济法领域中，将客观属地的概念适用于所达成的协议或在另一国实施的反竞争行为的影响是否合法。

出于对事管辖权的目的，属地和属人原则足以理解许多违反竞争法的行为，这是因为海外企业将在该国境内实施某些行为（例如，收购竞争对手或收取掠夺性价格）适用该国法律的规定，或者是因为外国企业与所涉国家内部的公司之间将达成协议。或者，可能是海外母公司的子公司在该国国内实施了一项行为。在这种情况下，就产生了一个问题，即将两家公司视为一个单一的经济实体是否合法，从而使母公司对子公司的违法行为承担责任。如果这样，属地原则就足以建立对母公司的管辖权。单一经济实体学说是欧盟法律的重要和公认的特征。[12]

---

[9] 同上。

[10] 参见本章第 626 ~628 页“竞争法域外适用的抵制”。

[11] 参见本章第 613 ~614 页“美国竞争法的域外适用以进入国外市场”。

[12] 参见第 3 章第 113 ~121 页“‘单一经济实体’原则”和本章第 614 ~615 页“‘单一经济实体’学说”。

但是，即使是客观属地原则和经济实体理论也可能不足以说明一国希望对外国企业拥有管辖权的所有情况。例如，如果日本的所有小工具（Widgets）生产商都同意不将小工具出口到英国，那么它们的协议显然可以在英国产生商业影响；但是，很难看到如何有意义地说明其在英国存在任何行为。

备受争议的国际公法问题是，一国是否可以仅基于外国企业在其领土内产生商业效应而主张其对事管辖权，即使该外国企业不在该领土内，也没有在该领土上采取任何行动。国际公法的传统原则不足以解决这些问题，因为它们在制定时考虑的是物理行为而不是经济行为。从逻辑上说，对有害的经济影响以及来自另一国的有形经济影响在某些情况下应建立管辖权似乎并不荒谬：一个国家的企业越过一国边界向邻国“开枪”，与一个国家的企业串谋以固定过高的价格或抵制其他客户。这些情况都是不难看出的。欧盟普通法院（一审法院）已经认可了国际公法中基于“有条件的效果”（qualified effects）的管辖权概念，即“即时、实质和即时效果”（immediate，substantial and immediate effects）的标准。[13] 但是，“效果说”并非没有批评者，而且英国政府历来对这一想法持敌对态度。[14] 目前尚不清楚英国政府的立场。英国脱欧竞争法工作组在其 2017 年 7 月的结论和建议中建议，英国脱欧后应对 1998 年英国竞争法进行修订，尤其应包括“有条件的效果”原则。[15]

（B）执行管辖权

执行管辖权往往引起国家之间最尖锐的冲突。[16] 人们普遍认为，即使对另一国某人的行为存在对事管辖权，未经其许可试图在该国领土内执行有关法律也是不适当的。为此目的，执行不仅意味着惩罚的严厉和作出永久性禁止规定之类的最终法令，而且还指代所有官方行为，例如传票、要求提供信息或进行调查。对于竞争主管机构而言，收集信息可能是一个特殊的问题：由于企业经常超越国界，因此国家竞争主管机构可能需要寻求其管辖范围之外的证据。一个问题是，在 19 世纪制定的管辖权规则并不特别适合于 21 世纪的商业环境或

---

[13] 参见案例 *C－413/14 P Intel v Commission*，第 41～46 段和第 49 段。

[14] 参见：JENNINGS R Y. Extraterritorial Jurisdiction and the United States Antitrust Laws［J］. British Yearbook of International Law，1957，33：146；HIGGINS R. The Legal Bases of Jurisdiction［M］//OLMSTEAD C L. Extraterritorial Application of Laws and Responses Thereto. Oxford：International Law Association in association with ESC Publishing Limited，1984；LOWE A V. Extraterritorial Jurisdiction［M］. Cambridge：Grotius，1983：138－186。关于英国的立场，参见本章第 621～626 页的“英国竞争法的域外适用”。

[15] 参见报告的第 2.4 段，可在 www.bclwg.org 上查阅。

[16] 参见：BROWNLIE C. Principles of Public International Law［M］. 8th ed. Oxford University Press，2012：310－312.

信息技术。

《海牙民商事案件国外调取证据公约》[17] 规定，一国应协助另一国收集证据：1975 年证据法（在其他司法管辖区的诉讼程序）在英国法律中生效。自 2004 年 1 月 1 日起，欧盟第 1206/2001 号条例[18]规范了成员国法院（丹麦除外）之间在民商事案件中取证的合作。[19] 承认和执行外国判决是国际私法的重要组成部分：大多数外国判决都可以在英国执行[20]，尽管其并非被判罚的地方。[21] 但是，一国通常不向另一国提供证据合作和执行判决的权利，前者拒绝后者试图在域外主张其法律，而且大多数法律制度都限制竞争主管机构泄露机密信息。

英美同意放宽这些规定，以至于可能有助于追究卡特尔犯罪，英国/美国互助条约现已涵盖这些卡特尔[22]；要求在刑事事项上进行互助是内政部的责任。[23] 1994 年国际反托拉斯执法协助法[24]通过规定美国与其他国家之间要达成互惠协议以促进信息交流，包括机密信息，来帮助美国机构获得位于国外的证据。美国已经与澳大利亚、巴西、加拿大、智利、哥伦比亚、欧盟、以色列、日本、墨西哥和秘鲁签署了专门的合作协议。[25] 它还与中国、印度、俄罗斯和韩国签署了关于反托拉斯合作的谅解备忘录。[26]

2002 年英国企业法第 9 部分合并并整理了英国竞争与市场管理局出于民事和刑事竞争法调查目的（除其他事项外）向海外公共当局披露信息的权力。

---

[17] Cmnd 3991（1968）；截至 2017 年 12 月 8 日，已有 59 个国家加入了《海牙民商事案件国外调取证据公约》，可在 www. hcch. net/en/home 上查阅。

[18] OJ［2001］L 174/1。

[19] 在根据《欧盟运行条约》第 101 条提出的损害赔偿诉讼中，审议了《海牙民商事案件国外调取证据公约》和第 1206/2001 号条例：参见案例 *Secretary of State for Health v Servier Laboratories Ltd*［2013］EWCA Civ 1234。

[20] 参见：TORREMANS P，GRUSIC U，HEINZE C，et al. Cheshire，North and Fawcett：Private International Law［M］. 15th ed. Oxford：Oxford University Press，2017：ch 15；MORSE C G J，MCCLEAN D，BRIGGS A，et al. Dicey，Morris and Collins The Conflict of Laws［M］. 15th ed with 3rd supp. London：Sweet & Maxwell，2016：ch 15.

[21] 在美国，3 倍的损害赔偿金可能是惩罚性的：*British Airways Board v Laker Airways Ltd*［1984］QB 142，第 163 段，以及在上诉法院的判决，第 201 段；另见 1980 年贸易利益保护法第 5 条，该法对执行多重损害赔偿作出了法定禁止，参见本章第 626～628 页“竞争法域外适用的抵制”。

[22] 可在 www. gov. uk/guidance/mutual – legal – assistance – mla – requests 上查阅；另见英国、澳大利亚和新西兰之间在竞争和消费者执法方面的合作协议（2003 年 10 月），可在 www. accc. gov. au 上查阅。

[23] 欲了解更多信息，参见《刑事事项司法协助请求：外国当局指南（2015 年）》，可在 www. gov. uk/guidance/mutual – legal – assistance – mla – requests 上查阅。

[24] 15 USC §§6201 – 6212。

[25] 参见美国司法部/美国自由贸易委员会国际准则第 5 章。

[26] 参见 www. justice. gov/atr/public/international/int – arrangements. html。

2002年英国企业法第237条对信息披露施加了一般性限制；但是，第243条规定了在某些情况下，[27] 在一定条件下可以向海外竞争管理机构披露信息。竞争与市场管理局在合并或市场调查期间收集的信息无法披露[28]，国务大臣有权在某些情况下指示不应披露信息。[29]

3. 美国竞争法的域外适用

（A）*The Alcoa* 案、*Hartford Fire Insurance* 案和 *Empagran* 案

美国法律允许仅根据效力采取管辖权。[30] 在 *United States v Aluminum Co of America* 案（*Alcoa* 案）[31] 中，Learned Hand 法官说：

> 这是既定法律……任何国家都可以对不在其拥护范围内的人施加责任，因其在边界内产生后果的界外的该国谴责的行为；其他国家通常会确认这些责任。[32]

美国法院并不总是接受这种观点[33]；该陈述不一定是必要的[34]；并据此制定了适用广泛的原则。然而，*Alcoa* 案具有开创性的重要性，并引发了美国与其他国家之间的诸多争议。美国下级法院在是否对美国商业产生实质性影响上存在分歧[35]；1982年对外贸易反托拉斯改善法（FTAIA）解决了这一问题，该法规定，1890年谢尔曼法[36]不适用于涉及与外国进行贸易或商业的行为，除非

[27] 特别参见2002年英国企业法第243条第6款和第244条。

[28] 同上，第243条第3款（d）项。

[29] 同上，第243条第4款。

[30] 参见 Waller，*Competition Policy in the Global Economy*（Institute for Consumer Antitrust Studies：Online Case Book，2007），第1章，可在 www. luc. edu/law/centers/antitrust/publications/online casebook. html 上查阅。

[31] 148 F 2d 416（2nd Cir 1945）；有关评论，参见：WINERMAN M，HAND K L. Alcoa and the Reluctant Application of the Sherman Act［J］. Antitrust Law Journal，2013，79：295.

[32] 案例 *Alcoa*（第12章脚注[31]），第444段。

[33] 参见案例 *American Banana Co v United Fruit Co* 213 US 347（1909），其中美国联邦最高法院裁定谢尔曼法不适用于美国境外的活动。

[34] 有争议的是，涉嫌串谋的一家公司加拿大铝业公司（Aluminum Ltd）在美国内部存在行为，其有效的业务总部设在纽约，与美国铝业公司在同一集团中。

[35] 参见案例 *Industrie Siciliana Asfalti，Bitumi，SpA v Exxon Research & Engineering Co* 1977－1（CCH）（SDNY 1977）（无实质影响）和案例 *Todhunter－Mitchell & Co Ltd v Anheuser－Busch* 383 F Supp 586（ED Pa 1974）（要求提供实质性效果的证据）。

[36] 15 USC § §1～7。

该行为对美国的贸易或商业产生了“直接、实质和可预见的影响”。[37]

在 *Hartford Fire Insurance Co v California* 案中[38]，美国联邦最高法院重申，可以对“意图在美国产生并实际上在美国产生某些实质性影响的外国行为”行使管辖权[39]。美国司法部/联邦贸易委员会联合颁布的 2017 年国际执法与合作反托拉斯指南（以下简称《美国司法部/ 美国联邦贸易委员会国际指南》）[40]通过一系列说明性例子解释了这些执法机构如何根据这些以及其他判决的法律解释美国反托拉斯的管辖范围。

一个有争议的问题是，即使外国原告声称遭受的损害发生在美国以外，是否也可以在美国法院提起诉讼要求赔偿。对于原告来说，这是一个诱人的前景，因为在美国已经确立了赔偿诉讼，可以将赔偿金提高到 3 倍，案件可以通过应急费用来资助，而未胜诉的原告不必支付被告的诉讼费用。[41] 关于 Vitamins 卡特尔的 *Hoffmann – La Roche Ltd v Empagran SA* 案引起了美国法院诉诸联邦最高法院的问题。[42] 法院必须考虑 1982 年对外贸易反托拉斯改善法的适用，并得出结论，如果原告不是在美国遭受损害，而是在乌克兰、巴拿马、澳大利亚和厄瓜多尔遭受损害，则他们不能在美国提起诉讼；随后，哥伦比亚特区上

---

[37] 15 USC § 6a。

[38] 509 US 764（1993）；有关该案的评论，参见：ROTH R. Jurisdiction，British Public Policy and the US Supreme Court［J］. Law Quarterly Review，1994，110：194；DAM K W. Extraterritoriality in an Age of Globalization：The Hartford Fire Case［J］. Supreme Court Review，1993：289；TRENOR J A. Jurisdiction and the Extraterritorial Application of Antitrust Laws after Hartford Fire［J］. University of Chicago Law Review，1995，62：1582；WALLER S W. From the Ashes of Hartford Fire：The Unanswered Questions of Comity［M］//HAWK B. International Antitrust Law & Policy：Fordham Corporate Law Institute. New York：Juris Publiching Inc，1998：ch 3。另见案例 *United States v Nippon Paper* 109 F 3d 1（1st Cir 1997），对此的评论，参见：REYNOLDS R，SICILIAN J，WELLMAN P. The Extraterritorial Application of the US Antitrust Laws to Criminal Conspiracies［J］. European Competition Law Review，1998，19：151.

[39] 有关美国域外适用发展的概述，参见：DESAUTELS – STEINJ. Extraterritoriality，Antitrust，and the Pragmatist Style［J］. Emory International Law Review，2008，22：499.

[40] 参见前面的第 12 章脚注[2]。

[41] 关于美国反托拉斯法的私人执行，参见：HOVENKAMP H. Antitrust Enterprise：Principle and Execution［M］. Cambridge：Harvard University Press，2006：ch 4；关于欧盟和英国竞争法的私人执行，参见本书第 8 章。

[42] 544 US 155（2004）。有关评论参见：WURMNEST W. Foreign Private Plaintiffs，Global Conspiracies，and the Extraterritorial Application of US Antitrust Law［J］. Hastings International and Comparative Law Review，2005，28（2）：205；CONNOR J M，BUSH D. How to Block Cartel Formation and Price Fixing：Using Extraterritorial Application of the Antitrust Laws as a Deterrence Mechanism［J］. Penn State Law Review，2008，112：813.

诉法院得出结论，外国原告无法在美国追回损害赔偿。[43] 法院对这种论点很敏感，该论点认为，非美国原告在美国面临3倍损害赔偿索赔可能对卡特尔成员向当地竞争主管机构吹哨构成严重的障碍，例如在欧洲或东亚：英国、德国、加拿大和美国执法当局都向法院提交了法庭之友意见书，指出了这种危险。但是，联邦最高法院在 *Empagran* 案中的判决对如果外国原告遭受的外国损害与卡特尔对美国消费者造成的国内损害密不可分，是否可以在美国提起诉讼的问题未作解答。[44]

在 *Motorola Mobility LLC v AU Optronics Corp* 案[45]中，Motorola 要求赔偿其购买的装有 LCD 面板的手机的损失；99% 的电话使用在亚洲购买的 LCD 面板。Motorola 认为，其外国损害与亚洲液晶卡特尔在美国引起的手机价格上涨密不可分。Posner 法官作出法院判决，驳回了这一要求，因为卡特尔的直接受害者是 Motorola 的亚洲子公司，任何外国损害都应与卡特尔在美国的影响密不可分。[46]

（B）司法礼让原则

美国一些法院根据司法礼让原则，试图以相对限制性的方式适用效力原则，不仅要求行为在美国内部产生直接和实质的效力，而且要求在主张管辖权时对美国和可能因此而受到冒犯的其他国家中，进行利益的权衡取舍。[47] 这种方法的起源可以追溯到布鲁斯特（Brewster）在1958年提出的“反托拉斯”和“美国海外业务”，在那次会议上，他呼吁建立“司法管辖权规则”。2017年《美国司法部/美国联邦贸易委员会国际指南》列出了与礼让分析相关的各种因素，包括涉嫌违反美国境内行为与境外行为相比的相对重要性；涉及或受该行为影响的人的国籍；是否存在影响美国消费者、市场或出口商的意图；与

[43] 案例 *Empagran SA v Hoffmann – La Roche Ltd* 417 F 3d 1267（DC Cir 2005）；类似地，参见案例 *In re Monosodium Glutamate Antitrust Litigation* 477 F 3d 535（8th Cir 2007）和案例 *In re Dynamic Random Access Memory（DRAM）Antitrust Litigation* 546 F 3d 981（9th Cir 2008）。

[44] 参见：SOWELL R D. New Decisions Highlight Old Misgivings：A Reassessment of the Foreign Trade Antitrust Improvements Act Following Minn – Chem［J］. Florida Law Review，2014，66：511.

[45] 775 F 3d 816（2015）。

[46] 注意，反托拉斯现代化委员会在2007年提出了一项建议，即外国购买不应当根据1982年对外贸易反托拉斯改善法提出索赔，但是该建议尚未生效；该报告可从 www. govinfo. library. unt. edu/amc 上查阅。

[47] 参见案例 *Timberlane Lumber Co v Bank of America* 549 F 2d 597（9th Cir 1976）和案例 *Mannington Mills v Congoleum Corp* 595 F 2d 1287（3rd Cir 1979）；关于这一发展的说明，参见：FOX E. Reasonableness and Extraterritoriality［M］//Hawk B. International Antitrust Law & Policy：Fordham Corporate Law Institute，New York：Juris Publishing Imc，1986：49.

国外影响相比，对美国影响的相对重要性和可预见性。[48] 通过诉诸合理性标准来解决司法管辖权冲突的问题受到了批评，尤其是因为法院似乎很难成为进行这种微妙的平衡过程的适当场所。[49] 但是，礼让原则是重要的原则。联邦最高法院警告说，美国法律在域外的普遍适用"存在严重干扰外国独立管理其自身商业事务的能力的风险"。[50] 同样，在 *Motorola Mobility* 案[51]中，Posner 法官拒绝以"极大地扩大谢尔曼法的全球影响力，与许多外国产生摩擦并使其对美国显然扮演全球竞争警察的角色而感到不满"的方式适用美国法律。

(C) 美国竞争法的域外适用以进入国外市场

如果美国公司试图进入国外市场而受到反竞争行为的阻碍，则可能适用美国反托拉斯法。美国的"结构性障碍倡议"[52] 指出，针对日本企业实施的日本反垄断法宽松执法，是造成美国公司向日本市场扩张困难的因素。日本的大型零售商店法被认为是潜在进口商的又一障碍。司法部扬言要对日本的限制竞争适用美国反托拉斯规则，该限制有将美国出口商排除在日本市场之外的效果。[53] 随后，日本政府大幅增加了对违反日本法律的处罚。[54] 美国对拒绝外国

---

[48] 参见美国司法部/美国自由贸易委员会国际准则，第 3.2 段。另见：NOTE. Comity And Extraterritoriality in Antitrust Enforcement [J]. Harvard Law Review, 2011: 1269.

[49] 参见案例 *Laker Airways Ltd v Sabena* 731 F 2d 909 中 Wilkey 法官的意见，案号 945 - 952（DC Cir 1984），[1984] ECC485；ROSENTHAL D E, KNIGHTON W M. National Laws and International Commerce: The Problem of Extraterritoriality [M]. London: Routledge & Kegan Paul, 1982；MANN F A. The Doctrine of International Jurisdiction Revisited After Twenty Years [J]. Recueil des Cours, 1984, 186: 19。

[50] 544 US 155，第 165 页（2004 年）。

[51] 见本章脚注[45]。

[52] 参见：LIPSKY B. Current Developments in Japanese Competition Law: Antimonopoly Act Enforcement Guidelines Resulting from the Structural Impediments Initiative [J]. Antitrust Law Journal, 1991, 60: 279；ANWAR S T. The Impact of the Structural Impediments Initiative on US - Japan Trade [J]. World Competition, 1992 - 1993, 16: 53；另见：FURSE. Competition Law and the WTO Report: Japan: Measures Affecting Consumer Photographic Film and Paper [J]. European Comyoctition Law Review, 1999, 20: 9. 其中指出，伊士曼柯达和富士之间的争端最终成为美国向世界贸易组织争端解决机构提出的申诉。

[53] 参见美国司法部关于限制美国出口的反竞争行为的反垄断执法政策，1992 年 4 月 3 日。另见：RILL J F. International Antitrust Policy: A Justice Department Perspective [M] //HAWK B. International Antitrust Law & Policy: Fordham Corporate Law Institute. New York: Juris Publishing Inc., 1991: 29 - 43；COPPEL. A Question of Keiretsu: Extending the Long Arm of US Antitrust [J]. European Competition Law Review, 1992, 13: 192；OHARA. The New US Policy on the Extraterritorial Application of Antitrust Laws, and Japan's Response [J]. World Competition, 1993 - 1994, 17: 49；DAVIDOW. Application of US Antitrust Laws to Keiretsu Practices [J]. World Competition, 1994 - 1995, 18: 5；YAMANE, SERYO. Restrictive Practices and Market Access in Japan: Has the JFTC been Effective in Eliminating Barriers in Distribution? [J]. World Competition, 1999, 22: 1.

[54] 参见：YAMADA H. Recent Developments of Competition Law and Policy in Japan [M] //HAWK B. International Antitrust Law & Policy: Fordham Corporate Law Institute. New York: Juris Publishing Inc., 1997: ch 5；YAMADA H. Japanese Antitrust Law; Recent Developments and an Agenda for the Years Ahead [J]. Journal of European Competition Law & Practice, 2011, 2: 165.

进入的国外行为提出质疑的第一起案件是 *US v Pilkington* 案[55]：此案通过一项同意书解决，Pilkington 同意不对美国公司实施某些技术许可规定。美国司法部还可能对在美国国内没有影响，但与美国政府出资一半以上的交易相关的价格上涨的外国卡特尔采取行动。[56]

4. 欧盟竞争法的域外适用

本部分将根据《欧盟运行条约》第101条和第102条处理对事管辖权和执行管辖权，然后讨论《欧盟合并条例》下的立场。

（A）第101条和第102条：对事管辖权

第101条和第102条只适用于协定或滥用对成员国之间的贸易有显著影响的情况；第3章分析了这一短语的含义。[57] 例如，东亚卡特尔或美国企业的单方行为，在原则上没有理由不符合这一标准，特别是考虑到其适用的自由。欧洲法院在 *Javico v Yves St Laurent* 案[58]中认定，对乌克兰和俄罗斯的分销商施加出口禁止规定可能对成员国之间的竞争和贸易产生明显影响，因此违反了《欧盟运行条约》第101条第1款。可以通过3种方法（独立适用即可）对非欧盟企业主张管辖权：

- "单一经济实体"学说；
- "履行地原则"；和
- "有条件的效果"原则。

管辖权的每个基础将在下面依次讨论。

（i）"单一经济实体"学说

在 *Dyestuffs* 案[59]中，欧洲法院确立了单一经济实体学说。法院认为，Geigy、Sandoz 和 ICI 这3个非欧盟企业通过位于欧盟但在非欧盟母公司控制下的子公司参与了欧盟内部的非法定价。法院超越了母公司和子公司的独立法人资

---

[55] （1994-2）贸易案例（CCH）第70482（1994）段；评论参见：BYOWITZ M H. The Unilateral Use of US Antitrust Laws to Achieve Foreign Market Access：A Pragmatic Assessment［M］//HAWK B. International Antitrust Law & Policy：Fordham Corporate Law Institute. New York：Juris Publishing Inc.，1996：ch 3.

[56] 参见司法部2000年8月18日关于埃及一个建筑卡特尔的新闻稿。

[57] 参见第3章第185~190页"对成员国之间贸易的影响"。

[58] 案例C-306/96 EU:C:1998:173。

[59] 案例48/69 etc *ICI v Commission* EU:C:1972:70。

格的合法外观，并裁定每个非欧盟母公司和欧盟子公司都构成一个单一的经济实体。这种做法遭到批评，不仅因为法院拒绝尊重有关公司的独立法人资格，而且因为法院似乎准备以有限的证据认定母公司控制其子公司[60]；但是，无论是在对事还是在执行管辖权方面，欧盟普通法院（一审法院）和欧盟委员会都多次依赖单一经济实体的学说。[61] 关键问题是母公司是否能够并且实际上确实对其子公司施加决定性影响。母公司拥有子公司中所有股份的事实意味着它可以发挥决定性的影响，并且还可以建立一个可反驳的假设，即该影响是实际行使的。[62] 决定性影响的行使可以是间接的，即使母公司不干预子公司的日常业务时也可成立。将子公司与母公司联系起来的经济、组织和法律纽带都与此问题相关。[63]“单一经济实体”学说的可能后果是，如果英国子公司至少在明知的情况下执行了该协议，那么索赔人可以在英国法院对参与违反协定《欧盟运行条约》第101条的外国母公司的英国子公司提起损害赔偿诉讼。[64]

（ii）“履行地原则”

欧盟委员会在 *Wood Pulp I* 案[65]中发现，在几个非欧盟国家的企业之间存在一致的做法，认为管辖权可以基于欧盟一致做法的影响。欧洲法院在上诉时认为[66]，根据案件的事实，可以通过参照公认的国际公法属地原则来证明管辖权

---

[60] 关于 *Dyestuffs* 案，参见：MANN F A. The Dyestuffs Case in the Court of Justice of the European Communities [J]. International and Competitive Law Quartely, 1973, 22: 35; ACEVEDO. The EC Dyestuffs Case: Territorial Jurisdiction [J]. Morldern Law Review, 1973, 36: 317.

[61] 该理论可用于克服向非欧盟国家/地区的公司发送决定时的任何接收困难。

[62] 参见例如案例 C-628/10 P etc *Alliance One International v Commission* EU:C:2012:479，第46~47段；参见第3章第115~116页“母公司和全资子公司”。

[63] 案例 *Alliance One International*，第45段和所援引的判例。

[64] 参见案例 *Provimi Ltd v Aventis Animal Nutrition* SA [2003] EWHC 961 (Comm)，第31段；参见案例 *Cooper Tire & Rubber Company Europe Ltd v Dow Deutschland Inc* [2010] EWCA Civ 864，第45~47段；关于这一点，参见第8章第388~391页“国际私法”。

[65] OJ [1985] L 85/1。

[66] 案例 C-89/85 etc A Ahlström Osakeyhtiöv Commission EU:C:1988:447，第11~23段。有关评论，参见：FERRY J E. Towards Completing the Charm: The Wood Pulp Judgment [J]. European Intellectual Property Review, 1989, 11: 19; MANN F A. The Public International Law of Restrictive Trade Practices in the European Court of Justice [J]. International and Competitive Law Quarterly, 1989, 38: 375; LOWE A V. International Law and the Effects Doctrine in the European Court of Justice [J]. Cambridge Law Journal, 1989, 48: 9; CHRISTOFOROU T, ROCKWELL D B. EC Law: The Territorial Scope of Application of EC Antitrust Law: the Wood Pulp Judgment [J]. Harvard International Law Journal, 1989, 30: 195; LANGE G E, SANDAGE J B. The Wood Pulp Decision and its Implications for the Scope of EC Competition Law [J]. Common Market Law Review, 1989, 26: 137; VAN GERVEN W. EC Jurisdiction in Antitrust Matters: The Wood Pulp Judgment [M] //HAWK B. Internationl Antitrust Law & Policy: Fordham Corporate Law Institute. New York: Juris Publishing Inc., 1989: ch 21.

是合理的。法院认为，卡特尔已经在欧盟内部实施；对于此目的而言，此实施是否由欧盟内的子公司、代理商、子代理商或分支机构执行并不重要。由于该协议是在欧盟内部执行的，因此不必诉诸效果学说。欧盟委员会在 *Amino Acids* 案中明确引用了 *Wood Pulp I* 案判决，对包括美国、日本和韩国企业在内的卡特尔处以罚款。[67]

对于 *Wood Pulp I* 案法院没有说明如果协议是在欧盟之外形成和实施的，但是在欧盟产生了经济影响时，应采取什么立场。一个例子就是非欧盟卡特尔成员的集体抵制，它们拒绝在欧盟内部向客户供应产品：有人会在这种情况下辩称该协议是在欧盟内部通过拒绝在该国供应产品而“实施”的吗？从语言上看，这似乎难以站得住脚。但是，在这种情况下，毫无疑问，将在欧盟内部感受到该协议的效果。这是我们现在要讨论的问题。

（iii）“有条件的效果”原则

欧盟委员会经常断言，欧盟法律承认效果原则[68]，并且有几位总检察长似乎支持这一观点。[69] 但是，直到欧盟法院在 *Intel v Commission* 案中作出判决之前，法院对此均未发表明确声明。[70]

欧盟委员会对 Intel 处以罚款，原因是其做法将 AMD 排除在芯片组和相关产品市场之外。这些做法包括美国 Intel 向中国 Lenovo 提供的有条件回扣。[71] 欧盟委员会断言，Intel 的整体行为（不是 Lenovo 孤立的回扣）在欧盟实施，并在欧盟产生了影响。欧盟普通法院（一审法院）基于两个理由支持欧盟委员会。欧洲法院明确认可有条件的效果原则作为管辖权的基础。[72] 就像履行地原则对于防止企业逃避《欧盟运行条约》第 101 条和第 102 条（例如通过在欧盟以外形成其协议）是必要的一样[73]，有条件的效果原则也追求相同的目

---

[67] OJ［2001］L 152/24，第 182 段。

[68] 参见如欧盟委员会关于竞争政策的第 11 号报告（1981），第 34 ~ 42 段；欧盟委员会关于 *Wood Pulp* OJ［1985］L 85/1 和 *Aluminum* OJ［1985］L 92/1 的决定是根据效果原则明确通过的；另见载于 OJ［2004］C 101/81 第 100 段的《关于〈欧盟运行条约〉第 101 条和第 102 条贸易概念影响的指南》。

[69] 参见例如总检察长玛丽莎（Mayras）在案例 48/69 etc *ICI v Commission* EU:C:1972:32，第 693 段；总检察长勒默尔（Roemer）在案例 6/72 *Continental Can v Commission* EU:C:1972:101；总检察长瓦尔纳（Warner）在案例 6 和 7/73 *Commercial Solvents v Commission* EU:C:1974:18；总检察长达蒙（Darmon）在案例 C－89/85 etc *A Ahlström Osakeyhtiö v Commission* EU:C:1988:258；总检察长瓦泰莱在案例 C－231/14 P *Innolux v Commission* EU:C:2015:292；第 49 ~ 53 段；以及总检察长沃尔在案例 C－413/14 P 中 *Intel v Commission* EU:C:2016:788；第 296 ~ 304 段。

[70] 案例 C－413/14 *Intel v Commission* EU:C:2017:632。

[71] 2009 年 5 月 13 日的委员会决定。

[72] 案例 T－286/09 *Intel v Commission* EU:C:2014:547。

[73] 案例 C－413/14 P *Intel v Commission* EU:C:2017:632，第 44 段。

标，即防止在欧盟以外行为可能在其中具有反竞争效应。因此，Intel 关于欧盟法律不承认"有条件的效果"原则的论点必须被驳回，因其理由是毫无根据的。[74] 要适用该原则，效果必须是可预见的、即时的和实质性的。[75] 可预见性标准可以基于行为的"可能"效果来满足。[76] 在考虑是否可能产生重大影响时，欧盟委员会有权考虑 Intel 对 AMD 的总体战略，而不是 Lenovo 回扣的影响：否则，有可能以人为地分割行为方式以逃避管辖权。[77]

欧洲法院在 *Intel* 案中认定，欧盟委员会可以使用有条件的效果原则来确定对欧盟竞争法的侵犯。一个有趣的问题是，相同的原则是否适用于《欧盟运行条约》第 101 条规定的私人损害赔偿诉讼。英国的 *iiyama v Schott* 案[78]和 *iiyama v Samsung* 案[79]中的两项诉讼均考虑了这一问题。提出这两项诉讼的依据是，索赔人在欧盟购买了包含欧盟以外的非法卡特尔（在本例中为东亚）的成分的成品时，在欧盟内蒙受了损失。上诉法院认为，索赔人在索赔中具有成功的真实前景。证明第 101 条受到违反，并且由于集团内部向欧盟进口产品而蒙受了损失，这些产品中所含组件的销售据称在亚洲收费过高。[80] 法院认为，*Intel* 案为索赔人的论点提供了实质性支持，该论点是，旨在在欧盟产生实质性间接影响的全球卡特尔可能满足有条件的效果标准。[81] 关于是否存在有条件的效果的问题，需要对事实和整个卡特尔的运作进行全面检查，在此基础上，法院认为两项诉讼都应继续进行审判。

（B）第 101 条和第 102 条：执行管辖权

（i）提起诉讼

如果欧盟委员会根据《欧盟运行条约》第 101 条或第 102 条启动诉讼程序，则第 773/2004 号条例[82]第 2 条第 2 款要求必须告知有关企业。如果该企业不能在欧盟内部被告知，则存在一个问题，即是否可以向国外发送反对意见。

---

[74] 同上，第 45 ~ 47 段。

[75] 同上，第 49 段。

[76] 同上，第 51 段。

[77] 同上，第 54 ~ 57 段。

[78] ［2016］EWHC 1207（Ch）；要获得评论，参见：COULSON，BLACKLOCK，GWILLIAM. The Territorial Limits of Article 101 TFEU：To What Extent Can Claims Relating to Global Cartels be Brought in the English Courts?［J］. Competition Law Journal，2017：83.

[79] ［2016］EWHC 1980（Ch）。

[80] ［2018］EWCA Civ 220；两项诉讼中的被告均已向英国最高法院申请许可上诉。

[81] ［2018］EWCA Civ 220，第 95 段。

[82] OJ［2004］L 123/18。

如前所述，这可能被认为违反了国际公法，因为它相当于在一国领土上执行另一国法律。[83] 但是，法院驳回了未经外国同意的送达是无效的主张，并驳回了诉讼程序。如果非欧盟企业在能够使其对它的案件有所了解的情况下收到反对意见，则该送达有效。在 *Geigy v Commission* 案[84]中，欧盟委员会向 Geigy 的瑞士办事处发送了反对意见。Geigy 根据瑞士当局的指示将其退还，声称根据国内和国际公法，该送达均属非法。欧洲法院驳回了这一点。因此，就欧盟法律而言，欧盟委员会向有关非欧盟企业发送挂号信就足够了。

（ii）信息和调查

尚未要求欧洲法院考虑欧盟委员会可能会在多大程度上根据第 1/2003 号条例[85]第 18 条和第 20 条分别要求在欧盟以外居住的企业提供信息或进行调查。欧盟委员会只是根据第 18 条第 2 款要求提供信息，没有强迫遵守该要求，这一点似乎没有什么异议；实际上，欧盟委员会确实将第 18 条第 2 款的要求发送给了非欧盟企业。欧盟委员会能否根据该条例第 18 条第 3 款要求提供信息尚不确定，更好的观点是，这是不可能的。[86] 但是，如果非欧盟母公司在欧盟内部拥有子公司，则欧盟委员会可能会要求子公司提供非欧盟母公司可能拥有的信息。如果母公司和子公司形成一个单一的经济实体，并且子公司能够从位于欧盟之外的非欧盟母公司获取信息，则可能会这样做。[87]

除非获得有关国家的授权，否则不可想象第 20 条赋予欧盟委员会在国外进行调查的权利。但是，欧盟委员会打算调查代表非欧盟企业的欧盟内一个贸易协会这一事实并不意味着该协会有权拒绝接受调查[88]；并且如果欧盟委员会在欧盟的新成员国内进行调查并发现与该企业加入欧盟之前所进行的侵权行为有关的信息，则委员会有权考虑该信息。[89] 在 *Slovak Telekom v Commission* 案[90]

---

[83] 提起诉讼程序不太可能成为强制执行的问题，因为它本身并不是强制性行为。

[84] 参见案例 52/69 EU:C:1972:73（*Dyestuffs* 案例之一）。

[85] OJ［2003］L 1/1：关于欧盟委员会的调查，参见第 7 章第 338～347 页“第 5 章：调查权”；在案例 27/76 *United Brands Continental BV v Commission* EU:C:1978:22 中，法院认为欧盟委员会可能已经从 United Brands 获得了一些信息；但是，United Brands 在欧盟内设有子公司，因此不能以此为推断依据，法院是根据第 17 号条例（原来的第 1/2003 号条例）第 11 条第 3 款主张域外信息请求。

[86] 参见例如 *Liquid Crystal Display*，欧盟委员会 2010 年 12 月 8 日的决定，欧盟委员会在该决定中采用了此类第 18 条第 3 款的决定。

[87] 参见欧盟对经济合作与发展组织圆桌会议“卡特尔管辖权问题（包括效果原则）”（Cartel Jurisdiction Issues，Including Effects Doctrine）的贡献（2008 年），第 15 段，可在 www. ec. europa. eu/competition/international/multilateral/oecd_submissions. html 上查阅。

[88] *Ukwal* OJ［1992］L 121/45。

[89] 案例 97/87 etc *Dow chemica Ibérica SA v Commission* EU:C:1989:380，第 61～65 段。

[90] 案例 T－458/09 etc EU:T:2012:145。

中，欧盟普通法院（一审法院）裁定，欧盟委员会有权要求斯洛伐克电信向其提供与斯洛伐克共和国加入欧盟之前发生的行为有关的信息。[91] 欧盟委员会不会同意欧盟子公司的非欧盟母公司由于其国内法对其施加某些限制而无法向其提供信息的论点。[92]

(iii) 最终裁决

关于针对非欧盟企业的最终裁决出现了两个问题。第一个是存在对非欧盟企业作出最终裁决的问题。认定违法不仅仅是提出异议，更是一种执法行为，因此就国际公法而言更易提出反对意见。因此，欧盟委员会通常会像在 *Dyestuffs* 案中那样，寻求将裁决转向欧盟内的一家子公司，或者寻求有关外国的协助。[93] 但是，欧洲法院认为直接针对非欧盟国家的送达是有效的，只要如反对意见一样，送达了企业并使其能够意识到该决定；企业接受了决定并没有读完就将其退回，这并不是一种辩护。[94]

第二个问题是最终裁决是否可能包含针对非欧盟企业的法令并对其施加惩罚。尽管法院不反对针对外国企业作出的法令[95]，但在外国领土上执行该法令是不可能的。但是，有可能扣押其在欧盟内存在的任何资产。

(C) 欧盟合并条例

(i)《欧盟合并条例》的司法管辖标准

根据《欧盟合并条例》第 1 条第 1 款[96]，欧盟层面的集中必须预先通知欧盟委员会。在欧盟范围内，企业的总营业额超过 50 亿欧元，前提是至少有两个企业在欧盟内的营业额不低于 2.5 亿欧元，并且 2/3 的业务不在欧盟范围内

---

[91] 同上，第 45 段；另见案例 T－293/11 *Holcim* (*Deutschland*) *v Commission* EU:T:2014:127，第 134 段。

[92] 参见 *Centralal Stikstof Verkoopkantoor* (*CSV*) OJ［1976］L 192/27；*Secretary of State for Health v Servier Laboratories Ltd*［2013］EWCA Civ 1234。

[93] 在 *Dyestuffs* 案中，欧盟委员会首先尝试通过外交渠道为非欧盟企业提供最终裁决。只有失败了，它才为欧盟子公司服务。

[94] 参见案例 6/72 *Europemballage and Continental Can v Commission* EU:C:1973:22。

[95] 参见案例 6/73 和 7/73 *Istituto Chemioterapico Italiano Spa and Commercial Solvents Corpv Commission* EU:C:1974:18，第 45 段，欧洲法院维持了欧盟委员会关于恢复向 Zoja 供应的法令。这显然会影响美国的 CSC；另见 *Warner－Lambert/Gillette* OJ［1993］L 116/21，在该案例中，欧盟委员会责令美国公司吉列（Gillette）将第三国的商标重新分配给 Eemland Holdings NV，以消除欧盟内部的竞争扭曲；该决定未提起上诉。

[96] OJ［2004］L 24/1，有关《欧盟合并条例》的一般讨论，参见第 21 章。

同一个成员国[97]；《欧盟合并条例》第1条第3款包含一套替代性的司法标准，以解决向成员国多次通知的问题。《欧盟合并条例》的第4条第4款和第5款、第9条和第22条规定了欧盟委员会与成员国国家竞争主管机构之间的案件移交。

《欧盟合并条例》中的管辖权标准清楚地意味着，涉及企业的大部分业务集中在欧盟以外开展，或者涉及与欧盟地理距离较远的交易的集中，可能会具有联盟规模。由于《欧盟合并条例》的运行门槛，必须通知无数在欧盟范围内几乎没有影响的集中。例如，如果母公司超过营业额门槛，即使两家有实力的企业之间的并购不会影响或影响欧盟市场，但根据《欧盟合并条例》，两家有实力的企业之间的并购在泰国进行业务合并可能需要通报。但是，此类情况可能会受益于根据《欧盟合并条例》快速处理某些通知所使用的简化程序。[98]

（ii）*Gencor v Commission* 案

在 *Gencor/Lonrho* 案[99]中，欧盟委员会禁止两家南非企业进行合并，理由是该合并将在铂金和铑市场上建立支配的双头垄断（集体支配地位），因此内部的有效竞争将受到严重阻碍。Gencor 以欧盟委员会没有在《欧盟合并条例》下对禁止在南非开展的活动的管辖权为由向欧盟普通法院提出上诉（除此项外，尚有其他事项），此外，南非政府已批准该活动。在 *Gencor v Commission* 案[100]中，欧盟普通法院（一审法院）维持了欧盟委员会的裁决，并仔细审查了管辖权。[101] 关于《欧盟合并条例》的适用范围，欧盟普通法院（一审法院）指出，合并当事方超出了《欧盟合并条例》第1条第2款的营业额门槛。[102] 它承认，《欧盟合并条例》的评论11要求当事方在欧盟进行大量业务，但指出这些业务也可以包括销售和生产。法院补充说，欧洲法院在 *Wood Pulp I* 案中提出的履行地原则与该案中对管辖权的承认并不矛盾：《欧盟合并条例》第1条第2款要求，至少有两个当事方应在欧盟内部的营业额超过2.5亿欧元，这与 *Wood Pulp I* 案中的判决是一致的，因为这意味着它们必须在欧盟市场上采取某种行动。

---

[97] 在第21章第1038～1045页“《欧盟合并条例》第1条：欧盟层面的集中”中详细讨论了阈值。

[98] 参见欧盟委员会关于根据欧共体第139/2004号条例（OJ［2013］C 366/5）要求对某些集中进行简化处理的通告；第21章第1060～1061页“CO简式表格”中对此方法进行了简要说明。

[99] OJ［1997］L 11/30。

[100] 案例T-102/96 EU：T：1999：65；评论参见：FOX E. The Merger Regulation and Its Territorial Reach：Gencor Ltd v Commission［J］. European Cormpetition Law Review，1999，20：334.

[101] 案例T-102/96，第48～111段。

[102] 同上，第78～88段。

关于欧盟委员会的决定与国际公法的适应性[103]，欧盟普通法院（一审法院）说，可以预见拟议的集中将在欧盟产生即时和实质性的影响，因此根据国际公法可以适用《欧盟合并条例》。[104] 当然，这是由欧洲法院在 *Intel v Commission* 案[105]中认可的有条件的效果测试。欧盟普通法院（一审法院）在 *Gencor* 案的观点是，这些标准已得到满足，因此继续考虑在这种情况下行使管辖权是否“违反了不干涉原则或相称原则”。[106] 换句话说，它承认在应用《欧盟合并条例》时应进行礼让分析。法院认为，这两个原则均未受到违反，因此对欧盟委员会的决定没有管辖权异议。

显然，这种判决具有重要意义。它确认了欧盟委员会对两家非欧盟公司在欧盟合并所产生的有害影响的对事管辖权。当然，实际上，欧盟委员会在对不愿合作且受其该国政府保护的非欧盟企业执行禁止决定时可能会遇到很大的问题。但是，委员会与其他司法管辖区的竞争主管机构密切合作，特别是与美国司法部和美国联邦贸易委员会紧密合作，以防止爆发严重冲突。[107]

5. 英国竞争法的域外适用

英国一直认为，管辖权不能仅基于商业效应，而应该仅基于属地和属人原则。欧盟委员会对 *Dyestuffs* 案作出决定后，英国政府向欧洲法院提交的辅助备忘录（Aide－Memoire）中对此作出了明确规定，并在 1980 年贸易利益保护法中对此作了进一步说明。[108] 英国政府在 *Wood Pulp I* 案的陈述中强烈反对采用效果原则，这是欧盟法律的问题。[109] 目前尚不清楚英国脱欧是否会导致英国政府对效果原则保持传统的敌意。如前所述，英国脱欧竞争法工作组建议，在脱欧后，采用有条件的效果原则是适当的。

英国国内竞争法并不总是明确地处理管辖权问题，但是，即使没有这样做，在实践中也不会根据效果在域外适用。应该指出的是，创建了竞争与市场

---

[103] 同上，第 89～111 段。

[104] 同上，第 90 段。

[105] 参见本章第 616～617 页“‘有条件的效果’原则”。

[106] 案例 T－102/96 EU:T:1999:65，第 102 段。

[107] 另见本章第 631～634 页“欧盟关于竞争执法的专门合作协议”。

[108] 案例48/69 etc *ICI Ltd v Commission* EU：C：1972：70。辅助备忘录（Aide－Memoire）是在案例 *Lowe* 第 144～147 页完整产生的；在第 147～186 页，美国和英国政府之间就管辖权冲突和英国观点的其他表达方式进行了各种外交交流；另见英国政府在案例 *Washington Public Power Supply System v Western Nuclear Inc*［1983］ECC 261 中提出的 *Amicus Curiae* 案摘要。

[109] 关于“‘有条件的效果’原则”，参见本章前面的第 616～617 页。

管理局的2013年企业和监管改革法[110]强加了它的义务，以促进为了消费者利益的在英国境内外的竞争[111]。2017年2月，竞争与市场管理局首席执行官表示，他坚定地致力于成为积极为国际竞争法和消费者法发展作出贡献的人。[112]

(A) 1998年英国竞争法

(i) 第1章禁止规定

第9章讨论了1998年英国竞争法第1章的禁止规定。[113] 关于管辖权问题，载有第1章禁止规定的第2条第1款规定，只有在协议可能影响英国境内的贸易和竞争的情况下，协议才会落入管辖范围。这本身并不能回答该法是否适用于位于英国境外的企业的管辖权问题。第2条第3款对这一问题作出了答复，其中规定：

> 第1款仅在协议、决定或行为已在英国或打算在英国实施的情况下适用。

第2条第3款专门旨在对欧洲法院在 *Wood Pulp I* 案中确立的“履行地原则”赋予在英国立法效力。[114] 因此，如果非英国企业在英国实施的协议符合该禁止规定的所有其他要求，则将被第1章禁止规定管辖。相反，在英国未履行的协议，即使在英国产生效果，也超出了第1章的禁止规定范围。一个例子可能是一些非英国企业集体抵制英国消费者。

在 *Intel v Commission* 案[115]中，欧洲法院裁定，可以根据欧盟的“有条件的效果”原则来证明欧盟竞争法的管辖范围是合理的。由此带来的问题是是否可以在同一基础上适用第1章的禁止规定。可以采用1998年英国竞争法第60条第2款来表示答案是肯定的，因为它规定了以与法院解释《欧盟运行条约》第101条相同的方式解释第1章的禁止规定的义务。但第2条第3款的表述可能意味着1998年英国竞争法与欧盟普通法院（一审法院）判例法之间存在“相关差异”[116]，其结果是英国竞争主管机构和法院无须采用“有条件的效果”

---

[110] 2013年英国企业和监管改革法第25条第1款；有关竞争与市场管理局的信息，参见第2章第77~84页“竞争与市场管理局”。

[111] 2013年英国企业和监管改革法第25条第3款。

[112] 参见安德里亚·科斯切利（Andrea Coscelli）在2017年2月4日的讲话“竞争与市场管理局在英国退出欧盟后的作用”，可在 www. gov. uk/cma 上查阅。

[113] 参见第9章第422~458页“第1章禁止规定”。

[114] 英国议会上院委员会，1997年11月13日，第261页（海布里的西蒙勋爵）。

[115] 案例 C-413/14 P EU:C:2017:632，第41~46段。

[116] 参见第9章第473~479页“管理原则条款：1998年英国竞争法第60条”。

原则。如果竞争与市场管理局要调查涉及《欧盟运行条约》第 101 条（或第 102 条）的情况，并且履行地原则无法确立管辖权，则立场可能会有所不同：可能（在英国脱欧之前）必须适用欧盟法律，包括“有条件的效果”原则。

关于 1998 年英国竞争法的指南没有就域外适用问题作出规定，这本身就表明了该问题的微妙和复杂性。

（ii）第 2 章禁止规定

在第 9 章中还讨论了第 2 章禁止规定。[117] 在第 18 条中没有提及域外适用，其中规定了第 2 章的禁止规定条款。特别是，没有第 2 条第 3 款的等效条款将英国第 2 章禁止规定行为的范围限制在英国实施。第 18 条第 3 款确实规定，企业支配地位必须在英国境内。在竞争法案通过期间的辩论中，西蒙勋爵解释说，如果占据支配地位的市场完全在英国以外，情况就不会这样；但是，可能存在这样一种情况，即如果包括英国领土的某些部分，则其支配地位会扩展到英国以外。[118]

一个有趣的问题是，如果支配地位在英国境内（全部或部分），但滥用发生在英国境外的相关市场中，则是否适用第 2 章禁止规定。欧洲法院在 *Intel* 案中的判决表明，第 2 章可能适用，但可以预见，该行为将在英国产生立竿见影的实质性影响。此外，无论如何，该行为必须影响英国内部的贸易。[119] 实际上，英国竞争主管机构在执行关于外国企业的决定时可能会遇到困难，特别是如果外国政府不愿与英国的拟议行动合作时。

（B）2002 年英国企业法

（i）市场研究和市场调查

就对事管辖权而言，竞争与市场管理局[120]必须发布“市场研究通知”，以提议根据 2002 年英国企业法第 5 条履行其职能，以考虑与收购或供应有关的事项在多大程度上在英国使用一种或多种描述的产品或服务对消费者的利益有影响或可能产生影响，并评估可能的补救措施。[121]

如果竞争与市场管理局有合理的理由怀疑英国产品或服务市场的一个或多

---

[117] 参见第 9 章第 459 ~ 473 页“第 2 章禁止规定”。

[118] 英国议会上院立法第三次读审，1998 年 3 月 5 日，第 1336 卷（海伯里的西蒙勋爵）。

[119] 关于这一要求，见第 9 章第 439 ~ 440 页“适用法律和领域范围”。

[120] 提及竞争与市场管理局的权力包括同时存在的行业监管机构的权力；关于 2002 年英国企业法第 5 条，见第 11 章第 568 页“收集有关市场的信息”。

[121] 2002 年英国企业法第 130A 条；第 11 章第 571 ~ 575 页“市场研究”对市场研究条款进行了说明。

个特征排除、限制或扭曲了该市场或其一部分的竞争，则竞争与市场管理局也可以以此为依据进行调查。[122] 为此，2002 年英国企业法第 131 条第 6 款规定，“英国市场”包括在该国和在另一个国家或地区或在另一个国家或地区的一部分经营的市场（超国家市场）[123] 以及仅在英国的一部分经营的市场（次国家市场）。[124] 如果市场的地理范围比英国更广阔，那么市场调查将只涉及其中的英国部分。[125] 在确定是否行使其酌处权进行参考时，竞争与市场管理局将考虑是否可以使用有效的补救措施来解决任何竞争问题：如果相关市场是全球性的，或者至少比英国更广泛，则可能是仅适用于英国的补救措施对那里的竞争问题几乎没有明显的影响，在这种情况下，将不会进行调查。[126]

就执行管辖权而言，竞争与市场管理局有权根据2002 年英国企业法第 174 条[127]获得信息。该法未对这些规定的属地范围以及市场研究和市场调查的指导意见作出任何规定。[128] 人们认为竞争与市场管理局不太可能对不在英国的人员或企业行使这些权力。至于补救措施，第 154 ~ 161 条规定了多种可能性，从作出自愿承诺以代替调查到使用该法附表 8 所规定的权力作出最终法令。同样，该法对这些权力的属地范围保持沉默，但是假定它们在域外是不可用的。[129]

（ii）合 并

就对事管辖权而言，2002 年英国企业法第 22 条第 1 款和第 33 条第 1 款规定，可以在已经或将要创建相关合并情况以及该情况已经发生或将要发生导致“大大减少了英国任何一个市场内商品或服务的竞争”的情况下进行合并调查。[130] 第 22 条第 6 款规定，“英国市场”包括超国家市场[131]和次国家市场。[132] 适用英国国内合并控制的进一步司法要求是：

---

[122] 2002 年英国企业法第 131 条第 1 款；请注意，竞争与市场管理局也可推荐第 131 条第 2A 款规定的跨市场实践；市场调查体系在第 11 章第 577 ~ 589 页“市场调查”中有描述。

[123] 2002 年英国企业法第 131 条第 6 款（a）项。

[124] 同上，第 131 条第 6 款（b）项。

[125]《市场调查：根据 2002 年英国企业法第 4 部分进行调查的指南》，OFT 511，2006 年 3 月，第 4. 11 段；该指南由竞争与市场管理局委员会通过，自 2014 年 4 月 1 日起生效。

[126] 同上，第 2. 30 段。

[127] 见第 11 章第 594 ~ 595 页“调查权和处罚”。

[128]《市场调查：根据 2002 年英国企业法第 4 部分进行调查的指南》，OFT 511，2006 年 3 月；《市场调查指南：其作用、程序、评估和补救措施》，CC 3（修订本），2013 年 4 月。

[129] 2006 年 3 月，OFT 511，第 2. 30 段似乎作出了这一假设。

[130] 第 22 章介绍了 2002 年英国企业法的合并规定。

[131] 2002 年英国企业法第 22 条第 6 款（a）项。

[132] 同上，第 22 条第 6 款（b）项。

- 在英国[133]，被收购企业的营业额价值超过 7000 万英镑；或
- 在英国或其中相当一部分满足了 25% 的“供应份额”测试。[134]

竞争与市场管理局的司法管辖和程序指南指出，这些要求同样适用于向英国客户或供应商销售（或从英国客户或供应商那里购买）的非英国公司。[135]

就执行管辖权而言，2002 年英国企业法第 109 条赋予竞争与市场管理局权力，以获取有关预期合并和已完成合并的信息。该法没有对这些规定的域外适用作出规定；它们不会被用于在英国不存在的个人或企业。该法第 71 ~ 95 条规定了合并案件中可利用的补救措施。该法第 86 条第 1 款规定，如果（且仅当）他是英国国民、根据英国法律注册成立的机构或在英国境内开展业务的人，则执行企业法可以扩展至英国境外的行为。[136] 在 *Akzo Nobel/Metal Holding* 案[137]，竞争委员会（现为竞争与市场管理局）禁止荷兰公司 Akzo Nobel 收购 Metlac 控股公司 51% 的股份。上诉后，竞争上诉法庭维持了委员会对 Akzo 的执行令的决定，因为它在英国开展业务。[138] 上诉法院确认了竞争上诉法庭的判决：Akzo 对其经营的子公司进行了战略和运营管理以及子公司在英国开展业务的事实足以证明其在英国开展业务。[139] 上诉法庭表示，如果母公司的全部职责是行使其作为英国子公司股东的权利，而将其管理权交给其董事，则母公司将不会在英国开展业务。[140]

（iii）卡特尔犯罪

只有在英国全部或部分执行了该协议的情况下，才会实施 2002 年英国企业法第 188 条中的卡特尔犯罪。[141] 在此前提下，犯有卡特尔罪行的个人将被处以罚款和/或监禁，而不论其住所或居住地如何。重要的一点是，2003 年引渡

---

[133] 同上，第 23 条第 1 款。

[134] 同上，第 23 条第 2 ~ 4 款。

[135] CMA 2，2014 年 1 月，脚注 63。

[136] 关于股票交易的限制也有类似的限制：2002 年英国企业法第 77 条第 7 款和第 78 条第 5 款。

[137] 2012 年 12 月 21 日的最终报告，可在 www. nationalarchives. gov. uk 上查阅。

[138] 案例 1204/4/8/13 *Akzo Nobel NV v Competition Commission*［2013］CAT 13，第 69 ~ 116 段。

[139] 案例 *Akzo Nobel NV v Competition Commission*［2014］EWCA Civ 482，第 34 ~ 36 段；另见案例 *Ryanair Holdings v CMA*［2014］CMA 3，第 222 ~ 239 段：Ryanair 被裁定在英国开展业务。

[140] ［2014］EWCA Civ 482，第 37 段。

[141] 2002 年英国企业法第 190 条第 3 款；参见第 10 章第 534 ~ 546 页“卡特尔犯罪”。

法对从英国引渡和引渡到英国的可能性作出了规定。[142]

6. 竞争法域外适用的抵制

(A) 引　言

Alcoa 案[143]引发了美国与其他国家之间反对美国反托拉斯法在域外适用的多次争论。[144] 除了外交抗议外，一些国家还通过了“阻断法令”或“行政法令”[145]，试图阻止过度的管辖权假设。[146] 欧盟法律中没有任何条款可以起到这种作用：相反，这基本上是各个成员国的事。英国一直对美国法律的域外适用持敌对态度，最终导致了1980年保护贸易利益法的实施。[147]

英国政府最早于1952年尝试防止美国法域外的适用[148]；此后，它确保了1964年运输合同和商业文件法的通过，该条款的规定曾多次用于防止向美国当局披露信息。[149] 英国的法院也反对美国的惯例。在 *British Nylon Spinners v ICI* 案[150]中，上诉法院判决ICI不遵守美国的法院法令，要求ICI将某些专利重新转让给Du Pont。美国法院认为，当事方是在横向划分市场。在 *Rio Tinto Zinc v Westinghouse Electric*[151] 案中，上议院（现为英国最高法院）拒绝协助美国法院调查涉嫌uranium卡特尔，该法院认为所获得的信息随后将被用于不当地主张域外管辖权。英国法院有义务遵守1975年证据（其他国家/地区的诉讼程序）

---

[142] 参见第10章第544页“引渡”；请注意，在 *Norrisv Government of the USA* [2008] 1 AC 920案中，上议院得出的结论是，“单纯的”价格固定并不等于犯罪共谋以普通法进行诈骗，结果他不能因此而被引渡。依据（他的侵权行为早于企业法规定的生效）；但是，Norris因其他原因而被引渡——他阻碍了司法进程，为此，他在美国被判处18个月监禁：参见美国司法部新闻稿，2010年12月10日，可在www. justice. gov/atr/上查阅。

[143] 参见本章第610~612页“*The Alcoa* 案、*Hartford Fire Insurance* 案和 *Empagran* 案”。

[144] 参见：GRIFFIN J. Foreign Governmental Reactions to US Assertions of Extraterritorial Jurisdiction [J]. European Competition Law Review，1998，19：64；以及该文章脚注1中的参考文献。

[145] 参见：MORRIS S. Iron Curtain at the Border：Gazprom and the Russian Blocking Order to Prevent the Extraterritoriality of EU Competition Law [J]. European Competition Law Review，2014，35：601.

[146] 英格兰上诉法院裁定，根据法国国务卿对 *Secretary of Statefor Health v Servier Laboratories Ltd* [2013] EWCA Civ 1234的第101段，在损害赔偿诉讼中，法国的阻止性法规并未阻止其披露。

[147] 关于澳大利亚和加拿大的类似法规，分别参见1979年外国反托拉斯判决（强制执行）法和1985年外国域外措施法。

[148] 参见：LOWE A V. Extraterritorial Jurisdiction [M]. Cambridge：Eng Grotius，1983：138-139.

[149] 同上，第139~143页。

[150] [1955] 第7章和 [1953] 第19章。

[151] [1978] AC 547。

法，以协助外国法院进行事实认定。[152] 然而，该法为这项义务提供了例外，上议院认为该案属于这些例外，其原因有两个：第一，因为实际上要求提供信息是一项毫无道理的“钓鱼执法”；第二，因为 Rio Tinto 可能会因泄露所寻求的文件而在欧盟竞争法下获罪。

1975 年证据（其他国家/地区的诉讼程序）法不允许法院仅仅因为外国法院在向域外管辖权提出要求而拒绝提供信息；现在，1980 年保护贸易利益法第 4 条（稍后讨论）对此进行了处理。在普通法下，英国法院有权酌情下令诉讼人限制具有压迫性的外国程序：在 *Midland Bank plc v Laker Airways plc* 案[153]中，上诉法院命令 Laker 停止对美国 Midland Bank 的诉讼，这将涉及美国反托拉斯法的域外适用。然而，在 *British Airways Board v Laker Airlines Ltd* 案[154]中，上议院拒绝了 British Airways 的中止申请；在这种情况下，毫无疑问，British Airways 在美国开展业务，因此受制于美国有关常规管辖权原则的法律。如果 Laker 被剥夺了在美国提起诉讼的机会，那么它将无法在英国提起诉讼，因为根据英国法律，它没有诉讼理由。在这种情况下，上议院允许美国诉讼继续进行。

（B）1980 年保护贸易利益法

1980 年保护贸易利益法规定的内容范围十分广。[155] 它不仅限于阻止美国执行反托拉斯法，还可以在任何可能以损害英国商业利益的方式实施美国法律的情况下援引该法律。[156] 第 1 条使国务大臣可以下达命令，要求英国企业将其根据外国法律影响国际贸易的措施通知英国，并禁止其遵守，这些措施可能损害英国的贸易利益。这种权力已经行使过几次。[157] 其中一项法令与竞争法有关[158]，

---

[152] 1975 年文本在英国实施了《海牙民商事案件国外调取证据公约》，参见本章第 617 ~619 页“第 101 条和第 102 条：执行管辖权”。

[153] ［1986］ QB 689。

[154] ［1985］ AC 58。

[155] 有关该法案的一般信息，参见：HUNTLEY A K. The Protection of Trading Interests Act—Some Jurisdictional Aspects of Enforcement of Antitrust Laws [J]. International and Competitive Law Quarterly, 1981, 30: 213; LOWE A V. Blocking Extraterritorial Jurisdiction: The British Protection of Trading Interests Act 1980 [J]. American Journal of International Law, 1981, 75: 257; JONES D L. Protection of Trading Interests Act 1980 [J]. Cambridge Law Journal, 1981, 40: 41; COLLINS L. Blocking and Clawback Statutes: The UK Approach [J]. Journal of Business Law, 1986: 372, 452.

[156] 只有在违反英国管辖权的情况下，才可以援引 1964 年运输合同和商业文件法；1980 年法案的适用范围更广，因为它适用于在损害英国商业利益（无论是否存在司法管辖权）的情况下。

[157] 参见如 1992 年保护贸易利益（美国古巴资产管制条例）令，SI 1992/2449；1996 年美国域外立法（对古巴、伊朗和利比亚的制裁）（保护商业利益）令，SI 1996/3171。

[158] 1983 年保护贸易权益（美国反托拉斯措施）令，SI 1983/900。

但与域外管辖权的具体问题无关；反对是针对美国被指控违反了美国与英国之间的空中旅行条约义务。[159] 该法第2条赋予国务大臣权力，禁止遵守向不在其管辖范围内的海外当局提交商业信息的要求。第3条规定，对不遵守上述规定下的命令的任何人施加惩罚，但按照英国对这些问题的处理办法，只能根据英国对国际法属地和属人原则的常规解释施加惩罚。第4条规定，英国法院不应在涉嫌侵犯英国主权的调查过程中遵守外国法庭的协助请求。这是对 *Rio Tinto Zinc v Westinghouse Electric Corpn* 案判决的法定补充。[160]

第5条规定，外国多倍损害赔偿裁决不可在英国执行。这意味着英国的索赔人无法执行在美国获得的3倍赔偿金裁决。[161] 在 *Service Temps Inc v MacLeod* 案[162]中，苏格兰最高法院认为第5条禁止执行美国法院的法令，该法令要求一家苏格兰公司的董事和股东因违反美国州反托拉斯法而支付3倍的赔偿金。[163] 第6条规定，如果英国被告已向美国支付了多倍赔偿金，则可以在英国提起诉讼，以"追回"此类赔偿金中超出赔偿申请人实际所需支付的金额。该规定体现出英国对美国反托拉斯做法的某些方面的反感程度。

7. 竞争法的国际化

各国之间就竞争法的域外适用存在激烈的争端显然不是令人满意的，国际公法的原则并不能为竞争主管机构之间发生真正的冲突所产生的问题提供适当的答案，但是这种冲突的范围随着更多国家采用自己的竞争法守则以及商业变得越来越国际化，可能会扩大。[164] 跨国并购带来了一个特殊的问题，即多个竞

---

[159] 原告在美国反托拉斯诉讼中对该法令的权利提出了质疑，但未成功。参见案例 *British Airways Board v Laker Airways Ltd*［1984］QB 142；上诉［1985］AC 58；上议院还推翻了上诉法院关于 Lalcer 应中止其对 British Airways 的美国诉讼的决定，因为这将意味着不存在可以提起诉讼的理由：参见本章脚注[154]。

[160] ［1978］AC 547；参见本章第605～606页"简介"。

[161] 普通法通常可以在英国执行外国判决，但不能执行"惩罚性"判决。请注意，根据该法第5条的规定，全部款项是不可执行的，而不仅仅是刑法要件；根据1988年贸易利益保护法（澳大利亚贸易惯例）令(SI 1988/569)（关于澳大利亚合并控制的规定）第5条作出了一项法令。

[162] ［2013］CSOH 162；英国上诉法院在案例 *Lewis v Eliades*［2003］EWCA Civ 1758 第40～53段中审议了该法令第5条；［2004］1 WLR 1393。

[163] ［2013］CSOH 162，第31～38段。

[164] 参见：DABBAH M. The Internationalisation of Antitrust Policy［M］. Cambridge：Cambridge University Press，2003；GERBER D J. Global competition：Law，Market and Globalization［M］. Oxford：Oxford University Press，2010；PAPADOPOULOS A S. The International Dimension of EU Competition Law and Policy［M］. Cambridge：Cambridge University Press，2010；EZRACHI A. Research Handbook on International Competition Law［M］. Cheltenham：Edward Elgar，2012；LEWIS D. Building New Competition Law Regimes［M］. Cheltenham：Edward Elgar，2013.

争主管机构对同一笔交易进行调查，并对是否应允许该交易有不同的看法。一个不同的但更积极的观点是，许多竞争主管机构已采取行动迈向国际合作，以应对卡特尔、反竞争行为和超越国界的合并。例如，欧盟和美国竞争主管机构之间的合作现在已经成为日常生活中的一个事实：如果说有什么合作程度可能比 20 世纪 90 年代初美国与欧盟签订第一份合作协议时所能想象的要高的话。

（A）国际竞争网络

国际竞争网络是一个虚拟网络，在促进竞争主管机构之间的国际合作中起着关键作用。国际竞争网络的"任务声明"旨在倡导在全球竞争政策中采用更高的标准和程序，为程序和实质性融合拟定建议，并寻求促进有效的国际合作，以惠及全球成员机构、消费者和经济体。[165] 国际竞争网络在所谓的"ICPAC 报告"之后于 2001 年 10 月成立。[166] 会员资格对负责执行竞争法的国家和跨国组织开放；到 2017 年 12 月 8 日，国际竞争网络的成员来自 122 个司法管辖区的 135 个竞争主管机构。国际竞争网络还寻求参与竞争法实施的私营部门和非政府组织的建议和贡献。

国际竞争网络成立以来已建立了多个工作组：目前有 5 个工作组，涉及合并、卡特尔、单方行为、游说和代理效力。这些小组的工作计划及其输出可在国际竞争网络网站上访问。这些工作组已经发布了一系列推荐的做法、工具包、工作簿和各种其他工作文件，所有这些都提供了学习和指导的重要资源。其输出的一个例子是《国际竞争网络合并指南工作手册》，该手册为并购控制的新手或刚开始的国家提供了指导；对此主题感兴趣的任何人都值得推荐。国际竞争网络的《反卡特尔执法手册》在加强和协调全球反卡特尔执法方面也发挥了重要作用。

国际竞争网络还提出了许多建议，导致许多辖区的管辖权标准、实质性分析、程序规则和执行技术"软统一"。[167]

国际竞争网络的网站[168]是宝贵的资料来源，包括上述工作文件，指向其成

---

[165] 参见 2012 年 2 月 13 日的国际竞争网络操作框架，可在 www. internationalcompetitionnetwork. org 上查阅。

[166] 在国际竞争政策咨询委员会向美国总检察长和反托拉斯总检察长提交国际竞争政策咨询委员会的最终报告后，成立了国际竞争网络。另见：JANOW M E，LEWIS C. International Antitrust and the Global Economy [J]. World Competition，2001，24：3.

[167] 有关软协调的摘要，参见国际竞争网络 2001 ~ 2013 年成就声明，2013 年 4 月，可在其网站上查阅。

[168] www. internationalcompetitionnetwork. org。

员网站的链接以及代理机构官员关于竞争法和竞争政策的电子学习资源。

（B）经济合作与发展组织

经济合作与发展组织积极参与竞争政策事务。它已在竞争政策的各个方面发布了许多“最佳实践通告”，其详细信息可在其网站上找到。[169] 特别是经济合作与发展组织在与卡特尔有关的政策方面一直走在前列。1998 年，理事会发表了一项关于对核心卡特尔采取有效行动的建议，呼吁其成员国确保其法律“有效制止和威慑核心卡特尔”[170]，并请非成员国赞同该建议并予以执行。[171] 2014 年，经济合作与发展组织分别发布了关于竞争调查和程序国际合作的建议书[172]，其标题充分揭示了其内容。2017 年，经济合作与发展组织举行了关于域外竞争补救措施的圆桌会议[173]，讨论了当局如何处理跨境竞争案件中的执法。

（C）世界贸易组织

战后国际贸易组织哈瓦那宪章第 5 章包含反托拉斯法[174]；但是，这并未被纳入 1947 年的关税与贸易总协定，世界贸易组织就是从该组织发展而来的。世界贸易组织成立于 1995 年 1 月 1 日，主要关注贸易问题，而不是竞争政策。[175] 世界贸易组织的规则不对与竞争有关的企业施加义务。在2004 年，世界贸易组织决定在多哈回合期间，贸易与竞争政策之间的相互作用将不再是其工作的一部分。[176]

---

[169] 可在 www. oecd. org/competition 上查阅。

[170] OECD C(98) 35/final，1998 年 3 月 25 日。

[171] 经济合作与发展组织还发布了有关反卡特尔执法问题的其他几份文件，可在 www. oecd. org/competition 上查阅。

[172] OECD C（2014）108，2014 年 9 月 16 日。

[173] 可在 www. oecd. org. competition 上查阅。

[174] 该章载于：WILCOX C. A Charter for World Trade [M]. New York：The Macmillan Company，1949：231 - 327.

[175] 关于贸易与竞争政策之间的关系，参见 1999 年 *Journal of International Economic Law* 的系列文章；1998 年巴里 · 霍克（Barry Hawk）编写的福特汉公司法研究所（*Fordham Corporate Law Institute*）出版物的第 13 ~ 19 章中也可以找到关于该主题的一系列文章。另见：IACOBUCCI E. The Interdependence of Trade and Competition Polices [J]. World Competition，1997 - 1998，21：5；DAVIDOW J，SHAPIRO H. The Feasibility and Worth of a WTO Competition Agreement [J]. Journal of World Trade，2003，37：49.

[176] 有关更多信息，可在世界贸易组织的网站 www. wto. org 上查阅。

（D）联合国贸易和发展会议

联合国贸易和发展会议（the United Nations Conference on Trade and Development，UNCTAD）多年来一直对制定竞争政策感兴趣。[177] 1980 年，联合国大会通过了一项自愿且无约束力的法规，即控制限制性商业惯例的多边商定公平原则和规则集[178]，规定了竞争法体系中应采用的建议核心原则。联合国贸易和发展会议在向发展中国家提供技术援助方面发挥重要作用。[179]

（E）国际合作协定

许多双边和多边协定的通过促进了竞争主管机构之间的国际合作。[180] 例如，美国已经与德国、澳大利亚、加拿大和俄罗斯就竞争法的执行谈判达成协议。[181] 1983 年 1 月 1 日在澳大利亚和新西兰之间生效的更紧密的经济关系协定规定了两国之间的密切合作，甚至允许一国在适当的情况下适用另一国的法律。丹麦、冰岛、挪威和瑞典于 2003 年 4 月就竞争法事务合作达成协议。[182] 区域协议在制定合作解决竞争问题的方法方面可发挥重要作用；欧盟本身就是区域合作的一个例子，北美自由贸易协定第 15 章包含了美国、加拿大和墨西哥就竞争政策进行磋商、合作与协调的规定。

（F）欧盟关于竞争执法的专门合作协议

欧盟已经与美国、加拿大、日本、韩国和瑞士签订了专门的合作协议[183]；这些协议中的每一个都以与美国的协议为蓝本。下文将首先研究与美国的协议；然后将讨论实践中的合作；最后将关注欧盟委员会竞争总司与其他司法管

---

[177] 参见：BRUSICK P. UNCTAD's Role in Promoting Multilateral Cooperation on Competition Law and Policy［J］. World Competition，2001，24：23；LIANOS I. The Contribution of the United Nations to the Emergence of Global Antitrust Law［J］. Tulane Journal of International and Comparative Law，2007，15：145.

[178] 1980 年 12 月 5 日第 35/63 号案例；联合国在 2000 年 10 月 4 日决议中重申了这一规定。

[179] 参见 2004 年联合国贸易与发展会议竞争示范法，可在 www. unctad. org 上查阅。

[180] 参见：ZANETTI B. Cooperation Between Antitrust Agencies at the International Level［M］. Oxford：Hart，2002.

[181] 反垄断合作协议可在 www. justice. gov/art 上查阅。

[182] 参见：BRUNT M. Australian and New Zealand Competition Law and Policy［M］. Fordham Corporate Law Institute（ed Hawk），1992：ch 7.

[183] 可在 www. konkurrensverket. se 上查阅。

[184] 可在 www. ec. europa. eu/competition/international/bilateral 上查阅；参见：PAPADOPOULOS A S. The International Dimension of EU Competition Law and Policy［M］. Cambridge：Cambridge University Press，2010.

辖区合作的努力。

（i）1991 年 9 月 23 日的欧盟/美国合作协定

第一个欧盟/美国合作协议于 1991 年 9 月 23 日签订。[185] 法国政府成功地挑战了欧盟委员会开展工作的法律依据，因为部长会议本应参与通过该协定[186]。1995 年 4 月 10 日欧盟理事会和欧盟委员会通过一项联合决定，纠正了这一情况[187]。

该协定规定了在欧盟和美国竞争法执行的各个方面进行合作的详细规则。第 2 条要求每个司法管辖区的主管当局在意识到其执法活动可能影响另一方的重要利益时相互通知。第 11 条第 3 款对合并的通知时间作出了特殊规定。第 3 条涉及每个司法管辖区当局之间的信息交流，并规定了欧盟和美国官员之间的例会，以讨论共同关心的问题。第 4 条涉及执法活动中的合作与协调，各机构将就此提供协助。第 5 条是超越第 4 条的新规定，因为它体现了“积极协作”的思想：一个机构可以要求另一方采取行动，以纠正前者领土内的反竞争行为。[188] 积极礼让的想法在第二份合作协定中有进一步阐述，稍后将进行讨论。

第 6 条要求当事各方在执法活动中避免冲突，并规定了机构在决定是否进行诉讼时应考虑的标准。这些标准反映了在美国“司法管辖权规则”中讨论的（消极）礼让原则。[189] 该协定第6条第 1 款要求当事各方就其处理的事项相互协商。第 8 条规定，在拥有协议的一方的法律禁止的情况下，或者在与拥有协议的一方的重要利益相抵触的地方，不得要求协议的任何一方向另一方提供信息；此外，每一方均同意对从另一方收到的信息进行最大程度的保密。第 9 条规定，根据本协定，任何一方均不得被要求做任何与现行法律相抵触的事情。任何一方均可在 60 天后终止协议。

（ii）1998 年 6 月 4 日的积极协作协议

第二份欧盟/美国合作协议于 1998 年 6 月 4 日签订，并在第一份协议的第

[185] ［1991］ 4 CMLR 823。

[186] 案例 C－327/91 *France v Commission* EU：C：1994：305；评论参见：RILEY A J. Nailing the Jellyfish：The Illegality of the EC/US Government Competition Agreement［J］. European Competition Law Review，1992，13：101；1995，16：185.

[187] OJ［1995］ L 95/45，经 OJ［1995］ L 131/38 修订；相关评论参见：HAM A D. International Cooperation in the Antitrust Field and in particular the Agreement between the United States and the Commission of the European Communities［J］. Common Market Law Review，1993，30：571；TORREMANS P L C. Extraterritorial Application of EC and US Competition Law［J］. European Law Review，1996，21：280.

[188] 参见：ATWOOD J R. Positive Comity Is it a Positive Step?［M］//HAWK B. Inter national Antitrust Law & Poliay：Fordham Corporate Law. New York：Jun's Publishing Inc，1992：ch 4.

[189] 参见本章第 612～613 页“司法礼让原则”。

5 条中发展了积极协作的原则。[190] 欧盟理事会和欧盟委员会在 1998 年 5 月 29 日的联合决定中批准了积极协作协议。第 1 条规定，当一方可以证明另一方在其领土内发生反竞争活动而对前者的利益产生不利影响时，则适用本协定。第 2 条包含定义；重要的是要注意，由于第 11 条第 4 款对“竞争法”的定义，合并不属于本协议的范围。第 3 条载有积极协作的原则：“请求方”的竞争主管部门可以请求被请求方的主管部门进行调查，并在有必要的情况下根据其竞争法对反竞争活动进行补救。第 4 条规定，被请求方可以在被请求方适用法律时推迟或中止其法律的适用。第 5 条涉及保密和信息使用。第 6 条规定，积极协作协议的解释应与1991 年协定保持一致。积极协作协议可在任何一方通知的 60 天后终止。

（iii）实践中的合作协议

合作协议在实践中取得了巨大成功。[191] 欧盟委员会与美国、加拿大、日本、韩国和瑞士的竞争主管部门之间的合作如今已成为日常生活：如果有的话，在 20 世纪 90 年代初期，合作的程度比想象的要大。欧盟委员会的竞争政策年度报告（以及随附的员工工作文件）描述了当局共同努力的具体案例[192]：明显的例子包括 *E – books* 案[193]中美国司法部和欧盟委员会在各自的调查中密切合作，以及在 *Smiths Group/Morpho Protection* 案[194]，欧盟委员会竞争总司在第一阶段调查和补救阶段与美国司法部密切合作。欧盟和美国的合并工作组已经发布了有关“最佳实践”的准则，在大西洋两岸都在调查同一笔交易。[195]

---

[190] OJ［1998］L 173/26；第一个基于积极协作提出的案件是 *Sabre* 案：参见欧盟委员会《关于竞争政策的第 30 号报告》（2000），第 453 点。

[191] 经济合作与发展组织汇编了 142 份合作协议的清单，包括其目的和规定，例如信息交流，保密，调查协调和例会；可从 www. oecd. org/competition 上查阅。

[192] 参见例如 2005 年竞争政策报告，SEC（2006）761 final，第 187 ~191 页。

[193] 参见欧盟委员会于 2012 年 12 月 13 日发布的 IP/12/1367 委员会新闻稿（根据委员会的承诺决定）和代理总检察长莎丽丝·波森（Sharis Pozen）在 2012 年 4 月 11 日的讲话，称此案为“我们在合作努力中取得长足进步的光辉典范”（可在 www. justice/atr 上查阅）。

[194] 参见案例 M 8087，欧盟委员会于 2017 年 1 月 18 日作出的决定，参见 Dumont Smiths/Morpho Detection：maintaining security through innovation，竞争合并摘要 2/2017，可在 www. ec. europa. eu/competition/publications 上查阅。

[195] 可在 www. ec. europa. eu/competition/international/legiSlation/agreements. html 上查阅。

像 *Boeing/McDonnell Douglas* 案[196]和 *GE/Honeywell* 案[197]的案例一样，欧盟和美国之间发生摩擦的少数案例得到了包括新闻报道在内的大量关注。在 *Boeing* 案中，美国联邦贸易委员会达成了不反对合并的多数决定，而欧盟委员会似乎有可能在某一时刻全面禁止合并。该案中向委员会提供了修改交易的承诺，结果有条件地得到了批准。在 *GE/Honeywell* 案中，没有找到这样的解决方案，在该案中，批准合并的美国司法部与禁止合并的欧盟委员会发生了真正的冲突。但是，这些例外情况不应掩盖以下事实：许多案件，特别是合并案件，在两个司法管辖区之间没有任何摩擦的情况下成功完成了。无论欧盟和美国之间或任何其他竞争主管机构之间的合作机制多么复杂，在某些情况下，始终都无法就适当的结果达成共识。[198] 合作协议的成功应根据这些案例的罕见程度来评估，在此基础上，合作协议非常成功。

（iv）关于合作的谅解备忘录

欧盟委员会竞争总司于2009年10月与巴西竞争主管机构签署了合作谅解备忘录。[199] 2011年3月，它与俄罗斯反垄断局达成了类似的备忘录[200]；在2012年9月与负责中国竞争法的机构达成了合作[201]；在2013年11月与印度竞争委员会合作[202]；并于2016年6月与南非竞争委员会合作[203]。

---

[196] 案例 M 877，OJ［1997］L 336/16；要获得评论，参见：BAVASSO A. Boeing/McDonnell Douglas：Did the Commission Fly Too High？［J］. European Competition Law Review，1998，19：243；BANKS J D. The Development of the Concept of Extraterritoriality under European Merger Law Following the Boeing/McDonnell Douglas Decision［J］. European Competition Law Review，1998，19：306；FIEBIG A R. International Law Limits on the Extraterritorial Application of the European Merger Control Regulation and Suggestions for Reform［J］. European Competition Law Review，1998，19：323.

[197] 案例 M 2220，欧盟委员会于2001年7月3日的决定，在上诉中维持案件 T－210/01 *General Electric v Commission* EU:T:2005:456；有关此案以来欧盟/美国程序与合作的评论，参见：VANDERGRIFT S A，LUCAS J J. The GE/Honeywell Saga？Ehh，What's Up Doc？A Comparative Approach Between US and EU Merger Control Proceedings Almost 15 Years Later［J］. European Competition Law Review，2014，35：172。

[198] 参见例如案例 M 6166 *Deutsche Börse/NYSE Euronext*，欧盟委员会在2012年2月1日的决定，维持上诉中的案例 T－175/12 *Deutsche Börse v Commission* EU:T:2015:148。该合并在美国已被批准，但由于欧盟金融衍生品市场存在严重的竞争问题，因此在欧盟陷入困境。

[199] 参见欧盟委员会新闻稿 IP/09/1500，2009年10月9日。

[200] 参见欧盟委员会新闻稿 IP/11/278，2011年3月10日。

[201] 参见谅解备忘录，2012年9月20日；参见关于合并的合作实务指南，2015年10月15日。

[202] 参见欧盟委员会新闻稿 1B 13/1143，2013年11月21日。

[203] 可在 www. ec. europa. eu/competition 上查阅。

第 13 章
横向协议（1）：卡特尔

1. 简 介

本章涉及卡特尔的禁令，也称为核心（hard - core）横向协议。卡特尔是竞争法中最明显有害的反竞争行为，并且是竞争主管机构的主要目标。竞争政策某些方面的奥秘不应该掩盖一个简单的事实，即竞争者是为客户的业务而相互竞争，而不是相互串通以扭曲竞争过程。独立企业之间固定价格、划分市场、限制产量以及确定竞争性招标结果的横向协议是最严重的竞争限制之一。[1] 毫不奇怪，几乎所有竞争法体系都统一谴责核心卡特尔（hard - care cartels），即使它们在起诉和处罚卡特尔的方式上可能有所不同。[2]

1776 年，亚当·斯密（Adam Smith）在著作《国富论》中指出：

> 同行业的人很少聚会，即使是为了娱乐和消遣，除非是为了对公众的

---

[1] 本章其余部分，除非上下文另有说明，否则将假定有一项协议和/或协同行为；第 3 章将涉及何为协议和/或协同行为的问题。

[2] 更多关于卡特尔与竞争法的细节请参见：SAKKERS E，YSEWYN J. European Cartel Digest [M]. Alphen ann den rijn：Kluwer，2009；HARDING C，JOSHUA J. Regulating Cartels in Europe [M]. 2nd ed. Oxford：Oxford University Press，2010；JEPHCOTT M，LÜBIGG T. Law of Cartels [M]. 2nd ed. Lockport：Jordans，2011；SIRAGUSA M，RIZZA C. EU Competition Law Volume Ⅲ：Cartels and Collusive Behaviour：Restrictive Agreements and Practices between Competitors [M]. Deventer：Claeys and Casteels，2012；UTTON M A. Cartels and Economic Collusion [M]. Cheltenham：Edward Elgar，2013；KAPLOW L. Competition Policy and Price Fixing [M]. Princeton：Princeton University Press，2013；ROSE V，BAILEY D. Bellamy and Child：European Union Law of Competition [M]. 7th ed. Oxford：Oxford University Press，2013；WARDHAUGH B. Cartels，Markets and Crime：A Normative Justification for the Criminalisation of Economic Collusion [M]. Cambridge：Cambridge University Press，2014；FAULL J，NIKPAY A. Faull & Nikpay：The EU Law of Competition [M]. 3rd ed. Oxford：Oxford University Press，2014：ch 8.

阴谋或某种提高价格而进行的谈话。

有证据表明，如今竞争者在充满烟雾的房间（或者在无烟的互联网聊天室）见面的趋势与18世纪一样强烈：卡特尔似乎还活着并在世界各地活跃。斯密所描述的现象在1776年并不是一个新发现：卡特尔在东罗马帝国（拜占庭）时代被认识到并被禁止。[3] 公元483年的芝诺（Zeno）宪法对与服装、鱼类、海胆和其他产品有关的固定价格判处流放，流放地通常是英国。[4] 亚当·斯密的评论是有先见之明的：卡特尔在随后的几个世纪中蓬勃发展，往往在政府的默示甚至明确支持下进行。即使通过严厉制裁（包括对个人的监禁）的竞争法也不足以压制竞争者试图控制市场的普遍存在的私利。[5] 有时咨询公司可能会充当卡特尔的协助者：协助本身也会被判违反《欧盟运行条约》第101条。[6]

本章的框架如下：第2节讨论了全球竞争主管机构之间普遍认为应该谴责卡特尔的共识，并举例说明了最近导致处以巨额罚款和监禁的执法案例。第3节介绍了欧盟委员会在欧盟的反卡特尔执法和司法实践。然后，本章考虑将《欧盟运行条约》第101条适用于特定类型的卡特尔：横向固定价格、划分市场、生产配额和其他核心卡特尔行为。本章的最后部分介绍了英国的反卡特尔执法和司法实践。

2. 卡特尔应被禁止是广泛的共识

（A）全球的议程

当今世界的竞争主管机构，有一种非常真实的感觉，即竞争法首要的是根除和终止核心卡特尔的决心。在欧盟，前竞争事务专员马里奥·蒙蒂（Mario

---

[3] 根据早于查士丁尼法典的 Kautilya's Arthashastra 的Ⅳ.2.18规定，价格固定也是一种可惩罚的违法行为（参见下一个脚注）。

[4] 参见查士丁尼法典第186页第4章第59条第2款（Weidmann，1954）：根据英国2002年企业法，因实施英国卡特尔犯罪被流放到罗马被认为不太可能产生足够的威慑作用，因此不是一个可用的选择；大致参见：GREEN N. From Rome to Rome：The Evolution of Competition Law into a Twenty - First Century Religion［J］. Competition Law Journal，2010，9（1）：7.

[5] 参见：CONNOR J M，LANDE R H. Cartels as Rational Business Strategy：Crime Pays［J］. Cardozo Law Review，2012，34：427，该文得出结论，反卡特尔制裁的总体水平"太低了"；另见 OECD's *Business and Finance Outlook*（2017）第2.6节指出，从1990年到2015年，受卡特尔行为影响的销售总价值约为7.5万亿美元：可在 www.oecd.org 上查阅。

[6] 参见本章第643~644页"促进卡特尔的协助者（第三方）"。

Monti）曾经将卡特尔描述为“公开市场经济中的癌症”[7]，而美国最高法院将卡特尔称为“反托拉斯的最大的邪恶”。[8] 美国司法部的官员写道：“卡特尔没有合法目的，只为了抢夺消费者可以在竞争中得到的实在好处”。[9] 在道德和实践层面上，固定价格和盗窃之间没有很大的区别。美国法律数十年来一直将核心卡特尔视为本身违法和刑事犯罪，不仅要处以罚款，还要处以个人监禁。其他国家已经对参加核心卡特尔的个人实施了刑事制裁，包括某些情况下的监禁。[10]

（B）经济合作与发展组织同卡特尔的斗争

经济合作与发展组织在卡特尔政策方面一直处于最前沿。这本身反映了一个显而易见但很重要的观点，即卡特尔经常是一种国际现象，而竞争法体系在大多数情况下纯粹是国家范围内的。欧盟规则是一个重要的例外，因为它们适用于欧洲经济区（EEA）的所有成员国和缔约国。如 *LIBOR* 案和 *Car parts* 案等具有全球影响力的卡特尔，需要国际上的回应，并且经济合作与发展组织在这方面处于重要地位，可以发挥带头作用。

1998 年，经济合作与发展组织通过了关于对核心卡特尔采取有效行动的建议，其中呼吁其成员方确保其法律“有效地制止和防止核心卡特尔”，并邀请非成员方联合起来，依据该建议一并实施。该建议敦促各方提供一种有效的制裁措施，以在某种程度上阻止企业和个人参与核心卡特尔，并采取有效的执法程序来发现和救济此类卡特尔造成的损害。该建议将核心卡特尔定义为：

> 一种竞争者的反竞争协议、反竞争的行为或反竞争的安排，以固定价格，进行有组织的投标（串通投标），建立产量限制或配额，或通过分配客户、供应商、地区或商业领域分享或分割市场。

随后，经济合作与发展组织发布了一些特别有关卡特尔执法问题的进一步文件。[11] 经济合作与发展组织审查了卡特尔造成的危害：在认识到量化这种危害有多么困难的同时，发现其数额达每年全球数十亿美元。经济合作与发展组织还讨论了进入秘密掩盖下的核心卡特尔的必要性，以及鼓励举报人对此作出

---

[7] 参见蒙蒂（Monti）的演讲：Fighting Cartels Why and How? Why should we be concerned with cartels and collusive behaviour，2000 年 9 月 11 日，可在 www. ec. europa. eu 上查阅。

[8] *Verizon Communications v Law Offices of Curtis v Trinko* 540 US 398（2004）.

[9] WERDEN G J，HAMMOND S D，BARNETT B A. Deterrence and Detection of Cartels：Using all the Tools and Sanctions.［J］. Antitrust Bulletin，2011，56：207，208.

[10] 参见本章第 638 ~ 639 页“全球针对卡特尔的近期行动”。

[11] 与本节相关的经济合作与发展组织文件详见：www. oecd. org/competition。

的贡献。本书第7章和第10章讨论了举报和宽大处理适用程序，这是竞争主管机构处理卡特尔的重要特征。[12] 对企业和个人的强有力制裁提高了宽大处理方案的有效性。经济合作与发展组织主张对卡特尔案件处以更大的处罚；它认为制裁尚未达到威慑的最佳水平。2017年，经济合作与发展组织举行了一次关于算法与共谋的圆桌会议，除其他主题外，还讨论了传统的反托拉斯协议和默示共谋概念是否适合算法、价格跟踪软件和人工智能的数字时代，以及是否可以对算法的创建者和用户施加反托拉斯责任。

经济合作与发展组织强调，在打击卡特尔方面需要加强国际合作，如前所述，卡特尔经常超越国界。本书第12章讨论了竞争主管机构之间的合作。[13]

（C）国际竞争网络同卡特尔的斗争

国际竞争网络也为全球“反卡特尔斗争”作出了重要贡献。国际竞争网络有一个卡特尔工作组：它由两个小组组成，其中一个小组研究法律框架，另一个小组研究执法技术。卡特尔工作组的工作计划和出版物可在国际竞争网络网站上找到。[14] 国际竞争网络制作了一系列有用的《反卡特尔执法模板》，总结了超过45个辖区的反卡特尔法律。国际竞争网络已出版了《反卡特尔执法手册》，其中每章都讨论了执法技巧并确定了已被证明有效和成功的方法。它还编写了一套由竞争主管机构准备的教育材料，以提高公众对卡特尔影响以及打击卡特尔的重要性的意识。它组织有关当前主题的网络研讨会，并举办年度卡特尔研讨会。

（D）全球针对卡特尔的近期行动

近年来，在“成熟的”竞争法体系和新的管辖区以及所有类型的经济体中，已裁定的案件数量证明了全球竞争主管机构对侦查和禁止卡特尔的承诺。近年来一些重大卡特尔案件的例子说明了全世界竞争主管机构的活跃程度：

- 在美国，2015年处以的罚款总额达36亿美元，是美国反托拉斯历史上最大的一笔罚款[15]，罚款被转入旨在帮助犯罪受害者的公共基金中。2016年，有22个人被判入狱。美国司法部仍在对汽车零部件行业的广泛卡特尔活动进

---

[12] 参见第7章第352～356页“欧盟委员会的《宽大处理通知》”、第10章第518～524页“宽大处理”。

[13] 参见第12章第628～634页“竞争法的国际化”。

[14] 详见 www. internationalcompetitionnetwork. org。

[15] 参见刑事执法趋势图（Criminal Enforcement Trend Charts），可在 www. justice. gov/atr 上查阅。

行调查。该调查始于2010年，到2016年12月，美国司法部已起诉65人[16]，47家公司[17]，并处以总计27亿多欧元的罚款。

• 在印度，印度竞争委员会于2012年6月对11家垄断行业的水泥制造商处以大约8亿欧元的罚款[18]；经上诉，该决定被竞争上诉法庭搁置，并退回委员会重审，该委员会于2016年8月通过了第二项决定，对10家制造商处以近9.5亿欧元的罚款。[19]

• 2014年，韩国公平贸易委员会因涉及地铁站工作的共谋招标对21家建筑公司处以约9100万欧元的罚款。[20]

• 在中国，国家发展和改革委员会对8家（条）航运公司（航线）价格垄断判处的罚款约5190万欧元。[21]

• 2017年，澳大利亚法院对Nippon处以2500万澳元的罚款，原因是其与其他运输公司非法协调运输机动车辆的价格。[22]

许多国家/地区，例如澳大利亚、巴西、加拿大、法国、德国（共谋招标）、冰岛、爱尔兰、印度尼西亚、以色列、日本、韩国、墨西哥、挪威、斯洛伐克共和国、俄罗斯、泰国、英国和赞比亚等都在卡特尔案件中规定了刑事制裁。

3. 欧盟针对卡特尔的政策

欧盟委员会高度重视卡特尔。欧盟委员会竞争总司内设有一个卡特尔局，负责起诉卡特尔案件，并与政策和战略局一起负责制定政策并与经济合作与发展组织和国际竞争网络合作。欧盟委员会对卡特尔采取更严格政策的决心可以通过各种方式得到体现。第一，《宽大处理通知》鼓励卡特尔的参与者向欧盟委员会提供其非法行为的证据，以换取豁免或减少罚款。[23] 从稍后讨论的统计数据可以看出，举报在曝光卡特尔方面非常成功。第二，欧盟委员会《罚款

[16] 美国越来越注重让公司高管对反托拉斯违法行为负责：参见如前副总检察长耶茨（Yates）在2015年9月9日的讲话，可在www.justice.gov/atr上查阅。

[17] 参见2016年11月8日新闻稿，可在www.justice.gov/atr上查阅。

[18] 参见2012年6月20日新闻稿，可在www.cci.gov.in上查阅；该决定已上诉至竞争上诉法庭。

[19] 参见2016年8月31日新闻稿，可在www.cci.gov.in上查阅。

[20] 参见韩国公平贸易委员会2014年1月2日的新闻稿，可在www.ftc.go.kr/eng/index.do上查阅。

[21] 案件详情可在www.en.ndrc.gov.cn上查阅。

[22] 案件详情可在www.accc.gov.au/media上查阅。

[23] 参见第7章第352~356页“欧盟委员会的《宽大处理通知》”。

准则》对参与卡特尔的公司处以重罚。[24] 第三，2008年和解制度的采用导致作出决定比以往更快[25]：截至2017年12月8日，欧盟委员会已经解决了25个卡特尔案件。第四，欧盟委员会促进了国家竞争主管机构与其自身之间以及彼此之间在打击卡特尔方面的合作。[26] 第五，近年来欧盟委员会裁定的案件数量是欧盟委员会热衷于惩罚和消灭卡特尔的真实证据。[27]

卡特尔市场内的企业可能面临损害赔偿之诉[28]，并且在某些成员国内个人面临被监禁的可能性[29]，很难相信法律对欧盟中卡特尔的威慑作用微不足道[30]；然而，欧盟委员会（和成员国竞争主管机构）仍然在大量的各类市场中发现它们。[31] 在许多案件中，欧盟委员会会增加本应支付的罚款，如果企业是累犯，也就是说是屡犯[32]；并且经常在同一行业中发现一系列卡特尔。[33] 这些卡特尔的寿命很长：例如 *Animal feed phosphates* 案[34]中为35年，而 *Sorbates* 案[35]和 *Organic peroxides* 案[36]中的每个卡特尔为29年。其中一些卡特尔在同一时间对几种产品进行卡特尔化，比如 *Calcium and magnesium reagents* 案[37]。在欧盟委员会的决定中值得注意的是，委员会在贸易协会会议期间或之后举行卡特尔会

---

[24] 参见第7章第349～352页“欧盟委员会关于罚款方法的准则”。

[25] 参见第7章第330～333页“垄断案件的和解”。

[26] 参见第7章第334～338页“第4章：合作”。

[27] 参见下文的第645～646页“近期制裁卡特尔的判决”。

[28] 参见第8章。

[29] 参见例如第10章第534～546页“卡特尔犯罪”关于英国的立场。

[30] 有关威慑与卡特尔的议题大致参见：WILS W P J. The Optimal Enforcement of EC Antitrust Law Essays in Law and Economics［M］. Austin：Kluwer，2002；WILS W P J. Efficiency and Justice in European Antitrust Enforcement［M］. Oxford：Hart，2008.

[31] 欧盟委员会竞争总司的网站 www. ec. europa. eu/competition/index_en. html 在卡特尔中包含一个下拉菜单；“新增功能?”部分提供了有关新案件的详细信息，在这些案件中，已经进行了检查，发起了诉讼，发出了反对意见或通过了一项决定。

[32] 参见例如 *Nitrine butadiene rubber*，2008年1月23日的欧盟委员会决定，由于累犯，拜耳（Bayer）的罚款被提高了50%；进一步参见第7章第350～352页“基本金额的调整”。

[33] 参见例如 *Nitrine butadiene rubber*，2008年1月23日的欧盟委员会决定：这是三年来合成橡胶行业的第四项决定。

[34] 2010年7月20日的欧盟委员会决定；在整个时期内，并非所有生产者都参与其中。

[35] 上诉案 T－410/03 *Hoechst v Commission* EU：T：2008：211 基本上维持了欧盟委员会2003年10月1日的决定。

[36] 2003年12月10日的欧盟委员会决定，在上诉案 T－99/04 *AC－Treuhand v Commission* EU：T：2008：256 中维持原判。

[37] 2009年7月22日的欧盟委员会决定，在上诉案 T－384/09 etc *SKW Stahl－Metallurgie Holding v Commission* EU：T：2014：27 以及进一步上诉案 C－154/14 P etc *SKW Stahl－Metallurgie v Commission* EU：C：2016：445 中维持原判。

议的频率有多高，例如 *Industrial bags* 案[38]、*Copper fittings* 案[39]和 *Polyurethane foam* 案[40]等。

（A）统　计

1990～2017年，欧盟委员会对835家从事卡特尔活动的公司处以276亿欧元的罚款。[41] 2013～2017年，罚款总额达93亿欧元；仅就 *Trucks* 案中的卡特尔而言，罚款就达38亿欧元。[42] 欧盟委员会有关卡特尔执法活动的统计数据可在其网站上获得并定期更新。这些统计数据雄辩地说明了欧盟委员会寻找和根除卡特尔的决心。2016年一年，欧盟委员会通过了6项决定，罚款总额达37.26亿欧元，是单年最高罚款额。罚款已支付到欧盟预算中：在此范围内，它们使成员国的国库受益，而成员国的会费则按比例减少。换句话说，最终欧洲纳税人直接受益于对卡特尔成员的惩罚。另外，欧盟委员会估计，由于反卡特尔执法，它在2016年为消费者节省了6.8亿～10.2亿欧元。[43]

严格执行的情况很明显。一些评论者对欧盟委员会所处以的高额罚款表示关切，尤其是对欧盟委员会所赋予的综合权力和系统内缺乏"崭新的眼睛"（fresh pair of eyes）的担忧[44]。但是，欧洲人权法院对 *Menarini Diagnostics v Italy* 案[45]以及欧洲法院对 *Chalkor v Commission* 案[46]的判决清楚表明，完全受司法控

---

[38] 2005年11月30日的欧盟委员会决定。

[39] 2006年9月20日的欧盟委员会决定，在上诉案 T－375/06 etc *Viega v Commission* EU：T：2011：106以及进一步上诉案 C－276/11 P EU：C：2013：163 中得到了维持。

[40] 2014年1月29日的欧盟委员会决定。

[41] 详见 www. ec. europa. eu/competition/cartels/statistics/statistics. pdf；经上诉后该罚款减至252亿欧元。

[42] 2016年7月19日和2017年9月27日的欧盟委员会决定；针对后一个决定的上诉案 T－799/17 *Scania v Commission*，尚未裁决。

[43] *EU Competition Policy in Action*（2017），可在 www. ec. europa. eu 上查阅。

[44] 参见：FORRESTER I S. Due Process in EC Competition Case：A Distinguished Institution with Flawed Procedures［J］. European Law Review，2009，34（6）：817；EHLERMANN C D，MARQVIS M. European Competition Law Annual 2009：The Evaluation of Evidence and Its Judicial Review in Competition Cases［C］. Oxford：Hart，2011；Towards a More Judicial Approach? EU Antitrust Fines under the Scrutiny of Fundamental Rights［J］. Common Market Law Review，2011，48（5）：1405.

[45] Application No 43509/08，2011年9月27日判决，第57～67段。

[46] 案例 C－386/10 P EU：C：2011：815，第45～54段（*Copper plumbing tubes*）；另见案例 C－501/11 P *Schindler Holding v Commission* EU：C：2013：522，第30～38段（*Elevators and escalators*）；案例 T－56/09 etc *Saint－Gobain Glass France v Commission* EU：T：2014：160，第75～87段，尤其是第80段（*Carglass*）。

制的行政决策符合《欧洲人权公约》和《欧盟基本权利宪章》的规定。[47] 欧洲自由贸易联盟法院在 *Posten Norges* 案也得出了相同的结论。[48]

欧盟委员会仍然致力于对卡特尔采取极端强硬的立场。但是，这种说法是可以接受，即罚款太高可能意味着有罪的公司会倒闭[49]：这对竞争主管机构而言不是一个有吸引力的主张，因为这意味着市场上的竞争者会比以前更少。为此，欧盟委员会减少了对 *Prestressing steel* 案[50]、*Bathroom fittings and fixtures* 案[51]以及 *Animal feed phosphate* 案[52]的罚款。

（B）卡特尔的隐藏

参与卡特尔的公司通常会充分意识到其行为的非法性。它们经常竭尽全力隐瞒其非法活动的证据，例如，在 *Gas insulated switchgear* 案[53]中，卡特尔的参与者使用代码隐瞒其公司名称并使用加密软件以保证电子邮件和电话交谈的机密性；利用免费的电子邮件提供商和它们提供的匿名邮箱；以受密码保护的文件形式发送消息：定期更改密码；系统地销毁电子邮件；将附件下载到记忆棒上，而不是下载到计算机上；并利用卡特尔成员提供的包含加密选项的移动电话。[54] *Cathode ray tubes* 案使用了类似的做法。[55] 在 *High power voltage cables* 案[56]中，欧盟委员会使用了司法鉴定信息技术来恢复数千个由其中一家违规公司的雇员删除的文件。

---

[47] 有关讨论参见：WILS W P J. The Increased Level of EU Antitrust Fines, Judicial Review, and the European Convention on Human Rights [J]. World Competition, 2010, 33 (1): 5; MEROLA M, DERENNE J. The Role of the Court of Justice of the European Union in Competition Law cases: GCLC Annual Conference Series [M]. Bruxelles: Bruylant, 2012.

[48] 案例 E－15/10 *Posten Norge AS v EFTA Surveillance Authority*，欧洲自由贸易协会 2012 年评论，第 91 段和第 100 段。

[49] 《罚款准则》OJ [2006] C 210/2，第 35 段；欧盟普通法院拒绝了第 35 段赋予欧盟委员会过多处分权的论点：案例 T－386/10 *Dornbracht v Commission* EU：T：2013：450，第 76～77 段；参见：KIENAPFEL P, WILS G. Inability to Pay－First Cases and Practical Experiences [J]. Competition Policy Newsletter, 2010, 3: 3.

[50] 2010 年 6 月 30 日的欧盟委员会决定。

[51] 2010 年 6 月 23 日的欧盟委员会决定，该观点见于案例 T－376/10 *Mamoli Robinetteria v Commission* EU：T：2013：442，第 180～183 段，进一步上诉观点见于案例 C－619/13 P EU：C：2017：50，第 113～114 段。

[52] 2010 年 7 月 20 日的欧盟委员会决定，第 224～240 段。

[53] 2007 年 1 月 24 日的欧盟委员会决定。

[54] 同上。

[55] 2012 年 12 月 5 日的欧盟委员会决定；同样参见 *LCD*，2010 年 12 月 8 日的欧盟委员会决定，第 302 段；*Freight forwarding*，2012 年 3 月 28 日的欧盟委员会决定（确定价格时使用基于蔬菜名称的代号）。

[56] 欧盟委员会新闻稿 IP/14/358，2014 年 4 月 2 日。

（C）参与卡特尔的证明

从上一节可以看出，竞争主管机构可能很难收集足以满足法院对存在秘密卡特尔的必要证据标准的证据。在 *Aalborg Portland v Commission* 案[57]中，欧洲法院承认，“如果欧盟委员会发现证据明确表明交易商之间存在非法接触，例如会议纪要，通常只是零散而稀疏的，因此通常有必要重新确定某些细节”。[58]法院说，在大多数情况下，必须从巧合和迹象中推断出存在反竞争的做法或协议，而这些巧合和迹象在没有其他合理解释的情况下，可能构成违法的证据。[59] 例如，在 *Total Marketing Services SA v Commission* 案中，法院裁定，某企业参加涉及反竞争活动的会议“会推定其参与的非法性，该企业必须通过公开疏远的证据予以驳斥，同时使卡特尔的其他各方也如此认为”。[60] 该推定的原因是，在参加卡特尔时并未公开偏离讨论的内容，该企业使其他参与者相信它赞同会议的决定，并将遵守该决定。[61] 推定是欧盟法律支持反卡特尔执法的有效性和可管理性的一种方式。[62]

（D）促进卡特尔的协助者（第三方）

在 *Organic peroxide* 案[63]中，卡特尔的成员利用第三方 AC – Treuhand 的服务来组织卡特尔会议。欧盟委员会得出结论，AC – Treuhand 本身也是非法协议的当事方，对其处以象征性的罚款 1000 欧元；上诉后，欧盟委员会的决定维持不变。[64] 在 *Heat stabilisers* 案[65]中，AC – Treuhand 再次被罚款，这一次是因

---

[57] 案例 C – 204/00 P etc EU：C：2004：6（*Cement*）。

[58] 同上，第 55 段。

[59] 同上，第 57 段。

[60] 案例 C – 634/13 P EU：C：2015：614，第 21 段（*Candle waxes*）。

[61] 案例 C – 403/04 P *Sumitomo Metal Industries Ltd v Commission* EU：C：2007：52，第 48 段（*Seamless steel tubes*）。

[62] 参见经济合作与发展组织圆桌会议“安全港和竞争法中的法律推定”（Safe harbours and legal presumptions in competition law）（2017 年），可在 www. oecd. org/competition 上查阅。

[63] 2003 年 12 月 10 日的欧盟委员会决定；早在 1980 年，欧盟委员会就在 *Italian cast glass* 案的裁决中认定，卡特尔做法的协助者违反了《欧盟运行条约》第 101 条，1980 年 12 月 17 日的欧盟委员会决定。

[64] 案例 T – 99/04 *AC – Treuhand v Commission* EU：T：2008：256，第 112 ~ 138 段；有关评议参见：HARDING C. Capturing the Cartel’s Friends：Cartel Facilitation and the Idea of Joint Criminal Enterprise［J］. European Law Review，2009，34（2）：298.

[65] 2009 年 11 月 11 日的欧盟委员会决定。

为协助两个独立的卡特尔而被罚款348000欧元。上诉后再次维持该决定[66]；欧洲法院裁定，如果有以下情况，协助者（第三方）可能承担责任：

> 旨在通过自己的行为为所有参与者所追求的共同目标作出贡献，并意识到其他企业为实现相同目标而计划或实施的实际行为，或者它可以合理地预见并准备为此承担风险。[67]

在 *Icap v Commission* 案[68]中，欧盟普通法院维持了欧盟委员会的裁定，认为代理商 Icap 协助操纵了日元利率衍生品交易中使用的基准。[69] 在 *Eturas* 案[70]中，欧盟法院对在线订票系统的管理者有责任为促进横向协同行为以限制旅行社提供的折扣负责的情况作出了初步裁定；立陶宛最高法院随后裁定该管理者协助采取协同行为。[71]

（E）单一整体协议

欧盟法院还提出了这样的想法，即许多公司有时会加入一项已经持续了多年的整体卡特尔协议，那么它们都应为此承担责任。[72] 在实践中这可能很重要。特定产品市场的卡特尔化可能已经有很多年了，但是卡特尔的参与者却随着时间而波动；它的地理范围可能已经改变；而且卡特尔行为的类型可能已经改变。如果可以将这种情况视为一项整体协议，则意味着只需要进行一次调查，并且某些非法行为已经过去很久了，因此限制规则阻止罚款的发生的可能性要小得多。该主题在第3章中进行了讨论。

（F）与卡特尔的公开疏远

在 *Tréfileurope v Commission* 案[73]中，欧盟普通法院裁定，企业不遵守具有明显反竞争目的的会议结果的事实，并不能免除其参加卡特尔的全部责任，如

---

[66] 案例 T－27/10 *AC－Treuhand v Commission* EU：T：2014：59，第43～47段；上诉案 C－194/14 P EU：C：2015：717 维持了原判。

[67] 案例 C－194/14 P *AC－Treuhand v Commission* EU：C：2015：717，第30段。

[68] 案例 T－180/15 EU：T：2017：795，上诉案 C－39/18 P *Commission v lcap*，尚未裁决。

[69] 2015年2月4日的欧盟委员会决定；在较早的和解决定中，另一经纪人 RP Martin 同意为协助操纵日元基准支付247000欧元的罚款：2013年12月4日的欧盟委员会决定。

[70] 案例 C－74/14 EU：C：2016：42。

[71] 案例 No A－97－858/2016，立陶宛最高法院于2016年5月2日作出的判决，参见 www. lvat. lt.

[72] 参见第3章第128～133页“单一整体协议”。

[73] 案例 T－141/89 EU：T：1995：62，第85段（*Welded steel mesh*）。

果企业本身未公开表明其不参与会议讨论或同意的事项。[74] 这已经在很多场合重复过。[75] 欧盟普通法院在 *Westfalen v Commission* 案[76]中说，将公开疏远作为排除责任的一种手段，必须作狭义的解释。[77]

必须坚定而明确地表达"公开疏远"行为[78]，因为在确定某家企业是否未参与时，卡特尔其他成员的理解是"至关重要的"。[79] 例如，欧盟普通法院建议，企业应写信给卡特尔的其他成员，说它不希望被视为卡特尔的成员，也不希望参与反竞争行为。[80] 在 *Comap v Commission* 案[81]中，欧洲法院指出，企业可以公开与反竞争活动保持距离，也可以向竞争主管机构检举这些活动。[82] 公开疏远卡特尔并不需要保证给当局发出警示。

在 *Total Marketing Services SA v Commission* 案[83]中，欧洲法院澄清，为了反驳参加反竞争会议的企业有责任这一假设，需要进行公开疏远；公开疏远并不是表明企业未参与卡特尔活动的唯一方法。[84] 然而，法院认为，没有公开疏远的情况可以被用来证明一项反竞争行为仍在继续。[85]

（G）近期制裁卡特尔的判决

近年来，欧盟委员会的决策实践证明了欧盟委员会打击卡特尔的决心。2008 年，对 *Car glass* 案处以了 13.83 亿欧元的罚款[86]；当时，对 Saint – Gobain 的罚款为 8.96 亿欧元，是有史以来以《欧盟运行条约》第 101 条裁决的对一

---

[74] 参见：BAILEY D. "Publicly Distancing" Oneself from a Cartel［J］. World Competition，2008，31（2）：177.

[75] 参见例如案例 T – 25/95 etc *Cimenteries CBR SA v Commission* EU：T：2000：77，第 1353、1389、3199 段；上诉案 C – 204/00 P etc EU：C：2004：6 维持了原判，第 81 段（*Cement*）；案例 C – 290/11 P *Comap v Commission* EU：C：2012：271，第 74 段（*Copper fittings*）。

[76] 案例 T – 303/02 EU：T：2006：374（*Industrial and medical gases*）。

[77] 同上，第 103 段。

[78] 案例 T – 377/06 *Comap v Commission* EU：T：2011：108，第 76 段（*Copper fittings*）；同样地，参见案例 T – 110/07 *Siemens v Commission* EU：T：2011：68，第 55 段（*Gas insulated switchgear*）。

[79] 案例 T – 540/08 *Esso Société anonyme française v Commission* EU：T：2014：630，第 40 段（*Candle waxes*）。

[80] 案例 T – 61/99 *Adriatica di Navigazione v Commission* EU：T：2003：335，第 138 段（*Greek ferries*）；案例 T – 302/02 *Westfalen v Commission* EU：T：2006：374，第 103 段（*Industrial and medical gases*）。

[81] 案例 C – 290/11 P EU：C：2012：271（*Copper fittings*）。

[82] 同上，第 75 段。

[83] 案例 C – 634/13 P EU：C：2015：614（*Candle waxes*）。

[84] 同上，第 22 ~ 24 段。

[85] 同上，第 28 段。

[86] 2008 年 11 月 12 日的欧盟委员会决定，上诉中基本上得到维持，但减少了罚款：案例 T – 56/09 etc *Saint – Gobain Glass France v Commission* EU：T：2014：160。

家企业的最高罚款。2010年，对11家航空货运公司处以固定燃油和安全附加费的罚款7.99亿欧元[87]；欧盟委员会的决定在向其普通法院提出上诉后被撤销[88]，但欧盟委员会随后重新采用了该决定，该决定目前在上诉中。[89] 2012年，欧盟委员会对运行*Cathode ray tubes*案两个卡特尔的7家企业处以总计14.7亿欧元的罚款。[90] 欧盟委员会在2013年使用和解程序通过了两项决定，对操纵欧元银行间拆放利率（EURIBOR）和日元伦敦同业拆借利率（Yen LIBOR）处以总计14.9亿欧元的罚款。[91] 瑞士银行因参与Yen LIBOR卡特尔化而将被罚款25亿欧元，但因揭示卡特尔的存在而获得豁免。

在*Trucks*案中，欧盟委员会通过了两项决定：首先，是一项和解决定[92]，对5家生产商违反《欧盟运行条约》第101条的行为处以29.3亿欧元的罚款，其中包括就标价总额以及采用新排放技术的时间和成本达成协议；其次，是一项标准判决，对斯堪尼亚（Scania）处以8.8亿欧元的罚款，但该判决拒绝和解。[93]

（H）司法审查

被发现违反《欧盟运行条约》第101条的企业有权向欧盟普通法院提出撤销该决定。欧盟法院必须通过对法律和事实进行“深入审查”来审查裁决[94]。如果欧盟委员会犯有事实错误，则欧盟普通法院当然可以撤销该决定或降低罚款水平。如果欧盟委员会犯了程序错误并在欧盟法院上诉失败，它通常

---

[87] 2010年11月9日的欧盟委员会决定。

[88] 参见例如案例T-67/11 *Martinair v Commission* EU：T：2015：984和同一天作出的其他12项判决；在英国航空公司的案子中，欧盟委员会的决定仅部分撤销，因为英国航空公司已向法院提起诉讼：案例T-48/11 *British Airways v Commission* EU：T：2015：988；上诉至欧洲法院后得到维持：案例C-122/16 *British Airways v Commission* EU：C：2017：406。

[89] 2017年3月17日的欧盟委员会决定；上诉案T-338/17 etc *Air France v Commission*，尚未裁决。

[90] 2012年12月5日的欧盟委员会决定；上诉案T-92/13 etc *Philips v Commission* EU：T：2015：605维持原判。

[91] 2013年12月4日的欧盟委员会决定；另见欧盟委员会MEMO/13/1090，2013年12月4日。

[92] 2016年7月19日的欧盟委员会决定。

[93] 2017年9月27日的欧盟委员会决定；上诉案T-799/17 *Scania v Commission*，尚未裁决。

[94] 案例C-501/11 P *Schindler Holding v Commission* EU：C：2013：522，第37段（*Elevators and escalators*）。

会重新开放其行政程序以纠正错误。[95] 在 *PVC* 案[96]、*Alloy surcharges* 案[97]和 *Steel beams* 案[98]中重新采用的决定经常被上诉，并且大多得到了肯定。

欧盟普通法院对罚款等级拥有无限的管辖权[99]；这包括增加和减少的权力，这在某些情况下可能不利于上诉。[100] 但是，法院相当不愿意干涉欧盟委员会在罚款水平方面的裁量权，而且正如已经指出的那样，欧盟委员会的统计数据表明，总体而言，法院的减少幅度并不大。

4. 横向价格固定

大多数人将横向价格固定视为限制性贸易惯例中最明目张胆的和最不希望的。[101] 但是，价格固定并不总是像今天这样引起人们的抱怨。以英国为例，在 20 世纪上半叶，大多数行业的特征是将价格设定在一个商定的水平上，这被认为可以提供稳定性，保护公司免受周期性衰退和海外竞争的影响，并促进有序、合理的营销，购买者也将从中受益。[102] 1948 年垄断和限制性惯例（查询和控制）法因引入禁止价格固定的权力遭到了谴责，即使到现在，对价格竞争的抵制在经济的某些方面仍然根深蒂固。

可以假设，在没有竞争法的情况下或在无论如何都不会因违反竞争法而被发现和惩罚的现实前景的情况下——所有竞争者都将发现卡特尔化和最大化其

---

[95] *PVC* OJ［1994］L 239/14；*Alloy Surcharge*，欧盟委员会新闻稿 IP/06/1851，2006 年 12 月 20 日；*Steel beams*，欧盟委员会新闻稿 IP/06/1527，2006 年 12 月 8 日；*Italian concrete reinforcing bars*，欧盟委员会新闻稿 IP/09/1389，2009 年 9 月 30 日；*Carbonless paper*，欧盟委员会新闻稿 IP/10/788，2010 年 6 月 23 日；*Gas insulated switchgear*，欧盟委员会新闻稿 IP/12/705，2012 年 6 月 27 日。

[96] 案例 T－305/94 *Limburgse Vinyl Maatschappij v Commission* EU：T：1999：80，在随后的上诉案 C－238/99 P etc EU：C：2002：582 中维持原判。

[97] 案例 T－24/07 *ThyssenKrupp Stainless v Commission* EU：T：2009：236，在随后的上诉案 C－352/09 P EU：C：2011：191 中维持原判。

[98] 案例 T－405/06 etc *ArcelorMittal Luxembourg v Commission* EU：T：2009：90，在随后的上诉案 C－201/09 P etc EU：C：2011：190 中维持原判。

[99] 《欧盟运行条约》第 261 条；参见第 7 章第 366～371 页“司法审查”，在欧盟普通法院的上诉。

[100] 参见案例 T－91/11 *Innolux v Commission* EU：T：2014：92，第 168～169 段，在随后的上诉案 C－231/14 P EU：C：2015：717 中，维持原判。欧盟普通法院在 T－101/05 等案件中增加了罚款，例如 *BASF v Commission* EU：T：2007：380，第 222 段；即使欧盟委员会在案件 T－364/10 *Duravit v Commisson* EU：T：2013：477，第 386 段（*Bathroom fittings and fixtures*）的评估中犯了错误，它仍然拒绝减少罚款，案例 C－609/13 P EU：C：2017：46，并在随后的上诉案中维持原判。

[101] 有关价格固定的批判性讨论参见：KAPLOW L. Competition Policy and Price Fixing［M］. Princeton：Princeton University Press，2013.

[102] 参见例如：ALLEN G C. Monopoly and Restrictive Practices［M］. London：Allen and Unwin，1968.

共同利益的冲动是不可抗拒的。参与卡特尔本身具有“价格”，而成员资格本身对某些企业而言将比另一些企业更有利可图。[103] 为确定产品的销售价格将产生谈判的成本，随着更多的企业加入卡特尔并扩大卡特尔化产品的范围，这些成本将不可避免地增加。企业可能会发现难以既达成一致的价格，又忠于设定的水平，这将使效率更高的企业以较低的价格定价，由于产出（以及其收入）将因此增加。高度差异化商品的生产者需要更高的价格，这将包含提升其品牌形象的成本。要遵守固定的价格，则在监控协议履行时将产生更多的费用。需要召开会议或讨论以不时重新评估事项，需要花费大量资源来维持秩序，以确保各个企业不会通过偷偷降低价格、提供折扣和奖金或改变产品质量来作弊。[104] 为了防止作弊，卡特尔可以确定配额并对超过限额的公司给予报复。为了阻止新进入市场的企业进入市场，以分享所获得的任何超额竞争利润，可能必须将更多资源用于集体抵制、专利池和总回扣等安排。可能必须建立集体转售价格维持系统，以支持卡特尔的稳定性。可能使用行业协会或“卡特尔咨询公司”来加强卡特尔。[105]

卡特尔化过程中固有的问题解释了为什么某些行业中的价格固定长期看来有崩溃的趋势，以及为什么当事方可能尝试通过直接定价以外的其他方式来限制竞争。例如，在给每个企业一个专属的地理市场或与之交易的特定类别的客户时，防止作弊可能会更容易。此外，随着卡特尔成员数量的增加，价格固定变得更加困难，这一事实可以被认为，意味着竞争主管机构应该监视那些由于存在高度集中或同质性销售的产品而最可能共谋的市场。[106]

从前面的评论中不应假定价格固定是罕见的。即使存在有严厉刑罚支持的竞争法，也并未阻止一些企业进行合作以试图控制市场。经验表明，某些行业特别容易发生卡特尔化，对该领域的执法活动进行任何审查都会迅速被发现，例如，水泥、化工和建筑行业都是如此。同样重要的是，意识到可以以多种不同的方式确定价格，并且完全有效的竞争法不仅必须能够理解最公然的行为形

---

[103] 参见：SCHERER F M，ROSS D. Industrial Market Structure and Economic Performance ［M］. 3rd ed. Boston：Houghton Mifflin，1990；BISHOP S，WALKER M. The Economics of EC Competition Law ［M］. 3rd ed. London：Sweet & Maxwell，2010；NIELS G，JENKINS H，KAVANAGH J. Economics for Competition Lawyers ［M］. 2nd ed. Oxford：Oxford University Press，2016.

[104] 由于成员沉迷于欺诈行为，卡特尔崩溃或冒着崩溃的风险并不罕见：参见例如 *Zinc Producer Group* OJ ［1984］ L 220/27，第23~63 段；*Prestressing steel*，2010 年6 月30 日的决定，第604 段、第863 段、第952 段和第1018 段；稍后在第13 章脚注[240]中提到针对该决定的上诉。

[105] 参见本章第643~644 页“促进卡特尔的协助者（第三方）”。

[106] 参见：POSNER R A. Antitrust Law ［M］. 2nd ed. Chicago：University of Chicago Press，2002：ch 4.

式，而且还应理解其目的是实现限价竞争的一系列更细微的串通行为。例如，当企业同意限制对客户的贷款、放弃提供折扣和回扣、不提供广告价格、将其向客户收取的价格相互通知或打算建议其分销商收取或采用相同的价格或成本核算方法时，协议的目的或效果可能是减少或排除价格竞争。确实，从某种意义上说，划分市场或确定生产配额的协议可以看作是秘密的价格固定协议，因为它们限制了企业可以在价格上相互竞争的程度。这些协议和其他类似协议将在本章后面单独介绍。

（A）第 101 条第 1 款

《欧盟运行条约》第 101 条第 1 款（a）项规定，"直接或间接确定购买或出售价格或任何其他交易条件"的协议、决定和协同行为可能被适用。本书前面已经讨论了第 101 条第 1 款的许多方面。"协议"和"协同行为"具有广泛的含义[107]：具体来说，欧盟委员会可以找到"单一整体协定"[108]，可以采用协议和/或协同行为的双重分类[109]；参加竞争者之间讨论价格的会议极为重要。[110] 第 101 条第 1 款的关键原则是，竞争企业必须独立确定其行为和定价。为了第 101 条第 1 款规定下的目的，许多场合下达成价格固定协议都以限制竞争为目标，因此也没有必要证明这样做具有限制竞争效果。[111] 缔约方不能争辩说其价格固定协议不会明显限制竞争：判例法已认定了这一做法为限制竞争，但前提是该协议对成员国之间的贸易会产生显著的影响，这在概念上是不同的。[112] 如果欧盟委员会可以证明卡特尔通过其他方式对成员国之间的贸易产生了明显影响，则欧盟委员会没有义务参与卡特尔案件的市场界定。[113] 此外，第 101 条第 1 款可以域外适用于进入欧盟外部但在欧盟内部实施或产生有条件的效果的卡特尔。[114] 本节将更仔细地研究第 101 条第 1 款对价格固定协议的适用。

---

[107] 参见第 3 章第 123 ~ 145 页"协议、决定和协同行为"。

[108] 参见第 3 章第 128 ~ 133 页"单一整体协议"。

[109] 参见第 3 章第 127 ~ 128 页"协议'和/或'协同行为"。

[110] 参见第 3 章第 141 ~ 143 页"协同行为的含义"。

[111] 第 3 章第 156 ~ 157 页"固定价格和与未来价格相关的信息交换"，请注意在某些特殊情况下，发现价格固定不是限制对象竞争，而是通过效果来限制竞争：第 3 章第 161 页"完善目的框内的协议范围"。

[112] 案例 C－226/11 *Expedia* EU：C：2012：795，第 37 段；参见第 3 章第 180 ~ 185 页"最低限度原则"。

[113] 案例 C－439/11 P *Ziegler v Commission* EU：C：2013：513，第 63 段（*International removal services*）；另见案例 T－82/08 *Guardian v Commission* EU：T：2012：494，第 90 段（*Flat glass*）；参见第 3 章第 185 ~ 190 页"对成员国之间贸易的影响"。

[114] 参见第 12 章第 614 ~ 621 页"欧盟竞争法的域外适用"。

（i）限制任何形式的价格固定

从欧盟委员会的决定和欧盟法院的判决中可以清楚地看出，第101条第1款不仅规制公然的价格固定，而且规制任何直接或间接扭曲价格竞争的协议。在关于玻璃容器的IFTRA规则[115]中，欧盟委员会谴责了玻璃制造商协会的规则，该规则可能会通过包括不提供折扣的义务、开放信息计划、采用通用会计程序以及规定统一的交货价格的条款在内的方式，来减少价格竞争。欧盟委员会在该决定中指出，在特定产品市场中，非价格竞争的潜力很弱，其必然结果是维持价格竞争尤为重要。*FETTCSA* 案[116]中，即使各方未明确就公布价格的水平达成一致，一项不对公开价格打折的协议也被认为违反第101条第1款。*Vimpoltu* 案[117]中，一项观察最大折扣并提供相同信用条件的协议被纳入规制。

许多其他决定也谴责可能直接或间接促进水平定价的协议。实现价格固定的媒介不会影响《欧盟运行条约》第101条第1款的适用性。事先就价目表进行咨询，并承诺不会在咨询之前提交报价是被禁止的。[118] 现在存在大量的信息协议材料[119]，广告限制可能受到规制[120]，限制价格竞争的条款和条件协议[121]、建议价格协议[122]、最高价格[123]、附加费[124]和集体转售价格维持协议也可能受到规制[125]。对卡特尔成员有时拒绝出售，有时自己在伦敦金属交易所购买锌以维持

---

[115] OJ［1974］L 160/1；类似地，参见 *IFTRA Rules for Producers of Aluminium Containers* OJ［1975］L 228/10。

[116] OJ［2000］L 268/1，第132～139段（引用 *IFTRA Rules on Glass Containers* 和 *IFTRA Rules for Producers of Aluminium Containers*），在上诉案T－213/00 *CMA CGM v Commission* EU：T：2003：76第184段中维持原判。

[117] OJ［1983］L 200/44；类似地，参见 *Italian Flat Glass* OJ［1989］L 33/44（提供相同的折扣），在上诉案T－68/89 etc *Società Italiano Vetro SpA v Commission* EU：T：1992：38中被撤销。

[118] *Re Cast Iron Steel Rolls* OJ［1983］L 317/1：如果当事各方已经建立了“警报系统”，则竞争管理部门应该意识到它们的卡特尔；上诉决定维持原判。案例29/83和30/83 *Compagnie Royale Asturienne des Mines SA and Rheinzink GmbH v Commission* EU：C：1984：130。

[119] 参见本章第672～681页“信息交换”。

[120] 参见本章第682～684页“广告限制”。

[121] 参见本章第670～672页“有关条款和条件的协议”。

[122] 案例8/72 *Cementhandelaren v Commission* EU：C：1972：84；另见 *Ferry Operators Currency Surcharges* OJ［1996］L 26/23。

[123] *European Glass Manufacturers* OJ［1974］L 160/1。

[124] *Air cargo*，2010年11月9日的欧盟委员会决定，在上诉案T－9/11 etc *Air Canada v Commission* EU:T:2015:994中被撤销：欧盟委员会2017年3月17日通过了第二个决定，该决定正在上诉中：案例T－338/17 etc *Air France v Commission*，尚未裁决；*Freight forwarding*，2012年3月28日的欧盟委员会决定，在上诉案T－265/12 etc *Schenker v Commission* EU：T：2016：111和进一步上诉案C－263/16 P etc EU：C：2018：58中维持原判；*Steel abrasives*，2014年4月2日的欧盟委员会决定。

[125] 案例43/82和63/82 *VBVB & VBBB v Commission* EU：C：1984：9。

其价格的方案已有作出反对意见。[126] 当一个行业认为由于市场低迷而需要合作时,在考虑是否满足第101条第3款的阶段就应该权衡这一问题。

作为隔离国家市场策略的一部分,价格固定受到了限制[127],分销商之间以及生产者之间的协议也受到了限制。[128] 一项旨在维持两个地理范围上的市场之间传统价格差异的协议将违反《欧盟运行条约》第101条第1款。[129] 固定欧盟进口价格[130]和操纵欧盟内部出口价格均在规制范围内。[131]

在 *British sugar* 案[132]中,欧盟委员会没有认定糖的价格实际上是固定的,而是认为当事方可以依靠其他参与者在"共同确定的气氛"中寻求更高价格的合作策略。[133] 在 *Fenex* 案[134]中,欧盟委员会认为制定和向行业协会成员推荐关税的常规和一贯做法违反了《欧盟运行条约》第101条第1款。[135] 在 *Dole v Commission* 案[136]中,欧洲法院维持了欧盟普通法院对欧盟委员会的判决,该判决确认三名香蕉生产者每周举行双边电话讨论或披露其定价意图,从而违反了第101条第1款[137]。法院认为,这些讨论减少了生产者确定的报价的不确定性,并涉及价格固定。[138] 如果企业同意提高价格,并向客户宣布涨价的内容,随后其与个别客户协商的价格与达成协议的不同,这与判定违反第101条的裁定无关:欧盟普通法院已指出,价格公告始终会对最终结果产生影响,即使最终价格是与客户协商的。[139]

---

[126] *Zinc Producer Group* OJ [1984] L 220/27。

[127] 案例41/69 *ACE Chemiefarma NV v Commission* EU:C:1970:71。

[128] 案例100/80 etc *Musique Diffusion Française SA v Commission* EU:C:1983:158。

[129] *Scottish Salmon Board* OJ [1992] L 246/37。

[130] *Re Franco - Japanese Ballbearings Agreement* OJ [1974] L 343/19;*Re French and Taiwanese Mushroom Packers* OJ [1975] L 29/26;*Wood Pulp I* OJ [1985] L 85/1;*Aluminum Imports* OJ [1985] L 92/1。

[131] *Milchförderungsfonds* OJ [1985] L 35/35。

[132] OJ [1999] L 76/1,随后在上诉案T-202/98 etc *Tate dr Lyle v Commission* EU:T:2001:185中维持原判。

[133] 参见欧盟委员会的《关于竞争政策的第28号报告》(1998),第138~140页。

[134] OJ [1996] L 181/28。

[135] 同上,第45~74段。

[136] 案例C-286/13 P EU:C:2015:184,驳回了对案例T-588/08 *Dole v Commission* EU:T:2013:130的上诉,驳回了对 *Bananas* 案的上诉,2008年10月15日的欧盟委员会决定;案例T-587/08 *Fresh Del Monte Produce v Commission* EU:T:2013:129中,一个不相关的上诉也不成功,但在进一步的上诉案C-293/13 P etc EU:C:2015:416中罚款减少了。

[137] 请注意欧盟委员会还发现,香蕉进口商交换了报价,这使它们能够监控价格:2008年10月15日的决定,第273~277段。

[138] 案例C-286/13 P EU:C:2015:184,第134段。

[139] 参见例如案例T-109/02 etc *Bolloré v Commission* EU:T:2007:115,第450~453段(*Carbonless paper* 案)。

（ii）限制任何背景的价格固定

欧盟委员会已将《欧盟运行条约》第101条适用于价格固定的工业产品卡特尔，例如水泥、建筑和化学产品，以及服务业卡特尔，例如保险[140]、银行[141]、运输[142]和其他行业。[143] 欧盟委员会还准备仔细检查那些已经受到外部因素限制的价格竞争的市场，以确保公司没有采取进一步行动来限制竞争。[144]《欧盟运行条约》第101条的适用不会受到国家本身批准或扩大价格固定协议的效力的影响。[145]

在许多情况下[146]，欧盟委员会将金融基准定为利率衍生产品价格的一部分，而将操纵金融基准定为固定价格。[147] 据说这种价格固定的反竞争目的是"预先减少不确定性，否则这种不确定性会在市场上普遍存在于竞争对手的未来行为中"。[148] 在 *Icap v Commission* 案[149]中，欧盟普通法院裁定，Yen LIBOR 小组意见书的协调旨在影响应向参与银行支付或应由参与银行支付的金额，因此

---

[140] 参见例如 *Re Nuovo CEGAM* OJ［1984］L 99/29（常见的关税制度违反了《欧盟运行条约》第101条第1款）；*Re Fire Insurance* OJ［1985］L 35/20，上诉案45/85 *VdS v Commission* EU：C：1987：34（对关税的建议违反了《欧盟运行条约》第101条第1款）维持原判。

[141] 参见例如 *Austrian banks—'Lombard Club'*，2002年6月11日的欧盟委员会决定，随后上诉案T-259/02 etc *Raiffeisen Zentralbank Österreich AG v Commission* EU：T：2006：396 和进一步上诉案 C-125/07 P etc *Erste Bank der Osterreichische Sparkassen AG v Commission* EU：C：2009：576 均维持原判。

[142] *Greek ferries* OJ［1999］L 109/24，上诉案 T-56/99 etc *Marlines v Commission* EU：T：2003：333 维持原判；*Freightforwarding*，2012年3月28日的欧盟委员会决定，上诉案 T-265/12 etc *Schenker v Commission* EU：T：2016：111 和进一步上诉案 C-263/16 P etc EU：C：2018：58 均维持原判。

[143] *Belgian architects*，2004年6月24日的欧盟委员会决定；*ONP*，2010年12月8日的欧盟委员会决定，随后上诉案 T-90/11 *ONP v Commission* EU：T：2014：1049 维持原判。

[144] 案例209/78 etc *Van Landewyck v Commission* EU：C：1980：248；类似地，参见案例85/76 *Hoffmann-La Roche v Commission* EU：C：1979：36，第123段；*British Sugar plc* OJ（1999）L 76/1，第87段，上诉案 T-202/98 *Tate & Lyle v Commission* EU：T：2001：185 维持原判。

[145] *AROW v BNIC* OJ［1982］L 379/1；*Zinc Producer Group* OJ［1984］L 220/27；*Benelux Flat Glass* OJ［1984］L 212/13（玻璃生产商面临的类似成本和市场结构也限制了竞争）；参见第3章第177～179页"国家强制和高度监管的市场"和第6章，通常是关于竞争规则与国家对经济活动的管制之间的关系。

[146] 参见例如 *Yen interest rate derivatives*，2013年12月4日的欧盟委员会和解决定和2015年2月4日的标准决定［该案上诉（见本章脚注[149]）后，欧盟普通法院判决撤销了 Icap 的卡特尔责任和其相应罚款］；*Euro interest rate derivatives*，2013年12月4日的欧盟委员会和解决定和2016年12月7日的标准决定；后面的决定已向欧盟普通法院提起上诉，案例 T-105/17 etc *HSBC Holdings v Commission*，尚未裁决；*Swiss franc interest rates derivatives*（*CHF LIBOR*），2014年10月21日的欧盟委员会决定；*Swiss franc interest rates derivatives*（*Bid-ask spread infringement*），2014年10月21日的欧盟委员会决定。

[147] 参见：PICCININ D. Oil price-rigging［J］. Competition Law Insight，2013，12（8）：7；PASCALL A K. Tail Wagging the Dog：The Manipulation of Benchmark Rates-A Competitive Bone of Contention［J］. World Competition，2016，39：161.

[148] *Euro interest rate derivatives*，2013年12月4日的欧盟委员会和解决定，第57段。

[149] 案例 T-180/15 EU：T：2017：795，第72段。

显然存在反竞争的目的。

（iii）价格信号

一个有趣的问题，价格的“信号”是否会违反《欧盟运行条约》第101条[150]，这是在欧盟委员会的决策实践或欧盟法院的判例中没有明确答案的问题。这是指企业之间就价格固定没有直接协议或没有达成协议，也没有系统地交换信息的情况。相反，这些公司通过诸如引导媒体进行采访、在会议上发表演讲或与客户进行讨论等形式相互传达有关其未来商业意图的信号，然后再传递给竞争者。在这种情况下不难发现损害理论：关于未来定价意向的信号可能会促进平行行为；似乎合理的建议是，如果企业有意识地诉诸价格信号传递实践，则可以根据证据，对“有意以实际合作取代竞争中固有的风险”采取行动（以上建立在*Dyestuffs*案的裁决之上）。[151] 欧盟委员会的《横向合作协议指南》第63段承认，根据案件的事实，价格信号可能违反《欧盟运行条约》第101条。在*Wood Pulp*案[152]中，欧盟委员会确实谴责了价格公告，但这一裁决在上诉中被欧洲法院驳回。法院对欧盟委员会表现出的对固定价格的统一做法并不满意。[153] 欧盟委员会指责集装箱运输业中的几家经营者进行价格信号，但是当班轮运输公司根据第1/2003号条例第9条作出承诺，将来不再使用信号时，此案结案。换句话说，尽管欧盟委员会的干预确实导致了商业行为的改变，但这项调查并未导致认定价格信号违反了第101条。[154]

其他几个司法管辖区也考虑过价格信号。荷兰竞争主管机构接受了放弃某些信令行为的承诺。[155] 从理论上讲，在美国，价格信号可能是一种限制贸易的阴谋，有悖于1890年谢尔曼法第1条，但更有挑战性的做法可能是违反1914

---

[150] 经济合作与发展组织的圆桌会议“单边披露具有反竞争影响的价格信号”（Unilateral Disclosure of Information with Anticompetitive Effects）（2012年）的讨论，可在www. oecd. org/competition上查阅。

[151] 参见第3章第141～145页“协同行为”。

[152] OJ［1985］L 85/1。

[153] 案例C－89/85 etc *A Ahlström Osakeyhtiö v Commission* EU：C：1993：120。

[154] 2016年7月7日的欧盟委员会决定，可在www. ec. europa. eu上查阅；有关评论参见：CAMESASCA P D，GRELIER L A. “Close Your Eyes”? Navigating the Tortuous Waters of Conscious Parallelism and Signalling in the European Union［J］. Journal of European Competition Law & Practice，2016，7（9）：599. 另见：RABINOVICI I. Public Exchange of Information after Container Shipping［J］. Journal of European competition law & practice，2017，8：149；CLAICI A，COUBLUCQ D，FEDERICO G，et al. Recent Developments at DG Competition：2015/2016［J］. Review of Industrial Organization，2016，49（4）：585. 竞争总司官员的两篇文章涉及该案例。

[155] 2014年1月7日的决定，可在www. acm. nl上查阅。

年联邦贸易委员会法案第5条的不正当商业行为。[156] 在英国，竞争与市场管理局使用国内市场调查系统来终止与水泥有关的价格信号，而不是根据《欧盟运行条约》第101条提起诉讼。[157]

（iv）算法共谋

在数字时代，算法和价格跟踪软件已成为日常生活中的事实。传统卡特尔的出现是人在烟雾弥漫的房间里开会，最近是在互联网聊天室里开会的结果。如今，平行价格有可能通过软件而不是通过直接的人的互动来实现。可以使用软件监视价格：我们大多数人会使用某种数字比较工具，例如在寻找航班、假期或汽车保险时。数字世界提供的透明性为消费者带来了巨大利益。但是，与此同时，企业使用软件系统地搜索竞争对手价格也存在明显的危险；并可能自动调整价格以使其与这些价格保持一致。这可能会导致完美竞争的教科书模型，由完美信息推动：边际成本和边际收益重合而且分配效率最大化。在这种情况下，数字世界可能最终会提供一种理论模型，这是实体模型从未实现过的。但是，从消费者福利的角度来看，一种不太令人满意的可能性是，该软件实际上可能是监管甚至实现共谋结果的一种方式。此时，出现了有趣的竞争法问题：

- 如果企业使用比价软件执行卡特尔，那是非法的吗？
- 如果一家企业编写软件以利于共谋，该怎么办？
- 如果该软件具有“人工智能”，从而达到了软件用户（甚至作者）所不希望的共谋结果怎么办？

竞争主管机构现在正紧急考虑这些问题。迄今为止，很少有决策实践来解决这些问题。然而，关于该主题的学术文献不断增长[158]，在2017年6月，经济合作与发展组织举行了“算法与共谋”圆桌会议。[159]

---

[156] 有关联邦贸易委员会法案第5条参见 *U-Haul* 案，细节可在 www. ftc. gov 上查阅；大致参见在美国网站“反托拉斯的签署与协议”（Signaling and Agreement in Antitrust）位置，可在 www. ssrn. com 上查阅。

[157] *Aggregates*，*cement and ready-mixed concrete*，2014年1月14日最终报告。

[158] 参见例如：EZRACHI A，STUKE M E. Virtual Competition：The Promise and Perils of the Algorithm-Driven Economy［M］. Cambridge：Harvard University Press，2016；HEINEMANN A，GEBICKA A. Can Computers Form Cartels? About the Need for European Institutions to Revise the Concertation Doctrine in the Information Age［J］. Journal of European Competition Law & Practice，2016，7：431；MEHRA S K. Antitrust and the Robo-Seller：Competition in the Time of Algorithms［J］. Minnesota Law Review，2016，100（4）：1323；MEHRA S K. US v. Topkins：Can Price Fixing be Based on Algorithms?［J］. Journal of European Competition Law & Practice，2016，7：470.

[159] 可在 www. oecd. org/competition 上查阅。

原则上不难看出，就像一家企业对其雇员负责一样，它也必须对其价格跟踪软件承担个人责任。[160] 但是，从第 3 章的讨论中我们可以回忆起，一家企业明智地进行了与他人的行为适应，这本身并不违反《欧盟运行条约》第 101 条第 1 款；据推测，价格跟踪软件也是如此，它与竞争对手的价格巧妙地保持一致。另外，可以将价格跟踪软件部署为监管和执行先前的价格固定协议的一种方式。这是一个简单的情况，交换信息以支持卡特尔是非法的[161]，使用价格跟踪软件来达到同一目的也没有什么不同。在英国的 *Trod Ltd：posters and frames* 案[162]中，Trod 因使用价格追踪软件加强了其价格固定被罚款 163371 英镑。Trod 的董事被取消五年公司董事资格。在美国，司法部对大卫·托普金斯（David Topkins）采取了行动，大卫·托普金斯随后承认采用定价算法，以实施一项非法确定海报价格并编写计算机代码以实现此目的的协议，并同意支付罚款 2 万美元。

更令人感兴趣的是软件使用本身是否会引起非法协议和/或协同行为。在 ‘*Eturas*’ *UAB v Lietuvos Respublikos konkurencijos taryba* 案[163]中，立陶宛最高行政法院依据《欧盟运行条约》第 267 条规定向欧盟法院提请初步裁决。Eturas 开发了软件，并为立陶宛的许多旅行社提供了软件。该软件供客户假期在线预订使用。Eturas 在邮件消息中向旅行社建议，可以设置软件，使旅行社不会将超过 3% 的佣金转嫁给客户。这可能会覆盖此“默示”位置，因此，旅行社将遵循此政策。立陶宛竞争主管机构认定，旅行社之间应有一种价格协同的行为，而 Eturas 则是这种协同行为的协助者。在可能发生协同行为的情况下法院向最高行政法院提供了指导，当案件退回最高行政法院时，法院确认 29 家旅行社有共谋罪，Eturas 是协助者；其他几个旅行社的上诉成功了。[164]

协同行为的案例是高度特定于事实的：在诸如 *Eturas* 案这样的案例中，重要的是要知道旅行社是否已阅读其邮箱中的消息，以及在发布该软件之前已进行了多少讨论。立陶宛最高行政法院的判决仅在立陶宛可用，但似乎已对证据进行了详细审查，并根据旅行社的了解程度对其进行了分类。该案的重要性在于，正是使用软件以及对软件的了解，才找到了协同行为。对于旅行社来说，明智的做法是，通过要求 Eturas 避免再发送有关佣金的消息，告诉 Eturas 它们

---

[160] 案例 C－542/14 *SIA*‘*VM Remonts*’*v Konkurences padome* EU：C：2016：578，第 23～24 段。

[161] 参见本章第 674 页“支持卡特尔的信息交换”。

[162] 2016 年 7 月 21 日的英国竞争与市场管理局决定，可在 www. gov. uk/cma 上查阅。

[163] 案例 C－74/14 EU：C：2016：42。

[164] 可在 www. lvat. lt 上查阅。

不希望参与折扣信息的协调，从而公开避免任何可能的共谋。[165]

（v）第101条第1款中与横向价格固定有关的其他违法行为

在许多情况下，发现企业与其他类型的横向共谋一起犯有价格固定罪。在*Polypropylene*案[166]中，欧盟委员会认定了价格固定和划分市场。在*Belgian roofing felt*案[167]中，当事方被判犯有价格固定、建立生产配额并采取集体行动防止向比利时进口的罪行；在*Italian flat glass*案[168]中，欧盟委员会谴责了公司分配配额和签订协议以交换产品以及固定价格的行为。在*Pre - insulated pipes*案[169]中，欧盟委员会确定了几乎所有种类的违法，包括划分市场、系统的价格固定、集体投标、交换敏感的销售信息以及试图消除卡特尔唯一的实质性非成员。正如前竞争事务专员卡雷尔·范·米尔特（Karel Van Miert）所说："很难想象比这更糟的卡特尔了"。[170] 欧盟委员会在*Plasterboard*案[171]中发现了市场共享以及有关未来价格和销量信息的交换；欧盟普通法院确认了关于这一点的决定。[172] 在*Industrial bags*案[173]中，欧盟委员会对16家公司处以2.9071亿欧元的罚款，原因是它们同意按地理区域商定价格和销售配额、共享大客户订单、组织联合竞标以及交换销售量信息。[174] 欧盟委员会在*Candle waxes*案[175]中，谴责某些公司的划分市场和信息交流，以支持该行业的价格固定。欧盟委员会在*Cathode ray tubes*案中裁定当事方有价格固定、划分市场、分配客户以及交换商业敏感信息的罪名。

（vi）买家（买方）卡特尔

买方卡特尔可能会受到《欧盟运行条约》第101条第1款的限制。欧盟委

---

[165] 但请注意法院并没有要求与其他旅行社的任何公开疏远，而仅应与Eturas公开疏远：案例C－74/14 EU：C：2016：42，第47和48段；进一步参见本章第644～645页"与卡特尔的公开疏远"。

[166] OJ［1986］L 230/1。

[167] OJ［1986］L 232/15，案例246/86 *Belasco v Commission* EU：C：1989：301。

[168] OJ［1989］L 33/44。

[169] OJ［1999］L 24/1，案例T－9/99 etc *HFB Holding v Commission* EU：T：2002：70。

[170] 欧盟委员会新闻稿IP/98/917，1998年10月21日。

[171] OJ［2005］L 166/8。

[172] 案例T－53/03 *BPB v Commission* EU：T：2008：254。

[173] 2005年11月30日的欧盟委员会决定。

[174] 2008年10月1日的欧盟委员会决定，第2段、第276段和第328（2）段；在上诉案T－540/08 etc *Esso ea v Commission* EU：T：2014：630中维持原判。

[175] 2012年12月5日的欧盟委员会决定，在上诉案T－104/13 etc *Toshiba Corp v Commission* EU：T：2015：610中基本上维持了原判，在进一步上诉案C－623/15 P etc EU：C：2017：21中维持原判。

员会发现，在 *Spanish raw tobacco* 案[176]和 *Italian raw tobacco* 案[177]中，烟草加工商在向烟草种植者和其他中间人提供的价格和其他交易条件方面共谋，包括供应商和数量的分配、协调他们的购买行为的信息交换以及协调公开拍卖的投标。欧盟委员会认为，买方卡特尔有反竞争目的[178]，即使可以预见要支付比没有协议时支付的价格要低的价格协议可能会导致对消费者降低价格。因为客观上的违法而剥夺消费者的价格竞争不是必要的。[179] 欧盟委员会认为，采购协议消除了战略决策和竞争行为的自主权，阻止了有关企业就优劣进行竞争，并提高了它们相对于效率较低的企业的地位。[180] 在某些情况下，买卖双方都被判犯有卡特尔活动罪。[181]

在 *Scrap lead - acid batteries* 案[182]中，欧盟委员会对从废旧经销商那里购买汽车电池以进行回收的回收公司处以 6800 万欧元的罚款。回收公司因商定它们将为废电池支付的最高价格、交换价格信息并商定它们会购买的数量而获罪。在作出决定时，维斯塔格专员在声明中说，卡特尔的意思是价格是共谋制定的，结果是在事实上没有竞争。[183]

（vii）联合销售代理

欧盟委员会认为，联合销售的目的是限制竞争，因为它可以协调竞争者的定价政策。[184] 欧盟委员会发现了一些例子，表明联合销售机构违反了《欧盟运

---

[176] OJ［2007］L 102/14，在上诉案 T－24/05 *Alliance One International v Commission* EU：T：2010：453 以及进一步上诉案 C－628/10 P EU：C：2012：479 中基本上维持了原判；案例 T－29/05 *Deltafina v Commission* EU：T：2010：355，在进一步上诉案 C－537/10 P etc EU：C：2011：475 中维持原判；案例 T－37/05 *World Wide Tobacco España v Commission* EU：T：2011：76，在进一步上诉案 C－2401/11 P EU：C：2012：269 中维持原判。

[177] OJ［2006］L 353/45，在上诉案 T－12/06 *Deltafina v Commission* EU：T：2011：441 和进一步上诉案 C－578/11 P EU：C：2014：1742 中维持原判。

[178] 参见第 3 章第 148～149 页"排除、限制或扭曲竞争的'目的或效果'"，关于第 101 条第 1 款中"目的或效果"的区别。

[179] 案例 C－8/08 *T－Mobile* EU：C：2009：343，第 39 段。

[180] 参见 *Italian raw tobacco*，第 285 段。

[181] 参见 *Dutch Bitumen*，2006 年 9 月 13 日的欧盟委员会决定，在上诉案 T－357/06 *Koninklijke Wegenbouw Stevin v Commission* EU：T：2012：488 第 110－115 段以及进一步上诉案 C－586/12 P EU：C：2013：863 中维持原判。

[182] 2017 年 2 月 8 日的欧盟委员会决定；上诉案 T－222/17 *Recyclex v Commission*，尚未裁决。

[183] Statement/17/247，2017 年 2 月 8 日；请注意欧盟委员会参照卡特尔成员购买废电池的金额计算了罚款，但增加了 10%，因为卡特尔行为减少了营业额。

[184] 欧盟委员会的《横向合作协议指南》（OJ［2011］C 11/1），第 234 段；请注意在适用特殊规则的农产品的特定情况下，欧盟委员会的针对橄榄油、牛肉、小牛肉和可耕作物领域的 CMO 条例第 169 条、第 170 条和第 171 条规定的特定规则的适用指南（OJ［2015］C 431/1）。

行条约》第101条第1款[185]。诸如欧洲足球协会联盟（UEFA）之类的体育协会的联合销售可能会违反第101条第1款：委员会将考虑联合销售的横向影响，例如，它阻止特定足球俱乐部单独出售转播权，以及任何纵向封锁效果。[186] 但是，在某些情况下，欧盟委员会认为已满足了《欧盟运行条约》第101条第3款的条件。[187]

（B）第101条第3款

欧盟委员会表示，价格固定协议不太可能满足第101条第3款的要求。[188] 这种态度体现在关于研发协议的第1217/2010号条例[189]和关于专业化协议的第1218/2010条例[190]中：对于包含明显竞争限制的协议（例如，价格固定、产量限制或市场或客户的分配），都不能实行集体豁免。但是，应该记得，从法律上来说，协议的当事方始终可以争辩，符合《欧盟运行条约》第101条第3款的标准。[191] 在某些情况下，欧盟委员会已允许可能限制价格竞争的安排。例如，在*Uniform euro cheques*案[192]中，欧盟委员会认为第101条第3款适用于固定欧元支票兑现佣金的协议，这意味着使用这种支票的消费者知道他们将在整个欧盟被收取相同的费用。在*Insurance intermediaries*案[193]中，欧盟委员会表示打算授权非寿险公司之间达成协议以确定最大折扣。[194]

---

[185] 参见例如*Astra* OJ［1993］L 20/23；*HOV SVZ/MCN* OJ［1994］L 104/34，在上诉案T－229/94 *Deutsche Bahn AG v Commission* EU：T：1997：155以及进一步上诉案C－436/97 P EU：C：1999：205中维持原判；另见欧盟委员会的《横向合作协议指南》（OJ［2011］C 11/1），第234～235段、第246段。

[186] *Joint selling of the media rights of the UEFA Champions League on an exclusive basis* OJ［2002］C 196/3；另见欧盟委员会新闻稿IP/03/1105，2003年7月24日关于第101条第3款在欧洲足球协会联盟出售冠军联赛媒体权利时的适用。

[187] 参见例如*Floral* OJ［1980］L 39/51；*UIP* OJ［1989］L 226/25；*Cekanan* OJ［1990］L 299/64；Ansae OJ［1991］L 152/54；有关横向合作协议请参见第15章。

[188] 参见欧盟委员会的《第101条第3款指南》（OJ［2004］C 101/97），第46段和第79段，《横向合作协议指南》（OJ［2011］C 11/1），第246段。

[189] OJ［2010］L 335/36；对于此条例参见第15章第739～744页“研发协议的集体豁免：第1217/2010号条例”。

[190] OJ［2010］L 335/43；此条例请参见第15章第746～749页“专业化协议的集体豁免：第1218/2010号条例”。

[191] 案例T－17/93 *Matra Hachette v Commission* EU：T：1994：89，第85段；参见第4章第196～198页“可以根据第101条第3款为任何类型的协议辩护”。

[192] OJ［1985］L 35/43。

[193] OJ［1987］C 120/5。

[194] 另见*Nuovo CEGAM* OJ［1984］L 99/29；*P&I Clubs* OJ［1985］L 376/2；*Associazione Bancaria Italiana* OJ［1987］L 43/51；*Tariff Structures in the Combined Transport of Goods* OJ［1993］L 73/38。

欧盟委员会在 *REIMS II* 案[195]中的决定授权了一项协议，该协议确定了 17 个邮政运营商之间的跨境邮件收费水平，已在第 4 章中进行了讨论。[196] 在 *Visa International—Multilateral Interchange Fee* 案[197]中，欧盟委员会表示并非如此，关于价格的协议始终被归类为目的限制或不能满足第 101 条第 3 款的规定[198]：在该决定中，它授权在 Visa 内的“收单银行”与“发卡银行”之间商定的多边交换费（Multilateral Interchange Fee，MIF）直到 2007 年年底为止。欧盟委员会接受了 Visa Europe 根据 1/2003 号条例第 9 条[199]的有关多边交换费的借记卡[200]和信用卡[201]的承诺。在 *MasterCard* 案[202]中，欧盟委员会认为，在该卡系统中强加的欧洲经济区内部多边交换费具有明显的限制收单市场竞争的作用，因为如果没有该多边交换费，收单银行设定的商业费用将更低。欧盟委员会还发现，MasterCard 没有表现出任何抵消多边交换费对商人及其顾客的不利影响的客观优势，因此第 101 条第 3 款不适用。尽管有两个英国法院就 MasterCard 和 Visa 的国内（而不是跨境）多边交换费与欧盟委员会达成了不同的结论，尽管基于不同的论据和证据，但欧盟委员会的上诉裁决仍得到维持[203]。[204] 自 2015 年 12 月 9 日起，一项法规已限制借记卡和信用卡的跨境和国内多边交换费数量。[205]

在 *AuA/LH* 案[206]中，欧盟委员会发现，奥地利航空和汉莎航空之间的“持久联盟”需要联合定价和市场共享[207]，因此符合第 101 条第 3 款的标准，因为该联盟将对消费者产生重要的协同效应和有吸引力的联系。欧盟委员会可以预见奥地利航空公司方面节省成本、改善网络连接、更好地规划频率、提高负载率、改善销售系统和地勤服务的组织结构以及新销售渠道（如电子客票和访

[195] 另见 *Nuovo CEGAM* OJ［1984］L 99/29；*P&I Clubs* OJ［1985］L 376/2；*Associazione Bancaria Italiana* OJ［1987］L 43/51；*Tariff Structures in the Combined Transport of Goods* OJ［1993］L 73/38。

[196] 参见第 4 章第 196～198 页“可以根据第 101 条第 3 款为任何类型的协议辩护”。

[197] OJ［2002］L 318/17。

[198] 同上，第 79 段。

[199] 关于第 1/2003 号条例第 9 条，参见第 7 章第 322～328 页“第 9 条：承诺”。

[200] 2010 年 12 月 8 日的欧盟委员会决定。

[201] 2014 年 2 月 26 日的欧盟委员会决定。

[202] 2007 年 12 月 19 日的欧盟委员会决定。

[203] 案例 T－111/08 *MasterCard v Commission* EU：T：2012：260，在上诉案 C－382/12 P *MasterCard v Commission* EU：C：2014：2201 中维持原判。

[204] 参见 *Asda Stores Ltd v MasterCard Inc*［2017］EWHC 93（Comm）；*Sainsbury's Supermarkets Ltd v Visa Europe Services LLC*［2017］EWHC 3047（Comm）；这两个案例中的决定均被上诉至上诉法院，未决。

[205] 基于卡的支付交易的交换费的第 2015/751 号条例，OJ［2015］L 123/1。

[206] OJ［2002］L 242/25；出于法律和法规方面的原因，这些业务在《欧盟合并条例》的意义上无法合并，这就是该案根据第 101 条进行的原因。

[207] OJ［2002］L 242/25，第 76 段。

问）的潜力，以实施卓越的航空里程计划。[208] 在 *Star alliance* 案[209]中，欧盟委员会认为美联航、汉莎航空和加拿大航空之间的合资企业将具有限制法兰克福至纽约航线上高级旅客竞争的目的和效果。然而，欧盟委员会特别指出，航空公司的合作在若干相关航线上创造了一些效率。[210] 该案最终在航空公司根据第1/2003号条例第9条作出承诺的情况下结案。[211]

在 *IFPI*‘*Simulcasting*’案[212]中，欧盟委员会得出结论，促进在互联网上向“同播”音乐授予国际版权许可的协议涉及价格限制[213]，但它可以从第101条第3款中获益，因为它提高了音乐领域中版权和邻接权集体管理的效率。[214]

（C）共同支配

《欧盟运行条约》第102条在平行定价中的可能适用，将在第14章中进行讨论。[215]

5. 横向市场划分

独立企业之间的竞争可以通过直接或间接的价格固定以外的其他方式消除。这样做的一种方式是，企业同意在它们之间分配特定的市场。例如，英国的三家公司可能会同意，每家公司都将在特定地理区域内具有排他性，并且任何一家公司都不会偷偷进入其他地区。一种类似的方式是根据客户类别划分市场，例如，一家公司将仅负责与贸易客户交易，另一家公司仅与贸易零售商交易以及另一家公司仅与公共机构交易。从卡特尔的角度来看，地理市场划分协议可能比价格固定更为容易和有效。因为其避免了确定共同价格的费用和困难：该协议意味着无论如何都不会存在价格竞争。监督协议也相对简单，因为仅凭竞争者自己的货物在不该出现的地方出现就表明存在欺诈行为。从消费者的角度来看，地理市场划分特别受限制，因为它会减少选择：至少在当事方固定价格的地方，产品的选择权仍然存在，而价格竞争的限制可能会迫使当事方

---

[208] 同上，第87~88段。

[209] 2014年5月23日的欧盟委员会决定。

[210] 同上，第55~80段。

[211] 关于根据第9条作出的承诺决定，参见第7章第322~328页“第9条：承诺”。

[212] OJ［2003］L 107/58。

[213] 同上，第61~80段。

[214] 同上，第84~123段。

[215] 参见第14章第721~724页“根据第102条滥用共同支配地位”。

以其他方式进行竞争。必须严肃看待欧盟范围内的市场划分协议，因为除了已经描述的明显的反竞争影响之外，它们还划分了地理市场并阻碍了单一市场一体化的进程，而这是欧盟的主要目标。

在某些情况下，市场划分可能是有益的，这并非不可想象：换句话说，接受的限制可能会提高效率，特别是通过使公司能够更有效地与大型企业竞争来提高效率。例如，几个小型零售商可能决定联合以推广自己的“自有品牌”，以尝试与其他多个连锁店较量。[216] 它们可能个人能力较弱，无法负担广告和促销中的巨额费用，但联合起来，它们可以做到这一点。可以说，每个零售商都应该拥有专属的销售区域，这样才能受到鼓励充分参与营销活动，因为它将在该领域获得收益。结果是，没有这种激励措施，就不会如此积极和热情地推广品牌。该论点类似于适用于许多纵向限制的论点。[217] 因此，结论应该是，在某些特殊情况下，应允许横向市场划分。

（A）第 101 条第 1 款

《欧盟运行条约》第 101 条第 1 款（c）项特别提到了市场划分，欧盟法院认为划分市场协议的目的是限制竞争。[218] 这样做有两个明显的原因。第一，在欧盟范围内可以相对容易地实现划分地理市场，因为有许多方法可以将国家市场彼此隔离。在建立单一市场之前，国家市场之间的事实、法律和经济差异将继续成为国家间贸易的障碍。第二，欧盟委员会的优先事项之一是采取行动，防止任何可能抑制单一市场一体化进程的共谋行为。可以预见，横向市场划分将受到严厉惩罚。

（ⅰ）任何形式的市场划分都在规制范围内

欧盟委员会发现并谴责了书面的市场划分协议。在 *Luxembourg Brewers* 案[219]中，有 5 家酿酒商之间达成了一项书面协议，旨在保护卢森堡市场，防止来自其他成员国的进口。欧盟委员会认为该协议的目的是限制竞争。在 *Needles* 案[220]中，欧盟委员会对 Coats 和 Prym 之间的书面产品和地理市场划分协议处以 6000 万欧元的罚款；在上诉中，由于欧盟委员会在某些评估中犯了错误，因

[216] 参见欧盟委员会的《横向合作协议指南》（OJ［2011］C 11/1），第 252 段。

[217] 参见第 16 章第 777 ~ 780 页“纵向协议：可能有利于竞争”。

[218] 参见案例 C－239/11 P etc *Siemens v Commission* EU：C：2013：866，第 218 段；进一步参见第 3 章第 157 ~ 158 页“划分市场、配额、集体排他性交易”。

[219] OJ［2002］L 253/21，在上诉案 T－49/02 etc *Brasserie nationale v Commission* EU：T：2005：298 中得到维持。

[220] 2004 年 10 月 26 日的欧盟委员会决定。

此罚款数额有所减少。[221] 市场划分协议也可能是口头的：在 *Poure transformers* 案中，因分享日本和欧洲市场对7家运行“绅士协议”的生产商处以6760万欧元的罚款。[222] 在 *Gas insulated switchgear* 案[223]中，欧洲法院维持了欧盟普通法院的判决，确认了欧盟委员会的裁定[224]，除其他外，有一个“共识”，日本企业不会在欧洲争夺开关设备的合同，反之亦然。[225] 欧洲法院认为，市场划分是一个“简单的概念，实施起来很容易”，而且原则上在参与企业之间没有相互作用。[226]

划分市场的公司数量可以少到两家，例如 *Soda - ash—Solvay/ICI* 案[227]和 *EPEX Spot/Nord Pool Spot* 案[228]，或者多达整个行业。在 *Cement* 案[229]中，欧盟委员会发现水泥生产商已就“不向国内市场转运水泥”达成协议，该协定禁止在欧洲境内出口任何可能威胁周边市场的水泥。

在某些情况下，同时存在纵向和横向市场划分的要素：分销商和生产商都必须避免市场划分。[230]

（ii）任何背景下的市场划分都在规制范围内

在 *Gas* 案[231]中，E. ON 和 GDF 之间的划分市场表面上是在共同拥有的管道

---

[221] 案例 T－30/05 etc EU：T：2007：267。

[222] 2009年10月7日的欧盟委员会决定，在上诉案 T－519/09 *Toshiba v Commission* EU：T：2014：263 以及进一步上诉案 C－373/14 P EU：C：2016：26 中得到维持。

[223] 案例 C－239/11 P EU：C：2013：866，维持了欧盟普通法院在案例 T－110/07 etc *Siemens v Commission* EU：T：2011：68 中的判决。

[224] 2007年1月24日的欧盟委员会决定。

[225] 案例 T－133/07 etc *Mitsubishi v Commission* EU：T：2011：345。类似地，参见 *High voltage power cables*，2014年4月2日的欧盟委员会决定；上诉案 T－419/14 etc *The Goldman Sachs Group v Commission*，尚未裁决。

[226] 案例 T－133/07 etc *Mitsubishi v Commission* EU：T：2011：345，第186段。

[227] OJ［1991］L 152/1，在上诉案 T－30/91 etc *Solvay v Commission* EU：T：1995：115 中被撤销，在进一步上诉案 C－286/95 P *Commission v ICI* EU：C：2000：188 中得到维持。欧盟委员会重新作出决定：OJ［2003］L 10/1，在上诉案 T－58/01 *Solvay v Commission* EU：T：2009：520 中得到维持，在进一步诉案 C－110/10 P *Solvay v Commission* EU：C：2011：687 中因程序原因被撤销。

[228] 2014年3月5日的欧盟委员会决定。

[229] OJ［1994］L 343/1，第45段；类似地，参见 *Seamless Steel Tubes* OJ［2003］L 14/1，上诉案 T－67/00 etc *JFE Engineering v Commission* EU：T：2004：221，进一步上诉案 C－403 和 405/04 P *Sumitomo Metal Industries v Commission* EU：C：2007：52。

[230] 参见例如案例 100－103/80 *Musique Diffusion Franfaise SA v Commission* EU：C：1983：158，在该案中，欧洲法院维持了欧盟委员会关于分销商之间相互采取协同行为以隔离法国市场的决定（OJ［1980］L 60/21）。

[231] 2009年7月8日的欧盟委员会决定，在上诉案 T－360/09 etc *E. ON Ruhrgas v Commission* EU：T：2012：332 中基本上得到维持。

运营的合法范围内产生的。然而，欧盟委员会发现，E. ON和GDF已同意不将通过管道从俄罗斯输送的天然气出售给彼此的国内市场。每家公司因此被罚款5.33亿欧元。在上诉中，欧盟普通法院驳回了市场划分协议是管道正常运作的“辅助限制”的论点。然而，法院还认为，欧盟委员会对GDF在德国的潜在竞争的评估是不正确的；E. ON在1980~1998年拥有合法的国家垄断权，在此期间GDF几乎不可能进入该市场。由此，对每家公司的罚款减少到3.2亿欧元。在*Telefónica/Porbugal Telecom*案[232]，欧盟委员会因在葡萄牙电信退出巴西与西班牙电信的合资企业后，两家企业同意在西班牙和葡萄牙不与彼此竞争，而对它们处以7900万欧元的罚款。*ING Pensii*案[233]的情况大不相同，但结论是相同的：欧洲法院裁定，14家罗马尼亚私人养老基金之间分享客户的协议具有反竞争目的；受此类协议影响的客户数量与限制目的的存在无关。[234]

在*Lundbeck v Commission*案[235]中，欧盟普通法院维持了欧盟委员会的结论，认为“延迟付款”协议“构成了极端的市场划分形式”[236]，因为老牌公司向潜在的竞争者付款是为了诱使该竞争者中止其进入市场的努力。该结论不受该案专利纠纷解决的影响。

（iii）依据第101条第1款其他构成违法的市场划分

划分市场通常与《欧盟运行条约》第101条第1款的其他违法行为结合在一起。在*Quinine*案[237]中，欧洲法院维持了欧盟委员会对奎宁卡特尔成员处以罚款的决定[238]，因其沉迷于价格固定、配额分配和市场划分，此后还有许多其他类似案例。在*Pre-insulated pipes*案[239]判决中的违法行为范围广泛。欧盟委员会指责当事方在国内市场之间进行划分，并最终在整个欧洲市场之间进行划分、价格固定并采取措施阻止卡特尔之外的一个重要竞争者并将其赶出市场。

---

[232] 2013年1月23日的欧盟委员会决定，在上诉案T-216/13 etc *Telefónica v Commission* EU：T：2016：369以及进一步上诉案C-487/16 P *Telefónica v Commission* EU：C：2017：961中得到维持。

[233] 案例C-174/14 EU：C：2015：484，第56段。

[234] 同上，第56段。

[235] 案例T-472/13 etc EU：T：2016：449；进一步上诉案C-591/16 P etc *Lundbeck v Commission*，尚未裁决。

[236] 案例T-472/13 etc EU：T：2016：449，第435段。

[237] 案例41/69 *ACF Chemiefarma NV v Commission* EU：C：1970：71。

[238] JO［1969］L 192/5。

[239] OJ［1999］L 24/1，在上诉案T-9/99 etc *HFB Holding v Commission* EU：T：2002：70中基本上得到维持。

罚款总额达9200万欧元。在 *Prestressing steel* 案[240]中，欧盟委员会发现有证据表明，在18年的时间里举行了超过550次卡特尔会议，在此期间，有17家预应力钢生产商实施了价格固定和市场划分协议。

第101条第1款也适用于涉及客户限制的横向协议。[241]

（B）第101条第3款

鉴于单一市场的必要性，横向地理市场划分协议不太可能满足第101条第3款的标准。但是，在特殊情况下，第101条第3款可能适用于对于提高效率必不可少的市场划分[242]。

6. 配额和其他生产限制

卡特尔可能获得超竞争利润的另一种方式是同意限制其成员的产出。如果产量减少，价格就会上涨，石油输出国组织（OPEC）运营的石油卡特尔并没有固定价格，而是确定每个成员国将出口多少石油。需要仔细监控限制产量的横向协议，因为某些卡特尔成员的过量生产会导致市场价格下跌，除非该计划与价格固定系统一起运行，而这种情况经常发生。在没有价格固定的情况下，卡特尔成员通常会就配额制达成一致，在配额制中，每个成员将在特定时期内提供整个行业产出的指定比例。与价格固定的情况一样，谈判这些配额将涉及成本，因为一些公司的规模或效率会更高，或者扩张速度会比其他公司更快，所以可能需要艰苦而漫长的讨价还价。卡特尔的配额已经确定，将需要一种防止作弊的机制。例如，这可以通过要求将有关生产和销售的详细信息提供给贸易协会或“卡特尔咨询公司”来完成。卡特尔可以使用一种系统，根据这些系统，超出其分配配额的那些企业必须向那些遵守规则的企业（作为必然的推论）支付补偿金，而可能必须在如何进行这种支付方面制定复杂的规则。如果一家公司“生产过量”，则要想在市场上出售其产品，其价格要高于其要

---

[240] 2010年6月30日的欧盟委员会决定；在这个案件中有无数上诉：它们都没有成功，除了案例T－389/10 *SLM v Commission* EU：T：2015：513（罚款减少）和案例T－418/10 *Voestalpine Austria Draht v Commission* EU：T：2015：516（卡特尔的参与减少）；欧盟普通法院的判决在进一步上诉案C－490/15 P etc *Ori Martin SA v Commission* EU：C：2016：678中维持原判。

[241] 参见例如 *Re William Prym－Werke and Beka Agreement* OJ［1973］L 296/24，欧盟委员会要求删除客户限制条款；*Atka Al S v BP Kemi A/S* OJ［1979］L 286/32，BP为客户提供至少100000加仑的消耗量；*Belgian roofing felt* OJ［1986］L 232/15。

[242] 参见例如 *Transocean Marine Paint Association* JO［1967］L 163/10。

盈利并向其他卡特尔成员付款的价格。这种方案给消费者带来的损失是显而易见的。

一些涉及生产限制的协议可能是有益的：在某些情况下，专业化协议、联合生产、研发协议、重组卡特尔和标准化协议可能是可取的。本章涉及对生产的限制，这些限制会限制产量而不会产生任何补偿性利益。第15章将讨论涉及生产限制的协议，这些协议可能是某些合法目标的客观必要条件。

（A）第101条第1款

第101条第1款（b）项专门适用于“限制或控制生产、市场、技术开发或投资”的协议，并在许多场合适用于限制生产的协议。简单的配额制度经常遭到谴责。[243]

在 *Peroxygen products* 案[244]中，欧盟委员会发现，卡特尔成员不仅在地理上划分市场，而且还签订了一系列详细的国家协议，将市场按商定的百分比划分。在 *MELDOC* 案中[245]，荷兰的乳制品行业实行了配额和补偿计划，违反了《欧盟运行条约》第101条，欧盟委员会共处以6565000欧元的罚款。加剧该决定的一个事实是，荷兰牛奶生产商还同意对来自其他成员国的进口对其市场地位构成的威胁作出协调一致的反应。未经竞争者公司批准，不得扩大生产的协议违反了第101条第1款[246]，因此很难说服委员会配额会带来有益的专业化。[247] 不允许建立合资企业来分摊竞争者之间的订单[248]，欧盟委员会也不允许建立仅限制竞争而不会产生任何补偿利益的联合生产。[249] 配额协议通常会赋予特定企业提供其国内市场的专有权或优先权：当然不会容忍它们。[250]

欧盟委员会谴责配额计划的一个有趣的例子是 *Associated Lead Manufacturers*

---

[243] 参见例如 *Zinc Producer Group* OJ［1984］L 220/27；*Benelux Flat Glass* OJ［1984］L 212/13；还有欧盟委员会认定涉及配额安排的各种案件：参见 *Re Cementregeling voor Nederland* JO［1972］L 303/7；*Re Cimbel* JO［1972］L 303/24；*Re Nederlandse Cement – Handelmaatshappij NV* JO［1972］L 22/16；另见 *Belgian roofing felt* OJ［1986］L 232/15；*Welded Steel Mesh* OJ［1989］L 260/1；*Italian flat glass* OJ［1989］L 33/44，在上诉中因缺少证据被撤销：案例T–68/89 etc *Società Italiana Vetro SpA v Commission* EU：T：1992：38。

[244] OJ［1985］L 35/1。

[245] OJ［1986］L 348/50。

[246] *Re Cimbel* JO［1972］L 303/24。

[247] *Re Italian cast glass* OJ［1980］L 383/19。

[248] *Air Forge*，欧盟委员会的《关于竞争政策的第12号报告》（1982），第85点。

[249] *Re VANO Schwarzpulver GmbH* OJ［1978］L 322/26。

[250] 案例41/69 *ACF Chemiefarma NV v Commission* EU：C：1970：71。

Ltd（*White Lead*）案[251]。在英国、德国和荷兰生产白铅的公司同意，它们各自会提供1/3的白铅，以出口到非欧盟国家。为此，建立了一个中央办公室，从它们那里收集有关交付白铅的信息。生产商向该办公室提供了所有交货的详细信息，包括向其他欧盟国家的出口。欧盟委员会认为，该配额方案实际上与所有出口有关，也就是说与欧盟内部以及欧盟以外的贸易有关，并且显然是在《欧盟运行条约》第101条第1款（b）项的范围内试图限制和控制市场。此外，《欧盟运行条约》委员会认为，并不总是一丝不苟地遵守配额是没有关系的：一项协定并没有因为它的当事方之一被暂时甚至反复规避而不再具有反竞争性。[252]

在 *Compagnie Royale Asturienne des Mines SA and Rheinzink GmbH v Commission* 案[253]中，欧洲法院裁定，竞争者持续不断地相互供应产品属于违反《欧盟运行条约》第101条第1款。尽管这对于处理某些紧急情况是可以接受的，但不允许竞争者订立时限不定且数量庞大的协议。这样做的结果是将互助制度化以代替竞争，从而在市场上产生类似于配额安排所带来的情况。在 *Soda - ash - Solvay/CFK* 案[254]中，欧盟委员会谴责一项协议，据此 Solvay 同意允许 CFK 确保有保证的最低销售吨位，并购买任何不足的货量以弥补损失。在 *French - West African shipowners' committees* 案[255]中，对在法国和西非国家之间的运输中同意采用货物共享系统的船东，处以海上运输部门实质性违法的第一项罚款。

欧盟委员会在 *Cartonboard* 案[256]中发现一种精心设计的“吨位价格计划”是反竞争的，其中涉及“冻结”市场份额，对其进行持续监控和分析以及协调“机器停机时间”以维持价格和控制供应。在 *Europe Asia trades agreement* 案[257]中，欧盟委员会得出结论认为，“无能力利用”协定以及有关海上运输的信息交换违反了《欧盟运行条约》第101条第1款；它认为，该协议人为地限制了班轮运输能力，从而减少了价格竞争。[258]

---

[251] OJ［1979］L 21/16。

[252] 类似地，参见 *Re Cast Iron and Steel Rolls* OJ［1983］L 317/1，此处，欧盟委员会对在德国萨尔州的交货实行配额计划的法国企业处以罚款。

[253] 案例29/83和30/83 EU：C：1984：130。

[254] OJ［1991］L 152/16。

[255] OJ［1992］L 134/1。

[256] OJ［1994］L 243/1，第129～132段，上诉案T－311/94 etc *BPB de Eendracht v Commission* EU：T：1998：93。

[257] OJ［1999］L 193/23。

[258] 同上，第148～156段。

配额是众多卡特尔的特征之一。[259] 欧盟委员会认为，在 *Zinc phosphate* 案[260]中，卡特尔的“基石”是销售配额的分配，尽管欧盟委员会还发现其在固定最低或建议价格以及划分客户方面达成了协议。[261] 在 *Gas insulated switchgear* 案[262]中，欧盟委员会发现卡特尔的成员不仅按地域划分了全球市场，而且还商定了全球配额；并且商定的欧洲配额本身也被卡特尔中的欧洲成员划分了。[263] 在 *Heat stabilisers* 案[264]中，欧盟委员会找到了由咨询公司监督的建立配额、固定价格和交换信息的协议。在 *Prestressing steel* 案[265]中，欧盟委员会发现生产商通过限制其定价政策、配额来追求限制竞争的目标。欧盟委员会指出，立法对生料线材的生产配额进行了规定，无法证明私人商定的预应力钢配额是合理的。[266]

（B）第 101 条第 3 款

配额和其他生产限制不可能满足《欧盟运行条约》第 101 条第 3 款的规定，尽管在专门化协议所带来的效率不可或缺的情况下，可以允许就产能和产量达成协议。[267]

7. 串通投标

实际或潜在竞争者[268]之间的串通投标是一种惯例，公司可以在彼此之间就应邀招标进行合作。在工程和建筑行业中，公司竞争非常大的合同时尤其容易遇到这种情况。通常，招标人将具有强大的议价地位，而承包商则感到需要协

---

[259] 另外在正文中提及的案例参见例如 *Spanish bitumen*，2007 年 10 月 4 日的欧盟委员会决定，第 373 段，在上诉案 T－462/07 *Galp Energia Espana v Commission* EU：T：2013：459，以及进一步上诉案 C－603/13 P EU：C：2016：38 中基本上得到维持；*Animal Feed Phosphates*，2010 年 7 月 20 日的欧盟委员会决定，第 154～155 段。

[260] OJ［2003］L 153/1。

[261] 同上，第 64～72 段。

[262] 2007 年 1 月 24 日的欧盟委员会决定，在上诉案 T－117/07 *Areva v Commission* EU：T：2011：69 中基本上得到维持，在进一步上诉案 C－247/11 P EU：C：2014：257 中部分被撤销。

[263] 2007 年 1 月 24 日的欧盟委员会决定，第 116～120 段。

[264] 2009 年 11 月 11 日的欧盟委员会决定，第 380～387 段，在上诉案 T－46/10 *Faci SpA v Commission* EU：T：2014：138 以及进一步上诉案 C－291/14 P EU：C：2015：398 中得到维持。

[265] 2010 年 6 月 39 日的欧盟委员会决定。

[266] 同上，第 1032 段。

[267] 参见欧盟委员会的《横向合作协议指南》（OJ［2011］C 11/1），第 183～186 段；有关专业化的协议参见第 15 章第 746～749 页“专业化协议的集体豁免：第 1218/2010 号条例”。

[268] 参见第 3 章第 164～165 页“实际的和潜在的竞争”。

调其议价能力。从承包商的角度来看，串通投标除了会导致更高的价格外，还有其他好处：这可能意味着实际上更少的承包商会为任何特定的交易定价（招标本身可能是一项昂贵的业务），因此间接费用可以保持较低；这可能意味着承包商可以进行其知道不会被接受的投标（因为已经同意另一家公司将以较低的价格进行投标），但是这表明它仍然对开展业务感兴趣，因此它将不会被排除在投标人名单之外；这可能意味着承包商可以保留其既定的、受到青睐的客户的业务，而不必担心会被竞争者抢走。

经济合作与发展组织就串通投标和公共采购以及有关腐败问题举行了多次圆桌会议。其主要发现被包含在一本有关竞争和采购（*Competition and Procurement*）的书中。[269]

（A）串通投标有多种形式

最简单的是，被邀请投标的公司同意相同的价格报价，希望最终每个公司都将获得其应得的订单份额。但是，横向招标非常可疑，并且很可能引起竞争主管机构的注意，因此其通常会进行更细微的安排。这些安排越复杂，投标者自己的成本就越高。一种方法是将彼此之间的报价互相通知，或者更可能的是通知中央秘书处，这将使订单产生成本并消除其认为会导致协会的部分或全部会员损失的报价。另一种方法是轮换订单，在这种情况下，轮到接收订单的公司将确保其报价低于其他所有公司的报价。还有可能是由行业协会分配订单，该行业协会将建议每个成员如何进行。

（B）第101条第1款

毫无疑问，《欧盟运行条约》第101条第1款规定了串通投标。[270]欧盟委员会谴责*Sugar*案[271]中的做法。在*Building and construction industry in the Netherlands*案[272]中，欧盟委员会对行业协会（SPO）处以2250万欧元的罚款，理由是该协会采用一种体系，即建筑公司预先选择了“有资格”赢得某项特定合同的企业。荷兰政府批准该制度的事实并未给予其第101条第1款下的辩护：相反，这导致欧盟委员会威胁将根据《欧盟运行条约》第258条对荷兰提起诉讼，理由是其鼓励了这种反竞争行为。欧盟委员会得出结论，在*Pre-insu-*

---

[269] 经济合作与发展组织，2011年，可在www.oecd.org上查阅。

[270] 请注意在一些国家有禁止串通投标的具体法律，例如德国刑法第298条和奥地利刑法第168b条；在英国串通投标可能是非法的刑事卡特尔犯罪；参见第10章第534~546页“卡特尔犯罪”。

[271] OJ［1973］L 140/17。

[272] OJ［1992］L 92/1，在上诉案T-29/92 *SPO v Commission* EU：T：1995：34中得到维持。

lated pipes 案[273]中，在“尊重现有‘传统’客户关系”以及支持投标操纵的各种措施的基础上分配合同违反了《欧盟运行条约》第101条第1款[274]。

近年来，串通投标一直是卡特尔案件的一个明显特征。企业可能会竭尽全力来控制竞争过程的各个方面。例如，在 *Elevators and escalators* 案[275]中，欧盟委员会对一系列活动处以9.92亿欧元的罚款，这些活动涉及在比利时、德国、卢森堡和荷兰的电梯和自动扶梯的安装和维护相关的串通投标、价格固定、项目分配、划分市场以及信息交换。[276] 欧盟委员会说，有关企业相互通知招标，并根据事先商定的卡特尔配额来协调其投标。在 *Car glass* 案[277]中，欧盟委员会对其处以13亿欧元的罚款，这是有史以来根据第101条单项决定的最高罚款额。欧盟委员会除其他非法做法外，还反对覆盖计价：也就是说，这冒充了竞争，但故意设定的价格要高于被授予合同的卡特尔成员的价格。[278] 欧盟法院也同样反对这种做法。在 *International removal services* 案[279]中，欧洲法院裁定，关于覆盖计价的协议的目标是限制竞争[280]，并且是最严重的竞争限制之一。[281] 欧盟委员会谴责了 *High voltage power cables* 案[282]中一些操纵投标的做法，并处以巨额罚款。欧盟委员会对于汽车零件的几项违法决定都具有串通投标的特征。[283]

在 *SIA ‘VM Remonts’ v Konkurences padome* 案[284]中，欧洲法院裁定企业X可能对串通招标负有责任，只要第三方服务提供商Y通过与X的竞争者交换商业敏感信息而造成违法，而X可以合理地预见Y将共享该信息，以及X准

---

[273] OJ［1999］L 24/1，在上诉案 T-9/99 etc *HFB Holding v Commission* EU：T：2002：70 中基本上得到维持。

[274] OJ［1999］L 24/1，第147段。

[275] 2007年2月21日的欧盟委员会决定，在上诉案 T-141/07 etc *General Technic-Otisv Commission* EU：T：2011：363 中基本上得到维持，在进一步上诉案 C-493/11 P etc EU：C：2012：355 中得到维持。

[276] 请注意奥地利竞争管理局也对该部门处以7540万欧元的罚款：详见 www. bwb. gv. at 上的新闻稿。

[277] 2008年11月12日的欧盟委员会决定，案例 T-56/09 etc *Saint-Gobain Glass France v Commission* EU：T：2014：160，基本维持了被上诉决定，但减少了罚款。

[278] 2008年11月12日的欧盟委员会决定，第103段。

[279] 2008年3月11日的欧盟委员会决定，经2009年7月24日的决定修正，第366段。

[280] 案例 C-440/11 P *Commission v Stichting Administratiekantoor Portielje* EU：C：2013：514，第95段。

[281] 同上，第111段。

[282] 2014年4月2日的欧盟委员会决定；上诉案 T-419/14 etc *Goldman Sachs Group v Commission*，尚未裁决。

[283] *Wire harnesses*，2013年7月10日的欧盟委员会决定；*Parking heaters*，2015年6月17日的欧盟委员会决定；*Alternators and starters*，2016年1月27日的欧盟委员会决定。

[284] 案例 C-542/14 EU：C：2016：578。

备接受这样做带来的风险。[285]

在 *Ski Taxi SA v Staten v/Konkurransetilsynet* 案[286]中，挪威竞争主管机构对两家出租车公司处以罚款，原因是它们应邀参加奥斯陆一家医院的出租车服务招标而联合投标。[287] 主管机构认为出租车公司是实际的或至少是潜在的竞争者[288]，联合投标的目的是限制竞争。上诉时，挪威最高法院要求欧洲自由贸易联盟法院就等同于《欧盟运行条约》第 101 条的欧洲经济区在联合投标中的适用提供“咨询意见”。具体地说，挪威法院希望知道联合招标是否可能有限制竞争目的。欧洲自由贸易联盟法院认为，原则上联合竞标可以有限制目的[289]，并补充说，医院知道竞标的共同性质这一事实并不能阻止其限制目的。[290] 当案件转到挪威最高法院，其根据案件的事实认定，联合竞标确实具有限制目的，其结果是挪威竞争主管机构的决定是正确的。[291] 最高法院表示，如果当事各方希望争辩说联合招标可以带来效率的提高，则应在相当于《欧盟运行条约》第 101 条第 3 款的欧洲经济区进行[292]；法院驳回了联合招标是辅助限制的论点。[293] 该案表明，联合招标各方应谨慎行事。[294]

（C）第 101 条第 3 款

在 *Building and construction industry in the Netherlands* 案中，欧盟委员会驳回了赞成将《欧盟运行条约》第 101 条第 3 款应用于串通投标的论点。[295]

8. 有关条款和条件的协议

前面我们已经看到，除了直接固定价格的协议外，还可以通过其他方式获

[285] 同上，第 31 段。

[286] 案例 E－3/16，2016 年 12 月 22 日的判决，可在 www. eftacourt. int 上查阅。

[287] 2011 年 7 月 4 日的决定。

[288] 在诉讼过程中，出租车公司是实际竞争者还是潜在竞争者存在争议，但在向欧洲自由贸易区法院提出请求时，已经确定出租车公司是实际的或潜在的竞争者。

[289] 案例 E－3/16，第 88～102 段。

[290] 同上，第 105～108 段。

[291] 案例 no 2015/203，2017 年 6 月 22 日的判决，可在 www. domstol. no 上查阅。

[292] 同上，第 52 段。

[293] 同上，第 56～58 段。

[294] 参见：THOMAS C. Two Bids or Not to Bid? An Exploration of the Legality of Joint Bidding and Subcontracting Under EU Competition Law［J］. Journal of European Competition Law & Practice，2015，6（9）：629；RITTER C. Joint Tendering Under EU Competition Law，2017 年，可在 www. ssrn. com 上查阅。

[295] OJ［1992］L 92/1，第 115～131 段。

得超竞争利润，例如通过限制生产、确定配额和按地区划分市场。同样，限制提供给客户的条款和条件中竞争的限制性协议也可以产生这种效果。不提供折扣的协议实际上就是价格限制，不提供信贷的协议也是如此。其存在可能是为了支持价格固定协议。在某些市场条件下，由于降价的机会有限，非价格竞争可能尤其重要。例如，在一个寡头市场中，一个寡头可能能够吸引客户，因为它可以提供更好的售后服务或担保或免费送货服务。[296]

尽管有条款和条件的竞争是竞争过程的重要组成部分，但可以说在某些情况下，条款和条件的标准化可能是有益的。这可能具有提高价格透明度的效果：也就是说，如果客户不必为提供的两组条款和条件中的差异作出一些（可能是直观的）让步便可以更轻松地比较所提供商品或服务的"实际"成本。同样，行业协会可能具有知识和专业经验（和法律资源）来单独起草适合单个成员需求的适当标准格式合同，当它们将无法谈判和缔结适合其目的的一系列条款和条件时。如果不成为限制竞争的媒介，通常可以根据竞争法容忍这种标准制定功能。基于行业的行为指南可能属于竞争法规制的范围，尽管它们可能是可取的，并且可能受到消费者法规的鼓励甚至要求[297]。

（A）第101条第1款

《欧盟运行条约》第101条有能力规制限制竞争条款和条件的协议，并且在一定程度上这是通过行业协会媒介进行的，该条款在企业协会的决定中的适用是适当的。欧盟委员会谴责仅按规定的一般销售条件供货的协议，[298] 并且在构成广泛的互惠排他性交易安排的一部分时，也反对这些协议。[299] 在 *Vimpoltu* 案[300]中，欧盟委员会谴责一项关于限制"竞争的次要方面"的条款和条件的协议。在 *Publishers Association：Net Book Agreements* 案[301]中，强加给经销商标准销售条件的协议以及为实现此目的而采取的措施遭到谴责，因为它们剥夺了零售商偏离固定零售价格的能力。在 *TACA* 案[302]中，欧盟委员会得出的结论是，一

[296] 关于寡头参见第14章第696～705页"寡头相互依存理论"。

[297] 参见例如2002年英国企业法第8条。

[298] 参见 *European Glass Manufacturers* OJ［1974］L 160/1；类似地，参见 *FEDETAB* OJ［1978］L 224/29。

[299] 参见例如 *Donck v Central Bureau voor de Rijwielhandel* OJ［1978］L 20/18。

[300] OJ［1983］L 200/44。

[301] OJ［1989］L 22/12。

[302] OJ［1999］L 95/1，第379～380段，在上诉案中得到维持，案例 T－191/98 etc *Atlantic Container Line AB v Commission* EU：T：2003：245；欧盟委员会随后通过了 *TACA* OJ［2003］L 26/53 的修订版。

项禁止班轮会议成员以托运人与个人航线之间协商的价格订立个人服务合同的协议违反了《欧盟运行条约》第101条第1款；根据协议，仅允许成员按照TACA秘书处商定的条件提供标准服务合同，这严重限制了它们彼此竞争的能力。在*Marine hoses*案[303]中，双方同意将销售条件作为控制船用软管招标的竞争者的计划的一部分。在*Freight forwarders*案[304]中，欧盟委员会反对14家企业确定国际航空货运的价格和交易条件。

（B）第101条第3款

欧盟委员会已经认识到易用且无约束力的标准条款和条件在销售消费品或服务方面的优势，并表示除非在实践中应用它们会严重限制消费者的选择，否则它们的使用不会违反《欧盟运行条约》第101条第1款。[305]此外，欧盟委员会将第101条第3款适用于火灾保险领域的一项协议，该协议使保险公司有可能（尽管没有义务）采用行业协会的标准条款和条件。[306]

9. 信息交换

（A）简　介

竞争法的一个重要问题是，当企业之间交换信息时，企业是否冒着违反《欧盟运行条约》第101条的风险。[307]从1968年起，欧盟委员会就在《关于合作协议的通知》[308]以及从20世纪70年代起的许多决定中考虑了这个问题多

---

[303] 2009年11月28日的欧盟委员会决定，上诉中决定部分废除，减少了罚款，案例T-146/09 etc *Parker ITR and Parker Hannifin v Commission* EU：T：2013：258，在进一步上诉中撤销该判决，案例C-434/13 P EU：C：2014：2456；此案被发回欧盟普通法院重新评估，该法院随后维持了决定，但减少了罚款：案例T-146/09 *RENV* EU：T：2016：411。

[304] 2012年3月28日的欧盟委员会决定，在上诉案T-251/12 etc *EGL v Commission* EU：T：2016：114和进一步上诉案C-263/16 P etc *Schenker v Commission* EU：C：2018：58中得到维持。

[305] 参见欧盟委员会《横向合作协议指南》（OJ［2011］C 11/1），第302~305段。

[306] *Concordato Incendio* OJ［1990］L 15/25。

[307] 大致参见：*The Pros and Cons of Information Sharing*（瑞典竞争管理局，2006年），内容是关于信息共享的法律和经济学的系列文章；另见：CAPOBIANCO A. Information Exchange under EC Competition Law［J］. Common Market Law Review，2004，41：1247-1276；BENNETT M，COLLINS P. The Law and Economics of Information Sharing：The Good，the Bad and the Ugly［J］. European Competition Journal，2010，6：311；经济合作与发展组织圆桌会议“竞争法下竞争者之间的信息交换”（Information Exchanges Between Competitor under Competition Law）（2010年），可在www.oecd.org/competition上查阅。

[308] OJ［1968］C 75/3；欧盟委员会《关于横向合作协议第101条适用性的指南》已废除了该通知（OJ［2001］C 3/2），反过来又被欧盟委员会的《横向合作协议指南》（OJ［2011］C 11/1）所取代，第18段。

年。在 2010 年，欧盟委员会《横向合作协议指南》中发布了有关信息交流的有用指南。[309] 该指南在很大程度上借鉴了欧盟法院的判例法[310]，特别是 *John Deere v Commission* 案[311]、*Asnef – Equifax* 案[312]和 *T – mobile* 案[313]的判例法。尽管本书提醒读者该文件不具有法律约束力，但稍后将参考《横向合作协议指南》。但是，它以有益的方式解释了欧盟委员会关于如何将第 101 条应用于信息交换的思考。该指南不适用于特定行业的规则，例如关于保险业协议的规则。[314]《横向合作协议指南》首先描述了赞成和反对信息交换的论点；然后，解释了信息交换的不同类型；此后，将讨论协同行为和以限制竞争为目的或效果的信息交换的概念。接下来是对第 101 条第 3 款中标准的简短讨论。该顺序将大致保留在后续文本中。

（B）支持和反对信息交换的论点

重要的是要了解，信息（包括信息交换）可能对竞争者、消费者和竞争过程都非常有益。《横向合作协议指南》承认，信息交换是许多竞争市场的共同特征。[315] 竞争者无法在统计真空中竞争：它们掌握的有关市场状况、需求量、行业中的产能水平以及竞争者的投资计划的信息越多，它们就越容易就生产和销售策略作出理性而有效的决定。竞争者可以通过交换有关会计方法、库存控制、记账或标准格式合同起草等事项的信息，进而从中受益而不会损害消费者。

但是，如果在某些市场条件下交换某些类型的信息，当然会对竞争过程造成危险。在大多数情况下，问题是，尽管某些类型的信息交换可能具有限制竞争的目的，但是信息交换是否可能具有重大的反竞争效果。《横向合作协议指南》确定了竞争者之间交换信息引起的两个主要竞争问题：第一，它可以使企业预测彼此的未来行为并协调其在市场上的行为；第二，它可能导致发生信息交换的市场或相关市场的反竞争封锁。欧盟委员会说，它并不声称这些考虑

---

[309] OJ［2011］C 11/1；有关评论参见 Antitrust Chronicle 中的系列文章，可在 www. competitionpolicy-international. com 上查阅。

[310]《横向合作协议指南》没有提及但与这一问题相关的判决是 *Steel Beams*，案例 C – 194/99 P *Thyssen Stahl v Commission* EU：C：2003：527。

[311] 案例 C – 7/95 和 C – 8/95 P EU：C：1998：256 和 EU：C：1998：257。

[312] 案例 C – 238/05 EU：C：2006：734。

[313] 案例 C – 8/08 EU：C：2009：343。

[314]《横向合作协议指南》，第 18 段；参见第 15 章第 761 ~ 762 页“保险业”。

[315]《横向合作协议指南》，第 57 段。

是排他性的或详尽的。[316]

竞争法的问题是将那些对效率具有中性或有益效果的信息交换与那些通过促进共谋行为严重威胁竞争过程的信息交换区分开来。

(C) 信息交换的种类

信息在各种情况下交换。因此，有必要描述信息交换的特征，以确定竞争是否可能受到损害。应注意以下两种情况。

(i) 支持横向合作协议的信息交换

在信息交换构成横向合作协议的一部分的情况下，其评估应与对该协议的评估结合进行，一个明显的例子是生产协议的各方共享有关成本的信息。实施研发或专业化协议所必需的信息交换可受益于这些协议的集体豁免。[317]

(ii) 支持卡特尔的信息交换

在许多情况下，欧盟委员会认为，信息交换是监测和/或强制遵守非法卡特尔协议机制的一部分，因此信息交换是非法的。信息交换使卡特尔成员能够确保每个成员都遵守商定的规则。信息交换可以采用多种形式：数据可以在竞争者之间直接共享，也可以通过行业协会或第三方（例如，共同供应商或卡特尔咨询公司）间接交换。

在 *Gas insulated switchgear* 案[318]中，欧盟委员会对涉及欧洲和日本公司的卡特尔处以7.507亿欧元的罚款，这些卡特尔对市场进行了地理划分并分配了配额。该案的特点是在欧洲和日本任命了卡特尔秘书，其职能是接收和在成员之间传播有关该部门即将开展的项目的信息；这引发了关于谁有兴趣赢得合同和卡特尔的某些成员是否会进行掩护竞标以给人以（虚假）竞争印象的讨论，并就谁真正赢得比赛作出了最终报告。[319] 这种信息交换的非法性是由于它是一种支持无论如何都是非法的行为的机制而建立的。[320] 正如支持合法协议的辅助限制是合法的一样[321]，根据非法卡特尔协议进行的信息交换本身也是非法的。

---

[316] 同上，第2.2.1节，脚注1。

[317] 参见《横向合作协议指南》，第88段，脚注1；大致参见关于集体豁免第1217/2010号条例和第1218/2010号条例的第15章。

[318] 2007年1月24日的欧盟委员会决定；在上诉中得到维持：案例T-117/07 etc *Areva v Commission* EU：T：2011：69；在进一步上诉中被部分撤销，案例C-247/11 P etc EU：C：2014：257。

[319] 2007年1月24日的欧盟委员会决定，第121~123段。

[320] 《横向合作协议指南》，第59段。

[321] 参见第3章第166~168页“商业辅助”。

（D）交换信息的协议和/或协同行为

为了认定违反《欧盟运行条约》第 101 条第 1 款，企业之间必须达成协议和/或协同行为，以交换信息或企业协会作出的具有相同效力的决定。在 *Asnef - Equifax v Ausbanc* 案[322]中，欧洲法院裁定，在信贷机构参与创建有关客户偿付能力的信息登记册的情况下，决定这是否由于协议、协同行为还是企业协会而发生的决定，这一点并不重要。[323]《横向合作协议指南》第 60 ~ 63 段就信息交换方面的协同行为的概念提供了指导。本书第 3 章讨论了有关此概念的判例法。[324] 该指南规定，《欧盟运行条约》第 101 条第 1 款适用于竞争者之间的"战略数据"共享，也就是说，可以减少市场中战略不确定性的数据。[325] 该指南还解释说，单方面披露战略信息会引起协同行为。[326] 前提是，通过从竞争者那里获得此类信息，企业会接受该信息并适应其未来的市场行为。[327] 欧盟普通法院在 *Bathroom fittings* and *fixtures* 案中也是如此。[328]

本章已讨论过将价格信号视为一种协同行为的可能性。[329] 在单一公司发布真正公开的单方面声明的情况下（例如在新闻界），协同行为的可能性不大。[330] 在 *Wood Pulp II* 案[331]中，欧洲法院裁定，纸浆生产商在价格上涨生效之前向用户公开宣布价格上涨这一事实本身不足以构成对第 101 条第 1 款的违反。[332]

（E）根据第 101 条第 1 款的评估

本节将考虑将第 101 条第 1 款应用于信息交换[333]，尤其是以限制竞争为目的或效果的信息交换类型。

---

[322] 案例 C - 238/05 EU：C：2006：734。

[323] 同上，第 30 ~ 32 段。

[324] 参见第 3 章第 141 ~ 145 页"协同行为"。

[325]《横向合作协议指南》，第 86 段，解释说"战略数据"包括与价格、客户清单、生产成本、数量、营业额、销售、产量、质量、营销计划、风险、投资、技术、研发计划及其结果有关的信息。

[326]《横向合作协议指南》，第 62 段。

[327] 同上，第 62 段；有关建立该判例法的讨论参见第 3 章第 141 ~ 145 页"协同行为"。

[328] 案例 T - 368/10 *Rubinetteria Cisal v Commission* EU：T：2013：460，第 42 段。

[329] 参见本章第 653 ~ 654 页的"价格信号"。

[330]《横向合作协议指南》，第 63 段；如果竞争者公开宣布彼此未来的战略行为，则不能完全排除这种可能性。

[331] 案例 C - 89/85 etc *A Ahlström Osakeyhtiö v Commission* EU：C：1993：120。

[332] 同上，第 59 ~ 65 段。

[333] 参见《横向合作协议指南》，第 105 ~ 110 段，提供了欧盟委员会对多种假设情况的思考的有益示例。

（i）目的性竞争限制

欧盟法院的判例法已经确定，竞争者之间有关其价格的任何讨论都可能会被视为引发了反竞争的价格固定协议。《横向合作协议指南》第74段建议，如果竞争者之间的信息交换旨在确定单个公司的未来预期价格或数量，则为以限制竞争为目的，并且不太可能满足《欧盟运行条约》第101条第3款的标准。该指南没有说，但确实是这样，不需要对最终消费者支付的价格产生直接影响。[334] 卡特尔成员A和B也不必明确同意它们将会提高价格：仅向彼此提供有关未来定价行为的信息的事实，或者甚至是向彼此提供此类信息，就可能足以视为达成价格协议。A在向A的客户披露价格后向B披露价格，并不意味着A和B不是非法价格固定协议的当事方。[335] 但是，A和B在其中部分但不是全部的卡特尔化的产品市场上竞争，不能推定与其没有竞争的市场有关的信息交换是反竞争的：欧盟委员会有必要证明是这种情况。[336]

在*Dole* v *Commission*案[337]中，欧洲法院维持了欧盟普通法院的判决[338]，该判决确认了欧盟委员会的决定，即三家香蕉生产商是一种协同行为的当事方，该协同行为具有限制竞争目的，因为在每周向客户报价前，它们定期互相沟通，考虑它们认为与确定未来一周报价有关的因素，包括它们对价格趋势的看法。这些定价前的交流使得有可能降低每个生产商在可预见的竞争者行为方面的不确定性，因此具有"创造不符合市场正常条件的竞争条件的目的"。[339]

在两个清算案例——*EURIBOR*案和*Yen LIBOR*案中，有几家银行承认，它们相互告知其计算基准利率的策略和意见书已违反了《欧盟运行条约》第101条第1款，这些事项通常被视为机密。[340] 欧盟委员会对其处以总计14.9亿欧元的罚款。[341] 随后，欧盟委员会对另外三家也参与了*EURIBOR*案卡特尔的

---

[334] 参见例如案例C-8/08 *T-Mobile Netherlands BV v Raad van Bestuur van de Nederlandse Mededingingsautoriteit* EU：C：2009：343，第36~39段。

[335] 案例T-368/10 *Rubinetteria Cisal v Commission* EU：T：2013：460，第45段（*Bathroom fittings and fixtures*）。

[336] 案例T-380/10 *Wabco Europe v Commission* EU：T：2013：129，第79段（*Bathroom fittings and fixtures*）。

[337] 案例C-286/13 P EU：C：2015：184。

[338] 案例T-588/08 *Dole v Commission* EU：T：2013：130，第553段、第583~585段。

[339] 案例C-286/13 P EU：C：2015：184，第134段。

[340] 2013年12月4日的欧盟委员会决定；有关处理的程序参见第7章第330~333页"垄断案件的和解"。

[341] 罚款由两项决定决定：一项是操纵EURIBOR，另一项是操纵Yen LIBOR。

银行处以 4.85 亿欧元的罚款[342]，这些银行选择不与欧盟委员会和解。另一个涉及限制竞争目的的信息交换的有争议的案例是 *Smart card chips* 案[343]：欧盟委员会对双边讨论了定价、客户、合同谈判、产能和利用率以及未来市场行为的四家企业处以总计 1.38 亿欧元的罚款。

一家企业争辩说虽然它参加了讨论价格的会议，但是在整个会议期间保持沉默，没有表明其意图，这不是一种抗辩理由。除非该企业离开会议并采取积极行动以使自己"公开疏远"非法行为，否则出席就足以暗示其参与该价格固定。[344] 在 *T-mobile* 案[345]中，欧洲法院确认，竞争者在一次会议上交换价格信息可能会引起一种以限制竞争为目的的协同行为。[346] 传达的信息很清楚：不要参加竞争者讨论未来价格或数量的会议。

（ii）效果性竞争限制

欧洲法院在 *Asnef-Equifax* 案的判决中明确指出，不用以支持一项本身是反竞争的协议、不涉及未来价格或数量的信息交换，不具有限制竞争的目的，但可能有限制竞争的效果[347]：

> 信息交换系统的兼容性……［欧盟］竞争规则不能抽象地评估。它取决于相关市场上的经济状况以及有关系统的特定特征，例如其目的，获得和参与的条件以及所交换信息的类型——例如，公共或保密、汇总或详细、历史或当前的信息——这些信息的周期性及其对确定价格、数量或服务条件的重要性。[348]

欧洲法院在 *T-mobile* 案中解释说，该分析的目的是确定交换是否可以"减少或消除"企业之间的不确定性，从而限制竞争[349]，这一点在 *Dole v Commission* 案[350]中得到了重申。欧盟委员会的《横向合作协议指南》解释了它如何

---

[342] 2016 年 12 月 7 日的欧盟委员会决定；上诉案 T-105/17 etc *HSBC Holdings v Commission*，尚未裁决。

[343] 2014 年 9 月 3 日的欧盟委员会决定，在上诉案例 T-762/14 etc *Koninklijke Philips NV v Commission* EU：T：2016：738 中得到维持；进一步上诉案例 C-98/17 P，尚未裁决。

[344] 参见案例 T-83/08 *Denki Kagaku Kogyo v Commission* EU：T：2012：48，第 53 段（*Chloroprene rubber*）；进一步参见本章第 644～645 页"与卡特尔的公开疏远"。

[345] 案例 C-8/08 EU：C：2009：343。

[346] 同上，第 58～61 段。

[347] 案例 C-238/05 EU：C：2006：734。

[348] 同上，第 54 段。

[349] 案例 C-8/08 *T-Mobile Netherlands BV v Raad van Bestuur van de Nederlandse Mededingingsautoriteit* EU：C：2009：343，第 35 段。

[350] 案例 C-286/13 P EU：C：2015：184，第 121 段（*Bananas*）。

处理“纯”信息交换。关键问题始终是交换是否可以使竞争性企业实现和/或维持协同。该指南审查了两个问题，每个问题都符合经济学理论：有关市场的经济状况和所交换信息的特征。

（iii）相关市场的经济状况

首先，重要的是要考虑市场的特征。该指南第76段解释说，在协同条件适宜的市场中，信息交换更有可能产生反竞争效果。该指南说，在足够透明、集中、不复杂、稳定和对称的市场上，协同的可能性更大。在该指南的后续段落中将进一步探讨所有这些因素。它们指出，在非常分散的市场中，信息交换不太可能会反竞争，除非交换的信息以另一种有利于协同的方式提高透明度或改变市场状况。[351] 这说明了该指南提出的一个更普遍的观点：信息交换是否有助于共谋行为，不仅取决于最初的市场条件，还取决于信息交换可能如何改变这些条件。在决定协同是否可持续时，欧盟委员会将考虑是否存在可靠的报复威胁，以防止其他公司作弊。[352]

在欧盟委员会根据第101条第1款的决定中市场经济状况对信息交换的评估具有影响力。[353] 在 *UK Agricultural Tractor Registration Exchange* 案[354]中，欧盟委员会谴责了信息交换系统，着重强调了英国拖拉机市场是寡头垄断这一事实：特别是考虑到英国市场上的四家公司的市场份额合在一起大约80%，在某些地理区域，比例更高；进入壁垒很高，尤其是在必须建立广泛的分销和服务网络的情况下；市场停滞不前或正在衰退，品牌忠诚度很高，而且没有大量进口。[355] 欧盟委员会在此决定之后发布了一份新闻稿，其中表示，竞争激烈的汽车市场不一定会出现相同的结果。[356] 在 *Eudim* 案[357]中欧盟委员会对管道、供暖和卫生材料批发商之间的信息交换更为宽松，因为受影响的市场具有足够的竞争力。

Asnef - Equifax 案[358]提出了一个问题，即西班牙的信贷机构之间就交换有关

---

[351] 《横向合作协议指南》，第79段；此点参见欧洲法院在 *Steel beam* 案中的判决，案例 C-194/99 P *Thyssen Stahl AG v Commission* EU：C：2003：527，第86段。

[352] 《横向合作协议指南》，第85段。

[353] 参见例如 *International Energy Program* OJ［1983］L 376/30；另见 *Non-ferrous Semi-manufacturers* 案，欧盟委员会《关于竞争政策的第5号报告》（1975），第39点。

[354] OJ［1992］L 68/19。

[355] 同上，第35段；类似地，参见 *Wirtschaftsvereinigung Stahl* OJ［1998］L 1/10，第39段、第44～46段；该决定在上诉中被废除，案例 T-16/98 *Wirtschaftsvereinigung Stahl v Commission* EU：T：2001：117。

[356] 欧盟委员会新闻稿 IP/92/148，1992年3月4日。

[357] OJ［1996］C 111/8。

[358] 案例 C-238/05 EU：C：2006：734。

借款人的信誉程度的信息达成的协议是否限制了竞争。法院说，正在审议的这类协议没有限制竞争的目的。[359] 相反，它强调必须在协议产生的背景下考虑协议。[360] 法院特别指出，所涉市场是一个零散的市场：也就是说，市场不是集中的，这将是有助于协同行为的一个因素。[361] 似乎很清楚的是，法院认为有关交换没有违反《欧盟运行条约》第 101 条第 1 款。

（iv）信息交换的特征

一个重要的考虑因素是交换的信息类型或质量。欧盟委员会的《横向合作协议指南》解释说，战略数据竞争者之间的交换更有可能违反《欧盟运行条约》第 101 条第 1 款[362]。该指南指出，关于价格和数量的信息本质上是具有战略意义的，其次是有关成本和需求的信息。[363] 交换投资计划也可能具有战略意义。[364] 该指南解释说，数据的战略实用性还取决于其市场覆盖率、汇总、年限和交换频率。交换必须影响相关市场的足够大的一部分，以便能够对竞争产生限制性效果。[365] 有关特定企业的单个数据交换比汇总数据存在更多问题。[366] 数据的年限是相关的[367]：问题是该信息是否有助于共谋行为，历史数据的重要性不如将来的数据。[368] 欧盟委员会倾向于将已有一年以上历史的信息视为历史信息。[369] 交换的频率也是一个相关因素。[370]

该指南指出，交换"真正的公共信息"不太可能违反《欧盟运行条约》第 101 条第 1 款[371]；如果所有竞争者和客户获得信息的成本相同，则该信息实际上是真正公开的。如果交换的信息属于公共领域，但竞争者和客户不能平等地获得，则欧盟委员会认为第 101 条第 1 款可能适用于该协议。欧盟普通法院在 *Bananas* 案[372]中也表达了同样的观点。进一步的考虑是交换的信息是否与客户共享：欧盟委员会在《横向合作协议指南》中指出，与客户共享的信息越

---

[359] 同上，第 48 段。
[360] 同上，第 49 段。
[361] 同上，第 58 段；由于这是《欧盟运行条约》的第 267 条，法院没有对案件的事实作出裁决。
[362] OJ［2011］C 11/1，第 86 段。
[363] 同上。
[364] 参见例如 *Zinc Producer Group* OJ［1984］L 220/27。
[365] 《横向合作协议指南》，第 87 ~ 88 段。
[366] 同上，第 89 段。
[367] 同上，第 90 段。
[368] 同上，第 90 段。
[369] 同上，第 90 段脚注 2。
[370] 同上，第 91 段。
[371] 同上，第 92 段。
[372] 案例 T – 587/08 *Fresh Del Monte v Commission* EU：T：2013：129，第 323 段。

多，出现问题的可能性就越小。[373]

出于明显的原因，欧盟委员会一直关注价格信息，但可以看到其他问题。在 *Re Cimbel* 案[374]中，它谴责行业协会成员的义务，即它们应相互告知预计的工业能力的增长：这样的义务可能会阻止一家公司通过及时扩张以满足需求的增长而获得相对于竞争者的优势。在 *Steel beams* 案[375]中，欧盟委员会发现每个成员国中各公司对钢梁的订单和交货信息的交换，已“超出允许的范围”[376]，因为交换的数据显示了各公司收到的交货和订单，并将其交付给它们各自的市场；该信息每周更新一次，并在参与者之间迅速传播。欧盟委员会补充说，该交换不仅仅限于“仅具有历史价值、不会对竞争产生影响的”数字。[377] 欧盟普通法院确认了欧盟委员会的评估，因为交换机密信息破坏了每家企业必须独立确定其市场战略的原则。欧盟委员会在 *Wirtschaftsvereinigung Stahl* 案中裁定，就各种钢铁产品进行的交货和市场份额信息交换违反了欧洲煤钢共同体第65条第1款；在上诉后，欧盟普通法院废除了该决定，因为欧盟委员会的事实调查结果有误。[378]

（F）第101条第3款下的评估

信息协议由于其有益的效果可能符合《欧盟运行条约》第101条第3款的标准。欧盟委员会在其《横向合作协议指南》第95～104段中讨论了第101条第3款在信息交换中的适用。应将它们与委员会的《第101条第3款指南》一起阅读。[379] 欧盟委员会在第95段中解释说，基准测试可以使企业根据行业中的“最佳实践”来衡量其绩效。[380] 在某些情况下，可以交换信息以确保资源的

---

[373] 《横向合作协议指南》，第94段；类似地，参见 *UK Agricultural Tractor Registration Exchange* OJ［1992］L 68/19；*Re VNP and COBELPA* OJ［1977］L 242/10；*Genuine Vegetable Parchment Association* OJ［1978］L 70/54。

[374] OJ［1972］L 303/24。

[375] OJ［1994］L 116/1；上诉至欧盟普通法院后得到维持：案例 T－141/94 etc *Thyssen stahl v Commission* EU：T：1999：48，第385～412段；进一步上诉至欧洲法院后得到维持：案例 C－194/99 P EU：C：2003：527。

[376] OJ［1994］L 116/1，第267段。

[377] 同上，第268段。

[378] OJ［1998］L 1/10，在上诉案例 T－16/98 *Wirtschaftsvereinigung Stahl v Commission* EU：T：2001：117 中被废除。

[379] OJ［2004］C 101/97；参见第4章第206～208页“欧盟委员会在《第101条第3款指南》中的处理方式”。

[380] 《横向合作协议指南》，第95段；参见：HENRY B R. Benchmarking and Antitrus［J］. Antitrust Law Journal，1993，62：483。有关基准测试和欧盟法律参见：CARLE，JOHNSSON. Benchmarking and EC Competition Law［J］. European Competition Law Review，1998，19：74；BOULTER L. Competition Risks in Benchmarking［J］. European Competition Law Review，1999，20：434.

最佳分配，从而减少供需之间的任何不匹配。通过传播技术知识，信息协议可以帮助增加有能力在市场上开展业务的公司数量。[381] 在以关于消费者的不对称信息为特征的市场中交换消费者数据可能会提高效率，例如，信贷机构之间有关其客户偿付能力和违约记录的信息交换。[382]

消费者也可以从公共信息的增加中受益：他们对可用产品及其价格的了解越多，就越容易作出满意的选择。实际上，完美的竞争取决于消费者是否拥有关于市场的完美信息[383]：通常应鼓励市场透明度。市场对于消费者而言运作不佳的原因常常是他们可获得的信息过于稀疏或令人困惑。在某些市场中，实际上可能有太多信息使供消费者难以消化。欧盟委员会表示，与交换当前和过去的数据相比，消费者从未来定价意向中受益的可能性较小。[384] 此外，当事方必须表明，信息交换的主题、汇总、年限、机密性、频率和覆盖范围将促进共谋的风险最低化对于提高效率是必不可少的。[385] 欧盟委员会拒绝了有关在 *UK Agricultural Tractor Registration Exchange* 案[386]中交换信息将简化效率的论点。

直到 2017 年 3 月 31 日，第 267/2010 号条例第 2 条（a）项和第 3 条对保险业的某些信息交换给予了集体豁免。[387]

（G）罚　款

欧盟委员会决定在 *Bananas* 案中处以 6000 万欧元的罚款，在 *Euro and Yen interest rate derivatives* 案中处以 14.9 亿欧元的罚款，这清楚地表明，它将毫不犹豫地惩罚在敏感的商业事务上相互联系的竞争性企业；重要的是，不要人为地增加市场的透明度。[388]

---

[381] 参见：TEECE D J. Information Sharing, Innovation, and Antitrust［J］. Antitrust Law Journal, 1994, 62（2）：465.

[382] 在 *Asnef - Equifax* 案中，第 13 章脚注[312]，欧洲法院提出，这种信息交换可能符合第 101 条第 3 款的标准。

[383] 参见第 1 章第 9 ~ 10 页“完全竞争的模型是基于实践中不太可能观察到的假设”。

[384] 《横向合作协议指南》，第 99 ~ 100 段。

[385] 同上，第 101 段。

[386] OJ［1992］L 68/19。

[387] OJ［2010］83/1；欧盟委员会决定不再续展该集体豁免，因此，自 2017 年 4 月 1 日起，保险公司必须根据第 101 条对自己的信息交换进行自我评估。

[388] 另见 *Fatty acids* OJ［1985］L 3/17，并处以 50000 欧元的罚款。

10. 广告限制

广告在竞争政策中的作用引发了重要且有争议的问题，在此仅作简要介绍。广告是竞争过程的重要组成部分。[389] 除非消费者知道所提供的商品和服务以及价格是多少，否则他或她将无法选择购买什么，供应商之间的竞争将减少。

竞争是为了吸引业务，而这一流程的重要组成部分就是宣传自己的产品。因此，竞争政策应确保广告不受限制。[390] 实际上，可以认为对企业施加宣传价格、条款和条件或质量细节的义务，以向消费者提供使他或她作出合理选择所需的信息是适当的；但是，应该指出的是，强迫企业公开其价格的不良后果可能是促进它们之间的默示共谋。另一点是，广告的重要性意味着必须采取措施确保广告的真实性，并应该防止竞争者挪用创新的广告创意；可能会反对比较性广告，即对竞争者的产品与自己的产品进行不利的比较。[391]

在某些情况下，企业之间在其广告活动中的合作可能不会有害。例如，一群小生产者可能决定以共同标签出售产品，并就所讨论产品的规格和宣传达成协议，它们都将为该产品的广告费作出贡献。通过这样做，它们可能能够展现出强大的品牌形象，从而增强它们与市场上其他公司竞争的能力。尽管有必要确保协议中没有任何不必要限制竞争的内容，例如直接的价格固定或划分市场，但此类计划可能有利于竞争。同样，在广告方面可能存在合作的情况——例如，通过同意限制一年中参加的工业展览的数量——如果这样做将具有使广告合理化和降低广告成本的效果。

截然不同的观点是，广告成本严重阻碍了希望进入市场的新公司的进入，

---

[389] 参见例如：COWLING K，CABLE M，KELLY M，et al. Advertising and Economic Behaviour [M]. London：Macmillan，1975；TELSER L G. Advertising and Competition [J]. Journal of Political Economy，1964，72 (6)：537；BENHAM L. The Effect of Advertising on the Price of Eyeglasses [J]. Journal of Law and Economics，1972，15：337；SCHERER F M，ROSS D. Industrial Market Structure and Economic Performance [M]. 3rd ed. [S. l.]：Houghton Mifflin，1990；BARIGOZZI F，PEITZ M. Comparative Advertising and Competition Policy，2005 年，可在 www. ssrn. com 上查阅；KOBAYASHI B H，MURIS T J. I Can See Clearly Now：Lee Benham，Eyeglasses，and Empirical Analysis of Advertising and the Effects of Professional Regulation [J]. Competition Policy International，2013，9 (1)：156.

[390] 在美国，广告限制被视为价格固定的间接形式，并且本身就属于非法行为；参阅 *Califrnia Dental Association v Federal Trade Gmmission* 526 US 756 (1999)。

[391] 请注意关于误导性和比较性广告的指令 2006/114/EC，OJ [2006] L 376/21。

也浪费了资源。[392] 在一些市场上，例如啤酒、洗涤剂和谷物早餐，要花大量的钱来树立品牌形象，而且有人争辩说，新进入者将无法将钱花在与此相匹配的必要广告上。据说，这一问题因以下事实而更加突出：既有公司具有过去广告的累积优势，而且它们有能力沉迷于“掠夺性”广告，这是旨在防止新进入者立足于市场的短期昂贵活动。关于广告的壁垒提高效应的意见存在分歧。博克（Bork）和其他评论人有力地辩称，不应将其视为障碍，并且有经验证据对这一论点表示怀疑。[393]

对广告的另一个反对意见来自截然不同的一个群体，即自由职业者。他们有时认为广告违反其道德标准，并且在其活动范围内保护消费者最好通过自我调节、行为守则和职业道德来维持职业标准。

（A）第 101 条第 1 款

《欧盟运行条约》第 101 条第 1 款适用于限制具有反竞争效果的广告的协议。欧盟委员会在几项决定中表示，它认为这种限制限制了竞争行为的重要方面。[394] 在 *Consumer detergents* 案[395]中，欧盟委员会发现三家洗衣粉生产商非法同意限制其促销活动并固定价格。就贸易展览会而言，欧盟委员会认为，参加规则可能会违反《欧盟运行条约》第 101 条第 1 款，尤其是在要求参与者不参加其他展览会，从而限制了它们的竞争机会的情况下。1988 年，欧盟委员会在 *British Dental Trade Association* 案[396]中首次对贸易展览会处以 10 万欧元的罚款，以禁止将潜在参展商反竞争地排除在外。

欧盟委员会在几项决定[397]中显示出对限制广告的仁慈，这些广告限制可能会提升特定的品牌形象，而不会以其他方式严重损害竞争。但是，在 *Belgian Roofing Felt* 案[398]中，欧盟委员会谴责了 Belasco 商标的屋面毡联合广告，这导致了该行业产品的统一形象，在该行业中，个别广告可促进差异化并因此促进竞争。欧盟委员会的《横向合作协议指南》为将第 101 条应用于所谓的“商

---

[392] 参见例如：TURNER D F. Conglomerate Mergers and Section 7 of the Clayton Act [J]. Harvard Law Review，1965，78：1313.

[393] 参见例如：BORK R H. The Antitrust paradox [M]. New York：The Free Press，1993.

[394] 参见例如：Re Vimpoltu OJ [1983] L 200/44；*Austrian Banks* OJ [2004] L 56/1，第 79 段。

[395] 2011 年 4 月 13 日的欧盟委员会决定，第 25 段。

[396] OJ [1988] L 233/15；欧盟委员会决定，第 101 条第 3 款适用于为满足欧盟委员会要求而修改的协会规则，为期 10 年。

[397] *Re VVVF* OJ [1969] L 168/22；*Re Association pour la Promotion du Tube d'Acier Soude Electriquement* JO [1970] L 153/14；*Re Industrieverband Solnhofener Natursteinplatten* OJ [1980] L 318/32。

[398] OJ [1986] L 232/15，在上诉案 246/86 *Belasco v Commission* EU：C：1989：301 中得到维持。

业化协议”提供了指导[399]，其中可能涉及联合广告。该指南指出，联合广告如果涉及费用的重大共性，可能会增加共谋行为的风险，因此可能导致反竞争效果。[400]

对欧洲专利局执业的专利代理人进行比较性广告的限制在 *EPI Code of Conduct* 案[401]中被认定违反了《欧盟运行条约》第 101 条第 1 款，但是在采用新规则的同时，在短时间内也可受益于第 101 条第 3 款。[402]

（B）第 101 条第 3 款

欧盟委员会已经接受，合理化和协调广告工作有时可能是有利的。例如，欧盟委员会已批准了贸易展览会规则，要求参与者限制它们在其他地方展示的次数，并限制它们以其他方式进行广告的程度。[403] 欧盟委员会经常对这种授权施加条件。例如，在 *UNIDI* 案[404]中，欧盟委员会要求采用仲裁程序来处理被排除在展览之外的参展商的投诉。在 *VIFKA* 案[405]中，它要求取消一项规定，这一规定要求办公设备的参展商在 2 年内不得在其他地方展出，因为这一期限太长了。

11. 反竞争的横向限制

迄今为止，已考虑的协议均涉及卡特尔限制竞争并提高价格以获取超竞争性利润。但是，在没有进入壁垒的情况下，这本身很可能会吸引新进入者进入市场。正因为如此，卡特尔的成员将经常采取进一步的行动，旨在以与垄断者相同的方式抵制新竞争的可能性。例如，可以协商集体互惠排他性交易安排，其中一组供应商与一组经销商达成协议，仅在彼此间交易。结果可能是，如果

---

[399] OJ［2011］C 11/1，第 225～256 段。

[400] 同上，第 243 段；参见第 15 章第 751～753 页“商业化协议”。

[401] OJ［1999］L 106/14，第 39～45 段，在上诉案 T－144/99 *Institut des Mandataires Agréés v Commission* EU：T：2001：105 中部分被废除；参见欧盟委员会《关于竞争政策的第 29 号报告》（1999），第 53 页和第 159～160 页。

[402] OJ［1999］L 106/14，第 46～48 段。

[403] *Re CECIMO* OJ［1969］L 69/13，OJ［1979］L 11/16 中续展，OJ［1989］L 37/11 中再次续展；*Re BPICA* OJ［1977］L 299/18，OJ［1982］L 156/16 中续展；*Re Cematex* JO［1971］L 227/26，OJ［1983］L 140/27 中续展；*Re UNIDI* OJ［1975］L 228/14，OJ［1984］L 322/10；*Re Society of Motor Manufacturers and Traders Ltd* OJ［1983］L 376/1；*VIFKA* OJ［1986］L 291/46；*Internationale Dentalscbau* OJ［1987］L 293/58；*Sippa* OJ［1991］L 60/19。

[404] OJ［1984］L 322/10，在上诉案 43/85 *ANCIDES v Commission* EU：C：1987：347 中得到维持。

[405] OJ［1986］L 291/46。

其他生产商无法为其产品找到零售店，就将它们排除在市场之外。但是，这并不是必然的结果：要具有反竞争的封锁作用，就必须缺少替代零售店，例如在零售层面存在进入壁垒。统一回扣卡特尔可以支持共同的定价系统，从而向购买者提供根据他们从卡特尔所有成员的购买量中计算出的折扣；由此对在其他地方购买的抵制效果很明显。[406] 同样，其可能会决定抵制任何在卡特尔之外销售生产者产品的经销商。正如人们所期望的那样，诸如此类会严重损害竞争过程的排他性手段在美国本身是非法的[407]，尽管美国最高法院曾说："分类为集体抵制的限制类别不得任意扩大。"[408] 集体抵制的贬义标签掩盖了这样一个事实，即在某些情况下，独立公司将不可避免地决定拒绝与某些人打交道，例如，拒绝接受不够训练有素的人员进入某个行业或拒绝低效的经销商接触品牌产品。应明确规定对要排除在外的赤裸裸的限制与可以提高效率并因此可以允许的协议之间的区分。

欧盟委员会和欧盟法院经常谴责集体排他性交易安排和其他可能的排他性做法。通常，此类协议是由渴望将进口产品排除在国内市场之外的国家协会订立的。欧盟委员会的一个更明显的目标很难想象，欧盟法院通常会支持其调查结果。欧洲法院裁定一项旨在阻止洗衣机进入比利时市场的计划，违反了《欧盟运行条约》第 101 条第 1 款[409]，并且该营销系统也可能阻止将水果进口到荷兰。[410] 法院同意欧盟委员会的意见，一项独家采购协议使某协会的成员有义务仅从荷兰合作社获得凝乳酶，这是非法的。[411] 法院还认为，旨在支持荷兰和比利时书籍的集体转售价格维持的做法违反了第 101 条。[412]

欧洲法院维持了欧盟委员会决定谴责两个香烟案件中僵化的集体排他性交

---

[406] 价格不固定的情况下统一回扣卡特尔不太可能，因为它们会歧视那些提供较低价格的卡特尔。

[407] 参见例如 *Klor's Inc v Broadway - Hale Stores Inc* 359 US 207，212（1959）；至于美国判例法参见：GLAZER K L. Concerted Refusals to Deal under Section 1 of the Sherman Act［J］. Antitrust Law Journal, 2002，70：1；另见英国竞争上诉法庭案例 1003/2/1/01 *Institute of Independent Insurance Brokers v Director General of Fair Trading*［2001］CAT 4，第 189 段。

[408] *Federal Trade Commission v Indiana Federation of Dentists* 476 US 447，458（1986）；另见：BORK R H. The Antitrust paradox［M］. New York：The Free Press，1993.

[409] 案例 96/82 etc *NV IAZ International Belgium v Commission* EU：C：1983：310；请注意欧盟委员会随后在这种情况下施加的额外罚款：*Re IPTC Belgium SA* OJ［1983］L 376/7。

[410] 案例 71/74 *FRUBO v Commission* EU：C：1975：61；类似地，参见 *Irish Timber Importers Association*，欧盟委员会《关于竞争政策的第 20 号报告》（1990），第 98 点。

[411] 案例 61/80 *Cooperatieve Stremsel - en Kleurselfabriek v Commission* EU：C：1981：75。

[412] 案例 43/82 和 63/82 *VBVB & VBBB v Commission* EU：C：1984：9。

易制度的决定，这分别影响了比利时和荷兰市场。[413] 欧盟委员会已经处理了许多其他类似情况，始终拒绝允许达成此类协议。[414] 在 *Hudson's Bay—Dansk Pelsdyravlerforening* 案[415]中，欧盟委员会对丹麦贸易协会处以 50 万欧元的罚款，理由是该协会对其成员施加义务，要求其将全部产品出售给该协会的子公司，从而阻止它们将其产品出售给其他成员国。在 *Dutch mobile cranes* 案[416]中，欧盟委员会对被发现运行价格固定制度的贸易协会处以罚款，该协会的成员有义务就租用移动式起重机收取“推荐”费率。它还谴责了第二个协会规则，该规则实际上禁止会员从不隶属于该协会的公司租用起重机。

在 *Dutch electrotechnical equipment* 案[417]中，欧盟委员会对 FEG 处以 440 万欧元的罚款，对 TU 处以 215 万欧元的罚款，因其达成集体排他性安排，目的是通过直接和间接限制成员独立确定其销售价格的自由来防止向非协会成员供应。该案的事实与欧盟委员会在 20 世纪七八十年代关于集体排他性交易的许多决定相似[418]：仍然存在这样的安排的事实，这可能证明欧盟委员会希望将其资源集中在消除一种早已假设被人们放弃的做法。

在 *Dutch bitumen* 案[419]中，欧盟委员会对荷兰的八家道路沥青供应商和六家购买者的价格固定，处以 2.6671 亿欧元的罚款。该案的一个有趣特征是，卡特尔中的大型建筑公司并不特别担心供应商是否固定价格：荷兰的道路建设最终由纳税人支付。大型建筑公司只是担心要赢得尽可能多的订单，因此，供应商提供了对它们有利而歧视性的价格折扣，以与较小的竞争者竞争：换句话

---

[413] 案例 209/78 etc *Van Landewyck v Commission* EU：C：1980：248；案例 240/82 etc *SSI v Commission* EU：C：1985：488 和案例 260/82 *NSO v Commission* EU：C：1985：489。

[414] *Re Gas Water - Heaters* OJ ［1973］ L 217/34；*Re Stoves and Heaters* OJ ［1975］ L 159/22；*Re Bomée Stichting* OJ ［1975］ L 329/30；*Groupement d'Exportation du Leon v Société d'investissements et de Cooperation Agricoles* （*Cauliflowers*） OJ ［1978］ L 21/23；*Donck v Centraal Bureau voor de Rijwielhandel* OJ ［1978］ L 20/18；*Re IMA Rules* OJ ［1980］ L 318/1；*Re Italian Flat Glass* OJ ［1981］ L 326/32。

[415] OJ ［1988］ L 316/43，在上诉案 T - 61/89 *Dansk Pelsdyravlerforening v Commission* EU：T：1992：79 中得到维持。

[416] OJ ［1995］ L 312/79，在上诉案 T - 213/95 etc *SCK and FNK v Commission* EU：T：1997：157 中得到维持。

[417] OJ ［2000］ L 39/1，在上诉案 T - 5/00 etc *NAVEG v Commission* EU：T：2003：342 以及进一步上诉案 C - 105/04 P etc EU：C：2006：592 中得到维持；另见欧盟委员会《关于竞争政策的第 29 号报告》（1999），第 135 页。

[418] 参见第 13 章脚注[414]。

[419] 2006 年 9 月 13 日的欧盟委员会决定，在上诉中基本得到维持，案例 T - 361/06 etc *Ballast Nedam v Commission* EU：T：2012：491；在向欧洲法院进一步上诉中被废止：案例 C - 612/12 P *Ballast Nedam v Commission* EU：C：2014：193；其他上诉未成功，如案例 C - 586/12 P *KWS v Commission* EU：C：2013：863。

说，在这种情况下，定价系统旨在排除市场上的第三方。在上诉后，欧盟普通法院维持了欧盟委员会的决定，并特别指出该系统旨在限制竞争。[420]

在 *Visa Europe/Morgan Stanley* 案[421]中，欧盟委员会因 Visa 在不具有客观原因的情况下拒绝 Morgan Stanley 进入 Visa 系统，对 Visa 处以 1020 万欧元的罚款。这是反竞争性横向限制的一个示例，因为 Visa 由许多决定谁可以成为 Visa 成员的企业组成。有一条规则说，发行与 Visa 卡竞争的卡的银行不能成为会员。该规则没有限制竞争目的，但是该规则适用于 Morgan Stanley 的方式具有明显的反竞争效果。那是因为 Morgan Stanley 并未在欧盟内部发行可与 Visa 竞争的卡：Morgan Stanley 的 Discover Card 仅在美国存在，而且在实践中，Visa 允许其他在欧洲拥有卡的银行加入。因此该规则以歧视性方式适用。Visa 向欧盟普通法院提起上诉，该法院维持了欧盟委员会的决定。[422] 尤其是，欧盟普通法院驳回了 Visa 的控诉，即称欧盟委员会尚未对 Morgan Stanley 加入 Visa 计划后的收购市场情况与 Morgan Stanley 不在计划范围内的情况进行比较分析。[423]

在 *Groupement des cartes bancaires* 案[424]中，欧盟委员会决定在法国采用“Carte Bancaires”支付卡系统的某些规则具有限制竞争的目的和效果。实施定价措施的规则有利于法国的主要银行，并损害了由家乐福和欧尚等零售商建立的银行以及互联网银行的利益。在上诉时，欧盟普通法院维持了欧盟委员会关于限制目的的违法行为的裁定。[425] 但是，在进一步上诉中，欧洲法院裁定，欧盟普通法院将定价措施认定为以限制竞争目的为特征是不正确的。该案已交由欧盟普通法院进一步审理[426]，其随后认为，定价措施具有明显的效果，限制了发行支付卡的市场竞争。[427]

12. 英国法律

英国竞争主管机构与欧盟委员会一样，决心消除卡特尔。[428] 1998 年英国竞

[420] 案例 T－354/06 *BAM NBM v Comission* EU：T：2012：485，第 70～72 段。
[421] 2007 年 10 月 3 日的欧盟委员会决定。
[422] 案例 T－461/07 *Visa Europe v Commission* EU：T：2011：181。
[423] 同上，第 162～191 段。
[424] 2007 年 10 月 17 日的欧盟委员会决定。
[425] 案例 T－491/07 *CB v Commission* EU：T：2012：633。
[426] 案例 C－67/13 P EU：C：2014：2204。
[427] 案例 T－491/07 RENV EU：T：2016：379。
[428] 大致参见《关于 1998 年英国竞争法的实质性和程序性规则》第 9 章和第 10 章。

争法赋予英国竞争与市场管理局和行业监管者实质性的调查和执行权力[429]，类似于欧盟委员会的权力，以执行《欧盟运行条约》第101条和第1章的禁止规定的规定。关于英国竞争与市场管理局对英国的卡特尔方法，可以作一些介绍。第一，其有许多关于英国竞争法的指南[430]；《协议和协同行为指南》第3.3~3.27段[431]提供了可能违反第101条第1款和/或第1章禁止规定条款的协议示例。第二，已经出版了一本小册子，以使购买者能够识别卡特尔的活动并鼓励他们使其怀疑的卡特尔活动被英国竞争与市场管理局注意。[432] 第三，英国竞争与市场管理局有专门的卡特尔和刑事执法小组。[433] 第四，英国竞争与市场管理局的政策是鼓励举报者向其提供有关卡特尔的信息。[434] 最后，2002年英国企业法确立了“卡特尔的刑事犯罪”，其可能导致对参与卡特尔活动的个人处以罚款或监禁。[435]

在1998年英国竞争法的初期，反卡特尔的执法受到了一定的限制。从2004年开始，通过一系列对建筑行业的共谋招标处以罚款的决定，这种立场开始发生变化。[436] 2009年，*Construction bid-rigging* 案[437]中的决定对参与非法掩盖定价和其他投标操纵活动的103家企业处以1.292亿英镑的罚款。该决定是根据英国竞争法进行的有史以来最大规模的调查作出的。它还利用了一种新颖的“快速通道提议”，从而减少了涉及投标操纵的企业的罚款（尚未申请宽大处理），以换取合作。然而，在上诉中，英国竞争上诉法庭降低了罚款，它认为罚款额过高且不足以适合单个企业的情况。[438]

在21世纪前十年，竞争主管机构继续揭露并惩罚卡特尔协议。例如，在 *Airline passenger fuel surcharges* 案[439]中，英国航空公司承认与维珍航空就2004年8月至2006年1月之间的长途客运燃油附加费的价格进行了串通。英国航空

---

[429] 参见第10章第489~501页“询问和调查”和第504~532页“执行”。

[430] 参见第9章第419~421页“竞争与市场管理局指南”。

[431] OFT 401，2004年12月；另见 *Trade Associations, professions and self-regulating bodies*，OFT 408，2004年12月。

[432] *Cartels and the Competition Act 1998: a Guide for Purchasers*，可在 www.gov.uk/cma 上查阅。

[433] 参见第2章第79页“竞争与市场管理局的工作人员”。

[434] 参见第10章第518~524页“宽大处理”。

[435] 参见第10章第534~546页“卡特尔犯罪”。

[436] 参见本章第692~694页“串通招标”。

[437] 2009年9月21日的决定。

[438] 案例1114/1/1/09 etc *Kier Group v OFT* [2011] CAT 3；案例1117/1/1/10 etc *Tomlinson v OFT* [2011] CAT 7；案例1125/1/1/09 etc *Barrett Estate Services v OFT* [2011] CAT 9；上诉法院进一步减少了一个案件的罚款：*Interclass Holdings v OFT* [2012] EWCA Civ 1056。

[439] 2012年4月19日的英国公平交易办公室决定。

公司同意支付 5850 万英镑的罚款。维珍航空没有任何罚款，因为是它“吹了哨”。在 *Dairy Products* 案[440]中，对超市和乳制品供应商处以 4951 万英镑的罚款，因其非法交换未来零售价格的意图。七个当事方承认违法，并同意支付减少的罚款。Tesco 拒绝和解，并向英国竞争上诉法院提出上诉。英国竞争上诉法庭因缺乏证据而取消了对 Tesco 的若干违法调查结果[441]，但维持了 Tesco 参与了三种非法的协同行为的决定。[442] 2013 年，英国公平交易办公室通过了五项决定，对这些行为处以 280 万英镑的罚款，因与梅赛德斯－奔驰商用车有关的划分市场、协同价格和交换信息。[443] 梅赛德斯－奔驰被发现充当其经销商之一违法行为的促进者。英国竞争与市场管理局通过了一系列决定，谴责从建模行业到本地房地产经纪；再到家具产品等市场中的卡特尔；这些情况将在以下各节中提及。

（A）横向价格固定

上面已经提到了 *Airline passenger fuel surcharges* 案和 *Dairy Products* 案。迄今为止，有关串通招标的决定将在下文（E）节中进一步讨论。第 9 章详细讨论了 *Football Shirts* 案和 *Toys and Games* 案中涉及横向和纵向价格固定的决定。[444]

在某些情况下，特别是在英国竞争法的早期，非正式地解决了价格固定的指控。[445] 但是，近年来，竞争主管机构一直致力于寻找、揭露和消除价格固定协议。在 *Northern Ireland Livestock and Auctioneers' Association* 案[446]中，该协会关于其委员会应向其成员收取在北爱尔兰的牲畜市场购买牲畜的费用的建议违反了英国竞争法第 1 章的禁止规定的规定；没有判处罚款，这尤其是因为违法发

[440] 2011 年 8 月 10 日的英国公平交易办公室决定。

[441] 案例 1188/1/1/11 *Tesco v OFT*［2012］CAT 31，第 487～488 段。

[442] 同上，第 487（a）～（c）段。

[443] 2013 年 3 月 27 日的英国竞争与市场管理局决定。

[444] 参见第 9 章第 426～427 页“‘协议’”。

[445] 参见例如 *Royal Institute of British Architects*，英国公平交易办公室周报，竞争案例结案摘要，2003 年 5 月 17～23 日；类似地，参见 *The Notaries Society*，2004 年 4 月 30 日和 *British Chemical Distributors and Traders Association*，2004 年 5 月 11 日，已结案；*Nationwide Independent Bodyshop Suppliers Limited*，2009 年 2 月；*UK Asbestos Training Association*，2013 年 3 月 26 日，全部可在 www. nationalarchives. gov. uk 上查阅。

[446] 2003 年 2 月 3 日的英国公平交易办公室决定。

生在牛肉行业因所谓的“疯牛病”而遭受重创之时。[447] 在 *Stock Check Pads* 案[448]中，通过咖啡厅和餐馆的工作人员用来记录客户的订单来进行价格固定和市场划分，罚款 168318 英镑。在 *Aluminium Spacer Bars* 案[449]中，四家公司因在双层玻璃中使用的铝制间隔条的价格固定、客户分配和市场划分而被罚款 898470 英镑。在 *Construction Recruitment Forum* 案[450]中，对与集体抵制有关的价格固定判定了 3927 万英镑的罚款。上诉中，由于英国公平交易办公室罚款计算中的错误，英国竞争上诉法庭降低了罚款。[451]

2016 年，英国竞争与市场管理局通过了 2 项决定，对 *Cylindrical galvanized steel tanks* 案[452]中的价格固定或信息交换处以 273 万英镑的罚款；在向英国竞争上诉法庭提出上诉后，维持了 Balmoral Tanks 在一次会议上进行的非法信息交换有罪的裁定。[453] 在 *Conduct in the modelling sector* 案[454]中，英国竞争与市场管理局对五个定价机构和一个行业协会处以总计 153 万英镑的罚款，因为它们同意确定最低价格和通用的定价方法。在 *Access to car parking facilities at East Midlands International Airport* 案[455]中，英国民航局发现东米德兰兹国际机场和 Prestige 非法达成协议，要求 Prestige 不应在机场以低于最低价格的价格出售其停车服务。而该最低价格与机场自己的停车服务价格挂钩。但是，由于机场“吹了哨”，并且 Prestige 不再进行交易，因此双方均未受到罚款。

在 *Residential estate agency services* 案[456]中，英国竞争与市场管理局决定六名萨默塞特房地产中介参与了与房地产中介服务有关的价格固定卡特尔。一名房地产经纪人因“吹哨”而没有被罚款；英国竞争与市场管理局对其他五位房地产经纪人处以总计 370084 英镑的罚款，其中四位承认违法，而第五位否认

---

[447] 同上，第 37～49 段。

[448] 2006 年 4 月 4 日的英国公平交易办公室决定，在上诉案 1067/1/1/06 *Achilles Group Ltd v OFT*［2006］CAT 24 中得到维持。

[449] 2006 年 6 月 29 日的英国公平交易办公室决定，在上诉案 1072/1/1/06 *Sepia Logistics Ltd v OFT*［2007］CAT 13 中得到维持。

[450] 2009 年 9 月 29 日的英国公平交易办公室决定。

[451] 案例 1140/1/1/09 etc *Eden Brown v OFT*［2011］CAT 8。

[452] *Galvanised steel tanks for water storage main cartel decision*，2016 年 12 月 19 日的决定；*Galvanised steel tanks for water storage information exchange decision*，2016 年 12 月 19 日的决定。

[453] 案例 1277/1/12/17 *Balmoral Tanks Ltd v CMA*［2017］CAT 23。

[454] 2016 年 12 月 16 日的英国竞争与市场管理局决定。

[455] 2016 年 12 月 20 日的英国民航局决定。

[456] 2017 年 5 月 31 日的英国竞争与市场管理局决定。

其有违法行为，但未向英国竞争上诉法庭上诉。[457]

在 *LINK Interchange Networks* 案[458]中，持卡客户从现金点提取现金的银行之间集体商定的多边交换费被认为满足英国竞争法第 9 条第 1 款的标准。随后撤销了关于 MasterCard 的多边交换费违反英国竞争法第 1 章禁止规定的决定，调查被终止[459]；英国高等法院的结论是，MasterCard 的多边交换费和 Visa 的多边交换费根本上没有限制竞争，尽管出于不同的原因。[460]

（B）与条款和条件有关的协议

英国竞争法第 1 章禁止规定可能会涉及条款、条件和行为守则方面的协议。

（C）横向市场划分

根据英国竞争法在卡特尔案中判处的第一笔罚款发生在 *Market Sharing by Arriva and FirstGroup* 案[461]中，这两家公司被发现在利兹地区共享公共汽车路线。*Stock Check Pads* 案[462]和 *Aluminium Spacer Bars* 案[463]的决定均包括市场划分的结果。在 *Supply of care home medicines* 案中，对 Hamsard 处以 370226 英镑的罚款，原因是该公司同意与劳埃德药房（Lloyds Pharmacy）共享向英国的护理之家提供处方药的市场。[464] 在 *Specialist Laundry Service* 案中，对划分市场处以 171 万英镑的罚款。[465]

（D）配额和其他生产限制

正如预期的那样，英国竞争与市场管理局已经指出，寻求限制或控制生产的办议几乎总是会违反《欧盟运行条约》第 101 条和/或英国竞争法第 1 章的

---

[457] *Residential estate agency service*，2017 年 5 月 31 日的英国竞争与市场管理局决定；英国竞争与市场管理局于 2018 年 4 月 10 日宣布，由于违反 1998 年英国竞争法，两名个人被取消担任公司董事的资格。

[458] 2001 年 10 月 16 日的英国竞争上诉法庭决定。

[459] 参见英国竞争与市场管理局案例的网站：www. gov. uk/cma。

[460] 参见前面的脚注[204]。

[461] 2002 年 1 月 30 日的英国公平交易办公室决定。

[462] 2006 年 4 月 4 日的英国公平交易办公室决定，在上诉案 1067/1/1/06 *Achilles Group Ltd v OFT* [2006] CAT 24 中得到维持。

[463] 2006 年 6 月 29 日的英国公平交易办公室决定，在上诉案 1072/1/1/06 *Sepia Logistics Ltd v OFT* [2007] CAT 13 中得到维持。

[464] 2014 年 3 月 20 日的英国公平交易办公室决定。

[465] 2017 年 12 月 14 日的英国竞争与市场管理局决定。

禁止规定。[466] 在特殊情况下，英国竞争法第9条可能适用。例如，关于紧急情况下燃油供应的谅解备忘录（*Memorandum of Understanding on the supply of oil fuels in an emergency*）[467]，使政府能够在燃料短缺的情况下将燃料的供应直接导向诸如紧急服务提供者之类的"基本用户"，并使其在一段时间内受益于英国竞争法第9条。[468]

（E）串通招标

从2004年*West Midland Roofing Contractors*案开始，已经作出了许多谴责串通招标的决定。在这些案件里，罚款如下：

- *West Midland Roofing Contractors*案[469]：971186英镑，宽大处理后减少到297625英镑，上诉后减少到288625英镑[470]；
- *Mastic Asphalt Flat - roofing Contracts in Scotland*案[471]：231445英镑，宽大处理后减少到87353英镑；
- *Felt and Single Ply Roofing Contracts in Western - Central Scotland*案[472]：238576英镑，宽大处理后减少到138515英镑；
- *Flat Roof and Car Park Surfacing Contracts in England and Scotland*案[473]：185.2万英镑，宽大处理后减少至155.7万英镑；
- *Bid rigging in the construction industry in England*案[474]：1.941亿英镑，在宽大处理和"快速通道提议"之后减少到1.292亿英镑，在上诉后减少到63.992万英镑；
- *Access control and alarm systems*案[475]：53410英镑，包括与一方达成和解后减少的20%。

英国竞争上诉法庭在*Apex Asphalt and Paving Co Ltd v OFT*案[476]中的判决对串通招标的法律分析特别有用。在西米德兰兹郡，包括Apex在内的各种屋面

---

[466] 《协议和协同行为指南》，OFR 401，2004年12月，第3.12~3.13段。

[467] 2001年10月25日的英国公平交易办公室决定。

[468] 同上，第62~63段；现参见1998年英国竞争法（公共政策豁免）2012年令，SI 2012/710。

[469] 2004年3月17日的英国公平交易办公室决定。

[470] 案例1032/1/1/04 *Apex Asphalt and Paving Co Ltd v OFT*［2005］CAT 4；案例1033/1/1/04 *Richard WPrice Ltd v OFT*［2005］CAT 5。

[471] 2005年4月7日的英国公平交易办公室决定。

[472] 2005年7月11日的英国公平交易办公室决定。

[473] 2006年2月23日的英国公平交易办公室决定。

[474] 2009年9月21日的英国公平交易办公室决定。

[475] 2013年12月6日的英国公平交易办公室决定。

[476] 案例1032/1/1/04［2005］CAT 4。

承包商都被指控串通招标。在确定企业是否为协同行为的一方的相关原则之后[477]，英国竞争上诉法庭开始将其应用于招标过程，在该过程中，一些参与的企业进行“掩盖投标”，即它们为合同提交了价格而无意中标（这样做的原因是它保持了竞争的表象，并表明提供掩盖投标的人希望继续参加将来的招标）。英国竞争上诉法庭认为：

- 招标过程旨在以结构化的方式进行竞争；
- 有时要求投标人证明自己在准备投标时没有与竞争者联系；
- 如果招标是选择性的，而不是对所有潜在的投标者开放，那么由于了解其他选定投标者的意图而丧失独立性，特别可能扭曲竞争。[478]

英国竞争上诉法庭对 Apex 加入协同行为的案件的事实感到满意。英国竞争上诉法庭在 *Makers UK Ltd v OFT* 案中采用了相同的推理[479]，对英国公平交易办公室在 *Flat Roof and Car Park Surfacing Contracts in England and Scotland* 案中的决定提出的上诉未成功。英国公平交易办公室在 *Construction bid - rigging* 案中的决定已在前面进行了讨论。[480] 2010 年 6 月的一份报告发现，自从 *Construction bid - rigging* 案的决定以来，人们对英国竞争法和行为变化的认识有了显著改善。[481] 在上诉中，英国竞争上诉法庭对 4 起案件维持判决[482]，4 起案件部分撤销判决，20 起案件减少了罚款。[483]

关于家具零件供应的两项决定的结果是因投标操纵和非法交换敏感信息罚

---

[477] 同上，第 206 段。

[478] 同上，第 208～212 段；英国已向公共部门采购商发布了有关通过竞争性招标实现价值的指南，*Making competition work for you*，可在 www. nationalarchives. gov. uk 上查阅；另见经济合作与发展组织“Guidelines for Fighting Bid - Rigging in Public Procurement”（2009 年），可在 www. oecd. org 上查阅。

[479] 案例 1061/1/1/06［2007］CAT 11，第 103～110 段。

[480] *Evaluation of the impact of the OFT's investment into bid rigging in the construction industry*，OFT 1240，另见英国公平交易办公室新闻稿 60/10，2010 年 6 月 4 日。

[481] 案例 1121/1/1/09 *Durkan Holdings Ltd v OFT*［2011］CAT 6，第 13～92 段；案例 1126/1/1/09 *ISG Pearce Ltd v OFT*［2011］CAT 10，第 11～36 段；案例 1120/1/1/09 *Quarmby Construction Co Ltd v OFT*［2011］CAT 11，第 8～140 段；案例 1124/1/1/09 *North Midland Construction plc v OFT*［2011］CAT 14，第 35～63 段。

[482] 案例 1121/1/1/09 *Durkan Holdings Ltd v OFT*［2011］CAT 6，第 93～125 段；案例 1118/1/1/09 *GMI Construction Holdings plc v OFT*［2011］CAT 12；案例 1122/1/1/09 *AH Willis & Sons Ltd v OFT*［2011］CAT 13；案例 1124/1/1/09 *North Midland Construction plc v OFT*［2011］CAT 14，第 14～34 段。

[483] 参见案例 1114/1/1/09 etc *Kier Group plc v OFT*［2011］CAT 3；案例 1117/1/1/09 etc *GF Tomlinson Building Ltd v OFT*［2011］CAT 7；案例 1125/1/1/09 etc *Barrett Estate Services Ltd v OFT*［2011］CAT 9；案例 1121/1/1/09 *Durkan Holdings Ltd v OFT*［2011］CAT 6，第 126～180 段；案例 1124/1/1/09 *North Midland Construction plc v OFT*［2011］CAT 14，第 64～111 段。

款280万英镑。[484]

（F）信息交换

在 *Exchange of Information on Future Fees by Certain Independent Fee – Paying Schools* 案[485]中，参与学校向其中一所学校的财务处提交了其当前费用水平、拟议费用增加（以百分比表示）以及由此产生的预期费用水平的详细信息，然后其以表格形式将信息分发给所有其他参与者。英国公平交易办公室的结论是，该协议具有限制竞争目的。它没有判定协议的效果。[486] 每所学校同意支付10000英镑的象征性罚款，并同意将300万英镑的特惠款项存入信托基金，以使在信息交换期间就读学校的学生受益。[487] 在 *Loan pricing* 案[488]中，英国公平交易办公室发现苏格兰皇家银行非法向巴克莱银行披露了贷款产品的通用和特定机密未来定价信息；苏格兰皇家银行承认了违法，并同意支付2859万英镑的罚款。巴克莱银行没有被处以任何罚款，因为它“吹了哨”。如前所述，英国竞争上诉法庭维持了英国竞争与市场管理局对 Balmoral Tanks 进行罚款的决定，因为其在2012年7月的一次会议上进行非法价格信息交换。[489]

在 *Motor Car Insurers* 案[490]中，英国公平交易办公室接受了私人汽车保险公司的承诺，即只有已存在至少6个月之久，且至少在五家保险公司中匿名和汇总，并已经“存在”于由经纪人已售出保险单中才通过IT产品交换价格信息。

（G）广告限制

英国竞争与市场管理局承认广告限制可能会减少竞争；但是，遏制误导性广告或确保广告合法、真实和体面的尝试不太可能对竞争产生明显影响。[491] 在 *Property sales and lettings* 案[492]中，英国竞争与市场管理局对汉普郡的一个房地产经纪人协会及其三名成员和一家报纸出版商处以总计73.5万英镑的罚款，原因是它们同意阻止房地产经纪人在当地房地产报纸上宣传其费用或折

---

[484] *Supply of products to the funiture industry*（*drawer wraps*）和 *Supply of products to the furniture industry*（*drawer fronts*），2017年3月27日的英国竞争与市场管理局决定。

[485] 2006年11月20日的英国公平交易办公室决定。

[486] 同上，第1348~1358段。

[487] 英国公平交易办公室新闻稿165/06，2006年11月22日；2006年12月21日，新闻稿182/06。

[488] 2011年1月20日的英国公平交易办公室决定。

[489] 案例1277/1/12/17 *Balmoral Tanks Ltd v CMA*［2017］CAT 23。

[490] 2011年12月2日的英国公平交易办公室决定。

[491] 另见 *Trade Associations*，*professions and self – regulation bodies*，OFT 408，2001年12月，第3.14段。

[492] 2015年5月8日的英国竞争与市场管理局决定。

扣。英国竞争与市场管理局发现，该行业协会已被其成员“用作代表其每个成员促进合同安排的工具”。[193]

（H）反竞争的横向限制

其他反竞争协议也可能受英国竞争法第 1 章禁止规定的限制。*General Insurance Standards Council* 案中的一项规则，即中介机构不得出售通用保险标准委员会成员的一般保险产品，除非它们（中介机构）也是通用保险标准委员会的成员，这被认为是集体抵制，因此限制竞争，并违反了第 1 章。[194] 只有通过援引英国竞争法第 9 条第 1 款的标准，这种做法才能得到维持（如果有的话）。[195] 在 *Construction Recruitment Forum* 案[196]中，英国竞争上诉法庭认为，集体抵制新进入者是最严重的违法之一。[197] 涉嫌体育协会和职业协会的排他性规则的其他几起案件已结案，通常在确保这些协会开放、非歧视性地获得准入而进行的修改之后。[198] 但是，在 *Showmen's Guild of Great Britain* 案[199]中，英国竞争与市场管理局接受行业协会的有约束力的承诺，这将为非会员展示者打开参加交易会的市场，并减少对行业协会竞争者展览会的限制。

---

[193] 同上，第 5.57.3 段。

[194] 案例 1003/2/1/01 *Institnte of lndependant/usurance Brolcers v Director Ceaeral of Fail Trading* [2001] CAT 4，撤销了 2001 年 1 月 26 日的非侵权决定，并将此案移交给了英国公平交易办公室；在取消违规规则之后，2002 年 11 月 22 日通过了第二项非违法决定。

[195] 同上，第 261 段。

[196] 2009 年 9 月 29 日的英国公平交易办公室决定。

[197] 案例 1140/1/1/09 etc *Eden Brown Ltd v OFT* [2011] CAT 8，第 75 段。

[198] *English Rugby Ltd*，2003 年 8 月 6 日结案；*Glasgow Solicitors Property Centre*，英国公平交易办公室新闻稿 154/03，2003 年 12 月 1 日；*Bar Council of Northern Ireland*，英国公平交易办公室新闻稿 02/11，2011 年 1 月 5 日。

[199] 2017 年 10 月 26 日的英国竞争与市场管理局决定。

第 14 章
横向协议（2）：寡头垄断、默示共谋和共同支配

1. 简 介

本章涉及寡头垄断、默示共谋和共同支配的相关问题。寡头垄断存在于部分企业在市场上提供全部或大部分产品或服务，而它们中的任何一个都不具有明显的优势的市场。寡头可能会导致竞争法和竞争政策的一个众所周知的问题：寡头能够凭借市场特征，以平行的方式行事，并从其集体市场力量中获得利益，而没有或不必要达成竞争法通常禁止的协议或协同行为。这种现象在经济学上被称为“默示共谋”[1]，是每个企业对市场状况作出个别和理性反应的结果。默示共谋的问题给竞争主管机构带来了挑战。如果证据不足以证明其对《欧盟运行条约》第 101 条或第 102 条的违反，那么就会出现问题：是否还有其他方法可以解决寡头垄断造成的市场失灵，如果是的话，有什么合适的救济方法可以解决失灵的问题？

本章将首先讨论寡头相互依存理论以及解决寡头垄断问题的可能方法。第 3 节和第 4 节将考虑可在多大程度上使用第 101 条和第 102 条解决这一问题。本章的第 5 节讨论英国法律，尤其是使用市场调查来解决寡头垄断中的市场失灵问题。第 21 章和第 22 章分别讨论了欧盟和英国关于合并控制的法律可以解决平行行为问题的程度。

2. 寡头相互依存理论

（A）理论的框架

对垄断的基本反对意见是，利润最大化的垄断者能够限制产量，从而提高

[1] 参见本章第 699 ~ 700 页“术语：‘默示共谋’‘有意识的平行行为’‘默示协同’‘协同效应’”。

其产品或服务的价格。结果，它获得了超竞争的利润，社会被剥夺了被其压制部分的产出。在完全竞争中，没有一家企业在市场上拥有足够的力量通过其产出的变化来影响价格。每家企业都从市场上"获取"价格，一个完全竞争的市场将以最低的价格产生最佳的产出水平。[2] 实际上，很少有市场具有完全竞争性或垄断性：许多都是寡头的。正如我们将看到的那样，在预测寡头垄断市场结构的结果时，经济分析并不是结论性的：它可能表明，在寡头垄断者只是对彼此的行为作出反应的情况下，平行行为是"无辜"的；或者，它可能暗示一定存在明确的串通行为。

（i）寡头垄断的含义以及对其的警示

寡头垄断（oligopoly）是一种介于垄断（monopoly）和完全竞争之间的现象，或称为"多头垄断"，其中"mono"表示一个，"oligo"表示少数，而"polypoly"中第一个"poly"则表示多个。

关于寡头"问题"的文献很多。[3] 寡头一词对描述竞争法和竞争政策的状况并没有极大帮助，因为在许多市场中，只有少数卖方，但竞争激烈；在其他

---

[2] 参见第 1 章第 5 ~ 8 页"竞争的好处"。

[3] 参见例如：TURNER D F. The Definition of Agreement under the Sherman Act: Conscious Parallelism and Refusals to Deal [J]. Harvard Law Review, 1962, 75: 655; POSNER R A. Oligopoly and the Antitrust Laws: A Suggested Approach [J]. Stanford Law Review, 1969, 21: 1562; TIROLE J. The Theory of Industrial Organisation [M]. Boston: MIT Press, 1988: ch 6; SCHERER F M, ROSS D. Industrial Market Structure and Economic Performance [M]. 3rd ed. [S. l.]: Houghton Mifflin, 1990: chs 6 – 8; MONTI G. Oligopoly: Conspiracy? Joint Monopoly? Or Enforceable Competition? [J]. World Competition, 1996, 19: 59; LOPATKA J E. Solving the Oligopoly Problem: Turner's Try [J]. Antitrust Bulletin, 1996, 41: 843; JENNY H F, FREEMAN P, GRASSANI S, et al. Oligopolies and Competition Law [M] //HAWK B. Annual Proceedings of the Fordham Competition Law Institute: International Antitrust Law & Policy Fordham Competition Law Institute, 2010: 749; BISHOP S, WALKER M. The Economics of EC Competition Law [M]. 3rd ed. London: Sweet & Maxwell, 2010: paras 7 – 049 – 7 – 075; IVALDI M, JULLIEN B, REY P, et al. The Economics of Tacit Collusion: Final Report for DG Competition [R]. European Commission, 2003; STROUX S. US and EC Oligopoly Control [M]. Alphen ann den rijn: Kluwer, 2004; WERDEN G J. Economic Evidence on the Existence of Collusion: Reconciling Antitrust Law with Oligopoly [J]. Antitrust Law Journal, 2004, 71: 719; BROCK J. Antitrust Policy and the Oligopoly Problem [J]. Antitrust Bulletin, 2006, 51: 227; ENGEL C. How Much Collusion? A Meta – Analysis of Oligopoly Experiments [J]. Journal of Competition Law and Economics, 2007, 3: 491; ODONOGHUE R, PADILLA J. The Law and Economics of Article 102 TFEU [M]. 2nd ed. Oxford: Hart, 2013: 185 – 200; PETIT N. The Oligopoly Problem in EU Competition Law [M] //LIANOS L, GERADIN D. Research Handbook in European Competition Law. Cheltenham: Edward Elgar, 2013; LIPSEY R G, CHRYSTAL K A. Principles of Economics [M]. 13th ed. Oxford: Oxford University Press, 2015: 175 – 190。另见一些早期的经济学文献，如：HALL R L, HITCH C J. Price Theory and Business Behaviour [J]. Oxford Economic Papers, 1939, 2: 12; SWEEZY P M. Demand under Conditions of Oligopoly [J]. Journal of Political Economy, 1939, 47: 568; STIGLER G J. The Kinky Oligopoly Demand Curve and Rigid Prices [J]. Journal of Political Economy, 1947, 55: 431.

市场中可能会有很多企业，但竞争过程却失败了。在价格或产出上竞争的寡头的经济模型支持这一点❹：一些寡头垄断导致的结果与完全竞争相同，其他则可能会导致不竞争的结果。因此，“寡头垄断”的问题本身并不是“少数”的事实，而是寡头行使“市场支配力”从而抑制产量并有利可图地提高价格对消费者不利的能力和动机。的确，市场中参与者的数量越少，市场支配力就越有可能存在。然而，市场支配力的确定不仅仅在于参与者数量的计算，其在谈论“寡头垄断问题”时还是有一定的吸引力，使用该表述没有任何坏处，只要记住上文指出的警告即可。

（ii）寡头垄断的问题

反对寡头垄断的主要论点是，寡头所经营的市场的特点是它们不会在价格上相互竞争，并且几乎没有动力以其他方式竞争。此外，它们无须达成竞争法体系通常禁止的那种协议或协同行为，就能获得超竞争利润。

可以通过将寡头垄断与完全竞争的市场的地位进行比较来确定问题。因此，该理论认为，在寡头垄断市场中，竞争者是相互依存的：它们敏锐地意识到彼此的存在，势必会与彼此的营销策略相匹配。结果是市场稳定、不具有竞争性，价格竞争极少或根本不存在。有关所谓“博弈论”和“囚徒困境”的文献认识到，企业在决定行为方式时会考虑竞争者的可能行为（和反应），这支持了对寡头垄断的解释。❺

---

❹ 有关这些模型的讨论参见：CHURCH J，WARE R. Industrial Organisation：A Strategic Approach［M］.［S. l.］：McGraw - Hill/Irwin，2000；BISHOP S，WALKER M. The Economics of EC Competition Law［M］. London：Sweet & Maxwell，2010；CARLTON D W，PERLOFF J M. Modern Industrial Organisation［M］. 4th ed. London：Pearson，2015；NIELS G，JENKINS H，KAVANAGH J. Economics for Competition Lawyers［M］. 2nd ed. Oxford：Oxford University Press，2016.

❺ 参见：TIROLE J. The Theory of Industrial Organisation［M］. Boston：MIT Press，1988：ch 6205 - 6208；SCHERER F M，ROSS D. Industrial Market Structure and Economic Performance［M］. 3rd ed. S. l.：Houghton Mifflin，1990：208 - 215；BISHOP S，WALKER M. The Economics of EC Competition Law［M］. 3rd ed. London：Sweet & Maxwell，2010：paras 2-28 - 2-30；LIPSEY R G，CHRYSTAL K A. Principles of Economics［M］. 13th ed. Oxford：Oxford University Press，2015：188 - 192；FRANZOSI. Oligopoly and the Prisoner's Dilemma：Concerted Practices and "As If" Behaviour［J］. European Competition Law Review，1988，9：385；CARLTON D W，PERLOFF J M. Modern Industrial Organization［M］. 4th ed. Boston：Addison Wesley，2005：ch 6；CHURCH J，WARE R. Industrial Organisation：A Strategic Approach［M］.［S. l.］：McGraw - Hill/Irwin，2000：chs 3 - 4；CABRAL L M B. Introduction to Industrial Organization［M］. Boston：MIT Press，2000；VAN DEN BERGH R，CAMESASCA P. European Competition Law and Economics：A Comparative Perspective［M］. 2nd ed. London：Sweet &Maxwell，2006：156 - 159；MOTTA M. Competition Policy：Theory and Practice［M］. Cambridge：Cambridge University Press，2004：ch 8. 大致参见：PHLIPS L. Competition Policy：A Game Theoretic Perspective［M］. Cambridge：Cambridge University Press，1995.

这种论点可以被进一步论证，寡头们认识到它们的相互依存以及它们自己的利益最大化是一致的。通过彼此匹配的行为，它们将能够收取更高的利润最大化价格，而无须彼此沟通。不需要进行任何交流：市场的结构使得寡头垄断通过相互依赖和相互的自我意识可以产生准垄断价格。另一个反对意见是，寡头发挥作用的非竞争性环境可能使它们以低效的方式行事。经验研究支持了这些理论论点，该研究表明，产业结构与利润水平之间存在直接的相关性，据说与所关注的产业的集中度成正相关[6]，尽管许多证据的可靠性被挑战[7]。企业在完全竞争和寡头市场中的行为之间的区别可以用图形表示，如下所示：

完全竞争	寡头垄断
削减价格的企业将对其竞争者产生难以察觉的影响，而竞争者无须作出回应。	降低价格的寡头将对其主要竞争者产生重大影响，而竞争者可能会作出回应。
企业无法提高价格，因为消费者会转向其他供应商。	寡头不能单方面提高价格，因为如果这样做的话，它的顾客很可能会抛弃它。

反对寡头垄断的理由的逻辑结论是，由于是由市场结构本身引起的问题，因此应采取结构性措施，通过分散市场来纠正这一问题。除非这样做，否则定价策略中将存在有意识的平行行为的领域，这是竞争法所无法规制到的，但却会损害竞争和消费者。

（iii）术语："默示共谋""有意识的平行行为""默示协同""协同效应"

毫无疑问，在某些市场中，企业有可能协同其行为，而无须达成《欧盟运行条约》第 101 条第 1 款所指的协议或加入协同行为；这种行为将对它们自己有利，对消费者不利。经济学家通常将这种情况描述为"默示共谋"：享受特定市场结构的好处而无须达成这样做的协议。如果所讨论的公司通过明显的串通达到了相同的目的，那么经济学家将有同样的反对意见——价格高于没有协同的价格。经济学家对共谋是"默示"还是"明示"并不特别感兴趣：共

[6] 参见例如：BAIN J S. Relation of Profit Rate to Industry Concentration［J］. Quarterly Journal of Economics, 1951, 65: 293 – 324.

[7] 参见：WEISS L. The Concentration and Profits Issue［M］//GOLDSCHMID H J, MANN M H. Industrial Concentration: The New Learning. Boston: Little Brown and Company, 1974; BROZEN Y. The Concentration – Collusion Doctrine［J］. Antitrust Law Journal, 1977, 46: 826.

谋的效果至关重要。

但是，律师对默示共谋一词的适应性要差得多，他们将共谋的概念与《欧盟运行条约》第101条中“协议”和“协同行为”表达的主动串通行为联系起来，而默示共谋可能发生而无须达成协议或协同行为。[8] 对于许多律师而言，询问默示共谋是否可以被第102条规定的共同支配地位的概念涵盖是奇怪的，因为任何在法律意义上可以被称为共谋的行为无论如何都将被第101条统摄。如果根据第101条，该行为不是共谋，则律师对根据第102条将同一行为定性为默示共谋和滥用，会感到不安。这是该行为的另一种表达方式，“有意识的平行行为”，可能会使律师的不适感稍有减轻，避免使用讨厌的词“共谋”；但是，即使是“意识”，似乎也将调查移回了对应该根据第101条进行的阴谋的搜索。

为了在考虑适用第102条时寻找对经济学家和律师有意义且可以容忍的术语，最好使用“默示协同”一词，因为这至少消除了贬义性的“共谋”一词，同时保留了平行行为的概念，对寡头有利，对消费者不利。在合并控制的背景下，竞争主管机构会例行检查合并是否会导致市场上的“协同效应”，这又有利于避免提及共谋。

（iv）“非共谋的寡头垄断”

另一个复杂的情况是，人们认识到某些合并可能会引起竞争问题，从而导致“非共谋的寡头垄断”，也就是说，在这种情况下，一个或多个寡头垄断成员可以在没有个人占支配地位的情况下从合并后增强的市场支配力中获益，而不必依赖其他寡头的协调反应。本章与“常规”寡头垄断理论有关，在这种理论中，企业以协同的方式行事，而不是非共谋的寡头垄断：这种现象可以根据《欧盟合并条例》解决，并在第21章中进行了讨论。[9]

（v）成功行使集体市场支配力所需的条件

为了进行默示协同，企业有必要共同参与于一种常见的行为形式。[10] 通常，这将涉及收取类似的价格；但是，这可能还涉及降低产量或不扩大产能的平行决策：此类决策通过抑制产量本身会对相关行业的价格产生影响。默示协

---

[8] “共谋”的概念也是谢尔曼法第1条所禁止的“合同”和“阴谋”概念所固有的；根据美国法律处理平行行为参见：*Re High Fructose Corn Syrup Antitrust Litigation* 295 F 3d 651（7th Cir 2002）；进一步参见：KOVACIC W E，MARSHALL R C，MARX L M，et al. Plus Factors and Agreement in Antitrust Law [J]. Michigan Law Review，2011，110：939.

[9] 参见第21章第1067~1069页“非共谋寡头垄断的空白”。

[10] 在欧盟委员会《横向合并评估指南》中，默示协同的标志得到了特别的解释：OJ［2004］C 31/5；在第21章第1079~1082页“协同效应”中进行讨论。

同具有三个条件：

• **透明度**：每家企业都必须能够快速且容易地监控其他企业在市场上的行为：成功的平行行为要求任何参与者都不得偏离共同行为；因此，对于每个经济运营商而言，足够的透明度是至关重要的，以使其能够了解其他经济运营商在做什么，包括价格和产出；

• **可持续性**：只有当企业在协同中“作弊”的动机被竞争者能够抵消作弊的好处所否定时，默示协同才是可持续的。经济学家所说的“威慑机制”一定存在。最明显的威慑将是激烈的价格战，这将对每个人都有害，并将发出严厉的警告，即放弃默示协同将不利于每个人；

• **缺乏有效的竞争限制（行为）**：竞争者、顾客和消费者的反应不应如此危及默示协同预期的结果。[11]

（B）对该理论的批判

寡头相互依存的理论引起了批评。[12] 本节将研究五个特定问题。

（i）寡头如何相互依存？

第一，该理论倾向于夸大寡头的相互依存。即使在对称的三家企业寡头垄断中，一家企业也许也可以通过降低价格胜过竞争者，例如，在其他企业发现其所作所为之前会有所延迟：与此同时，降价者可以赚取足够的利润来抵消后续报复的成本。竞争者可能也无法扩大产能，以应对降价后可能出现的需求增长。无论如何，产量的增加可能仅意味着降价会吸引新客户，而不是将现有客户从其竞争者那里转移过来。

（ii）寡头相互依存理论是否反映了现实世界中的市场？

第二个问题是寡头相互依存理论过分简化了市场在现实生活中的运作方式。在对称、稳定的寡头垄断中，生产者以相同的成本生产相同的商品，相互依赖性可能很强，但实际上市场条件通常更为复杂。寡头几乎不可避免地会有不同的成本水平。它们可能生产有区别的商品，通常至少会受益于某些消费者忠诚度；而且它们的市场份额通常不相等。此外，可能会有一些较小的卖方对寡头施加竞争约束，并且根据进入壁垒，未在市场上经营的其他企业可能会响应寡头而进入以赚取竞争性利润。许多其他因素会影响寡头的竞争环境。买方

---

[11] 可以看出，欧洲法院在 *Impala* 案（参见第 14 章脚注[138]）中的判决定义了《欧盟合并条例》中的共同支配地位，与本段中规定的条件一致：参见本章第 718 ~720 页“欧洲法院在 *Compagnie Maritime Belge Transports v Commission* 案中的判决”。

[12] 参见：BORK R H. The Antitrust paradox［M］. New York：The Free Press，1993.

市场的集中度也很重要：其越集中，寡头之间的竞争就越少，因为它相对容易发现吸引特定顾客习惯的尝试。透明的价格信息非常重要：向竞争者隐瞒产品或服务的价格越容易，寡头的相互依存或相互了解就越少。同样，寡头可能能够通过秘密回扣来收取低于其公开价格表中所列价格的价格。这些因素以及其他许多因素意味着，寡头垄断市场彼此之间有很大的不同，这反过来使得很难就所有寡头垄断的运作方式和应对方式提供令人信服的理论解释。

（iii）为什么某些寡头垄断市场具有竞争力？

相互依存理论的第三个问题是，它不能解释为什么在某些寡头垄断市场中竞争会如此激烈，而在某些寡头垄断中，企业之间显然会相互竞争。这种竞争可以采取各种形式。公开价格竞争可能会受到限制，尽管某些寡头垄断市场确实会定期爆发价格战，例如超市或汽油公司之间。公开价格竞争受到限制，但并不意味着不会进行秘密降价。在寡头垄断市场中，非价格竞争可能尤其激烈。这可能以多种方式体现出来：提供质量更高的产品和售后服务，力争在创新和研发方面处于领先地位（有时被描述为寡头垄断竞争的“草根”）；通过引入航空公司和超市提供的那种忠诚计划，并在广告上进行大量投资以提升品牌形象。[13] 尽管反对广告支出是因为浪费资源并构成新进入者的进入障碍，但这是一种非价格竞争形式，与寡头不互相竞争的观点相矛盾。[14]

（iv）寡头如何实现超竞争价格？

对寡头相互依存理论的第四个反对意见是，它不能令人满意地解释其中心命题，即寡头无须明确串通即可获得超竞争利润。相互依存理论说，它们不能单方面提高价格，因为它们将失去消费者，使其转向竞争者，但是，为了赚取超竞争利润，必须不时提高价格：如果没有明显的串通，怎么能实现？对此的可能答案是，形成了一种价格领导模式，即一家公司提高价格，这是其他公司纷纷效仿的信号。因此，价格保持平行，而寡头之间没有明显的沟通，尽管这并不是特别令人信服。[15] 经济学家认为，价格领导可以采取三种形式。[16] 存在占支配地位的价格的领导地位，即占支配地位的企业提高价格，而业内其他企业也效仿，因为这样做符合它们的最大利益。这不是在没有企业占支配地位的

---

[13] 这是某些零售市场的一个特殊特征，例如早餐谷物、家用洗涤剂和酒精饮料（例如啤酒）。

[14] 参见：SCHERER F M，ROSS D. Industrial Market Structure and Economis Perface［M］. 3rd ed. ［S. l.］：Houghton Mifflin，1990：592－610.

[15] 参见：POSNOR R A. Antitrust Law［M］. Chicago：University of Chicago Press，1976：59.

[16] 参见：MARKHAM J W. The Nature and Significance of Price Leadership［J］. American Economic Review，1951，41：891－905；该分类表明已在前垄断和合并委员会的报告 *parallel Pricing* Cmnd 5330（1973）中采用。

寡头垄断中不会发生的事情。其次，晴雨表的价格领导发生在一家企业由于成本上涨（例如工资或原材料）迫使其提高价格的情况下：其他面临同样成本上涨的企业也随之效仿。如果以这种方式客观地解释平行上涨的价格，那么谴责它是不合理的。第三类价格领导被称为共谋：这是一种理解，即行业中的企业将不时效仿价格领导者发出的信号。然而，在这种情况下，将其行为称为协议或竞争法中的协同行为似乎是完全合理的。

（v）为什么市场首先是寡头垄断的?

对相互依存理论的第五个批评是，它只关注于非共谋价格固定的趋势，而不问市场为什么首先是寡头垄断的：这可能是由于规模经济带来的更高效率。在这种情况下，有必要考虑在什么时候这些经济所产生的优势会被丧失竞争的不利影响所抵消。还有一个独立但相关的问题是，为什么市场随着时间的流逝仍然保持寡头垄断状态：如果寡头在短期内获得超竞争利润，从长远来看，这通常会吸引新进入者并增加竞争。

（C）处理寡头垄断问题的可行方式

考虑了这一理论辩论之后，相关的问题是，假设存在问题，关于竞争法中的寡头垄断应该采取什么措施（如果有的话）。似乎至少有四种方式。

（i）结构方式

如果经济理论能够令人信服地证明寡头垄断不可避免地导致无竞争的结果，并且没有可以挽救寡头垄断市场的特征，那么这将表明该问题应被视为结构性问题并应予以解决。在这种情况下，有必要建立法律规则，以防止市场结构从一开始就有利于默示协同。如第 20 章至第 22 章所述，这是合并控制的重要功能。然而，一个重要的问题是，除了通过合并过程之外，是否还需要进一步的结构性权力来使成为寡头垄断的产业分散化：竞争法体系应包括拆除寡头垄断市场的权力，还是至少将竞争力注入困倦、无竞争的市场？如果对《欧盟运行条约》的第 101 条或第 102 条的违反是市场结构条件的结果，并且没有有效的行为补救方法，则第 1/2003 号条例第 7 条规定了采取结构性补救方法以制止这种违反行为的可能性。[17] 英国法律没有明确根据 1998 年英国竞争法提供这种权力。但是，根据 2002 年英国企业法的市场调查条款，有可能对寡头

---

[17] 参见第 7 章第 320 ~ 321 页“结构性补救”。

垄断市场问题进行结构性解决。[18] 不言而喻，使用这些严厉的补救方法将需要特殊情况，但重要的是要意识到存在这种可能性。

（ii）行为方式

另一种方法是将问题视为本质上是行为上的问题，在这种情况下，必须采取控制措施，以防止寡头以不具有竞争力的方式行事。有些人倾向于将寡头之间的价格平行化定为非法。[19] 但是，这将是非常不合适的。如果这是对市场结构的理性反应，那么禁止公司以平行方式行事是荒谬的。换一种说法，如果竞争法规定企业应该不合理地避免平行行事，以防被发现违反竞争法，那确实很奇怪。

在寡头明确串通，例如价格固定或划分市场的情况下，集中度较低的市场中的企业没有理由不受制于《欧盟运行条约》第101条及其国内等效条款。“协同行为”一词是指企业之间的任何形式的协调，“故意以企业之间的实际合作替代竞争风险”。[20] 但是，当将协同行为的概念应用于寡头的行为时，会出现一个不同的问题：将《欧盟运行条约》第101条意义上的共谋行为与可归因于市场寡头垄断结构的平行行为区分开来是很困难的。在许多情况下，很少或没有证据表明企业之间存在非法接触，例如会议纪要，这使问题变得更为复杂：操纵市场的公司通常足够聪明，可以销毁罪证。危险在于竞争主管机构或法院太容易得出结论，即平行行为意味着存在共谋；只有考虑这种行为的替代性合理解释，包括对有关市场的经济分析，才能避免这种情况。在试图确定平行行为是否共谋的结果（从法律意义上）时，对寡头垄断的经济学的理解至关重要。[21]

另外，在寡头垄断市场中，禁止导致平行行为的“便利做法”可能是适当的：一个明显的例子是，寡头之间的信息交换使其更容易以相同的方式行事。如我们所见，市场结构是分析《欧盟运行条约》第101条规定的信息交换时要考虑的因素之一。[22] 在应用《欧盟运行条约》第101条第3款的标准

---

[18] 参见本章第725～727页“在2002年英国企业法下的市场研究与市场调查”以及第11章第593页“最终权力”。

[19] 参见例如：POSNOR R A. Oligopoly and the Antitrust Laws：A Suggested Approach [J]. Stanford Law Review，1969，21：1562。

[20] 案例48/69 etc *ICI v Commission* EU：C：1972：70，第64页。

[21] 进一步参见第3章第141～145页“协同行为”。

[22] 参见第13章第672～681页“信息交换”以及本章第708～710页“第101条第1款、信息交换和其他便利做法”。

时，也可以考虑协议可能促进平行行为的可能性。[23]

最后，明智的做法可能是，禁止具有共同支配地位的企业的行为，如果这种行为会导致寡头的竞争者无法进入市场；可以看到，在某些情况下，使用《欧盟运行条约》第 102 条来处理这种行为。

（iii）监管方式

另一种可能性是监管寡头的价格。[24] 但是，这将是一个绝望的建议。从政策上讲，经济监管应是万不得已的救济办法。竞争主管机构不应成为价格监管者；它们应该是竞争过程的守护者。在寡头垄断市场和进入受到限制的情况下，竞争主管机构应关注是否存在进入壁垒以及国家本身（例如，通过限制性许可规则、法规或立法）是否缺乏有效竞争的原因。

（iv）市场调查方式

可以通过进行市场调查来解决价格平行以及寡头垄断在没有共谋的情况下收取超竞争价格可能性的问题；这可以使竞争主管机构更好地了解为什么存在寡头垄断市场以及为什么其运作不佳，并确定可以采取哪些措施来改善这种情况。欧盟中有关“行业调查”[25] 以及英国中有关“市场研究”和“市场调查”的规定[26]就是这种方法的例子。

3. 第 101 条

（A）平行行为是否构成《欧盟运行条约》第 101 条规定的协同行为？

欧盟委员会和欧盟法院都认为，寡头垄断中价格竞争可能会被减弱，寡头会对彼此的行为作出反应，因此，平行行为本身并不构成《欧盟运行条约》第 101 条第 1 款规定的协同行为。[27] 在 *Dyestuffs* 案[28]中，欧洲法院在第 65 段和第 66 段中指出：

---

[23] 参见本章第 711 页“第 101 条第 3 款”。

[24] 参见例如 BEREC Report on Oligopoly Analysis and Regulation，2015 年 12 月，可在 www. berec. europa. eu 上查阅。

[25] 有关行业调查参见第 7 章第 338 页“第 17 条：调查经济行业和协议类型”。

[26] 有关市场研究和市场调查参见第 11 章第 571 ~ 577 页“市场研究”以及第 11 章第 577 ~ 589 页“市场调查”。

[27] 有关协同行为参见第 3 章第 141 ~ 145 页“协同行为”。

[28] 案例 48/69 etc EU：C：1972：70。

> 因此，从其本质上讲，协同行为并不具有合同的所有要素，但除其他外，可能是由于协同而产生的，而这种协同从参与者的行为中可以明显看出。尽管平行行为本身可能无法识别为协同行为，但是，如果平行行为导致竞争条件对市场的正常条件没有反应，而这种竞争条件又考虑了产品的性质、企业规模和数量以及上述市场的体量，则可能构成此类行为的有力证据。特别是在平行行为允许当事方寻求与竞争所产生的价格均衡不同的价格均衡，并明确现状以损害产品在［内部］市场的有效自由流动和消费者自由选择的情况下，尤其如此（强调）。

法院在第68段中补充说，要对协同行为的存在进行正确评估必须：

> 考虑有争议的决定所依据的证据，不是孤立地，而是从整体上考虑所涉产品的具体特征。

在*Dyestuffs*案中，欧盟委员会对十家染料生产商处以罚款，因为认为这些染料生产商通过协同行为固定了价格。欧洲法院维持了欧盟委员会的决定。它拒绝了当事方的观点，即仅由于寡头垄断的市场结构，它们以类似的方式行事。染料市场不是纯粹的寡头垄断：相反，可以实际上期望企业采用其自己的定价策略，尤其是考虑到沿国家边界划分市场的情况。法院承认，在某些情况下，企业必须考虑竞争者的可能反应，但表示这并没有赋予它们实际上协同其行为的权利：尽管每个生产者考虑竞争者当前或可预见的行为，都可以自由地改变其价格，但是，生产者以任何方式与竞争者合作以决定与价格上涨相关并确保其成功通过事先消除彼此对该行动的基本要素的行为的不确定性的协同方案，例如上涨的金额、标的物、日期以及地区，都将违反《欧盟运行条约》第101条。[29]

在*Züchner v Bayerische Vereinsbank*案[30]中，欧洲法院重申，对竞争者行为的明智回应不会使企业落入第101条第1款的范围内。在*Zinc Producer Group*案[31]中，欧盟委员会表示，它无意谴责1977年至1979年的平行行为，这在“准价格领导”方面可能是明确的，[32]它说，在这种情况下，“寡头生产同质货物的平行定价行为本身就不足以成为协同行为的证据”。[33]但是，在*Peroxygen*

---

[29] 同上，第118段。

[30] 案例172/80 EU：C：1981：178，第14段。

[31] OJ［1984］L 220/27。

[32] 参见本章第701～703页“对该理论的批判”。

[33] OJ［1984］L 220/27，第75～76段。

Products 案[34]中，欧盟委员会拒绝了寡头之间达成协议不在第 101 条第 1 款范围内的论点，因为即使没有协议，市场结构也将意味着它们的行为方式相同。欧盟委员会认为，企业完全达成协议这一事实表明，竞争风险可能导致了不同的市场行为。

在 *Wood Pulp* 案[35]中，欧盟委员会裁定 40 家木浆生产商及其 3 个贸易协会因以协同行为固定欧盟市场内的价格有罪。从 1975 年到 1981 年，市场上一直有平行行为，但是没有证据表明有明确的协议来固定价格。但是，欧盟委员会得出结论认为，存在协同行为，其结论基于两个因素。第一个是每季度发布一次价格公告，从而在市场上建立了人为的透明度，以便生产商可以迅速发现其竞争者的价格。第二，在欧盟委员会看来，对市场的经济分析表明其并不是可以预期平行定价狭义上的寡头。上诉后，欧洲法院实质上废除了欧盟委员会的调查结果。[36] 纸浆生产商每季度提前向用户宣布价格上涨这一事实本身并不涉及对《欧盟运行条约》第 101 条第 1 款的违反：向第三方提供信息并不能消除生产商彼此之间将采取何种行为的不确定性。[37] 此外，除了存在协同行为外，价格公告系统以及价格的同时性和并行性还可以有其他解释。价格公告系统的发展是在消费者希望提前知道进货价格的愿望与生产商在市场增强的情况下使利润最大化的愿望之间的折中。[38] 价格公告的同时性可以用高度的市场透明度来解释：当买家相互告知可用价格时，市场上可以广泛获得信息，一些代理商代理了多个生产商，因此对价格了解充分，同时交易新闻是动态的。[39] 关于宣布价格的平行性，法院任命的专家的证据是市场（市场的两边）比欧盟委员会想象的更加寡头垄断，而且经济问题阻碍了生产者进行降价。它们的竞争者不可避免地会跟随。专家们还认为，有证据表明不可能存在协同行为，例如，市场份额不时变化，如果采取协同行为就不太可能了；被指控的卡特尔成员没有试图建立生产配额，如果它们希望控制市场，它们本可以这样做。[40]

---

[34] OJ［1985］L 35/1，第 50 段。

[35] OJ［1985］L 85/1。

[36] 案例 C－89/85 etc A *Ahlström Osakeyhtiö v Commission* EU：C：1993：120。有关评论参见：JONES A. Wood Pulp：Concerted Practice and/or Conscious Parallelism?［J］. European Competition Law Review，1993，14：273；VAN GERVEN G，VARONA E N. The Wood Pulp Case and the Future of Concerted Practices［J］. Common Market Law Review，1994（3）：575.

[37] 案例 C－89/85 etc *A Ahlström Osakeyhtiö v Commission* EU：C：1993：120，第 59～65 段。

[38] 同上，第 71～79 段。

[39] 同上，第 80～88 段。

[40] 同上，第 89～125 段。

在 *British Sugar* 案[41]中，英国糖业公司提出了这样的论点，即市场的寡头垄断性质意味着价格竞争是有限的，并且其价格领导地位不应被视为协同行为的证据。欧盟委员会对此的答复是，在市场竞争已经受到限制的情况下[42]，应格外警惕，以确保确实存在的竞争不被限制，欧盟普通法院在上诉中维持了这一裁定。[43] 这与 *Steel Beams* 案[44]中的判断是一致的。

在 *CISAC* 案[45]中，欧盟委员会发现有 24 个收费协会参与了协同行为，这限制了它们在本国领土之外提供服务的能力。欧盟委员会认为，对协会平行行为的唯一解释是它们之间的串通。[46] 然而，在上诉后，欧盟普通法院裁定，欧盟委员会未能证明存在符合“必要法律标准”的协同行为。[47] 法院认为，欧盟委员会对书面证据的评估是有缺陷的。[48] 然而，欧盟普通法院承认，平行行为可能是没有合理的替代解释的协同行为的证据。[49] 法院认为，除了共谋以外，在此案中还有平行性的解释，这是与未经授权使用音乐作品的斗争。[50] 欧盟委员会未能表明这种替代解释是不合理的，因此该决定的这一方面被撤销。[51]

判例法规定，欧盟委员会必须证明协同行为的存在，并且当欧盟委员会仅依靠企业的平行行为作为协同行为的证据时，它必须解决当事方对该行为提出的任何其他解释，并说明为什么它们没有说服力。[52]

（B）第 101 条第 1 款、信息交换和其他便利做法

上一节讨论了证明平行行为归因于企业之间的共谋而不是市场的寡头垄断结构的困难。如果对平行行为有其他合理的解释，则平行行为不能作为协同行为的证据。但是，这并不是说不能以其他方式使《欧盟运行条约》第 101 条

---

[41] OJ ［1999］ L 76/1；另见 *Cartonboard* OJ ［1994］ L 243/1，第 73 段。

[42] OJ ［1999］ L 76/1，第 87 段。

[43] 案例 T－202/98 etc *Tate & Lyle v Commission* EU：T：2001：185，第 46 段。

[44] 案例 T－141/94 *Thyssen Stahl AG v Commission* EU：T：1999：48，第 302 段，在上诉案 C－194/99 P EU：C：2003：527 中得到维持。

[45] 2008 年 7 月 16 日的欧盟委员会决定。

[46] 同上，第 156～223 段。

[47] 案例 T－442/08 etc *CISAC v Commission* EU：T：2013：188。

[48] 同上，第 106～132 段。

[49] 同上，第 96～102 段、第 137 段。

[50] 同上，第 134～139 段。

[51] 同上，第 140～181 段。

[52] 欧盟委员会认为，除了对苹果和四家电子书出版商采取反竞争平行行为的协同行为外，没有其他合理的替代解释，2012 年 12 月 12 日的欧盟委员会决定，第 70～81 段，根据第 1/2003 号条例第 9 条第 1 段作出的承诺决定，但请注意承诺决定不涉及对违反竞争法的正式裁决：参见第 7 章第 322～328 页“第 9 条：承诺”。

第 1 款来处理平行行为问题：特别是，它可以应用于通常被称为“便利做法”的行为，也就是说使企业更容易获得默示协同的好处。一个明显的便利做法是信息交换，它人为地增加了市场的透明度，从而使平行行为更容易。出于这个原因，将第 101 条第 1 款应用于信息交换的重点除其他事项外是市场结构。[53] 正是 *UK Agricultural Tractor Registration Exchange* 案[54]的市场寡头垄断结构使欧盟委员会得出结论，认为《欧盟运行条约》第 101 条第 1 款遭到了违反；汽车市场的竞争性更强，从而导致与之相反的结论。[55] 在 *Thyssen Stahl v Commission* 案中[56]，欧盟普通法院裁定，在市场结构为寡头垄断的情况下，确保企业的决策独立性和剩余竞争更为重要，因此交换有关市场份额的最新数据可能违反第 101 条第 1 款。[57] 在 *Bananas* 案中，欧洲法院谴责 3 名香蕉进口商披露即将到来的一周价格趋势或报价迹象时，确认欧盟委员会在该案中此原则的适用。[58]

欧盟委员会将寻求其他便利寡头进行非竞争性行为的做法。例如，在《纵向限制指南》第 20 段中[59]规定将审查代理协议，即使委托人承担所有的财务和商业风险，只要它们能促进串通。[60] 在欧盟委员会看来，如果一些委托人使用相同的代理人而集体阻止其他人这样做，或者在其使用代理人串通营销策略或在彼此之间交换敏感信息的情况下，可能会发生这种情况。在整个《纵向限制指南》中，人们对纵向协议促进串通的可能性表示了类似的关注。[61]

---

[53] 参见第 13 章第 672～681 页“信息交换”。

[54] OJ［1992］L 68/19，第 16 段；在上诉至欧盟普通法院后得到维持：案例 T－34/92 etc *Fiatagri UK Ltd v Commission* EU：T：1994：258；并在进一步上诉至欧洲法院后得到维持：案例 C－7/95 P etc *John Deere v Commission* EU：C：1998：256。

[55] 参见第 13 章第 678～679 页“相关市场的经济状况”；以及欧盟委员会的《横向合作协议指南》第 79 段专门涉及寡头垄断市场中的信息协议。

[56] 参见第 14 章脚注[44]。

[57] 案例 C－7/95 P etc *John Deere v Commission* EU：C：1998：256，第 393～412 段；类似地，参见案例 T－53/03 *BPB v Commission* EU：T：2008：254，第 108～109 段。

[58] 2008 年 10 月 15 日的欧盟委员会决定，第 280 段，在上诉案 T－588/08 *Dole Food v Commission* EU：T：2013：130 第 51～585 段中得到维持，在进一步上诉案 C－286/13 P *Dole Food v Commission* EU：C：2015：184 第 129～134 段中得到维持；请注意此裁决后续于相关上诉案 T－587/08 *Fresh Del Monte v Commission* EU：T：2013：129 中基本得到维持，在进一步上诉案 C－293/13 P etc EU：C：2015：416 中基本得到维持。

[59] OJ［2010］C 130/1。

[60] 第 101 条第 1 款不适用于原则性的代理协议：参见第 16 章第 770～774 页“商业代理”。

[61] 参见例如：《纵向限制指南》（OJ［2010］C 130/1），所有这些都涉及促进共谋的可能性：第 100（b）～（c）段、第 101、第 115、第 121、第 130、第 134、第 151、第 154、第 157、第 166（专门针对寡头市场上的独家经销店）、第 168、第 175、第 178、第 181、第 182、第 206、第 211、第 212、第 224 和第 227 段。

欧盟委员会的《横向合作协议指南》指出[62]，在评估除几乎始终属于第101条第1款以外的“核心”卡特尔以外的横向合作协议时[63]，将考虑市场特征[64]：某些协议可能被发现，在市场具有合理竞争性的情况下，它不是反竞争的，而在寡头垄断的市场中却是有问题的。在第15章中将详细讨论该指南的应用。[65]

在寡头垄断的情况下，欧盟委员会狭义地适用了最低限度原则[66]，并且更容易发现在市场为寡头垄断的情况下协议对国家间贸易产生了显著的影响。[67]

（C）价格信号

近年来引起争议的现象是“价格信号”，这意味着向第三方单方面公开披露信息，这可能导致竞争者之间的协调。经济合作与发展组织指出，提高透明度，包括价格透明度，通常可以提高效率[68]，尽管人们可能会担心，未来价格的公布会为竞争者调整其行为提供一个着力点。欧盟委员会的《横向合作协议指南》指出[69]，这些价格公告如果能减少“战略不确定性”，就可以达成协同行为。欧盟委员会或国家竞争主管机构尚未作出决定，认为价格信号违反了竞争法，这一点在上诉中已有确认。[70]

欧盟委员会反对 *Wood Pulp* 案[71]中的价格公告系统，但上诉后该决定被撤销。在 *Container Shipping* 案[72]中，欧盟委员会担心班轮运输服务未来价格上涨的公告可能是班轮公司“测试”竞争者是否可能跟随价格上涨的方式，从而减少了战略不确定性并降低了竞争动机。这些公告以及对它们的回应，可能会使班轮公司将其价格调整到更高的水平。[73] 欧盟委员会的初步结论是，这些价

---

[62] OJ［2011］C 11/1。

[63] 即指那些以限制竞争为目的的协议：参见第3章第149~161页“以排除、限制或扭曲竞争为目的的协议”以及第13章。

[64] OJ［2011］C 11/1，第39~47段。

[65] 大致参见第15章。

[66] *Floral* OJ［1980］L 39/51，参见第3章第180~185页“最低限度原则”。

[67] *Cast Iron and Steel Rolls* OJ［1983］L 317/1，在上诉案29/83 etc *Compagnie Royale Asturienne des Mines SA and Rheinzink GmbH v Commission* EU：C：1984：130中得到维持。

[68] 经济合作与发展组织政策圆桌会议“单边披露具有反竞争影响的价格信号”（Unilateral Disclosure of Information with Anticompetition Effects）（2012年），可在 www. oecd. org/competition 上查阅。

[69] OJ［2011］C 11/1，第63段。

[70] 在此涉及的其他案件参见：*KPN/T-Mobile/Vodafone*，2014年1月7日的丹麦竞争主管机构承诺决定；*U-Haul International Inc*，2010年7月20日的美国联邦贸易委员会命令。

[71] 案例 C-89/85 etc *A Ahlström Osakeyhtiö v Commission* EU：C：1993：120。

[72] 2016年7月7日的欧盟委员会承诺决定。

[73] 同上，第37~39段。

格公告是一种协同行为，其目的是限制竞争。[74] 最后，欧盟委员会没有决定是否存在违法行为，而是接受了班轮公司的承诺，旨在提高客户的价格透明度，同时降低价格协调的可能性。[75]

鉴于法律在这方面的不确定性——尤其是在“协同行为”概念的适用方面——有些人会认为欧盟委员会本应在 *Contciner shippiny* 案中通过一项违法决定，也许没有罚款。当然，这将使欧盟委员会面临可能在上诉中该决定被推翻的风险，但是法律是通过在不确定方面中采用违法决定而制定的，该决定随后必须经过欧盟法院的审查。

(D) 第 101 条第 3 款

市场的结构将与根据《欧盟运行条约》第 101 条第 3 款对协议进行分析有关，尤其是因为该条款要求不应消除竞争。[76] 欧盟委员会的集体豁免受市场份额上限限制的事实意味着，寡头通常将无法利用这些法律规定。[77] 在 *P&O Stena Line* 案[78]中，欧盟委员会决定在跨渠道渡轮服务的合营公司在 3 年期限的情况下满足第 101 条第 3 款的条件；该决定详尽地考虑了合资企业是否有可能在“短海（short - sea）旅游市场”上形成双寡头垄断的风险，但得出的结论是，合资企业和海峡隧道运营商 Eurotunnel 有望相互竞争而不是同时采取行动提高价格。[79]

协议可能会满足第 101 条第 3 款的要求，在该协议中，它将产生将更多竞争引入寡头垄断市场的效果。[80]

4. 第 102 条与共同支配

在欧盟竞争法中引起争议的一个问题是，《欧盟运行条约》第 102 条（和

---

[74] 同上，第 47 ~ 55 段。

[75] 有关评论参见：CAMESASCA P D，GRELIER L A. “Close Your Eyes”? Navigating the Tortuous Waters of Conscious Parallelism and Signalling in the European Union ［J］. Journal of European Competition Law & Practice，2016，7（9）：599；RABINOVICI I. Public Exchange of Information after Container Shipping ［J］. Journal of European competition law & practice，2017，8：149；CLAICI A，COUBLUCQ D，FEDERICO G，et al. Recent Developments at DG Competition：2015/2016 ［J］. Review of Industrial Organization，2016，49：585.

[76] 参见第 4 章第 213 页“确定是否将实质上消除竞争”。

[77] 有关市场份额上限中实行集体豁免参见第 4 章第 220 页“集体豁免的格式”。

[78] OJ ［1999］ L 163/61。

[79] 同上，第 127 段。

[80] 参见 *Carlsberg* OJ ［1984］ L 207/26。

《欧盟合并条例》）是否适用于所谓的“共同支配地位”。[81] 关于第102条的这个问题的讨论至少可以追溯到20世纪70年代初[82]；大量的学术文献得到了发展。[83] 本节[84]将特别考虑根据第102条制定的关于共同支配的法律和决策惯例的发展；在第102条中，“共同支配地位”一词的含义似乎与《欧盟合并条例》中的“协同效应”具有相同的含义。[85]

---

[81] 在不同时期，“共同支配”“联合支配”和“寡头支配”等表达方式被互换使用。

[82] 参见第14章脚注[93]。

[83] 参见例如：WHISH R，SUFRIN B. Oligopolistic Markets and EC Competition Law［J］. Yearbook of European Law，1992，12（1）：59；WINCKLER A，HANSEN M. Collective Dominance Under the EC Merger Control Regulation［J］. Common Market Law Review，1993，30（4）：787；RIDYARD D. Economic Analysis of Single Firm and Oligopolistic Dominance under the European Merger Regulation［J］. European Competition Law Review，1994，15：255；RODGER R J. Oligopolistic Market Failure：Collective Dominance versus Complex Monopoly［J］. European Competition Law Review，1995，16：21；BRIONES J. Oligopolistic Dominance：Is There a Common Approach in Different Jurisdictions?［J］. European Competition Law Review，1995，16：334；SOAMES T. An Analysis of the Principles of Concerted Practice and Collective Dominance：A Distinction without a Difference?［J］. European Competition Law Review，1996，17（1）：24；MORGAN E J. The Treatment of Oligopoly under the European Merger Control Regulation［J］. Antitrust Bulletin，1996，41（1）：203；TILLOTSON J，MACCULLOCH A. EC Competition Rules，Collective Dominance and Maritime Transport［J］. World Competition，1997，21：51；VENIT J. Two Steps Forward and No Steps Back：Economic Analysis and Oligopolistic Dominance after Kali & Saiz［J］. Common Market Law Review，1988，35：1101；ELLIOTT G P. The Gencor Judgment：Collective Dominance，Remedies and Extraterritoriality under the Merger Regulation［J］. European Law Review，1999，24：638；KORAH V. *Gencor v Commission*：Collective Dominance［J］. European Competition Law Review，1999，20：337；STROUX S. Is EC Oligopoly Control Outgrowing Its Infancy?［J］. World Competition，2000，23：3；FERNÁNDEZ P. Increasing Powers and Increasing Uncertainty：Collective Dominance and Pricing Abuses［J］. European Law Review，2000，25：645；STROUX S. Joined Cases C－395/96 P and C－396/96 P，*Compagnie Maritime Belge and Others v. Commission*，Judgment of the Fifth Chamber of 16 March 2000［J］. Common Market Law Review，2000，37：1249；ETTER B. The Assessment of Mergers in the EC under the Concept of Collective Dominance：An Analysis of the Recent Decisions and Judgments—by an Economic Approach［J］. World Competition，2000，23（3）：103；KLOOSTERHUIS E. Joint Dominance and the Interaction Between Firms［J］. European Competition Law Review，2001，22（3）：79；MONTI G. The Scope of Collective Dominance under Articles 82 EC［J］. Common Market Law Review，2001，38（1）：131；NIELS J. Collective Dominance－More than Just Oligopolistic Interdependence［J］. European Competition Law Review，2001，22：168；TEMPLE LANG J. Oligopolies and Joint Dominance in Community Antitrust Law［M］//HAWK B. Fordham Corporate Law Institute，2002：ch 12.

[84] 接下来的部分内容是基于“集体统治”，参见：O'KEEFFE D，BAVASSO A. Judicial Review in European Union Law［M］. Alpen ann den rijn：Kluwer Law International，2000.

[85] 参见第21章第1079～1082页“协同效应”；*Guidelines on market analysis and assessment of significant market power under the*［*EU*］*regulatory fanmework for electronic communications netwerks and services*，OJ［2002］C 156/6，第86～106段；欧盟委员会于2018年2月14日发布了修订后的指南草案和随附的解释性说明：参见 www. ec. europa. eu。

（A）语言学的背景

关于共同支配的问题有一个语言学的背景。《欧盟运行条约》第 102 条适用于“一个或多个企业在内部市场中占据支配地位的任何滥用”（强调）。许多国内竞争法体系都采用了相同的措辞。[86] 第 102 条有能力适用于多于一家企业的支配地位这一事实清楚地预见了法律和经济上分开的企业享有“共同”支配地位的可能性，尽管不是不可避免的；狭义的理解是，对多家企业的提及是指同一企业集团内的不同法人实体。[87] 与第 102 条不同的是，最初于 1989 年草拟的《欧盟合并条例》第 2 条第 3 款规定[88]，可创造或加强支配地位的集中度的起因是，在共同市场上的竞争将受到显著阻碍或竞争的实质性部分可能被宣布与共同市场不相容；但是，该条款并不具体指一家或多家企业享有的支配地位。因此，从语言上讲，即使在第 102 条也能适用于共同支配地位的情况下，也可以说《欧盟合并条例》仅适用于单一企业支配地位，就像法国（以及其他国家）在 *Kali und Saiz* 案[89]中一样。欧盟法院花了很多年的时间才确定了第 102 条和《欧盟合并条例》的适当范围：在每种情况下都赞成将有关法律适用于共同支配地位。

（B）第 102 条对共同支配的定义

（i）第 102 条中“一家或多家企业”的狭义定义

第 102 条禁止“一家或多家企业”滥用支配地位。提到多家企业的“狭义”观点是，这意味着同一企业集团内企业的市场支配力和行为可以根据第 102 条进行汇总和处理。在第 102 条的某些情况下，发现形成单个经济实体的组织成员之间存在支配地位。例如，在 *Continental Can* 案[90]中，欧盟委员会的分析涉及同一集团中的 3 家不同公司：Continental Can（美国公司）、SLW（其德国子公司，在德国占据支配地位）和 Europemloallage（其子公司收购了其竞争者，TDV），正是这些公司的地位和行为的整体影响导致滥用支配地位的调

---

[86] 参见 1998 年英国竞争法第 18 条第 1 款。

[87] 参见本章第 713 ~714 页“第 102 条中‘一家或多家企业’的狭义定义”。

[88] 请注意《欧盟合并条例》第 2 条第 3 款，第 139/2004 号条例，OJ［2004］L 24/1，其强调了合并是否会严重阻碍内部市场的有效竞争，“特别是由于建立或加强了支配地位”。

[89] 案例 C－68/94 etc *France v Commission* EU：C：1998：148，取消欧盟委员会的有条件许可决定于案例 M 308 *Kali + Salz/MdK/Treuhand* OJ［1994］L 186/38。

[90] OJ［1972］L 7/25，由于欧盟委员会未能界定相关产品市场，因此上诉决定无效，案例 6/72 *Europemballage Corpn and Continental Can Co Inc v. Commission* EU：C：1973：22。

查结果。类似地，在 *Commercial Solvents* 案[91]中，同一企业集团内有两个法人实体，美国母公司 *Commercial Solvents* 及其意大利子公司 ICI。可以很容易地看出，第 102 条中提及一家或多家企业的滥用行为可能被认为是指可归因于同一企业集团内不同法人实体的滥用行为；但是它应该要补充的是，如果将这些实体视为应有的一家企业（如应是的那样），则上述方法无法解释多于一家企业的滥用是什么意思。[92]

（ii）第 102 条中“一家或多家企业”的广义定义

《欧盟运行条约》第 102 条中提及一家或多家企业的另一种解释方法是，它具有更广泛的含义，因此可以将在法律和经济上独立的企业视为拥有“共同支配地位”。可以得出结论，可以由第 102 条控制共同支配性企业的滥用市场行为（并且，在《欧盟合并条例》通过之后，如果可以采用相同的解释方法，欧盟委员会将可以控制更多的集中）。欧盟委员会在 20 世纪 70 年代初期[93]，根据第 102 条提出共同支配的想法，但欧洲法院似乎在 *Hofmann – la Roche v Commission* 案[94]中拒绝了这一主张。那里的法院似乎暗示默示协同问题不能根据第 102 条加以控制：

> 支配地位也必须与寡头垄断所特有的平行行为相区别，因为在寡头垄断中，行为过程是相互影响的，而在企业占据支配地位的情况下，企业从该地位获取利润的行为在很大程度上是单方面确定的。[95]

这一显然拒绝第 102 条作为控制寡头行为的工具的说法是可以理解的。无论如何，参与协议或协同行为的寡头将被第 101 条第 1 款规制。欧洲法院似乎认为，寡头以相同的方式行事，是由于其经营的市场结构而不是由于参与协议或协同行为，如果它们的行为是理性的——甚至是不可避免的，则不应因滥用支配地位而受到谴责。基于第 102 条中滥用概念来解决“寡头垄断问题”的方法似乎不合适：或者换句话说，在第 101 条意义上没有共谋的情况下，法院不准备将经济学家的默示协同概念定性为第 102 条下的滥用。在 *Hoffmann – la*

---

[91] OJ［1972］L 299/51，在上诉中得到维持，案例 6/73 etc EU：C：1974：18。

[92] 参见第 3 章第 113～121 页“‘单一经济实体’原则”。

[93] 参见例如：Report on the Behaviour of Oil Companies during the period from October 1973 to March 1974，COM（75）675，1975 年 12 月 10 日；*Sugar Cartel* OJ［1973］L 140/17，欧盟委员会认为两个荷兰生产者处于共同支配地位：欧洲法院对此一无所获，因为它认为两家公司都没有滥用，案例 40/73 etc *Suiker Unie v Commission* EU：C：1975：174。

[94] 案例 85/76 EU：C：1979：36。

[95] 同上，第 39 段；类似地，参见案例 172/80 *Gerhard Züchner v Bayerische Vereinsbank* EU：C：1981：178，第 10 段。

Roche 案之后，经历了一段相对不活跃的时期。例如，在 *Alcatel v NOVASAM* 案[96]中，欧盟委员会邀请欧洲法院在援引《欧盟运行条约》第 267 条时提及共同支配理论，但法院拒绝对此判决发表评论。在 *Magill* 案[97]中，欧盟委员会反对 3 家电视公司拒绝将其电视时间表中的版权许可授予希望制作电视节目表杂志的第三方。欧盟委员会本可以尝试以共同支配的方式处理此案，认为 2 家公司共同滥用了电视时间表市场中的共同支配地位。相反，它发现 3 家公司拥有 3 个独立的支配地位，以及 3 个独立的滥用。

（iii）对广义定义的确认

任何认为共同支配概念已被搁置的观点，随后都被证明是错误的。在 *Italian Flat Glass* 案[98]中，欧盟委员会裁定 3 家意大利平板玻璃生产商拥有共同支配地位，并且滥用了这一地位。作为一个紧密的寡头垄断市场的参与者，它们在一定程度上不受竞争压力的影响，这使它们能够阻止有效竞争的维持，特别是不必考虑其他市场参与者的行为。被认定属于第 102 条规制范围的该行为已在早些时候的一项决定中被认定属于第 101 条下的协同行为。但是，该决定开辟了在一种可能性，即其他情况下，即使不是第 101 条范围之内的寡头行为也可能根据第 102 条的规定受到攻击。在上诉时，欧盟普通法院以欧盟委员会仅"循环利用"构成对第 101 条的违法行为的事实，没有适当地定义相关产品和地理市场以权衡企业的市场支配力，以符合适用第 102 条的必须要求为由，推翻了欧盟委员会关于共同支配地位的决定。

尽管如此，欧盟普通法院在其判决第 358 段中确认了共同支配的原则：

> 从原则上讲，没有任何事情可以阻止两个或多个独立的经济实体在特定市场上通过这种经济联系所联合，基于这一事实，它们相对于其他企业在同一市场中占据支配地位。例如，当两家或两家以上独立企业通过协议或许可共同拥有技术领先地位，从而赋予它们很大程度上独立于竞争者、客户以及最终消费者的能力时。[99]

Italian Flat Glass 案的判决令人兴奋也令人沮丧。根据第 102 条，"两个或

---

[96] 案例 247/86 EU：C：1988：469。

[97] *Magill TV Guide* OJ［1989］L 78/43；上诉至欧盟普通法院后得到维持：案例 T－69/89 etc *RTE v Commission* EU：T：1991：39；上诉至欧洲法院后得到维持：案例 C－241/91 P EU：C：1995：98。

[98] OJ［1989］L 33/44。

[99] 案例 T－68/89 etc *Società Italiano Vetro SpA v Commission* EU：T：1992：38；请注意本段提及的 *Hoffmann－La Roche* 案，是指该判决所界定的市场支配力的含义，而不是前文所述，法院似乎拒绝共同支配权的含义。

多个独立实体”的共同支配可能存在，尽管欧盟委员会未能证明它在这种特殊情况下是存在的。显然，欧盟普通法院认为，对第101条和第102条的违法在概念上是相互独立的：这就是为什么不允许欧盟委员会简单地“循环利用”用于认定对第101条违法的事实，以确定是否滥用了共同支配地位。[100] 每条都必须根据其自己的条款适用。构成协同行为的行为不会自动符合滥用；反之亦然。[101] 但是，令人感到沮丧的是，它并没有促进我们对共同支配或滥用共同支配的构成的理解。鉴于我们现在受益于 *Compagnie Maritime Belge v Commission* 案根据第102条作出的判决，以及 *France v Commission* 案[102]、*Gencor v Commission* 案[103]、*Airtours v Commission* 案[104]和 *Bertelsmann v Impala* 案[105]根据《欧盟合并条例》作出的判决，因此不必花费时间试图理解 *Italian Flat Galss* 案第358段的含义。可以说，这一判决是一个重要的里程碑，但后来的判例法澄清了共同支配概念的含义。

（iv）根据第102条作出的关于共同支配的进一步判决和决定

在 *Italian Flat Glass* 案之后的几年中，还有更多涉及共同支配地位的判决和决定，但直到根据《欧盟合并条例》的 *France v Commission* 案和 *Gencor v Commission* 案，以及根据《欧盟运行条约》第102条的 *Compagnie Maritime Belge Transports v Commission* 案才开始对该概念的含义作出描述。[106] *Almelo* 案中，欧洲法院认为：

> 42 但是，为了使这种共同支配地位存在，集团中的企业必须以一种在市场上采取相同行为的方式联系起来。
>
> 43 应由国家法院来考虑，在荷兰的区域电力分销者之间是否存在联系，这些联系是否足够强大，以至于【在内部】市场的很大一部分中都具有共同支配地位。

---

[100] 第101条与第102条之间的差异在欧盟普通法院的判决中：案例 T-41/96 *Bayer v Commission* EU：T：2000：242，第174~180段；以及在欧洲法院上诉的判决中：案例 C-2/01 P etc *Commission v Bayer* EU：C：2004：2，第70段，非常清楚地阐明。

[101] 本观点被欧洲法院在案例 C-395/96 P etc *Compagnie Maritime Belge Transports v Commission* EU：C：2000：132，第43段、第44段中确认：参见本章第718~720页“欧洲法院在 *Compagnie Maritime Belge Transports v Commission* 案中的判决”。

[102] 案例 C-68/94 etc EU：C：1998：148。

[103] 案例 T-102/96EU：T：1999：65。

[104] 案例 T-342/99 EU：T：2002：416。

[105] 案例 C-413/06 P EU：C：2008：392。

[106] 案例 C-393/92 *Almelo v NV Energiebedrijf IJsselmij* EU：C：1994：171。

这种表述表明，欧洲法院正在研究经济学家的看法：在市场上采用相同的行为，或者换句话说，默示协同。这是对 *Italan Flat Gdass* 案的改进，因为它为共同支配提供了经济学依据，但仍然无法解释什么可以构成共同支配。在 *Spediporto* 案[107]、*DIP* 案[108]和 *Sodemare* 案[109]中，欧洲法院重复了 *Almelo* 案中的提法，但没有提出其共同支配的概念。在 *Bosman* 案[110]中，总检察长伦茨（Lenz）认为，职业足球联赛中的足球俱乐部可以“通过经济联系而集合起来”被视为共同支配地位；法院没有解决这个问题。同时，根据《欧盟运行条约》第102条和《欧盟合并条例》，欧盟委员会在许多决定中都作出了共同支配地位的认定。根据第102条作出的决定并没有在很大程度上增加共同支配地位的概念，因为这些决定涉及的企业无疑是以某种方式相互联系的。例如，在海上运输行业的三项决定中，这些企业是班轮会议的成员。在 *French – West African Shipowners' Committees* 案[111]中，欧盟委员会得出结论认为，船东委员会成员采取了旨在防止其他航运公司在法国与西非11个国家之间的航线上成为竞争者的行动，从而滥用了共同支配地位。[112] 该决定是在欧盟普通法院对 *Italian Flat Glass* 案作出判决后通过的，并且欧盟委员会对违反第102条以及第101条所订立的协议的行为特别处以罚款。在 *Cewall* 案[113]中，欧盟委员会发现作为班轮会议成员的船运公司具有共同支配地位。在向欧盟普通法院[114]和欧洲法院[115]提出上诉后，欧盟委员会维持了共同支配地位的裁定：后一判决具有重要意义，因为它综合了先前根据第102条作出的关于共同支配地位的判决，并且对共同支配地位给出了一个更为清晰的概念。[116]

在 *TACA* 案[117]中，欧盟委员会对滥用共同支配地位的班轮会议成员处以总计2.73亿欧元的罚款。在上诉后，欧盟普通法院维持了欧盟委员会关于共同

---

[107] 案例 C – 96/94 *Centro Servizi Spediporto Sri v Spedizioni Marittima del Golfo Srl* EU：C：1995：308，第33段。

[108] 案例 C – 140/94 etc *DIP SpA v Commune di Bassano del Grappa* EU：C：1995：330，第26段。

[109] 案例 C – 70/95 *Sodemare SA*, *Anni Azzurri Holding SpA and Anni Azzurri Rezzato Sri v Regione Lombardia* EU：C：1997：301，第46段。

[110] 案例 C – 415/93 *Union royale beige des sociétés de football association v Bosman* EU：C：1995：293。

[111] OJ［1992］L 134/1。

[112] 同上，第52～69段。

[113] OJ［1993］L 34/20。

[114] 案例 T – 24/93 etc *Compagnie Maritime Belge Transports v Commission* EU：T：1996：139。

[115] 案例 C – 395/96 P etc *Compagnie Maritime Belge Transports v Commission* EU：C：2000：132。

[116] 参见本章第718～720页“欧洲法院在 *Compagnie Maritime Belge Transports v Commission* 案中的判决”。

[117] OJ［1999］L 95/1。

支配地位的裁定[118]；法院特别指出，尽管必须限制共同支配企业之间的竞争，但这并不意味着应完全消除它们之间的竞争。[119] 欧盟委员会认为，TACA 成员诱使竞争者参加其航运会议，从而损害了市场的竞争结构，由此滥用了共同支配地位的裁定被撤销了，罚款也被撤销了。[120]

欧盟委员会还在 *Port of Rødby* 案[121]中达成了共同支配地位的裁定，认为这两个固定共同费率、协同时间表并共同销售其服务的轮渡企业具有共同支配地位。在 *Irish Sugar* 案[122]中，欧盟委员会发现爱尔兰糖业与糖业分销商（Sugar Distributors Ltd，SDL）之间存在纵向的共同支配地位。在没有发现 SDL 的法律或事实上的控制权的情况下，欧盟委员会得出结论，爱尔兰糖业的股权组合、两家公司的决策结构以及为促进它而建立的沟通流程相结合，导致了它们之间的直接经济联系，由此形成明显的利益平行，产生了在爱尔兰糖业和零售糖市场的共同支配地位。[123] 在上诉后，欧盟普通法院维持了纵向共同支配地位的这一发现，但没有对这一概念的构成有任何特别的说明。[124]

从欧盟普通法院对 *Italian Flat Glass* 案作出判决后，根据第 102 条作出的这些判决和裁决可以发现，共同支配地位的概念被相当普遍地使用，从而使官员、法院和从业人员更加熟悉。但是，除了肯定将市场上的共同行为作为共同支配地位的重要特征的想法外，他们几乎没有回答该判决提出的任何问题。[125]

（v）欧洲法院在 *Compagnie Maritime Belge Transports v Commission* 案中的判决

欧洲法院在 *Compagnie Maritime Belge Transports v Commission* 案[126]的判决中，对共同支配地位的含义给予了重要的解释，这是对欧盟普通法院的判决的上

---

[118] 案例 T－191/98 etc *Atlantic Container Line v Commission* EU：T：2003：245，第 649～657 段。

[119] 同上，第 653～655 段。

[120] 同上，第 1192～1369 段、第 1597～1634 段。

[121] OJ［1994］L 55/52。

[122] OJ［1997］L 258/1。

[123] 同上，第 111～113 段。

[124] 案例 T－228/97 EU：T：1999：246，第 61～64 段；在上诉中得到维持：案例 C－497/99 P EU：C：2001：393；欧盟委员会在 2005 年 6 月 22 日的决定中引用了欧盟普通法院在 *Coca－Cola* 案中的判决，第 23～25 段。根据第 1/2003 号条例第 9 条作出的决定，此处参见第 7 章第 368 页“行为”。

[125] 但是参见《关于竞争规则在电信行业接入协议适用的通知》（OJ［1998］C 265/2），第 79 段。

[126] 案例 C－395/96 P etc EU：C：2000：132；关于该判决的评论，参见：STROUX S. Joined Cases C－395/96 P and C－396/96 P，*Compagnie Maritime Belge and Others v. Commission*，Judgement of the Fifth Chamber of 16 March 2000［J］. Common Market Law Review，2000，37：1249.

诉[127]，该判决支持欧盟委员会在 *Cewall* 案[128]的裁决，即违反了第 102 条。法院在其判决的第 28～59 段中论述了共同支配地位。在第 36 段中，它指出共同支配地位意味着两个或多个经济实体在法律上彼此独立，可以占有一个支配地位，但前提是从经济学的角度来看，它们“以集合实体身份出现或共同在特定市场上行动”。法院说，这就是在判决中应理解“共同支配地位”一词的方式。应当指出，这种对共同支配地位的定义侧重于集体性实体的概念，而不是有关企业之间的联系。法院随后指出，为了确立共同支配地位，有必要检查引起相关企业之间联系的经济联系或因素[129]，援引其先前在 *Almelo* 案[130]根据第 102 条作出的判决以及 *France v Commission* 案根据《欧盟合并条例》作出的判决[131]：法院似乎并不认为共同支配地位在这两个条款下含义不同。其继续指出，“特别”必须询问是否存在经济联系，使它们能够独立于竞争者采取行动。[132] 但是，它随后说，企业已达成协议这一事实本身并不意味着它们具有共同支配地位[133]；但是，如果这导致它们以集体性实体的形式出现，则可能具有共同支配地位。[134] 重要的是，欧洲法院接着说：

> 存在协议或法律上的其他联系对于找到共同支配地位并非必不可少；这样的发现可能基于其他联系因素，并且将取决于经济评估，尤其是对有关市场结构的评估。[135]

这句话与欧洲法院在 *France v Commission* 案中关于共同支配地位的判决相一致，该判决在确定是否存在共同支配地位时着重于“联系因素”而不是经济联系。[136] 显然，达成协议或协同行为并非发现共同支配地位的先决条件。根据案件的实际情况，法院感到满意的是，有关班轮会议的成员具有共同支配地位。[137]

这显然是根据第 102 条作出的关于共同支配地位的重要判决：具体而言，欧洲法院似乎认为，根据第 102 条和《欧盟合并条例》对共同支配地位的检

---

[127] 案例 T－24/93 EU：T：1996：139。
[128] OJ［1993］L 34/20。
[129] 同上，第 41 段。
[130] 案例 C－393/92 P EU：C：1994：171。
[131] 案例 C－68/94 etc EU：C：1998：148。
[132] 案例 C－395/96 P etc EU：C：2000：132，第 42 段。
[133] 同上，第 43 段。
[134] 同上，第 44 段。
[135] 同上，第 45 段。
[136] 案例 C－68/94 etc EU：C：1998：148。
[137] 案例 C－395/96 P etc EU：C：2000：132。

验是相同的；法院明确指出，对于裁定共同支配，没有协议或其他法律联系的法律要求。因此，在市场的寡头垄断性质使其行为平行的情况下，有可能使企业处于共同支配地位，从而在市场上表现为一个集体性实体。欧洲法院在 *Bertelsmann v Impala* 案[138]中的判决与此解释一致：共同支配地位的本质是寡头垄断中的平行行为，也就是说，默示协同。欧盟普通法院在 *Piau v Commission* 案[139]的判决指出，法律上独立的经济实体可能在“它们作为一个集体性实体在特定市场上展示自己或共同行动”的情况下形成共同支配地位。[140] 欧盟普通法院继续认为，要获得共同支配地位，必须具备三个累积条件：

• 占支配地位的寡头垄断的每个成员都必须具有了解其他成员行为方式的能力，以监视它们是否采用共同政策；

• 默示协同的局面必须随着时间的流逝而持续下去，这意味着必须有动机不偏离市场共同政策；

• 当前和未来竞争者以及消费者的可预见反应，不得损害共同政策的预期结果。[141]

在 *Piau* 案[142]中，欧盟普通法院得出结论认为，国际足联、国家足球协会和组成这些协会的足球俱乐部在提供球员经纪人服务方面在市场上占共同支配地位，但它们没有滥用行为。在 *EFIM v Commission* 案[143]中，欧盟普通法院驳回了上诉人关于4家喷墨墨盒制造商占据共同支配地位的论点。法院重复了获得共同支配地位的3个条件[144]，并得出结论认为，主要原始设备制造商的市场份额一直在波动，而且柯达能够进入市场。[145]

最后一点是，欧洲法院曾说过，如果市场高度异质且以高度内部竞争为特征，例如荷兰的法律服务市场，那么在缺乏结构性联系的情况下共同支配地位就不能成立。[146]

---

[138] 案例 C－413/06 P *Bertelsmann v Impala* EU：C：2008：392；类似地，参见案例 T－342/99 *Airtours v Commission* EU：T：2002：146。

[139] 案例 T－193/02 EU：T：2005：22；请注意竞争总司 *Discassion Paper on the application of Article* [*102 TFEU*] *to exdusionary abuses* 的第43～50段以相同的术语概括了共同支配的概念，可在 www. ec. europa. eu 上查阅。

[140] 案例 T－193/02 EU：T：2005：22，第110段。

[141] 同上，第111段。

[142] 同上，第117～121段。

[143] 案例 T－296/09 *European Federation of Ink and Ink Cartridge Manufacturers v Commission* EU：T：2011：693；上诉至欧洲法院后得到维持：案例 C－56/12 P EU：C：2013：575。

[144] 同上，第71段。

[145] 同上，第72～76段。

[146] 案例 C－309/99 *Wouters v Algemene Raad van de Nederlandsche Orde van Advocaten* EU：C：2002：98。

（C）根据第 102 条滥用共同支配地位

确定了《欧盟运行条约》第 102 条既适用于集体性企业又适用于单一企业的支配地位，有必要考虑根据该条款哪种行为会构成对共同支配地位的滥用：重要的是要记住，在该条款中，拥有支配地位本身不是非法的（无论是单一企业还是集体性企业）；违反第 102 条的行为必须构成滥用。[147] 在欧盟法院的判例法中，什么是构成滥用共同支配地位的行为正在发展中[148]，尽管欧盟内外的一些竞争主管机构已对滥用共同支配地位作出裁决。[149] 在《欧盟合并条例》下共同支配地位是围绕这一理论发展起来的，即在特定市场条件下，企业可能能够从默示协同中获益；而且欧盟委员会之所以可能在《欧盟合并条例》之下禁止建立或加强共同支配地位的集中的原因是，这将使企业更容易从这种现象中受益。[150] 难道由此得出结论，根据第 102 条实践中的默示协同应被谴责为滥用共同支配地位吗？[151] 价格平行性本身就是一种滥用吗？换句话说，对称性要求，由于可以通过禁止《欧盟合并条例》下的集中来防止预期的默示协同，因此应根据第 102 条谴责实际的协同吗？如果对这个问题的答案是否定的，那么应根据第 102 条谴责哪种类型的行为？

（i）共同支配地位的剥削性滥用

关于《欧盟运行条约》第 102 条，评论人习惯上将“剥削性”滥用与

---

[147] 参见第 5 章第 243 ~ 244 页“占支配地位企业的‘特殊责任’”；该观点在欧洲法院关于共同支配地位的 *CMBT v Commission* 案判决第 37 ~ 38 段中作出。

[148] 竞争总局 *Discussion Paper on the application of Article* ［*102 TFEU*］ *to exclusionary abuses* 的第 74 ~ 76 段，实际上没有关于滥用共同支配地位的想法的说法，而欧盟委员会随后 *Guidelines on the Commission's Enforcement Priorities in Applying Article* ［*102 TFEU*］ *to Abusive Exclusionary Conduct by Dominant Undertakings* OJ ［2009］ C45/7 的第 4 段的滥用排他行为的执行优先权；上述两个文件可在 www. ec. europa. eu 上查阅。

[149] 参见例如：*Evrotur SAT TV v Musicauthor*，2006 年 12 月 28 日的保加利亚竞争主管机构决定；*Telefónica Vodafone and Orange*，2012 年 12 月 19 日的西班牙竞争主管机构决定；*EKI Transfers*，2010 年 1 月 12 日的塞尔维亚竞争主管机构的决定，在上诉中得到维持，*EKI Transfers v Serbian Competition Authority*，法院 2013 年 9 月 20 日的判决；*Gazprom Neft*，*Lukoil*，*Rosneft and TNK – BP*，2016 年 6 月 27 日的俄罗斯竞争主管机构声明，描述了 2007 年至 2012 年之间的执法行动和上诉。

[150] 参见第 21 章第 1079 ~ 1082 页“协同效应”。

[151] 有关讨论参见：MEZZANOTTE F. Using Abuse of Collective Dominance in Article 102 TFEU to Fight Tacit Collusion：The Problem of Proof and Inferential Error ［J］. World Competition，2010，33 （1）：77；PETIT N. Re – Pricing Through Disruption in Oligopolies with Tacit Collusion：A Framework for Abuse of Collective Dominance ［J］. World Competition，2016，39：119.

“排他性”滥用区别开来，同时认识到这并不是无懈可击的区别。[152] 可以争辩说，占共同支配地位的企业的默示协同是剥削性的，因为尽管制定的价格比竞争市场中的价格要高，但无须达成明确的协议。但是，欧盟委员会并未试图谴责第102条所规定的默示协同，其认为，由于法律和政策，它不能这样做有两个原因。首先，正如我们所看到的，判例法已经将默示协同的经济概念与共同支配地位的法律概念联系起来，对于一家公司或几家公司来说，拥有支配地位并不是犯罪。令人反感的是滥用支配地位。其次，在特定市场条件下会发生默示协同，因为共同支配的企业会根据其经营的市场条件作出合理的反应。谴责其平行行为本身是滥用行为是胡说八道：如果第102条规定企业为了遵守法律而必须采取非理性的举止，这将是非常奇怪的条款。这解释了欧洲法院在 *Hoffmann - la Roche* 案之前的立场：平行行为应归因于违反第101条第1款的协议或协同行为；它本身并没有在第102条下滥用。[153] 这似乎表明第102条下的法律与《欧盟合并条例》之间存在矛盾：怎么可能在《欧盟合并条例》下避免默示协同，而第102条却不能谴责同一行为？事实是，差异是完全合理的：正是由于竞争法确实在解决默示协同时遇到了困难，因此合并控制制度试图从一开始就防止有利于这种现象的市场结构出现。

一个明显的问题是，占共同支配地位的公司是否可能通过制定过高的价格来滥用其地位：这里的滥用不是在于价格的平行性，而是在于价格的水平。第102条第2款（a）项明确谴责不公平的高价格，占共同支配地位的公司可能有能力限制产量，从而收取与占单独支配地位的公司相同的超竞争价格费用。因此，从原则上讲，似乎可以采取行动对付寡头垄断中的过度定价。[154] 但是，由于欧盟委员会可理解地不希望充当价格监管者，因此很可能很少采取这种行动。很少有人根据第102条对不公平的高价格进行调查，而已进行的调查往往出于不同的考虑，例如，过高的价格是阻碍平行进口的手段。[155] 在 *P&I* 案判决中，欧盟委员会在其决定中考虑了对不同性质的共同支配地位进行剥削性滥用的调查结果。[156] P&I 俱乐部是 International Group 的成员，并且被发现具有共同支配地位。它们限制了为客户提供的保险水平：欧盟委员会认为这违反了第

---

[152] 参见第5章第255～256页“剥削、排他和单一市场滥用行为”；欧盟委员会本身在关于 *Petri Clubs* OJ［1999］L 125/12 的决定中作出了区分，第127～136段。

[153] 参见本章第713～720页“第102条对共同支配的定义”。

[154] 参见 *Telefonica*, *Vodafone and Orange*，2012年12月19日的西班牙竞争主管机构决定，谴责拥有共同支配地位的三家手机运营商对批发的短信终止服务定价过高。

[155] 参见第18章第890～903页“过度定价”以及第948～950页“对单一市场有害的定价实践”。

[156] OJ［1999］L 125/12。

102条第2款（b）项，因为它“使需求中的很大一部分未得到满足”，但是其团体规则发生了变化意味着欧盟委员会未就此达成正式结论。[157]

（ii）共同支配地位的排他性滥用

欧盟委员会已在若干场合将第102条适用于排他性地滥用共同支配地位。第17章和第18章讨论了排他性滥用。在原则上似乎合理的是，第102条不仅应适用于个别企业的排他性行为，而且应适用于占共同支配地位的企业的排他性行为。因为在少数几家公司（没有明确串通）能够使价格高于竞争水平，可能出现默示协同，有利于新进入者进入市场产生“颠覆性”影响的现象可能使其受到竞争主管机构的欢迎：它们的进入可能使默示协同变得不那么容易实现。在*Cewall*案[158]中，欧盟委员会裁定，班轮会议的占共同支配地位的成员进行了各种做法，旨在从市场中消除竞争者，例如选择性降价和给予忠诚回扣，因此违反了第102条。滥用的调查结果在向欧盟普通法院[159]和欧洲法院[160]提出上诉后仍被维持，尽管欧洲法院撤销了罚款，因为欧盟委员会没有在向法院提出异议的陈述中提到可能施加罚款到会议的个人成员。[161]欧盟委员会关于*TACA*案[162]滥用的调查结果——班轮会议成员拒绝为客户提供个人服务合同以及通过采取行动消除潜在的竞争来造成市场竞争结构的滥用性改变，但由于缺乏证据在被上诉至欧盟普通法院时被撤销。[163]

在*BASF*案[164]中，欧盟委员会驳回了一项投诉，指称有13个植物保护产品的生产商和分销商滥用了共同支配地位，向波兰和奥地利当局提出虚假投诉，并游说政府官员，目的是将投诉人从欧盟市场移出。在上诉后，欧盟普通法院维持了欧盟委员会的决定，并特别指出，尚不清楚所涉行为是否属于滥用。[165]

欧盟委员会不妨调查占共同支配地位的公司的排他性行为指控，在这些指

---

[157] 同上，第128～132段。

[158] OJ［1993］L 34/2；在较早的*French－West African Shipowners' Committees*案发现排他性滥用：OJ［1992］L 134/1；另见*P&I Clubs*，第134～136段。

[159] 案例T－24/93 etc *Compagnie Maritime Belge Transports SA v Commission* EU：T：1996：139。

[160] 参见第14章脚注[126]。

[161] 参见案例C－395/96 P etc EU：C：2000：132，第140～150段；欧盟委员会随后重新采纳了其违法裁决：OJ［2005］L 171/28；在上诉中得到维持：案例T－276/04 *Compagnie Maritime Belge SA v Commission* EU：T：2008：237。

[162] OJ［1999］L 95/1。

[163] 案例T－191/98 etc *Atlantic Container Line v Commission* EU：T：2003：245。

[164] 2015年6月19日的欧盟委员会决定。

[165] 案例T－480/15 *Agria Polska v Commission* EU：T：2017：339，第72段；已上诉至欧洲法院：案例C－373/17 P，尚未裁决。

控中，这些行为的受害者是实际的或潜在的竞争者，这些竞争者可能会破坏市场上的默示协同。

（iii）共同支配地位的个别滥用

第102条规定的另一个问题是，共同支配地位是否只能由处于该地位的所有企业滥用，或者其中一个或某些企业是否有可能滥用权力。换句话说，必须有集体滥用共同支配地位的行为；还是还会有“个别”（individual）滥用？欧盟普通法院在*Irish Sugar v Commission*案[166]中已明确回答：

> 占据共同支配地位的企业可能参与共同或个别的滥用行为。

应当指出的是，*Irish Sugar*案是纵向的案例，而不是横向的共同支配地位。如果判决书更详细地解释了法院是如何得出结论的，那将是有帮助的：它与占共同支配地位的企业应作为一个整体向市场展示自己的想法不符，该想法意味着它们受到约束，只能集体而不是个别地表现。但是，如果几个占共同支配地位的企业之一采取排他性行为以阻止竞争者进入市场，则可以说这样做是为了保护占支配地位的寡头而不是仅仅保护一个企业。也许这可以解释为什么至少在某些情况下，个别滥用共同支配地位是可能的。

5. 英国法律

（A）1998年英国竞争法

1998年英国竞争法第1章和第2章的禁止规定以《欧盟运行条约》第101条和第102条为蓝本，该法第60条要求应与欧盟法院的判例保持一致，并应考虑到欧盟委员会决定实践。[167] 因此，根据竞争法，本章前面部分关于将第101条和第102条适用于寡头垄断市场行为的讨论是直接相关的。但是，关于此问题，英国的国内法还应该补充两点。首先，2002年英国企业法的市场调查条款提供了一种替代机制，以解决寡头垄断可能引起的市场失灵。[168] 其次，国内合并控制制度为防止有利于默示协同的市场结构的出现提供了一种途径。下节简要研究了有关市场研究和市场调查的条款在多大程度上可以用于处理默

---

[166] 案例T-228/97 EU：T：1999：246，第66段。

[167] 有关该法案第60条参见第9章第473~479页“‘管理原则条款’：1998年英国竞争法第60条”。

[168] 一项市场研究可能或可能不会成为市场调查参考，但也可以履行这一职能：参见第11章第577~589页“市场调查”。

示协同问题，英国的合并控制制度在第22章中进行了描述。

（B）在2002年英国企业法下的市场研究与市场调查

第11章介绍了2002年英国企业法中有关市场研究和市场调查的条款。英国竞争与市场管理局的政策是首先考虑是否可以根据《欧盟运行条约》第101条或102条或根据1998年英国竞争法解决可疑的市场失灵“问题”。[169] 但是，如本章开头的讨论所示，寡头垄断问题是一个复杂的问题，第101条和第102条及其国内法类似条款提供的工具并非始终适合此目的。从原则上讲，可能进行市场研究或市场调查，将其作为竞争性市场机制失效而无法根据禁止规定条款处理的情况的“安全网”，原则上是可行的；但不可否认的是，由于市场研究和市场调查可能是耗时、昂贵且具有侵入性的，因此在商业和法律界中有些人持某种怀疑态度看待这些权力。2013年企业和监管改革法试图通过引入完成市场研究的时间限制并缩短必须完成第二阶段市场调查的时间来解决这些批评。[170]

（i）市场研究

英国竞争与市场管理局可能会对似乎运行不太好的寡头垄断市场进行市场研究，但是乍看之下，根据欧盟和/或英国竞争法采取的执法行动似乎并不是最合适的应对措施。市场研究旨在使英国竞争与市场管理局尽可能了解市场的运作情况以及是否满足消费者的需求。在某些情况下，英国竞争与市场管理局可能会发现寡头垄断市场中缺乏竞争可能是由于对竞争的“公共”限制（例如立法或监管规则），在这种情况下，它可能起倡导作用来试图消除此问题。[171]已经进行了一些市场研究，以了解市场条件是否有利于平行行为。[172]

（ii）市场调查

如果英国竞争与市场管理局有合理的理由相信市场特征限制了竞争，但没有违反欧盟或英国竞争法的行为，或者根据法律采取行动已经或可能无法有效应对已确定的对竞争的任何不利影响，则英国竞争与市场管理局（与行业监管机构同时）将考虑参考市场调查。英国竞争与市场管理局《市场调查指南》

---

[169] 《调查指南》，OFT 511，2006年3月，第2.1段，可在www.gov.uk/cma上查阅；此指南已由英国竞争与市场管理局于2014年4月1日采用。

[170] 有关适用的时间限制参见《市场研究和市场调查：竞争与市场管理局方法的补充指南》，CMA 3，2014年1月（2017年7月修正），可在www.gov.uk/cma上查阅；另见第11章第573～574页“程序”。

[171] 参见第11章第571～577页“市场研究”。

[172] 参见第11章第577页“市场研究的例子”。

指出，调查可能适合处理寡头垄断市场中的默示协同。[173] 寡头垄断市场可能存在无法根据竞争法解决的问题，尤其是由于不确定什么构成滥用共同支配地位。[174] 因此，参考市场调查的可能性存在，特别是在出现行业范围内或涉及多公司行为的问题时。[175]

《市场调查指南》指的是，寡头垄断中的企业可能能够协调其行为以获取共同利益，或者至少缺乏竞争动机，并提出了市场的各种因素，例如高壁垒的可能性、进入市场时产品的同质性和可能有助于平行行为的公司市场份额的对称性。[176] 它说，英国竞争与市场管理局可能感兴趣的许多市场都是寡头垄断的[177]；在这样的市场中，价格竞争可能会受到限制，而公司可能会通过广告、忠诚度诱导计划和类似做法进行竞争：尽管这些做法可能促进竞争，但也会在增加新竞争者的进入壁垒时对竞争产生不利影响。[178] 英国竞争与市场管理局还指出，默示协同会对竞争产生严重影响。[179] 在这种情况下，英国竞争与市场管理局将研究价格随时间变化的模式、价格惯性和寡头回报率（与可比较市场的回报或资本成本相比）。[180] 转换成本和信息不足可能与市场竞争状况有关[181]，英国竞争与市场管理局将考虑是否有任何便利措施使企业更容易采取协调一致的行动。[182]

在第11章中讨论了市场调查条款的实际操作。几项调查涉及集中市场上消费者的转换成本和不完善的信息。[183] 在 *Aggregates*，*cement and ready - mix concrete* 案[184]中，竞争委员会（现为英国竞争与市场管理局）得出结论，英国水泥市场的结构和行为特征相结合，引起了在三大生产者中的协调。竞争委员会选择了一整套会破坏协调机制的救济措施[185]；特别是，竞争委员会要求

[173] 《调查指南》，第2.5段；参见第11章第577~589页“市场调查”。

[174] 同上，第2.5段。

[175] 同上，第2.7段。

[176] 同上，第5.5~5.7段；另见《市场调查指南》，CC3（修订版），2013年4月，第237~261段，可在 www.gov.uk/cma 上查阅。

[177] 《调查指南》，第6.4段。

[178] 同上，第6.5段。

[179] 同上，第6.6段。

[180] 同上，第6.7段。

[181] 同上，第6.8段；有关转换成本参见 OFT Economic Discussion Paper 5（OFT 655）*Switching Costs*（National Economic Research Associates，April 2003），可在 www.nationalarchives.gov.uk 上查阅。

[182] OFT 511，第6.9~6.11段。

[183] 参见第11章第601~603页“认定对竞争产生不利影响的裁决”。

[184] 2014年1月14日的最终报告，可在 www.nationalarchives.gov.uk 上查阅。

[185] 同上，第8.429~8.434段；另见第12.3~12.7段。

Lafarge Tarmac 将水泥厂出售给新的生产商。[186] 竞争委员会还采取了两项救济措施，这些措施将降低市场的透明度，从而使生产商更加难以协调其行为：限制水泥市场数据的公布[187]以及禁止供应商向其客户发送通用价格公告信。[188]

英国竞争与市场管理局在 *Energy* 案[189]中发现，向国内客户供应天然气和电力的某些特征可能有助于默示协同，但得出的结论是，没有足够的证据表明供应商使用价格公告来表明其未来的定价意图。[190] 同样，英国竞争与市场管理局在 *Retail Banking* 案[191]研究的集中市场中也没有发现协调行为的证据。

---

[186] 同上，第 13.7 ~ 13.138 段；参见案例 M 7550 *Holcim Lafarge Divestment Business*，2015 年 4 月 24 日的决定。

[187] 同上，第 13.139 ~ 13.175 段；参见 Cement Market Data Order 2016，2016 年 4 月 13 日，可在 www. gov. uk/cma 上查阅。

[188] 同上，第 13.176 ~ 13.209 段；参见 Price Announcement Order 2016，2016 年 1 月 22 日，可在 www. gov. uk/cma 上查阅。

[189] 2016 年 6 月 24 日的最终报告，可在 www. gov. uk/cma 上查阅。

[190] 同上，第 9.353 ~ 9.374 段。

[191] 2016 年 8 月 9 日的最终报告，第 10.16 段，可在 www. gov. uk/cma 上查阅；类似地，参见 *Northern Irish Personal Banking*，2007 年 5 月 15 日的最终报告，第 4.288 ~ 4.307 段，可在 www. nationalarchives. gov. uk 上查阅。

第 15 章
横向协议（3）：合作协议

1. 简 介

前两章研究了关于核心卡特尔的法律以及寡头市场中的默示协同现象。但是，很重要的一点是，并非竞争者之间的所有联系都是不鼓励的。一些横向协议可能是有益的，例如制药公司之间结合其研发投入开发新的更好药物的协议，或者两家小企业之间的协议以联合生产产品，从而实现经济效益与规模。欧盟委员会《横向合作协议指南》❶ 认识到，横向合作“可以分担风险、节约成本、增加投资、构建技术秘密池、提高产品质量和品种并更快地开展创新”。因此，竞争法不能简单地禁止所有横向协议：合作带来的效率提高可能足以抵消对竞争带来的任何限制。❷ 本章涉及欧盟和英国的竞争主管机构可能准备对此表示认同的横向合作协议。❸

2. 全功能合营企业

在企业决定合作方面，合作的媒介因情况而异。例如，在研发方面进行合

❶ OJ［2011］C11/1。

❷ 大致参见经济合作与发展组织圆桌会议“合营企业中的竞争问题”（Competition Issues in Joint Ventures）（2000 年），可在 www. oecd. org/competition 上查阅。

❸ 有关美国立场的讨论请参见司法部和联邦贸易委员会《竞争者之间的合作反托拉斯指南》，2000 年 4 月，可在 www. justice. gov/atr 上查阅。另见：BRODLEY J F. Joint Ventures and Antitrust Policy［J］. Harvard Law Review，1982，95：1523；MCFALLS M S. The Role and Assessment of Classical Market Power in Joint Venture Analysis［J］. Antitrust Law Journal，1997，66（3）：651；WERDEN G J. Antitrust Analysis of Joint Ventures：An Overview［J］. Antitrust Law Journal，1997，66（3）：701；COPREIA E. Joint Ventures：Issues in Enforcement Policy［J］. Antitrust Law Journal，1997，66（3）：737.

作的企业可以简单地定期开会讨论共同关心的问题；它们可以共享研究工作并汇总结果；它们可以建立一个委员会来监督研发计划，也可以进一步建立合营企业来进行研发，同时保持它们作为市场生产商和供应商的独立性。对于其他类型的合作，例如在生产和商业化方面，存在相同的可能性。就竞争法而言，为横向合作选择的媒介通常不会影响对协议的法律分析，但有一个非常重要的例外：如果协议的当事方建立合营企业以实现其目标，则可能出现集中（使用《欧盟合并条例》的术语）或相关合并情况（2002 年英国企业法中使用的术语）；如果这样，则该合营企业将不在第 101 条或 1998 年英国竞争法第 1 章禁止规定的规制范围内，而是在《欧盟合并条例》或成员国的国内合并控制规定的规制范围内。[4] 因此，在任何特定情况下，都必须首先考虑当事方是否打算创建一个集中或合并的全功能合营企业：《欧盟合并条例》中集中的含义在第 21 章中讨论[5]；第 22 章考虑了英国法律中合并的含义。[6] 甚至在没有成立合营企业的情况下，合同整合也将构成《欧盟合并条例》下的全功能合营企业。[7] 如果合营企业不构成集中或合并，则有必要考虑《欧盟运行条约》第 101 条以及 1998 年英国竞争法第 1 章禁止规定条款的适用情况。[8] 该指南的第 21 段指出，应根据第 101 条进行分析的合作可能会产生与横向合并相似的效果，这暗示了对两种现象应采取类似的方法。

3. 第 101 条在横向合作协议和欧盟委员会《横向合作协议指南》下的适用

（A）简　介

本书第 3 章和第 4 章描述了适用第 101 条第 1 款和第 101 条第 3 款的一般原则。本章以了解这些原则为前提，特别侧重于欧盟法院的判例以及与第 101 条之下的横向合作协议有关的判决惯例和欧盟委员会的《横向合作协议指南》。[9]

---

[4] 参见《横向合作协议指南》，第 2 段。

[5] 参见第 21 章第 1031 ~ 1038 页“《欧盟合并条例》第 3 条：‘集中’的含义”。

[6] 参见第 22 章第 1139 ~ 1143 页“不再互相区分的企业”。

[7] 参见第 21 章第 1036 ~ 1038 页“合营企业——全功能的概念”。

[8] 进一步参见：FAULL J，NIKPAY A. The EU Law of Competition [M]. 3rd ed. Oxford：Oxford University Press，2014：paras 7. 29 ~ 7. 142.

[9] 关于对委员会在横向合作协议中适用第 101 条的方法进行有益的分析，参见：MORAIS. Joint Ventures in Competition Law [M]. Oxford：Hart，2013；FAULL J，NIKPAY A. The EU Law of Competition [M]. 3rd ed. Oxford：Oxford University Press，2014.

（B）关于横向合作协议的案例与判决

欧盟法院很少有专门针对横向合作协议适用《欧盟运行条约》第101条的判例法。[10] 根据《欧盟运行条约》第267条的程序，一些案件已从国家法院移交给欧洲法院[11]，例如 *Gøttrup – klim rovvareforeninger v Dansk Landbrugs Grovvareselskab* 案[12]。关于欧盟委员会的决定，自第1/2003号条例于2004年5月生效以来，欧盟委员会只有根据该条例第10条通过不适用声明，才能决定某项特定协议符合第101条第3款的标准。迄今为止，它拒绝这样做[13]；它也未就任何此类协议提供非正式指导。[14] 在第1/2003号条例之前，欧盟委员会可以给予所谓的"个别豁免"，规定第101条第3款适用于横向合作协议[15]；在这种情况下，通常没有任何动机激励各方质疑以下结论：该协议须首先违反了第101条第1款。例外情况是欧盟普通法院在 *European Night Services v Commission* 案[16]的判决中，针对欧盟委员会的判决提起的上诉成功了，在该判决中，对个别豁免附加了条件和义务，双方均认为这些条件和义务过于繁重。法院的结论是，欧盟委员会未能证明一家英国与欧洲大陆之间运行通宵客运服务的合营企业会大大限制竞争。关于欧盟委员会授权根据第101条第3款进行横向合作协议的企业不太可能提出上诉的另一个例外是 *O2（Germany）v Commission* 案[17]，O2成功说服了欧盟普通法院，德国移动电话行业关于国家漫游的协议并不限制第101条第1款意义上的竞争，因此无须依赖第101条第3款。[18]

在其他一些案例中，第三方对欧盟委员会关于满足第101条第3款的决定提出质疑，但这些案例通常是不成功的。[19] 重大例外情况包括 *Metropole Televi-*

---

[10] 参见案例法对英国竞争上诉法庭判决的有益总结：案例1262/5/7/16（T）*Agents' Mutual Ltd v Gascoigne Halman Ltd*［2017］CAT 15，第183~184段。

[11] 有关第267条的程序，参见第2章第67页"欧洲法院"。

[12] 案例250/92 EU：C：1994：413；另见案例61/80 *Coöperatieve Stremsel – en Kleurselfabriek v Commission* EU：C：1981：75；案例C–399/93 etc *HG Oude Luttikhuis v Coberco* EU：C：1995：434。

[13] 参见第7章第328~329页"第10条：不适用的裁定"。

[14] 有关非正式指南，参见第4章第215页"自我评估"。

[15] 参见第4章第214~215页"欧盟委员会以前对授予个别豁免的垄断"。

[16] 案例T–374/94 etc EU：T：1998：198：参见第3章第164~166页"实际的和潜在的竞争"；类似地，参见案例T–79/95和80/95 *SNCF v Commission* EU：T：1996：155；*TPS* OJ［1999］L 90/6中个别豁免的接受者向欧盟普通法院上诉败诉，案例T–112/99 *Métropole v Commission* EU：T：2001：215。

[17] 案例T–328/03 EU：T：2006：116。

[18] 本案参见第3章第164页"建立'反事实'的必要性"。

[19] 参见例如案例43/85 *ANCIDES v Commission* EU：C：1987：347；案例T–17/93 *Matra Hachette SA v Commission* EU：T：1994：89。

sion v Commission 案[20]和 M6 v Commission 案[21]，在这些案例中，欧盟普通法院支持了第三方连续的 2 次上诉，认为欧盟委员会对欧洲广播联盟的规则满足了第 101 条第 3 款的规定的结论在法律上是错误的。[22]

(C)《横向合作协议指南》

欧盟委员会在 2011 年发布了《横向合作协议指南》。[23] 该指南共七章。首先，欧盟委员会解释了该指南的目的和范围，并规定了根据第 101 条评估横向合作协议的基本原则。然后，各章讨论了与以下各方面有关的协议：信息交换；研发；生产；采购商品化和标准化。[24] 本章将遵循该指南的结构，但第 13 章已经讨论了在某些情况下可能等同于卡特尔的信息交换。[25] 本章将完成该指南中未讨论但可以允许的各种其他类型协议的讨论，并简要回顾一下英国法律的立场。

该指南第 19 段说，应将它们与欧盟委员会《第 101 条第 3 款指南》[26] 一并阅读，该指南对总体上适用第 101 条第 1 款和第 101 条第 3 款的方法提供了重要见解，尤其是根据后一项规定提出成功论点所需的证据。[27]

(i) 实际的和潜在的竞争者

如果企业在相同的市场上活跃，则它们就是实际的竞争者。[28] 潜在的竞争者是那些为应对价格的微小但显著的非暂时性上涨（significant non - transitory increase in price，SSNIP）而作出必要投资[29]以便在“短期”内进入市场的竞争

---

[20] 案例 T - 528/93 etc EU：T：1996：99。

[21] 案例 T - 185/00 etc EU：T：2002：242。

[22] 参见第 4 章第 213 ~ 214 页“欧盟普通法院的司法审查”。

[23] 通过新指南时对欧盟委员会的意图进行有益的讨论，参见欧盟委员会竞争总司的前总干事亚历山大·伊塔利亚那在“在欧洲经商：竞争对手之间合作协议规则的回顾”上的演讲，2011 年 3 月 1 日，可在 www. ec. europa. eu 上查阅；另见国际竞争政策 2011 年 2 月版中的一系列文章，可在 www. competitionpolicyinternational. com 上查阅；2011 年指南替代了 2001 年的：OJ［2001］C 3/2。

[24] 请注意 2001 年指南中有单独的一章是关于环境协议的，而 2011 年指南则不然。但是第 7 章涵盖了制定环境绩效标准的协议：参见本章第 753 ~ 759 页“标准化协议”。

[25] 参见第 13 章第 672 ~ 681 页“信息交换”。

[26] OJ［2004］C 101/97。

[27] 《第 101 条第 3 款指南》在第 4 章第 199 ~ 214 页“第 101 条第 3 款的适用标准”中被讨论。

[28] 《横向合作协议指南》，第 10 段。

[29] 参见第 1 章第 36 页“需求方可替代性”。

者。[30] 短期是什么取决于案例的具体事实[31]；在 *Visa v Commission* 案[32]中，欧盟普通法院表示，关键因素是必须以足够的速度进入市场，以对市场参与者施加竞争性约束。[33]

欧盟普通法院在 *European Night Services v Commission* 案[34]中对欧盟委员会的批评之一是，它未能令人信服地证明该协议限制了潜在的竞争。在 *Lundbeck v Commission* 案[35]中，欧盟普通法院裁定，仿制药生产商是 Lundbeck 潜在的竞争者，因为它们在与 Lundbeck 达成协议时已采取措施并进行了投资，以进入市场。Lundbeck 拥有与特定生产过程有关的专利这一事实并不排除潜在的竞争。[36] 对市场上存在的企业的看法是评估其他企业是否潜在竞争者的一个相关因素。[37]

对潜在竞争的评估必须以现实为基础，理论上的可能性是不够的。[38] 在这种潜在竞争的表述中，欧盟委员会参考了它在 1983 年《关于竞争政策第 23 号报告》第 55 点所发表的政策声明[39]，以及在 *Elopak/Metal Box – Odin* 案[40]中作出的决定，在该决定中，欧盟委员会得出结论认为，这两个设计新型纸箱的企业的合营企业没有违反第 101 条第 1 款，因为它们不是实际的或潜在的竞争者。[41] 除了有争议的协议外，没有必要证明新进入者已经成功进入市场。[42]

---

[30] 《横向合作协议指南》，第 10 段。

[31] 欧盟委员会在第 10 段脚注 3 中说，对于协议的当事方而言，询问第三方是否可能对协议的当事方构成竞争性约束的时间更长的时间被认为是“短暂的”；关于潜在竞争的时机另见案例 T－472/13 *Lundbeck v Commission* EU：T：2016：449，第 163 段、第 203 段。

[32] 案例 T－461/07 EU：T：2011：181。

[33] 同上，第 189～190 段。

[34] 案例 T－374/94 etc EU：T：1998：198，第 135～146 段。

[35] 2013 年 6 月 19 日的欧盟委员会决定，在上诉案 T－472/13 etc *Lundbeck v Commission* EU：T：2016：449 中被维持；目前在上诉中，案例 C－591/16 P etc，尚未裁决。参见 *Servier*，2014 年 7 月 9 日的欧盟委员会决定，第 1156～1183 段；上诉案 T－691/14 etc *Servier v Commission*，尚未裁决。

[36] 案例 T－472/13 *Lundbeck v Commission* EU：T：2016：449，第 120～124 段、第 166 段。

[37] 同上，第 104 段和第 302 段及引用的判例法。

[38] 《横向合作协定指南》，第 10 段；参见第 3 章第 164～166 页“实际的和潜在的竞争”。

[39] 另见：FAULL J. Joint Ventures under the EEC Competition Rules ［J］. Eurpean Law Review, 1984, 9：358.

[40] OJ ［1990］ L 209/15。

[41] 欧盟委员会在其他裁决中得出相同结论的包括：*Optical Fibres* OJ ［1986］ L 236/30；*Mitchell Cotts/Sofiltra* OJ ［1987］ L 41/31；*Konsortium ECR 900* OJ ［1990］ L 228/31；*Iridium* OJ ［1997］ L 16/87；*Cégétel + 4* OJ ［1999］ L 218/14；相关裁决另见 *Télécom Développement* OJ ［1999］ L 218/24；*P&I Clubs* OJ ［1999］ L 125/12；*Société Air France/Alitalia Linee Aeree Italiane SpA* OJ ［2004］ L 362/17，第 110～126 段。

[42] 案例 T－472/13 *Lundbeck v Commission* EU：T：2016：449，第 159、233 和 471 段。

（ii）《横向合作协议指南》的宗旨与范围

该指南第1段解释说，它们与实际的或潜在的竞争者之间的合作协议有关。该指南还适用于活跃于同一产品市场但在不同地理市场不是潜在竞争者的企业之间的协议。该指南是对研发协议[43]和专业化协议[44]集体豁免的补充。该指南不适用于作为《纵向限制指南》主体的"纯"纵向协议，而其可能会受益于关于纵向协议的第330/2010号条例[45]，但是《横向合作协议指南》的确适用于竞争者之间订立的纵向协议，当它们不符合第330/2010号条例规定的集体豁免的资格时。[46]

如前所述，该指南适用于六类协议：信息交换、研发、生产、采购、商业化和标准化。在任何特定情况下，都必须对协议特征进行描述，以便能够确定该协议是否属于这六个类别中的任何一个，如果是，属于哪个类别。商业实践中的协议无法很好地以这种方式分类：例如，如果研发成功，则同意一起进行研发的企业通常会决定生产产品和将其商业化，而联合生产协议的当事方可能会同意某种联合研发是它们合作的副产品。该指南第13和第14段试图通过引入协议"重心"的概念，为将协议分配到适当的类别提供基础。

在确定协议的重心时，应考虑两个因素：第一个是合作的起点，第二个是被合并的不同职能的整合程度。[47] 以下给出了两个例子。第一，双方签订了研发协议，并设想了如果成功，进行联合生产的可能性：在这里，合作起源于研发协议，并以此为特征。第二，双方同意整合其生产设施，但仅部分整合其研发：此处，该协议本质上与生产有关，因此应进行分析。

该指南第18段说，它们不适用于特定行业的规则，例如农业[48]和运输业[49]的某些协议。

（iii）在第101条下的横向合作协议评估的基本原则

该指南第1.2章在第20段开始，解释了根据第101条对协议的分析分为两个阶段：

• 首先，确定该协议是否以限制竞争为目的或效果，违反《欧盟运行条约》第101条第1款；如果是这样的话；

---

[43] 参见本章第739～744页"研发协议的集体豁免：第1217/2010号条例"。

[44] 参见本章第746～749页"专业化协议的集体豁免：第1218/2010号条例"。

[45] 参见第16章第807～832页"纵向协议：第330/2010号条例"。

[46] 《横向合作协议指南》，第12段。

[47] 《横向合作协议指南》，第14段。

[48] 参见第23章第1204～1209页"农业"。

[49] 参见第23章第1209～1221页"运输业"。

• 其次，在第101条第3款的框架内分析任何有利于竞争的效果。[50]

第20段还指出，在任何有利于竞争的影响不超过竞争限制的情况下，依据第101条第2款的规定该协议自动失效。

(a) 第101条第1款

该指南的第23~31段讨论了限制竞争目的和可能有限制效果的协议：本书第3章详细探讨了这些想法。[51] 关于反竞争影响，第28段提到，很可能发生这种情况，可以预期，由于达成协议，当事方将能够有力地提高价格或降低产量、产品质量、产品种类或创新；并且这取决于各种因素，例如协议的性质和内容，各方各自或联合的市场支配力以及协议在多大程度上有助于建立、维持、加强或利用该市场支配力。在不使用该术语的情况下，第29段提到，在确定一项协议是否具有反竞争效果时，有必要考虑“反事实”，即在没有协议的情况下的竞争情况。[52]

然后，该指南依次讨论了协议的性质和内容、市场支配力和其他市场特征。本质上，该指南旨在阐明在协议的性质和内容部分中的各种损害理论——第32段中实际使用的表述是“可能存在的竞争问题的类型”，下一节解释了市场支配力的各个方面。

该指南第32段提到，协议的性质和内容涉及诸如合作的领域和目标，当事方之间的竞争关系以及它们合并其活动的程度等因素。这些决定了横向合作协议可能引起的竞争问题类型。第33段指出，此类协议可能会导致排他性，因为当事方不再相互竞争或与第三方竞争；或因为当事方为合作提供资产或因此而改变其经济利益，降低了决策的独立性。以下段落列出了可能导致的竞争问题：

• **更高的价格**：第34段讨论了当事方之间竞争的丧失可能导致它们（甚至可能是竞争者）提高价格的可能性：在《横向合并评估指南》中，关注点是“非协同效应”。[53]

• **协同**：第35~37段讨论了横向合作协议可能促进合作双方在合作领域内外进行协同的可能性，例如，由于相互之间公开了战略信息或达成了重大的共同成本（例如，如果它们共同产生的投入占它们相互竞争销售的产品价值

---

[50] 参见第4章第199~214页“第101条第3款的适用标准”有关第101条第3款的性质和范围的讨论。

[51] 参见第3章第145~180页“排除、限制或扭曲竞争的目的或效果”。

[52] 有关反事实的讨论参见第3章第164页“建立‘反事实’的必要性”。

[53] 参见第21章第1076~1079页“非协同效应”。

的很大一部分）：在《横向合并评估指南》中，关注点在于协同效应。[54]

• **封锁**：诸如生产和标准化协议之类的协议可能引起人们对进入市场的反竞争封锁的担忧。

该指南第39~47段讨论了市场支配力，这是本书第1章已讨论的主题。[55]第43段指出，分析市场支配力的出发点是当事方在受合作影响的市场上的立场。它是指需要使用欧盟委员会《市场界定通知》中的方法来界定相关市场[56]；该指南提供了有关采购和技术市场的额外指导。第44段明确指出，如果当事方的综合市场份额较低，它们的协议不太可能产生反竞争效果。它补充说，什么是“低”市场份额，有时在该指南的特定章节中讨论，这些章节有时提供“安全港”的门槛[57]；并且欧盟委员会的《最低限度通知》（De Minimis Notice）也为此提供了指导。[58] 第44段增加了一个重要的观点，即如果只有两个当事方时，其中的一个仅具有微不足道的市场份额，并且它不拥有重要资源，那么通常即使是较高的合并市场份额也不能被视为表明可能对竞争产生限制作用。

（b）第101条第3款

该指南第48段提到了第1/2003号条例第2条，该条规定证明某项协议符合《欧盟运行条约》第101条第3款的条件的举证责任在于寻求为这一协议辩护的企业。[59] 第50段解释说，正如对研发和专业化协议实行集体豁免的前提是，互补技能的结合可以提高效率，根据第101条第3款对协议进行单独分析也将在很大程度上集中识别互补的技能和资产。第52段指出，不涉及互补技能结合的协议不太可能导致使消费者受益的效率提高。[60]

4. 信息交换

《横向合作协议指南》第4章讨论了信息交换。第57段指出，信息交换可以提高效率；而第58段指出，这也可能导致竞争限制。该主题很复杂，需要

---

[54] 参见第21章第1079~1082页“协同效应”。

[55] 参见第1章第50~54页“市场支配力”。

[56] OJ［1997］C 372/5；参见第1章第31~33页“市场界定”。

[57] 参见例如《横向合作协议指南》第208段，为当事方的市场份额不超过其买卖市场的15%的联合采购协议提供了“安全港”：参见本章第752页“效果性限制”。

[58] 参见第3章第180~185页“最低限度原则”。

[59] 此处参见第4章第195~196页“举证责任及证明标准”。

[60] 《横向合作协议指南》，第53段，请读者阅读《第101条第3款指南》（OJ［2004］C 101/97）。

仔细分析。我们已经选择在关于卡特尔的一章中处理这个主题[61]，但这并不是要暗示信息的交换本质上是卡特尔式的行为。这是一个漫长而复杂的连续程度：一端可以发现信息交换，实际上是卡特尔，或者是监视和执行卡特尔的机制；另一端是使市场更有效的交易所。[62] 我们不希望假装通过将某些信息交换分配给卡特尔一章而将其他信息交换分配给本章来划清界限，以区分“不好的”信息交换与“好的”信息交换。这就是为什么只在一章讨论它们的原因。

5. 研究和开发协议

竞争可能表现出来的一种形式是企业活动的研发方面。有时，企业可能希望与其竞争者合作进行研发。《横向合作协议指南》第 3 章讨论以研发为重心的协议。[63] 第 3. 2 章讨论了研发案例中的市场界定，首先涉及现有产品和技术市场，然后是创新市场，也称为“研发投入”；第 3. 3 章考虑了根据第 101 条第 1 款对研发协议的评估，第 3. 4 章讨论了《欧盟运行条约》第 101 条第 3 款的适用。第 3. 5 章提供了 5 个示例，说明第 101 条将如何应用于各种类型的协议。第 1217/2010 号条例赋予某些研发协议以集体豁免权。[64]

(A) 市场界定

在研发案例中界定市场的关键是确定那些对协议各方构成竞争限制的产品、技术或研发投入。[65] 在某些情况下，创新会导致创造新产品，而这仅仅是对现有产品的轻微改进。又或是可以创造一个全新的产品，形成一个新的市场。一些创新则落入这两个极端之间。

(i) 现有的产品与技术市场

如果协议涉及对现有产品的改进，则它们及其相近替代品将构成相关市场。[66] 如果研发的目的是对现有产品进行重大更改，或者甚至是开发新产品来

---

[61] 参见第 13 章第 672 ~ 681 页“信息交换”。

[62] 大致参见经济合作与发展组织《竞争法规定的竞争者之间的信息交换》（2010 年），可在 www. oecd. org/competition 上查阅。

[63] 有关研发协议的有益探讨参见：FAULL J，NIKPAY A. The EU Law of Competition［M］. 3rd ed. Oxford：Oxford University Press，2014：paras 7. 143 – 7. 234.

[64] OJ［2010］L 335/36；参见本章第 739 ~ 744 页“研发协议的集体豁免：第 1217/2010 号条例”。

[65] 《横向合作协议指南》，第 112 段。

[66] 同上，第 113 段。

替代它们，那么旧产品和可能的新产品就不属于同一市场；但是，在这种情况下，新市场中的合作可能会导致旧市场中的协同。[67] 如果研发涉及最终产品的重要组成部分，则该组成部分的市场可能与竞争评估有关，但如果该组成部分在技术上或经济上是最终产品的关键要素并且双方对该产品具有市场支配力，则最终产品的现有市场也可能具有相关性。[68] 在某些情况下，市场可能是技术而不是产品的市场[69]，第116～118段解释了在这种情况下应如何界定市场和计算市场份额。欧盟委员会的《技术转让指南》也讨论了这一主题。[70]

（ii）创新中的竞争（研发投入）

如果当事方进行与创新和全新产品的创造有关的研发，则情况更为复杂，该指南在第119段指出，在这种情况下仅靠现有产品和/或技术市场可能还不够。[71] 第120段指出，有可能确定研发的竞争“极点”，在这种情况下，有必要考虑，如果两个竞争性企业签订研发协议，是否会“剩余足够数量的研发极点”。其余的极点必须是“可靠的”：研发极点的可靠度是根据其他研发工作的性质、范围和规模，其获得的财务和人力资源、专有技术、专利和其他专门资产及其利用结果的能力来评估的。在无法确定研发极点时，欧盟委员会将其评估限于相关产品和/或技术市场。[72]

（iii）市场份额

该指南第123～126段讨论了在涉及研发协议的情况下应如何计算市场份额，特别是在处理创新和全新产品而不是改进现有产品时应采取的不同方法。由于在考虑实行研发集体豁免时市场份额特别重要，因此稍后将在第1217/2010号条例的第D节中讨论此问题。[73]

---

[67] 同上，第114段。

[68] 同上，第115段。

[69] 参见例如 *Servier*，2014年7月9日的决定，第2616～2667段（定义相关的产品和技术市场）；上诉案T-691/14 *Servier v Commission*，尚未裁决。

[70] OJ［2014］C 89/3，第19～26段；进一步参见第19章第971页“技术市场”。

[71] 有关创新中的竞争的讨论参见：*Innovation and Competition Policy*（OFT 377，2002），可在www.nationalarchives.gov.uk上查阅；GILBERT R J. Competition and Innovation［M］//COLLINS W D. Issues in Competition Law and Policy：Volume I. Chicago：ABA，2006：577-609；竞争总司总干事约翰内斯·莱滕贝格尔（Johannes Laitenberger）在2015年12月9日的演讲“竞争与创新”，可在www.ec.europa.eu上查阅。

[72] 《横向合作协议指南》，第122段。

[73] 参见本章第739～744页“研发协议的集体豁免：第1217/2010号条例”。

（B）第101条第1款在研发协议中的适用

（i）研发协议一般不适用于第101条第1款

以下研发协议不太可能产生反竞争影响，通常不会被《欧盟运行条约》第101条第1款统摄：

- 与合作有关的研发协议“在早期阶段，与利用可能的结果相去甚远”；[74]
- 非竞争者之间的研发协议[75]，除非可能有封锁效果，并且其中一方在关键技术方面具有重要的市场力量；[76]
- 将研发外包给不积极利用成果的研究机构和学术机构；[77]
- “纯粹”的研发协议，不包括对结果的联合开发；此类协议只有在能明显减少创新方面的有效竞争的情况下，才属于第101条第1款的范围。[78]

（ii）竞争的主要关注点

该指南第127～140段讨论了根据第101条第1款对研发协议的评估，指出了三种可能的反竞争效果：

- 减少或减缓创新；
- 限制超出协议范围的市场中的竞争或促进各方之间的协同；
- 取消市场准入，尽管只有在协议的至少一方有很大的市场支配力（尽管不一定是支配地位）的情况下，这才是一个问题。[79]

（iii）目的性限制

第128段指出，如果研发协议实际上是从事变相卡特尔的工具，那么研发协议将限制对象之间的竞争。但是，它补充说，包括共同开发未来成果的研发协议并不一定限制竞争。[80]

（iv）效果性限制

第129～140段考虑了研发协议何时因其反竞争效果而可能违反第101条第1款。第133段指出，只有在当事方在现有市场上具有市场支配力或与创新

---

[74] 《横向合作协议指南》，第129段。
[75] 同上，第130段。
[76] 同上，第130段。
[77] 同上，第131段。
[78] 同上，第132段。
[79] 同上，第127段。
[80] 同上，第128段。

有关的竞争明显减少的情况下，研发协议才可能违反第 101 条第 1 款。对于研发协议，尽管欧盟委员会指出第 1217/2010 号条例第 4 条规定了安全港，但没有给出适用于第 101 条第 1 款的研发协议的市场份额数据。[81] 对于研发协议，当事方的市场份额低于 25% 时，可实行集体豁免。[82] 该指南指出，当事方拥有超过 25% 的市场份额时，并不一定必然会违反第 101 条第 1 款，但是它继续指出，当事方在市场上的地位变高时，违法的可能性就更大。[83] 第 137 段解释说，出于竞争方面的考虑，与纯粹涉及研发的协议相比，应更加仔细地审查延伸至联合生产和/或销售的研发协议。然后，该指南就与全新产品或技术相关的研发协议[84]以及介于现有产品或技术的改进与全新产品或技术的开发之间的协议提供了指导。[85]

（C）第 101 条第 3 款在研发协议中的适用

第 141 ~146 段讨论了根据第 101 条第 3 款对研发协议的评估。[86] 第 142 段指出，在第 1217/2010 号条例第 5 条中列出的核心限制会阻止集体豁免的适用，在根据第 101 条第 3 款对协议进行单独评估的情况下，这种限制不太可能被认为是必不可少的。第 145 段和第 146 段涉及评估第 101 条第 3 款的适用日期：它们解释说，有必要考虑当事方在投资研发项目时产生的沉没成本以及它们为能够收回投资可能需要花费的时间；[87] 并且还可能需要在不同的时间评估协议的不同方面。例如，应在原始协议的日期考虑研发合作的效果，但联合生产可能会在以后产生问题，该协议是否以及何时促成成功产品的开发[88]。

（D）研发协议的集体豁免：第 1217/2010 号条例

欧盟委员会根据理事会第 2821/71 号条例赋予的权力行事，[89] 于 2010 年 12 月 14 日对研发协议采用了集体豁免。[90] 第 1217/2010 号条例于 2011 年 1 月

[81] 同上，第 133 段。

[82] 同上，第 134 段；有关集体豁免参见本章第 D 节。

[83] 《横向合作协议指南》，第 135 段。

[84] 同上，第 138 段。

[85] 同上，第 139 段。

[86] 符合第 101 条第 3 款标准的研发协议的范例参见 *Asahi/St Gobain* OJ［1994］L 354/87；*Philips/Osram* OJ［1994］L 378/34。

[87] 《横向合作协议指南》，第 145 段。

[88] 同上，第 146 段。

[89] OJ［1971］L 285/46。

[90] 第 1217/2010 号条例，OJ［2010］L 335/36。

1日生效，于2022年12月31日失效。[91]

该条例包括评论22条和正式条款9条。评论2特别提到了《欧盟运行条约》的第179条第2款，该条呼吁欧盟鼓励包括中小型企业在内的企业的研发活动，并支持双方相互合作的努力。第1条定义了诸如“研发协议”“成果的开发”“实际竞争者”和“潜在竞争者”之类的关键术语。第2条根据该条例的规定赋予了研发协议集体豁免权。第3条规定了实行集体豁免的条件。第4条规定了市场份额上限，并规定了豁免期限。第5条列出了一系列“核心”限制，其中包括使协议无法从集体豁免中受益的限制。第6条规定，某些“排除在外的限制”并不能从集体豁免中受益，尽管将这些限制纳入协议并不妨碍将该条例适用于协议的其余条款。第7条载有关于适用市场份额门槛的规定。欧盟委员会或成员国国家竞争主管机构可以根据第1/2003号条例的第29条撤销集体豁免。

（i）第1条：定义

第1条包含第1217/2010号条例中使用的术语定义。特别重要的是第1条第1款（a）项，其中将研发[92]协议定义为两个或多个当事方之间关于其追求的条件达成的协议：

> a）共同研发合同产品或合同技术，并共同开发该研发的成果；
>
> b）共同开发根据相同当事方之间的事先协议共同进行的合同产品或合同技术的研发结果；或者
>
> c）共同研发合同产品或合同技术。

第1条第1款在研发协议的定义中也包括了一方仅资助另一方的研发活动的协议[93]。该条例的评论9指出，可以将联合开发视为联合研发的自然结果，开发在第1条第1款（g）项中被定义为：

> 合同产品的生产或分销、合同技术的应用、知识产权的转让或许可或制造、应用所需的专有技术的交流。

研发是“联合”的，其中工作由联合团队、组织或企业共同完成，或者共同委托给第三方，或者通过专门从事研发的方式在各方之间分配。[94]

[91] 同上，第9条；另注意评论22。

[92] 研发协议的定义在该条例第1条第1款（c）项中有规定。

[93] 第1217/2010号条例，评论8和第1条第1款（a）项（iv）~（vi）。

[94] 同上，第1条第1款（m）项。

（ii）第 2 条：豁免

第 2 条第 1 款赋予研发协议集体豁免权，但须遵守该条例的规定。第 2 条第 2 款规定，集体豁免也适用于研发协议中与知识产权的转让或许可有关的条款：

前提条件是这些条款不是此类协议的主要目标，而是与实施这些协议直接相关并为执行这些协议所必需的。

（iii）第 3 条：豁免的条件

第 3 条第 1 款规定，集体豁免可在其第 2 ~ 5 款规定的条件下获得；第 3 条应与评论 11 和评论 12 一起阅读。应该强调的是，这些条件仅在协议违反第 101 条第 1 款的情况下适用，以便当事方希望利用集体豁免；如果协议在第 101 条第 1 款的意义上不是限制性的，则无须遵守该条例的第 3 条。

第 3 条第 2 款规定，所有当事方都必须有充分的机会获得联合研发的最终结果，以进行进一步的研发；但是，如果它们根据该条例限制了它们的开发权利，例如同意在开发的背景下专门研究，那么获得这些权利的机会可能会受到限制。第 3 条第 2 款的第三句专门规定，将研发作为商业服务提供但通常不积极利用结果的研究机构、学术机构或企业可以同意将其结果限制在进行进一步研究上。这意味着，例如，与研究机构或大学签订研发协议的制药公司可以要求其合作伙伴不要将其结果用于商业用途，而限制只能将其用于进一步研究中；如果无法实现这一限制，则该制药公司可能会避免与相关企业进行有益的联合研发，因为担心它将其活动范围扩展到商业化研究之外。

第 3 条第 3 款规定，在第 3 条第 2 款的规定下，如果协议仅规定了联合研发，则在为实现对结果的利用不可或缺的前提下，必须让每一方都被授予对方现有专有技术的使用权；该协议可以规定为获得这种使用权而支付的赔偿金，但是该费率不得太高以致阻止这种使用。

第 3 条第 4 款规定，只有在涉及受知识产权保护或构成专有技术且在合同产品的制造或合同的应用中必不可少的研发合作成果方面，才允许联合开发。造成这种情况的原因是，在开发层面的合作应仅限于联合研发带来经济利益的情况；如果不是这种情况，则不满足对联合开发给予集体豁免的理由。

第 3 条第 5 款规定，要求以专业化生产方式进行生产的企业必须履行来自各方的供应订单，除非研发还规定了联合分销，或者当事方已同意仅制造合同产品的当事方可以分销它们，对此的解释是，例如，当一方同意生产小部件而另一方同意生产小组件时，每一方都应有权使用另一方生产的产品，并能够在相关市场中竞争；但是，当双方进行联合分销时，则没有必要。

（iv）第4条：豁免期限以及市场份额门槛

第4条规定了豁免期限和市场份额门槛；第4条应与评论13～16一起阅读。对非竞争性企业之间的协议与竞争性企业之间的协议的处理方式有所区别。《横向合作协议指南》第123段和第124段解释说，在对现有产品或技术进行改进或替换的情况下，市场份额可以以现有产品或技术为基础；第125段专门讨论了技术市场的市场份额的计算。第126段指出，如果协议涉及创新，则无法计算市场份额，在这种情况下，该协议被视为非竞争性企业之间的协议，并且适用该条例的第4条第1款和第4条第3款。

第4条第1款规定，豁免应适用于非竞争性企业[95]在研发期间的协议；共同开发成果的，自合同产品或合同技术首次在内部市场投放市场之日起，豁免继续适用7年，不论当事人的市场份额如何，均适用这些规则；如果有必要对非竞争性企业之间的协议采取行动，则可以通过撤销集体豁免来实现[96]。第4条第3款规定，在7年期限结束时，只要双方的合计市场份额不超过25%，豁免将继续进行。

第4条第2款规定了当事方是竞争性企业的地位。集体豁免仅在当事方签订协议时其合同产品或合同技术的市场份额不超过25%这种情况下适用；就有偿研发而言，为此规则的目的，还应考虑融资方的市场份额。[97] 第7条载有关于如何应用市场份额门槛的规则；它包含处理企业超过市场份额上限的情况的特定规则。[98]

（v）第5条：核心限制

第5条第1款比其修订前的条款短且限制较少，禁止集体豁免适用于包含“严重竞争限制”的协议[99]，这些严重竞争限制“直接或间接、孤立地或与受各方控制的其他因素结合”以下列任何一项“为目标”：

- 限制当事方在与协议无关的领域中进行研发的自由；
- 限制产量或销售。除以下情况外：在联合开发或联合分销的情况下确

---

[95] 对于非竞争性企业的定义参见第1217/2010号条例，第1条第1款（r）～（t）项；注意特别是集体豁免项下的“竞争性企业”包括一个可能会在3年内根据SSNIP进入的竞争性企业，参见第1章第36页“需求方可替代性”，而不是为确定第101条第1款的目的而确定潜在竞争对手时的通常测试的1年期限。

[96] 第1217/2010号条例，评论18；关于集体豁免的撤销参见本章第744页“集体豁免的撤销”。

[97] 第1217/2010号条例，第4条第2款（b）项。

[98] 同上，第7条（d）～（f）项。

[99] 同上，评论15。

定生产或销售目标；开发背景下的专业化[100]；以及联合开发期间的不竞争条款。第 1217/2010 号条例的评论 15 还指出，使用领域的限制将不被视为构成产量或销售的限制（也不视为对地区或客户的限制）；

- 在销售合同产品或将合同技术许可给第三方时固定价格，但在联合开发或分销时对直接客户收取的价格或特许权使用费固定价格除外；
- 限制当事方可能被动地出售合同产品或许可合同技术的地区或客户，但要求仅将成果许可给另一方的除外；
- 要求在开发范围内不通过专业化方式专门分配给任一方的地区或客户不进行或限制活动销售；
- 拒绝满足当事方各自地区内的客户的需求或拒绝通过开发背景下的专门化方式在当事方之间分配的客户的需求的要求，它们会在内部市场内的其他地区内进行销售；
- 使用户或转售商难以从内部市场内的其他转售商处获取合同产品的要求。

这些条款中的任何一项都将整个协议（而不只是令人反感的条款）排除在集体豁免之外。如果此类规定属于第 101 条第 1 款的范围，这种情况是很可能的，[101] 则该指南第 142 段指出，它们不太可能单独满足第 101 条第 3 款的规定，进一步指出，企业可能能够证明这种限制对于研发协议是必不可少的。

（vi）第 6 条：排除在外的限制

第 6 条列出了两个“排除的限制”，它们不被集体豁免，但是如果可以从排除的限制中分离出来的话，将其包括在内并不妨碍将该条例适用于协议的其余部分；根据先前的集体豁免条例，这两项义务都被视为“核心”。第一个排除的限制是不对与研发有关或由研发引起的知识产权的有效性提出质疑，但不损害在发生此类挑战时终止协议的权利的义务。第二个排除的限制是不向第三方授予制造合同产品或应用合同技术的许可，除非协议规定协议的至少一个当事方对研发的成果加以利用的义务。

（vii）第 7 条：市场份额门槛的适用

早先在第 4 条中的市场份额上限中提到了第 7 条。

---

[100] 请注意第 2659/2000 号条例不能适用于开发的特殊情形。

[101] 请注意即使核心限制，作为法律问题，也可能不属于第 101 条第 1 款的范围，因为这些限制对国家间贸易没有明显的影响：参见第 3 章第 188～189 页“显著性的定义”。

（viii）第8条：过渡期

第8条中包含了过渡规定。[102]

（ix）第9条：有效期

该条例于2011年1月1日生效，将于2022年12月31日失效。

（x）集体豁免的撤销

正如本书第4章所解释的那样，第1/2003号条例第29条使委员会和国家竞争主管机构可以从集体豁免中撤销与第101条第3款不符的协议。正如前面提到的第1217/2010号条例评论18所述，在非竞争性企业之间达成协议对竞争有害的特殊情况下，可以这样做。评论21提供了一些进一步的示例，说明何时可能会发生这种情况，例如，研发协议在很大程度上限制了第三方进行研发的范围，或者合同产品或合同技术在内部市场中未面临有效竞争。

6. 生产协议

《横向合作协议指南》第4章涉及生产协议。[103] 第150段指出，这些协议的形式和范围各不相同，从共同控制企业进行的生产到分包协议。该指南适用于各种形式的联合生产协议，包括横向分包合同，也就是说，在同一市场中经营的企业之间的协议，无论它们是实际的还是潜在的竞争对手。[104] 在不同市场水平上经营的企业之间的纵向分包协议不在《横向合作协议指南》的范围内，但可以在欧盟委员会的《纵向限制指南》中予以涵盖，通过纵向协议的集体豁免、第330/2010号条例，或通过欧盟委员会《关于分包协议的通知》。[105]

在确定第101条第1款是否适用于生产协议时，必须定义相关的产品和地理市场；还可能有必要考虑上游、下游或邻近市场可能存在“溢出效应”的可能性[106]。

---

[102] 根据先前的集体豁免，第2659/2000号条例，但不在第1217/2010号条例范围内排除的协议，直至2012年12月31日仍然排除在外。

[103] 进一步参见：FAULL J，NIKPAY A. The EU Law of Competition［M］. 3rd ed. Oxford：Oxford University Press，2014：paras 7.235－7.322.

[104] 《横向合作协议指南》，第151段。

[105] OJ 1979 C 1/2；此处参见《横向合作协议指南》，第154段；进一步参见第16章第837～838页“分包协议”。

[106] 《横向合作协议指南》，第156段；请注意如果合资企业的规模达到《欧盟合并条例》规定的集中度，则还必须考虑溢出效应：参见第21章第1091～1093页“《欧盟合并条例》第2条第4款和第5款：全功能合营企业和‘溢出效应’”。

（A）第 101 条第 1 款在生产协议中的适用

（i）竞争的主要关注点

欧盟委员会表达了对生产协议的三个主要关注。第一，即使它们独立销售产品，它们也可能导致双方之间竞争的直接限制。[107] 第二，它们可能导致各方竞争行为的协同，特别是当生产协议导致其可变成本的高度通用性时。[108] 欧盟委员会的第三个关注点是生产协议可能导致第三方被封锁在相关市场之外；但是，它指出，只有在评估封锁风险的市场中至少有一方在市场上具有“很强的市场地位”时，市场封锁才有可能产生。[109]

（ii）目的性限制

《横向合作协议指南》第 160 段指出，固定价格、限制产量或分享市场或客户的横向协议的目的是限制竞争。但是，它继续解释说，在两种情况下，联合生产中对产量和价格的限制并不意味着目的的限制。第一个是各当事方就作为生产协议主题的产出水平达成协议；第二个是就联合生产的产品（以及仅那些产品）的销售价格达成协议，前提是这对联合生产是必需的。

（iii）效果性限制

第 162 ~ 182 段涉及可能具有限制竞争效果的生产协定。第 163 段解释说，有必要考虑在没有达成协议的情况下的情况——也就是说确定“反事实”；如果生产协议使当事方能够进入它们原本无法进入的市场，则该协议将不会被视为具有限制竞争的效果。第 165 段指出，如果生产协议的当事方缺乏市场支配力，则第 157 ~ 159 段讨论的竞争问题都不会发生。在第 168 ~ 173 段中讨论了市场支配力：尽管委员会提请注意 20% 的门槛，[110] 低于这个门槛的协议可能会从专业化协议的集体豁免中受益，但该指南并未为低于特定门槛的协议提供“安全港”。[111] 即使当事方具有较高的市场份额，在市场是动态的情况下，也就是说，市场进入频繁发生并且市场地位频繁变化的情况下，生产协议也可能不

---

[107] 《横向合作协议指南》，第 157 段；另见第 174 段。

[108] 同上，第 158 段；另见第 175 ~ 182 段。

[109] 同上，第 159 段。

[110] 注意欧盟委员会的《最低限度通知》为竞争者之间达成的协议提供了“安全港”，而当事方的总市场份额低于 10% 时，这些协议不包含对象限制：参见第 3 章第 180 ~ 185 页“最低限度原则”。

[111] 参见本章稍后部分第 747 ~ 748 页“第 3 条：市场份额的门槛”；欧盟委员会还为横向分包合同提供了“安全港”，以在双方的市场份额低于 20% 的情况下扩大生产：《横向合作协议指南》，第 169 段。

会产生限制竞争的明显效果。[112] 该指南指出，生产协议延伸到产品的商业化而不是仅仅限于生产方面，更有可能通过效果来限制竞争：双方协议使其越接近消费者，竞争的风险就越高。[113]

（B）第101条第3款在生产协议中的适用

第183～186段讨论了将第101条第3款适用于生产协定的可能情况[114]。

（C）专业化协议的集体豁免：第1218/2010号条例

欧盟委员会根据理事会第2821/71号条例赋予的权力行事[115]，于2010年12月14日对专业化协议采用了新的集体豁免[116]。该条例于2011年1月1日生效，于2022年12月31日失效[117]。

该条例包括评论16条和正文7条。评论6和评论7列举了支持专业化协议的论点，例如使当事方能够更有效地运作并更便宜地供应产品。但是，评论12警告说，有必要防止将导致竞争实质性消除的协议。第1条包含定义。第2条赋予专业化协议以集体豁免权，但须遵守该条例的规定。第3条规定了20%的市场份额上限。第4条列出了一系列“核心”限制，如果包括这些核心限制，则会使协议无法从集体豁免中受益。第5条载有关于适用市场份额门槛的规定。

（i）第1条：定义

第1218/2010号条例的第1条包含该条例中使用的术语的定义。第1条第2款（a）项定义“专业化协议”[118]：该术语涵盖单边的专业化协议、对等专业化协议和联合生产协议，然后定义每个术语。

单边的专业化协议是指两个参与方之间的协议：

> 两个参与方活跃在同一产品市场上，在一方同意完全或部分[119]停止生

---

[112] 《横向合作协议指南》，第171段。

[113] 同上，第167段。

[114] 以欧盟委员会根据第101条第3款授权的生产协议为例，参见 *Fiat/Hitachi* OJ［1993］L 20/10；*Ford/Volkswagen* OJ［1993］L 20/14；*Exxon/Mobil* OJ［1994］L 144/20；参见欧盟委员会的《关于竞争政策的第24号报告》（1994），第169～171页；*Fujitsu/AMD* OJ［1994］L 341/66。

[115] OJ［1971］L 285/46。

[116] OJ［2010］L 335/43。

[117] 第1218/2010号条例，第7条。

[118] 另见同上，评论7和评论8。

[119] 第1218/2010号条例适用于部分停止生产，它的前身仅在完全停止的情况下适用。

产某些产品或不生产这些产品并向同意生产和供应这些产品的另一方购买这些产品。[120]

互惠专业化协议是指两个或多个参与方之间的协议：

两个或多个参与方活跃在同一产品市场上的，因此，两个或两个以上的参与方在互惠的基础上同意完全或部分[121]停止或避免生产某些但不同的产品，并从同意生产和供应的其他参与方购买这些产品[122]。

联合生产协议是指两个或多个参与方之间的协议：

两个或两个以上的参与方同意共同生产某些产品[123]。

（ii）第2条：豁免

第1218/2010号条例第2条第1款赋予对第1条中定义的专业化协议授予集体豁免，第2条补充说，集体豁免适用于专门化协议：

包含与将知识产权转让或许可给一个或多个当事方有关的条款，但这些条款并不构成此类协议的主要对象，而是与其实施直接相关且必不可少的。

第2条第3款规定，该豁免也适用于当事方接受排他性购买或供应义务的专业化协议，每种义务均在第1条中定义；以及由当事方联合分销而不是独立销售协议所针对产品的协议。该条例评论9解释说，为了确保实现专业化的利益而没有一方完全离开生产的下游市场，单边和互惠的专业化协议必须规定各当事方之间的供应和购买义务或联合分销；供应和购买义务不一定是排他性的，但是如果是排他性的，则根据第2条第3款，它们可以获得集体豁免。

（iii）第3条：市场份额的门槛

第3条非常重要，其主要关注点是确保专业化协议的当事方不具有重大的市场支配力。第3条规定，参与企业的市场份额之和不超过20%，则实行集体豁免。“当事方”一词包括第2条第2款中定义的“关联企业”。第5条包含有关如何应用市场份额门槛的规则；它包含处理企业超过市场份额上限的情

[120] 同上，第1条第1款（b）项。

[121] 第1218/2010号条例适用于部分停止生产，它的前身仅在完全停止的情况下适用。

[122] 第1218/2010号条例，第1条第1款（c）项。

[123] 同上，第1条第1款（d）项。

况的特定规则[124]。该条例评论 10 指出，如果超过 20% 的市场份额门槛，不能假定某项协议违反了第 101 条第 1 款或不满足第 101 条第 3 款：相反，对协议的单独评估将必须进行。

（iv）第 4 条：核心限制

第 4 条第 1 款禁止集体豁免适用于协议包含“核心限制”的情况，[125] 也就是说，协议应：

> 直接或间接地、独立地或与当事方控制下的其他因素结合，具有以下任何一项作为目标：
>
> a）在向第三方出售产品时固定价格，但在联合分销的情况下向直接客户收取的固定价格除外；
>
> b）产出或销售的限制，但以下情况除外：
>
> （i）在单边或互惠专业化协议内有关于商定的产品数量的条款，或在联合生产协议内有关于设定产能和产量的条款；和
>
> （ii）在联合分销的背景下确定销售目标；
>
> c）市场或客户的分配。

这些条款中的任何一项都将整个协议（而不只是令人反感的条款）排除在集体豁免之外。[126]

（v）第 5 条：市场份额门槛的适用

较早时在第 4 条的市场份额上限内提到了第 5 条。[127]

（vi）第 6 条：过渡期

第 6 条包含了过渡规定。

（vii）第 7 条：有效期

该条例于 2011 年 1 月 1 日起生效，于 2022 年 12 月 31 日失效。

（viii）集体豁免的撤销

第 1/2003 号条例第 29 条使欧盟委员会和国家竞争主管机构可以从集体豁免中撤销与第 101 条第 3 款不符的协议。[128] 第 1218/2010 号条例评论 15 说，可能

---

[124] 同上，第 5 条（d）项和（e）项。

[125] 另见同上，评论 11。

[126] 《横向合作协议指南》，第 37 段。

[127] 参见前面小节。

[128] 参见第 4 章第 220 页“集体豁免的格式”。

会发生这种情况，例如，在相关市场非常集中且竞争已经很弱的情况下，特别是由于其他市场参与者的个人市场地位或平行专业化协议在其他市场参与者之间建立的联系。

7. 采购协议

《横向合作协议指南》第 5 章涉及联合采购协议。[129] 令人惊讶的是，该指南并未提及欧洲法院对 *Gøttrup - Klim Grovvareforeninger v Dansk Landbrugs Grovvareselskab* 案[130]联合采购组织的判决。欧洲法院认为，合作采购协会章程中的一项规定禁止其成员参加与其直接竞争的其他形式的合作，并不一定限制竞争，甚至可能对竞争产生有利影响。[131] 该指南指出，联合采购通常旨在建立买方权力：例如零售商组成的联盟，与供应商商讨降低价格；也许这使它们反过来可以为消费者提供更低的价格。[132] 该指南考虑了团购组织成员之间的横向关系；它与它的供应商之间以及它与它的成员之间的纵向关系应由纵向协议的规则来考虑[133]。

必须在相关采购市场的背景下考虑联合采购[134]；在某些情况下，如果联合采购协议的当事方也积极参与该市场，则可能有必要查看销售市场[135]。

（A）第 101 条第 1 款对联合采购协议的适用

（i）竞争的主要关注点

该指南列出了联合采购协议可能引起的三个问题。第一个出现在买方销售市场中：如果它们在该市场中具有相当程度的市场支配力（不一定等于市场

[129] 进一步参见：FAULL J，NIKPAY A. The EU Law of Competition［M］. 3rd ed. Oxford：Oxford University Press，2014：paras 7. 362 - 7. 406；另见 *The competitive effect of buyer groups*（OFT 863，2007 年 1 月），可在 www. nationalarchives. gov. uk 上查阅。

[130] 案例 C - 250/92 EU：C：1994：413；另见案例 61/80 *Cooperatieve Stremsel - en Kleurselfabriek v Commission* EU：C：1981：75 和案例 C - 399/93 etc *HG Oude Luttikhuis v Coberco* EU：C：1995：434；美国的立场请参见例如 *US v Topco Associates Inc* 405 US 596（1972）和《竞争者之间的合作反托拉斯指南》（2000 年 4 月），可在 www. ftc. gov 上查阅。

[131] 案例 C - 250/92 EU：C：1994：413，第 34 段。

[132] 《横向合作协议指南》，第 194 段、第 196 段。

[133] 同上，第 194 段；参见第 16 章第 813 页“第 2 条第 2 款：零售商协会”，关于第 330/2010 号条例第 2 条第 2 款的适用（针对纵向协议的集体豁免）适用于零售商协会及其供应商及其成员之间的协议。

[134] 《横向合作协议指南》，第 198 段；另见第 1 章第 45 页“采购市场”。

[135] 《横向合作协议指南》，第 199 段。

支配地位），则可能是它们没有动力将从它们的供应商中获取的任何较低价格转嫁给消费者[136]；该指南第213～216段进一步讨论了在销售市场上串通的可能性。第二个问题是，如果当事方在其购买市场中具有重要的市场支配力，则可能会迫使其供应商缩小其生产产品的范围或质量[137]。第三个问题是拥有买方权力的购买者可能会通过限制它们与有效供应商的联系来阻止竞争者[138]。

（ii）目的性限制

如果联合采购协议充当变相的卡特尔，则可以以目的限制竞争[139]；但是，当事方同意支付的产品价格是联合采购协议的标的时，这并不构成目的性限制：相反，必须进行效果分析以确定是否会引起上文所述任何顾虑。[140]

（iii）效果性限制

在确定联合采购是否可以起到限制竞争的效果时，有必要同时考虑购买和销售市场。[141] 当事方的市场支配力的范围显然与对可能的效果性限制的任何评估有关。没有可以推测这种效果的门槛；但是，“在大多数情况下，如果买卖双方的市场份额均低于15%，就不会违反《欧盟运行条约》第101条第1款，无论如何，第101条第3款的条件很可能会得到满足”。[142] 如果超过了这些市场份额门槛，则需要对协议效果进行详细评估，包括但不限于诸如市场集中度以及强大供应商的任何可能抵消力量之类的因素。[143]

欧盟委员会在*Covisint*案中审议了将《欧盟运行条约》第101条适用于“B2B”联合采购，即通过电子市场进行联合采购的做法，从而导致了该文件的停止。[144]

（B）第101条第3款对联合采购协议的适用

该指南第217～220段讨论了《欧盟运行条约》第101条第3款和联合采

---

[136] 同上，第201段。
[137] 同上，第202段。
[138] 同上，第203段。
[139] 同上，第205段。
[140] 同上，第206段。
[141] 同上，第207段。
[142] 同上，第208段。
[143] 同上，第209段。
[144] 欧盟委员会新闻稿IP/01/1155，2001年7月31日。进一步参见：VOLLEBREGT E. E－Hubs, Syndication and Competition Concerns［J］. Eurpean Competition Law Review，2000，10：437；欧盟委员会的《关于竞争政策的第31号报告》（2001），第58～60页。

购协议。[145] 第217段指出，联合采购可大大提高效率，导致价格降低，交易、运输和仓储成本降低以及供应商的创新。第218段指出，只有通过联合采购组织进行采购的义务才能被认为是实现规模经济所必需的数量所不可或缺的，但这必须在个案情况下进行评估。在 *Rennet* 案[146]中，欧盟委员会认为，对合作社成员应向合作社购买其全部凝乳酶的独家采购要求是对竞争的限制，并且不满足第101条第3款的标准。

第219段强调，要使第101条第3款适用于联合采购协议，必须将利益的公平分摊转移给消费者：仅使协议当事方受益的效率是不相关的；关键问题是联合采购协议的当事方在其销售市场中是否具有市场支配力。

8. 商业化协议

《横向合作协议指南》第6章涉及商业化协议，也就是说，竞争者之间在产品销售、分销或促销中的合作。[147] 纵向协议的制度通常涵盖分销协议，包括竞争者之间订立的一些非互惠协议。[148] 如果竞争者在互惠的基础上同意分销彼此的产品，也会产生横向问题，应根据该指南进行分析；非互惠协议也可能如此。[149] 如果根据某些其他合作（例如在研发或联合生产方面）达成了共同商品化的协议，则应在该指南的相应章节中对协议进行分析。[150]

（A）第101条第1款对商业化协议的适用

（i）竞争的主要关注点

商业化协议的主要竞争问题是它们可能导致卡特尔行为：价格固定[151]、产

---

[145] 以欧盟委员会根据第101条第3款授权的联合采购协议为例；参见 *National Sulphuric Acid Association* OJ［1980］L 260/24；*National Sulphuric Acid Association*（*No 2*）OJ［1989］L 190/22；*ARD/MGM* OJ［1989］L 284/36；*European Broadcasting Union* OJ［1993］L179/23，在上诉案 T－528/93 etc *Métropole télévision SA v Commission* EU：T：1996：99 中被撤销并在 *Eurovision* OJ［2000］L 151/18 被重新采纳，在上诉案 T－185/00 etc *Métropole télévision SA v Commission* EU：T：2002：242 中被撤销；欧盟委员会认为 *Rennet* OJ［1980］L 51/19 不适用第101条第3款，在上诉中得到维持：案例61/80 *Coöperatieve Stremsel－en Kleurselfabriek v Commission* EU：C：1981：75 和 *Screensport/EBU Members* OJ［1991］L 63/32。

[146] 同上。

[147] 《横向合作协议指南》，第225段。

[148] 同上，第226段；参见第16章第817页“第2条第4款：竞争性企业间的协议”，有关第330/2010号条例第2条第4款。

[149] 该指南，第227段。

[150] 同上，第228段。

[151] 同上，第230段。

量限制[152]、市场划分[153]和/或通过交换战略信息而产生的平行行为。[154] 该指南第242～245段对串通结果有进一步的关注。

（ii）目的性限制

根据第101条第1款最有可能引起关注的商业化协议是那些引起横向价格固定的协议。该指南指出，联合销售可能以限制竞争为目的，因为这消除了当事方之间在替代产品上的价格竞争，并且还可能限制当事方在系统框架内交付的产品总量用于分配订单。[155] 欧盟委员会有一些例子表明，联合销售机构违反了《欧盟运行条约》第101条第1款[156]；在某些情况下，欧盟委员会认为满足第101条第3款的条件。[157]

该指南还表示关切的是，活跃在不同地理市场中的企业之间的互惠分配协议可能是为了消除它们之间的竞争而进行市场划分的一种手段。同时有必要考虑非互惠协议是否构成相互谅解的基础，以避免进入彼此的地域。[158]

（iii）效果性限制

该指南第237段指出，如果客观上有必要让一方进入它不可能单独进入的市场，则商业化协议通常不会限制竞争；它给出了一个由多个当事方参与的联合项目的示例，其中没有一家公司可以单独竞争该项目。[159] 第240段为当事方市场份额低于15%的商业化协议提供了“安全港”；超过该数字将需要进行个别评估。

（B）第101条第3款对商业化协议的适用

第246～251段讨论了第101条第3款。第246段说，商业化协议可以明显提高效率。但是，通常无法为价格固定辩护，“除非其对其他营销功能的整合必不可少，并且这种整合将产生巨大的效率”。任何效率必须来自经济活动

---

[152] 同上，第231段。

[153] 同上，第232段。

[154] 同上，第233段。

[155] 同上，第234－235段；有关联合销售，参见：FAULL J，NIKPAY A. The EU Law of Competition［M］. 3rd ed. Oxford：Oxford University Press，2014：Paras 7. 323－7. 361.

[156] 参见例如 *FLORAL* OJ［1980］L 39/51；*UIP* OJ［1989］L 226/25；*Cekanan* OJ［1990］L 299/64；*Ansae* OJ［1991］L 152/54。

[157] 参见本章第752～753页“第101条第3款对商业化协议的适用”。

[158]《横向合作协议指南》，第236段。

[159] 类似地，参见同上，第30段。

的整合[160]，并且必须清楚地得到证明。[161] 第 250 段强调必须表明任何效率都会传递给消费者，并指出，当事方的市场支配力越大，这种情况发生的可能性就越小；该段表明，当事方的市场份额低于 15% 时，可能会发生传递（尽管在这种情况下，该协议是否首先会违反第 101 条第 1 款值得怀疑）。

欧盟委员会几次得出结论，联合销售安排符合第 101 条第 3 款的标准。欧盟委员会在 *Cekanan* 案[162]中授意成立了一家合营企业，可使当事方在瑞典和德国的公司以新型包装进入欧盟的新市场。就 *UIP* 案[163]而言，欧盟委员会决定，为派发和发行 Paramount、环球影城电影公司和米高梅电影公司电影的合营企业符合第 101 条第 3 款的规定。近年来，特别引起关注的一个问题是集体出售体育赛事的转播权。[164] 欧盟委员会批准了欧洲足球协会联盟出售此类权利的规则[165]，并且接受了第 1/2003 号条例第 9 条有关德国德甲和英超联赛联合出售的承诺。[166]

欧盟委员会已经发布了关于共同销售橄榄油、牛肉、小牛肉和农作物的指南，其中描述了对竞争规则的减免，允许那些产品的生产者通过生产者组织共同出售。[167]

9. 标准化协议

《横向合作协议指南》第 7 章涉及标准化协议和标准条款。标准化协议的主要目标是定义当前或将来的产品、生产过程或方法所需要的技术或质量要

---

[160] 同上，第 247 段。

[161] 同上，第 248 段。

[162] OJ［1990］L 299/64。

[163] OJ［1989］L 226/25，由安慰函续展 OJ［1999］C 205/6；参见欧盟委员会《关于竞争政策的第 29 号报告》（1999），第 148～149 页。

[164] 参见例如：BRINCKMAN D，VOLLEBREGT E. The Marketing of Sport and its Relation to EC Competition Law［J］. European Competition Law Review，1998，19：281；FLEMING H. Exclusive Rights to Broadcast Sporting Events in Europe［J］. European Competition Law Review，1999，20：143；BISHOP S，OLDALE. Sports Rights：The UK Premier League Football Case［J］. European Competition Law Review，2000，21：185；NITSCHE I. Collective Marketing of Broadcasting by Sports Associations in Europe［J］. European Competition Law Review，2000，121：208；欧盟委员会《关于竞争政策的第 31 号报告》（2001），第 166 点。

[165] OJ［2003］L 291/25。

[166] 参见第 7 章第 322～328 页“第 9 条：承诺”，讨论第 9 条承诺程序并提供这两种情况的详细信息；国家竞争主管机构关于联合销售的决定参见 ECN Brief 02/2012 和 ECN Brief 02/2014。

[167] OJ［2015］C 431/1。

求[168]，包括制定环境绩效标准的协议。[169]标准条款涵盖了竞争者和消费者之间为竞争产品建立的标准销售条件或购买条件，因此被该指南涵盖。[170]该指南不适用于作为行使公共权力的一部分而制定的标准[171]；也不适用于专业规则。[172]该指南考虑到自2001年早期指南以来欧盟委员会的惯例和判例法[173]，特别是在标准化中使用知识产权方面[174]。它们还结合了标准制定组织的最佳实践和已产生的文献中的见解。[175]本节将考虑将《欧盟运行条约》第101条第1款和第101条第3款应用于标准化协议；然后简要讨论有关标准条款的情况。

---

[168] 《横向合作协议指南》，第257段。

[169] 有关协议中特别关注环境议题的参见欧盟委员会《关于竞争政策的第28号报告》(1998)，关于*EUCAR*、*ACEA*、*EACEM*、*Valpak*，第129～134点和第150～153页；《关于竞争政策的第29号报告》(1999)，*JAMA*第160页；*CECED* OJ［2000］L 187/47；*CEMEP*，欧盟委员会新闻稿IP/00/58，2000年5月23日；*Dishwashers and Water Heaters*，欧盟委员会新闻稿IP/01/1659，2001年11月26日；*DSD* OJ［2001］L 319/1，在上诉中欧盟普通法院维持了原判：案例T－289/01 *Duales System Deutschland v Commission* EU：T：2007：155；*Eco－Emballages* OJ［2001］L 233/37；*ARA*，*ARGEV*，ARO OJ［2004］L 75/59，在上诉案T－419/03 *Altstoff Recycling Austria v Commission* EU：T：2011：102中得到维持。

[170] 请注意保险行业中按标准条款进行合作的特定行业集体豁免已经到期；该指南为所有行业的标准条款提供了指导。

[171] 《横向合作协议指南》，第258段；关于该主题参见案例C－113/07 P *SELEX Sistemi Integrati v Commission* EU：C：2009：191，第92段。

[172] 《横向合作协议指南》，第258段；关于该主题参见*Belgian Architects Association* OJ［2005］L 4/10，第39～44段。

[173] 参见例如*Ship Classification*，2009年10月14日的欧盟委员会承诺决定；案例T－432/05 *EMC Development v Commission* EU：T：2010：189，在上诉案C－367/10 P EU：C：2011：203中得到维持。

[174] 参见例如*Rambus*，2009年12月9日的欧盟委员会承诺决定；*Qualcomm*，Commission MEMO/09/516，2009年11月24日；*Standards for future mobile phone services*，欧盟委员会新闻稿IP/13/208，2013年3月7日。

[175] 参见例如：SHAPIRO C. Setting Compatibility Standards：Cooperation or Collusion?［M］//DREYFUSS R，ZIMMERMAN D，FIRST H. Expanding the Boundaries of Intellectual Property. Oxford：Oxford University Press，2001；FARRELL J，HAYES J，SHAPIRO C，et al. Standard Setting，Patents，and Hold－Up［J］. Antitrust Law Journal，2007，74：603；MADERO C，BANASEVIC N. Standards and Market Power，2008年5月12日，CPI Antitrust Chronicle，可在www. competitionpolicyinternational. com上查阅；OECD Standard Setting（2010），可在www. oecd. org/competition上查阅；MARINIELLO M. Fair，Reasonable and Non－Discriminatory（FRAND）Terms：A Challenge for Competition Authorities［J］. Journal of Competition Law and Economics，2011，7：523；DG ENTR Patents and Standards（2014），可在www. ec. europa. eu上查阅；LAYNE－FARRR A. The Economics of FRAND［M］//BLAIR R D，SOKOL D D. Antitrust Intellectual Property and High Tech Handbook. Cambridge：Cambridge University Press，2017；NAZZINI R. Level Discrimination and FRAND Commitments Under EU Competition Law［J］. World Competition，2017，40：213.

（A）第 101 条第 1 款对标准化协议的适用

（i）竞争的主要关注点

标准化协议可能会对四个市场产生影响：

- 在产品本身的市场上；
- 在标准涉及技术选择的技术市场中；
- 在制定标准的服务市场中；
- 在进行测试和认证的市场上。[176]

该指南第 263 段承认，标准化协议"通常会产生重大的积极经济影响"[177]，特别是通过促进创新和确保互操作性。[178] 但是，第 264 段指出，制定标准可能以三种方式损害竞争：在反竞争性讨论之后降低价格竞争；取消创新技术；阻止有效获取标准。涉及知识产权的标准尤其可能导致市场封锁。[179] 这些负面影响中的每一个都会在该指南的后续段落中进行讨论。[180]

（ii）目的性限制

使用标准作为旨在排除实际的或潜在的竞争者的更广泛的限制性协议的一部分的协议，会具有限制竞争目的。[181] 欧盟委员会以其在 *Pre - insulated pipe cartel* 案[182]中的决定为例，其中违反《欧盟运行条约》第 101 条第 1 款的部分原因是使用规范和标准来防止或延迟将可能导致降价的新技术引入市场的行为。协议通过采用大多数限制性许可条款的披露来减少竞争，这些协议在采用标准作为共同确定价格的掩护之前，也被视为目的性限制。[183] 在某些情况下，要求

---

[176] 《横向合作协议指南》，第 261 段。

[177] 同上，第 263 段和第 308 段。

[178] 参见同上，第 325 ~ 332 段，举例说明欧盟委员会对标准化协议适用第 101 条的方法；进一步参见：FAULL J，NIKPAY A. The EU Law of Competition ［M］. 3rd ed. Oxfrod：University Press，2014：paras 7.498 – 7.537.

[179] 《横向合作协议指南》，第 267 ~ 269 段；另见 *European Telecommunications Standards Institute* OJ ［1995］ C 76/6；欧盟委员会《关于竞争政策的第 25 号报告》（1995），第 131 ~ 132 页，以及 *Qualcomm*，Commission MEMO/09/516，2009 年 11 月 24 日；*Standards for future mobile phone services*，欧盟委员会新闻稿 IP/13/208，2013 年 3 月 7 日前面第 15 章脚注[174]提到的案例。

[180] 《横向合作协议指南》，第 265 ~ 268 段。

[181] 同上，第 273 段。

[182] CJ ［1999］ L 24/1，第 147 段。

[183] 《横向合作协议指南》，第 274 段；请注意这并不妨碍该指南第 299 段所述单边披露限制性最强的许可条款，也不妨碍建立符合欧盟委员会《技术转让指南》（OJ ［2014］ C 89/3）原则的专利池；有关专利池的讨论参见第 19 章第 978 ~ 981 页"技术池"。

标准制定组织的成员仅销售符合标准的产品的协议可能会有限制竞争目的[184]：这与欧盟委员会过去的做法是一致的。[185]

（iii）（合理的）“安全港”

该指南第277～291段的标题为“通常不限制竞争的协议”，换言之，它们产生了“安全港”，尽管使用该词通常意味着该“安全港”是相对安全的，而不是完全安全的。首先从该指南开始，标准化协议可能仅在当事方具有市场支配力的情况下才有限制竞争的效果。[186] 但是，它们没有为此提供市场份额门槛。该指南指出，不假定拥有或行使对该标准必不可少的知识产权的企业具有市场支配力。[187] 在几个自愿性标准之间存在有效竞争的地方，标准化协议不限制竞争。[188]

该指南第280～286段规定了四项原则，并指出遵守这些原则的标准制定协议通常不属于第101条第1款的范围。原则是[189]：

- 不受限制地参与标准制定；
- 采用标准的程序是透明的；
- 没有义务遵守该标准；
- 有效地使用公平、合理和非歧视（fair，reasonable and non－discriminatory，FRAND）条款使用该标准。

这四个原则与欧盟普通法院在*EMC v Commission*案[190]中的判决一致，该法院认为，遵循开放、非歧视和透明的程序采用不具有约束力的标准并不限制竞争。[191] 在涉及知识产权的情况下，要有效地使用该标准，就需要善意披露其权利，这对于实施该标准和对FRAND条款的许可承诺至关重要。[192]

该指南提供了有关在发生纠纷时评估FRAND水平的方法指导。[193] 如果涉

---

[184] 《横向合作协议指南》，第293段。

[185] 参见例如*Video Cassette Recorders* OJ［1977］L 47/42，第23段。

[186] 《横向合作协议指南》，第277段。

[187] 同上，第277段。

[188] 同上，第277段。

[189] 同上，第280～283段。

[190] 案例T－432/05 *EMC Development v Commission* EU：T：2010：189，在向欧洲法院上诉时维持原判，案例C－367/10 P EU：C：2011：203。

[191] 同上，第79～104段、第113～130段。

[192] 《横向合作协议指南》，第284～286；另见Commission MEMO/09/549，2009年12月10日，IP-Com同意接管Robert Bosch GmbH的承诺，即在收购Bosch的移动电话专利组合之后，以FRAND条款授予不可撤销的专利许可。

[193] 《横向合作协议指南》，第299段。

及的专利被认定为有效、必要且已被移动电话使用的电信标准的实施者侵权，则英国高等法院裁定，在给定的情况下，只有一组 FRAND 条款[194]；FRAND 是什么可以通过考虑自愿的许可人和自愿的被许可人在不坚持或阻挡的情况下达成的来确定[195]。

（iv）效果性限制

该指南第 279 段指出，如果不满足这四个原则，则不能推定协议会违反《欧盟运行条约》第 101 条第 1 款，或者协议将无法满足第 101 条第 3 款的规定。相反，如第 292～299 段所述，将需要进行基于效果的评估。不符合这四个原则的标准化协议可能受第 101 条第 1 款约束，其中标准制定组织的成员不能自由发展替代标准或产品[196]，或者对标准使用或标准制定过程的参与受到限制。[197] 在 *Ship Classification* 案[198]中，欧盟委员会担心国际船级社协会的规则会禁止第三方；该案因当事方根据第 1/2003 号条例第 9 条作出承诺而结束[199]，以确保获得标准制定机构及其信息。

尽管该指南承认，高标准的市场份额不一定意味着竞争问题，但基于该标准的产品或服务的市场份额也与第 101 条第 1 款的适用有关。[200] 明确歧视任何参与成员或潜在成员的标准制定协议可能会导致竞争受到限制。[201]

（B）第 101 条第 3 款对标准化协议的适用

该指南指出，标准化协议通常会带来显著的效率提升。[202] 不同的标准具有不同的有益效果：欧盟范围内的标准有助于市场整合；兼容性标准促进了互补产品之间的技术互操作性；产品的质量、安全和环境方面的标准有助于客户选择。标准还可以减少交易成本并促进创新。为了实现标准化协议的好处，必须

---

[194] 案例 *Unwired Planet v Huawei*［2017］EWHC 711（Pat），第 164 段；已上诉至上诉法院，尚未裁决。

[195] 同上，第 170 段；法院还考虑了类似许可的条款：同上，第 171 段。

[196] 同上，第 293 段。

[197] 同上，第 294 段和第 295 段；另见 Commission MEMO/13/553，2013 年 6 月 13 日，欧洲支付委员会停止制定可能排除新进入者的电子支付标准。

[198] 2009 年 10 月 14 日的欧盟委员会决定；参见：DOHMS R，RIEDER P. Commitment Decision in the *Ship Classification* case：Paving the Way for More Competition［J］. Competition Policy Newsletter，2010，1：41－45.

[199] 关于第 9 条下的承诺；参见第 7 章第 322～328 页“第 9 条：承诺”。

[200] 《横向合作协议指南》，第 296 段。

[201] 同上，第 297 段。

[202] 同上，第 308 段。

向希望进入市场的人提供适用该标准的必要信息。[203] 受影响的市场中的所有竞争者都应有可能参与有关标准的讨论，除非可以证明这会导致严重的低效率，或者除非有公认的程序或利益的集体代表，正如发生在标准机构的情况一样。[204] 对行业具有约束力的标准原则上不是必不可少的。[205] 假定促进互操作性或鼓励新产品与现有产品之间竞争的标准将使消费者受益。[206] 如果标准化协议的结果是建立事实上的行业标准，则必须避免反竞争封锁。[207]

（C）第101条第1款对标准条款的适用

标准条款可能对下游市场产生三个负面影响，在下游市场中，使用这些条款的企业通过向消费者出售产品来竞争[208]：第一，在标准条款定义了销售产品范围的情况下，选择和创新的局限；第二，销售条件的扭曲；第三，标准条款成为行业惯例的市场封锁。[209]

（i）目的性限制

标准条款的目的可能是限制竞争，在它们实际上是变相的卡特尔或包含直接影响价格的条款的情况下。[210]

（ii）效果性限制

可有效使用无约束力的消费品或服务销售标准条款通常不会限制竞争。[211] 该指南第303～305段描述了两种情况，在这两种情况下需要对这些条款进行更详细的评估。第一种是定义产品范围的标准术语的广泛使用限制了产品的种类和创新。第二种是标准条款作为与客户交易的决定性部分。在标准条款具有约束力的情况下，最有可能需要进行个别评估。[212] 该指南第333～335段提供了欧盟委员会对标准条款适用第101条的方法示例。

---

[203] 同上，第309段。

[204] 同上，第316段。

[205] 同上，第318段。

[206] 同上，第321段；参见例如 *X/Open Group* OJ［1987］L 35/36（建立计算机软件的行业标准）。

[207] 同上，第324段；参见例如 *Canon/Kodak*，欧盟委员会《关于竞争政策的第28号报告》(1998)，第147页。

[208] 该指南，第262段。

[209] 同上，第270～272段；进一步参见：FAULL J，NIKPAY A. The EU Law of Competition［M］. 3rd ed. Oxford：Oxford University Press，2014：paras 7.538－7.551.

[210] 该指南，第275～276段；例如有关欧盟委员会根据第101条第1款谴责的条款和条件的协议的示例，参见第13章第670～672页“有关条款和条件的协议”。

[211] 《横向合作协议指南》，第301～302段。

[212] 同上，第306段。

(D) 第101条第3款对标准条款的适用

第312段和第313段考虑了可归因于标准条款的效率方面的改进：特别是标准条款可通过更容易比较产品来促进转换。但是，具有约束力的标准条款的使用不太可能是必不可少的。[213] 第322段和第323段考虑了标准条款在多大程度上为消费者带来任何利益。

(E) 第102条与标准

在*Motorola Mobility*案和*Samsung*案中，欧盟委员会认为企业在标准制定过程中承诺以FRAND条款向希望生产符合标准的产品的被许可人许可标准必要专利，如果双方未达成FRAND协议，专利所有人向法院寻求禁制令，这可能是对《欧盟运行条约》第102条规定的违反。在*Motorola—Enforcement of GPRS standard essential patents*案[214]中，欧盟委员会发现摩托罗拉犯有滥用支配地位的罪行，因为在该案中潜在的被许可人苹果公司同意将FRAND争议提交给国家法院寻求具有约束力的决议。与*Samsung—Enforcement of UMTS standard essential patents*案[215]的结果有所不同，因为欧盟委员会根据第1/2003号条例第9条接受了三星的具有法律约束力的承诺。这些承诺提供了一种解决与三星标准必要专利有关的FRAND争议的机制。在一些案件中，法院考虑了什么将构成FRAND特许权使用费。[216] 欧盟委员会还可以根据第102条进行审理，当它认为一家占支配地位的公司可能会滥用标准制定程序，例如通过"专利伏击"时。[217]

10. 被允许的其他横向协议

正如欧盟普通法院在*Matra Hachette v Commission*案[218]中所指出的那样，没

---

[213] 同上，第320段。

[214] 2014年4月29日的欧盟委员会决定，此处参见：Standard essential patents，Competition Policy Brief，2014年第8期，可在www. ec. europa. eu上查阅。

[215] 2014年4月29日的欧盟委员会承诺决定。

[216] 参见例如英国*Unwired Planet v Huawei* [2017] EWHC 711 (Pat)；德国*Saint Lawrence v Vodafone*，2016年5月31日的判决；美国*Microsoft v Motorola* 795 F 3d 1024 (9th Cir 2015)（考虑什么是"RAND"率）。

[217] 参见第19章第999~1001页"无理缠扰的行为和滥用程序"。

[218] 案例T-17/93 EU：T：1994：89，第85段。

有任何类型的协议不能满足第101条第3款的标准。例如，在*REIMS* Ⅱ案[219]中，欧盟委员会认为第101条第3款适用于邮政部门中具有特殊特征的价格固定协议。横向合作协议不属于该指南所讨论的类别之一的事实，并不意味着它属于第101条第1款或不符合第101条第3款的规定。在每种情况下，问题都是当事方是否可以证明没有竞争限制，或者协议将带来第101条第3款所设想的那种效率。

（A）重组协议

在某些情况下，某个行业可能面临严重的问题——可能是由于经济衰退或内部产能过剩所致——竞争主管机构可能会准备通过某种程度的合作来克服这一问题。一般而言，市场上的每个企业都应该对生产什么以及生产多少作出自己的独立决定。但是，如果缺乏对竞争者将要做什么的明智了解，可能难以作出合理的决定，以决定如何缩减某些经济部门的生产，例如在资本投资较高或纵向整合广泛的地方。存在一种风险，每个竞争者都有可能缩小太多，以至于市场从产能过剩变成产能不足。该过程可能难以逆转。不同的考虑是，产业结构调整会产生社会成本，包括失业和对当地社区结构的损害；因此，这个问题既有政治因素，也有经济因素。[220]

使企业就其各自的产出水平达成一致的重组协议，很可能会违反第101条第1款：产出限制的目标是限制竞争。[221] 在*Beef Industry Development Society*案[222]中，欧洲法院无疑认为爱尔兰牛肉加工者之间达成协议以减少其牛肉加工产能——那些留在市场上的将向那些离开市场的付钱——具有限制竞争目的：必须根据第101条第3款，提出关于该协议将导致经济效率的任何论点。[223] 此事已退回爱尔兰高等法院，但由于牛肉工业发展协会撤回其辩护，未就第101条第3款的适用作出任何决定[224]；欧盟委员会在此案中写了一份法庭之友书状摘要，解释了第101条第3款如何适用于寻求消除过剩产能的协议。[225]

行业面临危机的事实并不意味着企业可以订立限制竞争的协议并要求获得第101条第1款的豁免，尽管危机可能有助于减轻罚款水平。[226] 但是，如果重

---

[219] OJ［1999］L 275/17；欧盟委员会将第101条第3款的适用延至2006年：OJ［2003］C 94/3。

[220] 参见第4章第199～214页“第101条第3款的适用标准”，讨论了根据第101条第3款可以合理考虑的问题。

[221] 参见第3章第157～158页“划分市场、配额、集体排他性交易”。

[222] 案例C－209/07 EU：C：2008：643。

[223] 同上，第39～40段。

[224] 参见爱尔兰竞争管理局2011年1月25日的新闻稿，可在www. ccpc. ie上查阅。

[225] 该摘要参见竞争总司的网站：www. ec. europa. eu。

[226] 参见案例T－145/89 *Baustahlgewebe v Commission* EU：T：1995：66，第122段。

组协议是根据欧盟委员会授权的国家援助达成的，则该协议不违反第 101 条第 1 款，因为它与援助的目的有着不可分割的联系，因此无法单独评估。[227]

在 20 世纪 80 年代，欧盟委员会曾几次允许根据第 101 条第 3 款进行重组协议[228]，在 *Stichting Baksteen* 案[229]中，欧盟委员会允许进行重组荷兰砖业的计划，其中根据第 101 条第 3 款规定涉及商定的行动，以关闭工厂并削减产能。

（B）保险业

在保险业，欧盟委员会已批准了许多横向合作协议，[230] 例如在 *Nuovo CEGAM* 案[231]、*Concordato Incendio* 案[232]、*Teko* 案[233]、*P&I Clubs* 案[234]、*Assurpool* 案[235]和已经提及的 *P&I Clubs* 案[236]。

理事会第 1534/91 号条例授权欧盟委员会在保险业中授予集体豁免。[237] 没有欧盟委员会条例根据第 1534/91 号条例授予集体豁免。在对第 267/2010 号条例[238]进行了详细审查之后，欧盟委员会允许集体豁免于 2017 年 3 月 31 日失效，并决定不采用新的条例。[239] 欧盟委员会的结论是，由于其《横向合作协议指南》[240] 为根据第 101 条对保险数据的共同编制、报表和研究报告的评论提供

---

[227] 案例 T－197/97 *Weyl Beef Products v Commission* EU：T：2001：28，第 83 段。

[228] 参见例如欧盟委员会《关于竞争政策的第 12 号报告》（1982），第 38～41 点；《关于竞争政策的第 13 号报告》（1983），第 56～61 点；另见《关于竞争政策的第 23 号报告》（1993），第 82～89 点；*Synthetic Fibres* OJ ［1984］ L 207/17；*BPCL/ICI* OJ ［1984］ L 212/1；*ENI/Montedison* OJ ［1987］ L 5/13；*Enichem/ICI* OJ ［1988］ L 50/18；*Bayer/BP Chemicals* OJ ［1988］ L 150/35；*Shell/AKZO*，欧盟委员会《关于竞争政策的第 14 号报告》（1984），第 85 点；*EMC/DSM*（*LVM*） OJ ［1988］ C 18/3。

[229] OJ ［1994］ L 131/15；参见《关于竞争政策的第 24 号报告》（1994），第 178～180 页。

[230] 进一步参见：ROSE V，BAILEY D. Bellamy & Child：European Union Law of Competition ［M］. 7th ed. Oxford：Oxford University Press，2013：paras 12. 121 － 12. 134；FAULL J，NIKPAY A. The EU Law of Competition ［M］. 3rd ed. Oxford：Oxford University Press：paras 11. 178 －11. 219.

[231] OJ ［1984］ L 99/29。

[232] OJ ［1990］ L 15/25。

[233] OJ ［1990］ L 13/34。

[234] OJ ［1985］ L 376/2。

[235] OJ ［1992］ L 37/16。

[236] OJ ［1999］ L 125/12；一些其他案件已被非正式解决参见例如欧盟委员会《关于竞争政策的第 26 号报告》（1996），第 131～132 页；《关于竞争政策的第 28 号报告》（1998），第 111～115 点。

[237] OJ ［1991］ L 143/1。

[238] OJ ［2010］ L 83/1；参见 *Commission Report on the functioning of Regulation* 267/2010，COM（2016） 153 final，2016 年 3 月 17 日及随附的员工工作文件；另见关于保险生产过程的两项研究，具体请见竞争总司网站的“Financial Services”页面。

[239] Commission MEX/16/4369，2016 年 12 月 13 日。

[240] 参见本章第 731～735 页“《横向合作协议指南》”。

了指导，因此不再需要实行集体豁免。根据第101条第1款和第3款对协议进行“自我评估”的原则现在适用于保险业。

（C）银行业

欧盟委员会处理了银行业的许多横向合作协议。[241] 正如欧洲法院在*Bagnasco*案[242]和欧盟委员会在*Dutch Banks*案[243]得出的结论一样，可能发现此类协定不影响会员国之间的贸易。欧盟委员会发布了《关于竞争规则在跨境信贷转移问题上的适用的通知》[244]，说明在竞争规则下允许银行间合作的程度，以改善跨境信贷转移。在其关于*Uniform Eurocheques*案[245]的决定中，欧盟委员会批准了一项协议，该协议确定了有关兑现欧洲支票的标准条款和条件。欧盟委员会还批准了第二份有关实际欧洲支票和支票卡的生产和整理的协议。[246] *Banque Nationale de Paris/ Dresdner Bank*案[247]的一项合作协议已获授权十年，在相邻成员国的两家主要银行之间开展业务。

在*Cartes Bancaires*案[248]中，欧盟委员会决定，CB系统收取的某些费用阻碍了新成员发行卡，并从目的和效果上限制了竞争。[249] 欧盟委员会还发现，根据第101条第3款的规定，收费并不能防止在CB系统中搭便车，因此是不合理的。[250] 在上诉中，欧盟普通法院同意了欧盟委员会关于存在第101条第3款无法辩护的目的性限制的看法。[251] 但是欧洲法院推翻了欧盟普通法院的判决：欧洲法院裁定，欧盟普通法院没有运用“必要的法律标准”来识别限制目的（协议是否对竞争产生了足够程度的损害）[252]，并且未能对“目的”的概念进行

---

[241] 欧盟委员会新闻稿IP/08/596，2008年4月17日；参见：FAULL J，NIKPAY A. The EU Law of Compeition［M］. 3rd ed. Oxford：Oxford University Press，2014.

[242] 案例C－215/96 etc EU：C：1999：12。

[243] OJ［1999］L 271/28。

[244] OJ［1995］C 251/3；参见欧盟委员会《关于竞争政策的第25号报告》（1995），第45～48点；《关于竞争政策的第26号报告》（1996），第109点和第128～130页。

[245] OJ［1985］L 35/43。

[246] OJ［1989］L 36/16；该协议的大部分内容已根据第101条第1款予以批准，而不是根据第101条第3款予以豁免；其他关于银行业的豁免参见*Belgian Banks* OJ［1986］L 7/27；*Associazione Bancaria Italiana* OJ［1986］L 43/51。

[247] OJ［1996］L 188/37；欧盟委员会《关于竞争政策的第26号报告》（1996），第108点。

[248] 2007年10月17日的决定。

[249] 同上，第193～251段（目的）、第252～370段（效果）。

[250] 同上，第375～503段。

[251] 案例T－491/07 EU：T：2012：633.

[252] 案例C－67/13 P EU：C：2014：2204，第57段。

限制性解释。[253] 该案被转回欧盟普通法院，其维持了欧盟委员会的另一项裁定，即有实际限制，并驳回了 Cartes Bancaires 根据第 101 条第 3 款的论点。[254]

欧盟委员会在 *Visa International—Multilateral Interchange Fee* 案中裁定，参与 Visa 体系的银行之间达成的 Visa 国际"多边互换费用"（MIF）符合第 101 条第 3 款的标准[255]，随后，欧盟委员会接受了 Visa 根据第 1/2003 号条例第 9 条第 1 款关于其借记卡[256]和信用卡[257]的多边交换费用未来水平的承诺。欧盟委员会在 *MasterCard* 案[258]中得出结论，MasterCard 卡在欧洲经济区内部多边交换费用具有明显限制竞争的作用，这违反第 101 条第 1 款，并且不符合第 101 条第 3 款的规定：该决定在向欧盟普通法院[259]和欧洲法院上诉后得到维持[260]。欧盟委员会已就 MasterCard 和 Visa 的区域间交换费发送了反对意见。[261] 2015 年 12 月，基于卡的支付交易的交换费条例将多边交换费用限制在借记卡和信用卡支付中。[262]

欧洲竞争网络的银行和支付子组发布了有关支付行业竞争执法的信息文件。[263]

（D）运输业

在运输业已批准了几项横向合作协议。欧盟委员会接受了当事方根据第 1/2003 号条例第 9 条第 1 款作出的承诺，从而结束了对航空公司联盟的一些调查。[264]

---

[253] 同上，第 58 段。

[254] 案例 T－491/07 RENV EU：T：2016：379，第 65～360 段（效果）和第 361～465 段（第 101 条第 3 款）。

[255] OJ［2002］L 318/17。

[256] 2010 年 12 月 8 日的欧盟委员会决定，关于根据第 9 条作出的承诺决定参见第 7 章第 322～328 页"第 9 条：承诺"。

[257] 2014 年 2 月 26 日的欧盟委员会决定。

[258] 2007 年 12 月 19 日的欧盟委员会决定。

[259] 案例 T－111/08 *MasterCard Inc v Commission* EU：T：2012：260.

[260] 案例 C－382/12 P *MasterCard Inc v Commission* EU：C：2014：2201.

[261] *MasterCard II*，欧盟委员会新闻稿 IP/15/5323，2015 年 7 月 9 日；*Visa* Commission Daily News MEX/17/2341，2017 年 8 月 3 日。

[262] OJ［2015］L 123/1；参见 The Interchange Fees Regulation，*Competition Policy Brief*，2015 年第 3 期。

[263] 可在 www. ec. europa. eu 上查阅。

[264] 参见第 23 章第 1209～1221 页"运输业"；有关第 9 条的程序，参见第 7 章第 322～328 页"第 9 条：承诺"。

11. 1998 年英国竞争法第 1 章禁止规定在横向合作协议中的适用

（A）简　介

第9章描述了1998年英国竞争法第1章禁止规定适用的一般原则。[265] 第10章介绍了第1章的程序方面。[266] 根据欧盟法律受益于集体豁免的协议，或者如果这些协议影响成员国之间的贸易则将被豁免的协议，根据英国法律享有平行豁免；因此，例如，研发协议、横向技术转让协议和专业化协议可能会受益于该设置。[267] 竞争与市场管理局在2018年4月发布了一份简短的指南《合营企业与竞争法：做与不做》，提供了创建和管理合营企业时要牢记的问题清单。

（B）竞争法下的决定与判决

国内竞争主管机构在少数情况下审查了（在某些情况下允许）横向合作协议[268]，例如 *LINK Interchange Network* 案[269]、*Memorandum of Understanding on the Supply of Oil Fuels in an Emergency* 案[270]和 *Pool Reinsurance Company* 案[271]。它们已经在第9章中进行了讨论。[272] 英国公平交易办公室在 *Makro - self Service/Palmer&Harvey* 案中发布了一份关于联合采购协议的“简短意见”，指出在进行一些修改以防止不当的信息交换后，该协议不太可能引起竞争关注。[273] 英国公平交易办公室还就竞争土地所有者之间的合作发布了有利的“简短意见”，旨在促进农村地区宽带的普及。[274]

在 *Sainsbury's Supermarkets v MasterCard* 案[275]中，英国竞争上诉法庭得出结论，Master Card 英国多边交换费用的作用是限制竞争，否则竞争可能会通过收

---

[265] 参见第9章第422~458页“第1章禁止规定”。

[266] 大致参见第10章。

[267] 1998年英国竞争法第10条；有关平行豁免参见第9章第458页“平行豁免”。

[268] 另见英国公平交易办公室新闻稿130/11，2011年12月6日（接受五个公共部门购买组织的自愿保证），可在 www. nationalarchives. gov. uk 上查阅。

[269] 2001年10月16日的决定。

[270] 2001年10月25日的决定。

[271] 2004年4月15日的决定。

[272] 参见第9章第453~457页“豁免标准”。

[273] 2010年4月27日的意见，可在 www. nationalarchives. gov. uk 上查阅。

[274] 2012年8月23日的意见，可在 www. nationalarchives. gov. uk 上查阅。

[275] 案例1241/5/7/15（T）［2016］CAT 11，已上诉至上诉法院，尚未裁决。

购市场中的双边交换费而存在[276]，并且不满足第 101 条第 3 款的规定。英国竞争上诉法庭判给 Sainsbury 就与借记卡和信用卡有关的多收费用以及利息有关的 6930 万英镑赔偿金。但是，高等法院在 *Asda Stores v Mastercard* 案[277]中得出了不同的结论，Popplewell 法官认为多边交换费用在客观上是必要的，而不是限制竞争的。因为 MasterCard 计划在没有它们的情况下无法幸免。[278] 此外，无论如何，MasterCard 设定的多边交换费用均低于第 101 条第 3 款规定的合法"可豁免"水平。[279] 不同的结果似乎是英国竞争上诉法庭和高等法院就适当的反事实意见不一致的结果，也就是说，在没有多边交换费用的情况下会发生什么。在 *Sainsbury's Supermarkets v Visa Europe Services* 案[280]中，高等法院裁定，Visa 的多边交换费用不会限制收购市场的竞争，因为它们不会导致较少的竞争，而这种竞争可由多边交换费用的缺乏所获得。[281]

在 *Agents' Mutual v Gascoigne Halman* 案[282]中，英国竞争上诉法庭认为，房地产经纪互助协会的规则，禁止经纪人在一个以上的在线房地产门户网站上列出房地产，这没有限制竞争的目的[283]或效果[284]，并且因为它是协会进入在线房地产门户市场战略的重要组成部分，因此很可能有利于竞争。[285] 英国竞争上诉法庭判决在此案中是最有趣的，该判决采用了一种现实的方法来解决竞争是否受到案件事实限制的问题。在没有其他门户规则的情况下，英国竞争上诉法庭认为将没有进入，也没有竞争受到限制。[286] 此外，英国竞争上诉法庭认为，从客观上讲，另一个限制性门户网站规则在客观上有利于新房地产门户网站的竞争。[287]

(C) 对售票协议的集体豁免

国务大臣通过了对公共交通票务计划的集体豁免：第 9 章对此进行了讨论。[288]

---

[276] 同上，第 266 ~ 267 段。

[277] ［2017］EWHC 93（Comm），已上诉至上诉法院，尚未裁决。

[278] 同上，第 253 段。

[279] 同上，第 255 段。

[280] 同上。

[281] ［2017］EWHC 3047（Comm），第 88 ~ 173 段；已上诉至上诉法院，尚未裁决。

[282] ［2017］CAT 15。

[283] 同上，第 178 ~ 195 段，特别是第 184 段。

[284] 同上，第 196 ~ 239 段，特别是第 196 段。

[285] 同上，第 161 ~ 175 段、第 184（5）段、第 197 段、第 238 段、第 240 段、第 242 段。

[286] 同上，第 233 段。

[287] 同上，第 241 ~ 248 段。

[288] 参见第 9 章第 457 ~ 458 页"集体豁免"。

第 16 章 纵向协议

1. 简　介

前三章讨论了企业之间的横向关系。本章涉及《欧盟运行条约》第 101 条和 1998 年英国竞争法第 1 章禁止规定在纵向协议中的适用，并假定您了解第 3、4 和 9 章的内容。[1] 本章首先介绍了分销链，然后包含有关法律如何应用于纵向整合和代理协议的章节。第 5 节讨论了纵向协议提出的竞争政策考虑因素，包括在线商务兴起带来的挑战。第 6 节根据欧盟法院的判例法和欧盟委员会在《纵向限制指南》[2] 中的立场，解释了第 101 条对各种纵向协议的适用。接下来的章节涉及第 330/2010 号条例的条款，即纵向协议的集体豁免。第 8 节涉及对纵向协议适用第 101 条第 3 款。然后，本章 3 个小节涉及有关汽车分销和分包协议的第 461/2010 号条例。第 12 节将研究英国法律中的立场。在某种程度上，纵向协议可能导致滥用市场支配地位，这与《欧盟运行条约》第 102 条和 1998 年英国竞争法第 2 章禁止规定相抵触，它们在第 17 章和第 18 章中进行了介绍。

---

[1] 有关第 101 条和纵向协议的进一步阅读，参见：GOYDER J. EU Distribution Law ［M］. 5th ed. Oxford：Hart，2011；ROSE V，BAILEY D. Bellamy & Child：European Union law of competition ［M］. 7th ed. Oxford：Oxford University Press，2013；FAULL J，NIKPAY A. The EC law of competition ［M］. 3rd ed. Oxford：Oxford University Press，2014；WIJCKMANS F，TUYTSCHAEVER F. Vertical Agreements in EU Competition Law ［M］. 3rd ed. Oxford：Oxford University Press，2018.

[2] OJ ［2010］ C 130/1，取代 2000 年的早期指南（OJ ［2000］ C 291/1）；该指南不影响欧盟法院的判例法：同上，第 4 段。

2. 分销链

产品生产者或服务提供者要么需要供自己消费，要么想要向市场供应产品。希望出售其产品的企业必须决定如何出售。有多种可能：它既可以执行生产功能，也可以执行销售和分销功能，这通常被称为纵向整合；它可以使用商业代理商的服务来寻找客户；或者可以将其产品提供给独立的分销商，该分销商的功能是将其转售给可能是也可能不是最终消费者的其他人。

对于许多产品，可以描绘出一个相当简单的分销链，例如，生产者可以将产品出售给零售商，后者与最终消费者打交道（参见图16.1）。

图16.1

在其他的市场中，批发商可能会发挥重要的中介作用（在生产者与销售商之间）（参见图16.2）。

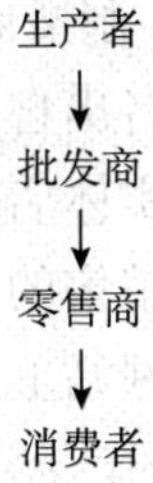

图16.2

纵向整合[3]的生产者可能直接与消费者打交道，例如通过邮购，建立自己的零售店或通过互联网销售。纵向整合的一个示例是苹果从其“iTunes”音乐网站直接向消费者提供音乐（参见图16.3）。

---

[3] 参见本章第769~770页“纵向整合”。

图 16.3

当然，可以有许多其他配置，其中在向最终消费者交付产品或服务时涉及完全不同的关系。例如，食品行业的品牌所有者可能会将制造分包给分包商；然后，品牌所有者可以直接与超市协商销售，并委托运输公司安排从分包商到超市的物流。在这种情况下，示意图看起来会大不相同（参见图 16.4）。

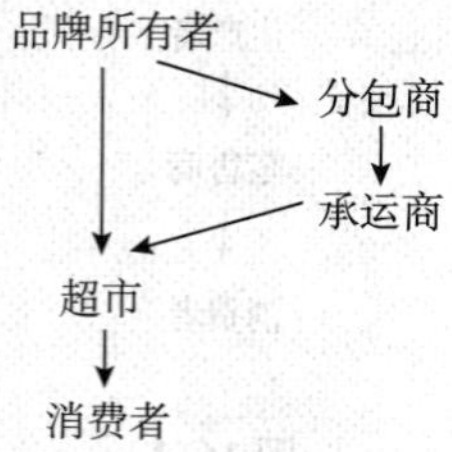

图 16.4

电子商务的出现增加了分销可能性的范围，因为互联网使我们能够在网上搜索我们想要的产品和服务。例如，制造商可能：

- 通过自己的网站直接向消费者出售其产品；
- 卖给零售商，零售商既通过实体店也通过自己的网站进行销售；
- 销售给在第三方平台上进行销售的零售商；
- 允许它们的商品在价格比较网站上展示。

从消费者的角度来看，所讨论的产品可以通过许多不同的方式可见（参见图 16.5）。

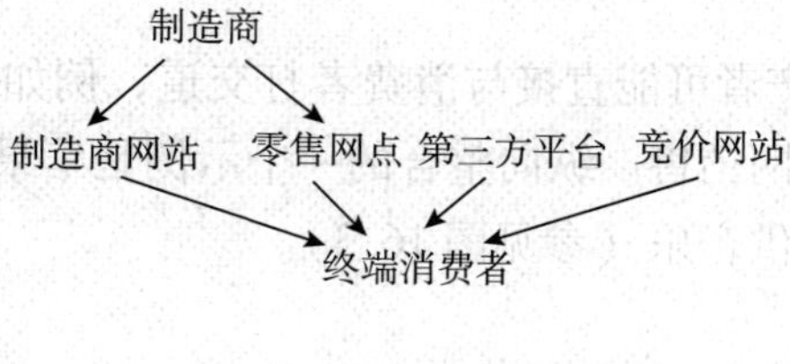

图 16.5

下文将使用“批发商”一词来表示一家企业，其业务是转售商品，而不是转售给最终消费者。"零售商"一词将用于描述其功能是向消费者出售商品的企业;"买方"一词将同时指批发商和零售商。本章将提供一些有关竞争法如何影响纵向关系的指导。

3. 纵向整合

企业可用的一种选择是纵向整合。这可以在内部通过设置零售店或通过建立受托分销业务的子公司来实现。一些企业可能能够通过互联网销售其产品,从而消除了委托分销商的需要:此过程被称为"去中介化"。或者,可以通过接管市场下游的分销网络,从外部增长来实现纵向整合。

(A) 支持和反对纵向整合的论点

各种考虑因素都会影响生产者是否决定纵向整合。[4] 一方面,建立或接管自己的分销渠道可能成本很高;另外,委托另一家具有分销行业知识和专长的企业可能比尝试闯入这一领域更为有效。另一方面,纵向整合可能意味着可以以第三方分销产品时不会发生的方式实现高效率和协调。

(B) 第101条不适用于单一经济实体内的协议

《欧盟运行条约》第101条第1款不适用于组成单一经济实体的企业之间的协议。最明显的例子是母公司与其全资子公司之间的协议。欧洲法院在 *Viho v Commission* 案[5]中审议了此类集团内协议,并裁定第101条第1款不适用于禁止子公司以低于最低价格出口或出售的规定。[6] 通过内部增长实现的纵向整合可能不是分配效率方面最有效的资源利用,但它可能是担心违反第101条的企业合乎逻辑的防御措施。[7]

集团成员与第三方之间达成的协议受第101条的约束,其处理方式与其他协议相同。

---

[4] 参见:COASE R H. The Nature of the Firm [J]. Economica, 1937, 4: 386; WILLIAMSON O E. The Vertical Integration of Production: Market Failure Considerations [J]. American Economic Review, 1971, 61 (2): 112; LEVER J, NEUBAUER S. Vertical Restraints, Their Motivation and Justification [J]. European Competition Law Review, 2000, 21: 7.

[5] 案例 C-73/95 P EU: C: 1996: 405, 第15~17段。

[6] 参见第3章第113~121页"'单一经济实体'原则"。

[7] 总检察长瓦尔纳警告了这一危险,案例30/78 *Distillers v Commission* EU: C: 1980: 74。

(C) 第102条适用于单一经济实体中的企业

在确定某企业是否在《欧盟运行条约》第102条所指的领域中处于支配地位时，纵向整合可能是相关的[8]，并且该集团可能会因其在市场上的行为方式而被判滥用支配地位。[9]

(D)《欧盟合并条例》在纵向协议中的适用

纵向合并需要根据《欧盟合并条例》向欧盟委员会通报，当这种合并具有欧盟范围层面时。[10] 作为总体主张，纵向整合可能会提高经济效率，这一事实在欧盟委员会《非横向合并评估指南》中得到了明确承认。[11] 但是，在某些情况下，欧盟委员会要求对可能产生有害的纵向效应的合并进行修改，甚至放弃。[12] 一个明显的例子是 *Deutsche Börse/London Stock Exchange* 案[13]，它被欧盟委员会禁止，因为合并后的公司将有能力和动机在某些市场上取消竞争者的结算和托管服务。

4. 商业代理

一些生产者选择通过商业代理人进行销售。销售代理的功能是代表生产者谈判业务并签订合同。[14] 在这种情况下，可以向代理人支付其交易业务的佣金，也可以向其支付薪水。与英国相比，商业代理在欧洲大陆分布更为普遍。关于处理商业代理人有一项指令[15]，该指令为商业代理人提供防止不当解雇的保护，并在发生这种情况时提供赔偿。

(A) 第101条不适用于代理合同

如果代理人仅代表委托人进行谈判或交易，则欧盟竞争法将其视为构成委

---

[8] 参见第5章第236~238页“经济优势”。

[9] 参见 *Interbrew*，欧盟委员会《关于竞争政策的第26号报告》(1996)，第53点和第139~140页；*GVG/FS*，2003年8月27日的欧盟委员会决定，第72~81段。

[10] 参见第21章第1038~1045页“《欧盟合并条例》第1条：欧盟层面的集中”，有关营业额的门槛。

[11] 参见第21章第1086~1091页“非横向合并”。

[12] 参见第21章第1089~1091页“近期关于非横向合并的案件”。

[13] 案例M 7995，2017年3月29日的欧盟委员会决定，第678段。

[14] 有时仅委托代理人来吸引潜在客户或将其介绍给生产者，而不是谈判合同。

[15] 《理事会关于协调成员国与个体经营商业代理有关法律的指令》86/653，OJ［1986］L 382/17。

托人同一经济实体的一部分。在 *Voestal pine AG v Commission* 案[16]中，欧盟普通法院裁定：

> 确定存在单一经济单位的主要参数包括两个因素：第一，中介机构是否承担任何经济风险；第二，中介机构提供的服务是否具有排他性。

如果代理人本身不承担任何风险，没有财产根据该协议转让，不直接分享其委托人业务的利润（或亏损），并且主要从事委托人的业务，那么对委托人或代理人施加的限制通常不在第 101 条第 1 款的范围之内。[17]

（B）欧盟委员会的《纵向限制指南》

早在 1962 年，欧盟委员会就发布了《关于代理协议的通知》[18]，指出它们不受第 101 条第 1 款的约束。1962 年的该公告已被欧盟委员会《纵向限制指南》第 12 ~ 21 段所取代。[19] 该指南借鉴了欧盟委员会的裁决惯例和欧盟法院的判例，尤其是 *DaimlerChrysler v Commission* 案[20]和 *Confederatión Española de Empresarios de Estaciones de Servicio v Compañía de Petróleos* 案[21]。

《纵向限制指南》第 12 段将代理协议定义为涵盖以下情况的协议：一个人代表另一人就委托人买卖产品或服务进行谈判和/或订立合同。[22] 第 13 段规定，评估《欧盟运行条约》第 101 条第 1 款是否适用的决定性因素是"代理人是否承担与委托人指定其为代理人从事的活动有关的财务或商业风险"[23]；第 13 段指出，代理人为一个或几个委托人行事是无关紧要的，这一观点很难与 *Vlaamse Reisbureaus* 案[24]中欧洲法院的判决相吻合；各方的意见和国内法下的立场也没有关系。第 14 ~ 17 段审议了为此目的的风险含义。第 18 ~ 21 段探

---

[16] 案例 T－418/10 *Voestalpine AG v Commission* EU：T：2015：516，第 139 段；大致参见第 132 ~ 163 段，2010 年 6 月 30 日的欧盟委员会决定，驳回了有关 *Prestressing Steel* 案的上诉。

[17] 参见案例 40/73 etc *Suiker Unie v Commission* EU：C：1975：174，第 480 段。

[18] 《关于与商业代理机构签订独家交易合同的通知》，OJ［1962］139/2921。

[19] OJ［2010］C 130/1。

[20] 案例 T－325/01 EU：T：2005：322；欧盟普通法院在案例 T－66/99 *MinoanLines v Commission* EU：T：2003：337，第 121 ~ 130 段中维持了关于代理的裁定。

[21] 案例 C－217/05 EU：C：2006：784；《纵向限制指南》未提及但与该问题相关的判决，是欧洲法院在案例 C－266/93 *Bundeskartellamt v Volkswagen* EU：C：1995：345 中的判决。

[22] 《纵向限制指南》未使用其前身使用的"真实的代理商协议"和"非真实代理商协议"的中的措辞：参见 OJ［2000］C 291/1，第 13 段。

[23] 有关风险标准使用的批评意见参见：ZHANG A H. Toward an Economic Approach to Agency Agreements［J］. Journal of Competition Law & Economics，2013，9（3）：553.

[24] 案例 311/85 *Vereniging van Vlaamse Reisbureaus v Sociale Dienst van de Plaatselijke en Gewestelijke Overheidsdiensten* EU：C：1987：418。

讨了将第101条第1款适用于代理协议。

（i）风险的标准

(a)《纵向限制指南》第14~17段

第14段指出，对于代理协议定义中的因素而言，存在三种类型的财务或商业风险：

• 与代理人代表委托人订立和/或谈判的合同直接相关的“合同特定风险”，例如股票融资；

• 与“针对特定市场的投资”有关的风险，意味着代理人为受委托所承担的风险；

• 与委托人要求代理人在同一产品市场上进行的其他活动有关的风险，例如与售后服务或维修服务有关的风险。[25]

第15段指出，如果代理人在这些事项上不承担任何风险或仅承担很小的风险，则代理协议不属于第101条第1款的范围：在这种情况下，销售或购买职能均构成委托人活动的组成部分，即使代理人是独立的法律实体。第15段指出，代理人是否承担与提供代理服务活动总体相关的风险并不重要，例如代理人的收入取决于其作为代理人的成功的风险。

第16段规定了通常不适用第101条1款的代理协议，即如果货物的所有权不属于代理人，或代理人本身不提供服务和代理人不：

• 支付与合同货物或服务的供应/购买有关的费用，包括运输费用；

• 自行承担合同货物或库存的风险费用；

• 对第三方承担由所售产品造成的损害的责任；

• 承担客户不履行合同的责任；

• 必须投资于促销；

• 在设备、场所或人员培训上针对特定市场进行投资；

• 承担在委托人要求的同一产品市场内的其他活动，除非委托人全额报销了这些活动。

第17段规定，第16段中的清单并不详尽，并且如果代理人确实承担了所列的一项或多项成本或风险，则第101条第1款可以适用于任何其他纵向协议。第17段指出，必须根据具体情况并就经济现实而不是法律形式评估风险问题。欧盟委员会解释说，出于实际原因，分析可能始于对特定合同的风险进行评估，

---

[25] 参见例如：案例T-325/01 *DaimlerChrysler v Commission* EU：T：2005：322，第110~111段；案例T-418/10 *Voestalpine AG v Commission* EU：T：2015：516，第142~148段。

因为如果是代理人招致这些风险的，那么得出代理人是独立企业的结论就足够了。

（ii）第 101 条第 1 款不适用于代理协议

《纵向限制指南》第 18 段规定，如果代理协议不属于第 101 条第 1 款的范围，则代理人的所有义务将不在该条款的范围之内，包括对代理人可能出售产品或服务的地域或客户，以及出售或购买产品或服务的价格和条件的限制。

（iii）第 101 条第 1 款在代理合同中的适用

《纵向限制指南》第 19 段和第 20 段指出了两种情况，在这两种情况下，如果达成代理协议，可能会违反第 101 条第 1 款。

第一种情况是存在排他性条款：委托人将不委托其他代理人或该代理人将不代表其他委托人行事。欧盟委员会说，前者不太可能违反第 101 条第 1 款，但涉及品牌间竞争[26]的单一品牌条款以及长期不竞争条款，如果导致市场封锁，可能会违反第 101 条第 1 款：欧盟委员会参考了该指南中的第 129 ~ 150 段。经欧洲法院，批准在 *CEPSA* 案[27]中指出，代理协议中的不竞争条款可能会违反第 101 条第 1 款，虽然在满足第 330/2010 号条例规定的情况下，这些条款可能会获得集体豁免；否则，它们可以单独满足《欧盟运行条约》第 101 条第 3 款的规定。在 *Repsol* 案[28]中，欧盟委员会确定了一项长期独家供应协议可能产生的封锁效果，该案通过接受 Repsol 根据第 1/2003 号条例第 9 条作出的承诺来解决。[29]

第 20 段涉及第二种情况，在这种情况下，可能会违反《欧盟运行条约》第 101 条第 1 款，代理协议会促进串通，这可能发生在许多委托人使用相同代理人而集体排斥其他人使用这些代理人的情况下；或者使用代理人在营销策略上串通或在委托人之间交换敏感的市场信息。在 *E - books* 案[30]中，欧盟委员会担心五家出版商与苹果公司达成了相同的代理协议，这是提高电子书零售价的

---

[26] 这种表达参见本章第 774 ~ 775 页“品牌间和品牌内的竞争”中得到了解释。

[27] 案例 C - 217/05 *Confederatión Española de Empresarios de Staciones de Servicio v Compañía de Petróleos SA* EU：C：2006：784，第 62 段。

[28] 2006 年 4 月 12 日的欧盟委员会决定，第 20 ~ 24 段；欧盟普通法院驳回了一项宣称不遵守那些承诺的上诉：案例 T - 342/11 *CEEES v Commission* EU：T：2014：60。

[29] 请注意欧洲法院对此承诺决定的法律效力作了初步裁定，案例 C - 547/16 *Gasorba SL v Repsol Comercial de Productos Petrolíferos SA* EU：C：2017：891；2018 年 2 月 8 日，西班牙最高法院裁定，Repsol 的供应协议时间过长：判决（西班牙语）可在 www. poderjudicial. es 上查阅。

[30] 2012 年 12 月 13 日和 2013 年 7 月 25 日的欧盟委员会决定。

全球通用计划的一部分；该案是因当事方根据第1/2003号条例第9条[31]作出承诺而终止的，其终止了代理协议并保持了零售商之间的价格竞争。

该指南第21段指出，如果代理人承担第16段所述的一种或多种风险，则代理人与委托人之间的协议不构成代理协议。相反，该代理人将被视为独立企业，与该代理人的协议将有可能违反第101条第1款。[32]

（C）第102条适用于代理协议

即使生产者通过代理人分销产品，以致《欧盟运行条约》第101条第1款不适用，有关企业的实践也可能滥用《欧盟运行条约》第102条，当有关企业中一个或两个具有支配地位时。[33]

5. 纵向协议：竞争政策的考量

（A）简　介

在本节中，将研究纵向协议提出的竞争政策的考量。竞争政策的任务是，首先，确定纵向关系中的哪些限制会导致限制竞争；其次，将无害或有益的限制与应禁止的限制区分开。

（B）纵向协议：可能损害竞争

（i）品牌间与品牌内的竞争

对纵向协议适用《欧盟运行条约》第101条一直存在争议。[34] 很明显，应该禁止横向协议，例如固定价格或限制产量，这种情况下，企业将其市场支配力与自身优势结合起来[35]，纵向协议不涉及市场支配力的结合。[36] 正如欧洲法院在*Allianz Hungária*案[37]中所指出的那样，纵向协议“通常比横向协议对竞争

---

[31] 有关第9条承诺决定参见第7章第322～328页“第9条：承诺”。

[32] 参见例如*Souris/Topps*，2004年5月26日的欧盟委员会决定，第97～104段。

[33] 关于滥用的惯例详见第17章和第18章。

[34] 进一步讨论赞成和反对纵向协议的论点参见：MOTTA M. Competition Policy［M］. Cambridge：Cambridge University Press，2004；VAN DEN BERGH R，CAMESASCA P. European Competition Law and Economics：A Comparative Perspective［M］. 2nd ed. London：Sweet & Maxwell，2006；BISHOP S，WALKER M The Economics of EC Competition Law［M］. 3rd ed. London：Sweet & Maxwell，2010：paras 5－340－5－054.

[35] 《纵向限制指南》，第98段。

[36] 同上，第98段。

[37] 案例C－32/11 EU：C：2013：160。

的损害小”。[38] 除了以限制竞争为目的的纵向协议[39]，纵向协议仅在供应商或买方或两者都有一定程度的市场支配力时才可能引起竞争问题。在这种情况下，与其他公司产品的竞争（品牌间竞争）可能会受到限制；结果，可能需要确保在具有市场支配力的企业产品方面，分销商和零售商之间存在竞争，即所谓的“品牌内竞争”。[40]

假设 A 是 Wonder Widgets 的品牌所有者，而 B 是 Beautiful Blodgets 的品牌所有者。A 要求其零售商仅从其处购买 Wonder Widget，而不能购买 M、N 和 O 的竞争产品——所谓的“单一品牌协议”也称为独家采购协议。[41] 对角线表示零售商与 M、N 和 O 不能相互联系（参见图 16.6）。

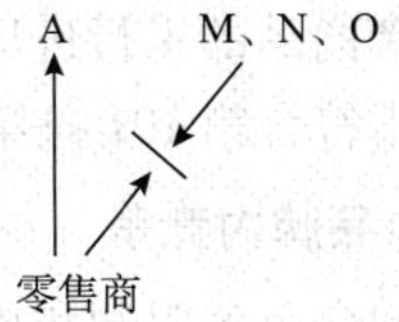

图 16.6

在这种情况下，问题是单一品牌协议是否会影响品牌间的竞争，也就是说是否会影响 A 品牌与其竞争对手 M、N 和 O 的品牌之间的竞争；这将取决于 A 的市场支配力。

现在假设 B 要求其零售商 X、Y 和 Z 不得以低于建议的价格 100 欧元出售 Beautiful Blodgets，并且不出售给居住在分配给其他零售商之一的区域中的客户（参见图 16.7）。

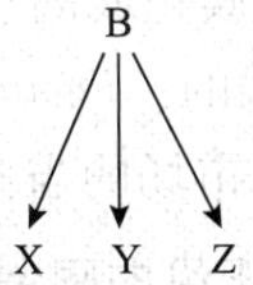

图 16.7

在这种情况下的问题是，协议是否对三个零售商 X、Y 和 Z 之间的品牌内竞争产生重大影响。它们不限制 B 及其竞争者之间的竞争。然而，相关市场中品牌间竞争的程度将影响对品牌内竞争的限制引起关注的程度。

---

[38] 同上，第 43 段；参见类似地，案例 C－345/14 *Maxima Latvija* EU：C：2015：784，第 21 段。

[39] 参见第 3 章第 149～161 页“以排除、限制或扭曲竞争为目的的协议”。

[40] 《纵向限制指南》，第 102 段。

[41] 参见本章第 790～792 页“单一品牌协议”。

(ii) *Consten and Grundig v Commission* 案

在 *Consten and Grundig v Commission* 案[42]中，德国的 Grundig 委托 Consten 作为其电子产品在法国的独家经销商。Consten 希望尽可能避免品牌内竞争。Grundig 愿意提供这种保护，并要求其在其他成员国的分销商不要出口到法国，并且将其商标转让给了法国的 Consten，以便它可以对任何平行进口商提起商标侵权诉讼。其结果是，Consten 获得了“绝对的地域保护”，以防止从其他成员国平行进口到法国。有人认为，《欧盟运行条约》第 101 条第 1 款根本不应该适用于纵向协议，而应将其留给第 102 条以处理在企业具有强大市场支配力的情况下的纵向限制。欧洲法院驳回了这一论点[43]，并得出结论认为，在该案中，授予分销商享有针对生产者商品的平行进口的绝对地域保护的排他性协议受到第 101 条第 1 款的规制，不符合第 101 条第 3 款的标准。[44]

(iii) 单一市场势在必行和品牌内竞争

作为一般性命题，与品牌间竞争的限制相比，竞争法较少关注品牌内竞争的限制：对品牌内竞争的限制可能仅在品牌间竞争较弱的情况下才引起关注。这进一步增加了对欧盟竞争法的关注，本书已经多次提到：单一市场的完整性。欧盟法院和欧盟委员会一开始就关注将一个国家市场与另一个国家市场区分开的纵向协议，即使这些限制涉及品牌内竞争而不是品牌间竞争。严格禁止出口禁令、保持平行进口的决心以及不愿让分销商享受绝对地域保护都是影响品牌内竞争，而不是品牌间竞争的问题。因此，欧盟关于纵向协议的竞争法具有一个组成部分，单一市场整合，这在其他（国内竞争法体系）中是不会出现的。[45] 认为单一市场将在某个时候完成的想法使这种考虑成为可能，以至于这种考量会消失——这显然是错误的：*Football Association Premier League* 案[46]和 *Pierre Fabre* 案[47]的判决表明，单一市场的当务之急仍然存在。

(iv)《纵向限制指南》中关于纵向限制的负面效果的评论

在确定纵向协议是否对竞争产生限制效果时，有必要考虑在协议中没有纵

[42] 案例 56/64 和 58/64 EU：C：1966：41。

[43] 同上；进一步参见第 3 章第 148 页“横向垄断协议与纵向垄断协议”。

[44] 在特殊情况下，可以允许绝对地域保护，如案例 262/81 *Coditel II* EU：C：1982：334：参见第 3 章第 166 ~ 167 页“客观上必要的协议”。

[45]《纵向限制指南》，第 7 段。

[46] 案例 C – 403/08 和 C – 429/08 *Football Association Premier League Ltd v QC Leisure* EU：C：2011：631。

[47] 案例 C – 439/09 *Pierre Fabre Dermo – Cosmétique SAS v Président de v Autorité de la Concurrence* EU：C：2011：649。

向限制的情况下的市场情况。[48] 在欧盟委员会《第101条第3款指南》中可以找到有关分析协议的反竞争效果的有用指南。[49] 这些指南明确指出，当至少有一个当事方拥有或获得某种程度的市场支配力并且该协议有助于建立、维持或加强该市场支配力或允许当事方利用该支配力时，很可能会产生负面影响。纵向限制指南第97段中重复了这一点。欧盟委员会《纵向限制指南》第100段指出了纵向竞争所产生的四个可能的负面效果，欧盟竞争法旨在防止以下情况：

- 通过提高准入门槛来反竞争地封锁其他供应商或购买者；
- 供应商与其竞争者之间的竞争减弱和/或促进明示和默示共谋，通常被称为减少品牌间竞争[50]；
- 降低买方与其竞争者之间的竞争和/或促进共谋，通常指减少同一品牌的分销商之间的品牌内竞争；
- 为市场整合创造障碍。

该指南第101段解释说，在上游或下游市场，封锁、竞争减弱和共谋可能会特别通过提高批发价格、剥夺消费者的选择权、降低质量或降低创新水平而损害消费者。第103～105段考虑了纵向限制更可能产生负面效果的情况；例如：

- 与非排他性协议相比，排他性协议通常更具反竞争性，因为它们会导致一家公司从另一家公司采购全部或几乎全部需求；
- 纵向限制的结合通常会增加它们各自的负面效果；但是某些组合可能会产生相反的效果：例如，最高转售价格用于防止独家经销商将价格提高到一定水平以上；
- 当几个供应商及其各自的买方以相似的方式组织贸易时，纵向限制所产生的负面效果就会加剧，导致市场内所谓的累积效应，从而限制竞争。

(C) 纵向协议：可能有利于竞争

在阐明了欧盟委员会对纵向协议可能损害竞争的观点之后，必须强调指出，也有很多有利于它们的论点。一些理论家认为，纵向限制对于竞争主管机

---

[48] 《纵向限制指南》，第97段。

[49] OJ［2004］C 101/97，第24～27段；关于有效限制竞争的协议参见第3章第161～177页“具有排除、限制或扭曲竞争效果的协议”。

[50] 关于可能有助于默示共谋的做法，包括纵向协议，参见第14章第708～710页“第101条第1款、信息交换和其他便利做法”。

构来说并不是合适的目标；[51] 更为现实的观点是，只有在至少有一方具有市场支配力的情况下，才应对其进行调查。[52]《纵向限制指南》第106段指出，纵向限制通常会产生积极效果，特别是促进非价格竞争和改善服务质量。第107段列出了九种情况，在这些情况下，纵向限制可能有助于实现效率和新市场的发展；欧盟委员会说，它声称该清单并不是完整的或详尽的。[53]

（i）"搭便车者"问题

一个零售商可以免费搭上另一个零售商的投资。例如，零售商可能会投资某个品牌并创造一个特定的需求：如果零售商担心"搭便车者"可能会从其他来源购买讨论中的商品，并在没有促成需求增长的情况下出售它们，则可能不准备进行此项投资。欧盟委员会指出，买方之间的搭便车只能在售前服务上发生，而不能在售后服务上发生；其补充说，"搭便"车通常仅在产品相对较新或较复杂且价值较高时才是问题。如果供应商在零售商的场所投资促销，而竞争的供应商则利用该机会"搭便车"，则可能会出现"搭便车"的问题：不竞争条款可能是合理的，以防止此类"搭便车"行为。

可以使用独家经销协议来防止"搭便车"的问题，例如，如果A委托B为法国的独家经销商，这将在一定程度上避免品牌内竞争。由于欧盟建立单一内部市场的目标，在纵向协议中通常不会考虑绝对地域保护。但是，授予分销商专有权（但不是绝对的地域保护）的条款可能根本不会违反第101条第1款，尤其是在境外第三方可以向其出售的情况下[54]：在这种情况下，专有权可以提供分销商有效推广产品的动机，从而增加了品牌间的竞争程度。

（ii）开放与进入新市场

一种"'搭便车'，问题的特殊情况"是，制造商想进入一个新的地理市场，这就要求其分销商进行"首次投资"。可能有必要保护分销商免受竞争，以使其可以通过临时收取更高的价格来收回投资；这可能意味着应该在一定期

---

[51] 参见：BORK R H. The Antitrust paradox [M]. New York: The Free Press, 1993.

[52] 参见：EASTERBROOK F. Vertical Arragements and the Rule of Reason [J]. Autitrust Law Jowrnal, 1984, 53: 135; BOCK B. An Economist Appraises Vertical Restraints [J]. Autitrust Bulletin, 1985, 30: 117。许多对纵向限制宽容的观点的批评意见参见：COMANOR W S. Vertical Price Fixing, Vertical Market Restrictions and the Hew Anbitrust Policy [J]. Harvard Law Review, 1985, 98: 983; PITOFSKY R. Can Vertical Arrangements Injure Consumer Welfcre? [M] //PITOFSKY R. How the Chicago School Has Overshot the Mark. Oxford: Oxford University Press, 2008.

[53] 进一步参见《纵向限制指南》，第108~109段。

[54] 进一步参见本章第776页"单一市场势在必行和品牌内竞争"，以及本章第823~827页"第4条（b）项：地域与消费者限制"。

限内限制其他市场中的分销商在新市场上销售产品。

（iii）认证“搭便车”问题

在某些行业中，某些零售商因仅库存“优质”产品而享有声誉。在这种情况下，制造商必须限制对此类零售商的销售，否则可能会使其产品退市。在这种情况下，排他性或选择性分销可能是合理的。

（iv）挟持问题

这是指供应商或买方需要进行针对客户的投资，并且在达成供应协议之前不会承诺进行这些投资的情况。可能进行投资的企业将要求长期供应协议，以便知道它将收回成本。供应商进行投资时，可能希望买方同意不竞争或类似的条款；买方可以寻求独家分销、客户分配或独家供应条款的好处。[55]

（v）专有技术转让的挟持问题

如果一家企业向另一家企业提供专有技术，则可能有必要对专有技术的接受者施加不竞争条款，以确保专有技术所有者的竞争者不使用该专有技术。

（vi）“纵向外部效应问题”

纵向限制可以用来调整当事方的激励机制，以使一方的行为不会损害另一方的利益。在某些情况下，制造商需要零售商提高销售水平或不为获得利益而定价过高，可以通过向零售商施加最高转售价来避免零售商定价过高的负面外部效应。[56]

（vii）分销的规模经济

分销的规模经济可能会导致零售价格降低。[57] 各种纵向协议可能会为此作出贡献，包括独家分销和独家购买。

（viii）资本市场不完善

在某些情况下，银行或股票市场可能不愿意为供应商或买方的业务需求提供足够的资金。在这种情况下，供应商可以借给买方，反之亦然。一个明显的例子是酿造商，它向酒吧或咖啡馆的经营者提供贷款。在这种情况下，供应商可能希望施加不竞争或类似的条款；买方可能会坚持例如独家供应。

---

[55] 以英国法律中的“挟持问题”为例参见 *Lucite International*（*UK*）*Ltd and BASF plc*，2002 年 11 月 29 日的决定，第 44～46 段，可在 www. nationalarchives. gov. uk 上查阅。

[56] 有时也称为“双重边际化问题”（double marginalization）：参见《纵向限制指南》，第 107（f）段。

[57] 关于规模经济参见第 1 章第 12～13 页“规模经济和自然垄断”。

（ix）统一性和质量标准化

纵向限制可以通过实现统一性和质量标准化来帮助提升产品的品牌形象并增加其对消费者的吸引力。这是选择性分销和特许经营系统的典型特征。

6. 纵向协议：第101条第1款

（A）简 介

本节将考虑将《欧盟运行条约》第101条第1款适用于纵向协议。[58] 鉴于纵向协议的集体豁免范围很广，在许多情况下，实际上没有必要决定协议是否首先违反了第101条第1款：如果协议在第330/2010号条例的“安全港”之内，因此满足第101条第3款的标准，各当事方可能没兴趣争论甚至知道该协议最初并未违反第101条第1款。欧盟委员会《纵向限制指南》第110段在（a）（b）项建议，无须考虑将第101条第1款适用于集体豁免的“安全港”内的协议。这是一个明智而务实的观点，欧洲法院也同意这一观点。[59] 但是，得出这样的结论是错误的，由于一项协议得益于集体豁免，因此它违反了第101条第1款，并且在某些情况下，一项协议可能无法受益于集体豁免，例如，因为当事方的市场份额超过30%，在这种情况下，当事方不妨争辩说未违反第101条第1款。欧盟委员会认为，Interbrew的协议对比利时的咖啡馆和酒吧施加了单一品牌条款，而对它们进行了修改使其满意后，则没有违反第101条第1款。[60]

（B）最低限度原则

《纵向限制指南》的第8～11段指出，次要协议通常完全不在第101条第1款的范围之内。这些段落引用了欧盟委员会在2001年发布的关于《次要协议的通知》[61]。该通知已不再有效，已由第3章中所述的2014年《最低限度通知》代替。[62] 由非竞争性企业（其单个市场份额不超过15%）订立的纵向协议通常是最低限度的，尽管假定对国家间贸易具有明显影响的限制目的，例如

[58] 关于该主题的讨论参见：FAULL J，NIKPAY A. The EC law of competition［M］. 3rd ed. Oxford：Oxford University Press，2014.

[59] 参见案例C－260/07 *Pedro IV Servicios SL v Total Espana SA* EU：C：2009：215，第36段。

[60] 欧盟委员会新闻稿IP/03/545，2003年4月15日。

[61] OJ［2001］C 368/13。

[62] 参见第3章第180～185页“最低限度原则”。

出口禁令，将被认为对竞争具有显著影响。[63]

（C）最低限度原则与集体豁免的共同作用

《最低限度通知》和集体豁免的共同作用是，欧盟委员会认为，各当事方的市场份额低于15%的大多数纵向协议均不在第101条第1款范围内；并且大多数纵向协议，即使是第101条第1款所适用的，也将根据第330/2010号条例获得集体豁免，只要供应商和买方的市场份额低于30%，且不含该条例第4条中的“核心”限制。[64] 结果是，大量的纵向协议将受益于这两个“安全港”中的一个。仅在没有“安全港”的情况下，才有必要对纵向协议进行单独审查，例如，由于供应商的市场份额超过30%或由于当事方希望在协议中加入严格的限制。包含核心限制的协议不太可能满足第101条第3款的标准，因为往往有限制较少的手段来实现效率。如果其中一方的市场份额超过30%，则它可能具有支配地位，在这种情况下，其纵向协议中的限制可能等于滥用支配地位，这违反了《欧盟运行条约》第102条：有40%左右的市场份额的企业处于支配地位，并且假定占据50%的支配地位。[65] 表16.1列出了与评估纵向协议相关的市场份额。

表16.1 市场份额和纵向协议

份额	协议说明
50%	市场份额超过50%的企业被推定为具有支配地位；该企业将承担证明其不具有支配地位的举证责任
40%	市场份额超过40%的企业可能可能具有支配地位
30%	如果协议属于第101条第1款的范围内，如果供应商和买方的市场份额低于30%，且协议不包含核心限制，则该协议将受益于集体豁免。如果一个或多个当事方的市场份额超过30%，那么纵向协议将不能受益于集体豁免
15%	非竞争者之间的协议，在当事方市场份额均低于15%且协议不包含任何目的性限制的情况下，将受益于《最低限度通知》

因此，在个别情况下，根据第101条第1款和第101条第3款审查纵向协议的需求可能相对较少：在供应商或买方具有超过30%的市场份额但在第102

[63] 《纵向限制指南》第10段指出，欧盟法院适用的判例法在这方面具有相关性，具体参见案例5/69 *Völk v Vervaecke* EU：C：1969：35；另必须附上案例C-226/11 *Expedia* EU：C：2012：795的判决，第37段；进一步参见第3章第182~183页“《关于次要协议的通知》第2部分：门槛（边界）”。

[64] 参见本章第821~828页“第4条：核心限制”。

[65] 参见第5章第233~234页“如果企业的市场份额达到或超过50%，则根据*AKZO*案推定为具有支配地位”。

条的意义上不具有支配地位的情况下，最可能有必要。

(D) 欧盟法院关于纵向协议的案例

欧洲法院和欧盟普通法院一再明确指出，除非在协议的目的[66]是反竞争的情况下（例如由于实施了出口禁令），将《欧盟运行条约》第101条第1款适用于协议不能仅通过考虑其正式条款；而是必须在其经济背景下对其进行评估，以确定它是否会对相关市场的竞争产生影响。[67] 本书第3章讨论了这种判例法。[68] 在纵向协议的背景中，特别重要的是 *Société Technique Minière v Maschinenbau Ulm* 案[69]、*Brasserie de Haecht v Wilkin* 案[70]、*Pronuptia de Paris v Schillgalis* 案[71]、*Delimitis v Henninger Bräu* 案[72]和 *Maxima Latvija* 案[73]中的判决，每项判决均清楚地表明了第101条第1款中的"效果"案件而不是"目的"案件，需要对所有相关事实进行透彻的分析，然后才能得出有关竞争是否受到纵向协议限制的结论。

尽管作出了这些重要的判决，但欧盟委员会多年来一直倾向于采取形式主义的方法来将第101条第1款适用于纵向协议，并且不愿遵循欧盟法院的建议；结果是，大量纵向协议需要满足第101条第3款的条件，尤其是欧盟委员会通过的集体豁免规则。欧盟委员会对它过于广泛地适用第101条第1款的批评作出回应：其2000年的《纵向限制指南》对第101条第1款的适用采取了一种不太形式主义，更基于经济学的方法；其2010年承继的指南保持了这种做法。结果，目前在第101条第1款的解释下，与之前相比，属于其范围内的纵向协议更少。

(E) 欧盟委员会《纵向限制指南》中关于纵向协议分析的方法论

该指南第110～127段确立了分析确定纵向协议是否违反第101条的方法论。

(i) 根据第101条评估纵向协议所涉及的四个步骤

《纵向限制指南》的第110段建议，根据第101条评估纵向协议时应采取

---

[66] 参见第3章第149～161页"以排除、限制或扭曲竞争为目的的协议"。
[67] 参见在案例C－230/16 *Coty* EU：C：2017：603，第48段中的总检察长沃尔的意见。
[68] 参见第3章第148～149页"排除、限制或扭曲竞争的'目的或效果'"。
[69] 案例56/65 EU：C：1966：38。
[70] 案例23/67 EU：C：1967：54。
[71] 案例161/84 EU：C：1986：41。
[72] 案例C－234/89 EU：C：1991：91。
[73] 案例C－345/14 EU：C：2015：784。

四个步骤：

• 第一，应界定相关市场以确定供应商和买方的市场份额；

• 第二，当当事方的市场份额均低于30%时，通常适用集体豁免，只要没有违反第330/2010号条例第4条[74]的核心限制；

• 第三，当任何当事方的市场份额超过30%时，有必要考虑协议是否属于第101条第1款范围内；

• 第四，在违反第101条第1款的情况下，有必要考虑该协议是否受益于第101条第3款授予的例外。

（ii）根据第101条第1款评估的相关因素

第111～121段列出了欧盟委员会认为与根据第101条第1款对协议进行分析有关的因素。第111段提到了与该评估有关的九个因素：

• 协议的性质；

• 当事方的市场地位；

• 竞争者的市场地位；

• 合同产品买方的位置；

• 进入壁垒；

• 市场成熟度；

• 协议影响的贸易水平；

• 产品的性质；

• “其他因素”。

这些因素中的每一个都会在后续段落中加以扩展。第117段讨论了进入壁垒，并强调了沉没成本在确定特定行业中的进入壁垒有多高时的重要性。[75] 第121段涉及可能相关的“其他因素”：这些因素包括类似的纵向协议导致的竞争限制在市场中是否会产生累积效应、监管环境和可能表明或促进横向串通的行为。

（iii）根据第101条第3款评估的相关因素

第122～127段讨论了对纵向协议适用第101条第3款的规定，其应与欧盟委员会《第101条第3款指南》[76] 一并阅读。第123段指出，有必要考虑任何当事方的投资以及承诺和补偿提高效率的投资所需的时间和限制。第124～

[74] 参见本章第821～828页“第4条：核心限制”。

[75] 有关进入壁垒参见第1章第53页“潜在竞争者”。

[76] OJ［2004］C 101/97；有关《第101条第3款指南》的讨论参见第4章第199～214页“第101条第3款的适用标准”。

127段重复了第101条第3款的条件。第127段指出，在企业之间不存在竞争的情况下，占支配地位的企业将缺乏足够的动力来继续创造并把效率收益传递给消费者：换句话说，占支配地位的企业达成的反竞争协议不可能满足第101条第3款的要求。[77]

（iv）将方法论适用于特定类型的协议

现在，本章将探讨欧盟法院和欧盟委员会对不同类型的纵向协议的处理方式。《纵向限制指南》包含了对法院判例法的有益参考：由于篇幅所限，在下文中并未提及所有这些判决。但是读者应该意识到这个有用的参考点。阅读该指南必须遵守欧盟法院的判例法，而不是反过来。

（F）直接和间接出口禁令

作为一般性建议，对分销商施加的直接和间接出口禁令将违反《欧盟运行条约》第101条第1款，因为它们对单一市场不利。除了对集体豁免的第4条（b）项的评注外，该指南没有具体涉及第101条第1款对出口禁令的适用。[78] 但是，在这个问题上有很多先例，单一市场整合是欧盟竞争法的重要特征。在欧盟内部，平行贸易应始终是可能的。本节将探讨欧盟法院和欧盟委员会对直接和间接出口禁令的处理方式。

（i）直接出口禁令

生产者可能会与分销商达成协议，即仅向特定地区的分销商出售产品，并且会对其他分销商施加条款，禁止它们向分配的地区以外销售产品。此类出口禁令通常会违反第101条第1款，除非在特殊情况下，否则第101条第3款不允许。第330/2010号条例第4条（b）项中将出口禁令列入黑名单，并且阻止对有关协议的集体豁免。[79]

出口禁令的目的是限制竞争。其违反第101条第1款，无须证明具有反竞争效果。在 *General Motors v Commission* 案[80]中，欧洲法院认为，即使协议不以限制竞争为唯一目的[81]，也追求其他合法目标，同样地，如果出口限制是发生

---

[77] 请注意占支配地位的公司有权以提高效率作为对滥用行为的辩护：案例 C－413/14 P *Intel v Commission* EU：C：2017：632，第140段。

[78] 参见本章第823～827页“第4条（b）项：地域与消费者限制”。

[79] 同上。

[80] 案例 C－551/03 P EU：C：2006：229。

[81] 同上，第64段。

于间接而非直接措施的结果，也是如此。[82] 在 *GlaxoSmithKline v Commission* 案[83]中，欧盟普通法院驳回了欧盟委员会的观点，即葛兰素史克的双重定价制度涉及间接出口禁令，其目的是限制竞争。上诉中，欧洲法院重申了其判例法，以禁止或限制平行贸易为目的的协议具有限制竞争目的，这对制药业和其他行业均适用；为了达成一项限制竞争目的的协议，没有必要剥夺最终消费者的利益：第 101 条保护“竞争本身”。[84] 但是，欧洲法院同意欧盟普通法院的意见，认为欧盟委员会没有适当地处理葛兰素史克根据第 101 条第 3 款提出的论点和证据。[85] 欧洲法院在 *Football Association Premier League* 案[86]和 *Pierre Fabre* 案[87]的判决中也强调，除非有特殊情况，否则禁止阻碍单一市场一体化的协议。

欧盟委员会和欧盟法院谴责出口禁令的例子有很多[88]，而成员国的国家竞争主管机构也同样反对这些禁令。[89] 在 *Colgate – Palmolive v Swiss Competition Commission* 案[90]中，瑞士最高法院裁定，限制奥地利从本国向瑞士的被动销售是违反瑞士竞争法的竞争限制，而不论进行任何定量评估，都可处以罚款。尽管欧盟委员会或国家竞争主管机构发现出口禁令，极有可能对其处以罚款，还是勉强接受了该禁令的分销商本身可能不会被罚款[91]，或者对不情愿的参与者的罚款会减免。[92] 在严重的情况下，实施出口禁令的罚款可能很高。在 *VW I* 案中[93]，欧盟委员会发现大众给意大利的经销商施加了压力，要求其不要向可能将大众汽车运送到高价国家的购买者提供大众汽车。因欧盟委员会认为大众严

---

[82] 同上，第 68 段。

[83] 案例 T－168/01 EU：T：2006：265，第 114～147 段。

[84] 案例 C－501/06 P etc *GlaxoSmithKline Services Unlimited v Commission* EU：C：2009：610，第 54～67段。

[85] 案例 T－168/01 *GlaxoSmithKline Services Unlimited v Commission* EU：T：2006：265，第 214～316 段，在上诉中得到维持，案例 C－501/06 P etc EU：C：2009：610，第 68～118 段。

[86] 案例 C－403/08 etc EU：C；2011：631，第 134～146 段。

[87] 案例 C－439/09 EU：C：2011：649，第 37～47 段。

[88] 2000 年以来的此类案件参见第 16 章脚注[120]；关于过去 20 年的案件参见本书第 6 版第 623 页脚注 102。

[89] 参见 *WITT HVIDEVARER*，2010 年 11 月 24 日的丹麦竞争主管机构决定，可在 www. kfst. dk 上查阅；*SUPN*，2010 年 9 月 15 日的捷克竞争主管机构决定（对关于褐煤的出口禁令处以 17283000 捷克克朗的罚款），可在 www. uohs. cz 上查阅；*Hyundai Motor Vehicles*，2012 年 11 月 6 日的保加利亚竞争主管机构决定［处以总计 800 万欧元的罚款，因维持零售价格（RPM）］；案例 26 Kt 11/16m *Makita Werkzeug Gesellschaft mbH*，奥地利卡特尔法院 2016 年 12 月 7 日的判决（对维持零售价格和出口禁令处以 150 万欧元的罚款）。

[90] 案例 no 2C_180/2014，2016 年 6 月 28 日的判决。

[91] 参见例如 *Kawasaki* OJ［1979］L 16/9；*Johnson and Johnson* OJ［1980］L 377/16；*John Deere* OJ［1985］L 35/58。

[92] 参见例如 *BMW Belgium* OJ［1978］L 46/33；*Hasselblad* OJ［1982］L 161/18。

[93] OJ［1998］L 124/60。

重违反《欧盟运行条约》第101条的规定而被罚款1.02亿欧元；上诉后的罚款减少到9000万欧元。[94] 在确定罚款水平，特别是确保罚款产生威慑作用时，欧盟委员会有权考虑制造商在分销系统中的中心地位，必须特别警惕该地位并确保其签订分销协议时遵守竞争规则。[95]

（ii）间接出口禁令

与出口禁令具有同等效力的间接措施被发现具有限制竞争的目的，这与《欧盟运行条约》第101条第1款相违背，并且不太可能满足第101条第3款的要求。第330/2010号条例第4条（b）项将间接出口禁令列入了黑名单，如果将其纳入协议中，将会阻止集体豁免的应用。[96]

为了确定出口禁令是否违反《欧盟运行条约》第101条第1款，欧盟委员会将广泛考虑“协议”一词，尤其是看似单边的行为可能被定性为充分同意以使该行为落入该条款规制范围之内。[97] 在某些情况下，也有可能在供应商及其分销商之间建立一致的做法，以分割内部市场。[98] 但是，正如第3章所指出的那样，欧盟委员会在一些案件中达成的纵向协议的结论在上诉中被推翻了。[99] 另一个不同点是，在 *Activision Blizzard* 案中[100]（*Nintendo* 案的上诉案件），欧洲法院裁定，证明存在纵向协议的证据标准与横向协议的情况相同。[101]

如果生产者规定只有在特定会员国的消费者从该国的分销商购买产品时才能向其提供该产品的保证，就会出现间接出口禁令的例子；显然，这很不利于在其他地方购买。欧盟委员会在 *Zanussi* 案[102]中谴责了这种安排，自那以来，它已多次采取类似行动。[103] 作为一般性建议，无论产品在单一市场上的何处销

---

[94] 案例 T－62/98 *Volkswagen AG v Commission* EU：T：2000：180，上诉至欧洲法院后维持原判，案例 C－338/00 P *Volkswagen AG v Commission* EU：C：2003：473。

[95] 案例 T－13/03 *Nintendo Co Ltd v Commission* EU：T：2009：131，第79～80段。

[96] 参见本章第823～827页“第4条（b）项：地域与消费者限制”。

[97] 参见第3章第133～139页“纵向案件中的‘单方’行为和第101条第1款的适用”。

[98] 特别参见案例 100－103/80 *Musique Diffusion Française SA v Commission* EU：C：1983：158。

[99] 参见第3章第134～135页“*Bayer* 案之前的后续案件”。

[100] 案例 C－260/09 P *Activision Blizzard Germany GmbH v Commission* EU：C：2011：62。

[101] 同上，第71～72段。

[102] OJ［1978］L 322/26。

[103] 参见 *Matsushita Electrical Trading Company*，欧盟委员会《关于竞争政策的第12号报告》（1982），第77点；*Ford Garantie Deutschland*《关于竞争政策的第13号报告》（1983），第104～106点；*Fiat*，《关于竞争政策的第14号报告》（1984），第70点；《关于竞争政策的第16次报告》（1986），第56点；*SONY*，《关于竞争政策的第17号报告》（1987），第67点；MATHIAK R. The Commission Persuades Saeco To Implement an International Guarantee for Its Products and Closes the Complaint File［J］. Competition Policy Newsletter，2000（3）：48.

售，都应为客户提供保证。欧洲法院在 *ETA Fabriques d' Ebauches v DK Investments SA* 案[104]中认可了欧盟委员会的做法，在该案中，其裁定通过剥夺对进口商品的保证利益对国家市场进行分割违反了第 101 条第 1 款。但是，可能有道理的是，保证应仅扩展到当地代表必须根据当地安全和技术标准提供的服务[105]，并且可以不对非选择性分销系统的授权成员经销商的产品予以保证。[106]。要求将产品出口到另一分销商地区的分销商应向该另一地区分销商支付服务费，以补偿其需要提供的售后服务，当该费用与所提供服务的价值无关时，该要求可以视为出口禁令；因此，该条款可以用于以分销商仅在指定的区域内使用所供应的产品为条件，向分销商提供资金支持。[107]

可能以许多其他违反第 101 条第 1 款的方式阻止出口，包括：

- 在合同中使用监视条款以防止或控制平行进口，从而生产者需要提供有关其产品目的地的信息，并在产品上加上序列号，以使其能够追踪产品从一个地区转移到另一个地区[108]；
- 旨在防止出口的价格歧视[109]；
- 取消先前给予分销商的折扣，因为该经销商将相关产品出口到另一个成员国[110]；
- 一项买光从一个成员国进口到另一个成员国的产品的供应量的政策，以保护第二个成员国的分销商免受廉价进口商品的侵害：这本身并不能阻止平

---

[104] 案例 31/85 EU：C：1985：494。

[105] 参见 *Zanuss* 案（第 16 章脚注[102]），第 14 段。

[106] 案例 C－376/92 *Metro v Cartier* EU：C：1994：5，第 32～34 段。

[107] *JCB* OJ［2002］L 69/1，第 155～167 段；上诉后，欧盟普通法院确认了欧盟委员会在这一点上的做法，但由于缺乏证据而撤销了对侵权的裁定：案例 T－67/01 *JCB Service v Commission* EU：T：2004：3，第 136～145 段。

[108] 参见 *Victor Hasselblad AB* OJ［1982］L 161/18：其相机上标有序列号，欧盟委员会认为这为 Hasselblad 提供了一个机会，以发现是否存在任何平行进口；*Sperry New Holland* OJ［1985］L 376/21；*Newitt/Dunlop Slazenger International* OJ［1992］L 131/32，第 59～60 段。

[109] 参见例如 *Pittsburgh Corning Europe* JO（1972）L 272/35；*Kodak* JO［1970］L 147/24；案例 30/78 *Distillers v Commission* EU：C：1980：186；欧盟委员会认为葛兰素史克未能证明其双重定价政策符合第 101 条第 3 款的要求，*GlaxoSmithKline* OJ［2001］L 302/1：在这一点上，欧盟委员会的决定被废止了：案例 T－168/01 *GlaxoSmithKline Services v Commission* EU：T：2006：265，第 233～317 段，并在向欧洲法院提起上诉的情况下维持了欧盟普通法院判决的这一方面，案例 C－501/06 P etc EU：C：2009：610，第 68～168 段；参见第 4 章第 213～214 页“欧盟普通法院的司法审查”。

[110] *Gosmé/Martell* OJ［1991］L 185/23；类似地，参见 *Newitt/Dunlop Slazenger International* OJ［1992］L 131/32，第 54～57 段；*Ford Agricultural* OJ［1993］L 20/1，第 13～14 段（取决于非出口的折扣和对违反第 101 条第 1 款的出口的处罚）。

行进口，但是确实剥夺了第二个成员国的消费者获得便宜进口商品的权利[111]；

• 限制分销商之间的交叉供应，以防止成员国之间平行进口[112]；

• 要求仅以特定形式转售产品[113]或不以重新包装形式转售产品[114]可能会影响出口；

• 减少在特定区域内的分销商的供应，以致无法通过协议或一致行动完成出口[115]；

• 提供供客户自己使用的产品[116]，以及

• 要求只有外国客户为新车支付15%的定金，这无理阻碍了跨境汽车销售。[117]

（iii）最近的执行活动

自2000年以来，值得注意的是，欧盟委员会在纵向案例中作出的所有决定[118]，除了关于转售价格维持的*VW II*案[119]，均涉及直接或间接出口禁令[120]。例

---

[111] *Konica* OJ［1988］L 78/34；类似地，参见*Newitt/Dunlop Slazenger International* OJ［1992］L 131/32，第58段。

[112] *German Spectacle Frames*［1985］1 CMLR 574；*JCB* OJ［2002］L 69/1，第174～178段。

[113] *Colombian Coffee* OJ［1982］L 360/31（咖啡豆只能以烘焙形式转售）；类似地，参见“绿香蕉”条款案例27/76 *United Brands Co v Commission* EU：C：1978：22。

[114] *Bayer Dental*［O］［1990］L 351/46。

[115] *Sandoz* OJ［1987］L 222/28，第30段，在上诉中得到维持，案例C－277/87 *Sandoz Prodotti Farmaceutici SpA v Commission* EU：C：1989：363；另见*Chanelle Veterinary Ltd v Pfizer Ltd*（*No 2*）［1999］Eu LR 723（爱尔兰最高法院）：不属于协议的退市；进一步参见本章第810页“纵向协议的定义”。

[116] *Bayo－n－ox* OJ［1990］L21/71，在上诉案T－12/90 EU：T：1991：25以及进一步上诉案C－195/91 *P Bayer v Commission* EU：C：1994：412中得到维持。

[117] *DaimlerChrysler* OJ［2002］L 257/1，第173～175段，在上诉案T－325/01 *DaimlerChrysler AG v Commission* EU：T：2005：322中部分得到维持。

[118] 欧盟委员会还非正式地解决了一些纵向案件：参见例如*OMV/Gazprom*，欧盟委员会新闻稿IP/05/195，2005年2月17日。

[119] OJ［2001］L 262/14，在上诉案T－208/01 *Volkswagen v Commission* EU：T：2003：326中被撤销；经进一步上诉，欧洲法院同意撤销欧盟委员会的决定，但理由与欧盟普通法院不同：案例C－74/04 P *Commission v Volkswagen* EU：C：2006：460。

[120] 参见*Nathan－Bricolux* OJ［2001］L 54/1；*Opel* OJ［2001］L 59/1，上诉至欧盟普通法院的案例T－368/00 *General Motors Nederland BV v Commission* EU：T：2003：460和上诉至欧洲法院的案例C－551/03 P *General Motors BV v Commission* EU：C：2006：229基本上得到维持；*JCB* OJ［2002］L 69/1，上至欧盟普通法院，案例T－67/01 *JCB Service v Commission* EU：T：2004：3，上诉至欧洲法院的案例C－167/04 P *JCB Service v Commission* EU：C：2006：594部分得到维持；*GlaxoSmithKline* OJ［2001］L 302/1：参见第16章脚注[109]；*DaimlerChrysler* OJ［2002］L 257/1，在上诉案T－325/01 *DaimlerChrysler AG v Commission* EU：T：2005：322中部分被撤销；*Yamaha*，2003年7月16日的欧盟委员会决定罚款256万欧元；*Souris/Topps*，2004年5月26日的欧盟委员会决定（罚款159万欧元）。

如，在 *Nintendo* 案[121]中，欧盟委员会谴责了防止电子游戏及其控制台平行交易的行为，并对其制造商及其分销商处以1.678亿欧元的罚款；这是欧盟委员会有史以来根据第101条对非法纵向协议处以的最高罚款；欧盟普通法院在上诉中略微减少了两项罚款[122]，但维持了确认违法的裁定。在21世纪初停滞不前之后，欧盟委员会于2017年对几家制造商的分销行为开展了调查，目的是确定它们是否限制零售商在其合同区域之外和在线销售许可商品的能力。[123]

（iv）第101条第1款之外的或满足第101条第3款的出口禁令

在某些情况下，欧洲法院得出结论认为，在特定类型协议的背景下，出口禁令没有以限制竞争为目的，可能不属于第101条。[124] 在 *Javico v Yves St Laurent* 案中[125]对欧盟以外（而非欧盟内部）的分销商实施了出口禁令：显然，这种情况并未像对欧盟分销商实施的出口禁令那样引发对单一市场一体化的担忧。[126]

《纵向限制指南》的第60～64段指出，在某些情况下，核心销售限制根本不会违反第101条第1款，或者在个别情况下可能满足第101条第3款：

• 如果有客观理由，例如出于健康或安全的原因，禁止转售的条款可能不在第101条第1款的范围内；[127]

• 如果分销商为进入新市场进行大量投资，则其他分销商在市场运作的前两年内对其市场进行被动销售的限制不会违反第101条第1款；[128]

• 如果真正在有限的区域内对新产品进行测试，则在测试或推出产品期间，第101条第1款不会限制该测试区域以外的积极销售限制；[129]

• 在必要的情况下，为了保护有义务投资于其地域内特定促销活动的批发商的投资，可能会阻止选择性分销系统内的批发商向其他地域的零售商积极销售；[130]

---

[121] OJ［2003］L 255/33。

[122] 参见案例 T－13/03 *Nintendo Co Ltd v Commission* EU：T：2009：131 和案例 T－18/03 *CD－Contact Data GmbH v Commission* EU：T：2009；132，在上诉案 C－260/09 P *Activision Blizzard Germany GmbH (formerly CD－Contact Data GmbH) v Commission* EU：C：2011：62 中得到维持；另见案例 T－12/03 *Itochu Corp v Commission* EU：T：2009：130，上诉被全部驳回。

[123] 参见如欧盟委员会新闻稿 IP/17/1646，2017年6月14日。

[124] 参见例如案例 27/87 *Erauw－Jacquery Sprl v La Hesbignonne Société Coopérative* EU：C：1988：183。

[125] 案例 C－306/96 EU：C：1998：173；关于 *Javico* 案参见第3章161页“完善目的框内的协议范围”。

[126] 欧盟委员会在其《纵向限制指南》的脚注5中专门提到了 *Javico* 案。

[127] 《纵向限制指南》，第60段；参见例如 *Kathon/Biocide* OJ［1984］C 59/6。

[128] 《纵向限制指南》，第61段。

[129] 同上，第62段。

[130] 同上，第63段。

• 出口产品的价格要比针对国内市场的等效产品高的双重定价政策可以满足第101条第3款的要求，尤其是在较高的价格对应于制造商的较高成本的情况下。[131]

这些段落说明了欧盟委员会在多大程度上对适宜第101条从规定性的、形式主义的方法，转向了更加注重经济的方法。

（G）第101条第1款在其他类型的纵向协议评估中的适用

该指南第128～229段提供了将第101条和第330/2010号条例适用于十种纵向协议的指南：单一品牌、独家分销、独家客户分销、选择性分销、特许经营、独家供应、前期预付款、类别管理协议、搭售和转售价格限制。这些类别中的每一个都将在本节中进行审查，然后简要讨论竞争主管机构近年来一直在研究的平价条款，也称为“最惠国”条款。

（i）单一品牌协议

单一品牌协议[132]的主要内容是，买方有义务或诱使买方将其特定产品的订单集中在一个供应商上。[133] 独家采购和不竞争义务是单一品牌协议的明显示例。

（a）可能损害品牌间竞争

欧盟委员会认为单一品牌协议可能会限制品牌间竞争；这可能是通过禁止其他供应商进入市场、减弱竞争、促进串通和限制店内品牌间竞争来实现的。[134]

（b）将集体豁免适用于单一品牌协议

第330/2010号条例适用于单一品牌协议，前提是各当事方的市场份额均低于30%[135]，并且不竞争义务的期限为5年或更短。[136] 在适用集体豁免的情况下，无须进一步考虑是否违反了第101条第1款或是否单独适用第101条第3款；但是，该指南为那些需要对协议进行“自我评估”的情况提供了指导，

---

[131] 同上，第64段；在这种情况下，欧盟委员会将调查这种定价政策可能会在多大程度上限制销售并阻碍分销商接触更多和不同的客户。

[132] 同上，第129～150段。

[133] 同上，第129段。

[134] 同上，第130段。

[135] 参见本章第818～821页“第3条：市场份额上限”。

[136] 关于第330/2010号条例第5条第1款（a）项，参见本章第829～830页“第5条第1款（a）项：不竞争义务”；如此处所述，在某些有限的情况下，可以允许超过5年的期限。

因为集体豁免不适用。[137]

（c）在确定单一品牌协议是否违反第101条第1款时需要考虑的因素

《纵向限制指南》的第132～143段列出了在确定单一品牌协议是否违反《欧盟运行条约》第101条第1款时要考虑的因素。欧盟委员会采取的方法是一种经济方法，并且与欧盟法院的许多判决（该指南中未提及）保持一致，认为此类协议必须在其经济背景下进行评估，以确定它们是否具有反竞争效果：单一品牌协议没有限制竞争的目的。[138] 关于该问题的特别判决包括 *Brasserie de Haecht v Wilkin* 案[139]、*Delimitis v Henninger Bräu* 案[140]、*BPB Industrie v Commission* 案[141]和 *Neste Markkinointi v Yötuuli* 案[142]。欧洲法院在 *Maxima Latvija v Konkurences padome* 案[143]中提及了 *Delimitis* 案的判决，该案中的租约使商业开发的"锚定租户"有权阻止出租人将商业房屋出租给第三方。法院认为，该条款并无限制竞争的目的。[144] 相反，有必要对协议运行的经济和法律背景以及相关市场的具体情况进行"彻底分析"，以确定其是否可以对市场准入产生重大障碍。[145]

该指南解释说，在其阻止现有和未来竞争者行使重要的竞争约束的情况下，与一个供应商的单一品牌协议可能会导致反竞争封锁；特别是在供应商是不可避免的贸易伙伴的情况下，例如，因为供应商的品牌是"必不可少的商品"。由此可见，供应商的市场地位对于根据第101条第1款分析单一品牌协议特别重要。[146] 单一品牌协议的期限也将是相关的。[147] 市场份额越高，持续时间越长，市场将有越大的封锁的可能性。[148]《纵向限制指南》第133段指出，

---

[137] 参见《纵向限制指南》，第139段。

[138] 参见例如案例 T-65/98 *Van den Bergh Foods Ltd v Commission* EU：T：2003：281，第80段。

[139] 案例 23/67 EU：C：1967：54。

[140] 案例 C-234/89 EU：C：1991：91；参见：LASOK K P E. Assessing the Economic Consequences of Restrictive Agreements：A Comment on the *Delimitis* Case［J］. European Compeition Law Review，1991，12：194；KOARAH C V. The Judgment in *Delimitis* - A Milestone towards a Realistic Assessment of the Effects of an Agreement - or a Damp Squib［J］. Tulane European and Civil Law Forum，1993，8：17.

[141] 案例 T-65/89 EU：T：1993：31，第66段。

[142] 案例 C-214/99 EU：C：2000：679。

[143] 案例 C-345/14 EU：C：2015：784。

[144] 同上，第21～23段。

[145] 同上，第26～31段。

[146]《纵向限制指南》，第132段。类似地，参见 *Spices* OJ［1978］L 53/20；*DSD* OJ［2001］L 319/1，第121～140段；在上诉案 T-289/01 *Duales System Deutschland GmbH v Commission* EU：T：2007：155 中得到维持。

[147]《纵向限制指南》，第133段。

[148] 同上。

非支配地位的企业少于1年的协议不太可能违反第101条第1款[149]；在1~5年之间的，可能会违反第101条第1款；超过5年的协议通常会被第101条第1款规制。占支配地位的企业签订的单一品牌协议更有可能导致反竞争封锁。[150]

如果存在单一品牌协议的平行网络，则其累积效应可能是阻止进入市场[151]；如果市场上最大的供应商的市场份额低于30%，并且五个最大供应商的市场份额低于50%[152]，则这种情况不太可能发生。在 *Langnese/Schöller* 案[153]中，欧盟委员会发现这两家供应商与零售商就“单项”冰激凌达成的独家采购协议违反了第101条第1款，并且不满足第101条第3款。

适用第101条第1款的其他相关因素是进入壁垒的水平[154]、反补贴力度[155]和受影响的贸易水平。[156]

（d）第101条第3款的适用

《纵向限制指南》第144~148段讨论了第101条第3款的问题：这稍后再讨论。[157]

（ii）独家分销协议

供应商可以向特定地区的分销商授予独家分销权[158]，例如，供应商可以委托X为法国的独家分销商和Y为德国的独家分销商。供应商也可以同意不会将其产品直接出售给X和Y的地区。

（a）可能损害品牌内竞争和市场整合

欧盟委员会与独家分销协议有关的主要问题是品牌内竞争将减少，市场将被分割。[159] 当特定市场中的大多数或所有供应商都采用独家分销协议时，会引

---

[149] 参见案例C－214/99 *Neste Markkinointi Oy v Yötuuli* EU：C：2000：679，欧洲法院裁定，为期不超过1年的汽油独家采购协议未违反第101条第1款；另见案例E－7/01 *Hegelstad Eiendomsselskap Arvid B Hegelstad v Hydro Texaco* AS［2003］4 CMLR 236。

[150] 参见第17章第861~863页“搭售是否具有反竞争封锁效果？”。

[151] 《纵向限制指南》，第134段。

[152] 同上，第135段。

[153] OJ［1993］L 183/19，在上诉案例T－7/93和T－9/93 *Langnese－Iglo GmbH etc v Commission* EU：T：1995：98和EU：T；1995：99以及进一步上诉案例C－279/95 P EU：C：1998：447，中基本上得到维持；另参见欧盟委员会关于第101条第1款的决定，*Van den Bergh Foods Ltd* OJ［1998］L 246/1，在上诉中得到维持，案例T－65/98 *Van den Bergh Foods Ltd v Commission* EU：T：2003：281：同一争议是第267条提及的主题于案例C－344/98 *Masterfoods Ltd v HB Ice Cream Ltd* EU：C：2000：689。

[154] *Langnese/Schöller* 案，第16章脚注[153]，第136段。

[155] 同上，第137段。

[156] 同上，第138~141段。

[157] 参见本章第833~834页“纵向协议：第101条第3款的个别适用”。

[158] 参见《纵向限制指南》，第151~167段。

[159] 同上，第151段。

起另外的问题，因为这可能会在供应商和分销商的市场层面上减弱竞争并促进串通；这将损害品牌间的竞争。欧盟委员会还注意到，独家分销可能导致其他分销商被封锁，从而减少该层面的竞争。

(b) 将集体豁免适用于独家分销协议

第330/2010号条例适用于独家分销协议，但前提是供应商和买方的市场份额低于30%，并且没有“核心限制”[160]。特别是，对其他地区的被动销售（响应未经请求的订单的销售）不应有任何限制；[161] 如果将独家分销和选择性分销结合起来，那么即使零售商对最终用户进行积极销售也没有任何限制，[162] 并且授权分销商之间的销售也没有任何限制。[163] 该指南为那些由于集体豁免不适用而需要对协议进行单独评估的情况提供了指导。[164]

(c) 在确定独家分销协议是否违反第101条第1款时应考虑的因素

欧盟委员会在《纵向限制指南》第153~160段中列出了在确定是否违反《欧盟运行条约》第101条第1款时应考虑的因素。*Société Technigue Minière v Maschinenban VL* 案[165]中欧洲法院的判决没有参与，该法院裁定独家分销协议的目的不是限制竞争，而必须在其市场背景下考虑以确定它是否具有这种效果。欧洲法院在 *Consten and Grundig v Commission* 案[166]中采取更严格的规定的原因是，该案中，为分销商提供了对平行进口产品的绝对地域保护[167]：由于欧盟竞争法中单一市场极其重要，绝对地域保护几乎总是违反第101条第1款且很少能从第101条第3款中受益。[168] 但是，重要的是要记住，在没有绝对地域保护的附加要素并且为分销商提供有效促销产品的动力的情况下，独家分销协议可能根本不会违反第101条第1款。

就第101条第1款而言，欧盟委员会指出，供应商及其竞争者的市场地位是“最重要的”，因为只有在品牌间竞争受到限制的情况下，品牌内竞争的丧失才是问题。[169] 供应商的地位越强，品牌内竞争的丧失就越严重。[170] 在 *Audible/*

---

[160] 第330/10号条例第4条参见本章第821~828页“第4条：核心限制”。
[161] 第330/2010号条例，第4条（b）项。
[162] 同上，第4条（c）项；另见《纵向限制指南》，第152段。
[163] 第330/2010号条例，第4条（b）项。
[164] 《纵向限制指南》，第152段。
[165] 案例56/65 EU：C：1966：38。
[166] 案例56/64和58/64 EU：C：1966：41。
[167] 参见本章第776页“*Consten and Grundig v Commission* 案”。
[168] 参见本章第789~790页“第101条第1款之外的或满足第101条第3款的出口禁令”。
[169] 《纵向限制指南》，第153段。
[170] 同上，第153段。

Apple案[171]中，供应商是亚马逊的子公司，也是全球最大的可下载有声读物和其他口语内容的生产商，已同意独家通过Apple iTunes分发其有声读物。[172] 欧盟委员会和德国联邦卡特尔局（Bundeskartellamt）对该协议进行了调查，但在当事方同意终止排他性条款之后，此案结案。在有强大竞争者的情况下，品牌内竞争的限制通常会被品牌间竞争所抵消[173]，尽管在竞争者数量“很少”的情况下，可能存在合谋和/或竞争减弱的风险。[174] 该指南还讨论了独家分销协议具有封锁效果的可能性，除非独家分销商在下游市场具有买方势力，否则该可能性很小。[175] 该指南还讨论了市场成熟度[176]和受影响的贸易水平的相关性[177]。

（d）第101条第3款的适用

《纵向限制指南》第161~164段讨论了第101条第3款的问题，该部分将在下文进行讨论。[178]

（iii）独家客户分配协议

独家客户分配[179]是指供应商同意将其产品出售给分销商，该分销商仅转售给特定类别客户的情况。欧盟委员会《纵向限制指南》第168~173段讨论了独家客户分配，并且与独家分销的处理方式几乎相同，尽管欧盟委员会就对客户的排他性发表了一些具体意见[180]；特别是，它说最终消费者的分配不太可能满足第101条第3款的标准。[181]

（iv）选择性分销协议

选择性分销协议[182]通常由品牌产品的生产者部署。生产者建立了一个系统，在该系统中，只有授权的分销商和零售商能购买和转售产品。未经授权的分销商将无法获得产品，并且授权经销商将被告知只能将其转售给系统的

---

[171] 欧盟委员会新闻稿IP/17/97，2017年1月19日。

[172] 苹果还同意独家从Audible采购有声读物，该条款也被删除。

[173] 《纵向限制指南》，第154段。

[174] 同上，第154段。

[175] 同上，第155段和第156段。

[176] 同上，第158段。

[177] 同上，第159段和第160段。

[178] 参见本章第833~834页“纵向协议：第101条第3款的个别适用”。

[179] 《纵向限制指南》，第168~173段。

[180] 同上，第169~172段。

[181] 同上，第172段。

[182] 同上，第174~188段；大致参见：MONTI G. Restraints on selective distributionagreements [J]. World Competition，2013，36：489.

其他成员或最终消费者。[183]《纵向限制指南》指出，选择性分销系统可能会限制品牌内竞争，可能会封锁进入市场的机会，并可能减弱竞争和/或促进供应商或购买者之间的串通。[184] 在确定第 101 条适用于选择性分销协议时，必须对“纯定性”系统和“定量”系统加以区分；一个纯定性选择性分销系统完全不会违反第 101 条第 1 款，即使就其本质而言，它可能涉及上述限制。

(a) 纯定性选择性分销系统

在 *Metro SB – Großmärkte GmbH v Commission* 案[185]和 *NV L'Oréal v PVBA De Nieuwe AMCK* 案[186]中，欧洲法院确立了三个标准，必须满足这三个标准，才能将选择性分销系统视为纯定性的，因此不在第 101 条第 1 款的范围内；这些条件是累积的：

- 产品的类型必须是能够证明生产者限制其转售渠道的合理性的类型；
- 供应商选择转售其产品所依据的零售店的标准必须本质上是纯定性的，为所有潜在零售商统一制定，并以非歧视性方式适用；
- 对授权分销商施加的任何限制都不得超出保护该产品质量的客观必要范围。

欧盟法院经常重申这一立场，[187] 将依次考虑每个标准。

第一，**产品必须证明选择性分销的合理性**，这可以抑制价格竞争，而有利于非价格竞争。例如，技术上较复杂的产品可能需要专业的销售人员和适当的售后服务。这样的产品的例子有汽车[188]、照相机[189]、电子设备（如 hifi）[190]、耐

---

[183] 《纵向限制指南》，第 174 段。

[184] 同上，第 175 段。

[185] 案例 26/76 EU：C：1977：167，第 20 段。

[186] 案例 31/80 *L'Oreal NV v de Nieuwe AMCK* EU：C：1980：289，第 16 段。

[187] 参见例如案例 99/79 *Lancôme SA v Etos BV* EU：C：1980：193，第 20～26 段；案例 126/80 *Maria Salonia v Giorgio Poidomani* EU：C：1981：136；案例 210/81 *Demo – Studio Schmidt v Commission* EU：C：1983：277；案例 107/82 *AEG – Telefunken v Commission* EU：C：1983：293；案例 75/84 *Metro v Commission (No 2)* EU：C：1986：399；案例 C－439/09 *Pierre Fabre Dermo – Cosmétique SAS* EU：C：2011：649，第 40～41 段；案例 C－230/16 *Coty* EU：C：2017：941，第 24 段。

[188] *BMW* OJ［1975］L 29/1；请注意对于与汽车售后市场有关的协议有特定的集体豁免：参见本章第 835～837 页“关于汽车分销的第 461/2010 号条例”。

[189] *Kodak* JO［1970］L147/24。

[190] *Grundig* OJ［1985］L 223/1 和 OJ［1994］L 20/15。

用消费品[191]、钟表[192]和计算机[193]。最初从 *Metro* 案原则中受益的产品可能会停止这样做，在它变得足够充分地了解选择性分销不再合理时。选择性分销在使生产者能够保护其产品的品牌形象从而加强品牌间竞争的情况下也可能是适当的。这类产品中包括香水和奢侈化妆品[194]、陶瓷餐具[195]和金银首饰[196]。在 *Coty* 案[197]中，欧洲法院确认“奢侈品的魅力”是可以证明选择性分销合理的产品的特征。[198] 另外，报纸的特点是保存期限极短，可能必须仔细分发，因此具有选择性。[199] 欧盟委员会怀疑管道配件是否适合这种处理方式。[200]

使一个系统不属于《欧盟运行条约》第101条第1款的第二个要求是，**对所有潜在分销商以统一且非歧视的方式应用定性标准**。在这种情况下，任何符合定性标准的经销商都应能够加入系统并分销所涉及的产品：系统中的分销商没有数量上的限制。找出定性标准的示例可能会有所帮助[201]：

- 要求生产者的商品仅出售给雇用了经过适当培训的人员的零售店；
- 要求转售商在适当区域内拥有适当场所；
- 使用与品牌地位相符的合适店铺名称；
- 有义务提供适当售后服务；
- 限制向非授权分销商和零售商的销售；
- 禁止以“现购自运价格”宣传产品的限制。

问题在于，特定要求是否“定性”并不总是很明显的。与销售网点的技

---

[191] 案例 107/82 *AEG - Telefunken v Commission* EU：C：1983：293；只有在歧视性地应用 AEG 的系统时，它才会在第101条第1款之内。

[192] *Omega Watches* JO［1970］L 242/22；*Junghans* OJ［1977］L 30/10；但是注意欧洲法院在案例 31/85 *ETA Fabriques d'Ebauches SA v DK Investment* SA EU：C：1985：494 中，怀疑量产的斯沃琪手表是否符合 *Metro* 案原则下的选择性分销条件：同上，第16段。

[193] *IBM Personal Computers* OJ［1984］L 118/24。

[194] 案例 99/79 *Lancôme SA etc v Etos BV* EU：C：1980：193；案例 T-19/92 *Groupement d'Achat Édouard Leclerc v Commission* EU：T：1996：190，第113~123段；案例 T-88/92 *Groupement d'Achat Édouard Leclerc v Commission* EU：T：1996：192，第105~117段。

[195] *Villeroy & Boch* OJ［1985］L 376/15。

[196] *Murat* OJ［1983］L 348/20。

[197] 案例 C-230/16 EU：C：2017：941。

[198] 同上，第25段。

[199] 参见例如案例 126/80 *Maria Salonia v Giorgio Poidomani* EU：C：1981：136；案例 243/83 *Binon v Agence et Messageries de la Presse* EU：C：1985：284；欧盟委员会通知，*Agence et Messageries de la Presse* OJ［1987］C 164/2；欧盟委员会《关于竞争政策的第29号报告》（1999），第161~162页。

[200] *Grohe* OJ［1985］L 19/17；*Ideal Standard* OJ（1985）L 20/38。

[201] 参见例如 *Villeroy & Boch* OJ［1985］L 376/15；参见 *Grundig* OJ［1985］L 233/1。

术水平无关的标准[202]涉及以下事项，持有最低库存量、库存全品类产品、所涉产品达到最低营业额或最低营业额比率[203]，以及产品的促销。尽管经常发现它们满足第101条第3款的标准，但有时仍将其视为定量。[204]

超出《欧盟运行条约》第101条第1款的第三项要求是**相称性**：对指定分销商施加的任何限制都不得超出保护该产品质量的客观必要范围。[205] 在*Hasselblad*案[206]中，欧盟委员会反对允许生产者对其分销商和零售商的广告进行监督的条款，因为这意味着可以对表示降价的广告进行控制。在*Aeg - Telefunken v Commission*案[207]中，欧洲法院明确表示，不允许仅仅为了保证经销商的最低利润而进行限制。

关于电子商务，欧洲法院在*Pierre Fabre*案[208]中裁定，限制分销商使其完全无法在线销售非处方化妆品，不能因需要向消费者提供个别建议或保护品牌形象而正当化。但是，在*Coty*案[209]中，允许分销商通过自己的网站进行在线销售，但禁止通过第三方市场（例如亚马逊和eBay）进行销售。法院认为，这种限制将不在《欧盟运行条约》第101条第1款的范围内，前提是这是保留有关产品奢侈品形象的一种相称方法。[210]

（b）非纯定性选择性分销系统

如果就*Metro*案原则而言，选择性分销系统并非纯粹是定性的，则可能会受到第101条第1款的限制。在*Aeg - Telefunken v Commission*案[211]中，欧洲法院认为，选择性分销系统有限制竞争目的，除非它按照*Metro*案原则[212]运作。法院实际上并未在*AEG*案中使用“目的”（object）一词，但这是法院在*Pierre*

---

[202] *Vichy* OJ［1991］L 75/57，在上诉案T - 19/91 EU：T：1992：28中得到维持（对Vichy产品的销售限制是定量的，但对官方委托的药剂师除外）。

[203] *Yves St Laurent* OJ［1992］L 12/24，在上诉中大部分得到维持，案例T - 19/92 *Groupement d'Achat Édouard Leclerc v Commission* EU：T：1996：190，第148～155段；案例T - 88/92 *Groupement d'Achat Édouard Leclerc v Commission* EU：T：1996：192，第141～148段。

[204] 参见*Parfums Givenchy* OJ［1992］L 236/11；*Grundig* OJ［1994］L 20/15；*Sony Pan - European Dealer Agreement*（*PEDA*）案，欧盟委员会《关于竞争政策的第25号报告》（1995），第135～136页。

[205] 在英国，竞争与市场管理局对高尔夫俱乐部的选择性分销系统中的互联网销售禁令的比例进行了详细分析：*Ping*，2017年8月24日的竞争与市场管理局决定；已上诉：案例1279/1/12/17 *Ping Europe Ltd v CMA*，尚未裁决。

[206] OJ［1982］L 161/18；另见*Grohe* OJ［1985］L 19/17；*Ideal Standard* OJ［1985］L 20/38。

[207] 案例107/82 EU：C：1983：293，第42段。

[208] 案例C - 439/09 EU：C：2011：649，第42～46段。

[209] 案例C - 230/16 EU：C：2017：941。

[210] 同上，第58段。

[211] 案例107/82 EU：C：1983：293，第34段。

[212] 有关*Metro*案原则参见本章第795～797页“纯定性选择性分销系统”。

Fabre 案[213]的判决中采用的解释。

在确定非纯定性选择性分销系统是否违反第101条第1款时，欧盟委员会将审视供应商及其竞争者的市场地位，因为失去品牌内竞争仅在品牌间竞争比较弱的情况下才是问题。[214] 另一个问题是，在特定市场中，是否有一定数量的选择性分销系统正在运作：在这种情况下，欧盟委员会为缺乏品牌内竞争而焦虑，某些类型的分销商和零售商（例如仅在线销售的零售商）被封锁，也会促进串通。[215] 在 *Metro v Commission*（*No 2*）案[216]中，欧洲法院裁定，在特定市场中，存在一些选择性分销系统而没有给其他分销方法留有余地，或导致价格结构僵化，而这种僵化并不能平衡其他类型的竞争，最终可能适用第101条第1款。[217]

（c）将集体豁免适用于选择性分销协议

选择性分销协议可能会受益于第330/2010号条例授予的集体豁免。为此，各当事方持有的市场份额必须低于30%[218]，并且在选择分销系统的情况下，必须遵守第4条（a）项、（c）项和（d）项，第5条（c）项[219]的要求在选择性分销系统受益于集体豁免，但效率提升效果最小的情况下，例如，由于该产品不适合这种形式的分销，可以在出现明显的反竞争效果时撤销集体豁免。[220] 欧盟委员会指出，在存在"累积效应"问题的情况下，集体豁免可从选择性分销系统中撤销；但是，它认为，当选择性分销所覆盖的市场份额低于50%或超出这一数字但五个最大供应商的总市场份额低于50%时，就不会出现这种问题。[221] 市场份额低于5%的单个供应商不太可能被视为对累积效应作出了贡献[222]。

---

[213] 案例 C-439/09 EU：C：20U：649，第39段。

[214] 《纵向限制指南》，第177段。

[215] 同上，第178段。

[216] 案例 75/84 EU：C：1986：399。

[217] 同上，第41段和第42段。考虑过类似的论点，但被驳回了：案例 T-19/92 *Groupement d'Achat Édouard Leclerc v Commission* EU：T：1996：190，第178~192段；案例 T-88/92 *Groupement d'Achat Édouard Leclerc v Commission* EU：T：1996：192，第170~184段。

[218] 参见本章第818~821页"第3条：市场份额上限"。

[219] 参见《纵向限制指南》，第182段；这些条款在本章第821~828页"第4条：核心限制"中进行了解释。

[220] 《纵向限制指南》，第176段。

[221] 同上，第75段和第179段。

[222] 同上，第179段，最后一句；另见欧盟委员会《关于次要协议的通知》（OJ［2014］C 291/1），第10段。

在 *Yamaha* 案中[223]，欧盟委员会因为运行选择性分销系统对 Yamaha 处以 256 万欧元的罚款，这种方式导致了单一市场的划分和转售价格的固定。[224] Yamaha 的选择性分销系统未能从集体豁免中受益，部分原因是在一些市场中，其市场份额超过了 30%[225]，部分原因是违反了第 4 条（a）项、（b）项和（d）项。[226] 在 *Pierre Fabre* 案[227]中，欧洲法院裁定，事实上选择性分销协议中完全禁止分销商在进行互联网销售的条款，使该协议失去第 4 条（c）项中的集体豁免的利益。[228] 但是，在 *Coty* 案[229]中，欧洲法院得出结论认为，阻止零售商通过第三方平台在线销售，同时允许其通过自己的网站自由销售的条款，并未违反第 330/2010 号条例第 4 条（b）项或（c）项。[230]

在某些国内法体系中，选择性分销系统对未经授权的第三方具有约束力，如果它们获得并试图出售产品，则可能因不正当竞争而受到起诉；德国法律要求生产者使用这样的系统以确保其“不渗透性”，也就是说，其产品必须保留在该系统内；但是，根据欧盟竞争法，系统的不渗透性（Lückenlosigkeit）并不是其有效性的要求。[231]

（d）第 101 条第 3 款的适用

选择性分销协议可以单独满足《欧盟运行条约》第 101 条第 3 款的规定。[232] 在某些情况下，欧盟委员会发现选择性分销的各个方面并非违反第 101 条第 1 款，而是将第 101 条第 3 款适用于其他方面。[233] 在其他情况下，欧盟委员会根据第 101 条第 3 款允许对销售网点进行数量限制，因为它认为这种方式

---

[223] 2003 年 7 月 16 日的欧盟委员会决定。

[224] 同上，第 88 ~ 147 段。

[225] 同上，第 168 段。

[226] 同上，第 169 ~ 174 段。

[227] 案例 C – 439/09 EU：C：2011：649。

[228] 同上，第 57 ~ 59 段。

[229] 案例 C – 230/16 EU：C：2017：941。

[230] 同上，第 69 段；有关评论参见：“EU Competition Rules and Marketplace Bans：Where Do We Stand after the Coty Judgment?” *Competition Policy Brief*，2018 年第 1 期，可在 www.ec.europa.eu 上查阅。

[231] 案例 C – 376/92 *Metro – SB – Großmärkte GmbH v Cartier* EU：C：1994：5，第 28 段；另见案例 C – 41/96 *VAG – Händlerbeirat eV v SYD – Consult* EU：C：1997：283。

[232] 《纵向限制指南》，第 185 ~ 186 段；进一步参见第 833 ~ 834 页“纵向协议：第 101 条第 3 款的个别适用”。

[233] 参见例如 *Kodak* JO［1970］L 147/24；*Omega* JO［1970］L 242/22；*SABA* OJ［1976］L 28/19，在上诉案 26/76 *Metro v Commission*（No 1）EU：C：1977：167 中得到维持。

改善了货物的分销。[234]

（v）特许经营协议

特许经营协议使特许经营者能够在使用特许人名称和专有技术的情况下作为独立企业经营。[235] 知识产权从特许人到特许经营者的转移是特许经营的特征，这使特许经营与其他分销系统区别开来。在特许经营中，特许经营者向特许人支付使用特许人专有技术、商标、外观设计、标识和其他知识产权的权利。特许经营者还承担维护其商业模式完整性的义务。

（a）*Pronuptia v Schillgalis* 案

欧洲法院在 *Pronuptia de Paris v Schillgalis* 案[236]中，探讨了对第 101 条特许经营协议的适用。汉堡、奥尔登堡和汉诺威的特许经营者 Schillgalis 夫人就特许权使用费与特许人 Pronuptia 发生争议，并在诉讼过程中辩称该协议无效，因为它违反了第 101 条。欧洲法院裁定，特许经营协议中的某些限制不会违反第 101 条第 1 款：

- 旨在维持通用商业模式的限制，因为所有特许经营网点均应达到相同的标准非常重要；
- 保护特许人知识产权的限制；
- 转售价格的建议；
- 授予商标不知名且没有绝对地域保护的特许经营者地域专有权。

法院得出结论，尽管在某些情况下可以满足第 101 条第 3 款的规定，但按地域划分市场的限制或实行最低转售价格维持的限制属于第 101 条第 1 款的范围。[237]

（b）特许经营集体豁免的适用

第 330/2010 号条例将适用于特许经营协议，前提是各当事方的市场份额均低于 30%，并且没有第 4 条的核心限制。《纵向限制指南》第 190 段提到了第 24 ~ 46 段，具体涉及集体豁免中纵向协议的含义，以及该协议涵盖的知识

---

[234] 参见例如 *Yves Saint Laurent* OJ［1992］L 12/24；*Parfums Givenchy* OJ［1992］L 236/11。上诉不予受理：案例 T－87/92 *Kruidvat v Commission* EU：T：1996：191；在进一步上诉中得到维持：案例 C－70/97 PEU：C：1998：545。

[235] 《纵向限制指南》，第 189 ~ 191 段。

[236] 案例 161/84 EU：C：1986：41；参见：VENIT J S. Pronuptia：Ancillary Restraints or Unholy Alliances［J］. Eurpean Law Review，1986，11：213.

[237] 参见《纵向限制指南》，第 47 段。

产权许可范围，包括特许经营协议。[238]

（vi）独家供应协议

独家供应协议[239]的主要内容是，供应商有义务或被诱使仅将合同产品出售给一个买方，通常是出于特定用途。[240] 如果供应商和买方的市场份额满足30%的上限[241]，则独家供应协议可能会受益于集体豁免。第194～199段讨论了第101条第1款适用于集体豁免未涵盖的独家供应协议；第200～201段考虑了第101条第3款的适用。[242] 在考虑第101条第1款是否适用于此类协议时，买方在下游市场中的市场份额将特别重要：买方在下游市场的份额越大，产生反竞争效果的可能性就越大[243]；供应义务的期限也将是相关的[244]。还讨论了其他问题，例如进入壁垒[245]、供应商的反补贴能力[246]和受影响的贸易水平[247]。

（vii）前期预付款

前期预付款[248]是供应商向买方支付的酬金，以补偿买方提供的服务。例如，可以向超级市场支付“进场费”以换取上架空间，而支付付费保留费可能会确保产品在货架上持续存在更长的时间。该指南第203段解释说，在供应商和买方的市场份额不超过30%的情况下，前期预付款是集体豁免的。然后，该指南解释了这种付款可能会在多大程度上违反了《欧盟运行条约》第101条第1款，无论是通过取消对下游[249]市场还是上游[250]市场的封锁，或者通过促进串通[251]；第207段和第208段讨论了前期预付款导致提高效率的可能性，例如，通过改善货架空间的使用或通过确保供应商分担引入新产品可能失败的风险。

---

[238] 有关第330/2010号条例第2条第3款，参见第814～815页“第2条第3款仅在纵向协议中适用”。

[239] 《纵向限制指南》，第192～202段。

[240] 同上，第192段；参见 *Audible/Apple*，欧盟委员会新闻稿IP/17/97，2017年1月19日。

[241] 《纵向限制指南》，第193段。

[242] 参见本章第833～834页“纵向协议：第101条第3款的个别适用”。

[243] 《纵向限制指南》，第194段。

[244] 同上，第195段；欧盟委员会认为，超过5年的独家供应协议不太可能符合第101条第3款的标准。

[245] 同上，第197段。

[246] 同上，第198段。

[247] 同上，第199段。

[248] 同上，第203～208段。

[249] 同上，第204段。

[250] 同上，第205段。

[251] 同上，第206段。

（viii）类别管理协议

类别管理协议[252]是供应商与分销商之间的协议，由后者委托供应商进行产品类别的营销，而不仅是供应商自己产品的营销。例如，供应商可能被指定为一系列连锁超市中的谷物早餐或非酒精饮料的“类别负责人”。第209段指出，如果当事双方的市场份额不超过30%，此类协议将受益于集体豁免。第210段承认，在大多数情况下，类别管理协议不会引起竞争问题；但是，该段指出了它们在市场上游产生封锁效果的可能性[253]，欧盟委员会建议应进行所有分析，就像在单一品牌协议中那样。[254] 第211段和第212段分别讨论了类别管理可能促进分销商之间或供应商之间串通的可能性，第213段讨论了类别管理提高效率的范围。

（ix）搭售协议

当供应商以购买者还购买另一种产品（搭售产品）为条件供应一种产品（绑定产品）时，就会产生搭售协议。[255] 搭售可能构成滥用市场支配地位，而违反《欧盟运行条约》第102条[256]，但是，施加搭售关系的纵向协议也可能违反第101条第1款，因为该协议对绑定产品具有“单一品牌”效果。[257] 当供应商在搭售产品和绑定产品的市场上的市场份额都低于30%的上限时，搭售协议将从集体豁免中受益。[258] 在超过市场份额门槛的情况下，第219～221段讨论了第101条第1款对搭售协议的适用：供应商的市场地位是最重要的问题[259]；还必须考虑其竞争者的地位以及搭售产品进入市场的壁垒。[260] 如果客户拥有强大的买方能力，那么搭售的问题就不太可能出现。[261] 第222段考虑了从第101条第3款规定的例外中受益的搭售做法的可能性。[262]

---

[252] 同上，第209～213段。

[253] 荷兰一家法院引用了 *Nestlé v Mars* 案（该指南第210段，2013年8月7日的判决），认定Mars与加油站之间的类别管理协议限制了竞争，可在 www. rechtspraak. nl 上查阅。

[254] 《纵向限制指南》，第132～141段；参见第790～792页“单一品牌协议”。

[255] 《纵向限制指南》，第214～222段。

[256] 参见第17章第854～864页“搭售行为”。

[257] 《纵向限制指南》，第214段。

[258] 同上，第218段。

[259] 同上，第219段。

[260] 同上，第220段。

[261] 同上，第221段。

[262] 参见第833～834页“纵向协议：第101条第3款的个别适用”。

（x）价格限制

（a）违反第101第1款的最低和固定转售价格

对分销商和零售商施加最低或固定转售价格[263]的规定将违反第101条第1款：此类协议被视为具有限制竞争的目的。[264] 欧盟委员会在各种场合都谴责转售价格维持[265]，各国家竞争主管机构也是如此。[266] 竞争主管机构还致力于与在线业务中的价格限制有关的执法。其还将监管强制实行转售价格维持的横向协议。[267] 此外，这种做法构成了核心限制[268]，有悖于第4条（a）项规定的集体豁免[269]；该指南第48段认为一系列做法可能被视为具有直接或间接的目的，适用第4条的规定，即实行最低或固定转售价格。[270]

（b）第101条第3款的最低与固定价格

《纵向限制指南》第225段承认，就《欧盟运行条约》第101条第3款而

---

[263] 《纵向限制指南》，第223~229段。

[264] 参见第3章第156~157页“固定价格和与未来价格相关的信息交换”；在美国，由于联邦最高法院的判决，维持最低转售价格本身多年来是非法的：*Dr Miles Medical Co v John D Park & Sons Co* 220 US 373（1911）；但在*Leegin Creative Leather Products, Inc v PSKS, Inc* 551 US 877（2007）案中联邦最高法院明确推翻了*Dr Miles*案的判决，认为转售价格的维持应遵循理性标准。有关评论参见：KLEIN B. Competitive Resale Price Maintenance in the Absence of Free Riding［J］. Antitrust Law Journal，2009，76：431；BRUNELL R M. Overruling DR MILES：The Supreme Trade Commission in Action［J］. The Antitrust Bulletin，2008，52：475.

[265] 参见例如*Deutsche Phillips* OJ［1973］L 293/40；*Gerofabriek* OJ［1977］L 16/8；*Hennessey/Henkel* OJ［1980］L 383/11，欧盟委员会驳回了为保护产品品牌形象而设定转售价格合理的论点；*Novalliance/Systemform* OJ［1997］L 47/11；*Nathan - Bricolux* OJ［2001］L 54/1，第86~90段；*Volkswagen II* OJ［2001］L 262/14，由于缺乏大众汽车与其经销商之间达成协议的证据而在上诉案T-208/01 *Volkswagen v Commission* EU：T：2003：326中被撤销，在上诉案例C-74/04 P *Commission v Volkswagen AG* EU：C：2006：460中得到维持，但给出了不同的理由。有关讨论参见第3章第137~138页“*Bayer*案之后的案件”；*JCB* OJ［2002］L 69/1，第168~173段；*CD prices*，欧盟委员会新闻稿IP/01/1212，2001年8月17日；*Yamaha*，2003年7月16日的欧盟委员会决定。

[266] 参见例如案例24 Kt 33/15 *Samsung Electronics Austria GmbH*，奥地利卡特尔法院2015年9月9日的判决；*Lego*，2016年1月12日的德国竞争主管机构决定；*AB InBev*，2016年12月18日的德国竞争主管机构决定；*ITW Ltd*，2016年5月24日英国竞争主管机构的决定。

[267] 参见例如欧盟委员会新闻稿IP/17/201，2017年2月2日：欧盟委员会已开始调查华硕、天龙和马兰士、飞利浦和先锋公司是否限制了在线零售商自行设定价格的能力；有关英国的立场参见本章第841~843页“价格限制”。

[268] 参见如案例43/82 *VBBB and VBVB v Commission* EU：C：1984：9。

[269] 参见本章第822~823页“第4条（a）项：转售价格维持”；大致参见：GIPPINI - FOURNIER E. Resale Price Maintenance in the EU：In Statu Quo Ante Bellum?［M］//HAWK B. Annual Proceedings of the Fordham Competition Law Institute：International Antitrust Law & Policy. New York：Juris Publishing，2010：515-549.

[270] 关于《纵向限制指南》第47段，参见本章第822~823页“第4条（a）项：转售价格维持”。

言，维持转售价格可能会提高效率。[271] 作为最显著的例子，第225段给出了由将新产品推向市场的制造商强加的转售价格维持，这促使分销商加大了对新产品的销售力度，从而扩大了整体需求，使新产品的推出成功，这本身对消费者有利。[272] 有时欧盟委员会似乎对允许报纸出版商在报纸上征收封面价的想法表示赞同。[273] 应当回顾，一项具有限制竞争目的的协议可能是合法的，只要它满足即可第101条第3款规定的标准[274]，以及欧盟委员会在其《第101条第3款指南》中规定的适用该条款所需的证据类型。

（c）推荐与最高转售价格

《纵向限制指南》第226～229段考虑了多大程度上向分销商或零售商推荐转售价格或施加最高价格而非最低价格是合法的。[275] 集体豁免在第4条（a）项规定，这些行为不是“核心”限制，“只要它们不因任何当事方的压力或提供的激励而达到固定销售价格或最低销售价格”。[276] 欧洲法院表示，如果转销商确实无法降低最高转售价格[277]，则最高转售价格将等于固定价格或最低价格。[278] 因此，如果各当事方的市场份额均不超过30%的上限，则包含推荐或最高价格的协议将被集体豁免。[279] 在集体豁免不适用的情况下，该指南规定，欧

---

[271] 关于转售价格维持的可能效率，参见：PEEPERKORN L. Resale Price Maintenance and Its Alleged Efficiencies［J］. European Competition Journal，2008：201；JONES A. Resale Price Maintenance：A Debate About Competition Policy in Europe［J］. European Competition Journal，2009，479：425；GYSELEN L. Resale Price Maintenance：Growing Convergence between the US and the EC in Sight?［M］//BULTERMAN M，HANCHER L，MCDONNELL A，et al. Views of European Law from the Mountain Alpenann denRijn：Kluwer，2009：151－166；CPI Antitrust Chronicle 2010年的系列文章，可在www. competitionpolicyinternational. com上查阅；LAO M. Free Riding：An Overstated，and Unconvincing，Explanation for Resale Price Maintenance［M］//PITOFSKY R. How the Chicago Law School Overshot the Mark：The Effect of Conservative Economic Analysis on U. S. Antitrust. Oxfrod：Oxford University Press，2008：196－232.

[272] 请注意2014年12月5日的澳大利亚竞争和消费者委员会决定，允许Tooltechnic Systems对电动工具施加最低零售价，以解决对“搭便车”的担忧，可在www. accc. gov. au上查阅。

[273] 参见欧盟委员会《关于竞争政策的第29号报告》（1999），第161～162页（尽管欧盟委员会从未公开透露其在此问题上得出的结论）；欧盟委员会在*Noticein Agence et Messageries de la Presse* OJ［1987］C 164/2中曾建议可以会维持报纸和期刊的转售价格；另见案例243/85 *Binon & Cie v SA Agence et Messageriesde la Presse* EU：C：1985：284，第46段。

[274] 参见第4章第196～198页“可以根据第101条第3款为任何类型的协议辩护”。

[275] OJ［2004］C 101/97。

[276] 在*Albrecht v Herald Co*案［390 US 145（1968）美国最高法院本身谴责了最高转售价格的施加；但是，在*State Oil v Khan*案中，以理性的方式代替了这一特殊现象：522 US 3（1997）；参见*Antitrust Law Journal*，1997～1998年第66卷的系列文章，第531页、第537页和第567页。

[277] 另见第330/2010号条例评论10。

[278] 案例C－279/06 *CEPSA Estaciones de Servicio SA v LV Tobar e Hijos SL* EU：C：2008：485，第71段；欧洲法院考虑了旧集体豁免第2790/99号条例第4条（a）项的适用，与其后继条例相同。

[279] 参见《纵向限制指南》，第226段。

盟委员会将考虑是否“推荐或最高价格可能会成为分销商的重点，大多数或所有分销商可能都会遵循”[280]；它还将审查这些做法是否可以减轻竞争或促进供应商之间的串通。[281] 供应商的市场力量是需要考虑的重要因素。[282] 市场支配力越强，最高或推荐价格会导致统一定价的风险就越大。[283] 第 229 段考虑了最高价格或价格可能适用《欧盟运行条约》第 101 条第 3 款的规定。在 *Repsol* 案中，欧盟委员会接受了 Repsol 的承诺，即与销售其燃料的加油站修改其长期独家供应协议，但明确允许其施加最高或推荐价格。[284]

（xi）平价条款

近年来，竞争主管机构对“平价条款”（也称为“最惠国条款”或简称为 MFN）的兴趣日益浓厚。顾名思义，给予国家优惠待遇的概念是在国际贸易中使用的一种概念，在这种情况下，A 国同意其将给予 B 国的货物与其他国家一样或更优惠的待遇。在企业之间的商业关系中经常使用相同的说法，其中公司 A 与公司 B 商定其提供要比对公司 C 的条款更优惠或不少于优惠的条款。但是，将公司 B 等同于一个国家有点奇怪。因此，在私人领域，“平价条款”是一种更合适的表达方式，并且这种使用也越来越多。

平价条款通常与价格有关，例如，当 A 要求 B 向 C 提供的产品价格不低于其与 B 商定的价格时；另一种价格平价条款将要求 A 向 B 提供比其给 C 的的价格更低的价格。非价格平价条款也是可能的，例如，A 要求 B 不得同意与 C 的商业模式不同于其已经与 B 达成的商业模式；非价格平价条款的另一个示例是不向 C 提供更好的服务条款的协议。

（a）可能有害竞争

平价条款在竞争主管机构中早已为人所知。但是，在线市场或“平台”（例如亚马逊和 Booking. com）的兴起已成为现实，其近年来引起了人们越来越多的兴趣，也已经确定了各种损害理论。

其中之一是，如果平台 A 要求供应商 B 同意 A 与零售商 C、D 和 E 具有

[280] 同上，第 227 段。

[281] 同上，第 227 段。

[282] 同上，第 228 段。

[283] 同上；有关此观点参见总检察长曼格兹在案例 C－279/06 *CEPSA Estaciones de Servicio SA v LV Tobar e Hijos SL* EU：C：2008：163 的观点，第 91 段（引用先前指南的等效段落，OJ［2000］C 290/1，第 227 段）。

[284] 2006 年 4 月 12 日的欧盟委员会决定。

同等地位，则平价条款可能会导致零售层面的品牌内竞争减少：[285] 这会导致B产品销售中的竞争减少。一个例子是使用价格平价条款使转售价格的维持更加有效，或者将推荐或最高转售价转化为最低转售价格。[286] 一种不同的损害理论是，平价条款可能会减少平台A与其他在线零售商X、Y和Z之间的品牌竞争，对它们而言，这些平价条款可能会使进入或扩展更加困难。[287] 另一个损害理论是，使用平价条款可能不是促进市场零售层面的合谋，而是促进平台与供应商之间的合谋：这是欧盟委员会在*Apple/e－books*案所关注的问题。

（b）可能有益竞争

平价条款可能会提高效率。[288] 例如，它们可以使在线市场收回投资并避免“搭便车”。新进入者也可以基于具有最佳可用转售价格的商业模型来使用它们。

（c）近期实践

多年来，在违规条款被放弃之后，欧盟委员会结束了几起有关平价条款的案件。[289] 最近，欧盟委员会在*Applele－book*案中调查了苹果与五家电子书出版商之间的代理协议，其中包含了价格平价条款；欧盟委员会接受了苹果及出版商根据第1/2003号条例第9条作出的承诺，其中它们同意终止代理商协议，并承诺5年内不签订此类协议。[290] 在*Amazon/e－books*案中，欧盟委员会调查了亚马逊与电子书出版商之间的协议中的价格和非价格平价条款。欧盟委员会怀疑，这种平价条款使其他电子书零售商难以通过开发新产品和创新产品来与亚马逊竞争。亚马逊作出了具有法律约束力的承诺，以终止平价条款。[291]

在线旅行社（OTA）在与酒店签订的协议中使用的平价条款已受到国家竞争主管机构的广泛调查。“广义的平价条款”是要求酒店（或连锁酒店）不得通过其他在线卖家或通过其自己的网站以比通过在线旅行社更低的价格出售客

---

[285] 员工工作文件，随附于Final Report on the E－commerce Sector Inquiry，SWD（2017）154 final，2017年5月10日，第622段；进一步参见Lear“Can‘Fair’Prices Be Unfair? A Review of Price Relationship Agreements”，OFT 1438，2012年9月。

[286] 《纵向限制指南》，第48段；另见：Amelia FLETCHER and Morten HVIID“Retail Price MFNs：Are They RPM‘at Its Worst’?”，可在www.competitionpolicy.ac.uk上查阅。

[287] 《纵向限制指南》，第48段。

[288] 第16章脚注[285]中的员工工作文件，第623段。

[289] 欧盟委员会新闻稿IP/04/1314，2004年10月26日（好莱坞电影制片厂和Pay－TV广播公司）；欧盟委员会新闻稿IP/05/710，2005年6月10日（*E.ON*和*Gazprom*）；欧盟委员会新闻稿IP/11/257，2011年3月4日（好莱坞电影制片厂和电影院数字设备生产商）。

[290] 2012年12月12日和2013年7月25日的欧盟委员会决定；另见*US v Apple Inc* 791 F 3d 290（2nd Cir 2015）。

[291] 2017年5月4日的欧盟委员会决定；注意该案依据第102条。

房的条款；“狭义的平价条款”要求酒店不要在自己的网站上以较低的价格出售。在法国、意大利和瑞典的 Booking. com 向国家竞争主管机构承诺放弃广义平价条款，而仅适用狭义平价条款。国家竞争主管机构认为狭义的平价条款是合理的，以防止酒店搭 Booking. com 的投资的便车而建立其平台：否则，公众可以使用 Booking. com 来找到适合他们需求的酒店，然后以较低的价格在酒店自己的网站上预订。但是，在德国，国家竞争主管机构决定采用更严格的方法，并同样禁止 Booking. com 的使用狭义的价格平价条款。从那以后，法国、奥地利和意大利的立法机关颁布了法律，禁止在酒店行业中使用上述两种价格平价条款。结果是不同成员国采取了不同的执法和立法解决方案。在未来的几年中，欧盟委员会和国家竞争主管机构将不得不制定解决方案。[292]

7. 纵向协议：第 330/2010 号条例

(A) 简　介

较早前曾解释说，欧盟委员会多年来倾向于采用形式主义的方法（不够以经济为导向）来适用《欧盟运行条约》第 101 条第 1 款；因此有必要将许多协议带入欧盟委员会某一项集体豁免的“安全港”。[293] 它最初采用了第 67/67 号条例[294]，随后是关于独家分销协议的第 1983/83 号条例[295]，关于独家采购协议的第 1984/83 号条例[296]，以及关于特许经营协议的第 4087/88 号条例。[297] 但是，由于对《欧盟运行条约》第 101 条第 1 款的过度适用和集体豁免的形式主义性质的不满情绪普遍存在，欧盟委员会在 1997 年发布了《欧盟竞争政策纵向限制绿皮书》[298]，提出了一系列改革的可能选择。该文件为 1999 年欧盟委员

---

[292] 参见欧盟竞争管理机构在 2016 年对在线酒店预订部门进行的监控活动的报告，具体参见 www. ec. europa. eu。

[293] 下面的部分内容基于：WHISH R，BAILEY D. Regulation 330/2010：The Commission's new block exemption for vertical agreements [J]. Common Market Law Review，2010，47：1757；关于第 330/2010 号条例另见：WIJCKMANS F，TUYTSCHAEVER F. Vertical Agreements in EU Competition Law [M]. 3rd ed. Oxford：Oxford University Press，2018.

[294] 10 JO Comm Eur 849 [1967]。

[295] OJ [1983] L 173/1。

[296] OJ [1983] L 173/5。

[297] OJ [1988] L 359/46。

[298] COM（96）721 final；参见欧盟委员会《关于竞争政策的第 26 号报告》（1996），第 46 ~ 50 点；*Follow - up to the Green Paper on Uertical Restraints* OJ [1998] C 365/3；参见欧盟委员会《关于竞争政策的第 28 号报告》（1998），第 34 ~ 53 点。

会第2790/99号条例的通过铺平了道路。[299] 新的集体豁免在各方面都是激进的[300]：它的范围比之前广泛得多，几乎适用于产品和服务领域的所有纵向协议；而且它决定确定更多基于经济学的方法，特别是包括确定哪些协议将从集体豁免中受益额的一个市场份额；其比之前的规范性要低，它包含了相对有限的“核心”限制清单，这些清单不能包含在协议中。第2790/99号条例是对其取代的系统的一项重大改进并于2000年6月1日生效。该条例随附了广泛的《纵向限制指南》，并且在实践中似乎运作良好。[301]

第330/2010号条例取代了第2790/99号条例。除了在所有情况下都将市场份额上限适用于买方外，第330/2010号条例代表了法律的温和发展，而不是对第2790/99号条例的彻底变革。

（B）对集体豁免条款的简明描述

欧盟委员会于2010年4月20日通过了第330/2010号条例。[302] 该条例于2010年6月1日生效，将于2022年5月31日到期。[303] 第1条定义了某些关键术语，例如“纵向协议”“纵向限制”“竞争性企业”和“不竞争义务”。第2条是根据《欧盟运行条约》第101条第3款实际上赋予某些纵向协议集体豁免的条款；第3条规定，供应商和买方的市场份额上限均为30%。第4条列出了一系列核心限制，这些限制将阻止集体豁免适用于整个协议。第5条列出了不能从集体豁免中受益的“例外限制”清单。随后的条款处理诸如撤销集体豁免、计算市场份额和营业额门槛以及过渡安排等问题。

该条例不影响《欧盟运行条约》第102条的适用。[304] 该条例应与随附的《纵向限制指南》一起阅读。[305]

（C）第1条：定义

第1条包含重要定义。这些以后将在该条例中使用的特定背景下进行解

---

[299] 第2790/99号条例，OJ［1999］L 336/21；参见欧盟委员会《关于竞争政策的第29号报告》（1999），第8～19点。

[300] 有关第2790/99号条例条款的细节描述，参见本书第6版第640～662页。

[301] 参见：DETHMER S F，DE BOER P P. Ten Years On：Vertical Agreements under Article 81［J］. European Competition Law Review，2009，30：424.

[302] OJ［2010］L 102/1。

[303] 第330/2010号条例，第10条。

[304] 第101条第3款与第102条的关系参见第4章第212～213页“第101条第3款的第四个条件：没有消除市场实质部分的竞争”。

[305] OJ［2010］C 130/1。

释。特别重要的是第 1 条第 1 款（a）项，将纵向协议定义为：

> 在两个或两个以上企业（每一个都运行）之间达成的协议或协同行为，为达成该协议或协同行为的目的，每个企业在生产或分销链的不同级别上运作，并且与当事方可以购买、出售或转售某些产品或服务的条件有关。

该条例在纵向协议包含“纵向限制”的范围内适用于纵向协议，第 1 条第 1 款（b）项规定“纵向限制”是指对纵向协议中属于第 101 条第 1 款的竞争限制。这些关键表达将在后面的第 2 条中讨论。

第 330/2010 条例第 1 条第 2 款包含将“企业”“供应商”和“买方”的术语扩展到包括关联企业的规则。

（D）第 2 条：集体豁免的范围

（i）第 2 条第 1 款：对纵向协议的集体豁免

第 2 条第 1 款在纵向协议中包含根据第 101 条第 3 款的纵向限制的情况下，对纵向协议授予集体豁免。[306] 关于第 2 条第 1 款，应注意几点。

（ii）许多纵向协议并未违反第 101 条第 1 款

值得重申的是，许多纵向协议不违反第 101 条第 1 款[307]；而协议没有违反第 101 条第 1 款，则可以得出结论，无论该条例多么慷慨和灵活，都无须依据该条款质疑协议。尽管如此，然而，许多企业仍在努力实现集体豁免，这为许多纵向协议提供了“安全港”：如前所述，大多数企业如果知道自己的协议无论如何可根据第 101 条第 3 款获得集体豁免，那么其将没有兴趣知道其协议是否违反第 101 条第 1 款。[308] 该条例评论 9 规定，不能推定协议违反了第 101 条第 1 款，或者如果任一当事方的市场份额超过第 3 条规定的门槛，不能推定协议不满足第 101 条第 3 款的规定，这一点在《纵向限制指南》第 23 段和第 96 段中重申。超过门槛时，需要对协议进行个别分析。[309] 纵向协议不违反第 101 条第 1 款的例子是纯定性选择性分销系统[310]；仅在不完全定性的范围内（例

---

[306] 《纵向限制指南》，第 23～25 段。

[307] 参见本章第 780～807 页“纵向协议：第 101 条第 1 款”。

[308] 参见本章第 766 页“简介”。

[309] 有关此情景下的举证责任参见第 1/2003 号条例第 2 条（OJ［2003］L 1/1），以及第 4 章第 195～196 页“举证责任及证明标准”。

[310] 参见本章第 794～800 页“选择性分销协议”。

如，因为产品的类型不是必须进行选择性分销[311]，或者因为同时应用定量和定性标准[312]），才有必要诉诸集体豁免。同样，许多单一品牌协议不在第101条第1款的范围内：仅适用那些对市场封锁具有重大影响的协议。[313] 同样，仅在涉及违反第101条第1款的协议的情况下，适用该条例，特别是将第5条第1款应用于不竞争义务。

（iii）如无禁止即允许

关于该条例要强调的第2点是，对于第1条第1款（a）项所定义的纵向协议，如果该条例未禁止，即为允许。这是因为没有说明纵向协议中必须包括的内容，而只是说明了其中不得包含的核心限制，这是该条例的基本特征。根据第330/2010号条例，对所有纵向协议（根据已定义的所有纵向协议）均可实行集体豁免，但要遵守有关零售商协会订立的协议、竞争性企业之间的协议以及受其他集体豁免约束的协议的第2条第2款、第2条第4款和第2条第5款，关于市场份额的第3条以及涉及欧盟委员会关注的特定纵向限制的第4条和第5条。

（iv）纵向协议的定义

《纵向限制指南》的第25段讨论了纵向协议的含义。[314] 该段的（a）部分一方面解释了协议和/或协同行为与单边行为之间的区别，单边行为不是第101条所涵盖的，而可能是第102条。欧盟委员会规定了一种情况，在这种情况下，由于另一方的明示或默示，一方的单边行为实际上可被视为一项协议和/或协同行为。[315]

（v）获得豁免的协议可以是多边的

第2条第1款对两个或多个企业之间的协议给予集体豁免。[316] 但是，该条例仅适用于为了协议目的每个企业在不同市场层次上开展业务的情况。[317] 下面一些示意图可能会有所帮助（参见图16.8和图16.9）。

---

[311] 参见 *Grohe* OJ［1985］L 19/17；请注意在有必要将该条例适用于选择性分销系统的情况下，第1条第1款（e）项中该术语的定义未考虑产品的性质；这种考虑仅与 *Metro* 案理论以及系统是否完全不属于第101条第1款有关。

[312] 参见本章第795～797页“纯定性选择性分销系统”。

[313] 参见例如案例C－234/89 *Delimitis v Henninger Bräu* EU：C：1991：91。

[314] 纵向协议的定义见于理事会第1215/99号条例，OJ［1999］L 148/1。

[315] 关于协定和协同行为的含义参见第3章第123～145页“协议、决定和协同行为”。

[316] 根据理事会第19/55号条例（OJ［1965］L 36/533）第1条（a）项赋予欧盟委员会的权力，经理事会第1215/99号条例（OJ［1999］L 148/1）修订。

[317] 《纵向限制指南》，第25（c）段。

图 16.8

（a）该协议是三方的；

（b）供应商为每一个批发商供货；

（c）根据协议，任何一方批发商不可在另一批发商的地域进行销售。

而在图 16.8 中，由于在生产和分销链的同一层级上有两方批发商，因此该协议不是纵向协议。

图 16.9

（a）上述协议是三方的；

（b）该协议规定了每一方的共同权利和义务。

而图 16.9 所示的就是纵向协议，因为每一方都在生产和分销链的不同位置。

如果协议采用协议 2 的形式，则第 3 条第 2 款规定，供应商和批发商在各自下游市场上的市场份额以及批发商和零售商在各自购买市场上的市场份额应根据第 3 条第 1 款中的市场份额上限而考虑。[318]

（vi）“为达成协议目的”

第 1 条第 1 款（a）项中纵向协议的定义是指“为达成协议或协同行为目的而在生产或分销链的不同层次上”（强调）进行经营的企业。因此，两个作为制造商的企业签订协议这一事实本身并不意味着协议是横向的，而不是纵向的。如果某化学品的制造商要向另一化学品制造商提供该化学品，则该关系仍将是纵向的，因为为达成该协议目的，每项业务都将在不同的市场层级上进行。“为达成协议目的”这种表述对于这种分析是至关重要的，因为如果没有

[318] 同上，第 90 段。

这种表述，就不可能说两家化学制造商在生产或分销链的不同层级上运作。但是，该条例的第2条第4款通过拒绝对竞争性企业之间某些协议的集体豁免，可以避免所定义的纵向协议被用作横向限制的幌子的风险。[319]

（vii）最终消费者协议将不是纵向协议

与最终消费者达成的协议将不是纵向协议，因为它们不会在“两个或多个企业之间”签订。在某种意义上，公众购买产品或服务不从事经济活动；因此不是企业。[320] 但是，出于同样的原因，此类协议首先不会违反第101条第1款，因此无需集体豁免。

（viii）“与当事方可以购买、出售或转售某些产品或服务的条件有关”

要成为纵向协议，它必须与当事方可以购买、出售或转售某些产品或服务的条件有关。因此，似乎租赁协议将不被涵盖[321]，以物易物协议也将不被涵盖。纵向协议中与购买、出售或转售无关的条款将不予涵盖。例如，一项不参与研发竞争的契约。[322]

（ix）互联协议

在许多行业中，企业需要使用别人拥有的基础设施才能在市场上运作。例如，在电子通信领域，访问和互连所有形式的通信网络可能至关重要；需要国家电网的电力供应。在提供使用权限的情况下，基础设施所有者和服务提供商之间将达成“互连协议”。从第2条第1款的意义上看，这样的协议似乎是纵向的，因为它与“当事方可以购买、出售或转售……服务的条件”有关。[323] 但是，在许多此类情况下，基础设施所有者的市场份额将超过30%，因此第3条第1款将阻止实行集体豁免。[324]

（x）代　理

许多代理协议不在第101条第1款的范围内；《纵向限制指南》第12~21段对此进行了处理。[325] 但是，这些段落表明，如果某些代理协议可以禁止进入

---

[319] 参见第817页“第2条第4款：竞争性企业间的协议”。

[320] 《纵向限制指南》，第25（b）段：有关“企业”的解释参见第3章第101~111页“基本定义”；但是，如果满足该条款则供应商将构成一个企业，并可能违反第102条：一般而言，第102条参见第5章。

[321] 《纵向限制指南》，第26段。

[322] 同上，第26段。

[323] 但是注意，只要是租赁协议，协议就不会是纵向的：参见上一节。

[324] 如果基础设施是企业在下游市场上经营时不可或缺的，则可能适用第102条：参见第17章第869~876页“对于希望在下游市场竞争的人来说，寻求获得产品的权限是必不可少的吗？”。

[325] 参见本章第771~774页“欧盟委员会的《纵向限制指南》”。

市场或可以促进串通，则它们可以属于第 101 条第 1 款。有必要考虑确实符合第 101 条第 1 款的代理协议是否有资格获得集体豁免。在这种情况下，从该条例第 1 条第 1 款（a）项的意义上讲，代理人在与委托人不同的市场层级上运作。因此，在协议与委托人或代理人可以购买、出售或转售商品或服务的条件有关的范围内，该条例可以适用：《纵向限制指南》第 19 段中特别指出这一点。在这种情况下，有必要避免包含第 4 条所列的“核心”限制[326]；该指南第 49 段指出，根据第 4 条（a）项，代理人有义务阻止代理人与客户分享佣金，这是第 4 条下的一项“核心”限制。此外，有必要避免第 5 条中不予以集体豁免的不竞争义务。[327]

（xi）第 2 条第 2 款：零售商协会

常见的商业现象是小型零售商为购买商品建立了协会，然后将其转售给最终消费者。[328] 这对于使零售商在与大型制造商和/或中间商的交易中获得一定的议价能力是必要的。如果零售商能够获得较低的价格并将其转移给消费者，那么消费者将受益。

第 2 条第 2 款[329]规定，此类协会与（a）其供应商或（b）其成员之间达成的纵向协议可享受集体豁免，条件是该组织的所有成员均为商品零售商，且该协会中没有任何单独成员及其关联企业[330]的年总营业额超过 5000 万欧元。[331]

该条例未定义“零售商”一词，但《纵向限制指南》第 29 段指出“零售商是向最终消费者转售商品的分销商”。[332] 第 2 条第 2 款的结尾规定，对此类纵向协议的集体豁免不影响第 101 条在协会成员之间的横向协议或协会本身的决定中的适用。[333] 该指南第 30 段解释说，零售商协会根据第 2 条第 2 款订立的纵向协议的合法性只有在确定协会成员之间的任何潜在横向协议本身是合法的之后才能确定。

---

[326] 有关第 4 条大致参见本章第 821 ~ 828 页“第 4 条：核心限制”。

[327] 有关第 5 条大致参见本章第 829 ~ 830 页“第 5 条：纵向协议中不可免除的义务”。

[328] 参见第 15 章第 749 ~ 751 页“采购协议”。

[329] 《纵向限制指南》，第 28 段和第 29 段。

[330] 第 330/2010 号条例第 1 条第 2 款和第 8 条分别涉及关联企业和营业额的计算。

[331] 该指南第 29 段的最后一句指出，如果协会中只有少数成员的营业额超过 5000 万欧元，而这些成员加起来的营业额不足所有成员总营业额的 15%，“根据第 101 条的评估通常不会受到影响”；这大概是指根据第 101 条进行的单独评估。其含义是不透明的：如果这是为了意味着集体豁免仍将适用，则该观点未提供任何法律依据。

[332] 据推测，如果协会购买自用商品，则第 2 条第 2 款将不适用，因为该团体不是为了向最终消费者销售而购买。

[333] 此协议请参见第 15 章第 749 ~ 751 页“采购协议”。

（xii）第2条第3款：有关知识产权的辅助条款

第2条第3款涉及一个重要的问题，即包含知识产权条款的纵向协议可以在多大程度上受益于第330/2010号条例。[334] 第2条第3款的第一句规定，该豁免应适用于以下纵向协议：

> 包含与转让给买方或买方使用知识产权[335]有关的条款，但前提是这些规定不构成此类协议的主要目标，并且买方或其客户与知识产权的使用、出售或转售直接相关。

从根本上说，该政策将适用于第330/2010号条例，该条例适用于辅助纵向协议主要目的的任何与知识产权有关的条款，尽管该条例本身未使用该术语，但是将此类条款称为"知识产权条款"是有帮助的。第2条第3款的政策易于陈述[336]；但是，第2条第3款的实际适用并非没有困难。应注意以下几点：以下使用的五个标题［（xiii）~（xvii）］基于欧盟委员会《纵向限制指南》的第31段。

（xiii）第2条第3款仅在纵向协议中适用

为了使第2条第3款适用于知识产权条款——也就是说，如果它们要从集体豁免中受益——必须有一项纵向协议；第1条第1款（a）项将此协议定义为与当事方可以购买、出售或转售产品或服务的条件有关的协议。因此，将不涉及"纯"许可（例如专有技术或商标），因为它们与当事方购买、出售或转售产品或服务的条件无关：相反，它们将授权专有技术或商标的使用。另一个不同点是，应将第2条第3款与第2条第5款一起理解（参见下文），该条禁止在适用另一项集体豁免的情况下适用第330/2010号条例。例如纯专有技术许可，可能符合有关技术转让协议的第316/2014号条例[337]的集体豁免的资格。[338]《纵向限制指南》第33段给出了五个不能从第330/2010号条例的集体豁免中受益的协议的示例：

- 经许可提供生产酒类的配方；

---

[334] 《纵向限制指南》，第31~45段。

[335] 第1条第1款（f）项将知识产权定义为包括"工业产权、专有技术、版权和邻接权"；专有技术在第1条第1款（g）项中被定义为"一整套非专利的实践信息，由供应商的经验和测试得出的，这些信息是秘密的、实质性的和确定的"。

[336] 尽管第2条第3款本身没有"辅助"一词，但评论3指出，该条例"包括包含有关知识产权转让或使用的辅助条款的纵向协议"。

[337] OJ［2014］L 93/17。

[338] 参见第19章第966~977页"技术转让协议：第316/2014号条例"。

- 从模板或原版副本生产和分发副本；
- 用于销售目的的商标或标志的纯许可；
- 赞助合同[339]；
- 版权许可，例如与记录权和/或广播事件的权利有关的广播合同。[340]

（xiv）必须买方使用的知识产权条款

第 2 条第 3 款仅适用于供应商将知识产权转让给买方的情况；在买方将知识产权转让给供应商的情况下不适用。随之而来的是，一项分包合同协议（其中一个企业要求另一个企业通常使用其知识产权来代表其生产商品）将不受集体豁免的保护[341]，因为知识产权由买方提供给供应商，而不是相反的情况。但是，许多分包协议完全根本违反第 101 条第 1 款，因此无须实行集体豁免[342]，并且《纵向限制指南》规定，如果买方仅向供应商提供有关要提供的产品或服务的规格，集体豁免仍然适用[343]：在这种情况下，没有知识产权条款，并且与第 2 条第 3 款不相关。

（xv）知识产权条款不得成为协议的目的

为使第 2 条第 3 款得以适用，知识产权条款不得成为协议的“主要”目的；用该指南的说法，“主要目的必须是购买、出售或转售产品或服务并且知识产权条款”必须服务于纵向协议的实施。[344]

（xvi）知识产权条款必须与买方或其客户对产品或服务的使用、销售或转售直接相关

通常，对分销商的商标许可是必要的且是商品或服务分销的辅助手段，因此，只要符合该条例的其他规定，独占许可就可以从集体豁免中受益。[345] 如果转售者未获得该软件的任何权利的许可，则该软件的销售被视为提供转售货物

---

[339] 有关赞助协议，参见 *Danish Tennis Federation Commission* OJ［1996］C138/6，欧盟委员会《关于竞争政策的第 28 号报告》（1998），第 160 页（安慰函发出）。

[340] 参见 *Telenor/Canai + /Canal Digital*，2003 年 12 月 29 日的欧盟委员会决定，关于将受版权保护的优质内容频道许可给付费电视平台的案件，欧盟委员会认为第 2790/99 号条例不适用：同上，第 196 段。

[341] 《纵向限制指南》，第 34 段。

[342] 同上，第 22 段，欧盟委员会《关于分包协议的通知》OJ［1979］C 1/2，在本章第 837 ~ 838 页“分包协议”中讨论。

[343] 《纵向限制指南》，第 34 段。

[344] 同上，第 35 段。

[345] 同上，第 39 段。

的协议。[346]《纵向限制指南》的第43~45段研究了特许经营协议对集体豁免的适用。欧盟委员会认为，第330/2010号条例原则上能够适用于特许经营协议，而不是工业特许经营协议：工业特许经营协议完全可以受制于关于技术转让协议的第316/2014号条例。[347] 该指南第44段指出，大多数特许经营协议将由第2条第3款涵盖，因为其中的知识产权条款与特许人使用、出售或转售商品或服务直接相关。他补充说，如果特许经营协议“仅或主要涉及知识产权许可”，则集体豁免不包括该协议；但是，欧盟委员会通常会按照该条例和《纵向限制指南》中包含的原则来分析此类协议。

如果特许人特许一种经营方法，则特许人必须为达到在第3条中的市场份额上限的目的，在要使用该商业方法的市场上计算其市场份额［参见下文第7（E）节］。[348]

《纵向限制指南》第45段列出了一系列在特许经营协议中发现的与知识产权相关的典型义务，如果限制竞争，这些义务将被视为辅助义务，因此将从集体豁免中受益。这些是被特许人的义务：

- 不直接或间接从事任何类似业务；
- 不在竞争性企业中获取经济利益；
- 不向第三方透露秘密专有技术；
- 向从特许经营中获得的专有技术的特许人授予非独占许可；
- 协助特许人采取行动保护知识产权；
- 仅将特许人的专有技术用于特许经营目的；
- 未经特许人同意，不得转让特许经营协议项下的权利和义务。

（xvii）知识产权条款不得有非法的目的或效果

第2条第3款规定，只有在“不包含具有与不被本条例豁免的纵向限制相同目的或效果的竞争限制”的范围内，知识产权条款才可被豁免。[349] 因此，不可能通过附加旨在防止知识产权条款而不是纵向协议本身的纵向限制来避免该条例第4条和第5条的规定［参见下文第7（F）和（G）节］。

第2条第3款也应与第2条第5款一并理解，该条禁止在其他集体豁免适用的情况下适用该条例［参见下文第7（D）（xix）节］。

---

[346] 同上，第41段；这将涵盖受“拆封”（shrink－wrap）许可约束的软件的销售，即将打开包装视为最终用户接受的条件。

[347] 欧盟委员会注意到《纵向限制指南》第43段中的工业特许经营协议与非工业特许经营协议之间的差别，参见第19章第966~977页“技术转让协议：第316/2014号条例”。

[348] 《纵向限制指南》，第92段。

[349] 同上，第37段。

（xviii）第2条第4款：竞争性企业间的协议

第2条第4款规定，集体豁免不适用于该条例第1条第1款（c）项所定义的竞争性企业之间订立的纵向协议；这适用于市场任一层级的协议：例如，企业可能会以制造商、批发商或零售商的身份进行竞争。[350] 第1条第1款（c）项规定，企业在其同一相关市场上活跃（实际的竞争者）的情况下竞争，并且在没有纵向协议，它们实际上能够"在短时间内"进入市场并在市场上竞争以应对小而长期的相关价格提高[351]（潜在的竞争者）的情况下竞争。《纵向限制指南》第27段指出，这种评估必须是"现实的"而不是"理论的"。该指南还指出，"短时间"通常不会超过一年。另外，该指南规定，分销商向制造商提供规格，以分销商的品牌名称生产特定的商品的，其不应被视为此类自有品牌产品的制造商。

第2条第4款规定集体豁免适用于竞争性企业之间的非互惠纵向协议，其中：

- 供应商是产品的制造商和分销商，而买方是不制造与合同产品竞争的产品的分销商。[352] 在这种情况下，制造商进行自己的分销，但还指定其他分销商，根据第1条第1款（c）项的定义，这些分销商是"竞争性企业"。该指南第28段将这种现象描述为"双重分配"，或
- 供应商是几个贸易层级的服务提供者，而买方在其购买合同服务的贸易层级上不提供竞争性服务。这与以前的情况类似，并根据服务行业的协议进行了调整。

如果竞争者之间的纵向协议不在第2条第4款之内，则应根据欧盟委员会的《横向合作协议指南》进行考虑。[353]

（xix）第2条第5款：在另一集体豁免范围内的协议

该条例第2条第5款规定"本条例不适用于主题范围在任何其他集体豁免条例范围内的纵向协议，除非该条例另有规定"（强调）。[354] 第2条第5款并未说该条例不适用于根据另一条例享有豁免的协议；相反，它说它不适用于通常

---

[350] 同上，第27～28段。

[351] 《纵向限制指南》并未指出潜在供应商的回应一定是由"竞争性企业"引起的价格上涨触发的，但是大概这就是第1条第1款（c）项的精神所设想的。

[352] 欧盟委员会在《纵向限制指南》第27段中指出，为此目的"自有品牌"零售商将不被视为制造商。

[353] 参见《横向合作协议指南》第12段 OJ［2011］C 11/1；参见第15章第733页"《横向合作协议指南》的宗旨和范围"。

[354] 《纵向限制指南》，第45段。

由另一条法规涵盖的那种协议。因此，除特定法规所规定的范围外，第330/2010号条例并不涵盖，技术转让协议[355]、汽车的分销[356]、研发协议[357]和专业化协议[358]的集体豁免所涵盖的纵向协议。如果协议不满足这些条例中任何一项的豁免标准，则第2条第5款可防止该协议被第330/2010号条例豁免。第2条第5款还将阻止第330/2010号条例适用于任何未来集体豁免范围内的任何协议。[359]

(E) 第3条：市场份额上限

(i) 为什么要市场份额测试？

第330/2010号条例的主要特征之一是包含了一个市场份额上限，用于确定哪些协议将从集体豁免中受益。[360] 该条例表现出“经济导向方法”的特点。

市场支配力是对此类协议进行经济分析的核心（无论是根据《欧盟运行条约》第101条第1款还是第101条第3款），而市场份额上限是市场支配力不存在的有用替代。在当事方的市场份额不超过30%的情况下，评论8指出，可以假定不包含核心限制的纵向协议会改善生产或分配，消费者将从中获得公平的收益份额。换句话说，市场份额上限是用于筛选满足第101条第3款的协议的过滤器。

评论9提出了两个不同且重要的观点：第一，当任何一方的市场份额超过30%时，不能作出这样的推定；但是第二，不存在超过该门槛的协议违反第101条第1款或不能从第101条第3款受益的假定。[361] 在超过门槛的情况下，需要对协议进行个别分析。

(ii) 什么是市场份额？

当然，可以争论市场份额上限是多少。第330/2010号条例的前身将市场

---

[355] 第316/2014号条例，OJ［2014］L 93/17；参见第19章第966～977页“技术转让协议：第316/2014号条例”。

[356] 第461/2010号条例，OJ［2010］L 129/52；参见本章第835～837页“关于汽车分销的第461/2010号条例”。

[357] 第1217/2010号条例，OJ［2010］L 335/36；参见第15章第739～744页“研发协议的集体豁免：第1217/2020号条例”。

[358] 第1218/2010号条例，OJ［2010］L 335/43；参见第15章第746～749页“专业化协议的集体豁免：第1218/2010号条例”。

[359] 欧盟委员会在《纵向限制指南》第46段中明确指出了这一点。

[360] 《纵向限制指南》的第V节涉及市场定义和市场份额计算问题；大致参见第1章第29～58页“市场界定和市场支配力”。

[361] 类似地，参见《纵向限制指南》第23段和第96段。

份额门槛慷慨地设定为30%[362]：该数字提供的“安全港”将使即使不是数十万也是成千上万的协议受益。更高的市场份额上限（例如40%）几乎可以说，占支配地位企业施加的除第4条所规定的核心限制之外，只有纵向限制是有问题的：也许欧盟委员会不愿意在这种程度上削弱第101条的作用是不奇怪的。

在 *JCB* 案中，欧盟委员会裁定 JCB 的分销协议无法实行集体豁免，因为其市场份额在40% ~45%。[363] 30%的上限阻止在 *Telenor/Canal + /Canal Digital* 案中适用了集体豁免。[364]

就 Interbrew 在比利时的酒吧和咖啡馆的单一品牌协议的案件而言，欧盟委员会得出结论，尽管 Inberbrew 的市场份额约为56%，但当排他性的范围仅限于贮藏啤酒时，该协议就不会明显限制竞争。[365]

（iii）谁的市场份额？

第330/2010 号条例第 3 条第 1 款规定，各当事方的市场份额不得超过30%。第 3 条第 1 款规定集体豁免应适用于：

> 前提是供应商持有的市场份额不超过其销售合同货物或服务的有关市场的30%，而买方持有的市场份额不超过其购买合同商品或服务的相关市场的30%。

第2790/99 号条例（第330/2010 号条例的前身）仅适用于不超过供应商的市场份额上限的纵向协议；除了独家供应义务的情况外[366]，在旧制度下，买方的市场份额无关紧要。在所有情况下将市场份额上限扩大到买方的上限在2009 年提出时是有争议的。有人对它的应用可能涉及的复杂性表示关注，特别是因为在评估如何界定相关市场方面存在固有的困难。[367] 但是，第330/2010号条例包含了买方市场份额上限，这有两个原因：首先，欧盟委员会考虑到自第2790/996 号条例通过以来大型分销商的市场支配力的增长[368]；其次，将上限

---

[362] 参见第2790/99 号条例第3 条，OJ［1999］L 336/21。

[363] OJ［2002］L 69/1，第198 段；欧盟委员会还认为，由于协议存在核心限制，因此无法实行集体豁免：同上，第199 段；有关核心限制参见本章第821 ~828 页“第4 条：核心限制”。

[364] 2003 年12 月29 日的欧盟委员会决定，第196 段。

[365] 欧盟委员会新闻稿 IP/03/545，2003 年4 月15 日。

[366] 参见第2790/99 号条例第3 条第2 款与第1 条（c）项结合。

[367] 参见 RBB Economics “Comments on Proposed Changes to EC Commission Guidelines on Vertical Restraints”，2009 年，可在 www. ec. europa. eu 上查阅。

[368] 参见前委员阿穆尼亚的演讲，SPEECH/10/172，2010 年4 月20 日；进一步了解买方权力的反竞争影响，参见经济合作与发展组织的圆桌会议“垄断和买方力量”（Monopsony and Buyer Power）（2008 年，可在 www. oecd. org/competition 上查阅）和“The competitive effects of buys groups”（OFT 863，2007 年1 月）及其中引用的文献。

应用于买方的市场份额，意味到纵向限制未必是由供应商对买方施加的，也有可能是“买方占支配地位的”[369]；在该指南中包含有关预付费用和类别管理协议的部分也可以归因于这一事实。

第3条第1款规定，相关的市场份额是“在其购买合同货物或服务的市场上”买方的份额；集体豁免不取决于分销商销售或转售产品的（潜在的）大量市场。[370] 买方购买的市场通常会比其出售的市场更广泛。例如，它可以在国际上采购而在国内销售；或在全国范围内进行购买，然后在区域或本地进行销售。[371] 但是，买方在购买和销售市场中的权力之间可能存在某种关系。第3条第1款可以看作是一方面避免不必要的复杂性，另一方面又希望欧盟委员会不忽视买方力量的折中方案。如果纵向协议在零售市场上引起问题，则有可能撤销集体豁免的利益。[372]

在所有情况下应用市场份额上限（包括买方的上限）都会引起纵向协议各方的合规性问题。供应商将需要向每个买方询问有关其在购买市场中的市场份额的信息和保证；显然，这些可能会随着时间而波动；它们的真实性将需要检查；对于某些买方，可能超过了市场份额，但对于其他买方，则没有；如果某些买方的市场份额超过其他买方的市场份额，则可能需要使用不同的协议。此外，供应商将需要与每个买方进行单独谈判，以避免任何被指控参与“中心辐射”阴谋的可能性，这是近年来各竞争主管机构一直在研究的。[373]

第330/2010号条例第3条第2款涉及达成多方协议的立场。第3条第2款规定，企业（协议的当事方）买卖合同产品或服务时，必须尊重卖方和买方的市场份额门槛。《纵向限制指南》第90段清楚地说明了制造商、批发商和零售商之间达成协议的例子，其中批发商在其买卖市场中的市场份额都必须在30%或以下。

（iv）《纵向限制指南》

该指南第23段解释说，只有在供应商或买方或两者都有市场支配力的情况下，大多数纵向限制才会引起竞争问题。然后，它重复了第3条第1款的条款。该指南第72段和第73段涉及供应商使用相同的分销协议来分销产品和/或服务组合的情况，其中某些产品的市场份额超过30%，其他的则少于30%：

---

[369] 有关纵向限制参见本章第801页“前期预付款”和第802页“类别管理协议”。

[370] 如果欧盟委员会保持其在2009年7月28日的条例草案中所采用的立场，则该立场将更为复杂，该草案的确取决于买方在其根据协议销售或转售所购产品的市场中的市场份额。

[371] 《纵向限制指南》，第89段。

[372] 参见本章第831页“欧盟委员会或成员国撤销集体豁免”。

[373] 参见本章例如在英国 *Argos Ltd v OFT*［2006］EWCA Civ 1318。

欧盟委员会指出，集体豁免不适用于前一种情况，而适用于后者。

该指南第V节（第86～95段）讨论了有关市场界定和市场份额计算的各种问题。第89段审查了有关产品市场的问题；欧盟委员会指出，在大多数情况下，将通过从买方角度审查市场来确定相关市场。第90段处理协议的当事方超过两个的情况。[374] 第91段讨论了原始设备制造供应商的地位，第92段讨论了特许经营协议中的市场份额。第93～95段专门涉及根据该条例计算市场份额。

（v）第6条

第6条规定，如果相关市场的50%被类似的纵向协议网络覆盖，则欧盟委员会可以取消集体豁免。此市场份额测试将在以后处理[375]，并且只有很少的应用。

（F）第4条：核心限制

该条例的评论10指出，“包含某些类型的严格竞争限制（例如最低和固定转售价格）以及某些类型的地域保护的纵向协议，无论如何均应从本条例规定的集体豁免中排除，而无关乎有关企业的市场份额”。[376] 第4条列出了“核心”限制，这些限制导致整个纵向协议（不仅仅是有争议的条款）被排除在集体豁免之外。[377] 第4条与第5条形成对比，第5条否认集体豁免适用某些特定义务，但并不剥夺协议其余部分享有集体豁免的利益。[378] 该指南第70段指出，对核心限制没有可分割性。

第4条中的每项核心限制都与品牌内竞争的限制有关[379]，尽管欧盟委员会认为在某些情况下，品牌内竞争的限制可以通过减弱竞争和/或促进横向串通来影响品牌间竞争。[380] 该指南第47段指出，包含第4条所列类型的核心限制的协议“被推定属于第101条第1款的范围”。根据《欧盟运行条约》第101条的规定，这是指具有限制竞争“目的”的协议；该指南第23段和第96段明确

---

[374] 参见本章第810～811页“获得豁免的协议可以是多边的”。

[375] 参见本章第832页“第6条：根据欧盟委员会条例取消集体豁免”。

[376] 参见《纵向限制指南》，第47～59段。

[377] 同上，第47段。

[378] 参见本章第829～830页“第5条：纵向协议中不可免除的义务”。

[379] 该条例的其他部分，品牌内竞争的限制或品牌间竞争弱的情况在该条件其他部分特别进行了处理，如第2条第4款；第3条；第5条；以及撤销集体豁免的条款，此处参见本章第831页“欧盟委员会或成员国撤销集体豁免”。

[380] 举一个欧盟委员会担心“最惠国”条款可能导致价格平行的情况的例子请参见对好莱坞电影制片厂的调查。欧盟委员会新闻稿 IP/04/1314，2004年10月26日；欧盟委员会新闻稿 IP/11/257，2011年3月4日；有关“最惠国”条款，参见本章第805～807页“平价条款”。

将核心限制称为以目的限制竞争。明显影响成员国之间贸易的限制竞争目的（以及由此而来的核心限制）构成了相当大的竞争限制，因此最低限度原则不适用。[381] 但是，如果对国家间贸易没有明显影响，则核心限制可能不在第 101 条第 1 款的范围内。[382] 另外，《纵向限制指南》第 60～64 段承认，在某些情况下，核心限制对于某种特定类型的协议可能在客观上是必需的，因此完全不在第 101 条第 1 款的范围之内，或符合第 101 条第 3 款的条件。[383] 该指南第 47 段规定，假定包含核心限制的协议不太可能满足第 101 条第 3 款的要求，但企业仍可以证明第 101 条第 3 款在特定情况下适用，并提及该指南第 106～109 段，其中讨论了一般与纵向限制有关的可能效率以及第 VI. 2. 10 节（第 223～229 段），其中既考虑了反对转售价格维持的论点，也考虑了可能的正当理由。

第 4 条规定，对于“直接或间接、孤立或与当事方控制下的其他因素相结合，以下述事项为目标”的协议，如转售价格维持和过分地域性保护的协议，集体豁免将不适用。第 4 条仅根据协议的目的而不是其效果而适用。该条例第 4 条和《欧盟运行条约》第 101 条第 1 款中的“目的”一词未指当事方的主观意图；而是根据客观标准判断的协议目的。[384] 但是，集体豁免的排除范围非常广泛，因为它将阻止集体豁免适用于“直接或间接、孤立地或与其他因素结合”使用，具有被禁止的目的之一的协议。

（i）第 4 条（a）项：转售价格维持

第 4 条（a）项规定，集体豁免不适用于以下目的的协议：

> 限制购买者确定其销售价格的能力，但不影响供应商施加最高销售价格或推荐销售价格的可能性，但前提是它们不因来自任何当事方的压力或由任何当事方的激励措施而等于固定或最低销售价格。[385]

这种表述明确地承认，允许实行最高转售价格[386]和推荐价格[387]；但是，这

---

[381] 案例 C－226/11 EU：C：2012：795，第 37 段；进一步参见第 3 章第 180～185 页“最低限度原则”。

[382] 案例 5/69 *Völk v Vervaecke* EU：C：1969：35；案例 C－306/96 *Javico v Yves Saint Laurent* EU：C：1998：173。

[383] 参见本章第 789～790 页“第 101 条第 1 款之外的或满足第 101 条第 3 款的出口禁令”。

[384] 参见第 3 章第 149～161 页“以排除、限制或扭曲竞争为目的的协议”。

[385] 参见《纵向限制指南》第 48 段和第 49 段（本章第 804～805 页“推荐与最高转售价格”）。

[386] 欧盟委员会在 *Nathan－Bricolux* OJ［2001］L 54/1 中指出，施加最高转售价本身并不违反第 101 条第 1 款：参见第 87 段；欧洲法院从未控制过施加最高价格。

[387] 欧洲法院在案例 161/84*Pronuptia de Paris v Pronuptia de Paris Irmgard Schillgalis* EU：C：1986：41 案作出判决：推荐价格本身并不会违反第 101 条第 1 款：参见第 25 段。

要遵循以下附带条件，必须与第4条开头部分中“直接或间接”的措辞结合起来阅读。《纵向限制指南》第48段注意到这一观点，协议可能具有转售价格维护的直接或间接的目的。建立最低价格的合同限制将是协议的直接目的是固定价格的一个简单示例。第48段举例说明了通过间接手段维持价格的情况：

> 确定分销利润，确定分销商可以在规定的价格水平给予的最大折扣水平，在遵守给定价格水平的情况下由供应商给予回扣或报销促销费用，并将规定的转售价与竞争对手的转售价相联系，使威胁、恐吓、警告、罚款、交货的延迟或中止或合同的终止与遵守给定价格水平相关。[388]

为确定降价分销商而采取的措施也可能构成“间接压力”以固定价格。第48段建议，印出推荐转售价格或适用最受青睐的客户条款的义务会降低价格的动机，因此可能属于第4条的损害范围。该段承认，使用特定的“支持性”措施或者价格建议本身不是核心限制。对于国内诉讼案件，应由国家法院根据所收到的证据确定转售价格是推荐的、固定的还是最低的。[389]

就代理协议而言，第101条第1款通常不适用[390]。但是，如果此类协议属于第101条第1款的范围，则该指南第49段指出，对代理人的限制是阻止或限制与其固定或可变的客户分担佣金，将构成核心限制。代理人应有足够的权力降低客户支付的有效价格，而不会减少委托人的收入。[391]

（ii）第4条（b）项：地域与消费者限制

第4条（b）项的开头规定，集体豁免不适用于协议的目的是：

> 在不损害关于其设立地点的限制的情况下，对协议的买方可以销售合同货物或服务的区域或对客户的限制。

这一重要条款处理了在何种程度上可以授予地域或客户独占权。[392]

（a）第4条（b）项：核心限制

第4条（b）项仅涉及对买方的销售权的限制，而不涉及对供应商的销售

---

[388] 欧洲法院在案例C－506/07 *Lubricarga v. Petrogal Espanola* EU：C：2009：504，第53段中使用了类似的措辞，指“威胁、恐吓、警告、罚款或引诱”。

[389] 参见案例C－260/07 *Pedro IV Servicios SL v Total España SA* EU：C：2009：215，第79段和80段。引用案例C－279/06 *CEPSA Estaciones de Servicio SA v LV Tobar e Hijos SL* EU：C：2008：485，第67段、第70段和第71段。

[390] 参见本章第770～774页“商业代理”。

[391] 参见案例311/85 *Vereniging van Vlaamse Reisbureaus v Sociale Dienst van de Plaatselijke en Gewestelijke Overheidsdiensten* EU：C：1987：418，第24段。

[392] 《纵向限制指南》，第49～52段。

的限制，这些限制不应视为核心限制。在第4条（b）项规定的“不损害关于其设立地点的限制的情况下”表述表示，如果同意买方限制其分销网点和仓库到特定的地址、地点或地区，则集体豁免的利益将不会丧失。[393] 在选择性分销的情况下，第4条（c）项也出现了同样的表述（见下文）。该指南第50段指的是第4条的开头中的“直接/间接”目的二分法。限制买方的间接措施可包括：

> 拒绝或减少赠与或折扣、终止供应、减少供应量或限制分销的区域或客户群内的需求量、威胁终止合同、要求出口产品提高价格、限制可以出口的销售比例或利润转移义务。

扣缴担保服务也可能构成间接手段。[394] 当结合用于检测平行交易的监视系统进行操作时，这些做法更有可能被视为限制买方自由的间接措施。显然，《纵向限制指南》的这一段是基于多年来欧盟法院坚持的欧盟委员会决策实践。[395]

该指南第50段特别指出，根据第4条（b）项，经销商关于显示供应商品牌名称的义务不被视为核心限制。[396]

（b）第4条（b）项：例外

第4条（b）项为禁止地域和客户限制规定了四个例外；第一个特别重要，因为它处理主动销售和被动销售之间的区别。

例外1：可能有一个限制：

> 对保留给供应商或由供应商分配给另一个买方的专有地域或专有客户群进行主动销售，这种限制并不限制买方客户的销售。

关于第4条（b）项（ⅰ）应注意几点。第一，如果买方没有被动销售限制，则允许限制对其他地域或客户的主动销售。第4条（b）项没有具体说明；但是，在《纵向限制指南》第51段中明确指出。第二，限制必须是对“保留给供应商或由供应商分销给另一个买方的”专有地域或专有客户群的积极销售。第51段解释说，这意味着买方必须受到保护针对欧盟范围内供应商的所有其他买方的销售，而“不论供应商的销售如何”。因此，不会失去对主动销售的保护因为纵向协议并不对供应商施加限制，而仅对其买方施加限制。

---

[393] 同上，第50段。

[394] 同上，第50段和引用的判例法。

[395] 参见本章第784～790页“直接和间接出口禁令”。

[396] 据推测，这是基于欧洲法院在案例161/84 *Pronuptia de Paris v Pronuptia de Paris Irmgard Schillgalis* EU：C：1986：41中的判决。

换句话说，独家经销权（使供应商在分销商的地域内可以自由供应）可以享受集体豁免，独占经销权也一样，在这种情况下，供应商同意不向后者地域的客户提供产品。显然，不可能将主动销售限制在专有技术或专利被许可人所保留的区域，尽管没有给出为什么这样做的解释。第三，在不限制被动销售的情况下，专有分销可与第 4 条（b）项（ⅰ）下的专有客户分配相结合。

该指南第 51 段涉及主动销售和被动销售之间的区别，可以如下描述：

主动销售	被动销售
积极接近个人消费者销售商品或服务	应对来自个人消费者的主动请求，包括运送给这些消费者商品或服务

该指南第 51 段提供了主动销售的示例：在另一个人的专有地域内建立仓库或分销网点，通过发送不请自来的电子邮件来接触个人客户，并通过互联网上的广告向特定客户群或特定地域的客户进行广告宣传。它补充说，只有到达特定客户群或特定域域内的客户的广告或促销才对买方具有吸引力是主动销售。

第 51 段还给出了被动销售的示例："一般广告或促销"；如果对买方而言，对该广告或促销进行投资有意义（即使仅会覆盖其自己的地域或客户群的客户），那么到达其他地域或客户群的客户的广告将被视为一般广告。

该指南第 52 ~ 54 段解释了欧盟委员会关于互联网上在线销售的想法。第 52 段指出，原则上必须允许每个分销商使用互联网来销售产品，并且一般而言，使用网站销售产品等于被动销售。因此，如果客户访问分销商的网站并且这种联系导致了销售，则将其视为被动销售。[397] 第 52 段补充说，在网站上提供不同的语言选项本身并不会改变这种销售的被动性。然后，欧盟委员会给出了被动销售的核心限制的四个示例：

- 一个地域的分销商达成的协议将阻止另一地域的客户查看其网站，或自动将客户重新定向到其他分销商的网站，但是，允许网站与其他分销商和/或供应商链接；
- 如果客户的信用卡数据显示出不在经销商地域内的地址，则经销商将终止其在互联网上的交易的协议；

---

[397] 参见 *Roma - branded mobility scooters*，2013 年 8 月 5 日的英国公平交易办公室决定，第 3.232 段，其认为在第 4 条（b）项所指的范围内，阻止踏板车在线销售和在线价格广告的协议是核心限制，可在 www. gov. uk/cma 上查阅。

• 同意分销商限制其在互联网上销售总额的比例的协议。但是，允许要求分销商至少在线下出售一定数量（价值或数量）的绝对数量，以确保其“实体店”（即实体销售点）的有效运营：绝对金额对于所有经销商而言可以相同，也可以根据客观标准为每个买方分别确定；

• 同意分销商将打算为由分销商在线而不是线下转售的产品支付更高的价格。[398] 但是，该指南第64段承认，在某些情况下，双重定价虽然根据第4条（b）项被视为核心限制，但可能会个别满足《欧盟运行条约》第101条第3款的要求。在这种情况下，在线销售会给供应商带来比离线销售高得多的成本。

该指南第53段讨论了在什么情况下可以将互联网销售视为主动而不是被动，因此根据集体豁免可以限制互联网销售。专门付给某些客户的广告将被认为是主动的，向搜索引擎或在线广告提供商付款以使广告专门显示给特定地域的用户也将被视为主动。第54段解释说，供应商可以对使用互联网站点转售其商品施加质量标准，就像供应商为在商店或按目录销售所做的一样。尤其是，供应商可能要求其分销商拥有一个或多个实体店或陈列室，作为成为分销系统成员的条件。

在 *Yamaha* 案[399]中，欧盟委员会认为，对互联网销售的限制违反了《欧盟运行条约》第101条第1款[400]，并且不被集体豁免涵盖。[401] 在 *Pierre Fabre Dermo – Cosmetique* 案[402]中，欧洲法院裁定，全面和绝对禁止选择性分销系统的成员进行在线销售是第4条（c）项的核心限制。[403] 限制使用第三方平台进行互联网销售被认为不违反 *Coty* 案中阐释的第4条（b）项。[404] 几个国家竞争主管机构已采取行动，反对通过对互联网销售或广告的限制。[405] 在欧盟委员会的电子商务部门进行调查之后[406]，它正在调查是否有多家制造商限制零售商向欧

[398] 参见 *CIBA/Alcon*，2015年8月6日的匈牙利竞争主管机构决定，谴责供应商的退税制度，要求在线经销商向隐形眼镜支付比离线经销商更高的价格。

[399] 2003年7月16日的欧盟委员会决定。

[400] 同上，第107～110段。

[401] 同上，第171段。

[402] 案例 C－439/09 *Pierre Fabre* EU：C：2011：649。

[403] 同上，第54～59段。

[404] 案例 C－230/16 EU：C：2017：941，第69段。

[405] 参见例如 *Roma－branded mobility scooters*，2013年8月5日的英国公平交易办公室决定；*Ultra Finishing Ltd*，2016年5月10日的英国竞争与市场管理局决定；*Bang & Olufsen*，2012年12月12日的法国竞争主管机构决定；*Pioneer*，奥地利卡特尔法院2014年3月至6月的裁决；另见经济发展与合作组织圆桌会议“在线销售的纵向限制”（Vertical Restraints for On－line Sales）（2013年），可在 www.oecd.org/competition 上查阅。

[406] 2017年5月10日的最终报告，可在 www.ec.europa.eu 上查阅。

盟内部的消费者销售跨境产品。[407]

例外 2：允许以批发贸易级别进行交易的买方对最终用户的销售（主动和被动）进行限制。该指南第 55 段解释说，这意味着供应商可以将市场的批发和零售级别分开，结果是其产品的买方可以专注于它们在市场中的特定活动水平；它补充说，供应商可以根据需要允许批发商出售给某些最终用户，例如大客户，但不卖给其他用户。

例外 3：允许选择性分销系统的成员对在该系统当前正在运行或供应商尚未销售合同产品的任何地域内的未授权分销商的主动和被动销售进行限制。[408] 第 1 条第 1 款（e）项定义的选择性分销系统是指供应商同意仅向根据指定标准选择的分销商提供合同产品或服务，而这些分销商同意不向未经授权的分销商出售的系统。应当指出，该条例中关于选择性分销系统的定义不限于所涉产品或服务的性质；也没有指定标准应该是定性的而不是定量的。[409]

例外 4：可以限制使用组件的买方主动和被动出售给使用该组件来制造与供应商竞争的产品的客户。该指南第 55 段解释说，“组件”一词包括任何中间产品，“并入”一词是指使用任何投入物来生产这些产品。

（iii）第 4 条（c）项：在零售贸易级别上运行的选择性分销系统的成员对最终用户的主动或被动销售的限制

当限制选定的分销商在对最终用户的零售贸易中的主动或被动销售时，第 4 条（c）项阻止采用集体豁免。《纵向限制指南》第 56 段指出，最终用户可能是专业买家或最终消费者。[410] 但是，第 4 条（c）项有规定，那就是禁止分销商在未经授权的营业地点外运营：如果没有此规定，分销商将不符合使系统具有选择性的“指定标准”，并将有效地作为未经授权的分销商运作。[411] 欧洲法院已表示，在这种情况下，不能将互联网理解为“虚拟”营业场所；互联网是一种销售和营销商品的方法。[412]

该指南第 56 段还解释说，允许参照第 51 段施加限制，“以保护在其他地方运行的专有分销系统”；第 51 段涉及该条例第 4 条（b）项（ⅰ），其中允

---

[407] 参见例如欧盟委员会新闻稿 IP/17/1549，2017 年 6 月 6 日（Guess）和欧盟委员会新闻稿 IP/17/1646，2017 年 6 月 14 日（耐克、Saririo 和 Universal Studios）。

[408] 这是《纵向限制指南》第 55 段对第 330/2010 号条例第 4 条（b）项（ⅲ）中“由供应商保留的使用该系统的区域之内”一词的解释方式。

[409] 《纵向限制指南》，第 176 段。

[410] 同上，第 56～57 段。

[411] 有关此点参见同上，第 57 段。

[412] 案例 C－439/09 *Pierre Fabre* EU：C：2011：649，第 56～58 段。

许限制主动销售，但不能限制被动销售。因此，据推测，可以防止选择性分销系统的成员主动向仅分配给另一分销商的地域或客户群中的用户进行销售，但不能阻止其被动销售。第56段继续说，选择性分销系统应自由地向所有最终用户出售，包括借助互联网。欧洲法院对此表示赞同。[413] 该指南第56段解释说，通过强加网上销售标准，施加义务使分销商无法利用互联网来吸引更多数量和种类的消费者，这在总体上并不等同于视为核心的实体店销售标准。这并不意味着在线和线下销售都必须采用相同的标准，但是这些标准的任何差异都应“追求相同的目标并取得可比的结果，并且标准之间的差异必须通过这两种分销模式的不同性质获得正当化”。

该指南第57段解释说，在实行选择性分销系统的地域内，不能实行独家分销，因为这将违反第4条（c）项中必须同时有对用户主动和被动销售的规则。换句话说，如果不限制主动和被动销售，选择性分销可以与集体豁免下的独家分销相结合。[414]

限制使用第三方平台进行互联网销售被认为不违反 *Coty* 案中阐释的第4条（c）项。[415]

（iv）第4条（d）项：选择性分销系统中对交叉供应的限制

如果选择性分销系统中的分销商（包括处于不同贸易级别的分销商）之间的交叉供应受到限制，则第4条（d）项禁止采用集体豁免。[416] 在 *Yamaha* 案[417]中，欧盟委员会反对官方分销商仅向最终客户销售产品的义务，因为这构成了对网络内部交叉供应的限制。不可能要求授权的分销商仅从一个来源进行购买：它必须能够从任何批准的分销商处购买。[418]

（v）第4条（e）项：对供应商向第三方供应组件的能力的限制

第4条（e）项规定了组件供应商将其作为备件出售给最终用户或买方未委托其修理或维修产品的维修商或服务提供商的能力的核心限制。[419] 最终用户和独立服务提供商应免费获得备件；但买方可以坚持，系统内的维修商和服务提供商应仅从自身购买备件。[420]

---

[413] 同上，第59段。

[414] 这就是《纵向限制指南》第152段中表达这一点的方式。

[415] 案例 C－230/16 EU：C：2017：941，第69段。

[416] 《纵向限制指南》，第58段。

[417] 2003年7月16日的欧盟委员会决定。

[418] 《纵向限制指南》，第58段。

[419] 同上，第59段。

[420] 同上，第59段。

（G）第5条：纵向协议中不可免除的义务

该条例的评论11规定，集体豁免适用某些条件，以确保“进入或防止在相关市场上发生串通”。[421] 如果协议包含第5条所规定的义务，则该义务不会从集体豁免中受益：无论当事方的市场份额高于还是低于市场份额上限，都是如此。[422] 但是，如果纵向协议的其余部分与非豁免义务“可分割”，则集体豁免可继续适用于纵向协议的其余部分。该条例和指南均未就第5条的目的讨论“可分割性”的概念；就第101条第2款而言，协议义务是否“可分割”是协议适用法律的问题。[423]

第5条包含3个例外。

（i）第5条第1款（a）项：不竞争义务

第5条第1款（a）项将集体豁免排除适用于：

> 任何直接或间接的不竞争义务，其期限是不确定的或超过5年。[424]

第1条第1款（d）项规定，“不竞争义务”是指不生产、购买、出售或转售与合同商品或服务竞争的产品或服务的义务：这是大多数人通过这种表达所能理解的。但是，第1条第1款（d）项继续规定，该术语还包括买方向供应商或供应商指定的企业购买超过买方采购的合同货物或服务及其在相关市场上的替代品总购买量的80%[425]的义务，以价值为基础，或者以标准行业惯例为基础，根据上一个日历年的采购量计算。欧盟委员会关注的不只是100%需求合同可能会封锁进入市场，但“80%以上”的较小承诺也可能这样做。

“默示可续签”的协议被视为无限期。《纵向限制指南》第66段规定，不竞争义务的期限不超过5年，并且不存在任何障碍阻止买方在5年末有效终止，如果买方愿意的话，则可以适用于集体豁免。第5条第2款减损了第5条第1款（a）项的规定：从供应商拥有或从第三方租用合同的土地和房屋出售协议产品或服务时，更长的期限可集体豁免。欧洲法院裁定，“房地”和“土地”是指建筑物和一块土地的一部分，而不是分配给分销商的整个地域。[426] 该

---

[421] 同上，第65~69段。

[422] 同上，第65段、第71段。

[423] 参见第8章第410~411页“分割”。

[424] 《纵向限制指南》，第66~67段。

[425] 从字面上看，购买义务占购买者购买总额的80%不构成不竞争义务，而购买义务却占81%，则构成不竞争义务，因为只有后者适用于“超过80%”。

[426] 案例C-117/12 *La Retoucherie de Manuela v La Retoucherie de Burgos* EU：C：2013：72，第29段。

指南第67段指出，“人造所有权建筑”不可以利用这些“更长的期限”意味着“捆绑式”房屋和车库中的啤酒和汽油协议将被允许超过5年。[427]

在英国法院中，有很多案件考虑了啤酒绑定的有效性[428]。

（ii）第5条第1款（b）项：后期不竞争义务

第5条第1款（b）项将集体豁免排除适用于：

> 导致买方在协议终止后不制造、购买、出售或转售商品或服务的任何直接或间接义务。[429]

第5条第3款对第5条第1款（b）项的减损规定为，从买方在合同期内进行经营的销售点起，对竞争性产品或服务的销售不得超过一年的后期禁令在保护从供应商转移到购买者的专有技术方面必不可少。第5条第3款还规定，第5条第1款（b）项不影响对未进入公共领域的专有技术的使用和披露施加无限时间限制的可能性。为此，该条例第1条第1款（g）项对专有技术进行了定义，并且必须是“实质性的”，也就是说对于买方在使用、出售或转售合同产品或服务时具有重大意义。[430]

（iii）第5条第1款（c）项：选择性分销系统中的竞争性产品

第5条第1款（c）项将一种义务排除在集体豁免范围之外，该义务使选择性分销系统的成员不出售特定竞争性供应商的产品。[431] 在不违反第5条第1款（a）项的情况下，允许选择性分销商一般不处理竞争性产品[432]；但是，第5条第1款（c）项规定在抵制特定竞争性供应商的情况下不适用豁免。该指南第69段解释说，这是为了防止排除“一个特定竞争者或某些特定竞争者”。

---

[427] 参见例如 *Whitbread* OJ［1999］L88/26，在上诉案 T－131/99 *Shaw v Commission* EU：T：2002：83 中得到维持；*Bass* OJ［1999］L 186/1，在上诉案 T－231/99 *Joynson v Commission* EU：T：2002：84 中得到维持；案例 T－25/99 *Roberts v Commission* EU：T：2001：177。

[428] 参见例如 *Holleran v Thwaites*［1989］2 CMLR 917；*Inntrepreneur Estates（GL）Ltd v Boyes*［1993］2 EGLR 112；*Little v Courage Ltd*（1994）70 P & CR 469；*Star Rider Ltd v Inntrepreneur Bub Co*［1998］1 EGLR 53；*Greenall Management Ltd v Canavan（No 2）*［1998］Eu LR 507；*Gibbs Mew plc v Gemmell*［1998］Eu LR 588；*Trent Taverns Ltd v Sykes*［1998］Eu LR 492；*Passmore v Morland*［1999］Eu LR 501；*Crehan v Courage*［1999］Eu LR 409；*Crehan* 案根据《欧盟运行条约》第267条移交给欧洲法院案例 C－453/99 EU：C：2001：465，对此参见第8章第375～376页“*Courage Ltd v Crehan* 案”。

[429] 《纵向限制指南》，第68段。

[430] 无须按照旧集体豁免第2790/99号条例的第1条（f）项的要求，专有技术是必不可少的。

[431] 《纵向限制指南》，第69段。

[432] 同上。

(H) 欧盟委员会或成员国撤销集体豁免

第330/2010号条例并未赋予欧盟委员会或成员国在个别情况下撤回纵向协议集体豁免的权利，因为该权力是第1/2003号条例第29条第1款和第2款赋予的[433]，值得一提的是，此功能从未使用过。[434] 第330/2010号条例评论15述及了第1/2003号条例第29条，并指出，在确定是否应根据该条款撤销集体豁免的利益时，具有相似作用并严重限制进入相关市场或其中的竞争的纵向协议的平行网络可能会产生的反竞争效果尤为重要：评论说，选择性分销和不竞争义务是可能导致这种累积效应的规定的例子。第1/2003号条例第29条的效力不同于第330/2010号条例第6条的效力［见下文第7（I）节］，集体豁免可从特定相关市场的所有纵向协议中取消；根据第29条，“在特定情况下”可取消集体豁免。[435]

（i）第1/2003号条例第29条第1款：欧盟委员会的撤销

第29条第1款规定，如果协议的效力与《欧盟运行条约》第101条第3款不符，个别情况下欧盟委员会可以撤销集体豁免的利益。如前所述，如果在类似的纵向协议的市场中产生累积效应，导致对竞争的不合理限制，情况可能会如此。[436] 该指南第74~78段讨论了撤销程序。第77段指出，欧盟委员会有举证责任证明第101条第1款被违反，并且该协议不符合第101条第3款的条件。第77段还指出，撤销决定只能具有即时效力，因此集体豁免将一直持续到撤销时为止。

（ii）第1/2003号条例第29条第2款：欧盟成员国的撤销

第29条第2款赋予成员国竞争主管机构撤销集体豁免的权利，如果该条例所适用的协议所产生的效力与第101条第3款——“在具有特定地理市场所有特征的成员国领土内或其一部分内”——不符。该指南第78段指出，在地理市场大于成员国范围时，欧盟委员会具有撤销集体豁免的唯一权力。在其他情况下，权力是联合的。

---

[433] 参见第330/2010号条例评论13和评论14、第1/2003号条例评论10；关于撤销，大致参见《纵向限制指南》，第74~78段。

[434] 欧盟委员会撤销了一项旧的在德国市场购买冲激冰淇淋的采购协议的第1984/83号条例集体豁免：*Langnese* OJ［1993］L 183/19；欧盟委员会的决定在上诉案T-7/93 *Langnese-Iglo v Commission* EU：T：1995：98中得到维持。

[435] 参见第330/2010号条例评论13。

[436] 同上，评论15和《纵向限制指南》，第75~76段。

（I）第6条：根据欧盟委员会条例取消集体豁免

该条例的评论16介绍了欧盟委员会的想法，即在特定市场中取消对协议的集体豁免。[437] 第6条规定，欧盟委员会可以通过条例宣布，如果类似纵向限制的平行网络覆盖相关市场的50%以上，则集体豁免不适用于该市场中包含特定限制的纵向协议。理事会第19/65号条例第1a条规定，该条例在通过后6个月内不适用：如《纵向限制指南》第84段所述，有关企业可能需要时间来适应其协议。

欧盟委员会在该指南第Ⅳ部分第79～85段中讨论了第330/2010号条例的“不适用”。正如在第80段中解释的那样，第8条下的条例取消了集体豁免的好处，并恢复了《欧盟运行条约》第101条第1款和第3款的全部适用。欧盟委员会将必须决定如何处理任何单个协议，并且可能要针对单个案例作出决定，以便为市场上的企业提供一般指导。在某些情况下，欧盟委员会可以选择是否要根据第1/2003号条例第29条第1款（针对特定的企业或特定的协议）或根据第330/2010号条例第6条进行：该指南第82段指出，在作出这一选择时，欧盟委员会将考虑对企业产生累积效应的竞争性企业的数量，或受影响的欧盟内部地理市场的数量。该指南第85段指出，第8条下的条例在生效之前不会影响有关协议的豁免地位。

（J）第7条与第8条：市场份额与营业额

第7条涉及市场份额的计算。[438] 第7条（a）项规定，市场份额应参照市场销售价值计算；如果没有市场销售价值数据，则根据其他可靠的市场信息进行估算，其中就可能包括销售额。第7条（b）项规定，应参考前一个日历年计算市场份额数据。第7条（d）～（g）项提供了长达2年的边际救济，其中市场份额上升到30%以上但不超过35%。

第8条解释了如何根据第2条第2款的规则计算营业额。

（K）第9条与第10条：过渡性规定和生效

该条例于2010年6月1日生效。对于已经根据第2790/99号条例进行集体豁免的协议，提供了到2011年6月1日之前的过渡性救济。新规定将于2022年5月31日到期。

---

[437] 《纵向限制指南》，第79～85段。

[438] 大致参见同上，第93～95段。

8. 纵向协议：第101条第3款的个别适用

违反《欧盟运行条约》第101条第1款且不符合第330/2010号条例规定的集体豁免资格的纵向协议仍可单独满足第101条第3款的规定。

《纵向限制指南》的第Ⅵ节提供了将第101条第3款应用到纵向协议的指南，在个别情况下需要这样做，因为第101条第1款受到违反，且集体豁免不适用。纵向限制的积极影响在第107段中进行了描述[439]，有关适用第101条第3款的一些一般性意见将在第122~127段中找到。[440] 推定第330/2010号条例第4条集体豁免中列出的那种核心限制，尽管企业可能能够证明第101条第3款适用于个别情况[441]，不太可能满足第101条第3款的要求；[442] 正如欧盟普通法院在 *Matra Hachette v Commission* 案[443]中所指出的那样，任何类型的协议的当事方（因此包含核心限制的协议）都有权根据第101条第3款为其辩护。当任何当事方的市场份额超过30%的市场上限时，最有必要对协议进行单独评估。目前尚不清楚的是，欧盟委员会是否会通过一项决定，表示它认为某项协议满足第101条第3款的规定：欧盟委员会只有通过第1/2003号条例第10条通过一项"不适用声明"才能做到这一点，这从来没有做过，或通过提供非正式指导，这也从未发生过。[444]

在第144~148段中，针对将第101条第3款应用于单一品牌协议给出了具体指南。如果进行"针对客户的投资"，则第101条第3款中可能会允许5年以上的不竞争义务[445]：这与欧盟委员会过去的做法一致，例如，在投资建设新电站的情况下，允许15年的独家采购协议。[446] 如果独家分销协议中包含不竞争条款，则在整个协议期限内都可以允许该条款，即使该条款的期限比集体豁免所

---

[439] 参见本章第777~780页"纵向协议：可能有利于竞争"。

[440] 参见本章第783~784页"根据第101条第3款评估的相关因素"。

[441] 《纵向限制指南》，第47段。

[442] 参见本章第804~805页"推荐与最高转售价格"的讨论。

[443] 案例T-17/93 EU：T：1994：89，第85段；另见欧盟委员会《第101条第3款指南》（OJ［2004］C 101/97)，第46段。

[444] 参见第7章第328~329页"第10条：不适用的裁定"。

[445] 《纵向限制指南》，第146段。

[446] 参见例如 *Isab Energy*［1996］4 CMLR 889，《关于竞争政策的第26号报告》（1996）第133~134页；*REN/Turbogas*［1996］4 CMLR 881，《关于竞争政策的第26号报告》（1996）第134~135页。

允许的5年更长。[447] 在*DSD*案[448]中，欧盟委员会认为，DSD是一家在德国运作的企业，该企业在全国范围内运行收集和回收销售包装系统，并同意在每个指定地区从一个收集和分类公司独家购买收集和分类服务，因此欧盟委员会认为其协议符合第101条第3款的标准：专有性使当事方可以长期提供服务并可靠地组织服务，这对旨在提供高水平环保服务的计划产生了实际效果。[449]

《纵向限制指南》第161～164段考虑了将第101条第3款可能适用于独家分销协议的问题。欧盟委员会指出，在没有封锁的情况下，作为独家分销协议的一部分，可以允许5年以上的不竞争义务。[450] 欧盟委员会特别指出，如果所涉产品是新产品、复杂产品或具有在消费前难以评估的质量，独家分销最有可能产生增效作用。[451] 该指南第172段认为，效率的提高可能是由于独家客户分销。第185段和第186段审议了第101条第3款和选择性分销协议；第200～201段处理了独家供应；第207段和第208段处理了预付费用；第213段处理了类别管理；第222段处理了捆绑销售。在第225段中讨论了在个别情况下，转售价格维持可能导致效率提高的情况[452]。

9. 纵向协议：实施

在20世纪八九十年代，欧盟委员会经常调查纵向协议，并经常对其认为违反单一市场命令的企业处以罚款。在21世纪前10年，值得注意的是，欧盟委员会缺乏有关纵向协议的案件：实际上，自2005年10月*Pevgeot*案[453]以来，欧盟委员会没有作出纵向协议违反第101条的决定。近年来，欧盟委员会的执法活动主要集中在侦查和惩罚核心卡特尔以及执行第102条。

然而，不应将欧盟委员会就第101条下的纵向协议方面的行动缺乏解释为内部市场的重要性有所降低或对平行贸易的限制的容忍度有所提高。[454] 关于欧

---

[447] 《纵向限制指南》，第161段。

[448] OJ［2001］L 319/1，在上诉案T－289/01 *Duales System Deutschland GmbH v Commission* EU：T：2007：155中得到维持。

[449] OJ［2001］L 319/1，第141～163段。

[450] 《纵向限制指南》，第161段。

[451] 同上，第164段。

[452] 参见本章第803～804页“第101条第3款的最低与固定价格”。

[453] 2005年10月5日的欧盟委员会决定，在上诉案T－450/05 *Peugeot v Commission* EU：T：2009：262中得到实质支持。

[454] 在“单一市场势在必行”上参见《纵向限制指南》，第7段；另见第1章第27～28页“单一市场势在必行”以及第2章第62～63页“单一市场势在必行”。

盟委员会根据第 101 条减少纵向限制的执法行动减少的一种解释是，在国家层面，无论是国家竞争主管机构还是国家法院，都有许多案件。[455] 这不足为奇：欧盟委员会一般应对大型的，常常是在整个欧盟范围内（甚至全球范围），卡特尔和滥用支配地位的重大案件，但与分销系统有关的问题却往往是在成员国层面按照国家的路线来解决的。关于欧盟委员会缺乏执法行动的进一步解释（无法凭经验证明，但有道理）是，企业及其法律顾问充分理解欧盟的纵向协议制度，并且在实践中运作良好。

电子商务的兴起导致欧盟委员会在纵向限制方面再次活跃起来。例如，它正在调查美国主要电影制片厂与欧洲付费电视广播公司之间的协议是否阻止成员国之间提供付费电视服务。[456] 欧盟委员会在其电子商务部门进行调查之后，启动了许多案件，因为有必要澄清第 101 条对可能限制在线贸易的适用。欧盟委员会已经发布了 3 份新闻稿。第一，它表示已经针对消费类电子产品的在线定价、电子游戏的地理封锁以及酒店价格歧视展开了调查。[457]

在第二个事件中，它宣布正在调查服装公司 Guess 的在线分销做法。[458] 第三次调查是关于耐克、Sanrio 和 Universal Studios 的许可和分销做法。[459]

10. 关于汽车分销的第 461/2010 号条例

汽车销售和售后服务的单一市场发展缓慢：不同的税收制度和分配方法、汇率波动以及某些成员国在“错误”的车道上行驶的事实意味着该市场的整合程度远低于其他市场。[460] 多年来，欧盟委员会一直在监督成员国之间的价格差异。多年来，欧盟委员会谴责了汽车市场上的一些反竞争做法，特别是对国家市场进行划分以防止低价成员国至高价成员国销售汽车，并通过了许多决

---

[455] 国家竞争主管机构的案例的例子，参见本章脚注[89]和脚注[266]。

[456] 欧盟委员会新闻稿 IP/14/15，2014 年 1 月 13 日；另见 *Paramount*，2016 年 7 月 26 日的欧盟委员会承诺决定，已上诉：案例 T－873/16 *Groupe Canal + v Commission*，尚未裁决。

[457] 欧盟委员会新闻稿 IP/17/201，2017 年 2 月 2 日。

[458] 欧盟委员会新闻稿 IP/17/1549，2017 年 6 月 6 日。

[459] 欧盟委员会新闻稿 IP/17/1646，2017 年 6 月 14 日。

[460] 参见如欧盟委员会新闻稿 IP/10/913，2010 年 7 月 9 日；竞争总司网站包含有关汽车分销的有用材料：www. ec. europa. eu。

定，既有违反了《欧盟运行条约》第101条第1款[461]，也有违反第102条的行为（在少数情况下）[462]。欧盟委员会还根据一些情况下的非正式保证结案[463]，并根据第1/2003号条例第9条的规定接受了4项承诺。[464]

就集体豁免制度而言，自1985年以来，机动车的销售一直受制于不同于一般纵向协议的立法制度。[465] 欧盟法院已经收到许多有关汽车特殊制度的案件。[466] 欧盟委员会发布了几份有关汽车分销的报告，指出新车销售市场竞争激

---

[461] 参见例如 *BMW Belgium* OJ［1978］L 46/33，在上诉案 32/78 *BMW v Commission* EU：C：1979：191 中得到维持；*Ford Werke* OJ［1983］L 327/31，在上诉案 25/84 26/84 *Ford Werke AG v Commission* EU：C：1985：340 中得到维持；*Fiat*，《关于竞争政策的第14号报告》（1984），第70点；*Alfa Romeo* 同上，第71点；*Peugeot* OJ［1986］L 295/19；*Citroen*，欧盟委员会新闻稿 IP（88）778；*Peugeot* OJ［1992］L 66/1，在上诉案 T－9/92 *Peugeot v Commission* EU：T：1993：38 中得到维持，在进一步上诉至欧洲法院的案例 C－322/93 P EU：C：1994：257 中得到维持；*Volkswagen* OJ［1998］L 124/60，在上诉案 T－62/98 *Volkswagen AG v Commission* EU：T：2000：180 中基本得到维持，在进一步上诉案 C－338/00 P *Volkswagen AG v Commission* EU：C：2003：473 中基本得到维持；*Opel* OJ［2001］L 59/1，在上诉案 T－368/00 *General Motors Nederland BV v Commission* EU：T：2003：275 中基本得到维持；在进一步上诉至欧洲法院的案例 C－551/03 P *General Motors BV v Commission* EU：C：2006：229 中得到维持；*Peugeot*，2005年10月5日的欧盟委员会决定，在上诉至欧盟普通法院的案例 T－450/05 *Automobiles Peugeot v Commission* EU：T：2009：262 中基本得到维持；*Volkswagen II*［2001］L 262/14 中欧盟委员会的决定，在上诉案 T－208/01 *Volkswagen AG v Commission* EU：T：2003：326 中被撤销；在上诉至欧洲法院的案例 C－74/04 P *Commission v Volkswagen* AG EU：C：2006：460 中被撤销；*DaimlerChrysler* OJ［2002］L 257/1 中欧盟委员会的决定，在上诉案 T－325/01 *DaimlerChrysler v Commission* EU：T：2005：322 中被部分撤销。

[462] 参见例如案例 226/84 *BL v Commission* EU：C：1986：421；案例 26/75 *General Motors Continental NV v Commission* EU：C：1975：150。

[463] 参见 *Audi*，欧盟委员会新闻稿 IP/03/80，2003年1月20日；*General Motors*，欧盟委员会新闻稿 IP/06/302，2006年3月13日；*BMW*，欧盟委员会新闻稿 IP/06/303，2006年2月13日。

[464] *DaimlerChrysler* OJ［2007］L 317/76；*Fiat* OJ［2007］L 332/77；*Opel* OJ［2007］L 330/44；*Toyota Motor Europe* OJ［2007］L 329/52。

[465] 旧的集体豁免见于第123/85号条例（OJ［1985］L 15/16），该条例被第1475/95号条例（OJ［1995］L 145/25）取代，而后者又被第1400/2002号条例（OJ［2002］L 203/30）取代。

[466] 其余案件参见本章脚注[461]，参见案例 10/86VAG *France v Magne* EU：C：1986：502；案例 C－70/93 BMW v ALD EU：C：1995：344；案例 C－266/93 *Bundeskartellamt v Volkswagen AG* EU：C：1995：345；案例 C－226/94 *Grand Garage Albigeois* EU：C：1996：55；案例 C－309/94 *Nissan France* EU：C：1996：57；案例 C－128/95 *Fontaine* EU：C：1997：72；案例 C－41/96 *VAG－Handlerbeirat eV v SYD－Consult* EU：C：1997：233－，案例 C－230/96 *Cabour SA v Automobiles Peugeot* SA EU：C；1998：181；案例 C－125/05 *VW－Audi Forhandlerforeningen v Skaninavisk Motor Co A/S* EU：C：2006：531；案例 C－376/05 和 C－377/05 *A Brünsteiner GmbH v BMW* EU：C：2006：753；案例 C－421/05 *City Motors Groep NV v Citroën Belux NV* EU：C：2007：38；欧洲自由贸易联盟法院案例 E－3/97/*Jan an and Kristian Jager AS v Opel Norge AS*［1999］4CMLR 147 和英格兰法院案例 *Cound v BMW*［1997］Eu LR 277 和 *Clover Leaf Cars v BMW*［1997］Eu LR 535。

烈，尽管维修和保养及配件市场由于其品牌特征竞争更为有限。[467]

自2013年6月1日起，有关购买、出售或转售新汽车的纵向协议均属于第330/2010号条例所规定的范围。第461/2010号条例第3条[468]对与汽车配件的购买、出售或转售或汽车维修和保养服务相关的纵向协议分别提供了集体豁免，但前提是这些协议符合第330/2010号条例的规定，且不包含第461/2010号条例第5条中指定的任何其他核心限制。特别是，供应商必须能够自由地将配件出售给授权的分销商或独立的维修商[469]，这是为了确保在维修和保养市场上进行有效的竞争。[470] 第1/2003号条例的第29条使欧盟委员会或成员国在某些情况下可以撤回集体豁免的好处。[471] 第461/2010号条例第6条赋予欧盟委员会权力，将对具有特定限制条件的纵向协议不适用集体豁免，该限制条件为相关市场的50%以上由类似纵向限制条件的平行网络所覆盖。要求欧盟委员会监督第461/2010号条例的执行情况，并将在2021年5月31日之前就其实施情况编写一份报告。与汽车售后市场相关的协议将受第461/2010号条例约束，直至2023年5月31日。

欧盟委员会发布了《关于机动车销售、维修协议和机动车配件分销协议中纵向限制的补充指南》，该指南不仅涉及对集体豁免的解释，而且在第Ⅳ节中，将《欧盟运行条约》第101条第1款应用于汽车行业的单一品牌和选择性分销。[472]

11. 分包协议

分包协议是商业世界的共同特征。承包商通常委托另一家企业（分包商）在承包商的指示下制造货物、供应服务或进行工作。如果分包商只是向承包商提供货物或服务，则该协议将是纵向协议，并且该协议将受欧盟委员会的

---

[467] *Evaluation Report on the operation of Commission Regulation* (*EC*) *No 1400/2002*, SEC (2008) 1946, 2008年5月28日；另见 The Future Competition Law Framework Application to the Motor Vehicle Sector, COM (2009) 388 final, 2009年7月22日。

[468] OJ [2010] L 129/52；有关评论参见：CLARK J, SIMON S. The New Legal Framework for Motor Vehicle Distribution: A Toolkit to Deal with Real Competition Breakdowns [J]. Journal of European Competition Law & Practice, 2010, 1: 491.

[469] 参见第461/2010号条例第5条（b）项；参见《关于机动车销售、维修协议和机动车配件分销协议中纵向限制的补充指南》, OJ [2010] C 138/16, 第23段。

[470] 参见第461/2010号条例评论17。

[471] 参见同上，评论20和评论23；有关撤回集体豁免权的权力参见第831页“欧盟委员会或成员国撤销集体豁免”。

[472] OJ [2010] C 138/16。

《纵向限制指南》和纵向协议的集体豁免的约束。[173] 如果在相互竞争的企业之间签订了分包合同，则应根据欧盟委员会的《横向合作协议指南》予以考虑。[174] 但是，在某些情况下，承包商将专有技术转让给分包商，以便其能够执行委托给它的任务。欧盟委员会通过了《关于分包协议的通知》，以解释第101条第1款在这种情况下的适用。[175]

欧盟委员会认为，上述分包协议不违反第101条第1款，但须遵守下文解释的附加条款，这种协议中的条款规定承包商向分包商提供的任何技术或设备可以限制向第三方提供该技术或设备，除非出于协议目的，以及仅将这些技术或设备的使用所产生的产品、服务或工作的供应要求提供给承包商；否则通常不属于第101条第1款的范围。提及的条件是必须有必要的技术或设备，以使分包商能够制造商品、提供服务或进行工作。在这种情况下，不将分包商视为在市场上的独立供应商。如果分包商使用了属于该承包商的知识产权或专有技术，则可以满足此条件。但是，如果分包商能够获得对自己采取行动的有关技术或设备的使用权，将不符合。

《关于分包协议的通知》载有其他许可条款。特别是，承包商可以要求分包商以非独占的方式将协议中作出的任何技术改进移交给它；如果在不使用承包商的知识产权的情况下无法进行分包商的任何改进或发明，独占许可是可以接受的。但是，分包商必须可以自由处置自己的研发成果。

12. 英国法律

本部分考虑了英国竞争法对纵向协议的适用，特别是1998年英国竞争法和2002年英国企业法第1章的禁止规定。

（A）纵向整合

纵向整合有可能根据2002年英国企业法的市场调查条款进行调查[176]；英国

---

[173] 参见欧盟委员会《横向合作协议指南》，OJ［2011］C 11/1，第154段。

[174] 同上，第150～153段；有关《横向合作协议指南》大致参见第15章第744～749页“生产协议”。

[175] OJ［1979］C 1/2；另见《纵向限制指南》，第22段；有关分包进一步参见：ROSE V，BAILEY D. Bellamy & Child：European Union law of competition［M］. 7th ed. Oxfrod：Oxford University Press，2013：paras 7.192－7.200；注意在某些情况下，一项协议可能等同于一项技术转让协议，该协议受益于第316/2014号条例的集体豁免：参见第19章第966～977页“技术转让协议：第316/2014号条例”。

[176] 参见第11章，其中描述了2002年英国企业法中的市场调查条款。

竞争与市场管理局在关于这些条款的指南中特别指出[477]，纵向整合可能会排斥竞争者，并增加行业内的进入壁垒。[478] 英国竞争与市场管理局的前身——竞争委员会以及在此之前的垄断与合并委员会进行了几次调查，其中有必要考虑纵向整合的影响。[479] 在对 *Supply of Beet* 案[480]进行调查之后，六大啤酒制造商被禁止每家拥有超过 2000 个零售店，随后不得不撤出 21900 个零售店。[481] 在 *Energy market investigation* 案[482]之后，英国竞争与市场管理局得出结论，纵向整合的电力公司的行为方式不会损害非整合公司的竞争地位，从而损害消费者。

纵向合并可以根据 2002 年英国企业法进行调查，其中要收购的企业的营业额价值超过 7000 万英镑。[483]

（B）商业代理

根据 1998 年英国竞争法，没有关于代理协议的处理的具体指南。但是，由于该法第 60 条第 3 款的规定，英国竞争与市场管理局在适用第 1 章禁止规定时考虑了欧盟委员会《纵向限制指南》第 12 段至第 21 段。[484] 在 *Vodafone* 案[485]中，Vo dafone 与其分销商之间订立的确定预付费手机代金券零售价的协议不是代理协议[486]；但是，Vodafone 并未违反第 1 章的禁止规定，因为它是根据监管义务行事的。[487]

---

[477] 《调查指南》，2006 年 3 月，第 5.1 段，可在市场竞争与市场管理局的网站 www.gov.uk/cma 上查阅。

[478] 同上，第 5.8 段。

[479] 参见 *Gas and British Gas plc*，Cm 2315 - 2318（1993）；*Foreign Packaged Holidays*，Cm 3813（1997）；*Aggregates，cement and ready - mix concrete market investigation*，2014 年 1 月 14 日的最终报告。

[480] *The Supply of Beer*，Cm 651（1989）。

[481] 这些变化受到基于啤酒供应（借贷关系、特评经营场所和批发价格）令的影响：SI 1989/2258 和基于啤酒供应 1989 年（制定庄园）令，SI 1989/2390；这些法令随后被撤销：基于啤酒供应 2002 年（绑定庄园）撤销令，SI 2002/3204 和基于啤酒供应 2003 年（借贷关系、特评经营场所和批发价格）撤销令，SI 2003/52。

[482] 2016 年 6 月 24 日的最终报告，第 7 节。

[483] 2002 年英国企业法第 23 条第 1 款（b）项；有关纵向协议参见第 22 章第 1167 ~ 1169 页“非横向合并”。

[484] 参见本章第 770 ~ 774 页“商业代理”；有关 1998 年英国竞争法第 60 条参见第 9 章第 473 ~ 479 页“‘管理原则条款’：1998 年英国竞争法第 60 条”。

[485] 2002 年 4 月 5 日的英国电信局决定。

[486] 同上，第 35 ~ 37 段。

[487] 同上，第 47 段。

（C）1998年英国竞争法下的纵向协议

（i）第1章禁止规定直至2005年4月30日为止不包括纵向协议

1998年英国竞争法第50条第1款赋予国务大臣权力，将纵向协议排除在第1章的禁止规定范围之外。从1998年3月至2005年4月30日的第1章禁止规定中，1998年英国竞争法2000年（土地和纵向协议除外）令[488]排除了所有纵向协议，但规定了最低或固定转售价格除外。

（ii）对排除纵向协议的撤销

通过第1/2003号条例，意味着有很多话要说，使国内纵向协议的法律与欧盟法律的立场保持一致。因此，决定取消第1章禁止规定的排除，并在可能的情况下，将国内和欧盟竞争法适用于纵向协议应保持一致。因此，自2005年5月1日起废止该法定文书（允许第1/2003号条例生效，在该条例生效1年内，企业可以调整其协议）[489]，因为根据该协议，竞争法对纵向协议没有特殊待遇。现在的立场是，影响成员国之间贸易的纵向协议受《欧盟运行条约》第101条的约束，包括在适用第330/2010号条例或第461/2010号条例时；并且不影响成员国之间贸易的协议受第1章禁止规定的约束，这符合1998年英国竞争法第60款第2款与欧盟法院的判例法相一致的要求[490]，并根据该法第10条获得了与欧盟集体豁免平行的豁免。[491] 这意味着许多协议均不受欧盟和英国法律的约束，并且英国无须对纵向协议采用自己的集体豁免。

欧洲联盟（撤回）法案如果获得通过，将终止欧盟法律在英国的直接影响，并且随之而来的是，就国内法而言，纵向协议将不再受益于第330/2010号条例。英国脱欧竞争法工作组建议，应废除1998年英国竞争法第10条，并以一系列国内集体豁免作为代替。[492]

（iii）《纵向协议指南》

《纵向协议指南》[493] 讨论了《欧盟运行条约》第101条和第102条以及第1

---

[488] SI 2000/310；英国竞争上诉法庭认为在某些情况下排除令不适用：案例1252/1/12/16 *GlaxoSmithKline plc v CMA*［2018］CAT 4，第350~364段。

[489] 参见1998年英国竞争法2004年（土地协议排除和撤销）令，SI 2004/1260。

[490] 有关第60条的讨论参见第9章第473~479页“‘管理原则条款’：1998年英国竞争法第60条”。

[491] 有关讨论参见第9章第458页“平行豁免”。

[492] 2017年7月26日的最终报告，第2.12段，可在www.bclwg.org上查阅；有关适用集体豁免的权力参见1998年英国竞争法第6条；参见第9章第457~458页“集体豁免”。

[493] OFT 419，2004年12月。

章和第2章禁止规定对纵向协议的适用。该指南还涉及（现已废除的）排除令，以及企业法适用于纵向协议的可能性。该指南以纵向协议竞争性评估的一些讨论作为结尾。

（iv）1998年英国竞争法下的决定（decisional）实践

1998年英国竞争法对一系列的纵向协议进行了规制。

（a）价格限制

涉及施加最低转售价格的纵向协议在许多场合遭到谴责。在 *John Bruce, Fleet Parts and Truck and Trailer Components* 案[494]中，纵向价格固定被认定为排除令以外的内容，因此违反了第1章的禁止规定。[495] 在 *Hasbro* 案[496]中，对 Hasbro 对其分销商施加最低转售价格，处以495万英镑的罚款。[497] 在 *Toys and Games* 案中[498]，对横向和纵向价格固定的混合[499]，处以更大的罚款，分别对 Argos 处1728万英镑和 Littlewoods 处537万英镑罚款；Hasbro 由于与英国公平交易办公室[500]的合作而获得了完全豁免权。在上诉中，英国竞争上诉法庭维持违法裁定，尽管罚款有所减少。[501] 在 *Lladró Comercial* 案[502]中，Lladró 标准格式的文件的条款规定了最低转售价格；但是，由于欧盟委员会向 Lladró 发送了一封安慰函，因此没有判处罚款，这封信可以解释为表示这种做法不违反竞争法。[503] 在 *Football Shirts* 案中，对与复制足球套件相关的横向价格固定和转售价格维持处以1860万英镑的罚款。[504] 在对英国竞争上诉法庭的上诉中，部分违法裁定被撤销[505]，罚款被减少到1492万英镑。[506]

---

[494] 2002年5月17日的英国公平交易办公室决定。

[495] 同上，第35~37段。

[496] 2002年11月28日的英国公平交易办公室决定。

[497] 同上，第47段。

[498] 2003年2月19日的英国公平交易办公室决定。

[499] 在这种情况下找到多边协议参见第9章第430~432页“竞争者之间的间接联系”。

[500] 根据1998年英国竞争法宽大处理参见第10章第518~524页“宽大处理”。

[501] 案例1014/1/1/103和1015/1/1/03 *Argos Ltd and Littlewoods Ltd v OFT*［2005］CAT 13，在上诉案［2006］EWCA Civ 1318中得到维持。

[502] 2003年3月31日的英国公平交易办公室决定。

[503] 同上，第120~125段。

[504] 2003年8月1日的英国公平交易办公室决定。

[505] 案例1021/1/1/03 etc *JJB Sports plc v OFT*［2004］CAT 17，在上诉案［2006］EWCA Civ 1318中得到维持。

[506] 案例1019/1/1/03 etc *Umbro Holdings Ltd v OFT*［2005］CAT 22，在上诉中得到维持，案例［2006］EWCA Civ 1318。

Tobacco 案[507]中的价格限制有所不同：有许多双边纵向协议，其中各种烟草品牌的价格与竞争者品牌的价格挂钩。这些“价格匹配”安排被发现限制了每个零售商独立设置卷烟转售价格的能力。但是，在上诉时，英国竞争上诉法庭根据程序理由搁置了裁决；它没有处理争端中的实质性问题。[508] 上诉法院裁定，不对没有就烟草判决提起上诉的两家公司追究对它们的罚款，理由是英国公平交易办公室违反了公平和平等待遇的要求。[508a]

在线业务存在几种价格限制的情况。有 2 项决定涉及所谓的“机动踏板车”：*Roma Medical Aids Ltd* 案[509]和 *Pride Mobility Products Ltd* 案[510]。在 *Roma* 案中，该公司犯了 2 项违法行为：第一，禁止某些零售商进行在线销售，第二，禁止某些零售商进行任何的在线价格广告。在 *Pride* 案中，Pride 与 8 家在线零售商之间的安排非法禁止后者的广告价格低于 Pride 推荐的价格。由于企业规模小，在这两个案件中均未处以罚款。[511] 但是，索赔人试图代表因 *Pride* 案[512]的价格限制而遭受伤害的养恤金领取人提出集体诉讼，要求赔偿；该行动最终被撤回。

在 *Hotel Online Booking* 案[513]中，InterContinental Hotels、Booking. com 和 Expedia作出承诺，允许在线旅行社提供仅客房住宿的折扣，英国公平交易办公室（现为英国竞争与市场管理局）根据 1998 年英国竞争法第 31A 条接受了这一承诺。英国竞争上诉法庭在上诉时取消了英国公平交易办公室的决定，因为它没有考虑第三方对拟议承诺的反对。[514] 英国竞争与市场管理局随后以管理优先级为由撤销了该案。[515]

一些供应商已承认通过限制其分销商网上折扣价格的方式违反了《欧盟运行条约》第 101 条第 1 款和第 1 章禁令的规定。英国竞争与市场管理局将这

---

[507] 2010 年 4 月 15 日的英国公平交易办公室决定；此类安排参见 Can Fair Prices be Unfair? A Review of Price Relationship Agreements，LEAR，2011 年 4 月。

[508] 案例 1160/1/1/10 etc *Imperial Tobacco v OFT*［2011］CAT 41。

[508a]［2016］EWCA Civ 719，已上诉至英国最高法院，尚未裁决。

[509] 2013 年 8 月 5 日的英国公平交易办公室决定。

[510] 2014 年 3 月 27 日的英国公平交易办公室决定。

[511] 参见 1998 年英国竞争法第 39 条第 3 款；关于该款，参见第 10 章第 517 ~ 518 页“小型协议和次要行为豁免”。

[512] 参见案例 1257/7/7/16 *Dorothy Gibson v Pride Mobility Products Ltd*［2017］CAT 9。

[513] 2014 年 1 月 31 日的英国公平交易办公室决定。

[514] 案例 1226/2/12/14 *Skyscanner Ltd v CMA*［2014］CAT 16。

[515] 2015 年 9 月 16 日的英国公平交易办公室结案决定。

些折扣限制视为转售价格维持的一种形式。[516] 英国竞争与市场管理局还写信给其他供应商，其怀疑与互联网销售有关。

涉嫌转售价格维持的几起案件，已经结案，这是在保证违法行为将被终止[517]或没有诉讼依据的情况下进行的。[518]

（b）非价格限制

在 *DSG Retail Ltd* 案[519]中，Compaq 与 Hewlett – Packard 两家台式计算机制造商与 Dixons 之间的独家经销协议，并未违反第 1 章和第 2 章的禁止规定。[520] 在英国的 *Lucite International UK Ltd* 案[521]中，一项长期纵向协议，即 BASF 向 Lucite International 供应氰化氢的长期协议被排除在第 1 章的禁止规定之外[522]；撤回该排除条款是不合适的，因为该协议可能会被授予豁免：它为用户和消费者带来了个人和集体利益，同时减少了环境污染。[523]

在 *Ping* 案[524]中，英国竞争与市场管理局对 Ping 处以 145 万英镑的罚款，这种行为违反了《欧盟运行条约》第 101 条和第 1 章禁止规定，因禁止 2 个零售商在其网站上出售其高尔夫球杆。英国竞争与市场管理局承认 Ping 追求的是促进店内定制装修的真正商业目的，但决定禁止互联网销售是实现该目标的不成比例的方式。

（D）2002 年英国企业法

纵向协议可以根据 2002 年英国企业法的市场调查条款进行调查：第 11 章已对此进行了描述。在更适合使用竞争法的情况下，将不使用企业法。[525] 例

---

[516] 参见例如 *Ultra Finishing Ltd*，2016 年 5 月 10 日的英国竞争与市场管理局决定；*ITW Ltd*，2016 年 6 月 10 日的英国竞争与市场管理决定；*Poole Lighting Ltd*，2017 年 5 月 3 日的英国竞争与市场管理局决定。

[517] 参见例如 *Swarovski*，英国公平交易办公室新闻稿 86/04，2004 年 5 月 18 日。

[518] 参见例如 *Sports bras*，2014 年 6 月 13 日的英国竞争与市场管理局结案决定。

[519] 2001 年 4 月 18 日的英国公平交易办公室决定。

[520] 同上，第 97 ~ 98 段、第 111 段、第 118 段。

[521] 2002 年 11 月 29 日的英国公平交易办公室决定。

[522] 同上，第 11 ~ 14 段。

[523] 同上，第 39 ~ 41 段。

[524] 2017 年 8 月 24 日的英国竞争与市场管理局决定，已上诉：案例 1279/1/12/17 *Ping Europe Ltd v CMA*，尚未裁决。

[525] 《调查指南》（OFT 511，2006），第 2.3 段；请注意前英国竞争委员会根据 1973 年英国公平交易法现已废除的条款发布了有关纵向协议的各种报告，包括：*The Supply of Beer*（较早）；*Carbonated Soft Drinks*，Cm 1625（1992）；*Newspaper and Periodicals*，Cmnd 7214（1978）and Cm 2422（1993）；*Fine Fragrances*，Cm 2380（1993）；*Electrical Goods*，Cm 3675 and Cm 3676（1997）；*Foreign Packaged Holidays*，Cm 3813（1997）；*New Cars*，Cm 4660（2000）。

如，在纵向协议在市场中很普遍并且具有防止新竞争者进入的累积效应的情况下，市场调查可能是适当的。[526] 在 *Movies on Pay TV* 案[527]中，英国竞争委员会（现为竞争与市场管理局）发现，付费电视服务的市场没有任何特征限制了竞争，因为存在从主要好莱坞电影制片厂获得流媒体电影和电影版权的可靠竞争。已经推出的新的视频点播服务，对付费电视市场构成了竞争限制。在 *Private motor insurance* 案[528]中，英国竞争与市场管理局得出结论认为，汽车保险提供商与价格比较网站之间的合同中的价格平价条款扭曲了竞争；英国竞争与市场管理局下令终止违规条款。[529] 在对 *Digital comparison tools* 案[530]进行市场研究之后，英国竞争与市场管理局根据 1998 年英国竞争法展开了一项调查，调查在价格比较网站“Compare The Market”（网站名）上出售的与房屋保险相关的价格平价条款的使用。[531]

[526] 《调查指南》，第 2.6 段；另见第 5.9 段、第 6.15 ~ 6.18 段；《市场调查指南》［CC3（修订版），2013］，第 262 ~ 294 段。

[527] 2012 年 8 月 2 日的最终报告。

[528] 2014 年 9 月 24 日的最终报告。

[529] Private Motor Insurance Market Investigation Order 2015，2015 年 3 月 18 日。

[530] 2017 年 9 月 24 日的最终报告。

[531] 该案细节可在 www.gov.uk/cma 上查阅。

第 17 章 滥用市场支配地位（1）：非定价实践

1. 简 介

前 4 章涉及欧盟法律和英国竞争法在企业之间的横向和纵向协议中的应用。在本章以及第 18 章和第 19 章中，关注的焦点转向了另一个问题：占支配地位的公司的单边行为可能在多大程度上违反了《欧盟运行条约》第 102 条和 1998 年英国竞争法中的第 2 章禁止规定。❶

本章涉及非定价实践。第 18 章考虑了滥用定价惯例。在此材料划分没有法律意义：定价和非定价实践可以具有相同的反竞争效果。但是，对价格滥用的分析需要了解许多成本的概念，这些概念将在第 18 章❷的开头介绍。第 19 章将讨论涉及行使或非行使知识产权的滥用。依次处理独家交易协议、绑定、拒绝供应、有害于单一市场的滥用定价行为以及可能违反《欧盟运行条约》第 102 条或英国竞争法第 2 章禁止规定的其他非定价行为。在适当情况下，将参考欧盟委员会的《第 102 条执法重点指南》。❸ 谨提醒读者注意，该文件不包含有关《欧盟运行条约》第 102 条的指南，但它提供了宝贵的见解，说明欧盟委员会为何认为某些做法比其他做法更可能对消费者有害，因此更适合执法行动。❹

在考虑第 102 条规定的非定价实践之前，该文件可能有助于回顾该规定的一些主要原则：

---

❶ 参见第 5 章“《欧盟运行条约》第 102 条”以及第 9 章第 459 ~ 473 页“第 2 章禁止规定”。

❷ 参见第 18 章第 888 ~ 890 页“成本的概念”。

❸ OJ［2009］C 45/7。

❹ 有关一般讨论参见第 5 章第 225 ~ 227 页“欧盟委员会《第 102 条执法重点指南》”。

• 占支配地位的企业负有特殊责任，不损害市场上真正的、不受扭曲的竞争；

• 在适用第102条时必须注意，不要阻止占支配地位的企业能够根据其优势进行竞争；[5]

• 第102条已适用于剥削性滥用、排他性做法以及损害单一市场的行为；[6]

• 第102条可能适用于在一个市场中占支配地位的企业，并且为保护其在相邻市场中的地位而滥用其行为，这些市场可能在横向上毗邻或通常在纵向上位于占支配地位市场的上游或下游；[7]

• 应该区分市场的横向和纵向封锁；[8] 以及

• 被指控滥用支配地位的企业可以使用基于客观理由和/或经济效率的辩护。[9]

2. 独家采购协议

（A）欧盟法律

第16章审议了将《欧盟运行条约》第101条适用于纵向协议的规定。[10]有关纵向协议的第330/2010号条例规定，如果供应商和买方的市场份额均不超过30%，[11] 则只要纵向协议不包含第4条[12]的核心限制便可实行集体豁免。

[5] 参见第5章第222~223页“简介”。

[6] 参见第5章第255~256页“剥削、排他和单一市场滥用行为”。

[7] 参见第5章第259~262页“支配地位、滥用和对市场的影响可能发生在不同的市场中”。

[8] 参见第5章第258~259页“横向和纵向封锁”。

[9] 参见第5章第265~270页“抗辩”。

[10] 进一步了解排他交易，参见：MOTTA M. Competition Policy：Theory and Practice［M］. Cambridge：Cambridge University Press，2004：363－372；O'DONOGHUE R，PADILLA J. The law and Economics of Article 102 TFEU［M］. 2nd ed. Oxford：Hart Publishing，2013：423－460；section 7 of DG COMP's Discussion paper on the application of Article［102］of the Treaty to exclusionary abuses，具体参见www. ec. europa. eu；MELAMED A D. Exclusive Dealing Agreements and Other Exclusionary Conduct：Are There Unifying Principles?［J］. Antitrust Law Journal，2006，73（2）：375；KLEIN B，MURPHYK M. Exclusive Dealing Intensifies Competition for Distribution［J］. Antitrust Law Journal，2008，75（2）：433；ZENGER H. When Does Exclusive Dealing Intensify Competition for Distribution? Comment on Klein and Murphy［J］. Antitrust Law Journal，2011，77（1）：205.

[11] 第330/2010号条例，OJ［2010］L 102/1，第3条：参见第16章第818~821页“第3条：市场份额上限”。

[12] 参见第16章第821~828页“第4条：核心限制”。

第 5 条规定可适用集体豁免的不竞争条款的允许期限限制为 5 年[13]，如果任何一方的市场份额超过 30%，则必须对纵向协议进行单独评估以确定是否违反《欧盟运行条约》第 101 条第 1 款[14]，以及是否满足第 101 条第 3 款[15]的规定。第 101 条第 3 款并未为构成滥用支配地位的协议提供抗辩[16]，而且欧盟委员会表示，根据第 101 条第 3 款的规定，即使没有滥用，占支配地位的企业也不太可能在其维持、建立或加强了接近垄断的市场地位的情况下为某项协议辩护。[17]

第 101 条和第 102 条对此类协议适用的区别在于，如果某协议违反第 101 条，则协议的双方（或全部）都将构成违法，并应承担相应的责任。但是，在第 102 条的情况下，违反了竞争规则的是占支配地位的企业，因为第 102 条适用于占支配地位的企业的单边行为。反竞争协议的缔结可能是一种单边的滥用行为，因此占支配地位的企业可能会受到罚款和起诉，并无法执行协议中的违规条款。[18]

（i）第 102 条在独家采购协议中的适用

可能违反第 102 条最明显的纵向协议是一项要求客户仅从主要供应商处购买全部或大部分特定类型产品或服务的协议。可以使用各种术语来描述此类协议——“独家采购”“单一品牌”“需求合同”和“不竞争义务”。每一个术语都暗示着相同的想法：阻止购买者从占支配地位的企业以外的任何人购买竞争产品。欧盟委员会《第 102 条执法重点指南》使用“独家采购协议”一词，在下文中将使用这一术语。第 18 章考虑了如何处理定价实践，例如授予与独家采购协议相同的回扣。[19]

（a）排他性（独家）的含义

“独家采购协议”一词既可适用于独家供应义务，即限制供应商向特定下游客户以外的其他任何人供应产品；也可指独家购买义务，即禁止下游客户从特定供应商以外处购买产品。实际上，这些案件主要涉及独家购买义务。

重要的是，要关注的不仅是 100% 的独家购买义务可能会阻止进入市场，

---

[13] 参见第 16 章第 829 ~ 830 页“第 5 条：纵向协议中不可免除的义务”。

[14] 参见第 16 章第 780 ~ 807 页“纵向协议：第 101 条第 1 款”。

[15] 参见第 16 章第 833 ~ 834 页“纵向协议：第 101 条第 3 款的个别适用”。

[16] 参见欧盟委员会《纵向限制指南》（OJ［2010］C 130/1）第 127 段和《第 101 条第 3 款指南》第 106 段中引用的案例（OJ［2004］C 101/97）。

[17] 参见欧盟委员会《纵向限制指南》，OJ［2010］C 130/1，第 127 段。

[18] 最终观点参见第 8 章第 412 页“《欧盟运行条约》第 102 条”。

[19] 参见第 18 章第 903 ~ 913 页“有条件的回扣”。

而且较小的承诺也可能会阻止市场进入。正如我们将看到的那样，欧洲法院在*Hoffmann－La Roche v Commission*案中裁定：对于一家占支配地位的企业而言，订立一项要求客户向该企业购买其大部分要求的协议可能是一种滥用行为。[20]欧盟委员会将购买者购买特定产品需求的80%或更多的购买协议视为独家采购承诺。[21]

（b）欧盟法院的判决

关于将第102条适用于独家采购协议的司法判例并不多。但是，第102条很有可能将适用于由占支配地位的企业订立的此类协议。欧洲法院在*Suiker Unie v Commission*案[22]中裁定，一家占支配地位的企业通过向仅向其购买产品的客户提供忠诚回扣来取消竞争，这与第102条背道而驰，因此，不可避免的是，相同的谴责将适用于独家采购承诺。*Hoffmann－La Roche v Commission*案[23]已证实了这一点。欧洲法院裁定：

> 在市场上处于支配地位并要求购买者（即使应买方要求），设立义务或承诺仅从该企业获得全部或大部分订单需求的企业，滥用了其在《欧盟运行条约》第102条下的支配地位，无论所规定的义务是否有进一步限定，或者是否在考虑了给予回扣的情况下承担义务。[24]

这种措辞暗示了欧洲法院"本身"违法路径的判断：占支配地位的企业的任何单家采购协议都是滥用性的，无论协议对竞争的实际或可能影响如何。然而，这种情况并非如此。占支配地位的企业总是尝试辩称其行为具有客观理由或经济上效率。[25] 此外，进一步讨论欧洲法院对*Intel v Commission*案[26]的判决。*Intel*案是忠诚回扣案，但其推理似乎对独家采购协议具有同等效力。欧洲法院考虑了上文引用的*Hoffmann－La Roche*案的内容，但随后说：

> 但是，如果有关企业在行政程序中根据佐证证明其行为不能限制竞

---

[20] 参见本章"欧盟法院的判决"。

[21] 欧盟委员会《纵向限制指南》，OJ［2010］C 130/1，第29段；类似地，参见案例T－286/09 *Intel Corp v Commission* EU：T：2014：546，第135段；欧盟普通法院的判决基于其他理由而被搁置：上诉案例C－413/14 P EU：C：2017：632。

[22] 案例40/73 etc EU：C：1975：174。

[23] 案例85/76 EU：C：1979：36；另见案例T－65/89 *BPB Industries plc and British Gypsum v Commission* EU：T：1993：31，第65～77段，上诉维持原判案例C－310/93 P EU：C：1995：101。

[24] 案例85/76 EU：C：1979：36，第89段。

[25] 参见第5章第265～270页"抗辩"。

[26] 案例C－413/14 P *Intel Corp v Commission* EU：C：2017：632。

争，特别是不能产生所谓的封锁效果，则必须进一步澄清该判例法。[27]

法律的这种“澄清”意味着，如果一家占支配地位的企业提交证据表明其独家采购协议不会产生封锁效果，那么欧盟委员会必须评估其是否具有这种效果。尤其是，欧盟委员会必须分析企业的支配地位范围、协议的市场覆盖范围、协议的条款及其期限，以及可能存在旨在排除至少与占市场支配地位的企业效率相同的竞争者的战略。[28] 似乎可以理解，独家采购协议只有在可以证明能够对效率低下的竞争者产生封锁作用，并且没有客观理由的情况下才可以判定为滥用。[29] 换句话说，根据《欧盟运行条约》第 102 条，独家采购本身并不违法。[30]

顺便说一句，应该注意的是，客户愿意加入该协议，甚至要求其独家性都不能作为辩护。在这些情况下，问题不在于协议是否对客户不利，而是协议是否可以横向排斥与相关市场中占支配地位的企业相比效率更高（或更有效）的竞争者。[31] 在 *Almelo* 案[32]中，欧洲法院认为，电力供应合同中的独家采购条款如果由一家占支配地位的企业订立，可能会违反第 102 条，即使该条款是当地分销商要求的。

（c）欧盟委员会对于独家采购协议的做法

欧盟委员会在其《纵向限制指南》第 129 ~ 150 段中禁止独家采购协议[33]，这些指南主要涉及第 101 条第 1 款和第 101 条第 3 款对此类协议的处理。欧盟委员会就其对《第 102 条执法重点指南》第 33 ~ 36 段和第 46 段中第 102 条适用情况的思考提供了一些见解（第 37 ~ 46 段涉及有条件回扣的类似情况）[34]。欧盟委员会承认，占支配地位的企业的客户可能不反对独家采购义务，特别是如果通过接受某种方式获得补偿的话；但是，这本身并不意味着应该容忍这种义务。欧盟委员会将集中注意它们是否总体上可能对消费者有害。在这种情况下，它们可能具有防止进入或扩大竞争的作用。[35]

《第 102 条执法重点指南》第 35 段重提了第 20 段，其中列出了欧盟委员

[27] 同上，第 138 段。

[28] 同上，第 139 段。

[29] 有关客观合理性的正当理由参见案例 T – 155/06 *Tomra Systems ASA v Commission* EU：T：2010：370，第 224 段，上诉维持原判案例 C – 541/10 P EU：C：2012：22I。

[30] 参见第 5 章第 252 ~ 253 页“第 102 条是否有任何‘本身’规则？”。

[31] 案例 85/76 EU：C：1979：36，第 120 段。

[32] 案例 C – 393/92 EU：C：1994：171。

[33] OJ［2010］C 130/1：参见第 16 章第 790 ~ 792 页“单一品牌协议”。

[34] 参见第 18 章第 909 ~ 910 页“*Intel* 案与欧盟委员会《第 102 条执法重点指南》”。

[35] 参见欧盟委员会《第 102 条执法重点指南》，第 34 段。

会在决定是否就可能的反竞争性封锁市场而启动执法程序时应考虑的一系列因素。[36] 第36段讨论了在独家采购义务的情况下欧盟委员会将要考虑的一些其他因素。特别是，它将询问占支配地位的企业的竞争者是否可以通过竞争满足单个客户的全部需求。如果客户必须从占支配地位的企业那里购买一定数量的需求，例如，由于某个品牌是必不可少的商品，或者由于其他供应商缺乏能力来满足客户的全部需求，则可能会产生竞争者将被完全排除在市场之外的风险。因此，欧盟委员会认为，在这种情况下，即使是短期的独家采购义务也可能导致反竞争封锁。但是，在供应商可以通过竞争满足客户全部需求时，独家采购不可能妨碍有效的竞争，除非占支配地位的企业强加了很长的独占时间：持续时间越长，可能产生的封锁效果就越大。

在某些情况下，欧盟委员会已就独家采购协议采取了行动。[37] 例如，在 *Soda - ash* 案[38]中，欧盟委员会对 Solvay 处以2000万欧元的罚款，对 ICI 处以1000万欧元的罚款，原因是要求客户签订长期的不确定性要求合同，并授予旨在将竞争者排除在市场之外的忠诚且最高回扣。欧盟委员会谴责了排他性条款和 *Prokent - Tomra* 案[39]中的回扣。

还有其他干预措施。在 *Istituto/IMC and Angus* 案[40]中，原材料的主要供应商拒绝为客户提供服务，除非设置了可能阻止其竞争者的条件，对此欧盟委员会采取了行动。欧盟委员会说服 IMC 和 Angus 提供持续2年的供应合同，并自动续签1年，除非提前6个月通知终止。欧盟委员会终止了 AC Nielsen 在1997年就与快速消费品有关的数据采购而签订的排他性合同。[41] 欧盟委员会针对 Nordiron 的基础产品"Molybdenum99"的排他性长期供应条款提起诉讼，该产品是核医学中使用的放射性药物；收到反对意见后，Nordiron 放弃了该条款。[42] 欧盟委员会要求 Frankfurt Airport 放弃与航空公司签订的提供坡道处理服务的

---

[36] 参见第5章第262~264页"实践中如何进行效果分析?"。

[37] 在此文本中另外案例参见 *BPB Industries plc* OJ［1989］L 10/50，上诉维持原判案例 T-65/89 *BPB Industries plc v Commission* EU：T：1993：31，第65~77段，上诉维持原判案例 C-310/93 P EU：C：1995：101。

[38] *Soda - ash/Solvay* OJ［1991］L 152/21 和 *Soda - ash/ICI*［1991］L 152/40，案例 T-37/91 etc *ICI v Commission* EU：T：1995：119，上诉维持原判案例 C-286/95 P EU：C：2000：188；欧盟委员会重新通过了这些决定：OJ［2003］L 10/1，上诉维持原判案例 T-57/01 *Solvay v Commission* EU：T：2009：519 第365~383段，因程序原因搁置上诉案例 C-101/10 P EU：C：2011：462。

[39] 2006年3月29日的欧盟委员会决定，上诉维持原判案例 T-155/06 EU：T：2010：370，上诉维持原判案例 C-549/10 P EU：C：2012：221。

[40] 欧盟委员会《关于竞争政策的第26号报告》（1986），第76点。

[41] 欧盟委员会《关于竞争政策的第28号报告》（1997），第144~148页。

[42] 欧盟委员会《关于竞争政策的第29号报告》（1998），第169~170页。

3～10年的长期合同[43]；欧盟委员会已要求终止法兰克福机场对此类服务的垄断，并且毫不奇怪，它不愿意看到长期专有条款取代该条款，而该条款在实践中会排除第三方，这在实际上是与第三方达成了相同的协议。合同期限仅为 1 年，可以自动续订，但可在 6 个月后终止。[44]

在某些情况下，欧盟委员会接受第 1/2003 号条例第 9 条的承诺[45]，致使据称占支配地位的企业放弃或修改了独家采购义务。可口可乐公司同意在 2004 年不与客户签订独家采购承诺；该公司还同意不要求客户购买规定的最低要求百分比。[46] 在 *Distrigaz* 案中，欧盟委员会接受了 Distrigaz 的承诺，将未来向工业客户和发电机供应天然气以及向燃气经销商的天然气供应协议的期限限制为 5 年；它将减少符合长期供应承诺的天然气量；并且其供应合同将不包含转售和使用限制。[47] *EDF：Long－term Contracts in France* 案也取得了类似的成果。[48]

欧盟委员会一直在调查 Google 是否对非法要求第三方不得从 Google 竞争者那里获取在线搜索广告承担责任。[49]

（ii）第 102 条既适用于事实，也适用于合同专有权（排他权）

在 *Van den Bergh Foods* 案[50]中，欧盟委员会认为，Van den Bergh 免费提供给零售店冰柜，但前提是它们仅用于冰淇淋产品的存储，这是对其在欧洲支配地位的滥用。[51] 这种做法的结果是，Van den Bergh 事实上获得了门店独家经营权，因为零售商不太可能（实际上也没有）在他们的商店中维护第二个冰柜，零售商将仅从 Van den Bergh 购买冰淇淋。在向欧盟普通法院[52]和欧洲法院[53]上诉后维持的这项决定表明，第 102 条既可以适用于事实，也可以适用于合同专有权。[54] 欧盟委员会在其《第 102 条执法重点指南》的第 33 段中指出，以 Van

---

[43] *Frankfurt Airport* OJ［1998］L 72/30。

[44] 欧盟委员会新闻稿 IP/98/794，1998 年 9 月 8 日。

[45] 有关第 1/2003 号条例第 9 条，参见第 7 章第 322～328 页“第 9 条：承诺”。

[46] 2005 年 6 月 22 日的欧盟委员会决定。

[47] 2007 年 10 月 11 日的欧盟委员会决定。

[48] 2010 年 3 月 17 日的欧盟委员会决定；另见 *Gas Natural/Endesa*，欧盟委员会新闻稿 IP/00/297，2000 年 3 月 27 日，Gas Natural 同意将供应协议的期限缩短至 12 年，以非正式方式解决此案，并允许其客户 Endesa 在其他地方购买部分需求。

[49] 欧盟委员会新闻稿 IP/16/2532，2016 年 7 月 14 日。

[50] OJ［1998］L 246/1。

[51] 同上，第 265 段。

[52] 案例 T－65/98 *Van den Bergh Foods Ltd v Commission* EU：T：2003：281。

[53] 案例 C－552/03 P *Unilever Bestfoods（Ireland）v Commission* EU：C：2006：607。

[54] 参见总检察长科斯马斯在案例 C－344/98 *Masterfoods Ltd v HB Ice Cream Ltd* EU：C：2000：249 第 94 段的观点。

den Bergh 为例的库存需求在实践中可能会产生与独家采购协议相同的效果。

在 *De Beers* 案[55]中，欧盟委员会认为，Alrosa 和 De Beers 之间达成的长期独家供应钻石条款可能会违反《欧盟运行条约》第 102 条。Alrosa 和 De Beers 是相关市场的竞争者，欧盟委员会担心供应安排导致 De Beers 实际上是独家经销商。De Beers 作出了具有法律约束力的承诺，以终止诉讼。[56]

（iii）长期供应协议需要客观理由吗?

如果供应商必须进行针对客户的投资才能提供产品，则长期供应协议带来的效率提高可能会抵消对竞争的任何不利影响。[57] 可以向占支配地位的企业表明，所产生的排他性效果可以通过效率方面的优势来减少甚至抵消，这种优势还可以使消费者受益。[58]

欧盟委员会在《第 102 条执法重点指南》第 46 段中说，它将考虑证据表明，如果独家采购协议对于占支配地位的企业进行某些特定关系的投资是必要的，即为特定客户供应，那么就可以说为这些客户带来了利益。[59]

（B）英国法律

（i）英国法院对于独家采购协议的处理方式

在 *Claymore Dairies Ltd v OFT* 案[60]中，英国竞争上诉法庭批评了英国公平交易办公室的调查，其调查了 Robert Wiseman Dairies 是否已与苏格兰的两个客户达成协议[61]，最终确定了独家采购协议，因此将这一点的决定放在一边。[62]

在 *National Grid* 案[63]中，天然气和电力市场办公室得出结论，国家电网通过与从国家电网租用燃气表的天然气供应商签订了长期合同，滥用了其支配地位。天然气和电力办公室的看法是，付款结构的作用是防止天然气供应商从竞争者那里购买更便宜和/或更技术先进的计量表。国家电网被罚款 4160 万英

---

[55] 2006 年 2 月 22 日的欧盟委员会决定。

[56] 欧盟普通法院废除了欧盟委员会的决定，案例 T-170/06 *Alrosa Co Ltd v Commission* EU：T：2007：220，但上诉法院维持了决定，案例 C-441/07 P *Commission v Alrosa Co Ltd* EU：C：2010：377。

[57] 参见欧盟委员会《纵向限制指南》，第 107（d）段、第 146 段。

[58] 案例 C-413/14 P *Intel v Commission* EU：C：2017：632，第 140 段和引用的案例。

[59] 参见欧盟委员会决定的评论 37 和欧盟委员会决议的最后两个段落 MEMO/07/407，2007 年 10 月 11 日。

[60] 案例 1008/2/1/02［2005］CAT 30。

[61] 同上，第 287～313 段。

[62] 同上，第 318 段。

[63] 2008 年 2 月 21 日的英国天然气和电力市场办公室决定。

镑；在向英国竞争上诉法庭[64]和上诉法院提出上诉[65]后，天然气和电力市场办公室关于实质内容的裁决得到了维持，尽管罚款减少到1500 万英镑。确定违法的结果是，国家电网的客户能够与国家电网重新协商其协议，因为现有协议将是无效且不可执行的。[66]

在 *Arriva The Shires Ltd v London Luton Airport Operations Ltd* 案[67]中，高等法院裁定，授予从 Luton Airport 到伦敦市中心 7 年的经营教练服务的专有权[68]构成了滥用行为。与前面讨论的案例不同，在这种情况下，客户仅从一家占支配地位的企业购买了商品，Luton Airport 限制了向其下游客户的竞争者提供其机场设施的能力。[69] 双方随后达成和解，其细节在公共领域不可获取。

（ii）英国竞争执法机构对于独家采购合同的处理方式

《纵向协议指南》[70] 阐明了英国竞争与市场管理局在评估纵向约束方面的想法，包括可能与之相关的效率。除其他规定外，还发布了关于适用的指南。[71]《欧盟运行条约》第 102 条和英国竞争法第 2 章禁止规定在电信[72]、水和污水处理[73]、能源[74]和铁路部门[75]，除了关于水和污水处理的指南之外，这些指南还早于欧盟委员会的《纵向限制指南》和《第 102 条执法重点指南》。

英国竞争主管机构曾就排他性协议进行过几次干预，但因排他性被修改[76]或

---

[64] 案例 1099/1/2/08 *National Grid plc v Gas and Electricity Markets Authority*［2009］CAT 14。

[65]［2010］EWCA Civ 114；最高法院驳回了国家电网上诉许可：2010 年 7 月 28 日的命令。

[66] 进一步的后果是，针对国家电网提出了两项“后续行动”损害赔偿诉讼，但最终得到解决：案例 1199/5/7/12 *Capital Meters Ltd v National Grid plc*，案例 1198/5/7/12 *Siemens plc v National Grid plc*。

[67]［2014］EWHC 64（Ch）；有关评论参见：Smith and Mourkas“High Court Decision in *Arriva v Luton Airport*”［2015］Comp Law 79。

[68] easyBus 被允许使用较小的车辆从机场运行，此事被认为会引起滥用：［2014］EWHC 64（Ch），第 124 ~ 130 段。

[69] 同上，第 8 段；注意该判决并未确定 Luton Airport 是否具有支配地位，因为滥用问题已作为初步问题进行了审判：同上，第 6 段、第 167 段。

[70] OFT 419，2004 年 12 月。

[71] 同上，第 7.1 ~ 7.29 段。

[72] 英国竞争法在电信领域的应用，OFT 417，2000 年 2 月。

[73]《1998 年英国竞争法在水业和污水处理行业的适用指南》，OFT 422，2010 年 3 月。

[74] 英国竞争法在能源领域的应用，OFT 428，2005 年 1 月。

[75]《与铁路有关的服务的适用》，OFT 430，2005 年 10 月。

[76] 参见 *Bacardi*，英国公平交易办公室 2003 年 1 月 30 日的决定，案例 1017/2/1/03 *Pernod Ricard SA and Campbell Distillers v OFT*［2004］CAT 10 and［2005］CAT 9；*Calor Gas Northern Ireland*，英国公平交易办公室 2003 年 6 月 30 日结案，将 5 年专有权减少到 2 年，可在 www. nationalarchives. gov. uk 上查阅。

没有足够的违法证据而结案。[77] 但是，在 *English Welsh & Scottish Railway Ltd* 案[78]中，铁路管理局（现为铁路和公路办公室，ORR）发现 EW&S 以各种方式滥用了其支配地位，包括签订了运输煤炭到发电站的独家协议，对其处以 410 万英镑的罚款。对于运货运输公司，铁路和公路办公室通过了一项承诺决定，该承诺允诺在 2019 年 3 月 31 日之前不签署在 *Freightliner* 案中的排他性安排。[79]

英国竞争与市场管理局在三种情况下均接受了英国竞争法第 31A 条所规定的具有法律约束力的承诺。在 *Certas* 案[80]中，企业作出了承诺，以取代与 Western Isles 加油站所购买的与道路燃料有关的 5 年独家购买协议，并作出更灵活的安排。在 *epyx* 案[81]中，该企业同意放宽有关在英国提供车辆服务、维护和维修平台的专有条款。在 *ATG Medias* 案[82]中，英国竞争与市场管理局接受了 ATG 的承诺，即 5 年内不再坚持为拍卖行独家提供网络直播竞价拍卖服务。

3. 搭售行为

本节将讨论何种搭售行为将违反《欧盟运行条约》第 102 条和（或）1998 年英国竞争法第 2 章的规定。[83]

（A）搭售的术语与说明

搭售是一种产品的供应商（搭售产品）的惯例，要求买方也购买另一种产品（搭售产品）。搭售可以采取多种形式[84]：

- 合同搭售：搭售可能是特定合同规定的结果，例如，在 *Hilti* 案中，占

---

[77] 参见 *Bunker Fuel Cards*，英国公平交易办公室 2013 年 11 月 6 日的决定，由于没有足够的支配力证据而无法采取行动，可在 www. nationalarchives. gov. uk 上查阅。

[78] 铁路管理局 2006 年 11 月 17 日的决定；滥用协议被裁定为无效且不可执行：*English Welsh & Scottish Railway Ltd v E. ON UK plc* ［2007］ EWHC 599（Comm）。

[79] 铁路管理局 2015 年 12 月 18 日的决定。

[80] 英国竞争与市场管理局 2014 年 6 月 24 日的决定。

[81] 英国竞争与市场管理局 2014 年 9 月 9 日的决定。

[82] 英国竞争与市场管理局 2017 年 6 月 29 日的决定。

[83] 有关搭售和捆绑的进一步阅读参见：NALEBUFF B. Bundling，Tying，and Portfolio Effects ［J］. Economics Paper，2003（1），可在 www. gov. uk 上查阅；MOTTA M. Competition Policy：Theory and Practice ［M］. Cambridge：Cambridge University Press，2004：460－483；O'DONOGHUE R PADILLA J. The law and Economics of Article 102 TFEU ［M］. 2nd ed. Oxford：Hart Publishing，2013；ROGER V D B，CAMESASCA P D N. European Competition Law and Economics：A Comparative Perspective ［M］. 2nd ed. London：Sweet & Maxwell，2006：264－276；竞争总司的讨论文件第 8 节，《欧盟运行条约》第 102 条在排他性滥用中的适用；BISHOP S，WALKER M. The Economics of EC Competition Law ［M］. 3rd ed. London：Sweet & Maxwell，2010.

[84] 欧盟委员会《第 102 条执法重点指南》第 48 段对其中一些形式进行了描述。

支配地位的企业要求其指甲枪和指甲钉盒的使用者仅向其购买钉子[85]。

• 拒绝供应：除非客户购买搭售产品，否则占支配地位的企业拒绝供应被搭售产品，则可以达到搭售的效果。

• 撤回或扣留担保：支配的供应商可以通过撤回或扣留担保利益来达到平价的效果，除非客户使用的是供应商提供的组件而不是第三方的组件。[86]

• 技术搭售：这种情况发生在搭售产品实际集成到被搭售产品中的情况，因此在没有另一种产品的情况下不可能拿出一个产品。这是在 *Microsoft* 案中发生的情况，稍后讨论。[87]

• 捆绑销售：这与搭售的想法密切相关。它是指两种产品以单个包装单独计价出售的情况。应注意两种类型的捆绑销售：

—纯捆绑销售：仅在一起购买两种产品的情况下会发生这种情况。

—混合捆绑：这是两种产品分别出售的情况；但是，当它们一起出售时，它们的价格要比单独购买时的价格便宜。

第 18 章的定价滥用讨论了捆绑可能导致违反《欧盟运行条约》第 102 条的程度，因为可能有必要分析捆绑的价格以确定情况是否如此。[88]

（B）政策考量：对于搭售的争论和反对

反对搭售的论点是，它剥夺了客户的选择自由，客户无法按自己的意愿购买搭售产品。搭售可能会阻止被其品牌搭售产品剥夺销售渠道的竞争者进入市场；并且它牵涉占支配地位的企业利用其在搭售产品方面的地位来实现搭售产品在市场上的销量增加，从而导致市场横向封锁。[89] 当然，杠杆理论是假设企业拥有强大的市场力量。但是，这一理论遭到了持续的批评，特别是在芝加哥学派的批评下[90]。这种批评的中心思想是，垄断者只能获得一次垄断利润，并

---

[85] 参见本章第 859 页“*Hilti* 案”。

[86] 在 *Novo Nordisk* 中，欧盟委员会要求终止这种做法：《关于竞争政策的第 26 号报告》（1996），第 142 ~ 143 页。

[87] 参见本章第 860 ~ 861 页“*Microsoft* 案”。

[88] 参见第 18 章第 913 ~ 916 页“捆绑”。

[89] 参见第 5 章第 258 ~ 259 页“横向和纵向封锁”。

[90] 有关芝加哥学派的分析，参见：POSNER R A. The Chicago School of Antitrust ［J］. University of Pennsylvania Law Review，1979；KOVACIC W E. The Intellectual DNA of Modern US Competition Law for Dominant Firm Conduct：The Chicago/Harvard Double Helix ［J］. Columbia Business Law Review，2007，1（1）；PITOFSKY R. How the Chicago School Overshot the Mark ［M］. Oxford：Oxford University Press，2008；KOBAYASHI B H，MURIS T J. Chicago，Post - Chicago，and Beyond：Time to Let Go of the 20th Century ［J］. Antitrust Law Journal，2012（78）：147；BOUGETTE P，DESCHAMPS M，MARTY F. When Economics Met Antitrust：The Second Chicago School and the Economization of Antitrust Law ［J］. Enterprise & Society，2015（16）：313.

且如果它对产品A拥有垄断权，那么不能通过利用其在产品B中的地位来增加其利润。[91] 芝加哥学派的见解具有说服力，现在人们普遍认识到，本身的非法性不适合搭售使用：现在在美国对搭售的影响进行全面的分析。[92]

除了对杠杆理论的怀疑外，如今人们普遍认为搭售是商业生活的正常特征，而不是应被视为天生可疑的事物。搭售涉及将组件集成到一个产品中，这可以带来显著的经济效率，从而降低生产和分销成本并提高质量。制造活动就其本质而言，涉及将不同组件整合在一起，并且有悖常理的建议是，当由一家占支配地位的企业从事时，这种行为应被推定为非法：推定应为另一种情况。[93]

一些例证说明搭售也有好处：一是搭售可用于保持搭售产品的效率。例如，仅当使用特定的化学品或材料时该设备才能发挥最佳作用，而该化学品或材料只能从制造商处获得，因为它具有专利或相关知识。二是搭售可能实现规模经济或范围经济。如果同时将所有这些物品都交付给客户，搭售这些产品可能会导致价格降低。如提供墨水、纸张和备件的复印机制造商就能够降低成本。三是使生产者能够区分客户。影印机的生产者可能希望向大批量用户收取更高的费用，而不是向小批量用户收取费用。这可以通过搭售复印纸来实现，使用机器最多的客户将支付最高的费用，并且搭售代替将仪表插入机器中的操作显然并不像最初认为的那样令人讨厌。[94] 向不同的客户收取相同成本的不同价格本身并不意味着存在封锁。[95] 搭售可能会提高效率的另一个示例是X生产游戏机和仅可在那些游戏机上运行的计算机游戏。随着消费者购买更多特定类型的游戏机，软件编写者将生产与其兼容的更多游戏。在适当的时候，这可能会增加游戏机的销售额，因此总体价格会降低。在这种情况下，网络效应导致

---

[91] 参见：BORK R H. The Antitrust Paradox [M]. New York：Basic Books，1978；BOWMAN W. Tying Arrangements and the Leverage Problem [J]. Yale Law Journal，1957，67 (19)；TURNER D F. The Validity of lying Arrangements under the Antitrust Laws [J]. Harvard Law Review，1958，73 (72). 对不同争议的审视参见：SCHERER F M，ROSS D. Industrial Market Structure and Economic Performance [M]. 3rd ed. New York：Houghton Mifflin Company，1990：565－564.

[92] *US v Microsoft* 253 F 3d 34 (DC Cir 2001)。

[93] 讨论捆绑和搭售实践的效率说明参见：NALEBUFF B. Bundling，Tying，and Portfolio Effects [J]. Economics Paper，2003，可在 www. gov. uk 上查阅；SALINGER M A，EVANS D S. Why Do Firms Bundle and Tie? Evidence from Competitive Markets and Implications for Tying Law [J]. Yale Journal on Regulation，2005，22 (38).

[94] 参见：BOWMAN W S. Tying Arrangements and the Leverage Problem [J]. Yale Law Journal，1957，67 (19)：18－37.

[95] 参见案例 C－209/10 *Post Danmark A/S v Konkurrencerådet* EU：C：2012：172，第30段。

效率提高，使消费者受益。[96]

但是，在某些情况下，搭售可能会对市场产生反竞争的封锁效果。一些后芝加哥学派经济学家已经发现了许多有关杠杆理论的实证，例如，对搭售产品具有支配地位的企业在搭售产品方面也具有一定的市场支配力，并且能够在这种情况下提高市场准入门槛。[97]

（C）欧盟法律

《欧盟运行条约》第 101 条第 1 款（e）项和第 102 条第 2 款（d）项具体规定，搭售协议可能构成违法。尽管第 101 条可能适用于此类协议[98]，但大多数案件已归入第 102 条的管辖范围，包括在 *Microsoft* 案[99]中具有里程碑意义的裁决。第 102 条第 2 款（d）项列举了一个滥用示例：

> 合同的缔结必须以另一方接受补充义务为条件，这些补充义务根据其性质或根据商业惯例与此类合同的性质无关。

欧洲法院已确定，第 102 条也可能追查搭售，但这种做法不属于第 102 条第 2 款（d）项的确切规定。在 *Tetra Pak v Commission* 案中，法院得出结论，有一种非法搭售，尽管相关产品通过商业用途联系在一起，这是第 102 条第 2 款（d）项未涵盖的情况。[100]

《欧盟合并条例》的案件也出现了对搭售和捆绑的担忧，例如 *Tetra Laval/Sidel* 案[101]、*GE/Honeywell* 案[102]和 *Microsoft/LinkedIn* 案[103]。为了利用和加强合并实

---

[96] 参见第 1 章第 13 页“网络效应”。

[97] 参见：WHINSTON M D. Tying, Foreclosure and Exclusion [J]. American economic review, 1980, 80: 837; NALEBUFF B. Bundling, Tying, and Portfolio Effects [J]. Economics Paper, 2003: para 4.4.2; ELHAUGE E. Tying, Bundled Discounts, and the Death of the Single Monopoly Profit Theory [J]. Harvard Law Review, 2009, 123: 397.

[98] 参见欧盟委员会《纵向限制指南》，OJ [2010] C 130/1，第 214 ~ 222 段。

[99] 欧盟委员会 2004 年 3 月 24 日的决定，上诉维持原判案例 T - 201/04 *Microsoft Corpn v Commission* EU: T: 2007: 289。

[100] 案例 C - 333/94 P EU: C: 1996: 436，第 37 段；另见案例 T - 201/04 *Microsoft Corpn v Commission* EU: T: 2007: 289，第 861 段，尽管该案中的滥用行为已完全落入第 102 条第 2 款（d）项：同上，第 862 段。

[101] 案例 M 2416，2001 年 10 月 30 日的决定。

[102] 案例 M 2220，2001 年 7 月 3 日的决定。

[103] 案例 M 8124，2016 年 12 月 6 日的决定，第 295 ~ 352 段。

体在 *Tetra Laval v Commission* 案[104]和 *General Electric v Commission* 案[105]中的支配地位，欧盟委员会关于《非横向合并的评估指南》[106] 解释了在此基础上反对合并的情况即所谓的“混合效应”。[107]

在确定是否违反第102条时，必须解决5个问题：

- 被指控企业是否具有市场支配地位?
- 占支配地位的企业是否搭售了两种截然不同的产品?
- 客户是否被迫购买产品和被搭售的产品?
- 搭售是否具有反竞争封锁作用?
- 搭售有客观理由吗?

这些要求中的每一个都将被依次考虑。欧盟委员会在其《第102条执法重点指南》中所提出的关于它认为在适当的情况下对搭售措施采取执法行动的意见，将被纳入下文。

（i）被指控企业是否具有市场支配地位?

显然，只有企业在具有支配地位并且在被搭售市场中占支配地位的情况下，才可能构成对第102条的违反；在搭售市场中无须占有支配地位。欧盟委员会《第102条执法重点指南》的脚注34指出，特殊情况下在售后市场进行搭售的情况下[108]，如果某家企业在被搭售或搭售市场中占支配地位，则可能违反第102条。

（ii）占支配地位的企业是否搭售了两种截然不同的产品?

乍一看，搭售的概念足够简单，客户被迫购买本来可以单独购买的两种不同的产品。然而，片刻的反思表明，要确定何时应将两种或两种以上的产品区别对待，以便将它们一起销售视为搭售，确实存在困难。[109] 出售带轮毂和轮胎的汽车不涉及搭售，大概还会有一个备用轮胎，这也不是搭售。汽车可能装有收音机，这也许等于搭售；如果要求购买者向制造商或经销商指定的保险公司

---

[104] 案例 T-5/02 EU：T：2002：264，上诉维持原判案例 C-12/03 P *Commission v Tetra Laval* EU：C：2005：87。

[105] 案例 T-210/01 *General Electric v Commission* EU：T：2005：456。

[106] OJ［2008］C 265/6.

[107] 同上，第91~121段；参见第21章第1089页“混合合并”。

[108] 参见第1章第43~44页“备件和售后市场”。

[109] 爱尔兰最高法院对此问题的有趣讨论结论是，储蓄保护计划是信用社提供服务的组成部分，因此不存在任何牵连，参见：*The Competition Authority v O'Regan*［2007］IESC 22；有关评论参见：GORECKI P K. The Supreme Court Judgment in the *Irish League of Credit Unions* Case：Setting New Standards or Misapplying Current Case Law?［J］. European Competition Law Journal，2008，29（9）：499.

购买汽车保险，则大概是搭售。同样，一双鞋不会被视为搭售，不销售带鞋带的鞋子也不是搭售，但是需要购买一块特定品牌的鞋油大概是搭售。有必要确定案件在哪一点上成为搭售，证明两种产品是搭售对象的责任在于指控违法的人。

根据第 102 条第 2 款（d）项的规定，如果产品“根据其性质或根据商业用途”没有任何联系却被搭配销售，则为搭售。欧盟委员会在其《第 102 条执法重点指南》第 51 段[110]中，引用了欧盟普通法院在 *Microsoft* 案的判决，认为如果在没有搭售（或捆绑销售）的情况下，大量客户愿意购买或将要购买被搭售产品，而没有从同一供应商那里购买搭售的产品。它指出，可能有直接的证据表明，客户在作出选择时会分开购买被搭售产品和搭售产品；或间接证据，例如制造或销售搭售产品而没有被搭售产品的企业在市场上存在。

欧盟法院在 3 个有名的不同案件中对“不同的产品”进行了解释。[111]

(a) *Hilti* 案

在 *Eurofix – Bauco v Hilti* 案[112]中，欧盟委员会认为，要求获得 Hilti 专利钉盒的用户也应该从中获得钉子，这是滥用支配地位，对此违法行为处以 600 万欧元的罚款。Hilti 提起上诉[113]，对欧盟委员会的调查结果提出了质疑，即钉枪、弹药筒条和钉子是三个截然不同的产品市场，而不是一个不可分割的整体，即一个包括钉枪及其消耗品的“粉末致动紧固系统”。欧盟普通法院裁定存在 3 个市场，独立生产者应自由生产旨在用于他人生产的设备的消费品，除非这样做会侵犯知识产权。[114]

(b) *Tetra Pak* 案

在 *Tetra Pak II* 案[115]中，Tetra Pak 要求购买液体包装机的客户向其购买纸箱，并坚持只提供维修和保养服务。Tetra Pak 辩称，它为供人类食用的液体和半液体食品提供了一个综合的分配系统，因此不能将其灌装机的供应与纸箱的供应捆绑在一起。欧盟委员会在其决定的第 119 段中指出，习惯上不将纸箱与机器捆绑在一起，并得出结论认为，纸箱形成了一个独立的市场，占支配地位

---

[110] 类似地，参见欧盟委员会《纵向限制指南》第 215 段。

[111] 另见 *Rio Tinto Alcan*，欧盟委员会 2012 年 12 月 20 日的决定，第 14 ~ 27 段；*Ryanair/Dublin Airport Authority*，欧盟委员会 2014 年 1 月 20 日的决定，第 113 段。

[112] OJ［1988］L 65/19。

[113] 案例 T – 30/89 *Hilti AG v Commission* EU：T：1991：70，上诉维持原判案例 C – 53/92 P *Hilti AG v Commission* EU：C：1994：77。

[114] 案例 T – 30/89 *Hilti AG v Commission* EU：T：1991：70，第 68 段。

[115] OJ［1992］L 72/1。

的企业试图在此市场上消除竞争。欧盟法院维持了这一决定。[116]

（c）*Microsoft* 案

两种不同的产品是否成为搭售是 *Microsoft* 案的一个关键问题。欧盟委员会发现 Microsoft 已经将其媒体播放器与个人计算机操作系统绑定在一起。[117] 在上诉后，欧盟普通法院维持了欧盟委员会的决定。[118] 法院同意操作系统和媒体播放器是独立的产品。[119] 法院指出，IT 和通信行业正在持续快速发展，看似独立的产品之后也可以视为一个产品。[120] 然后，它指出其功能是在 1999 年 5 月（当投诉被指控行为是有害的时候）而不是在 2007 年 9 月（判决之时）。考虑操作系统和 Windows Media Player（WMP）是否是单独的产品，[121] 法院认为，必须根据消费者需求确定产品的独特性[122]，系统软件（操作系统本身）和应用程序软件（文字处理、媒体播放器等）在功能上存在差异[123]，市场上有一些运营商提供搭售产品（媒体播放器）而没有被搭售产品（操作系统）。法院指出，判例法已确定这是存在单独产品的严肃证据[124]；Microsoft 将 WMP 作为单独的产品提供，使之与竞争者的操作系统一起使用[125]；可以从其网站上独立下

---

[116] 案例 T－83/91 *Tetra Pak International SA v Commission* EU：T：1994：246，第 60～78 段；上诉维持原判案例 C－333/94 P EU：C：1996：436；有关评论参见：VALENTINE K. The Paucity of Economic Analysis in the EEC Decisions on Competition：*Tetra Pak Ⅱ*［J］. Current Legal Problems，1993，46（2）：156－172.

[117] *Microsoft*，欧盟委员会 2004 年 3 月 24 日的决定，案例 T－201/04 *Microsoft Corpn v Commission* EU：T：2007：289；与 *Microsoft* 案有关的评论参见：ART J Y，MCCURDY G V S. The European Commission's Media Player Remedy in its Microsoft Decision：Compulsory Code Removal Despite the Absence of Tying or Foreclosure［J］. European Competition Law Journal，2004，25（11）：694（在此案中，本文的作者是 *Microsoft* 案的顾问）；BANASEVIC N，HUBY J，CASTELLOT M P，et al. Commission Adopts Decision in the *Microsoft* Case［J］. Competition Policy Newsletter，2004：46－47（在作出决定时，该文的作者是竞争总司的官员）.

[118] 案例 T－201/04 *Microsoft Corpn v Commission* EU：T：2007：289；有关竞争总司官方对该案的讨论参见：KRAMLER T，BUHR C C，WYNS D. The Judgment of the Court of First Instance in the *Microsoft* case［J］. Competition Policy Newsletter，2007（3）：39. 参见：MONTAGNANI M L. Remedies to Exclusionary Innovation in the High－Tech Sector：Is There a Lesson from the Microsoft Saga?［J］. World Competition，2007，30（4）：623.

[119] 案例 T－201/04 *Microsoft Corpn v Commission* EU：T：2007：289，第 912～944 段。

[120] 同上，第 913 段。

[121] 同上，第 914 段。

[122] 同上，第 917 段。

[123] 同上，第 926 段。

[124] 同上，第 927 段。

[125] 同上，第 928 段。

载 Microsoft 的媒体播放器[126]；Microsoft 将 WMP 推广为独立产品[127]；它具有针对 WMP 的单独许可协议[128]；客户确实从 Microsoft 的竞争者那里获得了媒体播放器。[129]

在 *Microsoft*（*tying*）案[130]中，欧盟委员会的初步评估是 Microsoft 已经将 Internet Explorer 与其主要的 Windows 操作系统绑定在一起。最后，欧盟委员会接受了 Microsoft 的承诺，以终止针对它的第 102 条诉讼。Microsoft 同意将为 Windows 用户提供不同的 Web 浏览器选择。2013 年，欧盟委员会对 Microsoft 处以 5.61 亿欧元的罚款[131]，因为是其 14 个月未遵守这些承诺，这在欧盟竞争法中尚属首次。

（iii）客户是否被迫购买产品和被搭售的产品？

第 102 条第 2 款（d）项的措辞表明，滥用搭售的一个组成部分是强迫客户购买搭售产品，合同的缔结必须由另一方接受补充义务为条件（笔者强调）。合同规定显然可以满足该标准。[132] 但是，在 *Microsoft* 案中，没有合同要求使用 WMP，而是无论用户是否需要，它都包含在操作软件中[133]，从主题看来，这是“技术捆绑”。欧盟普通法院的结论是，强制使用 WMP 是因为无法从操作系统软件中将其卸载，因此存在强制性。法院对安装 WMP 并没有任何额外收费这一事实不感兴趣。[134] 欧盟委员会认为，技术搭售的反竞争封锁的效力可能大于合同搭售或捆绑销售，因为逆转这一过程可能成本高昂，并可能减少转售单个零件的机会。[135]

（iv）搭售是否具有反竞争封锁效果？

为了构成滥用，搭售必须具有反竞争封锁效果。欧盟委员会讨论了在其《第 102 条执法重点指南》第 52～58 段中决定搭售是否可能导致反竞争封锁时

---

[126] 同上，第 929 段。

[127] 同上，第 930 段。

[128] 同上，第 931 段。

[129] 同上，第 932 段。

[130] 欧盟委员会 2010 年 12 月 16 日的决定；参见：BUHR C C，BULST F W，FOUCAULT J，et al. The Commission's Decision in the Microsoft Internet Explorer Cases and Recent Developments in the Area of Interoperability［J］. Competition Policy Newsletter，2010（1）：28.

[131] 欧盟委员会 2013 年 3 月 6 日的决定。

[132] 欧盟委员会接受了 Rio Tinto Alcan 的承诺，以解决其在 2012 年 12 月 20 日的一项决定中将铝冶炼技术与冶炼厂设备搭售合同的担忧。

[133] 案例 T－201/04 *Microsoft Corpn v Commission* EU：T：2007：289，第 963 段。

[134] 同上，第 967～969 段；参阅 *Streetmap. EU v Google*［2016］EWHC 253（Ch），第 51～53 段。

[135] 参见欧盟委员会《第 102 条执法重点指南》第 53 段。

应考虑的因素。它提到了第20段中列出的一般因素[136]，然后考虑了搭售案中的其他重要因素。如上文所述，第53段暗示技术绑定可能比合同绑定或搭售具有更大的反竞争封锁效果。第55段表示，绑定可能导致仅对购买绑定产品感兴趣但不对绑定搭售产品感兴趣的客户的竞争减少，导致前者价格更高。第57段指出，如果对被搭售产品的价格进行管理，则占支配地位的企业可以决定在搭售市场上提高价格，以补偿被搭售市场上的收入损失。第58段进一步指出，如果被搭售产品的替代供应商数量有限，仅进入搭售市场可能会更加困难。

欧盟委员会已将第102条应用于几种搭售做法。在*IBM*案[137]中，欧盟委员会结束了IBM的“内存捆绑”和“软件捆绑”的实践，接受了IBM将提供其System/370中央处理单元而没有主内存或仅具有测试所需的足够内存的承诺[138]。在*Eurofix-Bauco v Hilti*案[139]中，欧盟法院维持了欧盟委员会的裁决，即Hilti要求其专利钉盒的使用者也应从其获得钉子的要求剥削了客户，损害了竞争，并且滥用了支配地位。欧盟委员会得出结论认为，在*London European-Sabena*案[140]中，Sabena试图规定访问London European的计算机预订系统应以后者使用Sabena的地面服务为条件是一种滥用。在*De Post/La Poste*案[141]中，欧盟委员会反对比利时邮政运营商给予购买新的企业对企业邮件服务的客户更优惠的普通信件邮件服务价格。

在*Centre belge d'études de marché—Télémarketing v CLT*案[142]中，欧洲法院裁定，卢森堡广播电视台坚持要求广告商通过其广告经理或由它任命的代理传播广告，这是对卢森堡广播电视台垄断权的滥用。这等于将其垄断权从一个市场扩展到了相邻市场，这种捆绑阻止了其他广告代理商与之竞争，并限制了用户的商业自由。在谴责英国糖业拒绝允许客户以出厂价收取糖的行为时，欧盟委员会在*Napier Brown-British Sugar*案[143]中运用了这一原则，从而保留了该产品

---

[136] 参见第5章第262~264页“实践中如何进行效果分析?”。

[137] 欧盟委员会《关于竞争政策的第14号报告》(1984)，第94~95点；此点进一步参见《关于竞争政策的第16号报告》(1986) 第75点和《关于竞争政策的第27号报告》(1987) 第85点；有关评论参见：VICKERS J. A Tale of Two EC Cases：IBM and Microsoft［J］. Competition Policy International，2008，4 (1)：3.

[138] 注意欧盟委员会因抱怨IBM将其主机硬件与主机操作系统搭售在一起而关闭了文件：欧盟委员会新闻稿 IP/11/1044，2011年9月20日。

[139] OJ［1988］L 65/19，上诉维持原判案例 T-30/89 *Hilti AG v Commission* EU：T：1991：70，上诉案例 C-53/92 P *Hilti AG v Commission* EU：C：1994：77。

[140] OJ［1988］L 317/47。

[141] OJ［2002］L 61/32。

[142] 案例 C-311/84 EU：C：1985：394。

[143] OJ［1988］L 284/41。

的分销功能。

在 *Microsoft* 案中，欧盟普通法院同意欧盟委员会的裁定，认为这种关系导致了市场的封锁。[144] 法院认为，安装 WMP 明显改变了竞争平衡，有利于 Microsoft，但不利于竞争者。[145] 法院提到 Windows 操作系统无处不在，该操作系统在 2002 年占有 90% 以上的市场份额。[146] 法院认为，发现 WMP 已预安装在其操作系统上的用户将不太可能使用替代媒体播放器，[147] 安装 WMP 会阻碍计算机制造商在其计算机中安装包括竞争者的媒体播放器。[148] 欧盟普通法院同意欧盟委员会的观点，即 Windows 的普及可能对内容提供商和软件设计师[149]产生强大的影响。市场调查表明，使用 WMP 有损害其他媒体参与者的趋势。[150]

在 *Google Android* 案[151]中，欧盟委员会正在调查，Google 坚持要求制造商在使用 Android 移动操作系统移动设备上预先安装 Google 的搜索引擎和互联网浏览器，是否滥用了其在一般互联网搜索服务中的支配地位。

（v）搭售有客观理由吗？

占支配地位的企业有权证明搭售在客观上是合理的或可以提高效率，举证责任在于占支配地位的企业。[152] 欧盟委员会《第 102 条执法重点指南》的第 62 段指出，它将考虑有关搭售（和捆绑销售）可能导致生产或分销方面的节省并使消费者受益的主张。

在 *Hilti* 案中，欧盟委员会担心的是，搭售的做法会阻止钉子生产者向 Hilti 钉枪的用户供应产品。Hilti 认为，其行为在客观上是合理的，因为有必要维持安全标准，以便操作人员不会受到钉枪的伤害。欧盟委员会否定了这一论点，认为 Hilti 的主要关切是保护其商业地位，而不是保护其产品用户的无私愿望。欧盟普通法院维持了这一观点，并指出，英国有关于竞争者在出售自己的钉子产品安全的法律和强制执行法律的官方机构。在这种情况下，Hilti 的任务不是采取主动行动以消除其认为是危险的或劣于自己的产品的产品，无论对错。如果一家占支配地位的企业获准采取此类措施，造成损害行为的范围是

[144] 案例 T-201/04 *Microsoft Corpn v Commission* EU：T：2007：289，第 1031～1090 段。
[145] 同上，第 1034 段。
[146] 同上，第 1038 段。
[147] 同上，第 1041 段。
[148] 同上，第 1043 段。
[149] 同上，第 1060 段。
[150] 同上，第 1078 段。
[151] 参见欧盟委员会新闻稿 IP/16/1492 和 MEMO/16/1484，都是 2016 年 4 月 20 日。
[152] 参见第 5 章第 265～270 页“抗辩”。

显而易见的。[153]

欧盟普通法院在 *Microsoft* 案中裁定，Microsoft 没有证明将 WMP 与它的操作软件搭售在一起的任何客观理由。[154]

(D) 英国法律

与第 102 条第 2 款（d）项相同，1998 年英国竞争法第 18 条第 2 款（d）项特别指出，绑定协议可能构成滥用。

在 *Pricing of BT Analyst* 案[155]中，英国通信管理局收到投诉，称 BT 将计费分析产品 BT Analyst 与提供商业电话服务捆绑在一起，通信管理局的结论是计费产品是电话服务的一部分，因此不是搭售。[156] 在较早的两个场合，通信管理局[157]和英国公平交易办公室[158]被要求调查有关搭售行为的指控，但它们得出的结论是，在每种情况下，存在一个没有支配地位的单一市场，而不是一个占支配地位的主要市场和一个单独的次要市场。[159]

在 *Genzyme* 案中，英国公平交易办公室对这家企业施以了 680 万英镑的罚款，原因是该企业以两种方式滥用其支配地位，其中一种是滥用药物捆绑销售和为 Gaucher 病患者提供家庭护理服务。[160] 英国竞争上诉法庭在上诉后认为，英国公平交易办公室并未证明捆绑有足够的不利影响使其被滥用。[161]

在 *Streetmap. EU v Google* 案[162]中，高等法院对索赔人的论点不以为然，该论点仅是在 Google 的搜索引擎结果页上显示搭售或捆绑在一起的 Google Maps 缩略图。Roth J 指出，互联网用户没有义务点击 Google Maps，并且可以免费使用任何其他在线地图提供程序而不会受到任何惩罚，甚至根本不会使用。

在 *Socrates v Law Society* 案[162]中，英国竞争上诉法庭认为律师协会滥用其支配地位，将其在反洗钱和抵押欺诈方面的培训与其对律师行的认证计划放在一起搭售。

---

[153] 进一步参见欧盟委员会《第 102 条执法重点指南》第 29 段，其中特别提到了本书讨论的 *Hilti* 案的主张。

[154] 案例 T－201/04 *Microsoft Corpn v Commission* EU：T：2007：289，第 1144～1167 段。

[155] 英国通信管理局 2004 年 10 月 27 日的决定。

[156] 同上，第 46～53 段。

[157] *Swan Solutions Ltd /Avaya Ltd*，英国通信管理局 2001 年 4 月 6 日的决定。

[158] *ICL/Synstar*，英国公平交易办公室 2001 年 7 月 26 日的决定。

[159] 此观点参见第 1 章第 43～44 页“备件和售后市场”。

[160] 英国公平交易办公室 2003 年 3 月 27 日的决定。

[161] 案例 1016/1/1/03 *Genzyme Ltd v OFT*［2004］CAT 4，第 527～548 段。

[162]［2016］EWHC 253（Ch），第 51～53 段。

[162]［2017］CAT 10，第 138～177 段。

4. 拒绝供应

在某些情况下，占支配地位的企业拒绝提供产品或服务可能构成滥用支配地位。拒绝供应是竞争法中一个有争议的话题，在考虑某些特定案例之前[163]，一些介绍性评论可能会有所帮助。

(A) 初步评论

首先，作为一般性命题，大多数法律制度都允许企业与它们希望的任何人签约。总检察长雅各布斯在 *Oscar Bronner* 案[164]的意见第 56 段中指出：

> 选择贸易伙伴和自由处置财产的权利是成员国法律公认的原则，
> 而且：
> 侵犯这些权利需要仔细辩解。

欧盟委员会在其《第 102 条执法重点指南》中通过重复这些相同的点开始关于拒绝供应部分的讨论。

其次，如果强迫搭便车的供应商可以利用市场上其他企业进行投资，那么强制占支配地位的企业进行供应可能对竞争没有好处。总检察长雅各布斯在 *Oscar Bronner* 案[165]的意见第 57 段中指出，允许竞争者要求使用优势企业的"基本设施"[166]，这可能通过使索赔人在短期内进入市场而具有竞争优势。如果这样做的结果是一开始就不鼓励为创建该设施而进行的必要投资，那么它最终可能会反竞争。总检察长在第 58 段强调了这一事实的重要性，即第 102 条的主要目的是防止竞争扭曲，而不是保护特定竞争者的地位。[167] 在承认判例法确实在某些情况下对占支配地位的企业施加义务的同时，总检察长建议应适当限制这一义务，并且只有在拒绝产生明显损害竞争的情况下才应援引该义务。

---

[163] 有关拒绝交易的进一步阅读参见：MOTTA M. Competition Policy：Theory and Practice［M］. Cambridge：Cambridge University Press，2004：66－68；O'DONOGHUE R，PADILLA J. The Law and Economics of Article 102 TFEU［M］. 2nd ed. Oxford：Hart Publishing，2013：ch 10；竞争总司的讨论文件第 9 节，关于将条约第 102 条适用于排他性滥用；BISHOP S，WALKER M. The Economics of EC Competition Law［M］. 3rd. London：Sweet & Maxwell，2010.

[164] 案例 C－7/97 EU：C：1998：264。

[165] 同上。

[166] 参见本章第 869～876 页"对于希望在下游市场竞争的人来说，寻求获得产品的权限是必不可少的吗？"。

[167] 另见案例 T－184/01 R *IMS Health Inc v Commission* EU：T：2005：95，第 145 段；案例 C－481/01 P（R）EU：C：2002：223，第 84 段。

欧盟委员会在其《第102条执法重点指南》的第75段中指出，即使有公平的报酬供应义务，也可能削弱企业投资和创新的动机，这可能对消费者不利；而且，如果竞争者可以在占支配地位的企业的投资上“搭便车”，那么它本身就不可能进行投资和创新，这再次损害了消费者。但是，欧盟委员会也注意到，在第82段中，当与欧盟法律相符的法规已经施加了供应义务时，这些考虑因素将不适用，在这种情况下，公共机构已经在各方的激励措施之间取得了平衡；或在由国家资源资助的特殊权利或专有权利保护下发展了占支配地位的企业的上游市场地位的情况下，这些考虑因素同样不适用。[168] 在这种情况下，欧盟委员会仅关注确定拒绝供应是否会导致反竞争封锁，而不应用稍后将讨论的严格规则。

再次，在考虑拒绝供应相关的法律时，牢记横向和纵向封锁之间的区别是有帮助的。[169] 大多数拒绝供应的案例都对下游市场造成了损害，本节将主要涉及纵向封锁此类案例。但是，本节末尾已注意到[170]，有一些案例涉及横向封锁，例如由于国籍的歧视[171]而拒绝供应的情况和扣缴销售税款是防止平行出口到价格较高的成员国的一种方式。[172]

最后，占支配地位的企业可能会以排除竞争者以外的其他原因拒绝供应。例如，客户是不良债务人、库存不足或生产中断。[173] 在 *United Brands* 案[174]中，欧洲法院援引了比例原则，并认为与其他企业一样，一家占支配地位的企业有权采取措施保护其合法商业利益，但这些措施必须与其所面临的威胁相称。

(B) 欧盟法律

(i) 纵向封锁：在下游市场的竞争损害

大多数拒绝供应的案例都涉及垂直整合企业，该企业在上游市场占支配地位，并且拒绝在其也存在的下游市场向现有或新客户供应。欧盟委员会《第102条执法重点指南》第76段解释说，该文件中专门涉及拒绝供应的部分仅

---

[168] 参见案例7/82 *GVL v Commission* EU：C：1983：52；另见竞争总司的讨论文件，关于将条约第102条适用于排他性滥用，第236段；有关这种特殊或专有权利的定义参见第6章第282~285页“具有‘特别或专有权利’的企业”。

[169] 参见第5章第258~259页“横向和纵向封锁”。

[170] 参见本章第878~879页“横向封锁”。

[171] 参见本章第879页“基于国别而拒绝交易”。

[172] 参见本章第879页“为了防止平行进口和出口而拒绝交易”。

[173] 参见总检察长雅各布斯在案例C-53/03 *Syfait* EU：C：2004：673的观点，第67段。

[174] 案例27/76 EU：C：1978：22，第189段。

与这种情况有关。[175]《第 102 条执法重点指南》第 84 段表明，拒绝向新客户供应有可能违反《欧盟运行条约》第 102 条并且破坏现有关系：判例法支持这一主张。[176] 但是，欧盟委员会补充说，与重新拒绝供应相比，终止现有关系更有可能被认定为滥用。例如，如果客户进行了特定投资来使用主要供应商提供的投入物，则可能得出结论，即该投入物变得不可或缺。[177] 一个不同的原因可能是，因为先前关系的存在表明提供投入物并不意味着投入物所有者将获得对其投资的不充分补偿的风险。

在 *Commercial Solvents v Commission* 案[178]中，欧洲法院裁定拒绝向下游客户供应可能构成滥用支配地位。Zoja 是意大利厂商，其生产用于治疗肺结核的药物；它的生产取决于原材料氨基丁醇的供应，而氨基丁醇的主要供应商是 Commercial Solvents。当后者拒绝向 Zoja 提供氨基丁醇时，欧盟委员会认为它滥用了其支配地位，并命令其恢复供应。上诉法院维持了欧盟委员会的决定。Commercial Solvents 是上游原料市场中氨基丁醇的主要供应商。该企业在拒绝供应 Zoja 原材料的同时，恰逢 Commercial Solvents 的子公司 ICI 进入 Zoja 所经营的抗结核药物的下游市场，拒绝供应原材料将使 Zoja 从下游市场中消失。欧洲法院说：

> 一家在原材料市场上占支配地位的经营企业，为了保留这种原材料以制造自己的衍生产品而拒绝提供给客户，而该客户本身就是这些衍生产品的制造商，因此存在消除该客户的所有竞争的风险，该经营企业正在滥用其支配地位。[179]

自从 *Commercial Solvents v Commission* 案以来，已经有很多拒绝提供这类产品的案例。比如 *Magill* 案、*Oscar Bronner* 案和 *Microsoft* 案特别值得注意，将在稍后和第 19 章中进行讨论。[180] 欧盟委员会和欧盟法院的追求一直是在维护企

---

[175] 注意欧盟委员会就电子通信和邮政部门中第 102 条的适用，包括拒绝供应，给出了具体指导：参见第 23 章第 1227～1229 页“欧盟竞争法的适用”和第 1232～1236 页“欧盟竞争法的适用”。

[176] 例如，在 *Magill* 案中，成功的投诉人是新客户，而不是现有客户；类似地，参见案例 T－301/04 *Clearstream v Commission* EU：T：2009：317 and *Telekomunikacja Polska*，欧盟委员会2011 年6 月22 日的决定，上诉维持原判案例 T－486/11 *Telekomunikacja Polska v Commission* EU：T：2015：1002，上诉案例 C－123/16 P *Orange Polska v Commission* 尚未裁决；在利润挤压的一个案件中，法院指出，无论是现有客户还是新客户，对滥用的认定都不应有任何区别：参见案例 C－52/09 *TeliaSonera Sverige AB* EU：C：2011：83，第 90～95 段。

[177] 这可以为 *Commercial Solvents* 案中的结果提供解释，稍后讨论。

[178] 案例 6 和 7/73 EU：C：1974：18。

[179] 同上，第 25 段。

[180] 参见第 19 章第 986～992 页“强制许可”。

业自由选择贸易伙伴的权利（无论是否具有支配权）和确保纵向整合的占支配地位的企业不排除下游市场的竞争，以免损害消费者的利益。

判例法似乎确定，在确定拒绝向下游市场客户供应是否构成滥用支配地位时，必须解决5个问题：[181]

- 有拒绝供应吗？
- 被指控企业在上游市场是否具有市场支配地位？
- 对于希望在下游市场竞争的人来说，寻求获得权限的产品是必不可少的吗？
- 拒绝准予进入是否会导致下游市场有效竞争的消失？
- 拒绝供应是否有客观的合理性？

这些问题将依次进行审查，然后对可能采取的救济措施发表评论。

（a）是否存在拒绝供应？

欧盟委员会《第102条执法重点指南》[182] 指出，无论是拒绝直接供应还是建设性的拒绝都可能是一个令人担忧的问题。*Telekomunikacja Polska* 案[183]和 *Slovak Telekom* 案[184]这两个案例清楚地表明，以不合理的条款提出“无法接受的要约”来作出供应表示，将被视为建设性拒绝供应。

（b）被指控企业在上游市场是否具有市场支配地位？

显而易见的是，要违反《欧盟运行条约》第102条，被指控企业必须占据支配地位。在本节中考虑的那种情况是，被指控企业在上游市场中占有支配地位。这有3点值得考虑。

第一点是上游市场的界定将不可避免地受到下游市场界定的影响。例如，在 *Sealink/B&I - Holyhead* 案[185]中，一家轮渡经营者 B&I 希望进入北威尔士的 Holyhead 港口，以便经营往返爱尔兰的渡轮服务。Holyhead 港口归 Sealink 所有，Sealink 在下游市场也提供渡轮服务。欧盟委员会注意到，英国和爱尔兰之间的短途海上航线有3条走廊：北部走廊由苏格兰的 Stranraer 提供服务；中央走廊，主要由 Holyhead 提供服务；南部走廊由威尔士南部和西部的

---

[181] 但是请注意如果某家企业已经受交易监管义务的约束，或者其上游市场地位来自国家资源，那么欧盟委员会将不会采用这种严格的标准：参见本章第865~866页“初步评论”。

[182] OJ［2009］C 45/7，第79段，举例说明什么可能构成“建设性”拒绝交易。

[183] 2011年6月22日的欧盟委员会决定；上诉维持原判案例 T-486/11 EU：T：2015：1002；上诉案例 C-123/16 P，尚未裁决。

[184] 2014年10月15日的欧盟委员会决定；上诉至欧盟普通法院案例 T-851/14 *Slovak Telekom v Commission*，尚未裁决。

[185]［1992］5 CMLR 255；注意该案极富影响力，是欧盟委员会的一项临时措施决定，未向欧盟法院上诉。

Fishguard、Pembroke 和 Swansea 提供服务。欧盟委员会将上游市场界定为提供港口设施用于中央走廊路线上的客运和渡轮服务；但是，如果欧盟委员会认为下游市场是英国和爱尔兰之间的短距离过境点，那么就不可能如此狭义地界定上游市场。在这种情况下，Holyhead 港口（或更确切地说是那里的可用服务）对于 B&I 能够在下游市场中竞争并不是必不可少的。

关于拒绝供应案例的市场界定的第二点是，占支配地位的企业可能根本不在上游市场上运作。它可能不会向任何人提供寻求获得的投入，就竞争法规则而言，这并不意味着它不能对所涉投入物具有市场支配力。欧洲法院已经表示，存在潜在的甚至是假设的市场就足够了。[186]《第 102 条执法重点指南》第 79 段也提到了这一点。

截然不同的是，许多成员国的法律规定，无论是否具有支配地位，企业都有义务向处于“经济依赖”地位的客户提供服务，例如法国商法典第 L420－2 条第 2 款和 1957 年德国反不正当竞争限制法第 20 条。[187] 欧盟第 1/2003 号条例第 3 条第 2 款允许国家法律对单边行为采用比第 102 条更严格的规定。[188] 在某些情况下，即使供应商不占支配地位，国内法律也认为这种行为是应受谴责的事实，这可能更容易使人们得出这样的结论：在供应商是占支配地位的情况下，同样的行为就构成了滥用。但是，当今欧盟的竞争政策主要涉及消费者福利，对经济上依赖的企业的保护并不一定与此目标一致。[189] 众所周知，根据第 102 条，仅有支配地位不会产生交易义务，相反它开启了人们能够在下游市场竞争中获得上游产品或服务的必不可少的条件。不可缺少的标准限制了第 102 条的范围，并且是有意识地尝试将滥用的判定与下游市场被封锁和损害了消费者的反竞争联系起来。

(c) 对于希望在下游市场竞争的人来说，寻求获得产品的权限是必不可少的吗?

判例法已确定，企业与其在下游市场竞争的客户打交道，就不需要纵向整合，因为它相对于上游市场具有优势。如果要能够在下游市场上竞争，客户寻求获得的产品或服务就必不可少。必不可少是欧盟法院倾向使用的词；寻求获

---

[186] 参见案例 C－418/01 *IMS Health GmbH & Co v NDC Health GmbH & Co* EU：C：2004：257，第 44 段；此点被有益地讨论见于：PITOFSKY R，PATTERSON D，HOOKS J. The Essential Facilities Doctrine under United Statas Antitrust Law [J]. Antitrust Law Journal，2002，70：443，458－461；另见竞争总司的讨论文件，第 227 段。

[187] 关于这些法律的有益指南参见 Bocker，Reinker and Little（eds）*Dominance*（Global Competition Review，13th ed，2017），它具体解决了与每个管辖区有关的问题即是否有任何规则适用于非占支配地位企业的单方行为。

[188] 参见第 2 章第 95 页“冲突：《欧盟运行条约》第 102 条”。

[189] 有关竞争政策目标的讨论参见第 1 章第 22～28 页“竞争法的目标”。

得投入物的替代表达是“基本设施”和“客观上必需的”。前一种表述在美国反托拉斯法中有先例，关于基本设施原则的期刊文献也有很多。[190] 正如我们看到的那样，近年来最高法院大大限制了该原则的范围。[191]“基本设施”一词特别适用于企业寻求使用诸如港口、机场、铁路网络或管道等物理基础设施的情况；将这些基础设施视为“设施”是一种语言的自然使用，“基本”具有必不可少的含义。但是，判例法表明，同样可能存在许可知识产权或向第三方提供专有信息的义务[192]，此时，使用“基本设施”一词就不太自然了。也许正因为如此，欧盟委员会《第102条执法重点指南》第83段和第84段提到了“客观上必要的”投入。根据判例法，下文使用“不可或缺”的术语，但似乎这3个表达可以互换使用。

不可或缺的要求在 *Oscar Bronner GmbH* 案[193]中变得很明确，Bronner 是奥地利日报 *Der Standard* 的出版商，希望能够使用其规模更大的竞争者 Mediaprint 高度发达的送货上门分配系统。Bronner 抱怨说，拒绝允许这种使用违反了第102条奥地利等效条款。奥地利法院问欧洲法院，这种拒绝是否会违反第102条。整个判决的基调是对 *Oscar Bronner GmbH* 案持怀疑态度。欧洲法院指出，国家法院的首要任务是确定奥地利是否有单独的报纸上门派送市场，以及 Mediaprint 的全国体系与其他地区性计划之间的替代性是否不足。如果市场是在全国范围内将报纸送货上门，则国家法院必然会得出结论：Mediaprint 拥有垄断权，并且由于这种垄断扩展到了奥地利的整个地域，因此该垄断权将在欧洲市场相当大的一部分内部市场进行。[194]

法院针对滥用问题指出，在 *Commercial Solvents* 案中，占支配地位的企业

---

[190] 以下是有关该主题的大部分著作：AREEDA P. Essential Facilities：An Epithet in Need of Limiting Principles [J]. Antitrust Law Journal，1990，58（3）：841.；TEMPLE L. Defining Legitimate Competition：Companies' Duties to Supply Competitors and Access to Essential Facilities [J]. Fordham International Law Journal，1994，18：439；RIDYARD D，Essential Facilities and the Obligation to Supply Competitors under UK and EC Competition Law [J]. European Competition Law Review，1996，17：438；LIPSKY J G，SIDAK A B. Essential Facilities [J]. Stanford Law Review，1999，51（5）：1187；KORAH V. Access to Essential Facilities under the Commerce Act in the Light of Experience in Australia，the European Union and the United States [J]. Victoria University of Wellington Law Review，2000，31（2）：231；CAPOBIANCO A. The Essential Facility Doctrine：Similarities and Differences Between the American and European Approaches [J]. European Law Review，2001，26（6）：548；DOHERTY B. Just what are essential facilities? [J]. Common Market Law Review，2001，38（2）：397；PITOFSKY R，PATTERSON D. HOOKS J. The Essential Facilities Doctrine under U. S. Antitrust Law [J]. Antitrust Law Journal，2002，70（2）：443.

[191] 参见下文。

[192] 有关 *Magill* 案和 *Microsoft* 案，参见第19章第986～992页“强制许可”。

[193] 案例 C－7/97 EU：C：1998：569。

[194] 同上，第32～36段。

拒绝供应原材料的影响很可能会消除其子公司与任何其他人在下游市场上的所有竞争。[195] 欧洲法院随后提到了 *Magill* 案[196]，认为在特殊情况下，知识产权所有者拒绝将其许可给第三方可能会导致滥用，因为法院认为 Magill 是一个例外情况。[197] 此处有 4 个原因：第一，Magill 寻求的信息对于出版全面的目录指南是必不可少的，没有它，Magill 根本无法出版杂志；第二，消费者对潜在产品的需求明显；第三，没有客观理由说明拒绝供应；第四，拒绝供应将消除二级市场中电视收视指南的所有竞争。[198] 因此，欧洲法院表示，要证明滥用，就必须证明拒绝授予送货上门服务的机会可能会消除日报市场（下游市场）中的所有竞争。要求提供的送货上门服务对于在报纸市场开展业务是必不可少的。[199] 法院认为，使用 Mediaprint 的送货上门服务不是必不可少的，因为还有其他分发日报的方式，例如通过商店、售货亭和邮寄方式[200]；此外，也没有技术、法律或经济上的障碍使得其他日报出版商无法建立自己的上门派送系统。[201] 关于应认为使用分配系统是不是不可或缺的问题，欧洲法院指出：

> 45. 在这方面应该强调的是，为了证明建立这样一个系统不是现实的潜在替代方案，因此进入现有系统是不可或缺的，仅仅论证由于日报或待发行报纸发行量小，从而在经济上是不可行的还不够。
>
> 46. 为了能够被视为不可或缺的渠道，正如总检察长在其意见 68 中指出的那样，至少有必要证明建立第二种送货上门计划来分发日报，使其流通量与现有计划所分发的日报相当，在经济上是不可行的。

欧洲法院认为，Mediaprint 的行为并不等于滥用支配地位。

欧洲法院在 *Oscar Bronner* 案中的判决确定，拒绝向下游市场竞争者供货的法律关键是不可或缺性。寻求获得的投入物必须是不能复制或者很难复制的内容。投入物是不可或缺的，只要复制物属于以下情况：

- 在物理上是不可能的。例如，一个国家的海岸线上可能只有一个点可以建立深海港口；以及规划或环境方面的原因可能导致无法建立竞争性的机场、全国范围的天然气运输系统或第二条铁路网。

---

[195] 同上，第 38 段。

[196] 案例 C－241/91 P etc *RTE and ITP v Commission* EU：C：1995：98；对于该案的分析参见第 19 章第 987 ~988 页“*Magill* 案”。

[197] 案例 C－7/97 EU：C：1998：569，第 39 段。

[198] 同上，第 40 段。

[199] 同上，第 41 段。

[200] 同上，第 42 段。

[201] 同上，第 44 段。

• 在法律上是不可能的。例如某企业拥有知识产权，如 *Magill* 案中的版权。

• 在经济上是不可行的。尽管欧洲法院谨慎地在 *Bronner* 案指出，一家小企业认为因其规模较小，它应有权使用其较大竞争者的基础设施是不充分的，但经济上的非复制性要求考虑市场是否足够大以维持第二种如占支配地位的企业系统的设施[202]；这预示了关于非定价滥用的有效竞争者测试的想法。[203]

不可或缺的要求意味着仅提出获得通道可以更方便或有用是不够的：通道必须是不可或缺的。在 *Tiercé Ladbroke v Commission* 案[204]中，欧盟普通法院驳回了有关为赛马提供声音和电视图像对下游博彩市场是不可或缺的论点。在 *European Night Services v Commission* 案[205]中，欧盟普通法院不认为火车道、机车和火车乘务员的供应是不可或缺的服务。

欧盟委员会在其《第102条执法重点指南》第83段中讨论了不可或缺的要求，或者在其客观目的上讨论了这一要求。在第83段中，它提到了 *Magill* 案、*Bronner* 案和 *Microsoft* 案，并说，在确定一项供应是否必不可少时，通常会评估在可预见的将来竞争者是否可以复制该供应；复制是指创造有效供应的替代来源，该来源能够使竞争者对下游市场的占支配地位的企业施加竞争约束。

根据第102条规定必须使用的设施包括：

• 港口。*Sealink/B&I – Holyhead* 案的决定已提到这点；强制访问某个港口的另一个示例是 *Port of Rødby* 案[206]。

• 机场。在 *Frankfurt Airport* 案[207]中，欧盟委员会要求机场当局终止对地面服务的垄断，并准予希望在那里提供此类服务的第三方进入。[208]

---

[202] 另见案例 C－418/01 *IMS Health GmbH & Co v NDC Health GmbH & Co* EU：C：2004：257，第28～30段。

[203] 有关"有效竞争者测试"，参见第5章第248～250页"第102条保护竞争；竞争是为了消费者的利益"。

[204] 案例 T－504/93 EU：T：1997：84；有关评论参见：KORAH V. The Ladbroke Saga［J］. European Competition Law Review，1998，19（3）：169.

[205] 案例 T－374/94 etc EU：T：1998：198。

[206] OJ［1994］L 55/52；注意在以下情况下，欧盟委员会的临时措施决定于 *Irish Continental Group v CCI Morlaix*，载于《关于竞争政策的第25号报告》（1995），第120～121页，［1995］5 CMLR 177，与 *Sealink* 案不同的是，*Irish Continental* 案中的港口运营商在下游轮渡市场上并不活跃；另见 *Tariffs for Piloting in the Port of Genoa* OJ［1997］L 301/27。

[207] OJ［1998］L 72/30；注意理事会指令96/67/EC，OJ［1997］L 272/36，其放宽对机场的地面处理并防止歧视性收费。

[208] 有关长期供应协议的终结，参见本章第849～851页"欧盟委员会对于独家采购协议的做法"。

• 铁路网。在 *GVG/FS* 案[209]中，欧盟委员会得出结论，意大利国有铁路公司 Ferrovie dello Stato 滥用了其支配地位，阻止了德国铁路运营商提供从德国到米兰的铁路运输。滥用行为包括拒绝准予在意大利铁路基础设施通行[210]、拒绝提供牵引力（机车、驾驶员和辅助服务）[211]，以及拒绝加入跨境铁路旅客服务所必需的国际组织。[212]

• 天然气管道。欧盟委员会在许多情况下采取了有关接入天然气管道的行动[213]。在 *Gaz de France* 案[214]、*E. ON* 案[215]和 *ENI* 案[216]中，欧盟委员会接受了第 1/2003 号条例第 9 条的承诺，其中一些是结构性的，以解决对可能滥用拒绝交易的担忧。[217]

• 储油。在 *Disma* 案中，欧盟委员会要求使用设备来存储喷气燃料并将其转移到米兰的马尔彭萨机场的补给点。此案是根据第 101 条而不是第 102 条提出的，因为许多企业拥有相关基础设施。[218]

• 电信电线和电缆。基本设施理论能够应用到电信网络中。[219] *Telekomunikacja Polska* 案[220]和 *Slovak Telekom* 案[221]是最近拒绝或建设性拒绝授予此类网络访问权限的案例。

• 机顶盒。可能有必要援引基本设施原则以获得对机顶盒的访问权限，

---

[209] OJ［2004］L 11/17。

[210] 同上，第 119～131 段。

[211] 同上，第 132～146 段。

[212] 同上，第 147～152 段。

[213] 参见 *Gaz de France and Ruhrgas* 案，欧盟委员会新闻稿 IP/04/573，2004 年 4 月 30 日，这两家天然气公司同意授予美国天然气生产商 Marathon 的挪威子公司使用其天然气网络的权限；有关该案的评论参见：FERNÁNDEZ SALAS M，KLOTZ R，MOONEN S. Access to Gas Pipelines：Lessons Learnt from the Marathon Case［J］. Competition Policy Newsletter，2004（2）：41.

[214] 2009 年 12 月 3 日的欧盟委员会决定。

[215] 2010 年 5 月 4 日的欧盟委员会决定；注意欧盟委员会放弃了 E. ON 的承诺，因为不再需要为 E. ON 的竞争对手确保足够的天然气运输能力：欧盟委员会新闻稿 IP/16/2646，2016 年 7 月 26 日。

[216] 2010 年 9 月 29 日的欧盟委员会决定。

[217] 参见第 7 章第 322～328 页“第 9 条：承诺”；有关欧盟委员会对于天然气市场的干预，参见第 23 章第 1236～1240 页“能源业”。

[218] *Disma*，欧盟委员会《关于竞争政策的第 23 号报告》（1993），第 141～143 段。

[219]《关于竞争规则在电信行业接入协议适用的通知》，OJ［1998］C 265/2，第 49～53 段、第 87～98 段。

[220] 2011 年 6 月 22 日的欧盟委员会决定；上诉维持原判案例 T－486/11 EU：T：2015：1002；进一步向欧洲法院上诉的案例 C－123/16 P，尚未裁决。

[221] 2014 年 10 月 15 日的欧盟委员会决定；上诉至欧盟普通法院案例 T－851/14，尚未裁决；参见欧盟委员会新闻稿 IP/14/1140 和同日的 MEMO/14/590。

例如，提供交互式电视服务所必需的。[222]

• 航空公司计算机预订系统。欧盟委员会已下令对航空运输部门的计算机预订提供访问权限。[223]

• 联运。在 *British Midland/Aer Lingus* 案中，欧盟委员会要求 Aer Lingus 为竞争的航空公司提供联运设施，以便后者的乘客在某些情况下能够搭乘前者的飞机。[224]

• 跨境支付系统。欧盟委员会坚持要求授予跨境支付系统访问权限。[225] 在 *Society for Worldwide International Financial Telecommunications* 案中，SWIFT 控制着唯一的用于传输支付消息的国际网络，它还运营着唯一能够为世界各地的银行场所提供连接的网络。欧盟委员会认为该网络本身就是“基本基础设施，因为拒绝任何实体访问该网络实际上等于将其排除在国际转让市场之外”。[226] 欧盟委员会认为，明显滥用支配地位是要制定不合理的准入标准，并以歧视性方式加以适用。[227] SWIFT 同意授予任何符合欧洲货币研究所规定的准入国内支付系统标准的实体访问权限。[228]

• 跨境证券清算和结算服务。欧盟委员会在 *Clearstream*（*Clearing and Settlement*）案[229]中发现，Clearstream 拒绝与 Euroclear 银行打交道，从而滥用了其在注册服务的清算和结算服务方面的支配地位。上诉法院对欧盟委员会的决定维持原判。[230]

---

[222] 参见案例 JV. 37 *BSkyB/KirchPayTV*（根据《欧盟合并条例》），欧盟委员会新闻稿 IP/00/279，2000 年 3 月 21 日；*British Interactive Broadcasting* OJ［1999］L 312/1，第 173 ~ 181 段（根据第 101 条审理的案件）。

[223] *London European – Sabena* OJ［1988］L 317/47；另见 *Lufthansa*，欧盟委员会新闻稿 IP/99/542，1999 年 7 月 20 日，根据欧盟理事会第 2299/89 号条例，欧盟委员会对计算机预订系统的行为守则处以 10000 欧元的罚款。

[224] OJ［1992］L 96/34。

[225] 欧盟委员会《关于竞争规则在跨境信贷转移问题上的通知》，OJ［1995］C 251/3；关于 the ECU Banking Association，另见欧盟委员会《关于竞争政策的第 27 号报告》（1996），第 109 点。

[226] 欧盟委员会《关于竞争政策的第 27 号报告》（1997），第 68 点。

[227] 同上。

[228] 关于此措施的细节，参见欧盟委员会《关于竞争政策的第 27 号报告》（1997），第 143 ~ 145 页；注意关于内部市场支付服务的第 2015/2366 号条例（OJ［2015］L 337/35）第 35 条第 1 款，要求成员国确保有关使用支付系统的规则应客观、无歧视和相称，并且它们对访问的限制不会超过防止特定风险（例如结算风险、操作风险和业务风险）以及保护支付系统的财务和操作稳定性所必需的。

[229] 2004 年 6 月 2 日的欧盟委员会决定；参见：MARTINEZ E，BUTTON R. The Clearstream Decision: the Application of Article 82 to Securities Clearing and Settlement［J］. Competition Policy Newsletter，2004（2）：49.

[230] 案例 T – 301/04 *Clearstream v Commission* EU：T：2009：317。

• 邮政网络。欧盟委员会认为，可能有义务提供对邮政网络的访问。[231]

• 优质电视内容。欧盟委员会已将优质电视内容视为付费电视运营商的基本投入。[232]

• 知识产权和/或专有信息。访问知识产权和/或专有信息可能被认为是必不可少的。[233]

• 配件。根据特定市场的定义[234]，修理特定产品所需的配件可能被认为是必不可少的。[235]

• 废物收集基础设施。欧盟委员会将家庭收集基础设施视为废物收集者必不可少的。[236]

反思一下欧盟为什么有如此多的案件，以及为什么近年来美国最高法院不再认可基本设施原则也许会有所帮助。就欧盟而言，自 20 世纪 80 年代起，欧盟委员会（和许多成员国）制定了一项政策，该政策有利于在 20 世纪的大部分时间被视为自然垄断或不适合市场机制的部门实行民主和自由化。这些部门通常处于国家控制之下或由国家所有。人们认为最好将电信、能源和运输等行业置于竞争之中，然而，只有在服务提供商能够使用由纵向整合的占支配地位的企业拥有和运营的重要基础设施（例如电信电线和电缆、电网、天然气和石油管道、港口、机场和铁路线）时竞争才会慢慢出现。在许多成员国，通过建立监管制度克服了这个问题，该制度要求以合理的、非歧视性的条件使用这些基础设施[237]；在某些竞争法体系中，有一些特定的规则要求特定行业的企业提供产品。[238] 从原则上讲，应该通过事前监管制度而不是竞争法来处理自然垄断或持久性垄断的情况，这可能是明智的：竞争主管机构可能没有足够的能

---

[231] 欧盟委员会《关于竞争规则在邮政业的适用》的通知，OJ［1998］C 39/9，第 2.8～2.9 段。

[232] 有关欧盟委员会该决定性实践的评论参见：GERADIN D. Access to Content by New Media Platforms：A Review of the Competition Law Problems［J］. European Law Review，2005，30：68.

[233] 有关 *Magill* 案和 *Microsoft* 案，参见第 19 章第 986～992 页“强制许可”。

[234] 参见案例 22/78 *Hugin Kassaregister v Commission* EU：C：1979：138；欧盟委员会在该案中裁定滥用性拒绝供应的决定被法院撤销，因为它未能证明对成员国之间的贸易产生影响：参见第 3 章第 185～190 页“对成员国之间贸易的影响”。

[235] 在售后市场中的市场定义参见第 1 章第 43～44 页“备件和售后市场”。

[236] *ARA Foreclosure*，2016 年 9 月 20 日的欧盟委员会决定，第 78～100 段。

[237] 参见第 23 章第 1221～1224 页“管制行业”。

[238] 参见总检察长雅格布斯在案例 C－7/97 *Oscar Bronner* EU：C：1998：264 第 53 段的观点；另见 Part ⅢA of the Australian Trade Practices Act 1974，inserted by the Competition Policy Reform Act 1995，and s 8（b）of the South African Competition Act 1998；关于澳大利亚法律的规定，参见：KENCH J，PENGILLEY C－W. Part IIIA：Unleashing a Monster?［M］//HANKS F，WILLIAMS P. Trade Practices Act：A Twenty－five Year Stocktake. Annandale，NSW：Federation Press，2001.

力来处理与使用权限以及与基本设施相关的使用价格有关的持久性争端。但是，正如本节中的案例所示，事实证明，欧盟竞争法是事前监管的重要辅助手段。[239]

在美国，有关基本设施原则的第一个案例被认为是 *United States v Terminal Railroad Association of St Louis* 案[240]，尽管在该案例中未使用该术语。但是，在 *Verizon Communications Inc v Law Offices of Curtis Trinko* 案[241]中，美国最高法院对基本设施原则采取了明显不积极的态度。一个案例是根据谢尔曼法第 2 条主张第三方有权访问 Verizon 的本地电信网络。纽约和联邦电信监管机构进行调查并得出结论；原告对结果不满意，因此根据竞争法提出了索赔。美国最高法院驳回了这一要求，称强制性供应可能会减少垄断者、竞争者或两者都投资于那些具有经济效益的设施的动机。[242] 毫无疑问，美国最高法院不愿允许 *Trinko* 案的原告通过私人反托拉斯诉讼获得向特定部门负责电信的公共机构投诉而未能实现的目标。美国联邦贸易委员会表示，*Trinko* 案的判决不应适用于受监管机构对反托拉斯规则的公共执行，因为私人诉讼人提起诉讼的动机与竞争机构的动机不同。[243]

（d）拒绝准予进入是否会导致下游市场有效竞争的消失？

欧洲法院在 *Commercial Solvents* 案中谈到了拒绝供应的风险，即消除了下游市场上的所有竞争（笔者强调）；但是在较早的判决中，它指出拒绝供应 Zoja 会导致淘汰下游产品的主要制造商之一，换句话说，将 Zoja 从市场上撤除是不正确的，将消除所有竞争。如果将第 102 条的适用范围限制为拒绝供应，以消除下游的所有竞争，将大大限制该条款。在 *Microsoft v Commission* 案[244]中，欧盟普通法院在第 563 段中说，欧盟委员会没有必要证明将消除市场上的所有竞争，只要证明对拒绝供应有责任或有可能消除所有有效竞争就足够

---

[239] 另见第 6 章第 289～296 页“参照第 102 条的判例法并结合第 106 条第 1 款”（关于第 102 条在成员国对公共企业和被赋予专有或特殊权利的企业的反竞争行为负责的情况下的作用）以及第 18 章第 934～941 页“利润挤压”（关于纵向整合的占支配地位的企业出现“利润挤压”的现象，这与拒绝供应密切相关）。

[240] 224 US 383（1912）；另见 *Aspen Skiing Co v Aspen Highlands Skiing Corp* 472 US 585（1985）。

[241] 540 US 398（2004）；有关评论，参见：GÉRADIN D. Limiting the Scope of Article 82 EC：What can the EU Learn from the US Supreme Court's Judgment in *Trinko* in the Wake of *Microsoft*，*IMS*，and *Deutsche Telekom*？[J]. Common Market Law Review，2004，41（6）：1519.

[242] 540 US 398，408（2004）。

[243] “Is There Life After *Trinko* and *Credit Suisse*? The Role of Antitrust in Regulated Industries”，美国联邦贸易委员会 2010 年 6 月 15 日的声明，可在 www. ftc. gov 上查阅。

[244] 案例 T－201/04 EU：T：2007：289。

了。[245] 欧盟普通法院在 *CEAHR v Commission* 案中重申了这一主张。[246]

欧盟委员会认为，如果占支配地位的企业在下游市场的份额较高而不是较低，则对下游市场竞争的损害可能更大。欧盟委员会还在《第 102 条执法重点指南》第 86～88 段中讨论了拒绝供应是否可能对消费者福利产生不利影响。其在第 87 段中特别指出，将着眼于拒绝供应是否会导致创新产品无法推向市场或后续创新被扼杀。在这一点上，其特别提到了 *Microsoft* 案的欧盟普通法院的裁定，认为这是发现滥用情况的一个相关因素，以及 *IMS Health* 案的欧洲普通法院裁定。欧盟委员会可能也提到了 *Magill* 案，这显然是一个有影响力的事情——Magill 希望制作一本当时不存在的综合电视节目表杂志。欧盟委员会在第 88 段中说，它也将关注对上游投入价格受到管制、下游价格不受管制、拒绝供应可能导致下游市场获得更多利润的情况下消费者福利受到损害。

（e）拒绝供应是否有客观的合理性？

在有客观理由的情况下，拒绝向下游客户供货不会构成非法。[247] 要求占支配地位的企业表明其拒绝是客观上必要的，因为它追求的是除自身商业优势以外的合法利益，并且与其行为举止相称。可能的理由是：

- 客户是不良债务人，已成为信用风险或未遵守合同义务；
- 客户会将投入品用于非法目的[248]；
- 占支配地位的企业的能力受到限制，使得无法供应；[249]
- 占支配地位的企业需要实现发展其投入品业务所需足够的投资回报率[250]；
- 授予供应权可能会对占支配地位的企业的创新动机和下游竞争者的动机产生负面影响。[251]

客观理由的存在最终是一个事实问题，需要根据每个案件的特定情况来确定。模糊、笼统和理论上的论点是不够的。[252]

（f）救济方式

如果竞争主管机构确定占支配地位的企业滥用其拒绝供应，则它必须决定

---

[245] 类似地，参见欧盟委员会《第 102 条执法重点指南》第 85 段。

[246] 案例 T－712/14 EU：T：2017：748，第 91 段。

[247] 参见第 5 章第 266～267 页“客观理由”。

[248] 参见本章第 879～881 页“英国判例法”。

[249] 欧盟委员会拒绝了机场当局在 *Frankfurt Airports* OJ［1998］L 72/30，第 74～88 段。

[250] 参见欧盟委员会《第 102 条执法重点指南》，第 89 段。

[251] 同上，第 90 段。

[252] 案例 T－201/04 *Microsoft Corpn v Commission* EU：T：2007：289，第 697～698 段。

应采取何种救济措施：它可以对过去的滥用行为处以罚款，但是对于未来的行为又该如何处理呢？一个明显的可能性是，施加以合理和非歧视的条件给予准入。在*Microsoft*案中，Microsoft花了3年时间且作出2项决定定期支付罚款[253]，Microsoft才开始履行其以合理的条款提供互操作性信息的义务。

在*ARA Foreclosure*案[254]中，占支配地位的企业同意采取结构性解决方案，以解决其滥用支配地位拒绝提供必要的家庭废物收集基础设施的渠道的行为。ARA只是出售了其拥有的基础设施的一部分，作为对ARA合作的回报，欧盟委员会对其处以600万欧元的罚款，比原先的罚款降低30%。

（ii）横向封锁

（a）将拒绝向分销商交易作为惩戒措施

如果占支配地位的企业这样做是对经营竞争者产品分销商的一种惩戒措施，那么拒绝供应可能是滥用性的。这是横向封锁的一个例子，即占支配地位的供应商会采取措施将竞争者排除在上游市场之外，维持自己的支配地位。在*United Brands v Commission*案[255]中，United Brands试图阻止其不受独家购买义务约束的分销商参加竞争者的广告活动。欧洲法院裁定，停止供应长期遵守常规商业惯例的客户，并且满足绝不寻常的订单是滥用行为。United Brands的目标是防止分销商销售竞争者的产品，United Brands并没有试图在下游市场中消除竞争者的情况。

（b）拒绝在供应商市场中与潜在的竞争者交易

拒绝供应是对客户试图与供应商竞争进入上游市场的一种排他性策略的滥用。在*BBI Boosey & Hawkes：Interim Measures*案[256]中，欧盟委员会发现Boosey & Hawkes通过拒绝向打算与之竞争制造这种乐器的企业供应铜管乐器而滥用了支配地位。欧盟委员会认为，占支配地位的企业有权采取合理步骤保护其商业利益，但这种措施必须公平且与威胁成比例。[257] 欧盟委员会认为“立即撤回所有供应或对该客户采取报复”是不合理的。[258]

（c）拒绝在供应商市场中与存在的竞争者交易

在*British Midland v Aer Lingus*案[259]中，欧盟委员会发现Aer Lingus滥用了

---

[253] 2006年7月12日的欧盟委员会决定和2008年2月27日的欧盟委员会决定；后一决定在上诉案T－167/08 *Microsoft Corpn v Commission* EU：T：2012：323中得到了实质性支持。

[254] 2016年9月20日的欧盟委员会决定。

[255] 案例27/76 EU：C：1978：22。

[256] OJ［1987］L 286/36。

[257] 同上，第19段。

[258] 同上。

[259] ［1992］OJ L 96/34。

其在伦敦—都柏林航线上的支配地位，拒绝英国 Midland 在进入该航线后的 2 年内与其航线联线。航空公司之间同意接受彼此机票的联运是一种公认的行业惯例，而 Aer Lingus 的拒绝是非常不寻常的一步，这为新进入创造了人为的障碍。

（iii）基于国别而拒绝交易

基于国籍的歧视违反了《欧盟运行条约》第 18 条。在 *GVL v Commission* 案[260]的裁定中，一个国家的版权集体管理协会拒绝接受其他成员国的国民身份是滥用其支配地位。欧盟委员会决定谴责 1998 年世界杯足球赛[261]的票务安排的决定是基于这样的事实，即他们歧视了法国居民。

（iv）为了防止平行进口和出口而拒绝交易

下文讨论了对内部市场有害的拒绝供应。[262]

（C）英国判例法

在 *JJ Burgess & Sons v OFT* 案[263]中，英国竞争上诉法庭得出结论，W Austin & Sons 拒绝 Harwood Park 进入火葬场开展火葬业务，从而滥用了支配地位。英国竞争上诉法庭取消了英国公平交易办公室没有滥用的决定。[264] 英国竞争上诉法庭的判决调查了关于拒绝供应的判例法，并提出了 3 个命题，足以使该案件的事实得出结论[265]，同时指出这些命题并非旨在详尽地说明拒绝供应的法律[266]：

- 如果占支配地位的企业无客观理由拒绝提供给遵守常规商业惯例的既有现有客户的供应，至少在拒绝供应不成比例且对消费者造成损害的情况下，可能会发生滥用行为（*United Brands* 案）。
- 如果拒绝供应的潜在结果是消灭下游市场中的竞争者，则滥用可能会发生，此时占支配地位的企业本身就是与可能被淘汰的企业竞争，至少在有关产品或服务对后者的经营活动是不可或缺的条件下。这对消费者也有潜在的不利影响（*Commercial Solvents* 案）。
- 至少在没有确凿证据表明设施对所提供的服务不可或缺，且不存在创

[260] 案例 7/82 EU：C：1983：52。

[261] OJ［2000］L 5/55；参见：WEATHERILL P. Fining the Organisers of the 1998 World Cup［J］. European Competition Law Review，2000，21：275.

[262] 参见本章第 881 ~ 882 页“对内部市场有害的非定价滥用行为”。

[263] 案例 1044/2/1/04［2005］CAT 25。

[264] 英国公平交易办公室 2004 年 8 月 12 日的决定。

[265] 案例 1044/2/1/04［2005］CAT 25，第 291 ~ 313 段。

[266] 同上，第 312 段。

建潜在替代方案的现实可能性的情况下，拒绝对为开发该设施的企业提供专用的设施开放渠道并不是滥用行为。[267]（*Oscar Bronner* 案）

拒绝供应的问题有时会在调查后非正式地解决。[268]

在 *Disconnection of Floe Telecom Ltd's Services by Vodafone Ltd* 案[269]中，Floe 向通信管理局投诉，Vodafone 滥用支配地位拒绝向其提供在移动电话市场上运行所必需的某些服务。通信管理局认为 Vodafone 有理由拒绝，因为 Floe 会在市场上采取非法行动。Floe 呼吁英国竞争上诉法庭撤销该决定。[270] 通信管理局被要求重新考虑此事，但在第二项决定中[271]，它维持了其立场，即没有非法拒绝供应。Floe 对第二个决定的上诉未果。[272]

法院受理了许多涉嫌违反英国竞争法第 2 章禁止规定的占支配地位的企业拒绝供应的案件，其中大多数都不成功。[273] 其他申请则达到了目的。在 *Software Cellular Network Ltd v T－Mobile（UK）Ltd* 案[274]的拒绝交易中，法院给出了临时禁令。在 *Purple Parking Ltd v Heathrow Airport Ltd* 案[275]中，Purple Parking 提出 Heathrow Airport 没有为乘客提供"meet and greet"服务。高等法院对此表示怀疑，Purple Parking 能否证明 Heathrow Airport 各个航站楼的前广场对于要

---

[267] 同上，第 311 段。

[268] 参见 2000 *Annual Report of the Director General of Fair Trading*，第 46 页（水泥生产商保证提供散装水泥用于转售）；注意，前面第 17 章脚注[72]～[75]中引用的每个指南都讨论了在何种情况下拒绝供应可能构成滥用的情况。

[269] 通信管理局 2003 年 11 月 3 日的决定；另见 *Disconnection of VIP Communications Ltd's Services by T－Mobile Ltd*，通信管理局 2003 年 12 月 31 日的决定。

[270] 案例 1024/2/3/04 *Floe Télecom Ltd v OFCOM*［2004］CAT 18。

[271] 通信管理局 2005 年 6 月 28 日的决定；另见 *Re－investigation of VIP Communications*，通信管理局 2005 年 6 月 28 日的决定。

[272] 案例 1024/2/3/04 *Floe Telecom Ltd v OFCOM*［2006］CAT 17，reversed on appeal，*OFCOM v Floe Telecom Ltd*［2009］EWCA Civ 47。

[273] 参见：*Claritas（UK）Ltd v Post Office and Postal Preference Ltd*［2001］UKCLR 2；*Land Rover Group Ltd v UPF（UK）Ltd*［2002］All ER（D）323；*Getmapping plc v Ordnance Survey*［2002］UKCLR 410；*Intel Corpn v VIA Technologies*［2002］UKCLR 576，reversed on appeal［2002］EWCA Civ 1905；*AAH Pharmaceuticals Ltd v Pfizer Ltd*［2007］EWHC 565（Ch）；*Attheraces Ltd v British Horseracing Board Ltd*［2007］EWCA Civ 38；*Humber Oil Terminals Trustee Ltd v Associated British Ports*［2011］EWHC 352（Ch），在上诉中得到维持［2012］EWCA Civ 36；*Chemistree Homecare Ltd v Abbvie Ltd*［2013］EWHC 264（Ch），在上诉中得到维持［2013］EWCA Civ 1338；在 *Packet Media Ltd v Telefónica UK Ltd*［2015］EWHC 2235（Ch）中一个临时禁令最初被授予，但后来因缺乏支配地位而撤销：［2015］EWHC 3873（Ch）。

[274]［2007］EWHC 1790（Ch）。

[275]［2011］EWHC 987（Ch）。

求经营"meet and great"的索赔人而言至关重要。[276] 但是法院认为该机场确实对歧视滥用承担责任，因此向 Purple Parking Ltd 提供了声明性的救济。在 *Dahabshiil Transfer Services Ltd v Barclays Bank plc* 案中，授予 Dahabshiil 一项临时禁令，要求 Barclays 在诉讼付诸审判之前继续为索赔人提供某些服务。[277] 该案随后得到解决。

在 *SEE plc* 案[278]中，天然气和电力市场办公室接受了英国竞争法第 31A 条的承诺，要求 SEE 确保以非歧视的方式向独立运营商提供必要的连接服务。

5. 对内部市场有害的非定价滥用行为

危害内部市场的非定价行为将被视为违反《欧盟运行条约》第 102 条。[279] 在 *BL v Commission* 案[280]中，欧洲法院维持了欧盟委员会的决定，即 BL 滥用了支配地位拒绝提供以下产品的型号认可证书：从欧洲大陆进口的地铁车辆。这种做法是 British Leyland 战略的一部分，该战略旨在阻止向英国平行进口。在 *United Brands v Commission* 案[281]中，United Brands 的滥用行为之一是对其分销商施加限制，禁止其出口未成熟的绿色香蕉。实际上，这相当于一项出口禁令，因为不可能出口已经成熟了的香蕉。在 *Amministrazione Autonoma dei Monopoli dello Stato v Commission* 案[282]中，欧盟普通法院裁定，AAMS 通过对外国生产者强加分销协议而滥用了其在意大利市场上的卷烟批发分销的支配地位，该协议包含限制外国卷烟进入意大利市场的条款，AAMS 被处以 600 万欧元的罚款。在 *Romanian Power Exchange/OPCOM* 案[283]中，欧盟委员会对罗马尼亚唯一电力交易所的运营商 OPCOM 处以 103 万欧元的罚款，因其为促进罗马尼亚的短期电力交易，基于国籍和在市场上的服务营业地进行歧视。

在制药行业，对制药业平行贸易的抑制可能会有所不同。在 *Sot. Lélos kai*

---

[276] 同上，第 143 ~ 144 段。

[277] ［2013］EWHC 3379（Ch）。

[278] 天然气和电力市场办公室 2016 年 11 月 3 日的决定。

[279] 参见第 5 章第 265 页"对单一市场有害的违法行为"；另见欧盟委员会《关于竞争政策的第 27 号报告》（1997），第 63 点。

[280] 案例 226/84 EU：C：1986：421；另见欧盟委员会新闻稿 IP（87）390 *Re Volvo Italia*［1988］4 CMLR 423。

[281] 案例 27/76 EU：C：1978：22。

[282] OJ［1998］L 252/47，上诉维持原判案例 T－139/98 *Amministrazione Autonoma dei Monopoli dello Stato v Commission* EU：T：2001：272。

[283] 2014 年 3 月 5 日的欧盟委员会决定。

Sia EE and others v GlaxoSmithKline 案[284]中，雅典上诉法院询问欧洲法院，Glaxo停止向希腊的批发商供应产品，以防止希腊药品出口向价格较高的成员国开放是否可能构成滥用。欧洲法院认为，第102条的含义必须是，该企业在相关药品市场上占据支配地位，以制止某些批发商从一个成员国向另一成员国平行出口。成员国拒绝履行这些批发商的普通订单是滥用其支配地位。但是它接着说，应该由国家法院根据有关第一个成员国市场需求的订单数量以及该成员国之间先前的业务关系来确定这些订单是否普通。经营者和有关批发商无须实际说明，该判决似乎意味着Glaxo没有任何义务提供超出希腊国内所需数量的有关产品。换句话说，在制药行业，为限制平行贸易，限制供应是合法的。

欧盟委员会还采取了行动，以打击可能损害能源和运输内部市场的非定价行为。在 *BEH Electricity* 案[285]中，欧盟委员会担心BEH的电力批发供应合同包含对电力转售的地域限制。BEH向欧盟委员会承诺放弃目的地条款，并在保加利亚建立一个新的电力交易所。在 *Gazprom* 案[286]中，BEH为该交易所提供最低限度的电力供应，为期5年。因此，欧盟委员会于2017年3月就提议的承诺咨询了意见，以取消对在中欧和东欧天然气市场上转售天然气，并确保天然气价格能反映出具有竞争力的价格基准。在 *Lithuanian Railways* 案[287]中，欧盟委员会对拆除连接立陶宛和拉脱维亚的19公里铁路轨道以阻止客户使用竞争者的天然气服务处以2780万欧元的罚款。此后，铁路运营商已同意重建轨道。

6. 其他非定价滥用

第102条已适用于本章迄今未采用的任何类别的非定价实践。[288] 一些与行使（或不行使）知识产权有关，第19章将对此进行讨论。[289] 其他情况在下面讨论。

---

[284] 案例C－468/06 and C－478/06 *Sot. Lélos kai Sia EE v GlaxoSmithKline* EU：C：2008：504；注意，先前关于相同事实的第267条规定被认为是不可接受的：案例C－53/03 *Syfait* EU：C：2005：333；总检察长雅各布斯的观点在案例EU：C：2004：673，第53～104段中包含了关于拒绝供应法的宝贵见解。

[285] 2015年12月10日的欧盟委员会决定。

[286] 欧盟委员会新闻稿IP/17/555，2017年3月13日。

[287] 2017年10月2日的欧盟委员会决定；案例T－814/17 *Lietuvos geležinkeliai v Commission*，尚未裁决。

[288] 进一步阅读参见：O'DONOGHUE R，PADILLA J. The Law and Economics of Article 102 TFEU［M］. 2nd ed. Oxford：Hart Publishing，2013，ch 12.

[289] 参见第19章第986～992页“强制许可”。

（A）损害市场竞争结构

在 *Continental Can v Commission* 案[290]中，欧洲法院裁定在某些情况下第102条可能适用于合并。[291] 但是，第102条作为控制欧盟并购工具的不足之处是欧盟委员会急于制定具体规定的原因，该规定在经过16年的酝酿之后终于于1989年出台。[292] 第21章讨论了《欧盟合并条例》后第102条对合并的适用。

即使现在根据《欧盟合并条例》处理具有欧盟规模的合并，但 *Coutinental Con* 案的判决还确定，改变市场的竞争结构可能是一种滥用，因为该市场的竞争已因占支配地位企业的存在被削弱。*Tetra Pak I*（*BTG Licence*）案[293]证明了这一点，欧盟委员会反对通过合并获得专有的专利和技术秘密的独占许可，这将阻止竞争者进入 Tetra Pak 的市场。在 *Servier* 案[294]中，欧盟委员会认定 Servier 通过购买稀有技术作为对抗潜在竞争的防御机制，已经滥用了其在心血管医学领域的支配地位。

损害市场结构的另一个例子是 *Irish Sugar v Commission* 案[295]。法院裁定，Irish Sugar（爱尔兰糖业支配地位的企业）通过从批发商和零食商购买竞争者的糖并将其替换成自己的糖，即所谓的“产品交换”滥用了支配地位。[296] 爱尔兰法院在 *Intel v Commission* 案[297]中对所谓的“裸限制”（naked restriction）援引了 *Irish Sugar* 案，该案中 Intel 向制造商付款，以延迟其主要竞争者 AMD 生产的包含芯片设备的销售。[298]

欧盟委员会在 *Decca Navigator System* 案[299]中认为，占支配地位的企业与实际或潜在竞争者达成协议以共享市场或阻碍竞争者的努力是一种滥用。

---

[290] 案例6/72 EU：C：1973：22，第20～26段。

[291] 另见 *Warner－Lambert/Gillette* OJ［1993］L 116/21。

[292] 理事会第4064/89/EEC号条例，OJ［1990］L 257/13；该条例此后已被理事会第139/2004号条例（OJ［2004］L 24/1）所取代。

[293] OJ［1988］L 272/27，上诉维持原判案例T－51/89 *Tetra Pak Rausing SA v Commission* EU：T：1990：41。另见 *Trans－Atlantic Conference Agreement* OJ［1999］L 95/1，因证据不足上诉无效：案例T－191/98 etc *Atlantic Container Line AB v Commission* EU：T：2003：245。

[294] 2014年7月9日的欧盟委员会决定；上诉案例T－691/14 etc *Les Laboratoires Servier v Commission*，尚未裁决。

[295] 案例T－228/97 EU：C：1999：246。

[296] 同上，第226～235段。

[297] 案例T－286/09 EU：T：2014：547；Intel 未对普通法院的这一部分判决提出上诉。

[298] 同上，第198～220段。

[299] OJ［1989］L 43/27。

（B）无理缠扰的诉讼

在*ITT Promedia v Commission*案[300]中，欧盟普通法院裁定，提起法律诉讼是诉诸审判的基本权利的表达[301]，可能构成对支配地位的滥用，但这仅在特殊情况下才可能发生。欧盟委员会指出，如果一家占支配地位的企业提起诉讼，则在以下情况可能会滥用诉讼：

（i）不能合理地视为确立其权利的尝试，因此只能用来骚扰对方；以及（ii）这是以旨在消除竞争为目标的计划的框架。

双方一致认为，在欧盟委员会设想的情况下，无理缠扰的诉讼可能构成滥用。[302] 在此基础上，在Promedia提出上诉之后，欧盟普通法院维持了欧盟委员会不对Belgacom提起诉讼的决定。[303] 此后，欧盟普通法院裁定必须以不会令人沮丧的方式对上述两个条件进行限制性解释和适用。[304] 欧盟普通法院还在*ITT Promedia*案中指出，如果某项索赔“超出了当事双方在合同中可以合理预期的范围，或者在缔结该合同时的情况已经发生了变化”，则对履行合同义务的索赔可能构成滥用。[305]

在*Compagnie Maritime Belge Transports SA v Commission*案[306]中，Cewal班轮会议与Zairean海上货运管理办公室达成了一项协议（所谓的“Ogefrem协议”），授予Cewal专属于Zaire（现为刚果民主共和国）和北欧地区之间的货运贸易的权利。当Ogefrem允许第三方（Grimaldi和Cobelfret）进行少量交易时，Cewal坚持认为Ogefrem应该严格遵守协议的条款。欧洲法院维持了欧盟委员会的裁定，认为Cewal坚持其在Ogefrem协议下的专有权利是旨在使其唯一竞争者从市场中撤出，并且Cewal有权根据合同酌情决定是否坚持履行其义

---

[300] 案例T－111/96 *ITT Promedia v Commission* EU：T：1998：183，第60段。

[301] 《欧盟基本权利宪章》第47条，参见案例C－170/13 *Huawei Technologies v ZTE Corp* EU：C：2015：477，第42段、第57段、第59段。

[302] 案例T－111/96 *ITT Promedia v Commission* EU：T：1998：183，第57～58段；有关将无理诉讼作为滥用的讨论，参见LIANOS I，REGIBEAU P. “Vexatious”／“Sham” Litigation in EU and US Antitrust Law：A Mechanism Design Approach，2017，可在www. ucl. ac. uk上查阅。

[303] 同上，第59段、第68～82段；欧盟普通法院重申了这些条件在案例T－321/05 *AstraZeneca v Commission* EU：T：2010：266，第311段；案例T－480/15 *Agria Polska v Commission* EU：T：2017：339，第65～72段。

[304] 案例T－119/09 *Protégé International v Commission* EU：T：2012：421，第49段。

[305] 案例T－111/96 EU：T：1998：183，第140段。

[306] 案例C－395/96 P etc EU：C：2000：132。

务，这是一种滥用。[307]

（C）优惠待遇

占支配地位的企业有权青睐其非占支配地位产品是有争议的。[308] 欧盟委员会认为，滥用可能涉及占支配地位的企业在一个不占支配地位但密切相关的市场上优先促销单独的产品，如果这种滥用具有加强其在非占支配地位市场上的地位的作用，并且不是客观上公正。

在 *Google Search*（*Shopping*）案[309]中，欧盟委员会对 Google 处以 24.2 亿欧元的罚款，因其滥用其在一般在线搜索中的优势地位，从而有系统地在其搜索引擎结果中赋予自己的比较购物服务以突出的位置，同时降低了竞争者比较购物服务的地位。欧盟委员会收集了大量证据，表明 Google 的行为增加了 Google 购物的流量和收入，并减少了竞争者的流量和收入。在此基础上，欧盟委员会得出结论，Google 在比较购物市场上扼杀了竞争，并保护了其在一般搜索中的支配地位。Google 已向欧盟普通法院提起上诉，主张欧盟委员会没有考虑到诸如 Amazon 之类的商业平台所施加的竞争限制，而将 Google 的质量改进行为视为滥用是错误的[310]。

（D）其他案件

欧盟普通法院维持了欧盟委员会对申诉的反驳，该申诉说，游说征收反倾销税构成了 *Industrie des poudres sphériques v Commission* 案[311]中的滥用支配地位。

在知识产权方面，将在第 19 章中讨论 *AstraZeneca v Commission* 案[312]的判决。但是，应该指出的是，该案确立了滥用监管程序可能构成滥用支配地位。[313] 该章讨论了欧洲法院在 *Huawei v ZTE* 案[314]中的判决，欧洲法院在该判决中得出结论，在某些情况下，寻求强制执行标准必要专利的禁令可能构成滥用

---

[307] 同上，第 84～88 段。

[308] 参见：VESTERDORF B. Theories of Self – Preferencing and Duty to Deal – Two Sides of the Same Coin? [J]. Competition Law & Policy Debate, 2015, 1 (1): 4; PETIT N. Theories of Self – Preferencing Under Article 102: A Reply to Bo Vesterdorf. 可在 www.i – comp.org 上查阅; LANG J T. Comparing *Microsoft* and *Google*: The Concept of Exclusionary Abuse [J]. World Competition, 2016, 39 (1): 5.

[309] 2017 年 6 月 27 日的欧盟委员会决定；关于获得欧盟委员会案件的有益摘要，参见欧盟委员会新闻稿 IP/17/1784 和 MEMO/17/1785，均为 2017 年 6 月 27 日。

[310] 案例 T – 612/17 *Google v Commission*，尚未裁决。

[311] 案例 T – 5/97 EU: T: 2000: 278。

[312] 案例 T – 321/05 EU: T: 2010: 266，上诉维持原判案例 C – 457/10 P EU: C: 2012: 770。

[313] 参见第 19 章第 999～1001 页“无理缠扰的行为和滥用程序”。

[314] 案例 C – 170/13 EU: C: 2015: 477。

支配地位。[315]

在 *Amazon* 案[316]中，欧盟委员会审查了 Amazon 合同中的条款，这些条款要求电子书出版商向 Amazon 提供与其他零售商相同的价格、发行条款或促销内容。欧盟委员会的初步评估是，这些对等条款可能会降低发行商和竞争者的能力以及开发新电子书和替代发行服务的动机，从而使其他电子书平台更难以与 Amazon 竞争。欧盟委员会于 2017 年 5 月宣布，它已接受 Amazon 承诺放弃对等条款，并在 5 年内不将其纳入新合同的承诺。必须强调的是，欧盟委员会没有发现违法行为，Amazon 没有就占支配地位或滥用作出承认。

在 *Agria Polska v Commission* 案[317]中，欧盟普通法院维持了欧盟委员会对向植物保护产品的制造商和分销商提出投诉的驳回决定。该投诉称被告发动了一场向波兰和奥地利当局以及政府官员游说虚假通知的运动，以将申诉人从市场上清除。欧盟普通法院认为，被告的行为是否构成卡特尔或滥用集体支配地位并不明确。[318]

---

[315] 参见第 19 章第 995 ~998 页“寻求对实施标准必要专利的禁令”。

[316] OJ［1989］L 43/27。

[317] 2015 年 6 月 19 日的欧盟委员会决定；上诉维持原判案例 T－480/15 EU：T：2017：339；上诉案例 C－373/17 P，尚未裁决。

[318] 案例 T－480/15 EU：T：2017：339，第 53 段。

第 18 章 滥用市场支配地位（2）：定价实践

1. 简 介

本章将考虑《欧盟运行条约》第 102 条和 1998 年英国竞争法第 2 章禁止规定下的滥用定价惯例。首先，讨论用于确定价格是否被滥用的各种成本概念。其次，依次处理过高的定价、有条件的回扣、捆绑、掠夺性定价、边际挤压、价格歧视和有害于单一市场的做法。这种分类法过于局限，因为类别彼此重叠。例如，价格歧视既可能是剥削性的，又可能是排他性的，而过高的价格实际上可能是市场上防止平行进口或排除竞争对手的一种方式。但是，这种划分可能有助于您对在实践中法律的应用方式的理解。每个部分将首先考虑欧盟委员会和欧盟法院对第 102 条的适用，其次是英国的案例。在适当情况下，将参考《第 102 条执法重点指南》。❶ 该指南指出，作为一般性建议，欧盟委员会仅在定价惯例已经或能够阻碍与占支配地位的企业一样有效的企业进行竞争的情况下，才进行干预。❷ 与此类似，在 *Intel v Commission* 案❸中，欧洲法院强调，第 102 条并不试图确保效率不及具有支配地位的企业的竞争者留存在市场上。

有关滥用定价行为的法律很复杂。占支配地位的企业可能会在其将价格提高到令人无法接受的高水平时违反第 102 条；基于优劣的竞争性反应，如果降价的特征不是正常的，而是旨在消灭竞争者的战略行为，那么它们也可能被发

---

❶ OJ［2009］C 45/7；有关一般讨论，参见第 5 章第 225 ~ 227 页“欧盟委员会《第 102 条执法重点指南》”。

❷ 同上，第 23 段、第 27 段。

❸ 案例 C－413/14 P EU：C：2017：632，第 133 段。

现滥用了支配地位。并非不自然的，一家占支配地位的企业，或担心自己可能被发现占支配地位的企业可能感到自己陷入了两难的困境，在这种困境中，价格上涨和降价都被认为是滥用行为。如果价格保持原来水平，那么困境可能会变成被认为是与市场上其他企业采取一致行动的证据；如果存在三元悖论一词的话，这一困境可能会成为一个难题。

2. 成本的概念

分析占支配地位企业的定价惯例是否是滥用通常需要考虑其成本：欧盟委员会《第102条执法重点指南》第25段对此予以承认。如果收取的价格与所发生的费用之间的差额过大，则价格可能违反第102条；缺乏成本理由的价格歧视可能是滥用性的；并且所收取的价格低于成本的价格可能是非法的。因此，从一开始就必须理解，看似简单的“成本”一词在实践中可能会相当复杂。通过概述竞争分析中使用的一些成本概念来开始本章可能会有所帮助。[4]

（A）固定成本和沉没成本

固定成本是指不随企业生产的产品或服务的数量而变化的成本。例如，一家制造企业必须购买或租用要在其上建造工厂的土地，并且还可能产生财产税。这些费用是固定的，因为无论企业的产出如何，都必须缴纳这些费用。

沉没成本是固定成本的一种特殊类型。沉没成本是企业已经发生且无法收回的成本，例如，如果要退出市场，则无法收回成本。成本沉没的原因是某些资产不能用于多个目的，因此没有二手价值或二手价值很小。典型的沉没成本是促销新产品时发生的广告支出（该“资产”是广告活动），如果该促销产品失败，则所涉及的费用无法收回。沉没成本的另一个示例是为特定客户设计和/或生产产品时发生的支出，没有其他人可以使用。

（B）边际成本

边际成本是企业生产额外的产出单位时产生的成本，它不包括企业固定成本的任何要素，因为固定成本不会随产出而变化。边际成本通常随着企业产出

[4] 有关各种成本概念的进一步定义，参见：BLACK J. Oxford Dictionary of Economics［M］. 5th ed. Oxford：Oxford University Press，2017；欧盟委员会《第102条执法重点指南》，OJ［2009］C 45/7，脚注8；NIELS G，JENKINS H，KAVANAGH J. Economics for Competition Lawyers［M］. 2nd ed. Oxford：Oxford University Press，2016：163－171；国际竞争网络《单方面行为工作手册》第4章第43～68段“掠夺性定价分析”。

规模的扩大而降低，但随着企业产出达到总产能而增加。[5] 边际成本是成本的理论度量，在实践中不使用。可变成本和可避免成本的概念更有用，如下所述。

（C）可变成本

变动成本是指随着企业生产的产品数量（而不是每个额外的产出单位）而变化的成本。例如，企业在原材料、燃料和维护等项目上的支出将根据其产出量而变化，可变成本不包括企业固定成本的任何要素。

（D）可避免成本

可避免的成本是指企业在特定时间内停止特定活动而避免发生的成本（或换句话说，它是可以节省的成本）。例如，如果某企业被指控在 18 个月的时间内实施掠夺性定价，可避免成本便是如果该企业在 18 个月内没有生产过被掠夺的单位，将可避免的成本。可避免的成本包括一些固定成本（取决于所讨论的时间段）和可变成本，但是忽略了共同成本，也就是说，即使同时生产两种或多种产品，即使它们可以分开生产，也会产生成本。

（E）平均可变成本（AVC）

企业的平均可变成本是通过将其所有可变成本除以其实际产出的总和而得出的。此计算表明产出的每个额外单位的平均成本。

（F）平均可避免成本（AAC）

企业的平均可避免成本是通过将其所有可避免成本除以产出得出的。当只有可变成本可避免时，AAC 和 AVC 相同。但是，如果包括一些固定成本，则 AAC 将高于企业的 AVC。

（G）长期增量成本（LRIC）

长期增量成本是指企业在决定生产特定产品或增加产量时产生的固定成本和可变成本。

---

[5] 边际成本决定了企业在完全竞争条件下的产出水平，完全竞争参见第 1 章第 5 ~8 页“竞争的好处”。

(H) 长期平均增量成本（LRAIC）

长期平均增量成本是通过其所有长期增量成本除以产出来计算的。LRAIC与生产单个产品的企业的平均总成本相同。由于LRAIC排除了几种产品共有的成本[6]，因此它将低于生产多种产品并从范围经济中受益的企业的平均总成本。

(I) 平均总成本（ATC）

企业的平均总成本是通过其可变成本和固定成本除以其产出的总和来计算的。当然，它将高于其平均可变成本。

(J) 独立成本

企业的独立成本是指如果仅生产一种产品就会产生的成本，因此不会因其他活动而产生共同成本。

3. 过度定价

过度定价给竞争法提出了有趣的问题。[7] 经济理论告诉我们，垄断者可以限制产出并以超出竞争水平的价格收费。这就是为什么人们对竞争看好的原因，因为在竞争条件下，市场通过市场的供需“法则”来确定产品和服务的正确价格。[8] 因此，竞争主管机构应该采取直接措施来控制大大超过竞争水平

---

[6] 此处两样产品一起买会比分开买便宜，参见第1章第12~13页“规模经济和自然垄断”。

[7] 进一步了解剥削性定价，参见：ABBOTT F M. Excessive Pharmaceutical Prices and Competition Law：Doctrinal Development to Protect Public Health［J］. UC Irvine Law Review，2016，6（3）：281－320；NIELS G，JENKINS H，KAVANAGH J. Economics for Competition Lawyers［M］. 2nd ed. Oxford：Oxford University Press，2016：222－232；EVANS D S，PADILLA J. Excessive Prices：Using Economics to Define Administrable Legal Rules［J］. Journal of Competition Law and Economics，2005，1：97；*The Pros and Cons of High Prices*（Swedish Competition Authority，2007）；FLETCHER A，JARDINE A. Towards an Appropriate Policy for Excessive Pricing［M］//EHLERMANN C D，MARQUIS M. European Competition Law Annual 2007：A Reformed Approach to Article *82* EC. Oxford：Hart Publishing，2008；BISHOP S，WALKER M. The Economics of EC Competition Law［M］. 3rd ed. London：Sweet & Maxwell，2010：16－19；AKMAN P，GARROD L. When are Excessive Prices Unfair？［J］. Journal of Competition Law and Economics，2011，7：403；HOU L Y. Excessive Prices within EU Competition Law［J］. European Competition Journal，2011，7：47；经济合作与发展组织圆桌会议“过度定价”（Excessive Prices）（2011年），可在www.oecd.org/competition上查阅；O'DONOGHUE R，PADILLA J. The Law and Economics of Article 102 TFEU［M］. 2nd ed. Oxford：Hart Publishing，2013.

[8] 参见第1章第8~9页“垄断的有害影响”。

的价格，这似乎是显而易见的。毫无疑问，根据第 102 条，不公平的价格可能是非法的，该规定的第（a）项明确规定了这一点，正如 1998 年英国竞争法第 18 条第 2 款（a）项一样。但一些竞争法体系禁止过高的价格，最明显的是美国反托拉斯法。[9] 在诸如欧盟（包括英国）这样的体系中，过高的价格可能会被认定是滥用，因此是违法的，但是竞争主管机构很少提起诉讼。这是检察官的决定权，而不是法律。

我们将看到，存在有说服力的论据反对竞争主管机构根据竞争法直接控制过高的价格，尽管应该“永不言败”。我们需要了解 3 个问题：首先，反对直接控制价格的论点是什么？其次，尽管竞争主管机构需要加以克制，为什么有时仍有理由干预价格过高？最后，在适当的干预措施下，我们如何确定价格是否过高而令人不快？我们将研究一些实际案例，并指出尽管市场竞争条件不完善，但近几年来出现的案例比往年要多。

（A）关于直接控制的争论

反对将竞争法适用于过高价格的最明显案例是，如果正常的市场力量能够发挥作用，那么在没有扩张和进入障碍的情况下，垄断者能够获得超竞争利润的事实应该可以吸引新进入市场的人。同时，垄断者能够赚取超竞争性利润的事实可能为垄断者提供必要动力进行昂贵且冒险的研发。[10] 美国最高法院在 *Verizon Communications Inc v Law Offices of Curtis Trinko* 案中表示[11]：

> 至少在短期内，收取垄断价格的机会首先吸引了商业头脑。它会引发冒险，从而产生创新和经济增长。

如果人们接受这种关于市场运作方式的观点，那么垄断利润的提取最终将是自毁的，并将成为其他企业进入市场的重要信号。在这种情况下，应该平静地接受一个企业获得垄断利润的时期，市场将在适当的时候纠正自己，而对高价的直接控制将使这一过程产生不被期待的扭曲。总检察长沃尔在 *Autortiesibu*

[9] 1890 年谢尔曼法第 2 条适用于垄断和企图垄断，但不适用于剥削，参见：GAL M. Monopoly Pricing as an Antitrust Offense in the US and the EC：Two Systems of Belief about Monopoly［J］. Antitrust Bulletin，2004，49：343；关于滥用，新加坡和中国香港等国家或地区关于支配地位的规定并未将不公平或过高的价格列为滥用行为的例证，尽管这并不意味着此类行为必然超出了这些规定。

[10] 参见：SCHUMPETER J A. Capitalism，Socialism and Democracy［M］. New York：Harper and Brothers，1942；第 1 章第 7～8 页“动态效率”。

[11] 540 US 398（2004）。

un komunicēšanās konsultāciju aģentūra—Latvijas Autoru apvieniba v Konkurences padome（*AKKA/LAA*）案中的意见书提到了这一点⑫。

但是，由于各种原因，市场可能无法以上述方式运作，尤其是在国家为进入或扩张设置法律障碍或对特定企业授予法律垄断的情况下。⑬ 显而易见的声明是，如果一家占支配地位的企业具有法律垄断地位或受到法律壁垒的保护，则市场不存在自动调整的能力，在这种情况下，可能有必要干预价格过高。这有助于解释诸如 *AKKA/LAA* 之类的案件⑭，其中拉脱维亚竞争委员会根据《欧盟运行条约》第102条第2款（a）项和拉脱维亚法律的同等条款，谴责了集体管理组织（也称为“托收协会”）的价格享有了法律垄断的利益，使其可以在拉脱维亚为音乐作品的公开表演颁发版权许可。⑮

除了竞争主管机构是否控制过度价格的合理政策问题外，还有更多务实的考虑：

- 应根据什么标准确定价格过高？
- 该标准可以用可管理的规则表示吗？
- 竞争主管机构确定价格过高时，适当的救济措施是什么？
- 竞争主管机构是否应尝试成为价格监管者？

一般而言，价格的“监管者”应该是市场，这是消费者总利益的表达。一些消费者可能准备以市场价格购买产品和服务，而其他消费者则可能没有，这是他们的选择。如果市场不能执行这种定价功能，则可能是需要由定制监管机构监督的特定行业监管规定来代替竞争。⑯ 竞争主管机构在履行这种职能时应保持谨慎。

讨论可以很简单地总结如下：作为一个总体命题，竞争主管机构不愿调查有关过度定价的指控；但是，竞争法的一个重要座右铭是“永不言败”，在某些市场中干预是合理的。

（B）竞争主管机构合法调查过度价格的时机

大多数竞争主管机构都有检察权，它们能够选择要调查的案件。值得注意的是，尽管《欧盟运行条约》第102条及其在欧盟成员国中的国家同等条款

---

⑫ 案例C-177/16 EU：C：2017：286，第3段。

⑬ 同上，总检察长沃尔的观点第4段。

⑭ 案例C-177/16 EU：C：2017：689。

⑮ 符合《欧盟运行条约》第102条规定的一些过高价格案件涉及版权集体管理组织：参见案例395/85 *Tournier* EU：C：1989：319；案例110/88 *Lucazeau* EU：C：1989：326；案例C-52/07 *Kanal 5 and TV 4* EU：C：2008：703；案例C-351/12 *OSA* EU：C：2014：110。

⑯ 参见第23章第1222~1223页“英国公用事业监管制度”。

能够适用于占支配地位的企业的过高价格，但实际案例很少。这是因为总的来说，竞争主管机构选择不调查所谓的高价。[17] 关心特定行业高价格的竞争主管机构通常会询问如何以及为什么要收取这样的价格，高价格应成为现有和潜在竞争者扩大产量或进入市场以及通过提供较低的价格吸引客户的信号。如果这是可能的，那么企业将很难将其收取的高价持续维持在高于竞争市场的预期水平。但是，如果一家占支配地位的企业为了维持过高的价格而沉迷于排他性行为，那么竞争主管机构的逻辑回应将不是限制其价格，这将抑制其他企业试图进入市场，更好的应对措施是采取行动以应对排他性滥用，或者竞争主管机构可以进行市场研究，以确定市场缺陷（与滥用行为相对）是否造成了高价，例如，不适当的监管、计划控制和/或国家施加的许可限制。另一个可能性是，高价格是可持续的，因为市场是一个永远不会进行有效竞争的市场。在这种情况下，针对特定行业的监管可能是明智的解决方案。

（i）不完善的市场

尽管竞争主管机构的起诉裁量权使它们对根据竞争法进行高价调查保持沉默，但在某些情况下，对它们而言，这样做是明智的。如上所述，市场可能无法“自动校正”以解决价格过高的问题。我们知道，就经济理论而言，市场很少是完美的。[18] 但是，我们也知道市场可能是绝对不完善的，例如国家授予法律垄断的地方。这就是为什么在某些情况下竞争主管机构可能会决定直接针对占支配地位的企业的过高价格采取行动，在市场研究或竞争倡导等替代解决方案似乎不太可能奏效的情况下尤其如此。在这种情况下，《欧盟运行条约》第 102 条可以被视为提供了一个安全网，为竞争主管机构提供了必要和适当干预的法律依据。

如前所述，一些价格过高的案例涉及版权保护协会，版权保护协会通常在事实上或甚至是法律上垄断市场运作。可以清楚地看出，这是一个竞争法干预不完善的正当的市场。出于各种原因，制药行业出现了一些案例，市场可能无法为高价问题提供解决方案。[19]

（ii）排他或对单一市场有害的过度定价

如上建议，在市场不完善的情况下，竞争法干预可能是适当的，因为竞争

---

[17] 国家法院无法选择其审理的案件：它必须处理所提起的任何案件；本节中讨论的几个案件是在私人诉讼中引起的，导致《欧盟运行条约》第 267 条下的案件提到了欧洲法院。

[18] 参见第 1 章第 9 ~ 12 页“对完全竞争理论的质疑”。

[19] 参见本章第 898 ~ 900 页“与过度定价有关的欧盟案例”和第 900 ~ 903 页“与过度定价有关的英国案例”。

将无法解决市场问题。采取行动的另一个完全不同的原因可能是，价格过高并非归因于垄断者通过利用其支配地位来欺骗其客户，相反可能是导致排他性滥用或损害内部市场的手段。前者的一个例子是一家占支配地位的企业，它收取使用一项基本设施的价格，实际上是（建设性的）拒绝供应，价格如此之高，以至于没有客户愿意支付。第17章讨论了拒绝供应的排他性滥用，还给出了损害内部市场的非定价行为的其他示例。[20] 第18章讨论了对内部市场有害的过度定价。[21]

（C）过度定价被滥用的情形

目前为止的讨论表明，作为一个总体主张，竞争主管机构明智的做法是不要卷入价格过高的案件，但有时它们可能需要这样做。国家法院没有起诉权，因此，如果诉讼人提出诉讼，无论是否愿意，它们都有义务面对这一问题。因此，竞争法必须就价格可能高到被认为是滥用的情况提供指导。

（i）价格必须是过高和不合理

毫无疑问，根据法律，过高的价格可能违反《欧盟运行条约》第102条。第102条第2款（a）项举例说明了滥用行为：

> 直接或间接施加不公平的购买或出售价格[22]或其他不公平的交易条件（笔者强调）。[23]

重要的是要注意，根据第102条的规定，不仅是价格过高会导致其非法化；第102条第2款（a）项规定，价格必须不公平。这意味着不公平不仅在于过度，而且上述“不公平”与“过度”二者都必须在价格过高的情况下得到证明。[24]

任何有关过高定价问题的讨论的起点都是欧洲法院在 *United Brands v Com-*

---

[20] 参见第17章第865～881页“拒绝供应”以及第17章第881～882页“对内部市场有害的非定价滥用行为”。

[21] 参见本章第948～950页“对单一市场有害的定价实践”。

[22] 关于拒绝了买方要求的价格过低的投诉的案件，参见案例298/83 *CICCE v Commission* EU：C：1985：150，欧洲法院驳回了针对欧盟委员会拒绝此类指控的决定的上诉；*The Association of British Travel Agents and British Airways*，英国公平交易办公室2002年12月11日决定，拒绝了有关英航向旅行社支付不公平的低佣金的投诉。

[23] 例如，施加不公平的交易条件，而不是不公平的价格，参见 *1998 Football World Cup* OJ［2000］L 5/55；*Amministrazione Autonoma dei Monopoli di Stato* OJ［1998］L 252/47，第33～46段；案例T－139/98 *AAMS v Commission* EU：T：2001：272，第73～80段。

[24] 在案例27/76 *United Brands v Commission* EU：C：1978：22中由欧洲法院提出，并在案例C－177/16 *AKKA/LAA* EU：C：2017：689第36段中重申。

mission 案[25]中的判决。值得一提的是，援引法院判决书的第 248 ~ 252 段，并对以下重点段落进行解释：

> 248. 经营者直接或间接强加不公平的购买或出售价格是一种滥用，根据《欧盟运行条约》第 102 条可以对此加以例外处理。
>
> 249. 因此，建议确定占支配地位的企业是否利用了其支配地位所带来的机会，从而获得了贸易利益，如果存在正常和足够有效的竞争，该利益将无法获得。
>
> 250. 在这种情况下，收取的价格过高是因为它与所供应产品的经济价值没有合理的关系，这是一种滥用。
>
> 251. 除其他外，如果可以通过比较所涉产品的售价与其生产成本计算出该超额，则可以客观地确定该超额；但是，欧盟委员会尚未这样做，因为它尚未分析 United Brands 的成本结构。
>
> 252. 因此，需要确定的问题是，实际产生的成本与实际收取的价格之间的差额是否过大。如果对这个问题的回答是肯定的，那么是否施加了本身或与竞争产品比较时的不公平价格？

因此，基本考验是价格是否超过占支配地位的企业在正常和足够有效竞争的反事实世界中所能获得的价格。要问的问题是价格是否与所提供产品或服务的经济价值没有合理关系。

法院在第 251 段中考虑了如何计算超额部分。该段建议，可以通过将产品收取的价格与产品生产成本进行比较来确定这一数额。然后，法院在第 252 段中说，还需要解决 2 个更具体的问题：

- 实际产生的成本与实际收取的价格之间的差额是否过大？和
- 如果是这样，所施加的价格本身或与竞争产品相比是否不公平？

（ii）价格过高的判断

确定价格是否过高的一种方法是，询问价格相对于成本而言是否过高。正如总检察长沃尔在 *AKKA/LAA* 案[26]中所说，这个问题实际上是在询问占支配地位的企业是否获得了太大的利润或赚太多钱。但是，第 251 段中的“除其他外”是重要的。法院没有说，确定价格过高总是需要检查收取的价格和生产

---

[25] 案例 27/76 EU：C：1978：22；注意欧洲法院在 *United Brands* 案之前曾讨论过滥用价格：参见案例 78/70 *Deutsche Grammophon GmbH v Metro - SB - Grossmärkte GmbH* EU：C：1971：59；案例 40/70 *Sirena v Eda* EU：C：1971：18；案例 26/75 *General Motors v Commission* EU：C：1975：150。

[26] 案例 C - 177/16 EU：C：2017：286，第 18 段。

成本，这只是回答问题的一种方式，尤其是“除其他外”。在诸如 *United Brands* 案件中，本来可以进行价格/成本分析，法院认为应该进行。但是，欧盟委员会没有对香蕉有争议的价格和成本进行分析，并且由于欧盟委员会没有这样做，法院废除了欧盟委员会关于过高定价的裁定。[27]

但是，在某些情况下，价格/成本分析可能不可行。例如，可能没有可靠的成本数据，就像欧盟委员会调查德国邮政为跨境邮件的继续传送收取的价格时一样。[28] 对于诸如受版权保护的音乐作品之类的无形商品，价格/成本的比较也没有什么意义，在阿尔卑斯山顶上或在空旷的海滩上漫步时，进入人们脑海的迷人旋律的成本是多少？例如，可能需要通过将有争议的价格与其他市场上有争议的价格进行比较，而不是基于获利能力来评估这种过度性。欧洲法院在 *United Brands* 案[29]中说，这是因为价格/成本分析不是总能回答价格是否过高的问题。同样，在 *AKKA/LAA* 案[30]中，可能还有其他方法可以确定情况是否如此。在确定价格是否过高时[31]，竞争主管机构在要遵循的方法上具有“一定的操纵余地”，并且结合使用不同的方法可能是明智的。[32] 特别是，根据情况的不同，可能需要根据占支配地位的企业的价格与适当的比较者进行比较。例如，非占支配地位的企业的价格，或在某一特定时期的占支配地位的企业的价格，选择在不同的时间点或在不同地域市场中与占支配地位的企业的价格进行比较。[33] 必须根据客观、适当和可验证的标准，并且必须在一致的基础上进行比较。[34]

无论采用哪种比较方法，有争议的价格与竞争市场中预期的价格之间都必须存在“明显且持久的”差异。[35] 最终，竞争主营机构应具有一组足够完整和可靠且指向一个相同方向的要素。[36]

（iii）价格过高是否不公平

确定价格过高后，只有在价格也“不公平”时才会被滥用。根据 *United*

---

[27] 案例 27/76 EU：C：1978：22，第 254～268 段。

[28] *Deutsche Post AG – Interception of cross – border mail*［2001］L 331/40。

[29] 案例 27/76 EU：C：1978：22，第 253 段。

[30] 案例 C－177/16 EU：C：2017：689，第 37 段；另见案例 1001/1/1/01 *Napp Pharmaceutical Holdings Ltd v Director General of Fair Trading*［2002］CAT 1，第 392 段。

[31] 案例 C－177/16 *AKKA/LAA* EU：C：2017：689，第 49 段。

[32] 参见 AG 在案例 C－177/16 *AKKA/LAA* EU：C：2017：286 中的观点，第 43～45 段。

[33] 同上，第 19 段。

[34] 案例 C－177/16 EU：C：2017：689，第 38 段、第 41 段、第 44 段、第 51 段。

[35] 同上，第 55 段。

[36] 参见总检察长在案例 C－177/16 EU：C：2017：286 中的观点，第 54 段。

Brands 案判决第 252 段，价格本身必须不公平，或者与竞争产品相比必须不公平。*United Brands* 案没有详细说明这些想法，尽管它们都暗示了一种对滥用性过高价格定义的主观评估。[37]

至于过高的价格本身是否不公平，有必要确定过高的价格是否与产品的经济价值没有合理的关系。购买者手中产品的经济价值并不总是或不一定与其生产成本加合理的回报率相对应。[38] 例如，电视公司通常为播放足球比赛的权利付出的代价远远超过了录制比赛的费用。它们愿意支付如此高的价格，因为广播权的经济价值因有可能吸引电视频道的订户，并通过高观众人数增加广告收入得以提升。

在 *AKKA/LAA* 案中，总检察长沃尔认为，如果一家占支配地位的企业对客户既不要求也不接受服务收费，或者对阻碍跨境交易收取过高的价格[39]，则过高的价格本身可能是不公平的。[40]

与竞争者的产品相比，价格可能被确定为不公平的建议有些尴尬，在首先使用比较对象以确定价格是否过高的情况下，这确实是循环的。任何用于评估过高价格是否不公平的比较对象都必须与相关产品足够相似，以使比较有意义。[41] 例如，可以将占支配地位的企业的价格与以下价格进行比较：

- 相同产品的邻近市场[42]；
- 相关市场的离散部分[43]；
- 另一个成员国[44]；
- 国际基准[45]。

为了收集足够可靠的证据证明有争议的价格明显且持续高于正常竞争价格，且是不公平的，进行几次比较可能会很有用。

---

[37] 参见案例 1046/2/4/04 *Albion Water Ltd v Water Services Regulation Authority*［2008］CAT 31，第 216 段（指的是“相当大的升值幅度”）。

[38] *Scandlines*，2004 年 7 月 23 日欧盟委员会的决定，第 226 ~ 227 段、第 232 段。

[39] 参见案例 C－179/90 *Merci Convenzionali Porto di Genova* EU：C：1991：464，第 19 段；案例 C－385/07 P *Der Grüne Punkt—Duales System Deutschland v Commission* EU：C：2009：456，第 141 ~ 147 段。

[40] 参见本章第 948 ~ 950 页“对单一市场有害的定价实践”。

[41] *Scandlines*，2004 年 7 月 23 日的欧盟委员会决定，第 169 段；案例 C－177/16 *AKKA/LAA* EU：C：2017：689，第 51 段。

[42] 参见案例 30/87 *Corinne Bodson v Pompes Funebres* EU：C：1988：225。

[43] 参见案例 1001/1/1/01 *Napp Pharmaceutical Holdings Ltd v Director General of Fair Trading*［2002］CAT 1。

[44] 参见案例 395/87 *Ministere Public v Tournier* EU：C：1989：319。

[45] 参见 *Standard & Poor*，2011 年 11 月 15 日的欧盟委员会决定。

（iv）与过度定价有关的欧盟案例

（a）欧盟委员会案例

欧盟委员会很少采取措施来反对过度定价。欧盟委员会在 *United Brands* 案[46]中判定德国香蕉价格过高的决定被欧洲法院否决，理由是欧盟委员会未能进行价格/成本分析。针对 BL 和 General Motors 的案件是出于单一市场考虑的动机：在上诉中，针对 BL 的决定维持不变，但对 General Motors 的决定被撤销。[47] 在 *Scandlines Sverige AB v Port of Helsingborg* 案[48]中，欧盟委员会拒绝了关于赫尔辛堡港过高的港口收费的投诉。[49] 欧盟委员会对港口产生的费用进行了广泛的调查。但是，简单的成本加成法不足以证明价格不公平，因为还必须考虑所提供服务的经济价值。欧盟委员会注意到渡轮经营者从港口所在地受益这是事实，与港口服务的经济价值有关。欧盟委员会还研究了同一个港口提供的其他服务的价格以及向其他港口的轮渡经营者收取的价格，相比该港口的收费是否不公平。[50] 欧盟委员会的结论是，考虑到证明滥用的责任已经加重，因此赫尔辛堡港没有违反《欧盟运行条约》第 102 条。[51]

在 *Deutsche Post AG—Interception of cross - border mail* 案[52]中，欧盟委员会认为德国邮政的跨境邮件继续传输的价格过高。欧盟委员会表示，由于无法对德国邮政的成本进行详细分析，因此必须使用替代基准，通过比较德国邮政的跨境价格来确定是否对此承担责任。[53] 通过与其国内关税的比较发现它确实存在滥用行为。[54] 也许应该补充一点，尽管成本分析可能很困难，但并非不可能；一些竞争主管机构进行了复杂的成本分析。[55] 在 *Standard & Poor* 案[56]中，欧盟

---

[46] OJ［1975］L 29/14。

[47] 参见本章第 948 ~950 页“对单一市场有害的定价实践”。

[48] 2004 年 7 月 23 日的欧盟委员会决定；Sundbusserne 对港口的第二次投诉也被拒绝。

[49] 类似地，参见 *Ryanair/DAA - Aer Lingus*，2013 年 10 月 17 日的欧盟委员会决定，第 83 段（驳回了对机场收费过高的投诉）。

[50] 2004 年 7 月 23 日的欧盟委员会决定，第 86 段。

[51] 参见：LAMALLE M，LENITA L - R，TEIXEIRA A C. Two Important Rejection Decisions on Excessive Pricing in the Port Sector［J］. Competition Policy Newsletter，2004：40 - 43.

[52] OJ［2001］L 331/40。

[53] 同上，第 159 段。

[54] 同上，第 160 ~ 166 段。

[55] 有关英国参见：竞争委员会之前的报告“The Supply of Banking Services by Clearing Banks to Small and Medium Sized Enterprises”，Cm 5319（2002），第 2. 243 ~ 2. 431 段，“Market investigation into payment protection insurance”（2009），第 6. 99 ~ 6. 138 段；在南非，参阅 2014 年 6 月 5 日竞争法庭在 011502 号 *Competition Commission v Sasol Chemical Industries Ltd* 案中的判决。

[56] 2011 年 11 月 15 日的欧盟委员会决定。

委员会认为，以国际标准制定机构设定的标准为基准，S&P 向金融机构收取的使用国际证券识别码的费用是不公平的。欧盟委员会接受了第 1/2003 号条例第 9 条的承诺，该承诺改变了 S&P 的定价政策。[57] 欧盟委员会正在调查俄罗斯天然气工业股份公司在欧盟的几个中欧和东欧成员国的天然气价格，而且俄罗斯天然气工业股份公司可能会作出承诺以引入新的公式来确定其价格。[58] 欧盟委员会已经开始调查 Aspen Pharma 是否对 5 种挽救生命的抗癌药物收取过高的价格。[59]

（b）欧洲法院对《欧盟运行条约》第 267 条的解释

国家法院已将有关高价的若干案件移交给欧洲法院，在 *Corinne Bodson v Pompes Funèbres* 案[60]中，欧洲法院面临的一个问题是 Pompes Funèbres 是否因收取过高的价格而对此承担责任，其已获得独家特许权，可以为葬礼提供外部服务，特别是法国小镇。法院说，鉴于法国有 30000 多个公社没有像 Pompes Funèbres 那样享受独家特权，而是让该服务不受监管或自己运营，因此有可能必须在经营者对特许经营权和其他经营者收取的价格之间进行比较。

> 这样的比较可以为评估特许权持有人收取的价格是否公平提供基础。[61]

在 *Lucazeau v SACEM* 案[62]中再次出现了在 *Bodson* 案中使用比较确定价格是否过高的想法，该想法涉及迪斯科舞厅中录制唱片音乐的特许权使用费水平，欧洲法院再次建议，应与其他成员国收取的费用水平进行比较。在另一起涉及法国表演权协会收取迪斯科舞厅使用费水平的 *Ministère Public v Tournier* 案[63]中，欧洲法院表示，在确定价格是否合理性时不应考虑过多或过高的成本。所涉协会事实上具有垄断地位，法院认为正是缺乏竞争才导致高昂的行政费用，该协

---

[57] 有关第 9 条请参见第 7 章第 322 ~ 328 页“第 9 条：承诺”。

[58] 关于该案细节，参见 www. ec. europa. eu。

[59] 欧盟委员会新闻稿 IP/17/1323，2017 年 5 月 15 日；注意意大利国家竞争主管机构在 2016 年 9 月 29 日作出的裁决，认定 Aspen Pharma 的同类药物价格具有滥用性：AGCM 2016 年 10 月 14 日新闻稿，可在 www. agcm. it 上查阅。意大利一审行政法院完全驳回了 Aspen Pharma 提出的上诉：参见案例 12806/2016 TAR *Lazio*，2017 年 6 月 13 日的判决。

[60] 案例 30/87 EU：C：1988：225。

[61] 同上，第 31 段。

[62] 案例 110/88 EU：C：1989：326；类似地，参见案例 C－351/12 *OSA v Léčebné lázně Mariánské Lázně a. s.* EU：C：2014：110，第 87 段。

[63] 案例 395/87 EU：C：1989：319；案例 C－52/07 *Kanal 5 Ltd v STIM upa* EU：C：2008：703；案例 C－351/12 *OSA v Léčebné lázně Mariánské Lázně a. s.* EU：C：2014：110。

会没有动力将其压低。

在 *AKKA/LAA* 案[64]中，拉脱维亚竞争委员会对版权收藏协会 AKKA/LAA 进行了罚款，因为它们为表演音乐作品收取了高额费用。拉脱维亚最高法院行政部门将若干问题提交欧洲法院。欧洲法院在 *United Brands* 案[65]第 252 段中再次对不合理的高价进行了测试。它认为，通过将 AKKA/LAA 收取的价格与其他成员国[66]的收费协会收取的价格进行比较，可以确定 AKKA/LAA 的价格是否合法，并就在这种情况下应如何进行比较分析提供指导。与其他成员国的价格相比，如果价格必须持续不断地提高，将可能是非法的。[67]

（v）与过度定价有关的英国案例

（a）竞争主管机构的决定

在英国竞争主管机构调查的案例中，有 3 次定价过高被判定为滥用。[68]

在 *Napp Pharmaceutical Holdings Ltd* 案[69]中，Napp 被裁定实施歧视性折扣政策、掠夺性降价和收取过高价格，从而违反了 1998 年英国竞争法第 2 章的禁止规定。Napp 向医院和社区患者提供了缓释吗啡（以其 MST 的商品名命名），Napp 向社区销售的价格过高，原因是：

- 向社区销售的价格比向医院的价格高 10 倍以上；
- Napp 在 MST 社区销售中获得的利润率过高，因为它超过了在其他产品销售和向其他市场销售 MST 时获得的利润率；
- MST 的实际价格大大超过了可能的竞争价格。

在上诉中，英国竞争上诉法庭指出了确定价格是否过高的困难，并得出结论认为，决定中使用的各种方法都是可以合理使用的方法，并补充说“当然，也还有其他方法”。[70] 英国竞争上诉法庭维持了过高定价的裁定[71]，但认为存在某些轻减因素有利于 Napp，何况在此问题上法律存在不确定性，因此将罚款从原来的 321 万英镑减少到 220 万英镑。[72] 在对 Napp 作出决定后，Napp 向社

---

[64] 案例 C－177/16 EU：C：2017：689。

[65] 同上，第 36 段。

[66] 同上，第 38 段。

[67] 同上，第 56 段。

[68] 另外在正文中提及的案例请另见 *London Stock Exchange issuer fees*，OFT 713，2004 年3 月，并未正式发现价格过高，但导致发行费用减少。

[69] 英国公平交易办公室 2001 年 3 月 30 日的决定，第 203～234 段。

[70] 案例 1001/1/1/01 *Napp Pharmaceutical Holdings Ltd v Director General of Fair Trading* ［2002］CAT 1，第 392 段。

[71] 同上，第 389～442 段。

[72] 同上，第 497～541 段。

区销售的价格大幅下降。[73]

Albion Water v Water Services Regulation Authority 案生动地说明了在基本设施情况下确定使用价格的复杂性。英国竞争上诉法庭在针对水务监管局[74]的一项裁定提出的上诉中作出了几项判决，裁定 D ŵr Cymru 对通过其输水管道的水运输提供过高的价格无罪。英国竞争上诉法庭在 2006 年 10 月的判决中详细审查了这一立场，其中包括对相关成本原则[75]和一些评论员提倡的"有效"组件定价规则（ECPR）作为确定基本设施使用价格的方法的广泛讨论，ECPR 从产品的零售价格中扣除企业不提供上游服务（如水运）时企业可以避免的成本。[76] 英国竞争上诉法庭认为 ECPR 并不是用于此案的恰当方法[77]，并得出结论，存在有力证据表明 Dŵr Cymru 的报价过高。[78] 在对水务监管局所涉及的成本进一步调查之后，英国竞争上诉法庭得出结论[79]，Dŵr Cymru 提供的价格过高以至于不公平并因此是滥用，Ashgrove 系统的报价明显超出了合理分配水的成本，具有排他性和剥削性。Albion 针对 Dŵr Cymru 的损害提出了"后续行动"，英国竞争上诉法庭判定了 185 万英镑的赔偿金。由于未能确定 Dŵr Cymru 打算收取非法过高的价格，或者价格是否过高，因此驳回了惩罚性损害赔偿的索赔。[80]

在 *Unfair pricing in respect of the supply of phenytoin sodium capsules in the UK* 案[81]中，英国竞争与市场管理局对 Pfizer 和 Flynn Pharma 处以近 9000 万英镑的罚款，理由是它们对使用的用于治疗癫痫苯妥英钠胶囊收取过高和不公平的价格。Pfizer 是该药物的制造商，Flynn 则是该分销商。直到 2012 年 9 月，Pfizer 都以 Epanutin 品牌生产和分销该药物，只要是品牌商标，它就受到价格管制。Pfizer 将药物在英国的销售许可卖给了 Flynn，后者对该药物进行了烙印或"仿制"，此后，价格监管便不再适用。[82] 作为制造商的 Pfizer 和作为分销商的 Flynn 都将药物的价格提高了很多，以致英国竞争与市场管理局得出结论，它

---

[73] 评估 2001 年英国公平交易办公室滥用市场支配地位对 *Napp Pharmaceuticals* 案的影响，OFT 1332，2011 年 6 月。

[74] 水务监管局 2004 年 5 月 26 日的决定。

[75] 案例 1046/2/4/04［2006］CAT 23，第 448 ~ 637 段。

[76] 同上，第 638 ~ 836 段。

[77] 同上，第 835 段。

[78] 同上，第 637 段。

[79] 案例 1046/2/4/04［2008］CAT 31；另见［2009］CAT 12，补救措施和费用。

[80] 案例 1166/5/7/10［2013］CAT 6。

[81] 英国竞争与市场管理局 2016 年 12 月 7 日的决定；案例 1276/1/12/17 *Pfizer Inc v CMA*；案例 1275/1/12/16 *Flynn Pharma Ltd v CMA*，尚未裁决。

[82] Pfizer 和 Flynn 的上诉理由之一是确定价格管制是否继续适用于该仿制药。

们各自都对过高和不公平的定价承担责任。英国竞争与市场管理局发现价格过高，因为定价实质上超出了成本再加上合理的回报率，是 Pfizer 为 Epanutin 收取的价格的几倍，并且对卫生服务产生了实质性的有害影响。[83] 针对该决定的为期 4 周的上诉于 2017 年 11 月 24 日结束，等待英国竞争上诉法庭的判决。[84] 英国竞争与市场管理局正在调查制药行业中另外两起涉嫌价格过高的案件：一起针对与氢化可的松片（hydrocortisone tablets）有关的 *Actavis UK* 案[85]，另一起与对碘甲状腺素片（liothyronine tablets）有关的 *Concordia* 案[86]。

英国公共部门曾抱怨泰晤士水务公司的价格过高，但投诉未果。在 *Thames Water Utilities/Bath House and Albion Yard* 案[87]中，水务监管局确定泰晤士水务公司没有向 Enviro－Logic 的客户收取过多的运输费用。在 *SSL International* 案[88]中，英国公平交易办公室得出结论，尽管 SSL 男用避孕套的价格可能很高，但仍需要大量时间和费用来确定它们是否过高。此外，如果此案的结果是实施价格上限，则有可能扼杀新兴竞争。

（b）私人诉讼与过度定价

在 *Attheraces v The British Horseracing Board* 案[89]中，出现了一个关于价格过高的特别有趣的案例，这是 Attheraces 的“独立”诉讼，没有任何竞争主管机构参与。广播公司 Attheraces 向英国赛马委员会（英国赛马的管理者和监管者 BHB）要求其拥有的有关英国赛马的所谓“赛前数据”。Attheraces 希望将这些数据提供给海外庄家。上诉法院判决 BHB 滥用市场支配地位[90]，通过以不公平的价格对其进行歧视来威胁拒绝将赛前数据提供给 Attheraces。上诉法院批准了 BHB 的上诉。Mummery LJ 一开始就表示，正在审议的问题的性质可能是通过仲裁或由具有适当专业知识和灵活权利的专家机构来解决，而不

---

[83] 该判决可在 www. gov. uk/cma 上查阅；有关评论，参见：Bokhari and Lyons “Pfizer and Flynn：How Are ‘Excessive’ Prices for Generic Drugs Possible and Should Competition Authorities do More about Exploitative Pricing?”，可在 www. competitionpolicy. wordpress. com 上查阅。

[84] Flynn 提出的暂时救济申请，以中止英国竞争与市场管理局降低价格的指示，但遭到拒绝：案例 1275/1/12/16（IR）*Flynn Pharma Ltdv CMA*［2017］CAT 1。

[85] 英国竞争与市场管理局 2016 年 12 月 16 日新闻稿。

[86] 英国竞争与市场管理局 2017 年 11 月 21 日新闻稿。

[87] 水务监管局 2003 年 3 月 31 日的决定。

[88] 该案于 2005 年 5 月 11 日结案。

[89]（2007］EWCA Civ 38；该案被高等法院于案例 *Humber Oil Terminals Trustee Ltd v Associated British Ports*［2011］EWHC 352（Ch）第 17～21 段、第 33 段中考虑。

[90] *Attheraces Ltd v The British' Horseracing Board Ltd*［2005］EWHC 3015（Ch）。

是在普通私人诉讼的对抗程序中解决。[91] 上诉法院引用 *United Brands v Commission* 案中的欧洲法院判决第250段，认为价格明显超过供应的产品经济价值可能是滥用的，但指出该提法提出了一个基本问题：什么构成经济价值。[92] 法院得出结论，仅凭成本加成法不可能得出价格滥用的结论，也就是说，仅仅表明价格超过成本的程度大于合理的金额是不够的。[93] 就法官基于成本加合理回报得出的结论而言，他采取的方法过于狭窄，特别是他驳回了BHB关于在考虑数据的经济价值时考虑海外博彩公司愿意支付给Attheraces是相关的观点。[94] 上诉法院特别指出，《欧盟运行条约》第102条的主要目的是保护消费者（在这种情况下，是赌马的终极下注者），而不是Attheraces之类的竞争者，几乎没有证据显示损害竞争。[95]

4. 有条件的回扣

《欧盟运行条约》第102条并未具体规定向客户提供回扣是滥用，但是，欧盟法院一贯的判例法规定，在某些情况下，回扣和类似的定价做法（例如，给予折扣和设定目标奖金）可能构成滥用。[96] 多年来，关于该主题的判例法引起了极大的争议，许多评论员认为，它过于形式主义，或者换句话说，它未能反映出更加经济、基于效果分析的第102条的执行方式。[97]

---

[91] ［2007］EWCA Civ 38，第7段。

[92] 同上，第204段。

[93] 同上，第209段。

[94] 同上，第218段。

[95] 同上，第215段。

[96] 进一步了解排他性交易协议和折扣，参见：经济合作与发展组织圆桌会议“忠诚回扣”（Loyalty and Fidelity Discounts and Rebates）（2002年）、“捆绑回扣与忠诚回扣”（Bundled and Loyalty Discounts and Rebates）（2008年）和“忠诚回扣与竞争”（Fidelity Rebates and Competition）（2016年），可在www：oecd. org/competition上查阅；FUMAGALLI C，MOTTA M，CALCAGNO C. Exclusionary Practices：The Economics of Monopolisation and Abuse of Dominance［M］. Cambridge：Cambridge University Press，2018：chs 2－3；竞争总司的“Discussion paper on the application of Article［102］of the Treaty to exclusionary abuses”（December 2005），section 7；BISHOP S，WALKER M. The Economics of EC Competition Law［M］. 3rd ed. London：Sweet & Maxwell，2010：paras 6-28－6-59；NIELS G，JENKINS J，KAVANAGH J. Economics for Competition Lawyers［M］. 2nd ed. Oxford：Oxford University Press，2016：189－199；O'DONOGHUE R，PADILLA J. The Law and Economics of Article 102 TFEU［M］. 2nd ed. Oxford：Hart Publishing，2013：chs 8－9；MORELL A，GLÖCKNER A，TOWFIGH E. Sticky Rebates：Loyalty Rebates Impede Rational Switching of Consumers［J］. Journal of Competition Law and Economics，2015，11（2）：431.

[97] 大致参见第5章第252～255页“第102条是否有或应当有任何‘本身’规则?”。

2017年9月，欧洲法院大法庭在*Intel v Commission*案[98]中的判决大大改变了有条件回扣的法律方向，要求对回扣案件进行基于效果的分析。由于*Intel*案的判决，本书抛弃了先前版本中有关折扣的讨论。相反，我们将在5个部分中讨论该主题：

- （A）节将解释根据第102条对有条件回扣的处理引起争议的原因；
- （B）节将考虑欧洲法院的*Intel*案判决如何重新定位法律；
- （C）节将研究欧盟委员会《第102条执法重点指南》与*Intel*案判决的兼容性，并得出结论，它们在很大程度上相互一致；
- （D）节将讨论有关*Intel*案回扣后法律的一些未解决的问题；
- （E）节简要回顾英国对回扣的处理方式。

（A）有条件回扣的法律有争议的原因

（i）*Hoffmann – La Roche v Commission*案

在*Hoffmann – La Roche v Commission*案[99]中，欧洲法院裁定Hoffmann – La Roche通过与某些客户达成独家购买协议以及以"忠诚"为条件提供其他回扣，从而滥用了其支配地位。关于后者，法院在其判决的第89段中说，一家占支配地位的企业通过独家购买承诺来捆绑客户是非法的，并且：

> 如果（占支配地位的）企业没有与买方签订正式条款，则适用相同的条件，无论是根据与这些购买者签订协议的条款，还是单边采用忠诚的折扣制度，即以客户忠诚为条件的折扣从占支配地位的企业获得其全部或大部分需求量，无论采购量是大还是小。[100]

此段落将有关忠诚回扣的法律等同于禁止独家购买协议。欧盟法院经常重申欧洲法院对*Hoffmann – La Roche*案中有条件回扣的立场。正如我们将看到的，在*Intel*案判决书第137段中，欧洲法院在*Hoffmann – La Roche*案[101]中重复

---

[98] 案例C – 413/14 P EU：C：2017：632。

[99] 案例85/76 EU：C：1979：36；在较早的案例中，排他性返利遭到了谴责，该案例主要涉及糖市场的卡特尔化，案例43/73 *etc Suiker Unie v Commission* EU：C：1975：174，第517 ~ 528段，然而，*Hoffmann – La Roche*案的判决被认为是该主题的开创性案例。

[100] 案例85/76 EU：C：1979：36。

[101] 参见案例T – 65/89 *BPB Industries plc and British Gypsum v Commission* EU：T：1993：31，第68段；案例T – 228/97 *Irish Sugar v Commission* EU：T：1999：246，第197段；案例T – 57/01 *Solvay SA v Commission* EU：T：2009：519，第314 ~ 341段；案例T – 155/06 *Tomra Systems ASA v Commission* EU：T：2010：370，第208段。

了判决书的第 89 段。然而，至关重要的是，法院接着继续“阐明”了判例法：下面将讨论这种澄清的意义。

（ii）专用术语

提出一些有关回扣讨论中使用术语的初步观点可能会有所帮助。第一，在 *Hoffmann – La Roche* 案中，法院对回扣本身并没有异议，而是对以排他性购买为条件的回扣有异议，认为回扣的条件可能触发《欧盟运行条约》第 102 条的适用。[102] 第二，判例法和文献将“忠实”回扣和“忠诚”回扣互换使用。*Intel* 案[103]中，欧盟普通法院倾向于将忠实和忠诚回扣称为“专有性回扣”，尽管在该案中法院并未使用该术语。第三，*Hoffmann – La Roche* 案中的法院认为回扣条件取决于客户从占支配地位的企业获得全部还是大部分需求量的情况。在 *Intel* 案中，欧盟普通法院认为购买 80% 或以上的需求量构成“大部分”客户需求。[104]

（iii）争议

Hoffmann – La Roche 案判决第 89 段采用了严格的方法，以独家购买协议或提供忠诚返利来约束客户，这一占支配地位的企业是滥用。对该方法已经有了各种反对意见。首先，第 89 段从字面上看是一个“本身”（*per se*）的标准，但根据《欧盟运行条约》第 102 条[105]，任何行为本身是否应视为非法，这是个问题。其次，判例法似乎对市场经济反应迟钝，即使在市场经济中占支配地位的企业也有权参与竞争。回扣是一种降价，作为一项总体主张，竞争法应鼓励或至少不反对价格竞争。再次，*Hoffmann – La Roche* 案的做法在某种程度上似乎过分地有利于竞争者，而不是竞争过程。最后，*Hoffmann – La Roche* 案的判决以行为形式来谴责行为，这种行为在欧盟委员会支持以经济为基础进行效果分析的第 102 条的适用路径下看，是尴尬的。在经济效果分析下回扣仅当它们能够消除与占支配地位企业同样（或甚至比其具有优势）的竞争者时才应受到谴责，在这种情况下，应该采用价格/成本分析来确定回扣导致占支配地位的企

---

[102] 注意欧盟委员会《第 102 条执法重点指南》在“有条件的回扣”标题下讨论了该主题。

[103] 案例 T – 286/09 *Intel v Commission* EU：T：2014；547，第 76 段。

[104] 同上，第 135 段；未上诉。

[105] 参见第 5 章第 252 ~ 255 页“第 102 条是否有或应当有任何‘本身’规则?”。

业以低于成本的价格出售产品。*Hoffmann - La Roche* 案及其后续有大量批评文献。[106] 到了 *Intel* 案时代，批评已经变得喋喋不休，欧洲法院为此作出了回应。

（B）*Intel v Commssion* 案

（i）欧盟委员会的决定

Intel 案中，欧盟委员会对企业单一且持续违反《欧盟运行条约》第102条的行为（包括2种行为）处以10.6亿欧元的罚款。第一个行为是对4家计算机制造商授予回扣，条件是它们必须从Intel购买其全部或大部分中央处理器（CPU）。特别是，欧盟委员会发现Intel的回扣能够产生反竞争封锁效果，因为“等效”的竞争者必须将其CPU的价格降至可避免的平均成本以下。[107] 第二个行为是Intel向客户付款，以延迟、取消或限制付款竞争者CPU的营销活动，即所谓的“裸限制”。[108]

（ii）欧盟普通法院的判决

在上诉后，欧盟普通法院完全维持了欧盟委员会的决定。[109] 法院在判决中对3种回扣进行了区分：

- “数量回扣（返利）”。这些仅与销售给客户的数量有关，而欧盟普通法院认为这些返利推定是合法的。[110]
- “排他性回扣（返利）”。这些条件是客户仅从占支配地位的企业购买，而欧盟普通法院认为除非客观上合理，否则它们被认为是非法的。
- “第三类回扣（返利）”。即既不是数量也不是排他性的回扣，但可能

---

[106] 参见：RIDYAR D. Exclusionary Pricing and Price Discrimination Abuses Under Article 82 - An Economic Analysis［J］. European Competition Law Review，2002，19：286；TEMPLE L，O'DONGHUE R. Defining Legitimate Competition：How to Clarify Pricing Abuses under Article 82 EC［J］. Fordham International Law Journal，2002，26：83；KALLAUGHER J，SHER B. Rebates Revisited：Anti - Competitive Effects and Exclusionary Abuse under Article 82［J］. European Competition Law Review，2004，21：263；GYSELEN R. Rebates，Competition on the Merits or Exclusionary Practice?［M］//EHLERMANN C - D，ATANASIU I. European Competition Law Annual 2003：What is an Abuse of a Dominant Position?. Oxford：Hart publishing，2006：287.

[107] 欧盟委员会2009年5月13日的决定，第1002～1576段。

[108] 有关评论，参见：ALLIBERT B，BARTHA G，BÖSZE B，et al. Commission Finds Abuse of Dominance in the *Intel* Case［J］. Competition Policy Newsletter，2009（3）：31.

[109] 案例T - 286/09 *Intel v Commission* EU：T：2014：547。

[110] 同上，第75段；参见案例85/76 *Hoffmann - La Roche v Commission* EU：C：1979：36，第90段；类似地，参见案例C - 95/04 P *British Airways plc v Commission* EU：C：2007：166，第84段。

会产生忠诚的回扣。根据对案件所有情况的评估，这些可能是非法的。[111]

欧盟普通法院的判决受到了广泛批评[112]，尽管并非普遍如此。[113] 特别反对基于形式的排他性返利和禁止的“本身”性质。后一种批评是不正确的，因为欧盟普通法院认为，一家占支配地位的企业可以在客观上合理或具有经济效率的基础上，试图捍卫其排他性回扣；它并没有说它们本身是在滥用。[114]

（iii）总检察长沃尔的意见

Intel 向欧洲法院提起上诉时，总检察长沃尔在批评中表达了自己的声音。他认为，欧盟普通法院对排他性折扣采取基于形式的方法是错误的。更具体地说，他不同意欧盟普通法院对回扣的 3 类认定，他认为只有两类：推定合法的数量退税和其他回扣，需要全面检查其实际或潜在影响。

（iv）欧洲法院的判决

欧洲法院的判决仅包含关于回扣特定主题的 4 个段落，但是它们极大地重新定位了法律的方向。法院在第 137 段中重述了 *Hoffmann – La Roche* 案判决的第 89 段，没有对这一推定提出任何批评，从形式上讲，这仍然是好的法律。但是，下面的段落非常重要，值得完整引用：

> 138. 但是，如果有关企业在行政程序中根据佐证证明其行为不能限制竞争，特别是不能产生所谓的封锁效果，则必须进一步澄清判例法。

---

[111] 发现这种回扣是非法的，例如案例 322/81 *NV Nederlandse Banden – Industrie Michelin v Commission* EU：C：1983：313；案例 C – 95/04 P *British Airways plc v Commission* EU：C：2007：166；案例 T – 203/01 *Michelin v Commission* EU：T：2003：250。

[112] 参见：VENIT J S（该案的 Intel 律师）. Case T – 286/09 *Intel v Commission*：The Judgment of the General Court：All Steps Backward and No Steps Forward［J］. European Competition Journal，2014，10（2）：203；AHLBORN A，PICCININ D. The *Intel* Judgment and Consumer Welfare：A Response to Wouter Wils［J］. Competition Law & Policy Debate，2015，1：60；PEEPERKORN L. Conditional Pricing：Why the General Court is Wrong in *Intel* and What the Court of Justice Can Do to Rebalance the Assessment of Rebates［J］. Concurrences，2015（1）：43；PETIT N. *Intel*，Leveraging Rebates and the Goals of Article 102 TFEU［J］. European Competition Journal，2015，11：269；GERADIN D. Loyalty Rebates After Intel：Time to the European Court of Justice to Overrule Hoffmann – la Roche［J］. Journal of Competition Law and Economics，2015，11（3）：579.

[113] 参见：WILS W. The Judgment of the EU General Court in *Intel* and the So – Called “More Economic Approach” to Abuse of Dominance［J］. World Competition，2014，37（4）：405；WHISH R. *Intel v Commission*：Keep Calm and Carry On！［J］. JECLAP，2015，6（1）：1（关于回应，参见：SHER B. Keep Calm—Yes；Carry On—No！：A Response to Whish on Intel［J］. JECLAP，2015，6：219）；WARDHAUGH B. *Intel*，Consequentialist Goals and the Certainty of Rules：the Same Old Song and Dance，My Friend［J］. Competition Law Review，2016，11：215.

[114] 案例 T – 286/09 *Intel v Commission* EU：T：2014：547，第 81 段、第 173 段。

第138段的作用远不只是阐明法律，它使得基于"支持证据"的占支配地位的企业辩称其回扣不能阻止进入市场。当占支配地位的企业有此类证据时，要求欧盟委员会进行经济分析，以确定回扣是否可能具有封锁效果。判决第139段说，这样做时，欧盟委员会必须考虑：

- 占支配地位的企业在市场上的地位范围；
- 该行为所覆盖的市场份额；
- 给予有关回扣的条件和安排；以及
- 可能存在旨在将有效竞争排除在市场之外的战略。[115]

第140段补充说，如果回扣可以在市场中淘汰同等有效竞争者，那么占支配地位的企业仍然有可能证明其客观上是合理的，或者可以提高效率以使消费者受益。

*Intel*案判决的逻辑表明，欧盟委员会可以对占支配地位的企业发表异议声明，只是因提供有条件的回扣来简单地指责它违反了第102条：这将适用*Hoffmann – La Roche*案的推定，法院在判决的第137段重申了这一点。然而，占支配地位的企业随后几乎不可避免地会主张其证据表明回扣没有的效果，然后，欧盟委员会将不得不对其自身的经济分析作出回应。在这种情况下，不可能假设欧盟委员会（或国家竞争主管机构）一开始就不会进行效果分析。鉴于这就是欧盟委员会在其《第102条执法重点指南》[116]中将要做的事情，情况更是如此。因此，欧盟委员会不会仅基于*Hoffmann – La Roche*案推定而进行诉讼，并且*Intel*案也没有这样做。

欧洲法院未明确认可欧盟普通法院对3类回扣的认定，也没有与总检察长沃尔明确同意只有两类。但是，法院要求一般采用基于效果的方法来处理回扣，无论是*Hoffmann – La Roche*案推定所涵盖的类型还是第3类，这符合总检察长沃尔的做法，并暗示不同意欧盟普通法院的做法。

（v）对于普通法院的赦免

在*Intel*案中，欧盟委员会依靠*Hoffmann – La Roche*案的推定指控Intel滥用。但是，欧盟委员会还使用效率最低的竞争者测试对Intel的回扣进行了广泛的经济分析，并得出相同的结论：回扣是滥用的。Intel对欧盟委员会的分析提出了质疑。欧盟普通法院裁定，由于欧盟委员会没有分析的法律义务（由于*Hoffmann – La Roche*案的缘故，回扣是非法的），因此没有必要审查欧盟委

---

[115] 这些因素被提议于欧盟委员会《第102条执法重点指南》的第20段中，参见本章第909～910页"*Intel*案与欧盟委员会《第102条执法重点指南》"。

[116] 进一步参见第909～910页"*Intel*案与欧盟委员会《第102条执法重点指南》"。

员会决定的这一方面。欧洲法院裁定，这是欧盟普通法院的错误，并且未进行适当的司法审查，因此，它将该案退回作进一步评估。[117] 现在，欧盟普通法院将必须解决 Intel 与欧盟委员会之间有关 Intel 专属销售基地规模和计算 Intel 成本的适当期限等问题的争端，并根据法院设定的标准对案件进行裁决。[118]

（C）*Intel* 案与欧盟委员会《第 102 条执法重点指南》

欧盟委员会在其《第 102 条执法重点指南》[119] 中表示，其打算采用基于效果的方法来选择第 102 条所述的案件，并在第 20 段中列出了一系列其会考虑的因素，例如占支配地位的企业的地位、涉嫌滥用行为的范围和消除竞争者策略的证据，这些因素与法院在 *Intel* 案判决中第 139 段中所建议的一致。

欧盟委员会在其《第 102 条执法重点指南》中讨论了在决定是否对有条件回扣进行干预时应考虑的其他因素。《第 102 条执法重点指南》第 37 段对适用于所有销售的有条件回扣（追溯回扣）与仅针对增量销售支付的回扣（递增回扣）进行了区分。欧盟委员会指出，追溯回扣可能会导致市场大失所望，因为这可能会使客户将少量需求转移给竞争者的吸引力降低。[120] 欧盟委员会说，如果竞争者无法为客户的全部需求平等竞争，那么反竞争封锁的可能性就更大。例如，当客户必须从一家占支配地位的企业购买一定数量的需求时，情况可能会这样，因为该企业是不可避免的贸易伙伴，其产品是必不可少的物品。[121] 为了评估有条件的回扣是否会导致反竞争的封锁，欧盟委员会表示，它打算调查占支配地位的企业的价格、回扣和成本，从而回应认为该领域的分析不足以成本为导向的批评。欧盟委员会将寻求确定竞争者必须向客户提供的“有效价格”，以补偿客户从占支配地位的企业转移部分需求时的有条件的回扣损失。[122] 欧盟委员会认为：

- 如果一家占支配地位的企业收取的有效价格低于 AAC，则回扣通常能够使竞争者的效率与占支配地位的企业一样；
- 如果一家占支配地位的企业收取的有效价格介于 AAC 和 LRAIC 之间，

---

[117] 案例 C－413/14 P EU：C：2017：632，第 141～147；有关法院判决的讨论参见：VENIT J S. The Judgment of the European Court of Justice in *Intel v Commission* – A Procedural Answer to a Substantive Question?［J］. European Competition Journal，2017，13：172－198；Petit. The CJEU Judgment in *Intel v Commission*：The Rule of Reason in Abuse of Dominance Cases，可在 wtvw. ssrn. com 上查阅。

[118] 案例 T－286/09 RENV *Intel v Commission*，尚未裁决。

[119] 参见第 5 章第 225～227 页“欧盟委员会《第 102 条执法重点指南》”。

[120] 《第 102 条执法重点指南》，第 40 段。

[121] 同上，第 39 段。

[122] 同上，第 41 段；这是该方法论对所有排他性定价滥用的特定应用：同上，第 23～27 段。

则应考虑其他相关因素，例如竞争者的战略，以确定反竞争封锁的可能性；

- 如果一家占支配地位的企业以高于 LRAIC 的有效价格出售产品，那么返利通常无法抵抗竞争封锁。

《第 102 条执法重点指南》第 27 段和第 45 段解释说，价格/成本分析将被纳入反竞争封锁的一般性评估中，同时要考虑其他相关的定量和定性证据。一个重要的考虑因素是回扣系统是采用个性化阈值还是采用标准化阈值，因为前者更可能产生忠诚度提高的效果。[123]

在 *Intel* 案[124]中，欧盟委员会认为其决定与《第 102 条执法重点指南》一致[125]，认为 Intel 的回扣将导致效率不高的竞争者将其 CPU 的价格降至 AAC 以下。如前所述，欧盟普通法院拒绝复审其决定的这一部分，但此后一直被要求复审。值得注意的是，审理 *Intel* 案的法院根本没有参考欧盟委员会《第 102 条执法重点指南》。[126] 但是，笔者在法院的判决中没有看到任何与欧盟委员会的方法不符的方法，即采取基于效果的方法来审理回扣案件，并在适当情况下以同等效率竞争者原则为指导。确实，如前所述，*Intel* 案判决书第 139 段提到了与欧盟委员会《第 102 条执法重点指南》第 20 段提到的类似因素。2018 年 1 月 24 日，欧盟委员会对高通公司处以 9. 97 亿欧元的罚款，原因是它向苹果支付了巨额款，条件是苹果将仅向高通公司购买智能手机和平板电脑芯片组。[127] 欧盟委员会在其新闻稿中特别指出，其评估考虑了该指南第 20 段中列出的因素，并拒绝了高通公司提交的价格/成本测试，这与 *Intel* 案的判断是一致的。

（D）*Intel* 案后法律没有回答的问题

毫无疑问，*Intel* 案的判决改变了有条件回扣的法律。欧洲法院对 *MEO* 案[128]的判决和 *Orange Polska* 案[129]中的总检察长瓦泰莱的意见强烈反映了朝着采用基于效果的方法来适用《欧盟运行条约》第 102 条的趋势。毫不奇怪，关

---

[123] 同上，第 45 段；此处参见 *Coca - Cola* 案，欧盟委员会 2005 年 6 月 22 日的决定（接受可口可乐公司根据第 1/2003 号条例第 9 条作出的承诺，除其他外，避免在规定的参考期内达到客户设定的购买门槛的前提下给客户提供目标返利。）；有关第 9 条参见第 7 章第 322 ~ 328 页“第 9 条：承诺”。

[124] 2009 年 5 月 13 日欧盟委员会的决定。

[125] 同上，第 916 段。

[126] 欧盟普通法院曾表示，该指南与 Intel 的调查无关，因为它早于 Intel 的调查发布：案例 T - 286/09 EU：T：2014：547，第 154 ~ 158 段。

[127] 2018 年 1 月 24 日的欧盟委员会决定，案例 T - 235/18 *Qualcomm v Commission*，尚未裁决。

[128] 案例 C - 525/16 *MEO v Autoridade de Concurrência* EU：C：2018：270。

[129] 案例 C - 123/16 P *Orange Polska SA v Commission* EU：C：2018：87。

于 *Intel* 案判决的影响存在一些尚不清楚的问题。

（i）同等有效竞争者测试的应用

Intel 案的欧洲法院明确指出，《欧盟运行条约》第 102 条并不试图确保效率不如占支配地位的企业的竞争者继续留在市场上。基于优劣的竞争可能导致淘汰效率较低的竞争者，这是竞争过程的一部分。[130] 在考虑滥用支配地位意味着什么时，该声明是有用的指导原则。但是，从技术意义上来说，将第 102 条保护有效但不低效的竞争者的一般原则与同等有效竞争者测试（AEC 测试）区分开来是有帮助的。在技术上使用 AEC 测试时，它是指分析占支配地位企业的降价以确定其销售价格是否低于某些适当的成本度量（例如 AAC 或 LRAIC）的过程。[131] 当欧盟法院在 *Intel* 案中专门讨论回扣时，并未说其合法性取决于价格/成本分析，即 AEC 测试的应用。相反，法院在第 138 段中说，一家占支配地位的企业可以提供支持性证据，证明其回扣没有封锁作用。在 *Tomra v Commission* 案[132]中，法院裁定，收取低于成本的价格并不是滥用行为的必要条件。[133] *Post Danmark II* 案[134]的观点也是如此，尽管它指出在原则上没有理由排除适用 AEC 测试。[135] 因此，对于回扣案件，没有法律义务进行价格/成本分析，但是任何一方（欧盟委员会或占支配地位的企业）都可以使用其作为“支持”回扣的一部分证据。保护有效竞争是一项原则，应用 AEC 测试不是法律上的必要条件。

（ii）高于成本的回扣的合法性

如果进行价格/成本分析，表明回扣涉及以低于成本的价格进行销售，则在没有令人信服理由的情况下会涉及滥用。但是，一个有趣的问题是，高于成本的回扣价格是否可能是非法的。欧洲法院在 *Post Danmark II* 案中承认，在某些市场上几乎不可能出现同等效率的竞争者。例如，在具有法定垄断权的相关市场中，占支配地位的企业是邮政运营商，其市场份额非常大，具有相应的所有结构优势。[136] 在这种情况下，即使是高于成本的回扣也可能具有反竞争封锁

---

[130] 案例 C－413/14 P EU：C：2017：632，第 133～134 段。

[131] 参见本章第 888～890 页“成本的概念”。

[132] 案例 C－549/10 P EU：C：2012：221，第 73 段。

[133] 同上，第 73 段。

[134] 案例 C－23/14 EU：C：2015：651，第 56～57 段。

[135] 同上，第 58 段；Cruz Vilaca 法官是 *Post Danmark II* 案的 *Intel* 案中的报告法官。

[136] 同上，第 59 段。

作用。[137]

（iii）*Intel* 案与最低限度测试

正如法院在 *Post Danmark Ⅱ* 案[138]中所指出的那样，在 *Intel* 案之后仍不清楚是否会继续认为《欧盟运行条约》第102条没有最低限度原则[139]。*Intel* 案的判决书第139段提到的因素，例如有关行为的支配程度和市场覆盖范围，似乎表明任何反竞争封锁效果都必须是显著的或可观的。

（E）英国法律对回扣的处理方式

在 *Napp Pharmaceutical Holdings* 案[140]中，Napp被认为滥用了其在缓释吗啡市场上的支配地位，因为它向医院提供了很大的折扣，但向社区患者收取了高昂的价格。Napp特别针对特定的竞争者，为面临或预期竞争的医院提供了更大的折扣，并为受到竞争威胁的特定产品提供更高的折扣。[141] 人们认为Napp的目的是消除竞争者，Napp不仅仅是在迎接竞争，它对竞争者的反应被认为是不合理且不相称的。[142] 在上诉后，英国竞争上诉法庭发现Napp的折扣意味着它的售价低于成本，因此是在滥用支配地位。[143]

在 *English Welsh & Scottish Railway* 案[144]中，铁路监管办公室发现EW&S以多种方式滥用了其支配地位，包括提供排他性折扣，用于向各个发电站运输煤炭并被罚款410万英镑。

由于对消费者造成重大损害的可能性不大，而且已经不再是行政上的优先事项，因此已经使几项有关折扣和回扣的案例结案。[145]

英国竞争与市场管理局在 *Investigation Relating to Supplies of Impulse Ice Cream* 案[146]作出“不采取行动”决定之后，对Unilever单包冰淇淋回扣的实际

[137] 当该案退回丹麦法院后，Post Danmark撤回了上诉，丹麦竞争主管机构于2017年5月31日通过了一项裁决，认定Post Danmark针对三个客户的回扣违反了第102条，可在www. kfst. dk上查阅。

[138] 案例C-23/14 EU：C：2015：651，第72~74段。

[139] 参见第5章第254~255页“第102条规定的最低限度原则?”。

[140] 英国公平交易办公室2001年3月30日的决定。

[141] 同上，第144~202段。

[142] 同上，第197~202段。

[143] 案例1001/1/1/01 *Napp Pharmaceutical Holdings Ltd v Director General of Fair Trading*［2002］CAT 1，第217~352段。

[144] 铁路管理局2006年11月17日的决定；参见决定的第ⅡA部分。

[145] *British Airways*，2007年4月30日结案；*Walkers Snacks Ltd*，2007年5月3日结案；*Supplyof regional print advertising*，2012年3月14日结案。

[146] 英国竞争与市场管理局2017年8月10日的决定。

和潜在影响进行了清晰简洁的分析。

5. 捆　绑

(A) 欧盟法律

在第 17 章中考虑了将《欧盟运行条约》第 102 条适用于搭售协议的情况。[147] 通过定价实践，有可能取得与搭售协议相同的效果。[148]

(i) 有搭售效应的回扣

在 *Eurofix - Bauco v Hilti* 案[149]中，欧盟委员会裁定，减少客户订购无钉钉筒的折扣是滥用市场支配地位的行为。[150] 欧盟委员会的决定在上诉中被维持。[151] 在 *Tetra Pak Ⅱ* 案[152]中，欧盟委员会认为 Tetra Pak 采用了定价政策，这是说服客户使用其维护服务的一种手段。[153] 在 *Michelin Ⅱ* 案[154]中，欧盟委员会发现 Michelin 有一项奖金计划，该计划使它能够利用其在新轮胎市场上的地位来保持或改善其在邻近翻新轮胎市场上的地位。[155]

---

[147] 参见第 17 章第 854 ~ 864 页“搭售行为”。

[148] 进一步了解搭售与捆绑，参见：竞争总司的 Discussion paper on the applicationof Article［102］of the Treaty to exclusionary abuses（December 2005）section 8；FUMAGALLI C，MOTTA M，CALCAGNO C. Exclusionary Practices—The Economics of Monopolisation and Abuse of Dominance［M］Cambridge：Cambridge University Press，2018；NIELS G，JENKINS H，KAVANAGH J. Economics for Competition Lawyers［M］. 2nd ed. Oxford：Oxford University Press，2016：204 - 214；VAN DEN BERGH R J，CAMESASCA P D. European Competition Law and Economics：A Comparative Perspective［M］. 2nd ed. London：Sweet & Maxwell，2006：264 - 276；BISHOP S，WALKER M. The Economics of EC Competition Law［M］. 3rd ed. London：Sweet & Maxwell，2010：63 - 83；O'DONOGHUE R，PADILLA J. The Law and Economics of Article 102 TFEU［M］. 2nd ed. Oxford：Hart Publishing，2013.

[149] OJ［1988］L 65/19。

[150] 同上，第 75 段。

[151] 案例 T - 30/89 *Hilti AG v Commission* EU：T：1991：70，上诉维持原判案例 C - 53/92 P *Hilti AG v Commission* EU：C：1994：77。

[152] OJ［1992］L 72/1，上诉维持原判案例 T - 83/91 *Tetra Pak International SA v Commission* EU：T：1994：246，上诉至欧洲法院的案例 C - 333/94 P *Tetra Pak International SA v Commission* EU：C：1996：436。

[153] OJ［1992］L 72/1，第 111 ~ 114 段；另见第 139 段。

[154] OJ［2002］L 143/1。

[155] 同上，第 300 ~ 311 段。

（ii）“全领域”回扣

在 *Hoffmann - La Roche v Commission* 案[156]中，欧洲法院谴责 *Hoffmann - La Roche* 案中的全面回扣，这些回扣提供给获得了全部维生素的客户，这些回扣意味着客户无法从其他供应商那里购买任何特定的维生素。[157] 欧洲法院特别指出，此类回扣违反了《欧盟运行条约》第102条第2款（d）项[158]。欧盟委员会《第102条执法重点指南》指出，通常会将客户为捆绑包中的每家占支配地位的企业产品支付的增量价格与占支配地位的企业的LRAIC进行比较，低于LRAIC的增量价格表明，可能会将同等效率的竞争者拒之门外。[159] 鉴于欧洲法院在 *Tomra v Commission* 案[160]和 *Post Danmark II* 案[161]中的判决中没有进行价格/成本分析来发现滥用折扣的计划，因此欧盟委员会在审查全盘回扣时，是否需要建立低于成本的销售方式值得怀疑。但是，这并不意味着欧盟委员会根据《第102条执法重点指南》来决定是否起诉案件时不能考虑这个问题。[162]

（iii）作为搭售的到货价

在 *Napier Brown - British Sugar* 案[163]中，欧盟委员会裁定英国糖业实行定价制度构成了滥用市场支配地位的行为，尽管它并未对此违法行为处以罚款，因为这是对这种特殊做法的第一个决定。直到1986年，英国糖业一直拒绝允许客户以出厂价收购糖。欧盟委员会根据欧洲法院在 *Télémarking* 案[164]中的判决，裁定英国糖业已为其自身保留了一个辅助市场（糖的运输），作为其在邻近但分开的市场（糖的销售）中活动的一部分。欧盟委员会认为，英国糖业对此行为没有客观理由。

（iv）捆　绑

企业可能将两个或多个产品捆绑销售，捆绑销售的价格要比捆绑销售的组

---

[156] 案例85/76 EU：C：1979：36。

[157] 同上，第110段。

[158] 同上，第111段；美国法下的类似案例参见 *Le Page's v 3M* 323 F 3d 141（3rd Cir 2003），在 *ZF Meritor LLC v Eaton Corp* 696 F 3d 254（3rd Cir 2012）中被考虑。

[159] OJ［2009］C 45/7，第59~60段；对于竞争性产品捆绑交易，欧盟委员会将调查占支配地位的企业捆绑销售商品的价格是否具有掠夺性：同上，第61段。

[160] 案例C-549/10 P *Tomra Systems ASA v Commission* EU：C：2012：221，第73段。

[161] 案例C-23/14 EU：C：2015：651，第62段。

[162] 参见第8章脚注[159]。

[163] OJ［1988］L 284/41。

[164] 案例311/84 EU：C：1985：394。

成部分更具吸引力。捆绑可能与搭售协议具有相同的效果。[165] 在 *Digital* 案中，欧盟委员会反对这样一个事实，即当客户购买带有硬件服务的软件包中的软件服务时，Digital 提供的价格比客户单独购买软件服务时更具吸引力。[166] 在 *De Poste – La Poste* 案[167]中，欧盟委员会对比利时邮政局处以 250 万欧元的罚款，因为实际上是如果市场上的客户也使用其提供的单独的“B2B”（企业对企业），则它们就可以在投递信件时向客户提供更低的价格。

（B）英国法律

在 *BSkyB* 案[168]中，英国公平交易办公室不认为 BSkyB 的体育和电影高级频道的捆绑产生了反竞争效果，因此没有阻止竞争者，未违反英国竞争法第 2 章禁止规定。[169] 关于 BSkyB 对其付费电视频道的发行商收取的费率折扣，也得出了类似的结论。[170]

在 *Genzyme* 案[171]中，该企业因两次定价滥用而被罚款 680 万英镑，其中之一是向国家卫生服务局（National Health Service）收取一种药品的价格，其中包括送货上门的价格，从而保留了辅助药品的价格，但又分开提供家庭护理服务。[172] 由于缺乏反竞争效果的证据，因此上诉到英国竞争上诉法庭的那部分违法决定被废除了。[173]

在 *IDEXX Laboratories* 案[174]中，英国公平交易办公室得出结论认为，没有理由根据《欧盟运行条约》第 102 条和 1998 年英国竞争法第 2 章禁止规定采取行动，因为 IDEXX 将动物诊断测试设备和外部实验室测试捆绑在一起的可能性不大。英国公平交易办公室考虑了欧盟委员会的《第 102 条执法重点指南》得出的结论是，仅在外部实验室市场运营的同等效率的竞争者可以与 IDEXX

---

[165] 有关该主题的具体讨论参见：Nalebuff “Bundling, Tying, and Portfolio Effects”（DTI Economics Paper No 1, 2003），可在 www. gov. uk/government/publications 上查阅。

[166] 欧盟委员会《关于竞争政策的第 27 号报告》（1997），第 153 ~ 154 页；类似地，参见欧盟委员会针对 AC Nielsen 采取的防止捆绑价格收费的行动：《关于竞争政策的第 26 号报告》（1996），第 144 ~ 148 页。

[167] OJ［2002］L 61/32。

[168] 英国公平交易办公室 2002 年 12 月 17 日的决定。

[169] 同上，第 548 ~ 600 段。

[170] 同上，第 601 ~ 646 段。

[171] 英国公平交易办公室 2003 年 3 月 27 日的决定。

[172] 同上，第 294 ~ 363 段；第二种做法被谴责为利润挤压：参见本章第 940 页“对于非法利润挤压的认定”。

[173] 案例 1016/1/1/03 *Genzyme Ltd v OFT*［2004］CAT 4，第 546 ~ 548 段。

[174] 2011 年 11 月 17 日的决定。

在该市场上的有效增量价格相匹配时才不会造成损失。[175]

这些情况说明了这样一个观点，即只有在实际上具有反竞争作用或实际存在这种影响的情况下，才应将占支配地位的企业的行为视为滥用行为。[176]

6. 掠夺性定价

本部分考虑了掠夺性的以价格损失进行的减价销售在多大程度上可能违反了《欧盟运行条约》第102条或1998年英国竞争法第2章的禁止规定。本部分还考虑了罕见的情况，即使不招致损失，选择性地降价以留住客户也可能构成滥用。[177]

(A) 简　介

掠夺性降价的想法很简单：当面对来自现有竞争者或新进入市场的竞争者时，占支配地位的企业故意将价格降低到亏损水平；在对现有竞争者进行了处分之后，或者对新进入者进行了封锁之后，占支配地位的企业随后再次提高价格，从而对消费者造成损害。[178] 试图消除现有竞争者可能比阻止新竞争者更昂

---

[175] 同上，第6.18~6.34段；由于发现IDEXX的回扣超过了AAC，因此没有必要对LRAIC进行详细评估。

[176] 为此，英国电信的折扣交叉补贴被驳回了反竞争捆绑的指控，电信局2003年5月28日的决定。

[177] 进一步了解掠夺性定价，参见：竞争总司的“Discussion paper on the application of Article [102] of the Treaty to exclusionary abuses”（December 2005），section 6；经济合作与发展组织圆桌会议“掠夺性止赎”（Predatory Foreclosure）（2004年），可在www. oecd. org/competition；NIELS G，JENKINS H，KAVANAGH J. Economics for Competition Lawyers [M]. Oxford：Oxford University Press，2016：171－181；BISHOP S，WALKER M. The Economics of EC Competition Law [M]. 3rd ed. London：Sweet & Maxwell，2010：paras 6-84–6-118；MOTTA M，FUMAGALLI C，CALCAGNO C. Exclusionary Practices：The Economics of Monopolisation and Abuse of Dominance [M]. Cambridge：Cambridge University Press，2018：ch 1；VAN DEN BERGH R，CAMESASCA P. European Competition Law and Economics：A Comparative Perspective [M]. 2nd ed. London：Sweet & Maxwell，2006：280－298；O'DONOGHUE R，PADILLA J. The Law and Economics of Article 102 TFEU [M]. 2nd ed. Oxford：Hart Publishing，2013：ch 6；AREEDA P，TURNER D. Predatory Pricing and Related Practices under Section 2 of the Sherman Act [J]. Harvard Law Review，1975，88：697；SCHERER F M. Predatory Pricing and the Sherman Act：A Comment [J]. Harvard Law Review，1976，89：869；WILLIAMSON O. Predatory Pricing：A Strategic and Welfare Analysis [J]. Yale Law Journal，1977，87：284；BAUMOL W J. Quasi－Permanence of Price Reductions：A Policy for Prevention of Predatory Pricing [J]. Yale Law Journal，1979，89：1；BRODLEY J F，HAY J A. Predatory Pricing：Competing Economic Theories and the Evolution of Legal Standards [J]. Cornell Law Review，1981，66：738；WILLIAMSON O E. Antitrust Economics [M]. New Jersey：Blackwell，1987：328－338；MASTROMANOLIS E. Predatory Pricing Strategies in the European Union：A Case for Legal Reform [J]. European Competition Law Review，1998，19：211；EDLIN A S. Stopping Above－Cost Predatory Pricing [J]. Yale Law Journal，2002，111：941；ELHAUGE E. Why Above－Cost Price Cuts to Drive Out Entrants Are Not Predatory－And the Implications for Defining Costs and Market Power [J]. Yale Law Journal，2003，112：681；国际竞争网络单边工作组 *Report on Predatory Pricing*（2008），*Unilateral Conduct Workbook*，ch 4，*Predatory Pricing Analysis*（2012）and *Recommended Practices for Predatory Pricing Analysis Pursuant to Unilateral Conduct Law*，全部可在www. internationalcompetitionnetwork. org上查阅。

[178] 这些效应参见《第102条执法重点指南》，第63段。

贵且更难以实现，特别是在现有竞争者致力于继续留在市场中的情况下，占支配地位的企业以掠夺性行动而享有声誉，它本身可能会阻止新进入者，不仅掠夺性定价本身，而且掠夺性声誉也可能会成为进入的障碍。[179]

欧洲法院已经承认，包括价格竞争在内的基于价值的竞争可能会淘汰那些效率不如占支配地位的企业的竞争者。[180] 像其他企业一样，占支配地位的企业也有权在价格上竞争。掠夺性降价必须在不谴责占支配地位的企业进行竞争性降价与不容忍不合理的排他性掠夺之间划清一条界线，这又使我们回到了第 5 章关于“假阳性和假阴性”的争论。[181] 如果竞争法的作用是使占支配地位的企业因为担心这样做会导致它们被判犯违法而选择不进行价格竞争，那是很反常的。[182]

一些评论者质疑垄断者是否会从掠夺性降价中受益。Bork 认为，在实践中，掠夺对于掠夺者而言过于昂贵，掠夺者直到新企业消失后的一段遥远的将来才会获得垄断利润；如果容易驱逐企业，当掠夺者开始获得垄断利润时，新企业也将相应地容易进入市场[183]；如果有人同意这一观点，竞争主管机构就应该完全不关心这个问题。但是，这种极端立场现在很少有拥护者。今天的经济学家承认，占支配地位的企业能够以掠夺性的方式行事[184]，博弈论可以帮助证明这一点。[185] 毫无疑问，掠夺性的降价可能构成对《欧盟运行条约》第 102 条和 1998 年英国竞争法第 2 章禁止规定的违反。

---

[179] 此点参见欧盟委员会《第 102 条执法重点指南》第 68 段；另见：BOLTON P，BRODLEY J F，RIORDAN M H. Predatory Pricing：Strategic Theory and Legal Policy［J］. Georgetown Law Journal，2000，88：2239.

[180] 案例 C－209/10 *Post Danmark A/S v Konkurrencerådet* EU：T：2012：172，第 22 段。

[181] 参见第 5 章第 244～246 页“假阳性和假阴性”。

[182] 参见美国最高法院 *Matsushita v Zenith Radio* 475 US 574，594（1986）：“在这样的情况下的错误推论使反托拉斯法旨在保护的行为变得冷酷”。

[183] 参见：BORK R H. Antitrust Paradox［M］. New York：Basic Books，1978：148－155。另见：KOLLER R. The Myth of Predatory Pricing：An Empirical Study［J］. Antitrust Law and Economics Review，1971，4：105；EASTERBROOK F H. Predatory Strategies and Counterstrategies［J］. University of Chicago Law Review，1981，48：263.

[184] 与掠夺性定价有关的有益现代经济学理论和实证参见：SHAPIRO C，KAPLOW L. Antitrust［M］//POLINSKY A M，SHAVELL S. Handbook of Law and Economics：Volume 2. 2nd ed. Amsterdam：Elsevier，2008：1195－1197.

[185] 参见：PHLIPS L. Competition Policy：A Game－Theoretic Perspective［M］. Cambridge：Cambridge University Press，1995.

（B）Areeda/Turner 测试

已经进行了许多尝试对价格何时具有掠夺性进行经济检验。Areeda 和 Turner[186] 建议，如果价格低于占支配地位的企业的 AVC，美国法下则应将其视为掠夺性。[187]

Areeda 和 Turner 测试仅依赖于价格/成本分析。一些评论员认为，这种测试应该不太严格，只有在能够证明掠夺者将来能够通过行使其市场支配力而弥补其任何损失的情况下，才应谴责这种掠夺行为。美国法院要求对赔偿的证明是非法掠夺的关键组成部分。[188] 其他人则质疑 Areeda 和 Turner 检验是否足够严格，认为在某些情况下，高于 AVC 的定价可能是排他性的，特别是在有迹象表明有惩戒或威慑竞争者的意图或在实践中会产生这种效果的情况下，需要特定证据证明掠夺者意图的法律规则。在无情的竞争过程中，任何参加比赛的竞争者都希望获胜，因此，通过必要的暗示，它也必须“有意”让其竞争者输掉；从这个意义上说，要求存在故意几乎没有意义。[189] 就要求存在故意而言，应以确凿证据为由，例如以书面备忘录、会议记录和电子邮件形式记录下来的消除竞争者的既定政策。这对于竞争主管机构来说可能很难发现，因为明智的企业将意识到它们不应该生成此类有罪的文件，而应该销毁其所做的文件。一条要求存在消除竞争意图的证据规则如果具有经济学基础上的客观质量，会更有意义，例如，掠夺者的行为背离了短期利润最大化，只有作为消除竞争者的一种方式时才具有商业意义；这种意图的变型与证明掠夺者的主观意图大不相同，但是从经济分析的角度来看可能很难证明这一点。该讨论表明了为掠夺性降价案例进行适当测试所涉及的一些问题。

---

[186] 参见：AREEDA P，TUMER D. Predatory Pricing and Related Practices under Section 2 of the Sherman Act ［J］. Harvard Law Review，1975，88：697.

[187] 参见本章第 888 ~ 890 页“成本的概念”（本章前面的内容以及其他各种成本概念的含义）；美国判例法，适用于航空业掠夺的成本标准参见 *US v American Airlines Inc 355 F 3d 1109*（10th Cir 2003）和 *Spirit Airlines Inc v Northwest Airlines Inc 431 F 3d*（6th Cir 2005）。

[188] 参见 *Brooke Group Ltd v Brown Williamson Tobacco* 509 US 209（1993）；*Weyerhaeuser Co v Ross – Simmons Hardwood Lumber Co Inc* 549 US 312（2007）；有关美国法下的补偿参见：JOSKOW L P，KLEVORICK K A. A Framework for Analysing Predatory Pricing Policy ［J］. Yale Law Journal，1979，89：213；ELZINGA K G，MILLS D E. Testing for Predation：Is Recoupment Feasible? ［J］. Antitrust Bulletin，1989，34：869；EDLIN A S. Stopping Above – Cost Predatory Pricing ［J］. Yale Law Journal，2002，111：941；在一些司法管辖区获得补偿，参见国际竞争网络单边工作组 *Report on Predatory Pricing*（2008）的表 4，可在 www. internationalcompetitionnetwork. org 上查阅；有关欧盟法参见本章第 921 ~ 922 页“有必要证明补偿的可能性吗?”。

[189] 对于美国司法怀疑论对意图在掠夺案中的作用的怀疑参见：*Barry Wright Corp v ITT Grinnell Corp* 724 F 2d 227，232（1st Cir 1983）和 *AA Poultry Farms Inc v Rose Acre Farms Inc* 881 F 2d 1396，1401 – 1402（1989）。

（C）欧盟法律

（i）*AKZO v Commission* 案中确立的规则以及后续案件

在 *ECS/AKZO* 案[190]中，欧盟委员会对 AKZO 进行掠夺性降价处以 1000 万欧元的罚款。ECS 是一家英国小企业，生产过氧化苯甲酰。1979 年之前，该产品一直在英国和爱尔兰出售给需要该产品作为面粉处理漂白剂的客户，1979 年 ECS 决定将其出售给聚合物行业的用户。在市场上处于支配地位的荷兰公司 AKZO 告诉 ECS，除非退出聚合物市场，否则将降低其价格，特别是在面粉添加剂市场。随后，AKZO 确实降低了价格。鉴于 AKZO 滥用了其支配地位，欧盟委员会拒绝采用 Areeda/Turner 的掠夺性降价测试。根据该测试，应假定高于 AVC 的价格是合法的。[191] 欧盟委员会接受价格/成本分析是决定价格是否具有掠夺性的要素，但认为，占支配地位的企业是否已采取消除竞争的战略、其行为可能会产生什么影响，以及竞争者会对占支配地位的企业的行为可能作出的反应也很重要。

上诉后[192]，欧洲法院维持了欧盟委员会关于掠夺性定价的裁定，称并非所有价格竞争都可以视为合法。[193] 法院确认了欧盟委员会对 Areeda/Turner 测试的拒绝立场，建立了 2 个确定价格是否具有掠夺性的标准，如表 18.1 所示，占支配地位的企业的价格范围从 0 ~ 100。

表 18.1　占支配地位的企业掠夺性的标准

100	如果一家占支配地位的企业收取高于 ATC 的价格，则根据 *AKZO v Commission* 案的规定，该企业不犯有掠夺
ATC	如果一家占支配地位的企业以低于 ATC 但高于 AVC 的价格出售产品，则属于挤压行为，因为这是清除竞争者计划的一部分[1]；这样的定价政策有可能淘汰与占支配地位的企业一样高效的企业，但由于其财务资源较小，无法抵御对其发起的竞争
AVC	如果一家占支配地位的企业以低于 AVC 的价格出售，对（可反驳）假定其行为是滥用，因为每次出售都会给占支配地位的企业造成损失[2]
0	

注：1. 案例 C－62/86 *AKZO v Commission* EU：C：1991：286，第 72 段。
　　2. 同上，第 71 段。

---

[190] OJ［1985］L 374/1。

[191] 参见本章第 918 页“Areeda/Turner 测试”。

[192] 案例 C－62/86 *AKZO v Commission* EU：C：1991：286。

[193] 同上，第 70 段。

在 *Tetra Pak v Commission* 案[194]中，欧盟法院维持了欧盟委员会的结论[195]，即 Tetra Pak 通过对非药用纸箱掠夺性定价滥用其支配地位。人们发现，Tetra Pak 在 7 个成员国亏本出售了非药用纸箱，但它能够从无菌纸箱市场上的可观利润中弥补其损失，因为该市场几乎没有竞争。[196]

在 *Wanadoo* 案[197]中，欧盟委员会在 *AKZO v Commission* 案中应用了该规则，并对法国电信的子公司处以 1035 万欧元的罚款，原因是一直到 2001 年 8 月该企业对住宅宽带互联网服务的定价都大大低于 AVC，随后大约相当于可变成本，但大大低于 ATC。在 *France Télécom v Commission* 案[198]中，欧盟普通法院和欧洲法院的判决确认了欧盟委员会的决定，特别是其关于成本的处理方式。[199]欧洲普通法院认为，成本分析涉及复杂的经济评估，并且“必须给予欧盟委员会广泛的酌处权”。[200] 法院指出，由于该案涉及不断扩大的市场中的新产品，因此欧盟委员会在确定法国电信是否亏损时[201]已将成本分摊在 48 个月。[202] 这并不意味着明显的评估错误。法院也驳斥了欧盟委员会的实际计算存在方法上的问题的论点。[203]

在关于丹麦未处理邮件分配的 *Post Danmark I* 案[204]中，欧洲法院裁定，价格高于平均增量成本[205]但低于 ATC 不太可能被视为滥用，即使价格选择性地应用于特定竞争者的一个客户，但无法证明占支配地位的企业已经故意试图淘汰竞争者。法院指出，在这种降价行为不合法之前，必须证明其实际或可能的排

---

[194] 案例 T－83/91 *Tetra Pak International SA v Commission* EU：T：1994：246，上诉维持原判案例 C－333/94 P *Tetra. Pak International SA v Commission* EU：C：1996：436；参见：KORAH V. The Paucity of Economic Analysis in the［EC］Decisions on Competition：Tetra Pak Ⅱ［J］. Current Legal Problems，1993，46：172－181.

[195] OJ［1992］L 72/1。

[196] 欧盟委员会《第 102 条执法重点指南》脚注 39 设想了这种干预措施。

[197] 欧盟委员会 2003 年 7 月 16 日的决定。

[198] 案例 T－340/03 EU：T：2007：22，上诉维持原判案例 C－202/07 P EU：C：2009：214；对于普通法院的评论参见：GAL M S. Below－Cost Price Alignment：Meeting or Beating Competition? The *France Télécom* CASE［J］. European Competition Law Review，2007，28：382.

[199] 案例 T－340/03 EU：T：2007：22，第 122～169 段；法国电信在这一点上向欧洲法院的上诉被驳回，理由是不可受理：案例 C－202/07 P EU：C：2009：214，第 69～73 段。

[200] 案例 T－340/03 EU：T：2007：22，第 129 段。

[201] 同上，第 137 段。

[202] 同上，第 155 段。

[203] 同上，第 162～169 段。

[204] 案例 C－209/10 *Post Danmark v Konkurrenceradet* EU：T：2012：172。

[205] 这是丹麦竞争主管机构使用的成本衡量标准：同上，第 31 段。

他性影响。[206] 法院解释说，一般而言，只要占支配地位的企业将其价格定在可涵盖产品或服务供应的大部分成本的水平，同等效率的竞争者就可以与占支配地位的企业竞争，而不会遭受不可持续的损失。[207] 显然，法院的观点是，有关定价政策不太可能违反《欧盟运行条约》第 102 条。[208]

（ii）消除竞争的意图

证明意图有时与有关滥用价格的欧盟法律有关。在 *AKZO v Commission* 案[209]中，欧洲法院裁定，如果有证据表明占支配地位的企业有意消除竞争者，则价格高于 AVC 但低于 ATC 的价格可能是滥用的。[210] 欧盟委员会《第 102 条执法重点指南》第 66 段说，它可能依赖于掠夺性策略的书面证据。

（iii）有必要证明补偿的可能性吗？

早先有人指出，只有在可以证明掠夺者有能力弥补所遭受的任何损失的情况下，美国法律才禁止掠夺性降价。[211] 许多评论员争辩说，应该根据《欧盟运行条约》第 102 条采用补偿规则[212]，尽管有些人反对。[213] 值得注意的是，英国枢密院在 *Carter Holt Harvey Building Products Group Ltd v The Commerce Commission* 案[214]中表示：

> 之所以能够弥补损失，是因为它的降价消除了竞争的局面，使它能够收取超竞争性价格，从而损害竞争者。[215]

欧盟法院未根据第 102 条采用补偿规则。在 *AKZO v Commission* 案中，欧洲法院通过指出占支配地位的企业对采用低于平均可变成本的价格不感兴趣，承认补偿的重要性：

---

[206] 同上，第 44 段。

[207] 同上，第 38 段。

[208] 同上，第 36 ~ 39 段；此事已退回丹麦最高法院，丹麦最高法院裁定，根据法院确定的标准，没有滥用：案例 2/2008，2013 年 2 月 15 日的判决，可在 www. supremecourt. dk 上查阅。

[209] 案例 C – 62/86 *AKZO v Commission* EU：C：1991：286。

[210] 同上，第 72 段。

[211] 英国竞争主管机构关于此问题的观点参见本章第 931 ~ 932 页“*The Aberdeen Journals Ltd* 案”。

[212] 参见：GAL M S. Below – Cost Price Alignment：Meeting or Beating Competition? The *France Télécom* Case［J］. European Competition Law Review，2007，28：383.

[213] 参见：RITTER C. Does the Law of Predatory Pricing and Cross – Subsidisation Need a Radical Rethink?［J］. World Competition，2004，27：613.

[214]［2004］UKPC 37。

[215] 同上，第 67 段。

期望消除竞争者，从而使其随后能够利用其垄断地位提高价格。[216]

但是，法院并没有明确将证明补偿的可能性作为证明滥用的一部分。在 *Tetra Pak Ⅱ* 案中，欧洲法院裁定欧盟法律在谴责降价之前应要求获得补偿的证据。欧洲法院维持裁定 Tetra Pak 对滥用掠夺性定价承担责任，并指出：

> 在该案的情况下，再无必要要求 Tetra Pak 有实际机会弥补损失的证据。每当有竞争者被淘汰的风险时（必须加重强调），必须对掠夺性定价进行惩罚。[217]（笔者强调）

在 *Tetra Pak* 案中，Tetra Pak 的反竞争意图体现在一系列违反《欧盟运行条约》第 102 条的滥用行为中，这一点特别明显。此外，它的市场支配力是相当大的，因此可以解释为什么法院认为在该案的情况下，没有必要强加要求证明赔偿的要求。

在 *France Télécom v Commission* 案[218]中，欧洲法院被邀请在价格低于 AVC 的情况下，将补偿要求引入掠夺测试。法院援引了 *AKZO* 和 *Tetra Pak* 案，并得出以下结论：

> 法院判例法不能得出结论认为，证明申请人通过占支配地位的企业以低于一定成本水平的价格获得赔偿的可能性确立此类定价政策是滥用的必要先决条件。[219]

欧洲法院指出，并没有排除欧盟委员会认为补偿的可能性是评估定价惯例是否滥用的一个相关因素。这与欧盟委员会在其《第 102 条执法重点指南》第 71 段中采用的方法非常吻合。

（iv）抗　辩

在 *France Télécom v Commission* 案[220]中，欧洲法院表示，低于 AVC 的价格是

---

[216] 案例 C－62/86 *AKZO v Commission* EU：C：1991：286，第 71 段。

[217] 案例 C－333/94 P *Tetra Pak International SA v Commission* EU：C：1996：436，第 44 段；另见案例 C－333/94 P EU：C：1996：256，总检察长科洛梅尔在第 76～78 段的观点，其认为没有必要证明偿还；但在案例 C－395 和 396/96 P *Compagnie Maritime Belge v Commission* EU：C：2000：518 总检察长芬内利认为补偿应该是掠夺性定价测试的一部分：同上，第 136 段；类似地参见总检察长马扎克在案例 C－202/07 P *France Télécom v Commission* EU：C：2008：520 中的观点，第 68～76 段。

[218] 案例 C－202/07 P EU：C：2009：214。

[219] 同上，第 110 段。

[220] 同上。

“表面上滥用”[221]，从而证实了在有客观理由的情况下，此类价格不会非法的可能性。高于 AVC 但低于 ATC 的价格也是如此。认为以低于成本的价格出售总是“本身”非法的，是错误的。[222] 例如，一家有支配地位的企业有时应该能够以低于成本的价格出售是有争议的：促销活动可能涉及低于成本的销售；而且，在季末以低于成本的价格处置旧库存可能是合法的。

另外，占支配地位的企业可能会捍卫价格，否则价格会因其正在竞争而构成滥用。但是，欧洲法院裁定，一家占支配地位的企业没有“绝对权利”将其价格与竞争者的价格保持一致，这意味着这家企业的销售价格低于成本。[223] 显然，有必要在占支配地位的企业的利益之间取得平衡，以最大限度地减少其损失与竞争者进入或扩张的利益。

（v）AVC 和 ATC 标准是否经常适用？

应用基于成本的规则来确定价格是否具有掠夺性的一个复杂因素是，应用 AVC 或 ATC 的标准可能并不总是合适的。在某些行业中，固定成本很高，但可变成本很低。一个明显的例子是电信，建立原始的电线和电缆基础设施可能非常昂贵，然而，一旦电线和电缆基础设施铺设好，进行电话通话的实际成本就很低，甚至可能低至零。电话的 AVC 如此之低，以至于如果采用 AVC 标准，几乎不会有掠夺性的价格。而且，根据 *AKZO v Commission* 案的判决，ATC 标准将需要证明掠夺者消除竞争的意图，并为此带来了困难。

如果 *AKZO v Commission* 案中的 AVC 和 ATC 标准不适用于确定此类行业的价格是否具有掠夺性，则需要替代规则。早在 1998 年[224]，欧盟委员会就建议 *AKZO* 案的标准不适用于电信等网络行业[225]，而基于 LRIC 的标准可能更可取。[226] 的确，如果价格无法弥补企业提供一系列不同产品时产生的一些常见成本，即使价格高于 LRIC 也不能被视为掠夺性的。由于这个原因，可以采用组合方法来评估成本，通过这种方式，企业的 LRIC 与其独立成本相结合，也就

---

[221] 同上，第 109 段；总检察长马扎克在其意见的第 95 段中也提出了同样的观点；参阅案例 C－333/94 P *Tetra Pak International SA v Commission* EU：C：1996：436，第 41 段，欧洲法院认为必须始终将低于 AVC 的价格视为“滥用”。

[222] 英国竞争上诉法庭认为在极少数情况下可以驳回 AKZO 认为低于 AVC 的价格的推定：参见案例 1009/1/1/02 *Aberdeen Journals Ltd v OFT*［2003］CAT 11，第 357 段。

[223] 案例 C－202/07 P *France Télécom v Commission* EU：C：2009：214，第 41～48 段参考了先前案例并认同了普通法院在案例 T－340/03 *France Télécom v Commission* EU：T：2007：22 中的判决。

[224]《关于竞争规则在电信行业接入协议适用的通知》，OJ［1998］C 265/2。

[225] 同上，第 113～115 段。

[226] 参见本章第 889 页“长期增量成本（LRIC）”。

是说，如果完全没有其他活动时它将产生的成本。[227]

欧盟委员会首次根据 *Deutsche Post* 案[228]的 LRIC 作出正式决定。UPS 抱怨说，德国邮政正在利用其盈利的信件业务所获得的收入来资助一种在竞争激烈的商业包裹市场中以低于成本的价格出售的战略。欧盟委员会认为，德国邮政 1990～1995 年从该业务中获得了收入，该收入不包括提供该业务的增量成本。[229] 通过保留在市场上没有任何可预见的收入改善的情况下，德国邮政被认为限制了竞争者的活动，而竞争者可以以其成本的价格提供服务。[230] 因此，欧盟委员会认为德国邮政对掠夺性定价承担责任。但是，它没有对该违法行为处以罚款，因为这是它首次应用 LRIC 标准。[231]

（vi）欧盟委员会《第 102 条执法重点指南》中的判定掠夺方法

《第 102 条执法重点指南》第 63～74 段讨论了欧盟委员会认为在适当的情况下就掠夺行为采取行动的情况。欧盟委员会说，一家占支配地位的企业故意在短期内蒙受损失或放弃利润，并造成反竞争的封锁，是从事掠夺性行为。

欧盟委员会在其《第 102 条执法重点指南》第 26 段和第 64 段中建议，AVC 首选的标准可能是 AAC，因为在一段时间内，企业可能不仅会产生可变成本，而且会产生固定成本。假设某企业被指控掠夺 3 年，在此期间，可能必须更换其某些机器，通常将其视为固定成本。AAC 标准不仅包括该期间发生的可变成本的平均值，还包括任何固定成本。因此，在某些情况下，AVC 和 AAC 可能相同。但在其他情况下，由于包括一些固定成本，AAC 可能会高于 AVC，这取决于所审查行为的持续时间。之所以使用可避免成本一词，是因为它是指占支配地位的企业如果在相关时期内不参与小部件的生产则可以节省的金额。当然，一方面，欧盟委员会受欧盟法院规定的法律约束；另一方面，在这样的情况下，就经济学而言，AAC 比 AVC 听起来更合理，这是一个令人信服的建议，这是欧盟法院将来可能准备遵守《第 102 条执法重点指南》的令人信服的逻辑领域之一。

欧盟委员会的观点是，低于 AAC 的价格通常可以清楚地表明要牺牲利润，尽管它也可以考察一家占支配地位的企业是否蒙受了本可以避免的损失。欧盟

---

[227] 参见本章第 890 页“独立成本”；以及《1998 年英国竞争法：在电信领域的应用》，OFT 417，2000 年 2 月，第 7.11 段。

[228] OJ［2001］L 125/27。

[229] 同上，第 36 段；欧盟委员会在该决定的第 6～7 段中列出了相关费用概念。

[230] OJ［2001］L 125/27。

[231] 同上，第 47 段；对分别滥用提供有条件回扣的行为处以 2400 万欧元的罚款；有条件的回扣参见本章第 903～913 页“有条件的回扣”。

委员会补充说，只有低于 LRAIC 的价格才有能力将同等效率的竞争者从市场中排除。然后，《第 102 条执法重点指南》第 68 段提到了第 20 段，其中列出了欧盟委员会在决定是否进行干预时应考虑的一系列因素。欧盟委员会必须确信，低于成本的定价会导致反竞争封锁。竞争者没有必要退出市场，惩戒竞争者以防止竞争者竞争就足够了。[232] 欧盟委员会指出，如果占支配地位的企业可以合理地预期掠夺行为例如通过提高价格或减缓价格下跌后的市场支配力比其他情况要强，那么可能会使得消费者受到损害而需要干预。[233]

2015 年 12 月 8 日，欧盟委员会向高通公司发出反对声明，指责高通公司通过在 2009 ~2011 年以低于成本的价格出售某些基带芯片组进行掠夺性定价，目的是让竞争者 Icera 退出市场。截至 2017 年 12 月 8 日，尚未作出任何最终决定。[234]

（vii）掠夺性的降价和交叉补贴

在诸如邮政的收集[235]、分类和交付等服务方面享有法律垄断的企业能够利用其垄断领域的利润来支持其面临竞争的其他市场的低价，这就是 UPS 在 *Deutsche Post* 案[236]中的投诉。交叉补贴可能有助于滥用定价做法，例如掠夺和选择性降价。[237] 这就提出了一个有趣的问题，即交叉补贴本身是否是对支配地位的滥用。尽管欧盟委员会在《关于竞争规则在邮政业适用的通知》[238] 中指出，存在交叉补贴本身就是滥用支配地位的情况，但没有欧盟委员会的决定或欧盟法院的判决。在某些情况下，通过将经营活动的成本分配给邮政经营者享有垄断地位的那些服务来补贴开放竞争的活动可能是一种滥用。[239] 尽管有这样的表述，但是从原则上看，本章中描述的现有规则足以控制占支配地位的企业的行为，不必采用禁止交叉补贴的规则。这是欧盟普通法院在 *UPS Europe v*

---

[232] *Deutsche Post*，第 69 段。

[233] 同上，第 70 ~71 段。

[234] 在这种情况下，高通公司已要求欧盟委员会废除要求提供信息的请求：其临时措施的申请在 2006 年被拒绝：案例 T－371/17 R *Qualcomm Inc v Commission* EU：T：2017：485。

[235] 关于当今欧盟法律对邮政业所允许的垄断程度参见第 23 章第 1224 ~1227 页“立法”。

[236] OJ［2001］L 125/27，第 5 段。

[237] 参见：HANCHER L，SIERRA J. Cross－subsidisation and EC Law［J］. Common Market Law Review，1998，35：901；ABBAMONTE G B. Cross－subsidisation and Community Competition Rules：Efficient Pricing Versus Equity?［J］. European Law review，1998，23：414；这些概念之间的关系参见案例 1007/2/3/02 *Freeserve. com plc v Director General of Telecommunications*［2003］CAT 5，第 171 ~225 段。

[238] OJ［1998］C 39/2，第 3. 3 段。

[239] 另见总检察长曼格兹在案例 C－209/10 *Post Danmark A/S v Konkurrencerådet* EU：C：2011：342 中的观点。

Commission 案[240]中的观点。

对交叉补贴还有其他解决方法。对于受管制的行业，通常会强加特定规则以防止这种行为。[241] 欧盟委员会可以在第102条案件中使用的有用救济措施包括要求建立不同的法人实体、维持独立账户以及占支配地位的企业定价做法的完全财务透明度。

（viii）不低于成本的选择性降价

《欧盟运行条约》第102条的一个有争议的问题是，对于一家可能背叛竞争者的客户，一家占支配地位的企业有选择地将价格降低但不低于任何相关成本衡量标准，而将其他客户的价格保持在较高水平，是否可能是违法的。此类政策可能违反了《欧盟运行条约》第102条第2款（c）项，构成了非法歧视，其中涉及对同等交易应用不同的条件，从而使其他交易方处于竞争劣势。[242] 本节中考虑的具体问题是，是否可以将选择性降价行为视为滥用行为，而不论它是否违反了《欧盟运行条约》第102条第2款（c）项。更具体而言，受害企业是与占支配地位的企业在同一水平市场上竞争的竞争者，而不是下游市场的交易方。该位置如图18.1所示。

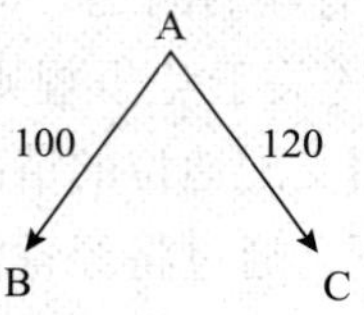

图18.1　第102条第2款（c）项歧视

A向B收取每个小插件100的价格，但向C收取120的价格；B和C需要小插件来制造小组件，且它们二者在同一市场中竞争。显然，这种歧视使C相对于B在市场上处于竞争劣势。在这种情况下，B可能是A的子公司，或者与其密切相关，这可能有助于解释为什么A要进行歧视。对竞争的不利影响发生在A的小组件市场的下游，也就是说，在图18.2所示的示例中，它等于纵向封锁或二级线损害，而与横向封锁或初级线损害形成对比。[243]

---

[240] 案例T-175/99 EU：T：2012：172，第61段。

[241] 参见第23章第1221~1224页“管制行业”。

[242] 参见本章第913~915页“欧盟法律”。

[243] 关于术语的讨论参见第5章第258~259页“横向和纵向封锁”。

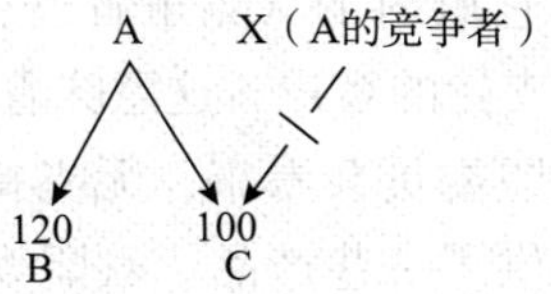

图 18.2　选择性降价是一种滥用

在这个例子中，A 向 B 收费 120，向 C 收费 100，B 需要小插件去制造小组件，C 需要它们制造链轮。小组件和链轮之间不存在竞争，因此在下游市场中 B 与 C 之间的竞争不会受到损害。A 给 C 降价的动机是，A 担心它将 C 的业务输给 X。X 能够向 C 提供不同的输入，因此 C 可以很容易地生产链轮。选择性降价的目的是消除 A 的市场层面的竞争，这种情况是横向封锁的情况之一。

诸如此类的选择性降价是否是滥用这个问题是有争议的。[244] 只要占支配地位的企业没有亏损，就没有掠夺性降价的罪名，因为它没有提供排他性折扣，并且出于上述原因，它可能不会违反《欧盟运行条约》第 102 条第 2 款（c）项。在进行选择性降价时，占支配地位的企业 A 正在与 X 竞争，并且它没有采取滥用行为。欧洲法院在 *Post Danmark* Ⅰ 案[245]的判决中似乎同意这一观点（见下文）。欧盟法院指出，允许占支配地位的企业参加竞争，这似乎是 A 所做的。[246] 它显然符合 C 的利益所在，也是 C 的顾客的利益所在，是低价的受益者。尽管如此，只有在狭义的情况下，这种性质的选择性降价仍可能被滥用。

（a）*Eurofix – Bauco / Hilti* 案

在 *Eurofix – Bauco/Hilti* 案[247]中，欧盟委员会对 Hilti 因多种方式滥用其支配地位处以 600 万欧元的罚款。Hilti 采取措施，防止客户从竞争者那里购买钉子。除与一些客户达成合作协议外[248]，Hilti 还挑选出竞争者的主要客户，并为

---

[244] 参见：ELHAUGE E. Why Above – Cost Price Cuts To Drive Out Entrants Are Not Predatory – and the Implications for Defining Costs and Market Power［J］. Yale Law Journal，2003，112：681。一些评论员写信捍卫在某些情况下禁止高价掠夺性定价的规则，参见：EDLIN A S. Stopping Above – Cost Predatory Pricing［J］. Yale Law Journal，2002，111：94；RITTER C. Does the Law of Predatory Pricing and Cross – subsidisation Need a Radical Rethink？［J］. World Competition，2004，27：613.

[245] 案例 C – 209/10 EU：C：2012：172。

[246] 参见例如欧盟普通法院在案例 T – 228/97 *Irish Sugar v Commission* EU：T：1999：246 中的判决，第 112 段以及和该段相关的脚注；对“符合”而不是“击败”竞争进行的一般性讨论，参见：SPRINGER U. Meeting Competition：Justification of Price Discrimination under EC and US Antitrust Law［J］. European Competition Law Review，1997：18：251.

[247] OJ［1988］L 65/19。

[248] 参见第 17 章第 859 页“*Hilti* 案”。

他们提供特别有利的条件。它取消了从竞争者进行采购的长期客户的数量折扣，并将某些客户归类为无支持的客户，这意味着它们有资格获得比受支持的企业更低的数量折扣。在欧盟委员会看来，无支持的企业从 Hilti 以外购买钉子和钉子盒，Hilti 还免费提供了一些产品。欧盟委员会表示，在这种情况下，定价滥用并不取决于价格是否低于成本，而是取决于 Hilti 是否可以依靠其支配地位向其竞争者的客户提供歧视性价格，以损害竞争者的业务。换句话说，欧盟委员会未在 *AKZO v Commission* 案或《欧盟运行条约》第 102 条第 2 款（c）项中应用该规则。最高法院维持欧盟委员会的决定，指出 Hilti 的战略不是处于支配地位的企业的合法竞争模式。[249]

（b）*Irish Sugar v Commission* 案

在 *Irish Sugar* 案中，欧盟委员会认为 Isish Sugar 通过选择性降低爱尔兰糖的价格，违反了第 102 条，滥用了其支配地位。[250] 欧盟普通法院废除了 Isish Sugar 基于事实理由对竞争者 ASI 的潜在客户施加选择性低价的裁决[251]；但是，它支持 Isish Sugar 向特定客户提供选择性回扣罪行的裁决。[252]

（c）*Compagnie Maritime Belge v Commission* 案

在 *Compagnie Maritime Belge v Commission* 案[253]中，欧盟委员会调查了“战斗船”政策，据此，海上运输部门 Cewal 班轮会议的成员将其收费降低到与其竞争对手 Grimaldi and Cobelfret 同等水平，或更低的水平；它们还与 Grimaldi 在同一条路线和同一时间操作战斗船。欧盟委员会的结论是，该政策是旨在淘汰竞争者的选择性降价措施之一，并且违反了《欧盟运行条约》第 102 条。欧盟普通法院维持了欧盟委员会的决定。[254] 欧洲法院同意其违反了《欧盟运行条约》第 102 条，尽管由于技术原因取消了罚款[255]，但总检察长芬内利认为应保留《欧盟运行条约》第 102 条适用于选择性降价的做法，并指出：

> 价格竞争是自由开放竞争的本质，这是欧盟在内部市场制定政策的目标。它有利于效率更高的企业，无论短期还是长期，它都是消费者的利

---

[249] 案例 T－30/89 *Hilti AG v Commission* EU：T：1991：70，第 100 段。

[250] OJ［1997］L 258/1。

[251] 案例 T－228/97 EU：T：1999：246，第 117～124 段。

[252] 同上，第 215～225 段。

[253] OJ［1993］L 34/20。

[254] 案例 T－24/93 etc EU：T：1996：139。

[255] 案例 C－395/95 和 396/95 P *Compagnie Maritime Belge v Commission* EU：C：2000：132；有关评论参见：PREECE S. Compagnie Maritime Belge：Missing the Boat？［J］. European Competition Law Review，2000，21：388.

益。占支配地位的企业不仅拥有权利，而且应被鼓励在价格上竞争。[256]

总检察长芬内利认为，由占支配地位的企业进行的非歧视性降价并不会导致低于成本的销售，通常不应被视为反竞争：

> 首先，即使它们只是短暂的，它们也会使消费者受益；其次，如果占支配地位的企业的竞争者具有同等或更高的效率，则它们应该能够以相同的条件进行竞争。因此，欧盟竞争法不应为效率低下的企业提供安全的避风港，以防激烈的竞争，即使它们来自占支配地位的企业。但是，在享有市场支配地位的企业接近垄断的情况下，尤其是在可以相对节省成本实施降价的市场上实施选择性降价政策，其明显目的是消除市场所有竞争垄断的企业，可能会采用不同的考虑。在这种情况下，接受所有高于成本的销售都是自动可接受的做法，可以使相关企业通过采取选择性定价政策消除所有竞争。从长远来看，这将使它能够提高价格并阻止潜在的新进入者，因为它们害怕受到相同的针对性对待。[257]

欧洲法院在其判决中遵循总检察长芬内利的意见，裁定该案事实的选择性降价是滥用。[258] 并在指出必须根据每个案件具体情况考虑占支配地位的企业的特殊责任的范围之后[259]，欧洲法院指出海上运输是一个非常专业的行业。[260] 法院拒绝为班轮会议制定选择性降价的一般规则，但支持欧盟委员会的滥用裁定。

法院明确表示，选择性降价本身可能是滥用权利。但是，必须指出 *Compagnie Maritime Belge* 案的许多特征，这些特征限制了此先例的范围，因此应限制其在未来的适用。首先，正如法院指出的那样，海上运输是一个不寻常的行业，在这一行业中，占支配地位的企业能够几乎不考虑成本，瞄准竞争者，并通过战略行为消除竞争者。其次，该班轮会议拥有90%或更多的市场，因此，它是“超支配地位”的，并且根据《欧盟运行条约》第102条应受到特别严格的审查。[261] 再次，班轮会议只有一个竞争者 Grimaldi and Cobelfret；最后，这里有“确凿证据”，也就是说，班轮会议上有意将 Grimaldi 从市场上淘汰的证

---

[256] 案例 C－395/95 P etc EU：C：2000：518，第117段。
[257] 同上，第132段。
[258] 参见欧洲法院判决第112～121段。
[259] 同上，第114段。
[260] 同上，第115段。
[261] 参见第5章第240～241页“市场支配力和超支配程度”。

据。确实，欧洲法院的法官看到了证据，上诉人承认它们有这个意图。[262] 法院没有说，但也可能受到以下事实的影响：班轮会议本身是其成员之间协议的产物，实际上，是对 Grimaldi 的集体抵制，根据《欧盟运行条约》第 101 条第 1 款这将是严重的罪行。[263] 在阅读案例时应牢记这些特点，这使得它成为一个比其他情况看起来更不具有威胁性的先例，其结果是，在较不寻常的情况下运营的其他占支配地位的企业应自由地通过降价来应对竞争，这与本章所述的《欧盟运行条约》第 102 条任何其他定价滥用均不违背。

(d) *Post Danmark I* 案

在 *Post Danmark Ⅰ* 案[264]中，丹麦邮政在丹麦的某些邮政服务上享有法律垄断权，但在“无地址”邮件行业面临竞争，也就是说，促销性质的邮件被发送到所有邮政地址。丹麦竞争主管机构发现，丹麦邮政通过《欧盟运行条约》第 102 条第 2 款（c）项的选择性降价和价格歧视滥用了其支配地位，但是它无法基于现有证据证明丹麦邮政有消除其主要竞争者的意图。[265] 在上诉中，丹麦最高法院根据《欧盟运行条约》第 267 条征求欧洲法院的意见，认为该选择性降价政策是否可能违反第 102 条。[266] 欧洲法院裁定：

> 像主要诉讼中所采用的定价政策一样，占支配地位的企业的实践可能被描述为价格歧视，也就是说，对成本不同的产品或服务向不同的客户或不同类别的客户收取不同的价格，或者相反，向供应成本不同的客户收取单一价格，本身不能暗示存在排他性滥用。[267]

法院继续说，不存在以低于成本的价格出售的选择性降价活动，在没有证据表明有消除竞争者意图的情况下，不能被视为具有反竞争效果。[268] 法院未提及早前 *Compagnie Maritime Belge v Commission* 案在此问题上的判决[269]，也

---

[262] *Compaqnie Maritime Belge* 案，第 119 段。

[263] 参见第 13 章第 684 ~ 687 页“反竞争的横向限制”。

[264] 案例 C – 209/10 EU：C：2012：172；有关评论参见：ROUSSEVA E，MARGURIS M. Hell Freezes Over：A Climate Change for Assessing Exclusionary Conduct under Article 102 TFEU [J]. Journal of European Competition Law & Practice，2013，4：32.

[265] 案例 C – 209/10 EU：C：2012：172，第 29 段。

[266] 注意关于 Post Dammark 是否违反《欧盟运行条约》第 102 条和第 2 款（c）项不是第 267 条项下的一部分。

[267] 案例 C – 209/10 EU：C：2012：172，第 30 段。

[268] 同上，第 36 段。

[269] 参阅总检察长曼格兹在 EU：C：2011：342 中的观点，第 69 ~ 78 段和第 85 ~ 96 段。该文章详细讨论了 *Compagnie Maritime Belge* 案中的判决，但得出的结论是，该判决与 *Post Danmark* 案的事实具有“边际相关性”（第 94 段）。

许是因为，如前所述，这确实是一个例外。当 *Post Danmark* 案返回丹麦最高法院时，法院得出结论认为，丹麦邮政并未通过向大型客户提供降价来滥用其支配地位。[270] 法院的判决与欧盟委员会《第 102 条执法重点指南》相一致，该指南指出，通常只有低于 LRAIC 的价格才有可能排斥同等效率的竞争者。[271]

（D）英国法律

英国竞争主管机构已经制定了 4 种掠夺性定价的案例：*Napp* 案、*Aberdeen Journals* 案、*EW&S* 案和 *Cardiff Bus* 案，掠夺性定价的指控在许多场合被拒绝。

（ⅰ）*Napp Pharmaceutical* 案

在 *Napp Pharmaceutical Holdings Ltd* 案[272]中，Napp 因以低于直接成本的价格向医院出售某些产品而对缓释吗啡收取掠夺性价格被判有罪，英国公平交易办公室认为这是 AVC 的代表。[273] 以低于医院成本的价格销售有客观理由因而合理的说法被否决，因为 Napp 能够从对社区患者的后续销售中收回全部价格，这的确是 Napp 能够在社区中获得高利润的原因。[274] 上诉后英国竞争上诉法庭认为，Napp 作为一家被认为是"超支配"的企业[275]，为了避开竞争者[276]，通过向医院收取低于成本的价格滥用了其支配地位。[277] 英国竞争上诉法庭认为，由于 Napp 向医院提供的价格低于 AVC，因此没有必要确定是否有消除竞争的计划。[278] 但是，英国竞争上诉法庭发现无论如何都存在这样的计划。[279]

（ⅱ）*The Aberdeen Journals Ltd* 案

在 *The Aberdeen Journals Ltd* 案中[280]，英国公平交易办公室对 Aberdeen Journals 因掠夺性定价而处以 1328040 英镑罚款，原因是其在 2000 年 3 月 1 日～3

---

[270] 丹麦最高法院判决，2013 年 2 月 15 日，可在 www. supremecourt. dk 上查阅。

[271] 《第 102 条执法重点指南》，第 67 段。

[272] 英国公平交易办公室 2001 年 3 月 30 日的决定。

[273] 同上，第 188～196 段。

[274] 同上，第 192～195 段。

[275] 同上，第 195 段。

[276] 案例 1001/1/1/01 *Napp Pharmaceutical Holdings Ltd v Director General of Fair Trading* ［2002］ CAT 1，第 219 段和第 343 段；在这种情况下对掠夺性定价的认定发表的评论，参见：AHLBORN C，ALLAN B. The Napp Case：A Study of Predation ［J］. World Competition，2004，26：233.

[277] 案例 1000/1/1/01 ［2002］ CAT 1，第 352 段。

[278] 同上，第 228 段、第 307 段。

[279] 同上，第 310 段、第 333 段。

[280] 英国公平交易办公室 2001 年 7 月 16 日的决定。

月29日未能高于其AVC定价。英国竞争上诉法庭搁置了此决定，因为该决定不满足公平交易办公室界定相关产品市场的方式。[281] 英国公平交易办公室通过了第二项决定，再次得出结论，Aberdeen Journals 有掠夺性定价行为。[282] 在上诉之后，英国竞争上诉法庭裁定，Aberdeen Journals 以低于 AVC 的价格在其中一份报纸上出售了广告，这违反了英国竞争法第2章的禁止规定。[283] 判决包含与掠夺性定价有关的基于成本的规则的几个要点：

- 规则本身并不是目的，不应该被机械地应用。[284]
- 计算成本的时间段很重要[285]，因为时间跨度越长，成本就越有可能被评估为可变的而不是固定的，结果是无法覆盖这些成本将导致掠夺性的推定。[286]
- 占支配地位的企业的价格低于总成本的时间越长，则越可以得出存在消除竞争的意向的推论，在特殊情况下除外。[287]
- 在有客观理由的情况下，低于成本的定价不会是非法的，尽管这种定价是对新进入者的反应或作为消除竞争对手的策略的一部分，这将特别难认定。[288]
- 这是占支配地位的企业在一个市场中从事掠夺性定价的一种报酬形式，以便它可以保护其在另一市场中的市场份额或超竞争利润，在这种情况下，没有必要进一步提供补偿的证据。[289]

（iii）*EW&S* 案

在 *English Welsh & Scottish Railway* 案[290]中，铁路监管办公室发现 EW&S 以多种方式滥用了其支配地位，包括掠夺性定价。[291]

（iv）*Cardiff Bus* 案

在 *Cardiff Bus* 案[292]中，该企业被认为从事掠夺性行为，目的是从市场上淘

[281] 案例 1005/1/1/01 *Aberdeen Journals Ltd v Director General of Fair Trading*［2002］CAT 4，第182～186段。

[282] *Aberdeen Journals Ltd—remitted*，英国公平交易办公室2002年9月16日的决定。

[283] 案例 1009/1/1/02 *Aberdeen Journals Ltd v OFT*［2003］CAT 11。

[284] 同上，第380段、第411段。

[285] 同上，第353～356段、第382～387段。

[286] 参见本章第888～890页"成本的概念"中有关可变成本和固定成本的讨论。

[287] 案例 1009/1/1/02［2003］CAT 11，第356段。

[288] 同上，第357～358段、第371段。

[289] 同上，第445段；类似地，参见案例 1001/1/1/01 *Napp Pharmaceutical Holdings Ltd v Director General of Fair Trading*［2002］CAT 1，第261段。

[290] 铁路管理局2006年11月17日的决定。

[291] 参见该决定的第ⅡC部分。

[292] 英国公平交易办公室2008年11月18日的决定。

汰竞争者巴士公司 2 Travel。[293] 由于 Cardiff Bus 的营业额很少[294]，因此没有罚款。2 Travel 的清算人随后向英国竞争上诉法庭针对 Cardiff Bus 造成的损失提起了“后续诉讼”：赔偿额为 33818 英镑；英国竞争上诉法庭还判了惩罚性赔偿 60000 英镑，以惩罚 Cardiff Bus 的“残酷行为”。[295]

（v）掠夺性定价不成立的情况

在一些案例中，关于掠夺性定价的投诉未能成立。[296] 在 *The Association of British Travel Agents and British Airways plc* 案[297]中，英国航空公司减少了向旅行代理商支付的出售英国航空公司机票的佣金，这意味着英国航空公司可以在自己的网站上以较低的价格出售这些票。在英国公平交易办公室的观点中，英国航空公司出售低价机票并不等于掠夺性定价，相反，在线售票比通过实体旅行社便宜，有客观的理由证明这一价格差异。[298] 在 *Complaint against BT's pricing of digital cordless phones* 案[299]中，通信管理局拒绝了有关数字无绳电话的 BT 定价的投诉，因为 BT 既不是掠夺性定价[300]，也不占支配地位。[301]

在 *Claymore Dairies v OFT* 案[302]中，英国竞争上诉法庭对调查 Robert Wiseman Dairies 是否因在苏格兰牛奶销售有关而犯有掠夺性定价罪持批评态度，特别是对于 Wiseman 的价格是否高于 ATC 的问题没有进行充分调查。[303] 因此，它推翻了这一裁决。[304]

在 *Alleged abuse of a dominant position by Flybe* 案[305]中，英国公平交易办公室得出结论认为，没有理由对 Flybe 采取行动，西南航空公司指责该航班在从纽基到伦敦盖特威克航空的定价是掠夺性定价。英国公平交易办公室的观点是，

---

[293] 参见第 7 章的决定。

[294] 根据 1998 年英国竞争法第 40 条，Cardiff Bus 享有豁免权，此处参见第 10 章第 517 ~ 518 页“小型协议和次要行为豁免”。

[295] 案例 1178/5/7/11 2 *Travel Group plc*（*in liquidation*）*v Cardiff City Transport Services Ltd*［2012］CAT 19。

[296] 除了案文中提到的情况参见 *First Edinburgh/Lothian*，英国公平交易办公室 2004 年 6 月 9 日的决定；*DB Schenker Rail*（*UK*）*Ltd*，铁路管理局 2010 年 8 月 3 日的决定；英国高等法院的判决 *Chester City Council v Arriva Plc*［2007］EWHC 1373（Ch）。

[297] 英国公平交易办公室 2002 年 12 月 11 日的决定。

[298] 同上，第 38 ~ 45 段。

[299] 英国通信管理局 2006 年 8 月 1 日的决定。

[300] 同上，第 151 ~ 429 段。

[301] 同上，第 430 ~ 662 段。

[302] 案例 1008/2/1/02［2005］CAT 30。

[303] 同上，第 256 段。

[304] 同上，第 318 段。

[305] 英国公平交易办公室 2010 年 11 月 26 日的决定。

由于Flybe不在该特定路线上，因此在该特定路线上没有滥用。[306] 英国公平交易办公室还指出，Flybe有客观理由证明在进入新航线时预期会有初期损失。[307]

在*Severn Trent Laboratories*案[308]中，水务监管局调查了该企业是否以低于成本的价格赢得了提供水分析服务的合同，特别是向一家关联企业的销售利润中的亏损进行了补偿。Severn Trent提供了剥离该附属企业的承诺，水务监管局根据1998年英国竞争法第31A条接受了该附属企业的剥离。此案没有正式的违法证据，水务监管局指出，虽然在掠夺性定价的情况下作出承诺通常不适当，但Severn Trent提供的结构性救济措施取消了在未来其利用市场支配力的能力。

7. 利润挤压

（A）经济现象

当一家企业在上游市场占支配地位，并向在下游市场与其竞争的企业提供关键投入时，就会发生利润挤压。[309] 在这种情况下，占支配的企业可能会自行决定其投入品的价格，这可能会影响企业在下游市场与之竞争的能力。假设A提供了小部件，这对于制造小部件二氧化物是必不可少的。B是A的子公司，并且是一个独立的下游竞争者（见图18.3）。

---

[306] 同上，第5.12～5.20段。

[307] 同上，第6.97～6.99段；该决定在脚注67中提及了欧盟委员会关于客观理由的《第102条执法重点指南》的第28段。

[308] 英国水务监管局2013年1月17日的决定；根据第31A条作出的承诺决定参见第10章第506～508页“承诺”。

[309] 对于利润挤压的进一步阅读，参见：O'DONOGHUE R，PADILLA J. The Law and Economics of Article 102 TFEU ［M］. 2nd ed. Oxford：Hart Publishing，2013；GAUDIN G，MANTZARI D. Margin Squeeze：An Above－Cost Predatory Pricing Approach ［J］. Journal of Competition Law and Economics，2016，12：151；NIELS G，JENKINS H，KAVANAGH J. Economics for Competition Lawyers ［M］. 2nd ed. Oxford：Oxford University Press，2016：199－203；HEIMLER A. Is a Margin Squeeze an Antitrust or a Regulatory Violation? ［J］. Journal of Competition Law and Economics，2010，6：879；经济合作与发展组织圆桌会议“利润挤压”（Margin Squeeze）（2009年），可在www.oecd.org/competition上查阅；CROCIONI P. Price Squeeze and Imputation Test：Recent Developments ［J］. European Competition Law Review，2005，1：355；GERADIN G，O'DONOGHUE R. The Concurrent Application of Competition Law and Regulation：The Case of Margin Squeeze Abuses in the Telecommunications Sector ［J］. Journal of Competition Law and Economics，2005，1：355；COLLEY L，BUMSIDE S. Margin Squeeze Abuse ［J］. European Competition Journal，2006，2：185.

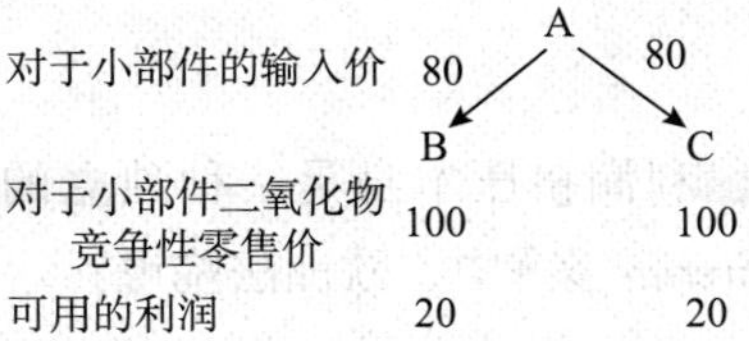

图 18.3　纵向利润挤压：例 1

在此示例中，一方面，只有 C 能够以低于 20 的价格将小部件转换为小部件二氧化物，C 才能在下游市场与 B 竞争。如果它不能这样做，则不能在零售中收取 100 的价格并获利。另一方面，如果 A 为小部件收取了 60 的费用，则可用利润为 40，如图 18.4 所示。

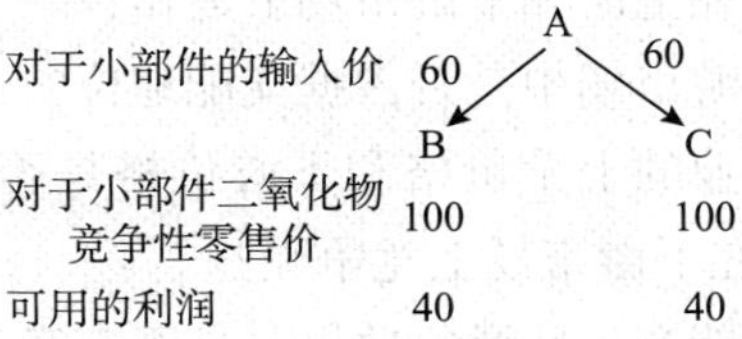

图 18.4　纵向利润挤压：例 2

在每种情况下，集成企业 AB 的总收入总计为 100，但是 A 压缩了例 1 中 C 可用的利润，其方式使 C 很难保留在小部件二氧化物的市场中。然而在例 2 中，确定挤压何时成为滥用行为是一件复杂的事情。例如，如果在例 1 中，B 可以以 15 的价格将小部件转换为小部件二氧化物，而 C 效率较低，并且只能在成本为 25 的价格时执行相同的任务，则 C 没有理由可以要求较低的输入价格：事实是它的效率不如 B，因此不值得保护。但是，如果 B 自己的转换成本为 25，而 C 的转换成本为 15，则要操纵输入价格以保护 B 免受更有效的竞争者 C 的侵害，因此在没有客观理由的情况下，存在滥用利润挤压的情况。

可能还有其他方法可以解决纵向整合实体 AB 的定价问题。一个是询问 A 对 C 收取的输入价格是否过高；另一个是确定 B 收取的零售价是否具有掠夺性。这两个问题都在本章前面进行了探讨。如果 A 向 C 收取的价格高于向 B 收取的价格，则可能会出现歧视条款，违反了本章末尾讨论的《欧盟运行条约》第 102 条第 2 款（c）项。但是，本节讨论的重点是 A 是否为操纵其上游价格和下游价格的关系而承担责任，通过压榨利润消除其下游竞争者。美国法律不存在这种可能性。[310]

---

[310] 参见 *Pacific Bell Telephone Co v linkLine Communications Inc* 555 US 438（2009）；有关评论参见在 CPI Antitrust Chronicle April 9（1）上的系列论文，可在 www. competitionpolicyinternational. com 上查阅。

(B) 欧盟法律

欧洲法院已经确定，利润挤压本身是一种独立的滥用行为[311]，在 *Konkurrensverket v Telia Sonera Sverige* 案[312]中，欧洲法院说：

> 考虑到它可能给竞争者带来的排斥效应，而后者在没有任何客观理由的情况下至少具有与主要任务同样的效率，这本身就构成了《欧盟运行条约》第102条所指的滥用行为。[313]

判例法规定，在确定利润挤压是否构成滥用支配地位时，必须解决5个问题：

- 被指控企业是否在上游和下游市场上运作？
- 被指控企业在上游市场中是否占据支配地位？
- 占支配地位的企业的上游价格和下游价格是否能使一家与占支配地位的企业一样有效的企业在下游市场上竞争呢？
- 利润挤压是否能够产生反竞争效果，是否有客观理由说明利润挤压？
- 将依次讨论每个问题：然后将审查欧盟委员会关于滥用性利润挤压的决定做法。

(i) 被指控的企业是否在上游和下游市场上运作？

有关利润挤压的案例涉及在上游市场和下游市场均经营的纵向整合公司。例如，在 *Deutsche Telekom*（*DT*）案[314]中，DT在所谓的本地环路（将客户房屋连接到本地交换点的电信网络的最后部分）方面处于支配地位。DT还利用本地环路为自己的客户提供零售服务，因此是纵向集成的。另外，DT还向希望自己提供零售服务的运营商提供其本地环路上的批发容量。但是，DT提供的容量的价格压缩了其下游竞争对手的利润。因此，欧盟委员会对DT处以1260万欧元的罚款。上诉至欧盟普通法院[315]和欧洲法院的裁决得以维持。[316]

(ii) 被指控企业在上游市场中是否占有支配地位？

第102条仅在企业具有支配地位的情况下适用，在利润挤压情况下，这将

---

[311] 参见案例C－280/08 P *Deutsche Telekom AG v Commission* EU：C：2010：603，第183段和接下来的讨论。

[312] 案例C－52/09 EU：C：2011：83。

[313] 同上，第31段。

[314] OJ［2003］L 263/9。

[315] 案例T－271/03 *Deutsche Telekom AG v Commission* EU：T：2008：101。

[316] 案例C－280/08 P *Deutsche Telekom AG v Commission* EU：C：2010：603。

发生在上游市场，无须在下游市场上确立支配地位。[317]

（iii）占支配地位的企业的上游价格和下游价格是否能使一家与占支配地位的企业一样有效的企业在下游市场上竞争？

在 *Deutsche Telekom v Commission* 案[318]中，欧洲法院指出，利润挤压意味着占支配地位的企业在其上游产品和下游产品的价格之间留有不足的利润，滥用的本质在于差异，而不是批发或零售价格的特定水平。[319] 欧盟普通法院和欧洲法院维持欧盟委员会的调查结果，认为德国电信以两种方式滥用利润率而被定罪：首先收取低于德国电信批发价的零售价；其次在其上游产品和下游产品之间留有不足的利润。[320] 欧洲法院认为，国家监管机构对 DT 批发价格的批准并没有免除它有责任遵守《欧盟运行条约》第 102 条的规定，因为它可以调整其零售价格（通过提高零售价格）以结束利润挤压。[321]

在 *TeliaSonera* 案[322]中，瑞典竞争主管机构提起诉讼，指控 TeliaSonera 犯有与零售宽带服务有关的利润挤压现象。瑞典法院根据《欧盟运行条约》第 267 条要求欧洲法院就确立利润挤压滥用行为的标准发表意见。法院在 *Deutsche Telekom* 案中重复了对利润挤压何时被滥用的测试。[323] 法院驳回了以下观点，即利润挤压仅在构成滥用性拒绝供给的情况下才是滥用，这种做法会过分降低《欧盟运行条约》第 102 条的效力。[324] 法院继续说，在确定利润挤压是否违反第 102 条时以下因素通常是不相关的：

- 占支配地位的企业没有供应上游产品的任何监管义务[325]；
- 支配地位的程度[326]；

---

[317] 案例 C－52/09 *Konkurrensverket v TeliaSonera Sverige* EU：C：2011：83，第 89 段；冰岛的一家法院在向欧洲自由贸易联盟法院的一项移送中特别询问，是否必须证明被控在电信行业利润挤压的占支配地位的企业在下游相关零售市场中占据支配地位：案例 E－6/17 *Fjarskipti hf v Siminn hf*，尚未裁决。

[318] 案例 C－280/08 P EU：C：2010：603。

[319] 同上，第 183 段。

[320] 案例 T－271/03 EU：T：2008：101，上诉维持原判案例 C－280/08 P EU：C：2010：603。

[321] 案例 C－280/08 P EU：C：2010：603，第 77～96 段。

[322] 案例 C－52/09 EU：C：2011：83；当该案返回瑞典时，斯德哥尔摩地方法院裁定 TeliaSonera 犯有压缩保证金罪，并处以 1.44 亿瑞典克朗的罚款；该裁决在向市场法院上诉后维持不变，但罚款减少至 3500 万瑞典克朗：参见 www.marknads－domstolen.se。

[323] 案例 C－52/09 EU：C：2011：83，第 31～35 段。

[324] 同上，第 54～58 段；类似地，参见案例 T－336/07 *Telefónica and Telefónica España v Commission* EU：T：2012：172，第 180～181 段，上诉维持原判案例 C－295/12 P EU：C：2914：2062，第 75 段、第 95 段、第 118 段、第 150 段；此方法比欧盟委员会《第 102 条执法重点指南》第 80 段中建议的方法更为严格：参见本章第 938～939 页“欧盟委员会的决定实践”。

[325] 案例 C－52/09 EU：C：2011：83，第 47～59 段。

[326] 同上，第 78～82 段。

- 在下游市场上没有支配地位[327]；
- 应用定价惯例的客户是新客户还是现有客户[328]；
- 无法弥补损失[329]；
- 市场涉及新技术而不是成熟技术的事实[330]。

（iv）利润挤压是否可以产生反竞争效应？

在 *Telefonica v Commission* 案[331]中，欧洲法院在提及其较早的判例法时强调[332]，第102条仅适用于对竞争者具有排他性影响的利润挤压，这些竞争者至少与占支配地位的企业具有同等效率。[333] 欧盟普通法院认为 Telefonica 的利润挤压在宽带互联网服务零售市场产生了这种影响[334]。在这一点上，Telefonica 向欧盟法院的上诉被驳回，因为部分是不可受理的，部分是没有根据的。[335]

（v）利润挤压是否客观公正？

如果有客观理由的话，利润挤压将不会被判定为滥用，举证责任将由占支配地位的企业承担。[336] 欧盟委员会已经表示，竞争并没有使利润挤压合法化，而这种挤压使一家占支配地位的企业能够对其竞争者造成损失，而这种损失是它自己不会招致的。[337]

（vi）欧盟委员会的决定实践

欧盟委员会在其《第102条执法重点指南》中讨论了其在拒绝供应的情况下利润挤压的方法。但是，自该指南发布以来，欧洲法院已经确定这些做法在法律上是不同的，更具体地说，正如刚刚指出的那样，它坚持认为即使占支配地位的企业没有义务进行交易，价格也可能相当于一种利润挤压滥用。换一种说法，法院的观点是，占支配地位的企业可以决定完全不提供上游产品而不会违反第102条。但是，如果它确实选择提供，则它的价格一定不能挤压同等效率的竞争者的利润。提醒读者，该指南只是欧盟委员会关于第102条执法重

---

[327] 同上，第83~89段。
[328] 同上，第90~95段。
[329] 同上，第96~103段。
[330] 同上，第104~111段。
[331] 案例C-295/12 P EU：C：2014：2062。
[332] 案例C-52/09 *Konkurrensverket v TeliaSonera Sverige* EU：C：2011：83，第60~67段和引用的案例法。
[333] 案例C-295/12 P EU：C：2014：2062，第124段。
[334] 案例T-336/07 EU：T：2012：172，第275~276段。
[335] *Telefónica*（第18章脚注[333]），第116~125段。
[336] 参见 *Telefónica*，欧盟委员会2007年7月4日的决定，第619~664段。
[337] 同上，第638段。

点的表达，而不是一套有关第 102 条法律的指南[338]，最终由欧洲法院来确定关于利润挤压的实质性规则。

欧盟委员会指南第 80 段说，它通常将依靠占支配地位的企业下游业务的 LRAIC 来确定该企业是否已经挤压了效率相同的竞争者的可用利润。如果无法分配纵向整合的占支配地位的企业的成本，则欧盟委员会可以使用下游竞争者的 LRAIC[339]，这与欧盟法院在 *TeliaSonera* 案判决中第 45 段所设想的方法一致。

欧洲委员会已对 *Napier Brown - British Sugar* 案[340]、*Deutsche Telekom* 案[341]、*Telefónica* 案[342]和 *Slovak Telekom* 案[343]的利润挤压采取行动。在 *Slovak Telekom* 案中，该企业被罚款 3800 万欧元，但其母公司德国电信因其累犯而被罚款 3100 万欧元。2013 年，欧盟委员会接受了德国铁路公司第 1/2003 号条例第 9 条的承诺，即对向德国下游铁路运营商的牵引电流供应采用新的定价电价，从而终止了可疑的利润挤压。[344]

（C）英国法律

在英国，有一些对于利润挤压的投诉，其中有 2 件获得了成功。[345]

---

[338] 参见第 5 章第 225 ~ 227 页“欧盟委员会《第 102 条执法重点指南》”。

[339] 《第 102 条执法重点指南》，脚注 55。

[340] *Napier Brown - British Sugar* OJ ［1988］ L 284/41；另见 *National Carbonising* OJ ［1976］ L 35/6 ［根据原《欧洲煤钢共同体条约》第 66 条和欧盟委员会的《关于竞争规则在电信行业接入协议适用的通知》（OJ ［1998］ C 265/2）］，第 117 ~ 119 段。

[341] OJ ［2003］ L 263/9；上诉维持原判案例 T - 271/03 *Deutsche Telekom AG v Commission* EU：T：2008：101；案例 C - 280/08 P *Deutsche Telekom AG v Commission* EU：C：2010：603。

[342] 欧盟委员会 2007 年 7 月 4 日的决定，处以 1.518 亿欧元的罚款。参见：LE MEUR J C，GURPEGUI I，VIERTI K. Margin Squeeze in the Spanish Broadband Market：A Rational and Profitable Strategy ［J］. Competition Policy Newsletter，2007，3：22；案例 T - 336/07 *Telefónica and Telefónica Espana v Commission* EU：T：2012：172；案例 C - 295/12 P EU：C：2014：2062；另见案例 T - 398/07 *Spain v Commission* EU：T：2012：173。

[343] 欧盟委员会 2014 年 10 月 15 日的决定，处以 6990 万欧元的罚款；参见欧盟委员会新闻稿 IP/14/1140 和同日的 Commission MEMO/14/590；案例 T - 851/14 *Slovak Telekom v Commission*，尚未裁决。

[344] 2013 年 12 月 18 日的欧盟委员会决定：欧盟委员会于 2016 年 4 月 8 日解除了德国铁路公司（Deutsche Bahn）的上述承诺，因为它对目前市场上存在有效的竞争感到满意；关于承诺的决定参见第 7 章第 322 ~ 328 页“第 9 条：承诺”。

[345] 另见英国竞争上诉法庭讨论的有关利润挤压的法律案例 1238/3/3/15 *British Telecommunications plc v OFCOM* ［2016］ CAT 3，第 90 ~ 107 段。

（ⅰ）对于非法利润挤压的认定

在 *Genzyme* 案[346]中，对该企业以两种方式滥用其支配地位的行为处以680万英镑的罚款，其中一种是施加利润挤压。[347] 在向英国竞争上诉法庭提出上诉后，英国竞争上诉法庭裁定维持原判。[348] Genzyme 是一种用于治疗高雪氏病的药物 Cerezyme 的生产商，Genzyme 将该药物递送给患者。下游市场的竞争者 Healthcare at Home 提供了相同的服务。Genzyme 被发现有损于 Healtheare at Home 的可用利润行为。在就 Genzyme 应向 Cerezyme 收取的价格以避免利润挤压经过了旷日持久但未成功的谈判后，英国竞争上诉法庭作出了救济措施的判决。[349] 随后，Healthcare at Home 向英国竞争上诉法庭[350]提出了损害赔偿的后续诉讼。法庭裁定临时损害赔偿金，该案于2006年下半年和解。[351] 水务监管局于2015年12月拒绝了对 Anglian Water Services 的利润挤压投诉，认为在供水服务方面，Independent Water Networks 不是受挤压的受害者。而且，就污水处理服务而言，利润率受到挤压，但没有对竞争产生不利影响。[352]

在 *Albion Water/Dŵr Cymru* 案中，上诉法院维持了英国竞争上诉法庭的判决[353]，该判决推翻了水务监管局的非侵权决定[354]，并认定 Dŵr Cymru 犯有滥用利润挤压罪。[355]

（ⅱ）对于利润挤压投诉的拒绝

英国公平交易办公室在 *Companies House* 案[356]中拒绝了有关利润挤压的投诉。在 *BSkyB* 案[357]中，英国公平交易办公室通过对 BSkyB 提供溢价渠道的批发价格设定为一定水平来调查投诉，认为 BSkyB 有利润挤压行为，这水平意味着与 BSkyB 相同效率的分销商将不得不亏本经营。[358] 经过广泛的经济分析，得

---

[346] 英国公平竞争办公室2003年3月27日的决定。

[347] 同上，第364~385段。

[348] 案例1016/1/1/03 *Genzyme Ltd v OFT*［2004］CAT 4；英国竞争上诉法庭在其判决的第489~493段中审查了判例法。

[349] 案例1016/1/1/03 *Genzyme Ltd v OFT*［2005］CAT 32。

[350] 案例1060/5/7/06 *Healthcare at Home v Genzyme Ltd*［2006］CAT 29。

[351] 参见英国竞争上诉法庭2007年1月11日的命令。

[352] 参见 *Fairfield Competition Act 1998 investigation decision summary*，可在 www. ofwat. gov. uk 上查阅。

[353] *Dŵr Cymru Cyfyngedig v Water Services Regulation Authority*［2008］EWCA Civ 536。

[354] 英国水务监管局2004年5月26日的决定。

[355] 案例1046/2/4/04 *Albion Water Ltd v Water Services Regulation Authority*［2006］CAT 36，第896~919段；另见2005年12月22日的中间判决［2005］CAT 40，第385~419段。

[356] 英国公平交易办公室2002年10月25日的决定，第29~36段。

[357] 英国公平交易办公室2002年12月17日的决定。

[358] 同上，第341~547段。

出的结论是，没有足够的理由相信 BSkyB 有滥用利润挤压的行为。

通信办公室及其后继的通信管理局已调查了许多利润挤压的案例，并始终得出没有滥用或没有采取行动的理由结论。[359] 在每一个案例中，通信管理局都得出结论，即使利润受到挤压，也没有足够的证据表明，存在反竞争效应。在 *Investigation into BT's Residential Broadband Pricing* 案[360]中，通信管理局对 BT 的财务表现进行了详细分析，得出的结论是，尽管某些获利能力指标表明 BT 在相关时期的住宅宽带产品利润率为负，但没有足够的滥用证据。通信管理局的结论是，尽管 BT 有 10 个月的负利润，但它没有针对 *BT's Wholesale calls pricing* 案[361]采取行动的理由，因为没有足够的反竞争影响证据。

在 *Electricity North West* 案[362]中，天然气和电力市场办公室接受了承诺，以解决对该企业在为其网络连接收费时利润挤压的担忧。

8. 价格歧视

本部分考虑了价格歧视可能违反《欧盟运行条约》第 102 条或 1998 年英国竞争法第 2 章禁止规定的程度。[363] 其他类型的歧视（尤其是基于国籍的歧

---

[359] *BT/UK - SPN*，电信局 2003 年 5 月 22 日的决定，第 21 ~ 53 段；*Alleged anti - competitive practices by BT in relation to BT Openworld's consumer broadband products*，通信管理局 2003 年 11 月 20 日的决定，第 6.1 ~ 6.162 段；*Investigation against BT about potential anti - competitive behaviour*，通信管理局 2004 年 7 月 12 日的决定，第 108 ~ 128 段；*BT 0845 and 0870 retail price change*，通信管理局 2004 年 8 月 19 日的决定，第 3.24 ~ 3.100 段；*Suspected margin squeeze by Vodafone*，*O2*，*Orange and T - Mobile*，通信管理局 2004 年 5 月 26 日的决定，第 148 ~ 178 段；*Complaint from Gamma Telecom against BT about reduced rates for Wholesale Calls from 1 December 2004*，通信管理局 2005 年 6 月 16 日的决定，第 47 ~ 120 段；*NCCN 5000*，通信管理局 2008 年 8 月 1 日的决定，第 6.8 ~ 6.219 段；*Complaint from THUS plc and Gamma Telecom Limited against BT about alleged margin squeeze in Wholesale Calls pricing*，通信管理局 2013 年 6 月 20 日的决定，第 6 ~ 7 节；*Complaint from TalkTalk Telecom Group against BT*，通信管理局 2014 年 10 月 21 日的决定。

[360] 通信管理局 2010 年 11 月 2 日的决定，第 4 节；上诉至英国竞争上诉法庭的案例 1026/2/3/04 *Wanadoo UK plc v OFCOM*，在该决定通过之前被押后的提案随后被撤回：参见英国竞争上诉法庭 2010 年 10 月 16 日的命令。

[361] 通信管理局 2013 年 6 月 20 日的决定，第 1.30 ~ 1.37 段。

[362] 天然气和电力市场办公室 2012 年 5 月 24 日的决定。

[363] 进一步了解价格歧视，参见：MOTTA M，FUMAGALLI C，CALCAGNO C. Exclusionary Practices：The Economics of Monopolisation and Abuse of Dominance [M]. Cambridge：Cambridge University Press，2018；VAN DEN BERGH R J，CAMESASCA P D. European Competition Law and Economics：A Comparative Perspective [J]. 2nd ed. London：Sweet & Maxwell，2006：254 - 264；BISHOP S，WALKER M. The Economics of EC Competition Law [M]. 3rd ed. London：Sweet & Maxwell，2010：29 - 36；NIELS G，JENKINS H，KAVANAGH J. Economics for Competition Lawyers [M]. 2nd ed. Oxford：Oxford University Press，2016：181 - 189；O'DONOGHUE R，PADILLA J. The Law and Economics of Article 102 TFEU [M]. 2nd ed. Oxford：Hart Publishing，2013；SCHERER F M，ROSS D. Industrial Market Structure and Economic Performance [M]. 3rd ed. Boston：Houghton Mifflin，1990.

视）可能导致违法的程度已在第17章“非定价滥用”中进行了讨论。[364]

（A）价格歧视的定义

价格歧视可以定义为产品或服务不同单位的买卖，其价格不直接对应于其供应成本的差异。歧视，既可能存在于针对相同种类产品或服务的销售或购买收取不同的、与成本无关的价格的情况，也可能存在于在供应成本差异合理的情况下，收取相同价格的场合。

供应产品或服务涉及许多成本，可能导致收取差异化但非歧视性的价格。例如，除运输货物的成本外，制造商可能还需要承担更大的成本，因为它不得不处理来自特定客户的一系列小订单，而不是每年一次的单个大批量订单。这可能意味着制造商可以计划长期生产并实现规模经济，从而降低单位成本。不同合同条款和条件的发生、地方税收和关税的支付、从一个地区到另一个地区的经销网络运营所涉及的不同成本，都可以解释为收取不同的价格。但是，很难确定供应产品或服务的成本差异是否客观地证明了收取价格的区别，甚至更难以计算合理的差异。

重要的是要认识到，价格歧视在分配效率方面会产生积极的好处，因为它可能导致产出增加[365]：剧院可能能够以40英镑的价格向公众出售其80%的门票，或者通过出售70%的门票，向客户收取50英镑的价格，其余30%的门票以10英镑（例如，针对贫困学生）出售。通过这种歧视，与其他情况相比，将售出更多的剧院门票，资源得到了更有效的分配。一个有效的价格歧视的具体示例是所谓的“Ramsey定价”，这种定价发生在企业提供共同成本的不同产品的情况下。[366] 产品A的客户可能对价格高度敏感，但产品B的客户却不那么敏感。如果为产品B的客户收取高价，而为产品A的客户收取低价，也就是说，如果价格与客户各自的价格敏感度成反比，则将提高产量，从而使经济效率最大化。“Ramsey定价”原则已被某些行业的监管机构和竞争主管机构接

---

[364] 参见第17章第881～882页“对内部市场有害的非定价滥用行为”。

[365] 参见：SCHMALENEE R. Output and Welfare Implications of Third Degree Price Discrimination［J］. American Economic Review，1981，71：242；GIFFORD D J，KUDRLE R T. The Law and Economics of Price Discrimination in Modern Economies：Time for Reconciliation?［J］. University of California Davis Law Review，2010，43：1235.

[366] 关于共同成本的含义参见本章第889页“可避免成本”。

受[367]，尽管在英国针对移动电话部门的呼叫终止费用的两次调查中被拒绝。[368]

在实践中，歧视的分配效应会因市场情况的不同而不同，这个问题最终是经验性的而不是理论性的。根本就没有禁止价格歧视本身的理由，即使是占支配地位的企业也是如此。防止歧视可能会导致将收入从较穷的消费者重新分配给较富裕的消费者[369]，这可以通过想象如果防止歧视会发生什么来说明。生产者可以在繁荣地区就每个小部件收取 10 英镑，在较贫穷的地区就每个小部件收取 5 英镑。如果防止这种歧视，生产者可以以 7 英镑的统一价格在两个地区出售。可以合理地假设，结果是贫困地区的人购买小部件的数量会减少，那些贫困地区的人将比富裕的人支付的收入比例更高。因此，最终的结果是财富从较贫穷的消费者手中转移至更富裕的人手中。

(B) 欧盟法律

《欧盟运行条约》第 102 条第 2 款（c）项具体举例说明：

> 将不相似的条件应用于与其他交易方的同等交易，从而使它们处于竞争劣势的滥用行为。

显然，价格歧视可能会违反第 102 条，其他类型的歧视也是如此，例如拒绝供应和优惠条款与条件。[370] 但是，重要的是要认识到价格歧视本身并不是排他性的滥用，正如欧洲法院在 *Post Danmark Ⅰ* 案[371]中明确指出的那样。

价格歧视可能会剥削客户，例如，对无法转换为替代供应商的锁定客户收取更高的价格；它也可能对竞争过程有害，从而导致占支配地位的企业的下游市场的竞争扭曲。判例法规定，在确定是否违反第 102 条第 2 款（c）项时，必须解决 5 个问题：

---

[367] 参见：PFLANZ M. What Price is Right? Lessons from the UK Calls - to - Mobile Inquiry [J]. European Competition Law Review, 2000, 21: 147.

[368] Mobile phone charges inquiry Report of 18 February 2003，第 2.213 ~ 2.215 段，具体可在 www.gov.uk 上查阅；对该报告的挑战不成功：*R v Competition Commission*，*Director General of Telecommunications*，*ex p T - Mobile*（*UK*）*Ltd*，*Vodafone Ltd*，*Orange Personal Communication Services Ltd* [2003] EWHC 1555 (Admin)；*British Telecommunications plc v OFCOM*，Final Determination of 9 February 2012，第 2.527 段：复核裁定的申请被英国竞争上诉法庭驳回（[2012] CAT 11），上诉至上诉法庭后得到维持（[2012] EWCA Civ 154）。

[369] 参见：BISHOP S. Price Discrimination under Article 86: Political Economy in the European Court [J]. Modern Law Review, 1981, 44: 282.

[370] 参见：COLOMO I B. Exclusionary Discrimination under Article 102 TFEU [J]. Common Market Law Review, 2014, 51: 141.

[371] 案例 C - 209/10 EU: C: 2012: 172，第 30 段。

- 被指控企业是否具有支配地位？
- 占支配地位的企业是否已与其他交易方进行了同等交易？
- 占支配地位的企业是否会因对同等交易中施加不同条件而获罪？
- 歧视能否使其他交易方处于竞争劣势？
- 歧视是否具有客观理由？

这些要求中的每一个都将依次考虑。

（i）被指控企业是否具有支配地位？

显然，只有在一家企业在上游市场中占支配地位的情况下，才可能违反第102条。该企业无须在下游市场中存在，更不用说占据支配地位了。

（ii）占支配地位的企业是否已经与其他交易方进行了同等交易？

第102条并不要求占支配地位的企业的所有贸易伙伴必须享有相同价格的利益。根据第102条第2款（c）项的规定，只有在交易是等效的情况下，才必须检查不同的待遇。确定一项交易是否等同于另一笔交易时要考虑的因素包括所供应产品的性质和供应成本。在 *United Brands v Commission* 案[372]中，欧洲法院承认，一家占支配地位的企业可能会收取不同的价格，以反映其运营在不同市场中不同的经济和竞争状况。[373] 在 *Irish Sugar* 案[374]中，欧盟委员会发现Irish Sugar以多种方式违反了第102条第2款（c）项，特别是在爱尔兰对糖业包装商实行歧视。该决定的这一部分在上诉中被维持[375]，欧盟普通法院驳回了与糖包装商打交道的Irish Sugar与其其他客户无法相比的论点。[376] 在 *Clearstream v Commission* 案中，欧盟普通法院确认了欧盟委员会的裁定，Clearstream违反了《欧盟运行条约》第102条第2款（c）项。[377] 欧盟普通法院认为，Clearstream向两个可比较的客户提供了等效的跨境交易主要清算和结算服务。[378]

（iii）占支配地位的企业是否因对同等交易中施加不同条件而获罪？

为了滥用支配地位，占支配地位的企业必须采用不同的条件。在 *Michelin I* 案中[379]，欧洲法院驳回了对Michelin违反了第102条第2款（c）项的裁定，

---

[372] 案例27/76 EU：C：1978：22。

[373] 同上，第227段。

[374] OJ［1997］L 258/1。

[375] 案例T-228/97 *Irish Sugar plc v Commission* EU：T：1999：246，第125～149段（糖出口回扣给产业客户）和第150～172段（向竞争包装商收取更高的价格）。

[376] 同上，第164段。

[377] 案例T-301/04 *Clearstream Banking AG v Commission* EU：T：2009：317。

[378] 同上，第169～190段。

[379] OJ［1981］L 353/33。

因为它不同意 Michelin 适用了不同条件的观点。[380] 在 *Virgin/British Airways* 案[381]中，欧盟委员会得出结论认为，英国航空公司通过向旅行社提供忠诚度回扣而对滥用承担责任，存在歧视，违反了《欧盟运行条约》第 102 条第 2 款（c）项，因为在相同情况下的旅行社可获得不同的报酬水平。[382] 在向欧盟普通法院[383]和欧洲法院[384]上诉后，这一裁定得以维持。欧盟普通法院指出，英国航空公司的奖励计划导致不同的佣金率适用于两个旅行社出售英国航空公司机票所产生的相同收入，这扭曲了它们所获得的报酬水平。[385] 欧盟普通法院同意欧盟委员会的裁定，即英国航空公司的奖励计划是滥用的：

> 因为它们在英国建立的旅行社网络中产生了歧视性影响，从而使其中一些人处于《欧盟运行条约》第 102 条第 2 款（c）项意义上的竞争劣势。[386]

在 *Portuguese Airports* 案[387]中，欧盟委员会通过了一项决定，确定葡萄牙在里斯本、波尔图、法鲁和亚速尔群岛机场的着陆费折扣制度违反了与《欧盟运行条约》第 102 条结合理解的第 106 条。折扣根据降落在葡萄牙机场的航班数量来确定。这种折扣制度意味着葡萄牙航空公司在其航班上享有最高的折扣，来自伊比利亚半岛以外地区的航空公司只有微薄的折扣。在上诉中，欧洲法院承认可以允许仅与购买量相关的数量折扣，但表示，计算折扣的规则不得违反《欧盟运行条约》第 102 条第 2 款（c）项导致对同等交易采用不同的条件。[388] 它接着说：

> 由于各个折扣区间的门槛以及所提供的折扣水平，只有某些交易方才能享受折扣（或其他折扣），从而给它们带来经济优势，而这不能由它们的业务量或它们给其供应商带来的相比其他竞争者的规模经济来证明，数

---

[380] 案例 322/81 EU：C：1983：313，第 87 ~ 91 段。

[381] OJ［2000］L 30/1。

[382] 同上，第 108 ~ 111 段。

[383] 案例 T – 219/99 *British Airways plc v Commission* EU：T：2003：343，第 233 ~ 240 段。

[384] 案例 C – 95/04 P *British Airways plc v Commission* EU：C：2007：166，第 133 ~ 141 段。

[385] 案例 T – 219/99 *British Airways plc v Commission* EU：T：2003：343，第 235 ~ 236 段。

[386] 同上，第 240 段。

[387] OJ［1999］L 69/31，第 24 ~ 40 段；第 102（2）（c）条已在许多欧盟机场应用于歧视性做法：参见 *Alpha Flight Services/Aeroports de Paris* OJ［1998］L 230/10，上诉维持原判案例 T – 128/98 EU：T：2000：290，进一步上诉至欧洲法院案例 C – 82/01 P EU：C：2002：617；*Brussels National Airport*（*Zaventem*）OJ［1995］L 216/8，第 12 ~ 18 段；*Ilmailulaitos/Luftfartsverket* OJ［1999］L 69/24，第 38 ~ 56 段；*Spanish Airports* OJ［2000］L 208/36，第 45 ~ 56 段。

[388] 案例 C – 163/99 *Portugal v Commission* EU：C：2001：189，第 50 段。

量折扣制度导致对同等交易适用不同的条件。

在没有任何客观理由的情况下，在系统中的门槛很高的情况下，以致只有少数几个特别大的企业伙伴才能占据支配地位，或者在数量折扣的增加中没有线性进展，这可能构成歧视性待遇的证据。[389]

欧洲法院指出，只有两家葡萄牙航空公司享有最高的折扣率，最高段的折扣率最高，而有关机场享有自然垄断权。法院因此得出结论，在这种情况下，折扣具有歧视性。[390]

欧盟委员会在 *Ryanair/DAA - Aer Lingus* 案[391]中拒绝了 Ryanair 提出的关于都柏林机场没有适用不同条件的指控，该指控是歧视性的[392]，所使用的服务和所支付的费用不能“完美地匹配”每家航空公司的需求这一事实本身并不能使收费成为滥用。[393]

（iv）歧视能否使其他交易方处于竞争劣势？

《欧盟运行条约》第102条第2款（c）项的措辞明确要求，滥用的一个组成部分是造成竞争劣势。[394] 在某些情况下，对该问题的关注很少。欧洲法院在 *Corsica Ferries* 案[395]中说，《欧盟运行条约》第102条第2款（c）项适用于与贸易伙伴进行同等交易的不同条件，根本没有提到竞争劣势的要求。[396] 欧盟委员会关于欧盟机场的决定[397]很少关注竞争劣势的必要性，*Deutsche Post AG—Interception of Cross - border mail* 案[398]也是如此。获罪的这一要素可能会以一种特别自由的方式适用，如在那些决定和在 *Corsica Ferries* 案中那样，歧视是在国家范围内进行的，这不利于（但不是竞争劣势）其他成员国的企业。

在 *British Airways v Commission* 案[399]中，欧洲法院考虑了第102条第2款（c）项中竞争劣势的要求。[400] 很明显，此条款下的案例有必要表明竞争是扭曲

---

[389] 同上，第52~53段。
[390] 同上，第54~57段。
[391] 2013年10月17日的欧盟委员会决定。
[392] 同上，第90~110段。
[393] 同上，第108段。
[394] 参见案例85/76 *Hoffmann - La Roche v Commission* EU：C：1979：36（特别发现竞争劣势）。
[395] 案例C - 18/93 *Corsica Ferries Italia Srl v Corporazione dei Piloti del Porto di Genova* EU：C：1994：195。
[396] 同上，第43段。
[397] 参见第18章脚注[387]。
[398] OJ［2001］L 331/40，第121~134段。
[399] 案例C - 95/04 P *British Airways plc v Commission* EU：C：2007：166。
[400] 同上，第142~148段。

的，扭曲可能是发生在占支配地位的企业的供应商之间或顾客之间，[401] 必须有歧视行为：

> 往往会扭曲这种竞争关系，换句话说，会阻碍该业务的某些商业伙伴相对于其他商业伙伴的竞争地位。[402]

法院认为，该行为“趋向于”扭曲竞争关系就足够了，无须显示单独衡量的业务合作伙伴竞争地位的实际可量化下降。[403] 欧洲法院的结论是，欧盟普通法院已充分证明英国航空公司的价格歧视行为满足了对《欧盟运行条约》第102条第2款（c）项的要求。[404]

在 *Clearstream v Commission* 案[405]中，欧盟普通法院裁定，在5年内对贸易伙伴的歧视持续不断，这不会使该贸易伙伴处于竞争劣势。[406]

在 *MEO* 案中，葡萄牙国家版权局决定对葡萄牙版权集体管理协会不采取任何行动，该协会向 MEO 收取与另一家电视公司不同价格以获得同等服务。欧洲法院在第267条中提到[407]，一家企业必须支付比另一家更高的价格这一事实并不意味着竞争就被扭曲了。有必要检查案件的所有相关情况以确立竞争劣势，以使歧视性价格对贸易伙伴与其竞争对手相比具有成本、利润或任何其他相关利益的影响。

（v）歧视是否具有客观理由？

占支配地位的企业可能能够成功辩称歧视是客观上合理的或提高了效率。如前所述，差异定价可能会增加一家占支配地位的企业的产量，并使客户能够获得他们原本无法负担的产品。在 *Portugal v Commission* 案中，葡萄牙没有为其歧视性折扣提供任何客观理由。[408]

---

[401] 同上，第143段。

[402] 同上，第144段。

[403] 同上，第145段。

[404] 同上，第146～148段；另见总检察长科科特观点的第104～112段，案例 C－109/10 P *Solvay SA v Commission* EU：C：2011：256，批评欧盟普通法院未能分析 Solvay 客户之间的竞争关系；出于程序原因，欧洲法院撤销了欧盟普通法院的判决。

[405] 案例 T－301/04 EU：T：2009：317。

[406] 同上，第194段。

[407] 案例 C－525/16 *MEO v Autoridade da Concorrência* EU：C：2018：270，第26段、第28段、第37段；该案第31段中，法院援引 *Intel* 案（本章脚注[17]）的情况来确定竞争劣势。

[408] 案例 C－163/99 EU：C：2001：189，第67～78段。

（C）英国法律

在 *BT/BSkyB broadband promotion* 案[409]中，电信局得出结论认为，与推广 BT 宽带服务有关的任何歧视都不会对竞争产生实质性影响，在 *BT TotalCare* 案[410]中，电信局拒绝了有关 BT 犯有提供某些宽带服务歧视的指控。

在 *English Welsh & Scottish Railway* 案[411]中，铁路管理局发现 EW&S 以多种方式滥用了其支配地位，包括区分客户。[412]

在 *Purple Parking v Heathrow Airport* 案[413]中，高等法院得出结论认为，Heathrow Airport 在提供进入 1 号、3 号和 5 号候机楼前庭的规定方面，被判犯有滥用性歧视。在 *Arriva The Shires v Luton Airport* 案[414]中，高等法院认为 Luton Airport 所授予的特许经营条款是非法歧视的，因为其中一名大巴运营商优于另一名运营者。

通信管理局已向 Royal Mail 发送了反对声明，指责该企业以歧视性的方式对待客户 Whistl UK，违反了《欧盟运行条约》第 102 条第 2 款（c）项和 1998 年英国竞争法第 18 条第 2 款（c）项。截至 2017 年 12 月 8 日，案件仍在继续。[415]

9. 对单一市场有害的定价实践

欧盟委员会和欧盟法院将谴责占支配地位的企业对单一市场有害的定价做法。[416] 为防止平行进口而收取的高价将违反《欧盟运行条约》第 102 条。

（A）定价过高阻碍了平行进出口

在 *BL* 案[417]中，欧盟委员会谴责该企业向来自欧洲大陆的任何 BL 汽车进口商收取 150 英镑的费用，该进口商需要获得类型批准证书才能使汽车在英国行

---

[409] 电信局 2003 年 5 月 19 日的决定。

[410] 电信局 2003 年 6 月 10 日的决定。

[411] 铁路管理局 2006 年 11 月 17 日的决定。

[412] 参见决定的第ⅡB 部分。

[413] ［2011］EWHC 987（Ch），第 132～141 段（与等值交易的条件不同），第 145～167 段（竞争性劣势）和第 179～241 段（没有客观公正）。

[414] ［2014］EWHC 64（Ch），第 124～130 段。

[415] 参见通信管理局更新说明 2015 年 7 月 28 日，可在 www. ofcom. org. uk 上查阅。

[416] 参见案例 7/82 *GVL v Commission* EU：C：1983：52。

[417] OJ［1984］L 207/11。

驶。过度定价的目的不是通过垄断赚取过多利润，而是阻止向英国的平行进口，欧盟委员会的行动是出于单一市场考虑，而不是出于希望自己成为价格监管者的动机，*General Motors* 案的情况是一样的。[418] 欧洲法院在上诉中维持了欧盟委员会在 *BL* 案中的决定，法院法官认为 BL 收取的价格与所提供服务的价值不成比例。[419] 在 *Deutsche Post AG—Interception of Cross - border mail* 案[420]中，欧盟委员会认为，德国邮政通过对跨境邮件的继续传输收取过多的费用，阻止邮件系统的用户利用发展中的邮政服务单一市场。

（B）地理上的价格歧视

在 *United Brands v Commission* 案[421]中，欧洲法院裁定，UBC 滥用其支配地位，对其目的地成员国香蕉收取不同的价格。它把香蕉卖给了鹿特丹和不来梅港的分销商，运往爱尔兰的香蕉的价格最低，而运往西德的香蕉的价格最高。不同的价格不是基于成本的差异，实际上，UBC 支付给爱尔兰的运输费用要比其他国家高，因此，那里的价格应该更高。UBC 还因在与分销商的合同中加入条款而受到谴责，该条款通过禁止出口未成熟的香蕉来防止从一个国家向另一个国家的平行进口。[422]

这个决定很有趣[423]，UBC 声称必须通过对所有成员国采取统一的定价政策来实现商品市场，这对欧盟委员会而言是不合理的要求。欧洲法院驳回说，供应商可以根据当地的供求条件来收取费用，也就是说，没有义务在整个欧盟范围内收取统一的价格。但是，它补充说，只有在供应商经营的市场层面上才需考虑到供需平衡。在 *united Brands* 案中，这意味着只有特定成员国的零售商才能考虑市场可以提供的价格。UBC 无法做到这一点，因为它没有在成员国以零售水平出售香蕉，它在鹿特丹和不来梅港向分销商供货。在欧洲法院看来，UBC 有权仅在有限的范围内考虑当地市场情况。有人对此进行了质疑，零售水平的供求将不可避免地对 UBC 产生反向影响，无论如何，它应聘用员工而非零售商进行市场研究并监控整个欧盟需求水平。对判决的另一种批评是，判

[418] OJ［1975］L29/14，因缺乏证据在上诉案 26/75 *General Motors v Commission* EU：C：1975：150 中被撤销。

[419] 案例 226/84 EU：C：1986：421。

[420] OJ［2001］L 331/40。

[421] 案例 27/76 EU：C：1978：22。

[422] 参见第 17 章第 881 ~882 页“对内部市场有害的非定价滥用行为”。

[423] 有关批评参见：BISHOP W. Price Discrimination under Article 86：Political Economy in the European Court［J］. Modern Law Review，1981，44：282；ZANON D V. Price Discrimination under Article 86 of the EEC Treaty：the *United Brands* Case［J］. International and Comparative Law Quarterley，1982，31：36.

决可能产生不良的再分配效应。UBC 合乎逻辑的回应是，要收取高于爱尔兰但低于德国的统一价格，这将使德国人受益，而爱尔兰人将因此而受损。因此，有争议的是，不应谴责 *United Brands* 案中的歧视，正确的做法是认定对未成熟（绿色）香蕉的禁止出口是滥用，因为这实际上损害了单一市场。如果没有这种做法，香蕉本来可以从欧盟的低价地区转向高价地区。

欧盟委员会还谴责了 *Tetra Pak Ⅱ* 案[424]中的地域价格歧视。欧盟委员会得出结论，相关地理市场是整个欧盟，但 Tetra Pak 收取的价格因成员国而异。欧盟委员会说，价格差异无法用经济学来解释，缺乏客观理由。之所以能够实现这些目标，是因为 Tetra Pak 采取了市场分割政策，并根据其他滥用行为坚持了这一政策。

（C）阻碍进出口的回扣

欧盟委员会将谴责回扣和类似做法，这些做法会影响进出口。旨在阻止客户从其他成员国进口的定价做法在 *Plasterboard* 案[425]和 *Michelin Ⅱ* 案[426]中被滥用。欧盟委员会对 *Irish Sugar* 案[427]的决定是出于单一市场考虑。Irish Sugar 在爱尔兰食糖市场上的份额超过 90%，被发现通过限制来自其他成员国的竞争进行了滥用。特别是，Irish Sugar 被发现为法国糖进口商的顾客提供了选择性的低价，并向与北爱尔兰接壤的顾客提供了“边境退税”，因此它们有能力从法国购买便宜的英国糖。在上诉后，欧盟普通法院废除了前一个裁定[428]，但同意边境退税是非法的。[429] 欧盟普通法院强调了相邻市场对一个国家市场的竞争影响的重要性，因为这是内部市场的本质。[430]

---

[424] OJ［1992］L 72/1，第 154 段、第 155 段、第 160 段，上诉维持原判案例 T-83/91 *Tetra Pak International SA v Commission* EU：T：1994：246，进一步上诉维持原判案例 C-333/94 P *Tetra Pak International SA v Commission* EU：C：1996：436。

[425] 案例 T-65/89 *BPB Industries plc and British Gypsum v Commission* EU：T：1993：31，第 117 ~122 段。

[426] OJ［2002］L 143/1，第 240 ~247 段、第 271 段、第 312 ~314 段。

[427] OJ［1997］L 258/1。

[428] 案例 T-228/97 *Irish Sugar v Commission* EU：T：1999：246，第 117 ~124 段。

[429] 同上，第 173 ~193 段。

[430] 同上，第 185 段。

第 19 章 知识产权与竞争法的关系

本章探讨了知识产权与竞争法之间的关系。第 1 节是简要介绍，第 2 节讨论《欧盟运行条约》第 101 条在知识产权许可中的应用，第 3 节研究第 316/2014 号条例的条款❶，即技术转让协议的集体豁免，第 4 节探讨将第 101 条应用于与知识产权有关的其他各种协议，例如技术池和诉讼和解。第 5 节是第 102 条适用于占支配地位的企业行使其知识产权的方式，其中包括对有争议的拒绝许可知识产权的讨论。本章的第 6 节介绍英国法律的立场。

1. 简　介

(A) 定　义

本章不详细讨论知识产权的实体法。❷ 就现状而言，知识产权包括专利、

---

❶ OJ [2014] L 93/17。

❷ 有关法律资料参见：CORNISH W，LLEWELLYN D，APLIN D T. Intellectual Property：Patents，Copyrights，Trademarks and Allied Rights [M]. 8th ed. London：Sweet & Maxwell，2013；BENTLY L，SHERMAN B. Intellectual Property Law [M]. 4th ed. Oxford：Oxford University Press，2014；JACOB R，ALEXANDER D，FISHER M. Guidebook to Intellectual Property [M]. Oxford：Hart Publishing，2014；TORREMANS P，HOLYOAK J. Intellectual Property Law [M]. 8th ed. Oxford：Oxford University Press，2016. 专门讨论知识产权与欧盟竞争法之间的关系参见：KORAH V. Intellectual Property Rights and the EC Competition Rules [M]. Oxford：Hart Publishing，2006；EHLERMANN K，ATANASIU I. European Competition Law Annual：The Interaction Between Competition Law and Intellectual Property Law [M]. Oxford：Hart Publishing，2007；ANDERMAN S. The Interface Between Intellectual Property Rights and Competition Policy [M]. Cambridge：Cambridge University Press，2007；STOTHERS C. Parallel Trade in Europe：Intellectual Property，Competition and Regulatory Law [M]. Oxford：Hart Publishing，2007；OLIVER P，Oliver on Free Movement of Goods in the European Union [M]. 5th ed. Oxford：New Hart，2010；LESLIE C R. Antitrust Law and Intellectual Property Rights：Cases and Materials [M]. Oxford：Oxford University Press，2010；GHIDINI G. Innovation，Competition and Consumer Welfare in Intellectual Property Law [M]. London：Edward Elgar，2010；ANDERMAN S，SCHMIDT H. EU Competition Law and Intellectual Property Rights：The Regulation of Innovation [M]. 2nd ed. Oxford：Oxford University Press，2011；KÄSEBERG T. Intellectual Property，Antitrust and Cumulative Innovation in the EU and the US [M]. Oxford：Hart Publishing，2012；ROSE V，BAILEY D. Bellamy and Child：European Union Law of Competition [M]. 7th ed. Oxford：Oxford University Press，2013；TRITTON G. Intellectual Property in Europe [M]. 4th ed. London：Sweet & Maxwell，2014；FAULL J，NIKPAY A. The EU Law of Competition [M]. 3rd ed. Oxford：Oxford University Press，2014；TURNER J D C. Intellectual Property and EU Competition Law [M]. 2nd ed. Oxford：Oxford University Press，2015；HEMPHILL S. Intellectual Property and Competition Law [M] //DREYFUSS R，PILA J. Oxford Handbook of Intellectual Property Law. Oxford：Oxford University Press，2017.

已注册和未注册的设计，包括计算机软件的版权、商标以及类似权利，例如植物新品种等。还应考虑包括专门知识，这些专门知识是为了对技术转让协议进行集体豁免而定义的，是“由经验和测试产生的一整套实用信息”。此类信息必须是秘密的与实质性的，并且必须以充分的方式加以识别，能以全面的方式验证它是秘密性和实质性[3]；尽管不是严格意义上的知识产权[4]，但是技术秘密可能是非常有价值的，并且可能可以以颇为丰厚的价格出售或“许可”。

（B）知识产权与单一市场

一般而言，知识产权是国家法律体系的产物，并受其保护。但是，国际贸易的增长使得国际合作增加，例如《专利合作条约》。[5] 不同国家的知识产权的法律存在给欧盟带来了特殊的困难，因为这不利于单一市场整合的目标。本章的大部分内容都与以下问题有关：知识产权可能会以分割内部市场的方式使用。尽管该条约不影响知识产权的存在，但在某些情况下，欧盟法律可能会限制行使这些权利。[6] 当行使这些权利似乎是协议的目的、手段或结果时，就可能属于这种情况。[7]

欧盟法院制定了权利用尽原则，防止已同意在欧盟内部市场上销售商品的企业使用国家或地区知识产权来阻止这些商品在欧盟内部自由流动。[8] 该原则不适用于在欧盟以外投放市场的商品。[9]《欧盟运行条约》第118条第1款规定，欧洲议会和理事会必须建立欧盟知识产权，采取各种协调措施以减少不同国家或地区法律体系之间的差异。[10] 欧盟商标法规允许授予欧盟范围内的单个商标[11]，共同体外观设计条例对外观设计作出了类似的规定。[12] 还有两个具有

---

[3] 第316/2014号条例，第1条第1款（ⅰ）项；该条例在本章第966～977页“技术转让协议：第316/2014号条例”中进行了讨论。

[4] 技术秘密受债权法保护。有关技术秘密，参见：CORNISH W，LLEWELLYN D，APLIN D. Intellectual Property：Patents，Copyrights，Trademarks and Allied Rights［M］. 8th ed. London：Sweet & Maxwell，2013：ch 8.

[5] 参见 www.wipo.int/pct/en；进一步参见：CORNISH W，LLEWELLYN D，APLIN D. Intellectual Property：Patents，Copyrights，Trademarks and Allied Rights［M］. 8th ed. London：Sweet & Maxwell，2013：paras 1.30－1.34.

[6] 参见案例78/70 *Deutsche Grammophon v Metro* EU：C：1971：59，第11段。

[7] 案例T－472/13 *Lundbeck v Commission* EU：T：2016：449，第486段和引用的案例。

[8] 参见：COATES K，KYØLBYE L，PEEPERKORN L. Intellectual Property［M］//FAULL J，NIKPAY A. The EU Law of Competition. 3rd ed. Oxford：Oxford University Press，2014：Paras 10.36－10.58.

[9] 同上，第10.51～10.55段。

[10] 参见关于电脑软件的第2009/24号指令，OJ［2009］L 111/16；关于出租权的第2006/115号指令，OJ［2006］L 376/28；关于版权期限的第2006/116号指令，OJ［2006］L 372/12，被第2011/77号指令（［2011］L 265/1）修订；关于卫星广播和电缆传输的第93/83号指令，OJ［1993］L 248/15；关于数据库的第96/9号指令，OJ［1996］L 77/20；关于生物技术的第98/44号指令，OJ［1998］L 213/3；关于设计的第98/71号指令，OJ［1998］L 289/28；关于版权及相关权利的第2001/29号指令，OJ［2001］L 167/10；关于孤儿作品的第2012/28号指令，OJ L 299/5。

[11] 第2017/1001号条例，OJ［2017］L 154/1，2017年10月1日生效。

[12] 第6/2002号条例，OJ［2002］L 3/1。

统一效力的欧洲专利的实施细则[13]，以及建立统一专利法院的协定[14]。这些条款尚未生效，如果该协定获得批准，将使整个欧盟大部分地区的一个单一专利在一个法院中执行[15]。欧盟委员会还提出提案，以使欧盟在线内容版权立法现代化，这是其“单一数字市场战略”的一部分。[16]

（C）知识产权与竞争法之间是否存在不可避免的紧张关系?

知识产权的基本特征是，它们授予所有者以特定方式行事的专有权利。例如，1977 年英国专利法授予专利所有人 20 年内防止他人生产专利商品或实施专利工艺的权利；如果发明是新颖的，涉及发明的步骤并且能够进行工业应用，则可以授予专利。[17] 从经济意义上说，专利并不一定会使专利权人成为垄断者，可能还有其他产品在专利的相关领域竞争。但是，欧盟普通法院指出，专有权的拥有通常会使竞争者远离，因为公共法规要求他们尊重其专有权。[18]

因为知识产权一方面赋予所有者专有权，而另一方面竞争法则努力保持市场开放，因此很容易假设这两个法律和政策领域之间存在内在的紧张关系。[19]

---

[13] 第 1257/2012 号条例，OJ［2012］L 361/1；第 1260/2012 号条例，OJ［2012］L 361/89。有关产生统一专利保护的权力，参见案例 C－274/11 *etc Spain and Italy v Council* EU：C：2013：240。

[14] EU Doc 16351/12；参见 www. unified－patent－court. org。

[15] 参见 www. ec. europa. eu/growth/industry/intellectual－property/patents/unitary－patent_en。

[16] 参见 www. ec. europa. eu/digital－single－market/en/policies/copyright。

[17]《欧洲专利公约》第 52 条第 1 款；有关专利法律参见：CORNISH W，LLEWELLYN D，APLIN D T. Intellectual Property：Patents，Copyrights，Trademarks and Allied Rights［M］8th ed. London：Sweet & Maxwell，2013：chs 3－7.

[18] 案例 T－321/05 *AstraZeneca AB v Commission* EU：T：2010：266，第 362 段。

[19] 有关知识产权与竞争法和竞争政策之间关系的一般性讨论，参见：CORNISH W，LLEWELLYN D，APLIN D T. Intellectual Property：Patents，Copyrights，Trademarks and Allied Rights［M］. 8th ed. London：Sweet & Maxwell，2013；BENTLY L，SHERMAN B. Intellectual Property Law［M］. 4th ed. Oxford：Oxford University Press，2014；JACOB R，ALEXANDER D，FISHER M. Guidebook to Intellectual Property［M］. Oxford：Hart Publishing，2014；TORREMANS P，HOLYOAK J. Intellectual Property Law［M］. 8th ed. Oxford：Oxford University Press，2016. 专门讨论知识产权与欧盟竞争法之间的关系，参见：KORAH V. Intellectual Property Rights and the EC Competition Rules［M］. Oxford：Hart Publishing，2006；EHLERMANN K，ATANASIU I. European Competition Law Annual：The Interaction Between Competition Law and Intellectual Property Law［M］. Oxford：Hart Publishing，2007；ANDERMAN S. The Interface Between Intellectual Property Rights and Competition Policy［M］. Cambridge：Cambridge University Press，2007；STOTHERS C. Parallel Trade in Europe：Intellectual Property，Competition and Regulatory Law［M］. Oxford：Hart Publishing，2007；OLIVER P. Oliver on Free Movement of Goods in the European Union［M］. 5th ed. Oxford：Hart Publishing，2010；LESLIE C R. Antitrust Law and Intellectual Property Rights：Cases and Materials［M］. Oxford：Oxford University Press，2010；GHIDINI G. Innovation，Competition and Consumer Welfare in Intellectual Property Law［M］. London：Edward Elgar，2010；ANDERMAN S，SCHMIDT H. EU Competition Law and Intellectual Property Rights：The Regulation of Innovation［M］. 2nd ed. Oxford：Oxford University Press，2011；KASEBERG T. Intellectual Property，Antitrust and Cumulative Innovation in the EU and the US［M］. Oxford：Hart Publishing，2012；ROSE V，BAILEY D. Bellamy and Child：European Union Law of Competition［M］. 7th ed. Oxford：Oxford University Press，2013；TRITTON G. Intellectual Property in Europe［M］. 4th ed. London：Sweet & Maxwell，2014；FAULL J，NIKPAY A. The EU Law of Competition［M］. 3rd ed. Oxford：Oxford University Press，2014；TURNER J D C. Intellectual Property and EU Competition Law［M］. 2nd ed. Oxford：Oxford University Press，2015；HEMPHILL S. Intellectual Property and Competition Law［M］// DREYFUSS R，PILA J. Oxford Handbook of Intellectual Property Law. Oxford：Oxford University Press，2017.

但是，通常认为这是简单且错误的理解。[20] 正如欧盟委员会《关于将〈欧盟运行条约〉第101条适用于技术转让协议的指南》[21]（以下简称《技术转让指南》）第7段所述：

> 的确，这两个法律体系都具有促进消费者福利和有效分配资源的相同基本目标。创新是开放和竞争性市场经济的重要组成部分。

同样，美国司法部和联邦贸易委员会已经认识到，知识产权法和反托拉斯法协同工作，以更低的价格为消费者提供更好的新技术、产品和服务。[22] 欧盟委员会竞争专员维斯塔格说，竞争法可以“在行使知识产权法的方式可能不足以促进消费者福利的情况下对知识产权法进行补充”。[23] 确定在什么时候（如果有的话）行使知识产权可能对消费者的福利有害，以至于竞争法应凌驾于知识产权法的地位之上，这是一件困难而微妙的事情。

2. 知识产权许可：第101条

（A）简　介

专利权人可以决定向另一家企业授予专利许可，而不是生产专利产品或自行实施专利权。其他任何知识产权也可能如此。企业选择授予许可证的原因有很多：专利权人可能缺乏大量的生产资源，它可能希望将其生产限制在特定的地理区域，并授予其他地域的许可证；或者它可能希望将专利用于一种目的，

---

[20] 参见：TOM W K，NEWBERG J A. Antitrust and Intellectual Property：From Separate Spheres to Unified Field［J］. Antitrust Law Journal，1997，66：167；关于在美国过去50年里“反垄断对知识产权的故意明显减少”。另见 *Report for the European Commission on Multi－Party Licensing*（Charles River Associates，April 2003），第58～59页；KOVACIC W E，REINDL A P. An Interdisciplinary Approach to Improving Competition Policy and Intellectual Property Policy［J］. Fordham International Law Journal，2005，28：1062；LIANOS I. Competition Law and Intellectual Property Rights：Is the Property Rights' Approach Right?［M］// BELL J，KILPATRICK C. Cambridge Yearbook of European Legal Studies. Oxford：Hart，2006；HOVENKAMP H，JANIS M D，LEMLEY M A. IP and Antitrust：An Analysis of Antitrust Principles Applied to Intellectual Property Law［M］. 2nd ed. Amsterdam：Wolters Kluwer，2010；JACOB R. Competition Authorities Support Grasshoppers：Competition Law as a Threat to Innovation［J］. Competition Policy International，2013，9：15.

[21] OJ［2014］C 89/3。

[22] *Antitrust Enforcement and Intellectual Property Rights*：*Promoting Innovation and Competition*（April 2007）；另见 *To Promote Innovation*：*The Proper Balance of Competition and Patent Law and Policy*（October 2003）和 *The Evolving IP Marketplace*：*Aligning Patent Notice and Remedies with Competition*（March 2011），全部可在 www. ftc. gov 上查阅。

[23] 参见维斯塔格2015年9月11日的演讲，可在 www. ec. europa. eu 上查阅。

并允许被许可人将其用于其他目的；专利权人可能希望对其被许可人施加各种限制，例如，关于生产的产品数量或质量或出售价格的限制。这些规定与专利权人自己的产品有关，因此只能限制“技术内竞争”。[24]

控制专利许可中的技术内竞争限制的论点是微不足道的。专利权人享有生产和销售专利商品的专有权利，但为什么它不应该对被许可人施加限制，这一点尚不明确；其这样做的权利来自法律赋予的权利。的确，通过授予许可将被许可人引入市场可以被视为竞争的加剧，而没有许可的市场根本就不存在。[25]技术转让协议的集体豁免和《技术转让指南》认为[26]，许可证通常可以提高经济效率并具有竞争优势。[27] 即使专利权人施加了技术内竞争的限制，也有可能通过使用竞争性技术刺激企业之间的竞争来补偿这些限制，即所谓的“技术间竞争”。

《欧盟运行条约》第101条第1款已适用于专利（及其他）许可中的技术内限制，特别是在划分国家或地区市场的地方，“单一市场必要性”在欧盟竞争法领域的影响力与其他地方一样。[28]《技术转让指南》将技术内竞争作为对技术间竞争的重要补充，因为它可能使得采用许可技术的产品的价格降低。[29]专利许可中的某些术语可能会影响技术间竞争。例如，要求被许可人仅从专利权人那里获取特定技术或产品的捆绑条款，以及禁止被许可人竞争或处理与专利权人竞争的技术或产品的非竞争条款，诸如此类的规定可能会排除其他生产者的机会。也可以对试图将专利权人的权利扩展到法律所给予的保护之外的条款提出异议。

（B）知识产权许可中的典型条款

它将有助于对欧盟关于许可协议的法律的了解，了解其中可能存在的典型条款。在没有法律管制的情况下，协议的当事方需要通过谈判来解决许可条款。假定专利权人是个人发明人，而其潜在的被许可人是有实力的企业，在这种情况下前者的地位可能很弱，因此专利权人处于更强大的议价地位是错误的。

---

[24] 有关该表达的讨论参见《技术转让指南》第11~12段。

[25] 欧盟委员会《关于专利许可协议的通知》（JO［1962］2922）表达了其观点；该通知在1984年被撤销，OJ［1984］C 220/14。

[26] 第316/2014号条例评论4，OJ［2014］L 93/17。

[27] 《技术转让指南》第8段、第9段、第17段、第156段。

[28] 参见第1章第27~28页“单一市场势在必行”以及第2章第62~63页“单一市场势在必行”。

[29] 《技术转让指南》第27段。

（i）地域排他性

被许可人可能会认为，利用专利的风险情况是，所需的大量投资资本如此之大，以至于除非获得许可方（还有其他被许可人及其客户）免受技术内竞争的豁免，否则根本不值得获得许可，[30] 这些问题已经在纵向协议中进行了讨论。[31] 被许可人通常比单纯的分销商承担更大的风险，因为它必须在生产和分销方面进行投资，因此可能比分销商需要更多的保护防止搭便车。被许可人需要衡量排他性程度，除了任何限制性的法律限制外，实际提供的金额将由许可方和被许可方之间的讨价还价解决。[32]

许可人可以授予被许可人在特定地域上制造和销售产品的专有权利，并同意不向那里的任何其他人授予类似的权利。在这种情况下，许可人保留在本国境内生产产品的权利，这被称为排他许可。如果许可人还同意不在被许可人自己的地域内生产产品（独占许可），则可以将独占许可与排他许可区分开来。与排他许可相比，独占许可为被许可人提供了更多的保护。如果许可方同意对其他被许可方实施出口禁令，以阻止它们或要求它们的客户不得向许可区域销售，则可以进一步提高被许可方的地位。除了实行出口禁令外，还有间接的方法可以达到相同的目的，例如，最大数量条款可以将被许可人可以生产的数量限制在其国内市场的预期需求水平上。

地域排他性不仅在实体市场上很重要，而且在数字经济中也很重要，例如，可以通过在一个成员国中“地理封锁”来在线观看在另一成员国中获得的电影和视频游戏来实现。[33] 如果这样做的结果是阻止企业接受使用新技术的许可，那么法律就不希望干预和禁止排他性。正如我们将看到的，仅授予知识产权许可中的地域专有权并不一定会违反《欧盟运行条约》第101条第1款，这将取决于其对市场的影响。但是，考虑单一市场整合的必要性，如果许可人授予被许可人绝对的地域保护，以防止任何形式的技术内竞争，那么几乎肯定会违反《欧盟运行条约》第101条第1款，也不大可能会符合第101条第3款的豁免要求。

（ii）许可费

许可人通常会要求被许可人支付使用专利的特许权使用费。[34] 各方通常可

---

[30] 同上，第8段。

[31] 参见第16章第777～780页“纵向协议：可能有利于竞争”。

[32] 进一步参见《技术转让指南》，第189～203段。

[33] 参见 European Commission's Final Report on the E-commerce Sector Inquiry, 10 May 2017, SWD (2017) 154 final，可在 www.ec.europa.eu 上查阅。

[34] 《技术转让指南》，第184～188段。

以自由确定应支付的专利使用费和付款方式，而不会违反《欧盟运行条约》第101条第1款。许可人可能要求被许可人一次性付款，在某些情况下当事方可能会同意一项利润分享计划。许可人可能会在生产开始前就要求付款。许可人可能会规定，被许可人必须为使用不再属于专利范围的技术而支付使用费。根据第101条第1款，被许可人可以自由终止许可。[35]

(iii) 期　限

许可人将指定协议的期限。它可能决定仅授予有限许可，该许可将在专利之前到期，然后可以重新考虑其地位。或者许可也可以在专利到期之后继续使用，例如，通过要求被许可人继续付特许权使用费或获得新发现技术的许可，这些规定可能被视为对专利授予权利的不必要扩展。

(iv) 使用领域限制

共同条款是对使用领域的限制，许可人通过这种方式限制被许可人生产用于特定目的的产品的权限，受专利保护的化学药品在医学上和工业上都可能是有用的，并且被许可人仅可以出于一种目的而仅限于生产使用领域的条款[36]，通常被视为专利权人立场上的合理利用。尽管该限制可能会违反第101条，因为该条款对单一市场进行了分割。[37]

(v) 尽力履行与竞争禁止条款

为了确保被许可人利用专利（并且专利权人获得足够的特许权使用费），可能要求被许可人生产最小数量或尽最大努力做到这一点。[38] 竞争禁止条款（其中禁止被许可人使用其自身或竞争对手的技术完全禁止竞争的条款）可能会鼓励其专注于生产专利产品。如果该条款具有反竞争的封锁效应，则可以适用《欧盟运行条约》第101条第1款。

(vi) 不质疑条款

许可人可以坚持提出不质疑条款，据此，被许可人同意不对所涉知识产权的有效性提出异议。[39] 对专利过程有深入了解的被许可人最能证明该专利缺乏独创性，并且如果许可人知道被许可人可能通过成功申请撤销专利而损害其地

---

[35] 案例C－567/14 *Genentech Inc v Hoechst and Sanofi-Aventis Deutschland* EU：C：2016：526，第39段和引用的案例。

[36] 《技术转让指南》，第208～215段。

[37] 参见 *Windsurfing International* OJ［1983］L 229/1，在上诉案193/83 *Windsurfing International Inc v Commission* EU：C：1986：75中被实质性支持。

[38] 参见《技术转让指南》，第226～233段。

[39] 同上，第133～140段。

位，则许可人可能根本不愿授予许可。[40]

（vii）改　进

许可人可能会担心，被许可人会在使用专利后基于可获得的知识而发展成为强大的竞争者。因此，它可能会要求被许可人将所获得的任何技术秘密或知识产权返还给它，而不向其他任何人授予许可。[41] 如果许可人要求被许可人告知或授权其技术秘密，则被许可人可以反对这种做法，因为这使被许可人失去了将技术转让给第三方的机会。

（viii）搭售和捆绑

许可人可以以被许可人获得另一项技术的许可或从许可人或指定的第三方购买产品为条件来授予技术许可，或者可以将两种技术或一种技术和一种产品捆绑在一起。[42] 这些做法可以阻止进入市场，但如果它是质量控制中必不可少的要素，则也可能会带来经济效率。

（ix）价格、条款和条件

许可人可能希望确定被许可人出售的价格或出售的条件。但是欧盟委员会认为，被许可人在将专利产品推向市场时应自由决定定价和销售政策。

（C）第101条第1款在知识产权许可中的适用

（i）专利许可：地域排他性

欧盟委员会从20世纪70年代初开始的一系列决定将《欧盟运行条约》第101条第1款应用于专利许可中的各种条款，尤其是地域限制，尽管在某些情况下，欧盟委员会认为其满足第101条第3款的豁免标准。[43] 当前的立场是，仅授予专利被许可人专有的地域权并不一定会违反《欧盟运行条约》第101

---

[40] 参见案例65/86 *Bayer and Maschinenfabrik Hennecke* EU：C：1988：448，第15～19段。

[41] 《技术转让指南》，第129～132段。

[42] 同上，第221～225段。

[43] 按时间顺序，欧盟委员会关于专利许可的决定是：*Burroughs AG and Deplanque & Fils Agreement* OJ［1972］L 13/50；*Burroughs AG and Geha - Werke GmbH Contract* OJ［1972］L 13/53；*Davidson Rubber Co Agreements* OJ［1972］L 143/31；*Raymond and Nagoya Rubber Ltd Agreement* OJ［1972］L 143/39；*Kabelmetal/Luchaire* OJ［1975］L 222/34；*Zuid - Nederlandsche Bronbemaling en Grondboringen BV v Heidemaatschappij Beheer NV* OJ［1975］L 249/27；*AOIP v Beyrard* OJ［1976］L 6/8；*Vaessen BV v Moris* OJ［1979］L 19/32；*IMA AG Windsurfing International Inc* OJ［1983］L 229/1，在上诉案193/83 *Windsurfing International Inc v Commission* EU：C：1986：75中基本得到维持；*Velcro/Aplix* OJ［1985］L 233/22；欧盟委员会已就采用类似原则的其他类型的许可作出了决定：按照时间顺序，欧盟委员会关于专有技术许可的决定是：参见例如本章脚注[64]。

条第 1 款。[44] 正如《技术转让指南》所证明的那样，对地域排他性相对温和。[45]

在 *Consten and Grundig v Commission* 案中，法院裁定，知识产权的使用可以助长违法行为，使分销商在其分配的地域上享有绝对的地域保护。*Consten and Grundig* 案严格对待该协议的原因是，它超出了在法国授予独家分销权的范围，为 Consten 分配了法国的 GINT 商标，从而使 Consten 能够排斥其他成员国的平行进口。[46] 欧洲法院在此案中所作出的区分，一方面是存在知识产权，另一方面是不正当行使知识产权。这为这一领域的许多法律奠定了释法基础，特别是权利用尽学说。

在 *Nungesser v Commission* 案（通常称为“*Maize Seeds* 案”）[47] 中，法院必须考虑植物新品种（育种者）权利[48]的独占许可是否因其性质而违反了第 101 条第 1 款，换句话说，此类协议是否以限制竞争为目的。[49] 法院需要区分：

- “开放式独占许可”，即许可人同意不对被许可人地域内的任何其他人进行许可，并且自己不在那里竞争；和
- “封闭式独占许可”，可消除来自第三方的所有竞争。[50]

关于开放式独占许可，首先，欧洲法院指出，除非知道它不会在其地域内遭受其他被许可人的技术内竞争，否则可能阻止新技术的被许可人承担种植和销售新产品的风险。[51] 其次，不影响平行进口者等第三方地位的开放许可证没有限制竞争的目的，将《欧盟运行条约》第 101 条适用于此类协议，需要评估其对竞争的影响。[52] 封闭式独占许可证赋予被许可人绝对的地域保护，因此很可能会被《欧盟运行条约》第 101 条第 1 款所适用[53]，并且不太可能从第

---

[44] 《技术转让指南》，第 10 ~ 18 段和第 156 段及之后段落；有关美国的立场参见 DoJ/ FTC *Antitrust Guidelines for the Licensing of Intellectual Property* of 6 April 1995，可在 www. justice. gov/atr 上查阅；《技术转让指南》在第 2. 0 段中指出，知识产权的市场力量是不可推翻的，美国最高法院在 *Illinois Tool Works Inc v Independent Ink Inc* 547 US 28（2006）案中同意这一点；该指南还指出，知识产权许可通常具有竞争优势；该指南中的方法建议许可中的条款应遵循“合理规则”标准，该方法已获得美国司法部/美国联邦贸易委员会 2007 年 4 月关于反托拉斯执法和知识产权的报告的认可：特别参见报告第 4 章。

[45] 《技术转让指南》，第 189 ~ 203 段。

[46] 参见第 3 章第 167 页“客观上必要的协议”。

[47] 案例 258/78 EU：C：1982：211。

[48] 植物新品种权利类似于专利。

[49] 参见第 3 章第 149 ~ 161 页“以排除、限制或扭曲竞争为目的的协议”，讨论以限制竞争为目标的协议。

[50] 案例 258/78 EU：C：1982：211，第 53 段。

[51] 同上，第 57 段。

[52] 同上，第 58 段。

[53] 同上，第 60 ~ 63 段。

101 条第 3 款中受益。[54]

自 *Maize Seeds* 案以来的各种判决中，欧洲法院得出结论，涉及地域专有权的规定并未违反《欧盟运行条约》第 101 条第 1 款。在 *Coditel v Cine Voǵ Films* 案[55]中，法院承认，在表演版权的特殊情况下，被许可人可能需要绝对的地域保护，以免从邻近成员国转播电影。在 *Louis Erauw – Jacquery Sprl v La Hesbignonne Société* 案[56]中，法院裁定，禁止出口所谓的“基本种子”并没有违反第 101 条第 1 款，而是 Erauw – Jacquery 的植物新品种权利的体现，是防止种子处理不当所必需的。[57] 在 *Pronuptia de Paris v Schillgalis* 案[58]中，法院建议在特许经营的商业名称或标志不为人知的情况下，授予特许经营者在特定地区的专属地区权利可能不会违反第 101 条第 1 款。[59] 在 *Football Association Premier League v QC Leisure* 案[60]中，双方和法院都没有质疑独家转播英超比赛的独占许可是否合法。

这些案件共同证明，开放式独占许可不一定违反第 101 条第 1 款，特别是在被许可人承担风险并销售新产品的地方，即使在绝对情况下（例如在 *Louis Erauw – Jacquery* 案中），绝对的地域保护也可能不会违反第 101 条第 1 款。

（ii）专利许可：无地域限制

欧盟委员会的决定有时将第 101 条第 1 款适用于知识产权许可的非地域限制，欧盟法院的某些判决也是如此。在 *Windsurfing International* 案[61]中，欧盟委员会发现，与帆板和钻机有关的专利许可协议的许多方面都违反了第 101 条第 1 款。在上诉后，欧洲法院基本上维持了欧盟委员会的调查结果。[62] 稍后将在第 316/2014 号条例第 4 条和第 5 条的范围内考虑如何处理非地域限制。[63]

（iii）技术秘密许可

技术秘密的所有者没有可以针对第三方主张的专有权，它受法律保护。欧

---

[54] 同上，第 68 ~ 79 段。

[55] 案例 262/81 EU：C：1982：334，第 15 段。

[56] 案例 27/87 EU：C：1988：183，第 10 ~ 11 段。

[57] 参见本章第 964 ~ 965 页“植物新品种权的许可”。

[58] 案例 161/84 EU：C：1986：41；英国高等法院曾两次对 *Pronuptia* 案作出判决：*Pirtek（UK）Ltd v /Joinplace Ltd*［2010］EWHC 1641（Ch），第 48 ~ 60 段；*Carewatch Care Services Ltd v Focus Caring Services Ltd*［2014］EWHC 2313（Ch），第 153 ~ 167 段。

[59] *Pronuptia* 案，第 24 段。

[60] 案例 C – 403/08 etc EU：C：2011：631，第 141 段。

[61] OJ［1983］L 229/1。

[62] 案例 193/83 *Windsurfing International Inc v Commission* EU：C：1986：75。

[63] 参见本章第 972 ~ 975 页“第 4 条：核心限制”。

盟委员会将其在专利许可决定中制定的原则应用于技术秘密许可。[64] 这最终导致通过了第556/89 号条例[65]，授予了技术秘密许可集体豁免权。欧盟委员会担心的是，可能会为实际上没有提高经济效率的协议提出虚假的专有权主张，这就是为什么集体豁免条例始终规定技术秘密必须是秘密和实质性的。[66] 在实践中，技术秘密的许可与专利许可一样重要且普遍，因此此类协议应用集体豁免对行业至关重要。

（iv）版权许可

如我们所见，欧洲法院裁定，在 *Coditel v Ciné Vog Films* 案[67]的版权表演权情境下，绝对地域保护并不违反《欧盟运行条约》第 101 条第 1 款。但是，在 *Football Association Premier League v QC Leisure* 案[68]中，欧洲法院得出结论认为，英超联赛与外国广播公司之间的许可条款禁止将希腊直播的英超联赛的卫星广播从希腊进口到英国，从而赋予了绝对地域专有权，违反第 101 条第 1 款，并且不可根据《欧盟运行条约》第 101 条第 3 款豁免。[69]

欧盟委员会几次对版权许可采取了行动，并在此过程中运用了与专利和技术秘密许可有关的原则。在 *Neilson – Hordell/Richmark* 案[70]中，欧盟委员会反对技术图纸及其代表的产品许可中的条款。它要求放弃不质疑性条款、一项适用于不受许可方版权保护的产品的特许权使用费条款、一项在协议达成后继续执行的竞争禁止条款，以及一项向许可方返还改进的独家授权。在 *Ernest Benn Ltd* 案[71]中，欧盟委员会谴责了标准合同条款，该条款禁止从英国出口书籍。

在 *Film Purchases by German Television Stations* 案[72]中，欧盟委员会调查了美

---

[64] 按照时间顺序，欧盟委员会关于专有技术许可的决定是：*Boussois/Interpane* OJ［1987］L 50/30；*Mitchell Cotts/Sofiltra* OJ［1987］L 41/31；*Rich Products/Jus – Rol* OJ［1988］L 69/21；*Delta Chemie/DDD Ltd* OJ［1988］L 309/34；另见 *ICL/Fujitsu*，《关于竞争政策的第 16 号报告》（1986），第 72 点。

[65] Corrected version at OJ［1990］L 257/15；该条例由第 240/96 号条例取代，第 240/96 号条例由第 772/2004 号条例取代，第 772/2004 号条例又第 316/2014 号条例取代：参见本章第 966 ~ 977 页“技术转让协议：第 316/2014 号条例”。

[66] 现参见第 316/2014 号条例，第 1 条第 1 款（ⅰ）项。

[67] 案例 262/81 EU：C：1982：334；参见本章第 958 ~ 960 页“专利许可：地域排他性”。

[68] 案例 C – 403/08 *etc Football Association Premier League Ltd v QC Leisure* EU：C：2011：631。

[69] 同上，第 134 ~ 146 段。

[70] 欧盟委员会《关于竞争政策的第 12 号报告》（1982），第 88 ~ 99 点。

[71] 欧盟委员会《关于竞争政策的第 9 号报告》（1979），第 118 点和第 119 点；另见 *The Old Man and the Sea*，《关于竞争政策的第 6 号报告》（1976），第 164 点；*STEMRA*，《关于竞争政策的第 11 号报告》（1981），第 98 点；*Knoll/Hille – Form*，《关于竞争政策的第 12 号报告》（1983），第 142 ~ 146 点。

[72] OJ［1989］L 284/36；该决定被批评：ROTHNIE W A. Commission Re – Runs Same Old Bill［J］. European Intellectual Property Review，1990，12：72.

国主要电影制作和发行公司MGM/UA与德国公共广播组织协会ARD之间达成的独家许可协议。这些协议在大多数情况下为多数MGM/UA的故事片授予ARD独家电视版权，期限为15年。欧盟委员会认为，由于大量许可权和独占期限，这些协议限制了竞争。[73] 但是，欧盟委员会决定，在对协议进行修改之后，协议可满足《欧盟运行条约》第101条第3款的标准，以便ARD在某些时段（称为“窗口”）将电影许可给第三方。

在 *Cross - border access to pay - TV* 案[74]中，欧盟委员会向6个主要电影制片厂和英国天空电视台发出了反对声明，称它们的电影版权许可阻止跨境被动销售付费电视服务，并授予其绝对的地域专有权。在欧盟委员会看来，许可证的目的是限制竞争，并且不能由版权的特定主题或经济效率来证明其合理性。欧盟委员会接受了电影制片厂之一Paramount的承诺，不适用违规条款，但截至2017年12月8日，针对其他5个制片厂的案件仍在审理中。[75]

版权许可没有具体的集体豁免，尽管在版权许可附属于其中一项法规所涵盖的协议限制下，纵向协议的第330/2010号条例或技术转让协议的第316/2014号条例可能适用。[76] 欧盟委员会通常会将第316/2014号条例中规定的原则应用于版权许可[77]，尽管表演权不一定如此。[78]

（v）软件许可

在 *Sega and Nintendo* 案[79]中，欧盟委员会要求删除与视频游戏发行商签订的计算机软件许可条款，在欧盟委员会看来，这使Sega和Nintendo能够控制视频游戏市场。[80] 在 *Microsoft Internet Explorer* 案[81]中，欧盟委员会要求Microsoft从其软件许可中删除条款，规定其Internet Explorer浏览器技术最小的分发量，

---

[73] OJ［1989］L 284/36，第41~46段。

[74] 欧盟委员会新闻稿IP/15/5432，2015年7月23日。

[75] 欧盟委员会2016年7月26日的承诺决定；欧盟委员会接受这些承诺是向普通法院提出上诉的理由，因为基本协议没有违反第101条，因此没有法律依据可以接受这些承诺：参见案例T-873/16 *Groupe Canal + v Commission*，尚未裁决。

[76] 参见本章第966~967页“第1条：定义”。

[77] 《技术转让指南》，第48段。

[78] 同上，第49段。

[79] 参见欧盟委员会《关于竞争政策的第27号报告》（1997），第80点和第148~149点；另见，在类似的 *Sony* 案中，《关于竞争政策的第28号报告》（1998），第159~160页。

[80] Cm 2781（1995）。

[81] 参见欧盟委员会《关于竞争政策的第29号报告》（1999），第55点、第56点和第162页：此案中，Microsoft通知的细节见于OJ［1998］C 175/3；在Santa Cruz Operation对UNIX操作系统提出投诉之后，对Microsoft的许可条款进行了单独调查，欧盟委员会《关于竞争政策的第27号报告》（1997），第79点和第140~141页。

并禁止对竞争者的浏览器技术进行广告宣传。通常认为最低数量条款完全不限制竞争[82]，但欧盟委员会担心的是，这两个条款可能会排斥竞争者。在作出这些修正之后，欧盟委员会进行了结案。欧盟委员会没有就 Microsoft 的整体行为是否构成滥用支配地位作出裁决。[83] 2004 年，Microsoft 以受知识产权保护为由，拒绝提供互操作性信息，这种行为对于竞争者而言，就是滥用市场支配地位。[84]

软件许可中有一些典型的条款与普通法没有类似之处，例如，禁止反编译计算机程序和复制限制[85]，第 316/2014 号条例就涵盖了软件许可。[86]

（vi）商标许可

欧盟委员会已将《欧盟运行条约》第 101 条第 1 款应用于专有商标许可，但决定在没有绝对地域保护的情况下可以符合第 101 条第 3 款的标准。在 *Davide Campari – Milano SpA Agreement* 案[87]中，欧盟委员会认为第 101 条第 3 款适用于标准格式协议，根据该协议，企业被许可使用 Campari 商标，在其各自地域上被赋予专有权以使用该商标，并要求不要在其他地方实行积极的销售政策。

在 *Moosehead/Whitnbread* 案[88]中，欧盟委员会调查了具有相关技术秘密的商标独占许可。被许可人希望在英国制造和推广 Moosehead 品牌，这是一种受欢迎的加拿大啤酒，该许可证禁止在英国境外积极销售。[89] 欧盟委员会得出结论认为，专有商标和有效销售限制违反了第 101 条第 1 款，并且违反了竞争禁止条款。[90] 欧盟委员会认为技术秘密是该商标的辅助手段，因此对当时有效的技术秘密许可（第 556/89 号条例）不适用[91]；据推测，根据第 316/2014 号条例将得出相同的结论。[92] 但是，欧盟委员会决定将第 101 条第 3 款应用于该协

[82] 《技术转让指南》，第 183（e）段。

[83] 欧盟委员会《关于竞争政策的第 29 号报告》（1999），第 56 点。

[84] 参见第 989 ~ 992 页“Microsoft 案”。

[85] 根据 *Erauw – Jacquery* 案关于种子繁殖的判决（第 19 章脚注[56]类推，对复制软件的限制不在第 101 条第 1 款的范围之内，这可能是有争议的。

[86] 参见本章第 966 ~ 967 页“第 1 条：定义”。

[87] OJ ［1978］ L 70/69；类似地，参见 *Goodyear Italiana SpA's Application* OJ ［1975］ L 38/10。

[88] OJ ［1990］ L 100/32；参见：SUBIOTTO R. *Moosehead/Whitbread*：Industrial Franchises and No – Challenge Clauses Relating to Licensed Trade Marks in the EEC ［J］. European Competition Law Review，1990，11：226.

[89] 有关积极销售的定义，参见第 16 章第 823 ~ 827 页“第 4 条（b）项：地域与消费者限制”。

[90] OJ ［1990］ L 100/32，第 15（1）段。

[91] 同上，第 16（1）段；第 556/89 号条例的修正版本见 OJ ［1990］ L 257/15。

[92] 参见本章第 966 ~ 967 页“第 1 条：定义”。

议，因为消费者可以选择另一种啤酒。[93] 该协议包含有关该商标的不质疑条款，但欧盟委员会认为该条款不在第101条第1款规制范围内是因为该商标并不为人所知，并且它对竞争者不可用，因此并不构成进入的障碍。[94]《技术转让指南》指出，*Moosehead/Whitbread* 案中有争议的协议现在有资格获得集体豁免。[95]

如果商标是纵向协议或技术转让协议的附随部分，则可以从这些协议的集体豁免中受益。[96]

（vii）植物新品种权的许可

在 *Louis Erauw - Jacquery Sprl v La Hesbignonne Société* 案[97]中，欧盟法院裁定将第101条第1款适用于某些谷物种子的繁殖和销售许可证中的两个条款。Erauw - Jacquery 已许可 La Hesbignonne 繁殖基本种子并出售从其再生的种子（再生殖种子）。许可证的第2（f）条禁止出口基本种子，第2（i）条要求被许可人不得以低于最低售价的价格转售再生殖种子。法院裁定，与基本种子有关的出口禁令没有违反第101条第1款，植物育种者有权将基本种子繁殖保留给他所批准的机构，因此，出口禁令在客观上是正当的，以保护这一权利。[98] 基本种子不打算出售给农民播种，而仅用于繁殖目的，由此可见，这种出口禁令是由于植物新品种权利的存在而引起的，而不是对它的不当行使。[99] 法院的结论是，对再生殖种子实行最低转售价的规定具有限制竞争目的和效果[100]，但国家法院必须就这一事实是否对成员国之间的贸易产生影响作出裁决。[101]

在 *Sicasov* 案[102]中，欧盟委员会将法院在 *Erauw - Jacquery* 案中的判决适用于法国植物育种合作社 Sicasov 的标准许可证。欧盟委员会比在 *Erauw - Jacquery* 案的判决更详细地解释了仅用于繁殖的基本种子与打算出售给农民播种的认证种子之间的区别。[103] 育种者有权凭借其植物新品种的权利控制基本种子

---

[93] OJ［1990］L 100/32，第15（2）段。

[94] 同上，第15（4）段。

[95] 参见《技术转让指南》，脚注35。

[96] 参见本章第966~967页“第1条：定义”。

[97] 案例27/87 EU：C：1988：183。

[98] 同上，第10段。

[99] 这是该案中总检察长米肖（Mischo）和欧盟委员会的意见：案例27/87 EU：C：1987：538，第9段。

[100] 案例27/87 EU：C：1988：183，第15段。

[101] 同上，第19段。

[102] OJ［1999］L 4/27。

[103] 同上，第21~27段。

的目的地[104]，但不能控制经其同意已投放市场的认证种子。[105] 随之而来的是，不将基本种子委托给第三方、不将其出口的义务以及相关规定并未违反第 101 条第 1 款。[106] 对认证种子出口的限制确实违反了第 101 条第 1 款[107]，但符合第 101 条第 3 款的规定。[108]

在 *Roses* 案[109]中，欧盟委员会谴责了植物新品种权利标准许可中的两个条款。第一个是专有的回赠条款，该条款有效地将分许可证持有人从其发现的突变市场中移除了。第二个是不质疑性条款，只有在国家主管部门介入之后才赋予植物新品种权利的事实，并不意味着可能不存在被许可人质疑的评估错误。

（viii）分包协议

分包协议通常涉及从委托人到分包商的许可。第 15 章考虑了横向分包协议，第 16 章考虑了纵向分包协议。[110]

（D）第 101 条第 3 款在知识产权许可中的适用

第 316/2014 号条例并未涵盖的许可协议，以及该许可协议包含不附属于该条例或第 330/2010 号条例所涉及纵向协议的条款[111]，仍然可以满足第 101 条第 3 款的条件。[112] 根据第 101 条当评估其许可证的有效性时，企业将从集体豁免中获得指导。欧盟委员会表示，只有在特殊情况下，才能将第 316/2014 号条例第 4 条列为核心限制的条款从第 101 条第 3 款所赋予的例外情况中受益[113]。但欧盟委员会并没有假定协议不属于集体豁免的属于第 101 条第 1 款的限制，或者未能满足第 101 条第 3 款的规定。[114]

在 *Telenor/Canal +/Canal Digital* 案[115]中，协议涉及受艺术版权保护的材料的许可，并且不属于纵向协议和技术转让协议的集体豁免范围，因为许可属于

---

[104] 同上，第 50 段，参见 *Erauw - Jacquery* 案。

[105] 同上，第 51 段。

[106] 同上，第 53 ~ 61 段。

[107] 同上，第 62 ~ 64 段。

[108] 同上，第 73 ~ 77 段；注意由于标准许可不符合其技术转让协议第 1 条第 1 款中的任何规定，因此当时不适用技术转让协议的集体豁免条例：同上，第 72 段。

[109] OJ［1985］L 369/9；参见：HARDING. "Commission Decision on Breeders" Rights in Relation to Roses：Hard Line on Breeders' Rights Maintained［J］. European Intellectual Property Review，1986，9：284.

[110] 参见第 15 章第 744 ~ 749 页"生产协议"以及第 16 章第 837 ~ 838 页"分包协议"。

[111] 有关附属条款参见本章第 966 ~ 967 页"第 1 条：定义"。

[112] 参见《技术转让指南》，第 18 段、第 174 段及之后段落。

[113] 同上，第 18 段。

[114] 同上，第 43 段。

[115] 欧盟委员会 2003 年 12 月 29 日的决定。

任何一种协议。[116] 但是，欧盟委员会认为满足第101条第3款的标准，因此允许在北欧地区 Canal Digital 卫星平台上就付费电视优质内容频道的发行达成为期5年的协议。

3. 技术转让协议：第316/2014号条例

根据理事会第19/65号条例赋予欧盟委员会的权力[117]，欧盟委员会通过了第316/2014号条例[118]，根据《欧盟运行条约》第101条第3款对技术转让协议给予集体豁免。鉴于以前的集体豁免在实施第772/2004号条例方面具有积极作用[119]，欧盟委员会认为采用新的集体豁免是适当的。[120]

第316/2014号条例于2014年5月1日生效，将于2026年4月30日到期。[121] 第316/2014号条例的格式与之前的第772/2004号条例十分相似，包括19条评论和11条正文条款。第1条包含了一系列定义。第2条赋予某些技术转让协议以集体豁免。第3条规定了市场份额的上限，具体取决于协议是横向协议还是纵向协议，对后者的处理更为严格。第4条列出了一系列核心限制，这些限制阻止集体豁免适用于整个协议，横向协议的列表比纵向协议的列表更严格。第5条规定了某些被排除的限制，这些限制不包括在集体豁免范围内，但并不妨碍将本规章适用于协议的其余部分。随后的条款处理诸如取消集体豁免、计算市场份额门槛和过渡安排等问题，应当将第316/2014号条例与欧盟委员会的《技术转让指南》一起解读。

（A）第1条：定义

该条例第1条包含一系列定义，其中一些将在下文中根据条例中使用它们的特定语境进行解释。在此阶段，需要对两个特定定义进行简要说明。首先，值得考虑“技术权利”一词，如果没有技术权利，就不可能有集体豁免适用

---

[116] 有关第2条第3款的纵向集体豁免，参见第16章第814页“第2条第3款：有关知识产权的辅助条款”。

[117] OJ［1965］533，OJ Sp Ed［1965－66］87。

[118] OJ［2014］L 93/17；有关第316/2014号条例的评论，参见：BARAZZA S. The Technology Transfer Block Exemption Regulation and Related Guidelines：Competition Law and IP Licensing in the EU［J］. Journal of Intellectual Property Law，2014，9：186；RAB S. New EU Technology Transfer Block Exemption：A Note of Caution［J］. Journal of European Competition Law & Practice，2014，5：436.

[119] OJ［2004］L 123/11。

[120] 第316/2014号条例评论2。

[121] 第316/2014号条例第11条。

的转让。[122] 第1条第1款（b）项将“技术权利”定义为技术秘密[123]和以下的权利或其组合：

- 专利；
- 实用新型、外观设计、半导体产品拓扑图、药品补充保护证书（SPC）和植物新品种权利；
- 软件版权。[124]

其次，值得一提的第二个定义是第1条第1款（c）项中的“技术转让协议”。该术语是指两家企业之间出于生产合同产品的目的[125]而获得的技术权利许可协议，或者出于相同目的而进行的技术权利的转让。[126] 该条例评论7说，它仅适用于许可人允许被许可人（或其分包商）利用许可技术来生产产品或服务的协议，因此，它还解释了该条例不适用于技术允许分许可的转让协议。[127] 且该条例不适用于技术池。[128]

该条例第1条第2款规定，“企业”“许可人”和“被许可人”一词包括其中定义的“关联企业”。

（B）第2条：集体豁免

第316/2014号条例第2条规定，根据本条例的条款，《欧盟运行条约》第101条第1款不适用于技术转移协议。

需要注意第2条第1款中的以下几点。

（i）不违反第101条第1款的一些技术转让协议

值得回顾的是，许多技术转让协议根本没有违反《欧盟运行条约》第101条第1款，因此不需要集体豁免。第316/2014号条例评论4认为，此类协议通常可以提高经济效率，并且促进竞争。《技术转让指南》第9段补充说，不假定许可协议会引起竞争问题。实际上，该指南第17段甚至说许可协议具有巨大的促进竞争的潜力，且这些协议中的绝大多数确实具有促进竞争效果。该

---

[122] 参见《技术转让指南》，第44段。

[123] 第316/2014号条例，第1条第1款（i）项；另见《技术转让指南》，第45段。

[124] 注意除软件版权以外的版权，不包含在此术语中；参见本章第961～962页“版权许可”，关于欧盟委员会在《技术转让指南》中的版权许可方法；另见欧盟委员会在*Telenor/Canal+/Canal Digital*案中的决定在本章第965～966页“第101条第3款在知识产权许可中的适用”中讨论。

[125] 有关产品与合同产品的定义参见该条例第1条第1款（f）项和（g）项。

[126] 参见《技术转让指南》，第66段。

[127] 进一步参见同上，第60段。

[128] 有关专利池协议参见本章第978～981页“技术池”。

指南第42段具体指出，许多许可协议不在《欧盟运行条约》第101条第1款的规定之内。该条例评论13表明没有假定高于第316/2014号条例第3条的市场份额上限的协议会违反第101条第1款的规定；超过上限的地方，需要对协议进行个别分析。[129] 欧盟委员会在20世纪70年代和80年代发表这样的声明是不可想象的，这表明了欧盟委员会已经对第101条采取朝着以经济为导向的方向走了多远。

（ii）不禁止即允许

关于该条例的第二点要注意的是，对于第1条第1款（c）项中定义的技术转让协议，如果该条例未禁止任何内容，则允许这样做。[130] 这是由于未说明必须包括在技术转让协议中的内容，而是仅说明了不得包含在其中的核心限制，这是该条例的基本特征。遵循"如果不禁止某些事情，那么可以允许"这一格言，欧盟委员会采取行动的唯一方法是，要么争论说该条款是第4条所规定的核心限制或第5条规定的被排除限制，要么是根据该条例第6条撤销获得的利益［参阅后面的第（D）~（F）节］。

（iii）豁免协议必须是双边的

纵向协议的集体豁免与技术转让的集体豁免之间一个有趣的区别是，后者仅适用于双边协定，而前者能够适用于多边协定。[131] 理事会第19/65号条例没有为多边技术转让协议的集体豁免提供法律依据[132]，但是集体豁免可以适用于许可人与被许可人之间的协议，其中许可人对超过一个级别的交易作出规定。[133] 例如，许可人不仅可以就其自身的生产和销售对被许可人施加义务，还可能要求被许可人在其自己的分销商上施加条款，例如要求它们维持选择性的分销系统。许可人与被许可人之间的协议仍然是双边协议，因此可以被集体豁免所涵盖；但是，第316/2014号条例不涵盖被许可人与任何分销商之间的协议，但可以满足纵向协议的集体豁免。[134]

如果技术转让协议是多边的，但具有与第316/2014号条例所涵盖的协议相同的性质，则欧盟委员会将参照该条例中包含的原则对该协议进行分析。[135]

---

[129] 参见《技术转让指南》，第43段。

[130] 纵向集体豁免适用相同的准则：参见第16章第810页"如无禁止即允许"。

[131] 参见第16章第810~811页"获得豁免的协议可以是多边的"。

[132] 多边纵向协议的集体豁免的特殊条款制定于理事会第1215/99条例，OJ［1999］L 148/1。

[133] 第314/2016号条例评论6。

[134] 进一步参见《技术转让指南》，第55段、第75~78段。

[135] 同上，第57段。

（iv）期　限

集体豁免将一直持续到 2026 年 4 月 30 日。但是，第 316/2014 号条例第 2 条第 2 款规定，只有在许可技术中的知识产权没有过期、失效或被宣布为无效时，这种豁免才有效。或者在技术秘密的情况下，豁免仅在技术秘密仍为秘密的情况下才能持续。集体豁免将自最后一项知识产权到期、失效或进入公共领域之日起不再适用。[136]

（v）与其他知识产权有关的辅助规定

第 2 条第 3 款规定，第 316/2014 号条例也适用于不构成“技术权利”的知识产权规定，只要这些规定与合同产品的生产直接相关（有时称为“辅助规定”）。[137]

（vi）与其他集体豁免的关系

第 9 条规定，第 316/2014 号条例不适用于研发协议[138]或专业化协议中的许可安排[139]，而这些许可协议受益于适用于这些协议的集体豁免。[140]

（C）第 3 条：市场份额上限

第 316/2014 号条例评论 5 指出，技术转让协议提高经济效率并促进竞争的可能性取决于各方的市场支配力程度。该条例仅适用于不超过市场份额上限的技术转让协议，上限指示了各方的市场支配力程度。[141] 如果当事方的市场份额低于适用的门槛（当然要遵守该条例的其他条款），则可以推定满足《欧盟运行条约》第 101 条第 3 款的条件。[142] 第 316/2014 号条例评论 13 规定，不能推定一项高于该门槛的协议会违反第 101 条第 1 款，或者不能满足第 101 条第 3 款的规定。该条例第 3 条第 1 款要求当事方的总市场份额不超过受影响的相关技术和产品市场的横向协议的 20%。第 3 条第 2 款规定，在纵向协议的情况下，市场份额各方的比例不得超过 30%。

（i）横向协议

为了确定协议是否为横向协议，有必要询问协议的当事方是否为该条例第

---

[136] 同上，第 67 段。

[137] 同上，第 46 ~ 50 段。

[138] 第 1217/2010 号条例：参见第 15 章第 739 ~ 744 页“研发协议的集体豁免：第 1217/2010 号条例”。

[139] 第 1218/2010 号条例：参见第 15 章第 746 ~ 749 页“专业化协议的集体豁免：第 1218/2010 号条例”。

[140] 《技术转让指南》，第 69 ~ 78 段。

[141] 同上，第 25 段。

[142] 第 316/2014 号条例评论 10 和评论 11；类似地，参见《技术转让指南》，第 79 段。

1条第1款（n）项中定义的“竞争企业”[143]。企业可能会在技术市场或产品市场上竞争。

（a）技术市场

第1条第1款（n）项（ⅰ）规定，企业在相关技术市场上进行竞争，并在其中许可竞争性技术权利。[144] 相关技术市场包括由于技术的特性、许可使用费和预期用途被视为可与许可的技术权利互换或替代的技术。[145] 此定义仅涵盖技术市场中的实际竞争者，它不适用于潜在的竞争者。[146]

（b）产品市场

第1条第1款（n）项（ⅱ）规定，企业在相关产品市场上竞争，即使没有技术转让协议，企业在相关产品和销售合同产品的地理区域内也很活跃（实际竞争者），以应对相对价格的小幅而永久的上涨（潜在的竞争者），使它们实际上能够在“一到两年的时间内”[147] 进入市场并在市场上竞争。相关产品市场包括由于产品的特性、价格和预期用途被视为可与合同产品互换或替代的产品。[148]

（ⅱ）纵向协议

如果协议不是横向协议，不在第1条第1款（n）项中相互竞争的企业之间，则协议是纵向的，适用30%的市场份额上限。如果一方可以使用其知识产权阻止另一方进入市场，或者双方需要另一方的技术在市场上运作，则协议就不会是横向的：这被称为“单向”和“双向”阻碍，欧盟委员会需要客观证据，例如法院判决。[149] 可能的情况是两家企业在现有产品方面竞争，但是A给B的许可不在竞争者之间，因为A技术更加创新，以至于B的技术现在已经过时或没有竞争力，这样的协议将被视为纵向，因此要受较高的市场份额上限（以及更宽松的核心限制清单）的约束。[150]

如果当事各方在达成协议时不是竞争性企业，但后来成为竞争性企业，通常将它们继续视为不竞争企业。该条例第4条第3款规定，这意味着非竞争者之间的协议将继续适用不那么严格的核心限制，除非对该协议进行了任何实质

---

[143] 进一步参见《技术转让指南》，第27～39段。

[144] 第772/2004号条例第1条第1款（j）项。

[145] 《技术转让指南》，第22段。

[146] 同上，第83段。

[147] 同上，第34段。

[148] 同上，第21段。

[149] 同上，第29段、第33段；案例T－691/14 *Servier v Commission*，尚未裁决。

[150] 《技术转让指南》，第37段。

性的修改。[151]

(iii)技术市场

《技术转让指南》第19~26段讨论了市场定义，目的是分析技术转让协议。这些段落解释说，此类协议可能会影响上游技术市场和下游产品市场中的竞争。[152] 第316/2014号条例第8条（d）项解释说，许可人在技术市场中的份额应参照被许可人的价值进行计算。《技术转让指南》将相关产品市场上的技术称为技术在产品市场上的“足迹”[153]，此数字是根据许可人及其被许可人的销售额计算得出的。[154] 如果新技术尚未产生任何销售，则市场份额为零。[155] 在*Servier*案中，欧盟委员会决定Servier在欧盟培哚普利（perindopril）技术相关市场上占据支配地位。[156]

(iv)产品市场

被许可人在产品市场中的份额，是根据其包含许可技术和竞争产品的销售量得出的，也就是说，是被许可人在该产品市场上的总数，不考虑其他被许可人的销售。[157]

(v)第8条：市场份额的计算和边际救济

第8条（a）项涉及市场份额的计算，市场份额应参考市场销售价值数据进行计算。如果没有此类数据，则可以使用基于其他可靠信息（包括销量）的估计来确定有关企业的市场份额。第8条（b）项规定，市场份额应根据与前一个日历年有关的数据进行计算。

第8条（e）项规定了最多2年的边际救济，其后超过了20%或30%的市场份额上限。

(vi)例　子

《技术转让指南》提供了有关横向和纵向许可协议的市场份额如何运作的示例。[158]

---

[151] 参见本章第972~975页“第4条：核心限制”。

[152] 《技术转让指南》，第20段。

[153] 同上，第87~88段；另见第25段。

[154] 同上，第86段。

[155] 同上，第86段。

[156] 欧盟委员会2014年7月9日的决定，第2061~2667段；案例T-691/14 *Servier v Commission*，尚未裁决。

[157] 《技术转让指南》，第91段。

[158] 同上，第93段。

（D）第4条：核心限制

评论14规定，技术转让协议如果包含“严重反竞争的限制，例如固定对第三方收取的价格，则不应享受集体豁免……而不论有关企业的市场份额如何”：

> 将限制分类为竞争核心限制基于限制的性质和经验，表明这种限制几乎总是反竞争的。[159]

集体豁免不再适用于整个协议，而不仅仅适用于违规条款。[160] 欧盟委员会认为，核心限制是《欧盟运行条约》第101条第1款规定的目的限制，不太可能满足第101条第3款的要求。[161] 该条例对第4条第1款中的竞争企业之间的协议设置了一套严格的限制，但对第4条第2款中的非竞争企业之间的协议设置了不同的限制。正如人们所期望的，在竞争企业之间达成协议的规定要比非竞争企业之间的规定更为严格。[162] 第4条第3款规定，在当事方订立协议时没有竞争，第4条第2款则适用于其协议的整个有效期限，除非随后对该协议进行了任何重大修改。[163] 换句话说，协议不会演变为横向协议，仅由于企业随后成为竞争者而受第4条第1款的更严格标准的规制。

（i）竞争企业之间的协议：横向协议

欧盟委员会关注的是，相互竞争的协议之间的技术转让协议可能是卡特尔的“掩饰”，或具有卡特尔的效果。[164] 因此，第4条第1款规定，对于直接或间接、孤立地或与其他因素结合并以价格、产出、市场或客户分配以及被许可方对其自身技术的利用为限制目标的协议不得实行集体豁免：此类限制被视为核心限制。价格和产量的规定很简单，但市场和客户分配的规定可能很复杂。在某些情况下，只有在相互达成协议的情况下，才将限制视为核心规定，也就是说，企业之间相互授予许可，并且许可涉及竞争技术或可用于竞争产品的生产[165]，互惠协

---

[159] 同上，第94段。

[160] 同上，第95段。

[161] 同上，第14段；但是，欧盟委员会还指出，在个别情况下，企业可以“始终为效率辩护”，第94段。

[162] 同上，第27段。

[163] 第4条第3款举例说明了当事方之间就竞争性技术权利订立新技术转让协议的情况；类似地，参见《技术转让指南》，第39段。

[164] 大致参见《技术转让指南》，第97～116段。

[165] 第316/2014号条例，第1条第1款（d）项。

议[166]中的相同限制不被认为是核心的。[167] 如果由于相同当事方之间缔结了第二份许可而使非互惠协议成为互惠协议，则它们可能必须修改第一份许可，以避免包含核心限制。[168]

(a) 价 格

第4条第1款（a）项规定，集体豁免不适用于竞争企业之间的协议，该协议限制当事方对第三方确定其价格的能力。协议是否涉及固定价格、最低价格、最高价格或建议价格无关紧要。[169] 如果两家企业之间存在交叉许可，但不具有促进竞争的目的，并且当事方均同意相互支付连续使用费，则欧盟委员会可能将此情况视为伪装，无异于达成价格固定协议。[170] 第4条第1款（a）项［以及第4条第1款（d）项］的专利权使用费是基于产品的销售而定的，而不论这些产品的生产是否使用了许可技术。[171]

(b) 输 出

第4条第1款（b）项规定，集体豁免不适用于竞争企业之间的一项协议，该协议的目的是限制输出，而不是在非互惠协议中对被许可人施加的或仅对互惠协议中的一方施加的对合同产品输出的限制。非互惠协议比互惠协议更受惠，因为它们不太可能导致产出限制，而且更有可能提高经济效率。[172]

(c) 市场和客户的分配

第4条第1款（c）项规定，集体豁免不适用于竞争企业之间分配市场或客户的协议[173]。但是，有4个例外[174]：

- 在非互惠协议中，许可人和/或被许可人有义务在保留给另一方的专有区域内不使用许可技术的权利生产[175]，和/或不主动和/或被动出售到专有区域或保留给对方的专属客户。[176]《技术转让指南》暗示，排他许可并不构成核心

---

[166] 同上，第1条第1款（e）项。

[167] 参见《技术转让指南》，第98段。

[168] 同上；欧盟委员会将考虑到第一份和第二份许可证签发之间的时间间隔。

[169] 同上，第99段。

[170] 同上，第100段。

[171] 同上，第101段；另见第184~188段。

[172] 同上，第103段；另见第204~207段。

[173] 该条例的第1条第1款（q）和（r）项定义了“独家区域”和“专有客户群”；有关独占许可和销售限制的进一步讨论，参见《技术转让指南》，第189~203段。

[174] 《技术转让指南》明确指出，排他许可（第109段）或使用范围限制（第113~114段）都不是核心限制。

[175] 同上，第107段。

[176] 同上，第108段。

限制，排他许可是否互惠无所谓。[177]

• 在非互惠协议中，被许可人对独家区域或许可人分配给另一被许可人的专有客户群的积极销售的限制，但前提是在缔结该许可时，该被许可人不是许可人的竞争性企业。这种限制可能会鼓励受保护的被许可人更有效地利用许可技术。[178]

• 被许可人有义务只生产供自己使用的合同产品，前提是不限制被许可人主动和被动地出售合同产品作为其自己产品的备件，这些被称为“强制使用限制”。[179]

• 在非互惠协议中，被许可人有义务仅为获得许可的特定客户生产合同产品，以便为该客户提供替代的货源。[180]

（d）许可的利用

第4条第1款（d）项规定，集体豁免不适用于竞争企业之间的一项协议，该协议限制了被许可人利用其自身技术权利的能力，或者阻止了协议的任何一方进行研发，除非此类规定不可或缺，以防止向第三方披露许可的技术秘密。[181] 如果在非竞争企业之间的协议中发现了这种限制，则该限制不被视为硬性限制，而是根据第5条规定被排除集体豁免之外。[182]

（ii）非竞争企业之间的协议：纵向协议

该条例第4条第2款规定，非竞争企业之间直接或间接、孤立地或与其他因素结合而以选择性分销系统中价格、地区、客户群或销售为对象的限制的协议不可实行集体豁免。[183]

（a）价　格

该条例第4条第2款（a）项规定，集体豁免不适用于非竞争企业之间的限制了当事方向第三方销售产品时确定其价格能力的协议。但是，允许设定最高价格或推荐价格，但前提是该价格不因任何一方的压力或提供的激励而等于固定价格或最低价格。《技术转让指南》第118段提供了可以间接确定价格的协议示例，例如，确定许可证持有人的保证金、确定最大折扣水平、对特定价

---

[177] 同上，第109段。

[178] 同上，第110段。

[179] 同上，第111段；另见第216～220段。

[180] 同上，第112段。

[181] 同上，第115～116段。

[182] 参见本章第975～976页“第5条：被排除的限制”。

[183] 大致参见《技术转让指南》，第117～127段；该条例第1条第1款（o）项定义了“选择性分销系统”一词。

格水平进行威胁或恐吓许可证持有人。

(b) 地区和客户群

第 4 条第 2 款（b）项规定，集体竞争不适用于非竞争企业之间的限制了被许可人可以向其被动出售合同货物的地域或客户群协议。[184]《技术转让指南》第 119 条提供了防止被动销售的间接方法示例，例如财务激励措施、用于确定合同产品最终目的地的监控机制以及在某些情况下的数量限制。第 4 条第 2 款（b）项对被许可人禁止被动销售的限制规定了 5 个例外：

- 将被动销售限制在独家区域或为许可方保留的专有客户群中；
- 有义务生产仅用于自用的合同货物，但不限制被许可人主动或被动地出售合同产品作为其自身产品的备件的义务；
- 有义务仅为获得许可的特定客户生产合同产品，以便为该客户提供替代的货源；
- 在批发贸易级别上对被许可人的最终用户销售进行限制；
- 选择性分销系统的成员对未经授权的分销商的销售限制。

第 316/2014 号条例并未对被许可人在专有产品的销售合同的头两年内，保留给另一被许可方的对专有区域的被动销售或客户组的被动销售进行限制。相反，《技术转让指南》第 126 段指出，在被许可人希望进入新市场且需要大量投资的情况下，可以在市场运作的头两年内免受其他被许可人的被动销售，而不会违反《欧盟运行条约》第 101 条第 1 款。[185]

《技术转让指南》明确指出，第 4 条第 2 款（b）项不禁止对许可方进行销售限制[186]，它也不适用于被许可人向许可方保留的独家区域或客户组进行主动或被动销售的限制。[187]

(c) 对选择性的分配系统的限制

第 4 条第 2 款（c）项规定，在非竞争企业之间达成的协议将由选择性分销系统的成员并在零售店经营的被许可人主动或被动销售给最终用户的情况下，集体豁免不适用，但不妨碍禁止系统成员在未经授权的场所进行运营的可能性。

(E) 第 5 条：被排除的限制

评论 15 规定，为了保护创新动机，集体豁免应排除某些限制，特别是被

---

[184] 该条例第 1 条第 1 款（q）和（r）项定义了“独家区域”和“专有客户群”。

[185] 类似地，参见《纵向限制指南》（OJ［2010］C 130/1），第 61 段。

[186] 参见《技术转让指南》，第 120 段。

[187] 同上，第 121 段。

许可人对改良的专有回赠义务[188]；但是，如果协议的其余部分与被排除的限制“可分离”，则将第5条中的限制纳入协议并不能阻止对协议的其余部分应用集体豁免。[189]

第5条第1款列出了两种被排除的限制：

- 排他性授予返还[190]：被许可人有义务就其自身对被许可技术的改进[191]或其自身的新应用，授予许可人或许可人指定的第三方权利；
- 不质疑条款：被许可人有义务不对许可人在联盟中所拥有的知识产权的有效性提出异议，而不会损害许可人在发生此类质疑时终止许可的权利。[192]

第5条第2款在非竞争企业之间的协议中还排除了一项限制，该限制规定了一项义务，限制被许可人利用其自身技术的能力或限制任何一方进行研发的能力，除非后一种限制对防止将许可的技术秘密透露给第三方是必不可少的。[193]

（F）第6条：个案中的撤销

评论16指出，第3～5条的规定意味着，通常适用集体豁免的协议不会消除有关产品大部分的竞争，因此，《欧盟运行条约》第101条第3款要求会得到满足。但是，安全起见，在某些情况下，欧盟委员会或国家竞争主管机构都有可能撤销集体豁免的利益。[194] 这样做的主管机构有责任证明协议属于第101条第1款的范围，并且不满足第101条第3款的规定。[195] 这种权力从未得到使用。

（i）第6条第1款：欧盟委员会在个别情况下撤回

第6条第1款规定，如果协议的效力与《欧盟运行条约》第101条第3款不符，则欧盟委员会可以撤回集体豁免的权益。评论17指出，尤其是在减少创新激励或阻碍市场准入的情况下，可能会发生这种情况，第6条第1款举例

---

[188] 同上，第128～143段。

[189] 同上，第128段。

[190] 大致参见《评估知识产权领域潜在的反竞争行为以及评估竞争政策与知识产权保护之间的相互作用》，2011年11月，第2f节，可在 www. ec. europa. eu 上查阅。

[191] 与第772/2004号条例第5条第1款（a）项不同，第316/2014号条例第5条第1款（a）项没有区分可改善和不可分割的改进。

[192] 参见《技术转让指南》，第133～140段。

[193] 同上，第141～143段。

[194] 大致参见同上，第144～148段。

[195] 同上，第146段。

说明了何时可以这样做。[196]

（ii）第 6 条第 2 款：国家竞争主管机构对成员国的撤回

第 6 条第 2 款规定，在技术转让协议在成员国地域内或其具有独特地理市场所有特征的部分与第 101 条第 3 款不符的情况下，国家竞争主管机构可以在第 6 条第 1 款规定的相同情况下撤销集体豁免的权益。

（G）第 7 条：条例的不适用

第 7 条第 1 款规定，欧盟委员会可以通过该条例宣布集体豁免不适用于包含与市场相关的特定限制的技术转让协议，而类似技术转让协议的平行网络覆盖了 50% 以上的相关市场。[197] 第 7 条第 2 款补充说，根据第 7 条第 1 款通过的条例将在通过后 6 个月内不适用。如果欧盟委员会行使第 7 条赋予它的权力，它可以就个别情况作出决定，对将《欧盟运行条约》第 101 条适用于将失去集体豁免权益的协议提供指导。[198]

（H）第 8 条：市场份额上限的适用

本条已在之前的第 3 条中进行了讨论。[199]

（I）第 9 ~ 11 条：其他集体豁免、交易期与有效期

先前在第 2 条的背景下讨论了第 9 条。[200] 直至 2015 年 3 月 31 日第 10 条为满足第 772/2014 号条例的协议提供过渡性救济。第 11 条规定，第 316/2014 号条例将于 2026 年 4 月 30 日到期。

4. 第 101 条在其他与知识产权相关条约中的适用

本章的前两节考虑了《欧盟运行条约》第 101 条在知识产权许可协议中的应用，特别是技术转让协议和第 316/2014 号条例授予的集体豁免。在本节中，将研究第 101 条在其他与知识产权有关条约中的适用情况。

[196] 同上，第 147 段。
[197] 大致参见同上，第 149 ~ 155 段。
[198] 同上，第 150 段。
[199] 参见本章第 971 页“第 8 条：市场份额的计算和边际救济”。
[200] 参见本章第 969 页“与其他集体豁免的关系”。

（A）技术池

两家或更多企业“合流/汇流”它们的技术并不少见。[201]《技术转让指南》将技术池定义为一种安排，通过这种安排，两家或更多方可以组装一揽子技术，并授权给该池的贡献者和第三方。[202]合并的安排可能非常简单和非正式，但是合并可能具有复杂的结构，例如将其管理委托给单独的实体。在某些情况下，技术池可能链接行业标准。行业标准有时是通过法律制定的，在其他情况下，它们实际上可能成为标准。可能是为了遵守该标准，需要对知识产权进行授权，并且可以通过技术池来管理这些权利。[203]因此，正如有时建立标准的协议可能会违反《欧盟运行条约》第101条一样[204]，创建和运营作为企业之间达成协议的主题并可能导致进入市场封锁的技术池也可能会违反第101条。[205]

在特定行业中，可能存在不止一个技术池，而且不同的池可能相互竞争。如果行业将“标准”或“技术”作为行业规范“提示”给一家或多家控制标准或技术池的企业，则可能会带来可观的收益。[206]能证明这一现象的最显而易见的行业是移动电话以及信息和通信技术[207]，在这些行业中，标准之战可能更加激烈。

（i）技术池的影响

技术池可能同时具有促进竞争和反竞争的作用。[208]

（a）保护竞争效应

《技术转让指南》认为技术池可能具有竞争优势。例如，需要获得技术池

---

[201] 大致参见 Report prepared for the European Commission on *Multi – Party Licensing*（Charles River Associates，April 2003），可在 www. ec. europa. eu 上查阅。

[202] 《技术转让指南》，第244段。

[203] 同上，第245段。

[204] 参见第15章第753～759页“标准化协议”。大致参见：TELVAS D. The Interface between Competition Law，Patents and Technical Standards［M］. Amsterdam：Kluwer，2014；TORTI V. Intellectual Property Rights and Competition in Standard Setting：Objectives and Tensions［M］. London：Routledge，2015.

[205] 欧盟委员会谴责了一项专利池计划 *Video Cassette Recorders Agreements* OJ［1978］L 47/42；另见 *Comcast – Mannesmann*，欧盟委员会的《关于竞争政策的第11号报告》（1981），第93点；*IGR Stereo Television*，同上，第94点和《关于竞争政策的第14号报告》（1984），第92点。

[206] 例如，DVD行业的下一代DVD播放器倾向于采用索尼的蓝光技术而不是东芝的HD DVD平台。

[207] 参见欧盟委员会新闻稿 IP/02/1651，2002年11月12日，其涉及与第三代（3G）移动电话标准有关的集中安排；有关讨论参见：CHOUMELOVA D. Competition law analysis of patent licensing arrangements—the particular case of 3G3P［J］. Competition Policy Newsletter，2003，spring：41.

[208] 大致参见 the DoJ/FTC report on *Antitrust Enforcement and Intellectual Property Rights：Promoting Innovation and Competition*，第3章，可在 www. ftc. gov 上查阅。

中技术的企业将获得“一站式服务”的好处，只与技术池打交道，而不必与许多不同的所有者进行单独谈判，这可以降低成本。[209]

(b) 反竞争效应

该指南还解释了技术池可能以两种方式限制竞争：首先，技术合并意味着联合销售，如果合并的技术可以互相替代，那就等于固定价格的卡特尔[210]；其次，技术池可能会通过禁止替代技术进入市场而减少创新，特别是当它们支持行业标准或建立事实上的行业标准时。[211]

(c) 第316/2014号条例

第316/2014号条例评论7规定，该条例不适用于“为了将技术许可给第三方而将技术共享的协议”。[212]

(ii) 评估技术池的形成和运作

《技术转让指南》指出，在确定技术池的可能影响时，考虑其形成、组织和运营的方式很有用。[213]

(a) 公开参与

当所有利益相关方都可以参加标准和建立技术池时，更有可能根据价格和质量选择技术，从而降低技术池损害竞争的风险。[214]

(b) 合并技术的选择和性质

欧盟委员会在合并技术相互替代和相互补充的情况之间作出区分[215]，但承认并非在所有情况下都明确区分。[216] 如果合并的技术可以互相替代，则担心的是，应支付的特许权使用费将高于其应有的特许权使用费[217]，这相当于竞争者之间的捆绑和定价。在技术池中包含重要的可替代技术将违反《欧盟运行条约》第101条第1款，并且不太可能满足第101条第3款的标准。[218]

---

[209] 同上，第245段。另见 *MPEG-2* OJ [1998] C 229/6；欧盟委员会《关于竞争政策的第24号报告》(1999)，第55点和第56点和第162页。类似地，参见 *Philips/Matsushita—D2B* OJ [1991] C 220/2；*Philips International—DCC* OJ [1992] C 333/8；*European Telecommunications Standards Institute's Intellectual Property Rights Policy* OJ [1994] C 76/5。

[210] 《技术转让指南》，第246段。

[211] 同上，第246段。

[212] 同上，第247段。

[213] 同上，第248段。

[214] 同上，第249段。

[215] 同上，第251段。

[216] 同上，第254段。

[217] 同上，第253段。

[218] 同上，第255段。

在合并技术互补的情况下，这种安排可能会降低交易成本并降低总体特许权使用费。[219]《技术转让指南》区分了必要技术和非必要技术：如果某技术没有可行的替代方案，可以与合并的技术一起使用来生产产品（或过程）或符合由技术支持的标准，则该技术是必要的。[220] 必要技术必定是互补的，并且在一定条件下，通常不属于第101条的范围。[221] 如果技术池包含非必要技术，则该协议可能会在具有市场支配力时适用第101条第1款。[222] 欧盟委员会某些时候将不再关注技术池，例如随着时间的流逝，不再是必要的技术将从技术池中被排除[223]，许可人仍然可以独立于技术池自由地许可其技术，以便被许可人可以组合自己的技术包，或者有可能仅以较低的使用费率获得一部分技术池中技术的许可证。[224]

(c) 独立专家的选拔和职能

独立专家参与技术池的创建和运营可能是一个有用的因素，例如他们确保技术池仅包含必不可少的技术。[225] 欧盟委员会倾向于建立独立于技术池及其成员的争端解决机制。[226]

(d) 交换敏感信息

欧盟委员会担心，技术池的运作不会导致交换敏感信息，但这可能导致合谋，特别是在寡头市场中，为防止这种情况将研究采取了哪些保障措施。[227]

(iii) 避风港制度

欧盟委员会认为，如果满足以下7个条件，则创建和运营技术池的方式通常不属于第101条第1款的规定（与当事方的市场地位无关）[228]：

- 建立技术池的过程对所有感兴趣的技术权利所有者开放；
- 确保技术池中仅是必不可少的技术；
- 确保仅在创建和运行技术池所需的范围内交换敏感信息的保障措施；
- 技术池里技术非独占许可进入技术池中；
- 技术池里共享技术按FRAND（公平、合理和非歧视）原则进行许可；

[219] 同上，第253段。
[220] 同上，第252段。
[221] 参见下文第（iii）节。
[222] 《技术转让指南》，第262段。
[223] 同上，第263段。
[224] 同上，第264段。
[225] 同上，第256～257段。
[226] 同上，第258段。
[227] 同上，第259段。
[228] 同上，第230段。

• 质疑混合技术的有效性和必要性的自由；

• 自由开发竞争产品和技术。

（iv）评估技术池与其被许可方之间协议中的个别限制

第 316/2014 号条例不适用于技术池授予第三方的许可证[229]，尽管它们可能根本没有违反第 101 条第 1 款。[230] 在评估技术池与其许可证持有者之间的协议时，欧盟委员会指出，应考虑以下 4 个原则[231]：

• 技术池内的市场地位越强，反竞争效应的风险就越大；

• 技术池的市场地位越强，未将许可证授予所有潜在的被许可人或以歧视性条款进行许可的可能性就越大，就会违反第 101 条；

• 技术池不应不适当地取消第三方技术或限制替代技术池的创建；

• 技术转让协议不应包含第 316/2014 号条例第 4 条所列的任何核心限制。

欧盟委员会承认，创建技术池的企业通常可以自由确定技术包的特许权使用费，并确定每种技术在特许权使用费中所占的份额。[232]

如果技术池在市场上占支配地位，则其提供的特许权使用费和其他许可条款应不过度且无歧视，所授予的许可应不具有排他性，这是为了确保没有反竞争的封锁效果。[233] 但是，允许其针对不同的用途和不同的产品市场收取不同的特许权使用费。[234]

欧盟委员会还关注确保技术池不会阻止第三方技术进入市场，因此，许可人和被许可人必须自由开发竞争产品和标准，并且必须自由在技术池外授予和获得许可。[235] 对技术池的任何回赠义务应是非排他性的，并且应限于对使用技术池中技术至关重要或很重要的改进。[236] 技术池与第三方之间协议中的不质疑条款可能会被第 101 条第 1 款适用，因为它们可能会掩护无效的专利。[237]

---

[229] 第 316/2014 号条例评论 7；另见《技术转让指南》，第 266 段。

[230] 参见 *Philips/Sony CD Licensing program*，欧盟委员会新闻稿 IP/03/1152，2003 年 8 月 7 日。

[231] 《技术转让指南》，第 267 段。

[232] 同上，第 268；技术所有者必须遵守以 FRAND 条款授予许可的任何承诺。

[233] 同上，第 269 段。

[234] 同上。

[235] 同上，第 270 段。

[236] 同上，第 271 段。

[237] 同上，第 272 段。

（B）版权池

与技术池密切相关的是版权池。在*IFPI*“*Simulcasting*”案[238]中，欧盟委员会审议了一项协议，根据该协议，两个集体管理协会代表唱片公司行事，建立了“一站式服务”，可以向希望进行联播的广播电台和电视台颁发国际许可，使其既可以通过传统的广播和电视也可以通过互联网同时向公众广播节目。欧盟委员会要求删除地域限制。[239] 欧盟委员会得出结论，由集体管理协会共同确定的联播特许权使用费违反了第101条第1款。[240] 但是，欧盟委员会认为该协议符合第101条第3款的要求，因为它可以收取费用授予欧盟“一站式”联播权，以在整个欧盟范围内进行联播，从而使消费者能够通过互联网更广泛地访问音频和视频音乐节目。[241] 欧盟委员会要求当事方从专利使用费中单独收取管理费用[242]，这些是有横向协议的意向：这意味着广播公司可以根据不同的成本进行竞争性选择。

（C）诉讼的和解

（i）和解协议

《技术转让指南》认为，原则上，和解是找到双方都可以接受的妥协、解决法律分歧的合法途径。[243] 如果争端各方在一方同意凭借该技术将另一方排除在市场之外的情况下同意对该技术进行许可或交叉许可以作为和解的一部分，则该许可通常不受第101条第1款的限制。[244] 但是，和解协议的个别条款可能

---

[238] OJ［2003］L 107/58；有关该判决的评论，参见：PEREIRA M. From Discothèques to Websites, a new Approach to Music Copyright Licensing：the *Simulcasting Decision*［N］. Competition Policy Newsletter, 2003，spring：44.

[239] OJ［2003］L 107/58，第3段、第27~28段。

[240] 同上，第69~80段。

[241] 同上，第86~87段。

[242] 同上，第99~107段。

[243] 《技术转让指南》，第235段；美国的立场参见美国最高法院的判决：*Federal Trade Commission v Actavis Inc* 570 US 756（2013）；另见DoJ/FTC report on *Antitrust Enforcement and Intellectual Property Rights：Promoting Innovation and Competition*，第88~91页；SHAPIRO C. Antitrust Limits to Patent Settlements［J］. Rand Journal of Economics，2003：391；ELHAUGE E，KRUEGER A. Solving the Patent Settlement Puzzle［J］. Texas Law Review，2012：283；HOVENKAMP H. Anticompetitive Patent Settlements and the Supreme Court's Actavis Decision［J］. Minnesota Journal of Law，Science and Technology，2014，15：3；GALLASCH S. Activating Actavis in Europe – the Proposal of a“Structured Effects Based”Analysis for Pay for Delay Settlements［J］. Legal Studies，2016，36：683.

[244] 《技术转让指南》，第236段。

会受到第 101 条第 1 款的限制。[245]

(a) 支付延期协议

第 101 条第 1 款可能限制与技术权利转让不相关的和解协议，该协议以一方为限制另一方的进入或扩张而进行的价值转移为基础。[246] 欧盟委员会已将第 101 条适用于一些解决制药业专利纠纷的决定中。[247]

在 *Lundbeck* 案[248]中，欧盟委员会发现，无论发生任何专利纠纷，Lundbeck 都将价值[249]转让给了 4 家仿制药公司，以诱使它们接受在协议期限内进入市场的限制。欧盟委员会的结论是，由于 Lundbeck 已向潜在的竞争者支付了退出市场的费用，因此每项协议均以限制竞争为目的。欧盟委员会没有审查协议的效力。在上诉中，欧盟普通法院驳回了仿制药不是 Lundbeck 潜在竞争者的论点[250]，它也驳斥了有关协议反映了当事方对专利强度的评估的论点，因为不能以任何不反对竞争的理由对其进行解释。法院承认，和解协议通常旨在避免诉讼的成本和不确定性，但认为 *Lundbeck* 案中有争议的协议的目的是限制竞争，因为它们包含旨在延迟仿制药企业进入市场的协议以换取重大的反向付款。[251] 根据法院的说法，它们是"市场排斥协议"[252]，因此，法院维持了对 Lundbeck 处以 1.46 亿欧元的罚款总额的决定。

像许多延迟付款案件一样，*Lundbeck* 案也引起争议。[253] 对欧盟委员会干预的批评是，企业现在可能无法和解诉讼，但是欧盟委员会对制药行业专利和解的监督表明情况并非如此。[254] 尽管如此，Lundbeck 和仿制药公司仍渴望检验欧盟普通法院对潜在竞争和第 101 条第 1 款中"目的"含义的评估，因此已向欧洲法院提起上诉。[255]

---

[245] 同上，第 237 段。

[246] 同上，第 237 ~ 238 段。

[247] 该决定遵从了 Commission's *Pharmaceutical Sector Inquiry Report* of 8 July 2009，可在 www. ec. europa. eu 上查阅。

[248] 欧盟委员会 2013 年 6 月 19 日的决定。

[249] 价值包括大量现金支付，有限数量的 Lundbeck 产品的转移以及相关的利润率。

[250] 案例 T – 472/13 *Lundbeck v Commission* EU：T：2016：449，第 89 ~ 330 段。

[251] 同上，第 539 段；另见第 363 段、第 369 段、第 401 段、第 429 段、第 475 段、第 526 段、第 539 段、第 573 段、第 801 段。

[252] 案例 T – 460/13 *Ranbaxy v Commission* EU：T：2016：453，第 221 ~ 222 段。

[253] 参见 MARGERIE S E. "Pay – for – Delay" Settlements：In Search of the Right Standard [J]. World Competition，2013，36：85；SUBIOTTO R，DIAZ J F. *Lundbeck v Commission*：Reverse Payment Patent Settlements as Restrictions of Competition by Object [J]. JECLAP，2017，8：27（本文作者代理了 Lundbeck）.

[254] 关于专利监测的第 8 次报告，2018 年 3 月 9 日，第 48 段。可在 www. ee. europa. eu 上查阅。

[255] 案例 C – 591/16 P etc *Lundbeck v Commission*，尚未裁决。

在 *Johnson & Johnson/Novartis* 案[256]中，欧盟委员会对这些企业处以1630万欧元的罚款，原因是它们签署了一项“共同促销协议”，该协议向Novartis的一家子公司提供了不启动仿制药的经济诱因。在 *Servier* 案[257]中，欧盟委员会因订立和解协议而对 *Servier* 和5个仿制药处以共计4.277亿欧元的罚款，该协议的目的和效果是通过延迟竞争性药物的进入来限制竞争，这与第101条第1款相违背。和解协议中包含“不质疑性”和“非竞争性”条款，这些条款仅限于（据说）侵犯了Servier专利的产品。但是，在 *Lundbeck v Commission* 案中，欧盟普通法院裁定协议可能适用于第101条第1款，即使这些协议没有超出专利的主题地域和时间范围。对于欧盟委员会来说，表明和解具有限制竞争的目的就足够了，因为它把潜在的竞争者排除在市场之外，以换取付款。[258] 欧盟委员会还发现，Servier通过诱使定居点和获得稀缺的竞争性技术作为防止仿制药进入的防御机制，违反了第102条。

如果和解协议包含技术权利的许可，并且可能导致竞争者延迟进入市场，则欧盟委员会将根据第316/2014号条例第4条第1款（c）和（d）项考虑是否是核心限制。[259]

（b）交叉许可

《技术转让指南》讨论了交叉许可作为解决争议的一种方法。对双方使用其技术施加限制的交叉许可（包括对第三方许可的限制）可能会违反第101条，尤其是在双方具有重大市场支配力且协议所施加的限制明显超出获得争议技术所需的限制的情况下。[260] 该指南指出，当事方之间的任何和解都不会抑制他们未来的创新机会，从而获得彼此的竞争优势。[261]

（c）不质疑条款

和解协议中的不质疑条款通常被视为不属于第101条，因为这被视为任何此类协议的固有部分。[262] 但是，在 *Servier* 案[263]中，欧盟委员会发现不质疑条款

---

[256] 欧盟委员会2013年12月10日的决定；在这种情况下没有解决诉讼。

[257] 欧盟委员会2014年7月9日的决定，案例T-691/14 etc *Servier v Commission*，尚未裁决；另见欧盟委员会新闻稿IP/14/799，2014年7月9日，对此形成了一个有益的总结。

[258] 案例T-472/13 EU：T：2016：449，第486~500段。

[259] 《技术转让指南》，第239段；该指南还讨论了和解协议中的交叉许可（第240~241段）以及无挑战条款（第242~243段）。

[260] 同上，第240段。

[261] 同上，第241段。

[262] 同上，第242段。

[263] 2014年7月9日的欧盟委员会决定，第1184~1191段；案例T-691/14 *etc Servier v Commission*，尚未裁决。

具有反竞争性，因为 Servier 以一种确实反映了这些权利是否有效并确保竞争者不准进入市场的协议的不确定性的方式回购了对其专利权的挑战。

（ii）商标处理

欧盟委员会仔细审查商标划界协议，使独立商标的所有人接受对其各自商标的行使和使用的限制。[264] 这意味着法律顾问在建议客户解决商标争议的条款时必须格外小心，因为和解本身可能会违反第 101 条第 1 款。[265] 在 *BAT v Commission* 案[266]中，欧洲法院裁定允许使用商标划界协议，并且该协议不在第 101 条第 1 款之内，以避免混淆或冲突；但是，当事方之间必须存在真正的争端，并且协议的限制性不应超过克服困惑问题所必需的限制。

在 *Chiquita/Fyffes* 案[267]中，欧盟委员会认为，Chiquita 与 Fyffes 之间的一项协议规定，Fyffes 同意在 20 年内不使用欧洲大陆上的 Fyffes 商标违反了第 101 条和第 102 条。Fyffes 无法使用该商标的事实削弱了其与欧洲 Chiquita 进行激烈竞争的能力。在欧盟委员会干预之后，Chiquita 放弃了该协议。

（D）对知识产权许可的一致拒绝

在 *Credit Default Swaps Information Market* 案[268]中，欧盟委员会担心国际掉期和衍生产品协会（ISDA）、Markit 及其一些成员拒绝许可该行业用于计算信用违约掉期价格的知识产权和数据。此案在 ISDA 和 Markit 根据第 1/2003 号条例第 9 条作出承诺后结案，该承诺阻止投资银行影响其许可决定，并承诺授予 FRAND 许可。[269]

---

[264] 参见 *Sirdar and Phildar Trade Marks*［1975］1 CMLR D93；*Re Penney's Trade Mark* OJ［1978］L 60/19（第 101 条不适用于商标协议，该商标协议是真正的解决诉讼的尝试，而不是试图分割市场的尝试）；*Syntex/Syntbelabo*［1990］4 CMLR 343（欧盟委员会要求修改商标协议，以不合理地划分市场）；*Toltecs and Dorcet Trade Marks* OJ［1982］L 379/19（该决定是之后 *BAT v Commission* 案上诉的主题）；*Hershey/Herschi*，《关于竞争政策的第 20 号报告》（1990），第 111 点；*Chiquita/Fyffes plc*，《关于竞争政策的第 22 号报告》（1992），第 168～176 点（Fyffes 同意不违反第 101 条的规定在欧洲大陆使用 Fyffes 商标；也是根据第 102 条滥用支配地位）；参见 *Fyffes plc v Chiquita Brands International Inc*［1993］ECC 193 该案在英国高等法院诉讼中。

[265] 大致参见：SINGLETON S E. IP Disputes：Settlement Agreements and Ancillary Licences［J］. European Intellectual Property Review，1993，15：48.

[266] 案例 35/83 EU：C：1985：32；有关评论参见 Alexander（1985）22 CML Rev 709。

[267] 欧盟委员会《关于竞争政策的第 22 号报告》（1992），第 168～176 点。

[268] 欧盟委员会 2016 年 7 月 20 日的承诺决定；参见欧盟委员会新闻稿 IP/16/2586，2016 年 7 月 20 日。

[269] 这些承诺是对关于金融工具市场的第 2014/65/EU（MiFID 2）号指令（OJ［2014］L 173/349）以及关于金融工具市场的第 600/2014 号条例（OJ［2014］L 173/84，于 2018 年 1 月 1 日起施行）的补充。

5. 第102条与知识产权

知识产权法赋予所有者专有权，而《欧盟运行条约》第102条则禁止滥用支配地位。问题是，是否可以以限制知识产权法赋予的专有权的方式适用第102条。[270] 欧洲法院已经明确规定，不能仅根据第102条认定侵犯了知识产权[271]，但是第102条可能适用于此类权利的不当行使。[272] 世界贸易组织《与贸易有关的知识产权协定》（TRIPS）第8条第2款也有相同的规定。

（A）强制许可

一个备受争议的问题是，根据《欧盟运行条约》第102条，知识产权所有者可以在多大程度上被强迫将其许可授予第三方。作为一般性主张，知识产权所有者有权决定应如何利用它，并且仅在特殊情况下才应强制许可。

（i）*Renault* 案和 *Volvo* 案的判决

在 *Renault* 案[273]和 *Volvo v Erik Veng* 案[274]中，第三方希望获得汽车制造商的知识产权许可以生产备件，并声称拒绝授予此类许可是滥用了第102条所规定的支配地位。欧洲法院对将第102条适用于强制许可采取了一种传统的方法，并裁定，在欧盟缺乏统一外观设计和模型法律的情况下，由国家法律来确定对此类事项保护的性质和程度。在 *Volvo* 案中，法院在判决第8段中指出：

---

[270] 有关该主题进一步参见：TRITTON G. Intellectual Property in Europe［M］. 4th ed. London：Sweet & Maxwell，2014；ANDERMAN S，SCHMIDT H. EU Competition Law and Intellectual Property Rights：The Regulation of Innovation［M］. 2nd ed. Oxford：Oxford University Press，2011；KJØLBYE L. Article 82 EC as Remedy to Patent System Imperfections：Fighting Fire with Fire?［J］. World Competition，2009，32：163；VICKERS J. Competition Policy and Property Rights［J］. The Economic Journal，2010，120：375；LANG J T. Potential Downstream Markets in European Antitrust Law：A Concept in Need of Limiting Principles［J］. Competition Policy International，2011，7：106；COATES K，KYØLBYE L，PEEPERKORN L. Intellectual Property［M］//FAULL J，NIKPAY A. The EU Law of Competition. 3rd ed. Oxford：Oxford University Press，2014.

[271]《欧盟运行条约》第345条规定，条约“绝不损害成员国规制财产所有权制度的规定”。

[272] 参见案例24/67 *Parke*，*Davis & Co v Probel* EU：C：1968：11，欧洲法院表示专利权本身并不是滥用，尽管“专利的使用可能退化为对保护的不当利用”；知识产权所有权是评估企业是否具有支配地位时要考虑的一个因素：参见第5章第236页“法律障碍”。

[273] 案例53/87 *Consorzio italiano della componentistica di ricambio per autoveicoli e Maxicar v Régie national des usines Renault* EU：C：1988：472。

[274] 案例238/87 EU：C：1988：477。参见：KORAH V. No Duty to Licence Independent Repairers to Make Spare Parts：the *Renault*，*Volvo and Bayer* Cases［J］. European Intellectual Property Review，1988，12：381；GROVES P J. The Use of Registered Designs to Protect Car Body Panels［J］. Business Law Review，1989，10：117.

受保护外观设计的所有人防止未经其同意而制造、销售或进口包含该外观设计的产品的权利，是其专有权的内容。由此可见，受保护外观设计的所有人向第三方授予供应包含该外观设计产品的许可证的义务，即使作为合理的特许权使用费的对价，也将导致其所有人被剥夺其排他性权利的实质内容。拒绝授予此类许可本身不能构成对支配地位的滥用。

但是，法院补充说，汽车制造商可能滥用其支配地位，即拒绝以任意方式向独立维修商供应备件[275]，对备件收取不公平的价格或决定不再生产仍用于流通中模型的备件。

（ii）*Magill* 案

在 *Magill TV Guide/ITP*，*BBC and RTE* 案[276]中，欧盟委员会采用了一种不太传统的方法，也被称为 *Magill* 案或 *TV Listings* 案。Magill 希望在一份周刊中发布在英国和爱尔兰广播的3家电视企业计划的清单。当时没有出版物提前一周包含所有3家企业计划的详细信息，仅在相关日期的日报或星期六提供此信息。公众对清单杂志的需求明显，该清单杂志在欧洲大陆国家可广泛获得。根据英国和爱尔兰法律，对电视清单提供了版权保护，这就是 Magill 要求许可的原因。欧盟委员会的结论是，这3家电视企业拒绝向 Magill 提供电视节目，从而滥用了各自在电视节目中的支配地位，并要求其提供事先信息，以便每周出版全面的电视指南。对欧盟委员会的决定已上诉到欧盟普通法院和欧洲法院，每个法院均维持原判。[277] 欧洲法院指出，滥用是指拒绝依靠国家版权规定提供基本信息，从而阻止新产品即电视节目的综合指南的出现，而电视公司没有提供这种产出，但存在潜在的消费者需求[278]。法院还指出，拒绝的理由没有客观依据[279]，拒绝的结果是为电视存在保留了下游的电视指南市场。[280]

---

[275] 案例 T－198/98 *Micro Leader Business v Commission* EU：T：1999：341。欧盟普通法院裁定，欧盟委员会在驳回对 Microsoft 行使其版权保护的投诉之前，应先调查其价格是否违反《欧盟运行条约》第102条第2款（c）项的歧视性规定：同上，第49～59段。

[276] OJ［1989］L 78/43。

[277] 案例 T－69/89 etc *RTE v Commission* EU：T：1991：39；案例 C－241/91 P etc *RTE and ITP v Commission* EU：C：1995：98。

[278] 案例 C－241/91 P EU：C：1995：98，第54段。

[279] 同上，第55段。

[280] 同上，第56段。

该案是有争议的，并引发了大量评论和文章，主要是反对的。[281] 它似乎与 *Renault* 案和 *Volvo* 案中欧洲法院的较早判决不一致。这意味着根据第102条引入了强制许可的可能性，可以认为这是所谓的基本设施原则在知识产权中的应用。[282] 在 *Oscar Bronner v Mediaprint* 案[283]中，欧洲法院强调了 *Magill* 案中的特殊情况。[284] 但是，特别令人担忧的是，该先例可能适用于大量冒险和投资（例如专利和计算机软件）的结果而产生的知识产权，而不是仅仅涉及电视节目的清单，尽管这种情况并未发生在实践中。毫无疑问，欧盟委员会和欧盟法院在 *Magill* 案中受到了影响，像电视节目清单这样的平淡无奇的信息都享有版权保护，因为在这种情况下，成员国的法律体系根本就不赋予知识产权保护。[285] 但是，这不是欧盟委员会决定或法院判决推理中明确的部分。

（iii）*IMS Health* 案

在处理该问题的下一个案件 *IMS Health v NDC Health* 案[286]中，欧洲法院重复了 *Bronner* 案法院的提法：*IMS* 案是德国法院援引《欧盟运行条约》第267

---

[281] 有关该判决的评论，参见：Pomb o "Intellectual Property and Intra-Community Trade"［1996］Fordham Corporate Law Institute（ed Hawk），491 - 505；CROWTHER. Compulsory Licensing of Intellectual Property Rights［J］. European Law Review，1995，20：521；ANDERMAN S，SCHMIDT H. EU Competition Law and Intellectual Property Rights：The Regulation of Innovation［M］. 2nd ed. Oxford：Oxford University Press，2011：102 - 109.

[282] 参见第17章第869 ~876页"对于希望在下游市场竞争的人来说，寻求获得产品的权限是必不可少的吗?"；大致参见：COTTER T F. Intellectual Property and the Essential Facilities Doctrine［J］. Antitrust Bulletin，1999，44：211（关于知识产权是否可以视为必不可少的便利的问题）.

[283] 案例 C - 7/97 EU：C：1998：569。

[284] 同上，第40段。

[285] 关于数据库法律保护的第96/9号指令，OJ［1996］L 77/20，其采用与 *Magill* 案发生时英国和爱尔兰版权法不同的原创性标准。

[286] 案例 C - 418/01 EU：C：2004：257；有关评论，参见：Sufrin "The *IMS* Case"［2014］Comp Law 18；Brinker "Essential Facility Doctrine and Intellectual Property Law：Where Does Europe Stand in the Aftermath of the *IMS Health Case*!"［2004］Fordham Corporate Law Institute（ed Hawk），137；EILMANSBERGER T. The Essentia Facilities Doctrine under Art. 82：What is the State of Affairs after *IMS Health and Microsoft*?［J］. King's College Law Journal，2005，16：329；FOX E M. A Tale of Two Jurisdictions and an Orphan Case：Antitrust，Intellectual Property，and Refusals to Deal［J］. Fordham International Law Journal，2005，28：952；AHLBORN C，EVANS D S，PADILLA J. The Logic & Limits of the "Exceptional Circumstances Test" in *Magill and IMS Health*［J］. Fordham International Law Journal，2005，28：1109.

条的案例。[287] NDC Health 正在寻求全球药品销售和处方数据收集领导者 IMS 的许可，这将使 NDC Health 可以访问 IMS 的版权格式来处理德国的区域销售数据，即所谓的“1860 砖块结构”。在按照 *Bronner* 案判决的要求[288]，考虑砖块结构是否可能成为 NDC Health 必不可少的诉求之后，法院继续考虑以下问题：拒绝授予 NDC Health 许可是否会排除二级市场上的所有竞争[289]，以及是否可能阻止新产品的出现。[290] 在后一点上，法院同意总检察长蒂齐亚诺（Tizzano）的意见，即在保护知识产权所有人的经济自由与保护竞争之间取得平衡：

> 后者只有在拒绝授予许可阻碍二级市场的发展而损害消费者利益的情况下才可以占上风。[291]

在寻求对“例外情况”含义的限制时，在 *IMS* 案中欧洲法院的最后声明是有帮助的：即使人们承认“二级市场的发展”的含义仍有争论的余地，例如，什么是新产品？尽管如此，法院仍清楚地确定，不存在仅是为了复制有关知识产权所有者已经在做的事情而获得许可的权利。[292]

（iv）*Microsoft* 案

Magill 案和 *IMS* 案确定了在特殊情况下根据《欧盟运行条约》第 102 条提出许可要求的可能性，特别是在被许可人打算生产有潜在消费者需求的新产品的情况下。欧盟委员会在 2004 年 3 月 24 日的 *Microsoft* 案中的裁决中显著揭示

---

[287] 注意欧盟委员会在 *NDC Health/IMS*：（*Interim Measures*）OJ［2002］*L* 59/18 中使用了针对 IMS 的临时措施。有关评论，参见：KORAH V. The Interface between IP and Antitrust：The European Experience［J］. Antitrust Law Journal，2001，69：801；FINE F. *NDC/IMS*：In Response to Professor Korah［J］. Antitrust Law Journal，2002，70：247。欧盟普通法院院长和欧洲法院院长在欧盟普通法院作出最终判决之前中止了欧盟委员会的决定；双方都指出，关于国际监测系统的情况是否特殊，存在着严重的争议：案例 T－184/01 R EU：T：2001：259（欧盟普通法院院长的命令），案例 C－481/01 P（R）EU：C：2002：223（欧洲法院院长的命令）；欧盟委员会在适当时候撤回了临时措施决定，因此撤回了向欧盟普通法院的上诉：参见欧盟委员会新闻稿 IP/03/1159，2003 年 8 月 13 日。

[288] 参见第 17 章第 869～876 页“对于希望在下游市场竞争的人来说，寻求获得产品的权限是必不可少的吗?”（关于在这种情况下必不可少的意义）。

[289] 案例 C－418/01 EU：C：2004：257，第 40～47 段。

[290] 同上，第 48～50 段。

[291] 同上，第 48 段；类似地，参见总检察长马杜罗在案例 C－109/03 *KPN Telecom* EU：C：2004：437 中的观点，第 53～54 段。

[292] 同上，第 239 段。

了这种方法的潜在重要性。[293] 欧盟委员会认为Microsoft在两个市场中处于支配地位，一个市场是个人计算机操作系统，另一个市场是工作组服务器操作系统。欧盟委员会认为，Microsoft拒绝向竞争者提供互操作性信息，从而使它们无法开发和分发与Microsoft在服务器市场上竞争的产品，从而滥用了其支配地位。欧盟委员会还通过将Microsoft操作系统与Windows Media Player搭售在一起而认定Microsoft有滥用行为[294]，对这两次滥用行为处以4.97亿欧元的罚款。在*Microsoft v Commission*案中欧盟普通法院审理的上诉案[295]，维持了欧盟委员会关于滥用的调查结果和罚款。关于滥用拒绝供应的以下几点要注意。

（a）欧盟委员会和欧盟普通法院假设Microsoft享有知识产权保护

欧盟委员会和欧盟普通法院是在假设Microsoft的互操作性信息受知识产权法保护的前提下进行的，而实际上并未得出结论。[296] 法院指出，在作出这一假设时，欧盟委员会对自己施加了最严格的法律检验，也就是说，对Microsoft最有利的检验。[297]

（b）欧盟普通法院对于准据法的总结

欧盟普通法院着手分析相关的判例法，特别是针对*Magill*案、*Bronner*案和*IMS Health*案，从中得出以下结论：

> 331. 从以上引用的判例法可以得出，拥有支配地位的企业拒绝许可第三方使用知识产权所涵盖的产品本身不能构成对《欧盟运行条约》第102条所指的支配地位的滥用。仅在特殊情况下，知识产权所有者行使专

---

[293] OJ［2007］L 32/23；参见：BANASEVIC N，HUBY J，PENA M，et al. Commission adopts Decision in the *Microsoft* case［J］. Competition Policy Newsletter，2004：44－46；LEVEQUE F. Innovation，Leveraging and Essential Facilities：Interoperability Licensing in the EU *Microsoft* Case［J］. World Competition，2005，28：71；DOLMANS M，O'DONOGHUE R，LOEWENTHAL P J. Are Article 82 and Intellectual Property Interoperable? The State of the Law Pending the Judgment in *Microsoft v Commission*［J］. Competition Policy International，2007，3：107；VESTERDORF B. Article 82 EC：Where do we stand after the *Microsoft* judgment?［J］. ICC Global Antitrust Review，2008，1：1；O'DONOGHUE R，PADILLA J. The Law and Economics of Article 102 TFEU［M］. 2nd ed. Oxford：Hart Publishing，2013.

[294] 有关搭售违法的讨论，参见第17章第854～864页“搭售行为”；另见：MCMAHON K. Interoperability："Indispensability" and "Special Responsibility" in High Technology Markets［J］. Tulane Journal of Technology and Intellectual Property，2007，9：123.

[295] 案例T－201/04 EU：T：2007：289；有关欧盟委员会官方对该案的讨论，参见：KRAMLER T，BUHR C，WYNS D. The Judgment of the Court of First Instance in the *Microsoft* Case［J］. Competition Policy Newsletter，2007，3：39；另见：HOWARTH D，MCMAHON K. Windows has Performed an Illegal Operation：The Court of First Instance's Judgment in *Microsoft v Commission*［J］. European Competition Law Review，2008，29：117.

[296] 案例T－201/04 EU：T：2007：289，第283～290段。

[297] 同上，第284段。

有权可能会导致这种滥用。

332. 从该判例法还可以得出，特别是以下情况，必须被认为是例外情况：

第一，拒绝许可与在相邻市场上进行特定活动必不可少的产品或服务有关；

第二，拒绝许可是一种排除该相邻市场上任何有效竞争的行为；

第三，拒绝许可会阻止出现潜在消费者需求的新产品。

333. 一旦确定存在此类情况，除非有客观理由，占支配地位的持有人拒绝授予许可可能会违反《欧盟运行条约》第102条。

334. 法院指出，只有在行使知识产权的判例法中才能找到这种拒绝有可能导致新产品出现的情况。

(c) 欧盟普通法院对于新产品要求的良性适用

法院的结论是，必不可少的要求已得到满足[298]，所有有效的竞争都将在二级市场上消除。[299] 欧盟普通法院判决书的显著特征是其对“新产品”要求的处理。[300] 法院首先指出，这种考虑应在第102条第2款（b）项中加以理解，该条禁止滥用行为，包括将生产、市场或技术开发以损害消费者的利益。[301] 但是，法院没有作出裁定，也没有要求欧盟委员会作出裁定，任何特定的新产品，例如*Magill*案中的综合电视清单杂志，都将源于提供互操作性信息。法院表示，新产品标准应理解为包括对技术开发的限制[302]，并且欧盟委员会对这一因素的强调并非明显错误。[303] 法院认为，Microsoft的拒绝意味着消费者越来越多地被工作组锁定在Microsoft平台中的服务器[304]，并且阻止竞争者开发与市场上已有的Windows系统不同的操作系统。[305] 法院以颇为怪异的陈述得出结论，即Microsoft通过在该工作组服务器操作系统市场上获得重要的市场份额而损害了其有效的竞争结构。[306] 欧盟普通法院驳回了Microsoft关于其行为有客观理由的说法。[307]

---

[298] 同上，第369~436段。
[299] 同上，第479~620段。
[300] 同上，第643~665段。
[301] 同上，第643段。
[302] 同上，第647段。
[303] 同上，第649段。
[304] 同上，第650~652段。
[305] 同上，第653~659段。
[306] 同上，第664段。
[307] 同上，第688~712段。

在该判决中，法院似乎对“新产品”规则采取了某种温和的态度。[308] 可以预见，将来的案例将不得不进一步研究新产品规则的范围，包括产品的新颖性和对技术发展的限制可能就充分了的可能性。[309]

(d) 救 济

对于 *Microsoft* 案这样的案件，一个明显的困难是确定适当的救济措施并确保适当的合规性。欧盟委员会于 2004 年 3 月在 *Microsoft* 案中作出决定之后，与 Microsoft 之间进行了旷日持久的谈判，商讨 Microsoft 是否正在以合理和非歧视性的条件向市场提供必要的互操作性信息。欧盟委员会任命了一个受托人就遵守情况提供技术咨询[310]，尽管欧盟普通法院随后裁定欧盟委员会没有这样做的权力。[311] 欧盟委员会于 2006 年 7 月裁定，自 2005 年 12 月 16 日至 2006 年 6 月 20 日 Microsoft 未提供其决定所要求的互操作性信息，因此对 Microsoft 处以每天 150 万欧元的定期罚款，总计为 2.805 亿欧元。[312] 2008 年 2 月，欧盟委员会对 Microsoft 在 2006 年 6 月 21 日至 2007 年 10 月 21 日对信息收取不合理价格[313]处以 8.99 亿欧元的罚款。经上诉，欧盟普通法院基本上维持了欧盟委员会的调查结果。[314] 欧盟委员会于 2007 年 10 月宣布，它最终与 Microsoft 就其决定的遵守达成协议。[315]

(B) 欧盟委员会《第 102 条执法重点指南》

《第 102 条执法重点指南》第 75 ~ 90 段描述了欧盟委员会拒绝知识产权许可或提供专有信息的方法。[316] 该指南并非旨在根据《欧盟运行条约》第 102 条陈述法律，而是解释了构成欧盟委员会执行情况的因素。如果欧盟委员会确信满足以下条件，则拒绝供应将是强制执法的重点优先事项：

---

[308] 参见：VICKERS J. A Tale of Two EC Cases：*IBM and Microsoft* [J]. Competition Policy International，2008，4：3.

[309] 此点参见总检察长在案例 C - 418/01 *IMS Health GmbH & Co OHG v NDC Health GmbH & Co KG* EU：C：2003：537 中的观点；另见：O'DONOGHUE R，PADILLA J. The Law and Economics of Article 102 TFEU [M]. 2nd ed. Oxford：Hart Publishing，2013：554 - 563.

[310] 参见欧盟委员会新闻稿 1P/05/1215，2005 年 10 月 5 日。

[311] 案例 T - 201/04 *Microsoft Corpn v Commission* EU：T：2007：289，第 1251 ~ 1279 段。

[312] 欧盟委员会 2006 年 7 月 12 日的决定。

[313] 欧盟委员会 2008 年 2 月 27 日的决定。

[314] 案例 T - 167/08 *Microsoft Corpn v Commission* EU：T：2012：323。

[315] 欧盟委员会新闻稿 IP/07/1567，2007 年 10 月 22 日；另见欧盟委员会 MEMO/08/106，2008 年 2 月 21 日。

[316] OJ [2009] C 45/7；有关一般讨论，参见第 5 章第 225 ~ 227 页“欧盟委员会《第 102 条执法重点指南》”。

- 拒绝涉及客观上能够在下游市场上有效竞争所必需的产品或服务；
- 拒绝可能会消除下游市场上的有效竞争[317]；并且
- 拒绝可能会伤害消费者。

值得注意的是，欧盟委员会将相同的因素用于拒绝许可知识产权，尽管在这种情况下与其他类型的拒绝供应相比，确定它们可能会更加困难。欧盟委员会在决定是否拒绝可能伤害消费者的决定时特别指出，它将寻找拒绝是否将导致创新产品不投放市场或抑制后续创新的证据。[318] 由占支配地位的企业承担举证责任，以证明供应义务可能对其自身的创新水平产生任何负面影响。[319]

（C）集体管理组织

《欧盟运行条约》第 102 条可能适用于集体管理组织的活动，也就是说，代表作者和出版商管理版权的组织，尤其是，它们代表其会员从媒体、网站和其他用户那里收取版税，并作为费用进行分发。欧盟委员会和国内法院均援引了第 102 条[320]，其中一些根据《欧盟运行条约》第 267 条已将问题转交欧洲法院。[321]

欧洲法院指出，对于集体管理组织的建立，从本质上来讲没有什么令人反感的，这可能是必要的，以便每个艺术家都能从中获得合理的回报。[322] 但是，

---

[317] 在这一点上，《第 102 条执法重点指南》并未提及，但与普通法院在案例 T－201/04 *Microsoft Corpn v Commission* EU：T：2007：289 中的判决第 332 和第 563 段相一致。

[318] 《第 102 条执法重点指南》，第 87 段，具体引用了 *IMS* 案和 *Microsoft* 案分别由欧洲法院和欧盟普通法院作出的支持这种方法的判决。

[319] 同上，第 90 段。

[320] *GEMA* JO［1971］L 134/15；*Interpar v GVL GmbH* OJ［1981］L 370/49；*GEMA Statutes* OJ［1982］L 94/12；*BIEM－FP1*，《关于竞争政策的第 13 号报告》（1983），第 147～150 点；*GEMA*，《关于竞争政策的第 15 号报告》（1985），第 81 点；*GVL* OJ［1981］L 370/49，案例 7/82 *GVL v Commission* EU：C：1983：52；对欧盟委员会不处理有关 SACEM（一个法国的集体管理组织）投诉的决定的挑战不成功，案例 T－114/92 *BEMIM v Commission* EU：T：1995：11，上诉至欧洲法院，维持原判案例 T－5/93 *Roger Tremblay v Commission* EU：T：1995：12，案例 C－91/95 P EU：C：1996：407；有关评论参见：TORREMANS P，STAMATOUDI I. Collecting Societies：Sorry，the Community is No Longer Interested！［J］. European Law Review，1997，2：352.

[321] 案例 127/73 *Belgische Radio en Televisie v SABAM* EU：C：1974：25；案例 22/79 *Greenwich Film Production v SACEM* EU：C：1979：245；案例 402/85 *Basset v SACEM* EU：C：1987：197；案例 395/87 *Ministère Public v Tournier* EU：C：1989：319；案例 110/88 *Lucazeau v SACEM* EU：C：1989：326；案例 C－52/07 *Kanal 5 Ltd and TV 4 AB v Föreningen Svenska Tonsättares Internationella Musikbyra*（*STIM*）*upa* EU：C：2008：703；案例 C－351/12 *OSA v LIML* EU：C：2014：110；案例 C－177/16 *Autortiesibu un komunicešanās konsultāciju aģentūra—Latvijas Autoru apvieniba v Konkurences padome*（*AKKA/LAA*）EU：C：2017：689；案例 C－525/16 *MEO v Autoridade da Concorrência* EU：C：2018：270。

[322] 参见案例 127/73 *BRT v SABAM* EU：C：1974：25，第 8～15 段。

一个集体管理组织的活动可能以各种方式违反《欧盟运行条约》第102条。欧盟法律禁止国家组织歧视其他成员国企业。[323] 集体管理组织收取的音乐播放许可使用费可能过高。[324] 在 *CISAC* 案中，欧盟委员会禁止国际作者和作曲者协会联合会与24个集体管理组织通过限制其在每个集体管理组织的国内地域之外提供服务的能力来限制竞争。[325] 上诉后，欧盟普通法院废除了欧盟委员会关于认定协同行为的裁定，因为与盗版行为的斗争是对集体管理组织平行行为的合理替代解释。[326] 但是，欧盟普通法院维持了欧盟委员会的裁定，认为集体管理组织协议中的地域成员资格和专有条款违反了《欧盟运行条约》第101条第1款。[327]

集体管理组织活动的其他方面遭到谴责，例如章程中的条款不合理地限制了作者单方面采取行动的权利，以及相对于媒体而言不合理的条款，或试图将版权保护范围扩大到非版权作品。[328]

（D）关于知识产权的多种案件

（i）非法技术获得

在 *Tetra Pak Rausing v Commission* 案[329]中，欧盟普通法院维持了欧盟委员会的裁决[330]，即滥用 Tetra Pak 在纸箱和包装牛奶的机器市场上的支配地位来收购 Liquipak，从而获得与一种适用于延长牛奶保质期的纸箱消毒新方法专利技术有关的独占许可的利益。尽管该许可符合当时针对专利许可协议的现行集体豁免的规定，但仍得出这一结论。在 *Servier* 案[331]中，欧盟委员会得出结论认为，Servier 滥用了其支配地位，只是获得但未使用最先进的竞争技术来生产药物

---

[323] *Re GEMA* JO［1971］L 134/15；案例7/82 *GVL v Commission* EU：C：1983：52。

[324] 参见案例 C－177/16 *Autortiesibu un komunicēšanās konsultāciju aģentūra－latvijas Autoru apvienība V Konkurences padome*（*AKKA/LAA*）EU：C：2017：689。

[325] 欧盟委员会2008年7月16日的决定；欧盟普通法院院长在案例 T－411/08 *R Artisjus Magyar Szerzöi Jogvédö Iroda Egyesület v Commission* EU：T：2008：503 中驳回了临时措施的申请。

[326] 案例 T－442/08 *etc CISAC v Commission* EU：T：2013：188；协同行为的裁决并没有受到挑战，因此在案例 T－451/08 *Stim v Commission* EU：T：2013：189 中没有被废除。

[327] 参见案例 T－401/08 *Säveltäjäin Tekijänoikeustoimisto Teosto v Commission* EU：T：2013：170，第59～75段。

[328] 在此议题上最彻底的决定是 *Re GEMA* JO［1971］L 134/15 中欧盟委员会的决定；关于"补充机制复制费"的合法性，参见案例402/85 *Basset v SACEM* EU：C：1987：197。

[329] 案例 T－51/89 EU：T：1990：41。

[330] *Tetra Pak I*（*BTG Licence*）OJ［1988］L 272/27。

[331] 欧盟委员会2014年7月9日的决定，第2800段及之后段落；案例 T－691/14 etc *Servier v Commission*，尚未裁决。

Perindopril，从而使仿制药竞争者更难以进入市场。

（ii）要求过高的特许权使用费

在 *Eurofix - Bauco v Hilti* 案[332]中，欧盟委员会认为，要求过多的特许权使用费以阻止或以任何方式无理地拖延英国专利法规定的权利许可为滥用。这被视为 Hilti 防止钉仓竞争的战略的一部分。

在 *Duales System Deutschland*（*DSD*）案[333]中，欧盟委员会得出结论认为，DSD 滥用了支配地位，DSD 运营了一个用于收集和回收德国废物的综合系统，并在其商标协议中包含了其客户不论是否实际使用了 DSD 的服务，都要为带有“Green Dot”商标的销售包装支付版税的内容，这可能会阻止那些客户使用竞争者的服务。上诉后法院维持了欧盟委员会的决定。[334]

欧盟委员会结束了对高通公司是否未能按照 FRAND 条款许可其 3G 移动技术的调查，认为高通公司不再是执法监管上的优先事项。[335]

（iii）寻求对实施标准必要专利的禁令

参与制定标准的企业可能拥有“标准必要专利”许可证，希望遵守该标准的任何人都需要获得其许可，而企业在标准制定过程中承诺按照 FRAND 条款将任何标准必要专利许可至希望生产符合标准的产品的被许可人。问题是如果当事方未能达成共识形成 FRAND 协议，标准必要专利的所有者寻求法院临时禁令是否可能是滥用支配地位。[336]

---

[332] OJ［1988］L 65/19，第 78 段，案例 T - 30/89 *Hilti AG v Commission* EU：T：1991：70，第 99 段。

[333] OJ［2001］L 166/1，第 111 ~ 113 段。

[334] 案例 T - 151/01 *Duales System Deutschland GmbH v Commission* EU：T：2007：154；案例 C - 385/07 P *Duales System Deutschland GmbH v Commission* EU：C：2009：456。

[335] Commission MEMO/09/516，2009 年 11 月 24 日。

[336] 有关该主题的讨论进一步参见：MARINIELLO M. Fair Reasonable and Non - Discriminatory（FRAND）Terms：A Challenge for Competition Authorities［J］. Journal of Competition Law and Economics，2011，7：523；PETIT N. Injunctions for FRAND - Pledged SEPs：The Quest for an Appropriate Test of Abuse Under Article 102 TFEU［J］. European Competition Journal，2013：677；O'DONOGHUE R，PADILLA J. The Law and Economics of Article 102 TFEU［M］. 2nd ed. Oxford：Hart Publishing，2013：695 - 711；JONES A. Standard Essential Patents：FRAND Commitments，Injunctions and the Smartphone Wars［J］. European Competition Journal，2014，9：1；ZOGRAFOS A S. The SEP Holder's Guide to the Antitrust Galaxy：FRAND and Injunctions［J］. World Competition，2014，37：53；“Standard - essential patents”（June 2014）Competition Policy Brief，可在 www. ec. europa. eu 上查阅；HENNINGSSON K. Injunctions for Standard - Essential Patents under FRAND Commitment：A Balanced，Royalty - Oriented Approach［J］. International Review of Intellectual Property and Competition Law，2016，47：438；Communication from the Commission on “Standard Essential Patents for a European digitized economy”，April 2017，可在 www. ec. europa. eu 上查阅。

在所谓的 *Orange Book* 案[337]中，德国联邦法院采用狭义的方式适用《欧盟运行条约》第102条，认为只有当被指控的违法者提出有约束力的和无条件提供FRAND协议要约，并在使用专利说明的情况下，将特许权使用费存入托管账户，标准必要专利所有者才是滥用其支配地位。

在 *Motorola—Enforcement of GPRS Standard Essential Patents* 案[338]中，欧盟委员会采取了更为严格的方法，认为Motorola在潜在的被许可人（Apple）愿意；将FRAND争议提交具有约束力的德国法院决议的情况下，通过寻求禁制令滥用了其支配地位。欧盟委员会还认为，Motorola坚持要求Apple最终达成任何和解协议都应包含对后者的承诺，即不对Motorola的专利提出挑战，这是一种滥用支配地位。[339] 在 *Samsung—Enforcement of UMTS Standard Essential Patents* 案[340]中，欧盟委员会接受了三星标准必要专利的承诺，将通过示范争议程序来解决。[341]

FRAND许可问题是杜塞尔多夫地方法院（Landgericht）在 *Huawei Technologies Co Ltd v ZTE Corp* 案中向欧洲法院提起的《欧盟运行条约》第267条的诉求。[342] 该诉求是在欧盟委员会于2014年4月29日在 *Motorola* 案和 *Samsung* 案的决定之前作出的。该地方法院知道欧盟委员会的调查，其立场可能与德国 *Orange Book* 案的标准有所不同，因此认为应该参考《欧盟运行条约》第267条。欧洲法院指出，在某些特殊情况下，行使知识产权可能会导致滥用支配地位，例如 *Magill TV Listings* 案[343]；但是，*Huawei* 案的事实与以往任何案件都不相同，Huawei已向相关标准制定组织ETSI承诺，它将按照FRAND条款许可其标准必要专利。欧盟法院认为：

> 53. 在这种情况下，并考虑到以FRAND条款授予许可的承诺会给第

---

[337] KZR 39/06，2009年5月6日的判决，可在 www.bundesgerichtshof.de 上查阅。

[338] 2014年4月29日的欧盟委员会决定。

[339] 2014年4月29日的欧盟委员会决定，第271～420页；欧盟委员会还解释了为什么Motorola的行为没有客观理由：同上，第421～491段。

[340] 2014年4月29日的欧盟委员会决定。

[341] 2014年4月29日的欧盟委员会决定；另见欧盟委员会MEMO/09/549，2009年12月10日：在收购Robert Bosch的移动电话专利产品组合并与欧盟委员会进行讨论之后，IPCom同意接管Bosch的承诺，以FRAND条款授予不可撤销的专利许可；根据《欧盟合并条例》也出现了这个问题：参见案例M 6381 *Google/Motorola Mobility*，2012年2月13日的决定，第128～149段。

[342] 案例C－170/13 EU：C：2015：477；有关评论参见：the essays in the CPI Antitrust Chronicle, October 2015（2），可在 www.competitionpolicyinternational.com 上查阅；GRASSO R. The ECJ Ruling in *Huawei* and the Right to Seek Injunctions Based on FRAND－Encumbered SEPs under EU Competition Law: One Step Forward [J]. World Competition, 2016, 39: 213.

[343] 案例C－241/91 P and C－242/91 P *RTE and ITP v Commission* EU：C：1995：98。

三方带来合理的期望，即标准必要专利的所有人实际上会以这种条款授予许可，但标准必要专利的所有者拒绝了。标准必要专利的许可人按这些条款授予许可，原则上可能构成《欧盟运行条约》第102条所指的滥用。

54. 因此，在考虑到所建立的合理期望之后，原则上可以提出这种拒绝的滥用性质，以辩护采取禁令或召回产品的行动。

欧盟法院还认为，实际上得出的结论是，寻求强制执行标准必要专利的禁令本身就等于滥用支配地位。法院承认，一方面，不得剥夺知识产权所有人诉诸法院执行知识产权的机会；另一方面，按照FRAND条款许可标准必要专利的承诺确实会对所有者造成一定的后果。

法院的其余判决规定了标准必要专利的所有者和拟成为许可证的被许可人在谈判许可证时必须采取的步骤：

• 认为标准必要专利是侵权主题的标准必要专利所有人在不违反《欧盟运行条约》第102条的情况下，不得对禁止的侵权者提起禁止令或召回产品的诉讼，而无须事先通知或与涉嫌侵权者协商；[344]

• 标准必要专利的所有人必须通过指定该标准必要专利并指明其受到侵犯的方式，将所投诉的侵权行为通知被指控的侵权者；[345]

• 在被指控的侵权者表示愿意按照FRAND条款达成许可后，标准必要专利的所有人必须根据对标准化机构的承诺，向该被指控的侵权者提出一份针对FRAND条款的书面许可要约，特别指明特许权使用费的数额以及特许权使用费的计算方式；[346]

• 被指控的侵权者应根据该领域公认的商业惯例并真诚地回应该报价；[347]

• 如果被指控的侵权者不接受向其提出的要约，则标准必要专利的所有者只有在已及时以书面形式对FRAND条款的还价协商提交给相关标准必要专利所有人的情况下，才可以依赖该行为的滥用性来实施禁止性禁令或召回产品。[348]

被指控的侵权者必须根据该领域公认的商业惯例提供适当的担保，例如，提供银行担保或将必要的款项存入银行。[349] 如果被指控的侵权人在还价后仍未就FRAND条款的细节达成协议，则当事方可以通过共同协议，要求由独立的

---

[344] 案例C-170/13 EU：C：2015：477，第60段。
[345] 同上，第61段。
[346] 同上，第63段。
[347] 同上，第65段。
[348] 同上，第66段。
[349] 同上，第67段。

第三方确定特许权使用费的金额。[350]

2017年11月29日，欧盟委员会发布了一份信函，《制定标准必要专利的欧盟方法》处理方式（Setting out the EU approach to Standard Essential Patents）[351]，其中就提供了有关标准必要专利的许可、估值和执行的指南。

（iv）标准必要专利的 FRAND 许可

在 *Unwired Planet v Huawei* 案[352]中，英国高等法院考虑了标准必要专利的所有人（受 FRAND 承诺）和可能的被许可人提供的各种许可条款是否为 FRAND 许可。[353] 法院裁定，在特定情况下，只有一组许可条款和一个特许权使用费率是 FRAND 许可。[354] 法院认定了确定 FRAND 特许权使用费的3种方法：首先，确定由专利权人的投资组合的价值决定的基准利率[355]；其次，使用可比较的许可证[356]；最后，作为交叉检查，计算专利权人在相关标准必要专利中所占的份额，并将该份额应用于标准的总特许权使用费总额。[357] 法院使用这些方法来设置 FRAND 特许权使用费率。[358] 至于其他条款，标准必要专利持有人可能会提议仅授予全球许可，但不能坚持将标准必要专利和非标准必要专利捆绑在一起的许可。[359]

（v）专利主张实体（专利非实施主体）

在信息和通信技术等领域，存在所谓的专利主张实体或“Patent Assertion Entities”（PAE，有时也称“专利流氓”），它们购买大量专利并通过许可专利

---

[350] 同上，第68段。

[351] COM（2017）712 final，可在 www. ec. europa. eu 上查阅。

[352] ［2017］EWHC 711（Pat）；第806段包含法院结论的有用摘要，华为（Huawei）和无线星球都已向上诉法院提出上诉。

[353] 大致参见：NAZZINI R. Level Discrimination and FRAND Commitments Under EU Competition Law［J］. World Competition，2017，40：213；LAYNE－FARRAR A，WONG－ERVIN K W. Methodologies for Calculating FRAND Damages：An Economic and Comparative Analysis of the case law from China，the European Union，India，and the United States［J］. Jindal Globle Law Review，2017，8（2）：1－34.

[354] ［2017］EWHC 711（Pat），第147～168段。

[355] 同上，第176段。

[356] 同上，第157段、第179段、第187～196段。

[357] 同上，第178段。

[358] 同上，第524～572段。

[359] 同上，第787段，但是并不能因此而得出将标准必要专利和非标准必要专利捆绑在一起的首次报价必然会违反第102条，因为“一切取决于具体情况”。

和/或起诉涉嫌侵权者来挣钱。[360] PAE 的活动可能会引起竞争问题，例如，它们逃避了原本专利权人的 FRAND 承诺，并要求过高的特许权使用费：一种称为“私有”的做法。[361] 美国联邦贸易委员会发布了一项有关 PAE 活动的研究，该研究提出了减少 PAE 发起的“滋扰诉讼”的建议。[362]

(vi) 无理缠扰的行为和滥用程序

在 *BBI/Boosey and Hawkes: Interim Measures* 案[363]中，欧盟委员会将 Boosey 和 Hawkes 对“盲目模仿其产品”的企业提起无理缠扰诉讼的行为认定为其滥用行为的一方面。[364] 欧盟委员会暗示有时知道竞争者已经使用该商标的情况下，占支配地位的企业注册商标可能是一种滥用。[365]

在 *AstraZeneca* 案[366]中，欧盟委员会对 AstraZeneca 滥用监管程序处以 6000 万欧元的罚款。AstraZeneca 拥有一项非常成功的药物专利，欧盟委员会认定 AstraZeneca 有两种滥用监管程序的方法：一是它在误导性信息的基础上，成功说服了专利当局授予其补充保护证书，从而延长了专利保护的期限。这造成了仿制药生产者推迟进入市场的效果，而仿制药生产者原本可能能够以相当低的价格供应药物。二是 AstraZeneca 持有市场许可，被允许以胶囊形式出售该药物。但 AstraZeneca 将胶囊从市场上撤出，改为以片剂形式出售，并终止了市场许可，这意味着仿制药生产者无法销售它们的胶囊。在上诉中，尽管出于

---

[360] 参见：POPOFSKY M S，LAUFERT M D. Patent Assertion Entities and Antitrust：Operating Company Patent Transfers［J］. Antitrust Source1，2013（April）；BOSCHECK R. Patent Trolls：In Search of Efficient Regulatory Standards［J］. World Competition，2016，39：67；欧盟委员会竞争总司前总干事亚历山大·伊塔利亚那“Shaken，not stirred. Competition Law Enforcement and Standard Essential Patents”，2015 年 4 月 21 日，可在 www. ec. europa. eu 上查阅。

[361] 参见 *Unwired Planet v Huawei*［2015］EWHC 2097（Pat），第 37 ~ 48 段（Unwired Planet 是 PAE）。

[362] “Patent Assertion Entity Activity：An FTC Study”，October 2016，可在 www. ftc. gov 上查阅。

[363] OJ［1987］L 286/36，第 19 段。

[364] 进一步参见第 17 章第 884 ~ 885 页“无理缠扰的诉讼”。

[365] *Osram/Airam*，《关于竞争政策的第 11 号报告》（1981），第 97 点。

[366] 2005 年 6 月 15 日的欧盟委员会决定；参见：DE SOUZA N. Competition in Pharmaceuticals：the Challenges Ahead Post AstraZeneca［J］. Competition Policy Newsletter，2007（1）：39；GUNTHER J，BREUVART C. Misuse of Patent and Drug Regulatory Approval Systems in the Pharmaceutical Industry：An Analysis of US and EU Converging Approaches［J］. European Competition Law Review，2005，26：669；MURPHY F. Abuse of Regulatory Procedures：The *AstraZeneca* Case：Parts 1，2 and 3［J］. European Competition Law Review，2009，30：223，289；O'DONOGHUE R，PADILLA J. The Law and Economics of Article 102 TFEU［M］. 2nd ed. Oxford：Hart Publishing，2013：660 - 670.

缺乏证据而搁置了欧盟委员会关于其第二次滥用的一些裁定[367]，但欧盟普通法院在很大程度上维持了欧盟委员会的决定。[368]

AstraZeneca 与欧盟委员会之间的根本分歧在于滥用的概念。AstraZeneca 辩称，只有当占支配地位的企业在知道其无效的情况下故意获得或执行了专利后，滥用才可能存在。欧盟普通法院对此予以拒绝[369]，在其判决的第 355 段中裁定：

> 向公共当局提交容易引起误解的误导性信息，因此有可能授予一项本不应享有的专有权利，或者授予该企业较短时期的专有权，这不属于以优势竞争的范围的做法可能会特别限制竞争。

法院指出，一家占支配地位的企业负有特殊责任，即不损害未扭曲的竞争，这至少要求其将提供的信息中的任何错误告知公共当局。[370] 欧盟普通法院驳回了 AstraZeneca 的一项要求，即要求该企业有义务通过维持销售许可来保护仿制药生产商或平行进口者的利益。[371] 在上诉后，欧洲法院维持了欧盟普通法院的判决[372]，并特别认为欧盟普通法院没有误解"基于优势竞争"的概念。[373]

在 *Rambus* 案中，欧盟委员会发表了反对意见，称 Rambus 通过进行所谓的"专利圈套"违反了《欧盟运行条约》第 102 条。这是指企业参与制定行业标准，但故意以欺骗性的方式通过不披露任何人使用该标准都必须拥有的专利信息来进行。这意味着，一旦制定了标准，专利所有人就可以向需要使用该技术的被许可人要求不合理的专利使用费。[374] 欧盟委员会随后关注了 Rambus 是否对其技术收取方过多费用。欧盟委员会接受了 Rambus 的承诺，即对全球

---

[367] 案例 T－321/05 *AstraZeneca AB v Commission* EU：T：2010：266，第 239～294 段（市场支配地位），第 352～381 段（首次滥用的法律分析），第 474～613 段（首次滥用的证明），第 666～696 段（二次滥用的法律分析）以及第 757～865 段（二次滥用的证明）。

[368] 同上，第 824～861 段；因此，对 AstraZeneca 的罚款减至 5250 万欧元。

[369] 同上，第 355～356 段："为了确定滥用支配地位的目的，不需要证明行为的故意性质和不当行为的恶意"；另见第 493 段和第 814 段；但是，欧盟委员会可以考虑反竞争意向的证据：同上，第 359 段。

[370] 同上，第 358 段。

[371] 同上，第 815～817 段。

[372] 案例 C－457/10 P *AstraZeneca AB v Commission* EU：C：2012：770。

[373] 同上，第 76～98 段，尤其是第 98 段。

[374] 参见欧盟委员会 MEMO/07/330，2007 年 8 月 23 日；欧盟委员会结束了对制药公司 Boehringer 是否通过排除性"滥用专利制度"来违反第 102 条的调查：参见欧盟委员会新闻稿 IP/11/842，2011 年 7 月 6 日。

范围内的特许权使用费率实行 5 年上限，随后欧盟委员会结束了调查。[375] 这些承诺针对的是“专利圈套”的现象，而不是所谓的“圈套”本身。[376] 由于存在专利圈套的危险，标准制定组织经常要求参与标准制定的企业声明自己拥有标准必要专利并承诺以 FRAND 条款进行许可。

6. 英国法律

（A）对于知识产权的许可：第 1 章禁止规定

1998 年英国竞争法中没有关于知识产权许可的具体规定，英国竞争与市场管理局尚未发布有关该主题的指南。[377] 一般而言，可以预见的是，第 1 章的禁止规定将以与《欧盟运行条约》第 101 条相同的方式适用于协议。[378] 就欧洲法院的某些判例而言，可能会因为它反映了单一市场考虑因素而不必在英国内部适用，因此某些判例可能无法应用于纯粹的国内协议。[379]

任何根据第 316/2014 号条例豁免的技术转让协议，或者受质疑的协议对成员国之间贸易会产生影响，那么这些协议都豁免于第 1 章限制的规定。[380] 这意味着当前许多协议都不受欧盟和英国法律的约束。英国于 2019 年 3 月离开欧盟后，对于技术转让协议，英国可能有必要对其实行集体豁免。

---

[375] 2009 年 12 月 9 日的欧盟委员会承诺决定；有关评论参见：SCHELLINGERHOUT R，CAVICCHI P. Patent Ambush in Standard – Setting：the Commission Accepts Commitments from Rambus to Lower Memory Chip Royalty Rates［J］. Competition Policy Newsletter，2010（1）：32.

[376] 在美国，联邦贸易委员会要求 Rambus 按照最高许可费率授予其计算机内存技术许可：*In the Matter of Rambus Inc*，2007 年 2 月 2 日的最终命令，在上诉案 *Rambus Inc v FTC*（DC Cir 2008）中被撤销，调卷令被否决（129 S Ct 1318）；有关程序的细节可在 www. ftc. gov 上查阅；另见 *Broadcom Corp v Qualcomm Inc* 501 F 3d 297（3rd Cir 2007）；有关由标准和知识产权所引起的议题的讨论参见：PETRITSI E G. The case of Unilateral Patent Ambush Under EC Competition Rules［J］. World Competition，2005，28：25；FARRELL J，HAYES J，SHAPIRO C，et al. Standard Setting，Patents and Hold – Up［J］. Antitrust Law Journal，2007，74：603；ROYALL S，TESSAR A，VINCENZO A J D. Deterring “Patent Ambush” in Standard Setting：Lessons from Rambus and Qualcomm［J］. Antitrust，2009，23：34.

[377] 2001 年 11 月曾公布指南草案，OFT 418，但它没有以最终形式出版。

[378] 参见本章第 958 ~ 965 页“第 101 条第 1 款在知识产权许可中的适用”。有关 1998 年英国竞争法第 1 章禁止规定，参见第 9 章第 422 ~ 458 页。

[379] 参见第 9 章第 473 ~ 479 页“‘管理原则条款’：1998 年英国竞争法第 60 条”。

[380] 参见第 9 章第 458 页“平行豁免”。

（B）诉讼处理

在 *Paroxetine* 案[381]中，英国竞争与市场管理局裁定葛兰素史克已就违反第1章和第2章禁止规定的条款与两家仿制药公司达成了和解协议。英国竞争与市场管理局发现，葛兰素史克通过向他们付款并以经销协议的形式给予额外的价值，诱使这些仿制药不再继续努力独立进入市场。葛兰素史克除了维持其垄断地位外，不会从和解协议中获得任何利益。英国竞争与市场管理局得出结论，协议的目的和作用是限制竞争，并且滥用了支配地位。英国竞争与市场管理局对葛兰素史克处以总计4499万英镑的罚款。在上诉时，英国竞争上诉法庭认为，这些协定是否具有限制竞争的目的和/或效果的问题具有广泛的重要性，法律并非毫无疑问。因此，根据《欧盟运行条约》第267条提诉了欧洲法院。

（C）第2章禁止规定

第2章的禁止规定可能适用于与《欧盟运行条约》第102条相同的不当行使知识产权的行为。[382] 一家企业的行为并非仅凭其市场支配力源于其持有的知识产权就不受第2章禁止规定的限制。[383] 在 *Capita Business Services and Bromcom Computers* 案[384]中，Capita 自愿保证它将向第三方提供“接口信息”，以使其能够访问 Capita 服务器上的数据，因此，此案结案。在 *Reckitt Benckiser* 案[385]中，Reckitt 承认通过从 NHS 处方药渠道中撤回药品 Gaviscon Original Liquid 并将其摘牌而实施了滥用行为。[386] 英国竞争与市场管理局在 *Paroxetine* 案中得出结论[387]，GSK 的行为并不构成正当竞争，因为它向潜在的市场进入者付款，使其放弃了进入市场的努力。在上诉中，英国竞争上诉法庭认为有必要将有关市场界定和滥用的问题提交欧洲法院进行初步裁决。

---

[381] 英国竞争与市场管理局2016年2月12日的决定，案例1252/1/12/16 etc *GlaxoSmithKline v CMA*［2018］CAT 4；下达了涉及10个问题的初步裁定的命令：2018年2月27日，可在 www. catribunal. org. uk 上查阅。

[382] 参见本章第986～1001页“第102条与知识产权”。

[383] *BSkyB*，英国公平交易办公室2002年12月17日的决定，第331～340段。

[384] 英国公平交易办公室周报，竞争案例结案摘要，2003年4月26日至5月2日，可在 www. gov. uk 上查阅；另见英国标准协会同意授予在线许可证，英国公平交易办公室新闻稿 PN 94/03，2003年7月7日。

[385] 英国公平交易办公室2011年4月13日的决定。

[386] 国家卫生局各机构针对 Reckitt Benckiser 的损失采取“后续行动”，已庭外和解：参见第8章第404～406页“损害赔偿”及脚注[229]；另见《技术转让指南》，第266段。

[387] 英国竞争与市场管理局2016年2月12日的决定，上诉案例1252/1/12/16 etc *GlaxoSmithKline v CMA*［2018］CAT 4，第379～409段（关于市场界定）以及第410～432段（有关滥用）。

（D）市场调查

若个别市场特征因知识产权而存在对竞争的不利影响，则 2002 年英国企业法的市场调查条款亦可适用。[388] 在 *Movies on pay - TV* 案[389]中，没有市场迹象表明，好莱坞最大的 6 家制片厂许可知识产权的供应和获取对竞争产生不利影响。[390]

---

[388] 这些条文已在第 11 章中进行描述。

[389] 2012 年 8 月 2 日的最终报告，可在 www. nationalarchives. gov. uk 上查阅。

[390] 根据现已废除的 1973 年英国公平交易法有关知识产权问题的垄断规定，报告包括：*Exhaust Gas Analysers*，Cm 2386（1993）；*Recorded Music*，Cm 2599（1994）；*Historical On-line Database Services*，Cm 2554（1994）；*Video Games*，Cm 2781（1995）；*Performing Rights*，Cm 3147（1996）。

第 *20* 章 合并（*1*）：引言

1. 简　介

本章简要介绍合并控制。到目前为止，这本书基本上涉及两个问题：反竞争协议和滥用市场支配地位。合并控制是大多数（尽管不是全部）竞争法体系的重要的第三部分。《欧盟合并条例》将在第 21 章中进行描述，2002 年英国企业法中的合并条款将在第 22 章中进行描述。在此之前，对一般性的合并议题和合并制度进行一些初步介绍可能会很有用，特别是对于合并控制。本章介绍的问题将在随后的两个主题（第 21 章、第 22 章）中进行更深入的讨论。

2. 术　语

(A)“合并”与“集中”的定义

真正的合并涉及将两个单独的企业完全合并成一个新实体。一个著名的例子是 1996 年 Ciba – Geigy 和 Sandoz 合并，成立了主要的制药和化学企业 Novartis[1]；另一个例子是 2017 年 Dow Chemical 与 DuPout 合并后创建的 DowDuPont。但是，重要的是要了解竞争政策中使用的表述合并比这种完全合并包含的企业交易范围要广得多。[2] 如果 A 收购了 B 的全部或大部分股份，导致 A 能够控制

---

[1] 案例 M 737，1996 年 7 月 17 日的决定；欧盟委员会的决定详见欧盟竞争总局的官网 www. ec. europa. eu/competition。

[2] 案例 M 7932，2017 年 3 月 27 日的决定。

B的战略业务决策，那么这被称为合并。[3] 甚至在少数情况下，即使收购少数股权也可能足以兼并。根据《欧盟合并条例》，问题是A是否将获得对B的战略商业行为施加决定性影响的可能性[4]；根据2002年英国企业法，问题是A是否至少会对B产生实质性影响[5]，资产的收购（例如知名品牌）是否等于合并。[6] 两家或两家以上将部分业务合并为新成立的合资公司（以下简称“Newco”）的企业可能是合并的当事方[7]，在每种情况下，关键的问题是以前独立的业务是否已经受到共同控制或将受到共同控制，导致未来市场的竞争能力将低于合并前。为方便起见，除非上下文需要不同的用法，否则在本章和以下各章中将使用术语“合并”来涵盖所有这些现象。在讨论欧盟体系时，有时还会使用“集中”一词，因为这是《欧盟合并条例》使用的词。

（B）合并的横向、纵向与联合效应

许多竞争法体系规定，某些合并必须在获得相关竞争主管机构的批准后才能完成，合并控制关注的是合并可能导致未来市场的竞争程度低于目前的竞争水平，由此对消费者造成不利影响。竞争主管机构在评估一项合并时的主要关注点是它是否会产生不利的横向影响。可能还会有人担心纵向和联合合并效应，但这种担忧很少见。同一案例有可能引起横向、纵向和联合效应问题。[8]

（ⅰ）横向效应

在同一产品和地理市场中，在生产或分销周期的同一级别上，实际或潜在竞争者之间发生合并时，就会发生横向效应。一般而言，横向合并对竞争的威胁要比纵向合并（或联合合并）更大，同样，横向协议比纵向协议受到更严格对待。横向合并可能会因其单边或非纵向或协同效应而受到审查。[9]

---

[3] 大致参见经济合作与发展组织圆桌会议“合并控制中交易的界定”（Definition of Transaction for the Purpose of Merger Control Review）（2013年），可在www. oecd. org/competition上查阅。

[4] 参见第21章第1032～1034页“控制的概念”。

[5] 参见第22章第1139～1143页“不再互相区分的企业”。

[6] 参见案例M 890 *Blokker/Toys“R”Us*，1997年6月26日的决定（EU law）和*Société Coopérative de Production SeaFrance v CMA*（2015］UKSC 75（UK law）。

[7] 关于《欧盟合并条例》在所谓的“全功能”合营企业中的应用，特别参见第21章第1036～1038页“合营企业——全功能的概念”。

[8] 参见案例M 2220 *General Electric/Honeywell*，2001年7月3日的决定；在向欧盟普通法院上诉后，欧盟委员会关于水平影响的裁决维持原判，但纵向和整体影响的裁决被废止：参见案例T－210/01 *General Electric v Commission* EU：T：2005：456。

[9] 进一步参见本章第1014～1015页“单边或非协同效应”；《欧盟合并条例》中的横向效应参见第21章第1074～1086页“横向合并”；有关它们在英国法律下的境遇参见第22章第1164～1167页“横向合并”。

（ii）纵向效应

如果在同一最终产品的不同但互补的市场水平上运作的企业之间发生合并，则可能会发生纵向效应，例如，A 可能会为 B 生产的产品（下游产品）生产原材料（上游产品）。这样的合并通常会提高或提高经济效率，但纵向整合有可能对竞争产生不利影响，要么是因为它可能阻止第三方进入市场，要么是因为它可能导致合并实体与第三方之间的串通。[10]

（iii）联合效应

在某些情况下，竞争主管机构担心合并不是基于横向或纵向效应，而是由于可能的联合效应。例如，A 和 B 之间既不是横向竞争者，也不是功能相关的纵向合并，可能会使合并实体 AB 在两个不同但相关甚至不相关的市场中利用其市场力量来阻止竞争者。是否完全控制联合合并是一个有争议的问题，美国司法部和联邦贸易委员会很早就放弃了对合并产生的影响的兴趣。[11] 欧盟委员会认为，在大多数情况下，大联合合并不会导致任何竞争问题[12]，但在少数情况下，它对联合合并进行了不利调查。[13]

3. 合并活动

在企业界，合并活动的水平很高时，合并狂潮频繁发生，在此期间，财务和法律（包括竞争法）顾问会赚取巨额费用。[14] 这种现象的周期性特征可以通过 20 世纪 80 年代下半叶和 20 世纪 90 年代中期的频繁合并活动来说明。1998～2001 年，有一段疯狂的合并活动，尽管随着全球经济增长放缓，合并活动随后显著下降。另一轮上涨始于 2005 年，一直持续到 2007 年，尤其是随

[10] 进一步参见本章第 1006 页“纵向效应”；《欧盟合并条例》下的纵向效应请参见第 21 章第 1087～1088 页“纵向合并”；有关英国法下的处理请参见第 22 章第 1167～1169 页“非横向合并”。

[11] 参见：SCHERER F M，ROSS D. Industrial Market Structure and Economic Performance ［M］. 3rd ed. Boston：Houghton Mifflin，1990：188－190.

[12] *Guidelines on the assessment of non－horizontal mergers* OJ（2008）C 265/6，第 92 段。

[13] 进一步参见本章第 1006 页“联合效应”；《欧盟合并条例》下的混合效应参见第 21 章第 1089 页“混合合并”；英国法下的处理参见第 22 章第 1167～1169 页“非横向合并”。

[14] 参见：GORT M. An Economic Disturbance Theory of Mergers ［J］. The Quarterly Journal of Economics，1969，83：624；SCHERER F M，ROSS D. Industrial Market Structure and Economic Performance ［M］. 3rd ed. Boston：Houghton Mifflin，1990：153－159；MARTYNOVA M，RENNEBOOG M. A Century of Corporate Takeovers：What Have We Learned and Where Do We Stand? ［J］. Journal of Banking and Finance，2008，32：2148；BHAGWAT V，DAM R，HARFORD J. The Real Effects of Uncertainty on Merger Activity ［J］. The Review of Financial Studies，2016，29：3000.

着私募股权企业开始涉足规模更大的成熟企业收购开始。在2007年6月的一次演讲中，克罗斯专员谈到了合并带来的“海啸”涉及从能源到银行、从航空运输到电信的许多领域的跨境重组。[15] 2008年爆发的金融危机导致随后几年的合并活动急剧下降。第21章[16]的《欧盟合并条例》统计表格（DG COMP）清楚地显示了《欧盟合并条例》下合并通告的高峰和低谷：2003年211起，2007年402起，2013年277起，2016年这一数字回升到362起。

近年来，合并的一个显著特征是它们的复杂性不断增强，规模和地理范围不断扩大。随着企业寻求在日益全球化的市场中重组和巩固其地位，许多领域发生了非常大的合并。例如，在制药行业，Pfizer和Warner－Lambert合并，成为世界上最大的制药企业。[17] 汽车行业发生了重大合并，例如Daimler－Benz和Chrysler[18]、Ford和Volvo[19]、Renault与Nissan[20]以及Fiat和Chrysler[21]、Nissan与Mitsubishi[22]。在石油行业，Exxon与Mobrl合并成为世界上最大的石油企业[23]，以及BP Amoco与Arco合并[24]。电信业中也有高度频繁的合并活动。[25] 截至2017年12月8日，按价值计算，1999年VodafoneAirTouch和Mannesmann的合并[26]是最大数额的合并。很明显，已发生的合并的规模、复杂性和数量给负责合并控制的主管机构带来了沉重负担。

4. 合并控制系统的扩散

过去20年来，竞争政策的一个特别明显的特征是世界范围内竞争法体系的扩散。现在，有130多个国家/地区拥有竞争法，其中至少有110个法律包含合并控制。大量合并控制系统对大多数企业的影响要大于反对卡特尔和滥用

---

[15] 克罗斯的演讲“European Competition Policy in a changing world and globalised economy：fundamentals，new objectives and challenges ahead”（2007年6月5日），可在www. ec. europa. eu/competition上查阅。

[16] 参见第21章第1114～1117页“《欧盟合并条例》统计情况”。

[17] 案例M 1878，2000年5月22日的决定。

[18] 案例M 1204，1998年7月22日的决定。

[19] 案例M 1452，1999年3月26日的决定。

[20] 案例M 1519，1999年5月12日的决定。

[21] 案例M 5518，2009年7月24日的决定。

[22] 案例M 8099，2016年10月5日的决定。

[23] 案例M 1383，1999年9月29日的决定。

[24] 案例M 1532，1999年9月29日的决定。

[25] 参见：MANIGRASSI L，OCELLO E，STAYKOVA V. Recent Developments in Telecoms Mergers［J］. Competition Merger Brief，2016（3）：1－8.

[26] 案例M 1795，2000年4月12日的决定。

行为的规则，不是因为这些企业无视后者，而是因为它们的交易通常根据前者必须经过强制性的预先通知。这意味着，任何涉及国际范围的规模较大的交易（其中有很多）可能都必须通知10家或20家甚至更多的竞争主管机构。为国际交易提供咨询的律师事务所必须能够获取所有相关的合并法律和指南，以确定必须向何处提交文件。[27] 处理此类案件的律师事务所中的许多竞争法律师将花费大量时间来监督和协调许多国家档案；显而易见的是，在澳大利亚、欧洲和美国的文件备案协调需要18小时或更长的工作时间时，初级竞争法律师对此类工作的最初热情往往会消退。对于律师来说，重要的是要回应客户的期望，因为他们可能无法完全理解监管道路在交易能够进行之前长而曲折的过程。

多重通告可能会给合并企业带来问题是很明显的，例如多重申请的成本，为每次申请生成必要数据所需的工作量，从多个司法管辖区获得许可所涉及的延迟，从一个管辖区到另一个管辖区的不同程序法和实体法。竞争法“世界”面临的主要问题之一是设计一种明智的机制，以调查具有国际规模的合并，从而最大限度地减少企业和竞争主管机构的行政负担，同时确保合并不会逃避可能造成对竞争影响的审查。从物理意义上使用“世界”一词，是指受合并控制影响的利益相关方的选区，包括竞争主管机构、法律和商业顾问、政治家、经济学家、合并企业及其竞争者、供应商和客户。

某些合并控制系统使用管辖门槛，该门槛基于参与交易的企业的营业额（例如欧盟）；其他使用要收购资产的价值（在日本就是这种情况）；还有一些使用合并后当事方可能拥有的市场份额（英国和德国）。无论使用什么门槛[28]，重要的是，合并控制的设计方式应使只有特定管辖范围内可能产生重大反竞争影响的合并才被该管辖范围的主管机构进行深入调查。

各个国际论坛都积极考虑多重通告的问题，尤其是国际竞争网络，该家机构于2015年发布了《国际并购合作执法指南》。[29] 第12章讨论了竞争主管机

[27] 一些有益的资料是：ROWLEY J W，BAKER D I. Merger Control：International Mergers［M］. London：Sweet & Maxwell，1991；DABBAH M，LASOK P. Merger Control Worldwide［M］. 2nd ed. Cambridge：Cambridge University Press，2012；CLARKE J. International Merger Policy：Applying Domestic Law to International Markets［M］. London：Edward Elgar，2014；Global Legal Insights *Merger Control 2017*，可在 www. globallegalinsights. com 上查阅；DAVIES. Merger Control：The International Regulation of Mergers and Joint Ventures in 71 jurisdictions worldwide［R］. Global Competition Review，2018。

[28] 参见经济合作与发展组织圆桌会议“合并控制制度中的管辖权关系”（Jurisdictional nexus in merger control regimes）（2016年），可在 www. oecd. org/competition 上查阅。

[29] 国际竞争网络的网站是 www. internationalcompetitionnetwork. org。

构之间的国际合作[30]，第21章讨论欧盟通过引入通告欧盟委员会的“一站式服务”的想法来避免在成员国进行多次申报的尝试。[31]

5. 企业合并的理由

企业合并的原因有很多，其中大多数对经济有利或至少无害。还有其他问题更严重，可能需要对合并采用干预主义的方法。

（A）规模经济和范围经济

支持规模合并的一个论点是实现规模经济和范围经济。[32] 在能够以最小有效规模运营的情况下，企业将以最低利润成本生产商品。如果它的规模小于这个规模，利润成本将增加，分配效率因此而降低。规模经济可以针对特定产品，从而使产品的生产成本更低廉；特定于工厂，这意味着使多产品工厂的整体使用更加合理；或特定于企业的产品，降低总体成本。一家企业可以通过内部增长来实现规模经济，但通过外部增长，也就是与其他企业合并可能最容易实现这一目标。规模经济是通过开展更多相同的活动而产生的，而范围经济是开展相关活动所产生的经济利益，一个明显的例子是通过经营不同生产线来降低总体行政支出。

合并能否成功实现预期的规模经济和范围经济是另一回事：一些评论员认为，合并后的业绩并没有明显比交易前更好。[33]

（B）其他效率

合并后的企业由于其他原因可能能够更有效地运作。例如，接管分销商可能比按合同建立分销网络要便宜；向后整合可以保证向关注原材料供应的企业供应产品；合并可能意味着企业将比单独经营时拥有更多的贷款和股本资本；合并可能会使企业更有能力进行研究和开发，并获得更多的工业技术资源。通

[30] 特别参见第12章第628～634页“竞争法的国际化”。

[31] 参见第21章第1046～1047页“《欧盟运行条约》第21条：一站式合并控制”。

[32] 这些概念在第1章第12～18页“质疑将竞争本身作为目标”中讨论。

[33] 参见：SCHERER F M，ROSS D. Industrial Market Structure and Economic Performance［M］. 3rd ed. Boston：Houghton Mifflin，1990：167 – 174；MEEKS G. Disappointing Marriage：A Study of the Gains from Merger［M］. Cambridge：Cambridge University Press，1977；另见：Röller，Stennek，Verboven. “Efficiency Gains from Mergers”，工业经济研究所2000年的工作报告，可在www.ec.europa.eu/competition上查阅；经济合作与发展组织圆桌会议“合并分析中的动态效率”（Dynamic Efficiencies in Merger Analysis）（2007年），可在www.oecd.org/competition上查阅。

常，合并的动机一种是希望获得特定企业的专利和技术秘密，另一种可能性是合并后的企业可能能够更好地利用其组成部分的管理技能。

(C) 国家领军企业

一个国家或一个政治集团（例如欧盟）内的企业可以合并成为国家领军企业（或欧洲领军企业）。政府可能会鼓励合并，从而创建更大的国内公司，更有能力在国际上竞争市场，尽管不受国内市场竞争约束的国家领军企业可能缺乏在更广阔的世界中成功所必需的技能。[34]

(D) 管理效率与企业控制市场

一些合并的解释是，一家企业竞争经营另一家企业。成功竞标的威胁对企业现有管理层产生重要影响，以确保其尽可能高效地运作。如果股东对当前的管理层绩效感到满意，他们将不会将其股份出售给另一竞标人，除非竞价过高：新制度将无法产生比现有竞标者更大的利润。如果股东不满意，他们可能更愿意以所提供的价格出售，并将收益再投资于其他地方，结果很可能是原来的管理层将被竞标者取代。根据这一论点，通过并购来控制企业的竞争本身就是竞争过程的一部分，不应过分干预。[35] 如果有人同意股东通过年度股东大会对董事的影响因股权分散的上市企业而严重减少这一观点，那将特别具有吸引力。至少有能力将其卖给投标人，这对企业事务的管理产生了一些影响。如果认为收购威胁起着重要作用，那么这将对合并政策产生影响：公共机构采取干预主义的方式进行合并本身就扭曲了企业控制市场，从而削弱了其对管理层的约束作用。

(E) 退出行业

合并为希望这样做的企业提供了退出该行业的机会。在自由市场中，重要的是鼓励企业家将资金和技能投入建立新业务和进入新市场。正如期望防止建

---

[34] 欧盟委员会坚决反对成员国设立“国家领军企业”：参见第21章第1119~1122页“完全禁止”；关于此议题的有趣讨论参见经济合作与发展组织圆桌会议“竞争政策、产业政策和国家领军企业”（Competition Policy，Industrial Policy and National Champions）（2009年），可在www.oecd.org/competition上查阅。

[35] 参见：EASTERBROOK F H，FISCHEL D R. The Proper Role of a Target's Management in Responding to a Tender Offer [J]. Harvard Law Review，1981，94：1161；COFFEE J C. Regulating the Market for Corporate Control：A Critical Assessment of the Tender Offer's Role in Corporate Governance [J]. Columbia Law Review，1984，81：1145；ROCK E B. Antitrust and the Market for Corporate Control [J]. California Law Review，1989，77：1367.

立进入和扩张壁垒阻碍新企业在市场上竞争一样，也有必要避免导致难以离开市场的壁垒。如果不能将所讨论的企业作为有价值的持续经营企业出售，那么建立企业、投资风险资本和开发新产品的动机可能就会减弱。例如，对于一家企业而言，获得具有实用知识或知识产权的小型企业是很普遍的，并且从技术创新者的角度来看，出售自由可能是对企业承担风险奖励的重要因素。如果严格的合并方法使退出变得异常困难，可能就会产生不良影响。

（F）贪婪、虚荣、恐惧与药物

在阐述了一些赞成合并的论点之后，反对过于严格的合并控制系统也提出一些反对意见。持怀疑态度的观点是，许多合并不能用前面概述的理性经济术语来解释，而是由个人或企业的投机贪婪或特别是高级管理人员的个人虚荣心所推动。符合此画像的知名企业家们不难联想，某些合并似乎是出于简单的恐惧，如果某个特定领域的所有其他企业似乎都参与了合并，那么在产业合并过程中不落伍是很重要的。对于某些人来说，交易与改变情绪的药物具有相同的刺激作用，比管理企业平凡的任务更加令人兴奋。然而，即使人们对企业合并的原因持怀疑态度，但并不能因此认为合并控制是解决问题的适当工具。

（G）增长的市场支配力

当然，这可能是企业希望合并的真正原因，这将消除它们之间的竞争，增强它们的市场力量，并使它们能够限制产量并提高价格。在当今严格的合并控制世界中，合并后的企业提出这样的合并主张，是非常愚蠢的，尽管有时企业在新闻稿中所说，意在使股东留下深刻印象的关于企业合并的预期经济利益的说法令人惊讶：例如，声称合并将消除浪费的产能并使行业重新获得更大利润的主张不太可能得到竞争主管机构的认可，更不吸引人的一份新闻稿宣布这次合并将在某市场上占据支配地位。[36] 竞争主管机构通常要求提供企业文件的副本（内部和外部顾问），列出特定交易的商业逻辑，并且有时包含对无条件许可合并前景不利的陈述和数据。欧盟、英国和其他国家/地区已经建立了合并控制系统，这可能会抑制为了提高市场支配力而进行企业合并的情况，但是请务必牢记，没有合并控制系统，企业将能够做到这一点。

---

[36] 关于企业所作陈述的证明价值，参见第 1 章第 40 页“依靠证据界定相关市场”。

6. 合并控制的目的

这使我们想到了一个核心问题：合并控制的目的是什么？政府、企业、股东、雇员和个人反对合并可能有很多原因。政府可以基于多种理由反对合并，例如，它可能不赞成外国企业接管本国企业，或者反对不符合其自身产业政策的合并或者可能导致生产设施被关闭造成失业的交易。企业可能反对成为敌意收购的目标，或者反对两个竞争者之间的合并，这可能会使它们具有竞争优势。股东（无论是法人还是自然人）可能会担心企业交易会对其股票的价值或有效性产生不利影响。公司法涉及小股东的压迫之类的问题，并且还存在复杂的监管制度来保护股东，应参考法律和法规上的标准著作[37]处理这些问题，特别是英国城市收购与合并守则[38]提供了重要的监管保护体系。个人可能会对外国拥有本土企业或收购可能导致裁员的可能性感到不安，这是完全可以理解的问题，但与竞争政策无关，竞争政策主要与维持市场竞争过程有关，其本身不是目的，而是消费者福利最大化的一种方式。[39]

某些合并控制体系确实能够在合并的整体评估中考虑更广泛的公共利益标准，这一点稍后进行讨论。但是，大多数竞争主管机构都在关注对合并后的竞争效果的评估。

（A）合并控制是必要的吗？

有理由指出，某些竞争法体系没有关于合并的具体规则。美国、英国和欧盟的法律都从反竞争协议、垄断或支配地位规则开始，随后引入合并控制。对于小型和发展中经济体来说，如果这意味着并购可以发展到一个有效规模，这将使它们能够更有效地在国际市场上竞争，那么对本地企业来说，合并可能会有所帮助。话虽如此，合并控制仍然是控制有害于国内市场竞争的合并所必需的。一般来说，能够在国内竞争的企业往往更擅长在国外有效竞争。

另一个不同的问题是，鉴于存在对滥用市场支配力的法律控制措施（例如《欧盟运行条约》第102条），为防止市场控制权的设立或加强，合并控制是否是必要的。这个问题的一个答案是，合并控制不仅是为了防止将来的滥用

---

[37] 参见：DAVIES P，WORTHINGTON S. Gower：Principles of Modern Company Law［M］. 10th ed. London：Sweet & Maxwell，2016.

[38] 进一步信息参见 www. thetakeoverpanel. org. uk。

[39] 参见第1章第23~24页“消费者保护”。

行为，还在于保持市场激烈的竞争，从而为消费者带来更好的结果。[40] 还有一个问题是，对占支配地位的企业的单边行为的调查是漫长、复杂和烦琐的，竞争主管机构缺乏资源来监管每一个涉嫌违法的行为，完全依赖事后控制将不太可能有效。英国已经尝试评估在特定情况下合并控制为消费者带来的收益，这些收益似乎很重要。[41]

（B）对合并竞争影响的评估

评估合并的竞争效果远非易事。一个有用的起点是由国际竞争网络的一个小组编写的国际竞争网络《合并指南工作手册》。[42]该手册是为不熟悉并购控制的初期或刚成立的国家/地区提供的工具，但是，值得推荐给对此主题感兴趣的任何人。尤其是，《合并指南工作手册》包含 8 个一系列“工作表”，这些关键问题在进行实质性合并评估时非常重要，例如，市场界定、市场结构和集中度、单边和协同效应以及市场进入和扩张。这些工作表列出了与每个主题相关的经济原理，并提供了说明性的案例研究。工作表中涉及的一些问题（例如市场界定和市场结构）与所有竞争分析都相关，并在第 1 章中进行了讨论。其他方面，例如单边和协同效应是合并控制所特有的，并在之后进一步讨论。国际竞争网络在 2017 年发布了修订的《合并分析建议措施》。

合并控制的一个复杂特征是它必须具有前瞻性，要求竞争主管机构考虑合并是否会在未来对竞争产生有害影响。[43] 大多数合并必须在生效之前通知竞争主管机构并进行批准，在这种情况下，实质性分析完全是前瞻性的。即使在少数几个司法管辖区，例如英国、新西兰和澳大利亚，由于企业没有提前通知的责任，因而可以在获得竞争主管机构批准之前实施合并[44]，评估仍然是在预测合并的未来影响。合并控制的可预测性与根据《欧盟运行条约》第 101 条和第 102 条以及 1998 年英国竞争法第 1 章和第 2 章禁止规定对协议和行为的评估不

---

[40] 此观点参见案例 T－102/96 *Gencor v Commission* EU：T：1999：65，第 106 段。

[41] 参见第 22 章第 1193 页“救济措施的评估”。进一步参见：NELSON P，SUN S. Consumer Savings from Merger Enforcement：A Review of the Antitrust Agencies' Estimates [J]. Antitrust Law Journal，2002，69：921；BALTO D，HIGGINS C. A Brief Response on Consumer Savings from Merger Enforcement [J]. Antitrust，2000—2001，15：87.

[42] 该手册可在 www. internationalcompetitionnetwork. org 上查阅；另见经济合作与发展组织圆桌会议“用于评估合并的实质性标准”（Substantive Criteria used for Assessment of Mergers）（2003 年）、“合并审查标准”（Standard for merger review）（2009）和“合并分析中的经济证据”（Economic evidence in merger analysis）（2011 年），可在 www. oecd. org/competition 上查阅。

[43] 参见案例 C－12/03 P *Commission v Tetra Laval BV* EU：C：2005：87，第 42 段。

[44] 英国法律中提前通知的自愿性参见第 22 章第 1147～1150 页“向竞争与市场管理局通知合并”。

同，竞争主管机构通常将调查以下内容：已经发生的行为并试图验证，例如，被指控的卡特尔的成员是否以及何时会面，或者占支配地位的企业的定价行为是否构成了利润挤压。

合并控制是关于预测未来行为的事实，这必然意味着，它在某种程度上必须是理论上的，决定对合并提出质疑的竞争主管机构必须具有竞争损害理论，以了解市场为何在合并后会对消费者产生不良影响。但是，竞争主管机构完全根据理论进行合并审查的做法是不可接受的。合并活动没有违法行为，而在企业控制权市场中，企业竞争获得管理业务的权利，这是自由市场经济的重要特征。因此，竞争主管机构不得仅仅基于推测就进行干预，应提供证据，证明其竞争损害理论适用于合并。此外，竞争主管机构还必须证明，在合并完成之后，市场将比没有合并的情况更具竞争力：换句话说，竞争主管机构将不仅需要预测合并的可能结果，而且要考虑反事实，也就是说如果不发生合并下的情况。

（ⅰ）竞争损害理论

大多数合并对竞争没有损害。但是，在某些情况下可以预见，合并将以给合并实体提供激励和行使市场支配力的方式来改变市场结构。有关特定合并的竞争机构将需要阐明其如何损害竞争的理论。[45] 已经发展出各种竞争损害理论。

（a）单边或非协同效应

当A与B合并且合并后的实体AB能够行使市场支配力时，就会发生单边效应。[46] 行使市场支配力最明显的表现是提高价格的能力，但还有其他可能性，例如，产量、质量、品种或创新的减少[47]，将“价格上涨”这一表达视为一种简写形式是有作用的，它包含了市场大量可以行使的所有这些不同的表现形式。如果在合并之前，A产品的价格上涨很可能导致大量客户将购买B的商品，但合并后AB不会因为这种转变而损失任何利润，因为AB将受益于B产品销售量的增加，经济学家使用A和B之间的转移比率来估算这种影响。[48]

---

[45] 参见：ZENGER H，WALKER M. Theories of Harm in European Competition Law：A Progress Report［M］//BOURGEOIS J，WAELBROECK D. Ten Years of Effects - based Approach in EU Competition Law. Brussels：Bruylant，2012：185 - 209.

[46] 参见《合并指南工作手册》，Worksheet C；单边效应有时也被称为“非协同效应”，以便将它们与下一节中讨论的协同效应区分开来。

[47] 有关对创新的损害参见：FEDERICO G，LANGUS G，VALLETTI T. Horizontal Mergers and Product Innovation：An Economic Framework［J］. International Journal of Industrial Organization，2018，59：1 - 23.

[48] NIELS G，JENKINS H，KAVANAGH J. Economics for Competition Lawyers［M］. 2nd ed. Oxford：Oxford University Press，2016：ch 7. 4. 2.

甚至可能是，在合并之后，AB 的竞争者 C 也将能够行使市场支配力，因为如果 AB 提高价格，则一些客户会转向 C，这反过来又会提高其自身价格。C 可以在不与 AB 协同其行为的情况下做到这一点，在这种情况下，C 的行为本身可以被描述为单边的或不协同的，这种现象有时被称为“非集聚（非共谋）寡头”。[49]

(b) 协作（协同）效应

当 A 与 B 合并时，就会产生协同效应，从而导致 AB 能够（或者比 A 和 B 独立时更有能力）与其他企业（例如 C 和 D）协同其在市场上的竞争行为，并且从而行使集体市场支配力。[50] 正如《合并指南工作手册》所建议的那样，要使协同成功，必须满足 3 个条件[51]：首先，AB、C 和 D 必须以某种方式协同其行为，例如通过收取相同的价格，或者也许通过调整它们在产出和产能扩张方面的行为。其次，这些企业偏离协同的代价必须很高，例如，因为欺诈行为将受到惩罚。最后，AB、C 和 D 必须不受市场其他参与者（例如 E 和 F）的竞争约束。

(c) 纵向效应

一般而言，合并不太可能产生不利的纵向效应。[52] 实际上，就经济效率而言，上游企业 A 与下游企业 B 的合并可能是中立的，甚至是非常有利的。例如，如果 A 和 B 是独立的，则每家企业都将需要赚取利润，例如 A 作为生产者而 B 作为分销者。合并后的 AB 将仅需要赚取一个利润，消除双重边缘化可能会使得成本降低，从而降低 AB 客户的价格。但是，在某些情况下，纵向合并可能会损害竞争，首先，这种合并会阻止行业中的其他企业进入市场，其次，AB 的纵向整合更可能对市场产生协同效应。

市场封锁的一个例子是，上游市场的企业 A 通过与下游市场的企业 B 的合并获得了重要的下游产品的访问权，例如，诸如难以复制的天然气管道等分销系统。合并实体 AB 可能有动机拒绝上游市场中的竞争者进入分销系统，从而将其排除在下游市场之外。类似地，在下游市场中的 B 企业与在重要原材料或投入品上游市场中具有重要市场力量的企业 A 合并的情况下，合并实体 AB

---

[49] 关于《欧盟合并条例》下的非共谋寡头待遇参见第 21 章第 1067 ~ 1069 页“非共谋寡头垄断的空白”；英国法律参见第 22 章第 1164 ~ 1166 页“单边效应”；美国的类似案例是 *FTC v HJ Heinz Company and Milnot Corpn* 246 F 3d 708（DC Cir 2001）。

[50] 参见《合并指南工作手册》，Worksheet D。

[51] 同上，第 D.6 段。

[52] 同上，Worksheet H；另见经济合作与发展组织圆桌会议“纵局合并”（Vertical mergers）（2007 年），可在 www. oecd. org/ competition 上查阅。

可能会拒绝下游企业竞争市场获得该投入品。这里担心的是，下游市场的竞争者将无法获得原材料或投入品的供应，或者它们将只能以歧视性的方式获得原材料或投入品，结果是它们将无法有效竞争。这两个封锁示例可以如图 20.1 和图 20.2 所示，其中对角线代表由 A 和 B 合并产生的封锁效果。

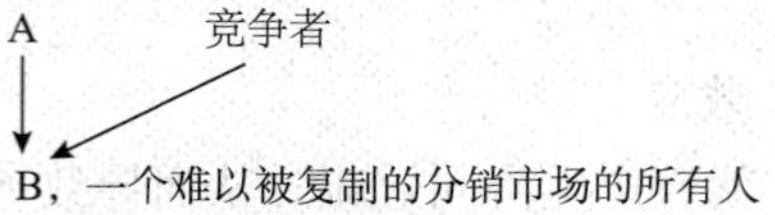

图 20.1　对下游分销市场的入口封锁

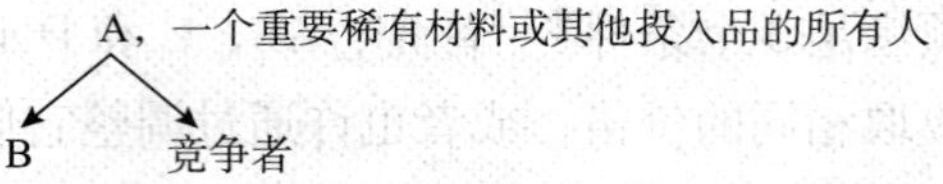

图 20.2　对于重要投入入口的封锁

相关企业的纵向合并也可能增加合并实体 AB 与其他竞争者协同其行为的可能性，例如，这将使得价格透明度提高，或者使其更容易发现企业偏离协同的行为。

在考虑合并是否会产生不利的纵向影响时，竞争主管机构不仅应考虑合并后的实体是否具有行使市场支配力的能力和动机，还应仔细考虑这是否会导致对消费者的伤害，尤其要考虑到合并可能带来显著的经济效率，并以较低的价格传递给消费者的可能性。

（d）联合效应

总的来说，大集团间合并不太可能产生不利的竞争影响[53]，它们不像横向合并那样，不涉及将实际或潜在竞争者从市场中排除，也不会将在同一最终产品上具有纵向关系的企业召集在一起，这可能会诱使竞争者将其从上游或下游市场排除在外。此外，在纵向合并的情况下，大集团合并通常会使得效率提高。例如，合并后的实体 AB 能够向两者的客户提供彼此不竞争的互补产品，如果 A 生产小部件，而 B 生产了小组件，那么“一站式服务”可能对那些需要两种产品的客户更有利。关于集聚效应的损害理论尤其具有推测性。例如，AB 可能决定将两种互补产品捆绑在一起以阻止竞争者竞争，或者将捆绑在一起的两种产品打包以产生相似的效果。捆绑交易和捆绑做法可能会违反禁止滥

---

[53] 同上，Worksheet H；另见经济合作与发展组织圆桌会议“企业集团合并中的资产组合效应”（Portfolio Effects in Conglomerate Mergers）（2002 年），可在 www. oecd. org/competition 上查阅。

用支配地位的法律，但有关此主题的法律本身是有争议的。[54] 更有争议的是，应基于此理由禁止合并。在欧盟和英国法律中有可能以集团为基础进行干预，但需要有说服力的证据来支持损害理论。[55]

（ii）证　据

确定了竞争损害的一个（或多个）理论之后，竞争主管机构就必须寻找可靠的证据来支持该理论，其案例必须基于事实。国际竞争网络于 2005 年制作了一份很有帮助的《调查技术手册》[56]，该手册第 3 章确定了 5 种类型的证据，这些证据考虑了合并之前的证据可用于合并审查中，例如企业战略文件、计划文件和销售报告；为合并目的而制作的文件，例如调查、报告和经济分析文件；来自市场参与者（例如客户、供应商和竞争者）的描述性证据；对竞争主管机构要求提供信息的书面答复；以及专家和定量证据，例如来自行业专家和经济学家的证据。《调查技术手册》第 4 章讨论了各种类型的定量分析，例如关键损失的计量[57]，这在预测合并是否会导致反竞争影响时可能会有所帮助。国际竞争网络的《合并指南工作手册》中的工作表还提供了评估时的价值证据摘要，例如，合并是否会导致不利的单边[58]或协同[59]效应[60]。经济合作与发展组织关于合并分析中经济证据的圆桌会议是有关此问题的另一个有用资源。[61]

在单边效应的情况下，竞争主管机构越来越多地使用一系列定量技术，这些技术致力于预测合并对合并后价格横向的影响。[62] 如果这样的模型能够产生可靠的结果，则界定相关市场、评估市场支配力，然后考虑单边效应的传统分析可以大大简化，也许根本不需要界定市场。但是，模拟合并的科学性还不够强健，并且在特定情况下，该技术最多只能构成整体证据的一部分。市场界

---

[54] 参见第 17 章第 854 ~ 864 页“搭售行为”以及第 18 章第 913 ~ 916 页“捆绑”。

[55] 有关《欧盟合并条例》下的立场，参见第 21 章第 1089 ~ 1091 页“近期关于非横向合并的案件”，英国法下的立场参见第 22 章第 1167 ~ 1169 页“非横向合并”。

[56] 可在 www. internationalcompetitionnetwork. org 上查阅。

[57] 参见：LANGENFELD J，LI W Q. Critical Loss Analysis in Evaluating Mergers［J］. Antitrust Bulletin，2001，46：299.

[58] 参见 Worksheet C—Unilateral Effects，第 C. 10 段。

[59] 参见 Worksheet D—Coordinated Effects，第 D. 9 ~ D. 16 段。

[60] 参见经济合作与发展组织圆桌会议“管理复杂的合并”（Managing Complex Mergers）（2008 年），可在 www. oecd. org/competition 上查阅。

[61] 可在 www. oecd. org/competition 上查阅。

[62] 参见经济合作与发展组织圆桌会议“合并分析中的经济证据”（Economic Evidence in Merger Analysis）（2011 年），可在 www. oecd. org/competition 上查阅。

定、衡量市场份额和合并模拟是合并分析的补充而非替代。[63]

欧洲法院已经明确指出，在以集聚效应为由对合并提出质疑的情况下，鉴于合并与预计的不良后果之间的因果关系很难确定且难以确立，欧盟委员会依据的证据必须是特别令人信服。[64]

与证据有关的一个重要问题是，决定竞争主管机构采取行动阻止或要求对合并进行修改之前，必须达到何种证据标准，是否必须在概然性平衡上证明其合并对竞争有害？还是应该进一步并且排除合理怀疑地表明合并会产生不利影响？如果竞争主管机构在证据不足的基础上太容易干预，则可能会出现误报的情况，也就是说，一些无害的合并可能会被阻止。但是，如果干预标准要求太高，或者举证标准设置得很高，则也可能会产生误报，会错放过一些有害的合并。[65] 实际上，竞争主管机构不可避免地会犯两种错误，确定这两种错误中的哪一种更加令人不安是公共政策的问题。

（iii）反事实部分

合并评估包括在特定交易完成时预测对市场竞争的影响，这必然涉及在合并进行中的情况与未进行合并的情况之间的比较。没有合并的竞争情况通常被称为反事实[66]，反事实通常是合并前的主要条件，尽管在某些情况下还有必要考虑不久的将来的情况，例如，如果已知其他企业即将进入或退出市场或扩大产能；另一个例子是，其中一家合并企业正处于破产的境地，因此将来无论如何它都不会出现在市场上。英国竞争与市场管理局在其每份合并调查报告中均明确指出了反事实。

（C）实质性测试：实质性减少竞争（SLC）、支配力与有效竞争的重大阻碍（SIEC）

任何合并控制系统都必须设置实质性测试，以此来确定是否应修改或禁止

---

[63] 有关并购模拟，参见：BUETTNER T，FEDERICO G，LORINCZ S. The Use of Quantitative Economic Techniques in EU Merger Control［J］. Antitrust Magazine，2016，37：68（作者均为竞争总司首席竞争经济学家小组成员）.

[64] 案例 C－12/03 P *Commission v Tetra Laval BV* EU：C：2005：87，第44段。

[65] 这些现象也可能涉及 Type Ⅰ和 Type Ⅱ错误。参见：BLACK J，HASHIMZADE N，MYLES G. Oxford Dictionary of Economics［M］. 4th ed. Oxford：Oxford University Press，2012；第5章第244～246页“假阳性和假阴性”。进一步参见经济合作与发展组织圆桌会议“合并案件中的机构决策：禁止和有条件的批准”（Agency decision－making in merger cases：Prohibition and conditional clearances）（2016年），可在 www. oecd/org/competition 上查阅。

[66] 参见《合并指南工作手册》，第2.9段、第2.10段；另见在2013年瑞典竞争管理局关于反事实的利弊的会议上发表的一系列论文，可在 www. konkurrensverket. se 上查阅。

特定合并。2004年之前的几年，《欧盟合并条例》进行改革时就最合适的提法进行了有趣而重要的辩论。[67] 许多系统，例如美国和英国，都允许禁止会实质性减少竞争[68]的合并，欧盟的许多成员国使用相同的表述；1989年的《欧盟合并条例》要求采取干预措施，在这种情况下，合并将确立或加强支配地位，从而阻碍有效竞争。[69] 某些国家（例如法国和希腊）同时进行了实质性减少竞争和优势测试。《欧盟合并条例》中的测试在2004年进行了更改，问题是合并是否会［特别是（但非排他性地）］显著阻碍有效竞争（但不仅限于）确立或加强支配地位。[70]

(D) 指 南

关于合并的实质性评估，有很多指南。已经参考了国际竞争网络的工作手册和《调查技术手册》。[71] 许多竞争主管机构还发布了实质性评估指南，特别重要的是美国的《2010年横向并购指南》[72] 以及英国公平交易办公室和竞争委员会的联合指南，这两个机构已由英国竞争与市场管理局取代。[73] 欧盟委员会已发布了《横向合并评估指南》[74] 和《非横向合并评估指南》[75]。这两个指南指出必须在为企业及其顾问提供有关合并控制系统的预期指导和避免过多的投机活动之间取得适当的平衡，这可能导致确定性丧失。

合并控制系统中的一个特定问题是，是否应允许进行减少竞争但会提高效率的合并。美国指南在第4段中专门针对此问题，并且在非常有限的情况下承

---

[67] 参见经济合作与发展组织圆桌会议“用于评估合并的实质性标准”（Substantive Criteria used for the Assessment of Mergers）（2003年）和（Standard of Merger Review）（2010年），可在www. oecd. org/competition上查阅；欧盟委员会 *Green Paper on the Review of Council Regulation*（*EEC*）*No 4064/89*，COM（2001）745/6 final，第159~169段。

[68] 参见1914年美国克莱顿法第7条、1974年澳大利亚贸易惯例法第50条、1985年加拿大竞争法第92条、1998年南非竞争法第12A条。

[69] 《欧盟合并条例》第2条第2款和第3款，此处参见第21章第1066~1095页“实质性分析”。

[70] 有关该主题的进一步讨论，参见第21章第1066~1071页“‘有效竞争的重大阻碍’测试的适用”。

[71] 国际竞争网络还发布了有关补救措施、通知和合并程序等事项的“推荐做法”，可在www. internationalcompetitionnetwork. org上查阅。

[72] 可在www. justice. gov. atr上查阅；关于该指南，参见：SHAPRIO C. The 2010 *Horizontal Merger Guidelines*：From Hedgehog to Fox in Forty Years［J］. Antitrust Law Journal，2010，77：701.

[73] 《合并评估指南》，CC 2（*revised*）and OFT 1254，2010年9月，可在：www. gov. uk/cma上查阅。

[74] OJ（2004）C 31/5。

[75] OJ［2008］C 265/6。

认了有关效率问题的论点。[76] 2002年英国企业法第30条允许英国竞争与市场管理局在某些情况下考虑相关的消费者利益[77]，而欧盟委员会的《横向合并评估指南》则在合并的总体评估中考虑了效率。[78] 有时会出现的另一个问题是，是否允许合并以挽救一家失败的企业，即使合并后的市场竞争比以前少了。[79] 美国法律[80]中确实存在失败的企业抗辩，已在《欧盟合并条例》[81] 下适用，并在适当情况下根据英国的指南得到承认。[82]

(E) 救　济

通常情况下，特定合并的大多数方面都不会引起竞争问题。但是，举例来说，可能是A和B的某些业务部分在横向上重叠，在这种情况下，竞争主管机构可能会寻求一种救济措施，而不是禁止整个交易，从而解决其竞争问题，其余的交易则可以继续进行。最明显的救济办法是剥离一项或多项重叠的业务，这样就不会增强市场支配力。在某些情况下，可能需要更复杂的救济措施，例如，使用基本设施的权利或以合理且非歧视性的条件向竞争者授予技术许可。制定和实施令人满意的救济措施通常是一件复杂的事情，经济合作与发展组织在其关于合并救济措施的圆桌会议之后提出了一些关于最佳做法的建议。[83] 国际竞争网络在2016年发布了《合并救济措施指南》[84]，其中提供了有关建立适当救济措施的关键原则和可用工具的实用指南。2005年，欧盟委员

---

[76] 在加拿大的 *Superior Propane* 案中，生动地说明了在合并案中允许以效率作为辩护的复杂性：参见 *The Commissioner of Competition v Superior Propane Inc* ［2003］ 3 FC 529，2003年1月31日的判决（美国联邦巡回上诉法院）；另见 European Commission's（2003）（Summer） Competition Policy Newsletter 43－49；WILLIAMSON O E. Economies as an Antitrust Defense：The Welfare Trade－Off［J］. American econmic review，1968，58：158；GERARD D. Merger Control Policy：How to Give Meaningful Consideration to Efficiency Claims［J］. Common Market Law Review，2003，40：1367；KWOKA J. The Changing Nature of Efficiencies in Mergers and in Merger Analysis［J］. Antitrust Bulletin，2015，60：231.

[77] 参见第22章第1169～1170页“效率”；特别注意《合并评估指南》，CC 2（revised） and OFT 1254，2010年9月，第5.7节。

[78] 参见《横向合并评估指南》，第76～88段；进一步参见第21章第1083～1085页“效率”。

[79] 参见经济合作与发展组织圆桌会议“失败企业抗辩”（Failing Firm Defence）（2009年），可在 www. oecd. org/competition 上查阅。

[80] 参见《横向合并指南》，第11节。

[81] 参见第21章第1085～1086页“‘失败企业’抗辩”以及欧盟委员会的《横向合并评估指南》，第76段、第88段。

[82] 《合并评估指南》，CC 2（revised） and OFT 1254，2010年9月，第4.3.8～4.3.18段（使用“退出企业方案”一词）；进一步参见第22章第1162～1163页“退出企业方案”。

[83] 另见经济合作与发展组织圆桌会议“跨境合并案件中的救济”（Remedies in Cross－Border Merger Cases）（2013年），可在 www. oecd. org/competition 上查阅。

[84] 可在 www. internationalcompetitionnetwork. org 上查阅。

会发布了《合并救济措施研究》[85]，审查了1996～2000年的5年中，40例案件中接受的96项救济措施的有效性。这项研究与欧盟委员会修订的关于2008年《欧盟合并条例》[86] 可接受的救济措施的通知有关。在英国，对救济措施给予了密切的关注，英国竞争与市场管理局启动了一项审查过去成功救济措施的滚动计划。[87]

（F）合并决定评估

竞争主管机构越来越多地评估其决定批准或修改合并的影响。这种自我评估的过程使竞争主管机构能够检验其对单个合并预测的准确性，并提高未来决策的质量。[88]

（G）合并控制与公共利益

正如本章开始所指出的那样，对于反对与维持竞争性市场无关的合并，可能会提出无数论点。可以设计一种合并控制系统，该系统允许出于非竞争目的进行干预，就此而言，所涉及的法律几乎不能称为竞争法。实际上，出于社会原因或出于产业政策的原因而禁止合并可能直接与竞争过程相悖。[89] 有时会听到一些与此类似的相关论点。[90]

---

[85] 可在 www. ec. europa. eu/competition/index_en. html 上查阅。

[86] 参见第21章第1095～1103页“救济措施”。

[87] OJ［2008］C 267/1；参见第22章第1152～1155页“代替审查的承诺”以及第1177～1182页“‘最终权力’或‘救济’”。

[88] 参见经济合作与发展组织圆桌会议“合并决定的影响评估”（Impact Evaluation of Merger Decisions）（2011年），可在 www. oecd. org/competition 上查阅。

[89] 在德国，经济部长批准 Endeka 和 Kaiser 的 Tengelemann 这两家超市合并后，垄断委员会的负责人辞职，认为 Bundeskartellamt 和垄断委员会都认为这是反竞争的：2016年3月17日新闻稿，可在 www. monopolkommission. de 上查阅。

[90] 有关合并和公共利益的有用讨论，参见：FAIRBURN J，KAY J. Mergers and Mergers Policy［M］. Oxford：Oxford University Press，1989；ADMIRAAL P H，JACQUEMIN A. Merger Competition Policy in the European Community［M］. Oxford：Blackwell，1990；NEVEN D，NUTTALL R，SEABRIGHT P. Mergers in Daylight：The Economics and Politics of European Merger Control［M］. CEPR，1993；LEWIS D. The Political Economy of Antitrust［M］. HAWK B. International Antitrust Law & Policy：Fordham Corporate Law 2001. New York：Juris Pwblishing，2001：617ff；BISHOP S，WALKER M. The Economics of EC Competition Law［M］. 3rd ed. London：Sweet & Maxwell，2010；Lewis 在莫斯科举办的第6届国际竞争网络年会上的演讲，2006，可在 www. internationalcompetitionnetwork. org 上查阅；经济合作与发展组织圆桌会议“合并控制中的公共利益考虑”（Public interest considerations in merger control）（2016年），可在 www. oecd. org/competition 上查阅；Reader. Accommodating ‘public interest’ considerations in domestic merger control，CCP Working Paper 16－3，可在 www. ssrn. com 上查阅。

（i）效率下降和短期主义

一些评论者认为，合并并不能提高经济效率，对合并后的一家或两家企业的管理产生破坏性影响，并可能损害其长期前景。这项主张特别是针对有争议的收购要约提出的，在这种情况下目标企业的管理层可能会被新股东罢免，或者将辞职而不继续任职。对企业控制职能市场的方式持怀疑态度的人认为，尽管股东的决定可能为股东本身带来最佳的财务交易，但股东的决策并非必然会出于公共利益而产生最佳结果。尤其是，许多人会认为收购的问题在于，他们更多的是出于短期获利的动机，而不是真正关心企业的长期前景，对于习惯于定期交投以追求短期收益的市场上的机构投资者而言，尤其如此。

（ii）财富的集中

合并可能会被反对，理由是合并导致企业的规模和能力如此之大，以至于与财富的均衡分配背道而驰。当然，这是一种社会政治论点，但随着总工业集中度的提高，这一论点已被越来越广泛地接受。在美国，当这个问题成为主要问题时，合并控制条款法得到了加强。[91]

（iii）失业与区域政策

反对合并的另一个理由是，合并可能导致工厂或办公室关闭，并导致严重的失业。那些喜欢剥离资产的合并者似乎没有考虑到随之而来的社会问题，这引起了自由市场怀疑论者的特别谴责。近年来，反对私募股权基金进行收购的部分原因正是这种担忧。同样，以不受限制的形式运作的市场可能并不太重视保持财富和就业机会平衡分配的愿望，市场没有理由对此事感伤，政府可以选择采用区域政策，但是可以在合并政策以及税收、计划和国家援助的法律中表达这一问题。

（iv）海外控制

合并可能会导致对本地企业的控制权转移给海外企业，在这种情况下，合并的任何经济优势都可能会被认为需要在国内维持决策过程和利润所抵销。2005 年，经济合作与发展组织特别呼吁在类似情况下合并法对外国企业给予不逊于国内企业的待遇。[92] 2006 年，当人们知道美国的海港受迪拜港口控制的可能性时，美国表示强烈反对。许多英国企业已经向海外扩张，特别是向美国扩展，因此很难说英国企业应该免受外国敌对收购要约的影响，这并未阻止 Pfizer 在 2014 年拟收购 AstraZeneca。该提案最终被放弃。如果两国法律之间缺

---

[91] 参见 *Brown Shoe Co v United States* 370 US 294，344（1962）。

[92] OECD“Recommendation on Merger Review”（2005），可在 www. oecd. org/competition 上查阅。

乏互惠性[93]，那么干预外国接管的理由可能更具有说服力：如果A国的法律阻止外来投资，而B国允许，则可能存在阻止A国企业收购B国企业的情况。欧盟委员会提出了一项立法，该立法将创建一个欧盟框架，以安全和公共政策为基础来筛选外国的收购和投资。[94] 英国政府还发布了一份绿皮书，提出了一些建议，以加强其审查外国投资对国家安全影响的权力。[95]

（v）特殊行业

某些经济部门（例如电子和印刷媒体）特别敏感，这可能意味着需要特别考虑所有权的集中。与其他几个国家一样，英国媒体合并也有特殊规定[96]，石油、银行[97]和国防等行业的合并可能会受到特别严格的审查。英国供水行业[98]也有一项特殊的合并制度，2003年通信法载有关于媒体合并的特殊规定。[99]《欧盟合并条例》第21条第4款明确承认，成员国可能除了损害竞争的理由以外在调查合并方面具有"合法利益"。[100]

7. 对合并控制系统的设计

一个国家决定采用合并控制系统时，必须解决许多问题。第21章和第22章描述欧盟和英国的系统，无论采用这两个法律中的哪一个，大多数情况下都可能会得出相同的结果：每个司法管辖区的主要考虑因素是合并对竞争的影响，并且在每个司法管辖区中的分析将以几乎相同的方式进行。尽管如此，可以看出，有关规定本身，例如关于管辖权、通知、程序和实质性分析、救济办法的规定实际上是完全不同的。

以下是设计合并控制系统时必须面对的一些问题：

• 哪些交易应被称为合并？收购少数股权和资产应如何处理？是否将合资企业视为合并控制或禁止反竞争协议的法律规定？

• 在确定可以进行调查的合并时，应如何制定司法管辖权测试？检验应

---

[93] 或者，更通俗地说，"playing fields"甚至不平衡。

[94] 制定法规以建立筛选外国直接投资进入欧盟框架的欧盟委员会建议书，COM（2017）487 final。

[95] *National Security and Infrastructure Review*（2017年10月17日）和the Government's response to its consultation（2018年3月15日），可在www. gov. uk/beis上查阅。

[96] 参见第22章第1194～1198页"公共利益案件"。

[97] 参见第22章第1197～1198页"实践中的公共利益条款"中关于*Lloyds TSB/HBOS*合并案的讨论。

[98] 参见第22章第1200～1202页"水业合并"。

[99] 2003年通信法，第351～354条。

[100] 参见第21章第1054～1058页"《欧盟合并条例》第21条第4款：合法利益条款"。

基于营业额，获得的资产的市场份额价值还是其他标准？

• 合并控制系统应在多大程度上适用于在国外完成但在国内产生影响的交易？

• 应当使之受制于强制性的预先通知制度，还是由当事方决定是否通知？在后一种情况下，应允许竞争管理机构在什么情况下以及在合并完成后多长时间内审查案件？

• 在合并调查结果之前，应允许各方在多大程度上整合其业务并讨论其事务？

• 合并调查必须在什么时间完成？

• 审查合并的实质测试应该是什么？是否应仅基于竞争标准，还是应考虑上述任何或所有其他问题（例如失业、区域政策和海外控制）？

• 应如何处理效率和破产企业的具体问题？

• 应该建立什么样的机制来谈判救济办法，以克服竞争主管机构发现的任何问题？

• 谁应该在合并案件中作出决定？一个委员会，在这种情况下应由谁任命专员？是法院还是政府的部长？

• 应该有哪些制衡措施来保证合并控制中的正当程序？应该采用哪种司法审查或上诉制度来检验合并案中决策者的结论？司法复审或上诉将在多长时间内完成？

这些只是与控制合并有关的许多有趣而重要的问题中的一部分。结合这些初步观察结果，这本书将描述在欧盟和英国生效的体系。

第 21 章

合并（2）：欧盟法律

1. 简　介

欧盟的合并控制制度❶包含在第 139/2004 号《欧盟合并条例》❷ 中。本章第 2 节概述了欧盟的合并控制。在本章中，术语“合并”和“集中”可以互换使用。本章第 3 节规定了管辖权规则，该规则确定了应由位于布鲁塞尔的欧盟委员会或成员国的国家竞争主管机构对特定合并进行调查。本章第 4 节处理程序问题，例如须向欧盟委员会强制性地预先通知的欧盟范围内的集中，以及欧盟委员会必须在其中进行运作的程序时间表。本章第 5 节讨论了根据《欧盟合并条例》对合并进行的实质性分析，而第 6 节则解释了欧盟委员会可以根据

❶ 进一步了解《欧盟合并条例》，参见：SCHWALBE U，ZIMMER D. Law and Economics in European Merger Control [M]. Oxford：Oxford University Press，2009；ROSENTHAL M，THOMAS S. European Merger Control [M]. London：Hart，2010；ROSE V，BAILEY D. Bellamy and Child：European Union Law of Competition [M]. 7th ed. Oxford：Oxford University Press，2013，ch 8；LOWE P，MARQUIS M. European Competition Law Annual 2010：Merger Control in European and Global Perspective [M]. London：Hart，2013；FAULL J，NIKPAY A. The EU Law of Competition [M]. 3rd ed. Oxford：Oxford University Press，2014，ch 5；BAS K. The Substantive Appraisal of Joint Ventures under the EU Merger Control Regime [M]. Alphen aan den Rijn：Kluwer Law International，2014；LEVY N. European Merger Control Law：A Guide to the Merger Regulation [M]. 13th ed. Bellevue：LexisNexis，2016；LINDSAY A，BERRIDGE A. The EU Merger Regulation：Substantive Issues [M]. 5th ed. London：Sweet & Maxwell，2017，有关《欧洲经济区协议》中的合并参见：第 2 章第 68 ~ 69 页“欧洲经济区”；BROBERG M P. The European Commission's Jurisdiction to Scrutinise Mergers [M]. 4th ed. Alphen aan den Rijn：Kluwer International，2013：ch 7. 有关国际合并控制参见：ELLIOTT P，BELLIS J. Merger Control [M]. 3rd ed. London：Sweet & Maxwell，2017；DAVIES J. Merger Control：The International Regulation of Mergers and Joint Ventures in 72 Jurisdictions Worldwide [M]. Davos：World Economic Forum，2017.

❷ OJ [2004] L 24/1。

各方为解决其竞争问题而作出的承诺（通常会涉及救济措施）授权合并的程序。然后，本章包含有关欧盟委员会的调查和执行权力，欧盟法院对欧盟委员会的决定进行司法审查以及欧盟委员会与欧盟内部和外部其他竞争主管机构之间的合作的内容。本章第 10 节考虑了合并控制规定如何在实践中发挥作用。

2. 欧盟合并控制概览

（A）对欧盟合并控制制度的简述

早在 1973 年，欧盟委员会就首次提出了一项合并控制条例。[3] 该问题引起了争议，因为各成员国之间就应在欧盟而非国际范围内对合并进行控制的观点存在很大分歧。直到 1989 年 12 月 21 日，部长会议通过了第 4064/1989 号条例；该条例于 1990 年 9 月 21 日生效。第 1310/97 号条例[4]对第 4064/1989 号条例进行了相当大的修改，并自 2004 年 5 月 1 日起由现行的《欧盟合并条例》[5] 废除并取而代之。

欧盟的合并控制制度要求在欧盟层面的合并必须事先告知欧盟委员会[6]；未经欧盟委员会事先许可而进行合并是非法的（此处有一些小例外），合并是否属于欧盟层面是由交易中有关企业营业额决定的。如果合并是欧盟层面的，则欧盟委员会对其具有唯一管辖权：这是一站式合并控制的原则。但是，在某些情况下，欧盟委员会可能会允许将欧盟层面的合并的管辖权（全部或部分）移交给一个或多个成员国；在某些情况下，则必须这样做。在某些情况下，成员国可能会把不属于欧盟层面的合并的管辖权移交给欧盟委员会。一旦欧盟委员会拥有对某合并的管辖权，就必须在固定时限内确定该合并是否会严重阻碍内部市场或内部市场的相当大的一部分的有效竞争；在进行这项评估时，欧盟委员会特别询问合并是否可以创造或加强支配地位。大多数案件在收到通知后的 25 个工作日内完成，被称为“第一阶段调查”（Phase Ⅰ investigation）。在

---

[3] Commission Proposal for a Regulation of the Council of Ministers on the Control of Concentrations between Undertakings，OJ［1973］C 92/1。有关后续的草稿参见：OJ［1982］C 36/3；OJ［1984］C 51/8；OJ［1986］C 324/5；OJ［1988］C 130/4。

[4] OJ［1997］L 180/1。

[5] 第 139/2004 号条例所引入的改变参见：DIAZ G. The Reform of European Merger Control：Quid Novi Sub Sole？［J］. World Competition，2004，27（2）：177.

[6] 《欧盟合并条例》使用“经济区层面”一词；但是，《里斯本条约》后的术语“欧盟层面”在今天更为合适，并将在本章中被使用。

第一阶段调查结束时，欧盟委员会在大约3%的案件中对合并与内部市场的兼容性存有严重怀疑，并着手进行深入的第二阶段调查（Phase Ⅱ investigation）；这可能需要额外的90个工作日，并且有规定此期间可被再延长最多35个工作日。[7]

欧盟委员会在《欧盟合并条例》下拥有广泛的权力，包括禁止整体合并的权力。这种情况很少见——欧盟合并控制的整个历史上只有27项禁令，其中有5项在上诉中被废除了。[8] 但是，在很多情况下，只有在当事方作出承诺纠正其竞争问题之后，欧盟委员会才会批准1项合并：大约5%的案件中发生了这种情况。当事方以这种方式作出承诺时，这样的承诺对其具有法律约束力。[9] 在行使《欧盟合并条例》规定的权力时，欧盟委员会与成员国的国家竞争主管机构（特别是在欧盟合并工作组内部）以及其他司法管辖区的竞争主管机构密切合作。[10]

（B）制度性安排

欧盟委员会全体委员根据《欧盟合并条例》作出最重要的决定，例如禁止合并或在第二阶段调查结束时根据承诺批准。欧盟委员会全体委员有时参与具有重大经济和政治重要性的决策这一事实意味着，可能会有一定程度的对个别委员的游说，但不仅仅是只针对竞争事务委员进行游说。[11]

欧盟委员会将某些权力下放给竞争事务委员，例如第一阶段调查结束时的决定和第二阶段调查的无条件许可可以由竞争事务委员作出，后者又可以将某些职能下放给竞争事务总干事。在竞争总司内部有一个副总干事专门负责合并事务。竞争总司的A局二部处理合并案的支持和政策。案例工作由竞争总司B～F局中的合并部门处理，每个部门都有特定的部门职责。[12] 竞争总司拥有一名首席竞争经济学家，其直接向总干事报告，以提供有关案例和政策的独立经济建议。[13] 该委员会还有两名听证官，其职责范围包括监督欧盟委员会诉讼

---

[7] 如果欧盟委员会由于需要其中一家有关企业负责提供的其他信息而“停止运转”，那么第二阶段调查的时间可能会更长，参见：本章第1063～1065页“第二阶段调查”。

[8] 参见本章第1119～1126页“评论”。

[9] 关于承诺或通常所说的“救济”，参见：本章第1095～1103页“救济措施”。

[10] 参见本章第1112～1113页“国际合作”。

[11] 参见例如：MARSDEN P. Lobbying for Climate Change in EU Competition Policy：Just Don't Talk about the Weather［J］. Concurrences，2009（1）：11；MCLEOD J. Brussels' Hamstrung Press Corp and the Dumbing Down of News［J］. Concurrences，2009（1）：18；MARIANI C，PIERI S. Lobbying Activities and EU Competition Law：What Can be Done and How？［J］. Journal of European Competition Law & Practice，2014，5（7）：423.

[12] 参见第2章第64～66页“欧盟委员会”。

[13] 有关首席竞争经济学家进一步参见：www. ec. europa. eu/dgs/competition/economist/role_en. html。

程序的公正性，安排和进行口头听证会。[14]

集中咨询委员会为成员国提供了参与决策过程的机会。[15] 针对欧盟委员会决定的上诉应提请欧盟普通法院审理。合并案中向欧盟普通法院提出的上诉有时是根据所谓的“加急程序”处理的。[16]

（C）适用的条例与欧盟委员会的通知与指南

除《欧盟合并条例》之外，对欧盟合并控制感兴趣的任何人都将需要其他一些文本，尤其是适用条例和一系列欧盟委员会通知和指南，包括“最佳实践指南”。[17] 欧盟普通法院称只要其声明不背离《欧盟运行条约》或《欧盟合并条例》的规则，欧盟委员会便受其声明约束[18]；但是，如果声明允许欧盟委员会选择最适合特定案件的证据类型或经济方法，则欧盟委员会保留很大的行动自由[19]。稍后列出的所有材料都可以在竞争总司的网站上访问。[20] 欧盟委员会还在该网站上发布了有用的材料汇编，即《欧盟竞争法：合并立法》（EU Competition Law：Merger Legislation）。

（i）适用的条例

适用条例中的第802/2004号条例[21]（取代了先前的立法），包含有关向欧盟委员会进行通知、时限、听证和审理的权利、查阅档案以及处理机密信息和救济措施的规则。第802/2004号条例已被进行了多次修改，特别是为了提供RM表格的格式——该表格是企业向欧盟委员会作出承诺时使用的表格，以纠正欧盟委员会可能已经发现的竞争问题[22]，并简化审查“无问题”合并的程序[23]。

（ii）欧盟委员会的通知与指南

欧盟委员会已经发布了许多有关程序和实质性事项的通知和指南，下文将

---

[14] 关于听证官进一步参见：www. ec. europa. eu/competition/hearing_officers/index_en. html。

[15] 参见本章第1112～1113页“国际合作”。

[16] 关于《欧盟合并条例》和加急程序下的司法审查参见：本章第1105～1112页“司法审查”。

[17] 在英国参与合并程序的读者也可能希望参考《合并：关于竞争与市场管理局管辖权和程序的指南》（CMA 2，2014年1月）第18章，其中解释了竞争与市场管理局在《欧盟合并条例》下的合并中的作用，可在www. gov. uk/cma上查阅。

[18] 参见案例T-282/06 *Sun Chemical Group BV v Commission* EU：T：2007：203，第55段和其中提及的裁定。

[19] 参见案例T-210/01 *General Electric v Commission* EU：T：2005：456，第519段。

[20] 参见www. ec. europa. eu/competition/index_en. html。

[21] OJ［2004］L 133/1。

[22] 参见本章第1095～1103页“救济措施”。

[23] 参见本章第1060～1061页“CO简式表格（简短集中申报书）”。

酌情提及其中的每一项：

- 《市场界定通知》[24]；
- 《横向合并评估指南》[25]；
- 《关于与集中直接相关且必要的限制的通知》[26]；
- 《关于集中案件移送的通知》（以下简称《案件移送通知》）[27]；
- 《关于查阅档案的通知》[28]；
- 《合并管辖权通知》[29]；
- 《非横向合并评估的指南》[30]；
- 《关于〈欧盟合并条例〉可接受的救济措施的通知》[31]；
- 《关于简化程序的通知》[32]。

（iii）最佳实践指南

欧盟委员会还发布了指南，其中规定了有关合并控制各个方面的最佳实践：

- 《欧共体合并控制程序的最佳实践》（2004 年 1 月）；
- 《提交关于适用〈欧盟运行条约〉第 101 条和第 102 条以及合并案例的经济证据和数据收集的最佳实践》（2011 年 10 月）；
- 《最佳实践指南：欧盟委员会关于剥离承诺和受托人授权的示范文本》（2013 年 12 月）；
- 《关于根据〈欧盟合并条例〉通过的欧盟委员会决定的公开版本的准备指南》（2015 年 5 月）；
- 《数据信息披露的最佳做法》（2015 年 6 月）。

（D）欧盟委员会决定的获取

竞争总司的网站是有关《欧盟合并条例》操作的重要资料来源。除了刚才提到的法律和指南，该网站还提供了大量有关已完成案件和当前调查的信

---

[24] OJ ［1997］ C 372/5。
[25] OJ ［2004］ C 31/5。
[26] OJ ［2005］ C 56/24。
[27] OJ ［2005］ C 56/2。
[28] OJ ［2005］ C 325/7。
[29] OJ ［2008］ C 95/1。
[30] OJ ［2008］ C 265/6。
[31] OJ ［2008］ C 267/1。
[32] OJ ［2013］ C 366/5。

息；可以通过参考案例编号、公司名称、决策类型或行业来搜索这些信息。该网站还包含有关《欧盟合并条例》实践的有趣的统计信息并会定期更新（例如，每年的通知数量以及有条件的批准或禁止的数量），以及关于单边效应、默契协调、保护、纵向合并和大企业合并对竞争的影响等方面的有用的研究和报告。[33] 欧盟竞争总司还发布了《竞争合并简报》，其中提供了有关政策和执行方面的有用信息。[34]

欧盟委员会收到的每份通知都有一个案例编号，该编号用“M”字母开头（如 M 4600 *TUI/First Choice* 案）。当合并获通知后，摘要将显示在竞争总司网站上，并给出作出决定的临时截止日期；随着调查的进行，网站也会更新。

欧盟委员会的决定可以通过各种方式获得。在除适用简易程序[35]的案件以外的其他案件中，通常会以英文、法文、德文和通知所用的其他语言发布一份新闻稿，概述欧盟委员会的裁决。该新闻稿通常在该决定通过之日发布——可以在欧盟委员会网站的“Rapid”数据库中获得。[36] 第一阶段调查的决定（不需要深入调查的案件）除了对结果的简短说明外，本身并未在《欧盟官方公报》上发表。第一阶段调查的决定在竞争总司网站上发布，但仅以当事各方通知时使用的语言发布。在第二阶段调查之后作出的决定更为广泛。第二阶段调查决定的摘要与听证官的最终报告以及集中咨询委员会的意见一起在《欧盟官方公报》上发布。完整决定的非机密版本在欧盟委员会网站上发布；在当事方与欧盟委员会就应从发布版本中删除哪些机密信息达成协议之前，通过一项决定与在网站上显示该决定之间可能会有很长的延迟。

3. 管辖权

本节将处理以下事项：

（A）《欧盟合并条例》第 3 条：集中的含义。《欧盟合并条例》适用于合并，或更确切地说，适用于“集中”——该术语在第 3 条中被定义，在欧盟法院的判例法和欧盟委员会《合并管辖权通知》中对其有进一步的解释。

（B）《欧盟合并条例》第 1 条和第 5 条：欧盟层面的集中。《欧盟合并条例》适用于欧盟层面的集中。该术语的含义可在第 1 条中找到，并在《合并

---

[33] 参见 www. ec. europa. eu/competition/mergers/studies_reports/studies_reports. html。

[34] 参见 www. ec. europa. eu/competition/publications/cpn。

[35] 关于该程序，参见本章第 1059 ~ 1061 页“通知”。

[36] 参见 www. europa. eu/rapid。

管辖权通知》中有进一步解释。它是根据有关企业（包括第5条所列的附属企业）的营业额确定的。

（C）一站式合并控制：作为一般性建议，欧盟层面的集中由欧盟委员会而不是成员国进行调查；这是一站式合并控制的原则。

（D）《欧盟合并条例》第4条第4款和第9条：将欧盟层面的集中移交给成员国主管当局。在某些情况下，第4条第4款和第9条提供了一种机制，使欧盟层面的集中可以因有关企业或成员国提出请求而由成员国主管当局进行审查。欧盟委员会《案件移送通知》提供了有关此主题的重要指导。

（E）《欧盟合并条例》第4条第5款和第22条：成员国将非欧盟层面的集中移送给欧盟委员会。在某些情况下，第4条第5款和第22条提供了一种机制，使欧盟委员会可以调查非欧盟层面的集中，因为有关企业或成员国提出了要求。《案件移送通知》再次提供重要指导。

（F）《欧盟合并条例》第21条第4款：合法利益条款。除适用第4条第4款或第9条的情况外，成员国不得将其国内竞争法适用于欧盟层面的集中。但是，第21条第4款规定成员国应调查欧盟层面的集中力量，如果这种集中力量有可能损害除维持竞争之外的某些国家“合法利益”。

（G）辩护：由于《欧盟运行条约》第346条的规定，成员国保留对合并在国家安全方面的审查权。

下文将对这些问题依次进行研究。

（A）《欧盟合并条例》第3条：“集中”的含义

《合并管辖权通知》的B部分涉及“集中”的含义。《合并管辖权通知》中的脚注包含许多有关欧盟委员会决策实践和欧盟法院判决的引用，读者应了解这些有用的引用点。《欧盟合并条例》第3条第1款规定：

> 如果由于以下原因而导致控制权的长期改变，则认为发生了集中：
>
> （a）两个或两个以上先前独立的企业或企业的组成部分合并；或
>
> （b）由已经控制至少一个企业的一个或多个个人，或者由一个或多个企业，无论是通过购买证券或资产、通过合同还是通过任何其他方式，直接或间接控制一个或多个其他企业的全部或部分。

（i）《欧盟合并条例》第3条第1款（a）项：合并

《合并管辖权通知》第9段和第10段涉及《欧盟合并条例》第3条第1

款（a）项意义上的合并，其中提供了案例的示例，例如 *AstraZeneca/Novartis* 案[37]和 *Chevron/Texaco* 案[38]。第10段解释说，可以存在事实上的合并：在没有合法合并的情况下，将先前独立实体的活动合并在一起，结果是在一个永久、单一的经济管理下建立一个单一的经济单位——给出的例子有 *Price Waterhouse/Coopers & Lybrand* 案[39]和 *Ernst & Young/Andersen Germany* 案[40]。

（ii）《欧盟合并条例》第3条第1款（b）项：获得控制

在实践中，大多数情况都与《欧盟合并条例》第3条第1款（b）项意义上的控制的获得有关：《合并管辖权通知》第11～123段规定了这一概念；其首先讨论了控制权的概念，然后依次讨论独家控制和联合控制。

（a）控制的概念

《欧盟合并条例》第3条第2款对控制进行了定义，以确定是否存在集中[41]：

> 控制应由权利、合同或任何其他手段构成；这些权利、合同或其他方式，单独地或共同地，并考虑到所涉事实或法律，能够赋予企业以决定性影响的可能性，特别是通过：
>
> （a）对企业的全部或部分资产的所有权或使用权；
>
> （b）对经营机构的组成、表决或决定具有决定性影响的权利或合同。

显然，这是一个非常宽泛的概念[42]，且控制可以在法律（de jure）或事实

---

[37] 案例 M 1806，2000年7月26日的决定。

[38] 案例 M 2208，2001年1月26日的决定；另见：案例 M 5747 *Iberia/British Airways*，2010年7月14日的决定。

[39] 案例 M 1016，1998年5月20日的决定。

[40] 案例 M 2824，2002年8月27日的决定。

[41] 看来《欧盟合并条例》第3条第2款中的控制概念比适用《欧盟运行条约》第101条中的单一经济实体学说时使用的概念更广泛，参见第3章第115～118页“控制测试”。

[42] 请注意，根据2002年英国企业法，“实质影响力”的概念比《欧盟合并条例》第3条第2款中的“施加决定性影响的可能性”更为广泛，其结果是，某些可能未受到欧盟合并控制的交易可能在英国制度下受到限制，参见：第22章第1139～1143页“不再互相区分的企业”，欧洲普通法院在案例 T－411/07 *Aer Lingus Group plc v Commission* EU：T：2010：281 中的判决第21段、第49段和第64段。另请注意 AB 的股权，尽管不足以提供《欧盟合并条例》第3条第2款意义上的决定性影响的可能性，但可能会导致A和B之间协同行为的可能性，因此需要根据《欧盟运行条约》第101条进行审议，参见：案例142 and 156/84 *BAT v Commission* EU：C：1987：490，特别是第37～39段；另见 *Warner－Lambert/Gillette* OJ［1993］L 116/21，第33～39段；*BT－MCI* OJ［1994］L 223/36；*BiB* OJ［1999］L 312/1；进一步参见经济合作与发展组织圆桌会议“少数股东持股”（Minority Shareholdings）（2008年），可在 www.oecd.org/competition 上查阅；DotEcon Ltd‘Minority interests in competitors’（OFT 1218，March 2010），可在 www.dotecon.com 上查阅和［2012］CPI Antitrust Chronicle，1月，中的文章；FOTIS P，ZEVGOLIS N. The Competitive Effects of Minority Shareholdings［M］. London：Hart，2016. 欧盟委员会于2014年7月提出《欧盟合并条例》可能进行改革以赋予欧盟委员会对少数股权收购的管辖权的可能性，但这项倡议似乎已被放弃：参见专员维斯塔格2016年3月10日的演讲“Refining the EU merger control system”，可在 www.ec.europa.eu 上查阅。

(de facto) 的基础上存在[43]。获得控制的最常见方法是获得股份（在联合控制的情况下，有时与股东协议相结合）或获得资产[44]，但是也可以基于合同获得控制权[45]。特许经营协议通常不足以建立控制。[46] 在特殊情况下，例如长期供应协议引起的对经济的依赖，可能导致控制。[47] 重要的是要理解，《欧盟合并条例》中使用的控制概念可能与其他的欧盟或国家层面的法律在税收或媒体等问题上使用的控制概念有所不同。[48] 应该补充说明的是，在根据《欧盟合并条例》第 5 条第 4 款决定关联公司的营业额是否应被包括在集团营业额中时，采用了比第 3 条所述的更为严格的控制概念。

只有当资产控制权的获得（例如，企业客户群的转移或诸如品牌、专利、版权之类的无形资产的转移）相当于一个可以清楚地将市场营业额归因于其具有市场占有率的业务时才被视为集中。[49] 为了达到集中的标准，合并的控制必须持久存在，从而导致市场结构的变化。[50] 如果几家企业收购一家公司，目的是在以后阶段分割资产，则第一次收购可能被视为纯粹是暂时性的，其结果不会构成集中；然而，随后对有关资产进行的分割必须被进行调查，并且可能导致一种以上的集中。[51] 如果某企业设想在初创阶段对新企业进行联合控制，然后转换为单独控制，则可以应用相同的分析：如果联合控制不超过一年，则在此期间内不会有集中。[52]

如果临时购买者（例如银行）在将来根据协议获得一个企业以将其出售给最终购买者，则欧盟委员会将审查该案例，将其作为最终购买者的收购[53]——有时这在实践中被称为“仓储”（warehousing）安排。从《欧盟合并条例》第 3 条的意义上讲，有时几笔交易可以被视为一项集中，因为它们本质上是统一的，也就是说它们相互依存到无法单独运行的程度，或者最终导致对

[43] 《合并管辖权通知》，第 16 段。

[44] 同上，第 17 段；构成集中的资产获得的例子参见：案例 M 5727 *Microsoft/Yahoo! Search Business*，2010 年 2 月 18 日的决定，第 14 ~ 19 段。

[45] 《合并管辖权通知》，第 18 段。

[46] 同上，第 19 段。

[47] 同上，第 20 段；以长期供应和融资协议引起集中的例子参见：案例 M 7839 *Outokumpu/Hernandez Edelstahl*，2015 年 12 月 16 日的决定，第 11 ~ 14 段。

[48] 《合并管辖权通知》，第 23 段。

[49] 同上，第 24 段。

[50] 同上，第 28 段。另见：《欧盟合并条例》评论 20。

[51] 《合并管辖权通知》，第 29 ~ 33 段。

[52] 同上，第 34 段。

[53] 同上，第 35 段。

相同企业的控制。[54] 在 *Canon/Toshiba Medical Systems* 案[55]中，欧盟委员会就佳能未经其事先批准而使用仓储安排进行合并发表了反对声明。

《欧盟合并条例》第5条第2款规定了一条规则，该规则允许欧盟委员会将两年内发生的连续交易视为一次集中交易：这是反避税规则，以确保同一个人不会在一段时间内将一项交易分解为一系列资产出售以避免触及《欧盟合并条例》。[56] 不会导致控制变更的企业内部重组不被包含在《欧盟合并条例》中。[57]

（b）独家控制

独家控制可基于法律或事实基础。法律控制通常是在企业获得公司多数表决权的情况下获得的，但也可能发生在例如少数股东拥有被赋予了特殊权利可决定待收购公司的战略方向的股份的情况下。[58] 事实控制出现在少数股东能够否决企业的战略决策的情况下："尽管它不能强加决策，但它可以阻止决策"这一事实意味着它有可能在《欧盟合并条例》第3条第2款的范围内发挥决定性的影响。这通常被称为消极控制（negative control）。[59] 在少数股东有可能在股东大会上取得多数票的情况下，也可以进行事实控制：欧盟委员会将审视过去的投票行为，以预测未来的状况。[60] 在 *Electrabel/Compagnie Nationale du Rhône* 案[61]中，欧盟委员会得出结论认为 Electrabel 已完全控制了 CNR，尽管 Electrabel 是少数股东——这是基于多种考虑，其中包括 Electrabel 在 CNR 股东大会上得到了事实上的多数票；由于未通知集中，但获得了独家控制，Electrabel 因"抢跑操作"（gun – jumping）被罚款2000万欧元[62]。经向欧盟普通法院[63]和欧洲法院[64]上诉后，欧盟委员会的决定和罚款被确认。根据案件的事实，

---

[54] 同上，第36～47段；有关单一集中参见案例 T – 282/02 *Cementbouw Handel & Industrie v Commission* EU：T：2006：64 第101～149段和案例 T – 704/14 *Marine Harvest ASA v Commission* EU：T：2017：753 第85～229段，向欧洲法院提出上诉的案例 C – 10/18 P，尚未裁决。

[55] 参见欧盟委员会新闻稿 IP/17/1924，2017年7月6日。

[56] 《合并管辖权通知》，第49～50段。

[57] 同上，第51段。

[58] 同上，第56～58段。

[59] 同上，第54段。

[60] 同上，第59段。

[61] 案例 M 4994，2009年6月10日的决定。

[62] 类似地，参见案例 M 7184 *Marine Harvest/Morpol*，2014年7月23日的决定（裁决持有48.5%的股份就可以产生事实上的独家控制），上诉案例 T – 704/14 *Marine Harvest ASA v Commission* EU：T：2017：753 维持原判。有关"抢跑"参见本章第1061～1062页"集中的暂停"。

[63] 案例 T – 332/09 *Electrabel v Commission* EU：T：2012：672。

[64] 案例 C – 84/13 P *Electrabel v Commission* EU：C：2014：2040。

可以认定少于 25% 的股份可能提供决定性的影响：例如，在 *CCIE/GTE* 案[65]中，CCIE 获得了 EDIL 19% 的投票权并被认定拥有控制权——其余股份由一家独立的投资银行持有，但重要的商业决策无须获得其批准。

除非根据法律约束协议在不久的将来行使该期权，否则购买或转换股份的期权本身并不赋予控制权。[66]

（c）联合控制

联合控制发生在两个或两个以上企业有可能对另一企业施加决定性影响的情况下。联合控制通常是由于有关企业享有“消极控制”这一事实，即拒绝战略决策的权力，这意味着它们拥有共同采取行动以确定合营企业的商业政策的能力[67]，可以在法律和事实基础上建立联合控制[68]。在以下情况下可能产生联合控制：

- 只有两家母公司且两者具有相同的投票权。[69]
- 在投票权不平等的情况下，母公司可以根据合营企业的章程或母公司之间的股东协议享有否决权。[70] 否决权必须与合营企业在一些问题上的战略决策有关，如预算、商业计划书、重大投资或任命高级管理人员。[71] 或
- 在没有否决权的情况下，无论实际上或在法律上，无论是由于具有法律约束力的协议[72]还是实际上因为它们有强共同利益，母公司都可能共同行使其投票权。[73]

（iii）控制质量中的变化

当企业的控制质量发生变化时，可能会发生集中：可能是从独家控制变为联合控制[74]；可能是母公司的身份改变使共同控制的性质发生改变；可能是从联合控制变为独家控制[75]。然而，从消极控制到积极控制的改变不被视为集

---

[65] 案例 M 258，1992 年 9 月 25 日的决定；类似地，参见案例 M 8465 *Vivendi/Telecom Italia*，2017 年 5 月 30 日的决定，第 5 ~ 9 段，其中认定 23.9% 的股份足以赋予其独家控制权。

[66] 《合并管辖权通知》，第 60 段。

[67] 同上，第 62 段。

[68] 同上，第 63 段。

[69] 同上，第 64 段。

[70] 同上，第 65 段。

[71] 同上，第 67 ~ 73 段；参见例如案例 M 6141 *Makhteshim Agan Industries*，2011 年 10 月 3 日的决定，其中否决任命和罢免高级管理人员的权利足以赋予联合控制权。

[72] 《合并管辖权通知》，第 75 段。

[73] 同上，第 76 ~ 80 段。

[74] 参见例如案例 M 5141 *KLM/Martinair*，2008 年 12 月 17 日的决定。

[75] 《合并管辖权通知》，第 83 ~ 90 段。

中。[76] 从联合控制变为独家控制的情况下，可能需发出简短的通知。[77]

（iv）合营企业——全功能的概念

《欧盟合并条例》第3条第4款规定：

> 持久建立合营企业以行使自治经济实体的所有职能，应构成第3条第1款（b）项所指的集中。

第3条第4款意义上的集中被称为“全功能合营企业”（full－function joint ventures）。合营企业在以下情况下是“全功能”的：

- 享有运营自主权；
- 为母公司开展的活动超出了一项特定功能的范畴；
- 创业期结束后，与母公司进行公平交易；
- 旨在持久运营。

下面依次讨论每个因素，然后讨论合营企业是否具有全功能的含义。

（a）运营自主权

《合并管辖权通知》解释说，《欧盟合并条例》第3条第4款中对“自主”的要求是指运营自主：其母公司将对其战略决策负责，这就是为什么首先将它们视为处于联合控制之下的原因。[78] 要实现运营自主，合营企业必须拥有足够的资源在市场上独立运营：这意味着合营企业必须拥有专职于日常运营的管理人员，并有权使用包括财务人员和资产在内的足够资源来开展合营协议中规定的业务活动。[79]

（b）超出母公司一项特定功能范畴的活动

如果合营企业仅是接管其母公司活动的一项特定功能，例如研发或生产，则其不是“全功能”；同样，联合销售公司也不是全功能的。[80] 对具有部分功能的合营企业必须根据《欧盟运行条约》第101条和/或国家竞争法进行分析。对非全功能企业进行联合控制并不构成《欧盟运行条约》第3条第4款的集中。[81]

（c）合营企业与其母公司之间的买卖关系

如果合营企业的母公司作为其供应商或购买方来说实力很强，则合营企业

---

[76] 同上，第83段。

[77] 参见第802/2004号条例附件Ⅱ。

[78] 《合并管辖权通知》，第93段。

[79] 同上，第94段；参见例如案例 M 6800 *PRSfM/STIM/GEMA/JV*，2015年6月16日的决定。

[80] 《合并管辖权通知》，第95段；合营企业被认定非全功能的例子参见案例 M 3003 *Electrabel/Energia Italia/Interpower*，2002年12月23日的决定。

[81] 案例 C－248/16 *Austria Asphalt GmbH v Bundeskartellanwalt* EU：C：2017：643，第35段。

可能没有足够的自主权；但是，欧盟委员会认识到，虽然合营企业在开始阶段通常依赖于向母公司的销售或采购，但通常不超过 3 年。[82] 如果合营企业持续向母公司销售，欧盟委员会将考虑是否该合营企业要独立于其母公司在市场上发挥积极作用：对市场的销售比例将是一个重要的考虑因素，如果合营企业将其产出的 50% 以上销售给市场，则其通常被认为是全功能的。[83] 欧盟委员会对母公司的长期采购持怀疑态度——这可能意味着合营企业更接近成为销售代理机构[84]；但是，欧盟委员会认识到，若合营企业在"贸易市场"上运营，则即使其从母公司那里采购，它也可能是全功能的[85]。"贸易市场"是指专门从事产品销售和分销而没有纵向整合的市场，并且该产品有不同的供应来源。在这种情况下，只要合营企业具备必要的设施，并且有可能不仅从其母公司而且从其母公司的竞争来源获得大量供应，就可以认为它是全功能的。

从实质分析的角度来看，全功能合营企业与其母公司之间的协议中的合同条款可能构成辅助限制，或者可能需要根据《欧盟运行条约》第 101 条进行单独评估。[86]

（d）持久运营

合营企业若要成为全功能类型，则必须建立在"持久"的基础上；母公司可解散合营企业（例如在合营企业失败或彼此之间有根本性分歧的情况下）这一事实，并不意味着该合营企业不是建立在"持久"的基础上。[87] 如果合营企业的存在期限很短，例如为了建设一个特定的项目（例如电厂），则该合营企业不会被认为是持久的。[88] 全功能合营企业活动的扩大可能意味着新的集中；从"部分功能"变为"全功能"也有相同效果。[89]

（e）"全功能"的含义

重要的是要知道合营企业是否为"全功能"，因为这决定了《欧盟合并条例》是否能被适用。欧盟层面的全功能合营企业必须事先向欧盟委员会进行预先通知。如果合营企业不是全功能的，则仍有可能受制于《欧盟运行条约》

---

[82]《合并管辖权通知》，第 97 段。

[83] 同上，第 98 段。

[84] 同上，第 101 段。

[85] 同上，第 102 段。

[86] 进一步参见本章第 1093 ~ 1095 页"与合并直接相关且必要的合同限制：'辅助限制'"。

[87]《合并管辖权通知》，第 103 段。

[88] 同上，第 104 段。

[89] 同上，第 106 ~ 109 段；合营企业从"部分功能"变为"全功能"的例子参见案例 M 5241 *American Express/Fortis/Alpha Card*，2008 年 10 月 3 日的决定，第 13 ~ 15 段。

第101条和/或国家竞争法。[90]

（v）例　外

《欧盟合并条例》第3条第5款规定，某些活动不会构成集中：在不行使表决权的情况下，信贷或其他金融机构以投资为基础购买证券，而不是为了保护投资而获得控制权；根据成员国有关清偿、破产清算及类似事宜的法律获取控制；以及金融控股公司就此类事项进行的收购。《合并管辖权通知》解释说：这些规定的含义狭窄，在实践中很少被适用。[91] 但是，它们确实适用于 *Lagardere/Natexis/VUP* 案[92]中；该案的上诉审理维持了原裁决。[93]

（B）《欧盟合并条例》第1条：欧盟层面的集中

欧盟委员会《合并管辖权通知》的C部分涉及“欧盟层面”这一概念。总体上欧盟层面的集中由欧盟委员会专门调查；不这样处理的集中受成员国合并法律的约束。[94] 鉴于28个成员国中有27个具有合并控制制度[95]，并且一项交易可能要受其中一个成员国的调查，因此服从欧盟而不是成员国的法律可能具有显著的优势：这将在后面于一站式并购控制的背景下进一步讨论[96]。

（i）门　槛

营业额被用作因集中而将合并的经济资源的代表，并被在地理上进行分配以反映这些资源的地理分布。[97] 使用营业额门槛是为了提供一种相对简单客观的机制来确定管辖权分配；它们在任何意义上都不是被作为预测有关企业的市场力量的一种方式：那是由具有管辖权的竞争主管机构进行的实质性评估所处理的。[98]《欧盟合并条例》第1条规定了建立欧盟管辖权的数字门槛：应该指出的是，《欧盟合并条例》并不要求有关企业应在欧盟境内“定居”，也不要

---

[90] 根据《欧盟运行条约》第101条调查的部分功能合营企业的例子，参见：*BHP Billiton/Rio Tinto*，欧盟委员会2010年1月25日新闻稿IP/10/45。

[91] 《合并管辖权通知》，第110~116段。

[92] 案例M 2978，2004年1月7日的决定。

[93] 案例T－279/04 *Éditions Odile Jacob SAS v Commission* EU：T：2010：384，上诉维持原判案例C－551/10 PEU：C：2012：681。

[94] 参见案例C－170/02 P *Schlüsselverlag JS Moser GmbH v Commission* EU：C：2003：501，第34段：“［欧盟］立法机关打算在国家机关的活动与［欧盟］机关的活动之间划清界限，避免不同机关在同一笔交易中对头寸的连续定义……”。

[95] 卢森堡是唯一不这样做的成员国。

[96] 参见本章第1046~1047页“《欧盟合并条例》第21条：一站式合并控制”。

[97] 《合并管辖权通知》，第124段。

[98] 同上，第127段。

求所涉交易应在欧盟境内进行。[99] 估算营业额的方式载于《欧盟合并条例》第5条。

《欧盟合并条例》第1条第1款规定：《欧盟合并条例》应适用于其第1条第2款或第1条第3款定义的欧盟层面的所有集中。《欧盟合并条例》第1条第2款和第1条第3款规定的标准是集中可能是欧盟层面的替代依据。

(a)《欧盟合并条例》第1条第2款

《欧盟合并条例》第1条第2款规定，集中属于欧盟层面的是：

> (a) 所有相关企业的全球总营业额超过50亿欧元；和
>
> (b) 至少有2家相关企业在欧盟的总营业额超过2.5亿欧元
>
> 除非有关企业中的每一个都在同一成员国内实现了其在欧盟范围内总营业额的三分之二以上。

《欧盟合并条例》第1条第2款旨在于全球范围内反映有关企业的总体规模：确定其在欧盟内部至少有最低限度的活动，并排除纯粹的国内交易。由于“三分之二规则”涉及来自同一成员国的两个企业，因此非常重大的交易不在《欧盟合并条例》范围内并不罕见：在银行、保险、能源行业中主要在其国内市场经营的公司和企业中尤其可能发生。例如，2001年 *Lloyds TSB Group plc/Abbey National plc* 合并案不受《欧盟合并条例》管辖，因为这些银行中每家的营业额的至少三分之二来自英国。但是，在英国的合并控制制度下，该合并被禁止。[100] 2008年，由于“三分之二规则”，*Lloyds TSB plc/HBOS plc* 合并案中再次出现不在欧盟委员会管辖范围之内的情况，但由于财政原因，英国政府出于特殊公共利益的考虑而允许合并，特别是考虑到当时银行系统的危机状态。[101]

2005年，出现了一个争议性的案例：一家活跃于能源行业的西班牙公司Gas Natural向西班牙竞争管理局通报了其打算对另一家主要活跃于电力行业的西班牙公司Endesa进行敌意公开竞标的意图。Gas Natural公司声称“三分之二规则”适用，导致欧盟委员会缺乏管辖权。Endesa向欧盟委员会提出投诉，认为“三分之二规则”不适用。欧盟委员会拒绝了Endesa的论点[102]；其裁定在被向欧盟普通法院上诉后被维持原判[103]。

---

[99] 关于《欧盟合并条例》的地域范围参见第12章第619~620页“《欧盟合并条例》的司法管辖标准”。

[100] Cm 5208（2001）。

[101] 参见第22章第1194~1198页“公共利益案件”。

[102] 参见欧盟委员会新闻稿IP/05/1425，2005年11月15日。

[103] 案例T-417/05 *Endesa v Commission* EU：T：2006：219。

2009年6月，欧盟委员会发布了《关于第139/2004号条例执行情况的报告》（Report on the functioning of Regulation No 139/2004），结论是“‘三分之二规则’的目前形式值得进一步审议”[104]，并指出由于该规则而不在其管辖范围内的一些合并引起了竞争方面的担忧，但出于公共利益的考虑而被国家法律所允许。欧盟委员会请欧洲理事会注意这一情况[105]；截至2017年12月8日，欧洲理事会尚未表明是否打算处理此事。

(b)《欧盟合并条例》第1条第3款

《欧盟合并条例》第1条第3款为第1条第2款提供了另一种管辖权基础。但是，不符合第1条第2款规定的集中但属于欧盟层面的情况有：

> (a) 所有相关企业的全球总营业额超过25亿欧元；
>
> (b) 在至少3个成员国中的每一个中，所有有关企业的总营业额合计超过1亿欧元；
>
> (c) 在为(b)目的而被包括的3个成员国中的每一个中，至少2个有关企业的每个企业的总营业额超过2500万欧元；和
>
> (d) 至少有2个相关企业在欧盟范围内的总营业额超过1亿欧元；
>
> 除非相关企业中的每一个在同一成员国内的营业额达到其欧盟范围内总营业额的三分之二以上。

《欧盟合并条例》第1条第3款的目的是，在集中不属于第1条第2款意义上的欧盟层面的情况下，赋予欧盟委员会管辖权，但是可以预期至少会对3个成员国产生实质性影响。[106] 虽然根据第1条第3款提出的集中诉讼不是很多，但有趣的是，欧盟委员会在2007年禁止的 *Ryanair/Aer Lingus I* 案中的管辖权是基于第1条第3款。[107] 在实践中，更常见的是，不属于欧盟层面的集中的当事方利用《欧盟合并条例》第4条第5款规定的程序，要求欧盟委员会一站式审查其交易。[108]

---

[104] 欧盟委员会向欧洲理事会的去文：《关于第139/2004号条例执行情况的报告》［Report on the functioning of Regulation No 139/2004，COM（2009）2101 final］；该报告应与随附的欧盟委员会工作人员工作文件一起阅读，其中应包含更详细的述评。

[105] 有关“三分之二规则”的功用另见白皮书《迈向更有效的欧盟合并控制》（Towards more effective EU merger control）［SWD（2014）221 final］随附的欧盟委员会工作人员工作文件脚注83。

[106] 《合并管辖权通知》，第126段。

[107] 案例M 4439 *Ryanair/Aer Lingus*，2007年6月27日的决定；上诉维持原判案例T－342/07 *Ryanair v Commission* EU：T：2010：280。

[108] 参见本章第1051～1052页“通知前移送：《欧盟合并条例》第4条第5款”。

（c）可能的改革

《欧盟合并条例》第1条中的“欧盟层面”门槛是一种将管辖权分配给适当管辖法院的不完善方法，但其至少具有在实践中相对容易适用的优点。在欧盟委员会于2009年6月发布的《关于第139/2004号条例执行情况的报告》中，欧盟委员会指出，尽管《欧盟合并条例》增加了第1条第3款，但仍有许多具有重大跨境影响的交易在其管辖范围之外，从而导致“一站式”审查还有进一步的空间[109]。欧盟委员会在2014年7月提议对《欧盟合并条例》进行一系列可能的修订，以适用于这些交易；截至2017年12月8日，尚未就那些建议采取进一步行动。

最近出现了一个问题，即是否应修改管辖权标准，以处理一家企业以大量资金收购另一家企业而又未触发《欧盟合并条例》的管辖权标准的情况。一个很好的例子是收购ICT行业的一家初创公司，该公司的营业额很低（到目前为止），但拥有庞大的用户群（潜在）和有价值的数据集；另一个例子是收购一家制药公司，该公司开发了一种潜力巨大的新药，但尚未获得上市许可，因此没有营业额。政策关注的是，在此类行业中具有重要市场支配力的企业能够通过系统地收购尚未产生大量营业额的有前途的新进入市场者，来扼杀未来竞争的出现。欧盟委员会调查Facebook以190亿美元的价格[110]收购WhatsApp的原因仅在于各方根据《欧盟合并条例》第4条第5款将其移送给欧盟委员会：该交易未涉及足够的营业额，无法根据《欧盟合并条例》第1条构成欧盟层面。截至2017年12月8日，欧盟委员会尚未就此议题提出任何提案。[111]

（ii）相关企业的定义

确定集中是否具有欧盟层面的第一步是识别相关企业，这是《欧盟合并条例》第1条中使用的表达方式。这样做后，营业额按第5条规定的方式计算；《欧盟合并条例》第5条第4款规定了与相关企业属于同一集团的其他实体应将其营业额包括在计算中。如果集中是《欧盟合并条例》第3条第1款（a）项中的合并，则相关企业是合并实体。[112] 在根据第3条第1款（b）项获得控制权的情况下，确定谁是相关企业可能是很复杂的事情。

《合并管辖权通知》对此提供了广泛的指导：

---

[109] Communication from the Commission to the Council: Report on the functioning of Regulation No 139/2004，COM（2009）2101 final，para13。

[110] 案例M 7217 *Facebook/WhatsApp*，2014年10月3日的决定；特别地，参见第9~12段。

[111] 基于交易价值的门槛已在德国［2013年反限制竞争法第35（1a）条］和奥地利［2005年卡特尔法第9（4）条］生效。

[112] 《合并管辖权通知》，第132段。

• 如果 A 获得 B 的独家控制权，则相关企业将为 A 和 B[113]；

• 但是，如果 A 收购 B 的一部分，则相关企业将是 A 和 B 将被收购的部分：根据《欧盟合并条例》第5条第2款：在集中生效之后，B 的其余部分的经济实力与合并实体的地位无关[114]；

• A 和 B 共同控制 C，A 获得 B 在 C 的权益，则相关企业是 A 和 C：如上例所示，一旦交易生效，B 的地位与 A 和 C 的经济实力无关[115]；

• 如果 A 和 B 建立了新实体 C，则相关企业是 A 和 B[116]；

• 但是，如果 A 和 B 获得对现有实体 C 的共同控制，则 A、B 和 C 都是相关企业[117]。

如果一家合营企业 C 收购 D，那么就产生了一个问题，即 C 或其母公司 A 和 B 是否应被视为相关企业。该问题的答案可能会对管辖权产生决定性影响：如果 A 和 B 是相关企业，并且其混合营业额被添加到营业额的计算中，则该交易很有可能被认定属于欧盟层面：

• 如果 C 是一家全功能合营企业，并且已经在市场上运营，则它将连同 D 一起被视为相关企业[118]；

• 如果 C 仅是 A 和 B 收购 D 的工具，则欧盟委员会将 A 和 B 连同 D 一起视为相关企业[119]。

在 *HeidelbergCement/Schwenk/Cemex Hungary/Cemex Croatia* 案[120]中，欧盟委员会认定 HeidelbergCement 和 Schwenk 而不是其共同拥有的全功能合营企业 DDC 是相关企业，因此拟议中的交易确实属于欧盟层面。[121] 欧盟委员会禁止了该项交易。合营企业的母公司已向欧盟普通法院提出上诉，除其他事项外，还声称该交易不属于欧盟层面。[122]

(iii) 确立管辖权的相关日期

确定集中是否属于欧盟层面的相关日期是最终协议达成、宣布公开竞标或

---

[113] 同上，第134段。
[114] 同上，第136段。
[115] 同上，第138段。
[116] 同上，第139段。
[117] 同上，第140段。
[118] 同上，第146段。
[119] 同上，第147段。
[120] 案例 M 7878，2017年4月5日的决定。
[121] 同上，第37~44段。
[122] 案例 T-380/17 *HeidelbergCement and Schwenk Cement v Commission*，尚未裁决。

获得控制权的日期，以较早的日期为准。[123]

（iv）营业额

《欧盟合并条例》第5条第1款将营业额定义为上一财政年度中的企业从产品销售和服务提供中获得的、属于企业日常活动范围内的金额。[124] 销售返利、增值税和与营业额直接相关的其他税款（例如，酒精饮料和香烟的税）从任何营业额中扣除，集团公司内部的营业额也是如此。《欧盟合并条例》第5条第5款（a）项规定，合营企业与其母公司之间的营业额应从营业额的计算中排除；但第5条第5款（b）项规定，合营企业与第三方之间的营业额应在其母公司之间平均分配。

《合并管辖权通知》解释说，欧盟委员会通常将其营业额的调查结果基于相关企业最近的审计账目，仅在特殊情况下才依赖管理层或其他临时账户。[125] 如果欧盟会计准则与非成员国的会计准则之间存在重大差异，欧盟委员会可能认为有必要要求根据欧盟准则重列账目。[126] 该通知解释了欧盟委员会在何种情况下会接受调整已审计账目中的数字，例如剥离了相关企业的部分业务的情况。[127]

在确定管辖权时，不仅要考虑相关企业的营业额，而且必须考虑同一集团内其他企业的营业额。在诸如私募股权基金等企业没有合并账户的情况下，这可能会产生问题：必须注意确保将所有相关的营业额都纳入计算。《欧盟合并条例》第5条第4款规定，相关企业的总营业额应通过以下各企业的营业额相加得出［其中，（b）指子公司，（c）指母公司，（d）指关联公司］：

（a）相关企业；

（b）下列企业，该相关企业在其中直接或间接：

（i）拥有超过半数的资本或商业资产；或

（ii）有权行使半数以上的投票权；或

（iii）有权任命半数以上的监事会、行政委员会或合法代表企业的机构的成员，或

（iv）有权管理企业的事务；

（c）在相关企业中拥有（b）项所列的权利或权力的企业；

---

[123] 《合并管辖权通知》，第155~156段。

[124] 欧盟普通法院在以下案例判决书中提到了与营业额计算有关的几点：案例 T-417/05 *Endesa SA v Commission* EU：T：2006：219。

[125] 《合并管辖权通知》，第169~170段。

[126] 同上，第171段。

[127] 同上，第172~174段。

(d) 在（c）项所指的企业中拥有（b）项所列出的权利或权力的企业；

(e)（a）~（d）所指的两个或两个以上的企业在其中共同拥有（b）项所列的权利或权力的企业。

《合并管辖权通知》对这些规定提供了相当广泛的指导。[128] 重要的一点是，第5条第4款中的标准，例如“有权行使半数以上的投票权”或“有权管理企业的事务”，相比第3条第2款中规定的控制概念严格得多；第5条第4款规定了“明线”（bright - line）标准，用于确定交易中应将哪些集团营业额添加到单个相关企业的营业额中。[129] 在 *SoFFin/Hypo Realty* 案中，欧盟委员会考虑了《欧盟合并条例》的应用，尤其是集团营业额的计算——该案中国有机构（德国金融市场稳定专项基金）收购了一家陷入困境的金融机构。[130] 在 *EDF/CGN/NNB* 案中，欧盟委员会将中国国有企业的营业额与中国的国务院国有资产监督管理委员会的营业额相加，因为后者对前者实施了控制：结论是集中属于欧盟层面。[131]

（v）营业额的地域分配

重要的是，能够确定营业额发生在何处，因为《欧盟合并条例》第1条第2款和第3款涉及全球营业额、欧盟营业额和成员国营业额。一般规则是营业额应归因于客户所在地[132]；《合并管辖权通知》解释了该原则在实践中如何应用于产品销售[133]以及服务提供[134]。

（vi）营业额转换为欧元

就《欧盟合并条例》而言，营业额必须以欧元计算：对于许多企业而言，这需要从另一种货币进行换算。年营业额应按欧洲中央银行相关12个月的平

---

[128] 同上，第175~194段。

[129] 同上，第184段。

[130] 案例 M 5508，2009年5月14日的决定；类似地，参见案例 M 6113 *DSM/Sinochem/JV*，2011年5月19日的决定，第8~16段；另见《欧盟合并条例》评论22。

[131] 案例 M 7850，2016年3月10日的决定，第29~50段；有关评论参见：FOUNTOUKAKOS K, PUECH - BARON C. The EU Merger Regulation and Transactions Involving States or State - Owned Enterprises: Applying Rules Designed for the EU to the People's Republic of China [J]. Concurrences, 2012 (1): 44 - 54；类似地，参见案例 M 6801 *Rosnefi/TNK - BP*，2013年3月8日的决定。

[132] 《合并管辖权通知》，第196段。

[133] 同上，第197~198段。

[134] 同上，第199~202段；有关营业额的地域分配对管辖权至关重要的例子参见案例 M 4439 *Ryanair/Aer Lingus*，2007年6月27日的决定；上诉维持原判案例 T - 342/07 *Ryanair v Commission* EU: T: 2010: 280。

均汇率换算；可以从竞争总司的网站上获得此平均值。[135]

（vii）信贷和其他金融机构及保险业的规定

《欧盟合并条例》第5条第3款为计算信贷和其他金融机构的营业额提供了具体规则。欧盟委员会的《合并管辖权通知》中解释了其操作。[136]

（viii）插　图

举几个例子（参见图21.1）可能有助于说明刚才概述的管辖权规则在实践中是如何运作的。

例1 	A收购B：A是X的全资子公司 相关企业：A和B（第5条第1款） 要考虑的营业额：A和B（相关企业）和X[根据第5条第4款（c）项，X的营业额被包括]
例2 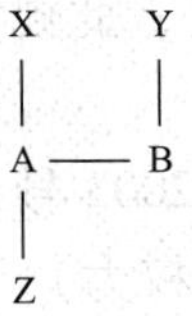	A收购B，B是Y的部门：A是X的一 部分，A具有全资子公司Z 相关企业：A和B（第5条第1款） 要考虑的营业额：A和B（相关企业：不理会Y的营业额，因为A仅收购Y的一部分B：第5条第2款）；X[第5条第4款（c）项]和Z[第5条第4款（b）项]
例3 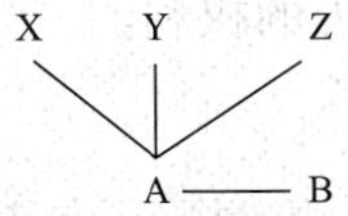	A收购B：A由X、Y和Z共同控制 相关企业：A 和B 要考虑的营业额：A和B（相关企业）；X、Y和Z[这是基于《欧盟合并条例》第5条第4款（c）项的规定，并得到欧盟委员会《合并管辖权通知》第182段的支持]
例4 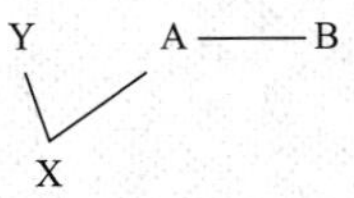	A收购B：A和Y共同控制X 相关企业：A和B 要考虑的营业额：A和B（相关企业）；但X的营业额相关吗？如果A和B的总营业额低于欧盟层面的门槛，这个问题的答案可以确定集中是否属于欧盟层面。欧盟委员会在其《合并管辖权通知》第187段中指出，在这种情况下，它将X的营业额的50%份额分配给A

图21.1　管辖权规则运作示例

[135] 《合并管辖权通知》，第204段；网址是 www. ec. europa. eu/competition/mergers/exchange_ rates. html。

[136] 《合并管辖权通知》，第206～220段。

（C）《欧盟合并条例》第21条：一站式合并控制

（i）一站式合并控制的益处

作为一般性建议：如果必须根据两种或多种法律制度对特定集中进行调查，那么对于企业和竞争主管机构而言都是不可取的。

多次调查会导致行政效率低下、重复、延误、费用增加、不确定性以及作出冲突决定的可能性。《欧盟合并条例》的中心原则是一站式合并控制：也就是说，只有欧盟才能在欧盟范围内调查欧盟层面的集中。在《欧盟合并条例》第21条中表达了这项政策。第21条第2款规定，在欧盟法院审查的前提下，只有欧盟委员会才可以就欧盟层面的集中作出决定；第21条第3款规定，任何成员国都不得将其关于竞争的国家立法适用于这种集中。[137] 但是，如下所述，在某些情况下，案件可以被重新分配给欧盟委员会或从欧盟委员会重新分配。《欧盟合并条例》第21条第4款规定，在限定的情况下，成员国可以在必要时针对集中采取适当的措施，以保护“合法权益”；此规定将在后面的F节中讨论。

《欧盟合并条例》第21条第1款补充说，第1/2003号条例（赋予欧盟委员会执行《欧盟运行条约》第101条和第102条的权力）不适用于《欧盟合并条例》中定义的集中。[138] 但是《欧盟合并条例》第21条第1款明确规定，欧盟委员会保留根据第1/2003号条例的规定对不属于欧盟层面、以协同独立企业的竞争行为为目的或效果的合营企业行使权力的权利。

（ii）更为灵活的管辖规则的益处

尽管实行一站式合并控制的原则，《欧盟合并条例》还是对案件移送作出了规定，也就是说，在特定情况下可以将欧盟委员会与国家竞争主管机构之间的“案件重新分配”。欧盟委员会《案件移送通知》提供了关于《欧盟合并条

---

[137] 有争议的是，一个国家法院可以将《欧盟运行条约》第101条和第102条适用于具有欧盟层面的集中，只要这些规定能够直接适用于集中即可，尽管没有这样的例子发生：讨论要点参见：COOK J, KERSE C. EC Merger Control [M]. 5th ed. London：Sweet & Maxwell，2009：19－22；LEVY N. European Merger Control Law：A Guide to the Merger Regulation [M]. Bellevue：LexisNexis，2003：ch 21.

[138] 从理论上讲，欧盟委员会可以按照《欧盟运行条约》第105条的规定，在其能够适用于集中的情况下，根据第101条和第102条行事；在最初的《欧盟合并条例》通过时，欧盟委员会表示它很少会这样做，实际上它从未这样做过；参见欧洲理事会会议纪录中的欧盟委员会声明（CMLR 1990年第4卷第314页）；另见本章脚注[137]中提及的书。

例》管辖权重新分配的详细指南[139]，包括指导原则[140]和系统机制[141]。它还包含有用的流程图。[142] 2004年《欧盟合并条例》对案件移送规则进行了“灵活调整”，以使其比原来的《欧盟合并条例》更容易归案；人们认为，为了使更适当的竞争主管机构能够对案件进行调查，需要更大的灵活性。[143] 欧盟委员会在2014年提议作进一步的更改，但尚未采取进一步的行动。[144]

在某些情况下，欧盟委员会可以根据《欧盟合并条例》第4条第4款和第9条的规定将欧盟层面的集中移送给成员国：这在下文D节中进行论述；成员国可以根据《欧盟合并条例》第4条第5款和第22条的规定，将不属于欧盟层面的集中问题提交欧盟委员会，这将在稍后的E节中进行讨论。重新归类的想法与辅助原则一致。[145]《欧盟合并条例》中的案件移送程序在欧盟委员会与国家竞争主管机构的密切和持续联系下进行。[146] 合并当事方可以在向欧盟委员会或国家竞争主管机构正式提交申请之前，尝试重新分配管辖权。[147] 在考虑案件移送时，欧盟委员会考虑到法律确定性的必要性，只有在有令人信服的理由偏离“原始管辖权”（original jurisdiction）的情况下，才应进行移送。[148]

（D）《欧盟合并条例》第4条第4款与第9条：将欧盟层面的集中移送给成员国的主管机构

讨论的出发点是欧盟层面的集中受益于“一站式服务”；欧盟委员会承认，将此类案件分散处理，即将欧盟层面的集中的某些方面部分移交给一个或多个成员国，尽管从法律上讲是可能的，但原则上是不可取的。[149]

可以在当事各方提出要求后、发出通知之前将欧盟层面的集中案件进行移送（通知前移送），或者在通知之后应一个（或多个）成员国的请求移送（通知后移送）。欧盟委员会将案件移送给成员国的决定可能会受到希望由欧盟委

---

[139] OJ［2005］C 56/2；另见：Joint Statement of the Council and the Commission on the Functioning of the Network of Competition Authorities，可在 www. ec. europa. eu/competition/ecn/documents. html 上查阅。

[140] 《案件移送通知》，第Ⅱ部分，第8～45段。

[141] 同上，第Ⅲ部分，第46～82段。

[142] 同上，第20～23页。

[143] 同上，第4～7段。

[144] 参见COM（2014）449 final，可在 www. ec. europa. eu 上查阅。

[145] 《案件移送通知》，第8段。

[146] 同上，第53～58段。

[147] 参见本章第D节（ⅰ）和第E节（ⅰ）。

[148] 《案件移送通知》，第13～14段。

[149] 同上，第11～12段。

员会调查该案的第三方的质疑[150]，反之则未必[151]。

(i) 通知前移送：《欧盟合并条例》第4条第4款

《欧盟合并条例》第4条第4款允许交易的各方向欧盟委员会提出“合理的意见”，指出集中将严重影响一个成员国内一个符合独特市场所有特征的市场的竞争，因此应全部或部分由该成员国进行审查[152]；各方不必证明对竞争的影响很可能是不利的[153]。2014年7月，欧盟委员会提议对《欧盟合并条例》第4条第4款的措辞进行修正，以消除必须声称交易将对竞争产生重大影响的自证其罪感：欧盟委员会的建议是，各方仅表明交易可能对有关成员国产生主要影响。[154] 尚未有对该倡议采取的进一步行动。提交合理意见必须使用RS表格进行。该表格的格式在第802/2004号条例附件Ⅲ中被列出。[155]

欧盟委员会收到请求后，将立即将其转递给所有成员国。RS表格中提及的成员国必须在15个工作日内表示同意或不同意该请求；如果不作表示，则视为已同意。除非成员国不同意该请求，否则欧盟委员会有权将案件的全部或部分移交给有关成员国，以便根据该国的竞争法进行调查；决定必须在收到RS表格后的25个工作日内作出。如果欧盟委员会在此期间未作出决定，则视为已移送该案。欧盟委员会很可能会在一个国家市场或一个比国家市场狭窄的市场可能感觉到集中效应的情况下，以及相关各市场可能在同一个成员国内的情况下进行移送。[156] 当集中可能会影响许多国家市场中的竞争时，欧盟委员会可能认为保留管辖权是适当的：这将避免许多竞争当局进行协调调查的必要和产生冲突结果的危险。但是，向一些成员国进行移送是可能发生的，特别是在竞争条件因国而异的情况下；如果当事方本身已根据《欧盟合并条例》第4条第4款提出请求，则管辖权分散的问题就不那么令人关切了。[157]《欧盟合并条例》第4条第4款的最后一段规定，如果将整个案件移交给一个成员国，则不再适用向欧盟委员会通知的义务。

---

[150] 参见案例T-119/02 *Royal Philips Electronics v Commission* EU：T：2003：101，第252~300段；案例T-346/02 etc *Cableuropa SA v Commission* EU：T：2003：256，第100~157段。

[151] 参见案例T-224/10 *Association belge desconsommateurs test-achats ASBL v Commission* EU-T.2011：588，第74~85段。

[152]《案件移送通知》，第16~23段。

[153] 同上，第17段。

[154] 白皮书《迈向更有效的欧洲合并控制》[Towards more effective EU merger control，COM (2014) 449 final]，第75段。

[155] 第802/2004号条例，OJ [2004] L 133/1；有关RS表格参见《案件移送通知》，第59~64段。

[156]《案件移送通知》，第20段。

[157] 同上，第22段。

（ii）通知后移送：《欧盟合并条例》第9条

《欧盟合并条例》第9条提供了一种机制，使成员国可以提出请求，要求将欧盟层面的集中案件移送给它们。[158] 第9条第2款规定了成员国可以提出这种请求的两种情况。

（a）《欧盟合并条例》第9条第2款（a）项

第一种情况是集中威胁可能会严重影响有着独特市场所有特征的成员国内部市场的竞争。如果欧盟委员会认为这些条件得到满足，则可以酌情将案件的全部或部分移送给提出请求的成员国。[159]

（b）《欧盟合并条例》第9条第2款（b）项

第二种情况是集中会影响一个成员国内部的竞争，该成员国表现出一个独特市场的所有特征但不构成内部市场的主要部分：后一种表达可能是指范围狭窄的地理市场并在单个成员国内。[160] 如果欧盟委员会认为符合这些标准，则它有义务将与所涉及的特定市场有关的案件的全部或部分移送[161]：欧盟委员会将无法采取针对那些无论如何都不会阻碍内部市场的竞争的集中的行动[162]。

一般而言，移送的决定必须在收到通知后的35个工作日内作出。[163] 移送后，成员国的主管当局必须在案件发生后的45个工作日内毫不拖延地针对案件作出决定。接受移送的成员国必须将初步竞争评估以及拟采取的进一步措施（如有）通知相关企业。[164] 除此之外，对成员国的唯一时间限制是国家法律规定的时间限制。成员国只能采取严格必要的措施，以维护或恢复相关市场的有效竞争。[165] 如果欧盟委员会拒绝请求，成员国可以向欧盟普通法院上诉。[166]

（iii）统　计

有关《欧盟合并条例》第4条第4款和第9条的统计数据是令人感兴趣的。[167] 紧接2004年5月1日（现行《欧盟合并条例》开始适用）之前的年份中，成员国提出了大量根据第9条的请求，2003年这一数字为10。2004年之

---

[158] 同上，第33～41段。
[159] 《欧盟合并条例》，第9条第3款。
[160] 《案件移送通知》，第40段。
[161] 《欧盟合并条例》，第9条第3款，最后一段。
[162] 同上，第2条第3款。
[163] 同上，第9条第4款（a）项。
[164] 同上，第9条第6款。
[165] 同上，第9条第8款。
[166] 同上，第9条第9款。
[167] 参见：本章第1114～1117页表21.1“《欧盟合并条例》统计情况”这一合并通知统计表。

后，根据第9条提出的请求的数量有所减少，尽管2010年有7宗移交。拒绝的情况很少：在2017年12月8日之前提出的112宗第9条请求中，只有14条被拒绝；有趣的是，有3宗是发生在2014年。企业多次使用了《欧盟合并条例》第4条第4款规定的程序：截至2017年12月8日，根据第4条第4款提出的请求有149宗，没有一宗被拒绝。欧盟委员会多次根据第4条第4款将案件移送给成员国。[168]

（iv）实践中的《欧盟合并条例》第4条第4款和第9条

将案件移送给一个成员国可能给相关企业带来麻烦。在*Interbrew/Bass*案中，欧盟委员会将案件的一部分移送给了英国。[169] 英国当局建议该交易应被禁止。[170] 这是一个非常不幸的结果，因为该出售协议是在没有获得英国批准的条件下达成的。经过司法审查，该交易被允许以修订后的形式进行。[171] 在*Tesco/Carrefour*案[172]中，集中于2005年12月获得欧盟委员会的批准；但是，在根据《欧盟合并条例》第9条第2款（b）项将交易的部分移送后，在斯洛伐克的预期收购被禁止。[173] 在*Foster Yeoman/Aggregate Industries*案[174]中，英国要求进行移送，从而导致一项决定接受解决竞争问题的救济措施。[175] 第三方可以对欧盟委员会根据第9条移送案件的决定提出上诉。[176]

欧盟委员会在2009年6月《关于第139/2004号条例执行情况的报告》[177]中指出，一般认为第9条是有效执行的，并且是一个以“最适当的权限”（most appropriate authority）原则[178]为基础的有用工具。欧盟委员会认为，通知前移送机制极大地提高了欧盟合并控制的效率和管辖权的灵活性，尽管它指出一些利益相关者对所有移送程序的总体时间安排和烦琐表示关注。[179]

---

[168] 参见案例 M 7997 *SteinhoffInternational/Darty*，2016年5月30日的决定。

[169] 案例 M 2044，2000年8月22日的决定。

[170] *Interbrew SA/Bass plc*，Cm 5014（2001）。

[171] *Interbrew SA and Interbrew UK Holdings Ltd v Competition Commission and Secretary of State for Trade and Industry*［2001］EWHC Admin367。

[172] 案例 M 3905，2005年12月22日的决定。

[173] 参见2007年1月17日的决定，可在 www. antimon. gov. sk 上查阅。

[174] 案例 M 4298，2006年9月6日的决定。

[175] 英国公平交易办公室2006年12月22日的决定。

[176] 参见本章第1110页“针对《欧盟合并条例》第9条引用的上诉”。

[177] Communication from the Commission to the Council，COM（2009）2101 final。

[178] 同上，第4.2节。

[179] 同上，第17~21段。

（E）《欧盟合并条例》第4条第5款与第22条：成员国将不属欧盟层面的集中移送给欧盟委员会

如果集中不属于欧盟层面，则出发点是它们要受成员国有关合并控制的国家制度约束。除卢森堡外，每个成员国都有关于合并控制的规定，并且可能发生一项交易在多个司法管辖区进行审查的情况：欧盟委员会在2009年6月《关于第139/2004号条例执行情况的报告》[180]中指出，2007年至少有100笔应在三个或更多成员国中申报的交易。如前所述，对于企业和竞争主管机构而言，多次申报可能是不可取的。《欧盟合并条例》规定可以将不是欧盟层面的集中移送给欧盟委员会，在这种情况下，它们可以从一站式合并控制原则中受益。如下文中的统计数据所示，这些规定，特别是第4条第5款被经常使用。

（i）通知前移送：《欧盟合并条例》第4条第5款

第4条第5款规定，允许可以根据至少三个成员国的国家竞争法进行审查的集中的当事方提出合理的意见，该意见应由欧盟委员会进行审查。[181]它们必须使用RS表格，并且欧盟委员会必须毫不拖延地将提交的资料转交成员国。在2014年，欧盟委员会提议通过废除RS表格并允许当事方直接将符合条件的交易通知欧盟委员会来简化第4条第5款的案件。[182]尚未有对该提议采取的进一步行动。

有权审查集中的成员国必须在15个工作日内拒绝该请求。如果一个成员国表示拒绝，则不会移送该案件（换句话说，第4条第5款规定的案件移送程序可以由一个成员国否决，尽管第22条规定的情况并非如此）。截至2017年12月8日，337宗第4款第5款请求中仅有7宗被一个成员国否决。但是，如果在规定的期限内没有分歧，则该集中被认为属于欧盟层面[183]，将在此范围内进行处理。《欧盟合并条例》成员国不能再将本国竞争法适用于基于一站式合并控制行事的案件。欧盟委员会认为，根据第4条第5款移送最合适的情况是：

- 对竞争的潜在影响出现在地理范围上超过某一成员国全国范围的

---

[180] 同上，第12段。

[181] 《案件移送通知》，第24～32段。

[182] 白皮书《迈向更有效的欧盟合并控制》[Towards more effective EU merger control, COM (2014) 449 final]，第65～66段。

[183] 请注意，根据《欧盟合并条例》第22条，欧盟委员会有权决定是否接受请求，而根据第4条第5款，如果成员国没有否决权，则欧盟委员会必须接受管辖权。

市场；[184]

• 受影响的市场是全国性的或较窄的市场，但在许多成员国出现了对竞争的担忧；这可能导致更连贯一致的结果；[185]

• 完全没有竞争方面的顾虑，但是移送将避免多个成员国申报的负担。[186]

（ii）通知后移送：《欧盟合并条例》第 22 条

《欧盟合并条例》第 22 条提供了一种机制，使成员国可以将不是欧盟层面的集中移送给欧盟委员会进行调查[187]：所涉及的集中必须影响成员国之间的贸易[188]，并且必须有严重影响提出请求的成员国领域内的竞争的威胁。2010 年，欧盟委员会接受了一项来自 6 个成员国的请求[189]，以调查 Proctor & Gamble 收购 Sara Lee 的空气清新剂业务的情况：有趣的一点是，根据提出请求的 6 个成员国中的 5 个国家的合并控制规定，该交易不需申报，但欧盟委员会仍然接受了移送。在这种情况下，《欧盟合并条例》的措辞中没有任何内容可以阻止提出请求，并且当原始的合并条例于 1989 年引入时，第 22 条程序的理由之一就是某些成员国没有合并控制制度：在这种情况下，允许向欧盟委员会提述可能对竞争有害并可能影响成员国之间贸易的合并似乎是明智的。[190] 然而，关于 *Sara Lee* 案的有趣之处在于，提出移送的成员国确实有合并控制制度，但有关交易低于国家管辖范围的门槛。[191]

欧盟委员会可以邀请成员国根据第 22 条提出请求。[192] 当欧盟委员会收到第 22 条请求时，必须立即通知成员国主管机构；其他成员国可以在收到初始请求的通知后的 15 个工作日内加入请求，并且在确定管辖权问题之前暂停关

---

[184] 《案件移送通知》，第 28 段。

[185] 同上，第 29 段。

[186] 同上，第 32 段。

[187] 同上，第 42 ~45 段；参见：DE STEFANO G，MOTA R，ZUEHLKE S. Merger Referrals in Practice：Analysis of the Cases under Article 22 of the Merger Regulation［J］. Journal of European Competition Law & Practice，2011，2（6）：542.

[188] 欧盟委员会的《关于〈欧盟运行条约〉第 101 条和第 102 条贸易概念影响的通知》（OJ［2004］C 101/81）可以类推地为该表达的应用提供了有用的指导；参见《案件移送通知》，脚注 36。

[189] 《欧盟合并条例》，第 22 条第 1 款。

[190] 《欧盟合并条例》中的三个禁令是针对没有合并控制规定的成员国提交的合并：参见案例 M 553 *RTL/Veronica/Endemol*，1996 年 7 月 17 日的决定，上诉维持原判案例 T－221/95 *Endemol Entertainment Holding BV v Commission EU*：T：1999：85；案例 M 784 *Kesko/Tuko*，1996 年 11 月 20 日的决定（OJ［1997］L 110/53），上诉维持原判案例 T－22/97 *Kesko Oy v Commission* EU：T：1999：327；案例 M 890 *Blokker/Toys ‘R’ Us*，1997 年 6 月 26 日的决定（OJ［1998］L 316/1）。

[191] 这一点在欧盟委员会《关于第 139/2004 号条例执行情况的报告》随附的工作人员工作文件［SEC（2009）808final/2］，第 144 段中讨论。

[192] 《欧盟合并条例》第 22 条第 5 款。

于合并控制的国家时限。[193] 成员国保持沉默并不意味着被视为已加入请求。如果成员国决定不加入请求，则其国家时限将恢复。[194] 即使欧盟委员会接受了其他成员国的请求，该成员国也可以适用其本国法律：换句话说，一站式合并控制原则不一定适用于第22条的情况，因为成员国各国保留不同意请求并适用其本国法律的权利。[195] 欧盟委员会必须在给予成员国决定是否加入请求的期限结束后的10个工作日内决定是否审查集中。[196] 如果欧盟委员会未作出决定，则视为已接受请求。[197] 如果欧盟委员会确实决定审查此案，则可以要求当事方发出正式通知。[198] 欧盟委员会获得管辖权后，案件将按照《欧盟合并条例》的规定进行[199]。欧盟委员会正在考虑扩展第22条的适用范围，赋予其该条所指案件在欧洲经济区范围内的管辖权。[200] 尚未有对该倡议采取的进一步行动。

（iii）统　计

有关《欧盟合并条例》第4条第5款和第22条的统计数据令人感兴趣，并且特别表明企业认为第4条第5款程序是一项有用的规定。[201] 在欧盟合并控制的早期，很少有第22条的请求；有3宗是由在当时完全没有合并控制制度的成员国提出，且这3宗请求都导致了欧盟委员会的彻底禁止。[202] 截至2017年12月8日，成员国根据第22条提出了33宗请求，其中4宗被拒绝；根据第4条第5款提出了337宗，其中有7宗被拒绝。

（iv）实践中的《欧盟合并条例》第4条第5款和第22条

正如已经指出的那样，3宗早期的第22条请求导致对有关集中的彻底禁

---

[193] 同上，第22条第5款。

[194] 同上。

[195] 参见案例M 7054 *Cemex/Holcim Assets*，其中西班牙根据第22条进行了移送，但捷克共和国保留管辖权；案例M 5828 *Procter & Gamble/Sara Lee Air Care*，2010年3月31日的决定，欧盟委员会根据第22条审查了在比利时、葡萄牙、西班牙和英国的合并；在奥地利、保加利亚、塞浦路斯、匈牙利、意大利、波兰和斯洛伐克的合并也根据国内法进行了审查。

[196] 不审查根据第22条请求的集中的决定的例子请参见案例M 3986 *Gas Natural/Endesa*，欧盟委员会新闻稿IP/05/1356，2005年10月27日；案例M 6502 *London Stock Exchange Group plc/LCH Clearance Group Ltd*，2012年7月6日的决定。

[197] 《欧盟合并条例》，第22条第3款。

[198] 同上；在第22条案件中的当事方已经通知国家竞争主管机构，而且欧盟委员会有可能从这些通知中收集所需的信息。

[199] 《欧盟合并条例》，第22条第4款。

[200] 白皮书《迈向更有效的欧盟合并控制》[Towards more effective EU merger control，COM（2014）449 final]，第69段。

[201] 参见本章第1114~1117页表21.1“《欧盟合并条例》统计情况”这一合并通知统计表。

[202] 参见本章脚注[190]。

止。最近，第4条第5款和第22条的请求继续给相关企业带来麻烦。例如，在*Metso/Aker Kvaerner*案中，第4条第5款请求导致了第二阶段的调查，并且仅在遵守承诺的情况下才被批准。[203] 在一些案例中，提出第22条请求后，需要作出承诺。[204] 在第二阶段调查之后，*Glatfelter/Crompton Assets*案[205]、*Aegean/Olympic II*案[206]和*Cemex/ Holcim Assets*案[207]这三个有关第22条的案件被无条件批准。欧盟委员会在2009年6月报告说，第4条第5款和第22条在实践中运行良好，尽管有时它们被认为很慢且烦琐。[208] 对于欧盟委员会2014年的提案，没有采取进一步行动来解决此问题。

(F)《欧盟合并条例》第21条第4款：合法利益条款

一站式合并控制原则意味着，除非适用《欧盟合并条例》第4条第4款或第9条，否则成员国不能将其竞争法适用于欧盟层面的集中。但是，在某些情况下，成员国可能出于某些其他原因希望进行调查，并可能禁止集中：例如，因为它反对本国企业被外国企业收购；因为集中可能导致失业和社会混乱；或因为所涉行业是一个敏感行业，成员国希望在其中保持强大影响力，而广泛参与可能会削弱这一影响力。一个成员国为防止涉及另一个成员国的企业的集中而采取的某些干预措施可能会违反《欧盟运行条约》（例如，关于设立权的第49条或关于资本自由流动的第63条）；在这种情况下，欧盟委员会可以根据《欧盟运行条约》第258条向法院对有关成员国提起诉讼。在其他情况下，欧盟委员会可能针对试图阻止欧盟层面的集中的成员国提起诉讼，理由是这涉及违反《欧盟合并条例》本身，因为该条例第21条赋予欧盟委员会关于欧盟层面的集中的专有管辖权［请参阅后面的第（ii）节］。欧盟委员会于2006年3月向欧洲议会发表了一项宣言，强调其决心使用这些法律规定来确保坚持单一

---

[203] 案例M 4187，2006年12月12日的决定；类似地，参见案例M 4209 *Thule/Schneeketten*，其随后被当事方放弃；有关提出第4条第5款请求后有条件的第一阶段批准的例子参见：案例M 6857 *Crane Co/MEI Group*，2013年7月19日的决定。

[204] 案例M 2698 *Promatech/Sulzer Textil*，2002年7月24日的决定；案例M 3136 *GE/AGFA NDT*，2005年12月5日的决定；案例M 3099 *AREVA/Urenco/ETC*，2004年10月6日的决定；案例M 3796 *Omya/J. M. Huber*，2006年7月19日的决定，OJ［2007］L 72/24；案例M 4980 *ABF/GBI Business*，2008年9月23日的决定；案例M 5675 *Syngenta/Monsanto*，2010年11月17日的决定。

[205] 案例M 4215，2006年12月20日的决定，OJ［2007］L 151/41。

[206] 案例M 6796，2013年10月9日的决定。

[207] 案例M 7054，2014年9月9日的决定。

[208] Communication from the Commission to the Council，COM（2009）2101 final，第17~21段。

市场的原则。[209] 欧盟委员会一贯表示反对国家保护主义措施。[210] 欧盟委员会不认为创建国家“领军企业”是不遵守竞争法或竞争法豁免的正当理由。[211]

《欧盟合并条例》第 21 条第 4 款规定，成员国可以采取适当措施保护《欧盟合并条例》所考虑的合法利益以外的符合欧盟法律的一般原则和其他条款的合法利益。为此目的，将公共安全、媒体多元化和审慎规则（旨在确保银行、保险公司和类似企业的稳定性和财务充足性的规则）视为合法权益。任何其他合法利益都必须通知欧盟委员会，欧盟委员会必须在收到通知后的 25 个工作日内将其决定通知相关成员国。

（i）《欧盟合并条例》第 21 条第 4 款的授权适用

允许成员国根据《欧盟合并条例》第 21 条第 4 款行事的决定很少：截至 2017 年 12 月 8 日，只批准了 8 个决定[212]。严格适用第 21 条第 4 款是因为它背离了《欧盟合并条例》的原则，即欧盟层面的集中应接受一站式合并控制。[213]

在 *Lyonnaise des Eaux SA/Northumbrian Water Group* 案[214]中，欧盟委员会认可英国有权对一项交易的监管方面进行调查（该交易是 Lyonnaise des Eaux 公司收购英国的一家水务公司），而欧盟委员会则审议竞争问题。英国还根据 1973 年公平交易法的报纸合并条款（现已废除）对 *Independent Newspaper* 案进行了调查。[215] 欧盟委员会在 *Sun Alliance/Royal Insurance* 案[216]中承认，英国可以

---

[209] 2006 年 3 月 15 日的欧盟委员会宣言，可在 www. europarl. europa. eu 上查阅。

[210] 参见前欧盟委员克罗斯 2007 年 5 月 11 日的演讲“European competition policy facing a renaissance of protectionism—which strategy for the future?”前欧盟委员会副主席阿穆尼亚 2014 年 9 月 19 日的演讲 Some highlights from EU competition enforcement，可在 www. ec. europa. eu/competition/speeches 上查阅；进一步参见：NOURRY A，JUNG N. EU State Measures against Foreign Takeovers：“Economic Patriotism in All But Name”［J］. Competition Policy International，2006，2（2）：99；JUNG N，NOURRY A. Protectionism in the Age of Austerity：A Further Unlevelling of the Playing Field? ［J］. Competition Policy International，2012，8（1）：1；JONES A，DAVIES J. Merger Control and the Public Interest：Balancing EU and National Law in the Protectionist Debate［J］. European Competition Journal，2014，10（3）：453.

[211] 参见欧盟委员会对经济合作与发展组织圆桌会议“竞争政策、产业政策和国家领军企业”（Competition Policy，Industrial Policy and National Champions）的投稿（2009），第 145 - 147 页，可在 www. oecd. org/competition 上查阅。

[212] 参见本章第 1114 ~ 1117 页“《欧盟合并条例》统计情况”这一合并通知统计表。

[213] 参见欧盟委员会对经济合作与发展组织圆桌会议“合并控制中的公共利益考虑”（Public Interest Considerations in Merger Control）的投稿（2016 年），可在 www. oecd. org/competition 上查阅。

[214] 案例 M 567，1995 年 12 月 21 日的决定，OJ［1995］C11/3；当时的垄断与合并委员会随后发布了报告“Lyonnaise des Eaux SA and Northumbrian Water Group plc”［Cm 2936（1995）］，指出了可能的公共利益损害：参见“1999 Annual Report of the Director General of Fair Trading”第 35 页。

[215] 案例 M 423，1994 年 3 月 14 日的决定，OJ［1994］C 85/6。

[216] 案例 M 759，1996 年 6 月 18 日的决定，OJ［1996］C 225/12。

考虑合并是否符合其1982年保险公司法的规定，但表示这将在与它保持密切沟通的情况下进行。在 *Electricité de France/London Electricity*[217]案中，英国要求根据《欧盟合并条例》第9条进行移送，并根据第21条第4款主张合法权益；欧盟委员会没有接受这两项请求：英国能源监管机构的关注点不是集中本身，而是合并后企业的行为，监管机构可以对其适用国家监管规定。在 *Thomson – CSF/Racal* 案中，英国根据国内并购规定调查了拟议交易的公共安全方面。[218]在 *MBDA/SNPE/JV* 案中，欧盟委员会根据《欧盟合并条例》批准了集中，英国接受了行为救济措施以缓解公共安全问题。[219] 在 *News Corp/BSkyB* 案[220]和 *Fox/Sky* 案[221]中，欧盟委员会批准了合并，但承认英国有权考虑其对英国媒体多元化的潜在影响。[222]

（ii）《欧盟合并条例》第21条第4款的禁止适用

在 *Banco Santander Central Hispano/A Champalimaud* 案[223]中，一项欧盟层面的金融服务业集中被通知欧盟委员会。葡萄牙财政部长反对集中，声称对保险公司 Mundial Confianca 的审慎监管感到不安，并认为集中会干扰葡萄牙的国家利益。此外，它将损害葡萄牙经济和金融体系的组成部分。由于各方未通知财政部长的程序上的不当，加剧了该部长的担忧。欧盟委员会拒绝了这些论点，并要求该部长暂停对交易的反对。[224]

欧盟委员会在 *Secil/Holderbank/Cimpor* 案中持类似观点。葡萄牙财政部长反对拟收购葡萄牙水泥公司 Cimpor 的提议，葡萄牙政府正在对该公司进行私有化。拟议的收购属于欧盟层面，因此属于欧盟委员会的专属管辖范围。[225] 欧盟委员会通过了一项决定，要求葡萄牙撤回其反对收购的决定，理由是葡萄牙

---

[217] 参见欧盟委员会《关于竞争政策的第29号报告》（1999），第193段、第197～198段。

[218] 欧盟委员会新闻稿 IP/00/628，2000年6月16日。

[219] 参见英国贸易和工业部新闻稿 P/2002/754，2002年11月27日；英国贸易和工业部新闻稿 P/2002/802，2002年12月17日。

[220] 案例 M 5932，2010年12月21日的决定；案例 M 8788 *Apple/Shazam* 被6个成员国根据《欧盟合并条例》第22条移交至欧盟委员会。

[221] 案例 M 8354，2017年4月7日的决定。

[222] 参见：第22章第1199～1200页“欧洲的合并”。

[223] 案例 M 1616，1999年8月3日的决定，OJ［1999］C 306/37；参见：MOHAMED S National Interests Limiting EU Cross – Border Mergers［J］. European Competition Law Review，2000，21（5）：248.

[224] 欧盟委员会1999年7月20日和2000年10月20日的决定：参见欧盟委员会的《关于竞争政策的第29号报告》（1999），第194～196段。

[225] 在欧盟委员会作出决定之前，当事方撤回了这一案件的通知：案例 M 2054。

未能证明其在《欧盟合并条例》第21条第4款的意义上具有合法利益。[226] 葡萄牙政府对欧盟委员会的决定提出异议，但在 *Portugal v Commission* 案[227]中，欧洲法院裁定，欧盟委员会可以得出如下结论：成员国关于公共利益的决定不符合欧盟法律，即使提出公共利益主张的政府尚未将该公共利益通知欧盟委员会；欧盟委员会有权根据第21条决定要求撤销有关国家措施。

在 *Unicredito/HVB* 案[228]中，欧盟委员会批准了意大利的 Unicredito 收购 HVB 的提议。但是，波兰要求 Unicredito 出售其在波兰银行 BPH 中的股份，该银行由 HVB 间接控制。它认为 Unicredito 保留这些股份将违反早先的合同，Unicredito 依据该合同收购了另一家银行 Pekao，作为波兰银行私有化进程的一部分。欧盟委员会认为，波兰政府采取的措施既违反了《欧盟合并条例》第21条[229]，又违反了《欧盟运行条约》第49条和第63条[230]；但是，这些案件随后被结案。

在 *E. ON/Endesa* 案[231]中，欧盟委员会批准了德国的 E. ON 收购能源领域的西班牙企业 Endesa 的提议。西班牙采取措施阻止收购，导致欧盟委员会作出2项决定，认定其违反了《欧盟合并条例》第21条。[232] 2007年3月，欧盟委员会正式要求西班牙遵守这些决定。[233] 西班牙未能使欧盟委员会满意，其结果是欧盟委员会将此事提交给了欧洲法院。法院认为西班牙违反了欧盟法律规定的义务。[234]

---

[226] 参见欧盟委员会新闻稿 IP/00/1338，2000年11月22日；在案例 C－367/98 *Commission v Portugal* EU：C：2002：326 中，欧洲法院裁定，葡萄牙政府依据的法律本身违反了《欧盟运行条约》第63条。

[227] 案例 C－42/01 EU：C：2004：379；参见：MÄKELÄT. The Court of Justice Rules for the First Time on Article 21（3）of the Merger Regulation in Case C－42/01 Portuguese Republic v Commission［J］. Competition Policy Newsletter，2005（1）：19.

[228] 案例 M 3894，2005年10月18日的决定；参见：BUSA L，CUADRADO Z. Application of Article 21 of the Merger Regulation in the E. ON/Endesa Case［J］. Competition Policy Newsletter，2008（2）：1.

[229] 欧盟委员会新闻稿 IP/06/277，2006年3月8日。

[230] 欧盟委员会新闻稿 IP/06/276，2006年3月8日；《欧盟运行条约》第49条和第63条分别保护设立权和资本自由流动。

[231] 案例 M 4110，2006年4月25日的决定。

[232] 参见欧盟委员会新闻稿 IP/06/1265，2006年9月26日；欧盟委员会新闻稿 IP/06/1853，2006年12月20日。

[233] 欧盟委员会新闻稿 IP/07/296，2007年3月7日。

[234] 案例 C－196/07 *Commission v Kingdom of Spain* EU：C：2008：146；类似地，参见欧盟委员会在案例 M 4685 *Enel/Acciona/Endesa* 中的决定：西班牙在 T－65/08 *Spain v Commission* 案中对该决定提出上诉，但在2010年6月撤回了该上诉。

欧盟委员会还初步得出结论，意大利在 *Abertis/Autostrade* 案[235]中违反了《欧盟合并条例》第21条。欧盟委员会已批准了该交易，但意大利对此表示反对[236]，因为它担心西班牙的Abertis不能进行维护和改善意大利高速公路网络所需的投资。在意大利撤销合并的障碍之后，该案最终结案。[237]

（G）抗　辩

《欧盟运行条约》第346条第1款（b）项规定，成员国可以在其国防工业相关的安全事务上采取其认为必要的措施；对于非军事用途的产品，此类措施不得对内部市场的竞争条件产生不利影响。成员国可以调查集中的军事方面，而欧盟委员会可以调查民用方面；这种区别本身不可避免地引起了如何处理具有双重用途（既可以用于军事目的又可以用于民用目的）的产品的问题。英国政府在英国航空航天公司提议的VSEL收购中成功援引了《欧盟运行条约》第346条第1款（b）项[238]（这两家公司都为英国防卫部队生产军事装备），要求英国航空航天公司不要将该收购的军事因素通知欧盟委员会。此后，英国在少数情况下援引了第346条。[239]但是，已有涉及欧洲国防工业的几项合并被通知给了欧盟委员会[240]，这可能表明欧盟委员会对适用第346条更为严格了。

4. 通知、集中的暂停、程序时间表与决定的权力

本节将处理以下事项：

（A）通知：《欧盟合并条例》第4条要求对欧盟层面的集中必须通过CO表格通知欧盟委员会。

（B）集中的暂停：《欧盟合并条例》第7条规定，欧盟层面的集中将自动

---

[235] 参见欧盟委员会新闻稿IP/06/1418，2006年10月18日；欧盟委员会新闻稿IP/07/117，2007年1月31日。

[236] 案例M 4249，2006年9月22日的决定。

[237] 参见欧盟委员会新闻稿IP/08/1521，2008年10月16日。

[238] 英国贸易和工业部新闻公告P/94/623，1994年10月19日；参见案例M 528，1994年11月24日的欧盟委员会决定；另见案例M 529 *VSEL/GEC*，1994年12月7日的决定。

[239] 参见例如案例M 724 *GEC/Thomson - CSF*（*II*），1996年5月15日的决定；案例M 820 *British Aerospace/Lagardère*，1996年9月23日的决定；案例M 1438 *British Aerospace/GEC Marconi*，1999年6月25日的决定。

[240] 这些案件可在http://ec.europa.eu/competition/elojade/isef/index.cfm?clear=1&policy_area_id=2上查阅。

暂停，直到其被宣布与内部市场兼容为止；在适当情况下，可以免除此期限。

（C）欧盟委员会的程序时间表和决定的权力：对欧盟委员会的决定施加了严格的时限，以尽可能少地扰乱市场的运作：欧盟法院多次强调了《欧盟合并条例》下的快速程序的重要性。[241] 欧盟委员会在审查集中时可以作出一系列决定。

（A）通 知

《欧盟合并条例》第4条第1款规定，对欧盟层面的集中必须在协议达成、公开竞标公告或获得控制权后但在施行之前，通知欧盟委员会。在企业向欧盟委员会表明达成协议或进行公开招标的真诚意向时也可作出通知：这意味着它们可以利用固定的时限在交易的正式合法性得到批准之前开始调查程序。欧盟委员会在官方公报上发布了一份欧盟层面的集中的通知。《欧盟合并条例》第4条第4款和第4条第5款规定当事各方可以提出合理的意见以便向欧盟委员会或从欧盟委员会重新分配案件。[242] 可以对以下情况处以罚款：在通知中或应欧盟委员会要求提供信息时提供错误信息或误导性信息，以及未经事先批准而实施集中。[243]

欧盟委员会可以宣布通知不完整，例如，因为它忽略了本应包含的信息，在这种情况下，作出决定的时限将不会开始计算。拒绝通知可能会对可能希望在特定日期完成交易的相关企业造成严重后果。欧盟委员会竞争总司已发布《欧共体合并控制程序的最佳实践》，阐明了《欧盟合并条例》下程序的日常执行。该文件[244]建议，即使在最简单的情况下，也应在通知前与竞争总司进行联系：讨论应至少在通知前两周开始，并应严格保密。[245] 通知前讨论可以涉及从管辖权问题和信息要求的放弃，到实质性分析以及可能的救济措施等一系列问题。欧盟委员会希望有了解相关市场的业务代表以及法律顾问出席会议。[246] 该文件指出，应将案件团队分配请求提交给竞争总司，以方便其与当事方的初步联系，然后提交更详细的呈件或草拟的CO表格。[247] 该文件解释说，在调查

---

[241] 参见例如案例C－170/02 P *Schiilsselverlag JS Moser v Commission* EU：C：2003：501，第33～34段；案例C－42/01 *Portuguese Republic v Commission* EU：C：2004：379，第51段和第53段。

[242] 参见本章第1048页“通知前移送：《欧盟合并条例》第4条第4款”以及本章第1051～1052页“通知前移送：《欧盟合并条例》第4条第5款”。

[243] 参见本章第1103～1105页“调查与执行的权力”。

[244] 可在www. ec. europa. eu/competition/mergers/Iegislation/legislation. html上查阅。

[245] 《欧共体合并控制程序的最佳实践》，第5～8段。

[246] 同上，第9段。

[247] 同上，第10～23段。

的关键阶段，通知方和竞争总司的官员之间可能会举行进展情况会议；竞争总司也可能会与感兴趣的第三方会面，甚至可能会召开三方会议，如果在单个论坛上听取有关各方的声音会有所帮助的话。[248] 该文件还讨论了在第二阶段调查[249]发布反对意见后对欧盟委员会文件的获取、关键文件的审查和保密问题[250]。竞争总司的官员周一开会，将新案件分配给特定案件小组。

第802/2004号条例[251]规定了制作通知（或合理意见）的格式。

（i）CO表格（集中申报书）

通知以被称为"CO表格"的格式发出。申请人必须将书面的CO表格原始签名版本连同另外三份带有附件的纸质副本和两份CD－ROM或DVD－ROM格式的通知书一起提交给欧盟委员会。[252] 通知将被发送到注册表（被称为"Greffe"），该注册表记录其到达时间，此时合并审查时间表开始运行。CO表格要求发出通知的企业提供大量信息：第802/2004号条例附件I解释了必须提供的信息。竞争总司《欧共体合并控制程序的最佳实践》要求的通知前会议为当事各方、其顾问和处理此案的竞争总司官员提供了一个机会，让它们确信，最终提交CO表格时，它包含了让欧盟委员会开始调查所需的所有信息[253]。

（ii）CO简式表格（简短集中申报书）

在某些情况下，可以提交一份CO简式表格，从而减轻各方当事人原本应承担的一些信息负担。该程序在欧盟委员会《关于简化程序通知》中予以阐明。[254] 该程序可用于：

- 在欧洲经济区中没有或可以忽略不计的经营活动的合营企业：营业额门槛用于指示何时会出现这种情况。
- 当事方不在同一产品和地理市场或彼此纵向相关的市场中从事经营活动的集中。
- 在横向集中的情况下，当事方的合计市场份额低于20%的交易；在纵向集中的情况下，当事方在任何横向的市场中单独或合计的市场份额都不超过30%的交易。

---

[248] 同上，第30～39段。

[249] 另见欧盟委员会《关于查阅档案的通知》OJ［2005］C 325/7。

[250] 《欧共体合并控制程序的最佳实践》，第42～47段。

[251] OJ［2004］L 133/1，随后被修正；该条例替代了早先的第447/98号条例（OJ［1998］L 61/1）。

[252] 参见欧盟委员会的"Communication pursuant to Regulation 802/2004 on the format in which notifications should be delivered to the Commission"（OJ［2014］C 25/4）。

[253] 尽管进行了通知前讨论，但欧盟委员会仍有可能在通知后得知CO表格实际上是不完整的。

[254] OJ［2013］C 366/5。

• 当事方对已经拥有共同控制权的企业取得独家控制权的情况。

• 根据HHI，进行交易的各方的合计市场份额少于50%，且交易产生的HHI增加值少于150的合并。[255]

如果存在《横向合并评估指南》第20段[256]提到的任何特殊情况[257]，欧盟委员会就不太可能采用简化程序。

如果准许使用CO简式表格，则欧盟委员会通常会在通知之日起25个工作日内通过简式批准合并决定。相当大比例的案件是通过简化程序处理的。例如，2016年362项合并通知中有247项是根据简化程序批准合并的。[258] 欧盟委员会希望修订后的简化程序将使受益于简化程序的案件数量增加10%。[259] 简化程序下处理的案件仍需遵守《欧盟合并条例》第7条中的停滞（standstill）义务[260]，但当事人可以根据第7条第3款申请减轻[261]。

（iii）合理意见

第802/2004号条例的附件Ⅲ规定了当事各方寻求向欧盟委员会或从欧盟委员会重新分配管辖权时对RS表格的要求。

（B）集中的暂停

《欧盟合并条例》第7条第1款规定欧盟委员会有权调查的集中在通知前和宣布与内部市场兼容之前自动暂停：该规定已被欧盟普通法院描述为《欧盟合并条例》的"创立原则"之一。[262] 第7条第2款规定，在公开招标的情况下，只要立即将集中通知欧盟委员会，并且收购方不行使所涉股份的表决权，就可以实施招标。[263] 第14条规定了对"抢跑行为"的处罚——也就是说，在违反第7条第1款的情况下，在获得欧盟委员会批准之前实施交易：违反第7

---

[255] 有关HHI，参见本章第1074～1076页"市场份额与集中度"。

[256] OJ［2004］C 31/5；有关《横向合并评估指南》，参见本章第1074～1086页。

[257] OJ［2013］C 366/5，第11段。

[258] 有关程序参见欧盟委员会的《关于简化程序的通知》（OJ［2013］C 366/5）。

[259] 参见本章第1114～1117页表21.2"《欧盟合并条例》统计情况"这一合并通知统计表。

[260] 参见欧盟委员会新闻稿IP/13/1214，2013年12月5日。

[261] 参见本章第1061～1062页"集中的暂停"。

[262] 案例T－411/07 *Aer Lingus Group v Commission* EU：T：2010：281，第80段；在案例C－633/16 *Ernst & Young P/S v Konkurrencerddet* 中，根据《欧盟运行条约》第267条规定，就《欧盟合并条例》第7条第1款内容向欧洲法院提出了初步裁决，该案未决。

[263] 参见案例M 2283 *Schneider/Legrand*，2001年10月10日的决定，OJ［2004］L101/1；案例M 2416 *Tetra Laval/Sidel*，2001年10月30日的决定，OJ［2004］L 43/13，其中在巴黎证券交易所的股票已被无条件竞购。

条的行为可能会导致占全球营业额10%的罚款。针对“抢跑案”已有4次罚款。[264] 2017年，欧盟委员会就涉嫌违反第7条第1款发表了两份反对声明；在2018年4月，欧盟委员会对其中一案作出裁决，对Altice进行了1.25亿欧元的“抢跑”罚款。[265]

第7条第3款规定，欧盟委员会可以在适当的条件下，减轻暂停集中的规定。对自动暂停的减轻要求必须合理，欧盟委员会将考虑暂停对集中的企业或第三方的影响，以及集中对竞争的威胁。根据《欧盟合并条例》统计表显示，每年允许对第7条第3款进行一些减轻。[266]

（C）程序时间表与决定的权力

（i）第一阶段调查

（a）在第一阶段调查结束时可能作出的决定

《欧盟合并条例》第6条要求欧盟委员会在收到通知后立即审查当事方根据《欧盟合并条例》通知的集中。然后欧盟委员会必须作出以下决定，即集中：

- 不属于《欧盟合并条例》管辖的范围［第6条第1款（a）项］[267]；或
- 与内部市场相容［第6条第1款（b）项］：这一结论扩展到与集中直接相关且必要的限制（辅助限制）[268]；或
- 经各方修改不再引起严重的疑问，因此可以宣布其与内部市场相容：此类决定将受条件和义务（承诺）[269] 的约束［第6条第1款（b）项和第6条第2款］；或
- 引起了欧盟委员会对其与内部市场相容性的严重怀疑［第6条第1款（c）项］；在这种情况下，欧盟委员会必须启动第二阶段调查。[270]

---

[264] 参见本章第1103～1105页“调查与执行的权力”。

[265] 案例M 7993 *Altice/PT Portugal*，欧盟委员会新闻稿IP/17/1368，2017年5月18日（SO）和IP/18/3522，2018年4月24日（决定）；案例M 8179 *Canon/Toshiba Medical Systems*，欧盟委员会新闻稿IP/17/1924，2017年7月6日；有关“抢跑”构成的讨论参见总检察长沃尔在案例C－633/16 *Ernst & Young P/S v Konkurrencerddet* EU：C：2018：23中的观点。

[266] 参见本章第1114～1117页表21.2“《欧盟合并条例》统计情况”；参见案例M 8553 *Banco Santander/Banco Popular Group*，2017年6月7日的决定。

[267] 有关第6条第1款（a）项的决定是少见的；有关案例参见案例M 7940 *Netto/Grocery Store at Armitage Avenue Little Hutton*，2016年1月30日的决定.

[268] 有关辅助限制，参见本章第1093～1095页“与合并直接相关且必要的合同限制：‘辅助限制’”。

[269] 参见本章第1095～1103页“救济措施”。

[270] 根据第6条第1款（c）项作出的决定不能在欧盟法院被挑战：案例T－48/03 *Schneider Electric v Commission* EU：T：2006：34，上诉维持原判案例C－188/06 P EU：C：2007：158；类似地，参见案例T－902/16 *HeidelbergCement v Commission* EU：T：2017：846。

如果第6条第1款（a）项或（b）项的决定基于错误信息，而其中一个企业应对该行为负责或已获得该项决定[271]，或存在决定附加的义务被违反[272]，或者根据欧盟法律的一般原则作出的决定是非法的情况下，决定可被撤销[273]。

（b）时间表

第一阶段的决定通常必须在收到通知后的25个工作日内作出。[274] 如果通知不完整，则期限从收到完整信息开始。如果成员国根据《欧盟合并条例》第9条提出移送请求，或者相关企业根据第6条第2款作出承诺，则第一阶段的时限可以延长至35个工作日。[275]

第一阶段的时限是25个工作日，有时会延长到35个工作日。这会给所有相关方面（包括业务人员、专业顾问和竞争总司的工作人员）造成很大压力，这就是为什么通知前沟通如此重要的原因。绝大多数案件在第一阶段的期限内得到处理，鉴于许多已申报交易的复杂性和规模，这一成就可谓不小。

（ii）第二阶段调查

（a）第二阶段调查结束时可能作出的决定

如果对集中与内部市场的相容性产生严重怀疑，则欧盟委员会将根据《欧盟合并条例》第6条第1款（c）项启动程序。第6条第1款（c）项的决定启动了第二阶段的深入调查。

欧盟委员会在第二阶段结束时可能作出的决定在第8条中规定。欧盟委员会可以作出以下决定，即集中：

- 考虑到第2条第2款的规定以及某些情况下第2条第4款和第2条第5款[276]的规定，与内部市场相容（第8条第1款）：此结论扩展到任何辅助限制；或

---

[271] 《欧盟合并条例》第6条第3款（a）项：参见案例M 1397 *Sanofi/Synthélabo*，欧盟委员会新闻稿IP（99）255，1999年4月23日，由于通知方未能提供有关特定市场活动的信息，欧盟委员会撤销了其决定；欧盟委员会重新开始了对该案的审查，但由于双方准备提供适当的承诺来克服任何竞争问题，并且由于对延误可能会给双方及其股东带来影响存在明显的偏见，因此允许依据第7条第3款的暂停部分减损（本来会自动发生）。

[272] 第6条第3款（b）项：参见案例M 1069 *World Com/MCI*，1998年7月8日的决定，OJ［1999］L 116/1。

[273] 案例T－251/00 *Lagardère SCA and Canal SA v Commission* EU：T：2002：278，第130段和第138～141段。

[274] 《欧盟合并条例》，第10条第1款。

[275] 《欧盟合并条例》，第10条第1款第2段。

[276] 参见本章第1091～1093页“《欧盟合并条例》第2条第4款和第5款：全功能合营企业和‘溢出效应’”。

• 与内部市场相容，但有义务确保遵守各方提议的修改（第8条第2款）：这同样扩展到任何辅助限制；或

• 与内部市场不兼容（第8条第3款）；或

• 如果已经实施或违反第8条第2款所附条件实施的，必须予以撤销或以适当方式修改（第8条第4款）。[277]

此外，如果欧盟委员会根据不正确的信息作出其相容性决定，或者相关企业违反了欧盟委员会决定所附的义务（第8条第6款），则第8条第5款规定欧盟委员会可以下令采取适当的临时措施（第8条第5款），或者撤销根据第8条第2款作出的决定。

（b）时间表

《欧盟合并条例》第10条规定了欧盟委员会必须作出第8条规定的任一决定的时间表。第8条第1～3款的决定必须在程序启动之日起90个工作日内作出。[278] 如果有关企业根据第8条第2款在第二阶段调查的第55～65个工作日内作出承诺，则第二阶段的时限可以延长到105个工作日。[279] 第二阶段的时限可以根据当事方的要求进一步延长，最多可延长20个工作日。

第10条第4款规定，如果欧盟委员会由于涉及其中一个企业的情况而不得不获得更多信息，则可以特别暂停第二阶段的时限。有时该条款会被调用；在 *Oracle/PeopleSoft* 案[280]中，欧盟委员会确实在可能适合所有当事方的情况下根据该规定停止了工作，因为这意味着可以在美国司法部提起的诉讼结束之后作出《欧盟合并条例》的决定[281]。在 *Omya/J. M. Huber* 案[282]中，欧盟委员会停止了活动，因为当事方未能提供其要求的信息；上诉中法院维持了欧盟委员会的决定。[283]

如果欧盟委员会在第一阶段或第二阶段未能在规定的时限内作出决定，则该集中被视为与内部市场相容。[284]

---

[277] 第8条第4款不得被用于命令剥离未授予《欧盟合并条例》意义上的控制权的公司的股份：案例 T-411/07 *Aer Lingus Group plc v Commission* EU：T：2010：281，第66段。

[278] 《欧盟合并条例》第10条第3款。

[279] 《欧盟合并条例》，第10条第3款第2句。

[280] 案例 M 3216，2004年10月26日的决定，OJ（2005）L 218/6。

[281] 案例 *US and Plaintiff States v Oracle Corporation*，可在 www. justice. gov/atr 上查阅。

[282] 案例 M 3796，2006年7月19日的决定，OJ［2007］L 72/24。

[283] 案例 T-145/06 *Omya v Commission* EU：T：2009：27；有关工作停止的最新示例，参见案例 M 7000 *Liberty Global/Ziggo*，2014年10月10日的决定；案例 M 7612 *Hutchison 3G UK/ Telefónica UK*，2016年5月11日的决定。

[284] 《欧盟合并条例》第10条第6款。

（c）第二阶段手续

对于所有相关人员来说，第二阶段调查通常是一项艰苦而详尽的执法。考虑到调查的深入，时间会很紧。在90个工作日内[285]，通常会有：

- 欧盟委员会进行的详细市场调查，包括向各方、竞争者和客户发送调查表；
- 竞争总司中的一个同行评审小组，以测试案件的实力；
- 欧盟委员会对相关企业发出的反对意见；
- 当事答复反对意见的期限；
- 当事方查阅欧盟委员会的案件档案[286]；
- 可能持续一两天的口头听证；
- 集中咨询委员会的一次或多次会议；
- 在其中可以讨论承诺的期间以及相关第三方对任何此类承诺发表评论的机会[287]；
- 其他总司的咨询；
- 编写决定草案，供欧盟委员会讨论并通过最后决定。

在第二阶段的时限内完成所有这些步骤可能非常困难，尤其是因为欧盟委员会收到的许多案件都非常复杂。首席竞争经济学家及其团队可能在需要进行深入经济分析的第二阶段案例中发挥重要作用。[288]

（iii）“第三阶段”

即使已经作出第一阶段或第二阶段的最终决定，相关企业也可能会存在不确定性和延误期。如果当事各方提供了作为批准条件的承诺，则可能需要花费相当长的时间才能兑现：从业人员有时会使用“第三阶段”（Phase Ⅲ）来描述某些合并案例的这一阶段。[289] 如果相关企业或对欧盟委员会的决定不满意的

---

[285] 遵循完整的程序并不是不可避免的：例如，可能是当事方在第二阶段程序开始时作出了适当的承诺，从而不必提出反对意见和/或完成深入调查；有时当事方选择不进行口头听证，尤其是因为这可以为反对交易的第三方提供机会向参加听证会的欧盟委员会和国家竞争主管机构口头表达他们的关切。关于后者，参见：WILS W P J. The Oral Hearing in Competition Proceedings Before the European Commission [J]. World Competition，2012，35（3）：397.

[286] 关于查阅档案，参见：案例 T-221/95 *Endemol Entertainment Holding BV v Commission* EU：T：1999：85，第68段；WILS W P J. The Role of the Hearing Officer in Competition Proceedings Before the European Commission [J]. World Competition，2012，35（3）：431.

[287] 参见本章第1095～1103页“救济措施”。

[288] 有关首席经济学家的作用，参见 www. ec. europa. eu/dgs/competition/economist/role_en. html。

[289] 有关承诺，参见本章第1095～1103页“救济措施”。

第三方向欧盟法院提出上诉，则可能会进一步拖延。[290]

5. 实质性分析

一旦欧盟委员会对集中拥有管辖权，其任务就是确定其是否与内部市场相容。

《欧盟合并条例》第2条第1款规定了欧盟委员会在进行评估时必须考虑的某些标准。[291] 第2条第2款规定：

> 一项集中，尤其是由于支配地位的建立或加强而导致的集中，若不会明显阻碍［内部］市场或其大部分中的有效竞争，应当宣布其与［内部］市场相容。

第2条第3款规定：

> 一种集中，特别是由于支配地位的建立或加强而导致的集中，若严重阻碍［内部］市场或其大部分中的有效竞争，应当宣布其与［内部］市场不相容。

举证责任在欧盟委员会，其应提供令人信服的证据证明合并与内部市场不相容。[292] 欧洲法院认为，不存在合并与内部市场相容或不相容的推定[293]，而欧盟委员会必须根据其对合并带来的经济结果的评估作出决定。[294] 换句话说，只有在合并可能使企业能够单独或共同行使市场支配力，从而显著阻碍有效竞争的情况下，才可能进行干预。

(A)“有效竞争的重大阻碍”测试的适用

欧盟委员会将宣布一项合并与内部市场不兼容，如果合并将严重阻碍有效竞争，特别是由于建立或加强了支配地位。这种表述与最初的1989年合并条

---

[290] 有关欧盟委员会决定的司法审查，参见本章第1105～1112页“司法审查”。

[291] 参见本章第1071页“第2条第1款：评估标准”。

[292] 参见例如案例 C－12/03 P *Commission v Tetra Laval* BV EU：C：2005：87，第37～51段；案例 T－210/01 *General Electric v Commission* EU：T：2005：456，第60～64段。

[293] 案例 C－413/06 P *Bertelsmann and Sony Corporation of America v Impala* EU：C：2008：392，第48段；类似地，参见案例 T－210/01 *General Electric v Commission* EU：T：2005：456，第61段。

[294] 案例 C－413/06 P *Bertelsmann and Sony Corporation of America v Impala* EU：C：2008：392，第52段；另见案例 T－79/12 *Cisco Systems v Commission* EU：T：2013：635，第47段，驳回了有关欧盟委员会应排除任何合理怀疑证明合并不会引起竞争问题的论点。

例中的测试有细微的差别——该条例的表述是合并是否会建立或加强支配地位，从而严重阻碍有效竞争。在经过长时间的争辩之后，实质性测试在 2004 年被更改。该争辩一方面侧重于支配地位测试的优点，另一方面侧重于竞争的实质性减少（substantial lessening of competition，SLC）；以及关于支配地位测试是否留有空白（这意味着某些可能对竞争有害的合并不能受到《欧盟合并条例》的挑战）的特定问题。这场争辩中出现的折中方案是有效竞争的重大障碍（significant impediment to effective competition，SIEC）测试。

（i）支配地位或 SLC 争辩

在最初的合并条例通过时，有关《欧盟运行条约》第 102 条所规定的支配地位含义的判例已经相当合理，特别是在诸如 *Continental Can v Commission* 案[295]和 *United Brands v Commission* 案[296]中；出于合并控制的目的而利用该判例显然很有吸引力。在合并条例通过之后的几年中，欧盟委员会得以调整支配地位的测试标准，并将其成功地应用于单一企业支配地位的案件[297]和共同支配地位[298]，它还禁止了支配地位测试下的一些纵向合并[299]。在大多数情况下，欧盟的合并控制制度发展非常成功，但有一个例外：不能将其用于处理非共谋寡头垄断问题。

（ii）非共谋寡头垄断的空白

在 *Airtours/First Choice* 案决定[300]中，对于合并条例的覆盖范围可能存在"空白"。[301] Airtours 提议的对 First Choice 的收购，将导致英国主要旅游运营商的数量从 4 家减少到 3 家。合并后，没有任何一家公司可以单独占据支配地位。欧盟委员会基于其将产生共同支配地位这一理由禁止了这项交易，但是其使用的措辞，特别是在其决定的第 54 段中，暗示保留在市场上的每家公司都能够单边行使市场支配力而无须以协同的方式行动。该决定被上诉后，欧盟普

---

[295] 案例 6/72 *Europemballage and Continental Can v Commission* EU：C：1973：22。

[296] 案例 27/76 *United Brands Co v Commission* EU：C：1978：22。

[297] 参见例如案例 M 53 *Aerospatiale - Alenia/de Havilland*，1991 年 10 月 2 日的决定，OJ［1991］L 334/42：这是欧盟合并条例下的第一个禁止决定。

[298] 参见例如案例 M 308 *Kali und Salz* OJ［1994］L 186/38，上诉维持原判案例 C - 68/94 和 C - 30/95 *France v Commission* EU：C：1998：148；案例 M 619 *Gencor/Lonrho*，1996 年 4 月 24 日的决定，OJ［1997］L 11/30，上诉维持原判案例 T - 102/96 *Gencor v Commission* EU：T：1999：65：这是基于共同支配地位的第一个禁止决定。

[299] 参见例如案例 M 490 *Nordic Satellite Distribution*，1995 年 7 月 19 日的决定，OJ［1996］L 53/20。

[300] 案例 M 1524，1999 年 9 月 22 日的决定，OJ［2000］L 93/1。

[301] 大致参见例如 KOKKORIS I. Merger Control in Europe：Vie Gap in the ECMR and National Merger Legislations［M］. New York：Routledge，2011.

通法院废除了欧盟委员会的决定，将共同支配地位与协同效应等同起来。[302] 由此得出的结论是，如果欧盟委员会确实认为 *Airtours/First Choice* 案的问题是单边而非协同效应，则合并条例的覆盖范围存在空白。如果确实存在这种空白，那是因为“支配地位”一词没有涵盖所有的单边效应。

几个示例（如图21. 2、图21.3 和图21.4 所示）可能会给这个难题带来一些启示。在以下示例中，我们假设 A、B 和 C 生产的优质产品彼此不同；换句话说，市场不是特别有利于协同行为。[303] 在每种情况下，提议都是 A 将与 B 合并。

合并前

A	B	C
50	30	20

合并后

AB	C
80	20

图 21.2 示例 1

示例 1 中，合并后，AB 极有可能单独占支配地位，而这种合并可能受到市场支配力测试。

合并前

A	B	C
20	25	55

合并后

AB	C
45	55

图 21.3 示例 2

[302] 案例 T－342/99 *Airtours plc v Commission* EU：T：2002：146；参见本章第 1079～1082 页“协同效应”；有关 *Airtours* 案的评论参见例如：FEDDERSENC，O'DONOGHUE R. Case T－342/99，*Airtours plc v. Commission*，Judgment of the Court of First Instance of 6 June 2002，nyr［J］．Common Market Law Review，2002，39（5）：1171；STROUX S. Collective Dominance under the Merger Regulation：A Serious Evidentiary Reprimand for the Commission［J］．European Law Review，2002，27（6）：736．OVERD A. After the Airtours Appeal［J］．European Competition Law Review，2002；23（8）：375．HAUPT H. Collective Dominance under Article 82 EC and EC Merger Control in the Light of the Airtours Judgment［J］．European Competition Law Review，2002，23（9）：434；NIKPAY A，HOUWEN F. Tour de Force or a Little Local Turbulence? A Heretical View on the Airtours Judgment［J］．European Competition Law Review，2003，24（5）：193.

[303] 参见本章第 1079～1082 页“协同效应”。

示例2中，合并后，AB的市场份额将小于C的市场份额，因此AB无疑不会单独占支配地位。如果市场不利于协同，AB和C也不会共同占据支配地位。合并不会在支配地位测试中受到挑战。

合并前

A	B	C
35	20	45

合并后

AB	C
55	45

图21.4 示例3

示例3中，合并后，AB的市场份额将比C的市场份额大，但凭借这些市场份额，它不可能单独占据支配地位。如示例2中所示，如果市场不利于协同，则AB和C也不会共同占据支配地位。合并不会在支配地位测试中受到挑战。

关键问题是，在示例2和示例3中，AB和C在合并后是否可能比在合并前更有能力行使市场支配权。如果是这样，显然有必要进行干预；但按照目前对这些术语的理解和应用，基于单独或共同支配地位的干预是不可能的。

（iii）解决方案：SIEC

鉴于*Airtours*案带来的不确定性，一些评论者质疑支配地位是否是一个适当的测试：一种替代方案是询问合并是否会实质性减少竞争[304]：这是英国和美国的测试[305]。但其他评论者远不相信向SLC测试迁移是必要或可取的：支配地位测试已稳固立足，在实践中运行良好，尚不清楚是否真的存在非共谋寡头垄断空白或支配地位无法适用的情况。[306]

---

[304] 参见例如：WHISH R. Substantive Analysis under the EC Merger Regulation：Should the Dominance Test be Replaced by “Substantial Lessening of Competition”?［C］//MONTI M. EC Competition Law & Policy：Developments & Priorities. Athens：Hellenic Competition Commission，2002：45－62；John Vickers在2002年11月8日的演讲“How to reform the EC merger test?”，具体请见www. nationalarchives. gov. uk；FingletonJ. Does Collective Dominance Provide Suitable Housing for All Anti－Competitive Oligopolistic Mergers［M］//HAWK B. International Antitrust Law and Policy：Fordhaw Corporate Law 2002. New York：Juris Publishing，Inc：181－199.

[305] 参见第22章第1160～1171页“‘实质性减少竞争’测试”。

[306] 参见例如：BÖGE U，MÜLLER E. From the Market Dominance Test to the SLC Test：Are There Any Reasons for a Change?［J］. European Competition Law Review，2002，23（10）：495；LEVY N. Dominance vs SLC：A Subtle Distinction［EB/OL］.（2002－11－08）. www. ibanet. org.

欧盟理事会在2004年《欧盟合并条例》中采用的解决方案非常简单，它保留了旧合并条例第2条的词汇，但对其重新排列使之既保留了现行法的支配地位，又缩小了空白。第2条第2款和第2条第3款中的措辞被简单地颠倒过来。现在的测试是合并是否会导致产生SIEC，尤其是通过创建或加强市场支配地位。[307] 修订后的表述设想，由于包含“in particular”（尤其）一词，大多数案件将在支配地位标准下被处理。这回应了一种担忧，即取消支配地位测试会导致不确定性和抹杀欧盟委员会多年来的专门知识和决定实践，《欧盟合并条例》评论26特别提到希望根据旧条例而保留现有的法学理论和决定实践。[308] 但是，SIEC测试不会将支配地位作为排他性测试，它使欧盟委员会能够禁止合并或要求对合并进行修改，此类合并不会建立或加强支配地位，但会严重阻碍有效竞争。评论25清楚地表明，这种表述旨在提供管辖权以解决空白即非共谋寡头垄断的问题。自2004年以来的非共谋寡头案件进行实质性检验将在后文讨论。[309]

（iv）集中与SIEC之间因果关系的必要性

在*France v Commission*案[310]中，欧洲法院认为，要使《欧盟合并条例》适用，集中与市场竞争结构的恶化之间必须存在因果关系。在这种情况下，法院正在考虑根据《欧盟合并条例》是否存在“失败企业”抗辩。[311] 法院认为，如果目标公司无论如何都将失败且其市场份额将归收购方所有，则不应阻止集中，因为该集中不会对竞争造成损害。在*De Beers/LVMH*案[312]中，欧盟委员会的批准特别是基于合营企业的建立与De Beer在毛坯钻石市场上的支配地位的加强之间不存在因果关系。

---

[307] 参见：RÖLLER L，DE LA MANO M. The Impact of the New Substantive Test in European Merger Control［J］. European Competition Journal，2006，2（1）：8；MAIER – RIGAUD F P，PARPLIES K. Five Years After the Introduction of the SIEC Test：What Explains the Drop in Enforcement Activity?［J］. European Competition Law Review，2009，30（11）：565；LEVY N. The EU's SIEC Test Five Years On：Has it Made a Difference?［J］. European Competition Journal，2010，6（1）：211；CALVIÑO N. When Do Mergers Raise Concerns? An Analysis of the Assessment Carried Out by the European Commission under the New Merger Regulation［J］. Journal of European Competition Law & Practice，2011，2（6）：521.

[308] 欧盟委员会的《横向合并评估指南》（OJ［2004］C 31/5）在第4段中表述了同样的观点。

[309] 参见本章第1076～1079页“非协同效应”。

[310] 案例C－68/94 and C－30/95 EU：C：1998：148；该案是根据最初的《合并条例》裁定的：没有理由认为在重新制定的实质性检验的情况下，因果关系的要求将不适用。

[311] 参见本章第1085～1086页“‘失败企业’抗辩”。

[312] 案例M 2333，2001年7月25日的决定，第112～114段；类似地，参见案例M 2816 *Ernst & Young France/Andersen France*，2002年9月5日的决定，第75段和第90段；案例M 4381 *JCI/VB/FIAMM*，2007年10月5日的决定，第708段及其后。

（v）“反事实”

SIEC测试的应用涉及将合并后的竞争前景与没有合并的情况进行比较：“反事实”。[313] 在许多情况下，合并时的竞争条件将是反事实，但欧盟委员会可能考虑到可以合理预测的未来市场变化。[314]

（vi）第2条第1款：评估标准

《欧盟合并条例》第2条第1款列出了调查集中时欧盟委员会必须考虑的评估标准清单。它规定：

> 在进行评估时，欧盟委员会应考虑：
>
> （a）鉴于所有相关市场的结构以及来自［欧盟］之内或之外的企业的实际或潜在竞争，维持并发展［内部］市场内的有效竞争的必要性；
>
> （b）相关企业的市场地位及其经济和财务实力、供应商和用户可获得的替代品、它们获得供应或进入市场的机会、进入市场时的法律障碍或其他障碍、相关产品和服务的供需趋势、中间和最终消费者的利益以及技术和经济进步的发展，前提是这对消费者有利，并且不会构成竞争的障碍。

CO表格要求的有关受影响市场的信息反映了第2条第1款中规定的评估标准。第2条第1款中的因素清单并不详尽：欧盟委员会必须考虑与合并评估相关的所有事项。第2条第1款没有建立等级制度（赋予一个评估因素比另一评估因素更大的权重）；不同的评估标准对欧盟委员会决定的影响会因案例而异。

（B）合并指南的发布

欧盟委员会发布了3份对合并的实质性评估特别重要的文件，即《市场界定通知》[315]、《横向合并评估指南》[316] 和《非横向合并评估指南》[317]。它们的内容可以分为4个主要类别：市场界定、横向合并、纵向合并和混合合并。本节的其余部分将在此基础上进行。

---

[313] 《横向合并评估指南》（OJ［2004］C 31/5），第9段；有关反事实，进一步参见第20章第1018页“反事实部分”。

[314] 《横向合并评估指南》，第9段。

[315] OJ［1997］C 372/5。

[316] OJ［2004］C 31/5。

[317] OJ［2008］C 265/6。

（C）市场界定

根据《欧盟合并条例》对合并进行的实质性评估始于对相关产品和地理市场的界定，其主要目的是确定对相关企业的竞争限制。[318] 一些评论员认为，欧盟并购控制中过于强调市场界定，尤其是因为有计量经济学技术，可以在没有正式界定相关市场或市场支配力的情况下，预测特定合并是否会导致价格上涨。[319] 无论此意见的优点是什么，当前的实践都对市场界定起着重要作用：要求通知方在其 CO 表格中识别任何“受影响的市场”（请参阅下一节）。在 *France v Commission* 案[320]中，欧洲法院裁定，对相关市场的正确界定是根据《欧盟合并条例》评估集中对竞争影响的前提。[321]

市场界定，包括欧盟委员会的《市场界定通知》，已经在第 1 章中进行了详细讨论[322]；同样令人感兴趣的是为欧盟委员会编写的关于合并案中地理市场界定的报告，其中包含一些有关改变现行做法的建议。[323] 接下来是关于《欧盟合并条例》下的市场界定的一些具体要点。

（ⅰ）CO 表格：“受影响的市场”

CO 表格的第 6～8 节要求通知方提供有关“受影响的市场”的信息。在横向关系的情况下，受影响的市场是指 2 个或 2 个以上集中方的市场份额之和等于或大于 20% 的相关市场；如果是纵向关系，则在一个或多个市场层次上，它们各自的或合并的市场份额超过 30%。与这些受影响的市场有关的信息非常丰富，包括对市场总规模的估计、最近 3 个财政年度中各当事方的市场份额，合并前后的 HHI，供需结构，最近 2 年中与受影响的市场的竞争评估相关的进入壁垒和分析、报告、调查以及类似文件。提供如此广泛的信息的交换条件是，欧盟委员会应能够在《欧盟合并条例》的时限内对案件进行评估。如前所述，CO 表格中包含的信息必须准确且完整；如果不是这样，则通知可能被宣布为不完整，在这种情况下必须作出决定的时间将不会开始起算。[324] 这就

---

[318] 《市场界定通知》（OJ［1997］C 372/5），第 2 段。

[319] 参见本章第 1073～1074 页“定量测试”。

[320] 案例 C－68/94 etc EU：C：1998：148。

[321] 同上，第 143 段；随后的判断定期重复了这一点：参见例如案例 T－151/05 *Nederlandse Vakbond Varkenshouders v Commission* EU：T：2009：144，第 51 段。

[322] 参见第 1 章第 31～33 页“市场界定”。

[323] 参见：FLETCHER A，LYONS B. Geographic Market Definition in European Commission Merger Control：January 2016［EB/OL］.［2022－05－07］. www. ec. europa. eu/competition/publications/reports/study_gmd. pdf.

[324] 参见本章第 1059～1061 页“通知”。

是为什么在进行通知之前进行广泛的准备，包括与竞争总司联系，是如此重要。[325] 重要的是要了解一项合并可能涉及多个受影响的市场：多产品公司可能有许多重叠的产品。例如，就 *Bayer/Aventis Crop Science* 案[326]而言，欧盟委员会认为该地区有130个受影响的作物保护、专业虫害控制和动物保健产品市场。

（ii）欧盟委员会决定

截至2017年12月8日，欧盟委员会已根据《欧盟合并条例》通过了6000多项决定，这些决定对相关市场的界定都包含了许多有用的见解。从业者在界定相关市场时参考欧盟委员会的决策实践以获取指导。但是，在许多批准决定中，欧盟委员会没有就市场界定得出结论，因为显然这样做不会对评估产生重大影响；欧盟委员会表示，无论市场如何界定，它都认为集中不会与内部市场不相容。

（iii）有关市场界定决定的影响

在 *Coca - Cola Co v Commission* 案[327]中，欧盟普通法院明确指出，欧盟委员会先前的决定中的市场界定对欧盟委员会随后或由国家法院或竞争主管机构进行的后续调查均不具有约束力：必须依据当时的特定事实和情况决定。[328] 但是，如果没有迹象表明竞争条件已经改变，欧盟委员会有权考虑其先前的决定。[329]

（iv）定量测试

欧盟委员会越来越多地使用定量技术和统计测试来帮助其界定相关市场并评估合并的可能影响。[330] 在 *Unilever/Sara Lee* 案[331]中，欧盟委员会使用合并模拟模型来预测，假设的男性除臭剂垄断者能够将价格提高5%，这表明男性除臭

---

[325] 同上。

[326] 案例 M 2547，2002年4月17日的决定，OJ［2004］L 107/1；类似地，参见案例 M 3465 *Syngenta CP/Advanta*，2004年8月17日的决定。

[327] 案例 T-125/97 and T-127/97 EU：T：2000：84；因此，通知当事方不应期望欧盟委员会将按照先前决定的方式界定相关市场：参见案例 T-151/05 *NVV v Commission* EU：T：2009：144，第136～140段。

[328] 有关该议题参见：BOKOBZA J，KADAR M，Ringborg J. Viking Steel：The SSAB/Rautaruukki merger［EB/OL］Competition Merger Brief 1/2014，可在 www. ec. europa. eu/competition/publications/cpn 上查阅。

[329] 案例 T-699/14 *To bpps Europe Ltd v Commission* EU：T：2017：2，第93段。

[330] 参见：BUETTNER T，FEDERICO G，LORINCZ S. The Use of Quantitative Economic Techniques in EU Merger Control［J］. 2016 具体请见 www. ec. europa. eu；OLDALE A，PADILLA J. EU Merger Assessment of Upward Pricing Pressure：Making Sense of UPP，GUPPI，and the Like［J］. Journal of European Competition Law & Practice，2013，4（4）：375；进一步参见第20章第1017～1018页“证据”，有关合并模拟。

[331] 案例 M 5658 *Unilever/Sara Lee*，2010年11月17日的决定，第92～94段。

剂与女性或男女通用除臭剂处于不同的市场。

(D) 横向合并

欧盟委员会的《横向合并评估指南》[332] 提供了关于当相关企业是同一相关市场上的实际或潜在竞争者时，委员会如何评估集中的指导。[333] 该指南依次处理：

- 市场份额和集中度门槛；
- 合并会产生反竞争影响的可能性；
- 抵消性购买力量；
- 作为竞争制约因素进入市场的可能性；
- 效率；
- 失败企业。

下文将保留这一顺序。《横向合并评估指南》第13段强调，并非在每种情况下都以机械方式适用该指南；相反，在特定情况下的竞争分析将基于根据相关因素和条件对合并的可预见影响进行的总体评估。在 *Sun Chemical Group v Commission* 案[334]中，欧盟普通法院裁定欧盟委员会享有酌处权，使它能够考虑或不考虑特定因素。[335]

(i) 市场份额与集中度

《横向合并评估指南》指出，市场份额和集中度为市场结构以及合并方及其竞争者的竞争重要性提供了有用的初步指示。[336] 提及"有用的初步指示"很重要：市场份额和集中度仅仅是对合并初步筛查的一种手段：它们通常不能决定案件的结果。[337]

(a) 市场份额

欧盟委员会通常着眼于当前的市场份额，但如果确定由于退出、进入或扩

---

[332] OJ［2004］C 31/5；请注意在通过《横向合并评估指南》之前，欧盟委员会已发布了关于该主题的两份报告，即"The Economics of Unilateral Effects"和"The Economics of Tacit Collusion"，由Ivaldi、Julien、Seabright、Tirole准备：可在竞争总司网站上查阅；有关该指南的讨论参见：VOIGT S, SCHMIDT A. The Commission's Guidelines on Horizontal Mergers：Improvement or Deterioration?［J］. Common Market Law Review，2004，41（6）：1583.

[333] 《横向合并评估指南》，第5段。

[334] 案例 T-282/06 EU：T：2007：203。

[335] 同上，第57段。

[336] 《横向合并评估指南》，第14段。

[337] 关于此点，参见案例 M 6458 *Universal Music Group/EMI Music*，2012年9月21日的决定，第300～303段。

张而将发生变化，它可能会对其进行调整；[338] 在一些行业，例如存在不定期购买主要资本设备等“大而不稳定”订单的行业可能有必要查看历史数据。[339] 市场份额在50%或以上本身就可以证明存在支配地位，尽管通常情况下它们并非决定性的[340]；在市场份额介于40%～50%，有时甚至低于40%的情况下，欧盟委员会可能会判定相关企业占据支配地位，具体取决于与该案例相关的其他因素。[341] 在 *Ryanair Holdings plc v Commission* 案[342]中，欧盟普通法院驳回了 Ryanair 的论点，即 Ryanair 认为欧盟委员会过分强调了合并实体在某些航线上本应拥有的市场份额。[343]《横向合并评估指南》指出，如果相关企业所占市场份额不超过25%，可以认为合并与内部市场相容。[344]

（b）集中度

《横向合并评估指南》指出，市场中的整体集中度可以提供有关竞争状况的有用信息，并且可以使用 HHI 进行衡量[345]：欧盟委员会不太可能关注合并后的 HHI 小于1000 的市场。[346] 如果合并后的 HHI 在1000 和2000 之间且增加值[347]低于250，或者合并后的 HHI 在2000 以上且增加值低于150，则欧盟委员会也不太可能关注，除非有特殊情况，例如：

- 合并涉及市场份额较小的潜在进入者或新进入者；
- 一个或多个当事方是重要的创新者，其未体现在市场份额中；
- 市场参与者之间存在大量的交叉持股；
- 合并的企业之一是特立独行的企业，极有可能破坏协同行为；

---

[338] 《横向合并评估指南》，第15段；该指南中没有提到的一点是，有时欧盟委员会在调查一项合并时会考虑以下事实，即已收到有关同一行业中不同合并的后续通知，该合并将对市场的未来竞争结构产生影响：参见案例 M 938 *Price Waterhouse/Coopers & Lybrand*，1997 年 10 月 15 日的决定，OJ［1997］L 50/27，第108～111 段；案例 M 2389 *Shell/DEA*，2001 年 12 月 20 日的决定，第21 段；案例 M 4600 *TUI/First Choice*，2007 年 6 月 4 日的决定，第66～68 段；案例 M 6214 *Seagate/HDD Business of Samsung*，2011 年 10 月 19 日的决定，第10～18 段（讨论并行交易评估的“优先原则”）。

[339] 《横向合并评估指南》，第15 段。

[340] 此点参见案例 T－342/07 *Ryanair Holdings plc v Commission* EU：T：2010：280，第41 段和引用的案例。

[341] 《横向合并评估指南》，第17 段。

[342] 案例 T－342/07 EU：T：2010：280。

[343] 同上，第41～60 段。

[344] 《横向合并评估指南》，第18 段，述及《欧盟合并条例》评论32；但请注意在涉及相关企业和其他第三方的共同支配地位的情况下，不存在这种“安全港”。

[345] 《横向合并评估指南》，第16 段；在第1 章第51～53 页“市场集中度和赫芬达尔－赫希曼指数”中有解释。

[346] 《横向合并评估指南》，第19 段。

[347] 增加值是指合并后 HHI 的变化。

- 存在过去或正在进行的协同或促进做法的迹象；
- 一个或多个合并方的合并前市场份额为50%或以上。[348]

《横向合并评估指南》指出，低于先前设定的门槛的HHI可以用作不存在竞争问题的指标，但它们不会导致存在或不存在此类问题的推定。[349]欧盟普通法院在*Sun Chemical Group BV v Commission*案[350]中认为，超过这些门槛的幅度越大，HHI就越能表明竞争问题。[351]在*Spar Österreichische Warenhandels v Commission*案[352]中，欧盟普通法院驳回关于欧盟委员会在评估横向合并的影响时非法地未使用HHI法的论点。[353]

在*Cisco Systems v Commission*案[354]中，欧盟普通法院同意欧盟委员会对*Microsoft/Skype*案[355]的评估，尤其是很高的市场份额以及在尽可能狭窄的消费者通信市场上的集中度本身并不表示市场力量的程度会严重阻碍有效竞争。

（ii）横向合并可能的反竞争影响

《横向合并评估指南》第22～63段讨论了横向合并的可能的反竞争影响，依次处理了非协同效应[356]和协同效应；还简要讨论了与潜在竞争者的合并。《横向合并评估指南》的脚注多次提及欧盟法院的判例法和欧盟委员会的裁决实践：由于篇幅所限，这些判决和决定未在下文中展示，但读者应注意这个有用的参考点。

（a）非协同效应

《横向合并评估指南》第24段说明，横向合并可以消除市场上一个或多个公司的重要竞争限制，从而增强其市场支配力并导致价格大幅上涨。第25段指出，通常，这是由于一家公司建立或加强了支配地位而发生的，该公司在合并后的市场份额将明显大于其他竞争者。但是，同一段还提到了非共谋寡头垄断的可能性，也就是说，合并后留在市场上的公司能够行使市场支配力并因此提高价格，即使它们不是各自占支配地位，且它们之间协同的可能性也很小。

---

[348] 《横向合并评估指南》，第20段。

[349] 同上，第21段。

[350] 案例T－282/06 EU：T：2007：203。

[351] 同上，第138段。

[352] 案例T－405/08 EU：T：2013：306；讨论的合并是案例M 5047 *Rewe/ADEG*，2008年6月23日的决定。

[353] 案例T－405/08 *Spar Österreichische Warenhandels* EU：T：2013：306，第64～66段；在任何情况下，合并后的HHI都不能提供任何明显的竞争问题迹象：第69～70段。

[354] 案例T－79/12 EU：T：2013：635。

[355] 案例M 6281，2011年10月7日的决定。

[356] 请注意，“单边”效应有时被用作非协同效应的替代：参见《横向合并评估指南》脚注27。

第26段解释说，许多因素与是否可能产生非协同效应有关，但在特定情况下并非所有因素都必须存在，并且《横向合并评估指南》中列出的因素也不是详尽的清单。以下因素被列出：

• 合并的企业将拥有较大的市场份额：市场份额的增加额越大，合并产生SIEC的可能性就越大[357]；

• 合并企业是紧密的竞争者：合并企业产品之间的可替代性程度越高，合并产生SIEC的可能性就越大[358]；

• 合并方的客户转移到其他供应商的可能性有限[359]；

• 如果价格上涨，竞争者就不太可能增加供应量：在这种情况下，合并方将有动力将产出减少至低于合并前的水平，从而提高价格[360]；

• 合并的企业将能够阻止竞争者的扩张：例如，可能控制专利或其他类型的知识产权，这会使竞争者的扩张或进入变得更加困难[361]；

• 合并将消除重要的竞争力量：例如，将一家具有特殊创新能力的企业作为竞争者剔除[362]，或者两家具有特殊创新能力的企业之间的合并，可能会极大地改变市场的竞争动态。[363]

欧盟委员会进行干预的最普遍理由是横向合并可能产生非协同效应。为此，最近它基于此理由通过了多项禁止决定，例如*Ryanair/Aer Lingus III*案[364]，*UPS/NT Express*案[365]、*Hutchison 3G UK/Telefónica UK*案[366]、*Heidelberg Cement/*

---

[357] 同上，第27段。

[358] 同上，第28～30段；第29段讨论了评估交叉替代性的各种方法，例如，通过客户偏好调查、估计交叉价格弹性和转移比率；参见案例M 7758 *Hutchison 3G Italy/WIND/JV*，2016年9月1日的决定，第772～813段。

[359] 《横向合并评估指南》，第31段。

[360] 同上，第32～35段。

[361] 同上，第36段。

[362] 同上，第37段；参见例如案例M 5650 *T-Mobile/Orange*，2010年3月1日的决定，其中欧盟委员会关注的问题包括可能从市场中淘汰移动运营商H3G（Three）。

[363] 《横向合并评估指南》，第38段；参见例如案例M 5675 *Syngenta/Monsanto sunflower seed business*，2010年11月17日的决定，其中欧盟委员会关注的问题包括淘汰葵花籽市场上最重要的创新者之一。

[364] 案例M 6663，2013年2月27日的决定。

[365] 案例M 6570，2013年1月30日的决定；上诉案例T-194/13 *United Parcel Service v Commission* EU：T：2017：144因程序原因被撤销；欧盟委员会已向欧洲法院提出上诉：案例C-265/17 P *Commission v UPS*，尚未裁决。

[366] 案例M 7612，2016年5月11日的决定；上诉案例T-399/16 *CK Telecoms Investments v Commission*，尚未裁决。

Schwenk/Cemex Hungary/Cemex Croatia 案[367]以及 *Deutsche Börse/London Stock Exchange* 案[368]。在其中的每个案例下，合并后的公司将拥有很高的市场份额，并受到高准入和扩张的壁垒的保护；欧盟委员会禁止合并，以防止企业获得以某种对自己有私利可图而对消费者有害的方式单边提高价格的能力。

近年来在一些第二阶段调查的案件中，由于非协同效应，欧盟委员会已经接受了救济措施。[369] 在 *T－mobile/tele. ring* 案[370]中，由于寡头垄断市场中非协同的后果，欧盟委员会要求采取救济措施。在这个市场中，奥地利的移动电话运营商数量将从原来的5家减少到4家，并且合并方不会成为市场领导者：换句话说，这是一种非共谋寡头垄断的情况，采用 SIEC 测试就是为了解决这个问题。在移动电话行业中的非共谋寡头垄断的类似裁决出现在以下案例中[371]：*Hutchison 3G Austria/Orange Austria* 案[372]、*Hutchison 3G UK/Telefónica Ireland* 案[373]，*Telefónica Deutschland/E－Plus* 案[374]和 *Hutchison 3G UK/Telefónica UK* 案[375]。进一步的案例是 *BASF/CIBA* 案[376]，在该案中，欧盟委员会在第一阶段调查中接受了承诺。

欧盟委员会在 *Microsoft/LinkedIn* 案[377]中认定，合并可能使竞争的专业社交网络无法提供更大的隐私保护，从而限制了消费者的选择；根据承诺，合并得以批准。在 *Dow/DuPont* 案[378]中，欧盟委员会的损害理论之一是合并将减少农

---

[367] 案例 M 7878，2017 年 4 月 5 日的决定；上诉案例 T－380/17 *HeidelbergCement and Schwenk Cement v Commission*，尚未裁决。

[368] 案例 M 7995，2017 年 3 月 29 日的决定。

[369] 参见本章第 1124～1126 页“根据承诺的批准”。

[370] 案例 M 3916，2006 年 4 月 26 日的决定；参见 LÜBKING J T－Mobile Austria/tele. ring：Remedying the Loss of a Maverick［J］．Competition Policy Newsletter，2006（2）：46.

[371] 参见：本章第 1067～1069 页“非共谋寡头垄断的空白”；非共谋寡头垄断的另一个例子是案例 M 3687 *Johnson & Johnson/Guidant*，2005 年 8 月 25 日决定，第 312～325 段（与血管内支架有关）。

[372] 案例 M 6497，2012 年 12 月 12 日的决定。

[373] 案例 M 6992，2014 年 5 月 28 日的决定。

[374] 案例 M 7018，2014 年 7 月 2 日的决定。

[375] 案例 M 7612，2016 年 5 月 11 日的决定，上诉案例 T－399/16 *CK Telecoms UK Investments v Commission*，尚未裁决。

[376] 案例 M 5355，2009 年 3 月 12 日的决定。

[377] 案例 M 8124，2016 年 12 月 6 日决定，参见：OCELLO E，SJÖDIN C. M. 8124 *Microsoft LinkedIn*：Big Data and Conlomerate Effects in Tech Markets［J］．Competition Merger Brief，2017（1）：1（具体请查阅 www. ec. europa. eu）．类似地，参见案例 M 7217 *Facebook/WhatsApp*，2014 年 10 月 3 日的决定。

[378] 案例 M 7932，2017 年 3 月 27 日的决定，参见：BERTUZZI A，THOMAS S B，COUBLUCQD，et al. *Dow/DuPont*：Protecting Product and Innovation Competition［J］．Competition Merger Brief，2017（2）：1－8（具体请查阅 www. ec. europa. eu）．

药行业的创新，合并方同意了剥离 DuPont 几乎全部的全球研发机构。[379]

（b）协同效应

《横向合并评估指南》第 39 段解释说，在某些市场中，结构可能使得企业会认为，在可持续的基础上采取旨在以更高价格出售产品的行动方案是可能的，在经济上是合理的，因此是可取的。一些合并可能会导致 SIEC，因为它增加了企业在不达成协议或不采取违反《欧盟运行条约》第 101 条的一致行动的情况下以协同的方式行事的可能性。这种协同可能涉及价格，但也可能涉及生产水平、产能扩展、市场分配或招标市场中的合同。[380]

第 41 段说，如果很容易就协同条款达成共识，就更可能发生协同。它补充说，要使协同能够持续下去，还必须满足另外三个条件——这些条件取自欧盟普通法院在 *Airtours v Commission* 案[381]中的判决第 62 段。第一个条件是，协同公司必须能监控协同条款是否被遵守。第二个条件是，必须有某种可靠的威慑机制，以保持协同公司的纪律并保持其内部稳定。第三个条件是，绝不能有任何外界的约束以免损害协同预期的结果并使之在外部不稳定。欧洲法院在 *Bertelsmann v Impala* 案[382]中表示，不应以机械方式适用这三个条件：应考虑假设的默示协同的总体经济机制。《横向合并评估指南》的后续段落探讨了协同的条件，指出：减少市场中的企业数量可能是促进协同的一个因素，但是还需要审查其他因素（例如，剔除可能破坏寡头垄断的“特立独行”的企业）。[383] 在确定合并是否可能导致协同时，欧盟委员会将审查过去协同的证据或类似市场中的协同的证据。[384] 在 *Impala v Commission* 案[385]中，欧盟普通法院发现，在相当长的一段时间内价格的密切结盟，结合其他因素，可能足以证明过去的协同。

《横向合并评估指南》讨论以下因素：

- 达成协同条款：如果很容易就协同应该如何发生达成共识，则更容易发生这种情况。[386] 在确定协同是否容易时，有许多事项很重要，尽管不应以机

---

[379] 另见案例 M 7278 *GE/Alstom*，2015 年 9 月 8 日的决定，第 944 ~ 1077 段；一般地，参见：COUBLUCQ D，SERITTI L，VAREDA J. EU General Electric/Alstom：Our Heavy Duty［J］. Competition Policy Brief，2016（1）：1（可在 www. ec. europa. eu 上查阅）.

[380] 《横向合并评估指南》，第 40 段。

[381] 案例 T – 342/99 EU：T：2002：146。

[382] 案例 C – 413/06 P EU：C：2008：392，第 125 段。

[383] 《横向合并评估指南》，第 42 段。

[384] 同上，第 43 段。

[385] 案例 T – 464/04 EU：T：2006：216，第 252 ~ 254 段；上诉维持原判案例 C – 413/06 P EU：C：2008：392，第 124 ~ 128 段。

[386] 《横向合并评估指南》，第 44 段。

械方式应用这些事项[387]：

——经济环境简单稳定吗?

——市场上是有几个而非很多企业吗?

——产品是同质的而非复杂的吗?

——价格和需求状况是稳定而非不断变化的吗?

——市场很少有创新吗?

——在通过市场划分（例如基于地理位置）进行协同的情况下分配客户容易吗?

——市场中的其他因素是否会增加透明度，从而更容易协同价格?

——企业在成本结构、市场份额、产能水平和纵向整合水平方面是否对称?

• 监控偏离：只有在协同企业能够互相监督以确保没有人在作弊（例如通过降低价格、扩大产量或提高质量）时，协同才能起作用。市场必须足够透明以防止这种情况的发生。[388] 该指南第50段、第51段讨论了与确定透明度有关的因素：例如，在公共交易所进行交易的透明度要高于双边私下谈判的透明度。

• 威慑机制：只有在存在足够威胁即要对偏离协同行为的企业进行报复的情况下，协同才能发挥作用。[389] 该指南第53~55段讨论了威慑机制的可信度：协同企业必须有经济动机对任何偏离的企业进行报复，并且偏离不一定要与协同发生在同一市场中。

• 局外人的反应：只有在没有来自非协同的实际或潜在竞争者的有效竞争约束的情况下，协同才能发挥作用。[390]

在 *Sony/Bertelsmann* 案[391]中，欧盟委员会最初担心合并可能导致协同效应，但在第二阶段调查期间得出结论认为应无条件批准合并。在 *Impala v Commission* 案[392]中，第三方成功挑战了欧盟委员会的批准决定；欧盟普通法院认为市

---

[387] 同上，第45~48段。

[388] 同上，第49段。

[389] 同上，第52段。

[390] 同上，第56~57段。

[391] 案例 M 3333，2004年7月19日的决定。

[392] 案例 T-464/04 EU：T：2006：216；有关评论参见：VÖLCKER S，O'DALY C. The Court of First Instance's Impala Judgment：A Judicial Counter-Reformation in EC Merger Control?［J］. European Competition Law Review，2006，27（11）：589；BRANDENBURGER R，JANSSENS T. The Impala Judgment：Does EC Merger Control Need to Be Fixed or Fine-Tuned?［J］. Competition Policy International，2007（3）：301.

场是透明的，可以进行协同[393]。但是合并方成功地向欧洲法院提起上诉[394]；欧洲法院认为欧盟普通法院犯了一些法律错误，特别是在默示协同方面，它没有通过审理构成合理默示协同理论一部分的假定监督机制”来考虑唱片市场的透明度。[395] 因此，欧洲法院撤销了欧盟普通法院的判决，并将该案发回欧盟普通法院审理；但是，由于市场随后发生了变化，因此没有必要对上诉作出裁定。[396]

欧盟委员会一直关注一些案件中的协同效应。在 *Areva/Urenco/ETC* 案[397]中，作为获得批准的条件，需要作出各种承诺，包括停止合营企业与其母公司之间的商业敏感信息流动。在 *Linde/BOC* 案[398]中，也需要作出承诺作为批准的条件：包括剥离合并后的实体与竞争者液化气集团 Travelport 的一系列亚洲合营企业的各种氦气批发供应合同并终止结构性联系。在 *Travelport/Worldspan* 案[399]中，欧盟委员会在第二阶段调查后得出结论认为，由于定价结构和产品的复杂性限制了市场透明度从而限制了成功监控协同行为的可能性，因此全球分销服务市场的“由 4 到 3”的合并不会产生协同效应。在 *ABF/GBI Business* 案[400]中，需要采取多种救济措施以解决在西班牙和葡萄牙酵母菌市场上将竞争者从 3 个减少到 2 个的问题。在水泥行业的 2 个第二阶段案例[401]中，欧盟委员会指出该行业容易进行协同，但无条件批准了这两项合并，因为它们不太可能使协同变得更容易、更稳定或更有效。在 *TeliaSonera/Telenor/JV* 案[402]、*Hutchi-*

---

[393] 案例 T－464/04 EU：T：2006：216，第 288～294 段。

[394] 案例 C－413/06 P *Bertelsmann AG and Sony Corporation of America v Impala* EU：C：2008：392；有关评论参见：GOLDING J. The Impala Case：A Quiet Conclusion but a Lasting Legacy［J］. European Competition Law Review，2010，31（7）：261；LÜEBKING J，OHRLANDER P. The Joint Venture Sony BMG：Final Ruling by the European Court of Justice［J］. Competition Policy Newsletter，2009（2）：68.

[395] 案例 C－413/06 P EU：C：2008：392，第 117～134 段。

[396] 案例 T－464/04 *Impala v Commission* EU：T：2009：225；请注意，在欧盟法院进行诉讼的同时，欧盟委员会通过了第二项决定批准了 *Sony/Bertelsmann* 合并案。案例 M 3333，2007 年 10 月 3 日的决定，参见：LÜBKING J，KIJEWSKI S，DUPONT F，et al. Universal BMG：Market Power of Musis Publishers in View of Evolutions in Digital Music Publishing［J］. Competition Policy Newsletter 2007（3）：85.

[397] 案例 M 3099，2004 年 10 月 6 日的决定。

[398] 案例 M 4141，2006 年 6 月 6 日的决定。

[399] 案例 M 4523，2007 年 8 月 21 日的决定。

[400] 案例 M 4980，2008 年 9 月 23 日的决定；有关评论参见：AMELIO A，ASBO P，DE LA MANO M，et al. *ABF/GBI Business*：Coordinated Effects Baked Again［N］. Competition Policy Newsletter，2009（1）：91.

[401] 参见案例 M 7009 *Holcim/Cemex West*，2014 年 6 月 5 日的决定，第 126～290 段；案例 M 7054 *Cemex/Holcim assets*，2014 年 9 月 9 日的决定。

[402] 案例 M 7419；各方在欧盟委员会通过决定之前撤回了通知。

son 3*G Italy/Wind/JV* 案[403]和 *AB InBev/SABMiller* 案[404]中，欧盟委员会也指出了协同效应的可能性。

（c）与潜在竞争者的合并

《横向合并评估指南》第58～60段讨论了与潜在竞争者的合并。这种合并可能导致潜在竞争者大大限制活跃在市场上的企业行为的非协同或协同效应。如果潜在的竞争者拥有可以轻松用于进入市场而又不会产生沉没成本的资产，便是这种情况。第60段指出，与潜在竞争者进行合并若要产生重大的反竞争影响，必须满足两个条件：第一，潜在竞争者必须已经施加了重大的限制性影响；第二，必须缺少其他能在合并后保持竞争压力的潜在竞争者。

（d）创造或增强买方力量的合并

《横向合并评估指南》第61～63段解释说，创造或增强买方市场力量的合并可能会导致SIEC，合并后的实体可能会对其供应商使用其买方力量，以阻止竞争者。但是，欧盟委员会认识到买方的力量可能对竞争有利，尤其是如果它导致转嫁给消费者的成本降低的话。第63段指出，欧盟委员会将分析上游市场的竞争状况，并评估增加的买方力量的正面和负面影响，这就是它在 *AB In Bev/SABMiller* 案中所做的。[405]

（iii）抵消性买方力量

《横向合并评估指南》第64段解释说，供应商的竞争压力不仅可以来自竞争者，而且可以来自具有抵消性买方力量的客户；所述抵消性买方力量，即买方基于自身的规模、商业重要性和转向替代供应商的能力而与卖方议价的能力。欧盟委员会将考虑买方可以在多大程度上立即转向其他供应商、切实威胁到纵向整合（并因此自给自足）或支持上游扩张或进入；与集中度很低的行业中的小企业相比，大客户和老客户更有可能拥有这种抵消性买方力量。[406]在 *Sun Chemical Group v Commission* 案[407]中，欧盟普通法院驳回了第三方反对批准合并的论点，即认为欧盟委员会未能正确适用关于抵消性力量的指南。[408]

---

[403] 案例 M 7758，2016年9月1日的决定，第954～1211段。

[404] 案例 M 7881，2016年5月24日的决定，第52～106段。

[405] 同上，第318～329段。

[406] 《横向合并评估指南》，第65段；有关评论参见：INDERST R，MAZZAROTTO N. Can the SIEC Test be Used to Assess Effects from Buyer Power?［J］. Journal of European Competion Law & Practice，8（3）：185.

[407] 案例 T－282/06 EU：T：2007：203。

[408] 同上，第209～217段；讨论的合并是：案例 M 4071 *Apollo/Akzo Nobel IAR*，2006年5月29日的决定。

（iv）进入市场

《横向合并评估指南》第 68 段解释说，如果进入市场足够容易，那么合并不太可能导致 SIEC：要使进入足以构成充分的竞争约束，就必须证明其可能性、及时性和充分性。

- 进入的可能性：考虑到向市场注入额外产出的价格影响以及现有企业对市场的潜在反应，进入必须具有足够的利润：沉没成本的数量将与分析有关。[409] 进入壁垒包括：

——法律优势，例如监管规则限制了市场参与者的数量或关税和非关税贸易壁垒；

——技术优势，例如有权使用基本设施、自然资源、研发和知识产权；

——现有优势，例如品牌忠诚度、与客户建立的关系以及其他声誉优势。[410]

- 及时性：只有在足够迅速和持续地阻止或击败对市场支配力的行使的情况下，进入才被视为竞争性限制；进入市场的适当时间取决于市场的特征和动态，但通常应在 2 年之内。[411]
- 充分性：进入必须具有足够的范围和规模，以阻止或击败合并的反竞争影响。[412]

（v）效　率

《欧盟合并条例》评论 29 规定，在确定合并对竞争的影响时，应考虑相关企业提出的任何有根据的和可能的效率；该评论补充说，欧盟委员会应就可考虑提高效率的条件发布指南。[413] 欧盟委员会已在《横向合并评估指南》第

---

[409] 《横向合并评估指南》，第 69 段。

[410] 同上，第 71 段。

[411] 同上，第 74 段。

[412] 同上，第 75 段。

[413] 将关于效率的《横向合并评估指南》和《第 101 条第 3 款指南》（OJ［2004］C 101/97）第 48 ~ 72 段相比较，显然两者都是出于类似的考虑；《第 101 条第 3 款指南》在第 4 章第 206 ~ 208 页“欧盟委员会在《第 101 条第 3 款指南》中的处理方式”中讨论；进一步，参见：GERARD D. Merger Control Policy：How to Give Meaningful Consideration to Efficiency Claims？［J］. Common Market Law Review，2003，40（6）：1367；COLLEY L. From “Defence” to “Attack”? Quantifying Efficiency Arguments in Mergers［J］. European Competition Law Review，2004，25（1）：342；‘Efficiencies’ in ICN Merger Guidelines Project（April 2004），ch 6，可在 www. internationalcompetitionnetwork. org 上查阅；ILZKOVITZ F，MEIKLEJOHN R. European Merger Control：Do We Need an Efficiency Defence？［M］. Cheltenham：Edward Elgar Publishing，2006；另见经济合作和发展组织政策圆桌会议“合并分析中的竞争政策动态效率”（Competition Dynamic Efficiencies in Merger Analysis）（2007 年），包括欧盟委员会对不同类型的效率进行讨论的文稿，可在 www. oecd. org/competition 上查阅。

76~88段中做到了这一点。在 *Ryanair Holdings plc v Commission* 案[414]中，Ryanair认为，欧盟委员会在评估Ryanair关于集中会提高效率的主张时犯了一个明显的错误；欧盟普通法院驳回了这一论点，并同意引用欧盟委员会的《横向合并评估指南》及确定欧盟委员会是否正确应用了这些指南。[415] 欧盟委员会在《横向合并评估指南》第76段中解释说，合并带来的效率可能抵消竞争的影响以及原本可能发生的对消费者的潜在伤害。欧盟委员会对合并进行评估时，要考虑到所有相关因素，包括《欧盟合并条例》第2条第1款的评估标准所规定的技术和经济进步的发展。重要的是要了解，这种方法意味着没有“效率抗辩”。如果合并将导致产生SIEC，则不能以效率为由予以保留：相反，欧盟委员会将在合并是否导致SIEC的整体评估中考虑任何可能的效率。

《横向合并评估指南》第78段解释说，要考虑效率，它们必须为消费者带来利益，必须特定于合并，并且是可验证的；这些条件须同时满足：

• 使消费者受益：效率应该是实质性及时的，并且应该在可能出现竞争问题的相关市场中使消费者受益。[416] 效率的提高可能是较低的价格，尽管仅仅由于产量减少而导致的成本降低并不符合条件[417]；新的或改进的产品或服务也可以带来效率的提高[418]。效率的提高可以使寡头垄断市场中的企业增加产量并降低价格，从而减少以协同方式行事的激励措施。[419] 必须有激励措施将效率收益转移给消费者，而且欧盟委员会对合并将导致垄断或高市场支配力持怀疑态度。[420]

• 合并的特定性：效率必须是已通知合并的直接结果，并且不能通过反竞争程度较低的替代方案来实现；举证责任由通知方承担[421]。

• 可验证性：效率必须是可验证的，以便欧盟委员会可以合理地确定它们可能会实现，并且各方有责任在适当的时候提供相关信息，以证明效率是特定于合并的，并且很可能实现。[422]

---

[414] 案例 T-342/07 EU：T：2010：280。

[415] 同上，第386~443段。

[416] 《横向合并评估指南》，第79段。

[417] 同上，第80段。

[418] 同上，第81段。

[419] 同上，第82段。

[420] 同上，第84段。

[421] 同上，第85段。

[422] 同上，第86~88段；此点参见案例 T-175/12 *Deutsche Börse v Commission* EU：T：2015：148，第362段。

在 *Inco/Falconbridge* 案[123]中，欧盟委员会考虑了有关合并将提高效率的论点但予以拒绝。当事各方在 *Korsnäs/Assidomän Cartonboard* 案[124]中的效率论证方面更为成功，尽管欧盟委员会无论如何都将无条件批准合并。效率在 *Deutsche Börse/NYSE Euronext* 案[125]、*UPS/TNT Express* 案[126]和 *Hutchison3 G UK/Telefónica UK* 案[127]中得到了广泛讨论，但欧盟委员会禁止了 *Nynas/Shell/Harburg Refinery* 案[128]中的3项合并。欧盟委员会接受了 Nynas 收购 Shell 在 Harburg 的炼油厂将提高效率的说法，但无论如何，合并是被允许的，因为如果没有收购，该炼油厂将被关闭。在 *GE/Alstom* 案[129]中，欧盟委员会同意当事方的意见，即天然气产品和天然气服务的节省将使消费者受益，该效率是针对特定合并的交易，并且是可验证的，但得出的结论是这种效率不足以抵消对消费者的潜在伤害。

（vi）"失败企业"抗辩

《横向合并评估指南》第89段解释说，欧盟委员会可以决定，如果当事方之一是失败企业，那么在其他方面存在问题的合并仍然能够与内部市场相容。[130] 三个叠加性标准是相关的：

- 如果没有其他企业的接管，据称失败的企业将在不久的将来由于财务困难而被迫退出市场。
- 没有比已通知合并反竞争程度更低的替代方案。
- 在没有合并的情况下，失败企业的资产将不可避免地退出市场。[131]

通知方应及时提供相关信息以支持失败企业抗辩。[132] 在 *JCI/VB/FIAMM*

---

[123] 案例 M 4000，2006年7月4日的决定，第529～550段。

[124] 案例 M 4057，2006年5月12日的决定，第57～64段；另见案例 M 4854 *TomTom/Tele Atlas*，2008年5月14日的决定，第238～250段。

[125] 案例 M 6166，2012年2月1日的决定，第1133～1342段；上诉维持原判案例 T－175/12EU：T：2015：148。

[126] 案例 M 6570，2013年1月30日的决定；在上诉至欧盟普通法院的案例 T－194/13 *United Parcel Service v Commission* EU：T：2017：144中，欧盟委员会的决定因程序原因被撤销；欧盟委员会向欧洲法院提出的上诉案例 C－265/17 *P Commission v UPS*，尚未裁决。

[127] 案例 M 7612，2016年5月11日的决定，第2337～2608段；上诉案例 T－399/16 *CK Telecoms UK Investments v Commission*，尚未裁决。

[128] 案例 M 6360，2013年9月2日的决定，第443～474段。

[129] 案例 M 7278 *GE/Alstom*，2015年9月8日的决定，第1362～1363段。

[130] 参见案例 C－68/94 and C－30/95 *France v Commission* EU：C：1998：148；进一步的讨论参见欧盟对经济合作与发展组织圆桌会议"失败企业抗辩"（Failing Firm Defence）（2009年）的投稿，可在 www. oecd. org/competition 上查阅。

[131] 《横向合并评估指南》，第90段。

[132] 同上，第91段。

案[433]中，欧盟委员会拒绝了失败企业抗辩。但是，该抗辩于2013年被成功适用了两次：在*Nynas/Shell/Harburg Refinery*案[434]中是Shell的一个部门而不是Shell本身失败；在*Aegean/Olympic II*案中[435]，Olympic的状态要比先前提议的Aegean与Olympic合并时的情况要差得多。[436]

（E）非横向合并

欧盟委员会的《非横向合并评估指南》[437] 就如何在相关企业活跃于不同相关市场时评估集中度提供了宝贵的指导。该指南依次涉及纵向合并和混合合并。[438] 该指南借鉴了自1990年《欧盟合并条例》生效以来欧盟委员会的裁决实践和欧盟法院的判例。下文并未引用该判例法，但读者应了解，《非横向合并评估指南》包含许多有用的参考资料和相关的先例。该指南以概述开始；然后讨论了市场份额和集中度的重要性，然后依次解决了与纵向合并和企业合并相关的特定问题。下文将保留此序列。

（i）概　述

《非横向合并评估指南》承认，非横向合并和横向合并相比不太可能显著阻碍有效竞争，原因有两个[439]：

- 它们并不意味着在同一相关市场中合并企业之间的直接竞争就会丧失。[440]
- 它们为提高效率提供了很大的空间，例如，通过整合可能导致更低价格和更高产出的互补性活动[441]，或者通过向客户提供更广泛的产品组合，从而

[433] 案例M 4381，2007年10月5日的决定。

[434] 案例M 6360，2013年9月2日的决定，第312~362段。

[435] 案例M 6796，2013年10月9日的决定。

[436] 案例M 5830，2011年1月26日的决定；有关评论参见：KOMNINOS A，JERAM J. Changing Mind in Changed Circumstances：*Aegean/Olympic II* and the Failing Firm Defence［J］. Journal of European Competition Law & Practice，2014，5（9）：605.

[437] OJ［2008］C 265/6；另见：CHURCH J. Impact of Vertical and Conglomerate Mergers［EB/OL］.（2016－07－17）. https//op. europa. eu/en/publication_detail/1－1publication/d95d239－2844－4c95－80a4－218e85e8329/language－en；EAGCP. Non－Horizontal Mergers Guidelines：Ten Principles［EB/OL］.（2006－08－17）. https：//ec. europa. eu/competition－policy/system/files/2021－07/eagcp－opinion_non_horizontal_mergers_guidelines. pdf.

[438] 有关不同的讨论参见：第20章第1005~1006页“合并的横向、纵向与联合效应”。

[439] 《非横向合并评估指南》，第12段。

[440] 同上，第12段。

[441] 同上，第13段。

使它们受益于一站式服务[442]。

但是，该指南还指出，非横向合并可能会导致SIEC，从而以对消费者有害的方式改变合并实体及其竞争者的能力和动机。[443] 欧盟委员会认为（与横向合并一样），应对非横向合并进行审查，以了解可能产生的非协同和协同效应[444]。如果合并可能导致对竞争者的封锁，则可能产生非协同效应[445]；如果合并将使企业能够以协同的方式行事或使其更容易行事，将产生协同效应[446]。欧盟委员会认为合并可能带来的效率是评估的一部分。[447]

（ii）市场份额和集中度

《非横向合并评估指南》指出，如果合并后新实体的市场份额低于30%，合并后的HHI低于2000[448]，欧盟委员会就不太可能担忧竞争。但是，在某些时候，“特殊情况”可能会导致欧盟委员会调查低于这些门槛的合并，例如，合并涉及一家可能在不久的将来大幅扩张的公司（例如由于最近的创新）：在这种情况下，其市场份额将不能反映其未来对市场可能产生的竞争影响，也不能反映出存在一些因素表明合并可以促进协同，例如，剔除极有可能破坏协同行为的企业［通常称之为“特立独行者”（maverick）］。[449] 不存在“超过30%市场份额和2000 HHI的门槛即为非横向合并”的推定。[450]

（iii）纵向合并

（a）非协同效应：封锁

《非横向合并评估指南》区分了两种类型的封锁：输入封锁和客户封锁。[451]

输入封锁发生在合并实体可能限制下游市场竞争者对产品或服务的获取的情况下，这增加了它们的成本，并使它们在该市场上的竞争更加困难。该指南指出，没有必要表明任何竞争者将被迫退出市场，只需有较高的投入成本将导致消费者价格上涨即可。[452] 评估需要分析合并后的实体是否具有：

[442] 同上，第14段。

[443] 同上，第15段。

[444] 同上，第17段。

[445] 同上，第18段。

[446] 同上，第19段。

[447] 同上，第21段。

[448] 同上，第25段。

[449] 同上，第26段。

[450] 同上，第27段。

[451] 参见EU contribution to OECD Roundtable “Vertical Mergers”（2007），可在www. oecd. org/competition上查阅。

[452] 《非横向合并评估指南》，第31段。

- 阻止获取投入的能力，这需要相当大的市场支配力[453]。
- 封锁的动机，这需要分析封锁是否有利可图[454]。
- 对有效竞争的总体可能影响，因为这将导致下游市场价格上涨，例如，通过提高竞争者的成本或增加进入壁垒[455]。

评估中可能会考虑效率。[456]

当供应商与下游市场中的重要客户整合时，就会发生客户封锁：这可能意味着上游市场中的潜在竞争者不再能够获得足够的下游客户基础。[457]与输入封锁一样，《非横向合并评估指南》要求对以下内容进行分析：

- 阻止进入下游市场的能力[458]。
- 是否有动机阻止进入下游市场[459]。
- 对竞争是否有总体可能的影响。[460]

（b）其他非协同效应

《非横向合并评估指南》简要提出了其他可能产生问题的非协同效应，例如，获得有关上游或下游市场竞争者活动的商业敏感信息，从而导致下游市场的定价不那么激进。[461]

（c）协同效应

《非横向合并评估指南》讨论了非横向合并可能导致一种情况，即与以前讨论的横向合并情况相比，这种协同可能变得更可能发生。该指南解释说，有必要考虑以下四个问题：

- 达成协同条件；
- 监控偏离；
- 威慑机制；
- 局外人的反应。[462]

---

[453] 同上，第33~39段。
[454] 同上，第40~46段。
[455] 同上，第47~51段。
[456] 同上，第52~57段。
[457] 同上，第58段。
[458] 同上，第60~67段。
[459] 同上，第68~71段。
[460] 同上，第72~77段。
[461] 同上，第78段。
[462] 同上，第79~90段。

（iv）混合合并

《非横向合并评估指南》还讨论了混合合并导致SIEC的可能性[463]，尽管其指出通常不会出现问题[464]；与纵向合并的情况一样，其首先考虑非协同效应，然后才考虑协同效应。

（a）非协同效应

《非横向合并评估指南》解释说，主要关切的是，混合合并可能导致封锁的效果，例如，使合并后的实体沉迷于搭售、捆绑或其他排他性做法。[465]与纵向合并的情况一样，该指南解释说，有必要考虑：

- 封锁的能力[466]；
- 封锁的动机[467]；
- 对价格和选择的总体可能影响[468]。

（b）协同效应

《非横向合并评估指南》还解释说，混合合并可能产生协同效应，例如通过减少有效竞争者的数量。[469]

（v）近期关于非横向合并的案件

由于一些案例存在纵向问题[470]，欧盟委员会进行了第二阶段调查。在*Google/DoubleClick*案[471]中，欧盟委员会认为，强大的竞争对手（例如Microsoft）的存在意味着合并后的企业既没有能力也没有动机封锁它们，因此得

---

[463] 深入阅读参见：VÖLCKER S. Leveraging as a Theory of Competition Harm in EC Merger Control [J]. Common Market Law Review, 2003, 40 (3): 581；经济合作和发展组织圆桌会议“企业集团合并中的资产组合效应”（Portfolio Effects in Conglomerate Mergers）（2002年），可在www.oecd.org/competition上查阅；Neven‘The Analysis of Conglomerate Effects in EU Merger Control’，可在www.ec.europa.eu上查阅；PROCTOR A J. Conglomerate Mergers: Lessons from Vertical Foreclosure [J]. World Competition, 2015, 38 (4): 571.

[464] 《非横向合并评估指南》，第92段。

[465] 同上，第93段；有关搭售和捆绑，参见第17章第854~864页“搭售行为”以及第18章第913~916页“捆绑”。

[466] 《非横向合并评估指南》，第95~104段。

[467] 同上，第105~110段。

[468] 同上，第111~118段。

[469] 同上，第119~121段。

[470] 除了下文提及的案例，另见例如案例M 4403 *Thales/Finmeccanica/AAS/Telespazio*，2007年4月4日的决定；案例M 4504 *SFR/Télé 2*，2007年7月18日的决定。

[471] 案例M 4731，2008年3月11日的决定；参见：BROCKHOFF J, JEHANNO B, POZZATO V, et al. Google/DoubleClick: The First Test for the Commission's Non-Horizontal Merger Guidelines [J]. Competition Policy Newsletter, 2008 (2): 53.

出结论：该交易不会引起纵向合并相关的问题。在 *Tom – Tom/Tele – Atlas* 案[172]和 *Navteq/Nokia* 案[173]中，欧盟委员会得出结论，取消可导航数字地图输入市场的封锁对合并后的企业不会有利可图；2 项合并都没有附加条件就被批准。在一些案件中需要采取救济措施来解决纵向合并问题，比如 *Thomson/Reuters* 案[174]、*UTC/Goodrich* 案[175]、*Arm/Giesecke and Devrient/Gemalto/JV* 案[176]和 *Liberty Global/De Vijver Media* 案[177]。

在 *Pepsico/The Pepsico Bottling Group* 案[178]中，欧盟委员会否决了对混合（conglomeracy）的担忧，认为合并后的实体将无法通过将其软饮料与咸味零食捆绑在一起而封锁竞争者。[179] 在 *Proctor & Gamble/Gillette* 案[180]、*Pernod Ricard/Allied Domecq* 案[181]以及 *News Corp/BSkyB* 案[182]中，法院也拒绝了关于混合效应的担忧。但是，欧盟委员会确实对 *Intel/Mcafee* 案[183]中的混合效应产生了担忧，这导致了第一阶段调查的承诺：在 *Microsoft/LinkedIn* 案[184]和 *Broadcom/Brocade* 案中也是如此[185]。在 *Microsoft/Skype* 案[186]中，欧盟委员会认为合并不会产生混合效应：上诉后这一认定被维持。[187]

2017 年，欧盟委员会阻止了 *Deutsche Börse/London Stock Exchange Group* 案[188]

---

[172] 案例 M 4854，2008 年 5 月 14 日的决定。

[173] 案例 M 4942，2008 年 7 月 2 日的决定；有关 *TomTom and Navteq* 案的判决参见：ESTEVA MOSSO C，MOTTL M，DE CONINCK R，et al. Digital Maps Go Vertical：TomTom/Tele Atlas and Nokia/NAVTEQ［J］. Competition Policy Newsletter，2008（3）：70；DE CONINCK R. Economic Analysis in Vertical Mergers［J］. Competition Policy Newsletter，2008（3）：48.

[174] 案例 M 4726，2008 年 2 月 19 日的决定。

[175] 案例 M 6410，2012 年 7 月 26 日的决定。

[176] 案例 M 6564，2012 年 11 月 6 日的决定。

[177] 案例 M 7194，2015 年 2 月 24 日的决定。

[178] 案例 M 5633，2009 年 10 月 26 日的决定。

[179] 同上，第 29 ~ 40 段。

[180] 案例 M 3732，2005 年 7 月 15 日的决定。

[181] 案例 M 3779，2005 年 6 月 24 日的决定。

[182] 案例 M 5932，2010 年 12 月 21 日的决定。

[183] 案例 M 5984，2011 年 1 月 26 日的决定。

[184] 案例 M 8124，2016 年 12 月 6 日的决定。

[185] 案例 M 8314，2017 年 5 月 12 日的决定。

[186] 案例 M 6281，2011 年 10 月 7 日的决定。

[187] 案例 T – 79/12 *Cisco Systems Inc v Commission* EU：T：2013：635。

[188] 案例 M 7995，2017 年 3 月 29 日的决定，第 544 ~ 709 段，有关讨论参见：ASTUTI G，BERGMANN A，DE LOUCAS ABRIL L，et al. OB/LSE – Assessing Financial Infrastructure Markets Network Effects Service Portfolios and Viability of Remidies［J］. Competition Merger Brief，2017（2）：13（可在 www. ec. europa. eu 上查阅）.

的混合合并，部分原因是出于对纵向效应的担忧；在欧盟委员会看来，合并后的企业将有能力和动机部分地封锁交易后服务提供商，尤其是与其最接近的竞争者。那年晚些时候，欧盟普通法院在 *KPN v Commission* 案[189]中接受了第三方反对欧盟委员会批准 *Liberty Global/Ziggo* 案[190]中的交易的主张，即欧盟委员会未能分析合并对付费电视体育频道的溢价市场的纵向效应。

(F)《欧盟合并条例》第2条第4款和第5款：全功能合营企业和"溢出效应"

如果全功能合营企业属于欧盟层面，则应在《欧盟合并条例》的程序框架内进行分析。只要它会引起市场结构的变化，则将根据刚刚讨论的《欧盟合并条例》第2条第1~3款进行调查。但是，对于全功能合营企业，还需要考虑另一种可能性，即合营企业的成立是否会导致保持彼此独立的企业行为的协同——这有时被称为溢出效应。这是根据《欧盟合并条例》第2条第4款和第5款的规定进行测试的，该规定基于《欧盟运行条约》第101条和欧盟委员会的决策实践。

第2条第4款规定：

> 如果根据第3条设立的合营企业参与一项以协同保持独立的企业的竞争行为为目的或效果的集中，则应根据《欧盟运行条约》第101条第1款和第3款，以查明该操作是否与［内部］市场相容。

第2条第5款规定：

> 在进行评估时，欧盟委员会应特别考虑：
>
> ——两个或多个母公司是否在很大程度上保留了与合营企业相同的市场中的活动，或在合营企业的下游或上游的市场中或与该市场密切相关的邻近市场中的活动。
>
> ——作为建立合营企业的直接后果的协同是否使相关企业有可能消除有关产品或服务中的大部分竞争。

(i) 一个实际案例

借助示例，可以最好地理解这些规定的操作（参见图21.5）。

---

[189] 案例 T－394/15 EU：T：2017：756。

[190] 案例 M 7000 *Liberty Global/Ziggo*，2014年10月10日的决定。

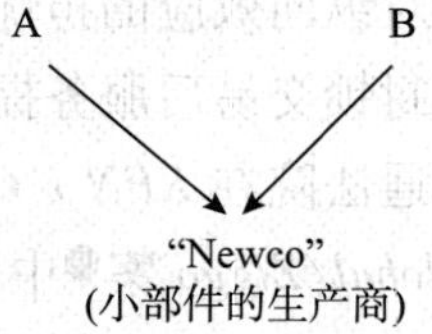

图 21.5　全功能合营企业的示例

注：A 和 B 是小部件氧化物的生产商。

假设两个小部件生产商 A 和 B 决定将其小部件生产合并为合营企业"Newco"。进一步假设 A 和 B 都将继续生产小部件氧化物（这是生产小部件所必需的原材料）并将它们提供给 Newco。在这种情况下，A 和 B 将在小部件氧化物的上游市场中占有一席之地。[491]

根据《欧盟合并条例》第 2 条第 1 ~ 3 款的标准和《横向合并评估指南》测试这两个小部件业务的合并：

- Newco 的市场份额和市场支配力将是什么？
- 会有抵消性买方力量吗？
- 合并会导致特定于合并的效率提高吗？

但是，关于该合营企业还需要问的另一个问题是，A 和 B 参与 Newco 的事务是否会导致它们在上游市场以协同的方式行动，例如，因为它们将了解关于彼此的氧化物的定价政策或产能扩展计划。以下根据《欧盟合并条例》第 2 条第 4 款和第 2 条第 5 款的标准对这个问题进行评估。

（ii）实践中的《欧盟合并条例》第 2 条第 4 款与第 5 款

实际上，第 2 条第 4 款和第 5 款并未引起许多困难的案件。第一个对溢出效应进行考虑的第二阶段调查是针对电信运营商 BT 与 AT&T 之间的合营企业。[492] 欧盟委员会确定了某些可能进行协同的候选市场，然后首先考虑了这种协同是否会因合营企业而发生，其次考虑是否任何竞争限制都是可取的。对该合营企业的批准符合消除母公司协同风险的承诺，包括剥离 AT&T 的全资子公

---

[491] 同样有可能在下游市场或横向相邻市场中发生溢出效应。

[492] 案例 JV 15 *BT/AT&T*，1999 年 3 月 30 日的决定；在案例 JV 27 *Microsoft/Liberty Media/Telewest* 中，一项针对溢出效应的第二阶段调查在集中被放弃后终止；首件在第一阶段调查中作出的决定是案例 JV 1 *Schibsted Multimedia AS/Telenor AS/Telia AB* 1996 年 5 月 27 日的决定。在一些第一阶段案例中，承诺被接受，例如案例 M 1327 *NC/Canal+/CDPQ/Bank America*，1998 年 12 月 3 日的决定；案例 JV 37 *BSkyB/KirchPay TV*，2000 年 3 月 21 日的决定。

司ACC。[493] 在另一项第二阶段调查中，即 *Areva/Urenco/ETC JV* 案[494]，欧盟委员会关切的是，由于合营企业使与铀浓缩相关的信息交换范围扩大，合营企业将导致 Areva 和 Urenco 之间的协同。当事各方承诺加强当事各方和合营企业之间以及当事各方之间的防火墙。[495] 欧盟委员会研究了 *Sony/Bertelsmann* 案[496]和 *Telefónica UK/Vodafone UK/EE/JV* 案[497]中可能产生的溢出效应，但其认为这不是问题。

（G）与合并直接相关且必要的合同限制："辅助限制"

（i）介 绍

《欧盟合并条例》评论21和第6条第1款（b）项、第8条第1款和第2款认识到某些合同限制可能与成功实施合并直接相关且必要。批准合并的决定的一个明显的例子是，两家企业将其小部件业务合并为合营企业（Newco），并同意不与Newco的小部件业务竞争，因为这样做会破坏交易的真正目的。问题是，在合并过程中是否同时清除了通常为简化起见而称之为"辅助限制"的这类条款。欧盟委员会已发布了有关该主题的一系列通知，最近的通知是2005年《关于与集中直接相关且必要的限制的通知》（以下简称《辅助限制通知》）。[498] 与此相关的还有欧盟委员会在 *Telefónica SA/Portugal Telecom SGPS SA* 案[499]中作出的7900万欧元的处罚决定。该案中 Telefónica 收购了一家在巴西提供移动电话服务的合营企业的独占控制权，其协议中的一项不竞争条款意味着双方将不会分别在葡萄牙和西班牙相互竞争。[500]《欧盟合并条例》规定，对合并的批准决定将清除所有辅助限制，但相关企业应自行评估哪些限制属于辅助限制（如自第1/2003号条例通过以来，《欧盟运行条约》第101条的情况通常如此）。欧盟委员会不会在批准决定中声明哪些限制是辅助性的；它仅在特定或未解决的问题引起真正不确定性的情况下提供指导，其他纠纷必须在国

[493] 参见欧盟委员会《关于竞争政策的第29号报告》（1999），第185段。

[494] 案例 M 3099，2004年10月6日的决定。

[495] 同上，第222～225段、第231～232段。

[496] 案例 M 3333，2004年7月19日的决定，第176～182段。

[497] 案例 M 6314，2012年9月4日的决定，第585段。

[498] OJ［2005］C 56/24，取代之前的通知（OJ［2001］C 188/5）。

[499] 欧盟委员会2013年1月23日的决定，上诉维持原判案例 T－208/13 *Portugal Telecom v Commission* EU：T：2016：368 和案例 T－216/13 *Telefónica SA v Commission* EU：T：2016：369，进一步上诉维持原判案例 C－487/16 P EU：C：2017：961。

[500] 特别参见：*Telefónica/Portugal Telecom* 案判决中讨论辅助限制原则的第367～433段。

家法院解决。[501] 如果限制不是辅助性的，则其本身并不损害它：而是根据《欧盟运行条约》第 101 条和第 102 条以及国家竞争法接受独立审查。[502] 在 *Siemens/Areva* 案[503]（第 1/2003 号条例第 9 条规定的案件）[504] 中，欧盟委员会接受了这些企业具有法律约束力的承诺，以限制其认为过分的竞业禁止和保密条款的时长和范围，欧盟委员会认为这些条款过多，因此对于欧盟层面的早期集中来说是非辅助性的。

（ii）一般原则

《辅助限制通知》第 11 段解释说，直接相关和必要性的标准本质上是客观的：仅当事方将其视作这样是不够的。只有在如果没有该限制的情况下，合并将无法实施，或只能在更不确定的条件下，以高得多的成本、更长的时间或更大的困难实施时，限制才是必要的。[505] 给出的例子包括为了保护转移业务的价值、原经济实体解体后维持供应的连续性或使新实体能够启动而必须实行的限制，同时必须考虑该限制的期限、主题和适用的地域范围。[506]

（iii）在企业并购案例中的适用原则

《辅助限制通知》第 17 段解释说，作为一般性提议，需要保护的是收购方，例如，确保收购方能获得其所支付业务的全部价值；对于为供应商提供保护的限制，人们显示出更大的怀疑态度。该通知检查了三种类型的限制——不竞争条款、许可协议以及采购和供应义务：

- 不竞争条款：为保证将转让的资产的全部价值（包括实物资产和无形资产，例如商誉和技术秘密）[507] 全部转让给收购方，这些条款是必要的。它们的持续时间、适用的地理区域、主题和人员范围必须限于实现集中所需的条件。作为一般性建议，商誉和技术秘密转让的最长期限为 3 年[508]，而仅包括商誉的期限最长为 2 年。[509] 该条款的地理范围应限于卖方在转让前提供相关产品

---

[501] 《辅助限制通知》，第 2～6 段；在实践中，通常在仲裁程序中处理关于限制是否为辅助性的争议：关于竞争法的仲裁，参见第 8 章第 414～416 页“仲裁”。

[502] 《辅助限制通知》，第 7 段。

[503] 参见：欧盟委员会新闻稿 IP/12/618，2012 年 6 月 18 日。

[504] 关于承诺，参见：第 7 章第 322～328 页“第 9 条：承诺”。

[505] 《辅助限制通知》，第 13 段。

[506] 同上。

[507] 同上，第 18 段。

[508] 同上，第 19 段。

[509] 同上，第 20 段；可能例外地允许更长的时间：参见《辅助限制通知》脚注 21。

或服务的地区。[510] 该条款应类似地限于构成所转让企业的经济活动的产品或服务。[511] 非邀约和保密条款具有可比的效果，因此以相同的方式进行评估[512]。

• 许可协议：卖方可能保留知识产权，以将其用于除转让给收购方的活动以外的其他活动，但出于其目的将知识产权许可给收购方。此类许可（例如专利或技术秘密）可以是辅助性的，但对购买者生产地域的限制将不是辅助性的，保护许可人而不是被许可人的限制也不是。[513]

• 采购和供应协议：可能需要这些协议，以避免转让业务中传统的采购和供应渠道中断；这些协议对收购方和购买方双方都有利，期限最长为5年；但是，排他性条款和类似条款将不被视为辅助限制条款。[514]

（iv）全功能合营企业案例中的适用原则

《辅助限制通知》第36～44段探讨了对全功能合营企业的相同类型的限制：

• 不竞争义务：在合营企业案件中，需要不与合营企业竞争的义务以确保谈判中的诚意、充分利用合营企业的资产并使合营企业能够吸收转移给它的技术秘密和商誉；此类义务可以被视为在合营企业整个生命周期的辅助义务，而不仅仅是从另一家企业收购企业时设想的2年或3年的义务。[515] 非邀约和保密条款的评估方式相同。[516]

• 许可协议：原则与企业并购的原则相同[517]。

• 采购和供应义务：同样适用与企业并购相同的原则。[518]

6. 救济措施

实践中，大多数合并都是在第一阶段调查内被无条件批准的。此外，完全

---

[510] 同上，第22段。

[511] 同上，第23段。

[512] 同上，第26段。

[513] 同上，第27～31段；但请注意，根据第316/2014号条例的规定，超出《辅助限制通知》条款中的辅助性范围的许可可能被集体豁免：参见第19章第966～977页“技术转让协议：第316/2014号条例”。

[514] 《辅助限制通知》，第32～35段；但请注意，根据第330/2010号条例的规定，超出《辅助限制通知》条款中的辅助性范围的纵向协议可能被集体豁免：参见第16章第807～832页“纵向协议：第330/2010号条例”。

[515] 《辅助限制通知》，第36段。

[516] 同上，第41段。

[517] 同上，第42～43段。

[518] 同上，第44段。

禁止的情况很少见。在无条件批准和完全禁止集中之间，还有另一类重要案件：欧盟委员会准予合并，但要由当事各方承诺修改其拟议的交易，以解决欧盟委员会发现的竞争问题。此类承诺的谈判是许多合并案的重要特征。截至2017年12月8日，欧盟委员会已经接受了290项第一阶段案件和122项第二阶段案件的承诺。这意味着在获得欧盟委员会批准之前，6%的欧盟层面的合并需要修改。[519]

欧盟委员会已经发布了两个与审议救济措施有关的文本：《关于救济措施的通知》[520] 和《最佳实践指南：欧盟委员会关于剥离承诺和受托人授权的示范文本》[521]。

(A) 承诺的法律依据

《欧盟合并条例》中针对第一阶段调查的第6条第2款和针对第二阶段调查的第8条第2款提供了将承诺作为解决合并案件的方式的法律依据。第6条和第8条均规定欧盟委员会可以对允许合并的决定附加条件或义务；此类条件和义务旨在确保相关企业遵守其向欧盟委员会作出的修改其交易的承诺。《欧盟合并条例》评论30指出，第一阶段的承诺适用于竞争问题易于识别和解决的情况。它补充说，在整个程序中应确保透明度以及成员国和相关第三方的有效磋商。[522] 评论31解释了不遵守条件和义务的各种后果。这些后果包括：

- 欧盟委员会下令解散已经生效但违反第一阶段（第6条第3款）或第二阶段（第8条第4款）条件的合并的可能性。
- 在违反第一阶段或第二阶段条件的情况下采取临时措施恢复或维持有效竞争条件的权力（第8条第5款）。
- 在企业违反决定所附义务的情况下撤销决定的权力（第8条第6款）。

《欧盟合并条例》第14条第2款规定，如果不遵守决定所附的条件或义务，将处以相关企业总营业额10%的罚款；第15条第1款（c）项规定，如果不履行义务，应定期支付罚款。

(B) 欧盟委员会《关于救济措施的通知》

欧盟委员会于2008年10月发布了修订后的《关于救济措施的通知》。欧

---

[519] 可以在以下链接访问本段中的统计信息：www. ec. europa. eu/competition/mergers/statistics. pdf。

[520] OJ［2008］C 267/1，替换之前的通知 OJ［2001］C 68/3。

[521] 可在 www. ec. europa. eu/competition/mergers/legislation/best_practice. html 上查阅。

[522] 另见《关于救济措施的通知》，第81段。

盟委员会还通过了第1033/2008号条例[523]，该条例对第802/2004号条例进行了修订，以提供一种新表格（RM表格）的格式，企业在提供救济时必须提交该表格给欧盟委员会；第1033/2008号条例还阐明，可以任命一个或多个独立的受托人来协助欧盟委员会监督当事方对它们所作承诺的遵守情况。修订后的《关于救济措施的通知》反映了竞争总司的《2005年合并救济研究》[524] 所得出的见解，其中研究了1996～2000年根据《欧盟合并条例》接受的40个案例中96项救济措施的设计、实施和有效性。该研究的结论是：需要谨慎确定剥离业务的正确范围；确保在剥离前将其临时保存；批准足够的购买者；并确保有效监督救济措施的执行情况。

（i）一般原则

《关于救济措施的通知》第2节讨论了与救济措施有关的一般原则。大多数讨论是关于采取救济措施的必要性，以解决合并可能严重影响《欧盟合并条例》第2条第3款所指的有效竞争的可能性，但是第4段指出，该通知还与根据第2条第4款可能产生的溢出效应所需的救济措施有关。该通知的第6段承认，欧盟委员会无权单方面对合并的批准施加条件：它只能根据当事方提供的承诺这样做。[525] 第7段解释说，欧盟委员会需要引入RM表格。只有交易的当事方才具有必要的相关信息，以证明救济措施可以解决欧盟委员会关切的竞争问题；因此，它们必须向欧盟委员会提供该信息，以便它可以进行评估。但是，《关于救济措施的通知》第8段指出，欧盟委员会对经提议的承诺修改后的合并仍然会严重阻碍有效竞争承担举证责任。[526]

经修订的第802/2004号条例建立了一个新的附件，即附件Ⅳ，规定了RM表格中必须包含的信息。它要求通知方提交有关提供的承诺的详细信息，尤其是如果提供的承诺包括对企业的资产剥离，则应提供具体信息。如果欧盟委员会认为在特定情况下没有必要，则可以放弃对某些信息的提供。RM表格分为五个部分，分别处理：

---

[523] OJ［2008］L 279/3。

[524] 可在 www. ec. europa. eu/competition/mergers/studies_reports/studies_reports. html 上查阅；另见：DAVIES S，LYONS B. Mergers and Merger Remedies in the EU［M］. Cheltenham：Edward Elgar Publishing，2008；HOEG D. European Merger Remedies：Law and Policy［M］. London：Hart，2014；经济合作与发展组织最佳实践圆桌会议“合并案件中的救济”（Remedies in Merger Cases）（2011年），可在 www. oecd. org/competition 上查阅。

[525] 参见案例 T－210/01 *General Electric v Commission* EU：T：2005：456，第52段；案例 T－87/05 *EDP v Commission* EU：T：2005：333，第105段。

[526] 参见案例 T－87/05 *EDP v Commission* EU：T：2005：333，第62段及其后段落。

- 承诺说明；
- 是否适合消除竞争问题；
- 对与欧盟委员会关于剥离承诺和受托人授权的示范文本的任何偏离的解释；
- 承诺摘要；
- 有关要剥离的任何业务的信息。

这五个部分的最后一部分需要大量有关要剥离的业务的性质的信息，包括：

- 要转让的资产（包括知识产权和品牌）；
- 组织结构图，标识当前为相关企业工作的人员；
- 业务的客户；
- 财务数据，包括所涉及业务的最近2年的营业额以及对未来2年的预测；
- 解释为何在适当的承诺所建议的期限内合适的购买者将收购该企业。

收集和提供这些信息有时是一项复杂的任务，但是无论该案件是在第一阶段还是第二阶段，都必须在《欧盟合并条例》的紧迫时间表内将这些信息提供给欧盟委员会。因此，当事方及其专业顾问需要在调查的早期阶段开始设计可能的救济措施并准备RM表格草案——很可能是在他们仍在争论该案并不会严重阻碍有效竞争或产生溢出效应时。

该通知非常强调有效执行和监督承诺的必要性。其第14段指出，当事方提出广泛而复杂的救济措施时，以 *EN/EDP/GDP* 案[527]和 *Volvo/Scanias* 案[528]为例，这些救济措施不太可能被接受。欧盟委员会对所涉承诺可能采取的形式具有广泛的酌处权。[529] 第15~17段明确指出，相对于行为救济，更倾向于结构性的救济措施，例如资产剥离和授予对关键基础设施的使用权，尽管不能自动排除使用行为救济措施的可能性。[530] 行为救济有很多弊端：合并前的竞争比合并后的监管更可取；救济措施可以增加市场的透明度，使默示协同更加容易；它们需要持续的监控和执行。欧盟委员会认为，对未来行为的承诺只有在非常特

---

[527] 案例M 3440，2004年12月9日的决定，OJ［2005］L 302/69；上诉维持原判案例T-87/05 *EDP v Commission* EU：T：2005：333，第102段。

[528] 案例M 1672，2000年3月15日的决定，OJ［2001］L 143/74。

[529] 案例T-177/04 *easyJet v Commission* EU：T：2006：187，第197段和引用的案例。

[530] 欧盟法院在多项判决中确认了行为救济的可能性，如案例C-12/03 P *Commission v Tetra Laval* EU：C：2005：87，第85~89段；有关进一步讨论，参见：EZRACHI A. Behavioural Remedies in EC Merger Control：Scope and Limitations［J］. World Competition，2006，29（3）：459.

殊的情况下才能被接受。[531]

（ii）各种不同的救济

《关于救济措施的通知》第3节讨论了不同类型的救济措施。第22~57段涉及将企业出售给合适的购买者，第58~60段讨论了对与竞争者的联系的移除，第61~69段考虑了“其他救济措施”。该节最后部分涉及审查条款。

（a）将业务转让给合适的购买者

该通知第23段解释说，被剥离的活动必须包括一项可行的业务，如果由合适的购买者经营，则可以持久地与合并后的实体有效竞争；该业务在持续经营的情况下被剥离。第25~31段讨论了确定要剥离的业务的正确范围的重要性。第30段指出，要剥离的业务必须是可行的，因为在评估救济措施的阶段将不会考虑潜在购买者的资源：当提出候选购买者时，这将需要单独的批准决定。通知的第56段和第57段讨论了这种情况的例外情况：如果在调查过程中确定了特定的购买者，并且当事各方签订了具有法律约束力的出售协议，则欧盟委员会将在其最终决定中决定购买者是否合适，并无需后续批准。欧盟委员会欢迎此类“先行修正”（fix it first）的救济措施，尤其是在购买者的身份对于所提议救济措施的有效性至关重要的情况下[532]。

《关于救济措施的通知》第32段和第33段说，欧盟委员会显然倾向于剥离可以独立运作的现有业务，也就是说，独立于合并实体的投入或与合并实体的合作。第35段和第36段讨论了需要从合并实体的其他业务中剥离一项业务的情况，即将一组能够被剥离的资产放在一起，而这些资产以前是作为一个单独的实体存在的[533]；欧盟委员会不赞成分割，尽管它承认将它们完全排除在外是不合适的，并且在实践中它们很普遍。欧盟委员会更赞同在对任何将被合并实体保留的企业进行反向分拆的情况下出售独立企业。第37段对品牌等资产剥离表示怀疑，这些品牌过去不曾是一个统一和可行的业务。第43段指出，当当事方承诺进行资产剥离时，通常应期望它们同意在10年内不重新获得对资产剥离的影响力。

《关于救济措施的通知》第47~57段详细讨论了将业务转移给合适的购买者的必要性，也就是说，购买者应独立于当事方，并且具有财力、专业知

---

[531] 比如第一阶段合并将基于行为救济被批准，参见案例 M 6564 *ARM/Giesecke & Devrient/Gemalto/JV*，2012年11月6日的决定，第214~237段。

[532] 参见案例 M 7881 *AB InBev/SABMiller*，2016年5月24日的决定，其中，拟议的承诺将Asahi确定为潜在购买者；类似地，参见案例 M 7917 *Boehringer Ingelheim/Sanofi Animal Health*，2016年11月9日的决定。

[533] 有关分拆的救济，参见竞争总司的《2005年合并救济研究》，第74~80页。

识、动机和能力去维持并发展被剥离资产，并且能够在没有监管问题的情况下收购该业务。该通知也涉及以下情况：欧盟委员会要求在有条件的决定后（第52段）的固定期限内剥离业务，或者要求在交易完成前确定先期购买者（第53～55段）[534]，或接受“先行修正”（参见前文）。第44～46段解释说，在某些情况下，有可能提供替代性承诺，其中包括优先选择权，但如果没有实现第一个承诺，则可以提供第二个承诺。有时这被称为“皇冠上的宝石”（Crown Jewel）承诺：可以在 *Nestlé/Ralston Purina* 案[535]和 *Johnson & Johnson/Guidant* 案[536]中找到示例。

（b）消除与竞争者的联系

《关于救济措施的通知》第58～60段讨论了消除与竞争者的联系（例如，通过剥离合营企业的少数股权或终止分销协议）。第59段解释说，在特殊情况下，同意放弃股票的投票权就足够了，而不需实际出售权利。在 *Glencore/Xstrata* 案[537]中，Glencore 同意放弃其在 Nystar 的少数股权，作为欧盟委员会批准的一个条件。

（c）其他救济措施

《关于救济措施的通知》第61～69段涉及其他救济措施，特别是关于授予对关键基础设施、网络和关键技术（例如专利）的使用权的承诺。在许多情况下这种救济办法都被接受了——在正文的脚注中有帮助地援引了这种救济措施。第66段特别强调了对这种救济措施进行有效监督的必要性——这可能包括会计分离，以便可以确定运营关键基础架构的成本，以及用于确定有关使用权的纠纷的快速争议解决机制。第69段重申了先前的观点，即欧盟委员会认为，只有在特殊情况下，才可以接受关于未来行为的行为救济。第70段指出，在某些情况下，在有限的时间内可以接受非剥离性救济。

（d）审查条款

承诺通常应包含一个审查条款，允许欧盟委员会准予延长时间或放弃、修改或替代承诺。第71～76段讨论了这个问题。

（iii）程序问题

《关于救济措施的通知》的第4节涉及程序，依次处理第一阶段和第二阶

---

[534] 例如，要求先期购买者获得欧盟委员会批准的例子参见案例 M 7567 *Ball/Rexam*2016 年 1 月 15 日的决定和案例 M 7637 *Liberty Global/BASE Belgium*2016 年 2 月 4 日的决定；欧盟委员会在案例 M 6663 *Ryanair/Aer Lingus III* 2013 年 2 月 27 日的决定中拒绝了被提议的先期购买者。

[535] 案例 M 2337，2001 年 7 月 27 日的决定。

[536] 案例 M 3687，2005 年 8 月 25 日的决定。

[537] 案例 M 6541，2012 年 11 月 22 日的决定。

段的承诺。第802/2004号条例第19条第1款规定，第一阶段承诺应在收到通知之日起20个工作日内提交；《欧盟合并条例》第10条第1款第二段规定，在提供承诺的情况下，欧盟委员会作出第一阶段决定的期限从25个工作日延长至35个工作日。鉴于涉及的时间表紧迫，第82段强调必须及时提供第一阶段的承诺。第802/2004号条例第19条第2款要求在欧盟委员会决定进行第二阶段调查之日起50个工作日内提交第二阶段承诺；该期限可以再延长15个工作日，在第二阶段调查的第55~65天提交承诺。第88~94段讨论了时间安排问题，包括特殊情况，在这种特殊情况下，承诺有可能在期限届满后提交。

（iv）承诺的适用

《关于救济措施的通知》第5节依次讨论了剥离程序、购买者的批准、当事人在过渡期间的义务、监督和剥离受托人的作用以及各方在剥离实施后的义务。第97段解释说，剥离过程可以分为两个时期。在第一个剥离期中，双方寻找合适的购买者。如果不成功，则会进入“受托人剥离期间”，即指定一个剥离受托人出售业务。第98段指出，欧盟委员会的经验是，较短的资产剥离期有助于资产剥离的成功，通常预期第一个资产剥离期将持续6个月左右，而受托人资产剥离期将持续3个月左右。预计再用3个月完成交易。

如第101~106段所述，欧盟委员会将要求购买者是一个合适的购买者；如果欧盟委员会认为并非如此，则将为此作出一项决定：该决定可在欧盟普通法院面前被质疑，例如由被欧盟委员会拒绝的潜在购买者提出。[538] 在 *Éditions Odile Jacob SAS v Commission* 案中，监督受托人批准了Editis拥有的各种出版资产的潜在购买者 Wendel Investisssement：出售是批准 *Lagardere/Natexis/VUP* 案交易[539]的一个条件；作为资产的竞争购买者，Editions Odile 成功地挑战了对Wendel作为购买者资格的批准，因为受托人报告说Wendel因作为购买者与出版资产的独立性不足而不适合。[540] Éditions Odile 还对欧盟委员会重新批准Wendel作为购买者的决定提出了挑战，但第二次未能成功。[541]

众所周知，出售给购买者本身就等于欧盟层面的合并，因此必须根据

---

[538] 参见潜在购买者的上诉（未成功）案例 T-342/00 *Petrolessence v Commission* EU：T：2003：97；对照英国法下的案例 1081/4/1/07 *Co-operative Group Ltd v OFT* [2007] CAT 24：参见第22章第1152~1155页“代替审查的承诺”。

[539] 案例 M 2978，2004年1月7日的决定。

[540] 案例 T-452/04 EU：T：2010：385；上诉维持原判案例 C-553/10 P etc EU：C：2012：682。

[541] 案例 T-471/11 *Éditions Odile Jacob SAS v Commission* EU：T：2014：739；上诉维持原判案例 C-514/14P *Éditions Odile Jacob SAS v Commission* EU：C：2016：55。

《欧盟合并条例》通知欧盟委员会。[542] *Asahi/AB InBev CEE Divestment Business* 案[543]是一个很好的例子，这是根据欧盟委员会在 *AB InBev/SABMiller* 案[544]中要求的救济措施进行的撤资。

第 107 ~ 116 段讨论了在业务剥离之前各方的义务，依次涉及三点：临时保留企业生存能力的保障；剥离过程的必要步骤（如果相关）；以及准备剥离业务的必要步骤。各方将被要求将相关业务与任何保留的业务分开，通常将需要任命单独的经理。

第 117 ~ 127 段对监督和剥离受托人各自的作用进行了有益的讨论。[545] 监督受托人的五项主要任务是：

- 确保待剥离的业务在过渡期内不降级；
- 在分拆案件中监督资产剥离和被剥离业务与保留业务之间的人员分配；
- 监督双方寻找潜在购买者并转移业务的努力；
- 充当第三方任何请求的联系点；
- 在定期履约报告中向欧盟委员会报告这些问题。

剥离受托人（在该通知的第 118 段中被描述为欧盟委员会的“耳目”）将获得不可撤销的排他性授权，以在特定期限内将业务出售给合适的购买者；不会指定最低价格。监督和剥离受托人可能但不一定是同一个人或机构。根据欧盟委员会的经验，审计公司和其他咨询公司可能特别适合担任监督受托人，投资银行似乎特别适合担任剥离受托人的角色。

第 128 段指出，欧盟委员会希望能够在其决定通过后的 10 年内监督承诺的履行情况，并保留在此期间要求当事方提供信息的权利。

（v）承诺的审查

承诺通常包括一项审查条款，允许欧盟委员会应当事各方的要求延长期限，或在特殊情况下放弃、修改或替代承诺。在 *Lufthansa/Swiss* 案[546]中，欧盟委员会拒绝了 Lufthansa 要求部分放弃为确保在第一阶段获得批准而作出的承诺的请求。[547]

---

[542] 参见《关于救济措施的通知》第 104 段和脚注 2 中给出的例子。

[543] 案例 M 8357，2017 年 3 月 1 日的决定。

[544] 案例 M 7881，2016 年 5 月 24 日的决定。

[545] 另见欧盟委员会的《最佳实践指南：欧盟委员会关于剥离承诺和受托人授权的示范文本》（2013 年 12 月 5 日）。

[546] 案例 M 3770 *Lufthansa/Swiss*，2016 年 7 月 25 日的决定；上诉案例 T－712/16 *Lufthansa v Commission*，尚未裁决。

[547] 案例 M 3770，2005 年 7 月 4 日的决定。

（C）实践中的救济措施

制定救济措施有时需要与美国等其他司法管辖区的竞争主管机构进行广泛合作。[548] 在某些情况下，第三方就（其认为的）欧盟委员会过于慷慨地接受合并各方的承诺的案件已向欧盟普通法院提出上诉。[549] 本章最后部分讨论了欧盟委员会在最近的第二阶段案件中接受承诺的一些案件。[550]

7. 调查与执行的权力

欧盟委员会被赋予广泛的调查权，并有权对违反《欧盟合并条例》的行为处以罚款；尽管根据《欧盟合并条例》，其没有权力对自然人的住所进行“黎明突袭”（dawn raid），但其权力大体上符合第1/2003号条例中包含的规则。[551] 为了使欧盟委员会能够履行其职责，《欧盟合并条例》规定其有权要求提供信息（第11条）、进行现场调查（第13条）[552] 并处以罚款和定期处罚（第14条和第15条）。根据第11条而要求提供信息是几乎所有调查的标准功能，并且可以将相关信息同时发送给通知方和其他企业，例如可能向竞争总司提供相关信息的竞争者、供应商和客户。在检查期间提供不正确或具有误导性的信息或破坏在房屋、书籍或记录上加盖的封条的罚款最高可为上一财政年度相关企业全球总营业额的1%。[553] 在没有通知的情况下并且未经欧盟委员会根据《欧盟合并条例》第7条批准而实施合并、违反第8条决定实施合并或不遵守决定附带的条件或义务的罚款可能高达占上一财政年度全球集团总营业额的10%。[554] 在确定罚款额时，第14条第3款要求欧盟委员会考虑违法的性质和严重性。第15条规定了如果企业继续提供例如不正确的信息或不接受检查，欧盟会议有权对企业处以每日不超过日均营业额5%的定期罚款。巨额罚款的可能性与根据第8条第4款要求撤销已经生效的集中的权力一起，意味着不遵守《欧盟合并条例》的要求行事是非常不明智的。欧盟法院被由第16条赋予无

---

[548] 参见第12章第633～634页“实践中的合作协议”。

[549] 参见本章第1110～1111页“对有条件批准的上诉”。

[550] 参见本章第1113～1126页“实践中的《欧盟合并条例》”。

[551] OJ［2003］L 1/1。

[552] 参见：案例M 1157 *Skanska/Scancem*，1997年12月19日的决定，第11段；欧盟委员会的MEMO/07/573，2007年12月13日；案例M 6106 *Caterpillar/MWM*，2011年10月19日的决定，第14段。

[553] 《欧盟合并条例》第14条第1款。

[554] 同上，第14条第2款。

限的管辖权，以审查施加罚款或定期罚款的决定。

第一笔罚款（33000欧元）是在1998年在*Samsung*案[555]中针对Samsung作出的，原因是它未通知和未经欧盟委员会事先批准而进行了操作；这种现象通常被称为"抢跑"[556]。在*AP Møller*案[557]中，对未通知并在调查被通知人的过程中发现的3项集中进行了罚款，处以21.9万欧元的较高罚款。在设定罚款水平时，欧盟委员会指出，没有通知不是故意的，但存在过失，AP Møller是欧洲一家大型企业，可以预期其对《欧盟合并条例》有充分的了解，并且集中在提请欧盟委员会注意之前已经进行了相当长的时间。一个减轻的因素是竞争过程没有受到损害。一笔2000万欧元的更高罚款出现在2009年的*Electrabel/Compagnie Nationale du Rhône*案[558]中：欧盟委员会得出结论，Electrabel早在几年前即2003年12月就获得了CNR的实际控制权，但没有得到欧盟委员会的事先批准。欧盟委员会还在*Marine Harvest*案[559]中处以2000万欧元的罚款，因为*Marine Harvest*通过收购Morpol 48.5%的股份已经获得了对该公司事实上的控制权；欧盟委员会的决定在被上诉至欧盟普通法院后得到维持。[560]合并本身在第一阶段结束时得到了批准，但要符合条件。[561] 2018年4月24日，欧盟委员会对Altice的"抢跑"进行了1.25亿欧元罚款[562]；它正在调查*Canon/Toshiba Medical*案的同一问题。[563]

1999年的*Sanofi/Synthélabo*案、*KLM/Martinair*案和*Deutsche Post*案[564]和

---

[555] 案例M 920，1998年2月18日的决定，OJ［1999］L 225/12。

[556] 有关"抢跑"，参见：MODRALL J，CIULLO S. Gun-Jumping and EU Merger Control［J］. European Competition Law Review，2003，24（9）：424；MLOMAR B，MOONEN S，NAVEA G，et al. Electrabel/CNR：the Importance of the Standstill Obligationin Merger Proceedings［J］. Competition Policy Newsletter，2009（3）：58；MODRALL J. The EU Gets Tough on Gun-Jumping［J］. The M&A Lawyer 2017，21（8）：12.

[557] 案例M 969，1999年2月10日的决定，OJ［1999］L 183/29。

[558] 案例M 4994，2009年6月10日的决定；案例T-332/09 *Electrabel v Commission* EU：T：2012：672；上诉至欧洲法院提的案例C-84/13 P EU：C：2014：2040。

[559] 欧盟委员会2014年7月23日的决定；有关评论参见：RADAR M，MAUGER J-C. Harvesting Salmon，Jumping Guns：the Marine Harvest Early Implementation Case［J］. Competition Merger Brief，2014（1）：1（可在www. ec. europa. eu/competition/publications/cpn上查阅）.

[560] 案例T-704/14 *Marine Harvest ASA v Commission* EU：T：2017：753，上诉至欧洲法院的案例C-10/18 P，尚未裁决。

[561] 案例M 6850，2013年9月30日的决定。

[562] 欧盟委员会新闻稿IP/18/3522，2018年4月24日。

[563] 欧盟委员会新闻稿IP/17/1924，2017年7月6日。

[564] 参见欧盟委员会《关于竞争政策的第29号报告》（1999），文本框9，第73~74页；*Deutsche Post*案的决定可在OJ［2001］L 97/1中找到。

2002 年的 *BP/Erdölchemie* 案[565]和 2004 年的 *Tetra Laval/Side* 案[566]的当事方因提供不正确信息被处以小额罚款。*Facebook* 案的情况截然不同：欧盟委员会在调查其对 WhatsApp 的收购过程中，由于提供误导性信息而对其处以 1.1 亿欧元的罚款。Facebook 在 2014 年的 CO 表格中以及在对信息请求的答复中都向欧盟委员会表示，它将无法在 Facebook 用户账户和 WhatsApp 用户账户之间建立可靠的自动匹配；但是在 2016 年，Facebook 宣布了其服务条款和隐私政策的更新，包括将 WhatsApp 用户的电话号码与 Facebook 用户的身份链接的可能性。[567]

在 *Ahlström/Kvaerner* 案[568]中，欧盟委员会对第三方三菱（而非集中交易的当事方）处以 95 万欧元的罚款，因为三菱未能就欧盟委员会根据《欧盟合并条例》第 11 条提出的要求提供信息。

8. 司法审查

欧盟委员会根据《欧盟合并条例》作出的决定应由欧盟法院根据《欧盟运行条约》第 263 条规定的理由，即缺乏职权、违反基本程序要求、违反条约或任何法律规则或滥用权力进行司法审查。[569] 根据《欧盟运行条约》第 261 条和《欧盟合并条例》第 16 条，还应审查罚款和定期罚款。在欧盟合并控制的初期，上诉相对较少，尽管有一些具有里程碑意义的判决，例如，关于共同支配地位的含义。[570] 但是在 20 世纪 90 年代下半叶，公众对欧盟委员会在合并方面的立场，尤其是对赋予它的权力以及缺乏权力监督表示了不安。或者换句话说，欧盟法院对欧盟委员会的司法控制不足。正是在此期间，《欧盟合并条例》下的禁止决定开始增加，在 2001 年达到了创纪录的 5 项禁令[571]。似乎是为了回应这种批评，2002 年，欧盟普通法院戏剧性地撤销了一系列欧盟委员会的禁止决定：*Airtours v Commissions* 案[572]、*Schneider Electric v Commission* 案[573]

---

[565] 案例 M 2624，2002 年 6 月 19 日的决定：35000 欧元。

[566] 案例 M 3255，2004 年 7 月 7 日的决定：90000 欧元。

[567] 欧盟委员会新闻稿 IP/17/1369，2017 年 5 月 18 日。

[568] 案例 M 1634，2000 年 7 月 14 日的决定，参见：TRETTON W，MARSHALL N，PAPAIOANNOU A，et al. Merger Control：Main Developments between 1st May 2000 and 31st August [J]. Competition Policy Newsletter，2000（3）：62－63.

[569] 一般地，参见第 7 章第 366～371 页“司法审查”。

[570] 参见案例 C－68/94 etc *France v Commission* EU：C：1998：148，第 169～178 段；案例 T－102/96 *Gencor v Commission* EU：T：1999：65，第 148～158 段。

[571] 参见本章第 1114～1117 页“《欧盟合并条例》统计情况”这一合并通知统计表。

[572] 案例 T－342/99 *Airtours v Commission* EU：T：2002：146。

[573] 案例 T－310/01 *Schneider Electric v Commission* EU：T：2002：254。

和 *Tetra Laval v Commission* 案[574]。在这些案件的判决中，欧盟普通法院承认欧盟委员会在处理复杂的经济事务时享有一定的裁量余地，但表明它准备在确定欧盟委员会的分析是否因明显的评估错误而无效时，深入研究欧盟委员会的事实调查结果和从中得出的推论。尽管这三项判决中的每一项都必须根据自己的事实，但它们共同向欧盟委员会发出了强烈的信号，即它需要更加严格地进行调查，并且成功地解决了对欧盟委员会过分行使权力和欧盟普通法院监督薄弱的某些担忧。

关于司法审查的另一种抱怨是，即使欧盟普通法院准备对欧盟委员会进行有效的司法控制，从欧盟普通法院获得判决所需的时间也是如此长，以至于该程序基本上是没有意义的。这在某种程度上已通过稍后讨论的所谓的“快速程序”解决了。更激进的解决方案，例如在比欧盟普通法院更低的级别上引入专业竞争法院[575]，或者甚至将欧盟委员会的角色改为仅担任检察官，实际决定由欧盟普通法院作出，似乎暂时处于搁置状态。

近年来，无论是在合并方还是在受害第三方方面，对欧盟委员会决定的上诉都变得越来越普遍，因此，不仅需要向客户解释《欧盟合并条例》规定的时限，而且还必须向客户解释欧盟委员会作出最终裁决后，欧盟法院确实存在旷日持久的诉讼的可能性。稍后讨论的 *Sony/Bertelsmann* 案在这方面特别具有启发性。[576]

（A）行　为

只有针对产生有约束力的法律效力的行为才能根据《欧盟运行条约》第263条提出上诉。[577] 就《欧盟合并条例》而言，欧盟普通法院裁定，根据第6条第1款（c）项进行第二阶段调查的决定不是可上诉的行为[578]；在较早的案例[579]中欧盟委员会的来信就所提供承诺的性质表达意见以及一项不就 *Abertis/*

---

[574] 案例 T-5/02 *Tetra Laval v Commission* EU：T：2002：264，上诉维持原判案例 C-12/03 P *Commission v Tetra Laval* EU：C：2005：87；有关 *Schneider* 案和 *Tetra Laval* 案的评论，参见：LANG J T. Two Important Merger Regulation Judgments：The Implications of *Schneider-Legrand* and *Tetra Laval-Sidel* [J]. European Law Review，2003，28（2）：259.

[575] 参见第2章第67页“欧洲法院”。

[576] 参见本章第1108页“证据方式”。

[577] 参见第7章第368页“行为”。

[578] 案例 T-48/03 *Schneider Electric v Commission* EU：T：2006：34，上诉维持原判案例 C-188/06 P EU：C：2007：158；类似地，参见案例 T-902/16 *HeidelbergCement v Commission* EU：T：2017：846。

[579] 案例 T-57/07 *E. ON Ruhrgas International AG v Commission* EU：T：2009：297。

Autostrade 案[580]对意大利提起诉讼的决定也不是可上诉行为。

（B）诉 权

《欧盟运行条约》第263条允许任何自然人或法人针对其自身或针对另一人但与自身直接和个别地相关的决定提起诉讼。

（i）交易各方

很明显，交易的各方都有诉权，例如在禁止合并的情况下：成功上诉的例子前文已给出；还有几起针对禁令的上诉未获成功。[581] 一个有趣的问题是，向欧盟委员会作出承诺作为获准进行交易条件的当事方是否可以向欧盟普通法院上诉，认为欧盟委员会无权坚持采取救济措施。一方面，可以说，提供承诺是当事方自愿采取的行动，因此，它们不应就此挑战欧盟委员会[582]；另一方面，当事方可以争辩说，它们实际上"被迫"作出承诺以节省交易中的费用，尤其是因为即将达到《欧盟合并条例》规定的时限。欧盟普通法院在 *Cementbouw v Commission* 案中驳回了这种上诉：它承认 Cementbouw 有权提起上诉，但就实质问题驳回了上诉。[583]

（ii）第三方

第三方有权质疑欧盟委员会的合并决定，前提是它们可以证明该决定与它们直接地和个别地相关。《欧盟合并条例》第18条第4款规定，表现出足够利益的自然人或法人有权在欧盟委员会的行政程序中进行陈述，而欧盟普通法院认为此类人有权上诉。[584] 在某些情况下，未参与行政程序的第三方也被认为有权上诉。[585] 但是，处于清算状态的第三方被认为与法院的终审判决没有任何利

---

[580] 案例 T－58/09 *Schemaventotto SpA v Commission* EU：T：2010：342。

[581] 参见例如案例 T－102/96 *Gencor Ltd v Commission* EU：T：1999：65；案例 T－87/05 *EDP v Commission* EU：T：2005：333；案例 T－210/01 *General Electric v Commission* EU：T：2005：456；案例 T－342/07 *Ryanair Holdings plc v Commission* EU：T：2010：280。

[582] 参见总检察长科科特在以下案例中的观点：案例 C－202/06 P *Cementbouw Handel Industrie BV v Commission* EU：C：2007：255，第69段。

[583] 案例 T－282/02 EU：T：2006：64，第293～321段，上诉维持原判案例 C－202/06 P EU：C：2007：814。

[584] 参见案例 T－2/93 *Air France v Commission* EU：T：1994：55，第42～47段；欧盟普通法院以下案例中裁定上诉人没有诉权：案例 T－350/03EU：T：2006：257 和案例 T－224/10 *Association belge des consommateurs test－achats ASBL v Commission* EU：T：2011：588，第74～85段。

[585] 案例 T－342/00 *Petrolessence SA v Commission* EU：T：2003：97，第36～42段。

害关系。许多第三方上诉均未成功[586]，但是这对于已经获得欧盟委员会合并许可但在上诉程序进行期间还必须经历一段时间的进一步的不确定性的企业来说可能并不令人欣慰。有争议的是，至少在上诉人是合并方的竞争者而其对竞争的反对与消费者福利无关的情况下，关于第三方诉权的规则应更加严格。来自客户和消费者的异议可能会更加值得立案。[587] 后文将对第三方上诉进行进一步的讨论。

（C）证据方式

欧洲法院在 *Commission v Tetra Laval* 案[588]中裁定，欧盟委员会在处理经济事务方面有一定的酌处权，但是欧盟法院不得回避审查欧盟委员会对经济性质信息的解释。[589] 欧盟法院必须确定欧盟委员会所依赖的证据在事实上是否准确、可靠和一致，该证据是否包含所有相关信息，以及证据是否能够证实从中得出的结论。[590] 在 *Tetra Laval* 案中，欧盟委员会的结论被认为是不准确的，因为它们所依据的证据不足、不完整、无关紧要且不一致。[591]

欧洲法院在 *Bertelsmann v Impala* 案[592]中裁定，欧盟普通法院指望欧盟委员会对通知方针对反对声明提出的证据和论点适用“特别苛刻的要求”是错误的。[593]

（D）快速程序

快速程序[594]使欧盟普通法院能够比平常更快地处理案件；这对于禁止合并的决定尤其重要，因为旷日持久的上诉可能意味着市场条件在欧盟委员会的禁

---

[586] 案例 T－269/03 *Socratec v Commission* EU：T：2009：211；类似地，参见案例 T－145/03 *Festival Crociere v Commission* EU：T：2006：98。

[587] 在美国，第三方仅在能证明自己将遭受直接的反垄断损害的情况下才享有诉权：参见案例 *Cargill Inc vMonfort of Colorado Inc* 479 US 104（1986）；在一件有关国家援助的案件中，欧洲法院对第三方的上诉权采取了更严格的观点：案例 C－260/05 *P Sniace SA v Commission* EU：C：2007：700，第49～61段。

[588] 案例 C－12/03 P *Commission v Tetra Laval* EU：C：2005：87，第39段。

[589] 进一步参见：BAILEY D. Standard of Proof in EC Merger Proceedings：A Common Law Perspective［J］. Common Market Law Review，2003，40（4）：845；DE LA TORRE C，FOURNIER G. Evidence，Proof and Judicial Review in EU Competition Law［M］. Cheltenham：Edward Elgar Publishing，2017，ch 2.

[590] 案例 C－12/03 P *Commission v Tetra Laval* EU：C：2005：87，第39段；类似地，案例 T－175/12 *Deutsche Börse v Commission* EU：T：2015：148，第66段。

[591] 案例 C－12/03 P EU：C：2005：87，第40段。

[592] 案例 C－413/06 P EU：C：2008：392。

[593] 同上，第87～96段。

[594] OJ［2015］L 105/1，第151条。

止决定与欧盟普通法院的最终判决之间发生巨大变化，以至于即使上诉成功，也不再可能继续交易。快速程序简化了案件中的诉状，更加重视口头听证；该程序不适用于涉及大量上诉要点的案件。有时，快速程序的请求会被拒绝。[595]

截至 2017 年 12 月 8 日，欧盟普通法院对 12 件采用快速程序的合并案作出了判决。[596]

采用快速程序的案件中，从提起上诉到判决的最短时间是 *EDP v Commission* 案[597]中的 7 个月，最长时间是 *Impala v Commission* 案[598]中的 21 个月。当然，快速程序下的案件的判决会比“正常”程序下时间短一些。[599] 在 *Impala* 案中，欧盟普通法院对以下事实表示批评：Impala 在要求使用快速程序的同时，本身却应对拖缓该案的进展负责。[600]

（E）第三方上诉的例子

（i）对欧盟委员会拒绝行使管辖权的上诉

在 *Schlüsselverlag JS Moser GmbH v Commissions* 案[601]中，奥地利竞争主管机构批准了合并。Schlüsselverlag 向欧盟委员会投诉称，该合并涉及欧盟层面，因此应由欧盟委员会而不是奥地利的国内当局对此进行调查。欧洲法院驳回了欧盟委员会的下述论点，即上诉人要求它阐明立场时，它没有义务这样做：欧洲法院认为，由于欧盟委员会对欧盟层面的集中具有唯一管辖权，因此，如果要求它这样做，则它应当作出决定，这一点至关重要。[602] 但是，上诉被驳回，因为上诉人过分延迟了向欧盟委员会提出申诉。[603] 在 *Endesa v Commission* 案[604]中，欧盟普通法院驳回了 Endesa 的下述论点，即 Gas Natural 对它的敌意收购属于欧盟层面，因此属于欧盟委员会的管辖范围。

---

[595] 一个例子是案例 T－145/06 *Omya AG v Commission* EU：T：2009：27，第 12 段。

[596] 本书随附的在线资源中提供了“快速程序合并案例表”：www. oup. com/uk/whish9e/。

[597] 案例 T－87/05 EU：T：2005：333。

[598] 案例 T－464/04 EU：T：2006：216。

[599] 案例 T－87/05 *EDP v Commission* EU：T：2005：333，第 39 段。

[600] 案例 T－464/04 EU：T：2006：216，第 544～554 段；在向欧洲法院上诉时，因其他理由被撤销：案例 C－413/06 P EU：C：2008：392。

[601] 案例 C－170/02 P EU：C：2003：501。

[602] 同上，第 25～30 段。

[603] 同上，第 31～40 段。

[604] 案例 T－417/05 EU：T：2006：219。

（ii）针对《欧盟合并条例》第9条引用的上诉

在 *Cableuropa v Commission* 案[605]中，欧盟普通法院认为反对欧盟委员会根据《欧盟合并条例》第9条将合并移送给西班牙竞争主管机构的决定的第三方有权对该决定提出异议[606]，但维持了欧盟委员会关于案情的决定。但是，第三方没有诉权质疑欧盟委员会拒绝根据第9条移送合并案件的决定。[607]

（iii）对无条件批准的上诉

第三方针对欧盟委员会的无条件批准决定提出了多次上诉，但均告失败。[608] 但是，在一个特别引人注目的案例 *Impala v Commission* 案[609]中，第三方成功说服了欧盟普通法院认定欧盟委员会错误地批准了一项合并，结果是 *Sony/Bertelsmann* 案的批准决定被废除。[610] 这意味着欧盟委员会不得不重新调查该案，导致其于2007年10月（比最初的决定晚了3年多的时间）作出第二次批准决定。[611]

（iv）对有条件批准的上诉

第三方针对有条件批准决定提出了多次上诉，通常是不成功的。[612] 一个成功的案例是 *BaByliss v Commission* 案[613]，其中欧盟委员会要求对某些国家市场（例如德国和奥地利）作出承诺，但不要求对其他国家市场（例如西班牙和意大利）作出承诺，以批准合并。[614] BaByliss 向欧盟普通法院提出上诉，要求除其他事项外，欧盟委员会不应该在没有对存在严重竞争问题的市场作出承诺的

---

[605] 案例 T－346/02 and T－347/02 EU：T：2003：256；类似地，参见案例 T－119/02 *Royal Philips Electronics v Commission* EU：T：2003：101，第254～300段。

[606] 同上，第47～82段。

[607] 案例 T－224/10 *Association belge des consommateurs test－achats ASBL v Commission* EU：T：2011：588，第74～85段。

[608] 参见例如案例 T－2/93 *Air France v Commission* EU：T：1994：55；案例 T－290/94 *Kayserberg v Commission* EU：T：1997：186；案例 T－282/06 *Sun Chemical Group BV v Commission* EU：T：2007：203；案例 T－151/05 *Nederlandse Vakbond Varkenshouders v Commission* EU：T：2009：144；案例 T－79/12 *Cisco Systems Inc v Commission* EU：T：2013：635。

[609] 案例 T－464/04 EU：T：2006：216；请注意，在向欧洲法院上诉后，欧盟普通法院的判决被撤销：案例 C－413/06 P *Bertelsmann AG v Impala* EU：C：2008：392。

[610] 案例 M 3333 *Sony/Bertelsmann*，2004年7月19日的决定。

[611] 案例 M 3333，2007年10月3日的决定。

[612] 参见例如案例 T－119/02 *Royal Philips Electronics BV v Commission* EU：T：2003：101；案例 T－158/00 *ARD v Commission* EU：T：2003：246；案例 T－177/04 *easyJet v Commission* EU：T：2006：187；案例 T－48/04 *Qualcomm Wireless Business Solutions Europe BV v Commission* EU：T：2009：212；案例 T－224/10 *Association belge des consommateurs test－achats ASBL v Commission* EU：T：2011：588；案例 T－162/10 *Niki Luftfahrt GmbH v Commission* EU：T：2015：283。

[613] 案例 T－114/02 *BaByliss v Commission* EU：T：2003：100。

[614] 案例 M 2621 *SEB/Moulinex*，2002年1月8日的决定。

情况下批准集中。欧盟普通法院接受了该论点，并在涉及承诺未涵盖的国家中的市场方面撤销了欧盟委员会的决定。[615] 这导致了第二个决定，该决定再次有条件地批准了合并。[616] 另一个成功的案例是 *KPN v Commission* 案。[617] 在该案中，由于欧盟委员会未能正确分析合并的纵向影响，欧盟普通法院撤销了 *Liberty Global/Viggo* 案的决定。

在 *Petrolessence v Commissions* 案[618]中出现了不同的观点，即欧盟委员会要求将某些资产作为批准合并的条件进行剥离[619]。欧盟委员会拒绝了资产的潜在购买者，理由是它不是有效的竞争者，因此是不合适的购买者。欧盟普通法院认为 Petrolessence 有权提起上诉[620]，但基于案情没有成功[621]。

（v）寻求信息获取的上诉

在许可案件中，申请人已成功地向欧盟普通法院提出上诉，要求获得欧盟委员会拥有的信息。[622]

（F）对欧盟委员会的损害赔偿请求

因欧盟委员会的禁止决定在上诉中被撤销[623]，有2项（未成功的）损害赔偿申请被提交至欧盟普通法院。在 *Commission v Schneider Electrico* 案[624]中，欧盟委员会对 Schneider/Legrand 合并的禁令在向欧盟普通法院上诉后被废除[625]。Schneider 起诉欧盟委员会赔偿损失，并在欧盟普通法院获得了成功。[626] 但是，欧洲法院撤销了欧盟普通法院的判决，因为它认为 Schneider 的财务损失实际

[615] 案例 T－114/02 *BaByliss v Commission* EU：T：2003：100，第308～411段。

[616] 案例 M 2621 *SEB/Moulinex II*，2003年11月11日的决定，参见欧盟委员会的“Annual Report on Competition”（2003），第259～262段。

[617] 案例 T－394/15 EU：T：2017：756。

[618] 案例 T－342/00 EU：T：2003：97。

[619] 案例 M 1628 *TotalFina/Elf*，2000年2月9日的决定，OJ［2001］L 143/1。

[620] 案例 T－342/00 EU：T：2003：97，第36～42段。

[621] 同上，第100～123段。

[622] 参见案例 T－111/07 *Agrofert Holding v Commission* EU：T：2010：285；上诉至欧洲法院后被部分撤销：案例 C－477/10 P *Commission v Agrofert Holdings* EU：C：2012：394。案例 T－237/05 *Éditions Jacob v Commission* EU：T：2010：224；上诉至欧洲法院后被部分撤销：案例 C－404/10 P *Commission v Éditions Odile SAS* EU：C：2012：393。案例 T－403/05 *MyTravel v Commission* EU：T：2008：316；上诉至欧洲法院后被部分撤销：案例 C－506/08 P *Sweden v Commission* EU：C：2011：496，第72～103段、第109～119段。

[623] 一般地，参见：BAILEY D. Damages Actions under the EC Merger Regulation Common Market Law Review，2007，44（1）：101.

[624] 案例 C－440/07 P *Commission v Schneider Electric SA* EU：C：2009：459。

[625] 案例 T－310/01 *Schneider Electric SA v Commission* EU：T：2002：254。

[626] 案例 T－351/03 *Schneider Electric SA v Commission* EU：T：2007：212。

上并非由欧盟委员会的禁止决定造成。[627]

在 *MyTravel Group plc v Commission* 案[628]中，MyTravel（前身为 Airtours）就欧盟委员会在 *Airtour/First Choice* 案[629]中的决定引起的损害提起诉讼——该决定在欧盟普通法院上诉后被撤销[630]。法院认为，原则上不能排除欧盟委员会实质性分析所依据的明显缺陷和严重缺陷可能构成严重到足以引起损害索赔的违约行为。但是，考虑到合并控制的复杂性和欧盟委员会的裁量幅度，法院得出结论认为，欧盟委员会在评估共同支配地位或 MyTravel 提供的用以证明赔偿金合理性的救济措施方面并没有犯下足够严重的错误。

在 *UPS v Commission* 案[631]中，UPS 提起诉讼，要求欧盟委员会赔偿其在 *UPS/TNT Express* 案[632]中的决定所引起的损害——该决定因程序上的原因在上诉中被欧盟普通法院撤销。[633]

9. 国际合作

（A）与成员国保持密切和持续的联系

《欧洲联盟条约》第4条第3款确立了成员国与欧盟机构之间合作的原则。在《欧盟合并条例》中第19条对此作了详细的规定，以建立欧盟委员会与成员国之间的联系。《欧盟合并条例》下的通知必须被转交给成员国的主管部门，这些主管部门必须能够对欧盟委员会的案件处理发表意见；在作出重要决定（例如在第二阶段结束时或处以罚款）之前，必须先咨询集中咨询委员会的意见。集中咨询委员会的意见对欧盟委员会没有约束力，但欧盟委员会对此给予了高度重视。欧盟普通法院在 *Kayserberg v Commission* 案[634]中拒绝了第三方提出的反对欧盟委员会批准 *Procter & Gamble/VP Schickedanz* 案中交易的主张[635]；第三方

---

[627] 案例 C-440/07 P *Commission v Schneider Electric SA* EU：C：2009：459，第205段、第218~223段；由于欧盟委员会的第一项决定被撤销，Schneider 因对其交易进行第二次调查必须承担的费用获得了赔偿。

[628] 案例 T-212/03 EU：T：2008：315。

[629] 案例 M 1524，1999年9月22日的决定，OJ［2000］L 93/1。

[630] 案例 T-342/99 *Airtours v Commission* EU：T：2002：146。

[631] 案例 T-834/17 *UPS v Commission*，尚未裁决。

[632] 案例 M 6570，2013年1月30日的决定。

[633] 案例 T-194/13 *UPS v Commission* EU：T：2017：144；向欧洲法院上诉的案例 C-265/17 P *Commission v UPS*，尚未裁决。

[634] 案例 T-290/94 EU：T：1997：186，第57~58段。

[635] 案例 M 430，OJ［1994］L 354/32。

争辩说集中咨询委员会没有被适当地咨询。

欧盟委员会还根据《欧洲经济区协议》的规定与欧洲自由贸易联盟监督局合作。[630]《欧洲经济区协议》第57条和第58条以及《议定书》第24条规定了这种合作。

作为单独的问题，欧盟国家竞争主管机构和欧盟委员会的负责人已采用最佳实践来处理无法从《欧盟合并条例》一站式服务中受益的跨境合并。[637]

（B）与非欧盟国家的关系

（i）互　惠

《欧盟合并条例》第24条涉及非欧盟国家对合并处理的互惠问题。一些法律制度使外国企业很难甚至不可能接管本地企业。人们对以下情况感到不满并不奇怪：例如，一家英国公司被禁止接管一家外国公司，而如果角色互换，根据英国法律，合并不会遇到任何障碍。《欧盟合并条例》第24条第1款要求成员国将其企业在非欧盟国家的集中案件中遇到的任何困难告知欧盟委员会。如果非欧盟国家似乎没有提供成员国给予的互惠待遇，则欧盟委员会可寻求部长会议的授权，以就可比待遇进行谈判。

（ii）国际层面

一笔交易可能落入欧盟、美国、加拿大和许多其他国家的合并控制体系之内。与国际层面相关的问题——多重申请给公司造成的负担、竞争主管机构之间合作的需要以及期待取得迅速和和谐的结果——是相当大的。在第12章中讨论了这些内容，包括《欧盟合并条例》的地域范围以及欧盟、美国、加拿大、日本、韩国和瑞士之间的合作协议。[638]

10. 实践中的《欧盟合并条例》

（A）统　计

从最初的《欧盟合并条例》生效的1990年9月21日到2017年12月8日，欧盟委员会收到的通知和决定的数量如表21.1所示。

---

[630] 参见第2章第68～69页“欧洲经济区”。

[637] 可在 www. ec. europa. eu/competition/ecn/mergers. html 上查阅。

[638] 参见第12章第619～621页“欧盟合并条例”以及第631～634页“欧盟关于竞争执法的专门合作协议”。

表 21.1 《欧盟合并条例》统计情况

（1990 年 9 月 21 日 ~2017 年 11 月 30 日）

1）申报 11 月

年份	1990	1991	1992	1993	1994	1995	1996	1997	1998	1999	2000	2001	2002	2003	2004	2005	2006	2007	2008	2009	2010	2011	2012	2013	2014	2015	2016	2017	总计
申报的案件数量	11	64	59	59	95	110	131	168	224	276	330	335	277	244	247	318	356	402	348	259	274	309	283	277	303	337	262	360	6785
第一阶段撤回的案件	0	0	3	1	6	4	5	9	5	7	8	8	3	0	3	6	7	5	10	6	4	9	4	1	6	6	8	7	141
第二阶段撤回的案件	0	0	0	1	0	0	1	0	4	5	5	4	1	0	2	3	2	2	3	2	0	1	1	0	0	2	1	2	42

2）移送的案件 11 月

年份	1990	1991	1992	1993	1994	1995	1996	1997	1998	1999	2000	2001	2002	2003	2004	2005	2006	2007	2008	2009	2010	2011	2012	2013	2014	2015	2016	2017	总计
依据第 4 条第 1 款的要求（RS 表格）	0	0	0	0	0	0	0	0	0	0	0	0	0	0	2	14	13	5	9	8	6	10	13	11	16	13	16	13	149
依据第 4 条第 4 款移送成员国	0	0	0	0	0	0	0	0	0	0	0	0	0	0	2	11	13	5	9	6	7	10	12	9	14	12	11	14	135
依据第 4 条第 4 款部分移送成员国	0	0	0	0	0	0	0	0	0	0	0	0	0	0	0	0	0	1	0	0	0	1	0	2	0	2	4	1	11
依据第 4 条第 4 款拒绝移送	0	0	0	0	0	0	0	0	0	0	0	0	0	0	0	0	0	0	0	0	0	0	0	0	0	0	0	0	0
依据第 4 条第 5 款的要求（RS 表格）	0	0	0	0	0	0	0	0	0	0	0	0	0	0	20	28	38	51	23	23	26	18	22	13	19	20	23	13	337
依据第 4 条第 5 款接受移送	0	0	0	0	0	0	0	0	0	0	0	0	0	0	16	24	39	50	22	25	24	17	22	11	19	19	22	15	325

续表

年份	1990	1991	1992	1993	1994	1995	1996	1997	1998	1999	2000	2001	2002	2003	2004	2005	2006	2007	2008	2009	2010	2011	2012	2013	2014	2015	2016	2017	总计
依据第4条第5款拒绝移送	0	0	0	0	0	0	0	0	0	0	0	0	0	0	2	0	0	2	0	0	1	0	1	0	0	1	0	0	7
依据第22条的要求	0	0	0	1	0	1	1	1	0	0	0	0	2	1	1	4	4	3	2	1	3	1	3	1	1	1	0	1	33
依据第22条第3款移送（第22条第4款与第4064/89号条例第6条或第8条结合）	0	0	0	1	0	1	1	1	0	0	0	0	2	1	1	3	3	2	3	1	2	2	2	1	1	1	0	1	30
依据第22条第3款拒绝移送																1	1	0	0	0	1	0	1	0	0	0	0	0	4
依据第9条的要求	0	1	1	1	1	0	3	7	4	9	4	9	8	10	4	7	6	3	5	3	11	2	2	2	2	3	3	1	112
依据第9条第3款部分移送成员国	0	0	1	0	1	0	0	6	3	2	3	6	7	1	1	3	1	1	2	0	3	0	1	0	0	1	1	0	44
依据第9条第3款完全移送	0	0	0	1	0	0	3	1	1	3	2	1	4	8	2	3	1	1	2	1	4	2	1	0	0	0	0	0	41
依据第9款第3款拒绝移送	0	1	0	0	0	0	0	0	0	1	0	0	0	1	0	0	0	1	0	1	1	0	0	0	3	3	1	1	14

3）第一阶段的决定

11月

年份	1990	1991	1992	1993	1994	1995	1996	1997	1998	1999	2000	2001	2002	2003	2004	2005	2006	2007	2008	2009	2010	2011	2012	2013	2014	2015	2016	2017	总计
依据第6条第1款（a）项超出了《欧盟合并条例》的范围	2	5	9	4	5	9	6	4	4	1	1	1	1	0	0	0	0	0	0	0	0	0	0	0	1	1	1	0	55

续表

年份	1990	1991	1992	1993	1994	1995	1996	1997	1998	1999	2000	2001	2002	2003	2004	2005	2006	2007	2008	2009	2010	2011	2012	2013	2014	2015	2016	2017	总计
依据第6条第1款（b）项规定相容	5	47	43	49	78	90	109	118	196	225	278	299	238	203	220	276	323	368	307	225	253	299	254	252	280	297	327	317	5976
在简易程序下，依据第6条第1款（b）项相容（数据已归入上一条目中）	0	0	0	0	0	0	0	0	0	0	41	141	103	110	138	169	211	238	190	143	143	191	171	166	207	222	247	249	3080
依据第6条第1款（b）项并结合第6条第2款规定，企业向欧盟委员会作出承诺后相容	0	3	4	0	2	3	0	2	12	16	26	11	10	11	12	15	13	18	19	13	14	5	9	11	12	13	19	17	290

4）第二阶段程序启动　　11月

年份	1990	1991	1992	1993	1994	1995	1996	1997	1998	1999	2000	2001	2002	2003	2004	2005	2006	2007	2008	2009	2010	2011	2012	2013	2014	2015	2016	2017	总计
依据第6条第1款（c）项	0	6	4	4	6	7	6	11	11	20	18	21	7	9	8	10	13	15	10	5	4	8	10	6	8	11	8	6	252

5）第二阶段决定　　11月

年份	1990	1991	1992	1993	1994	1995	1996	1997	1998	1999	2000	2001	2002	2003	2004	2005	2006	2007	2008	2009	2010	2011	2012	2013	2014	2015	2016	2017	总计
依据第8条第1款相容（第4064/89号条例第8条第2款）	0	1	1	1	2	2	1	1	3	0	3	5	2	2	2	2	4	5	9	0	1	4	1	2	2	1	1	0	58
依据第8条第2款附承诺的相容	0	3	3	2	2	3	3	7	4	7	12	9	5	6	4	3	6	4	5	3	2	1	6	2	5	7	6	2	122

续表

年份	1990	1991	1992	1993	1994	1995	1996	1997	1998	1999	2000	2001	2002	2003	2004	2005	2006	2007	2008	2009	2010	2011	2012	2013	2014	2015	2016	2017	总计
依据第8条第3款禁止合并	0	1	0	0	1	2	3	1	2	1	2	5	0	0	1	0	0	1	0	0	0	1	1	2	0	0	1	2	27
依据第8条第4款恢复有效竞争	0	0	0	0	0	0	0	2	0	0	0	0	2	0	0	0	0	0	0	0	0	0	0	0	0	0	0	0	4

6）其他决定

11月

年份	1990	1991	1992	1993	1994	1995	1996	1997	1998	1999	2000	2001	2002	2003	2004	2005	2006	2007	2008	2009	2010	2011	2012	2013	2014	2015	2016	2017	总计
依据第6条第3款决定被撤销	0	0	0	0	0	0	0	0	0	1	0	0	0	0	0	0	0	0	0	0	0	0	0	0	0	0	0	0	1
依据第8条第6款决定被撤销	0	0	0	0	0	0	0	0	0	0	0	0	0	0	0	0	0	0	0	0	0	0	0	0	0	0	0	0	0
依据第14条处以罚款决定	0	0	0	0	0	0	0	0	1	4	1	0	1	0	1	0	0	0	0	1	0	0	0	0	1	0	0	1	11
依据第7条第3款对暂停合并的免除（第4064/89号条例第7条第4款）	1	1	2	3	3	2	4	5	13	7	4	7	14	8	10	6	2	3	6	5	1	3	2	1	1	1	0	4	119
依据第21条	0	0	0	0	0	1	0	1	0	1	1	0	1	0	0	0	2	1	0	0	0	0	0	0	0	0	0	0	8

(B) 第二阶段调查表

表21.2 列出了在本书的第8版于2015年出版至2017年12月8日之间完成第二阶段调查案例的清单。[63]

表21.2 《欧盟合并条例》第二阶段调查案件

案件名称	批准	附承诺批准	禁止合并
CASE M 7194 *Liberty Global/De Vijver Media*		是（2015年2月24日）	
CASE M 7265 *Zimmer Holdings Inc/Biomet Inc*		是（2015年3月3日）	
CASE M 7292 *Demb/Mondelez/Charger Opco*		是（2015年5月5日）	
CASE M 7612 *Hutchison 3G UK/Telefómca UK*			是（2015年5月11日）
CASE M 7421 *Orange/Jazztel* 注：由西班牙依据第9条提出，在2015年1月26日被驳回		是（2015年5月19日）	
CASE M 6800 *PRSFM/STIM/GEMA/JV* 注：依据第4条第5款要求		是（2015年6月16日）	
CASE M 7429 *Siemens/Dresser – Rand*	是（2015年6月29日）		
CASE M 7408 *Cargill/Adm Chocolate Business*		是（2015年7月17日）	
CASE M 7278 *General Electric/Alstom*		是（2015年9月8日）	
CASE M 7630 *Fedex/TNT Express*	是（2016年1月8日）		
CASE M 7567 *Ball/Rexam*		是（2016年1月15日）	
CASE M 7555 *Staples/Office Depot*		是（2016年2月10日）	

[63] 有关所有第二阶段案例的完整列表可在 www. ec. europa. eu/competition/mergers/cases 上查阅。

续表

案件名称	批准	附承诺批准	禁止合并
CASE M 7637 *Liberty Global/Base Belgium*		是 （2016年4月18日）	
CASE M 7724 *Airbus Safran Launchers/Arianespace*		是 （2016年7月20日）	
CASE M 7758 *Hutchison/Vimpelcom*		是 （2016年9月1日）	
CASE M 7801 *Westinghouse*（*Wabtec*）/ *Faiveley*		是 （2016年10月4日）	
CASE M 7932 *Dow/Dupont*		是 （2017年3月27日）	
CASE M 7995 *Deutsche Börse/London Stock Exchange*			是 （2017年3月29日）
CASE M 7878 *Heidelbergcement/Schwenk/Cemex Croatia* 注：本案实质性判决见其上诉案件（Case T－380/17）的判决			是 （2017年4月5日）
CASE M 7962 *Syngent/VchemChina* CASE M 8222 *Knorr－Bremse/Haldex* 注：被当事人放弃		是 （2017年4月5日）	

（C）评　论

（i）完全禁止

完全禁止的禁令很少见：截至2017年12月8日，仅有27项，其中有5项在向欧盟普通法院上诉后被废除了[640]。

第一项被禁止的集中在1991年，是*Aerospatiale－Alenia/de Havilland*案[641]。Aerospatiale和Alenia打算购买波音公司的De Havilland分部。负责工业事务的专员在相关决定上与与竞争事务专员有强烈的不同意见，特别是因为未考虑到产业政策方面的因素。但是，《欧盟合并条例》第2条第3款的措辞并未规定

[640] 参见本章第1122～1123页“上诉中禁止决定被撤销”。

[641] 案例M 53，1991年10月2日的决定，OJ［1991］L 334/42。

要考虑产业政策，该决定有助于确定集中与内部市场的相容性测试是其对竞争的影响。[642]

第二项被禁止的集中在1994年，是*MSG Media Service*案[643]。三家公司打算建立一家德国付费电视合营企业MSG。在欧盟委员会看来，合营企业将使MSG在行政和技术服务的付费电视市场上拥有持久的支配地位。这将使Bertelsmann和Kirch在德语的付费电视市场上占据支配地位，并将保护和加强德国电信在有线电视基础设施方面的支配地位。这是媒体行业中被完全禁止的几项集中中的第一项：该行业中技术的快速变化，以及集中可能会对第三方产生严重封锁作用的可能性（特别是通过纵向整合），有助于解释欧盟委员会的谨慎态度。[644]

完全禁止的3个案例——*RTL/Veronica/Endemol*案[645]、*Kesko/Tuko*案[646]和*Blokker/Toys 'R' Us*案[647]是成员国根据《欧盟合并条例》第22条提出的请求。这些请求导致禁令也许并不奇怪：在当时提出请求的成员国（荷兰和芬兰）没有国内的合并控制制度，并且显然得出结论认为，竞争面临着非常严重的威胁，因此案件总是有可能引起严重怀疑。

在其他完全禁止的禁令中，*Gencor/Lonrho*案[648]是关于共同支配，或用更现代的语言来说，协同效应的重要案例。[649] 在*Saint - Gobain/Wacker - Chemie/NOM*案[650]中，欧盟委员会裁决，就碳化硅（silicon carbide）市场而言，合并后的实体将享有很高的市场份额，远高于其竞争者，潜在的竞争和抗衡力量很弱，因此不可能以效率或失败企业而抗辩。在*Volvo/Scania*案[651]中，欧盟委员

---

[642] 参见：FOX E. Merger Control in the EEC：Towards a European Merger Jurisprudence［M］//HAWK B. EC and US Competition Law and Policy. New York：Juris Publishing Inc，1992：738－739.

[643] 案例M 469，1994年11月9日的决定，OJ［1994］L 364/1。

[644] 另见案例M 490 *Nordic Satellite Distribution*，1995年7月19日的决定，OJ［1996］L 53/20；案例M 553 *RTL/Veronica/Endemol*，1996年7月17日的决定，OJ［1996］L 134/32（该集中随后以修正后形式被批准：OJ［1996］L 294/14）；案例M 993 *Bertelsmann/Kirch/Premiere*，1998年5月27日的决定，OJ［1999］L 53/1；案例M 1027 *Deutsche Telekom/BetaResearch* OJ［1999］L 53/31。

[645] 案例M 553 *RTL/Veronica/Endemol*，1996年7月17日的决定，OJ［1996］L 134/32；上诉维持原判案例T－221/95 *Endemol Entertainment Holding BV v Commission* EU：T：1999：85。

[646] 案例M 784 *Kesko/Tuko*，1996年11月20日的决定，OJ［1997］L 174/47；上诉维持原判案例T－22/97 *Kesko v Commission* EU：T：1999：327。

[647] 案例M 890 *Blokker/Toys 'R' Us*，1997年6月26日的决定，OJ［1998］L 316/1。

[648] 案例M 619，1996年4月24日的决定，OJ［1997］L 11/30；上诉案例T－102/96 *Gencor v Commission* EU：T：1999：65。

[649] 参见本章第1079～1082页“协同效应”。

[650] 案例M 774，1996年12月4日的决定，OJ［1997］L 247/1。

[651] 案例M 1672，2000年3月15日的决定，OJ［2001］L 143/74。

会禁止了一项会导致一系列国家市场（瑞典、芬兰、丹麦、挪威和爱尔兰）中较高的公共汽车和卡车市场份额的合并：国家市场的划定，而不是欧洲范围的市场，是该案的关键特征。在欧盟委员会发现问题的国家，证据表明 Volvo 和 Scania 是彼此最接近的竞争者。在 *SCA/Metsa Tissue* 案[652]中的集中被禁止，因为这会导致其在斯堪的纳维亚半岛和芬兰的卫生薄纸产品中占有很高的市场份额。欧盟委员会禁止了 *CVC/Lenzing* 案[653]的集中，因为合并后的实体将在人造纤维领域拥有市场支配力，也因为 CVC 已经控制了 Lenzing 的主要竞争者。

在 *GE/Honeywell*[654] 案中，禁止决定特别有争议。这是两家美国企业之间的商定合并，在美国已被批准。欧盟委员会之所以禁止它，主要是因为它具有纵向和混合效应，而这是美国司法部所极为厌恶的。在向欧盟普通法院提出上诉后，欧盟委员会对纵向和混合效应的推理遭到了严厉批评；但是，GE 的上诉没有成功，因为欧盟普通法院认可存在一些证明禁止合并是合理的横向影响。[655]

在 *ENI/EDP/GDP* 案[656]中，欧盟委员会禁止葡萄牙现有电力公司 EDP 对现天然气公司任 GDP 收购。欧盟委员会对交易的横向和纵向影响均表示关注，并反对应创建葡萄牙“国家领军企业”的建议。向欧盟普通法院提起的上诉维持了欧盟委员会的决定。[657]

在 *Ryanair/Aer Lingus* 案[658]中提议的合并被禁止，欧盟委员会特别担心合并的航空公司将占往返于都柏林机场的欧洲内部空中交通的约 80%：Ryanair 向欧盟普通法院的上诉未成功[659]。在 2013 年，Ryanair 再次尝试收购 Aer Lingus 被禁止。[660] 对 Ryanair 的第二次禁令是显而易见的，因为欧盟委员会拒绝批准第三家航空公司 Flybe 作为 Aer Lingus 在与 Ryanair 竞争的 43 条航线上的业务的合适购买者。

---

[652] 案例 M 2097，2001 年 1 月 31 日的决定，OJ［2002）L 57/1。

[653] 案例 M 2187，2001 年 10 月 7 日的决定，OJ［2004］L 82/20。

[654] 案例 M 2220，2001 年 7 月 3 日的决定。

[655] 案例 T－210/01 *General Electric v Commission* EU：T：2005：456。

[656] 案例 M 3440 *ENI/EDP/GDP*，2004 年 12 月 9 日的决定，OJ［2005］L 302/69。

[657] 案例 T－87/05 *EDP v Commission* EU：T：2005：333。

[658] 案例 M 4439，2007 年 6 月 27 日的决定。

[659] 案例 T－342/07 *Ryanair v Commission* EU：T：2010：280；Aer Lingus 在针对欧盟委员会不要求 Ryanair 剥离其全部 Aer Lingus 股份的决定的单独上诉中失败；案例 T－411/07 *Aer Lingus Group v Commission* EU：T：2010：281，关于此问题，进一步参见第 22 章第 1145～1146 页“时间限制与优先通知”。

[660] 案例 M 6663，2013 年 2 月 27 日的决定。

在 *Olympic Airways/Aegean Airlines* 案[661]中，欧盟委员会禁止合并，因为这将导致当事方在希腊境内的各种航线上拥有很高的市场份额（在某些情况下为垄断）；然而，2013 年，当欧盟委员会接受 Olympic 已成为一家失败企业后，这两家航空公司的合并被无条件批准。[662]

在 *Deutsche Börse/NYSE Euronext* 案[663]中，欧盟委员会禁止一项合并交易，因为这将导致在传统交易所买卖（而不是非场外交易）的金融产品几乎垄断市场。将场外销售排除在相关市场之外对该案的结果至关重要。欧盟委员会认为，合并可能带来的效率不足以阻止对 SIEC 的认定。[664] 欧盟委员会的决定在向欧盟普通法院上诉后得到维持。[665]

在 *Hutchison 3G UK/Telefonica UK* 案[666]中，欧盟委员会担心英国移动电话市场的合并会创建一个市场领导者，从而能够影响那里的整个移动网络；合并可能会导致更高的价格和更少的移动电信网络投资。在 *Heidelberg Cement/Schwenk/Cemex Hungary/Cemex Croatia* 案[667]中，欧盟委员会禁止了可能导致 SIEC 并因此导致克罗地亚灰水泥价格上涨的合并。在 *Deutsche Börse/London Stock Exchange* 案[668]中，欧盟委员会阻止了合并，因为它会在固定收益证券清算市场上形成事实上的垄断。

（ii）上诉中禁止决定被撤销

5 项禁止决定已在上诉中被撤销。在 *Airtours/First Choice* 案[669]中，欧盟委员会禁止 Airtours 在共同支配地位的基础上对 First Choice 进行的敌意收购。[670] 欧盟普通法院在一项具有争议性的判决中，以明显的评估错误为由撤销了该决定：它特别批评了欧盟委员会对证据的评估及其推理。[671] *Schneider Electric/Leg-*

---

[661] 案例 M 5830，2011 年 1 月 26 日的决定。

[662] 案例 M 6796，2013 年 10 月 9 日的决定。

[663] 案例 M 6166，2012 年 2 月 1 日的决定，上诉维持原判案例 T－175/12 *Deutsche Börse v Commission* EU：T：2015：148。

[664] 案例 M 6166，2012 年 2 月 1 日的决定，第 1133～1342 段。

[665] 案例 T－175/12 *Deutsche Borse v Commission* EU：T：2015：148。

[666] 案例 M 7612，2016 年 5 月 11 日的决定；上诉案例 T－399/16 *CK Telecoms UK Investments v Commission*，尚未裁决。

[667] 案例 M 7878，2017 年 4 月 5 日的决定，案例 T－380/17 *HeidelbergCement and Schwenk Cement v Commission*，尚未裁决。

[668] 案例 M 7995，2017 年 3 月 29 日的决定。

[669] 案例 M 1524 *Airtours/First Choice*，1999 年 9 月 22 日的决定，OJ［2000］L 93/1。

[670] 参见本章第 1067～1069 页“非共谋寡头垄断的空白”。

[671] 案例 T－342/99 EU：T：2002：146。

rand 案[672]和 *Tetra Laval/Sidel* 案[673]中的合并均被欧盟委员会禁止，但每项决定（连同要求撤销合并的其他决定）均在向欧盟普通法院上诉后被撤销[674]；欧盟委员会就 *Tetra Laval/Sidel* 案[675]的上诉未成功。随后，在 *Schneider/Legrand* 案中，欧盟普通法院判决赔偿 Schneider 所遭受的一些经济损失。[676] *MCI WorldCom/Sprint* 案[677]中的禁止决定在欧盟普通法院被撤销，因为当事方在欧盟委员会作出决定之时已经终止了其协议；仅凭它们继续以修改后的形式谈判协议这一事实，欧盟委员会无权作出一项决定[678]。

在 *UPS/TNT Express* 案[679]中，欧盟委员会禁止了会导致非共谋寡头垄断的合并，这是迄今为止出于这个原因作出的唯一一项禁止决定。在欧盟内部一些国家的小包裹快递市场上，该合并将保留 3 个竞争者；而在其他国家则为 2 个；但是，合并后的实体将不是这些市场中最大的经营者。欧盟委员会详细审议了当事方的效率主张，但不确信合并带来的任何效率收益都可以抵消其对竞争的不利影响。由于欧盟委员会未能公开对计量经济模型所作的更改，侵犯了 UPS 的辩护权，因此该决定在上诉中被撤销。该计量经济学模型是用来识别有效竞争的重大障碍的证据的一部分。[680] UPS 不必证明，如果没有程序上的违规行为，欧盟委员会的决定会有所不同；这足以表明 UPS 有“哪怕是很小的机会”就能更好地为自己辩护。[681] 欧盟委员会已向欧洲法院提出上诉。[682]

（iii）无条件批准

不可避免的是，进入第二阶段调查的案件将导致禁止或需要救济。很大一

---

[672] 案例 M 2283，2001 年 10 月 10 日的决定。

[673] 案例 M 2416，2001 年 10 月 30 日的决定。

[674] 案例 T－310/01 *Schneider Electric v Commission* EU：T：2002：254（撤销禁止决定）；案例 T－77/02 *Schneider Electric v Commission* EU：T：2002：255（撤销剥离决定）；案例 T－5/02 *Tetra Laval v Commission* EU：T：2002：264（撤销剥离决定）；案例 T－80/02 *Tetra Laval v Commission* EU：T：2002：265（撤销剥离决定）。

[675] 案例 C－12/03 P *Commission v Tetra Laval* EU：C：2005：87（寻求撤销欧盟普通法院禁止决定的上诉）；案例 C－13/03 P *Commission v Tetra Laval* EU：C：2005：88（寻求撤销欧盟普通法院剥离决定的上诉）。

[676] 参见本章第 1111～1112 页“对欧盟委员会的损害赔偿请求”。

[677] 案例 M 1741，2000 年 6 月 28 日的决定；参见欧盟委员会《关于竞争政策的第 30 号报告》（2000），第 249 点和文本框 6。

[678] 案例 T－310/00 *MCI Inc v Commission* EU：T：2004：275；进一步地，参见本章第 1126 页“撤回通知”。

[679] 案例 M 6570，2013 年 1 月 30 日的决定。

[680] 案例 T－194/13 *United Parcel Service, Inc v Commission* EU：T：2017：144，第 198～222 段。

[681] 同上，第 210 段。

[682] 案例 C－265/17 P *Commission v United Parcel Service*，尚未裁决。

部分的第二阶段案件最终被无条件批准：确实，欧盟委员会两次无条件地批准了 Sony/Bertelsmann 的合并。[683] 这与有时被表达的观点是矛盾的，即当案件进入第二阶段时，欧盟委员会已经对结果作出了决定；向欧盟委员会证明合并不会严重阻碍有效竞争是有可能的。截至 2017 年 12 月 8 日，在总共 211 个案件中有 58 个是这样的。[684]

（iv）根据承诺的批准

《欧盟合并条例》的一个显著特征是，第二阶段调查的大多数决定都导致了根据承诺的批准。这既显示在统计表中，也显示在前面的第二阶段调查表中。较早前曾讨论过欧盟委员会对案件采取的救济措施，并指出其倾向于结构性承诺而不是行为承诺。[685]

最近有许多在第二阶段结束时采取的结构性救济措施的例子。在 *Sonoco/Ahlstrom* 案[686]的第二阶段调查结束时，双方同意将自己在挪威的一家工厂出售给一家纸芯生产厂——该工厂的生产者是先期购买者。在 *Inco/Falconbridge* 案[687]中，当事方同意将挪威的一家镍精炼厂出售给一个先期购买者。有趣的是，在该案中，欧盟委员会要求合并后的实体应长期向买方提供重要的原料。在 *Gaz de France/Suez* 案[688]中，各方同意剥离各种资产，以解决对法国和比利时的天然气和电力市场的批发和零售层面横向重叠的担忧；救济措施包括终止天然气网络基础设施运营商与天然气供应之间的联系（实际上是一项非捆绑性救济措施），以及达成一项为增强天然气网络的容量和功能进行投资的协议[689]。在 *Kronospan Group/Constantia* 案[690]中，欧盟委员会担心 Kronospan 收购 Constantia 拥有的 3 家生产用于家具制造的原始刨花板的公司将严重阻碍有效竞争；在该案中，最简单的解决办法是，Kronospan 将只收购 3 家公司中的 2 家，而第三家公司——奥地利的 Fundermax，将留在 Constantia。在 *Lufthansa/SN Hold-*

---

[683] 参见本章第 1079～1082 页“协同效应”。

[684] 有关评论参见：MAIER－RIGAUD F，PARPLIES K．EU Merger Control Five Years After the Introduction of the SIEC Test：What Explains the Drop in Enforcement Activity？［J］．European Competition Law Review，2009，30（11）：565．

[685] 参见本章第 1095～1103 页“救济措施”。

[686] 案例 M 3431，2004 年 10 月 6 日的决定。

[687] 案例 M 4000，2006 年 7 月 21 日的决定。

[688] 案例 M 4180，2006 年 11 月 14 日的决定。

[689] 参见：BACHOUR K，CONTE G，EBERL P，et al．Gaz de Prance/Suez：Keeping Energy Markets in Belgium and France Open and Contestable Through Far－Reaching Remedies［J］．Competition Policy Newsletter，2007（1）：83．

[690] 案例 M 4525，2007 年 9 月 19 日的决定。

ing 案[691]和 *Lufthansa/Austrian Airlines* 案[692]中，欧盟委员会接受了将导致在欧洲各机场提供起降航班的承诺：这将使竞争者能够在诸如布鲁塞尔到维也纳等航线上与合并后的实体竞争；还接受了诸如参加汉莎航空飞行常客计划之类的辅助救济措施。

有时也会给出结构性救济措施，例如在 *Unilever/Sara Lee Body Care* 案[693]、*Syngenta/Monsanto's sunflower seed business* 案[694]、*Johnson & Johnson/Synthes* 案[695]、*Südzucker/ED & F MAN* 案[696]、*United Technologies/Goodrich* 案[697]、*Outokumpu/Inoxum* 案[698]、*Munksjö/Ahlstrom* 案[699]、*Syniverse/MACH* 案[700]、*INEOS/Solvay* 案[701]、*GE/Alstom* 案[702]、*Ball/Rexam* 案[703]和 3 件移动电话案——*Hutchison/Telefónica Ireland* 案[704]、*Telefónica Deutschland/E - Plus* 案[705]和 *Hutchison/VimpelCom/JV* 案[706]中。*Dow/DuPont* 案[707]的决定值得关注：由于合并可能损害农药领域的创新，欧盟委员会要求各方放弃 DuPont 的大部分全球研发业务。

在某些情况下，行为承诺也被接受。例如，在 *Deutsche Bahn/English Welsh & Scottish Railway Holdings* 案[708]（第一阶段案件）中，欧盟委员会接受了 Deutsche Bahn 的承诺，即通过投资机车和人员来实现 EW&S 在法国铁路货运方面的扩张计划，并提供公平和非歧视性的进入 EW&S 的驾驶员培训学校的机会。在 *SFR/Téléz* 案[709]中，提供了一系列救济措施，以确保有价值的电视内容的拥有者 Vivendi 不会歧视下游付费电视市场中的竞争者，也不会削弱上游市场上

---

[691] 案例 M 5335，2009 年 6 月 22 日的决定。

[692] 案例 M 5440，2009 年 8 月 28 日的决定上诉至欧盟普通法院案例 T - 162/10 *Niki Luftfahrt GmbH v Commission* EU：T：2015：283 维持原判。

[693] 案例 M 5658，2010 年 11 月 17 日的决定。

[694] 案例 M 5675，2010 年 11 月 17 日的决定。

[695] 案例 M 6266，2012 年 4 月 19 日的决定。

[696] 案例 M 6286，2012 年 5 月 16 日的决定。

[697] 案例 M 6410，2012 年 7 月 26 日的决定。

[698] 案例 M 6471，2012 年 11 月 7 日的决定。

[699] 案例 M 6576，2013 年 5 月 24 日的决定。

[700] 案例 M 6690，2013 年 5 月 29 日的决定。

[701] 案例 M 6905，2014 年 5 月 8 日的决定。

[702] 案例 M 7278，2015 年 9 月 8 日的决定。

[703] 案例 M 7567，2016 年 1 月 15 日的决定。

[704] 案例 M 6992，2014 年 5 月 28 日的决定。

[705] 案例 M 7018，2014 年 7 月 2 日的决定。

[706] 案例 M 7758，2016 年 9 月 1 日的决定；上诉案例 T - 19/17 *Fastweb v Commission*，尚未裁决。

[707] 案例 M 7932，2017 年 3 月 27 日的决定。

[708] 案例 M 4746，2007 年 11 月 7 日的决定。

[709] 案例 M 4504，2007 年 7 月 18 日的决定。

电视内容获取的竞争者。在*PRSfM/STIM/GEMA/JV*案[710]中，欧盟委员会接受了行为救济措施，要求版权集体管理协会成立的合营企业以公平、合理和非歧视的条件提供版权管理服务。在*Intel/McAfee*案[711]和*Microsoft/LinkedIn*案[712]中，行为救济措施也被接受，这两个案件的问题是可能引起混合效应。

尤其是在能源和电信领域，一些案件的一个显著的特征是，一揽子救济措施可能非常复杂，有以下这些明显的例子：*E. ON/MOL*案[713]，其中合并对匈牙利的天然气行业产生了影响，欧盟委员会要求MOL撤资、向批发市场供应天然气以及允许成功购买天然气的客户使用储藏设施；*Gaz de France/Suez*案已在前文提到；*T－Mobile/tele. ring*案是在非共谋寡头垄断背景下讨论的[714]；在*Friesland Foods/Campina*案[715]中，除结构性救济措施外，还接受了一系列复杂的承诺，以确保合并后的实体下游的竞争者可以在荷兰获得原奶，并且在一段时间内，合并后的实体的竞争者可能会出现。在*Universal/EMF*案[716]中，批准的一个有趣特征是，它不仅以资产剥离为条件，而且以Universal承诺在其与欧洲经济区的数字客户签订的任何新的或重新谈判的10年合同中不包含“最惠国条款”为条件。

（v）撤回通知

在许多案件中，接受第二阶段调查的合并当事方选择撤回通知。截至2017年12月8日，已进入第二阶段调查的211个案件中，有42个案件的通知被撤回。可以合理地假设，至少有一些撤回是因为欧盟委员会会不可避免地禁止合并。从这个意义上讲，“27项禁令”这一数字可能低估了可能导致完全禁令（如果没有撤回）的案件的数量。

《欧盟合并条例》第6条第1款（c）项规定，除非欧盟委员会确信当事方放弃了合并，否则欧盟委员会应以决定结束第二阶段的调查。欧盟委员会的《合并管辖权通知》在第117～121段中解释了在这种情况下应遵循的程序。

---

[710] 案例M 6800，2015年6月16日的决定。

[711] 案例M 5984，2011年1月26日的决定。

[712] 案例M 8124，2017年12月6日的决定。

[713] 案例M 3696，2005年12月21日的决定，OJ［2006］L 253/20。

[714] 参见本章第1076～1079页“非协同效应”。

[715] 案例M 5046，2008年12月17日的决定；另见：DE LA MANO M，D'SOUZA P，LANGUS G，et al. Friesland Foods/Campina：A merger between Two Dutch Dairy Cooperatives Approved with a Set of Compre ensive Remedies［J］. Competition Policy Newsletter，2009（1）：84.

[716] 案例M 6458，2012年9月21日的决定。

第 22 章 合并（3）：英国法律

1. 简　介

英国关于合并控制的法律被包含在 2002 年英国企业法的第 3 部分中，该法于 2003 年 6 月 20 日生效；2002 年英国企业法已由 2013 年英国企业与监管改革法进行了修订，其后的文本包含了这些修订。[1] 2002 年英国企业法对 1973 年英国公平交易法所包含的国内合并控制制度进行了全面修改，并将公平交易法废除。[2] 具体而言，2002 年英国企业法在合并案中将国务大臣从决策者中剔除，除非出现特殊的公共利益问题；2002 年法令的主要作用是公平交易办公室和竞争委员会确定合并是否会“实质性减少竞争”。[3] 自 2014 年 4 月 1 日起，公平交易办公室和竞争委员会的职能被竞争与市场管理局取代。[4]

本章第 2 节概述了英国国内合并控制制度。第 3 节解释了竞争与市场管理局在确定是否应将合并提交进行深入的第二阶段调查时以及在决定接受承诺代替审理时的程序。第 4 节描述了如何进行第二阶段的调查。第 5 节讨论了竞争与市场管理局在实践中应用 SLC 测试的方式。第 6 节解释了由英国企业和监管改革法修订的英国企业法中的执行权，包括竞争与市场管理局可以在合并案件中施加的救济措施。第 7 节讨论了各种补充事项。第 8 节考虑了合并控制条款

---

[1] 有关 2002 年英国企业法中合并控制条款的更多细节请关注：PARR N，FINBOW R，HUGHES M. UK Merger Control：Law and Practice ［M］. London：Sweet & Maxwell，2016；PARKER J，MAJUMDAR A. UK Merger Control ［M］. Oxford：Hart，2016.

[2] 合并控制最早出现在 1965 年英国垄断和合并法中。

[3] 参见 Government's White Paper on Productivity and Enterprise a World Class Competition Regime，Cm 5233，July 2001，可在 www. gov. uk 上查阅；另见英国政府在 2001 年 12 月的回应。

[4] 参见第 2 章第 77 ~ 84 页“竞争与市场管理局”。

的实际操作方式，并包含一张关于自本书上一版以来（2015年~2017年12月8日）[5]，已在竞争与市场管理局网站上发布的在2002年英国企业法下作出的第二阶段决定的表格。第9节简要介绍了公共利益案件、其他特殊案件和供水行业中的合并规定。在阅读本章时，应回顾一下，作为一般性命题，《欧盟合并条例》规定的“欧盟层面”的集中无法被根据国内法进行调查[6]，不过在《欧盟合并条例》第4条第4款[7]、第9条[8]和第21条第4款[9]中显然可以找到例外。英国退出欧盟将实质性改变这一状况，而且目前在《欧盟合并条例》下被一站式处理的许多合并也将在英国受到调查。

2. 英国合并控制概览

（A）2002年英国企业法第3部分

2002年英国企业法第3部分由5章组成。[10] 该法第3部分第1章为“提起调查义务”：此部分规定有管辖权的事项，例如相关合并情况的含义，以及根据SLC测试对合并进行的实质性评估。对绝大多数合并将在第1章中进行讨论。但是，第2章包含有关公共利益案例的规定，第3章涉及其他特殊情况：这些规定很少被引用；该章第9节简要介绍了有关公共利益和其他特殊情况以及水业合并的规定。[11] 英国企业法第3部分第4章包含了执行规则，其中规定了在合并调查过程中竞争与市场管理局可以接受的各种承诺及其可能作出的命令，以及在调查期间对企业的合并进行的某些自动限制。第5章涉及许多补充事项，例如合并通知、调查权、竞争上诉法庭的审查以及费用的支付。

2013年英国企业与监管改革法通过几种方式修改了2002年英国企业法第3部分，从而加强了英国的合并制度[12]：例如，它赋予竞争与市场管理局在第

---

[5] 自本书第8版以来的第二阶段决定表格可在 www. oup. com/uk/whish9e/上查阅。

[6] 参见第21章第1046~1047页“《欧盟合并条例》第21条：一站式合并控制”。

[7] 参见第21章第1048页“通知前移送：《欧盟合并条例》第4条第4款”。

[8] 参见第21章第1049页“通知后移送：《欧盟合并条例》第9条”。

[9] 参见第21章第1054~1058页“《欧盟合并条例》第21条第4款：合法利益条款”。

[10] 2002年3月26日提交议会的政府对法案的解释性说明是对该法案本身的有益补充；竞争上诉法庭指出，它们可能被用来帮助确定议会的意图：参见案例1023/4/1/03 *IBA Health Ltd v OFT*［2003］CAT 27，第22段。

[11] 参见本章第1193~1202页“公共利益案件、其他特殊案件与水业中的合并”。

[12] 参见：TODOROVIC B. The Reform of the UK Merger Regime in the Enterprise and Regulatory Reform Act 2013 – Not Much to Shout About?［J］. Competition Law Journal，2013，12：338.

一阶段调查期间收集信息的权力；它为完成第一阶段调查和实施第二阶段救济措施引入了新的时限；并且加强了竞争与市场管理局采取临时措施的能力，以防止采取任何可能损害合并调查结果的措施。

（B）英国合并控制制度的简述

2002 年英国企业法中的控制普通合并的制度（与公共利益或其他特殊情况相对）如下。竞争与市场管理局有责任对某些合并提出进行深入的第二阶段调查；在某些情况下，它有酌处权不提出，而在某些合并中也根本无法提出。企业没有义务将合并事前通知竞争与市场管理局，通知是在自愿的基础上进行的。实际上，许多企业选择与竞争与市场管理局进行合并前的讨论，尤其是因为它有权在合并完成后将其提交第二阶段调查并在适当情况下要求撤销合并——这对于相关企业来说是非常不希望的结果。已有规定允许企业提交有法律约束力的承诺，而竞争与市场管理局则接受该承诺来修改合并以代替第二阶段调查。

如果竞争与市场管理局担心合并的现实前景会导致 SLC，并且无法商定救济措施，则该合并将被转至第二阶段调查。仅有一小部分根据英国企业法适用的合并会被提交第二阶段调查。在第二阶段案件中，决策机构是一个独立的专家小组，选自国务大臣任命的竞争与市场管理局小组成员：该调查小组至少由 3 人组成，与在第一阶段结束时作出决定的团队不同。[13] 在进行第二阶段调查时，竞争与市场管理局调查小组必须确定：

- 是否存在符合调查条件的相关合并情况；如果是，
- 相关合并情况是否会导致在英国的任何一个或多个市场中产品或服务的 SLC；如果是，
- 救济、减轻或预防 SLC 及其任何不利影响的适当措施。

竞争与市场管理局在进行调查后拥有许多最终权力，包括在必要时下达禁止完全合并的命令、附加条件甚至对已经发生的合并进行解释的权力。

（C）制度性安排

竞争与市场管理局的市场与合并董事会拥有一个合并部门，专门负责合并案件。有一位市场与合并执行董事、一位合并高级董事和几位合并董事。竞争与市场管理局雇用行政、法律、经济和会计人员来履行职责。还有一些合并情报人员，他们会审查信息源，并每周向合并情报委员会报告是否有任何未通知

[13] 参见第 2 章第 77 ~ 84 页“竞争与市场管理局”。

的合并可能会导致SLC。[14]

行业监管机构在合并方面并没有像1998年英国竞争法和2002年英国企业法中的市场调查条款所规定的联合执行权[15]；但是，通常会要求它们在适当时为竞争与市场管理局的审议工作提供意见，并且在媒体和国家卫生服务行业合并的情况下，通信办公室和国民医疗服务体系提升发展中心必须分别参与其中[16]。竞争与市场管理局的第一阶段和第二阶段的决定受由竞争上诉法庭司法审查。

国务大臣不参与合并案，除非出于公共利益考虑——这种案件很少见。[17]

（D）指南、程序规则和其他相关出版物

除了2002年英国企业法第3部分之外，各种指南、规则和其他出版物还试图解释英国合并控制制度的运作。该法第106节要求竞争与市场管理局准备并发布有关合并审理的一般建议和信息，以及有关相关消费者利益可能影响采取强制措施的方式的一般建议和信息。该法第107节对竞争与市场管理局和国务大臣施加了额外的公开要求：例如，审理、承诺和命令必须被全部公开。

竞争与市场管理局董事会采用了公平交易办公室和竞争委员会针对合并的实质性评估发布的一些指南；竞争与市场管理局还发布了自己的一些指南。2017年12月8日，根据2002年英国企业法已发布了以下指南（按时间顺序列出）：

- 《合并救济：竞争委员会指南》（以下简称《救济指南》）[18]；
- 《各缔约方向竞争委员会提交技术经济分析的建议最佳实践》[19]；
- 《合并评估指南》[20]；
- 《合并：审查义务和代替审查的承诺的例外指南》（以下简称《例外指南》）[21]；

---

[14] 《竞争与市场管理局合并情报功能指南》（CMA 56，2016年6月）。

[15] 参见第10章第549~553页“联合执法”。

[16] 《合并：关于竞争与市场管理局管辖权和程序的指南》（CMA 2，2014年1月），第2.16段第7.13~7.16段以及第7章；有关国民医疗服务体系合并参见“CMA Guidance on the review of NHS mergers”（CMA 29，2014年7月31日）；另见本章第1187~1193页“实践中的合并规定”，在医疗保健一节中讨论有关的合并。

[17] 参见本章第1197~1198页“实践中的公共利益条款”。

[18] CC 8，2008年11月：请注意CC 8的附件A已被《合并：关于竞争与市场管理局管辖权和程序的指南》（CMA 2，2014年1月）替代。

[19] CC 2 com 3，2009年2月。

[20] OFT 1254/CC2（Revised），2010年9月。

[21] OFT 1122（2010年12月），经2017年6月CMA 64修订。

- 《合并中设计和提供消费者调查证据的良好实践》[22]；
- 《主席关于在合并查询、市场调查以及对根据2002年企业法和1973年公平交易法接受或作出的承诺和命令进行的审查中披露信息的指南》[23]；
- 《合并：关于竞争与市场管理局管辖权和程序的指南》[24]；
- 《行政处罚：关于竞争与市场管理局方法的政策声明》[25]；
- 《透明度和披露：竞争与市场管理局政策声明》[26]；
- 《救济措施：关于变更、终止合并、垄断和市场承诺及命令的竞争与市场管理局方法的指南》[27]；
- 《英国合并评估快速指南》[28]；
- 《合并：如何向竞争与市场管理局通知合并》[29]；
- 《国民医疗服务体系合并审查指南》[30]；
- 《水和污水处理领域合并：竞争与市场管理局程序和评估指南》[31]；
- 《竞争与市场管理局合并情报功能指南》[32]；
- 《零售业合并评论》[33]；
- 《合并调查中初步执行命令和减轻的指导》。[34]

根据英国企业和监管改革法附表4的规定，竞争与市场管理局通过了《竞争与市场管理局合并市场和特殊审理小组的议事规则》。[35]

国务大臣已根据2002年英国企业法发布了许多与合并调查有关的命令：下文将酌情提及这些命令。

---

[22] OFT 1230/CC 2 com 1，2011年3月。
[23] CC 7（Revised），2013年4月。
[24] CMA 2，2014年1月。
[25] CMA 4，2014年1月。
[26] CMA 6，2014年1月。
[27] CMA 11，2014年1月，于2015年8月修订。
[28] CMA 18，2014年3月。
[29] www. gov. uk/mergers – how – to – notify – the – cma – of – a – merger。
[30] CMA 29，2014年7月。
[31] CMA 49，2015年11月。
[32] CMA 56，2016年6月，于2017年9月5日更新。
[33] CMA 62，2017年4月。
[34] CMA 60，2017年9月。
[35] CMA 17，2014年3月。

3. 英国竞争与市场管理局的审查义务：第一阶段调查

2002年英国企业法第3部分第1章的标题为“提起调查的义务”，对于国内合并控制制度至关重要。第1章既包含管辖权规则，解释了合并的含义以及可以根据该法进行调查的合并，又包含了实质性规则，阐明了竞争与市场管理局在调查合并时要采用的标准。下文将解释竞争与市场管理局在合并调查中的程序[36]。

2002年英国企业法第22～32条涉及竞争与市场管理局在已经完成的合并中的立场，而第33～34条则列出了与尚未完成的合并有关的相关规定。如前所述，根据英国法律，当事方没有义务向竞争与市场管理局预先通知合并。像《欧盟合并条例》一样，国内法也没有对于未通知合并的完成规定任何处罚。但是，竞争与市场管理局可能对没有合理辩解而未能在第一阶段[37]或第二阶段[38]遵守临时措施的人处以罚款。实际上，许多企业在交易之前会自愿将其交易提请竞争与市场管理局注意。但是，许多未通知的已完成的合并最终被命令对已经收购资产进行资产剥离。[39]

该法第35～41节涉及竞争与市场管理局调查小组对审查的确定。

（A）审查义务：已完成的合并

（i）审查义务

2002年英国企业法第22条第1款规定，如果竞争与市场管理局认为已经或可能已经出现相关合并情况并且该情况可能或预计会导致在英国或英国部分地区的一个或多个市场内的产品或服务的SLC，则竞争与市场管理局有义务进行第二阶段调查。因此，该法对竞争与市场管理局赋予了义务，而不是赋予其酌处权，以对第22条第1款中规定的那种合并进行审查：这意味着对于一家反对特定合并的企业，例如敌意竞标的受害者、客户或竞争者，有可能向竞争上诉法庭申请对竞争与市场管理局不进行审查的决定复审。不提请审查合并的决定可能会受到质疑，而提请审查合并的决定也会对竞争与市场管理局产生资

[36] 参见本章第1146～1156页“竞争与市场管理局第一阶段调查的程序”以及本章第1156～1160页“竞争与市场管理局的审查决定：第二阶段调查”。

[37] 2002年英国企业法，第72条。

[38] 同上，第80条和第81条。

[39] 参见本章第1190～1191页“已完成的合并”。

源影响；竞争与市场管理局必须小心确保发布决定的主要证据和理由，使其决定以所有有关方面都清楚的方式作出。

（a）*IBA Health* 案

第三方提出的第一个审查申请涉及 iSOFT Group plc 提议的对 Torex plc 的收购——它们是向医院提供软件应用程序的两个直接竞争者；合并将导致合并后的实体具有相当大的市场份额。该案导致了上诉法院的一项重要判决，该判决审查了根据 2002 年英国企业法提请进行第二阶段审查的义务的性质。公平交易办公室决定不将 iSOFT/Torex 的合并提请第二阶段审查。竞争者 IBA Health 向竞争上诉法庭质疑该不提审查的决定：竞争上诉法庭结论认为公平交易办公室的决定应予以撤销，对该问题应该重新予以考虑。在得出这一结论时，竞争上诉法庭考虑了 2002 年英国企业法中的合并控制条款的方案，并指出，第一阶段中公平交易办公室（现为竞争与市场管理局）的作用是作为与合并有关的第一层筛查，而不是成为决策者：这是进行第二阶段调查的调查小组的职责。第 33 条规定，竞争与市场管理局有义务在其认为确实存在或可能会导致合并产生 SLC 的情况下，提请审查合并。在竞争上诉法庭看来，这种表述（尤其是在两个地方出现“可能”一词的第 33 条第 1 款）（所谓的双重可能）意味着，如果公平交易办公室（现为竞争与市场管理局）不认为合并会导致 SLC，但调查小组可能可信地认为会导致，则公平交易办公室（现为竞争与市场管理局）必须审查：

> 如果有存在两个意见的余地，则竞争与市场管理局的法定职责是将此事提请审查。[40]

竞争上诉法庭认为，由于公平交易办公室（现为竞争与市场管理局）并未询问竞争委员会（现为竞争与市场管理局第二阶段调查小组）是否有重大可能认为合并将产生 SLC，因此没有做到正确的评估，因此在法律上是错误的[41]；竞争上诉法庭还认为公平交易办公室的裁决是有缺陷的，因为它没有足够的证据并且没有充分的理由[42]。公平交易办公室认为，竞争上诉法庭对此义务的制定将实质性降低将合并提交第二阶段的门槛，并且可能导致更多的合并被提出：这引发了重要的政策问题，因此，公平交易办公室向上诉法院提出上

---

[40] 案例 1023/4/1/03 *IBA Health Ltd v OFT*［2003］CAT 27，第 192 段。

[41] 同上，第 232 段。

[42] 当公平交易办公室重新考虑此案时，它发现在向国民医疗服务体系医院提供实验室信息管理系统方面可能存在 SLC，但并未将合并提交第二阶段调查，因为 iSOFT 提供了替代承诺：参见公平交易办公室新闻稿 56/04，2004 年 3 月 24 日。

诉。上诉法院维持了竞争上诉法庭的决定，撤销了该决定，并将该案的事实移交给公平交易办公室，但得出结论认为，竞争上诉法庭提出的审查义务是不正确的。[43] 副大法官认为竞争上诉法庭的“两部分”测试是错误的，将使2002年英国企业法中的各种规定不可行：

> 相关的信念是，预期合并可能导致SLC，而不是竞争与市场管理局可能会在适当时候决定预期合并可能导致SLC。[44]

副大法官解释说，第33条中的词语应按照其通常含义使用。

（b）指　南

《合并评估指南》第2部分提供了有关竞争与市场管理局审查职责的指南[45]，该职责是根据该判决以及副大法官在其判决第44～49段中就适当适用第33条第1款提供的一些具体指南提出的。对于相关合并是否会实质性减少竞争，竞争与市场管理局必须形成合理的信念，并通过相关事实客观地证明。竞争与市场管理局必须在它认为合并很有可能导致SLC时，也就是说，它认为发生SLC的可能性超过50%时提请第二阶段调查。该指南继续指出，可以在低于50%的概率范围内提请第二阶段调查：如果竞争与市场管理局认为可能性的程度并非空想，但发生的可能性小于50%，则竞争与市场管理局应有很大的余地来判断合并是否可能导致SLC[46]。在这种情况下，竞争与市场管理局有义务在认为合并存在产生SLC的“现实可能性”（realistic prospect）时进行审查。

（c）*UniChem*案

在*UniChem v OFT*案中，UniChem反对以下事实：公平交易办公室并未将Phoenix Healthcare Distribution Ltd对East Anglian Pharmaceuticals Ltd的收购提议移交给第二阶段调查。竞争上诉法庭认为公平交易办公室的大部分决定有充分根据，但还是撤销了该决定，因为公平交易办公室根据合并方提供的信息对UniChem在市场上的地位作出了初步裁决，而未审查UniChem本身。在竞争上诉法庭的观点中，一个平衡且公平的程序应该是公平交易办公室向UniChem核实这些重要事实。[47] 公平交易办公室重新考虑此事后，再次在没有第二阶段

---

[43] *OFT v IBA Health Ltd*［2004］EWCA Civ 142；有关评论参见：PARR N. Merger Control in the Wake of IBA Health［J］. Competition Law Journal，2007：282.

[44] *OFT v IBA Health Ltd*［2004］EWCA Civ 142，第38段。

[45] CC 2（Revised），OFT 1254，2010年9月，第2.2～2.7段。

[46] 案例1049/4/1/05 *UniChem v OFT*［2005］CAT 8，第172段（将“判决范围”一词与更广泛的自由裁量权概念区分开来）。

[47] 同上，第268～269段。

调查的情况下批准了合并。[48]

(d) *Celesio* 案

在 *Celesio AG v OFT* 案[49]中，Celesio 未能成功挑战竞争与市场管理局不对 Boots Group plc 对 Alliance Unichem plc 的拟议收购进行审查的决定。竞争上诉法庭驳回了 Celesio 的意见，称竞争与市场管理局始终有义务审查一项合并，如果该合并有可能导致 SLC。[50]

(e) 收集有关可能审查的信息

第109条赋予竞争与市场管理局权力，可通过通知要求提供与第22条或第33条项下可能的审查有关的文件和信息。如果竞争与市场管理局认为某人在无合理辩解的情况下未能遵守通知，则可处以罚款。[51] 另外，通知当事方或第三方向竞争与市场管理局提供虚假或误导性信息是刑事犯罪。

(ii) 不提请审查的自由裁量权

必须根据第22条第2款和第3款的规定理解第22条第1款对竞争与市场管理局施加的义务——这两款规定提供了不审查某些合并的酌处权，并阻止一些合并的审查。第22条第2款赋予竞争与市场管理局有权在两种情况下不作审查的酌处权。

(a) 重要性不足的市场

第一种情况是竞争与市场管理局认为相关市场不够重要，无法证明第二阶段审查的合理性。[52] 该规定的主要目的是避免审查涉及的成本与有关市场规模不成比例的情况。相关指南已被进行了三次修订，并且《合并——重要性不充分的市场中有义务进行审查的例外》[53]（《最低限度指南》[54]）对当前情况进行了解释。《最低限度指南》指出，竞争与市场管理局将通过进行广泛的成本效益分析来应用最低要求例外情况，该分析将询问为防止客户损害而进行审查

---

[48] 可在 www. nationalarchives. gov. uk 上查阅。

[49] 案例 1059/4/1/06［2006］CAT 9。

[50] 同上，第74段；案例 1227/4/12/14 *AC Nielsen Co Ltd v CMA*，Nielsen 挑战竞争与市场管理局的不将 IRI 对 Aztec Group 的收购转至第二阶段审查的决定：该决定被撤销，此事根据新获得的证据被退回给竞争与市场管理局作出新决定（［2014］CAT 8）。

[51] 2002年英国企业法，第110条；关于惩罚，请参见：本章第1183～1184页“调查权和处罚”。

[52] 同上，第22条第2款（a）项。

[53] CMA 64，2017年6月；有关《最低限度指南》的较早版本请参见《审查义务的例外：重要性不足的市场》（OFT 516b，2007～2010年有效）以及《例外指南》（OFT 1122，2010年12月，于2010～2017年有效）。

[54] 《最低限度指南》对2010年12月的《例外指南》（OFT 1122）进行了修订，该指南在其他事项上保持不变。

的好处是否有可能实质上超过公共成本（而不是各当事方的成本）。[55]《最低限度指南》表明，2017年6月一项第二阶段审查的公共成本约为40万英镑。

《最低限度指南》确定了上限和下限：

• 如果相关市场的年总价值超过1500万英镑，则竞争与市场管理局通常会认为该案例具有足够的重要性，可以为审查提供依据[56]；

• 如果相关市场的年总价值合计少于500万英镑，竞争与市场管理局通常会认为进行审查是不合理的；低于此门槛的审查将是例外。[57]

如果相关市场的年总价值低于1500万英镑，市场与竞争管理局通常会考虑以下三个问题：

• 当事方原则上是否可以提出明确的承诺来代替审查[58]；

• 合并产生的预期客户损害是否比第二阶段审查的公共成本大得多[59]；

• 竞争与市场管理局决定对其未来案件的处理具有更广泛的意义[60]。

竞争与市场管理局于2017年6月首次行使其酌处权，根据经修订的《最低限度指引》不审查合并。[61]

（b）消费者利益

第二种情况是，可以酌情决定不进行审查：与合并相关的任何相关消费者利益都超过了预期的SLC及其带来的不利影响。[62] 2002年英国企业法第30条为此目的定义了相关的消费者利益：在英国的任何市场（不一定是SLC已经发生或将要发生的任何市场）中，必须以较低的价格、更高的质量或更多的产品或服务选择或有关此类产品或服务的更大创新的形式为相关客户[63]带来利益[64]，该收益必须已因合并而产生，或者预期是在合理的期限内因合并而产

---

[55] 《最低限度指南》，第8~12段。

[56] 同上，第14段。

[57] 同上，第15段。

[58] 同上，第16段，进一步讨论在第18~27段。

[59] 同上，第16段，进一步讨论在第28~39段。

[60] 同上，第16段，进一步讨论在第40~44段。

[61] 案例*IBA/Mallinckrodt*，竞争与市场管理局2017年6月26日的决定，可在www.gov.uk/cma上查阅。

[62] 2002年英国企业法第22条第2款（b）项。

[63] 关于客户者的含义请参见：同上，第30条第4款；该术语包括从合并方的直接客户开始的客户链中的客户，还包括将来的客户。

[64] 同上，第30条第1款（a）项；这些利益不限于影响竞争的效率：参见《例外指南》，第4.3段。

生，并且如果不进行合并或类似的竞争减少，则不可能获得该利益[65]。相关消费者利益的概念出现在该法的其他地方，特别是与第二阶段调查有关的地方。[66] 但是，尽管第22条在第一阶段要求竞争与市场管理局考虑是否有任何相关的客户利益超过 SLC 以及合并产生的 SLC 的不利影响[67]，但第二阶段的竞争与市场管理局调查小组被要求考虑可能采取的任何救济措施对任何相关消费者利益的影响[68]。

《例外指南》警告说，确定相关消费者利益的情况很可能很少。[69] 当事方必须提供相关消费者利益的详细且可验证的证据[70]；它们有动机将这些利益转移给客户，并且合并将使客户的境况比以前更好[71]。但是，各方通常不需要为客户建立利益——这将是很难证明的事情。在合并为某些客户而非其他客户带来相关消费者利益的情况下，竞争与市场管理局将需要作出判断。[72] 即使可以建立这样的利益，竞争与市场管理局仍可以酌情决定是否审查合并。在行使其酌处权时，竞争与市场管理局将考虑第二阶段调查的好处，包括可能保留任何相关消费者利益的救济措施的可能性。[73]

另外一点是，在某些情况下，预测消费者利益会增加市场竞争，在这种情况下，这一事实可以作为 SLC 测试的一部分加以考虑，而不是作为可能的 SLC 的后续砝码。[74]

（iii）不能进行审查的情况

第22条第3款规定了无法审查的各种情况，例如：

- 竞争与市场管理局在完成第一阶段调查的期限内未能作出决定[75]；

---

[65] 2002年英国企业法，第30条第2款和第3款：请注意这两款分别列出了已完成的合并和预期合并的测试。

[66] 参见本章第1169～1170页“效率”。

[67] 《例外指南》，第4.4段。

[68] 可能的补救措施对相关消费者利益的影响已在 *Global Radio Holdings Ltd/GMG Radio Holdings Ltd* 案2013年5月21日的最终报告第9.203～9.291段中被详尽讨论，可在 www.gov.uk/cma 上查阅；在医疗保健领域的一些案例中也讨论了消费者利益：参见本章第1192～1193页“医疗保健”。

[69] 《例外指南》，第4.8段。

[70] 同上，第4.9段。

[71] 同上，第4.12段。

[72] 合并可能会在一个市场上产生相关消费者利益但在另一个市场上导致 SLC 的情况，参见：同上，第4.3和4.13段。

[73] 同上，第4.5段。

[74] 同上，第4.2段；另见《合并评估指南》第5.7条。

[75] 2002年英国企业法，第22条第3款（za）项：参见本章第1151～1152页“程序时间表”。

• 竞争与市场管理局正在考虑是否接受一项代替第二阶段审查的承诺[76]；

• 根据预期合并的规定已经或正在考虑进行合并[77]；

• 在某些公共利益案件中[78]；

• 欧盟委员会正在决定其是否具有《欧盟合并条例》第4条第5款或第22条所规定的管辖权[79]。

(B) 审查义务：预期的合并

大多数合并都是在完成合并之前在自愿基础上提请竞争与市场管理局注意的；尽管不是强制性的，但预先通知有法定依据。[80] 英国2002年企业法第33条第1款规定，竞争与市场管理局有义务审理预期的合并，前提是它认为正在或可能正在进行或正在考虑的安排一旦生效，可能会导致相关合并情况发生，并且预期该合并将导致在英国任何产品或服务市场中的SLC。[81] 如果合并已经被公开宣布，竞争与市场管理局通常会认为安排正在进行或正在考虑进行。[82] 合并可能是"在考虑中"，但没有达成有约束力的协议：在 *London Stock Exchange plc/Deutsche Börse AG and Euronext NV* 案中，竞争与市场管理局表示：收购方必须真正考虑收购事项；其在交易中的利益必须真实存在；必须有在合理的时间内进行交易的意图；并且收购方必须有能力进行交易。[83]

与第22条中关于已完成的合并的情况一样，竞争与市场管理局有责任而不是酌处权来审查预期的合并，尽管它有酌处权不对对市场不那么重要或涉及相关消费者利益超过相关SLC的合并进行审查。[84] 对于预期的合并，如果该安排没有被充分推进或不太可能进行，则有其他不审查的酌定理由，以证明不进行第二阶段的正当性。[85] 第33条第3款规定了无法审查的情况，这与第22条第3款的规定相符。[86]

---

[76] 2002年英国企业法，第22条第3款（b）项：参见本章第1152~1155页"代替审查的承诺"。

[77] 2002年英国企业法，第22条第3款（c）项：关于预期的合并参见后文B节。

[78] 2002年英国企业法，第22条第3款（d）项：参见本章第1194~1198页"公共利益案件"。

[79] 2002年英国企业法，第22条第3款（e）、（f）项：有关《欧盟合并条例》第4条第5款和第22条程序请参见第21章第1051~1054页"《欧盟合并条例》第4条第5款与第22条：成员国将不属欧盟层面的集中移送给欧盟委员会"。

[80] 参见本章第1147~1150页"向竞争与市场管理局通知合并"。

[81] 2002年英国企业法，第33条第1款。

[82]《合并：关于竞争与市场管理局管辖权和程序的指南》，第4.4段。

[83] 参见2005年11月1日的最终报告，第3.26段，可在www.nationalarchives.gov.uk上查阅。

[84] 2002年英国企业法，第33条第2款（a）、（c）项。

[85] 同上，第33条第2款（b）项；参见《例外指南》，第3.1~3.5段。

[86] 参见本章第1132~1138页"审查义务：已完成的合并"。

根据第34条，已对在2年内同一当事方之间发生的两项或多项交易的汇总作出了规定。[87]

（C）相关合并情况

英国企业法第23条定义了相关合并情况的含义。要有相关合并情况：

- 两个或两个以上的企业必须不再具有明显的区别；并且
- 合并必须满足：

——营业额测试；或

——供应测试的份额。

（i）不再互相区分的企业

合并发生在两个或多个“企业”不再互相区分的情况下。[88]

（a）企 业

“企业”是指企业的活动或部分活动[89]（商业上的）[90]。关于企业含义的最主要案例是 *Société Coopérative de Production SeaFrance v CMA* 案[91]。SeaFrance 在多佛和加来之间经营渡轮服务，直到2011年11月16日在法国清算并停止运营为止。2012年7月2日，SeaFrance 的大部分资产被 Eurotunnel 收购。Eurotunnel 与一家法国工人合作社 Société Coopérative de Production SeaFrance（SCOP）达成了一项协议：意图是 Eurotunnel 将运营渡轮服务，而 SCOP 将运营船舶并提供船员。2012年8月20日渡轮服务被恢复，使用的是参与 SeaFrance 以前业务的三艘相同的船只和大多数的雇员。竞争委员会认为，Eurotunnel 对 SeaFrance 资产的收购构成了符合调查条件的合并，并将导致 SLC[92]；更具体地说，即使船只搁置了许多个月，Eurotunnel 还是收购了一家从事活动的企业。在上诉后，竞争上诉法庭将此问题转回给了竞争与市场管理局（竞争与市场管理局当时已取代了竞争委员会），以供进一步审议。[93] 竞争与市场

---

[87] 2002年英国企业法（预期合并）2003年令，SI 2003/1595。

[88] 2002年英国企业法，第23条第1款（a）项和第2款（a）项；参见：PARKER J，PRITCHARD S. Jurisdictional Frontiers in UK Merger Control：“Enterprises Ceasing to be Distinct”［J］. Competition Law Journal，2010：90.

[89] 企业的部分活动意味着对企业部门的出售可能会受到调查，只要满足第23条的其他要求。

[90] 2002年英国企业法，第129条第1款；上诉法院在 *Akzo Nobel NV v Competition Commission*［2014］EWCA Civ 482，第34段中考虑了第129条的适用。

[91] ［2015］UKSC 75。

[92] 2013年6月6日的最终报告，可在 www. nationalarchives. gov. uk 上查阅。

[93] 案例 1216/4/8/13 etc *Groupe Eurotunnel SA v Competition Commission*［2013］CAT 30。

管理局得出与欧盟委员会相同的结论，并再次禁止合并。[94] 竞争上诉法庭维持了竞争与市场管理局的裁决[95]，但上诉法院允许以二对一的多数提出上诉。[96] 最终，最高法院一致推翻了上诉法院的判决[97]，并确认了竞争与市场管理局和竞争上诉法庭的裁决。

萨姆欣勋爵作出英国最高法院的判决，首先指出判断什么构成一项活动属于法律问题。[98] 他随后说：英国企业法中的合并控制规定不仅限于收购一家“持续经营”的企业；SeaFrance 在 2011 年 11 月停止提供渡轮服务这一事实本身并不意味着在 2012 年 7 月没有收购任何活动[99]，如果仅是暂停一项活动就意味着不存在任何符合调查条件的合并活动，则真有可能避免合并控制[100]。

关于企业的构成标准的检验，萨姆欣勋爵说这是一个经济问题，而不仅仅是法律形式问题。[101] 他区分了收购“裸资产”与相当于企业的资产，因为该法不适用于买方仅购买设备、雇用员工等的情况。[102] 要使该法得以适用，资产必须构成一家企业，因此使买方相对于仅进入市场和购买生产要素，可以获得更多收益：

> 额外费用必须归因于资产先前是在目标企业的活动中被组合使用的事实。[103]

根据该案的事实，萨姆欣勋爵认为关于一家企业的“残余”已被收购的裁决是无可厚非的，并驳回了上诉法院多数人认为该裁决是“不合理的”的观点；他确实指出，在进行复杂的经济评估的情况下，上诉法院在审查竞争主管机构或竞争上诉法庭的决定时应谨慎行事。[104]

(b) 不再互相区分

如果将企业置于共同所有权或控制之下，它们将不再有互相区分。[105] 2002

---

[94] 2014 年 6 月 24 日的最终报告，可在 www. gov. uk/cma 上查阅。

[95] 案例 1233/3/3/14 etc *Groupe Eurotunnel SA v CMA* [2015] CAT 1。

[96] [2015] EWCA Civ 487。

[97] [2015] UKSC 75。

[98] *Société Coopérative de Production SeaFrance SA v CMA* [2015] UKSC 75，第 31 段。

[99] 同上，第 32 ~ 35 段.

[100] 进一步参见：根据 1973 年英国公平交易法（现已废除）中的类似规定，*AAH Holdings plc/Medicop/mrtnu NV*, Cm 1950 (1992)，第 6. 101 ~ 6. 102 段。

[101] [2015] UKSC 75，第 38 段。

[102] 同上，第 39 段；类似地，参见案例 1216/4/8/13 *Groupe Eurotunnel SA v Competition Commission* [2013] CAT 30 第 105 段中的竞争上诉法庭的意见。

[103] [2015] UKSC 75，第 39 段。

[104] 同上，第 44 段。

[105] 2002 年英国企业法，第 26 条第 1 款。

年英国企业法的第26条对关于此目的的控制进行了宽泛定义：就该法而言，可以存在合并，而没有一家企业获得对另一家的直接或甚至合法控制权。确定了三个控制级别：

- 法律上的控制，在公司法上是指一个人控制2个企业[106]；
- 实际控制，是指一个人能够直接或间接地在实践中控制公司政策；
- 实质性影响，指一个人直接或间接对公司政策产生重大影响[107]。

为此，公司的政策意味着对其业务的管理，包括其战略方向以及定义和实现其商业目标的能力。[108]

"实质性影响"比《欧盟合并条例》第3条第2款中的"决定性影响"更宽泛，因此，某些在欧盟法律下不构成合并的交易，根据英国法律则构成合并。[109] 实质性影响可能基于收购方的股权、董事会代表或其他因素。由于持有25%或以上的股份通常会使股东有能力阻止公司的特别决议[110]，因此竞争与市场管理局认为持有25%或以上的股份可能会赋予实质性影响公司政策的能力[111]。

即使持有少于25%的股权，也可能产生实质性影响。竞争与市场管理局将审查任何大于15%的股权，以确定是否属实；在特殊情况下，甚至小于15%的股权也可能引起审查。[112] 在这种情况下，竞争与市场管理局将专注于实质而非形式，例如，考虑收购方股权的规模与其他股东的规模、最近的股东大会的出席方式、所考虑的股权中是否存在任何特别表决权或否决权、任何任命董事或高级管理人员的权力以及公司章程中赋予实质性影响政策能力的任何其他特殊规定。[113] 在 *Ryanair/Aer Lingus* 案[114]中，竞争委员会得出结论，Ryanair 持有的 Aer Lingus 的29.82%的股权赋予了其实质性影响 Aer Lingus 的政策的能力，特别是阻止或预防 Aer Lingus 与其他航空公司可能的合并[115]。

---

[106] 同上，第26条第2款和第129条第1款、第2款；参见《合并：关于竞争与市场管理局管辖权和程序的指南》，第4.30段。

[107] 2002年英国企业法，第26条第3款；《合并：关于竞争与市场管理局管辖权和程序的指南》，第4.28～4.29段。

[108]《合并：关于竞争与市场管理局管辖权和程序的指南》，第4.14段。

[109]《欧盟合并条例》第3条第2款参见第21章第1031～1038页"《欧盟合并条例》第3条：'集中'的含义"；例如，根据英国企业法被认为具有实质性影响的交易，尽管其在《欧盟合并条例》不是有决定性影响的交易，参见案例 *Centrica plc/Lake Acquisitions Ltd* 公平交易办公2009年8月7日的决定。

[110]《合并：关于竞争与市场管理局管辖权和程序的指南》，第4.16～4.17段。

[111] 同上，第4.19段。

[112] 同上，第4.20段。

[113] 同上，第4.21段。

[114] 2013年8月28日的最终报告，可在 www.gov.uk/cma 上查阅。

[115] 实质性影响的裁决没有被上诉到竞争上诉法庭。

在 *BSkyB Group plc/ITV plc* 案中，BSkyB 持有 ITV 17.9%的股份而成为最大的股东。竞争委员会认为，根据ITV 历届股东大会的投票行为以及 BSkyB 的行业知识和地位，持有 17.9%的股份将使 BSkyB 能够阻止通过任何特别决议，并对 ITV 产生实质性影响。[116] BSkyB 针对此裁决向竞争上诉法庭提出的上诉未成功。[117] 竞争上诉法庭认为，一旦对公司政策产生实质性影响，根据英国 2002 年企业法第 26 条第 3 款行使任何酌处权拒绝将这种影响视为引起共同控制的可能性就很小。[118]

还可能通过董事会代表、股份持有[119]或其他因素（例如向目标公司提供咨询服务或作出财政安排）而对政策产生实质性影响[120]。

就 2002 年英国企业法而言，从一种控制水平到另一种控制水平的过渡（例如，从实质影响到实际控制）本身就等于合并。其结果是，如果公司 A 分阶段收购公司 B，则可能会引起几种不同的合并：第一，当 A 对 B 产生重大影响时；第二，当 A 对 B 获得实际控制时；第三，当它达到法律控制时。[121]

竞争与市场管理局在对合并进行实质性评估时，不得以对待事实上的或法律上的控制相同的方式对待获得实质性影响。[122] 2002 年英国企业法第 29 条规定，在 2 年内，某人分阶段获得控制权，这些阶段可被视为在最后一个阶段发生的同时发生。

该法没有定义合并持续的时间应有多长，以使其符合相关合并情况的条件。《合并：关于竞争与市场管理局管辖权和程序的指南》第 4.35 ~ 4.39 段为临时合并情况提供了指导，例如分拆竞标和个人逐步增持目标公司股份的案例。

在确定企业是处于共同控制还是所有权之下时，“关联人”及其控制的任何公司将被视为一个人；第 127 条第 4 款对关联人进行了广泛定义，包括任何个人、其合伙人、受托人和商业合伙人。[123] 在 *Groupe Eurotunnel v Competition Commission* 案中，竞争上诉法庭认为 Eurotunnel 和 SCOP 是关联人，因为它们

---

[116] 参见 *BSkyB Group plc/ITV plc*，2007 年 12 月 14 日的最终报告，第 3.39 ~ 3.6 段，可在 www.nationalarchives.gov.uk 上查阅。

[117] 案例 1095/4/8/08 *British. Sky Broadcasting Group plc v Competition Commissio*［2008］CAT 25，第 110 ~ 145 段。

[118] 同上，第 97 ~ 105 段；另见：《合并：关于竞争与市场管理局管辖权和程序的指南》，第 4.22 段。

[119] 《合并：关于竞争与市场管理局管辖权和程序的指南》，第 4.23 ~ 4.25 段。

[120] 同上，第 4.26 ~ 4.27 段。

[121] 同上，第 4.32 段以及该指南脚注 46 中引用的决定。

[122] 参见例如公平交易办公室“Report to the Secretary of State on Acquisition by British Sky Broadcasting Group plc of a 17.9 percent stake in ITV plc”（2007 年 4 月 27 日）第 63 段和第 64 段。

[123] 2002 年英国企业法，第 127 条第 1 款；进一步参见《合并：关于竞争与市场管理局管辖权和程序的指南》，第 4.40 ~ 4.41 段。

共同采取行动收购了 SeaFrance 的船只以及相关资产。[124] 新企业的股东不一定被视为关联人；对于这种情况，必须有证据表明它们共同行动以确保或行使对企业的控制。[125]

若根据1993年英国铁路法的规定授予铁路专营权，就等于获得了2002年英国企业法第23条所指的控制权。[126]

（ii）营业额测试

只有在满足营业额测试或供应份额测试的情况下，才可以根据2002年英国企业法对合并进行调查。该法第23条第1款（b）项规定，在被收购企业在英国的营业额价值超过7000万英镑的情况下，就形成了相关合并情况——在英国必须有营业额的要求为该法的适用提供了管辖联系。[127] 竞争与市场管理局将继续审查营业额门槛，并不时通知国务大臣是否仍然合适；国务大臣有权修改这一数字。[128] 第28条第2款规定，企业营业额应根据国务大臣的命令确定：2002年英国企业法（合并费和营业额确定）2003年令[129]解释了就营业额测试和应付合并费用的计算而言如何计算营业额。竞争与市场管理局已发布有关营业额测试的应用指南。[130] 营业额是通过将被收购企业的营业额和任何关联企业的营业额相加得出的。[131] 计算营业额的期间是合并完成之日（或者如果是预期的合并，则是作出第二阶段调查决定的日期）之前的营业年度。[132]《合并：关于竞争与市场管理局管辖权和程序的指南》附件B为营业额的计算提供了进一步的指南。

（iii）供应份额测试

2002年英国企业法第23条第2款（b）项规定，如果合并后的企业在英国[133]

---

[124] 案例 1216/4/8/13 etc［2013］CAT 30，第51~57段。

[125] 案例 *Project Canvas*，公平交易办公室2010年5月19日的决定，第39~42段；*Tramlink Nottingham Consortium*，公平交易办公室2011年9月12日的决定，第12~14段，两者均可在 www. nationalarchives. gov. uk 上查阅。

[126] 参见 *FirstGroup plc/ScotRail*，2004年6月28日最终报告，第3.12段，可在 www. national - archives. gov. uk 上查阅。

[127] 2002年英国企业法，第28条第5款。

[128] 同上，第28条第6款。

[129] SI 2003/1370（修正）。

[130] 有关合并费用，参见：本章第1156页“费用”。

[131]《合并：关于竞争与市场管理局管辖权和程序的指南》，第4.47~4.52段。

[132] 同上，第4.51段。

[133] 2002年英国企业法，第23条第3款。

提供或购买了25%或更多的特定产品[134]或服务[135]或其中的相当一部分，就会产生相关合并情况；服务的提供包括允许或作出安排以允许将土地用于各种目的，例如房车场地或停车场[136]。《合并：关于竞争与市场管理局管辖权和程序的指南》为供应份额测试提供指导。[137] 供应测试要求供给份额的增加，而不管该增加有多小。[138] 一个明显的推论是，供应份额测试不适用于非横向合并。[139] 供应份额测试使可能会引起竞争问题的合并被调查，即使未达到7000万英镑的营业额门槛：在产品市场狭窄或地理区域狭窄的情况下，这可能是必要的。竞争与市场管理局在确定产品或服务是否具有相同描述以及是否达到25%门槛上具有自由裁量权[140]，可以就此使用价值、成本、价格、数量、能力、工人人数或任何其他适当的标准[141]。

为了确定是否满足供应份额测试，竞争与市场管理局将考虑对一组产品或服务的任何合理描述[142]——这通常是相关行业认可的标准，尽管并非总是如此。竞争与市场管理局还可以考虑不同的供应形式，例如，产品的批发或转售。[143] 在确定是否满足供应份额测试时，竞争与市场管理局不需要根据SSNIP测试界定相关产品或地理市场。[144] 换言之，供应份额测试赋予其管辖权，不需要进行完整的市场分析。对竞争与市场管理局及其前身的合并决定的案例清单进行的审查显示，在相当多的案例中，对特定合并的管辖权来自当事方的供应份额。[145]

在确定是否满足英国大部分地区的供应份额测试时，竞争与市场管理局将以上议院（现为最高法院）在 *South Yorkshire Transport v Monorolies and Mergers Commission* 案[146]中的判决为指导，根据旧的1973年英国公平交易法的类似规定，该部分必须具有一定的规模、特征和重要性，以使其值得出于合并控制的

---

[134] 同上，第23条第4款。

[135] 有关在英国提供或购买商品或服务，请参见《合并：关于竞争与市场管理局管辖权和程序的指南》，第4.57~4.60段。

[136] 2002年英国企业法（服务供应）2003年令，SI 2003/1594。

[137] 《合并：关于竞争与市场管理局管辖权和程序的指南》，第4.53~4.62段。

[138] 同上，第4.54段。

[139] 同上，第4.56段，第四小段。

[140] 2002年英国企业法，第23条第5款。

[141] 同上，第23条第5~8款。

[142] 《合并：关于竞争与市场管理局管辖权和程序的指南》，第4.56段，第二小段。

[143] 2002年英国企业法，第23条第6、7款。

[144] 《合并：关于竞争与市场管理局管辖权和程序的指南》，第4.56段，第一小段；有关SSNIP测试参见第1章第31~33页“市场界定”。

[145] 参见例如 www. gov. uk/cma。

[146] [1993] 1 All E. R 289；另见案例 *Stagecoach Holdings v Secretary of State for Trade and Industry* 1997 SLT 940。

目的进行考虑。根据竞争与市场管理局的说法，在确定合并是否值得考虑并因此可以审查时，要考虑的因素包括指定区域的大小、人口、社会、政治、经济、金融和地理意义，以及是否具有任何特殊或重要特征。[147] 这些因素在 *Archant/Independent News and Media* 案中被使用以确定在不相邻的不同地区收购一些当地报纸的行为是在英国的一个重要部分进行的。[148] *South Yorkshire Transport* 案中的测试还被用于裁决单个城镇或自治市镇是英国的一个重要部分。[149]

（iv）时间限制与优先通知

如果企业在第二阶段调查开始前 4 个月以上已经不再互相区分[150]，或者如果在通知竞争与市场管理局合并的事实之前或该合并公开前 4 个月以上不再互相区分，则不能对已完成的合并进行审查。[151] 在某些情况下可以延长这些期限。[152] 在 2011 年 1 月，人们认为，2006 年 Ryanair 对 Aer Lingus 少数股权的收购作出决定的时限，直到针对欧盟委员会就 Ryanair 竞购 Aer Lingus 的决定向欧盟普通法院提出的上诉已经结束时才开始计算。[153] 竞争上诉法庭[154]和上诉法院[155]驳回了 Ryanair 对这一裁决的上诉。

2002 年英国企业法第 27 条涉及企业何时不再互相区分的问题，特别是在一段时间内获得所有权或控制权的情况。第 27 条第 2 款规定，当交易的所有当事方都受合同约束而行事时，合并被视为已完成：在行使期权或满足条件之前，期权或其他条件的存在不相关。[156] 如果所有权或控制权是在一段时间内通过一系列交易逐步获得的，则可以将其视为发生在最近一次交易之日，但以 2 年为限。[157] 在 *Archant/Independent News and Media* 案中，竞争委员会驳回了

---

[147] 《合并：关于竞争与市场管理局管辖权和程序的指南》，第 4.61 ~ 4.62 段。

[148] 参见 2004 年 9 月 22 日的最终报告，附件 C，第 23 ~ 31 段，可在 www.national - archives.gov.uk 上查阅。

[149] 参见案例 *Arriva/Sovereign Bus and Coach Company*，2004 年 1 月 7 日的最终报告，第 3.10 ~ 3.14 段；案例 *Tesco/Co - Op store acquisition in Slough*，2007 年 11 月 28 日的最终报告，第 4.6 段（Slough）；案例 *Cineworld/ Hollywood Green Leisure Park*，公平交易办公室 2008 年 4 月 24 日的最终报告，第 10 ~ 12 段（London Borough of Haringey）；所有这些判决可在 www.nationalarchives.gov.uk 上查阅。

[150] 2002 年英国企业法，第 24 条第 1 款（a）项。

[151] 同上，第 24 条第 1 款（b）项、第 2 款和第 3 款；关于何时将合并“公开”的问题，参见《合并：关于竞争与市场管理局管辖权和程序的指南》，第 4.44 段。

[152] 2002 年英国企业法，第 25 条和第 122 条。

[153] 参见公平交易办公室新闻稿 1/11，2011 年 1 月 4 日。

[154] 案例 1174/4/1/11 *Ryanair Holdings plc v OFT*［2011］CAT 23。

[155] *Ryanair Holdings plc v OFT*［2012］EWCA Civ 643。

[156] 2002 年英国企业法，第 27 条第 3 款。

[157] 同上，第 27 条第 5 款和第 6 款；关于此点，参见《合并：关于竞争与市场管理局管辖权和程序的指南》，第 4.46 段和其中引用的决定实践。

Archant 关于审查是在4个月的法定期限之外进行的论点。它还得出结论：应将两次连续交易视为在两者中的较晚日期发生。[158]

（D）竞争与市场管理局第一阶段调查的程序

图22.1解释了竞争与市场管理局合并调查的主要阶段（包括第一阶段和第二阶段）。

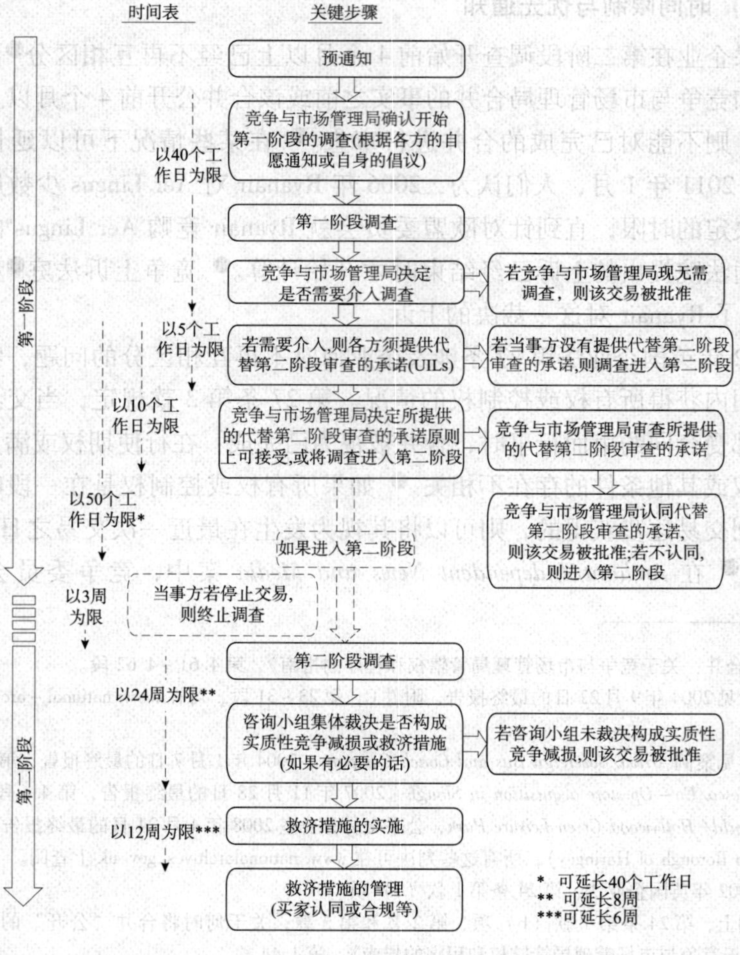

图22.1 竞争与市场管理局合并调查的主要阶段

资料来源：A quick guide to the UK merger assessment（CMA 18 March 2014），可在 www. gov. uk/cma 上查阅。

---

[158] 参见2004年9月22日的最终报告，附件C，第17~22段，可在 www. national - archives. gov. uk 上查阅。

在《合并：关于竞争与市场管理局管辖权和程序的指南》第38～41页的表格中，可以找到完整的图表，其中概述了典型第一阶段案件的关键阶段和指示性时间。

（i）向竞争与市场管理局通知合并

《合并：关于竞争与市场管理局管辖权和程序的指南》的第6章讨论了通知的程序。根据英国法律，没有义务预先通知合并，从这个意义上讲，该制度是一个自愿的制度，与《欧盟合并条例》中的强制性通知相对。《合并：关于竞争与市场管理局管辖权和程序的指南》第6.21段描述了未通知和/或完成合并的风险，包括被要求撤销合并。在实践中，合并各方通常会向竞争与市场管理局寻求非正式建议[159]，并且使用“合并通知”发出通知也有法律依据。[160]

（a）竞争与市场管理局的市场情报功能

当事人没有义务向竞争与市场管理局通知合并，而且通常没有这样做。竞争与市场管理局通过监视媒体、与其他公共机构联络以及听取第三方投诉者的意见来收集有关合并活动的情报。[161]在收到第三方的回音时，竞争与市场管理局将特别注意客户的评论，因为他们会遭受反竞争合并的影响；对于合并方的横向竞争者的投诉，他们会持更加怀疑的态度，因为其可能会从较少的市场竞争中受益。[162]竞争与市场管理局将不会听取有关非竞争性问题的投诉，除非是国务大臣已经发布了一项公共利益干预通知的案件[163]：实质性测试关注合并是否可能实质性减少竞争，这就是竞争与市场管理局关注的问题。[164]

如果交易的各方在未与竞争与市场管理局进行讨论的情况下继续进行交易，则它们冒着其完成的合并可能被竞争与市场管理局发现并转入第二阶段调查的风险；这种情况经常发生，并且在一些案例中，竞争与市场管理局要求剥离已经收购的资产。[165]竞争与市场管理局对已完成的合并的处理并没有比预期合并要好。[166]如果没有通知合并，但竞争与市场管理局通过其他方式获悉，如果有合理的可能性认为它有责任进行审查，它将发出询问信。竞争与市场管理

---

[159] 参见本章第1148页“非正式建议”。

[160] 2002年英国企业法，第96条；参见本章第1149页“使用‘合并通知’的通知”。

[161] 《合并：关于竞争与市场管理局管辖权和程序的指南》，第6.5～6.8段和《竞争与市场管理局合并情报功能指南》，CMA56，2017年6月，2017年9月修订。

[162] 《合并：关于竞争与市场管理局管辖权和程序的指南》，第6.12、6.13段。

[163] 参见本章第1193～1202页“公共利益案例、其他特殊案例与水业中的合并”。

[164] 参见《合并：关于竞争与市场管理局管辖权和程序的指南》，第6.14段。

[165] 参见本章1190～1191页“已完成的合并”。

[166] 《合并：关于竞争与市场管理局管辖权和程序的指南》，第6.20段。

局网站上有标准询问信的副本。[167] *ICE/Trayport* 案中的禁止决定是竞争与市场管理局的合并情报委员会提出的第一次禁止案件[168]。

（b）非正式建议

竞争与市场管理局将就由非公共领域的预期合并引起的实质性和相关司法管辖权问题提供非正式建议。[169] 竞争与市场管理局仅在满足以下两个条件的情况下才会考虑对非正式建议的请求：

- 寻求建议的一方必须表现出进行秘密交易的诚意[170]；
- 当事人必须解释为什么存在真正的竞争问题，也就是说，竞争与市场管理局可能合理地依赖某种损害理论作为第二阶段审查的可信理由[171]；竞争与市场管理局不能被用于认可专业顾问的建议，即交易不会引起竞争问题。

《合并：关于竞争与市场管理局管辖权和程序的指南》第6.35段中规定了非正式建议申请的内容。竞争与市场管理局将努力在收到申请后的5个工作日内表明是否会提供非正式建议；如果会，则在随后5个工作日内提供该建议；紧急情况下可以得到更快的处理。合并小组的一名高级成员通常只会提供一次非正式建议。提供非正式建议没有规定的格式：可以由竞争与市场管理局官员在会议上或通过电话提供。在某些情况下，建议可能仅仅是因为竞争与市场管理局无法在该阶段提供有意义的指导，因为实质性分析将取决于对拟议交易的“市场测试”。一方已申请非正式建议的事实以及该建议的内容是保密的。[172] 这种建议对第一阶段案例小组或第二阶段调查小组没有约束力。

（c）通知前讨论

竞争与市场管理局鼓励进行通知前讨论，认为这对各当事方和竞争与市场管理局都是有益的。[173] 竞争与市场管理局团队可以从中受益，其中包括了解受影响的市场并确定竞争与市场管理局所需的信息。竞争与市场管理局须在固定时限内确定其是否有义务审查，如果有，则是否有替代承诺可以解决其竞争问题。鉴于此，《合并：关于竞争与市场管理局的管辖权和程序的指南》表明，

---

[167] www. gov. uk/cma。

[168] 竞争与市场管理局2016年10月17日的决定，上诉维持原判案例1271/4/12/16 *Intercontinental Exchange Inc v CMA*［2017］CAT 6。

[169]《合并：关于竞争与市场管理局管辖权和程序的指南》，第6.25～6.38段。

[170] 不会提供假设性的建议；竞争与市场管理局通常会期望以真诚的意图进行有关交易。

[171] 这是竞争与市场管理局用于确定合并是否应遵循第一阶段“案件审查会议程序”的标准，对此参见《合并：关于竞争与市场管理局管辖权和程序的指南》，第7.34～7.49段。

[172] 非正式建议仅向提出要求的公司的董事会成员、高级执行官和总顾问提供：《合并：关于竞争与市场管理局管辖权和程序的指南》，第6.37段和脚注108。

[173] 同上，第6.39～6.48段。

在可能存在问题的情况下，各方可能希望进行更详细的通知前讨论。通知前讨论是秘密进行的，可能涉及从管辖权问题和可能的信息请求范围到实质性分析和可能的救济措施等一系列问题。该指南指出，应向竞争与市场管理局提交“案例小组分配表”，以便组建案例小组并与当事方进行初步联系。案例小组将努力审查提交的文件，例如合并通知草案。

（d）使用“合并通知”的通知

2002年英国企业法第96~101条规定，对在公共领域符合该法调查条件的合并，必须事先通知竞争与市场管理局。[174] 合并通知必须以规定的形式发出。[175] 如果公司向竞争与市场管理局表明有诚意进行交易或公开招标，则可以发出通知：这意味着当事方可以在完成交易正式合法性之前，利用固定的时限，开始第一阶段程序。竞争与市场管理局可能会宣布合并通知不完整——例如因为它忽略了本应包含的信息[176]——在这种情况下，达成第一阶段决定的期限将不会开始起算。[177] 2002年英国企业法（合并前通知）2003年令[178]对合并通知作了进一步规定，有关程序在《合并：关于竞争与市场管理局管辖权和程序的指南》附件A中进行了解释。使用此程序之前必须付费。[179]

（e）主动调查

如果当事方未事先征得竞争与市场管理局的同意而未通知竞争与市场管理局并实施交易，则竞争与市场管理局可以主动进行调查。[180] 在这种情况下，第一阶段时间表将从竞争与市场管理局确认它具有足够的信息以使其能够开始调查后的工作日开始。[181] 根据英国企业法第109条，竞争与市场管理局可以并且经常通过向双方发送询问信或发出正式通知来寻求信息，竞争与市场管理局可以对未遵守通知的情况处以罚款。[182]

（f）快速审查

在快速审查程序下，竞争与市场管理局可以比通常情况下更快地处理某些

---

[174] 同上，第6.49~6.53段。

[175] 同上，第6.54~6.55段；可以从竞争与市场管理局网站下载副本：www. gov. uk/cma。

[176] 《合并：关于竞争与市场管理局管辖权和程序的指南》，第6.56~6.58段。

[177] 2002年英国企业法，第100条第1款。

[178] SI 2003/1369。

[179] 参见《合并：关于竞争与市场管理局管辖权和程序的指南》，第20章；参见本章第1156页“费用”中关于费用的支付介绍。

[180] 《合并：关于竞争与市场管理局管辖权和程序的指南》，第6.59~6.60段。

[181] 同上，第6.19段和第6.51段。

[182] 参见本章第1183~1184页“调查权和处罚”。

案件。[183] 在必须进行审查的情况下，竞争与市场管理局可以应当事方的请求对必须审查的合并加快进行第二阶段审查。有几个案件已经这样做了。[184]

（ii）评估程序

《合并：关于竞争与市场管理局管辖权和程序的指南》第7章说明了如何进行合并评估。该指南首先讨论了补充信息的收集和验证，这涉及与第三方和公共机构的协商。[185] 通知方和提供虚假或误导性信息的第三方均会受到经济处罚。[186] 该指南第7.21～7.27段解释了竞争与市场管理局在保密方面的权利和义务。该章还说明了竞争与市场管理局可能作出临时命令以防止或撤销可能损害第二阶段审查的先发制人行为的情况。[187]

《合并：关于竞争与市场管理局管辖权和程序的指南》[188] 解释说，竞争与市场管理局进行第一阶段决策的方法取决于合并是引起严重的竞争问题还是引发更复杂或实质性的竞争问题。如果没有引起任何竞争方面的担忧，则由合并总监作出批准合并的决定。案例小组准备第一阶段批准决定，并由竞争与市场管理局高级职员进行审查。在复杂或更棘手的情况下，将采用不同的程序。[189] 在这种情况下，当事方和竞争与市场管理局的官员会进行专门会议；这些会议的目的是向双方通报竞争与市场管理局认为可能存在的竞争问题，以及是否打算让合并部门举行“案例审查会议”（CRM）[190]。如果竞争与市场管理局打算举行CRM，它将发送列出相关证据和第二阶段审理的核心论点的问题函；问题函既不是临时决定，也不是反对声明。[191] 当事方有机会以书面形式或在问题会

---

[183] 《合并：关于竞争与市场管理局管辖权和程序的指南》，第6.61～6.65段。

[184] 参见例如案例 *Thomas Cook/Cooperative Group/Midlands Cooperative Society*，公平交易办公室新闻稿28/11，2011年3月2日；合营企业随后被批准：2011年8月16日的最终报告，两者均可在www.nationalarchives.gov.uk上查阅；*BT Group plc/EE Ltd*，竞争与市场管理局新闻稿，2015年5月18日：该合并于2016年1月15日被无条件批准；案例 *Ladbrokes plc/Gala Coral Group Ltd*，竞争与市场管理局新闻稿，2016年1月11日：该合并在许予资产剥离救济的前提下于2016年7月26日被批准；案例 *Tesco plc/Booker Group plc*，竞争与市场管理局2017年7月12日的决定：该合并在许予资产剥离救济的前提下被批准。

[185] 《合并：关于竞争与市场管理局管辖权和程序的指南》，第7.2～7.13段。

[186] 同上，第7.17～7.20段。

[187] 同上，第7.28～7.31段；有关竞争与市场管理局的实施权力，参见本章第1172～1183页“执行”。

[188] 《合并：关于竞争与市场管理局管辖权和程序的指南》，第7.32～7.59段。

[189] 同上，第7.33段。

[190] 同上，第7.34段。

[191] 同上，第7.36段。

议上作出回应；在实践中，他们通常两者都做。[192] 案例审查会议通常会由案例小组，作为第一阶段决策者的合并高级总监（或竞争与市场管理局的另一位高级职员），法务官，高级经济师，和一名来自合并部门外部的、被指定为CRM的“魔鬼辩护人”（devil’s advocate）* 的官员出席。

此后，CRM将在竞争与市场管理局内进行：通常由合并总监主持，并由出席问题会议的官员出席，可能还包括首席经济顾问办公室的代表，并在适当情况下还包括市场与合并董事会的人。如前所述，在CRM中，一名官员将被专门指定充当“魔鬼辩护人”，以检验案例小组评估的合理性并提出相反的立场。CRM之后，有一个单独的所谓的SLC决策会议，在该会议上，第一阶段决策者将听取有关CRM讨论的报告以及CRM之后的总体建议。通常在该次会议上就是否将合并提交第二阶段调查作出临时决定；在少数情况下，可以将决定推迟到准备书面决定草案或核实特定事实之后再进行。一旦起草了第一阶段的决定，则由第一阶段的决策者签署后，该决定将成为最终决定。在公开宣布该决定的1小时前，通知方将被联系并通知该决定的时间和性质。该决定随后被公开宣布。

对于发送了问题通知书，但竞争与市场管理局第一阶段决策者决定不提请第二阶段审查的情况，上诉法院表示必须证明已消除SLC的可能性，并且竞争与市场管理局所依据的材料可以合理地被视为消除了问题函中强调的不确定性。[193]

（iii）程序时间表

英国企业法第34ZA条规定了竞争与市场管理局必须在完成第一阶段调查的时间限制。一般而言，第一阶段的决定必须在令人满意的合并通知[194]提交后的第1个工作日起的40个工作日内作出[195]，或者在没有合并通知的情况下，在竞争与市场管理局通知合并方其开始调查后的第1个工作日起的40个工作日

---

[192] 鉴于时间和保密性的限制，竞争与市场管理局不会向第三方提供机会对问题函发表意见：同上，第7.40段。

* 从前天主教中枢要追封死者做圣徒，会先开庭辩论。辩论时，罗马教庭指定的一名“上帝辩护士”（God’s advocate）负责推崇死者，一名“魔鬼辩护人”（devil’s advocate）则负责列举死者的缺点加以反对。追封与否当然要看辩论结果而定了。后来，人们就用“devil’s advocate”一词来说爱抬杠的人，或为了测试计划、论据等而刻意寻其漏洞加以质疑的人。——译者注

[193] 参见：*OFT v IBA Health Ltd*［2004］EWCA Civ 142，第73段和第100段。

[194] 注意2002年英国企业法第103条要求竞争与市场管理局在合理可行的范围内考虑作出决定的必要性。

[195] 时间仅从竞争与市场管理局确认其已根据2002年英国企业法第96条第2A款收到完整的合并通知时开始计算。

内作出[196]。国务大臣可以通过命令修改40个工作日的期限。[197]

第34ZB条规定，如果竞争与市场管理局认为相关人员未能配合其调查（无论有无合理辩解），则可以延长40个工作日的初始期限。如果实施干预通知，竞争与市场管理局还可将初始期限延长不超过20个工作日。[198]

如果竞争与市场管理局无法在规定的时限内作出决定，则无法进入第二阶段审查。[199] 但有一些小例外：例如，如果当事方在合并通知中提供虚假或误导性信息，则将延长竞争与市场管理局可以决定是否履行其合并审查义务的期限。[200]

（iv）辅助限制

合并以及"与合并规定的执行直接相关且必要的任何规定"，均被排除在1998年英国竞争法之外。[201] 竞争与市场管理局对辅助限制的处理通常遵循欧盟委员会根据《欧盟合并条例》采取的方法。[202] 各方必须自己决定限制是否是辅助的，竞争与市场管理局通常不会在批准决定中处理此问题。它将仅对引起真正不确定性的新颖或未解决的问题提供指导。

（v）代替审查的承诺

（a）法律依据

2002年英国企业法第73条授权竞争与市场管理局接受一项承诺，以代替第二阶段的审查。[203] 竞争与市场管理局必须考虑实现对SLC合理可行的全面解决方案的需要以及由此产生的任何不利影响[204]，并考虑相关消费者利益。[205]

---

[196] 如果欧盟委员会根据《欧盟合并条例》第4条第4款或第9条第2款将案件移送给英国竞争与市场管理局，则此期限不适用：2002年英国企业法第34ZA条第5款。

[197] 2002年英国企业法，第34ZC条第6款。

[198] 这样的延长只能有一次：同上，第34ZC条第2款。

[199] 同上，第22条第3款（za）项和第33条第3款（za）项。

[200] 同上，第100条第1款；另见《合并：关于竞争与市场管理局管辖权和程序的指南》，附件A，第A.9段。

[201] 1998年英国竞争法附表1；有关此排除请参见第9章第444～446页"附表1：合并和集中"。

[202] 《合并：关于竞争与市场管理局管辖权和程序的指南》，第6.68～6.70段。

[203] 参见《例外指南》，OFT 1122，2010年12月，第5章，可在www.gov.uk/cma上查阅。

[204] 2002年英国企业法，第73条第3款。

[205] 同上，第73条第4款。

（b）替代承诺的指导

竞争与市场管理局的《例外指南》[206] 包含许多关于代替审查的承诺的法律和实践的重要见解。竞争与市场管理局认为，只有在合并引起的竞争问题和针对这些问题的拟议救济措施是明确的，并且这些救济措施有效且能够立即实施的情况下，才可以使用代替第二阶段审查的承诺。[207] 在 *Co - operative Group*（*CWS*）*Ltd v OFT* 案[208]中，竞争上诉法庭裁定不能期望公平交易办公室（现为竞争与市场管理局）在行使其接受代替第二阶段审查的承诺的权力时进行详细调查。[209] 竞争与市场管理局的出发点是寻求使竞争恢复到并购前水平的承诺，尽管在某些情况下它接受不同的结果。[210]《例外指南》明确指出，竞争与市场管理局强烈倾向于在第一阶段优先采取结构性救济措施[211]（例如资产剥离）而非行为救济。实际上，竞争与市场管理局曾表示它“极不可能”在第一阶段接受行为救济。[212] 在某些情况下，竞争与市场管理局可能会坚持在接受承诺之前要求当事方确保买方同意购买要剥离的业务[213]；竞争与市场管理局继续执行公平交易办公室的惯例，要求在适当情况下有先期购买者[214]。竞争与市场管理局将始终牢记救济措施的相称性。[215]

（c）程　序

有关竞争与市场管理局处理代替审查的承诺的程序的有用指南，可以在《合并：关于竞争与市场管理局管辖权和程序指南》中找到。有固定的时间表可以对代替第二阶段审查的承诺进行考虑、接受和实施。时间表的紧迫性意味着，当事方应考虑在程序中尽早采取救济措施，以及采取何种救济措施。[216] 当事方可以在第一阶段的决策者决定将合并提交第二阶段的调查之前或之后提出替代承诺。如果在收到竞争与市场管理局决定开始进行第二阶段调查的通知之前，当事方提供了替代承诺，则案件小组将尽可能为这些救济措施的适用性提

---

[206] OFT 1122（2010年12月，由竞争与市场管理局理事会通过，自2014年4月1日起生效），可在 www. gov. uk/cma 上查阅；2017年6月对《例外指南》的修订与替代承诺无关。

[207]《例外指南》，第5.6～5.9段、第8.5段；另见《合并：关于竞争与市场管理局管辖权和程序的指南》，第8.3段。

[208] 案例 1081/4/1/07［2007］CAT 24。

[209] 同上，第179～180段。

[210]《例外指南》，第5.11段。

[211] 同上，第5.20段和第8.2段。

[212] 同上，第5.31～5.37段。

[213]《合并：关于竞争与市场管理局管辖权和程序的指南》，第8.4段。

[214] 参见例如 *Origin UK Operations/Bunn Fertiliser*，竞争与市场管理局2017年10月16日的决定。

[215]《例外指南》，第5.14～5.19段。

[216]《合并：关于竞争与市场管理局管辖权和程序的指南》，第8.4段。

供指导。[217] 然而，如果当事方更愿意等待竞争与市场管理局作出将合并转至第二阶段的合理决定[218]，则第73条第1款规定了当事方需在5个工作日内提出替代承诺。如果当事方提供替代承诺，则它们必须使用规定的表格以书面形式进行。[219] 时间期限意味着各方不应期望与竞争与市场管理局进行反复讨论或就替代承诺进行谈判。

应当指出的是，竞争与市场管理局已经终止了公平交易办公室过去采用的"信封程序"，以考虑替代承诺的多次提交。在竞争与市场管理局看来，当事方应处于适当位置，以便在法定期限内确定竞争问题并提供明确的解决方案。但是，由于可以通过第一阶段的救济程序实现公共政策利益，因此，竞争与市场管理局将酌情要求当事方修改其提议的救济措施，以充分解决竞争与市场管理局所确定的竞争问题。[220] 英国企业法不允许竞争与市场管理局在法定截止日期之后考虑新的或经修订的承诺的提交。

竞争与市场管理局必须决定其是否有合理的理由相信可能会接受替代承诺（或其修改版本）。它必须在通知当事方第二阶段调查的理由之日起的10个工作日内作出该决定。[221] 如果竞争与市场管理局通知当事方可能接受替代承诺，则还有一个50个工作日的期限决定是否接受承诺。[222] 在有"特殊原因"的情况下，可以将50个工作日的期限延长不超过40个工作日。[223] 竞争与市场管理局不会期望延长第一阶段的救济期限，除非案件涉及预先购买者、有必要咨询有利害关系的第三方或有其他特殊情况。[224]

一旦接受了替代承诺，竞争与市场管理局将监督其实际执行情况。[225]

（d）接受替代承诺的影响

如果接受替代承诺，则无法进行第二阶段审查[226]，尽管如果竞争与市场管

---

[217] 同上，第8.7~8.9段；各方将在问题会议结束时正式有机会提出替代承诺。

[218] 同上，第8.10~8.11段。

[219] 同上，第8.14~8.17段。

[220] 同上，第8.20~8.21段。

[221] 2002年英国企业法，第73A条第2款；参见《合并：关于竞争与市场管理局管辖权和程序的指南》，第8.18~8.19段。

[222] 2002年英国企业法，第73A条第3款；参见《合并：关于竞争与市场管理局管辖权和程序的指南》，第8.27~8.39段。

[223] 2002年英国企业法，第73A条第4款；这样的延长只能有一次：同上，第73B条第2款；进一步地，参见《合并：关于竞争与市场管理局管辖权和程序的指南》，第8.23~8.24段。

[224] 《合并：关于竞争与市场管理局管辖权和程序的指南》，第8.25段。

[225] 同上，第8.40~8.49段。

[226] 2002年英国企业法，第74条第1款。

理局在接受承诺时的事实有重大变化[227]，则情况会有所不同。第75条赋予竞争与市场管理局权力，以在替代承诺未被履行或在接受承诺之前提供虚假或误导性信息的情况下发布命令。[228]

（e）例　子

竞争与市场管理局的前身之一公平交易办公室多次接受了替代承诺。在大多数情况下，承诺是结构性的，通常是剥离资产。[229] 公平交易办公室曾在 *Aggregate Industries Ltd/Foster Yeoman Ltd* 案中接受了一项替代承诺，即不仅要解决非协同效应，还要解决协同效应——这是第一个此类案例。[230] 公平交易办公室在 *Co－operative Group Ltd/Somerfield Ltd* 案中接受了有史以来最大的一揽子救济措施，其中包括在133个公平交易办公室认定存在竞争问题的当地的地区剥离资产；在24个案例中，公平交易办公室要求预先购买者。[231] 在一种情况下，其接受了准结构性补救措施：在 *Tetra Laval Group/Carlisle Process Systems* 案中，一项承诺是向第三方授予不可撤销的欧洲经济区范围的知识产权一揽子许可，该许可由公平交易办公室提前批准，将使第三方能够在市场上竞争切达干酪工业生产中使用的设备。[232]

竞争与市场管理局经常接受代替第二阶段审查的承诺：在2015～2016年度62项第一阶段的决定中，有9项是接受替代承诺；2016～2017年的57项决定中有9项是接受替代承诺。[233] 在 *Müller/Dairy Crest* 案[234]中，竞争与市场管理局接受了要求 Müller 与 Medina Dairy 签订通行费处理协议的替代承诺。该协议包含有关定价、专有技术转让、防火墙以及向竞争与市场管理局发送合规声明的广泛条款。

（vi）第一阶段决定的传播与出版

英国企业法要求竞争与市场管理局向当事人提供作出第一阶段决定的理由。[235] 所有有关公共合并案件的裁决必须公开发布[236]；机密信息一经删除，该

---

[227] 同上，第74条第2款。

[228] 同上，第75条。

[229] 参见例如 *Boots plc/Alliance UniChem plc*，公平交易办公室2006年2月7日的决定；上诉维持原判案例1059/4/1/06 *Celesio AG v OFT*［2006］CAT 9。

[230] 公平交易办公室2007年1月3日的决定。

[231] 公平交易办公室2009年1月15日的决定。

[232] 公平交易办公室2006年11月20日的决定。

[233] 参见竞争与市场管理局网站上提供的统计数据：vww. gov. uk/cma。

[234] 竞争与市场管理局2015年10月19日的决定。

[235] 2002年英国企业法，第34ZA条第1款（b）项。

[236] 同上，第107条。

决定就会在竞争与市场管理局的网站上发布[237]。

(vii) 费　用

根据英国企业法第121条，2002年英国企业法（合并费用和营业额确定）2003年令（经修订）就用于支付与竞争与市场管理局（以及例外情况下，国务大臣）行使与合并有关职能有关的费用作出了规定[238]。有关合并费用的更多指南，请参见《合并：关于竞争与市场管理局管辖权和程序的指南》第20章。[239]

4. 竞争与市场管理局的审查决定：第二阶段调查

(A) 第二阶段调查小组和案件小组

一旦到了第二阶段，竞争与市场管理局专家组[240]的主席将任命一个调查小组来进行调查。主席必须任命竞争与市场管理局专家组的至少3名（通常不超过5名）成员加入第二阶段调查小组。[241] 调查小组的成员是第二阶段的决策者[242]；他们在第一阶段的决策中不起作用。这些安排模仿了公平交易办公室和竞争委员会之间的旧职能划分；他们旨在为英国的合并控制提供新的视角。调查小组会得到一个案例小组的支持，该小组通常由合并部门内的行政人员、律师、经济学家、业务顾问以及（如果适用）其他专业专家组成。[243]

(B) 有关已完成合并的待决问题

企业法第35条第1款要求竞争与市场管理局以第二阶段调查小组的形式

[237] 参见《合并：关于竞争与市场管理局管辖权和程序的指南》，第9.1段和第9.2段；当事方与案件小组之间关于保密性的分歧，可以由程序官审理并解决：第9.3段。

[238] SI 2003/1370，最近由SI 2014/534修订。

[239] 另见竞争与市场管理局“Merger fees information”竞争与市场管理局2016年1月；与水业企业之间的合并有关的费用，参见《水和污水处理领域合并：竞争与市场管理局程序和评估指南》，(CMA 40，2015年11月13日）第2.17～2.19段。

[240] 参见《合并：关于竞争与市场管理局管辖权和程序的指南》，第10.3段；第2章第78～79页“竞争与市场管理局专家组”介绍了竞争与市场管理局专家组的成员资格和作用。

[241] 《合并：关于竞争与市场管理局管辖权和程序的指南》，第10.4段。

[242] 参见2002年英国企业法，第34C条。

[243] 出于运营效率的考虑，一些从事第一阶段工作的竞争与市场管理局工作人员还将从事第二阶段工作：《合并：关于竞争与市场管理局管辖权和程序的指南》，第10.8段。

确定：首先，是否已产生了合并情况[244]；其次，如果是，这种情况的产生是否已经或预期会导致在英国任何一个或多个产品或服务市场中的SLC。[245] 竞争与市场管理局将始终试图确定如果合并不发生市场将是什么样子，换句话说，它将尝试建立“反事实”，以确定任何SLC的程度。[246] 竞争上诉法庭已批准使用“反事实”作为分析工具，以协助回答法定问题。[247] 稍后在第5节中将介绍竞争与市场管理局可能应用SLC测试的方式。[248] 如果竞争与市场管理局认为存在反竞争结果[249]，则必须确定另外三个问题：第一，是否应采取救济措施[250]；第二，是否应该建议其他任何人采取救济措施[251]；第三，如果应该采取救济措施，该措施应该是什么。[252] 在考虑采取救济措施时，竞争与市场管理局必须考虑实现对SLC合理可行的全面解决方案的需要以及由此产生的任何不利影响[253]，尤其是要考虑任何措施对任何相关消费者利益的影响[254]。如果竞争与市场管理局认为没有反竞争结果，就不会出现考虑采取救济措施的问题。

（C）有关预期合并的待决问题

英国企业法第36条要求竞争与市场管理局决定与预期的合并有关的类似问题，并进行必要的语言调整以应对此类合并尚未完成的事实。

（D）调查和报告

英国企业法第37条包含了对第二阶段审查的取消和变更的规定，例如在被审查的合并被放弃的情况下：从本章后面的合并调查表中可以看出，大量合并在第二阶段审查。[255] 该法第38条第1款要求竞争与市场管理局在第39条允

---

[244] 2002年英国企业法，第35条第1款（a）项。

[245] 同上，第35条第1款（b）项.

[246] 参见例如案例 *Ticketmaster/Live Nation*，2010年5月7日的最终报告，第6.1～6.102段，可在www. nationalarchives. gov. uk上查阅。

[247] 案例1095/4/8/08 *British Sky Broadcasting Group plc v Competition Commission*［2008］CAT 25，第91段；上诉法院维持原判案例［2010］EWCA Civ 2，第55段。类似地，参见案例1145/4/8/09 *Stagecoach Group plc v Competition Commission*［2010］CAT 14，第19～20段。

[248] 参见本章第1160～1171页“‘实质性减少竞争’测试”。

[249] 此术语定义于2002年英国企业法，第35条第2款。

[250] 同上，第35条第3款（a）项。

[251] 同上，第35条第3款（b）项。

[252] 同上，第35条第3款（c）项。

[253] 同上，第35条第4款。

[254] 同上，第35条第5款；参见本章第1136～1137页的“消费者利益”。

[255] 请注意，如果竞争与市场管理局认为预期的合并将被放弃，且当事方提出这样的要求，则第二阶段的调查可能会被暂停长达3周：英国企业法第39条第8A款。

许的期限内准备和发布报告[256]。第39条第1款要求竞争与市场管理局在审查之日起24周内这样做；在《欧盟合并条例》[257]下的第二阶段案件中，其期限比欧盟委员会可以使用的90个工作日更长。在有特殊原因的情况下，或者在未能遵守该法第109条规定的通知要求的情况下[258]，可以将24周的时间延长不超过8周。竞争委员会在某些情况下延长了调查时间[259]，例如，由于询价的特殊性，它延长了伦敦证券交易所两次竞标的时间[260]。

国务大臣可以减少第39条中的时限。[261]报告必须包含竞争与市场管理局关于根据第35条或第36条待决问题的决定、作出这些决定的理由以及竞争与市场管理局认为可促进对这些问题及其决定理由的正确理解的适当的信息。[262]

（E）纠正合并的反竞争影响的责任

如果竞争与市场管理局在英国企业法第39条规定的期限内根据第38条准备并发布了报告，并且得出结论认为存在反竞争结果，则第41条第2款要求竞争与市场管理局采取其认为合理且可行的措施救济，减轻或防止SLC及其任何不利影响。[263]这样做的过程中，竞争与市场管理局必须与报告中关于其需要回答的问题的决定保持一致，除非自编写报告以来情况发生重大变化或竞争委员会会有特殊理由作出不同的决定。[264]在*Ryanair Holdings v CMA*案[265]中，竞争上诉法庭维持竞争与市场管理局的裁决[266]，认为情况没有发生重大变化导致

[256] 参见第21章第1063～1065页“第二阶段调查”。

[257] 2002年英国企业法，第39条第3款：特殊原因可能是调查此案的小组成员患病或丧失能力，或者竞争对手意外合并：《解释性说明》，第132段；这样的延长只能有一次：同上，第40条第4款。

[258] 2002年英国企业法，第39条第4款；竞争委员会在*Ryanair Holdings plc/ AerLinguspic*案和*Royal Bournemouth and Christchurch Hospitals NHS Foundation Trust/Poole Hospital NHS Foundational Trust*案，两均可在www. nationalarchives. gov. uk上查阅。

[259] 参见例如案例*Stericycle Inc/Ecowaste Southwest Ltd*，2012年3月21日的最终报告（使竞争委员会能够评估新的证据和替代补救措施）和案例*Imerys Minerals Ltd/Goonvean Ltd*，2013年10月10日的最终报告（留给各方时间来评论临时调查结果的附录），两者均可在www. nationalarchives. gov. uk上查阅。

[260] 参见2005年11月1日的最终报告，附件A，第6段，可在www. nationalarchives. gov. uk上查阅。

[261] 2002年英国企业法，第40条第8款。

[262] 同上，第38条第2款；关于给出理由的义务，参见案例1051/4/8/05 *Somerfieldpic v Competition Commission*［2006］CAT 4，第62段。

[263] 2002年英国企业法，第41条第2款；此条款并非简单要求竞争与市场管理局减少发生SLC的机会：案例*Ryanair Holdings plc v CMA*［2015］EWCA Civ 83，第58段。

[264] 2002年英国企业法，第41条第3款；情况发生重大变化的例子，参见2012年5月15日，关于案例*Stericycle, Inc/Ecowaste Southwest Ltd*的通知。

[265] ［2015］CAT 14。

[266] 关于情况可能发生重大变化的最终报告，2015年6月11日。

竞争与市场管理局改变它的观点，即 Ryanair 应当将其在 Aer Lingus 的股份减持至不超过5%。竞争与市场管理局在根据第41 条第2 款作出决定时，必须考虑到实现对 SLC 合理且可行的全面解决方案的需要及其带来的不利影响。[267]

（F）实施救济措施的时限

竞争与市场管理局必须在其最终报告发布之日起的12 周内实施其选择的救济措施。[268] 在有“特殊原因”的情况下，或者在未能遵守英国企业法第109条规定的通知要求的情况下[269]，可以将12 周的期限延长不超过6 周[270]。英国企业与监管改革法引入此时间限制以简化以前相当漫长的实施过程。《合并：关于竞争与市场管理局管辖权和程序的指南》第14 章为最终报告之后的救济措施实施提供了指南。

（G）竞争与市场管理局的第二阶段程序

竞争与市场管理局调查小组在第二阶段调查期间的程序在2014 年《竞争与市场管理局合并、市场和特殊调查小组程序规则》[271] （以下简称《程序规则》）中进行了规定。《程序规则》第7 条要求竞争与市场管理局制定调查的行政时间表。第二阶段调查小组具有广泛的调查权力，可以使其有效地进行调查[272]，并对不遵守规定的行为处以罚款[273]。《合并：关于竞争与市场管理局管辖权和程序的指南》在第95 ~98 页中包含了第二阶段调查关键阶段的有用概述。调查的主要阶段包括证据的收集和验证、提供问题陈述、通知临时调查结果、通知并考虑可能的救济措施、发布最终报告[274]、决定救济措施。[275] 听证会将与第三方和诉讼的主要当事方举行；在适当的情况下，还将举行关于救济措施的听证会。竞争与市场管理局通常会访问合并方的适当机构，以便更好地了解合

---

[267] 2002 年英国企业法，第41 条第4 款。

[268] 同上，第41A 条第1 款；请注意，第二阶段调查小组被任命以执行“最终确定”合并审查之前的行动，其中包括接受最终承诺或作出最终命令：同上，第79 条第2 款（e）项。

[269] 同上，第41A 条第2 款；这样的延长只能有一次：第41B 条第2 款。

[270] 同上，第41A 条第3 款。

[271] CMA 17，2014 年3 月，可在 www. gov. uk/cma 上查阅。

[272] 2002 年英国企业法，第109 条。

[273] 同上，第110 条。

[274] 合并的评估可能会在临时调查结果和最终报告之间发生变化：例如案例 *British Salt Ltd/New Cheshire Salt Works*、*Stagecoach/Eastbourne Buses and Ticketmaster/Live Nation*，均可在 www. nationalarchives. gov. uk 上查阅。

[275] 竞争与市场管理局合并市场和特殊审理小组的议事规则，CMA17，2014 年3 月，规定7. 2。

并的背景。每项调查在竞争与市场管理局网站上都有自己的主页[276]，其中列出了调查的核心文件。

5. “实质性减少竞争”测试

英国企业法规定对合并应进行“实质性减少竞争”测试（以下简称“SLC测试”）。本节考虑了竞争与市场管理局如何在实践中应用SLC测试。

（A）公布合并指南

英国企业法第106条第1款要求竞争与市场管理局发布有关合并审查的制定和评估的一般建议和信息。公平交易办公室和竞争委员会于2010年9月发布了《合并评估指南》。[277] 竞争与市场管理局董事会采用了《合并评估指南》，因此规定了竞争与市场管理局SLC测试的方法，包括对“损害理论”和“反事实”的解释。[278] 然后，该指南依次处理：

- 市场界定；
- 集中度；
- 横向合并的单边和协同效应；
- 非横向合并；
- 效率；
- 进入和扩张的壁垒；
- 抵消性买方力量。

本节将遵循相同的顺序。竞争与市场管理局表示，它将考虑《合并评估指南》，但会灵活应用此指南，并在适当情况下偏离它。

（B）实质性减少竞争

（i）SLC的定义

英国企业法并没有定义SLC。在*Global Radio Holdings Ltd v Competition Commission*案[279]中，竞争上诉法庭认为竞争的实质性减少不必很大、相当大或

---

[276] www. gov. uk/cma。

[277] CC2 Revised，OFT 1254，2010年9月，可在www. gov. uk/cma上查阅。

[278] 该指南第3部分简要讨论了相关合并情况的概念；但是，这部分必须根据合并进行阅读：《合并：关于竞争与市场管理局管辖权和程序的指南》，CMA 2，2014年1月。

[279] 案例J 214/4/8/13［2013］CAT 26。

很有分量；无论竞争的绝对减少量是否很大，认为竞争显著减少就足够了。[280]《合并评估指南》解释说，当合并对竞争产生重大影响时，就会产生 SLC，从而减轻了企业提高对客户的报价或变得更有效率或更具创新性的竞争压力。[281]合并可能导致 SLC 的三个主要原因：单边效应、协同效应、纵向或混合效应。这些损害理论已在第 20 章中进行了解释。[282] 产生 SLC 的合并将对客户产生不利影响。[283]

（ii）损害理论

竞争与市场管理局设计了损害理论，以便提供评估合并影响的框架。[284] 损害理论描述了合并可能带来的变化，并将对竞争的任何影响和对客户的预期损害与没有合并时可能发生的情况相比。[285] 第二阶段调查小组对合并影响的评估不受第一阶段决策者关于损害理论的结论的限制。[286]

（iii）反事实

（a）反事实的方法

SLC 测试的应用涉及将有合并竞争的情况与没有合并的情况进行比较："反事实"。[287]"反事实"受可预见的事件及其后果可预见程度的影响，但不假定违反竞争法的行为会发生。第一阶段的决策者通常会采用竞争的主要条件作为反事实，而第二阶段调查小组会选择在没有合并的情况下最有可能的未来情况。[288] 竞争上诉法庭在 *Stagecoach Group v Competition Commission* 案[289]中强调了研究反事实的必要性。该案判决认为，合并将造成对普雷斯顿当地公交车行业的垄断，其作为反事实的选择，得不到证据的支持。[290]《合并评估指南》第 4.3.6 段描述了竞争与市场管理局可能使用反事实而非竞争的主要条件的三种情况：

---

[280] 同上，第 24 段。

[281]《合并评估指南》，第 4.1.3 段。

[282] 参见：第 20 章第 1014～1017 页"竞争损害理论"。

[283]《合并评估指南》，第 4.1.3 段。

[284] 同上，第 4.2.1 段。

[285] 同上。

[286] 同上，第 4.2.6 段。

[287] 同上，第 4.3.1～4.3.29 段；有关进一步讨论参见：DAVIS P，COOPER A. On the Use of Counterfactuals in Merger Inquiries［EB/OL］.（2010－04－28）. https：//webarchive. nationalarchives. gov. uk/ukgwa/20100624003433/http：www. competion－commission. org. uk/our－role/analysis/10_05_20_Counterfactual_long_paper_v2_1. pdf.

[288]《合并评估指南》，第 4.3.5～4.3.6 段。

[289] 案例 1145/4/8/09［2010］CAT 14。

[290] 同上，第 37～133 段。

“退出企业方案”，通常被称为所谓的“失败企业”抗辩；潜在进入者的损失；竞标和平行交易存在的情况。[291]

(b) 退出企业方案

如果一家企业要退出市场，无论考虑中的合并如何，该合并都不会成为任何 SLC 的原因。《合并评估指南》第 4.3.8 段说，与评估退出企业方案相关的三点考虑是：

- 第一，该企业是否会因为财务困难或其他原因（例如，卖方企业的企业战略变更）退出市场?
- 第二，企业或资产是否会有替代购买者?
- 第三，如果企业退出市场，其销售将会发生什么?

少数案件已经接受了退出企业方案。[292] 第一阶段中的决策者将需要有力的证据，证明被收购的企业将退出市场，并且该企业或其资产的反竞争购买者也不少。[293] 竞争与市场管理局在 *Chemring Group plc/Wallop Defense Systems Ltd.* 案[294]的第一阶段中接受了退出企业抗辩。

第二阶段调查小组通常会将三个退出企业考虑因素作为其 SLC 分析的一部分。竞争委员会的结论是，在几种情况下，退出企业方案可以挽救合并。[295] 在 *British Salt/New Cheshire Salt Works* 案[296]中，竞争委员会发现 British Salt 收购 New Cheshire Salt Works 不会导致 SLC，因为实际可预见的价格和预计的能源价格大幅上涨，后者将在可预见的将来关闭：关于该案的一个有趣的点是，竞争委员会在临时决定和最终决定之间改变了主意。在 *STS/Butlers* 案[297]中，竞争

[291] 进一步地，参见《合并评估指南》，第 4.3.8～4.3.27 段；铁路特许经营奖的授予是另一个例子：同上，第 4.3.28～4.3.29 段。

[292] 参见例如公平交易办公室的决定：*First West Yorkshire/Black Prince Buses* 中的决定，2005 年 5 月 26 日；案例 *Tesco/Kwik Save stores*，2007 年 12 月 11 日；案例 *CDMG/Ferryways and Searoad Stevedores*，2008 年 1 月 24 日；案例 *Home Retail Group plc/Focus DIY stores*（仅一店），2008 年 4 月 15 日；案例 *HMV-plc/Zavvi*，2009 年 4 月 28 日。

[293] 《合并评估指南》，第 4.3.10 段；参考案例 *Boparan/Bernard Matthews*，竞争与市场管理局 2017 年 1 月 12 日的决定，第 20～27 段：Bernard Matthews 将退出市场，但其他供应商将重新夺回其部分资产。

[294] 竞争与市场管理局 2016 年 5 月 3 日的决定。

[295] 除了正文中提到的案例，参见：*Long Clawson Dairy Ltd/Millway*，2009 年 1 月 14 日的最终报告，第 5.28 段和第 6.1 段；案例 *Ratcliff Palfinger/Ross & Bonnyman*，2011 年 6 月 10 日的最终报告，第 4 节；案例 *Stena AB/DFDS Irish Sea ferry services*，2011 年 6 月 29 日的最终报告。以上均可在 www. nation－alarchives. gov. uk 上查阅。

[296] 2005 年 11 月 8 日的最终报告，第 5.28 段和第 6.1 段，可在 wsvw. nationalarchives. gov. uk 上查阅。

[297] 2011 年 8 月 31 日的最终报告，第 5.8～5.45 段，可在 www. nationalarchives. gov. uk 上查阅。

委员会接受了这样的论点，即合并不会产生 SLC，因为在任何情况下卖方都将出于商业和战略原因而非财务困难关闭所收购的业务。在 *Optimax Clinics/Ultralase* 案[298]中，竞争委员会无条件批准了合并，因为 Ultralase 无论如何都会退出市场，其市场份额将归于 Optimax。

（C）市场界定

《合并评估指南》解释说，市场界定虽然本身并不是目的，但它为分析合并的竞争效应提供了一个框架。[299] 市场界定和效果评估不应被视为不同的分析，在实践中可能会重叠。[300]《合并评估指南》指出，在界定市场时，第一阶段的决策者通常会进行初步评估，但可能无法得出结论，而第二阶段调查小组通常会得出结论：该差异反映了它们在英国企业法下各自的作用。[301]《合并评估指南》解释说，相关市场包含可供被合并企业客户使用的最重要的竞争替代品，并包括合并企业的竞争来源。它们是合并影响的直接决定因素。[302]《合并评估指南》解释了市场界定的方法，特别是假定垄断者测试[303]；在将要考虑的因素中，包括替代的接近程度（产品之间的竞争强度）、产品的可变利润率以及客户对价格变化的敏感性。

（D）集中度

《合并评估指南》解释说，作为评估合并效果的一部分，竞争与市场管理局可能在第一阶段和第二阶段中都使用集中度度量。[304] 可以使用以下方法度量集中程度：市场份额、企业数量、集中比、HHI。[305] 竞争与市场管理局在解释这些衡量标准时可能会考虑到产品差异化的程度、集中度随时间的变化、市场的界定范围以及可变利润率水平。[306] 竞争与市场管理局的第一阶段决策者可能会考虑以下市场份额和集中度门槛[307]：

---

[298] 2013 年 11 月 20 日的最终报告，第 5 部分，可在 www. nationalarchives. gov. uk 上查阅。

[299] 《合并评估指南》，第 5. 2. 1 ~5. 2. 2 段。

[300] 同上，第 5. 1. 1 段。

[301] 同上，第 5. 2. 4 段；在理解“相关市场的定义”一词时应牢记这一差异。

[302] 同上，第 5. 2. 1 段。

[303] 同上，第 5. 2. 9 ~5. 2. 20 段；有关界定相关市场的测试，参见第 1 章第 31 ~33 页“市场界定”。

[304] 《合并评估指南》，第 5. 3. 1 ~5. 3. 6 段。

[305] 同上，第 5. 3. 4 段；进一步讨论，参见第 1 章第 51 ~53 页“市场集中度和赫芬达尔 – 赫希曼指数”。

[306] 《合并评估指南》，第 5. 3. 2 段。

[307] 同上，第 5. 3. 5 段。

• 在产品无差异且合并后市场份额不足40%的市场中，不太可能担心单边效应；

• 不太可能担心合并将企业数量从5家减少到4家（或更少）；

• 合并后HHI超过2000的市场可能被视为高度集中，但是，横向合并导致集中度水平变化小于150的情况下，不太可能引起竞争问题；

• 合并后HHI超过1000的市场可能被视为关注焦点；变化小于250的横向合并不太可能出现问题。

对于产品没有差异且企业在产量上竞争的市场中的合并，在第一阶段，HHI门槛可能提供的信息最丰富。这是基于寡头垄断市场经济模型的见解。[308]第一阶段的决策者可能还考虑了欧盟委员会在其《非横向合并评估指南》中使用的门槛。[309]

（E）横向合并

（i）单边效应

很多第二阶段调查都与横向合并的单边效应有关。如果合并后的企业之间失去竞争，合并后的企业发现提高价格（或降低产量或质量）是有利可图的，则可能会产生单边效应。[310]《合并评估指南》描述了导致单边效应的四种损害理论：失去现有竞争、消除潜在的竞争、增强买方力量、横向合并产生的纵向影响。[311]下面依次简要讨论每种理论。

第一种损害理论涉及现有竞争的丧失，并根据合并涉及差异化产品还是非差异化产品而有所不同。[312]这种区别是基于广泛的经济文献[313]，反映了产品差

---

[308] 同上，第5.3.5段，第三小段。

[309] 同上，第5.3.5段，第一小段；关于欧盟委员会的《非横向合并评估指南》，参见第21章第1086~1091页“非横向合并”。

[310] 《合并评估指南》，第5.4.1段。

[311] 同上，第5.4.1~5.4.21段；有时会使用“非协同效应”一词来代替单边效应。

[312] 同上，第5.4.4~5.4.12段。

[313] 参见例如：CHAMBERLIN E H. Product Heterogeneity and Public Policy ［J］. American Economic Review，1950，40（2）：86；FARRELL J，SHAPIRO C. Horizontal Mergers：An Equilibrium Analysis ［J］. American Economic Review，1990，80（1）：107；WERDEN G J . A Robust Test for Consumer Welfare Enhancing Mergers Among Sellers of Differentiated Products ［J］. Journal of Industrial Economics 1996，44（4）：409；WERDEN G J，FROEB L M. Unilateral Competitive Effects of Horizontal Mergers ［M］//BUCCIROSSI P. Handbook of Antitrust Economics. Cambridge：MIT Press，2008；SHAPIRO C. The 2010 Horizontal Merger Guidelines：From Hedgehog to Fox in Forty Years ［J］. Antitrust Law Jaurnal，2010，77：701；COATE M B. Unilateral Effects Analysis in Merger Review：Limits and Opportunities ［J］. European Competition Journal，2014，10（2）：231.

异化（例如，按品牌或质量）对可能产生竞争问题的方式的重要性。[314] 这些区别是损害程度的不同，不应太从字面上看待。如果产品的差异化很大，那么市场份额可能无法完全代表竞争问题；更重要的是产品之间替代的紧密程度。合并企业的产品之间的可替代性程度越高，如果没有合并，它们之间的竞争就越激烈，合并产生单边效应的可能性就越大。[315] 竞争与市场管理局可能有必要分析将产品置于共同控制之下导致的合并企业定价激励的变化，其他供应商对合并企业提高价格的任何尝试的潜在反应也会对定价激励产生影响。[316] 在某些情况下，不仅是合并的各方，还有它们的竞争者也可以分享合并后更大的盈利能力的好处：这是第21章中提到的非共谋寡头垄断的"问题"。[317]

《合并评估指南》对涉及非差异化产品的合并采用了不同的方法，并提出了一系列因素，这些因素使案件更容易产生单边效应[318]：

- 市场集中；
- 合并后受影响市场中有几家企业；
- 合并后的企业拥有很大的市场份额；
- 竞争者的竞争约束很弱；
- 合并消除了市场中的重要竞争力量；并且
- 由于转换成本或网络效应，客户很少选择替代供应商。

可能产生单边效应的第二种方式是合并消除了潜在的竞争。[319] 在 *Akzo Nobel NV/Metlac Holdings Sri* 案[320]中，合并后的企业能够单方面提高价格，部分原因是合并在啤酒和饮料罐的金属包装涂料市场上消除了潜在的竞争者。

第三，《合并评估指南》认识到合并可能导致买方力量的增加并导致SLC[321]，这在 *Stonegate Farmers Ltd/Deans Food Group Ltd* 案中发生。[322]《合并评估指南》指出，买方力量的增加在许多情况下不太可能引起单边效应；的确，就其利益传递给消费者而言，更大的买方力量甚至可能促进竞争。[323]

---

[314] 类似地，参见2010年8月美国《横向合并指南》（Horizontal Merger Guidelines），第6.1节，可在 www. justice. gov/atr 上查阅；进一步讨论参见 BISHOP S，WALKER M．The Economics of EC Competition Law［M］．3rd ed．London：Sweet & Maxwell，2010：paras7－017－7－036．

[315] 《合并评估指南》，第5.4.6段。

[316] 同上，第5.4.6段。

[317] 同上，第5.4.11段；进一步参见第21章第1067～1069页"非共谋寡头垄断的空白"。

[318] 《合并评估指南》，第5.4.4～5.4.5段；这些因素的重要性将取决于每个案件的具体事实。

[319] 同上，第5.4.13～5.4.18段。

[320] 2012年12月21日的最终报告，第9.116～9.155段，可在 www. nationalarchives. gov. uk 上查阅。

[321] 《合并评估指南》，第5.4.19～5.4.21段。

[322] 2007年4月20日的最终报告，第6.93～6.102段，可在 www. nationalarchives. gov. uk 上查阅。

[323] 《合并评估指南》，第5.4.19段。

第四，横向合并可能会产生纵向效应，这将在本章第F节中讨论。[324]

（ii）协同效应

《合并评估指南》讨论了合并产生的协同效应问题，[325] 其首先解释了明确协同与默示协同之间的区别——后者与实质分析密切相关[326]。有必要考虑已有协同和市场特征的证据。[327]《合并评估指南》第5.5.9段表示要进行协同有三个必要条件：

- 第一，企业必须能够达成并监督协同条款；
- 第二，协同必须是内部可持续的：企业必须具有进行协同的动机，并且必须存在有效的惩罚和威慑作弊行为的机制；
- 第三，协同需要“外部可持续性”，这意味着缺乏有效的竞争约束。

在《合并评估指南》的后续段落中将进一步探讨上述每一个条件。[328] 竞争与市场管理局将考虑合并对协同的可能性和有效性的影响。[329]

根据2002年英国企业法，并没有很多案例考虑过协同效应。如前所述，在 *Aggregate Industries Ltd/Foster Yeoman Ltd* 案[330]中代替第二阶段审查的承诺被接受，部分原因是担心协同效应。竞争委员会主要关注 *DS Smith/LINPAC Containers* 案中合并可能导致协同效应的可能性，但得出结论：即使市场上可能存在达成协同的条件，较小的供应商也会有动力作出回应，通过现有和新产能来扩大产量以增加瓦楞纸板的价格；竞争委员会还拒绝了有关收购 LINPAC 将从市场上淘汰一个特立独行者的意见。[331] 在 *Napier Brown Foods plc/James Budgett Sugars Ltd* 案中，竞争委员会裁决，在合并之前，英国的工业制糖市场可能正在产生协同效应，但合并不会使任何协同效应变得更可持续或更有效。[332] 经过

---

[324] 同上，第5.4.22～5.4.23段。

[325] 同上，第5.5.1～5.5.19段。

[326] 同上，第5.5.3段；第14章详细讨论了寡头市场中的默示协同问题，读者可参考该章。

[327] 同上，第5.5.5～5.5.9段；参见案例 *AGC Automotive Europe SA/NordGlass*，竞争与市场管理局2015年9月28日的决定：过去有过卡特尔的证据，但此次合并并未大幅增加汽车玻璃行业协同的风险。

[328] 同上，第5.5.10～5.5.18段。

[329] 同上，第5.5.19段。

[330] 公平交易办公室2007年1月3日的决定；类似地，参见案例 *Lloyds Pharmacy Ltd/lndependent Pharmacy Care Centres plc*，公平交易办公室2007年6月8日的决定，两者均可在 www. nationalarchives. gov. uk 上查阅。

[331] 参见2004年10月21日的最终报告，第5.50～5.99段，可在 www. nationalarchives. gov. uk 上查阅。

[332] 参见2005年3月15日的最终报告，第5.44～5.63段，可在 www. nationalarchives. gov. uk 上查阅。

深入的第二阶段调查[333]后，对合并导致第一阶段明确协同和默示协同的担忧已得到缓解[334]。*Anglo American/Lafarge* 案中，竞争委员会得出结论认为，这些公司提议的合营企业将使散装水泥市场的协同更有可能出现，并将提高任何先前存在的协同的有效性和可持续性。[335] 当事方同意剥离 Lafarge 的一家水泥厂、一个相关的采石场、各铁路仓库和一些预拌混凝土厂组合，以解决协同效应的问题。

（F）非横向合并

《合并评估指南》第5.6节讨论了纵向合并和混合合并。该指南承认，非横向合并可以提高效率，从而可能导致合并后的企业更加激烈地竞争。[336]《合并评估指南》指出，一个公认的原则是，大多数非横向合并不会引起竞争问题[337]，尽管它们可能在某些条件下削弱竞争并导致 SLC。

非横向合并如何削弱竞争的理论通常涉及合并后的企业损害其竞争者的竞争能力。[338]《合并评估指南》第5.6.6段规定，竞争与市场管理局通常会提出以下问题来构成其分析框架：

- 合并后的企业是否有能力例如通过提高价格或拒绝供应来损害其竞争者？
- 合并后的企业这样做会有利可图吗？
- 合并后的企业的行为的整体影响是否会产生 SLC？

由于相关因素可能影响一个以上问题的答案，因此对上述问题的分析在实践中可能会重叠。《合并评估指南》以举例的方式解释了如何在纵向合并中解决这些问题：在纵向合并中，损害理论与部分投入封锁有关。[339]

《合并评估指南》简要讨论了其他原因可能造成的损害理论，包括总投入封锁、客户封锁、混合合并、对角合并[340]和协同效应。其特别指出：如果合并

---

[333] 参见例如案例 *Wienerberger Finance Service BV/Baggeridge Brick plc*，2007年5月10日的最终报告，第5.44~5.63段；案例 *Woolworths Group plc/Bertram Group Ltd*，2007年9月4日的最终报告；案例 *BOC/Ineos*，2008年12月18日的最终报告（请注意此次合并由于协同效应以外的其他原因而被阻止）。均可在 www.nationalarchives.gov.uk 上查阅。

[334] 2012年5月1日的最终报告，可在 www.nationalarchives.gov.uk 上查阅。

[335] 同上，第6.102~6.264段；请注意，竞争委员会还裁决了反竞争的横向单边效应：第6.35段。

[336] 《合并评估指南》，第5.6.4段。

[337] 同上，第5.6.1段。

[338] 同上，第5.6.5段。

[339] 同上，第5.6.9~5.6.12段。

[340] 对于对角合并的解释，请参见：同上，第5.6.13段，第四小段。

后的实体以优惠的价格出售互补产品，则混合合并会引起人们的关注：由于适用于整个产品系列的折扣，该价格低于单独出售时的价格，从而使竞争者丧失了竞争力。因此与纵向合并一样，竞争与市场管理局会考虑合并后的企业阻止他方进入市场的能力和动机。[341] 在实践中，根据2002 年英国企业法规定，在合并案中，企业混合似乎并不是一个重要问题。[342]

竞争委员会确定了 *Deutsche Börse AG/London Stock Exchange plc* 案[343]中可能存在的纵向问题，并得出结论认为 Deutsche Borse 或 Euronext 收购 LSE 有望导致英国市场上的 SLC，原因是其有能力和动机阻止其他贸易服务提供商进入或扩张。在 *Railway Investments Ltd/Marcroft Holdings Ltd* 案[344]中发现了纵向问题，这些问题可以通过剥离 Marcroft 的货车维修业务来补救。在 *Ticketmaster/Live Nation* 案[345]中，竞争委员会调查了英国最大的票务代理 Ticketmaster 和 Nation Live（现场音乐活动的最大推广商之一）的合并。竞争委员会初步裁决合并将导致新进入者 CTS Eventim 失去作为票务市场的有效竞争者的地位，但鉴于新证据和论点而改变了主意。[346] Eventim 对批准决定不满意，并向竞争上诉法庭申请进行审查；但是，竞争委员会决定重新考虑此事，要求竞争上诉法庭撤销最终报告并将此事退回给竞争委员会[347]；合并随后被无条件批准。在 *London Stock Exchange Group/Frank Russell* 案[348]中，竞争与市场管理局考虑但最终拒绝了对纵向和混合效应的担忧，因为它认为合并后的企业将无法阻止其竞争者。

在 *BT/EE* 案[349]中，竞争与市场管理局研究了各种损害的阻止理论。它得出的结论是，合并后的实体既没有能力在批发移动或移动回程中阻止竞争者，也没有动机实行封锁策略。在此基础上，竞争与市场管理局无条件批准了合并。

---

[341] 同上，第5.6.13 段，第三小段；关于混合捆绑的概念，参见第17 章第854 ~855 页“搭售的术语与说明”；关于合并是否可能导致滥用行为的问题，参见本章第1192 页“与《欧盟运行条约》第102 条的关系”。

[342] 例如，正在考虑的混合效应的例子，请参见例如 *AG BARR/Britvic*，2013 年7 月9 日的最终报告，第6.92 ~6.113 段，可在 www. nationalarchives. gov. uk 上查阅。

[343] 参见2005 年11 月1 日的最终报告，第5.136 ~5.170 段，可在 wwsv. nationalarchives. gov. uk 上查阅。

[344] 参见2006 年9 月12 日的最终报告，第7.74 ~7.133 段，可在 wsvw. nationalarchives. gov. uk 上查阅。

[345] 参见2009 年12 月22 日的最终报告，可在 www. nationalarchives. gov. uk 上查阅。

[346] 案例 1150/4/8/10 *CTS Eventim AG v Competition Commission* ［2010］ CAT 7。

[347] 参见：2010 年5 月7 日的最终报告，可在 www. nationalarchives. gov. uk 上查阅。

[348] 竞争与市场管理局2014 年11 月7 日的决定，可在 www. gov. uk/cma 上查阅。

[349] 参见：2016 年1 月15 日的最终报告；有关评论，参见竞争与市场管理局 CEO，Andrea Coscelli 在2015 年7 月5 日的演讲“Recent CMA Activity in the Telecoms，Media and Technology Space”：两者均可在 vww. gov. uk/cma 上查阅。

因此，在*ICE/Trayport*案[350]中，由于对交易的纵向担忧，竞争与市场管理局调查了已完成的合并，并要求ICE剥离Trayport；竞争与市场管理局的决定在向竞争上诉法庭上诉时得到了维持。[351] 这被认为是第一个在完成合并的情况下出于纵向原因要求资产剥离的案件。

(G) 效 率

《合并评估指南》将效率作为评估合并是否产生SLC的一部分。[352] 要使效率与之相关，必须增强市场上其余企业之间的竞争，以使合并不会导致SLC。[353] 第一阶段决策者将要求各方根据有力的证据证明其效率是及时、可能和足以防止SLC产生的，并且是针对特定合并的。[354] 第二阶段调查小组将期望各方说明在盖然性平衡上满足相同的标准。《合并评估指南》描述了不同类型的供应方效率（例如节省成本）以及需求方效率（例如降低一种产品价格时产生的定价效应增加了对它以及与它一起使用的其他产品的需求）。[355]

在*Global Radio UK Ltd/GCap Media plc*案[356]中，公平交易办公室在考虑两个广播电台之间的合并时考虑了效率问题，并首次依靠效率的证据得出结论，认为伦敦广告市场没有SLC。[357] 公平交易办公室特别指出，证明效率的举证负担不应过高以致无法满足，也不应过于僵化和不变以致无法根据具体情况而改变。[358] 在*Tradebe Environment Services Ltd/Sita UK Ltd*案[359]中，竞争委员会发现，这些公司之间成立的合营企业将导致医疗保健风险废品行业的参与者从3个减少到2个；但是，竞争委员会无条件地批准了合并，因为合并将产生增强竞争

---

[350] 参见2016年10月17日的最终报告，可在www.gov.uk/cma上查阅；要求剥离的最终命令于2017年7月21日作出。

[351] 案例1271/4/12/16 etc *Intercontinental Exchange Inc v CMA*［2017］CAT 6。

[352] 《合并评估指南》，第5.7.1~5.7.18段。

[353] 同上，第5.7.4段。

[354] 同上；参见案例*Sports Universal Process SAS/Prozone Group Ltd*，公平交易办公室2011年10月26日的决定，第60~61段（认识到合并可能会带来效率，但对这些合并是否特定表示怀疑）。

[355] 需求方效率的例子参见：案例*Asda Stores Ltd/Netto Foodstores Ltd*，公平交易办公室2010年9月23日的决定，第65~76段，可在www.nationalarchives.gov.uk上查阅。

[356] 公平交易办公室2008年8月8日的决定；有关评论参见：DIDIERLAURENT，STEPHANOU. UK Merger Control：Tuning into Efficiencies［J］. Competition Law Journal，2010：55.

[357] 公平交易办公室2008年8月8日的决定；第139~189段；公平交易办公室特别依赖需求方效率，因为它不认为节省成本足够。

[358] 同上，第145段。

[359] 参见2014年3月28日的最终报告，可在www.gov.uk/cma上查阅。

的效率，这将使客户受益，并且不可能通过较少的反竞争手段实现。[360]

在确定合并是否为英国企业法第30条的目的而产生足以抵消任何SLC的相关消费者利益方面，效率也可能与合并分析有关。在*Central Manchester University Hospitals/University Hospital of South Manchester*案[361]中，竞争与市场管理局认为禁止合并是不合理的，因为这会损害大量相关的消费者利益，包括对降低患者死亡率、降低临床并发症和降低感染率的损害。

（H）进入与扩张的壁垒

《合并评估指南》指出，合并分析的一个重要部分是考虑竞争者面临的任何进入或扩张壁垒。[362] 在进入市场或扩张市场的壁垒较低的地方，市场支配力不太可能存在。[363] 进入和扩张的壁垒包括[364]：

• 绝对优势：当一个老牌企业拥有或有权使用其他企业无法使用的重要资产或资源时，就会存在这些绝对优势，例如，当监管制度限制了可以在一个市场中运营的企业的数量时，或现有企业可优先使用基本设施或拥有知识产权时。

• 内在或结构优势：这些优势来自在市场上建立有效存在所需要的技术、生产或其他因素。

• 规模经济：企业可能需要以大规模进行进入或扩张的事实可能构成进入壁垒；通常，大规模进入或扩张只有在该企业大幅扩大总体市场或取代现有企业的情况下才会成功。

• 战略优势：这些优势来自首先进入市场，而且也许是在表现出网络效应的市场中的一个特殊问题。

在确定进入和/或扩张是否可能阻止合并导致SLC时，竞争与市场管理局将考虑其是否可能、及时且充分。[365]《合并评估指南》提供了关于竞争与市场管理局评估进入或扩张的可能性、及时性和充分性的方式的见解。[366] 竞争与市场管理局可能认为2年内进入或扩张是及时的，尽管其认为此问题必须根据具

---

[360] 同上，第6.65~6.73段；竞争委员会还考虑了该行业中其他竞争对手SRCL的实力：同上，第6.133~6.137段。

[361] 2017年8月1日的最终报告，第15.9~15.327段，可在www.gov.uk/cma上查阅。

[362] 《合并评估指南》，第5.8.1段。

[363] 进一步参见：第1章第50~54页“市场支配力”。

[364] 《合并评估指南》，第5.8.5段。

[365] 同上，第5.8.3段。

[366] 同上，第5.8.8~5.8.13段。

体情况进行评估。在 *Zipcar/Streetcar* 案中，进入和扩张被裁决足够及时和充分，足以阻止合并后的企业行使市场支配力，从而防止 SLC。[367]

竞争与市场管理局于 2017 年 4 月发布了一份关于进入和扩张评估的报告，其中涉及 8 个合并批准决定。[368] 它发现进入和扩张的倾向和影响在某些情况下得到了正确评估，而在其他情况下则未得到正确评估；它还建议竞争与市场管理局更多考虑潜在的进入成本、企业的扩张能力以及当地市场条件的影响。

（I）抵消性买方力量

《合并评估指南》认为，如果客户能够利用其谈判实力来限制合并后的企业提高价格的能力，则可能存在抵消性买方力量：这是作出存在 SLC 裁决可能性降低的一个因素。[369] 如果合并后的企业的所有客户都具有抵消性买方力量，则 SLC 不太可能出现。如果只有部分客户具有抵消性能力，则竞争与市场管理局将研究可在多大程度上依靠该能力来保护所有客户。[370]《合并评估指南》列出了影响买方限制供应商能力的各种因素，例如它们的转换能力、替代供应商的存在以及合并后买方支持新进入或本身进入供应商市场的能力。[371] 任何买方力量都必须保持有效。[372]

在 *Cott Beverages Ltd /Macaw（Holdings）Ltd* 案[373]中，碳酸软饮料主要零售商的买方力量是批准合并的重要因素。但是，这种论点在 *Stonegate Farmers Ltd/Deans Food Group Ltd* 案[374]中英国的两家鸡蛋供应商的合并中没有成功——合并被裁决导致合并方之间在购买带壳鸡蛋方面构成 SLC。[375]

---

[367] 2010 年 12 月 22 日的最终报告，第 7. 29 ~ 7. 57 段，可在 www. nationalarchives. gov. uk 上查阅。

[368] KPMG. Entry and Expansion in UK Merger cases：An ex – post Evaluation ［R/OL］.（2017 – 04 – 06）. https：//www. gov. uk/government/publications/evaluation/evaluation-of-entry-and-expansion-in-uk-merger-cases.

[369] 《合并评估指南》，第 5. 9. 1 段。

[370] 同上，第 5. 9. 1 段。

[371] 同上，第 5. 9. 2 ~ 5. 9. 7 段。

[372] 同上，第 5. 9. 8 段。

[373] 参见 2006 年 4 月 28 日的最终报告，第 5. 34 ~ 5. 46 段，可在 www. nationalarchives. gov. uk 上查阅。

[374] 参见 2007 年 4 月 20 日的最终报告，第 6. 64 ~ 6. 73 段，可在 www. nationalarchives. gov. uk 上查阅。

[375] 同上，第 6. 93 ~ 6. 102 段。

6. 执　行

经英国企业与监管改革法修订的2002年英国企业法第3部分第4章赋予了竞争与市场管理局执行权。为了使竞争与市场管理局能够履行其合并控制职能，该法规定了第一阶段初步强制执行令的制作和代替第二阶段审查的承诺的接受；然后，它对合并查询过程中的交易规定了一些临时限制，并以竞争与市场管理局第二阶段调查小组可以接受或施加的最终承诺和命令结束。承诺书和命令具有法律约束力并可在法院强制执行[376]；该法第89条明确规定承诺[377]可能包含超出附表8的命令制定权的规定。

该法第90条规定，附表10在接受某些强制执行承诺或作出除初步和临时命令以外的命令时应具有效力。附表10规定了竞争与市场管理局在打算要接受、更改或解除承诺，或更改或撤销命令时必须满足的程序要求；其第1~5段涉及承诺的接受和命令的作出，第6~8段涉及这些行为的终止。附表10的目的是要求竞争与市场管理局明确说明其打算采取的措施及其理由。

竞争与市场管理局被要求保留根据2002年英国企业法中的合并条款作出的承诺和命令的登记册并在竞争与市场管理局网站上向公众公开。[378]

（A）初步执行命令：第一阶段调查

根据英国法律，当事方没有向竞争与市场管理局预先通知合并的义务，并且在第二阶段调查的案件中，很大一部分是已完成的合并。这引起了人们的担忧，即竞争与市场管理局第二阶段调查小组可能会调查一个其认为存在SLC的案例，却发现合并的企业已经变得如此混杂，以至于在实践中很难逆转流程并恢复有效竞争的条件。因此，英国企业与监管改革法加强了竞争与市场管理局在第一阶段和第二阶段调查中采取临时措施的权力，这样就不会影响竞争与市场管理局的最终地位。

竞争与市场管理局已发布有关将在何种情况下施加初步执行命令、命令通常采用的形式以及实施、更改和撤销命令的时间的指南。[379]

---

[376] 参见本章第1182~1183页“竞争与市场管理局的执行职能”。

[377] “承诺”包括代替审查的承诺、临时承诺和最终承诺。

[378] 2002年英国企业法，第91条；竞争与市场管理局的网站是www. gov. uk/cma。

[379] CMA 60，2017年9月，可在www. gov. uk/cma上查阅；另见初步执行命令（imitial enforcement order）和减轻请求（derogation request）模板，可在www. gov. uk/cma上查阅。

（i）防止采取先发制人行动的初步命令

根据英国企业法第 72 条的规定，在有合理理由怀疑两个或两个以上的企业已不再互相区分或者正在进行或正在考虑安排的情况下，如果实施该安排将导致两个或两个以上的企业不再互相区分并且正在进行或正在考虑采取先发制人的行动，竞争与市场管理局可以作出初步执行命令。[380] 先发制人的行动是指可能会损害第二阶段的审查或阻碍采取任何救济行动的行动。[381] 初步命令可禁止竞争与市场管理局认为会构成先发制人行动的行为，对任何活动的进行或资产的保护施加义务[382]，任命受托人进行或监督事务，并可要求提供信息[383]。

（ii）撤销先发制人行动的初步命令

英国企业与监管改革法插入英国企业法的第 72 条第 3B 款规定：竞争与市场管理局可以在有合理理由怀疑合并已经发生并且已经或可能已经采取了先发制人行动的情况下发出初步执行命令。[384]

（iii）竞争与市场管理局作出初步命令的方式

《合并：关于竞争与市场管理局管辖权和程序的指南》附件 C 说明了竞争与市场管理局作出初步命令的方法。竞争与市场管理局希望在相对罕见的情况下[385]，在第一阶段就预期的合并作出初步命令，例如当事方“抢跑”（jumped the gun）并交换了客观上对商业尽职调查[386]来说不需要的商业敏感信息。对于完成的合并而言，采取先发制人行动的风险通常要比预期的合并高得多。鉴于此，在合并询问开始时，即可能构成先发制人的各种活动以及当事方与竞争与市场管理局之间的信息不对称，竞争与市场管理局通常希望暂停初始命令和/或防止进一步整合并完成合并。[387] 在第一阶段调查期间，竞争与市场管理局可以随时作出初始命令；但是，如果在合并完成后尽快作出此命令，则该命令更

---

[380] 参见《合并：关于竞争与市场管理局管辖权和程序的指南》，第 7.28 ~ 7.31 段和第 C.1 段；竞争与市场管理局在 *Heineken/Diageo Assets* 案中下达了初步执行命令，该命令于 2015 年 11 月 6 日发布，随后于 2015 年 12 月 7 日被撤销。

[381] 2002 年英国企业法，第 72 条第 8 款。

[382] 关于监督受托人和独立管理人参见：《合并：关于竞争与市场管理局管辖权和程序的指南》，第 C.27 ~ C.36 段。

[383] 2002 年英国企业法，第 72 条第 2 款和附表 18 第 9 段。

[384] 参见：《合并：关于竞争与市场管理局管辖权和程序的指南》，第 C.37 ~ C.38 段。

[385] 同上，第 C.5 段和第 C.7 段。

[386] 同上，第 C.5 段和第 C.9 段。

[387] 同上，第 C.11 段。

有可能生效。[388] 竞争与市场管理局为完成的合并提供了初步命令模板。[389]

《合并评估指南》规定，竞争与市场管理局可以减轻初步命令的条款。[390] 减轻请求必须得到合理的推理并得到证据的支持。减轻只具有预期的作用，无法授权已经违反初步命令采取的行动。减轻将被发布在竞争与市场管理局网站上。[391]

（iv）代替第二阶段审查的承诺

竞争与市场管理局接受代替第二阶段的能力已被讨论过了。[392]

（B）临时限制和权力：第二阶段调查

（i）交易的法定限制

当提请第二阶段审查时，英国企业法第77条和第78条对与已完成的合并和预期的合并有关的某些交易施加自动限制；采取这些措施是为了防止有关业务的进一步整合。[393] 第77条规定，当审查已完成的合并且未对此作出任何承诺时，未经竞争与市场管理局同意不得完成与该合并有关的所有未决事项或转让与该审查相关的任何企业的所有权或控制权[394]；竞争与市场管理局的同意可以是一般性的，也可以是特殊的，并且可能被撤销。[395] 第78条规定，在对预期的合并进行审查时，如果与审查有关的任何企业是由某公司经营或在该公司的控制下进行的，未经竞争与市场管理局同意，任何人都不得直接或间接获得该公司的股份权益[396]；竞争与市场管理局的同意可能是一般性的或特殊的，并且可能被撤销。这些规定是非常技术性的。[397] 第79条涉及很多解释要点，尤其是要明确第78条中“购股”的含义。在对 *Heinz/HP Foods Group* 案进行调查的过程中，竞争委员会同意 Heinz 处置其民族食品业务——否则会由于股票

---

[388] 同上，第C. 13段；这可能是竞争与市场管理局向双方发送“询问函”时，或者是在收到通知后不久：同上，第C. 14段。

[389] 同上，第C. 18段；该模板可在 www. gov. uk/cma 上查阅。

[390] 同上，第C. 19～C. 23段。

[391] www. gov. uk/cma。

[392] 参见本章第1152～1155页“代替审查的承诺”。

[393] 参见《合并：关于竞争与市场管理局管辖权和程序的指南》，第C. 8段和脚注350。

[394] 2002年：英国企业法，第77条第2款。

[395] 同上，第77条第5款。

[396] 同上，第78条第3款。

[397] 同上，第78条第3款。

交易的法定限制以及后面段落中描述的给予竞争委员会的临时保证而无法实现。[398] 第78条不适用于资产转让；竞争与市场管理局可能会采取临时措施来解决此问题。

（ii）防止采取先发制人行动的临时承诺和命令

如果竞争与市场管理局启动第二阶段调查，则在第一阶段调查期间作出的任何初步命令将继续有效。但是，竞争与市场管理局将继续审查任何此类初步命令，并可能寻求其他临时措施来防止或取消合并方业务的任何整合。[399]

（a）法律依据

根据2002年英国企业法第80条第2款，竞争与市场管理局可以接受当事各方的临时承诺，以防止采取先发制人的行动。如果竞争与市场管理局有合理的理由怀疑已经采取或可能已经采取了先发制人的行动，则第80条第2款规定，竞争与市场管理局可以接受恢复如果没有先发制人的行动本应存在的状况的承诺。还存在竞争与市场管理局发出临时命令以防止或撤销先发制人的行动的规定。[400] 先发制人的行动是指可能会损害第二阶段审查或阻碍采取任何竞争与市场管理局认为合理的行动的行动。[401] 承诺和命令可以更改。[402]

（b）指　南

竞争与市场管理局董事会已采用了竞争委员会的《救济指南》[403]。《合并：关于竞争与市场管理局管辖权和程序的指南》附件C还提供了有关第二阶段调查中的临时措施的指南。在完成合并的情况下，竞争与市场管理局通常期望从收购方那里获得临时承诺，以澄清或补充有关交易的法定限制[404]；竞争与市场管理局可能还会寻求在结果出来之前限制各方之间商业敏感信息的流动。竞争与市场管理局解释说，它可能发现有必要任命一个独立管理人来与收购方分开经营该业务，并且可能还必须任命一个监督受托人。[405]

---

[398] 参见2006年3月24日的最终报告，第3.17～3.21段，可在www.nationalarchives.gov.uk上查阅。

[399] 参见《合并：关于竞争与市场管理局管辖权和程序的指南》，第11.9段。

[400] 2002年英国企业法，第81条第2款和第2A款。

[401] 同上，第80条第10款。

[402] 同上，第80条第5款（b）项和第81条第5款（b）项；参见例如在*Stonegate Farmers Ltd/Deans Food Group Ltd.*案中同意Deans代Stonegate加工蛋液，可在www.nationalarchives.gov.uk上查阅。

[403] CC 8，2008年11月，可在www.gov.uk/cma上查阅。

[404] 《救济指南》，第1.32段；关于2002年英国企业法第77条，参见本章第1174～1175页“交易的法定限制”。

[405] 《救济指南》，第12～15段；第14段中列出了使任命独立管理人的可能性更大的风险因素；另见《合并：关于竞争与市场管理局管辖权和程序的指南》，第C.31段。

（c）实践中的临时命令

在 *Bucher Industries AG/Johnstone Sweepers Ltd* 案中，竞争委员会担心 Bucher 似乎没有遵守其临时承诺，即在调查完成之前停止 Bucher 和 Johnstone 的业务整合；竞争委员会要求 Bucher 道歉并任命监督受托人，以确保其遵守承诺。[406] 在 *Stagecoach/Scottish Citylink* 案[407]中，就一家已完成合营企业也任命了监督受托人。在 *Tesco/Co-op Store* 案中[408]，竞争委员会下令禁止了 Tesco 在 Slough 的一家商店进行任何可能妨碍救济措施的进一步工作。竞争委员会在 *Sports Direct/JJB Sports* 案[409]中下达了一项临时命令，以确保 Sports Direct 购买的商店仍然可运营并且在完成调查后可以选择剥离。

在 *Stericycle International LLC/Sterile Technologies Group Ltd*（*STG*）案中，Stericycle 在拍卖中购买了 STG 的临床废物管理业务而没有发出通知。该案已移交给第二阶段调查，竞争委员会作出了一项临时命令以防止两家公司进一步整合，并发布了任命监督受托人的指示，随后还发布了进一步的指示，以任命一名独立管理人。[410] Stericycle 向竞争上诉法庭质疑了该命令[411]；竞争上诉法庭维持临时命令，认为在该案中提议任命"独立管理人"完全在竞争委员会的裁量范围之内[412]，并且 Stericycle 充分意识到未经竞争管理机构批准完成交易所面临的风险。[413] 竞争委员会认为，两家公司已经进行了实质性整合这一事实使得任命一个独立管理人变得更加重要，而不是更不重要。[414] 该案的最终结果是，Stericycle 被要求将其收购的部分业务出售给合适的购买者。[415]

竞争委员会在 *Ryanair/Aer Lingus* 案[416]中作出了一项临时命令，以防止 Ryanair 采取任何可能损害 Aer Lingus 在其第二阶段调查之前独立竞争的能力或动

---

[406] 参见 2005 年 9 月 15 日的最终报告，第 9.3 段，可在 www.nationalarchives.gov.uk 上查阅。

[407] 参见 2006 年 10 月 23 日的最终报告，第 8.56 段；类似地，参见案例 *Capita/IBS*，2009 年 6 月 4 日的最终报告，两者均可在 www.nationalarchives.gov.uk 上查阅。

[408] 参见 2007 年 11 月 28 日的最终报告，第 3.44～3.49 段，可在 www.nationalarchives.gov.uk 上查阅。

[409] 参见最终报告，第 3.6 段，可在 www.nationalarchives.gov.uk 上查阅。

[410] 命令和指示可在 www.nationalarchives.gov.uk 上查阅。

[411] 案例 1070/4/8/06 *Stericycle International LLC v Competition Commission* ［2006］ CAT 21；有关评论，参见：FREEMAN P. Stericycle：A Lifeline for the UK's Voluntary Merger Control Regime ［J］. Competition Law Journal，2007：298.

[412] 案例 1070/4/8/06 ［2006］ CAT 21，第 140 段。

[413] 同上，第 137 段。

[414] 同上，第 158 段。

[415] 该案中的最终承诺可在 www.nationalarchives.gov.uk 上查阅。

[416] 该案中的临时命令和承诺可在 www.gov.uk/cma 上查阅。

机的行动；Aer Lingus 也作了临时承诺。这些临时措施非常重要，因为竞争委员会发现 Ryanair 完成对 Aer Lingus 少数股权的收购导致了 SLC，并因此要求 Ryanair 将其在 Aer Lingus 的股权减至 5%。[417] 竞争委员会的最终报告在向竞争上诉法庭[418]和上诉法院上诉时被维持。[419]

（iii）临时承诺和命令：罚款

2002 年英国企业法第 94A 条规定，对于在无合理辩解的情况下未能遵守第一阶段的初步命令或第二阶段的临时承诺或临时命令的人，竞争与市场管理局可以对其处以罚款[420]；罚款可达该人拥有或控制的企业在英国境内外的总营业额的 5%[421]；国务大臣可通过命令将罚款降低至 5% 以下。根据第 94B 条规定的义务，竞争与市场管理局已发布有关使用其施加罚款的权力以及确定第 94A 条规定的罚款额度的考虑因素的指南。[422]

（C）“最终权力”或“救济”

英国企业法第 82 ~ 84 条涉及“最终权力”，也就是说，竞争委员会在完成其调查并得出结论后可以采取救济行动。[423] 第 82 条就最终承诺的接受作出了规定，第 83 条涉及承诺未被履行或在承诺接受之前向竞争与市场管理局提供虚假或误导性信息时命令的作出，第 84 条赋予竞争与市场管理局作出最终命令的权力。一般而言，竞争与市场管理局宁愿接受承诺，也不愿下达最终命令[424]：只有很少的进入第二阶段的合并案例是通过最终命令解决的。如果调查完成后在获得适当承诺方面出现不适当的延误，则竞争与市场管理局可以作出

---

[417] 参见 2013 年 8 月 28 日的最终报告，可在 www. gov. uk/cma 上查阅。

[418] 案例 1219/4/8/13 *Ryanair Holdings plc v CMA*［2014］CAT 3。

[419] 案例 *Ryanair Holdings plc v CMA*［2015］EWCA Civ 83。

[420] 2002 年英国企业法，第 94A 条第 2 款；另见 2002 年英国企业法（合并）（临时措施：财务处罚）（对控制和营业额的决定）2014 年令，SI 2014/533。

[421] 2002 年英国企业法，第 94A 条第 6 款。

[422] 《行政处罚：关于竞争与市场管理局方法的政策声明》（Administrative penalties：Statement of policy on the CMA’s approach），CMA 4，2014 年 1 月，可在 www. gov. uk/cma 上查阅。

[423] 参见《救济指南》，CC 8，2008 年 11 月，竞争与市场管理局通过，自 2014 年 4 月 1 日起生效，可在 www. gov. uk/cma 上查阅。

[424] 参见例如案例 *Tesco/Co - op Store*，2007 年 11 月 28 日的最终报告和 2009 年 4 月 23 日的最终命令，可在 www. nationalarchives. gov. uk 上查阅；案例 *Eurotunnel SA/SeaFrance SA*，2013 年 6 月 6 日的最终报告和 2014 年 9 月 18 日的最终命令；该命令是在向竞争上诉法庭提出两次上诉之后作出的（此处参见案例 1216/4/8/13 etc *Groupe Eurotunnel SA v Competition Commission*［2013］CAT 30；案例 1233/3/3/14 etc *Groupe Eurotunnel SA v CMA*［2015］CAT 1），可在 www. gov. uk/cma 上查阅；竞争与市场管理局就 *Ryanair/Aer Lingus* 案于 2015 年 6 月 11 日作出最终命令，可在 www. gov. uk/cma 上查阅。

最终命令。[125] 最终承诺中可能包含超出英国企业法中命令制定权力的条款。[126] 该法针对变更救济措施作了规定。[127]

（i）英国企业法附表8

该法的附表8列出了相当广泛的可以作出的命令的范围。[128] 其中包括对行为的一般限制（第2~9段）、应履行的一般义务（第10~11段）、采购和划分（第12~14段）以及信息的提供和公布（第16~19段）。有关作出命令的补充规定载于附表8第21~22段。命令不得干扰专利许可或已注册外观设计许可中的条件。[129] 特别规定的是，命令可以禁止履行已经存在的协议。[130] 命令可以规定撤销或修改受限制的经营许可中的条件。[131] 该法第87条允许作出命令的人指示个人或者公司或协会的负责人采取行动或不采取行动，以执行或确保遵守该命令；不遵守这些指示可能会导致被起诉到法院。[132] 第88条规定了任何最终命令或替代承诺书的命令的必备内容。

（ii）对行为的一般限制

附表8第2~9段规定了对行为施加限制的命令。命令可以禁止订立或履行协议，或要求终止一项协议（第2段）[133]；并可能禁止拒绝供应（第3段）、搭售（第4段）、歧视（第5段）、优惠待遇（第6段）和偏离已公布的价目表（第7段）。价格调节也是可能的（第8段）。命令可以禁止行使股份、股票或证券所附的投票权（第9段）。

（iii）应履行的一般义务

附表8第10段规定，命令可能要求某人提供产品或服务，并且可以指定它们应具有特定的标准或应以特定的方式被应用：例如可以要求公交公司保持

---

[125] 参见例如案例 *FirstGroup plc/ScotRail*，2004年6月28日的最终报告，第14段，可在 www. national - archives. gov. uk 上查阅。

[126] 2002年英国企业法，第89条。

[127] 同上，第82条第2款（b）项（最终承诺的变更）和第83条第5款（c）项（最终命令的变更）；补救措施的一些变更的例子，参见 *FirstGroup plc/ScotRail*，2004年6月28日的最终报告，可在 www. nation - alarchives. gov. uk 上查阅。

[128] 关于竞争与市场管理局的命令制定权力的地域范围，参见2002年英国企业法第86条第1款，对此请参见案例 *Akzo Nobel NV v Competition Commission* ［2014］ EWCA Civ 482。

[129] 2002年英国企业法，第86条第2款。

[130] 同上，第86条第3款。

[131] 同上，第86条第5款和附表9第1段。

[132] 同上，第87条第4~8款。

[133] 此类命令可能不涉及雇佣合同中的条款和条件或工人工作的身体条件：同上，附表8，第2（2）段。

一定的服务频率。[134] 附表第11段允许命令要求某些活动应与其他活动分开进行。

（iv）收购及划分

附表8第12段规定，命令可以禁止或限制对某项企业的全部或部分或他人企业的资产的收购；第13段规定了通过出售企业或资产的任何部分或以其他方式来对任何业务进行的划分；第13条第3款涉及相关问题，例如转让或创造财产、权利、债务和义务，以及调整合同、股权和其他事项。附表8还规定了企业的购买者应经竞争与市场管理局批准[135]，并指定受托人来监督企业的剥离[136]。

在*Somerfield plc/Wm Morrison*案中，竞争委员会要求Somerfield剥离从Morrison收购的4家杂货店。[137] Somerfield向竞争上诉法庭上诉，认为竞争委员会的救济措施是不合理的，应该给Somerfield以出售收购的商店或已经拥有的商店的选择：由于是商店的共同所有权导致了SLC，因此可以通过剥离新商店或原有商店来纠正这种情况。竞争上诉法庭驳回了上诉并认为撤销收购是一种简单直接且易于理解的方法。[138] 因此，Somerfield有责任说明为什么剥离其原有商店是同样有效的救济措施。竞争上诉法庭认为Somerfield未能证明这是最有效的方法[139]，尤其是因为竞争委员会正确地认为Somerfield的现有商店对潜在购买者的吸引力相较于它从Morrison那里收购的来说较小——这意味着出售现有商店不太可能是有效的救济措施。

在*Ryanair Holdings v Commission*案[140]中，竞争上诉法庭认为竞争委员会（现为竞争与市场管理局）有权选择一次性的结构性救济措施——这种救济措施更可能是全面的，不需要持续的监督[141]。竞争上诉法庭还认为，结构性救济措施可能会由于在规定的时间表内强行出售而给当事方造成重大损失，但这并不意味着它们是不合理或不相称的。[142]

---

[134] 参见《对企业法案的解释性说明》（Explanatory Notes to the Enterprise Bill），第225段。

[135] 2002年英国企业法，附表8，第13（3）（k）段。

[136] 同上，附表8，第13（1）段。

[137] 参见2005年9月2日的最终报告，第11.9～11.23段，可在www.nationalarchives.gov.uk上查阅。

[138] 案例1051/4/8/05 *Somerfieldpic v Competition Commission*（2006）CAT 4。

[139] 同上，第99～105段。

[140] 案例1219/4/8/13［2014］CAT 3。

[141] 同上，第202段。

[142] 同上，第209～214段。

（v）信息的提供和公布

英国企业与监管改革法废除了附表8的第15段并修订了第17段，以使竞争与市场管理局可以要求当事方公布非定价信息，而不必要求当事方发布定价信息。附表8第16段允许禁止对经销商推荐价格的做法；第17段允许命令可以要求人员发布会计、定价和/或非定价信息；第18段规定，命令可以指定公布信息的方式；第19段规定了要求一个人向竞争主管机构提供信息并予以公布的一般权力。

（vi）国家安全、媒体和金融稳定合并

第20段、第20A段和第20B段规定了根据英国企业法第3部分第2章针对公共利益案件作出的命令。[443]

（vii）监督遵守情况和解决争端

第20C段赋予竞争与市场管理局权力，使其可以任命第三方专家来监督救济措施的实施，包括遵守命令和确定争议。

（viii）竞争与市场管理局的救济方法

《救济指南》中描述了竞争与市场管理局的救济方法。《救济指南》的第1部分解释了救济措施的目标：竞争与市场管理局将寻求成本最低且进攻性最轻的救济措施——它认为这对于解决任何SLC及其不利影响都是有效的。[444] 第2部分概述了救济措施的类型。尽管不能排除使用行为救济措施[445]，但竞争与市场管理局通常更喜欢结构性救济措施[446]。《救济指南》第3部分解释了与资产剥离救济措施有关的原则，包括确定合适购买者的标准。第4部分讨论了行为救济措施，并强调了需要有效且资源充足的监督和执行安排。第5部分中讨论了使用受托人和第三方监督程序来协助监督和执行承诺或命令。《合并：有关竞争与市场管理局的管辖权和程序的指南》第14章中进一步讨论了救济措施的实现。

（ix）第二阶段救济的案例

竞争委员会（竞争与市场管理局的前身之一）在导致SLC的大多数情况下都选择了结构性救济措施。[447] 竞争与市场管理局要求在几起案件中进行资产剥离，尤其是在*Ladbrokes plc/Gala Coral Group Ltd*案中认定应将350~400个投

---

[443] 参见本章第1194~1198页“公共利益案件”。

[444] 《救济指南》，第1.8段。

[445] 同上，第2.14段。

[446] 参见《救济指南》第2.16段描述的三种情况。

[447] 参见本章第1187~1193页“实践中的合并规定”。

注站出售给一个或多个具有适当资格的预先购买者[448]，这是零售行业有史以来最大的资产剥离。[449]

在 *Hamsard 2786 Ltd/Academy Music Holdings Ltd* 案[450]和 *Svitzer Wijsmuller A/S/Adsteam Marine Ltd* 案[451]中，当事方向竞争委员会提供了包括价格控制在内的行为救济，但它拒绝了这些救济措施，赞成部分剥离。在极少数情况下，完全禁止预期的合并可能更可取，如 *Serviced Dispense Equipment Ltd (SDEL)/Coors Brewers Ltd* 案[452]。但是，采取行为救济措施是可以的：竞争委员会在 *Dräger Medical AG & Co KGaA/Hillenbrand Industries Inc* 案[453]中接受了零售价格上限和其他行为救济措施，在 *FirstGroup plc/ScotRail* 案[454]中接受了关于在苏格兰特别是针对格拉斯哥和爱丁堡地区的票价以及公交路线的服务水平、频率和配置的承诺。竞争委员会在 *Nufarm/AH Marks* 案中裁决，尽管资产剥离并非不相称，但一揽子行为救济对于解决其竞争问题将更有针对性。尽管竞争与市场管理局认为剥离会更有效，但其可能会例外地接受行为救济，就像在 *Macquarie UK Broadcast Ventures/National Grid Wireless* 案[455]中，需考虑到广播部门数字转换过程的特殊情况。

在另一个不寻常的情况下，竞争委员会认为在 *Imerys Minerals Ltd/Goonvean Ltd* 案[456]中的裁定完全剥离是不相称的；认为部分资产剥离是无效的，而最有效和最适当的救济措施是价格控制救济措施[457]。在 *Breedon Aggregates Ltd/*

---

[448] *Kemira GrowHow Oyj/Terra Industries Inc* 案中也需要一个预先购买者：2007年7月11日的最终报告，第15.56～15.58段，可在 www.nationalarchives.gov.uk 上查阅。

[449] 参见竞争与市场管理局新闻稿，2016年7月26日；关于第二阶段要求剥离的其他近期案例，参见例如案例 *ron Mountain Inc./Recall Holdings Ltd*，竞争与市场管理局新闻稿，2016年6月16日；案例 *Celesio AG/Sainsbury's Supermarkets Ltd*，竞争与市场管理局新闻稿，2016年7月29日；案例 *Diebold Inc/Wincor Nixdorf*，竞争与市场管理局新闻稿，2017年3月16日，以上案例可在 www.gov.uk/cma 上查阅。

[450] 参见2007年1月23日的最终报告，第6.47～6.67段，可在 www.nationalarchives.gov.uk 上查阅。

[451] 参见2007年2月9日的最终报告，第9.13～9.17段，可在 www.nationalarchives.gov.uk 上查阅。

[452] 参见2005年3月11日的最终报告，第6.42～6.48段；另见 *BOC Ltd/Ineos Chlor Ltd*，2008年12月18日的最终报告，第11.14～11.85段，可在 www.nationalarchives.gov.uk 上查阅。

[453] 参见2004年5月19日的最终报告，第10.26～10.40段，可在 www.nationalarchives.gov.uk 上查阅。

[454] 参见2004年6月28日的最终报告，第6.8～6.36段，可在 www.nationalarchives.gov.uk 上查阅。

[455] 参见2008年3月11日的最终报告，第10.68～10.88段，可在 www.nationalarchives.gov.uk 上查阅。

[456] 参见2013年10月10日的最终报告，第9.115段，可在 www.nationalarchives.gov.uk 上查阅。

[457] 对比案例 *AkzoNobel NV/Metlac Holdings Sri*，2012年12月21日的最终报告，第11.19～11.42段（由于价格控制的复杂性、无效性且需要监督，因此拒绝了价格控制），可在 www.nationalarchives.gov.uk 上查阅。

Aggregate Industries UK Ltd 案[458]中，竞争与市场管理局要求Breedon在两个地区进行剥离，但允许它限制从因弗内斯的两家工厂出售沥青的价格，因为该地区的竞争问题持续时间相对较短。价格上限也在涉及铁路特许经营权的两个案例，即 *Arriva Rail North Ltd/Northern Rail Franchise* 案[459]和 *First Group/MTR South Western Rail Franchise* 案[460]中被接受。在 *Reckitt Benckiser/K－Y Brand* 案[461]中，竞争与市场管理局坚持采取知识产权救济措施：Reckitt Benckiser必须将K－Y品牌授权给竞争对手8年，使其能够开发出竞争产品。

竞争与市场管理局还将考虑是否应建议合并方以外的其他人采取行动。[462]例如，它可能建议政府修改禁止进入特定市场的法律或法规；政府已承诺对任何此类建议作出公开回应；这发生在 *Dräger Medical AG & Co KGaA/Hillenbrand Industries Inc* 案[463]中。

（D）竞争与市场管理局的执行职能

2002年英国企业法第92条第1款要求竞争与市场管理局不断审查执行承诺和执行命令，并确保遵守限制某些交易的第77～78条。竞争与市场管理局必须考虑是否遵守承诺或命令，以及由于情况变化而是否有解除、变更或取代的理由。[464]

竞争与市场管理局还负责不断审查根据现已废除的1973年英国公平交易法进行的合并案件产生的承诺和命令。[465]《救济措施：关于变更、终止合并、垄断和市场承诺及命令的竞争与市场管理局方法的指南》[466]第66条阐明了竞争与市场管理局如何根据英国公平交易法和英国企业法的合并条款决定最终承诺和命令的变更和终止。2016年，竞争与市场管理局审查了2005年1月1日之前实施的71项结构性合并救济措施，并决定应解除其中51项。它对行为合

---

[458] 参见2014年4月9日的最终报告，CMA 26，第7.151段，可在www.gov.uk/cma上查阅。

[459] 参见2016年11月2日的最终报告，可在www.gov.uk/cma上查阅。

[460] 参见竞争与市场管理局新闻稿，2017年8月18日（代替第二阶段调查而作出的承诺）；对照案例 *Cineworld/City Screen*，2013年10月8日的最终报告（拒绝合并方、地方当局和第三方提出的价格上限；涉案电影院最终被卖给了第三方：竞争与市场管理局新闻稿，2015年2月16日）。

[461] 参见竞争与市场管理局新闻稿，2016年6月28日。

[462] 《救济指南》，第2.22段。

[463] 参见最终报告，第10.16～10.25段，可在www.nationalarchives.gov.uk上查阅。

[464] 2002年英国企业法，第92条第2款；可以在竞争与市场管理局网站上找到有关正在被审查的承诺或命令的案例的更多信息：www.gov.uk/cma。

[465] 参见同上，附表24；2002年英国企业法（执行承诺和命令）2006年令，SI 2006/354；2002年英国企业法（执行承诺和命令）2006年令，SI 2006/355。

[466] CMA 11，2014年1月，2015年8月修订，可在www.gov.uk/cma上查阅。

并救济措施进行了类似的审查，认为除1项外，对其他所有措施都应予以公布。[467]

2002年英国企业法第94条规定，命令和承诺可以通过法院执行。当事方有义务遵守命令和承诺，该义务应由任何可能受到违反该义务所导致的损害的人承担。[468] 如果该人遭受损失或损害[469]，则任何违反义务的行为都是可诉的；但如果该人采取了所有合理步骤并进行了所有尽职调查以避免违反命令或承诺[470]，则存在抗辩理由。竞争与市场管理局会在其网站上保存一份承诺书和命令，在工作日10：00到16：00之间接受物理检查。[471] 对命令或承诺的遵守可通过竞争与市场管理局[472]提出的要求颁发禁制令（或在苏格兰的禁令）的民事诉讼强制执行。对于违反第77～78条规定的某些交易的法定限制的情况，适用类似的规定。[473]

7. 补充规定

2002年英国企业法第3部分第5章包含许多补充条款。其中一些已被考虑，例如合并通知程序和费用的支付。[474] 还有两个特别重要的问题需要考虑：竞争与市场管理局的信息权及其施加处罚的能力，以及竞争上诉法庭对合并决定的审查。

（A）调查权和处罚

经英国企业与监管改革法修订的英国企业法第109～117条涉及竞争与市场管理局的调查权和处罚。第109条第1款规定，竞争与市场管理局可以出于

---

[467] 竞争与市场管理局审查的详细信息可在 www. gov. uk/cma 上查阅。

[468] 2002年英国企业法，第94条第2款和第3款。

[469] 同上，第94条第4款；关于因违反承诺或命令而受损的人是否可以提起损害赔偿诉讼，参见案例 *MidKent Holdings v General Utilities plc* ［1996］3 All ER 132，根据1973年英国公平交易法（现已废止）提起诉讼。

[470] 2002年英国企业法，第94条第5款。

[471] 竞争与市场管理局《关于承诺和命令保存（开放时间）的2014年令》［The CMA Registers of Undertakings and Orders（Available Hours）Order 2014］，SI 2014/558。

[472] 2002年英国企业法，第94条第6款。

[473] 同上，第95条。

[474] 参见本章第1147～1150页“向竞争与市场管理局通知合并”。

允许的目的，通过通知要求证人出席[475]、出示文件[476]和提供各种信息[477]。在允许的目的中，包含使用调查权来协助竞争与市场管理局执行与第一阶段或第二阶段合并调查有关的任何职能，包括执行职能。[478] 应注意，竞争与市场管理局也能够在开始进行第一阶段调查之前行使这些权力，只要这些权力属于许可目的。[479] 在第110A条规定的期限内，竞争与市场管理局可以对以下人员处以罚款：无合理解释而不遵守根据第109条规定发出的通知的人[480]或妨碍或延误试图复印要求出示的文件的人[481]。第110A条规定，如果自相关日即竞争与市场管理局的调查权停止适用之日起超过4个星期，则不得处以罚款。[482] 根据第110条第1款和第3款竞争与市场管理局可施加的最高罚款额由《2014年竞争与市场管理局（处罚）令》中规定。[483] 如果某人故意更改、压制或破坏根据第109条要求其出示的任何文件，将构成刑事犯罪[484]：对犯有该罪行的人可处以罚款或最多2年监禁[485]。

第111~116条规定了竞争与市场管理局在施加罚款时必须满足的主要程序要求；《行政处罚：关于竞争与市场管理局方法的政策声明》[486] 中列出了确定罚款金额时需要考虑的因素。当事方有权针对竞争与市场管理局施加金钱处罚的决定向竞争上诉法庭上诉的权利：竞争上诉法庭可以撤销罚款或以不同的金额或不同的付款日期代替。[487] 竞争与市场管理局及其前身已经或正在威胁对正在考虑的交易的当事方和第三方使用其第109条的权力[488]：这些权力可以避免信息提供的延误，并确保提供的信息完整和准确。

---

[475] 2002年英国企业法，第109条第1款。

[476] 同上，第109条第2款。

[477] 同上，第109条第3款；根据本条发出的通知必须说明不遵守的后果：第109条第4款。

[478] 同上，第109条第A1款；第109条第8A款定义了“执行职能”。

[479] 参见对2013年英国企业与监管改革法的解释性说明，第229段；注释举例说明了竞争与市场管理局认为合并即将完成，并利用其信息收集能力来决定是否将采取先发制人的行动。

[480] 2002年英国企业法，第110条第1款；Hungryhouse Holdings Ltd因未能遵守2017年11月24日第109号通知而被罚款20000英镑，判决可在www. gov. uk/cma上查阅。

[481] 同上，第110条第3款。

[482] 第110A条中规定的“相关日期”取决于竞争与市场管理局根据第109条行使权力的特定目的。

[483] SI 2014/559。

[484] 2002年英国企业法，第110条第5款。

[485] 同上，第110条第7款。

[486] CMA 4，2014年1月，可在www. gov. uk/cma上查阅。

[487] 2002年英国企业法，第114条。

[488] 另见《合并：关于竞争与市场管理局管辖权和程序的指南》，第7.3段和第7.17段（关于竞争与市场管理局何时可能使用第109条所述的权力）。

（B）根据2002年英国企业法第3部分审查决定

英国企业法第120条第1款规定，任何因竞争与市场管理局或国务大臣的决定受到损害的人均可向竞争上诉法庭申请对该决定进行复审。竞争上诉法庭认为，很难设想这样一种情况，即反对最终认定SLC的合并方不会因该决定受到损害，即使其准备遵守该决定，[489] 受损害的人也可以是有足够利益的第三方。[490]

《竞争上诉法庭规则》[491] 第3部分对根据英国企业法第120条规定的诉讼程序作出了规定。复审申请必须在有争议的决定被公布或该决定被通知申请人之日起4周内提出，以较早的日期为准。[492] 公布日期是当事各方收到第一阶段决定的理由的日期，而不是收到陈述了该决定的内容但没有决定理由的较早的新闻稿的日期。[493] 竞争上诉法庭表示，作为一般性建议，合并案件的主要听证会应在最终决定后的3个月内举行。[494] 竞争上诉法庭已在很短的时间内成功处理了案件，比在《欧盟合并条例》下向欧盟普通法院的上诉用时要短得多。在处理第120条第1款规定的案件时，竞争上诉法庭必须采用与行政法院处理司法审查申请相同的原则。[495] 竞争上诉法庭是专门的竞争法庭这一事实并不意味着它应采用不同的原则。[496]

在 *SCOP v CMA* 案[497]中，英国最高法院表示上诉法院在审查诸如竞争与市场管理局和竞争上诉法庭之类的专家法庭的经济判决时应谨慎行事，尤其是在合并案件中，上诉引起的延误可能会使市场不安定并损害相关企业利益。[498] 同样，竞争上诉法庭表示，在对由竞争与市场管理局这样的"专家和经验丰富的决策者作出的关于未来的有根据的预测"进行第二次猜测时，它应表现出

---

[489] 参见案例1145/4/8/09 *Stagecoach Group Plc v Competition Commission*［2010］CAT 1，第12段。

[490] 参见案例1107/4/10/08 *Merger Action Group v Secretary of State for Business, Enterprise and Regulatory Reform*［2008］CAT 36，第32～48段。

[491] SI 2015/1648。

[492] 2015年《竞争上诉法庭规则》，SI 2015/1648，第25条。

[493] 参见案例1030/4/1/04 *Federation of Wholesale Distributors v OFT*［2004］CAT 11，第22～26段。

[494] 参见案例1075/4/8/07 *Stericycle International LLC v Competition Commission*［2007］CAT 9，第7段。

[495] 2002年英国企业法，第120条第4款。

[496] *OFT v IBA Health Ltd*［2004］EWCA Civ 142，第52段、第88～106段；*BSkyB Group plc v Competition Commission*［2010］EWCA Civ 2，第28～41段。

[497] ［2015］UKSC 75。

[498] 同上，第44段。

特别的谨慎。[499]

竞争上诉法庭可以驳回申请或撤销其所涉及的全部或部分决定[500]；并且，在后一种情况下，它可能将案件发回最初决策者重审[501]。对竞争上诉法庭就法律问题作出的决定，经许可将向上诉法院上诉。[502]

可以对合并决定的复审申请进行一些一般性的观察。首先，值得注意的是，第三方已经提出了一些复审申请。[503] 已经在将某些合并提请第二阶段调查的职责的背景下讨论了第三方对公平交易办公室不提请对 *iSOFT/Torex* 案、*Phoenix Healthcare/East Anglian Pharmaceuticals* 案和 *Boots/Alliance Unichem* 案中的合并进行调查的决定提出的质疑。[504] 第三方成功针对 *Ticketmaster/Live Nation* 案[505]中的批准决定提出上诉，导致了重新调查和第二次批准决定[506]。在 *AC Nielsen v CMA* 案[507]中，第三方对不审查合并的决定提出质疑，但是竞争与市场管理局决定将根据新证据重新考虑此事，结果是竞争上诉法庭撤销了不审查合并的决定，并将此事重新提交给竞争与市场管理局；竞争与市场管理局随后通过了第二次批准决定[508]。

要注意的第二点是，英国合并控制的管辖权已在若干案例中进行了测试。例如，在 *Akzo Nobel v Competition Commission* 案[509]中，上诉法院维持了欧盟委员会的执行管辖权，以禁止 Akzo Nobel/Metlac 的合并。管辖权的一个非常不同的方面（“企业不再互相区分”的含义）在 *Groupe Eurotunnel v Competition Commission* 案[510]和 *SCOP v CMA* 案[511]中受到争议，本章前面相关合并情况的部分对此进行了讨论[512]。

---

[499] 案例 1190/4/8/12 *SRCL v Competition Commission* ［2012］ CAT 14，第 15 段。

[500] 2002 年英国企业法，第 120 条第 5 款（a）项。

[501] 同上，第 120 条第 5 款（b）项。

[502] 同上，第 120 条第 6 款和第 7 款。

[503] 有关评论参见：BURROWS E. Review of Merger Decisions by the CAT：A Question of Evidence ［J］. Competition Law Journal，2006：169.

[504] 参见本章第 1132 ~ 1138 页“审查义务：已完成的合并”；另见案例 1059/4/1/06 *Celesio AG v OFT* ［2006］ CAT 9。

[505] 案例 1150/4/8/10 *CTS Eventim AG v Competition Commission* ［2010］ CAT 7。

[506] 2010 年 5 月 7 日的最终报告，可在 www. nationalarchives. gov. uk 上查阅。

[507] 案例 1227/4/12/14 ［2014］ CAT 8。

[508] 竞争与市场管理局 2014 年 10 月 20 日的决定。

[509] ［2014］ EWCA Civ 482，案例 1204/4/8/13 *Akzo Nobel NV v Competition Commission* ［2013］ CAT 13。

[510] 案例 1216/4/8/13 etc *Groupe Eurotunnel SA v Competition Commission* ［2013］ CAT 30。

[511] ［2015］ UKSC 75。

[512] 参见本章第 1139 ~ 1143 页“不再互相区分的企业”。

要注意的第三点是，一些合并方在 *Stagecoach v Commission* 案[513]中质疑英国竞争主管机构的实质性分析。竞争上诉法庭认为，竞争委员会选择反事实是不合理的且没有证据支持。其他上诉没有成功：例如，竞争上诉法庭和上诉法院驳回了 BSkyB 针对 *BSkyB/ITV* 案[514]的最终决定的上诉以及 Ryanair 针对 *Ryanair/Aer Lingus* 案[515]的最终决定的上诉。竞争上诉法庭驳回了 ICE 关于禁止其完全收购 Trayport 的上诉。[516]

要注意的是第四点是，一些申请对为预防或减轻 SLC 而采取的救济措施提出质疑，但均未成功——这发生在 *Cooperative Group/Fairways Group* 案[517]、*Somerfield/Morrisons* 案[518]和 *Stericycle/Ecowaste Southwest* 案[519]中。

8. 实践中的合并规定

英国企业法的合并规定于 2003 年 6 月 20 日生效。表 22. 1 列出了在本书第 8 版的截稿日 2015 年 2 月 6 日与 2017 年 12 月之间完成的第二阶段调查案件的清单。

在英国企业法下的第二阶段调查案件中出现了许多有趣的观点，如表 22. 1 所示。

表 22. 1　2002 年英国企业法下的第二阶段合并审查案件

案件	审查日期	公布日期	是否裁决实质性减少竞争？	救济措施
Xchanging Holdings Ltd/Xchanging，Inc	2014 年 12 月 2 日	2015 年 4 月 29 日	否	
Pork Farms Caspian Ltd/Kerry Foods（已完成合并）	2015 年 1 月 5 日	2015 年 6 月 3 日	否	

[513] 案例 1145/4/8/09 *Stagecoach Group plc Competition Commission*［2010］CAT 14。

[514] 参见本章第 1194 ~ 1198 页“公共利益案件”。

[515] 案例 1219/4/8/13 *Ryanair Holdings plc v CMA*［2014］CAT 3，上诉法院维持原判（［2015］EWCA Civ 83）。

[516] 案例 *ICE/Trayport*，竞争与市场管理局 2016 年 10 月 17 日的决定，在上诉案例 1271/4/12/16 etc *Intercontinental Exchange Inc v CMA*［2017］CAT 6 中被维持。

[517] 参见本章第 1152 ~ 1155 页“代替审查的承诺”。

[518] 参见本章第 1179 页“收购及划分”。

[519] 案例 1190/4/8/12 *SRCL Ltd v Competition Commission*［2012］CAT 14。

续表

案件	审查日期	公布日期	是否裁决实质性减少竞争？	救济措施
Sonoco Products Co/Weiden-hammerPackaging Group GmbH（已完成合并）	2015年1月27日	2015年7月3日	否	
Reckitt Benckiser/Johnson and Johnson	2015年1月7日	2015年8月12日	是	要求Reckitt Benckiser将其品牌之一授予竞争对手8年
Ashford St Peter's NHS Foundation Trust/Royal Surrey County NHS Foundation Trust	2015年2月18日	2015年9月16日	否	
Pound Group/99 Stores Ltd	2015年4月17日	2015年9月18日	否	
SouthWest Water/Bournemouth Water	2015年6月8日	2015年11月5日	否	
BT/EE（快速直接进入第二阶段审查）	2016年6月9日	2016年1月15日	否	
Linergy Ltd/Ulster Farm By - Products Ltd（已完成合并）	2015年7月28日	2016年1月6日	否	
Pearson VUE/Learndirect Ltd（2016年1月6日放弃）	2015年12月16日			
Celesio/Sainsbury's	2015年12月29日	2016年7月29日	是	Celesio将在英格兰和威尔士的12个地区出售药房
Fenland Laundries Ltd/Fisher Services Ltd（2016年1月7日放弃）	2016年1月4日			
Ladbrokes plc/Coral Group Ltd（已完成合并）	2016年1月11日	2016年7月26日	是	Ladbrokes与Coral必须出售350~400个投注店

续表

案件	审查日期	公布日期	是否裁决实质性减少竞争?	救济措施
Iron Mountain/Recall（已完成合并）	2016年1月14日	2016年6月16日	是	需要进行一些本地资产剥离
ICE/Trayport（已完成合并）	2016年5月3日	2016年10月17日	是	ICE必须剥离Trayport
Arriva Rail North Ltd/ Northern Rail Franchise	2016年5月20日	2016年11月2日	是	三种路线的票价上限不受限制
Diebold Inc/Wincor Nixdorf AG（已完成合并）	2016年8月30日	2017年3月16日	是	需要剥离
VTech Holdings Ltd/LeapFrog Enterprises Inc（已完成合并）	2016年8月30日	2017年1月12日	否	
Central Manchester University Hospitals NHS Foundation Trust/ University Hospital of South Manchester NHS Foundation Trust	2017年2月27日	2017年8月1日	是，但有实质性的患者利益，故合并被批准	
Cygnet/Cambian Group plc	2017年5月3日	2017年10月16日	是	需要剥离
Cardtronics Holdings Limited/ DirectCash Payments Inc	2017年5月15日	2017年9月22日	否	
Euro Car Parts/Andrew Page	2017年5月22日	2017年10月31日	是	需要剥离
Tesco/Booker	2017年7月12日	2017年12月20日	否	
Just Eat/Hungryhouse	2017年5月19日	2017年11月16日	否	

（A）基本统计分析

截至2017年12月8日，已有186项合并被依据英国企业法提交第二阶段调查。最多的一个财政年度中的案例有18个，发生在2004~2005年；2005~2006年有17个；最少的是2016~2017年的5个。[520]

[520] 这些数字基于竞争与市场管理局网站上的统计数据：www. gov. uk/cma。

（B）放弃合并

有一些将要进行第二阶段调查的合并被当事人放弃：竞争与市场管理局统计数据显示，截至2017年12月8日，已经有30个案件中发生了这种情况。对此有各种可能的解释。一种解释是，当事方可能会认为，就专业费用而言，竞争与市场管理局第二阶段调查小组进行深入调查非常昂贵，尤其是在所收购业务的价值很小的情况下。对于第二阶段调查可能涉及太多“小型合并”的担忧导致了最新的《最低限度指南》。[521] 放弃合并的另一种解释可能是，当事方意识到，很有可能调查的结果将是实质性的救济措施，甚至是彻底禁止，因此不值得继续进行交易。

关于某些放弃的第三种解释是：收购协议可能以不将合并提交第二阶段调查为条件。

（C）已完成的合并

值得注意的是，涉及第二阶段调查的大量合并已完成。英国的制度不需要合并前的通知，当事方完全有权在没有事先批准的情况下完成交易，尽管他们重要意识到这样做的风险。在完成合并的情况下，竞争与市场管理局会注意确保资产一旦被关注并成为调查对象，就不会再有资产混合的情况。[522]

重要的是要注意，在完成合并的一些案件中竞争与市场管理局及其前身竞争委员会要求采取实质性的救济措施，在某些案件中包括彻底撤销交易。

（i）完全复原

在诸如*Stericycle/Ecowaste*案和*VPS/SitexOrbis*案之类的少数案件中，相关合并必须完全复原。而*ICE/Trayport*案中出于纵向理由（vertical ground）需要进行资产剥离。[523]

（ii）实质性复原

在某些案件中，例如*Ryanair/Aer Lingus*案、*Global Radio/CMG*案和*Anglo American Lafarge*案，竞争委员会要求对交易进行实质性复原。

（iii）部分复原

在少数案件中，部分剥离被认为是适当的：例如，在*Breedon Aggregates/*

---

[521] 参见本章第1135～1136页的“重要性不足的市场”。

[522] 参见本章第1172～1183页“执行”。

[523] 案例*ICE/Trayport*，竞争与市场管理局2016年6月17日的决定，上诉维持原判案例1271/4/12/16 etc *Intercontinental Exchange Inc v CMA*［2017］CAT 6。

Aggregates Industries 案中，竞争与市场管理局要求 Breedon 出售沥青和预拌混凝土工厂；然而，有趣的是，竞争与市场管理局要求对因弗内斯地区的沥青供应实行价格控制，因为它认为该地区中竞争问题将持续时间相对较短。

（D）SLC 被认定的次数

截至 2017 年 12 月 8 日，在 143 起合并案中有 91 起被认定有 SLC 现象。

（E）被彻底禁止的次数

在某些情况下，合并被完全禁止：竞争与市场管理局统计数据显示，截至 2017 年 12 月 8 日，10 起这样的案件已经发生。A 节中已完成的合并已被提交。竞争委员会第一次完全禁止预期的合并是在 *Knauf Insulation/Superglass Insulation* 案中：竞争委员会拒绝了 Knauf 提出的各种救济措施，这些救济措施旨在解决人们对其合并后提高价格的能力的担忧。[524] 第二个被阻止的合并是 *BOC/Ineos Chlor* 案，因为合并会导致相比于包装氯气分销市场无此一合并时更高的价格和/或更低的服务水平。[525] 在 *BBC Worldwide/Channel 4/ITV* 案中，一家合营企业被阻止，该合营企业将在英国电视点播内容的批发和零售两个层面上导致 SLC。[526] *SDEL/Coors* 案中的合并被禁止，因为这将导致在市场上销售生啤酒的技术服务设备的 SLC。[527] 最近，在 *Akzo/Metlac* 案中，竞争委员会阻止了合并，因为这可能会导致失去实际和潜在竞争从而产生单边效应。[528] 在 *Eurotunnel/SeaFrance* 案中，竞争与市场管理局和（在向竞争上诉法庭成功上诉后）竞争委员会认为，唯一适当的救济措施是禁止 Groupe Eurotunnel 在多佛—加来航线运营渡轮服务。[529] 在 *Royal Bournemouth and Christchurch Hospitals NHS Foundation Trust/Poole Hospital NHS Foundation Trust* 案中，竞争委员会认定，合并

[524] 参见 2004 年 11 月 26 日的最终报告，第 9.1 ~ 9.21 段，可在 www.nationalarchives.gov.uk 上查阅。

[525] 参见 2008 年 12 月 18 日的最终报告，第 10.1 段和第 11.14 ~ 11.16 段，可在 www.nationalarchives.gov.uk 上查阅。

[526] 参见 2009 年 2 月 4 日的最终报告，第 5.4 ~ 5.92 段，可在 www.nationalarchives.gov.uk 上查阅。

[527] 参见 2005 年 3 月 11 日的最终报告，可在 www.nationalarchives.gov.uk 上查阅。

[528] 参见 2012 年 12 月 21 日的最终报告，案例 1204/4/8/13 *Akzo Nobel NV v Competition Commission*［2013］CAT 13；在上诉至竞争上诉法庭的案例［2014］EWCA Civ 482 中维持原判。

[529] 参见 2013 年 6 月 6 日的最终报告，在上诉至上诉竞争法庭的案例 1216/4/8/13 etc *Groupe Eurotunnel SA v Competition Commission*［2013］CAT 30 中部分被推翻；后续赦免和重新调查参见 2014 年 6 月 27 日的最终决定，在上诉至上诉竞争法庭案例 1233/3/3/14 etc *Groupe Eurotunnel SA v CMA*［2015］CAT 1 中被维持，在上诉至上诉法院的案例［2015］EWCA Civ 487 中被撤销，但竞争与市场管理局被允许向最高法院提出上诉：［2015］UKSC 75。

造成的竞争损失将导致在维持和改善向患者提供的服务质量方面压力较小。[530] 竞争委员会拒绝了各方关于合并将带来相关消费者利益的论点，并决定唯一有效的救济措施是禁止合并。由于 *ICE/Trayport* 案中涉及的纵向问题，竞争与市场管理局要求剥离 Trayport。[531]

（F）与《欧盟运行条约》第102条的关系

在 *Railway Investments/Marcroft Holdings* 案[532]中，竞争委员会得出结论：《欧盟运行条约》第102条和/或1998年英国竞争法第2章禁止规定的威慑作用尚不确定，无法抵消铁路投资沉迷于预期的反竞争行为的动机。[533]

（G）医疗保健

2012年英国健康与社会关怀法对涉及国民医疗服务体系基础信托的合并作出了规定。[534] 第79条第1款规定，就英国企业法第3部分而言，当“两个或多个国民医疗服务体系基础信托的活动不再是截然不同的活动时”，或者“一个或多个国民医疗服务体系基础信托的联系或活动以及一个或多个企业的活动不再是不同的活动”时，出于英国合并控制的目的，应将它们视为两个或两个以上不再互相区分的企业。[535] 当竞争与市场管理局决定调查涉及国民医疗服务体系基础信托的合并时，它必须通知国民医疗服务体系提升与发展中心（英国医疗服务监管机构）。[536] 然后，国民医疗服务体系提升与发展中心必须就合并对国民医疗服务体系患者的相关消费者利益的影响向竞争与市场管理局提供建议。[537]

3项涉及国民医疗服务体系基础信托的合并已进入第二阶段调查。2013年

---

[530] 参见2013年10月17日的最终报告，可在 www. nationalarchives. gov. uk 上查阅。

[531] *ICE/Trayport*，竞争与市场管理局2016年10月17日的决定，在上诉案例 1271/4/12/16 etc *Intercontinental Exchange Inc v CMA*［2017］CAT 6 中被维持。

[532] 参见2006年9月12日的最终报告，可在 www. nationalarchives. gov. uk 上查阅。

[533] 同上，第7.114~7.126段。

[534] 进一步参见：《竞争与市场管理局指南：国民医疗服务体系合并审查》（CMA 29，2014年7月）和《国民医疗服务体系合并竞争审查：一个对国民医疗服务体系提供者的简短指南》（Competition review of NHS mergers：A short guide for managers of NHS providers），均可在 www. gov. uk/cma 上查阅。

[535] 进一步参见《支持国民医疗服务体系提供者：关于国民医疗服务体系基础信托交易的指南》（Supporting NHS providers：guidance on transactions for NHS foundation trusts），2014年8日，2015年3日更新，可在 www. gov. uk 上查阅。

[536] 2012年英国健康与社会关怀法，第79条第4款。

[537] 同上，第79条第5款；进一步参见《支持国民医疗服务体系提供者：合并利益指南》（2014年8月），可在 www. gov. uk 上查阅。

10 月，竞争委员会禁止在多塞特郡合并两个国民医疗服务体系基础信托。[538] 在 *Ashford St Peter's NHS Foundation Trust/Royal Surrey County NHS Foundation Trust* 案[539]中，竞争与市场管理局决定该案没有 SLC。2017 年 8 月，竞争与市场管理局在对 *Centre Manchester University Hospitals Foundation Trust/University Hospital of South Manchester NHS Foundation Trust* 案[540]的调查中确认了 SLC；但是合并被批准，因为它将为患者的护理带来实质性利益，包括对患者死亡率、临床并发症和感染率的影响。2017 年 8 月下旬，竞争与市场管理局首次根据患者利益在 *Heart of England NHS Foundation Trust/University Hospitals Birmingham NHS Foundation Trust* 案可能会增加患者的利益的基础上，批准了第一阶段的国民医疗服务体系合并。[541]

（H）救济措施的评估

2017 年，竞争与市场管理局发布了对过去案例中的合并救济措施的分析以及对未来案例可以提供的借鉴。[542]

9. 公共利益案件、其他特殊案件与水业中的合并

英国企业法中合并条款的主要特征是，国务大臣不应参与个别案件，决定应由竞争与市场管理局作出：一般合并案中的竞争分析应由专门的竞争主管机构进行。[543] 但是，在某些情况下，出于更广泛的公共利益而不是对竞争的不利影响，对合并进行调查可能是合理的。要讨论的规定的实质是，出于公共利益的考虑将合并提交给竞争与市场管理局，应由国务大臣就合并的运行是否会或预期会阻碍公共利益以及防止这种阻碍所需的任何救济措施作出最终决定。[544] 案件分为三类：公共利益案件、其他特殊案件和欧洲合并。鉴于英国的政策是合

---

[538] 参见 2013 年 10 月 17 日的最终报告，可在 www. nationalarchives. gov. uk 上查阅。

[539] 参见 2015 年 9 月 16 日的最终报告，可在 www. gov. uk 上查阅。

[540] 参见 2017 年 8 月 1 日的最终报告，可在 www. gov. uk 上查阅。

[541] 竞争与市场管理局新闻稿，2017 年 8 月 30 日；另见案例 *Derby Teaching Hospitals/Burton Hospitals*，竞争与市场管理局 2018 年 3 月 15 日的决定，第 134 ~ 209 段。

[542] 《了解过去的合并救济措施》（CMA 48，2017 年 4 月），可在 www. gov. uk/cma 上查阅。

[543] 参见英国政府《生产力与企业：世界级的竞争机制》白皮书［Productivity and Enterprise：A World Class Competition Regime，Cm 5233（2001）］，第 5. 23 段。

[544] 一般地，参见《合并：关于竞争与市场管理局管辖权和程序的指南》，第 16. 1 ~ 16. 27 段和《合并评估指南》，第 6 部分；进一步地，参见：MCELWEE M. Politics and the UK Merger Control Process：The Public Interest Exceptions and Other Collision Points［J］. Competition Law Journal，2010（9）：77.

并控制中的主要关注点应该是交易对竞争的影响，因此这些条款被刻意狭义地界定。某些合并交易，例如2014年美国辉瑞企图收购一家英国和瑞典合资公司阿斯利康，导致一些评论者呼吁保护本土企业免受外国收购或促进产业政策。[545] 然而，在笔者看来，拒绝对基于非竞争标准采取更严格的合并控制方法的呼吁，还有很多有待讨论。[546]

2017年10月，英国政府发布了一份绿皮书，其中提出了一些建议，以加强其审查外国投资对国家安全影响的权力。[547] 在短期内，政府提议修改军用和两用产品及先进技术的营业额和供应份额测试。可能进行的长期改革之一是在民用核能、国防、能源、电信和运输等经济关键行业的“基本职能”中引入强制性外国投资通知制度。

（A）公共利益案件

英国企业法第3部分第2章（包含第42～58A条），涉及公共利益案件。在公共利益案件中应以与传统竞争案件相同的方式支付合并费用。

（ⅰ）公众利益考虑

如果国务大臣认为一种或多种公共利益考虑与对相关合并情况的考虑有关，则可以向竞争与市场管理局发出“公共利益干预通知”（public interest intervention notice，PIIN）。[548] 截至2017年12月8日，以下公共利益考虑已被认可：

- 国家安全（包括公共安全）[549]；

---

[545] 根据1975年英国工业法第13条的规定，国务大臣确实有权发布命令，禁止非英国人控制对英国特别重要的制造业；该规定从未被使用过，如果是欧盟层面的集中，则应根据《欧盟合并条例》第21条第4款接受欧盟委员会的监督，此处参见第21章第1054～1058页“《欧盟合并条例》第21条第4款：合法利益条款”。

[546] 参见：CHISHOLM A. Alex Chisholm Speaks About Public Interest and Competition-Based Merger Control [EB/OL]. (2014－09－11). https: //www. gov. uk/government/speeches/alex-chisholm-speaks-about-publick-interest-and-competition-based-merger-control.

[547] 参见：UK Department for Business, Energy & Industrial Strategy. National Security and Infrastructure Investment Review [EB/OL]. (2017－10－17). https: //assets. publishing. service. gov. uk/government/uploads/attachment_data/file/652505/2017_10_16_NSII_Green_Paper_final. pdf; UK Department for Business, Energy & Industrial Strategy. National Security and Infrastructure Investment Review: Government Response to Its Consultation on Shor-Term Proposals [EB/OL]. (2018－03－15). https: //assets. publishing. service. gov. uk/government/uploads/attachment_data/file/690623/Government_Response_final. pdf.

[548] 2002年英国企业法，第42条第2款。

[549] 同上，第58条第1款和第2款；国家安全的含义与《欧盟合并条例》第21条第4款相同：同上，第58条第2款。

- 在报纸上准确报道新闻和自由表达意见的需要[550]；
- 英国每个报纸市场的报纸都要有足够多的观点的需要[551]；
- 媒体所有权多元化的需要[552]；
- 需要广泛的高质量广播，以吸引各种口味和兴趣[553]；
- 媒体所有者必须致力于2003年英国通信法第319条中规定的目标[554]；
- 维护英国金融体系稳定的利益[555]。

国务大臣可以通过法定文书在英国企业法第58条中增加新的公共利益考虑：这需要议会的批准。[556]

（ii）公共利益案件的程序：第一阶段

在《合并：关于竞争与市场管理局管辖权和程序的指南》第16.7～16.15段中，说明了给出PIIN时应遵循的程序。在第一阶段，竞争与市场管理局将发布邀请，征求评论意见，以寻求有关竞争和公共利益问题的第三方观点；在审查结束时，它将就管辖权和竞争问题向国务大臣报告：这些调查结果对其具有约束力。[557] 竞争与市场管理局将报告替代承诺是否可能是解决任何竞争问题的适当方式。竞争与市场管理局还将把收到的有关公共利益问题的任何陈述的摘要转发给国务大臣：在此阶段，预计不会为这些问题提供建议，在第二阶段调查后将由独立的负责处理此案的第二阶段调查小组提供此类建议[558]。

在涉及媒体问题的情况下，通信办公室将提供有关任何公共利益问题的单

[550] 同上，第58条第2A款，由2003年英国通信法第375条增加；另见：前贸易和工业部的指南文件《2002年企业法：媒体合并中的公共利益干预》（Enterprise Act 2002, Public Interest Intervention in Media Mergers）可在www.nationalarchives.gov.uk上查阅；英国通信办公室的《关于媒体合并公共利益测试的指南》（Guidance on the Public Interest Test for Media Mergers, 2004年5月），可在www.ofcom.org.uk上查阅。

[551] 2002年英国企业法，第58条第2B款。

[552] 同上，第58条第2C款（a）项。

[553] 同上，第58条第2C款（b）项。

[554] 同上，第58条第2C款（c）项

[555] 由2002年英国企业法（对第58条附加考虑的说明）2008年令（SI 2008/2645）插入，在2002年英国企业法第58条第3款和第4款下采用：参见《合并：关于竞争与市场管理局管辖权和程序的指南》，第16.6段。

[556] 2002年英国企业法，第58条第3款和第4款。

[557] 同上，第46条第2款。

[558] 参见：下文第（iii）节。

独报告[559]，然后由国务大臣决定是否要提请第二阶段调查[560]；即使合并不会引起竞争问题，但有公共利益的情况下，也可以提请第二阶段调查。反过来说，尽管竞争与市场管理局认为存在竞争问题，但如果国务大臣认为出于一种或多种公共利益考虑是合理的，也可以决定不调查。

竞争与市场管理局的一项职能是就可能会引起公众利益方面考虑的合并问题向国务大臣提供建议[561]；竞争与市场管理局和通信办公室必须提请国务大臣注意有关行使其权力的任何陈述，包括什么构成公共利益方面的考虑。[562]

如果国务大臣得出结论认为不存在公共利益问题，则该事项将作为“正常”合并进行，并且竞争与市场管理局将仅限于分析任何可能的竞争问题。[563]

（iii）公共利益案件的程序：第二阶段

在提请第二阶段调查时，无论有无竞争理由，竞争与市场管理局都会向国务大臣报告，国务大臣将对公众利益测试和所需的救济措施作出最终决定。竞争与市场管理局以第二阶段调查小组的形式在该阶段就公共利益问题向国务大臣提出建议，国务大臣在收到竞争与市场管理局报告后有 30 天的时间发布其决定[564]：竞争与市场管理局关于竞争的调查结果具有约束力，但国务大臣必须决定如何处理任何公共利益问题。

国务大臣有权接受承诺或下达命令，以救济、减轻或防止由于任何相关合并情况的产生而引起或可能引起的任何不利于公共利益的影响。英国企业法的附表 7 列出了可用的权力[565]，包括下达任何附表 8 允许的命令的能力[566]；附表 8 第 20 段允许为了国家安全而采取行动，而第 20A 段[567]和第 20B 段[568]则允许在分别对媒体合并和影响英国金融体系稳定性的合并进行调查后采取适当行动。如果干预通知因国务大臣决定不考虑公共利益或由于未获得议会对公共利益的考

---

[559] 2002 年英国企业法，第 44A 条；有关英国通信办公室的作用请参见《关于媒体合并公共利益测试的指南》（2004 年 5 月，2010 年 12 月）和《本地媒体评估指南》（Local Media Assessment Guidance），两者均可在 www. ofcom. org. uk 上查阅。

[560] 2002 年英国企业法，第 45 条。

[561] 同上，第 57 条第 1 款。

[562] 同上，第 57 条第 2 款。

[563] 同上，第 56 条。

[564] 同上，第 54 条第 5 款

[565] 同上，第 55 条第 2 款。

[566] 参见本章第 1177 ~ 1182 页“‘最终权力’或‘救济’”。

[567] 由 2003 年英国通信法第 389 条插入。

[568] 由 2002 年英国企业法（对第 58 条附加考虑的说明）2008 年令（SI 2008/2645）第 4 段插入。

虑的批准而不再有效，案件将退回给竞争与市场管理局。[569]

（iv）实践中的公共利益条款

截至2017年12月8日，根据公共利益条款（相对于下文讨论的“特殊公共利益条款”）发布了4个PIIN：*BSkyB/ITV* 案、*LloydsTSB/HBOS* 案、*Global Radio Holdings Ltd/GMG Radio Holdings Ltd* 案和 *Hytera Communications Corporation Ltd/Sepura plc* 案。对于BSkyB收购ITV 17.9%的股份的情况，国务大臣于2007年2月26日发布了一份干预通知。[570] 竞争委员会进行了审查，认为该收购将产生SLC[571]，但它认为该收购并未危及媒体的多元化。国务大臣在2008年1月决定BSkyB将其在ITV的持股比例降至7.5%以下[572]。在上诉中，竞争上诉法庭驳回了BSkyB要求审查竞争委员会对收购进行的评估和判定SLC的决定的申请，但支持Virgin Medias对竞争委员会解释媒体多元化规定的质疑。[573] 上诉法院驳回了BSkyB关于竞争的进一步上诉，但允许其和竞争委员会以及国务大臣在媒体多元化上的上诉。[574] 上诉法院的判决包含有关媒体多元化规定的宝贵指导。[575] 2010年2月，国务大臣接受了BSkyB的最终承诺。

第二个案件 *Lloyds TSB/HBOS* 案是在全球金融市场异常不稳定的背景下出现的。国务大臣于2008年9月发布了一项干预通知[576]，随后决定不将合并提交竞争委员会[577]。竞争上诉法庭驳回了对国务大臣的决定进行审查的申请。[578]

在 *Global Radio Holdings Ltd/GMG Radio Holdings Ltd* 案中，英国文化媒体和体育部宣布，不会以媒体多元化为由将合并提交给竞争与市场管理局[579]；该

---

[569] 2002年英国企业法，第56条。

[570] www. nationalarchives. gov. uk。

[571] 参见 www. nationalarchives. gov. uk。

[572] 参见 www. nationalarchives. gov. uk。

[573] 案例 1095/4/8/08 and 1096/4/8/08 *British Sky Broadcasting Group plc v Competition Commission* and *the Secretary of State for Business, Enterprise and Regulatory Reform* ［2008］ CAT 25；竞争上诉法庭还驳回了上诉人对部分资产剥离补救措施的镜像挑战。

[574] 案例 *British Sky Broadcasting Group plc v Competition Commission* ［2010］ EWCA Civ 2。

[575] 同上，第78～123段。

[576] 相关的公共利益考虑因素（英国金融体系的稳定性）是由2002年英国企业法（对第58条附加考虑的说明）2008年令（SI 2008/2645）创建的。

[577] 参见 www. nationalarchives. gov. uk；另见：OFT. Report to the Secretary of State on anticipated acquisition by Lloyds TSB plc of HBOS plc ［R/OL］.（2008－10－24）. https：//www. gov. uk. cma－cases/lloyds-tsb-plt-hbos-plc.

[578] 案例 1107/4/10/08 *Merger Action Group v Secretary of State for Business, Enterprise and Regulatory Reform* ［2008］ CAT 36。

[579] 参见2012年10月11日的政府声明，可在 www. gov. uk 上查阅。

案是基于竞争的考虑而进行的，在此基础上需要剥离资产[580]。

在 *Hytera Communications/Sepura* 案中，国务大臣接受了交易各方的法定承诺，因此未将其提交给竞争与市场管理局进行进一步评估[581]：该案中的关注与国家安全有关，特别是要确保与英国紧急服务使用的无线电设备有关的敏感信息和技术将受到保护。

(B)“特殊公共利益案件”

(i) 特殊公共利益案件的程序

英国企业法第59~66条涉及特殊类别的合并，这些合并可能出于公共利益的原因而被提请进行调查，即使这些合并未达到英国企业法第23条所载的进行审查的营业额或供应份额门槛。[582] 对于特殊公共利益案件，无须支付合并费用。《合并：关于竞争与市场管理局管辖权和程序的指南》第16.23~16.27段描述了该程序。

根据“特殊公共利益”条款，可以考虑两类合并。第一类是涉及某些政府承包商或分包商的合并——这些承包商可能持有或接收与国防相关的机密信息或材料。第二类是报业和广播业的某些合并，由于它们低于营业额或供应额测试的标准[583]，因此不符合一般合并规则的调查条件。此类案件不是基于竞争理由进行审查，而只是出于公共利益考虑。在这种情况下，国务大臣将发出特殊公共利益干预通知（special public interest intervention notice，SPIIN）[584]。然后，竞争与市场管理局将进行初步调查并向国务大臣提交报告[585]；在媒体案件中，通信办公室将报告媒体的公共利益考虑因素。国务大臣有权提请进行第二阶段审查[586]，但必须接受竞争与市场管理局关于是否已产生特殊合并情况的决定[587]。然后，竞争与市场管理局将进行第二阶段审查，并向国务大臣报告。[588] 国务大臣有权采取执法行动[589]，但必须接受竞争与市场管理局关于是否已产生

---

[580] 参见本章第1187~1193页“实践中的合并规定”。

[581] 参见2017年5月12日商业、能源与产业战略部国务大臣的决定通告，可在www.gov.uk上查阅。

[582] 参见本章第1143页“营业额测试”和第1143~1145页“供应份额测试”。

[583] 2003年英国通信法，第378~380条，修正了2002年英国企业法第59~61条。

[584] 2002年英国企业法，第59条。

[585] 同上，第61条。

[586] 同上，第62条。

[587] 同上，第62条第5款。

[588] 同上，第63条和第65条。

[589] 同上，第66条。

或可能产生特殊合并情况的观点。[590] 国务大臣在此类案件中拥有与公共利益案件类似的执法权。[591]

（ii）实践中的特殊公共利益条款

在这些条款下有两起案件。第一起案件是 *Insys Group Ltd/Lockheed Martin UK Ltd* 案，国务大臣在该案中于2005年8月发布了SPIIN。他随后接受了代替竞争委员会审查的承诺。[592] 国务大臣还在2009年5月发布了针对 *Atlas Elektronik UK Ltd/QinetiQ* 案的SPIIN。该案也以承诺代替了审查。[593]

（C）欧洲的合并

如果合并已经完成或正在考虑中，且该合并属于《欧盟合并条例》规定的欧盟层面，但引起了对公众利益的考虑，则国务大臣可以向竞争与市场管理局发出欧洲干预通知[594]，并有权下令采取行动来救济、减轻或防止由于合并的产生而导致或预期会导致的对公共利益的不利影响。[595] 这为英国根据《欧盟合并条例》第21条第4款在合并中主张合法权益提供了法律依据。[596] 此外，英国企业法（合法利益保护）2003年令针对欧洲合并案件作出了规定。[597]《合并：关于竞争与市场管理局管辖权和程序的指南》第16.16～16.22段中对该程序进行了描述。在欧洲合并中无须支付任何合并费用。

欧洲干预通知已被发出6次。前4起案件是在国务大臣接受的为维护英国国家安全而作出的承诺的基础上解决的。[598] 第5次欧洲干预通知是国务大臣于2010年11月4日发布的，涉及News Corp拟收购其尚未拥有的BSkyB的股

[590] 同上，第66条第4款。

[591] 同上，附表7，第9段和第11段。

[592] 参见www.nationalarchives.gov.uk。

[593] 同上。

[594] 2002年英国企业法，第67条。

[595] 同上，第68条。

[596] 关于《欧盟合并条例》第21条第4款，参见第21章第1054～1058页“《欧盟合并条例》第21条第4款：合法利益条款”。

[597] SI 2003/1592，由2002年英国企业法（合法利益保护）（修正）2014年令（SI 2014/891）修改。

[598] 请注意竞争与市场管理局网站（www.gov.uk/cma）包含根据1973年英国公平交易法现已废止的条款提供的类似承诺（以及承诺的变体）的详细信息：参见例如案例 *British Aerospace plc/General Electric Company plc*，其中承诺在2007年被变更。

份[599]；然而，在引起巨大争议之后，新闻集团于2011年7月放弃了其提议。[600]第6次此类通知于2017年3月16日发布，涉及21st Century Fox打算收购其尚未拥有的Sky股份的意图。2017年9月20日，国务大臣基于媒体多元化和对广播标准的真诚承诺的公共利益理由将合并提交第二阶段审查。竞争与市场管理局于2018年1月23日临时裁决，出于媒体多元化的考虑，该合并将不符合公共利益，但并非由于缺乏满足英国广播标准的真诚承诺。竞争与市场管理局还确定了三种可能的救济措施，即禁止合并、剥离Sky News或采取行为救济措施。

（D）水业合并

1991年英国水业法经2002年英国企业法和2014年英国水法重新修订，对英格兰和威尔士的水务企业之间的合并规定了特殊规则。[601] 相关规定是英国水业法第32~35条，由2002年英国企业法第70条和2014年英国水法第14条和第15条取代；这些规定必须与1991年英国水业法附表4ZA（由英国企业法附表6插入）一起阅读。该特殊制度的目的是通过减少可比较业绩的公司数量，确保合并不会对水务监管局有效履行其监管职能的能力产生不利影响：水务监管局应该能够利用“比较”或“标准”竞争。竞争与市场管理局负责水业合并案件，但在某些情况下，它必须征求水务监管局的意见；国务大臣不参与此类合并的调查。

根据经修订的英国水业法规定，英格兰和威尔士的水务企业之间的合并必须由竞争与市场管理局进行强制性深入调查[602]，除非其中一个或两个企业的营业额少于1000万英镑[603]。竞争与市场管理局必须确定水务企业合并是否将损害水务监管局在水务企业之间进行比较的能力。在某些情况下，竞争与市场管理局可能决定不进行深入的第二阶段调查，例如合并不会妨碍水务监管局在水务

[599] 参见 www. nationalarchives. gov. uk；2010年12月21日，欧盟委员会根据《欧盟合并条例》无条件批准了合并：案例M 5932，2010年12月21日的欧盟委员会决定。

[600] 参见竞争委员会新闻稿41/11，2011年7月25日，可在 www. nationalarchives. gov. uk 上查阅。

[601] 进一步参见：WEIR C M. Comparative Competition and the Regulation of Mergers in the Water Industry of England and Wales [J]. Antitrust Bulletin, 2000, 45 (5): 811; BARNES S. Holding Back the Flow: Do the UK Water Merger Control Rules Risk Dampening Investment in the Sector? [J]. European Business Law Journal, 2007, 1 (2): 205.

[602] 1991年英国水业法，第32条。

[603] 同上，第33条第1款；2014年英国水法第15条要求竞争与市场管理局不时告知国务大臣该数值是否合适。

企业之间进行比较的能力[604]，或者合并会带来相关的消费者利益：通常，竞争与市场管理局必须在得出这样的结论之前征询水务监管局的意见。[605] 在 *Severn Trent plc/Dee Valley plc* 案的第一阶段，竞争与市场管理局根据这些规定第一次对水务企业合并进行了批准。[606]

竞争与市场管理局认为其非正式建议程序不适合就强制审查程序提供建议。[607] 2014 年英国水法第 14 条赋予竞争与市场管理局接受代替第二阶段调查的承诺的权力，这是其以前缺乏的权力：以前必须征求水务监管局的意见才能接受此类承诺。

英国企业法第 3 部分适用于水业合并，但须接受国务大臣根据法规进行任何修改。[608] 因此，对于水业合并，竞争与市场管理局与合并相关的时限和权力通常也适用。2015 年 11 月，竞争与市场管理局发布了新的指南——《水和污水处理领域合并：竞争与市场管理局程序和评估指南》，其中考虑到 2014 年英国水法引入的，自 2015 年 12 月 18 日起生效的该行业法律的变更。[609] 这些变更包括竞争与市场管理局的调查责任以及接受替代承诺的可能性的新例外。[610]

根据这些条款，在建立竞争与市场管理局之前，有两项关于水业合并的第二阶段调查[611]，即 *Mid-Kent Water/South-East Water* 案和 *South Staffordshire/ Cambridge Water* 案。[612] 在 *Mid-Kent* 案中，竞争委员会得出结论认为，水务监管局进行比较的能力可能会受到影响，但仅限于一定程度；在该案中，竞争委员会对

---

[604] 1991 年英国水业法，附表 4ZA，由 2002 年英国企业法附表 6 插入。

[605] 参见 2014 年英国水法第 14 条，修正了 1991 年英国水业法第 32 条。

[606] 竞争与市场管理局 2016 年 12 月 22 日的决定。

[607] 参见《合并：关于竞争与市场管理局管辖权和程序的指南》，第 6.34 段和第 17.2 段。

[608] 1991 年英国水业法，附表 4ZA，第 1 段、第 2 段、第 4（3）段。

[609] CMA 49，2015 年 11 月；另见：CMA，OFWAT. Statement of intent：An Agreement on the Working Arrangements Between the CMA and Ofwat for the Special Water Merger Regime [EB/OL].（2015 - 11 - 13） https://www.ofwat.gov.uk/publication/an-agreement-on-the-working-agreeements-between-the-cma-and-ofwat-for-the-special-water-merger-regime/.

[610] 另见《2015 年水务合并（杂项修订）条例》（Water Mergers（Miscellaneous Amendments）Regulations 2015，SI 2015/1936），其中为第一阶段设定时限，并考虑以承诺代替水业合并的审查。

[611] 请注意，在被 2002 年英国企业法进行修订之前，竞争委员会根据 1991 年的英国水业法对 8 项合并进行了调查，其中 3 项被彻底禁止。参见案例 *General Utilities plc/Colne Valley Water Co/Rickmansworth Water Co*，Cm 1929（1990）；案例 *General Utilities plc/Mid Kent Water Co*，Cm 1125（1990）；案例 *Southern Water plc/Mid Sussex Water Co*，Cm 1126（1990）；案例 *Lyonnaise des Eaux SA/Northumbrian Water Group plc*，Cm 2936（1995）；案例 *Wessex Water plc/South West Water*，Cm 3430（1996）（彻底禁止）；案例 *Severn Trent plc/South West Water*，Cm 3429（1996）（彻底禁止）；案例 *Mid Kent Holdings and General Utilities/SAUR Water Services*，Cm 3514（1997）（彻底禁止）；案例 *Vivendi Water UKplc/First Aqua（JVCo）Ltd*，Cm 5681（2002）。

[612] 参见 www.nationalarchives.gov.uk。

合并将产生消费者利益感到满意。[613] 竞争委员会要求合并各方对它们的客户一次性减价，共计400万英镑。在*South Staffordshire/Cambridge Water*案中，竞争委员会确信合并不会对水务监管局的评估供水公司绩效和设定价格控制的任务产生重大影响。竞争与市场管理局根据水业的特殊规定进行的第一项第二阶段调查是*Pennon Group plc/Bournemouth Water Investments Ltd*案；它被无条件批准。[614]

如果合并不涉及一家水务公司收购另一家水务公司，则应遵守一般合并规则。在这种情况下，竞争与市场管理局将就合并的有关方面向水务监管局寻求建议，这些方面将影响其监管水务企业的能力或可能影响其监管其他有许可的供水和污水处理服务提供商的能力。

[613] 参见2007年5月1日的最终报告，第8.108~8.160段。

[614] 参见竞争与市场管理局新闻稿，2015年11月5日。

第 23 章 特殊领域

1. 简　介

本书的最后一章将讨论三个问题。首先，本章将研究被欧盟竞争法完全或部分排除的那些经济领域，即核能、军事装备和农业；简要提到了以前《欧洲煤钢共同体条约》（European Coal and Steel Community，ECSC）规定的煤和钢产品特殊制度。其次，本章将描述欧盟竞争规则如何适用于运输行业。最后，本章将考虑所谓的受管制行业的具体情况，例如电信、邮政和能源以及欧盟和英国竞争法适用的方式。因篇幅限制，这意味着对这些问题只能简单描述；适当时，本章将提供有关将竞争法应用于特殊行业的参考文献。

2. 核能领域

《建立欧洲原子能共同体（Euratom）的条约》（以下简称《欧洲原子能共同体条约》）涉及规范各种核材料供应和价格的协议。[1] 在《欧洲原子能共同体条约》不适用的情况下，《欧盟运行条约》第 101 条和第 102 条能够适用于

[1] 进一步参见：CAMERON P D. Competition in Energy Markets [M]. 2nd ed. Oxford：Oxford University Press，2007：ch 9；ROSE V，BAILEY D. Bellamy and Child：European Union Law of Competition [M]. 7th ed. Oxford：Oxford University Press，2013：paras 1.005 and 12.088，Part 3；CUSSACK T F. A Tale of Two Treaties：An Assessment of the Euratom Treaty in Relation to the EC Treaty [J]. Common Market Law Review，2003，40（1）：117；FERRO M S. Competition Law and the Nuclear Sector：An EU Outlook [J]. Nuclear Law Bulletin，2010：13（2）：13.

协议和滥用支配地位。[2] 在 *Siemens/Areva* 案[3]中，欧盟委员会认为，这些企业之间的协议中关于民用核能技术的不竞争条款可能违反《欧盟运行条约》第101条；Areva 和 Siemens 作出承诺，减少这些条款的范围和持续时间，欧盟委员会根据第1/2003号条例第9条第1款接受了这些承诺。[4]

3. 军事装备

《欧盟运行条约》第346条第1款（b）项规定，成员国可采取其认为必要的措施，以保护其与武器、弹药和战争物资的生产或贸易有关的基本安全利益：对于非军事用途的产品，这些措施不得对内部市场的竞争条件产生不利影响[5]。部长理事会已起草了适用第346条第1款的产品清单，尽管该清单尚未被发布；第346条第2款规定，理事会可根据欧盟委员会的提案一致采取行动，对清单进行修正。在某些集中案件中，欧盟委员会适用《欧盟合并条例》的权限受《欧盟运行条约》第346条的限制。[6]

4. 农 业

《欧盟运行条约》第38～44条将农业置于具有其自身理念的特殊制度之下。[7] 第42条规定，竞争规则应仅在欧洲议会和理事会确定的范围内适用于农产品的生产和贸易。欧盟委员会通过建议立法修改和采取其他行动来解决竞

---

[2] 根据《欧盟运行条约》第101条第3款的规定，欧盟委员会已经对核工业领域的合作协议达成了一致态度：参见例如案例 *United Reprocessors GmbH* OJ［1976］L 51/7；案例 KEWA OJ［1976］L 51/15；案例 *GEC/Weir* OJ［1977］L 327/26；案例 *Amersham International and Buchler GmbH Venture* OJ［1982］L 314/34；案例 *Scottish Nuclear*，*Nuclear Energy Agreement* OJ［1991］L 178/31。

[3] 欧盟委员会2012年12月20日的决定。

[4] 关于第1/2003号条例第9条，参见第7章第322～328页“第9条：承诺”。

[5] 进一步地，参见：ROSE V，BAILEY D. Bellamy and Child：European Union Law of Competition［M］. 3rd ed. Oxford：Oxford University Press，2013：paras 11. 061－11. 063；FAULL J，NIKPAY A. The EU Law of Competition［M］. 3rd ed. Oxford：Oxford University Press，2014：paras 3. 05-3. 15.

[6] 参见第21章第1058页“抗辩”。

[7] 进一步地，参见：ROSE V，BAILEY D. Bellamy and Child：European Union Law of Competition［M］. 7th ed. Oxford：Oxford University Press，2013：paras 12. 148-12. 159；关于2014～2020年共同农业政策，参见：OECD. Evaluation of Agricultural Policy Reforms in the European Union（2017）［EB/OL］.（2017－07－27）. https：//www. oecd. org/publications/evaluation-of-agricultural-policy-reforms-in-the-european-union-9789264278783－en. htm.

争的公共限制，从而在农业领域开展“竞争倡导”（competition advocacy）。[8]

（A）欧盟理事会第1184/2006号条例和第1308/2013号条例

第1184/2006号条例第1条规定[9]，除第1308/2013号条例（以下简称《CMO条例》）[10] 所涵盖的产品外，《欧盟运行条约》第101条和第102条适用于该条约附件Ⅰ所列产品的生产或贸易，但第2条规定的减损（derogations）除外。第2条规定，《欧盟运行条约》第101条第1款不适用于构成国家市场组织不可分割的一部分或实现《欧盟运行条约》第39条规定的目标所必需的协议。[11] 这些减损是被严格解释的，如果允许减损，欧盟委员会必须给出充分的理由。[12] 第1184/2006号条例第2条所规定的减损仅与《欧盟运行条约》第101条的适用有关，且与1998年英国竞争法第1章对农产品的禁令有同等的减损。[13]《欧盟运行条约》第102条和1998年英国竞争法第2章禁止规定对农业的适用没有减损。

《CMO条例》为《欧盟运行条约》附件Ⅰ所列的多个行业建立了一个共同的农业市场组织，采用了与第1184/2006号条例相同的方法来在这些行业中应用竞争规则，包含了对欧盟委员会处理《CMO条例》第169～171条所包含的减损的有益见解。[14] 而欧盟委员会也发布了关于橄榄油、牛肉和农作物生产者的联合销售指南。[15]

在 *Milk Marque Ltd* 案[16]中，欧洲法院被要求考虑国家竞争法与欧盟关于农业领域的规定之间的关系。法院的结论是，存在特定的欧盟规则并没有剥夺成员国的国家竞争主管机构对其在市场上处于有利地位的牛奶生产合作社适用本

---

[8] 所有关于农业的倡议、实施以及其他举措可在 www. ec. europa. eu/competition/sectors/agriculture/overview_en. html 上查阅。

[9] OJ［2006］L 214/7。

[10] OJ［2013］L 347/671。

[11] 关于《欧盟运行条约》第39条，参见本章第1207～1209页“二次减损：共同市场组织”。第1184/2006号条例第2条载有关于农民协会活动的文字；这不是进一步的例外，而是对该条款中表达的政策的修饰：参见案例 *Milchföderungsfonds* OJ［1985］L 35/35，第21～22段；案例 *Bloemenveilingen Aalsmeer* OJ［1988］L 262/27，第150～152段。

[12] 参见案例 C－265/97 P *VBA and Florimexv Commission* EU：C：2000：170；案例 C－266/97 P *VBA and Florimex v Commission* EU：C：2000：171。

[13] 1998年英国竞争法，附表3，第9段。

[14] OJ［2013］L 347/671。

[15] OJ［2015］C 431/1。

[16] 参见案例 C－137/00 *R v Monopolies and Mergers Commission and the Secretary of State for Trade and Industry*，*ex p Milk Marque Ltd* EU：C：2003：429。

国法律的权利；但是，它们应避免采取任何可能会破坏牛奶市场的共同组织或造成例外，或者损害共同农业政策的目标的措施。

（B）《欧盟运行条约》附件I的产品

如果是《欧盟运行条约》附件I中未提及的产品，则该产品将无法从第1184/2006号条例第2条规定的减损中受益，并且必须完全遵守竞争规则。[17]在 *Pabst and Richarz/BNIA* 案[18]中，欧盟委员会将《欧盟运行条约》第101条适用于负责阿马尼亚克酒的法国贸易协会，并指出，由于该产品未出现在附件I中，因此应将其视为工业产品。出于同样的原因，在 *BNIC v Clair* 案[19]中，欧洲法院认定干邑酒是一种工业产品，并驳回了认为因白兰地酒对法国特定地区经济福利的重要性而应以特殊方式加以对待的论点。

在 *BNIC v Yves Aubert* 案[20]中，欧洲法院必须处理竞争规则的适用问题，以应对BNIC要求对超出销售配额的酿酒师征收税款。一个问题是竞争规则是否可以应用于白兰地。法院注意到白兰地没有被列在附件I中，是工业产品而不是农产品，因此补充说，BNIC征收的部分税款收入是用于葡萄酒和葡萄汁的措施，而葡萄酒和葡萄汁在附件I之中，不影响第101条第1款的适用。在 *Dansk Pelsdyravlerforening v Commission* 案[21]中，欧盟普通法院驳回了将动物视为农产品的要求。在 *Gøttrup - Klim Grovvareforeninger v Dansk Landbrugs Grovvare-selskab AmbA* 案[22]中，欧洲法院裁定化肥和植物保护产品不是农产品。在 *Sica-sov* 案中，欧盟委员会承认种子属于附件I，但得出结论认为，第26号条例（现为第1184/2006号条例）的减损不适用。[23]

（C）首次减损：国家市场组织

第1184/2006号条例第2条规定，《欧盟运行条约》第101条不适用于构成国家市场组织不可分割的部分的协议。但是《CMO条例》（及其前身）为许多农产品建立了一个共同的组织，因此大多数国家市场组织已不复存在。欧

---

[17] 参见案例61/80 *Coöperatieve Stremsel - en Kleurseffabriek v Commission* EU C：1981：75（凝乳酶未在附件I中被提及）。

[18] OJ［1976］L 231/24。

[19] 案例123/83 EU：C：1985：33。

[20] 案例136/86 EU：C：1987：524。

[21] 案例T-61/89 EU：T：1992：79。

[22] 案例C-250/92 EU：C：1994：413，第21~27段。

[23] OJ［1999］L 14/27，第65~69段。

盟委员会对第 101 条第 1 款的适用的减损作了严格的解释。[24] 在 *FRUBO v Commission* 案[25]中，欧洲法院维持了欧盟委员会的决定[26]，即荷兰水果市场组织未从该条例第 2 条第 1 款所享有的豁免中受益，因为该组织不是国家市场组织。欧盟委员会在 *Scottish Salmon Board* 案[27]中裁决，由于有一个共同的渔业产品市场组织[28]，因此苏格兰鲑鱼协会不能依靠国家市场组织的辩护。

在 *New Potatoes* 案[29]中，法国的 7 个经济委员会根据 1962 年的一部法国法律制定了规则，以组织和管理新土豆的生产和销售。该规则旨在解决生产过剩时市场不景气的问题。欧盟委员会要求宣布不适用《欧盟运行条约》第 101 条第 1 款：由于没有共同的市场组织，欧盟委员会必须决定该制度是否构成一个国家市场组织。它认为，该术语的定义必须与第 26 号条例第 2 条中所列的第二项例外下的共同组织的目标相一致：因此，《欧盟运行条约》第 39 条中包含下文提及的共同农业政策的目标被理解为第 26 号条例第 2 条的第一项例外。欧盟委员会决定，各个生产者组织的安排是所讨论的国家市场组织的组成部分，因此，未违反《欧盟运行条约》第 101 条第 1 款。

(D) 二次减损：共同市场组织

第 1184/2006 号条例第 2 条和《CMO 条例》第 209 条允许达成共同农业政策目标所必需的协议。《欧盟运行条约》第 39 条在五个方面列出了这些目标：

- 提高农业生产力；
- 确保农业社区的公平生活水平；
- 稳定市场；
- 确保供应物资；
- 确保以合理的价格向消费者供应。

《欧盟运行条约》第 39 条第 2 款规定，在实施共同农业政策时，除其他事项外应考虑：

---

[24] 同样在其他一些裁决中提及，参见：案例 *Cauliflowers* OJ［1978］L 21/23；案例 *Bloemenveilingen Aalsmeer* OJ［1988］L 262/27；案例 *Sugar Beet* OJ［1990］L 31/32；案例 *Sicasov* OJ［1999］L 14/27；案例 *British Sugar* OJ（1999）L76/1，第 185～188 段。

[25] 案例 71/74 EU：C：1975：61。

[26] *Geeves and Zonen v FRUBO* OJ［1974］L 237/16。

[27] OJ［1992］L246/37，第 22 段。

[28] 参见理事会第 3796/81 号条例，OJ［1981］L 379/1。

[29] OJ［1988］L 59/25。

> 农业活动的特殊性质——这是由于农业的社会结构以及各个农业地区之间的结构和自然差异造成的。

第39条表示的目标不一定与正常竞争过程相一致。欧洲法院裁定，第39条的目标高于竞争规则的目标[30]。

在*FRUBO v Commission*案[31]中，欧洲法院基于第26号条例第2条二次减损而驳回了抗辩。该判决的一个显著特征是，尽管可能满足第39条的某些规定，但并非所有都满足：换种说法，为了落入这种减损，必须满足《欧盟运行条约》第39条的所有五项规定。[32] 实际上，任何确立一个农业领域的共同组织的特定条例的规定都可能明示或暗示地推动了《欧盟运行条约》第39条的目标。因此，协议的当事方不能争辩说他们的协议将具有这种效果。[33]

在*Bloemenveilingen Aalsmeer*案[34]中，欧盟委员会拒绝了这样的论点，即拍卖商和花卉贸易商之间关于活植物和花卉产品的独家交易协议可以促进《欧盟运行条约》第39条的目标。它对此公布了一项决定，不仅因为有关规则是荷兰法院的诉讼标的，而且其他拍卖行也在适用类似的规则。[35] 欧盟委员会在*Scottish Salmon Board*案[36]中拒绝了这样的论点，即由于该行业处于经济困境中，因此Board的行为就是可允许的；欧盟委员会表示，如果是这样，则欧盟应采取举措来解决该问题，而不是当事方自己采取根据《欧盟运行条约》第101条为非法的行动。在*Sicasov*案[37]中，欧盟委员会裁决，达成种子许可协议对于实现《欧盟运行条约》第39条的目标而言[38]不是必需的。欧盟委员会在*French beef*案[39]、*Raw Tobacco Spain*案[40]、*Raw Tobacco Italy*案[41]和*Bananas*案[42]

---

[30] 参见案例C－671/15 *Président de l'Autorité de la concurrence v Association des producteurs vendeurs d'endives* EU：C：2017：860，第37段。

[31] 案例71/74 EU：C：1975：61，第22～27段。

[32] 类似地，参见案例T－70/92 etc *Florimex v Commission* EU：T：1997：69，第153段；案例T－217/03 *FNCBV v Commission* EU：T：2006：391，第206段。

[33] 参见例如案例*Cauliflowers* OJ［1978］L 21/23；案例*Milchförderungsfonds* OJ［1985］L 35/35。

[34] OJ［1988］L 262/27。

[35] 同上，第168段。

[36] OJ［1992］L 246/37，第22段。

[37] OJ［1999］L 14/27。

[38] 同上，第68段。

[39] OJ［2003］L 209/12，第135～149段；上诉维持原判案例T－217/03 etc *FNCBV v Commission* EU：T：2006：391，第197～209段。

[40] 2004年10月20日的决定，第337～348段；上诉维持原判案例T－33/05 *Compañía española de tabaco en rama, SA v Commission* EU：T：2011：24，第153～164段。

[41] 2005年10月20日的决定，第306～311段。

[42] 2008年10月15日的决定，第344～349段。

中拒绝了基于二次减损的抗辩。

在 *Endive Producers Association* 案[43]中，欧洲法院对农业领域协议的减损采取了狭义的解释。特别是，它不适用于生产者组织之间、生产者组织协会之间或其他类型组织之间的协议；甚至在组织内部，这种减损仅适用于为实现分配给相关组织的目标而必须严格进行协调的情况。[44]

5. 煤炭与钢铁业

煤炭和钢铁最初是由 1951 年建立欧洲煤炭和钢铁共同体的《巴黎条约》（以下简称《ECSC 条约》）处理的。《ECSC 条约》包含与《欧盟运行条约》第 101 条和第 102 条相似的竞争规则，尽管有一些实质性差异。《ECSC 条约》于 2002 年 7 月 23 日到期。[45] 煤炭和钢铁行业现在受《欧盟运行条约》第 101 条和第 102 条和《欧盟合并条例》的约束。

6. 运输业

《欧盟运行条约》在第 90 ~ 100 条中包含有关运输业的特殊规定。[46] 第 90 条第 1 款规定，这些条款适用于公路、铁路和内陆水路运输；第 90 条第 2 款规定，欧洲议会和理事会可以为海上和空中运输制定适当的规定。因此，《欧盟运行条约》本身承认这两种类别之间的区别，困难在于，后者是受许多国际安排约束的，并且具有特殊的政治敏感性。第 101 条和第 102 条确实适用于运输业（包括航空运输业[47]），但在 1962 年欧洲经济共同体理事会（以下简称

---

[43] 案例 C – 671/15 *Président de l'autorité de la concurrence v Association des producteurs vendeurs' dendives* EU：C：2017：860。

[44] 同上，第 66 段和第 67 段。

[45] Communication from the Commission Concerning Certain Aspects of the Treatment of Competition Cases Resulting from the Expiry of the ECSC Treaty：OJ［2002］C 152/5：Section2［EB/OL］.（2002 – 06 – 26）. https：//eur-lex. europa. eu/LexUriServ. do? uri = OJ：C：2002：152：0005：0012：EN：PDF.

[46] 进一步地，参见：ROSE V，BAILEY D. Bellamy and Child：European Union Law of Competition［M］. 7th ed. Oxford：Oxford University Press，2013：paras 12. 160 – 12. 199；FAULL J，NIKPAY A. The EU Law of Competition［M］. 3rd ed. Oxford：Oxford University Press，2014：ch 15；RABINOVICI I. The Application of EU Competition Rules in the Transport Sector［J］. Journal of European Competition Law & Practice，2014，5（4）：227；（with CHIROCO F）2015，6（4）：287；2016，7（4）：280.

[47] 参见案例 209/84 etc *Ministère Public v Asjes* EU：C：1986：188；案例 66/86 *Ahmed Saeed Flugreisen v Zentrale zur Bekämpfung Unlauteren Wettbewerbs* EU：C：1989：140。

“欧共体理事会”）第141号条例中规定[48]，包含欧盟委员会执行竞争规则权力的第17号条例不适用于运输。1962年第141号条例留下的程序空白分为三个阶段：第一，欧洲经济共同体理事会第1017/68号条例[49]通过了关于将竞争规则适用于公路、铁路和内陆水运（内陆运输业）的具体规定；第二，欧共体理事会第4056/86号条例[50]向欧盟委员会赋予在海上运输业中的权力；第三，欧共体理事会第3975/87号条例[51]涉及航空运输业。自那时起，这些条例中的每一项都已被废除和取代；目前的规定载于欧盟理事会关于铁路、公路和内陆水运的第169/2009号条例[52]、关于海运的第1419/2006号条例[53]以及关于航空运输的第411/2004号条例[54]和第487/2009号条例[55]。第1/2003号条例载有在运输业执行《欧盟运行条约》第101条和第102条的程序规则。[56]

（A）内陆运输业

（ⅰ）立法规范

第1017/68号条例规定，某些技术协议不违反《欧盟运行条约》第101条，中小型企业之间的某些合作协议可享受集体豁免。第169/2009号条例在2009年废除了上述条例[57]。现在，在第169/2009号条例第2条中可以找到技术协议的例外，在第3条中可以找到对某些合作协议实行的集体豁免。

为了使铁路行业开放竞争，已经通过了许多指令。一个重要的发展是第2012/34号指令，该指令建立了一个欧洲铁路区域。[58] 最新的举措是所谓的第四铁路方案，该方案包括两个支柱：“市场支柱”旨在使新运营商更容易进入市场，并加强铁路基础设施管理者的独立性和公正性，以确保铁路公司可以平

---

[48] OJ（Sp ed，1959－62）291。

[49] OJ［1968］L 175/1。

[50] OJ［1986］L 378/4。

[51] OJ［1987］L 374/1。

[52] OJ［2009］L 61/1。

[53] OJ［2006］L 269/1。

[54] OJ［2004］L 68/1。

[55] OJ［2009］L 148/1。

[56] OJ［2003］L 1/1，第36～43条，参见第7章第362～363页“第11章：过渡性、修正性和最后条款”。

[57] OJ［2009］L 61/1。

[58] OJ［2012］L 343/32。

等地使用轨道和车站[59]；“技术支柱”，其中包括建立欧盟铁路局。[60]

铁路行业受英国法律约束，需要遵循复杂的监管制度，铁路管理局拥有将1998年英国竞争法和2002年英国企业法的市场调查规定适用于该行业的联合权力。[61] 英国铁路管理局已发布了关于执行1998年英国竞争法的方法的指南，该指南涉及与铁路相关的服务供应以及市场监督和审查。[62]

（ii）内陆运输竞争规范的实践适用

欧盟委员会通过了有关内陆运输的几项决定。在 *EATE Levy* 案[63]中，它谴责了法国水路承运人与法国货运代理之间的一项协议，该协议向法国境外的租船人征收10%的运费，因为它偏向法国承运人。在上诉中，欧洲法院维持了欧盟委员会的裁决。[64] 在 *Tariff Structures in the Combined Transport of Goods* 案[65]中，欧盟委员会认为，欧盟铁路公司之间就国际货物联合运输中的铁路运输销售达成关税结构协议符合《欧盟运行条约》第101条第3款的标准。

在 *European Night Services* 案[66]中，欧盟委员会得出结论，由五家铁路运营商建立的合营企业通过英国与欧洲大陆之间的海峡隧道提供夜间卧铺服务，符合《欧盟运行条约》第101条第3款的标准。在当时有效的个别豁免制度下[67]，欧盟委员会根据合营企业的母公司反对的条件和义务作出决定；欧盟委员会将豁免期规定为8年，当事方认为这将使它们无法从重大的长期投资获得

---

[59] 参见 Regulation 2016/2337 on common rules for the normalisation of the accounts of railway undertakings, OJ［2016］L 352/20；Regulation 2016/2338 concerning the opening of the market for domestic passenger transport services by rail, OJ［2016］L 352/22；Directive 2016/2370, as regards the opening of the market for domestic passanger fiansport services by rail and the governance of the railway infrastructure, OJ［2016］L 352/1。

[60] 参见 Regulation 2016/796 on the European Union Agency for Railways OJ［2016］L 138/1；Directive 2016/797 on the interoperability of the rail system within the European Union, OJ［2016］L 138/44；Directive 2016/798 on railway safety, OJ［2016］L 138/102。

[61] 参见2014年5月22日《竞争与市场管理局、铁路管理局谅解备忘录》（CMA/ORR Memorandum of Understanding）；关于1998年英国竞争法下的联合执法，参见第10章第549～553页“联合执法”，关于2002年英国企业法下的联合执法，参见第11章第568～571页“超级控诉”和第579～580页“进行普通调查的权力”。

[62] 二者均可在 www. orr. gov. uk 上查阅。

[63] OJ［1985］L 219/35。

[64] 案例272/85 *ANTIB Commission* EU：C：1987：235。

[65] OJ［1993］L 73/38。

[66] OJ［1994］L 259/20。

[67] 较早的通知与个别豁免制度参见第4章第214～215页“欧盟委员会以前对授予个别豁免的垄断”。

足够回报。在上诉中，欧盟普通法院在 *European Night Services v Commission* 案[68]中裁决，欧盟委员会未能证明铁路运营商之间的协议具有限制性的效力，因此其决定应予撤销；而欧盟普通法院进一步裁决，即使对竞争产生了显著影响，欧盟委员会也未能证明豁免应受施加的条件和义务的约束或者应该授予如此短的期限的豁免。[69] 在与海峡隧道有关的 *ACI* 案[70]中，欧盟委员会批准在符合条件的情况下成立一家合营公司，通过隧道销售联运铁路服务[71]。

在 *HOV SVZ/MCN* 案[72]中，欧盟委员会对 Deutsche Bahn 处以 1100 万欧元的罚款，原因是其对进出德国的海运集装箱的内陆运输征收歧视性的铁路运输关税——这具体取决于海运集装箱是通过德国港口运输还是通过比利时和荷兰的港口运输。该决定在向欧盟普通法院上诉后被维持。[73] 欧盟委员会在 *GVG/FS*4 案[74]中得出的结论是，意大利铁路运营商 Ferrovie Dello Stato 滥用支配地位，拒绝提供进入意大利铁路基础设施的机会、为建立国际集团进行谈判和提供牵引力。在 *Deutsche Bahn* 案[75]中，欧盟委员会接受了第 1/2003 号条例第 9 条下的承诺，以解决其对德国的牵引电流定价系统的担忧。在 *Baltic Rail Transport* 案[76]中，欧盟委员会对立陶宛铁路运营商 AB Lietuvos gelezinkeliai 处以 2780 万欧元的罚款，因其拆除了连接立陶宛和拉脱维亚的 19 公里铁路，从而阻止了其主要客户之一使用竞争者的铁路货运服务。

在英国，铁路管理局对铁路货运运营商 EW&S 处以 410 万英镑的罚款，理

---

[68] 案例 T-374/94 etc EU：T：1998：198；类似地，参见欧盟委员会在 *Eurotunnel* OJ［1994］L 354/66 案中的决定：欧盟委员会对海峡隧道的运营协议授予豁免，但其决定在上诉案案例 T-79/95 etc *SNCF v Commission* EU：T：1996：155 中被欧盟普通法院撤销，因为欧盟委员会未能表明该协议将限制竞争；该案的最终结果请参见欧盟委员会《关于竞争政策的第 29 号报告》（1999），第 163 页。

[69] 有关该案的进一步评论，参见第 3 章第 164～166 页“实际的和潜在的竞争”。

[70] OJ［1994］L 224/28。

[71] 最近，欧盟委员会根据《欧盟合并条例》批准成立一家新的欧洲之星合营企业，但须符合条件：案例 M 5655，2010 年 6 月 17 日的决定；随后其批准 SNCFS 对欧洲之星的独家收购：案例 M 7449，2015 年 5 月 13 日的决定。

[72] OJ［1994］L 104/34。

[73] 案例 T-229/94 *Deutsche Bahn AGV Commission* EU：T：1997：155；向欧洲法院的进一步上诉被认为不可受理：案例 C-436/97 P EU：C：1999：205。

[74] OJ［2004］L 11/17；有关评论，参见：STEHMANN O. Applying Essential Facility Reasoning to Passenger Rail Services in the EU - The Commission Decision in the GVG Case［J］. European Competition Law Review，2004，25：390.

[75] 2013 年 12 月 18 日的欧盟委员会决定；参见第 7 章第 322～328 页“第 9 条：承诺”，有关第 1/2003 号条例第 9 条。

[76] 2017 年 10 月 2 日的欧盟委员会决定，上诉案例 T-814/17 *Lietuvos geležinkeliai v Commission*，尚未裁决。

由是其滥用在铁路运输煤炭市场中的支配地位，特别是采取歧视性和掠夺性行动。[77] 在 *Freightliner* 案中，铁路管理局接受了 Freightliner 的承诺，该承诺取消了提供深海集装箱铁路运输服务的协议中关于独家购买、最低数量和忠诚度回扣的规定。[78] 铁路管理局已针对铁路行业通过了许多非违法决定。[79]

在根据2002年英国企业法进行一项市场调查后，机车出租人被命令为火车公司提供信息，使后者能够与机车公司更有效地进行谈判。[80]

（B）海上运输业

（i）立法规范

多年以来，海上运输业一直受欧共体理事会第4056/86号条例[81]所规定的特殊程序和实质制度的约束。第1/2003号条例和欧盟理事会第1419/2006号条例[82]的累积影响是，该特殊制度已经终止，海上运输行业现在与其他经济行业受相同的程序和实质性规则约束。

（a）程序性规则

1962年第17号条例[83]（赋予欧盟委员会执行《欧盟运行条约》第101条和第102条的权力）不适用于海上运输领域。第4056/86号条例[84]赋予欧盟委员会自1987年起就与一个或多个欧盟港口进行国际海上运输服务事宜执行第101条和第102条的权力。第1/2003号条例[85]自2004年5月1日起废止了这些特殊程序规则，欧盟委员会有权自2006年10月起将第101条和第102条适用于整个海上运输行业[86]。

（b）实体性规则

第4056/86号条例第2条将技术协议排除在第101条的范围之外。更有争

---

[77] 铁路管理局2007年11月17日的决定；随后由此决定衍生的针对EW&S的私人诉讼在第8章第406～407页“不成功的索赔”以及第410～411页“分割”中有讨论。

[78] 铁路管理局2015年12月18日的决定。

[79] 参见第9章第480～482页已发布的决定表和本书随附的在线资源：www.oup.com/uk/whish9e/。

[80] 《2009年机车租赁市场调查令》，经铁路管理局审查，该调查令获得成功：2015年7月3日的公开信，可在www.orr.gov.uk上查阅；参见第11章第598～604页“实践中的市场调查规定”。

[81] OJ［1986］L 387/4。

[82] OJ［2006］L 269/1。

[83] JO［1962］13/204。

[84] OJ［1986］L 378/4。

[85] OJ［2003］L 1/1。

[86] 直至2006年10月，第1/2003号条例中的“沿海港际贸易”和“国际不定期船服务”均未列入常规程序规则：参见第1419/2006号条例，OJ［2006］L 269/1，第2条。

议的是，第4056/86号条例第3条和第4条为“班轮会议”（liner conference）规定了集体豁免，也就是对承运人之间关于定期海上运输服务运营的协议进行集体豁免，从而使他们能够确定价格和调节运力。第4019/86号条例已被第1419/2006号条例废除[87]，海上运输行业的横向合作协议现在受欧盟委员会的《横向合作协议指南》约束。[88]

（c）航运联合体的集体豁免

欧盟理事会第246/2009号条例[89]授权欧盟委员会对某些航运联合体授予集体豁免。在此权力下，欧盟委员会通过了第906/2009号条例[90]，该条例赋予航运联合体以集体豁免，只要它们提供往返于一个或多个欧盟港口的国际班轮运输服务；如果航运联合体涉及某些硬性限制，例如对第三方的价格限制[91]，则集体豁免不适用[92]，并且有30%的市场份额门槛，如果航运联合体市场份额超过该门槛，将无法从集体豁免中受益。[93]

（ii）竞争规则在海上运输中的实际应用

欧盟委员会与海上运输业的某些经营者之间的关系并不是特别融洽。欧盟委员会在许多决定中认定相关方违反了《欧盟运行条约》第101条和第102条。该行业的第一笔罚款是在*Secretama*案[94]中判处的，其原因是该公司就欧盟委员会根据第4056/86号条例第16条第3款提出的信息提供要求提供了错误信息。欧盟委员会还在*Ukwal*案中处以5000欧元的罚款[95]，在*Mewac*案中处以4000欧元的罚款[96]，原因是其未根据第4056/86号条例第18条的规定接受调查。

欧盟委员会对实质性违反《欧盟运行条约》第101条和第102条的海上运输行为处以罚款的第一项决定是在*French – West African Shipowners' Committees*

---

[87] 欧盟委员会关于将《欧盟运行条约》第101条适用于海上运输服务的指南于2008～2013年有效OJ［2008］C245/2。

[88] OJ［2011］C 11/1；参见第15章第731～735页“《横向合作协议指南》”。

[89] OJ［2009］L 79/1；该条例取代了第479/92号条例（OJ［1992］L 55/3）。

[90] OJ［2009］L 256/31，根据第697/2014号条例，（OJ［2014］L 184/3）将其延长至2020年4月25日。

[91] 第906/2009号条例，第1条和第3条。

[92] 同上，第4条。

[93] 同上，第5条。

[94] OJ［1991］L 35/23。

[95] OJ［1992］L 121/45。

[96] OJ［1993］L 20/6。

案[97]中。欧盟委员会认为，该联盟已将法国与西非各港口之间的班轮货物的全部贸易卡特尔化，已经建立了配额并建立了程序以确保合规。违法既发生在第101条之下，也发生在第102条中的集体支配地位概念下。这种做法的结果是将第三方排除在交易之外。各种抗辩都被拒绝了（例如，协议属于第4056/86号条例第2条规定下的“技术性的”，适用第3条规定的集体豁免以及联盟受到“国家强制”[98]）。欧盟委员会在确定超过500万英镑的罚款额时指出，通常在新情况下采用竞争规则时，会适度进行，然而，在这种情况下，它没有理由予以节制，因为当事各方都清楚其行为是非法的，并且第4056/86号条例中的集体豁免不可用。[99]

在*Cewal*案[100]中，欧盟委员会对Cewal班轮公会的成员处以总计1010万欧元的罚款，原因是它们采取了旨在消除其主要独立竞争者的行动，例如通过降低运费和提供忠诚度回扣来滥用其集体支配地位。欧盟法院维持了欧盟委员会关于集体支配地位的裁决及其对滥用行为的谴责[101]；但是，对上诉人的罚款被法院撤销了，因为欧盟委员会的反对意见仅直接针对Cewal公会，而不是针对仅收到副本的单独成员。欧盟委员会随后对公会成员之一的Compagnie Maritime Belge（CMB）提出了新的反对声明，并通知其欧盟委员会打算根据它在原始决定中裁决并在上诉中被维持的违法行为，对CMB处以340万欧元的罚款。[102] CMB随即向欧盟普通法院提出的上诉未获成功，其中包括对欧盟委员会的第二项决定被无理拖延并违反了时效规则的上诉。[103]

在*TAA*案[104]和*FEFC*案[105]中，欧盟委员会禁止对联合运输业务的陆运段进行价格操纵；尽管第4056/86号条例就集装箱运输的海上要素提供了价格操纵的集体豁免，但欧盟委员会并不认为这应扩展到旅程的非海上部分；欧盟普通

---

[97] OJ［1992］L 134/1。

[98] 参见第3章第177～179页“国家强制和高度管制的市场”。

[99] OJ［1992］L 134/1，第74（g）段。

[100] OJ［1993］L 34/20；在第14章第718～720页“欧洲法院在*Compagnie Maritime Belge Transports v Commission*案中的判决”中讨论了在这种情况下集体支配的处理，第18章第928～930页“*Compagnie Maritime Belge v Commission*案”中讨论了对较低运费的谴责。

[101] 案例T-24/93 etc *Compagnie Maritime Belge NV v Commission* EU：T：1996：139，上诉至欧洲法院的案例C-395/96和C-396/96 P EU：C：2000：132维持原判。

[102] 2004年4月30日的欧盟委员会决定。

[103] 案例T-276/04 *Compagnie Maritime Belge v Commission* EU：T：2008：237。

[104] OJ［1994］L 376/1。

[105] OJ［1994］L 378/17。

法院在上诉中支持了欧盟委员会的做法。[106] 在 *Ferry Operators* 案[107]中，欧盟委员会对5家轮渡经营者共同罚款，认为这些轮渡经营者相互勾结以克服1992年9月英镑贬值后货币波动带来的困难。在 *Europe Asia Trades Agreement* 案[108]中，欧盟委员会裁定，不使用容量和交换信息的协议违反了《欧盟运行条约》第101条第1款，并且不符合第101条第3款的标准。在 *Trans - Atlantic Conference Agreement* 案[109]中，因相关方违反第101条，并通过改变市场竞争结构及对服务合同的可用性和内容进行限制而违反第102条滥用集体支配地位，欧盟委员会对其处以2.73亿欧元的罚款。这项决定在上诉后被部分废除：欧盟普通法院不同意大多数违反第102条的滥用裁定；在这种情况下，罚款被废除了。[110] 在 *Greek Ferries* 案[111]中，欧盟委员会因当事方固定意大利和希腊之间的渡轮价格而对其处以912万欧元的罚款。在 *Far East Trade and Tariff and Surcharges Agreement* 案[112]中，欧盟委员会就有关协议各方同意不从其公布的关税中扣除的行为处以总计693.2万欧元的罚款；但是，由于欧盟委员会没有为迟来的罚款提供充分的理由，这些罚款在向欧盟普通法院上诉后被废除了。稍不激烈的例子是，欧盟委员会于 *P&O Stena Line* 案[113]中批准了一家为期3年的合营企业，以提供英国、法国和比利时之间的短途跨海渡轮服务。欧盟委员会在2001年将这项授权延长了6年[114]。

在 *Container liner shipping* 案[115]中，欧盟委员会调查了价格信号现象——通过这种方式，班轮运输公司通过在其网站上和通过媒体定期公开宣布可能提价

---

[106] 案例 T-395/94 etc *Atlantic Container Line v Commission* EU：T：2002：49（TAA），第142~178段；案例 T-86/95 etc *Compagnie Generate Maritime v Commission* EU：T：2002：50（FEFC），第230~277段；有关这些判决，参见：FITZGERALD E. Recent Judgments in the Liner Shipping Sector［J］. Competition Policy Newsletter，2002（2）：41.

[107] OJ［1997］L 26/23。

[108] OJ［1999］L 193/23。

[109] OJ［1999］L 95/1；欧盟委员会随后在经修订的TACA OJ［2003］L 26/53中批准了班轮会议的修订版本；参见欧盟委员会新闻稿IP/02/1677，2002年11月14日。

[110] 案例 T-191/98 etc *Atlantic Container Line v Commission* EU：T：2003：245。

[111] OJ［1999］L 109/24，上诉至欧盟普通法院的案例 T-56/99 etc *Marlines v Commission* EU：T：2003：333维持原判；进一步上诉至欧洲法院的案例 C-112/04 P *Marlines v Commission* EU：C：2005：554维持原判。

[112] 案例 T-213/00 *CMA CGM v Commission* EU：T：2003：76。

[113] OJ［1999］L 163/61；另见欧盟委员会《关于竞争政策的第26次报告》（1996），第84~87点；欧盟委员会《关于竞争政策的第27号报告》（1997），第81~84点和第134~138页。

[114] 欧盟委员会新闻稿IP/01/806，2001年6月7日；欧盟委员会《关于竞争政策的第31号报告》（2001），第160点。

[115] 2016年7月7日的欧盟委员会决定。

的方式相互发出信号。欧盟委员会担心这些公告可能会使各公司协调其行为并收取更高的价格。欧盟委员会接受了第 1/2003 号条例第 9 条下的承诺，该承诺终止了一般的提价公告，并要求承运人向客户提供更多信息。[116]

(C) 航空运输业

(i) 立法规范

为了使欧盟的航空运输自由化，已经采取了许多措施。在 1987 年的第一个自由化一揽子计划中[117]，欧盟理事会通过了关于成员国之间[118]定期航空服务票价的指令以及关于成员国之间共享旅客的决定[119]。1987 年的一揽子计划被视为迈向完成航空运输内部市场构建的第一步。1990 年，通过了关于航空承运人进入欧盟内部预定航线的第 2343/90 号条例。[120] 1991 年，欧盟理事会通过了关于成员国之间航空货运服务的第 249/91 号条例[121]和关于在航空运输中对被拒绝登机的乘客进行赔偿的第 295/91 号条例；后者被第 261/2004 号条例[122]取代。

1992 年，通过了进一步的自由化方案，涉及航空承运人的许可、欧盟航空承运人进入欧盟内部航线（航海）以及欧盟航空承运人自行设定票价的自由。这些规定现在包含在第 1008/2008 号条例[123]中。

还有其他开放措施。例如，第 95/9324 号条例[124]建立了在欧盟机场分配航班时刻的通用规则，以确保在中立、透明和非歧视的基础上提供航班时刻。欧盟理事会第 2299/89 号条例制定了《计算机预订系统行为规范》。[125] 第 96/67 号指令放宽了地面处理行业的市场准入范围。[126]

---

[116] 有关评论参见例如：CAMESASCA P D，GRELIER L. "Close Your Eyes"? Navigating the Tortuous Waters of Conscious Parallelism and Signalling in the European Union [J]. Journal of European Competition Law & Practice，2016，7 (9)：599.

[117] 参见欧盟委员会《关于竞争政策的第 17 号报告》(1987)，第 43 ~ 45 段。

[118] 理事会第 87/601/EEC 号指令，OJ [1987] L 374/12。

[119] 理事会第 87/602/EEC 号决定，OJ [1987] L 374/19。

[120] OJ [1990] L 217/8，被第 2408/92 号条例（OJ [1992] L 240/8）废除，后者由第 1008/2008 号条例（OJ [2008] L 293/3）重订。

[121] OJ [1991] L 36/1；现参见第 1008/2008 号条例，OJ [2008] L 293/3。

[122] OJ [2004] L 46/1。

[123] OJ [2008] L 293/3。

[124] OJ [1993] L 14/1，特别是根据第 793/2004 号条例（OJ [2004] L 138/50）进行了修订。

[125] OJ [1989] L 220/1，经第 3089/93/EEC 号条例（OJ [1993] L 278/1）和第 323/99/EC 号条例，(OJ [1999] L 40/1) 修订；在 *Lufthansa* 案中，根据该条例处以 10000 欧元的罚款：欧盟委员会新闻稿 IP/99/542，1999 年 7 月 20 日；此后已被废除和取代：第 80/2009 号条例，OJ [2009] L 35/47。

[126] OJ [1996] L 272/36。

尽管采取了这些自由化措施，但在让航空运输市场的竞争不受扭曲上仍然存在障碍。首要机场缺乏空位，扭曲了市场，个别成员国与第三国之间关于管制空域的双边协议也是如此，这些协议歧视了本国航空公司：由欧盟委员会在所谓的“开放天空”（*Open Skies*）判决中依据《欧盟运行条约》第43条向欧洲法院成功地挑战了其中一些协议。[127] 在该判决之后，第847/2004号条例[128]要求成员国将与第三国的谈判情况通知欧盟委员会，并确保其协定符合欧盟法律。向前迈出的重要一步是2007年4月30日签署了美国、欧盟和成员国之间的《航空运输协定》[129]，授权美国和欧盟的航空公司在美国任何城市与欧盟任何城市之间飞行；该协定于2008年3月30日生效，并于2010年6月进行了修订[130]。欧盟委员会于2015年报告了2012~2014年“欧洲单一天空”（Single European Sky）的成功实施和进展。[131]

多年以来，航空运输业受欧盟理事会第3975/87132号条例所载的特殊竞争法制度的约束。它授权欧盟委员会对欧盟机场之间的航空运输服务执行航空运输行业的竞争规则；对欧盟机场与第三国之间的航空运输只能按照《欧盟运行条约》第104条和第105条规定[132]的程序进行调查。[133] 现在的情况要简单得多：程序制度是第1/2003号条例的规定[134]，欧盟理事会第411/2004号条例规定[135]，欧盟委员会在该条例下的权力适用于所有航线，而不仅限于欧盟内部的航线。

后来修订的第3976/87号条例[136]赋予欧盟委员会在航空运输行业发布集体豁免的权力。多年以来，对承运人之间就欧盟内部航线的旅客运价进行的磋

---

[127] 参见案例 C-466/98 etc *Commission v United Kingdom* EU：C：2002：624；参见：Commission of the European Communites. Communication from the Commission on the consequences of the Court judgments of 5 November 2002 for European air transportpolicy：COM（2002）649 final［EB/OL］.（2002-11-19）. https：//eur-lex. europa. eu/legal-content/EN/TXT/PDF/？ uri=CELEX：52002DC0649.

[128] OJ［2004］L 157/7。

[129] OJ［2007］L 134/4。

[130] 欧盟委员会新闻稿 IP/10/818，2010年6月24日；挪威和冰岛加入了《航空运输协定》自2011年6月21日起生效。

[131] COM（2015）663 final，2015年12月16日。

[132] OJ［1987］L 374/1。

[133] 在通过第3975/87号条例之前，专门针对航空运输业使用这些规定，参见案例 209/84 etc *Ministère Public v Asjes* EU：C：1986：188；案例 66/86 *Ahmed Saeed Flugreisen v Zentrale zur Bekämpfung Unlauteren Wettbewerbs* EU：C：1989：140；另见 *Emerald Supplies Ltd v British Airways plc*［2017］EWHC 2420（Ch），上诉至上诉法院，尚未裁决。

[134] OI［2004］L 1/1。

[135] OJ［2004］L 68/1。

[136] OJ［1988］L 374/9。

商，以及关于航班时刻分配和机场调度的安排，都实行集体豁免：但是，这些豁免已经失效。第 3976/87 号条例在 2009 年由第 487/2009 号条例[137]取代；但是，目前航空运输行业没有集体豁免。

英国民航局享有同时对机场运营和空中交通服务执行 1998 年英国竞争法的权力。民航局已经发布了有关其竞争权的应用指南，以及在保护消费者、竞争法和经济法规方面的优先原则[138]，并通过了一项关于操纵东米德兰兹国际机场的停车价格的侵权决定。[139]

（ii）航空运输业竞争规则的实践适用

欧盟委员会已经根据《欧盟运行条约》第 101 条审查了航空运输行业的一些合作协议，例如，*Lufthansa/SAS* 案[140]、*Austrian Airlines/Lufthansa* 案[141]、*Société Air France/Alitalia Linee Aeree Italiane SpA* 案[142]和 *Austrian Airlines/SAS* 案[143]。在第 1/2003 号条例之前发生的案件中，欧盟委员会有时会授予合作协议个别豁免，但要遵守条件和义务：前面提到的三个案例都是如此。自第 1/2003 号条例以来，欧盟委员会打算在 *Austrian Airlines/SAS* 案中双方根据该条例第 9 条作出的承诺的基础上结束该案[144]，但是，该案尚未达成最终裁决。在 *British Airways/American Airlines/Iberia* 案[145]中，欧盟委员会接受了第 1/2003 号条例第 9 条下的承诺，这将导致在伦敦希思罗机场和盖特威克机场的航班位的取消以及相关救济措施，这些航班位和措施将有助于伦敦和美国多个城市（如纽约、波士顿、达拉斯和迈阿密）之间的航线进入和/或扩展；因此，欧盟委员会结束了调查。欧盟委员会接受了 *Air Canada/United/Lufthansa* 案[146]中的类似承诺，以修改星空联盟中这些航空公司之间的合作。[147] 法航－荷航、意大利航空和达美航空之间的跨大西洋合资企业也取得了类似的结果。在 *Brussels Airlines/TAP* 案中，欧盟委员会就对布鲁塞尔－里斯本航线的代码共享协议发表了反对意见。该协议授

---

[137] OJ［2009］L 148/1。

[138] 两者均可在 www. caa. co. uk 上查阅。

[139] 英国民航局 2016 年 12 月 20 日的公告。

[140] OJ［1996］L 54/28；参见：CROCIONI P. The Lufthansa/SAS Case：Did the Commission Get the Economics Right?［J］. European Competition Law Review，1998，19：116.

[141] OJ［2002］L 242/25。

[142] 欧盟委员会 2004 年 4 月 7 日的决定，OJ［2004］L 362/117。

[143] 参见欧盟委员会《市场测试通知》（Market Test Notice），OJ［2005］C 233/18。

[144] 参见第 7 章第 322～328 页“第 9 条：承诺”（有关第 9 条程序）。

[145] 2010 年 7 月 14 日的欧盟委员会决定。

[146] 2013 年 5 月 23 日的欧盟委员会决定。

[147] 2015 年 5 月 12 日的欧盟委员会决定。

予各航空公司在彼此先前竞争的航线上出售彼此航班的座位的无限制的权利。[148]

在某些情况下，可能会将两家航空公司之间的联盟纳入《欧盟合并条例》而不是《欧盟运行条约》第101条的考虑之列。例如，在 *Alitalia/KLM* 案中就发生了这种情况：欧盟委员会将联盟视为全功能合营企业，尽管当事方并未创建合作的企业载体；在当事方允诺修改交易以解决其竞争问题后，欧盟委员会批准了合并。[149] 在 *Air France/KLM* 案中，欧盟委员会根据条件对合并进行了批准[150]；第三方 easyJet 在欧盟普通法院对合并批准提出质疑，但未获支持[151]。欧盟委员会已两次禁止 Ryanair 收购 Aer Lingus 的提议。[152] 随后，IAG 在一定条件下收购了 Aer Lingus。[153] 欧盟委员会还阻止了奥林匹克航空公司对爱琴海航空公司的拟议收购，因为该收购会导致其在希腊航空运输市场上处于准垄断地位[154]；但是，2013年，当欧盟委员会承认奥林匹克航空公司已成为一家失败企业后，两家航空公司的合并被无条件批准[155]。而在 *Lufthansa/SN Holding*（*Brussels Airlines*）案[156]和 *Lufihansa/Austrian Airlines* 案[157]中，在进行第二阶段调查后，基于针对合并会减少各种航线上的竞争的担忧而提供的救济措施，合并被批准：救济措施以某些机场的航班位的取消为中心，类似于 *British Airways/American Airlines/Iberia* 案和 *Air Canada/United/Lufthansa* 案中的救济措施。欧盟委员会还审查并批准了航空公司之间的其他几项合并。[158]

除了上面提到的航空运输行业的合作协议和合并外，欧盟委员会还对这一行业的卡特尔（或所谓的卡特尔）进行了起诉。在 *SAS/Maersk Air* 案[159]中，欧盟委员会分别对 SAS 和 Maersk 处以3940万欧元和1310万欧元的罚款，原因是划分市场，特别是因为 SAS 在斯德哥尔摩到哥本哈根的航线上事实上获得

---

[148] 欧盟委员会新闻稿 IP/16/3563，2016年10月16日。

[149] 案例 JV 19，欧盟委员会1999年8月11日决定。

[150] 参见案例 M 3280，2004年2月11日的欧盟委员会决定。

[151] 案例 T－177/04 *easyJet Co Ltd v Commission* EU：T：2006：187。

[152] 参见案例 M 4439 *Ryanair/Aer Lingus I*，欧盟委员会2007年6月27日的决定，上诉维持原判案例 T－342/07 *Ryanair Holdings plc v Commission* EU：T：2010：280；案例 M 6663 *Ryanair/Aer Lingus III*，2013年2月27日的欧盟委员会决定。

[153] 案例 M 7541，2015年7月14日的决定。

[154] 案例 M 5830，2011年1月26日的决定。

[155] 案例 M 6796，2013年10月9日的决定。

[156] 案例 M 5335，2009年6月22日的决定。

[157] 案例 M 5440，2009年8月28日的决定。

[158] 参见例如案例 M 5889 *United/Continental*，2010年7月27日的决定；案例 M 6607 *US Airways/American Airlines*，2013年8月5日的决定；案例 M 7333 *Alitalia/Etihad*，2014年11月14日的决定。

[159] OJ［2001］L 265/15。

了准垄断；欧盟委员会的决定在上诉中得到维持[160]。在航空货运方面，欧盟委员会因 11 家航空公司参与卡特尔提供航空货运服务而对其处以 7.99 亿欧元的罚款。[161] 在上诉中，由于决定的执行部分（表示存在 4 项单独的违法行为）与该决定的理由（裁定有一项单一且连续的违法行为）之间存在矛盾，因此欧盟普通法院撤销了欧盟委员会的决定。[162] 2017 年 3 月欧盟委员会重新通过了一项违法决定，即认定一项单一的整体协议，并处以 7.76 亿欧元的罚款。[163] 在英国[164]和其他地方[165]，已有许多针对违法航空公司提起的后续损害赔偿诉讼。在 2004 年 5 月 1 日第 1/2003 号条例生效之前，英国法院无权受理因在欧盟与第三国之间的航空运输路线上违反第 101 条而提起的损害赔偿诉讼。[166]

在英国，对 BAA 对 7 个英国机场的所有权进行的一项市场调查导致一项命令，要求 BAA 剥离 3 个机场，包括位于盖特威克机场和斯坦斯特德的伦敦机场。[167] 2016 年，竞争与市场管理局估计，到 2020 年，*BAA airports* 案中的救济措施将为旅客带来约 8.7 亿欧元的利益。[168]

7. 管制行业

(A) 去垄断化、自由化和私有化

在 20 世纪最后 20 年中，最引人注目的经济发展之一是对多年来一直是国

---

[160] 案例 T－241/01 *SAS v Commission* EU：T：2005：296。

[161] 2010 年 11 月 9 日的欧盟委员会决定。

[162] 案例 T－9/11 etc *Air Canada v Commission* EU：T：2015：994；英国航空公司未获得它想要的救济，并且向欧洲法院的上诉未获成功：案例 C－122/16 P EU：C：2017：861。

[163] 2017 年 3 月 17 日的欧盟委员会决定，上诉案例 T－326/17 etc *Air Canada v Commission*，尚未裁决；总罚款额略有下降，因为 2016 年 Martinair 的总营业额低于 2009 年。

[164] 参见例如案例 *Air Canada v Emerald Supplies Ltd*（2015）EWCA Civ 1024。

[165] 参见例如在美国和加拿大的案例参见 www.aircargosettlement2.com，在荷兰的案例为 *East West Debt BV v British Airways Plc* 案。

[166] 案例 *Emerald Supplies Ltd v British Airways Plc*［2017］EWHC 2420（Ch），向欧洲法院的上诉尚未裁决。

[167] 案例 *BAA airports*，2009 年 3 日 19 日的最终决定，在案例 1110/6/8/09 *BAA v Competition Commission*［2009］CAT 35 中被撤销，在上诉案例 *Competition Commission v BAA Ltd*［2010］EWCA Civ 1097 中被恢复；BAA 就进一步的裁决提出上诉，该裁决认为自 2009 年报告以来情况没有发生重大变化，但未获成功：案例 1185/618/11［2012］CAT 3，上诉案例维持原判［2012］EWCA Civ 1077。

[168] CMA. BAA Airports：Evaluation of the 2009 Market Investigation Remedies［R/OL］.（2016－05－16）. https：//assets.publishing.service.gov.uk/media/57399d43ed915d152d00000b/evaluation_of_baa__market_investigation_remedies.pdf.

有垄断企业的保留地有一些行业的去垄断化和自由化。在许多情况下，这一过程伴随着国有企业的私有化或部分私有化。[169] 明显的例子是所谓的“公用事业”，例如电信、天然气、电力和供水。以前的垄断者被“释放”到自由市场所产生的竞争政策问题是显而易见的：就目前而言，在没有有效竞争的情况下（尤其是在早期情况下），它们可能会收取过高的价格；它们还可以采取旨在阻止新竞争者进入市场的策略。同时，有必要确保以前的垄断者提供适当标准的足够服务。一个复杂的因素是，公用事业通常要遵守“普遍服务义务”的要求，例如承担每天投递信件或维持向商业和住宅场所供电或供水的义务。承担此类普遍服务义务的企业可能需要某种程度的竞争豁免，以便它们能够赚取足够的利润以使其能够履行义务，这就是为什么例如邮政运营商在历史上享有对投递小于一定重量和大小的信件的合法垄断的原因。[170]

（B）欧盟法和市场自由化

在欧盟，为实现公用事业自由化和单一市场的发展已采取了相当多的措施，尽管在某些行业取得了比其他行业更大的成功。在电信、邮政和能源市场方面已经通过了指令，以开放市场和鼓励竞争的出现。同时，欧盟委员会一直在调整竞争法原则并将其应用于这些行业；特别是，所谓的“基本设施原则”可以在使第三方能够获得物理基础设施的使用权方面发挥重要作用，而这在客观上是提供竞争性服务所必需的。[171] 市场也可以通过取消不合理的公共竞争限制（包括监管规则）来实现自由化。竞争倡导是欧盟（及其他地区）竞争主管机构的重要职责，也就是说要评论并在适当情况下批评国家应对之负责任的竞争限制。[172]

（C）英国公用事业监管制度

在英国，针对20世纪80年代和20世纪90年代私有化的行业（电信、天

---

[169] 关于私有化，参见：VICKERS J，YARROW G. Privatisation and Economic Analysis［M］. Cambridge：MIT Press，1987；VELJANOVSKI C G. Privatisation and Competition：A Market Prospectus［M］. London：Institute of Economic Affairs，1989；GRAHAM C，PROSSER T. Privatising Public Enterprises［M］. Oxford：Oxford University Press，1991.

[170] 关于在欧盟法律下允许的信件“保留区”参见本章第1231～1232页“立法”。

[171] 参见第17章第869～876页“对于希望在下游市场竞争的人来说，寻求获得产品的权限是必不可少的吗？”关于基本设施学说，注意在此讨论的，需要对其施加限制；在国有垄断企业开发设施而不是在私营部门开展业务的情况下，这些限制并不那么重要：参见总检察长马扎克在案例以下中的观点：C－52/09 *Konkurrensverket v TeliaSonera AB* EU：C：2010：483，第24～28段。

[172] 有关竞争的倡导参见第1章第29页“竞争倡导和竞争的公共限制”。

然气、电力、供水、航空和铁路运输）建立了详细的监管制度。这些制度除其他事项外，还提供了价格控制，即持久的市场支配力意味着正常的竞争过程不会向消费者提供有竞争力的价格。[173] 对受管制的企业还施加了许多其他事前监管义务，例如，不过度歧视、避免某些交叉补贴和共享“基本设施”。行业监管机构“至少在有效竞争发展之前充当了竞争的代名词”[174]，对受管制企业的行为施加限制；监管机构负责保护消费者，在可能的情况下促进竞争并控制价格；从某种意义上讲，监管机构会一直负责直到竞争到来。受管制的企业的经营受到许可证的约束，这些许可证对其施加了义务，并试图防止排他性、歧视性或剥削性的行为。监管机构监督许可证使用并有权强制相关企业遵守这些许可证；如果与受管制的企业就许可证中包含的适当术语发生争议，监管机构可以向竞争与市场管理局提出“修正调查”。竞争与市场管理局将决定所提及的事项是否会或可能会危害公共利益；如果是，则是否可以通过修改许可证来补救不利于公共利益的影响。[175] 行业监管机构还与竞争与市场管理局共同拥有在其负责的行业中适用《欧盟运行条约》第 101 条和第 102 条以及 1998 年英国竞争法第 1 章和第 2 章禁止规定的权力。[176]

(D) 价格上限

管制行业中的一个特殊问题是价格的控制。竞争政策的中心命题是：价格应由市场决定，而不是由国家或国家机构决定。竞争主管机构很少采取针对过高定价的行动。[177] 但是，在存在垄断或接近垄断的地方，特别是在诸如语音电话、宽带服务或电力供应等基本服务方面，可能有必要控制价格；在这种情况下，可以采用各种技术来确定价格。设置价格上限的一种方法是对投资于某行业的资本设定允许的回报率上限：但是，这可能会鼓励受管制的机构过度投资，以扩大可以赚取利润的基础；此外，该技术无助于提高效率。因此，在英国，价格控制功能是通过“RPI－X”公式来行使的。RPI（Retail Prices Index，零售价格指数）衡量一组商品和服务的平均价格；通货膨胀率是通过 RPI 的年

---

[173] 参见：ARMSTRONG M，COWAN S，VICKERS J S. Regulatory Reform：Economic Analysis and British Experience［M］. Cambridge：MIT Press，1994；HELM D，JENKINSON T. Competition in Regulated Industries［M］. Oxford：Oxford University Press，1998；BALDWIN R，CAVE M. Understanding Regulation：Theory，Strategy and Practice［M］. Oxford：Oxford University Press，1999：chs 14－18.

[174] 参见第 2 章第 85～86 页“行业监管机构”。

[175] 有关竞争与市场管理局条例审查的指南可在其网站上找到：www. gov. uk/cma。

[176] 有关 1998 年英国竞争法下的联合执法，参见第 10 章第 549～553 页“联合执法”。

[177] 参见第 18 章第 890～903 页“过度定价”。

度增加来衡量的，只有通过 RPI 的增加，才允许受管制的企业每年提高其价格，减去由相关监管机构确定的特定百分比。[178] 在一段时间内，该公式导致实际价格下降，从而使消费者受益，并迫使受管制企业提高效率以继续获利。“RPI－X”公式鼓励企业提高效率，因为如果它们可以削减成本，那么它们将获得更高的利润。“RPI－X”公式的另一个好处是，它的应用相对简单：监管机构设定了价格，之后要做的就是检查该价格是否被超出。在为“RPI－X”的目的确定 X 的值时，实际上要求监管机构确定所讨论的行业内可提高效率的程度。[179]

在下文中，将简要讨论欧盟和英国法律的相关规定，以使读者对电信、邮政、能源和供水市场的监管环境以及竞争法对它们的可能适用有所了解。但是，这仅是对实质性内容和复杂性的介绍。适当时将提供更详细的文献引用。

8. 电信业

（A）欧盟法律

（i）立　法

欧盟针对电信和互联网的法律已经发展，以适应不断变化的市场、技术、商业模式以及对互联网的日渐依赖。[180]

（a）共同的监管框架

根据《欧盟运行条约》第 114 条通过了一系列可追溯到 1990 年的指令，以实现建立内部市场所必需的统一[181]；到那个十年结束时[182]，电信、媒体和信

---

[178] 参见：Centre for the Study of Regulated Industries. Incentive Regulation：Reviewing RPI－X and Promoting Competition［M］.［S. L.］：Public Finance & Accountancy，1992.

[179] “RPI－X”已被能源行业的“收入设置以提供强大的激励、创新和产出”（RIIO）替代：Ofgem. RIIO：A new way to regulate energy networks［EB/OL］.（2010－10－04）. https：//www. ofgem. gov. uk/sites/default/files/docs/2010/10/re－wiringbritainfs. pdf.

[180] 进一步参见：ROSE V，BAILEY D. Bellamy and Child：European Union Law of Competition［M］. 7th ed. Oxford：Oxford University Press，2013：paras 12. 135－12. 147.

[181] 参见：NIHOUL P，RODFORD P. EU Electronic Communications Law［M］. 2nd ed. Oxford：Oxford University Press，2011；ROSE V，BAILEY D. Bellamy and Child：European Union Law of Competition［M］. 7th ed. Oxford：Oxford University Press，2013：paras 12. 004－12. 087；FAULL J，NIKPAY A. The EU Law of Competition［M］. 3rd ed. Oxford：Oxford University Press，2014：ch 13.

[182] European Commission. Commission Working Document Proposed New Regulatory Framework for Electronic Communications Networks and Services：COM（2001）175 final［EB/OL］.（2001－03－28）. https：//eur－lex. europa. eu/legal－content/EN/TXT/？uri＝CELEX%3A52001DC0175&qid＝1653664404321.

息技术行业的融合意味着应有一个单一的电信监管框架以涵盖所有传输网络和服务。这导致在2002年通过了包含5项指令和1项决定的一揽子计划[183]。该计划于2009年12月被另外2项指令修改。[184] 在此通用监管框架下，要求国家监管机构对具有重大市场支配力的电信企业承担监管义务。为此目的，在任何相关市场中具有重大市场支配力被赋予与《欧盟运行条例》第102条中的支配地位相同的含义。欧盟委员会发布了有关产品和服务市场的建议书。该建议书将按照一揽子计划中规定的规则进行监管[185]；2014年10月发布了新的建议书。[186] 欧盟委员会还发布了有关市场分析和重要市场力量计算的指南，这些指南将由国家监管机构在达成有关这些问题的结论时应用。[187] 已经建立了"欧洲电信监管机构团体"，以确保监管软件包的一致应用。[188]

根据其数字单一市场策略[189]，欧盟委员会在2016年提出了一项建立欧洲电信法规的指令提议，该指令将《框架指令》、《授权指令》、《接入指令》和《普遍服务指令》合并为一个单一的法规。[190] 拟议的指令还将修改市场审查程序、接入义务的实施、频谱管理、普遍服务义务、最终用户保护和治理；这些提议旨在满足日益增长的对数字单一市场连接性的需求，并刺激对高速宽带网络的投资。

---

[183] 参见 Directive of the European Parliament and of the Council on a common regulatory framework for electronic communications networks and services, OJ［2002］L 108/33（《框架指令》）；Directive of the European Parliament and of the Council on the authorisation of electronic communications networks and services, OJ［2002］L 108/22（《授权指令》）；Directive of the European Parliament and of the Council on access to, and interconnection of, electronic communications networks and associated facilities, OJ［2002］L 108/7（《接入指令》）；Directive of the European Parliament and of the Council on universal service and users' rights relating to electronic communications networks and services, OJ［2002］L 108/51（《普遍服务指令》）；Directive of the European Parliament and of the Council concerning the processing of personal data and the protection of privacy in the electronic communications sector, OJ［2002］L 201/37（《数据保护指令》）；the *Radio Spectrum* decision, OJ［2002］L 108/1。

[184] Directive 2009/136/EC of the European Parliament and of the Council of 25 November 2009 amending the Universal Service Directive and the Data Protection Directive, OJ［2009］L 337/11；Directive 2009/140/EC of the European Parliament and of the Council amending the Framework Directive, the Access Directive and the Authorisation Directive, OJ［2009］L 337/37。

[185] OJ［2003］L 114/45。

[186] 2014年10月9日的欧盟委员会建议书以及解释性说明，可在 www. ec. europa. eu 上查阅。

[187] OJ［2002］C 165/6。

[188] 第1211/2009/EC号条例，OJ［2009］L 337/1；请注意欧盟委员会关于制定一项建立BEREC（欧洲电信监管机构，the Body of European Regulators for Electronic Communications）作为欧盟机构的条例的提议：COM（2016）591 final，2016年9月14日。

[189] COM/2015/0192 final，2015年5月6日。

[190] COM（2016）590 final/2，2016年10月12日。

（b）《欧盟运行条约》第106条第3款

欧盟委员会根据《欧盟运行条约》第106条第3款通过了一系列指令。[191]首先是1988年的《电信终端设备指令》[192]，该指令要求成员国撤销授予企业有关电信终端设备的进口、销售、连接和投入使用以及维护此类设备的特殊或专有权利。欧盟委员会随后通过了1990年《电信服务指令》[193]，该指令开启了开放电信市场自身竞争的过程。该指令已被多次修改，以扩大其范围；它先后扩展到适用于卫星[194]、有线电视[195]和移动电话[196]等领域，并最终要求在电信市场上进行全面竞争[197]。欧盟委员会还修改了原始的《电信服务指令》，要求在单个运营商同时拥有电信和有线网络的情况下，必须将它们建立为独立的法人实体。[198] 2002年9月欧盟委员会通过了一项整合指令，将所有这些立法纳入一个法律文书。[199]

（c）网络中立

网络中立性是指用户应有权访问在线内容和服务而不受互联网访问提供商的任何歧视或干扰（例如阻止或减速）的原则。[200] 网络中立的支持者认为，对数据的平等对待是开放式互联网必不可少的；而批评者则认为，互联网流量需要得到管理，并非所有数据都具有同等价值。自2016年4月30日起，关于开放式互联网访问的第2015/2120号条例将网络中立原则纳入欧盟法律。[201]

---

[191] 关于欧盟委员会根据《欧盟运行条约》第106条第3款通过指令的权力，参见第6章第304～308页“《欧盟运行条约》第106条第3款”。

[192] 欧盟委员会第88/301/EEC号指令，OJ［1988］L 131/73；对该指令的挑战（大部分不成功）参见案例C－202/88 *France v Commission* EU：C：1991：120；有关评论参见：NAFTEL J. The Natural Death of a Natural Monopoly［J］. European Competition Law Review，1993，14：105；法国未能正确执行该指令，参见案例C－91/94 *Tranchant v Telephone Store* EU：C：1995：374；另见案例C－146/00 *Commission v France* EU：C：2001：668。

[193] 欧盟委员会第90/388/EEC号指令，OJ［1990］L192/10；以下案例对该指令的挑战未成功：C－271/90 etc *Spain v Commission* EU：C：1992：440。

[194] 欧盟委员会第94/46/EC号指令，OJ［1994］L 268/15。

[195] 欧盟委员会第95/51/EC号指令，OJ［1995］L 256/49。

[196] 欧盟委员会第92/1/EC号指令，OJ［1996］L 20/59。

[197] 欧盟委员会第96/19/EC号指令，OJ［1996］L 74/13。

[198] 欧盟委员会第99/64/EC号指令，OJ［1999］L 175/39。

[199] 欧盟委员会第2002/77/EC号指令，OJ［2002］L 249/21。

[200] 关于相关讨论参见：MANIADAKI K. EU Competition Law，Regulation and the Internet：The case of Net Neutrality［J］. Alphen aan den Rijn：Wolter Kluwer Law & Business，2014；ALEXIADIS P. EU Net Neutrality Policy and the Mobile Sector：The Need for Competition Law Standards［J］. Concurrences Review，2016（3）：1.

[201] OJ［2015］L 310/1，第3条第1款。

必须平等对待所有互联网流量。[202] 互联网访问提供商可以提供更高质量的专门服务，例如互联网电视，但前提是这些服务的提供不以牺牲开放式互联网的质量为代价。[203]

（ii）欧盟竞争法的适用

多年来，欧盟委员会一直在将竞争规则应用于电信行业。1991 年，它发布了《在电信部门中应用 EEC 竞争规则的指南》[204]，并在 1998 年通过了《关于竞争规则在电信行业接入协议适用的通知》[205]。这两个文件中的后者尤其值得关注：第 1 部分的标题为"框架"，讨论了竞争规则与特定行业条例之间的关系；第 2 部分涉及市场界定；第 3 部分详细分析了竞争法原则对接入协议的适用，最广泛的讨论是《欧盟运行条约》第 102 条中的"基本设施原则"，但该通知还包含有关其他类型滥用的有用指南。

（a）《欧盟运行条约》第 101 条

欧盟委员会已经就电信领域的战略联盟通过了许多有利的决定，例如在 *BT/MCT* 案[206]、*Atlas* 案[207]、*Iridium* 案[208]、*Phoenix/GlobalOne* 案[209]、*Uniworld* 案[210]、*Unisource* 案[211]、*Cégétel + 4* 案[212]和 *Télécom Développement* 案[213]中。它还批准了 GSM MoU 标准国际漫游协议，该协议使一个国家的 GSM 移动电话用户可以在另一个国家使用该网络。[214] 在 *T－mobile Deutschland/O2 Germany* 案中，欧盟委员会批准了一项协议，使当事方可以借助彼此的 3G 网络漫游。[215] 在上诉中，欧盟普通法院对欧盟委员会的决定表示批评，认为漫游协议具有限制竞争的作用，并部分撤销了该决定。[216]

---

[202] 同上，第 3 条第 3 款。

[203] 同上，第 3 条第 5 款。

[204] OJ［1991］C 233/2。

[205] OJ［1998］C 265/2。

[206] OJ［1994］C 233/36。

[207] OJ［1996］L 239/29。

[208] OJ［1997］L 16/87。

[209] OJ［1996］L 239/57。

[210] OJ［1997］L 318/24。

[211] OJ［1997］L 318/1；该决定后来因市场变化而被撤回：欧盟委员会新闻稿 IP/01/1，2001 年 1 月 3 日。

[212] OJ［1999］L 218/14。

[213] OJ［1999］L 218/24。

[214] 参见欧盟委员会《关于竞争政策的第 27 号报告》（1997），第 75 点和第 139～140 页。

[215] OJ［2004］L 75/32。

[216] 案例 T－328/03 *O2（Germany）GmbH v Commission* EU：T：2006：116。

欧盟委员会在 Telefónica/Portugal Telecom 案[217]中处以 7900 万欧元的罚款，因为涉案两家公司在一项关于解散巴西合营企业的协议中包括了一项不竞争条款，该条款规定该两家公司不会在巴西和西班牙分别相互竞争。欧盟委员会认为不竞争义务非法地阻碍了欧盟电信行业的整合，并拒绝了当事方关于违规条款是辅助限制的论点。

(b)《欧盟运行条约》第 102 条

1998 年，欧盟委员会反对移动电话通话可能出现过高或具有歧视性的价格[218]，在大幅降低价格后于 2019 年 5 月结束。[219] 1999 年，欧盟委员会对租用线路、移动漫游服务和本地环路发起了行业调查。[220] 由于价格大幅下降，租用线路调查于 2002 年 12 月结束。[221] 漫游条例解决了国际移动电话价格过高的问题。[222]

欧盟委员会针对现有运营商阻止其进入市场提供住宅宽带互联网接入采取了行动：欧盟委员会得出结论认为，法国的 Wanadoo[223] 存在违反《欧盟运行条约》第 102 条的掠夺性定价行为；而德国的 Deutsche Telekom[224] 和西班牙的 Telefónica[225] 存在利润挤压问题；波兰的 Telekomunikacja Polska [226]施加了不公平的交易条件；斯洛伐克的 Slovak Telekom 和其母公司 Peutche Telekom 被罚款 3880 万欧元，原因是其拒绝提供斯洛伐克境内未与其捆绑的本地环路的使用

---

[217] 2013 年 1 月 23 日欧盟委员会的决定；上诉基本维持原判：案例 T－208/13 *Portugal Telecom v Commission* EU：T：2016：368 和案例 T－216/13 *Telefónica v Commission* EU：T：2016：369；后者正在进一步上诉：案例 C－487/16 P EU：C：2017：961。

[218] 参见欧盟委员会《关于竞争政策的第 28 号报告》（1998）第 79～81 点。

[219] 参见欧盟委员会新闻稿 IP/99/298，1999 年 5 月 4 日和欧盟委员会《关于竞争政策的第 29 号报告》（1999），第 375～380 页。

[220] 参见欧盟委员会《关于竞争政策的第 29 号报告》（1999）第 74～76 点；进一步地，参见欧盟委员会《关于竞争政策的第 30 号报告》（2000）第 157～160 点和欧盟委员会《关于竞争政策的第 31 号报告》（2001）第 125～131 点。

[221] 参见欧盟委员会新闻稿 IP/02/1852，2002 年 12 月 11 日。

[222] 第 531/2012 号条例，OJ［2012］L 172/10。

[223] 欧盟委员会 2003 年 7 月 16 日的决定，上诉维持原判案例 T－340/03 *France Télécom SA v Commission* EU：T：2007：22；进一步上诉案例 C－202/07 P EU：C：2009：214。

[224] OJ［2003］L 263/9，上诉维持原判案例 T－271/03 *Deutsche Telekom AG v Commission* EU：T：2008：101，以及进一步上诉案例 C－280/08 P EU：C：2010：603。

[225] 欧盟委员会 2007 年 7 月 4 日的决定，上诉维持原判案例 T－336/07 *Telefónica and Telefónica España v Commission* EU：T：2012：172，以及进一步上诉案例 C－295/12 P EU：C：2014：2062；此外，欧盟普通法院驳回了西班牙针对欧盟委员会决定的上诉；案例 T－398/07 Spain v Commission EU：T：2012：173。

[226] 欧盟委员会 2011 年 6 月 22 日的决定，上诉维持原判案例 T－486/11 *Telekomunikacja Polska v Commission* EU：T：2015：1002；进一步上诉案例 C－123/16 P *Orange Polska v Commission*，尚未裁决。

权，并实施了利润挤压[227]。根据《欧盟运行条约》第 102 条和第 106 条的规定，欧盟委员会对意大利和西班牙采取了行动，因为它们对这些国家的第二移动电话运营商给予了歧视性待遇[228]；但是，它拒绝对奥地利采取类似行动，因其并未歧视现有运营商[229]。

(c)《欧盟合并条例》

欧盟委员会根据《欧盟合并条例》调查了电信行业的许多集中案件。在 *MCI WorldCom/Sprint* 案[230]中，欧盟委员会禁止两家美国企业达成协议合并，认为这将在“顶级”市场上形成占支配地位企业间的互联网互联。欧盟委员会已有条件地批准了固定电话[231]和移动电话行业中的一些集中。[232] 但是，在 *Hutchison 3G UK/Telefónica UK* 案[233]中，欧盟委员会禁止合并，因为该合并将使英国的移动网络运营商数量从 4 个减少到 3 个，从而阻碍英国移动网络基础设施的发展，并阻碍移动虚拟运营商的竞争能力。

(B) 英国法律

英国通信办公室[234]负责监管媒体和通信行业，其根据 2003 年英国通信法具有相当大的监管权。普通监管框架要求英国通信办公室审查某些市场，以确定它们是否具有“有效竞争能力”。[235] 如果英国通信办公室裁定一个市场没有有效的竞争，它必须确定在那个市场上具有重大市场支配力的企

---

[227] 欧盟委员会 2014 年 10 月 15 日的决定；上诉案例 T－851/14 *Slovak Telekom v Commission*，尚未裁决。

[228] 参见 Commission Decision of 4 Octobor 1995 Concerning the Conditions Imposed on the Second Operator of GSM Radiotelephony Services in Italy：OJ［1995］L 280/49；Commission Decision of 18 Delember 1996 Concerning the Conditions Imposed on the Second Operator of GSM Radiotelephony Services in Spain：OJ［1997］L 76/19。

[229] 案例 T－54/99 *max. mobil Telekommunikation Service GmbH v Commission* EU：T：2002：20，上诉维持原判案例 C－141/02 P *Commission v max. mobil* EU：C：2005：98。

[230] 案例 M 1741，2000 年 6 月 28 日的决定；上诉后因技术原因被撤销：案例 T－310/00 *MCI Inc v Commission* EU：T：2004：275。

[231] 参见案例 M1439 *Telia/Telenor* OJ［2001］L 40/1；案例 M 2803 *Telia/Sonera* OJ［2002］C 201/19；案例 M 1069 *WorldCom/MCI* OJ［1999］L 116/1。

[232] 这些案例总结于 *Competition Merger Briefs* 2016 年第 1 期和第 3 期中，均可在 www. ec. europa. eu/competition/publications/cpn 上查阅。

[233] 案例 M 7612，2016 年 5 月 11 日的决定；上诉案例 T－399/16 *CK Telecoms UK Investments v Commission*，尚未裁决。

[234] 2002 年英国通信办公室法，第 1 条。

[235] 在界定此类市场时，英国通信办公室必须最大限度地考虑到欧盟委员会发布的有关应分析哪些产品和服务市场的建议和指南：《框架指令》第 16 条第 1 款。

业，并向它们施加适当的特定监管义务，或者在已经存在的情况下维持或修改此类义务。[236]

（i）1998年英国竞争法

英国通信办公室和竞争与市场管理局同时拥有执行《欧盟运行条约》第101条和第102条以及1998年英国竞争法第1章和第2章禁止规定的权力。[237]英国公平交易办公室已通过了一项指南，即《1998年竞争法：电信行业的适用》[238]以解释竞争规则在该行业中的适用，它特别讨论了确定电信等网络行业的成本所采取的方法。[239]

英国通信办公室通过了许多决定，在这些决定中得出结论是：不存在违反竞争规则的行为，其也没有采取行动的依据。[240]在英国通信办公室得出结论认为没有违反1998年英国竞争法第2章禁止规定的一些情况下，它明确地这样做是基于不满足与被调查公司一样高效的竞争者将无法在市场上竞争的条件。[241]现在，电信行业的许多争议不是根据竞争法而是根据特定行业的立法来处理的。[242]实际上，这可能是解决市场失灵问题的更简单快捷的方法，对违法决定的数量产生了明显的连锁效应。

（ii）2002年英国企业法

根据2002年英国企业法，英国通信办公室还与竞争与市场管理局同时拥有市场调查的权力。[243]英国通信办公室接受了BT提供的广泛替代承诺，将Openreach创建为数字网络业务，以解决其作为电信服务的批发商和零售商纵向整合带来的担忧。[244]当英国通信办公室接受BT和Openreach的法律分离时，这些承诺于2017年7月解除。[245]英国通信办公室在*Pay TV movies*案中提供了

---

[236] 2003年英国通信法，第45条。

[237] 同上，第371条。

[238] OFT 417（2000）。

[239] 同上，第7.5~7.12段。

[240] 参见第9章第480~482页表9.1。

[241] 参见例如*Investigation into BT's residential broadband pricing*，英国通信办公室2010年11月2日的决定；*Complaint from TalkTalk Group against BT about alleged margin squeeze in relation to superfast broadband pricing*，英国通信办公室2014年10月22日的决定：二者均可在www.ofcom.org.uk上查阅。

[242] 参见2003年英国通信法第185~191条，其中包含英国通信办公室在解决某些监管纠纷方面的职责和权力。

[243] 2003年英国通信法，第370条；有关市场调查，参见第11章第575~589页“市场调查”。

[244] OFCOM Final statements on the Strategic Review of Telecommunications and BT undertakings of 22 September 2005，可在www.ofcom.org.uk上查阅。

[245] 英国通信办公室2017年7月13日的声明，可在www.ofcom.org.uk上查阅。

市场调查审理[246]，但未发现与提供和购买付费电视电影版权相关的市场特征对竞争有不利影响。

9. 邮政业

(A) 欧盟法律

(i) 立 法

欧盟在邮政领域的法律和政策的发展，部分是通过部长理事会和欧盟委员会的倡议实现的[247]，部分是由于欧洲法院对 *Corbeau* 案作出的非常重要的判决[248]。欧盟委员会首先在20世纪80年代后期开始对邮政行业以及其应用竞争规则产生兴趣。最终，欧盟委员会通过了《发展邮政单一市场的绿皮书》。[249]它提议，除普通内部信件投递外，所有邮政服务都应放开。1993年，欧盟委员会发布了一份通讯稿，其中宣布了《欧盟邮政服务发展指南》。[250]欧盟理事会要求欧盟委员会起草一项立法框架提案；现在有两项立法文书，即欧洲议会和理事会关于《发展欧盟邮政服务内部市场并提高服务质量的共同规则》的指令[251]，以及欧盟委员会的《关于竞争规则在邮政业适用的通知》。[252]上述指令于1998年2月10日生效。[253]上述通知于1997年12月17日由欧盟委员会通过。这两项措施应被视为一揽子计划的一部分，其中上述指令旨在放宽对欧盟内某些邮政活动的准入，上述通知旨在确保了解竞争规则如何影响该行业。

上述指令在六个方面建立了整个欧盟的通用规则：

- 提供普遍服务；
- 允许的垄断范围以及提供非垄断服务的条件；
- 收费原则和普遍服务提供账户的透明度；

---

[246] 英国通信办公室2010年8月4日的审查，可在www.ofcom.org.uk上查阅。

[247] 进一步地，参见：ROSE V，BAILEY D. Bellamy and Child：European Union Law of Competition [M]. 7th ed. Oxford：Oxford University Press，2013：paras12.135～12.147.

[248] 案例C－320/91 *Corbeau* EU：C：1993：198：参见本章第1232～1234页"*Corbeau*案和普遍服务义务"。

[249] COM（91）476，1991年6月。

[250] COM（93）247。

[251] 第97/67/EC号指令，OJ［1998］L 15/14。

[252] OJ［1998］C 39/2。

[253] 该指令在英国由《1999年邮政服务条例》（Postal Services Regulations 1999，SI 1999/2107）施行。

- 为普遍服务提供制定质量标准；
- 技术标准的统一；
- 建立独立的国家监管机构。

关于前两个问题，上述指令确定了普遍服务的最低标准和允许垄断的最大限度。成员国有权授予比上述指令所规定的更少而不是更广泛的垄断权。第7条第1款从根本上规定可以保留的服务（仍为垄断的服务）应是国内信件的清关、分类、运输和交付，但信件重量不得超过350克——原第2002/39/EC号指令中规定的是重量小于50克的信件。[254] 原第2008/06号指令在16个成员国中于2010年12月31日取消了这一垄断，其余的成员国则在2年后效仿。[255]

欧盟的所有邮政服务现已开放竞争。原第2008/06号指令包含有关普遍服务以及独立国家监管机构的权力和作用的规定。欧盟委员会和国家监管机构共同在欧洲邮政服务监管机构小组的框架内运作。[256]

（ii）欧盟竞争法的适用

（a）*Corbeau* 案和普遍服务义务

成员国之间普遍同意，维持普遍邮政服务具有社会利益，也就是说，所有用户均有权获得具有指定质量的最小范围的邮政服务的权利；成员国需以用户可承受的价格提供这些服务，无论其地理位置如何。生活在偏远农村地区的人们应以不低于居住在大城市中的人们的优惠条件获得这些服务；如果社会上的所有成员无论生活在哪里都可以通过邮政系统相互沟通，那么在社会凝聚力方面会带来明显的好处。一个复杂的政策问题是确定是否需要以及要在多大程度上对负责提供这种普遍服务的企业授予法律垄断，以使其能够履行职责；这个问题部分地取决于普遍服务义务对履行义务的企业到底耗费几何。显然，维护一项普遍服务可能很昂贵，并且需要向有关提供者保证有足够的利润来支付费用；竞争者不应该挑三拣四，只从利润丰厚的服务中获利，而将无利可图的服务留给承担普遍服务义务的企业。

这些问题是在 *Corbeau* 案[257]中被提交给欧洲法院的。Corbeau 被控违反比利时的一项刑法，该法赋予了 Regie des Postes 在比利时收集、运送和分发邮件的垄断权。Corbeau 提供本地快递服务，但不提供基本邮政服务。比利时法院寻

---

[254] 第2002/39/EC号指令（OJ（2002）L 176/21）第1条（其修订了第97/67/EC号指令第7条）。

[255] OJ［2008］L 52/3，很大程序上修订了第97/96/EC号指令。

[256] OJ［2010］C 217/7。

[257] 案例C－320/91 *Corbeau* EU：C：1993：198：参见本章第1232～1234页“*Corbeau* 案和普遍服务义务”；有关评论参见：FLYNN L，RIZZA C. Postal Services and Competition Law：A Review and Analysis of the EC case Law［J］. World Competition，2002，25：475.

求就比利时法律赋予的垄断与《欧盟运行条约》第 102 条和第 106 条的相容性作出初步裁决。欧洲法院的任务是确定比利时维持一项违反《欧盟运行条约》第 102 条规定的措施是否违反了第 106 条第 1 款，或者赋予 Regie des Postes 的权利是否满足第 106 条第 2 款的规定。这项规定确实允许限制竞争，甚至消除所有竞争，而这是使企业能够履行委托给它的任务的必要条件。[258] 欧洲法院在其判决第 15 段中指出：毫无疑问，邮局被委托提供具有普遍经济利益的服务[259]；问题是，在多大程度上必须限制竞争才能使其继续履行该职责[260]。欧洲法院在判决第 17 段继续说道：

> 审查的出发点必须是这样一个前提，即承担这项任务的企业有义务在经济均衡的条件下提供服务，其前提是有可能将利润较低的行业与利润较高的行业相抵销，因此有理由限制与涉及经济上有利可图的行业的个体企业的竞争。

在判决第 18 段中，欧洲法院指出，在没有垄断的情况下，个体企业可能会“专注于经济上有利可图的业务”（换句话说，就是“刻意挑选”）。但欧洲法院在判决第 19 段中继续指出：

> 但是，对于与一般利益服务分离的特定服务，将竞争排除在外是不合理的，这些服务满足经济运营商的特殊需要和要求传统邮政服务不提供的某些附加服务（如从发件人地址中收取邮件可以提高配送的速度或可靠性，或者提供在运输过程中更改目的地的可能性）。就此类特定服务而言，根据其性质和提供条件（例如提供服务的地理区域），并不损害专有权持有人履行的一般经济利益服务的经济平衡。

欧洲法院在判决第 20 段说，上述检验的适用将是国家法院处理该案的任务。

这个精心制作的判断很重要：邮政垄断可能与欧盟竞争法相一致，但要经过判决第 19 段规定的检验。[261] 该段明确表示，根据法律，为了维持普遍服务，成员国可能授予了比合法范围更大的垄断权，并且在这种情况下，所涉及的垄断权可能无法被执行。欧盟委员会的《关于竞争规则在邮政业适用的通知》解释了在何种情况下仍可能认定合法垄断者违反竞争规则。欧盟委员会本身已采取行动，制止了超出 *Corbeau* 案判决所认为合理的垄断。由于第 2008/06/EC

---

[258] 参见第 6 章第 297 ~ 304 页“《欧盟运行条约》第 106 条第 2 款”。

[259] 案例 C – 320/91 *Corbeau* EU：C：1993：198，第 15 段。

[260] 同上，第 16 段。

[261] 另见案例 C – 340/99 *TNT Traco SpA v Poste Italiane SpA* EU：C：2001：281。

号指令，对信件投递的法律垄断终止了。

（b）欧盟委员会关于邮政行业竞争的通知

《关于竞争规则在邮政业适用的通知》解释了欧盟委员会如何在邮政行业中应用竞争规则[262]，其分为9部分。经过序言和术语讨论之后，该通知考虑了邮政行业的市场定义；第3部分讨论交叉补贴的问题[263]；之后考察了公共事业的地位和提供服务的自由，然后是国家措施和国家援助；第8部分讨论了《欧盟运行条约》第106条第2款中具有一般经济利益的服务的含义。

（c）《欧盟运行条约》第101条

在*REIMS Ⅱ*案[264]中，欧盟委员会决定，欧盟邮政运营商之间达成的关于一个运营商当其邮寄的信件必须在另一方领土上交付时需要向其支付的款项（所谓的“终端费”）的数额的协议满足《欧盟运行条约》第101条第3款的标准。

（d）《欧盟运行条约》第102条

在*Spanish International Courier Services*案[265]中，欧盟委员会认为，西班牙对已经垄断基本邮政服务的保留国际快递服务的辅助活动是非法的。实际上，西班牙邮政局无法满足对国际快递服务的需求（例如，它不覆盖西班牙的整个地域，也没有扩展到世界上所有国家），因此存在《欧盟运行条约》第102条第2款（b）项意义上的供应和技术发展限制。[266] 在*Deutsche Post*案[267]中，欧盟委员会在对德国现任运营商向其商业包裹服务的客户提供忠诚度回扣的行为处以2400万欧元的罚款，并且认定其犯有掠夺性定价罪。[268] 在*New Postal Services with a Guaranteed Day - or Time - Certain Delivery in Italy*案[269]中，欧盟委员会得出结论认为，意大利一项排除特定类型混合电子邮件服务竞争的法令违反了《欧

---

[262] OJ［1998］C 39/2。

[263] 另见案例T－175/99 *UPS v Commission* EU：T：2002：78，支持欧盟委员会驳回一项针对Deutsche Post滥用其支配地位的投诉，该投诉称Deutsche Post利用其保留邮件市场的收入来资助对DHL股权的收购。

[264] OJ［1999］L 275/17：欧盟委员会续签了该案的授权书：OJ［2004］L 56/76；另见案例C－147/97 and C－148/97 *Deutsche Post v GZS* EU：C：2000：74，处理Deutsche Post在终端费协议达成之前对跨境邮件收取费用的权利。

[265] OJ［1990］L 233/19。

[266] 类似地，参见案例*Dutch Express Delivery Services* OJ［1990］L 10/47，因程序性原因上诉被撤销案例C－48/90 and 66/90 *Netherlands v Commission* EU：C：1992：63。

[267] OJ［2001］L 125/27；另见*Deutsche Post AG Ⅱ* OJ［2001］L 331/40，Deutsche Post因滥用其在所谓的“A－B－A转寄”方面的支配地位而对被处以1000欧元的“象征性”罚款。

[268] 参见第18章第925～926页“掠夺性的降价和交叉补贴”。

[269] OJ［2001］L 63/59。

盟运行条约》第106条第1款和第102条。在*Slovakian postal legislation*案[270]中，欧盟委员会得出结论：斯洛伐克将斯洛伐克邮政局对基本信件服务的垄断扩大到混合邮件服务的行为违反了《欧盟运行条约》第102条。

在*De Post/La Poste*案[271]中，欧盟委员会对比利时邮政运营商处以250万欧元的罚款，原因是该公司向使用其新的"B to B"邮件服务的客户在其普通邮件服务上给予更优惠的费率。在*Post Danmark v Konkurrencerådet*案[272]中，欧洲法院认为，市场上占支配地位的邮政企业选择性地将未寄出邮件的价格降低到低于其平均总成本但高于其平均增量成本的水平，并不一定会违反《欧盟运行条约》第102条；当该案返回丹麦最高法院时，它确认这种做法并非滥用性质的。[273] 在*Post Danmark II*案[274]中，欧洲法院裁定，由散装邮件市场中占支配地位的邮政企业经营的直邮广告邮件的追溯回扣计划可能具有排他性[275]；在这种情况下，有效竞争者测试没有任何意义，因为占支配地位的企业拥有95%的市场份额并且对重量不超过50克的信件的分发具有法定垄断权[276]。在这种情况下，没有必要证明回扣计划具有严重或可察觉的性质。[277] 丹麦邮政局随后撤回了对引起欧洲法院初步裁定的违法决定的上诉。[278]

(e)《欧盟合并条例》

已经根据《欧盟合并条例》向欧盟委员会申报了邮政行业的一些集中。欧盟委员会已经在若干案件中授予有条件的批准，包括*TNT/Canada Post*案[279]、*Post Office/TPG/SPPL*案[280]和*Posten/Post Danmark*案[281]。但是，在*UPS/TNT Express*案[282]中，欧盟委员会禁止了可能严重阻碍15个成员国的小包裹快递市场的有效竞争的合并。在上诉中，由于欧盟委员会未能向UPS披露价格集中模型的

[270] 欧盟委员会2008年10月7日的决定，上诉维持原判案例T-556/08 *Slovenska postá v Commission* EU：T：2015：189，以及进一步的上诉案例C-293/15 P EU：C：2016：511。

[271] OJ［2002］L 61/32。

[272] 案例C-209/10 EU：C：2012：172。

[273] 2013年2月15日的判决，可在www. supremecourt. dk上查阅。

[274] 案例C-23/14 EU：C：2015：651。

[275] 同上，第28~46段。

[276] 同上，第53~62段。

[277] 同上，第72~74段。

[278] 2016年7月4日的MLex报告，可在www. mlex. com上查阅。

[279] 案例M 102，2001年12月2日的决定；除了正文中提到的案例，其他案例参见案例M 787 *PTT Post/TNT-GD Net*，1996年7月22日的决定；案例M 1168 *DHL/Deutsche Post*，1998年6月26日的决定。

[280] 案例M 1915，2001年3月13日的决定。

[281] 案例M 5152，2009年4月21日的决定。

[282] 案例M 6570，2013年1月30日的决定。

最终版本，从而侵犯了 UPS 的辩护权；欧盟普通法院撤销了该禁止决定。[283]

（B）英国法律

2011 年英国邮政服务法建立了邮政行业的监管框架。根据该法，英国通信办公室负责邮政服务的监管，其主要职责是确保提供高效的普遍邮政服务。2012 年 3 月，英国通信办公室决定取消 Royal Mail 的传统价格管制规定，并提高其定价和运营自由度；它还引入了确保普遍邮政服务和提高竞争水平的措施。[284] 英国通信办公室和竞争与市场管理局同时拥有执行《欧盟运行条约》第 101 条和第 102 条以及 1998 年英国竞争法中第 1 章和第 2 章禁止规定的权力。2001 年 6 月，英国邮政局拒绝将其“Royal Mail”商标许可给消费者生活方式调查市场上的一家运营商的行为被判定不构成滥用其在邮政市场上的支配地位的行为。[285] 2015 年 7 月，英国通信办公室向 Royal Mail 发布了反对声明，指控该公司通过对竞争性邮政经营者采取歧视性行为来滥用支配地位。[286]

10. 能源业

（A）欧盟法律

（i）立　法

《欧盟运行条约》第 194 条规定，欧盟的能源政策应本着成员国之间的团结精神，确保能源市场的运转，确保欧盟能源供应的安全，提高能源效率，并促进内部能源市场的互联互通。[287] 然而，内部能源市场的建立是一个循序渐进的过程。欧盟理事会在 20 世纪 90 年代采取了主动行动，通过一些指令建立了

---

[283] 案例 T – 194/13 *United Parcel Service v Commission* EU：T：2017：144；上诉案例 C – 265/17 P *Commission v United Parcel Service*，尚未裁决；另外，UPS 向欧盟委员会提起了损害赔偿诉讼：案例 T – 834/17 *UPS v Commission*，尚未裁决。

[284] 英国通信办公室发布有关邮政行业的年度报告，可在 www. ofcom. org. uk 上查阅。

[285] 参见案例 *Consignia/Postal Preference Service Ltd*，2001 年 6 月 15 日的决定，可在 www. national – archives. gov. uk 上查阅；另见高等法院临时判决：*Claritas v Post Office* ［2001］ UKCLR 2。

[286] 参见 www. ofcom. org. uk。

[287] 进一步地，参见：ROSE V，BAILEY D. Bellamy and Child：European Union Law of Competition ［M］. 7th ed. Oxford：Oxford University Press，2013：paras 12. 088 – 12. 120；FAULL J，NIKPAY A. The EU Law of Competition ［M］. 3rd ed. Oxford：Oxford University Press，2014：ch 12.

提高天然气和电力价格透明度的程序[288]；这要求成员国采取措施，确保成员国之间进行天然气和电力的运送的可能性[289]；并为天然气和电力的内部市场建立了共同规则。[290] 随后在2003年进行了第二波改革：欧盟理事会通过了针对天然气和电力内部市场建立一套新的通用规则的指令。[291]

2007年，欧盟委员会根据第1/2003号条例第17条进行了行业调查，并得出结论认为欧盟的能源市场运作不佳：特别是许多能源市场高度集中；缺乏跨境融合和跨境竞争；网络和供应活动的分离（非捆绑）不足。[292] 2009年，理事会和欧洲议会通过了第三套立法措施[293]，其目标是建立一个单一的欧盟能源市场。2012年，欧盟委员会发布了《关于使内部能源市场运转的通讯》[294]，其中解释了一体化欧盟能源市场的好处，并呼吁成员国全面实施第三套立法措施。紧随其后的是2016年的《关于为所有欧洲人提供清洁能源的通讯》，其提出了有关能源效率[295]、可再生能源、电力市场设计、电力供应安全和能源联盟治理规则的立法提议。成立能源联盟是欧盟委员会的政治优先事项之一，旨在实现完全一体化的欧洲能源市场和低碳经济。[296]

（ii）欧盟竞争法的适用

（a）《欧盟运行条约》第101条

欧盟委员会已经研究了能源领域的一些协议。[297] 英国电力行业的私有化导

---

[288] 理事会第90/377/EEC号指令，OJ［1990］L185/16（天然气）和理事会第90/377/EEC号指令，OJ［1990］L 185/16（电力）。

[289] 第91/296/EEC号指令，OJ［1991］L 147/37（天然气），被第95/49/EC号指令，（OJ［1995］L 233/86）和第90/547/EEC号指令（OJ［1990］L 313/30）（电力）修订。

[290] 第98/30/EC号指令，OJ［1998］L 204/1，被第95/49/EC号指令（OJ［1995］L 233/86）（天然气）和第96/92/EC号指令（OJ［1997］L 27/20）（电力）修订。

[291] 第2003/55/EC号指令，OJ［2003］L 176/57（天然气）；第2003/54号指令OJ［2003］L 176/37（电力）。

[292] COM（2006）851 final。

[293] Regulation 713/2009 establishing the EU Agency for co－operation of national energy regulators，OJ［2009］L 211/1；Regulation 714/2009 on conditions for access to the network for cross－border exchanges in electricity，OJ［2009］L 211/15；Regulation 715/2009 on conditions for access to the natural gas transmission networks，OJ［2009］L 229/29；Directive 2009/72/EC concerning common rules for the internal market in electricity，OJ［2009］L 211/55；Directive 2009/73/EC concerning common rules for the internal market in natural gas，OJ［2009］L 211/94。

[294] COM（2012）663 final，2012年11月15日。

[295] COM（2016）860 final，2016年11月30日。

[296] 参见关于能源联盟状况的报告，可在www. ec. europa. eu上查阅。

[297] 参见：SCHOLZ U，PURPS S. The Application of EU Competition Law in the Energy Sector［J］. Journal of European Competition Law & Practice，2015，6（3）：200；SCHOLZ U，VOHWINKEL T. The Application of Eu Competition Law in Energy Sector［J］. Journal of European Competition Law & Practice，2016，7（1）：56；2017，8（3）：190.

致一项决定，即《欧盟运行条约》第101条第3款适用于《苏格兰核与核能协定》。[298] 1995年，欧盟委员会批准了由9家天然气公司建立的合营企业，以在英国和比利时之间建造和运营天然气互连设施。[299] 欧盟委员会还批准了许多天然气[300]和电力供应[301]的长期协议。但是，在涉及天然气供应协议中的地域限制和利润分享机制的许多案件中，它已经采取了行动（或正在采取行动）。[302] 在*IJsselcentrale*案中[303]，欧盟委员会裁定，荷兰所有电力生产商与一家联合子公司之间的一项协议（只有后者可以向该国进出口电力）限制了竞争，违反了《欧盟运行条约》第101条第1款。

(b)《欧盟运行条约》第102条

在欧盟委员会的行业调查之后[304]，欧盟委员会根据《欧盟运行条约》第102条提起了许多能源行业的案件。这项执法行动导致根据第1/2003号条例第9条作出了数量惊人的决定，其中结构性承诺被提交给欧盟委员会并被其接受，以解决其对纵向整合企业的排他性做法的担忧。[305] 在*OPCOM*案[306]中，欧盟委员会对罗马尼亚唯一的电力交易所运营商OPCOM处以超过100万英镑的罚款，因其在罗马尼亚短期电力交易服务市场中基于国籍建立地存在歧视行为。欧盟委员会已开始对德国电网运营商Tennet的行为进行调查，该行为可能会通过限制丹麦和德国之间的跨境电力流动而违反《欧盟运行条约》第102条：它一直在对可能的承诺进行市场测试。[307]

---

[298] OJ［1991］L 178/31；另见OJ［1990］C 191/9（涉及10项通知）中和OJ［1990］C 245/9（涉及8项通知）中的通知。1992年，一家开发独立发电机的合营企业是1992年一个有利通知的主题：OJ［1992］C 92/4。

[299] 参见欧盟委员会《关于竞争政策的第25号报告》（1995），第82点。

[300] 参见例如案例*Transgas/Turbogds*，欧盟委员会《关于竞争政策的第26号报告》（1996），第135页；案例*British Gas Network Code*，参见欧盟委员会《关于竞争政策的第26号报告》（1996），第136~137页。

[301] 参见案例*REN/Turbogds* OJ［1996］C 118/7和案例*ISAB Energy* OJ［1996］C 138/3；另见欧盟委员会《关于竞争政策的第30号报告》（2000），第154~155页。

[302] 参见：WÄKTARE E. Territorial Restrictions and Profit Sharing Mechanisms in the Gas Sector: the Algerian Case［J］. Competition Policy Newsletter, 2007 (3): 19.

[303] OJ［1991］L 28/32；该决定最终在上诉中被部分废除：案例T-16/91 RV *Rendo v Commission* EU: T: 1996: 189。

[304] 参见本章第1236~1237页“立法”。

[305] 有关第1/2003号条例第9条的这些决定和其他决定的表格，参见第7章第324页“第9条承诺决定表”；另见：FAULL J, NIKPAY A. The EU Law of Competition［M］. 3rd ed. Oxford: Oxford University Press, 2014: paras 12.140-12.178.

[306] 2014年3月5日的欧盟委员会决定。

[307] 欧盟委员会新闻稿IP/18/2622，2018年3月27日。

在 *Gazprom* 案中，欧盟委员会的初步评估是，Gazprom 通过在供应协议中施加地域限制并在保加利亚、爱沙尼亚、拉脱维亚、立陶宛和波兰实行不公平的定价政策，滥用了其支配地位。2017 年，欧盟委员会对 Gazprom 的承诺进行了市场测试，该承诺将放弃地域限制，并确保中欧和东欧的天然气价格反映出具有竞争力的价格基准。[308]

(c)《欧盟合并条例》

欧盟委员会已经调查了涉及能源领域企业的几起合并案件[309]。欧盟委员会通过禁止葡萄牙电力公司 EDP 收购天然气公司 GDP 的提议[310]；欧盟委员会的决定在向欧盟普通法院提出上诉后得到维持。[311]

(B) 英国法律

天然气和电力行业的监管制度分别被包含在 1986 年英国天然气法和 1989 年英国电力法中。[312] 这两个行业均由天然气和电力市场管理局监管[313]，并由天然气和电力市场办公室协助。

(i) 1998 年英国竞争法

天然气和电力市场办公室和竞争与市场管理局同时拥有执行《欧盟运行条约》第 101 条和第 102 条以及 1998 年英国竞争法第 1 章和第 2 章禁止规定的权力。根据 1998 年英国竞争法，通过了《1998 年竞争法：在能源行业的应用》[314] 以及另一项关于在北爱尔兰的能源行业中适用该指南的指南。[315] 天然气和电力市场办公室因英国国家电网滥用支配地位而对其处以 4600 万英镑的罚款。[316] 上诉后，竞争上诉法庭和上诉法院维持了天然气和电力市场办公室关于

---

[308] 欧盟委员会新闻稿 IP/17/555，2017 年 3 月 13 日。

[309] 参见案例 M 3696 *E. ON/MOL*，2005 年 12 月 21 日的决定；案例 M 4180 *GDF/Suez*，2006 年 11 月 14 日的决定；案例 M 5224 *EdF/British Energy*，2008 年 12 月 22 日的决定。

[310] 案例 M 3440 *ENI/EDP/GDP*，2004 年 12 月 9 日的决定。

[311] 案例 T－87/05 *EDP v Commission* EU：T：2005：333。

[312] 参见：HARKER M，WADDAMS C. Introducing Competition and Deregulating the British Domestic Energy Markets：A Legal and Economic Discussion [J]. Journal of Business Law，2007（5）：246.

[313] 2000 年英国电力法第 1 条；天然气和电力市场管理局的主要目标和一般职责包含在 1986 年英国天然气法第 4AA 条和 1989 年英国电力法第 3A 条中，分别由 2010 年英国能源法第 16 条和第 17 条进行了修订。

[314] OFT 428，2005 年 1 月。

[315] OFT 437，2001 年 7 月。

[316] 2008 年 2 月 25 日的决定。

滥用的裁定，但其罚款已被减至1500万英镑。[317] 天然气和电力市场办公室已在两个案例中解决了可疑的滥用行为。[318]

（ii）2002年英国企业法

在 *Energy market investigation* 案[319]中，竞争与市场管理局在天然气批发市场上没有发现任何竞争问题。但是，它确定了电力批发市场规则中对竞争产生不利影响的各个方面。竞争与市场管理局得出结论：零售能源市场的多种特征共同导致了对竞争的不利影响，而客户反应较弱的总体特征反过来也为供应商提供了基于其不活跃客户群而获取单边市场力量的地位——它可以通过其定价政策或其他方式来利用它们。竞争与市场管理局还确定了导致对竞争的不利影响的零售市场的某些监管特征。竞争与市场管理局施行了一系列救济措施以解决已确定的对竞争的不利影响，包括向天然气和电力市场办公室及政府提出的建议，以修改监管框架并对使用预付费电表的国内客户设置过渡性价格上限。

11. 水 业

1991年英国水业法为英国的水提供了一种监管制度：该监管机构是水务监管局[320]，由水务办公室[321]协助。水务监管局规范了向家庭供水的价格。2003年和2014年的英国水法增加了向英格兰非家庭用户提供供水服务的竞争机会。

（A）1998年英国竞争法

水务监管局和竞争与市场管理局同时拥有执行《欧盟运行条约》第101条和第102条以及1998年竞争法第1章和第2章禁止规定的权力。根据1998年英国竞争法，已通过了一项指南：《1998年英国竞争法在水业和污水处理行业的适用指南》。[322] 有人抱怨水务领域的排他性行为，但是水务监管局倾向于

---

[317] 案例 1097/1/2/08 *National Grid plc v Gas and Electricity Markets Authority* [2009] CAT 14，上诉案例 [2010] EWCA Civ 114；英国国家电网向最高法院上诉的请求被拒绝。

[318] 案例 *SP Manweb*，英国天然气和电力市场办公室2005年10月27日的决定；案例 *SEE*，英国天然气和电力市场办公室2016年11月7日的决定。

[319] 2016年6月24日的最终报告。

[320] 2003年英国水法，第34条。

[321] 英国水务办公室的网站是 www. ofsvat. gov. uk。

[322] OFT 422，2010年3月；另见：BAILEY M L. The Emerging Co – Existence of Regulation and Competition Law in the UK Water Industry [J]. World Competition，2002，25：127.

得出结论：要么没有违法行为[323]，要么该投诉不是它希望根据竞争法提起的投诉。[324]

Albion Water v WSRA 案尤为引人注目[325]，其中水务监管局驳回了两起针对现有水务公司 Dŵr Cymru 的投诉。在上诉中，竞争上诉法庭得出 Dŵr Cymru 有滥用其支配地位的行为的结论，并撤销了监管机构的相反决定。[326] Albion Water 随后根据竞争上诉法庭认定违法的调查结果对竞争上诉法庭中的损害提出了后续诉讼。Dŵr Cymru 赔偿了 Albion Water 因 Dŵr Cymru 的滥用行为而遭受的约 185 万英镑的损失。[327]

水务监管局在两个案例中接受了承诺：在 *Severn Trent* 案[328]中，承诺是剥离 Severn Trent Laboratories，以消除对以掠夺性价格赢得供水分析服务合同的担忧；在 *Bristol Water* 案[329]中，承诺是将 Bristol Water 的下游开发商的服务职能更明确地分开，以解决人们对 Bristol Water 采取歧视性措施反对“自居组织”（self - lay organisations）的担忧。

（B）2002 年英国企业法

有特殊规定要求水务公司之间的某些合并必须被提交给竞争与市场管理局。这些法规已被修订，以使该体系与 2002 年英国企业法第 3 部分下的“正常”合并法规更加一致。[330] 从 2015 年 12 月 18 日起生效的英国水法对这些规则进行了进一步修订，引入了一些强制性审查的水业合并规定的例外情况，这些例外情况符合第二阶段调查的管辖范围。

---

[323] 参见第 9 章第 480 ~ 482 页表 9.1。

[324] 参见案例 1058/2/4/06 *Independent Water Company Ltd v WSRA* [2007] CAT 6。

[325] 案例 1046/2/4/04 [2006] CAT 23 and [2006] CAT 36，上诉维持原判案例 *Dŵr Cymru Cyfyngedig v WSRA* [2008] EWCA Civ 536。

[326] 案例 1046/2/4/04 [2006] CAT 23，[2006] CAT 36 and [2008] CAT 31。

[327] 案例 1166/5/7/10 *Albion Water Ltd v Dŵr Cymru Cyfyngedig* [2013] CAT 6。

[328] 2015 年 3 月 23 日的决定。

[329] 2013 年 1 月 17 日的决定。

[330] 参见第 22 章第 1200 ~ 1202 页“水业合并”。

参考文献

有大量关于竞争法的文献，以下书目是特别推荐。

英国与欧盟竞争法（综合）

Colino *Competition Law of the UK and EU*（Oxford University Press，7th ed，2011）

Graham *EU and UK Competition Law*（Pearson，2nd ed，2013）

Middleton，Rodger，MacCulloch and Galloway *Cases and Materials on UK and EC Competition Law*（Oxford University Press，2nd ed，2009）

Nazzini *Competition Enforcement and Procedure*（Oxford University Press，2nd ed，2016）

Rodger and MacCulloch *Competition Law and Policy in the EC and UK*（Routledge，5th ed，2014）

Slot and Farley *An Introduction to Competition Law*（Hart，2nd ed，2017）

欧盟竞争法

Akman *The Concept of Abuse in EU Competition Law*：*Law and Economic Approaches*（Hart，2012）

Ashton *Competition Damages Actions in the EU*（Edward Elgar，2nd ed，2018）

Blanco（ed）*EU Competition Procedure*（Oxford University Press，3rd ed，2013）

Buendia Sierra *Exclusive Rights and State Monopolies under EC Law*（Oxford University Press，1999）

Ezrachi *EU Competition Law*：*An Analytical Guide to the Leading Cases*（Hart，5th ed，2016）

Faull and Nikpay（eds）*The EU Law of Competition*（Oxford University Press，3rd ed，2014）

Fox and Gerard *EU Competition Law*：*Cases*，*Text and Context*（Edward Elgar，2017）

Frese *Sanctions in EU Competition Law*（Hart，2014）

Gormsen *A Principled Approach to Abuse of Dominance in European Competition Law*（Cambridge University Press，2010）

Goyder *EU Distribution Law*（Hart，5th ed，2011）

Goyder and Albors－Llorens *Goyder's EC Competition Law*（Oxford University Press，5th ed，2009）

Jones and Sufrin *EU Competition Law*：*Text*，*Cases*，*and Materials*（Oxford University Press，6th ed，2016）

Jones and van der Woude *EU Competition Law Handbook* (Sweet & Maxwell, updated annually)
Kerse and Khan *EU Antitrust Procedure* (Sweet & Maxwell, 6th ed, 2012)
Kokkoris (ed) *Competition Cases from the European Union* (Sweet & Maxwell, 2nd ed, 2010)
Korah *An Introductory Guide to EC Competition Law and Practice* (Hart, 9th ed, 2007)
Monti *EC Competition Law* (Cambridge University Press, 2007)
Nazzini *The Foundations of European Union Competition Law* (Oxford University Press, 2011)
O'Donoghue and Padilla *The Law and Economics of Article 102 TFEU* (Hart, 2nd ed, 2013)
Odudu *The Boundaries of EC Competition Law* (Oxford University Press, 2006)
Ritter, Braun and Rawlinson *European Competition Law: A Practitioners Guide* (Kluwer Law International, 3rd ed, 2005)
Rose and Bailey (eds) *Bellamy and Child: European Union Law of Competition* (Oxford University Press, 7th ed, 2013)
Rousseva *Rethinking Exclusionary Abuses in EU Competition Law* (Hart, 2010)
Sauter *Coherence in EU Competition Law* (Oxford University Press, 2016)
Szyszczak *The Regulation of the State in Competitive Markets in the EU* (Hart, 2007)
Townley *Article 81 EC and Public Policy* (Hart, 2009)
Van Bael and Bellis *Competition Law of the European Community* (Kluwer Law International, 5th ed, 2010)
Wijckmans and Tuytschaever *Vertical Agreements in EU Competition Law* (Oxford University Press, 3rd ed, 2018)
Wils *The Optimal Enforcement of EC Antitrust Law: Essays in Law and Economics* (Kluwer Law International, 2002)
Wils *Principles of European Antitrust Enforcement* (Hart, 2005)
Wils *Efficiency and Justice in European Antitrust Enforcement* (Hart, 2008)

英国竞争法

Brealey and Green (eds) *Competition Litigation* (Oxford University Press, 2010)
Kellaway, Thompson and Brown (eds) *UK Competition Law: The New Framework* (Oxford University Press, 2015)
O'Kane *The Law of Criminal Cartels: Practice and Procedure* (Oxford University Press, 2009)
O'Neill and Sanders *UK Competition Procedure: The Modernised Regime* (Oxford University Press, 2007)
Rodger (ed) *Ten Years of UK Competition Law Reform* (Dundee University Press, 2010)

合并与集中

Broberg The European Commission's Jurisdiction to Scrutinise Mergers (Kluwer Law International, 4th ed, 2013)
Cook and Kerse *EC Merger Control* (Sweet & Maxwell, 5th ed, 2009)

Elliott and Bellis（eds）*Merger Control*（Sweet & Maxwell, 3rd ed, 2017）

Hoeg *European Merger Remedies: Law and Policy*（Hart, 2014）

Levy *European Merger Control Law: A Guide to the Merger Regulation*（LexisNexis, updated annually）

Lindsay and Berridge *The EU Merger Regulation: Substantive Issues*（Sweet & Maxwell, 5th ed, 2017）

Lowe and Marquis（eds）*European Competition Law Annual 2010: Merger Control in European and Global Perspective*（Hart, 2013）

Parker and Majumdar *UK Merger Control*（Hart, 2nd ed, 2016）

Parr, Finbow and Matthews *UK Merger Control: Law and Practice*（Sweet & Maxwell, 3rd ed, 2016）

知识产权

Anderman and Ezrachi *Intellectual Property and Competition Law: New Frontiers*（Oxford University Press, 2011）

Anderman and Kallaugher *Technology Transfer and the New EU Competition Rules: Intellectual Property Licensing after Modernisation*（Oxford University Press, 2nd ed, 2018）

Anderman and Schmidt *EU Competition Law and Intellectual Property Rights: The Regulation of Innovation*（Oxford University Press, 2nd ed, 2011）

Cornish, Llewelyn and Aplin *Intellectual Property*（Sweet & Maxwell, 8th ed, 2013）

Desai, Lianos and Waller *Brands, Competition Law and IP*（Cambridge University Press, 2015）

Devlin *Antitrust and Patent Law*（Oxford University Press, 2016）

Hovenkamp, Janis, Lemley et al *IP and Antitrust: An Analysis of Antitrust Principles Applied to Intellectual Property Law*（Wolters Kluwer Law & Business, 3rd ed, 2016）

Käseberg *Intellectual Property, Antitrust and Cumulative Innovation in the EU and the US*（Hart, 2012）

Turner *Intellectual Property and EU Competition Law*（Oxford University Press, 2nd ed, 2015）

经济学

Bishop and Walker *The Economics of EC Competition Law: Concepts, Application and Measurement*（Sweet & Maxwell, 3rd ed, 2010）

Black, Hashimzade and Myles（eds）*Oxford Dictionary of Economics*（Oxford University Press, 5th ed, 2017）

Carlton and Perloff *Modern Industrial Organization*（Addison Wesley, 4th ed, 2005）

Fumagalli, Motta and Calcagno *Exclusionary Practices: The Economics of Monopolisation and Abuse of Dominance*（Cambridge University Press, 2018）

Geradin, Layne-Farrar and Petit *EU Competition Law and Economics*（Oxford University Press, 2012）

Hylton *Antitrust Law: Economic Theory and Common Law Evolution* (Cambridge University Press, 2003)

Lipsey and Chrystal *Economics* (Oxford University Press, 13th ed, 2015)

Motta *Competition Policy: Theory and Practice* (Cambridge University Press, 2004)

Niels, Jenkins and Kavanagh *Economics for Competition Lawyers* (Oxford University Press, 2nd ed, 2016)

Sullivan and Harrison *Understanding Antitrust and Its Economic Implications* (LexisNexis, 6th ed, 2014)

Tirole *The Theory of Industrial Organization* (MIT Press, 1988)

综合书目

Amato *Antitrust and the Bounds of Power: The Dilemma of Liberal Democracy in the History of the Market* (Hart, 1997)

Blanco *Market Power in EU Antitrust Law* (Hart, 2011)

Bork *The Antitrust Paradox* (Free Press, 1993)

Castillo de la Torre and Gippini Fournier *Evidence, Proof and Judicial Review in EU Competition Law* (Edward Elgar, 2017)

Coates *Competition Law and Regulation of Technology Markets* (Oxford University Press, 2011)

Elhauge and Geradin *Global Competition Law and Economics* (Hart, 2nd ed, 2011)

Ezrachi and Stucke *Virtual Competition* (Harvard University Press, 2016)

Fatur *EU Competition Law and the Information and Communication Technology Network Industries* (Hart, 2012)

Gal *Competition Policy for Small Market Economies* (Harvard University Press, 2003)

Gerber *Law and Competition in Twentieth – Century Europe* (Oxford University Press, 1998)

Gerber *Global Competition* (Oxford University Press, 2010)

Hovenkamp *The Antitrust Enterprise: Principle and Execution* (Harvard University Press, 2008)

Kaplow *Competition Policy and Price Fixing* (Princeton University Press, 2013)

Posner *Antitrust Law* (University of Chicago Press, 2nd ed, 2001)

Stucke and Grunnes *Big Data and Competition Policy* (Oxford University Press, 2016)

Zimmer (ed) *The Goals of Competition Law* (Edward Elgar, 2012)

立法、条约、欧盟法规等

Middleton *Blackstone's UK and EU Competition Documents* (Oxford University Press, 8th ed, 2015)

Tolley and Bavasso (eds) *Butterworths Competition Law Handbook* (LexisNexis, 23rd ed, 2017)

重要网址

Competition Appeal Tribunal	www. catribunal. org. uk
Competition and Markets Authority	www. gov. uk/cma
Court of Justice	www. curia. europa. eu
Department for Business, Energy and Industrial Strategy	www. gov. uk/beis
European Commission, DG COMP	www. ec. europa. eu/competition
European Competition Network	www. ec. europa. eu/competition/ecn
EUR – Lex	www. eur – lex. europa. eu
International Competition Network	www. internationalcompetitionnetwork. org
National Archives	www. nationalarchives. gov. uk
Organization for Economic Co – operation and Development	www. oecd. org/competition
UK case law	www. bailii. org
UK Competition Network	www. gov. uk/government/collections/uk – competition – network – ukcn – documents
UK legislation	www. legislation. gov. uk
US Department of Justice	www. justice. gov/atr
US Federal Trade Commission	www. ftc. gov

附　录[131]

附录一　条约和公约索引

[131] 本部分的条目排序按原版书对应部分的顺序排列，而非按中文译文拼音顺序排列；页码为原版书页码。——译者注

附录二 欧盟立法索引

条例

规则

附录三　法规和法定文书索引

次级立法

美国

附录四 英国竞争与市场管理局的报告、决定和出版物索引

决定

出版物

报告

附录五　准则、指南和其他出版物索引

美国

附录六　判例索引

欧洲判例列表

欧盟委员会决定

欧盟法院

欧盟普通法院案件一览表

按字母顺序排列的普通法院案例表

欧洲法院案件一览表

按字母顺序排列的法院案例一览表

欧洲监察

法院观点

国际法院和法庭

欧洲人权法院

竞争上诉法庭

通信管理局

天然气和电力市场办公室

公平交易办公室

电信局

水务监管局

联邦贸易委员会

附录七　词语索引

（索引页码为原版书页码）

* 平行诉讼是指同一案件的相同的当事人基于相同事实及诉因，同时在两个或以上国家的法院提起诉讼，《布鲁塞尔条例》称之为未决诉讼（Lis pendens）。——译者注